字源

李学勤 主编

上

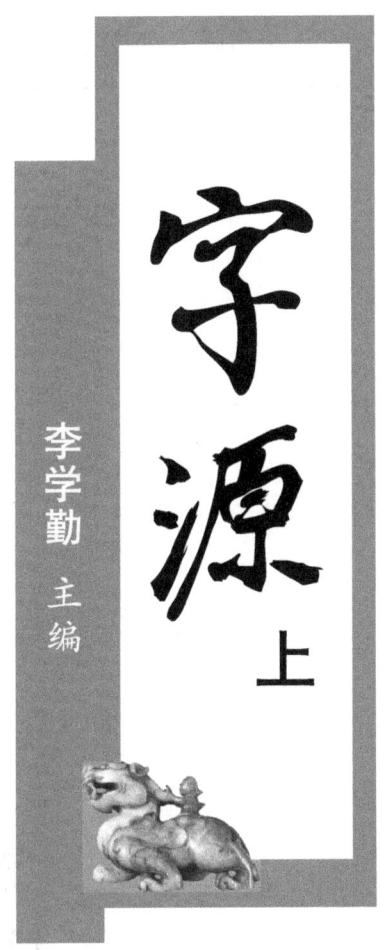

天津出版传媒集团
天津古籍出版社
辽宁人民出版社

图书在版编目（CIP）数据

字源 / 李学勤主编. — 天津：天津古籍出版社；沈阳：辽宁人民出版社，2012.12（2019.7重印）
ISBN 978-7-5528-0069-2

Ⅰ. ①字… Ⅱ. ①李… Ⅲ. ①汉字－字源－基本知识 Ⅳ. ①H129

中国版本图书馆CIP数据核字（2012）第271489号

字 源
ZIYUAN

李学勤/主编

出版人/张玮

*

天津古籍出版社出版
（天津市西康路35号　邮编300051）
http://www.tjabc.net

北京捷迅佳彩印刷有限公司印刷
全国新华书店发行

开本 880×1230 毫米　1/16　印张 90　字数 3500 千字
2012年12月第1版　2019年7月第4次印刷
ISBN 978-7-5528-0069-2
定　价：1500.00元（全三册）

《字源》编纂人员

主　编　李学勤

副主编　赵平安

编　委

白于蓝、陈双新、董莲池、郭小武、冀小军、金国泰、李守奎、李学勤、林志强、刘　桓、孟蓬生、王逸鹤、王蕴智、王志平、徐在国、叶　青、张　标、张玉金、赵平安、周宝宏

通稿编委

陈双新、郭小武、冀小军、李守奎、李学勤、徐在国、张　标、赵平安

编写人员

白于蓝、陈双新、陈英杰、董莲池、方东杰、冯　华、郭敏珊、郭小武、胡　伟、冀小军、蒋晓薇、金国泰、荆亚玲、李守奎、李学勤、李义海、林志强、刘　桓、孟蓬生、齐航福、秦晓华、师玉梅、孙伟龙、王　颖、王逸鹤、王蕴智、王志平、徐在国、严　玉、杨蒙生、叶　青、张　标、张玉金、章秀霞、赵平安、周宝宏（按姓氏音序排列）

编　　　辑	那荣利　赵　娜　王宇英
	刘艳艳　张擎国　王海燕
特邀编审	孙致中
题　　　字	裘锡圭
封面设计	刘茌舒

目 录

序 ………………………………………………………………………… 李学勤 1

凡例 ………………………………………………………………………… 1

上册（一部～入部）……………………………………………………… 1-467

中册（缶部～龟部）……………………………………………………… 469-870

下册（兔部～亥部）……………………………………………………… 871-1293

附录

甲骨文部首表 …………………………………………………………… 1297

说文部首表 ……………………………………………………………… 1298

简化字总表 ……………………………………………………………… 1304

现代汉语常用字表 ……………………………………………………… 1318

汉语拼音方案 …………………………………………………………… 1324

新旧字形对照表 ………………………………………………………… 1325

索引

笔画检字表 ……………………………………………………………… 1329

音序检字表 ……………………………………………………………… 1375

序

追本溯源是人类共同的兴趣。在汉字研究领域，对于字源的探求，同样令人着迷。

在先秦文献里，已经留下人们探求字源的印迹。《左传》宣公十二年："夫文，止戈为武。"昭公元年："于文，皿虫为蛊。"《韩非子·五蠹》："古者仓颉之作书也，自环者谓之私，背私谓之公。"都是通过分析字形结构，追溯造字意图，来阐明某种理念的。这种风气，对于六书理论的形成起到了强劲的推动作用。

系统的、大规模的字源探索，是从《说文解字》开始的。许慎立足小篆字形，借助六书手段，从形、音、义三个方面对9353个汉字逐个进行分析，对字源的认识达到了前所未有的高度，对后世产生了广泛、深远的影响。

由于汉字发展到小篆经历了很长的发展演变过程，字形结构已发生了很大的变化，因而据小篆探究字源受到一定的局限。宋代以后，金文资料不断涌现，这些比小篆更早的文字，为字源研究注入了新的活力。林义光的《文源》，比较集中地反映了宋至清代利用金文探求字源的成果。

19世纪末以来，河南安阳殷墟发现了大量的甲骨文字，20世纪40年代以后，全国各地陆续出土了多批战国时期的简牍帛书。这些文字或比金文更早，或补充汉字发展史的缺环，对字源的探讨产生了巨大的推动作用。学者们运用这些资料，在字源探讨上取得了许多新的成果，大大改变了字源研究的面貌。

纵观字源研究的历史，有两条成功的经验值得我们认真吸取。一是要充分地、正确地利用字形资料；二是要有科学的、严谨的研究方法。依据的字形必须是未经讹变的形体，分析造字意图必须结合语言，形音义三者兼顾。用今天的话讲，就是通过梳理汉字的演进序列，找到汉字的源头，通过归纳字的用法，理清它的本义和引申义的序列，然后结合早期的形体和用法，探求造字意图。

可是这一点其实并不容易做到。20世纪80年代以后，随着国内掀起汉字文化研究的热潮，字源研究领域出现了庸俗化的倾向。在这种背景下，学术界和出版界渐渐形成了一种共识：必须集合全国的力量，编纂一部能够反映时代水平的大型字源工具书。机缘巧合，这项工作历史性地落到了我们的肩上。

为了编好这部书，我们征询了不少专家学者的意见。其中以裘锡圭先生、吴振武先生指导最多。22位编委、34位作者也倾注了巨大的心力。编委会先后召开三次研讨会,核心编委两度集中通稿,各位作者对稿件反复修改多次。整个编纂过程,断断续续,前后十余年。大家的毅力、耐心和团队精神都经受了巨大的考验。

  作为这一工作的组织者,我要诚挚感谢学术界对《字源》工作的关注和支持,感谢每一位团队成员的合作和努力。

  衷心希望这本凝聚着我们十年心血的书籍能够释放出正面的能量。

李学勤
2012年12月10日

凡　例

一、本书以探究字源为宗旨。

二、收录古汉语中比较常见的字头六千余个，按《说文》顺序排列。

三、字头用繁体，行文用简体，行文中涉及繁体则使用繁体。繁体字的规范参照《康熙字典》，简化字以《简化字总表》为准。

四、字下加注古音和现代汉语普通话读音。古音标注依据《古韵通晓》。异读词，以普通话审音委员会1985年审定的读音为准，未经审定的，参考新版《辞源》、《汉语大字典》、《汉语大词典》酌定。

五、梳理从甲骨文到隶楷的字形演变脉络。字样角注用1、2、3、4等数字表示；字样的时代标注商、西周、春秋、战国、秦、汉，楷书和从《说文》中提取的字样不标时代，只标楷书和《说文》古文、籀文或小篆，《石鼓文》标春秋，发掘出土的文字资料时代不太明确的，参照墓葬年代的下限进行标注；为满足印刷的需要，古文字字样一律统一缩放；引用古文字字形以所附参考书目为主，标明卷、册页码；古文字的隶定一般依照参考书目中的隶法。

六、以出土和传世文献的实例，说明字的本义、引申义和假借义。注重结合当时的自然环境、社会状况和人们的精神世界来阐明构形的理据。

七、引用古代文献参照《汉语大字典》和《汉语大词典》的格式。

本书引用字形主要参考书目及其简称

《甲骨文编》(中国科学院考古研究所,中华书局,1965)简称《甲文编》
《续甲骨文编》(金祥恒,台湾艺文印书馆,1959)简称《续甲》
《甲骨文合集》(郭沫若,中华书局,1978—1982)简称《合集》
《甲骨文字典》(徐中舒,四川辞书出版社,1989)
《甲骨文合集补编》(语文出版社,1999)简称《补编》
《殷周金文集录》(徐中舒,四川辞书出版社,1984)
《殷周金文集成》(中国社会科学院考古研究所,中华书局,1984—1996)简称《集成》
《金文编》(容庚撰集,张振林、马国权摹补,1985)简称《金文编》
《西周青铜器铭文分代史徵》(唐兰,中华书局,1986)简称《史徵》
《金文编校补》(董莲池,东北师范大学出版社,1995)简称《校补》
《两周金文辞大系图录考释》(郭沫若,上海书店出版社,1999)简称《大系图录》
《四版〈金文编〉校补》(严志斌,吉林大学出版社,2001)简称《四版校补》
《古陶文香录》(顾廷龙,国立北平研究院,1936)简称《古陶》
《陶文编》(金祥恒,台湾艺文印书馆,1964)简称《陶文编》
《中山王礕器文字编》(张守中,中华书局,1981)简称《中山》
《古玺文编》(罗福颐,文物出版社,1981)简称《古玺》
《古玺汇编》(故宫博物院编,文物出版社,1981)简称《玺汇》
《先秦货币文编》(商承祚等,书目文献出版社,1983)简称《先秦货币》
《汗简·古文四声韵》(中华书局,1983)简称《四声韵》
《古币文编》(张颔,中华书局,1986)简称《古币》
《战国楚简文字编》(郭若愚,上海书画出版社,1994)简称《战国楚简》
《古陶文字徵》(高明、葛英会,中华书局,1991)简称《古陶徵》
《长沙楚帛书文字编》(曾宪通,中华书局,1994)简称《楚帛书》
《古陶字汇》(徐谷甫、王延林,上海书店出版社,1994)简称《陶汇》
《楚系简帛文字编》(滕壬生,湖北教育出版社,1995)简称《楚系简帛》
《战国楚竹简汇编》(商承祚,齐鲁书社,1995)简称《楚竹简汇编》
《包山楚简文字编》(张守中,文物出版社,1996)简称《包山》
《曾侯乙墓竹简文字编》(张光裕等,台湾艺文印书馆,1997)简称《曾侯乙》

《战国古文字典》（何琳仪，中华书局，1998）简称《古文典》

《郭店楚简文字编》（张守中等，文物出版社，2000）简称《郭店》

《战国文字编》（福建人民出版社，2002）简称《战文编》

《楚文字编》（李守奎，吉林大学博士论文，1997，华东师范大学出版社，2003）简称《楚文编》

《上海博物馆藏战国楚竹书》（马承源，上海古籍出版社，2001）简称《上博》

《金文续编》（容庚，商务印书馆，1935）简称《金文续编》

《魏三字石经集录》（孙海波，1937）简称《三字石经》

《石刻篆文编》（商承祚，科学出版社，1957）简称《篆文编》

《说文解字》（中华书局，1963）简称《说文》

《汉印文字徵》（罗福颐，文物出版社，1978）简称《汉印徵》

《汉印文字徵补遗》（罗福颐，文物出版社，1982），简称《补遗》

《古封泥集成》（孙慰祖，上海书店，1996）简称《古封泥》

《秦汉金文汇编》（孙慰祖、徐谷甫，上海书店，1997）简称《秦汉金文》

《秦汉魏晋篆隶字形表》（徐中舒，四川辞书出版社，1985）简称《篆隶表》

《秦简文字编》（张世超、张玉春，日本京都中文出版社，1990）简称《秦文》

《睡虎地秦简文字编》（陈振裕、刘信芳，湖北人民出版社，1993）简称《睡乙》

《睡虎地秦简文字编》（张守中，文物出版社，1994）简称《睡甲》

《马王堆简帛文字编》（陈松长，文物出版社，2001）简称《马王堆》

《银雀山汉简文字编》（骈宇骞，文物出版社，2001）简称《银雀山》

《隶辨》（顾霭吉，中国书店，1982）

《隶篇·隶篇续·再续》（翟云升，中华书局，1985）

《隶韵》（刘球，中华书局，1989）

《隶书大字典》（洪钧陶，文物出版社，1991）简称《隶书典》

《隶字编》（洪钧陶，文物出版社，1996）

《古籀篇》（高田忠周，日本古籀篇刊行会，1925）

《金石大字典》（汪仁寿，1926）简称《金石典》

《四体大字典》（陈和祥，1926 上海扫叶山房）

《汉语古文字字形表》（徐中舒，四川人民出版社，1981）简称《汉语字形表》

《古文字类编》（高明，中华书局，1986）简称《类编》

《甲金篆隶大字典》（徐无闻，四川辞书出版社，1991）简称《甲金篆》

《简牍帛书字典》（陈建贡、徐敏，上海书画出版社，1991）简称《简帛典》

一 部

一 yī 影纽、质部；影纽、质韵、於悉切。

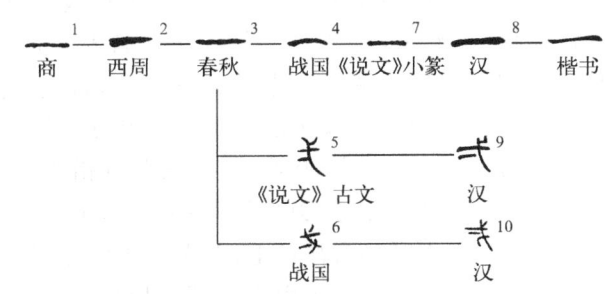

1《甲文编》1页。2《金文编》1页。3、4《类编》1页。5、7《说文》7页。6《郭店》1页。8、9、10《篆隶表》1页。

指事字。古文字一至四横划表示数字一至四，是原始记数符号。"一"字本义是表示最小的正整数。《玉篇·一部》："一，王弼曰：一者，数之始也。"又表示序数，指第一。《书·洪范》："五行：一曰水，二曰火，三曰木，四曰金，五曰土。"春秋战国以后，"一"字又可写作"弌"或"弌"，累增"弋"或"戈"旁，就如同"二"字又可写作"弍"或"弍"和"三"字又可写作"弎"或"弎"一样，是一种繁化写法。后世这种繁化写法均被废弃。（白于蓝）

元 yuán 疑纽、元部；疑纽、元韵、愚袁切。

1、4《金文编》1页。2、5《类编》1页。3《甲文编》1页。6《战文编》1页。7《说文》7页。8《篆隶表》1页。

指事字。与兀为一字。本义是人头。《尔雅·释诂下》："元，首也。"《左传·僖公三十三年》："狄人归其元，面如生。"《孟子·滕文公下》："勇士不忘丧其元。"元皆训"首"。"元"字在商代已行用，始作"𠒎"，突出人头，正体现元字之本义。"𠒎"上面的一横划是由象征人头的圆点演化而来。又作"𠒋"，上面的一短横是装饰性笔画，起初并没实在意义，后世却因短横之有无而分化为元、兀二字。（白于蓝）

天 tiān 透纽、真部；透纽、先韵、他前切。

1、2、4、5《金文编》3页。3《甲文编》2页。6、7《类编》28页。8、9《战文编》2页。10《说文》7页。11《篆隶表》2页。

象形字。本像人形，突出头部，以示人之顶颠。《说文》："天，颠也。"即其本义。古代有天刑，为凿顶之刑。《易·睽》："其人天且劓。"陆德明释文："天，剠也。马融曰：'剠凿其额曰天。'"《集韵·先韵》："天，刑名。剠凿其额曰天。"天字上部象征人头部分的圆点，后来变成一横画，又有在其上部再加一短横者，乃装饰性繁化符号，无实在意义。（白于蓝）

丕 pī 滂纽、之部；滂纽、之韵、敷悲切。

1、3《类编》3页。2《金文编》5页。4、5《古文典》116页。6《说文》246页。7《说文》1页。8《篆隶表》837页。9《篆隶表》3页。

指事字。丕、不原为一字，后分化。甲骨文"不"字作"𠄑"，像草木之根部，为"柎"之初文。《诗·小雅·常棣》："鄂不韡韡。"郑玄笺："不，当作柎。"《广雅·释言》："柎，柢也。"《说文》："柢，木根也。"甲骨文之"𠄑"字，在上面的一横表示地面，下部之"𠃏"表示树根。金文作"不"，后代文字承袭之。或加赘笔作"𠀖"、"𠀘"，后者分化为"丕"字。丕字在早期典籍和金文中的字义是大。《说文》："丕，大也。"《书·大禹谟》："嘉乃丕绩。"孔传："丕，大也。"墙盘铭文："对扬天子不（丕）显休令。""丕显"就是"大显"，意为大明。（白于蓝）

吏 lì 来纽、之部；来纽、志韵、力置切。

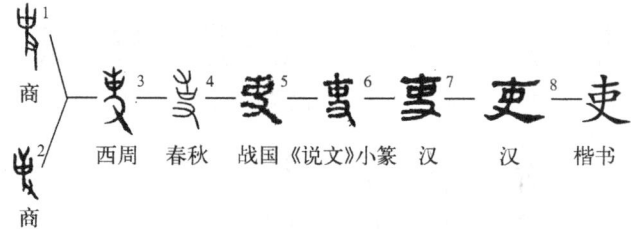

1《甲文编》127页。2《甲文编》3页。3《金文编》5页。4《汉语字形表》2页。5《战文编》2页。6《说文》7页。7、8《篆隶表》3页。

会意字。其造字本义未明。许慎认为吏字"从一从史,史亦声",是据秦代小篆的字形来分析的,与早期字形不符。就古文字材料来看,吏、史、使、事本为一字,后分化。典籍中吏字一般是古代百官的通称。《说文》:"吏,治人者也。"《左传·成公二年》:"王使委于三吏。"杜预注:"三吏,三公。"汉代以后,始称职位低微的官员为吏。秩三百石至二百石为长吏,百石以下有斗食佐史为少吏(见《汉书·百官公卿表》)。"吏"字原像以手持"屮"或"屮"形。"彳","又"字,像手形。"屮"、"屮"未知为何物,西周时演变为"屮",战国时演变为"屮",秦代小篆演变为"屮",汉代开始将"屮"中间一竖笔与下方之"又"连为一体,沿用至今。(白于蓝)

上 部

上 shàng 禅纽、阳部；禅纽、阳韵、时掌切。

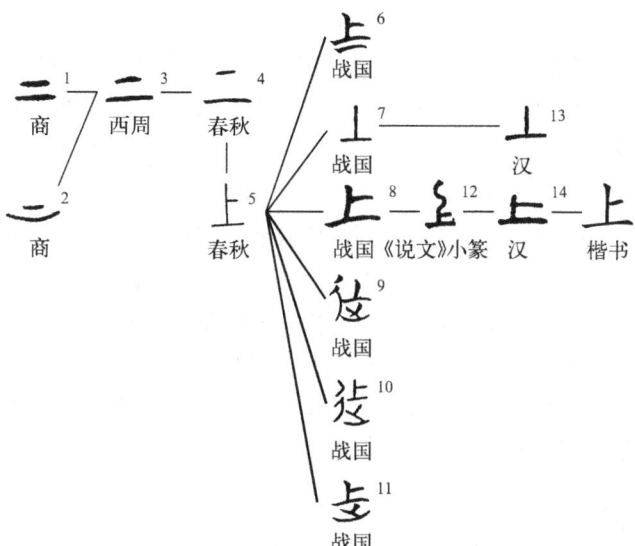

1、2《甲文编》3页。3《金文编》5页。4、5《类编》2页。6、9、11《楚系简帛》17页。7、8《古文典》656页。10《汉语字形表》3页。12《说文》7页。13、14《篆隶表》3页。

指事字。甲骨文作"二"、"二",短横画在长横画之上,以表示其在上。金文作"二"。春秋文字作"二",或在上添加一竖笔作"丄",为隶书所本。战国文字形体较为复杂,大多数仍沿用春秋文字作"上";或作"上",下添一短横画,乃无意义之饰笔；或作"丄",省去上部之短横画；或作"辵"、"辵"、"止",从辵、止,乃追加之义符,使"上"字演变为从辵或止上声的形声字。"上"字本义原指方位,与"下"相对。引申之则可指高处。《说文》:"上,高也。"由高引申则可指天。《书·文侯之命》:"昭升于上。"马融注:"上,谓天。"虢叔钟:"皇考严在上。"亦其例。进一步引申之则可指君王。《广雅·释诂一》:"上,君也。"班簋:"公告厥事于上。"(白于蓝)

帝 dì 端纽、锡部；端纽、霁韵、都计切。

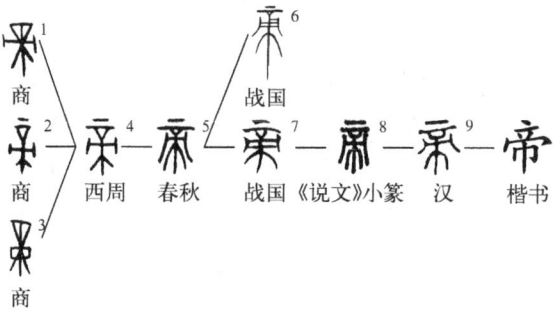

1、2、3《甲文编》4页。4、5、6《金文编》6页。7《楚系简帛》19页。8《说文》7页。9《篆隶表》4页。

象形字。构形不明。有学者认为本像花蒂之形,为"蒂"字初文。《说文》则认为是从上朿声的形声字。帝字在甲骨文中已出现,多指天帝。《小屯·殷墟文字乙编》6951:"至甲辰帝不其令雨。"(至甲辰这一天,天帝都不会令下雨)亦可指先王,像帝乙、帝辛、文武帝,都是对先王的尊称,所谓德配彼天。人君生而称帝,当自晚周时开始,《战国策·赵策三》:"秦之所以急围赵者,前与齐湣王争强为帝。"帝字,甲骨文作"䇫"、"㝵"、"㝵"等形,西周金文作"帝",春秋文字承袭西周文字。战国文字中"冂"旁繁化作"冖"形,或于"冂"右上加一短横画为饰笔。秦汉文字承袭春秋文字,变化不大,沿袭至今。(白于蓝)

旁 páng 并纽、阳部；并纽、阳韵、步光切。

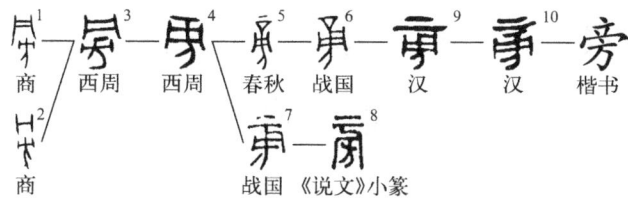

1、2《甲文编》4、5页。3、4《金文编》7页。5《四版校补》126页"滂"字所从。6、7《古文典》717页。8《说文》7页。9、10《篆隶表》5页。

形声字。始见于甲骨文,作"旁"、"旁",从凡("H"乃凡字,"H"为凡字省写),方声。西周金文作"旁",承袭甲骨文,但在"方"之上部加一横画,为饰笔。或作"旁",凡旁与方旁共用一横画,即凡旁下移与方旁重合。春秋文字作"旁","丁"讹为"丁"。战国文字承袭西周文字和春秋文字,但于凡之右上加一短横为饰笔,作"旁"。《说文》篆文作"旁",乃讹变形体。汉代早期文字承袭春秋战国文字,形体变化不大。汉代晚期亦承袭汉代早期的写法,虽有变化,但有迹可寻。旁字之造字本义现已不明,甲骨文中皆用为方国名、人名或地名。《小屯南地甲骨》918:"贞,王令旁方素。""旁方"即方国名。西周金文旁或假借为方,者减钟:"闻于四旁(方)。"《说文》:"旁,溥也。"《广雅·释诂一》:"旁,大也。"大概都是后起之字义。(白于蓝)

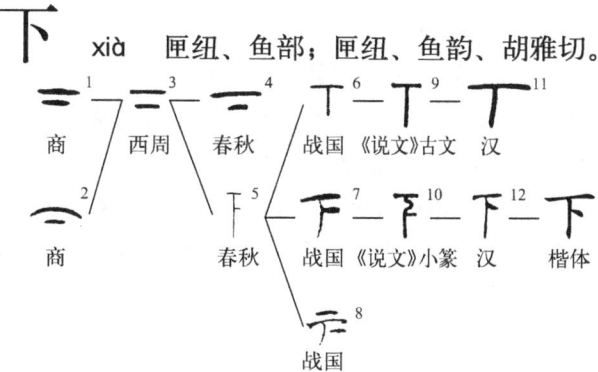

1、2《甲文编》5页。3《金文编》7页。4、5《类编》2页。6、7、8《古文典》465页。9、10《说文》7页。11、12《篆隶表》5页。

指事字。甲骨文下字作"二"、"一",短横画在长画之下,以表示其在下。金文承袭甲骨文作"二"。春秋文字或添一竖画作"丅",为篆隶所本。战国文字大多沿袭春秋文字作"下",或作"示",上添一短横为饰笔;或作"丁",省去下面一短横。秦代文字沿用战国时期作"下"的写法,只是竖画作弯曲状。汉代文字则又将弯曲的竖笔改回为直笔。"下"字本义原指方位,与"上"相对。引申之则可指底部。《说文》:"下,底也。"《诗·召南·殷其靁》:"在南山之下。"由底引申之则可指地。虢叔钟:"皇考严才(在)上,異(翼)才(在)下。"上指天,下指地。《书·尧典》:"格于上下。"孔传:"至于天地。"(白于蓝)

示部

示 shì 船纽、脂部;船纽、至韵、神至切。

1、2《新编甲骨文字形总表》63页。3-6《甲文编》5页。7《金文编》8页"福"字所从。8《类编》174页"祀"字所从。9《楚系简帛》20页。10《说文》7页。11《篆隶表》6页。

象形字。始见于甲骨文。示、主二字本是一字之分化,甲骨文"丁"本像神主之形,"丁"是省略写法,"丁"则是进一步省略的结果。"丁"则在上面加一短横为饰笔。"示"、"示"两旁小点可能是表现祭祀时涂抹在神主上的血液。西周金文及后代文字承袭甲骨文的写法,没有太大变化。甲骨文中的这些字大都是当"主"字来用的。如《合集》22159:"酌自上甲一牛至丁癸一牛,自大乙九丁一牢……""上甲"、"大乙"和"丁癸"都是祖先名。其中"丁癸"于《史记·殷本纪》中作"主癸"。"九丁"即九主,指九位神主。后代引申之则以"示"字表示天所显现出来的某种征象,向人垂示休咎祸福。《说文》:"示,天垂象,见吉凶,所以示人也。"段玉裁注:"言天悬象箸明以示人。"后来则进一步引申出"示范"、"展示"、"告示"等多种含义。(白于蓝)

祜 hù 匣纽、鱼部;匣纽、姥韵、侯古切。

1《金文编》8页。2《类编》175页。3《说文》7页。

形声字,从示,古声。本义是指福。《诗·小雅·信南山》:"受天之祐。"郑玄笺:"祐,福也。"曾子簠:"曾子徙自乍(作)行器,则永祐福。"亦可假借为"簠",为一种青铜礼器名称。伯其簠:"隹(唯)白(伯)其父庆乍(作)旅祐(簠)。"(白于蓝)

禮(礼) lǐ　来纽、脂部;来纽、荠韵、卢启切。

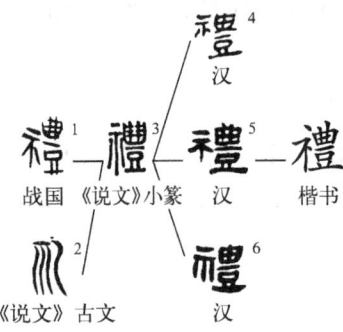

1《汉语字形表》4页。2、3《说文》7页。4、5、6《篆隶表》6页。

形声字。从示,豊声。礼的古字是"豊",甲骨文作"𧯘",从玨、从壴(鼓字初文)会意。古代行礼时常用玉和鼓,击鼓奉玉成礼。如孔子曾感叹说:"礼云礼云,玉帛云乎哉!乐云乐云,钟鼓云乎哉!"正反映出古代礼仪活动是以玉帛、钟鼓为代表物的。"豊"字后加"示"旁表义,分化出"禮"字。今天简化字袭用《说文》古文"礼"的写法,作"礼"。《说文》:"禮,履也。所以事神致福也。"徐灏注笺:"礼之言履,谓履而行之也。礼之名,起于事神。"关于"豊"字,后代形体变化较多,如汉代时有"豊"、"豊"、"豊"等多种写法,已看不出从玨、从壴(鼓)的原貌了。参见"豊"字条。(白于蓝)

禧 xǐ　晓纽、之部;晓纽、之韵、许其切。

禧¹—禧²—禧³—禧
《说文》小篆　汉　汉　楷书

1《说文》7页。2《汉印徵》卷1,2页。3《篆隶表》7页。

形声字。从示,喜声。本义是指福、吉祥。《说文》:"禧,礼吉也。"段玉裁注:"行礼获吉也。"《尔雅·释诂下》:"禧,福也。"(白于蓝)

禛 zhēn　章纽、真部;章纽、真韵、职邻切。

禛¹—禛
《说文》小篆　楷书

1《说文》7页。

会意兼形声字。从示,从真,真亦声。本义是指以真诚感神而获得福祐。《说文》:"禛,以真受福也。从示,真声。"段玉裁注:"此会意形声两兼之字。"徐灏注笺:"真,诚也。以真受福,谓以至诚感神而受福也。"(白于蓝)

禄 lù　来纽、屋部;来纽、屋韵、卢谷切。

禄¹—禄²—禄
战国　《说文》小篆　楷书

1《汉语字形表》5页。2《说文》7页。

形声字。从示,录声。本义是指福。《说文》:"禄,福也。"《尔雅·释诂下》:"禄,福也。"金文中多假"录"为"禄"。如墙盘:"福裏(怀)骰(被)录(禄),黄耇弥生。"颂鼎:"通录(禄)永令(命)。"关于"录"字的字形演变,参"录"字条。(白于蓝)

禎(祯) zhēn　端纽、耕部;知纽、清韵、陟盈切。

禎¹—禎²—禎
《说文》小篆　汉　楷书

1《说文》7页。2《篆隶表》7页。

形声字。从示,贞声。本义是吉祥。《说文》:"禎,祥也。"《诗·周颂·维清》:"迄用有成,维周之禎。"毛传:"禎,祥也。"引申之亦有福、善之义。《艺文类聚》卷九十八引《字林》:"禎,福也。"《广韵·清韵》:"禎,善也。"(白于蓝)

祥 xiáng　邪纽、阳部;邪纽、阳韵、似羊切。

祥¹—祥²—祥³—祥
战国　《说文》小篆　汉　楷书

1《战文编》5页。2《说文》7页。3《篆隶表》7页。

形声字。从示,羊声。本义指福。《说文》:"祥,福也。"引申之则又指善。《尔雅·释诂上》:"祥,善也。"古文字材料中多假"羊"为"祥"。中山王𫲸壶:"不羊莫不焉。""不羊"即"不祥"。关于"羊"字的字形演变,参见

"羊"字条。（白于蓝）

祉 zhǐ 透纽、之部；彻纽、止韵、敕里切。

祉¹—祉²—祉
《说文》小篆 汉 楷书

1《说文》7页。2《篆隶表》8页。

形声字。从示，止声。本义指福。《说文》："祉，福也。"《诗·小雅·六月》："吉甫燕喜，既多受祉。"毛传："祉，福也。"（白于蓝）

福 fú 帮纽、职部；帮纽、物韵、方六切。

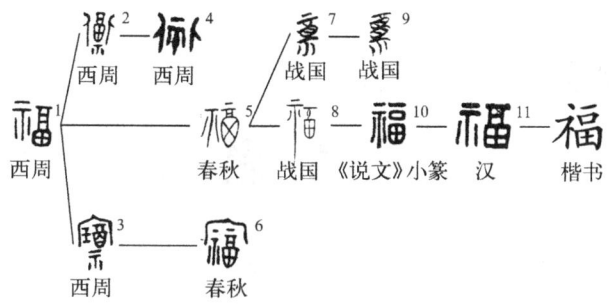

1、2、3、6《金文编》8页。4《集成》卷五2662号"或者鼎"。5《类编》177页。7、9《郭店》2页。8《古文典》127页。10《说文》7页。11《篆隶表》8页。

形声字。从示，畐声。始见于金文。古代称富贵寿考等齐备为"福"，与"祸"相对。《书·洪范》："五福：一曰寿，二曰富，三曰康宁，四曰攸好德，五曰考终命。"《韩非子·解老》："全寿富贵之谓福。"《礼记·祭统》："福者，备也。备者，百顺之名也，无所不顺者谓之备。"古文字中"福"字亦多用此义，如士父钟："降余鲁多福亡（无）彊（疆）。"曾伯簠："天赐（锡）之福。"引申之则又有保佑、造福之义。《说文》："福，祐也。"《左传·庄公十年》："小信未孚，神弗福也。"猷钟："降余多福，福余顺孙。"第二个"福"字亦用此义。早期文字中的"福"字虽多数都是从示、畐声的形声字，但也有少数繁化的字形，如"𥛁"，是在原有字形加"宀"和"玉"以繁化；"𥛃"则可看作是加"宀"繁化，也可看作是"𥛁"之省形；"𥛆"则是在原有字形上追加了"彳（北）"声，上古音福、北都是帮纽、职部字，所以"彳（北）"可以看作是追加的声符；"𥛇"则可看作是"𥛆"之省形，使"福"字变为从示、北声的形声字。关于"福"字所从之声符"畐"的字形演变情况，参"畐"字条。（白于蓝）

祐 yòu 匣纽、之部；云纽、宥韵、于救切。

祐¹—祐²—祐³—祐
西周 《说文》小篆 汉 楷书

1《汉语字形表》6页。2《说文》7页。3《篆隶表》9页。

形声字。从示，右声。始见于西周金文。本义是指神灵保佑。《说文》："祐，助也。"《广韵·宥韵》："祐，神助。"《易·大有》："自天祐之，吉无不利。"甲骨文中有无之"有"、福祐之"祐"、侑祭之"侑"、左右之"右"、再又之"又"都作"又"，"有"、"祐"、"侑"、"右"都是由"又"字孳乳演化而来。《小屯·殷墟文字丙编》三八："贞：咸弗又（祐）王？"（贞问：咸不会保祐王吗？）西周金文中的"祐"字作"𥛇"，从示、友声。上古音右、友都是匣纽、之部字，故"祐"或从友声，这种现象在古文字中称为"声符互换"。（白于蓝）

祺 qí 群纽、之部；群纽、之韵、渠之切。

禥¹—祺²—祺³—祺
《说文》古文 《说文》小篆 汉 楷书

1、2《说文》7页。3《篆隶表》9页。

形声字。从示，其声。本义是指吉祥。《说文》："祺，吉也。"《尔雅·释言》："祺，祥也。"引申之则亦可指福。《汉书·礼乐志·郊祀歌》："群生啿啿，惟春之祺。"颜师古注引如淳曰："祺，福也。"《说文》古文祺作"禥"，从基声，乃"声符互换"。"基"字本是从土、其声的形声字，所以祺也可以从基声。（白于蓝）

祇 zhī 章纽、脂部；章纽、脂韵、旨夷切。

祇¹—祇²—祇
《说文》小篆 汉 楷书

1《说文》7页。2《篆隶表》9页。

形声字。从示，氐声。本义是敬。《说文》："祇，敬也。"《楚辞·离骚》："汤禹俨而祇敬兮，周论道而莫差。"王逸注："祇，敬也。"西周和春秋战国文字中皆假"𢆉（抵）"为"祇"，如鄎侯簋："祇敬娇祀。""祇"即作"𢆉（抵）"，"𢆉"本像两"舌"相抵之形，参"抵"字条。（白于蓝）

禔 zhī 章纽、支部；章纽、支韵、章移切。

禔¹—禔
《说文》小篆　楷书

1《说文》7页。

形声字。从示，是声。本义是指安。《说文》："禔，安福也。"段玉裁据《文选》李善注改作"安也"。《汉书·司马相如传下》："遐迩一体，中外禔福。"颜师古注："禔，安也。"引申之则又有福、喜之义。《方言》卷十三："禔，福也，喜也。"（白于蓝）

神 shén 船纽、真部；船纽、真韵、食邻切。

祕¹—禑²—禔³—神⁴—祕⁵—禍⁶—神⁷—神
西周　战国　战国　战国　战国《说文》小篆　汉　楷书

1《金文编》10页。2、4、5《战文编》5、6页。3《楚系简帛》21页。6《说文》8页。7《篆隶表》9页。

形声字。从示，申声。本义是指天神、神灵。《说文》："神，天神，引出万物者也。"《礼记·乐记》："幽则有鬼神。"郑玄注："圣人之精气谓之神，贤知之精气谓之鬼。"甲骨文中未见从示旁之"神"字，金文中有些"神"字亦不从示旁，如父辛卣："用乍(作)大御于乐(厥)且(祖)匕(妣)父母多申(神)。"可知神字乃"申"字之孳乳分化字。关于"申"字之字形演变，参"申"字条。（白于蓝）

祇 qí 群纽、支部；群纽、支韵、巨支切。
chí 群纽、支部；禅纽、支韵、巨支切。
zhī 群纽、支部；章纽、支韵、巨支切。

祇¹—祇²—祇
《说文》小篆　汉　楷书

1《说文》8页。2《篆隶表》10页。

形声字。从示，氏声。本义是指地神。《说文》："祇，地祇，提出万物者也。"《玉篇·示部》："祇，地之神也。"《尸子》卷下："天神为灵，地神为祇，人神曰鬼。"引申之泛指神灵。《文选·木华〈海赋〉》："惟神是宅，惟祇是庐。"李善注："神、祇，众灵之通称，非唯天地而已。"这些意义的祇读qí。祇字还有病义。《诗·小雅·何人斯》："壹者之来，俾我祇也。"毛传："祇，病也。"这种意义的祇读chí。祇字另有适、恰之义。《广雅·释言》："祇，适也。"《诗·小雅·何人斯》："胡逝我梁，祇搅我心。"郑玄笺："祇，适也。"这种意义的祇读zhī。（白于蓝）

祕 mì 帮纽、质部；帮纽、至韵、兵媚切。

祕¹—祕²—祕
《说文》小篆　汉　楷书

1《说文》8页。2《篆隶表》10页。

形声字。从示，必声。本义是神。《说文》："祕，神也。"指神秘，今通行作"秘"。五代徐锴《说文系传·示部》："臣锴曰：祕不可宣也，祕之言闭也。"引申之则有隐秘、秘密之义。《史记·陈丞相世家》："其计祕，世莫得闻。"（白于蓝）

齋(斋) zhāi 庄纽、脂部；庄纽、皆韵、侧皆切。

齋¹—齋²—齋³—斋⁴
春秋　战国《说文》小篆　汉　楷书

齋⁵
汉

1《金文编》10页。2《楚系简帛》21页。3《说文》8页。4、5《篆隶表》10页。

形声字。从示，齊省声。始见于春秋文字。本义是指古人在祭祀或举行典礼前整洁身心以示虔敬的活动。《说文》："齋，戒洁也。"《吕氏春秋·正月纪》："天子乃齋。"高诱注："《论语》曰：'齋必变食，居必迁生，自禋洁也。'"引申之亦有庄重、恭敬之义。《广韵·皆韵》："斋，庄也，敬也。"春秋文字中，"斋"字本是从示、齐声，"齊"乃古"齐"字。战国时期，"齐"字下多加两横为饰笔，作"齊"，于是便将"斋"字所以"示"旁上部的两横与"齐"字下部的两横重合，这种现象在古文字中被称为"借笔"，使"斋"字变为《说文》所说的"从示，齊(齐)省声"的一个字。秦代小篆承袭战国文字的写法，变化不大。汉代文字中由于隶变的缘故，"斋"字字形变化较大，这种变化主要体现在"斋"字的声旁"齊(齐)"字上（参"齊(齐)"字条）。另外，汉代还出现类似早期春秋文字从示、齐声的"斋"字，作"齋"，作为"斋"字的异体。现在简化字则将"斋"变为上部从"文"、下部从"而"的一个字。（白于蓝）

禋 yīn 影纽、文部；影纽、真韵、於真切。

禋¹—禋²—禋³—禋⁴—禋⁵—禋
西周　春秋《说文》古文《说文》小篆　汉　楷书

1、2《金文编》11页。3、4《说文》8页。5《篆隶表》10页。

形声字。从示，亞声。本义是指一种祭名。古人升烟以祭天，先烧柴升烟，再加牲体及玉帛于柴上焚烧，因烟气上达以致精诚。《周礼·春官·大宗伯》："以禋祀祀昊天上帝。"郑玄注："禋之言烟，周人尚臭，烟，气之臭闻者……三祀皆积柴实牲体焉，或有玉帛，燔燎而升烟，所以报阳也。"墙盘："义其禋祀。"嘉鼎："是唯哀成叔之鼎，永用禋祀。""禋"字即用此义。引申之也泛指虔诚的祭祀。《说文》："禋，洁祀也。一曰精意以享为禋。"蔡侯盘："禋享是以。""禋"字即用此义。西周文字中"禋"字从宀、从示、从火，西声；或从宀，煙(烟)声。春秋文字则演变为从示亞声。战国文字继承春秋文字，但仍保留西周文字中的"宀"旁，秦代及秦代以后的"禋"字则是春秋"禋"字的延续，虽书体有变化，但字形结构未变。（白于蓝）

祭 jì 精纽、月部；精纽、祭韵、子例切。
zhài 精纽、月部；庄纽、怪韵、侧界切。

商 商 西周 春秋 战国《说文》小篆 汉 楷书
春秋 战国

1、2《甲文编》8页。3-6《金文编》11页。7《楚系简帛》21页。8《说文》8页。9《篆隶表》11页。

会意字。从示，从又，从肉。始见于甲骨文。本义是指祭祀。《说文》："祭，祭祀也。"《合集》22692："丁卯卜，即贞：王宾报丁，祭，亡尤？"（丁卯这一天占卜，由即这个人贞问：商王若迎导报丁的神灵，举行祭祀，不会有灾祸吗？）金文栾书缶："以祭我皇祖。"这种用法的"祭"今天读jì。甲骨文中早期的"祭"字作"", 从又，从肉，会以手持肉祭祀之意，上下小点表示血滴。晚期甲骨文追加"示"旁，并将"肉"旁变为"口"形。西周金文承袭甲骨文晚期的写法，但将"肉"旁变为"⊿"形。春秋、战国、秦代以及汉代文字中基本沿袭西周文字的写法。但在春秋、战国时期，"祭"字所从的"又"旁或可写作"彐"、"攴"，乃"攴"字。这是因为古文字中，"又"、"攴"、"殳"等字在用作表意偏旁时常可互换的缘故。现代文字基本沿袭汉代"祭"字的写法，只是将"又"旁省变为"又"形。春秋时期，在今天河南郑州东北有一个祭国，"祭国"之"祭"今

天读zhài。（白于蓝）

祀 sì 邪纽、之部；邪纽、止韵、详里切。

商 商 西周 春秋 战国《说文》小篆 汉 楷书
西周 战国 《说文》或体

1、2《甲文编》8页。3《金文编》11页。4、5《类编》174页。6、7《古文典》64页。8、9《说文》8页。10《篆隶表》11页。

形声字。从示，巳声。始见于甲骨文。本义是指永久祭祀。《说文》："祀，祭无已也。"徐锴系传："《老子》曰：'子孙祭祀不辍'是也。"智鼎："智其万(年)用祀。""祀"字即用此义。引申之则泛指祭祀。《国语·周语上》："夫祀，国之大节也。"甲骨文《殷契佚存》："其祀多先祖。"金文天亡簋："王祀于天室。""祀"即指祭祀而言。"祀"字历代字形一脉相承，变化不是很大，只是在西周和战国文字中有在声旁"巳"字上加"丶"和""为饰笔。在秦代文字中，"祀"字还出现了"禩"这种异体。甲骨文中"祀"与"巳"有时可以通用。《小屯·殷墟文字乙编》2587："庚寅卜，争贞：我其祀于河。"《战后南北所见甲骨录·南北坊间所见甲骨录》3.35："贞：巳河。""祀"字可能是"巳"字之孳乳分化字。关于"巳"字之字形演变，参见"巳"字条。（白于蓝）

紫 chái 崇纽、支部；崇纽、佳韵、士佳切。

《说文》古文 《说文》小篆 楷书

1、2《说文》8页。

形声字。从示，此声。本义是指焚柴祭天，也作"柴"。《说文》："紫，烧紫焚燎以祭天神。"《集韵·佳韵》："紫，通作柴。"《史记·五帝本纪》："东巡守，至于岱宗，紫。"裴骃集解引郑玄曰："紫，燎也。"《说文》古文"紫"字从"隋省"声。"隋"、"此"古音相近，故"紫"或可从"隋"声作。（白于蓝）

祔 fù 並纽、侯部；奉纽、遇韵、符遇切。

《说文》小篆 汉 楷书

1《说文》8页。2《篆隶表》11页。

形声字。从示，付声。本义是一种祭名，新死之人附祭于先祖。《说文》："祔，后死者合食于先祖。"《尔雅·释诂下》："祔，祖也。"郭璞注："祔，付也。付新死者于祖庙。"《释名·释丧制》："祭曰祔。祭于祖庙，以后死孙祔于祖也。"（白于蓝）

祖 zǔ　精纽、鱼部；精纽、姥韵、则古切。

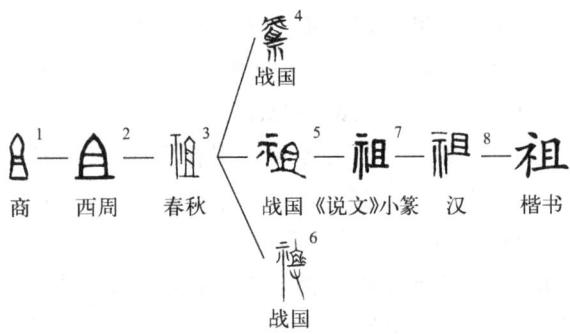

1《甲文编》9页。2、3《金文编》12、13页。4《楚系简帛》22页。5《战文编》7页。6《金文编》13页。7《说文》8页。8《篆隶表》11页。

形声字。从示，且声。甲骨文和西周金文中以"且"为"祖"，不从"示"。关于"且"字之造字本义，有多种说法，或云是男性生殖器之象形，或说是像神主之形，尚无定论。古文字中"祖"字是指祖先而言，凡父辈以上皆可称"祖"。《诗·大雅·生民序》："《生民》，尊祖也。"孔颖达疏："祖之定名，父之父耳。但祖者，始也，己所从始也，自父之父以上皆得称焉。""祖"字应当是由"且"分化出来的专用字。后世"且"用为虚词，不再用来表示"祖先"之义。这种分化大概是在春秋时代完成的，所以春秋文字中"祖"字已作"祖"。战国文字在春秋文字的基础上发生一些变化，主要表现在声旁"且"字上，或加一短横为饰笔，或加"又"旁繁化，并在"且"旁右边加"ㄙ"为饰笔；或将"且"声改为"虘"声。秦汉以后的"祖"字基本沿袭春秋文字的写法，变化不大。参见"且"字条。（白于蓝）

祊 bēng　帮纽、阳部；帮纽、庚韵、甫盲切。

1、2《说文》8页。

形声字。从示，彭声。或作祊，从示，方声。始见于秦代文字。本义是指宗庙门内设祭之处。《说文》："祊，门内祭先祖所以徬徨。从示，彭声。《诗》曰：'祝祭于祊。'祊，祊或从方。"《诗·小雅·楚茨》："祝祭于祊，祀事孔明。"毛传："祊，门内也。"《左传·襄公二十四年》："保始受氏，以守宗祊。"杜预注："祊，庙门。"《礼记·郊特牲》："索祭祝于祊。"孔颖达疏："凡祊有二种：一是正祭之时，既设祭于庙，又求神于庙门之内……二是明日绎祭之时，设馔于庙门外西室，亦谓之祊。"（白于蓝）

祏 shí　禅纽、铎部；禅纽、昔韵、常只切。

1、2《甲文编》9页。2《说文》8页。

会意兼形声字。从示、从石，石亦声。始见于甲骨文。本义是指古代宗庙中藏神主的石匣。《说文》："祏，宗庙主也。周礼有郊宗石室。"徐灏注笺："宗庙主藏于石室，谓之宗祏。浑言之，则祏曰宗庙主，非谓祏即主也。"《玉篇·示部》："祏，庙主石室也。"《左传·昭公十八年》："使祝史徙主祏于周庙。"杜预注："祏，庙主石函。"孔颖达疏："每庙木主皆以石函盛之，当祭则出之，事毕则纳于函，藏于庙之北壁之内，所以辟火灾也。"甲骨文之"祏"均用作祭名，如《铁云藏龟》121.2："□亥卜，㱿贞：祏南庚……"（□亥这一天占卜，由㱿这个人贞问：是否祏祭南庚……）"南庚"是商王祖先名。（白于蓝）

妣 bǐ　帮纽、脂部；帮纽、旨韵、卑履切。

1《金文编》13页。2《说文》8页。

形声字。从示，比声。本义是指用小猪祭司命神。《说文》："妣，以豚祠司命。从示，比声。《汉律》曰：'祠妣司命。'"段玉裁注："《风俗通义》曰：'《周礼》司命，文昌也。今民间祀司命，刻木长尺二寸为人像，行者担箧中，居者别作小屋。齐地大尊重之，汝南余郡亦多有，皆祠以腊，率以春秋之月。'按，腊同豬，许所谓豚也。"春秋文字中的"妣"从"ㄈ"（匕）声。"匕"乃匕柶之象形，与"比"同音，故"妣"亦可从匕声。此"妣"字见于春秋金文齐镈当中，通借为"考妣"之"妣"，其文句是："輸保其身，用享用孝于皇祖圣叔、皇妣（妣）圣姜，于皇祖又成惠叔、皇妣

(妣)又成惠姜、皇丂(考)迈中(仲)、皇母。"(白于蓝)

祠 cí 邪纽、之部；邪纽、之韵、似兹切。

祠₁—祠₂—祠₃—祠
春秋　战国　《说文》小篆　楷书

1、2《汉语字形表》9页。3《说文》8页。

形声字。从示,司声。始见于春秋文字。本义是一种祭名,指春祭。《说文》："祠,春祭曰祠,品物少,多文词也。从示,司声。仲春之月,祠不用牺牲,用圭璧及皮币。"《尔雅·释天》："春祭曰祠。"引申之亦可泛指祭祀。《尔雅·释诂》："祠,祭也。"《战国策·齐策二》："楚有祠者。"高诱注："祠,祭也。"禹邘王壶："以为祠器。"中山王圆壶："雨(雩)祠先王。""祠"字即用此义。(白于蓝)

礿 yuè 喻纽、药部；以纽、药韵、以灼切。

礿₃—礿₄
汉　楷书

礿₁—礿₂—礿
商　《说文》小篆　汉

1《金文编》13页。2《说文》8页。3、4《篆隶表》12页。

形声字。从示,勺声。本义是一种祭名。夏、商两代春祭曰礿,周代夏祭曰礿。《说文》："礿,夏祭也。"《礼记·王制》："天子诸侯宗庙之祭,春曰礿,夏曰禘,秋曰尝,冬曰烝。"郑玄注："此盖夏殷之祭名,周则改之,春曰祠,夏曰礿。"汉代文字中"礿"字开始出现从示龠声的异体。《尔雅·释天》："夏祭曰礿。"陆德明释文："本或作禴。"禴字亦一直沿用至今。(白于蓝)

禘 dì 定纽、锡韵；定纽、霁韵、特计切。

禘₁—禘
《说文》小篆　楷书

1《说文》8页。

形声字。从示,帝声。本义是一种祭名。《说文》："禘,谛祭也。"段玉裁注："禘有三,有时禘,有殷禘,有大禘。"大禘是指郊祭祭天。《诗·商颂·长发序》："长发,大禘也。"郑玄笺："大禘,郊祭天也。"孔颖达疏："禘者,祭天之名。"殷禘是指宗庙五年一次的大祭。《尔雅·释天》："禘,大祭也。"郭璞注："五年一大祭。"时禘是宗庙四时祭之一。《礼记·王制》："天子诸侯宗庙之祭,春曰礿,夏曰禘,秋曰尝,冬曰烝。"甲骨文中以"帝"假借为"禘",如《京都大学人文科学研究所藏甲骨文字》2142："于汓帝(禘),乎御羌方于止,弌(灾)？"("于汓帝(禘)"即指在汓这个地方举行禘祭)金文中则以"啻(啇)"假借为"禘",如刺鼎："用牲于大室,啻(禘)邵(昭)王。""啻"字在"帝"字之下增加了"日(口)"旁,是"帝"字的繁文。(白于蓝)

祫 xiá 匣纽、缉部；匣纽、洽韵、侯夹切。

祫₁—祫
《说文》小篆　楷书

1《说文》8页。

会意兼形声字。从示,从合,合亦声。本义是一种祭名,三年举行一次的集合远近祖先神主的大型祭祀。《说文》："祫,大合祭先祖亲疏远近也。"《春秋·文公二年》："八月,丁卯,大事于庙。"《公羊传·文公二年》："大事者何？大祫也。大祫者何？合祭也……毁庙之主,陈于大祖。未毁庙之主,皆升,合食于大祖。五年而再殷祭。"何休注："殷,盛也。谓三年祫,五年禘。"《礼记·曾子问》："祫祭于祖。"孔颖达疏："祫,合祭。祖,大祖。三年一祫。"(白于蓝)

祼 guàn 见纽、元部；见纽、换韵、古玩切。

祼₁—祼
《说文》小篆　楷书

1《说文》8页。

形声字。从示,果声。本义是一种祭名,酌酒灌地之礼。《说文》："祼,灌祭也。"《书·洛诰》："王入太室祼。"孔颖达疏："王以圭瓒酌郁鬯之酒以献尸,尸受祭而灌于地,因奠不饮谓之祼。"(白于蓝)

祝 zhù 章纽、觉部；章纽、屋韵、之六切。

祝₁
商

祝₂—祝₃—祝₄—祝₅—祝₆—祝₇—祝₈—祝
商　西周　西周　春秋　战国　《说文》小篆　汉　楷书

1《甲文编》364页。2《甲文编》10页。3、4《金文编》13页。5《类编》175页。6《楚系简帛》22页。7《说文》8页。8《篆隶表》12页。

会意字。始见于甲骨文。像人跪在地上或跪于神主之前有所祷告之形。本义是祝祷。《书·洛诰》："王命作册，逸祝册。"孔颖达疏："读册告神谓之祝。"《小屯·殷墟文字乙编》："祝于祖乙。"（向祖先祖乙祝祷）"祝"字即用此义。引申之则祭祀时主持祭礼之人亦可称为"祝"。《说文》："祝，祭主赞词者。"《礼记·曾子问》："祫祭于祖，则祝迎回庙之主。"郑玄注："祝，接神者也。"金文中的"祝"多用作官称，鄸簋："毛白（伯）内（入）门，立中廷，右祝鄸。""昔先王即命女（汝）乍（作）邑譈五邑祝。"又有官名"大祝"，禽鼎："大祝禽鼎。"《周礼·春官·大祝》："大祝掌六祝之辞，以事鬼神示，祈福祥，求永贞。"甲骨文之"祝"字本像人跪在地上或跪于神主之前祷告之形。西周早期金文承袭甲骨文，但在晚期，像人跪坐之形变为站立之形，在写法上与"兄"字相同。春秋以后各代文字沿袭西周晚期文字，除书体上的变化外，字形本身变化不大。（白于蓝）

祓 fú 帮纽、月部；敷纽、物韵、敷物切。
fèi 帮纽、月部；非纽、废韵、方肺切。

祓¹—祓
《说文》小篆 楷书

1《说文》8页。

形声字。从示，友声。本义是指古代除灾求福的祭祀。《说文》："祓，除恶祭也。"《玉篇·示部》："祓，除灾求福也。"引申之则亦可指清除、消除。《广雅·释诂》："祓，除也。"《国语·周语上》："先王知大事之必以众济也，是故祓除其心，以和惠民。"韦昭注："祓，拂也。"以上这些意思的"祓"，今天都读为fú。汉代时在今天山东胶县西南有一侯国，名叫"祓"。该侯国名今天读fèi。《汉书·地理志上》："琅邪郡：祓，侯国。"颜师古注："祓，音废。"（白于蓝）

祈 qí 群纽、文部；群纽、微韵、渠希切。

祈¹—祈²—祈³—祈
战国 《说文》小篆 汉 楷书

1《楚系简帛》23页。2《说文》8页。3《篆隶表》12页。

形声字。从示，斤声。本义是指求福。《说文》："祈，求福也。"《诗·周颂·噫嘻序》："春夏祈谷于上帝也。"郑玄注："祈，犹祷也，求也。"西周金文中，常借"旂"为"祈"。陈侯簋："用旂（祈）矕（眉）寿。"参"旂"字条。（白于蓝）

禱（祷） dǎo 端纽、幽部；端纽、皓韵、都皓切。

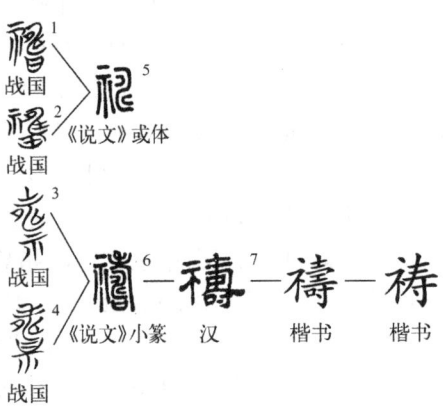

1—4《楚系简帛》27页。5、6《说文》8页。7《篆隶表》12页。

形声字。从示，壽声。本义是指向神祝告求福。《说文》："禱，告事求福也。"《周礼·春官·小宗伯》："祷祠于上下神示。"郑玄注："求福曰祷。"《说文》："寿，久也。从老省，畱声。"《说文》："畘（畴），耕治之田也。从田，像耕屈之形。甾，畘或省。"《说文》："譸，谁也。从口，畱又声。甾，古文譸。"其实，"寿"、"畘（畴）"、"譸"俱从"甾"声。战国文字及秦代文字中"祷"字之声符变形虽然很多，但基本声符未变，都从"甾"声。（白于蓝）

禜（祭） yǒng 匣纽、耕部；云纽、映韵、为命切。

禜¹—禜²—禜—祭
《说文》小篆 汉 楷书 楷书

1《说文》8页。2《篆隶表》12页。

形声字。从示，榮省声。本义是一种祭名。古代以绳束等圈地，作为临时祭祀之所，对日月星辰山川致祭，以禳除灾害。《说文》："禜，设绵蕝为营，以禳风雨雪霜水旱疠疫于日月星辰山川也。"《左传·昭公元年》："山川之神，则水旱疠疫之灾，于是乎禜之；日月星辰之神，则雪霜风雨之不时，于是乎禜之。"孔颖达疏："日月山川之神，其祭非有常处，故临时营其地，立攒表，用币告之，以祈福祥也。攒，聚也。聚草木为祭处耳。"引申之也指预防灾害之祭。《说文》："一曰禜，卫使灾不生。"段玉裁注："此字义之别说也。上言禳之于已至，此言御之于未来。"（白于蓝）

禳 ráng
日纽、阳部；日纽、阳韵、汝阳切。

禳¹—禳²—禳
《说文》小篆　汉　楷书

1《说文》8页。2《篆隶表》12页。

形声字。从示，襄声。本义是一种祭名，指消除灾邪的祭祀。《说文》："禳，磔禳祀，除疠殃也。"王筠句读："禳自是祭名。云磔禳祀者，谓磔牲以禳之之祀名曰禳也。"《广韵·阳韵》："禳，除殃祭也。"《周礼·天官·女祝》："掌以时招梗禬禳之事，以除疾殃。"郑玄注："却变异曰禳。禳，攘也。"（白于蓝）

禪（禅） shàn
禅纽、元部；禅纽、线韵、时战切。
chán
禅纽、元部；禅纽、仙韵、市连切。

禪¹—禪²—禪—禅
《说文》小篆　汉　楷书　楷书

1《说文》9页。2《篆隶表》12页。

形声字。从示，單声。本义是指祭天。《说文》："禪，祭天也。"又指古代帝王让位给别人，即禅让。汉王充《论衡·正说》："尧老求禅，四岳举舜。"这两种意思的"禅"今天读 shàn。"禅"还是佛教用语"禅那"的略称，意为静思，是佛教的一种修行方式。如"坐禅"。《顿悟入道要门论》："问：云何为禅，云何为定？答：妄念不生为禅，坐见本性为定。"这种意思的"禅"今天读 chán。（白于蓝）

禦（御） yù
疑纽、鱼部；疑纽、语韵、鱼巨切。

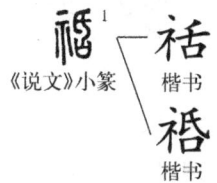
商　商　西周　《说文》小篆　汉　楷书

1、2《甲文编》76页。3《甲文编》11页。4《金文编》16页。5《说文》9页。6《篆隶表》13页。

形声字。从示，御声。本义是指御除灾殃的一种祭祀。《说文》："禦，祀也。""禦"字在甲骨文中已出现，大多也是当禦祭讲。禦祭的内容十分广泛，或祈雨、或禦水、或禦疾，等等，均为禦祭于先祖以求祐护。如《小屯·殷墟文字乙编》6344："贞：禦疾身于父乙（卜问是否禦除腹病于父乙）。"引申之禦还有防禦、抵抗之义。《小尔雅·广言》："禦，抗也。"《诗·小雅·常棣》："外禦其侮。"《甲骨文合集》6613："乎禦羌。""禦羌"即抵禦羌方。甲骨文中的"禦"字作"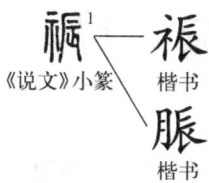"、""（卬），从""（卩）像人跪拜祭祷之形，从""、""（午）为声符（禦、午上古音均为疑纽鱼部字）。之后增加"示"旁为义符，使"禦"变为从示卬声的形声字。西周时代，由于"午"字演变为""，所以"禦"字也作""形。秦代文字中"禦"字又改从"御"声。"御"字是在"卬"字上追加辵旁，是从辵、卬声的形声字，所以"禦"字所从的基本声符并未改变。汉代文字中将秦代文字"禦"字所从的""部分讹变为""形。现代文字基本沿袭秦代文字的写法。参见"御"字条。（白于蓝）

祜 huò
见纽、月部；匣纽、末韵、户括切。

祜¹—祜 / 祜
《说文》小篆　楷书　楷书

1《说文》9页。

形声字。从示，昏声。本义是一种祭祀。《说文》："祜，祀也。"《集韵·换韵》："祜，报神祭也。""祜"字本从昏声，本应隶定为"祜"。但在现代文字中声符"昏"讹变为"舌"，与"口舌"之"舌"形同。当然，作为"祜"的异体，"祜"这种形体在后代文字中仍然保留着，如《集韵·鎋韵》："祜，或作祜。"（白于蓝）

禖 méi
明纽、之部；明纽、灰韵、莫杯切。

禖¹—禖
《说文》小篆　楷书

1《说文》9页。

形声字。从示，某声。本义是一种祭名，指求子之祭。《说文》："禖，祭也。"段玉裁注："谓祭名也。"《玉篇·示部》："禖，求子祭。"引申之又指求子所祭之神。《汉书·戾太子传》："上年二十九乃得太子，甚喜，为立禖，使东方朔、枚皋作禖祝。"颜师古注："禖，求子之神也。"（白于蓝）

祳 shèn
禅纽、真部；禅纽、轸韵、时忍切。

祳¹—祳 / 脤
《说文》小篆　楷书　楷书

1《说文》9页。

形声字。从示，辰声。本义是指古代帝王祭祀社稷之神时所用的生肉。这种生肉盛放在海蜃里，祭后要分赐给同姓诸侯。《说文》："脈，社肉，盛以蜃，故谓之脈。天子所以亲遗同姓。《春秋》传曰：'石尚来归脈。'"《玉篇·示部》："脈，祭社生肉也。""脈"本是一种生肉，所以"脈"字又有从肉、辰声的"脤"为异体。《玉篇·肉部》："以脤膰之礼，亲兄弟之国，皆社祭宗庙之肉也。"《周礼·春官·大宗伯》："以脤膰之礼，亲兄弟之国。"贾公彦疏："分而言之，则脤是社祭之肉，膰是宗庙之肉。"（白于蓝）

禡(祃) mà 明纽、鱼部；明纽、祃韵、莫驾切。

禡¹—禡—祃
《说文》小篆　楷书　楷书

1《说文》9页。

形声字。从示，马声。本义是一种军中祭名。古时于军队驻扎之处设祭祭神曰禡。《说文》："祃，师行所止，恐有慢其神，下而祀之曰祃。"《玉篇·示部》："祃，师祭也。"《礼记·王制》："祃于所征之地。"郑玄注："祃，师祭也。为兵祷。"（白于蓝）

社 shè 禅纽、鱼部；禅纽、祃韵、常者切。

☐¹—祍²—社³—社⁴
商　战国《说文》小篆　汉　楷书

1《甲文编》518页。2《金文编》16页。3《说文》9页。4《篆隶表》13页。

会意字。从示，从土。本义是指土地之神。《吕氏春秋·季冬》："以供皇天上帝社稷之享。"高诱注："社，后土之神。"《白虎通·社稷》："社者，土地之神也。"中山王䖓鼎："身勤祍(社)禝(稷)。""祍(社)"亦指土地之神。甲骨文中以"☐(土)"为"社"。《殷墟书契前编》4.17.3："贞：勿秦年于封土。""封土"即"封社"。"社"字应即"土"字之孳乳分化字。参"土"字条。（白于蓝）

禓 yáng 喻纽、阳部；以纽、阳韵、与章切。

禓¹—禓
《说文》小篆　楷书

1《说文》9页。

形声字。从示，易声。本义是指道上之祭。《说文》："禓，道上祭。"《急就篇》第二十五章："谒禓塞祷鬼神宠。"颜师古注："禓，道上之祭也。"引申之又指路神。《广韵·阳韵》："禓，道神。"（白于蓝）

祲 jīn 精纽、侵部；精纽、侵韵、子心切。
jìn 精纽、侵部；精纽、沁韵、子鸩切。

祲¹—祲
《说文》小篆　楷书

1《说文》9页。

形声字。从示，侵省声。本义是指阴阳之气相侵所形成的不祥的妖气。《说文》："祲，精气感祥。"《集韵·寝韵》："祲，妖气。"《左传·昭公十五年》："吾见赤黑之祲，非祭祥也，丧氛也。"杜预注："祲，妖氛也。"引申之则指灾祸。《续资治通鉴·宋理宗端平二年》："灾祲饥馑，史不绝书。"（白于蓝）

禍(祸) huò 匣纽、歌部；匣纽、果韵、胡果切。

禍¹—禍²—禍³—禍—祸
战国《说文》小篆　汉　楷书　楷书

1《金文编》16页。2《说文》9页。3《篆隶表》13页。

形声字。从示，咼声。本义是指灾害、灾难。《说文》："禍，害也。"中山王䖓壶："佳(惟)逆生禍，佳(惟)忑(顺)生福。"参"咼"字条。（白于蓝）

祟 suì 心纽、物部；心纽、至韵、虽遂切。

木¹—示³—祟⁴—祟⁵—祟
商／西周　战国《说文》小篆　楷书
木²
商

1、2《甲文编》12页。3《金文编》194页"叙"字所从。4《战文编》8页。5《说文》9页。

会意字。始见于甲骨文，从示，从木，会燃木于示前卜问神祇之意。引申之则指鬼神为祸。《说文》："祟，神祸也。"《庄子·天道》："其鬼不祟。""祟"字在战国时期，所从之"木"旁讹变为"义"，至秦代文字中又进一步讹变为"𡴆"，至楷书中则变为"出"，与"进出"之"出"字形同。（白于蓝）

祅 yāo
影纽、宵部；影纽、宵韵、於乔切。

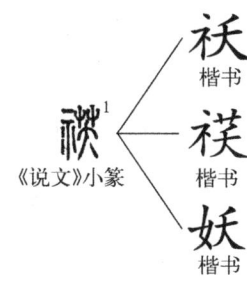

1《说文》9页。

形声字。从示,芺声。本义是指一切反常怪异的事物或现象。《说文》："地反物为祅也。""祅"字或作"䄏",也作"妖"。段玉裁注："祅,省作䄏。经传通作妖。"《集韵·宵韵》："祅,《说文》：'地反物为祅。'或省,通作䄏。"（白于蓝）

禁 jìn
见纽、侵部；见纽、沁韵、居荫切。

1《说文》9页。2《篆隶表》13页。

会意字。从示,林声。本义是指忌讳。《说文》："禁,吉凶之忌也。"《汉书·艺文志》："及拘者为之,则牵于禁忌,泥阴于小数,舍人事而任鬼神。"引申之指禁止、制止。《广雅·释诂三》："禁,止也。"《礼记·王制》："林麓川泽以时入而不禁。"孔颖达疏："禁谓防遏。"（白于蓝）

祧 tiāo
透纽、宵部；透纽、萧韵、吐雕切。

1《说文》9页。

形声字。从示,兆声。本义是指帝王远祖、始祖之庙。《玉篇·示部》："祧,远庙也。"《礼记·祭法》："远庙为祧。"孙希旦集解："盖谓高祖之父、高祖之祖之庙也。"古代帝王对其世次疏远之祖,依制迁去神主藏于祧。《周礼·春官·守祧》："守祧掌守先王先公之庙祧。"郑玄注："迁主所藏曰祧。"《说文》："祧,迁庙也。"（白于蓝）

祚 zuò
从纽、铎部；从纽、暮韵、昨误切。

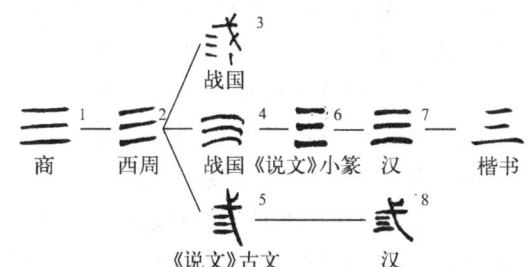

1《楚系简帛》28页。2《说文》9页。3《篆隶表》14页。

形声字。从示,乍声。本义是指福。《说文》："祚,福也。"引申之又指赐福。《左传·宣公三年》："天祚明德,有所厎止。"又指帝位。《广韵·暮韵》："祚,位也。"《史记·秦楚之际月表》："拨乱诛暴,平定海内,卒践帝祚,成于汉家。"（白于蓝）

禊 xì
溪纽、月部；匣纽、霁韵、胡计切。

形声字。从示,契声。古代民俗于三月上旬巳日于水滨设祭,祓除不祥。《史记·外戚世家》："武帝禊霸上还。"裴骃集解引徐广曰："三月上巳,临水祓除谓之禊。"《广韵·霁韵》："禊,祓除不祥也。"（白于蓝）

三 部

三 sān
心纽、侵部；心纽、谈韵、苏甘切。

1《甲文编》14页。2《金文编》18页。3《古文典》1418页。4《战文编》14页。5、6《说文》9页。7、8《篆隶表》14页。

指事字。本义是数词,即二加一为三。《庄子·齐物论》："二与一为三。"《广韵·谈韵》："三,数名。"又表示序数第三。《书·洪范》："五行：一曰水,二曰火,三曰木……"引申之又泛指多数。《论语·公冶长》："季文子三思而后行。"刘宝楠正义："三思者,言思之多,能审慎也。""三"字本用三横表示数量,战国文字中或在原形上追加"戈"或"弋"为繁形,其中加"弋"之形一直沿袭至汉代。甲骨文"三"字作"☰",三横等长,"气"字作"≡",中间一横较上下两横短,二字是有严格区分的。（白于蓝）

王 部

王 wáng 匣纽、阳部；云纽、阳韵、雨方切。
　　 wàng 匣纽、阳部；云纽、漾韵、于放切。

1、2、3《甲文编》15页。4、5、7《金文编》18、20页。6《战文编》14页。8《说文》9页。9《篆隶表》15页。

象形字。甲骨文作"大"，像斧钺之形（由"丫"演变）。以斧钺象征王权。本义是指古代最高统治者。《说文》："王，天下所归往也。"《尔雅·释诂上》："王，君也。"《礼记·内则》："后王命冢宰，降德于众兆民。"陆德明释文："王，天子也。"这种意思的"王"今天读wáng。"王"字引申之又有统治之意。《诗·大雅·皇矣》："王此大邦，克顺克比。"《史记·项羽本纪》："先破秦入咸阳者王之。"即其例。这种意义的"王"今天读wàng。甲骨文早期"王"字作"大"，后在其上缀加一横，作"天"，至晚期则将"王"所从之"丄"省减为一"丨"，"王"字构形便与我们今天楷书中的"王"字一样了。春秋战国时期，南方楚国及吴越地区的"王"字上或缀加鸟形，这种书体过去称为"鸟虫书"，所加鸟形乃装饰性符号，纯粹为了美观，并无实在意义。秦代小篆中"王"字和"玉"字的形体十分接近（"玉"字作"王"），但仍有区分，"王"字中间一横略微靠上，"玉"字则中间一横处于正中位置，参"玉"字条。（白于蓝）

闰(闰) rùn 日纽、真部；日纽、稕韵、如顺切。

1《楚系简帛》41页。2《说文》9页。3《篆隶表》15页。

会意字。从王在门中以表示"闰月"之"闰"。《说文》："闰，余分之月，五岁再闰。告朔之礼，天子居宗庙，闰月居门中。从王在门中。《周礼》曰：'闰月，王居门中，终月也。'"本义是历法术语。农历一年与地球公转一周相比，约差十日有奇，所余的时间约三年积成一月，加在一年里，这样的办法叫做"闰"。《书·尧典》："以闰月定四时成岁。"孔传："一岁有余十二日，未盈三岁足得一月，则置闰焉。"《广韵·稕韵》："闰，余也。《易》曰：'五岁再闰。'《史记》曰：'黄帝起消息，正闰余。'《汉书音义》曰：'以岁之余为闰。'"（白于蓝）

皇 huáng 匣纽、阳部；匣纽、唐韵、胡光切。

1、2《甲文编》906页。3、4、5《金文编》21~23页。6《战文编》15页。7《说文》10页。8《篆隶表》15页。

象形字。始见于甲骨文，本像火炬光焰上腾之形，即"煌"字初文。"皇"字古有大义。《说文》："皇，大也。"中山王䂮壶："邵（昭）大皇工（功）。""皇功"即"大功"。又可指天。《广韵·唐韵》："皇，天也。"又可指君主。《尔雅·释诂上》："皇，君也。"甲骨文"皇"字作"坐"，又作"坐"，附加音符"王"。西周金文作"皇"，将"王"字的一竖笔与"坐"下部的一竖笔连为一体，这种现象在古文字中称"借笔"或"兼笔"。春秋文字作"皇"，将"王"字从原形体中独立出来。战国文字承袭西周、春秋文字，但上部讹变为"屮"形者。秦代小篆上部又讹变为"自"，即《说文》所谓："皇，大也。从自。自，始也。始皇者，三皇，大君也。自，读若鼻，今俗以始生子为鼻子。"汉代文字则将上部又讹变为"白"，一直沿袭至今。（白于蓝）

玉 部

玉 yù 疑纽、屋部；疑纽、烛韵、鱼欲切。

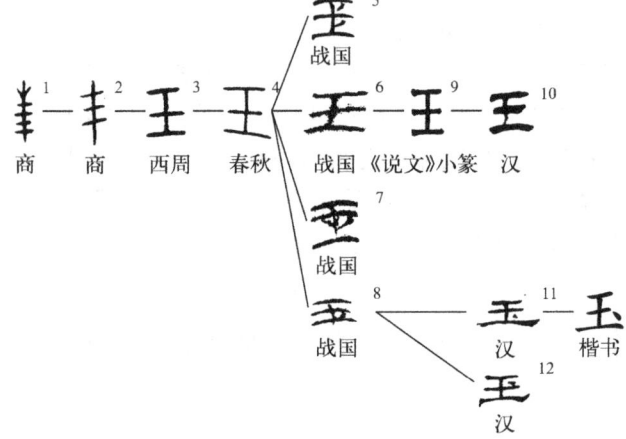

1、2《甲文编》16页。3、4《金文编》24页。
5《汉语字形表》13页。6、7、8《战文编》15页。
9《说文》10页。10、11、12《篆隶表》16页。

象形字。始见于甲骨文，像一串玉之形。本义即指玉石。《说文》："玉，石之美。"《诗·召南·野有死麕》："白茅纯束，有女如玉。"甲骨文"玉"字作"丰"、"丯"，西周金文作"王"，三横画等长，中竖上下不出头。第二横在竖画正中位置，与"王"字中横偏上有别(参"王"字条)。春秋文字承袭西周文字。战国文字承袭春秋文字，但为了与"王"字相区别，或附加一二斜笔为区别符号，作"玊"、"玊"、"玉"。秦代文字承袭战国文字未加区别符号之形，作"王"。汉代文字部分仍沿袭秦代文字之形，但大多数则沿袭战国文字加区别符号的做法，作"玉"或"王"。现代文字承袭汉代文字"玉"字的写法。(白于蓝)

瓘

guàn 见纽、元部；见纽、换韵、古玩切。

瓘¹—瓘²—瓘
《说文》小篆 汉 楷书

1《说文》10页。2《篆隶表》16页。

形声字。从玉，雚声。本义是一种玉名。《说文》："瓘，玉也。"《左传·昭公十七年》："若我用瓘斝、玉瓒，郑必不火。"杜预注："瓘，珪也。"清王引之《经义述闻》："'瓘斝'与'玉瓒'对文，则瓘乃玉石之名。"(白于蓝)

璠

fán 並纽、元部；奉纽、元韵、附袁切。

璠¹—璠²—璠
《说文》小篆 汉 楷书

1《说文》10页。2《篆隶表》16页。

形声字。从玉，番声。本义是指一种宝石，称"璠玙"或"玙璠"。《说文》："璠，璠玙，鲁之宝玉。"段玉裁注："各本作'玙璠'，今依《御览》所引作'璠玙'，《法言》亦作'璠玙'。"《左传·定公五年》："阳虎将以玙璠敛。"杜预注："玙璠，美玉，君所佩。"(白于蓝)

璵(玙)

yú 喻纽、鱼部；以纽、鱼韵、以诸切。

璵¹—璵²—璵—玙
《说文》小篆 汉 楷书 楷书

1《说文》10页。2《篆隶表》16页。

形声字。从玉，與声。本义是指一种宝玉。称"璠玙"或"玙璠"。参"璠"字条。(白于蓝)

瑾

jǐn 见纽、文部；见纽、隐韵、居隐切。

瑾¹—瑾²—瑾
《说文》小篆 汉 楷书

1《说文》10页。2《篆隶表》16页。

形声字。从玉，堇声。本义是指一种美玉。《说文》："瑾，瑾瑜，美玉也。"《广韵·震韵》："瑾，美玉名。"金文中常借"堇"为"瑾"。如颂鼎："反(返)入(纳)堇(瑾)章(璋)。""瑾"字盖是"堇"字之分化字。(白于蓝)

瑜

yú 喻纽、侯部；以纽、虞韵、羊朱切。

瑜¹—瑜
《说文》小篆 楷书

1《说文》10页。

形声字。从玉，俞声。本义是一种美玉。《说文》："瑜，瑾瑜，美玉也。"《山海经·西山经》："瘗用百瑜。"郭璞注："瑜，亦美玉名也。"引申之亦指玉之光彩。五代徐锴《说文解字系传·玉部》："瑜，玉之光彩也。"(白于蓝)

瓊(琼)

qióng 群纽、耕部；群纽、清韵、渠营切。

瓊¹—瓊²—瓊—琼
《说文》小篆 汉 楷书 楷书

1《说文》10页。2《篆隶表》17页。

形声字。从玉，夐声。本义是指赤色玉。《说文》："瓊，赤玉也。"也可泛指美玉。《诗·卫风·木瓜》："投我以木瓜，报之以瓊琚。"毛传："瓊，玉之美者。"引申之又可指玉色华美。《汉书·扬雄传》："精瓊靡与秋菊兮，将以延夫天年。"颜师古注引应劭曰："瓊，玉之华也。"《正字通·玉部》："瓊，玉色美也。"今天简化字中将"瓊"字简化为"琼"，从玉、京声。(白于蓝)

璐

lù 来纽、铎部；来纽、暮韵、洛故切。

璐¹—璐
《说文》小篆 楷书

1《说文》10页。

形声字。从玉，路声。本义是指一种美玉。《说文》："璐，玉也。"《玉篇·玉部》："璐，美玉也。"《楚辞·九章·涉江》："冠切云之崔嵬，被明月兮珮宝璐。"王逸注：

"宝璐,美玉也。"(白于蓝)

瓚(瓒) zàn 从纽、元部;从纽、旱韵、藏旱切。

1《说文》10页。2《篆隶表》17页。

形声字。从玉,贊声。本义是指质地不纯的玉。《说文》:"瓚,三玉、二石也。"徐锴系传:"谓五分玉之中二分是石。"《周礼·考工记·玉人》:"天子用全,上公用龙,侯用瓚,伯用将。"郑玄注:"龙、瓚、将,皆杂名也。"又指一种礼器,用于盛鬯酒,以祀宗庙、享宾客行祼礼。以圭为柄者称圭瓚,以璋为柄者称璋瓚。《周礼·春官·典瑞》:"祼圭有瓚,以肆先王,以祼宾客。"郑玄注:"郑司农云:'于圭头为器,可以挹鬯祼祭,谓之瓚。'"贾公彦疏引《周礼·考工记·玉人》郑玄注:"三璋之勺,形如圭瓚。"(白于蓝)

瑛 yīng 影纽、阳部;影纽、庚韵、於惊切。

1《说文》10页。2《篆隶表》17页。

形声字。从玉,英声。本义是指玉的光彩。《说文》:"瑛,玉光也。"又指似玉的美石。《玉篇·玉部》:"瑛,美石,似玉。"(白于蓝)

璿 xuán 邪纽、元部;邪纽、仙韵、似宣切。

1《说文》10页。2《篆隶表》17页。

形声字。从玉,睿声。本义是指美玉。《说文》:"璿,美玉也。《春秋传》曰:'璿弁玉缨。'"《书·舜典》:"在璿玑玉衡,以齐七政。"孔传:"璿,美玉。""璿"字异体又可作"璇"、"璹"。《集韵·仙韵》:"璿,或作璇、璹。"(白于蓝)

球 qiú 群纽、幽部;群纽、尤韵、巨鸠切。

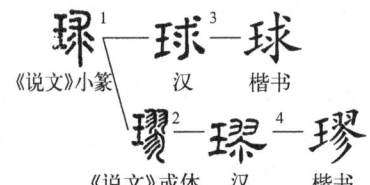

1《说文》10页。2《说文》10页。3、4《篆隶表》17页。

形声字。从玉,求声。本义是指美玉。《说文》:"球,玉也。"《广韵·尤韵》:"球,美玉。"《书·禹贡》:"厥贡惟球、琳、琅玕。"孔颖达疏:"球、琳,美玉名。""球"字始见于秦代文字,同时期"球"字又有或体作"璆"。求、翏古音很近,"球"或作"璆",乃声符互换。或体"璆"亦一直沿用到现代,专用于表示"球"字之"美玉"这一字义。而"球"字则专用于表示某些圆形立体的物品,如篮球、足球等。(白于蓝)

琳 lín 来纽、侵部;来纽、侵韵、力寻切。

1《说文》10页。

形声字。从玉,林声。本义是指美玉。《说文》:"琳,美玉也。"《尔雅·释地》:"西北之美者,有昆仑虚之璆、琳、琅玕焉。"郭璞注:"璆、琳,美玉名。"(白于蓝)

璧 bì 帮纽、锡部;帮纽、昔韵、必益切。

1、2《金文编》24页。3《战文编》15页。4《说文》11页。5《篆隶表》17页。

形声字。从玉,辟声。本义是指一种玉质礼器。平圆形,正中有孔,边宽为内孔直径的两倍。古代在祭祀、朝聘和丧葬时使用,也用作装饰品。《说文》:"璧,瑞玉,圜也。"《尔雅·释器》:"肉倍好谓之璧。"邢昺疏:"肉,边也。好,孔也。边大倍于孔者名璧。"《诗·卫风·淇奥》:"有匪君子,如金如锡,如圭如璧。"(白于蓝)

瑗 yuàn 匣纽、元部;云纽、线韵、王眷切。

1《楚系简帛》42页。2《说文》11页。3《篆隶表》18页。

形声字。从玉，爰声。本义是指一种孔大边小的璧。《说文》："瑗，大孔璧。"《尔雅·释器》："肉倍好谓之璧，好倍肉谓之瑗。"郭璞注："孔大而边小。"《荀子·大略》："问士以璧，召人以瑗。"（白于蓝）

環(环) huán 匣纽、元部；匣纽、删韵、户关切。

1《金文编》25页。2《楚系简帛》42页。3《说文》11页。4《篆隶表》18页。

形声字。从玉，睘声。本义是指边与孔等同的璧。《说文》："環，璧也。肉好若一谓之环。"《尔雅·释器》："肉倍好谓之璧，好倍肉谓之瑗，肉好若一谓之环。"引申之则泛指圆圈形物，如耳环、门环等。（白于蓝）

璜 huáng 匣纽、阳部；匣纽、唐韵、胡光切。

1《金文编》25页。2《楚系简帛》44页。3《说文》11页。4《篆隶表》18页。

形声字。从玉，黄声。本义是指一种玉质礼器，像璧的一半，在朝聘、祭祀、丧葬时使用。《说文》："璜，半璧也。"《周礼·春官·大宗伯》："以玄璜礼北方。"郑玄注："半璧曰璜。"望山二号墓竹简："一双璜。"即指一对玉璜。（白于蓝）

琮 cóng 从纽、冬部；从纽、冬韵、藏宗切。

1《说文》11页。2《篆隶表》18页。

形声字。从玉，宗声。本义是指一种玉质礼器。方形，也有作长筒形者，中有圆孔。《说文》："琮，瑞玉。"《周礼·春官·大宗伯》："以玉作六器，以礼天地四方：以苍璧礼天，以黄琮礼地。"（白于蓝）

琥 hǔ 晓纽、鱼部；晓纽、姥韵、呼古切。

1《楚系简帛》44页。2《说文》11页。

形声字。从玉，虎声。本义是指古时发兵的虎符。《说文》："琥，发兵瑞玉。为虎文。"又指古代的一种礼器。《周礼·春官·大宗伯》："以玉作六器，以礼天地四方……以白琥礼西方。"《周礼·秋官·小行人》："琥以绣。"郑玄注："子、男于诸侯则享用琥璜，下其瑞也。"（白于蓝）

琬 wǎn 影纽、元部；影纽、阮韵、於阮切。

1《说文》11页。2《篆隶表》18页。

形声字。从玉，宛声。本义是指一种上端浑圆而无棱角的圭。《说文》："琬，圭有琬者。"《集韵·换韵》："琬，圭名。"《周礼·考工记·玉人》："琬圭九寸而缫。"郑玄注："琬，犹圆也。王使之瑞节也。诸侯有德，王命赐之，使者执琬圭以致命焉。"（白于蓝）

璋 zhāng 章纽、阳部；章纽、阳韵、诸良切。

1《金文编》24页。2《战文编》16页。3《说文》11页。4《篆隶表》19页。

形声字。从玉，章声。本义是一种古瑞玉名称，形如半圭。《说文》："璋，剡上为圭，半圭为璋。"《诗·小雅·斯干》："载弄之璋。"毛传："半圭曰璋。"《周礼·春官·大宗伯》："以玉作六器，以礼天地四方……以赤璋礼南方。""璋"字古又有明义。《玉篇·玉部》："璋，明也。"《白虎通·文质》："璋之为言明也。"（白于蓝）

琰 yǎn 喻纽、谈部；以纽、琰韵、以冉切。

1《说文》11页。2《篆隶表》19页。

形声字。从玉，炎声。本义是一种美玉名称，通称"琬琰"。《说文》："琰，璧上起美色也。"徐锴系传："琰亦美色之玉也。"《广韵·琰韵》："琰，玉名。"《楚辞·远游》："吸飞泉之微液兮，怀琬琰之华英。"《汉书·司马相如传上》:"亳采琬琰,和氏出焉。"颜师古注:"琬琰,美玉名。""琰"又可指圭之上端斜削成尖锐的形状。《集韵·琰韵》:"琰,圭之锐上者。"(白于蓝)

玠 jiè 见纽、月部；见纽、怪韵、古拜切。

玠¹—玠
《说文》小篆　楷书

1《说文》11页。

形声字。从玉,介声。本义是指大圭。《说文》:"玠,大圭也。"《尔雅·释器》:"珪大尺二寸谓之玠。"(白于蓝)

瑒(玚) chàng 定纽、阳部；定纽、梗韵、徒杏切。
yáng 喻纽、阳部；以纽、阳韵、与章切。

瑒¹—瑒—玚
《说文》小篆　楷书　楷书

1《说文》11页。

形声字。从玉,易声。本义是一种古代用于宗庙祭祀的带瓒的圭。《说文》:"瑒,圭尺二寸,有瓒,以祠宗庙者也。"这种意义的"瑒"今天读 chàng。"玚"又是一种玉名。《广韵·阳韵》:"玚,玉名。"这种意义的"玚"今天读 yáng。(白于蓝)

瓛(瓛) huán 匣纽、元部；匣纽、桓韵、胡官切。

瓛¹—瓛—瓛
《说文》小篆　楷书　楷书

1《说文》11页。

形声字。从玉,獻声。本义是一种圭名,即"桓圭"。《说文》:"瓛,桓圭,公所执。"《广韵·桓韵》:"瓛,圭名。"(白于蓝)

珽 tǐng 透纽、耕部；透纽、迥韵、他鼎切。

珽¹—珽
《说文》小篆　楷书

1《说文》11页。

形声字。从玉,廷声。本义是指古代天子所持的大圭。《说文》:"珽,大圭,长三尺。杼上,终葵首。"《周礼·考工记·玉人》:"大圭长三尺,杼上,终葵首,天子服之。"郑玄注:"王所搢大圭也,或谓之珽。"又可指一种玉名。《广韵·迥韵》:"珽,玉名。"(白于蓝)

瑁 mào 明纽、幽部；明纽、号韵、莫报切。

瑁¹—瑁
《说文》小篆　楷书

1《说文》11页。

形声字。从玉,冒声。本义是指天子所执之玉,用以合诸侯之圭。覆于圭上,故谓之瑁。《说文》:"瑁,诸侯执圭朝天子,天子执玉以冒之,似犁冠。"《字汇·玉部》:"礼:诸侯即位,天子赐以命圭,圭上斜锐;瑁方四寸,其下亦邪刻之,阔狭长短如圭头,诸侯执圭来朝,天子以瑁之刻处,冒彼圭头,以齐瑞信,犹今之合符然。"(白于蓝)

珩 héng 匣纽、阳部；匣纽、庚韵、户庚切。

珩¹—珩²—珩
《说文》小篆　汉　楷书

1《说文》11页。2《篆隶表》19页。

形声字。从玉,行声。本义是古代玉佩上端的一组佩玉名称。《说文》:"珩,佩上玉也。"朱骏声通训定声:"珩者,佩首横玉,所以系组。组有三:中组之末,其玉曰冲牙;左右组之末,其玉曰璜。而琘珠琚瑀,则贯于珩之下,双璜与冲牙之上。"《国语·晋语二》:"黄金四十镒,白玉之珩六双,不敢当公子,请纳之左右。"韦昭注:"珩,佩上饰也。珩形似磬而小。"又可指古代把冠冕系于发髻的横簪。《文选·张衡〈东京赋〉》:"珩纮纮綖,玉笄綦会。"李善注:"《左氏传》曰:'珩纮纮綖,昭其度也。'杜预曰:'珩,维持冠者。'"(白于蓝)

玦 jué 见纽,月部；见纽、屑韵、古穴切。

玦¹—玦²—玦
《说文》小篆　汉　楷书

1《说文》11页。2《篆隶表》19页。

形声字。从玉,夬声。本义是指古代环形有缺口的佩玉。也有金制的,称"金玦"。《说文》:"玦,玉佩也。"《国语·晋语一》:"是故使申生伐东山,衣之偏裻之衣,佩之以金玦。"韦昭注:"玦如环而缺,以金为之。"《广韵·屑韵》:"玦,珮如环而有缺,逐臣赐玦,义取与之诀别也。"又指一种古代射箭时钩弦的器具。一般用象牙制作,射者戴在大拇指上,用来钩弦,使弓体张开。《字汇·玉部》:"玦,射者著于右手大指以钩弦者亦谓之玦。"(白于蓝)

瑞 ruì 禅纽、歌部；禅纽、寘韵、是伪切。

瑞¹—瑞²—瑞³—瑞
战国　《说文》小篆　汉　楷书

1《楚系简帛》44页。2《说文》11页。3《篆隶表》19页。

形声字。从玉，耑声。本义是指古代玉制的信物，相当于后世的印信。《说文》："瑞，以玉为信也。"王筠句读："犹今言印信，故璧、琮、琥及《土部》'圭'下皆云'瑞玉'。"《玉篇·玉部》："瑞，信节也，诸侯之珪也。""瑞"字古又有吉祥之义。《古今韵会举要·寘韵》："瑞，祥瑞也。"《史记·礼书》："古者太平，万民和喜，瑞应辨至。"（白于蓝）

珥 ěr 日纽、之部；日纽、志韵、仍吏切。

珥¹—珥²—珥³—珥
战国　《说文》小篆　汉　楷书

1《楚系简帛》44页。2《说文》11页。3《篆隶表》19页。

形声字。从玉，耳声。本义是指古代的珠玉耳饰，也叫"瑱"。《说文》："珥，瑱也。"《玉篇·玉部》："珥，珠在耳。"又指剑鼻，即剑柄上端似两耳的突出部分。《广雅·释器》："剑珥谓之镡。"王念孙疏证："《说文》：'镡，剑鼻也。'……剑鼻谓之镡，镡谓之珥。"引申之还可指日、月两旁的光晕。《释名·释天》："珥，气在日两旁之名也。珥，耳也，言似人耳之在两旁也。"《隋书·天文志下》："月晕有两珥，白虹贯之。"（白于蓝）

瑱 tiàn 透纽、真部；透纽、霰韵、他甸切。

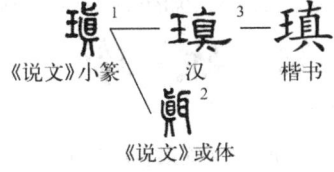
瑱¹—瑱³—瑱
《说文》小篆　汉　楷书
瑱²
《说文》或体

1、2《说文》11页。3《篆隶表》20页。

形声字。从玉，真声。本义是古代冠冕上的玉质饰件，系于冠冕，自两侧垂于耳旁，用来塞耳，故又名"充耳"。《说文》："瑱，以玉充耳也。"《释名·释首饰》："瑱，镇也。悬当耳傍，不欲使人妄听，自镇重也。"又可当玉名讲。《广韵·霰韵》："瑱，玉名。"（白于蓝）

琫 běng 帮纽、东部；帮纽、董韵、边孔切。

琫¹—琫²—琫
《说文》小篆　汉　楷书

1《说文》11页。2《篆隶表》20页。

形声字。从玉，奉声。本义是一种古代佩刀鞘口上的装饰。《说文》："琫，佩刀上饰。天子以玉，诸侯以金。"《释名·释兵》："（刀）其室曰削……室口之饰曰琫。"（白于蓝）

璪 zǎo 精纽、宵部；精纽、皓韵、子皓切。

璪¹—璪
《说文》小篆　楷书

1《说文》11页。

形声字。从玉，喿声。本义是指雕有水藻花纹的玉饰。《说文》："璪，玉饰如水藻之文。"又可指玉名。《广韵·皓韵》："璪，玉名。"又可指用五彩丝绳制作的冕饰。《礼记·郊特牲》："（王）戴冕璪十有二旒。"孙希旦集解："璪者，用五采丝为绳，垂之以为冕之旒也。"（白于蓝）

瑳 cuō 清纽、歌部；清纽、歌韵、七何切。

瑳¹—瑳
《说文》小篆　楷书

1《说文》11页。

形声字。从玉，差声。本义是指玉色鲜白。《说文》："瑳，玉色鲜白。"引申之也可用以形容物色洁白。《正字通·玉部》："瑳，凡物色鲜盛亦曰瑳。"又可形容人之巧笑貌。《诗·卫风·竹竿》："巧笑之瑳，佩玉之傩。"毛传："瑳，巧笑貌。"（白于蓝）

玼 cǐ 清纽、支部；清纽、纸韵、雌氏切。
cī　　　　　　　　从纽、支韵、疾移切。

玼¹—玼
《说文》小篆　楷书

1《说文》11页。

形声字。从玉，此声。本义是指玉色鲜明貌，读cǐ。《说文》："玼，玉色鲜也。"又可指玉石上的斑点。《广韵·支韵》："玼，玉病。"《正字通·玉部》："玼，玉病，与疵通。"汉桓宽《盐铁论·晁错》："夫以玙璠之玼而弃其璞,以一人之罪而兼其众,则天下无美宝、信士也。"又指玉中之石。《集韵·支韵》:"玼,玉中石也。"以上读 cī。(白于蓝)

莹(莹) yíng 匣纽、耕部;云纽、庚韵、永兵切。

1《说文》12页。2《篆隶表》20页。

形声字。从玉,熒省声。本义是指玉色光洁。《说文》:"莹,玉色。……《逸论语》曰:'如玉之莹。'"段玉裁注:"莹,谓玉光明之貌。"又可指似玉美石。《说文》:"莹,一曰石之次玉者。"《诗·齐风·著》:"充耳以青乎而,尚之以琼莹乎而。"毛传:"琼、莹,石似玉,卿大夫之服也。"(白于蓝)

璊(璊) mén 明纽、文部;明纽、魂韵、莫奔切。

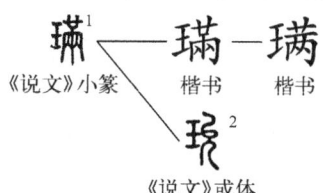

1、2《说文》12页。

形声字。从玉,㒼声。本义是指赤色之玉。《说文》:"璊,玉赬色也。"《广韵·魂韵》:"璊,玉色赤也。"(白于蓝)

瑕 xiá 匣纽、鱼部;匣纽、麻韵、胡加切。

1《汉语字形表》15页。2《说文》12页。3《篆隶表》20页。

形声字。从玉,叚声。本义是指带红色的玉。《说文》:"瑕,玉小赤也。"又可指玉的暗斑或疵病。《广韵·麻韵》:"瑕,玉病也。"《礼记·聘义》:"瑕不掩瑜,瑜不掩瑕,忠也。"郑玄注:"瑕,玉之病也。"引申之亦可泛指人之缺点、过错。《诗·豳风·狼跋》:"公孙硕肤,德音不瑕。"毛传:"瑕,过也。"孔颖达疏:"瑕者,玉之病,玉之有瑕,犹人之有过,故以瑕为过。"(白于蓝)

琢 zhuó 端纽、屋部;知纽、觉韵、竹角切。

1《说文》12页。2《篆隶表》20页。

形声字。从玉,豖声。本义是指加工玉石。《说文》:"琢,治玉也。"《尔雅·释器》:"玉谓之琢,石谓之磨。"《诗·卫风·淇奥》:"如切如磋,如琢如磨。"毛传:"治骨曰切,象曰磋,玉曰琢,石曰磨。"(白于蓝)

琱 diāo 端纽、幽部;端纽、萧韵、都聊切。

1《金文编》25页。2《说文》12页。

形声字。从玉,周声。本义是指治玉、雕刻,后作"雕"。《说文》:"琱,治玉也。"《尔雅·释器》:"玉谓之雕。"郭璞注:"治璞之名。"《广韵·萧韵》:"琱,治璞也。"又可指似玉之石。《说文》:"琱,一曰石似玉。"(白于蓝)

理 lǐ 来纽、之部;来纽、止韵、良士切。

1《说文》12页。2《篆隶表》20页。

形声字。从玉,里声。本义是指治玉。《说文》:"理,治玉也。"《韩非子·和氏》:"王乃使玉人理其璞而得宝焉,遂命曰'和氏之璧'。"引申之义为治理、料理。《广雅·释诂三》:"理,治也。"《广韵·止韵》:"理,料理。"《淮南子·时则》:"理关市,来商旅。"引申之又有条理、纹理、道理等义。(白于蓝)

珍 zhēn 端纽、文部;知纽、真韵、陟邻切。

1《说文》12页。2《篆隶表》21页。

形声字。从玉,㐱声。本义是指珠玉之类的宝物。《说文》:"珍,宝也。"《楚辞·招魂》:"室中之观,多珍怪些。"王逸注:"金玉为珍。"引申之则有宝贵之义。《玉篇·玉部》:"珍,贵也,重也。"《书·旅獒》:"珍禽奇兽,不育于国。"引申之又有精美之义。《尔雅·释诂上》:"珍,美也。"郝懿行义疏:"珍者,宝之美也。"引申之又有重视、珍重之义。《广雅·释诂三》:"珍,重也。"《左

传·文公八年》："书曰'公子遂',珍之也。"杜预注："珍,贵也。"（白于蓝）

玩

wán 疑纽、元部；疑纽、换韵、五换切。

玩¹—琮²—玩⁴—玩
战国　《说文》小篆　汉　　楷书
　　　貦³
　　　《说文》或体

1《楚系简帛》44页。2、3《说文》12页。4《篆隶表》21页。

形声字。从玉,元声。本义是指玩弄、戏弄。《说文》："玩,弄也。"引申之又可指供赏玩之物。如古玩、珍玩。《国语·楚语下》："若夫白珩,先王之玩也。"韦昭注："玩,玩弄之物。"秦代文字中"玩"字又可作"貦",从"貝(贝)"表义。（白于蓝）

玲

líng 来纽、耕部；来纽、青韵、郎丁切。

玲¹—玲
《说文》小篆　楷书

1《说文》12页。

形声字。从玉,令声。本义是象声词,表示金玉之声。《说文》："玲,玉声。"桂馥义证："玉声者。《埤苍》：'玲珑,玉声也。'"《广雅·释诂四》："玲珑,声也。"（白于蓝）

瑲（玱）

qiāng 清纽、阳部；清纽、阳韵、七羊切。

瑲¹—瑲—玱
《说文》小篆　楷书　楷书

1《说文》12页。

形声字。从玉,倉声。本义是指玉件相击之声。《说文》："瑲,玉声也。"《初学记》卷二十七引《逸论语》："玲、瑲、琤、瑱、瑝（锽）,玉声也。"引申之又可指乐声。《集韵·阳韵》："瑲,乐声。"《荀子·富国》："撞钟击鼓而和,《诗》曰：'钟鼓喤喤,管磬瑲瑲。'"杨倞注："《诗·周颂·执竞》之篇,毛云：'喤喤、瑲瑲,皆声和貌。'"（白于蓝）

琤

chēng 初纽、耕部；初纽、耕韵、楚耕切。

琤¹—琤
《说文》小篆　楷书

1《说文》12页。

形声字。从玉,争声。本义是指玉件相击之声。《说文》："琤,玉声也。"引申之亦可泛指其他物件相击之声。《正字通·玉部》："琤,凡物戛击有声皆曰琤。"（白于蓝）

瑣（琐）

suǒ 心纽、歌部；心纽、果韵、苏果切。

瑣¹—瑣²—瑣—琐
《说文》小篆　汉　楷书　楷书

1《说文》12页。2《篆隶表》21页。

形声字。从玉,貨声。本义是指玉件相击所发出的细碎声音。也作"瑣瑣"。《说文》："瑣,玉声也。"唐杜牧《送刘三复郎中赴阙》："玉珂声瑣瑣,锦帐梦悠悠。"又指连环、锁链,后世作"锁"。《广雅·释诂四》："瑣,连也。"清徐灏《说文解字注笺·玉部》："盖以玉为小连环……系人琅当,以铁为连环,其形相似,故亦谓之瑣。其后因易金旁作锁。"《资治通鉴·后晋高祖天福元年》："遂瑣德钧、延寿,送归其国。"胡三省注："瑣与锁同。"（白于蓝）

玤

bàng 並纽、东部；並纽、讲韵、步项切。

玤¹—玤
《说文》小篆　楷书

1《说文》12页。

形声字。从玉,丰声。本义是指次于玉的石。古时制成小璧,系于带间,用以悬挂佩物。《说文》："玤,石之次玉者,以为系璧。"段玉裁注："系璧,盖为小璧系带间,悬左右佩物也。"亦可指玉色之珠。《龙龛手鉴·玉部》："玤,珠而玉色也。"（白于蓝）

琚

jū 见纽、鱼部；见纽、鱼韵、九鱼切。

琚¹—琚²—琚
《说文》小篆　汉　楷书

1《说文》12页。2《篆隶表》21页。

形声字。从玉,居声。本义是一种玉名。《说文》："琚,琼琚。"《广韵·鱼韵》："琚,玉名。"又可专指佩玉。《诗·卫风·木瓜》："投我以木瓜,报之以琼琚。"毛传："琚,佩玉名。"（白于蓝）

玖

jiǔ 见纽、之部；见纽、有韵、举有切。

玖¹—玖
《说文》小篆　楷书

1《说文》12页。

形声字。从玉，久声。本义是指比玉稍次的黑色美玉。《说文》："玖，石之次玉黑色者。"《诗·王风·丘中有麻》："彼留之子，贻我佩玖。"毛传："玖，石次玉者。"又用为数词，"九"字的大写，唐武则天时所改。《六书故·数》："今惟财用出内之簿书，用壹贰叁肆伍陆柒捌玖拾阡陌，以防奸易。"清顾炎武《金石文字记》卷三："凡数字作壹、贰、叁、肆、捌、玖等字，皆武后所改。"（白于蓝）

碧

bì 帮纽、铎部；帮纽、昔韵、彼役切。

碧¹—碧²—碧
《说文》小篆　汉　楷书

1《说文》13页。2《篆隶表》22页。

形声字。从玉、从石，白声。本义是指青绿色之美石。《说文》："碧，石之青美者。"段玉裁注："从玉、石者，似玉之石也。"引申之亦可指青绿色。如碧空、碧竹、碧瓦。《广雅·释器》："碧，青也。"《篇海类编·珍宝类·玉部》："碧，深青色。"（白于蓝）

琨

kūn 见纽、文部；见纽、魂韵、古浑切。

《说文》小篆　　汉　　楷书
《说文》或体　　汉　　楷书

1、2《说文》13页。3、4《篆隶表》22页。

形声字。从玉，昆声。本义是指美石或美玉。《说文》："琨，石之美者。"《书·禹贡》："瑶、琨、篠簜。"孔传："瑶、琨，皆美玉。"孔颖达疏："美石似玉者也。玉、石，其质相类，美恶别名也。"秦代文字中"琨"字或可作"瑻"，从"贯"声。"昆"、"贯"古音相近，故用作声符可互换。"瑻"字亦沿用至现代。（白于蓝）

珉

mín 明纽、文部；明纽、真韵、武巾切。

珉¹—珉
《说文》小篆　楷书

1《说文》13页。

形声字。从玉，民声。本义是指似玉之美石。《说文》："珉，石之美者。"《山海经·中山经》："岐山，其阳多赤金，其阴多白珉。"郭璞注："石似玉者。"《荀子·法行》："虽有珉之雕雕，不若玉之章章。"（白于蓝）

瑶

yáo 喻纽、宵部；以纽、宵韵、余昭切。

瑶¹—瑤²—瑶
《说文》小篆　汉　楷书

1《说文》13页。2《篆隶表》22页。

形声字。从玉，䍃声。本义是指美玉。《说文》："瑶，玉之美者。"《诗·卫风·木瓜》："投我以木瓜，报之以琼瑶。"（白于蓝）

珠

zhū 章纽、侯部；章纽、虞韵、章俱切。

珠¹—珠²—珠³—珠
战国　《说文》小篆　汉　楷书

1《战文编》17页。2《说文》13页。3《篆隶表》22页。

形声字。从玉，朱声。本义是指蚌壳体内所生的珍珠。《说文》："珠，蚌之阴精也。"引申之亦可指似珠的宝石。《正字通·玉部》："珠，历山楚水多白珠；蜀郡平泽出青珠，左思云'青珠黄环'；西国琅玕碧珠；皆宝石名之以珠者也。"引申之又可指珠状的物品。如露珠、眼珠、汗珠等。（白于蓝）

玓

dì 端纽、药部；端纽、锡韵、都历切。

玓¹—玓
《说文》小篆　楷书

1《说文》13页。

形声字。从玉，勺声。"玓砾"本义指明珠的光泽。《说文》："玓，玓砾，明珠色。"沈涛古本考："《文选·上林赋》注引：'玓砾，明珠光也。'又《舞赋》注引：'玓砾，珠光也。'"（白于蓝）

瓅(珠) lì 来纽、药部；来纽、锡韵、郎击切。

瓅¹—瓅—珠
《说文》小篆 楷书 楷书

1《说文》13页。

形声字。从玉，樂声。"玓瓅"指明珠的光泽。参"玓"字条。（白于蓝）

玭 pín 並纽、真部；並纽、真韵、符真切。

玭¹—玭
《说文》小篆 楷书

蠙²—蠙—蠙
《说文》小篆 楷书 楷书

1、2《说文》13页。

形声字。从玉，比声。本义是指珍珠。《说文》："玭，珠也。"《大戴礼记·保傅》："玭珠以纳其间，琚瑀以杂之。"又可指蚌名。清段玉裁《说文解字注·玉部》："玭，本是蚌名……韦昭曰：'玭，蚌也。'"秦代文字中"玭"字或体作"蠙(蠙)"，从虫，賓声。"玭"既可指蚌名，故可从'虫'表义。"比"、"賓"古音相近，故又可从"賓"声。（白于蓝）

珧 yáo 喻纽、宵部；以纽、宵韵、余昭切。

珧¹—珧
《说文》小篆 楷书

1《说文》13页。

形声字。从玉，兆声。本义是指一种海蚌，通称"江珧"。壳略呈三角形，表面苍黑色。甲壳可作饰物。《尔雅·释鱼》："蜃，小者珧。"郭璞注："珧，玉珧，即小蚌。"《正字通·玉部》："江珧，形似蚌。壳中肉柱长寸许，似搔头尖，谓之江珧柱。甲可饰物。"引申之又可指蜃的甲壳，古时用作刀、弓等器物上的装饰。《说文》："珧，蜃甲也。所以饰物也。"引申之又可专指弓名。《尔雅·释器》："(弓)以金者谓之铣，以蜃者谓之珧，以玉者谓之珪。"郭璞注："用金、蚌、玉饰弓两头，因取其类以为名。"《楚辞·天问》："冯珧利决，封豨是射。"王逸注："珧，弓名。"（白于蓝）

玫 méi 明纽、微部；明纽、灰韵、莫杯切。

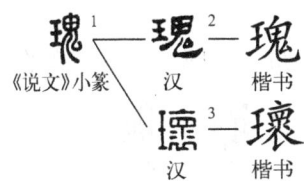

玫¹—玫²—玫
《说文》小篆 汉 楷书

1《说文》13页。2《篆隶表》23页。

形声字。从玉，文声。玫瑰，本义是指美玉名，又名火齐珠。《说文》："玫，火齐，玫瑰也。"《文选·司马相如〈子虚赋〉》："其石则赤玉玫瑰。"李善注引晋灼曰："玫瑰，火齐珠也。"又可指美石名。《说文》："玫，一曰石之美者。""玫瑰"又可指植物名，是一种落叶灌木，枝上有刺，花可制香料。唐白居易《草词毕遇芍药初开》："菡萏泥连萼，玫瑰刺绕枝。"（白于蓝）

瑰 guī 见纽、微部；见纽、灰韵、公回切。

瑰¹—瑰²—瑰
《说文》小篆 汉 楷书

瓌³—瓌
汉 楷书

1《说文》13页。2、3《篆隶表》23页。

形声字。从玉，鬼声。玫瑰，本义是指美玉。参"玫"字条。引申之又可指珍奇。《后汉书·班彪传附班固》："因瑰材而究奇，抗应龙之虹梁。"李贤注引《埤苍》曰："瑰玮，珍奇也。"又可指美好。《文选·傅毅〈舞赋〉》："轶态横出，瑰姿谲起。"李善注："瑰，美也。"汉代文字中"瑰"字有或体作"瓌"，从玉、褱声。这种或体亦沿用至现代。《集韵·灰韵》："瑰，或作瓌。"康有为《大同书》戊第八章："衣服瓌异，无损公益。"（白于蓝）

璣(玑) jī 见纽、微部；见纽、微韵、居依切。

璣¹—璣²—璣—玑
《说文》小篆 汉 楷书 楷书

1《说文》13页。2《篆隶表》23页。

形声字。从玉，幾声。本义是指不圆的珠，或指小珠。《说文》："玑，珠之不圜者也。"唐玄应《一切经音义》卷九引《字林》："玑，小珠也。"又可指古代观测天象的仪器。《史记·五帝本纪》："舜乃在璿玑玉衡，以齐七政。"张守节正义引蔡邕曰："悬玑以象天，而以衡望之，转玑窥衡，以知星宿。"又引郑玄曰："运转者为玑，持正者为衡。"又指星名，即北斗第三星。《史记·天官书》："北斗七星。"司马贞索隐引《春秋运斗枢》云："第一天枢，第二旋，第三玑……"（白于蓝）

琅 láng 来纽、阳部；来纽、唐韵、鲁当切。

瑯¹—瑯²—琅
《说文》小篆　汉　楷书

1《说文》13页。2《篆隶表》23页。

形声字。从玉，良声。琅玕，本义是指形状像珠的美玉或美石。《说文》："琅，琅玕，似珠者。"《广韵·唐韵》："琅，琅玕，玉名。"《书·禹贡》："厥贡惟球、琳、琅玕。"孔传："琅玕，石而似玉。""琅"字又可指门环。《汉书·五行志中》："'木门仓琅根'，谓宫门铜锾。"颜师古注："门之铺首及铜锾也。铜色青，故曰仓琅。铺首衔环，故谓之根。锾读与环同。"（白于蓝）

珊 shān 心纽、元部；心纽、寒韵、苏干切。

珊¹—珊
《说文》小篆　楷书

1《说文》13页。

形声字，从玉，册声。珊瑚，由许多珊瑚虫分泌的石灰质骨骼聚集而成的东西，形状像树枝，多为红色，也有白色和黑色的。可供赏玩，也可作装饰品。《说文》："珊，珊瑚，色赤，生于海，或生于山。"《史记·司马相如列传》："玫瑰碧琳，珊瑚丛生。"张守节正义："珊瑚生水底石边，大者树高三尺余，枝格交错，无有叶。""珊珊"，象声词，形容玉、铃、钟、雨等发出的声音。《文选·宋玉〈神女赋〉》："动雾縠以徐步兮，拂墀声之珊珊。"李周翰注："珊珊，玉声也。"唐白居易《题卢秘书夏日新栽竹二十韵》："碧笼烟幂幂，珠洒雨珊珊。"（白于蓝）

瑚 hú 匣纽、鱼部；匣纽、模韵、户吴切。

瑚¹—瑚
《说文》小篆　楷书

1《说文》13页

形声字。从玉，胡声。珊瑚，参"珊"字条。"瑚"字另可指古代宗庙中盛黍稷的礼器。《玉篇·玉部》："瑚，《论语注》云：'瑚琏，黍稷之器。夏曰瑚，殷曰琏。'或作琥。"（白于蓝）

琀 hán 匣纽、侵部；匣纽、勘韵、胡绀切。

琀¹—琀
《说文》小篆　楷书

1《说文》13页。

形声字。从玉，含声。本义是指古代含在死者口中的珠、玉、贝等物。经典多作"含"。《说文》："琀，送死口中玉也。"桂馥义证："《说苑》：口实曰晗。天子晗实以珠，诸侯以玉，大夫以璧，士以贝，庶人以谷实。"《广韵·勘韵》："琀，送死口中玉。亦作含。"《周礼·天官·玉府》："大丧，共含玉……"（白于蓝）

靈（灵） líng 来纽、耕部；来纽、青韵、郎丁切。

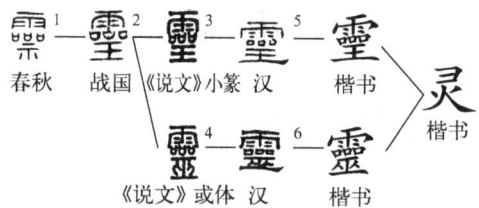

霝¹—靈²—靈³—靈⁵—靈
　　　　　　　　　　　　　灵
靈⁴—靈⁶—靈
春秋　战国　《说文》小篆　汉　楷书
　　　　　　《说文》或体　汉　楷书

1《金文编》26页。2《战文编》17页。3、4《说文》13页。5、6《篆隶表》24页。

形声字。从玉，霝声。同"靈"。《说文》："靈，靈或从巫。"邵瑛群经正字："今经典多从或体。"本义是指古时楚人跳舞降神的巫。《说文》："靈，靈巫，以玉事神。"《楚辞·九歌·东皇太一》："靈偃蹇兮姣服，芳菲菲兮满堂。"王逸注："靈，谓巫也。"王国维《宋元戏曲考·上古至五代之戏剧》："古之所谓巫，楚人谓之靈。"引申之又可指神灵。《玉篇·巫部》："靈，神靈也。"引申之又可指福、祐。《广雅·释言》："靈，福也。"《玉篇·玉部》："靈，祐也。"引申之又可指善。《广雅·释诂一》："靈，善也。"引申之又可指聪明、通晓事理。《庄子·天地》："大惑者终身不解，大愚者终身不靈。"陆德明释文引司马彪云："靈，晓也。"杨树达《积微居小学述林》卷五："靈，明慧通解之义。"引申之又可指灵活、灵巧，如灵敏、机灵、心灵手巧等。春秋文字"靈"字作霝，从示表义，与"靈"字本义本指"事神"有关。秦代文字中"靈"字已出现"靈"这一或体。当今简化字作"灵"。（白于蓝）

珈 jiā 见纽、歌部；见纽、麻韵、古牙切。

珈¹—珈²—珈
战国　《说文》新附　楷书

1《金文编》26页。2《说文》14页。

形声字。从玉，加声。本义是指古代妇女的一种首饰。《说文》：" 珈，妇人首饰。"《诗·鄘风·君子偕老》："君子偕老，副笄六珈。"毛传："珈笄，饰之最盛者，所以别尊卑。"（白于蓝）

璖 qú 群纽、鱼部；群纽、鱼韵、强鱼切。

璖¹—璖
《说文》新附　楷书

1《说文》14页。

形声字。从玉，豦声。本义是指耳环。《说文》："璖，环属。见《山海经》。"郑珍新附考："《中山经》：'穿耳以鐻。'郭注云：'鐻，金银饰（器）之名。'……字本从金。《众经音义》引《字书》：'璖，玉名，耳饰也。'知汉后字别从玉。大徐云'见《山海经》'，其实出《字书》也。"又可指玉名。《玉篇·玉部》："璖，玉名。"（白于蓝）

琖 zhǎn 庄纽、元部；庄纽、产韵、阻限切。

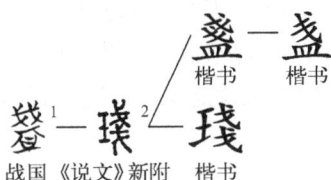
战国　《说文》新附　楷书

1《楚系简帛》44页。2《说文》14页。

形声字。从玉，戋声。同"盏"，本义是指浅而小的玉杯。《说文》："琖，玉爵也。夏曰琖，殷曰斝，周曰爵。"《方言》卷五："盏，桮也。自关而东，赵魏之间曰椷，或曰盏。"郭璞注："盏，最小桮也。"今简化字作"盏"。（白于蓝）

琛 chēn 透纽、侵部；彻纽、侵韵、丑林切。

琛¹—琛
《说文》新附　楷书

1《说文》14页。

形声字。从玉，深省声。本义是指珍宝。《说文》："琛，宝也。"《尔雅·释言》："琛，宝也。"邢昺疏："谓珍宝也。"《诗·鲁颂·泮水》："憬彼淮夷，来献其琛。"毛传："琛，宝也。"陆德明释文引舍人云："美宝曰琛。"引申又可指珍贵。《后汉书·西域传赞》："遐哉西胡，天外之区，土物琛丽，人性淫虚。"（白于蓝）

瑞（珰）dāng 端纽、阳部；端纽、唐韵、都郎切。

瑞¹—瑞—珰
《说文》新附　楷书　楷书

1《说文》14页。

形声字。从玉，当声。本义是指玉质瓦当。《说文》："珰，华饰也。"《史记·司马相如列传》："华榱璧珰。"司马贞索隐引韦昭曰："裁玉为璧，以当榱头。"又引司马彪曰："以璧为瓦当。"又指汉代武官的冠饰。《续汉书·舆服志下》："侍中、中常侍加黄金珰，附蝉为文，貂尾为饰，谓之'赵惠文冠'。"又指耳坠。《释名·释首饰》："穿耳施珠曰珰。"（白于蓝）

珂 kē 溪纽、歌部；溪纽、歌韵、苦何切。

珂¹—珂²—珂
战国　《说文》新附　楷书

1《汉语字形表》16页。2《说文》14页。

形声字。从玉，可声。本义指玉名。《说文》："珂，玉也。"也可指一种仅次于玉的美石。一说即白色玛瑙。《广雅·释地》："珂，石之次玉。"《玉篇·玉部》："珂，石次玉也。亦玛瑙洁白如雪者。"又可指贝名。《玉篇·玉部》："珂，螺属，生海中。"又可指马勒上的装饰。《初学记》卷二十二引《通俗文》："凡勒饰曰珂。"（白于蓝）

玘 qǐ 溪纽、之部；溪纽、止韵、墟里切。

玘¹—玘
《说文》新附　楷书

1《说文》14页。

形声字。从玉，己声。本义是玉名。《说文》："玘，玉也。"又可指佩玉。《广韵·止韵》："玘，佩玉。"（白于蓝）

璀 cuǐ 清纽、微部；清纽、贿韵、七罪切。

璀¹—璀
《说文》新附　楷书

1《说文》14页。

形声字。从玉，崔声。璀璨，本义是指光亮貌，色彩鲜明貌。《说文》："璀，璀璨，玉光也。"郑珍新附考："《史记·司马相如传》：'嗋呷萃蔡'，《集解》引《汉书音义》云:'莘蔡,衣声。'《索隐》引郭璞云:'莘蔡,犹璀璨。'……《文选·洛神赋》'披罗衣之璀璨',似转为衣有光辉。至孙绰《天台山赋》'琪树璀璨而垂珠',则俗并加玉,以状玉光。《灵光殿赋》'汩皑皑以璀璨',又以状采色之鲜明矣。""璀"字又可指玉名。《广韵·贿韵》:"璀,玉名。"(白于蓝)

璨 càn 清纽、元部;清纽、翰韵、苍案切。

璨¹—璨
《说文》新附 楷书

1《说文》14页。

形声字。从王,粲声。本义是指玉的光泽。《说文》:"璨,玉光也。"又可指美玉。《广韵·翰韵》:"璨,美玉。"引申之又可指灿烂、明亮。唐王建《白纻歌二首》之一:"天河漫漫北斗璨,宫中乌啼知夜半。"(白于蓝)

珙 gǒng 见纽、东部;见纽、肿韵、居悚切。

珙¹—珙
《说文》新附 楷书

1《说文》14页。

形声字。从玉,共声。本义是指璧。《玉篇·玉部》:"珙,大璧也。"《广韵·肿韵》:"珙,璧也。"(白于蓝)

玨 部

玨(珏) jué 见纽、屋部;见纽、觉韵、古岳切。

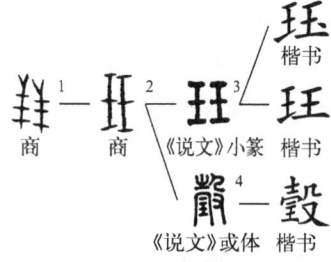

1、2《甲文编》16页。3、4《说文》14页。

会意字。《说文》:"玨,二玉相合为一玨。"王国维《说玨朋》:"殷时,玉与贝皆货币也……其用为货币及服御者,皆小玉小贝,而有物焉以系之。所系之贝玉,于玉则谓之玨,于贝则谓之朋。""古制贝玉皆五枚为一系,合二系为一玨若一朋。"秦代文字中"玨"字有或体作"毂",现代文字中"玨"字又或作"珏",这两种或体在典籍中均常见使用。《左传·庄公十八年》:"皆赐玉五毂。"陆德明释文:"毂,字又作玨。"今以"珏"为正字。(白于蓝)

班 bān 帮纽、元部;帮纽、删韵、布还切。

班¹—班²—玨³—班⁴—班⁵
西周 春秋 战国 《说文》小篆 汉 楷书

1、2《金文编》26页。3《战文编》17页。4《说文》14页。5《篆隶表》26页。

会意字。会以刀分玉之意。本义即指分瑞玉。瑞玉是古代玉质的信物,中分为二,各执其一以为信。《说文》:"班,分瑞玉。"《书·舜典》:"乃日觐四岳群牧,班瑞于群后。"引申之又有分别之义。《集韵·删韵》:"班,别也。"《左传·襄公十八年》:"有班马之声,齐师其遁?"杜预注:"夜遁,马不相见,故鸣。班,别也。"引申之又有分给、赏赐之义。《正字通·玉部》:"班,凡以物与人亦曰班。"引申之又有次第、位次之义。《广雅·释言》:"班,序也。"(白于蓝)

气 部

气 qì 溪纽、物部;溪纽、未韵、去既切。
qǐ 溪纽、物部;溪纽、迄韵、欺讫切。

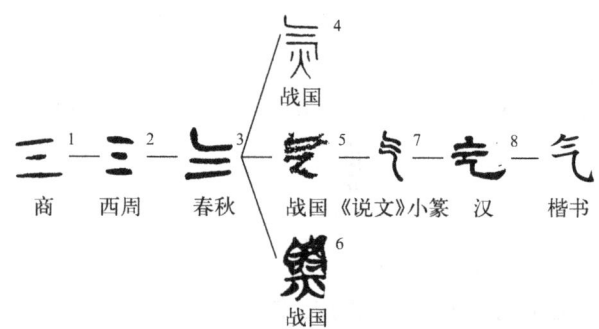

1《甲文编》37页。2、3《金文编》27页。4《汉语字形表》17页。5、6《战文编》20页。7《说文》14页。8《篆隶表》26页。

象形字。《说文》:"气,云气也,象形。""气"字本义即指云气。后世作"氣"。清王筠《说文句读》:"《周礼·大司马》注'皆画以云气'。《释文》:氣,本或作气,同。是后汉犹用气字。"《集韵·未韵》:"气,或作氣。"这种用法的"气"今天读 qì。"气"字古又有乞求、给予之义，后世作"乞"。《广韵·未韵》："气，与人物也。今作乞。"《广雅·释诂三》："气，与也。"齐侯壶："洹子孟姜用气嘉命。""气"字均是"乞求"之义。这种用法的"气"今天读 qǐ。"气"字甲骨文作"三"，上下两横较长，中间一横较短，与"三"字甲骨文作"三"三横等长有别。西周金文沿袭甲骨文形体，春秋时大概是为了更加突出与"三"字的区别，而将"气"字上部一横弯曲，变为"气"。战国文字时又将下部一横弯曲，变作"气"，同时还出现了"气"、"气"两种异体，使"气"字变为从大、气声和从火、既声的形声字。秦代文字基本沿袭战国文字作"气"的写法，作"气"。汉代及以后文字形体变化不大。（白于蓝）

氛 fēn 滂纽、文部；敷纽、文韵、抚文切。

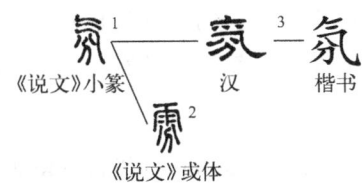

1、2《说文》14页。3《篆隶表》26页。

形声字。从气，分声。本义是指古代所谓预示吉凶征兆的云气，有时也单指凶气。《说文》："氛，祥气也。"段玉裁注："氛谓吉凶先见之气。统言则祥、氛二字皆兼吉凶，析言则祥吉氛凶耳。许意是统言。"《左传·昭公十五年》："吾见赤黑之祲，非祭祥也，丧氛也。"杜预注："氛，恶气也。"亦可指寒气。《释名·释天》："氛，粉也。润气著草木，因寒冻凝，色白若粉之形也。"秦代文字中"氛"字或作"雰"，从雨、分声。该字形亦为后世所沿用。南朝齐谢超宗《昭夏乐》："紫雰蔼，青霄开。"（白于蓝）

士 部

士 shì 从纽、之部；崇纽、止韵、鉏里切。

1、2、3《金文编》27页。4《战文编》20页。
5《说文》14页。6《篆隶表》27页。

象形字。与"王"字构形相类，盖皆出自斧钺之象形。金文中"士"字常用为职官名。貉子卣："王令士道归（馈）貉子鹿三。"臣辰卣："王令士上眔史寅殷于成周。"《书·尧典》："汝作士，五刑有服。"马融注："士，狱官之长。"《左传·僖公二十八年》："士荣为大士。"杜预注："大士，治狱官也。""士"字本义盖即理刑狱的司法官，故用像斧钺的字符来记录。典籍中"士"又常可用作未婚青年男子的称谓。《字汇·士部》："士，未娶亦曰士。"又可用为男子的美称。《诗·郑风·女曰鸡鸣》："女曰鸡鸣，士曰昧旦。"孔颖达疏："士，男子之大号。"又可指古代贵族最低的一级。《谷梁传·僖公十五年》："天子七庙，诸侯五，大夫三，士二。"又可指士兵。《左传·宣公十二年》："下军之士多从之。"新郑虎符："凡兴士被甲，用兵五十人以上，（必）会王符，乃教行之。"还可指知识分子。《字汇·士部》："士，儒者。"《三国志·魏书·邓艾传》："文为世范，行为士则。"（白于蓝）

壻 xù 心纽、鱼部；心纽、霁韵、苏计切。

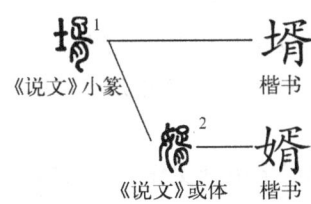

1、2《说文》14页。

形声字。从士，胥声。本义是指妇女对丈夫的称呼。《说文》："壻，夫也。"段玉裁注："夫者，丈夫也。"引申之亦可指女儿、妹妹或其他晚辈的丈夫的称谓。《尔雅·释亲》："女子子之夫为壻。"秦代文字中"壻"字或作"婿"，从女、胥声。今天简化字"婿"行而"壻"废。（白于蓝）

壯（壮） zhuàng 庄纽、阳部；庄纽、漾韵、侧亮切。

1《金文编》28页。2《说文》14页。3《篆隶表》27页。

形声字。从士，爿声。本义是指人体高大。引申之凡物大亦可称壮。《方言》卷一："秦晋之间，凡人之大谓之奘，或谓之壮。"《说文》："壮，大也。"《字汇·士部》："壮，硕也。"引申之亦可指壮年。《左传·僖公三十年》："臣之壮也，犹不如人，今老矣，无能为也已。"中山王嚳鼎："今余方壮。""壮"字亦即壮年之义。（白于蓝）

丨 部

中　zhōng　端纽、冬部；知纽、东韵、陟弓切。
zhòng　端纽、冬部；知纽、送韵、陟仲切。

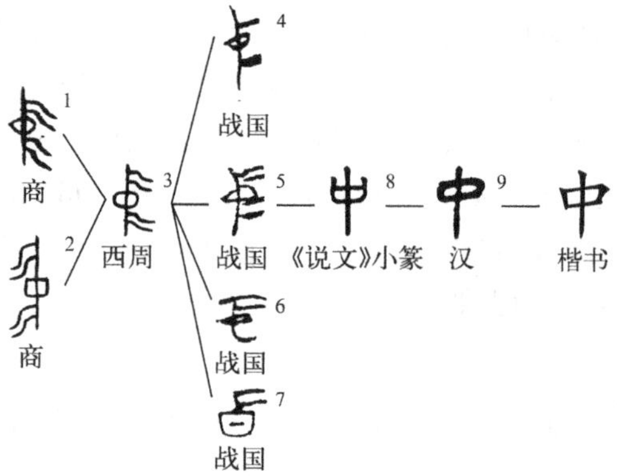

1、2《甲文编》17页。3《金文编》28页。4—7《战文编》21页。8《说文》14页。9《篆隶表》28页。

象形字。“中”字甲骨文作“”或“”（古文字正反每无别），旗旒之象形。西周文字承袭甲骨文作“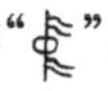”，变化不大。战国文字则将象征旗旒之形的部分变为直笔作“”，或省减为“”、“”，战国燕系文字则进而讹省为“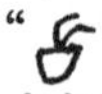”形。秦代文字则将象征旗旒的部分完全省略，并将中间之“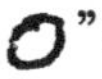”或“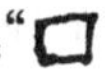”讹变为“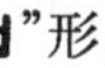”形。汉代文字作“”，沿袭至今。本像旗旒之形。甲骨文常见“立中，亡风”的辞句，意指竖立“中”这种带旒之旗，来测定风向。“中”字古又有内、里之义。《说文》：“中，内也。”《周礼·考工记·匠人》：“国中九经九纬。”郑玄注：“国中，城内也。”又可指方位的中央。汉贾谊《新书·属远》：“古者天子地方千里，中之而为都。”又可指半，一半。《战国策·魏策四》：“中道而返。”又可指中介、媒介。《说苑·尊贤》：“士不中而见，女无媒而嫁。”这些用法的“中”今天读zhōng。“中”字古又有得当、符合之义。《广韵·送韵》：“中，当也。”《荀子·赋篇》：“圆者中规，方者中矩。”又可指射中目标。《史记·周本纪》：“百发而百中之。”还可当陷害、中伤讲。《汉书·何武传》：“显怒，欲以吏事中商。”（显、商：人名）这些用法的“中”今读zhòng。（白于蓝）

屮 部

屮　chè　透纽、月部；彻纽、薛韵、丑列切。
cǎo　清纽、幽部；清纽、皓韵、采早切。

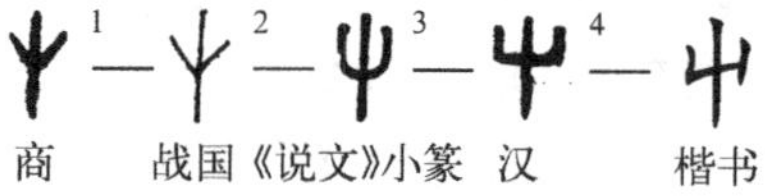

1《甲文编》18页。2《古文典》918页。3《说文》15页。4《篆隶表》28页。

象形字。像草木初生之形。屮、艸一字分化。《说文》：“屮，艸木初生也。”这种意义的“屮”今天读chè。“屮”字又同“艸”，《说文》：“屮，古文或以为艸字。”《荀子·富国》：“刺屮殖穀，多粪肥田，是农夫众庶之事也。”杨倞注：“屮，古草字。”参“艸”字条。（白于蓝）

屯　tún　定纽、文部；定纽、魂韵、徒浑切。
zhūn　端纽、文部；知纽、谆韵、章伦切。

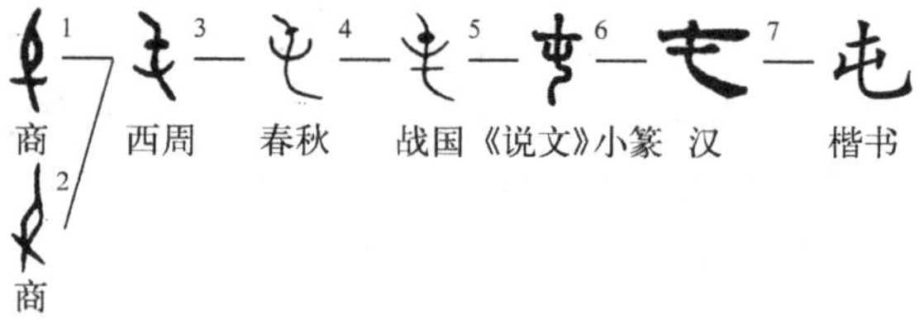

1、2《甲文编》18页。3《金文编》31页。4、5《汉语字形表》18页。6《说文》15页。7《篆隶表》28页。

象形字。构形不明。“屯”字甲骨文作“”或“”（古文字正反每无别）。西周金文作“”，将甲骨文“”上部的虚括小圈变为一实心圆点，并将“”字下部一斜笔变为“凵”形。春秋文字沿袭西周文字，变化不大。战国文字中则又将春秋文字“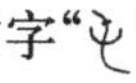”上部一实心圆点变为一横。秦代及后世“屯”字基本定形，变化不明显。“屯”字古有聚集之义。《广雅·释诂三》：“屯，聚也。”今有熟语“聚草屯粮”。又有驻扎、防守之义。《左传·哀公元年》：“夫屯昼夜九日。”陆德明释文：“屯，守也。”还有土坡、土山之义。《庄子·至乐》：“生于陵屯。”这些意义的“屯”今天读tún。“屯”字古又有艰难之义。此义读zhūn。《说文》：“屯，难也。”《后汉书·皇后纪上》：“五子作乱，冢嗣遘屯。”金文中“屯”多借为“纯”。如墙盘：“得屯无谏。”“得屯”即“德纯”。《诗·周颂·维天之命》：“於乎不显，文王之德纯。”（白于蓝）

每 měi 明纽、之部；明纽、贿韵、武罪切。

1、2、3《甲文编》19页。4、5《金文编》32页。6《类编》44页。7《战国编》23页。8《说文》15页。9《篆隶表》29页。

象形字。像女子头上笄饰。"每"字甲骨文从女或母，上部所从"ᴧ"或"∨"像笄饰形。西周文字至秦代文字基本沿袭甲骨文的写法，唯所从女或母由原先跪坐之形演变为站立之形。汉代文字中，则将原字形上下割裂，上部演变为"⊥"，下部作"母"。现代文字基本沿袭汉代文字的写法，但上部变作"⺊"，下部则从"母"。"每"字古代可指草木茂盛。《说文》："每，艸盛上出也。"又可指各个，即全体中的任何一个。《字汇·毋部》："每，各也。"《孟子·离娄下》："故为政者，每人而悦之，日亦不足矣。"又可指每一次，即反复动作中的任何一次。《诗·秦风·权舆》："於，我乎！每食四簋，今也每食不饱。"又可指经常、屡次。《玉篇·中部》："每，事屡也。"《字汇·毋部》："每，常也，屡也，频也。"还可当虽然讲。《广韵·贿韵》："每，虽也。"《诗·小雅·常棣》："每有良朋，况也永叹。"金文中"每"字常假借为"敏"，如晋姜鼎："每(敏)扬厥(厥)光剌(烈)。"（白于蓝）

毒 dú 定纽、觉部；定纽、沃韵、徒沃切。

𡱂—毒—毒
《说文》小篆　汉　楷书

1《说文》15页。2《篆隶表》29页。

会意字。从中，从毒。本义指毒草。《说文》："毒，厚也。害人之艸，往往而生。"引申之亦可指毒物。《易·噬嗑》："六三：噬腊肉，遇毒。"孔颖达疏："毒者，苦恶之物也。"又可指毒害。《广韵·沃韵》："毒，害也。"又可指苦痛。《广雅·释诂二》："毒，痛也。"《书·汤诰》："弗忍荼毒。"孔传："荼毒，苦也，不能堪忍虐之甚。"又可指痛恨、憎恨。《后汉书·袁绍传》："每念灵帝，令人愤毒。"（白于蓝）

芬(芬) fēn 並纽、文部；奉纽、文韵、符分切。

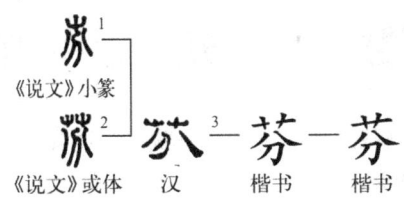

1、2《说文》15页。3《篆隶表》29页。

形声字。从中，分声。"芬"字《说文》篆文作"芬"，上从"中"；或体作"芬"，上从"艸"。"中"、"艸"在用作形声字的表义偏旁时常可相通。汉代文字承袭《说文》或体的写法，沿袭至今。本义是指香气。《说文》："芬，艸初生，其香分布。"引申之亦比喻美名或美德。《晋书·桓彝传论》："扬芬千载之上，沦骨九泉之下。"（白于蓝）

熏 xūn 晓纽、文部；晓纽、文韵、许云切。

𤋱—𤏳—𤎭—熏—熏
西周　战国《说文》小篆　汉　楷书

1《金文编》33页。2《古文典》1312页。3《说文》15页。4《篆隶表》29页。

会意字。"熏"字西周文字作"𤋱"，会火自窗上出之意。战国文字作"𤏳"，下部变为"黑"字，盖会熏黑之意。秦代文字承袭战国文字。汉代文字则将上部之"凵"变为一横作"熏"。现代文字又在其最上端加一"一"，变作"熏"。本义即指火烟上出。《说文》："熏，火烟上出也。"引申之又可指用火烟熏炙。《诗·豳风·七月》："穹室熏鼠，塞向墐户。"又可指烧灼。《集韵·问韵》："熏，灼也。"（白于蓝）

艸部

艸 cǎo 清纽、幽部；清纽、皓韵、采老切。

ᗡᗡ—艸—艸—艹
战国《说文》小篆　楷书　楷书

1《汉语字形表》19页。2《说文》15页。

象形字。像草形。本义同"草"。《说文》："艸，百卉也。"《广韵·皓韵》："草，《说文》作艸，百卉也。经典相承作草。""草"字实即在艸字下追加早声而形成的分化字。今"草"行而"艸"废，"艸"字仅在偏旁中使用，并简化作"艹"。（白于蓝）

莊(庄) zhuāng
庄纽、阳部；庄纽、阳韵、侧羊切。

戰國 《说文》小篆 汉 楷书 楷书

1《战文编》24页。2《说文》15页。3《篆隶表》29页。

形声字。从艸，壮声。本义指草盛貌。《玉篇·艸部》："庄，草盛皃。"亦可指庄重、庄严。《论语·为政》："临之以庄，则敬。"刘宝楠正义："包曰：庄，严也。"还可指恭敬。《玉篇·艸部》："庄，敬也。"《集韵·阳韵》："庄，恭也。"（白于蓝）

蓏 luǒ
来纽、歌部；来纽、果韵、郎果切。

戰國 《说文》小篆 楷书 楷书

1《楚系简帛》54页。2《说文》15页。

形声字。从艸，㼌声。本义指草木的果实。《说文》："蓏，在木曰果，在地曰蓏。"《汉书·食货志》："瓜瓠果蓏，殖于疆易。"颜师古注："应劭曰：'木实曰果，草实曰蓏。'张晏曰：'有核曰果，无核曰蓏。'"（白于蓝）

芝 zhī
章纽、之部；章纽、之韵、止而切。

戰國 《说文》小篆 汉 楷书 楷书

1《古玺》7页。2《说文》15页。3《篆隶表》30页。

形声字。从艸，之声。本义指灵芝，一种菌类植物。《说文》："芝，神艸也。"《尔雅·释草》："茵，芝。"郭璞注："芝，一岁三华，瑞草。"又可指香草，也作"芷"。《孔子家语·在厄》："芝兰生于深林，不以无人而不芳。"《楚辞·离骚》："兰芷变而不芳兮，荃蕙化而为茅。"（白于蓝）

莆 pú
帮纽、鱼部；帮纽、麌韵、方矩切。

戰國 《说文》小篆 楷书 楷书

1《楚系简帛》55页。2《说文》15页。

形声字。从艸，甫声。本义指一种水草名，即蒲草。《楚辞·天问》："咸播秬黍，莆雚是营。"洪兴祖补注："莆，疑即蒲字。蒲，水草，可以作席。"（白于蓝）

萁 qí / jī
群纽、之部；群纽、之韵、渠之切。
见纽、之部；见纽、之韵、居之切。

《说文》小篆 汉 楷书 楷书

1《说文》15页。2《篆隶表》30页。

形声字。从艸，其声。本义指豆秆。《说文》："萁，豆茎也。"《汉书·杨恽传》："种一顷豆，落而为萁。"这种意义的"萁"今天读 qí。"萁"字又指草名。《汉书·五行志下》："檿弧萁服，实亡周国。"颜师古注："萁，草，似荻而细，织之为服也。"这种意义的"萁"今天读 jī。（白于蓝）

藿(蘿) huò
晓纽、铎部；晓纽、铎韵、虚郭切。

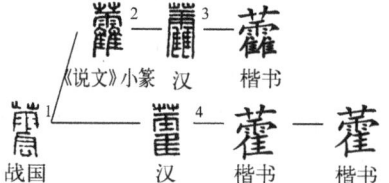

戰國 《说文》小篆 汉 楷书 楷书

1《古玺》7页。2《说文》15页。3、4《篆隶表》30页。

形声字。从艸，靃声。本义是指豆叶。《说文》："藿，尗之少也。"徐灏注笺："许云'尗之少'者，亦谓豆之嫩叶可食耳。"《广雅·释草》："豆角谓之荚，其叶谓之藿。"亦是一种香草名，即藿香。《广韵·铎韵》："藿，香草。""蘿"字战国文字作"蒦"，从艸，蒦声。因"靃"字或体可作"霍"，故战国文字"蘿"字亦可从"霍"声字。秦代文字作"蘿"，从艸、靃声。汉代文字有"蘿"、"藿"两种写法。这两种写法均见于后世典籍，但"藿"字更常见，而"蘿"则很少使用。今天简化字统一作"藿"。（白于蓝）

莠 yǒu
喻纽、幽部；以纽、有韵、与久切。

《说文》小篆 汉 楷书 楷书

1《说文》15页。2《篆隶表》31页。

形声字。从艸，秀声。本义是指狗尾草，是田间常见杂草。《说文》："莠，禾粟下生莠。"《孟子·尽心下》："恶莠，恐其乱苗也。"赵岐注："莠之茎叶似苗。"明李时珍《本草纲目·草部·狗尾草》："莠草……穗形象狗尾，故俗名狗尾。"引申之亦可指坏、恶之义。《诗·小雅·正月》："好言自口，莠言自口。"毛传："莠，丑也。"郑玄笺："善言

从女口出,恶言亦从女口出。"(白于蓝)

芓 zǐ 从纽、之部;从纽、志韵、疾置切。

芓¹ — 芓² — 芓 — 芓
《说文》小篆 汉   楷书 楷书

1《说文》15页。2《篆隶表》31页。

形声字。从艸,子声。本义是指大麻的雌株。《说文》:"芓,麻母也。一曰芓即枲也。"段玉裁注:"《仪礼》传云:牡麻者,枲麻也。然则枲无实,芓乃有实。统言则皆称枲,析言则有实者称芓,无实者称枲。麻母言麻子之母。"(白于蓝)

蘇(苏) sū 心纽、鱼部;心纽、模韵、素姑切。

蘇¹ — 蘇² — 蘇³ — 蘇⁴ — 蘇 — 苏
春秋   战国 《说文》小篆 汉 楷书 楷书

1、2《汉语字形表》19页。3《说文》15页。4《篆隶表》31页。

形声字。从艸,穌声。本义是指一种草名,即"紫苏"。《说文》:"蘇,桂荏也。"段玉裁注:"《方言》曰:'苏,亦荏也。关之东西或谓之苏,或谓之荏。'郭璞曰:'苏,荏类。'是则析言之则苏、荏二物,统言则不别也。桂荏,今之紫苏。"亦可指割草、取草。《史记·淮阴侯列传》:"樵苏后爨。"裴骃集解:"苏,取草也。"还可指死而复生、苏醒过来。《小尔雅·广名》:"死而复生谓之苏。"《史记·扁鹊列传》:"有间,太子苏。"(白于蓝)

荏 rěn 日纽、侵部;日纽、寝韵、如甚切。

荏¹ — 荏² — 荏 — 荏
《说文》小篆 汉   楷书 楷书

1《说文》15页。2《篆隶表》31页。

形声字。从艸,任声。本义是指一种草名,即"白苏"。《说文》:"荏,桂荏也。"《广雅·释草》:"荏,苏也。"王念孙疏证:"荏,白苏也。"亦可指软弱、怯懦。《论语·阳货》:"色厉而内荏。"何晏集解引孔安国曰:"荏,柔也。"(白于蓝)

葵 kuí 群纽、脂部;群纽、脂韵、渠追切。

葵¹ — 葵² — 葵 — 葵
《说文》小篆 汉   楷书 楷书

1《说文》15页。2《篆隶表》31页。

形声字。从艸,癸声。本义是指一种菜名,即"葵菜"。《说文》:"葵,菜也。"《诗·豳风·七月》:"七月亨葵及菽。""葵"字还用为"向日葵"的简称。"向日葵"原产美洲,我国最早记载见于1621年明王象晋《二如亭群芳谱》,称"西番葵"。1688年成书的清陈淏子《花镜》始称"向日葵"。(白于蓝)

蓼 liǎo 来纽、幽部;来纽、篠韵、卢鸟切。

蓼¹ — 蓼² — 蓼³ — 蓼 — 蓼
西周 《说文》小篆 汉   楷书 楷书

1《金文编》33页。2《说文》16页。3《篆隶表》32页。

形声字。从艸,翏声。本义是指植物名,品类很多,有水蓼、红蓼、刺蓼等。草本,叶味辛香,古人用为调味品。《说文》:"蓼,辛菜,蔷虞也。"《尔雅·释草》:"蔷虞,蓼。"郝懿行义疏:"《内则》烹煮用蓼,取其辛能和味,故《说文》以为辛菜。"(白于蓝)

莧(苋) xiàn 匣纽、元部;匣纽、裥韵、侯襇切。

莧¹ — 莧² — 莧 — 苋
战国 《说文》小篆 楷书 楷书

1《汉语字形表》19页。2《说文》16页。

形声字。从艸,见声。本义是指一种菜名。一年生草本,种类很多,茎叶可食,也可入药。《说文》:"莧,莧菜也。"《尔雅·释草》:"蕡,赤苋。"郭璞注:"今之苋赤茎者。"(白于蓝)

芋 yù 匣纽、鱼部;云纽、遇韵、王遇切。

芋¹ — 芋² — 芋³ — 芋 — 芋
战国 《说文》小篆 汉 楷书 楷书

1《楚系简帛》55页。2《说文》16页。3《篆隶表》32页。

形声字。从艸,于声。本义是指一种草本植物,俗称"芋头"。地下有肉质球茎,可供食用。叶片作盾形,叶柄长而肥大,可作饲料。《说文》:"芋,大叶实根,骇人,故谓之芋也。"《史记·项羽本纪》:"今岁饥民贫,士卒食芋

苡。"（白于蓝）

莒 jǔ 见纽、鱼部；见纽、语韵、居许切。

莒¹—莒²—莒—莒
《说文》小篆　汉　楷书　楷书

1《说文》16页。2《篆隶表》32页。

形声字。从艸，吕声。本义是指芋头。《说文》："莒，齐谓芋为莒。""莒"又可指古邑名，为春秋时齐国的城邑，在今山东省莒县。《左传·昭公三年》："齐侯田于莒。"杜预注："莒，齐东境。"（白于蓝）

蘧 qú 群纽、鱼部；群纽、鱼韵、强鱼切。
jù 群纽、鱼部；群纽、御韵、其据切。

蘧¹—蘧²—蘧—蘧
《说文》小篆　汉　楷书　楷书

1《说文》16页。2《篆隶表》32页。

形声字。从艸，遽声。本义指"蘧麦"，也称"瞿麦"。为多年生草本植物，可供观赏。《说文》："蘧，蘧麦也。"《尔雅·释草》："大菊，蘧麦。"郝懿行义疏："《系传》云：'（蘧麦）今谓之瞿麦，又名句麦。其小而华色深者，俗谓石竹。'"这种意义的"蘧"今天读qú。"蘧"又可指惊喜貌。《庄子·大宗师》："成然寐，蘧然觉。"成玄英疏："蘧然是惊喜之貌。"（白于蓝）

菊 jú 见纽、觉部；见纽、屋韵、居六切。

菊¹—菊—菊
《说文》小篆　楷书　楷书

1《说文》16页。

形声字。从艸，匊声。本义是一种多年生草本植物名，即"大菊"，也称"瞿麦"。《说文》："菊，大菊，蘧麦。"《尔雅·释草》："大菊，蘧麦。"郭璞注："一名麦句姜，即瞿麦。"也可指菊花，为观赏性草本植物。《楚辞·离骚》："朝饮木兰之坠露兮，夕餐秋菊之落英。"（白于蓝）

葷（荤） hūn 晓纽、文部；晓纽、文韵、许云切。

葷¹—葷²—葷—荤
《说文》小篆　汉　楷书　楷书

1《说文》16页。2《篆隶表》33页。

形声字。从艸，軍声。本义是指葱、蒜等有特殊气味的菜。《说文》："葷，臭菜也。"徐锴系传："通谓芸台、椿、韭、蒜、葱、阿魏之属，方术家所禁，谓气不洁也。"《仪礼·士相见礼》："夜侍坐，问夜，膳葷，请退可也。"郑玄注："葷，辛物，葱薤之属，食之以止卧。"又可指肉食。南朝梁宗懔《荆楚岁时记》："梁有天下不食葷，荆自此不复食鸡子，以从常则。"（白于蓝）

菁 jīng 精纽、耕部；精纽、清韵、子盈切。

菁¹—菁²—菁—菁
《说文》小篆　汉　楷书　楷书

1《说文》16页。2《篆隶表》33页。

形声字。从艸，青声。本义是指韭菜的花。《说文》："菁，韭华（花）也。"引申之亦可泛指盛开的花。《文选·宋玉〈高唐赋〉》："秋兰茝蕙，江离载菁。"李善注引《广雅》曰："菁，华（花）也。""菁"又可指一种菜名，即"蔓菁"。《急就篇》第九章："老菁蘘荷冬日藏。"颜师古注："菁，蔓菁也。一曰冥菁，一曰芜菁，又曰荞菁。"（白于蓝）

菔 fú 并纽、职部；奉纽、屋韵、房六切。

菔¹—菔—菔
《说文》小篆　楷书　楷书

1《说文》16页。

形声字。从艸，服声。本义指"芦菔"，即萝卜。《说文》："菔，芦菔，似芜菁，实如小尗者。"《后汉书·刘盆子传》："掘庭中芦菔根，捕池鱼而食之。"（白于蓝）

苹 píng 并纽、耕部；并纽、庚韵、符兵切。

苹¹—苹²—苹—苹
《说文》小篆　汉　楷书　楷书

1《说文》16页。2《篆隶表》33页。

形声字。从艸，平声。同"萍（萍）"，本义指"浮萍"。《说文》："苹，萍也，无根，浮水而生者。"《尔雅·释草》："苹，萍；其大者蘋。"郭璞注："水中浮萍，江东谓之藻。"《集韵·庚韵》："苹，或作萍。"亦可指"藾萧"，即"艾蒿"。《尔雅·释草》："苹，藾萧。"郭璞注："今藾蒿也，初生亦可食。"《诗·小雅·鹿鸣》："呦呦鹿鸣，食野之苹。"郑玄笺："苹，藾萧。"（白于蓝）

藍(蓝) lán　来纽、谈部；来纽、谈韵、鲁甘切。

1《楚系简帛》56页。2《说文》16页。3《篆隶表》33页。

形声字。从艸，監声。本义是指"蓼蓝"，为一年生草本植物，叶可制蓝色染料，即靛青。《说文》："藍，染青草也。"《荀子·劝学》："青，取之于蓝，而青于蓝。"引申之亦可指深青色，如天蓝、蔚蓝。汉王充《论衡·本性》："至恶之物，不受蓝朱之变也。"（白于蓝）

蕿(萱) xuān　晓纽、元部；晓纽、愿韵、许建切。

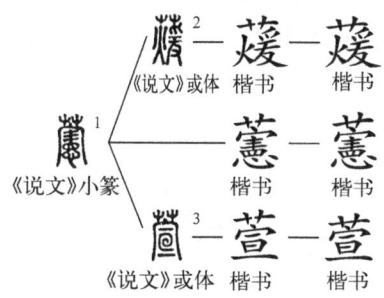

1、2、3《说文》16页。

形声字。从艸，憲声。本义是指"萱草"，为多年生草本植物。又名"鹿葱"、"忘忧"、"宜男"、"金针花"等。《说文》："蕿，令人亡忧艸（草）也。从艸，憲声。《诗》曰：'安得蕿艸。'蘐，或从煖。萱，或从宣。"（白于蓝）

蘭(兰) lán　来纽、元部；来纽、寒韵、落干切。

1《楚系简帛》56页。2《说文》16页。3《篆隶表》34页。

形声字。从艸，闌声。本义指兰草，菊科，为多年生草本植物，有香气，可供观赏。《说文》："蘭，香艸也。"《易·系辞上》："同心之言，其臭如兰。"亦可指兰花，兰科，多年生常绿草本植物。明李时珍《本草纲目·草部·兰草》："兰有数种，兰草、泽兰生水旁，山兰即兰草之生山中者。兰花亦生山中，与三兰迥别。兰花生近处者，叶如麦门冬而春花；生福建者，叶如菅茅而秋花。"战国文字"蘭"从"柬"声。"蘭"从"闌"声，"闌"从"柬"声，故"蘭"亦可从"柬"声作。今天简化字作"兰"。（白于蓝）

芄 wán　匣纽、元部；匣纽、桓韵、胡官切。

1《说文》16页。

形声字。从艸，丸声。本义指"芄兰"，为多年生草质藤本植物。《说文》："芄，芄兰，莞也。"《诗·卫风·芄兰》："芄兰之支，童子佩觿。"郑玄笺："芄兰柔弱，恒蔓延于地，有所依缘则起。"（白于蓝）

茝 chǎi　昌纽、之部；章纽、止韵、诸市切。

1《战文编》26页。2《说文》16页。3《篆隶表》34页。

形声字。从艸，臣声。本义是一种香草名称。《玉篇·艸部》："茝，香草也。"《楚辞·离骚》："杂申椒与菌桂兮，岂维纫夫蕙茝？"王逸注："蕙、茝皆香草也。"（白于蓝）

蘼 mí　明纽、脂部；明纽、脂韵、武悲切。

1《说文》16页。

形声字。从艸，麋声。本义是指"蘼芜"，为一种香草名称。《说文》："蘼，蘼芜也。"《尔雅·释草》："蕲茝，蘼芜。"郭璞注："香草，叶小如萎状。"又可指野草丛生貌。《方言》卷十三："蘼，芜也。"郭璞注："谓草秽芜也。"又是一种水草名称。《尔雅·释草》："蘼，从水生。"陆德明释文："蘼，蘼草，生江水中。"（白于蓝）

薰 xūn　晓纽、文部；晓纽、文韵、许云切。

1《说文》16页。2《篆隶表》34页。

形声字。从艸，熏声。本义是指一种香草名称，即"蕙草"。《说文》："薰，香艸也。"《广雅·释草》："薰草，蕙草也。"《左传·僖公四年》："一薰一莸，十年尚犹有臭。"引申之又可指香气。《文选·江淹〈别赋〉》："闺中风暖，

陌上草薰。"李善注："薰,香气也。"(白于蓝)

苷 gān 见纽、谈部；见纽、谈韵、古三切。

苷¹—苷—苷
《说文》小篆 楷书 楷书

1《说文》17页。

形声字。从艸,甘声。本义是一种草药名称,即"苷草"。《说文》："苷,甘艸也。"《正字通·艸部》："苷,俗甘字。甘艸(草)枝叶如槐,高五六尺……味甘,故名甘草。俗加艸。"(白于蓝)

蓋(荩) jìn 邪纽、真部；邪纽、震韵、徐刃切。

蓋¹—蓋—荩
《说文》小篆 楷书 楷书

1《说文》17页。

形声字。从艸,盡声。本义是一种草名,即"荩草"。《说文》："荩,艸也。"宋唐慎微《政和澄类本草·草部》引《神农本草经》："荩草,味苦平,主久咳上气……杀皮肤小虫。"又引苏敬《唐本草》："荆、襄人煮以染黄,色极鲜好,洗疮有效,俗名绿蓐草。《尔雅》云：所谓王刍者也。"(白于蓝)

萇(苌) cháng 定纽、阳部；澄纽、阳韵、直良切。

萇¹—萇²—萇³—萇—苌
《说文》小篆 汉 汉 楷书 楷书

1《说文》17页。2、3《篆隶表》34页。

形声字。从艸,長声。本义是指一种植物名称,即"苌楚",别名"羊桃",又叫"猕猴桃"。《说文》："苌,苌楚,跳弋。一曰羊桃。"《诗·桧风·隰有苌楚》："隰有苌楚,猗傩其枝。"毛传："苌楚,铫弋也。"(白于蓝)

薊(蓟) jì 见纽、月部；见纽、震韵、古诣切。

薊¹—薊²—薊³—薊—蓟
《说文》小篆 汉 汉 楷书 楷书

1《说文》17页。2、3《篆隶表》35页。

形声字。从艸,劍声。本义是一种多年生草本植物名称。分大蓟、小蓟两种,可供食用、药用。《尔雅·释草》："术,山蓟。杨,抱蓟。"邢昺疏："此辨蓟生山中及平地者名也。生平地者即名蓟,生山中者一名术。""蓟"字又可指古州名,为唐开元十八年置,治所在渔阳(今天津市蓟县)。清顾祖禹《读史方舆纪要·直隶二·顺天府》："蓟州,战国时燕地,秦置渔阳郡……唐初郡废属幽州,开元十八年析置蓟州……明仍为蓟州。"(白于蓝)

荑 yí 喻纽、脂部；以纽、脂韵、以脂切。
tí 定纽、脂部；定纽、齐韵、杜奚切。

荑¹—荑—荑
战国《说文》小篆 楷书 楷书

1《楚系简帛》56页。2《说文》17页。

形声字。从艸,夷声。本义是指初生茅草的嫩芽。《说文》："荑,艸也。"《玉篇·艸部》："荑,始生茅也。"《诗·邶风·静女》："自牧归荑,洵美且异。"毛传："荑,茅之始生也。"这种意义的"荑"今天读tí。"荑"又是一种草名,即"蕛荑"。《尔雅·释草》："蕛荑,茶蕛。"郭璞注："一名白蕢。"这种意义的"荑"今天读yí。(白于蓝)

薛 xuē 心纽、月部；心纽、薛韵、私列切。

薛¹—薛²—薛³—薛—薛
《说文》小篆 汉 汉 楷书 楷书

1《说文》17页。2、3《篆隶表》35页。

形声字。从艸,辥声。本义是指一种草名,即"赖蒿"。《说文》："薛,艸也。"《史记·司马相如列传》："其高燥则生葴、菥、苞、荔、薛、莎、青、薠。"裴骃集解引《汉书音义》曰："薛,赖蒿也。""薛"又可指春秋时之古国名,战国时为齐所灭。地在今山东省滕县南。《史记·陈杞世家》："滕、薛、驺、夏、殷、周之间封也。小,不足齿列,弗论也。"用为国名的"薛"在金文中作"辥"、"䣙"、"䣙"。(白于蓝)

苦 kǔ 溪纽、鱼部；溪纽、姥韵、康杜切。

苦¹—苦²—苦—苦—苦
《说文》小篆 汉 汉 楷书 楷书

1《说文》17页。2、3《篆隶表》35页。

形声字。从艸,古声。本义是指苦菜,《说文》："苦,大苦,苓也。"《诗·唐风·采苓》："采苦采苦,首阳之下。"毛传："苦,苦菜也。"引申之又可指劳苦。《孟子·梁惠王上》："乐岁终身苦,凶年不免于死亡。"又可指困苦、痛苦。《墨子·七患》："上不厌其乐,下不堪其苦。"(白于蓝)

茅 máo 明纽、幽部；明纽、肴韵、莫交切。

茅—苗—苧—茅—茅
战国 《说文》小篆 汉 汉 楷书 楷书

1《古文典》257页。2《说文》17页。3、4《篆隶表》36页。

形声字。从艸，矛声。本义是指茅草。《说文》："茅，菅也。"段玉裁注："统言则茅、菅是一，析言则菅与茅异。"《易·大过》："藉用白茅，无咎。""茅"又可指古国名，在今山东省金乡县西南。《左传·僖公二十四年》："凡、蒋、邢、茅、胙、祭，周公之胤也。"又用为姓。《通志·氏族略二》："茅氏，周公之后也。"（白于蓝）

菅 jiān 见纽、元部；见纽、删韵、古颜切。

菅—菅—菅—菅—菅
《说文》小篆 汉 汉 楷书 楷书

1《说文》17页。2、3《篆隶表》36页。

形声字。从艸，官声。本义是一种草名，又称"菅茅"。茎可作绳织履，茎叶之细者可以覆盖屋顶。《说文》："菅，茅也。"《诗·陈风·东门之池》："东门之池，可以沤菅。"孔颖达疏引陆玑曰："菅似茅而滑泽无毛，根下五寸中有白粉者柔韧宜为索。"《左传·成公九年》："虽有丝、麻，无弃菅、蒯。"《汉书·贾谊传》："其视杀人若艾草菅然。"（白于蓝）

蕲（蕲） qí 群纽、文部；群纽、欣韵、巨斤切。

蕲—蕲—蕲—蕲
《说文》小篆 汉 楷书 楷书

1《说文》17页。2《篆隶表》36页。

形声字。从艸，斯声。本义是指草名，即"当归"。《说文》："蕲，艸也。"《广雅·释草》："山蕲、芹，当归也。"又可指马嚼子。《文选·张衡〈西京赋〉》："旗不脱扃，结驷方蕲。"李善注引薛综曰："蕲，马衔也。"（白于蓝）

莞 guān 见纽、元部；见纽、桓韵、古丸切。
wǎn 匣纽、元部；匣纽、潸韵、户板切。

莞—莞—莞—莞—莞
《说文》小篆 汉 汉 楷书 楷书

1《说文》17页。2、3《篆隶表》36页。

形声字。从艸，完声。本义是指蒲草。《说文》："莞，艸也。可以作席。"《尔雅·释草》："莞，苻蓠；其上蒚。"郭璞注："今西方人呼蒲为莞蒲……今江东谓之苻蓠，西方亦名蒲，中茎为蒚，用之为席。"引申之亦可指由莞草编的席子。《诗·小雅·斯干》："下莞上簟，乃安斯寝。"郑玄笺："莞，小蒲之席也。"（白于蓝）

蔺（蔺） lìn 来纽、真部；来纽、震韵、良刃切。

蔺—蔺—蔺—蔺
《说文》小篆 汉 楷书 楷书

1《说文》17页。2《篆隶表》36页。

形声字。从艸，阑声。本义是指一种草名，即"灯心草"，可以编席。《说文》："蔺，莞属。"《玉篇·艸部》："蔺，似莞而细，可为席。"（白于蓝）

蒲 pú 并纽、鱼部；并纽、模韵、薄胡切。

蒲—蒲—蒲—蒲—蒲
战国 《说文》小篆 汉 楷书 楷书

1《战文编》28页。2《说文》17页。3《篆隶表》37页。

形声字。从艸，浦声。本义是指一种草名，即"蒲草"，可以编席。《说文》："蒲，水艸也，可以作席。"亦可指木名，即"蒲柳"，也称"水杨"。《诗·王风·扬之水》："扬之水，不流束蒲。"郑玄笺："蒲，蒲柳。"（白于蓝）

蒻 ruò 日纽、药部；日纽、药韵、而灼切。

蒻—蒻—蒻
《说文》小篆 楷书 楷书

1《说文》17页。

形声字。从艸，弱声。本义是指嫩蒲草。《说文》："蒻，蒲子，可以为平席。"《急就篇》第十三章："蒲蒻蔺席帐帷幢。"颜师古注："蒻，谓蒲之柔弱者也。"《淮南子·主术》："匡床蒻席，非不宁。"高诱注："蒻，细也。"引申之亦可指细蒲席。《楚辞·招魂》："蒻阿拂壁，罗帱张些。"王逸注："蒻，蒻席也。"（白于蓝）

蓷 tuī 透纽、微部；透纽、灰韵、他回切。

蓷

《说文》小篆 — 蓷 — 蓷
楷书 楷书

1《说文》17页。

形声字。从艸,推声。本义是指一种草名,即"益母草",又称"茺蔚。"《说文》:"蓷,萑也。"《尔雅·释草》:"萑,蓷也。"郭璞注:"今茺蔚也。叶似荏,方茎,白华(花),华(花)生节间,又名益母。"(白于蓝)

萑 zhuī 章纽、微部；章纽、脂韵、职追切。

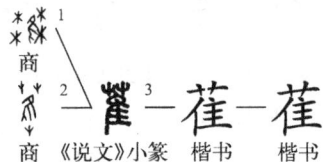 — 萑 — 萑 — 萑
商 《说文》小篆 楷书 楷书

1、2《甲文编》20页。3《说文》17页。

形声字。从艸,隹声。甲骨文"萑"字作 、,古文字中"屮"、"木"在用为表义偏旁中时可互换,故从木。又古文字常单复无别,所以从四木,而从三屮。本义是指草多貌。《说文》:"萑,艸多皃。"又可指一种草名,同"蓷",参前"蓷"字条。(白于蓝)

莙 jūn 见纽、文部；见纽、文韵、举云切。

莙 — 莙 — 莙 — 莙
战国 《说文》小篆 楷书 楷书

1《汉语字形表》21页。2《说文》18页。

形声字。从艸,君声。本义是指一种水藻名称。又称"牛藻"或"马藻"。《说文》:"莙,牛藻也。"《尔雅·释草》:"莙,牛藻。"郭璞注:"似藻,叶大,江东人呼为马藻。"《广韵·文韵》:"莙,牛藻,菜也。"(白于蓝)

苢 yǐ 喻纽、之部；以纽、止韵、羊己切。

苢 — 苢 — 苢
《说文》小篆 楷书 楷书

1《说文》18页。

形声字。从艸,㠯声。本义是一种草名,称"芣苢"或"车前草","苢"亦作"苡"。《说文》:"苢,芣苢。一名马舄。"《尔雅·释草》:"芣苢,马舄。马舄,车前。"郭璞注:"今车前草,大叶长穗,好生道边,江东呼为蝦蟆衣。"《诗·周南·芣苢》:"采采芣苢,薄言采之。"孔颖达疏引陆玑曰:"一名车前,一名当道,喜在牛迹中生,故曰车前、当道也。"(白于蓝)

蓲(苾) qiū 影纽、侯部；影纽、虞韵、忆俱切。

蓲 — 蓲 — 蓲 — 苾
《说文》小篆 汉 楷书 楷书

1《说文》18页。2《篆隶表》37页。

形声字。从艸,區声。本义是指一种草名。《说文》:"蓲,艸也。"《玉篇·艸部》:"苾,乌苾也。"《尔雅·释草》:"茲,芘也。"郭璞注:"似苇而小,实中,江东呼为乌苾。"(白于蓝)

蔗 zhè 章纽、铎部；章纽、祃韵、之夜切。

蔗 — 蔗 — 蔗
《说文》小篆 楷书 楷书

1《说文》18页。

形声字。从艸,庶声。本义是指一种植物名,即"甘蔗"。《说文》:"蔗,藷蔗也。"段玉裁注:"或作诸蔗或都蔗。藷、蔗二字叠韵也。或作竿蔗或干蔗,象其形也。或作甘蔗,谓其味也。"南朝梁元帝《谢东宫赉瓜启》:"味夺蔗浆,甘逾石蜜。"(白于蓝)

苎 zhōng 端纽、冬部；知纽、东韵、陟弓切。
   chóng 定纽、冬部；澄纽、东韵、直弓切。

苎 — 苎 — 苎 — 苎 — 苎
西周 《说文》小篆 汉 楷书 楷书

1《金文编》34页。2《说文》18页。3《篆隶表》37页。

形声字。从艸,中声。本义是指一种草名。《说文》:"苎,艸也。"古文字单复无别。故西周文字中"苎"字从四"屮"。(白于蓝)

莩 fū 滂纽、幽部；敷纽、虞韵、芳无切。

莩 — 莩 — 莩
《说文》小篆 楷书 楷书

1《说文》18页。

形声字。从艸,孚声。本义是指一种草名。《说文》:"莩,艸也。"张舜徽约注:"此草生湖地,色淡白,可以盖屋,湖、湘间平野亦多有之。茎似初生小芦,秋结实作穗如稗。农家多称为湖草,即莩草也。"又可假借为"稃",指

植物茎秆里的白膜。清朱骏声《说文通训定声》："莩，假借为稃。"《汉书·中山靖王刘胜传》："今群臣非有葭莩之亲，鸿毛之重。"颜师古注引晋灼曰："莩，葭里之白皮也，皆取喻于轻薄也。"（白于蓝）

蕕(莸) yóu 喻纽、幽部；以纽、尤韵、以周切。

1《说文》18页。

形声字。从艸，猶声。本义是指一种有臭味的水草。《说文》："蕕，水边艸也。"《左传·僖公四年》："一薰一莸，十年尚犹有臭。"杜预注："薰，香草。莸，臭草。"（白于蓝）

葍 fú 帮纽、职部；非纽、屋韵、方六切。

1《说文》18页。

形声字。从艸，畐声。本义是指一种多年生草本植物。生于田野之中，对农作物有害，古称"恶菜"。《说文》："葍，䔰也。"《诗·小雅·我行其野》："我行其野，言采其葍。"毛传："葍，恶菜也。"（白于蓝）

葴 zhēn 章纽、侵部；章纽、侵韵、职深切。

1《说文》18页。

形声字。从艸，咸声。本义是指马蓝，为一种多年生植物，叶可制蓝靛。《说文》："葴，马蓝也。"《尔雅·释草》："葴，马蓝。"郭璞注："今大叶冬蓝也。"（白于蓝）

藟 lěi 来纽、微部；来纽、旨韵、力轨切。

1《说文》19页。2《篆隶表》38页。

形声字。从艸，畾声。本义是指葛类蔓草名。《说文》："藟，艸也。"《玉篇·艸部》："藟，藟藤也。"《诗·周南·樛木》："南有樛木，葛藟累之。"孔颖达疏："藟，与葛异，亦葛之类也。"陆玑云：'藟，一名巨瓜，似燕薁，亦延蔓生，叶似艾，白色，其子赤，亦可食，酢而不美。'"（白于蓝）

茈 zǐ 精纽、支部；精纽、纸韵、将此切。

1《战文编》28页。2《说文》19页。3《篆隶表》38页。

形声字。从艸，此声。本义是一种草本植物。含紫色素，可作紫色染料。又称"藐"或"茈戾"。《说文》："茈，茈草也。"《尔雅·释草》："藐，茈草。"郭璞注："可以染紫，一名茈戾。"（白于蓝）

藐 miǎo 明纽、药部；明纽、小韵、亡沼切。

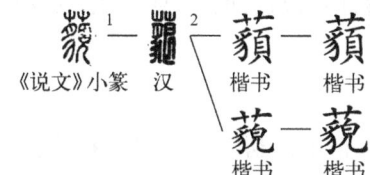

1《说文》19页。2《篆隶表》38页。

形声字。从艸，貊声。本义与"茈"字相同，即指"茈草"。详前"茈"字条。《说文》："藐，茈艸也。"王筠句读："《释艸》作'藐'，从籀文'貘'。"《集韵·觉韵》："藐，或从貌。"（白于蓝）

蒐 sōu 心纽、幽部；生纽、尤韵、所鸠切。

1《战文编》28页。2《说文》19页。3《篆隶表》39页。

会意字。从艸，从鬼。本义是一种草名，即茜草。《说文》："蒐，茅蒐，茹藘。人血所生，可以染绛。"《说文》："茜，茅蒐也。"《尔雅·释草》："茹藘，茅蒐。"《诗·郑风·东门之墠》："茹藘在阪。"孔颖达正义引陆玑云："一名地血，齐人谓之茜，徐州人谓之牛蔓。"（白于蓝）

茜 qiàn 清纽、文部；清纽、霰韵、仓甸切。

1《说文》19页。

形声字。从艸，西声。本义是指一种草名，即茜草，为多年生草本植物。茎方形，有倒生刺，根黄红色，可作红色染料。《说文》："茜，茅蒐也。"《汉书·货殖传》："……若千亩卮茜，千畦姜韭：此其人皆与千户侯等。"颜师古注引孟康曰："茜草、卮子可染也。"（白于蓝）

薜 bì 帮纽、锡部；並纽、霁韵、蒲计切。

薜¹ — 薜² — 薜 — 薜
《说文》小篆 汉 楷书 楷书

1《说文》19页。2《篆隶表》39页。

形声字。从艸，辟声。本义是指一种草名，即"薜荔"。桑科，攀援或匍匐灌木，幼时以不定根攀援于墙壁或树上。《说文》："薜，牡赞也。"朱骏声通训定声："疑即薜荔。"《楚辞·九歌·山鬼》："若有人兮山之阿，被薜荔兮带女罗。"王逸注："薜荔、兔丝，皆无根，缘物而生。"（白于蓝）

苞 bāo 帮纽、幽部；帮纽、肴韵、布交切。

苞¹ — 苞² — 苞³ — 苞 — 苞
战国 《说文》小篆 汉 楷书 楷书

1《战文编》28页。2《说文》19页。3《篆隶表》39页。

形声字。从艸，包声。本义是指一种草名，可制席子和草鞋。《说文》："苞，艸也。南阳以为粗履。"《史记·司马相如列传》："其高燥则生葴、苞、荔、薜、沙、青薠。"裴骃集解引《汉书音义》："苞，蘸也。"《礼记·曲礼下》："苞屦……不入公门。"郑玄注："苞，蘸也。"《玉篇·艸部》："蘸，蒯属，可为席。"（白于蓝）

艾 ài 疑纽、月部；疑纽、泰韵、五盖切。

艾¹ — 艾² — 艾³ — 艾 — 艾
战国 《说文》小篆 汉 楷书 楷书

1《战文编》29页。2《说文》19页。3《篆隶表》39页。

形声字。从艸，乂声。本义是指一种草名，即"艾蒿"。菊科，多年生草本，有香气，叶可入药。《说文》："艾，冰台也。"《尔雅·释草》："艾，冰台。"郭璞注："今艾蒿。"《孟子·离娄上》："犹七年之病，求三年之艾也。"（白于蓝）

芹 qín 群纽、文部；群纽、欣韵、巨斤切。

芹¹ — 芹² — 芹 — 芹
战国 《说文》小篆 楷书 楷书

1《楚系简帛》57页。2《说文》19页。

形声字。从艸，斤声。本义是指一种菜名，伞形科，是常见的蔬菜。《诗·鲁颂·泮水》："思乐泮水，言采其芹。"《周礼·天官·醢人》："加豆之实，芹菹、兔醢。"《吕氏春秋·本味》："菜之美者……云梦之芹。"（白于蓝）

芸 yún 匣纽、文部；云纽、文韵、王分切。

芸¹ — 芸² — 芸 — 芸
《说文》小篆 汉 楷书 楷书

1《说文》19页。2《篆隶表》39页。

形声字。从艸，云声。本义是指一种草名。芸香科，多年生草本。《说文》："芸，艸也，似目宿。"《礼记·月令》："（仲冬之月）芸始生。"郑玄注："芸，香草也。"（白于蓝）

葑 fēng 帮纽、东部；非纽、钟韵、府容切。

葑¹ — 葑² — 葑 — 葑
《说文》小篆 汉 楷书 楷书

1《说文》19页。2《篆隶表》39页。

形声字。从艸，封声。本义是指一种菜名，又称"芜菁"或"蔓菁"。十字花科，直根肥大，根和叶可作蔬菜。《诗·邶风·谷风》："采葑采菲，无以下体。"郑玄笺："此二菜者，蔓菁与葍之类也。"（白于蓝）

薺（荠） cí 从纽、脂部；从纽、脂韵、疾资切。

薺¹ — 薺² — 薺 — 荠
战国 《说文》小篆 楷书 楷书

1《战文编》29页。2《说文》19页。

形声字。从艸，齊声。本义是指一种草名，又称"蒺藜"或"刺蒺藜"。蒺藜科，一年生草本，果有刺。《说文》："薺，蒺藜也。"朱骏声通训定声："荠即蒺藜之合音。《诗》曰：'墙有荠。'毛本以'茨'为之。《尔雅》：'茨，蒺藜。'注：'布地，蔓生，细叶，子有三角，刺人。'"（白于蓝）

芐

hù 匣纽、鱼部；匣纽、姥韵、侯古切。

xià 匣纽、鱼部；匣纽、祃韵、胡驾切。

芐¹—芐—芐
《说文》小篆　楷书　楷书

1《说文》19页。

形声字。从艸，下声。本义是指一种植物名称，即"地黄"，又名"芑"。多年生草本植物，为著名中药。《说文》："芐，地黄也。"《尔雅·释草》："芐，地黄。"郭璞注："一名地髓，江东呼芐。"这种字义的"芐"今天读 hù。"芐"又可指蒲席。《礼记·间传》："齐衰之丧，居垩室，芐翦不纳。"郑玄注："芐，今之蒲萍也。"孔颖达疏："芐为蒲苹，为席，翦头为之。"这种字义的"芐"今天读 xià。（白于蓝）

蘞（蔹）

liǎn 来纽、谈部；来纽、盐韵、力盐切。

蘞¹—蘞—蔹
《说文》小篆　楷书　楷书

1《说文》19页。

形声字。从艸，僉声。本义是葡萄科藤本植物的泛称。以果熟时颜色不同而有白蔹、赤蔹、乌蔹莓等名称。《说文》："蘞，白蔹也。"《玉篇·艸部》："蔹，白蔹，药。"（白于蓝）

芩

qín 群纽、侵部；群纽、侵韵、巨金切。

芩¹—芩²—芩—芩
《说文》小篆　汉　楷书　楷书

1《说文》19页。2《篆隶表》40页。

形声字。从艸，今声。本义是指一种草名，禾本科，湿处野生。《说文》："芩，艸也。"《诗·小雅·鹿鸣》："呦呦鹿鸣，食野之芩。"毛传："芩，草也。"孔颖达疏引陆玑曰："茎如钗股，叶如竹，蔓生。"（白于蓝）

芰

jì 群纽、支部；群纽、寘部、奇寄切。

芰¹—芰—芰
《说文》小篆　楷书　楷书

1《说文》19页。

形声字。从艸，支声。本义是指一种一年生水生草本植物。又称"菱"，即菱角。《说文》："芰，菱也。"《国语·楚语上》："屈到嗜芰。"韦昭注："芰，薐也。"（白于蓝）

茩

gòu 见纽、侯部；见纽、厚韵、古厚切。

茩¹—茩—茩
《说文》小篆　楷书　楷书

1《说文》20页。

形声字。从艸，后声。本义是指一种草名，即"薢茩"。《说文》："茩，薢茩也。"《集韵·厚韵》："茩，薢茩，艸名。"（白于蓝）

芡

qiàn 群纽、谈部；群纽、琰韵、巨险切。

芡¹—芡—芡
《说文》小篆　楷书　楷书

1《说文》20页。

形声字。从艸，欠声。本义是指一种水生植物名称，又名"鸡头"。睡莲科，种子可食用，又可入药。《说文》："芡，鸡头也。"《方言》卷三："茷、芡，鸡头也。北燕谓之茷，青、徐、淮、泗之间谓之芡，南楚、江、湘之间谓之鸡头，或谓之雁头，或谓之乌头。"（白于蓝）

蒹

jiān 见纽、谈部；见纽、添韵、古甜切。

蒹¹—蒹—蒹
《说文》小篆　楷书　楷书

1《说文》20页。

形声字。从艸，兼声。本义是指没出穗的芦苇。《说文》："蒹，薍之未秀者。"《尔雅·释草》："蒹，薕。"郭璞注："似萑而细，高数尺，江东呼为蒹薕。"《诗·秦风·蒹葭》："蒹葭苍苍，白露为霜。"（白于蓝）

蓮（莲）

lián 来纽、元部；来纽、先韵、落贤切。

蓮¹—蓮²—蓮—莲
《说文》小篆　汉　楷书　楷书

1《说文》20页。2《篆隶表》40页。

形声字。从艸，連声。本义是指荷的种子，即莲子，后又称荷。《说文》："蓮，芙蕖之实也。"《尔雅·释草》："荷，芙渠……其实蓮。"《诗·陈风·泽陂》："有蒲与荷。"孔颖达疏："今江东人呼荷华（花）为芙蓉，北方人便以藕为荷，亦以莲为荷。"（白于蓝）

荷

hé 匣纽、歌部；匣纽、歌韵、胡歌切。

hè 匣纽、歌部；匣纽、哿韵、胡可切。

荷[1]—荷[2]—荷—荷
《说文》小篆　汉　楷书　楷书

1《说文》20页。2《篆隶表》40页。

形声字。从艸，何声。本义是一种多年生水生草本植物名称，根状茎叫藕，种子叫莲子。《尔雅·释草》："荷，芙蕖。"郭璞注："别名芙蓉，江东呼荷。"《诗·郑风·山有扶苏》："山有扶苏，隰有荷华。"毛传："荷花，扶渠也，其花菡萏。"引申之亦可指荷叶。《说文》："荷，芙蕖叶。"以上这些字义的"荷"今天读hé。"荷"字又有扛、担之义，如荷锄、荷枪实弹。这种字义的"荷"今天读hè。（白于蓝）

藕（藕）

ǒu 疑纽、侯部；疑纽、厚韵、五口切。

藕[1]—藕—藕
《说文》小篆　楷书　楷书

藕—藕
楷书　楷书

1《说文》20页。

形声字。从艸、从水，禺声。或作"藕"。本义是指莲的根状茎。《说文》："藕，芙蕖根。"《尔雅·释草》："荷，芙蕖……其实莲，其根藕。"《玉篇·艸部》："藕，荷根。"（白于蓝）

蓍

shī 书纽、脂部；书纽、脂韵、式脂切。

蓍[1]—蓍[2]—蓍[3]—蓍—蓍
战国　《说文》小篆　汉　楷书　楷书

1《战文编》30页。2《说文》20页。3《篆隶表》41页。

形声字。从艸，耆声。本义是指一种多年生草本植物，茎叶含芳香油，可作调香原料。《说文》："蓍，蒿属。"《诗·曹风·下泉》："洌彼下泉，浸彼苞蓍。""蓍"字从耆声，但"耆"又从旨声，故战国文字之"蓍"字从旨声，乃声符互换。（白于蓝）

莪

é 疑纽、歌部；疑纽、歌韵、五何切。

莪[1]—莪—莪
《说文》小篆　楷书　楷书

1《说文》20页。

形声字。从艸，我声。本义是指一种多年生草本植物，生于水边，嫩叶可食。《说文》："莪，萝莪，蒿属。"《尔雅·释草》："莪，萝。"郭璞注："今莪蒿也，亦曰廪蒿。"《诗·小雅·青青者莪》："青青者莪，在彼中阿。"孔颖达疏引陆玑曰："莪，蒿也，一名萝蒿也。生泽田渐洳之处。"（白于蓝）

蘿（萝）

luó 来纽、歌部；来纽、歌韵、鲁何切。

蘿[1]—蘿—萝
《说文》小篆　楷书　楷书

1《说文》20页。

形声字。从艸，羅声。本义与"莪"同。《说文》："蘿，莪也。"《尔雅·释草》："莪，萝。"郭璞注："今莪蒿也。"亦可指某些蔓生植物。如女萝、藤萝。《诗·小雅·頍弁》："茑与女萝，施于松柏。"毛传："女萝，菟丝，松萝也。"《玉篇·艸部》："萝，女萝，托松而生。"（白于蓝）

蕭（萧）

xiāo 心纽、幽部；心纽、萧韵、苏雕切。

蕭[1]—蕭[2]—蕭[3]—蕭—萧
战国　《说文》小篆　汉　楷书　楷书

1《战文编》30页。2《说文》20页。3《篆隶表》41页。

形声字。从艸，肅声。本义是指一种植物名称，即香蒿。《说文》："蕭，艾蒿也。"《尔雅·释草》："萧，荻。"郭璞注："即蒿。"《诗·王风·采葛》："彼采萧兮，一日不见，如三秋兮。"孔颖达疏引陆玑曰："今人所谓荻蒿者是也……有香气，故祭祀以脂爇之为香。许慎以为艾蒿非也。"（白于蓝）

萩

qiū 清纽、幽部；清纽、尤韵、七由切。

萩[1]—萩[2]—萩[3]—萩—萩
战国　《说文》小篆　汉　楷书　楷书

1《战文编》30页。2《说文》20页。3《篆隶表》41页。

形声字。从艸，秋声。本义与"萧"同，是一种蒿类植物。《说文》："萩，萧也。"《尔雅·释草》："萧，萩。"郭璞

注:"即蒿。"郝懿行义疏:"今萩蒿,叶白,似艾而多歧,茎尤高大如蒌蒿,可丈余。"(白于蓝)

芍

zhuō　端纽、药部;知纽、药韵、张略切。

sháo　禅纽、药部;禅纽、药韵、市若切。

1《说文》20页。2《篆隶表》41页。

形声字。从艸,勺声。本义是指一种植物名称。《说文》:"芍,凫茈也。"段玉裁注:"今人谓之荸脐,即凫茈之转语。"《尔雅·释草》:"芍,凫茈。"郭璞注:"生下田,苗似龙须而细,根如指头,黑色,可食。"这种字义的"芍"今天读zhuō。"芍"字又可指"芍药",是一种多年生草本植物,根可入药,花可观赏。《山海经·北山经》:"(绣山)其草多芍药、芎藭。"这种字义的"芍"字今天读sháo。(白于蓝)

芪

qí　群纽、支部;群纽、支韵、巨支切。

1《说文》21页。

形声字。从艸,氏声。本义是指一种草名。《说文》:"芪,芪母也。"《广雅·释草》:"芪母儿踵,东根也。"王念孙疏证:"《玉篇》云:'萐母草,即知母也。'……《神农本草》云:'知母,一名蚔母,一名蝭母。'……《御览》引《范子·计然》云:'提母出三辅,黄白者善。'芪、萐、知、蝭、蚔、提,古声并相近也。"(白于蓝)

蓂

míng　明纽、耕部;明纽、青韵、莫经切。

1《说文》21页。

形声字。从艸,冥声。本义是指古代传说中的一种瑞草,又名"历荚"。《竹书纪年·帝尧陶唐氏》:"有草荚阶而生,月朔始生一荚,月半而生十五荚;十六日以后,日落一荚,及晦而尽,月小则一荚焦而不落,名曰蓂荚,一曰历荚。"(白于蓝)

葛

gé　见纽、月部;见纽、曷韵、古达切。

1《说文》21页。2《篆隶表》42页。

形声字。从艸,曷声。本义是指一种植物名称。豆科,藤本,有块根。茎皮纤维可织葛布和作造纸原料。《说文》:"葛,絺绤艸也。"《易·困》:"困于葛、藟。"孔颖达疏:"葛、藟,引蔓缠绕之草。"引申之又可指用葛织成的布。《韩非子·外储说左下》:"冬羔裘,夏葛衣。"(白于蓝)

蔓

màn　明纽、元部;微纽、愿韵、无贩切。

1《说文》21页。2《篆隶表》42页。

形声字。从艸,曼声。本义是指蔓生植物的枝茎,木本曰藤,草本曰蔓。北魏贾思勰《齐民要术·种瓜》:"蔓广则歧多,歧多则饶子。"引申之则又有蔓延、滋长之义。《玉篇·艸部》:"蔓,延也。"《左传·隐公元年》:"无使滋蔓,蔓,难图也。"(白于蓝)

荇

xìng　匣纽、阳部;匣纽、梗韵、何梗切。

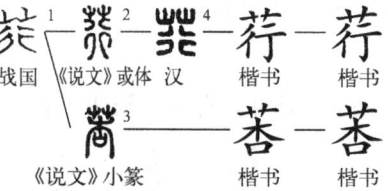

1《楚系简帛》57页。2、3《说文》21页。4《篆隶表》42页。

形声字。从艸,杏声。或作"荇"。本义是指一种多年生水生草本植物。《说文》:"荇,莕余也。荇,荇或从行,同。"《尔雅·释草》:"荇,接余,其叶苻。"郭璞注:"丛生水中,叶圆,在茎端,长短随水深浅。江东(菹)食之。"陆德明释文:"荇,本亦作荇。"(白于蓝)

芫

yuán　疑纽、元部;疑纽、元韵、愚袁切。

1《说文》21页。

形声字。从艸,元声。本义是指一种落叶灌木名称,花可入药。又名"芫华"。《说文》:"芫,鱼毒也。"《广韵·元韵》:"芫,草名,有毒,可为药也。"《急就篇》第二十五章:"乌喙附子椒芫华。"颜师古注:"芫华,一名鱼毒,渔者煮之,以投水中,鱼则死而浮出,故以为名。其根曰蜀桑,其花可以为药。"(白于蓝)

蒋(蔣) jiǎng

精纽、阳部;精纽、养韵、即两切。
精纽、阳部;精纽、阳韵、即良切。

蔣¹—蔣²—蔣—蒋
《说文》小篆 汉   楷书 楷书

1《说文》21页。2《篆隶表》42页。

形声字。从艸,將声。本义同"苽",即茭笋,是一种多年生宿根草本植物。《说文》:"蔣,苽蔣也。"《广雅·释草》:"苽,蔣也。其米谓之雕胡。"王念孙疏证:"苽与蓏同。《说文》云:'苽,雕苽,一名蔣。'"(白于蓝)

苽 gū

见纽、鱼部;见纽、模韵、古胡切。

苽¹—苽—苽
《说文》小篆 楷书 楷书

1《说文》21页。

形声字。从艸,瓜声。本义是指茭笋,也作"菰"。《说文》:"苽,雕苽,一名蔣。"《集韵·模韵》:"苽,或作菰。"参上"蒋"字条。(白于蓝)

葽 yāo

影纽、宵部;影纽、宵韵、於霄切。

葽¹—葽—葽
《说文》小篆 楷书 楷书

1《说文》21页。

形声字。从艸,要声。本义是指葽草,又称"苦葽"。《说文》:"葽,艸也。刘向说:'此味苦,苦葽也。'"《诗·豳风·七月》:"四月秀葽。"毛传:"葽,葽草也。"又可指狗尾草。五代徐锴《说文系传·艸部》:"葽,按《字书》云:狗尾草也。"(白于蓝)

菌 jùn

群纽、文部;群纽、轸韵、渠殒切。

菌¹—菌—菌
《说文》小篆 楷书 楷书

1《说文》21页。

形声字。从艸,囷声。本义是指伞菌一类的植物,与

"蕈"同义。《说文》:"菌,地蕈也。"《尔雅·释草》:"中馗,菌。"郭璞注:"地蕈也,似盖。今江东名为土菌,亦曰馗厨,可啖之。"(白于蓝)

蕈 xùn

从纽、侵部;从纽、寑韵、慈荏切。

蕈¹—蕈²—蕈—蕈
《说文》小篆 汉 楷书 楷书

1《说文》21页。2《篆隶表》43页。

形声字。从艸,覃声。本义是指伞菌一类植物,生长在树林里或草地上。《玉篇·艸部》:"蕈,地菌也。"参上"菌"字条。(白于蓝)

葚 shèn

船纽、侵部;船纽、寑韵、食荏切。

葚¹—葚²—葚—葚
《说文》小篆 汉 楷书 楷书

1《说文》21页。2《篆隶表》43页。

形声字。从艸,甚声。本义是指桑树的果实。《说文》:"葚,桑实也。"《小尔雅·广物》:"桑之实谓之葚。"《诗·卫风·氓》:"于嗟鸠兮,无食桑葚。"陆德明释文:"葚,本又作椹,桑实也。"(白于蓝)

蒟 jǔ

见纽、侯部;见纽、麌韵、俱雨切。

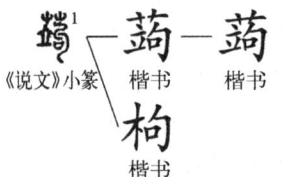

蒟¹—蒟—蒟
《说文》小篆 楷书 楷书
枸
楷书

1《说文》21页。

形声字。从艸,竘声。本义是指一种藤本植物的果实。或作"枸"。《说文》"蒟,果也。"《史记·西南夷列传》:"南越食(唐)蒙蜀枸酱。"裴骃集解引徐广曰:"枸,一作蒟。"司马贞索隐引刘德曰:"蒟树如桑,其椹长二三寸,味酢;取其实以为酱,美。"晋常璩《华阳国志·巴志》:"其果实之珍者,树有荔芰,蔓有辛蒟。"(白于蓝)

蕣 shùn

书纽、文部;书纽、稕韵、舒闰切。

蕣¹—蕣—蕣
《说文》小篆 楷书 楷书

1《说文》21页。

形声字。从艸,舜声。本义是指一种落叶灌木,又称

木槿。古时称其花朝开暮谢。《说文》："蕣，木堇，朝华暮落者。……《诗》曰：'颜如蕣华。'"晋郭璞《游仙诗》："蕣荣不终朝，蜉蝣岂见夕。"（白于蓝）

萸 yú 喻纽、侯部；以纽、虞韵、羊朱切。

形声字。从艸，臾声。本义是指茱萸，是一种落叶小乔木，果实可入药。古代有重阳节佩茱萸囊、饮菊花酒健身去邪的风俗。《说文》："萸，茱萸也。"晋葛洪《西京杂记》卷三："九月九日，佩茱萸，食蓬饵，饮菊花酒，令人长寿。"唐王维《九月九日忆山东兄弟》："遥知兄弟登高处，遍插茱萸少一人。"（白于蓝）

茱 zhū 禅纽、侯部；禅纽、虞韵、市朱切。

形声字。从艸，朱声。本义是指茱萸。《说文》："茱，茱萸。茱属。"参上"萸"字条。（白于蓝）

荆 jīng 见纽、耕部；见纽、庚韵、举卿切。

1—4《金文编》35页。5《楚系简帛》57页。6《战文编》30页。7《说文》22页。8《篆隶表》43页。

形声字。从艸，刑声。始见于西周金文。西周金文中"荆"字不从艸，且有从井与不从井两种写法，"𣓦"大概是"荆"字之初文。"井"是累增之声符。西周金文中"荆"字所从之"𣓦"或省变为"𠃑"、"刂"（乃"刀"字）。战国文字中又累增"艸"旁为义符，沿袭至今。本义是指一种灌木名。《说文》："荆，楚木也。"王筠句读："'荆，楚，谓荆一名楚也。木也。'以字从艸，故云木，盖此物不大，故从艸，好丛生，故楚从林。"又可指古国名，即楚国，因其原建国于荆山一带，故名。《春秋·庄公十年》："荆败蔡师于莘。"杜预注："荆，楚本号，后改为楚。"（白于蓝）

芽 yá 疑纽、鱼部；疑纽、麻韵、五加切。

形声字。从艸，牙声。本义是指植物刚长出来的可以发育成茎、叶或花的部分。如麦芽、谷芽。《说文》："芽，萌芽也。"引申之又可指草木发芽。《广雅·释草》："芽，櫱也。"王念孙疏证："《论衡·初禀篇》云：'草木出上为栽蘖。'《东京赋》云：'寻木起于蘖栽。'"蘖与櫱通。引申之又可指事物的开始、发生。《广雅·释诂一》："芽，始也。"汉蔡邕《释诲》："神疾其邪，利端始萌，害渐亦芽。"（白于蓝）

萌 méng 明纽、阳部；明纽、耕韵、莫耕切。

形声字。从艸，明声。本义是指植物的芽。《说文》："萌，艸芽也。"《玉篇·艸部》："萌，《说文》曰：草木芽也。"引申之又可比喻开始发生的事物或征兆。《韩非子·说林上》："圣人见微以知萌，见端以知末。"又可指开始发生。《玉篇·艸部》："萌，始也。"《礼记·月令》："天地和同，草木萌动。"（白于蓝）

茁 zhuó 庄纽、物部；庄纽、薛韵、侧劣切。

形声字。从艸，出声。本义是指草木生出地的样子。《说文》："茁，艸初生出地皃（貌）。"《玉篇·艸部》："茁，草出皃（貌）。"引申之又可指出、生出之义。《广雅·释诂一》："茁，出也。"宋苏轼《僧惠勒初罢僧职》："霜髭茁病骨，饥坐听午钟。"（白于蓝）

莖(茎) jīng 匣纽、耕部；匣纽、耕韵、户耕切。

莖 — 秦《战文编》31页。2《说文》22页。3《篆隶表》44页。

形声字。从艸,巠声。本义是指草木的主干部分。主要功能为辅导及支持。《说文》:"莖,枝柱也。"《广雅·释诂三》:"莖,本也。"王念孙疏证:"莖,干,皆枝之本也。"引申之亦可指器物之柄。《周礼·考工记·桃氏》:"以其腊广为之莖,围长倍之。"郑玄注:"腊,谓两刃。莖,在夹中者。"戴震补注:"刃后之铤曰莖,以木傅莖外便持握者曰夹。"(白于蓝)

葉(叶) yè 喻纽、葉部;以纽、葉韵、与涉切。

1《战文编》31页。2《说文》22页。3《篆隶表》44页。

形声字。从艸,枼声。本义是指植物的叶子。《说文》:"葉,草木之叶也。"《诗·小雅·苕之华》:"其叶青青。"引申之亦可指像叶子一样的东西。如:肺叶、百叶窗。亦可指轻飘的东西。如:一叶扁舟。(白于蓝)

芣 fú 並纽、之部;並纽、尤韵、缚谋切。

1《说文》22页。2《篆隶表》45页。

形声字。从艸,不声。本义是指车前草,即"芣苢"。《尔雅·释草》:"芣苢,马舄。马舄,车前。"郭璞注:"今车前草,大叶长穗,好生道边,江东呼为蝦蟆衣。"《诗·周南·芣苢》:"采采芣苢,薄言采之。"孔颖达疏引陆玑曰:"一名车前,一名当道。喜在牛迹中生,故曰车前、当道也。"又可指花盛貌。《说文》:"芣,华盛。"段玉裁注:"《诗》言'江汉浮浮'、'雨雪浮浮',皆盛貌。芣与浮声相近。"(白于蓝)

葩 pā 滂纽、鱼部;滂纽、麻韵、普巴切。

1《说文》22页。2《篆隶表》45页。

形声字。从艸,皅声。本义是指草木的花。《说文》:"葩,华也。"《玉篇·艸部》:"葩,草木华也。"唐慧琳《一切经音义》卷二十八引《声类》:"秦人谓花为葩也。"引申之亦可指华丽、华美。清段玉裁《说文解字注》:"葩之训华者,艸木花也。亦华丽也,艸木花最丽,故凡物盛丽皆曰华。韩愈曰:'《诗》正而葩',谓正而文也。"(白于蓝)

芛 yù 喻纽、物部;以纽、术韵、余律切。

1《说文》22页。

形声字。从艸,尹声。本义是指花开貌。《说文》:"芛,艸之葟荣也。"又可指初生的草木花。《尔雅·释草》:"蕍、芛、葟、华、荣。"郭璞注:"今俗呼草木华初生者为芛。"邢昺疏:"芛,华初生之名也。"(白于蓝)

英 yīng 影纽、阳部;影纽、庚韵、於惊切。

1《战文编》31页。2《说文》22页。3《篆隶表》45页。

形声字。从艸,央声。本义是指花。《尔雅·释草》:"荣而不实者谓之英。"《诗·郑风·有女同车》:"有女同行,颜如舜英。"毛传:"英犹华也。"《说文》:"英,艸荣而不实者。"引申之又可指美好。《广雅·释诂一》:"英,美也。"又可指才能出众。《孟子·尽心上》:"得天下英才而教育之,三乐也。"又可指杰出的人物。《荀子·正论》:"尧舜者,天下之英也。"(白于蓝)

萋 qī 清纽、脂部;清纽、齐韵、七稽切。

1《汉语字形表》22页。2《说文》22页。

形声字。从艸,妻声。本义是指草木茂盛貌。《说文》:"萋,艸盛。"《诗·小雅·出车》:"春日迟迟,卉木萋萋。"《汉书·外戚传》:"中庭萋兮鲜草生。"春秋文字"萋"从四中繁化。(白于蓝)

薿 nǐ 疑纽、之部;疑纽、止韵、鱼纪切。

薿

薿—薿—薿
《说文》小篆　楷书　楷书

1《说文》22页。

形声字。从艸,疑声。本义是茂盛貌。《说文》:"薿,茂也。"《诗·小雅·甫田》:"或耘或耔,黍稷薿薿。"郑玄笺:"薿薿然而茂盛。"(白于蓝)

蕤　ruí　日纽、微部;日纽、脂韵、儒佳切。

蕤—蕤—蕤
《说文》小篆　楷书　楷书

1《说文》22页。

形声字。从艸,甤声。本义是指草木花纷披下垂貌。《说文》:"蕤,艸木华垂貌。"引申之又可指下垂的装饰物。清段玉裁《说文解字注》:"蕤,引伸凡物之垂者皆曰蕤,冠缕系于缨而垂者也,礼家定为蕤字。"《汉书·扬雄传上》:"风傱傱而扶辖兮,鸾凤纷其御蕤。"颜师古注:"蕤,车之垂饰缨蕤也。"(白于蓝)

荚(荚)　jiá　见纽、叶部;见纽、贴韵、古协切。

荚—荚—荚—荚
《说文》小篆　汉　楷书　楷书

1《说文》22页。2《篆隶表》45页。

形声字。从艸,夹声。本义是指豆科植物的果实。《说文》:"荚,艸实。"《广雅·释草》:"豆角谓之荚。"王念孙疏证:"荚之言夹也,两旁相夹豆在其中也。豆荚长而尚锐,如角然,故名曰豆角。"(白于蓝)

芒　máng　明纽、阳部;明纽、唐韵、莫郎切。

芒—芒—芒—芒—芒
战国　《说文》小篆　汉　楷书　楷书

战国

1、2《战文编》31页。3《说文》22页。4《篆隶表》45页。

形声字。从艸,亡声。本义是指草木头上的细刺。《说文》:"芒,艸耑。"《玉篇·艸部》:"芒,稻麦芒也。"引申之则可指刀剑的锋芒。《汉书·贾谊传》:"屠牛坦一朝解十二牛而芒刃不顿者,所排击剥割,皆众理解也。"引申之又可指光芒。《晏子春秋·内篇谏上二十一》:"是以列舍无次,变星有芒。"《明史·天文志》:"有星……芒长三丈余,尾指西南。"古文字单复无别,故战国文字中"芒"字或从"屮"。(白于蓝)

蔕(蒂)　dì　端纽、月部;端纽、霁韵、都计切。

蔕—蔕—蒂
《说文》小篆　楷书　楷书

1《说文》22页。

形声字。从艸,带声。本义是指花、瓜果与枝茎相连的部分。后作"蒂"。《说文》:"蔕,瓜当也。"朱骏声通训定声:"蔕,《声类》:'果鼻也。'《吴都赋》:'抗白蔕。'刘注:'花本也。'《老子》:'深根固蔕。'《礼记·曲礼》:'士荠之。'以荠为之。俗字作蒂。"宋玉《高唐赋》:"绿叶紫里,丹茎白蔕。"(白于蓝)

荄　gāi　见纽、之部;见纽、咍韵、古哀切。

荄—荄—荄
《说文》小篆　楷书　楷书

1《说文》22页。

形声字。从艸,亥声。本义是指草根。《说文》:"荄,艸根也。"《尔雅·释草》:"荄,根。"郭璞注:"俗呼韭根为荄。"《汉书·礼乐志》:"青阳开动,根荄以遂。"颜师古注:"草根曰荄。"(白于蓝)

茇　bá　并纽、月部;并纽、末韵、蒲拨切。

茇—茇—茇—茇
《说文》小篆　汉　楷书　楷书

1《说文》22页。2《篆隶表》46页。

形声字。从艸,友声。本义是指草根。《说文》:"茇,艸根也。"《方言》卷三:"茇,杜,根也。东齐曰杜,或曰茇。"《淮南子·地形》:"凡浮生不根茇者生于萍藻。"(白于蓝)

芃　péng　并纽、侵部;奉纽、东韵、房戎切。

芃—芃—芃
《说文》小篆　楷书　楷书

1《说文》22页。

形声字。从艸,凡声。本义是指草盛貌。《说文》:"芃,艸盛也。"《诗·鄘风·载驰》:"我行其野,芃芃其麦。"毛传:"芃芃然方盛长。"引申之亦可指兽毛蓬松貌。《诗·小雅·何草不黄》:"有芃者狐,率彼幽草。"马瑞辰通释:"芃本众草丛簇之貌,狐毛之丛杂似之……芃犹蓬也,盖狐尾蓬丛之貌。"(白于蓝)

茂 mào 明纽、幽部;明纽、候韵、莫候切。

茂¹—茂²—茂—茂
《说文》小篆 汉 楷书 楷书

1《说文》22页。2《篆隶表》46页。

形声字。从艸,戊声。本义是指草木繁盛。《说文》:"茂,艸丰盛。"《玉篇·艸部》:"茂,草木盛。"引申之又可指盛、美。《集韵·厚韵》:"茂,美也。"《诗·小雅·南山有台》:"乐只君子,德音是茂。"郑玄笺:"茂,盛也。"又可指优秀。《礼记·礼运》:"与三代之英。"孔颖达疏引《辨名记》:"倍人曰茂,十人曰选,倍选曰俊,千人曰英。"(白于蓝)

蔭(荫) yīn 影纽、侵部;影纽、侵韵、於金切。
yìn 影纽、侵部;影纽、沁韵、於禁切。

蔭¹—蔭²—蔭—荫
《说文》小篆 汉 楷书 楷书

1《说文》22页。2《篆隶表》46页。

形声字。从艸,陰声。本义是指草木之荫。《说文》:"蔭,艸阴也。"《荀子·劝学》:"树成荫而众鸟息焉。"以上读yīn。引申之则可指遮盖。《吕氏春秋·先己》:"松柏成而涂之人已荫矣。"又可指庇护。《南史·王僧虔传》:"况吾不能为汝荫,政应各自努力耳。"以上读yìn。(白于蓝)

兹 zī 精纽、之部;精纽、之韵、子之切。

兹¹—兹²—兹³—兹—兹
战国《说文》小篆 汉 楷书 楷书

1《战文编》31页。2《说文》22页。3《篆隶表》46页。

形声字。从艸,兹省声。本义是指草木滋盛。《说文》:"兹,艸木多益。"徐锴系传:"此草木之兹盛也。"又可指年。《吕氏春秋·任地》:"今兹美禾,来兹美麦。"高诱注:"兹,年也。"又可指现在。《广雅·释言》:"兹,今也。"又可用为代词,相当于"此"、"这里"等。《尔雅·释诂下》:"兹,此也。"《论语·子罕》:"文王既没,文不在兹乎?"甲骨文和金文中俱以"88(丝)"表示"兹",不从艸。如录伯簋:"子子孙孙其帅井(型)受丝(兹)休。"丝义同"此"。丝乃古"絲"字。(白于蓝)

蔇 jì 见纽、物部;见纽、未韵、居豙切。

蔇¹—蔇—蔇
《说文》小篆 楷书 楷书

1《说文》23页。

形声字。从艸,既声。本义是指草多貌。《说文》:"蔇,艸多皃(貌)。"徐锴系传:"蔇犹密也。"又可指来、到达。《左传·隐公六年》:"善郑以劝来者,犹惧不蔇,况不礼焉。"杜预注:"蔇,至也。"(白于蓝)

薋(荠) cí 从纽、脂部;从纽、脂韵、疾资切。

薋¹—薋—荠
《说文》小篆 楷书 楷书

1《说文》23页。

形声字,从艸,資声。本义是指草多貌。《说文》:"薋,艸多皃(貌)。"引申之亦可指积聚。五代徐锴《说文解字系传》:"薋,犹积也。"亦可指白及,是一种多年生兰科草本植物。《广雅·释草》:"白芨,芨,薋也。"王念孙疏证:"白芨即白及也……白芨,以根白得名也。根有三角,故一名芨,一名薋。"(白于蓝)

蓁 zhēn 庄纽、真部;庄纽、臻韵、侧诜切。

蓁¹—蓁—蓁
《说文》小篆 楷书 楷书

1《说文》23页。

形声字。从艸,秦声。本义是指草叶茂盛。《说文》:"蓁,艸盛皃(貌)。"《诗·周南·桃夭》:"桃之夭夭,其叶蓁蓁。"毛传:"蓁蓁,至盛貌。"引申之则可指众多。《玉篇·艸部》:"蓁,众也。"进一步引申又可指积聚之貌。《楚辞·招魂》:"蝮蛇蓁蓁,封狐千里些。"王逸注:"蓁蓁,积聚之貌。"(白于蓝)

芮 ruì 日纽、月部;日纽、祭韵、而锐切。

芮¹—芮²—芮³—芮—芮
秦《说文》小篆 汉 楷书 楷书

1《战文编》32页。2《说文》23页。3《篆隶

表》46页。

形声字。从艸,内声。本义是指草初生柔细的样子。《说文》:"芮,芮芮,艸生貌。"段玉裁注:"芮芮与茂茂双声,柔细之状。"引申之又可指柔软。《吕氏春秋·必己》:"不食谷食,不衣芮温。"陈奇猷校释:"'不衣芮温',谓不衣细软温暖之衣。"(白于蓝)

茬 chí 从纽、之部;崇纽、之韵、士之切。
chá 精纽、之部;庄纽、之韵、侧持切。

茬¹—茬²—茬—茬
《说文》小篆 汉 楷书 楷书

1《说文》23页。3《篆隶表》47页。

形声字。从艸,在声。本义是指草盛貌。《说文》:"茬,艸兒(貌)。"《玉篇·艸部》:"茬,草盛兒(貌)。"这种字义的"茬"今天读 chí。"茬"字又可指庄稼收割后留在地里的根和茎。如麦茬儿、豆茬儿。也可指在同一块地上作物种植或生长的次数。如换茬,二茬韭菜。这种字义的"茬"今天读 chá。(白于蓝)

薈(荟) huì 影纽、月部;影纽、泰韵、乌外切。

薈¹—薈—荟
《说文》小篆 楷书 楷书

1《说文》23页。

形声字。从艸,會声。本义是指草木茂盛貌。《说文》:"薈,艸多兒(貌)。"《诗·曹风·候人》:"荟兮蔚兮,南山朝隮。"朱熹集传:"荟、蔚,草木盛多之貌。"引申之又可指聚集、会聚。如荟萃、荟集。清段玉裁《说文解字注》:"荟,引申为凡物荟萃之义。"(白于蓝)

芼 mào 明纽、宵部;明纽、豪韵、莫袍切。

芼¹—芼—芼
《说文》小篆 楷书 楷书

1《说文》23页。

形声字。从艸,毛声。本义是指草铺地蔓延。《说文》:"芼,艸覆蔓。"段玉裁注:"覆地蔓延。"又可指拔取、采摘。《尔雅·释言》:"芼,搴也。"郭璞注:"谓拔取菜。"《广雅·释诂一》:"芼,取也。"《诗·周南·关雎》:"参差荇菜,左右芼之。"毛传:"芼,择也。"(白于蓝)

蒼(苍) cāng 清纽、阳部;清纽、唐韵、七冈切。

蒼¹—蒼²—蒼³—蒼—苍
战国《说文》小篆 汉 楷书 楷书

1《战文编》31页。2《说文》23页。3《篆隶表》47页。

形声字。从艸,倉声。本义是指草色。《说文》:"蒼,艸色也。"引申之则指青黑色。《广雅·释器》:"苍,青也。"清段玉裁《说文解字注》:"引申为凡青黑色之称。"亦可指浅青色。《素问·阴阳应象大论》:"在色为苍,在音为角。"王冰注:"苍,谓薄青色。"亦可指灰白色,如:白发苍苍。(白于蓝)

萃 cuì 从纽、物部;从纽、至韵、秦醉切。

萃¹—萃²—萃⁴—萃—萃
战国《说文》小篆 汉 楷书 楷书

1、2《战文编》31页。3《说文》23页。4《篆隶表》47页。

形声字。从艸,卒声。本义是指草丛生貌。《说文》:"萃,艸兒(貌)。"《集韵·至韵》:"萃,艸盛兒(貌)。"引申之又可指聚集。《左传·宣公十二年》:"楚师方壮,若萃于我,吾师必尽。"杜预注:"萃,集也。"又可指群、类。《孟子·公孙丑上》:"出于其类,拔乎其萃。"(白于蓝)

蒔(莳) shì 禅纽、之部;禅纽、志韵、时吏切。
shí 禅纽、之部;禅纽、之韵、市之切。

蒔¹—蒔—莳
《说文》小篆 楷书 楷书

1《说文》23页。

形声字。从艸,時声。本义是指移栽。《说文》:"蒔,更别种。"段玉裁注:"今江苏人移秧插田中曰蒔秧。"引申之又可泛指种植。《广雅·释地》:"蒔,种也。"晋左思《魏都赋》:"水澍粳稌,陆蒔稷黍。"这些字义的"蒔"字今天读 shì。"蒔"又可指"蒔萝",俗称"小茴香",是一种草本植物。明李时珍《本草纲目·菜部》:"蒔萝,苏颂曰:'今岭南及近道皆有之。三月、四月生苗,花实大,类蛇床而簇生,辛香,六七月采实,今人多用和五味。'"这种字义的"蒔"今天读"shí"。(白于蓝)

苗 miáo 明纽、宵部；明纽、宵韵、武瀌切。

苗¹—苗²—苗³—苗—苗
战国　《说文》小篆　汉　楷书　楷书

1《战文编》33页。2《说文》23页。3《篆隶表》47页。

会意字。会艸生于田之意。本义是指初生的植物,如秧苗、麦苗、树苗。《说文》:"苗,艸生于田者。"《诗·王风·黍离》:"彼黍离离,彼稷之苗。"孔颖达疏:"苗谓禾未秀。"《正字通·艸部》:"苗,凡草始生皆曰苗。"引申之亦可指某些初生的动物;如鱼苗,进一步引申又可指事物的初生迹象。唐白居易《读张籍古乐府》:"言者志之苗,行者文之根。"(白于蓝)

苛 kē 匣纽、歌部；匣纽、歌韵、胡歌切。

苛¹—苛²—苛³—苛—苛
战国　《说文》小篆　汉　楷书　楷书

1《战文编》33页。2《说文》23页。3《篆隶表》48页。

形声字。从艸,可声。本义是指小草。《说文》:"苛,小艸也。"又可指细草丛生之貌。《玉篇·艸部》:"苛,小草生皃(貌)。"引申之又可指烦琐、细碎。《史记·韩长孺列传》:"今太后以小节苛礼责望梁王。"《后汉书·宣秉传》:"务举大纲,简略苛细。"又可指苛刻、狠虐。《礼记·檀弓下》:"苛政猛于虎也。"(白于蓝)

蕪(芜) wú 明纽、鱼部；微纽、虞韵、武夫切。

蕪¹—蕪²—蕪—芜
《楚系简帛》　《说文》小篆　楷书　楷书

1《楚系简帛》60页。2《说文》23页。

形声字。从艸,无声。本义是指田地荒废。《说文》:"蕪,薉也。"《楚辞·招魂》:"主此盛德兮,牵于俗而芜秽。"王逸注:"不治曰芜,多草曰秽。"引申之亦可指繁杂。《晋书·王隐传》:"隐虽好著述,而文辞鄙拙,芜舛不伦。"(白于蓝)

薉 huì 影纽、月部；影纽、废韵、於废切。

薉¹—薉²—薉
《说文》小篆　汉　楷书

1《说文》23页。2《篆隶表》48页。

形声字。本义是指荒芜,杂草多。《说文》:"薉,芜也。"《荀子·天论》:"田薉稼恶,籴贵民饥。"引申之亦可指杂草。《齐民要术·种谷》:"薉若盛者,先锄一遍,然后纳种,乃佳也。"(白于蓝)

荒 huāng 晓纽、阳部；晓纽、唐韵、呼光切。

荒¹—荒²—荒³—荒—荒
战国　《说文》小篆　汉　楷书　楷书

1《战文编》33页。2《说文》23页。3《篆隶表》48页。

形声字。从艸,巟声。本义是指田地生草,无人耕种。《说文》:"荒,芜也。"《礼记·曲礼上》:"地广大,荒而不治。"郑玄注:"荒,秽也。"《韩非子·解老》:"狱讼繁则田荒,田荒则府仓虚。"引申之则可指收成不好,凶年。《韩诗外传》卷八:"三谷不升谓之馑,四谷不升谓之荒。"《周礼·天官·大宰》:"三曰丧荒之式。"郑玄注:"荒,凶年也。"亦可指荒废。《书·盘庚中》:"无荒失朕命。"孔传:"荒,废。"(白于蓝)

落 luò 来纽、铎部；来纽、铎韵、卢各切。

落¹—落—落
《说文》小篆　楷书　楷书

1《说文》23页。

形声字。从艸,洛声。本义是指树叶脱落。《说文》:"落,凡艸曰零,木曰落。"《楚辞·离骚》:"惟草木之零落兮,恐美人之迟暮。"引申之亦可指掉下、掉进。《汉书·宣帝纪》:"朕惟耆老之人,发齿堕落。"《晋书·陆云传》:"因大笑落水,人救获免。"又可指衰落。《管子·宙合》:"盛而不落者,未之有也。"还可指死亡。《尔雅·释诂下》:"落,死也。"《书·尧典》:"帝乃殂落。"孔颖达疏:"落者,若草木叶落也。"(白于蓝)

蔽 bì 帮纽、月部；帮纽、祭韵、毕祭切。

蔽¹—蔽²—蔽—蔽
《说文》小篆　汉　楷书　楷书

1《说文》23页。2《篆隶表》48页。

形声字。从艸,敝声。本义是指小草貌。《说文》:"蔽,蔽蔽,小艸也。"段玉裁注:"也当作儿(貌)。《召南》'蔽芾甘棠',毛云:'蔽芾,小儿(貌)。'此小艸儿(貌)之引申也。""蔽"字又有遮蔽、隐蔽、蒙蔽等字义。(白于蓝)

萚(萚) tuò 透纽、铎部;透纽、铎韵、他各切。

萚¹—萚—萚
《说文》小篆 楷书 楷书

1《说文》23页。

形声字。从艸,擇声。本义是指草木脱落的皮或叶。《说文》:"萚,艸木凡皮叶落,陊地为萚。"《诗·郑风·萚兮》:"萚兮萚兮,风其吹女。"毛传:"萚,槁也。"郑玄笺:"槁,谓木叶也。木叶槁,待风乃落。"(白于蓝)

蔫 niān 影纽、元部;影纽、仙韵、於乾切。

又读 yān

蔫¹—蔫—蔫
《说文》小篆 楷书 楷书

1《说文》23页。

形声字。从艸,焉声。今读 niān。本义是指植物因失去水分而枯萎、不新鲜。《说文》:"蔫,菸也。"朱骏声通训定声:"《广雅·释诂四》:'蔫,蔫也。'按:蔫即蔫之别体,字又作嫣。《大戴·用兵》:'草木嫣黄。'今苏俗谓物之不鲜新者曰蔫。"引申之亦可指精神不振。如:蔫溜溜,蔫不悄声。(白于蓝)

蔡 cài 清纽、月部;清纽、泰韵、仓大切。

¹—²—³—⁴
商 西周 春秋 战国
⁵—⁶—⁷—⁸
春秋 战国《说文》小篆 汉 楷书 楷书

1《甲文编》20页。2《金文编》36页。3、4《金文编》37页。5《楚系简帛》60页。6《战文编》33页。7《说文》23页。8《篆隶表》49页。

形声字。从艸,祭声。"蔡"字甲骨文作"",构形不明。西周及春秋金文沿用之,唯春秋金文中又有作""之变形。战国文字作"",追加"邑"旁表义(古文字中凡国名、地名之字常可累增"邑"旁)。战国文字中同时又出现从艸、祭声之"蔡"字,为小篆及后世文字所本。本义是指野草。《说文》:"蔡,艸也。"《楚辞·九怀·尊嘉》:"水跃兮余旌,继以兮微蔡。"王逸注:"续以草芥入己船也。"《文选·左思〈魏都赋〉》:"蔡莽螫刺,昆虫毒噬。"李善注引王逸《楚辞》注曰:"蔡,草莽也。"(白于蓝)

茷 fá 並纽、月部;奉纽、月韵、房越切。

茷¹—茷—茷
《说文》小篆 楷书 楷书

1《说文》23页。

形声字。从艸,伐声。本义指草叶多。《说文》:"茷,艸叶多。"桂馥义证:"《广韵》:'茷,茂貌。'王观国曰:'《文选》有刘安《招隐文》云:木轮相纠兮茷骫。茷骫者,木之枝叶茂盛也。'"(白于蓝)

菜 cài 清纽、之部;清纽、代韵、仓代切。

菜¹—菜²—菜—菜
《说文》小篆 汉 楷书 楷书

1《说文》23页。2《篆隶表》49页。

形声字。从艸,采声。本义是指蔬菜。《说文》:"菜,艸之可食者。"《小尔雅·广物》:"菜谓之蔬。"《论语·乡党》:"虽疏食菜羹,瓜祭,必齐如也。"引申之亦可指肴馔的总称。如:荤菜、川菜。《北史·胡叟传》:"饭菜精洁,醯酱调美。"(白于蓝)

薄 bó 並纽、铎部;並纽、铎韵、傍各切。

薄¹—薄²—薄³—薄—薄
战国《说文》小篆 汉 楷书 楷书

1《战文编》33页。2《说文》23页。3《篆隶表》49页。

形声字。从艸,溥声。本义是指草木密集丛生之处。《说文》:"薄,林薄也。"段玉裁注:"《吴都赋》:'倾薮薄。'刘注曰:'薄,不入之丛也。'按,林木相迫不可入曰薄。"《楚辞·九章·涉江》:"露申辛夷,死林薄兮。"王逸注:"丛木曰林,草木交错曰薄。"引申之亦可指迫近、逼近。《楚辞·九章·涉江》:"腥臊并御,芳不得薄兮。"洪兴祖补注:"薄,迫也,逼近之意。"又可指物体厚度小(口语读 báo)。《诗·小雅·小旻》:"如履薄冰。"(白于蓝)

苑 yuàn 影纽、元部;影纽、阮韵、於阮切。

艸部

𦱒—𦱔—苑—苑
战国 《说文》小篆 汉 楷书 楷书

1《战文编》33页。2《说文》23页。3《篆隶表》49页。

形声字。从艸，夗声。本义是指养禽兽植树木的地方。《说文》："苑，所以养禽兽也。"段玉裁注："古谓之囿，汉谓之苑。"引申之亦可指帝王游猎的场所。《吕氏春秋·重己》："昔先圣王之为苑囿园池也，足以观望劳形而已矣。"《史记·高祖本纪》："诸故秦苑囿园池，皆令人得田之。"又泛指园林、花园。南朝宋谢灵运《夜宿石门》："朝搴苑中兰，畏彼霜下歇。"（白于蓝）

薮（藪） sǒu 心纽、侯部；心纽、厚韵、苏后切。

藪—藪—薮
《说文》小篆 汉 楷书 楷书

1《说文》23页。2《篆隶表》50页。

形声字。从艸，数声。本义是指湖泽，特指有浅水和茂草的沼泽地带。《说文》："薮，大泽也。"段玉裁注："《地官·泽虞》曰：'每大泽大薮……'注：'泽，水所钟也，水希曰薮。'此析言则泽薮殊也；《职方氏》云：'其泽薮曰某。'《毛诗》传曰：'薮，泽。'此统言则不别也。《职方氏》注曰：'大泽曰薮。'与《说文》合。"又指草。《诗·小雅·伐木》："酾酒有薁。"毛传："以筐曰酾，以薮曰湑。"孔颖达疏："薮，草也。漉酒者，或用筐，或用草。"（白于蓝）

菑 zī 庄纽、之部；庄纽、之韵、侧持切。

𤰇—𤰖—𤰗—菑—菑
战国 《说文》小篆 汉 楷书 楷书

1《战文编》34页。2《说文》24页。3《篆隶表》50页。

形声字。从艸、田，巜声。本义是指初耕一年的田地。《尔雅·释地》："田一岁曰菑。"《诗·小雅·采芑》："薄言采芑，于彼新田，于此菑亩。"毛传："田一岁曰菑。"引申之亦可指开荒。《易·无妄》："不耕获，不菑畬。"孔颖达疏："不敢菑（首）发新田，唯治其菑熟之地。"又可指直立的枯木。《诗·大雅·皇矣》："作之屏之，其菑其翳。"毛传："木立死曰菑。"（白于蓝）

薙 tì 透纽、脂部；透纽、霁韵、他计切。

薙—薙—薙
《说文》小篆 楷书 楷书

1《说文》24页。

形声字。从艸，雉声。本义是指除草。《说文》："薙，除艸也。"《周礼·秋官序·薙氏》郑玄注："薙读如剃小儿头之剃，书或作夷，此皆翦草也。"引申之又可指割下的杂草。《礼记·月令》："（季夏之月）大雨时行，烧薙行水，利以杀草，如以热汤。"孔颖达疏："五月夏至，芟杀暴之，至六月，合烧之，故云烧薙也。"（白于蓝）

茀 fú 滂纽、物部；敷纽、物韵、敷勿切。

茀—茀—茀—茀
战国 《说文》小篆 汉 楷书 楷书

1《战文编》34页。2《说文》24页。3《篆隶表》50页。

形声字。从艸，弗声。本义是指道路多草，无法通行。《说文》："茀，道多草不可行。"《国语·周语中》："火朝觌矣，道茀不可行也。"韦昭注："草秽塞路为茀。"引申之又可指除草。《诗·大雅·生民》："茀厥丰草，种之黄茂。"毛传："茀，治也。"又可指古代车上的遮蔽物。《诗·齐风·载驱》："载驱薄薄，簟茀朱鞹。"毛传："车之蔽曰茀。"孔颖达疏："谓车之后户也。"《诗·卫风·硕人》："翟茀以朝。"孔颖达疏："茀，车蔽也。妇人乘车不露见，车之前后设障以自隐蔽谓之茀。"（白于蓝）

苾 bì 並纽、质部；並纽、质韵、毗必切。

苾—苾—苾—苾—苾
战国 《说文》小篆 汉 楷书 楷书

1《战文编》34页。2《说文》24页。3《篆隶表》50页。

形声字。从艸，必声。战国文字中"苾"字下部从土，乃繁化。本义是指浓香。《说文》："苾，馨香也。"《大戴礼记·曾子疾病》："与君子游，苾乎如入兰芷之室。"（白于蓝）

芳 fāng 滂纽、阳部；敷纽、阳韵、敷方切。

芳—芳—芳—芳—芳
战国 《说文》小篆 汉 楷书 楷书

1《战文编》34页。2《说文》24页。3《篆隶

表》50页。

形声字。从艸，方声。本义是指花草的香气。《说文》："芳，艸香。"《楚辞·离骚》："兰芷变而不芳兮，荃蕙化而为茅。"引申之又可指香草，也泛指花卉。《楚辞·离骚》："哀群芳之芜秽。"又可指有贤德之人。《楚辞·离骚》："昔三后之纯粹兮，固众芳之所在。"（白于蓝）

蕡(蕡) fén 並纽、文部；奉纽、文韵、符分切。

蕡¹—蕡²—蕡—蕡
《说文》小篆 汉 楷书 楷书

1《说文》24页。2《篆隶表》51页。

形声字。从艸，賁声。本义是指杂草的香气。《说文》："蕡，杂香艸。"段玉裁注："当作杂艸香。"徐灏注笺："今俗语犹言蕡香。"又可指草木果实繁盛貌。《尔雅·释木》："蕡，藹。"郭璞注："树实繁茂菴藹。"《玉篇·艸部》："蕡，草木多实。"（白于蓝）

藥(药) yào 喻纽、药部；以纽、药韵、以灼切。

藥¹—藥²—藥³—藥—药
战国《说文》小篆 汉 楷书 楷书

1《战文编》34页。2《说文》24页。3《篆文编》51页。

形声字。从艸，樂声。本义是指能够治疾病的植物。《说文》："藥，治病艸。"《玉篇·艸部》："药，《说文》曰：'治疾之草总名。'"后泛指可治病之物。《周礼·天官·疾医》："以五味、五谷、五药养其病。"郑玄注："五药，草、木、虫、石、谷也。"晋葛洪《神仙传·刘根》："草木诸药，能治百病。"引申之又可指用药治疗疾病。《诗·大雅·板》："多将熇熇，不可救药。"《荀子·富国》："彼得之不足以药伤补败。"杨倞注："药，犹医也。"汉荀悦《申鉴·俗嫌》："药者疗也，所以治疾也。"（白于蓝）

蓆 xí 邪纽、铎部；邪纽、昔韵、祥易切。

蓆¹—蓆—蓆
《说文》小篆 楷书 楷书

1《说文》24页。

形声字。从艸，席声。本义是指广多。《说文》："蓆，广多也。"段玉裁注："《郑风》：'缁衣之蓆兮。'《释故》、毛传皆云：'蓆，大也。'《韩诗》云：'储也。'广义与大近，多义与储近。"又可假借为"席"。《韩非子·存韩》："韩事秦三十余年，出则为扦蔽，入则为蓆荐。"（白于蓝）

芟 shān 心纽、谈部；生纽、衔韵、所衔切。

芟¹—芟²—芟—芟
《说文》小篆 汉 楷书 楷书

1《说文》24页。2《篆隶表》51页。

会意字。从艸，从殳。会以殳杀草之义。本义是指除草。《说文》："芟，刈艸也。"《诗·周颂·载芟》："载芟载柞，其耕泽泽。"毛传："除草曰芟，除木曰柞。"引申之又可指削除。南朝梁刘勰《文心雕龙·镕裁》："芟繁剪秽，弛于负担。"又可指大镰刀。《国语·齐语》："耒、耜、枷、芟。"韦昭注："芟，大镰，所以芟草也。"（白于蓝）

荐 jiàn 从纽、文部；从纽、霰韵、在甸切。

荐¹—荐—荐
《说文》小篆 楷书 楷书

1《说文》24页。

形声字。从艸，存声。本义是指草席，又指席子下面的垫草。《说文》："荐，薦蓆也。"段玉裁注："薦见《廌部》，艸也。不云'艸席'云'薦席'者，取音近也。席，各本误蓆。薦席为承藉，与所藉者为二。"王筠句读："薦、荐皆为席下之艸。"又可指牧草。《左传·襄公四年》："戎狄荐居，贵货易土。"孔颖达疏："服虔云：'荐，草也。言狄人逐水草而居，徙无常处。'刘炫案：'庄子云：麋鹿食荐，即荐是草也。'"（白于蓝）

藉 jiè 从纽、铎部；从纽、祃韵、慈夜切。
jí 从纽、铎部；从纽、昔韵、秦昔切。

藉¹—藉²—藉—藉
《说文》小篆 汉 楷书 楷书

1《说文》24页。2《篆隶表》51页。

形声字。从艸，耤声。本义是指古代祭祀或朝聘时陈列礼品的垫物。《说文》："藉，祭藉也。"《周礼·地官·乡师》："大祭祀，羞牛牲，共茅蒩。"郑玄注："郑大夫读蒩为藉，谓祭前藉也。《易》曰：'藉用白茅，无咎。'……此所以承祭，既祭，盖束而去之。"《礼记·曲礼下》："执玉，其有藉者则裼，无藉者则袭。"郑玄注："藉，藻也。"孔颖达疏："凡执玉之时，必有其藻以承于玉。"以上读jiè。又可指杂乱，烦杂。《说文》："藉，一曰艸不编，狼藉。"以上读jí。（白于蓝）

茨 cí 从纽、脂部；从纽、脂韵、疾资切。

《说文》小篆　汉　楷书　楷书

1《说文》24页。2《篆隶表》51页。

形声字。从艸，次声。本义是指用茅草盖物。《说文》："茨，以茅苇盖屋。"《书·梓材》："若作室家，既勤垣墉，惟其涂塈茨。"孙星衍疏："言如作室家，既勤力为墙，当思涂塞孔穴，又盖之以茅苇也。"引申之又可指茅草盖的屋顶。《诗·小雅·甫田》："曾孙之稼，如茨如梁。"郑玄笺："茨，屋盖也。"《韩非子·五蠹》："尧之王天下也，茅茨不翦，采椽不斲。"又可指蒺藜。《尔雅·释草》："茨，蒺藜。"《诗·鄘风·墙有茨》："墙有茨，不可埽也。"（白于蓝）

茸 qì 清纽、缉部；清纽、缉韵、七入切。

《说文》小篆　楷书　楷书

1《说文》24页。

形声字。从艸，咠声。本义是指用茅草盖屋。《说文》："茸，茨也。"《说文》："茨，以茅苇盖屋。"《左传·襄公三十一年》："缮完茸墙。"陆德明释文："茸，谓以草覆墙。"引申之又可指修整。《左传·昭公二十三年》："叔孙所馆者，虽一日，必茸其墙屋，去之如始至。"杜预注："茸，补治也。"《北史·许善心传》："自入京邑以来，随见补茸，略成七十卷。"（白于蓝）

蓋（盖） gài 见纽、月部；见纽、泰韵、古太切。

春秋　战国　《说文》小篆　汉　楷书
汉　楷书

1《类编》304页。2《战文编》35页。3《说文》24页。4、5《篆隶表》51页。

形声字。从艸，盍声。"盖"字从春秋文字开始一直到小篆形体上变化不大，但在汉代又产生一种俗体，是将上部所从之"艸"旁及中间所从之"去"旁省讹为"䒑"形，这种俗体为今天简化字所本。本义是指盖屋的茅苫。《说文》："盖，苫也。"引申之亦可泛指用白茅等编织的覆盖物。《尔雅·释器》："白盖谓之苫。"郭璞注："白茅苫也，今江东呼为盖。"又可指搭盖。如：盖房。又可指器物上部有遮盖作用的东西。如锅盖、车盖。《礼记·少仪》："器则执盖。"《淮南子·原道》："故以天为盖，则无不覆也；以地为舆，则无不载也。"（白于蓝）

苫 shàn 书纽、侵部；书纽、艳韵、舒赡切。
shān 书纽、侵部；书纽、盐韵、失廉切。

《说文》小篆　汉　楷书　楷书

1《说文》24页。2《篆隶表》52页。

形声字。从艸，占声。本义是指编茅盖屋。《说文》："苫，盖也。"《尔雅·释器》："白盖谓之苫。"郭璞注："白茅苫也，今江东呼为盖。"郝懿行义疏："《左氏·昭十七年》正义及释文并引李巡曰：'编菅、茅以覆屋曰苫。'"引申之亦可指用席、布等物遮盖东西。《齐民要求·蔓菁》："燥则上在厨积置以苫之。"这些用法的"苫"今天读 shàn。"苫"又可指用草编成的覆盖物。如：草苫子。又可指草垫子。《玉篇·艸部》："蒆，犹苫也，草自藉也。或作苫。"这些用法的"苫"今天读 shān。（白于蓝）

藩 fān 帮纽、元部；非纽、元韵、甫烦切。

《说文》小篆　汉　楷书　楷书

1《说文》24页。2《篆隶表》52页。

形声字。从艸，潘声。本义是指篱笆。《玉篇·艸部》："藩，篱也。"《易·大壮》："羝羊触藩，羸其角。"陆德明释文："藩，马（融）云：'篱落也。'"引申之又可指屏障。《说文》："藩，屏也。"《诗·大雅·板》："价人维藩，大师维垣。"毛传："藩，屏也。"《左传·哀公十六年》："舍诸边竟（境），使卫藩焉。"（白于蓝）

菹 zū 庄纽、鱼部；庄纽、鱼韵、侧鱼切。

《说文》小篆　汉　楷书　楷书

1《说文》24页。2《篆隶表》52页。

形声字。从艸，沮声。本义是指腌菜。《说文》："菹，酢菜也。"徐锴系传："以米粒和酢以渍菜也。"王筠句读："酢，今作醋。古呼酸为酢，酢菜犹今之酸菜，非以醋和之。"又可指肉酱。清段玉裁《说文解字注》："齑菹皆本菜称，用为肉称也。"《礼记·少仪》："麋鹿为菹。"引申之又

可指一种酷刑,剁人为肉酱。《汉书·刑法志》:"枭其首,菹其骨肉于市。"(白于蓝)

荃 quán 清纽、元部;清纽、仙韵、此缘切。

荃¹—荃—荃
《说文》小篆 楷书 楷书

1《说文》24页。

形声字。从艸,全声。本义是指切细的腌芥菜。《说文》:"荃,芥脆(脆)也。"段玉裁注:"《黑部》曰:'以芥为齑名曰芥荃。云芥脆者,谓芥齑松脆可口也。'"又可指香草名,古用以比喻君王。《玉篇·艸部》:"荃,香草也。"《楚辞·离骚》:"荃不察余之中情兮,反信谗而齌怒。"王逸注:"荃,香草,以谕君也。"(白于蓝)

若 ruò 日纽、铎部;日纽、药韵、而灼切。

¹ ² ³—⁴—⁵—⁶—⁷若—若—若
商 西周 西周 战国 战国《说文》小篆 汉 汉 楷书 楷书

1《甲文编》20页。2、3《汉语字形表》24页。4《楚系简帛》62页。5《战文编》35页。6《说文》25页。7、8《篆隶表》53页。

象形字。像人跽坐以双手顺发之形。"若"字金文作"￥",跽形不显;或作"￥",加"口"为饰笔。战国文字承袭金文,或加"彡"为饰笔,或首发与双手分离,上部讹变为像"中"字之形,中间双手讹变为"臼"形。后又进一步讹变,上部之"中"形变为"艸",中间部分省讹为"ナ",像"又"字。小篆承袭战国文字,为汉以后文字所本。"若"字本义是顺。《尔雅·释言》:"若,顺也。"《诗·小雅·大田》:"曾孙是若。"又《鲁颂·閟宫》:"万民是若。"郑玄笺:"若,顺也。"邾王糧鼎:"世世是若。"亦用其本义。《说文》:"若,择菜也。"盖后起之义。"若"字又有像、如同之义。《孟子·滕文公上》:"布帛长短同,则贾相若。"(白于蓝)

萆 pì 并纽、锡部;并纽、昔韵、房益切。

萆¹—萆—萆
战国《说文》小篆 楷书 楷书

1《战文编》35页。2《说文》25页。

形声字。从艸,卑声。本义是指蓑衣。《说文》:"萆,雨衣,一曰衰衣。"《广雅·释器》:"萆谓之袭。"王念孙疏证:"《说文》:'衰,艸雨衣。秦谓之萆。'《越语》曰:'譬如衰笠,时雨既至必求之。'经传或从艸作蓑。"(白于蓝)

苴 jū 精纽、鱼部;精纽、鱼韵、子鱼切。

¹—²—³—⁴—苴—苴
商 战国《说文》小篆 汉 楷书 楷书

1《殷墟书契后编》上一八·九。2《楚系简帛》69页。3《说文》25页。4《篆隶表》53页。

形声字。从艸,且声。古文字单复无别,故甲骨文"苴"字从四"屮"。甲骨文和战国文字中"苴"字均从"叔"声,这是因为"叔"字本以"且"为声符,故"苴"或可从"叔"声作。本义是指大麻的子实。《诗·豳风·七月》:"七月食瓜,八月断壶,九月叔苴,采荼薪樗,食我农夫。"毛传:"叔,拾也。苴,麻子。"引申之又可指结子的大麻。《玉篇·艸部》:"苴,麻也。"《左传·襄公十七年》:"晏婴粗缞斩,苴绖,带,杖,菅屦,食鬻,居倚庐,寝苫,枕草。"杜预注:"苴,麻之有子者。"又可指鞋中草垫。《玉篇·艸部》:"苴,履中荐也。"《说文》:"苴,履中艸。"(白于蓝)

蕢(蒉) kuì 群纽、物部;群纽、至韵、求位切。

蕢¹—蕢—蕢
《说文》小篆 汉 楷书 楷书

1《说文》25页。2《篆隶表》53页。

形声字。从艸,贵声。本义是指以草、竹编制的筐类器物。《说文》:"蕢,艸器也。"《汉书·何武王嘉师丹传赞》:"以一蒉障江、河,用没其身。"颜师古注:"蒉,织草为器,所以盛土也。"(白于蓝)

茵 yīn 影纽、真部;影纽、真韵、於真切。

茵¹—茵—茵—茵
《说文》小篆 汉 楷书 楷书

1《说文》25页。2《篆隶表》53页。

形声字。从艸,因声。本义是指车上的垫褥。《说文》:"茵,车重席。"《诗·秦风·小戎》:"文茵畅毂。"毛传:"文茵,虎皮也。"孔颖达疏:"茵者,车上之褥,用皮为之。言文茵则皮有文采,故知虎皮也。"引申之则可用为垫褥的通称。如:绿草如茵。(白于蓝)

芻(刍) chú 清纽、侯部；初纽、虞韵、测隅切。

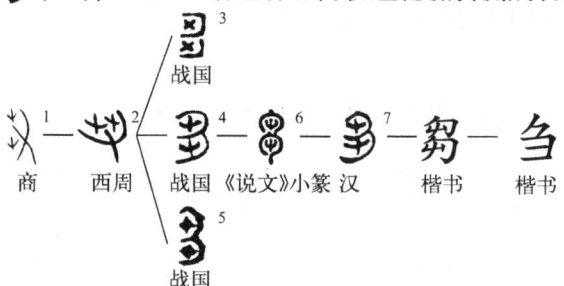

1《甲文编》21页。2《汉语字形表》25页。3、4、5《战文编》35页。6《说文》25页。7《篆隶表》54页。

会意字。甲骨文作"⿳"，从又、从艸，会以手拔艸之意。本义就是拔草，引申之亦可指割草。《说文》："芻，刈草也。"《左传·昭公六年》："禁刍牧采樵，不入田，不樵树，不采艺。"引申之亦可指牲口吃的草。《玉篇·艸部》："刍，茭草。"又可指割草之人、草野之人。《诗·大雅·板》："先民有言，询于刍荛。"毛传："刍荛，薪采者。"又可指吃草的牲口。《淮南子·时则》："乃命宰祝行牺牲，案刍豢。"高诱注："草养曰刍，谷养曰豢。""刍"字金文作"⿳"，同甲骨文之"刍"字相比，变化不大。战国文字中"刍"所从之"又"旁讹变为"⺕"形，"艸"旁或讹变为"⺍"、"⺀"。小篆则进一步将"又"旁又讹变为"⺈"。今天简化字作"刍"。（白于蓝）

茭 jiāo 见纽、宵部；见纽、肴韵、古肴切。

形声字。从艸，交声。本义是指干饲料。《说文》："茭，干刍。"徐锴系传："刈取以用曰刍，干之曰茭，故《尚书》曰'峙乃刍茭'。"又可指用竹、苇编的缆索。《墨子·辞过》："古之民未知为衣服时，衣皮带茭。"《史记·河渠书》："搴长茭兮沈美玉，河伯许兮薪不属。"裴骃集解引薛瓒曰："竹苇绁谓之茭。"（白于蓝）

茹 rú 日纽、鱼部；日纽、鱼韵、人诸切。

形声字。从艸，如声。本义是指喂牛马。《说文》："茹，饮马也。"《玉篇·艸部》："茹，饭牛也。"引申之又可指吃、吞咽。如：茹毛饮血。《方言》卷七："茹，食也。吴越之间，凡贪饮食者谓之茹。"《诗·大雅·烝民》："柔则茹之，刚则吐之。"进一步引申亦可指贪、恣。《广雅·释诂二》："茹，贪也。"《广韵·鱼韵》："茹，恣也。"又可指包含、受。如：含辛茹苦。（白于蓝）

莝 cuò 清纽、歌部；清纽、过韵、粗卧切。

形声字。从艸，坐声。本义是指铡碎的草。《说文》："莝，斩刍。"段玉裁注："谓以铁斩断之刍。"《急就篇》第二十一章："糟糠汁滓稿莝刍。"颜师古注："莝，细斫稿也。"又可指铡草（喂马）。《诗·小雅·鸳鸯》："乘马在厩，摧之秣之。"郑玄笺："摧，今之莝字也。"清段玉裁《说文解字注》："以摧为莝，以莝饮马也。"清王筠《说文句读》："莝本静字，此则以为动字也。"（白于蓝）

萎 wèi 影纽、微部；影纽、寘韵、於伪切。
wěi 影纽、微部；影纽、支韵、於为切。

形声字。从艸，委声。本义是指喂牛。《说文》："萎，食牛也。"这种用法的"萎"今天读wèi。"萎"字又可指草木枯死。《广韵·支韵》："萎，蔫也。"《集韵·支韵》："萎，艸木枯死。"这种用法的"萎"今天读wěi。（白于蓝）

苣 jù 群纽、鱼部；群纽、语韵、其吕切。

形声字。从艸，巨声。本义是指用草秆扎成的火炬，即火把。后作"炬"。《说文》："苣，束苇烧。"《墨子·备城门》："寇在城下，闻鼓音，燔苣。"《集韵·语韵》："苣，或从火。"（白于蓝）

蕘（荛） ráo 日纽、宵部；日纽、宵韵、如招切。

蕘¹—蕘²—蕘—荛
《说文》小篆 汉 楷书 楷书

1《说文》25页。2《篆隶表》54页。

形声字。从艸，堯声。本义是指柴草。《说文》："蕘，薪也。"《玉篇·艸部》："荛，草薪也。"《管子·轻重甲》："今北泽烧莫之绩，则是农夫得居装而卖其薪荛。"尹知章注："大曰薪，小曰荛。"引申之又可指打柴草。《孟子·梁惠王下》："文王之囿方七十里，刍荛者往焉，雉兔者往焉，与民同之。"又可指打柴草的人。《诗·大雅·板》："先民有言，询于刍荛。"毛传："刍、荛，薪采者。"（白于蓝）

薪 xīn 心纽、真部；心纽、真韵、息邻切。

薪¹—薪²—薪³—薪—薪
战国 《说文》小篆 汉 楷书 楷书

1《战文编》35页。2《说文》25页。3《篆隶表》55页。

形声字。从艸，新声。本义是指作燃料的木材。《说文》："薪，荛也。"《玉篇·艸部》："薪，柴也。"《诗·齐风·南山》："析薪如之何？匪斧不克。"《礼记·月令》："（季冬之月）乃命四监收秩薪柴，以共郊庙及百祀之薪燎。"郑玄注："大者可析谓之薪，小者合束谓之柴。"又可指取以为薪。《诗·大雅·棫朴》："芃芃棫朴，薪之槱之。"毛传："山木茂盛，万民得而薪之；贤人众多，国家得用蕃兴。"（白于蓝）

蒸 zhēng 章纽、蒸部；章纽、蒸韵、煮仍切。

蒸¹—蒸—蒸—蒸
《说文》小篆 汉 楷书 楷书

1《说文》25页。2《篆隶表》55页。

形声字。从艸，烝声。本义是指去皮的麻秸。《说文》："蒸，析麻中干也。"又可指用麻秸、葭苇、竹、木作成的火炬。《广雅·释器》："蒸，炬也。"王念孙疏证："凡析麻干及竹木为炬，皆谓之蒸。"又可指细小的柴薪。《广韵·蒸韵》："蒸，粗曰薪，细曰蒸。"《管子·弟子职》："蒸间容蒸，然者处下。"尹知章注："蒸，细薪。著之蒸间，必令容蒸，然烛者必处下以焚也。"又可指水汽上升。如：蒸发、蒸腾。（白于蓝）

蕉 jiāo 精纽、宵部；精纽、宵韵、即消切。

蕉¹—蕉²—蕉—蕉
《说文》小篆 汉 楷书 楷书

1《说文》25页。2《篆隶表》55页。

形声字。从艸，焦声。本义是指生麻。《说文》："蕉，生枲也。"段玉裁注："枲，麻也。生枲谓未沤治者。"又可指蕉麻，也称麻蕉，为多年生草本植物，形似芭蕉。《齐民要术·芭蕉》："《广志》曰：……其茎解散如丝，织以为葛，谓之'蕉葛'。虽脆而好。色黄白，不如葛色。出交阯、建安。"又可泛指芭蕉科植物。如：芭蕉、香蕉。《玉篇·艸部》："蕉，芭蕉。"（白于蓝）

薶 mái 明纽、之部；明纽、皆韵、莫皆切。

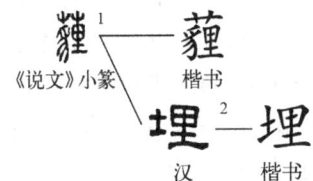

1《说文》25页。2《篆隶表》55页。

形声字。从艸，貍声。本义是指埋葬，后作"埋"。《说文》："薶，瘗也。"段玉裁注："今俗作埋。"《汉书·楚元王传》："又多杀宫人，生薶工匠，计以万数。"引申之又可指填塞。《尔雅·释言》："薶，塞也。"郭璞注："谓塞孔穴。"（白于蓝）

折 zhé 章纽、月部；章纽、薛韵、旨热切。
shé 禅纽、月部；禅纽、薛韵、常列切。

折¹—折²—折³—折⁴—折⁶—折⁷—折
商 西周 春秋 战国 《说文》小篆 汉 楷书

折⁵
战国

1《甲文编》22页。2《金文编》38页。3《金文编》38页。4、5《战文编》36页。6《说文》25页。7《篆隶表》55页。

会意字。甲骨文作"折"，从斤，从断木，会以斧斤断木之意。"折"字之本义即是指折断、弄断。《说文》："折，断也。"《易·丰》："折其右肱。"《荀子·劝学》："锲而不舍，朽木不折。"引申之亦可指斩。《逸周书·克殷》："斩之以黄钺，折悬诸太白。"孔晁注："折，绝首也。"虢季子白盘："折首五百。""折"字西周金文作"𣂑"，所从"𤴓"讹变为"𣂑"形。春秋金文又在"𤴓"中间加"二"为饰笔（或说表示折断）。战国文字承袭商周文字，或将"𤴓"变为"木"，又将饰笔"二"移至"木"之上方。小篆误联"𤴓"为"𠂇"，遂成"手"形。汉代文字承袭小篆的写法，沿用至今。（白于蓝）

卉 huì 晓纽、微部；晓纽、未韵、许贵切。

1《楚系简帛》62页。2《说文》25页。3《篆隶表》56页。

会意字。以三"屮"会百草之意。本义即指百草的总称。《说文》："卉，艸之总名也。"《尔雅·释草》："卉，草。"郭璞注："卉，百卉总名。"引申之亦可泛指草木。《文选·左思〈吴都赋〉》："卉木跃蔓。"李善注："卉，草木凡名也。"又可指众多。《广雅·释诂三》："卉，众也。"王念孙疏证："《书·禹贡》正义引舍人注云：'凡百草一名卉'，是众之义也。"（白于蓝）

芁 qiú 群纽、幽部；群纽、尤韵、巨鸠切。

1《战文编》36页。2《说文》25页。

形声字。从艸，九声。本义是指荒远。《说文》："芁，远荒也。"《玉篇·艸部》："芁，远荒之野曰芁。"《诗·小雅·小明》："我征徂西，至于芁野。"毛《传》："芁野，远荒之地。"又可指禽兽巢穴里的垫草。《广韵·尤韵》："芁，兽蓐也。"《淮南子·原道》："禽兽有芁，人民有室。"高诱注："芁，蓐也。"（白于蓝）

蒜 suàn 心纽、元部；心纽、换韵、苏贯切。

1《说文》25页。

形声字。从艸，祘声。本义是指一种菜名。百合科，多年生宿根草本植物。根据蒜瓣的大小分大蒜种和小蒜种。大蒜种西汉时从西域传入我国，小蒜种的由山蒜（蒚）移栽，古已有之。《说文》："蒜，荤菜。"《尔雅·释草》："蒚，山蒜。"《急就篇》第九章："芸蒜荠芥茱萸香。"颜师古注："蒜，大小蒜也，皆辛而荤。"汉延笃《与李文德书》："折张骞大宛之蒜，歃晋国郇瑕氏之盐。"（白于蓝）

芥 jiè 见纽、月部；见纽、怪韵、古拜切。

1《战文编》36页。2《说文》25页。3《篆隶表》56页。

形声字。从艸，介声。本义是指芥菜，为一二年生草本植物。《说文》："芥，菜也。"唐玄应《一切经音义》卷七引《字林》："芥，辛菜也。"《礼记·内则》："脍，春用葱，秋用芥。"亦可指小草。《方言》卷三："苏、芥，草也。江、淮、南楚之间曰苏，自关而西或曰草，或曰芥。"《左传·哀公元年》："其亡也，以民为土芥。"杜预注："芥，草也。"（白于蓝）

蔥（葱） cōng 清纽、东部；清纽、东韵、仓红切。

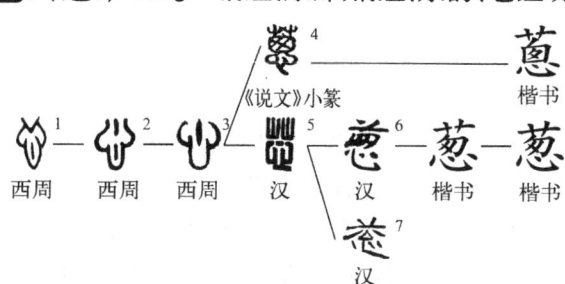

1、2、3《金文编》692页。4《说文》25页。5、6、7《篆隶表》56页。

形声字。从艸，悤声。"葱"字，西周金文不从艸，构形不明。小篆变为从艸，悤声。汉代文字承袭西周金文，追加艸旁为义符。后又将所从"心"上之一小点变为"勿"或"公"，起注音作用。楷书承袭汉代文字中从"勿"声的写法，沿用至今。本义是指葱类植物。可作蔬菜、香辛料和药用。《说文》："葱，菜也。"《礼记·内则》："脍，春用葱，秋用芥。"引申之可指青绿色。《尔雅·释器》："青谓之葱。"郭璞注："浅青。"《诗·小雅·采芑》："服其命服，朱芾斯皇，有玱葱珩。"（白于蓝）

苟 gǒu 见纽、侯部；见纽、厚韵、古厚切。

1《说文》26页。2《篆隶表》56页。

形声字。从艸，句声。本义是指草名。《说文》："苟，艸也。"又可指菜名。《玉篇·艸部》:"苟,菜也。"又可用为虚词,表示苟且、随便。如:苟安、苟同、一丝不苟。或表示姑且、暂且。《左传·桓公五年》:"苟自救也,社稷无陨多矣。"或表示假设关系,相当于"若"、"如果"。《论语·里仁》:"苟志于仁矣,无恶也。"《史记·陈涉世家》:"苟富贵,无相忘。"(白于蓝)

蕨 jué

见纽、月部;见纽、月韵、居月切。

蕨¹—蕨—蕨
《说文》小篆 楷书 楷书

1《说文》26页。

形声字。从艸,厥声。本义是指一种野生植物,又叫蕨萁。嫩叶可食,称蕨菜。《说文》:"蕨,鳖也。"《诗·召南·草虫》:"陟彼南山,言采其蕨。"陆德明释文:"《草木疏》云:'周、秦曰蕨,齐、鲁曰虌。'虌,本又作鳖。俗云其初生似鳖脚,故名焉。"(白于蓝)

莎 shā

心纽、歌部;心纽、戈韵、苏禾切。

莎¹—莎²—莎³—莎—莎
战国《说文》小篆 汉 楷书 楷书

1《战文编》36页。2《说文》26页。3《篆隶表》57页。

形声字。从艸,沙声。本义是指一种植物名称,即莎草。地下有纺锤形的块茎,称"香附"或"香附子"。《说文》:"莎,镐侯也。"段玉裁注:"《夏小正》:'正月缇缟。'缟也者,莎随也。缇也者,其实也。先言缇而后言缟者,何也?缇先见者也。《释艸》:'薃侯,莎。其实媞。'按,缟、薃、镐同字。"宋罗愿《尔雅翼·释草》:"莎,茎叶都似三棱,根若附子,周匝多毛……谓之香附子。"(白于蓝)

荓(萍) píng

并纽、耕部;并纽、青韵、薄经切。

荓¹—荓—荓—萍
《说文》小篆 楷书 楷书 楷书

1《说文》26页。

形声字。从艸、从水,并声。本义同"萍"。《说文》:"荓,苹也。"邵瑛群经正字:"按(荓、萍)二字,《说文》一入《艸部》,一入《水部》,然音义并同,似本一字。故经典亦通用,如《礼记·月令》'萍始生'之类,此本作'荓',彼本作'萍',总未有定。"(白于蓝)

菲 fěi

滂纽、微部;敷纽、尾韵、敷尾切。

菲¹—菲²—菲—菲
《说文》小篆 汉 楷书 楷书

1《说文》26页。2《篆隶表》57页。

形声字。从艸,非声。本义是指菜名,即土瓜。《说文》:"菲,芴也。"《尔雅·释草》:"菲,芴。"郭璞注:"即土瓜也。"又可指蒠菜。《尔雅·释草》:"菲,蒠菜。"郭璞注:"菲草,生下湿地,似芜菁,华紫赤色,可食。"《诗·邶风·谷风》:"采葑采菲,无以下体。"孔颖达疏引陆玑云:"菲,似葍,茎粗,叶厚而长,有毛,三月中蒸鬻为茹,滑美可作羹。幽州人谓之芴,《尔雅》谓之蒠菜,今河内人谓之宿菜。"(白于蓝)

葦(苇) wěi

匣纽、微部;云纽、尾韵、于鬼切。

葦¹—葦²—葦³—葦—苇
战国《说文》小篆 汉 楷书 楷书

1《战文编》37页。2《说文》26页。3《篆隶表》57页。

形声字。从艸,韦声。本义是指芦苇。《说文》:"葦,大葭也。"《广韵·尾韵》:"苇,芦苇。"《诗·豳风·七月》:"七月流火,八月萑苇。"孔颖达疏:"初生为葭,长大为芦,成则名为苇。"(白于蓝)

葭 jiā

见纽、鱼部;见纽、麻韵、古牙切。

葭¹—葭²—葭—葭
《说文》小篆 汉 楷书 楷书

1《说文》25页。2《篆隶表》57页。

形声字。从艸,叚声。本义是指初生的芦苇。《说文》:"葭,苇之未秀者。"《诗·召南·驺虞》:"彼茁者葭,一发五豝。"孔颖达疏:"'葭,芦。'《释草》文。李巡曰:'苇初生。'"(白于蓝)

萊(莱) lái

来纽、之部;来纽、咍韵、落哀切。

萊¹—萊²—萊—莱
《说文》小篆 汉 楷书 楷书

1《说文》26页。2《篆隶表》57页。

形声字。从艸,來声。本义是指一种一年生草本植物。嫩苗可食,生田间、路边、荒地、宅旁等地,为古代贫困者常食的野菜。《诗·小雅·南山有台》："南山有台，北山有莱。"孔颖达疏引陆玑云："莱，草名，其叶可食，今兖州人蒸以为茹，谓之莱蒸。"引申之又可指生满杂草。《诗·小雅·十月之交》："彻我墙屋，田卒污莱。"毛传："下则污，高则莱。"孔颖达疏："下田可以种稻，无稻则为池。高田可以种禾，无禾则生莱。"又可指除草。《周礼·地官·山虞》："若大田猎，则莱山田之野。"郑玄注："莱，除其草莱也。"（白于蓝）

荔 lì
来纽、叶部；来纽、霁韵、郎计切。

形声字。从艸，劦声。本义是指一种草名，即马蔺，又称马荔、马薤。为多年生草本植物，须根长而坚硬，可制刷子。《说文》："荔，艸也。似蒲而小，根可作刷。"《吕氏春秋·仲冬纪》："芸始生，荔挺出。"高诱注："荔，马荔。"《广雅·释草》："马薤，荔也。"王念孙疏证："蠡、蔺、荔，一声之转，故张氏注《子虚赋》谓之马荔，马荔犹言马蔺也。"（白于蓝）

蒙 méng
明纽、东部；明纽、东韵、莫红切。

形声字。从艸，冡声。本义是指草名，即菟丝。为一年生缠绕寄生草本植物。《说文》："蒙，王女也。"清钱大昕《十驾斋养新录·王女》："《释草》：'蒙，王女。'注：'蒙即唐也，女萝别名。'案：女萝之大者谓之王女。"又可指覆盖。《方言》卷十二："蒙，覆也。"又可指隐瞒、欺骗。如蒙骗、蒙人。又可指承受。《易·明夷》："以蒙大难。"（白于蓝）

范 fàn
并纽、侵部；奉纽、范韵、防鋄切。

形声字。从艸，氾声。本义是指草。《说文》："范，艸也。"又可指蜂。也作"蛋"。《集韵·范韵》："蛋，虫名。《博雅》：'蜂也。'通作范。"《礼记·檀弓下》："范则冠而蝉有矮。"郑玄注："范，蜂也。"又可指铸造器物的模型。《荀子·强国》："刑范正，金锡美，工冶巧，火齐得。"杨倞注："刑、范，铸剑规模之器也。"（白于蓝）

艿 réng
日纽、蒸部；日纽、蒸韵、如乘切。

形声字。从艸，乃声。古文字单复每无别，故西周金文中"艿"可从四"屮"。本义是指旧草未割新草又生。《玉篇·艸部》："艿，《说文》曰：'旧草不芟新草又生曰艿。'"《广韵·蒸韵》："艿，草名，谓陈根草不芟新草又生，相因艿也。"（白于蓝）

芑 qǐ
溪纽、之部；溪纽、止韵、墟里切。

形声字。从艸，己声。本义是指一种良种谷子。《说文》："芑，白苗，嘉谷。"《尔雅·释草》："芑，白苗。"郭璞注："今之白粱粟，皆好谷。"《诗·大雅·生民》："维穈维芑。"毛传："穈，赤苗也；芑，白苗也。"陈奂传疏："赤苗、白苗，谓禾茎有赤白二种。"又可指菜名。《诗·小雅·采芑》："薄言采芑，于彼新田。"毛传："芑，菜也。"孔颖达疏引陆玑云："芑菜，似苦菜也。"（白于蓝）

薁 xù
邪纽、屋部；邪纽、烛韵、似足切。

形声字。从艸，賣声。本义是指一种多年生草本植物，即泽泻。《说文》："薁，水舄也。"《诗·魏风·汾沮洳》："言采其薁。"毛传："薁，水舄也。"孔颖达疏引陆玑云："今泽蕮也，其叶如车前草大，其味亦相似，徐州、广陵人食之。"（白于蓝）

薔(蔷)

sè　心纽、职部；生纽、职韵、所力切。
qiáng　从纽、阳部；从纽、阳韵、在良切。

薔¹—薔—蔷
《说文》小篆　楷书　楷书

1《说文》26页。

形声字。从艸，啬声。本义是指蓼科植物名。《说文》："薔，薔虞，蓼。"《尔雅·释草》："薔，虞蓼。"郭璞注："虞蓼，泽蓼。"邢昺疏："即蓼之生水泽者也。"引申之亦可泛指草名。《管子·地员》："山之材，其草兢与薔。"尹知章注："音啬，草名。"这种字义的"薔"今天读sè。"薔"又可指"薔薇"，为观赏性植物。《广韵·阳韵》："薔，薔薇。"晋陶潜《问来使》："薔薇叶已抽，秋兰气当馥。"这种字义的"薔"今天读qiáng，此"薔"字实为"蘠"字之俗体。（白于蓝）

苕

tiáo　定纽、宵部；定纽、萧韵、徒聊切。

苕¹—苕²—苕—苕
《说文》小篆　汉　楷书　楷书

1《说文》26页。2《篆隶表》59页。

形声字。从艸，召声。本义是指一种植物名称。《尔雅·释草》："苕，陵苕。"邵晋涵正义："谓之陵苕，所以别于《陈风》之'旨苕'也……《本草》有紫葳，《唐本》注谓之凌霄。蔓生，依大木，久延至颠。"《诗·小雅·苕之华》："苕之华，芸其黄矣。"《史记·赵世家》："颜若苕之荣。"裴骃集解引綦毋邃曰："陵苕之草其华紫。"又可指苕菜。《诗·陈风·防有鹊巢》："邛有旨苕。"孔颖达疏引陆玑云："苕，苕饶也。幽州人谓之翘饶。蔓生，茎如劳豆而细，叶似蒺藜而青，其茎叶绿色，可生食，如小豆藿也。"（白于蓝）

荼

tú　定纽、鱼部；定纽、模韵、同都切。

荼¹—荼²—荼—荼
《说文》小篆　汉　楷书　楷书

1《说文》26页。2《篆隶表》59页。

形声字。从艸，余声。本义是指苦菜。《说文》："荼，苦荼也。"《尔雅·释草》："荼，苦菜。"邢昺疏："叶似苦苣而细，断之有白汁。花黄似菊，堪食，但苦耳。"《诗·邶风·谷风》："谁谓荼苦，其甘如荠。"毛传："荼，苦菜也。"引申之亦可比喻苦、痛。《书·汤诰》："弗忍荼毒。"孔颖达疏："《释草》云：'荼，苦菜。'此菜味苦，故假之以言人之苦。"（白于蓝）

蘩(蘩)

fán　並纽、元部；奉纽、元韵、附袁切。

蘩¹—蘩—蘩²—蘩
西周《说文》小篆　汉　楷书

蘩⁴—蘩
汉　楷书　楷书

1《金文编》39页。2《说文》26页。3、4《篆隶表》59页。

形声字。从艸，繁声。古文字单复每无别，故西周金文中"蘩"可从四"中"。本义是指白蒿，为一至二年生草本植物，嫩叶可食。《说文》："蘩，白蒿。"《左传·隐公三年》："苹蘩蕰藻之菜。"孔颖达疏引陆玑曰："凡艾白色为皤蒿，今白蒿春始生，及秋，香美，可生食，又可烝。"（白于蓝）

蒿

hāo　晓纽、宵部；晓纽、豪韵、呼毛切。

蒿¹—蒿²—蒿³—蒿⁴—蒿⁵—蒿—蒿
商　西周　战国《说文》小篆　汉　楷书　楷书

1《甲文编》22页。2《金文编》39页。3《战文编》38页。4《说文》26页。5《篆隶表》59页。

形声字。从艸，高声。古文字单复每无别，故甲骨文和金文中"蒿"字从四"中"。本义是指一种菊科蒿属植物。《尔雅·释草》："蘩之丑，秋为蒿。"郭璞注："丑，类也。春时各有种名，至秋老成，皆通呼为蒿。"《诗·小雅·鹿鸣》："呦呦鹿鸣，食野之蒿。"（白于蓝）

蓬

péng　並纽、东部；並纽、东韵、薄红切。

蓬¹—蓬²—蓬³—蓬—蓬
《说文》籀文《说文》小篆　汉　楷书　楷书

1、2《说文》26页。3《篆隶表》59页。

形声字。从艸，逢声。本义是指蓬草。《说文》："蓬，蒿也。"《诗·卫风·伯兮》："自伯之东，首如飞蓬。"《荀子·劝学》："蓬生麻中，不扶而直。"引申之又可指散乱、蓬松。《山海经·海内经》："去狐蓬尾。"《晋书·王徽之传》："蓬首散带，不综府事。"（白于蓝）

艸部

藜 lí　来纽、脂部；来纽、齐韵、郎奚切。

藜¹—藜—藜
《说文》小篆　楷书　楷书

1《说文》26页。

形声字。从艸,黎声。本义是指藜科植物,嫩叶可食,茎之坚老者可以为杖。《说文》:"藜,艸也。"朱骏声通训定声:"字亦作莉、作藜,即《诗》'北山有莱'之莱,《尔雅》之'釐,蔓华也'。初生可食,古蒸以为茹。"《左传·昭公十六年》:"斩之蓬、蒿、藜、藋,而共处之。"《颜氏家训·勉学》:"藜羹缊褐,我自欲之。"(白于蓝)

葆 bǎo　帮纽、幽部；帮纽、皓韵、博抱切。

葆¹—葆²—葆—葆
《说文》小篆　汉　楷书　楷书

1《说文》26页。2《篆隶表》60页。

形声字。从艸,保声。本义是指草丛生。《说文》:"葆,艸盛貌。"《汉书·燕刺王刘旦传》:"当此之时,头如蓬葆。"颜师古注:"草丛生曰葆。"引申之又可指丛生的枝、芽。《广雅·释诂下》:"葆、科,本也。"王念孙疏证:"'葆、科为本蕚丛生之本……葆训为本,谓草木丛生本蕚然也。"又可指车盖。《礼记·杂记下》:"匠人执羽葆御柩。"孔颖达疏:"葆,谓盖也。"又可指鼓上的装饰。《集韵·皓韵》:"葆,鼓上饰也。"(白于蓝)

蕃 fān　帮纽、元部；非纽、元韵、甫烦切。
　　fán　并纽、元部；奉纽、元韵、附袁切。

蕃¹—蕃²—蕃³—蕃⁴—蕃—蕃
春秋　战国《说文》小篆　汉　楷书　楷书

1《金文编》39页。2《战文编》38页。3《说文》27页。4《篆文编》60页。

形声字。从艸,番声。本义是指草木茂盛。《说文》:"蕃,艸茂也。"《易·坤·文言》:"天地变化,草木蕃。"引申之亦可指滋生、繁殖。《玉篇·艸部》:"蕃,滋也。"《左传·僖公二十三年》:"男女同姓,其生不蕃。"《周礼·地官·大司徒》:"以阜人民,以蕃鸟兽,以毓草木。"进一步引申亦可指多。《易·晋》:"康侯用锡马蕃庶。"陆德明释文:"蕃,多也。"这些字义的"蕃"字今天读fán。"蕃"又可指旧时对西方边境各少数民族的通称。后作"番"。《周礼·秋官·大行人》:"九州之外,谓之蕃国。"《隋书·礼仪志四》:"群臣及诸蕃客并集,各从其班而拜。"这种字义的"蕃"今天读fān。(白于蓝)

茸 róng　日纽、东部；日纽、钟韵、而容切。

茸¹—茸²—茸—茸
秦　《说文》小篆　楷书　楷书

1《战文编》38页。2《说文》27页。

形声字。从艸,聪省声。本义是指草初生纤细柔软的样子。《说文》:"茸,艸茸茸皃(貌)。"王筠句读:"艸初生之状谓之茸。"引申之又可指柔软的细毛。《太平御览》卷八百八十九引《东观汉记》:"师(狮)子……尾端茸毛大如斗。"又可指树木名称。《管子·地员》:"其桑其松,其杞其茸。"尹知章注:"茸,木名。"(白于蓝)

草 cǎo　清纽、幽部；清纽、皓韵、采老切。

草¹—草²—草³—草⁴—草—草
春秋　战国《说文》小篆　汉　楷书　楷书

1《汉语字形表》26页。2《战文编》39页。3《说文》27页。4《篆隶表》61页。

形声字。从艸,早声。古文字单复每无别,故春秋文字中"草"从四"屮"。本义是指栎实。《说文》:"草,草斗,栎实也。"又可指草木植物的总称。《玉篇·艸部》:"草,同艸。"徐铉曰:"今俗以此为艸木之艸,别作皂字,为黑色之皂。案:栎实可以染帛为黑色,故曰草。"(白于蓝)

蓄 xù　晓纽、觉部；晓纽、屋韵、许竹切。

蓄¹—蓄²—蓄—蓄
《说文》小篆　汉　楷书　楷书

1《说文》27页。2《篆隶表》61页。

形声字。从艸,畜声。本义是指积聚、储藏。《说文》:"蓄,积也。"徐锴系传:"蓄谷米芻菱蔬菜以为备也。"《诗·邶风·谷风》:"我有旨蓄,亦以御冬。"《礼记·王制》:"国无九年之蓄曰不足,无六年之蓄曰急。"引申之又可指蓄养。《国语·晋语四》:"吾不适齐楚,避其远也,蓄力一纪,可以远矣。"(白于蓝)

春 chūn　昌纽、文部；昌纽、谆韵、昌唇切。

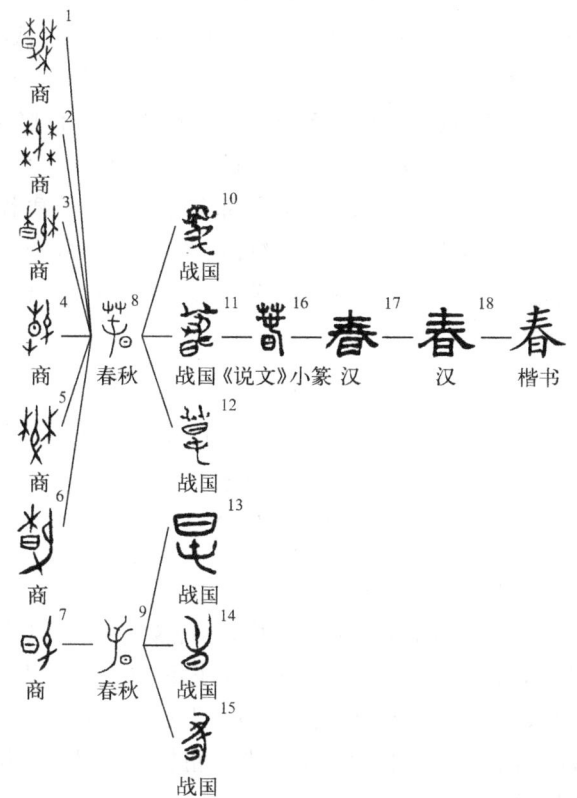

1-7《甲文编》22页。8、9《金文编》39页。10-15《战文编》39页。16《说文》27页。17、18《篆隶表》61页。

形声字。甲骨文从四木、三木、二木、一木不等(木或改从屮,古文字中从木从屮每不别),从日,屯声。也有少数省木或屮,为从日,屯声。本义是指一年四季中的第一季,即春季。《广韵·谆韵》:"春,四时之首。"《公羊传·隐公元年》:"春者何？岁之始也。"春秋文字"春"字仅从屮,无从木者。另外,甲骨文中从日、屯声之"春"字此时继续使用,这种写法的"春"字一直沿用到战国时代。战国文字承袭春秋文字,或省"日"旁。秦代小篆承袭战国文字中从屮、从日,屯声的"春"字写法。汉代文字"春"字隶变作"春"、"春",为今日楷书所本。(白于蓝)

芙

fú 明纽、鱼部；奉纽、虞韵、防无切。

芙—芺—芙—芙
战国《说文》新附 楷书 楷书

1《战文编》39页。2《说文》27页。

形声字。从屮,夫声。本义是指"芙蓉",也称"芙蕖",是荷花的别名。《说文》:"芙,芙蓉也。"《尔雅·释草》:"荷,芙渠。"郭璞注:"别名芙蓉,江东呼荷。"《楚辞·离骚》:"制芰荷以为衣兮,集芙蓉以为裳。"(白于蓝)

蓉

róng 喻纽、东部；以纽、钟韵、余封切。

蓉—蓉—蓉
《说文》新附 楷书 楷书

1《说文》27页。

形声字。从屮,容声。本义是指"芙蓉。"《说文》:"蓉,芙蓉也。"参"芙"字条。(白于蓝)

蒍

yuǎn 匣纽、元部；云纽、阮韵、云阮切。
wěi

蒍—蒍—蒍—蒍
《说文》新附 汉 楷书 楷书

1《说文》27页。2《篆隶表》62页。

形声字。从屮,远声。本义是指草名,读yuǎn。《说文》:"蒍,屮也。"又可用为姓氏,读wěi。《玉篇·屮部》:"蒍,蒍章,楚大夫。"《左传·昭公十一年》:"僖子使助蒍氏之簠。"(白于蓝)

荀

xún 心纽、真部；心纽、谆韵、相伦切。

荀—荀—荀—荀—荀
战国《说文》新附 汉 楷书 楷书

1《汉语字形表》27页。2《说文》27页。3《篆隶表》62页。

形声字。从屮,旬声。本义是指草名。《说文》:"荀,屮也。"《山海经·中山经》:"青要之山……有草焉,其状如菱,而方茎黄华赤实,其本如藁本,名曰荀草,服之美人色。"(白于蓝)

蓀(荪)

sūn 心纽、文部；心纽、魂韵、思浑切。

蓀—蓀—荪
战国《说文》新附 楷书 楷书

1《战文编》39页。2《说文》27页。

形声字。从屮,孙声。本义是指香草。《说文》:"蓀,香屮也。"《楚辞·九歌·湘君》:"薜荔柏兮蕙绸,荪桡兮兰旌。"王逸注:"荪,香草也。"(白于蓝)

蔬

shū 心纽、鱼部；生纽、鱼韵、所菹切。

蔬

𦼬 — 蔬 — 蔬 — 蔬
《说文》新附　汉　楷书　楷书

1《说文》27页。2《篆隶表》62页。

形声字。从艸，疏声。本义是指草菜可食者之通名。《说文》："蔬，菜也。"《尔雅·释天》："蔬不熟为馑。"郭璞注："凡草菜可食者通名为蔬。"《国语·鲁语上》："昔烈山氏之有天下也，其子曰柱，能殖百谷百蔬。"韦昭注："草实曰蔬。"（白于蓝）

芊 qiān
清纽、真部；清纽、先韵、苍先切。

芊[1] — 芊 — 芊
《说文》新附　楷书　楷书

1《说文》27页。

形声字。从艸，千声。本义是指草木茂盛。《说文》："芊，艸盛也。"《广雅·释训》："芊芊，茂也。"《列子·力命》："美哉国乎！郁郁芊芊。"亦可指青翠色。《文选·宋玉〈高唐赋〉》："仰视山巅，肃何芊芊。"李善注："《说文》曰：'𦱒，俗，望山谷千千青也。'千与芊古字通。"李周翰注："芊芊，山色也。"（白于蓝）

茗 míng
明纽、耕部；明纽、迥韵、莫迥切。

茗[1] — 茗 — 茗
《说文》新附　楷书　楷书

1《说文》27页。

形声字。从艸，名声。本义是指茶芽。《说文》："茗，茶芽也。"又可指晚采的茶。《尔雅·释木》："槚，苦荼。"郭璞注："今呼早采者为荼，晚取者为茗。"又可用为茶的通称。如：品茗、香茗。北魏杨炫之《洛阳伽蓝记·正觉寺》："渴饮茗汁。"（白于蓝）

藏
cáng 从纽、阳部；从纽、唐韵、昨郎切。
zàng 从纽、阳部；从纽、宕韵、徂浪切。

臧[1] — 藏[3] — 藏[4] — 藏 — 藏
战国　《说文》新附　汉　楷书　楷书
臧[2]
战国

1《汉语字形表》27页。2《战文编》40页。3《说文》27页。4《篆隶表》63页。

形声字。从艸，臧声。本义是指收存、储藏。《易·系辞传》："慢藏诲盗。"《荀子·王制》："春耕，夏耘，秋收，冬藏。"《周礼·天官·宰夫》："五曰府，掌官契以治藏。"郑玄注："治藏，藏文书及器物。"引申之又可指隐匿。《说文》："藏，匿也。"《论语·述而》："用之则行，舍之则藏。"引申之又可指怀、蓄。《易·系辞下》："君子藏器于身，待时而动。"《韩非子·外储说左上》："故桓公藏蔡怒而攻楚。"战国文字中"藏"字或作从贝，臧声。从贝表收藏、储藏之义。（白于蓝）

蘸 zhàn
庄纽、谈部；庄纽、陷韵、庄陷切。

蘸 — 蘸
《说文》新附　楷书

1《说文》27页。

本义是指将物体浸入水中。《说文》："蘸，以物没水也。此盖俗语。从艸，未详。"《玉篇·艸部》："蘸，以物内水中。"《楚辞·大招》："魂乎无东，汤谷寂只。"王逸注："或曰：寂，水蘸之貌。"洪兴祖补注："蘸，没也。"（白于蓝）

蓐 部

蓐 rù
日纽、屋部；日纽、烛韵、而蜀切。

蓐[1] — 蓐[3] — 蓐[4] — 蓐[5] — 蓐 — 蓐
商　《说文》籀文　《说文》小篆　汉　楷书　楷书
蓐[2]
商

1、2《甲文编》23页。3、4《说文》27页。5《篆隶表》67页。

形声字。从艸，辱声。本义是指陈草复生。《说文》："蓐，陈艸复生也。"徐锴系传："陈根更生繁缛也。……言草繁多也。"引申之又可指厚，繁密。《方言》卷十二："蓐，厚也。"《广雅·释诂三》："蓐，厚也。"王念孙疏证："《说文》：'蓐，陈草复生也。'又云：'缛，繁采饰也。'张衡《西京赋》云：'采饰纤缛。'缛与蓐同义。"又可指蚕蔟，用麦秆做成，蚕在上面做茧。《说文》："蓐，一曰蔟也。"又可指草席，草垫。《尔雅·释器》："蓐谓之兹。"郭璞注："兹者，蓐席也。"清王筠《说文句读》："案此皆人之蓐也，蔟则蚕之蓐也。俗作褥字，盖即蓐之分别文。"（白于蓝）

薅 hāo 晓纽、幽部；晓纽、豪韵、呼毛切。

茻¹—薅²—薅—薅
《说文》籀文 《说文》小篆 楷书 楷书

1、2《说文》27页。

形声字。从蓐，好省声。本义是指拔去杂草。《说文》："薅，拔去田艸也。"《诗·周颂·良耜》："其镈斯赵，以薅荼蓼。"北魏贾思勰《齐民要术·水稻》："稻苗渐长，复须薅。"原注："拔草曰薅。"（白于蓝）

茻部

茻 mǎng 明纽、阳部；明纽、荡韵、模朗切。

茻¹—茻
《说文》小篆 楷书

1《说文》27页。

会意字。从四屮，会草多之意。本义指众草，草丛。《说文》："茻，众艸也。"引申之又可指丛生的蕨类。《通志·六书略·草木之形》："茻，蕨类，繁荟而丛生。"（白于蓝）

莫 mù 明纽、铎部；明纽、暮韵、莫故切。

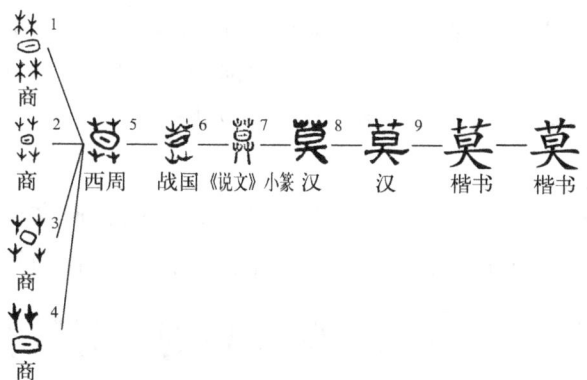

1—4《甲文编》24页。5《金文编》40页。6《战文编》50页。7、8、9《篆隶表》67页。

会意字。从日，从茻。会日落草丛中之意，为"日暮"之"暮"之本字。古文字从木从屮每不别，故甲骨文"莫"字或从四木。西周及后世文字承袭甲骨文从四屮的写法。汉代文字中"莫"字下部所从之二屮隶变为"大"，为今天楷书所本。本义即指日暮。《说文》："莫，日且冥也。"《礼记·聘义》："日莫人倦，齐庄正齐，而不敢解惰。"越王钟："凤莫不贰(忒)。"引申之则可指晚、一年将尽、时间将尽等。《诗·小雅·采薇》："曰归曰归，岁亦莫止。"又可指昏暗。《荀子·成相》："门户塞，大迷惑，悖乱昏莫无终极。"（白于蓝）

莽 mǎng 明纽、阳部；明纽、荡韵、模朗切。

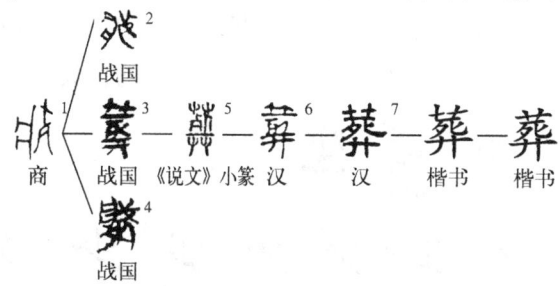

1《战文编》50页。2《说文》27页。3《篆隶表》68页。

会意兼形声字。从犬、从茻，茻亦声。《说文》："莽，南昌谓犬善逐兔艸中为莽。"本义是指丛生的草。清薛传均《说文答问疏证》："茻，众艸也。是正字。……'南昌谓犬善逐兔艸中'为莽别一义。"唐玄应《一切经音义》卷十一引《说文》："木丛生曰榛，众草曰莽也。"《左传·哀公元年》："吴日敝于兵，暴骨如莽。"杜预注："草之生于广野莽莽然，故曰草莽。"又可指草。《艺文类聚》卷八十一引《方言》："莽，草也。……南楚、江、湘之间谓之莽。"（白于蓝）

葬 zàng 精纽、阳部；精纽、宕韵、则浪切。

葬¹—葬²—葬—葬—葬—葬
商 战国《说文》小篆 汉 汉 楷书 楷书
葬⁴
战国

1《汉语字形表》29页。2、3、4《战文编》51页。5《说文》27页。6、7《篆隶表》68页。

会意字。从茻，从死。会弃死者于草莽之意。本义是指掩埋尸体。《说文》："葬，藏也。从死在茻中，一其中，所以荐之。《易》曰：'古之葬者，厚衣之以薪。'"《礼记·檀弓上》："葬也者，藏也。藏也者，欲人之弗得见也。""歺"、"死"义近，"爿"、"葬"音近，故甲骨文及战国文字中"葬"字或可作从歺，爿声。又"戕"本从爿声，故战国文字中"葬"又可从"戕"声。（白于蓝）

小部

小 xiǎo
心纽、宵部；心纽、小韵、私兆切。

商 西周 西周 战国《说文》小篆 秦 汉 楷书

1《甲文编》27页。2、3《金文编》43页。4、6、7《甲金篆》61页。5《说文》28页。

象形字。字像尘沙小物状，乃沙之初文。引申指微小，与大相对，甲骨文、金文中即用此义。《粹》1004："丁至庚不遘小雨。"训匜："自今余敢擾（扰）乃小大事。"由微小义引申出低微、低等义。《孟子·万章下》："不辞小官。"又指地位低微或品质不好的人，见于文献的"小人"一语两种意义均见使用。由低微、低等义引申指轻视、小看义。《韩非子·外储说右上》："子小寡人之国，以为不足仕（仕，做官）。"由微小义亦引申指年幼或年幼的人，亦可指身体小。睡虎地秦简《秦律十八种·仓律》："隶臣，城旦高不盈六尺五寸，隶妾、春高不盈六尺二寸，皆为小。"小字在金文中已发生讹变，《说文》曰："从八，丨见而八分之"，乃就已讹之形为说，不确。（陈英杰）

少 shǎo / shào
书纽、宵部；书纽、小韵、书沼切。
书纽、宵部；书纽、笑韵、失照切。

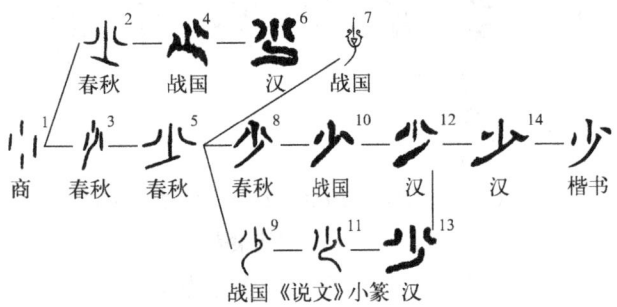

春秋 战国 汉 战国
商 春秋 春秋 战国 汉 汉 楷书
战国《说文》小篆 汉

1《甲文编》28页。2、3、5《金文编》46页。4、7、9《战文编》53页。6《汉印徵》卷2，1页。8、10、14《甲金篆》61页。11《说文》28页。12《马王堆》38页。13《秦汉金文·下编》26页。

少与小乃一字，本为象形字。卜辞中所见之"少"字皆与"小"字同义。《人》2389："壬戌卜，甲子少（小）雨。"自来古文字学家皆以从三点之"小"为小，以从四点之"小"为少。甲骨文中二字构形实同，应为一字，二字分化大概是春秋战国间的事。少、小分化后，"少"之末笔"丿"起着与"小"相区别的作用，成为一个指事字，但同时又以"小"为声。金文中"少"多用同"小"。蔡侯钟："余唯（虽）末少（小）子。"战国器哀成叔鼎曰"少去父母"，乃用为年幼义，用为此义时今读shào。屈氏扁壶"三斗少半"乃是不足、少于之义。用为此义今读shǎo。少、小可同义连用，指年幼。汉刘向《说苑·谈丛》："仁慈少小，恭敬耆老。"唐贺知章《回乡偶书》诗之一："少小离家老大回，乡音无改鬓毛衰。"《说文》收有"尐"字，实为"少"之异体写法，其分析尐为从小乁声，少从小丿声都是没有根据的。战国时"少"有一异体作孯，乃是在"小"字下附加义符"子"，属于"比类合谊"的会意字（与"歪"、"劣"、"夯"、"甦"等造字方法相同），但同时以"小"为声。中山王鼎："事孯如事倀（长），事愚如事智。"孯与倀对举，可知孯读为少长之"少"。（陈英杰）

八部

八 bā
帮纽、物部；帮纽、黠韵、博拔切。

商 西周 春秋 战国《说文》小篆 秦 汉 楷书

1《甲文编》28页。2、3《金文编》46页。4《战文编》54页。5《说文》28页。6《甲金篆》62页。7《马王堆》38页。

指事字。《说文》："八，别也，象分别相背之形。"八之本义为分，甲骨文乃以二画相背，分向张开，以表示分别之义。甲骨文、金文中均借为纪数之词。《乙》4516："八羊。"克盨："惟十又八年十又二月。"（陈英杰）

分 fēn / fèn
帮纽、文部；非纽、文韵、府文切。
並纽、文部；奉纽、问韵、扶问切。

商 西周 春秋 战国《说文》小篆 秦 汉 汉 楷书

1《甲文编》29页。2、3《金文编》47页。4、6《战文编》54页。5《说文》28页。7《马王堆》39页。8《甲金篆》63页。

会意兼形声字。《说文》："分，别也，从八从刀，刀以分别物也。"古无轻唇音，"分"当以重唇音八为声。八、分双声，韵部阳、入对转，"分"由"八"分化而出，八借为数目八九之八，久假不归，乃加义符刀作分，但仍以八为声。其本义就是分开、分割。鬲攸比鼎："其且(沮)射(榭)分田邑,则杀。"《书·尧典》："分北三苗。"由分开义引申出分配、分担、分解、分支等义。用于这些意义的"分"读 fēn。表示整体中的一部分以及成分、缘分等义时读 fèn。(陈英杰)

尔

ěr 日纽、脂部;日纽、纸韵、儿氏切。

1《金文编》47页。2、3、4《战文编》54页。5《说文》28页。6《甲金篆》63页。

尔是爾的简化字。爾,甲骨文作𩰠,金文作爾,构形不明。现在能看到的简体"尔"最早出现在战国时期的中山王鼎上。小篆字体见于东汉安帝建光元年(121)成书的《说文解字》。刊立于三国魏正始二年(241)的"三体石经"中,也有这个简体。现在写法的"尔"出现在东晋王羲之的作品中,是在隶书草写的基础上进行楷化形成的。金文中用作第二人称代词,相当于现代汉语的"你",尔即你之古体。中山王鼎："毋忘尔邦。"战国文字中"尔"或加点饰,点又经常演变为横,均无义。(陈英杰)

曾

zēng 精纽、蒸部;精纽、登韵、作滕切。
céng 从纽、蒸部;从纽、登韵、昨棱切。

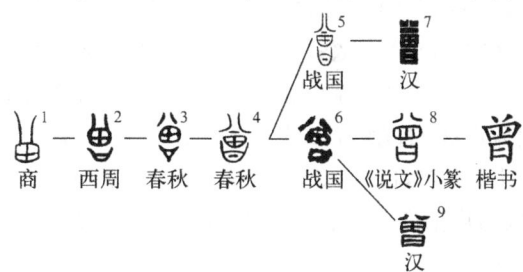

1、9《甲金篆》63页。2、3、4《金文编》47页。5、6《战文编》54页。7《汉印徵》卷2,1页。8《说文》28页。

象形字。甲骨文中之"田"(非土田之田)像釜鬲之箅,"八"像散发出的蒸汽,之整体像蒸熟食物的器皿,即甑(zèng)之初文。古代的甑,底部有许多透蒸汽的小孔,置于鬲或镤(fù,大口的釜)上蒸煮,如同现在的蒸笼。也有另外加箅的。新石器时代已有陶甑,殷周时有用青铜铸成的,现在则以木制为主,也有竹制。甑、鬲合在一起便是甗,甗之甑、鬲两部分可合铸在一起,也可上下分开,器盛行于殷、周时。西周金文中始加口或曰("口"中加短横是古文字中常见的现象),乃像承置甑的物件。"曾"在甲骨文中用为祭祀名、地名或方国名,金文中用作国名、地名。易鼎："使于曾。"或用为增加的"增"。卫簋："王曾(增)令卫,易(赐)赤市攸勒。"或用为重义,曾孙仆儿钟有"曾孙"语。文献中多用为加强语气的副词,常与"不"连用。《列子·汤问》："曾不若孀妻弱子。"(竟然连寡妇小孩都不如)用为这些意义的"曾"读 zēng。表示"曾经"义时读 céng。(陈英杰)

尚

shàng 禅纽、阳部;禅纽、漾韵、时亮切。
cháng 禅纽、阳部;禅纽、阳韵、市羊切。

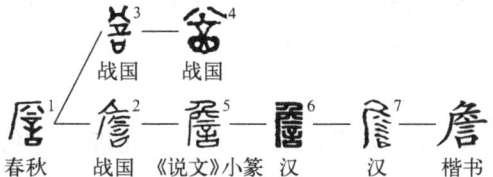

1—4《金文编》48页。5、6、7《战文编》55页。8《说文》28页。9《银雀山》31页。10《甲金篆》64页。

形声字。《说文》："尚,曾也,庶几也。从八,向声。""曾"、"庶几"均后来义,初义不知。字形不见于殷商甲骨文,而见于先周周原甲骨。金文中多假"尚"为"常"。陈侯因𦦲敦"永为典尚",读为《易·系辞》"既有典常"之"常","典常"指国之典章制度。亦可单言"尚"。秦駰玉版"世万子孙,以此为尚","尚"读为"常",常规、典常之义。借为"常"时音读 cháng。文献中多用为增加、添饰、崇尚、好尚等义,音读 shàng。陈公子叔邍父甋："子子孙孙是尚。"《集韵·漾韵》："尚,贵也。"甋铭中是尊尚、宝爱之义。铭文中还用为人名。望山楚简"足骨疾尚死",用为"庶几"义。(陈英杰)

詹

zhān 章纽、谈部;章纽、盐韵、职廉切。

1《金文编》369页"䳺"字偏旁。2《考古与文物》2002年5期64页。3《金文编》396页"檐"字偏旁。4《战文编》56页。5《说文》28页。6《汉印徵》卷2,2页。7《银雀山》31页。

关于此字结构尚存在争议。《说文》："詹，多言也。从言，从八，从厃。"徐铉注："厃，高也；八，分也，多故可分也。"段玉裁注："此当作厃声……厃与檐同字同音。詹，厃声。"詹字始见于战国晚期秦国器物十七年太后漆盒（《考古与文物》2002年5期64页）和廿九年太后漆樽（《文物》1979年12期）上，均用于官名"太后詹事"（"詹事"，秦始置，职掌皇后、太子家事）。殷商甲骨文和西周金文中不见单独使用，春秋战国时作为偏旁出现于鱣、澹、檐等字中，但字形作詹或省，省是詹的简体。《庄子·齐物论》："大言炎炎，小言詹詹。"成玄英疏："詹詹，词费也（话多义）。"用其本义。由多言义引申出足够义。《吕氏春秋·适音》："夫音亦有适……太小则志嫌，以嫌听小则耳不充，不充则不詹，不詹则窕。"高诱注："詹，足也。""赡"、"詹"同源。今只用为姓氏。（陈英杰）

介 jiè 见纽、月部；见纽、怪韵、古拜切。

1、2《甲文编》29页。3《类编》9页。4《战文编》56页。5《说文》28页。6《马王堆》39页。7《甲金篆》64页。

象形字。构形不明。或说像人衣甲之形，或说像癣疥之形，为疥之初文，均不足信。甲骨文中有"多介兄"、"多介父"等，用于亲属称谓，是副、贰的意思。《礼记·曾子问》："以上牲祭于宗子之家，祝曰：'孝子某为介子某荐其常事。'若宗子有罪居于他国，庶子为大夫，其祭也，祝曰：'孝子某使介子某执其常事。'"陈澔注："孝子，宗子也。介子，庶子也。不曰庶而曰介者，庶子，卑贱之称，介则副贰之义，亦贵贵之道也。"文献中或用为铠甲义。《广雅·释器》："介，铠也。"《说文》："介，画也。"间隔、阻碍、侧畔、介绍、傧介等义均由介画义引申而来，介画义字今作"界"。（陈英杰）

公 gōng 见纽、东部；见纽、东韵、古红切。

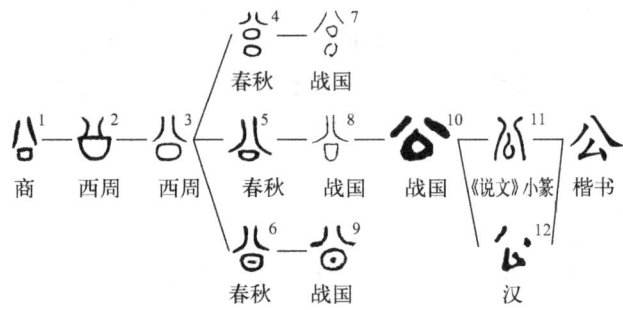

1《甲文编》30页。2-6《金文编》49~50页。7、8、9《战文编》56页。10《甲金篆》65页。11《说文》28页。12《银雀山》33页。

会意字（或以为象形字，瓮之初文）。《说文》："公，平分也。从八，从厶。八，犹背也。韩非曰：'背厶为公。'"所谓从厶，乃由口形演变而来。甲骨文、金文中公指先公，即对祖先的尊称。《粹》405："辛亥贞，壬子又多公岁。"（又、岁均为祭名，又通"侑"）沈子它簋有"先王先公"语。文献载周代诸侯有公、侯、伯、子、男五等爵称，公最尊。"公"在甲骨文中没有用为爵称者，作为爵称大概是进入西周以后之事。"公"在西周金文中主要是王朝大臣之称，如益公、穆公、召公、周公、同公等，这些"公"都拥有采邑。"公"也用于已故祖考之名谥。金文中"公"还用为尊称，如小臣宅簋（《集成》4201）"扬公伯休"，"伯"乃"伯懋父"之省称，"公伯"是对伯懋父的尊称。春秋时代"公"是诸侯的通称。《尔雅·释诂上》："公，君也。"由平分义引申出公共、共同义。甲骨文中有"公宫"之称，即指公共之宫。春秋战国时，"公"或叠加口符而繁化作㕣，或在口内加点饰作㕣，均是没有什么意义的装饰。战国时所从之口或写作△。在汉代隶书中，"公"字方口、尖口写法并存，"公"字即由尖口写法变来。小篆字形是误认偏旁造成的，△与"厶"（即今之"私"，《说文·厶部》引韩非曰"苍颉作字，自营为厶"）形混而讹。小篆与隶书殊途同归，最后均演变为现在的楷书写法。（陈英杰）

必 bì 帮纽、质部；帮纽、质韵、卑吉切。

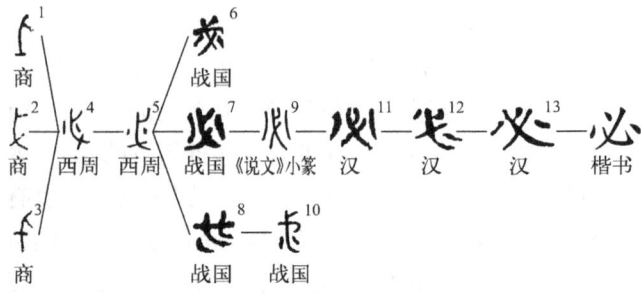

1、2、3 裘锡圭《古文字论集》，中华书局，

1992年8月版。4、5《金文编》51页。6、7、8、10《战文编》57页。9《说文》28页。11、12《马王堆》40页。13《银雀山》34页。

形声字。甲骨文中的"必"字是从裘锡圭先生的考释中选择的成字或偏旁(参《古文字论集·释秘》。《甲骨文编》、《甲骨文字典》均无"必"字)。甲骨文中戈字可以独立使用,后世被淘汰,从此偏旁的字也都改成了"必"旁。《说文》:"必,分极也。从八、弋,弋亦声。"("分极"义即划分的标准)《说文》释义、析形均有误。"必"乃秘之本字,像戈、矛器物的长柄,甲骨文即像其形,金文中添加声符八。甲骨文、金文中均用其本义,金文中用例多见于册命赏赐铭文中。作副词,用表肯定义。战国末期之新郪虎符:"必会王符,乃敢行之。"战国文字中,所从之"戈"或讹作"戈"形,如包山楚简《文书》139之"戈";或所从八均作平行之斜笔,如郭店楚简《性自命出》29之"戈"、上博简《孔子诗论》27之"戈",字形发生了较大讹变。演变到隶书时,成为一个独体字,形与声便再无法区分。(陈英杰)

余 yú 喻纽、鱼部;以纽、鱼韵、以诸切。

1《甲文编》30页。2-5《金文编》52页。6《说文》28页。7《战文编》57页。8《马王堆》40页。9《银雀山》35页。

象形字。甲骨文像以木柱支撑屋顶之房舍,为原始地上住宅,与"舍"字同义。甲骨文、金文中多借为第一人称代词,同"我"、"予"等。《前》5.9.2:"癸亥卜,王贞:余比侯专?八月。"(癸亥日占卜,王贞问:我与侯专联盟吗?在八月)传世文献亦如此。《尔雅·释诂下》:"余,我也。"《诗·邶风·谷风》:"不念昔者,伊余来塈。"(陈英杰)

采 部

采 biàn 並纽、元部;並纽、裥韵、蒲苋切。

1、2《金文编》53页。3《战文编》58页。4、5《说文》28页。

象形字。采与番之古文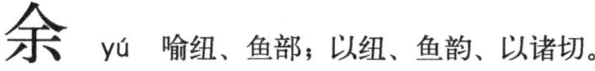构意相同,均像兽爪之形。《集韵·狝韵》:"采,兽悬蹄。"《六书正讹》:"采,兽指爪也。"清王筠《说文释例》卷十:"采字当以兽爪为正义,辨别为引申义,以其象形知之。"《说文解字·叙》曰:"黄帝之史仓颉见鸟兽蹄迒之迹,知分理之可相别异也,初造书契,百工以乂,万品以察。"《说文》训"采"为"辨别也",当与此种造字传说有关。此字与番、蹯乃同义的古今字,"番"所从之"田"是鸟兽所踩的田地或脚印。"蹯"是在"番"上加义符"足"以强化其表意功能。至于《说文》所收番之或体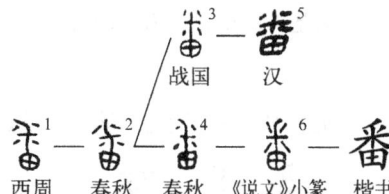(从足从烦),乃一新造形声字,与"蹯"为异体关系。"采"用为辨别义,仅见于《书·尧典》"采章百姓"(由于形近,"采"讹为"平"。章,彰明。百姓,百官族姓)、"采秩东作"(理顺排定耕作时间)。在商代及西周金文中"采"作族氏名或人名。井叔采钟:"井叔叔采作朕文考穆公大钟。"采作父丁卣:"采作父丁。"作姓氏,当即文献中的番姓。《诗·小雅·十月之交》:"皇父卿士,番维司徒。"毛传:"番,氏。"(陈英杰)

番
fán 並纽、元部;奉纽、元韵、附袁切。
fān 滂纽、元部;敷纽、元韵、孚袁切。
pān 滂纽、元部;滂纽、桓韵、普官切。
bō 帮纽、歌部;帮纽、戈韵、博禾切。

1、2《金文编》53页。3、4《战文编》58页。5《马王堆》41页。6《说文》28页。

象形字。《说文》:"番,兽足谓之番。从采,田象其掌。"本义是兽足,引申为脚掌,后作蹯。《玉篇·采部》:"番,兽足也。或作蹯。"用为此义读fán。金文中用作姓氏。如番匊生壶:"番匊生铸媵壶。"用为此义读pān。后世借此字表轮番义,或用来指称西方边境各少数民族及外国,如番邦、西番等,音读 fān。文献中"番番",义为勇武貌,亦借为"播",传扬义,音读 bō。另参见"采"字条。(陈英杰)

審(审) shěn 书纽、侵部；书纽、寝韵、式荏切。

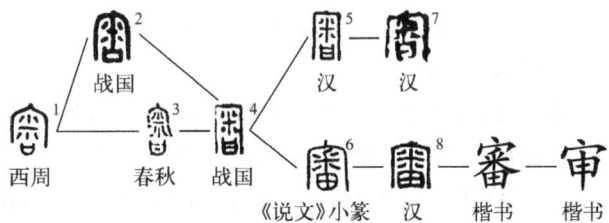

1《金文编》54页。2、3、4《战文编》58页。5、8《汉印徵》卷2,2页。6《说文》28页。7《马王堆》41页。

会意字。其字初形构意不明。《说文》:"宷,悉也。知宷谛也。从宀从釆。審,篆文宷从番。"徐锴系传:"宀,覆也。采,别也。包覆而深别之。宷,悉也。"《说文》从采或番的"審"字,都是讹变的形体。金文中"審"字从宀从米从口,非从番,米、采形近而讹混。春秋金文中口旁之内加饰点,小篆进一步讹为"田",为今日楷书所本。有人据战国文字的写法把"審"字的形义结构分析为从宷从曰。《侯马盟书》16.3 有字作𡧑,从宷从思,是审字异体。小篆"審"的出现可能有两个途径:一是把曰改为田,一是𡧑字省去心旁,这两种演变都可能经过被"番"同化的过程,"審"、"宷"的中笔屈首当跟这种同化有关(参赵平安《说文小篆研究》189页)。"审"是现代群众新造的形声字,从宀,申声。"審"由"知審谛"(详知义)义引申出详审、审慎、审察、审辨、审信等义。金文中用为审信、确实义。五祀卫鼎:"余审贾(gǔ,交换)田五田。"《吕氏春秋·先己》:"审此言也。"高诱注:"审,实也。"或用为人名,如楚王酓審(见楚王酓審盂)。(陈英杰)

悉 xī 心纽、质部；心纽、质韵、息七切。

1、2《战文编》58页。3《说文》28页。4《马王堆》41页。5《甲金篆》67页。

会意字。本义为详尽。《说文》:"悉,详尽也。从心,从采。"采,辨也,心里对事物辨别得很清楚,所以就对事物了解得很详细。"悉"最早见于战国时期的诅楚文,其文曰:"悉兴其众。"义为尽、皆、全,即由详尽义引申而来。由详尽义又引申出熟悉义。字亦见于战国玺印中,用为姓氏。《吕氏春秋·尊师》:"神农率悉诸。"高诱注:"悉,姓。"(陈英杰)

釋(释) shì 书纽、铎部；书纽、昔韵、施只切。

形声字。《说文》:"釋,解也,从采。采,取其分别物也。从睪声。"其本义为解说、解释。《左传·襄公二十九年》:"公在楚,释不朝正于庙也。"("公在楚",这是解释不在祖庙听政的原因)由解释义引申出消溶、溶解(如涣然冰释)、解除、释放等义,由释放义引申出放弃等义。战国玺印中习见人名"释之"。"释"是"釋"的草书楷化字。(陈英杰)

半 部

半 bàn 帮纽、元部；帮纽、换韵、博幔切。

1《金文编》54页。2《战文编》59页。3《说文》28页。4、5《马王堆》41页。

会意字。从牛,从八。"八"原义为分,会分割牛体之意。其本义为一半、二分之一。《说文》:"半,物中分也。"《易·系辞下》"知者观其象辞,则思过半矣"、秦公簋"大半升",用的都是本义。由"物中分"义引申出"在……中间"、"不完全"等义,如半山腰、一知半解等。(陈英杰)

胖 pàn 滂纽、元部；滂纽、换韵、普半切。
pán 并纽、桓韵、蒲官切。
pàng

1《说文》28页。2《甲金篆》68页。

会意兼形声字。《说文》:"胖,半体肉也。一曰广肉。

从半,从肉,半亦声。"其本义指祭祀用的半体牲。《玉篇·肉部》:"胖,牲之半体也。"《仪礼·少牢馈食礼》:"司马升羊右胖,髀不升。"《说文》所录另一义项"广肉"就是指大块的肉,包含有大义,《礼记·大学》中"心广体胖"之胖义为安舒、舒坦、宽适,即由此引申而来。用为本义时读 pàn,"心宽体胖"之"胖"旧读 pán。至于表胖大、肥胖义,也由本义引申而出,但产生较晚,大概宋元时期方产生,用为此义读 pàng。(陈英杰)

叛 pàn 並纽、元部;並纽、换韵、薄半切。

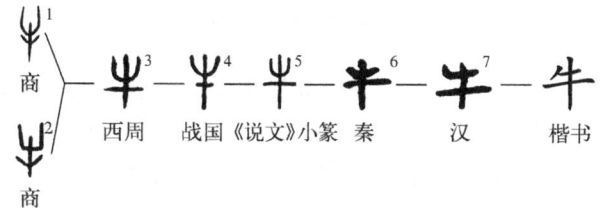

《说文》小篆　汉　楷书

1《说文》28页。2《甲金篆》68页。

形声字。《说文》:"叛,半也。从半,反声。""半也"之义不见文献用例,《说文》当有误。清王筠《说文句读》:"《玉篇》《广韵》皆无'半也'之说,不知为何字之讹。"清朱骏声《说文通训定声》:"按:(叛),反也。从反,半声。"其说可从。《广雅·释诂三》:"叛,乱也。"《正字通·又部》:"叛,离叛也。"《左传·隐公四年》:"众叛亲离,难以济(济:成功)矣。"表背叛、叛离义,古文献中常借"畔"字为之。《国语·鲁语下》:"卜人将畔,臣讨之,既得之矣。"(陈英杰)

牛 部

牛 niú 疑纽、之部;疑纽、尤韵、语求切。

1、2《甲文编》32页。3《类编》187页。4《战文编》59页。5《说文》28页。6、7《甲金篆》68页。

象形字。字像牛头形,本义就是牛,是把客观物体最具特征的一部描绘下来,与"羊"造字方法相同。甲骨文、金文中用的都是本义。《陈》30:"甲戌卜贞,翌乙亥业(业指侑祭)于祖乙三牛。"小孟鼎:"俘牛三百五十五牛。"金文中牛还可作为赏赐品。眚簋:"易(赐)牛三。"牛是很早就被人类畜养的动物,在人们的日常生活、国家政治活动中都扮演着很重要的角色。牛耕的出现标志着生产力的一次大发展。殷、周时代在吉庆、结盟等隆重仪式中都使用牛,古代战争中俘获牛还作为一种荣耀刻铸在铜器上,甚至国家还设立专门掌养公廨之牛的"牛人"之官。《周礼·地官·牛人》:"牛人掌养国之公牛。"(陈英杰)

牡 mǔ 明纽、幽部;明纽、厚韵、莫厚切。

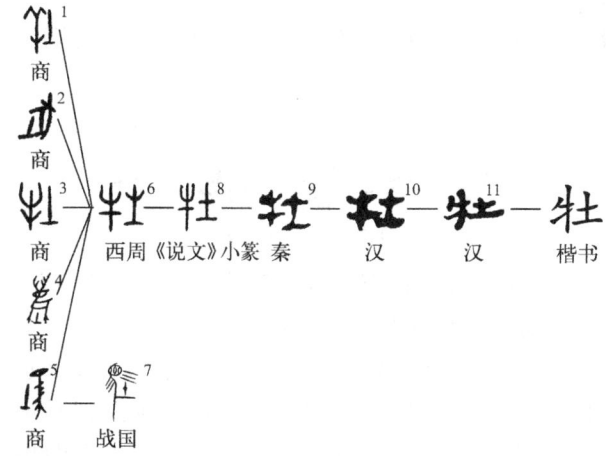

1、2、3《甲文编》33~34页。4、5《甲金篆》68页。6、7《金文编》54页。8《说文》29页。9《战文编》59页。10《马王堆》42页。11《甲金篆》68页。

形声字。《说文》:"牡,从牛,土声。"原为会意字。甲骨文中"丄"用以表示雄性之家畜或兽类,结合表示不同兽类的形符,分别形成表示雄性之牛、羊等的专名用字。"牡"本义是公牛。《粹》396:"辛巳贞,其禦生于妣庚、妣丙牡,羘、白豭。"(辛巳这天贞问:应该用牡牛、牡羊、白色的公猪向妣庚、妣丙祈求生育吗?)剌鼎"用牡于大室"指用公牛作牺牲祭祀先祖。后引申为雄性动物之通称,取代其他表雄性的专名用字。《诗·邶风·匏有苦叶》:"雉鸣求其牡。"至战国时代,字所从之"丄"由于演变得与"土"形近而被改造成声符"土"。(陈英杰)

犅 gāng 见纽、阳部;见纽、唐韵、古郎切。

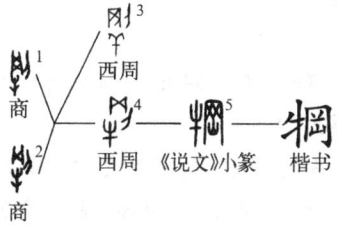

1、2《甲文编》34页。3、4《金文编》55页。

5《说文》29页。

形声字。从牛,冈声。甲骨文、金文中均从刚省声,金文或从羊作䍺,小篆从牛、冈声。其本义是赤色的公牛。《玉篇·牛部》:"䍾,特牛赤色也。"大簋"易(赐)甾(䍾)羊(驿)䍾"即用本义。《公羊传·文公十三年》:"周公用白牲,鲁公用驿䍾。"何休注:"白牲,殷牲也。驿䍾,赤脊,周牲也。"金文中还用作姓氏或侯国名,如䍾刧尊、䍾伯諆卣。(陈英杰)

特 tè 定纽、职部;定纽、德韵、徒得切。

1、5《甲金篆》69页。2《汗简》3页。3《四声韵》84页。4《说文》29页。

形声字。《说文》:"特,从牛,寺声。朴特,牛父也。"《玉篇·牛部》:"特,牡牛也。"《楚辞·天问》:"焉得夫朴牛。"王逸、张揖皆云:"朴,大也。"特之本义即指体形庞大的公牛。《史记·秦本纪》:"(秦文公)二十七年,伐南山大梓,丰大特。"(南山、丰均为地名)后引申为雄性兽类之泛称。《广雅·释兽》:"特,雄也。"石鼓文《吾车》:"吾驱其特。"由大义引申出独特、特殊义,由独特义引申出特立、杰出、单独等义。《汗简》收一古文异体作"牪",从直声,直古音属职部,与特音近。(陈英杰)

牝 pìn 並纽、真部;並纽、轸韵、毗忍切。

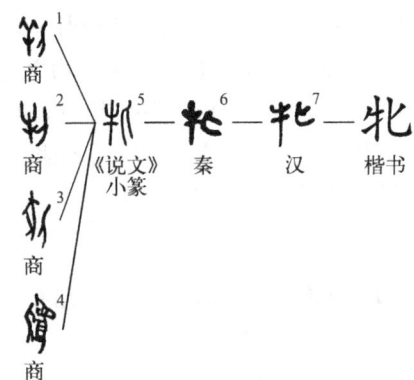

1—4《甲文编》34页。5《说文》29页。6、7《甲金篆》69页。

形声字。从牛,匕声。甲骨文中 ⺀ 用以表示雌性家畜或兽类,或从牛,或从羊,或从豕,或从虎等,表示雌性之牛、羊、豕、虎等。牝本义指母牛。《乙编》45.90:"翌乙巳屮且(祖)乙宰屮牝。"(宰指专门用于祭祀的特别圈养的羊,后世并入"牢")用的就是本义。后引申为雌性之泛称。《说文》:"牝,畜母也。"《书·牧誓》:"牝鸡无晨。"同时也就取代了其他表雌羊、雌豕等的专名用字。古又读入脂部,大概是由于牝所从之雌性符号"匕"与匕首之"匕"形近的缘故而读作匕首之匕。(陈英杰)

犊(犊) dú 定纽、屋部;定纽、屋韵、徒谷切。

1、2《战文编》60页。3《说文》29页。4《甲金篆》69页。

形声字。从牛,賣省声。本义是小牛。《说文》:"犊,牛子也。"《礼记·月令》:"牺牲驹犊,举书其数。"今天仍称牛子为牛犊。引申泛指牛。《三国志·吴书·鲁肃传》:"乘犊车,从吏卒,交游士林。"古玺印中用为人名或姓氏。"犢"之简体犊是由买卖之"賣"的草写楷化字"卖"类推而形成的,在篆文中"犢"所从之"賣"与买卖之"賣"本有别,隶书写法变得相同,"賣"简化为卖,因之"犢"亦类推简化为犊。(陈英杰)

犗 jiè 见纽、月部;见纽、夬韵、古喝切。

䍐—犗
《说文》小篆 楷书

1《说文》29页。

形声字。从牛,害声。最早见于《说文》,曰:"犗,骟牛也。"《说文·马部》:"骟,犗马也。"王筠句读:"骟,今谓之骟。"朱骏声通训定声:"牛曰犍、曰犗,马曰骟……皆去势之谓。"其本义是阉割过的牛。《庄子·外物》:"任公子为大钩巨缁,五十犗以为饵。"陆德明释文:"犗,犍牛也。"引申指阉割。唐玄应《一切经音义》卷十三:"犗,以刀去阴也。"(陈英杰)

牻 máng 明纽、东部;明纽、江韵、莫江切。

牻—牻
《说文》小篆 楷书

1《说文》29页。

形声兼会意字。尨声兼表义。牻本义是白黑杂毛牛,尨本义指多毛的狗,引申为杂乱、杂色义。《左传·闵公二年》:"衣之尨服,远其躬也。"杜预注:"尨,杂色。"(陈英杰)

犖(荦) luò 来纽、药部;来纽、觉韵、吕角切。

《说文》小篆 汉 汉 楷书 楷书

1《说文》29页。2《汉印徵》卷2,3页。3《甲金篆》69页。

形声字。从牛,劳省声。本义指毛色不纯的牛。清段玉裁《说文解字注》:"马色不纯曰驳。驳荦同部叠韵。"清徐灏《说文解字注笺》:"《一切经音义》十七引《通俗文》云:'黄白杂谓之驳荦。'"引申泛指斑驳之色。本义今已不用,但由此字构成的成语"荦荦大者"还在使用,表示大事分明的意思。笔画草写是隶变的一个促因,荦之上部艹是对隶变过程中草写写法进行楷化形成的。(陈英杰)

犨 chōu 昌纽、幽部;昌纽、尤韵、赤周切。

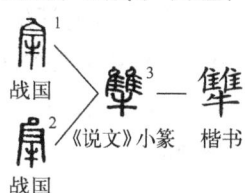

战国 战国 《说文》小篆 楷书

1、2《古玺》21页。3《说文》29页。

形声字。从牛,雠声。其本义指牛的喘息声。战国印文中用为姓氏,如"犨忑";或用为人名,如"肖犨"。(陈英杰)

牟 móu 明纽、幽部;明纽、尤韵、莫浮切。

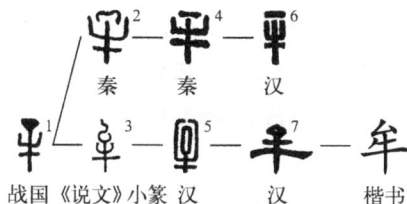

战国 《说文》小篆 汉 汉 楷书

1《古文典》259页。2、4《战文编》60页。3《说文》29页。5、6《汉印徵》卷2,3页。7《甲金篆》70页。

指事字。"厶"为指事符号,象牛出气。其本义指牛叫声。《说文》:"牟,牛鸣也。"古文字中多用为人名,如战国晚期秦器高奴权"工隶臣牟";或用于地名,如高牟;亦用为姓氏,如汉印中之"牟丙"。文献中借为"辨"或"眸"。字被假借表示牟求、牟利、姓氏等义,因此为其本义造了分化字"哞"。秦汉时"厶"作"凸"或"一"均由战国文字中所从之●讹变而来。(陈英杰)

牲 shēng 心纽、耕部;生纽、庚韵、所庚切。

商 西周 西周《说文》小篆 秦 汉 楷书

1《甲文编》35页。2《金文编》55页。3、6《甲金篆》70页。4《说文》29页。5《战文编》60页。

形声字。从牛,生声。本义指供祭祀用之全牛。《字汇·牛部》:"牲,祭天地宗庙之牛完全曰牲。"《谷梁传·哀公元年》:"全曰牲,伤曰牛,未牲曰牛。其牛一也,其所以为牛者异。"引申泛指供祭祀及食用的家畜,包括牛、羊、豕、马、犬、鸡等。西周金文矢令方彝:"明公用牲于京官。"《周礼·天官·膳夫》:"凡王之馈,食用六谷,膳用六牲。"郑玄注:"六牲,马、牛、羊、豕、犬、鸡也。"今日所说"牲口"、"牲畜"等还保留其引申义,但表祭祀用之义素则已消失。用于舍弃义的"牺牲"已与本义远隔。甲骨文中有一字作,从羊从生,一般认为即牲字,从牛写法的牲未见。从词汇发展史角度考虑,后世"牲"确实是取代了"羘",但从甲骨文牡、牝等的实际用字状况考虑,"羘"字本义当与羊有关,可能指祭祀之全羊,构意虽与牲相同,但具体所指有别。(陈英杰)

牷 quán 从纽、元部;从纽、仙韵、疾缘切。

《说文》小篆 秦 楷书

1《说文》29页。2《睡甲》12页。

形声字。从牛,全声。本义指祭祀用的毛色纯一的牛。《说文》:"牷,牛纯色。"引申指毛色纯一的牲畜。《周礼·秋官·犬人》:"凡祭祀共犬牲,用牷物。"郑玄注:"郑司农云:牷,纯也。"睡虎地秦简云"生子不牷","牷"用为"全"。(陈英杰)

牵(牵) qiān 溪纽、真部;溪纽、先韵、苦坚切。
qiàn 溪纽、真部;溪纽、霰韵、苦甸切。

牵

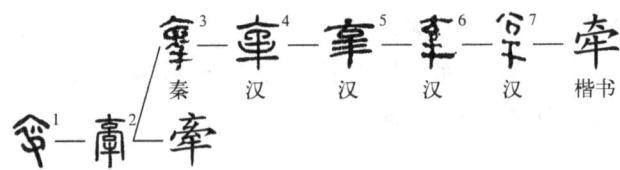

1、4、5《甲金篆》70页。2《说文》29页。
3《战文编》60页。6《马王堆》43页。7《银雀山》37页。

形声字。《说文》:"牵,引前也。从牛,象引牛之縻也。玄声。""象引牛之縻"指字所从之冂(隶作"宀")像牵牛的绳子。其本义是拉、挽。《书·酒诰》:"肇牵车牛,远服贾。"由拉、挽义引申出牵引、牵连、牵制等义。随县战国墓漆二十八宿匫中用于星名"牵牛"(此字或以为袁字,借为牵),秦简亦然,音均读qiān。用于指拉船的绳索,读为qiàn,字后作"縴",今作"纤"。"牵"字结构交错,不易书写,汉代就已开始简化,上部仅保留了原字的轮廓,"牵"是由草写写法楷化形成的。(陈英杰)

牢 láo 来纽、幽部;来纽、豪韵、鲁刀切。

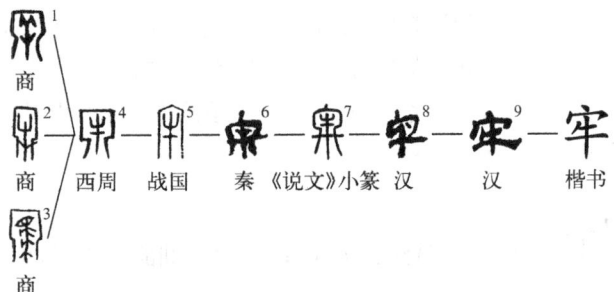

1、2、3《甲文编》35页。4《金文编》55页。
5《战文编》60页。6《睡乙》44页。7《说文》29页。8《马王堆》42页。9《甲金篆》71页。

会意字。⌒像圈栏之形。《说文》小篆因秦简写法而误增一笔,许慎遂以为从冬省,非是。睡虎地秦简是处于隶变中的文字,它包含有篆体和隶体两重因素,即篆、隶合一,李斯所制小篆即源于其篆体因素。睡简和小篆时代相近,《汉语大字典》排列字形依时代先后均把睡简文字置于《说文》小篆后,但从实际的文字形体演变角度考虑,不能如此拘泥,应依从文字形体发展的实际脉络,或置于小篆后,或置于小篆前。本条置于小篆前,所谓从冬省便可做出一个合理的解释。"牢"字本义指养牛、羊、马等牲畜的圈栏。《说文》:"牢,闲,养牛马圈也。"《诗·大雅·公刘》:"执豕于牢。"然甲骨文中不用本义,而是用其引申义,指关养于圈栏中之牛羊马。古代祭祀,对于圈养之牛与非圈养之牛区分甚严。据卜辞所反映的情况,殷人称普通的牛为"牛",它们可能是普通牧放中的牛,也可能是临时征收来的。而牢是经过特殊饲养的牛,作为祭牲,用"牢"要比用"牛"隆重。这种经过特殊饲养的牛,其大者谓之"大牢",其小者谓之"小牢",传世文献中称牛羊豕各一为大牢,羊豕各一为少牢,原是秦汉以来的一种说法,并不符合殷商礼制。甲骨文中字或从羊作窂,亦或从马,构意与牢同,其构形可与甲骨文之"牡"、"牝"等相参。由牢闲义引申出牢狱义。牢用来关养牲畜,为防止其逃跑,要修得牢固,因此又引申出牢固义。(陈英杰)

牴(抵) dǐ 端纽、脂部;端纽、荠韵、都礼切。

1《睡甲》13页。2《说文》29页。3《汉印徵》卷2,3页。4、5《甲金篆》71页。

形声字。从牛,氐声。其本义指用角互相抵撞。《说文》:"牴,触也。"字亦作抵、觝。清桂馥《说文解字义证》:"《汉书·扬雄传》:'犀兕之牴触。'"觝是更换义符牛为角,觝、牴乃同字异体。抵本义为推挤,引申为抵触,与牴同义,二字本为同义词,汉字简化后,牴并入抵,牴便作为抵之异体存在。(陈英杰)

牼(牼) kēng 溪纽、耕部;溪纽、耕韵、口茎切。

1《金文编》55页。2《四声韵》3页。3《说文》30页。

形声字。从牛,巠声。其本义是牛膝下的直骨,即牛胫骨。金文中用作人名,见于郱公牼钟。牼之右部件"圣"乃由"巠"草写楷化而成。(陈英杰)

犀 xī 心纽、脂部;心纽、齐韵、先稽切。

西周 战国 《说文》小篆 秦 汉 楷书

形声字。

1《金文编》55页。2《古玺》21页。3《说文》30页。4、6《甲金篆》71页。5《银雀山》37页。

形声字。从牛,尾声。其本义指犀牛。《说文》:"犀,南徼外牛,一角在鼻,一角在顶,似豕。"《墨子·公输》:"荆有云梦,犀兕麋鹿满之。"用其本义。又由犀牛角本身之特征引申出犀利、坚固等义。金文和战国玺印中用为姓氏。(陈英杰)

牣 rèn 日纽、文部;日纽、震韵、而振切。

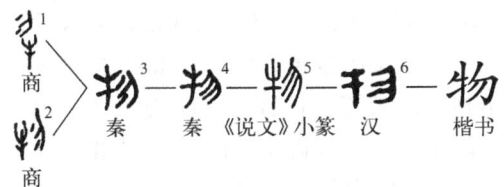

1《说文》30页。

形声字。从牛,刃声。其本义应是指牛肥大。元戴侗《六书故·动物一》:"牣,牛充腯(tú 肥壮)也。"《说文》云"牣,牣满也",当由"牛充腯"引申而来。文献中多用此义。《诗·大雅·灵台》:"王在灵沼,於牣鱼跃。"毛传:"牣,满也。"(陈英杰)

物 wù 明纽、物部;微纽、物韵、文弗切。

1、2《甲文编》37页。3、4《睡甲》13页。5《说文》30页。6《马王堆》43页。

形声字。从牛,勿声。其本义指杂色牛。《戬》6.7:"丙申卜,行贞:父丁岁物,在五月。"(岁,祭名)即用本义。《诗·小雅·无羊》:"三十维物,而牲则具。"毛传:"异毛色者三十也。"引申指牲畜的种类、品级。《周礼·地官·牧人》:"牧人掌牧六牲,而阜蕃其物,以共祭祀之牲牷。"孙诒让正义:"物犹言种类也……凡牲畜,区别毛色,各为种类,通谓之物。"亦引申指形色。《周礼·春官·保章氏》:"以五云之物,辨吉凶水旱降丰荒之祲象。"郑玄注:"物,色也。视日旁云气之色……知水旱所下之国。"凡事物各有形色,因之引申指万物。以形色来观察、区别事物,因而又引申出物色、观察义。通过观察鉴别事物有所去取,因而又引申出选择义。秦汉简帛中均用为"万物"义,睡虎地秦简《效》44:"物之不能相易者。"马王堆汉墓帛书《老子》甲本084:"万物草木之生也柔脆。"(陈英杰)

犧(牺) xī 晓纽、歌部;晓纽、支韵、许羁切。

1《包山》15页。2《汉印徵》卷2,4页。3《说文》30页。4《甲金篆》72页。

形声字。从牛,羲声。战国《诅楚文》、秦骃祷病玉版中借"義"字为之,義从兮、義声。包山简中加义符牛,从義声,汉印承之。其本义指供宗庙祭祀用的纯色牲。《说文》:"犧,宗庙之牲也。"《六书故·动物一》:"凡畜之牡,毛羽纯具者,牺也。"《书·微子》:"今殷民乃攘窃神祇之牺牷牲。"孔传:"色纯曰牺,体完曰牷,牛、羊、豕曰牲。"《吕氏春秋·行论》:"宋公肉袒执牺。"高诱注:"牺,牲也。"引申泛指用于宗庙祭祀之牲畜。本义今已不用,字只在"牺牲"一语中使用,但已不再指祭牲,而指舍弃义,特指为正义事业献身。"牺"是新创造的形声字,把"犧"笔画、结构都比较繁复的声符改为简单易写的声符。(陈英杰)

犍 jiān 见纽、元部;见纽、元韵、居言切。
qián 群纽、元部;群纽、仙韵、渠焉切。

1《说文》30页。

形声字。从牛,建声。本义指阉过的牛。《玉篇·牛部》:"犍,犗(jiè)也。"《说文》:"犍,犗牛也。"今天有的方言中(如河北清河方言)仍称公牛为犍牛,称公马为骟马。或用同"劇",阉割义。唐玄应《一切经音义》卷十一引《通俗文》:"以刀去阴曰劇也。"《广韵·元韵》:"劇,以刀去牛势。或作犍。"犍、劇乃异体字。以上诸义读为jiān。或用为郡名,汉时置"犍为郡",音读qián。(陈英杰)

犛 部

犛 lái 来纽、之部;来纽、咍韵、落哀切。
máo 莫交切。
lí 里之切。

犛部

战国 秦 秦《说文》小篆 汉 汉 楷书

1《考古与文物》1996年5期5页图5。2 容庚《秦金文录》(一卷，民国二十年原印本)。3《战文编》61页。4《说文》30页。5《汉印徵》卷2，4页。6《秦汉金文·下编》37页。

形声字。从牛，斄声。此字音切至《玉篇》时既已疑莫能定，《斄部》："犛，莫交切，又力之切。"犛从斄声，当为力之切或里之切。读莫交切究竟是语音变化的结果，还是由于方言差异或是犛字与斄字切音抄倒，今已不能考索。犛、氂、斄三字音切可能存在一定程度的讹混。犛本义是犛牛。《山海经·中山经》："东北百里，曰荆山……其中多犛牛。"郭璞注："旄牛属也，黑色，出西南徼外也。"犛牛的外在最显著的特征就是尾毛蓬生似帚，下腹、肩、股、胁等部密生长毛，因此人们据此多长毛之特征另造了一个从牛毛声的"牦"字，毛同时兼表义，以代替结构较繁复的犛字。犛读莫交切也可能与牦字的产生有关。文献中亦用旄指犛牛，旄本义指用牦牛尾在旗竿做装饰的旗子。《说文·㫃部》段玉裁注："旄，以犛牛尾注旗竿，故谓此旗为旄，因而谓犛牛尾曰旄，谓犛牛曰旄牛，名之相因者也。""牦"也有可能是旄引申出旄牛义后制作的一个旄的分化字，专表牦牛义，并同时取代了犛。以上读máo。又用作地名，汉有"犛轩"，也作"骊靬"，读lí。(陈英杰)

氂(牦) máo 明纽、宵部；明纽、豪韵、莫袍切。

《说文》小篆 汉 汉 楷书

1《说文》30页。2、3《甲金篆》72页。

形声兼会意字。此字有两种形声分析方法，都能符合构字理据：一是从毛从犛省，犛亦声；一是从犛省从毛，毛亦声。《说文》："氂，犛牛尾也。从犛省，从毛。"王筠句读："'犛省'及'毛'，皆其声也。许君于会意字而两体之声皆谐者，例不言声。"段玉裁注："按《周礼·乐师》音义：氂旧音毛。但许不言'毛亦声'。而《左传》'晏氂'，《外传》作'晏莱'。《后汉书·魏郡舆人歌》'岑熙狗吠不惊，足下生氂'，与灾、时、兹三字韵，则是犛省亦声。"今天从《广韵》音切，读máo。其本义指牦牛尾。由本义引出毛、牦牛等义。宋夏竦《古文四声韵》作"氂"，下部乃毛旁之讹写。(陈英杰)

告部

告 gào 见纽、觉部；见纽、号韵、古到切。

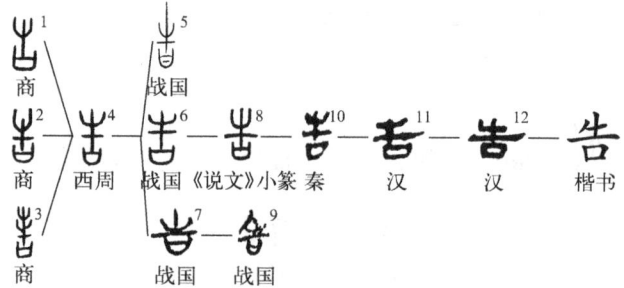

商 西周 战国《说文》小篆 秦 汉 汉 楷书
商 战国 战国

1、2、3《甲文编》38页。4、5《金文编》56页。6、12《甲金篆》72页。7《包山》16页。8《说文》30页。9、10《战文编》63页。11《马王堆》44页。

会意字。从牛，从口。凵像器皿之形，字像荐牛于器皿中以祭之形。其本义为告祭。《前》1.12.5："告疾于且(祖)丁。"矢令方彝："丁亥，令矢告于周公宫。"《书·金滕》："乃告大王、王季、文王。"孔传："告谓祝辞。"祭告对象为神、祖，引申出报告、禀告义。《前》4.40.7："翌辛丑出告表。"甲骨文中报告为臣属之报告，内容多为有关田猎之情报及敌警等。由报告义引申出告讼、告状义。爾攸比鼎："爾比以攸卫牧告于王曰……"由报告义又引申出告诉义。《广雅·释诂一》："告，语也。"由告诉义引申出告诫义。战国金文中或借为制造的"造"字。(陈英杰)

嚳(嚳) kù 溪纽、觉部；溪纽、沃韵、苦沃切。

《说文》小篆 楷书 楷书

1《说文》30页。

形声字。从告，學省声。《说文》："嚳，急告之甚也。"段玉裁注："急告犹告急也。告急之甚，谓急而又急也。"其本义即急而又急，此义文献中用"酷"(酷本义指酒味浓厚)字来表达。清段玉裁《说文解字注·酉部》："酷，引申为已甚之义。《白虎通》曰：酷，极也，教令穷极也。"极、甚等表示程度的用法均由"急告之甚也"引申而来。在文献中用为传说中的古代帝王名，即五帝之一的高辛氏。《史记·五帝本纪》："帝嚳高辛者，黄帝之曾孙也。"《礼记·祭法》："殷人禘嚳而郊冥(禘、郊均祭名，冥为殷先王名)。"字亦作"俈"。《玉篇·人部》："俈，或嚳字。"(陈英杰)

口 部

口 kǒu 溪纽、侯部；溪纽、厚韵、苦后切。

1、2《甲文编》39页。3《金文编》57页。4《古玺》22页。5《说文》30页。6《睡乙》26页。7《马王堆》45页。8《说文》古文偏旁，见32页君字。9《甲金篆》73页。

象形字。字像人口之形。本义即指口。《乙》1463："贞：疾口？"《诗·豳风·鸱鸮》"予手拮据……予口卒瘏"（瘏，病也），也用其本义。金文中"口"字用作族氏文字。古文字中"口"一般写作两笔，至汉时可能出现了作三笔写的，但笔顺与现在不同，其顺序可能是 ㄥ—ㄩ—ㄩ 或 ㄥ—ㄈ—ㄩ。（陈英杰）

噣 zhòu 端纽、侯部；端纽、候韵、都豆切。
zhuó 端纽、屋部；知纽、觉韵、竹角切。

1《说文》30页。2《甲金篆》73页。

形声字。从口，蜀声。本义指鸟嘴。字亦作咮。《玉篇·口部》："咮，同噣。"《诗·曹风·候人》："维鹈在梁，不濡其咮。"毛传："咮，噣也。"《玉篇·口部》引作"不濡其噣"。此义读作 zhòu。字或用同"啄"。《战国策·楚策四》："黄雀因是以俯噣白粒，仰栖茂树，鼓翅奋翼。"音读 zhuó。（陈英杰）

喙 huì 晓纽、月部；晓纽、废韵、许秽切。

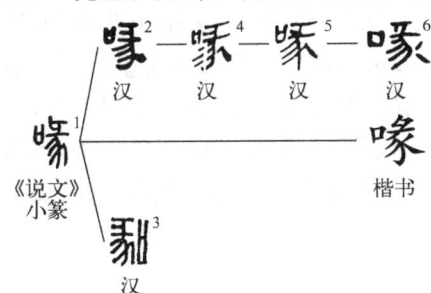

1《说文》30页。2、6《甲金篆》73页。3《汉印徵》卷2，4页。4、5《银雀山》38页。

形声字。从口，象声。《说文》："喙，口也。"朱骏声通训定声："兽虫之口曰喙。"《左传·昭公四年》："顾而见人，黑而上偻（驼背），深目而豭喙（猪嘴）。"亦引申指人的口。《庄子·秋水》："今吾无所开吾喙，敢问其方。"成玄英疏："喙，口也。"《集韵·候韵》："噣，或作喙。"丁候切，当是因喙与噣义同而换读噣音。甲骨文有一从口从豕之字作 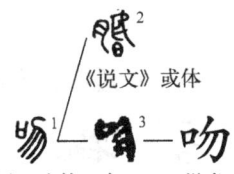，乃豕名，非喙字。（陈英杰）

吻 wěn 明纽、物部；微纽、物韵、武粉切。

1、2《说文》30页。3《睡乙》28页。

形声字。从口，勿声。本义指嘴唇。《说文》："吻，口边也。"《周礼·考工记·梓人》："锐喙决吻。"郑玄注："吻，口䑶也。"（《集韵·仙韵》："䑶，吻也。"）现在所说的"接吻"仍用本义。由嘴唇义的名词用法引申出动词用法，指用嘴唇去接触人或物以表示爱的感情，是现代汉语中产生的。（陈英杰）

喉 hóu 匣纽、侯部；匣纽、侯韵、户钩切。

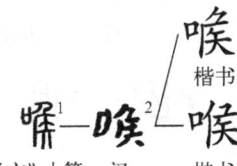

1《说文》30页。2《甲金篆》74页。

形声字。从口，侯声。其本义即现在口语所说的"喉咙"，是人和陆栖脊椎动物呼吸道的前（上）端部分，上通咽，下接气管，兼有通气和发音的功能。或包括咽，统称"咽喉"，亦即"喉咙"。《庄子·大宗师》："真人之息以踵，众人之息以喉。"（陈英杰）

噲（哙） kuài 溪纽、月部；溪纽、夬韵、苦夬切。

口部

噲 —— 噲 —— 哙
《说文》小篆　楷书　楷书

1《说文》30页。2《汉印徵》卷2，4页。

形声字。从口，會声。其本义为吞咽。《说文》："噲，咽也。"王筠句读："此下咽之咽。"一说指动物的嘴。《说文》："噲，一曰嚃噲也。"又："嚃，一曰喙也。"文献中字或通"快"，快意、称心义。《淮南子·精神》："当此之时，哙然而卧，则亲戚兄弟欢然而喜。""会"是會草书楷化字，哙是由会类推简化而成的。（陈英杰）

吞 tūn　透纽、真部；透纽、痕韵、吐根切。

吞 —— 吞 —— 吞 —— 吞
《说文》小篆　汉　汉　楷书

1《说文》30页。2《马王堆》46页。3《甲金篆》74页。

形声字。从口，天声。本义为咽下。《庄子·庚桑楚》："吞舟之鱼，砀而失水，则蚁能苦之。"马王堆帛书《五十二病方》259："而吞之。"引申为吞并、消灭义。《管子·霸形》："楚欲吞宋、郑。"（陈英杰）

咽 yān　影纽、真部；影纽、先韵、乌前切。
　　 yàn　影纽、真部；影纽、霰韵、於甸切。
　　 yè　　影纽、屑韵、乌结切。

咽 —— 咽 —— 咽
《说文》小篆　汉　楷书

1《说文》30页。2《马王堆》49页。

形声字。从口，因声。本义指咽喉。咽是消化和呼吸的通道，位于鼻腔、口腔的后方，喉的上方，分为鼻咽、口咽和喉咽三部分，通称咽喉。《汉书·息夫躬传》："吏就问，云咽已绝，血从鼻耳出。"颜师古注："咽，喉咙。"咽乃气所流通，扼要之处也，因以引申指形势险要之地。用为以上诸义时读 yān。由本义引申出吞食、吞咽义，读 yàn。由吞食义引申出食塞义，同"噎"。由食塞义引申出声塞义，指声音呜咽、悲咽、幽咽，形容其悲哀之声，用为此类意义读 yè。（陈英杰）

嗌 yì　影纽、锡部；影纽、昔韵、伊昔切。

嗌 —— 嗌 —— 嗌 —— 嗌 —— 嗌 —— 嗌 —— 嗌
西周　战国　战国　《说》籀文《说文》小篆　汉　楷书

1《金文编》1281页。2、3《战文编》64页。
4、5《说文》30页。6《马王堆》51页。

形声字。从口，益声。本义指咽喉。《谷梁传·昭公十九年》："哭泣歠（啜）饣干粥，嗌不容粒。"马王堆帛书《阴阳十一脉灸经》甲本："嗌肿。"引申指交通要道，隘与嗌是同源词。嗌字在西周、战国文字中均作象形写法，西周金文作，战国文字中作（郭店楚简《语丛三》16 号简），《说文》籀文作。许慎云："上象口，下象颈脉理也。"此象形写法《金文编》列入附录下（662号），作为不识字处理。此字西周金文中作人名，如《集成》1961 嗌鼎、《集成》2838 訾鼎等；或表赏赐义，如《集成》4130 敔叔微簋盖"嗌贝十朋"，或读"益"，或读"赐"。形声写法小篆始见，当晚出。（陈英杰）

哆 chǐ　昌纽、歌部；昌纽、纸韵、尺氏切。
　　 duō

哆 —— 哆 —— 哆
战国　《说文》小篆　楷书

1《甲金篆》74页。2《说文》30页。

形声字。从口，多声。本义指张大嘴。《说文》："哆，张口也。"《诗·小雅·巷伯》："哆兮侈兮，成是南箕（张大嘴就像是挂在南天的箕星）。"用其本义，读 chǐ。今用为"哆嗦"，字读 duō。张口之"哆"与哆嗦之"哆"是同形字。（陈英杰）

呱 gū　见纽、鱼部；见纽、模韵、古胡切。
　　 guā
　　 guǎ

呱 —— 呱
《说文》小篆　楷书

1《说文》30页。

形声字。从口，瓜声。本义指小儿的哭声。《书·皋陶谟》："启呱呱而泣。"用为此义读 gū。现在表达此义的字是"哇"，指小儿哇哇的哭，是一象声词。今此字仍用为象声词，如狗赶鸭子呱呱叫、咭哩呱啦等，读为 guā。今天在某些方言中有"拉呱"语，义指讲故事、聊天、谈闲话等，读 guǎ。（陈英杰）

喤 huáng 匣纽、阳部；匣纽、庚韵、户盲切。

喤¹——喤
《说文》小篆　楷书

1《说文》30页。

形声字。从口，皇声。本义指小儿泣声。《说文》："喤，小儿声。"段玉裁注："啾谓小儿小声，喤谓小儿大声。"《广韵·庚韵》："喤，泣声。"《诗·小雅·斯干》："其泣喤喤。"或假为"锽"，指和谐的钟鼓声。《诗·周颂·执竞》："钟鼓喤喤。"（陈英杰）

咺 xuǎn 晓纽、元部；晓纽、阮韵、况晚切。

咺¹——咺²——咺
《说文》小篆　汉　楷书

1《说文》30页。2《甲金篆》74页。

形声字。从口，亘声。方言词，古代东北地区称小儿哭泣不止为咺。《说文》："咺，朝鲜谓儿泣不止曰咺。"《方言》卷一："咺，悝痛也；凡哀泣而不止曰咺……燕之外鄙、朝鲜洌水之间少儿泣而不止曰咺。"（陈英杰）

咷 táo 定纽、宵部；定纽、豪韵、徒刀切。

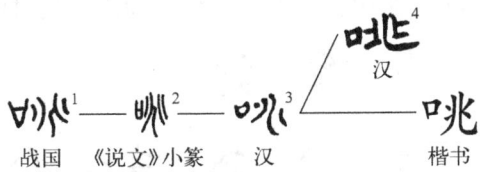

1《四声韵》62页。2《说文》31页。3《银雀山》38页。4《甲金篆》74页。

形声字。从口，兆声。本为方言词，楚谓儿泣不止曰"嗷咷"。"嗷咷"亦作"嚎咷、号咷"。引申泛指大声哭。《易·同人》："先号咷而后笑。"陆德明释文："号咷，啼呼也。"（陈英杰）

喑 yīn 影纽、侵部；影纽、侵韵、於金切。

喑¹——喑
《说文》小篆　楷书

1《说文》31页。

形声字。从口，音声。本义指儿泣不止，乃宋齐之间的方言词。《说文》："喑，宋齐谓儿泣不止曰喑。"引申为因悲痛过度而哽咽、哭不出声来。《方言》卷一："自关而西秦晋之间，凡大人少儿泣而不止谓之喑，哭极音绝亦谓之喑。平原谓啼极无声谓之唴哴，楚谓之噭咷，齐、宋之间谓之喑。"进一步引申为喑哑义，字亦作"瘖"。由喑哑义引申出缄默不语义。（陈英杰）

咳 hái 匣纽、之部；匣纽、咍韵、户来切。
ké

咳¹——咳²——咳³——咳
《说文》小篆　汉　汉　楷书

1《说文》31页。2《马王堆》49页。3《甲金篆》74页。

形声字。从口，亥声。本义指婴儿笑。《说文》："咳，小儿笑也。"《礼记·内则》："父执子之右手，咳而名之。"其本指小儿的笑，因而其异体从义符"子"作"孩"，引申指小孩。《字汇补·口部》："咳，与孩同，小儿也。"以上诸义读hái。用为"咳嗽"字，亦作"欬"，旧读kài，今读ké。婴儿笑之"咳"与咳嗽之"咳"乃同形字。（陈英杰）

嗛 xián 溪纽、谈部；溪纽、忝韵、苦簟切。

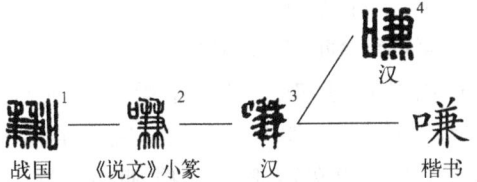

1《战文编》74页。2《说文》31页。3《马王堆》51页。4《汉印徵》卷2，4页。

形声字。从口，兼声。本义指用嘴含，今借"衔"表"嗛"。《史记·大宛列传》："昆莫生，弃于野，乌嗛肉蜚其上，狼往乳之。"裴骃集解引徐广曰："读嗛，与衔同。"引申为怀恨义，乃心有所衔。《史记·外戚世家》："景帝恚，心嗛之而未发也。"司马贞索隐："嗛音衔，衔谓恨也。"文献中或用作歉收之歉，或用为谦虚之谦，或用为满足义之慊，均声同而假借。（陈英杰）

咀 jǔ 从纽、鱼部；从纽、语韵、慈吕切。

咀¹——咀²——咀
《说文》小篆　汉　楷书

1《说文》31页。2《甲金篆》74页。

形声字。从口，且声。本义指品尝、玩味。《说文》：

"咀,含味也。"段玉裁注:"含而味之。"《南史·梁本纪下》:"伏惟陛下咀痛茹哀,婴愤忍酷。"引申为咬嚼义。《苍颉篇·口部》:"咀,噍也。"(陈英杰)

嚌(哜) jì 从纽、脂部;从纽、霁韵、在诣切。

嚌¹—嚌²—嚌—哜
《说文》小篆 汉 楷书 楷书

1《说文》31页。2《简帛典》167页。

形声字。从口,齐声。《说文》:"嚌,尝也。"指微微尝一点。古代行礼时的仪节之一。当"嚌"与"晬"(cuì)对举时,则"嚌"特指吸入酒时只到牙齿为止,不吸入口,吸入口则叫"晬"。《书·顾命》"太保受同,祭嚌"(太保接过酒杯,先祭祀,尔后尝酒),即指吸酒至齿,示饮而实不饮。引申为品尝义,由品尝义引申出吃、吸等义。哜是由"齐"之简化字"齐"类推简化而成的。(陈英杰)

噍 jiào 从纽、宵部;从纽、笑韵、才笑切。

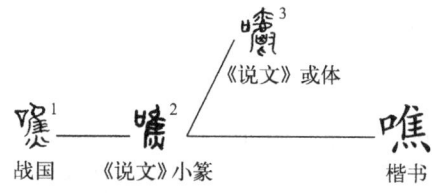
噍¹—噍²—噍³—噍
战国 《说文》小篆 楷书

1《汗简》4页。2、3《说文》31页。

形声字。从口,焦声。本义即咀嚼。汉王充《论衡·道虚》:"口齿以噍食,孔窍以注泻。"嚼与噍乃异体字,只是声符不同而已。《说文》:"噍……嚼,噍或从爵。"今则通用"嚼",读为jué或jiáo,乃文白异读。(陈英杰)

吮 shǔn 船纽、文部;船纽、准韵、食尹切。

吮¹—吮
《说文》小篆 楷书

1《说文》31页。

形声字。从口,允声。本义指用口含吸。《说文》:"吮,欶(suò)也。"《韩非子·备内》:"医善吮人之伤,含人之血。"今天"吮吸"仍在书面语中使用,口语中则曰"嘬(zuō)"或"欶"。(陈英杰)

噬 shì 禅纽、月部;禅纽、祭韵、时制切。

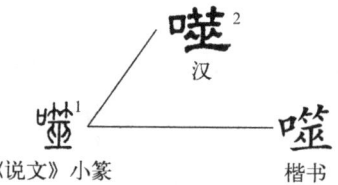
噬¹—噬²—噬
《说文》小篆 汉 楷书

1《说文》31页。2《甲金篆》75页。

形声字。从口,筮声。本义为咬、吃。《说文》:"噬,啗也。"《方言》卷十二:"噬,食也。"《易·噬嗑》:"噬腊肉,遇毒。"引申为吞噬、侵吞义。(陈英杰)

啗 dàn 定纽、谈部;定纽、敢韵、徒敢切。

啗¹—啗²—啗
《说文》小篆 汉 楷书

1《说文》31页。2《马王堆》50页。

形声字。从口,臽声。本义是吃、咬。《说文》:"啗,食也。"字亦作"啖",《集韵·敢韵》:"啖,或作啗。"《韩非子·外储说左下》:"仲尼先饭黍而后啗桃,左右皆掩口而笑。"引申指给某人东西吃,进一步引申出利诱义。《史记·高祖本纪》:"使郦生、陆贾往说秦将,啗以利,因袭攻武关,破之。"(陈英杰)

含 hán 匣纽、侵部;匣纽、覃韵、胡男切。
hàn 匣纽、侵部;匣纽、勘韵、胡绀切。

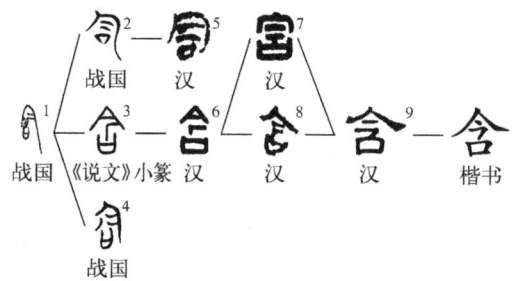
含¹—含²—含⁵—含⁷—含⁹—含
战国 《说文》小篆 汉 汉 汉 楷书
含⁴
战国

1、4《战文编》64页。2、9《甲金篆》75页。3《说文》31页。5、8《马王堆》46页。6、7《汉印徵》卷2,5页。

形声字。从口,今声。本义指东西放在嘴里,不咽下也不吐出。《史记·三代世表》:"有燕衔卵堕之,契母得,故含之,误吞之,即生契。"由本义引申出包含义,由包含义引申出包容、含纳义,由包容、含纳义引申出忍受义,如含垢忍辱。以上诸义读为hán。古代放在死者口里的珠、玉等物品亦称含,读hàn,字后加义符玉作琀。《广韵·勘韵》:"琀,送死口中玉。亦作含。"战国文字中作 ,或写脱一笔作 ,或笔画分离作 ,含后写作含,一作是出于书写方便的缘故。古文字中"含"常借表"今"。郭店楚简《语丛一》38-39："《诗》所以会古含（今）之恃（诗）也者。"中山王鼎："含（今）余方壮。"（陈英杰）

哺 bǔ 并纽、鱼部；并纽、暮韵、薄故切。

1《说文》31页。2《甲金篆》75页。

形声字。从口，甫声。本义指咀嚼。《说文》："哺，哺咀也。"段玉裁注："释玄应引许《淮南》注曰：'哺，口中嚼食也。'"引申泛指吃。《后汉书·赵孝传》："弟季，出遇赤眉，将为所哺。"李贤注："哺，食之也。"引申指喂食，如"嗷嗷待哺"。由喂食义引申出哺育义，亦引申指口中所含的食物。《庄子·马蹄》："含哺而熙，鼓腹而游。"（陈英杰）

味 wèi 明纽、物部；微纽、未韵、无沸切。

1《战文编》64页。2《说文》31页。3《睡甲》13页。4、5《马王堆》47页。

形声字。从口，未声。本义指滋味、味道，即舌头尝东西得到的感觉。马王堆帛书《老子》乙本250："淡呵其无味也。"引申指品尝、品味，由品尝义引申出体会、体味义，由滋味亦可引申指意味、意义、旨趣。由本义亦引申指菜肴。帛书《老子》甲112："五味使人口爽。"由舌头的感觉亦可引申指鼻子的嗅觉，如香味、臭味等。味字见于郭店楚简《老子》丙本，字作上下结构，睡虎地秦简作左右结构，《说文》小篆承袭秦文字。楚简、秦简"味"字结构上的不同，当是战国时期诸侯割据，文字异形的一种地域反映。（陈英杰）

噫 ài 影纽、之部；影纽、怪韵、乌界切。
yī 影纽、职部；影纽、之韵、於其切。

1《说文》31页。2《甲金篆》75页。

形声字。从口，意声。其本义即现代口语所说的"打嗝儿"。《说文》："噫，饱食息也。"字后作"嗳"，更换声符。《素问·至真要大论》："饮食不下，鬲（隔）咽不通，食则呕，腹胀善噫。"引申指呼、吹。《庄子·齐物论》："夫大块噫气，其名为风。"以上诸义读作ài。文献中"噫"亦作叹词，读yī。《集韵·止韵》："噫，叹声。"（陈英杰）

嘽（啴）tān 透纽、元部；透纽、寒韵、他干切。

1《说文》31页。

形声字。从口，單声。其本义指因疲劳而喘息的样子。《说文》："嘽，喘息也。"《诗·小雅·四牡》："四牡骓骓，啴啴骆马。"一说本义指高兴的样子。《说文》："嘽，一曰喜也。"《诗·大雅·崧高》："申伯番番，既入于谢，徒御啴啴。"毛传："啴啴，喜乐也。""啴"是由"單"之简化字"单"类推简化而成的。（陈英杰）

唾 tuò 透纽、歌部；透纽、过韵、汤卧切。

1《说文》31页。2《马王堆》50页。

形声字。从口，垂声。本义指口液，即唾沫。《素问·宣明五气篇》："脾为涎，肾为唾。"引申指吐唾沫，文献中多用来表示鄙弃和气忿。《左传·僖公三十三年》："先轸怒曰：'武夫力而拘诸原，妇人暂而免诸国，堕军实而长寇仇，亡无日矣。'不顾而唾。"由吐唾沫引申指一般吐，又引申为唾弃义。唾在隶变中把曲折的笔画拉直，汉帛书中已写作"𠂹"。垂旁不直接写为"𡍮"而作"垂"，当是为求美观，形成一种笔画交错的参差美。（陈英杰）

喘 chuǎn 昌纽、元部；昌纽、狝韵、昌兖切。

1《古玺》23页。2《说文》31页。

形声字。从口，耑声。本义为急促呼吸。《说文》："喘，疾息也。"《庄子·大宗师》："俄而子来有病，喘喘然将死。"《史记·扁鹊仓公列传》："（病）根在右胁下，大如覆杯，令人喘，逆气不能食。"引申指喘气、呼吸义，由喘气、呼吸义引申指气息。战国玺印中用为人名。（陈英杰）

呼

hū 晓纽、鱼部；晓纽、模韵、荒乌切。

丯¹—乎²—呼³—呼⁴—呼⁵—呼⁶—呼⁷—呼
商　西周　《说文》小篆　汉　汉　汉　汉　楷书

1、6、7《甲金篆》76页。2《金文编》56页。3《说文》31页。4、5《汉印徵》卷2，5页。

形声字。从口，乎声。本义指吐气，使气从口或鼻中出来，与"吸"相对。《庄子·刻意》："吹呴(xǔ，呼气)呼吸，吐故纳新，熊经鸟申，为寿而已矣。"引申指呼喊、呼叫义，由呼叫义引申出呼唤、招呼义，由招呼义引申出称呼义。甲骨文有乎，作丯，金文作乎，用为呼唤、呼召之义。克鼎："王乎(呼)尹氏册命善夫克。"即用其义。用为此义的字在《说文》中作"評"，后人以"呼"代之，呼行而評废矣。評属后起加旁字，乎假为语气词，造評以表本义，今则并入呼。（陈英杰）

吸

xī 晓纽、缉部；晓纽、缉韵、许及切。

吸¹—吸²—吸³—吸
《说文》小篆　汉　汉　楷书

1《说文》31页。2《马王堆》46页。3《甲金篆》76页。

形声字。从口，及声。本义指吸气入内。《说文》："吸，内息也。"《庄子·逍遥游》："吸风饮露。"本指吸气，引申指吸水、酒等液体，为饮、吮吸等义。由吸气入内引申为吸引、吸取、吸收等义。（陈英杰）

嘘

xū 晓纽、鱼部；晓纽、鱼韵、朽居切。

嘘¹—嘘
《说文》小篆　楷书

1《说文》31页。

形声字。从口，虚声。本义指慢慢地呼气。《说文》："嘘，吹也。"《玉篇·口部》："嘘，吹嘘。《声类》曰：'出气急曰吹，缓曰嘘。'"《庄子·齐物论》："南郭子綦隐几而坐，仰天而嘘。"成玄英疏："嘘，叹也。"引申出叹气、唏嘘等义。吹嘘义本为呼气，引申为吹捧、夸口义。字或作"歔"。（陈英杰）

吹

chuī 昌纽、歌部；昌纽、支韵、昌垂切。

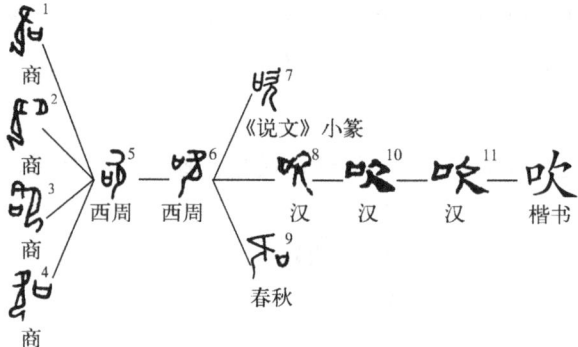

1、2、4《甲文编》39页。3《续甲文编》卷2，7页。5、6、10、11《甲金篆》76页。7《说文》31页。8《马王堆》46页。9《类编》183页。

会意字。从口，从欠。字像嘘气之形。本义指撮起嘴唇急促地吐出气流。《老子》第二十九章："夫物或行或随，或歔或吹。"吹在甲骨文中就已出现，但不用作本义，用作人名或地名，金文亦作人名。虞司寇壶："虞司寇伯吹作宝壶。"由本义引申为吹拂、吹奏之义。作夸口讲的吹，义晚出，源于"吹法螺"，本喻佛法如吹螺而号令三军，后用来比喻说大话。吹字形体到春秋时正写、反写不定，但不论字形如何书写，一般都是"欠"张开之口形与所从之"口"旁相对，只有个别例外。而且，进入西周时代，左口右欠之结构就逐渐成为主流形体。吹的小篆形体已发生讹变。（陈英杰）

喟

kuì 溪纽、物部；溪纽、至韵、丘愧切。

喟¹—喟²—喟³—喟
战国　《说文》小篆　汉　楷书

1《战文编》65页。2《说文》31页。3《汉印徵》卷2，5页。

形声字。从口，胃声。本义指长叹声。《说文》："喟，大息也。"《论语·子罕》："颜渊喟然叹曰：'仰之弥高，钻之弥坚，瞻之在前，忽焉在后。'"《说文》收一异体作"嘳"，乃更换声符字，贵与胃音近。（陈英杰）

唫

jīn 群纽、侵部；群纽、寝韵、渠饮切。
yín 疑纽、侵部；疑纽、侵韵、鱼金切。

唫¹—唫²—唫
《说文》小篆　汉　楷书

1《说文》31页。2《马王堆》50页。

形声字。从口，金声。本义指口急而不能畅言。文献中或用为口闭义,用同"噤"。《墨子·亲士》:"臣下重其爵位而不言,近臣则喑,远臣则唫。"或用同"禁"。马王堆帛书《战国纵横家书》:"齐乃西师以唫强暴。"以上诸义读 jìn。或用同"吟",叹息或吟咏义,读 yín。(陈英杰)

噤 jìn 群纽、侵部；群纽、沁韵、巨禁切。

噤¹ — 噤
《说文》小篆　楷书

1《说文》31页。

形声字。从口,禁声。本义为口闭。唐玄应《一切经音义》卷十二引《通俗文》:"口不开曰噤。"《史记·袁盎晁错列传》:"臣恐天下之士噤口,不敢复言也。"引申为关闭义。《文选·潘岳〈西征赋〉》:"有噤门而莫启,不窥兵于山外。"(陈英杰)

名 míng 明纽、耕部；明纽、清韵、武并切。

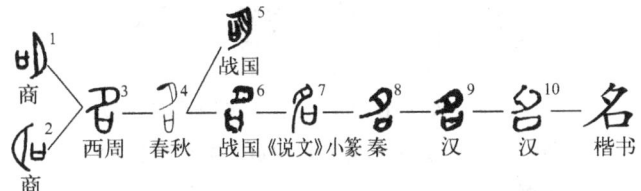

1、2《甲文编》39页。3、4《金文编》57页。5、6《战文编》65页。7《说文》31页。8《睡甲》14页。9《马王堆》45页。10《银雀山》38页。

会意字。从口,从夕,会夜晚目不能相见以口自名之意。其本义兼有名、动两用,名词指人的名字,动词指自己称呼自己的名字,即《说文》所说"自命"也。"名"字甲骨文中就已出现,但不用本义,用作地名或祭名。春秋金文秦公镈"盩(厥)名曰鼙邦"中用的是本义。进一步引申出命名、取名义。吉日壬午剑:"朕余名之,谓之少虞。"由人的名字引申指事物的名称,由名称义引申出名号、名分、名声义。由名声义引申为出名义。战国文字中"名"或从月作,属义近形旁换用现象,它如"迹"或作"跡"。(陈英杰)

吾 wú 疑纽、鱼部；疑纽、模韵、五乎切。

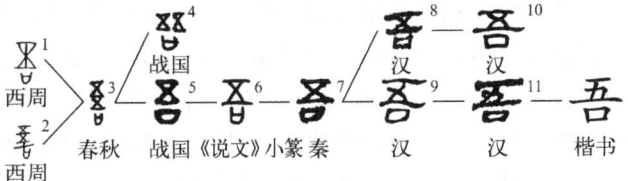

1、2《金文编》57页。3《金文编》220页"敔"之偏旁。4《古文典》506页。5《古玺》23页。6《说文》32页。7《睡甲》14页。8、11《马王堆》47页。9《银雀山》39页。10《甲金篆》77页。

形声字。从口,五声。《说文》:"吾,我自称也。"即第一人称代词。西周金文中多用来表"御",即捍御、抵御义。毛公鼎:"以乃族干(捍)吾(御)王身。"此义也见用于传世文献,如《墨子·公孟》:"厚攻则厚吾,薄攻则薄吾。"西周金文中,"吾"也用为人名,但没有确切用为第一人称代词的用例(沈子它簋"吾考"多读为"皇考"或"宝考")。东周相当于第一人称"吾"的是戯(或省攴),《论语》及其以后的著作中,"吾"作第一人称代词使用才逐渐多起来。"吾"有从单五和双五两种繁简不同的写法,春秋以前多作繁式,双五作上下排列,战国文字中有双五作左右并排者。秦汉以来,多写作简式,其演变分为两途:一按古文字结构形体,"五"所从两斜笔交叉;一隶变为一斜笔与一折笔交叉,为今日楷书所本。(陈英杰)

哲 zhé 端纽、月部；知纽、薛韵、陟列切。

悊¹ — 拮² — 哲
《说文》小篆　汉　楷书

1《说文》32页。2《甲金篆》77页。

形声字。《说文》:"哲,知也。从口,折声。悊,哲或从心。"从口之哲不见于西周金文及战国文字,只有从心之悊。古人没有大脑的概念,以心为思维器官,并作为思想、意念、感情的通称,心亦是人的主观意识的代名词。悊本义为明智、智慧,从心表义,从口于理无据。因此,哲之从口乃从心之讹误。克鼎"天子明悊",用其本义。由明哲引申指贤明的人或有智慧的人,如哲人。(陈英杰)

君 jūn 见纽、文部；见纽、文韵、举云切。

1《甲文编》40页。2-5《金文编》58~59页。6《战文编》65页。7《类编》66页。8、9《说文》32页。10、11、12《马王堆》47页。

形声兼会意字。从口,从尹,尹亦声。尹像手执权杖形,口表发号施令。"君"由"尹"字分化而出,但二字在甲骨文中用法并不完全等同,西周金文中二字分化比较彻底,混用只有个别用例(如公臣簋有三件,两件作"天尹",一件作"天君")。《荀子·礼论》:"君者,治辨(办)之主也。"古代帝王崇尚无为之治,具体的事都由手下人来办理,这些主持办理具体事务的人就是"君","君"本王臣之称。甲骨文中"君"字之义或与"尹"同用,如多君与多尹、多臣、多公均指人臣,西周仍承用此义。甲骨文、金文中商、周最高统治者称"王"或"余一人",未有称"君"者。整个两周时期,"天子"始终是周王的特有称呼。两周金文中,周王以外之朝廷官员及诸侯国、方国之首领均可称之为"君"。"君"或"天君"在金文中可用来指周王之后妃,如作册夨尊"君令余作册夨安夷伯"之"君";也可指宗妇,即宗子之妻,如五年琱生簋"以君氏令曰"之"君氏"。"君"还用于职官名,如"里君"、"邦君"等。金文中"君"也用于指丈夫,反映出当时君统与宗统的合一,夫妻关系如同君臣关系。春秋战国时用为封君之称,如樊君鬲之"樊君"、邛君壶之"邛君"、鄂君启舟节之"鄂君",文献中孟尝君、信陵君、春申君等。"君"还用为动词,表统治、治理义(见晋姜鼎),也可以用为姓氏。战国中山王方壶始见"君臣"对称,曰"遂定君臣之位",同时君又称"主",如"臣主易位",这个意义是后世用为"天子"的"君"的一个重要演变链环。"君"后世便衍申成帝王之称,指一国之国君,即最高统治者。《说文》古文"君"字形体发生了讹变,侯马盟书中就产生了这种写法,是由 𠁁、𠂤 形讹变而来的(尹字也呈这种讹变态势:𠂭 甲骨文—𠂤 金文—𠁁 金文—𠂤《说文》古文)。(陈英杰)

命 mìng 明纽、真部;明纽、映韵、眉病切。

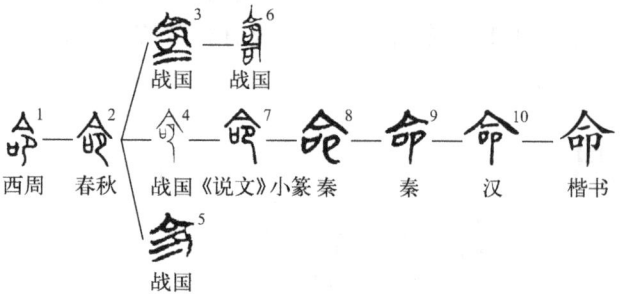

1、2、4《金文编》59页。3、5、6《战文编》66页。7《说文》32页。8、9《睡乙》8页。10《银雀山》41页。

形声兼会意字。从口、从令,令亦声。令、命本一字,甲骨文中有"令"无"命",西周金文中始出现"命"字,命、令通用。"令"本从倒口从一个跪着的人,会人跪跪接受命令之义。"命"字是在令上叠加义符口而成的,其本义是命令,含有差遣、指示等义。毛公鼎:"命女(汝)又我邦我家内外。"引申出名词之"命令"。害簋:"对扬王休命。"毛公鼎:"膺受大命","大命"即天命,铭义即接受上天的命令。由天命引申出命运义。《论语·尧曰》:"不知命,无以为君子也。"由命运义引申指生命、寿命。克盨:"降克多福、眉寿、永命。"战国文字中"命"出现了多种异体,一种作简式,用"𠄌"符替换"口"旁;一种作繁式,在命字上繁加"𠄌"符,再叠加"口"旁,叠床架屋,至为繁复。战国时期诸侯割据,言语异声,文字异形,文字异体在战国时代产生得最多,或简化,或繁化,或艺术化,或符号化,随心所欲,但不逾矩。(陈英杰)

咨 zī 精纽、脂部;精纽、脂韵、即夷切。

1《战文编》67页。2、5《甲金篆》78页"脢"之偏旁。3《说文》32页。4《汉印徵》卷2,6页。

形声字。从口,次声。《说文》:"咨,谋事曰咨。"其本义指商议、咨询。《书·尧典》:"咨十有二牧。"孔传:"咨亦谋也。"字始见于陈侯因咨戈(《集成》11260),"因咨"又作"因齐",即齐威王,文献作"因齐"。(陈英杰)

召 zhào 定纽、宵部;澄纽、笑韵、直照切。
shào 禅纽、宵部;禅纽、笑韵、实照切。

1《甲文编》61页。2《金文编》40页。3《战文编》67页。4《说文》32页。5《睡甲》14页。6《银雀山》41页。

形声字。《说文》:"召,䛐也。从口,刀声。"本义就是召呼、召唤。《诗·齐风·东方未明》:"颠之倒之,自公召之。"(因为公家召唤紧急,连衣服都穿颠倒了)克钟:"王呼士智召克。"由召唤义引申出邀请、号召、招致等义。以上诸义读为zhào。甲骨文、金文中有一字作𠃊,文献中召公奭之"召"西周金文即作此形。学界一般都把𠃊与召看作一字异体,其实这两个字意义上没有关联,字形上也没有衍生关系,本来就是不同的两个字。西周金文中二字偶尔混用,当是音同通假。甲骨文中,𠙵多作地名,商王经常"遘"于此地;召多作方国名("召方")。甲文中有𠙵,亦作𠙵,大多作为乐器名称,𠙵是𠙵的繁体。战国以后,召逐渐取代𠙵。召公之召旧读为shào,本是召公奭的采邑,文献中或作"邵",地名字加邑旁,后以地为氏。(陈英杰)

問(问) wèn 明纽、文部;微纽、问韵、亡运切。

1《甲文编》41页。2、5《甲金篆》79页。3《古玺》26页。4《说文》32页。6《银雀山》42页。

形声字。从口,門声。本义是问讯、询问。《论语·泰伯》:"以能问于不能,以多问于寡。"问字甲骨文中就已出现,但意义不明。金文及战国印文中用为人名。由询问义引申出问难、过问、审问、责问、访问、慰问、打听等义。问是有疑而问,因而亦引申出疑问义。或与"闻"通用。陈侯因𫗧敦:"朝闻诸侯。"借闻为问。《墨子·非命下》:"必使饥者得食,寒者得衣,劳者得息,乱者得治,遂得光誉令问于天下。"借问为闻。(陈英杰)

唯 wěi 喻纽、微部;以纽、脂韵、以追切。
wéi 喻纽、微部;以纽、旨韵、以水切。

1、2《甲文编》41页。3、4《金文编》62页。5《包山》17页。6《说文》32页。7、9《甲金篆》79页。8《马王堆》51页。

形声字。从口,隹声。其本义表示应答声,是一象声词,用于对尊长,表恭敬。《说文》:"唯,诺也。"《论语·里仁》:"子曰:'参乎!吾道一以贯之。'曾子曰:'唯。'"用为此义读wěi。此义不见于古文字资料,甲骨文、金文中经常作语词用,作强调话题的标志。《前》5.39.8:"其唯太史寮令。"金文中多用于铭文开首引出时间。段簋:"唯王十又四祀十又一月丁卯。"传世文献中亦多用为虚词。(陈英杰)

唱 chàng 昌纽、阳部;昌纽、漾韵、尺亮切。

1《说文》32页。

形声字。从口,昌声。昌甲骨文作𣉻,本从日从口,会意字,"唱"之初文,唱是在昌上叠加口旁而成的缊益字。其本义指日方出时呼唤大家起身干事的叫声,这种叫声大概多数有一定的调子,是歌唱的一个源头。由本义引申出领唱义。《说文》:"唱,导也。"桂馥义证:"或借倡字。《周礼·乐师》:'遂倡之。'郑司农云:'乐师主倡也。'"《荀子·乐论》:"唱和有应。"由领唱引申出倡导、歌唱等义。歌唱之"唱"经传多作"倡",后两字分化,"倡"表倡导,"唱"表歌唱。(陈英杰)

和 hè 匣纽、歌部;匣纽、过韵、胡卧切。
hé 匣纽、歌部;匣纽、戈韵、户戈切。
huò
huó
hú

1《金文编》64页。2《说文》32页。3《睡甲》14页。4《银雀山》43页。5、6《甲金篆》80页。

形声字。从口,禾声。《说文》:"和,相应也。"本义指声音相应和、和谐地跟着唱或伴奏。《易·中孚》:"鸣鹤在阴,其子和之。"《后汉书·黄琼传》:"阳春之曲,和者必寡。"由声相应义引申出附和、响应义,由附和引申出答应、允许义,亦引申指和诗,即以诗歌酬答或依照别人诗词的题材和体裁作诗词。以上诸义读为hè。和还有和谐、平和、温和、和睦、调和、汇合等义,读hé。战国铜器好盗壶"驭右和同",义指和谐交融。作搀和、混杂讲读huò。表示在粉状物中加水搅拌或揉弄使粘在一起,读作huó。用为麻将用语,牌已符合规定的要求而赢了叫"和",读为hú。"和"常与"龢"通用,二字本义各有所指,"和"指声音相应和,"龢"指音乐和谐,后二者在词义引申脉络上有交叉,至于无别。今则龢并入和(人名除外,如董同龢)。其结构或左口右禾,或左禾右口,秦汉以后结构逐渐统一,作左禾右口之"和"。(陈英杰)

咥　xì　透纽、质部；彻纽、质韵、丑栗切。
　　dié　定纽、质部；定纽、屑韵、徒结切。

咥¹—咥
《说文》小篆　楷书

1《说文》32页。

形声字。从口，至声。本义指大笑的样子，含有讥笑义。《诗·卫风·氓》："兄弟不知，咥其笑矣。"即用其义，读xì。《易·履》："履虎尾，不咥人。"此处"咥"乃咬义，读dié。（陈英杰）

啞（哑）　è　影纽、铎部；影纽、陌韵、乌格切。
　　yā　影纽、鱼部；影纽、祃韵、衣嫁切。
　　yǎ　影纽、鱼部；影纽、马韵、乌下切。

啞¹—啞—哑
《说文》小篆　楷书　楷书

1《说文》32页。

形声字。从口，亚声。本义指笑声。《说文》："啞，笑也。"《玉篇·口部》："啞，笑声。"《易·震》："笑言哑哑。"陆德明释文引马融曰："哑哑，笑声。"今天仍说哑然失笑，即用其义，旧读为è，今口语中读为yǎ。"哑哑"还可指鸟的叫声，引申指婴儿学话的声音，今天则作"呀呀学语"，读yā。哑读yǎ，表由于生理缺陷或疾病而失去语言功能，引申指发不出声或声音干涩。"哑"是由"亞"之草写楷化字"亚"类推简化而成的。（陈英杰）

噱　jué　群纽、铎部；群纽、药韵、其虐切。
　　xué

噱¹—噱
《说文》小篆　楷书

1《说文》32页。

形声字。从口，豦声。本义指大笑。《汉书·叙传上》："谈笑大噱。"颜师古注："噱噱，笑声也。"音读jué。噱在方言中或读为xué，如噱头，指引人发笑的话或举动，引申指滑稽、好笑义。（陈英杰）

唏　xī　晓纽、微部；晓纽、尾韵、虚喜切。

唏¹—唏
《说文》小篆　楷书

1《说文》32页。

形声字。从口，希声。本义指笑声。《说文》："唏，笑也。"《广雅·释训》："唏唏，笑也。"《说文》曰"一曰哀痛不泣曰唏"，字乃借作"欷"。欷，痛声也，唏、欷叠韵，故得相假。（陈英杰）

听　yǐn　疑纽、文部；疑纽、轸韵、宜引切。
　　tīng

听¹—听
《说文》小篆　楷书

1《说文》32页。

形声字。从口，斤声。《说文》："听，笑貌。"即笑的样子。《说文·心部》有"忻"，训"闿也"，"闿"训"开也"，忻义即心开，"心开"乃秦汉间恒言，今曰"开心"，开心则喜。《说文·言部》有"訢"，训"喜"，《欠部》之"欣"训"笑喜"。听、忻、訢、欣皆同源词也。笑者口必开，口开则大，因而听引申出口大义。《广韵·轸韵》："听，口大貌。"以上诸义读yǐn。"听"字从元代以来就是"聽"的简化字，与读yǐn之"听"乃异代同形字。读yǐn之"听"在古籍中极罕用，所以读tīng之"听"不会与之混淆。（陈英杰）

咄　duō　端纽、物部；端纽、没韵、当没切。

咄¹—咄²—咄
《说文》小篆　汉　楷书

1《说文》32页。2《甲金篆》80页。

形声字。从口，出声。《说文》："咄，相谓也。"段玉裁注："谓欲相语而先惊之之词。"本义即表示引人惊诧或注意的叹词。今日所说的"咄咄怪事"即用其义。引申指咄叱、呵责。亦用来表嗟叹。《汉书·李陵传》："咄！少卿良苦！"（陈英杰）

唉　āi　影纽、之部；影纽、哈韵、乌开切。
　　ài

唉¹—唉
《说文》小篆　楷书

1《说文》32页。

形声字。从口，矣声。《说文》："唉，应也。"其本义指应答之声。《庄子·知北游》："唉，予知之。"陆德明释文引李颐曰："唉，应声。"今河北清河方言犹有此用法。引申表叹息。《史记·项羽本纪》："亚父受玉斗，置之地，拔剑撞而破之曰：'唉！竖子不足与谋。'"司马贞索隐："唉，叹恨发声之词。"以上诸义读作 āi。今天读为去声 ài，表示伤感或惋惜。（陈英杰）

哉 zāi 精纽、之部；精纽、哈韵、祖才切。

戈¹—哉²—𢦏³—哉⁴
西周　春秋　战国《说文》小篆　楷书

1、2《金文编》64页。3《战文编》68页。4《说文》32页。

形声字。从口，𢦒声。《说文》："哉，言之间也。"桂馥义证："言之间，即辞助。"其本义就是表示语气的助词，多用来表感叹，曾孙仆儿钟（《集成》185）："於虖敬哉！"《易·乾》："大哉，乾元！"均用本义。哉本借训"伤也"之"𢦒"表示，如禹鼎："乌虖哀𢦒（哉）！"后加口旁为本义造了专字。𢦒从戈，才声，甲骨文作𢦏，乃战国楚帛书𢦒字所本，《说文》作𢦒即由之变来。才，古文多省作"十"，故𢦒写作哉。（陈英杰）

噂 zǔn 精纽、文部；精纽、混韵、兹损切。

噂¹—噂
《说文》小篆　楷书

1《说文》32页。

形声字。从口，尊声。《说文》："噂，聚语也。"《诗·小雅·十月之交》："噂沓背憎，职竞由人。"毛传："噂，犹噂噂；沓，犹沓沓。"郑玄笺："噂噂沓沓，相对谈语。"其本义指大家在一起说话，议论纷纭。与《说文·人部》训"聚也"之"僔"是异体字。（陈英杰）

咠 qì 清纽、缉部；清纽、缉韵、七入切。

咠¹—咠²—咠
战国《说文》小篆 楷书

1《战文编》68页。2《说文》32页。

会意字。从口，从耳，会附耳私语之义。《说文》："咠，聂语也。《诗》曰：'咠咠幡幡。'"段玉裁注："今《诗》（按：见《小雅·巷伯》）作'缉缉'，毛云：'缉缉，口舌声。'"引申指谗言。《广韵·缉韵》："咠，咠咠，谮言也。"郭店楚简《鲁穆公问子思》假"咠"为揖拜之"揖"。（陈英杰）

呷 xiā 晓纽、叶部；晓纽、狎韵、呼甲切。

呷¹—呷
《说文》小篆　楷书

1《说文》32页。

形声字。从口，甲声。《说文》："呷，吸呷也。""吸呷"亦作"翕呷"、"喤呷"，形容众声纷杂。《玉篇·口部》："呷，《说文》云：'吸呷也。'《子虚赋》曰：'翕呷萃蔡。'衣裳张起之声也。"《广韵·狎韵》："呷，喤呷，众声。《说文》曰：'吸呷也。'"或以饮歠为呷。《正字通·口部》："呷，《长笺》（即《说文长笺》）：'吸而饮曰呷。'"可能是"欱"（hē）之借字。《说文·欠部》："欱，歠也。"（陈英杰）

嘒 huì 晓纽、质部；晓纽、霁韵、呼惠切。

嘒¹—嘒²—嘒
《说文》小篆　汉　楷书

1《说文》32页。2《甲金篆》80页。

形声字。从口，彗声。《说文》："嘒，小声也。"象声词，形容小或清脆的声音，常连用。《诗·小雅·小弁》："鸣蜩嘒嘒。"毛传："嘒嘒，声也。"陆德明释文："嘒嘒，蝉声也。"引申指小星微光的样子。《诗·召南·小星》："嘒彼小星，三五在东。"毛传："嘒，微貌。"微即小也。（陈英杰）

唪 běng 並纽、东部；並纽、董韵、蒲蠓切。

唪¹—唪
《说文》小篆　楷书

1《说文》32页。

形声字。从口，奉声。本义是大笑。引申为大声义，《玉篇·口部》："唪，大声也。"

嗔

tián　定纽、真部；定纽、先韵、徒年切。
chēn　昌纽、真部；昌纽、真韵、昌真切。

嗔¹—嗔
《说文》小篆　楷书

1《说文》32页。

形声字。从口，真声。《说文》："嗔，盛气也。《诗》曰：'振旅嗔嗔。'"其本义即指气势盛大，音读tián。此义文献罕用，嗔后借为嗔恚字，表生气义（《说文》此义本作謓）。引申为嗔怨、责怪义，由嗔怨义引申出娇嗔义。（陈英杰）

啸（嘨）

xiào　心纽、幽部；心纽、啸韵、苏吊切。

嘨¹—啸—啸
《说文》小篆　楷书　楷书

1《说文》32页。

形声字。从口，肃声。《说文》："啸，吹声也。"其本义指撮口出声。《诗·召南·江有汜》："之子归，不我过。不我过，其啸也歌。"郑玄笺："啸，蹙口而出声。"引申指呼啸，后泛指发声高而悠长者为啸，如虎啸、猿啸等。"啸"是由"嘨"之简化字"肃"类推简化而成的。（陈英杰）

台

yí　喻纽、之部；以纽、之韵、与之切。
tái　透纽、之部；透纽、咍韵、土来切。
tāi

台¹—台²—台³—台⁴—台⁵—台⁶—台⁷
西周　春秋　战国　《说文》小篆　秦　汉　汉　楷书

1、2《金文编》64页。3《战文编》68页。4《说文》32页。5《睡甲》14页。6《马王堆》44页。7《甲金篆》81页。

形声字。从口，㠯声。《说文》："台，说也。"说即悦之古文。台本义为喜"悦"，字后作"怡"。《史记·太史公自序》："唐尧逊位，虞舜不台。"即用为怡悦义，此义读yí。"台"在春秋金文中开始出现，是在㠯上加口旁分化出来的，但不用来表示本义，几乎都用作"以"。郏公铚钟："台(以)乐其身，台(以)匽(宴)大夫。"战国文字中除人名外，台亦读作"以"。殷商、西周文字中以"㠯"为"以"。"台"作此用时读同"以"，即yǐ，但字书、辞典不立此音，不妥。读yí的"台"亦可用为第一人称代词，见于《诗》《书》等文献。《书·说命上》："以辅台德。"孔传："以辅我德。"秦、楚简牍中用为"始"或"治"或"殆"等。"台"读为tái，最初用于星名"三台"。古代用"三台"喻指三公，三公乃朝廷之重臣，因而引申出"台斗"（斗指北斗）"台司""台臣""台光""台任""台岳"等词，用来指称宰辅重臣或宰辅之位。"台"旧时作为敬辞，用于称呼对方或跟对方有关的作为，如"台安""台甫""台命""台候"等。"台"今天成为"臺"（高而上平的建筑物）"檯"（桌子）"颱"（台风）的简化字，读tái。"台"用于地名如台州、天台山等，读tāi。（陈英杰）

启

qǐ　溪纽、支部；溪纽、荠韵、康礼切。

启¹—启²—启
商《说文》小篆　楷书

1《甲文编》41页。2《说文》32页。

"启"在甲骨文时代就是一个简化字。《说文》："启，开也。"甲骨文中有闩，从户从又，像以手开户之形，乃开启之本字。引申指雨后天放晴为闩，晴者云开日见也，或加日旁作晵，乃天晴义之专字。《合集》13112："贞：翌辛巳有闩？"《粹》649："今夕晵？"亦引申指启禀、禀告义，或加口旁作启，乃启禀之专字。《乙》7826："丙辰卜，争贞：沚馘(人名)启王，比(联盟)。帝受我佑？"《说文》训"啓"为"教"是"开"的引申义，教者发人之蒙，开人之智。甲骨文中启、闩、晵、启四字通用。闩本从又，战国时期"又"讹为攴。甲骨文、金文中从攴从户者非"啓"字，乃肇字。至于《说文》，"啓"入攴部，训"教"也，"晵"入日部，训"雨而昼晴也"；"启"入口部，训"开也"。他如目部之"䁳"，木部之"棨"，糸部之"綮"，加之日部之"晵"，由于许慎不知有"闩"字，说解以上诸字均曰"啓省声"，而说"啓"为"从攴启声"，既误解"啓"字，而又说误此四字。"启"在西周金文中沿用甲骨文之繁体"啓"，战国以后从攴作"啟"，这是后世通用之繁体，新中国成立后《汉字简化方案》确定以"启"代"啟"。（陈英杰）

咸

xián　匣纽、侵部；匣纽、咸韵、胡谗切。

咸¹/咸²—咸³—咸⁴—咸⁵—咸⁶—咸⁷—咸⁸—咸⁹—咸
商　商　西周　春秋　战国　《说文》小篆　秦　汉　汉　楷书

1《甲文编》41页。2、3、4《金文编》65页。5、7《战文编》68页。6《说文》32页。8《马王堆》49页。9《甲金篆》81页。

会意字。从口，义不明；从戌，戌乃斧钺之象形。文献或用为杀伐，盖其本义。《逸周书·克殷》："则咸刘商王纣。"咸、刘同义连文，皆为杀义。或假表全部、普遍义。秦公簋："咸畜胤土。"（畜，宠爱、抚养义。胤土指官员）咸之义即《说文》所训"皆也，悉也"。《国语·鲁语上》："小赐不咸……不咸，民不归也。"甲骨文、金文中还可以作人名。这个字在现代汉语中除了"咸阳"等地名之外很少用到，所以《汉字简化方案》采用同音代替的方法，用"咸"字代替常用而难认难写的"鹹"字。（陈英杰）

呈 chéng 定纽、耕部；澄纽、清韵、直贞切。
chěng 透纽、耕部；彻纽、静韵、丑郢切。

1、2、3《金文编》829页"戥"字偏旁。4《类编》353页"戥"字偏旁。5《甲金篆》81页。6、7《战文编》69页。8《说文》32页。9《汉印徵》卷2，6页。10《马王堆》47页。

形声字。从口，壬声。呈本为象形字，但构形不明。西周金文作呈，或作呈，春秋金文作呈，均见于"戥"之偏旁，单独使用者见于战国文字。春秋时下从土的写法为战国文字所本，土旁或声化为壬旁。呈，《说文》训"平也"，王筠《说文句读》："他书皆无此训，盖许君以呈为程之古文也。"程即度量衡的总称，为衡量事物的标准。此义不见文献用例，文献中用为呈现义。《文选·曹植〈洛神赋〉》："延颈秀项，皓质呈露。"李善注："呈，见也。"引申为呈示、呈上义，是送东西给人的敬词。或通"程"，标准、法式义。以上诸义读 chéng。或通"逞"。《集韵·静韵》："逞，快也。或作呈。"战国吉语玺"呈志"，读为"逞志"，义为快意。（陈英杰）

右 yòu 匣纽、之部；云纽、宥韵、于救切。

1《甲文编》42页。2、3、4、10《金文编》66页。5《说文》32页。6《睡甲》15页。7、8、9《秦汉金文·下编》37页。

形声字。"右"甲骨文作又，西周金文始作右，从又象形表意同时兼声。口乃分化部件。早期的ナ（左）、又（右）二字，是像左手、右手之形。意义经过引申，又用来表示方位之左右。唯其意义代表方位，字形方位成了二字辨析的重要依据。但商周时期，偏旁部件未形成完整的体系，方位排列也未有严格的规范，正书、反书常混着使用，因此辨析ナ、又二字的最主要标准是求文义无误。班簋左、右作ナ、又，两个部件的方位起着区别意义的作用，而部件"口"是没有区别意义作用的。元年师兑簋"左右"连用作ナ或又、右，"口"起区别作用。到了战国时代，偏旁部件在区别意义上的作用越来越大，在"左"、"右"二字的构成上体现为：以"工"部件为左的标志，以"口"部件为右的标志，不再靠ナ、又的象形来表义。右本义即指右手，甲骨文、金文中均不使用本义。甲骨文中或用为方位之右。《粹》597："丁酉贞：王作三师，又（右）中左？"或用为福祐之祐。《乙》7826："帝受我又（祐）？"或用作侑，祭名。《文》238："丁巳卜，行贞：其又（侑）于小丁牛？"除甲骨文中几种用法外，金文还常用作佑助义，见于大量的册命铭文中。召壶："井公内（入）右召。"古代崇尚右，以右为上、为高、为贵，如秦阳陵虎符："甲兵之符，右在皇帝，左在阳陵。"因此右往往用于意义积极的方面，左则相反，如说意见相左，不说意见相右。（陈英杰）

啻 chì 书纽、支部；书纽、寘韵、施智切。

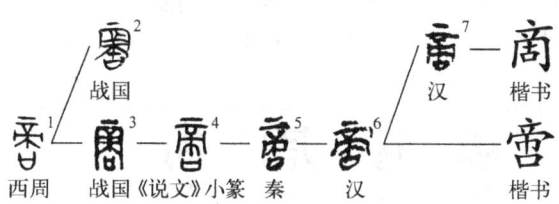

1《金文编》67页。2《包山》17页。3《古

玺》29页。4《说文》33页。5《睡乙》30页。6、7《马王堆》53页。

形声字。从口，帝声。本义不明，文献中常用在表示疑问或否定的字后，组成"不啻"、"匪啻"、"何啻"、"奚啻"等词，含有但、只、仅等义，在句中起连接或比况作用。《书·多士》："尔不克敬，尔不啻不有尔土，予亦致天之罚于尔躬。"金文中有啻，或用作"帝"。买簋："其用追孝于朕皇祖、啻考。"陈侯因资敦："高祖黄啻。"或用作"嫡"，表继承、嫡传义。师酉簋："嗣（司）乃祖啻官。"或用作"敵"，虢鼎："攻战无啻。"啻所从之"帝"的演变情况参见"帝"字条。啻和商是同一个字的不同隶定形体（嫡、適、敵等均从帝得声），后世分化为二字。（陈英杰）

吉 jí 见纽、质部；见纽、质韵、居质切。

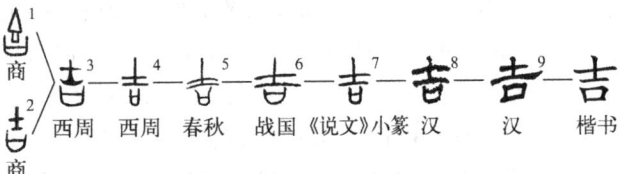

1、2《甲文编》42页。3—6《金文编》68页。7《说文》33页。8《马王堆》45页。9《甲金篆》82页。

会意字。从士，从口。甲骨文中"吉"字较原始的写法作 ，或认为像竖起来的勾兵之形，或认为像玉圭之形。其所从之"口"有学者认为是表示质地坚实性质的区别符号，如"古"作 ，上像盾牌形，盾牌具有坚固的特点，所以古人在 上加区别性意符"口"。"吉"的本义就是坚实，字后作"硈"，金文中常说的"吉金"用的亦是坚实这一本义，解为"善金"不确。"吉"有善义。令狐君嗣子壶："唯十年四月吉日。"《诗·召南·摽有梅》："求我庶士，迨其吉兮。""吉善"、"吉利"之义是"吉"字的引申义还是假借义尚待研究。（陈英杰）

周 zhōu 章纽、幽部；章纽、尤韵、职流切。

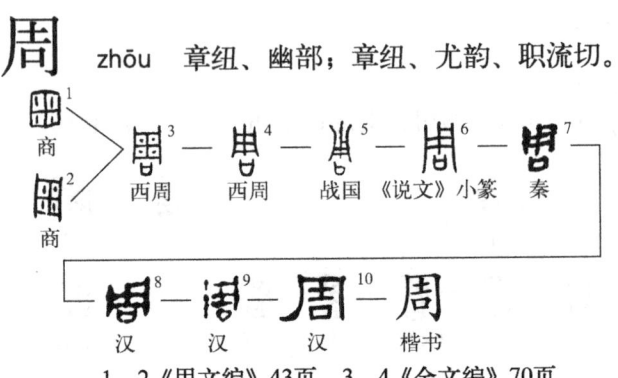

1、2《甲文编》43页。3、4《金文编》70页。5《战文编》70页。6《说文》33页。7《睡甲》15页。8、9《马王堆》48页。10《甲金篆》82页。

"周"初作 ，本为象形字，但构形不明。有学者认为字像方格纵横、刻画文采之形，为"彫"之初文；或曰字像界划分明之农田，其中小点像禾稼之形。《说文》训为"密也"，义即周匝、周密。诸说均迂曲难信。甲骨文中用为方国名，金文中即指姬周。《说文》分析"周"字字形为"从用、口"，"口"至西周时始附加，可能是用来专表姬周的区别性义符，字初作 ，后省四点作 ，为后世文字所本。商、周文字中"周"均不从"用"，所谓从"用"乃始于春秋战国间的讹变。文献周义存在着一个围绕着"周密"义衍变的引申脉络，由周密义引申出紧密、亲密义，亦引申指周匝、普遍义，由周匝义引申环绕义，由环绕义引出四周义，由四周义引申出周边义。（陈英杰）

唐 táng 定纽、阳部；定纽、唐韵、徒郎切。

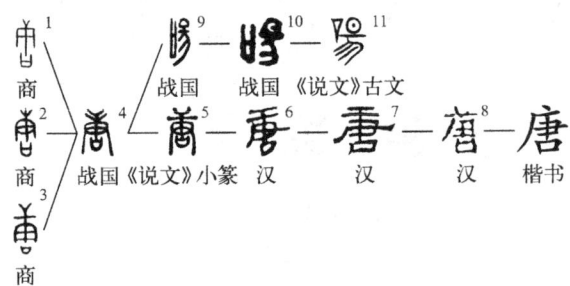

1、2《甲文编》44页。3《金文编》72页。4、7《甲金篆》83页。5、11《说文》33页。6《银雀山》45页。8《秦汉金文》42页。9、10《战文编》71页。

形声字。从口，庚声。其本义指大言、大话。《庄子·天下》："庄周闻其风而悦之，以谬悠之说，荒唐之言，无端崖之辞，时恣纵而不傥，不以觭见之也。"陆德明释文："荒唐谓广大无域畔者也。"本义不见用于古文字材料，甲骨文中用为殷先王大乙之专名，即文献之成汤。由大言义引申出广大义，由广大义引申出虚空义，由虚空义引申出池塘义，字后作"塘"。关于"庚"旁的字形演变情况，参见"庚"字条。"唐"《说文》古文作"啺"，从口、易，见于战国古玺文字。推翻夏朝统治的商王成汤在殷墟卜辞中被称为"唐"（或"武唐"），1977年陕西岐山县凤雏出土的西周甲骨文中称为"成唐"。"成唐"或单称"成"，或单称"唐"，文献中作"成汤"（或单称"汤"），当与《说文》"唐"之古文写法有关。（陈英杰）

噎

yē　影纽、质部；影纽、屑韵、乌结切。

噎¹—噎²—噎
《说文》小篆　汉　　楷书

1《说文》33页。2《甲金篆》83页。

形声字。从口，壹声。《说文》："噎，饭窒也。"其本义即指食物等堵塞喉咙。引申指内心的郁闷。《诗·王风·黍离》："中心如噎。"亦引申指一般的阻塞。《三国志·吴书·陆逊传》："城门噎不得关。"（陈英杰）

吐

tǔ　透纽、鱼部；透纽、姥韵、他鲁切。

tù　透纽、鱼部；透纽、暮韵、汤故切。

吐¹—吐²—口土³—吐
《说文》小篆　汉　　汉　　楷书

1《说文》33页。2《马王堆》45页。3《甲金篆》83页。

形声字。从口，土声。其本义指使东西从嘴里出来。《玉篇·口部》："吐，口吐。"《诗·大雅·烝民》："柔则茹之，刚则吐之。"由口吐义引申指唾弃、抛弃义。由口吐义亦可引申指发出（声音）、说出（话语）义，进一步引申出吐露义，由吐露义引申出（花）开放义。以上诸义读为tǔ。"吐"读tù，义同"呕"，即今日所说的呕吐。（陈英杰）

咈

fú　並纽、物部；奉纽、物韵、符弗切。

咈¹—咈
《说文》小篆　楷书

1《说文》33页。

形声字。从口，弗声。《说文》："咈，违也。"其本义即指言语乖戾、不顺从，字后作"拂"。《书·微子》："咈其耇长。"引申指愤怒，用同"艴"。（陈英杰）

吃

chī　见纽、物部；见纽、迄韵、居乙切。

qī　　溪纽、迄韵、欺讫切。

吃¹—吃²—吃³—吃
战国　《说文》小篆　汉　　楷书

1《战文编》71页。2《说文》33页。3《甲金篆》83页。

形声字。从口，乞声。《说文》："吃（旧读jí），言蹇难也。"本义是口吃，即说话结结巴巴不流利。《管子·枢言》："吾畏事，不欲为事；吾畏言，不欲为言。故行年六十而老吃也。"字或作"欯"，《说文·欠部》："欯，一曰口不便言。"引申指行动迟缓艰难。吃饭的"吃"本作"喫"，后以笔画简单的"吃"同音代替了笔画繁复的"喫"，音均读chī。"吃吃"是象声词，指笑声，读qī。（陈英杰）

嗜

shì　禅纽、脂部；禅纽、至韵、常利切。

嗜¹—嗜
《说文》小篆　楷书

1《说文》33页。

形声字。从口，耆声。《说文》："嗜，嗜欲，喜之也。"本义指嗜好，即口欲。《诗·小雅·楚茨》："苾芬孝祀，神嗜饮食。"引申泛称口欲以外的爱好、嗜好等，如嗜古、嗜书、嗜进等。进一步引申指贪求。《广雅·释诂二》："嗜，贪也。"字或作"唏"，《玉篇·口部》："唏，古文嗜字。"（陈英杰）

啖

dàn　定纽、谈部；定纽、敢韵、徒敢切。

啖¹—啖²—啖
《说文》小篆　汉　　楷书

1《说文》33页。2《甲金篆》84页。

形声字。从口，炎声。本义是吃。《说文》："啖，噍啖也。"字或作"㗖"。《广雅·释诂二》："啖，食也。"《山海经·海外东经》："黑齿国在其北，为人黑，食稻啖蛇。"引申为给吃义，由给吃义引申为利诱义。或与"淡"通，义为清淡。西周金文墙盘有"𤉢"，《金文编》72页释为"啖"，此字今多释为"粦"。（陈英杰）

哽

gěng　见纽、阳部；见纽、梗韵、古杏切。

哽¹—哽
《说文》小篆　楷书

1《说文》33页。

形声字。从口，更声。本义指语塞，即因哀痛而说话困难。晋陆机《挽歌》："含言言哽咽，挥涕涕流离。"《南史·晋熙王昶传》："因把姬手南望恸哭，左右莫不哀哽。"由语塞义引申指噎住，即食物不能下咽。由噎住义引申为阻塞、阻碍义。"更"旁字形演变情况，参见"更"字条。（陈英杰）

嘺 xiāo 晓纽、宵部；晓纽、肴韵、许交切。
　　 jiāo 见纽、幽部；见纽、肴韵、古肴切。

嘺¹ —— 嘺
《说文》小篆　楷书

1《说文》33页。

形声字。从口，翏声。《说文》："嘺，夸语也。"其本义指自大、骄矜。《孟子·尽心下》："何以谓之狂也？曰：其志嘺嘺然，曰：'古之人，古之人！'"赵岐注："嘺嘺，志大言大者也。"音读为 xiāo。"嘺"亦作象声词，指鸡的鸣叫声。《玉篇·口部》："嘺，鸡鸣也。"《广韵·肴韵》："嘺，《诗》云：'鸡鸣嘺嘺。'"此义音读 jiāo。（陈英杰）

啁 zhāo 端纽、幽部；知纽、肴韵、陟交切。
　　 zhōu 端纽、幽部；知纽、尤韵、张流切。
　　 tiáo 　　　　　　定纽、啸韵、徒吊切。

啁¹ —— 啁
《说文》小篆　楷书

1《说文》33页。

形声字。从口，周声。《说文》："啁，啁嘺也。"《集韵·爻韵》："嘺，啁嘺，夸语。"啁嘺是一联绵词，自大、骄矜义，音读 zhāo。用于"啁噍"，读 zhōu，指鸟鸣声，其他如"啁唧"、"啁啾"、"啁啁"等意义均相同，音读亦同。或用为"调谑"字，与调、谢、嘲等构成异体字关系。今则调笑、嘲笑义各有所指。关于"周"旁形体演变情况，参见"周"字条。（陈英杰）

哇 wā 影纽、支部；影纽、佳韵、於佳切。

哇¹ —— 哇
《说文》小篆　楷书

1《说文》33页。

形声字。从口，圭声。《说文》："哇，谄声也。"即其本义。引申指靡曼的乐声。《广雅·释诂二》："哇，褒（衺）也。"《广韵·佳韵》："哇，淫声。"《法言·吾子》："中正则雅，多哇则郑。"哇或用来表呕吐义，亦或表嚎哭、哭喊义。音均读 wā。（陈英杰）

嗑 kè 见纽、葉部；见纽、盍韵、古盍切。
　　 hé 匣纽、葉部；匣纽、盍韵、胡腊切。
　　 xiá 晓纽、葉部；晓纽、狎韵、迄甲切。

嗑¹ —— 嗑
《说文》小篆　楷书

1《说文》33页。

形声字。从口，盍声。本义指话多。《孔丛子·儒服》："昔有遗谚：'尧舜千钟，孔子百觚。子路嗑嗑，尚饮十榼。'"引申指说话、闲言。今日某些方言中所说的"唠嗑"，读 kē。表示用牙齿对咬有壳物或硬物，如嗑瓜子之"嗑"，与"多言"（《说文》训"嗑"为"多言也"）之"嗑"当为同形字。音均读 kè。"嗑"可表闭合义。《抱朴子·外篇·守塉》："口张而不能嗑，首俛而不能仰。"此字与"多言"之"嗑"亦为同形字。"盍"本是"盖"的本字，有闭合义，所以闭合之"嗑"是一个形声兼会意字，是指口闭合的专字，音读 hé。"嗑"亦用来指笑声。《广韵·狎韵》："嗑，嗑然，笑声。"音读 xiá。（陈英杰）

呌 qiú 群纽、幽部；群纽、尤韵、巨鸠切。

呌¹ —— 呌² —— 呌³ —— 呌⁴ —— 呌⁵ —— 呌
战国　　战国　　战国　《说文》小篆　汉　楷书

1、2《包山》17页。3《战文编》71页。4《说文》33页。5《马王堆》45页。

形声字。从口，九声。《说文》："呌，高气也。"其本义指傲气逼人貌。清桂馥《说文义证》："'高气也'者，《诗·正月》'执我仇仇'，《传》云：'仇仇，犹警警也。'《(尔雅)·释训》：'仇仇、敖敖，傲也。'郭(璞)云：'皆傲慢贤者。'馥谓仇即此呌。"战国文字中或用为地名，或用作姓氏，即仇。马王堆帛书《明君》430："握剑屠敌若报父母之呌者。""呌"通仇恨之"仇"。帛书《老子》甲本184："尸呌在桑。""尸呌"读为"鸤鸠"。皆因声同通假。（陈英杰）

叱 chì 昌纽、质部；昌纽、质韵、昌栗切。

叱¹ —— 叱
《说文》小篆　楷书

1《说文》33页。

形声字。从口，匕声。其本义指大声呵斥、责骂。《说文》："叱，诃也。"《公羊传·庄公十二年》："(仇牧)遇之

(宋万)于门,手剑而叱之。"引申为呼喊、喊叫义。《吕氏春秋·至忠》:"王叱而起,疾乃遂已。"由喊叫义引申指大声吒喝,如叱咤。由叱咤引申指声势、威力极大,如叱咤风云。(陈英杰)

嘖(喷) pēn 滂纽、文部;滂纽、魂韵、普魂切。
pèn

秦《说文》小篆 汉 楷书 楷书

1《战文编》72页。2《说文》33页。3《甲金篆》84页。

形声字。从口,賁声。《说文》:"嘖,吒也。"又:"吒,嘖也,叱怒也。"其本义即发怒。由发怒义引申指嘘气或嘘喷。由嘘喷义引申指喷射、喷薄义。由喷薄义引申指喷发、喷吐义。音均读 pēn。《集韵·问韵》收有"芳问切"的"嘖",曰"吹声",即吹奏义,今读 fèn,此义亦由本义辗转引申而来。"嘖"亦用来借指开花结实的次数,如头嘖棉花,音读 pèn,口语中多儿化。(陈英杰)

吒 zhà 端纽、铎部;知纽、祃韵、陟驾切。
zhā

战国 战国《说文》小篆 楷书

1、2《古文典》523页。3《说文》33页。

形声字。从口,乇声。同"咤"。《说文》:"吒,嘖也,叱怒也。"其本义指愤怒。《楚辞·九思·疾世》:"忧不暇兮寝食,吒增叹兮如雷。"洪兴祖补注:"吒,竹嫁切,吐怒也。"《史记·淮阴侯列传》:"项王喑噁叱咤,千人皆废。"引申指吒喝义。音均读 zhà。"吒"作神话传说中的人名用字,如哪吒、木吒等,音读为 zhā。战国玺印中作人名。(陈英杰)

啐 cuì 清纽、物部;清纽、队韵、七内切。
zú 精纽、物部;精纽、术韵、子聿切。
zá 从纽、曷韵、才达切。

《说文》小篆 汉 汉 楷书

1《说文》33页。2《汉印徵》卷2,7页。
3《甲金篆》84页。

形声字。从口,卒声。《说文》训"惊也",不见文献用例。文献中多用为尝、饮义。《集韵·队韵》:"啐,少饮酒也。"《礼记·杂记下》:"自诸侯达诸士,小祥之祭,主人之酢也,啐之;众宾兄弟,则皆啐之。"郑玄注:"啐、啐皆尝也。啐,至齿;啐,入口。""啐"亦用为唾吐义,指用力吐出。音均读 cuì。"啐"用为象声词,读 zú。《玉篇·口部》:"啐,吮声。"鸡子孵化时,小鸡将出,即在壳内吮声,谓之"啐";母鸡为助其出而同时啄壳,称为"啄"。佛教因以"啐啄同时"比喻机缘相投或两相吻合。"啐"用于"嘈啐",义同"嘈囋",形容声音的喧闹、杂乱,音读为 zá。(陈英杰)

唇 zhēn 章纽、文部;章纽、真韵、职邻切。
zhèn 章纽、震韵、之刃切。
chún 船纽、谆韵、船伦切。

《说文》小篆 楷书

1《说文》33页。

形声字。从口,辰声。《说文》:"唇,惊也。"文献中借震字为之,音读 zhēn。引申指惊声(见《集韵·震韵》),读 zhèn。今用为嘴唇字。嘴唇之"唇"字在《说文·肉部》本作"脣"。嘴唇之"唇"与训"惊也"之"唇"是同形字。(陈英杰)

吁 xū 晓纽、鱼部;晓纽、虞韵、况于切。
yù 云纽、遇韵、王遇切。

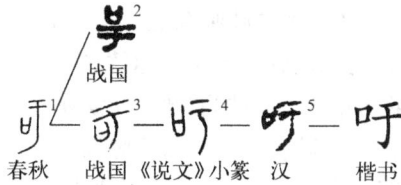

春秋 战国《说文》小篆 汉 楷书

1《金文编》73页。2《古玺》30页。3《战文编》72页。4《说文》33页。5《马王堆》45页。

形声兼会意字。《说文》:"吁,惊也。从口,于声。"《说文·亏部》重出,曰:"吁,惊语也。从口,从亏,亏亦声。"段玉裁注:"按于有大义,故从于之字多训大者,芋下云大叶实根骇人。吁训惊语,故从于、口,于者,惊意。""吁"之本义就是表示惊叹或疑怪的声音。《书·吕刑》:"王曰:'吁!来!有邦有士,告尔祥刑。'"孔传:"吁,叹也。"引申指叹息,如长吁短叹。音均读 xū。"吁"亦可表应答声,读 yù。现在"吁"又是"籲"的简化字,亦读 yù。"籲"见于《说文》、《广韵》等书,音 yù,义为"呼喊"或"和谐"。以"吁"代"龥",不只是同音代替,而且字义也相近。"吁"之"惊语"义今已不用,所以《简化字总表》注:"喘吁吁、长吁短叹的吁读 xū（虚）。""吁"始见于春秋金文吴王光鉴"叔姬寺吁",作人名。战国文字中"吁"或作"旱",作上下结构,古文字中偏旁结构的改变义多无别,如和亦作"咊"。（陈英杰）

晓（晓） xiāo 晓纽、宵部；晓纽、萧韵、许幺切。

战国 秦 秦 《说文》小篆 楷书 楷书
1、2、3《战文编》72页。4《说文》34页。

形声字。从口,尧声。其本义指因恐惧而发出的叫声。《诗·豳风·鸱鸮》:"予维音哓哓。"毛传:"哓哓,惧也。"亦用来指唠叨。"哓"所从之"尧"旁在战国时期就已开始简化,从字形表上可以看出。郭店楚简《穷达以时》3"尧"作𠃊,已写得非常简单了。现在写的"尧"是"堯"的草写楷化字,"哓"是由"尧"类推简化而成的。（陈英杰）

啧（啧） zé 精纽、锡部；庄纽、麦韵、侧革切。

《说文》小篆 汉 楷书 楷书
1《说文》34页。2《甲金篆》84页。

形声字。从口,责声。《说文》训"大呼也"。《荀子·正名》:"愚者之言,芴（同忽,忽然义）而粗,啧然而不类,諜諜（tà,语多貌）然而沸。""啧然"指大声纷争的样子。汉蔡邕《短人赋》:"啧啧怒语,与人相拒。"亦用"大呼"义。或用来表赞叹声,如啧啧称赞。字或借为"赜",指事物的幽深、细微处。或借为"諫",即讽刺义。"啧"从责声,责从朿声,"赜"、"啧"、"諫"均因声同或声近而相假。关于"责"旁的字形演变情况,参见"责"字条。"啧"是由"贝"的简化字"贝"类推简化而成的。（陈英杰）

嗷 áo 疑纽、宵部；疑纽、豪韵、五劳切。

《说文》小篆 汉 楷书
1《说文》34页。2《甲金篆》84页。

形声字。从口,敖声。《说文》:"嗷,众口愁也。从口,敖声。《诗》曰:'哀鸣嗷嗷。'"其本义指哀鸣声、哀号声。字或作"謷"。《诗·小雅·鸿雁》:"鸿雁于飞,哀鸣嗷嗷。"引申指叫呼声、愁怨声、喧闹声。今日所说"嗷嗷待哺"义指迫于饥饿、急于求食而哀哭的样子。（陈英杰）

唸 diàn / niàn 端纽、侵部；端纽、栎韵、都念切。

《说文》小篆 楷书
1《说文》34页。

形声字。从口,念声。《说文》:"唸,呎也。""呎,唸呎也。""唸呎"亦作"唸呻"、"殿屎",义即呻吟。清朱骏声《说文通训定声》:"《诗·板》:'民之方唸呎。'毛本以'殿屎'为之,传:'呻吟也。'"义同《吕氏春秋·大乐》"君臣失位,父子失处,夫妇失宜,民人唸呎"之"唸呎"。此义音读 diàn。字或同"念",读 niàn,诵读义,与"唸呎"之"唸"为同形字。（陈英杰）

呻 shēn 书纽、真部；书纽、真韵、失人切。

《说文》小篆 汉 楷书
1《说文》34页。2《马王堆》49页。

形声字。从口,申声。《说文》:"呻,吟也。"段玉裁注:"呻者吟之舒,吟者呻之急,浑言之则不别也。"《礼记·学记》:"今之教者,呻其佔（chān）毕。"郑玄注:"呻,吟也。佔,视也。简谓之毕……言今之师自不晓经之义,但吟诵所视简之文。"《庄子·列御寇》:"郑人缓也,呻吟裘氏之地,只三年而缓为儒。"郭象注:"呻吟,吟咏之谓。"汉王充《论衡·案书》:"刘子政玩弄《左氏》,童仆妻子,皆呻吟之。"由上引诸例看出,呻之本义是吟诵,且常呻吟连用,与《正字通·口部》训"疾痛声"之"呻"是同形字。（陈英杰）

吟 yín / jìn 疑纽、侵部；疑纽、侵韵、鱼金切。

《说文》小篆 汉 汉 楷书
1《说文》34页。2、3《甲金篆》84页。

形声字。从口,今声。其本义是呻吟即吟咏、吟诵。《庄子·德充符》"倚树而吟,据槁梧而瞑"即用本义。关于此义参上"呻"字条说解。后借指呻吟(疾痛声)、叹息义。以上诸义读yín。字或通"噤",闭口不言义,读jìn。通"噤"之"吟"可能是假借字,也可能是"噤"的异体字,而与"吟咏"之"吟"是同形字。包山楚简《文书》134 有一字作㖄,或隶为"含",或隶为"吟",无论隶为哪个字,简文都不用本义(读为"今"),而且释"含"或"吟"都有文字学上的依据。此字究为何字,尚待更多材料验证。(陈英杰)

叫 jiào 见纽、宵部；见纽、啸韵、古吊切。

㗊¹—叫²—叫
《说文》小篆 汉 楷书

1《说文》34页。2《甲金篆》84页。

形声字。从口,丩声。其本义是叫喊、呼喊。《说文》:"叫,嘑也。"嘑同呼。《诗·小雅·北山》:"或不知叫号,或惨惨劬劳。"(有的人从不知民间疾苦,有的人忧虑国事非常劳累)毛传:"叫,呼。"叫战、叫嚣、叫噪等均用本义。引申指招唤、招呼义,由招呼、招唤义引申出叫作、当作义,进一步引申出使、令义。由呼喊亦可引申指鸣叫,如鸡叫。一些方言中用"叫"指称雄性畜禽,如叫驴、叫鸡等,此义由鸣叫义引申而来,像驴、鸡等一般都是公的鸣叫,母的很少鸣叫。今天或称人喊、嚷为"叫",但多含贬义。(陈英杰)

嘆(叹) tàn 透纽、元部；透纽、翰韵、他旦切。

嘆¹—嘆²—嘆—叹
《说文》小篆 汉 楷书 楷书

1《说文》34页。2《甲金篆》84页。

形声字。《说文》:"嘆,吞歎也。从口,歎省声。一曰太息也。"段玉裁注:"嘆、歎二字,今人通用。毛诗中两体错出,依《说文》则义异,歎近于喜,嘆近于哀。故嘆训吞歎。"徐锴系传:"欲言不能,吞恨而太息也。"字的结构当分析为从口,𦰩声。字之本义为哀叹。《诗·王风·中谷有蓷》:"有女仳(pǐ)离,嘅其叹矣。"用为赞叹、叹服义,乃是与"歎"通用之结果。"叹"是"嘆"的简化字,是用简单的符号代替繁体的一部分。(陈英杰)

喝
- yè 影纽、月部；影纽、夬韵、於犗切。
- hè 晓纽、月部；晓纽、曷韵、许葛切。
- hē

喝¹—喝
《说文》小篆 楷书

1《说文》34页。

形声字。从口,曷声。《说文》:"喝,渴也。"《说文·欠部》:"渴,欲歠歠。"(下歠字为也之误)"喝"之本义就是口渴,今天已被"渴"取代。而《说文》中的"渴"训"尽也",字今作"竭"。这几个字表义功能在后世进行了重新分配。口渴即口发干想喝水,因而引申出声音嘶哑义。音均读yè。由口渴义引申出现在的"喝水"的"喝"的意义,音今读hē。字亦借表大声呵呼、呼喊、吆喝义,音读hè。(陈英杰)

哨
- shào 清纽、宵部；清纽、笑韵、七肖切。
- xiāo 心纽、宵部；心纽、宵韵、相邀切。
- sāo   心纽、豪韵、苏遭切。

哨¹—哨
《说文》小篆 楷书

1《说文》34页。

形声字。从口,肖声。《说文》:"哨,不容也。"《韵会》十八"啸"引作"口不容也"。"哨"之本义即口歪貌。引申泛指不正貌。《广雅·释诂二》:"哨,衺也。"《礼记·投壶》:"主人请曰:'某有枉矢哨壶,请以乐宾。'"郑玄注:"哨,不正貌。"字借指细小义,侦察、巡逻义(如放哨)。由侦察、巡逻义引申出岗哨、哨卡义。亦借指口哨,或用竹、金属或塑料等制成的能吹响的器物即哨子等。音均读shào。《方言》卷七:"秦晋之西鄙,自冀陇而西,使犬曰哨。"即嗾使狗咬人的声音,读为sāo。"哨哨"形容人唠叨、琐碎,音读xiāo。(陈英杰)

吪
- é 疑纽、歌部；疑纽、戈韵、五禾切。
- huā   晓纽、麻韵、呼瓜切。

吪¹—吪
《说文》小篆 楷书

1《说文》34页。

形声字。从口,化声。《说文》:"吪,动也。"《集韵·麻韵》有"吪",训"口开",呼瓜切。"动也"与"口开"义相关。《说文》之"动也"似非本训,当有讹误,其所引《诗》"尚寐无吪",见于《王风·兔爰》第一章,第二章言"尚寐无觉",第三章言"尚寐无聪"(聪指听力)。"无聪"即两耳不闻,"无觉"即长睡不醒,"无吪"即不想说话。说话即口开,口开即嘴动。"吪"之本义应即口开。《集韵》读为"呼瓜切",可能是当时的读音,转成现代读音则是 huā。《诗经》中此字与"罗"、"为"、"罹"等歌部字押韵,《广韵·戈韵》"五禾切",今音则读为 é。由口开义引申为言,即说话义,上引《诗经》即用其义。《广雅·释诂四》:"吪,言也。"由说话义引申出感化、教化义。(陈英杰)

噆 cǎn 清纽、侵部；清纽、感韵、七感切。

噆1 — 噆
《说文》小篆　楷书

1《说文》34页。

形声字。从口,朁声。《说文》:"噆,嗛也。"嗛、衔音义同,"噆"之本义即衔、含。引申出咂摸义。《淮南子·览冥》:"噆味含甘。"高诱注:"噆味,长美也。"噆味义即咂摸、回味。由衔、含义引申为咬、叮义。《庄子·天运》:"蚊虻噆肤,则通昔(夕)不寐矣。"(陈英杰)

吝 lìn 来纽、文部；来纽、震韵、良刃切。

吝1 — 吝2 — 吝3 — 吝4 — 吝
商　战国　《说文》小篆　秦　楷书

1《甲文编》45页。2《战文编》72页。3《说文》34页。4《睡甲》15页。

形声字。从口,文声。《说文》:"吝,恨惜也。"其本义指遗憾、悔恨。《易·蒙》:"困蒙,吝。"(困陷于蒙稚,有所憾惜)引申指吝惜、舍不得。由吝惜义引申为吝啬、贪吝义。由贪吝引申为羞耻、耻辱义。"吝"亦有灾祸义。睡虎地秦简《日书》859:"从道右吉,从左吝。"楚帛书甲篇5:"东邹(国)有吝。"均用其义。(陈英杰)

各 gè 见纽、铎部；见纽、铎韵、古落切。

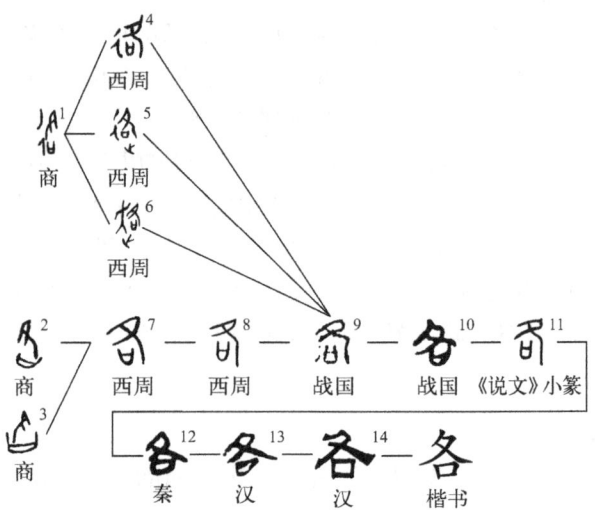

1、2、3《甲文编》45页。4-8《金文编》73页。9、10《战文编》72页。11《说文》34页。12、14《甲金篆》85页。13《马王堆》46页。

会意字。从夂,像倒趾之形,从凵,像坎穴之形。古人穴居,凵即像其形,以足向居穴以会来至之义。典籍通作"格"。"各"表来至之义,甲骨文因而或加"彳"旁以明行来之义。西周金文中从辵或走。《人》2941:"贞:王其各夒辛,王弗每(悔)?"(贞问:王在辛日来,王不会有灾祸吧?每,悔音义,即指灾祸)酋壶:"王各于成宫。"甲骨文、金文中均使用其本义。或用作"客","客"与"各"同源。越王钟(《集成》144):"我台(以)乐……大夫、宾各(客)。"或借为"格杀"之"格"。兮甲盘:"各(格)伐猃狁。"此义之"各",《说文·手部》作"挌"(训"击也"),《广雅·释诂三》作"敋"(训同《说文》)。"各",《说文》训"异辞也",即今日所说的各自义,此义产生较晚,约出现于战国时期,如睡虎地秦简《法律答问》139:"当赀各二甲。"马王堆三号墓遣策:"铙铎各一。"(陈英杰)

否 fǒu 帮纽、之部；非纽、有韵、方久切。
pǐ 并纽、之部；并纽、旨韵、并鄙切。

否1 — 否2 — 否3 — 否4 — 否5 — 否6 — 否
西周　春秋　战国　《说文》小篆　汉　汉　楷书

1、2《类编》123页。3《战文编》73页。4《说文》34页。5《银雀山》45页。6《甲金篆》85页。

形声兼会意字。从口,从不,不亦声。《说文》:"否,不也。""否"作否定副词,或和肯定词对举。《诗·邶风·匏有苦叶》:"人涉卬(áng,我)否。"或用于应对,常独立使用,相当于"不"、"不然"。或用在疑问句末,构成是非问句。音均读 fǒu。金文中"否"可通"不",师毁簋："母敢否(不)善。"或训为"恶"。毛公鼎："虢(xī)许上下若否。"中山王鼎："今余方壮,知天若否。"《诗·大雅·烝民》："邦国若否,仲山甫明之。"郑玄笺："若,顺也。顺否犹臧否,谓善恶也。"用为"恶"义读pǐ。由恶义引申为困穷、不顺义,如否极泰来。由不顺义引申为闭塞、阻隔不通义。《广雅·释诂一》："否,隔也。"《广韵·旨韵》："否,塞也。""否"是"不"的分化字,"口"或"曰"(口中短画为饰笔,战国文字习见)是分化部件。(陈英杰)

唁 yàn 疑纽、元部；疑纽、线韵、鱼变切。

唁¹—唁
《说文》小篆　楷书

1《说文》34页。

形声字。从口,言声。本义指对遭遇非常变故者的慰问。《说文》："唁,吊生也。"段玉裁注："此言吊生者,以吊生为唁,别于吊死为吊也。"《诗·鄘风·载驰》："载驰载驱,归唁卫侯。"毛传："吊失国为唁。"孔颖达疏："此据失国言之,若对吊死曰吊,则吊生为唁。"后多指对遭遇丧事的人的慰问。(陈英杰)

哀 āi 影纽、微部；影纽、哈韵、乌开切。

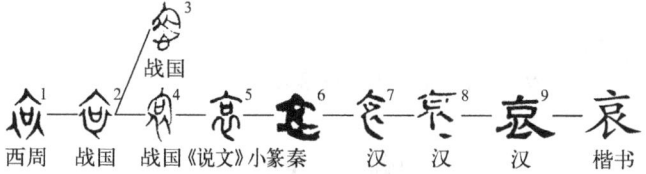

1、2《金文编》74页。3、4、6《战文编》73页。5《说文》34页。7、8《银雀山》45页。9《甲金篆》85页。

形声字。从口,衣声。其本义是怜悯。《书·吕刑》："皇帝哀矜庶戮之不辜,报虐以威。"引申指哀痛、悲伤。禹鼎："乌虖哀哉！"即用其义,表达悲哀的感情。由怜悯亦可引申为爱义。《管子·侈靡》："国虽弱,令必敬以哀。"西周早期金文沈子它簋中"哀"亦用为"爱",其文曰："鼒(其)哀(爱)乃沈子它唯福。"战国文字中"哀"或从心从衣,古文字中口旁、心旁往往通用。(陈英杰)

嚋(啼) tí 定纽、支部；定纽、齐韵、杜奚切。

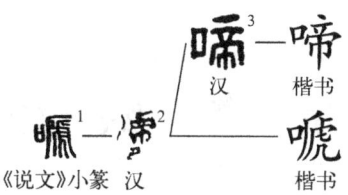

1《说文》34页。2《马王堆》51页。3《甲金篆》86页。

形声字。从口,虒声。其本义是啼笑。字俗作"啼"。《后汉书·第五伦传》："永平五年,坐法征,老小攀车叩马,嚋哭相随。"引申指动物的鸣叫。"啼"是一新造形声字,从口,帝声,始见于东汉建宁三年(170年)的《许阿瞿墓志》。(陈英杰)

嗀 hù 晓纽、屋部；晓纽、屋韵、呼木切。

嗀¹—嗀²—嗀
西周　《说文》小篆　楷书

1《金文编》74页。2《说文》34页。

形声字。从口,毁声。本义是呕吐。《说文》："嗀,欧貌。……《春秋传》曰：'君将嗀之。'"《左传·哀公二十五年》作"君将毁之",杜预注："毁,殴吐也。"金文此字通"毁"。鄂侯鼎："王亲锡(赐)驭方玉五嗀(毁)。"(陈英杰)

昏 guā 匣纽、月部；匣纽、鎋韵、下刮切。

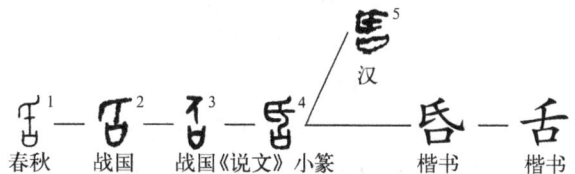

1《金文编》74页。2《古文典》1471页。3《古文典》907页"鵨"字偏旁。4《说文》34页。5《马王堆》52页。

形声字。《说文》："昏,塞口也。从口,氒省声(按：氒,厥之古文)。"《广雅·释诂三》："昏,塞也。"不见文献用例。其字隶变作"舌",与口舌字形混。凡从昏从舌之字,今多不分。此字今已不单独使用,只作偏旁,活、刮、括等皆从之。《说文》古文作昏,从甘。古文字中,字下之"口"经常演化为从"甘"。古文字中多用作人名。据古文字学者研究,此字由甲骨文氒(舌)变来：舌—舌—舌,其说附此 [参赵平安《续释甲骨文中的乇、舌、昏——兼及舌(昏)的结构、流变及其他古文字资料中从舌诸字》,《华学》第四辑]。(陈英杰)

嗾

sǒu 清纽、屋部；清纽、候韵、仓奏切。

嗾¹—嗾²—嗾³—嗾
战国　《说文》小篆　汉　楷书

1《四声韵》69页。2《说文》34页。3《甲金篆》86页。

形声字。从口，族声。其本义是使犬声，即使狗咬人的声音。《左传·宣公三年》："公嗾夫獒焉。""嗾"本为使犬声，用为动词，则训"使"，有"阴嗾"语，义即暗使。字或作"宵"、"哨"等，宵、哨、嗾一声之转；或作"唆"，古无唆字，通用嗾。"教唆"、"唆使"义源于"嗾"也。（陈英杰）

吠

fèi 並纽、月部；奉纽、废韵、符废切。

吠¹—吠²—吠³—吠
战国　战国《说文》小篆　楷书

1《战文编》73页。2《甲金篆》86页。3《说文》34页。

会意字。从口，从犬。其本义是狗叫。《诗·召南·野有死麕》："舒而脱脱兮，无感我帨(shuì，围裙)兮，无使尨(máng，犬)也吠。"引申泛指一般鸟叫哇鸣。《广雅·释诂二》："吠，鸣也。"（陈英杰）

嗥

háo 匣纽、幽部；匣纽、豪韵、胡刀切。

嗥¹—嗥
《说文》小篆　楷书

1《说文》34页。

形声字。从口，皋声。"嗥"，《说文》出一或体作"獆"，从犬。"嗥"之本义当是指动物的吼叫。《左传·襄公十四年》："赐我南鄙之田，狐狸所居，豺狼所嗥。"即用本义。字或通"号"，指大声哭叫。（陈英杰）

咆

páo 並纽、幽部；並纽、肴韵、薄交切。

咆¹—咆
《说文》小篆　楷书

1《说文》34页。

形声字。从口，包声。其本义指猛兽的吼叫，与"嗥"是同义词。《楚辞·招隐士》："虎豹斗兮熊罴咆，禽兽骇兮亡其曹。"（陈英杰）

喈

jiē 见纽、脂部；见纽、皆韵、古谐切。

喈¹—喈²—喈
《说文》小篆　汉　楷书

1《说文》34页。2《甲金篆》86页。

形声字。从口，皆声。其本义指鸟鸣声，是一象声词。《诗·郑风·风雨》："风雨凄凄，鸡鸣喈喈。"亦可借指风雨疾速貌。《诗·邶风·北风》："北风其喈，雨雪其霏。"毛传："喈，疾貌。"其义同今日所说"雨下得正紧"的"紧"字。（陈英杰）

哮

xiāo 晓纽、幽部；晓纽、肴韵、许交切。

哮¹—哮²—哮
《说文》小篆　汉　楷书

1《说文》34页。2《甲金篆》86页。

形声字。从口，孝声。《说文》："哮，豕惊声也。"其本义指猪的惊叫声。引申指野兽的吼叫。字亦作"虓"，《诗·大雅·常武》："阚如虓虎。"唐杜甫《石龛》："熊罴哮我东，虎豹号我西。"又引申指呼喊、呼唤义。"哮喘"义亦与本义有关连，哮喘病患者嗓内有一种"喉喽喉喽"的声音，故以动物之叫声相比拟。（陈英杰）

喔

wō 影纽、屋部；影纽、觉韵、於角切。
ò

喔¹—喔
《说文》小篆　楷书

1《说文》34页。

形声字。从口，屋声。《说文》："喔，鸡声也。"其本义是鸡叫声，象声词。唐许浑《秋日行次关西》："早霜鸡喔喔，残月马萧萧。"音读wō。用为叹词，表示了解、领会或醒悟，读ò，字同"哦"。（陈英杰）

咮

zhòu 端纽、侯部；知纽、宥韵、陟救切。
zhù 端纽、侯部；知纽、遇韵、中句切。

咮¹—咮
《说文》小篆　楷书

1《说文》34页。

形声字。从口，朱声。本义是鸟嘴。《诗·曹风·候人》：“维鹈在梁，不濡其咮。”毛传：“咮，喙也。”引申指像鸟嘴一样的东西。音读 zhòu。"咮"亦可用来指鸟声，读为 zhù。《广韵·遇韵》："咮，鸟声。"（陈英杰）

嚶（嘤）yīng 影纽、耕部；影纽、耕韵、乌茎切。

1《说文》34页。2《甲金篆》86页。

形声字。从口，婴声。本义是鸟叫声，象声词。《诗·小雅·伐木》："伐木丁丁，鸟鸣嘤嘤。"引申指其他声音，如哭泣的声音。（陈英杰）

啄 zhuó 端纽、屋部；知纽、觉韵、竹角切。
zhòu

1《说文》35页。

形声字。从口，豖声。本义是鸟用嘴取食。《诗·小雅·黄鸟》："无集于谷，无啄我粟。"《庄子·养生主》："泽雉十步一啄，百步一饮。"今日所说"啄木鸟"犹用其义。引申为象声词用法，指叩门声，读 zhuó。字或同"咮"，指鸟嘴，读 zhòu。《韩诗外传》卷七："《传》曰：鸟之美羽勾啄者，鸟畏之。"（陈英杰）

虖 xiāo 晓纽、宵部；晓纽、肴韵、呼訐切。
guó 见纽、陌韵、古伯切。
háo 匣纽、豪韵、呼刀切。
xià
hǔ

1、4、7《甲金篆》86页。2、3《金文编》75页。5《战文编》73页。6《说文》35页。

形声兼会意字。从口，从虎，虎亦声。《说文》："虖，哮声也。一曰虎声。从口从虎。读若暠。"其本义指虎怒声，读 xiāo。字或借指鸟啼声，读 guó。或通"號"，呼号义，读 háo。或同"嚇"，恐吓义，读为 xià。字亦用来指虚张声势、夸大事实以蒙混人，读为 hǔ。金文之 或 读为"號"，用为效、效法之义。善鼎："唯用绥福虖前文人。"战国文字中"口"旁移至"虎"下，或用为"號"，或用为句末语气词"乎"，或用为"虐"字。《说文》古文"虐"字作 ，从虎从口。（陈英杰）

呦 yōu 影纽、幽部；影纽、幽韵、於虬切。

1《说文》35页。

形声字。从口，幼声。本义是鹿鸣声，象声词。《诗·小雅·鹿鸣》："呦呦鹿鸣，食野之苹。"或用为句末语气词，相当于"啊"。或用为叹词，表惊异，如：呦！这是怎么了？《说文》古文作 ，从欠，属义近形旁换用。（陈英杰）

喁 yóng 疑纽、东部；疑纽、钟韵、鱼容切。
yú 疑纽、侯部；疑纽、虞韵、元俱切。

1《说文》35页。

形声字。从口，禺声。《说文》："喁，鱼口上见。"本义指鱼口露出水面唼动貌。《韩诗外传》卷一："水浊则鱼喁，令苛则民乱。"音读 yóng。字亦用来指应和声，读 yú。《庄子·齐物论》："前者唱于而随者唱喁。"陆德明释文："李云：'于、喁，声之相和也。'"成玄英疏："于、喁，皆是风吹树动前后相随之声也。"（陈英杰）

局 jú 群纽、屋部；群纽、烛韵、渠玉切。

1《睡甲》15页。2《马王堆》47页。3《说文》35页。4《甲金篆》86页。

形声兼会意字。从尸，从句，句亦声。《说文》："局，促也。从口在尺下，复局之。一曰博，所以行棋。象形。"其本义说解及字形分析均错。睡虎地秦简写法可纠其误。从尸、从句的写法一直到隋唐墓志中还保留着，《说文》小篆则是已经讹变了的形体。字之本义就是弯曲。

《玉篇·口部》:"局,曲也。"《诗·小雅·正月》:"谓天盖高,不敢不局。"又《诗·小雅·采绿》:"予发曲局。"均用本义。引申为局促、狭小义。作棋盘、局面、局部、机关单位名称讲则是假借义。睡虎地秦简中作"棋盘"讲。(陈英杰)

㕣 yǎn 喻纽、元部;以纽、狝韵、以转切。

从¹—从²—㕣³—㕣⁴
商　西周　战国《说文》小篆　楷书

1、2《新甲骨文编》61~62页。3《古文典》1031页。4《说文》35页。

会意字。从口,从八。会意不明。《说文》:"㕣,山间陷泥地,从口,从水败貌。读若沇州之沇。九州之渥地也,故以沇名焉。"沇后作"兖",亦作"兖"。依《说文》,"㕣"之本义指山间泥沼地。"沿"字从之,"沿"本义是顺流而下,"沿"很可能是"㕣"的后起本字,因"㕣"会意不明故加水旁以明之,"㕣"之本义即"沿",亦即顺流而下。"口"指山谷,"八"指流水,意即水沿着山谷顺流而下。今铅、船等均从之得声。字今已不单独使用,仅作偏旁。战国文字中用作姓氏或人名,用作姓氏读兖或兑。此字单独使用始见于战国文字中,战国文字有"船"字,从之(《战文编》590页)。《说文》云"兑"从㕣(㕣)声。战国器冉钲铖(南疆钲)有船字,作𦨴。(陈英杰)

哦 ó 疑纽、歌部;疑纽、歌韵、五何切。

𢆶¹—𢆶²—哦³—哦
西周　战国《说文》新附　楷书

1《金文编》76页。2《战文编》74页。3《说文》35页。

形声字。从口,我声。本义是吟哦,即吟咏、吟诵义。唐韩愈《蓝田县丞厅壁记》:"对树二松,日哦其间。"音读ó。金文中有此字,但用作人名。郭店楚简《忠信之道》亦有此字,读为仁义的"義"。"義"与"哦"均从我得声,故得相通。字今或用作叹词,表示领会或醒悟,读ò。(陈英杰)

售 shòu 禅纽、幽部;禅纽、宥韵、承呪切。

䨱¹—售
《说文》新附　楷书

1《说文》35页。

形声字。从口,雔省声。《说文》:"售,卖去手也。"本义指卖出去。《诗·邶风·谷风》:"既阻我德,贾用不售。"引申为实行、实现义。《文选·张衡〈西京赋〉》:"挟邪作蛊,于是不售。"薛综注:"售,犹行也。"今天"售"字词义已发生了转移,以卖为售,不再指一定要卖出去。(陈英杰)

噞(唵) yǎn 疑纽、谈部;疑纽、琰韵、鱼检切。

噞¹—噞—唵
《说文》新附　楷书　楷书

1《说文》35页。

形声字。从口,僉声。《说文》:"噞,噞喁,鱼口上见也。"其本义指鱼在水面张口呼吸貌。《淮南子·主术》:"水浊则鱼噞,政苛则民乱。"高诱注:"鱼短气出口于水喘息之谕也。"此句亦见于《韩诗外传》卷一,作"水浊则鱼喁",知"噞"与"喁"同义。字或借指表品尝义。(陈英杰)

唳 lì 来纽、质部;来纽、霁韵、郎计切。

唳¹—唳
《说文》新附　楷书

1《说文》35页。

形声字。从口,戾声。本义是鹤鸣,今日所说"风声鹤唳"即用其义。《晋书·陆机传》:"华亭鹤唳,岂可复闻乎!"(陈英杰)

喫 chī 溪纽、月部;溪纽、锡韵、苦击切。
kài 溪纽、月部;溪纽、卦韵、口卖切。

喫¹—喫
《说文》新附　楷书

1《说文》35页。

形声字。从口,契声。本义就是吃,指把食物放到嘴里经过咀嚼咽下去。《世说新语·任诞》:"友闻白羊肉美,一生未曾得喫。"喫酒、喫烟、喫墨、喫力、喫掉(消灭义,多用于军事、棋戏)等均为其引申义,音读chī。汉字简化后以笔画简单的口吃的"吃"同音代替了笔画繁多的"喫"。"喫"又读kài,用于"喫诟",义指用力争辩,亦指传说中的古代言辩之人,见于《庄子·天地》"使喫诟索之而不得"。(陈英杰)

唤 huàn　晓纽、元部；晓纽、换韵、火贯切。

喚¹—唤
《说文》新附　楷书

1《说文》35页。

形声字。从口,奂声。本义是呼叫。《世说新语·任诞》:"桓子野每闻清歌,辄唤'奈何'。"引申指召唤、召请义。《魏书·皇后传·孝文幽皇后冯氏》:"高祖乃唤彭城、北海二王,令入坐。"亦可引申为叫作、称作义。亦可用指啼叫、鸣叫。《乐府诗集·杂歌谣辞一·鸡鸣歌》:"东方欲明星烂烂,汝南晨鸡登坛唤。""奂"旁字形演变情况参见"奂"字条。(陈英杰)

咍 hāi　晓纽、之部；晓纽、咍韵、呼来切。

咍¹—咍
《说文》新附　楷书

1《说文》35页。

形声字。从口,台声。本义指嗤笑、嘲笑。《楚辞·九章·惜诵》:"行不群以巅越兮,又众兆之所咍。"王逸注:"咍,笑也。楚人谓相啁(调)笑曰咍。"引申指喜悦、欢笑。唐韩愈《感春》诗之四:"前随杜尹拜表回,笑言溢口何欢咍。"(陈英杰)

嘲 cháo　端纽、宵部；知纽、肴韵、陟交切。
zhāo

嘲¹—嘲
《说文》新附　楷书

1《说文》35页。

形声字。从口,朝声。本义指嘲笑、讥笑、嘲谑。南朝梁任昉《出郡传舍哭范仆射》:"兼复相嘲谑,常与虚舟值。"或借表吟咏义,如嘲风弄月。音读cháo。字亦用来指鸟鸣。《禽经》:"林鸟朝嘲。"读zhāo。"朝"旁字形演变情况参见"朝"字条。(陈英杰)

呀 xiā　晓纽、歌部；晓纽、麻韵、许加切。
yā　　　　疑纽、麻韵、五加切。
ya

呀¹—呀
《说文》新附　楷书

1《说文》35页。

形声字。从口,牙声。本义指张口貌,见《说文》。唐柳宗元《同刘二十八院长述旧言怀》:"枭族音常聒,豺群喙竞呀。"引申指空旷貌。《后汉书·班固传上》:"建金城其万雉,呀周池而成渊。"李贤注:"《字林》曰:'呀,大空也。'"音读xiā。用来表嗟叹,读yā。用作句末语气助词,读作轻声ya。何琳仪《战国古文字典》511页收有"呀"字,还值得研究,故此条未收列其字形。(陈英杰)

凵 部

凵 qiǎn　溪纽、谈部；溪纽、范韵、丘犯切。
kǎn

凵¹—凵²—凵
战国　《说文》小篆　楷书

1《楚系简帛》112页。2《说文》35页。

象形字。像坎穴之形,为"坎"之初文。甲骨文中此字不单独使用,只用于偏旁,大致有两种内涵:一是埋牲的祭坑之形,薶字的诸种异体从之;一是居穴之形。经考古发掘证实,上古人类居室,多于平地挖数尺浅坑,夯实,置柱,再沿周边垒短墙,"凵"即此浅坑的纵剖面形,"各"字、"出"字从之。至金文,"凵"旁发生了讹变,参"各"字条。战国文字中,"凵"一见于陶文,作人名;一见于包山楚简,义不能确释。像坎穴之形,读为kǎn。《说文》:"凵,张口也。"已失其本训,《广韵·范韵》丘犯切,其音读qiǎn。(陈英杰)

吅 部

吅 xuān　晓纽、元部；晓纽、元韵、况袁切。
sòng　　　邪纽、用韵、似用切。

吅¹—吅
《说文》小篆　楷书

1《说文》35页。

会意字。从二口,会喧闹之义。字同"喧",亦作"誼",本义是惊呼。五代徐锴《说文系传》:"吅,众人并呼。"读为 xuān。字或用作"讼",争讼义,读 sòng。用为"讼"大概亦从其形取意,此"吅"与"惊呼"之"吅"为同形字。(陈英杰)

嬲 níng 泥纽、阳部;泥纽、庚韵、乃庚切。

1、2《金文编》76页。3、5-11《战文编》77页。4《甲金篆》88页。12、13《说文》35页。

会意字。从其初形看,此字从丫或𢆉,从攴,从土。《说文》所谓从吅,乃由丫之上部讹变而来,𢆉则讹为籀文𢆉的中间部分。所谓从工乃土之讹,从爻乃攴之讹。"嬲"之巳是初形丫之下部人形和土讹变合成的。小篆已讹变得一塌糊涂。此字会意不明。甲骨文是否有"嬲"字尚存在争议,但金文是有的,或通"襄"。叔尸镈:"其配嬲(襄)公之妣。"(《尔雅·释亲》:"男子谓姊妹之子为出。"妣即此义之本字)襄从嬲得声。《说文》:"嬲,乱也。一曰窒嬲。"均不见文献用例。"嬲"很可能就是后世"攘"字之初文。(陈英杰)

嚴(严) yán 疑纽、谈部;疑纽、严韵、语掭切。

1-6《金文编》76页。7、10《战文编》78页。8、9《说文》35页。11《银雀山》45页。12《甲金篆》88页。

形声字。《说文》曰:"从吅,厰声",误。甲骨文中有𠱠字,即"嚴"之所从,稍有讹变而已。因此,"嚴"应分析为从严(即𠱠,乃"譶"和"嚻"的初文),敢声,厂是"人"的变形。"嚴"是"譀"的初文,义即荒诞。《管子·法法》:"国毋怪,严毋杂,俗毋异礼。"《史记·日者列传》:"夫卜者,多言夸严以得人情。"清王念孙《读书杂志》:"严读为譀。《说文》曰:'譀,诞也。'"金文中或用为敬义,默钟:"先王其严在上。"秦公簋:"严恭夤天命。"严、恭、夤同义连用。或通"玁",用于"玁狁",古族名用字,仅见于多友鼎。"严厉"、"庄严"等义当是假借义。《说文》古文小有讹变,但古意犹存,小篆则讹甚。"严"是在"嚴"草书楷化的基础上进一步简化而构拟的,仅残存字之轮廓而已。"嚴"之字形演变可分二系:一为《说文》古文一系,从三口,演变至《说文》古文时,所从之"敢"旁演变为从古(《说文》云是声符);二为《说文》篆文一系,从二口。但篆文"嚴"所从之"敢"与《说文》篆文"敢"在字形规范上不一致。篆文敢作𣪠,古文敢作𣪡,"敢"古文与"嚴"古文一系,籀文敢作𣪢,即"嚴"字篆文所从。士父钟(《集成》145)"嚴"字作厰,此字从石省,多用为玁狁字,与"嚴"构意有别,厰用作"嚴",当属假借。战国晚期以后,从三口之"嚴"逐渐废弃,从吅(二口)之"嚴"沿袭下来。(陈英杰)

噩 è 疑纽、铎部;疑纽、铎韵、五各切。

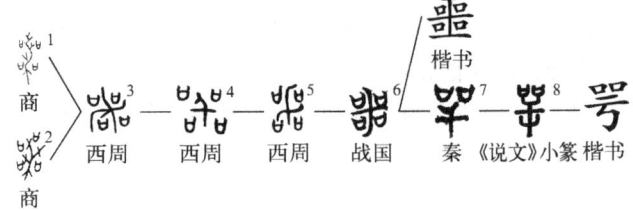

1、2《类编》128页。3、4、5《金文编》77页。6《楚系简帛》112页。7《古文典》514页。8《说文》35页。

形声字。《说文》:"从吅,屰声。"噩、嚚同字,噩讹变较甚,嚚稍存古意。其字由"丧"字分化而出。"丧"在甲骨文中从数口,桑声,用法有二:一为地名,一为丧亡之丧。金文则别为二字,用为地名者仍其旧,字形稍作简变而已;用作亡失者则加"亡"声符。《说文》训"噩"为"哗讼",正是字从口形,示喧呶嗷嘈之本义也。"桑"上古音为心纽、阳部,声母属精组;"噩"为疑纽、铎部,声母属见组,阳、铎阳入对转,精组和见组关系亦密切,如"告"字属见纽,"造"从告得声为从纽字。小篆形体发生了较大讹变,秦文字把千或𠂇形讹为"干"形,小篆又讹变为"屰"。金文中用作诸侯国名,姞姓,字后孳乳为"鄂",在今河南南阳北。战国之鄂地是楚国封君的封邑,在今湖北鄂城,见鄂君启节。字或借表"惊愕"义,后孳乳为"愕"字;或指剑锷(指刃),后孳乳为"锷",均为假借义。(陈英杰)

單(单)

dān 端纽、元部；端纽、寒韵、都寒切。
dǎn 端纽、元部；端纽、旱韵、党旱切。
chán 禅纽、元部；禅纽、仙韵、市连切。
shàn 禅纽、元部；禅纽、狝韵、常演切。
zhàn 章纽、线韵、之膳切。

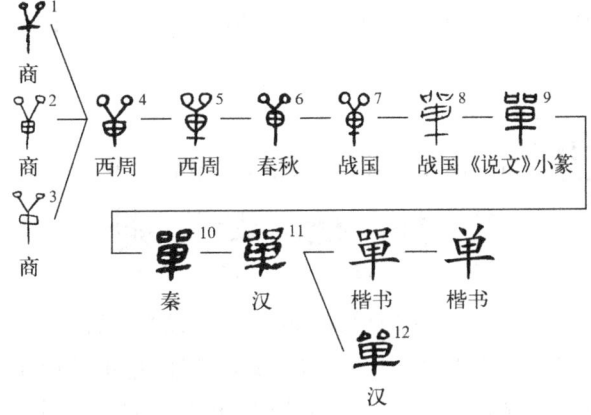

1、2、3《甲文编》53页。4、5、6《金文编》78页。7、8、10、12《甲金篆》89页。9《说文》35页。11《马王堆》54页。

象形字。像古代狩猎用的武器形。竿上有杈，两歧之端缚石块，或于歧下缚以绳索，使之牢固，遂成 、 ，此即《说文》篆文所本。本义指一种狩猎的工具，"獸"、"戰"等皆从之。甲骨文中有西单、南单、东单等，为地名，或读为埠。金文中用为国名或邑名，或人名。《说文》训"单"为"大"，乃假借义。或借表单独、孤单、单薄、简单等义，音读为 dān。或通"亶"，诚厚义，读作 dǎn。用于纪年用名"单阏"中，读 chán。用作姓氏，读 shàn。字或通"戰"，马王堆汉墓帛书《老子》乙本"以單则朕"，今本《老子》第六十七章作"以戰则胜"，音读为 zhàn。（陈英杰）

哭 部

哭

kū 溪纽、屋部；溪纽、屋韵、空谷切。

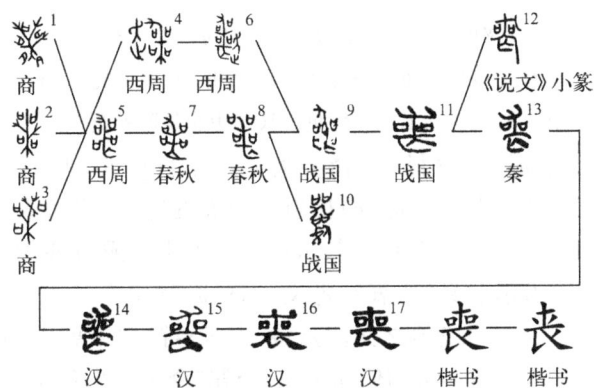

1《说文》35页。2《睡甲》16页。3、4《马王堆》54页。5、6《甲金篆》89页。

会意字。从吅，从犬，本指犬嗥，而移以言人之哀哭声。《说文》曰"从吅，狱省声"则皮傅勉强不可取。《论语·先进》："颜渊死，子哭之恸。"睡虎地秦简《日书》1086："辰不可以哭。"皆用哭泣义。引申为吊唁、歌哭、哭诉等义。（陈英杰）

喪(丧)

sàng 心纽、阳部；心纽、宕韵、苏浪切。
sāng 心纽、阳部；心纽、唐韵、息郎切。

1、2、3《甲文编》54页。4-8《金文编》79页。9、10、11《战文编》78页。12《说文》35页。13《睡甲》16页。14、15《马王堆》54页。16、17《甲金篆》89页。

形声兼会意字。此字甲骨文就已出现，其异构甚繁，有从一口者，有从二口者，有从三口者，有从四口者，有从五口者，其区别大抵在所从偏旁多少、笔画曲折横斜之间，基本形体要无大异。《说文》所谓"从哭"乃形之讹。至金文加亡声，亡兼义。甲骨文中此字用法有二：一为地名，一为丧亡、亡失义。《宁》3.43："戊午卜，宾贞：卓不丧众？"金文中或加走旁，或从亡声兼从走旁，均为表丧亡、亡失之专字。毛公鼎"乃唯是丧我国"，即用失去义。或引申用为灾难义。师询簋："天疾畏(威)降丧。"战国文字中或加"死"旁，乃"人死谓之丧"、丧事之专字，郭店楚简《老子》丙8"故吉事上(尚)左，丧事上(尚)右"，即用其义。由丧亡、亡失义引申出逃亡、灭亡、忘记、人死等义，读为 sàng。用为居丧、服丧、丧事、人的尸体义时，读 sāng。"丧"字是采用草书楷化的方法构拟的简化字。（陈英杰）

走 部

走

zǒu 精纽、侯部；精纽、厚韵、子苟切。

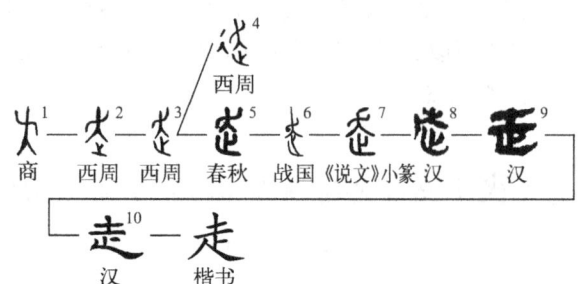

1《殷墟甲骨刻辞类纂》112页。2、3、4、6《金文编》79页。5《类编》95页。7《说文》35页。8、9《马王堆》55页。10《甲金篆》90页。

象形字。《释名·释姿容》:"徐行曰步,疾行曰趋,疾趋曰走。""走"即相当于今天的"跑",字像人跑摇两手形。甲骨文有𠫓字,即"走"。加止旁或再叠加彳旁,均为示动义符,表行走义。《甲》2810:"其令亚走马。""走"为趋驰之义,与《诗·大雅·绵》"来朝走马"之用法同,乃本义的使动用法。令鼎"令眔奋先马走"也用此义。大鼎之"走马"则为官职名。伯中父簋"伯中父夙夜事走考","走"借表第一人称代词,《小尔雅·广言》:"走,我也。""走"本义为跑,引申指逃跑、往义,由往引申为去、离开义,由离开引申指背离、误差义。由离开亦引申为走失、走漏、死亡义。"走"有行走义,由行走引申为流行、传布,使通畅、通达义。今天"走"义已发生了转移,今日的"走"相当于古代的"步"。"走"本从𠫓,小篆讹为从夭,甲骨文、金文夭字作𠀍或𠂇,不分左右,篆文则矢作𠂇,夭作𠀍,小篆"走"字从"夭",乃形体之讹变。据古文字学家研究,小篆以前没有𠀍或𠂇的"夭"字,小篆夭字之𠀍形是根据"奔"、"乔"、"幸"的小篆讹体离析出来的。(陈英杰)

趋(趋) qū 清纽、侯部;清纽、虞韵、七逾切。
cù 清纽、屋部;清纽、烛韵、趋玉切。
cǒu 清纽、厚韵、此苟切。

1《说文》35页。2《汉印征》卷2,8页。3《马王堆》56页。4《银雀山》46页。5《甲金篆》90页。

形声字。从走,刍声。本义是小步快走。《释名·释姿容》:"徐行曰步,疾行曰趋,疾趋曰走。"小步快走,常表恭敬。《论语·子罕》:"子见齐衰者、冕衣裳者与瞽者,见之,虽少,必作;过之,必趋。"引申为疾走、跑义,由疾走义引申为奔赴、追逐义,由奔赴引申为投向、趋向义,由趋向义引申为归附义,亦引申指意趣、旨趣。由本义亦可引申指苟且、草率义。音均读 qū。"趋"由迅速、急速义,引申为敦促、催促义,音读 cù。字或同"促",《集韵·厚韵》:"趣,促也。《周礼》有趣马官。或作趋。""趣马"相当金文"走马",《集韵·厚韵》此苟切,读为 cǒu,乃"走"之音转。"趋"是由"𧼨"之简化字"刍"类推简化而成的。关于"𧼨"字的形体演变情况,参"𧼨"字条。(陈英杰)

赴 fù 滂纽、屋部;敷纽、遇韵、芳遇切。

1、3、4《甲金篆》90页。2《说文》35页。

形声字。从走,卜声。《说文》:"赴,趋也。"徐锴系传:"一心趋向之也。"本义即趋走、前往。《史记·滑稽列传》:"欲赴佗国奔亡,痛吾两主使不通。"即用其义。后沿两个方向引申:一是急速义。《礼记·少仪》:"毋拔来,毋报往。"郑玄注:"报,读为赴疾之赴,拔、赴皆疾也。""急走报丧"义由此引申,后制专字"讣"表之。一是往义,由往引申为至、到义,由往亦引申指奔赴义,由奔赴引申为投身,举身投入、跳入义,由投身引申为依附义。晋陆机《拟东城一何高》诗:"闲夜抚鸣琴,惠音清且悲。长歌赴促节,哀响逐高徽。"《陈书·周弘正传》:"今宜赴百姓之心,从四海之望。"此"赴"为顺应、应合义,亦属往义系列。唐韩愈《南山诗》:"或散若瓦解,或赴若辐凑","赴"为聚集义。《庄子·秋水》曰"赴水"义即跳进水中,由此引申出"游泳"义,是明清时代的事。春秋金文郮子彭缶中从攴声,赴缶即行缶,盖用本义。(陈英杰)

趣 qù 清纽、侯部;清纽、遇韵、七句切。
cù 清纽、侯部;清纽、烛韵、趋玉切。
qū 清纽、侯部;清纽、虞韵、逡须切。
cǒu 清纽、侯部;清纽、厚韵、仓苟切。

1《金文编》80页。2、4《战文编》79页。3《说文》35页。5《银雀山》46页。6、7《甲金篆》90页。

形声字。从走,取声。《说文》:"趣,疾也。"本义即疾速义。《望山》1.20:"走趣事王。"睡虎地秦简《日书》

870反:"疾趣出。"均用本义。引申指意趣、志趣、兴趣等义。音读为qù。用为督促、催促、促使义读cù。用为趋向、奔赴、驱赶义读为qū。用于"趣马"(周代掌管王马之官,即金文中之"走马")读cǒu。这些音义均由本义引申出来,不过后世为了表达语言的精确化作了一些读音区别而已。趋、趣、骤、驺等字同源,皆"走"之辗转孳乳字和引申义声符加旁字或声符更旁字。金文假为选取之"取"。莒侯簋:"莒侯少子、斩乙孝孙丕巨鱻趣(取)吉金。"《庄子·秋水》"吾辞受趣舍","趣"亦假作"取"。(陈英杰)

超 chāo 透纽、宵部;彻纽、宵韵、敕宵切。

1《说文》36页。2《汉印徵》卷2,8页。3《甲金篆》91页。

形声字。从走,召声。本义是跃上。《说文》训"跳也"。唐玄应《一切经音义》卷四:"超,跳上车也。"《左传·召公元年》:"子南戎服入,左右射,超乘而出。"由跃上义引申为跳过义,由跳过引申为超出、胜过义,由超过引申出超凡、超胜义,进一步引申为超远义,字亦作"迢"。(陈英杰)

趫(趬) qiáo 溪纽、宵部;溪纽、宵韵、去遥切。
jiǎo 群纽、小韵、巨夭切。

1《甲金篆》91页。2《说文》36页。3《汉印徵》卷2,8页。

形声字。从走,乔声。《说文》:"趫,善缘木走之才。"钮树玉校录:"李善注《文选·西京赋》及《一切经音义》卷十一引并作'善缘木之士'也。《玉篇》训'善缘木之工'也。"按当作"士",士、才音同。中山王壶"贤在"读为"贤士",《玉篇》"工"乃"士"之误。字之本义即擅长于缘木登高的人。《文选·张衡〈西京赋〉》:"非都庐国之轻趫,孰能超而究升。"李善注:"《太康地志》曰:'都庐国,其人善缘高。'"引申为善走义,由善走义引申为矫健义。由缘木登高义引申为举足即足往上翘义。音读qiáo。"趬"有趋走义,亦由本义引申,《集韵》作"巨夭切",今读jiǎo。

"趫"所从"乔"旁在小篆中已发生了讹变,其字形演变情况,参看"乔"字条。(陈英杰)

赳 jiū 见纽、宵部;见纽、黝韵、居黝切。
jiù 见纽、幼韵、古幼切。

1《古文典》163页。2《说文》36页。3《甲金篆》91页。

形声字。从走,丩声。《说文》:"赳,轻劲有才力也。"本义指强健勇武的样子。《诗·周南·兔置》"赳赳武夫,公侯干城。"即用其义,音读jiū。用于"赳螑(xiù)",读为jiù,义指龙伸颈高低起伏而行貌。"赳"见于侯马盟书中,用作人名。(陈英杰)

趯 yuè 喻纽、药部;以纽、药韵、弋灼切。
tì 透纽、药部;透纽、锡韵、他历切。
yào 以纽、笑韵、弋笑切。

1《说文》36页。2《马王堆》57页。

形声字。从走,翟声。《说文》:"趯,跃也。"本义即跳跃。《汉书·李寻传》:"涌趯邪阴,湛溺太阳。"颜师古注:"趯字与跃同。"马王堆帛书《五星占》032:"星趯趯。""趯趯"与"涌趯"同,义即升腾、跳跃。音读yuè。字亦用来指跳的样子。《诗·召南·草虫》:"喓喓草虫,趯趯阜螽。"毛传:"趯趯,跃也。"引申为惊惧义,今日犹说吓得跳起来。音读tì。字亦可用来表"走"义,音读yào。《集韵·笑韵》:"趯,走也。"(陈英杰)

越 yuè 匣纽、月部;云纽、月韵、王伐切。
huó 匣纽、月部;匣纽、末韵、户括切。

1、2《战国编》79页。3《说文》36页。4、6《甲金篆》91页。5《银雀山》46页。

形声字。从走,戉声。《说文》:"越,度也。"本义是度过、越过、逾越。《楚辞·天问》:"阻穷西征,岩何越焉?"睡虎地秦简《秦律杂抄》25:"虎未越泛薜(篱笆)。"

均用本义。引申为经过、超过、越位、坠落、轻捷、清越等义。《说文·辵部》："逃，踰也。"《说文·足部》："跋，轻也。"越、逃、跋是异部重文，是义符更旁字。"越"在文献中多借为国名，即越国，姒姓，子爵，夏少康庶子之后，武王封之会稽，以奉禹祀，战国中期为楚所灭。出土古文字材料不从走，作"戉"或"郕"，"越"为后起之字，汉人以之代替国名，"越"行而"郕"废。其音读yuè。"越"亦可借指瑟底的小孔，读为huó。（陈英杰）

趁

zhēn 端纽、真部；知纽、真韵、知邻切。
chèn 透纽、文部；彻纽、震韵、丑刃切。
chén 定纽、文部；澄纽、真韵、直珍切。
niǎn 泥纽、元部；娘纽、狝韵、尼展切。
zhěn 章纽、轸韵、止忍切。

趁¹ — 趁
《说文》小篆　楷书

1《说文》36页。

形声字。从走，㐱声。《说文》："趁，趯也。"趁趯(zhān)，行不进貌。《说文·马部》："駗，马载重难也。"又："驙，駗驙也。"駗驙即趁趯，属义符更旁字，在人为趁趯，在马为駗驙，其义一也。《易·屯卦》："屯如邅如。""屯"即趁，其音读zhēn。"邅"即趯。"趁"亦读chèn，追逐义。唐玄应《一切经音义》卷十九："趁，谓趁逐也。"由追逐义引申为追求、寻觅、跟随、赶赴义，由跟随义引申为乘趁即利用（时间、机会等）义，由乘趁义引申为乘坐、搭乘义。字或用同"称"，满足义。"趁"有履即踩踏义，读为chén或niǎn。用作"追赶、驱赶"义时，同"趝"，音读niǎn。用为"走"义时，读zhěn。（陈英杰）

趫（趬）

qiāo 溪纽、宵部；溪纽、宵韵、去遥切。

趫¹ — 趫 — 趬
《说文》小篆　楷书　楷书

1《说文》36页。

形声字。从走，堯声。其本义指脚步轻健的样子，今犹曰"轻趫"，即用此字。《后汉书·马融传》："或轻趫趬悍。"或用为举足义，举足即翘足。引申指向上翘起。此义字今作"翘"。包山楚简有"遶"，作，从辵从堯之简体（堯，《说文》古文作，上博二《容成氏》8简作），为人名，不能确定与"趫"是否为同一字。义近形符在有足够证据的情况下才可言通用。（陈英杰）

蹇

qiān 溪纽、元部；溪纽、元韵、丘言切。

蹇¹ — 蹇² — 蹇³ — 蹇
《说文》小篆　汉　汉　楷书

1《说文》36页。2、3《马王堆》56页。

形声字。《说文》："蹇，走貌。从走，蹇省声。"段玉裁据《篇韵》改作"寒省声"。《说文》言"蹇省声"，大概同时也暗含着某种意义联系的因素，段改非是。蹇、蹇、越当是同一字的不同写法，均为行走艰难义。马王堆帛书《周易》："往蹇(蹇)来誉。""蹇"同"蹇"。所谓"走貌"只是泛言而已。"寒"之形体演变情况参见"寒"字条。（陈英杰）

起

qǐ 溪纽、之部；溪纽、止韵、墟里切。

起¹ — 起² — 起³ — 起⁴ — 起⁵ — 起⁶ — 起⁷
战国　秦　秦《说文》小篆　秦　汉　汉

起⁸ — 起⁹ — 起
汉　汉　楷书

1、2《战文编》79页。3、9《甲金篆》92页。4《说文》36页。5《睡甲》16页。6《汉印徵》卷2，8页。7、8《马王堆》55页。

形声字。从走，巳声。其本义是立的意思，指由躺而坐或由坐而立。《左传·宣公十四年》："楚子闻之，投袂而起。"引申为竖立、起床、升起等义，进一步引申为兴起、起义、动身、起愈（治愈）、开始等义。亦用为启发、开导义，引申为开启、张开义。睡虎地秦简《封诊式》76"旦起"，用为起床义。《日书》989"有火起"，用为兴起、发生义。《秦律十八种》185"必书其起及到日月"，用为开始义。（陈英杰）

趛

yǐn 疑纽、侵部；疑纽、寝韵、牛锦切。

趛¹ — 趛² — 趛
西周　《说文》小篆　楷书

1《金文编》81页。2《说文》36页。

形声字。从走，金声。本义是低头快走。《说文·页部》："顉，低头也。"顉、趛同源。西周金文中有此字，用为人名。（陈英杰）

趩

chì 透纽、职部；彻纽、职韵、耻力切。

1、2《金文编》。3《战文编》80页。4《说文》37页。

形声字。从走，異声。其本义指行走声。石鼓文《吾车》"其来趩趩"，即用其义，指野兽奔跑的声音。或表踟蹰不前义。《说文》："趩，一曰不行貌。"此义多表恭敬小心的样子，如王孙遗者钟"畏櫻趩趩"，文献作"翼翼"。《诗·大雅·文王》："厥犹翼翼。"毛传："翼翼，恭敬。"《诗·大雅·大明》："惟此文王，小心翼翼。"郑玄笺："小心翼翼，恭慎貌。"金文中或用作人名，如"趩觯"。"異"字形体演变情况参"異（异）"字条。（陈英杰）

趍

chí 定纽、歌部；澄纽、支韵、直离切。
qū 清纽、虞韵、七逾切。

1、2《战文编》80页。3《说文》37页。4《甲金篆》92页。

形声字。从走，多声。与"趙"构成一个联绵词，"趍趙"，《说文》训"久也"，即行走迟缓义，与"踌躇"、"籌箸"、"蹢躅"、"踟蹰"等音近义同，是同一个词的不同写法。或用同"驰"，马之奔曰"驰"，人之奔曰"趍"，音同而义小异。《淮南子·修务》："夫墨子跌蹠而趍千里以存楚宋。""趍"即用为"驰"义。其音读chí。"趍"读qū，乃"趨（趋）"之俗讹体，汉隶中多旁、芻旁形近易混，因此"趨"讹为"趍"。石鼓文《銮车》"趍趍"读为"嘽嘽"，喘息貌。《诗·小雅·四牡》："四牡骓骓，嘽嘽骆马。"（陈英杰）

趙（赵）

zhào 定纽、宵部；澄纽、小韵、治小切。
diào 定纽、宵部；定纽、篠韵、徒了切。

1《金文编》81页。2、8《甲金篆》92页。3《说文》37页。4《睡甲》16页。5、6《马王堆》56页。7《秦汉金文·下编》43页。

形声字。从走，肖声。《说文》："趙，趍趙也。""趍趙"乃"趍趙"之误（参上"趍"字条），疾行、超腾义。《穆天子传》卷二："天子北征，趙行□舍。"郭璞注："趙，犹超腾。舍，三十里。"清王念孙《广雅疏证》："超腾亦谓疾行。"引申为轻捷义。用为少、小义，是"肖"之假借。文献中多用为姓氏或国名，古文字材料中或作"肖"。以上诸义音读zhào。《诗·周颂·良耜》："其镈斯趙，以薅荼蓼。"毛传："趙，刺也。"此义《汉语大字典》（缩印本）1453页音读diào，陈复华、何九盈《古韵通晓》150页音读tiǎo。"赵"是用简单符号"×"代替原字的一部分"肖"造成的简化字。（陈英杰）

赼

zī 清纽、脂部；清纽、脂韵、取私切。
cì 清纽、至韵、七四切。

1《说文》37页。

形声字。从走，次声。《说文》："赼趄，行不进也。""赼趄"是一联绵词，本义指犹豫不进或行走困难，或作"次且"。《易·夬》："臀无肤，其行次且。"《文选·张载〈剑阁铭〉》："一人荷戟，万夫赼趄。"其音读zī。字用于"赼趄"，《集韵·至韵》七四切，读cì，义为不行或行不正义。小篆"欠"及从欠之字均发生了较大程度的讹变，"次"字形演变情况，参看"欠"和"次"字条。（陈英杰）

趄

jū 清纽、鱼部；清纽、鱼韵、七余切。
qiè

1《说文》37页。

形声字。从走，且声。《说文》："趄，赼趄也。"本指却行不前义。其音读jū。字亦表偏斜、倾斜、斜身、斜靠等义，音读qiè。（陈英杰）

趩

quán 群纽、元部；群纽、仙韵、巨员切。

1《金文编》82页。2《说文》37页。

形声字。从走，堇声。《说文》："趣，行趣趣也。一曰行曲脊貌。"字后作"踡"，"趣趣"与"踡跼"同，亦即"行曲脊貌"，即弯着身子走路的样子。"一曰"可能为后人所窜改。引申指曲脊（弯腰），《龙龛手鉴·走部》所录"曲脚"义可能是望文生义。金文中有此字，或作 (叔趣父卣，《集成》5428)，从走，或作 , (叔多父簋，《集成》4004)，从辵，均用于人名。（陈英杰）

趌 kuǐ　溪纽、支部；溪纽、纸韵、丘弭切。

战国　战国　秦　《说文》小篆　楷书

1、2、3《战文编》80页。4《说文》37页。

形声字。从走，圭声。《说文》："趌，半步也。"字后作"跬"、"頍"。"趌"、"跬"古今字，为更换义符字。"頍"之与"跬"是更换声符。《荀子·劝学》："故不积頍步，无以至千里。"杨倞注："半步曰頍，頍与跬同。"《大戴礼记·劝学》作"故不积跬步，无以致千里"，引申为近的意思。侯马盟书中作人名，包山楚简中有从辵从圭之字，或疑趌之异文。（陈英杰）

赿 chě　透纽、铎部；彻纽、陌韵、丑格切。
　　 chě　昌纽、鱼部；昌纽、祃韵、充夜切。
　　 qiè　清纽、祃韵、迁谢切。

《说文》小篆　秦　汉　汉　楷书

1《说文》37页。2《战文编》81页。3《甲金篆》93页。4《马王堆》55页。

形声字。从走，斥声。《说文》："赿，距也。……《汉令》曰：'赿张百人。'"徐锴系传："赿张，盖谓以足踏张弩也。"弩是用来发射箭的器具。"赿"之本义就是以脚踏弩。睡虎地秦简《秦律杂抄》："轻车，赿张。""赿张"指用脚踏张的弩。音读chě。马王堆帛书《经法·君正》："（上）下不赿，民无它志。""赿"亦由本义引申而来，即上下不相抵距、抵斥。音读chě。字或用为脚斜立义，《广韵·祃韵》迁谢切，引申为邪逆义，音读qiè。"斥"之形体演变情况参"诉"字条。（陈英杰）

趄 yuán　匣纽、元部；云纽、元韵、雨元切。

商　商　西周　西周　春秋　战国　战国《说文》小篆　楷书

1、2《甲文编》55页。3-6《金文编》82页。7《楚系简帛》118页。8《说文》37页。

形声字。从走，亘声。甲骨文从止从亘，西周金文更从走旁，构意相同，乃盘桓之本字，后世作"桓"者乃借字也。《说文》："趄，趄田，易居也。"此为假借义。段玉裁注："古者，每岁易其所耕，则田庐皆易。""趄田"，《左传·僖公十五年》作"爰田"，《汉书·地理志》作"辕田"，是古代按休耕需要而施行的一种土地分配制度。古代民受田：上田夫百亩，每岁一耕；中田夫二百亩，隔岁一耕；下田夫三百亩，隔两岁一耕。此即称之为"趄田"。金文中虢季子白盘"趄趄子白"，秦公簋"刺刺（烈烈）趄趄"，与《书·牧誓》"尚桓桓"同义，孔传："桓桓，武貌。"又用为人名或美谥。（陈英杰）

赶 qián　群纽、元部；群纽、元韵、巨言切。
　　 gǎn

《说文》小篆　楷书

1《说文》38页。

形声字。从走，干声。本义指兽畜翘着尾巴奔跑。引申指马走貌。音读qián。用于"赶趣"，义为急走貌。引申指追逐、追赶，乃"趕"之简化字，音读gǎn。最早指出"赶"是"趕"的简体字的，是明末张自烈的《正字通》。（陈英杰）

止 部

止 zhǐ　章纽、之部；章纽、止韵、诸市切。

商　商　西周　战国《说文》小篆　秦　汉　汉
汉　汉　楷书

1、2《甲文编》55页。3《金文编》84页。4、9、10《甲金篆》94页。5《说文》38页。6《战文编》82页。7、8《马王堆》58页。

象形字。字本像人足之形,甲骨文中或写实,或勾廓,字乃"趾"之初文。《林》2.9.7:"贞:疾止?"问足是否生病。《仪礼·士昏礼》:"御衽于奥,媵衽良席在东,皆有枕,北止。"郑玄注:"止,足也。""北止"义即趾向北,首向阳也。《合集》30810:"止我巳(祀)",有学者认为"止"作停止讲。"止"的本义是足,引申指脚趾。足在人体的最下面,又引申指地基,字后作"阯(址)"。通过脚可以去任何地方,故引申为至、临义,由至、临引申为停止、静止义,进一步引申为停留、逗留义。由停留引申为居住、处所义。由停止义引申为禁止、去除义。由本义亦可引申指人的举止、容止。"止"或与"之"通假。(陈英杰)

歱（踵）zhǒng 章纽、东部;章纽、肿韵、之陇切。

1《金文编》84页。2《说文》38页。3、4、6《甲金篆》94页。5《马王堆》59页。

形声字。从止,重声。古文字中多从童声,重、童音同,金文中"鐘"便或从重声,或同时从重从童两个声符。字之本义是脚后跟,后写作"踵"。《释名·释形体》:"足后曰跟,又谓之歱。"古文字中多用引申义,而不用本义。睡虎地秦简《封诊式》:"其歱稱者三寸。""歱"用同"踵",义为"后面的"。毛公鼎"金歱",指辀(辕)后端承轸的部位,轸是车箱底部四面的横木,辀末端跟轸承接的地方似人之足后,故称之为"歱"。引申为追随义。"歱"和"踵"是异体字关系。(陈英杰)

歫 jù 群纽、鱼部;群纽、语韵、其吕切。

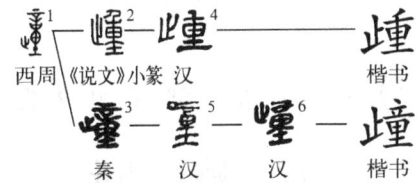

1、3《战文编》82页。2《说文》38页。4《马王堆》58页。

形声字。从止,巨声。用或同"拒",抵拒、抗拒义。《说文》:"歫,止也。"段玉裁注:"许无拒字,歫即拒也。此与彼相抵为拒,相抵则止矣。"清周济《晋略·熊远传》:"歫而不受。"在此意义上,歫、拒构成异体字关系。睡虎地秦简《封诊式》"类足歫之迹",是说像有足踩过的痕迹。歫有止义,至、到即由此引申,秦简义又由至、到义引申。

《汉书·叙传下》:"商竭周移,秦决南涯,自兹歫汉,北亡八支。""歫"为至、到义。(陈英杰)

歬（前）qián 从纽、元部;从纽、先韵、昨先切。

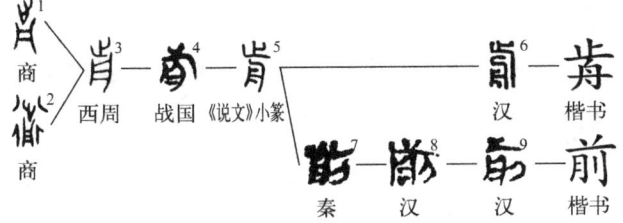

1、2《甲金篆》94页。3《金文编》84页。4、7《战文编》83页。5《说文》38页。6《汉印徵》卷2,9页。8、9《马王堆》58页。

会意字。从止,从舟,像人足在舟上,会前进之义。甲骨文中本从凡(盘之初文),西周金文讹从舟,为小篆所本。典籍借"前"为"歬"。"前"本为齐断义,字后作"剪",从二刀属繁化。引申指时间上的从前、以前和方位上的前面、前后之前。金文中用于"歬文人",指故去的先祖先考。"歬"在甲文中或从"行",示前进之义。"前"大概产生于战国末期,秦汉以后承用之。(陈英杰)

歷（历）lì 来纽、锡部;来纽、锡韵、郎击切。

1《甲文编》56页。2、3《金文编》84页。4《说文》38页。5《汉印徵》卷2,9页。6《甲金篆》95页。

形声字。从止,厤声。甲骨文中从止、秝声,西周金文中作"厤"或"歷"。《庄子·天下》:"厤物之意。"陆德明释文:"厤,古歷字。""秝",《说文》训"稀疏适也",即稀疏均匀之貌,"历历可数"用其义。厤,《说文》训"治也",后作"歷"。文献中"厤"或用同"曆"。《玉篇》:"曆,古本作厤。""歷"本义是经过、经历。《书·毕命》:"既歷三纪,世变风移。"西周金文毛公鼎"厤自今",义即从今往后,"厤"通"歷",用歷之本义。引申为行走、越过、历代、历年、屡次等义。"曆"由"歷"分化,专指历象(日月星辰运行之象),作"歴"乃俗讹体,"不"为"止"旁之俗写,如同"耻"俗作"耻"。"历"是"歷"、"曆"的简化字,是一新造形声字,从力声。(陈英杰)

止部 癶部

歸(归)
guī 见纽、微部；见纽、微韵、举韦切。
kuì 群纽、微部；群纽、至韵、求位切。

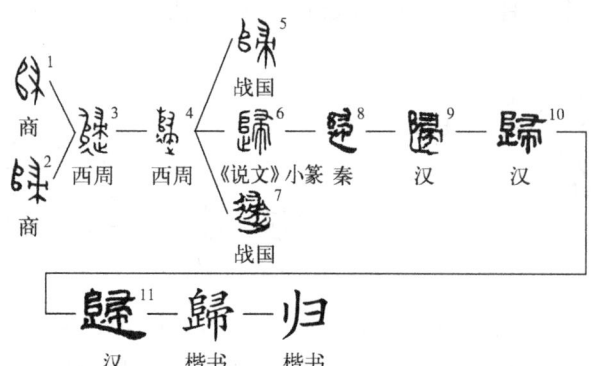

1《甲文编》56页。2、3、4《金文编》85页。5、7、8《战文编》83页。6《说文》38页。9《马王堆》58页。10、11《甲金篆》95页。

形声字。甲骨文作、，从帚，自声。西周金文或加辵旁，乃示动符号。自旁上加屮乃因甾（辭字从之，"辭"在金文中多用为治理义）字而类化，战国文字承袭西周金文，或省辵旁作歸（这种写法殷商甲骨文、西周金文中都存在，战国文字中的这种写法可以看作是继承古体，但从文字演变角度考虑，还是看作"歸"之省），或省自作"逯"。《正字通》："逯，同歸。"《说文》："歸，女嫁也。从止、从妇省，自声。"其本义指女子出嫁，《易·渐》："女归，吉。"《国语·晋语四》："秦伯归女五人。"即用本义。由出嫁义引申为往、依归义，进一步可引申指归宿。有往必有还，因而又引申出返回义。《乙》961："贞:王其归。"令鼎："王归自谌田。"均用此义。由返回引申出归还义。以上诸义音读guī。"归"还有馈赠、给予义，通"馈"，读为kuì。其实此义亦由出嫁义引申而来，出嫁即以夫为家，等于女儿给了别人。只不过人曰"归"，予物则曰"馈"，开始本用同一字，只是音读有些差异而已。貉子卣："王令士道归貉子鹿三。""归"即通"馈"。（陈英杰）

澀
sè 心纽、缉部；生纽、缉韵、色立切。
shà 　　　　　　生纽、狎韵、色甲切。

1、2《甲金篆》96页。3《说文》38页。

会意字。从四止，顺逆相抵，盖有不能行义。《玉篇》："澀，难转也。"《说文》训为"不滑也"，义即不滑润、滞涩。字同"澀"（"涩"之繁体）。甲骨文从二止作或从三止作，汉《司隶校尉杨孟文石门颂》承之作"歮"，曰："莖(途)路歮难。"即以"歮"为"澀"，是"歮"字汉时尚存。引申指不通畅、口吃、粗涩、味涩等义。《说文》无"澀"有"澁"，《集韵·缉韵》和《字汇补·止部》都收录了"澀"的简体"涩"，曰与"澁"、"澀"同。澀、涩并澁之俗，澀与澁今归并简化为涩。涩是现代群众新造的简化字。《说文·水部》："澁，不滑也。""澀"与"澁"属异部重文。以上诸义音读sè。"澀"或与"翣"通，指古代出殡时棺上的羽饰，《集韵·狎韵》色甲切，音读shà。（陈英杰）

癶部

癶
bō 帮纽、月部；帮纽、末韵、北末切。

癶¹—癶²—癶止
战国 《说文》小篆 楷书

1《甲金篆》96页。2《说文》38页。

象形字。像左右二足分张之形，人两足分张则行而不正，字之本义即行步不正。《说文》："癶，足剌癶也。""剌癶"亦作"獵跋"。《说文·足部》："跟，步行獵跋也。"跟与癶同词异字。或作"剌友"，或倒言之曰"拨剌"。汉陆贾《新语·怀虑》："拨剌难匡。"或作"赖跟"、"蹒跟"。均含不正之义。"癶"本义为两足分张，引申为弓张也。（陈英杰）

登
dēng 端纽、蒸部；端纽、登韵、都滕切。

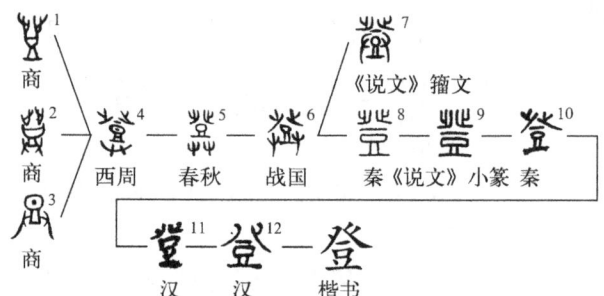

1、2《甲文编》58页。3、4、5《金文编》86页。6《战文编》86页。7、9《说文》38页。8、12《甲金篆》96页。10《睡甲》18页。11《马王堆》59页。

形声字。甲骨文有(聂)字，像两手捧食器以进献之形,甲骨文云"𤰈黍"、"𤰈米"或"𤰈鬯",表进献之义,《甲骨文字典》520页释为"𩰣"(《说文》:"𩰣,礼器也。")。甲骨文另有𩰣,用同𤰈,进献义,《甲骨文字典》519页释为"登"。西周金文有𩰣,用为烝祭之烝。《春秋繁露》:"四祭冬日烝。烝者,以十月进初稻也。"或作𩰣(《集成》2681姬鼎),从登从米。古文字中的登当是从癶、𤰈声之字。《尔雅·释诂下》:"登,升也。"这当是从癶之登的本义,散氏盘"登于厂原"即用本义。《说文》之"上车也"之训乃引申义。进献可以认为是本义的引申用法,也可以认为是与"烝"同源通用。西周金文的"烝"祭之烝均从米作,没有例外,春秋时期始借"登"表"烝"。烝祭之"烝"与登献之"登"是同源词。"登"亦为礼器之称,《尔雅·释器》"瓦豆谓之登",即《说文》之"𩰣",是由向神祇进献黍稷、醴鬯之义引申而来。烝祭是以新获稻进献神祇,登之成熟义由此引申,由成熟义引申为完成、实现义。登或借表登记、登载义。综合古文字材料和文献用例来看,登承载了从癶之"登"和从米之"烝"两个字的意义系列。金文中或用为国名,即鄧(邓)。或用为烝(冬祭名,东周时期)。战国文字中或用为姓氏。(陈英杰)

癹 bá 並纽、月部;並纽、末韵、蒲拨切。

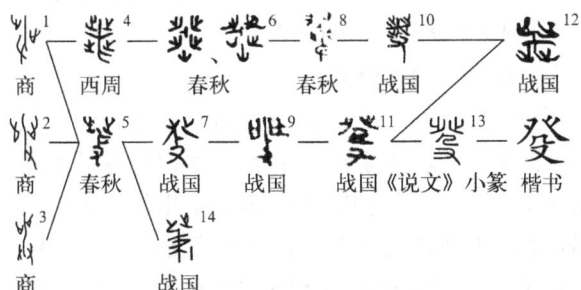

1、2《甲文编》59页。3《甲文编》951页。4《金文编》79页。5《汇编》1111。6《汇编》1205、1773。7《甲金篆》96页。8《汇编》1241。9—12、14《战文编》86页。13《说文》38页。

形声兼会意字。从殳,从癶,癶亦声。《说文》:"癹,以足踏夷草。……《春秋传》曰:'癹夷蕴崇之。'"(《春秋传》"癹"或讹为"芟"、"發")本义即用脚踏除草,"撥"之治理、分开、拨开义均源于此。南方水田耘田就是用脚除草,用脚把禾苗四周的泥土翻一遍,把草踩下去。用脚除草,就得挂一根竹杖,这样一来可以省劲儿,同时也是为保持身体平衡,防止滑倒。四川农村农民春天下水田"薅秧子",稻秧成行,人卷裤腿赤脚在行间操作,即挂着棍,用脚将行间的杂草刮到两边(即稻秧的根部),这样,既除了草,又壅了禾本(培土)。湖南华容县有一句谚语,叫做"脚脚捅到底,担谷六斗米",意指用脚给禾苗除草松土时,要用力踩进泥里,这样能使禾苗长势好,将来可获丰收。这种行为或称为"擂禾"、"踩秧"、"挪田"等。《说文》所载以及甲骨文字形所反映的应该就是这种水田耘禾的情景,如果这个考释正确的话,可为研究殷商时期的农业提供新的材料。由此也可以推知,《论语·微子》"植其杖而耘"之"植"当是挂杖、扶杖之义。此字西周时代的字形资料缺乏,战国文字繁化为四止的写法见于吴国和楚国文字,何琳仪《战国古文字典》952页认为此种写法乃承袭西周金文易鼎之𦹩(《集成》2678,西周中期器,《金文编》79页释"丧"),可从,但他认为𦹩从方,是叠加声符,似非。由于缺乏前后演变链环,𦹩形尚难以分析,但由春秋、战国从四止的写法看,这个字释为"癹"应该没有问题。吴国铭文中的"姑发"之"發"有的写为"癹"(攻敔王姑发诸樊之子通剑,《汇编》1111春秋晚期),有的写为𦹩,即"發"字(攻敔太子姑发诸樊剑,《集成》11718春秋晚期),写为"癹",从二止(即癶)和从四止的写法都存在。發孙房诸器之"發"应释为"癹",直接释为"發"不妥。發孙器中手形发生讹变。从现有文字材料来看,此字本是手持杖形,春秋时期演变为从"攴"(至汉隶中仍有如此写者,如癹、撥),秦系文字演变为从"殳",为小篆所承。楚文字中演变为从手持"十"形,且多数作从四止的写法,"十"形在空间布局上把四止分开,其中的"十"形就是由"攴"之上部"卜"演化而来,这样演化的原因主要应该是出于对字形结构均衡、美观的间架结构方面的考虑,与字义无关。至于楚文字中从癶从聿的写法,应是讹体,在攻敔王姑发难寿梦之子剑(《汇编》1407)中"癹"字之手形已写作与所持之"卜"交叉(铭文照片不清楚,笔画略有残存),从聿可能与此有关。至于"發"字,它有自己的字形序列,但到了春秋时期,"發"字的演变序列开始与"癹"发生关系。裘锡圭认为"癹"是在"犮"上加"癶"旁而改造成声符"癹"。这是一种可能。"癹"经常表达"發"这个词,另外从吴国铭文、楚文字"發"字的写法看,说"發"是在"癹"上加意符"弓"分化而成可能更符合实际情况。"發"产生之后取代了原来象形的"弓"字和会意的"犮"。"癹"之字形及其引申义后世被"芟"和"發"所取代,其本义遂被湮没。由相关材料看,《春秋传》之"癹夷"讹为"芟夷"的时代层次比较早,可能在战国晚期,这种讹变跟秦文字写法有关,其中不但有字形上的讹混,还有字义相近的因素。"癹"在甲骨文中用为人名或地名,用例不变。易鼎中当读为"废"("弗敢废"),中山王鼎中有从立、癹声之字,读为"废"。《青川木牍》:"及癹千百(阡陌)之大草。"除草之义。战国玺印"發弩",即《汉书·地理志》之"發弩",武官名。楚简中读为發、废或伐(矜伐)等。或用为人名(见侯马盟书)。(陈英杰)

步 部

步 bù 並纽、鱼部；並纽、暮韵、薄故切。

1、2《甲文编》60页。3、4《金文编》86页。5、6、8、11《战文编》86页。7《说文》38页。9《马王堆》60页。10《秦汉金文·下编》43页。

象形字。止、㐄皆足之象形,左右背向者,一像左足,一像右足,"步"字像左右二足前后相承之形。甲骨文或从"行"旁,示在道路上行走之义。其本义就是行走。《乙》4693:"丙午卜,殻贞:翌丁未王步?"《书·武成》:"王朝步自周。"孔传:"步,行也。"均用本义。引申出徐行、追随义。古时一举足叫跬(半步),两足各跨一次叫步。由此引申为步伐、步骤义,亦引申用为长度单位。中山王兆域图:"从内宫至中宫卅六步。"今指行走时两脚之间的距离。《说文·足部》有"踄",训"蹈也",蹈、行同义,"踄"与"步"当为一字,"步"为象形字,"踄"叠加义旁"足"字。《中山王兆域图》"步"字两止左右并列,形意略有讹变。(陈英杰)

歲(岁) suì 心纽、月部；心纽、祭韵、相锐切。

1、2《甲文编》61页。3—6《金文编》87页。7《说文》38页。8、10《甲金篆》97页。9《马王堆》60页。11《战文编》87页。

形声字。从步,戌声。《说文》曰"戍声",乃就讹变形体而言。甲文中即借"戉"(斧钺之"钺"的初文)为之,后加"步"专表周天运行的岁星。岁星即木星,古人认识到木星约十二年运行一周天,其轨道与黄道相近,因将周天分为十二分,称十二次。木星每年行经一次,即以其所在星次来纪年,故称岁星。利簋:"武王征商,隹甲子朝岁鼎(贞)。"(岁鼎指岁星正当其位,即周的星土分野鹑火)引申指年,周代以前称年为岁,取岁星运行一次之意。智鼎:"昔饉岁。"陈纯釜:"陈獿立事岁。"由年引申为岁月、时光义,又引申为年龄义,由年龄义引申为表年龄的单位。甲骨文、金文中或用为祭名,如毛公鼎:"用岁用征。"楚系文字中或从月,乃年岁之岁的专字。从宋、元以来,"歲"字就有过多种笔画较少的简体字。1935年由当时的教育部公布的《简体字表》提出以"岁"代"歲",这个简体字与现行简化字的字形完全相同。(陈英杰)

此 部

此 cǐ 清纽、支部；清纽、纸韵、雌氏切。

1《甲文编》62页。2、3、4《金文编》88页。5《说文》38页。6《睡甲》18页。7《马王堆》60页。8《甲金篆》98页。

会意字。从止,从人。会以足踏人之意,乃"跐"之初文。《文选·张衡〈西京赋〉》:"憎婵娟以此豩。"李善注:"五臣作跐,音此。"是其佐证。金文中用作人名,或用作代词。中山王鼎:"此易言而难行也。"文献中亦多用为代词,表近指。《诗·周颂·振鹭》:"在彼无恶,在此无斁。"《说文》:"此,止也。"《尔雅·释诂》:"已,此也。"二书训释实际相同,《说文》当本于《尔雅》,但不见文献用例。(陈英杰)

些
suò 心纽、歌部；心纽、个韵、苏个切。
xiē 心纽、歌部；心纽、麻韵、写邪切。
suō 心纽、歌韵、桑何切。

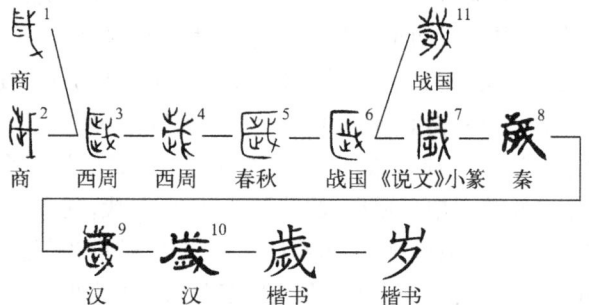

1《说文》38页。

形声字。从二,此声。构意不明。"些"可能是由"此"分化出来的,"二"为区别部件,"此"为声符。"此"属支部,"些"属歌部,支部、歌部的字可以通协,《楚辞》、

《老子》已有合用的例子，到了汉代更是常见。只是点明了文献用法，但作语气词用读 suò。《说文》："些，语辞也，见《楚辞》。从此，从二，其义未详。""些"还可表少许，一点儿或表示不定的多数，读为 xiē。《集韵·戈韵》训"些"为"减也"，桑何切，读为 suō。其实此义与《广韵·麻韵》"些，少也"相同，《广韵》读 xiē。（陈英杰）

正 部

正 zhēng 章纽、耕部；章纽、清韵、诸盈切。
zhèng 章纽、耕部；章纽、劲韵、之盛切。

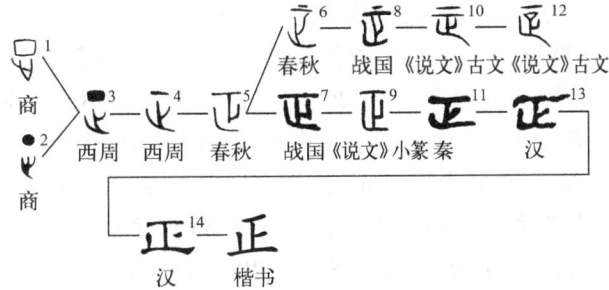

1《甲文编》62页。2-5《金文编》88页。6、7、8《战文编》88页。9、10、12《说文》39页。11《睡甲》18页。13《马王堆》61页。14《甲金篆》98页。

会意字。甲骨文作 ，从止，从口，口像城邑之形，会征伐城邑之意，乃"征"之初文，本义是征伐。《佚》18："贞：勿唯王正 方，上下弗若，不我其受佑？"遹方鼎（《集成》2709）："唯王正井方。"均用征伐之本义。字亦借指岁之首月，即农历一年的第一个月，称为"正月"。引申为历法的代称，如说"夏正"即指夏历，"周正"指周历，因其建首之月不同。字还可借指箭靶的中心。以上诸义读为 zhēng。征伐的目的就是有所平定、有所纠正，因而引出平定、匡正义，由平定引申出决定、考定、勘定等义。由匡正引申出使端正义，进一步引申为治理义，进行治理的人亦称为"正"，进一步引申为准则、法则义。由官长之"正"，引申为正、副之"正"，进一步引申为嫡庶之称，嫡为正。《说文》训"正，是也"，乃引申义。"正"所从城邑之形"口"或写实作黑点。黑点在西周金文中或简化为一横，春秋金文或在横上另加短横为饰，作 ，为《说文》古文" "所本，《说文》另一古文" "，从一、足，是由" "形讹变而来。"正"现在成了一个不象形的会意字。（陈英杰）

乏 fá 並纽、缉部；奉纽、乏韵、房法切。

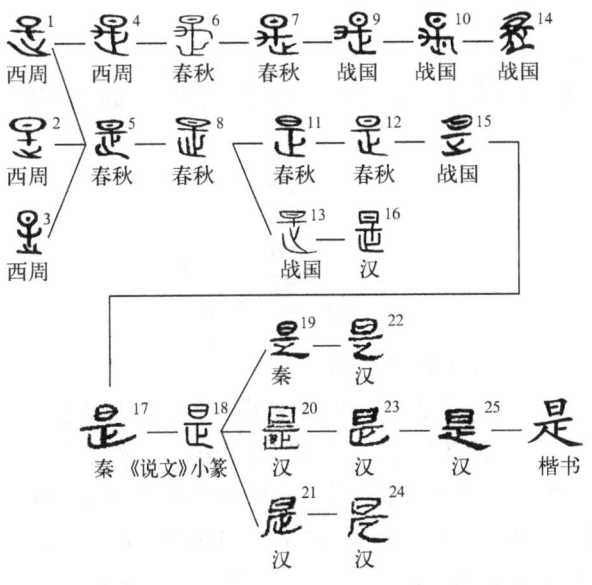

1《金文编》90页。2《说文》39页。3《战文编》89页。4《马王堆》61页。5《甲金篆》98页。

指事字。《说文》："乏，《春秋传》曰：'反正为乏。'"只说字形，音义无说。金文中"反正"仍为"正"字，如中子化盘作 ，其次勾鑃作 ，均用为"正"字。"乏"始见于战国时期，中山王兆域图作 、 ，读为窆。中山王方壶作 ，曰"乏其先王之祭祀"，乏义为废。睡虎地秦简《秦律十八种》115："御中发征，乏弗行。"乏义为耽误，乃废之引申义。"正"、"乏"二字在形体上的区别仅在字上的一笔："正"字横划而"乏"字作斜笔，大概是取非正即乏之义。（陈英杰）

是 部

是 shì 禅纽、支部；禅纽、纸韵、承纸切。

1、2、4-9、11-13《金文编》90~91页。3《殷周金文集成》3911。10、14《战文编》89页。15《郭店》21页。16、25《甲金篆》99页。17、19《睡甲》19页。18《说文》39页。20《秦汉金文》45页。21《银雀山》52页。22《马王堆》61页。23、24《银雀山》53页。

会意字。《说文》："是，直也。从日、正。"能够确认的"是"字见于西周早期（或以为甲骨文已有"是"字），多作是，上部〇中有点，个别作是。个别字形上部写作"子"形，见于西周中期器物娄簋（《集成》3911盖铭作是，器铭作是，3910同铭簋盖、器铭分别作是、是）。"是"字最早字形的构意不明，郭沫若认为乃"匙"之本字；马叙伦、戴家祥等认为字像有矢箸之，⊙像射鹄形，张日昇以之与"萬"类比，认为"是"本为虫类。"是"字形体的演变分为两途：一是由是演变为是、是，字形上部构件发生变化，"禽"（金-禽）、"萬"（禽-萬-萬）等字的演变与之类同；一是上部构件的下半自春秋时期开始逐渐与下部构件"止"融为一体，整字讹变为从日从正，为小篆形体所本。第一种演变在战国时期中断，没有流传到后世。是的写法一直保持到汉代，但已非主流写法，最终被从日从正的写法所替代。春秋器徐醓尹征城（《集成》425）作是，盖是银雀山汉简是写法之所本。我们现在楷书的"是"其实是糅合了古隶和篆书的写法而形成的。至于《说文》籀文是，不见于汉代以前的文字资料，似是汉人依"正"字古文而附会。"是"之意义，《说文》就讹变的字形训"直"，文献用义有一个围绕"正、直"而引申的意义系列。金文中多用为指示代词，战国文字资料中或用为"氏"。判断词"是"西汉已经出现，但其产生之上限尚有争议。（陈英杰）

韙（韪） wěi 匣纽、微部；云纽、尾韵、於鬼切。

韙[2]《说文》小篆

韙[1]—韙—韪
《说文》小篆 楷书 楷书

1、2《说文》39页。

形声字。从是，韋声。银雀山汉简《守法守令》840有"韙"，但读为"韗"，是从韋、是声的字。《说文》籀文从心作"悼"，但《玉篇》、《广雅》、《广韵》等均训"悼"为怨恨或恨，王筠《说文释例》（卷六页6）认为宋代《说文》尚无此重文。俞樾认为"悼"当为"婷"（不悦貌）之或体，如同媿之与愧、婧之与憎（参马叙伦《说文解字六书疏证》卷四）。韙，《说文》训"是"，即正确、对之义，引申为美、善。"韪"是依据"韋"之简化字"韦"类推简化而成。（陈英杰）

尟 xiǎn 心纽、元部；心纽、狝韵、息浅切。

尟[1]—尟
《说文》小篆 楷书

1《说文》39页。

依《说文》"从是、少"之说，此字为会意字，清代以前的学者一般也都这么看，但近世学者或认为"是少"无义，当为从少、是声之形声字。《说文》："尟，是少也，尟俱存也。从是、少。贾侍中说。"徐错系传文同，曰："是亦正也，正者少则尟也。""尟俱存也"，段玉裁改为"是少俱存也"，曰："是少二字各本讹作尟字。此释是少之意。是，此也，俱存而独少此，故曰是少。"清王筠《说文释例》卷十五曰："尟下云：是少也，从是少。非重复也，'是少也'者，解字义，谓是者少也。非者无所惜于其少，故必是者少而后谓之尟。'从是少'者，说字形也。"尟义为"少"，用同"鲜"。"鲜"文献中或用为"斯"，与"是"音同，似乎并不能排除"是"作"尟"声符之可能。"尟"的构形理据很可能在不同的时代进行过不同的解构。清段玉裁《说文解字注》："尠者，尟之俗。"清王筠《说文释例》卷十九云："《说文》少义作尟，经典无之，而今讹作尠矣。"宋元文献中"是"或用同"甚"。金董解元《西厢记诸宫调》卷六："姐姐为人是稔色，张生做事忒通疏。"元关汉卿《谢天香》第二折："想着俺用时不当，不作周方，兀的唤是么牵肠，想俺那去了的才郎。""是"、"甚"在汉隶中形体有别，二字形、音相近而混当是很晚的事情。"尠"见于《干禄字书》，不见于《玉篇》。作为会意字，"是少"于意义的理解不够明晰，"尠"的产生除利用"是"、"甚"形体有些近似的因素外，更多的当是出于字形构意理据的考虑。尟或俗作"尠"，见于《碑别字新编·十三画·尟字》所引魏巨始光造象。（陈英杰）

辵部

辵 chuò 透纽、铎部；彻纽、药韵、丑略切。

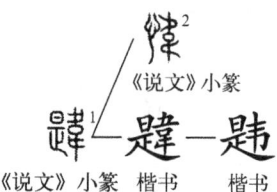

1、2《甲文编》80页、63页。3《汗简》4页。4《说文》39页。

会意字。从彳，从止。甲骨文或从行、从止。行，甲骨文像四面通达的道路之形。彳为行的一半，表义同。止，甲骨文像人的脚趾形。人脚趾在道路上，会行走之意。甲骨文中辵、延为一字。辵一般只作偏旁，表示与行走有关的意义。金文中辵旁承袭甲骨文，但所从之"止"多作止形,失去了一些象形的意味。战国玺中辵下的止又常作区形。秦简中已见连写的笔意,如遣(《甲金篆》103页)。至于汉代,辵作为偏旁多已连写,如下列"过"字的几个形体:過、遇(《甲金篆》102页)、過(华山庙碑)。楷书辵旁一般写作"辶",或上部省写一点,作"辶"。现代简化汉字采取了后一省写字形。辵的本义为疾走。《说文》:"辵,乍行乍止也。"王筠句读:"许君以字形有止,遂说以乍止,非也。部中字皆行义……《广雅》:'辵,犇也。'《玉篇》:'辵,走也。'是也。"(师玉梅)

迹 jī 精纽、锡部；精纽、昔韵、资昔切。

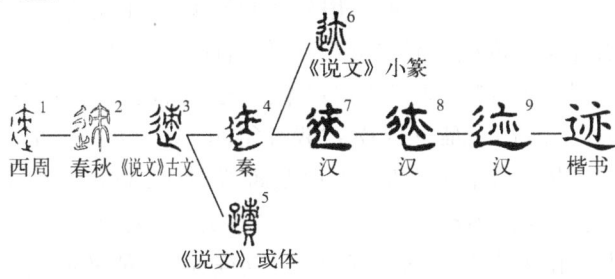

1《金文编》91页。2《篆文编》84页。3、5、6《说文》39页。4《战文编》89页。7、8、9《甲金篆》99～100页。

形声字。从辵,朿声。西周金文至《说文》古文以及秦刻石中的迹均以"朿"为声符。秦简中朿或写作"朿"形,像"亦"字。《说文》小篆从亦声,即是"朿"的讹变。汉以后基本承袭以亦为声符的写法。《说文》或体从足,责声。足、辵为义近形符,古文字中常通;责字从贝,朿声,故朿、责古音同。迹本义为脚印。《说文》:"迹,步处也。"《庄子·天运》:"夫迹,履之所出,而迹岂履哉!"引申为行迹、踪迹,或泛指痕迹、形迹。也引申指事迹。迹可用为动词,义为追踪、寻迹。《汉书·季布传》:"汉求将军急,迹且至臣家。"颜师古注:"迹,谓寻其踪迹也。"引申有效法、遵行、推究等义。师寰簋:"弗速我东馘(国)。"即"不遵行我东国之道"。迹字亦见用为"绩"。五年师旋簋:"敬毋败速。"以速为绩。(师玉梅)

遹 shuài 心纽、物部；生纽、质韵、所律切。

1、2、3《金文编》91页。4、5《战文编》89页。6《说文》39页。

形声字。从辵,矞声。矞甲骨文作 (《明藏》四四二),像绞麻为索之形,两旁点像麻枲之余。甲骨文、金文中都有借表绳索义的"率"表示"遹"的用例。"遹"字金文多从辵,率声,亦见写作 (禹鼎),率两旁的四点变作行,乃是受辵的影响而产生的形变。《说文》遹、衛二字并存,实为一字异体。遹本义为率领。孜方鼎:"王用肇(肇)事(使)乃子孜遹虎臣御(禦)濰(淮)戎。"典籍中遹也多写作率、帅。《说文》:"遹,先道也。"段玉裁注:"遹,经典假率字为之。《周礼》:'燕射,帅射夫以弓矢舞。'故书帅为率。郑司农云:'率,当为帅。'大郑以汉人帅领字通用帅,与周时用率不同故也。此所谓古今字。"遹引申有遵循的意思。《字汇·辵部》:"遹,遵也。"清段玉裁《说文解字注》:"遹,《释诂》、毛《传》皆云:'遹,循也。'此引申之义。有先导者,乃有循而行者,亦谓之遹也。"遹亦见用为语气词。(师玉梅)

邁(迈) mài 明纽、月部；明纽、夬韵、莫话切。

1《金文编》92页。2《战文编》90页。3、4《说文》39页。5、6《甲金篆》100页。

形声字。从辵,萬声,始见于西周金文。现代汉字简化以"万"代替了"萬","邁"遂简化作了"迈"。声符萬初文像蝎子之形,《说文》邁的或体作"遭",声符"蠆"从虫,乃繁加意符。迈本义为出行、远行。《诗·小雅·小宛》:"我日思迈,而月思征。"郑玄笺:"迈、征,皆行也。"引申可指跨、向前举步、巡行、超越、(时光)消逝、远离等。金文中常用同"万"。叔向父禹簋:"禹其迈年永宝用。""迈年"即是"万年"。迈又或通"劢",义为勤勉。(师玉梅)

巡 xún 邪纽、文部；邪纽、谆韵、详遵切。

战国 战国《说文》小篆 汉 楷书
轛 秦

1、2《战文编》90页。3《说文》39页。4《篆文编》84页。5《甲金篆》100页。

形声字。从辵,川声。声符川像水流之形。秦刻石中巡或作"𨒅",异体字。车、辵义近,都可表示行进相关的意义。巡本义为巡视。《书·尧典》:"岁二月,东巡守,至于岱宗。"孙星衍疏引郑康成曰:"巡守者,行视所守也。"引申有抚慰义。《后汉书·班彪传》:"巡靖黎蒸。"李贤注:"巡,抚也。"另可引申作量词,同遍。《左传·桓公十二年》:"伐绞之役,楚师分涉于彭。罗人欲伐之。使伯嘉谍之。三巡数之(把楚师人数数了三遍)。"巡或通"顺",二字皆从"川"得声,古音同。行气玉铭:"巡则生。"巡即顺。(师玉梅)

徒 tú 定纽、鱼部;定纽、模韵、同都切。

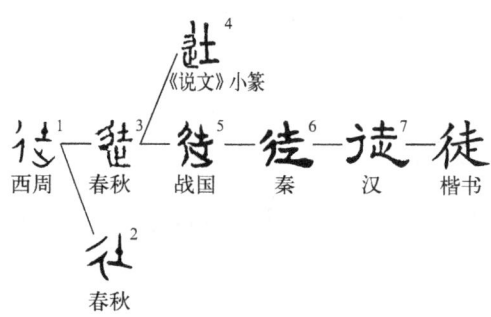

1、2《金文编》92页。3、5《战文编》90页。4《说文》39页。6、7《甲金篆》100~101页。

形声字。从辵,土声。始见于金文。或从彳,土声。止、辵、彳为义近形符,古文字中常通用。辵旁下的"止"在汉代以前位置不很固定,或在彳下,或在土下,汉以后就基本固定在土的下边,没有随"彳"一起变为"辶"。徒本义为步行。《易·贲》:"舍车而徒。"虞翻注:"徒,步行也。"引申可指步兵、跟从的人、徒党、弟子、服徭役或劳役的人,或泛指人、众等。也可引申指徒刑,即拘禁使服劳役。徒还可引申指空,"徒手"即空手。或作副词,义为仅仅、只、白白地。又"司徒",官名。金文或借"土"为"徒",盨方彝"司土",即"司徒"。徒或通"涂(途)",指道路。(师玉梅)

征 zhēng 章纽、耕部;章纽、清韵、诸盈切。

1、2《甲文编》63页。3-8《金文编》93~94页。9《汗简》4页。10、11《说文》39页。12《甲金篆》101页。

形声字。从彳,正声。彳为表示道路意义的"行"字左半,亦表道路。"正"为"征"字初文,甲骨文字形作𠯿,上面"囗"表示城邑,下"止"为人脚形。举趾往邑,会远征或征伐之意。上面的口形或写为一实心圆点。金文"正"字上部的圆点或演化为一短横。春秋、战国金文"正"字上部常增添一短横,《说文》古文从此。甲骨文中已有了从"彳"旁的征字。金文或增止成为从辵、正声的形声字。彳、辵为义近形符,常可通。《说文》小篆从辵、正声。或体则从彳。汉以后一般只用从彳的征了。征本义为征伐。《殷墟文字丙编》52:"贞:王叀侯告比正(征)尸(夷)?"《书·胤征》:"胤征。"孔传:"奉辞伐罪曰征。"引申可指远行。《诗·小雅·小明》:"我征徂西,至于艽野。"由本义征伐还引申出夺取、收取赋税等意义。正加上彳或辵旁后与正逐渐分化为两字。"正月"一般只用"正",偶或用"征"字。员鼎"征月"即以征为正。征又或用同"钲"。邾公尹征城:"自作征城("征城"即"钲鉽",一种乐器)。"(师玉梅)

随(随) suí 邪纽、歌部;邪纽、支韵、旬为切。

1《说文》39页。2、4-7《甲金篆》101页。3《汉印徵》卷2,11页。

形声字。从辵,隋声。隋从阜,育声。《说文》以为"𢫦"省声,误。随本从辵,辵在阝左边,但汉印或汉代碑刻中"阝"也常置于辵的左边,楷书继承此写法。汉代的"随"又或省去"工",写作"随",今简化字从此形。随本义为跟从。《说文》:"随,从也。"《仪礼·聘礼》:"使者人,及众介随入,北面东上。"引申有顺从、听任、追求、随即等意义。随也为六十四卦之一。《易·随》:"随,元亨利贞,无咎。"随亦是古国名,西周初年分封的诸侯国,姬姓,地在今湖北随州市。随或通"隋(椭)",长圆形。《淮南子·齐俗》:"窥面于盘水则员,于杯则随。"刘文典集解:"《群书治要》引作'于杯水即椭'。"(师玉梅)

逝

shì 禅纽、月部；禅纽、祭韵、时制切。

逝¹—逝²—逝
《说文》小篆　汉　楷书

1《说文》39页。2《甲金篆》101页。

形声字。从辵，折声。折，甲骨文字形从斤，从断木，会以斧斤断木之意。逝本义为往、过去。《书·大诰》："若昔朕其逝，朕言艰日思。"孔传："顺古道我其往东征矣。"引申可表示经过。《诗·小雅·何人斯》："彼何人斯？其心孔艰！胡逝我梁，不入我门。"再引申有远去、死亡等意义。也作助词，无实义。《诗·邶风·日月》："乃如之人兮，逝不古处。"或通"誓"，表决心之词。《诗·魏风·硕鼠》："逝将去女，适彼乐土。"（师玉梅）

徂（徂）

cú 从纽、鱼部；从纽、模韵、昨胡切。

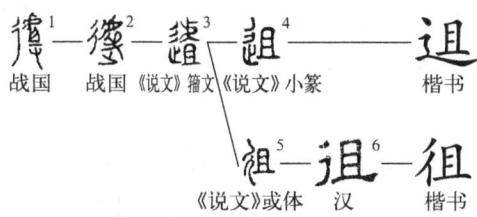
战国　战国　《说文》籀文　《说文》小篆　　楷书
徂⁵—徂⁶—徂
《说文》或体　汉　楷书

1、2《古文典》571页。3、4、5《说文》39页。6《甲金篆》101页。

形声字。从辵，或从彳，且声。辵、彳为义近形符，古文字中常通。战国徂字以叔为声，《说文》籀文又将此声符省为虘，《说文》小篆更省为且。叔、虘、且古音同。《说文》或体从彳，且声。汉代以后多承袭此形。徂本义为往，《说文》："徂，往也。从辵，且声。徂，齐语。徂，徂或从彳。"《书·说命下》："自河徂亳。"引申可有至、到或已往的等意义。徂亦可表示开始。《诗·小雅·四月》："四月维夏，六月徂暑。"郑玄笺："徂，犹始也。四月立夏，至六月乃始盛暑。"或通"殂"，表示死亡。《史记·伯夷列传》："于嗟徂兮，命之衰矣。"（师玉梅）

述

shù 船纽、物部；船纽、术韵、食聿切。

述⁴
《说文》籀文

述¹—述²—述³—述⁵—述⁶—述⁷—述⁸
西周　春秋　战国　《说文》小篆　秦　汉　汉　楷书

1《金文编》102页。2、3《战文编》91页。4、5《说文》39页。6《睡甲》19页。7、8《甲金篆》102页。

形声字。从辵，术声。《说文》籀文以秫为声。秫指谷物之有黏性者。秫、术音同，秫字《说文》或体即作"术"。述本义为顺着、遵循。小臣𧽎簋："唯十又一月，遣自𧽎自述东陂伐海眉。"《礼记·中庸》："父作之，子述之。"引申为申述、记叙，及阐述前人之成说等，也泛指所著述的作品。述亦是古代的一种文体。述在金文中或通"队"（坠），义为坠失。大禹鼎："我闻殷述（坠）令（命）。"或又通"遂"，义为进。无叀鼎："王各（格）于周庙，述（遂）于图室。"（师玉梅）

遵

zūn 精纽、文部；精纽、谆韵、将伦切。

遵¹—遵²—遵³—遵—遵
《说文》小篆　秦　汉　汉　楷书

1《说文》39页。2《篆文编》86页。3《汉印徵》卷2，11页。4《甲金篆》102页。

形声字。从辵，尊声。尊初文像双手捧酒尊之形。战国时期已有省去了酋下的左手，右手增加了一点成为寸的"尊"字。小篆遵字以双手的"尊"字为声符，汉代始改为"尊"。遵字本义为沿、顺着。《说文》："遵，循也。"《诗·豳风·七月》："女执懿筐，遵彼微行，爰求柔桑。"孔颖达疏："女人执持深筐，循彼微细之径道，于是求柔稺之桑，以养新生之蚕。"引申指遵照、依照。遵还可指俊才。《方言》卷二："遵，俊也。"遵也作果名。（师玉梅）

適（适）

shì 书纽、锡部；书纽、昔韵、施只切。
dí 端纽、锡部；端纽、锡韵、都历切。

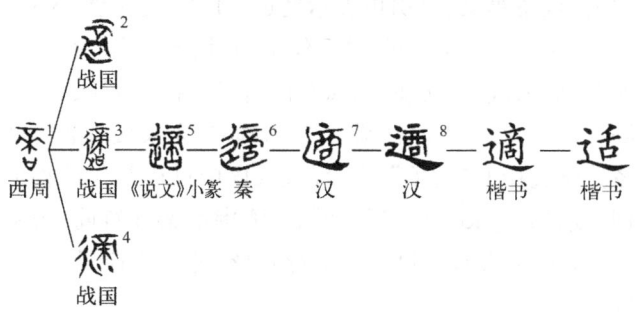

1《金文编》94页。2《战文编》91页。3《楚系简帛》134页。4《篆文编》86页。5《说文》39页。6《睡甲》19页。7、8《甲金篆》102页。

形声字。从辵，啻声。啻从口，帝声。帝甲骨文中即有，象形字。啻在偏旁中隶定为啻。西周金文中假啻为"適"。战国时期增形符辵以示义。或从止，止、辵为义近形符。声符或省去啻下边的口，仅从帝声。或不从口而从曰，口、曰古文字中常通。《说文》小篆则从辵，啻声。汉代声符啻简化为商，商又或讹变为形近的商等。楷书回归为从辵，商声。现代简化字以音近之"舌"代替"商"，"適"遂写作"适"。适本义为往、至。《诗·郑风·缁衣》："适子之馆兮，还予授子之粲兮。"毛传："适，之。"引申可指归从、向、女子出嫁、符合、恰当、美好、快乐、自得貌、节制等意义。又作副词，义为恰巧、正好、刚刚等。适又音dí，有跟从、顺从之义。《左传·僖公五年》："狐裘龙茸，一国三公，吾谁适从。"陆德明释文："适从，丁历反。"又有亲厚义。适或用同"嫡"，又或通"敌"、"谪"等。（师玉梅）

過(过) guò 见纽、歌部；见纽、过韵、古卧切。
guō 见纽、歌部；见纽、戈韵、古禾切。

1、2《金文编》94页。3《战文编》92页。4《说文》39页。5、6、7《甲金篆》102~103页。

形声字。从辵，咼声。金文或从止，辵、止为义近形符，古文字中常通。咼，从口、冎声。冎（冎）乃骨之初文，从口以后表示口歪斜。咼作声符形体不很稳定，战国时或有作"咼"形，至汉代则有咼、咼、咼、咼、咼等诸形，楷书主要承袭了第一个形体。现代汉字因草书楷化而以"寸"代替了"咼"，"過"遂写作了"过"。过本义为经过。《论语·宪问》："子击磬于卫，有荷蒉而过孔氏之门者。"引申可指渡过、过去、拜访、给予、转移、超过、过分、过失、责备等义。也引申表示度过、过活，或过继、入赘、嫁入，或委婉表示去世。过可作量词，相当于遍、次。过作国名、地名、姓时读guō。《左传·襄公四年》："(寒浞)处浇于过，处豷于戈。"杜预注："过，国名，东莱掖县北有过乡。"金文中有"过伯"。近、现代汉语中过还常作结构助词，读轻声guo。过或通"祸"。《睡虎地秦墓竹简·为吏之道》："毋喜富，毋恶贫，正行修身，过去福存。"（师玉梅）

進(进) jìn 精纽、真部；精纽、震韵、即刃切。

1《甲文编》72页。2《金文编》94页。3《战文编》92页。4《说文》39页。5、6《甲金篆》103页。

会意字。从辵，从隹。现代简化字以"井"代替了"隹"，"進"遂写作了"进"。《说文》："進，登也。从辵，闑省声。"高鸿缙《字例》："(甲骨文)字从隹，从止，会意。止即脚，隹脚能进不能退，故以取意……周人变为隹辵，意亦同。不当为形声。"隹初文像鸟形。进始见于甲骨文，甲骨文从止、从隹，金文以后多从辵、从隹。止、辵为义近形符，古文字中常通。进的古文字形中未见从闑者，《说文》"闑省声"恐非。进本义为前进。《诗·大雅·常武》："进厥虎臣，阚如虓虎。"郑玄笺："进，前也。"引申可有行、进步、促进、出仕、引进、举荐、提升、进献、靠近、超过、进入等意义。进或通"峻"。《荀子·非十二子》："士君子之容，其冠进，其衣逢。"清俞樾《诸子平议》："进，读为峻，高也。"又或通"尽"。（师玉梅）

造 zào 从纽、幽部；从纽、皓韵、昨早切。
cào 清纽、幽部；清纽、号韵、七到切。

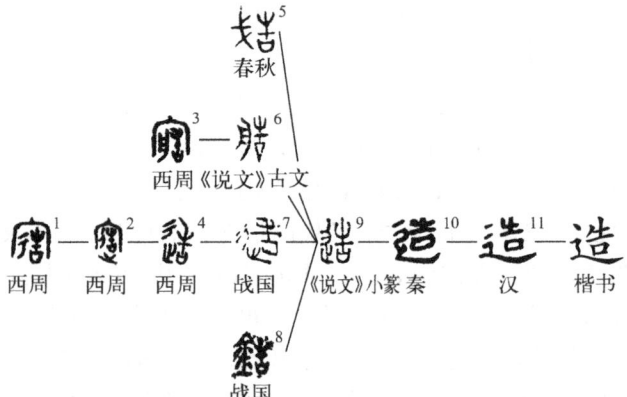

1-5《金文编》94~95页。6、9《说文》39页。7、8《战文编》92~93页。10、11《甲金篆》103页。

形声字。从辵，告声。《说文》："造，就也。从辵，告声。谭长说，造，上士也。艁，古文造从舟。"造的字形在《说文》小篆之前异体繁多。西周金文作寤，从宀从舟，告声。春秋战国时期或省去宀，从舟，告声。高鸿缙《颂器考释》："寤，制造之本字，亦作艁，从宀、从舟，告声。言屋或舟均人所制造也。后世通以造访之造代之，久而成习，而寤与艁均废。"西周金文另有窖、窖等形，战国时期除使用艁、造以外还有鋯、䭂、誥、䚋等形,从金表示制造的材料,从戈表示制造的对象,从攴表示制造的动作等,皆为形符更换字。秦汉以后,造的字形基本固定下来,从辵,告声。隶书中告或隶变作"吉"形,如造(南陵钟)、造(晋太康盙)。实与"吉利"之吉无关。古文字中造多表示制造义。五年相邦吕不韦戈:"五年相邦吕不韦造。"《诗·郑风·缁衣》:"缁衣之好兮,敝予又改造兮。"郑玄笺:"造,为也。"引申有开始、建立、伪造等意义。不过造字形从辵,应与行走有关,本义为去到某处。《书·盘庚中》:"诞告用亶其有众,咸造勿亵在王庭。"孔传:"造,至也。"该本义后来只在造访等词中保留。引申指成就、功绩等。造或通"曹"(cáo),指诉讼的双方。或通"窖",义为容纳。或通"遭"(zāo),义为遭受。又或通"竈(灶)",烧火作饭处。造旧读cào。(师玉梅)

逾 yú 喻纽、侯部;以纽、虞韵、羊朱切。

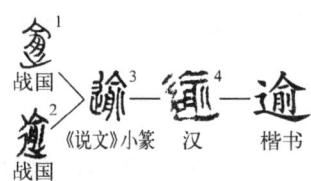

1《楚系简帛》138页。2《金文编》95页。3《说文》40页。4《甲金篆》104页。

形声字。从辵,俞声。俞,林义光《文源》:从舟,余省声。逾约始见于战国。或从止,止、辵为义近形符,古文字中常可通。逾本义为越过。《说文》:"逾,䢯进也。"段玉裁注:"䢯进,有所超越而进也。"《书·禹贡》:"浮于江沱潜汉,逾于洛,至于南河。"孔传:"逾,越也。"有经历、超过、更加等一系列引申义。逾可假借为"偷"。《吕氏春秋·任地》:"操事则苦,不知高下,民乃逾处。"孙诒让札迻:"逾当读为偷。"(师玉梅)

遝 tà 定纽、缉部;定纽、合韵、徒合切。

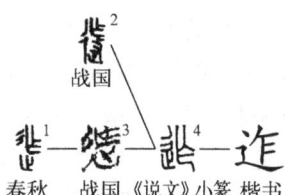

1《说文》40页。2《战文编》93页。3、4《甲金篆》104页。

形声字。从辵,眔声。遝本义为及。《说文》:"遝,䢔也。"《方言》卷三:"追、遝,及也。东齐曰追,关之东西曰遝,或曰及。"《墨子·迎敌祠》:"城之外,矢之所遝。"金文中或以"眔"为遝。卫盉:"迺令参有司:土散邑、司马单

旗、司工邑人服眔受田。"眔(遝)指参与。遝或通"沓",义为纷纭聚集。(师玉梅)

迨 hé 匣纽、缉部;匣纽、合韵、侯阁切。

1、2《甲文编》64页。3《金文编》95页。4《篆文编》87页。5《说文》40页。

形声字。从辵,合声。合,甲骨文作合,像器物与盖相合之形。甲骨文或从彳,三体石经及《说文》古文的会字与之同。彳、辵为义近形符,古文字中常通。迨本义为及、会合。《说文》:"迨,遝也。"朱骏声通训定声:"迨,遝也。行相逮及之意。"戍甬鼎:"丁卯,王令宜子迨西方于省。"(师玉梅)

迮 zé 精纽、铎部;庄纽、陌韵、侧伯切。

1、2《金文编》96页。3《战文编》93页。4《说文》40页。

形声字。从辵,乍声。《说文》:"迮,迮迮,起也。从辵,作省声。"王筠句读:"迮迮,疑衍。《玉篇》、《广韵》无之。"乍乃作之初文,金文皆以乍为作。战国文字迮或以㚔为声符,㚔乃乍(作)字繁增义符,用同乍。战国时又或从止、乍声,止、辵为义近形符,古文字中常通用。迮本义为征伐。簠鼎:"用征以迮。"驫羌钟:"率征秦迮齐。"迮与征对举,知迮有征伐之义。引申指起。另引申有迫蹙、阻止、压榨等意思。迮或用同"窄",义为狭窄。(师玉梅)

遃 cuò 清纽、铎部;清纽、铎韵、仓各切。

1《金文编》96页。2《楚系简帛》139页。3《说文》40页。

形声字。从辵,昔声。约出现于西周。本义为交错,同"错"。《说文》:"遣,迹遣也。"段玉裁据《玉篇》、《广韵》改"迹"作"这",注曰:"《小雅》'献酬交错',毛曰:'东西为交,邪行为错。'"王筠句读:"这,今作交;遣,今为错。"毛公鼎:"金甬遣衡。"遣衡即错衡,指花纹交错的车衡木。由本义交错引申出乱,违背等义。(师玉梅)

遄 chuán 禅纽、元部;禅纽、仙韵、市缘切。

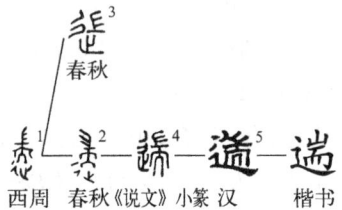

1、2《金文编》96页。3、5《甲金篆》104页。4《说文》40页。

形声字。从辵,耑声。耑的甲骨文字形像带有根须的植物向上生长之形,石鼓文中声符耑省去了下半部分。遄约始见于西周。本义为来往疾速。《说文》:"遄,往来数也。"马宗霍《说文解字引〈易〉考》卷一:"遄,速。《尔雅·释诂》文。许训'往来数也'者,'数'兼所角、桑谷二切,桑谷之音与'速'同,字亦通作'速'。《周礼·考工记·弓人》郑玄注云:'故书速或作数。'是其证。"《易·损》:"已事遄往,无咎。"虞翻注:"遄,速。"《诗·大雅·烝民》:"式遄其归。"毛传:"遄,疾也。"(师玉梅)

速 sù 心纽、屋部;心纽、屋韵、桑谷切。

1《甲文编》78页。2《金文编》96页。3《篆文编》87页。4、5、6《说文》40页。7-10《甲金篆》104~105页。

形声字。从辵,束声。束初文像囊橐束缚其两端之形。速甲骨文从彳,彳与辵为义近形符,古文字中常通。战国至秦汉都有从辵、欶声的遬与速并存。欶与束古音同。《说文》古文或从言、欶声,后世没有继承该形。速,本义为迅速。《说文》:"速,疾也。"《方言》卷二:"速,疾也。东齐海岱之间曰速。"《论语·子路》:"欲速则不达,见小利则大事不成。"速还有招请的意思,即《说文》古文"从言"的由来。《易·需》:"有不速之客三人来。"陆德明释文:"速,马(融)云:'召也。'"由招请义还可引申出招致的意思,一般用于引来不好的结果。(师玉梅)

迅 xùn 心纽、真部;心纽、稕韵、私闰切。

1《战文编》93页。2、4《甲金篆》105页。3《说文》40页。

形声字兼会意字。从辵,从卂,卂亦声。卂金文作卂(卂伯簋),像鸟疾飞而不见羽。迅约始见于战国,本义为疾速。《说文》:"迅,疾也。从辵,卂声。"声符卂的意思为疾飞,所以兼有表义作用。《论语·乡党》:"迅雷风烈必变。"邢昺疏:"迅,急疾也。"迅亦可作兽名,指狼有力者。(师玉梅)

适 kuò 溪纽、月部;溪纽、末韵、苦括切。
shì 见纽、月部;见纽、末韵、古活切。

1《说文》40页。

形声字。从辵,昏声。《说文·口部》:"昏,塞口也。从口,氒省声。"段玉裁注:"凡昏声字,隶变皆为舌。如括、刮之类。"《正字通·辵部》:"适,本作逜。"《集韵·末韵》:"逜,隶作适。"适与"適"的简化字形相同。逜(适)本义为疾。《说文》:"逜,疾也。"《玉篇·辵部》:"适,疾也。"(师玉梅)

逆 nì 疑纽、铎部;疑纽、陌韵、宜戟切。

1、2、3《甲文编》64~65页。4、5、6《金文编》96~97页。7《说文》40页。8、9、10《甲金篆》105页。

形声兼会意字。从辵，从屰，屰亦声。始见于甲骨文。甲骨文和金文中"屰"像倒人形，表示顺逆的"逆"，当为"逆"字初文。《说文·干部》："屰，不顺也。"段玉裁注："后人多用逆，逆行而屰废矣。"甲骨文和金文屰或增止，或增彳、辵符，表示迎接。罗振玉《增订殷墟书契考释》："（甲骨文）象（倒）人自外入，而辵以迎之。或省彳，或省止。"《说文》："逆，迎也。从辵，屰声。关东曰逆，关西曰迎。"《金璋所藏甲骨卜辞》508："贞：舌方其来，王逆伐？"逆伐即迎击。引申可有接受、倒着、退后、不顺从、叛乱、猜度等意义。逆字中的声符兼意符"屰"隶书或讹作与之形近的"羊"形，实与羊字无关。（师玉梅）

迎

yíng 疑纽、阳部；疑纽、庚韵、语京切。
yìng 疑纽、阳部；疑纽、映韵、鱼敬切。

1、3、4《甲金篆》105页。2《说文》40页。

形声字。从辵，卬声。约始见于战国，本义为迎接。《说文》："迎，逢也。"《方言》卷一："逢、逆，迎也。自关而东曰逆，自关而西或曰迎，或曰逢。"《仪礼·士昏礼》："主人如宾服迎于门外。"引申有迎合、正对着、反向、推算等意义。《洪武正韵·庚韵》："迎，凡物来而接之则平声，物未来而往迓之使来则去声。"从而可知表示前往迎接则读yìng。《诗·大雅·大明》："文定厥祥，亲迎于渭。"（师玉梅）

遇

yù 疑纽、侯部；疑纽、遇韵、牛具切。

1《金文编》97页。2《古玺》36页。3《战文编》95页。4《说文》40页。5、6《甲金篆》106页。

形声字。从辵，禺声。约始见于西周。金文从寓声。寓本义为寄居，从宀，禺声。战国遇或见从彳，彳、辵为义近形符，古文字中常通。遇本义为相逢、不期而会。《说文》："遇，逢也。"《书·胤征》："入自北门，乃遇汝鸠、汝方。"孔传："不期而会曰遇。"引申有遭受、投合、得志、见赏、机会、抵挡、对待等义。或通"愚"，义为愚笨。《墨子·非儒下》："盛为声乐，以淫遇民。"孙诒让间诂："遇与愚通。"（师玉梅）

遭

zāo 精纽、幽部；精纽、豪韵、作曹切。

1《说文》40页。2《篆文编》89页。3、4《甲金篆》106页。

形声字。从辵，曹声。约始见于秦汉。声符曹甲骨文作棘，又或加口作醬，上部原是一对口袋，表示"成对"（曹古义为成对）的意思。金文作替，战国时或省去一个東写作啬，汉代以后替上部的两个東省写作曲，或单写作甶，又或合写作曲。遭本义为遇到。《说文》："遭，遇也。"《诗·齐风·还》："子之还兮，遭我乎峱之间兮。"由遇到引申出遭受，多指不幸或不利的事。这个意义今天常用。遭还有巡行、环绕而行的意思。《说文》"遭，一曰遒行。"段玉裁注："俗云遇遭是也。"王筠句读："谓周帀也，遒遭而行，则旋转而周遭矣。"由此义又可引申作量词，义为周、圈。进而再引申表次、回等。（师玉梅）

遘

gòu 见纽、侯部；见纽、候韵、古候切。

1、2、3《甲文编》65~66页。4、5《金文编》97页。6《说文》40页。7、8《甲金篆》106页。

形声字。从辵，冓声。始见于商代。甲骨文之遘又从止，或从彳。止、彳、辵为义近形符，古文字中常通用无别。声符冓甲骨文字形像二鱼相遇，盖为遘之本字。《甲》3186："丁酉卜，宾贞：今日不冓雨？"遘本义为遇到。《说文》："遘，遇也。"《拾》7.9："其遘小风。"（会遇上小风吧？遘与"冓雨"之冓表义同）卜辞、金文中遘字又常作祭名。遘或通"媾"。克罍："隹（唯）用献于师尹、朋友、婚遘（媾）。"又或通"构"或"姤"。（师玉梅）

逢

féng 並纽、东部；奉纽、钟韵、符容切。
péng 並纽、东韵、蒲蒙切。

辵部

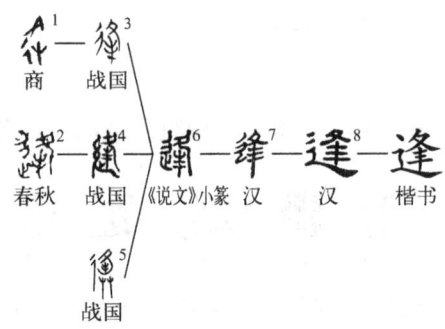

1《甲文编》75页。2《战文编》95页。3、7、8《甲金篆》106页。4《四声韵》7页。5《金文编》98页。6《说文》40页。

形声字。从辵，夆声。甲骨文中已出现。夆，上为倒趾形，下为丰声，本义为相逢。甲骨文逢字从彳，夆声。后世或从辵。彳、辵为义近形符，古文字中常通。战国时期逢字异体较多，从彳、从辵并存，又或在夆下增"屮"。小篆以后均承袭从辵、夆声。《说文》分析为从辵，峯省声，不确。逢本义为遇上。《说文》："逢，遇也。"《诗·王风·兔爰》："我生之后，逢此百凶。"引申有迎接之义。《方言》卷一："逢，迎也。自关而西或曰迎，或曰逢。"还引申有迎合、预测等义。"逢逢"相叠可作象声词，形容鼓声，或作形容词，描绘多、茂盛的样子。这种用法的逢读péng。（师玉梅）

遌 è 疑纽、铎部；疑纽、铎韵、五各切。

遌[1] — 遌
《说文》小篆　楷书

1《说文》40页。

形声兼会意字。从辵，从咢，咢亦声。咢，《说文》作𮏞，从吅，屰声。本义为争辩。引申有惊讶之义，该义今写作愕。遌本义为意外相遇。《说文》："遌，相遇惊也。"《广韵·铎韵》："遌，心不欲见而见曰遌。"《集韵·铎韵》："遌，《说文》：'相遇惊也。'隶作遌。"亦泛指相遇。《列子·黄帝》："死生惊惧不入乎其胸，是故遌物而不慴。"张湛注引向秀曰："遇而不恐也。"又引申有抵触义。（师玉梅）

迪 dí 定纽、觉部；定纽、锡韵、徒历切。

迪[1] — 迪[2] — 迪[3] — 迪
战国　《说文》小篆　汉　楷书

1《战文编》95页。2《说文》40页。3《甲金篆》106页。

形声字。从辵，由声。约始见于战国。本义为道、道理。《说文》："迪，道也。"《书·大禹谟》："惠迪吉，从逆凶。"孔传："迪，道也。顺道吉，从逆凶。"引申有引导、开导的意思。《书·太甲上》："旁求俊彦，启迪后人。"孔颖达疏："乃旁求俊彦之人置之于位，令以开导后人。"这个意义保留在今天"启迪"这个词中。迪另有实践、动、任用、前进、遵循等引申义。（师玉梅）

遞(递) dì 定纽、支部；定纽、荠韵、徒礼切。
　　　　 定纽、支部；定纽、霁韵、特计切。

遞[1] — 遞 — 递
《说文》小篆　楷书　楷书

1《说文》40页。

形声字。从辵，虒声。战国竹简中已有从辵、弟声之递，乃"遞"字异体。"遞"今简化作递。递本义为更替。《说文》："遞，更易也。"《楚辞·九辩》："四时递来而卒岁兮，阴阳不可与俪偕。"王逸注："递，更易也。"引申有依次、传递、押送、远等意义。作传递讲为今天的常用义。递或通"逓"、"适"。《集韵·祭韵》："逓，《说文》：'往也。'或作递。"《周礼·地官·稍人》："若有会同师田行役之事，则以县师之法，作其同徒輂辇。"郑玄注："凡用役者，不必一时皆偏，以人数调之，使劳逸递焉。"陆德明释文："递，本又作适，音释。"（师玉梅）

通 tōng 透纽、东部；透纽、东韵、他红切。

通[1] — 通[3] — 通[5] — 通[2] — 通[4] — 通[6] — 通[7] — 通 — 通
商　西周　战国　　商　西周　战国　《说文》小篆　汉　楷书

1、2《甲文编》66页。3、4《金文编》98页。5、6《战文编》95页。7《说文》40页。8《甲金篆》107页。

形声字。从辵，甬声。甬金文像钟形，乃钟字之初文。或以为用、甬本是一字。用初文像甬（今作桶）形。通或从彳、止，彳、止、辵为义近形符，古文字中常通。通字甲骨文中已存在。甲骨文和部分战国文字中或从用声。声符甬在金文中上部或变形写作日。通本义为到达。《说文》："通，达也。"《国语·晋语二》："道远难通。"韦昭注：

"通,至也。"引申有贯通、不绝、不穷尽之义。颂壶:"通禄(禄)永令。"(无穷的福分和长久的寿命)又引申有流通、顺畅、疏通、交往、沟通、传达等义,多数今天仍在使用。(师玉梅)

迻(徙) xǐ 心纽、歌部;心纽、纸韵、斯氏切。

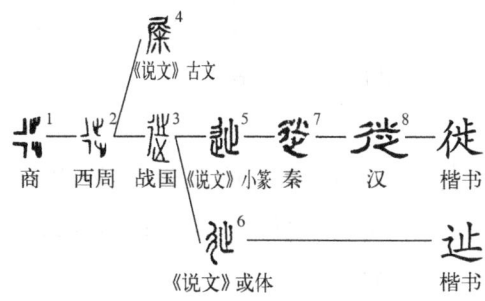

1、2《金文编》98页。3《古玺》36页。4、5、6《说文》40页。7《战文编》95页。8《甲金篆》107页。

会意字。从彳,从步。甲骨文中已出现。彳为行之省,行初文像四通道路之形,彳为行的左半边,亦表道路。步,初文像左右脚一前一后,会行走意。甲骨文徙即双足行于道上,会迁移之义。《说文》以为"从辵、止声",不确。迻,同徙。清朱骏声《说文通训定声》:"今隶体作徙,不作迻。"徙本义为迁移。《说文》:"迻,迻也。"《周礼·地官·比长》:"徙于国中及郊。"郑玄注:"或国中之民出徙郊,或郊民入徙国中。"引申有转移、变化、调职、越、避、谪戍、夺取等义。徙的《说文》古文作屣,为同音假借字,与徙字形体演变无关。(师玉梅)

迻 yí 喻纽、歌部;以纽、支韵、弋支切。

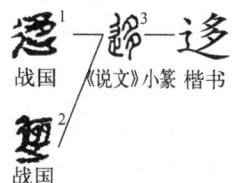

1、2《战文编》96页。3《说文》40页。

形声字。从辵,多声。约出现于战国。战国文字中亦见写作从辵、㚻声之形,㚻亦从多声。本义为迁移,用同"移"。《说文》:"迻,迁徙也。"《集韵·支韵》:"迻,通作移。"《楚辞·九叹·远游》:"悲余性之不可改兮,屡惩艾而不迻。"王逸注:"言己体受忠直之性,虽数为谗人所惩艾而心终不移易也。"(师玉梅)

遷(迁) qiān 清纽、元部;清纽、仙韵、七然切。

1《金文编》450页。2《篆文编》89页。3《古文典》1041页。4《四声韵》22页。5《战文编》96页。6、7《说文》40页。8、9《甲金篆》107页。

形声兼会意字。从辵、从𠨧,𠨧亦声。𠨧,《说文·𠨧部》:"𠨧,升高也。从舁,囟声。𡩟,𠨧或从卩。𡪑,古文𠨧。"其中的古文字形与《三体石经》迁字"𡪑"形近。现代简化字以"千"代替"𠨧"作声符,"遷"遂写作"迁"。迁约始见于西周。西周金文从邑。战国文字邑或移至𠨧下,可隶作"𨑭"。邑在下部或有省作卩,并增加辵旁,《说文》小篆承袭此形,后隶定作遷。文献中𠨧可用同迁,《汉书·郊祀志》:"汤伐桀,欲𠨧夏社,不可,作《夏社》。"《说文》迁字古文从手、从西,可看作𠨧字古文𡪑的省变之形。迁本义为向上移。《说文》:"遷,登也。"《诗·小雅·伐木》:"出自幽谷,迁于乔木。"郑玄笺:"谓乡时之鸟,出从深谷,今移处高木。"引申指迁移居所。何尊:"佳王初迁宅于成周。"《书·盘庚上》:"盘庚五迁,将治亳殷。"又引申泛指移、搬动、变更、离开、调动、流放、降职等。(师玉梅)

運(运) yùn 匣纽、文部;云纽、问韵、王问切。

1《说文》40页。2《甲金篆》107页。

形声字。从辵,軍声。軍从车,勹省声。车初文为车的象形。勹作声符省去了"丿",隶变后写作宀或冖。现代简化字则以"云"替换了"軍"作声符。运本义为移动、运行。《说文》:"運,迻徙也。"《庄子·逍遥游》:"是鸟也,海运则将徙于南冥。南冥者,天池也。"郭庆藩集释:"庄子言鹏之运行不息于海,则将徙天池而休息矣。"引申有运转、转动之义。《易·系辞上》:"日月运行,一寒一暑。"又引申有挥动、搬运的意思。《庄子·徐无鬼》:"匠石运斤成风。"运斤即挥动斧子。搬运之义今天常用。由运转还引申出命运、气数等抽象意义。运古常通"煇(晕)"。《周礼·春官·大卜》:"其经运十,则别九十。"郑玄注:"运

或为煇,当为煇,是视祲所掌十煇也。"孙诒让正义:"煇,俗作晕,古多假运为之。"(师玉梅)

遁 dùn 定纽、文部;定纽、混韵、徒损切。
定纽、文部;定纽、慁韵、徒困切。

《说文》小篆　汉　汉　楷书
1《说文》40页。2、3《甲金篆》107~108页。

形声字。从辵,盾声。盾或以为像执盾以蔽目形。遁本义为迁移、离去。《说文》:"遁,迁也。……一曰逃也。"《诗·小雅·白驹》:"慎尔优游,勉尔遁思。"朱熹集传:"遁思,犹言去意也。"引申有逃跑、隐匿、回避、欺骗等意义。同"遯"。《文选·张衡〈思玄赋〉》:"文君为我端蓍兮,利飞遁以保名。"旧注:"遁,卦名也。"《易》卦名多写作"遯"。(师玉梅)

遜(逊) xùn 心纽、文部;心纽、慁韵、苏困切。

战国　《说文》小篆　汉　楷书　楷书
战国
1《篆文编》87页。2《战文编》96页。3《说文》40页。4《甲金篆》108页。

形声字。从辵,孙声。约出现于战国。声符孙从子、从系,在战国时期或写作"孫"形。现代汉字以简化的"孙"代替"孫","遜"遂简化作"逊"。逊本义为逃遁。《说文》:"逊,遁也。"《尔雅·释言》:"逊,遁也。"郭璞注:"谓逃去。"《书·微子》:"我其发出狂,吾家耄逊于荒。"孔传:"我念殷亡,发疾生狂,在家耄乱,故欲逊出于荒野。言愁闷。"引申有退让、恭顺、谦逊、比不上等意思。(师玉梅)

返 fǎn 帮纽、元部;非纽、阮韵、府远切。

战国　战国　《说文》小篆　楷书
战国
1《楚系简帛》141页。2、3《金文编》98页。4《说文》40页。

形声兼会意字。从辵,从反,反亦声。约出现于战国。

《说文》:"返,还也。从辵,从反,反亦声。《商书》曰:'祖甲返。'𢔎,《春秋传》返从彳。"战国文字中所见返字或从彳、止,亻、止,辵为义近形符,古文字中常通。战国楚简中声符反的上面或增一笔,写作"𠬝",表义不明,疑为赘笔。返本义为还、回归。舍章作曾侯乙镈:"隹王五十又六祀,返自西𥳑,楚王舍章作曾侯乙宗彝。""返自西𥳑"即从西𥳑返回。引申则有归还、折回、更换、违反等义。经传中返又常写作"反"。《论语·子罕》:"吾自卫反鲁,然后乐正,《雅》《颂》各得其所。"(师玉梅)

還(还) huán 匣纽、元部;匣纽、删韵、户关切。
xuán 邪纽、元部;邪纽、仙韵、似宣切。
hái

西周　西周　战国　《说文》小篆　秦　汉　汉　楷书
汉　楷书

1、2《金文编》98页。3《楚系简帛》142页。4《说文》40页。5《睡甲》20页。6、7、8《甲金篆》108页。

形声字。从辵,睘声。声符睘金文作𡆵,从目,袁声,或以为像衣之当胸处有环,乃环字象形初文,从目,示人首所在之处。金文还或从彳、亻、辵为义近形符,古文字中常通。還字汉代即出现有简化字形"还",现代的简化字就承用了这个字形。还本义为返回。《说文》:"还,复也。"驹父盨盖:"四月,还至于蔡,乍旅盨。"引申有恢复、归还、回头、回报、还债、后退、环绕等意义。还又可作旋转、回旋讲,这个意义上读xuán。《庄子·庚桑楚》:"夫寻常之沟,巨鱼无所还其体,而鲵鳅为之制。"陆德明释文:"还,音旋。回也。"还亦可作副词,相当于立即、随即,也读作xuán。今多作副词,在表示持续、转折、重复等意义时读作hái(旧读作huán)。(师玉梅)

選(选) xuǎn 心纽、元部;心纽、狝韵、息兖切。
xuàn 心纽、元部;心纽、线韵、息绢切。

战国　战国　《说文》小篆　汉　汉　楷书　楷书
1《战文编》97页。2《四声韵》62页。3《说文》40页。4、5《甲金篆》108页。

形声兼会意字。从辵,从巽,巽亦声。"選"现代简化作"选"。《说文》:"選,遣也。从辵、巽。巽遣之,巽亦声。一曰选择也。"徐灏注笺:"'巽遣之'者,《释名》'巽,散也',散遣之也。"选本义为遣送、放逐。引申有派遣、使令之义。《文选·扬雄〈甘泉赋〉》:"选巫咸兮叫帝阍,开天庭兮延群神。"李善注引服虔曰:"令巫祝叫呼天门也。"选另有选择义,为古今常用义。《礼记·礼运》:"选贤与能,讲信修睦。"引申特指授官或指被选中的人或物,读xuǎn。选或通"算"。《书·盘庚上》:"世选尔劳,予不掩尔善。"孔传:"选,数也。"（师玉梅）

送 sòng
心纽、东部；心纽、送韵、苏弄切。

1、3《说文》40页。2《金文编》99页。4、5、6《甲金篆》109页。

形声字。从辵,㑋声。《说文》以为从辵、倴省,籀文则不省。徐锴系传:"倴,即送也。"㑋,金文作⺈形,构形义尚不明。后⺈渐变形为火,下部双手间或有两短横,做⺈形,盖为饰笔。㑋下的双手隶变后写作"大"形,并与变形的"火"合书,变作"关"。中间的出头又变短,从而与简化了的"关"字同形,实与关字意义无涉。送本义为遣去、送亲。《说文》:"送,遣也。"《左传·庄公元年》:"夏,单伯送王姬。"引申泛指陪送、送行、传送、馈赠等,均为今日常用义。也引申有了结、断送的意义,如送命。或者排遣、度过的意义,如唐杜甫《水槛遣心二首》之二:"浅把涓涓酒,深凭送此生。"（师玉梅）

遣 qiǎn
溪纽、元部；溪纽、狝韵、去演切。

qiàn 溪纽、元部；溪纽、线韵、去战切。

1、2《甲文编》67页。3—7、9《金文编》99页。8《战文编》97页。10《说文》40页。11、12《甲金篆》109页。

形声字。从辵,𠳋声。𠳋,金文作⺈形,构形表义尚不明。甲骨文遣字不从辵,主要有𠳋、𠳋两形。金文承袭甲骨文,或又增辵、走作义符。辵、走为义近形符,古文字中常通。《说文》小篆继承了从辵、𠳋声的遣,但声符𠳋下部连写作⺈形。𠳋隶变又省写作𠳋。遣本义为释放或派遣。《说文》:"遣,纵也。"《后汉书·光武帝纪上》:"辄平遣囚徒,除王莽苛政,复汉官名。"㺇钟:"㠱子迺遣闲来逆邵(昭)王。"《墨子·非儒下》:"乃遣子贡之齐,因南郭惠子,以见田常。"引申有遣送、打发、休妻、放逐、抒发、让、使用等意义。又读qiàn,指古时送葬之物。《仪礼·既夕礼》:"读遣卒,命哭,灭烛出。"郑玄注:"遣者,入圹之物。君使史来读之,成其得礼之正以终也。"（师玉梅）

逮 dài
定纽、物部；定纽、代韵、徒耐切。

dì 定纽、物部；定纽、霁韵、特计切。

dǎi

1、2《战文编》97页。3《说文》40页。4、5《甲金篆》109页。

形声兼会意字。从辵,隶声。隶从手执尾形,会及、赶上之义,为逮之初文,后增辵孳乳为逮。约始见于战国。本义为及、赶上,读为dài。《说文》:"逮,唐逮,及也。"钮树玉校录:"《韵会》两引,并无'唐逮'二字。《一切经音义》卷一、《华严经音义》卷四十六引及《玉篇》注并作'及也',则唐逮二字盖后人增。《书·费誓》:"峙乃糇粮,无敢不逮。"孔传:"皆当储峙汝糇糒之粮,使足食无敢不相逮及。""逮及"连文,表义相同。引申有与、相连及、逮捕等义。或用同"迨",义为趁着。《左传·定公四年》:"逮吴之未定,君其取分焉。"逮字相叠,形容闲适、安和的样子,读为dì。《礼记·孔子闲居》:"威仪逮逮,不可选也。"郑玄注:"逮逮,安和之貌也。"也写作"棣棣"。今方言中逮又常表抓、捉之义,读作dǎi。（师玉梅）

遲(迟) chí
定纽、脂部；澄纽、脂韵、直尼切。

zhì 定纽、脂部；澄纽、至韵、直利切。

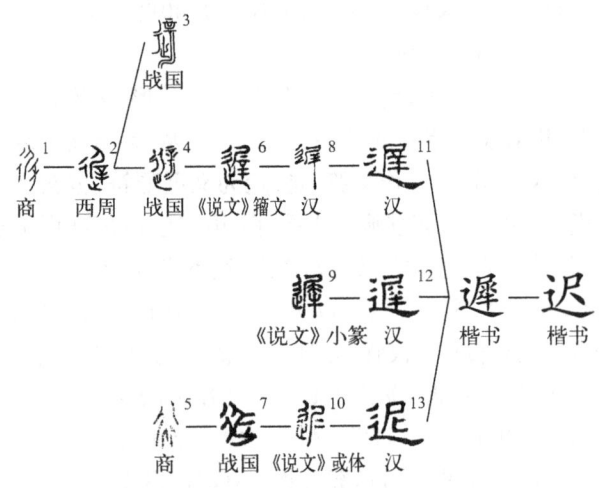

1《甲文编》75页。2、3《金文编》100页。4、7《战文编》97页。5《合集》686页。6、9、10《说文》40页。8、11、12、13《甲金篆》109～110页。

形声字。从辶，犀声。犀从牛，尾声。尾像人后系尾形，即尾字。"遟"，甲骨文作"🐾"，金文字形承袭甲骨文，从辶，犀声，犀或省上部的尸（曾侯乙钟遟作遱）。《说文》籀文亦继承从辶、犀声的形体。汉代隶变过程中，声符犀下的"辛"因连写，渐讹变作"羊"。遲的《说文》或体作迡。迡始见于甲骨文，形作"🐾"，从彳、匕（详参"尾"字条）。战国简文及秦小篆，尸（即🐾形）下的"🐾"简写为"二"，至于汉代又隶变作"匕"。《汗简》卷中"尸"部引古文《尚书》夷作尼，卷上"目"部眱作眱。《汉书·樊哙传》："与司马尼战砀东。"颜师古曰："尼，读与夷同。"另曾侯乙钟"迡（遟）则"即传统乐律"夷则"，典籍中"陵遟"又作"陵夷"，从而可知遲、迡、遟三形音同，乃声符替换的异体字。甲骨文、金文皆以遟为主。遟形始见于《说文》。楷书以"遟"为正体。现代以音近易写的"尺"作声符，"遟"遂简化作"迟"。迟本义为缓慢行走。《说文》："遟，徐行也。"《诗·邶风·谷风》："行道迟迟，中心有违。"毛传："迟迟，舒行貌。"引申可表示晚，与早相对。又引申有迟钝、犹豫不决等意义。迟又可表等待、希望之义，读zhì。《荀子·修身》："迟彼止而待我，我行而就之。"杨倞注："迟，待也。"《后汉书·孝章帝纪》："朕思迟直士，侧席异闻。"李贤注："迟，犹希望也。"（师玉梅）

邌 lí 来纽、脂部；来纽、齐韵、郎奚切。

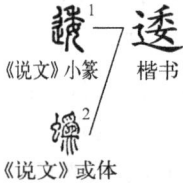

1《说文》40页。

形声字。从辶，黎声。本义为迟缓。《说文》："邌，徐

也。"徐锴系传："傅毅《舞赋》曰：'邌收而拜'，谓徐收其舞势也。"又同"迟"。《集韵》："迟，古作邌。"（师玉梅）

逗 dòu 定纽、侯部；定纽、候韵、徒候切。
zhù 定纽、侯部；澄纽、遇韵、持遇切。

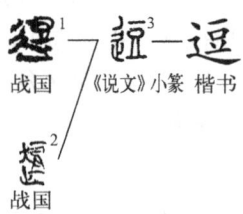

1、2《战文编》98、82页。3《说文》41页。

形声字。从辶，豆声。豆本为古代一种盛器的象形。逗字约始见于战国，又或从走。辶、走为义近形符，古常通。本义为止、停留。《说文》："逗，止也。"段玉裁注："逗遛。"汉张衡《思玄赋》："乱弱水之潺湲兮，逗华阴之湍渚。"引申表句中的停顿，也写作"投"、"读"。《文选·马融〈长笛赋〉》："察变于句投。"李善注："投与逗古字通，音豆。投，句之所止也。"还引申有物相投合、投下、临、到、趁、透出、引、招惹等意义。逗也通古"住"字，读作zhù。《方言》卷七："傺、眙，逗也。"郭璞注："逗，即今住字也。"（师玉梅）

逶 wěi 影纽、微部；影纽、支韵、於为切。

形声字。从辶，委声。声符委从女，从禾，会女子如禾委曲之意。逶的或体《说文》从虫，为声。"虫"原作"🐾"，像一种较小的毒蛇，读为huǐ，后文献中多写作"虺"。"为"在卜辞中作手牵象形，古者有役象以助劳。"逶迤"是一对联绵词，形容弯曲连绵的样子。《说文》："逶，逶迤，衺去之貌。"又写作"委蛇"、"逶迱"、"逶迤"、"逶虵"、"蜲蛇"等。汉刘章《四皓紫芝歌》："莫莫高山，深谷逶迤。"引申可作动词，表示曲折行进，也可用于形容从容自得貌。（师玉梅）

迤 yǐ 喻纽、歌部；以纽、纸韵、移尔切。
yí 喻纽、歌部；以纽、支韵、弋支切。

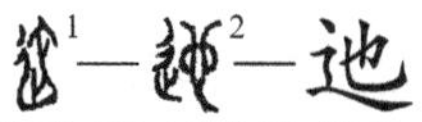

战国《说文》小篆 楷书

1《战文编》98页。2《说文》41页。

形声字。从辵，也声。声符也的初形像古代器物匜。匜、蛇的象形本字金文同形，均作它，后渐析为二。迆本义为斜行、曲折延伸。《说文》："迆，衺行也。"《书·禹贡》："东至于澧，过九江，至于东陵，东迆北会于汇。"孔传："迆，溢也。"孔颖达疏："迆，言靡迆邪出之言，故为溢也。"引申可指斜倚。迆常与逶构成联绵词"逶迆"，或写作逶迤、逶迱等(详见"逶"字条)。此处迆读 yí。(师玉梅)

遹 yù 喻纽、物部；以纽、术韵、余律切。

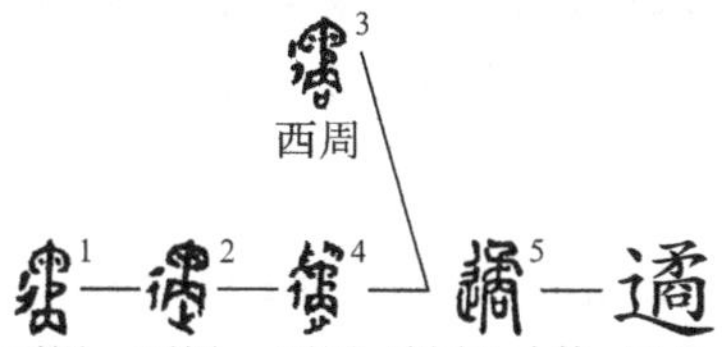

西周 西周 西周 西周《说文》小篆 楷书

1-4《金文编》100～101页。5《说文》41页。

形声字。从辵，矞声。始见于西周。西周金文或从彳，彳与辵为义近形符，古文字中常通。声符矞金文中上部为矛的省形，矛的上部或增加双手形。下从内，又或内中增"口"作㕯。《说文·㕯部》："矞，以锥有所穿也。从矛，从㕯。一曰满有所出也。"《说文》"遹"字承袭了金文中从辵、矞声之形。遹本义为巡视，大盂鼎："雩我其遹省先王受民受彊(疆)土。"引申指遵循。《书·康诰》："今民将在祗遹乃文考，绍闻衣德言。"孔传："今治民将在敬循汝文德之父，继其所闻，服行其德言以为政教。"遹又有回避、邪僻义。《说文》："遹，回避也。"《诗·小雅·小旻》："谋犹回遹，何日斯沮。"毛传："遹，辟也。"孔颖达疏："今王谋为政之道，又多邪僻，不循旻天之德已甚矣。"遹又可作句首语助词。(师玉梅)

避 bì 並纽、锡部；並纽、寘韵、毗义切。

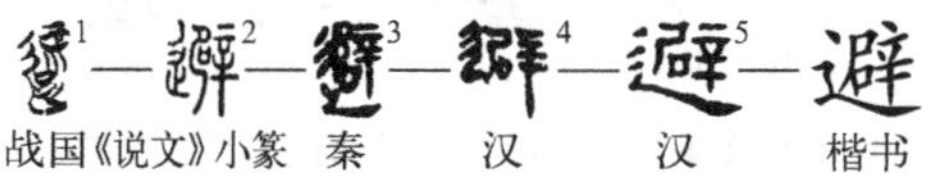

战国《说文》小篆 秦 汉 汉 楷书

1《战文编》98页。2《说文》41页。3、4、5《甲金篆》110页。

形声字。从辵，辟声。声符辟甲骨文从辛、从卩(人形)，辛为剞劂之刑具，像对跪跽者施刑。金文加○(像玉璧之形)，疑为声符。避本义为回避、躲避。《说文》："避，回也。"段玉裁注："此回依本义训转，俗作迴，是也。"《玉篇·辵部》："避，迴避也。"《孙子·虚实》："兵之形，避实而击虚。"引申有离开、辞让、避免、违背等意义。(师玉梅)

違(违) wéi 匣纽、微部；云纽、微韵、雨非切。

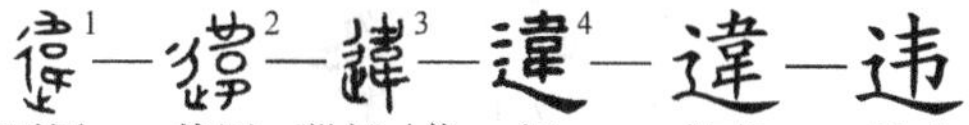

西周 战国《说文》小篆 汉 楷书 楷书

1《金文编》101页。2、4《甲金篆》110页。3《说文》41页。

形声字。从辵，韋声。韋甲骨文作⿱等形，方口像城邑之形，上下或左右皆像足形。今简化字以"韦"代替"韋"，"違"遂写作"违"。违本义为离别、离去。《说文》："違，离也。"《诗·邶风·谷风》："行道迟迟，中心有违。"毛传："违，离也。"孔颖达疏："心中犹有乖离之志，不忍即别。"引申可表相距。《左传·哀公二十七年》："(齐师)乃救郑，及留舒，违穀七里，穀人不知。"杜预注："违，去也。"即相距。由本义还可引申出违背、逃亡、避开、远、乖异、过失、邪行、恨等意义。违或通"韪"，义为是。(师玉梅)

遴 lìn 来纽、真部；来纽、震韵、良刃切。
lín 离呈切。

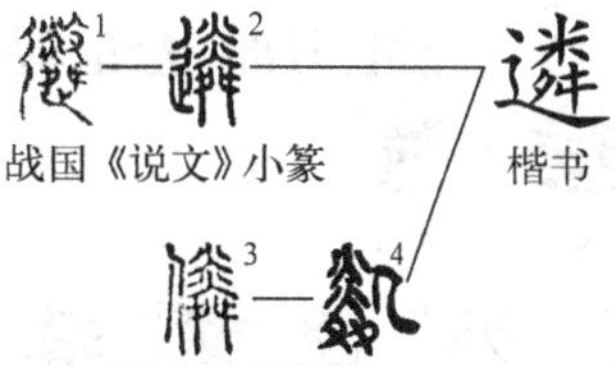

战国《说文》小篆 楷书

《说文》或体 汉

1《四声韵》58页。2、3《说文》41页。4《甲金篆》110页。

形声字。从辵，粦声。声符粦本作粦，义为磷火，即鬼火。后来粦字上部讹变为米。《广韵·真韵》："粦，今作粦。"遴约始见于战国。《说文》或体及汉帛书均见有从亻旁之形。楷书承袭《说文》正体。遴本义为行路艰难。《说文》："遴，行难也。"泛指艰难。《汉书·杜周传附杜钦》："为汉家建无穷之基，诚难以忽，不可以遴。"颜师古注引李奇曰："遴，难也。"引申为审慎。遴古通"吝"。《广雅·释诂二》："遴，贪也。"王念孙疏证："遴者，《方言》：'荆、汝、江、湘之郊，凡贪而不施，或谓之恪。'……

遴、吝、悋并通。"遴又有谨慎挑选的意思,这个意义上读 lín。《世说新语·言语》:"陶公疾笃。"注引王隐《晋书·陶侃遗表》:"愿遴选代人,使必得良才,足以奉宣王猷,遵成志业,则虽死之日,犹生之年。"(师玉梅)

逡
qūn 清纽、文部;清纽、谆韵、七伦切。
xùn 心纽、文部;心纽、稕韵、须闰切。

㕛—逡
《说文》小篆 楷书

1《说文》41页。

形声字。从辵,夋声。夋上面是允,表夋的读音,下面是一只脚的变形,本义为行走舒缓貌。逡本义为往复、往来。《说文》:"逡,复也。"徐灝注笺:"复训往来。往来即逡巡意。"引申为退却、退让。《汉书·公孙弘传》:"有功者上,无功者下,则群臣逡。"王先谦补注:"逡,退也。言群臣明退让之义也。"也引申指日月等星体运行的度次。或通"㕛",狡兔名。《战国策·齐策三》:"东郭逡者,海内之狡兔也。"鲍彪注:"逡、㕛同,狡兔名。"又通"骏",义为疾、快速。《礼记·大传》:"遂率天下诸侯执豆笾,逡奔走。"郑玄注:"逡,疾也。……《周颂》曰:'逡奔走在庙。'"今本《诗·周颂·清庙》作"骏奔"。"逡遒"为古县名,在此逡读为xùn。"逡遒"也写作"浚遒"等。(师玉梅)

達(达)
dá 定纽、月部;定纽、曷韵、唐割切。
tà 透纽、月部;透纽、曷韵、他达切。

㚇—㚇
战国 战国

侇¹—逵²—逹⁵—逹⁶—逹⁹—逹¹¹—達¹²—達¹³
西周 西周 战国 秦 《说文》小篆 汉 汉 楷书

朿⁷—㚇⁸—㚇¹⁰—达
商 商 《说文》或体 楷书

1、2《金文编》101页。3、4、6《战文编》98页。5《楚系简帛》143页。7、8《甲文编》67页。9、10《说文》41页。11、12、13《甲金篆》110~111页。

形声词。从辵,奎声。奎本义为小羊羔,《说文》曰从羊、大声。金文達字声符从羊、羊上作丨、丨又演变为个,表意不明。到战国时期,简帛文字中声符奎又有多种变形,上部或写作𠂉、个、木等,下部或省写作"二",又或繁增一"口",反映了战国文字构形多变的特色。至《说文》小篆奎上部变作"大",汉代隶变后又多作"土"。下部的羊在汉代又或省掉一横,则奎变作了"幸",实与幸字无关。達甲骨文或从辵、大声,又或从彳,与《说文》或体同。今天的简化字也选用了简单易写的"大"作声符。达本义为通达无阻。《荀子·君道》:"然后明分职、序事业、材技官能,莫不治理,则公道达而私门塞矣,公义明而私事息矣。"引申有到达、通晓、明白、豁达、显贵、表达、送达、引进、通行等意义。达或通"羍"。《诗·大雅·生民》:"诞弥厥月,先生如达。"郑玄笺:"达,羊子也。"孔颖达疏:"以羊子初生之易,故以比后稷生之易也。"又"挑达",形容往来自由貌。达在此读作tà。《诗·郑风·子衿》:"挑兮达兮,在城阙兮。"毛传:"挑达,往来相见貌。"朱熹集传:"挑,轻儇跳跃之貌。达,放恣也。"后多用为轻薄义。(师玉梅)

迭
dié 定纽、质部;定纽、屑韵、徒结切。
yì 定纽、质部;以纽、质韵、弋质切。

䢔¹—迭²—迭
《说文》小篆 汉 楷书

1《说文》41页。2《甲金篆》111页。

形声字。从辵,失声。迭本义为交替。《说文》:"迭,更迭也。从辵,失声。一曰达。"《易·说卦》:"分阴分阳,迭用柔刚。"虞翻注:"迭,递也。"引申为连续多次。《吕氏春秋·知分》:"以处于晋,而迭闻晋事。"高诱注:"居于晋,数闻三晋之事。"还可引申表示及,如喘气不迭。或同"叠",表示堆积、重叠。进而还可表示折叠。也作量词:一迭。迭又读yì,表示过。《文选·张衡〈思玄赋〉》:"烂漫丽靡,藐以迭逷。"李善注:"迭,过也。"李周翰注:"光彩相过越也。"又通"轶",表示袭击。《左传·成公十三年》:"迭我殽地,奸绝我好。"阮元校勘记:"迭者,轶之假借。凡浸突而过曰轶。"(师玉梅)

迷
mí 明纽、脂部;明纽、齐韵、莫兮切。

𢓸¹—迷²—迷³—迷⁴—迷
战国《说文》小篆 汉 汉 楷书

1《古文典》1304页。2《说文》41页。3、4《甲金篆》111页。

形声字。从辵,米声。"米",甲骨文作𖦹,像米粒之形。迷本义为迷惑。《说文》:"迷,或也。"小徐本作"惑"。或、惑为古今字。《诗·小雅·节南山》:"天子是毗,俾民不迷。"郑玄笺："言尹氏作大师之官，为周之枢鐄，持国政之平，维制四方，上辅天子，下教化天下，使天下无迷惑之忧。"引申为迷路。《左传·哀公二年》："晋赵鞅纳卫大子于戚，宵迷。阳虎曰：'右河而南，必至焉。'"又引申为失误、遮住、使人入迷，或指沉醉于某一事物、昏迷等。迷或用同"谜"，即谜语。又或与"弥"通用，表示充满、弥漫。（师玉梅）

連(连) lián　来纽、元部；来纽、仙韵、力延切。
liǎn　来纽、元部；来纽、狝韵、力展切。

德¹—軘²—軘³—連⁴—連—连
西周《说文》小篆 汉　　汉　　楷书　楷书

1《楚系简帛》144页。2《说文》41页。3、4《甲金篆》111页。

会意字。从辵，从車。車初文即像古车之形，现代简化作车，"連"遂写作"连"。《周礼·春官·巾车》："连车组挽。"陆德明释文："连，本亦作輦。"《战国策·赵策四》："老妇恃輦而行。"汉帛书輦作连。连本义指人力拉的车，同輦。《管子·海王》："行服连轺輂者，心有一斤一锯一锥一凿，若其事立。"尹知章注："连，輦名，所以载任器，人挽者。"引申可表联合。《孟子·离娄上》："故善战者服上刑，连诸侯者次之。"由此又引申出连接、连续、缝补、连累、连同、姻亲关系等引申义。也可虚化作介词，相当于"自"、"从"。或与副词"也"、"都"相应，表强调。连还可作量词。连或被借指未炼的铅，后写作了"链"。还可用为"涟"、"琏"、"槤"等，属同音假借。连又读liǎn，义为艰难。《易·蹇》："往蹇来连。"王弼注："往则无应，来则乘刚，往来皆难，故曰：往蹇来连"。孔颖达疏引马融云："连，亦难也。"（师玉梅）

逑 qiú　群纽、幽部；群纽、尤韵、巨鸠切。

逑¹—逑²—逑³—逑⁴—逑
春秋　战国《说文》小篆汉　楷书

1《篆文编》91页。2《古玺》37页。3《说文》41页。4《汉印徵》卷2，14页。

形声字。从辵，求声。求，《说文》以为裘字古文。甲骨文求字像多足虫，盖是"蛷"的初文。逑本义为敛聚、聚合。《说文》："逑，敛聚也。"《诗·大雅·民劳》："惠此中国，以为民逑。"毛传："逑，合也。"郑玄笺："合，聚也。"又指配偶。《说文》又曰："怨匹曰逑。"段玉裁注："逑为怨匹，而《诗》多以为美词者，取匹不取怨也。浑言则不别，析言则别。"《诗·周南·关雎》："窈窕淑女，君子好逑。"毛传："逑，匹也。"逑或用同"仇"，表示急迫。（师玉梅）

逭 huàn　匣纽、元部；匣纽、换韵、胡玩切。

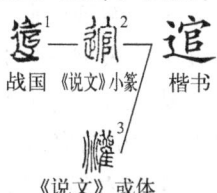
逭¹—逭²—逭
战国《说文》小篆　楷书

馆³
《说文》或体

1《战文编》99页。2、3《说文》41页。

形声字。从辵，官声。《说文·自部》："官，吏事君也。从宀，从自。自犹众也，此与师同义意。"或以为官乃馆之初文。逭，《说文》："或从蕉，从兆。"蕉、官古同音。逭本义为逃、避。《说文》："逭，逃也。"《书·太甲中》："天作孽，犹可违；自作孽，不可逭。"孔传："逭，逃也。"引申为免除。《旧五代史·汉书·刘铢传》："惟刘铢之忍酷，又安能逭于一死乎！"由本义还引申有行、更迭、周转等意义。（师玉梅）

遯(遁) dùn　定纽、文部；定纽、慁韵、徒困切。
定纽、文部；定纽、混韵、徒损切。

遯¹—遯²—遯—遯—遁
《说文》小篆　汉　　汉　楷书　楷书

1《说文》41页。2《汉印徵》卷2，14页。3《甲金篆》111页。

形声字。从辵，豚声。豚，《说文·豚部》："豚，小豕也。从彖省，象形，从又持肉，以给祠祀。凡豚之属皆从豚。豚，篆文从肉、豕。"甲骨文从月(肉)、从豕，金文或又增"又"，《说文》正篆与金文同，小篆省作"豚"与甲骨文同。汉以后省"又"。遯本义为逃遁。《说文》："遯，逃也。"《礼记·缁衣》："则民有遯心。"郑玄注："遯，逃也。"《尔雅·释言》："逊，遯也。"郭璞注："谓逃去。"另引申有隐退、离开、迁移等意义。遯音义同遁（详参"遁"字条）。（师玉梅）

逋 bū　帮纽、鱼部；帮纽、摸韵、博孤切。

逋¹—逋⁵—逋⁶—逋—逋
西周　秦　秦《说文》小篆汉　楷书

逋³—逋⁴
西周《说文》籀文

辵部

1《金文编》109页。2、7《甲金篆》112页。3《战文编》99页。4、6《说文》41页。5《睡甲》21页。

形声字。从辵，甫声。甫从用、从父，父亦声，为古代对男子的美称。逋在金文中或又增夫声。夫、甫古同音。夫从大（正立人形），从一（像发簪）。逋的《说文》籀文从辵，捕声。《说文》正篆及后代隶书、楷书均承从辵、甫声之形。逋本义为逃亡。《易·讼》："不克讼，归而逋，其邑人三百户无眚。"李鼎祚集解引荀爽曰："逋，逃也。"也引申指逃亡的人。《左传·文公六年》："宣子于是乎始为国政，制事典，正法罪，辟刑狱，董逃逋。"另引申有拖欠、拖延、散乱等意义。（师玉梅）

遗（遺） yí 喻纽、微部；以纽、脂韵、以追切。
wèi 喻纽、微部；以纽、至韵、以醉切。

1、7、8《甲金篆》112页。2、3《金文编》101页。4、5《战文编》100页。6《说文》41页。

会意兼形声字。从辵，从贵，贵亦声。贵西周金文作𦥔，会小物有所遗失之义。又或从贝，为遗之初文。"贵"今简化作"贵"，"遺"随之简化为"遗"。遗本义为丢失。《说文》："遺，亡也。"《六书故·人九》："遺，行有所亡失也。"《庄子·天地》："黄帝游乎赤水之北，登乎昆仑之丘而南望，还归，遗其玄珠。"引申可指遗漏，或指遗失或遗漏的东西。还可有遗弃、遗留、剩余、脱离、陈迹等一系列引申义。文献中也常表赠送的意思，读 wèi。《诗·豳风·鸱鸮序》："成王未知周公之志，公乃为诗以遗王。"从这一意义又引申给与、加给等意义。遗可通"匮"，表示匮乏之义。《老子》第二十章："众人皆有余，我独若遗。"朱谦之校释："奚侗曰：'遗借为匮，不足之意。'于省吾曰：'遗应读作匮，二字均谐贵声，音近字通。'"（师玉梅）

遂 suì 邪纽、物部；邪纽、至韵、徐醉切。

1《金文编》102页。2、5-8《甲金篆》112页。3《说文》41页。4《汉印徵》卷2，14页。

形声字。从辵，㒸声。金文或以㒸为遂，后增辵符。金文有𢼒（孟鼎）字，《金文编》据三体石经遂字古文作𢓒而定为遂，有学者以为声符𢆉与㒸形体相去甚远，而与术形相近，故当释为述。不过述、遂音近，金文中或借述为遂。无叀鼎："王各（格）于周庙，述（遂）于图室。"遂本义为逃亡。《说文》："遂，亡也。"引申指往、行进。《易·大壮》："羝羊触藩，不能退，不能遂。"又引申有举荐、通达、表达、成就、完成、生长、养育、顺从、如意等意义。又作副词，相当于"于是"、"就"、"终于"。与"队（墜）"可通用，义为坠落。又通"璲"、"隧"等。（师玉梅）

逃 táo 定纽、宵部；定纽、豪韵、徒刀切。

1《金文编》102页。2《战文编》100页。3《说文》41页。4《甲金篆》113页。

形声字。从辵，兆声。兆本像烧龟甲后上面呈现的裂纹，古人观裂纹形态以占卜。战国简帛中逃字声符多作𠨂，从止，疑受"逃"的意义影响而改变了字形。逃金文或从彳，彳、辵为义近形符，古常通。逃本义是逃亡。《说文》："逃，亡也。"《左传·庄公十七年》："秋，郑詹自齐逃来。"杜预注："詹不能伏节守死以解国患，而遁逃苟免，书逃以贱之。"引申为躲避。《左传·襄公三年》："事君不辟难，有罪不逃刑。"由本义还可引申出离开的意思。《礼记·曲礼下》："为人臣之礼不显谏，三谏而不听，则逃之。"郑玄注："逃者，去也。"（师玉梅）

追 zhuī 端纽、微部；知纽、脂韵、陟佳切。
duī 端纽、微部；端纽、灰韵、都回切。

1《甲文编》67页。2、7、8《甲金篆》113页。3、4《金文编》103页。5《战文编》100页。6《说文》41页。

形声字。从辵，𠂤声。始见于甲骨文。甲骨文或从止，金文或从彳。止、彳、辵为义近形符，古文字中常通。金文中𠂤的下边或又增一"口"，表义不明。声符𠂤甲骨文作"𠂤"，金文多作"𠂤"形，或说是"堆"的象形本字。《说文·𠂤部》："小阜也，象形。"甲骨文、金文多以𠂤为"师"。追本义为追赶，甲骨卜辞中对象一般为人。《藏龟》："贞：乎（呼）追寇，及？"《公羊传·庄公十八年》："公追戎于济西。"何休注："以兵逐之曰追。"引申有追随、追求、回溯、补救、追究、催逼、拘捕等意义，多为今日常用义。还引申有送别、追念、削夺、召回等义。追又音duī，义指钟钮，又称旋虫。追或通"彫"（今多写作"雕"），雕琢玉石等。又或通"堆"。（师玉梅）

逐

zhú 定纽、觉部；澄纽、屋韵、直六切。
dí 定纽、觉部；定纽、锡韵、亭历切。
zhòu 定纽、幽部；澄部、宥韵、直祐切。

1、3《甲文编》68~69页。2、10《甲金篆》113页。4、5《金文编》103页。6《战文编》100页。7《汗简》28页。8《说文》41页。9《睡甲》21页。

会意字。从辵，从豕。会猪跑而追赶之义。《说文》以为"从辵，从豚省"，不确。始见于甲骨文。豕初文为猪之象形（参"豕"字条）。甲骨文或从止。止、辵为义近形符，古文字中常通。甲骨文又有不从豕而从犬、兔、鹿者，构形之义同，均会追赶之义，不限所逐何兽。可见甲骨文时代的逐字还没有完全抽象并定形。金文及《汗简》中亦有承袭从犬的逐字。逐本义为追赶。《说文》："逐，追也。"在甲骨卜辞中追赶的对象一般为野兽。《甲》3339："辛未卜，亘贞：往逐豕，隻（获）？"即贞问追赶野猪是否能捕获。金文中已可用于追人。由本义可引申有驱逐、竞争、追求、跟随、依次等意义。"逐逐"形容快速，此读dí。《易·颐》："虎视眈眈，其欲逐逐。"又音zhòu，表奔跑。《山海经·海外北经》："夸父与日逐走。"郭璞注："逐，音胄。"（师玉梅）

遒（逎）

qiú 从纽、幽部；从纽、尤韵、自秋切。
qiū 清纽、幽部；清纽、尤韵、七由切。

1、2《说文》41页。3、4《甲金篆》113页。

形声字。从辵，酉声，或从辵，酋声。遒、逎是一对异体字。《说文》小篆从酉声，或体从酋声。酉本像酒器之形，古"酒"字写作此。酋本指久酿之酒。酉上增"ソ"，或以为会酒香四溢之意，与酉为一字分化。遒本义是追近。《说文》："遒，迫也。"《楚辞·招魂》："分曹并进，遒相迫些。"王逸注："遒，亦迫。"引申有终尽的意思。《楚辞·九辩》："岁忽忽而遒尽兮，恐余寿之弗将。"本义还引申出强劲有力之义，今天"遒劲"这个词中"遒"即保留的是这个意义。此外，还引申有聚敛、坚固、美好等意义。遒又读作qiū，表示树木丛生。或作古县名。今《异体字审定表》选用"遒"为正体。（师玉梅）

近

jìn 群纽、文部；群纽、隐韵、其谨切。

1《战文编》100页。2、3《说文》41页。4、5《甲金篆》114页。

形声字。从辵，斤声。斤初文为斧的象形。《说文》古文从止，斤声。止、辵为义近形符，古常相通。近本义为不远、附近。《说文》："近，附也。"《易·系辞下》："近取诸身，远取诸物，于是始作八卦。"引申指靠近、接近、近似。或时间上临近、时间短，或亲近、关系密切等，与今天表义基本相同。另引申有浅近，浅显的意思。《孟子·尽心下》："言近而指远者，善言也。"由此引申出浅陋、平庸之义。近还作副词，表示大概。今天仍在使用。（师玉梅）

邋

liè 来纽、葉部；来纽、葉韵、良涉切。
lā 来纽、葉部；来纽、盍韵、卢盍切。

辵部

邋¹—邋²—邋³—邋⁴
春秋　秦《说文》小篆　汉　楷书

1《战文编》100页。2《睡甲》22页。3《说文》41页。4《甲金篆》114页。

形声字。从辵，巤声。构形义尚不明。邋，《说文》："搚也。"钱坫斠诠："邋，搚也。搚之言折也。"邋同"躐"字，意为践踏。银雀山汉墓竹简《孙膑兵法·官一》："邋军以索阵。"张震泽校理："邋即躐，从辵与从足同。"或通"獵"，即狩猎。石鼓文《车工》："君子员邋，员邋员游。"商承祚《殷虚文字类编》："石鼓文以为田獵字，众止所践，殆獵也。训掞意，后说。"邋又读为lā。"邋遢"，行走貌。元王子一《误入桃源》第一折："眼见得路迢遥，芒鞋邋遢，抵多少古道西风鞭瘦马。"引申有行走歪斜、不整洁、不谨事之义。（师玉梅）

迫 pò　帮纽、铎部；帮纽、陌韵、博陌切。

迫¹—迫²—迫
《说文》小篆　汉　楷书

1《说文》41页。2《甲金篆》114页。

形声字。从辵，白声。白，甲骨文即有，多作"○"形，郭沫若《金文丛考》："此实拇指之象形。"迫本义为靠近。《说文》："迫，近也。"《楚辞·离骚》："吾令羲和弭节兮，望崦嵫而勿迫。"王逸注："迫，附也。言我恐日暮年老，道德不施，欲令日御按节徐行，望日所入之山，且勿附近。"引申为强迫，催促、紧急、狭窄等意义。在现代术语"迫击炮"中迫读pǎi。（师玉梅）

邇（迩） ěr　日纽、脂部；日纽、纸韵、儿氏切。

邇¹—邇³—邇⁵—邇
战国《说文》小篆　汉　楷书

迩²—迩⁴—迩⁶—迩
战国　《说文》古文　汉　楷书

1、2《战文编》101页。3、4《说文》41页。5、6《甲金篆》114页。

形声字。从辵，爾声，或从尔声。尔是"爾"字的上半部分，为简体的爾。战国时期从爾声的邇与从尔声的迩均有使用。《说文》正篆从爾声，古文从尔声。汉代隶书承袭《说文》小篆及古文。今则统作迩。迩本义为近。《说文》："迩，近也。"《书·舜典》："柔远能迩。"孔传："迩，近。"引申为接近。《书·仲虺之诰》："惟王不迩声色，不殖货利。"又引申为浅近，"迩言"即浅近易明的话。（师玉梅）

遏 è　影纽、月部；影纽、曷韵、乌葛切。

遏¹—遏²—遏³—遏
《说文》小篆　汉　汉　楷书

1《说文》41页。2、3《甲金篆》114页。

形声字。从辵，曷声。曷，从日，匃声。小篆字形"匃"内为"亾"（亡），隶变后变作"匕"。楷书承袭《说文》小篆。遏本义为阻止。《说文》："遏，微止也。"《诗·大雅·民劳》："式遏寇虐，憯不畏明。"郑玄笺："式，用；遏，止也。"引申有遮拦、断绝、相及等意义。遏通"害"，表示伤害的意思。《诗·大雅·文王》："命之不易，无遏尔躬。"（师玉梅）

遮 zhē　章纽、鱼部；章纽、麻韵、正奢切。

遮¹—遮²—遮³—遮
战国《说文》小篆　汉　楷书

1《战文编》101页。2《说文》41页。3《甲金篆》114页。

形声字。从辵，庶声。庶甲骨文作"🔥"形。从火从石，石亦声，或认为是古人以火燃石而煮的生活写照，即"煮"的本字，后被借表"众庶"之庶。字形上部的石逐渐讹变作"庐"，下部的火隶变后作"灬"。战国竹简中遮或从彳。彳、辵为义近形字符，古文字中常通。遮本义为阻挡、遏止。《说文》："遮，遏也。"《吕氏春秋·应同》："子不遮乎亲，臣不遮乎君。"引申为掩盖、遮蔽，也是今日常用义。古遮可与"庶"通，表示众多的意思。《管子·侈靡》："六畜遮育，五谷遮熟。"遮还可作代词，相当于"这"。（师玉梅）

迣 zhì　章纽、月部；章纽、祭韵、征例切。
chì　透纽、月部；彻纽、祭韵、丑例切。

迣¹—迣²—迣³—迣⁴
《说文》小篆　秦　汉　汉　楷书

1《说文》41页。2、3《甲金篆》114页。4《汉印徵》卷2，15页。

形声字。从辵，世声。世的金文字形一般作"世"。以后三点逐渐变为三条短横，隶变又合并为一横。《说文》中迣写作迣，而作声符时一般写作世或㐇，形体略有不同。迣本义为拦挡。《说文》：“迣，迾也。”迾的意义即是遮拦、阻挡。《汉书·鲍宣传》：“部落鼓鸣，男女遮迣。”颜师古注：“言闻桴鼓之声，以为有盗贼，皆当遮列而追捕。"遮列即遮迣，拦阻的意思。迣又读chì，义为超越。睡虎地秦墓竹简《为吏之道》：“吏有五失：一曰夸以迣。”（师玉梅）

迾 liè 来纽、月部；来纽、薛韵、良薛切。

1《说文》42页。

形声字。从辵，列声。列从刀，歺声，为裂之本字。歺，水流貌，上本从川，隶变作一横。迾本义为阻拦。《说文》："迾，遮也。"常特指列队禁止出入以警戒。《汉书·武五子传·昌邑哀王刘髆》："以王家钱取卒，迾宫清中备盗贼。"颜师古注："李奇曰：'迾，遮也。'邓展曰：'令其宫中清靖，不得妄有异人也。'"王先谦补注引周寿昌曰："巡迾宫垣，清除中禁，皆以备匪人也。"迾或用同"列"，义为排列。《汉书·扬雄传上》："徽车轻武，鸿絧緁猎，殷殷轸轸，被陵缘阪，穷冥极远者，相与迾乎高原之上。"《文选·扬雄〈羽猎赋〉》作"列乎高原之上"。（师玉梅）

逞 chěng 透纽、耕部；彻纽、静韵、丑郢切。
yíng 喻纽、耕部；以纽、清韵、怡成切。

1《战国编》101页。2《金文编》104页。3《说文》42页。4《汉印徵》卷2，15页。

形声字。从辵，呈声。声符呈金文中作𠈐（或伯鼎或"字作"𡉚"），或作𠈘（或者尊或"字作"𠈙"），战国时期变作𡈼、𡈻等形。逞字的字形2是战国时期吴越文字中常见的一种美化形体。逞本义为通达。《说文》："逞，通也。"楚国谓疾行为逞。《方言》卷二："逞，疾也。东齐海岱之间曰速，燕之外鄙朝鲜洌水之间曰摇扇，楚曰逞。"引申有快感、满足、解除、施展、放纵、自负、极尽、仗恃等意义。

逞又读yíng，同"盈"。《集韵·清韵》："逞，晋有栾逞，通作盈。"（师玉梅）

遼（辽） liáo 来纽、宵部；来纽、萧韵、落萧切。

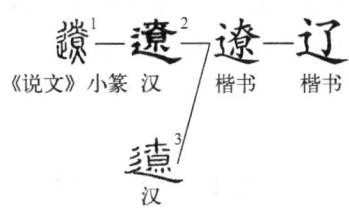

1《说文》42页。2、3《甲金篆》115页。

形声字。从辵，尞声。声符尞甲骨文中作𤇾，是一种燃柴祭天的祭祀。木在火上，木旁有点，像火焰上腾之状。金文承袭甲骨文，下面的火或有变形。到隶书时，上面的"木"和木旁的点变成了"大"，或写作"木"，下面的火变作了灬或小等。《说文》小篆的尞中间已增加了一个"日"，在隶书中写作"日"或"目"，此时的尞从字形已不容易看出本义了。"遼"现代简化字写作"辽"。辽本义为远。《说文》："遼，远也。"《左传·襄公八年》："楚师辽远，粮食将尽，必将速归。"引申为开阔。唐白居易《截树》："开怀东南望，目远心辽然。"由本义还引申有时间久远、宽、迂缓等意义。今辽宁省简称辽。（师玉梅）

遠（远） yuǎn 匣纽、元部；云纽、阮韵、云阮切。
yuàn 匣纽、元部；云纽、愿韵、于愿切。

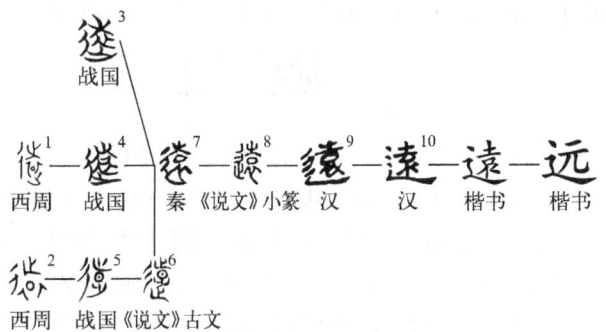

1、2《金文编》104页。3、4《楚系简帛》146页。5《篆文编》93页。6、8《说文》42页。7《睡甲》22页。9、10《甲金篆》115页。

形声字。从辵，袁声。袁金文从止、㝵声，为远之初文。"遠"的现代简化字以"元"作声符。《说文》古文及石经古文远字的声符为𡆞、𡇀，均为从止、㝵声的变形。远或从彳，彳与辵为义近形符，古文字中常通。远本义为遥远，距离长。《说文》："遠，辽也。"《诗·豳风·七月》：

"取彼斧斨,以伐远扬。"毛传:"远,枝远也。"引申为时间的久远,意义的深远,关系的疏远,志向的高远,地理的边远等。还可指多,差距大。《吕氏春秋·审为》:"韩之轻于天下远,今之所争者其轻于韩又远。"高诱注:"远,犹多也。"又读yuàn,义为离去。《论语·颜渊》:"舜有天下,选于众,举皋陶,不仁者远矣。汤有天下,选于众,举伊尹,不仁者远矣。"再引申有违背等意义。(师玉梅)

逖 tì 透纽、锡部;透纽、锡韵、他历切。

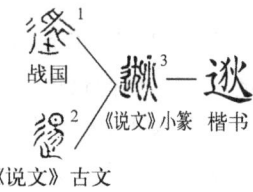

1《古文典》757页。2、3《说文》42页。

形声字。从辵,狄声。战国文字及三体石经中或从㣇、㣇得声,从手从衣,会以手脱衣之意,或"裼"的本字。逖,《说文》古文又以易为声,易甲古文形作(《前》6.43.3),像倾一器之水注另一器中,会变易之义(参"易"字条)。逖、遏、逷只是选用了不同的字形作声符,音、义实同。后世以逖为正体。逖本义为远。《说文》"逖,远也。"《书·牧誓》:"逖矣,西土之人。"孔传:"逖,远也。"引申为使远离。《书·多方》:"我则致天之罚,离逖尔土。"孔传:"离逖汝土,将远徙之。"逖或与"剔"通。(师玉梅)

迥 jiǒng 匣纽、耕部;匣纽、迥韵、户顶切。

1《说文》42页。2《汉印徵》卷2,16页。

会意兼形声字。从辵,从问,问亦声。《说文·门部》:"冂,邑外谓之郊,郊外谓之野,野外谓之林,林外谓之冂,象远界也。问,古文冂。从口,象国邑。"迥本义为远。《说文》:"迥,远也。"汉班固《幽通赋》:"梦登山而迥眺兮,觌幽人之髣髴。"迥眺即远眺。引申表示僻远的住所,或表示单独,迥立即独立。迥也有迥然的意思,形容差别大。(师玉梅)

逴 chuō 透纽、药部;彻纽、觉韵、敕角切。

1《甲文编》69页。2《说文》42页。3《甲金篆》115页。

形声字。从辵,卓声。据金文卓的形体(卓林父簋)可知甲骨文形右半的"也是卓字。逴甲骨文从彳,彳、辵为义近形符,古文字中常通。逴的本义为远。《说文》:"逴,远也。"《楚辞·远游》:"舒并节以驰骛兮,逴绝垠乎寒门。"逴绝垠即远无边际。引申为超越。宋梅尧臣《时鱼》:"四月时鱼逴浪花,渔舟出没浪为家。"另引申有巡行的意思。在方言中还可表示跛。《方言》卷二:"自关而西,秦晋之间,凡蹇者或谓之逴。体而偏长短亦谓之逴。"逴还有惊的意思。《方言》卷二:"逴,惊也。"(师玉梅)

迂 yū 影纽、鱼部;影纽、虞韵、忆俱切。

1《甲文编》71页。2《金文编》104页。3《说文》42页。4《甲金篆》116页。

形声字。从辵,于声。始见于甲骨文。甲骨文从止,金文从辵,古文字中止、辵、辵为义近形符,常通用无别。迂本义为迂回。《说文》:"迂,避也。"王筠句读:"此避仍是僻字。迂曲是偏僻也。"《书·盘庚中》:"恐人倚乃身,迂乃心。"孔传:"迂,僻。"孔颖达疏:"迂是回也,回行必僻,故迂为僻也。"引申有远的意思,《荀子·荣辱》:"失之己,反之人,岂不迂乎哉!"又引申有广大、迂腐、虚夸等意义。(师玉梅)

邍 yuán 疑纽、元部;疑纽、元韵、愚袁切。

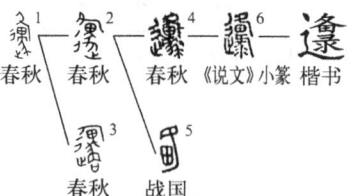

1、2、3《金文编》104~105页。4、5《战文编》102页。6《说文》42页。

形声字。从辵,从夂(倒足形),从田(像田地形),象声。战国货币或玺印中邍或省写,从夂从田。《说文》:"邍,高平之野,人所登。从辵、备、录,阙。"《说文》以为从录,录乃象之形变。邍字经传多写作"原",义为高平之野。《周礼·夏官·邍师》:"掌四方之地名,辩其丘陵坟衍邍隰之名。"贾公彦疏:"高平曰原,平湿曰隰。"(师玉梅)

道

dào 定纽、幽部；定纽、皓韵、徒皓切。

dǎo 定纽、幽部；定纽、号韵、大到切。

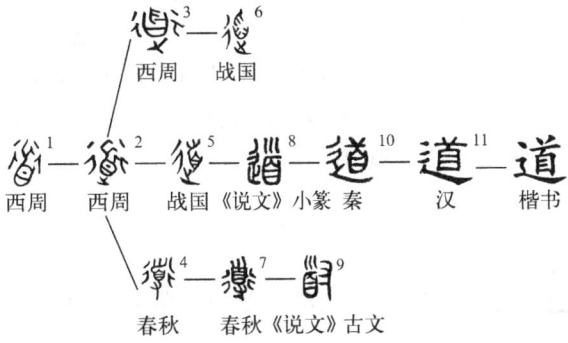

1—4《金文编》105页。5、6《战文编》102页。7《篆文编》98页。8、9《说文》42页。10《睡甲》22页。11《甲金篆》116页。

会意兼形声字。从辵，从首，首亦声。首初文像侧面人头之形。《说文》："道，所行道也。从辵，从首。"《逸周书·芮良夫》："予小臣良夫稽道谋告。"清王念孙《读书杂志》曰："稽道，即稽首也。道从首声，故与首字通用。"金文或从行、彳，与从辵表义同。或下不从止而从"又"，乃止的讹变。石鼓文承袭此形，并在又下繁增一点，成为寸。《说文》古文又继之省去了"行"符，从首、从寸。金文及战国盟书中都有不从首而有以舀作声符的"遙"，舀疑为首的形讹。舀、首形近，舀又与道音近，促成了讹变。道本义为道路。《说文》："道，所行道也。"《诗·小雅·大东》："周道如砥，其直如矢。"由道路之义可引申作动词，表示取道、经过。《史记·魏世家》："若道河内，倍邺、朝歌，绝漳滏水，与赵兵决于邯郸之郊，是智伯之祸也，秦又不敢。"由道的本义还可引申出抽象意义的方法、技艺、规律、学说、道义等意义。《论语·卫灵公》："道不同，不相为谋。"此道即指思想学说。道也特指道家、道教等。《史记·太史公自序》："道家无为，又曰无不为，其实易行，其辞难知。其术以虚无为本，以因循为用。"典籍中还常以"有道"指政治清明的局面。总之，道的意义引申极为广泛。因道有道路、方法等义，所以可以引申作动词表示疏通，此义一般读dǎo。《书·禹贡》："九河既道，雷夏既泽，灉沮会同。"蔡沈传："既道，既顺其道。"再引申又有引导、开导等义。此音后世多写作"導(导)"，乃道的分化字。（师玉梅）

遽

jù 群纽、鱼部；群纽、御韵、其据切。

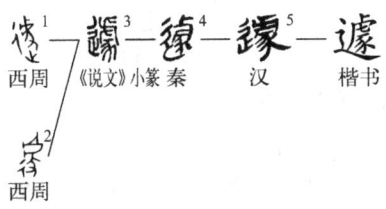

1、2《金文编》105～106页。3《说文》42页。4《睡甲》22页。5《甲金篆》117页。

形声字。从辵，虡声。金文或从彳，与辵为义近形符，古文字中常通。声符虡从虍、从豕，会兽类互斗、相持不解之意。遽约始见于西周，本义为驿车、驿马。《说文》："遽，传也。"《周礼·秋官·行夫》："行夫掌邦国传遽之小事。"郑玄注："传遽，若今时乘传骑驿而使者也。"引申表示疾速的意思。《吕氏春秋·贵因》："武王曰：'嘻！'遽告太公。"又引申有仓促、窘迫、恐惧之义。遽还可作虚词，相当于遂、就。《墨子·公孟》："虽子不得福，吾言何遽不善，而鬼神何遽不明？"（师玉梅）

邊(边)

biān 帮纽、元部；帮纽、先韵、布玄切。

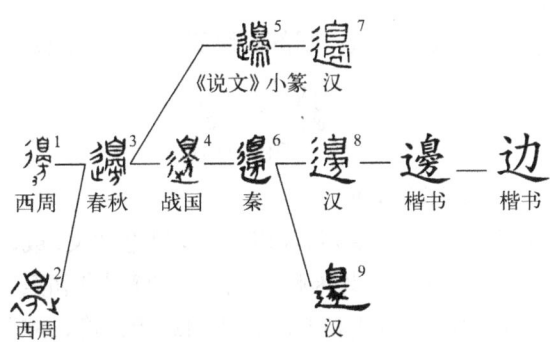

1、2《金文编》106页。3《篆文编》94页。4《古文典》1075页。5《说文》42页。6-9《甲金篆》117页。

形声字。从辵，臱声。金文或从"彳₃"，"₃"为止的变形。声符臱的构形尚无定论。有以为甲骨文ф即"邊"字，从自(鼻之本字)，丙声。金文下又增方。《说文》小篆下从冂，乃"方"之讹。至于汉代，声符"臱"下半部进而讹作"穸"、"豕"、"㝉"等。现代简化字以"力"替换繁冗的"臱"形，"邊"遂写作了"边"。边本义为边际、边境。《诅楚文》："自(师)偪(逼)晤(吾)边竞(境)。"引申之，于湖、池等则可指畔；于衣服等则可指衣边，等等。边也指旁边、靠近。也可由边境义引申出边远、尽头。（师玉梅）

邂

xiè 匣纽、支部；匣纽、卦韵、胡懈切。

辵部

邂 — 邂
《说文》新附　楷书

1《说文》42页。

形声字。从辵,解声。声符解从刀,从牛,从角,会以刀解牛角之意。《说文》:"邂,邂逅。""邂逅"为联绵词,也作"解后"、"解觏"、"解构"等,义为不期而遇。《诗·郑风·野有蔓草》:"邂逅相遇,适我愿兮。"(不期而遇,正合我愿)(师玉梅)

逅 hòu 匣纽、侯部;匣纽、候韵、胡遘切。

后¹ — 詬² — 逅
战国　《说文》新附　楷书

1《包山》128页。2《说文》42页。

形声字。从辵,后声。后即甲骨文"育"字,像妇女产子形。金文中或写作后,或与司同形。"邂逅"为联绵词,义为不期而遇。逅单用与"邂逅"表义相同,如《清史稿·乐志六》:"通人达士,岂奚易逅。"(师玉梅)

遑 huáng 匣纽、阳部;匣纽、唐韵、胡光切。

徨¹ — 遑
《说文》新附　楷书

1《说文》42页。

形声字。从辵,皇声。或以为皇,煌之初文。或以为王著冠冕形。遑本意为闲暇。《书·无逸》"自朝至于日中昃,不遑暇食,用咸和万民。"孔颖达疏:"遑,亦暇也。重言之者,古人自有复语。"遑的另一个意义与闲相反,表示慌、促。《说文》:"遑,急也。"《盐铁论·散不足》:"孔子栖栖,疾固也。墨子遑遑,闵世也。"栖栖、遑遑都是形容忙碌的样子。遑还常用于反问句中,相当于何、怎能。《诗·邶风·谷风》:"我躬不阅,遑恤我后?"郑玄笺:"我身尚不能自容,何暇忧我后所生子孙也。""徨"字为"遑"的异体字。《说文》:"遑,或从彳。"遑或与惶通,表示惊惧。(师玉梅)

逼 bī 帮纽、职部;帮纽、职韵、彼侧切。

富¹ — 偪² — 逼
《说文》新附　汉　楷书

1《说文》42页。2《甲金篆》117页。

形声字。从辵,畐声。畐本像一种长颈鼓腹的容器之形,甲骨文中已存在,作 ⊕。金文作 ⊕,后颈部变作口,腹部到底部变作田。逼本义为迫近。《说文》:"逼,近也。"《晏子春秋·内篇谏上》:"逼迩不引过。"苏舆注:"逼迩,近臣也。"由本义可引申出逼迫的意思。《古诗为焦仲卿妻作·序》:"刘氏为仲卿母所遣,自誓不嫁,其家逼之,乃投水而死。"又引申指紧迫、驱逐,或指地势狭窄等。逼迫义的逼,文献中亦见写作"偪"。《左传·庄公二十三年》:"晋桓、庄之族偪。"杜预注:"偪迫公室。"(师玉梅)

邈 miǎo 明纽、药部;明纽、觉韵、莫角切。

貌¹ — 貓² — 邈³ — 邈 — 邈
《说文》新附　汉　汉　楷书　楷书

1《说文》42页。2、3《甲金篆》117页。

形声字。从辵,貌声。兒字籀文作貌,或体作貌,从而可知邈亦同邈。邈在隶书字体中讹变较多,豸或写得如"豸",页或写作"目",或似"艮"。楷书承小篆作邈,或作邈。《玉篇·辵部》:"邈,远也。邈,同邈。"今统作邈。邈本义为远。《说文》:"邈,远也。"《楚辞·离骚》:"抑志而弭节兮,神高驰之邈邈。"王逸注:"邈邈,远貌。"引申有时间久远、离去、渺茫等义。邈或同藐,表示小看、轻视的意思。汉刘向《战国策序》:"遂燔烧诗书,坑杀儒士,上小尧舜,下邈三王。"或用同"描"。《汉将王陵变》:"诏太史官邈其夫人灵在金牌之上。"这里邈即描画的意思。(师玉梅)

遐 xiá 匣纽、鱼部;匣纽、麻韵、胡加切。

遐¹ — 遐² — 遐
《说文》新附　汉　楷书

1《说文》42页。2《甲金篆》117页。

形声字。从辵,叚声。叚义为借,后孳乳为"假"。遐本义为远。《说文》:"遐,远也。"《书·太甲下》:"若升高,必自下;若陟遐,必自迩。"(陟遐即到远的地方,迩义为近)引申为疏远。《诗·小雅·白驹》:"毋金玉尔音,而有遐心。"郑玄笺:"毋爱女声音而有遐我之心,以恩责之也。"由本义还可引申出远去、时间长久、久远等意思。遐或通"胡",表示反问。《诗·小雅·隰桑》:"心乎爱矣,遐不谓矣?"(遐不即胡不,为什么不)(师玉梅)

迄 qì 晓纽、物部；晓纽、迄韵、许讫切。

訖¹—訖²—迄³—迄⁴—迄
春秋《说文》新附 汉 汉 楷书

1《战文编》103页。2《说文》42页。3、4《甲金篆》117页。

形声字。从辵，气声。《说文》无"乞"字，古"乞"与"气"同字，后世分化。汉代以前所见迄字从气声，至于汉代或以乞字作声符，后世承之。迄本义为至。《说文》："迄，至也。"《诗·大雅·生民》："后稷肇祀，庶无罪悔，以迄于今。"毛传："迄，至也。"引申为终、终结。汉曹操《军令》："至营迄，复结幡旗，止鼓。"还引申作副词，表示竟、终于。《后汉书·孔融传》："融负其高气，志在靖难，而才疏意广，迄无成功。"（师玉梅）

迸 bèng 帮纽、耕部；帮纽、诤韵、北诤切。
pēng 滂纽、耕部；滂纽、耕韵、披耕切。

迸¹—迸²—迸³—迸⁴—迸—迸
《说文》新附 汉 汉 汉 楷书 楷书

1《说文》42页。2、3、4《甲金篆》117页。

形声字。从辵，并声。并初文像两人相并之形。甲骨文、金文两人中本为两横，作（甲骨文或见一横），而至小篆中间断开，作。隶变后复成为贯穿的两横，并且人的上部变为两小撇或两点，与今简化的并字相同。繁体楷书中并中间的横仍断开书写。迸本义为跑散、逃散。《说文》："迸，散走也。"《三国志·蜀书·谯周传》："百姓扰扰，皆迸山野，不可禁制。"引申有涌出、喷出、爆开、断裂、弹、跳等意思。通"屏"，表示排斥、排除。迸又读pēng，义为使。晋干宝《搜神记》卷十八："迸从者还外，唯持一大刀，独处亭中。"（师玉梅）

透 tòu 透纽、幽部；透纽、候韵、他候切。
shū 书纽、屋韵、式竹切。

透¹—透
《说文》新附 楷书

1《说文》42页。

形声字。从辵，秀声。秀，五代徐锴《说文解字系传》："禾实也，有实之象，下垂也。"透本义为跳。《说文》："透，跳也，过也。"《隋书·音乐志下》："并二人戴竿，其上有舞，忽然腾透而换易之。"引申为逃跑、逃出。《水浒全传》第一百一十八回："史进、石秀等六人，不曾透得一个出来，都被射死在关下。"又引申有穿过、显露、达到充分的程度、彻底、清楚等意义。透又读shū，吃惊的样子。《方言》卷二："透，惊也。宋卫南楚凡相惊曰狢，或曰透。"郭璞注："皆惊貌也。"（师玉梅）

邏(逻) luó 来纽、歌部；来纽、个韵、郎佐切。

邏¹—邏—逻
《说文》新附 楷书 楷书

1《说文》42页。

形声字。从辵，羅声。羅本像以网捕鸟之形，上部为网，在隶书中变作了"罒"。"羅"字形较繁，现代汉字简化中以"夕"代替下半部，"羅"遂写作"罗"，"邏"也就相应简化成"逻"。逻本义为巡行，巡查。《说文》："邏，巡也。"《三国志·吴书·陆逊传》："逊遣亲人韩扁赍表奉报，还，遇敌于沔中，钞逻得扁。"（钞逻即抄逻）引申指巡逻兵。《北史·袁翻传》："广开戍逻，多置帅领。"由本义还可以引申出遮拦或山色环绕等意义。（师玉梅）

迢 tiáo 定纽、宵部；定纽、萧韵、徒了切。

迢¹—迢²—迢
战国《说文》新附 楷书

1《古文典》305页。2《说文》42页。

形声字。从辵，召声。声符召从口，刀声，义为召唤。迢一般不单用。迢遰，连绵词，也作迢递，遥远貌。《说文》："迢，迢遰也。"《字汇·辵部》："迢，迢递，远也。"《文选·嵇康〈琴赋〉》："指苍梧之迢递，临回江之威夷。"吕向注："迢递，长貌。"引申可形容高峻的样子。"迢迢"，也可用于形容远或高貌，与迢遰表义相同。另有"迢遥"形容遥远，"迢峣"形容高峻。迢也见单用，表示远。《宋元戏文辑佚·韩寿窃香记》："任更深夜迢，听谁家院落，寒砧尚敲。"（师玉梅）

逍 xiāo 心纽、宵部；心纽、宵韵、相邀切。

逍¹—逍
《说文》新附 楷书

1《说文》42页。

形声字。从辵，肖声。肖从肉，小声，义为相貌相似。

"逍遥"为连绵词,也写作"消摇",形容缓步行走的样子。《说文》:"逍,逍遥,犹翱翔也。"《文选·司马相如〈长门赋〉》:"夫何一佳人兮,步逍遥以自虞。"引申为安闲自得的样子。《诗·郑风·清人》:"二矛重乔,河上乎逍遥。"(师玉梅)

遥 yáo 喻纽、宵部;以纽、宵韵、余昭切。

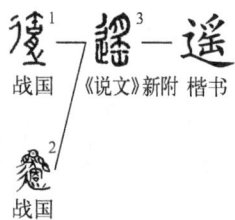

1《古文典》220页。2《篆文编》86页。3《说文》42页。

形声字。从辵,䍃声。䍃本写作"䍃",从缶,肉声,后世讹变。三体石经古文遥以"繇"作声符。《说文》:"遥,逍遥也。又远也。"《方言》卷六:"遥,远也。梁楚曰遥。"遥本义为远。《礼记·王制》:"自江至于衡山,千里而遥。"引申为长久。遥夜即长夜。远和长久的意思典籍也常用"遥遥"。《左传·昭公二十五年》:"鸜鹆之巢,远哉遥遥。"由本义还引申出飘荡、疾行等意思。又"逍遥"连用,见"逍"字条。(师玉梅)

彳部

彳 chì 透纽、铎部;彻纽、昔韵、丑亦切。

1《说文》42页。

象形字。甲骨文、金文"行"字作"",像四面通达的道路之形。彳为行字左半,一般只作为偏旁,表示与道路或行走有关的意义。甲骨文、金文中彳旁与辵、止、走、行等旁常通。作义符时左右无别,但以居左为多,后世逐渐固定到左边。《说文》:"象人胫三属相连也。"解释不确。彳偶或单用,义为小步行走。汉张衡《舞赋》:"寒兮宕往,彳兮中辄。"(师玉梅)

德 dé 端纽、职部;端纽、德韵、多则切。

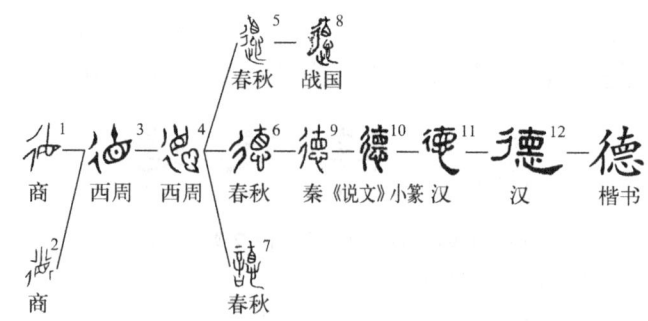

1、2《甲文编》74页。3-7《金文编》110~111页。8《战文编》114页。9、11、12《甲金篆》119页。10《说文》43页。

形声字。从彳,悳声。或从行、从辵,古文字中彳、行、辵常通。又或从言。甲骨文德从彳,直声(目上一竖,为古"直"字。金文中竖上加了一点,点又逐渐变为一横)。金文多在直下加了一个"心"字,德遂以悳为声。悳字从直从心,也是古"德"字。德本义为登、升。《说文》:"德,升也。"也常用以指道德、品德。《易·乾》:"君子进德修业。"孔颖达疏:"德,谓德行;业,谓功业。"引申指有道德的贤明之士。《书·蔡仲之命》:"皇天无亲,惟德是辅。"孔传:"惟有道者则佑之。"又引申有恩惠、感恩、德政、客观规律等意义。德通"直"。《左传·襄公二十九年》:"辩而不德,必加于戮。"又通"植"。《礼记·玉藻》:"气容肃,立容德,色容庄,坐如尸。"德还与"得"通。《墨子·节用上》:"是故用财不费,民德不劳,其兴利多矣。"(师玉梅)

徑(径) jìng 见纽、耕部;见纽、径韵、古定切。
jīng 见纽、耕部;见纽、青韵、坚灵切。

1《说文》43页。2、3《甲金篆》120页。

形声字。从彳,巠声。声符巠为经的古文,像织机上有纵线,金文中已有,与小篆字形相似。隶书中变形较大,已失去了象形的意味,楷书繁体仍似小篆。"徑"现代简化作"径"。《说文》:"徑,步道也。"朱骏声通训定声:"步行之道,谓异于车行大路。"从而可知径指小路。《论语·雍也》:"有澹台灭明者,行不由径。"引申泛指道路。《楚辞·招魂》:"皋兰被径兮斯路渐。"王逸注:"径,路也。"又引申有行、疾速、直径、直接等意义。径又读jīng,义为取道,经过。《战国策·秦策五》:"燕者必径于赵。"(师玉梅)

復(复) fù 並紐、幽部；奉紐、宥韻、扶富切。
並紐、覺部；並紐、屋韻、房六切。

復—復—復—復—復—復—复
商 西周 西周 戰國《說文》小篆 秦 漢 楷書 楷書

復—復
西周 戰國

1《甲文編》74頁。2、3、4《金文編》111頁。5、6《戰文編》114～115頁。7《說文》43頁。8《睡甲》23頁。9《甲金篆》120頁。

形聲字。从彳，复聲，或从辵。彳、辵為義近形符，古文字中常通。"復"本作复，見於甲骨文、金文等。复下从夂，夂本有行義，又加彳或辵乃累增義符。"復"字現代簡化作"复"。复的本義為返回。《說文》："復，往來也。"段玉裁注："《辵部》曰：返，還也。還，復也。皆訓往而仍來。"《左傳·桓公五年》："淳于公如曹，度其國危，遂不復。"杜預注："國有危難，不能自安，故出朝而遂不還。"引申為恢復。《史記·平原君列傳》："三去相，三復位。"又引申有報復、報答、答復、補償、履行等義。復又作副詞，表示重復或繼續。《論語·述而》："久矣吾不復見周公。"或作連詞，表示並列關係，相當於"又"。唐王維《雪中憶李楫》："長安千門復萬戶，何處躞蹀黃金羈。"復通"複"，表示雙重。《禮記·明堂位》："復廟重檐。"又可通"覆"、"腹"等。（師玉梅）

往 wǎng 匣紐、陽部；云紐、養韻、于兩切。
wàng 匣紐、陽部；云紐、漾韻、于放切。

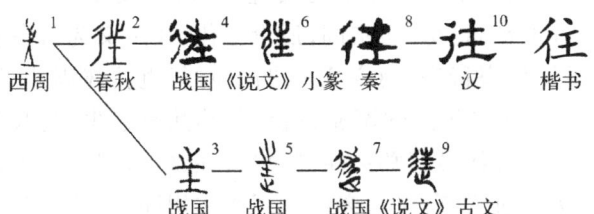
西周 春秋 戰國《說文》小篆 秦 漢 楷書
戰國 戰國 戰國《說文》古文

1《甲文編》74頁。2《金文編》112頁。3《古文典》631頁。4、5、7、8《戰文編》115頁。6、9《說文》43頁。10《甲金篆》121頁。

形聲字。从彳，生聲。或从辵。彳、辵為義近形符，古文字中常通。生甲骨文作生，从止，王聲，為往之初文。春秋時期始加彳旁以強調行的意義。往在戰國時期字形比較多樣，或承襲甲骨文加以變形，作生、生、生等，或又加彳、辵、止等義符。《說文》小篆从彳，《說文》古文从辵。隸書承《說文》小篆，聲符生省作"主"，楷書作"主"。往本義為去、到（某處），與來相對。《說文》："往，之也。"《合集》37408："壬辰王卜，貞：田觀，生（往）來無災？"（壬辰日王親自占卜，問：到觀地打獵，去和回沒有災禍吧？）引申為交際往來。《禮記·檀弓上》："非兄弟，雖鄰不往。"由本義還引申有過去、以後、送、亡去、死者等意義。往又作介詞，相當於朝、向。往又讀 wàng，義為歸向。《老子》第三十五章："執大象，天下往。"（師玉梅）

彼 bǐ 幫紐、歌部；幫紐、紙韻、甫委切。

彼—很—彼—彼
春秋《說文》小篆 秦 漢 楷書

1《金文編》112頁。2《說文》43頁。3《睡甲》23頁。4《甲金篆》121頁。

形聲字。从彳，皮聲。金文及石鼓文或不从彳，以皮為彼。典籍中常用為代詞。作指示代詞相當於"那"。《易·小過》："公弋取彼在穴。"或作第三人稱代詞，指他、別人、對方。《左傳·莊公十年》："彼竭我盈，故克之。"彼或通"匪"，義為非。《詩·小雅·采菽》："彼交匪紓。"清王引之《經義述聞》："彼亦匪也……彼交匪紓者，匪交匪紓也。匪交匪紓者，言來朝之君子不侮慢，不怠緩也。"又通"被"（pī）。漢成陽靈臺碑："惟大漢隆盛，德彼四表。"（師玉梅）

徼 jiào 見紐、宵部；見紐、嘯韻、古弔切。
jiǎo 見紐、宵部；見紐、篠韻、吉了切。
jiāo 見紐、宵部；見紐、蕭韻、古堯切。
yāo 影紐、宵部；影紐、宵韻、伊消切。

徼—徼—徼—徼—徼
《說文》小篆 秦 漢 漢 楷書

1《說文》43頁。2《睡甲》23頁。3、4《甲金篆》121頁。

形聲字。从彳，敫聲。敫从白从放，會光閃耀之意。或說是"曒"的古字。徼本義為巡察。《說文》："徼，循也。"徐鍇繫傳："循猶繞也。"《荀子·富國》："其候徼支繚。"楊倞注："徼，巡也。"引申為邊境、邊塞。《史記·司馬相如列傳》："南至牂柯為徼。"（牂柯：地名）又引申有小路、終極等義。徼又讀 jiǎo，徼幸，也作"僥幸"。讀 jiāo，義

为窃取、抄袭。《论语·阳货》："恶徼以为智者。"或用同"邀"，读 yāo，表示谋求、招致、阻挡等意义。（师玉梅）

循

xún　邪纽、文部；邪纽、谆韵、详遵切。

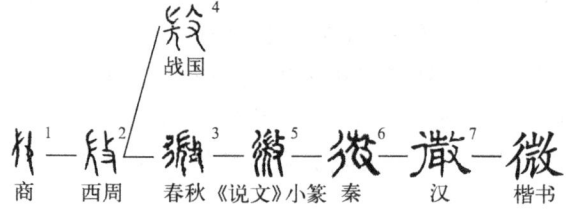

1《说文》43页。2《睡甲》23页。3《甲金篆》121页。

形声字。从彳，盾声。盾或以为像执盾以蔽目形。循本义为顺着，沿着。《说文》："循，行顺也。"桂馥义证："行顺也者，当为顺行。"《字汇·彳部》："循，顺也，沿也。"《左传·昭公七年》："循墙而走。"引申为依、遵循。《淮南子·氾论》："大人作而弟子循。"又引申有按次序、步行、善、安抚等意义。可通"巡"，义为巡视。《墨子·迎敌祠》："县师受事，出葆，循沟防。"又通"揗"，义为抚摩。《韩非子·说林下》："一人举踶马，其一人从后而循之，三抚其尻而马不踶。"（师玉梅）

微

wēi　明纽、微部；微纽、微韵、无非切。

[战国]

商　西周　春秋　《说文》小篆　秦　汉　楷书

1《甲文编》342页。2《金文编》564页。3《战文编》115页。4《四声韵》11页。5《说文》43页。6《睡甲》24页。7《甲金篆》122页。

形声字。从彳，敚声。敚乃微初文。微在甲骨、金文中多不从彳。敚，甲骨文作（《京都》2140），从攴，彳像人生有长发。《说文·人部》："敚，妙也。从人，从攴，豈省声。"高鸿缙《散盘集释》："敚应从攴、长会意。长为髪字最初文……髪既细小矣，攴之则断，而更微也。"微本义为隐蔽、隐匿。《说文》："微，隐行也。"《左传·哀公十六年》："白公奔山而缢，其徒微之。"杜预注："微，匿也。"孔颖达疏引郭璞曰："微谓逃藏也。"引申有秘密地、侦察、精妙深奥、昏暗不明、细小、少、衰落、无等意义。也常作副词，表程度，相当于"稍微"。或表示否定，相当于非、不是。或通"徽"，义为善。又或通"尾"，交尾。（师玉梅）

徐

xú　邪纽、鱼部；邪纽、鱼韵、似鱼切。

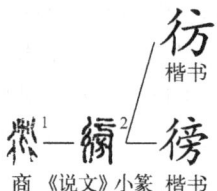

《说文》小篆　秦　汉　楷书

1《说文》43页。2《战文编》115页。3《甲金篆》122页

形声字。从彳，余声。声符余甲骨文作（《林》1.22.19），金文或承袭甲骨文，或下增两点，作（齐侯壶）。徐本义为缓、慢。《说文》："徐，安行也。"《管子·枢言》："众胜寡，疾胜徐。"引申用于形容安闲的样子。《尔雅·释训》："其虚其徐，威仪容止也。"郭璞注："雍容都雅之貌。"继而引申有散开、舒展的意思。徐还为古国名，建于周初。金文从邑作"郐"。徐又为古州名。徐可通"俱"，义为全、都。《公羊传·成公十五年》："鲁人徐伤归父之无后也。"何休注："徐者，皆、共之辞也，关东语。"（师玉梅）

徬

bàng　並纽、阳部；並纽、宕韵、蒲浪切。

páng　並纽、阳部；並纽、唐韵、蒲光切。

[彷 楷书]

商　《说文》小篆　楷书

1《甲文编》83页。2《说文》43页。

形声字。从彳，旁声。旁，甲骨文作（《甲》2464），或（《林》1.17.15），从方得声（参"旁"字条）。甲骨文"徬"从行，方声。行、彳为义近形符，古文字中常通。旁、方古音同。徬、彷实同，后世分化。徬本义为人在辕旁驱使牲畜行进。《说文》："徬，附行也。"《周礼·地官·牛人》："凡会同军旅行役，共其兵车之牛，与其牵徬，以载公任器。"郑玄注："牵徬，在辕外挽牛也。人御之，居其前曰牵，居其旁曰徬。"徬或用同"傍"，义为临近、接近。徬又读 páng，徬徨，义为徘徊、犹豫，亦写作"彷徨"。（师玉梅）

徯

xī　匣纽、支部；匣纽、齐韵、胡鸡切。

又胡礼切。

徯

1、2《说文》43页。

形声字。从彳，奚声。或从足，足与彳为义近形符，古文字中常通。声符奚从手持绳索以拘罪人之形。徯本义为等待。《说文》："徯，待也。"《书·仲虺之诰》："徯予后，后来其苏。"孔传："待我君来，其可苏息。"徯又可指小路。《礼记·月令》："塞徯径。"孔颖达疏："徯径，细小狭路。"（师玉梅）

待 dài 定纽、之部；定纽、海韵、徒亥切。
dāi

1《金文编》112页。2《古文典》45页。3《说文》43页。4《甲金篆》122页。

形声字。从彳，寺声。寺从寸（金文多从又），之声，本义为持。待本义为等候。《说文》："待，竢也。"《左传·隐公元年》："多行不义，必自毙，子姑待之。"引申为防御。《易·系辞下》："上栋下宇，以待风雨。"从本义又引申有供给、对待、依靠、需要、容忍、打算、将要等意义。待通"持"，表示持、扶等意义。《仪礼·公食大夫礼》："左人待载。"郑玄注："古文待为持。"待又通"特"。《庄子·逍遥游》："彭祖乃今以久特闻。"陆德明释文："特闻，崔本作'待问'。"待还可表示停留、逗留义。今读dāi。清蒲松龄《增补幸云曲》第一回："多待上十朝半月，散散心即早回还。"（师玉梅）

徧（遍）biàn 帮纽、真部；帮纽、霰韵、方见切。

1、5《四声韵》61页。2《说文》43页。3、4《甲金篆》122页。

形声字。从彳，扁声。或从辵。彳、辵为义近形符，古文字中常通。徧、遍二字文献中皆有使用，为异体字，现在通作"遍"。徧本义为周遍、普遍。《说文》："徧，匝也。"《书·舜典》："望于山川，徧于群神。"《韩非子·内储说上》："令下未徧而火已救矣。"又作量词，表示从头到尾经历一次，即今天常说的"一遍"。徧或用同"偏"，表示偏激、不正。《敦煌变文集·金刚般若波罗蜜经讲经文》："六道身中无欠少，诸仏（佛）身上不徧多。"（师玉梅）

復（退）tuì 透纽、物部；透纽、队韵、他内切。

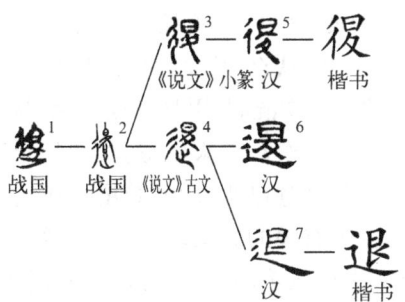

1《战文编》116页。2《金文编》112页。3、4、10《说文》43页。5、6、7、11《甲金篆》123页。8《合集》14001正。9《汗简》5页。

会意字。从彳，从夊（倒足形），从日。《说文》："復，却也。一曰行迟也。从彳，从日，从夊。"战国时期多从辵，彳与辵为义近形符，古文字中常通。战国文字"夊"下或繁加一"口"凑成"各"字。《说文》小篆从彳，古文从辵，或体则从彳、从内。甲骨文中已出现从止、从内的退，至战国时期变为从辵，从内。《说文》正篆、古文、或体在汉代皆有承袭，不过夊下面的"夊"或讹变似"匕"形，所以復后世就变形为"艮"。《说文》正篆以及或体后世渐废，今统作"退"。退本义为后退。《易·乾》："知进而不知退，知存而不知亡，知得而不知丧，其唯圣人乎！"引申为离去。《老子》第八章："功成名遂身退，天之道。"由此引申出谦让之义。《国语·楚语上》："夫子践位则退。"韦昭注："退，谦退也。"由本义还引申有返回、退还、脱去、衰减、畏缩、改悔等意义。或用同"褪"，如"退色"。（师玉梅）

後（后）hòu 匣纽、侯部；匣纽、厚韵、胡厚切。
又胡遘切。

商 商 西周 战国《说文》小篆 秦 汉 汉 楷书 楷书
战国 战国《说文》古文

1《甲文编》254页。2、5、11、12《甲金篆》123页。3、4、6《金文编》112~113页。7、10《说文》43页。8、9《战文编》116页。

会意字。从彳，从幺，从夊。"後"现代简化为"后"，与表示君王的"后"字混同。甲骨文或从幺、从夊，为"後"之初文。幺，甲金文作 $\8$，像束丝形。夊像倒止形。足有所系，所以迟後。此会意已明，后又繁增彳或辵旁。夊、彳、辵均表示与行走有关的意义，古文字中通用，也常见累加。金文後字或见从彳，从幺，省去夊。战国後字的"夊"下或见加一个"口"，如 后（中山方壶），凑成了"各"字，各本义为到达，亦能表义。後本义为行走迟后。《说文》："後，迟也。"《论语·雍也》："非敢後也，马不进也。"引申指后面的位置。《左传·昭公二十三年》："塞其前，断其後。"由本义还引申指时间较晚的、将来、子孙后代等。（师玉梅）

很 hěn 匣纽、文部；匣纽、很韵、胡恳切。

狠¹—很²—很
战国 《说文》小篆 楷书

1《战文编》116页。2《说文》43页。

形声字。从彳，艮声。艮初形为人上有一夸大的眼睛，是见的反文。见为前视，艮为后视。《说文》："很，不听从也。一曰行难也。一曰戾也。"很本义为违逆、不听从。《庄子·渔父》："见过不更，闻谏愈甚，谓之很。"引申为凶狠，后作"狠"。《书·酒诰》："厥心疾很，不克畏死。"由本义还引申指争讼。"很"近代以后常作程度副词，如"很好"。（师玉梅）

得 dé 端纽、职部；端纽、德韵、多则切。
děi
de

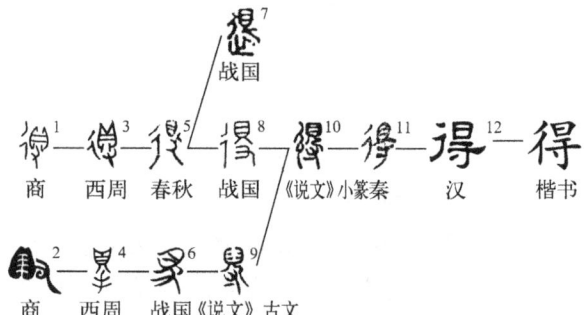

商 西周 春秋 战国 《说文》小篆 秦 汉 楷书
商 西周 战国《说文》古文

1《甲文编》75~76页。2、3、4《金文编》113~114页。5《战文编》116页。6《楚系简帛》160页。7《战文编》117页。8《古文典》17页。9、10《说文》43页。11《睡甲》24页。12《甲金篆》124页。

形声字。从彳，导声。导乃得之初文。得字的甲骨文和金文或从贝、从又。罗振玉《增定殷虚书契考释》："从又持贝，得之意也。或增彳。"《说文》："得，行有所得也。从彳，导声。导，古文省彳。"《说文》小篆得的声符导和古文得均从见，乃从贝之讹。贝在春秋战国文字中或渐变为目形，又或近似见形，《说文》殆承此讹变。汉代隶书则逐渐变作了"旦"。导所从之"寸"金文中或作又，或作 $\forall$，均手之象形。春秋战国时期也有写作"攴"。至于《说文》古文及小篆写作"寸"，寸、攴与又为义近形符。得本义为获得。《掇》2.141："贞：弗其得？三月。"（贞问：将没有什么收获吗？时在三月）引申为贪得。《论语·季氏》："及其老也，血气既衰，戒之在得。"由本义又引申有相遇、投合、适当等义，还引申有控制、晓悟、完成、满足、及、能够等意义。以上得均作动词用。得又可作副词，表示反诘，相当于"岂"、"难道"。《庄子·盗跖》："今昔阙然，数日不见，车马有行色，得微往见跖邪？"得今又读 děi，义为必须、应该，旧仍读 dé。《史记·滑稽列传》："得更求好女，后日送之。"得还可作助词，读轻声 de，用于动词后面，表示可能、能够。《后汉书·隗嚣传》："田为王田，卖买不得。"或用于动词、形容词后，连接结果或程度补语，为现代汉语常见。（师玉梅）

律 lǜ 来纽、物部；来纽、术韵、吕卹切。

彳¹—肃²—律³—律⁴—律
商 《说文》小篆 秦 汉 楷书

1《甲文编》76页。2《说文》43页。3《战文编》117页。4《甲金篆》125页。

形声字。从彳，聿声。聿本义为笔，像手持笔形。律本指古代用来校正乐音标准的管状仪器，以管的长短来确定音节。《说文》："律，均布也。"段玉裁注："律者，所以范天下之不一而归于一，故曰均布也。"《礼记·月令》："律中大蔟。"蔡邕章句："律者，帅也，声之管也。上古圣人始铸金以为钟，以应正月至十二月之声。乃截竹为管，谓之律。声之清浊，以律管长短可制也。"引申指音律、乐律。古人按乐音的高低分为六律和六吕，合称十二律。《书·舜典》："声依永，律和声。"孔传："律谓六律六吕。"因音律有高低的规定，所以又引申有法律、规律、依法治理、约束、衡量、遵守、等级等意义。律诗也讲究音律，所以亦可简称为律，如五律、排律。（师玉梅）

游》："夫列子御风而行。"此外，由本义还引申有治理、统治之义，或指帝王所用或与之有关的事务等。御也是古代六艺之一。文献中御常见用同"禦"。《诗·邶风·谷风》："我有旨蓄，亦以御冬。"毛传："御，禦也。"御有迎接义，读yà。《集韵·祃韵》："迓，《说文》相迎也。或作讶、御。"《诗·召南·鹊巢》："之子于归，百两御之。"郑玄笺："御，迎也。""驭"字为御之异体，在驾驭这一意义上可以通用。《书·五子之歌》："予临兆民，懔乎若朽索之驭六马。"驭，西周金文作 ，从马， 为古鞭字，会策马之意。《说文》古文省 为又。汉以后皆承袭此形。今天，表驾驭义用驭字。（师玉梅）

御 yù 疑纽、鱼部；疑纽、御韵、牛倨切。
　　yà 疑纽、鱼部；疑纽、祃韵、鱼驾切。

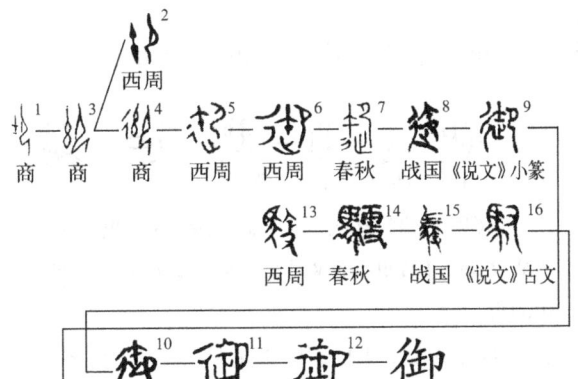

1、3、4《甲文编》76页。2、5、6、7、13《金文编》115页。8、14、15《战文编》117页。9、16《说文》43页。10、11、12、17《甲金篆》125页。

《说文》以为会意字："御，使马也。从彳，从卸。馭，古文御。"甲骨文有 等形，或认为 像马策， 像人形， 为道路，持策于道中，会驾驭之意。或认为 为午之初文，作声符， 像人跪而迎迓之形， 为道路，迎迓于道中。御字构形尚无定说。卜辞中"御"多指"禦祭"，祓除不祥的一种祭祀，字或从示。甲骨文的 形，金文下部又或增止， 渐变为 形。战国文字及《说文》小篆基本承袭金文的这个形体。隶变后，午与下面的止合书作"缶"。御在典籍中多指驾驭车马。《说文》："御，使马也。"《韩非子·难三》："知伯出，魏宣子御，韩康子为骖乘。"引申指驾驭车马的人。御也指乘。《庄子·逍遥

廴 部

廴 yǐn 喻纽、真部；以纽、轸韵、余忍切。
　　yìn 喻纽、真部；以纽、震韵、羊进切。

1《汗简》5页。2《说文》44页。

会意字。从彳，末画延长，以会长行之意。廴作偏旁应是从彳分化出的。如延字甲骨文写作 （《甲》528），从彳从止。金文少数从彳，如我鼎作 ，但多数从 ，彳的下面竖笔向右下引伸，如 （孟鼎）。至于《说文》小篆字形已经变作 ，成为 （廴）旁。不过廴旁并非单一来源，金文的 旁后世也有变作廴，如廷字金文作 （何尊），秦简中已见写作 （睡虎地简1010）。金文蔡侯钺铭文中建字作 ，中山王墓钺铭文建字作 ，后世泰山刻石与绎山碑文中均从 ，长沙马王堆帛书《老子》甲中建已写作 。廷、建二字在《说文》中均变作了廴旁。廴和辶（辵）汉代多见混用，如廷、延和建字都有写作从辶者。廴本义为长行。《说文》："廴，长行也。"段玉裁注："引长之也。"徐灏注笺："长行者，连步行也，故从彳而引长之。"又读yìn，延长的意思。《集韵·震部》："廴，延也。"今"廴"只作偏旁。（师玉梅）

廷 tíng 定纽、耕部；定纽、青韵、特丁切。
　　dìng 定纽、耕部；定纽、径韵、徒径切。

廷

1-5《金文编》118~119页。6、8《战文编》120页。7《说文》44页。9、10《甲金篆》126页。

形声字。从廴，壬声。约始见于西周金文。金文从乚、壬声，或从㐱声。"乚"林义光《文源》以为"象庭隅之形"。壬字的甲骨文字形像人挺土上，疑为挺之本字。金文廷字的声符变异较多，较早的形体从㐱声，或省作彳、弓，或变作㐄、乃，乃从㐱与从壬的结合。形符乚后世变作廴旁（参"延"字条）。也有学者认为小篆廷字所从的彳（廴）是由㐱声的部分笔画与乚结合讹变的结果。汉以后廷字承袭小篆形体，偶或从"辵"，乃形近所致。《说文》："廷，朝中也。"在西周金文中多表示君王上朝布政的地方，常见中廷、大廷、东廷之说。谏簋："司马共右谏入门立中廷。"后世典籍中引申作官署。《广雅·释宫》："廷，宫也。"王念孙疏证："谓官舍也。"《墨子·号令》："符传疑，若无符，皆诣县廷言，请问其所使。"也常引申表庭院。《诗·唐风·山有枢》："子有廷内，弗洒弗埽。"该义后世一般写作"庭"。（师玉梅）

建

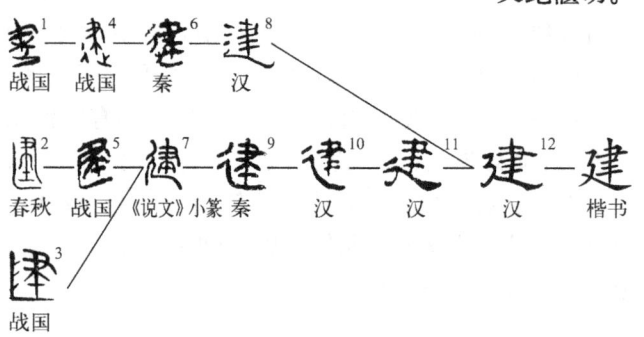

1、5、6《战文编》121页。2、3、4《金文编》119页。7《说文》44页。9《睡甲》25页。8、10、11、12《甲金篆》127页。

会意字。从廴，从聿。聿初文像手持笔形。甲骨文有𦘒（《合》36908）字，金文有𦘒（舥铭《三代》14.21）、𦘒（小臣𦘒鼎，《商周金文录遗》第85号），像持物树立于"乚"内之形。甲骨文物旁有小点，盖为土粒之形。树立木柱一类东西的时候，为了树得正，往往需要有人把它扶正，所以在所树之物的两侧有时也会增加手形，下面或有柱础一类的东西。以为即"建"字。春秋、战国时期所见的建字或从聿，下部变为土，也有可能表树物于土上之意。至于秦汉时期，乚变作从彳（廴）旁，不过也见辶旁者，乃廴、辶形近所致。建本义为树立。《诗·小雅·出车》："设此旐矣，建彼旄矣。"孔颖达疏："乃建立彼旄于戎车之上矣。"引申泛指建立、设置。《周礼·天官》："惟王建国。"《书·周官》："唐虞稽古，建官惟百。"也可引申特指立法。《说文》："建，立朝律也。"又引申有封赐、建议、提出、建筑等意义。或通"键"，义为藏闭。又或通"健"，义为刚健。（师玉梅）

延 部

延 chán 透纽、元部；彻纽、仙韵、丑延切。

1《甲文编》80页。2《金文编》120页。3、4《战文编》121页。5《说文》44页。6《古文典》1029页。

会意字。从廴，从止。甲骨文从彳，从止。彳为行之省，行初文像四通的道路之形，止初文像人脚形，会在道路上行走之意。金文少数从彳，如我鼎作𢓊，多数从亻，亻的下面竖笔向右下引伸。至于《说文》小篆字形已经变作延，成为彳（廴）旁。《说文》："延，安步延延也。"徐锴系传："既引而止，相节调之，故曰安行。"段玉裁注："引而复止，是安步也。"饶炯部首订："安步者，缓步也。延延者，状其安步貌。"延、延古本一字，后世分化（参"延"字条）。（师玉梅）

延 yán 喻纽、元部；以纽、仙韵、以然切。

又予线切。

1《金文编》120页。2《说文》44页。3《睡甲》25页。4-7《甲金篆》127页。

会意字。与延本同形，从彳，从止。甲骨文、金文中延字多用为延，如"乙未卜，宾贞：今日其延雨"（《前》

2.9.3），是卜问今天会不会连绵不断地下雨。金文中彳旁下面的竖笔多向右下引伸，至于小篆，彳旁已渐变成了廴旁。延字至小篆，止的上部又增一，或以为一为声符，或以为从一、延声，实乃增"一"以分化。《说文》："延，长行也。"引申则有长、久之义。清段玉裁《说文解字注》："本义训长行，引申则专训长。《方言》曰：'延，长也。'"《尔雅·释诂上》："延，长也。凡施于年者谓之延。"《书·召诰》："我不敢知曰，不其延。"另引申有拖延、伸长、迎候、邀请、接待、连及等意义。（师玉梅）

行 部

行 háng 匣纽、阳部；匣纽、唐韵、胡郎切。
　　 xíng 匣纽、阳部；匣纽、庚韵、户庚切。
　　 xìng 匣纽、阳部；匣纽、映韵、下更切。
　　 hàng 匣纽、阳部；匣纽、宕韵、下浪切。
　　 héng 匣纽、阳部；匣纽、庚韵、户庚切。

1《甲文编》81页。2、3《金文编》120页。4《战文编》122页。5《说文》44页、6《睡甲》25页。7、8《甲金篆》128页。

象形字。罗振玉《殷虚书契考释》："象四达之衢，人之所行也。"《说文》以为从彳，从亍，不确。商承祚《殷虚文字类编》："古从行之字，或省其右作彳，或省其左作亍，许君误认为二字者，盖由字形传写失其初状使然矣。"行本义是道路。《诗·小雅·小弁》："行有死人，尚或墐之。"（道路上躺了个死人，还有人来埋葬他）从道路义引申出行列义，从行列义又引申出排行、行业等意义。这些意义的"行"读为 háng。从道路引申出行走义，从行走义引申出流行、通行、施行、经历、巡视、行为等意义。这些意义的"行"读为 xíng。由行为义引申出行迹义，作名词用，旧读为 xìng。"行行"（刚强的样子）中的"行"，旧读为 hàng；"树行子"中的"行"今天仍读为 hàng。"道行"中的"行"读为 héng。"行"字原来横平竖直，四个角均为直角，后来横竖均弯曲变斜，上边两角变大，下边两角变小。今天的"行"可以拆为"彳(chì)"和"亍(chù)"两个字了。（师玉梅）

术(术) shù 船纽、物部；船纽、术韵、食聿切。

1《战文编》122页。2《说文》44页。3《睡甲》25页。4、5《甲金篆》128页。

形声字。从行，术声。术，《说文》以为秫之或体（参"术"字条）。"術"现代简化作"术"。术本义为城邑中的道路，也泛指道路。《说文》："術，都邑中的道路。"《墨子·旗帜》："巷术周道者必为之门，门二人守之，非有信符，勿行。"晋何晏《景福殿赋》："房室齐均，堂庭如一，出此入彼，欲反忘术。"引申可指沟渠。《礼记·月令》："审端经术，善相丘陵。"孔颖达疏："审正田之径路及田之沟洫。"由道路义还可引申出技术、办法、策略、法令、学说、学习等意义。周代王城百里之外的郊区也称术。术还可作为远郊民户的编制单位。术可通"述"。《汉书·贾山传》："今陛下念思祖考，术追厥功。"（师玉梅）

街 jiē 见纽、支部；见纽、佳韵、古膎切。又古谐切。

1《说文》44页。2《睡甲》25页。3《甲金篆》128页。

形声字。从行，圭声。行初文像四面通达的道路之形，本义为道路。加上"圭"声后指城中的大道。《说文》："街，四通道也。"《墨子·号令》："卒有惊事，中军疾击鼓者三，城上道路，里中巷街，皆无得行。"也泛指路径。《灵枢经·卫气篇》："请言气街。胸气有街，腹气有街，头气有街，胫气有街。"因街道上常有集市，所以街又可引申表示集市。（师玉梅）

衢 qú 群纽、鱼部；群纽、虞韵、其俱切。

1《说文》44页。2《甲金篆》128页。

形声字。从行，瞿声。瞿，从隹，从䀠，䀠亦声。指鹰、隼之视。行初形像四通的道路之形，加上"瞿"声后指四面通达或有分叉的道路。《说文》："四达谓之衢。"《荀子·劝学》："行衢道者不至，事两君者不容。"也泛指道路。《左传·昭公二年》："尸诸周氏之衢。"杜预注："衢，

道也。"由道路的分岔也可引申指树枝分叉、旁出。《山海经·中山经》:"宣山,其上有桑焉,大五十尺,其枝四衢。"(师玉梅)

衝(冲) chōng 昌纽、东部;昌纽、钟韵、尺容切。
chòng

衝¹—衝²—衝³—衝—冲
《说文》小篆 秦 汉 楷书 楷书

1《说文》44页。2《战文编》122页。3《甲金篆》128页。

形声字。从行,重声。《说文》小篆以"童"为声符。秦简、汉隶中该字亦多从童声。传世文献中多从重声,也见从童声者。重、童上古音同,均属定纽、东部字。"衝"简化作"冲",现代又简化作"冲"。衝本义为通途、大道。《说文》:"衝,通道也。"《墨子·号令》:"因城中里为八部,部一吏,吏各从四人,以行衝术及里中。"引申将路的交叉口也可称衝。《左传·昭公元年》:"及衝,击之以戈。"杜预注:"衝,交道。"交叉口多为重要之地,所以衝又引申有重要的意思。由本义还引申出朝着、冒着、碰撞、突击、冲撞、破除、触犯等一系列引申义。衝由其中的碰撞、突击义又引申有充足、猛烈的意思,在这一意义上今天读 chòng。(师玉梅)

衙
yú 疑纽、鱼部;疑纽、鱼韵、语居切。又语韵、鱼巨切。
yá 疑纽、鱼部;疑纽、麻韵、五加切。
yù 疑纽、鱼部;疑纽、御韵、牛据切。

衙¹—衙²—衙³—衙⁴—衙
战国 《说文》小篆 汉 三国魏 楷书

1《篆文编》110页。2《说文》44页。3、4《甲金篆》128页。

形声字。从行,吾声。吾从口,五声。或重"五"繁化,用为自称代词。衙本义是行进的样子。《说文》:"衙,行貌。""衙衙"连用形容列队行进的样子,读 yú。《楚辞·九辩》:"属雷师之阗阗兮,通飞廉之衙衙。"(阗阗:雷声。飞廉:风神)衙旧时为官署之称,音 yá。唐封演《封氏闻见记·公牙》:"近代通谓府廷为公衙。公衙即古之公朝也。字本作牙。"唐代皇帝坐理朝政的前殿也叫"衙"。旧时官吏每日到公堂排队参见上级,禀报公事,以及排列成行的事物也可称"衙"。衙又读 yù,通"御",义为迎面阻止。或又通"禦",义为强横、豪强。(师玉梅)

衎
kàn 溪纽、元部;溪纽、翰韵、苦旰切。
kǎn 溪纽、元部;溪纽、旱韵、空旱切。

衎¹—衎
《说文》小篆 楷书

1《说文》44页。

形声字。从行,干声。干,甲骨文作丫(《邺》3下.39.11),像有桠杈的木棒形,古人狩猎作战,即以干为武器(详见"干"字条)。《说文》:"衎,行喜貌。"泛指和乐、愉快。《诗·小雅·南有嘉鱼》:"君子有酒,嘉宾式燕以衎。"毛传:"衎,乐也。"引申为安定、安然自得的样子。又读 kǎn,义为诚信,刚直。袁良碑:"清约藩辅,其节衎然。"(师玉梅)

衒 xuàn 匣纽、真部;匣纽、霰韵、黄练切。

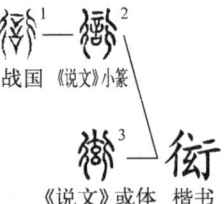
衒¹—衒²
战国 《说文》小篆

衒³—衒
《说文》或体 楷书

1《汗简》5页。2、3《说文》44页。

形声字。从行,玄声。《说文》或体同此。《汗简》及《说文》正篆均从行,从言。《说文》:"衒,行且卖也。从行,从言。"乃会意字。典籍中多用"衒"。衒本义为沿街叫卖。《楚辞·天问》:"妖夫曳衒,何号于市?"洪兴祖补注:"曳衒,言夫妇相引,行卖于市也。"又泛指卖、出售。引申可指女子不经媒妁而与男子交往,或士人不待征聘而自行前往。因叫卖常有自夸之意,所以衒还引申有炫耀、迷惑等意义。衒或通"袨",指华丽的服饰。(师玉梅)

衞(卫) wèi 匣纽、月部;云纽、祭韵、于岁切。

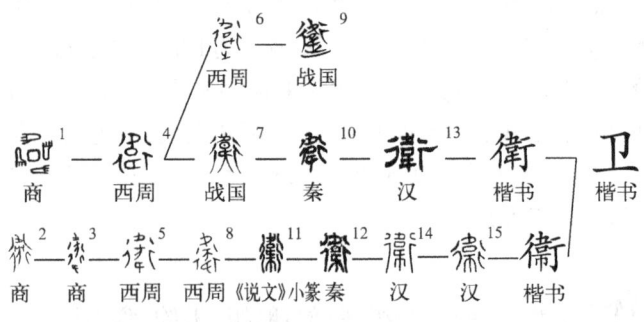

1、4、5、6、8《金文编》121~122页。2、3《甲文编》81~82页。7《篆文编》110页。9《楚

系简帛》170页。10、13、14、15《甲金篆》129页。11《说文》44页。12《战文编》123页。

会意字。《说文》作衞，"宿衞也，从韋、帀，从行。行，列衞也。"甲骨文从四足环绕着城邑之形，商承祚《十二家吉金图录》："罗叔蕴师谓众足绕口，有守卫意。"甲骨文或省去两边之足而从行，或将表示城邑的"口"改成"方"等。金文或见下部复增"止"；或"方"变形作"ㄓ"。至于《说文》小篆写作衞，则是结合从口与ㄓ两种形体。并将"ㄓ"移至下部，变形作"帀"，谓之从"帀"。隶变中，"帀"上的一横或有省去，口下的止也或有省去。"衞"、"衛"两形一直并行发展。《篇海类编·人事类·行部》："'衞'，俗作'衛'。"今简化通作"卫"。卫本义为守卫。《国语·齐语》："以卫诸夏之地。"韦昭注："卫，蔽扞也。"引申指守卫者，如门卫、侍卫。另引申指边远的地方。卫也指古代九服之一，或五服之一，等等。又为周朝国名。（师玉梅）

齒部

齒（齿） chǐ 昌纽、之部；昌纽、止韵、昌里切。

1、2、3《甲文编》85页。4《楚系简帛》170页。5、7《说文》44页。6《金文编》122页。8《睡甲》26页。9《甲金篆》129页。

形声字。像口中牙齿之形，止声。甲骨文像张口露齿之形。战国时期齿字作凵，只绘出了下排的牙齿。或在上增添"止"作声符，变象形为形声，为《说文》小篆所本。《说文》："象口齿之形，止声。"不过《说文》古文仍从齿形，不从止声。汉简或作齿，较小篆略简。现代"齒"字则简化作"齿"。齿本义为人的牙齿。《殷虚书契前编》1.25.1："貞：疾齿，卯（禦）于父乙？"又特指象牙。《书·禹贡》："齿革羽毛惟木。"孔传："齿，象牙。"还可以引申指齿状物，如梳齿。幼小的牛马岁生一齿，所以可以齿数称牛马的年岁。进而齿也可用于称人的年龄。"同齿"即同岁。此外，齿还可引申表示殿堂的台阶、并列、次列、录用、谈说等一系列意义。（师玉梅）

齓（龀） chèn 清纽、真部；初纽、震韵、初觐切。

1《四声韵》42页。2《说文》44页。3、4《甲金篆》130页。

会意字。《说文》从齿，从七。战国字形则从匕。匕，《说文》作人，从倒人，义为变化。今写作化。"齓"字今简化作"龀"。龀本义指儿童的换牙。《说文》："齓，毁齿也。男八月生齿，八岁而龀；女七月生齿，七岁而龀。"《管子·小问》："昔者吴干战，未齓不得入军门。"引申指年幼或年幼的人。"齓"为龀的俗体。《正字通·齿部》："齓，俗龀字。"《国语·郑语》："府之童妾，未既齓而遭之，既笄而孕，当宣王时而生。"韦昭注："毁齿曰齓。"（师玉梅）

齜（龇） chái 从纽、支部；崇纽、佳韵、士佳切。
zī 精纽、支部；庄纽、支韵、侧宜切。

1《说文》44页。

形声字。从齿，此声。《说文》："齜，齿相齗也。一曰开口见齿之貌。从齿，柴省声。读若柴。"疑齜本从"此声"。段玉裁改"柴省声"作"此声"。齜本义为牙齿相切磨，读chái。又指开口露齿貌，如"齜牙咧嘴"，这个意义上齜读zī。（师玉梅）

齵 óu 疑纽、侯部；疑纽、侯韵、五娄切。
yú 疑纽、侯部；疑纽、虞韵、遇俱切。

1《说文》44页。

形声字。从齿，禺声。禺，《说文》："母猴属，头似鬼。"高鸿缙《中国字例》："谓头似人非人，而有足有尾之兽也。"（详见"禺"字条）齵本义为牙齿参差不齐，音óu。《说文》："齵，齿不正也。"明徐渭《书草玄堂稿后》："齵齿而笑，蓬首而搔。"引申指事物参差不齐。《荀子·君道》："天下之变，境内之事，有弛易齵差者矣。"王先谦集释："齵差，参差不齐。"齵又音yú，意为牙齿脱落再生。（师玉梅）

齹 zhā 精纽、鱼部；庄纽、麻韵、侧加切。
　　 jǔ 从纽、鱼部；崇纽、语韵、状所切。

齹¹—齹
《说文》小篆　楷书

1《说文》44页。

形声字。从齿，虘声。声符虘从虍，且声（参"虘"字条）。文献亦见"齟"字，与"齹"音同义通，盖"齹"的声符简化字。齹本义为牙齿不齐正。《说文》："齹，齬齿也。"《玉篇·齿部》："齹，齿不正也。"这一意义上齹音zhā。"齹齬"常连用，又写作"齟齬"，音jǔ，义为上下牙齿不能对应。《集韵·语韵》："齟，齟齬，齿不相值。或从虘。"文献中还常用于比喻抵触不合。《太玄·亲》："亲非其肤，其志齟齬。"或喻指不相聚。（师玉梅）

齤 quán 群纽、元部；群纽、仙韵、巨员切。

齤¹—齤
《说文》小篆　楷书

1《说文》44页。

形声字。从齿，𢍏声。𢍏，从廾，采声。𢍏在上部时，隶变后一般写作类。《说文》："齤，缺齿也。一曰曲齿。"从𢍏之字，多有卷曲义，故疑也有表义作用。曲齿盖为齤字本义。清段玉裁《说文解字注》："曲齿者，今俗云齿齓也。"（齿齓：牙齿不齐而外露）齤又指缺齿，也形容笑而露齿貌。《集韵·仙韵》："齤，笑而露齿貌。"（师玉梅）

齮（𬺁） yǐ 疑纽、歌部；疑纽、纸韵、鱼倚切。

齮¹—齮²—齮³—齮⁴—齮—𬺁
战国　战国　《说文》小篆　汉　楷书　楷书

1《战文编》124页。2《楚系简帛》171页。3《说文》45页。4《甲金篆》130页。

形声字。从齿，奇声。声符奇从大、从可，战国竹简中声符奇或写作"㚻"（见字形2），大两边的点为饰笔。齮今类推简化作"𬺁"。齮本义为咬、咀嚼。《说文》："齮，啮也。"宋王令《谢李常伯》："呜哦夜不休，齮嚼午忘饥。"引申为侵犯。宋王安石《祭范颍州文》："戎孽猘狂，敢齮我疆。"（猘狂：疯狂）（师玉梅）

齧（啮） niè 疑纽、月部；疑纽、屑韵、五结切。

齧¹—齧²—齧³—齧⁴—啮
《说文》小篆　秦　汉　楷书　楷书

1《说文》45页。2《睡甲》26页。3《甲金篆》130页。

形声字。从齿，㓞声。㓞本义为刻画，疑有表义作用。"齧"字现代简化作"啮"。啮本义为咬、嚼。《说文》："啮，噬也。"段玉裁注："《释名》曰：'鸟曰啄，兽曰啮。'"《管子·戒》："东郭有狗嘷嘷，旦暮欲啮我猳而不使也。"引申指缺口。《淮南子·人间》："夫墙之坏也于隙，剑之折必有啮。"高诱注："啮，缺也。"还可引申指侵蚀。也可作草名或野菜名。（师玉梅）

齡（龄） líng 来纽、耕部；来纽、青韵、郎丁切。

齡¹—齡²—齡—龄
《说文》新附　汉　楷书　楷书

1《说文》45页。2《甲金篆》130页。

形声字。从齿，令声。"齡"字现代简化作"龄"。龄本义为年龄。《说文》："齡，年也。"《玉篇·齿部》："齡，年龄也。"《礼记·文王世子》："梦帝与我九龄。"引申可指年数。晋左思《悼离赠妹二首》之一："自我不见，于今二龄。"今天有"工龄"、"教龄"等。（师玉梅）

牙 部

牙 yá 疑纽、鱼部；疑纽、麻韵、五加切。
　　 yà 疑纽、鱼部；疑纽、祃韵、鱼驾切。
　　　　 又语下切。

𠕒¹—𠕒²—𠕒³—𣃦⁴—𣃦⁶—牙⁸
西周　西周　春秋《说文》小篆　汉　汉　楷书

𠭯⁵—𠭯⁷
战国　《说文》古文

1、2、3《金文编》122～123页。4、7《说文》45页。5《楚系简帛》171页。6、8《甲金篆》130页。

象形字。像上下牙之相错。战国文字牙或从齿，乃繁增义符。《说文》小篆之前的牙形承袭金文，变化不大。汉代隶变后的牙或讹变近似"耳"。牙本义为大牙、白齿。《说文》："牙，牡齿也。"钮树玉校录："《九经字样》作'壮齿也。'"《六书故·人四》:"口有齿有牙。齿当唇,牙当车。齿相直也,牙相入也。"又泛指牙齿。也特指象牙,或形状像牙齿的东西。古亦可称将军之旗为牙,或称官署为牙(后世作"衙")。牙或用同"互"。牙又音yà,指车轮的外周部分。(师玉梅)

䶗 qī 溪纽、歌部;溪纽、支韵、去奇切。

1《古玺》45页。2《说文》45页。

形声兼会意字。从牙,从奇,奇亦声。奇,从大、从可,有奇特、不寻常之义。䶗特指门齿与白齿间的锐齿,习称"犬齿"或"虎牙"。《说文》:"䶗,武(虎)牙也。"王筠句读:"当口四齿之外,其两齿谓之虎牙,其形介牙、齿之间。"䶗亦作"奇"。清朱骏声《说文通训定声》:"《楚辞·大招》:'靥辅奇牙,宜笑嫣只。'以奇为之。"王逸注:"言美女颊有靥辅,口有奇牙,嫣然而笑,尤媚好也。"(靥辅,即今天俗称的面颊上的小酒窝)(师玉梅)

齵(龋) qǔ 溪纽、鱼部;溪纽、麌韵、驱雨切。

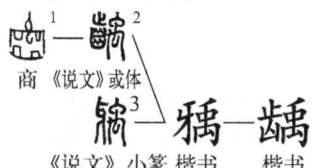

1《甲文编》86页。2、3《说文》45页。

形声兼会意字。从牙,从禹,禹亦声。或从齿。牙、齿作义符均表示与牙齿有关的意义。禹初文为虫之象形。齿中有虫即为齵,从甲骨文可明显地看出所会之意。齵本义即龋齿,又称蛀牙,俗称虫牙。古人以为龋齿为齿内蠹虫所致。《说文》:"齵,齿蠹也。"《史记·扁鹊仓公列传》:"齐中大夫病龋齿,臣意灸其左大阳明脉,即为苦参汤,日嗽三升,出入五六日,病已。""龋"为齵字的异体,文献中多用"龋"。"龋"现代简化作"龋"。今称"龋齿"用龋不用齵。(师玉梅)

足 部

足 zú 精纽、屋部;精纽、烛韵、即玉切。
jù 精纽、屋部;精纽、遇韵、子句切。

1《甲文编》附录上669页。2《甲文编》86页。3、4《金文编》123页。5、6《战文编》125页。7《说文》45页。8、9《甲金篆》131页。

象形字。甲骨文像连腿带脚的整个下肢。甲骨文又作足形,从口从止,乃足形的简化。足、疋本为一字,战国时期开始分化,战国古玺所见疋字有写作足,至《说文》小篆写作足,上面的口不封口。甲骨文与金文中足、正形体多混同。后来正字上部逐渐变为一横,二字形体才明显分化。足之本义众说纷纭。或以为指脚,或以为包括脚、胫(小腿)、股(大腿),又或以为指膝盖以下部分。《说文》:"足,人之足也,在下。从止、口。"徐锴系传:"口象股胫之形。"杨树达《积微居小学述林》:"股、胫、踵、跟全部为足。足从口者,象股胫周围之形。"此从杨说。《乙编》2681:"丁巳卜,争贞:疾足,卯(禦)于父乙?"疾足即整条腿生病。不过足逐渐专指踝骨以下的部分,今称脚。晋左思《咏史八首》之五:"振衣千仞岗,濯足万里流。"又泛指动物的蹄、爪,以及植物的根茎,或支撑器物的脚,物体的基部等。另引申有充足、富裕、满足、止、完成、能够等意义。足又音jù,义为过分,或指增添。(师玉梅)

踞(蹄) tí 定纽、支部;定纽、齐韵、杜奚切。

1《说文》46页。

形声字。从足,虒声。虒,从虎,厂声。《说文·虎部》:"虒,委虒,虎之有角者也。"《说文》:"踞,足也。"段玉裁注:"俗作蹄。"本义为牛、马、猪、羊等动物的脚。《淮南子·兵略》:"凡有血气之虫,含牙带角,前爪后距,有角者触,有齿者啮,有毒者螫,有踞者趹。"《汉书·货殖传》:"故曰陆地牧马二百踞。"颜师古注:"踞,古蹄字。"《释名·释形体》:"蹄,底也,足底也。"文献中以"蹄"为多见,今通作"蹄"。(师玉梅)

跟 gēn 见纽、文部;见纽、痕韵、古痕切。

跟

跟¹ —《说文》小篆 —**跟** 楷书
䟗² —《说文》或体

1、2《说文》46页。

形声字。从足,艮声。《说文》或体从止。足与止为义近形符,可通。艮甲骨文作 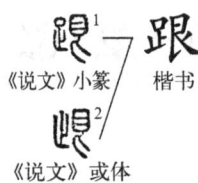（《菁》10.9）,"见"之反文。见为前视,艮为后视。跟本义为脚后跟。《说文》:"跟,足踵也。"《释名·释形体》:"足后曰跟。在下旁著地,一体任之,象木跟也。"引申指物体底部或后部,继而又有跟随、追随的意义。现代汉语中跟常作介词和连词。（师玉梅）

踝

踝 huái 匣纽、歌部；匣纽、马韵、胡瓦切。

踝¹—**踝**²—**踝**
《说文》小篆　秦　　楷书

1《说文》46页。2《甲金篆》131页。

形声字。从足,果声。果像果实在树上之形。踝本义为踝骨,即小腿和脚交接处,左右两旁凸起的部分。《说文》:"踝,足踝也。"段玉裁注:"踝者,人足左右骨隆然圆者也。在外者谓之外踝,在内谓之内踝。"《急就篇》卷三:"蹲踝跟踵相近聚。"颜师古注:"踝,足之内外踝也。"宋陆游《春日六首》之四:"雨来三日泥没踝,过尽梅花浑不知。"踝偶或也被用于指脚后跟或脚。（师玉梅）

跖

跖 zhí 章纽、铎部；章纽、昔韵、之石切。

迌¹—**跖**²—**跖**
战国　《说文》小篆　楷书

1《楚系简帛》172页。2《说文》46页。

形声字。从足,石声。战国文字中或见从止。足与止为义近形符,可通。声符石,甲骨文作" "，像石之形,或加"口"形。跖本义为脚掌。《说文》:"跖,足下也。"段玉裁注:"今所谓脚掌也,或借蹠为之。"唐韩愈《祭河南张员外文》:"夜息南山,同卧一席；守隶防夫,舣顶交跖。"也特指鸡足踵。《吕氏春秋·用众》:"善学者,若齐王之食鸡也,必食其跖数千而后足。"高诱注:"跖,鸡足踵。"跖引申可作动词,义为踩踏,或跳跃。跖、蹠二字常通用。（师玉梅）

踦

踦 qī 溪纽、歌部；溪纽、支韵、去奇切。
jī 见纽、歌部；见纽、支韵、居宜切。
jǐ 见纽、歌部；见纽、纸韵、居绮切。
yǐ 疑纽、歌部；疑纽、纸韵、语绮切。

埼¹—**踦**²—**踦**³—**踦**
战国　《说文》小篆　汉　　楷书

1《楚系简帛》172页。2《说文》46页。3《汉印徵》卷2,20页。

形声兼会意字。从足,从奇,奇亦声。战国楚简中或从止,足与止为义近形符,常可通。声符奇从大,从可。可表示单一,或单数。《说文·可部》:"奇,异也。一曰不耦。"踦本义为一只脚,读音qī。《说文》:"踦,一足也。"段玉裁注:"谓一足刖,一足屦,当死罪也。"《管子·侈靡》:"其狱一踦腓一踦屦而当死。"引申指肢体不全、脚跛、偏、不足等义。又音jī,表示单、奇数,旧亦指机遇不好。音jǐ,指脚胫。《尔雅·释虫》:"蟏蛸,长踦。"郭璞注:"小蜘蛛长脚者。"音yǐ,意为用膝顶住,或指倚立。（师玉梅）

跪

跪 guǐ 溪纽、歌部；溪纽、纸韵、去委切。
又渠委切。

㲃¹—**跪**²—**跪**
战国　《说文》小篆　楷书

1《楚系简帛》172页。2《说文》46页。

形声字,从足,危声。《包山楚简》从止。止初文像人脚形,与足为义近形符,古文字中常通。声符危或不从卩(初形作 ,像人跪坐之形)。跪本义指双膝或单膝着地。《说文》:"跪,拜也。"《释名·释姿容》:"跪,危也,两膝隐地,体危阢也。"《包山》263"㲃答"读"跪席",即荐跪之席。跪文献中或又指足,《韩非子》"刖跪"即"刖足"。跪还特指蟹足。《荀子·劝学》:"蟹六跪而二螯。"（师玉梅）

跽

跽 jì 群纽、之部；群纽、旨韵、暨几切。

𢀒¹—**跽**²—**跽**³—**跽**
商　《说文》小篆　汉　　楷书

1《甲文编》86页。2《说文》46页。3《甲金篆》131页。

形声字。从足，忌声。忌从心，己声，本义为怨恨。跽甲骨文作𢀩，商承祚《殷虚文字类编》："从止从己，殆即许书之跽字，后世增'心'耳。"跽本义为双膝着地，上身挺直。《说文》："跽，长跪也。"段玉裁注："系于拜曰跪，不系于拜曰跽。"《篇海类编·身体类·足部》："跽，长跪也，伸两足两膝著地而立身。"《庄子·人间世》："擎跽曲拳，人臣之礼也。"成玄英疏："擎手跽足。"王先谦集解："宣云：擎，执笏；跽，长跪；曲拳，鞠躬。"引申有畏惧之意。《释名·释姿容》："跽，忌也。见所敬忌不敢自安也。"（师玉梅）

踖 jí 精纽、铎部；精纽、昔韵、资昔切。
qì 清纽、铎部；清纽、昔韵、七迹切。
què 清纽、铎部；清纽、药韵、七雀切。

踖¹—踖
《说文》小篆　楷书

1《说文》46页。

形声字。从足，昔声。昔甲骨文作𦫳（《菁》6.1），或以为从日，从𣲙（灾之初文），会远古洪水成灾之意。《说文》："踖，长胫行也。"王筠句读："胫长，故能登席不由前也。"音jí。踖又指践踏。《释名·释姿容》："踖，藉也，以足藉也。"《礼记·曲礼上》："毋踖席。"郑玄注："踖，躐也。""踧踖"连用，形容行为谨敬貌。踖又音qì，踖踖，敏捷而恭敬貌，或为惭愧貌。又音què，义指马行迅疾。（师玉梅）

踽 jǔ 见纽、鱼部；见纽、麌韵、俱雨切。
又驱雨切。

踽¹—踽²—踽
西周《说文》小篆　楷书

1《金文编》108页。2《说文》46页。

形声字。从足，禹声。金文或从辵，与足为义近形符，常可通。声符"禹"初文像虫形。《说文》："踽，疏行貌。""踽踽"常叠用，形容孤独单行貌。《诗·唐风·杕杜》："独行踽踽，岂无他人，不如我同父。"毛传："踽踽，无所亲也。"踽单用义词。此外，踽旧指妇女相见半跪之礼。（师玉梅）

蹌（跄）qiāng 清纽、阳部；清纽、阳韵、七羊切。
qiàng 清纽、阳部；清纽、漾韵、七亮切。

蹌¹—蹌—跄
《说文》小篆　楷书　楷书

1《说文》46页。

形声字。从足，倉声。倉字甲骨文、金文皆像仓形，中有门户，可以进出。"蹌"现代简化作"跄"。跄本义为行走舒缓，有节奏，合乎礼仪的样子。多"跄跄"连用。《诗·大雅·公刘》："跄跄济济，俾筵俾几。"郑玄笺："跄跄济济，士大夫之威仪也。"也用于形容起舞的样子。《书·益稷》："笙镛以间，鸟兽跄跄。"孔传："鸟兽化德，相率而舞跄跄然。"陆德明释文："跄，舞貌。"跄单用也形容行走有节奏。《诗·齐风·猗嗟》："巧趋跄兮，射则臧兮。"毛传："跄，巧趋貌。"还可指头撞（地）。如呼天跄地（今写作"抢"）。跄又读qiàng，意为急走或闯。（师玉梅）

踊 yǒng 喻纽、东部；以纽、肿韵、余陇切。

踊¹—踊²—踊
《说文》小篆　汉　楷书

1《说文》46页。2《甲金篆》132页。

形声字。从足，甬声。或以为甬初文像钟形，为"鍾"的本字。踊本义为向上跳跃。《说文》："踊，跳也。"《左传·僖公二十八年》："距跃三百，曲踊三百。"杜预注："距跃，超越也；曲踊，跳踊也。"引申向前跃也可称"踊"。由本义还可引申出登上、（物价）上涨、涌现等意义。涌现之义的踊今写作"涌"。踊还特指古代受刖足刑者所穿的鞋子。（师玉梅）

隮（跻）jī 精纽、脂部；精纽、齐韵、祖稽切。

隮¹—隮²—隮³—隮⁴—隮—跻
春秋　战国《说文》小篆　汉　楷书　楷书

1《金文编》123页。2《四声韵》14页。3《说文》46页。4《甲金篆》132页。

形声字。从足，齊声。金文或从辵，与足为义近形符，古文字中常可通用。齊初文像禾麦之穗，上齐平。"隮"现代简化作"跻"。跻本义为登上。《说文》："隮，登也。"《易·震》："跻于九陵。"孔颖达疏："跻，升也。"引申可表示相反的意义下坠。《史记·宋微子世家》："今女无故告予，颠隮，如之何其？"裴骃集解引马融曰："隮，犹坠也。"策文献中有从"阜"之"隮"，《汗简》中也有收录，与跻同义。典籍中可通，为异体字。（师玉梅）

足部

蹴

cù　清纽、觉部；清纽、屋韵、七宿切。
zú　从纽、觉部；从纽、屋韵、就六切。

蹴¹—蹴
《说文》小篆　楷书

1《说文》46页。

形声字。从足，就声。就，从京从尤。《说文·京部》"就，就高也。"蹴本义为踩、踏。《说文》："蹴，蹑也。"《孟子·告子上》："蹴尔而与之，乞人不屑也。"赵岐注："蹴，踏也。以足践踏与之。"引申有踢、追逐、催促、不安等意义。蹴又音zú，"蹴然"形容恭敬貌。（师玉梅）

蹑（蹑）

niè　泥纽、葉部；泥纽、葉韵、尼辄切。

蹑¹—蹑²—蹑³—蹑—蹑
《说文》小篆　汉　汉　楷书　楷书

1《说文》46页。2《汉印徵》卷2，20页。3《甲金篆》132页。

形声字。从足，聶声。聶从三耳，本义为附耳私语。简化字下面两耳简作了"双"。"蹑"字现代简化作"蹑"。蹑本义为踏、踩。《说文》："蹑，蹈也。"《战国策·秦策四》："（韩）康子履魏桓子，蹑其踵。"引申有攀登、至、跟随、穿鞋等意义。蹑或同"摄"，意为提起。（师玉梅）

跨

kuà　溪纽、鱼部；溪纽、祃韵、苦化切。
kù　溪纽、鱼部；溪纽、暮韵、苦故切。

跨¹—跨
《说文》小篆　楷书

1《说文》46页。

形声字。从足，夸声。夸，从大，于声。有大、过度的意思。跨本义为越过。《说文》："跨，渡也。"段玉裁注："谓大其两股间，以有所越也。"《左传·昭公十三年》："康王跨之。"杜预注："跨，过其上也。"引申跨越时间、地区、行业的界限也称跨。《魏书·李平传》："嵩京创构，洛邑俶营，虽年跨十稔，根基未就。"由本义还引申有超过、占据、兼有、骑、把物件挂在腰、颈、肩上面等意义。或用同"胯"。跨又音kù，义同髁。（师玉梅）

踏

tà　定纽、葉部；定纽、盍韵、徒盍切。

踏¹—踏
《说文》小篆　楷书

1《说文》46页。

形声字。从足，㙫声。踏为蹋的异体，以沓为声符。沓、㙫古音相近。蹋本义为踩、践踏。《说文》："蹋，践也。"段玉裁注："俗作踏。"《史记·司马相如列传》："纠蓼叫奡蹋以朡路兮。"又可有踢的意思。"蹋鞠"即是古代的一种踢毬运动。还引申有迈步、勘测、追随等意义。在"踏实"一词中，踏（蹋）读tā。（师玉梅）

蹈

dǎo　定纽、幽部；定纽、号韵、徒到切。

蹈¹—蹈²—蹈³—蹈
《说文》小篆　汉　汉　楷书

1《说文》46页。2、3《甲金篆》132页。

形声字。从足，舀声。声符舀从爪，从臼，会把取之义。蹈本义为踩、踏。《说文》："蹈，践也。"《书·君牙》："心之忧危，若蹈虎尾，涉于春冰。"引申有踏跳的意思。《诗·周南·关雎序》："不知手之舞之，足之蹈之也。"今天舞蹈之蹈即是此义。由本义还引申有遵行、登上、行等意义。蹈或通"悼"。（师玉梅）

躔

chán　定纽、元部；澄纽、仙韵、直连切。

躔¹—躔
《说文》小篆　楷书

1《说文》46页。

形声字。从足，廛声。廛指古代一家所居的房地。躔本义为踩、踏。《说文》："躔，践也。"《文选·左思〈吴都赋〉》："习其弊邑而不睹上邦者，未知英雄之所躔也。"吕延济注："蜀但知习其敝小都邑，不见上国，不知英雄之所以行历也。"引申可指足迹，也指日月的运行或运行轨迹。（师玉梅）

践（践）

jiàn　从纽、元部；从纽、狝韵、慈演切。

踐 战国 钞 战国 𧾷戋 战国 /《说文》小篆 䟣 秦汉 踐 楷书 践 楷书

𧾷戋 战国

1《楚文编》113页。2《战文编》116页。
3、4《汗简》5页。5《说文》46页。6《战文编》125页。7《甲金篆》132页。

形声字。从足,戋声。楚竹简或见从辵,或从彳;《汗简》所见从彳,或从行。辵、彳、行与足为义近形符,古文字中常可通。"戋"现代上下合并省写作"戋","践"字也简化为"践"。践本义为踩、践踏。《说文》:"践,履也。"段玉裁注:"履之著地曰履。"《诗·大雅·行苇》:"敦彼行苇,牛羊勿践履。"毛传:"敦敦然道傍之苇,牧牛羊者毋使蹂履折伤之。"引申有到、登临、履行、遵循、承袭、行列有序貌、毁坏等意义。践或与"翦"、"浅"、"戋"、"跣"等相通。(师玉梅)

踵 zhǒng 章纽、东部;章纽、肿韵、之陇切。

踵《说文》小篆 踵 汉 踵 汉 踵 汉 踵 楷书

1《说文》46页。2、3、4《甲金篆》132页。

形声字。从足,重声。重,金文像人负重的样子。踵本义为脚后跟。《玉篇·足部》:"踵,足后曰踵。"《礼记·曲礼下》:"行不举足,车轮曳踵。"引申将鞋后跟及物体底部亦可称踵。由脚后跟还可引申出追逐、追随、继承,以及踩、至、到等意义。(师玉梅)

踔 chuō 透纽、药部;彻纽、效韵、丑教切。
zhuō 端纽、药部;知纽、觉韵、竹角切。

踔《说文》小篆 踔 楷书

1《说文》46页。

形声字。从足,卓声。卓构形义尚不明。踔本义为践踏、踩,音chuō。《说文》:"踔,踶也。"徐锴系传:"踶,亦当蹋意也。"段玉裁注:"许意踔与踏义同。"引申可指腾起、跳跃。《史记·司马相如列传》:"捷垂条,踔稀闲,牢落陆离,烂曼远迁。"裴骃集解引郭璞曰:"踔,县蹢也。"清王先谦《汉书补注》:"郭言县蹢者,谓以身投掷于空中。"引申有逾越、跨越之义。踔又音zhuō,义为卓然特立。(师玉梅)

蹩 bié 並纽、月部;並纽、屑韵、蒲结切。

蹩《说文》小篆 蹩 楷书

1《说文》46页。

形声字。从足,敝声。蹩本义为跛。常"蹩躠"连用,也作"蹩薛"、"蹩蹉",尽心力貌。《庄子·马蹄》:"及至圣人,蹩躠为仁,踶跂为义。"陆德明释文:"李云:'蹩躠、踶跂,皆用心为仁义之貌。'"蹩躠也用于形容跛行貌或跛。《玉篇·足部》:"蹩,蹩躠,跛也。"单用可指踢。《说文》:"蹩,踶也。"(师玉梅)

踶 dì 定纽、支部;定纽、霁韵、特计切。
tí 定纽、支部;定纽、齐韵、田黎切。
zhì 定纽、支部;澄纽、纸韵、池尔切。
chí 定纽、支部;澄纽、支韵、陈知切。

踶《说文》小篆 踶 汉 踶 楷书

1《说文》46页。2《汉印徵》卷2,20页。

形声字。从足,是声。踶本义为踢,读dì。《说文》:"踶,躗也。"《庄子·马蹄》:"喜则交颈相靡,怒则分背相踶。"引申可作名词,同"蹄",读tí。"踶跂"为用心力貌,此读zhì。"踶蹰"同"踟蹰",义为徘徊不前,读chí。(师玉梅)

蟄 dié 定纽、缉部;定纽、帖韵、徒协切。

蟄 商 蟄《说文》小篆 蟄 楷书

1《甲骨文》57页。2《说文》46页。

形声兼会意字。从足,从执,执亦声。执初文像人手加上刑具之形,有拘系之义。下增足形,会足亦受牵绊,即蟄字。蟄的甲骨文从止从幸。小篆"幸"旁加"丮"(人形,后简化作丸),即今"执"字,从足。止、足为义近形符。"执"亦表音,执、蟄古音近。蟄本义即绊足,也指小步走。《说文》:"蟄,蟄足也。"桂馥义证:"蟄足也者,蟄当为絷。"(师玉梅)

蹢

蹢 dí　端纽、锡部；端纽、锡部、都历切。
　　zhí　定纽、锡部；澄纽、昔韵、直炙切。

蹢¹—蹢
《说文》小篆　楷书

1《说文》47页。

形声字。从足，啇声。啇从口，帝声。蹢本义为兽蹄，音 dí。《诗·小雅·渐渐之石》："有豕白蹢，烝涉波矣。"毛传："蹢，蹄也。"又有止足之义，音 zhí。《说文》："蹢，住足也。""蹢躅"常连用，又写作"踯躅"、"踯躏"等，义为徘徊不前。（师玉梅）

躅

躅 zhú　定纽、屋部；澄纽、烛韵、直录切。
　　zhuó　定纽、屋部；澄纽、觉韵、直角切。

躅¹—躅
《说文》小篆　楷书

1《说文》47页。

形声字。从足，蜀声。"蹢躅"常连用，音 zhú。《说文》："躅，蹢躅也。"又作"踯躅"，"踯躏"等，形容徘徊不前貌（参"蹢"字条）。躅单用有踩、顿足的意思。《逸周书·太子晋》："师旷东躅其足，曰：'善哉善哉！'王子曰：'太师何举足骤？'师旷曰：'天寒足躅，是以数也。'"孔晁注："东躅，踏也。"王念孙《读书杂志》："'东躅'二字义不可通。'东'当为束字之误也。"躅又音 zhuó，表示足迹，由此又引申指人的行为、功绩。（师玉梅）

蹶

蹶 jué　见纽、月部；见纽、月韵、居月切。
　　guì　见纽、月部；见纽、祭韵、居卫切。

蹶¹　蹷
《说文》小篆　楷书
蹶²
《说文》或体

1、2《说文》47页。

形声字。从足，厥声。或从阙声。蹶本义为跌倒。《说文》："蹶，僵也。"《篇海类编·身体类·足部》："蹶，跌也。"《孟子·公孙丑上》："今夫蹶者、趋者，是气也，而反动其心。"朱熹集注："蹶，颠踬也。"引申指颠覆、失败。《荀子·成相》："主之孽，谗人达，贤能遁逃，国乃蹶。"又用于形容急遽起貌。《庄子·在宥》："广成子蹶然而起。"也有跳、跑、踏、踢等义。蹶又音 guì，义为动。《诗·大雅·板》："天之方蹶，无然泄泄。"毛传："蹶，动也。"（师玉梅）

跳

跳 tiào　透纽、宵部；透纽、啸韵、他吊切。
　　táo　定纽、宵部；定纽、豪韵、徒刀切。

跳¹—跳
《说文》小篆　楷书

1《说文》47页。

形声字。从足，兆声。古人灼龟甲，视其出现的裂纹形态以占吉凶，兆即像裂纹之形。跳本义为跳起、跳跃。《说文》："跳，蹶也，从足，兆声。一曰躍也。"躍即今跃字。《楚辞·九辩》："见执辔者非其人兮，故驷跳而远去。"洪兴祖补注："《释文》：'跳，跃也。'"后也用于形容火光的闪动或思想等的活动，以及植物的上长或事物的突然出现。跳还有挥舞、挑动、跛行或疾走等意义。跳或用同"逃"，义为逃亡，音 táo。（师玉梅）

蹠

蹠 zhí　章纽、铎部；章纽、昔韵、之石切。

蹠¹—蹠
《说文》小篆　楷书

1《说文》47页。

形声字。从足，庶声。庶的甲骨文、金文字形从石、从火，会火烧石而煮食之意，为煮的本字，后借用为"众庶"之庶（参"庶"字条）。蹠的本义为跳跃。《说文》："楚人谓跳跃曰蹠。"《方言》卷一："楚曰蹠。自关而西，秦晋之间曰跳。"引申有踩、至的意思。蹠也可作名词，指脚或脚掌。蹠与跖二字常可通用，古音亦同。（师玉梅）

躓（踬）

躓（踬）zhì　端纽、质部；知纽、至韵、陟利切。
　　zhī　端纽、质部；知纽、知韵、张尼切。

躓¹—躓—踬
《说文》小篆　楷书　楷书

1《说文》47页。

形声字。从足，質声。"質"现代简化作"质"，"躓"遂写作"踬"。本义为跌倒、被绊倒。《说文》："躓，跲也。"跲即指绊倒。《六书故·人九》："躓，行有冒戾失足也。"《左传·宣公十五年》："杜回踬而颠，故获之。"引申可指阻碍、不顺利、（文辞等）晦涩、疲困等意义。躓或同"胝"，指皮上的硬茧，读 zhī。（师玉梅）

跲 jiá 见纽、缉部；见纽、洽韵、古洽切。

跲¹—跲
《说文》小篆　楷书

1 《说文》47页。

形声字。从足,合声。合甲骨文、金文多作合形,像器盖相合之形。跲本义为绊倒。《说文》:"跲,踬也。"《吕氏春秋·不广》:"鼠前而兔后,趋则跲,走则颠。"也可比喻语言表达等滞碍。本义还可以引申有退却的意思。另外猪、牛等动物蹄上的趾也可称作跲。（师玉梅）

蹎 diān 端纽、真部；端纽、先韵、都年切。

蹎¹—蹎
《说文》小篆　楷书

1 《说文》47页。

形声字。从足,真声。蹎的本义为跌倒。《说文》:"蹎,跋也。"王筠句读:"《玉篇》作'蹎跋也'。蹎跋即颠沛,双声连语;然亦独字成义。"《广韵·先韵》:"蹎,蹎仆。"《荀子·正论》:"蹎跌碎折,不待顷矣。"杨倞注:"蹎与颠同,踬也。"蹎也可指奔走、跋涉。（师玉梅）

跋 bá 并纽、月部；并纽、末韵、蒲拨切。

跋¹—跋
《说文》小篆　楷书

1 《说文》47页。

形声字。从足,友声。跋本义为仆倒。《说文》:"跋,蹎跋也。"段玉裁注:"跋,经传多假借沛字为之。《大雅》《论语》颠沛皆即蹎跋也。毛传:'颠,仆也;沛,拔也。'拔同跋。"跋引申可指踩踏、踏草而行或翻山越岭、扭转等意义。古人把火炬或烛燃尽后残余的部分也称跋。跋还常用于称一种文体,即序跋之跋。（师玉梅）

蹐 jí 精纽、锡部；精纽、昔韵、资昔切。

蹐¹—蹐
《说文》小篆　楷书

1 《说文》47页。

形声字。从足,脊声。脊战国时期字形多从肉,束声。束后逐渐讹变作《说文》中的𠂇,脊也成了会意字。蹐本义为小步走。《说文》:"蹐,小步也。"《诗·小雅·正月》:"谓地盖厚,不敢不蹐。"（师玉梅）

跌 diē 定纽、质部；定纽、屑韵、徒结切。

跌¹—跌
《说文》小篆　楷书

1 《说文》47页。

形声字。从足,失声。跌本义是摔倒。《说文》:"跌,踢也。""踢"本义为跌倒。《方言》卷十三:"跌,蹷也。"《玉篇·足部》:"跌,仆也。"汉陆贾《新语·辅政》:"任杖不固则仆……（秦）以赵高、李斯为杖,故有倾仆跌伤之祸。"引申可指放荡不羁、过度、差错、下降、弄倒、用力下踏、掷等意义。也用于形容行文起伏或音调的顿挫,如跌宕、腾跌。（师玉梅）

蹲 dūn 从纽、文部；从纽、魂韵、徂尊切。
cún 从纽、文部；清纽、谆韵、七伦切。
cǔn 清纽、文部；清纽、混韵、粗本切。

蹲¹—蹲
《说文》小篆　楷书

1 《说文》47页。

形声字。从足,尊声。尊初文从酉,从廾,会双手捧酒尊之意。后省左手,右手变为寸。蹲本义为坐,音dūn。《说文》:"蹲,踞也。"《广韵·魂韵》:"蹲,坐也。"《庄子·外物》:"任公子为大钩巨缁,五十犗以为饵,蹲乎会稽,投竿东海,旦旦而钓,期年不得鱼。"成玄英疏:"蹲,踞也。踞,坐也。"也用于指虚坐,即两腿弯曲如坐,而臀部不着地。引申可表示呆着。又音cún,蹲蹲,同"墫墫",舞貌。或用于形容行为沉稳合乎礼仪和草木聚集茂密的样子。蹲在方言中也指腿脚因猛然落地而受伤。又音cǔn,义为聚集。（师玉梅）

踞 jù 见纽、鱼部；见纽、御韵、居御切。

踞¹—踞
《说文》小篆　楷书

1 《说文》47页。

形声字。从足,居声。居从尸,古声(参"居"字条)。踞字本作居,后增"足"旁。《说文》:"踞,蹲也。"《说文·尸部》"居"下重出:"踞,俗居从足。"徐灏注笺:"居字借为居处之义,因增足旁为蹲踞字。"踞本义为蹲或伸开腿而坐。《左传·襄公二十四年》:"将及楚师,而后从之。乘皆踞转而鼓琴。"孔颖达疏:"踞,谓坐其上也。"引申有依靠、占据的意思。踞或同"倨",义为傲慢。又或用同"锯"。(师玉梅)

踣

bó 並纽、之部;並纽、德韵、蒲北切。
pòu 滂纽、屋部;滂纽、候韵、匹候切。

踣¹—踣
《说文》小篆　楷书

1《说文》47页。

形声字。从足,音声。踣本义为向前仆倒。《尔雅·释言》:"毙,踣。"郭璞注:"前覆。"邢昺疏:"前却颠倒之名也。毙又谓之踣,皆前覆也。"《左传·襄公十四年》:"譬如捕鹿,晋人角之,诸戎掎之,与晋踣之。"杜预注:"踣,僵也。"孔颖达疏:"前覆谓之踣,言与晋共倒之。"引申可指倒毙、陈尸、颠覆等义。踣又音pòu,同"仆",义为倒。读pòu时也有毁坏的意思。(师玉梅)

跛

bǒ 帮纽、歌部;帮纽、果韵、布火切。
bì 帮纽、歌部;帮纽、寘韵、彼义切。

跛¹—跛²—跛
《说文》小篆　汉　楷书

1《说文》47页。2《甲金篆》133页。

形声字。从足,皮声。本义为腿脚瘸而行不正。《说文》:"跛,行不正也。"《易·履》:"眇能视,跛能履。"(目小但能看见,腿瘸但能行走)又音bì,指站立时偏用一脚。《礼记·曲礼上》:"游毋倨,立毋跛。"(师玉梅)

蹇

jiǎn 见纽、元部;见纽、阮韵、居偃切。
又九辇切。
qiān 溪纽、元部;溪纽、仙韵、去乾切。

蹇¹—蹇²—蹇³—蹇⁴—蹇
《说文》小篆　汉　汉　汉　楷书

1《说文》47页。2《汉印徵》卷2,20页。3、4《甲金篆》132页。

形声字。从足,寒省声。寒西周金文从人,从茻,从宀,会人居室内下垫草以御寒之意。或下有"二"形,《说文》中形作"仌",为冰之古文形(参"寒"字条)。蹇本义为跛脚。《说文》:"蹇,跛也。"《庄子·达生》:"汝得全而形躯,具而九窍,无中道夭于聋盲跛蹇而比于人数,亦幸矣。"引申指劣马或跛驴。由跛脚也引申出口吃、文字生涩、停留、困难、阻碍、坚固、傲慢不驯等意义。蹇可通"攓",义为拔取。又通"褰",音qiān,义为提起。(师玉梅)

蹁

pián 並纽、真部;並纽、先韵、部田切。

蹁¹—蹁
《说文》小篆　楷书

1《说文》47页。

形声字。从足,扁声。扁从户,从册,会在门户上题字之意。本义为脚不正。《说文》:"蹁,足不正也。"《新书·容经》:"若夫立而跂,坐而蹁,体怠懈,志骄傲……皆禁也。"也指行姿不正。蹁还可指膝头。(师玉梅)

跣

xiǎn 心纽、文部;心纽、铣韵、苏典切。

跣¹—跣
《说文》小篆　楷书

1《说文》47页。

形声字。从足,先声。本义为赤脚。《说文》:"跣,足亲地也。"段玉裁注:"古者坐必脱履,燕坐必褫袜,皆谓之跣。"《书·说命上》:"若跣弗视地,厥足用伤。"(师玉梅)

距

jù 群纽、鱼部;群纽、语韵、其吕切。

距¹—距²—距³—距⁴—距
战国《说文》小篆　汉　汉　楷书

1《金文编》123页。2《说文》47页。3、4《甲金篆》133页

形声字。从足,巨声。巨像人以手持工(木匠取直角之工具)之形,当是"矩"的本字。距本义为鸡、鸟等腿后突出的像脚趾的部分。《说文》:"距,鸡距也。"《左传·昭公二十五年》:"季氏介其鸡,郈氏为之金距。"引申可指弯曲似距之物。如古代兵器锋刃上的倒刺或鱼钩上的倒刺。人头上鬓角的弯曲处也称距。距也有至,到达的意思。《书·益稷》:"予决九川,距四海。"孔传:"距,至也。"距也可表示距离。《国语·周语上》:"距今九日,土其俱动。"今常用此义。距可通"拒",义为抗拒。可通"巨",义为大。通

"距",义为止。也见通"讵",作副词表示反问,或作连词,表假设。(师玉梅)

蹝 xǐ 心纽、歌部;生纽、纸韵、所绮切。

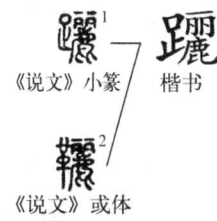

1、2《说文》47页。

形声字。从足,或从革,麗声。蹝的本义指一种舞鞋。《说文》:"蹝,舞履也。"《寒山子诗三百零三首》之七十二:"轻浮耽挟弹,跕蹝拈抹弦。"亦泛指草鞋。蹝或用同"屣",指一种小而无跟的鞋,或指拖着鞋走。蹝引申亦有踩、踏之义,也指漫步。(师玉梅)

跲 fèi 並纽、微部;奉纽、未韵、扶沸切。

1《说文》48页。

形声字。从足,非声。非初文像鸟飞行时双翅上展之形。跲,同"剕",指古代断足的刑法。《说文》:"跲,跀也。"《尔雅·释言》:"跲,刖也。"郭璞注:"断足。"邢昺疏:"跲,一名刖,断足刑也。"宋梅尧臣《吴长文紫微见过》:"方将事请见,疮足痛若跲。"(师玉梅)

跀 yuè 疑纽、月部;疑纽、月韵、鱼厥切。

1、2《说文》48页。

形声字。从足,月声。《说文》或体从足,兀声。兀上古属疑纽、物部,月属疑纽、月部,声同韵近。跀本义指古代断足或斩脚趾的刑罚。《说文》:"跀,断足也。"也作"刖"。《韩非子·外储说左下》:"孔子相卫,弟子子皋为狱吏,刖人足,所跀者守门。"引申可指器物歪邪不正。(师玉梅)

趹 jué 见纽、月部;见纽、屑韵、古穴切。
guì 见纽、月部;见纽、霁韵、涓惠切。

1《说文》48页。

形声字。从足,夬声。趹本义指马奔驰时后蹄踢地腾空貌。《说文》:"趹,马行皃。"《史记·张仪列传》:"秦马之良,戎兵之众,探前趹后,蹄间三寻腾者,不可胜数。"司马贞索隐:"谓马前足探向前,后足趹于后。趹谓后足抉地,言马之走势疾也。"也泛指疾行。又音 guì,义为骡马等用后蹄踢。(师玉梅)

趼(趼) yàn 疑纽、元部;疑纽、霰韵、五甸切。
yán 疑纽、元部;疑纽、先韵、五坚切。
jiǎn 见纽、元部;见纽、铣韵、古典切。

1《说文》48页。

形声字。从足,开声。开小篆字形像两干对构,会对偶并齐之意。趼本义为兽足后跟起,前掌着地。音 yàn。《说文》:"趼,兽足企也。"段玉裁注:"趼者,谓其足企。企,举踵也。"王筠句读:"兽足率前后皆著地,企则前面著地而已。"兽蹄平正也称趼。音 yán。《尔雅·释畜》:"騉蹄趼,善升甗。"郭璞注:"騉蹄如趼而健上山。"邢昺疏:"趼,平也,谓蹄平正。"趼可用同"繭",音 jiǎn,指手足上磨出的硬皮。(师玉梅)

路 lù 来纽、铎部;来纽、暮韵、洛故切。

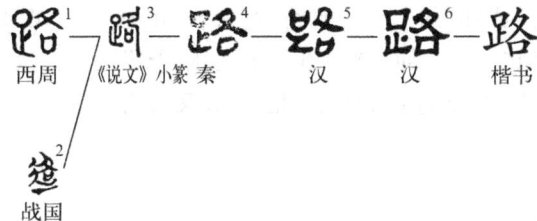

1《金文编》124页。2《战文编》126页。3《说文》48页。4《睡甲》26页。5、6《甲金篆》133页。

形声字。从足,各声。战国时简文多从疋,与足为义近形符,常可通。各甲骨文作 🦶 或 🦶,足至坎中,会达到之意。路本义为道路。《说文》:"路,道也。"《书·胤征》:"遒人以木铎徇于路。"引申有经过、规律、道理的意思。路还可指败亡、羸弱。《孟子·滕文公上》:"是率天下而路也。"也可指大,路弓即大弓。古还常以当路、得路指做官,反之即称"失路"。路或通"辂",指天子或诸侯所乘的车,也泛指车。(师玉梅)

躪 lìn 来纽、真部;来纽、震韵、良刃切。
又里忍切。
lín 来纽、真部;来纽、真韵、离珍切。

躪¹—躪
《说文》小篆　楷书

1《说文》48页。

形声字。从足,粦声。粦从炎,从舛。舛为双足形。粦会火光可行之意,即今天所谓的磷火。粦后孳乳为磷字。躪本义指车轮辗过,音lìn。《说文》:"躪,轹也。"段玉裁注:"《车部》曰:'轹,车所践也。'"宋陈亮《祭张师古司户文》:"肯明允其有无,但甘心于轹躪。"(轹、躪同义)躪或用同"躏",义为践踏。又音lín,"躪躪",形容行貌。(师玉梅)

跂 qí 群纽、支部;群纽、支韵、巨支切。
qǐ 溪纽、支部;溪纽、纸韵、丘弭切。
qì 溪纽、支部;溪纽、寘韵、去智切。

跂¹—跂
《说文》小篆　楷书

1《说文》48页。

形声字。从足,支声。支乃枝的本字。跂本义指脚多出脚趾,音qí。《说文》:"跂,足多指也。"《庄子·骈拇》:"故合者不为骈,而枝者不为跂。"王先谦集释:"跂、歧同。"或通"蚑",为虫爬行貌。又音qǐ,通"企",踮起脚跟。《诗·卫风·河广》:"谁谓宋远,跂予望之。"也指倾斜不正,同歧。又音qì,义为垂足坐。跂又或用同"屐"。(师玉梅)

蹭 cèng 清纽、蒸部;清纽、嶝韵、千邓切。

蹭—蹭
《说文》新附　楷书

1《说文》48页。

形声字。从足,曾声。曾即甑之初文。金文字形即像这种炊具之形,下可盛水,上盛饭。蹭、蹬连用,形容失道难行貌。《说文》:"蹭,蹭蹬,失道也。"唐韩愈《南山诗》:"攀缘脱手足,蹭蹬抵积甃。"引申可形容失势、困顿貌。蹭单用可有蹬、擦、慢吞吞地行进等意义,多为今天常用义。(师玉梅)

蹬 dèng 定纽、蒸部;定纽、嶝韵、徒亘切。
dēng 端纽、蒸部;端纽、登韵、都腾切。

蹬¹—蹬
《说文》新附　楷书

1《说文》48页。

形声字。从足,登声。登甲骨文多从癶,从豆。整个字形会手捧豆以进献之意。蹬音dèng。《说文》:"蹬,蹭蹬,失道也。""蹭蹬"古常连用,形容失道难行貌(参"蹭"字条)。蹬单用可指供脚踩踏以登上高处的脚蹬子,如"马蹬"。蹬又同"登",音dēng,表示踩或脚用力蹬。也指由低处到高处(多指步行)。或指穿鞋或裤子等,也多是今天的常用义。(师玉梅)

蹉 cuō 清纽、歌部;清纽、歌韵、七何切。

蹉¹—蹉
《说文》新附　楷书

1《说文》48页。

形声字。从足,差声。"蹉跎"常连用,也作"差沱"、"蹉跎"。义为失足。《楚辞·九怀·株昭》:"骥垂两耳兮,中坂蹉跎。"洪兴祖补注:"蹉跎,失足。"也可指失时。《说文》:"蹉,蹉跎,失时也。"三国魏阮籍《咏怀八十二首》之五:"娱乐未终极,白日忽蹉跎。"蹉跎也用于比喻失意,经历坎坷。蹉单用有跌倒的意思。引申也指失误、差错、错位。失足跌倒多是由于踩踏不慎,所以蹉也用于表踩踏义。继之引申有经过、赶路等义。(师玉梅)

跎 tuó 定纽、歌部;定纽、歌韵、徒河切。

跎¹—跎²—跎
战国《说文》新附　楷书

1《战文编》126页。2《说文》48页。

形声字。从足,它声。它是蛇的象形本字(参"它"字条)。"蹉跎"为联绵词,义为失足。也可指时光流逝,或比喻失意、经历坎坷不顺(参"蹉"字条)。跎单用可同"驼",义为驼背。宋贾似道《促织经·噉色头》:"黑头红顶背身跎,更兼大腿及捶拖。"也指用背扛运。(师玉梅)

蹙 cù 精纽、觉部;精纽、屋韵、子六切。

蹙¹—蹙
《说文》新附 楷书

1《说文》48页。

形声字。从足,戚声。戚是一种古代兵器名。初文即像该兵器之形。蹙本义为急迫。《说文》:"蹙,迫也。"《诗·小雅·小明》:"曷云其还,政事愈蹙。"毛传:"蹙,促也。"朱熹集传:"蹙,急。"引申可有逼近、减缩、皱缩、狭小、窘困等意义。也用于形容恭敬诚笃的样子。蹙或同"蹴",表示踏或踢。蹙或写作"蹴"。(师玉梅)

疋部

疋¹ shū 心纽、鱼部;生纽、鱼韵、所菹切。

商　西周　战国　战国
商
西周　战国《说文》小篆汉　楷书

1《甲文编》669页。2《甲文编》86页。3、6《金文编》123页。4、5、7《战文编》126页。8《说文》48页。9《汉印徵》卷3,21页。

象形字。"疋"与"足"是一字的分化。本义是脚。字形1像连腿带脚的整个小腿。《合集》13694"贞:疾疋"句法与"疾自"相同,占问脚是否会生疾病。《管子·弟子职》:"问疋何止?"(问老师脚放在哪一头)用的也是本义。甲骨文字形2是字形1的简化。金文中"足"与"疋"依旧不分,铭辞中多读为"胥",义为"辅佐"。师兑簋:"余既令女(汝)疋师和父司左右走马。"(我曾经命令你辅佐师和父执掌左右走马)甲骨文的一些字形已经把腿部简化为一个方框,金文中进一步把腿、脚两部分分裂开来,字形发生了讹变。战国文字中"疋"与"足"分化为二字,字形上有了区别(参"足"字条)。包山楚简中"疋"读作"胥",是职官小吏。仰天湖竹简"疋缕"读"疏屦",是"粗"。秦汉以后,读作shū的"疋"字很少单独使用了。(李守奎)

疋² yǎ 疑纽、鱼部;疑纽、马韵、五下切。

西周　春秋　战国　战国
战国　战国　战国　楷书
战国　战国

1《金文编》385页。2、5《汉语字形表》209页。3、8、9《战文编》246页。4、6、7《战文编》126页。

字形讹混。"疋"读为yǎ,通"雅"。这一音义的来源与"疋"字本义、引申义的音义都没有关系,而是源自与"夏"字的省体混讹。它的形、音、义关系用六书理论是解释不了的。西周文字中"人"旁在字形下部,常常加上"止"形,"止"形上移又变成了"女"形。春秋、战国文字的"夏"字作"頿"、"頿",就是把金文中"頁"下的"止"位移至"口"或"曰"旁的下面,进一步简化讹变,省去"頁"旁,就成了楚简(字形4)或三体石经(字形5)中的形体。这两个形体与战国文字中的"疋"字相近,两者混同起来,"疋"字就有了"夏"的读音。"夏"与"雅"通假之例习见,不烦举例。《说文》所谓的"古文以为《诗·大疋》字",就是说的这种情况。总之"疋"读"雅",是与"夏"的古文省体混讹之后,进一步假借为"雅"的,其形体来源是"夏"字的古文省体。(李守奎)

品部

品 pǐn 滂纽、侵部;滂纽、寝韵、丕饮切。

商　西周《说文》小篆汉　楷书
商　西周

1、5《甲文编》30页。2、6《金文编》124页。3《说文》48页。4《篆隶表》135页。

会意字。《说文》:"品,众庶也。"本义是人的多数,以"口"表示人,三"口"表示人的众多,与"众"字表示"人"的众多构字原理相同。邢侯簋:"锡(赐)臣三品:州人、重人、郭人。"这里的"臣三品"就是指居住在州、重、郭的人的共同体。"品"的意义也就相当于现代汉语的"人口"。《易·乾》中"品物流形"中的"品",已经是"人的多数"这一本义的引申——"众多"了。在文字结构上,甲骨文与金文都有"品"和"㗊"两种形体,至秦汉才定形为上部一"口",下部两"口"的结构形体。但"口"形在隶书中分化成"ㅂ"和"ㅁ"两种写法,把古文字中两种不同的形体混同起来了(甲骨文中的"㗊"是"品"字;"星"字的象形是"晶")。(李守奎)

聑 niè 日纽、叶部;日纽、叶韵、而涉切。

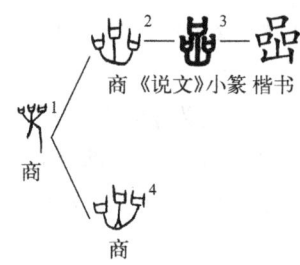

1《甲骨文字典》197页。2、4《甲文编》383页。3《说文》48页。

会意字。甲骨文以一人上连三口表示絮聒多言。在金文中,作"嚴"的形旁。𡄄与𡄱为一字异体,与"頁"和"百"为一字异体道理相同。《说文》卷二的"㗊"训"多言",直承甲骨文而来。"㗊"与《说文》卷三的"譶"、《集韵·叶韵》)的"嘼"音、义并同,均为异体字。"㗊"在文献中用为人名或地名。(李守奎)

㗊 yán 疑纽、侵部;疑纽、感韵、五感切。

1《甲文编》383页。2《战文编》625页。3《说文》191页。

分化字。《说文·山部》:"㘧,山岩也"。"山岩"之"㘧"与"多言"之"㗊"在甲骨文中本为一字异体,后分化为二字。在隶书、楷书中,又混为同形字。"㘧"与"岩"在古书中通用。如"巉岩"又作"巉㘧"。(李守奎)

喿 zào 心纽、宵部;心纽、号韵、苏到切。

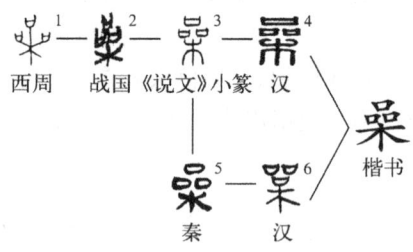

1《金文编》124页。2《战文编》127页。3《说文》48页。4《汉印徵》卷2,21页。5《睡甲》27页。6《篆隶表》135页。

会意字。从三"口"汇集"木"上,会群鸟聒噪之义,与"雥"构形相似。三"隹"在木会聚集之义,三"口"在木会群鸟鸣噪意。字形古今变化不大,秦、汉古隶,书写较为随意。今作"噪",又累增一"口"成形声字。"喿"字弃而不用,在构字中多做音符,如"澡"、"臊"、"操"等。(李守奎)

龠部

龠 yuè 喻纽、药部;以纽、药韵、以灼切。

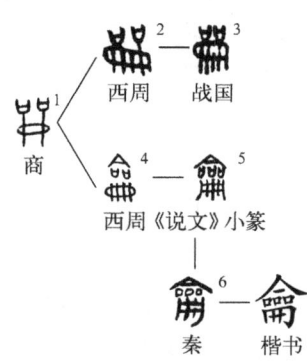

1《甲文编》87页。2、4《金文编》124页。3《战文编》127页。5《说文》48页。6《睡甲》27页。

象形字。本像排管乐器,下像编连在一起的排管,上像管口。管口上的"∧"当为人的口形,即"口"字的倒写。人口与竹口相对,表明其为可吹奏的乐器。《说文》释为"乐之竹管"是对的。但释其形为"从品、侖。侖,理也",则不确。"龠"在文献中或用为地名,或借为"禴"。"龠"与《说文》卷五的"籥"当为一字异写。(李守奎)

龢 hé 匣纽、歌部;匣纽、戈韵、户戈切。

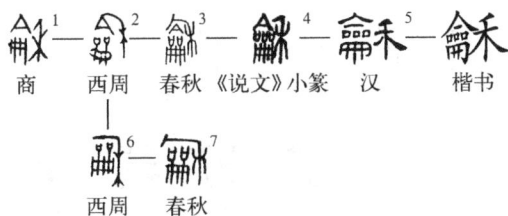

1《甲文编》87页。2、3、6、7《金文编》125页。4《说文》48页。5《篆隶表》135页。

形声字。从龠,禾声。义为音调和谐。所从"龠"旁本像竹管乐器。子璋钟、沇儿钟等铭文中的"自乍(作)龢钟"用的就是本义。"龢"字在春秋以前频频使用,进入战国使用频率骤降,文献中渐以"和"代之。(李守奎)

龤 xié 匣纽、脂部;匣纽、皆韵、户皆切。

龤¹—龤
《说文》小篆 楷书

1《说文》48页。

形声字。从龠,皆声。义为音乐和谐。"龤"古书中很少使用,多用"谐"。"龢龤"即现今的"和谐"。由乐声之"龢龤"引申为凡事之和谐。"龤"与"谐"(《说文》卷三)音、义俱近,二字同源。(李守奎)

册部

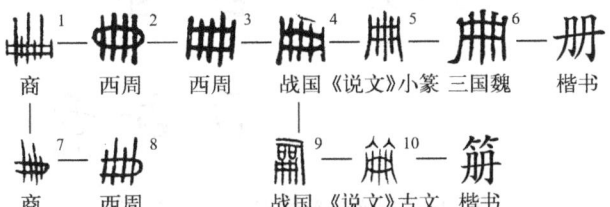

1、7《甲文编》87页。2、3、8《金文编》126~127页。4、9《战文编》127页。5、10《说文》48页。6《篆隶表》135页。

象形字。竹简编连在一起就成了"册"。从甲骨文到金文都像中有两道绳编的简册。《说文》据小篆之形云"象其札一长一短",不确。现在所见的出土简策都是上下等齐,并无一长一短的形制。古文字中"册"或"册"旁竖画等长的在一半以上。文字刻画、书写较为随意,故竖笔有长有短,像绳编的曲笔或连或缺,并无表意作用。《说文》古文增加"竹"旁,是因为简册主要的材料是竹子。现代汉语中书的量词"册",就是从它的本义引申而来。(李守奎)

嗣 sì 邪纽、之部;邪纽、志韵、祥吏切。

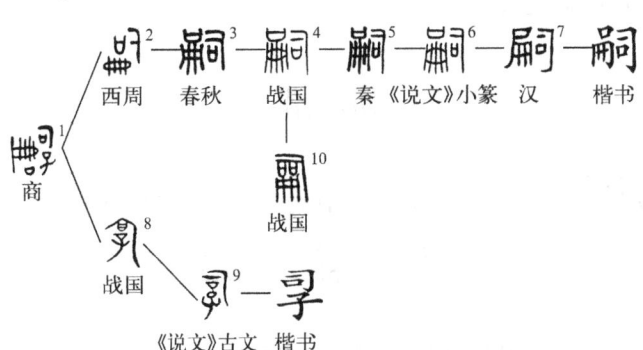

1、3、4、8《汉语字形表》80页。2、10《金文编》128页。5、7《篆隶表》135页。6、9《说文》48页。

形声字。《说文》说"嗣"的本义是"诸侯嗣国"。诸侯嗣国承位,需要在宗庙由史官宣读册命。所以商代的"嗣"从口、册,从子,司声。"口"与"册"表示宣读册命,"子"表示承国的后嗣。这个形体后来演变为两个系例:一个演变为《说文》小篆。西周盂鼎的"嗣"可视为从"司"省声,小篆"嗣"直承春秋、秦文字而来。"嗣"在战国有许多变体,中山王壶"嗣"中间的"口"形可视为共用偏旁,由左右结构变为上下结构。銮壶的"嗣"下部从"廾",当是讹变。曾姬无卹壶的"嗣"把"册"上的"口"与"司"中的"口"并列在一起,很是怪异。上述这些古字都与《说文》小篆关系密切;《说文》古文"嗣"字作"孠",从子,司声,也是由商代"嗣"变化来的。这个字形省掉"口"与"册"就成了"孠"。"嗣"在古文献中或用为"嗣承"义,或用为"后嗣"义。盂鼎"在珷王嗣文王乍(作)邦"之"嗣"义为"继承",曾姬无卹壶"遂(後)嗣甬(用)之"中"嗣"义为继承人。(李守奎)

扁 biǎn 帮纽、真部;帮纽、铣韵、方典切。

扁¹—扁²
《说文》小篆 汉

扁³—扁⁴—扁⁵
秦 汉 汉 楷书

1《说文》48页。2、4、5《篆隶表》136页。3《睡甲》27页。

会意字。以"户册"会门上题字之意。《说文》云"扁,署也",是说题扁的字体是"署书",为秦书八体之一,

"扁"是用"署书"字体在扁平的木板上题字、悬挂于门的上方。所以"扁"有题署义。《后汉书·百官志五》:"皆扁表其门,以兴善行",即其例。署字的木板称为"扁",后分化出"匾"。(李守奎)

甜 部

甜 jí 精纽、缉部;庄纽、缉韵、阻立切。

甜¹—甜²—甜
商　《说文》小篆　楷书

1《甲文编》682页。2《说文》48页。

会意字。《说文》:"甜,众口也。从四口。"甲骨文的"甜"用法不详。《说文》之"甜"有"众口"和"喧哗"二义,文献中罕见用例。在"嚣(叫)嚣"中用为形旁。(李守奎)

嚣(嚻) xiāo 晓纽、宵部;晓纽、宵韵、许娇切。

1、2《金文编》129页。3《汉印徵》卷3,1页。4、5《篆隶表》137页。6《说文》49页。7、8《战文编》129页。

会意字。从頁,从甜。"頁"是突出人首的人形,四口表示发声喧哗。《诗·小雅·车攻》:"之子于苗,选徒嚣嚣。"毛传:"嚣嚣,声也。""嚣",《集韵》音"牛刀切",读"áo"。今本《左传》中的楚官"莫敖",《汉书·五行志》引作"莫嚻",与出土楚铜器铭文、楚简文完全相合。典籍中的楚官"莫敖"、"连敖",楚文字皆作"莫嚻"、"连嚻"。《广韵》有"嚻"无"嚣"。就现有的古文字材料来看,"嚻"形自春秋至西晋,一脉相承,只有《说文》作"嚣",疑其晚出。(李守奎)

器 qì 溪纽、质部;溪纽、至韵、去冀切。

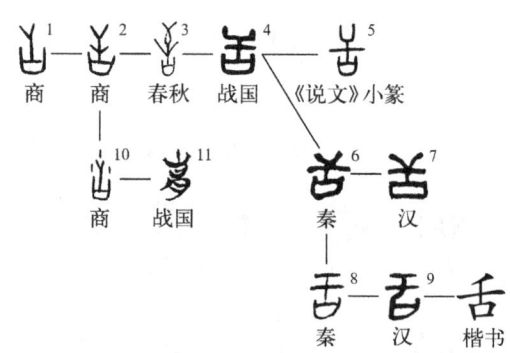

1、2、3《金文编》129～130页。4《说文》49页。5、8《睡甲》29页。6《汉印徵》卷3,1页。7、9、10《篆隶表》137页。

会意字。四"口"表示众器物的口,"犬"守护着,以防丢失。本义就是"器具"。段玉裁说"器乃凡器统称"是对的。不同质地、不同用途的器具都可称为"器",如"木器"、"金器"、"陶器"、"食器"、"酒器"、"兵器"等等。器之本义延用至今,古今写法也变化不大。"嚻"作为异体,见于《玉篇·甜部》。(李守奎)

舌 部

舌 shé 船纽、月部;船纽、薛韵、食列切。

1、2、10《甲文编》663页。3《楚文编》125页。4《汉语字形表》81页。5《说文》49页。6、8、9《篆隶表》137页。7《汉印徵》卷3,1页。11《战文编》130页。

象形字。《说文》:"舌,在口,所以言也,别味也。从干,从口,干亦声。"像舌自口出。甲骨文异体两旁的点像唾液。许慎以为"从干,从口"会意,不确。舌字在甗钟铭文中有所讹变,上部与倒写的"矢"字近似。战国楚简中"舌"字增加表意偏旁"肉",构成异体。"舌"是个常用字,所记录的常用义自甲骨文至今都是"舌头"。在构字中,作为声旁的"舌"多是"昏"的简化,如"适"、"话"等等,与舌头之"舌"仅是同形。(李守奎)

舓(舐) shì 船纽、支部；船纽、纸韵、神旨切。

1、2《说文》49页。

形声字。从舌，易声。字形2从舌，也声。本义是用舌舔物。这两个字在文献中都很少使用。古书中多用"舐"。《玉篇·舌部》："舐，同舓。"《庄子·列御寇》："秦王有病召医，破痈溃痤者得车一乘，舐痔者得车五乘。""舐"与"舓"、"虵"并为一字异体。（李守奎）

干 部

干 gān 见纽、元部；见纽、寒韵、古寒切。

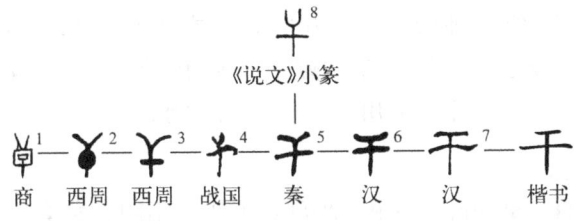

1《甲文编》728页。2、3《金文编》130页。4《战文编》120页。5《睡甲》29页。6、7《篆隶表》138页。8《说文》50页。

象形字。《说文》："干，犯也。从反入，从一。""干"本像带有羽饰的盾形。甲骨文中部的方框和虡篆"丫"中间的肥笔是盾身，盾下有镦，盾上的笔画像羽饰。为了书写方便，肥笔线条化，变成一横。许慎据符号化了的字形释形，所谓"从反入，从一"，不可信。"干"之"盾"义，在出土文献和传世文献中均可见。虡篆中有赐物"干、戈"，《书·牧誓》"称尔戈，比尔干，立尔矛，予其誓"等，皆其例。毛公鼎中的"干吾王身"读为"敉敔（捍御）王身"。"捍卫"义为"干"的引申义。（李守奎）

屰 nì 疑纽、铎部；疑纽、陌韵、宜戟切。

1《金文编》130页。2、3《甲文编》91页。4《汉语字形表》61页"逆"字偏旁。5《说文》50页。

会意字。"屰"是"逆"的本字，以头下脚上的倒人形会"不顺"之意。《说文》以为"从干下凵"，非是。"屰"在西周"逆"字中用作偏旁，多写作倒人形，战国中山王方壶的"逆"所从的"屰"尚是倒人形。在秦简中，"屰"旁已同《说文》小篆的"屰"字很近似了。在古书中，"逆"行而"屰"废。（李守奎）

谷 部

谷 jué 群纽、铎部；群纽、药韵、其虐切。

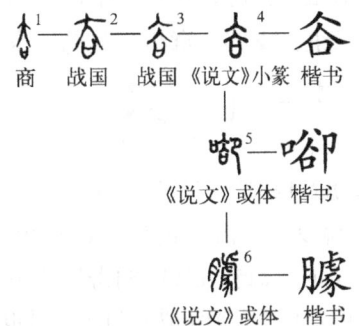

1《甲文编》230页。2、3《战文编》321页。4、5、6《说文》50页。

分化字。"谷"是由"去"分化出的一个字，在"卻"、"给"、"峪"等字中作表音偏旁。"去"字甲骨文、战国文字均写作"谷"，从"大口"会意，表示大张着嘴的意思，是"呿"的本字。"大"在战国文字中多写作"个"，"谷"与"谷"本为一字，均是"去"字的异体。秦汉时的"去"字大都写作"谷"或"谷"，下部多从"凵"，"谷"与"去"分化为二字。"去"在溪纽、鱼部，"谷"在群纽、铎部，声只有清浊之别，韵为阴阳对转，声韵并近。"谷"是"去"的分化字当无疑。《说文》不知"去"字本从"大"，以为"谷"是"口上阿"，与字形不合，文献无证，非是。字形5、6才是与"口上阿"有关系的字，不当厕此，当归入口部或肉部。"谷"与卷九"山谷"之"谷"不是一字，需注意区别。（李守奎）

丙 tàn 透纽、侵部；透纽、勘韵、他绀切。

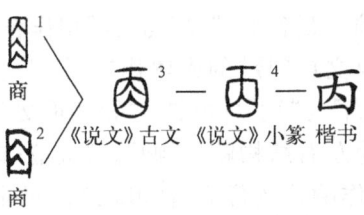

1、2《甲文编》92页。3、4《说文》50页。

象形字。"囚"是"簟"的本字,本义为"席"。甲骨文"囚"就是簟席的象形。《说文》"席"字的古文作"圆",所从的"囚"尚存古义。战国文字中的"粥"、"夙(夙)"均以此字为形旁。《说文》古文与《说文》小篆都是讹变形体。《说文》所说的"舌皃。从谷省,象形"不足信,但"一曰竹上皮。读若沾……粥字从此"等注语为正确考释此字提供了极有价值的线索。(李守奎)

只 部

只 zhǐ 章纽、支部;章纽、纸韵、诸氏切。
　　zhī 章纽、支部;章纽、支韵、章移切。

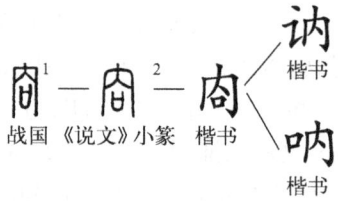

1《楚文编》122页。2《说文》50页。

指事字。《说文》:"语已词也。从口,象气下引之形。"为句末语气词。《诗·鄘风·柏舟》:"母也天只,不谅人只。"这正是《说文》所谓的"语已词也"。"只"字在古文字中多用作声旁。信阳楚简"枳"字中作"只",睡虎地秦简"枳"字中作"只",马王堆帛书"軹"字中作"只"。独体用例罕见。(李守奎)

卣 部

卣 nè 泥纽、物部;泥纽、没韵、内骨切。

訥
呐
楷书

1《战文编》130页。2《说文》50页。

会意兼形声字。《说文》:"言之讷也。从口,从内。"内亦声。本义是意在内而不出口,即说话迟钝。古书中多用"卣"的异体字"讷"或"呐"。"讷"在《说文》卷三中,与"卣"音、义皆同。"口"与"言"用作表义偏旁可以通用,如《说文》"吟"的或体作"訡","詠"的或体作"咏"等。"卣"与"讷"即所谓"异部重文"。"卣"由内外结构变为左右结构就是"呐"。《玉篇·口部》:"讷,迟钝也,或作呐。"《荀子·非相》:"言而非仁之中也,则其言不若其默也,其辩不若其呐也。""呐"与"讷"同

义,与"辩"相对。(李守奎)

矞 yù 喻纽、物部;以纽、术韵、余律切。

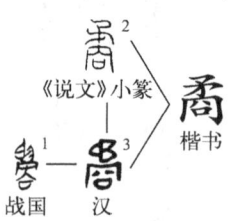

1《包山》204页"鷸"字偏旁。2《说文》50页。 3《篆隶表》138页。

会意兼形声字。《说文》:"矞,以锥有所穿也。从矛,从卣。""矞"在战国楚文字中,见于"鷸"字偏旁,上从"矛",下从"卣"。古文字中,"内"与"入"是一字的分化。楚文字中的"入"与"内"尚未分化,而"口"又常常作为羡符,如"丙"字作"囟"、"己"字作"呂"、"今"字作"含"等等。疑"矞"本以"矛入"或"矛内"会"以锥有所穿也"之意。《说文》以为从"卣",似嫌迂曲。把"卣"下部的"口"理解成矛刺入内的结果,也比从"卣"容易理解。"矞"与"内"均在舌纽、物部,所以"内"兼表音。"矞"在文献中不常用,在"遹"、"鹬"、"潏"、"橘"等字中用作声旁。(李守奎)

商 shāng 书纽、阳部;书纽、阳韵、式羊切。

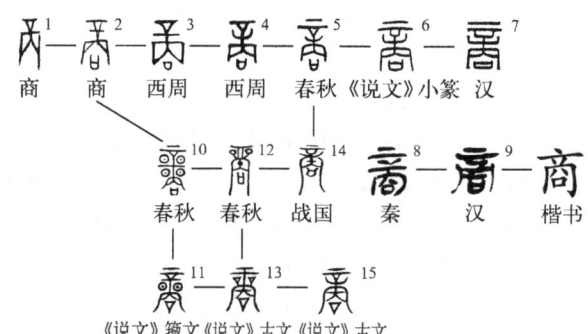

1、2《甲文编》92页。3、4、5、10、12、14《金文编》130～132页。6、11、13、15《说文》50页。7《汉印徵》卷3,2页。8《睡甲》50页。9《篆隶表》138页。

构形不明。在甲骨文中用作地名和人名。《说文》所谓"从外知内也。从卣,章省声"与甲骨文、金文形、义不合。隶、楷的"商"字直接来源于战国秦的手写体。《说文》籀文"商"当是秦公簋"商"字的简化,这种形体的"商"可能是"参商"之"商"的分化字,

"口"或"☉"是星星的象形。"商"在西周初年的利簋铭文中就用作国名。在西周金文中多用为"赏赐"之"赏",后孳乳分化出"賞"字。"商"字的本形、本义尚需进一步研究。（李守奎）

句 部

句 gōu 见纽、侯部；见纽、侯韵、古侯切。
　　 jù 见纽、侯部；见纽、遇韵、九遇切。

1、2、3、7《金文编》132页。4、9—12《篆隶表》138~139页。5《说文》50页。6《汉印徵》卷3，2页。8《睡甲》29页。

形声字。《说文》以为"从口，丩声"，不确。当是从丩，口声。"句"的本义是"曲也"，凡从"句"得声的字多有"曲"义，如"笱，曲竹捕鱼笱也"、"鉤，曲也"等等。"丩"本像屈曲纠缭之形，所以可以作"句"的意符。"口"与"句"均在见纽、侯部，声韵密合，远比"宵"部的"丩"做声旁贴切。再则，《说文》卷二别有"从口、丩声"的"叫"。"句"、"叫"结构不当完全相同。"句"在古文字中除用为地名、人名外，或借为"鈎"，或借为"耇"，或借为"王后"之"后"，在战国、秦、汉简牍中又多读为"苟且"的"苟"。要之，"句"在周、秦、汉、魏各个时代的音读都在侯部。后"章句"之"句"别读"九遇切"，今读 jù，段玉裁以为是"浅俗分别"。"句"字隶、楷的写法直接源自秦、汉古隶。《说文》小篆的字形是经过美化的规范体，它与"句"字隶书的差别比西周金文与隶书的差别还大。"句"在晋代碑刻中"口"旁写作"△"，后分化出"勾"。"勾"表"句"之"曲"义，"句"表"章句"之"句"义，二字分承了"句"的古义。（李守奎）

拘 jū 见纽、侯部；见纽、虞韵、举朱切。

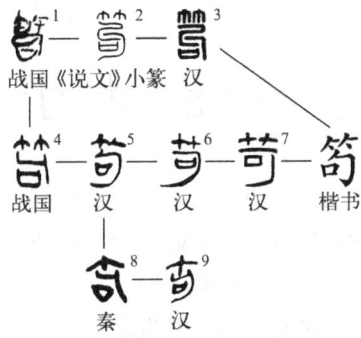

1《汉语字形表》83页。2《说文》50页。3、4《篆隶表》139页。

会意兼形声字。《说文》："拘，止也。从句，从手，句亦声。""拘"的本义当是《广韵》所说的"执也"，大至相当于今天的"逮捕拘留"。《说文》所谓的"止也"，也当是使留止不出之义。"句手"即使手句曲，会"执"意，"执"字本像一人两手曲屈胸前上加刑具之形。《书·酒诰》："尽执拘以归于周，予其杀。"《易·说》的"拘係"均为"执"义。"拘"引申为"执持"义。《说文·手部》："捄，戟持也。""拘"与"捄"当是异体分化字。（李守奎）

笱 gǒu 见纽、侯部；见纽、厚韵、古厚切。

1《战文编》132页。2《说文》50页。3《汉印徵》卷3，2页。4《汉语字形表》83页。5、6、7、9《篆隶表》139页。8《睡甲》29页。

会意兼形声字。《说文》："笱，曲竹捕鱼笱也。从竹，从句，句亦声。""笱"是一种竹制捕鱼器具，鱼入其中不得出。制作此器必然弯曲竹条，器成，器形也屈曲，所以字从"竹"从"句"。"句"的本义就是弯曲，参"句"字条。《诗·邶风·谷风》"毋发我笱"用的就是"笱"的本义。"笱"字所从"竹"旁从战国秦古隶开始就省作"个"，汉代古隶沿袭这种写法，魏晋以后绝迹。"笱"字的另一种异体是笔画平直，"竹"旁似"艹"，"句"旁似"可"，与"苛"字混同。"句"与"可"在隶书中混讹由来已久，《说文解字·叙》所说的"廷尉说律、苛人受钱曰止句"就是这种情况。（李守奎）

句部 丩部 古部 十部

鉤 gōu 见纽、侯部；见纽、侯韵、古侯切。

鉤¹—鉤²—鉤³—鉤⁴—鉤⁵—鉤
战国 《说文》小篆 汉 汉 汉 楷书

1《战文编》131页。2《说文》50页。3、4、5《篆隶表》139页。

会意兼形声字。"鉤"是从"句"分化出的一个形声字。"句"是"勾"的本字，本义就是曲。春秋金文"鉤"本作"句"，芮公钟鉤铭文"芮公作铸从钟之句"即是。后加形旁"金"成形声字。在"鉤"中，声旁"句"既表音，又表"曲"义。"鉤"从战国到汉魏，字形变化不大，其本义也沿用至今。（李守奎）

丩部

丩 jiū 见纽、宵部；见纽、尤韵、居求切。

丩¹—丩²—丩³—丩⁴—丩⁵—丩⁶
商 春秋 战国《说文》小篆 汉 汉 楷书

1《甲文编》92页。2《四版校补》21页。3《战文编》132页。4《说文》50页。5、6《篆隶表》139页"纠"字偏旁。

象形字。《说文》："丩，相纠缭也。一曰瓜瓠结丩起。"字形像二物相缠绕之形。孙海波以为"丩"本像带钩，若此，则"句"为"丩"的分化字，可备一说。不论是像带勾，还是像瓜蔓，"丩"都是屈曲纠缠之相。"丩"在秦汉之后，代之以"纠"，不再单独使用。在"叫"、"訆"、"赳"等字中用作声旁。（李守奎）

糾（纠） jiū 见纽、宵部；见纽、黝韵、居黝切。

糾¹—糾²—糾³—糾—纠
《说文》小篆 汉 汉 楷书 楷书

1《说文》50页。2、3《篆隶表》140页。

会意兼形声字。《说文》："纠，绳三合也。从糸、丩。""纠"是"丩"的分化字。《玉篇·丩部》："纠，绞也，缭也。""丩"本像纠缠形，后加意符"糸"表义更加明确。《说文》以为"纠"本义是三股丝麻绞合的绳子，可能是"纠"的引申义。在现在常用的"纠缠"中，"纠"用的还是本义。"纠"字从糸、丩，丩亦声。此字出现较晚，《说文》小篆以前的古文字形尚未发现，已见的汉隶字形与楷书差别不大。（李守奎）

古部

古 gǔ 见纽、鱼部；见纽、姥韵、公户切。

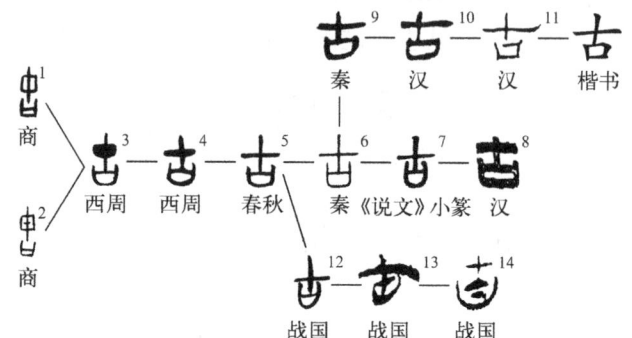

古¹ 商 古² 商 — 古³ 西周 — 古⁴ 西周 — 古⁵ 春秋 — 古⁶ 秦 — 古⁷《说文》小篆 — 古⁸ 汉 — 古⁹ 秦 — 古¹⁰ 汉 — 古¹¹ 楷书 — 古¹² 战国 — 古¹³ 战国 — 古¹⁴ 战国

1、2《甲文编》94页。3、4《金文编》133页。5《汉语字形表》84页。6、9、10、11《篆隶表》140页。7《说文》50页。8《汉印徵》卷3，2页。12、13、14《战文编》131页。

指事字。"古"字所从的中、中等在甲骨文、西周早期金文中都是"盾"的象形，下面加上区别符号"口"构成指事字，是"坚固"之"固"的本字。"盾"的特点是"固"，所以能从中分化出"古（固）"。这和"弓"的特点是"强"，下加区别符号"口"构成"强"的本字"弓"是同一道理。自西周中晚期盾形线条化成"十"之后，形体基本稳固，战国文字中虽然有"口"中加点、线的异体，但在以小篆统一的文字和秦汉古隶的演变中都逐渐消失了。许慎所说的"从十、口，识前言者也"是据后代的字形说后代的字义。如果只就小篆等后起字形和"古"的常用义"时间久远"而言，是合理的，经过十人之口传下来的故事，正是时间久远。许慎未能言中"古"的本形本义，是受所见材料的限制，我们不能苛求古人。（李守奎）

嘏 jiǎ 见纽、鱼部；见纽、马韵、古疋切。

嘏¹—嘏²—嘏
《说文》小篆 晋 楷书

1《说文》50页。2《篆隶表》140页。

双声符字。"嘏"是从"叚"分化出来的一个双声符字，其常用义是"福"。西周金文克钟"用匄屯叚永令"义为"用以祈求大福长命"，"叚"义为"福"，是个假借字。后在表"福"意义的"叚"上加了一个声旁"古"，以区别于本

字,就成了"䵁"。"䵁"字出现较晚,现知的出土古文字材料中尚未发现。(李守奎)

十 部

十 shí 禅纽、缉部;禅纽、缉韵、是执切。

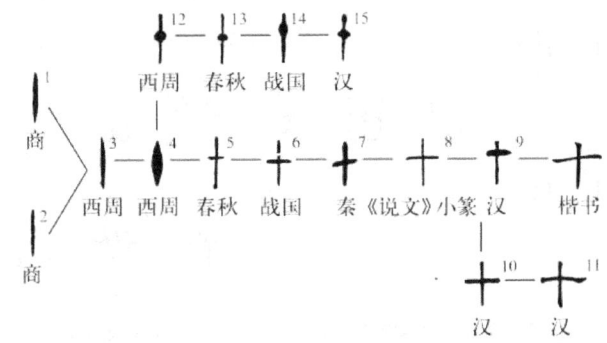

1、2《甲文编》94页。3、4、5、12、13、14《金文编》133~134页。6《汉语字形表》84页。7《睡甲》29页。8《说文》50页。9、10、11、15《篆隶表》140页。

指事字。"十"本来就是一个契刻符号,也可能是针的象形初文。最初只是一竖笔,金文竖笔中部加肥,后变成一圆点,这种写法一直延续到汉初古隶。在汉字的演化过程中,肥点常常变为横画,"十"字也是如此。在战国以前的出土文献中,"七"也是横、竖两笔交叉。但"十"与"七"有着严格的区别,那就是"十"字是竖长横短,"七"字是竖短横长,不仅战国末年秦、楚等国文字是如此区别二字的,连汉代简帛也是如此区别二字的。《说文》小篆"七"字的竖笔下曲,以此区别于"十",这种区别方式应该是很晚出现的。魏晋以后,以竖笔的下曲与否区别"十"与"七"二字的形式得以通行,"十"字的横、竖两笔就不拘长短随意而写了。《说文》所谓的"十,数之具也,一为东西,丨为南北,则四方中央备矣",不过是据后代字形立说,表达了汉代的数术观念罢了。(李守奎)

丈 zhàng 定纽、阳部;澄纽、阳韵、直两切。

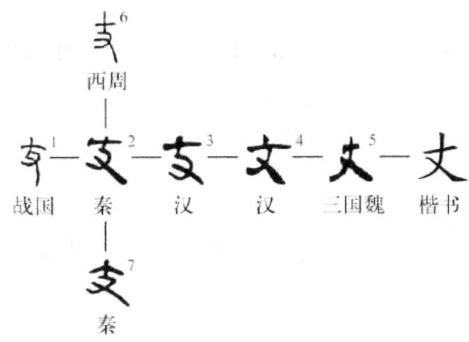

1《战文编》131页。2、7《睡甲》29页。3、4、5《篆隶表》141页。6《说文》50页。

会意字。"丈"是秦汉出土文献普遍使用的一个常用字,基本意义是度量单位。《说文》所说的"十尺也,从又持十"当属可信。战国秦简中,"丈"的写法有时讹变得很像"支"字。魏晋以后,连笔简化,以与"支"字相区别,其字形与现行的楷体"丈"字已经没有什么区别了。(李守奎)

千 qiān 清纽、真部;清纽、先韵、苍先切。

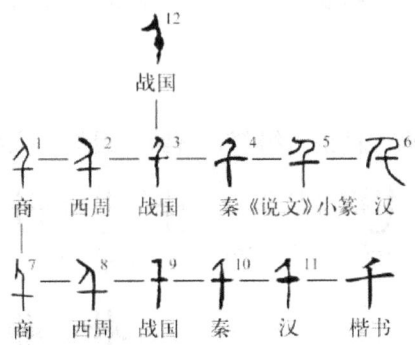

1、7《甲文编》95页。2、8《金文编》135页。3、9、12《战文编》133页。4、10《睡甲》30页。5《说文》50页。6、11《篆隶表》141页。

指事字。"千"本来是借与其音近的"人"形表示,后在"人"的下部加一短横或一圆点以示区别。甲骨文中"人"形正、反无别,"千"也有正、反异体。春秋、战国时期楚国"千"字有"人"上加点异体,这种形体未必是从西周加横画的"千"字演变而来,可能有更远的源头。横与点作为区别符号作用一样,历史同样久远。《说文》以为"千"字"从十,从人"是不确的。甲骨文中的"十"字没有写作"十"形的。把"千"字分析为从一、人声比较合理。"千"是个常用词。十百为千,这一基本意义古今未变。(李守奎)

博 bó 帮纽、铎部；帮纽、铎韵、补各切。

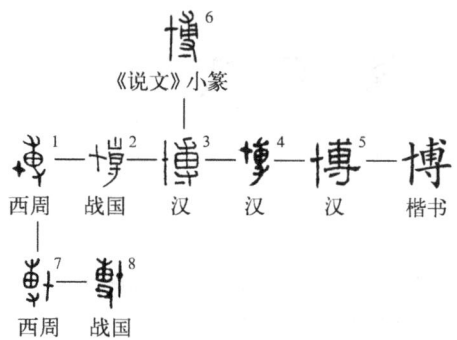

1、7《金文编》135页。2、8《战文编》133页。3、4、5《篆隶表》141页。6《说文》50页。

形声字。从盾，尃声。左面所从"十"本是"盾"的象形初文，做为义符，可以表示与博击相关的意类。"尃"与"博"声纽均为唇音，韵为对转，从"尃"得声的"搏"、"镈"、"膊"、"缚"等均在铎部，"尃"为"博"的声旁无疑。"博"的本义当是博击。戜簋之"卒博，无眈（尤）于戜身"中的"博"即是。《说文》所谓的"博，大通也。从十，从尃。尃，布也"是据秦汉"博"的形、义立说，不合古形、古义。（李守奎）

廿 niàn 日纽、缉部；日纽、缉韵、人执切。

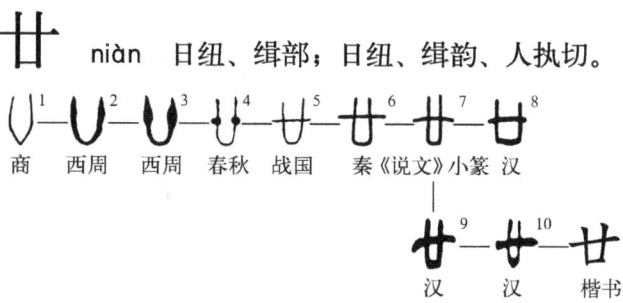

1《甲文编》96页。2-5《金文编》136页。6、8、9、10《篆隶表》142页。7《说文》51页。

会意字。《说文》："二十并也。古文省。""廿"是由"二十"的合文逐渐演变为一个字的。《说文》所说的"二十并也"意即两个十相并列，揆之甲骨文、金文，可证这个说法是不错的。"十"字古形中部多为肥点，后变为短横，相并两个"十"字的两条短横连为一笔，这就是《说文》所谓的"古文省"，这与战国时期秦、楚、燕、齐各国文字相合。"廿"字从甲骨文起，两个"十"下部就连为一体，至战国时期，上部也连为一体，从字形上看，早已是浑然一形了。但从音义上看，恐怕还是读为"二十"，性质依旧是合文，因为绝大多数"廿"下都有合文符号。高鸿缙以为它的读音是汉代人加上去的，是有道理的。事实上，今天阅读时，遇到这个字，我们依旧多读为"二十"。（李守奎）

卅 部

卅 sà 心纽、缉部；心纽、合韵、苏合切。

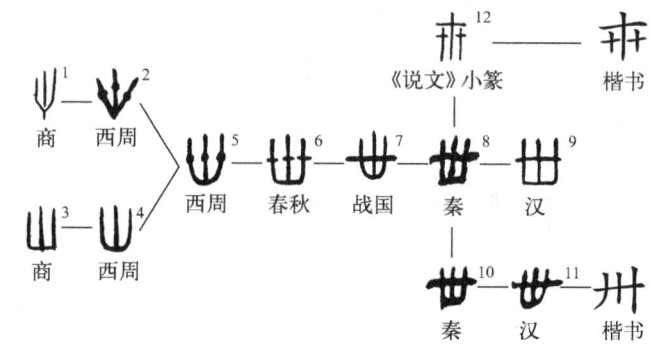

1、3《甲文编》96页。2、4、5、7《金文编》136页。6《汉语字形表》85页。8、10《睡甲》30页。9、11《篆隶表》142页。12《说文》51页。

会意字。《说文》："卅，三十并也。古文省。""卅"的形成过程与"廿"一样，是由"三十"的合文逐渐演变而来的。战国、秦、汉出土文献中的"卅"字字形基本一致，未见《说文》小篆的那种中部"十"大、两侧"十"小的形体。从《说文》对"卅"的解释可知，《说文》最初的形体也当是三个"十"相并连，而不会是三个"十"相参差。"卅"很有可能是后代传讹的一个形体。（李守奎）

世 shì 书纽、月部；书纽、祭韵、舒制切。

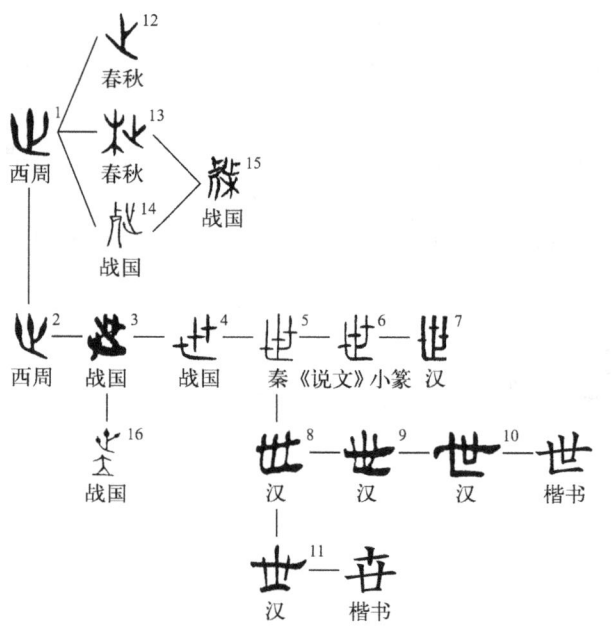

1、2、12、13、14、16《金文编》137页。3、

15《战文编》134页。4《汉语字形表》86页。5、8－11《篆隶表》143~144页。6《说文》51页。7《汉印徵》卷3,3页。

象形字。"世"与"枼"古本一字,像枝上的叶子,二字古音相近,用法相通。王孙遗者钟"枼万孙子"、郘王子钟"万枼鼓之"中的"枼"皆读为"世"。前人早已指出"枼"即"葉"的本字,在金文中读为"世"。从现知的材料看,"世"出现较早,"枼"出现较晚,"葉"出现更晚。三个字间的关系我们似乎可以这样理解:"世"本像枝叶形,为"葉"的本字,多被借作"世代"的"世",为了区别,在表树叶义的"世"下加了表意偏旁"木",但"枼"也被借用为"世代"的"世",于是在"枼"上又增加了"艹"以表示植物茎叶的"葉"。"世"、"枼"、"葉"别为三字,当是秦汉时代的事。《说文》所谓"三十年为一世,从卅而曳长之,亦取其声也"云云,是据小篆字形立说。源自汉隶的"古"字,见于辽僧行均《龙龛手鉴·十部》。战国文字异体很多,字形14、15、16 三种形体都是地域变体。（李守奎）

言 部

言 yán 疑纽、元部；疑纽、元韵、语轩切。

1、2《甲文编》97页。3、4《金文编》138页。5、7、9、10《篆隶表》144页。6《说文》51页。8《睡甲》30页。11、12《汉语字形表》86页。

指事字。《说文》:"直言曰言,论难曰语。从口,辛声。""言"应当是在"舌"字上部加一区别符号"一"而成的指事字。"舌"与"言"关系密切,就像"刀"与"刃"关系密切一样,都采用了加区别符号造指事字的方式。到了战国时代,舌上的一横变为两横,像舌形的部分与"口"分离,曲笔渐成直笔。秦、楚文字手写体的演变道路基本相同,殊途同归,都与汉隶相近。小篆是规范体,它们一直保持了从"舌"的写法。《说文》以为"言"是"从口、辛声"的形声字,如果不考虑其字源,只就其流变的字形而论,也是有道理的。把象意字中的一些偏旁变形表音的例子不胜枚举。"言"字也可如是观。"言"是个常用字,常用义是说话和所说的话。这些意义还存在于"言论"、"言语"等词语的义素中。在构字中,主要用作义符,表示与语言相关的意义,如:谈、谓、讽、诵、誓、誓等等。简化字吸收草书的写法,把位于左边的言字旁简化为"讠"。"言"与"语"的区别详见"語（语）"字条。（李守奎）

語（语） yǔ 疑纽、鱼部；疑纽、语韵、鱼巨切。

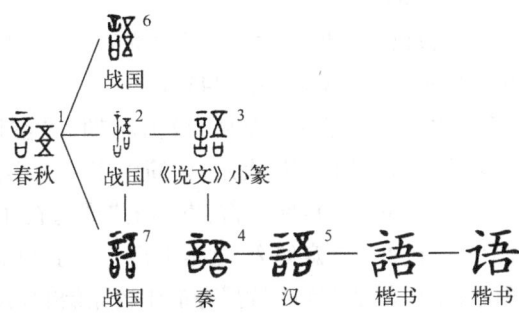

1、2《金文编》138页。3《说文》51页。4《睡甲》30页。5《篆隶表》144页。6、7《战文编》135页。

形声字。《说文》:"語,论也。从言,吾声。""吾"从"五"声,所以,"语"的异体有从二"五"的"誩"或"五"的"䇓"。"䇓"、"䇓"与"吾"基本声符都是"五"。秦、汉以后,"语"就定形为从言、吾声,一直延续至今,其他异体逐渐消失。在现代汉语中,言语、语言等词语的构词都是同义语素并列,看不出"言"与"语"的区别,但在古代汉语中,这两个词的区别是很明显的。许慎概括为"直言曰言,论难曰语"（见"言"字条）,意即自我陈述是"言",与别人谈论是"语"。《礼记·杂记下》"三年之丧,言而不语,对而不答"用的就是本义。（李守奎）

談（谈） tán 定纽、谈部；定纽、谈韵、徒甘切。

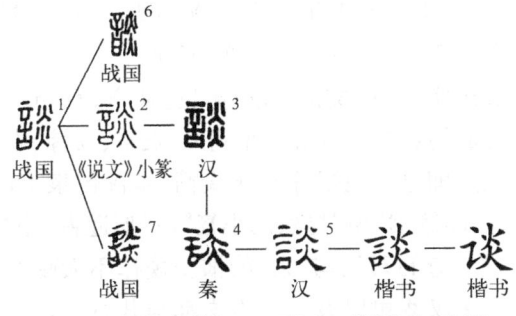

1、6、7《战文编》135页。2《说文》51页。3《汉印徵》卷3,3页。4、5《篆隶表》145页。

形声字。从言，炎声。言、语、谈、说等都是表示言语活动的词语，其间有细微的差别。《说文》"谈，语也"，是以同义词互训。"语"的语义特征是"对谈"；"谈"的语义特征是平易、和谐、地位对等地谈话。"谈"字现知较早的字形从战国晚期出现，虽然不同地域的文字带有一些地方特色，但总体上看变化不大。（李守奎）

謂（谓） wèi 匣纽、物部；云纽、未韵、于贵切。

1《汉语字形表》87页。2《说文》51页。3《睡甲》30页。4、5《篆隶表》145页。

形声字。从言，胃声。春秋、战国时期，"言谓"的"谓"大都借"肠胃"的"胃"表示，楚简中用例极多。战国末年睡虎地秦简中，始见从言、胃声的"谓"。在本无其字的假借字上加上表意偏旁，这是形声字产生的重要途径。《说文》小篆"谓"字的"胃"旁是比较原始的写法，秦简中的"胃"旁已经简化得与汉隶无所差别了。这是规范体与手写体的差别。"谓"是古汉语中的一个常用词，相当于现代汉语的"告诉"、"对……说道"。其用法是"谓"后直承的不是言谓的具体内容，而是言谓的对象。《论语·公冶长》："子谓子产：有君子之道四焉。"又云："子谓子贡曰：'女与回也孰贤？'"例中"谓"的后面都是言语的对象。（李守奎）

諒（谅） liàng 来纽、阳部；来纽、漾韵、力让切。

1《说文》51页。2《睡甲》30页。3《汉印徵》卷3，3页。4、5《篆隶表》145页。

形声字。《说文》："諒，信也。从言，京声。""谅"的古义是"诚信"。《论语·宪问》："友直、友谅、友多闻"中的"谅"即是。"谅"字见于秦简，是汉魏隶书的直接源头。汉印篆书"谅"显然比小篆"谅"形近古，小篆"京"字或"京"旁的写法与"京"的演变规律不太吻合。现在所知的秦汉篆隶以及六国古文都与其有一定差距，或系传抄之讹，或系晚出。楷书的"京"与小篆关系十分密切，小篆成为楷书的直接源头，这种情况十分罕见。（李守奎）

請（请） qǐng 清纽、耕部；清纽、静韵、七静切。

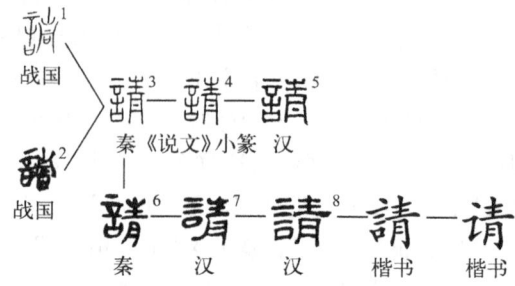

1《金文编》138页。2《战文编》135页。3、7、8《篆隶表》147页。4《说文》51页。5《汉印徵》卷3，3页。6《睡甲》30页。

形声字。《说文》："請，谒也。从言，青声。""请"的本义依《说文》所说，是拜谒。这是汉代"请"的常用义。汉律春季朝见叫做"朝"，秋天朝见叫做"请"，后引申为拜谒长者的通称。《史记·酷吏列传》："公卿相造请禹（赵禹），禹终不报谢，务在绝知友宾客之请，孤立行一意而已。"拜谒义的较早用例见于《墨子·号令》："豪杰之外，多交诸侯者，常请之。"拜谒的目的常常是有所请求，所以就引申出"请"的另外一个常用义"请求"。《论语·八佾》："仪封人请见。"这一意义一直沿袭到今。现知较早的战国文字"请"的用例，或读为"靖"，或用为人名，与秦汉篆隶"请"是否有直接关系，尚难遽断。（李守奎）

謁（谒） yè 影纽、月部；影纽、月韵、於歇切。

1《战文编》135页。2《说文》51页。3《汉印徵》卷3，3页。4《睡甲》31页。5、6、7《篆隶表》146页。8《汉语字形表》87页。

形声字。《说文》:"謁,白也。从言,曷声。"中山守丘石刻的古文形体在秦始皇统一文字过程中已经消亡,汉隶写法的直接源头是秦简古隶。小篆在汉代已经变成一种美术体。"谒"的本义是拜访时自我介绍的名帖,其功用就是向对方"告白",类于现今的"名片"。《说文》:"谒,白也。"即是此意。《史记·高祖本纪》:"高祖……乃绐为谒曰'贺钱万',实不持一钱。谒入,吕公大惊,起,迎之门。"司马贞索隐:"谒谓以札书姓名,若今之通刺,而兼载钱谷也。"后引申为拜见、请求、禀告等。这些行为的共同特点都是卑幼对尊长。现代汉语在"谒见"这样的书面语中偶尔还能见到它的身影,但已经不能独立成词了。(李守奎)

許(许) xǔ 晓纽、鱼部;晓纽、语韵、虚吕切。

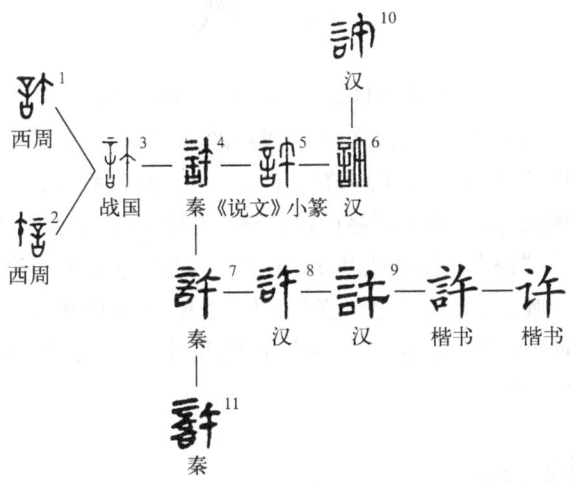

1、2、3《金文编》139页。4《战文编》136页。5《说文》51页。6《汉印徵》卷3,4页。7、11《睡甲》31页。8、9、10《篆隶表》146页。

形声字。从言,午声。《说文》:"許,听也。"本义为听从、允许。这个意义一直延续到现代汉语。"许国"、"许氏"的"许"古文字中作"鄦"或"䜲","许"是假借用法。(李守奎)

諾(诺) nuò 泥纽、铎部;泥纽、铎韵、奴各切。

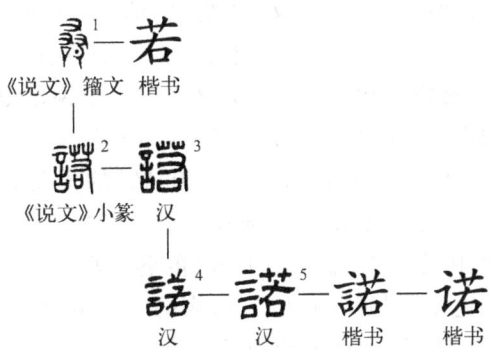

1《说文》127页。2《说文》51页。3《汉印徵》卷3,4页。4、5《篆隶表》147页。

形声字。《说文》:"諾,䜭也。从言,若声。""䜭"即答应之"应"字,本义是顺从、答应。《说文》卷六叒部"叒"的籀文应当是这个字的本字,它是由商周古文字"叒"分化出来的一个字,本像以手理发,使其通顺之形,用来表达"顺"义。加"口"就是"若",表示"答应"。刘心源所谓"若即诺之古文"是有道理的。"若"形体讹变,本像两手理发的形体在秦文字中变成了"艹"字头和一只手——"又",《说文》误置卷一"艹"部,训为"择菜",这是不对的。但其音读无疑是正确的。既然文字讹变到如此程度,在"若"前加上"言"旁以表示"若"的本义就非常容易理解了。从艹、从右的"若"仅见于战国晚期的秦文字,"诺"的出现会更晚一些,有可能是个"汉篆"。(李守奎)

讎(雠) chóu 禅纽、幽部;禅纽、尤韵、市流切。

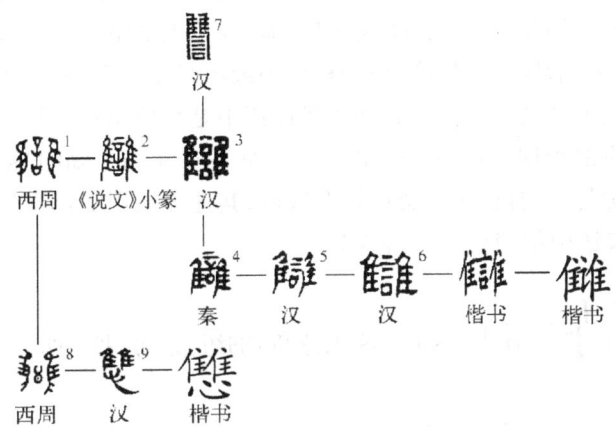

1、8《金文编》139页。2《说文》51页。3、7《汉印徵》卷3,4页。4、5、6、9《篆隶表》147页。

形声字。《说文》:"讎,犹䜭也。从言,雠声。""雠"

言部

当是在"雔"上添加声旁分化出的一个形声字。"雔"像二鸟相对，故有双鸟义、匹配义。清徐灝《说文解字注笺·雔部》引申为凡相当之称。雔敌、雔答、雔校皆此义也。贸易物与价相当，亦谓之雔。"这个说法是可信的。后加"言"分担"雔"的"雔答"、"应对"义，《说文》以"䜋"（即"答应之"应"的本字"）为"雔"的本义是对的。"讎"与"雔"音、义相通，逐渐侵占了"雔"的其他意义领域，最终取代了"雔"。文献中"雔"的各义项基本上都用"讎"表达了。"讎"有从心、雔声的一个异体，从西周时候就出现了，一直延续到了汉代，使用时间很长。汉以后消亡。（李守奎）

諸（诸） zhū 章纽、鱼部；章纽、鱼韵、章鱼切。

1、4、5、6《篆隶表》147页。2《说文》51页。3《汉印徵》卷3，4页。

形声字。从言，者声。"诸"是从"者"分化出的一个形声字，西周金文中"者侯"即"诸侯"，"者"、"诸"义也相通。《说文》："者，别事词也。"又："诸，辩也。"朱骏声以为所谓"别事词"也就是"辩词"，是有道理的。《礼记·郊特牲》："不知神之所在于彼乎？于此乎？或诸远人乎？"其中的"诸"就相当于"别事词"者"。"者"、"诸"原本一字异体，后来异体分化，各表其义，语音也渐渐发生变化，就成了形、音、义各异的两个字了。"诸"形体出现较晚，现知材料中最早只见于秦陶、秦诏版等秦文字中。"诸"在古代汉语中是个使用频率很高的常用词，意义众多。其中众多义还在我们熟知的"诸侯"、"诸位"等词语中留有残迹，其他虚词用法在现代汉语中都消失了。（李守奎）

詩（诗） shī 书纽、之部；书纽、之韵、书之切。

1《战文编》136页。2《说文》51页。3《汉印徵》卷3，4页。4、5《篆隶表》148页。

形声字。从言，寺声。《说文》："詩，志也。"思想与情感在"心"则为"志"，在"言"则为"诗"。"诗"与"志"音、义皆通。"诗"字最早见于战国楚简。《说文》小篆当系秦文字的写法。虽然就现已公布的材料尚未见到战国秦"诗"字，但我们相信随着材料的日益丰富，它迟早会出现的。"诗"的形体和意义在汉代以后一直比较稳定，没有太大的变化。（李守奎）

讖（谶） chèn 清纽、侵部；初纽、心韵、楚谮切。

1《说文》51页。2、3《篆隶表》148页。

形声字。从言，韱声。"谶"的本义是"征验"，引申为谈论预言、征验的书籍。《文选·左思〈魏都赋〉》："藏气讖纬，闷象竹帛。"吕向注："谶，谶书，预言王者之兴亡也。""谶"字有可能是个"汉篆"。"韱"旁见于秦简，出现较晚。汉代谶纬之学盛行，造出"谶"字是自然的。《正字通》所收"谶"的俗字"讖"，在魏晋时期就已经出现了。（李守奎）

諷（讽） fěng 帮纽、侵部；非纽、送韵、方凤切。

1《说文》51页。2《篆隶表》148页。

形声字。从言，風声。《说文》："諷，诵也。""讽诵"即背诵、朗读。《周礼·春官·大司乐》："以乐语教国事，兴道讽诵言语。"郑玄注："倍文曰讽，以声节之曰诵。"段玉裁注郑玄文云："倍同背，谓不开读也。诵则非直背文，又为吟咏以声节之。《周礼》经注析言之，讽、诵是二；许统言之，讽、诵是一也。"综上所述，"讽"是与"诵"有所区别的背诵方法："讽"是不打开书卷，背诵记忆，"诵"则是带有一定腔调的高声朗读。"讽"字出现较晚，尚未发现先秦古文字形体。（李守奎）

誦(诵) sòng　邪纽、东部；邪纽、同韵、似用切。

𧦝—誦—誦—誦—誦—诵
秦　《说文》小篆　汉　汉　楷书　楷书

1、3、4《篆隶表》148页。2《说文》51页。

形声字。从言，甬声。《说文》以"诵"与"讽"互训。本义为朗诵，是带有腔调的一种读法(详见"讽"字条)。这一意义一直沿袭至今，如"诵诗会"、"朗诵"、"吟诵"中的"诵"依旧是本义。"诵"早见于秦之峄山碑，隶变以后，形体一直比较稳定。(李守奎)

讀(读) dú　定纽、屋部；定纽、屋韵、徒谷切。

讀—讀—讀—讀—读
《说文》小篆　汉　三国魏　楷书　楷书

1《说文》51页。2、3《篆隶表》149页。

形声字。从言，賣声。"賣"音 yù，与"买卖"之"卖"同形，但不是一个字。《说文》："读，诵书也。""读"的本义就相当于现在的"阅读理解"。《史记·十二诸侯表》："太史公读春秋《历》、《谱》、《谍》至周厉王，未尝不废书而叹也。""读"、"讽"、"诵"泛指诵读时意义相同。三者又有所区别。相对而言，"读"的语义侧重理解，"讽"的语义侧重背诵，"诵"的语义侧重节奏腔调，"读"形体出现较晚，未见先秦古文字形体。(李守奎)

音 yì　影纽、职部；影纽、职韵、於力切。

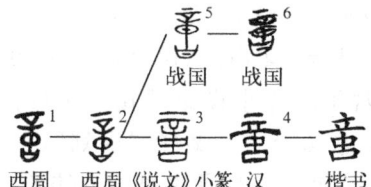
西周　西周《说文》小篆　汉　楷书　战国　战国

1、2、5《金文编》139~140页。3《说文》51页。4《篆隶表》149页。6《战文编》136页。

指事字。"音"当是在"言"上加指事符号"口"，表示言中之意。林义光很早就在《文源》中指出该字"从言，口以示言中意，当与意同字"。《说文》："音，快也。从言，从中。"不易理解。"音"在传世典籍中很少使用，但在出土文献中自西周至汉魏一直沿用不辍。除人名之外，我们把这些用例的意义和用法归纳为：一通"意"。郭店楚墓竹简《语丛三》第64号简"亡音亡古"，即《论语·子罕》所言"毋意"与"毋固"。《上海博物馆藏战国楚竹书(五)·鬼神之明》第4号简："其力能至焉而弗为乎？吾弗知也；音其力不能至焉乎？吾亦弗知也。"二通"億"。墙盘："渊哲康王，分尹音疆。"裘锡圭先生读"音疆"为"億疆"，意为"巩固周疆"。君命瓜壶："祈无疆，至于万音年。"司隶校尉鲁峻碑："永传音龄，晚矣旳旳。"《说文》："音，快也。从言，从中"，文献无征。"音"与"意"、"意"当并为一字异体。《说文》："意，满也。从心，音声。一曰十万曰意。㥸，籀文省。"《说文·心部》又有"意"字："意，从心察言而知意也。从心，从音。"综理这些材料，"音"、"意"、"意"、"意"字形上都与"言"有联系，音读相同，意义上都是言中有意、察言知意。前人以为并为一字的意见是非常有道理的。上列出土文献中的例证是很好的证明。文献中之所以很少用例，是因为以"意"代之的缘故。"十万曰意"的"意"是假借用法，典籍作"億"，今简化为"亿"。(李守奎)

訓(训) xùn　晓纽、文部；晓纽、问韵、许运切。

訓—訓—訓—訓—訓—训
战国　秦　《说文》小篆　汉　楷书　楷书

訓—訓
战国　战国

1、5、6《战文编》136页。2、4《篆隶表》149页。3《说文》51页。

形声字。从言，川声。《说文》："訓，说教也。"训的本义是教导、教诲。《左传·桓公十三年》："训诸司以德。""训"在楚简、楚玺中屡见，"川"旁多省作"丨"，异体较多，辞例中大都读"顺"。隶、楷的"顺"字源自秦文字。楚国"训"字的各种写法在秦始皇统一文字过程中都消亡了。"训"的词义本来可以是以德训导，也可以是对不德之训斥。现代汉语中"训"单独使用，基本义已经缩小为"训斥"。(李守奎)

誨(诲) huì　晓纽、之部；晓纽、队韵、荒内切。

誨—誨—誨—誨—誨—誨—诲
西周　西周　春秋《说文》小篆　汉　楷书　楷书

1、2、3《金文编》140页。4《说文》51页。5、6《篆隶表》149页。

形声字。从言，每声。"诲"与"谋"古本一字，《说文》"谋"的古文"𢈻"在楚简中，既可以读"谋"，又可以读"诲"。"母"、"每"、"某"都是明纽、之部字,用作表意偏旁时作用相同。西周墙盘中的"字诲"读为"讦谋",王孙钟"诲猷"读为"谋猷",皆可证"诲"、"谋"古本一字。《说文》训"诲"为"晓教也",义即今之教诲,当是"诲"的另一义,音随义转,"诲"的声读也从明纽转入晓纽,"诲"、"谋"二字也就由异体分化为音、义各别的二字了。(李守奎)

譬 pì 滂纽、锡部;滂纽、霁韵、匹赐切。

譬¹—譬
《说文》小篆　楷书

1《说文》51页。

形声字。从言,辟声。《说文》:"譬,谕也。"意思就是打比方。"譬"在先秦典籍中是个常用字,常与"如"连言,如《左传·襄公十四年》"譬如捕鹿"、《襄公三十一年》"譬如田猎"、《昭公元年》"譬如农夫"等等。但在出土古文字材料中,未见"譬"字。马王堆汉墓帛书《五行》"弗辟也,辟则知之矣"中的二"辟"读作"譬",知"譬"是在假借字上加义符分化出的一个形声字。此字出现不会早于战国,《左传》等先秦典籍中的"譬"当是秦汉以后古籍整理者的转写。(李守奎)

諭(谕) yù 喻纽、侯部;以纽、遇韵、羊戍切。

諭¹—諭²—諭³—諭⁴—諭⁵—諭—谕
春秋　战国《说文》小篆　汉　汉　楷书　楷书

1《汉语字形表》88页。2《战文编》137页。
3《说文》51页。4《汉印徵》卷3,4页。5《篆隶表》149页。

形声字。从言,俞声。《说文》:"諭,告也。"段玉裁注:"凡晓谕人者,皆举其所易明也。"告诉他人使其明白是"谕"。《淮南子·氾论》:"教寡人以道者击鼓,谕寡人以义者击钟,告寡人以事者振铎。"因人之言而明白也是"谕"。《荀子·儒效》:"其言多当矣,而未谕也。"晓喻他人的办法是打比方,因而"谕"又有比喻义。其异体作"喻",今"喻"字通行而"谕"废。"谕"字三晋的写法与小篆有所不同,汉代的篆、隶当别有秦文字的源头。(李守奎)

諄(谆) zhūn 章纽、文部;章纽、谆韵、章伦切。

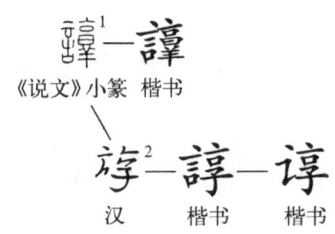
諄¹—諄
《说文》小篆　楷书

諄²—諄—谆
汉　楷书　楷书

1《说文》51页。2《篆隶表》149页。

形声字。从言,享声。《说文》:"諄,告晓之孰也。"义即诲人不倦的样子。典籍中常"谆谆"连言,用作形容词。《诗·大雅·抑》"诲尔谆谆",成语"谆谆教诲"即由此化出。"谆"所从的声旁"享"来源甚古,汉代草书已与"享受"的"享"相混,楷书当是由草书简化而来。《集韵》和《正字通》所收的两个"谆"字是《说文》篆文的隶定。(李守奎)

謀(谋) móu 明纽、之部;明纽、尤韵、莫浮切。

謀¹—謀²—謀³—謀⁴—謀⁵—謀—谋
战国《说文》小篆　秦　汉　汉　楷书　楷书

謀⁶—謀⁷
汉　汉

⁸
战国

⁹—⁰¹—ⁱ¹¹
《说文》古文　汉　楷书
战国

1《汉语字形表》89页。2、10《说文》52页。
3《睡甲》31页。4—7《篆隶表》150页。8《金文编》140页。9《战文编》137页。11《篆隶表》762页。

形声字。从言,某声。《说文》:"谋,虑难曰谋。"《易·讼》:"君子以作事谋始。"孔颖达疏:"凡欲兴作其事,先须谋虑其始。""谋"的"谋划"这一基本义一直延续到今。"谋"字汉、魏隶楷的直接源头是秦国古隶而不是小篆。"谋"字或体作"恖",从心,母声。战国中山王鼎与楚简中的"恖"皆读"谋",可证《集韵·侯韵》"谋,或作恖"之说不诬。"恖"字汉代尚在使用,《说文》古文当是传抄之讹。(李守奎)

謨(谟) mó 明纽、鱼部;明纽、模韵、莫胡切。

謨(谟)

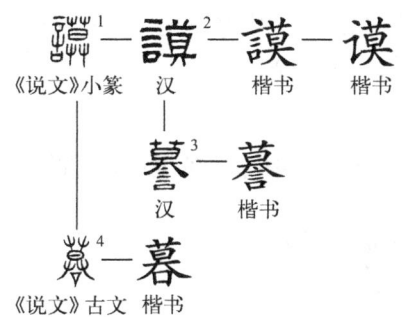

1、4《说文》52页。2、3《篆隶表》150页。

形声字。从言，莫声。"谟"与"谋"通。《说文》："谟，议谋也。"《书·皋陶谟》："允迪厥德，谟明弼谐。"孔传："谟，谋也。"墙盘"宇诲"读为"訏谟"，即典籍之"訏谟"。"谋划"是"谟"的常用义。《说文·言部》的形声字，从现知出土材料看，大部分是战国秦汉时期兴起的，"谟"的出现也不会太早。《玉篇·言部》所收或体"暮"是碑刻异文。《说文》古文"暮"见于后世字书，但出土战国文字材料中尚未发现。（李守奎）

訪(访) fǎng

滂纽、阳部；敷纽、漾韵、敷亮切。

1《说文》52页。2《篆隶表》150页。

形声字。从言，方声。《说文》："汎谋曰访。"也就是广泛地征求意见，咨询对策。《书·洪范》："唯十有三祀，王访于箕子。"箕子是商之遗老，不是周的官员，正合"泛谋"之义。蔡传云："访，就而问之。"这是"访"的另一语义特征。因是广泛咨询，常常是到被访者那里去听取意见。后咨询义淡化，"访"就成了"拜访"、"探访"义了。"访"字未见先秦古文字形体。（李守奎）

諏(诹) zōu

精纽、侯部；精纽、虞韵、子于切。

1《说文》52页。2《篆隶表》150页。

形声字。从言，取声。《说文》："诹，聚谋也。""聚"是声训，与"汎谋曰访"中的"汎"是同一体例。"诹"的本义就是咨询。《诗·小雅·皇皇者华》："载驰载驱，周爰咨诹。"毛传："访问于善为咨，咨事为诹。""诹"、"访"、"咨"、"询"等均是同义词。（李守奎）

論(论)

lùn 来纽、文部；来纽、慁魂、庐困切。

lún 来纽、文部；来纽、魂韵、庐昆切。

1《说文》52页。2《汉印徵》卷3,4页。3《睡甲》31页。4、5《篆隶表》151页。

形声字。从言，侖声。《说文》："論，议也。"段玉裁注："凡言语循其理、得其宜，谓之论。""论"和"议"都是对是非好坏的评说判断，但"论"侧重于分析、推理。"论"是从"仑"分化出的形声字。中山王鼎"仑其惠(德)，眚(省)其行"中的"仑"就读为"论"。从"仑"声的字多有条理、层次义。"论"源自"仑"当无可疑。"论"仅见于秦汉文字，出现不会太早。（李守奎）

議(议) yì

疑纽、歌部；疑纽、寘韵、宜寄切。

1《说文》52页。2《汉印徵》卷3,5页。3、4《睡甲》31页。5、6《篆隶表》151页。

形声字。从言，义声。讨论事情是否适宜为"议"。"议"是从"义"分化出的形声字。《吕氏春秋·怀宠》："士之议也，非苟语也，必中理然后说，当义然后议。""议"字的古隶写法不仅出现在战国秦简，而且也出现在秦印中，说明隶书在秦十分通行。（李守奎）

訂(订) dìng

定纽、耕部；定纽、迥韵、徒鼎切。

1《说文》52页。

形声字。从言，丁声。《说文》："訂，平议也。""平议"即"评议"，是经过多方协商后的论定。汉王充《论衡·案书》："两刃相割，利钝乃知；二论相订，是非乃见。""订"的语义特征是论定是非，引申之，就成了订正

谬误,"订正"、"考订"等词语中的"订"均是此义。(李守奎)

詳(详) xiáng 邪纽、阳部;邪纽、阳韵、似羊切。

形声字。从言,羊声。《说文》:"详,审议也。"即全面、详细地议论、述说。《诗·鄘风·墙有茨》:"中冓之言,不可详也。"意即不可一一细说。"详"最初是动词,变成形容词后表示全面详尽之义。(李守奎)

諦(谛) dì 端纽、锡部;端纽、霁韵、都计切。

形声字。从言,帝声。《说文》:"谛,审也。"《关尹子·九药》:"谛毫末者不见天地之大,审小(音)者不闻雷霆之声。""谛"与"审"错综同义。《方言》卷六:"谛,审也……秦晋曰谛"。可知"谛"与"审"是方言与通语的区别,都是细察、详审的意思。先秦出土文献中未见"谛"字。(李守奎)

識(识) shí 书纽、职部;书纽、职韵、赏职切。

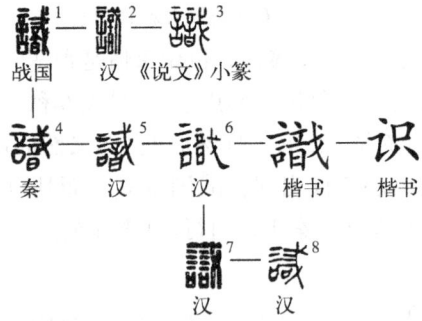

1《战文编》138页。2、7《汉印徵》卷3,5页。3《说文》52页。4《睡甲》32页。5、6、8《篆隶表》151页。

形声字。简化字"识"是用替换声符的方法构成的新形声字。《说文》:"常也,一曰知也。从言,戠声。""識"是"戠"加意符分化出的形声字。包山楚简中"戠"字屡见,大都读为"识(zhì)",义为识记、记录。杨树达《积微居小学述林》:"识字依事之先后分三义:最先为记识,一也,认识次之,二也,最后为知识,三也。记识、认识皆动作也,知识则为名物矣。余谓识字当以记识为本义。"证以出土文献,杨说可信。(李守奎)

訊(讯) xùn 心纽、真部;心纽、震韵、息晋切。

1《甲文编》477页。2《甲骨文字典》222页。3、4《金文编》141页。5《说文》52页。6《汉印徵》卷3,5页。7、8《睡甲》32页。9《篆隶表》152页。

会意字。早期甲骨文像一人反缚其手,临之以口,会审讯之义。晚期甲骨文在反缚的双手上加上绳索,缚义更为突出。甲骨文辞例多用其本义。西周金文沿袭甲骨文晚期形体,常用辞例是"折首执讯",义即杀敌砍首和活捉俘房,与典籍中的"执讯获丑"用法相同。西周金文有的"讯"字形体下面似从"女",其实是趾形的上移讹变。李孝定认为秦汉"讯"字是反缚的人形伪变为"丮"、"丮"又伪变为"卂"而来,可备一说。就秦、汉文字系统来说,《说文》以"讯"为"从言,卂声"是正确的。不然,我们就无法解释"汛"、"迅"等字的结构了。(李守奎)

謹(谨) jǐn 见纽、文部;见纽、隐韵、居隐切。

1《战文编》138页。2《说文》52页。3《汉印徵》卷3,5页。4《睡甲》32页。5、6《篆隶表》152页。

形声字。从言,堇声。《说文》:"谨,慎也。""谨"的本义一直沿用至今。其字形从秦古隶到汉隶一脉相承。小篆在汉代已成为美术体。战国三晋的异体写法在"书同文"的政令下早已消亡了。(李守奎)

諶(谌) chén 禅纽、侵部；禅纽、侵韵、氏任切。

西周　《说文》小篆　汉　　楷书　　楷书

1《金文编》141页。2《说文》52页。3《篆隶表》152页。

形声字。从言，甚声。《说文》："諶，诚谛也。"《诗·大雅·荡》："天生丞民，其命匪谌。靡不有初，鲜克有终。"毛传："谌，信也。"引申为"相信"。《书·咸有一德》："呜呼！天难谌，命靡常。"孔传："以其无常，故难信。""谌"与"忱"、"忱"音同义同，典籍互作，当是一字异体。王筠以为"三字不必别也"是对的。（李守奎）

信 xìn 心纽、真部；心纽、震韵、息晋切。

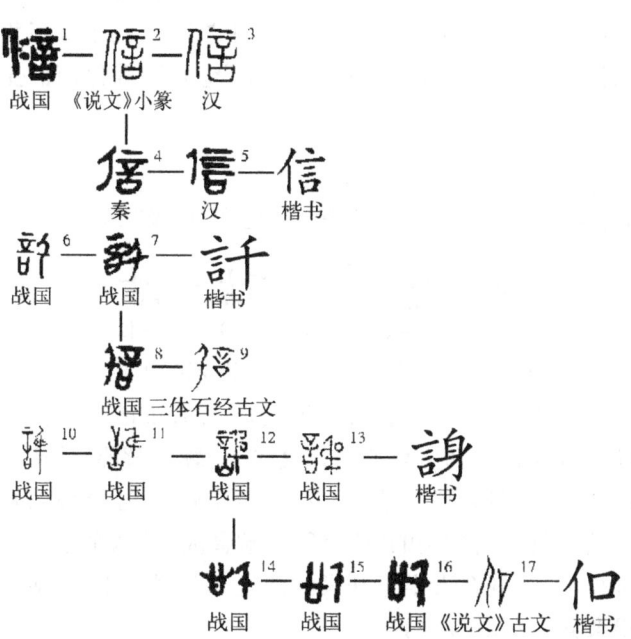

战国　《说文》小篆　汉　　　秦　　汉　　楷书　　战国　战国　楷书　　战国 三体石经古文　　战国　战国　战国　战国　楷书　　战国　战国　战国《说文》古文　楷书

1、6、7、8、10-16《战文编》138～139页。2、17《说文》52页。3、5《篆隶表》152～153页。4《睡甲》32页。9《汉语字形表》90页。

会意兼形声字。秦汉文字从人、言，或仁、言，会人言可信之意，人(仁)亦声。"信"字是战国时代使用频率极高的一个字，地域差别很大，六国文字各有特点。楚国"訐"从言，千声；三晋和燕国"䚯"从言，身声；齐国本作"忻"（与《说文》小篆"忻"不是一字），后变为"伆"，是《说文》古文所本。《说文》别有古文"㐰"，出土古文字尚无征。"信"字在战国时代大量用于人名、封君名，还作为吉语铭刻在印章中，可以看出在那个说客遍地、诈伪横行的时代，人们内心对诚信的渴望。"信"本是一个形声字，从"千"声，或从"身"声。秦文字从"人"或"仁"声，可能孕含着对人言诚信的期望。所谓人言为信，不是说人言必诚信，更不是人言必可信，而是期望人言诚信，期望可信人言。这或许是造字者的初衷，也可能像"止戈为武"一样，是后人借字发挥、表达自己的思想罢了。（李守奎）

誠(诚) chéng 禅纽、耕部；禅纽、清韵、是征切。

战国《说文》小篆　汉

秦　　汉　　楷书　　楷书

1《战文编》139页。2《说文》52页。3《汉印徵》卷3，5页。4《睡甲》32页。5《篆隶表》153页。

形声字。从言，成声。《说文》："誠，信也。"《易·乾》："闲邪存其诚。"孔颖达疏："言防闲邪恶，当自存其真实也。""诚"的本义现在还常用，"诚信"、"诚实"、"诚心诚意"等词语中的"诚"皆是。（李守奎）

誡(诫) jiè 见纽、职部；见纽、怪韵、古拜切。

《说文》小篆　汉　　楷书　　楷书

1《说文》52页。2《篆隶表》153页。

形声字。从言，戒声。《说文》："誡，敕也。"也就是以言语警示他人，使人有所警戒。《史记·魏公子列传》："公子恐其怒之，乃诫门下：'有敢为魏王使通者，死。'""诫"就是警告之义。"诫"也可分析为从言、从戒，戒亦声的会意兼形声字。（李守奎）

諱(讳) huì 晓纽、微部；晓纽、未韵、许贵切。

春秋　春秋《说文》小篆　汉　　楷书　　楷书

汉　　汉　　汉

1《金文编》142页。2《汉语字形表》90页。3《说文》52页。4-7《篆隶表》154页。

形声字。从言，韦声。《说文》："諱，忌也。"对于不便明说的有所避忌。古人讳名、讳字、讳老、讳死等等，忌讳的事情很多。《左传·昭公十六年》："十六年春王正月，公在晋，晋人止公。不书，讳之也。"这是对耻辱之事的避忌隐讳。需要忌讳的事物也叫"讳"。《礼记·曲礼上》："入竟（境）而问禁，入国而问俗，入门而问讳。"讳尊者名等是为了表敬意，讳言死亡是为了避凶，讳曲多是为了遮羞。"讳疾忌医"之"讳"、"讳恶不悛"之"讳"，已是刻意隐瞒，远离"讳"的初意了。（李守奎）

誥（诰）gào   见纽、觉部；见纽、号韵、古到切。

1、6《战文编》139页。2《说文》52页。3《篆隶表》154页。4、5《金文编》163页。7《汗简》6页。

形声字。从言，告声。《说文》："誥，告也。""诰"最初就是"告诉"的意思。《书·太甲下》："伊尹申诰于王曰：'呜呼！惟天无亲，克敬惟亲。'"伊尹的地位显然比王低，后来才特指上对下的诰令、诰诫。"诰"在古文字中多写作"𧨝"，从言，収声，其用例自西周到战国习见。"诰"取代"𧨝"当在战国以后，二字是不同时代的异体字。（李守奎）

詔（诏）zhào   章纽、宵部；章纽、笑韵、之少切。

1《四版校补》23页。2、4、5、6《篆隶表》154页。3《说文》52页。

形声字。从言，召声。《说文》："詔，告也。"《礼记·曲礼下》："去国三世，爵禄有列于朝，出入有诏于国。若兄弟宗族犹存，则反告于宗后。"郑玄注："诏，告也。谓与卿大夫吉凶往来相赴告。""诏"的初义是告知、告诫。秦以后规定"命为制，令为诏"，诏才特指皇帝下达的命令。"诏"字先秦仅见于秦文字。（李守奎）

誓 shì   禅纽、月部；禅纽、祭韵、时制切。

1、2《金文编》142页。3《说文》52页。4《篆隶表》154页。

形声字。从言，折声。《说文》："誓，约束也。"《书·牧誓》："称尔戈，比尔干，立尔矛，予其誓。"这里的"誓"是指军中发布有关告诫、约束将士的号令。"誓天指日"、"誓死不贰"中的"誓"，都是指立誓、发誓，用以约束立誓者的行为。"信誓旦旦"中的"誓"就是指誓言了。"誓"所从的声符"折"，本从"斤"斫断艸（草）形。西周金文两个"屮"已连在一起，有的字形下面的"屮"和"言"旁的上部还共用偏旁，都已有所简化。楷书的"折"旁是因简化而讹变的结果。（李守奎）

詁（诂）gǔ   见纽、鱼部；见纽、姥韵、公户切。

1、2《战文编》140页。3《说文》52页。

形声字。从言，古声。《说文》："詁，训故言也。"也就是以今言解释古代的语言文字。孔颖达解释《毛诗诂训传》中的"诂"说："诂者，古也。古今异言，通之使人知也。"把"诂"所常用的"故言"和"解释故言"两个常用义都说明了。现在大学里开设的课程"训诂学"中的"诂"，沿袭其本义。（李守奎）

藹（蔼）ǎi   影纽、月部；影纽、泰韵、於盖切。

1《说文》52页。2《汉印徵》卷3，5页。

形声字。从言，葛声。《说文》："藹，臣尽力之美。从言，葛声。《诗》曰：'藹藹王多吉士。'"毛传："藹藹，犹济济也。"《尔雅·释训》："藹藹、萋萋，臣尽力也。""藹藹"是叠音摹状形容词，即使《诗·大雅·卷阿》中的"藹藹"如字书所说是形容"臣尽力"的样子，也未必用的就是本义。"藹"也可能是从艸，谒声。"藹"与"谒"都是影纽、月部字,以"谒"为声符完全合适。其本义当是表"繁茂"的一个形声字。《楚辞·九辩》:"离芳蔼之方壮兮,余萎约而悲秋。"洪兴祖补注:"蔼,繁茂也。"晋陆机《文赋》:"虽纷蔼于此世,嗟不盈于予掬。""纷蔼"连言,义为繁多。《诗·大雅·卷阿》:"蔼蔼王多吉士,维君子使,媚于天子。""蔼蔼"也以形容多更易理解。以上推论,未敢言必。分析"蔼"字形义,姑以《说文》为正。此字在现今的字书中归入艸部。(李守奎)

谞(谞) xū　心纽、鱼部;心纽、语韵、心吕切。

谞¹—谞—谞
《说文》小篆　楷书　楷书

1《说文》52页。

形声字。从言,胥声。《说文》:"谞,知也。""知"通"智"。晋陆机《辩亡论上》:"谋无遗谞,举不失策。""谞"与"心"部的"惛"同训为"知",当是一字异体,都是"胥"的分化字。《周礼·天官》:"胥十有二人。"郑玄注:"胥读为谞,谓其有才知,为什长。"又《诗·小雅·桑扈》:"君子乐胥。"郑玄笺:"胥,有才知之名也。"可见这个字先秦作"胥",后代才分化出"谞"和"惛"。楚玺有"証"字,或释为《说文》的"谞",可备一说。(李守奎)

証(证) zhèng　章纽、耕部;章纽、劲韵、之盛切。

証¹—証—证
《说文》小篆　楷书　楷书

1《说文》52页。

会意兼形声字。从言,从正,正亦声。本义是"谏正"。《说文》:"証,谏也。"也就是当处于尊上之位的人言行有所偏离正道时,以语言劝谏使之归于正,套用声训的方式就是"証,正也,言之使正也"。《战国策·齐策一》:"齐貌辨为人也多疵,门人弗说。士尉以証靖郭君,靖郭君不听。"高诱注:"証,谏也。""証"与"證"本不同字,"證"才是现在"证明"、"证据"的"证"。因其音近,"証"又用作"證",使二字相混。现行简化字以"证"为"證"的简化字,使得"証"的本义更为隐晦不显了。(李守奎)

諫(谏) jiàn　见纽、元部;见纽、谏韵、古晏切。

諫¹—諫³—諫⁴—諫—谏
　西周　春秋　《说文》小篆　楷书　楷书

諫²　　　諫⁵—諫⁶—諫⁷
西周　　　战国　汉　汉

1、2、3《金文编》142页。4《说文》52页。5《战文编》140页。6、7《篆隶表》155页。

形声字。从言,柬声。西周金文"言"旁和"柬"旁左右位置不定。自战国始,所从"柬"旁多简写得与"東"相混。"谏"与"証"同义,都是以正道规劝,以正人之邪曲、过错。《说文》:"諫,証也。"《周礼·地官·保氏》:"保氏掌谏王恶。"郑玄注:"谏者,以礼义正之。""谏"在古代是个常用字,它的构词功能也非常强。在君权至上的古代政治体制中,"谏"艰难地承担起阻止君上犯错误的重任,所以谏官、谏术、谏事也就不绝于史了。(李守奎)

諗(谂) shěn　书纽、侵部;书纽、寝韵、式任切。

諗¹—諗—谂
《说文》小篆　楷书　楷书

1《说文》52页。

形声字。从言,念声。《说文》:"諗,深谏也。"所谓"深谏",依清人之说,是指委婉劝谏,言人之所不能言。《诗·小雅·四牡》:"岂不怀归,是用作歌,将母来谂。"王筠曰"谓以养母之意,款曲言之,言贤君可以私情告也。"段玉裁的意见与此类似。此说甚迂曲,未必近实。《左传·闵公二年》:"昔辛伯谂周桓公,云:'内宠并后,外宠二政,嬖子配嫡,大都耦国,乱之本也。'"这里的"谂"显然是直言规劝义。要之,"谂"有劝谏义,与"証"、"谏"、"诤"等构成同义词,它与其他同义词的区别尚不很清楚。(李守奎)

課(课) kè　溪纽、歌部;溪纽、过韵、苦卧切。

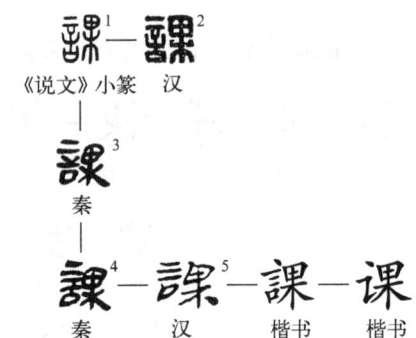

1《说文》52页。2《汉印徵》卷3,5页。3、4《睡甲》32页。4《篆隶表》155页。

形声字。从言,果声。《说文》:"课,试也。"也就是检测考核的意思。《管子·七法》:"成器不课不用,不试不藏。"(兵器制成后,未经检测不使用,未经试用不收藏)《管子·明法》:"故明主以法案其言而求其实,以官任其身而课其功。"是说贤明的君主依据官的职责选任吏员,考核其成就。"课"的语义主要是检测、考核。"课"的"考试评定"、"计算"等义都与此义有关。现在常用的"功课"、"课程"的"课"也是由其初义逐渐引申而来的,只是引申的环节太多,不易被我们认识到罢了。(李守奎)

試(试) shì 书纽、职部;书纽、志韵、书志切。

1《说文》52页。2《汉印徵》卷3,5页。3、4、5《篆隶表》32页。

形声字。从言,式声。《说文》:"试,用也。"《诗·小雅·大东》:"私人之子,百僚是试。"毛传:"是试,用于百官也。""试"有检验、考核义。《书·尧典》:"敷奏以言,明试以功,车服以庸。"《说文》"课"与"试"互训,当是在这一意义上同义。"试"、"课"与"用"当属因果关系,课试合格就可以试用。"考试"是同义词并列,即考核检测的意思。(李守奎)

䚻(谣) yáo 喻纽、宵部;以纽、宵韵、余昭切。

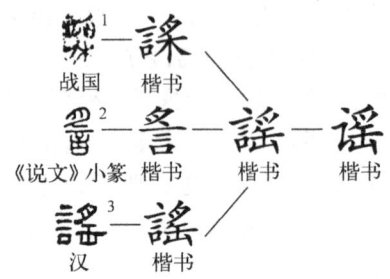

1《战文编》141页。2《说文》52页。3《篆隶表》155页。

形声字。从言,肉声(依段玉裁说)。《说文》:"䚻,徒歌也。"有乐伴奏的是"歌",无乐伴奏、徒口清唱的是"䚻"。《汉书·五行志》:"女童䚻曰:'檿弧箕服。'"典籍中多作"谣"。"䚻"、"谣"是异体字,现在"谣"行而"䚻"废。"䚻"的字形来源很复杂。《说文》卷十二有"繇"字,本是从言、䍃声的形声字,《说文》误以为从"系"、"䚻"声。"䍃"的象形初文几经讹变、简化,或讹作"系",或讹作楚简中的"𣎵"。我们怀疑"䚻"就是"繇"的省形。所谓的"肉"实际上应该是"䍃"字象形初文的省声。"繇"、"䚻"、"谣"可以看作不同时代的异体字。至于"繇"之训为"随从",当是假借义。(李守奎)

詮(诠) quán 清纽、元部;清纽、仙韵、此缘切。

1《说文》53页。

形声字。从言,全声。《说文》:"诠,具也。"意思是详尽地解释。《淮南子·要略》:"差择微言之眇,诠以至理之文。""诠释"、"诠解"等词语中的"诠"都是"解释"的意思。杨树达《词诠》的书名,也是取义对虚词的详细解释。(李守奎)

訢(䜣) xīn 晓纽、文部;晓纽、殷韵、许斤切。

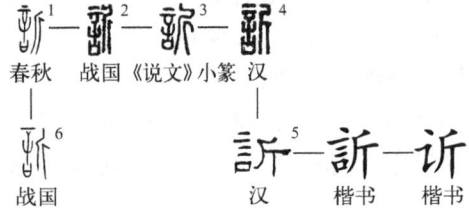

1、6《金文编》143页。2《战文编》141页。3《说文》53页。4《汉印徵》卷3,5页。5《篆隶表》155页。

形声字。从言,斤声。《说文》:"訢,喜也。"《说文·欠部》有"欣"字,音、义与"訢"全同,当是一字异写。《庄子·大宗师》:"古之真人,不知说生,不知恶死,其出不訢,其入不距。"王先谦集解引李颐云:"欣出则营生,拒入则恶死。"表示高兴的意思,典籍以用"欣"为常,"訢"用例较少。(孙伟龙)

説(说)

yuè　喻纽、月部;以纽、薛韵、弋雪切。
shuō　书纽、月部;书纽、薛韵、失爇切。
shuì　书纽、月部;书纽、祭韵、舒芮切。

1、2《战文编》141页。3《说文》53页。4《汉印徵》卷3,5页。5《睡甲》32页。6、7《篆隶表》156页。

会意兼形声字。从言,从兑,兑亦声。《说文》:"说,说释也。"段玉裁注:"说释,即悦怿。""说"字从"兑","兑"字有"悦"意。"悦"字不见于《说文》,为"说"之后起分化字,音yuè。"说"又义为向他人陈述、解说。《说文》:"一曰谈说。"杨树达《释说》:"谈说者,说之始义也。"《诗·卫风·氓》:"士之耽兮,犹可说也;女之耽兮,不可说也。""说"又可用作名词,即为"学说",音shuō。《史记·甘茂传》:"学百家之说。"引申为说服别人接纳自己的意见,音shuì。《三国志·魏书·郭嘉传》:"太祖欲引军还,嘉说太祖急攻之。"其字形序列中,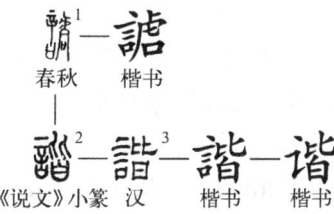为战国楚系字,形体稍异于他形。(孙伟龙)

計(计)

jì　见纽、质部;见纽、霁韵、古诣切。

1《说文》53页。2《汉印徵》卷3,6页。3《睡甲》32页。4、5《篆隶表》156页。6《战文编》141页。

会意字。从言,从十。"十"代表数字,会计算、合计意。在其众字形中,凯、副所从之"十",为玺印中的复古写法。"十"甲骨文作"丨",西周金文作"丨",在古文字形体演变中竖画上所加饰点常演变为横,故至战国时期"十"遂成"十"形。凯为战国楚系文字,所从之"言"旁,亦较为特殊。战国时期楚、三晋玺印中,"言"有(《战国文字编》134页)、(《战国文字编》139页"信"字所从之偏旁)诸形,与此类似。这种形体是"言"省去竖画的特殊形体。《说文》:"計,会也,算也。"段玉裁注:"会,合也。算,当作算,数也。"《左传·昭公三十二年》:"己丑,士弥牟营成周,计丈数,揣高卑。"又引申出计算利害得失之"计"。《战国策·赵策四》:"父母之爱子,则为之计深远。"此引申义若用为名词,即为"计策"之"计"。《战国策·齐策四》:"孟尝君为相数十年,无纤介之祸者,冯谖之计也。"(孙伟龙)

諧(谐)

xié　匣纽、脂部;匣纽、皆韵、户皆切。

1《金文编》143页。2《说文》53页。3《篆隶表》156页。

形声字。从言,皆声。諧所从的声旁在战国时还经常单独使用。中山王器、郭店楚简中都有与此形接近的文字,在文例中都读为"皆",应是"皆"字异体。《说文》:"諧,詥也。"《玉篇》:"和也。"指声音的协调。《书·舜典》:"八音克谐,无相夺伦。"引申指语言协调,就是诙谐、滑稽的意思。《晋书·文苑传·顾恺之》:"恺之好谐谑,人多爱狎之。"又可引申出成功、办妥的义项,即在人、事关系上的协调、协和。《三国志·吴书·陆逊传》:"若兵不增,此制不改,而欲克谐大事,此臣之所深戚也。"(孙伟龙)

調(调)

tiáo　定纽、幽部;定纽、萧韵、徒聊切。
diào　定纽、幽部;定纽、萧韵、徒吊切。

調 — 調 — 調 — 調 — 调
《说文》小篆　汉　汉　楷书　楷书

1《说文》53页。2《汉印徵》卷3,6页。3《篆隶表》156页。

形声字。从言,周声。《说文》:"調,和也。""调"有协调、调和、调节之意。《诗·小雅·车攻》:"决拾既佽,弓矢既调。"郑玄笺:"调,谓弓强弱与矢轻重相得。""调"字还有"嘲谑"、"调笑"、"挑逗"的意思。《世说新语·排调》:"康僧渊目深而鼻高,王丞相每调之。"还可以引申为人员、人力的重新调和,人员的选派征发,即调动、分派,音diào。《史记·张释之传》:"以赀为骑郎,事孝文帝,十岁不得调。"（孙伟龙）

話（话）huà　匣纽、月部;匣纽、夬韵、下快切。

舙 — 話 — 話 — 話 — 话
战国《说文》小篆 楷书　楷书　楷书

譮 — 譮
《说文》籀文 楷书

1《战文编》142页。2、3《说文》53页。

形声字。从言,昏声。《说文》:"話,合会善言也。《传》曰:'告之话言。'譮,籀文話从会。""合会"即"会合",此处"《传》"指《春秋左氏传》。《左传·文公六年》:"著之话言。"杜预注:"话,善也,为作善言遗戒。"故"话"指和善之言。作为动词的"话"是"谈话"义。唐李商隐《夜雨寄北》:"何当共剪西窗烛,却话巴山夜雨时。""话"为"会合善言",故籀文作"譮",从會,會亦声。"昏"、"會"古音近,同在月部,故又有以"昏"为声符之"話";后凡"昏"声字,隶变后皆从舌,如括、刮诸字,楷书"话"亦从舌。舙为楚系文字,舌声,与秦系文字不同,为异体字。（孙伟龙）

諉（诿）wěi　泥纽、微部;泥纽、寘韵、女恚切。

諉 — 諉 — 诿
《说文》小篆 楷书　楷书

1《说文》53页。

形声字。《说文》:"諉,累也。从言,委声。"段玉裁注:"諈諉也。"《释言》:"孙炎曰:'楚人曰諈,齐人曰諉'。"郭璞注:"以事相属累为諈諉。""诿"字是推委、推托的意思,也作"委"。《汉书·胡建传》:"执事不诿上,臣谨以斩,昧死以闻。"颜师古注:"诿,累也。言执事者当见法即行,不可以事累于上也。""委"、"诿"二字都有推委、推托的意思,可通用。《汉书·贾谊传》:"然,尚有可诿者,曰疏。臣请试言其亲。""诿"应是"委"字增加形符"言"的分化字,《说文》将"委"视为声符,但其还有表意的功能,故"委"为声符,兼表推卸过错、烦劳之义。（孙伟龙）

警 jǐng　见纽、耕部;见纽、梗韵、居影切。

警 — 警 — 警
《说文》小篆 汉　楷书

1《说文》53页。2《篆隶表》157页。

会意兼形声字。从言,从敬,敬亦声。《说文》:"警,戒也。"以言语发出警告使之有所戒备,即告诫。在"以一警百"中,"警"即为此义,这是"警"的本义。《周礼·天官·宰夫》:"正岁则以法警戒群吏。"用为警戒之义时,又作"儆"。引申为对敌人或外来危险高度戒备。《左传·宣公十二年》:"军卫不彻,警也。"杜预注:"警,戒也。"用为名词,则引申出危急的情况或信息之义。《韩非子·外储说左上》:"楚厉王有警,为鼓以与百姓为戍。"现在常用的火警之类亦为此义。（孙伟龙）

謐（谧）mì　明纽、质部;明纽、质韵、弥毕切。

謐 — 謐 — 谧
《说文》小篆 楷书　楷书

䛃 — 䛃 — 䛃
战国 楷书　楷书

1《说文》53页。2《战文编》142页。

形声字。从言,盗声。《说文》:"謐,静语也。一曰无声也。"《广韵》:"安也。"有安宁、寂静的意思。汉蔡邕《陈太丘碑文序》:"政以礼成,化行有谧。"䛃为楚包山简之字,与秦系文字"谧"声符不同。《篇海类编·人事类·言部》:"䛃,静也。"《正字通》:"䛃,同谧。""谧"所从的声符"盗"也从"必"声,把"䛃"当作"谧"的异体字有一定道理。但在辞例用法得不到确证的情况下,战国文字与后世字书中的文字结构即使相同,也不能保证必为同字。（孙伟龙）

謙(谦) qiān
溪纽、谈部；溪纽、添韵、苦兼切。

𦩻¹—䛦²—謙³—謙—谦
《说文》小篆 汉 汉 楷书 楷书

1《说文》53页。2《汉印徵》卷3,6页。3《篆隶表》157页。

形声字。从言，兼声。《字汇》："谦，不自满也。""谦"为谦虚、谦让义。《书·大禹谟》："满招损，谦受益。"《说文》："谦，敬也。"杨树达认为《说文》释"敬也"不确，在《积微居小学述林》中说："敬，《说文》训'肃'，主从心言之。谦字从言，义不相副。此许君泛训，非胜义也。愚以兼声声类求之，'谦'盖谓言之不自足者也。知者，兼声之字，多含薄小不足之义。"杨树达先生之说，较有道理。谦，亦为六十四卦名之一。《易·谦》："象曰：地中有山，谦。君子以裒多益寡，称物平施。"又引申出丧失、虚空之义。《逸周书·武称》："爵位不谦，田宅不亏。"孔晁注："谦，损也。"（孙伟龙）

誼(谊) yì
疑纽、歌部；疑纽、寘韵、宜寄切。

誼¹—誼²—誼³—誼—谊
《说文》小篆 汉 汉 楷书 楷书

1《说文》53页。2《汉印徵》卷3,6页。3《篆隶表》157页。

会意兼形声字。《说文》："誼，人所宜也。从言，宜，宜亦声。""宜"字有适宜、适当的意思，从言、从宜，会正确的道理、合理的原则之义，同"义"。清段玉裁《说文解字注》："谊、义，古今字。周时作'谊'，汉时作'义'，皆'仁义'字也。"《公孙龙子·迹府》："素闻先生高谊，愿为弟子久矣。"近代"义"与"谊"开始分化，"谊"偏重于感情色彩，现今主要用其"交情"义，指交往中所发生的情谊。（孙伟龙）

詡(诩) xǔ
晓纽、鱼部；晓纽、麌韵、况羽切。

詡¹—詡²—詡³—詡⁴—詡—诩
战国 《说文》小篆 汉 汉 楷书 楷书

1《战文编》142页。2《说文》53页。3《汉印徵》卷3,6页。4《篆隶表》157页。

形声字。从言，羽声。《说文》："诩，大言也。"义为夸耀、说大话。《汉书·扬雄传上》："尚泰奢，丽夸诩。"颜师古注："诩，大也。"诩又引申为普及、遍及的意思。《礼记·礼器》："德发扬，诩万物。"郑玄注："诩，犹普也，遍也。"（孙伟龙）

設(设) shè
书纽、月部；书纽、薛韵、识列切。

設¹—設²—設³—設⁴—設⁵—設—设
秦 《说文》小篆 汉 汉 汉 楷书 楷书

1、4、5《篆隶表》157页。2《说文》53页。3《汉印徵》卷3,6页。

会意字。义为陈列、设置。《说文》："設，施陈也。从言，从殳。殳，使人也。"段玉裁注："言殳者，以言使人也。凡设施必使人为之。"《礼记·月令》："授车以级，整设于屏外。"郑玄注："设，陈也。"引申为制定、建立等义。《韩非子·八经》："设法度以齐民，信赏罚以尽民能。"（孙伟龙）

護(护) hù
匣纽、铎部；匣纽、暮韵、胡误切。

護¹—護²—護⁴—護—护
《说文》小篆 汉 晋 楷书 楷书

護³
汉

1《说文》53页。2、3《汉印徵》卷3,6页。4《篆隶表》158页。

形声字。从言，蒦声。《说文》："護，救视也。""护"有救助、袒护义。《史记·萧相国世家》："何数以吏事护高祖。"又引申出监视、监护之义。《史记·李将军列传》："有白马将出护其兵。"张守节正义："其将乘白马，而出监护也。"3为玺印文字，为了玺印布局的美观而改变了偏旁的位置，这是常见的现象。简化字声符改"蒦"为"户"，形符改"言"为"手"，凸显其行为、动作之义。（孙伟龙）

託(托) tuō
透纽、铎部；透纽、铎韵、他各切。

託¹—託²—託³—託—托
《说文》小篆 汉 晋 楷书 楷书

1《说文》53页。2、3《篆隶表》158页。

形声字。从言，毛声。《说文》："託，寄也。""托"有寄托之义。《方言》卷二："凡寄为托。"《史记·太史公自序》："凡人所生者也，所托者神也。"引申出托付、请托、委托之义。《论语·泰伯》："可以托六尺之孤，可以寄百里之命。"又引申出以言语委事于人之义。《汉书·何武传》："欲除吏，先为科例以防请托。"简化字中，"託"、"托"归并为一字，但古时二者并非一字，"托"为宋代以后的后起字，义为"以手托物"。段玉裁注："（'託'）与人部'侂'音义皆同。"此说似不可信。《说文·人部》："侂，寄也。从人，乇声，乇，古文宅。"以此看来，"侂"应为"侘"，乃今"侘傺"之"侘"。"侂"、"託"音同或音近，应为通假关系。"託"音与"侂"、"詫"、"宅"、"吒"、"咤"皆相同或相近，且在古文献中又常常通用，但以此来说这些字全为一字异体，恐不妥当。（孙伟龙）

記（记）jì 见纽、之部；见纽、志韵、居吏切。

記¹ — 肥² — 記³ — 記⁴ — 記⁵ — 記 — 记
春秋　战国《说文》小篆　汉　汉　楷书　楷书

1《汉语字形表》92页。2《战文编》143页。3《说文》53页。4《汉印徵》卷3，7页。5《篆隶表》159页。

形声字。从言，己声。义为记载、记录。《说文》："记，疏也。"段玉裁注改《说文》谓："'疋'，各本作'疏'，今正。疋部曰：'一曰疋，记也。'……'疋'今字作'疏'，谓分疏而识之也。"《史记·晋世家》："以记吾过，且旌善人。"从此义引申出记忆，即把印象保持在脑子里之义。《玉篇·言部》："记，识也。"由此又引申出标记、记号、印记、印章之义。《宋史·舆服志》："监司、州县长官曰'印'，僚属曰'记'。""记"字还有典籍之义。《吕氏春秋·务本》："尝试观上古记，三王之佐，其名无不荣者。"高诱注："'上古记'，上古世书也。"（孙伟龙）

譽（誉）yù 喻纽、鱼部；以纽、御韵、羊洳切。

譽¹ — 譽²
《说文》小篆　汉

譽³ — 譽⁴ — 譽⁵ — 譽 — 誉
秦　汉　汉　楷书　楷书

譽⁶
战国

1《说文》53页。2、4、5《篆隶表》159页。3《睡甲》33页。6《战文编》143页。

形声字。从言，舆声。简化字"誉"是由草书演变而来。《说文》："誉，称也。"意为称颂、赞美。《论语·卫灵公》："吾之于人也，谁毁谁誉？"邢昺疏："誉，谓称扬。""誉"用为名词时，指声誉、美名。《孟子·告子上》："令闻广誉施于身，所以不愿人之文绣也。"字形序列中，譽为战国楚文字，较为特殊。（孙伟龙）

謝（谢）xiè 邪纽、铎部；邪纽、祃韵、辞夜切。

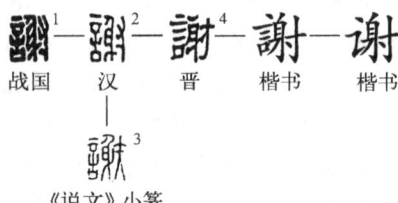

1《战文编》143页。2《汉印徵》卷3，7页。3《说文》53页。4《篆隶表》159页。

形声字。从言，射声。《说文》小篆所从之"躲"与其他字形不同，为"射"之异体，但许慎却以"躲"为"射"之正体。《说文·矢部》："躲有或体'射'。""射"本为象形字，像张弓放箭之形。后弓、矢之形合为一体，讹为"身"，秦文字中，其所从"又"形至战国变为"寸"，遂成"射"形。《说文》："谢，辞也。""谢"字本义为辞去、拒绝。《礼记·曲礼上》："大夫七十而致事，若不得谢，则必赐之几杖。"《古今韵会举要》："谢，拜赐曰谢。""谢"字还有道歉、认错之义。《正字通》："谢，自以为过曰谢。"《战国策·秦策一》："嫂蛇行匍匐，四拜，自跪而谢。"现在常用的是其感谢义。（孙伟龙）

謳（讴）ōu 影纽、侯部；影纽、侯韵、乌侯切。

謳¹ — 謳 — 讴
《说文》小篆　楷书　楷书

1《说文》53页。

形声字。从言，區声。《说文》："讴，齐歌也。"意为齐声歌唱。《汉书·高帝纪上》："诸将及士卒皆歌讴思东归。"颜师古注："讴，齐歌也。谓齐声而歌。""讴"字用为名词时，意为歌曲。段玉裁认为"齐歌"应为齐地之歌，将"讴"视为名词。颜师古将"讴"视为动词。《汉书·礼乐志》："乃立乐府，采诗夜诵，有赵、代、秦、楚之讴。"后由"讴歌"引申出歌唱、赞颂之义。《孟子·万章上》："讴歌者，不讴歌尧之子而讴歌舜。"（孙伟龙）

詠（咏）yǒng 匣纽、阳部；云纽、映韵、为命切。

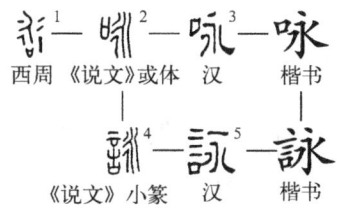
西周　《说文》或体　汉　楷书
《说文》小篆　汉　楷书

1《金文编》143页。2、4《说文》53页。3、5《篆隶表》159页。

形声字。从言，永声，永兼表意。裘锡圭在《文字学概要》中说："如果对文字所指的事或物有不同的着眼点，所选择的形旁就会不一样。""咏"、"詠"音义皆同，或从"口"，或从"言"，仅是表达"咏唱"一事的着眼点不同，为一字异体。《说文》："詠，歌也。"徐灏注笺："詠之言永也，长声而歌之。""詠"意为歌唱、曼声长吟。《国语·周语下》："诗以道之，歌以咏之。"许慎谓"永、咏古今字"，很有道理。"永"字有水势长流义，在"詠"中既表音又表义。《书·舜典》："歌永言。"《汉书·礼乐志》引"永"作"咏"。"詠"、"咏"实为"永"加注不同义符的分化字。（孙伟龙）

诤（诤）zhèng　精纽、耕部；庄纽、诤韵、侧迸切。

《说文》小篆　汉　汉　楷书　楷书
战国　汉　汉

1《说文》53页。2、3、6《篆隶表》。4《战文编》143页。5《汉印徵》卷3，7页。

形声字。从言，争声。"争"字上为"手"形，有些字形中"手"形讹误为"曰"，从以上字形可以看出讹误的过程。《说文》："诤，止也。"桂馥义证："'止'当作'正'，'诤'、'正'声相近。《周礼·司谏》注云：'谏犹正也，以道正人行。'""诤"字有直言规劝、进谏之义，与"谏"字义近，又有所区别。汉刘向《说苑·臣术》："有能尽言于君，用则留之，不用则去之，谓之谏；用则可生，不用则死，谓之诤。"（孙伟龙）

訖（讫）qì　见纽、物部；见纽、迄韵、居乙切。

《说文》小篆　汉　汉　楷书　楷书

1《说文》53页。2《汉印徵》卷3，7页。3《篆隶表》160页。

形声字。从言，气声。《说文》："訖，止也。"有停止、终止之义。《礼记·祭统》："防其邪物，訖其嗜欲。"郑玄注："訖，犹止也。"引申为完毕、终尽义。《书·吕刑》："典狱，非訖于威，惟訖于富。"又有介词至、到之义，相当于简体"迄"字。唐白居易《与元九书》："又自武德讫元和，因事立题，题为新乐府者，共一百五十首，谓之讽喻诗。""迄"见于《说文》"新附字"中，当是"訖"的后起分化字。为了表现"讫"的动作义，而改从"辵"，遂分化为两字。（孙伟龙）

諺（谚）yàn　疑纽、元部；疑纽、线韵、鱼变切。

战国　战国《说文》小篆　汉　汉　楷书　楷书

1《战文编》143页。2《汉语字形表》92页。3《说文》53页。4《汉印徵》卷3，7页。5《篆隶表》160页。

形声字。从言，彦声。《说文》："諺，传言也。"段玉裁注："'传言'者，古语也。凡经传所称之'谚'，无非前代故训。""谚"意为谚语、古语、老话。《左传·僖公五年》："谚所谓'辅车相依、唇亡齿寒'者，其虞、虢之谓也。"战国"谚"字为上下结构，詹为省声，詹是省声之后的借笔。（孙伟龙）

訝（讶）yà　疑纽、鱼部；疑纽、祃韵、五驾切。

《说文》小篆　楷书　楷书
《说文》或体　楷书

1、2《说文》53页。

形声字。从言，牙声。"讶"字有惊奇、诧异、惊讶的意思。《集韵》："讶，疑也。"《吕氏春秋·必己》："若夫道德则不然，无訝无譽。""讶"字又有迎接的意思，有时写作"迓"。《说文》："訝，相迎也。迓，訝或从辵。"《仪礼·聘礼》："厥明，訝迎于馆。"郑玄注："以君命迎宾谓之訝。訝，迎也。"后因形符"言"表动作义不明显，遂有换"言"为"辵"的分化字"迓"。类似此例的还有"讫"与"迄"、"護"与"护"诸例。"迎接"义的"讶"与"迓"是异体字关系，简体字"讶"只保留了"惊奇"这一义项，另一义项"迎接"由简体字"迓"

独自承担。（孙伟龙）

詣(诣) yì 疑纽、脂部；疑纽、霁韵、五计切。

1《说文》53页。2、4、5《篆隶表》160页。3《睡甲》33页。6《战文编》143页。

形声字。从言，旨声。所从之"旨"，甲骨文从匕、从口，会味甘美之义；金文有在口中加象征食物的点的"旨"字，变为从匕、从甘，至战国时期，"旨"字多有从"甘"的；隶书、楷书中"旨"字所从之"甘"讹为"曰"形。《说文》："诣，候至也。"古代前往朝廷或上级、尊长处称为"诣"。《汉书·朱买臣传》："后数岁，买臣随上计吏为卒，将重车至长安，诣阙上书，书久不报。"引申为前往、到某地去之义。《三国志·蜀书·诸葛亮传》："由是先主遂诣亮，凡三往，乃见。"用为名词时，"诣"字意为所到达的地方、境界，如"造诣"一词。（孙伟龙）

講(讲) jiǎng 见纽、东部；见纽、讲韵、古项切。

1《战文编》143页。2《说文》53页。3、4《篆隶表》160页。

形声字。从言，冓声，冓兼表义。"冓"有遇到、相会之义，在"講"中当兼表沟通义。从言、冓，会和解意。《说文》："講，和解也。"表和解之义的先有"平"、"成"等字，"讲"是战国以后兴盛起来的。《战国策·秦策四》："寡人欲割河东而讲。"高诱注："讲，成也。""讲"字因有和解、讲和之义，故可以引申出论说、评论、研究商讨的意思。《广雅·释诂二》："讲，论也。"《史记·太史公自序》："讲业齐鲁之都。"由此又引申出练习、演习的意思。《国语·周语上》："三时务农，而一时讲武。"（孙伟龙）

謄(誊) téng 定纽、蒸部；定纽、登韵、徒登切。

1《说文》54页。

形声字。从言，朕声。"誊"意为抄写、转录。《说文》："謄，移书也。"段玉裁注："今人犹为誊写。"《元史·选举志》："誊录试卷，每行移文字，皆用竹书。"简化字"誊"，就其直接来源来说，是从"朕"省声，但其声旁战国以前就出现了，一般隶定作"炏"或"夯"。（孙伟龙）

訒(讱) rèn 日纽、文部；日纽、震韵、而振切。

1《说文》54页。

形声字。从言，刃声。《说文》："訒，顿也。"《广韵》："讱，难言。""讱"字意为出言迟缓、谨慎。《论语·颜渊》："司马牛问仁。子曰：'仁者，其言也讱。'""讱"在现代汉语中并不常用，与"認(认)"并非一字，"認(认)"不见于《说文》。（孙伟龙）

訥(讷) nè 泥纽、物部；泥纽、没韵、内骨切。

1《说文》54页。

会意兼形声字。从言，从内，内亦声。《说文》："訥，言难也。"意为言语迟钝。《论语·里仁》："君子欲讷于言而敏于行。"何晏集解引包咸曰："讷，迟钝也。""讷"应为"呐"（又作"吶"）的分化字。《说文·呐部》："呐，言之讷也。从口，从内。"段玉裁注："呐，《檀弓》作'吶'……此与言部'讷'音义皆同，故以'讷'释'呐'。"王筠句读："呐、讷，古今字。"《汉书·李广传》："广呐口少言。"《史记》作"讷"。现代汉语"呐"多用作动词（呐喊义）、助词（简化为"呢"）。（孙伟龙）

諛(谀) yú 喻纽、侯部；以纽、虞韵、羊朱切。

1《说文》54页。

形声字。从言,臾声。"䛕"字意为谄媚。《说文》:"䛕,谄也。"《书·冏命》:"仆臣䛕,厥后自圣。"用作名词时,引申出"谄媚的话"的意思。《汉书·韦贤传》:"唯䛕是信。"颜师古注:"䛕,谄言也。"（孙伟龙）

讇(谄) chǎn 透纽、侵部；彻纽、琰韵、丑琰切。

讇¹—讇
《说文》小篆　楷书

䛃²—譒³—谄—谄
《说文》或体　汉　楷书　楷书

1、2《说文》54页。3《篆隶表》161页。

形声字。从言,閻声。《说文》"谄"与"䛕"字互训,义近,是奉承、献媚的意思。"讇"与"谄"为异体字关系。字形序列中,由讇到䛃,这种省去声旁的一部分,从而简化文字的现象很常见。"谄"、"䛕"互训义近,还常常结合使用,但二者也有区别。《荀子·修身》:"以不善先人者谓之谄,以不善和人者谓之䛕。"（孙伟龙）

諼(谖) xuān 晓纽、元部；晓纽、阮韵、况晚切。

諼¹—諼—谖
《说文》小篆　楷书　楷书

1《说文》54页。

形声字。从言,爰声。《说文》:"諼,诈也。"《广雅》:"欺也。""諼"字意为欺诈、欺骗。《公羊传·文公三年》:"其言救山何？为諼也。"何休注:"諼,诈。"又有忘记的意思。《玉篇》:"諼,忘也。"《诗·卫风·考槃》:"独寐寤言,永失弗諼。"郑玄笺:"諼,忘也。"（孙伟龙）

訹(𬣙) xù 心纽、物部；心纽、术韵、辛聿切。

訹¹—訹—𬣙
《说文》小篆　楷书　楷书

1《说文》54页。

形声字。从言,术声。《说文》:"訹,诱也。""訹"字意为引诱、受迷惑。《汉书·韩安国传》:"今大王列在诸侯,訹邪臣浮说,犯上禁,桡明法。"颜师古注:"訹,诱也。"引申为诱导、劝说。《新唐书·张嘉贞传》:"帝幸太原,嘉佑以赃闻,说（人名）訹嘉贞素服待罪。"（孙伟龙）

謾(谩) mán 明纽、元部；明纽、删韵、莫还切。
明纽、元部；明纽、桓韵、母官切。

謾¹—謾²—謾—谩
《说文》小篆　汉　楷书　楷书

1《说文》54页。2《篆隶表》161页。

形声字。从言,曼声。《说文》:"謾,欺也。""谩"字意为欺骗。《墨子·非儒下》:"且夫繁饰礼乐以淫人,久丧伪哀以谩亲。"引申为诋毁。《荀子·非相》:"乡（向）则不若,偝（背）则谩之。"杨倞注:"谩,欺毁也。"（孙伟龙）

詒(诒) yí 喻纽、之部；以纽、之韵、与之切。
dài 定纽、之部；定纽、海韵、徒亥切。

詒¹—詒²
战国　《说文》小篆

詒³—詒⁴—詒⁵—詒—诒
战国　秦　汉　楷书　楷书

1《汉语字形表》92页。2《说文》54页。3《战文编》144页。4《睡甲》34页。5《篆隶表》161页。

形声字。从言,台声。字形序列中,詒为玺印文字,字形较为特殊。《说文》:"詒,相欺詒也。"段玉裁注:"汝南人呼欺亦曰诒,音殆。"《广雅·释诂二》:"诒,欺也。""诒"有欺义,音dài。汉徐幹《中论·考伪》:"至于父盗子名,兄窃弟誉,骨肉相诒,朋友相诈,此大乱之道也。""诒"用为欺骗时,与"绐"字通用。《史记·项羽本纪》:"田父绐曰:'左。'""诒"字又有留传、赠送义,音yí。《说文》:"詒,一曰遗也。"《左传·昭公六年》:"叔向使诒子产书。"杜预注:"诒,遗也。"用为赠送义时,"诒"同"詔"、"贻"。《集韵·之韵》:"诒……或从目。""詔"字可以看作"诒"字的省声字。"贻"字见于《说文》新附字,其出现晚于"诒"字,是表示留传、赠送义的"诒"的后起分化字,以表示财物的"贝"来作义符。清段玉裁《说文解字注》:"《释言》、《毛传》皆曰:'诒,遗也。'俗多假贻为之。"现代汉语中,"贻"字使用频率大于"诒"、"詔"两字。（孙伟龙）

誑(诳)

kuáng　见纽、阳部；见纽、漾韵、居况切。

《说文》小篆　魏　楷书　楷书
1《说文》54页。2《篆隶表》161页。

形声字。从言，狂声。意为欺骗、谎话。《说文》：“誑，欺也。”《礼记·曲礼上》：“幼子常视毋诳。”郑玄注：“诳，欺也。”楷书"诳"字所从之"王"实为"㞷"的讹形。"诳"字也写作"诓"。《史记·郑世家》：“晋使解张诓楚。”"诓"不见于《说文》，当为"诳"之后起分化字。（孙伟龙）

訕(讪)

shàn　心纽、元部；生纽、谏韵、所晏切。

《说文》小篆　楷书　楷书
1《说文》54页。

形声字。从言，山声。意为诽谤、讥刺。《说文》：“訕，谤也。”《玉篇》：“毁语也。”《论语·阳货》：“恶居下流而讪上者。”何晏集解：“讪，毁谤。”与"谤"不同的是，"讪"常用语尖刻，含有嘲笑挖苦的内容。引申为羞惭、难为情。元王实甫《西厢记》：“请先生休讪，早寻个酒阑人散。”（孙伟龙）

譏(讥)

jī　见纽、微部；见纽、微韵、居依切。

《说文》小篆　汉　楷书　楷书
1《说文》54页。2《篆隶表》161页。

形声字。从言，幾声。意为讥刺、谴责。简化字"讥"义符"言"旁类推简化，声符替换为"几"。《说文》：“譏，诽也。”《史记·游侠列传》：“韩子曰：'儒以文乱法，而侠以武犯禁。'二者皆讥。”但"讥"字比"诽"的语义要轻些。清段玉裁《说文解字注》：“'讥'之言微也，以微言相摩切也。”引申有进谏、规劝义。《广雅·释诂四》：“讥，谏也。”《楚辞·天问》：“迁藏就歧何能依？殷有惑妇何所讥？”王逸注：“讥，谏也。”（孙伟龙）

誣(诬)

wū　明纽、鱼部；微纽、虞韵、武夫切。

《说文》小篆　汉　秦　楷书　楷书
1《说文》54页。2、4《篆隶表》162页。3《睡甲》34页。

形声字。从言，巫声。意为说话虚妄不实。《说文》：“誣，加也。”"诬"字的本义与现代汉语中"诬赖"、"诬陷"、"诬蔑"等词中的"诬"字硬说别人做了某种坏事的意思并不完全相同。无中生有，将捏造的东西强加于人，无论是赞誉还是诋毁都是"诬"。清段玉裁《说文解字注》云：“言指毁誉不以实，皆曰'诬'也。”《韩非子·显学》：“明据先王，必定尧舜者，非愚则诬。”但诋毁义较为常用。引申为欺骗。《左传·襄公十四年》：“定姜曰：无神何告？若有，不可诬也。”（孙伟龙）

誹(诽)

fěi　帮纽、微部；非纽、未韵、方味切。

《说文》小篆　楷书　楷书
1《说文》54页。

形声字。从言，非声。声符"非"兼表义。《说文》：“誹，谤也。”段玉裁注：“'诽'之言'非'也，言非其实。”值得注意的是，"诽"、"谤"二字的本义和它们在现代汉语中常用的"诽谤"义有所不同，它们的本义都是背后对人指责，只是激烈程度有所区别。段玉裁认为"诽"源于"非"是对的，但认为来自"言非其实"的"非"是不对的，"诽"出于"非"的非难、责怪义。"诽"字只是对某种行事持有不同意见，是背后指摘其失误，没有恶意中伤的含义。《大戴礼记·保傅》：“忠谏者谓之诽谤，深为计者谓之诞诬。”（王凤阳《古辞辨》782页）"诽"引申为毁谤。《荀子·非十二子》：“不诱于誉，不恐于诽。”（孙伟龙）

謗(谤)

bàng　帮纽、阳部；帮纽、宕韵、补旷切。

秦　《说文》小篆　楷书　楷书
1《睡甲》34页。2《说文》54页。

形声字。从言，旁声。意为公开指责别人的过失。《说文》：“谤，毁也。”《玉篇·言部》：“谤，对他人道其恶也。"与现代汉语中用为毁谤义不同，"诽"、"谤"二字所抨击的都是有根据的事实，故朱骏声《说文通训定声》谓"'谤'者，道人之事实，与'诬'、'谮'不同"。可见"诽谤"并非无中生有，而是往往实有所据，二者起初并非贬义词。《左传·襄公十四年》："大夫规诲，士传言，庶人谤。""谤"、"诽"、"讥"、"诬"、"讪"义近，又有所不同。"谤"一般指公开地指责；"诽"指背地议论、嘀咕，甚至是腹诽；"讥"指微言讽刺；"诬"指夸大其辞，无中生有；"讪"指用语尖刻，使人难堪。（孙伟龙）

詛（诅）zǔ 精纽、鱼部；庄纽、御韵、庄助切。

詛¹—詛²—詛³
春秋　战国　《说文》小篆

詛⁴—詛⁵—詛—诅
秦　汉　楷书　楷书

1《战文编》144页。2《汉语字形表》92页。3《说文》54页。4《睡甲》34页。5《篆隶表》162页。

形声字。从言，且声。字形序列中，詛为三晋文字，稍异于他形。詛见于战国秦《詛楚文》，其形与小篆一脉相承。"詛"字意为诅咒、求神加祸于人。《说文》："詛，訓也。""訓"即"咒"，后者为"訓"的俗体，不见于《说文》。"詛"、"訓"，《说文》互训。"祝"、"诅"都是陈告于鬼神，前者为求福，后者为降灾于人。《左传·昭公二十年》："民人苦病，夫妇皆诅。祝有益也，诅亦有损。""诅"又有盟誓之义。《周礼·春官·诅祝》："掌盟诅。"郑玄注："盟诅，主于要誓，大事曰盟，小事曰诅。"（孙伟龙）

誖（悖）bèi 並纽、物部；並纽、队韵、蒲昧切。

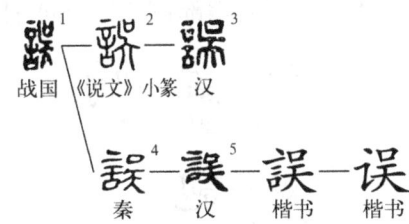

1、2《汉语字形表》93页。3、4、5《说文》54页。

形声字。《说文》："誖，乱也。从言，孛声。悖，誖或从心。詩，籀文誖从二'或'。""誖"字之甲骨文、金文、籀文形体均从二"或"，二"或"作上下或左右相悖之形，会违背意。"或"、"国"二字为古今字。清段玉裁《说文解字注》："两国相违，举戈相向，乱之意也。""誖"字意为违背、乖谬。《汉书·礼乐志》："礼乐政刑四达而不誖，则王道备矣。""誖"、"悖"为采用不同形符的异体字，简体字中，只有"悖"字。（孙伟龙）

誤（误）wù 疑纽、鱼部；疑纽、暮韵、五故切。

誤¹—誤²—誤³
战国　《说文》小篆　汉

誤⁴—誤⁵—误—误
秦　汉　楷书　楷书

1《战文编》145页。2《说文》55页。3《汉印徵》卷3，7页。4、5《篆隶表》162页。

形声字。从言，吴声。意为错误。《说文》："誤，谬也。"《礼记·聘义》："使者聘而误，主君弗亲飨也。"孔颖达疏："误，谓来聘使者行聘之时，礼有错误。"又有耽误、妨害义。《左传·僖公十五年》："郑以救公误之，遂失秦伯。"（孙伟龙）

詿（诖）guà 见纽、支部；见纽、卦韵、古卖切。

詿¹—詿²—詿—诖
战国　《说文》小篆　楷书　楷书

1《战文编》145页。2《说文》55页。

形声字。从言，圭声。《说文》："詿，误也。"段玉裁注："詿，谓有所牵挂而然也。""詿"意为失误、诖误，指被牵连而受谴责或处分。《汉书·文帝纪上》："济北王背德反上，诖误吏民，为大逆。"引申为欺诈。《史记·吴王濞传》："汉有贼臣……不以诸侯人君礼遇刘氏骨肉，绝先帝功臣，近任奸宄，诖乱天下，欲危社稷。"（孙伟龙）

訾 zǐ 精纽、支部；精纽、纸韵、将此切。

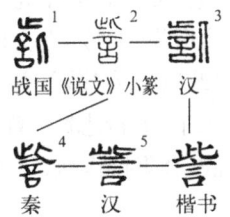

言部

訾(訾)

1《战文编》145页。2《说文》55页。3《汉印徵》卷3,8页。4《睡甲》34页。5《篆隶表》163页。

形声字。从言,此声。字形序列中,訾、訾为陶器、玺印文字,写法较为特殊。《说文》:"訾,不思称意也。《诗》曰:'翕翕訿訿。'""訿"为"訾"之异体字。毛传:"潝潝然患其上,訿訿然不思称其上。"意为不想使上级满意,此义典籍中不常见,常用义是诋毁、指责。《礼记·曲礼上》:"不苟訾,不苟笑。"陆德明释文:"訾,毁也。"(孙伟龙)

詾(啕) táo 定纽、幽部;定纽、豪韵、徒刀切。

1、2《说文》55页。

形声字。从言,匋声。此字文献中有许多意义,现在多已不再使用。《说文》共有三种解释。1."往来言也"。郑知同《说文商义》:"以此人之言,往言于彼,复以彼人之言来言于此,而构两人之怨。" 2."祝也"。 3."小儿未能正言也"。"匋"、"包"古音相近,"詾"、"詨"为声符不同的异体字。"詾"字又写作"啕"。《集韵·豪韵》:"'詾',《说文》:'往来言也。'或作'啕'。"简体字中只存"啕"形。(孙伟龙)

訇 hōng 晓纽、耕部;晓纽、耕韵、呼宏切。

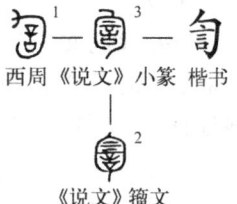

1《类编》164页。2、3《说文》55页。

形声字。《说文》:"訇,骇言声。从言,匀省声。汉中西城有訇乡。又读若玄。𡇒,籀文不省。"章炳麟《新方言·释言》:"今人谓骇人独语不休为'訇',凡呻吟亦曰'訇',俗字作'哼'。"用为"呻吟"之义时,音hēng。清段玉裁《说文解字注》改"骇"为"駭",并谓:"此本义也,引申为訇訇大声。"《宋书·五行志》:"晋愍帝建兴中,江南歌谣曰:'訇如白阬破,合集持作甒。'"(孙伟龙)

諞(谝) piǎn 並纽、真部;並纽、仙韵、房连切。

1《说文》55页。

形声字。《说文》:"諞,便巧言也。从言,扁声。《周书》曰:'截截善諞言。'《论语》曰:'友諞佞。'"《字汇·言部》:"'諞',与'便'同,巧言也。"以"便"训"諞",这是声训,二字古时常可通用。"諞"意为花言巧语。《书·秦誓》:"惟截截善諞言,俾君子易辞,我皇多有之。"孔颖达疏:"諞,犹辩也。"引申为欺骗、诈骗。元汤式《赠王观音奴》:"指山盟是諞,则不如剪发然香意儿远。"现代汉语方言中多用为夸耀、显示义。(孙伟龙)

誇(夸) kuā 溪纽、鱼部;溪纽、麻韵、苦瓜切。

1《说文》55页。

形声字。从言,夸声。"誇"字在简化字中并入"夸"字。《说文》:"誇,譀也。"意为夸大、夸耀。《广韵·麻韵》:"大言也。"《鹖冠子·著希》:"言仁则以为诬,发于义则以为夸。""夸"本是贬义词,后引申出现代汉语常用的褒义夸奖、赞美。(孙伟龙)

誕(诞) dàn 定纽、元部;定纽、旱韵、徒旱切。

1《金文编》146页。2、3《说文》55页。4《汉印徵》卷3,8页。5《篆隶表》163页。

形声字。"誕"应为"延"之分化字,西周金文中作"延",不从"言"。《说文》:"誕,词诞也。从言,延声。𣤶,籀文誕省正。"意为说大话。《史记·扁鹊仓公列传》:"先生得无诞之乎?何以言太子可生也。"引申出大义。《书·汤诰》:"王归自克夏,至于亳,诞告万方。"孔传:"诞,大也。"(孙伟龙)

謔（谑）xuè 晓纽、药部；晓纽、药韵、虚约切。

謔¹—謔²—謔—谑
《说文》小篆 汉 楷书 楷书

1《说文》55页。2《篆隶表》163页。

形声字。从言，虐声，虐兼表意。"虐"字小篆，虎爪下有人，会虐、残意，后"人"形省略，因笔画方正化，虎爪成"ᴇ"，遂成"虐"。《说文》："謔，戏也。从言，虐声。《诗》曰：'善戏謔兮。'"謔字意为开玩笑、戏弄。《诗·郑风·溱洧》："维士与女，伊其相謔，赠之以勺药。"后又引申出喜乐义。唐李白《将进酒》："陈王昔时宴平乐，斗酒十千恣欢謔。"（孙伟龙）

訌（讧）hòng 匣纽、东部；匣纽、东韵、户公切。

訌—訌—讧
《说文》小篆 楷书 楷书

1《说文》55页。

形声字。从言，工声。《说文》："訌，溃也。"意为溃乱。《诗·大雅·召旻》："蟊贼内訌。"孔颖达疏："以'讧'字从言，故知'讧'者是争讼相陷入之言。由争讼相陷，故至溃败，故《尔雅》以'讧'为'溃'。"（孙伟龙）

讙（讙）huān 晓纽、元部；晓纽、桓韵、呼官切。

讙¹—讙²—讙—讙—讙⁵
战国 《说文》小篆 汉 汉 汉 楷书

1《战文编》145页。2《说文》56页。3、4、5《篆隶表》164页。

形声字。从言，雚声。《说文》："讙，哗也。"意为喧哗。《荀子·儒效》："则天下应之如讙。"又同"唤"。《集韵·换韵》："唤，《说文》：'䚏也。'或作'嚾'，亦从言。""唤"为后起字，见《说文》新附字。或通"欢"。（孙伟龙）

譌（讹）é 疑纽、歌部；疑纽、戈韵、五禾切。

譌¹—譌²—譌
战国 《说文》小篆 楷书

訛³—訛⁴—讹
春秋 汉 楷书 楷书

訛⁵
战国

1《战文编》144页。2《说文》56页。3《金文编》149页。4《篆隶表》164页。5《战文编》152页。

形声字。从言，爲声。意为谣言。《说文》："譌，譌言也。"段玉裁注疑"譌"应为"伪"，并说"为"、"伪"、"譌"古同，通用。《说文》："《诗》曰：'民之譌言。'"段玉裁注："今《小雅》作'讹'。""讹"不见于《说文》，为后起字，或俗字。唐玄应《一切经音义》："讹，诡言也。"（孙伟龙）

謬（谬）miù 明纽、幽部；明纽、幼韵、靡幼切。

謬¹—謬²—謬³—謬—谬
《说文》小篆 汉 三国魏 楷书 楷书

1《说文》56页。2、3《篆隶表》164页。

形声字。从言，翏声。意为荒谬、错误。《荀子·儒效》："故闻之而不见，虽博必谬。"《说文》："謬，狂者之妄言也。"段玉裁注："古'差谬'多用从'糸'之字，与此'谬'意别。""谬"、"缪"二字音同义近，在古代典籍中常相通假，但《说文》将二者分立，意义区别甚明，段玉裁所说，很有道理。（孙伟龙）

譎（谲）jué 见纽、物部；见纽、宵韵、古穴切。

譎¹—譎—谲
《说文》小篆 楷书 楷书

1《说文》56页。

形声字。从言，矞声。《说文》："譎，权诈也。"意为权变。《论语·宪问》："晋文公谲而不正，齐桓公正而不谲。"刘宝楠正义："谲，权也。"引申出欺诳、诡诈义。《方言》卷三："谲，诈也。"《韩非子·孤愤》："此人臣之所以谲主便私也。"（孙伟龙）

詐（诈）zhà 精纽、铎部；庄纽、祃韵、侧驾切。

詐¹—詐²—詐⁴
春秋 战国 《说文》小篆

詐³—詐⁵—詐⁶—詐⁷—诈
战国 秦 汉 汉 楷书 楷书

1《类编》163页。2、3《战文编》146页。4《说文》56页。5《睡甲》34页。6、7《篆隶表》164页。

形声字。从言，乍声。字形序列中，皆为美术体。

《说文》：" 詐，欺也。"意为欺骗。《左传·宣公十五年》："我无尔诈，尔无我虞。"又引申为作假、假装。《周礼·地官·司市》："以贾民禁伪而除诈。"贾公彦疏："使禁物之伪而去人之诈虚也。"（孙伟龙）

訏（讦）xū 晓纽、鱼部；晓纽、虞韵、况于切。

1《战文编》146页。2《说文》56页。3《睡甲》34页。

形声字。訏为楚简文字，所增之口形应为羡符。《说文》："訏，诡讹也。从言，于声。一曰訏謈。齐、楚谓信曰訏。""讦"有诡讹之义。汉贾谊《新书·礼容语下》："犯则凌人，讦则诬也，伐则掩人。"又意为大。《尔雅·释诂上》："讦，大也。"《诗·大雅·抑》："讦谟定命，远犹辰告。"毛传："讦，大。""讦"又隶作"訏"。《正字通》："訏，讦本字。""讦"字，又可用作叹词，作"吁"。《说文》"訏謈"，段玉裁注谓"今字作'吁嗟'"。（孙伟龙）

聾（詟）zhé 章纽、叶韵；章纽、叶韵、之涉切。

1《战文编》146页。2、3《说文》56页。4《汉印徵》卷3，8页。

形声字。从言，龖省声，《说文》籀文不省。意为丧胆、害怕。《说文》："詟，失气也。一曰不止也。"（参钮树玉《说文解字校录》）《汉书·武帝纪》："匈奴詟焉。"颜师古注："詟，失气也。"（孙伟龙）

詾（讻）xiōng 晓纽、东部；晓纽、肿韵、许拱切。

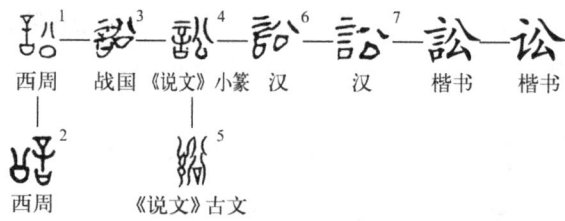

1、3、4《说文》56页。2《篆隶表》165页。

形声字。从言，匈声。《说文》詾形省声，訩形，凶声。《说文》："詾，说也。"段玉裁注："'讼'各本讹作'说'，今依《篇》、《韵》及《六书故》所据唐本正。"故"詾"训"讼"，意为争辩、众口纷喧。《古今韵会举要》："詾，亦作'哅'。"《荀子·解蔽》："掩耳而听者，听漠漠而以为哅哅。"杨倞注："哅哅，喧声也。""哅"为后起字，不见于《说文》。今"讻"为正体，"哅""詾"为其异体字。（孙伟龙）

訟（讼）sòng 邪纽、东部；邪纽、用韵、似用切。

1、2《汉语字形表》94页。3《战文编》146页。4、5《说文》56页。6、7《篆隶表》156页。

形声字。从言，公声。《说文》："讼，争也。""讼"字意为争论、争辩。《后汉书·曹褒传》："会礼之家，名为聚讼。"引申为诉讼，又有为人辨冤之义。《新唐书·魏元忠列传》："酷吏诛，人多讼元忠者，乃召复旧官。"《说文》古文从谷，金文所从"谷"为西周早期形体。清王筠《说文解字句读》："'公'、'谷'古不同声。当依《玉篇》作'詨'，'八'、'公'同义。'公'，盖古'公'字也。又案：金刻'公'作'谷'。'八'字重叠，取字形茂美。"（孙伟龙）

訶（诃）hē 晓纽、歌部；晓纽、歌韵、虎何切。

1《类编》163页。2《战文编》146页。3《说文》56页。

形声字。从言,可声。《说文》:"訶,大言而怒也。"意为大声斥责、责备。《韩非子·内储说下》:"王出而诃之曰:'谁溺于是?'""诃"在春秋战国文字中,大都读为"歌"。斥责义之"诃"又写作"呵",但"呵"还有其他义项。"呵"为后起字,不见于《说文》。(孙伟龙)

訐(讦) jié 见纽、月部;见纽、月韵、居竭切。

1《战文编》146页。2《说文》56页。

形声字。从言,干声。字形序列中,訐为玺印文字,形体特殊。"訐"意为揭发或攻击别人的短处。《说文》:"訐,面相斥罪,相告訐也。"《玉篇》:"讦,攻人之阴私也。"《论语·阳货》:"恶讦以为直者。"(孙伟龙)

訴(诉) sù 心纽、铎部;心纽、暮韵、桑故切。

1《汉语字形表》95页。2、3、4《说文》56页。5、6《篆隶表》165页。7《篆隶表》166页。

形声字。从言,斥声。两个《说文》或体是以"朔"为声,以"言"或"心"为形符的异体字。《说文》:"訴,告也。"意为告诉、诉说。《左传·僖公五年》:"夷吾诉之,公使让之。"引申为控诉、告状。《玉篇》:"诉,讼也,告诉冤枉也。"《汉书·成帝纪》:"刑罚不中,众冤失职,趋阙者告诉不绝。"又引申为诽谤。《广雅·释诂二》:"诉,毁也。"《左传·成公十六年》:"郤犨将新军……取货于宣伯,而诉公于晋侯。"(孙伟龙)

譖(谮) zèn 精纽、侵部;庄纽、沁韵、庄荫切。

1《说文》56页。2《篆隶表》166页。

形声字。从言,朁声。意为说别人的坏话,诬陷别人。《说文》:"譖,诉(愬)也。"《广雅·释诂二》:"譖,毁也。"《玉篇》:"谗也。"《左传·庄公二十八年》:"郦姬谮群公子而立奚齐。""诉"、"谮"义近,但"诉"可以是诉说自己的委曲等,"谮"却是进谗言。(孙伟龙)

讒(谗) chán 从纽、侵部;崇纽、咸韵、士咸切。

1《说文》56页。2《篆隶表》166页。

形声字。从言,毚声。《说文》:"讒,谮也。""谗"与"谮"意近,都是在背后说人的坏话。《庄子·渔父》:"好言人之恶谓之谗。"用为名词时,引申出说坏话的人、谗言之义。《荀子·成相》:"远贤近谗,忠臣蔽塞主势移。""讒"又写作"譲"。《龙龛手鉴》:"譲,俗;讒,正。"前者为后者的俗体,晚出,不见于《说文》。(孙伟龙)

謫(谪) zhé 端纽、锡部;知纽、麦韵、陟革切。

1《说文》56页。

形声字。从言,啻声。清邵瑛《说文解字群经正字》:"今经典作'谪'。"意为罚罪,多用于官吏的降职与流放。《说文》:"謫,罚也。"《文选·吊屈原文序》:"谊为长沙王太傅,既以谪去,意不自得。"又引申为责备、谴责等义。《左传·成公十七年》:"国子谪我。""谪"用为此义时,同"讁"。《集韵》:"谪,《说文》:'罚也。'或作'讁'。""讁"不见于《说文》,简化字中作为异体并入"谪"字中。(孙伟龙)

讓(让) ràng 日纽、阳部;日纽、漾韵、人样切。

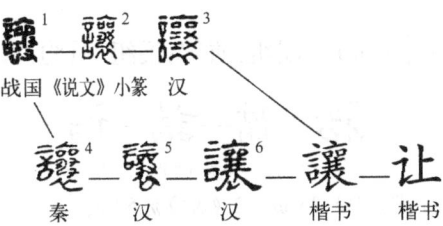

1《战文编》147页。2《说文》56页。3《汉印徵》卷3,8页。4《睡甲》35页。5、6《篆隶表》

166页。

形声字。从言,襄声。简化字"言"旁类推,声符替换为"上"。《说文》:"讓,相責讓。""让"字本义为"责备"。《左传·僖公五年》:"夷吾诉之,公使让之。"段玉裁注:"经传多以为谦让字。"《庄子·达生》:"田子无让,寡人愿闻之。"(孙伟龙)

譙(谯)

qiào 从纽、宵部;从纽、笑韵、才笑切。

qiáo 从纽、宵部;从纽、宵韵、昨焦切。

1《战文编》147页。2、3《说文》57页。4、5《篆隶表》166页。

形声字。从言,焦声。《说文》古文以"肖"为声符。"肖"为宵部心纽字,"焦"为宵部精纽字,二者音近可通。《说文》:"譙,嬈譊也。"意为责备、呵斥。《韩非子·五蠹》:"父母怒之弗为改,乡人谯之弗为动,师长教之弗为变。"古籍中,多有用"诮"者。简化字中,"谯"意为"谯楼",读qiáo;"诮"意为责备,读qiào。(孙伟龙)

誶(谇)

suì 心纽、物部;心纽、队韵、苏内切。

1《睡甲》35页。2《说文》57页。

形声字。从言,卒声。《说文》:"誶,让也。"意为责让、责骂。《汉书·贾谊传》:"母取箕帚,立而誶语。"颜师古注:"服虔曰:'誶犹骂也。'张晏曰:'誶,责让也。'"(孙伟龙)

詰(诘)

jié 溪纽、质部;溪纽、质韵、去吉切。

1《睡甲》35页。2《说文》57页。

形声字。从言,吉声。《说文》:"詰,问也。"意为问、细问、追问。《左传·僖公十五年》:"卜徒父筮之,吉。涉河,侯车败。诘之,对曰:'乃大吉也,三败,必获晋君。'"又引申为审讯。《礼记·月令》:"诘诛暴慢,以明好恶。"(孙伟龙)

詭(诡)

guǐ 见纽、支部;见纽、纸韵、过委切。

1《说文》57页。2《篆隶表》167页。

形声字。从言,危声。《说文》:"詭,责也。"意为责成、要求。《汉书·酷吏传》:"诡令立功以自赎。"现"诡"字之"欺诈"义为后起。清段玉裁《说文解字注》:"今人为'诡诈'字。"《管子·法禁》:"行辟而坚,言诡而辩。"(孙伟龙)

證(证)

zhèng 章纽、蒸部;章纽、证韵、诸应切。

1《说文》57页。2、3《篆隶表》167页。

形声字。从言,登声。"証"与"證"是简体"证"的两个来源。"証"意为谏正,用为证验义时,二者可以通用。清段玉裁《说文解字注》:"証,今俗以'証'为'證验'字。""证"本义为告发。《说文》:"證,告也。"《论语·子路》:"其父攘羊,而子证之。"因告发需要证据,故"证"字引申出验证义。《楚辞·九章·惜诵》:"故相臣莫若君兮,所以证之不远。"(孙伟龙)

詘(诎)

qū 溪纽、物部;溪纽、物韵、区勿切。

1、3《说文》57页。2《汉印徵》卷3,8页。4《战文编》147页。5、6《篆隶表》167页。

形声字。从言,出声。《说文》或体以"屈"为声。《说文》:"詘,诘詘也。"段玉裁注谓:"二字双声,屈曲之意。""詘"为"屈"之分化字,主要指言语迟钝。《史记·李斯传》："高(赵高)曰：'(胡亥)轻财重土,辩于心而 诎于口。'""诎"常见用作弯曲义,同"屈"。《荀子·劝学》："若挈裘领,诎五指而顿之,顺者不可胜数也。"(孙伟龙)

与背畔亡异。"又意为诬赖、诬陷。《玉篇》："诬言相加被也。"字形3以"间"为声符,"间"、"阑"音近可通。《史记·高祖本纪》："则使龙且、周蘭往击之。"裴骃集解引徐广曰："一作'简'。"(孙伟龙)

詆(诋) dǐ 端纽、脂部;端纽、荠韵、都礼切。

形声字。从言,氐声。字形序列中,詆为战国文字,以"氐"为声符。《说文》："詆,诃也。"意为喝斥、责骂。《新唐书·黄巢传》："露表告将入关,因诋宦竖柄朝,垢蠹纪纲。""诋"字又意为毁谤、诬蔑。《广雅》："诋,毁也。"《汉书·刘向传》："是以群小窥见间隙,巧言丑诋,流言飞文,哗于民间。"(孙伟龙)

診(诊) zhěn 定纽、文部;澄纽、震韵、直刃切。

形声字。从言,参声。意为"省视、查考"。《说文》："診,视也。"《玉篇》："验也。"《汉书·佞幸传》："有司奏请发贤棺,至狱诊视。"颜师古注："谓发冢取其棺柩也。诊,验也。"引申为候脉、诊断。《史记·仓公传》："齐王中子诸婴儿小子病,召臣意诊切其脉。"(孙伟龙)

誰(谁) shuí 禅纽、微部;禅纽、脂韵、视隹切。

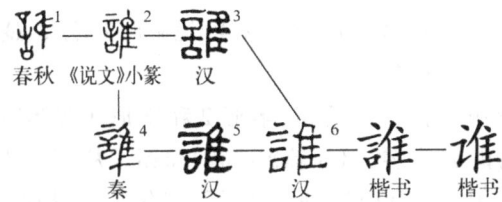

形声字。从言,隹声。《说文》："誰,何也。"疑问代词,主要用以指人。《论语·子罕》："吾谁欺？欺天乎！"亦可为助词,用于句首,无实义。《尔雅》："谁者,昔也。"郭璞注："谁,发语词。"《诗·陈风·墓门》："知而不已,谁昔然矣。"(孙伟龙)

誅(诛) zhū 端纽、侯部;知纽、虞韵、陟输切。

形声字。从言,朱声。字形序列中,以"戈"为形符,会杀戮意,小篆等以"言"为形符,会责备意。《说文》："誅,讨也。"段玉裁注："凡杀戮纠责皆是。"《论语·公冶长》："朽木不可雕也,粪土之墙不可杇也;于予与何诛？"在此意为责备。《孟子·梁惠王下》："闻诛一夫纣矣,未闻弑君也。"在此意为杀戮。(孙伟龙)

讕(谰) lán 来纽、元部;来纽、寒韵、落干切。

形声字。从言,阑声。《说文》："讕,诋讕也。"意为抵赖。段玉裁注："各本作'诋',误。犹今俗语'抵赖'也。"《汉书·文三王传》："王阳病诋谰,置辞骄嫚,不首主令,

討(讨) tǎo 透纽、幽部;透纽、皓韵、他诰切。

会意字。《说文》："討,治也。"徐错系传："从言、

寸。"注云："寸，法也。奉辞伐罪，故从言。此会意也。"意为治理、整治。《左传·宣公十二年》："其君无日不讨国人而训之。"治理、整治是上对下的管教，引申出讨伐的意思。《孟子·告子下》："天子讨而不伐。"后泛指一切声讨其罪而加以进攻的行为。引申为研究、讨论。清段玉裁《说文解字注》："凡言'讨论'、'探讨'皆为理其不齐者，而齐之也。"《论语·宪问》："为命，裨谌（人名）草创之，世叔讨论之。"（孙伟龙）

諳（谙） ān 影纽、侵部；影纽、覃韵、乌含切。

諳¹—諳—谙
《说文》小篆 楷书 楷书

1《说文》57页。

形声字。从言，音声。意为熟悉、知晓。《说文》："諳，悉也。"《南史·刘湛传》："少有局力，不尚浮华，博涉史传，谙前代旧典。"引申为背诵、熟记。《玉篇》："谙，诵也。"《广韵》："谙，记也，忆也。"《南齐书·陆澄传》："（王）俭自以博闻多识，读书过澄。澄曰：'令君少便鞅掌王务，虽复一览便谙，然见卷轴未必多仆。'"（孙伟龙）

謚（谥） shì 影纽、锡部；影纽、昔韵、伊昔切。

謚¹—謚³—謚—谥
《说文》小篆 汉 楷书 楷书

謚²—謚
《说文》小篆 楷书

1、2《说文》57页。3《篆隶表》168页。

形声字。从言，益声。《说文》："謚，行之迹也。"又，"謚，笑貌。"段注只收"谥"字训"形之迹也"。姚文田、严可均《说文校议》认为：《说文》"谥"字原无"笑貌"之训，后人既改"谥"为"謚"，又取《字林》以"谥"为"笑声"窜入，且改"笑声"为"笑貌"。"谥"之训解当为"形之迹也。从言，益声"。唐玄应《一切经音义》卷十三引《说文》："谥，形之迹也。""谥"乃古代帝王、贵族、大臣等死后，依其一生所行事迹给予的称号，以褒善贬恶。《礼记·乐记》："故观其舞，知其德，闻其谥，知其行也。"（孙伟龙）

誄（诔） lěi 来纽、微部；来纽、脂韵、力轨切。

誄¹—誄²—誄—诔
《说文》小篆 汉 楷书 楷书

1《说文》57页。2《篆隶表》168页。

形声字。从言，耒声。《说文》："誄，谥也。"段玉裁注："当云所以为谥也。"意为累述死者功德以示哀悼，并以之定谥。《礼记·曾子问》："贱不诔贵，幼不诔长，礼也。"郑玄注："诔，累也，累列生时行迹，读之以作'谥'，'谥'当由尊者成。"用为名词，意为累述死者功德以示哀悼的文章。《汉书·景帝纪》："令诸侯王薨，列侯初封及大国，大鸿胪奏谥、诔、策。"（孙伟龙）

詬（诟） gòu 见纽、侯部；见纽、厚韵、古厚切。

詬⁴—詬—诟
《说文》小篆 楷书 楷书

詢¹—詢—詢³—詢
战国 《说文》或体 汉 楷书

1《战文编》148页。2、4《说文》57页。3《篆隶表》168页。

形声字。从言，后声。字形2和字形3皆为以"句"为声符的异体字。《玉篇》："詢，同诟。"从"句"声的异体始见于战国，汉代习见。"后"、"句"古音相近，作为声符常可通用，如"垢"与"垍"、"牿"与"狗"等因声符"后"、"句"不同而造成的异体字习见。"诟"意为耻辱。《说文》："詬，謑詬，耻也。"《左传·定公八年》："公以晋诟语之。"杜预注："诟，耻也。"又可用为动词，意为"怒骂"。（孙伟龙）

諜（谍） dié 定纽、葉部；定纽、帖韵、徒协切。

諜¹—諜²—諜³—諜—谍
战国 秦 《说文》小篆 楷书 楷书

1《战文编》148页。2《睡甲》35页。3《说文》57页。

形声字。从言，枼声。《说文》："諜，军中反间也。"即为"间谍、侦探"。《左传·宣公八年》："晋人获秦谍。"陆德明释文："谍，间也。今谓之'细作'。""间"之间谍义，为引申义。"间"、"谍"常互注，二者并行，后有合成词"间谍"。（孙伟龙）

該(该) gāi　见纽、之部；见纽、咍韵、古哀切。

該¹ — 詠² — 該 — 该
《说文》小篆　汉　楷书　楷书

1《说文》57页。2《篆隶表》169页。

形声字。从言，亥声。《说文》："該，军中约也。"钱坫斠诠："言军中戒约也。"又意为完备、具备。《广雅》："包也。"《孔子家语·正论解》："夫孔子者，大圣，无不该。""无不该"即"无不兼备"。（孙伟龙）

譯(译) yì　喻纽、铎部；以纽、昔韵、羊益切。

譯¹ — 譯² — 譯³ — 譯 — 译
《说文》小篆　汉　汉　楷书　楷书

1《说文》57页。2《汉印徵》卷3,9页。3《篆隶表》169页。

形声字。从言，睪声。"译"最初只指翻译少数民族语言的人。《礼记·王制》："五方之民，言语不通，嗜欲不同。达其志，通其欲，东方曰寄，南方曰象，西方曰狄鞮，北方曰译。""译"用为动词时，意为翻译。汉司马相如《喻巴蜀檄》："康居西域，重译请朝，稽首来享。"又引申为解释、阐述。《正字通·言部》："凡诂译经义亦曰译。"汉王符《潜夫论·考绩》："夫圣人为天口，贤者为圣译。"（孙伟龙）

訄 qiú　溪纽、幽部；溪纽、尤韵、去鸠切。

訄¹ — 訄² — 訄
春秋　《说文》小篆　楷书

1《汉语字形表》96页。2《说文》57页。

形声字。从言，九声。意为逼迫、强迫。《说文》："訄，迫也。"段玉裁注："今俗谓逼迫人有所为曰訄。"又写作"訅"、"訄"等形。明赵宦光《说文长笺·言部》："訄，同訄。"《集韵·尤韵》："訄，《说文》：'迫也。'或书作訅。"（孙伟龙）

詢(询) xún　心纽、真部；心纽、谆韵、相伦切。

詢¹
《说文》新附
|
詢² — 詢³ — 询
秦　汉　楷书　楷书

1《说文》57页。2、3《篆隶表》169页。

形声字。从言，旬声。《说文》："詢，谋也。"《玉篇》："询，咨也。"《正字通》："博闻也。""询"字意为广泛的征求意见，与"访"意近。但"询"为一般征求意见，上对下的垂询，不一定是出访。《国语·鲁语下》："咨才为诹，咨事为谋，咨义为度，咨亲为询。"（孙伟龙）

讜(谠) dǎng　端纽、阳部；端纽、荡韵、多朗切。

讜¹ — 讜² — 讜³ — 讜 — 谠
《说文》新附　汉　汉　楷书　楷书

1《说文》57页。2《汉印徵》卷3,9页。3《篆隶表》169页。

形声字。从言，黨声。《说文》："讜，直言也。"《玉篇》："谠，直言也，善言也。"《汉书·叙传下》："谠言访对，为世纯儒。"颜师古注："谠，善言也。"《后汉书·班彪传》："既成群后之谠辞，又悉经五緯之硕虑矣。"李贤注："谠，直言也。"《说文诂林》引清郑珍《说文新附考》："汉以后止行'直言'之义矣。"（孙伟龙）

譜(谱) pǔ　帮纽、鱼部；帮纽、姥韵、博古切。

譜¹ — 譜 — 谱
《说文》新附　楷书　楷书

1《说文》57页。

形声字。从言，普声。《说文》："譜，籍录也。"《释名·释典艺》："布也，布列其事也；亦曰绪也。""谱"指分类记录事物系统的书。《史记·三代世表》："自殷以前，诸侯不可得而谱；周以来，乃颇可著。"清郑珍《说文新附考》："谱，《世本》有《帝王谱》、《诸侯谱》、《大夫谱》各谱，则'谱'名出于先秦以上。而《说文》无'谱'字，古《世本》当作'普'，如韦昭薄普之义，久乃因加言旁。《史记》因《世本》之'谱'变名为'表'，盖'表'音古与'谱'同，而义相近，非即一字。"（孙伟龙）

詎(讵) jù　群纽、鱼部；群纽、语韵、其吕切。

詎¹ — 詎² — 詎 — 讵
战国　《说文》新附　楷书　楷书

1《战文编》149页。2《说文》57页。

形声字。从言，巨声。《说文》："'詎'犹'岂'也。"杨树达《词诠》卷四："詎，反诘副词。"相当于"怎么"、"难道"。《庄子·齐物论》："庸詎知吾所谓知之非不知邪？"

又表否定,相当于"无"、"非"。《北史·卢玄传》:"创制立事,各有其时。乐为此者,讵几人也。""讵"义项较多,还可为假设连词"假如"、"如果"。《国语·晋语六》:"且唯圣人能无外患,又无内忧,讵非圣人必偏而后可。"又为介词"至"、"到"。《玉篇》:"讵,止也,至也,格也。"(孙伟龙)

謎(谜) mí 明纽、霁韵、莫计切。

謎¹—謎—谜
《说文》新附　楷书　楷书

1《说文》58页。

形声字。从言,从迷,迷亦声。《说文》:"谜,隐语也。"谜语,古称"廋辞"或"隐语"。《文心雕龙·谐隐》:"自魏代以来,颇非俳优,而君子嘲隐,化为谜语。谜也者,回互其辞,使昏迷也。"其比喻义为还没弄明白或难以理解的事。(孙伟龙)

誌(志) zhì 章纽、之部;章纽、志韵、职吏切。

誌¹—誌²—誌—志
《说文》新附　汉　楷书　楷书

1《说文》58页。2《篆隶表》170页。

形声字。从言,志声。《说文》:"誌,记誌也。"意为记录。《列子·杨朱》:"太古之事灭矣,孰誌之哉。"引申为记忆。《新唐书·褚亮传》:"亮少警敏,博见图史,一经目则誌于心。"又引申为标记、记号。《南齐书·韩係伯传》:"襄阳土俗,邻居种桑树于界上为誌。"还可引申为记事的文章或书籍,如地方誌、墓誌等。今简化作"志"。(孙伟龙)

訣(诀) jué 见纽、月部;见纽、宵韵、古穴切。

訣¹—訣—诀
《说文》新附　楷书　楷书

1《说文》58页。

形声字。从言,决省声。《说文》:"訣,诀别也。一曰法也。"本义为永别、生死诀别。《世说新语·任诞》:"阮籍尝葬母,蒸一肥豚,饮酒二斗,然后临诀。"后词义弱化,意为告别、辞别。《史记·吴起列传》:"东出卫郭门,与其母诀。啮臂而盟曰:'起不为相卿,不复入卫。'"所谓"法也",意为诀窍、秘诀。《篇海类编》:"诀,方术要法。"(孙伟龙)

誩 部

譱(善) shàn 禅纽、元部;禅纽、狝韵、常演切。

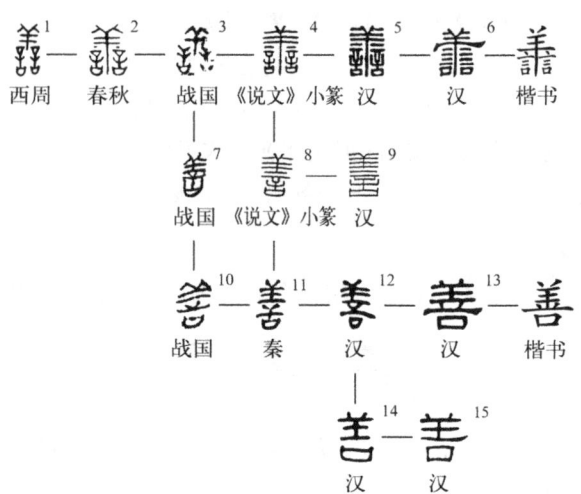

1、2《金文编》153页。3、7、10《战文编》157页。4、8《说文》58页。5、9《汉印徵》卷3,10页。6、12-15《篆隶表》172～173页。11《睡甲》36页。

会意字。《说文》以为"从誩,从羊",会吉祥之意,很不好理解。近人或以为"譱"字所从"羊"为"美"的省形,从二"言"为彼此相善之义;或以为"善"字从"羊",为"膳"的本字。众说不一,迄今无定论。虽然"譱"的构形意义不明,但其形体演变过程却十分清楚。西周金文皆从二"言",作"譱"。《说文》小篆与秦简的"善"从"言",是"譱"的简化。现在通行的"善"字下部是"言"的讹变。"善"在战国文字中,异体很多,所列善、𠷎仅是楚文字的一部分。𠷎不仅省去"羊"旁中间的竖笔,而且"羊"旁与"言"旁共用中间的一横画。齐、三晋等系的文字变化也很多,在此不一一详列。这些异体字在秦始皇"书同文"的政令下,均被淘汰了。"善"的吉祥美好这一基本意义古今一直延续不变。(李守奎)

竸(竞) jìng 群纽、阳部;群纽、庚韵、渠京切。

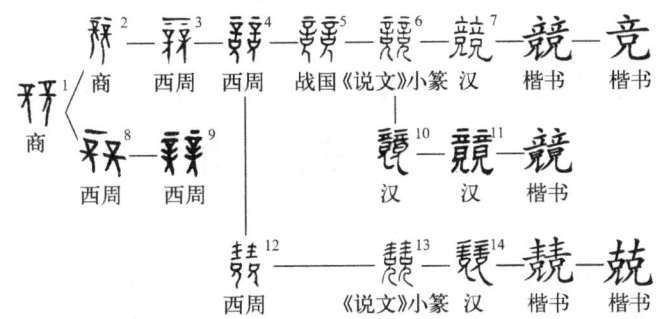

1、2《甲文编》98页。3、4、5、8、9《金文编》152～153页。6《说文》58页。7、10、11、14《篆隶表》173页。12《金文编》61页。13《说文》177页。

会意字。甲骨文"競"字像前后相随、上戴头饰的两个人,会相逐意,与《说文》"競"的别义"逐也"相合。"竞"本像上戴头饰的人形在头饰与人之间加上"口"形就成了"竞",上部变成了"言"形。《说文》据从二"言"的"競"字析义,释为"彊语也",与典籍用法不合,文献中"競"训为"彊"常见,似未见"彊语"之训。疑"競"的本义当是"逐也"。假借义是"彊也"。"競"与"彊"古音声、韵皆同,自可假借。"竞"中部的"口"中加点,就成了"競",此字见于《龙龛手鉴·立部》,是"競"字的异体,证之汉代简帛、石刻,确切无疑。《说文》卷八别有"競"字:"競,競也。"前人已指出是"競"字的讹体。林义光《文源》中说"競"的上部像头饰,当属可信。"競"就是"競"的异体,二字形、音、义俱近。这个字典籍均作"兢"。要之,"競"、"競"、"競"本是一字异体,本义为"逐",假借为"彊"。"競"为后起,不久便被淘汰。"競"后简化为"兢","競"简化为"竞",字体分化,音随义转,成了形、音、义有别的两个字。(李守奎)

讀 dú 定纽、屋部;定纽、屋韵、徒谷切。

讀¹—讀²—讀
《说文》小篆 汉 楷书

1《说文》58页。2《篆隶表》173页。

形声字。从誩,賣声(賣音yù,是"讀"、"犢"等字声旁,见"賣²"字条)。《说文》:"讀,痛怨也。"《汉书·五行志》:"作事不时,怨讀动于民。"颜师古注云:"讀,痛怨之言也。音讀。"古文字形旁单、复常常无别,"讀"与"讀"声、韵皆同。以形旁单、复作为区别特征,当系晚出,很可能是汉篆。(李守奎)

音部

音 yīn 影纽、侵部;影纽、侵韵、於金切。

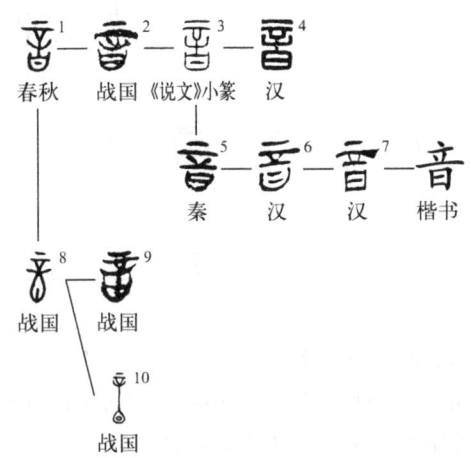

1、8、10《金文编》153页。2、9《战文编》158页。3《说文》58页。4《汉印徵》卷3,10页。5《睡甲》36页。6、7《篆隶表》173页。

指事字。《说文》:"音,声也。生于心,有节于外,谓之音。宫、商、角、徵、羽,声;丝、竹、金、石、匏、土、革、木,音也。从言含一。"这段解说把音乐产生的根源以及音乐与声律、音乐与乐器的关系都说到了,只是"从言含一"的字形分析令人费解。其实"音"是在"言"字所从的"口"旁中加区别符号形成的指示字。"口"中或加短横,或加短竖,或加小圆圈,形虽不同,作用一致。"音"与"言"在意义上是有联系的。发"言"为声,声成文谓之"音"。"音"的基本意义古今一贯。"音"的意义泛化为一般的声音之后,就与声混同了。(李守奎)

響(响) xiǎng 晓纽、阳部;晓纽、养韵、许两切。

響¹—響²—響—响
《说文》小篆 汉 楷书 楷书

1《说文》58页。2《篆隶表》174页。

形声字。《说文》:"響,声也。从音,鄉声。""鄉"现在简化为"乡","響"也简化为"响"。"响"的本义是回声。《易·系辞上》:"是以君子将有为也,将有行也,问也而以言,其受命也如响。""响"的初文很可能是"向",像屋子里用口发出声音的回声。马王堆帛书《经法·名理》:"如向之隋声。"意思就是"如响之随声"(参看裘锡圭《文字学概要》)。由回声引申为发出声音。唐杜牧《池州送孟迟

197

先辈》：“好鸟响丁丁。”现在常说的"响应"本来是指"如回声之应"，还保留着"响"的本义。（李守奎）

章 zhāng 章纽、阳部；章纽、阳韵、诸良切。

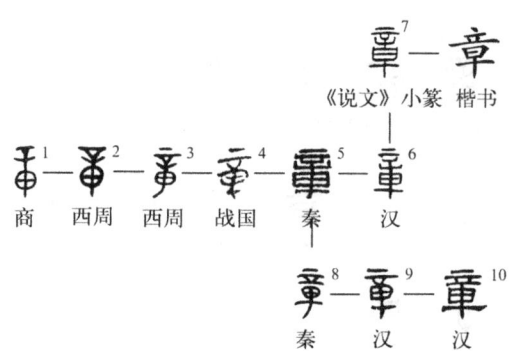

1、2、3《金文编》153页。4、5《战文编》158页。6《汉印徵》卷3，10页。7《说文》58页。8《睡甲》37页。9、10《篆隶表》174页。

构形不甚明了。《说文》：“乐竟为一章。从音，从十。十，数之终也。”林义光在《文源》中早已指出，"章"的古文字形体不从"音"，亦不从"十"。从商代金文到秦汉篆隶，"章"字均与"音"、"十"无涉。《汉语古文字字形表》所收石鼓文"章"字因字形漫漶，不可据信。《说文》小篆"章"字字形不知所自。"章"在商周金文中多读为"璋"。有可能就是以刀具治圆形玉器的象形，也就是"璋"或"彰"的表意初文。"乐竟为一章"当是后起义。（李守奎）

竟 jìng 见纽、阳部；见纽、映韵、居庆切。

1《甲文编》98页。2、3、5、6《篆隶表》175～176页。4《说文》58页。

競之省形。《说文》：“乐曲尽为竟。从音，从人。”"竟"是"競"的一半。二字都是牙音阳部字，古音很近。"竟"当是"競"字的省形。"竟"变为"竟"与"競"变为"競"是并行的，古文字乘隙加点是常见的现象。《礼记》"入竟而问禁"之"竟"是疆境的意思。后来在这个意义的"竟"上加了形旁"土"就分化出"境"。《说文》："境，疆也。""竟（境）"与"疆"的关系同"競"与"疆"的关系一样，都是音近假借。"竟"的终了义当是"疆境"义的引申。

《说文》的解释。是据后出字形立说，不能全信。（李守奎）

韻(韵) yùn 匣纽、文部；云纽、问韵、王问切。

1《说文》58页。

形声字。从音，员声。"韻"字晚出，汉代以前出土材料未见。《说文》原无"韻"字，大徐本中的"韻"是徐铉所增。"韻"与"韵"（见《集韵》）本是一字异体，义为和谐的声音。现在简化字废除了"韻"字，只剩下了"韵"。（李守奎）

辛 部

辛 qiān 溪纽、元部；溪纽、仙韵、去乾切。

1《甲文编》684页。2、3《甲文编》98页。4《汉语字形表》98页。5《说文》58页。

象形字。《说文》："辛，罪也。从干、二。二，古文上字。""辛"字甲骨文有下部从"刀"的异体，当是一种刀形器具，与"辛"字的区别在于"辛"下部弯曲，"辛"为一直笔。"辟"、"皋"、"辥"、"辤"等字皆从"辛"，《说文》均讹从"辛"。据裘锡圭先生研究，"辛"也可能是"乂（刈）"的初文，本义是"镰"。"乂（刈）"是疑纽、月部字，与"辛"古音相近。"辛（辛）"与"乂（刈）"本为一字，后来异体分化为两个字。《说文》所谓的"从干、二。二，古文上字"与古文字形体不合。（李守奎）

童 tóng 定纽、东部；定纽、东韵、徒红切。

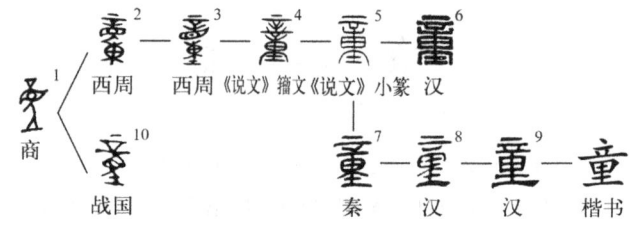

1《甲骨文字诂林》2501页。2、3《金文编》154页。4、5《说文》58页。6《汉印徵》卷3，10页。7《睡甲》37页。8、9《篆隶表》176页。10《战文编》160页。

形声字。甲骨文"童"字上部像以刑具刺目之形，下从"壬"。这种形体的"童"字在周秦文字中没有沿袭下来,但六国文字却继承了这一写法。齐、楚文字有些字与甲骨文联系十分紧密,"童"字即是其中一例。西周金文上部承袭了甲骨文的以刑具刺目形,下部改从"東"声。后"東"下增"土"旁,与"重"形近。在秦简和小篆中,省去了中部的"目",就成了所谓的"从辛,重省声"了。《说文》说"男有罪曰奴,奴曰童",与字形相合,当是可信的。《易·旅》:"旅即次,怀其资,得童仆,贞。"或以为"童"的上部不是刑具,而是头饰,那么"童"的本义就不一定是有罪的男人了,亦可备一说。孩童之义也是"童"的常用义。《孟子·尽心上》:"孩提之童,无不知爱其亲者。"（李守奎）

妾 qiè 清纽、葉部；清纽、葉韵、七接切。

商 商 西周 春秋 战国 《说文》小篆 汉
秦 汉 汉 楷书

1、2《甲文编》97页。3《金文编》155页。4《汉语字形表》98页。5《战文编》160页。6《说文》58页。7《汉印徵》卷3,10页。8《睡甲》37页。9、10《篆隶表》196页。

会意字。从辛（刑具）,从女。《说文》:"有罪女子,给事之得接于君者。从辛,从女。"甲骨文中"妾"的用法等同于"妻",没有贵贱之分,更无是"有罪女子"之证。所以,论者多以为"妾"上所从的"丫"或"Y"形,与"龍"、"鳳"头上的同形,都是头饰,《说文》所说的"有罪女子"、"女为人妾,不娉也"等,均为后起义。"妾"与"童"上部究竟是刑具,还是头饰,尚需进一步的研究。（李守奎）

丵 部

丵 zuó 从纽、药部；从纽、觉韵、士角切。

《说文》小篆 楷书

1《说文》58页。

《说文》:"丛生艸也。象丵岳相并出也。""丵"在出土文献中从未单独出现,典籍中也没有用例。丵部所属"業"、"叢"、"對"三字无一是从"丛生艸也"的"丵"得义。可以肯定地说,《说文》从"丵"的字是误合了不同来源的几个偏旁,"業"所从的"丵"本像悬挂钟磬的大板;"叢"字所从的"丵"是误合"艸"与龙的头饰"Y"为一体;"對"所从的"丵"有人怀疑是农具,究竟是什么尚难确指,但与"丛生艸"肯定是没关系的。"丵"与下面的"糞"一样,都是割裂偏旁而成的。（李守奎）

業（业）yè 疑纽、葉部；疑纽、帖韵、鱼怯切。

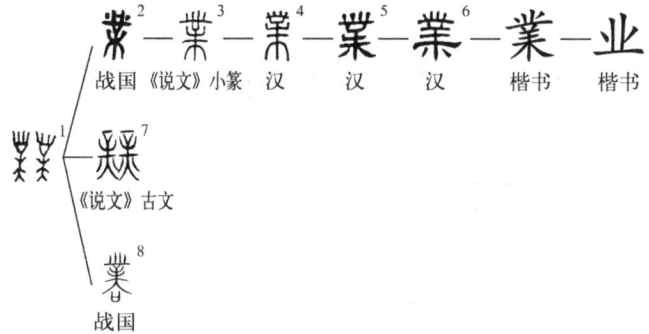

战国 《说文》小篆 汉 汉 汉 楷书 楷书
《说文》古文
战国

1《四版校补》26页。2、8《金文编》155页。
3、7《说文》58页。4《汉印徵》11页。5、6《篆隶表》176页。

象形字。"業"本像二人双臂上举,手托大版的形状。《说文》:"業,大版也。所以饰县（悬）钟鼓,捷業如锯齿,以白画之,象其鉏铻相承也。"董莲池据曾侯乙墓钟虡像人形考明了"業"字的构形,考出金文中的"業"字。"業"本作"糞",像二人托举"大版",《说文》古文即源自此形。西周金文有增声旁"去（盍）"的形声字。字形4是战国中山王器的"業",字经过简化,由双"業"变为单"業",声旁"去（盍）"的上部与"業"的下部共用笔画。字可隶作"辈"。《说文》小篆及汉代篆隶的"業"字下部是讹变之形。"从丵,从巾,巾象版"的分析,是据讹变字形立说,不可信。但说"業"的本义是"大版",与古文字字形和文献用例相吻合。"业"是新造的简化字。（李守奎）

叢（丛）cóng 从纽、東部；从纽、東韵、徂红切。

秦 《说文》小篆 楷书 楷书

1《睡甲》37页。2《说文》58页。

形声字。从艸,龍声。《说文》:"叢,聚也。从丵,取声。""丵"旁先秦古文字中本不存在,《说文》小篆是误合来源不同的几个偏旁而成,"叢"所从的"丵"就是"艸"旁与"龍"字所从的顶冠而成。秦简所从"龍"字下部与"取"近同,属于变形音化。"叢"的本义应当是草木丛生。《孟子·离娄上》："为渊驱鱼者，獭也；为丛驱雀者，鹯也。"由草木丛生可引申为聚集、繁杂等。《说文·艸部》别有"艸丛生貌"的"藂"字，当是累增形旁的后起字。"丛"是新造的简化字。（李守奎）

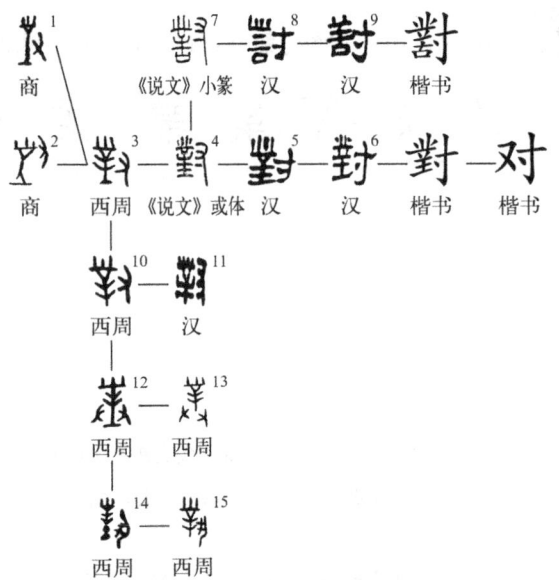

1、2《甲文编》99页。3、10、12～15《金文编》155～158页。4、7《说文》58页。5、6、8、9《篆隶表》177页。11《汉印徵》卷3，11页。

《说文》："對，应无方也。从丵，从口，从寸。對，或从土。汉文帝以为责對而为言，多非诚對，故去其口以从土也。"许慎据汉代的"對"字使用情况立说，多不可信。"对"是"對"的简化字。"對"字甲骨文、金文屡见，尤其是在西周金文中，使用频率很高，异体很多。其构形像以手把持某物。学者们对"丵"为何物做了种种猜测，至今未能达成一致，但可以肯定的是商周时期的"對"与"口"、"寸"（《说文》中常常代表法度）没有关联。许慎说"對，应无方也"，是因为汉代之"對"常常用于司法审问的答辞。罪犯所对是不会以褒辞誉美的，当然就成了"应无方"了。然而验之周代金文的"對扬王休"，都是王对下属有所休美，其下属以实际行动和华美的言辞回应，是十足的"应有方"。然而，在春秋、战国的出土文献中至今尚未发现确切无疑的"對"字。《说文》以"對"为"對"的或体，治《说文》的学者早已指出"士"为"土"之讹。验之以商周古文字，从"土"的"對"当为正体。因"對"的常用义是"应答"，所以汉代出现改"土"为"口"的"對"字。"對"、"對"二字在汉代构成异体字，与汉文帝改字无关。对于"對"字的研究还有两个重要问题尚未解决：一是"對"字的构形和本义；二是春秋、战国时期的"對"字是什么样。这两个问题是互相联系着的，尚需深入研究。（李守奎）

業 部

業 pú 并纽、屋部；并纽、屋韵、蒲木切。

業¹—業
《说文》小篆　楷书

1《说文》58页。

省形或讹形。《说文》："業，渎業也。从丵，从廾，廾亦声。""業"字用法文献无征，出土文献中也未见确切无疑的"業"形。包山楚简145号简有个字形像"業"的字，但以其为声旁的字多在元部、质部，当与"業"无涉。"業"当是割裂"僕"字的一部分，《说文》是把偏旁当作文字了。当然，也不能排除"業"是"僕"的省形的可能。（李守奎）

僕（仆）pú 并纽、屋部；并纽、屋韵、蒲木切。

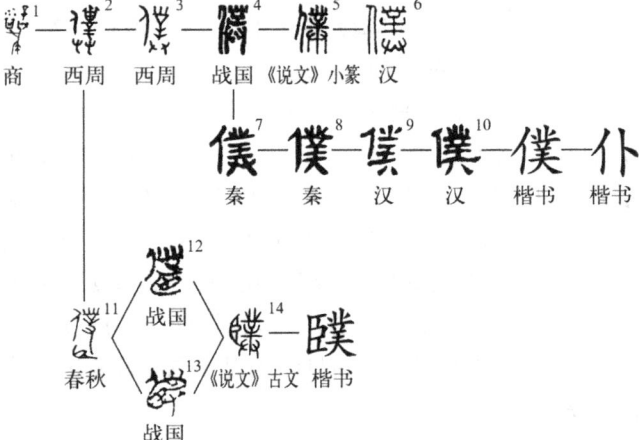

1《汉语字形表》99页。2、3《金文编》158页。4《战文编》161页。5、14《说文》58页。6《汉印徵》卷3，11页。7、8《睡甲》37页。9、10《篆隶表》177页。11《四版校补》26页。12、13《战文编》160页。

象形字音化为形声字。"僕"、"仆"原为两字，现统一简化为"仆"字。《说文》："僕，给事者。从人，从業，業亦声。""僕"字的甲骨文像一个头戴头饰、尻带尾饰的人双手捧箕，弃除劳作之形，正是《说文》所说的"给事者"的象形初文。西周金文为了书写的方便和结构的匀称,字形割裂位移,本像箕形的"甾"置在头饰的上面,人形与头饰割裂,移到左侧,双手与人分离置于头饰的下部。后来又进一步简化,省去上部的箕形,像头饰的形体变为"举",就成为小篆所本的从人、羑声的形声字了。当"僕"变得不象形后,又增加了表意偏旁"臣",以表示臣仆义。春秋时期的楚文字已从"臣"了,为《说文》古文所本。(李守奎)

廾 部

収(廾) gǒng 见纽、东部;见纽、肿韵、居悚切。

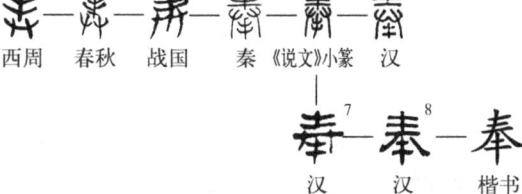

1《甲文编》100页。《说文》59页。

会意字。会两手相向拱手有所奉承意。《说文》谓"収,竦手也。从屮,从又"是对的。"収"在甲骨文屡见。西周以后,很少单独使用,多作为表意偏旁出现。"拱"字当是"収"的后起形声字。"収"作为偏旁,多隶定为"廾",如"弄"、"戒"等。也有变形为"六"的,如"兵"、"具"等。(李守奎)

奉 fèng 並纽、东部;奉纽、肿韵、扶陇切。

1《金文编》158页。2《汉语字形表》100页。3《战文编》161页。4、7、8《篆隶表》178页。5《说文》59页。6《汉印徵》卷3,11页。

形声字。《说文》:"奉,承也。从手,从廾,丰声。""奉"的初文从収,丰声,可以隶作"弄",表示捧承之义。从西周金文到春秋、战国文字都是如此。"収"本已是左、右两只手,秦文字又累增"手"旁,就成了"奉"。"奉"义引申成为多义词,在捧承义的"奉"旁又增加了一只手,就成了"捧"。"弄"、"奉"、"捧"是一字之增益,是表义偏旁"手"不断累增的结果。"奉"与"承"的演变过程很相似,可与"承"字条互参。隶、楷"奉"字下部的"キ"形是"手"旁的隶定,相同的隶定还有"举"字,应当留意。(李守奎)

丞 chéng 禅纽、蒸部;禅纽、蒸韵、署陵切。

1《甲文编》100页。2-5、8《篆隶表》178~179页。6《睡甲》37页。7《说文》59页。

会意字。《说文》:"丞,翊也。从廾,从卪,从山。山高,奉承之义。""丞"是拯救之"拯"的初文,甲骨文形体像一人落入深坎中,上有双手拯救之形。战国文字中,上部拯救的两只手位移到了跽坐的人形两侧,人的腿部与坎井相连,有些像隶书的"山"形。但秦简、汉印中,"凵"形依旧与"山"有别。在汉代文字中,"丞"的下部有的讹与"山"相近,许慎已经不明"丞"字的原委,故解形释义均不准确。"丞"字隶变,"凵"简化为一横,下部依旧与"山"有别。"丞"在秦汉是个常用字,多用为职官。"拯救"之"拯",《说文》作"抍",段玉裁改为"拯",甚有见地。(李守奎)

奐(奂) huàn 晓纽、元部;晓纽、换韵、火贯切。

1《金文编》513页"寏"字偏旁。2《汉语字形表》100页。3《说文》59页。4《篆隶表》179页。

形声字。《说文》:"取奂也。一曰大也。从廾,夐省声。"金文"奂"从"𠬞(pān)"声。上部似从"人"立在"穴"上。因"𠬞"与"収"形近,讹从"収"。汉印中的"奂"的下部更伪讹得与"丌"同形。由于"奂"字形旁的形、义尚无定论,"奂"字的本义还须要深入研究。《说文》对"奂"字形、音、义的分析也不足凭信。"奂"在构字中主要作音符,如"换"、"涣"、"唤"等。(李守奎)

弇 yǎn 影纽、谈部;影纽、琰韵、衣俭切。

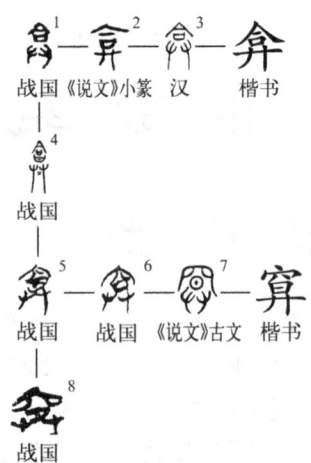

1、5、6、8《战文编》162页。2、7《说文》59页。3《篆隶表》179页。4《金文编》163页。

会意兼形声字。《说文》:"弇,盖也。从廾,从合。""弇"、"合"古音相近,合亦声。"弇"的本义是掩盖。"弇"与"奄"音义并近。《说文》:"奄,覆也。大有余也。""覆"与"盖"同义。《说文·手部》中的"揞"和"掩"也都有覆盖的意义。"弇"与"奄"同源。"弇"的字形自战国初期的曾侯乙墓竹简到汉代的篆隶一直没有大的变化。中山器出现了加羨符"曰"的异体,后来也消亡了。《说文》"弇"的古文,《集韵·感韵》隶作"寍"。这个形体源自楚简,字从穴,从曰,从収。又有从"夕"的异体,构字原理尚待进一步研究。(李守奎)

弄 nòng　来纽、东部;来纽、送韵、卢贡切。

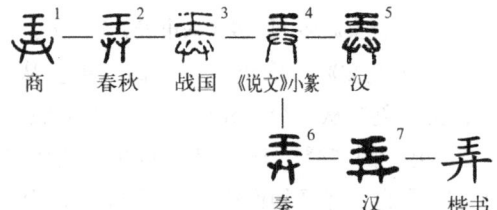

1、2《金文编》160页。3《战文编》162页。4《说文》59页。5《汉印徵》卷3,12页。6《睡甲》37页。7《篆隶表》179页。

会意字。会双手(収)捧玉摩挲玩弄之意。《说文》:"弄,玩也。""弄"的本义就是用手玩弄。《诗·小雅·斯干》:"乃生男子,载寝之床,载衣之裳,载弄之璋。"郑玄注:"玩以璋者,欲其比德焉。""弄璋"就是给生下的男孩玉璋玩弄。"弄璋之喜"也就成了生下男孩的贺词。"弄"的其他意义都是从此引申而出。(李守奎)

戒 jiè　见纽、职部;见纽、怪韵、古拜切。

1《甲文编》101页。2《金文编》160页。3《汉语字形表》101页。4《说文》59页。5《睡甲》37页。6、7、8《篆隶表》179页。

会意字。以双手持戈会警戒意。《说文》:"戒,警也。从廾持戈,以戒不虞。"论形说义,都很精当。现代汉语"警戒"、"戒备"中的"戒",用的还是本义。(李守奎)

兵 bīng　帮纽、阳部;帮纽、庚韵、甫明切。

1《甲文编》101页。2、3《金文编》160页。4《战文编》163页。5、10《说文》59页。6、7、9、13、14《篆隶表》179～180页。8《汉语字形表》101页。11《汉印徵》卷3,12页。12《睡甲》38页。

会意字。《说文》:"兵,械也。从廾持斤,并力之貌。"甲骨文像双手合握着一个长柄锋刃的砍伐器。"兵"的本义是兵器,成语"坚甲利兵"用的就是"兵"的本义。《说文》所说的"兵,械也"与古形古义是相合的。"士兵"义是后起引申义。三晋和秦文字"兵"字都与《说文》籀文相同,秦、汉简牍与此也是同一个系列。《说文》小篆与秦、汉文字都不甚相合,却与西周、战国楚文字相合。小篆来源比较复杂,需要深入研究。(李守奎)

弈 yì　喻纽、铎韵;以纽、昔韵、羊益切。

弈

战国　《说文》小篆　楷书

1《战文编》164页。2《说文》59页。

形声字。本义为围棋。《说文》："弈，围棋也。从廾，亦声。"《论语·阳货》："不有博弈者乎？为之犹贤乎已。"《方言》卷五："围棋谓之弈，自关而东，齐鲁之间皆谓之弈。"（李守奎）

具 jù

群纽、侯部；群纽、遇韵、其遇切。

西周　西周　春秋　战国　秦　《说文》小篆
战国　秦　汉　汉　楷书

1、2、3《金文编》162页。4、10《战文编》164页。5、8、9《篆隶表》180页。6《说文》59页。7《睡甲》38页。

会意字。《说文》："具，共置也。从廾，从貝省。古以貝为货。"甲骨文和金文中的大多数字形都是双手捧鼎的样子。鼎是烹饪器兼作食器。《说文》所说的"共置"应为"供置"，就是备办酒食的意思。《汉书·灌夫传》"请语魏其具，将军旦日蚤临"中的"具"正是用其本义。"具"的词义本是指备办酒食这种行为，兼括动作与对象宾语。在具体的使用中，可以专指酒食。《战国策·齐策四》："食以草具。"又可引申为酒食之外的"备办"。《左传·隐公元年》："缮甲兵，具卒乘。""鼎"与"貝"在构字中很早就开始混讹了。字形2是西周金文，已经讹为"貝"形。许慎说"古以貝为货"不错，但与"具"字构形无涉。"具"所供置的是酒食而不是货贝。（李守奎）

癶 部

癶(攀) pān

滂纽、元部；滂纽、删韵、普班切。

《说文》小篆　楷书

战国　汉　汉　楷书

《说文》或体　楷书

1、5《说文》59页。2《战文编》165页。3、4《篆隶表》181页。

会意字。攀援而上时两手向外，所以就用向外的两只手表示"攀登"的"癶"。"癶"加声符"棥"作"樊"，本是"癶"的异体，后来"樊"多借作"樊篱"字，又在后造本字"樊"上再加一只手，成新的后造本字"攀"或"攀"。"樊"、"攀"义各有当，也就由异体分化为不同的字。"攀"字通行，"癶"就只在形声字中作偏旁，如"樊"、"兔"等字。"癶"书写不便，多简化为"収"。汉代铜器、简帛中"攀"字的"癶"旁与"収"已经无别。《说文》说"癶，引也。从反収"，王筠《说文释例》已指出其不当："収，两手相向，是拱手也。癶，两手向外，是有所攀引也。各会其意，不得谓之反収。"（李守奎）

樊 fán

並纽、元部；奉纽、元韵、附袁切。

春秋　战国　《说文》小篆　汉
汉　汉　楷书

1《金文编》102页。2《战文编》165页。3《说文》59页。4《汉印徵》卷3,12页。5、6《篆隶表》181页。

形声字。《说文》："樊，鸷不行也。从癶，从棥，棥亦声。""樊"是"癶"上加声符而成的形声字，详见"癶"部字系。此字也不能排除从棥、癶声的可能性。"棥"是樊篱的象形，两"木"之间是绳网，用来阻止使不得行，它就是"樊篱"之樊的本字。前人已指出"鸷"是"挚"之误，正是羁绊使不得行的意思，与"棥"的本义相合。凡是在本字上再加声旁的后起形声字，作为形旁的本字既有表意作用，也有表音作用，都是双声字。《说文》以"癶"为形旁，似不如理解为声旁更合乎实际。（李守奎）

共 部

共 gòng

群纽、东部；群纽、用韵、渠用切。

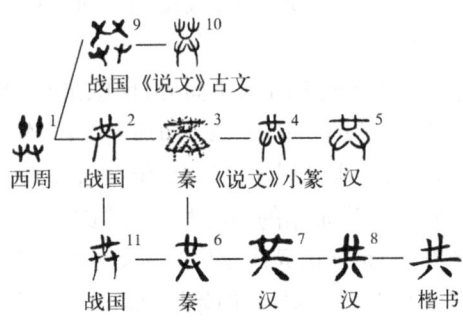

1、2《金文编》165页。3、9、11《战文编》165页。4、10《说文》59页。5《汉印徵》卷3,12页。6《睡甲》38页。7、8《篆隶表》181页。

形声字。从廿，収声。"廿"是两个"十"并列，战国文字连为一体。以两个"十"表示共同之意。《说文》说"共，同也。从廿収"，是合乎古文字的实际的。我们以为"収"在这里主要是表意作用。《说文》古文当是由"共"逐步演变而来，而不是《说文》家所说的从四手。古文字中另有字形作如下形体：

1《甲文编》104页。2、3《金文编》164页。

此字旧多释为"共"，以为像两手捧器，是供奉之"供"的本字。但字形与"共"字有明显区别，辞例也不能证明。疑不能定，录此待考。（李守奎）

龔(龚) gōng 见纽、东部；见纽、钟韵、九容切。

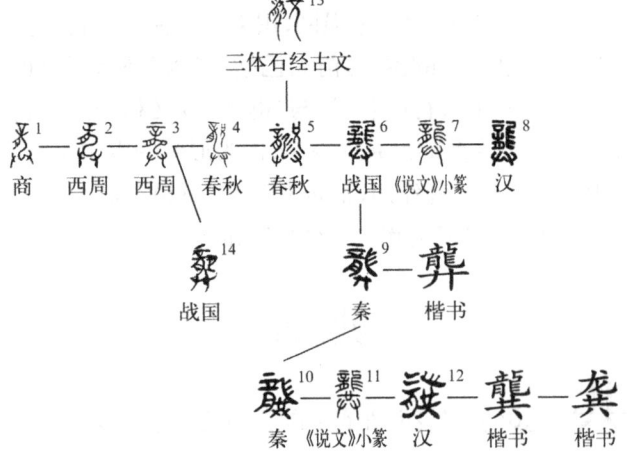

1《甲文编》104页。2—5《金文编》160~162页。6、14《战文编》163页。7、11《说文》59页。8《汉印徵》卷3,12页。9、10《睡甲》28页。12《篆隶表》182页。13《汉语字形表》102页。

双声字。"龙"与"共"都是声符。"共"从"収"声，"共"与"収"古音相同，用作声旁作用一样，所以"龏"与"龔"是一字异体，它们都是在"龙"上加音符而成的分化字。《说文》分"龏"、"龔"为二字，前者义同"恭敬"的"恭"，后者义同"供给"的"供"，此说缺少充足的依据。"龔"字较"龏"字后起，二字用法无别。"龔"当是变换"龏"的声旁形成的异体字。现在所能见到的"龔"字都是秦汉以后出现的。石经古文从"兄"的异体出现很早，而且分布范围很广，春秋、战国时期的秦、齐、楚等国的文字都有相近的形体。"兄"当是本像龙的身、尾部分逐渐声化的结果。《说文》当恭悫、供给讲的"龏"、"龔"二字，典籍中多以"恭"、"供"取代。现在只有"龔"还见于姓氏中，简化为"龚"了。（李守奎）

異 部

異(异) yì 喻纽、职部；以纽、志韵、羊吏切。

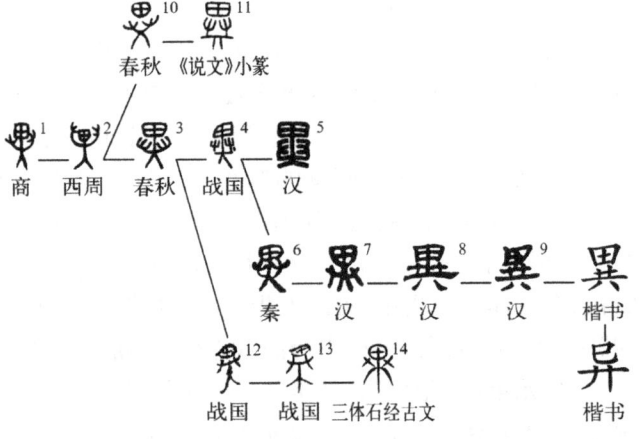

1《甲文编》104页。2、10《金文编》165页。3、14《汉语字形表》103页。4、12、13《战文编》166页。5《汉印徵》卷3,13页。6《睡甲》38页。7、8、9《篆隶表》182页。11《说文》59页。

象形字。《说文》："異，分也。从廾，从畀。畀，予也。""異"本像手持一物往头上戴的形状。前人早已指出，"異"是"戴"字的初文。"異"与"戴"本为一字，后来分化，义各有当，成为形、音、义各不相同的两个字。许慎据讹变的字形说解文字，不可能弄清"異"的本义及其与"戴"的关系。"異"的字形自商代甲骨文直至汉代印文，一脉相承。虽然战国文字异形很多、变化多端，但都没有《说文》小篆讹变得离谱。现在所见的秦汉文字都比《说文》小篆近古，因此，我们怀疑许慎为了牵合其"从廾，从畀"的说法而谬改文字。"異"字的简化字"异"见于《说文》卷三"廾"部："异,举也。从廾,目声。《虞书》曰:'岳曰异哉。'""異"与"异"语音相近,"异"字未见古文字形体,文献中用其本义的时候也极少,简化字以"异"代"異"。(李守奎)

戴 dài 端纽、之部；端纽、代韵、都代切。

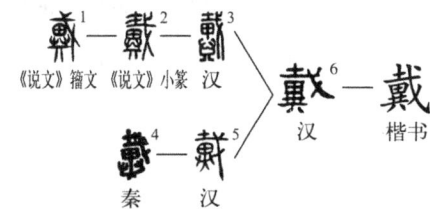

1、2《说文》59页。3《汉印徵》卷3,13页。4《战文编》166页。5、6《篆隶表》182页。

形声字。"異"本是"戴"的初文,像双手举物于头的形象。后来词义起了分化,在表示"戴"义的"異"上加了表音偏旁"弋"。"異"与"弋"古音声、韵并同。《说文》籀文虽是讹变之形,但基本上保存了古字的结构。其所从的"戈",清代人已指出是从"弋"声。古文字中"弋"、"戈"形近互讹的例子极多。"戴"后来转入"之"声,声旁由"弋"变成了"𢦔"。今天我们所能见到的出土文字材料都是汉代以后的,都是从"𢦔"声的形声字了。(李守奎)

舁 部

舁 yú 喻纽、鱼部；以纽、鱼韵、以诸切。

1《说文》59页。

会意字。"舁"的本义是"共举",也就是共同抬起的意思。以上下各两只(每人两只)手会"共举"之意是很容易理解的。《晋书·陶潜传》："潜有脚病,乘篮舆,乃令一门生二儿共舁之。"其中的"舁"用的就是本义。直到现在,晋方言中许多地方把共同抬物还称作"舁"。从"舁"的"䎽"、"舉"等字多与共同用力向上移动有关。(李守奎)

𢍱 qiān 清纽、元部；清纽、仙韵、七然切。

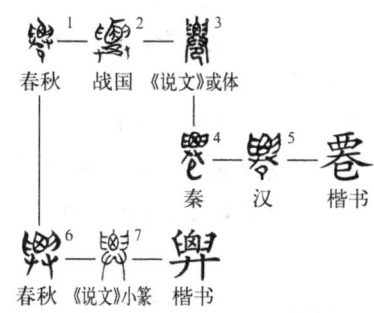

1、6《汉语字形表》103页。2《战文编》380页"𢍱"字偏旁。3、7《说文》59页。4《睡甲》38页。5《篆隶表》138页。

形声字。《说文》："𢍱,升高也。从舁,囟声。䙴,𢍱或从卪。𢍱,古文𢍱。""䙴"或"𢍱"是"遷"的本字,本义就是迁移。其早期字形从舁,从邑,囟声。从舁、从邑是表示抬着东西搬家迁移的意思。后来文字简化,或省去"邑"旁,或省去"邑"的一部分。《说文》正篆"𢍱"就源自侯马盟书的省形。《说文》或体"䙴"的下部省"邑"为"卪",研究者不得其解,曲为之说,多不可信。"䙴"后来增加了表意偏旁"辵","遷(迁)"行而"䙴"、"𢍱"俱废,均不再单独使用。"䙴"在形声字中用作声旁。(李守奎)

與(与) yǔ 喻纽、鱼部；以纽、鱼部、以诸切。

1《汉语字形表》103页。2《金文编》166页。3、6《睡甲》38页。4、10《说文》59页。5、7、8、11《篆隶表》183~184页。9《楚文编》149页。12《战文编》924页。13《说文》299页。

双声字。《说文》："與,党與也。从舁,从与。𢍉,古文與。""與"字本从舁声和"牙"声。战国文字把所从的"舁"简化为"𠬞"。"與"或"𢍉"中所从的声符"牙"有许多省形简化,但在秦汉文字中一直与"牙"的古文字形体相近。《说文》卷十四的"与"字就是"𢍉"的进一步省略。"与"是"牙"的分化字,"舆"和"舁"、"与"是繁简字。《说文》释"舆"的本义是"党舆",释"与"的本义为"赐予也。一勺为与",恐均非事实。但说"此与舆同"是正确无误的。"舆"字从上下两只手的"舁","舁"除了表示读音之外,也可能兼表两双手间的相付予义,若此,则可理解为形声字,本义即赐予。(李守奎)

興(兴)

xīng 晓纽、蒸部;晓纽、蒸韵、卢陵切。

xìng 晓纽、蒸部;晓纽、证韵、许应切。

1《甲文编》105 页。2《金文编》166 页。3《汉语字形表》103 页。4《战国编》167 页。5、9、10《篆隶表》183 页。6《说文》59 页。7《汉印徵》卷3,13 页。8《睡甲》39 页。

会意字。甲骨文"興"字像四角各有一手,共同抬起一个大盘的形状。金文盘下加"口",当是众手共同用力、口呼号子的意思。"興"现在简化字为"兴"。《说文》:"興,起也。从舁,从同,同力也。"虽然对字形分析未必近实,但对本义的理解还是对的。"兴"的本义现在还在使用。如"兴起"、"新兴"等。引申义"高兴"的"兴"读为 xìng。(李守奎)

臼 部

臼 jū 见纽、觉部;见纽、烛韵、居玉切。

jú 见纽、觉部;见纽、屋韵、居六切。

1《说文》60 页。

会意字。"臼"有两个与字形相关的意义:一是《说文》所说的"叉手也",以左右两手相向,表示两只手交叉,读居玉切;另一义是《玉篇》所说的"两手捧物曰臼",是"匊"(两手掬物)的异体。如果单从字形上考察,说哪个意义是其本义都有道理。我们只能结合其参与构形的文字和文献中的使用情况判定。"臼"只是作为偏旁出现,不单独使用。如果是作为一个表意偏旁,其表意功能自然就十分宽泛了,"叉手"、"掬手"均无不可。"要"字中可能是表叉手,"爨"、"铸"和"沫"(西周金文形体)等字中则当是表两手捧物。"臼"一直就是一个构字部件。(李守奎)

要

yāo 影纽、宵部;影纽、宵韵、於宵切。

yào 影纽、宵部;影纽、笑韵、於笑切。

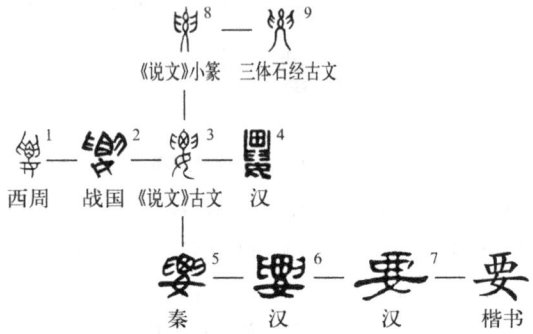

1《金文编》167 页。2《上海博物馆藏战国楚竹书(一)·性情论》第 14 号简。3、8《说文》60 页。4《汉印徵》卷3,13 页。5《睡甲》39 页。6、7《篆隶表》185 页。9《汉语字形表》104 页。

构形不明。《说文》以"要"为"腰"的本字:"要,身中也,象人要自臼之形。从臼,交省声。"这是就《说文》小篆字形立说。《说文》小篆"要"字来源不明,西周、战国、秦、汉均未见与其形体相近的"要"字。现在楷书的"要"也不是由小篆隶定而来,而是源自《说文》古文的"要"。《说文》古文"要"与"娄"字的古文相同,致使古文字中的"要"、"娄"莫辨。现在可以从辞例上确认的"要"字最早见于战国楚简,显然是《说文》古文所本。秦、汉的古隶和今隶也都是由这一形体演变而来。从这个字形下部从女、从交叉两手来看,《说文》以其为"腰"的本字或许是可信的。(李守奎)

晨 部

晨(晨) chén 船纽、文部;船纽、真韵、食邻切。

1《甲文编》107页。2、3、4、6《金文编》104页。5《说文》60页。7《战文编》167页。

会意兼形声字。这是"早晨"的"晨",今作"晨"。甲骨文中的"辰"是一种农业上用于清除草木的工具,就是古书中所说的耨类农具。古人晨作而暮息,所以以双手持农具"辰"开始劳作表示"早晨"之义,"辰"也表示读音。古人对时间的感觉与日、月密切相关,所以"昼"、"夜"、"朝"、"暮"等字或从"日",或从"夕"。"晨"字也是如此。西周金文"晨"从"夕",战国楚简的"晨"从"日",都是"晨"字的异体。《说文》卷七日部别有"晨"字,是表星辰义的"晨",正篆作"曟"。但从古文字材料来看,"晨"当是"晨"字的后起异体字,后来"晨"行而"曟"废。甲骨文中"晨暮"的"晨"字作"辳"。《说文》以"辳"为"農"的古文,与甲骨文用法不合。"辳"、"晨"、"曟"三字当是不同时代的"晨暮"之"晨"。(李守奎)

"農"字汉代古隶中还是能见到的。"農"字几经讹变,到了《说文》小篆那里就成了"从晨,囟声"的形声字了。《说文》"農"字的籀文和古文都远有所自,从西周金文辳、辳两个异体到籀文和古文的演变过程非常清楚。甲骨文中有与《说文》"農"字古文结构相同的"辳"字,旧释为"農",但都读为"晨暮"的"晨",也就是《说文》的"晨"字。有可能甲骨文的"辳"有"晨"、"農"两个读音。因为西周金文中的"農"字大部分不从"又",把金文中的"辳"、"辳"等都解释为省"又",似乎太牵强。《说文》说"農"从"晨"或许是有所依据的。总之,"農"、"耨"、"辳"、"晨"等字间的关系比较复杂,尚需深入研究。(李守奎)

爨 部

爨 cuàn 清纽、元部;清纽、换韵、七乱切。

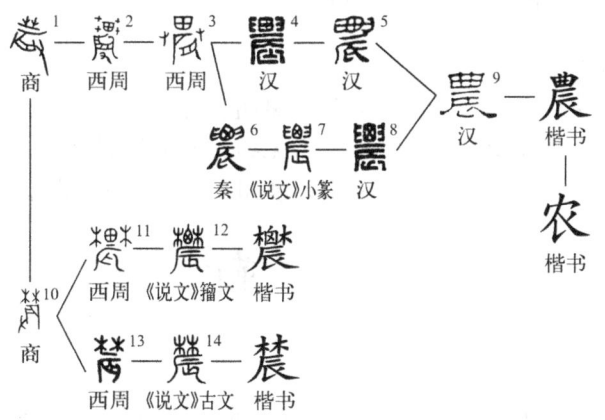

農(农) nóng 泥纽、冬部;泥纽、冬韵、尼冬切。

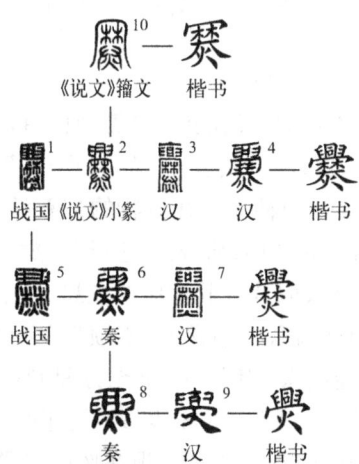

1《甲文编》23页。2、3、11、13《金文编》168页。4、8《汉印徵》卷3,13页。5、9《篆隶表》185页。6《睡甲》39页。7、12、14《说文》60页。10《甲文编》24页。

会意字。"農"今简化字为"农"。辳与辳是"農"字甲骨文的两个异体,分别像手持"辰"这种工具除去草和除去林木的形状,它们是"农"与"耨"的初文,与《说文》小篆"蓐"字无关。上古时代,杂草丛生,林木遍布,耕种的第一步就是开荒除草。"农"与"耨"古音也相近,后来才分化为两个字。西周金文"農"字省去下面的"手",在上部的"艸"或"舛"中间增加了义符"田",开垦种田的意思更为显豁。第三形的"艸"写得有点像双手,后来就讹变成秦汉"農"字中的"臼"旁了。秦、汉"農"字所从的"囟"实际上是"田"形的伪讹,《说文》误以为是声旁。"囟"与"農"声韵之不合,徐锴早已看出来了。其实从"田"的

1、5《战文编》168页。2、10《说文》60页。3、7《汉印徵》卷3,13页。4、9《篆隶表》184页。6、8《睡甲》39页。

会意字。《说文》说之甚详:"爨,齐谓之炊爨。臼象持甑,冂为灶口,廾推林内火。"字形的上部像两手持着甑类炊器,中间是灶门,下部像两手拿着薪木送入灶门,最下部是火。"爨"的常用简体是省去下面的两只手,字见《集韵》。《说文》籀文当是另一简体。它们的本义都是烧火做饭。这类在文字偏旁中又夹杂着一些象形构件(如"爨"中像灶门的"冂")的象意字,无法确定其为象形字还是会意字。说它是哪一类都有道理、但又不完全准确,这也正是六书理论自身的不足。以上是秦系文字的"爨",战国文字另有如下异体:

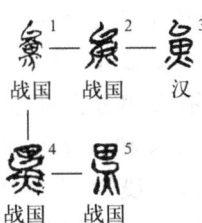

1、2、4、5《战文编》168页。3《马王堆》409页。

上列"爨"字主要集中在楚地流行,还有一些其他变体,在此不一一详列。其字形大概是中部为炊器,下从火,表示烧火做饭的意思。上部所从当是从"允"声或"允"的省声。这些异体字在西汉以后就逐渐消亡了。（李守奎）

釁（衅） xìn 晓纽、文部；晓纽、问韵、许运切。

1《说文》60页。

会意兼形声字。《说文》："釁,血祭也。象祭灶也。从爨省,从酉。酉,所以祭也。从分,分亦声。"大致的意思是"釁"的本义是用牲血涂在器物的裂璺缝隙的祭祀形式,文字从"爨"的省形;从"酉",也就是祭祀时所用的祭品"酒";从"分",取其分散牲血的意思,分也表示读音。许慎说义没有问题,古书常见,不烦举例。至于字形,在没有见到其他有关"釁"字的更充分材料时,相信成说是稳妥的办法。"釁"字的异体"衅"见于《玉篇·血部》："衅,牲血涂器祭也。亦作釁。"现在废除了繁难的"釁",而只用"衅"。（李守奎）

革部

革 gé 见纽、职部；见纽、麦韵、古核切。

1、2、3、11《金文编》169～170页"勒"字偏旁。4、8、9《篆隶表》186页。5、14《说文》60页。6《汉印徵》卷3,14页。7《睡甲》39页。10、12《金文编》168页。13《战文编》168页。

象形字。《说文》说"革"的本义是"兽皮治去其毛"。最初的字形像一张悬挂着的首、身、尾俱全的兽皮。把"皮"治去其毛的"革"是加工改变了的兽皮,所以引申为变革义。《说文》古文是由兽皮状的"革"逐渐讹变而来,许慎误以为从廿,从十,臼声。所谓"从三十。三十年为一世,而道更也。臼声"是不合古形古义的。（李守奎）

鞹 kuò 溪纽、铎部；溪纽、铎韵、苦郭切。

1《说文》60页。

形声字。从革,郭声。"鞹"与"革"同义,都是指去了毛的皮。《论语·颜渊》："虎豹之鞹,犹犬羊之鞹。""鞹"用的就是本义。"鞹"字的异体作"韕",所从的声旁是"郭"字古文的隶变。（李守奎）

靬 jiān 溪纽、元部；见纽、元韵、居言切。
qián 见纽、元韵、居元切。
kān 溪纽、元部；溪纽、寒韵、苦寒切。

1《说文》60页。

形声字。从革,干声。《说文》："靬,干革也。"此干燥皮革意义的"靬"读为 jiān。又为地名用字,《说文》所说的武威的"丽靬县"在今甘肃省永昌县,"靬"在此读qián。"靬"在《玉篇》中又有"著弓衣"和"盛矢器"二义,今读kān。"靬"字晚出,音义不定。在文献典籍中使用频率很低,属于僻字之例。（李守奎）

鞄 páo 並纽、幽部；並纽、肴韵、普交切。
bào 並纽、幽部；並纽、巧韵、薄巧切。

1《战文编》168页。2《说文》60页。3《篆隶

表》186页。4《金文编》168页。

形声字。从革,包声。《说文》："鞄,柔革工也。""鞄"的本义是制皮革的工种。《周礼·考工记》："攻皮之工五:函、鲍、䩵、韦、裘。""鲍"即"鞄"的假借。每一工种都设官,后人以其先人所任官为氏。古书中齐国的"鲍氏",出土的铜器自铭为"䩷"。"䩷"字见于《集韵·巧韵》,是"鞄"字的异体。"包"与"匋"古音近同,用作声符作用一样。"䩷氏"典籍作"鲍"和"鞄工"《周礼》作"鲍"道理是一样的,都是同音假借。用作姓氏的"鞄"或"䩷"读作bào。(李守奎)

鞣 róu 日纽、幽部;日纽、尤韵、耳由切。

鞣¹——鞣
《说文》小篆 楷书

1《说文》60页。

形声兼会意字。从革,从柔,柔亦声。《说文》以"柔"为"楺木以为轮"中"楺"的本字,训为"木曲直也",以"鞣"为"柔软"的柔的本字。其实"柔"与"鞣"是一字的分化。"柔木"必先使木柔软,所以"柔木"、"柔软"都可用"柔",后来在这两个意义的"柔"上分别加上"木"旁和"革"旁,而分化出"楺"和"鞣"。再后来"鞣"又废而不用,其本字"柔"又专表"柔软"义了。"鞣"又指柔软的熟皮和使皮柔软的动作。(李守奎)

靼 dá 端纽、月部;端纽、曷韵、当割切。

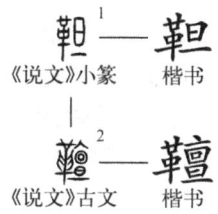
靼¹——靼
《说文》小篆 楷书
｜
䩌²——䩌
《说文》古文 楷书

1、2《说文》60页。

形声字。从革,旦声。《说文》古文从革,亶声。"靼"的本义是柔软的皮革,又指制革使之柔软,与"鞣"是同义词。马具"颈靼"就是马颈下柔革制成的用具。(李守奎)

鞶 pán 并纽、元部;并纽、桓韵、薄官切。

鞶¹——鞶
《说文》小篆 楷书

1《说文》60页。

形声字。从革,般声。《说文》："鞶,大带也。"指古人用以佩玉的革带。《礼记·内则》："男鞶革,女鞶丝。"孔颖达疏引服虔注云："鞶,大带也。"男用的"鞶"是革制的,女用的"鞶"是丝制的,它们都可称为"大带"。"鞶"是古代三种带中系在最外层的带。马腹大带也称"鞶",是其引申义。(李守奎)

鞏(巩) gǒng 见纽、东部;见纽、肿韵、居悚切。

鞏¹——鞏
《说文》小篆 楷书
｜
鞏²——鞏³——鞏⁴——鞏——巩
秦 汉 汉 楷书 楷书

1《说文》60页。2《战文编》169页。3、4《汉印徵》卷3,14页。

形声字。从革,巩声。简化字以"巩"表声又表义。本义是用皮绳束物。《说文》："鞏,以韦束也。"《易·革》："初九,鞏用黄牛之革。"义为用黄牛之革绳捆束使之坚固。"巩"的常用义是"使坚固","巩固"这个常用词中用的就是这个意思。"巩"字见于《说文》卷三,旧说是"拱抱"之"拱"的本字。"巩"字在秦、汉印中是个常见字。(李守奎)

鞔 mán 明纽、元部;明纽、桓韵、母官切。

鞔¹——鞔²——鞔
《说文》小篆 汉 楷书

1《说文》60页。2《篆隶表》187页。

形声字。从革,免声。《说文》："鞔,履空也。"段玉裁注："空、腔古今字。履腔,犹今人言鞋帮也。"文献中这个本义并不常见,常用的是鞋义。《吕氏春秋·召类》："南家工人也,为鞔者也。"高诱注："鞔,履也。用履之工也。"这里的"鞔"显然是指"鞋"而言。(李守奎)

鞮 dī 端纽、支部;端纽、齐韵、都奚切。

鞮¹——鞮²——鞮³——鞮⁴——鞮
战国 《说文》小篆 汉 汉 楷书

1《战文编》169页。2《说文》61页。3、4《篆隶表》187页。

形声字。从革,是声。本义是古代一种皮制的鞋。《说文》："鞮,革履也。"但这种革履与我们今天所理解的西装革履是有差别的,古代不仅不能以此摆阔,而且穿上反而使自己显穷。汉桓宽《盐铁论·散不足》:"古者,庶人贱骑绳控,革鞮皮荐而已。"说的就是如何的朴素。(李守奎)

鞵(鞋) xié 匣纽、支部;匣纽、佳韵、户佳切。

鞵—鞵—鞋
《说文》小篆 楷书 楷书

1《说文》61页。

形声字。从革,奚声。"鞵"即现今的"鞋"字。《说文》说"鞵"是用革做的一种鞋,古代中原地区鞋多以麻制,周边民族或多革制,所以皮革制的"鞮"、"鞵"等都不是尊者正服。"鞋"字晚出,字见《广韵·皆韵》,徐锴以为是"鞵"的俗字。(李守奎)

鞠 jū 溪纽、觉部;群纽、屋部、渠竹切。

鞠—鞠—鞠—鞠—鞠
战国 《说文》小篆 汉 汉 楷书

1《战文编》169页。2《说文》61页。3《汉印徵》卷3,14页。4《篆隶表》187页。

形声字。从革,匊声。《说文》:"鞠,蹋鞠也。""鞠"是古代一种游戏所踢的"足球",其形制是用皮革做成一个圆囊,里边用毛填充。这种供人蹴踏的球称为"鞠"或"蹋鞠"。《史记·苏秦列传》:"临菑甚富而实,其民无不吹竽鼓瑟,弹琴击筑,斗鸡走狗,六博蹋鞠者。"由此可见,"蹋鞠"这种游戏起源甚早。(李守奎)

鞞 bǐng 帮纽、耕部;帮纽、迥韵、补鼎切。

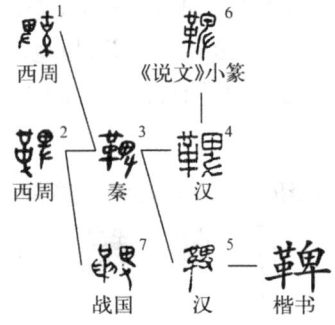

1、2《金文编》169页。3《睡甲》39页。4《汉印徵》卷3,14页。5《篆隶表》187页。6《说文》61页。7《战文编》169页。

形声字。从革,卑声。《说文》:"鞞,刀室也。"也就是刀剑的鞘。《诗·大雅·公刘》:"维玉乃瑶,鞞琫容刀。"孔颖达疏云:"鞞者,刀鞘之名。""鞞"字所从"卑"旁自西周至汉印,一脉相承。《说文》的"卑"形,不知所自。(李守奎)

靷 hóng 匣纽、蒸部;匣纽、登韵、胡肱切。

靷—靷
《说文》小篆 楷书

1《说文》61页。

形声字。从革,弘声。《说文》:"靷,车軾也。"《韵会》引作"车軾中靶也"。段玉裁以为"靶"本当作"把","车軾中把"即车軾中部乘者手把之处。这个地方用韦革捆束,所以字从"革"。《诗·大雅·韩奕》所记周王给韩侯的赐品有"鞹靷浅幭、鞗革金厄",这些车马器中的"鞹靷浅幭"就是指用韦革捆束手把处的车軾和蒙在上面的虎皮。(李守奎)

鞁 bí 並纽、歌部;並纽、寘韵、平义切。

鞁—鞁—鞁
战国 《说文》小篆 楷书

1《战文编》169页。2《说文》61页。

形声字。从革,皮声。《说文》:"鞁,车驾具也。""鞁"最初是车、马驾具的统称。《国语·晋语》:"吾两鞁将绝,吾能止之。"韦昭注:"鞁,靷也。""靷"是"鞁"所包括的驾具中的重要部分。《汉书·郊祀志》:"诏有司增雍五畤路车各一乘,驾被具。"颜师古注:"驾车被马之饰皆具也。"此处的"被"是"鞁"的借字,是鞍、辔等马具的统称。"鞁"与牛部的"犕"、糸部的"紴"音义近。王筠以为是同字异体。(李守奎)

鞥 yè 影纽、葉部;影纽、合韵、乌合切。

鞥—鞥
《说文》小篆 楷书

1《说文》61页。

形声字。从革,弇(yǎn)声。"鞥"字罕见使用。《说文》所云"辔鞥,从革,弇声。读若譍,一曰龙头绕者",后人已莫知其详。总观众说,大概以段玉裁、王筠之说近是。"辔鞥"是古语,"鞥"是"辔"的异名。"龙头"即笼络马头,"龙头绕者"是解释"鞥"的功用。总之,

"靷"是指连着马勒、马络头的缰绳。至于音读,"膺"与"弇"声韵远隔,"靲"何以读"膺",则无从知其详。"靲"是一个既不见于古文字又不见于文献使用的僻字。(李守奎)

靶 bǎ 帮纽、鱼部;帮纽、祃韵、必驾切。

靶¹ — 靶
《说文》小篆　楷书

1《说文》61页。

形声字。从革,巴声。《说文》:"靶,辔革也。"也就是革制的马缰绳。《汉书·王褒传》:"王良执靶,韩哀附舆。""执靶"就是手把缰绳。"靶"的语源是"把",驾车人手把握之物叫"靶"。引申之,登车人手把之物也叫"靶"。《广雅·释器》:"靶谓之绥。""靶"就是把住拉着上车用的皮带。再引申之,弓身的正中、手把握的地方也叫"靶"。《天工开物·佳兵·弧矢》:"其皮护物,手握如软绵,故弓靶所必用。""弓靶"即弓的手握之处。(李守奎)

䪎(韅) xiǎn 晓纽、元部;晓纽、铣韵、呼典切。

䪎¹ — 韅² — 韅³ — 韅
战国　秦　《说文》小篆　楷书
　　　　　　│
　　　　　　韅⁴ — 韅
　　　　　　汉　楷书

1《战文编》169页。2《睡甲》39页。3《说文》61页。4《篆隶表》187页。

形声字。从革,顯声。异体字"韅"从革,㬎声,字见《释名》。"韅"是驾马的革制用具是毫无疑问的。《急就篇》"辔勒鞅韅鞦羁缰"说的都是同类驾马用具。"韅"一般认为是横贯马腹下的皮带。许慎说是在马腋下的皮带。腹下、腋下相去不远,或许就是同物。(李守奎)

靳 jìn 见纽、文部;见纽、焮韵、焮居切。

靳¹ — 靳² — 靳³
战国　《说文》小篆　汉
　　　│
　　　靳⁴ — 靳⁵ — 靳
　　　秦　汉　楷书

1《战文编》170页。2《说文》61页。3《汉印徵》卷3,14页。4《睡甲》39页。5《篆隶表》188页。

形声字。从革,斤声。本义是古代车上夹辕两马当胸的皮革。《说文》:"靳,当膺也。""靳"是古语,"当膺"是汉代的称谓,《后汉书》又称其为"当胸"。"靳"、"当膺"、"当胸"是同一物在不同时代的异称,是服马驾车用的革制用具。引申为"服马"。《左传·定公九年》:"吾从之,如骖之靳。"杜预注:"靳,车中马也。"孔颖达作了详细的疏释,大意是:古代的车驾四匹马,夹辕的两匹马称作"服",二马齐首并列;服马两侧的两匹马称作"骖",比服马稍后,它们的头正当服马的胸,服马的胸上有"靳"。所以用"如骖之靳"喻一方随从另一方。"靳"的异称为"当胸",也可是"服马"的代称。(李守奎)

靷 yǐn 喻纽、真部;以纽、轸韵、余刃切。

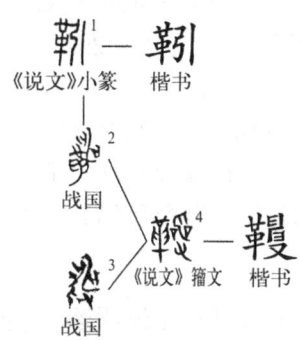

靷¹ — 靷
《说文》小篆　楷书
│
靷²
战国
│
靷⁴ — 靷
《说文》籀文　楷书
│
靷³
战国

1、4《说文》61页。2《楚文编》152页。3《战文编》171页。

形声字。从革,引声。《说文》:"靷,引轴也。""靷"是引车前行的皮带。骖马的外辔穿过服马背上的游环,系于车轴,以引车前行。"靷"的功用就是牵引,所以声旁"引"应当兼具表意功能。《左传·哀公二年》:"邮良曰:'我两靷将绝,吾能止之。'"孔颖达解释说:古代驾四马的车驾,服马在中间夹辕,它们的颈部负轭;骖马在两旁,拉着靷绳协助。"靷"字的籀文从"革",从"申"或夐声。战国楚简中有"紳"、"紳"、"縵"等字,但与"缙绅"之"紳"不是一个字(《玉篇》以"紳"为"紳"字异体,"紳"字见于《说文》),在简文中都读为"靷",至于形符从"糸"还是从"革",都能合理解释。"靷"可革制,也可麻制。"靷"本身就是绳子的一种,而且"革"与"糸"作形旁通用也不乏其例。王国维是最早弄明白"靷"字籀文结构的人(见其《史籀篇疏证》),他没有见到古文字形体,尚不敢必信无疑。今证以楚简,王氏之说已成定论。(李守奎)

211

革部

縛 bó 帮纽、铎部；帮纽、铎韵、补各切。
pò 滂纽、铎部；滂纽、铎韵、匹各切。

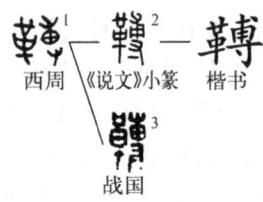

1《金文编》169页。2《说文》61页。3《战文编》170页。

形声字。从革，尃声。《说文》："縛，车下索也。"依《释名》的解释，"縛"是车下与车舆相连缚的绳索，得名于"缚"。《集韵·宥韵》以"縛"为"韛"的异体。《说文·韋部》："韛，轭裹也"，也就是裹轭的皮衣。西周金文中赏赐的车马器中习见"画縛"，应当就是这种上有彩绘的车轭皮衣，而不是车下的绳索。"革"与"韋"用作形旁可以通用，西周的"縛"就相当于《说文》小篆的"韛"。"縛"、"韛"分化为两字，大概要晚到汉代了。"縛"读为bó，《集韵·宥韵》又读抶富切，今音fù。（李守奎）

鞌（鞍） ān 影纽、元部；影纽、寒韵、乌寒切。

1《说文》61页。2、3《篆隶表》188页。4《楚文编》152页。

形声兼会意字。从革，从安，安亦声。《说文》："鞌，马鞁具也。"《玉篇》："鞌，亦作鞍。""鞌"与"鞍"是异体字，均指马鞍。颜师古注《急就篇》云："鞍，所以被（披）马取其安也。"战国楚简"鞍"字从"安"省，或作"鞁"。"鞍"字的本义至今还是其常用义。（李守奎）

鞈 gé 见纽、缉部；见纽、合韵、古沓切。
tà 透纽、合韵、托合切。

1《说文》61页。

形声字。从革，合声。"鞈"是古代革制的胸甲。《说文》："鞈，防汗也。"其中的"汗"是"扞"字的伪讹。"防扞"即"防捍"，说的是"鞈"的功用。《淮南子·主术》："鞼鞈铁铠，瞋目扼擤（腕），其于以御兵刃，县矣。""鞼鞈"当是上有画饰的革制胸甲。"鞈"又见于《说文》卷五，是"鞳"字的古文，义为鼓声，今音tà。"鞈"、"鞳"二字都以"合"为声符，属同音假借。《淮南子·兵略》："若声之与响，若镗之与鞈。"高诱注："鞈，鼓鞞声。"（李守奎）

勒 lè 来纽、职部；来纽、德韵、卢则切。

1《金文编》169页。2《汉语字形表》105页。3《说文》61页。4、5《篆隶表》188页。6、7《战文编》170页。

形声字。从革，力声。因为"勒"是在借字"革"上填加声符"力"而成，所以也可视为双音符字。《说文》："勒，马头络衔也。"也就是带有嚼口的马笼头。"衔"在马口中，两头与笼头相连，这一套马具称为"勒"。"勒"与"辔"相连，"辔"的另一端握在御者的手中。御者就是通过牵拉"辔"、控制"勒"而达到驾驭马的目的的。"勒"的"统率"、"约束"等义都是由本义引申来的。西周金文多借"革"为"勒"。加上声符"力"的"勒"自西周至汉隶变化不大。战国楚系的"勒"或加羡符"口"构成繁体，但后来消失了。（李守奎）

鞙 juān 见纽、元部；见纽、先韵、古玄切。

战国

1《说文》61页。2《战文编》173页。

形声字。从革，肙声。《说文》："鞙，大车缚轭靼。"也就是牛车上用来把轭与辕端横木捆绑在一起的绳子。牛车的驾法是先把一横木绑在两辕的前端，再取一曲木绑在横木上，曲木驾在牛脖子上。捆绑在两辕端头的横木叫作"横"，驾在牛脖子上的曲木叫作"轭"，连接横、轭的绳子就叫"鞘"。马车也是如此。古代车马上所用的绳子多用皮革制，而且不同部位的皮绳多有专名，如"辔"、"靷"等。战国楚简的"鞘"所从声旁见于郭店楚简，与《上海博物馆藏战国楚竹书》中《孔子诗论》"小宛"之"宛"是一个字。汉代篆文"鞘"、"捐"等字所从声旁也是这个形体的一部分，字形如何分析尚待进一步研究，但是"鞘"字当属无疑。（李守奎）

靲 qín 群纽、侵部；群纽、侵韵、巨金切。

靲¹ — 靲
《说文》小篆　楷书

1《说文》62页。

形声字。从革，今声。《说文》："靲，鞮也。"王筠等以为当作"靲，鞮粗也"。也就是说"靲"的本义就是鞋带儿。其说可信。"靲"与"綦"音近义同。典籍多用"綦"。（李守奎）

鞬 jiān 见纽、元部；见纽、元韵、居言切。

鞬¹ — 鞬
《说文》小篆　楷书

1《说文》62页。

形声字。从革，建声。《说文》："鞬，所以戢弓矢。"其本义就是盛弓矢的器具。《左传·僖公二十三年》："其左执鞭弭，右属櫜鞬。""櫜"与"鞬"对文，或许有所分别，笼统地说都是指装弓、矢的器具，可视为同义连用。（李守奎）

鞭 biān 帮纽、元部；帮纽、仙韵、卑连切。

鞭¹ — 鞭
《说文》小篆　楷书

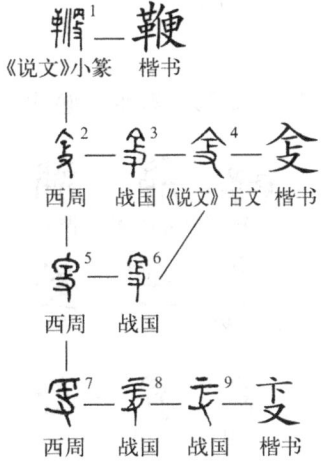

西周　战国《说文》古文　楷书

西周　战国

西周　战国　战国　楷书

1、4《说文》62页。2《金文编》115页"驭"字所从偏旁。3、6、8、9《战文编》170页。5、7《金文编》170页。

形声字。从革，便声。《说文》："鞭，驱也。""鞭"的"马鞭"和"驱马"二义是名动相因。《左传·宣公十五年》："虽鞭之长，不及马腹。"此"鞭"是马鞭。《左传·哀公二十七年》："成子衣制，杖戈，立于阪上，马不出者，助之鞭之。"此"鞭"是以鞭驱打。"鞭"的这些基本意义古今是一致的。"鞭"字的古文远有所自，西周金文中就有不同的异体，到了战国时代，讹变得异形纷纭，《说文》古文只是众多异体中的一种类型，其他异体都没有保存下来。（李守奎）

鞅 yāng 影纽、阳部；影纽、养韵、於两切。

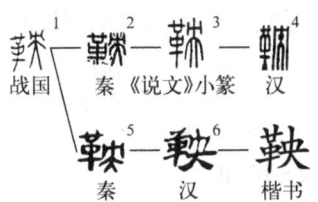

战国　秦《说文》小篆　汉

鞅⁵ — 鞅⁶ — 鞅
秦　汉　楷书

1《汉语字形表》106页。2《战文编》171页。3《说文》62页。4《汉印徵》卷3,15页。5《睡甲》39页。6《篆隶表》188页。

形声字。从革，央声。《说文》："鞅，颈靼也。""鞅"是驾具，是套在牛、马颈上的皮带。《左传·僖公二十八年》："晋车七百乘，韅、靷、鞅、靽。"杜预注："在腹为鞅。"段玉裁、桂馥等人已辩其非是。实际上《说文》的释义是正确的。（李守奎）

鞘 qiào 心纽、宵部；心纽、笑韵、私妙切。

鞘¹ — 鞘
《说文》新附　楷书

1《说文》62页。

形声字。从革，肖声。《说文》："鞘，刀室也。"晋葛洪《西京杂记》卷一："开匣拔鞘，辄有风气，光彩照人。""鞘"就是剑套。"鞘"字的产生当不早于汉代，其刀剑的外套这一基本意义古今一致。（李守奎）

鞾（靴） xuē 晓纽、鱼部；晓纽、戈韵、许胝切。

革部 鬲部 䰜部

鞾¹—韡—靴
《说文》新附　楷书　楷书

1《说文》62页。

形声字。从革，華声。《说文》："鞾，鞮属。""韡"为"靴"字的异体。《玉篇》："鞾，同靴。"据五代马缟的《中华古今注·靴笏》所言，"靴"本是胡服。战国时代的赵武灵王好胡服，常穿此类皮鞋。"靴"的形制是"短勒黄皮"，是闲居时的便服。现在"鞾"废而"靴"独行，而且不再论"勒"的长短，更不论皮色的黄黑，只要是带"勒"的，便统称为"靴"。"鞾"字虽是《说文》新附，但见于《释名》，此字出现不会晚于东汉。（李守奎）

靮　dí　端纽、药部；端纽、锡韵、都历切。

靮¹—靮
《说文》新附　楷书

1《说文》62页。

形声字。从革，勺声。《说文》："靮，马羁也。"也就是绊马用的绳索。《礼记·少仪》："牛则执纼，马则执靮。"郑玄注："纼、靮，皆所以系制之者。"又《礼记·檀弓》："孰执羁靮而从。"《韩诗外传》引此文作"孰负羁絷而从"。"靮"与"絷"异文。凡此，都可证"靮"义当是绊马索。（李守奎）

鬲部

鬲　lì　来纽、锡部；来纽、锡韵、郎击切。

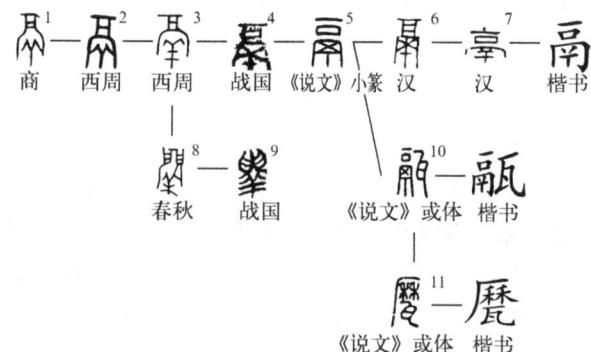

1《甲文编》108页。2、3、8《金文编》171~172页。4、9《战文编》173页。5、10、11《说文》62页。6、7《篆隶表》189页。

象形字。古代的一种炊器。口圆、三足中空。新石器时代晚期已出现陶鬲，商周时期陶鬲与青铜鬲并存。《汉书·郊祀志上》："禹收九牧之金，铸九鼎，……其空足曰鬲。"《说文》所说的"鼎属"，当即此类炊器。《说文》别有"瓹"和"䰛"两个或体，以"瓦"为形符，是因为"鬲"多是陶制的原因。（李守奎）

鬶（鬶）　guī　见纽、支部；见纽、支韵、居隋切。

鬶¹—鬶²—鬶—鬶
战国　《说文》小篆　楷书　楷书

1《战文编》173页。2《说文》62页。

形声字。从鬲，规声。《说文》："鬶，三足釜也。有柄喙。""鬶"是我国新石器时代陶制炊器，是大汶口文化和龙山文化的代表器形之一。有三空心足，口若鸟喙，以便泻物，有柄可持。（李守奎）

䤬（锅）　guō　见纽、歌部；见纽、戈韵、古禾切。

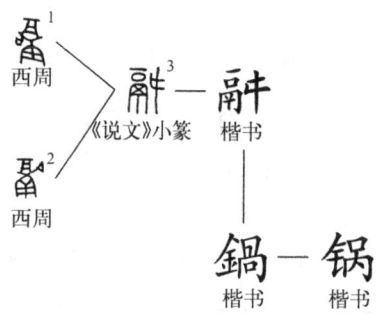

1、2《金文编》192~193页。3《说文》62页。

形声字。从鬲，㕦声。《说文》："秦名土釜曰䤬。"段玉裁注："今俗作锅。""锅"作为炊具，起初多陶制，字作"䤬"。冶铁业发达后，多铁制，字写作"锅"。"锅"字见于西汉时期的《方言》，文献中很早就与"䤬"字并行。今"锅"行而"䤬"废。（李守奎）

䰶　fǔ　并纽、鱼部；奉纽、麌韵、扶雨切。

䰶¹—䰶²—䰶
秦　《说文》小篆　楷书

釜³—釜⁴—釜
《说文》或体　汉　楷书

釜⁵—釜⁶—釜
战国　战国　楷书

1《睡甲》40页。2、3《说文》62页。4《篆隶表》189页。5、6《汉语字形表》107页。

形声字。"䥶"、"釜"、"𠇾"三字的基本声符都是"父","鬲"、"金"、"缶"在用作表炊器类文字中可以通用,三字为一字异体。"𠇾"字是战国齐文字,是消失了的"古文",不见于后世字书。古书中用"䥶"的时候不很多。《汉书·五行志中之上》:"燕王宫永巷中豕出圂,坏都灶,衔其䥶六七枚置殿前。"颜师古注引晋灼曰:"䥶,古文釜字。"古书中多用"釜",项羽破釜沉舟的故事流传,"釜"也因这个成语还残存在现代汉语中。"䥶(釜)"是古代使用非常广泛的炊器。(李守奎)

鬳(甗) yàn 疑纽、元部;疑纽、愿韵、语堰切。

1、2《甲文编》108页。3《金文编》173页。4《睡甲》40页。5《说文》62页。6《说文》269页。7《篆隶表》909页。

形声字。甲骨文中"鬳"字初文是象形字,下鬲上甗,或分或连,甗的下部隔以有孔的板,上部放食物,下部的鬲中放水,用来蒸、煮食物。其字形与"鼎"和"鬲"相近,上增声符"虍"。因增加了新的区别特征,象形的"鬳"有的简化为"鬲",变成了从鬲、虍声的形声字;有的讹变为从鼎、虍声,后来鼎又讹变为"貝"。秦汉时期在"鬳"上又增加了形符"瓦"。《说文》训"鬳"为"鬲属",卷十二又说:"甗,甑也。一曰穿也。从瓦,鬳声。""鬳"与"甗"形、音、义都有密切联系,显然是古今异体字。"瓦"部字大都始于秦汉,后"甗"行而"鬳"废。(李守奎)

融 róng 喻纽、冬部;以纽、东韵、以戎切。

1、2《说文》62页。3、4《篆隶表》189页。5、6《汉语字形表》107页。7、8《战文编》174页。

形声字。从鬲,虫声,《说文》小篆从虫省声。《说文》:"融,炊气上出也。"《左传·隐公元年》:"大隧之中,其乐也融融;大隧之外,其乐也泄泄。"其"融融"当是由暖气融融引申为和乐融融。楚先祖"祝融"的"融",楚文字都写作𩰾、𩰽等形。这是一个从"章(墉)"、"蚰(冘)"二声的双音符字。字见于两周金文,来源甚古。"𩰾"与"融"很有可能是不同时代的异体字。(李守奎)

弻 部

弻 lì 来纽、锡部;来纽、锡韵、郎击切。

1《说文》62页。

象形字。《说文》:"弻,鬻也。古文亦鬲字。象孰饪五味气上出也。""鬲"是炊器,用它烧火做饭,上面热气腾腾,连同热气画出的就是"弻"。这个字本应作"䰜",热气在"鬲"的上面才对,小徐本说解和《玉篇》也正是这样隶定的。《说文》小篆是为了字形结构匀称把像热气的"弓"移到了"鬲"的两侧。凡是从"弻"的字都与炊饪有关,与从"鬲"的字多与炊具有关是有所不同的。(李守奎)

鬻 zhōu 章纽、觉部;章纽、屋韵、之六切。
yù 喻纽、觉部;以纽、屋韵、余六切。

1《说文》62页。2、5《篆隶表》190页。3《战文编》174页。4《汉印徵》卷3,15页。

会意字。从弻,从米。热气腾腾的鬲中有米,当然就是"粥"了。在汉代"粥"是"鬻"的省形,是异体字。"鬻"又音余六切,今读yù,是"䭈"的借字。在现代汉字中,"鬻"和"粥"已分化为形、音、义各不相同的两个字了。"卖官鬻爵"中的"鬻"不能简化为"粥"。(李守奎)

鬻 hú 匣纽、鱼部;匣纽、模韵、户吴切。

1《说文》62页。

形声字。从弻,古声。《说文》:"鬻,键也。"与"鬻(粥)"

同训。《玉篇·鬻部》："鬻，或作糊。""鬻（粥）"与"鬻（糊）"都是稀食，但有所不同。"鬻（粥）"是把米加入水中煮熟的稀饭，"鬻（糊）"则是把少量的米面加入水中煮熟的糊状薄粥。食粮不足时，可以鬻（粥）充饥。"糊口"的语义就是由此而来。"糊"字从米，胡声，是后出的异体字。（李守奎）

鬻 gēng　见纽、阳部；见纽、庚韵、古行切。

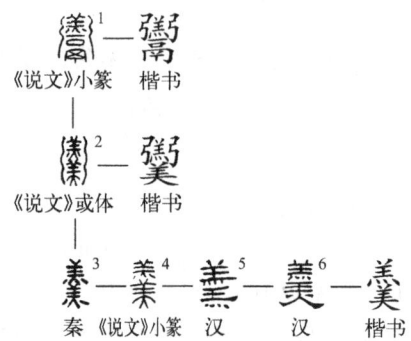

1、2、4《说文》62页。3《睡甲》40页。5、6《篆隶表》190页。

会意字。从鬻，从羔。"鬻（羹）"是用肉类或蔬菜等制成的带浓汁的食物。《左传·隐公元年》："公赐之食，食舍肉。公问之，对曰：'小人有母，皆尝小人之食矣，未尝君之羹，请以遗之。'"这里的"羹"即"鬻"字的异体，是肉羹。"鬻"是冒着热气的鬲，"羔"是小嫩羊，会《说文》所说的"五味和羹"，很形象。"鬻"与"鬲"本是一字，所以"鬻"又可写作"鬻"。至于《说文》另一个或体"鬻"和小篆"羹"，许慎以为下部都是从"美"恐怕是有问题的。"美"很有可能是"鬲"的省变之形，参看"鬻（煮）"字条中庚儿鼎"鬻"字所从"鬻"旁即可知晓。"羹"在现今也多指煮成或蒸成的浓汁或糊状食品，如"鱼羹"、"鸡蛋羹"等。汁浓到一定程度，就凝结为固体了，"栗子羹"即是。（李守奎）

鬻（饵） ěr　日纽、之部；日纽、志韵、仍吏切。

（字形演变图）

1、4《说文》63页。2《汉语字形表》107页。3《战文编》174页。5《篆隶表》190页。

形声字。从鬻，耳声。或体从食，耳声。《说文》："鬻，粉饼也。"就是把米捣碎成粉，用粉做成的糕饼。古书中"饵饼"常见，是同义连用。"鬻"旁书写繁难，大都被"米"、"食"等其他义符所取代。鬻字亦然，"饵"行而"鬻"废。（李守奎）

鬻（煮） zhǔ　章纽、鱼部；章纽、语韵、章与切。

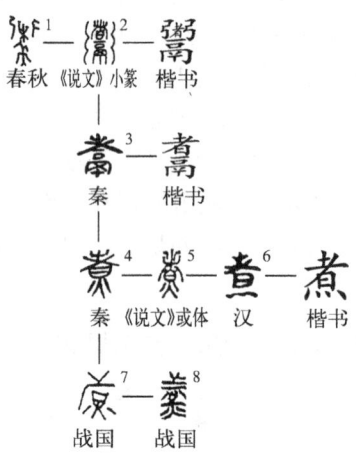

1、7《四版校补》30页。2、5《说文》63页。3《睡甲》40页。4、6《篆隶表》191页。8《战文编》174页。

形声字。从鬻，者声。或体从火，者声。"鬻（煮）"是个常用词，其基本意义古今一致，都是把食物或其他东西放在有水的炊具中加热使熟。包山楚简中的"煮盐于海（海）"与《汉书·吴王刘濞传》"东煮海水为盐"一脉相承。从战国时期，"煮"字已遍行于秦、楚、齐各国，"鬻"字已不见使用。受地域影响，战国"煮"的写法差异很大。在秦统一文字过程中，像鬻、鬻那样的齐、楚异体都消失了。（李守奎）

鬻 rù　日纽、屋部；日纽、烛韵、儒欲切。

（字形演变图）

1《金文编》173页。

形声字。从鬻省，辱声。《玉篇·鬻部》："鬻，大鼎也。"《字汇补·鬲部》："鬻，与鬻同。"西周金文别有"鬻"，也是"鬻"字异体，都是大鼎的意思。"鬻（鬻）"不见于《说文》。（李守奎）

爪 部

爪 zhǎo　精纽、宵部；庄纽、巧韵、侧绞切。

1《甲文编》109页。2《金文编》174页。3《说文》63页。4《篆隶表》191页。

象形字。甲骨文、《说文》小篆等都像向下翻覆的手爪形。戴侗说是鸟爪的象形，人的指"叉"或亦通作"爪"。验之古文字，戴说当属可信。金文"爪牙"之"爪"突出指端指甲，当即《说文·又部》"叉"字所本。"爪"与"叉"互通，当是一字。所谓"爪牙之利"，指的就是挚鸟的利爪和食肉兽的利牙。《说文》说"爪"为"覆手"，当是另外一个意义。（李守奎）

孚 fū 滂纽、幽部；敷纽、虞韵、芳无切。
fú

1《甲文编》109页。2、3《金文编》174页。4《战文编》175页。5《说文》63页。6《篆隶表》191页。

会意字。从爪子。"孚"是"俘"的本字。金文中的"孚金"、"孚贝"都是指俘获铜、贝等财物。儿童、妇女也是古人俘获财物的一部分，故字从爪子会意。"爪子"即抓获小孩的意思。《说文》说"孚"的本意是孵化幼子，字从爪下覆子，别义是"信"。徐锴进一步解释说："鸟之孚卵者皆如其期，信也。鸟襃恒以爪反覆其卵。"验之甲骨文、金文等早期古文字的写法和用法，都不相合，都是晚起的意义。（李守奎）

爲（为） wèi 匣纽、歌部；云纽、寘韵、于伪切。
wéi 匣纽、歌部；云纽、支韵、薳支切。

1《甲文编》110页。2《金文编》175页。3、4《汉语字形表》108页。5、7、9、10、11《篆隶表》191～192页。6、14《说文》63页。8《睡甲》40页。12、13、15《战文编》178页。

会意字。从爪象。甲骨文像一只手牵着一头象，会劳作意。从"爲"字的构形，表现出远古时代中原地区气候温暖、人们驯服大象役其劳作的情况，同时也透露出汉字非常古老的信息。"爲"是个使用频率极高的常用字，在使用过程中产生了很多变体、简体、讹体等等，到了小篆，已经看不出大象的模样了。《说文》臆猜为"母猴"，肯定是错了。小篆承袭的是春秋、战国秦文字的写法，较之战国时代的六国古文变化还算小的。六国"爲"字常常简化得只剩一只手和一颗不像象头的象头，更无从见其本义了。"爲"字的《说文》古文当是 上部的进一步讹变。（李守奎）

丮 部

丮 jǐ 见纽、铎部；见纽、陌韵、几剧切。

1《甲文编》111页。2《金文编》177页。3《汉语字形表》109页"执"字偏旁。4《睡甲》41页"执"字偏旁。5、6《篆隶表》192页"执"字偏旁。7《说文》63页。

象形字。甲骨文、金文都像一个跽跪的人抱拱双手、有所捧持的形象。春秋以后的古文字中，很少单独使用，所见都用为偏旁，而且字形逐渐简化。到了秦汉隶书，已经完全看不出双手的样子来了。现在我们把"丮"旁大都隶作"丸",如"埶"、"孰"、"藝"等。"巩"字所从的"丮"则隶定为"凡"。字所从形旁,都直接源自汉代隶书。《说文》小篆的"丮"也是讹变之形。本来与人体相连的两只手与人体脱离,变成了一只手。这个形体究竟是怎么来的,还不清楚。许慎所见,不一定是这个样子,或许有传抄伪误。"丮"在文字中大都做义符,表示与手有关的行为动作。(李守奎)

埶(艺) yì 疑纽、月部;疑纽、祭韵、鱼祭切。

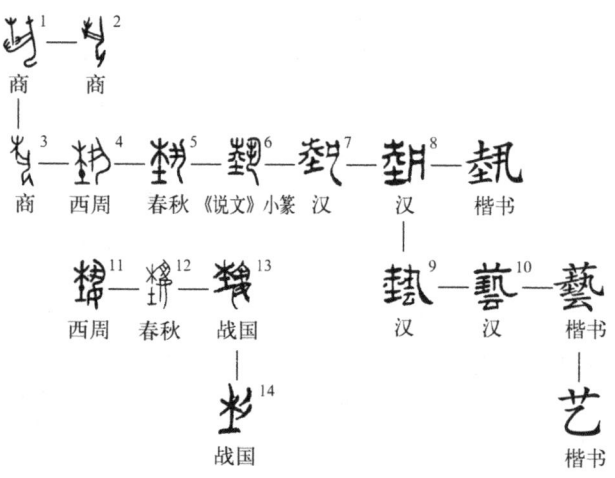

1、4、5、11、12《金文编》177～178页。2、3《甲文编》112页。6《说文》63页。7—10《篆隶表》192页。13、14《战国编》177页。

会意字。商代的甲骨文、金文像跽跪的人双手捧持禾苗或树苗栽种之形。《说文》:"埶,种也。"说的正是其本义。"埶"的本义在古书中也是常用义。西周金文中所持的"木"与双手分离,种植义不显豁,又在"木"下加上"土"旁,小篆所从的"坴"当即"埜"的讹变。西周金文或战国楚简"丮"下所从的"女",当是由"止(趾)"形上移讹变而成。扗是楚简中的简化字。"埶"后又繁化成"埶"、"藝"等。(李守奎)

孰 shú 禅纽、觉部;禅纽、屋韵、殊六切。

1《甲文编》192页。2、4《睡甲》41页。3、5、6《篆隶表》192页。7《说文》63页。8《金文编》178页。9《四版校补》31页。

会意字。从𦎧,从丮。《说文》:"𩰝,食饪也。从丮,𦎧声。"段玉裁等人早已指出"𦎧"不是声符。今考其字形源流,字本从"亯",不从"𦎧"。"亯"、"亨"、"享"本是一字,所以秦、汉文字有从"亯"和从"享"的异体。至于两周金文中的"女"形,其来源与"埶"字中的"女"形一样,都是由"止(趾)"形讹变而来。《说文》说"孰"的本义是"食饪也",也就是生熟的"熟"的本字,甲骨文和西周金文的字形和词例都无从证明。伯侄簋"白(伯)侄乍(作)𩰞殷(簋)"中的"𩰞"很有可能读"亯(享)"。"享"在古书中常常用作"烹饪"的"烹","孰"字用为"熟饪"的"熟",很可能与"享"用为"烹"有联系。关于"孰"字的来龙去脉,形、音、义间纷繁的关系我们还难以说得很明白,但有几点是可以肯定的:1."孰"字本不从"𦎧",从"亯";2."亯"本像宗庙或陵墓上的享堂,从"亯"从"丮",会"熟"义迂曲;3."亨"或"享"是"亯"字篆文的隶定,在古书中多用为"烹煮"的"烹","烹"字是在"享"上加意符"火"而成的后起字;4."孰"古书中或用为"熟饪"之"熟","熟"是在"孰"上加意符"火"而成的后起字;5.《说文》引《易》之"𩰝饪",三体石经及传本皆作"亨饪","𩰝(孰)"与"亨(享)"异文不是偶然的。我们的推测,"孰"本是"亯"的异体字,"孰"的生熟义当是在"亯"演变为"享"或"亨"并有了烹煮义之后,受其影响类化而成的。(李守奎)

巩 gǒng 见纽、东部;见纽、肿韵、居悚切。

巩

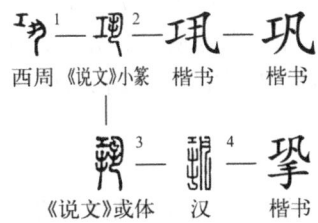

1 《金文编》179页。2、3《说文》63页。4《汉印徵》卷3，15页。

形声字。从丮，工声。《说文》："巩，襄也。"意思是拥抱。"丮"字的甲骨文和西周早期金文的写法，都像一个跽跪的人抱拱着双手。"丮"字古音在见纽、铎部，与"巩"音相去不远。疑"丮"就是"巩"的初文。或体"𢯱"又见于《说文·手部》，是累增的形旁。"丮（巩）"与"収（拱）"的意义有所不同："丮"是伸臂合抱，双手有所持；"収"是双臂抬起，拱手而已。但因其都是不同形态和动作的双手，语音也相近，所以在用作偏旁时或可以通用（参看《金文编》157～158页"對"字异体）。表示"固"义的"巩"本字作"鞏"。现在"巩"只有其假借义存活在"巩固"等词语中了。（李守奎）

鬥部

鬥（斗）dòu 端纽、侯部；端纽、侯韵，都豆切。

1、2《甲文编》113页。3《说文》63页。

象形字。甲骨文像披头散发的两个人徒手相搏的形象，其简体省去了长发形。小篆是讹体，二人相搏的手都与身体割裂开来。许慎所说的"两士相对，兵杖在后，象斗之形"，虽然分析字形不对，但所说的本义与"鬥"的初形是相合的。"鬥"加上声符，分化出"鬭"字。现在二字都被废除，假借"升斗"的"斗"代替。（李守奎）

鬭 dòu 端纽、侯部；端纽、侯韵，都豆切。

1《说文》63页。2《睡甲》41页。3-6《篆隶表》193页。

形声字。从鬥，斲声。其本字"鬥"本像二人相搏斗的样子，演变得与"門"相近而混讹，加上了声旁"斲"或"斤"。汉简有时干脆省去"鬥"，省简成"斲"。"斲"与"斤"所从的声符"𣂑"和"豆"古音相同，所以都可用作声旁。古代韵书中还有异体字"鬪"、"鬬"等，它们的形旁与秦、汉简牍一样，已经讹变为"門"，基本声符都是"豆"。《说文》说"鬭"的本义是"遇也"，与"鬥"异字。段玉裁进一步发挥说："凡'鬭接'用'鬭'字，'鬥争'用'鬥'字，俗皆用'鬭'为争竞，而'鬥'废矣。"其实"鬥"、"鬭"本为一字，是一字异体，不必强作分别。现在用"斗"字代替"鬥"，斗争义的"鬥"及其各种异体都废而不用了。（李守奎）

鬩（阋）xì 晓纽、锡部；晓纽、锡韵，许激切。

1《说文》63页。

会意兼形声字。从鬥，从兒，兒亦声。"阋"字所从"鬥"旁很早就有讹同"門"的形体了（见《玉篇》、《广韵》等）。现行简化字"阋"就是从讹体而来。《说文》："鬩，恒讼也。《诗》曰：'兄弟鬩于墙。'从鬥，兒声。兒，善讼者也。"旧注认为"恒讼"是指家族内部常有的纷争，似可信从。《说文》所引《诗》出自《诗·小雅·常棣》，意思是兄弟之间在家族内部虽然有纷争，但对待外来之侮却会一致抗击。此"阋"用的是其本义。（李守奎）

鬧（闹）nào 泥纽、效韵，奴教切。

1《四声韵》63页。2《马王堆汉墓帛书（肆）》图版112·33,转引自《简帛研究》第二辑3页。3《说文》64页。

构形不明。徐铉说："闹,不静也,从市斗。"以市中争斗会乱哄哄之意。"闹"字见于传抄古文和汉初的帛书,并不从"門"和"市"。"闹"不从"市"是可以肯定的,至于古文、汉隶所从的"門"和《说文》新附所从的"鬥",究竟哪个是讹体,似乎还无法断定。徐铉说的"闹"义在古书和现在都很常用,"红杏枝头春意闹"就是我们所熟知的。（李守奎）

又 部

又 yòu 匣纽、之部；云纽、宥韵、于救切。

商　西周　春秋　战国《说文》小篆　秦　汉　汉　楷书

1《甲文编》116页。2、3《金文编》181页。4《战文编》178页。5《说文》64页。6《睡甲》41页。7、8《篆隶表》193页。

象形字。《说文》："又,手也。象形。三指者,手之列多,略不过三也。""又"像右手形,在出土文献中,使用频率极高,多读为"左右"之"右"和"有无"之"有"、"佑助"之"佑"等。以"又"作形符的字多与手的部位或手部动作有关。（李守奎）

右 yòu 匣纽、之部；云纽、宥韵、于救切。

西周　春秋　战国　秦《说文》小篆
秦　汉　楷书

1、2、3《金文编》66页。4、7《篆隶表》193页。5《说文》64页。6《睡甲》15页。

会意字。从又,从口。《说文》："右,手、口相助也。"此字又见于《说文》卷二口部,属异部重出。把"右"理解为从"又"分化出来的指事字更接近文字发展的实际。"口"在文字的演变中,常常作为装饰符号或区别符号,与口舌之"口"无关。"右"字就是在"又"上加一区别符号"口"来分承"又"的"左右"之"右"义和"佐佑"之"佑"义。《说文》以"右"为"佐佑"之"佑"的本字,对"右"为什么多用为"佐佑"之"佑"不易说通。"左右"与"佐佑"都是常用义,所以,又从"右"分化出"佑",来分承佐佑义。总之"右"和"佑"都是从"又"分化出来的区别字,它们都分承了早期"又"字的部分语义,使文字表义更加清晰。（李守奎）

厷 gōng 见纽、蒸部；见纽、登韵、古弘切。

西周　战国《说文》小篆　汉　楷书

《说文》或体　汉　楷书

1《金文编》66页。2《战文编》292页"竑"字偏旁。3、5《说文》64页。4、6《篆隶表》194页。

形声字。从又,宫省声。或体"肱"从肉,从厷,厷亦声。"厷"字所从的圆圈,与"口"不同,是"宫"字初文"㕣"的省形,也是"公"字所从的声旁。"厷"和"公"所从的声旁相同,在小篆中也讹变得一样。"厷"字与"右"字形近,旧多误释。"厷"的本义是"臂上也",也就是今天所说的大臂。字本以"又"作形旁,后又累增"肉"旁,造出异体"肱"。"股肱"是常用词,"肱"用的就是本义。"肱"产生后,"厷"不再单独使用,只参与文字的构形,如"纮"、"宏"等。《说文》以为"厷"字"从又,从古文",所谓古文就是其所附"㠯"形,目前还没有什么材料可以证实。

叉 chā 清纽、歌部；初纽、麻韵、初牙切。

《说文》小篆　楷书

1《说文》64页。

指事字。《说文》："叉,手指相错也。"段玉裁认为意思是手与物相错,义即"叉取"的"叉",引申为凡歧头的东西也叫"叉"。由于我们现在还未能确知"叉"字较原始的写法,姑存旧说。但从"叉"的分化字"钗"、"杈"等来看,"叉"有可能是头部歧出"叉子"的"叉"的象形字,手指相错反而是引申义。（李守奎）

叉 zhǎo 精纽、宵部；庄纽、巧韵、侧绞切。

西周《说文》小篆　楷书

1《金文编》174页。2《说文》64页。

象形字。《说文》："叉,手足甲也。从又,象叉形。"爪"与"叉"本为一字。鸟、兽爪之利,就在于指端有利甲。西周金文"爪牙"的"爪"就是突出利甲的手爪形,也就是《说文》"叉"字所本。小篆的"叉"指甲与手爪已经分离,是讹变之形,但说其本义为手与足的指甲不为无据。不论是鸟兽之"爪"还是人的"叉",都是突出指端指甲的手、足。汉乐府诗说"颜色相类似,手爪不相如","爪"在这里是指人的手,而非兽爪。(李守奎)

父 fù 並纽、鱼部；奉纽、麌韵、扶雨切。

商 西周
商 西周 春秋 战国《说文》小篆 秦 汉 汉 楷书

1、2、4《金文编》182~184 页。3《甲文编》117 页。5《汉语字形表》110 页。6《战文编》179 页。7《说文》64 页。8《睡甲》41 页。9、10《篆隶表》194 页。

会意字。《说文》："父,矩也。家长率教者。从又举杖。"《说文》认为"父"是以手举杖的形象,表示行使责打教育权力的家长。若此说不误,"父"与"攴"就是同源,举杖的人是"父",举杖责打的行为就是"攴(扑)",所谓"鞭扑不可废于家刑"。所见"教"与"斅(学)"都从"攴",都透露出古代父亲、鞭扑、教育之间的关系。但商周更为象形的金文"父"字手所举的不像"杖"。郭沫若说像手拿着斧子的形象。若此,"父"与"斧"就是同源,是以手持斧表示从事此类劳作的家庭劳动力。从字形看,此说更为合理。"父"字究竟是以手持杖的教育者,还是以手持斧的劳作者现在还无法定论,但它的基本意义"父亲"古今是一致的。从商代至今,它一直是个常用字。(李守奎)

叟(叟) sǒu 心纽、幽部；心纽、厚韵、苏后切。

商《说文》小篆 楷书
秦 汉 汉 楷书

1《甲文编》117 页。2《说文》64 页。3《睡甲》41 页。4《篆隶表》194 页。5《汉印徵》卷3,15 页。

会意字。从手持火把在屋中,是"搜索"的"搜"的本字。后借为"童叟无欺"的"叟",即《说文》所说的"老也"。久借不归,又在表示本义的"叟"上加了一个形符"手",分化为"叟"、"搜"二字。从甲骨文到《说文》小篆,"叟"的结构都没有太大的变化,都写作"叜"。我们现在"叟"的写法,是从秦代古隶逐渐讹变而来的。现在"叟"行而"叜"废,但在读古书时还会遇到"叜"字,或从"叜"的字。(李守奎)

燮 xiè 心纽、葉部；心纽、帖韵、苏协切。

商 西周 春秋《说文》小篆 汉 楷书

1《甲文编》195 页。2、3《金文编》691 页。4《说文》64 页。5《篆隶表》195 页。

构形不明。《说文》："燮,和也。从言,从又、炎。籀文燮从羊,读若溼。"甲骨文的"燮"从三火、从又是确切无疑的,"▽"或云是火炬形,或云是"言"字,皆无确证。这一形体后来讹变为金文所从的"丁"、《说文》籀文的"羊"和《说文》小篆的"言"。《说文》卷十另有"燮"字,当是来源相同的一个异体。"燮"、"燮"、"燮"是一字,已成为大家的共识。因为构形不明,本义也就无从谈起。《说文》把"燮"和"燮"分置在卷三的"又"部和卷十的"炎"部,分别释其本义为"和"与"大熟",恐怕都是靠不住的。若说"燮(燮)"的常用义是"和"却是可信的。《书·洪范》中的"燮友柔克"以及古书上常说的"燮理阴阳",旧注都释为"和"。(李守奎)

曼 màn 明纽、元部；微纽、愿韵、无贩切。

西周《说文》小篆 汉 汉 楷书

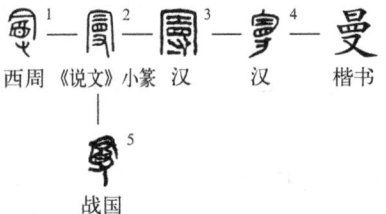
战国

1《金文编》186 页。2《说文》64 页。3《汉印徵》卷3,16 页。4《篆隶表》195 页。5《战文编》179 页。

形声字。西周金文从爱,曰声。郭沫若说"爱"像两手张目,并引《楚辞·哀郢》"曼余目以流观兮"为证,似可信。《说文》："曼,引也。从又,冒声。"是据小篆字形立说。"曰"是"冒"的初文,从"曰"声和从"冒"声是一样的。如果考虑到演变的过程,战国以后的"曼"似可分析为从爱省,曰声。也可以把"目"视作共用偏旁,分析为"从爱省,冒声"。"冃"的楚文字写法与秦汉文字有很大的不同。"曼"字古书多训为"引"或"长",应当都是双手张目义的引申。(李守奎)

夬 guài 见纽、月部；见纽、夬韵、古卖切。

1、2《古文典》905页。3《战文编》179页。4《睡甲》41页。5、7、8《篆隶表》195页。6《说文》64页。

象形字。像右手套着扳指之形。典籍作"决"、"觖"等。"夬"是拉弦射箭时套在拇指上的骨制器物。《集韵·屑韵》:"夬,所以闿弦者。"说的正是"夬"的本义。《说文》据讹变的字形说其形、义,说"从又、㇏,象决形",本义是"分决"等等,显然是不对的。其实秦汉文字"夬"字多如㕚、㕚,从环状而不从《说文》所说的"象决形"的"㇏"。《诗·小雅·车攻》:"决拾既佽。"陆德明释文:"夬,本又作决,钩弦也。"朱熹集注:"决,以象骨为之,着于左手大指,所以钩弦闿体。"可证"夬"的本义是扳指可信。(李守奎)

尹 yǐn 喻纽、文部；以纽、准韵、余准切。

1《甲文编》118页。2、3、7、8、9《金文编》187页。4《战文编》180页。5、10《说文》64页。6《篆隶表》195页。

会意字。像以手持物形。所持物多以为是笔形,即古之"聿"。"尹"是以用手持笔会治事之义。《说文》:"尹,治也。从又、丿,握事者也。"现在人们对"尹"字的认识其实并没有超越许慎多少。说所持像笔,也纯属猜测。"尹"在文献中最常用的词义是治事之职官。"治"与"治者"是动、名相因,不必指定哪个是本义,凡与文字构形有直接联系的意义都可视为本义。"尹"字发展到春秋,为了追求字形的对称美观,左右两侧圆转对称,已看不出以手持物的样子了。《说文》古文所从的"尹"更分裂为左右对称的两只手,其讹变的过程与"君"字古文所从"尹"完全相同。(李守奎)

叡 zhā 精纽、鱼部；庄纽、麻韵、侧加切。

1、4《甲文编》118页。2、5、6《金文编》188页。3《说文》64页。7、8《战文编》180页。

形声字。从又,虘声。《说文》:"叡,又取也。"《方言》有"担"和"搚",均训为"取",可证小徐本的释义是有依据的。大徐本的"叡,又卑也","又卑"可能是"又取"的形讹。古文字中"叡"是个常用字,甲骨文用作方国名,两周金文和战国简帛大都读为"而且"的"且",是句首语气词,未见有训为"取"的。"叡"的字形,甲骨文和金文以从左手的居多,楚文字多把"又"旁置于"且"下,有的"且"讹变为"目"。"叡"在已知的秦汉文字中非常罕见。(李守奎)

敖 lí 来纽、之部；来纽、之韵、里之切。

1、2、4、5、8《甲文编》119页。3、6、9《金文编》188页。7《说文》64页。

形声字。从又,犁声。甲骨文本像一手持"來"——麦子,一手持杖扑击的形象,其本义当如小徐所言:"支击取也",即击麦获取的意思。"来"在字中兼表声音,从"未"和"木"都是"来"的讹形。"敖"与《说文·攴部》的"犛"在甲骨文、金文中是一字异体,多读为"釐",意思是"福"。"釐"是加上声符的后起分化字,逐渐取代了"敖"

或"㚔"。（李守奎）

叔 shuā 心纽、月部；生纽、薛韵、所劣切。

叔¹ — 叔
《说文》小篆　楷书

1《说文》64页。

会意字。《说文》："叔，拭也。从又持巾在尸下。""尸"是蹲踞的人形，以手持巾，表示擦拭的意思，典籍或借"刷"。《礼记·玉藻》："浴用二巾，上絺下绤。"注云："刷去垢也。"说的正是洗澡时用巾擦拭除垢。晋左思《魏都赋》"叔马江洲"，是给马洗浴擦拭。（李守奎）

及 jí 群纽、缉部；群纽、缉韵、其立切。

¹—²—³—⁴—⁵—⁶
商　西周　春秋　战国　秦　《说文》小篆

¹⁰
春秋

⁷—⁸—⁹
秦　汉　汉　楷书

¹¹—¹³—¹⁴
战国　战国　《说文》古文

¹²
三体石经古文

1《甲文编》119页。2、10《金文编》189页。3、4、12《汉语字形表》112页。5、8、9《篆隶表》196页。6、14《说文》64页。7《睡甲》42页。11、13《战文编》181页。

会意字。从人，从又。会追上前人，以手逮之。《说文》云："及，逮也。"追赶上这个本义在古书中常用。《论语·季氏》："见善如不及，见不善如探汤。""到达"、"连及"等义都是由本义引申而来。"及"是个使用频率很高的字，异体很多，《说文》就列了三个古文。由于新材料的不断出现，三体石经古文和《说文》古文中的部分形体我们已弄清了它们的来龙去脉。两个古文都见于楚简，它们都是由西周金文中的"及"和异体"迟"增加区别性笔画和饰笔而来。秦、汉文字直承商周"及"字的写法，从石鼓文、诅楚文、绎山碑、睡虎地简，一直到汉代的简帛石刻，一脉相承，与六国文字迥异。（李守奎）

秉 bǐng 帮纽、阳部；帮纽、梗韵、兵永切。

¹—²—³—⁴—⁵
商　西周　春秋　《说文》小篆　汉

⁸　⁶—⁷　秉
战国　秦　汉　楷书

1《甲文编》120页。2、3《金文编》190页。4《说文》64页。5《汉印徵》卷3，16页。6《睡甲》62页。7《篆隶表》196页。8《战文编》181页。

会意字。从又持禾。以手拿着一禾，会"禾束"和"秉持"之意。《诗·小雅·大田》"彼有遗秉"之"秉"是名词，即"禾束"。"秉"的执持义更为常用。《尔雅·释诂》："秉，执也。"又："秉，持也。"《诗·郑风·溱洧》："士与女，方秉蕑兮。""秉蕑"即执蕑。（李守奎）

反 fǎn 帮纽、元部；非纽、阮韵、府远切。

¹—²—³—⁴—⁵—⁶
商　西周　春秋　战国　《说文》小篆　汉

⁷—⁸—⁹　反
秦　汉　汉　楷书

1《甲文编》120页。2《金文编》190页。3《楚文编》160页。4《战文编》181页。5《说文》64页。6《汉印徵》卷3，16页。7《睡甲》42页。8、9《篆隶表》196页。

会意兼形声字。《说文》："反，覆也。从又、厂反形。"许慎的解说颇费解。"反"字构形与本义众说不一，当以"反"是"扳"的本字说为近是。"厂（hǎn）"见于《说文》卷九，像山崖之形。以手攀崖，当即"反"的本义，后又加手旁为意符作"扳"，"扳"与"攀"同源，也可能是时代不同的异体字。《礼记·丧大记》郑玄注云："承衾哭者，哀慕若欲扳援。"陆德明释文云："攀又作扳。"由此看来，《说文》的解形说义，甚为牵强，恐怕是靠不住的。但直到现在，反转倒覆，"覆"还是"反"的常用意义，其本义久已湮没不闻了。"厂"与"反"古音相近，应当兼具表音作用。（李守奎）

𠬝 fú 並纽、职部；奉纽、屋韵、房六切。

又部

㚔 (执)
商 西周 《说文》小篆 楷书

1《甲文编》121页。2《金文编》190页。3《说文》64页。

会意字。以手捕人，会捕获的敌人之意。甲骨文中"㚔"字屡见，均用作名词，指俘获的敌方人员。或以为"㚔"是以手抑其项背令其驯服从事，是"服"的本字。"㚔"在西周以后就很少单独使用了。"服"字中保留了"㚔"形，用作声旁。《说文》释"㚔"为"从又，从卩，卩事之节也"是不对的。（李守奎）

叡 suì 心纽、物部；心纽、至韵、虽遂切。

商 商 商 西周 三体石经古文 楷书
《说文》小篆 楷书

1、2、3《甲文编》121页。4、5《汉语字形表》113页。6《说文》64页。

形声字。《说文》："楚人谓卜问吉凶曰叡。从又持祟，祟亦声。读若贽。"甲骨文、西周金文，皆从又，从柰。"柰"、"奈"、"祟"本为一字，形体讹变而分化为三。《说文》"隸"与"隷"同字，"欵"与"款"同字。楚卜筮简"奈"皆读"祟"，所从"木"即"木"的省变。小篆"隸"、"叡"等字所从的"祟"当是"柰"或"奈"的讹变。"叡"在甲骨文中多用为报答鬼神赐福的祭名，典籍中多用"赛"或"塞"。《说文》"楚人谓卜问吉凶曰叡"可能是后起的意义。前人已经指出，"叡"是"筮"的借字。《仪礼·士冠礼》郑玄注："筮，所以问吉凶。""筮"是禅纽、月部字，"叡"有章纽、月部的读音，古音极近。"叡"的"卜问吉凶"义是假借之说可信。（李守奎）

叔 shū 书纽、觉部；书纽、屋韵、式竹切。

西周 西周 战国 《说文》小篆 汉 楷书
秦 汉 汉
《说文》或体 汉

1、2《金文编》191页。3《汉语字形表》113页。4、9《说文》64页。5、7、8《篆隶表》197页。6《睡甲》42页。10《汉印徵》卷3，16页。

象形字。从又持弋掘土收芋形。"弋"本像下部尖锐、上有柲的挖掘工具。"弋"下为土或芋形。《说文》："叔，拾也……汝南名收芋为叔。"收芋当是"叔"的本义，挖芋与拾芋是收芋的两个阶段，"拾"是其引申义。《诗·豳风·七月》"九月叔苴"之"叔"义为拾取。"叔"在秦简中读为"菽"，在典籍中多用为伯叔字，都是假借用法。"叔"的字形在战国诅楚文中，已与《说文》小篆基本一样了，所从的"弋"已看不出原形来了。《说文》以"朩"为"菽"的本字，显然是因为没见到更古老的字形。汉魏"叔"字异体早在秦简中已经成形，它保存了西周金文的一些特征。（李守奎）

叟 mò 明纽、物部；明纽、没韵、莫勃切。

春秋 秦 《说文》小篆 楷书
秦 汉 楷书

1《战文编》607页"頮"字偏旁。2《战文编》747页。3《说文》64页。4、5《篆隶表》803页"没"字偏旁。

会意字。从回，从又。"回"本像水流回旋的水渊，"又"是手的侧形，会"入水有所取"意。"叟"是"没"的本字。"叟"的另外两个异体"殳"和"𠬛"是在文字不断简化过程中逐渐形成的。"没"的本义是"沉"，"沉没"现在也还常用，"沉没"与"入水"的语义显然十分相近。《玉篇》以"𠬛"为"古'没'字"是对的。"叟"在文献中很少使用，在"殁"、"頮"等分化字中表义兼表音。（李守奎）

取 qǔ 清纽、侯部；清纽、麌韵、七庾切。

商 西周 西周 战国 《说文》小篆
战国 秦 汉 汉 楷书
战国

1、2《金文编》…

1《甲文编》122页。2、3《金文编》191页。4《汉语字形表》113页。5《说文》64页。6《睡甲》42页。7、8《篆隶表》197页。9、10《战文编》182页。

会意字。从又，从耳。"取"字的本义《说文》说得很详明："取，捕取也。从又，从耳。《周礼》：'获者取左耳。'《司马法》曰：'载献聝。'聝者，耳也。"古代战争，杀死敌人，取其左耳献上称"献聝"。"取"的本义就是割取敌人的耳朵，有所获取。"夺取"、"获取"等义都包含在捕取俘虏这一过程中，也都是"取"的常用义。"取"的字形古今一脉相承，变化不大。楚文字中虽然有上加横划饰笔和变"又"为"攴"的异体，但都符合其自身演变的规律，较之省讹形体，变化也不算很大。（李守奎）

彗 huì 邪纽、质部；邪纽、祭韵、祥岁切。

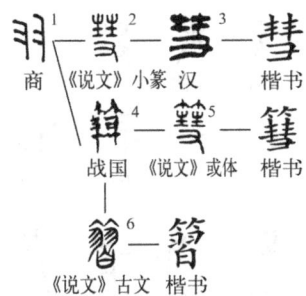

1《甲文编》166~167页。2、5、6《说文》64页。3《篆隶表》197页。4《战文编》182页。

会意字。《说文》："彗，扫竹也。从又持甡。篲，彗或从竹。篲，古文彗从竹从习。"甲骨文"彗"本像扫帚形，小篆讹变为"甡"，许慎虽不知其字形原委，但释义为"扫竹"却是正确的。"扫竹"即"扫帚"，彗星又名扫帚星，就是因其像扫帚而得名。从"竹"、从"又"都是在象形初文上添加形符的后起字。《说文》古文从竹，习声。"习"字见于甲骨文，本从"彗"声，旧误以为从"羽"，释为"鸟数飞"，不足据。（李守奎）

叚 jiǎ 见纽、鱼部；见纽、马韵、古疋切。

1、2《金文编》192页。3《汉语字形表》113页。4《睡甲》42页。5、6《说文》64页。

构形不明。林义光认为字从上、下两手，表示相付予形，从石省，表"借"义，即"藉（借）人所有以为己用"，可备一说。朱芳圃又以为字像从山崖下取石，为"瑕"之本字，亦可备一说。"叚"在金文中或读为"假"，或读为"遐"。《说文》小篆讹变更甚，许慎阙释其形，但所从的"彐"却是渊源有自。西周金文就有此异体。以从"受"的为多见，我们现在还弄不清是"彐"讹为"受"，还是"受"讹为"彐"。"叚"的本形、本义，尚待进一步研究。（李守奎）

友 yǒu 匣纽、之部；云纽、有韵、云久切。

1《甲文编》123页。2、3、4、10、11《金文编》192~193页。5、14《说文》65页。6、8、9《篆隶表》198页。7《睡甲》43页。12、13《战文编》182页。

会意字。《说文》："同志为友。从二又。相交友也。"两人两手相交，表示友好，自古已然。现在的朋友见面"握手"，正可作"友"字的注脚。《说文》对"友"提出的志向相同这一标准，未必是甲骨文时代就有的观念，但却对后代文人的交友产生了重要影响。西周金文"友"字有的下部加上羡符"口"，《说文》古文就是由这一形象逐渐讹变而来的。《说文》别有古文作"丵"：

1《甲骨文字典》295页。2《战文编》192页。3《说文》65页。4《篆隶表》198页。

这个演变系列是否可信，尚需进一步证实。因为所释"友"字大都不能从辞列上予以确证。（李守奎）

度 dù 定纽、铎部；定纽、暮韵、徒故切。

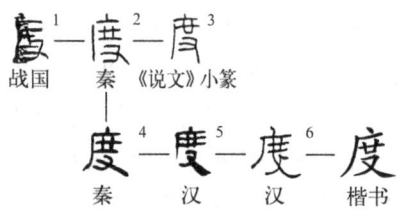

1《战文编》183 页。2、5、6《篆隶表》198 页。3《说文》65 页。4《睡甲》43 页。

形声字。从又，石声。《说文》以为从"庶"省声，"庶"本从"石"声。就现有材料看，把"石"写成"庐"是秦文字的特点。段玉裁释从"又"曰："周制寸、尺、咫、寻、常、仞皆以人之体为法。寸法，人手之寸口；咫法，中妇人手长八寸；仞法，伸臂一寻。皆于手取法，故从又。""度"是计量长短的标准器具，这一意义现在还保留在与"量"和"衡"相对应的"度"中。《说文》所说的"度，法制也"，当是其引申义。"度"的"法度"、"常规"等引申义典籍习见，不俱引。（李守奎）

ナ 部

ナ zuǒ 精纽、歌部；精纽、哿韵、臧可切。

1《续甲》卷3，6页。2《甲文编》127 页。3《金文编》194 页。4《类编》61 页。5《战文编》184 页。6—14《古文典》875 页。15《说文》65 页。

象形字。商代甲骨文作前臂下垂、掌心与手指右向，为左手之象。甲骨文正反无别，ナ又（右）同字。《小屯·殷虚文字甲编》："其ナ大风？"ナ用作又（通"有"）。当"ナ中又"并用时，则二者不混。《殷契粹编》597："丁酉贞：王乍（作）三自（师）又中ナ"即其例。西周时或加口旁为从ナ从口ナ亦声的会意兼形声字，盖会手口并助之意。战国时，字形有草化趋势，但其结构犹然可辨。时除沿袭西周的做法增加构件口外，或易口为曰，与从口造意相同；或加 ﹦、二，构意不明。《说文》采纳了前

代主流结构，隶变后楷书作ナ。ナ为左之初文，后变易为左，今左字行用而ナ字几废。本义是左手，引申指左方。元年师兑簋："疋（胥，助）师龢父嗣（司）ナ右走马。"齐封泥、包山简之"ナ司马"，楚玺之"ナ马"，天星观之"ナ币"，包山简之"ナ尹"、"ナ驭"并读左。引申指旁侧。牧狄钟："其严在帝ナ右。"又引申指辅助、辅翼，后来此义写作"佐"。善鼎："昔先王既令女ナ足（右）鼐侯。"用作人名。《殷虚书契菁华》3："甲寅允有来艰，ナ告曰：有往刍自益十人又二。"通"尫"（zǒ），跛脚。狄骏觥盖："吴（族名）狄骏（人名）弟史邈（遗，赠送）马，弗ナ。"（张标）

卑 bēi 帮纽、支部；帮纽、支韵、府移切。
　　 bì 帮纽、支部；帮纽、纸韵、并弭切。
　　 pí 帮纽、支部；并纽、支韵、符支切。
　　 bān 帮纽、元部；帮纽、删韵、布还切。

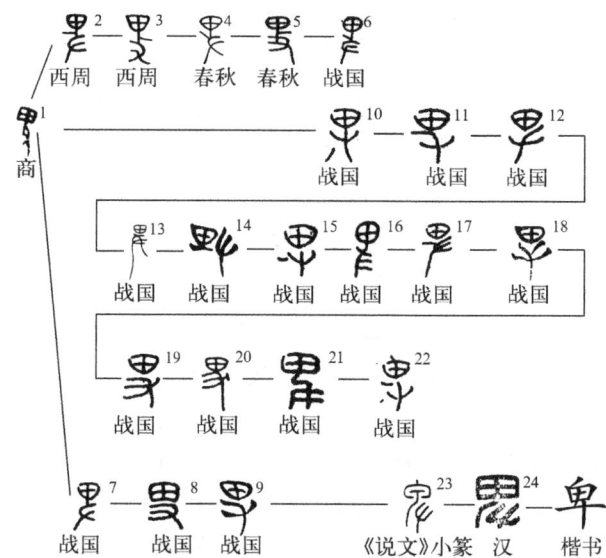

1《甲文编》958 页。2—5《金文编》195 页。6、7、8、10、11、12、15、17、19—22《古文典》771 页。9、14、16、18《类编》63 页。13《汉语字形表》114 页。23《说文》65 页。24《汉印徵》卷3，17 页。

会意字。商代甲骨文从又持甲，又为手之象，甲为带柄器械状，合此二构件盖会持械做事意。此正卑之初文与本字，持械做事为下等人所为，卑贱。西周春秋时，器柄衍出一横，与又结合成支，带有声化趋向，卑与支叠唇音。战国时除极个别字保留声化趋向外，主流结构则是承用商代结构，或则全同，或则省略器柄作从田从又；不甚规范的，或又旁作寸、父、尹，或田下衍出一横，或又作 屮、ㄓ、ヨ、又、爫，严重的作 𣄴，或田上出头为由。《说文》整理作从ナ甲是理据重构。楷书作卑。

《康熙字典》8笔,作卑,《现代汉语规范字典》亦8笔,作卑。或作甲(《正字通》),俗体。本义是卑贱。《公羊传·隐公元年》:"桓幼而贵,隐长而卑。"引申指卑微,弱小。马王堆汉墓帛书《战国纵横家书》:"燕齐甚卑。"引申指谦卑。《易·谦》:"谦谦君子,卑以自牧也。"卑匜(sī),承盘,马王堆汉墓遣册竹简及江陵凤凰山167号汉墓竹简均记载有此器。以上读bēi。同"踔",指形体下部大,读bǐ。指补偿,读pí。卑水,在四川会理县东北,方俗音转读bān。通"俾",使;顺从。弌篇:"卑克乓(厥)敌。"中山王譻鼎:"(忠臣贾)克顺克卑(俾)。"通"譬",如郭店楚简《老子》甲本:"卑道之才(在)天下也。"通"嬖",宠幸。郭店楚简《缁衣》:"毋以卑御悤(塞)妆(庄)句(后),毋以卑悤大夫、卿、事(士)。"(张标)

史 部

史 shǐ 心纽、之部;生纽、止韵、疎士切。

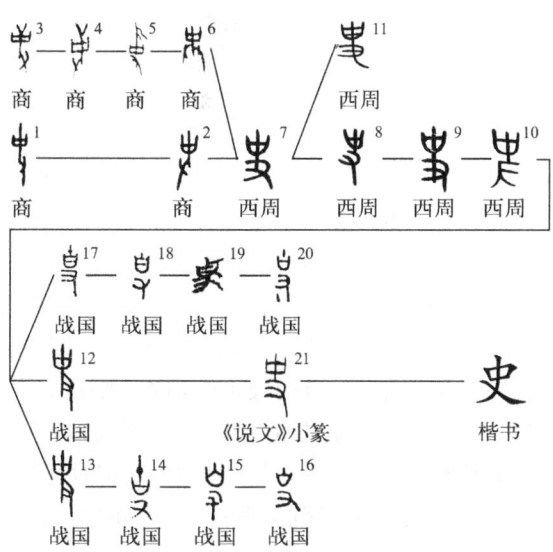

1、2《甲文编》127页。3-6《续甲》卷3,22~23页。7-11《金文编》196~197页。12《篆隶表》199页。13、14、17、19《战文编》184~185页。15、16、18、20《古文典》104页。21《说文》65页。

会意字。商代甲骨文作从又持中,又为手之象形,中为猎具,手持猎具会治事意。时有繁简二体。简体作又持中,手或左向或右向,正反无别,繁体则又或为廾,猎具或作中、串。简体代表着主流方向。西周袭用前代简体,猎具固定为中,个别的作申,又固定为左向,个别的右向。战国时构件"又"非常整齐固定,只有极个别的作"寸";构件"中"则多变,或作古、占、口、口,或作占、占、占、占,皆"中"之讹,作"中"的为主流。《说文》肯定了前代主流结构,隶变后楷书作史,是记号字。史与事、使、吏同源,在甲骨文中为同一字,后代分化为四字。史用作事,事情。《小屯·殷虚文字乙编》:"辛未卜,贞:有史(事)?甲戌卜,亡史(事)?"以事任人为使。《殷契粹编》36:"史(使)人于河沈三羊?"治事者为吏。《殷虚书契前编》4.4.7:"羌弗实朕史(吏)?"记事的人为史。《丙编》71:"我史亡其示?"本义是做事,引申义是史官。井侯簋:"王命荥眔内史。"云梦秦简《秦律十八种》:"下吏能书者,勿敢从史之事。"引申指佐吏、历史、史籍、文辞等。用作人名。《乙编》5303:"今五月史有至?"族名。颂簋:"王乎史虢生册命颂。"地名。《甲编》:"又来虢自史,今日其征(祭名)于且丁?"通"使",使用;让。郭店楚简《老子》甲本:"心史槷(气)曰劈。"云梦秦简《为吏之道》:"毋发可异史(使)烦请。"参"事"、"吏"、"使"等条。(张标)

事 shì 从纽、之部;崇纽、志韵、鉏吏切。

zī 精纽、之部;庄纽、志韵、侧吏切。

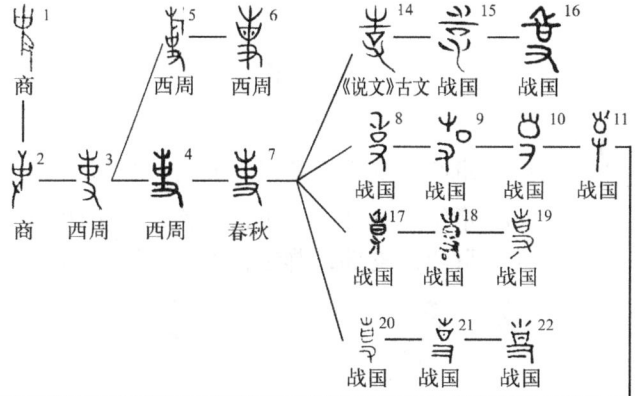

1、2《甲文编》127页。3、4、6《金文编》198~200页。5《类编》62页。7、15、16、20《汉语字形表》115页。8-13、21、22《古文典》106~107页。14、23《说文》65页。17、18、19《战文编》185~186页。

会意字。商代甲骨文作从又持中,又为手之象形,中为猎具,手持猎具会治事意。事与史同源,在甲骨文原本一字,到西周时,事开始从史中分离出来。构件"又"没有变化,猎具形的构件中或串一般作串,个别的繁化作串或串。春秋石鼓文作串,与小篆结构已十分接近。战国时异形严重,构件"又"变化小,㞢变化大,主要有四种情况。(一)与石鼓文结构基本一致,潦草的或作 、 ,发生笔势变化。(二)与《说文》古文 的形体接近,猎具上多衍出一横笔。(三)构件又作寸或攴,属于形义相近构件的通用。(四)构件猎具中的口作曰、ㄊ、日、等。其中第一种情况代表着主流,《说文》据此整理作"从史之省声"是理据重构,其实是手持变形的猎具。隶变后楷书作事,是记号字。本义是治事、从事。《论语·颜渊》:"回虽不敏,请事斯语矣。"引申指事业、事情。《小屯·殷虚文字甲编》3338:"己丑卜,争贞:吴叶王事?"马王堆汉墓帛书《战国纵横家书》:"皆不任子以事。"引申指职事。克鼎:"敬夙(夙)夜用事。"《包山楚简》2.137:"命一执事人至命。"引申指任职。匽侯鼎:"匽侯旨初事㝬(于)宗周。"侍奉。召卣:"奔走事皇辟君。"中山王舋鼎:"事孛(少)女(如)㫊(长),事愚女智。"事例,成例。云梦秦简《法律答问》:"廷行事,吏为诅伪。"通"士",士人。郭店楚简《缁衣》:"毋以卑(嬖)士愿(塞)大夫,卿、事。"通"仕",做官。《礼记·曲礼上》:"大夫七十而致事。"《内则》作"仕"。通"德",品德。《易·蛊》:"不事王侯,高尚其事。"马王堆汉墓帛书作"其德"。通"史",史官。申鼎:"鄦安之孙簫大事申乇其造(祰,祭)鼎十。"(张标)

支 部

支 zhī 章纽、支部;章纽、支韵、章移切。
　　 zhì 章纽、支部;章纽、寘韵、支义切。
　　 qí 群纽、支部;群纽、支韵、巨支切。

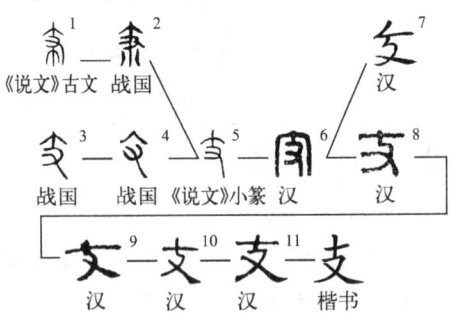

1、5《说文》65页。2、3、4《四声韵》7页。
6、8《汉印徵》卷3,18页。7、9、10、11《篆隶表》200页。

会意字。《说文》:"从手持半竹。"构件又是手的象形;全竹作竹,半竹即取其一半作 个,以手持半竹会离开竹子的竹枝意。战国古文字有繁简二体。繁体从又持竹,只是被又在中间隔开,上下各半竹,潦草的则下半竹作 ;简体或同小篆,或半竹省作 。隶变后楷书作支,主要是笔势变化。《说文》本义是"去竹之枝",即脱离竹茎的竹枝,引申指植物的枝茎,《诗·卫风·芄兰》:"芄兰之支。"后来为此义造专字枝。引申指人的肢体。云梦秦简《法律答问》:"若折支指、胅(diē,骨错位)膁(体)。"马王堆汉墓帛书《十问》:"无以动亓(其)四支而移去其疾。"后来为此义造专字肢。又引申指支应、抗拒。马王堆《战国纵横家书》:"外支秦魏之兵。"又用作量词与姓氏。以上读 zhī。支註,楚方言,指絮语不清,读 zhì。今支,春秋时山戎属国;亦古县名,在今唐山一带。以上读 qí。参"枝"、"肢"等条。(张标)

攲 jī 见纽、支部;见纽、支韵、居宜切。
　 qī 溪纽、歌部;溪纽、支韵、去奇切。

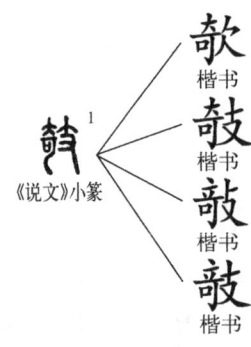

1《说文》65页。

形声字。从支,奇声。形旁支为会意字,以又(手)持半竹会离竹之枝意,表示攲的本义与离去有关;声旁奇为从大(人的象形)可声的形声字,在攲中表音,攲与奇并牙音。奇字盖攲之初文,当初攲可能由奇(或可)兼表,后为造专字攲。小篆以前的古文字未见,《说文》始加收录整理。隶变后楷书作攲,主要是笔势变化。异体或作欹、敧、攲,《现代汉字规范字典》以攲为正字。《说文》本义是"持去",即持物离开。引申指以箸取物(见《通俗文》);再引申则取物之箸亦称攲,故《说文》训箸为饭攲。以上读 jī。通"攲",倾斜不正。《荀子·宥坐》:"(鲁桓公之庙)有攲器焉。"《孔子家语》:"吾闻宥坐之器,虚则攲,中则正,满则覆。"参见"己"、"可"、"奇"等条。(张标)

丰 部

丰 niè 泥纽、叶部;泥纽、叶韵、尼辄切。

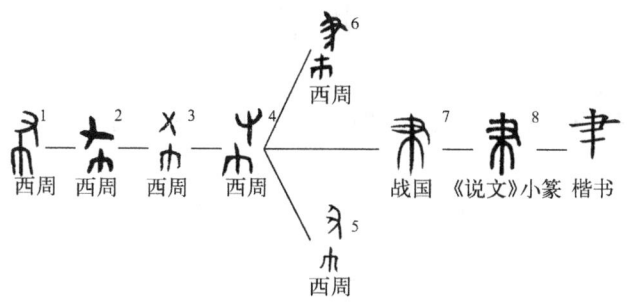

1—6《金文编》200~201页"肂"字偏旁。7《汗简》45页。8《说文》65页。

会意字。从又持巾。又即手,巾为方形布帛之象,以手持巾盖会擦拭洁净之意。西周之时,经常被用作"肂"(yì)字形旁。战国古文字始见独立使用之聿,《说文》承其结构不变,隶变后楷书作聿,是记号字。《说文》本义为"手之疌巧",即手的敏捷灵巧,此盖持巾揩拭之引申义。古书中极少使用,而其所属之"肂(肆)"、"肃"等却是常用字。此与聿(yù)易混。篆书、楷书二字形皆近,所差仅一横笔,然其来源、音义迥乎不同。聿,喻纽物韵,手持笔形,笔之初文;聿,泥纽叶韵,手持巾,手之疌巧。古文字中有时二字即相混,战国"肆"字或从聿或从聿(参"肆"字条)。西周、春秋金文"肃"所从之聿并作聿(参"肃"字条)。聿与隶(dài)亦得相混而迥乎不同。隶,定纽之部,手持牛尾形,追及义,别于聿。然战国及汉隶肆字所从之聿每作隶,手持牛尾形。当然楷书中聿与隶的区别是很明显的。参见"聿"、"隶"、"肆"字诸条。(张标)

肂(肆) yì 喻纽、质部;以纽、至韵、羊至切。
sì 心纽、质部;心纽、至韵、息利切。

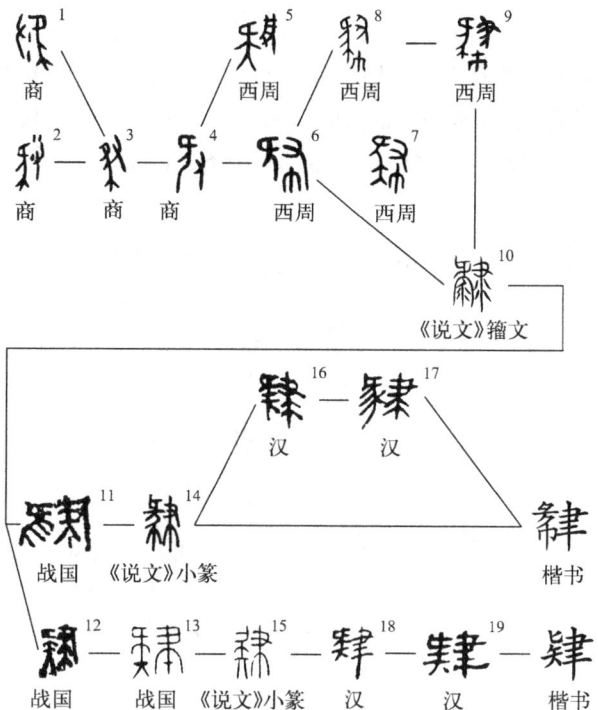

1-4《甲文编》128页。5-9《金文编》201页。10、14、15《说文》65页。11、12《战文编》186页。13《汉语字形表》115页。16-19《篆隶表》200页。

会意兼形声字。商代甲骨文从又从㣇(yì),㣇亦声。表意偏旁又为手之象形,表示肆字本义与手有关。形旁兼声旁㣇为修毫类之兽畜,表示肆字本义与兽畜有关且表音,肆与㣇声韵并同。甲骨文又、㣇组合会刷洗兽畜意,水滴若干亦突出刷洗。西周金文于手下增加构件巾或市(fú,巾类),乃刷洗工具。"又"或作彐,亦手持物刷洗。《说文》籀文构件㣇作㣇,乃兽畜之形讹;手持巾讹作隶(隶,dài),反映着声化趋势,肆与隶并喻纽。隶定作肆。战国时有两个发展方向:一是从㣇从聿(手持巾之聿讹作手持笔之聿、手持尾之隶),此为《说文》肆字小篆正篆字头之所本,隶变后楷书作肆;另一是构件㣇讹作𠃧(yí),手持巾之聿讹作聿或隶,此即字头肂之重文肆,楷书作肆。今𢁙与肂不常用,肆是通行正体。或作肆,俗体。本义是洗刷兽畜。常用义是学习。《礼记·曲礼下》:"大夫与士肆。"古注训"习"。亦引申指祭名。《殷契粹编》1195:"肂于之(地名),若(顺),王弗每(悔)?"以上读yì。古肂肆同字。毛公鼎:"肆皇天亡斁(致)。"(上天不懈怠)《诗·大雅·抑》:"肆皇天弗尚。"皆用作语气词,一作肂,一作肆。《礼记·玉藻》:"肆束及带。"古注:"肆读为肂。"孟鼎:"率肂于酉(酒)。"马王堆汉墓帛书《战国纵横家书》:"愿大国肂意于情秦。"此肂、肆皆当读肆,指恣意、放情。以上读sì。通"肂"(sì)，埋棺的坑。睡虎地秦墓竹简《日书》乙种："辰不可以哭穿肂。"通"蘖"，树木砍伐后再生的枝条。《诗·周南·汝坟》："遵彼汝坟，伐其条肄。"通"勚"，辛劳。《左传·昭公三十年》："若为三师以肄焉，一师至，彼必皆出。"参"肆"字条。（张标）

肅（肃） sù 心纽、觉部；心纽、屋韵、息逐切。

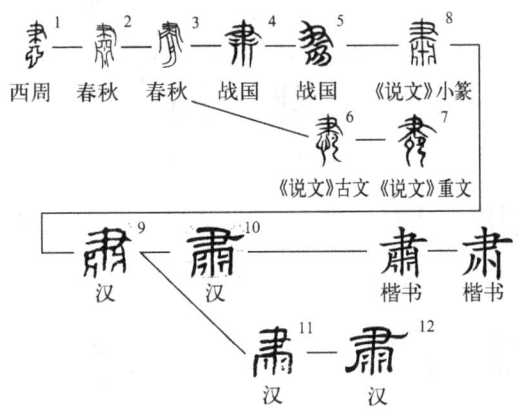

1《西周青铜器铭文分代史徵》487页。2、3《金文编》201页。4、7《四声韵》72页。5《楚系简帛》252页。6、8《说文》65页。9、11《篆隶表》200页。10、12《隶辨》651页。

会意字。西周金文作从聿(niè)从𠇗，聿为手持巾擦拭状（参"聿"、"肆"字条），𠇗即𠕲(yuān)，像蓄水之渊潭，二者结合以临渊擦拭战战兢兢会"执事振敬"意。春秋时渊潭的两边加了大框，内加水滴，突出其封闭、蓄水特征。战国时𠕲或简化作𠂢，或草书作𠂆，构意不变。《说文》古文易𠕲为心，𠂆(jié，甲文作跪踞人形𠂆)，人跪踞而擦拭，心有所戒惧，与擦拭于𠕲上取意相合。《古文四声韵》所载《说文》心作𠂆，乃𠂆之讹。《说文》："从聿在𠕲上。"楷书作肅，是笔意、笔势变化的结合。简体作肃，是记号字，来自晋代以后的草书。隶变时，尚出现有"肅"、"肃"、"肅"、"肅"、"肅"等，皆未取得正体地位。或作𠂆，俗体。《说文》本义为做事振奋、恭敬。王孙钟："肅慗(哲)圣武。"鶡镈："肅肅义政。"谓恭敬其法度也。引申指庄重、威严。《左传·僖公二十三年》："其从者肅而宽。"马王堆汉墓帛书《经法》："臣肅敬不敢敝其主。"《包山楚简》2.174"肅王"，即楚肅王，肅为谥号，亦此义。引申亦指冷峻、肅杀、清除等。通"夙"，早。晋陆机《赠颜交趾公真诗》："顾侯体明德，清风肅已迈。"通"速"，急、疾。《诗·召南·小星》："肅肅宵征，夙夜在公。"（张标）

聿部

聿 yù 喻纽、物部；以纽、术韵、余律切。

1《甲文编》128页。2、3、5、6《类编》378页。4《汉语字形表》116页。7《古文典》1246页。8《说文》65页。9《汉印徵》卷3，18页。

会意字。商代甲骨文作从又持𠂆，又是手之象形，𠂆是笔杆与笔毛的象形，二者结合以会笔意。是为笔之初文，聿笔古今字。至春秋时，下部加一横为饰笔，战国到《说文》都承继了这一结构。《说文》分析为"从聿一声"，当视为理据重构。战国时，或讹变作𠂆，但没有进入主流地位。隶变后楷书作聿，主要是笔势变化。本义是书写工具。𦰩卣："赐吕(铝)二、聿(笔)二。"汉扬雄《太玄·餟》："舌聿之利。"借用作句首或句中语气词。《书·汤诰》："聿求元圣。"甚其臧鼎："甚其臧聿乍攵丁尊彝。"《诗·唐风·蟋蟀》："岁聿其莫。"甲骨文用作地名。《合集》10084："于聿田(畋)母(晦)。"金文用作人名。聿造禹："聿造乍(作)尊禹。"妇聿疐卣："妇聿征(延)疐。"通"肆"，放肆，列，组。郘侯库簋："安母(毋)聿戳(殺)。"者沪钟："光之于聿(肆)。"（十六个悬钟为一肆）通"律"，乐律。楚王领钟："其聿其言(音)。"（张标）

筆（笔）bǐ 帮纽、物部；帮纽、质韵、鄙密切。

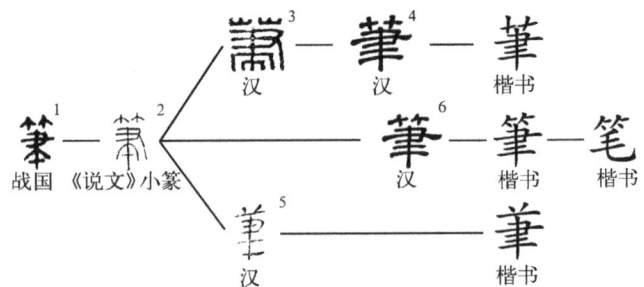

1《古文字谱系疏证》3251页。2《说文》65页。3《汉印徵》卷3，18页。4、6《隶辨》676页。5《篆隶表》201页。

会意兼形声字。从竹从聿，聿亦声。形旁竹为竹叶之象形，表示笔字本义与竹有关；形旁兼声旁聿是从又持𠂇的会意字,表示笔字本义与聿有关且表音,笔与聿并物韵。笔字始见于湖北睡虎地秦墓竹简,《说文》从其结构作"从聿从竹"。隶变时,竹或作艹,这是由于古人把竹也看作艹(《说文》训竹为"冬生艹"),故竹、艹每相通用;潦草的将竹头写作⺌,但皆非主流。楷书从《说文》结构作筆,简化字作笔,从竹从毛,会意字,不再是会意兼形声字。简体最早见于北齐隽敬碑和房周陀墓志,后来被确定为正字。筆与筆,皆未成为正体。笔的本义是书具。《庄子·田子方》:"舐笔和墨,在外者半。"云梦秦简《日书》甲种46背2:"取女笔拓之,则不来矣。"引申指书写。《史记·孔子世家》:"至于为《春秋》,笔则笔,削则削,子夏之徒不能赞一辞。"引申指书画作品。宋沈括《梦溪笔谈·书画》:"相国寺旧画壁,乃高益之笔。"又指汉字的笔画。《晋书·王羲之传》:"论者称其笔势,以为飘若浮云。"又用作量词,多用于钱款、帐目。史传秦蒙恬造笔,甲骨文笔作𦘒及墨书卜文证,至迟在商代,人们已制笔、用笔。(张标)

書 jīn 精纽、真部;精纽、真韵、将邻切。

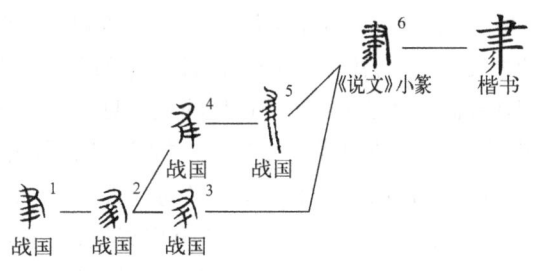

1—4《楚系简帛》252～253页。5《战文编》187页。6《说文》65页。

会意字。从聿,从彡(shān)。构件聿是手持笔的象形,构件彡是"毛饰画文",即毛发、彩饰、笔画、花纹等的象形,二者结合会以笔进行装饰、书写美好之意。战国楚系文字习见之。初时不是从聿从彡,而是聿下多出一横。或径以聿为之,或聿下加一横外旁边又多出一撇。至《说文》始作書,字左下方有彡,楷书作書,主要是笔势变化。此字虽经《说文》收录,但传世文献罕见用例,俗语谓书写好为書。近年出土战国文字中用例甚多,可证《说文》不诬。通"进"。郭店楚简《语丛三》:"書飤(食)之道。"天星观楚简《卜筮简》:"時王書献马之月。"通"尽",全,都。郭店楚简《语丛三》:"行書此,友矣。"《包山楚简》2.199:"書卒散(岁)。"天星观楚简《遣策》:"書绿组之绥。"《侯马盟书》348:"而敢不書从嘉之盟。"晋玺亦用作姓氏。(张标)

書(书)shū 书纽、鱼部;书纽、鱼韵、伤鱼切。

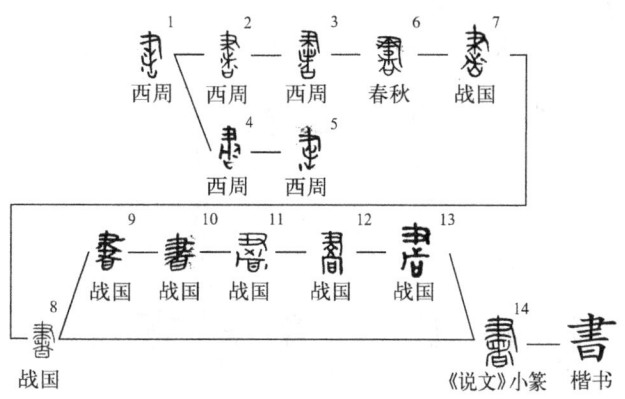

1—6《金文编》202页。7、11、12、13《类编》492、378页。8、9、10《篆隶表》201页。

形声字。从聿,者声。形旁聿是笔的初文,为手(又)持笔(𠂇)之象,表示书字的本义与笔有关。声旁者是从白(zì,鼻之象形)㫃(古文旅)声的形声字,在书字中表声,书与者并舌面音鱼韵。者是书的源头、声首、初文,初时以者表书,后乃分化出专字书。西周时书作从聿,者声。者字见于商代甲骨文,"楮"之初文,甲骨文作根干枝茎状,或加饰件凵,西周仍之,凵或略作凵,木形整齐者作𣎵、𣎵、𣎵、𣎵,零乱者作𣎵、𣎵、𣎵。(形旁聿通作聿,或艺术化作聿,或简化作聿、聿。)战国时同于小篆的标准体虽已出现,但字形多歧仍然严重。或聿略作聿,或白(zì)作曰(甘)、曰、〦,或古文旅作𣎵、𣎵、𣎵等,或聿与者交结作書。隶变时主要有三种情况:(一)聿省作聿或聿,省去上部木形,保留饰件凵之变体曰或白。(二)从聿,者省去木形作曰,楷书即据此作書,是笔势与笔意变化的结合。(三)形旁聿省略作聿或聿,者的下部作曰,其上部木形讹作𣎵或𣎵、𣎵、𣎵。书的简化字作书,来自草书楷化。《说文》本义是"著",指书写,记述。颂鼎:"尹氏受王命,书。"《曾侯乙墓竹简》一正:"书入车。"马王堆汉墓帛书《杂禁方》:"书其名,直(置)履中。"引申指简册、典籍、文书、信函等。云梦秦简《法律答问》:"亡久(记)书、符卷、公玺、衡赢(累)。"(丢失了公文、符券、官印、衡权)马王堆汉墓帛书《战国纵横家书》:"使韩山献书燕王。"人名用字。栾书缶:"余畜孙书已敕其吉金。"(我的孝孙栾书选择好铜)古亦借"著"为书,见郭店楚简《性自命出》:"時(诗)、著(书)、豊(礼)、乐。"(张标)

畫部

畫（画）huà 匣纽、锡部；厘纽、卦韵、胡卦切。

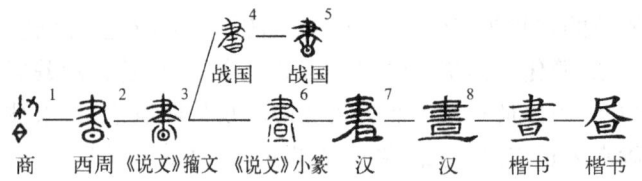

1—3《甲文编》128页。4—8、11《金文编》203页。9《汉语字形表》116页。10《类编》378页。12《楚系简帛》253页。13、14、15《说文》65页。16、17《篆隶表》202～203页。

初为会意字。商代甲骨文从聿从乂（㐅），像手持笔以规画。时又（手）可在笔左或笔右，甚或省略，笔下可有笔毫，亦可无。至西周时，会意结构仍处于优势，不过乂已为田地形的周（田）所取代，突出划分田界义，周或省作口，或讹作四。此时形声结构露其端倪，作从妻(huà)从田妻亦声，构件田或作田（周），下加饰件口。到战国时，会意结构处于劣势，作从聿从田，形声占了绝对优势，构件妻开始作妻或妻或妻，构件田或作田，或作田、田（周），个别的又加构件刀，盖以突出割剖划分。《说文》整理作"象田四界，聿所以画之"。所谓"田"字周围的"四界"，其实左右两边的是乂之变，田下的一横是饰笔，田上的一笔是聿加此为聿，也是田上饰笔，二者"共用"。隶变后楷书作畫，简化字作画。画字最早见于元戴侗《六书故》，今以为正字。或作畵、畵，俗体。《说文》本义是划分地界。《左传·襄公四年》："芒芒禹迹，画为九州。"引申指勾划。云梦秦简《日书》甲种："五画地，椒其中央土。"以上义项后写作划。引申指描画。云梦秦简《为吏之道》："画局陈棋(qí，其，读棋)以为棤(蒔)。"亦指图绘。金文中习见的"画轉"、"画辖"、"画呻(绅)"、"画虩(皋)"、"画内(枘)"、"画靳"等皆图绘之器物，犹《书·顾命》之"画纯"。《曾侯乙墓竹简》30："二画戠(盾)。"马王堆一号墓遣策："黍画枋(钫)一，有盖，盛米酒。"甲骨文用作地名。《小屯·殷虚文字乙编》1966："贞：画其受年？"甲骨文、金文用作人名。《战后宁沪新获甲骨集》1.347："甲午贞：于父丁告(裕)画其步？"子画簋："子画。"通"乂"，治。师望鼎："不敢不爻为画。"通"过"，责备。云梦秦简《语书》："府令曹画之。"（张标）

畫（昼）zhòu 端纽、侯部；知纽、宥韵、陟救切。

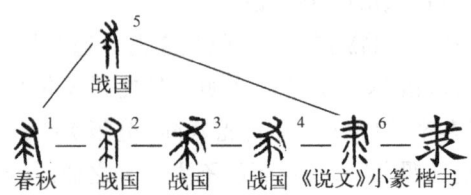

1《古文字诂林》卷2，514页。2《金文编》503页。3、6《说文》65页。4《楚系简帛》254页。5《四声韵》68页。7、8《篆隶表》202页。

形声字。甲骨文、金文并作从日，聿声。形旁日为太阳之象，表示昼字本义与太阳相关；声旁聿是会意字，从又(手)持人，为笔的初文，在昼中表音(聿与昼皆舌音)。昼字始见于商代，到西周也还是形声结构。《说文》籀文发生的变化，一是聿加一横为饰笔，二是日的左右两侧加两条指示线以表光晕或光芒。战国时，两条指示线一般保留，聿下的饰线一般移到日下；也有的保留聿下饰线，于日下再加一指示线；个别的也有两侧或日下不加指示线的。《说文》整理作从聿，日旁有四条指示线(上面的一条与聿的饰线"共用")。隶变后楷书作畫(两侧的指事线略去)，简化作昼。简体源自草书，楷化后的昼始见于元抄本《京本通俗小说》。汉碑中或简作"昼"、"昼"、"昼"，皆未取得主体地位。或作畫。《说文》本义为白天。《小屯南地甲骨》2392："今日，昼。"㪤簋："余亡康昼夜。"云梦秦简《封诊式》："自昼甲见丙阴市庸中。"马王堆汉墓帛书《阴阳五行》甲篇："昼寔(寝)而夜飤黍肉。"地名，古齐邑。《孟子·公孙丑下》："三宿而后出昼，是何濡滞也。"（张标）

隶部

隶dài 定纽、之部；定纽、海韵、徒亥切。
yì 船纽、质部；船纽、质韵、神至切。
dì 端纽、质部；端纽、质韵、都计切。
lì

1《金文编》203页。2、5《类编》67页。3、4《战文编》188页。6《说文》65页。

会意字。春秋古文字从又,即手的象形字,从 🐂,牛尾的象形字。手持牛尾会追赶上、逮住义。此即逮、隶(dài)之初文,三字音义并同(皆有"及"义),逮、隷为后出分化字。战国时继承春秋象形意味浓重的写法成为当时的主流,玺印文字作 🐂,显然是追求艺术性而使构件 🐂 成为特定的符号。《汗简》与《古文四声韵》使尾由手下握至手中,贴在牛尾两边的毛离开牛尾,作隶,削弱了象形性,也非主流写法,但被《说文》所采纳而成为主流写法。隶变后楷书作隶,主要是笔势变化。《说文》本义为追及、捕获,此义后以"逮"字表示。引申指加、加及。郭店楚简《尊德义》:"坓(刑)不隶于君子,豊不隶于小人。"此义后亦以"逮"表示。以上读 dài。树木砍伐后重新生出的枝条称"枲",秦晋方言称隶,隶读 yì。指狐子,小狐,读 dì。"隷"的简化字,读 lì。用作"聿",通"肆"。(张标)

隷(隶) lì　来纽、物部;来纽、霁韵、郎计切。

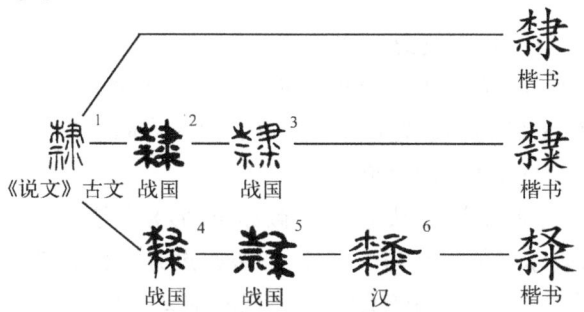

1《说文》65页。2、5《睡甲》44页。3《汉语字形表》116页。4、6《篆隶表》202页。

形声字。从隶,柰声。隶为会意字,以手持牛尾示追赶上牲畜,乃仆隶之象,表示隷的本义与仆役有关;声旁柰是从木从示示亦声的会意兼形声字,本义是燃木以祭,在隷字中表声(隷与柰同为舌音)。隶变后楷书作隷。现代整理汉字时,省略声旁作隶,与表示追及的隶成为同形字。隶变时,形旁隶本手持牛尾,牛尾讹作米,遂成隷、䜈字,并俗体。《汗简》所载,形旁作 𣱛,盖讹变之甚者。汉隶中的𣱛字(杨淮碑),实际是甲骨文柰之繁体 𣱛 在汉隶中的折射与遗存。本义是古代的奴隶,或称"隶人"、"隶臣"。《左传·襄公二十三年》:"斐豹,隶也。"杜预注:"犯罪没为官奴。"《仪礼·既夕礼》:"隶人涅厕。"郑玄注:"隶人,罪人也,今之徒役作者也。"二十七年上郡戈:"工隶臣积。"云梦秦简《秦律杂抄》:"寇降,以为隶臣。"引申指役使、追随、附属等。字体隶书之得名,取意于书写便捷,施之徒隶。通"肆",操练;查阅。《史记·刘敬列传》:"上既观,使行礼,曰:'吾能为此。'迺令群臣习隶。"又《酷吏列传》:"关东吏隶郡国出入关者。"(张标)

隷(隶) lì　来纽、物部;来纽、霁韵、郎计切。

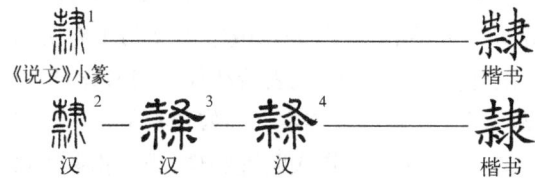

1、2《说文》65页。3《篆隶表》203页。4、5《隶辨》530页。

形声字。从隶,祟声。形旁隶表示隷字本义与仆隶有关(见上条);声旁祟为会意字,从出从示,出是脚离某地之象,示是祭祀神主之象,出示结合会"神祸"之意。祟于隷字中表声,其与隷叠韵,同为物韵。隷与䜈为重文异体,隷为小篆,䜈为古文,二者之别在于声旁之作祟与柰。小篆䜈隶定后楷书作䜈。隶变时,声旁祟的构件出讹作土,形旁隶本手持牛尾之象,讹作㯂、柔、㮞,攴与又属于形义相近偏旁的通用。最后楷书作䜈(祟的构件出讹作士,非土)。或作隷,俗体。把䜈与隷作为隷的异体被淘汰,隷又简化为隶。作为异体,䜈与隷(隷)之别仅在构件作木与出,作木为原初形体,作出为后代讹变(士又为出之讹)。甲骨文此字本作𣱛,从又持木燃祭于神主前(示)亦声,木讹作出的大致序列是: 木 - 火 - 土 - 出 。这一对异体就是这样造成。魏晋到隋唐碑刻中,相关的俗体还有以下这些:𣱛、𣱛、𣱛、𣱛、𣱛、𣱛、𣱛、𣱛、𣱛、𣱛。归纳起来是构件木讹作士、𠂇、上;构件示讹作禾、天、夫;构件又讹作入、夂;构件牛尾讹作米、未、示、木。不过这些皆未成为正体。(张标)

臤 部

臤
qiān　溪纽、真部;溪纽、山韵、苦闲切。
xián　匣纽、真部;匣纽、先韵、胡田切。
qìn　溪纽、真部;溪纽、震韵、去刃切。

1《甲文编》129页。2《金文编》204页。3、4、9《战文编》188页。5、6《汉语字形表》117页。7、8《类编》185页。10《说文》65页。11《篆隶表》202页。

会意兼形声字。商代甲骨文从又从臣，臣亦声。表意偏旁又是手的象形，表示臤字本义与手有关。形旁兼声旁臣是竖目的象形，代表着战俘、奴仆，此种人恭顺俯首，故目竖。臣表示臤字本义与奴仆有关，且表声(臤与臣皆真部)。甲骨文臤手指或贴近眼珠，或手指刺入眼珠内，会牵引意，盖擎(qiān)之初文。西周到战国承继商代结构从又从臣而成为主流写法，不过战国时竖目的臣已开始作⻝、⻝，不大象形，且贴近或嵌入眼珠内的手指都不见，又与目相对分离。非主流写法则又上加某种工具，作⺈形(或释为"攴")；或臣字上部弯曲成人作⻝，或又作寸，或臣字繁化作⻝，或臣左又右的平列结构变成臣上寸下(⻝)、又上臣下(⻝)的竖列结构。《说文》据主流结构加以厘定，楷书作臤，主要是笔势变化。本义为牵引。此义盖初时用臤，后乃用擎，每假"牵"表示。《公羊传·僖公二年》："虞公抱玉牵马而至。"陆德明释文谓牵"本又作擎"。以上读qiān。《说文》谓"古文以为贤字"。金文中的"臤父丁"、"臤父辛"、"臤且丁"等皆读xián。郭店楚简《五行》："明则见臤人。"汉校官碑："亲臤宝智，师臤作朋。"臤亦读xián。又用作人名，读qīn。《公羊传·成公四年》："郑伯臤卒。"(《左传》作"坚"，《榖梁传》作"贤")(张标)

緊（紧）jǐn 见纽、真部；见纽、轸韵、居忍切。

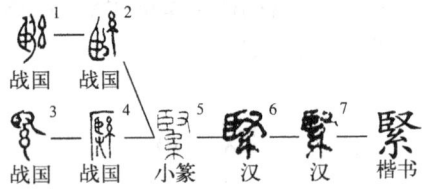

1、2《类编》244页。3《四声韵》41页。4《古文典》1126页。5《说文》65页。6、7《马王堆》121页。

会意兼形声字。从糸从臤，臤亦声。形旁糸是束丝之象形，表示紧字的本义与丝有关；形旁兼声旁臤在紧字中既表音(紧与臤并牙音真部)，又表紧的本义与坚固有关。紧字始见于战国古文字中，有繁简两体。简体形旁糸作⻝、⻝或⻝，臤作⻝，或讹作⻝、⻝(又作"弓")，结构或横向并列，或纵向上下不固定。繁体则外增形旁厂(hǎn)，又易作寸。至《说文》始厘定为臤上糸下，楷书作紧，主要是笔势变化，简化作紧。《说文》本义为"缠丝急"，指缠丝时在拉力作用下呈现出的紧张状态。汉傅毅《舞赋》："弛紧急之弦张兮，慢末事之委曲。"引申指强固。《管子·问》："戈戟之紧，其厉何若？"又引申指紧缩、拮据、急骤、紧迫、重要等。字又作"绖"，人名，与"臤"、"坚"、"贤"通。《春秋·成公四年》"郑伯绖"，《左传》作"坚"，《公羊传》作"臤"，《谷梁传》作"贤"。通"牵"，星宿。马王堆汉墓帛书《阴阳五行》甲篇："角、房、斗、紧星"，"紧牛、娄、张、冀(翼)。"(张标)

堅（坚）jiān 见纽、真部；见纽、先韵、古贤切。

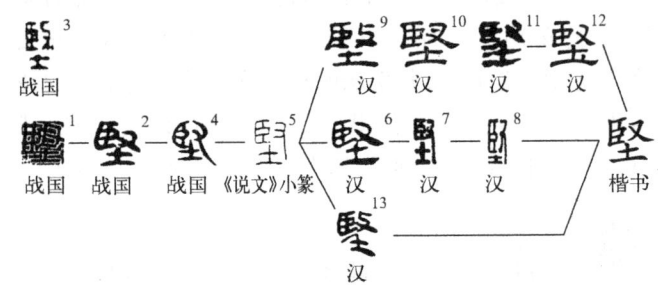

1、3《战文编》188页。2、6、9、13《篆隶表》202页。4《四声韵》21页。5《说文》65页。7、8《汉印徵》卷3，18页。10、12《隶辨》172页。11《马王堆》120页。

会意兼形声字。从土从臤，臤亦声。形旁土是土块的象形，表示坚的本义与土有关；形旁兼声旁臤在坚字中既表音，(坚与臤并牙音真部)又表坚的本义与坚固有关。战国古文字中始见坚字，主流结构是臤上土下，异体则土或作壬(tǐng，壬与土是形义皆近的偏旁互换)，土或加饰点作圡；构件"又"或作攴(又与攴也是形义皆近的偏旁互换)；或作叉；或一字内土作壬，又作攴⻝。楷书最后作坚，主要是笔势变化，简化字作坚。《说文》本义为"刚"，即坚硬。云梦秦简《为吏之道》："精絜(洁)正直，谨慎坚固。"马王堆汉墓帛书《老子》甲本："坚强者死之徒也。"引申指坚固的事物。《墨子·鲁问》："(墨)翟虑被坚执锐，救诸侯之患。"又引申指固执。《荀子·宥坐》："人有恶者五……二曰行辟而坚。"通"擎"、"坚"、"牵"，地名。《公羊传·定公十四年》："公会齐侯、卫侯于坚。"陆德明释文："坚，如字。本又作擎，音牵。左氏作牵。"又通"臤"、"贤"、"绖"(紧)，参"臤"字条。(张标)

竪（竖）shù 禅纽、侯部；禅纽、麌韵、臣庚切。

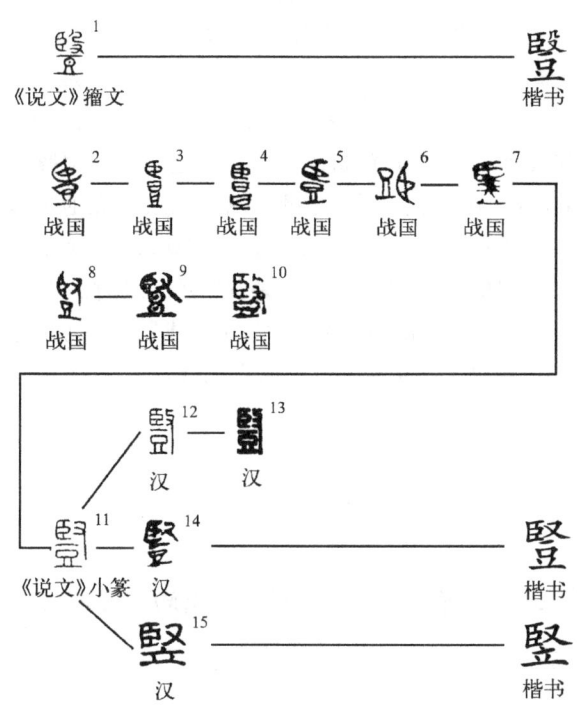

1、11《说文》65页。2《楚系简帛》255页。3、6《类编》325~326页。4、5、7、10《战文编》188页。8《汉语字形表》117页。9《四声韵》9页。12、13《汉印徵》卷3，18页。14《马王堆》121页。15《篆隶表》203页。

形声字。从臤，豆声。形旁臤本义与奴仆有关，表示竖字本义亦当与仆役相关；声旁豆是食器之象，在竖字中表声，豎与豆并舌音、侯部。古文字中大量见到竖字是在战国，通行体是从臣、豆声，一般作上臣下豆，个别的作右臣左豆，也有的豆或讹作王。由于臣与臤声义并近，所以战国时也出现了一定数量的从臤、豆声字，但不及豎数量大。形旁臤中构件又或作攴，属于形义皆近偏旁之通用，或作斤。《说文》籀文从殳，构件殳与又、攴一样，是形义皆近偏旁之互用。《说文》不从战国通行体之从臣、豆声，而以量少的从臤、豆声为正，隶变后楷书作豎，主要是笔势变化。隶变时出现了一个无理据的俗字竪（立非声），但后来以它为正体，而淘汰了异体豎，而后竪被简化为竖，成为现今的正体。籀文的隶定"𣪘"字由于极少使用，实际被自然淘汰。本义是奴仆。凤凰山168号汉墓竹简："牛车一两(辆)，竖一人。"马王堆3号墓遣策竹简："马竖五十人衣帛。"引申指宫中小臣。《左传·僖公二十四年》："晋侯之竖头须，守藏者也。"杜预注："竖，左右小吏。"假借指竖立。《后汉书·灵帝纪》："御殿后槐树自拔倒竖。"用作人名，包山楚简有"轭竖"，汉印有张竖、冯竖、臣竖等。（张标）

臣 部

臣 chén 禅纽、真部；禅纽、真韵、植邻切。

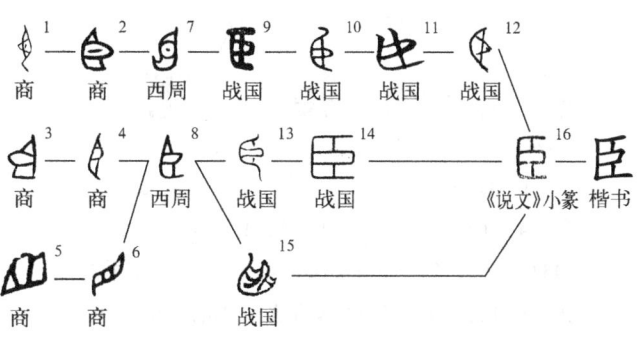

1—6《甲文编》129页。7、8《金文编》204~205页。9、10《类编》185页。11《楚系简帛》255页。12、15《战文编》189页。13《汉语字形表》117页。14《篆隶表》203页。16《说文》66页。

象形字。始见于商代甲骨文，主要取竖目之象，表恭敬从命之意。竖目有眼珠内有无瞳仁之别，间亦有作横目者，盖取意于臣仆之督作者。臣或正写，或反写，表意相同。西周继承了商代结构与作风，只是横写的消失。战国时象形性弱化，线条化加强，大都带有潦草的隶意，如臣的眼珠被穿透，𠂈的平直眼眶带了钩，𠃜的眼眶缺少约四分之一，𠃝的圆眼珠变成三角形尖眼珠，臣的眼球已变成狭长的圆柱体，𠃉被繁化得失去所象，臣只剩下半个眼球，臣的眼球已离开眼眶，臣的眼眶弯曲对折，几乎把眼珠全都包藏起来了，只有绎山刻石之臣端庄方正，象形得体，隶意亦存，故为《说文》收取为标准。隶变后楷书作臣，主要是笔势变化。本义是仆隶，他们由战俘、奴隶、刑徒等组成，故以俯首从命之竖目表示。令鼎："余其舍(予)汝臣卅家。"云梦秦简《封诊式》："封有鞫(jū, 审问)者某里士五(伍)甲家室、妻子、臣妾、衣器、畜产。"引申指臣子、官吏。《殷虚书契前编》4.15.4："我家旧老臣亡(无)害我？"中山王𪉷壶："臣不忍见施(也)。"引申指供职、臣侍。师𣄰鼎："肩(屑，微小)嗣𣄰臣皇辟。"（张标）

藏 zāng 精纽、阳部；精纽、唐韵、则郎切。
　　cáng 从纽、阳部；从纽、唐韵、昨郎切。
　　zàng 从纽、阳部；从纽、宕韵、徂浪切。

臧部 殳部

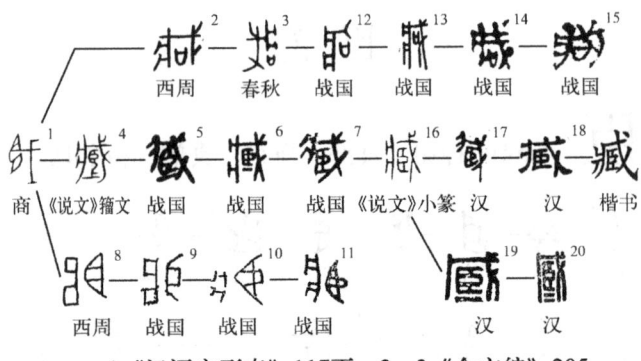

1《汉语字形表》117页。2、3《金文编》205页。4、16《说文》66页。5、17、18《篆隶表》203页。6、12、13《类编》413页。7《睡甲》44页。8-11、14、15《战文编》189页。19、20《汉印徵》卷3，18页。

初为会意字。甲骨文从戈刺目，戈为兵器之象，竖目为仆隶之象，二者结合会臧获（对奴婢的贱称）、隶人意。"戗"虽是最早出现的臧字，但不是最具代表性、后来成为主流写法的臧字。爿(chuáng)当是臧字的远源、初文、声首，它在甲骨文中也已出现，是床的象形字。后来它与形旁戈结合成为从戈爿声的形声字戕，是最早的臧字。其之所以从戈，盖源于臧获多为战俘。其字虽见于春秋，实际出现应早得多，西周时有从口戕声的臧字出现（加口盖取意于随意指令），可以证明戕在西周甚至更早的时段内存在。戕字应出现在臧之前。春秋时还有一个繁体，即在臧字上又加形旁支（盖取意于对臧获可任意鞭挞）。作为小篆正体的从臣戕声的臧字是这时出现的，即《说文》籀文。其所以不用口、支而以臣为形旁，可能受到甲骨文会意字戗的影响，甚至可以说是以爿或戕对戗的声化改造。籀文臧字臣下的⊥，非"上"字，当是饰笔，后世多作一。进入战国时代，主要有三种结构的臧字并存：（一）从臣戕声，臣下多有饰笔一，秦系文字巧妙地将爿、臣结合，"共用"一个竖笔，简写作臧，是为主流。（二）从臣爿声，这可以看作臣与爿两个构件的整合，犹如春秋时戕的整合；也可以看作是对会意字戗的声化改造。爿之作日、臣，乃爿之异体或繁化。（三）从口戕声，是对西周春秋以来此种结构的延续，包山楚简大量使用，有的繁化加土或立旁。《说文》从主流结构厘定后，非主流的两种结构遂遁迹。隶变时波动很小，只发生在爿构件的"床腿"保存与否、臣下的饰笔（一或二）保存与否。楷书作臧，主要是小篆的笔势变化。本义臧获、奴仆。汉司马迁《报任安书》："臧获婢妾，犹能引决。"《说文》训臧为"善"，乃引申义，臧获多为战俘、刑徒类，不敢骄横，自然良善。吴伯盨："庆其以臧。"亦引申指好、成功等。以上读 zāng。通"藏"，收藏，读 cáng。秦律之"臧律"即"藏律"，即关于府藏、储存的法律。马王堆汉墓帛书《五十二病方》："裹以韦臧。"通"葬"，埋葬。《易·系辞》："古之臧者，厚衣之以薪。"亦指库藏、宝藏、矿藏等。《汉书·食货志》："宫室苑囿府库之臧已侈。"以上读 zàng。通"脏"，指赃款赃物等。睡虎地秦墓竹简《法律答问》："其得，坐臧为盗。"（如果捉到他，按赃物作为偷盗）通"庄"，庄重。郭店楚简《穷达以时》："（孙叔）出为命（令）尹，堣（遇）楚臧也。"通"戕"，害。马王堆汉墓帛书《周易》："从或臧之，凶。"（张标）

殳 部

殳 shū 禅纽、侯部；禅纽、虞韵、市朱切。

1、2《汉语字形表》117页。3-6《甲文编》卷3，131页"殺"字偏旁。7《金文编》206页。8《类编》82页。9、10《战文编》190页。11《说文》66页。12《马王堆》122页。

会意字。殷商甲骨文从又（手）持⊱、⍉、⌔、）,手中所持，盖可用于击打之器械，如兵器等。两个构件结合会器械类意，《说文》本义为古代兵车所竖长柄兵器，虽与古初器械义有别，但也相关。曾侯邸殳："曾侯邸之用殳。"《诗·卫风·伯兮》："伯也执殳，为王前驱。"朱熹集传："殳，长丈二而无刃。"云梦秦简《效律》："殳、戟、弩，漆丹(彤)相易殴(也)。"（黑漆的红漆的兵器彼此交换了）此义古代亦假"投"表达。睡虎地秦墓竹简《法律答问》："邦客与主人斗，以兵刃、投（殳）梃、拳指伤人。"通"投"，放入。马王堆汉墓帛书《胎产书》："殳（投）酒中。"通"股"，大腿。师询簋："乍乎（厥）厶（肱）殳（股）。"（作先王的得力辅佐）通"朱"，人名用字。《书·舜典》："垂拜稽首，让于殳斨暨伯与。"孔传："殳斨、伯与，二臣名。"《汉书·古今人表》作"朱斨"。亦独立用于人名。相侯簋："相灰休（读"好"，赐予）于□臣殳，易帛（白）金，殳扬灰休。"古姓氏。（张标）

殳

duì 端纽、月部；端纽、泰韵、丁外切。

《说文》小篆¹ — 殳² 汉 — 殳 楷书

1《说文》66页。2《篆隶表》204页。

形声字。从殳,示声。形旁殳为手持兵器的会意字,表示殳字的本义与兵器有关；声旁示是古代祭祀神主的象形字,在殳字中表声,殳与示并舌音、月脂旁对转。殳的源头、声首、初文是示。古初以示表殳,《天星观楚简》4607"镈示"之示即读为殳,后来才造分化字殳。先秦文献已始用此字,但小篆以前的古文字材料迄今未见,《说文》始加收录。隶变时形旁殳或作攴,攴与殳是形义皆近偏旁之互换。隶变后楷书作殳,主要是笔势变化。《说文》本义是"殳",即兵器。《诗·曹风·候人》："彼候人兮,何戈与殳。"毛传："殳,殳也。"也指古代在城郭市镇上悬挂着羊皮的竹竿,用以警示不当入城者的牛马。亦古姓。(张标)

杸

shū 禅纽、侯部；禅纽、虞韵、市朱切。

duì 端纽、月部；端纽、泰韵、丁外切。

杸¹ — 杸² — 杸³ — 杸⁴ 战国 战国 战国 战国 — 杸⁵ 《说文》小篆 楷书

1、2《战文编》190页。3、4《楚系简帛》258页。5《说文》66页。

会意兼形声字。从木从殳,殳亦声。形旁木是树木之象,表示杸字本义与树木有关；声旁殳是手(又)持兵器的会意字,表示殳字本义与兵器有关且表音,杸与殳声韵并同。杸的源头、声首是殳,见于商代。起初盖以殳表杸,后乃为其造分化字。战国时出现的杸字字形颇不整齐,或作上下结构,殳上木下；或作并列结构,木左殳右。上下结构中上部的殳似殳又似及,旁边有一撇状饰笔。《说文》整理作木左殳右,隶变后楷书作杸,主要是笔势变化。《说文》本义就是兵器殳。《曾侯乙墓竹简》20："一杸。"又68："一晋杸。"(特指下端有镈的殳)《急就篇》卷三："铁锤椎杖柷柲杸。"古注谓殳与杸为"古今字"。以上读shū。又为木名,读duì。(张标)

殸

què 溪纽、屋部；溪纽、觉韵、苦角切。

hù 晓纽、屋部；晓纽、屋韵、呼木切。

jiǎng 见纽、阳部；见纽、养韵、居两切。

殸¹ — 殸² — 殸³ — 殸⁴ — 殸⁵ — 殸⁶ — 殸⁹ — 殸 商 商 商 商 商 商 《说文》小篆 楷书

殸⁷ — 殸⁸ 商 商

1-8《甲文编》131~132页。9《说文》66页。

会意兼形声字。商代甲文从青(qiāng)从殳,青亦声。表意偏旁殳为手持械具状,表示殸的本义与动作有关；形旁兼声旁青盖殸(fú,未烧瓦器)之本字,表示殸的本义与陶器有关且表音,殸与青并溪纽。甲骨文殸一般从殳,间亦作攴,属于形义相近偏旁之通用,楷书作殸。或作殻、殼,并俗体。《说文》本义为"从上击下",即敲击、击打。北魏贾思勰《齐民要术·种瓠》："以马箠殸其心,勿令蔓延。"《说文》一曰本义为"素",即坚硬的外皮,此义后写作殻。甲骨文经常、大量地用作一期贞人名。《合集》39817："殸贞：生七月王入于入(地名)？"殸亦用作人名,战国齐玺有"郘殸"。以上读què。同"嗀",呕吐,读hù。指坚固,读jiǎng。(张标)

殻

què 溪纽、屋部；溪纽、觉韵、苦角切。

qiào

ké

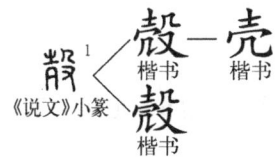

1《说文》66页。

形声字。从几,殸省声。或作殻,从几殸声。《说文》殸"一曰"本义"素",指坚硬外甲,本用殸(què)表示,后为造专字殻与殻。形旁作几,盖取意于案几外髹以漆,似甲包裹。"殻"出现早,行用广,与《说文》构字系统相合。汉王充《论衡·超奇》："有实核于内,有皮殻于外。""殻"晚出,见《篇海类编》,是书写求简省略几上一短横出现的俗体。现代整理汉字时,以殻为基准,取其偏旁壳为正体,淘汰了繁体殻。壳今读qiào或ké,并殸之音转。殻

与殼当初与毇还算得上相对异体,现今的壳与毇就不存在这种关系了。(张标)

殴(毆) ōu 影纽、侯部;影纽、厚韵、乌后切。
kōu 溪纽、侯部;溪纽、侯韵、恪侯切。
qū 溪纽、侯部;溪纽、虞韵、岂俱切。

1、2、3《金文编》206页。4《汉语字形表》118页。5《类编》84页。6、7、8《战文编》191页。9《说文》66页。10《篆隶表》205页。11《汉印徵》卷3,19页。

形声字。从殳,區声。殴初时作毆,西周至春秋都是从攴、區声(攴与殳是形义皆近之形旁,二者在古文字中经常互用)。到战国时,前代传承结构仍然势力很大,而且出现了刻、毆类简体,从殳、區声的结构刚刚出现。《说文》肯定并收录了这种新的结构,隶变后楷书作毆,简化作殴。楷体也有毆字,但不常用。《说文》本义是"捶击物",即击物。云梦秦简《法律答问》:"殴大父母,黥为城旦春。通"欧",姓。汉郑固碑:"初受业于殴阳。"以上读ōu。殴蛇,春秋鲁地,读 kōu(或说,通"曲",殴蛇即曲池)。通"驱",驱赶、驱使。师寰簋:"徒駿(驭)毆孚士女羊牛。"通"欨"(xū),呵护,抚育。《管子·幼官》:"藏温濡,和欨养。"(张标)

殿 diàn 定纽、文部;定纽、霰韵、堂练切。

1、3《古文典》1233页。2、6《四声韵》60页。4《汗简》21页。7《汗简》22页。5《睡甲》45页。8《说文》60页。9《汉印徵》卷3,19页。10、12《篆隶表》205页。11《隶辨》581页。

形声字。从殳,屍(tún)声。形旁殳为手持兵器之会意字,表示殿的本义与兵器有关;声旁屍为"从尸下丌居几"的会意字,为臀的古字,于殿表声,殿与屍声韵并同。殿的源头、声首、初文为从尸从丌的会意字屍(臀),古初即以屍为殿,后始为造专字。《汗简》与《古文四声韵》并收屍(屍)以为殿,曾侯乙墓竹简亦以为殿,可以为证。战国时用作殿的屍尚多为会意字,《四声韵》之屍盖屍为之讹,《汗简》之屍是叠加爪字,曾侯乙墓的是增加了意符爪。其时形声殿开始出现,《四声韵》之殿,即从殳屍声,殳盖殳之讹;《汗简》作殿,亦是殿字,只是又增土旁,亦殳之讹。时秦系文字将会意的爪换作与殿同声韵的声首典,但并没有被《说文》采纳,隶变后楷书作殿,形旁主要是笔势变化,声旁则主要是笔意变化。《说文》本义是"击声",但文献中不见用例。通常多用假借义,指宫殿。《战国策·魏策四》:"仓鹰击于殿上。"又假借为殿后义。左传《襄公二十六年》:"晋人置诸戎车之殿以为谋主。"曾侯乙墓竹简之"大屍"、"左屍"、"大辊"、"左辊"皆指殿后之车。引申指课殿,评为下等。云梦秦简《秦律杂抄》:"采山重殿。"(采矿两次评为下等)又"大(太)官、右府、左府、右采铁、左采铁课殿(考核为下等),赀啬夫(罚主管官员)一盾。"秦律中又有"省殿",即考查评比分等,"比殿"是连续评为下等。又引申指镇守,安抚。《诗·小雅·采菽》:"乐只君子,殿天子之邦。"通"纯",衣缘。云梦秦简《封诊式》:"见乙有结(读裾,长襟衣)复(複)衣,缪缘及殿(用缪缯镶边),新殿(也)。"通"唸"(diàn),唸吽,愁苦呻吟。《诗·大雅·板》"民之方殿屎",《说文》作"唸吽"。(张标)

殹 yì 影纽、脂部;影纽、霁韵、於计切。

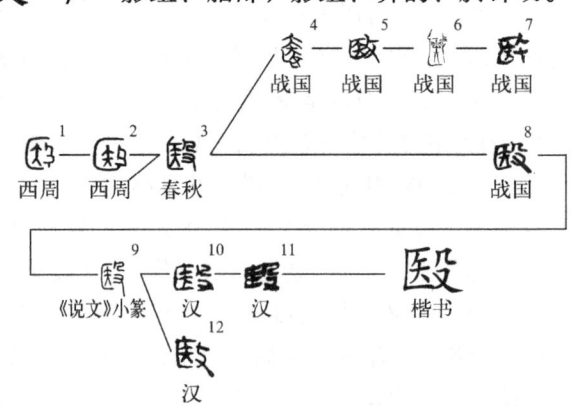

1、2《金文编》206页。3《汉语字形表》118页。4、5《楚系简帛》258页。6、7《战文编》191页。8、10、12《篆隶表》205页。9《说文》66页。11《马王堆》122页。

形声字。从殳,医声。殹字在西周、春秋金文中已经出现，基本结构与《说文》无别。只是构件矢写得过于草率作𠂌，易使人误认为大，非矢。战国时一个显著特点是攴旁大量使用，代替殳旁（攴与殳属于形义俱近偏旁之互易，古文字中屡见），个别的追求奇特，将左声右形的并列结构变作包容结构。后许慎对结构作了厘定统一，但隶变时仍是从殳从攴的并见。楷书从《说文》作殹，主要是笔势变化。《说文》本义是"击中声"，其在"醫"字内言"殹，病声"，即病苦之呻吟声，乃引申义。以上二义于古文献中未见用例。最常用的是假借为语助词，用于句首。王子午鼎："殹民之所亟。"用于句尾，同"也"，秦汉此种用法非常多。云梦秦简《法律答问》："今乙贼伤人，非盗牛殹。"新郪虎符："燔燧事，虽母（毋）会符，行殹。"马王堆汉墓帛书《胎产书》："故人之产殹。"又《经法》："生法而弗敢犯殹。"通"翳"，姓氏。格伯簋："格伯遵殹妊彶（及）仡人从。"（张标）

段 duàn 定纽、元部；定纽、换韵、徒玩切。

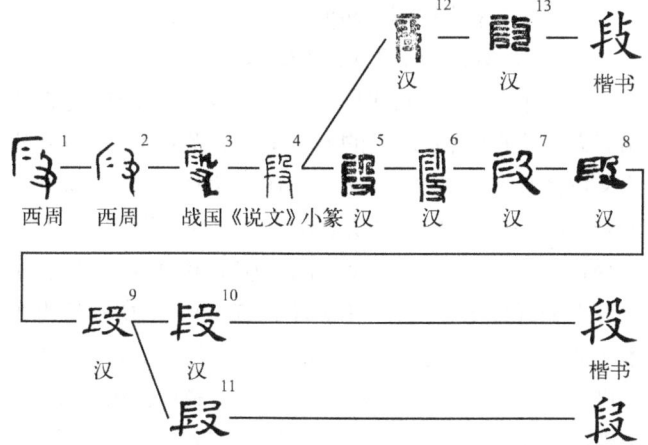

1、2《金文编》207页。3《战文编》192页。4《说文》66页。5、6、12、13《汉印徵》卷3，19页。7《篆隶表》206页。8《马王堆》122页。9、10、11《隶辨》575~576页。

会意兼形声字。西周金文作从又，从厂(hǎn)，厂亦声。表意偏旁又为从又持器械之象，表示段的本义与动作有关；形旁兼声旁厂为山边空缺之象，其与构件又结合表示捶击（厂下二点表示击落之石块），段与厂并元韵。战国时，带石块的厂上或加饰笔作𠂆，形旁又或作又、攴（攴乃攴之变体）、寸，属于形义相近偏旁的更易。《说文》整理为"从殳，耑省声"是理据重构，"耑省声"的𡴎其实是厂与石块、饰笔之变。汉隶或承袭前代从攴，楷书作𣪘；主流结构从殳，楷书作段，或作叚，俗体。《现代汉语规范字典》以段为正体。《说文》本义是"捶物"，即捶击它物。《周礼·考工记序》："攻金之工，筑、冶、凫、栗、段、桃。"马王堆汉墓帛书《五十二病方》："取段铁者灰三□。"此义后作"锻"。人名。段簋："王穮歷段。"（穮歷，夸美）族名。段金歸尊："段金歸乍旅彝。"战国秦玺多用作姓氏。通"断"，截断。临沂汉简《孙膑兵法·擒庞涓》："于是段齐城、高唐为两，直将蚁傅平陵。"张震泽校理："段，疑当读为断。"通"殷"（元文旁转），殷商。马王堆汉墓帛书《易之义》："段之无道。"（张标）

肴 xiáo 匣纽、宵部；匣纽、肴韵、胡茅切。
殽 yáo 匣纽、宵部；匣纽、肴韵、胡茅切。

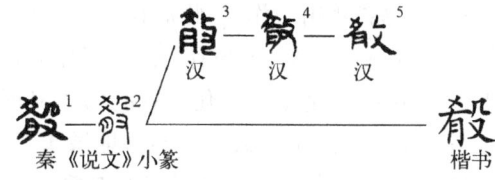

1《睡甲》45页。2《说文》66页。3、5《篆隶表》206页。4《马王堆》122页。

形声字。从殳，肴声。形旁殳为手持兵器象，表示殽字本义与兵器有关；声旁肴为从肉爻声的形声字。古初以肴为"殽"，《汉书·五行志》"混肴亡别"，《谷梁传》作"殽"。当然也不排除由声首爻直接派生殽，秦陶爻读殽即其证（战国韩方足布爻读峣为其旁证）。云梦秦简最先出现殽字，为小篆所依准。隶变时，形旁殳多有作攴者，攴与殳作为形义俱近的偏旁在古文字中经常互用，故殽或作敩。隶变后楷书作殽，主要是笔势变化。《说文》本义为"相杂错"，即错杂、杂乱，盖兵器殳搅扰所致。《国语·周语下》："加之以无私，重之以不殽，能避怨矣。"马王堆汉墓帛书《养生方》："殽智（蜘）蛛网及苦瓠。"此义后写作"淆"。以上读xiáo。山名，后写作"崤"，读yáo。通"肴"，肉菜。《诗·小雅·宾之初筵》："笾豆有楚，殽核维旅。"汉班固《典引》引作"肴覈"。云梦秦简《为吏之道》："享（烹）牛食士，赐之参饭而勿鼠（予）殽。"（赏士三顿的饭而不给肉）通"效"，效法。《礼记·礼运》："是故夫礼必本于天，殽于地。"睡虎地秦墓竹简《秦律十八种·仓律》："县遗（留也）麦以为种用者，殽禾以臧（藏）之。"（张标）

毅 yì 疑纽、物部；疑纽、未韵、鱼既切。

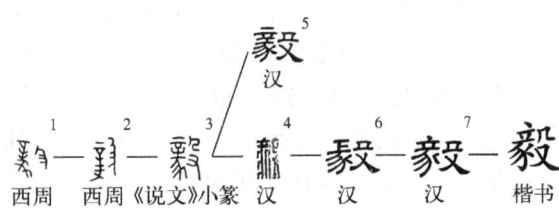

1、2《金文编》207页。3《说文》66页。4《汉印徵》卷3，19页。5、6、7《隶辨》507～508页。

形声字。从殳，豙(yì)声。西周白吉父簋毅字的殳(殳)、辛(辛)、豕(豕)等各构件还是完整清晰的，白吉父鼎的豕作豕，就残泐简省得难以辨认了。小篆在整理字形时，有意识、巧妙地进行省略，就是将豙字上部辛的末笔与豕的首笔"共用"，作豙，此后在隶变时保持了这一作法，只是辛或省作立，或省作亠，楷书作毅，形旁殳是笔势变化，声旁豙是笔意变化。《说文》本义所谓"有决"即勇决果断，取意于持械坚定不移地做事。《书·皋陶谟》："扰而毅。"孔传："致果为毅。"引申指冷酷、严峻。《韩非子·内储说上》："弃灰之罪轻，断手之罚重，古人何太毅也。"古注训"酷"。金文中用作人名。白吉父簋："白吉父乍毅障殷。"(张标)

殷 jiù 见纽、幽部；见纽、宥韵、居祐切。
　　 guǐ 见纽、幽部；见纽、旨韵、居洧切。

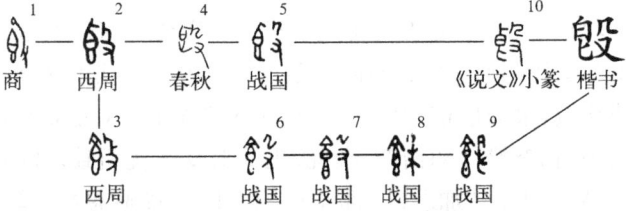

1《甲文编》132页。2、3、4《类编》263页。5-9《古文典》168页。10《说文》66页。

会意字。殷商甲骨文从皀(xiāng)，从殳。皀作皀、且、皀等形，食器之象(殷之初文)；殳作殳、殳、殳等形，手持匕柶取食状，二者结合会食器意。到西周时，主要分化为两种结构：一种是顺承商代结构，基本上没变化，个别字加了宀旁，但没有取得主流地位；另一种是食器的上方有衍生物，使食器作皀或皀状，当是食器的变体。到战国时，前种结构主要是食器加盖作皀、皀、皀等状。《说文》对此未加收录，楷书据古文字笔势化作殷。后种结构在战国时亦同前代，《说文》收录后整理作皀(zhuān，古文叀)，隶变后楷书作殷。殷是簋的异体(簋是从皀从皿从竹的会意字)，本义是古代祭祀宾享时盛黍稷的器皿。令殷："用乍(作)丁公宝殷。"甲骨文用作杀牲以祭的方法。《战后宁沪新获甲骨集》1.231："又殷羌，王受又？"(拿羌俘进行侑祭、殷祭，王会得到福佑吗？)又用作地名。《战后京津新获甲骨集》4462："田(畋)殷，華(bān)？"(在殷打猎，会有擒获吗？)以上读guǐ。又读jiù，通"就"，即。谏殷："王各(格)大室，殷位。"通"舅"。齐侯壶："齐侯女雷鷈(津)丧其殷。"殷，俗亦作殷，《现代汉语规范字典》以殷为正体。殷与殷为异体，《说文》训其本义为"揉曲"，但文献鲜见用例。参"簋"字条。(张标)

役 yì 喻纽、锡部；以纽、昔韵、营只切。

1、2《甲文编》134页。3、5《说文》66页。4《汗简》21页。6、7《篆隶表》206页。

会意兼形声字。商代甲骨文从人，从殳，殳亦声。表意偏旁人为象形字，表示役的本义与人有关；形旁兼声旁殳为又持械具，表示役的本义与动作有关且表音，役与殳并舌音。在商代，从人或作从卩(jié)，构意相同，卩为人之跪踞者(作卩)，构意与从人相同。战国时，构件殳或作攴，属于形义相近偏旁之通用，不影响构意；象形的人变易为线条化的人。商代到战国的这种结构一直沿用到后代，楷书作役。《说文》改变此结构为从彳(chì，道路之象)从殳，属于理据重构，楷书作役。时殳或作攴(又讹作夊，suī)，作役，是役的俗体。形旁彳或多一撇，近似片，作役，亦俗体。《现代汉语规范字典》以役为正体。本义盖击打人去做事，即役使。《合集》8139："王不役？在行。"马王堆帛书《五行篇》："六者为心役"，"心之役也。"引申指仆役、差夫。《五行篇》："故斯(厮)役人之道。"引申指服役、戍边。《诗·王风·君子于役》："君子于役，不知其期。"亦引申指职事、微官、门生等。作人名。《小屯·殷虚文字乙编》3492："乎(呼)从役正(征)？"通"疫"，流行病。《乙编》7301："甲子卜，殻贞：疒役不征(chán，延续)？贞：疒役其征？"(张标)

殺 部

殺（杀）
- shā 心纽、月部；生纽、黠韵、所八切。
- shài 心纽、月部；生纽、怪韵、所拜切。
- sà 心纽、月部；心纽、曷韵、桑葛切。
- shì 书纽、职部；书纽、志韵、式吏切。
- xuē 心纽、月部；心纽、薛韵、私列切。
  古读 xiè

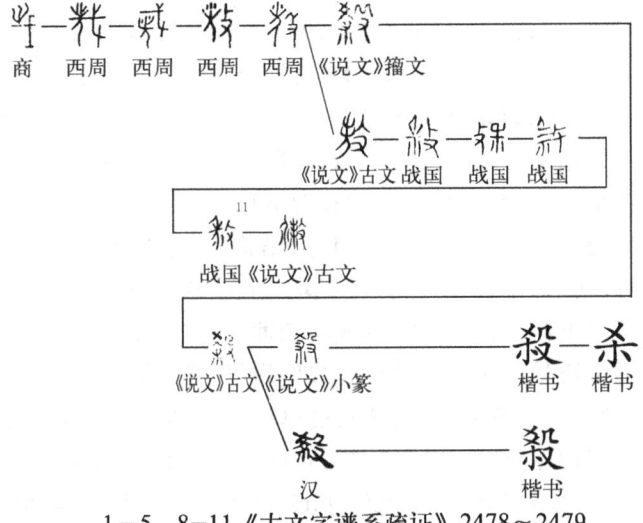

1-5、8-11《古文字谱系疏证》2478~2479页。6、13《说文》（小徐本）59页。7、12、14《说文》66页。15《篆隶表》203页。

初为会意字。商代甲骨文从戈，截断人散发以示杀戮。到西周时，散发下加人，杀戮之义更明显，同时䇞与戈由粘合而分离，声旁杀独立出来，戈旁或作支旁。战国时，构件散发作 屮、岀、𡴀、中、火、木、彡、个、乔，构件人作 亣（左右两点是散发中两点的下移）、个、爪、甲、个，或作介（介），有声化趋向，《说文》古文则以为叠加声旁，杀与介并月部。散发与人之间或加三、二、一，盖表割杀、截断意。支或作殳，属于形义相近偏旁的更替。《说文》籀文从双义（yì），含切割义，亦表音，义与杀亦并月部。散发与人作乐，亦杀之讹变。秦系文字省双义为单义，散发与人作尔、朵或尕，基本上同于籀文。《说文》小篆承袭了秦文字的主流结构，隶变后楷书作殺，简化字作杀。承袭籀文的，楷书作毅，罕用。汉碑中或作㪥、㪥、㪥、㪥、㪥，并俗体。本义为杀戮、处死。《左传·昭公元年》："周公杀管叔而蔡（窜）蔡叔。"引申指征伐、屠戮。《合集》37854："其隹今九祀（年）正杀？"《甲骨缀存》31："壬辰卜，㱿贞：戉杀湔方？"引申指攻克、战胜。墙盘："粵武王既杀

殷。"引申指除、灭。云梦秦简《法律答问》："小畜生入室，室人以杸（殳）梃杀伐之。"马王堆汉墓帛书《阴阳五行》甲编："斩伐杀生以祭天鬼，大吉。"用作人名。杀乍父戊鼎："杀作父戊鼑。"以上读 shā。引申指削减、损耗、零落，读 shài。引申指暗淡，读 sà。同"弑"，读 shì。蹩杀，联绵词，旋行貌，读 xuē。通"哕"（huì），哕哕，徐行有节。莒叔之仲子平钟："雝雝杀杀。"通"试"，用。《淮南子·主术》："威厉而不杀，刑错而不用。"（张标）

弑 shì 书纽、职部；书纽、志韵、式吏切。

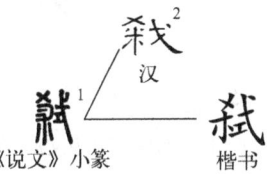

1《说文》66页。2《隶辨》501页。

形声字。从杀省，式声。形旁本当为殺字，为求简化略去殺字形旁殳，只留声旁杀代表殺，此为省形的形声字。形旁杀表示弑字的本义与杀戮有关；声旁式是从工弋声的形声字，本义是法式，于弑表音，弑与式声韵并同。据今所见，今所见最早的古文字材料中所出现的弑字为《说文》最先收录弑字，隶变后楷书作弑，是笔意、笔势变化的结合。曹全碑将声旁式易作形旁戈，从杀省的形旁殳又讹作朱，使整字全失据，故未得通行。《说文》本义是"臣杀君"。《易·坤》："臣弑其君。"《左传·宣公二年》："赵盾弑其君。"此字本在君主专制社会为臣杀君、子杀父、下杀上所专用，后亦泛指杀。《公羊传·昭公二十五年》："昭公将弑季氏。"（张标）

几 部

几 shū 禅纽、侯部；禅纽、虞韵、市朱切。

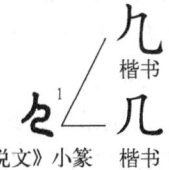

1《说文》66页。

象形字。《说文》本义为短羽鸟习翔时几几的样子。此字原出甲骨文器械类的 𠂆，后渐次简化讹变作 𠂆、）、𠃌、冂 等，至小篆作 𠘧，已全然不像器械，故许慎别作它解。隶变后楷书作几。其与几形音义俱别。几无钩挑，几有钩挑；几音 shū（市朱切），几音 jī（居履切）；几指鸟

飞几几,几指案几。或作乁,小篆的隶定,不大通用。《说文》将其列为字头,文献中几乎没有用例。但若把它看作非字删除,似乎也忽略了许慎的理据重构与《说文》形音义的系统性。《正字通》以为它与殳是同一个字,不无道理,因为几加又是器械,不加也是器械,况且二字同为禅纽侯韵,古音相同。文献中有时使用假借义,指病态。《素问·刺腰痛论》:"腰痛侠脊,而痛至头几几然,目晄晄欲僵仆。"明吴崐注:"几几,伸颈之貌。"(张标)

鳧（凫） fú 並纽、侯部；奉纽、虞韵、防无切。

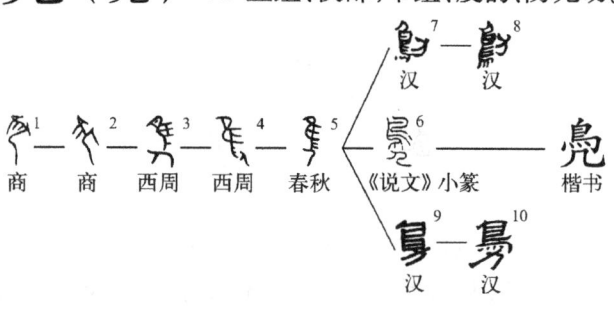

1、2《甲文编》727页。3、4、5《类编》225页。6《说文》66页。7—10《篆隶表》207页。

形声字。商代甲骨文作从隹,𠃋声。形旁隹是鸟之象,古隹鸟同字,隹表示鳧的本义与鸟有关；声旁𠃋像人侧面俯伏之形,为"伏"之初文,其在鳧字中表声,鳧与𠃋(伏)同为並纽。𠃋或𠃌、乁为鳧之源头,声首,古初盖以𠃋为鳧,后乃为造分化专字,或由形旁鸟与声旁𠃋整合而成,这是形声字产生的通则,鳧字可能也不例外。西周春秋时依然承袭前代结构。战国时字形繁化,隹形似已作鸟。至《说文》整理为从鸟几声,几声盖为𠃋之讹。隶变时声旁𠃋(伏)或换作力,是同韵(职)声旁的更替,楷书最终从《说文》作鳧,主要是笔势变化。或作鳬、凫,皆俗体。简化字作凫。《说文》本义是舒鳧、鹜,即俗语野鸭。《诗·郑风·女曰鸡鸣》:"将翱将翔,弋鳧与雁。"马王堆一号墓遣策:"𪎭(熬)勋(鳧)一笥","勋酸羹一鼎"。甲骨文用于地名。《小屯·殷虚文字乙编》580:"贞,王入于鳧,束(刺,祭名)逳(zhī,祭名)？"又《丙编》:"弜(勿)于鳧束？"或以为此即《诗·大雅·閟宫》"保有鳧绎"之鳧山。金文用作人名。鳧叔盨:"鳧叔(叔)其万年。"今泗水、游泳,俗亦称"鳧水"。或谓此乃"浮"、"洑"(fú)之假。(张标)

寸 部

寸 cùn 清纽、文部；清纽、愿韵、仓困切。

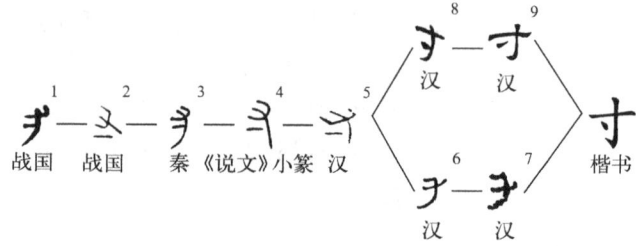

1、5、6《篆隶表》207页。2《古文典》1347页。3《睡甲》45页。4《说文》67页。7、8《马王堆》124页。9《隶辨》568页。

指事字。从又,从一。又为手之象,一是指事符号,处在手下一寸之地的寸口处,指出此地是寸口所在,上距后腕一寸。战国文字已见寸字,结构与《说文》相同。隶变时,其结构、笔形、笔序、笔划均经过多次调整。或将指事符号上提,两笔成才字,或将弯曲之⺋平展作㇂、丁、寸,指事符号或作顿点、提点,或作横笔、横长提,楷书作记号字寸。《说文》本义是长度单位十分,即一寸,人手腕下到动脉正好一寸,"谓之寸口"。云梦秦简《秦律十八种·仓律》:"隶臣、城旦(男刑徒)高不盈六尺五寸,隶妾、舂(女刑徒)高不盈六尺二寸,皆为小。"马王堆汉墓帛书《老子》甲本:"吾不进寸而芮(退)尺。"引申指寸口、寸脉。《说文》:"人手卻一寸动脉,谓之寸口。"《素问·经脉别论》:"气口成寸,以决死生。"通"守",守护,守有。郭店楚简《成之闻之》:"敬慎以寸之。"通"刌"(cǔn),切断。《敦煌变文集·张义潮变文》:"按军令而寸斩。"(张标)

寺 sì 邪纽、之部；邪纽、志韵、祥吏切。

1、2、7《金文编》208页。3《汉语字形表》119页。4、5、6《楚系简帛》260～261页。5《类编》65页。8《篆隶表》208页。9《说文》67页。10《睡甲》46页。11《隶辨》501页。

会意兼形声字。西周金文作从又从之,之亦声。形旁又为手之象,表示寺字本义与手有关;形旁兼声旁之本指事字,表示脚趾到达某地,其在寺字中既表示手之所之,又表声,寺与之为齿舌邻纽、之部。两个部件结合会手之所之,即持取意。春秋时构件又或作寸,又与寸属于形义皆近偏旁之互用。战国时形旁又或加口,或承春秋作寸,或从西周仍作又;声旁之已远离象形,作业、㞢、㞢等。《说文》厘定作从寸,之声(之亦表义)。隶变后楷书作寺,主要是笔势变化。本义为持取,即"持"的本字、古字。《石鼓文》:"秀(搊,抽也)弓寺射。"马王堆汉墓帛书《十六经》:"除民之所害,而寺民之所宜。"通"时",季节。《长沙子弹库楚帛书》:"三寺是行。"通"侍",侍从。云梦秦简《秦律十八种·传食律》:"上造(秦爵第二级)以下到官佐、史毋(无)爵者,及卜、史、司御、寺、府,糯(糲)米一斗。"《包山楚简》2.209:"出内(入)寺王。"通"待",等待。云梦秦简《日书》甲种:"寺其来也。"马王堆汉墓竹简《天下至道谈》:"不寺其庄(壮)"。通"郯",《说文》训"附庸国",故址在今山东济宁。寺季故公殷:"寺季故公乍宝殷。"通"痔",痔疮。马王堆汉墓帛书《足臂十一脉灸经·足》:"腨痛,寺生。"通"恃",依仗。属羌钟:"武侄寺力。"(勇武坚定,凭借实力)马王堆汉墓帛书《老子》甲本:"(生而)弗有也,为而弗寺也。"通"志",心志。马王堆汉墓帛书《十六经·正乱》:"盈其寺。"《说文》训寺为廷,即官府、朝廷,是假借义,寺庙是廷的引申义。(张标)

將(将) jiāng 精纽、阳部;精纽、阳韵、即良切。
　　　　 jiàng 精纽、阳部;精纽、漾韵、子亮切。
　　　　 qiāng 清纽、阳部;清纽、阳韵、千羊切。
　　　　 yáng 喻纽、阳部;以纽、阳韵、与章切。

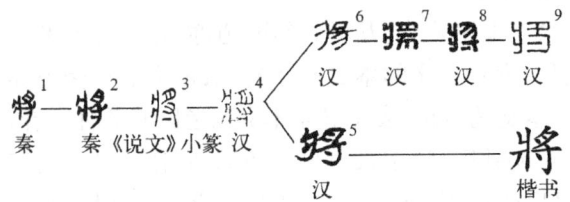

1、2《睡甲》46页。3《说文》67页。4、7、8、9《汉印徵》卷3,19~20页。5、6《篆隶表》208页。

会意兼形声字。战国文字作从又持肉于爿(chuáng,古床字),爿亦声。形旁又、肉、爿分别为手、肉、床的象形字,三者结合会持取意;声旁爿同时表音,将与爿并齿头音、阳韵。古初借酒(醬、牆)为将,后分化出《说文》所谓"从寸,牆省声"之"將"字。战国时形旁又开始作寸,寸与又是形义皆近偏旁之更易,不影响本义。《说文》从此作出有别于古文字的结构分析,当是有依据的理据重构。此后隶变即在此基础上进行,楷书作将,是小篆的笔势化,简化字作将。本义是持取。《荀子·成相》:"吏谨将之无铍滑。"引申指扶助。《诗·周南·樛木》:"乐只君子,福履将之。"亦引申指养护、顺从、遵奉、推进等。假借作助动词,想,要。《包山楚简》2.147:"将以成收。"引申为时间副词,主要表将来时。马王堆汉墓帛书《春秋事语》:"长将畏其威。"以上读jiāng。指将军、统领。马王堆汉墓帛书《五星占》:"破军杀将。"古代此义多假"酒"字表示,郭店楚简此用法非常多,以致《古文四声韵》将此通假字作本字收入。以上读jiàng。助动词,请,愿。《诗·卫风·氓》:"将子无怒。"以上读qiāng。含杂质之玉,读yáng。通"浆",液态流质。云梦秦简《日书》甲种:"入人醯酱溍将中。"马王堆汉墓帛书《五十二病方》:"因(咽)敝,饮药将。"《说文》有"抙",从手爿声,训扶,与将同声韵。《玉篇》谓抙"今作将",《汗简》与《四声韵》并作将的重文列出。二者究竟是否一字,存而待考。(张标)

專(专) zhuān 章纽、元部;章纽、仙韵、职缘切。

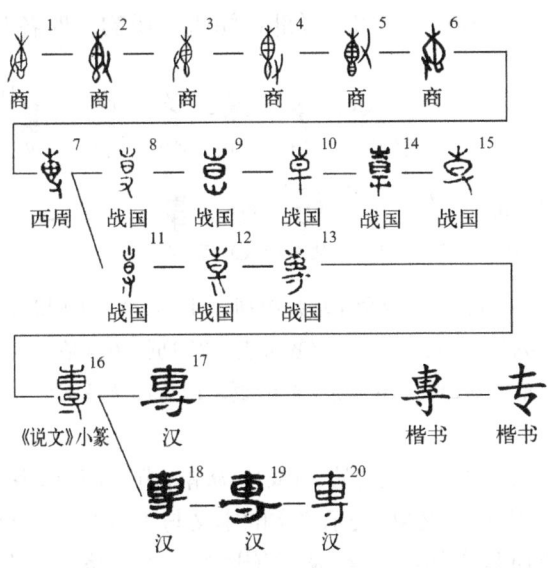

1-6《甲文编》135~136页。7-15《古文典》1024页。16《说文》67页。17《隶辨》186页。18《马王堆》124页。19、20《篆隶表》209页。

会意兼形声字。甲骨文作从又,从叀(zhuān),叀亦声。表意偏旁又为手之象,表示专的本义与手相关;形旁兼声旁叀为纺砖之象,表示专的本义与纺砖相关;同时表声,專与叀并为舌面音元部。甲骨文专字多歧,手可左可右;纺砖有底、身、顶,腰身有缠线与不缠者,所缠线数不一。西周时基本上固定作。战国时的主要变化是以寸代又(寸与又是形义皆近偏旁之互换),此后这种结构为《说文》采纳,替代了从又从尃的主流地位。隶变时通常省略纺砖下体写作尃,但楷书最后还是依从小篆结构作尃(主要是笔势变化),简化作专。简化字专源自汉晋草书,楷化的专最先见于清初刊行的《目连记弹词》。本义是纺专,引申指专一、专长、专擅等。通"传"、"转"、"团"、"环"、"圆"、"等"、"钧"、"搏"等。《老子》第十章"专气致柔",马王堆汉墓帛书《老子·道篇》作"槫"(搏)。甲骨文用为三期贞人名、侯伯名、地名。《甲骨续存》1.1687:"癸卯卜,专贞:旬亡祸?"《殷虚书契前编》5.9.2:"癸亥卜,王贞:余从侯专(我让侯专跟吗)?"《小屯·殷虚文字乙编》811:"贞:乎作圃于专?勿作圃于专?"通"叀",相当于语气词"惟"。《战后京津新获甲骨集》2243:"今乙专雨?"通"剸",截断。《铁云藏龟》216.3:"戊子卜,宾贞:戊其专伐?"(或释专擅自主)(张标)

尃 fū 滂纽、鱼部;敷纽、虞韵、芳无切。
bù 帮纽、鱼部;帮纽、暮韵、博故切。
fǔ 滂纽、鱼部;敷纽、虞韵、芳武切。
pò 滂纽、铎部;滂纽、铎韵、匹各切。

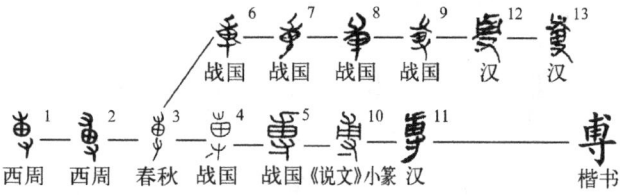

1、2、3《金文编》209页。4、7、8、9《战文编》195页。5、11《篆隶表》209页。6《楚系简帛》262页。10《说文》67页。12、13《马王堆》124页。

会意兼形声字。从又(或廾)从甫,甫亦声。形旁又是手(廾是两手)之象,表示尃字的本义与手有关;形旁兼声旁甫原是合体象形字,从田(⊕或⊞),上有蔬菜(丫),是"圃"的初文,表示尃字本义与菜园有关,同时表声,尃与甫并为唇音鱼部。战国时的主要变化是寸旁出现并开始取代又旁(二者属于形义皆近偏旁的更替),后来得到《说文》肯定。另一变化是象形的田渐次变作屮或廾,蔬菜之象的屮讹作丫,即父,后亦被《说文》采纳。隶变后楷书作尃。本义是布施,盖取意于以手匀布蔬菜。引申指颁布、公布。毛公鼎:"尃命尃政。"(发布政令)此义后用"敷"字。引申指辅助。郭店楚简《老子》甲本:"是古(故)圣人能尃万勿(物)之自肰(然)。"《包山楚简》2.176:"鲁客尃臣。"此义后用"辅"字。引申指依附、归顺。郭店楚简《忠信之道》:"古(故)繎(蛮)䝿(亲)尃也。"此义后用"傅"字。引申指给人财物。《包山楚简》1.171:"志劳尃者(诸)侯。"此义后用"賻"(fù)字。引申指广博、普遍。郭店楚简《尊德义》:"敢(勇)不足以沫(没)众,尃不足以智(知)善。"王孙钟:"余尃旬于国。"此义后用"博"字。通"薄",勉励。师𩁹鼎:"白(伯)大师不(丕)自乍小子㽙(夙)夜尃由先且(祖)剌(烈)德。"(伯大师大力帮助我整天努力遵从先祖的功业美德)(张标)

導(导) dǎo 定纽、幽部;定纽、号韵、徒到切。

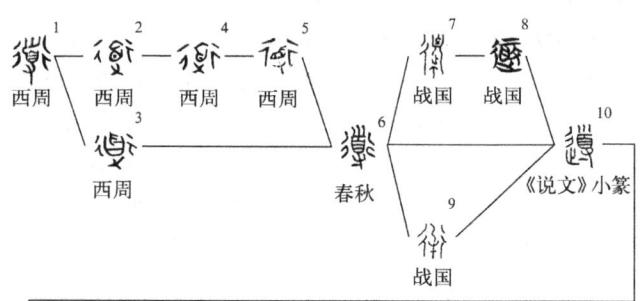

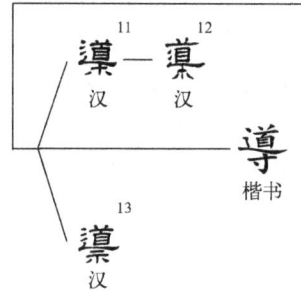

1-5《金文编》105页。6《汉语字形表》120页。7、9《四声韵》64页。8《楚系简帛》262页。10《说文》67页。11、13《隶辨》593页。12《篆隶表》209页。

会意兼形声字。从寸,道声,道亦应表意。形旁寸为手之象,表示导字的本义与手有关;形旁兼声旁道亦形声字,本义为道路,表示导字本义与道路有关且表音,导与道声韵并同。导字最早见于西周,时作从又从衜衜亦声,又以表指引,衜以表路,表导引之义。其时首或作从日从爪,乃讹变。春秋时又(手)变为寸,属于形义皆近偏旁之更易。战国时构件行始易作辵,行与辵也属于形义皆近偏旁之更替,又或讹作𠂉、攴(攵)、屮等,构件卜或简作𠃍。小篆始厘定为从寸,道声。隶变时寸或讹作木、示,最终楷书作導,主要是笔势变化,简化字作导,是半表意半记号字。本义是引导。《孟子·离娄下》:"君使人导之出疆。"引申指疏导(开导、教导)。《书·禹贡》:"导黑水,至于三危。"亦引申指表达。《国语·晋语六》:"夫成子导前志以佐先君。"通"道",路。簋鼎:"师雒(雍)父省(省)

导,至于猷(胡)。"(张标)

皮 部

皮 pí　並纽、歌部；並纽、支韵、符羁切。

1、5《金文编》209。2、4、12《类编》62页。3、10、15《说文》67页。6、7、9《睡甲》46页。8《楚系简帛》262页。11《汗简》11页。13、14《战文编》195~196页。

象形字。西周金文从又(手)剥取兽皮,丩像兽头及躯干,冖像剥取之皮,所谓"合体象形"。时手可左可右,至春秋固定于右,籀文皮字上体作户,则头、躯、皮已不可辨识。战国时,又或作寸,但没取得主流地位(又与寸是形义皆近偏旁的更替)。皮字上体多作芦、芐、尸、卩、卩、卩、芦、𠂆、尸,此皆西周丩之头、躯、皮之变体,讹变严重者"头"作从、廾、林、廿、𣎳、𠂇、古,皆𠂉之变体。《说文》规范作皮,从又为省声,是所谓的理据重构。隶变后楷书作皮,笔意与笔势变化结合,成为记号字。《说文》本义是剥取的兽皮。九年卫鼎:"夽(豕幺,小猪)皮二。"云梦秦简《秦律十八种·田律》:"食其肉而入皮。"通"彼",代词。马王堆汉墓帛书《周易》:"公射取皮在穴。"胤嗣妤鎣壶:"于皮新垒(野)。"通"罢",叙。马王堆汉墓帛书《周易》:"或鼓或皮。"用作地名。云梦秦简《编年纪》:"(昭王)二年,攻皮氏。"用作姓氏。战国韩戈"皮氏"。人名。叔皮父簋:"乍铸叔皮父尊殷。"(张标)

皰(疱) pào　滂纽、幽部；滂纽、效韵、匹儿切。

1《说文》67页。

形声字。从皮,包声。形旁皮是剥取兽皮的象形字,表示皰的本义与皮肤有关；声旁包是从巳、勹(bāo)声的形声字,在皰字中表声(包与皰同为唇音幽部)。古文字中未见皰字,《古文四声韵》以胞为皰,乃通假字。隶变后楷书作皰。《说文》本义是"面生气",徐锴解释为"面疮",《慧琳音义》引《说文》谓"面生热疮",即指脸上生的疮。《淮南子·说林》:"溃小皰而发痤疽。"高诱注:"皰,面气也。"引申指皮肤上长的小疙瘩。唐玄奘《大唐西域记》:"王闻心惧,举身生皰。"字又作"疱"、"皰",见《集韵》。现代整理简化汉字时,以疱为规范字,皰作为异体被淘汰。(张标)

皯 gǎn　见纽、元部；见纽、旱韵、古旱切。

1《说文》67页。

形声字。从皮,干声。形旁皮为剥取兽皮之象,表示皯字本义与皮肤有关；声旁干为猎具(或说圆盾、梃上歧杈)之象,于皯字中表声,皯与干并见纽元部。干为皯字的源头,声首。初时盖以干兼表皯,后乃为造分化专字。小篆以前的古文字资料迄今未见皯字,《说文》所出为最早。隶变后楷书作皯。《说文》本义是"面黑气",即面色黧黑干枯。《列子·黄帝》:"娱耳目、供鼻口,燋然肌色皯䵦,昏然五情爽惑。"《楚辞·渔父》"颜色憔悴",汉王逸注:"皯黴,黑也。"异体有"皯"(《广韵》)及"䵟"(《集韵》),《现代汉语规范字典》以"皯"为正体。(张标)

皸(皲) jūn　见纽、文部；见纽、文韵、举云切。

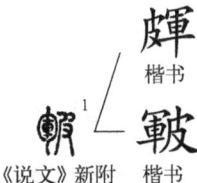

1《说文》67页。

形声字。从皮,軍声。形旁皮是剥取兽皮之象,表示皸字本义与皮肤有关；声旁军依《说文》为"从军,从包(即勹)省"的会意字,许氏言其本义为军旅,于皸字中表声,皸与军声韵并同。皸的本义是手足坼裂,先秦时曾借用"龟"字表示,后来才整合形旁皮与声旁军而成皸字。皸字在《说文》之前的《汉书》中就已经出现(《赵充国传》有"手足皸瘃(zhú)"一语,颜师古注引文颖谓皸为"坼裂"),但《说文》没有收录,直到宋代徐铉才列为"新附"收入《说文》。

楷书作皲,异体作皻(见《玉篇》)。整理汉字时军简化作军,皲亦类推简化作皲。皻虽然没有在《第一批异体字整理表》中被正式宣布淘汰,但由于确立了皲的正字地位也就被自然淘汰了。引申指物体表面的裂纹。唐刘禹锡《问大钧赋》:"松竹之皲皴索簎兮,不若树筍之可怜。"(张标)

皴 cūn 清纽、文部;清纽、谆韵、七伦切。

皴 —— 皴
《说文》新附　楷书

1《说文》67页。

形声字。从皮,夋(jùn)声。形旁皮为剥取兽皮之象,表示皴字本义与皮肤有关;声旁夋表声。皴字不见于《说文》,魏晋文献中始见之,晋程本《子华子·神气》有"其石皴栗"语。至北宋徐铉整理《说文》,始作为"新附"收入《说文》。徐氏释其本义为"皮细起",即指皮肤上出现的细小皱褶。北魏贾思勰《齐民要术·种红蓝花栀子》:"夜煮细糠汤净洗面,拭干以药涂之,令手软滑冬不皴。"引申亦指皲裂、打皱等。今北方方言中犹使用此语此字。又引申指国画中的一种技法,即墨涂以表现山石林木之脉络形态。(张标)

鞣部

鞣 ruǎn 日纽、元部;日纽、狝韵、而兖切。
　　 jùn 精纽、文部;精纽、稕韵、子峻切。

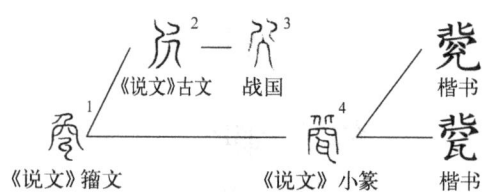

1、2、4《说文》67页。3《汗简》7页。

会意字。《说文》籀文作从人(𠂉)、从皮省(𠂆)、从夐(xiòng)省(𠂇)。人为象形字,皮为剥取兽革之象,夐是从夏(xuè)从人从穴的会意字,表营求。合人、皮(省)、夐(省)三者会《说文》"柔韦",即加工鞣制皮革之意。《说文》古文作从人(𠂉)、从皮省(𠂆),战国(《汗简》)文字与之大同小异,虽省去"从夐省",亦得"会"其本"意"。《说文》小篆繁化了籀文,所从的一人变成了二人。籀文的从皮省作𠂆,实际是保留的兽首身皮的象形,略去了手即又(参"皮"字条);小篆的从皮省作𠂆,实际上保留的是手即又(𠂇),省略的是兽首身皮的象形,只用一丿表示,它与手的结合,又讹变的近似于小篆的"瓦"(𠃾)字。隶变后楷书正体即从瓦作鞣,破坏了小篆的构意。俗体作鞣。清邵瑛《说文解字群经正字》:"今经典作鞣。《考工记·总目》郑司农注:'《苍颉篇》有鞄鞣。'《鲍人》职司农注同。《释文》:'鞣,柔革工。'"引申义指柔软。以上读 ruǎn。又读 jùn,指打猎所穿的皮裤。(张标)

攴部

攴 pǔ 滂纽、屋部;滂纽、屋韵、普木切。

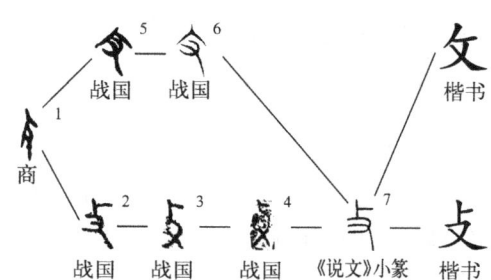

1《甲文编》137页。2、3、4《战文编》195页。5《四声韵》71页。6《汗简》7页。7《说文》67页。

初为会意字。商代甲骨文从又持卜,又为手之象,卜为击具之象,二者共会击打或治事之意。战国时击具作卜或人,手由旁持变为下持,全字遂由𢼈而攴、攵。《说文》准战国文字厘定作攴,分析为"从又,卜声",属于理据重构,与古初构意有别。楷书作攴或攵,攴是隶定体,攵是隶变体,《现代汉语规范字典》以攴为正体。但在用作偏旁时,攴与攵皆有使用,同为正体。本义为击打。《合集》22539:"丙辰,攴禾?"此义古代亦借"扑"字表示。《书·舜典》:"鞭作官刑,扑作教刑。"孔传:"扑,榎楚也。不勤道业则挞之。"通副词"颇",很,甚。𨛬氏钟:"卑(俾)鸣攴好。"战国齐玺亦用作人名。(张标)

启(启) qǐ 溪纽、支部;溪纽、荠韵、康礼切。

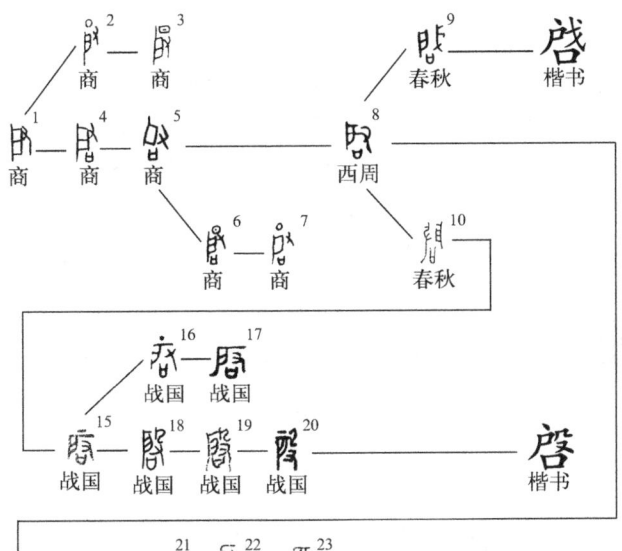

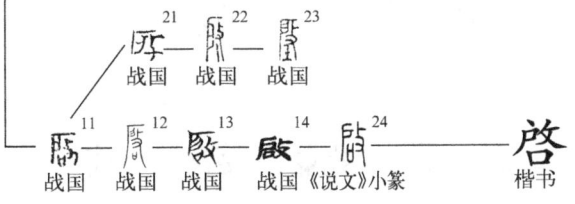

1、4、5《甲文编》137页。2、3、6、7《甲骨文字典》331页。8、9、18《金文编》209页。10、11、15、22、23《类编》77页。12《汉语字形表》120页。13《楚系简帛》263页。14《篆隶表》210页。16、17、19、20、21《战文编》195页。24《说文》67页。

初为会意字。殷商甲骨初文从又从户。又为手之象，户为门之象，以手拉门会开启意。后加口为会意兼形声字，手拉、口喊亦会开启意。亦加日，从日从攴，攴亦声。加日突出天明，到开门之时。或启上复加"日"，从日从口从攴，攴亦声，会意相同（加日者后分化为启，《说文》训"雨而昼姓（晴）"）。到西周，取得主流地位的是从口从攴。构件"又"或作"戈"，以戈启门，虽行用不久，楷书却出现了启字。当时另一主要变化是构件攴代替了又（属于形义皆近构件的互用），后来一直成为启字的主流写法。到战国时，构件"攴"又有作"殳"者（亦属于形义皆近构件的互用），此写法历经汉代，最终楷书又出现异体启。其时亦有省略口作攴者，或易"口"为"土"作"堃"者，或支下又加饰笔致构件"又"成为上攴下寸的共用者。其时主流写法虽有微小波动，但基本稳定，并为《说文》所取法。许慎分析为从攴启声，当另有所本或理据重构。隶变后楷书主要出现了构意相同而方位不同的"啟"、"启"两体，还有讹体"启"。现代整理汉字时，以启为正体，将啟、启作为异体，后启又简化为启。启与启也被自然淘汰。启被《说文》收录，立为字头，一直保存。参"启"字条。本义是开启、开

门。《邺中片羽三集》下41.6："其启庭（庭）西户？"云梦秦简《封诊式》："今旦起启户取衣。"引申指天开、放晴。《合集》13112："贞：翌辛巳有启？"引申指开辟。中山王䂊鼎："辟启封疆（疆）。"引申指征伐在前，前驱。《小屯·殷虚文字丙编》409："丙辰卜，争贞：沚戜训启，王比（从），督阵于后），帝若（顺），受我又（佑）？"引申指启发、开导。番生簋盖："广启厥（厥）孙子于下。"引申指启禀、禀告。《金璋所藏甲骨卜辞》563："王固（视兆）曰：其有来启？"地名。《小屯·殷虚文字甲编》1447："王其田（畋）启？"人名。《乙编》8728："子启亡其（疾）？"芮伯壶："内（芮）白攴乍釐公尊彝。"楚铜符有鄂君启节。（张标）

徹（彻） chè 透纽、月部；彻纽、薛韵、丑列切。

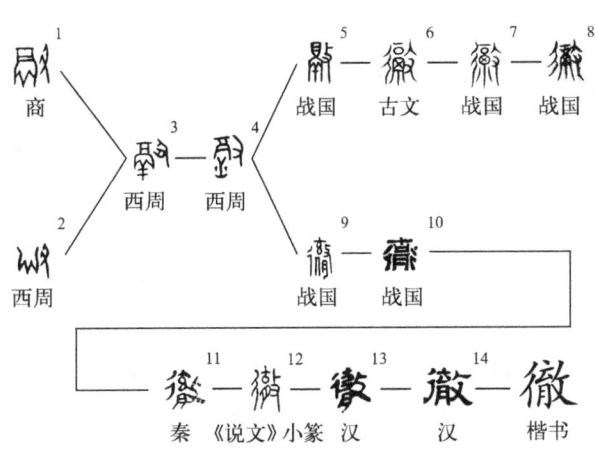

1、2《甲文编》138页。3、4、5《金文编》210页。6、12《说文》67页。7《汗简》5页。8《四声韵》77页。9《汉语字形表》121页。10《战文编》195页。11《睡甲》46页。13、14《篆隶表》211页。

会意兼形声字。商代甲骨文从又从鬲，鬲亦声。形旁又为手之象，表示徹的本义与手相关；形旁兼声旁鬲为炊事之鼎类器状，表示徹的本义与炊事有关，同时表声（彻与鬲同为舌音）。至西周时，鬲下加火，增强表意性；又作𩱧，鬲作鬳，皆加饰笔。战国时，又易作攴（属于形义皆近偏旁的互用），后来从攴成为主流写法。声旁鬲作鬲、鬲、鬲，讹变甚者则作育（育之异）、育（育）。有的增加了形旁彳（chì，表道路），有的加彳又加人（亦似几），或易又（攴）旁为"行"。《说文》厘定作从彳从攴从育，是理据重构，与商周构意有别。隶变后楷书作徹，是小篆的笔势变化，简化字作彻。个别的或从行从育，或从彳从育从殳，均未取得主流地位。本义当为撤去、撤除（以手撤离鬲。或说为布列，

相反相成)。《左传·宣公十二年》:"诸侯相见,军卫不彻,警也。"云梦秦简《秦律十八种·田律》:"禾、刍槀彻木,荐。"(谷禾、刍槀撤除垫木与草藉)此义后用"撤"字。引申指穿、透。《说文》:"彻,通也。"《左传·成公十六年》:"潘尪之党与养由基蹲甲而射之,彻七札焉。"又引申指通达(《说文》训"通")。何尊:"叡(彻)令苟(敬)享(享)哉。"(通达命令,敬事奉上)亦指贯通,此义秦简假"勶"为之,详《封诊式》。引申指治理。史墙盘:"用肇彻周邦。"(开始治理全国)引申指毁坏。《诗·小雅·十月之交》:"彻我墙屋,田卒污莱。"通"辙",车轨。《老子》:"善行无辙迹。"陆德明释文作"彻",引南朝梁武帝父子云:"应'车'边,今作'彳'边者,古字少也。"甲骨文多用作地名。《殷虚书契前编》2.9.6:"乙卯,王卜,在鸣贞:今日步于彻,亡(无)灾?"《殷契佚存》990:"之日王往于田(畋),从彻京?"用为人名。鼄羌钟:"厥辟韩宗彻率征秦迓齐。"(张标)

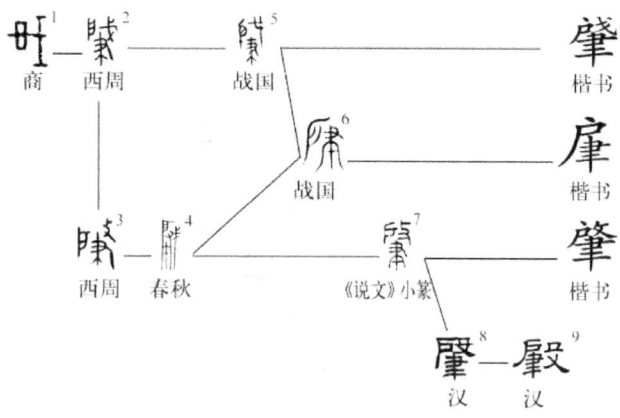

1《甲文编》862页。2、4《类编》379页。3《金文编》211页。5《战文编》196页。6《汗简》33页。7《说文》67页。8《篆隶表》211页。9《隶辨》413页。

初为会意字。殷商甲骨文从戈从户,戈为兵器之象,户为门之象,二者结合会击意。至西周时成为形声字,有两种:(一)形旁兼声旁为戍,叠加声旁聿(聿与戍同为舌音),其字经战国传承。《说文》收录,楷书作肇。(二)形旁兼声旁为殳(构件戈与殳属于意义相关偏旁之通用),叠加声旁聿。此字后亦被《说文》收录,楷书作肇。在战国时形成一个从户从聿的简体,《说文》也收录了此字,楷书作戽。现代整理汉字时,以肇为正体字。本义为击打,引申指开、启。《殷虚书契前编》3.31.2:"丙申卜,贞:戍马(动用骑兵)左中右人三百?"《合集》14487:"殷贞:岳(山神)戍我雨?"《小屯·殷虚文字乙编》7304:"贞:佳(唯)帝戍王门(天帝致王病)?"引申指开始。《书·舜典》:"肇十有二州。"孔传训"始"。假借作语气词。叔龟鼎:"叔龟肇作南宫宝障。"金文用作地名。沈子它簋盖:"休(赐予)沈子肇、散、驭贮酋(积)。"通"兆",兆域、郊祀天神之处。《诗·大雅·生民》:"以归肇祀。"正义谓"神位之兆"。《礼记·表记》引作"兆",其实兆域的专字是金文甯。参见"肇"、"戽"字条。(张标)

敏 mǐn 明纽、之部;明纽、轸韵、眉殒切。

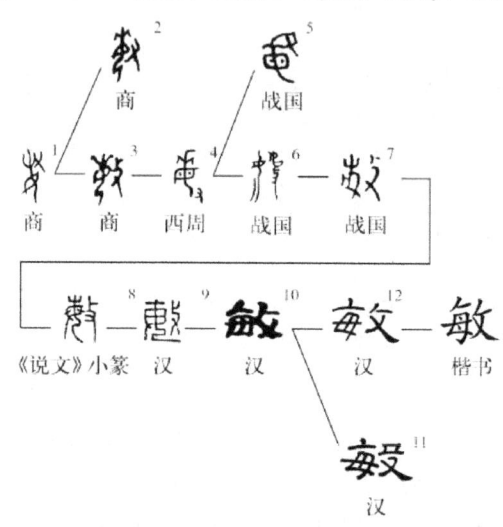

1、2《甲文编》139页。3《甲骨文字典》333页。4《金文编》211页。5《战文编》196页。6、7《古文典》130页。8《说文》67页。9《汉印徵》卷3,20页。10《篆隶表》211页。11、12《隶辨》390页。

会意兼形声。商代甲骨文从又(或攴)从每,每亦声。形旁又为手之象(攴为手持器具之象),表示敏的本义与手相关;形旁兼声旁每从女或母,表示敏的本义与女师相关且表声,敏与每声韵并同。每为敏字源头、声首,甲骨文已见此字。初始每即兼表敏。天亡簋:"每扬王休(恩德)于尊簋。"后为造分化字敏。西周承袭了商代从又从每的主流结构,战国时则改为以从攴从每为主流。《说文》厘定作从攴,每声(每亦当表义)。隶变后楷书作敏,主要是笔势变化。或作"敃",俗体。《说文》本义为敏捷,盖取意于手持女师以求知,或女师持械施教启智。师酉簋簋盖:"女(汝)敏可事(使)。"《论语·里仁》:"君子欲讷于言,而敏于行。"陶玺印文有"敏事"。引申指聪明,不鲁钝。何尊:"顺(训)我不敏(敏)。"《论语·颜渊》:"回虽不敏,请事斯语矣。"引申指勤勉。盂鼎:"敏朝夕入谏(谏)。"引申指恭敬(见上"天亡簋"例)。金文用作地名。散簋:"(南淮夷)内(入)伐溺、昂、参泉、裕、敏阴、阳洛。"亦用作人名。十五

年寺工皷："寺工敏。"（张标）

敃

mǐn 明纽、文部；明纽、轸韵、眉殒切。
fēn 滂纽、文部；敷纽、文韵、抚文切。

西周 西周 西周 春秋 战国 战国 战国
《说文》小篆 楷书

1-4《金文编》211页。5、8《古文典》1167页。
6、7《睡甲》46页。9《说文》67页。

会意兼形声字。西周金文作从又从民，民亦声。形旁又为手之象，表示敃之本义与手相关；形旁兼声旁民，像锐器刺入目内，为盲之本字，借目之体象民之形，表示敃的本义与民相关且表声，敃与民并明纽，文真旁转。民为敃之源头、声首，西周金文已经出现。西周时象形的民已讹变作不象形的 形，又或加饰笔作 形。战国时的主要变化是又作攴（属于形义皆近偏旁的通用），这一作法为《说文》肯定并占据主流地位。隶变后楷书作敃，是笔势变化与笔意变化的结合。《说文》本义是"彊"，即强悍，与金文以手将锐器刺入目内的构意基本相合。引申指勉力、努力（此义古代曾借"昬"表示），以上读 mǐn。纷乱貌，读 fēn。通"愍"，忧。大克鼎："得屯（纯）亡敃。"（得以保全无忧）通"旻"，旻天，秋天。毛公鼎："敃天疾畏（威）。"《诗·小雅·雨无正》正作"旻天疾威"。通"文"，文绣。云梦秦简《秦律十八种·仓律》："女子操敃红及服者，不得赎。"（做文绣女红和衣服的女子不能赎身）通"揹"，抚摩。云梦秦简《日书》甲种："人毋（无）故而忧也，为桃更（梗）而敃之。"金文亦用作人名。雍工敃壶："二年寺工（工师）壶、雍工敃。"（张标）

敄

wù 明纽、侯部；微纽、遇韵、亡遇切。
móu 明纽、侯部；明纽、尤韵、莫浮切。

西周 西周 春秋 战国 《说文》小篆 楷书

1-4《金文编》212页。5《说文》67页。

形声字。从攴，矛声。形旁攴为手持击具之象，表示敄的本义与治事有关；声旁矛为兵器之象，在敄字中表声，敄与矛并明纽，侯幽旁转。矛是敄的源头、声首，见于西周金文。初时盖以矛兼表敄，后乃为造专字。西周时，形旁攴无甚变化，声旁矛由西周的直柄兵器作 形，实已由象形字变作人持矛的会意字（或说从矛无声的形声字）。战国时作 形，中间加一横为饰笔。《说文》整理为从攴矛声，小篆 仍从人。楷书作敄，是笔意、笔势变化的结果。《说文》本义是"彊"，勉强治事，读 wù。同"勖"，勉励，读 móu。通"侮"，污辱。毛公鼎："毋敢龚橐，龚橐廼敄鳏寡。"（不敢取私人财以供苞苴而侮及鳏寡）乍册般甗："王宜（祭以祈胜）人方，无敄（不致失败取辱）。"通"务"，致力。中山王䢵壶："夫古之圣王，敄才（在）得孯（贤）。"人名。敄觯："敄乍（作）父癸彝。"（张标）

整

zhěng 章纽、耕部；章纽、静韵、之郢切。

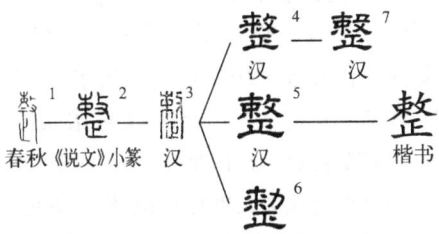

1《金文编》212页。2《说文》67页。3《汉印徵》卷3，20页。4-7《隶辨》448页。

会意兼形声字。春秋金文作从敕从正，正亦声。形旁敕为从攴束声的形声字（详下"敕"字条），《说文》本义为"诫"，即训诫、诫饬以正，表示整字的本义与训正有关；形旁兼声旁正亦形声字，本义是征伐，引申有持正、规范义，表示整的本义与持正相关且表音，整与正声韵并同。正即整之古字，古初即以正为整。《管子·弟子职》"左手正栦"，清王筠读为整。故书中尚有类似之以正为"政"、"征"、"定"、"征"等例，战国古文字亦有以正为"政"、"征"例，后皆为造专字。整字初见于春秋，正上的一横乃饰笔。《说文》整理作"从攴从束从正，正亦声"，即所谓"多形的形声字"并不确，其实整字是在形声字敕上增加意符兼音符而成。隶变时，形旁敕或作勑，可以视作音近（之韵与职韵）偏旁的更替（敕与勑是假借关系，详"敕"字条）；作敕可视作勑的变体；作敄，则是形义皆近偏旁攴与殳的更替。楷书作整，主要是小篆的笔势变化。或简作夲，俗体。《说文》本义是整饬、规整。蔡侯盘："禋（斋，敬）□整谏（严肃）。"汉逢盛碑："整齐珪角。"引申指整顿、整修。《诗·大雅·常武》："整我六师。"晋公䣛："整辭（乂，治理）尔宫（容）。"人名用字，汉印有杨整，汉碑等有魏整等。（张标）

效 xiào 匣纽、宵部；匣纽、效韵、胡教切。

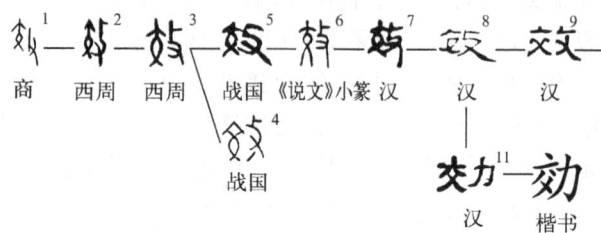

1《甲文编》138页。2、3《金文编》212页。4《类编》76页。5、7—11《篆隶表》212页。6《说文》67页。

形声字。从支，交声。形旁支是人持器械之象，表示效字本义与持械训教有关；声旁交是人交胫而立之象，在效字中表声，效与交并牙音或牙喉邻纽、宵部。交是效的源头、声首、初文，甲骨文已见此字。故书以交为效，《周礼·秋官·大行人》"归脈以交诸侯之福"，清俞樾交读效，后乃造专字。甲骨文已见效字，时支或作又（又与支是形义皆近偏旁之更替），位置可左可右。西周固定为左声右形，成为主流结构。战国时支下或加一饰笔作彡，结果"又"成为上支下寸的共用体。隶变后楷书笔势化作效，支流变化作効。现代整理汉字时，效为规范正体。本义盖为训诫、教诲。毛公鼎："善效乃友正。"（好好教诲与你一样的德正者）引申指效法（此《说文》本义）。《易·系辞上》："天地变化，圣人效之。"又引申指效验、检验。秦简中的"效律"就是查验官府物资财产的法律。云梦秦简《效律》："啬夫免而效，效者见其封及隧（题）以效之。"通"交"，交纳。《礼记·曲礼上》："效马效羊者右牵之。"清朱骏声《说文通训定声》读为"交"。甲骨文、金文用作人名。《小屯·殷虚文字乙编》5323："更子效令西。"（让子效往西去）效尊："效不敢不万年夙夜奔走扬公休。"（称扬公之美）（张标）

故 gù 见纽、鱼部；见纽、暮韵、古暮切。

1、2《金文编》213页。3《汉语字形表》122页。4《楚系简帛》263页。5、7、8《篆隶表》212页。6《说文》67页。9《隶辨》519页。

形声字。从支，古声。形旁作手持器具之象，表示故字本义当与治事有关；声旁古为从十从口的会意字，在故字中表声，故与古声韵并同。古为故的源头、声首与初文，西周金文已见古字。初始以古为故，西周金文始见故字，右形左声。春秋时或作左形右声，支或作攵，但并没有取得主流地位。《说文》承袭了西周以来的主流结构与方位，隶变后楷书作故，主要是笔势变化。《说文》本义为"使为之"，即原因、原故。小盂鼎："王令燮(人名)邋(籀，审讯)兽(敌酋)，即兽邋乎(厥)故。"云梦秦简《法律答问》："吏有故当止食。"引申为连词，所以。马王堆汉墓帛书《老子》甲本："故贵必以贱为本。"引申指故旧、以往。《论语·为政》："温故而知新。"《秦律十八种·均工》："新工初工事，一岁半红(功)，其后岁赋红(功)，与故等。"通"辜"，罪过。盠盨："雩邦人正人师氏人又(有)辠又(有)故。"通"固"，本来。马王堆汉墓帛书《战国纵横家书》："薛公徐为不能以天下为其所欲，则天下故不能谋齐矣。"金文用作人名。季故公簋："寺(邿)季故公乍宝殷。"或读甲骨文凸为古，然多有不从。（张标）

政 zhèng 章纽、耕部；章纽、劲韵、之盛切。

1《甲文编》139页。2、4、5、6《金文编》213页。3、8、11《汉语字形表》122页。7《战文编》196页。9《类编》74页。10—12《楚系简帛》263页。13《说文》67页。

会意兼形声。商代甲骨文作从支从正，正亦声。形旁支为手持器械，表示本义与治事、动武有关；形旁兼声旁正是从止从丁丁亦声的形声字，本义是征讨城邑，表示政字本义与征伐有关且表音，政与正声韵并同。古初以正为政。后乃为造专字，文献与古文字中有大量此类例证。西周承袭商代的结构而写法有所调整,主要是把构件方块的城邑省改为一横或圆黑点;或叠加形旁止,俗体。春秋时偏旁正上又有一横为饰笔。战国时,攴或易作殳与又(是形义皆近偏旁的通用),或省讹作卜,构件正出现了疋、正、㞷等多种写法。隶变后楷书作政,主要是笔势变化。本义是征伐。虢季子白盘:"賜(赐)用戉,用政绺(蛮)方。"毛公鼎:"用岁(祭祀)用政。"汉许慎《说文解字叙》:"诸侯力政。"此义古亦假"正"为之。郭店楚简《唐虞之道》:"夏用戈,正不备(服)也。"引申指政事、政务。虎簋盖:"女母(毋)敢不善于乃政。"墙盘:"初敩(徂,善也)龢(和)于政。"云梦秦简《为吏之道》:"父兹(慈)子孝,政之本殹(也)。"通"徵",徵收、收税。鄂君启舟节:"见其金节则母政(毋徵),不见其金节则政。"郭店楚简《语丛三》:"宫(宾)客之用币也,非正,内(纳)赀(货)也。"通"正",任官长。叔夷钟:"余命女政于朕三军。"(我命你为我三军之长)亦指正确无误。云梦秦简《为吏之道》:"将发令,索其政(正),毋发可异吏(使)烦请。"通"当",值。郭店楚简《语丛一》:"政其虞(然)而行,怠(治)安(焉)。"用作人名。五祀卫鼎:"孚(厥)南彊(疆)界(暨)于散田,界(暨)政父田。"(张标)

敷(敷) fū 滂纽、鱼部;敷纽、虞韵、芳无切。

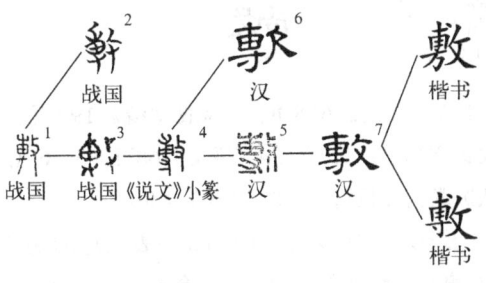

1、3《类编》182、79页。2《楚系简帛》264页。4《说文》67页。5《汉印徵》卷3,20页。6、7《隶辨》85页。

会意兼形声字。从攴,尃声(尃亦表意)。形旁为手持器械之象,表示敷字本义与治事有关;形旁兼声旁尃为从寸甫声之形声字,其本义为布施,表示敷之本义与布施相关且表声,敷与尃声韵并同。尃初用作敷,后为造专字。战国时最先出现的敷字,声旁尃中的构件是从又甫声,后又易为寸(属于音义皆近形旁的通用),此种结构为《说文》采纳而后成为主流写法。隶变时攴或作殳、欠,但都没进入主流。楷书作敷,是小篆的笔势写法。俗作敷,易构件寸为方,无理据,但由于使用广,被《现代汉语通用字表》收录为正体。《说文》本义是"㪑"(施),即布施、施与。《书·周官》:"司徒掌邦教,敷五典。"孔传:"布五常之教。"《书·康王之诰》:"戡定厥功,用敷遗后人休。"孔传:"用布遗后人之美,言施及子孙无穷。"通"普",普遍。《书·皋陶谟》:"翕受敷施,九德咸事。"《史记·夏本纪》作"普"。通"捕",抓捕。《包山楚简》2.142:"小人㪗(将)敷之。"又2.144:"州人㪗敷小人。"(张标)

數(数)
shǔ 心纽、屋部;生纽、虞韵、所矩切。
shù 心纽、屋部;生纽、遇韵、色句切。
shuò 心纽、屋部;生纽、觉韵、所角切。

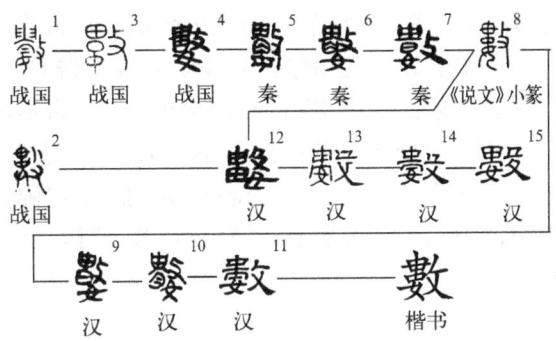

1《汉语字形表》122页。2《四声韵》54页。3、9—13《篆隶表》213页。4《类编》80页。5《战文编》197页。6、7《睡甲》47页。8《说文》68页。14、15《隶辨》515页。

形声字。从攴,婁声。形旁攴为手持器械状,表示数的本义与治事有关。声旁婁,古初以屡表数,后乃为造专字,战国古文字中始见数字。攴的变化较小,个别的易作殳,属于形义皆近偏旁的通用,未能进入主流。声旁婁则变化较大,代表性的作娄、𡝤、妻,其实都是构件曰、角、女的变易,皆有踪迹可寻。《说文》厘定作从攴婁声,分析婁为"从毋中女",是理据重构。隶变后楷书作數,简化作数。《说文》本义是计算。《左传·隐公五年》:"归而饮至,以数军实。"云梦秦简《效律》:"数而赢(多)、不备(少)。"以上读shǔ。引申指数目、道数、技艺等。《左传·隐公五年》:"公问羽数于众仲。"云梦秦简《田律》:"稼已生后而雨,亦辄言雨少多,所利顷数。"以上读shù。再引申指频繁、多次、疾速等,读shuò。《孙子·行军》:"屡赏者窘也,数罚者困也。"云梦秦简《为吏之道》:"不察所亲则怨数至。"亦引申指名数、户籍。睡虎地秦墓竹简《秦律十八种·仓律》:"边县者,复数其县。"整理者注:"数,即名数。《汉书·高帝纪》注:'名数,谓户籍也。'"通"缩",滤去酒滓。《周礼·春官·司尊彝》:"郁齐献酌,醴齐缩酌。"郑玄注:"故书缩为数。"(张标)

孜 zī 精纽、之部；精纽、之韵、子之切。

1《古文典》89页"慈"字声旁。2《古陶徵》70页。3《说文》68页。4、5《隶辨》65页。

形声字。从攴，子声。形旁攴为手持器械之象，表示孜的本义与治事有关；声旁子为幼儿之象，用以表音，子与孜同为精纽之部。子为孜的源头、声首。古初盖以子为孜，墙盘的"子厭(纳)咨(粦)明"或读为孜，后盖为造专字。战国时孜已出现且用作它字声旁，隶变后楷书作孜，主要是笔势变化。《说文》本义是"汲汲"，即勤奋不懈的样子。《书·泰誓》："尔其孜孜，奉我一人。"古注释"勤勉不怠"。通"仔"，承担、胜任。《诗·周颂·敬之》："佛时仔肩(仔肩，担任)，示我显德行。"《说苑·君道》作"孜肩"。（张标）

攽 bīn 帮纽、文部；帮纽、真韵、府巾切。

1、2、3《楚系简帛》265~266页。4《说文》68页。

形声字。从攴，分声。形旁攴为手持械具之状，表示攽的本义与治事有关；声旁分为从八从刀八亦声的会意兼形声字，于攽中表声，攽与分同为帮纽文部。攽字最早见于《说文》，楷书作攽，主要是笔势变化。小篆之前战国时楚地出现一个异体或方俗字徽，从攴贫声。随县曾侯乙墓竹简之"贫轫"又作"徽轫"即可为证。然徽没能取得主流地位。《说文》本义是分解、剖分，古书中或借"颁"字表示。《书·洛诰》："乃惟孺子，颁朕不暇。"孔传："汝惟小子当分取我之不暇而行之。"《说文》引此语"颁"作"攽"。（张标）

敦 hàn 匣纽、元部；匣纽、旱韵、侯旰切。
hé 晓纽、歌部；晓纽、曷韵、虚我切。

1、2、3《类编》364页。4、5、6《金文编》214页。7《楚系简帛》265页。8《说文》68页。

形声字。从攴，旱声。形旁攴为手持器械之象，表示敦字的本义与治事有关；声旁旱为从日干声的形声字，于敦字表声，旱与敦同为匣纽元部。敦的远源、声首是干，近源、准声首盖旱。干见于殷商及西周甲骨文、金文，为猎具之象，起初它曾兼表过许多干声的形声字，也兼表过旱声的戦与敦。《周礼·春官·叙官》"司干"，孙诒让读"戦"，毛公鼎"以乃族干吾(御)王身"读敦，后来为敦造专字分化出来。敦字最早出现于战国，时为从攴干声，当时没有见到旱声的敦字。《说文》厘定为旱声，可以看作是同韵偏旁的更替(干字原有一定表意作用，易为旱则无)。楷书作敦，是小篆笔势变化的结果。本义是捍卫。大鼎："王乎(呼)善夫骉召大以乎(厥)友入敦。"《说文》训"止"，即救助一方、制止另一方之侵犯，盖引申义。以上读hàn。同"敲"，击，读hé。通"扞"(捍)，捍卫。《书·文侯之命》："扞我于艰。"《说文》引作"敦"。（张标）

敞 chǎng 昌纽、阳部；昌纽、养韵、昌两切。

1《古文典》678页。2《战文编》197页。3《汉语字形表》122页。4《说文》68页。5、6《汉印徵》卷3，21页。7、8《隶辨》436页。

会意兼形声。从攴，尚声(尚亦当表意)。形旁攴为手持器械治事象，表示敞字本义与治事有关；形旁兼声旁尚本为会意字，含显露义，表示敞字本义与显露有关且表声，尚与敞同为舌面音、阳部。敞的源头、声首为尚，见于西周金文，从八从冋，会分开覆冒之物而显露之意，凵为饰笔，似敞之初文。战国古文字始见敞，初作𦰡，为上下结构，尚由西周的尚变而为尚，中间的竖笔为饰画，饰笔凵省作一。其时已有左右结构，然形旁易作殳(攴属于形义皆近偏旁之互用)，非主流结构。隶变后楷书作敞，是小篆的笔势化。本义是高显、宽敞。《史记·淮阴侯列传》："其母死，贫无以葬，然乃行营高敞地。"桐柏庙碑："衢廷弘敞。"引申指敞开。人名用字，汉印有"韩敞"、"王敞"、"江敞"等。（张标）

改 gǎi　见纽、之部；见纽、海韵、古亥切。

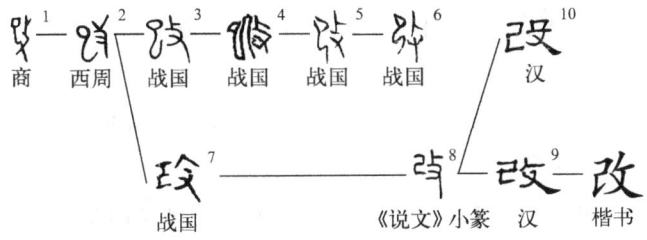

1《甲文编》141页。2《金文编》221页。3、5《类编》73页。4、6《战文编》197页。7《四声韵》41页。8《说文》68页。9《篆隶表》214页。10《隶辨》378页。

会意兼形声字。从攴，从己(己亦声)。形旁攴为手持器械治事状，表示改字本义与治事有关；形旁兼声旁己，像隹射之缴，含约束意，表示改字本义与此有关且表声，改与己同为见纽之韵。改字见于西周，初时盖借用攺(yǐ)字为之，与改同作 ，为同形字(详下"攺"字条)。战国之时，绝大多数改字承袭西周以来从攴从巳的借用字形，稍有变化的侯马盟书中的构件巳作 、 、 ，由蛇形变成近似于跽跪的人形；攴旁也有"又"下加饰笔者。当时最主要的变化还是声旁巳已改作己(同为之部)，这样改就正式从攺字中分离出来，不再具有同形字关系。《古文四声韵》所载从己声的改在当时是罕见的，但取得主流地位，为《说文》肯定而行用至今。楷书作改，是小篆的笔势变化。或从殳作攺，俗体。《说文》本义是"更"，更改、变换、交替。齐镈："枼(世)万至于辞(辞)系子，勿或(有)渝改。"《左传·宣公二年》："吾知所过矣，将改之。"马王堆汉墓帛书《战国纵横家书》："齐改葬其后而召臣。"金文用作人名。改盨："改乍(作)朕文考旅盨。"通"戒"，禁戒。郭店楚简《尊德义》："濉(推)忿懃(懃)，改(戒)忌(惎)勅(胜)，为人上者之务也。"（张标）

變(变) biàn　帮纽、元部；帮纽、线韵、彼眷切。

1《汉语字形表》123页。2、5、6、7、10、11、12、14《篆隶表》214页。3《睡甲》47页。4《说文》68页。8、13《隶辨》585页。9《汉印徵》卷3，21页。

会意兼形声字。从攴，䜌声(䜌亦表意)。形旁攴为手持器械治事之象，表示变的本义与治事有关。形旁兼声旁䜌亦会意兼形声，为连续不断义，表示变的本义与"不绝"有关且表声，䜌与变皆元部。䜌是变的近源、声首。古初盖以䜌表变，后为造专字。变字最先见于战国古文字，其时形旁从攴与从又的并见(攴与又属于形义皆近的形旁)，《说文》厘定从攴。隶变时，攴或讹作夂(zhǐ)、夊(suī)，又或讹作义(yì)，䜌旁或省作言，但皆未取得主流地位。楷书作变，是小篆的笔势变化，简化作变，《说文》本义是改变。《书·毕命》："世变风移。"云梦秦简《为吏之道》："变民习浴(俗)。"引申指异常变化。《封诊式》："怀子而变(流产)。"通"辩"，正。《礼记·礼运》："大夫死宗庙谓之变。"郑玄注："变当为辩，声之误也。变，犹正也。"通"徧"，普遍。《大戴礼记·文王官人》："变官民能。"（张标）

諞 biàn　帮纽、元部；帮纽、线韵、彼眷切。

1、2、3《金文编》214页。

形声字。战国文字作从言，弁声(言亦声)。形旁言为舌上加一横的指事字，含言语多变意，表示諞字本义与变化有关且表音，言与諞皆元部；声旁弁为廾持弁冕的合体象形，于諞字表音，其与諞亦同为元部。諞的源头、声首可以说是言与弁，二者整合而为諞。此字出现于战国，消失于战国，消失的原因当与变字的出现有关。三体石经变作 ，《古文四声韵》收变作 、 、 ，《汗简》收变作 。其实此数字皆㝸(諞)的通假字，它们与《四声韵》同时所收的弁(覍)是同一个字，或弁的异体。今郭店、长台关楚简及马王堆帛书等多见假"弁"为变例，可证石经、《汗简》等所收非本字。諞字中的 亦弁之异体， 为冕形之变，又为廾之省，只是不及 等变化剧烈而已。由于諞与变构意不同，源头不同，故出此异体再加阐述。（张标）

更 gēng 见纽、阳部；见纽、庚韵、古行切。
　　 gèng 见纽、阳部；见纽、映韵、古孟切。

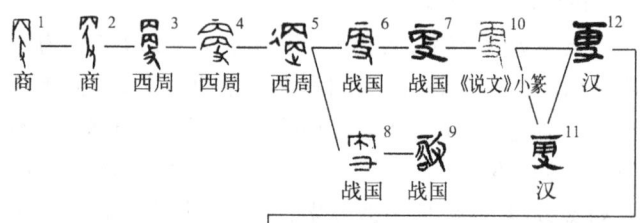

1、2《甲文编》139页。3、4、5《金文编》214页。6、9《战文编》198页。7《睡甲》47页。8《古典文》711页。10《说文》68页。11、12、14、16《篆隶表》215页。13《隶辨》247页。15《马王堆》125页。

形声字。从攴，丙声。形旁攴为手持器械治事状，表示更字本义与治事有关；声旁丙为象形字(像鱼尾、器物底座、几形等，无定说)，于更字表声，丙与庚并阳部。更字始见于甲骨文，至西周金文丙上又重出一丙为声，有的丙上加一横为饰笔，形旁攴亦或加饰笔作攴、攴，或易攴为攵(换为攵不影响所表更改意)。战国时从攴丙声为主流结构，从又丙声的也不少，有的增加了构件口。隶变使其形声结构被破坏，变成一个记号字更。本义是更改。《论语·子张》："更也，人皆仰之。"云梦秦简《法律答问》："吏环(却)，弗为更籍。"又引申指轮换、交替。《封诊式》："与里人更守之，侍(待)令。"引申指接替、顶替。恒簋盖："令女(汝)更厥(人名)。"又引申指重新。青川木牍："王命丞相戊(茂)、内史匽、取臂更修为田律。"引申指再、又。马王堆汉墓帛书《养生方》："又更饮一。"以上读gèng。通"赓"，承续。《周原甲骨》2："王其乎更乎父陟。"(王呼某承续其父之进职)智鼎："令女(汝)更乃且(祖)考嗣(司)卜事。"通"经"，经历、经过。《史记·大宛列传》："道必更匈奴中。"卜辞中用作商王南庚之名。《合集》21271："王更死。"亦用于一般人名。《铁云藏龟》138.3："丁酉卜，更来？"鞭的准声首、初文，甲骨文用作鞭驱。《小屯·殷虚文字乙编》7680："戊午卜，更阱，弗其苹(擒)？"（张标）

敕 chì 透纽、职部；彻纽、职韵、耻力切。
　　 sōu 心纽、侯部；心纽、侯韵、速侯切。

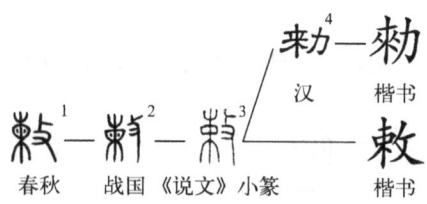

1、2《金文编》214页。3《说文》68页。4《隶辨》746页。

形声字。从攴，束声。形旁攴为手持械器治事之象，表示敕字本义与治事有关；声旁束像束木形(或说像结扎囊橐形)，于敕表音，敕与束并为舌音。敕字始见于春秋金文，其时声旁作元部的柬，属于形近而音义有隔的偏旁混用。战国时犹使用柬旁，《说文》始厘定为束声，楷书作敕。隶变时，常借《说文》勑(俗作勅)为之，其本义为"劳"(慰勉)，来纽之韵，与敕义隔韵近，后勑亦用作敕，实通假字。现代整理汉字时，以勑为敕的异体。《说文》本义是告诫。秦公钟："万生(姓)是敕。"引申指整饬，治备。《韩非子·主道》："贤者敕其材。"又引申指约束自己，恭谨待人。《汉书·礼乐志》："敕身齐戒，施教申申。"人名用字。汉有韩敕碑。以上读chì。又有攴击义，读sōu。（张标）

勑(敕) chì 透纽、职部；彻纽、职韵、耻力切。

勑¹—勑²—勑—敕
西周　西周　楷书　楷书

1、2《金文编》902页。

形声字。西周金文作从力，束声。形旁力为原始耕具之象，借以表出力、用力，用作形旁表示勑的本义与用力、作事有关；声旁束为象形字，于勑表音，勑与力同职韵。勑的产生过程盖同敕，其源头、声首为甲骨文已出现的束，后与形旁力结合为勑。《说文》未收此字，楷书作勑。三国魏元液墓志、南朝齐比丘法朗造象皆作勑，俗体。现代整理汉字时，勑作为敕的异体同勑一样被淘汰。金文用作人名。勑魰鼎："敕魰乍丁侯障(尊)彝。"由告诫义引申为敕令。唐李白《答杜秀才五松出见赠》："勑赐飞龙二天马，黄金络头白玉鞍。"（张标）

敩 xiè 心纽、叶部；心纽、帖韵、苏协切。

屮¹—屮²—敩
西周　《说文》小篆　楷书

1《金文编》215页。2《说文》68页。

结构不明。西周金文从攴从耳,攴在左,耳在右;《说文》颠倒其结构,攴在右,耳在左,分析为从攴耴省声(或说耳声)。《说文》言其本义为"使也",但文献中无用例。沈子它簋盖有"隹(唯)考(父)敢又念自先王先公"一语,或读"敢又"为"敢丑"、"敢叉",疑为联绵词,义不明。或说,敢为古"攻"字。(张标)

敛(敛) lián 来纽、谈部;来纽、琰韵、良冉切。
lián 来纽、谈部;来纽、盐韵、离盐切。

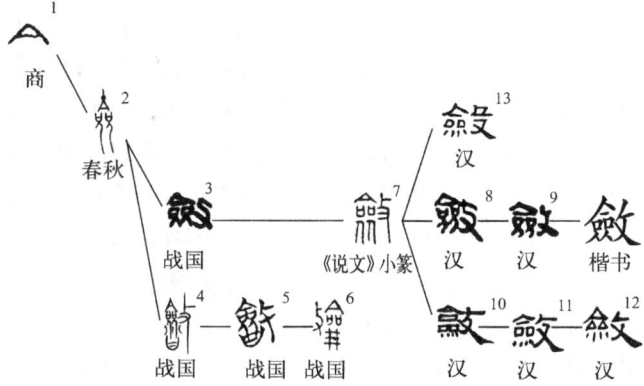

1《古文典》1386页。2《金文编》291页"剑"字偏旁。3《睡甲》47页。4《金文编》215页。5《楚系简帛》265页。6、8—13《篆隶表》215页。7《说文》68页。

形声字。从攴,佥(qiān)声。攴为手持械具治事之象,表示敛的本义与治事有关;声旁佥为从兄(kūn)从亼(jí)、亼亦声的会意兼形声字,含会同兄长意,于敛表声,敛佥同为谈部。初始敛以佥为之,后始为造专字。敛字始见于战国古文字,主流结构为从攴佥声,或加曰为饰构(有说为器皿以表意者),或声旁作龠,构意不明。隶变后楷书作敛,简化作敛。或作毁,俗体。本义是收取、聚合。《诗·小雅·大田》:"此有不敛穧。"引申指赋税,税敛。《周礼·地官·司稼》:"以年之上下出敛法。"中山王𰉑壶:"𠂤(作)敛中则庶民殴(附)。"(赋敛适度百姓就归顺)云梦秦简《为吏之道》:"赋敛毋(无)度。"以上读 liǎn。古地名,卫地有敛盂,读 lián。通"俭",缩减,不足。《史记·赵世家》:"燕尽齐之北地,去沙丘、钜鹿敛三百里。"通"蔹"(liǎn),白蔹,中草药。《武威汉代医简》55:"半夏、白敛、勺药、细辛。"(张标)

敹 liáo 来纽、宵部;来纽、萧韵、落萧切。

1、2《汉语字形表》123页。3《说文》68页。

形声字。齐叔夷镈作从攴,楘声(楘盖从尾米声,构意不明)。战国陈贮簋作从廾,楘声(从攴从廾可以看作形义相近相关偏旁之互换,于表义无大碍);形旁攴(或廾)为手持器械(或二手相合)治事状,声旁楘盖以表音。《说文》整理作从攴桼(mí)声,桼是罙的异体,罙从网米声,桼盖从卣(niè,残骨)米声。从西周到小篆,基础构件攴与米都是相同的,只是成字构件尾与卣有别,可能是讹变所致,或许慎作了理据重构。《说文》本义是选择。陈贮簋:"敹择吉金,作兹宝殷。"《书·费誓》:"善敹乃甲胄。"此义亦借用"料"字表示。《鬼谷子·捭阖》:"捭之者,料其情也。"旧注:"料谓简择。"引申指缝缀。《费誓》之"善敹",郑玄解为"穿彻之",即粗率缝补,今北方方言犹有"敹上几针"类俗语。墙盘之𩰬,或释敹,或以为𤔔(会),𤔔即攴之变体,𠙴即金文𤔔,像上下有盒的盛米器。录以存疑。(张标)

陈 chén 定纽、真部;澄纽、真韵、直珍切。
zhèn 定纽、真部;澄纽、震韵、直刃切。

1、3《古文典》363、1132页。2、4、5、6《金文编》215~216页。7《说文》68页。8、9《隶辨》126页。10、11《篆隶表》215页。

形声字。从攴,陈声。形旁攴为手持器械治事状,表示陈字的本义与治事有关。声旁陈为从阜东声的形声字,在陈字中表声,陈与陈俱为定纽真部。陈是陈的古字,初始以陈为陈,后乃为造专字。《周礼·地官·司市》"以陈肆辨物而正市",孙诒让读陈,即其证。陈最早见于西周,时构件阜作实体礅形或,构件东或作橐,囊橐之变体。春秋时阜的实体变为图形作,东作仍囊橐变体,作则为重,重东同为舌头音、东部,可以视为音近声旁的互易,实际东重为一字之分化。《说文》厘定为陳,规范了字形,但构件东作,分析为从木申声,远离陈初构意,属理据重构。隶变后楷书作陈,是笔意与笔势变化的结合。《说文》本义是"列",陈列。《楚辞·招魂》:"敶钟按鼓,造新歌些。"后此义多借"陈"表示。郭店楚简《成之闻之》:"夆(勉)之述(遂)也,弔(强)之工也,陸之穿(淹)也,訓(辞)之工也。"陸,陈之异体。今陈字通行而敶字基本废置不用。以上读chén。引申指军阵。汉印有"陷敶司马",汉孔宇碑"衋篡不敶"。以上读zhèn,后为此造阵字。假为"陈",姓。金文有敶侯鼎、敶侯匜、敶侯壶、敶公子甗、敶公子仲庆匜等。参"陈"、"阵"字条。(张标)

阵(陣) zhèn 定纽、真部;澄纽、震韵、直刃切。

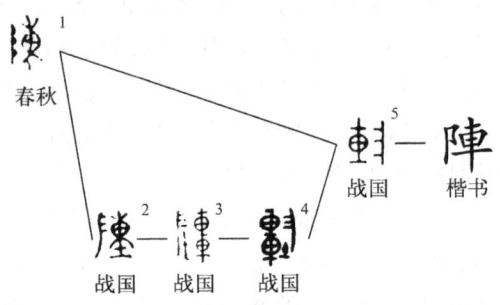

1、2、3、5《古文典》1132页。4《类编》454页。

形声字。战国古文字作从𨸏从土,东声(东讹作车或双车)。形旁𨸏与土分别为石磴与土块之象形,表示阵的本义与土𨸏有关。东表音,阵与东并舌头音。此字为敶的分化字。本来敶的本义陈列中已包含或可引申出布阵、阵势义,故古代曾以敶表"阵",参上"敶"字条。然敶字之军阵义,古每借"陈"为之,从古文字来看,阵字正是在陈字基础上讹变出现的。简体的阵字,可以看作春秋时陈之讹,东讹作车;繁体的陣,可以看作三体石经陸之讹,一个东讹作两轮之陸(省旁又成简体阵)。经过这样的讹变,很容易使人误解作从𨸏从车的会意字。阵由敶分化而出,但不是去掉敶中支旁,保留阜旁,易构件东为车而成,而是通过借陈为"敶",陈字发生讹变完成。阵字出现于战国,然《说文》失收,楷书作陣,简化作阵。本义是战阵、布阵,古代多用古字"敶"与借字"陈"表示;文献中间亦有用阵字者,如《国语·晋语六》之"楚半阵",可能是后人用今字所改写。阵由陈讹变而成,故阵间以表"陈",战国燕玺之阵即表姓氏陈。(张标)

敵(敌) dí 定纽、锡部;定纽、锡韵、徒历切。

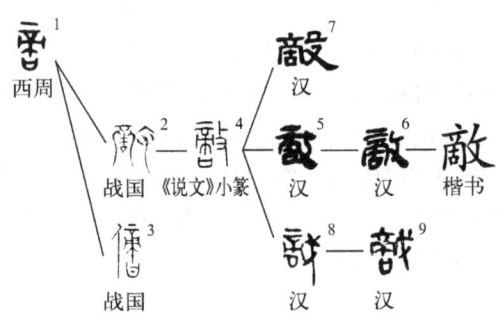

1《金文编》216页。2、3《汉语字形表》123页。4《说文》68页。5《马王堆》130页。6—9《篆隶表》216页。

形声字。从支,啻(chì)声。形旁支为手持器械治事状,表示敌之本义与治事、击打有关;声旁啻为从口帝声的形声字,于敌表声,敌与啻为锡支对转。古初以啻为敌,后乃为造专字。虘鼎:"攻开(战)无啻。"弌篡:"卑(俾)克氒(厥)啻。"敵字最早盖见于战国文字。时形旁有易支为人者,盖着目于仇敌是人;声旁啻作啇或啺,与前代金文或后代小篆的字形都有一定距离;讹变严重的,甚至写成籀文𥂴(商)字。小篆对字形厘定后,隶变时形旁犹有讹作戈与殳者(戈与殳于表敌之本义无妨碍),楷书作敵,是笔意与笔势变化的结果,简化作敌。《说文》本义为仇敌。《左传·僖公三十三年》:"敌不可纵。"中山王響鼎:"克啇(敌)大邦。"此义古代亦借"适"表示。云梦秦简《法律答问》:"誉适(敌)以恐众心者,翏(戮)。"通"嫡",嫡亲,正宗。马王堆汉墓帛书《称》:"立正敌者,不使庶孽疑焉。"又《刑德》乙本:"赏(偿)以敌子。"又通"谪",爽失,过错。《史记·韩非列传》:"自勇其断,则毋以其敌怒之。"《韩非子·说难》作"谪"。(张标)

救 jiù 见纽、幽部;见纽、宥韵、居祐切。
救 jiǔ 见纽、幽部;见纽、尤韵、居求切。

1、3、9《金文编》216页。2《类编》254、78页。4、5、8《楚系简帛》265~266页。6、7《睡甲》47页。10《说文》68页。11、12、14《篆隶表》216页。13《隶辨》619页。

形声字。从攴，求声。形旁攴为手持器械治事之状，表示救字本义与治事有关；声旁求为毛发下垂之皮衣象，于救表声，求与救同为牙音幽部。古初以求为救，后乃为造专字。《周礼·地官·大司徒》"正日景以求地中"，郑玄谓或作"救"，是其证。救字始见于西周金文，战国时主流写法顺承西周作从攴求声，非主流写法则从戈。其时声旁讹变严重者作𢶒，《说文》从前代主流结构加以规范，隶变后楷书作救，是笔意、笔势变化的结果。《汗简》、《古文四声韵》并以捄(jū，《说文》训"盛土于梩中"）为救，乃通假字，非救异体。《说文》本义是"止"，救止，禁止。《论语·八佾》："女弗能救与？"旧注训止。引申为援救、救助。《诗·邶风·谷风》："匍匐救之。"中山王譻壶："㪞(故)邦迩(亡)身死，曾亡(无)一夫之栽(救)。"《诅楚文》："礼使介老将之以自救殹(也)。"云梦秦简《封诊式》："甲与丙相捽(zuó，抓头发)，里人公士丁救。"金文用作族名或人名。周宪匜："周宪乍救姜宝匜。"以上读jiù。同"勼"，聚，读jiū。通"仇"，仇敌。中山王譻鼎："栽(仇)人在彷(旁)。"（张标）

斁（致）
yì 喻纽、铎部；以纽、昔韵、羊益切。
dù 定纽、铎部；定纽、暮韵、徒故切。
tú 定纽、鱼部；定纽、模韵、同都切。

1《续甲》314页。2、3、6、7《金文编》217页。4、5《古文典》554页。8、9《类编》81页。10《说文》68页。

形声字。战国文字及《说文》并为从攴，圣声。形旁攴为手持械具治事象，表示致字本义与治事有关；声旁圣为从目从矢的会意字（《说文》分析为从目从幸为理据重构），于致表声，圣与致声韵并同。睪为致的源头、声首、初文，甲骨文已见之，作𥄳，从目以矢，构意不明。西周作𥄻、𥄼，乃睪之讹；春秋作𥄽、𥄾，亦睪之讹。古初即以圣为致，后乃造专字致。毛公鼎："繡(肆)皇天亡罢(致)。"（上天不懈怠）无圣公鼎之"无圣"亦读致，是其证。致字始见于战国文字，隶变后楷书作斁，类推简化作致。《汗简》收𢾅，《古文四声韵》收𢾇为致，此二字并从卤

圣声，为《说文》殬(dù，败)，通假字，非致之异体。《说文》本义是解除，引申指松懈(上毛公鼎例)。引申指厌倦。《诗·鲁颂·泮水》："徒御无致。"亦指盛貌。县改簋："休白(伯，伯迟父)咢益卹(体恤)县白(伯)室(妻室)。"以上读yì。又读dù（通"殬"），败坏。《书·洪范》："彝伦攸致。"又读tú，涂饰，通"择"，挑选。栾书缶："致其吉金。"中山王譻壶："致郾(燕)吉金。"（张标）

赦
shè 书纽、鱼部；书纽、祃韵、始夜切。
cè 清纽、锡部；初纽、麦韵、楚革切。

1《金文编》217页。2、6—9《篆隶表》216页。3《四声韵》66页。4、5《说文》68页。10、13《汉印徵》卷3，21页。11、12《马王堆》128页。

形声字。从攴，赤声(重文从攴亦声)。形旁攴为手持械具治事状，表示赦的本义与治事有关；声旁赤为从大从火的会意字(亦为表腋下的指事字)，于赦(赦)表音，赦(赦)为鱼部，赤亦为铎部，鱼铎对转。赦字先于赦出现，见于西周金文，其源头、声首、初文为亦。古初以亦为赦，后乃为造专字。《汗简》、《古文四声韵》并收亦以为赦，《郭店楚简·五行》以亦为赦就是证据。战国时始出现赤声之赦，可以看同韵声旁的更替。《说文》在整理文字时，对亦声、赤声的并加收录，且将后出的赤声字做为正体字头，早出的亦声字附列为重文，是后代楷书赦被确定为正字的基础与依据。亦声字隶变后作赦，《现代汉语规范字典》以赦为正体。《说文》本义是赦免、宽宥他人罪过。僟匜："今大赦女(汝)。"云梦秦简《法律答问》："会赦未论。"此义古亦借"舍"（《诗·小雅·雨无正》）、"愯"（郭店楚简《成之闻之》）为之。人名用字。汉印有"王赦"、"韩赦"、"张赦"、"朱赦"等。以上读shè。同"策"，击马，读cè。（张标）

攸
yōu 喻纽、幽部；以纽、尤韵、以周切。

支部

攸 西周 西周 战国 战国 秦 《说文》小篆 汉 楷书
攸[1] 攸[4] 攸 攸[8] 攸[9] 攸[15] 攸[17] 攸[18]
商 西周 西周 战国 战国 《说文》小篆 汉 汉 楷书
攸[2] 攸[7] 攸[12] 攸[19] 攸[20]
商 西周 战国 汉 汉

1、2《甲文编》140页。3－7《金文编》217～218页。8《汉语字形表》124页。9《战文编》200页。10、13《类编》18页。11《汗简》31页。12《古文典》206页。14、15《说文》68页。16《篆隶表》216页。17－20《篆隶表》216～217页。

会意字。商代甲骨文中已经出现,作手持直棒、带枝棒或带柄锤击人状,盖会击意。到西周时,发生三种变化:一种是人与攴之间衍出一竖笔,代表着主流方向;一种是人与攴之间衍生出三点、两点或一点水;一种是人的竖笔上衍生三横。战国时,第一种变化消失,人与攴之间的竖笔不见。第二种变化保持着,但与前代不同。人与攴之间有一点的消失,有两点的保存,有三点的变成水字,作从攴从水,人旁不见。《说文》在整理小篆时,恢复了人与攴间衍一竖笔者(许慎分析作从攴从人,水省,属于理据重构),以为正体;保存了从攴从水者。隶变后楷书分别作汷与攸,今通用攸,少用汷。或作攸,俗体。《说文》本义为"行水",即流水,盖假借义,引申指居处,处所。《诗·大雅·韩奕》:"为韩姞相攸。"此义古亦假"逌"(《汉书·地理志》)、"卣"(郭店楚简《缁衣》等表示。又用作句中语气词。《书·洪范》:"四曰攸好德。"井鼎:"乎(呼)井从渔,攸易(赐)鱼。"甲骨文中用作地名。《小屯·殷虚书契乙编》7746:"贞,在攸田(畋),武(方国)其来告。"亦用作方国名。《金璋所藏甲骨卜辞》597:"贞:告攸侯。"金文用作人名。攸簋:"侯賁(赏)攸贝三朋(两串玉叫一朋),攸用乍(作)父戊宝尊彝(祭祀用具)。"通"鋚",辔首铜饰。康鼎:"命女幽黄(玉佩类)、攸革(革质铜饰马笼头)。"通"修",休养,强德。郭店楚简《老子》乙本:"攸之身,丌(其)悳(德)乃贞。"汉娄寿碑:"不攸廉隅。"通"脩",肉干。《包山楚简》2.258:"一笲(fán,竹器)攸。"通"悠",思也。中山王譻鼎:"於虖攸纾(哉)。"(张标)

敦

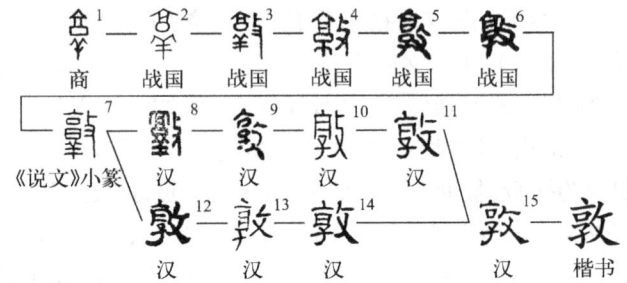

dūn 端纽、文部;端纽、魂韵、都昆切。
dùn 端纽、文部;端纽、慁韵、都困切。
duī 端纽、微部;端纽、灰韵、都回切。
duì 端纽、微部;端纽、队韵、都内切。
tuán 定纽、元部;定纽、桓韵、度官切。

敦[1] 敦[2] 敦[3] 敦[4] 敦[5] 敦[6]
商 战国 战国 战国 战国 战国
敦[7] 敦[8] 敦[9] 敦[10] 敦[11]
《说文》小篆 汉 汉 汉 汉
敦[12] 敦[13] 敦[14] 敦[15]
汉 汉 汉 楷书

1、4《类编》190、406、79页。2、3《金文编》79页。5、6、9－15《篆隶表》217页。7《说文》68页。8《汉印徵》卷3,21页。

形声字。从攴,章(chún)声。形旁攴为手持械器治事、击打状,表示敦的本义与击打有关。声旁章为从言从羊(会以羊祭享意)羊亦声的会意兼形声字,在敦字中表声,敦与章并为文部。古初即假章为敦,表攻伐、挞伐义。《合集》39878:"贞:鬼方弗其章?"又39854:"允其章。"禹鼎:"章伐噩。"后加形旁攴(突出治、伐义)而成分化字敦。敦字最早见于战国古文字,初时声旁章的言与羊两个构件各自独立,后渐结合为一,作敦、敦、敦等形,隶变时又组合为敦、敦、敦、敦、敦、敦、敦等形,楷书作敦,是笔意、笔势变化的结合。本义是挞伐(禹鼎例)。引申指治理。《诗·鲁颂·閟宫》:"敦商之旅。"以上读duī。《说文》本义为愤怒,盖引申义(或假借义)。《荀子·议兵》:"百姓莫不敦怒。"又引申指督促、劝勉、厚道等。陈纯釜:"敦(督造)者曰陸纯。"以上读dūn。《庄子·列御寇》:"伯昏瞀人北面而立,敦杖蹙之乎颐。"古注训敦为竖。以上读dùn。古代用以盛黍稷的半圆形铜器。《礼记·明堂位》:"有虞氏之两敦。"郑玄注谓"黍稷器"。齐侯敦假"章"为之。以上读duì。丛聚貌,读tuán。通"屯",驻扎、屯防、聚集、屯聚。云梦秦简之"敦表律"即戍边律,《秦律杂抄》中出现的"敦长"即屯长,队长,取意于聚。银雀山汉墓竹简《孙膑兵法·善者》:"敦三军,利刞信(申)。"屯亦读"敦",见郭店楚简《老子》甲本。通"淳",厚。马王堆闰入汉墓帛书《五十二病方》:"以敦酒半斗者(煮)濆(沸)。"(张标)

败（敗）bài 帮纽、月部；帮纽、尖韵、补迈切。

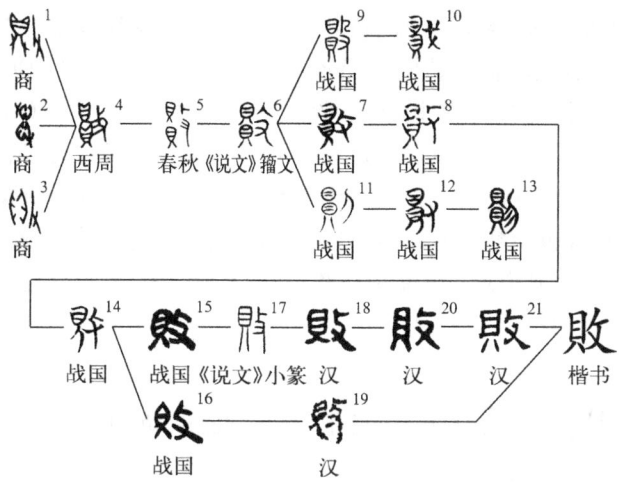

1、3《甲文编》140页。2《续甲》卷3，28页。4、5、9《金文编》219页。6、17《说文》68页。7、10、12、14《楚系简帛》268～270页。8《古文典》948页。11《古汉语字形表》125页。13《汗简》17页。15、18、20、21《篆隶表》217～218页。16《睡甲》47页。19《马王堆》128页。

会意兼形声字。从攴、贝（贝亦声）。表意偏旁攴为手持器械以击状，贝为古代货币贝壳之象，二者结合会毁坏意。败与贝声韵并同。商代甲骨文已出现，构意微别。或从攴从鼎[鼎后讹作贝，参"贞（貞）"字条]，或从手持贝与从手持贝相撞，或从攴贝，三者构意有别，然皆得会毁坏意。从西周到春秋（包括《说文》籀文）统一作从攴击上下两贝。至战国则异形突出，攴旁或作殳、戈、刀、又，然此更替皆无妨于表意；至于作勿（勿），为刀之讹，则有失构意理据。偏旁二贝完整的写作貝，多数则从西周即已出现的简体作貝，或省作貝、貝，省作一贝的已经出现，个别的又将一贝简化作貝。《说文》厘定后楷书作敗，是小篆的笔势变化，简化作败。本义是毁坏、败坏。《殷虚书契前编》7.36.1："侯虎败女（汝）事？"引申指伤害、妨碍。《小屯·殷虚文字乙编》7705："丙子卜，宾贞：父乙异（祀），佳败王？"引申指失败、灾祸。《前编》3.27.5："贞：亡败？"引申指变坏、腐烂。云梦秦简《秦律十八种·效》："令官啬夫、冗吏共赏（偿）败禾粟。"又引申指战败，取胜。鄂君启节："大司马邵鄙败晋币（师）于襄陵之散。"亦引申指消极、不满意之事。云梦秦简《法律答问》："今马为人败（惊吓跑），食人稼一石。"包山楚简的"少司败"、"火司败"、"司败"等皆职官名。古借"北"、"伐"为败，并见郭店楚简《语丛二》。（张标）

寇 kòu 溪纽、侯部；溪纽、侯韵、苦侯切。

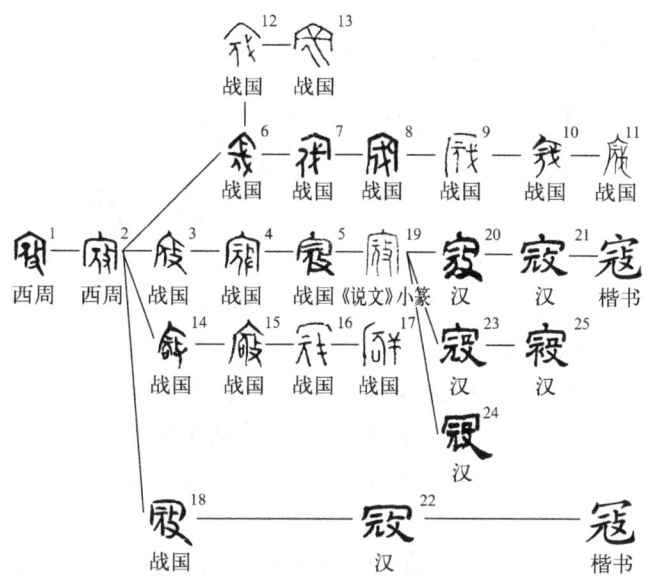

1、2、4、11《金文编》219页。3、6《汉语字形表》125页。5、20、23、24《篆隶表》218页。7、8、14《类编》390页。9、12、13、16、17《古文典》347页。10《楚系简帛》271页。15《战文编》201页。18《睡甲》48页。19《说文》68页。21、22、25《隶辨》626页。

会意字。金文从宀（mián），从攴，从元。表意构件宀为房屋之象，攴为手持械器以击状，元为人首之象，三者结合会室内杖击人意。西周时结构基本稳定，主要变化是元字人上的圆头变为指事性横笔。至战国时主流变化是元上加一饰笔，成为篆书所谓"从二（上）从人"之元。其他变化则纷繁复杂细微，主要是：构件攴易作戈、戉，戈与戉同攴一样可表击打、强暴；构件宀或作广（yǎn，屋形）、厂（hǎn，可居之山石崖畔）、冖（mì，蒙覆形），广、厂、冖等也同宀一样可表居所，元下增加凵（u）构件或饰笔；戈旁加饰笔二；戈讹作弋、戈、戈、戈、羊、戈等。《说文》顺承主流结构，然分析作从攴从完，与源头阶段文字不尽相合，可视为理据重构。隶变时，楷书笔势化作寇；从宀者则作冠。构件攴或作殳（shū，兵器）、殳（盖殳之变体），元或作衣，但皆未取得主流地位。从魏晋到隋唐，碑刻中出现的异体尚有寇、寇、寇、寇、寇、寇等。现代整理汉字时以寇为正体。本义是强暴、劫夺。旹鼎："匡众仆臣廿夫寇旹禾十秭（二百秉禾为一秭）。"引申指入侵。陈御寇戈："陈御寇散钱。"引申指贼寇。云梦秦简《法律答问》："贼入甲室，贼伤甲，甲号寇。"司寇，古职官。虞司寇壶："虞嗣（司）

寇白吹乍宝壶。"《周礼·秋官》有"大司寇"、"小司寇",《法律答问》有"司寇",《包山楚简》2.102有"右司寇"。(张标)

斁 dù 定纽、鱼部；定纽、姥韵、徒古切。

1、2、3《古文典》546～547页。4、5《说文》69页。

形声字。从攴,度声。形旁攴为手持器械治事状,表示斁的本义与治事有关;声旁度为从又庶省声的形声字(此《说文》理据重构),于斁表声,斁与度音近(同为定纽,鱼铎对转)。斁的远源、声首为石,近源、准声首、初文为度。楷书作斁与剫,是小篆的笔势变化。《说文》本义是闭塞。《周礼·秋官·雍氏》:"秋令塞阱杜擭。"郑玄注引《书·费誓》:"斁乃擭,敜(niè)乃穽。"(杜塞你们的捕兽机具,填塞你们的陷阱)古书中此义多借用"杜"字表示,以至于杜字取代了斁字。斁与剫是狭义的异体字。《说文·刀部》另有剫,训"判",音duó(定纽、铎部;定纽、铎韵、徒落切),与剫是同形字。(张标)

收 shōu 书纽、幽部；书纽、尤韵、式州切。

1《楚系简帛》271页。2《四声韵》32页。3《古文典》163页。4《睡甲》48页。5《说文》69页。6、7、8、11《篆隶表》218页。9《隶辨》293页。10《汉印徵》卷3,22页。

形声字。从攴,丩声。形旁攴为手持器械治事状,表示收字本义与治事有关;声旁丩像两绳纠结,于收字表音,丩与收为宵幽旁转。丩为收之源头、声首,甲骨文已经出现。古初盖以丩为收,后乃为造专字。郾侯库簋、《包山楚简》并以丩为"纠",后乃造分化字。收字最早见于战国古文字,主流结构为从攴丩声。形旁或作手,手与攴属于义近偏旁的互用,不影响本义之表达。声旁或作手,手与收同韵,较丩之于收的宵幽旁转更切近,但没得到《说文》的首肯。隶变时,丩旁或繁化作丩,或又加形旁糸(mì,俗称"绞丝"),但都没取得主流地位。楷书作收,是小篆的笔势变化。俗作収,非正字。《说文》本义为捕,即捕取罪人。《诗·大雅·瞻仰》:"此宜无罪,女反收之。"郑玄笺:"收,拘也。"引申指没收。云楚秦简《法律答问》:"从母为收。"引申指收藏,收取。《法律答问》:"妻智(知)夫盗而匿之,当以三百论为盗;不智,为收。"又:"死者有妻子当收(收尸),弗言而葬,当赀一甲。"又引申为所收赋敛。《包山楚简》2.147:"酒(将)以成收。"通"纠",纠察。《荀子·君道》:"便嬖左右者,人主之所以窥远、收众之门户牖向也。"(张标)

鼓(皷) gǔ 见纽、鱼部；见纽、鱼韵、公户切。

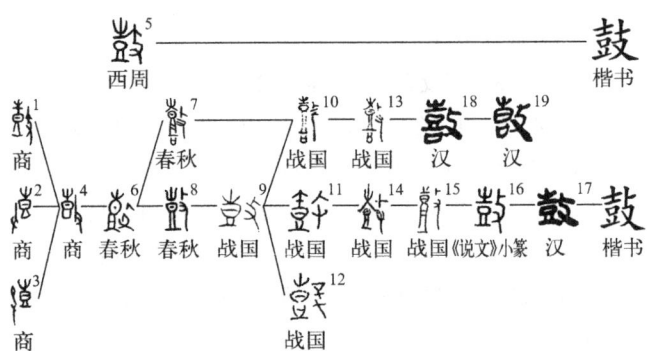

1-4《类编》332～333页。5-8《金文编》219、319页。9《汉语字形表》182页。10、13、14《战文编》201页。11、12、15《古文典》479页。16《说文》69页。17、18、19《篆隶表》317页。

会意兼形声。从攴从壴(zhù),壴亦声。形旁攴为手持械器以击状,表示鼓的本义与击打有关。形旁兼声旁壴是鼓之象形,于鼓表音,鼓与壴为鱼侯旁转,壴是鼓的源头、声首与初文,甲骨文已见之,为鼓之象形。古初即从壴为鼓,后乃为造专字,甲骨文(《殷契佚存》233)、金文王孙遗者钟及战国陶、玺、简、金文字中以壴为鼓即其证。鼓字始见于甲骨文,一旁作鼓形,鼓有头饰、鼓身、鼓架,一旁作攴、卜、殳,为手持竹枝、木棒、兵器等形,即攴、攴、殳。三形同源自攴,亦皆得表名词鼓与动词击鼓义。后从攴的楷书作鼓,用表名词义;从殳的从攴的合并到一起,由从攴表示,楷书作皷,用表动词义。后者在发展过程中壴构件每每增加一个构件或饰图屮,但始终没能进入主流结构。《说文》分鼓与皷为二字,鼓为名词乐鼓,皷为动词击鼓,但由于二字同音、同源、一义之引申,所以现代又将二字合并为一,用鼓表示名词义与动词义,《现代汉语规范字典》以鼓为正体,皷一般不再行用。汉碑中有皮殳(见张景碑、礼器碑),从皮壴声,简化汉字时作为鼓的异体被淘汰。鼓的本义是击鼓,引申指击鼓以祭。《铁云藏龟之余》6.2:"辛亥卜,出贞:鼓、彡(肜,祭名)、告(祰,祭名)于唐(成汤,庙号太乙)九牛?"引申指乐官、鼓人。师嫠簋:"令女嗣乃且(祖)旧官小辅眔(及)鼓钟。"方国名。《殷虚文字缀合》272:"壬午卜,殻贞:亘(人名)其戋(zāi,伐)鼓?"人名,卜辞有"妇鼓"。参"鼓"字条。(张标)

攷 kǎo 溪纽、幽部;溪纽、皓韵、苦浩切。

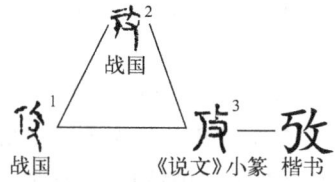

1、2《战文编》201页。3《说文》69页。

形声字。从攴,丂(kǎo)声。形旁攴为手执器械以击之状,表示攷字本义与击打有关。声旁丂《说文》解作"气欲舒出而上有所阻"的指事字(未知确否),于攷表音,丂与攷同为溪纽幽部。丂是攷的源头、声首,见于商周春秋战国古文字,构形不明。古初盖以丂为攷,后乃为造专字。攷字最先见于战国古文字材料中,有繁简二体,区别都在声旁上。简体声旁作丁,繁体加饰笔横与圆点作丂。《说文》从简体,隶变后楷书笔势化作攷。《说文》本义为敂(kòu),即扣击,然文献中罕见用例。此义古借"考"(本义是老)表示。《诗·唐风·山有枢》:"子有钟鼓,弗鼓弗考。"毛传:"考,击也。"攷击引申有考课、成事等义,亦假"考"为之。通"考",亡父。唐陈子昂《唐故朝议大夫梓州长史杨府君碑》:"攷坟其左,叔茔其旁。"通"巧",机巧,灵巧。郭店楚简《老子》甲本:"䋌(绝)攷弃利,䀛(盗)惻(贼)亡(无)又(有)。"又《老子》乙本:"大攷若伷(拙)。"又《性自命出》:"人之攷言利訶(词)者,不又(有)夫詘詘之心暴(则)涺(流)。"扣击义开始借"考"表示,后来此义用"拷"而不用"攷"、"考"。《现代汉语通用字表》收有"拷"而无"攷"。(张标)

攻 gōng 见纽、东部;见纽、东韵、古红切。

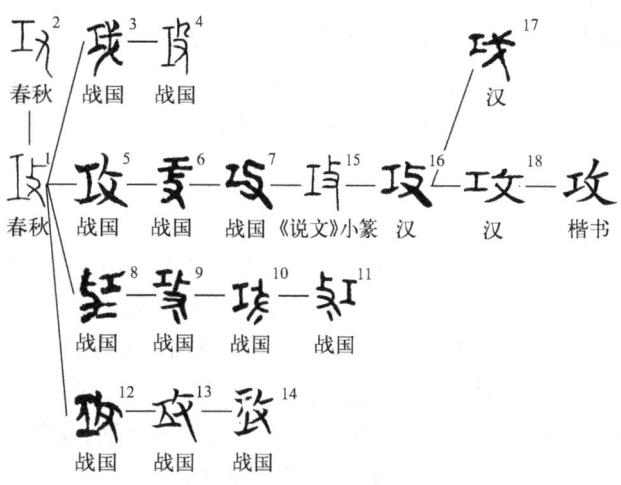

1、2、4、9《金文编》219~220页。3、8、12《战文编》202页。5、13、14《楚系简帛》272~273页。6、10、11《类编》73页。7、16、17、18《篆隶表》218页。15《说文》69页。

形声字。从攴,工声。形旁攴为手持械具以击状,表示攻的本义与击打有关。声旁工盖为矩形,于攻表音,工与攻并见纽东部。源头、声首与初文是工,商周甲骨文、金文已见。古初以工为攻,后乃为造专字。《石鼓文》"避车既工",《诗》作攻即其证。攻字最先见于春秋,时形旁或作又,又与攴属于形义皆近偏旁的通用。战国时主流结构是沿袭前代的从攴工声,但形旁与声旁所处上下左右的位置尚不固定。非主流变化主要是形旁攴或作戈、殳,亦属形义皆近偏旁之更易,不影响本义的表达;攴加饰笔作攵、攵、攴等;声旁工加饰笔作工、工、工等。隶变时形旁犹有作戈者,声旁或美化作工,楷书最后作攻,主要是小篆的笔势变化。《说文》本义是进攻,攻击。虢鼎:"攻開(關)无啻(敵)。"郭店楚简《尊德义》:"正(征)钦(陷),所以戏□(也)。"引申指专力于。郭店楚简《成之闻之》:"不求者(诸)其杳(本)而戏(攻)者其末。"又引申指事。叔夷钟:"女肇敏于戎攻。"此义不嬰篆作"工",《诗·大雅·江汉》作"公",毛传训事。通"工",劳作。云梦秦简《秦律十八种·仓律》:"城旦舂、舂司寇、白粲(皆刑徒)操土攻。"官名。楚有"工尹"之官,曾侯乙墓竹简作"攻尹"、"大攻尹"、"少攻尹"等。通"功",成功。郭店楚简《老子》甲本:"攻(功)述(遂)身退。"通"工"、"句",发声词。春秋时吴王夫差金文中作"攻敔(吴)王"、"工獻(吴)王",《史记》作"句吴"。(张标)

敲 qiāo 溪纽、宵部；溪纽、肴韵、口交切。

战国 《说文》小篆 楷书

1《四声韵》24页。2《说文》69页。

形声字。从攴，高声。形旁攴为手持器械击打状，表示敲的本义与击打有关。声旁高为高大建筑之象，于敲表音，高与敲同为牙音宵韵。敲字在战国古文字中已经出现，隶变后楷书笔势化作敲或敲。它们二字的区别在于形旁作攴与攵，是攴的隶定体与隶变体之别。《现代汉语通用字表》收有敲字，说明它是规范正体。《说文》本义是横擿，即横击，引申泛指击打。《左传·定公二年》："夺之杖以敲之。"亦引申指用短棒击打。汉贾谊《过秦论》："执敲扑以鞭斥天下。"毃（qiāo），《说文》训"击头"，口交切，音义与敲皆近，《玉篇》以此二字为异体。从古文字看，攴与殳形义相近相关，经常通用，毃字盖本敲之异体，而《说文》把它分化作另外一字。（张标）

豛 zhuó 端纽、屋部；知纽、觉韵、竹角切。
dū 端纽、屋部；端纽、屋韵、丁木切。

《说文》小篆 楷书

1《说文》69页。

形声字。从攴，豖（chù）声。形旁攴为手持器械以击状，表示豛字本义与手击有关。声旁豖许慎谓像"豖绊足行豖豖"（难行貌），豛与豖并为舌头音屋韵。《说文》始为收录，隶变后楷书笔势化作豛。本义是敲击，击打，又引申指擿（zhì，搔挠，投掷）。以上读zhuó。又为击声，读dū。（张标）

敔 lí 来纽、之部；来纽、之韵、里之切。
xī 晓纽、之部；晓纽、之韵、许其切。

商 商 商 商 商 商 西周 西周 《说文》小篆 楷书

西周 西周

商 商 商 战国 战国 战国

1—9《甲文编》140~141页。10、11、13、14《金文编》220页。12《古文典》2页。15、16、17《楚系简帛》273页。18《说文》69页。

初为会意字。商代甲骨文最先盖从攴从禾，为手持棒类击打禾稼状。后为突出脱粒收实，复加丨（人）形以表籽仁、籽实。后又出现异体作从攴从来（麦子之象）从人，由于来与麳同为之韵，所以此异体也就成为会意兼形声字。不过西周传承的仍是前代的会意字，只是被击打的禾稼已由禾而屮、禾、朿成为米（来），有的又增加表意偏旁贝。战国楚文字保留了来声和贝旁，传承商代已出现的人讹作厂（hǎn）。《说文》整理作从攴从厂来声，属于理据重构。隶变后楷书作敔，是小篆的笔势变化。本义当为获麦之喜，引申有福祉义，为釐（《说文》训家福）之初文。引申指赏赐。辛鼎："多友敔辛。"金文用作人名。师寰簋器盖有敔，器文作麳，即"舁敔"其人。以上读lí。《说文》所训本义为坼，即裂开、裂纹，盖假借义，读xī。通"禧"，福。克鼎："易（赐）敔无彊（疆）。"甲骨文、金文敔、麳（《说文》训引）、釐初为一字，后分化为三，來（与人）下有又（釐）或廾（釐）者后为釐，无声旁者后加"里"为声而成釐（釐）。参"麳"、"釐"字条。（张标）

敔 yǔ 疑纽、鱼部；疑纽、语韵、鱼巨切。

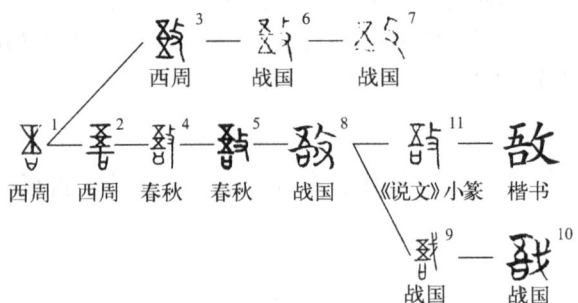

西周 战国 战国

西周 西周 春秋 春秋 战国 《说文》小篆 楷书

战国 战国

1—4、9《金文编》220页。5《汉语字形表》126页。6、7《古文典》505、507页。8、10《楚系简帛》274页。11《说文》69页。

形声字。从攴，吾声。形旁攴为手持器械以击状，表示敢的本义与击打有关。声旁吾为从口五声的形声字，于敢字表音，吾与敢同为疑纽鱼部。现在见到的最早的敢字是西周时期的，时作𣏂，它可以看作⊗叠加音符⊗与攴结合而成，也可以看作商代繁体𣏂省略形旁口与攴结合而成。春秋时出现了繁体敢作𣏂，到战国时略去重叠的声首五而为小篆所采纳。其时偏旁攴或易作戈，攴与戈都可表击打，所以出现这种换用是可以理解的。时或重复西周结构作𣏂，或简省作𣏂，但都没能取得主流地位。隶变后楷书作敢。《说文》本义是"禁"，即禁御、保卫（毛公鼎例）。敢为禁禦本字，后禁禦义通用禦，敢遂不用。简化汉字时以御（《说文》本义是"使马"）为禦，是御为同形字（表使马与禁御）。《说文》"一曰"本义为"乐器柷椌"，盖假借义。《书·益稷》："下管鼗鼓，合止柷敢。"孔颖达疏："言堂上堂下合乐各以柷，止乐各以敢也。"通"武"，勇武。王孙诰钟："肃折（哲）㦰（壮）敢，闻于四或（国）。"通"圄"，牢狱。《包山楚简》2.125："敢司马墜牛。"又："臭月死于小人之敢。"金文中与语气词"攻"连用作吴国之吴。攻敢王夫差剑："攻敢王夫差自乍其元用。"人名。敢簋："王蔑敢曆（蔑曆，惯用语，表嘉勉）。"（张标）

畋 tián 定纽、真部；定纽、先韵、徒年切。

1、2、3《甲文编》141页。4《战文编》203页。5、7《类编》429页。6《古文典》1123~1124页。8《汉语字形表》129页。9《中山》41页。10、11《楚系简帛》274页。12《说文》69页。13《篆隶表》219页。

会意兼形声。商代甲骨文作从攴从田，田亦声。形旁攴为手持械具以击状，表示畋的本义与击打有关；形旁兼声旁田像古渔猎时代所区划之猎地，表示畋的本义与猎区有关且表音，田与畋并为定纽真部。商代畋字所从田可繁可简，攴所在位置也不固定。战国时主流结构与商代一致，构件田或占半边或占一角不定，构件攴或整体出现，或被拆分作又与卜分头出现。支流变化或形旁攴易作犬（不影响本义之表达），或声旁田易作甸（田与甸

声韵并同），或攴下衍出一笔作𣏂，或攴上漏夺一笔作𣏂。隶变后楷书作畋，主要是小篆发生笔势变化的结果。本义为畋猎。《老子》："驰骋畋猎。"胤嗣好蚉壶："茅（苗）蒐畋猎。"《曾侯乙墓竹简》120："一敏（畋）车。"《说文》所训"平田"（平治田地）盖引申义。《京都大学人文科学研究所藏甲骨文字》2982："辛卯卜，甲午莽(hū，祭名)禾田三牛？"（张标）

改 yǐ 喻纽、之部；以纽、止韵、羊己切。

1、2《甲文编》141页。3《说文》69页。4、5、6《篆隶表》219页。

会意兼形声字。从攴，巳声（巳亦表意）。形旁攴为手持器械状，表示改字本义与击打有关。形旁兼声旁巳为蛇之象，表示改字本义与蛇有关，且表声，巳与改皆之韵。改字在西周至战国相当长的时间内被借用作改字，后声旁巳改为己，将改字分化出去，改遂专用巳声字。《说文》肯定了这一结构，隶变后楷书作改，是小篆的笔势变化。《说文》："改，刚卯以逐鬼彰也。"改字的刚卯（避邪佩饰）义，后世稀用，然在汉代并不罕见。马王堆汉墓帛书《五十二病方》："直（置）东乡（向）窗道外，改椎之。"又："以铁椎改段之二七。"又："操布改之二七。"参见"改"字条。（张标）

敘（叙）xù 邪纽、鱼部；邪纽、语韵、徐吕切。

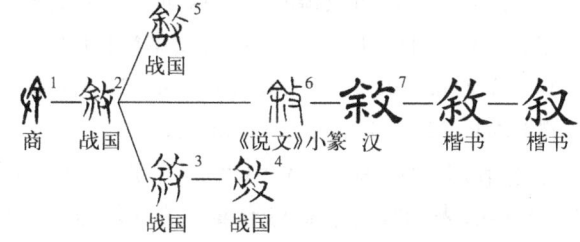

1《甲文编》141页。2-5《楚系简帛》275页。6《说文》69页。7《隶辨》365页。

会意兼形声字。商代甲骨文作从又从余，余亦声。形旁又为手之象，表示敘字本义与手的动作有关。形旁兼声旁余像锐首有柄之针砭具，表示敘之本义与针砭有关

且表音,敘与余皆鱼部。敘字在战国时的主要变化:一是形旁又变作攴,属于形义皆近偏旁的更易,不影响本义表达;二是声旁余加饰笔,由原来的含而作余、余、金,其或加构件或饰图口。《说文》肯定了战国从攴余声的结构,隶变后楷书作敘,是小篆笔势变化的结果。现代整理汉字时,以商代从又的叙为正体。本义当是手执针砭袪病。《殷虚书契前编》6.10.3:"不辥(孽),敘?"(疾病不会恶化作孽,用扎针治疗可以吗?)《说文》本义"次弟"盖假借义。《书·舜典》:"百揆时叙。"孔颖达正义:"百官于是得其次叙。"又指叙文、叙言,如《说文解字·叙》。此义古亦假"序"为之,如《史记·太史公自序》。通"除",消除。郭店楚简《尊德义》:"杀𩿨(戮),所以敘(除)咎(怨)。"敘故,联绵词,除去。《长沙子弹库楚帛书》10.3:"敘故不义。"用作族名。《小屯·殷虚文字乙编》7594:"甲用敘来羌?"(甲日用敘族送来的羌人祭祀吗?)(张标)

异体被淘汰,仅保留了从攴从牛者,且牛左攴右的布局亦得固定。战国至《说文》沿袭了西周结构,只有《汗简》易攴为女,盖取去棍棒粗暴、取宽松调教以牧意。楷书作牧,主要是笔势变化。本义是放牧。《殷契遗珠》758:"甲戌卜,宾贞:在易牧,隻(获)羌?"引申指牧场、田野。《诗·邶风·静女》:"自牧归荑。"𩰱侯从鼎:"女觅我田牧。"引申指养育、管理。《国语·鲁语上》:"君也者,将牧民而正其邪者也。"云梦秦简《为吏之道》:"施(弛)而息之,挈(密,宁也)而牧之。"引申指掌管山林水泽六畜之官员。同簋:"(同)嗣(司,主管)易(场)林吴(虞)牧。"甲骨文、金文用作人名。《小屯·殷虚文字乙编》:"牧入(贡纳)十,在渔(地名)。"牧簋:"王乎(呼)内史吴册令(命)牧。"或借"敇"为牧,见郭店楚简《穷达以时》"(百里奚)为敇(伯)敇牛"。(张标)

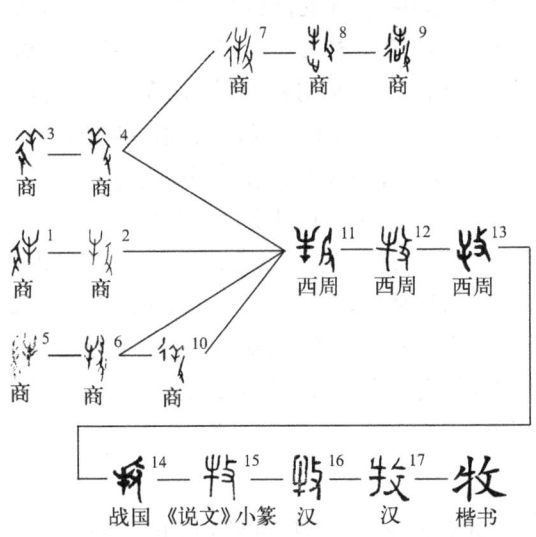

牧 mù 明纽、职部;明纽、屋韵、莫六切。

1—4、7—11《甲文编》141~142页。5、6《续甲》卷3,30页。11、12、13《金文编》221页。14《战文编》203页。15《说文》69页。16《汉印徵》卷3,22页。17《马王堆》127页。

会意兼形声字。从攴,从牛(牛亦声)。形旁攴为手持器械治事状,表示牧的本义与治事有关。形旁兼声旁牛为象形字,表示牧的本义与畜类有关且表音,牛与牧为之职对转。始见于甲骨文,时异体颇多。或从攴从牛,或从攴从羊,或从又持彗从牛,或牧(敇)旁复加构件彳(chì)、止、辵等,会牧牛、牧羊、刷洗以牧、牧之于路(彳表道路)、人行以牧(止为脚趾,代表人)、人行于路以牧意。构件的位置或左或右,并不稳定。西周时大量

教部

教 jiào 见纽、宵部;见纽、效韵、古孝切。
jiāo 见纽、宵部;见纽、肴韵、古肴切。

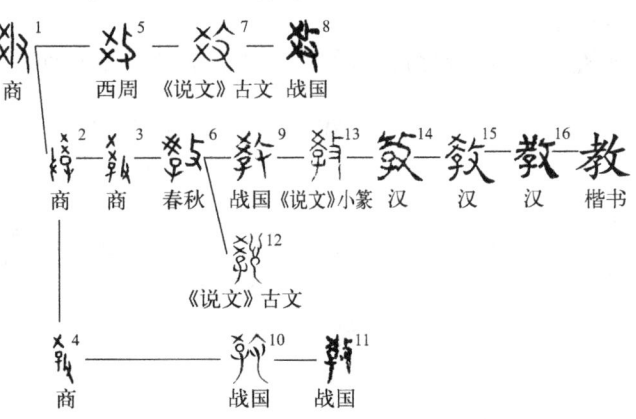

1—4《甲文编》146页。5、6《金文编》224页。7、12、13《说文》69页。8、11《战文编》211页。9《楚系简帛》278页。10《汉语字形表》127页。14、15、16《篆隶表》220页。

形声字。商代甲骨文初作从攴,爻声。形旁攴为手持器械施教形,表示教的本义与施教有关。声旁爻像器物交织形,于教字表音,爻与效(敎)并为宵部。后盖为突出教育儿童义,复加表意偏旁子,遂为从攴从子爻声之教。商代的敎经历西周、战国到汉代始终存在,但不被《说文》收录。主流体教字出现后商代出现爻省声的异体敎,此体延续到战国,后不传。战国时主流体教经常省略构件攴作孝(见郭店楚简《老子》甲本)。隶变时构件攴或作攵、

攴、尹，或作𠂉、𠂆、乂，楷书作教，是笔势、笔意变化的结果。古施受同词，教学同字，后代分化为二字。故静簋之学，或读教（参"学"字条）；楚简之教，或读学（见本条下），《古文四声韵》以𢼇为学。正因为二字有着这种关系，所以在字形上也有所体现。西周时的𦥑与𦥑，结构上都是早期学与教的结合（参"学"、"敎"字条）。《说文》本义为"上所施，下所效"，即政教、教育、教令。《书·舜典》："敬敷五教。"孔颖达正义："布其五常之教。"郭店楚简《老子》甲本："行不言之𢼇。"又《唐虞之道》："效民又（有）尊（尊）也。"引申指管教、训练、学说等，以上读 jiào。又指传授，使，令等，读 jiāo。《殷契粹编》1162："其教戍？"（要授以防戍吗？）马王堆汉墓帛书《缪和》："我教子祝之。"通"校"，古代"校人"之官。《周礼》言其"掌王马之政，辨六马之属"。散氏盘有"教㮚父"。通"学"。郭店楚简《语丛三》："𠂉（与）曼（慢）者施尼（处），员（损）；𠂉（与）不好教者遊，员。"甲骨文用作地名。《小屯·殷虚文字甲编》206："戊戌卜，雀（人名）㠯（取草）于教？"（张标）

學（学）

xué　匣纽、觉部；匣纽、觉韵、胡觉切。
jiào　见纽、宵部；见纽、效韵、古孝切。
huá　匣纽、物部；匣纽、黠韵、户八切。

1、2、3、5《甲文编》146～147页。4《甲骨文字典》347页。6、7、8《金文编》224～225页。9《说文》69页。10《篆隶表》220页。

初为会意、形声两种结构。商代甲骨文从廾（gǒng）从宀（mián），或从林从宀。廾为两手之象，盖表学习用手，宀为房屋之象，盖表学习场所，二者结合会学习意。形声有两种结构：一种以爻为声（爻像器物交织形），形旁作廾或宀，爻或省略一半作乂。是爻为𢼇或𢼇的源头与声首，甲骨文有以爻为学者（《铁云藏龟之余》7.2）；另一种以臼（jū，两手或两爪之象）为声（兼形旁），或从两臼（犹廾）从宀臼亦声（两臼或省作𠂉）。爻与臼古音同为牙音（匣与见纽），有通转关系。在商代这两种形声结构就开始结合，出现了从臼从爻，或从臼从爻从宀，或从臼从宀从爻省等结构，可能出于与教的从爻声相区别的考虑，《说文》就选定臼为声，爻就为古学曾以为声的孑遗。西周的学字，为突出学习的对象是儿童，又加表意偏旁子。春秋时，臼作

两又是前代从廾的烙印。隶变后楷书作學，简化作学。字中孝即教字，𦥑即学字，教学合成一字亦得说明古代教学同字。本义是学习、效法。静簋："小子㝬服㝬小臣㝬尸仆学射。"（贵族小子与职事、小臣、主射官员学射）郭店楚简《尊德义》："孝（学）为可嗌（益）也。"引申指学校。盂鼎、师嫠簋中的"小学"，静簋中的"学宫"，皆此之类。引申指学问。郭店楚简《老子》乙本："（为）学者日嗌，为道者日员（损）。"马王堆汉墓帛书《老子》乙本"嗌"径作益。引申指学业。云梦秦简《秦律十八种·均工》："能先期成学者谒上，上且有以赏之。"以上读 xué。教授，传授知识。《集韵》："教，或作学。"静簋："静学无咎（尤）。"（静的传授没有错误）《礼记·文王世子》："凡学世子及学士，必时。"郑玄注："学，教也。"以上读 jiào。《庄子·逍遥游》之学鸠，亦作"鷽鸠"，《集韵》同时收"鷽鸒学"，读 huá。甲骨文用作祭名。《殷契卜辞》501："丙寅卜，殼贞：翌丁卯王其学，不冓雨？"又用作人名，甲骨文有学戍其人。《殷契遗珠》522："贞：学戍不害？"参"𢼇"、"教"字条。（张标）

敎

xiào　匣纽、幽部；匣纽、效韵、胡教切。
xué　匣纽、觉部；匣纽、觉韵、胡觉切。
jiào　见纽、宵部；见纽、效韵、古孝切。

1-4《甲文编》146页。5、6、7《金文编》224页。8《战文编》212页。9《说文》69页。10《隶辨》665页。

会意兼形声字。始见于西周，学的异体，从攴从学，学亦声。形旁攴为手持器械以击状，表示古代的学习与体罚有关；形旁兼声旁学为从宀从孝臼声的形声字，本义为学习，表示敎的本义与学习有关且表音，敎与学同为匣纽，幽觉对转。源自学与教，古施受同词，教学同字，学亦用于教，教亦用于学，学字（𦥑）就是教（𢼇）与学（𦥑）的结合。敎字始见于西周，其字亦是教（𢼇）与学（𦥑）的结合，隶变后楷书作敎。本义当如学为学习、效法。《史记·张释之列传》："此两人言事曾不能出口，岂敎此啬夫谍谍利口捷给哉。"高彪碑："为敎者宗。"又有相对之教授、施

教、使觉悟、教化等义。《书·盘庚上》："盘庚敩于民。"孔传："敩,教也。"中山王敩鼎："雩(越)人敏(修)敩(教)备恁(信),五年返(覆)吴。"《国语》记此事作"越人修教备信之道"。此义后多用"教"字。本当如学一样主要有xué、jiào两读,但字书、韵书只见敩有前读,不见后读,出之者为xiào读。此读盖取学之声(见纽)、教之韵(宵部)相结合、音转而成。敩有此读,与学的狭义异体字就变为广义的异体字,在某种意义上,又是同形字。参"学"、"教"字条。(张标)

卜部

卜 bǔ 帮纽、屋部；帮纽、屋韵、博木切。
pū
bo

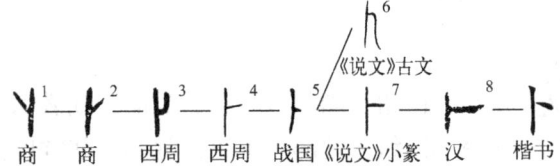

1、2《甲文编》147页。3、4《金文编》225页。5《汉语字形表》128页。6、7《说文》69页。8《篆隶表》220页。

象形字。商代甲骨文作兆璺纵横、兆干与兆枝相交形,盖以灼龟现兆表达对吉凶祸福之占卜、预测。其时写法多歧,兆干可竖可横,可左可右,兆枝可平向,亦得斜向。至西周,异体锐减,基本上固定为兆干位左、兆枝位右。战国是歧形复出,主要表现为兆枝不作横向平形而作曲形。小篆整理作横平竖直的卜,汉隶横笔多作"燕尾"。隶变后楷书作卜,"兆枝"作简洁的顿点。本义是占卜、卜问。《合集》39521："壬午卜,争贞:寮三豭(去势豕),卯一牛?"《周原甲骨》19："八月辛卯卜问:其瘦(速)取(槱,祭名)?"引申指卜人、卜官,即殷时所谓"贞人"之属。卜孟簋："卜孟乍宝障(尊)彝。"《周礼·春官·序官》："大卜,下大夫二人,卜师,上士四人；卜人,中士八人。"方国名。《殷契粹编》1262："丁丑贞:卜又希(祟,灾祸)。"以上读bǔ。象声词,如卜爆、卜通,读pū。萝卜,读bo。(张标)

卦 guà 见纽、支部；见纽、卦韵、古卖切。

战国　《说文》小篆　汉　汉　汉　楷书

1《四声韵》57页。2《说文》69页。3、5、6《篆隶表》220页。4《马王堆》131页。7《隶辨》545页。

形声字。战国古文字作从卜,圭声。卜像骨兆纵横,示其本义与卜兆有关。卦字的产生或者由构件圭与卜整合而成。最早出现于战国时代。楷书作卦,是小篆笔势变化的结果。隶变时有两个卦字值得注意:一个构件圭作圭,破坏了重土结构；一个构件圭的笔顺作先三横,后一竖,再一横,汉代圭字这种通行笔顺(见《广韵》)实际上也破坏了重土结构,故二者皆未进入主流。《说文》本义是筮,即以蓍草占卜休咎。《鹖冠子·学问》："圣人以此六,卦世得失逆顺之经。"陆佃注："卦犹卜也。"引申指表示占筮所得、象征吉凶祸福的一整套符号,即卦爻。《易·系辞上》："圣人设卦观象,系辞焉而明吉凶。"韩勑碑："承天画卦。"(张标)

卟 jī 见纽、脂部；见纽、齐韵、古奚切。
bǔ

日¹—卟²—卟
西周　《说文》小篆　楷书

1《金文编》225页。2《说文》69页。

会意字。西周金文作日,从曰,为卜骨之象,从卜,为卜兆纵横象,两个构件相合会卜问之意。《说文》整理作从卜口,以口取代卜骨,同样可会卜问意,也可以说是理据重构。隶变后楷书笔势化作卟。《说文》本义是"卜以问疑"。明公尊："鲁侯又卟工(功)。"亦作乩(jī)。《通雅》："乩与卟同。《通典》：'西国用羊卜,卜师谓之廒乩。'后世称扶乩,今犹盛行。"《红楼梦》第四回："老爷只说善能扶鸾(即扶乩)请仙,堂上设了乩坛。"文献亦假"稽"表示。《书·洪范》："稽疑,择建立卜筮人。"《说文》作"卟疑"。引申指考查,询问,亦假"稽"表示。姓氏,古有乩虞氏。以上读jī,亦读qǐ,遣礼切。今读bǔ,化学名词"卟吩",一种有机化合物。《说文》有"占"字,"视兆问也,从卜从口",与卟义近,构件全同。或以为占之或体,然古音不同(彼为章纽、侵韵,此为见纽、脂韵)。且甲骨文占字通作固或占,与此形不近,疑非一字(参"占"字条)。卜辞又有囻字，与此形近，然为冎(guǎ)之初文，读为祸，恒见于卜文惯用语"虫(有)囻"、"亡囻"中，异体作狐(参"祸"字条)。(张标)

贞(貞) zhēn 端纽、耕部；知纽、清韵、陟盈切。

形声字。殷商甲骨文作从卜，鼎声。形旁卜像兆坼纵横，表示贞字本义与卜兆有关。声旁鼎为食器之象，于贞表音，贞与鼎同为端纽耕部。鼎为贞的源头、声首与初文。甲骨文中鼎字大量地被借用作贞，其前辞的固定格式"某某卜某贞"、"某某卜贞"、"某某卜，在某贞"等都离不开贞，后来才为造专字鼎。《说文》所谓"籀文以鼎为贞"正反映了古初借用、后来分化的事实。鼎字最先见于商代，就是在鼎上加上形旁卜，此后西周甲骨文、金文、春秋金文都接受了此种结构。战国时主流结构的最大变化是声旁鼎远离象形，简化，由原来的鼎声变成鼎省声。声旁鼎演变的大致轨迹是：鼎-杲-貝-貝-貝，即由鼎变贝，贝就是鼎声之省。非主流变化也是在这种演变大势下进行的。鼎或作杲、杲、杲(鼎足近似为皿)，或作杲，或成贝形(复加金为形旁)。《说文》整理为从卜从贝，实际贝是由鼎省变而成，表示鼎声。楷书作貞，简化作贞。《说文》本义是卜问，商代甲骨文多借鼎表示。《合集》39533："贞：虫(侑，祭名)九伐(一个人牲称一伐)，卯九牛？"又39584："卓贞：酒(酎，zhòu，祭名)于且辛？"周代用鼎。《周原甲骨》："宗(主祭官)鼎：王其兮布(敬敷)成唐，鼎(当)执杀二女？"后世多用贞。《包山竹简》有一习见语即"恒贞吉"。问事之正曰贞，引申有正义。郭店楚简《老子》乙本："攸(修)之身，丌(其)德乃贞。"马王堆帛书《称》："贞良而亡。"通"桢"，夯筑土墙用的立木。云梦秦简《秦律十八种·司空》："县、都官用贞、栽(夯筑土墙用的长板)为假(棚)隃(编联起来的木板称棚隃)。"通"正"，方正，纯正。《郭店楚简·缁衣》："情(靖)共尔立(位)，好氏(是)贞(正)植(直)。"先秦鼎字出现后，又借用为"鼎"。中山王𰻞鼎："中山王𰻞诈(作)鼎于铭。"《信阳楚简》2.014："一汤𰻞(鼎)。"(张标)

占 zhān 章纽、侵部；章纽、盐韵、职廉切。
zhàn 章纽、侵部；章纽、艳韵、章艳切。
tiē

1—4《甲文编》149~150页。5《楚系简帛》281页。6、8《篆隶表》221页。7《说文》69页。

会意字。商代甲骨文有繁简二体：简体从卜从口，卜象卜兆纵横，口以表卜问；繁体于占字外加盛放卜具的袋子等。自战国开始，繁体被淘汰，简体成为主流。《说文》从商代以来的简体整理为从卜从口，隶变后楷书笔势化作占。本义是卜问。《铁云藏龟之余》2.2："戊戌卜，扶占，嘉？"引申指占卜。《周礼·春官·占人》："凡卜簭，君占体，大夫占色，史占墨，卜人占坼。"郑玄注："体，兆象也；色，兆气也；墨，兆广也；坼，兆璺也。体有吉凶，色有善恶，墨不大小，坼有微明。尊者视兆象而已，卑者以次详其余也。"云梦秦简《日书》甲种44背二："鬼恒为人恶蒈(梦)，臀(觉)而弗占。"包山楚简习见语有"占之吉"、"占之曰吉"。马王堆汉墓帛书《天文云气杂占》："一占曰：见血少，三军(晕)。"出现于卜辞占词前，指据兆象判断吉凶。《小屯·殷虚文字乙编》3090："戊子卜，毂贞：帝及四夕令雨？王固曰：丁雨，不惠辛。"引申指申报。云梦秦简《秦律杂抄》："占癃(癃)不审。"(申报残疾不实)古姓氏。以上读zhān。音转读zhàn，指占有，具有。以往这个意义写作"佔"，现代整理汉字时"佔"被淘汰，只用占字。又读tiē，是戏剧角色"贴旦"的省称，简写，旦行亦称"占行"。参"卟"字条。(张标)

卲 shāo 禅纽、宵部；禅纽、宵韵、市昭切。
shào 禅纽、宵部；禅纽、笑韵、寔照切。
zhāo 章纽、宵部；章纽、宵韵、时照切。
zhào 章纽、宵部；章纽、笑韵、之少切。

1、2、3《西周甲骨摹聚》318～319页。4《说文》70页。

形声字。从卜,召声。形旁卜像兆墨纵横,表示卟的本义与占卜有关。卟字始见于周原甲骨,《说文》传承其结构,楷书作卟。《说文》本义为卜问。《周原甲骨》1:"卟曰:並(人名)叀克事(成事)。"又41:"卟曰:已(祀)旨甘其豕(遂)!"(祭祀时美酒甘甜,大概遂人心意吧!)四个音读sháo、shào、zhāo、zhào,皆表示卜问义。文献中此义或借"绍"表示。《书·大诰》:"用宁(文)王遗我大宝龟绍(卟)天明(命)。"通"诏",诏书,诏命。《周原甲骨》20:"卟曰:女既弗克(你既然不能取胜)。"周原甲骨问世前,经传几无用例。或说为冰(兆)之俗,似不妥,或说为卟之讹,似亦不妥。清段玉裁《说文解字注》谓"疑此即后人杯珓(jiào,杯珓指占卜工具)字,后人所增"。有周原甲骨字例为证,知《说文》所载不诬,段说似不确。(张标)

冰 zhào 定纽、宵部;澄纽、小韵、治小切。

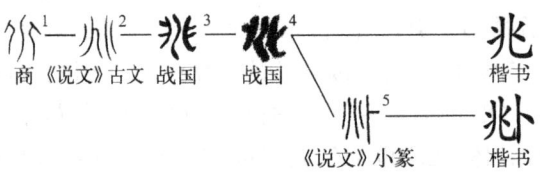

1《甲骨文字典》1225页。2、5《说文》70页。3《睡甲》49页。4《战文编》213页。

形声字。从卜,兆声。形旁卜像兆坼纵横状,表示冰的本义与卜兆有关。声旁兆为二人背水而逃的会意字,于冰表音,冰与兆声韵并同。兆是冰的源头、声首,《说文》以冰为字头,以兆为重文,其实反映的是古初以兆为冰,后皆为造专字。小篆以前的古文字材料中尚未见冰字,《说文》始加收录,隶变后楷书作冰,是小篆笔意、笔势变化的结果。许慎释其本义为"灼龟坼",即龟甲烧灼后出现的墨纹。《周礼·春官·大卜》:"掌三兆之法:一曰玉兆,二曰瓦兆,三曰原兆。"陆德明释文:"兆,亦作冰。"《说文》以冰为字头、正体,以兆为重文的排列容易使人误解为冰是兆的源头,这是违背文字发展规律,不符合此二字演进的历史的。兆字见于商代,战国时大量使用,而此间几乎见不到一个冰字,可以证明兆字先冰出现。《说文》分析冰为从卜兆的会意字属于理据重构,参"兆"字条。(张标)

兆 zhào 定纽、宵部;澄纽、小韵、治小切。

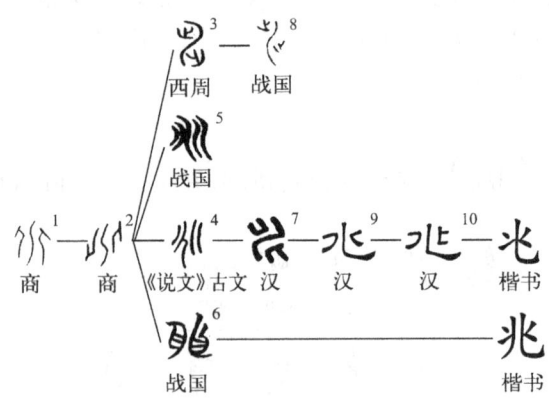

1、2《甲骨文字典》1215、1225页。3《金文编》1254页"姚"字偏旁。4《说文》70页。5《四声韵》44页。6《楚系简帛》282页。7《汉印徵》卷3,22页。8《古文典》311页。9、10《隶辨》413页。

会意字。商代甲骨文从北(二人相背)从水,是逃与洮的初文与本字。由于兆与涉形相近,有共同的)(河流之象);义相关,一从二人,一从二止(趾);音相近,兆为定纽,涉为禅纽,舌音准旁纽。故在西周时,有的古文字偏旁(如姚字)以涉代兆,但恐怕不能看作兆字发展的主流。因为到了战国时代,只有少量的字以涉为兆,绝大多数的字是在商代结构基础上的发展。《说文》古文作冰,中间一笔为河流,两旁的)(与(为北之演变;当时的冰、冰、冰等是与《说文》古文同类的演变。包山楚简的河流由一条变为两条,各有二人在其内,作冰,则为楷书兆的出现奠定了基础。隶变时,多数从《说文》古文,一水居中,两旁各一人,楷书作冰,俗体。正体则隶变作兆。对于魏晋到唐代兆字的发展,可见下面的演进图谱(材料出《碑别字新编》):

《说文》本义为兆纹,引申指预兆、兆头。《荀子·王制》:"相阴阳,占祲兆,钻龟陈卦。"杨倞注:"兆,萌兆,谓望其云物知岁之吉凶也。"马王堆汉墓帛书《缪和》:"其始梦(萌)兆而亟见之者也。"古亦借"菲"为之。郭店楚简《老子》甲本:"丌(其)未菲也,易悔(谋)也。"通"垗",墓地。河北平山战国中山王墓出土有"兆域图"。通"頫"(fǔ),低头。马王堆汉墓帛书《易之义》:"浮首兆下。"(张标)

用 部

用 yòng 喻纽、东韵；以纽、用韵、余颂切。

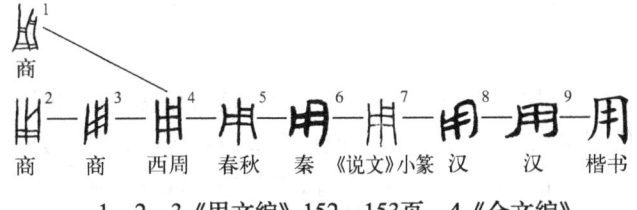

1、2、3《甲文编》152～153。4《金文编》225～230页。5《汉语字形表》129页。6《睡甲》49页。7《说文》70页。8、9《篆隶表》222页。

象形字。商代甲骨文作桶形，是"桶"的初文。用与桶并东韵，桶可使用，故假桶形表用。云梦秦简用假作"桶"，正好证明古初用即桶（《秦律十八种·工律》"县及工室听官为正衡石赢（累）、斗用（桶）升"）。最初用的基本形体是以三竖表示组合桶的木板，用横线表示把木板串连起来箍成桶。横线多寡、排列不同，形成桶的繁简体。繁者如𣎴，简者如𠕁，介于中间者如𠕁、𠕁等，西周时基本上统一作用，与后代小篆相同。春秋战国虽有变化，但大体不出此框架结构。隶变后楷书作用，记号字。《说文》本义为"可施行"，即施行、行用、使用。"用"与"不用"是甲骨学术语，出现在命辞之后，表示对命辞内容可施行与否的裁定。《合集》30719："屮（侑）于且乙一牛？用。"《殷契佚存》86："辛未又（侑）于出日？兹不用。"甲骨文、金文又特指杀牲（含人牲）以祭。《殷虚书契续编》2.16.3："三百羌用于丁？"矢方彝："明公用牲礿京宫。"指一般使用。吕方鼎："用乍宝齍，子子孙孙永用。"智鼎："智用兹金乍朕文考弁白（伯）齍（shāng，煮）牛鼎。"此义古代亦以"甬"表示，见曾姬无恤壶、长沙子弹库楚帛书等。用作连词，表原因。卫盉："卫用（因而）乍朕文考惠孟宝般（盘）。"目的连词，来。駇殷："用祗（hū，祈求）寿，匄（gài，祈求）长令（命）。"（张标）

甫 fǔ 帮纽、鱼部；非纽、麌韵、方矩切。
　　pǔ 帮纽、鱼部；帮纽、姥韵、博古切。

1《汉语字形表》129页。2、3《类编》182页。4、5《金文编》230页。6《楚系简帛》284页。7《说文》70页。8《篆隶表》222页。

初为象形字。商代甲骨文像田地上生长着蔬菜，是"圃"的初文。从春秋开始，下面的"田"形渐渐讹变作"用"，上面蔬菜形的𢎗先是弯曲成𠃌形，进而作父（㕚）形，也就由象形字讹变作从用父声的形声字，用是田之讹，父是𢎗之变。战国时，主流结构与春秋一致，简体作甫或甫。隶变时用与父结合成了一个符号化的记号字"甫"，后来楷书一直作为正体使用。本义为菜园、菜地。《小屯·殷虚文字乙编》6519："甲戌卜，宾贞：甫受秣年？"地名。《殷契拾掇》2.195："贞，今日其雨？十一月在甫鱼？"以上读pǔ。人名。《殷契粹编》1269："贞，甫其有疾？"宰甫簋："王光（加恩赏赐）宰甫贝五朋。"《说文》训为男子美称，盖假借义。《礼记·曲礼下》："临诸侯，畛于鬼神，曰有天王某甫。"孔颖达疏："某者是字，甫者，丈夫美称。"铜器甫人父匜之甫，殆此义。以上读fǔ。通"父"。甫丁爵："乍甫（父）丁宝尊彝。"（张标）

庸 yōng 喻纽、东部；以纽、钟韵、余封切。

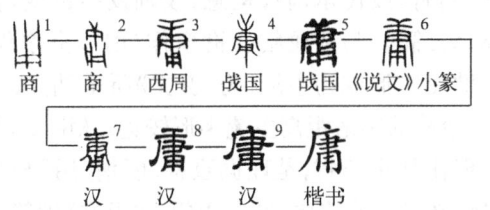

1、2《甲文编》152、891页。3、4《金文编》230页。5、7《篆隶表》222页。6《说文》70页。8、9《隶辨》17页。

会意兼形声字。商代甲骨文作从用从庚，用亦声。形旁庚为乐器之象（为钲、鼓、镛等，其说不一），乐器可供使用，表示庸的本义与使用有关。形旁兼声旁用为桶之象，桶可使用，表示庸的本义与使用有关且表音，庸与用并为喻纽东部。用为庸的源头、声首与初文，甲骨文已见之。古初以用为庸，后乃为造分化字。《书·皋陶谟》"五刑五用"，《后汉书·梁统传》引作"庸"。商代庚与用两个构件一上一下，两相分离。自西周开始，用一个通贯的直笔把上下连为一体，一直为后代所承用。隶变后期才从庚部件顶部离析出一个广字，楷书最后作庸，是笔意、笔势变化的结果。庸之本义盖为人劳役所使用、雇佣，引申指仆役、佣工。逆钟："用兼于公室仆、庸、臣、妾、小子室家。"云梦秦简《封诊式》："自昼甲见丙阴（隐匿）市庸中。"此义后写作"傭"。亦引申泛指一般使用。《书·大禹谟》："无稽之言勿听，弗询之谋勿庸。"孔传："不询，专独，终必无成，故戒勿听用。"中山王䛮鼎："寡有庸其惠

(德),嘉其力。"假借为"诵",念。中山胤嗣釨鎣壶:"以追庸先王之工刺(功烈)。"假借为"墉"(yōng),高墙。马王堆汉墓帛书《周易》:"(乘其)庸。"今本《易·同人》九四作"墉"。通"赓",持续,永久。中山王𰀃鼎:"后人其庸(赓)庸(用)之。"(张标)

葡 bèi 并纽、职部;并纽、怪韵、蒲拜切。
fú 并纽、职部;奉纽、屋韵、房六切。

1—4《甲文编》154~155页。5、6《金文编》231页。7《楚系简帛》284页。8《说文》70页。

会意字。甲骨文从矢放于箭匣,会存箭器具意。时有繁简两体,繁体作双箭放,简体作单箭放,是"箙"之初文。到西周时,或传承前代构意,或则发生讹变,箭尾作丫,箭头、箭杆与箭匣结合讹变作"用",全字作𰀃。此后这一讹变字形成为主流,为《说文》所采纳。战国时郭店、望山楚简的字形距离主流字形较远。《说文》据西周文字整理作从用苟省,是理据重构,所谓"用"与"苟省"就是甲骨文箙字的演化,楷书作葡。《说文》训箙为弩矢服,《诗·小雅·采芑》"簟茀鱼服",郑玄笺训服为矢服,是箙、服一字。《易·系辞下》"服牛乘马",《说文》引作犕,犕从葡声,是葡、犕、服、箙得相通,其字皆源自甲骨文之象形初文箙。《说文》本义为"具",即具备、齐备,后字作備,简化作备,读bèi。同"箙",箭囊。卜辞中出现的"多箙",盖即加工、储存、管理箭囊之官员。毛公鼎:"簟弼鱼葡(箙)。"鱼箙即外裹鱼皮的箭囊。甲骨文亦用作贞人名、地名,参"箙"字条。借用为"服",服从。郭店楚简《语丛三》:"勿(物)不葡(服),不成急(仁)。"以上读fú。又假借作"副"(疈pì),剖牲以祭。《金璋所藏甲骨卜辞》694:"屮(侑)于母辛三牢,𰀃三牛。"《周礼·春官·大宗伯》:"以疈辜祭四方百物。"郑玄注:"疈为罢,郑司农云:罢辜,披磔牲以祭,若今时磔狗祭以止风。玄谓疈,疈牲胸也,疈而磔之,谓磔禳及蜡祭。"又借用作"佩"。《望山楚简》1.130:"葡玉一环。"(张标)

甯(宁) níng 泥纽、耕部;泥纽、径韵、乃定切。

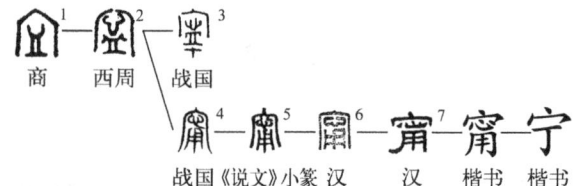

1、2、3《古文典》813页。4《汗简》8页。5《说文》70页。6《汉印徵》卷3,22页。7《篆隶表》222页。

形声字。从用,寍省声。形旁用是可供使用的"桶"的象形字,表示甯的本义与使用有关。声旁寍(省作宁)是从宓丁声的形声字,于甯表音,甯与寍(省作宁)并泥纽耕部。甯的远源、声首是宓,近源、准声首是寍、宁。古初以寍为甯、宁,后乃为造专字。甯字应是从寍或宁中分化出的后起字。战国古文字中始见从用从寍(或宁)省声的形声字。《说文》加以沿袭。楷书作甯。《说文》收有甯、寍、宓等三字,它们古音相同,并有安宁、宁愿义,是一源之派生分化。后来在使用中,先是宁取代了寍(表安宁);现代整理汉字时,又把甯与宁(宁之俗)作为宁的异体正式淘汰,又借用《说文》的宁(zhù,贮存本字)表宁,宁就成为同形字(表zhù与níng)。参见"寍"、"宁"、"宁"(zhù)字等条。(张标)

爻 部

爻 yáo 匣纽、宵部;匣纽、肴韵、胡茅切。
xiáo 匣纽、宵部;匣纽、效韵、后教切。

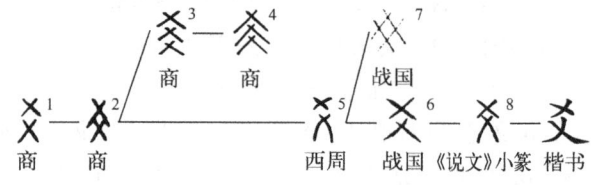

1、2《甲文编》155页。3、4、5《金文编》231页。6《汗简》8页。7《古文典》285页。8《说文》70页。

象形字。商代甲骨文凡四笔,每两笔作一交织叉状,然后两叉上下重叠,象交叉、交错、交会之形。繁体则为六笔,作三叉重叠,然未取得主流地位。战国时或将重叠的两叉整合作井形的❋,亦未进入主流。楷书作爻。《说文》本义为交,即交织、交错。《易》使用的卦符变换交错,故以爻命其基本符号。一为阳爻,--为阴爻,三爻相重得八卦,六爻相重得六十四卦。《易·系辞上》:"六爻之动,三极之道也。"卜辞用作人名。《殷虚书契后编》4.11："贞：屮(侑祭)于爻戊(即学戊，人名)？"亦用作地名。《前编》1.44.7："王狩于爻？"用作族名。父乙簋："爻父乙。"通"崤"，地名。韩方足布"土爻"读土崤。通"殽"，地名，秦陶"爻"读殽。以上读yáo。通"效"，效法。《易·系辞上》"爻法之谓坤"古本作"效"。通"敩"，商代祭名。《殷契卜辞》501："丙寅卜，允贞：翌丁卯王其爻，不菁(遘)雨？"以上读效。通"教"，训练。《铁云藏龟拾遗》10.6："王弗爻马，亡疾？"通"较"，古代车厢上两旁的横木。𣪘侯鼎："锡汝矩鬯一卣、玄袞衣……帱爻。"(张标)

燚部

燚 lǐ 来纽、脂部；来纽、纸韵、力纸切。
  lì 来纽、脂部；来纽、霁韵、郎计切。

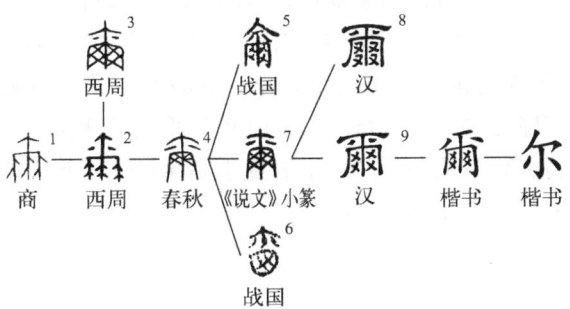

1《汗简》8页。2《说文》70页。

会意字。从二爻。表意构件爻像物体交织、交错状，二爻并列则呈交错有致，孔洞疏朗之象(《说文》"爾"篆下明谓"其孔，燚")。从战国古文字到《说文》小篆结构没有变化，隶变后楷书作燚。《说文》言其义为"二爻"，其实二爻为构意，非本义，本义当为《说文》所谓"窗牖丽廔"(囧篆下)，即窗棂交错，格格相连。燚与丽廔同为来纽，声近义通。引申指稀疏明朗、分布清晰。人名用字，近世国学大师章太炎之女名此。以上读lǐ。《广韵》训止、系，读lì。(张标)

爾(尔) ěr 日纽、脂部；日纽、纸韵、儿氏切。
  mǐ 明纽、脂部；明纽、纸韵、绵婢切。

1《汉语字形表》130页。2、3、4《金文编》231页。5《四声韵》37页。6《战文编》214页。7《说文》70页。8、9《隶辨》337~338页。

初为象形字。殷商甲骨文像三足的络丝架，上有锐头，中有器身，下有竖足，为"柅"(nǐ，络丝柅)之初文。到西周春秋时，锐头下各衍出一点，遂成"尔"字，且由原本的象形构件转化为表音构件，原来的象形字也就演进为形声字，尔与爾同为日纽脂部。此时，器足消失，与器身整合为一，器身上用多少不等、方向不同的线条表缠绕之丝。到战国时，繁体作从人、爾声，简体作尒。至《说文》将其整理作从冂、从燚、尔声，属于理据重构。其实冂与燚是器身与器足的演化，尔声是器首的演化，本形声字出自象形字的讹变。隶变后楷书作爾，简化字作尔。尔与爾原本同为一字，后由爾分化出尔。简化时以尔代爾是以简代繁，也是爾与尔复归为一。《说文》本义为"丽尔"，即"丽廔"，窗棂交错，格格相连。此义罕用，多用假借义。人名。《殷虚书契前编》7.42.2："丁丑卜，宾贞：尔得？王固曰：其得。"方国名。《殷虚文字缀合》282："癸酉卜，殻贞：令多奠、依、尔高(墉)？"第二人称代词，你。齐侯壶："万年无疆，用御(治理)尔事。"马王堆汉墓帛书《五行篇》："毋腻(贰)尔心。"华盛貌。《诗·小雅·采薇》："彼尔维何，维常之华。"墙盘："剌且(祖)文考弋竃受墙尔髓。"(烈祖文考特授予墙繁茂兴盛)此义后写作"薾"。以上读ěr。借用作"㳽"，满、众，读mǐ。通"迩"，近。《诗·大雅·行苇》："戚戚兄弟，莫远具尔。"孔颖达疏："迩是近义。"通"弥"，更加。郭店楚简《老子》甲本："夫(天)下多异(忌)韦(讳)，民尔畔(叛)。"参"尔"字条。(张标)

爽 shuǎng 心纽、阳部；生纽、养韵、疏两切。

1、3、4、5《金文编》232页。2《类编》31页。6《四声韵》46页。7《战文编》214页。8、9《说文》70页。10、11《篆隶表》223页。

会意字。商代甲骨文从大从二火，作一正面伸臂站立人形，两腋下对称各有一盆火，会明亮意。后火形微变，讹变严重的或两火作两口(口的上边一笔与人臂共用是其变体)，或作两乂、⽘、燚，后面这种形式成为后来发展的主流而为西周所传承。到战国时，形成两种主流结构：一种从古文大(大、大)从二爻；一种从夫(夫、夫，夫由大分化而出)从二文(爻之讹)。许慎将战国两种结构整理作从古文大从焱(二爻)与从篆文大(实为夫，古大夫同字)从焱，一起收入《说文》。隶变后出现两个对应的楷体爽与奭。《现代汉语规范字典》以爽为正体。《说文》本义为明、明亮。《书·牧誓》："时甲子昧爽，王朝至于商郊牧野。"孔传："昧，冥；爽，明，早旦。"金文借"曹"(从日丧省声)表示。免簋："王在周昧曹。"引申指爽失、差错。《诗·卫风·氓》："女也不爽，士贰其行。"毛传："爽，差也。"通"霜"。云梦秦简《日书》甲种："食之以喷(馈)，饮以爽路(霜露)，三日乃能人矣。"卜辞中读"毋"，与"母"通，指配偶、匹配。《殷虚书契后编》上 2.12："癸丑卜，王宾(祭名)仲丁爽妣癸，翌日亡尤？"又《南明》660："于妣己且乙爽告？"(祔祭祖乙的配偶妣乙吗？)肆殷："遘(祭名)于匕戊武乙爽。"(对武乙配偶妣戊行遘祭)对商代名臣伊尹、黄尹等祭祀时也可使用。《南明》422："甲戌卜，其莤(hū，祭祈)雨于伊爽？"（张标）

昷部

昷 xuè 晓纽、月部；晓纽、薛韵、许劣切。

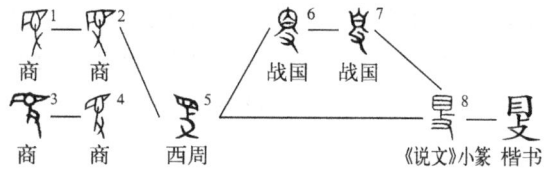

1—4《甲文编》157页。5《金文编》233页。6《汗简》8页。7《四声韵》77页。8《说文》70页。

会意字。商代甲骨文作从又从目，或从攴从目，又的手指与攴的棍棒针刺类锐器或入目中，或紧贴在眼球上，构意不明。西周时，从又从目的结构不见，仅存从目从攴者。战国时，目由横变竖，讹作 或 ，攴讹变作 。《说文》吸取了战国文字从竖目的写法及前代从攴的结构，整理为从攴从目。隶变后楷书作昷，是小篆的笔势变化，或作奭，俗体。《说文》训其本义为"举目使人"，然文献几无用例。甲骨文、金文用作人名。《殷虚书契后编》下 27.2："贞，昷其有疾？"《战后京津新获甲骨集》3098："丁未卜，叀令昷？"癸昷爵："癸昷作考戊。"(癸昷为其父考戊作爵)方国名。《殷虚书契后编》下 17.2："章(击伐)昷？"或以为同"瞲"(xuè)，惊视；瞲又作眑。或以同"眴"(shùn)，即瞚、瞬。《说文》训"开阖目数摇"，《史记·项羽本纪》："梁昷籍曰：'可行矣。'"或以为与眣(dié)同义，《说文》训"目不正"。《公羊传·文公六年》："眣晋大夫使与公盟也。"何休注："以目通指曰眣。"字或作昗，有人认为不对，其实合于金文，可以看作正体外的异体。（张标）

夐 xuàn 晓纽、元部；晓纽、霰韵、许县切。
  xiòng 晓纽、耕部；晓纽、劲韵、休正切。

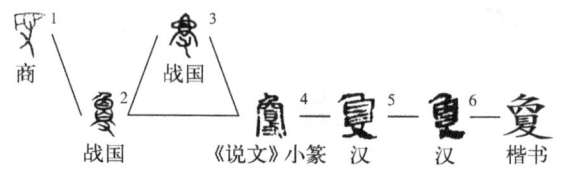

1《类编》131页。2《汗简》8页。3《四声韵》67页。4《说文》70页。5《马王堆》133页。

会意兼形声字。从昷，从人在穴上(昷亦声)。表义构件昷为从攴从目的会意字，表示"举目使人"；构件人为象形字；构件穴为从宀八声的形声字，表示土屋。整合三构件盖表举目使人临穴以营求之意。据说殷高宗武丁梦见贤才傅说(yuè)，派人从洞穴中找到他而加重用，夐字即为此而造。《汗简》所载，人与昷不误，穴则讹作 ；《古文四声韵》所载从昷不误，从人从穴不见，有一个 套在目上，表意不明。隶变时，只有构件人与攴所从之又较易分辨，其余穴、目、攴字上部均扭结到一起，很难辨析解说。楷书作夐，是笔意、笔势变化的结果。攴本手持棒以击，作夂是小篆 (suī)的隶变，所表为"行迟曳夂夂"，即行步迟缓、摇摆、难以举足义，与攴相差很远。尽管有人批评夐是"夐之讹"，但《康熙字典》、《汉语大字典》等还是遵从社会习惯，以夐为正体，不墨守《说文》。《说文》本义是营求，谋取，读 xuàn。古或借"营"表示。《书·说命上》："高宗梦得说，使百工营求诸野。"《说文》引此作"夐"，曰："高宗梦得说，使百工夐求，得之傅岩。"另读 xiòng，远。《谷梁传·文公十四年》："(长毂五百乘)，夐入千乘之国。"马王堆汉墓帛书《缪和》："葱(聪)明夐知守以愚。"引申亦指长、大、远视等。通"隼"，猛禽。马王堆汉墓帛书《周易》："公用射夐于高庸(墉)之上。"又读 róng，明代有此姓氏。（张标）

目 部

目 mù 明纽、觉部；明纽、屋韵、莫六切。

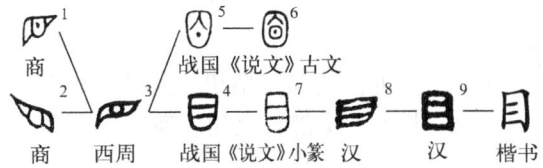

1、2《甲文编》157页。3《金文编》233页。
4、8、9《篆隶表》225页。5《四声韵》72页。6、
7《说文》70页。

象形字。商代甲骨文作眼形，表眼目意。时眼体多为横向，间亦有斜向，眼珠内之瞳孔或有或无。西周为横目，无瞳孔。战国时的主要变化是横目变竖目，椭圆的眼眶为平行对称的方框取代，眼珠变成两横，脱离了象形变成笔划，是为主流变化。其他的主要是诡异写法，带有六国文字开放、草率、新奇的特征。《说文》据主流变化整齐之，楷书笔势化作目。《说文》本义是眼睛。《殷虚文字缀合》165正："贞：王其疾目？"《云梦秦简·为吏之道》："审耳目口，十耳当一目。"马王堆汉墓帛书《十问》："耳目葱（聪）明。"郭店楚简《五行》作"合"（"耳合鼻口手足六者"）。用作动词指以目示意，递眼色。马王堆汉墓帛书《春秋事语》："（其）宰公襄目人曰。"引申指察看、侦伺。《殷虚书契前编》4.32.6："贞：乎（呼）目鬼方？"假借作方域名。《战后京津新获甲骨集》4468："王其田毇，至于目北，亡戋（无灾）。"人名，《小屯·殷虚文字乙编》3069："庚午卜，宾贞：子目娩，妫（嘉）？"汉印有张目、尹目等。（张标）

眼 yǎn 疑纽、文部；疑纽、产韵、五限切。
  yǐn 疑纽、谆部；疑纽、轸韵、宜引切。

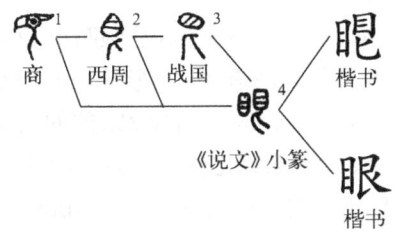

1《古文典》1319页。2《古文典》1319页"限"字偏旁。3《古文典》1319页"很"字偏旁。4《说文》70页。

形声字。从目，艮(gèn)声。形旁目为眼睛之象，表示眼的本义与目有关。声旁艮是会意字见的反文与分化字（见与艮同为见纽，元文旁转），本义是"很"，不相听从，于眼表音，眼与艮同为牙音、文部。艮是眼的源头、声首，甲骨文已经出现，西周与战国均有使用。古初盖以艮为眼，后乃为造分化字。《说文》以前的古文字中未见眼字，许慎始加收录。楷书作䀂或眼，䀂合于《说文》结构，但不如眼简便通用，《现代汉语规范字典》以眼为正体。唐《般若波罗密多心经》作眼，盖俗讹之字。《说文》本义是目、眼睛；引申指眼珠、眼神、眼力、用眼看、像眼一样的事物；眼处于眼窝内，因而有孔洞义；人无目则盲，故事物的关键亦称眼。以上读yǎn。音转读yǐn或wěn，指大眼突出，是本义的引申。《周礼·考工记·轮人》："望其毂，欲其眼也。"郑玄注："眼，出大貌也。"孙诒让正义："《说文·目部》云：'睅，大目出也'，与眼声近……《目部》盳、睅、䀏、睅等字，与眼音皆相近，故以大出貌训眼。"（张标）

眩 xuàn 匣纽、真部；匣纽、霰韵、黄练切。
  huàn 匣纽、元部；匣纽、裥韵、胡辨切。

1《古文典》1108页。2《类编》250页。3《说文》71页。4《汉印徵》卷4，1页。

形声字。从目，玄声。形旁目为眼睛之象，表示眩的本义与眼目有关。声旁玄为束丝之象，于眩表音，眩与玄并匣纽真部。眩的源头、声首、初文为玄，后乃为造分化专字。《说文》始加收录。隶变后楷书作眩。《康熙字典》作眩，缺末笔一点，是为避玄烨帝名讳而致，不规范。战国古文字有𥄲与𥄳，分别见于《汗简》与《古文四声韵》眩字下。二字皆有讹，前字当作𥄵，后字当作𥄶，皆为从乏眴声(眴的形旁目移声旁旬内，《说文》眴为旬的或体)。《玄应音义》卷十三谓"眩，古文作迿、眴二形"。迿为迿之省，迿、趰、眴准声首皆为旬，此即《说文》训为"目摇"的眴(旬)字，与眩非一字。由于眴与眩皆匣纽真韵，目摇与目眩义通，所以郭、夏皆作眩收入，其实并非眩之异体。《说文》本义为"目无常主"，即眼花，视物不清。《书·说命上》："若药弗瞑眩，厥疾弗瘳。"孔颖达疏："药之攻病，先使人瞑眩愤(愦)乱，病乃得瘳。"以上读xuàn。引申指变幻、戏法。《史记·大宛列传》："(条支)国善眩。"旧注：

"今吞刀、吐火、殖瓜、种树、屠人、截马之术皆是也。"后此义用"幻"字表示,读 huàn。(张标)

眥(眦) zì 从纽、支部;从纽、霁韵、在诣切。

眥¹—眥—眦
《说文》小篆 楷书 楷书

1《说文》71页。

形声字。从目,此声,形旁目是眼睛的象形字,表示所在字的本义与眼睛有关。声旁此是会意字,甲骨文作从人从止,会以足蹋人意,为"跐"之初文,于眥表音,眥与此并齿头音、支部。《说文》始加收录,隶变后楷书作眥或眦,是小篆的笔势变化。现代整理汉字时,以眦为正体,将眥作为异体淘汰。异体另有睞,见《晋书·苻坚载记下》"睚睞之忿",使用极少。或以"疵"为眥,非是。故书或讹作"肶"(pí,牛百叶)。《晏子春秋·谏下》:"衣不务于隅肶之削",《淮南子·齐俗》作"眥"。《说文》本义是"目匡",即眼眶。《列子·汤问》:"离朱、子羽方昼拭眥扬眉而望之,弗见其形。"《战国策·韩策二》:"夫贤者以感忿睚眦之意。"引申指衣领交接处。《尔雅·释器》:"衣眥谓之襟。"郝懿行义疏:"盖削杀衣领以为斜形,下属于襟,若目眥然也。"《淮南子·齐俗》:"不务于奇丽之器,隅眥之削。"通"瘠",瘦弱。《后汉书·东海恭王强传》:"皆吐血毁眥。"(张标)

睞
jié 精纽、葉部;精纽、葉韵、即叶切。
zhǎ 精纽、缉部;庄纽、洽韵、侧洽切。
shè 书纽、葉部;书纽、葉韵、书涉切。
jiá 见纽、缉部;见纽、洽韵、古洽切。

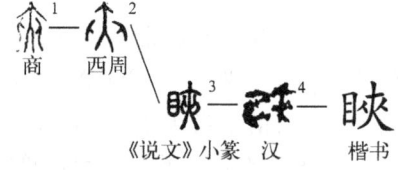
商 西周 《说文》小篆 汉 楷书

1、2《类编》30页。3《说文》71页。4《马王堆》136页。

会意兼形声字。从目,夾声。形旁目是眼睛的象形字,表示所在形声字本义与眼睛有关;声旁夾是会意字,甲骨文像正面站立的一个人(大字)腋下各夹一人,表示睞的本义与夹裹有关且表音,睞与夾同为叶韵。夾盖睞之源头,声首,其字见于商周。古初盖以夾为睞,后乃为造专字。隶变后楷书笔势化作睞。与它作为异体存在的

睫虽不见于《说文》,但《现代汉语规范字典》以它为正体。《说文》本义是"目旁毛",即睫毛。《史记·扁鹊列传》:"魂精泄横,流涕长潸,忽忽承睞。"古注:"睞即睫也。"马王堆汉墓帛书《养生方》:"少河□合麇(眉)睞。"以上读 jié。同"眨",眨眼,读 zhǎ。同"瞸",亦眨眼,读 shè。同"跲",即眇,一目小,读 jiá。(张标)

睫
jié 精纽、葉部;精纽、葉韵、即葉切。
shè 书纽、葉部;书纽、葉韵、书涉切。

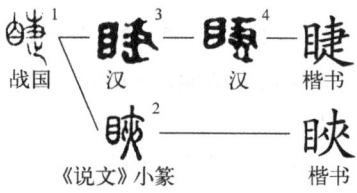
战国 汉 汉 楷书
《说文》小篆 楷书

1《汗简》8页。2《说文》71页。3、4《马王堆》135~136页。

形声字。战国古文字已经出现,但《说文》没有收录。从《说文》所收"蓮、箑、寋、倢、裤、捷、婕、睫、缂、蜨"等字皆以疌为声来看,睫当从目疌声。睫或是将睞的声旁由同韵的疌替代而成。隶变后楷书笔势化作睫。或作睞,非正体。或作睞、睞、毨、毟、疌,皆俗字异体。本义同睞,睫毛。《庄子·庚桑楚》:"向吾见若眉睫之间。"马王堆汉墓帛书《相马经》:"时见睫本者也","欲睫举坚久","欲睫本之急"。引申指眨眼。《列子·仲尼》:"矢来注眸子而眶不睫。"以上读 jié。同"瞸",目动貌,读 shè。睫与睞属于广义的异体字。(张标)

睅
hàn 匣纽、元部;匣纽、旱韵、胡笴切。
huǎn 匣纽、元部;匣纽、潸韵、户板切。

睅¹—睅
《说文》小篆 楷书

1《说文》71页。

形声字。从目,旱声。形旁目是眼睛的象形,表示所在形声字的本义与眼睛有关;声旁旱是形声字,于睅表音,睅与旱并为匣纽元部。《说文》以前的古文字未见,许慎始加收录,楷书笔势化作睅。《说文》或体为睆。或作暖(《集韵》),《说文》训"大目",亦读 xuān。《说文》本义为大目,引申指瞪大眼睛。《左传·宣公二年》:"睅其目,皤其腹。"杜预注:"睅,出目。"此字有两读,hàn 与 huǎn。huǎn 旧读 wǎn。参"睆"字条。(张标)

睅

睅 hàn 匣纽、元部；匣纽、旱韵、胡笴切。
huǎn 匣纽、元部；匣纽、潸韵、户板切。

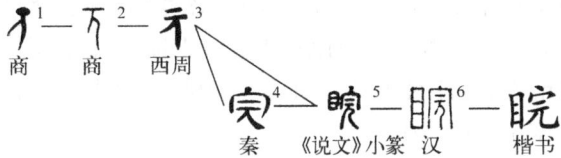

1、2、3《类编》24页。4《睡甲》115页。5《说文》71页。6《汉印徵》卷4，1页。

形声字。从目，完声。形旁目是眼睛的象形，表示所在形声字的本义与眼睛有关；声旁完表睅之声，睅与完并匣纽、元部。睆是睅的异体。声旁完与旱同为元部，属于音近声旁的互换。《说文》本义是大目，引申指穷视。晋陆机《拟迢迢牵牛星》："睆焉不得度。"指果实饱满貌。《诗·小雅·杕杜》："有睆其实。"指明星闪耀貌。《诗·小雅·大东》："睆彼牵牛。"指色彩鲜明。《礼记·檀弓上》："华而睆，大夫之箦与？"又指小妩媚，见《集韵》。觊睆，指美好。《诗·邶风·凯风》："睍睆黄鸟。"此字音读与睅同。睆的义项比睅要多，它们是广义的异体字，或具有包容关系的异体字。（张标）

瞒（㒼）

瞒（㒼）mán 明纽、元部；明纽、桓韵、母官切。
mén 明纽、文部；明纽、魂韵、莫奔切。
mèn 明纽、文部；明纽、混韵、模本切。

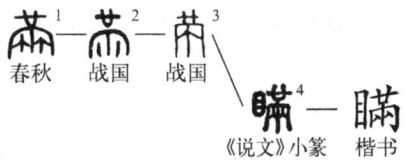

1、2《类编》186页。3《古文典》1076页"满"字偏旁。4《说文》71页。

形声字。从目，㒼声。隶变后楷书笔势化作瞒，简化作瞒。《说文》本义是"平目"，即眼皮低垂、闭目貌。《荀子·非十二子》："酒食声色之中则瞒瞒然。"杨倞注："瞒瞒，闭目之貌。"假借作"谩"，即今俗语欺瞒。又用作姓氏、人名、国名、城名等。以上读mán。愢瞒。《庄子·天地》："子贡瞒然惭。"成玄英疏："羞怍之貌也。"以上读mén。又指昏暗，读mèn。（张标）

䜌

䜌 mǎn 明纽、元部；明纽、潸韵、武版切。
mán 明纽、元部；明纽、删韵、莫还切。

䜌¹—䜌
《说文》小篆 楷书

1《说文》71页。

形声字。从目，䜌(luán)声。《说文》本义是"目䜌䜌"，即以目看视。《后汉书·马融传》："周陆环渎，右䜌三塗，左概嵩岳。"又指蒙覆、披盖。《汉书·叙传上》："吾子幸游帝王之世，躬带冕之服，浮英华，湛道德，䜌龙虎文。"古注："䜌，被也。"以上读mǎn。又指目光昏暗，读mán。（张标）

眿（䜌）

眿（䜌）mǎn 明纽、元部；明纽、潸韵、武版切。

眿¹—眿²—眿³—眿⁴—眿
战国 战国 战国 楷书

1—4《古文典》1064~1066页。

形声字。《说文》未收，其结构当为从目弁声，为䜌之异体。形旁目为眼形，表示所在形旁字本义与眼有关；声旁弁作 或 ，乃弁之变体，表眿之声，眿与弁同为唇音元韵。三体石经"变"作 ，即弁之讹，于此知䜌与 （弁）为声旁互换（同为元部）。本义当亦同䜌，战国陶文用作人名。（张标）

盼

盼 pàn 滂纽、文部；滂纽、裥韵、匹苋切。
fén 並纽、文部；奉纽、文韵、符分切。

盼¹—盼²—盼³—盼
战国 战国 《说文》小篆 楷书

1《战文编》215页。2《汉语字形表》131页。3《说文》71页。

会意兼形声字。从目从分，分亦声。形旁目作眼睛形，表示所在形声字的本义与眼睛有关；表义兼表音的偏旁分亦是会意兼形声字（从八，从刀，八亦声），从刀从八会分别意，表示盼的本义与分别有关且表音，盼与分并唇音文部。战国古文字中始见盼字，楷书作盼，是小篆的笔势变化。《马王堆简帛文字编》所收盼，实为"脉"字。本义为眼珠黑白分明。《诗·卫风·硕人》："美目盼兮。"毛传训"白黑分"。引申指黑眼珠，青眼。南朝宋鲍照《学古诗》："骄爱生盼瞩，声媚起朱唇。"又引申指顾看。南朝宋谢朓《移病还园示亲属》："折荷葺寒袂，开镜盼衰容。"

又引申指看重,重视。《宋书·谢晦传》:"臣昔因时幸,过蒙先眷……与羡之、亮等因被齿盼。"以上读 pàn。瞵盼,天亮将明,读 fén。《楚辞·九怀·昭世》:"进瞵盼兮上丘墟。"盼、眄(miǎn,斜视,弥殄切)、盻(xī,恨视,胡计切)本音义各别,但关系复杂,每相淆乱。盻又读 pǎn,"美目盼"又作盻;南朝齐董洪达造像作肸(肹);隋王氏成公墓志作盻,偏旁目讹作月,则非。盼或假借作"眄"。《文选·谢朓〈和伏武昌登孙权故城〉》:"俯仰流英盼。"旧校谓"盼作眄"。盻为眄之俗(《玉篇》),俗刻以盻为盼,则非。南朝齐比丘惠瑛造象盼作盻,北魏赵郡王元毓墓志眄作盻,皆俗讹字。(张标)

睍(睍) xiàn 匣纽、元部;匣纽、铣韵、胡典切。

1、2、3《类编》171页。4《四声韵》61页。5《说文》71页。

会意兼形声字。从目,见声(见亦当表意)。形旁目作眼睛形,表示睍字本义与眼睛有关;表义兼表音偏旁见(从人从目的会意字,人目能见物)表示睍字本义与看见义有关且表音,睍与见并为元部。二者结合以会《说文》"出目",即眼睛突出之意。睍的源头、声首为见,甲骨文中已经出现。古初以见为睍,后乃为造专字。现今所见古文字材料中最早出现的睍字在战国时代。《古文四声韵》所载睍从日,当视作从目,目与日因形近而互用。当然也可能是睍假为睍(夏书收入不少通假字)。《说文》本义训"出目",即眼睛突出之义,但其本义未见用例。《集韵》训"好视"。联绵词"睍睕"为好貌,见《诗·邶风·凯风》"睍睕黄鸟"。又指目小、小目貌等。甲骨文有"𦣞"、"𦣞"、"𦣞"、"𦣞"、"𦣞"等,王国维读睍,今多读为睍(xiàn)。参"睍"字条。(张标)

瞵 lín 来纽、真部;来纽、真韵、力珍切。
lìn 来纽、真部;来纽、震韵、良刃切。
lián 来纽、真部;来纽、先韵、落贤切。

1《说文》71页。

形声字。从目,粦声。《说文》始收录。《说文》把声旁粦分析作从炎、舛(chuǎn,二足相对),属于理据重构。隶变时,除构件炎讹变作米以外,其余都是笔势变化,楷书作瞵。本义是"目精",即眼睛放精光,引申指精明,"圣瞵"即圣明。又引申指注视。晋左思《吴都赋》:"鹰瞵鹗视。"古注:"如鹰鹗之目以视人。"以上读 lín。看不清楚,读 lìn。怒目;注目示意;"斑瞵",即斑烂,以上读 lián。参"粦"字条。(张标)

眊 mào 明纽、宵部;明纽、号韵、莫报切。
mèi 明纽、微部;明纽、队韵、莫佩切。

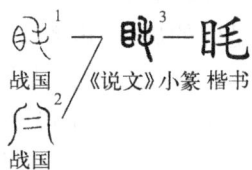

1、2《四声韵》64页。3《说文》71页。

形声字。从目,毛声。战国时已见眊字,异体作𥄎,结构不明,很可能是眊的通假字。隶变后楷书笔势化作眊。《说文》本义是"目少精",即视力不明,看不清楚。《孟子·离娄上》:"眸子眊焉。"古注训为"目不明之貌"。引申指昏乱。《汉书·刑法志》:"穆王眊荒。"古注训"眊乱荒忽"。以上读 mào。美好义,读 mèi。通"旄",昏聩。《战国策·楚策一》:"水浆无入口,瘨而殚闷,旄不知人。"鲍彪注:"旄、眊、耄字通,并昏也。"通"耄",八十岁以上的老人。《汉书·刑法志》:"三赦:一曰幼弱,二曰老眊,三曰蠢愚。"颜师古注:"老眊,谓八十以上。眊读与耄同。"(张标)

睨 nì 疑纽、支部;疑纽、霁韵、五计切。

1《说文》71页。

形声字。从目,兒声。隶变后楷书作睨,只是笔势的变化。《说文》本义为"衺视",即斜眼看。《礼记·中庸》:"睨而视之。"古注释为"睥(pì)睨"。引申指回头看。汉刘向《九叹·惜贤》:"睨玉石之嵾嵯。"古注释"顾视"。引申为一般地看。《左传·哀公十三年》:"余与褐之父睨之。"古注释"视"。又引申为偏斜。《庄子·天下》:"日方中方睨。"睥睨,斜视,古书或作"倪"。《尔雅·释鱼》:"(龟)左倪不类,右倪下若。"陆德明释文:"贾公彦说《周礼》,以倪为睥睨,则左倪右倪是左顾右顾也。"通"婗",小儿。

《墨子·杂守》："眈者小五尺。"（张标）

眈
dān　端纽、侵部；端纽、覃韵、丁含切。
chěn　透纽、侵部；彻纽、寝韵、丑甚切。

1《金文编》35页"芁"字偏旁。2《说文》71页。

形声字。从目，冘(yín)声。隶变后楷书作眈，是笔势变化。眈与耽(dān，耳大垂)别；眈，俗讹之体。《说文》本义为"视近而志远"，段玉裁谓"其意深沉"。指过分快乐。《书·无逸》："惟耽乐之从。"古注训"过乐"。眈眈，深沉注视貌，亦假"耽耽"表示。《易·颐》："虎视眈眈。"今本多作"耽耽"，亦假"觇觇"（dān，内视）表示。张寿碑："觇觇虎视。"亦指宫室深邃貌。汉张衡《西京赋》："大夏（厦）耽耽（眈眈）。"古注释为"深邃之貌"。以上读dān。出头视貌，读chěn。（张标）

盱
xū　晓纽、鱼部；晓纽、虞韵、况于切。

1、2《战文编》216页。3《类编》365页。4《金文编》233页。5《说文》71页。6《汉印徵》卷4，1页。7《篆隶表》226页。

形声字。从目，于声。盱字见于战国古文字中，其主流结构为从目于声，目左于右。其支流变化或目上于下，作上下结构；或于在上，目在左下角（或右下角）。目一般竖向作，亦有横向作者。《说文》从主流结构整理作左形右声。隶变后楷书作盱，主要是笔势变化。或作盱，是小篆的隶定。《现代汉语规范字典》以盱为正体。《说文》本义为张目。《易·豫》："盱豫（马王堆《二三子问》作'盱予'）有悔。"古注训"张目"、"上视"。引申指扩大。《汉书·谷永传》："广盱营表。"通"于"，介词。林氏壶："盱我室家。"通"讦"，大。《诗·郑风·溱洧》："洵盱且乐。"通"忏"，忧愁。《诗·小雅·何人斯》："云何其盱。"（张标）

睘（瞏）
qióng　群纽、耕部；群纽、清韵、渠营切。
huán　匣纽、元部；匣纽、删韵、户关切。

1《古文典》987页"袁"字所从。2、3、4《金文编》234页。5《战文编》216页。6《楚系简帛》284页。7《说文》71页。8、10《汉印徵》卷4，1页。9、11《篆隶表》226页。

会意兼形声字。从目，袁声（袁亦表意）。表意偏旁目为眼目之象，表示睘的本义与眼睛有关（或说以目代人）。形旁兼声旁袁从又持玉环佩戴衣上，为"环"之初文，表睘的本义与玉环相关且表音，睘与袁并匣纽元部。睘的源头、声首为袁，见于商代，其与构件目结合而为睘。《说文》本义是惊视（或说睘为袁之今字，表玉环）。西周金文有繁简二体，简体略"又"玉环由衣上移于衣内；繁体从又，目作或者，取美化意。春秋至战国承袭了前代简体主流写法，有的从目从衣，丢掉玉环。《说文》将会意字整理作"从目袁声"的形声字，可以看作是理据重构。隶变后楷书作睘，是笔意、笔势变化的结果；或作瞏，是小篆的隶定。《现代汉语规范字典》以睘为正体。本义为玉环，后作环(環)。番生簋："玉睘玉瑮。"望山二号墓竹简有"一尚睘"与"一睘"，一号墓竹简作"环"。引申指环绕。云梦秦简《日书》甲种："睘其宫。"此义后写作"环"。用于人名。睘簋："睘乍（作）宝簋。"以上读huán。《说文》所释本义"目惊视"，当是假借义。《素问·诊要经终论》："少阳终者耳聋，百节皆纵，目睘绝系。"王冰注："睘，目惊貌。"叠用作"睘睘"，孤独的样子。《诗·唐风·杕杜》："独行睘睘，岂无他人。"毛传："睘睘，无所依也。"以上读qióng。通"还"，还归。驹父盨："睘至于蔡。"马王堆汉墓帛书《战国纵横家书》："老妇持(恃)连(辇)而睘。"通"旋"，转。马王堆汉墓帛书《周易》："巧(考)翔(详)其睘。"（张标）

瞟
piǎo　滂纽、宵部；滂纽、小韵、敷沼切。
piào　滂纽、宵部；滂纽、笑韵、匹妙切。
piāo　滂纽、宵部；滂纽、宵部、抚招切。

瞟

《说文》小篆　楷书

1《说文》71页。

形声字。从目，票声。《说文》本义是瞟（qī），既斜视，偷看。清朱骏声《说文通训定声》：“今常州人俗语有所省视曰瞟瞟”，"今俗语谓邪视曰瞟白眼。"瞟眇，联绵词，看不清貌。《文选·王延寿〈鲁灵光殿赋〉》："忽瞟眇以响像，若鬼神之髣髴。"以上读 piǎo。矅（xī），看，远看，读 piào。明察，读 piāo。参"票"字条。（张标）

睹

dǔ　端纽、鱼部；端纽、姥韵、当古切。

战国　《说文》古文　汉　楷书
战国　《说文》小篆　汉　楷书

1《楚系简帛》284页。2《汗简》8页。3、4《说文》72页。5《汉印徵》卷4，1页。6《篆隶表》226页。

形声字。《说文》小篆作从目，者声；古文作从见，者声。睹字在战国古文字中已经出现，有两种形式：一种从见，者声；一种从目，炑（旅）声。从目与从见属于形义俱近偏旁的通用，者与炑同为鱼部，属于同韵声旁的更替，彡为饰笔。《说文》收录了第一种形式，将第二种形式整理改造为从目，者声。隶变后楷书分别作覩与睹，都是小篆笔意、笔势变化的结果。现代整理汉字时以睹为正体，覩作为异体被淘汰。旧字形构件者作"者"，九笔，新字形作者，八笔，据此类推睹字中者亦八笔。《说文》本义指看见。《礼记·礼运》："以阴阳为端，故情可睹也。"引申指察视。《吕氏春秋·召类》："赵简子将袭卫，使史默往睹之。"用作人名。包山楚简有"义覩。"（张标）

眔

dá　定纽、辑部；定纽、合韵、徒合切。

商　西周
商　西周　西周　春秋　《说文》小篆　楷书
商

1、2、3《甲文编》158~159页。4-7《说文》234~235页。8《说文》72页。

象形字。商代甲骨文已经出现，从目落泪，是"涕"字初文。涕与眔皆古舌音，一透纽一定纽，故借涕为眔。商代眔字异体颇多。在上的目多作横形，然亦有作斜形或竖形者；目内多为空白，然亦有带瞳仁者。下面的泪滴，作六点、五点、四点、三点者皆有之，作一两点者极其罕见。从西周到春秋，目下有五滴泪者成为主流，而且排列整齐有序，目下两边各有对称的两点，中间一点拉长为竖，由泪滴变成了分界线。《说文》据此整理作从四（目）从水（许慎叫"从隶省"），属于理据重构。隶变后楷书作眔。《说文》训其本义为"目相及"，文献中罕见用例。甲骨文多借用为连词，及。《殷契粹编》："父己眔父庚彫（酹，祭名）。"臣辰盉铭："王令士上眔史寅殷（祭名）于成周。"副词，共同。《合集》46："癸亥卜，彭贞：大乙、且乙、且丁眔鄉（饗祭）？"祭名。《小屯·殷虚文字甲编》2882："癸卯卜，何贞，其眔且乙？"人名。《甲编》2258："壬子卜，争贞，叀戊乎（呼）眔？"通"逮"，到。五祀卫鼎："氒（厥）逆（朔，北）彊（疆）眔厉（邦君）田，氒东彊散田。"（张标）

睽

kuí　溪纽、脂部；溪纽、齐韵、苦圭切。

jì　群纽、质部；群纽、至韵、其季切。

西周　西周　西周　西周　《说文》小篆　楷书

1-4《金文编》235页。5《说文》72页。

形声字。从目，癸声。西周时，癸与形旁眀结合为睽，这就是最初的睽字。睽字的出现可以看作是睽字的形旁眀省略作目，声旁癸改易作癸。当然也不排除古初以癸为睽，后乃为造专字。故书中有以癸为睽例（《管子·轻重乙》"癸度"张文虎读睽）。睽的本义是"目不相听"，即两眼不能集中视力于一点。引申指乖忤离违。《庄子·天运》："下睽山川之精。"古注释离。又用作《周易》卦名，仍取乖离之义。《易·系辞下》："弦木为弧，剡木为矢，弧矢之利，以威天下，盖取诸睽。"韩康伯注："睽，乖也。物乖则争，兴弧矢之用所以威乖争也。"众目注视貌即"睽睽"。高峻深邃貌即"睽眔"，双声联绵词。金文用作人名。大簋："嫛令豕曰天子。"以上读 kuí。睁大眼睛去看称"睽睢"，叠韵联绵词。（张标）

眜

mò　明纽、月部；明纽、末韵、莫拨切。

miè　明纽、月部；明纽、屑韵、莫结切。

眛

末¹—眛²—眛
战国 《说文》小篆 楷书

1《战文编》217页。2《说文》72页。

形声字。从目,末声。战国古文字为右形左声,小篆整理为左形右声,隶变后楷书作眛,为笔势变化。眛字中末的上一横笔长,下一横笔短,否则就误成眛(mèi)字。《说文》本义当为"目不明",罕见用例。通冒,不顾。晋左思《吴都赋》:"相与眛潜险。"古注训冒。以上读mò。地名,故址在今山东泗水县东。《公羊传·隐公元年》:"公及邾娄仪父盟于眛。"陆德明释文:"眛,亡结反,《谷梁》同,左氏作蔑。"以上读miè。《说文·目部》先出眛,后出眛,皆训"目不明",或以为二者为一字,似不确。眛当从《广韵》训"目不正",证据有二:一、《说文》昔(miè)训"目不正","读若末",是昔、眛声近义同;二、《左传》"盟于蔑",《公羊》、《谷梁》作"眛",《论语》"亡之命矣夫",《汉书》引亡作"蔑",《新序》作"末",是又证眛为"目不正"。《玉篇》眛为莫达切,与《说文》眛"莫拨切"音同,所训"目不明"当从《广韵》为"目不正"。眛与眛形义各别,然亦声近义通。参"眛"字条。(张标)

眽

mò 明纽、锡部;明纽、麦韵、莫获切。
mì 明纽、锡部;明纽、锡韵、莫狄切。

眽¹—眽²—眽³—眽
《说文》小篆 汉 汉 楷书

1《说文》72页。2、3《马王堆》134页。

形声字。从目,辰(pài)声。形旁目是眼睛的象形,表示眽字的本义与眼睛有关;声旁辰像人在水道中游泳,在眽字中用以表声,眽与辰并为唇音锡部。俗字作脉,但不及眽常用。《说文》训其本义为"目财视",即略视或斜视、相视,泛指视。《汉书·扬雄传》:"眽隆周之大宁。"古注训"视"。"眽眽"叠用,亦此义。汉王逸《九思·逢尤》:"目眽眽兮寤终朝。"古注训"视貌"。汉王延寿《鲁灵光殿赋》:"徒眽眽而狋狋。"古注训"相视"。或借"脉"(脉)为眽。《战国策·魏策一》:"前眽形地之险阻。"通"脉",脉络。马王堆汉墓帛书《阴阳十一脉灸经甲本》:"是阳明眽主治。""眽眽"亦作"脉脉",上《鲁灵光殿赋》之眽眽,五臣本作"脉脉",以上诸义读mò。楚地方言词"眽蜴",是欺慢义,读mì。现代整理汉字时,脉是在淘汰异体脈、衇、脈等后作为规范字使用的,本与眽不相干。但由于"眽眽"亦作"脉脉",所以"眽眽"也写作"脉脉",一般也认为合乎规范。参"眽"(脉)字条。(张标)

眢

yuān 影纽、元部;影纽、元韵、於袁切。

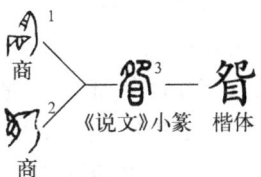

眢¹—眢
《说文》小篆 楷体

1《甲文编》723页。2于省吾《释眢》,转引自《古文字诂林》811页。3《说文》72页。

形声字。从目,夗(yuàn)声。《说文》本义是"目无明",引申指干枯。《左传·宣公十二年》:"目于眢井而拯之。"古注训"废井"或"井无水"。甲骨文用作"餧",为设菜肴之祭。《殷契佚存》561:"丁巳卜,宾贞:眢出(侑,祭名)于大示(指自上甲而始之先公和直系先王的神主)?"《卜辞通纂》别2.8:"庚寅卜,其眢又羌甲、南庚、阳甲、小辛?"《殷虚书契前编》5.2.4:"口午卜,贞:弄自甲大示眢佳牛?小示更[羊]?"(张标)

睢

huī 晓纽、微部;晓纽、脂韵、许维切。
suī 心纽、微部;心纽、脂韵、息遗切。

睢¹—睢²—睢³—睢⁴—睢
战国 《说文》小篆 汉 汉 楷书

1《战文编》217页。2《说文》72页。3《汉印徵》卷4,1页。4《篆隶表》226页。

形声字。从目,隹声。战国古文字中从目隹声的正体已经出现,俗体目或讹作日,隹或作鸟(鸟隹古本一字)。隶变后楷书作睢,主要是笔势变化。《说文》本义是仰目,即发怒仰视。《战国策·燕策一》:"恣睢奋击。"古注训仰目。《史记·伯夷列传》:"暴戾恣睢。"古注谓:"仰白目,怒貌也。"以上读huī。水名,故道在今河南。县名,今河南睢县。姓氏。以上读suī。通"沮",水名。马王堆汉墓帛书《战国纵横家书》:"楚将不出睢章(漳)。"通"疽",毒疮。马王堆汉墓帛书《天下至道谈》:"产痤睢。"(张标)

睦

mù 明纽、觉部;明纽、屋韵、莫六切。

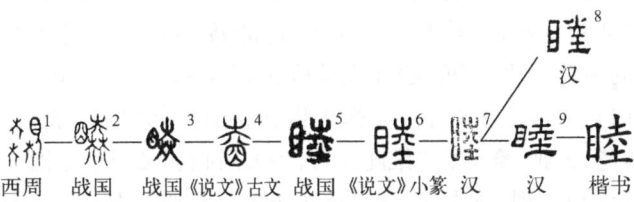

西周 战国 战国 《说文》古文 战国 《说文》小篆 汉 汉 楷书

1《汉语字形表》132页。2《汗简》8页。3《四声韵》72页。4、6《说文》72页。5《战文编》217页。7《汉印徵》卷4，2页。8《篆隶表》227页。9《隶辨》652页。

形声字。从目，坴(lù)声。形旁目是眼的象征，表示睦的本义与眼目有关；声旁坴是从土、夫(lù)声的形声字，夫又是从屮(chè)、六声的形声字，坴在睦字中起表音作用，睦与坴并来纽觉部。睦字在西周金文已经出现，作从见、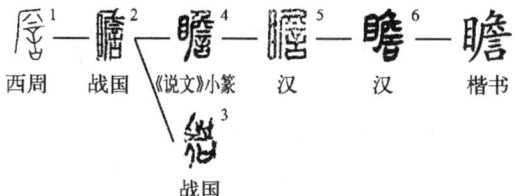(lù，籀文夫)声。战国时形成两个发展方向：（一）沿袭西周繁体写法，左声右形改作左形右声，见省作目或变作囧（目与囧皆含光义，故古文字中每相通用）。后来三夫省作一夫，左右结构变为上下结构。（二）从目、坴声的字出现，成为后来的主流方向。隶变后楷书作睦，主要是笔势变化。《说文》本义是"目顺"、"敬和"，即和睦。《书·尧典》："九族既睦。"古注训亲睦。此义亦假"陆"表示，汉碑《唐扶颂》："内和陆兮外奔赴。"引申指亲厚。《礼记·坊记》："睦于父母之党。"睦睦，恭敬貌。《史记·司马相如列传》："盰盰睦睦，君子之能。"（张标）

瞻 zhān 章纽、谈部；章纽、盐韵、职廉切。

1《金文编》369页。2、3《战文编》217页。4《说文》72页。5《汉印徵》卷4，2页。6《篆隶表》227页。

形声字。从目，詹声。詹是瞻的初文，古初就以詹为瞻，后来才造分化字瞻。故书中这类例子很多：（一）《诗》"鲁邦所詹"，《说苑》作"瞻"。（二）《史记·周本纪》"顾詹有河"，《逸周书》作"瞻"。（三）《左传》之郑詹，《公羊传》作瞻。（四）马王堆帛书《五行》"詹望弗及"，今本《诗》作"瞻"。战国时秦印与楚简中已见瞻字，秦印的结构与小篆已基本相同，郭店楚简省作从目从人从言，可以视为从目詹省声。隶变时，形旁目变化不大，声旁詹由于结构复杂，笔画多，变化较多，但始终是在"从言从八广声"的框架内进行。楷书作瞻，主要是小篆的笔势变化。《说文》本义为临视，即向下看。《论语·尧曰》："君子正其衣冠，尊其瞻视。"引申指仰视、敬视。《诗·大雅·桑柔》："维此惠君，民人所瞻。"又引申泛指一般地看、视。《左传·襄公十四年》："鸡鸣而驾，塞井夷灶，唯余马首是瞻。"马王堆汉墓帛书《相马经》："纵而膓（阳）缓瞻余（餘）者。"通"詹"，詹诸即蟾蜍（诸），癞蛤蟆。马王堆汉墓帛书《合阴阳》："七曰瞻诸。"（张标）

相 xiāng 心纽、阳部；心纽、漾韵、息亮切。
xiāng 心纽、阳部；心纽、阳韵、息良切。

1、2《甲文编》159页。3、4《金文编》235页。5、7《类编》132页。6《汉语字形表》133页。8《说文》72页。9《汉印徵》卷4，2页。10《篆隶表》227页。

会意字。商代甲骨文从目视木，会相看、观看意。时目形横作竖或仰斜不固定，木目亦不固定。至西周春秋时，基本上固定为木与目并列，然目下或以"二"为饰笔。隶变后楷书作相，是小篆的笔势变化。本义是观看，取意于以目观木。《殷虚书契前编》5.25.5："相日，今允雨。"引申指相貌。马王堆汉墓帛书《春秋事语》："产相。"假借指辅助。《书·吕刑》："今天相民，作配在下。"中山王𰻝壶："使得賢（贤）在（才）良诖（佐）以辅相乎（厥）身。"以上读xiàng。副词，相互。云梦秦简《法律答问》："同母异父相与奸。"马王堆汉墓帛书《杂禁方》："夫妻相恶。"也指质地。《诗·大雅·棫朴》："追琢其章，金玉其相。"毛传："相，质也。"以上读xiāng。通"伤"，为害。《甲骨缀合编》118："方相二邑。"通"丧"，失。越王钟："万䇓（世）无疆，用之勿相。"相邦，官名，见中山三器及八年相邦建信君钺、四年相邦吕不韦矛、三十一年相邦冉戈等。人名。《殷契佚存》999："甲辰妇相示(祭祀)二屯，岳。"（张标）

瞋 chēn 昌纽、真部；昌纽、真韵、昌真切。
tián 定纽、真部；定纽、先韵、亭年切。
tiàn 透纽、真部；透纽、霰韵、他甸切。
shèn 书纽、真部；书纽、震韵、试刃切。

1《睡甲》130页。2、3《说文》72页。

形声字。从目,真声。战国古文字中已见瞋字,时真左目右,《说文》整理为目左真右。《说文》所载异体作䀾,从目从戌。隶变后楷书分别作瞋、䀾,通行体为瞋,䀾少用。《说文》本义为"张目",即瞪大眼睛。云梦秦简《语书》:"因恚(悻)瞋目扼掊(腕)以视(示)力。"引申指发怒。《文选·孔稚珪〈北山移文〉》:"丛条瞋胆。"古注训怒。以上读 chēn。指盛貌,读 tián。同"眣",视,读 tiàn。同"䀼",张目,读 shèn。参"真"字条。(张标)

睠 juàn 见纽、元部;见纽、线韵、古棬切。

<!-- 字形演变 -->
战国 《说文》小篆 楷书

1《四声韵》61页。2《说文》72页。

形声字。从目,关(juàn)声。隶变后楷书作睠,形旁目发生的是笔势变化,声旁关发生的是笔意变化。隶变时还曾出现过一些异体,如北魏公孙略墓志作"睠",南朝齐宋买造象作"睠",韩叔子造象作"睠",齐道民马洛子造象作"卷"等,但都没有成为正体。睊见于《玉篇》,《说文》未收。现代整理汉字时,睊作为异体被淘汰,睠保留为正体。《说文》本义是"顾",指转过头去顾看,《诗·大雅·皇矣》有"乃睠西顾"。引申指朝向、顾念、顾恋、亲眷等,假借为姓氏。(张标)

睊 juàn 见纽、元部;见纽、线韵、古棬切。

卷¹—睊
战国 楷书

1《古文典》1003页。

形声字。从目,卷声。睊是睠的异体,它们共同的源头、声首是关,见于春秋古文字。古初以关为卷,后造分化字卷(见"睠"字条)。卷是睊的近源、准声首。初始可能以卷为睊,后造专字睊。故书中曾以卷为"倦"、"圈"、"髡"、"婘"、"捲"、"痯"、"菤"、"帣"等,马王堆帛书《缪和》"终身不卷",银雀山汉简"卷病"并用作"倦",后乃为造分化字。睊字可能也是这样产生,或者由构件目与卷整合而成;或者由声首关为之,后为造分化字;也可能睠字出现后,变易声旁关为卷而成(卷与关并见纽、元部)。《说文》收睠未收睊,《诗》"睠言顾之"、"乃睠西顾",并亦作睊。今睠为正体,睊被淘汰。(张标)

督 dū 端纽、觉部;端纽、沃韵、冬毒切。

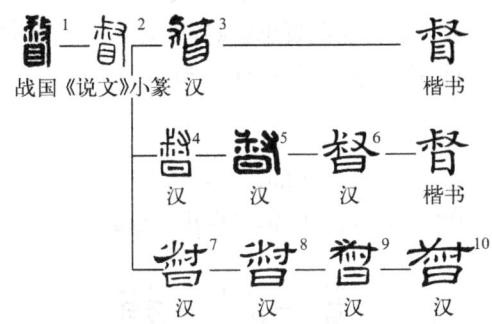

1《战文编》218页。2《说文》72页。3、9《篆隶表》228页。4、5《汉印徵》卷4,1页。6、7、8、10《隶辨》654页。

形声字。从目,叔声。形旁目为眼目之象,表示督的本义与眼目有关。声旁叔是从又、朩声的形声字,于督表音,督与叔并为舌音、觉部。战国古文字中始见督字,时构件"又"作"支",《说文》整理作从又(又与支属于形义皆近之偏旁)。隶变时"又"或作"寸"(寸与又也是形义皆近偏旁),最后楷书还是从又作"督",是小篆的笔势变化。隶变时"目"或讹作"日",楷书作"督",俗体。受草书影响,隶变时构件叔或写作 ，但没有取得主流地位。汉魏以降,还曾出现过"督"、"督"、"督"、"督"、"督"、"督"、"督"等,并俗体。《说文》本义是察看。《管子·九守》:"修名而督实。"引申指责罚。汉王充《论衡·寒温》:"夫妻相督。"又引申指纠正。《周礼·春官·大祝》:"禁督逆祀命者。"后又引申指监督、统领等。通"笃",厚重。《左传·僖公十二年》:"余嘉乃勋,应乃懿德,谓督不忘。"通"毒"、"竺",印度古译称"天督"、"天竺"、"身毒"。(张标)

看 kàn 溪纽、元部;溪纽、翰韵、苦旰切。
kān 溪纽、元部;溪纽、寒韵、苦寒切。

看¹—看
《说文》小篆 楷书

1《说文》72页。

会意字。《说文》分析为"从手下目"。表意偏旁手与目皆象形字,以目在手下会看视意。看之初文为形声字旃,战国文字作 ,《说文》误作会意(参"䀻"字条)。楷书作看,主要是小篆的笔势变化。《说文》本义是"睎",即以目视物。《乐府诗集·横吹曲辞五·十五从军征》:"遥看是君家，松柏冢累累。"引申指看望。《韩非子·外储说左下》："梁车为邺令，其姊往看之。"引申指估量。《三国志·吴书·周鲂传》："看伺空隙，欲复为乱。"以上读 kàn。引申指照看，看管。北魏贾思勰《齐民要术·养羊》："或劳戏不看，则有狼犬之害。"以上读 kān。（张标）

䶃 kàn 溪纽、元部；溪纽、翰韵、苦旰切。
　　 kān 溪纽、元部；溪纽、寒韵、苦寒切。

䶃¹—䶃²—䶃³—䶃
战国　战国　战国　楷书
䶃⁴—䶃
《说文》或体　楷书

1、2、3《古文典》966~967页。4《说文》72页。

形声字。从目，䕃(gàn)声（小徐本）。䶃与䕃并为牙音、元部。"看"的或体，与之同出一源。䶃与看的源头、声首为商周战国古文字已出现，像旗帜之形的䕃，后来䕃与构件目结合为从目、䕃声的形声字䶃，此即看的初文。由于声旁䕃书写过程中发生了讹变，目也发生了由目而田、囧的讹变，以致许慎在整理《说文》时误将此字认作从手下目的会意字，《说文》的看实际上应为形声字䶃。䕃字除去与目结合外，又与早结合成为从早、䕃声的形声字䕿（《说文》分析作从旦，旦与早可以看作形义皆近偏旁的互换）。古初盖以䕃为䶃，后乃为造专字。战国燕玺"䕃"读韩，三晋玺"䕃侯"读韩侯，后皆为造专字。䶃字可能是这样产生的，或者由构件䕃与目整合而成。《说文》始收录，楷书作䶃。《现代汉语规范字典》以看为正体，䶃虽没有被作为异体，实际废而不用。䶃只保存与行用于古文字中。参"看"字条。（张标）

睡 shuì 禅纽、歌部；禅纽、寘韵、是伪切。

睡¹
战国
睡²—睡
《说文》小篆　楷书

1《四声韵》52页。2《说文》72页。

形声字。从目，垂声。声旁垂为从土，𡍁(chuí)声的形声字，为边陲之本字，于睡表音，睡与垂并禅纽、歌部。战国以前的古文字中迄今未见睡字。《古文四声韵》所出为从目，𡍁声，后世不传。《说文》所收作从目，垂（垂当为

声），楷书作睡，是小篆笔意、笔势变化的结果。《说文》本义是"坐寐"，即坐着打盹。《战国策·秦策一》："读书欲睡，引锥自刺其股。"《庄子·列御寇》："子能得珠者，必遭其睡也。"（张标）

瞑 míng 明纽、耕部；明纽、青韵、莫经切。
　　 mián 明纽、耕部；明纽、先韵、莫贤切。
　　 méng 明纽、耕部；明纽、耕韵、莫耕切。

瞑¹—瞑²—瞑
战国　《说文》小篆　楷书

1《四声韵》61页。2《说文》72页。

会意兼形声字。从目、从冥，冥亦声。形旁兼声旁冥为幽暗义，表示瞑的本义与幽暗相关。冥，会日光幽暗意（冖亦表音）。古初以冥为瞑，后乃为造专字。战国时始见瞑字，不过声旁冥的构件冖作宀，大作六。冖与宀属于形、音、义俱近偏旁之更换，大作六则为讹变。《说文》整理作从日从六，冖声，属于理据重构，与古文字不尽相合。隶变后楷书作瞑，是小篆的笔势变化。《说文》本义是"翕目"，即合上眼。《左传·文公元年》："谥之曰'灵'，不瞑；曰'成'，乃瞑。"引申指视力不明。《逸周书·太子晋》："请使瞑臣往与之言。"又引申指昏暗。《文选·宋玉〈神女赋〉》："阒然而瞑。"以上读 míng。同"眠"，睡眠。《庄子·德充符》："据槁梧而瞑。"以上读 mián。同"矇"，视不明的样子，读 méng。（张标）

省 xǐng 心纽、耕部；心纽、静韵、息井切。
　　 shěng 心纽、耕部；生纽、梗韵、所景切。

省¹—省²—省³—省⁵—省⁶—省⁷—省
商　西周　西周　战国　战国　战国　楷书
省⁴—省⁸—省⁹—省¹⁰—省¹¹—省¹²
春秋　战国　战国　《说文》小篆　汉　楷书

1《甲文编》162页。2、3《金文编》242页。4、6《类编》132页。5、10《战国编》219页。7《古文典》825页。8《汉语字形表》135页。9、12《篆隶表》231、228页。11《说文》73页。

形声字。从目，生声。声旁生为草生于地之象，于省表音。甲骨文已见省字，时为从目、生省声；春秋时，从目、生声字始出现。战国时生声与生省的并见。后来生省声的《说文》整理作"从眉省、从屮"，楷书即省；生声的楷书作省，主要是小篆的笔势变化。省的本义古初当与生同

为察看、察视义,二者于此同音同义同形,互用无别(见"省"字条)。以上读xǐng。《说文》所训眚之本义"目病生翳"即害眼病、目生障膜,乃引申义,此义罕见用例。引申指过失、灾害义,亦眚省互用(例见"省"字条。)引申为日月食。《左传·庄公二十五年》:"非日月之眚,不鼓。"以上读shěng。(张标)

瞥

piē 滂纽、月部;滂纽、屑韵、普蔑切。

bì 滂纽、月部;帮纽、祭韵、必袂切。

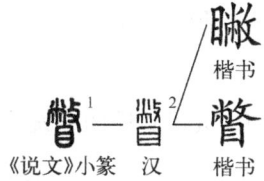

1《说文》73页。2《汉印徵》卷4,2页。

形声字。从目,敝声。瞥与敝并为唇音月部。古初盖以敝为瞥,后乃为造今字。《说文》始收录,隶变后楷书作瞥,是小篆的笔势变化。瞥中构件"㡀"旧字形无上下贯通之竖笔,作八画;新字形竖笔上下贯通,作七笔。瞥或作瞥(唐《李从政墓志》),俗体。《说文》本义为"过目",即扫看。《淮南子·说林》:"鳖无耳而目不可以瞥,精于明也。"瞥的异体"瞥"见于汉代,《说文》未收。《文选·张衡〈思玄赋〉》:"游尘外而瞥天兮,据冥翳而哀鸣。"今瞥通行而瞥罕用。以上读piē。指"目翳",读bì。(张标)

眛

mèi 明纽、物部;明纽、队韵、莫佩切。

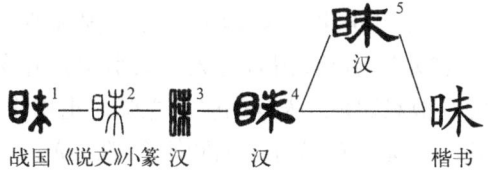

1《古陶徵》169页。2《说文》73页。3、4、5《篆隶表》228~229页。

形声字。从目,未声。眛与未声韵并同。未是眛的源头、声首。古初盖以未为眛,战国时始见之。隶变时,声旁或书作朱、末,并不规范,楷书作眛。构件未上横短、下横长,与末正相反。《说文》本义为"目不明",即昏眛,此义古或借"昧"表示。《左传·僖公二十四年》:"目不别五色之章为眛。"通"寐",睡。《淮南子·精神》:"故觉而若眛。"(张标)

眯

mǐ 明纽、脂部;明纽、荠韵、莫礼切。

mèi 明纽、物部;明纽、至韵、弥二切。

mí 明纽、脂部;明纽、支韵、武移切。

mī

1《睡甲》51页。2《说文》73页。3《篆隶表》229页。

形声字。从目,米声。古初盖以米为眯,后乃为造专字。战国时出现的眯与《说文》结构全同,隶变后楷书作眯,是小篆的笔势变化。《说文》本义是"艸入目中",即眯眼。《庄子·天运》:"播糠眯目。"以上读mǐ。通"寐(mèi)",梦魇。云梦秦简《日书甲种·诘咎》:"一室中卧者眯也。"同"眯",眇目,即小眼睛,读mí。目微合,即俗语"眯缝着眼",读mī。通"迷",迷惑。马王堆帛书《老子甲本·道篇》:"唯(虽)知(智)乎大眯(迷)。"古或借"規"表示。中山王譽鼎:"燕王子哙規惑于子之而亡(亡)其邦。"通"弥",人名用字。《左传》之提弥明、高渠弥,《史记》作示眯明、高渠眯。(张标)

眺

tiào 透纽、宵部;透纽、啸韵、他吊切。

1《四声韵》62页。2《说文》73页。3《篆隶表》229页。4《隶辨》586页。

形声字。从目,兆声。战国眺字形旁或从囧(jiǒng,窗格明亮),其与目为形义并近偏旁之更替。《说文》厘定为从目,不从囧。隶变后作眺。《说文》本义是"目不正",即斜视。晋潘岳《射雉赋》:"亦有目不步体,邪眺旁剔。"引申指一般地看、视。马王堆帛书《二三子问》:"高尚齐虖(乎)星辰日月而不眺。"引申指遥瞻,远望。《礼记·月令》:"可以远眺望。"古亦假"規"(tiào)为之。《后汉书·张衡传》:"流目規夫衡阿兮,睹有黎之圮坟。"清朱骏声《说文通训定声·小部》引作"眺"。通"耀",照耀。马王堆帛书《老子乙本·德篇》:"直而不绁,光而不眺。"(张标)

睐(睞)

lài 来纽、之部;来纽、代韵、洛代切。

睞¹—睞
《说文》小篆 楷书

1《说文》73页。

形声字。从目，來声。《说文》始收录，隶变后楷书作睐，是小篆的笔势变化。简化字作睐。《说文》本义是"目童子不正"，即眼睛的瞳仁不正。引申指侧视、斜视。三国魏曹植《洛神赋》："皓齿内鲜，明眸善睐。"又引申指一般地看视。晋潘岳《射雉赋》："奋劲骹以角槎，瞵悍目以旁睐。"（张标）

矇 méng 明纽、东部；明纽、东韵、莫红切。
    měng 明纽、东部；明纽、董韵、莫孔切。

矇¹—矇
《说文》小篆 楷书

1《说文》73页。

形声字。从目，蒙声。矇与蒙并为明纽、东部。蒙是矇的初文，古初以蒙为矇，后乃为造今字。《说文》始收录，楷书作矇。字中构件"草字头"旧字形为四笔，新字形为三笔。《说文》本义为"童矇"，即瞳孔被蒙覆，即青光眼或盲者。《诗·大雅·灵台》："矇瞍奏公。"毛传："有眸子而无见曰矇。"引申指昏暗不明。《淮南子·修务》："明镜之始下型，矇然未见形容。"引申指愚昧无知。《论衡·量知》："人未学问曰矇。"以上读 méng。瞚矇，联绵词，目不明，读 měng。（张标）

眇 miǎo 明纽、宵部；明纽、小韵、亡沼切。
   miào 明纽、宵部；明纽、笑韵、弥笑切。

眇¹—眇²—眇³—眇⁴—眇⁵—眇⁶—眇
战国《说文》小篆 汉 汉 汉 汉 楷书

1《战文编》219页。2《说文》73页。3《汉印徵》卷4，2页。4、5、6《篆隶表》229页。

会意兼形声字。从目，从少，少亦声。表意偏旁目为眼目之象，表示眇的本义与眼目有关。意旁兼音旁少为从小、从区别符号丿、小亦声的特殊形声字，表示眇的本义与小有关且表音，眇与少并宵部。战国文字中出现了不少以少为声的形声字，如晋玺"钞"，包山简"雀"、"眇"，信阳简"钞"，天星观简"钞"，郢大府量"笒"等。它们很可能是由特定形旁与声旁少整合而成，或者以声首少兼任某字，后为造分化字。眇字也应是这样出现的。战国眇字与《说文》结构完全一致，隶变时声旁少或作小，属于形音义俱近偏旁的更替。楷书作眇，是小篆的笔势变化。本义是小目。《说文》："眇，一目小也。"原指一只眼睛瞎，后也指双目失明。《易·履》："眇能视，不足以有明也。"又指眯着眼睛看。《汉书·叙传上》："离娄眇目于豪分。"颜师古注："眇，细视也。"引申指细小、遥远。《庄子·德充符》："眇乎小哉。"此义后写作"渺"。以上读 miǎo。通"妙"，精妙。《汉书·扬雄传》："声之眇者不可同于众人之耳。"马王堆帛书《老子》甲本："以观其眇"，"是胃（谓）眇要。"《老子》乙本："众眇之门。"（张标）

眄 miǎn 明纽、元部；明纽、铣韵、弥殄切。

眄¹—眄²—眄³—眄
战国《说文》小篆 汉 楷书

1《四声韵》61页。2《说文》73页。3《篆隶表》229页。

形声字。从目，丏声。眄与丏并明纽、元韵。丏与形旁目整合为眄，犹石鼓文、帛书乙一图构件丏与水结合为沔；或者先以丏为眄，而后为造分化字。战国眄字与《说文》结构完全一致，隶变时构件丏或讹作丐，破坏了从𠃊、万声的结构，故俗体有作眄者，楷书正体作眄。或书作眄，误将丐(gài)旁与丏(miǎn)旁相混。《说文》此字本义有两个：一个是"目偏合"，即眼睛一闭一开，目光聚集到眯开的眼上聚精会神地看，此义罕用，另一个是"衺视"，不从正面去看，应用较广。《列子·黄帝》："始得夫子一眄而已。"引申指一般地看、望。三国魏曹植《与吴季重书》："左顾右眄，谓若无人。"又引申指眷念。《晋书·秃发傉檀载记》："朱晖眄张堪之弧。"也用作叠字形容词"眄眄"，无知的样子。《淮南子·览冥》："卧倨倨，兴眄眄，一自以为马，一自以为牛。"高诱注："眄眄然，视无智巧貌也。"（张标）

盲 máng 明纽、阳部；明纽、庚韵、武庚切。

盲¹—盲²—盲³—盲⁴—盲⁵—盲
战国 战国《说文》小篆 汉 汉 楷书

1、2《战文编》219页。3《说文》73页。4、5《篆隶表》229页。

形声字。从目，亡声。古初以亡为盲，后乃为造今字。

望山简"亡童"读"盲僮"即其证。盲字在战国时已大量出现,时目作⊖、⊕、⊗等,远离象形,带有六国文字开放诡异色彩。构件亡或倒作⌒。楷书作盲。《说文》本义是"目无牟子",即眼珠黑白不分,失明。《老子》:"五色令人目盲。"引申指盲人。《墨子·非攻下》:"此譬犹盲者之与人同命白黑之名,而不能分其物也。"又引申指昏晦不明。《吕氏春秋·明理》:"有众日并出,有昼盲。"通"痭",迅疾。《礼记·月令》:"(仲秋之月)盲风至。"通"望",看。《周礼·天官·内饔》:"豕盲眡而交睫,腥。"郑玄注引杜子春云:"盲眡,当为望视。"《礼记·内则》正作"望视"。(张标)

瞽 gǔ 见纽、鱼部；见纽、姥韵、公户切。

瞽¹ — 瞽
《说文》小篆　楷书

1《说文》73页。

形声字。从目,鼓声。古初以壴为鼓,后乃为造今字(例见"鼓"、"鼓"字条)。古初亦以鼓为瞽,后为造分化字。《大戴礼记·保傅》"鼓夜诵诗",《新书·保傅》作"瞽史诵诗"。《汉书·古今人表》之"鼓叟",即舜父瞽叟。汉扬雄《法言·君子》之"巫鼓"读"诬瞽"(诬词瞽说)。《说文》始收录,隶变后楷书作瞽,是小篆的笔势变化。《说文》瞽的本义是"目但有联(朕)",即眼睁不开,仅有缝隙,即盲人。《韩诗外传》卷五:"两瞽相扶,不触墙木。"古代盲人常以演奏为业,故引申为乐工。《礼记·礼运》:"卜筮瞽侑,皆在左右。"引申指昏昧。宋司马光《闻喜县修文宣王庙记》:"瞽惑之言,不足稽也。"通"鼓",击鼓。《周礼·春官·乐师》:"诏来瞽皋舞。"郑玄注:"郑司农云:瞽当为鼓,皋当为告。呼击鼓者,又告当舞者,持鼓与舞俱来也。"(张标)

瞍(瞍) sǒu 心纽、幽部；心纽、萧韵、苏雕切。

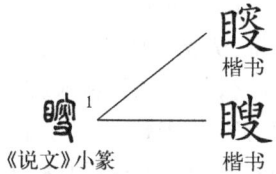
瞍¹ 瞍
《说文》小篆　楷书

1《说文》73页。

形声字。从目,叟声。形旁目为眼目之象,表示瞍的本义与眼目有关。古初以叟为瞍,后乃为造专字。《诗·大雅·灵台》"矇叟"读"瞍",《路史》所载舜父"鼓叟"读"瞽瞍",是其证。《说文》始收录。隶变时会意的声旁叟不取小篆所厘定,而是沿用战国时已发生讹变之体,楷书作瞍,偏旁目发生的是笔势变化,叟发生的是笔意变化。楷书又作瞍,是小篆的隶定。《现代汉语规范字典》以瞍为正体。《说文》本义是"无目",即瞎子。《国语·周语上》:"瞍赋矇诵。"引申指长者,舜父瞽瞍之省称。《书·大禹谟》:"祗载见瞽瞍。"(张标)

睇 dì 定纽、脂部；定纽、霁韵、特计切。
tī 定纽、脂部；透纽、齐韵、土鸡切。
tí 定纽、支部；定纽、齐韵、杜奚切。

睇¹ — 睇
《说文》小篆　楷书

1《说文》73页。

形声字。从目,弟声。形旁目像眼目之形,表示睇的本义与眼目有关。睇与弟并定纽、脂部。古初盖以弟为睇,后乃为造今字。《说文》始收录。隶变后楷书作睇,是小篆的笔势变化。本义是斜视、流盼。《礼记·内则》:"不敢哕噫、嚏咳、欠伸、跛倚、睇视。"《楚辞·九歌·山鬼》:"既含睇兮又宜笑。"又指小视。《楚辞·九章·怀沙》:"离娄微睇兮,瞽以为无明。"以上读dì。泛指看、望,俗语称"瞧"。晋赵至《与嵇茂齐书》:"龙睇大野,虎啸六合。"以上读tī。同"睼",迎视,读tí。(张标)

瞚 shùn 书纽、文部；书纽、稕韵、舒闰切。

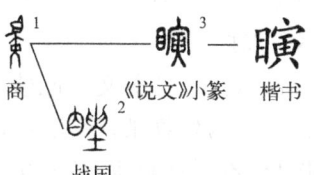
瞚 — 瞚
商 《说文》小篆　楷书
战国

1《金祥恒先生全集》1951页。2《汗简》8页。3《说文》73页。

形声字。从目,寅声。形旁目是眼目之象,表示瞚的本义与眼目有关。瞚与寅并为舌音,文真旁转。古初以寅为瞚,后乃为造专字。《易·艮》"裂其寅",《韩诗外传》作瞚,是其证。瞚字在甲骨文中已经出现,时为上下结构。战国时始作并列结构,然声旁寅作🌱,为从土、寅声的形声字(与《说文》古文寅作𡎿相同,为繁简之别)。《说文》小篆从寅声,隶变后楷书作瞚,是小篆的笔意、笔势变化。《汗简》与《古文四声韵》并收有◎字,此为《说文》旬、昀字,其与瞚音义并近,有说为一字者,兹不从。瞚的本义是眨眼。《说文》："瞚,开阖,目数摇也。"《庄子·庚桑楚》："终日视而目不瞚。"引申指极短的时间。《吕氏春秋·安死》："夫死,其视万岁犹一瞚也。"甲骨文借用作地名。《殷虚书契后编》下24.6："自瞚……一月。"瞚是《说文》"正体",瞬是后出"俗体",《现代汉语规范字典》以瞬为正体,不从《说文》。参"瞬"字条。(张标)

瞬 shùn 书纽、文部；书纽、稕韵、舒闰切。

1《说文》73页。

形声字。《说文》不见,《玉篇》始收录,徐铉在《说文》"瞚"下标注作"俗体"。其结构为从目,舜声。舜与寅同为舌面音,真文旁转,可以看作音近偏旁的更易。现代整理汉字以传统的俗字瞬为规范正体。本义与瞚同,指眨眼。《列子·汤问》："尔先学不瞬,而后可言射矣。"引申指片刻、极短的时间。晋陆机《文赋》："观古今于须臾,抚四海于一瞬。"泛指一般地看。清蒲松龄《聊斋志异·婴宁》："目注婴宁,不遑他瞬。"瞬的义项较瞚多,应用广,它们是具有包容关系的异体字。(张标)

瞼(脸) jiǎn 群纽、谈部；群纽、琰韵、巨险切。

瞼¹ — 瞼 — 脸
《说文》新附　楷书　楷书

1《说文》73页。

形声字。从目,佥声。先秦文献已使用此字,但《说文》没有收录,《玉篇》始收录,徐铉列入新附。楷书作瞼,类推简化作脸。本义是眼皮。《北史·艺术传·姚僧垣》："帝亲戎东讨,至河阴,遇疾,口不能言,脸垂覆目,不得视。"假借作"敛",收敛。《鬼谷子·反应》："欲闻其声反默,欲张反脸。"译音词,唐代南诏称州为脸。(张标)

眨 zhǎ 精纽、缉部；庄纽、洽韵、侧洽切。

眨¹ — 眨
《说文》新附　楷书

1《说文》73页。

形声字。从目,乏声。眨的源头、声首是乏,见于战国文字。初始盖以乏为眨,后乃为造专字。汉代文献已经使用此字,但《说文》没有收录,晋葛洪《字苑》、唐玄应《一切经音义》等都收入了,徐铉列入新附,现代成为口语常用字。本义指眼睛不停地睁开合上,即眨眼。唐皮日休《二游诗·任诗》："沼似颇黎镜,当中见鱼眨。"引申指闭上一只眼,用睁着的一只眼看东西。唐玄应《一切经音义》卷一引汉服虔《通俗文》："一目曰眨,谓眇目视白也。"楷书作眨。宋代曾用"䀹"字表示(详"䀹"字条),今通用眨。(张标)

眸 móu 明纽、幽部；明纽、尤韵、莫浮切。

眸¹ — 眸
《说文》新附　楷书

1《说文》73页。

形声字。从目,牟声。眸的源头、声首、初文是牟,见于甲骨文。牛上的V为指示出气的符号,战国文字的▼、一亦指事符号。古初以牟为眸,后乃为造专字。《荀子·非相》："尧舜参牟子"杨倞读眸,是其证。先秦文献已经使用此字,但《说文》未收,至三国魏张揖《广雅》始收录,徐铉把它列入新附。楷书作眸,本义指眼珠内瞳孔。《孟子·离娄上》："存乎人者,莫良于眸子。"引申指眼珠。《广雅·释亲》："珠子谓之眸。"通"瞀"(mào),低目谨视。《荀子·大略》："今夫亡箴者,终日求之而不得；其得之,非目益明也,眸而见之也。"(张标)

睚 yá 疑纽、支部；疑纽、卦韵、五佳切。

睚¹ — 睚
《说文》新附　楷书

1《说文》73页。

会意兼形声字。从目、厓(厓亦声)。表意偏旁目像眼目之形,表示睚的本义与眼目有关。形旁兼声旁厓是从厂(hǎn)、圭声的形声字,为边缘义,表示睚的本义与边缘有关且表音,睚与厓并疑纽支部。古初以厓为睚,后乃为造今字。《汉书·孔光传》之"厓眥",《史记·范雎列传》作"睚眥"即其证。先秦文献中已使用此字,但《说文》未收,《玉篇》始收之,徐铉列入新附。楷书作睚。本义是眼眶。引申指举目、瞪眼。唐戴孚《广异记》："鼓唇睚目,貌甚丑恶。"联绵词"睚眥"是怒视的样子。《战国策·韩策二》："夫贤者以感忿睚眦之意,而亲信穷僻之人。"通"挨"(ái),熬、拖延。宋刘克庄《风入松》词："残更难睚抵长年。"(张标)

瞖 yì　影纽、脂部；影纽、霁韵、於计切。

瞖
楷书

形声字。结构为从目，殹(yì)声。形旁目为眼目之象，表示瞖的本义与眼目有关。瞖与殹并为影纽、脂部。古初盖以殹为瞖，后乃为造专字。楷书作瞖，《说文》不见。最早出现于晋吕静《韵集》，《玉篇》亦收录。唐玄应《一切经音义》认为它与《说文》训诂为"目病生翳"的翳是同字。本义是眼病，白内障。宋梅尧臣《别张景嵩》："犹能洗君目，病瞖云销岑。"引申指害眼病。《宋史·理宗谢皇后传》："后生而鬓黑，瞖一目。"参"瞖"字条。（张标）

䀠 部

䀠 jù　见纽、鱼部；见纽、遇韵、九遇切。

1-4《金文编》237页。5《汗简》8页。6《类编》133页。7《古文典》482页。8《说文》73页。

会意字。《说文》："从二目。"盖以横向平列之象形二目，会左顾右看意。商代金文多见此字，作逼真的有眼眶、眼角、眼珠的双目形，有的眼珠内还有瞳仁；横列之外，亦有作竖列二目者。战国时象形性削弱，符号性加强，横列的作䀠或䀠，竖列的作䀠或䀠。《说文》将符号化的二目进一步线条化，作䀠，仅有象形遗意。楷书作䀠。《说文》本义为"左右视"，惊顾状，是"瞿"的本字。唐苏源明《元包经传·太阳》："䀠鋆于页，目之览也。"叠字形容词"䀠䀠"或作"瞿瞿"，惊视之貌。《诗·齐风·东方未明》："狂夫瞿瞿。"商代金文假借作国族名。䀠父丁簋："䀠囗父丁册。"（张标）

眉 部

眉 méi　明纽、脂部；明纽、脂韵、武悲切。

1、2《甲文编》162页。3、4、5《金文编》237页。6《汗简》45页。7《四声韵》9页。8《说文》74页。9《篆隶表》231页。10、11、12《隶辨》53页。

象形字。古文字结构作从目，上像眉毛，目亦声（眉与目并明纽）。甲骨文字已出现，有繁简二体。繁体从人或女，从目，目上有眉毛；简体从目上有眉。眉毛有带额理作者，多数不带额理，直接在目上作111或11。到西周金文时，商代繁体已不见，只有简体，注重表现额理，作䀠或䀠。战国时结构已与《说文》小篆基本相同，上面两道眉作𠆢，下加额理作𠃑，目由象形横目变为不象形的竖目(目、目)，隶变后楷书作眉，是笔意、笔势变化的结果。本义是眉毛。《穀梁传·文公十一年》："断其首而载之，眉见于轼。"引申指边侧。《汉书·游侠传·陈遵》："观瓶之居，居井之眉。"引申指长寿。古人认为眉毛长者高寿，故用"眉寿"表年高。《诗·豳风·七月》："以介眉寿。"彧者鼎："用绥眉录(禄)。""眉寿"字，金文更多地是借用"沬"、"頪"、"䚕"等，故书中或借用"微"、"麋"。借用作地名，即"郿"，今陕西渭河北岸眉县。《殷虚书契续编》4.29.1："殻贞：寻好史(使)人于眉？"借用作人名。《铁云藏龟拾遗》14.3："贞：眉不其得？"《小屯·殷虚文字乙编》乙6481："子眉孢。"䀠伯簋："王命益公征眉敖。"通"昧"，"眉日"即昧日、旦日。明义士《殷虚卜辞》445："兹雨眉日。"通"湄"，水涯。小臣謎簋："唯十又一月，遣自䀠䀠(地名)，述东阪(地名)，伐海眉。"（张标）

省 xǐng　心纽、耕部；心纽、静韵、息井切。
　　shěng　心纽、耕部；生纽、梗韵、所景切。

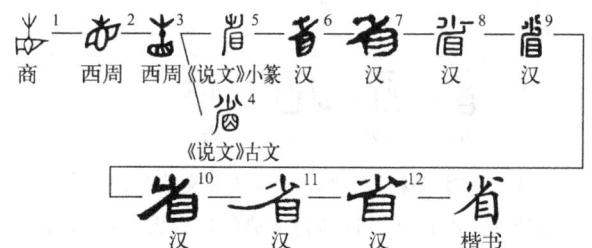

1《汉语字形表》135页。2、3《金文编》242页。4、5《说文》73页。6、7《马王堆》136页。8—12《篆隶表》231页。

形声字。商代甲骨文作从目，生省声。古初与眚为同一字，源头与声首并为生。在后来发展过程中，生声的发展为眚；生省声的到战国、秦汉时代出现两种变化，一是目上的屮木之形，即所谓生省声的屮下衍出一斜形曲笔，作丿，许慎把斜笔分析为目上眉下的"頟（额）理"，整字分析为"从眉省、从屮"，可谓理据重构。二是屮讹作小，下面亦衍出斜形曲笔成少，目旁亦易作囧（jiǒng，窗格明亮）。这两种变化就是《说文》所收之小篆省与古文省。隶变时，取小篆之"目"与古文之"少"两构件而成为楷书省。省中的构件目保存了古初形旁，构件少是生省声的讹变。省的本义是视察、察看。《殷契粹编》929："贞：王其省盂田（畋），湄（昧）日不雨？"《小屯·殷虚文字乙编》8461："贞：勿乎省牛于多夒（旬）？"中甗："王令中先省南国𢓨行。"中山王𧊒鼎："佥（论）其德，眚（省）其行。"以上省、眚不分互用。引申指反省。𨟃鼎："省于厥身。"以上读xǐng。音变读shěng，指宫禁、区划、姓氏等、过失、灾害、减省等义，亦省、眚互用。《公羊传·庄公二十二年》"肆大省"，《左传》作"眚"；马王堆帛书《六十四卦·讼》"无省"，今本《易·讼》作"无眚"；《周礼·夏官·大司马》"冯弱犯寡则眚之"，阮元《校勘记》引《礼说》谓《公羊》作"省"。参见"眚"字条。通"姓"，百姓。马王堆帛书《老子》甲本："百省胃（谓）我自然。"《老子》乙本："以百省之心为心。"（张标）

盾 部

盾 dùn 定纽、文部；定纽、混韵、徒损切。
yǔn 喻纽、文部；以纽、准韵、余准切。

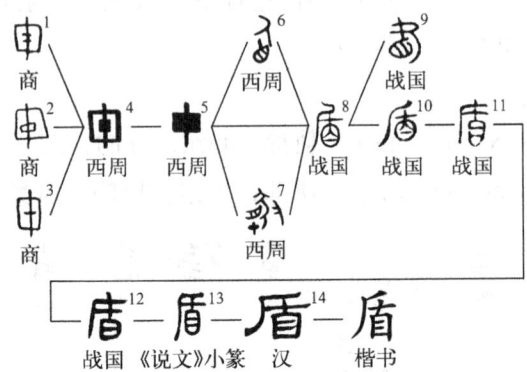

1—5《类编》131页。6、7《金文编》242页。8《汗简》8页。9、11《古文典》1334页。10《四声韵》42页。12《睡甲》52页。13《说文》74页。14《篆隶表》231页。

初为象形字。商代甲骨文已出现，像方形盾牌、中有把手状。西周金文在沿袭前代结构的同时，开始出现从人（𠂉）、从𦣻（dùn）、𦣻亦声的会意兼形声字。表意偏旁人是象形字，表示盾字本义与人有关。形旁兼声旁𦣻是盾牌之象，表示盾的本义与盾牌有关且表音，𦣻与盾并定纽、文部。当时还出现了一个形声字，形旁是 中（自），声旁是豚（定纽、文部），但没能取得主流地位。战国时，人或作尸，尸亦人形；或讹作𠃌，更多的是省作厂，接近于厂和广。盾牌则由西周的𦣻作𦣻、𦣻、𦣻、𦣻。《说文》小篆实为从人省、𦣻（dùn）声。楷书作盾，《现代汉语通用字笔顺规范》确认第一笔是撇，不是横。本义是防御性兵器盾牌。贰篆："孚（俘）戎兵：豚（盾）、矛、戈、弓、𥏌（箙）、裹（褌）、胄。"《诗·秦风·小戎》："龙盾之合，鋈以觼軜。"以上读dùn（旧读shǔn）。汉代一种詹事类官员，称"中盾"，读yǔn。（张标）

𢧵（𢧵） fá 並纽、月部；奉纽、月韵、房越切。

𢧵—𢧵
《说文》小篆　楷书

𢧵—𢧵—𢧵—𢧵
战国　战国　战国　楷书

1、2、3《楚系简帛》285～286页。4《说文》74页。

初为会意字。战国时变作从戈、盾声字。声旁盾本身是从𦣻（dùn）、从人，𦣻亦声的形声字（参"盾"字条）。构件𦣻、𦣻、𦣻并盾形之讹，𠂉乃人之讹。不过，此种形声结构没有被《说文》所采纳。《说文》所厘定从盾、犮声的𢧵另有来源。𢧵的形旁盾是会意兼形声字，盾牌义，表示𢧵的本义与盾牌有关。声旁犮为"跋"之初文，于𢧵表音，𢧵与犮皆並纽、月部。古初盖以犮为𢧵，后乃为造今字。𢧵字可能是这样产生的，或者由构件盾与犮整合而成。隶变后楷书作𢧵，是小篆的笔意、笔势变化。或作𢧵，俗体。或作𢧵，是战国文字的楷体，𢧵与𢧵是文月旁对转，罕用。构件犮旧字形作犮，五笔；新字形作犮，亦五笔。本义是盾。《逸周书·王会》："鲛𢧵利剑为献。"曾侯乙墓竹简多次出现的"画𢧵"，即雕绘之盾。或说𢧵为伐省声，伐与𢧵皆並纽、月韵。（张标）

自 部

自 zì 从纽、质部；从纽、至韵、疾二切。

1、2、3《甲文编》163~164页。4《金文编》243页。5、7、8《类编》133页。6《汉语字形表》135页。9、11、12《篆隶表》231页。10《说文》74页。

象形字。《说文》："自，象鼻形。"为鼻的本字，鼻与自同为质韵。商代甲骨文已经出现，有鼻孔、鼻身，鼻身上鼻头与两翼三处高于面部，就用三根夸张的长线抽象地加以表示。鼻身上或有一条、两条横线，是饰笔。自西周到春秋，分隔的两鼻孔开始联为一体，下大上小开始变为上下等同粗细，鼻身上的饰笔开始固定为两条，成为结构的重要部分。战国字形是在西周春秋经过规范的文字基础上变异，主要是笔势变化。个别变化大的又加饰笔作 ，但没有取得主流地位。楷书作自。本义是鼻子。《小屯·殷虚文字乙编》6385："贞：㞢(有)疾自，佳㞢害(害)？"引申为自己，亲自。《邺中片羽初集》1.41.7："鬼方出，王自正(征)？"右走马嘉壶："右走马嘉自乍(作)行壶。"假借作介词，从。《殷虚书契前编》3.20.1："自今癸巳至于丁酉雨？"《殷虚书契后编》上13.1："庚辰卜，行贞：王其步自杞？"《殷虚书契菁华》5："王宾自武丁至于武乙，衣(殷)亡尤？"令鼎："王归自諆田。"人名用字。《无想山房旧藏甲骨文字》11："自入三。"（张标）

白 部

白(自) zì 从纽、质部；从纽、至韵、疾二切。

1《甲文编》163页。2《金文编》244页。3、4《汉语字形表》136页。5《汗简》8页。6《说文》74页。

象形字。"自"的异体与简体，由"自"分化而出。商代甲骨文本有繁、简二体，繁体鼻身上有二横为饰笔，简体以一横为饰笔；繁体的终端是楷书自，简体的终端是楷书白。它们音义并同，作为一个词来使用，甲骨文时代混用，后代几乎只用自，不用白，这与白与白(bái)的形体容易混淆有关。作为原初构件与声首，它们都有很强的构字能量，各自形成了自己的构字体系。以白为基础构件，组成了皆、鲁、者、畴、智、百等字，但都来源于口或曰，与"白"没有直接关系。《玉篇》取消这一部首，《康熙字典》与《正字通》不设白字头。（张标）

皆

皆 jiē 见纽、脂部；见纽、皆韵、古谐切。

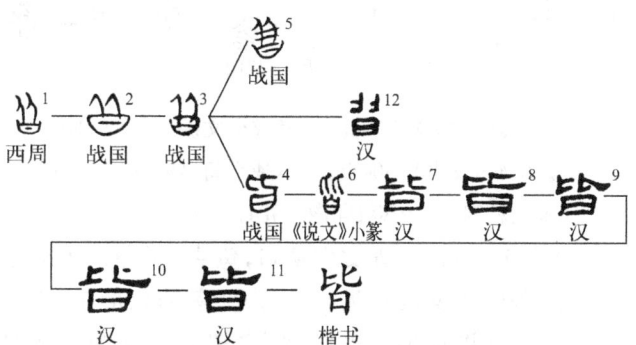

1《金文编》245页。2《类编》208页。3《古文典》1183页。4、10《汉语字形表》136页。5《楚系简帛》289页。6《说文》74页。7-12《篆隶表》232页。

会意字。西周金文从从，从曰。从表二人从行义；曰为指事字，示口在言语。两构件相合，盖会言行并相从意。战国时尚以此为主流结构，时构件从或作 (并)，并的本义是二人相从，与构件从属于形义相近偏旁的更替。当时更主要的一个变化是在秦系文字中构件从易作比。《说文》把构件曰看作白(zì)则是错误的，战国、秦汉时绝大多数作曰不作白即可证明。隶变后楷书作皆，仍从小篆结构下部作白不作曰。郭店楚简皆作𧴪，是从比、从曰、从虘(niè)省，为皆之异体。《汗简》与《古文四声韵》所收三个皆字作 ， ， ，实乃虘(liè)字，多有讹变，声头或讹作 ， (niè)或讹作 。由于虘字假借作皆，故被郭、夏收入(二人书中多有假借字滥入本字)。郭店楚简的 ，亦此字，假借作皆。中山王三器的 ，为此字之讹，亦假作皆。《说文》本义为"俱词"，即今表示整体的范围副词全、都，当是"言行并相从"的引申。《金璋所藏甲骨卜辞》189："雪(神祇)罙门皆酐，又(有)雨？"

289

《诗·大雅·绵》:"百堵皆兴,鼛鼓弗胜。"毛传:"皆,俱也。"郭店楚简《语丛一》:"上下虐得胃(谓)之信。"假借作"偕",一同,一起。《书·汤誓》:"时日曷丧,予及汝皆亡。"《孟子·梁惠王上》引作"偕"。云梦秦简《日书》甲种88背1:"其后必有别,不皆居。"通"阶",台阶。晋孙绰《太宰郗鉴碑文》:"肇皆方尺,遂隆台岳。"通"则",就,就是。汉蔡邕《明堂月令论》:"鲁太庙皆明堂也。"人名。皆壶:"皆。"(张标)

鲁(鲁) lǔ 来纽、鱼部;来纽、姥韵、郎古切。
lú 来纽、鱼部;来纽、语韵、力举切。

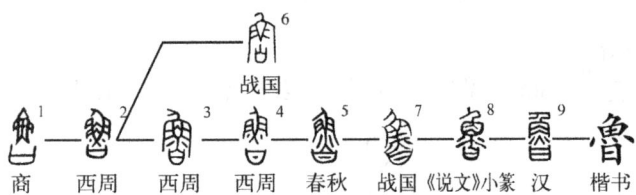

1《甲文编》165页。2—5《金文编》245~246页。6《古文典》504页。7《楚系简帛》291页。8《说文》74页。9《汉印徵》卷4,3页。

形声字。商代甲骨文作从口,鱼声。形旁口为嘴之象,表示鲁的本义与口嘴有关。声旁鱼为象形字,于鲁表音,鱼与鲁并为鱼部。盖为"噜"之初文,本义为言语(见《玉篇》)。鲁的源头、声首盖鱼,甲骨文已出现。古初盖以鱼为鲁,后乃为造本字。殷商无一例外作从口、鱼声,偶见有口作凵者,乃不规范之缺刻。此种结构西周、战国都有传承,战国时或将上下结构易作左右结构。在西周时,口旁或作白(zì),或作甘。作白乃讹变,但却被《说文》所采纳,作甘是形义相关相近偏旁的更易,但此一更易成为战国时主流结构。《说文》不从,整理为"从白,鰲(zhǎ)省声"是理据重构。隶变时,构件鱼下或作甘,甘又讹作日。楷书作鲁,从鱼、从日,是小篆笔意与笔势变化的结合。简化作鲁,由鱼简化为鱼类推而得。本义为嘉、美。《殷契佚存》531:"乙丑卜,㱿贞:寻妌鲁于黍年?"颂壶:"颂敢对扬天子丕显鲁休。"人名用字。《小屯·殷虚文字甲编》3000:"壬午卜,鲁不其嘉?"方国名。《合集》9979:"鲁受黍?""鲁侯爵:"鲁侯乍爵。"《说文》:"鲁,钝词也。"假借义,迟钝。《论语·先进》:"柴也愚,参也鲁。"以上读lǔ。通"旅",祭名。《殷虚书契后编》上31.2:"贞:其雨?在甫鲁?"通"嘏"(jiǎ),福。齐钟铭:"其万福屯(纯)鲁。"《诗·鲁颂·閟宫》之"纯嘏"即大福。通"橹",大盾。银雀山汉简0401:"可以破蔽鲁百步之内者。"(张标)

者 zhě 章纽、鱼部;章纽、马韵、章也切。

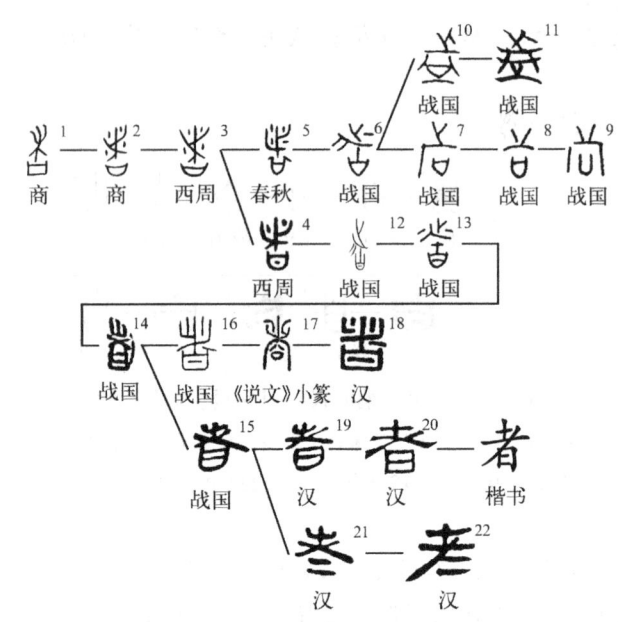

1《甲骨文字典》48页。2、3、4《金文编》247~248页。5、12《汉语字形表》136~137页。6—11、13《古文典》515~516页。14《战文编》223~224页。15、16、18—22《篆隶表》232~233页。17《说文》74页。

初为象形字。商代甲骨文作有根、干、枝条(树叶)之木形;后加区别性饰笔凵或凵。此即《说文》者字所谓"朱声"之朱,为"楮"字之初文。朱即古文旅,与楮并为鱼韵。西周时,饰笔凵或作日;春秋时或作。战国时此字异形颇多,仅《侯马盟书》就多达数十种。其区别主要表现有二:一是下面的区别性饰笔(件)作凵还是作日,有少量的作凵、匚或日、日、田,二是上面的木形奇形怪状,变化多端。繁者作朱、朱、朱等,简者作广、门、㐬、朱等。《说文》整理作"从白(zì)、朱声",是理据重构。其声旁,恰好保留并记录了楮的初文。隶变后楷书作者,或简作卷、考,并未取得主流地位。旧字形者字下部构件作白(zì),全字九笔;今字形作日,全字八笔。假借作代词用,出现在时间词中,起复指作用,纪时。《殷虚书契后编》上29.10:"丁巳卜,今者方(部族方国)其大出?"中山王䦓鼎:"昔者吾先考成王,早弃群臣。"组成名词性者字结构,代表人或事物。《合集》6474:"归者毋来,余其比(联合)?"卫盉:"逆者其乡(飨)。"云梦秦简《秦律十八种·工人程》:"隶臣、下吏、城旦与工从事者冬作。"人名。伯者父簋:"伯者父乍宝殷。"通"诸",合音语气词,相当于"之乎"、"之于"。《英国所藏甲骨集》1149:"□岳取

(櫾,yòu,祭)者?"郭店楚简《六德》："观者礼乐,则亦在矣。"无定代词。曾子中宣鼎："用饔其者父者兄。"中山王䉜壶："者侯皆贺。"通"赭",赤色。麦方尊："侯易(赐)者䞣(踝)臣二百家。"通"书"。郭店楚简《语丛一》："诗,所以会古今之恃(志)也;者(书),⋯⋯者也。"通"煮"。马王堆帛书《五十二病方》："以敦(淳)酒半斗者沸。"(张标)

智(智) zhī 端纽、支部;知纽、寘韵、知义切。

1《续甲》卷4,5页。2、3、4《金文编》248~249页。5、6、7《古文典》745~746页。8《汉语字形表》137页。9《说文》74页。10-13《汉印徵》卷4,3页。

形声字。甲骨文作从于,知声。形旁于是竽的象形字,表示智的本义与竽可知心迹有关。知是从口、矢声的形声字,本义为口之所陈,心迹可识,于智表音,智与知声韵并同。马王堆帛书《老子乙本·道篇》"智慧出"作"知",《战国纵横家书》"智能免国"作"知",后乃孳乳分化而为智字。商代智字所从构件或作丅(示),乃误刻,甲骨文中此类字甚夥。至西周时,增加饰件曰,同时构件矢讹作大,对表音有影响。春秋沿袭了西周的作法。战国时主流结构又回复于从于、知声,填加的饰件依然保留,多作曰或口,《说文》厘定为"从白(zì),从于,从知",可视为理据重构。其所谓从白,其实是构件之曰或口。隶变后楷体作智,是小篆笔势、笔意变化的结果。或作智、𥎊,是小篆的不同隶定。作𥎕、𥎒,俗体。本义指智慧、才智。毛公鼎："弘唯乃智。"《老子》："绝圣弃智,民利百倍。"中山王䉜鼎："事愚女(如)智。"通"知"。䉜鼎："今余方壮,智天若否。"云梦秦简《语书》："令吏民皆明智之。"族姓。智君子之鉴："智君子之弄鉴。"战国晋有智伯。(张标)

百 bǎi / bó / mò 帮纽、铎部;帮纽、陌韵、博陌切。

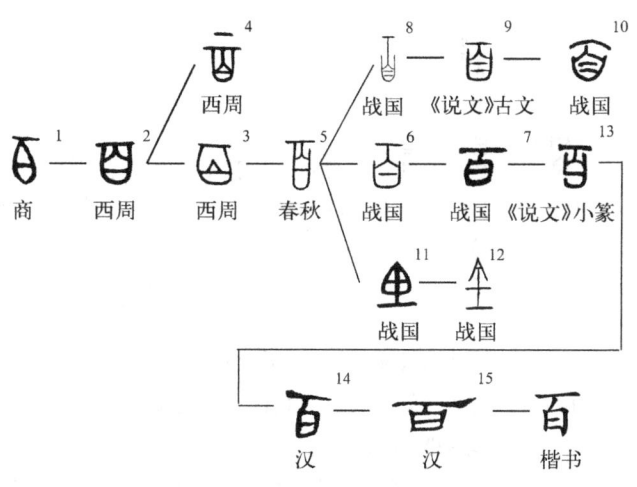

1《甲文编》165~166页。2-5、11、12《金文编》249~250页。6、7、8《汉语字形表》137页。9、13《说文》74页。10《古文典》601页。14、15《篆隶表》234页。

特殊的形声字。商代甲骨文作从白,上加指事符号,白亦声。白凭借指事符号分化出百字,百与白并唇音、铎部。白是百的源头、声首、初文,甲骨文已经出现,古初以白为百,后乃为造专字。《殷契卜辞》425："戊子卜,宾贞:叀今夕用三白羌于丁?用。"战国晋玺、故书中均有此类例证。百字在殷商时代并不统一,指事符号下作ㄩ、ㄅ、日者皆有之,有的甚至无指事符号,可能是缺刻、漏刻,或者是以白为百。西周至春秋,趋于整齐与稳定,基本上作从白(zì,白之讹),上加指事符号,个别的指事符号上又加饰笔,造成指事符号叠加。战国时主流结构承袭西周春秋的写法,基本形体结构作百,在此基础上有小的变动。非主流结构势头强盛,主要有两种情况:一是构件白(zì)内又加一笔作自,或指事符号上加饰笔;二是倒书作"全"字形,准此以繁简变异,作此形者甚多。《说文》整理作"从一、白(zì)",白实白之讹。隶变后楚书作百。本义指数字一百。《战后京津新获甲骨集》4066："甲午卜,又(侑)于父丁犬百、羊百,卯十牛?"禹鼎："肆武公迺遣禹率公戎车百乘。"泛指数量大。《小屯南地甲骨》2525："癸未卜,又(有)祸百工?"麸钟："隹皇上帝百神。"兮甲盘："其隹我者(诸)庆百生(姓)。"以上读bǎi。地名,百色,读bó。勉力为之,读mò。《左传》的"曲踊三百",即每次跳跃皆努力去完成。(张标)

鼻 部

鼻 bí 並纽、质部;並纽、至韵、毗至切。

鼻部　皕部　習部　羽部

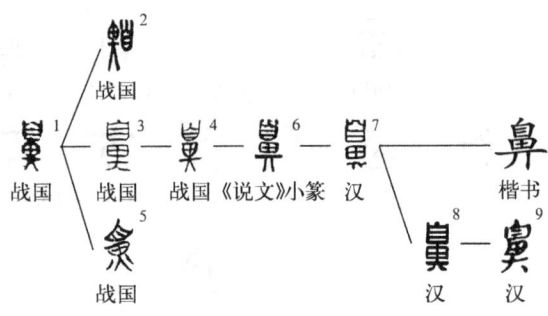

1、2、5《战文编》225页。3《汉语字形表》137页。4、9《篆隶表》234页。6《说文》74页。7、8《汉印徵》卷4，4页。

形声字。《说文》"从自、畀（bì）"，实为从自、畀声。形旁自为鼻之象形字，表示鼻的本义与自有关。鼻与畀并质部。古初以自为鼻，后乃为造今字。战国古文字中声旁畀有三种字形：一种与象形之畀接近者，作畀或畀；一种距离略远些，作畀、畀；一种距离更大，作畀。《说文》主要依据前两种结构厘定作鼻（许慎的会意结构及畀字从丌、甶声的分析是理据重构）。隶变后楷书作鼻，是小篆的笔势变化。构件丌或作大，没取得主流地位。魏晋及隋唐碑刻中或作臯、臯、臯，并俗体。本义即呼吸与嗅觉器官。《易·噬嗑》："噬肤灭鼻，无咎。"引申指器物上隆起如鼻部分。《周礼·考工记·玉人》："驵琮七寸，鼻寸有半寸。"此指玉纽。又引申指起始、开端。《汉书·扬雄传》："有周氏之婵嫣兮，或鼻祖于汾隅。"战国玺印文字多用作人名。（张标）

齅　xiù　晓纽、幽部；晓纽、宥韵、许救切。

齅¹—齅
《说文》小篆　楷书

1《说文》74页。

会意兼形声字。从鼻，从臭，臭亦声。表意偏旁鼻，表示齅的本义与鼻子有关。形旁兼声旁臭是从自、从犬的会意字，本义是嗅觉，表示齅的本义与闻味有关且表音，齅与臭并幽部。齅的源头、声首、初文、本字是臭，见于甲骨文。古初以臭为齅，后乃为造专字。《荀子·荣辱》"臭之"、《书·盘庚》"自臭"并读齅，是其证。故书中臭亦用作"殠"，后为造分化字，是其旁证。先秦文献已使用齅，然《说文》以前的古文字资料迄今未见，《说文》始收录，隶变后楷书作齅。本义是以鼻闻味。《论语·乡党》："三齅而作。"（据《玉篇》所引）《汉书·叙传》："不齅骄君之饵。"嗅字不见于《说文》，其出现可能略晚于齅，但由于笔画简洁，不乏使用，《现代汉语通用字表》以嗅为正

体。参见"嗅"字条。（张标）

嗅　xiù　晓纽、幽部；晓纽、宥韵、许救切。

臭—嗅
楷书　楷书

会意兼形声字。其结构当为从口，从臭，臭亦声。表意偏旁口是嘴的象形，表示嗅的本义与口品味有关。形旁兼声旁臭是从自、从犬的会意字，本义是嗅觉，表示嗅的本义与闻味有关且表音，嗅与臭并幽部。嗅的源头、声首、初文、本字是臭，甲骨文已出现，战国时构件"自"易作"首"。古初以臭为嗅，后乃为造专字。《荀子·荣辱》"臭之"、《书·盘庚》"自臭"或并读"嗅"，当然也不排除臭读"齅"。齅字产生后，形旁鼻易作口（鼻嗅与口味有其共同性）；相反的情况也存在，即先产生嗅，后改易口为鼻作齅。或者是嗅与齅皆自臭中分化出来。嗅字先秦文献已见使用。《庄子·人间世》："嗅之，则使人狂酲。"然《说文》不收，《玉篇》始收录，因此不排除后人对《庄子》的改易。尽管它是不见于《说文》的俗体，但由于结构明晰、笔画少，所以在社会上能够流行，并被《现代汉语规范字典》确定为正体。（张标）

鼾　hān　晓纽、元部；晓纽、寒韵、许干切。

鼾¹—鼾
《说文》小篆　楷书

1《说文》74页。

形声字。从鼻，干声。小篆以前的古文字资料迄今未见，《说文》始收录，隶变后楷书作鼾。《说文》本义是"卧息"，即俗语打呼噜。汉张仲景《伤寒论·辨太阳病脉证并治上》："身重多眠睡，鼻息必鼾。"（张标）

鼽　qiú　群纽、幽部；群纽、尤韵、巨鸠切。

鼽¹—鼽
《说文》小篆　楷书

1《说文》74页。

形声字。从鼻，九声。先秦文献已有使用，但古文字资料迄今未见，《说文》始收录。《说文》本义是"病寒鼻室"，即由伤风感冒引发的鼻塞。《礼记·月令》："民多鼽嚏。"通"頄"，面颊，颧骨。《素问·气府论》："足阳明脉气所发者六十八穴：额颅发际傍各三，面鼽骨空各一。"

王冰注："䪼，頄也；頄，面顴也。"（张标）

皕 部

皕 bì 帮纽、职部；帮纽、职韵、彼侧切。

皕¹ — 皕² — 皕³ — 皕
西周　战国　《说文》小篆　楷书

1《汉语字形表》138页。2《汗简》9页。3《说文》74页。

会意兼形声字。结构为从二百，百亦声。形旁兼声旁百是形声字，本义是一百，表示皕的本义与一百有关且表音，皕与百并为帮纽。皕的远源、声首是白，近源、准声首是百，白与百并见于商代甲骨文。白为人面之象，其加指事符号分化出白亦声的形声字百。古初盖以百为皕，后乃为造专字。西周金文已见皕字，只是构件白已讹作白(zì)，上面的指事符号又与白(zì)的顶部之笔连作封闭形，成为皕，战国文字将指事符号拉开距离，为《说文》所采纳作皕（许慎析百为从一、白，是理据重构）。隶变后楷书作皕。本义是二百，古文献中罕见使用，后世偶见使用。章太炎《辨诗》："夫载祀相隔，不踰皕稔。"（张标）

習 部

習(习) xí 邪纽、辑部；邪纽、辑韵、似入切。

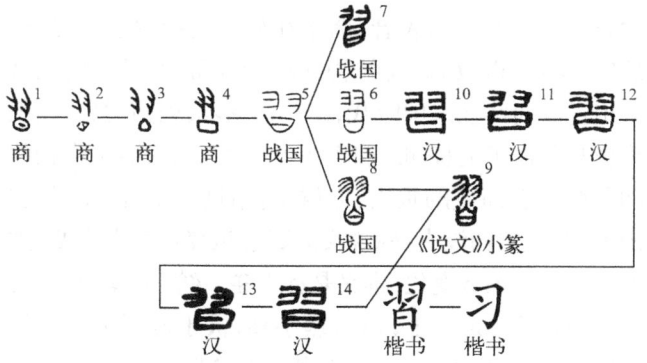

1-4《甲文编》166页。5、6《汉语字形表》139页。7、11-14《篆隶表》234页。8《汗简》9页。9《说文》74页。10《汉印徵》卷4，4页。

会意兼形声。殷商甲骨文作从羽、从日，日亦声。表意偏旁羽像鸟之羽翼，表示习的本义与鸟飞有关。形旁兼声旁日乃太阳之象，为晴空义，表示习的本义与晴日有关且表音，习与日为舌齿邻纽。习的源头、声首为日，见于甲骨文。构件日与羽整合而为习，犹战国拍镦之构件日与土整合而为呈（埕的本字），或者先以日为习，而后为造专字。甲骨文习字之构件日异体颇多，作日、日、日、日者并有之。战国时，构件日或讹作目、白(zì)；构件羽甲骨文作羽，此时或作羽。《说文》小篆整理作"从羽，从白"，属于理据重构。隶变时，汉隶多作从羽、从日，楷书最后从《说文》作从羽、从白(zì)，即習，简化作习，简化方法是取一构件，代表全字。本义是鸟类多次试飞。《说文》："習，数飞也。"《礼记·月令》："鹰乃学习，腐草为萤。"引申指学习。《论语·学而》："学而时习之。"引申指风习。云梦秦简《为吏之道》："变民习浴（俗）。"通"袭"，重复。《殷契佚存》220："癸未卜，习一卜，习二卜？"《左传·襄公十三年》："先王卜征五年，而岁习其祥，祥习则行。"杨伯峻注："习，一本作'袭'。习与袭通用，重复也。岁习其祥，谓五年之中每年卜征都吉。"（张标）

羽 部

羽 yǔ 匣纽、鱼部；云纽、麌韵、王矩切。
　　hù 匣纽、鱼部；匣纽、姆韵、后五切。

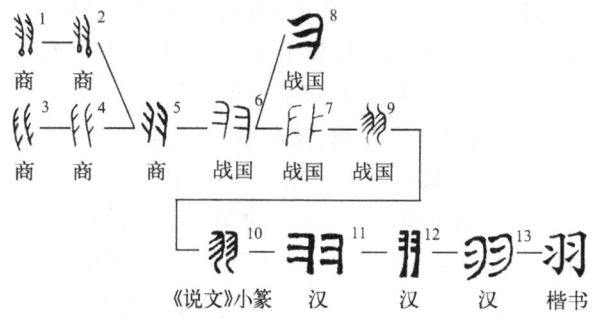

1-5《甲文编》167页。6、7《汉语字形表》139页。8《楚系简帛》296页。9《汗简》9页。10《说文》74页。11、12《汉印徵》卷4，4页。13《篆隶表》234页。

象形字。商代甲骨文已经出现，像羽毛状。繁体有骨节、翅骨和鸟毛，简体无骨节；鸟羽或左向，或右向。至战国时，鸟毛一般作两支，个别的作三支，但方向还不固定，鸟毛居左、居右者都有。当时还出现了省去一半的简体"习"，它与"习"的简化字同形。《说文》将鸟毛固定作左向，且承袭了战国文字鸟羽作三支的结构。隶变时，基本依据《说文》结构发生笔势变化，只是鸟毛减少一根，楷书作羽。本义是鸟羽。《书·禹贡》："(厥贡)齿革羽毛惟木。"引申指代鸟类。《周礼·考工记·梓人》："天下之大兽五：脂者、膏者、臝者、羽者、鳞者。"引申指用雉羽制成的舞具，文舞所持，祭祀之用。《周礼·地官·舞师》："教羽舞，帅而舞四方之祭祀。"引申指羽舞以祭。《甲骨文录》794："己卯卜，贞：今夕小子㞢（侑）羽？"《殷契粹编》1245："庚戌卜，贞：羽不乍（作）艰？"地名。《粹编》863："于羽受年？"《楚辞·离骚》："鲧婞直以亡身兮，终然殀乎羽之野。"人名。《南明》472："乙酉贞：王其令羽以（祭名）。"假借为五音之羽。《周礼·春官·大师》："皆文之以五声：宫、商、角、徵、羽。"以上读 yǔ。通"扈（hù）"，和缓。《周礼·考工记·弓人》："弓而羽䬃，末应将发。"按，甲骨文此字或释为像扫竹形之"彗"，⿰羽⿱释作羽。（张标）

翰 hàn 匣纽、元部；匣纽、旱韵、胡笴切。

羽1—翰2—翰3—翰4—翰5 翰
春秋《说文》小篆 汉 汉 汉 楷书

1《汉语字形表》139页。2《说文》75页。3《汉印徵》卷4，4页。4、5《篆隶表》235页。

形声字。从羽，倝（gàn）声。倝为从旦，㫃声的形声字，于翰表音，翰与倝并为元部。石鼓文已出现翰字，时形旁作飞（字形1），飞与羽属于义近偏旁的互用。《说文》整理时将构件飞易作羽，隶变后楷书作翰，是小篆的笔势变化。本义指赤羽天鸡。《逸周书·王会》："蜀人以文翰，文翰者，若皋鸡。"引申指高飞。《诗·小雅·小宛》："宛彼鸣鸠，翰飞戾天。"鸟羽可制笔，引申指翰墨、文辞。《文选·序》："事出于沉思，义归乎翰藻。"亦指棺之旁饰。《左传·成公二年》："棺有翰桧。"通"榦"，骨干。《诗·大雅·崧高》："维申及甫，维周之翰。"通"鞼"，兽毫。清朱骏声《说文通训定声·乾部》："鞼，兽豪也。从毛，倝声。《尔雅·释畜》注：'狗子未生鞼毛者。'释文谓长毛也。经传皆以翰为之。"通"䮧"，长毛马、白马。《礼记·檀弓上》："殷人尚白，大事敛用日中，戎事乘翰。"（张标）

翟 dí 定纽、药部；定纽、锡韵、徒历切。
zhái 定纽、药部；澄纽、陌韵、场伯切。

翟1—翟2—翟3—翟4—翟5—翟6—翟7
西周 战国 战国《说文》小篆 汉 汉 汉

翟8—翟9—翟10—翟11 翟
汉 汉 汉 汉 楷书

1《金文编》250页。2《汉语字形表》129页。3《类编》230页。4《说文》75页。5-8《汉印徵》卷4，4页。9、10、11《篆隶表》235页。

会意兼形声字。西周金文作从羽、从隹，隹亦声。隹是鸟之象形，表示翟的本义与鸟有关且表音，翟与隹并为舌音。本义是长尾野鸡。《山海经·中山经》："（女儿之山）其鸟多白鹇，多翟，多鸩。"引申指雉羽，古代乐舞所持。《诗·邶风·简兮》："左手执籥，右手秉翟。"引申指雉服，以羽为饰或图案。《诗·鄘风·君子偕老》："玼兮玼兮，其之翟也。"引申指教羽舞的小吏。《礼记·祭统》："翟者，乐吏之贱者也。"以上读 dí。通"狄"，指古代北方的部族或地区。《国语·周语上》："我先王不窋，用失其官，而自窜于戎翟之间。"《左传·僖公二十九年》："会王人、晋人、宋人、齐人、陈人、蔡人、秦人，盟于翟泉（《公羊传》作"狄泉"）。"姓氏，读 zhái。通"礿"（yuè），夏祭。史喜鼎："史喜乍（作）朕文考翟祭，秊（厥）日唯乙。"通"易"，交易。《吕氏春秋·高义》："义翟何必越，虽于中国亦可。"（张标）

翡 fěi 並纽、微部；奉纽、未韵、扶沸切。

翡1—翡2—翡3—翡4—翡5 翡
战国《说文》小篆 汉 汉 汉 楷书

1《战文编》227页。2《说文》75页。3《汉印徵》卷4，4页。4、5《篆隶表》235页。

形声字。从羽，非声。形旁羽为鸟羽之象，表示翡的本义与鸟羽有关。声旁非为飞形的飞字之省（⿰飞先省作⿰飞，再省作非），于翡表音。翡字在先秦文献中已经出现，后《说文》加以收录，其结构如《说文》所载。目前所见最早出现的翡字在战国时代，结构作从羽、肥声。当是以肥声旁与非作了更替（肥与非并为唇音，微部），或者是由构件羽与肥整合而成的重文、方俗字。不过该字没有取得主流地位，其结构没有被《说文》采纳。隶变后楷书作翡，主要是小篆的笔势变化。本义是赤羽雀。《管子·轻重丁》："请挟弹怀丸游水上，弹翡燕小鸟，被于暮。"引申指用于饰品的翡翠羽毛。《楚辞·招魂》："翡帷翠帐，饰高堂些。"翡翠，一种硬玉。江陵望山二号墓遣册竹简："翡翠之首。"通"飞"，飞翔。马王堆帛书《六十四卦·少过》："翡鸟遗之音，不宜上，宜下。"今《易·小过》作"飞"。（张标）

翠 cuì 清纽、物部；清纽、至韵、七醉切。

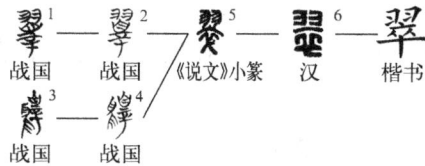

1、2、4《楚系简帛》300页。3《战文编》227页。5《说文》75页。6《汉印徵》卷4,4页。

形声字。从羽,卒声。形旁羽为鸟羽之象,表示翠的本义与鸟羽有关。翠与卒声韵并同。古初盖以卒为翠,后乃为造专字。翠字见于先秦文献,《说文》加以收录,估计至迟在战国前后应该出现,可是目前所见古文字材料中(除《说文》以外)无作从羽、卒声者。现在所见战国时代之翠,多作从羽、皋声(构件自旁有的加饰笔),或从鸟、皋声,羽作鸟属于义近偏旁的换用。声旁卒作皋,也可以看作是音近偏旁的更替(皋与卒并为齿头音、微物对转),当然也可能是构件羽或鸟与皋整合成的异体或方俗字。《说文》隶定为"从羽,卒声",隶变后楷书作翠,是小篆的笔势变化。或作翠,是小篆的隶定,不常用。本义指一种青色的翠鸟。《楚辞·九歌·东君》:"翾飞兮翠曾,展诗兮会舞。"引申指青绿色鸟毛,旧时用以装饰天子仪仗队等的旗帜、车伞等。《楚辞·九歌·少司命》:"孔盖兮翠旍,登九天兮抚彗星。"亦指青绿色。信阳一号墓竹简2.02:"一司(笥)翠珥。"引申指色彩鲜明。晋嵇康《琴赋》:"新衣翠粲,缨徽流芳。"翡翠,指一种硬玉。江陵望山二号墓遣策竹简:"翡翠之首。"(张标)

翦 jiǎn 精纽、元部;精纽、狝韵、即浅切。

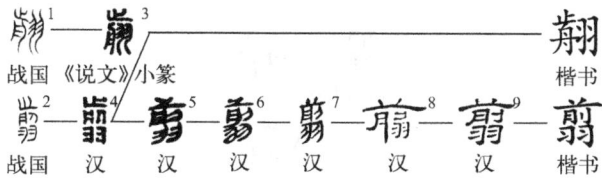

1《汗简》9页。2《汉语字形表》140页。3《说文》75页。4《汉印徵》卷4,4页。5-8《篆隶表》235页。9《隶辨》409页。

形声字。从羽,歬声。形旁羽为鸟羽之象,表示翦的本义与鸟羽有关。翦与前并为齿头音、元部。古初以前为翦。《周礼·春官·巾车》:"前樊鹄缨。"郑玄注:"前读为'缁翦'之翦。翦,浅黑也。"《吴子·论道》"进道易,退道难,可来而前","前"读"翦",消灭。古作前,后分化为翦。战国时,声旁一般作歬。亦有加刀旁作劗者。《说文》虽整理作"从羽,歬声",但隶变时,声旁歬还是以加刀的为主,楷书最后也依据它作翦。艹是止之变,月是舟之变,刂是刀之变。或作翦,乃小篆隶定之体,罕用。《说文》:"翦,羽生也。"本义指初生的羽毛,罕见使用。通常假借为"剪",有多个义项。指截断。《诗·召南·甘棠》:"蔽芾甘棠,勿翦勿伐。"指除灭。《诗·鲁颂·閟宫》:"居岐之阳,实始翦商。"《左传·成公二年》:"余姑翦灭此而朝食。"用剪刀剪。唐韩愈《咏雪赠张籍》:"片片匀如翦,纷纷碎若撚。"通"蹇",困窘。晋张敏《头责子羽文》:"宜其拳局翦蹩。"通"浅",浅色。《仪礼·既夕礼》:"加茵,用疏布,缁翦,有幅,亦缩二横三。"古注:"翦,浅也,谓染为浅缁之色。"(张标)

翁 wēng 影纽、东部;影纽、东韵、乌红切。
wěng 影纽、东部;影纽、董韵、邬孔切。

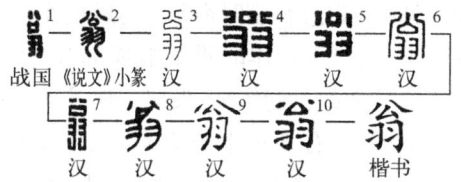

1《战文编》227页。2《说文》75页。3-7《汉印徵》卷4,5~6页。8、9、10《篆隶表》236页。

形声字。从羽,公声。形旁羽为鸟羽之象,表示翁的本义与鸟羽有关。翁与公并为东部。古初以公为翁,例颇多。汉刘向《说苑·政理》"见一老公而问之",《论衡·骨相》"有一老公过",《三国志·魏书·邓艾传》"七十老公",并读翁,后皆为造专字,翁盖如此产生。先秦文献中已使用翁字,战国古文字中始见之,《说文》加以收录。战国时构件公作㕣,羽作羽,小篆分别整理作公、羽,隶变时,公作公、ㄥㄧㄈ、ㄇ、门、ㄅ、分、公、公等,羽作羽、羽、羽或羽等(其中汉印带艺术性,不能全作常规书写看待)。隶变后楷书作翁,是小篆的笔势变化。本义是鸟颈毛。《山海经·西山经》:"(天帝之山)有鸟焉,其状如鹑,黑文而赤翁。"因头颈毛居上,引申为长者、父祖。《史记·项羽本纪》:"必欲烹而翁,幸分我一杯羹。"亦泛称男性老者。《方言》卷六:"凡尊老,周晋秦陇谓公,或谓之翁。"以上读wēng。音转读wěng,多见于联绵词"翁翁"、"翁博"中。翁翁,同"滃滃",酒色混浊。《周礼·天官·酒正》:"辨五齐之名","三曰盎齐"。郑玄注:"盎犹翁也,成而翁翁然葱白色,如今酂白矣。"翁博,同"滃渤",云蒸雾腾的样子。《荀子·乐论》:"筦籥发猛,埙箎翁博。"俞樾平议:"翁当为滃。《文选·江赋》曰:'气滃渤以雾杳。'翁博犹滃渤也。"(张标)

羽部

翅(翅) chì 书纽、支部；书纽、寘韵、施智切。

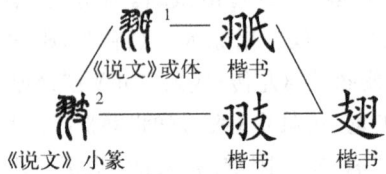

1、2《说文》75页。

形声字。从羽，支声。先秦文献中已使用翅字，但汉代以前的古文字资料中迄今未见，《说文》始收录。正体作从羽、支声，或体从氏声，属于同音声旁的变换，支与氏并章纽、支部。小篆羽左支右，楷书或与此同，或与此相反(《玉篇》二字并收)，以前二字均行用，现代整理汉字时保留翅为正体，把翄作为异体淘汰。翄的使用不广。本义是翅膀、羽翼。《楚辞·哀时命》："为凤皇作鹑笼兮，虽翕翅其不容。"引申指身体的重要组成部分。《史记·淮南衡山列传》："匈奴折翅伤翼，失援不振。"动化指展翅。《韩非子·喻老》："有鸟止南方之阜，三年不翅不飞不鸣。"通"啻"，仅，只。《庄子·大宗师》："阴阳于人，不翅于父母。"(张标)

翘(翘) qiáo 群纽、宵部；群纽、宵韵、渠遥切。
qiào 群纽、宵部；群纽、笑韵、巨要切。

1《说文》75页。2、3、4《汉印徵》卷4，5页。5《隶辨》200页。

会意兼形声字。从羽，尧声。先秦文献已经使用此字，但《说文》以前的古文字材料中迄今未见，许慎始收录。隶变后楷书作翘，主要是小篆的笔势变化。简化字作翘，由尧简化为尧类推而得。本义是鸟尾长毛。《楚辞·招魂》："砥室翠翘，挂曲琼些。"引申指抬起、扬起。晋陶潜《归去来兮辞》："策扶老而流憩，时矫首而遐观。"引申指杰出、拔尖之材。《颜氏家训·文章》："凡此诸人，皆其翘秀者。"叠用作"翘翘"，可以分别指高出的样子、遥远的样子、危险的样子等。《诗·周南·汉广》："翘翘错薪，言刈其楚。"朱熹注："翘翘，秀起之貌。"《左传·庄公二十二年》："翘翘车乘，招我以弓。"杜预注："翘翘，远貌。"《诗·豳风·鸱鸮》："予室翘翘，风雨所飘摇。"毛传："翘翘，危也。"以上读qiáo。俗语指向上昂起，如"翘舌音"、"翘辫子"(死)，读qiào。(张标)

翮 hé 匣纽、锡部；匣纽、麦韵、下革切。
lì

1《说文》75页。

形声字。从羽，鬲声。形旁羽为鸟羽之象，表示翮的本义与鸟羽有关。翮与鬲并为锡部。古初以鬲为翮，后乃为造专字。《墨子·耕柱》"三棘六异"，孙诒让间诂引宋翔凤云："《释器》又云'款足者谓之鬲'，即翮也"，因谓"鬲即翮也"。按翮当为"瓹"之假，炊食具，为后造分化字(瓹实鬲之异体重文)。先秦文献已使用此字，但汉代以前的古文字资料中迄今未见，《说文》始收录。隶变后楷体作翮，是小篆的笔势变化。本义是羽毛所依附生长的管状茎，俗称"羽管"。《周礼·地官·羽人》："掌以时徵羽翮之政于山泽之农，以当邦赋之政令。"郑玄注："翮，羽本。"引申指鸟翼。三国魏曹植《送应氏诗》之二："愿为比翼鸟，施翮起高翔。"引申指管状乐器。《文选·潘岳〈笙赋〉》："擒纤翮以震幽簧，越上筩而通下管。"李善注："翮，管也。其形类羽，故曰翮也。"以上读hé。通"鬲"(瓹)，空足鼎。《史记·楚世家》："今子将以欲诛残天下之共主，居三代之传器，吞三翮六翼。"司马贞索隐："翮，亦作瓹，同音历。三翮六翼，亦谓九鼎也。空足曰翮。"以上读lì。(张标)

羿 yì 疑纽、脂部；疑纽、霁韵、五计切。

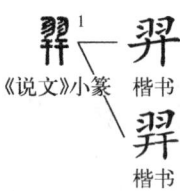

1《说文》75页。

形声字。从羽，开(jiān)声。羿字在先秦文献中已经使用，但汉代以前的古文字材料迄今未见，《说文》始收录。隶变后楷书作羿，乃小篆的隶定，不常用。亦作羿，是小篆笔意、笔势变化的结果，《现代汉语规范字典》以为正体。《说文》本义为"羽之羿风"，清段玉裁谓即"抟扶摇而上之状"，然文献不见用例。《说文》："羿，一曰射师。"本义是射官，段玉裁认为就是尧时的羿。《楚辞·天问》："羿焉彃日？乌焉解羽？"王逸注："《淮南》言尧时十日并出，草木焦枯。尧命羿仰射十日，中其九日，日中九乌皆死,堕其羽翼,故留其一日也。"银雀山汉简《孙膑兵法·势备》:"羿作弓弩,以势象之。"《说文》又训羿为"古诸侯",段玉裁认为是有穷后羿,即夏有穷氏国君。《左传·襄公四年》:"(有穷后羿)恃其射也,不修民事,而淫于原兽……羿犹不悛,将归自田,家众杀而亨之。"《古文四声韵》收"羿"为羿,《说文·弓部》有此字,许氏训为"帝喾射官,夏少康灭之。从弓,开声"。羿与羿声、义并近,形旁羽与弓也有一致之处,可以替换,收作羿的异体未尝不可。然《说文》作二字,姑从之。(张标)

翥 zhù 章纽、鱼部；章纽、御韵、章怒切。

形声字。从羽,者声。战国古文字中始见此字,《说文》加以收录,隶变后楷书作翥,或作翥(见《广韵》),俗体。《说文》本义是"飞举",即由低向高飞。《楚辞·远游》:"雌蜺便娟以增挠兮,鸾鸟轩翥而翔飞。"洪兴祖补注:"《方言》:'翥,举也,楚谓之翥。'"假借作"蠹"(蠹),虫名。《尔雅·释虫》:"翥,丑蠰。"郭璞注:"剖母背而生。"《广韵·御韵》引此作蠹或蠹,谓虫名。(张标)

翕 xī 晓纽、缉部；晓纽、缉韵、许及切。

形声字。从羽,合声。战国古文字始见此字,《说文》收录,隶变后楷书作翕,是小篆的笔势变化。或作翖,见《玉篇》;或作翖,见《四声篇海》引《搜真玉镜》,并俗体。《现代汉语规范字典》以翕为正体。本义是起飞,罕见用例。鸟将起必敛翼,引申指闭合、封敛。《易·系辞上》:"夫坤,其静也翕,其动也辟。"引申指聚合。《书·皋陶谟》:"翕受敷施,九德咸事。"引申指合好。《诗·小雅·常棣》:"兄弟既翕,和乐且湛。"通"吸",吸引。《诗·小雅·大东》:"维南有箕,载翕其舌。"(张标)

翾 xuān 晓纽、元部；晓纽、仙韵、许缘切。

形声字。从羽,睘(huán)声。形旁羽为鸟羽之象,表示翾的本义与鸟羽有关。翾与睘并牙音,元部。古初盖以睘为翾,后乃为造今字。先秦文献已使用此字,但小篆以前的古文字资料中迄今未见,《说文》始收录。隶变后楷书作翾,是小篆的笔意与笔势变化。或作翾,是小篆的隶定。《现代汉语规范字典》以翾为正体。《说文》本义是"小飞",即轻飞、慢飞。《楚辞·九歌·东君》:"翾飞兮翠曾,展诗兮会舞。"引申指代飞鸟。南朝梁范云《咏井》:"不甘未应竭,既涸断来翾。"亦引申指迅疾。汉张衡《思玄赋》:"翾鸟举而鱼跃兮,将往走乎八荒。"叠用作"翾翾",飞的样子。《韩诗外传》卷九:"夫凤凰之初起也,翾翾十步之雀,喔呀而笑之。"通"儇",轻佻。《荀子·不苟》:"喜则轻而翾,忧则挫而慑。"(张标)

翚(翬) huī 晓纽、微部；晓纽、微韵、许归切。

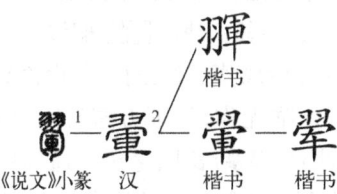

形声字。从羽,軍声。形旁羽为鸟羽之象,表示翚的本义与鸟飞有关。翚与军微真旁对转。军与构件羽组合而为翚。先秦文献已使用翚字,但小篆以前的古文字资料中迄今未见。《说文》始收录,隶变后楷书作翚,主要是小篆的笔势变化。简化字作翚,因军简化作军类推而得。或作翚,俗体别构,已废弃不用。《说文》本义是"大飞",即又高又快地飞。《文选·张衡〈西京赋〉》:"若夫游鹇高翚,绝阮踰斥。"又指五采皆备的雉类。《说文》:"翚,伊雒而南,雉五采皆备曰翚。"《诗·小雅·斯干》:"如翚斯飞,君子攸跻。"亦指以雉羽制成的朝廷仪仗用品。唐韩愈《送区弘南归》诗:"蜃沉海底气升霏,彩雉野伏朝扇翚。"通"挥",挥动。汉马融《广成颂》:"翚终葵,扬

关斧,刊重冰,拨蛰户。"李贤注:"翠,亦挥也。"通"辉",光辉。明刘基《二鬼》:"人拾得吃者,脑肥生明翠。"(张标)

翏 liù 来纽、幽部;来纽、宥韵、力救切。
lù 来纽、觉部;来纽、屋韵、力竹切。

1、2、3《金文编》251页。4《战文编》227页。5、8《古文典》236、238页。6《楚系简帛》301页。7《篆隶表》236页。9《说文》75页。10、11《汉印徵》卷4,5页。

初为形声字。西周金文作从羽,勹(bāo)声。声旁勹像人侧面匍匐之形,为"伏"之初文,于翏表音,翏与勹并为幽韵。翏的源头、声首为勹,见于商代陶文与甲骨文,在西周时与构件羽组合为形声字。后加二或三为饰笔,春秋战国都延续这种加饰笔结构,战国时或去掉饰笔作勹,或去掉勹保留饰笔,但最终没能取得主流地位。《说文》最终整理作"从羽,从彡"(zhēn,本稠发,段注谓"新生羽而飞")的会意字,是为理据重构。隶变后楷书作翏,主要是小篆的笔势变化。《说文》本义是"高飞"。金文用作人名或方国名。翏生盨:"伐□□□桐翏生从□□。"以上读liù。"翏翏",指风声。《庄子·齐物论》:"夫大块噫气,其名为风,是唯无作,作则万窍怒呺,而独不闻之翏翏乎?"郭象注:"(翏翏)长风之声。"通"戮",刑戮杀伐。《书·汤誓》:"予则孥戮女。"云梦秦简《法律答问》:"訾适(敌)以恐众心者,翏。"通"廖",姓氏,见战国齐陶、燕玺、晋玺及包山简。通"瘳",疾愈。《望山楚简》1.97:"大又翏。"(张标)

翩 piān 滂纽、真部;滂纽、仙韵、芳连切。

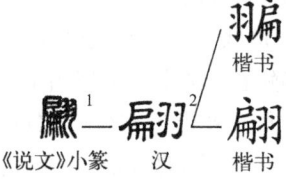

1《说文》75页。2《隶辨》182页。

形声字。从羽,扁声。形旁羽为鸟羽之象,表示翩的本义与鸟羽有关。声旁扁为从户、册的会意字,本义是门扁,于翩表音,翩与扁并为唇音、真部。翩的源头、声首、初文是扁,见于战国文字。古初以扁为翩,后乃为造专字。《孟子·离娄下》"施施从外来",汉赵歧注谓"施施犹扁扁,喜悦之貌"。扁扁后作"翩翩"。先秦文献已使用翩字,但小篆以前的古文字资料中迄今未见,《说文》始收录。隶变后楷书作翩,主要是小篆的笔势变化。《古文四声韵》以"顀"为翩,顀见于《说文·页部》,为从页、翩省声,头妍义。顀之于翩,鱼元通转,盖假借为翩。《说文》本义是"疾飞"。《易·泰》:"六四,翩翩,不富以其邻,不戒以孚。"程颐传:"翩翩,疾飞之貌。"《诗·鲁颂·泮水》:"翩彼飞鸮,集于泮林。"毛传:"翩,飞貌。"孔颖达疏:"翩然而飞者,彼飞鸮恶声之鸟。"引申指旌帜翩飞舒展的样子。《诗·大雅·桑柔》:"四牡骙骙,旟旐有翩。"孔颖达疏:"翩是旌旐行而舒张之貌。"通"偏",偏偏。《诗·小雅·角弓》:"骍骍角弓,翩其反矣。"陈奂传疏:"翩者,偏之假借。"通"谝"(pián),花言巧语。《诗·小雅·巷伯》:"缉缉翩翩,谋欲谮人。"马瑞辰通释谓"谝谝之假借"。(张标)

翊 yì 喻纽、职部;以纽、职韵、与职切。

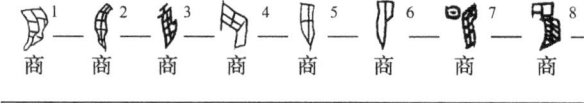

1-6、11-17《甲文编》167~171页。7-10《续甲》卷4,6页。18《类编》493页。19《四声韵》83页。20《说文》75页。21、22《汉印徵》卷4,5页。23《篆隶表》236页。24《隶辨》752页。

初为象形字,殷商甲骨文借用羽片纪时,羽与翊为鱼职旁对转。后为表意明确,增加了意符兼音符日,日与翊同为舌面音,遂成形声字。或加意符兼音符立,立与翊同为舌音,缉职通转。立或作大,系缺刻造成。再后来加日且加立,西周金文也有此结构,但应用不广。商代以独体象形的借用与立旁羿应用最广。战国时代承用了此种结构,不过借用的羽片状构件被象形的习所取代。《说文》肯定了这种结构,隶变后楷书作翊或翌,主要是小篆的笔势变化。《现代汉语规范字典》以翌为正体。其本义最初指来日,可以是次日或更长的时间,与后代之专指第二日不同。《殷虚书契后编》上20.1:"甲辰卜,贞:翌日乙王其宜于亳,衣(殷)不遘雨?"此翌指次日。《殷契拾掇》第二编136:"戊戌卜,翌甲辰酎河?"此翌指第七日。《京都大学人文科学研究所藏甲骨文字》341:"丁卯卜,宾贞:翌己未令多射罕□?"此翌指第五十三日。《汉书·王莽传上》:"公以八月载生魄庚子奉使,朝用书临赋营筑,越若翊辛丑,诸生、庶民大会会。"此翌指第二日。用作祭名。《甲骨续存》2.606:"丁酉卜,行贞:翌戊戌翌于大戊,亡蚩(害)?"用作人名。《前编》2.37.7:"丁丑卜,争贞:令翌以(祭)子商臣于甾?"《说文》所释"飞皃"盖假借义。《汉书·礼乐志》:"神之徕,泛翊翊。"(张标)

翱(翱) áo 影纽、幽部;疑纽、豪韵、五劳切。

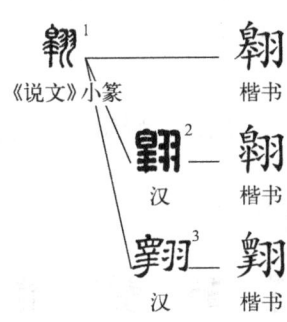

1《说文》75页。2《汉印徵》卷4,5页。3《隶辨》208页。

形声字。从羽,皋(皐)声。形旁羽为鸟羽之象,表示翱的本义与鸟羽有关。声旁皋是从夲(tāo)、从白的会意字,《说文》言其本义为"气皋白之进",于翱表音,翱与皋并为幽部。皋为翱之源头、声首,战国文字见之。古初盖以皋为翱,后乃为造专字。隶变后楷体作翱与翱,作翱是小篆的笔势变化,作翱则构件的结构受到破坏。或作翱,俗体。魏晋以降,还曾出现过"翱"(北魏)、"翱"(隋)、"翱"(隋)、"翱"(辽)等,但并没取得主流地位。现代整理汉字时,以翱为正体,把"翱"作为其异体废除。《现代汉语通用字笔顺规范》规定皋、翱字"白"下的构件是夲(tāo),不是本,其笔顺是"一ナ大卆夲",与本不同。《说文》本义是"翱翔"。《诗·郑风·女曰鸡鸣》:"将翱将翔,弋凫与雁。"此处翱翔对举,翱特指"翼上下"的飞,翔特指"直刺不动"的飞。(张标)

翔 xiáng 邪纽、阳部;邪纽、阳韵、似羊切。

1《说文》75页。2、3、5《篆隶表》236~237页。4《汉印徵》卷4,5页。

形声字。从羽,羊声。形旁羽为鸟羽之象,表示翔的本义与鸟羽有关;声旁羊是羊牲之象,于翔表音,翔与羊并阳部。翔的源头、声首、初文是羊,后乃为造专字。《札迻·琴操·文王受命》"望来羊兮",孙诒让按"羊当作翔",《诗·郑风·有女同车》"将翱将翔"、《诗·齐风·载驱》"齐子翱翔"、阜阳汉简《诗》并作"羊",是古羊今翔之明证。先秦文献已使用此字,但小篆以前的古文字资料迄今未见,《说文》始收录,隶变后楷书作翔,主要是小篆的笔势变化。本义是旋转着飞。《论语·乡党》:"色斯举矣,翔而后集。"引申指翔游。汉刘向《九叹·忧苦》:"独愤积而哀娱兮,翔江洲而安歌。"引申指行走时伸出两臂,像鸟飞一样。《礼记·曲礼上》:"堂上接武,堂下步武,室中不翔,并坐不横肱。"通"详",详实。马王堆帛书《六十四卦·礼》:"视礼巧翔,其罬元吉。"今《易·履》作"视履考祥",释文作"详"。通"祥",吉利、吉祥。汉孟郁修尧庙碑:"翔风膏雨,即时大降。"通"恙",忧患。《穆天子传》卷三:"吹笙鼓簧,中心翔翔。"(张标)

翽(翙) huì 晓纽、月部;晓纽、泰韵、呼会切。

1《四声韵》55页。2《汗简》9页。3《汉语字形表》140页。4《说文》75页。

形声字。从羽,歲声。形旁羽为鸟羽之形,表示翙的本义与鸟羽有关。声旁岁古初为从步、戊声的形声字,本义是岁月,于翙表音,翙与岁并为月部。翙的源头、声首是岁。岁字初为象形字,商代甲骨文像兵器形。古戉、岁同字,形相近,义皆为兵器,并为月部,后分化为二字,戉加形旁步或月以突出岁月义,遂成形声字。后步省作两短横,仍为形声字。春秋战国时从戈,实为戉省声,月及∨乃步之讹,古初盖以岁为翙,后乃为造专字。翙字始见于战国古文字材料,声旁岁或作从步、戌省声(《汗简》与《四声韵》),或同战国岁字结构一样,作从歩、戌省声,歩为步之讹。《说文》作"从羽,歲声",然其声旁歲为从步、戌声,属于理据重构。隶变后楷书作翽,简化作翙,简化字由歲简化作岁类推而得。《说文》本义是飞翔时的声音。《诗·大雅·卷阿》:"凤皇于飞,翽翽其羽。"引申指鸟飞。唐韩愈、孟郊《秋雨联句》:"毛羽皆遭冻,离䎮不能翽。" (张标)

翯

hè　匣纽、药部;匣纽、沃韵、胡沃切。
hào　匣纽、幽部;匣纽、皓韵、胡老切。

翯¹—翯
《说文》小篆　楷书

1《说文》75页。

形声字。从羽,高声。形旁羽为鸟羽之象,表示翯的本义与鸟羽有关。声旁高为高大建筑之象,于翯表音,翯与高为药宵对转。高是翯的源头、声首,见于甲骨文、金文。古初盖以高为翯,后乃为造专字。先秦古文献已使用此字,但小篆以前的古文字资料迄今未见,《说文》始收录。隶变后楷书作翯,是小篆的笔势变化。本义指鸟色白、肥壮、润泽的样子。《说文》:"翯,鸟白肥泽兒。"经常叠用作"翯翯",亦借"嗺嗺"、"皜皜"、"鹤鹤"等表示。《诗·大雅·灵台》:"麀鹿濯濯,白鸟翯翯。"毛传:"翯翯,肥泽也。"陆德明释文引《字林》:"鸟白肥泽曰翯。"段玉裁注:"何晏赋'嗺嗺白鸟',翯与嗺音义皆同。贾谊书作'皜皜',《孟子》作'鹤鹤'。"引申指白色有光泽。《史记·司马相如列传》:"安翔徐徊,翯乎滈滈,东注大湖。"司马贞索隐引郭璞注:"水白光貌。"以上读 hè。又指素羽,白羽,读 hào。(张标)

翿(翢) dào 定纽、幽部;定纽、豪韵、徒刀切。

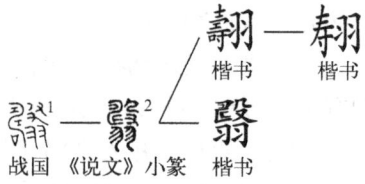

翿—翢
楷书　楷书
翿¹—翿²
战国　《说文》小篆　楷书

1《四声韵》64页。2《说文》75页。

形声字。从羽,𦉠(chóu)声。形旁羽为鸟羽之象。声旁𦉠为从殳、𦈢(chóu)声的形声字。《说文》本义是"悬物殳击",于翿表音,翿与𦉠并为舌音、幽部。翿的远源、声

首是矢,近源、声首是壽(寿)。矢字见于商代甲骨文,像流水环绕耕田形;西周金文或加饰件口作。壽字始见于西周,从老省,𦉠(𦉠)声,战国时复加又构件(后讹作寸),乃叠加音符,壽与又幽之旁转。古初𦉠、壽同字,故西周豆闭毁"𦉠"用作"壽",《包山楚简》117"𦉠"(𦉠之变体)读"壽",姓氏。故书中壽曾用作"嘼"、"俦"、"㡥"等,《银雀山汉简》0310 亦用作"嘼",马王堆汉帛《五十二病方·加》用作"㿧",后皆为造分化字。翿字可能就是这样产生的,或者由构件壽与羽整合而成。翿字始见于战国古文字,《古文四声韵》所载作从羽、𦉠声,叠加音符又之外复叠加音符"又"及饰笔。《说文》厘定作"从羽,𦉠声",𦉠源自前代声首𦉠,殳是叠加音符及饰件的讹变。小篆的隶定体作翿,隶变体作翿。隶变体的声旁"壽"显然不是出自小篆的"𦉠",而是出自战国时的壽字(变体作),从老省𦉠声又声,其隶变始为壽字。本义是乐舞或葬礼中所使用的一种上有羽饰的旍类,古称"葆幢"、"羽葆幢"。舞者执之以舞,送葬引柩者执之以指麾。字又作"纛"。《诗·王风·君子阳阳》:"君子陶陶,左执翿。"朱熹集传:"舞者所持羽旍之属。"《周礼·地官·乡师》"及葬,执纛",郑玄注引郑众云:"翿,羽葆幢也。"贾公彦疏:"纛谓葆幢也。"(张标)

翳 yì 影纽、脂部;影纽、齐韵、乌奚切。

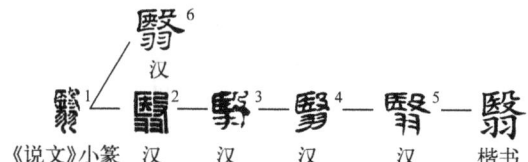

翳⁶
汉
翳¹—翳²—翳³—翳⁴—翳⁵
《说文》小篆　汉　汉　汉　楷书

1《说文》75页。2《汉印徵》卷4,5页。3《马王堆》141页。4、5《篆隶表》237页。6《隶辨》529页。

形声字。从羽,殹声。殹是从殳、医声的形声字,本义是"击中声",于翳表音,翳与殹并影纽、脂部。翳的远源、声首为矢,近源、准声首、初文为殹。翳字古初以殹表示,后分化出专字翳。《方言》卷十二:"殹,幕也。"朱骏声读为"翳"。先秦文献已使用此字,但小篆以前的古文字资料中迄今未见,《说文》始收录,隶变后楷书作翳,是小篆的笔势变化,构件矢或讹作夹,但没能通行。魏晋以迄隋唐碑刻中尚出现"瞖"、"瞖"、"瞖"、"瞖"、"瞖"、"瞖"、"瞖"、"瞖"等俗体,皆未取得主流地位。本义是"华盖",即有羽饰的车伞。《山海经·海外西经》:"(夏后启)左手操翳。"郭璞注为"羽葆幢"。

引申有遮蔽义。《楚辞·离骚》:"百神翳其备降兮,九嶷缤其并迎。"引申指眼球所生影响视力的膜网。《素问·六元正纪大论》:"甚则黄黑昏翳流行气交。"通"瘗"(yì),埋葬。《战国策·齐策五》:"中人祷祝,君翳酿。"翳酿即"瘗禳",禳祭而埋藏。通"也",语气词。马王堆帛书《称》:"其死辱翳。"通"医",箭箙类。《国语·齐语》:"诸侯甲不解累,兵不解翳。"通"殪",死去。晋陶潜《和刘柴桑》:"去去百年外,身名同翳如。"(张标)

字,本义是以口对跪跽者发号施令,于翎表音,翎与令并来纽、真部。翎的源头、声首是令,见于甲骨文、金文。翎字大约出现在汉魏至南北朝之时,旧题汉淮南八公所撰《相鹤经》已使用,《玉篇》亦收录此字。《说文》未收,徐铉收入"新附"。本义是鸟羽。《相鹤经·翎膺》:"四翎亚膺则体轻。"引申指箭羽。唐卢纶《和张仆射塞下曲》:"鹫翎金仆姑,燕尾绣蝥弧。"亦指顶戴花翎,清代官员用以区别品级的帽饰。(张标)

翻 fān 滂纽、元部;敷纽、元韵、孚袁切。

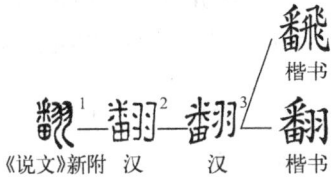

1《说文》75页。2《汉语字形表》142页。3《隶辨》147页。

形声字。从羽,番声。形旁羽为鸟羽之象,表示翻的本义与鸟羽有关。声旁番是会意兼形声字,本义当是据兽足以分辨,于翻表音,翻与番并唇音、元部。翻的远源、声首是釆(biàn),近源、准声首、初文是番。釆字见于商代甲骨文,从小、从又,盖会分辨意,其与兽足之形的田结合为番,番与釆并並纽、元部。古初以番为翻,后乃为造专字。南朝梁沈约《咏风诗》:"入镜先飘粉,番衫好染香。"翻字约产生于汉代,《说文》未收,徐铉收在"新附"。楷书作翻,是小篆的笔势化。本义盖是飞动。《玉篇·羽部》:"翻,飞也。"《文选·张衡〈西京赋〉》:"众鸟翩翩,群兽骄骁。"引申指翻转、推倒。《隋书·李密传》:"守将郑颋为部下所翻。"又引申指翻阅。《旧唐书·李密传》:"一手翻卷书读之。"亦引申指演唱、研讨、翻译、反切、翻番、反而等。形旁改羽为飞,就是异体"飜",大约产生在汉代或南北朝。汉刘向《说苑·指武》:"旌旗翩飜,下蟠于地。"《玉篇·飞部》:"飜,飞也,亦作翻。"《现代汉语规范字典》以翻为正体。(张标)

翎 líng 来纽、真部;来纽、青韵、郎丁切。

翎 — 翎
《说文》新附 楷书

1《说文》75页。

形声字。从羽,令声。令是从倒口、从卪(jié)的会意

隹 部

隹 zhuī 章纽、微部;章纽、脂韵、职追切。
cuī 清纽、微部;清纽、灰韵、仓回切。

1—6《甲文编》171~172页。7—10、13、18《金文编》251~254页。11、12《汉语字形表》141页。14、15《类编》226页。16、17、19《古文典》1204页。20《汗简》9页。21、22《四声韵》9页。23《说文》76页。

象形字。商代甲骨文作头、尾、身、羽俱全的鸟形,时头的朝向、羽毛的多少、爪的有无、笔画的繁简皆不固定。西周至春秋,字形渐趋固定,一般头朝左,左面不再出现其他笔画,右面的羽毛多数作四支,由组成鸟腹的一个竖笔贯通。战国时虽然出现了新的繁化与简化,但都是在西周、春秋以来大体一致的字形基础上进行的,所以没有造成大的混乱。《说文》小篆基本上同于前代较为规整简约的字形,隶变后楷书作隹,成为记号字。本义是短尾鸟或鸟的总名,读 zhuī。《殷虚书契续编》3.24.2:"王田梌,往来亡灾,隻(获)隹百卅八。"用作连绵词"隹隹",高大貌,读 cuī。通"唯"(维、惟),用作句首或句中语气词。《殷契粹编》896:"才(在)八月,隹王八祀。"南宫柳鼎:"隹王五月初吉,甲寅王才康庙。"《合集》10048:"甲申卜,宾贞:其隹稻年?"默钟:"我隹司(嗣)配皇天王。"与"非"对用,表示否定与肯定的判断。

《合集》33698:"庚辰贞:日有戠(痣,太阳上的黑气),非祸,隹若?"相当于"有"。《合集》93正:"己丑卜,殻贞:□以刍(除草奴隶),其五百隹六?"清王引之《经传释词》卷三:"《书·酒诰》曰'我闻惟曰','我闻亦惟曰',皆言我闻有此语也。"通"虽",虽然。中山王䇂鼎:"隹有死辠,及参(三)丗(世)亡不若(赦)。"通"谁",何人。中山王䇂鼎:"非恁(信)与忠,其隹能之?"通"懽",蒙受。胤嗣好蚉壶:"以忧劳(厥)民之隹不赣(辜)。"通"为",引进行为主动者。中山王䇂壶:"有纯德遗训,以陀(施)及子孙,用隹朕所放。"(张标)

雅

yā 疑纽、鱼部;疑纽、马韵、於加切。
yǎ 疑纽、鱼部;疑纽、马韵、五下切。
yá 疑纽、鱼部;疑纽、麻韵、五加切。

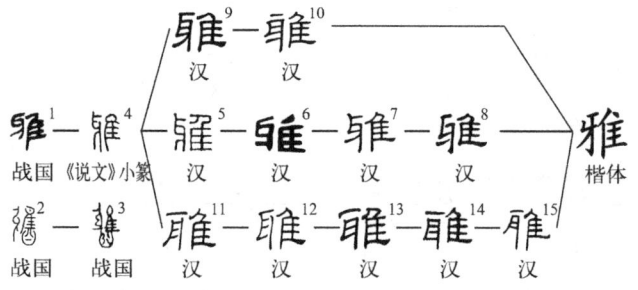

1、14、15《篆隶表》237页。2《汗简》9页。3《四声韵》45页。4《说文》76页。5《汉印徵》卷4,5页。6《马王堆》141页。7—13《隶辨》492页。

形声字。从隹,牙声。牙为牙齿之象,于雅表音,雅与牙声韵并同。雅的源头、声首是牙,见于春秋金文。可能是牙的象形性不够明显,故在战国时或叠加象形字齿者,此后这两种结构都曾作为声首造字。古初以牙为雅,后乃为造今字。《书·君牙》、《礼记·缁衣》引作"君雅"(周穆王臣名)。《吕氏春秋·本味》"伯牙",高诱注作"伯雅"。牙的异体也造出形声字,这就是《汗简》与《古文四声韵》所收的从隹,声字,不过没能持久传承。以云梦秦简为代表的从隹、牙声结构居于主流地位,并被《说文》所认同和采纳。隶变时,声旁牙或作近似于"身"、"舟"、"耳"等,但最终还是与它们区别开来,楷书作雅,是小篆的笔意、笔势变化。《四声韵》所收以为雅的(shū,足),是"疋"的本字、"雅"的同形字,假借用作雅,非雅之正字,故不列入雅字谱系。《说文》本义是乌鸦,后以"鸦"为此义正体,读yā。假借指正确的、规范的。《论语·述而》:"子所雅言:《诗》、《书》、执礼,皆雅言也。"引申指高雅、文雅。《史记·司马相如列传》:"从车骑,雍容闲雅甚都。"引申指近正,可资取法,训诂书有《尔雅》、《广雅》等雅学类。又引申指素、素常。云梦秦简《法律答问》:"甲乙雅不相智(知)。"以上读yǎ。通"牙",小孩。汉王充《论衡·自纪》:"以圣典而示小雅。""小雅"即小伢,对小孩子的称呼,古作"牙"。此义读yá。通"夏",古代中原一带。《荀子·荣辱》:"譬之越人安越,楚人安楚,君子安雅。"(张标)

隻(只)

huò 匣纽、铎部;匣纽、麦韵、胡麦切。
zhī 章纽、铎部;章纽、昔韵、之石切。

1—6《甲文编》173~174页。7、8、10、16《金文编》255~256页。9《类编》64页。11《汉语字形表》141页。12《楚系简帛》308页。13、14、15、17、18、19、20《古文典》442页。21《说文》76页。22《篆隶表》237页。23《隶辨》731页。

会意字。商代甲骨文从又,从隹。表意偏旁又是手之象,隹是禽鸟之象。二者结合会擒获意。商代此字带有很强的图画性,鸟在上端前方,又(手)在其身下一角,手指朝向鸟。不论正写、反写、倒写,都能形象而具体地体会到捉鸟的方法与过程。西周时候,形体趋于固定,鸟头与又(手)的朝向由可左可右基本上固定为朝左。春秋石鼓文已经由婉转匀圆的线条组成,结构与小篆基本相同。战国时字形多歧,构件又的右上方、左上方或加撇、竖为饰笔,或"又"近支,或"又"省作⺈;构件隹或作雀,或作规整的篆书,或作潦草的隶体。隶变后楷书作隻,现代整理汉字时,用同音替代的方法将其简化作只。

或作隻,俗体。本义是捕获,为"獲"(获)的本字、初文,甲骨文、金文多用其本义,详"获"字条。以上读huò。隻(zhī)是获的引申与分化,有对禽兽的捕获,才有一只两只的计算;获与隻同为铎韵,音转而为隻。《说文》本义为"鸟一枚"。晋潘岳《悼亡诗三首》其一:"如彼翰林鸟,双栖一朝只。"引申为量词,不限于鸟。《公羊传·僖公三十三年》:"晋人与姜戎要之殽而击之,匹马只轮无反者。"又引申指独特,与众不同。宋陆游《书志》:"读书虽复具只眼,贮酒其如别肠。"通"雙(双)",一对。双与只为齿舌邻纽,东铎旁对转,故得相通。凤凰山167号汉墓35简:"绪帛匲一隻。"出土实物为一双。汉吴仲山碑:"节度无隻。"顾霭吉注:"(隻)借作双字。"以上读zhī。(张标)

雒 luò

来纽、铎部;来纽、铎韵、卢各切。

1《金文编》256页。2《汗简》9页。3《四声韵》82页。4《说文》76页。5《汉印徵》卷4,5页。6—9《篆隶表》237页。

形声字。从隹,各声。形旁隹为禽鸟之象,表示雒的本义与禽鸟有关。声旁为从凵(kǎn)从倒止、凵亦声的会意兼形声字,本义是至,于雒表音,雒与各并铎部。雒的远源、声首是凵,近源、准声首是各。凵字见于甲骨文(金文)偏旁,战国文字中始见独立为字,其独立为字的时间当更早,是"坎"的初文。其与形旁倒止结合为各(会脚趾入至坎中之意)。古初盖以各为雒,后乃为造今字。雒字始见于西周金文,战国时字形繁化,复加一隹(即二隹)为形旁,但没能取得主流地位,《说文》形旁仍从一隹。隶变后楷书作雒,是小篆笔意、笔势变化的结果。《说文》本义指鸦鹠鸟,然本义罕用,多用假借义、通假义。假借指白鬣黑身之马。《诗·鲁颂·駉》:"有骊有雒,以车绎绎。"毛传:"黑身白鬣曰雒。"通"洛",洛水、洛阳。《说苑·君道》:"汤之时大旱七年,雒坼川竭。"《左传·桓公二年》:"迁九鼎于雒阳。"通"烙",烙印为识。《庄子·马蹄》:"我善治马,烧之剔之,刻之雒之。"通"额"(额),额头。《汉书·佞幸传·韩嫣》:"子增封龙雒侯。"通"络",穿插交复。清戴名世《南山集·方百川稿序》:"得尽读两人之文,往往循环雒诵。"(《庄子·大宗师》作"洛诵")(张标)

雀 què

精纽、药部;精纽、药韵、即略切。

1—4《甲文编》174~175页。5《汉语字形表》141页。6《楚系简帛》308页。7《说文》76页。8《篆隶表》238页。

会意兼形声字。商代甲骨文作从小、从隹,小亦声。表意偏旁隹像禽鸟之形,表示雀的本义与禽鸟有关。形旁兼声旁小像小沙粒或尘土状,表示雀的本义与小有关且表音,雀与小并为齿头音,药宵对转。雀的源头、声首是小,见于甲骨文。雀很可能是由构件小与隹整合而成(小既表义又表音);但可能也不排除古初以小为雀,后乃为造专字。故书中多有以小为"少"之例,甲骨文小少初为一字,后从中分化出以小为声之少。雀也可能先由小兼表,后再分化独立。自商至西周,雀的结构没有变化。战国时小作少,可以说是形、音、义俱近之偏旁更替,于所表本义不受影响。《说文》仍从商代结构,隶变后楷书作雀,是小篆的笔意、笔势变化。本义是麻雀。《诗·召南·行露》:"谁谓雀无角,何以穿我屋。"麻雀赤黑色,引申指此色。《书·顾命》:"二人雀弁执惠。"甲骨文用作方国名。《甲骨缀合编》141:"癸亥卜,亘其夕正(征)雀?"用作地名。《小屯·殷虚文字乙编》451:"乎(呼)人入于雀?乎人不入于雀?"人名。《铁云藏龟》145.3:"丙午卜,勿御雀于兄丁三□?"《戬寿堂所藏殷虚文字》47.7:"甲辰卜,雀受侑又(侑祭)?"女子名。《甲编》2102:"又母雀卢?"(张标)

雉

- zhì 定纽、脂部;澄纽、旨韵、直几切。
- kǎi 溪纽、脂部;溪纽、海韵、苦亥切。
- yǐ 喻纽、歌部;以纽、纸韵、移尔切。
- sì 邪纽、脂部;邪纽、旨韵、徐姊切。

隹部

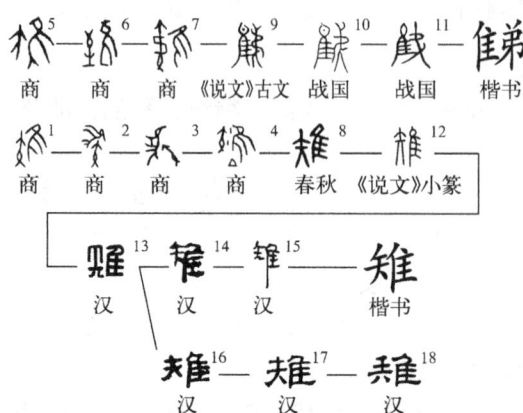

1—7《甲文编》175～176页。8《汉语字形表》141页。9、12《说文》76页。10《汗简》9页。11《四声韵》37页。13《汉印徵》卷4，6页。14、15《马王堆》142页。16、17《篆隶表》238页。18《隶辨》344页。

形声字。从隹，矢声。矢为箭之象，于雉表音，雉与矢并舌音，脂部。雉的源头、声首是矢，见于甲骨文。甲骨文已见雉字，声旁矢在隹左、右、下者并有之。且常变易为音近之声旁。矢或作大，大与矢并为舌音，月脂旁对转，大与雉并定纽，月脂旁对转；或作至、夷，至、夷与矢、雉并舌音，质脂对转。个别字加土或小点，盖叠加之表意偏旁。春秋时统一作左矢右隹。战国时商代的夷声旁字得以被袭用，只是变作弟，弟与雉声韵并同（与夷并舌音，脂部），形成了后代楷书"鴺"。《说文》承继了前代主流结构，隶变后楷书作雉。隶变中声旁矢或讹作夫、禾，皆俗体。本义是雉鸟，俗称"野鸡"。《殷虚甲骨续编》3.43.6："之日王往于田（畋），从徹京允获麂二、雉十。"指伤亡。《殷契佚存》五："戍卫不雉众？"用作地名。《小屯·殷虚文字丙编》3："己未卜，毃贞：我于（往）雉皀？"指古代城墙长度的计量单位。《左传·隐公元年》："都城过百雉，国之害也。"以上读 zhì。耀（bà）雉，古代桂林一带对矮人的称呼，此义读 kǎi。下雉，古地名，在今湖北省阳新县一带，此义读 yí。同"兕"，野牛，读 sì。通"纼"（zhèn），牛鼻绳。《国语·晋语二》："申生乃雉经于新城之庙。"通"夷"，平正，公平，《左传·昭公十七年》："五雉为五工正，利器用，正度量，夷民者也。"孔颖达疏："雉声近夷，雉训夷，夷为平，故以雉名工正之官。"又引樊光、服虔云："雉者，夷也；夷，平也，使度量器用平也。"（张标）

雊 gòu 见纽、侯部；见纽、候韵、古候切。

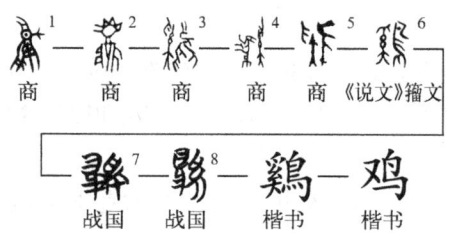

1《说文》76页。

会意兼形声字。从隹，从句（gōu），句亦声。表意偏旁隹像禽鸟形，表示雊的本义与禽鸟有关。形旁兼声旁句当为从丩、口声的形声字，本义为弯曲纠缭，表示雊的本义与弯曲有关且表音，雊与句声韵并同。雊的远源、声首是口，近源、准声首是句。口字见于甲骨文，像口形，其与构件丩整合而为形声字句。古初盖以句为雊，后乃为造专字。先秦文献已使用此字，但小篆以前的古文字材料中迄今未见，《说文》始收录，隶变后楷书作雊。《说文》本义是雄鸟鸣叫（因其叫时曲其颈，故从句）。《诗·小雅·小弁》："雉之朝雊，尚求其雌。"（张标）

鷄（鸡）jī 见纽、支部；见纽、齐韵、古奚切。

1《类编》228页。2—5《甲文编》176页。6《说文》76页。7、8《楚系简帛》309页。

初为象形字，商代甲骨文像高冠长喙之鸡。在商代就发展为形声字。形旁鸟像禽鸟形（《说文》本把鸡看作鸟类），表示鸡的本义与禽鸟有关。声旁奚为从爪、从大、从糸，糸亦声之会意兼形声字，本义是奴隶，于鸡表音，鸡与奚并为牙音、支部。象形的鸡是形声字鸡的一个源头，形声鸡的另一个远源、声首是糸（mì），近源、准声首是奚，糸与奚并见于甲骨文。糸是束丝之形，其与构件大（人形）、爪（手形）结合而为奚（会以手持绳牵奴隶意），奚与象形的鸡结合而为形声字（也不排除先以奚为鸡，后为造专字，天星观遣策即以奚为鸡）。商代形声字鸡的偏旁尚不固定，声旁或在左，或在右，有的还省去了构件糸。《说文》籀文作"从鸟，奚声"，战国文字草率，但基本结构与《说文》同。楷书作鷄。唐代碑刻或作鸡，俗体。现代整理汉字时，以鸡为正体，简化作鸡。本义是报晓家禽。《后编》上 14.10："王田……隻狐十……马三，鸡六。"《荀子·儒效》："曾不如好相鸡狗之可以为名也。"用作地名。《合集》37472："戊寅卜，贞：王田鸡，往来亡灾？"用作人名。《前编》7.23.1："乙丑卜，亢贞：令彗眔（及）鸡以束尹，从宙蜀协事？"（参"雞"字条）（张标）

雞(鸡) jī 见纽、支部；见纽、齐韵、古奚切。

1、2《甲文编》176页。3、4《楚系简帛》309页。5《古文典》777页。6《说文》76页。7、8、10–15《篆隶表》238～239页。9《马王堆》143页。

形声字。从隹，奚声。鷄的异体。《说文》以雞为字头正体，以鷄为重文。现代汉字以鷄为正体，淘汰了雞。汉魏到隋唐碑刻中，尚出现过以下俗体：雞、雞、雞、雞。雞的产生晚于鷄。鷄字产生于商代，而雞到战国时才出现。二字的区别，仅在于形旁是从鸟还是从隹。而隹与鸟，古初形、音（同为舌音）、义俱近，或说是一字之分化。以往文献中雞字也是经常出现的。《诗·齐风·鸡鸣》："雞既鸣矣，朝既盈矣。"云梦秦简《秦律十八种·仓》："雞猪之息子不用者，买（卖）之。"马王堆帛书《老子》乙本205："雞犬之[声相]闻。"通"离"，分离。马王堆帛书《老子》甲本148："恒德不雞。"又通"谿"，峪。马王堆帛书《老子》乙本："知其雄，守其雌，为天下雞。"（张标）

雛（雏） chú 从纽、侯部；崇纽、虞韵、仕于切。
jú 群纽、觉部；群纽、屋韵、渠竹切。
jù 从纽、侯部；从纽、遇韵、才句切。

1、2《汉语字形表》142页。3、4《说文》76页。5《汉印徵》卷4，6页。

形声字。从隹，刍声。刍（qū）为从又、从屮、屮亦声的会意兼形声字。本义是刈屮。于雛表音，雛与刍并齿头音、侯部。雛的远源、声首是屮，近源、准声首是刍。甲骨文已见雛字，作从鸟、刍声。故《说文》整理此篆时出现二个形体：籀文，从鸟、刍声；篆文，从隹、刍声。最后也形成两个楷体：鶵与雛。《现代汉语规范字典》将此二字皆列为正体，简化字分别作鹀与雏。魏晋至隋唐碑刻，尚出现过以下俗体：雛、雛、雛、雏；鶵、鶵、鶵、鶵。《说文》本义是"鸡子"，即小鸡。《小屯·殷虚文字乙编》1052："乎取生雛。"引申指小鸟。《孟子·告子下》："力不能胜一匹雛，则为无力之人矣。"又引申指小动物。《礼记·内则》："不食雛鳖。"又引申指幼儿。唐杜甫《徐卿二子歌》："丈夫生儿有如此二雛者，名位岂肯卑微休。"在以上义项内鶵与雛是异体关系；但"鹓鶵"（凤鸟类）之鶵不作雛，故二字实际上是具有包容关系的异体，非绝对异体字。以上读chú。又指鸟名，读jú。又作人名用字，孔子门生有颜浊雛，读jù。（张标）

離(离) lí 来纽、歌部；来纽、支韵、吕支切。
lì 来纽、歌部；来纽、霁韵、郎计切。
lǐ 来纽、歌部；来纽、纸韵、力纸切。
gǔ

1–6《甲文编》543页。7、12、14–20《篆隶表》239～240页。8、9《古文典》871页。10《说文》76页。11《汉印徵》卷4，7页。13、21《隶辨》39页。

会意兼形声字。殷商甲骨文作从离（离，chī）、从隹，离亦声。表意偏旁隹为禽鸟之象，表示离的本义与禽鸟有关。形旁兼声旁离（离）为长柄捕猎工具之象，表示离的本义与猎捕有关且表音，离与离并舌头音、歌部。离的源头、声首是离（离），见于甲骨文（古离与苹同字，后分化为二，二字歌元对转)，其与构件隹结合而为离字。当然也不排除古初以离为離，后乃为造今字。《易》離卦，古亦作"离"；战国赵器"离石"即"離石"；马王堆帛书《周易》017"句(姤)之離角"作"离"，即其证。離字初见于甲骨文，作上隹下罕。隹的繁简、隹头的左向右向都不固定，下罕也是有繁有简(简者作屮，繁者作丫)。后来构件罕在战国时代渐次讹变作呆、呆，故战国離字的构件离就被《说文》分析作从屮(屮)、从禽头(囟)、从内(róu,忄)，这属于理据重构，其实是猎具的讹变。《说文》采纳了战国離字结构，隶变时，形旁隹的变化不很大，离(罕)旁变化较大。屮或繁化作艹，或讹变作廿，或与禽头结合作"又"；禽头或讹作田、囗；或屮与禽头讹作䒑、亠，等等。隶变后楷书作離，简化字作离(取原字声旁或初文、声首)。自魏晋迄隋唐，碑刻中尚作"離"、"離"、"離"、"雄"、"蜼"、"離"、"離"、"雕"、"離"等，并俗体。本义为捕获、擒获。《殷契摭佚续编》125："辛巳卜，在粪，今日王逐豖，離？允離七豖。"《说文》所训本义离黄、仓庚，实为假借义，常用义是离别、离析、离间、离违、离判等，亦用作卦、琴、乐名等。以上读lí。离支，即"荔枝"，读lí。离跂，用力攘臂貌，读lí。离暨，山名，见《山海经》，读gǔ。通"篱"，藩篱。云梦秦简《秦律十八种》："兴徒以斬(塹)垣離散及补缮之。"通"螭"，猛兽。《史记·周本纪》："如豼如離。"通"罹"，遭受。《史记·屈原列传》："《离骚》者，犹罹忧也。"通"蘺"，香草，江蘺。《楚辞·离骚》："扈江離与辟芷兮。"通"丽"，依附。《诗·小雅·渐渐之石》："月離于毕。"通"罗"，罗网。银雀山汉简《孙膑兵法·地葆》："五地之殺曰天井、天宛、天離、天隙、天招。"通"摛"，布展。《史记·老子韩非列传》："善属书离辞。"

(张标)

雕 diāo 端纽、幽部；端纽、萧韵、都聊切。

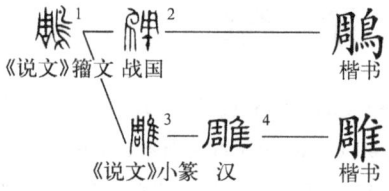

1、3《说文》76页。2《汉语字形表》142页。4《隶辨》189页。

形声字。从隹，周声。形旁隹为禽鸟之象，表示雕的本义与禽鸟有关。声旁周为于格子内雕镂状，为"彫"之本字，于雕表音，雕与周并舌音、幽部。雕的源头、声首、初文为周，见于甲骨文(后加饰件口)。古初以周为雕，后乃为造今字。《公羊传·襄公十五年》"晋侯周卒"，释文或读为"雕"，是其证。雕字始见于《说文》籀文，从鸟、周声，战国文字沿用此结构。《说文》整理作隹声，这样从鸟与从隹，遂成正体与重文二字，隶变后楷书分别作鵰与雕。现代整理汉字时，已把鵰作为雕的异体淘汰。《说文》本义为"鷻"(tuán)，大型猛禽，俗称"大雕"、"老雕"。《山海经·南山经》："(水有兽)其状如雕而有角。"引申指迅捷凶猛。《史记·货殖列传》："民雕捍少虑。"通"彫"，彩绘。《左传·宣公二年》："厚敛以彫墙。"杜预注："彫，画也。"陆德明释文："彫，本亦作雕。"又通"琱"，治玉，刻镂。《书·顾命》："画纯，雕玉，仍几。"孔传："雕，刻镂。"又通"凋"，雕零，伤败。《国语·周语下》："民力雕尽。"韦昭注："雕，伤也。"通"碉"，石室。《后汉书·西南夷传》："高者至十余丈，为邛笼。"李贤注谓土著呼"雕"。

(张标)

鷹(鹰) yīng 影纽、蒸部；影纽、蒸韵、於陵切。

1-4《金文编》256~257页。5、9《说文》76页。6《汉语字形表》142页。7、8《古文典》133页。10、12《隶辨》274页。11《篆隶表》240页。

形声字。西周金文作从隹，疒(膺)声。形旁隹为禽鸟之形，表示鹰的本义与禽鸟有关。声旁疒为人胸前加短竖的指事字，为膺之初文或本字，于鹰表音，鹰与疒声韵并同。西周时声旁或省略指事符号作疒，春秋不省，且增加构件鸟、扩(nè)，人作反向，此即西周古形声字雁之今体、鹰之前身籀文鷹。战国时，或一仍西周之旧结构，但声旁作斤、斤，为疒之变体，或省略籀文构件鸟，扩与斤结合为疒，《说文》据此与籀文整理作"从隹，瘖省声，或从人，人亦声"，属于理据重构，实际应是从隹、疒声，声变讹变为疒而已，楷书作雁或雁。春秋籀文鷹在隶变中省略扩旁的斤，楷书作鷹，简化字作鹰。南北朝时碑刻中或作鷹，俗体。本义指猛禽鹰。《诗·大雅·大明》：

"维师尚父,时维鹰扬。"郑玄笺:"鹰,鸷鸟也。"国族名。雍侯见工钟:"雍厌见工遗王于周。"此雍即《左传·僖公二十四年》"邢、晋、应、韩"之"应",今字作"应"(應)。人名。师汤父鼎:"王乎宰雍易(赐)□弓象弭。"通"膺",承受;当胸马带。乖伯归夆簋:"朕丕显且玟斌,雍受大命。"毛公鼎:"(易女)金雍、朱旂二鈴(铃)。"(张标)

鴟(鸱) chī 昌纽、脂部;昌纽、脂韵、处脂切。

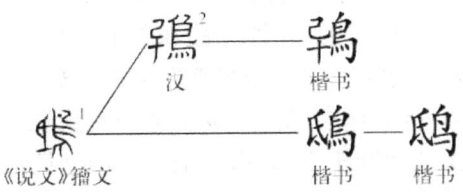

1《说文》76页。2《隶辨》47页。

形声字。从鸟,氏声。形旁鸟为禽鸟之象,表示鸱的本义与禽鸟有关。声旁氏为氐之分化与准声首,古文字构意不明(《说文》训"至"为理据重构),于鸱表音,鸱与氏并舌音脂部。鸱的远源、声首为氐,近源、准声首为氏。氐见于甲金文,氏见于西周金文偏旁。古初盖以氏为鸱,后乃为造今字。鴟字始见于春秋籀文,隶变后楷书作鴟,简化作鸱。汉碑中出现的"鵄",魏碑中出现的"鵄",并俗体。本义指鸷鸟鹞子、老鹰。清段玉裁《说文解字注·隹部》:"今江苏俗呼鹞鹰,盘旋空中,攫鸡子食之。"《诗·大雅·瞻仰》:"懿厥哲妇,为枭为鸱。"清朱骏声《说文通训定声》:"鸱,鹞也。","苏俗所谓鹞鹰者。"又指猫头鹰类的鸟。《庄子·徐无鬼》:"鸱目有所适,鹤胫有所节。"成玄英疏:"鸱目昼暗而夜开,则适夜不适昼。"又指轻僄,不庄重。《书·吕刑》:"(蚩尤)鸱义奸宄,夺攘矫虔。"陆德明释文引马融云:"鸱,轻也。"清王引之《经义述闻》卷四:"鸱者,冒没轻僄;义者,倾衺反侧也。"(张标)

鴟(鸱) chī 昌纽、脂部;昌纽、脂韵、处脂切。

雉¹ — 雉² — 雉
战国 《说文》小篆 楷书

1《汗简》9页。2《说文》76页。

形声字。从隹,氏声。《说文》以此为正篆字头,以鸱为重文异体;现代汉字则以鸱为正体。它的远源、声首、近源、准声首及产生过程应是与鸱一样的(参"鸱"字条)。不过从目前掌握的出土古文字资料看,它的出现在战国时代,早于鴟字。由于隹与鸟古代形、音(并为舌音)、义俱近,或说本一字之分化,所以造成《说文》并收鴟、鴟二字,楷书亦有相对应的两字。战国鴟声旁作氏,非氐。然"氐"本"氏"之分化,二字并为舌音,脂支通转,于表音无妨。当然也可看作《汗简》氏误作氐。由于鴟不及鸱行用广,所以尽管它是《说文》正体字头,也没有在现代汉字中取得正体地位。(张标)

雝(雍) yōng 影纽、东部;影纽、钟韵、於容切。

1、2《甲文编》177页。3—8《金文编》257~258页。9、10《古文典》404页。11《说文》76页。12、13、14《汉印徵》卷4,6页。15、18《篆隶表》240页。16、17《隶辨》19页。

形声字。殷商甲骨文作从水,雝声。形旁水是水流之象,表示雝的本义与流水有关。声旁雝是从隹、宫省声的形声字,本义当与鸟有关,于雝表音,雝与雝为冬东旁转。雝的远源、声首是吕,近源、准声首、初文是雝。吕见于甲骨文(非吕、㠯),构形不明,其与构件隹结合而为雝。古初以雝为雝,后乃造分化字。甲骨文中表地名时初作"雝",后作"雝",战国燕玺、晋器、古玺并有读"雝"者,即其证。甲骨文中雝字构件水作〜,♁作▯,或省作▯。西周金文则水繁化作〜,♁作▯,或省作▯,▯或又讹作▯。同时有的字增加形旁攵。春秋时与商周以来的主流结构保持了一致,从水,雝声。战国时声旁雝极尽变化,试看下列字样得见一斑:

当时雝作雝、雝,虽然怪异,基本结构也还分明。《说文》整理作"从隹,邕声",是理据重构。构件邑实是吕之讹。隶变后楷书作雝,是小篆的笔势变化。其本义当与水有

佳部

关。《说文》训"雒䳨",鸟名,盖假借义。地名。《殷虚书契前编》2.36.4:"王田(畋)雒,往来亡灾?"雒伯原鼎:"雒伯原乍宝鼎。"人名。《前编》4.29.4:"□辰卜,贞:子雒(雒)不作艰?不葬?"《合集》13422:"雒目有羽(翳)?"雒鼎:"雒乍母乙鼎。"通"饔",以食招待。邾王鼎:"用雒宾客。"通"壅",堵塞。毛公鼎:"勿雒建(楗,塞)庶民。"和谐。毛公鼎:"雒我邦小大猷(谋划)。"象声词。默钟:"雝雝雒雒。"雒为小篆隶定体,隶变作雍,更为通用,《现代汉语规范字典》以为正体。参见"雍"字条。(张标)

雍 yōng 影纽、东部;影纽、钟韵、於容切。

1 《甲文编》117页。2、3 《金文编》257页。4 《说文》76页。5、6、10 《隶辨》19页。7、8、9 《篆隶表》240页。

形声字。商代甲骨文作从水,雒声。"雒"的异体。它的远源、声首、近源、准声首及产生过程都与雒同。只是在隶变过程中,构件川讹作 ,邑讹作乡,遂成雍字。由于它笔画少,结构有特色,长期以来比雒的行用要广得多,所以在现代汉字中成为正体。雒的义项,它都具有,如表雍渠鸟、地名。和谐。《书·无逸》:"其惟不言,言乃雍。"通"壅",堵塞。云梦秦简《田律》:"春二月,毋敢伐材木山林及雍隄水。"通"饔",炊爨。《仪礼·少牢馈食礼》:"雍人概鼎匕俎于雍爨。"郑玄注:"雍人,掌割亨之事者。" 还有些义项多用雍。通"拥",拥有。《战国策·秦策五》:"雍天下之国,徙两周之疆。"鲍彪注:"雍,拥同,言据有之。"通"瓮",汲水具。《墨子·大取》:"凡兴利除害也,其类在漏雍。"通"靡",辟雍,天子所设学宫。《汉书·礼乐志》:"丞相、大司空奏请立辟雍。"通"癰",毒疮。《素问·大奇论》:"肺之雍,喘而两胠满。"(张标)

雁 yàn 疑纽、元部;疑纽、谏韵、五晏切。

1、5 《古文典》976、978页。2、3、4 《楚系简帛》310页。6 《说文》76页。7 《篆隶表》240页。

形声字。从佳,从人,厂(hǎn)声。佳与人分别为禽鸟与人体之状,表示雁的本义与禽鸟、人有关。声旁厂像山旁之岩室,于雁表音,雁与厂并牙音、元部。雁的源头、声首是厂,甲骨文见于偏旁,金文已成独立之字。构件厂与佳结合而为"雁",见于战国晋玺文字。雁具人性,故后来之雁均复加人旁。此结构之雁亦见于战国时。人或在雁外,作雁;或在雁内,作雁或雁;厂上或加饰笔作雁。《说文》结构即从中产生,楷书作雁。隶变时构件厂或作广,厂与广为形、音(并牙音或喉牙通转,元谈通转)、义并近之偏旁更易,楷书作雁,俗体。本义是候鸟大雁。《诗·小雅·鸿雁》:"鸿雁于飞,肃肃其羽。"战国楚简恒用作人名。《包山楚简》2.91 之"周雁"、"鄝雁",2.165 之"莫(郑)雁",2.184 之"䣹雁"等皆是。《说文·鸟部》收有鴈字,训为"鹅",结构是"从鸟、人,厂声"。就结构而言,其与雁的构件人、厂均相同,所别一从佳,一从鸟。雁与鴈古初为一字,后乃分化为二,从佳之雁本义是大雁,从鸟之鴈本义是鹅。《说文》虽作此分别,但实际上二字多混用无别。大雁义也用"鴈"表示。《仪礼·士相见礼》:"下大夫相见以鴈。"郑玄注:"鴈取知时、飞翔有行列也。"二字并通"赝",假的,伪造的。《韩非子·说林下》:"齐伐鲁,索谗鼎,鲁以其鴈往。"明王明清《挥麈后录》卷八:"漆絮败溃,雁迹尽露。"通"焉",连词,就。清严可均《全上古三代秦汉三国六朝文》卷十二《齐钟铭》:"雁受君公之易(赐)。"汉魏隋唐碑刻中,雁或作"瘖"、"鴈"、"鴈",乃"鴈"之俗;又或作"鴈"、"鴈",与战国之"雁"相对应,此亦得说明雁、鴈之相通。现代整理汉字时,以雁为正体,以鴈为异体淘汰。(张标)

雇 hù 匣纽、鱼部;匣纽、姥韵、侯古切。
gù 见纽、鱼部;见纽、暮韵、古暮切。

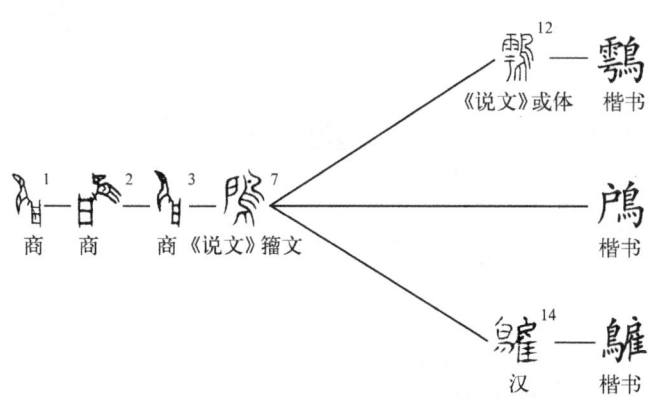

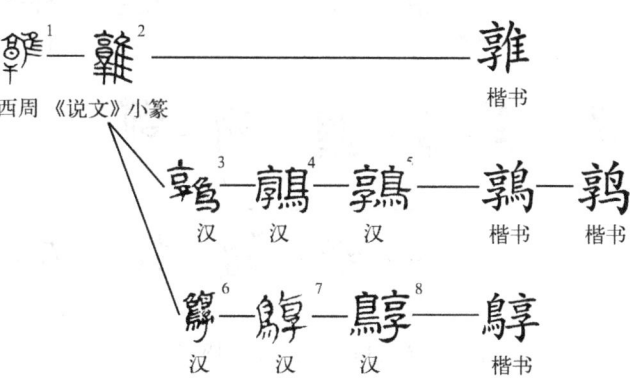

1、4、5《甲文编》177页。2、3、6《续甲》卷4，10页。7、12、13《说文》76~77页。8、9、10《古文典》469页。11《楚系简帛》310页。14《篆隶表》240页。

形声字。从隹，户声。户为门户之象，于雇表音，雇与户并匣纽、鱼部。雇的源头、声首是户，见于商代甲骨文。商代甲骨文已见雇字，其形旁有一显著特点，即或作鸟，或作隹，作鸟者有长喙与爪，作隹者无（还有介于鸟与隹之间者）。从鸟者到春秋时出现鸠字，即《说文》籀文；从隹者战国时就出现了小篆字头结构，即雇，只是个别字在户上加了饰笔。《说文》还收有小篆重文𪂹，是鸠的声旁户变易为同音的雩（二字并匣纽鱼韵）。这样隶变后《说文》所收三篆楷书分别作雇、鸠（或作𪂹）与𪂹，同时还出现了一个有叠加形旁的䧆，俗体。《现代汉语规范字典》以雇为正体。本义为鸟名。《说文》："九雇，农桑候鸟，扈民不婬（防止百姓误过农时）者也。"此义读hù。用作地名。《殷虚书契前编》2.6.6："癸亥卜，黄贞：王旬亡祸？在九月正（征）人方？在雇。"即古顾国。又假借指雇佣。汉王符《潜夫论·浮侈》："令工采画，雇人书祝。"在雇佣义上，雇与僱为异体，现代整理汉字时，淘汰了僱，以雇为正体。引申指租赁。《新唐书·食货志三》："县官雇舟以分入河洛。"又引申指付给酬金。《百喻经·债半钱喻》："前有大河，雇它两钱，然后得渡。"又引申指卖。唐卢携《乞蠲租赈给疏》："撤屋伐木，雇妻鬻子。"通"顾"，顾名；环视。明郑之珍《目莲救母劝善戏文·过滑油山》："不雇君来不雇亲。"又《花园捉魂》："雀啄常四雇，燕寝无疑心。"以上读gù。（张标）

鹑(鶉) chún 禅纽、文部；禅纽、谆韵、常伦切。

1《金文编》258页。2《说文》77页。3、6、7《篆隶表》241页。4、5、8《隶辨》132页。

形声字。从隹，𦎧(chún)声。𦎧为从𠅃(xiǎng)从羊、羊亦声的会意兼形声字，本义是以羊祭享，于鹑表音，鹑与𦎧声韵并同。鹑的远源、声首是羊，近源、准声首是𦎧。鹑字始见于西周金文，时从隹、𦎧声，构件𠅃犹似祭享之宗庙，然羊省变作𦍌。《说文》据此加以整理，构件隹、羊皆有象形遗意，只有𠅃作享，远离象形。由于隹与鸟形音（并为舌音）义皆近，为一字之分化，故在隶变中绝大多数字不从《说文》之隹，而改从鸟；鸟或在𦎧左，或在𦎧右，也不像《说文》那样形右声左。这样楷书就形成𪃹、鹑、鷻等三字（声旁𦎧作享是笔意变化）。现代整理汉字时，以行用较广之鹑为正，类推简化作鹑。本义指鹌鹑鸟。《诗·鄘风·鹑之奔奔》："鹑之奔奔，鹊之彊彊。"朱熹集传："鹑，鹌属。"引申为南方朱雀七宿之称，取象于鹑，故名。《左传·僖公五年》："鹑之贲贲，天策焞焞。"又引申为破衣，似鹑之秃尾。唐杜甫《风疾舟中伏枕书怀》："乌几重重缚，鹑衣寸寸针。"通"鷻"(tuán)，鸷鸟雕。《诗·小雅·四月》："匪鹑匪鸢，翰飞戾天。"朱熹集传："鹑，雕也。"通"𦎧"，熟。伯迟父鼎："伯迟父乍鹑鼎。"通"醇"，纯美。汉扬雄《法言·寡见》："春木之芚兮，援我手之鹑兮。"（张标）

雄 xióng 匣纽、蒸部；云纽、东韵、羽弓切。

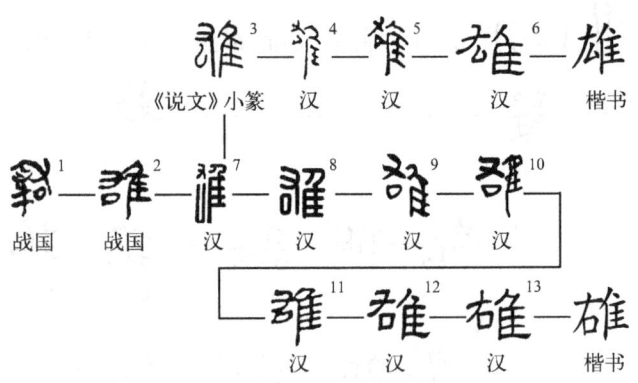

1《战文编》234页。2《睡甲》54页。3《说文》77页。4、5、11《银雀山》135页。6、12、13《隶辨》6页。7、8《汉印徵》卷4，6页。9、10《马王堆》141页。

形声字。从隹，厷(gōng)声。形旁隹为禽鸟之象，表示雄的本义与禽鸟有关，声旁厷为从又加指事符号、又亦声的形声字特例，本义是指肘肱，于雄表音，雄与厷并牙音(或牙喉相转)、蒸部。雄的远源、声首是又，近源、准声首是厷(厷与又并牙音，或牙喉相转，之蒸对转)，它们并见于商周甲骨文、金文，初时又加指事符号兼表音而为厷。古初盖以厷为雄，后乃为造专字。雄字始见于战国古文字，然郭店楚简形旁作鸟，云梦秦简作隹(鸟与隹之别可视作形音义俱近偏旁之更替)。时声旁由厷而作右，可视作形、音(之蒸对转)皆近偏旁之通用。自《说文》整理后，形旁作鸟的绝迹，隶变中主要表现为从厷与从右的并见，甚至从右的超过从厷的，这样楷书就形成正体"雄"与俗体"雄"，《现代汉语规范字典》以雄为正字。本义指公鸟、"鸟父"。《诗·小雅·正月》："具曰予圣，谁知乌之雌雄。"郭店楚简《语丛四》："三駅一雄，三骻(呱)一莛(媞)。"引申指其他雄性动物。《诗·齐风·南山》："南山崔崔，雄狐绥绥。"又引申指强悍过人的男性。《左传·襄公二十一年》："齐庄公朝，指殖绰、郭最曰：'是寡人之雄也。'"亦引申指英雄、称雄、雄壮、雄险等。郭店楚简《语丛四》"邦有巨駅"，即超强者。叠字形容词"雄雄"，指极有威势。《楚辞·大招》："雄雄赫赫，天德明只。"王逸注："雄雄赫赫，威势盛也。"（张标）

雌 cí 清纽、支部；清纽、支韵、此移切。

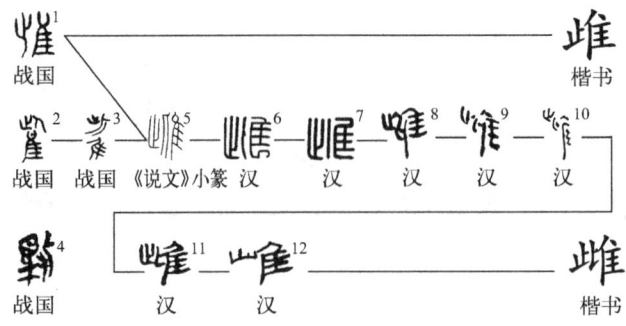

1、2《四声韵》8页。3《汉语字形表》143页。4《战文编》235页。5《说文》77页。6、7《汉印徵》卷4，7页。8、11、12《篆隶表》241页。9《马王堆》142页。10《银雀山》135页。

形声字。从隹，此声。形旁隹为禽鸟之象，表示雌的本义与禽鸟有关。声旁此为从止、从人、止又声的会意兼形声字，"跐"之初文，以足踢人义，于雌表音，雌与此声韵并同。雌的形成有两条路线：一条，止为源头、声首，止与构件隹结合为萑，即古雌字，此字在战国文字中尚有遗存，即《古文四声韵》所收雌字。当然萑字产生也不排除古初以止为萑，后乃为造今字。因为甲骨文中"止"已用作"祉"(《南上》92)，战国赵尖足布用作"峙"，故书中用作"跐"、"峙"、"祉"等，后皆为造分化字。萑字也可能是这样产生的；另一条，远源、声首是止，近源、准声首是此。由声首止产生此后，古初盖用此为雌，后乃为造今字。包山楚简"茍此"即"兕雌"，战国廿八宿漆书"此隹"即"觜觿"，后皆为造分化字。雌字可能也这样产生，或者由构件此与隹整合而成。战国时已出现雌字，不过当时形下声上，《说文》始厘定为形右声左。当时还出现从鸟、此声的结构，是因为隹与鸟形音(同为舌音)义俱近，本一字之分化。隶变后楷书作雌，是现代汉字的正体。第一条路线从商代发展到战国后，没能传承下来，也可能声旁止易作此(止与此章清邻纽、之支旁转)，遂与雌合而为一。本义指母鸟。《诗·小雅·小弁》："雉之朝雊，尚求其雌。"引申指母性动物。《左传·昭公二十九年》："龙一雌死，潜醢以食夏后。"郭店楚简《语丛四》："三雉一駅，三骻(呱)一莛(媞)。"引申指柔弱。《老子》第二十八章："知其雄，守其雌，为天下谿。"魏源注引王道曰："雌雄以刚柔言。"近代汉语多用于通假。通"呲"，张嘴露牙。《金瓶梅词话》第七五回："亏你还雌着嘴儿。"甲骨文假借作地名或方国名。《小屯·殷虚文字乙编》5330："贞：乎(呼)往奠于雌？"通"泚"，喷洒。《醒世姻缘传》第二五回："(醋)滉滉荡荡的，常要泚将出来。"通"呲"，训斥、斥责，即俗语"雌荅"(雌搭)。通"呲"，吹。《醒世姻缘传》第

十一回:"齐胡子雌了一头灰。"(张标)

雋(隽) juàn 从纽、元部;从纽、狝韵、徂兖切。
zuǐ 精纽、物部;精纽、至韵、将遂切。

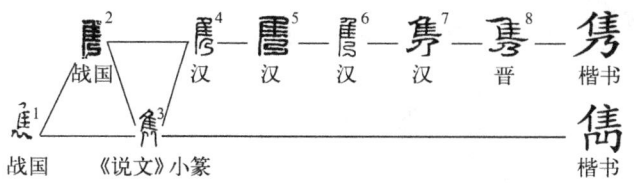

1、2《战文编》235页。3《说文》77页。4、5、6《汉印徵》卷4,7页。7、8《篆隶表》241页。

会意字。《说文》分析为"从弓所以射隹"。表意偏旁弓为弯弓之象,隹为禽鸟之象,二者会"肥肉"意。战国古文字始见之,弓在隹下,有横置、竖置之别。《说文》从战国结构,构件弓横置,诘曲不便书写,故隶变多改易作竖书,由"弓"而"乃",楷书作隽,是小篆的笔势变化。或作雋,小篆的隶定。现代整理汉字时,以隽为正体,把雋作为异体正式淘汰。本义指鸟肉肥美。宋周密《癸辛杂识续集·驼峰》:"驼峰之隽,列于八珍。"引申指意味深长。《汉书·蒯通传》:"通论战国时说士权变,亦自序其说,凡八十一首,号曰《隽永》。"颜师古注:"隽,肥肉也;永,长也。言其所论甘美,而义深长也。"其构意本以弓射隹,故以射中鸟称隽。《周礼·天官·司裘》"皆设其鹄",郑玄注:"鸹鹄小鸟而难中,是以中之为隽。"引申指科举时代考中。用作地名,古长沙有下隽县,战国陶文有"隽亭",秦陶有"隽"。以上读juàn。通"樶"(zuǐ),樶李,古地名,越败吴之地。通"俊",才智超群。《书·皋陶谟》"俊乂在官",《文选》李善注引作"隽"。通"臇",少汁的羹。马王堆汉墓遣册第13简:"鹿隽一鼎。"(张标)

奞部

奞 suī 心纽、微部;心纽、脂韵、息遗切。

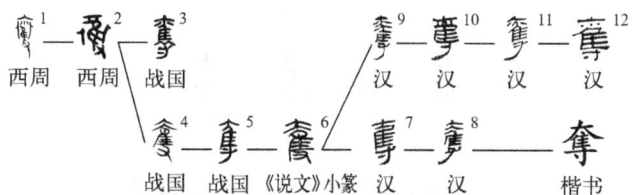

1《金文编》259页。2《汗简》9页。3《说文》77页。

会意兼形声。从大,从隹(隹亦声)。表意偏旁像正面站立大人形,表示奞的本义与大有关。形旁兼声旁隹为禽鸟之象,表示奞的本义与禽鸟有关且表音,奞与隹为齿舌邻纽,并为微部。奞的源头、声首是隹,见于商周甲骨文、金文。古初盖以隹为奞,后乃为造今字。奞字始见于西周金文,战国沿用其结构,《说文》采纳之,楷书作奞,主要是小篆的笔势变化。《说文》本义为"鸟张毛羽自奞",即张大、振奋羽翅而飞。金文用作人名,盖取此意。鄂季奞父簋:"鄂季奞父乍宝隣彝。"《正字通》、《康熙字典》并谓通"卂"(xùn,疾飞)、"奋"。(张标)

奪(夺) duó 定纽、月部;定纽、末韵、徒活切。
duì 定纽、月部;定纽、泰韵、杜外切。

1、2《金文编》259页。3、5《睡甲》54页。4《汗简》9页。6《说文》77页。7、9、10、12《篆隶表》241页。8、11《银雀山》135页。

会意字。西周金文作从又、从衣、从雀,像手从衣内把小鸟雀夺取过来。后形有所省变(如省略雀上之"小"为两点,亻作亻)。至战国时,《汗简》所代表的成为后来的主流结构,即从又、从隹、从隶化的大(作大,是衣与雀上之小综合变化的结果)。秦简或从《汗简》,只是大的下部与隹的上部作"共用",又字上方多出一个饰笔(寸);或从西周结构,并加以微调,衣的上下两部分远远分离作亠,又作寸(属于形义皆近偏旁的更替)。《说文》依准《汗简》厘定为从又、从奞(把"大"与"隹"两个构件合并为一个字),这是理据重构。许氏所谓"手持隹,失之也",与古初造意已有离违。隶变时,主流结构从《说文》,只是"又"作"寸",楷书作奪,简化作夺。采取的是"取其轮廓"的方法,始见于明代的官府文书档案《兵科抄出》。非主流结构主要表现为构件"大"的写法不固定,作大、木、仌、六等。魏晋以降,碑刻中尚出现以下俗体:𡙕、奪、奪、奪、奪等,并未进入主流结构。本义是夺取。敌簋:"夺孚(俘)人四百。"引申指遗漏、脱落。《后汉书·党锢传·李膺》:"岂可以漏夺名籍。"引申指失误。《书·舜典》:"八音克谐,无相夺伦。"又引申指混淆。《论语·阳货》:"恶紫之夺朱也。"引申指裁定。清洪昇《长生殿·埋玉》:"待我奏过圣上,自有定夺。"人名用字。夺簋:"夺乍宝殷。"以上读duó。古地名,在齐鲁,读duì。通"遂",实现。《史记·秦本纪》:"君试遗其女乐,以夺其志。"(张标)

奮（奋）fèn 帮纽、文部；非纽、问韵、方问切。

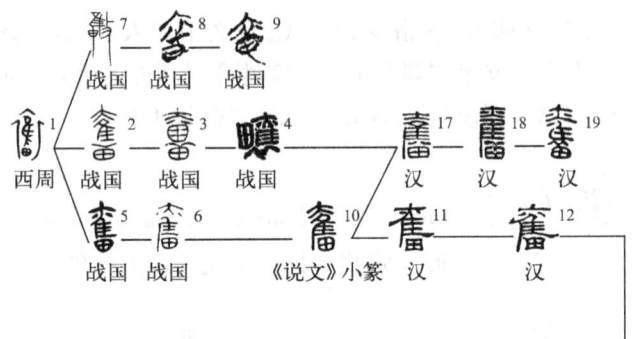

1《金文编》259页。2、11、12、16、19《篆隶表》241页。3、4、8、9《战文编》235页。5《睡甲》54页。6《古文典》1359页。7《中山》74页。10《说文》77页。13《隶辨》564页。14、17、18《汉印徵》卷4，7页。15《银雀山》135页。

会意兼形声字。西周金文作从隹、从田、从衣。表意偏旁隹、田、衣分别为禽鸟、田地、衣服之象，合三者会鸟自衣下飞出而翱翔于田野之上之意。构件"衣"表意兼表音，衣与奋微文对转。战国时变化有三种：一从隹、从田，衣讹作亣，以秦简文字为代表，后来发展为主流方向。二从隹、从田，"衣"被"隹"隔作上下两部分，作卒、䘏、亥等形，"隹"或作田，"田"或由下位移于左位。三省去构件"衣"，增加构件"攴"；或略去构件"隹"，"田"讹作曰或甲，构件"衣"不被隔开地保存于上位。《说文》传承第一种结构，厘定作"从奞在田上"，属于理据重构，与古初构意不尽相合。隶变时，主要是在前两种结构基础上进行，最后还是以《说文》为代表的主流结构取得优势，楷书据此作奮，简化作奋，采用的是"取其轮廓"简化法。"奋"始见于清代刊行的《岭南逸史》，现为正字。汉魏以迄隋唐，碑刻中尚有"奮"、"奮"、"舊"、"奮"、"奮"、"奮"、"奮"、"奮"、"奮"等，并俗体。《说文》本义为"翚"（huī），即高飞、疾飞。《诗·邶风·柏舟》："静言思之，不能奋飞。"毛传："不能如鸟奋翼而飞去。"金文用作人名，盖取此义。令鼎："叙眔（及）奋先马走。"引申指举起、扬起。中山王䲦鼎："奋桴振铎。"引申指振奋、奋发。郭店楚简《性自命出》："昏（闻）歌谣，则陶女（如）也斯畜（奋）。"复引申为竭尽、施陈。《韩非子·初见秦》："夫一人奋死，可以当十。"通"愤"，愤激、气忿。《史记·高祖本纪》："独项羽怨秦破项梁军，奋。"（张标）

萑部

萑 huán 匣纽、元部；匣纽、桓韵、胡官切。

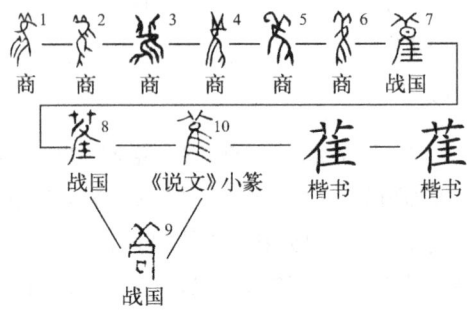

1—6《甲文编》79页。7《汗简》9页。8《四声韵》19页。9《古文典》984页。10《说文》77页。

象形字。殷商甲骨文像头上有毛角之禽鸟，本义盖即《说文》所谓"鸱属"。甲骨文此字下作"隹"，即禽鸟形，上作 ⋎⋎、⋏⋏、Ⴙ、⋃、Υ，即所谓"毛角"。《说文》分析作"从隹，从丱（guǎ，羊角）"，是理据重构，与古初构意不尽相合。战国时，构件"隹"已线条化，渐次脱离象形，有的甚至增加饰件曰；毛角也变作艹 或 ⫽（隶化的艹头）、⋏⋏。《说文》采纳了《汗简》所收之结构，隶变后楷书作萑。旧字形草头作⫽，新字形作⫽，萑类推作萑（《现代汉语规范字典》作此）。《说文》另有从艹，隹声的"萑"，读 zhuī（职追切），训"艹多皃"；又假借作"萑"（huán，胡官切），指苇荻。这样此字与鸱属之"萑"成为来源、构意、音读、字义不同而字形相同的同形字（与萑苇字音、字形相同而来源、构意、字义并不同）。本义罕见用例。甲骨文借用作地名。《殷虚文字缀合》56："贞，妇妌田萑？"用作人名。《缀合》167："壬子㐁卜，萑不受又（祐）？"用作祭名，即灌祭。《合集》41624："叀萑祔（礿，砍杀祭）二牢？"通"观"，视察。《小屯·殷墟文字甲编》3420："己亥卜，贞：王往萑耤，征（chán，连续）往？"同"旧"，以往的。《殷契粹编》517："叀萑祔（礿）用？"参"艹"部"萑"字条。（张标）

蒦 huò 影纽、铎部；匣纽、陌韵、胡陌切。

1《金文编》259页。2、3《说文》77页。

会意兼形声字。从又,从萑(萑亦声)。表意偏旁"又"为手之象,形旁兼声旁"萑"为带毛角之禽鸟状。蒦字始见于战国古文字资料,《说文》袭用之,隶变后楷书作蒦,或体作彠。蒦有个同形字,读wò,《集韵》作屋虢切,艸名,显系从艸、隻声(隻与蒦并铎部)。其与蒦(huò)的构件"又"、"隹"相同,"艸"与毛角形的"⺌"有别;蒦(huò)从萑声,蒦从隻声。足见二者在构件、构意、来源等诸方面均有质的不同。楷书里抹杀了构件的不同,但在古文中艸与⺌区别甚明显。下面列出春秋战国时蒦(wò)的字形,以与蒦(huò)对照(前两例为春秋,以下为战国)。

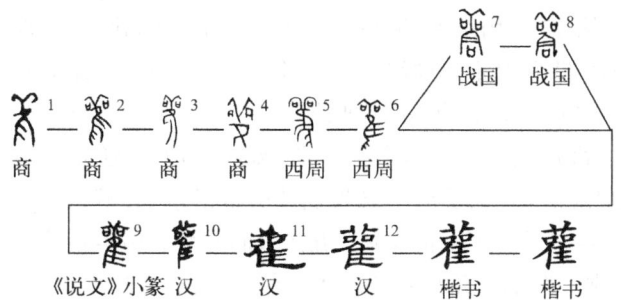

蒦本义当是被抓住,持取。《广雅·释诂三下》:"蒦,持也。"引申指被捉住后的惊视,即《说文》"视遽皃"。亦指规度。《汉书·律历志上》:"夫度者,别于分,忖于寸,蒦于尺,张于丈,信于引。"规度的引申义法度、尺度,多用"彠"字表示。《楚辞·离骚》:"勉升降以上下兮,求榘彠之所同。"王逸注:"榘,法也;彠,度也。"通"与",构成连词"与其"。中山王𰁝鼎:"蒦其溺于人也,宁溺于渊。"(张标)

萑 guàn 见纽、元部;见纽、换韵、古玩切。

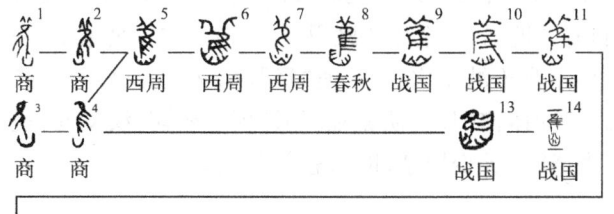

1《古文典》984页。2、3、4《甲文编》180页。5、6《金文编》259页。7、8《类编》308页。

9《说文》77页。10、11《篆隶表》242页。12《隶辨》575页。

初为象形字,即商代甲骨文之"萑"。由于萑与雚并禽鸟,并为牙音(或喉牙邻纽)、元部,故古初即由一字表达(卜辞中二字均得表灌祭,即其证)。也可以看作萑是雚的源头与声首,后加形旁吅(xuān)成为从吅从萑、萑亦声的会意兼形声字。表意偏旁吅是从二口的会意字,表示雚的本义与鸣叫有关。甲骨文中已见"雚"字,西周沿袭其结构。战国时构件"隹"多作𠂤或𠂤,且隹下又加一廿为饰件。《说文》从商周主流结构,去掉饰件廿,隶变后楷书作雚,新字形作萑。萑字也有一个同形字,即从艸、瞿声字,见战国玺印,作𦿆,当是《说文》"萑,薍也。从艸,隹声"之别体。萑(huán)与雚为同形字,但今萑(huán)字不用,用《说文》萑,也就不是同形字了。"雚"的本义是一种鸟,今字作"鹳"。《南明》545:"王其遘雚,又(侑)大乙弜又?"《诗·豳风·东山》:"鹳鸣于垤,妇叹于室。"《说文》引作"雚"。通"灌"(祼),祭名。《合集》38310:"癸卯卜,贞:王旬亡祸?在六月乙巳示典其雚?"效卣:"隹四月初吉甲午,王雚于尝。通"观",观览。《小屯南地甲骨》2232:"王其雚日出?"郭店楚简《六德》:"雚者(诸)诗书,则亦在矣。"地名或方国名。雚女觯:"雚女。"假借作芄兰。《尔雅·释草》:"雚,芄兰。"明李时珍《本草纲目·草部》:"其实嫩时有浆,裂时如瓢,故有雀瓢、羊婆奶之称。其中一子有一条白绒,长二寸许,故俗呼婆婆针线包,又名婆婆针袋儿也。"通"萑",苇荻类。《墨子·旗帜》:"凡守城之法,石有积,樵薪有积,菅茅有积,雚苇有积。"(张标)

舊(旧) jiù 群纽、之部;群纽、宥韵、巨救切。

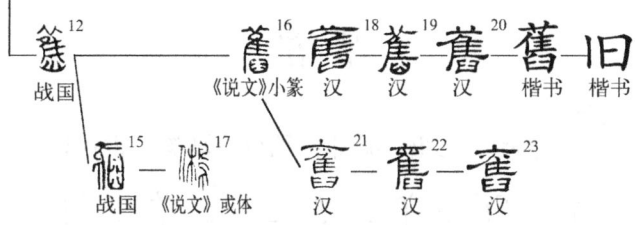

1-4《甲文编》180~181页。5-8《金文编》260页。9、10、11《古文典》176页。12《楚系简帛》311页。13、14、15《战文编》236页。16、

17《说文》77页。18、19、22《篆隶表》242页。
20、21、23《隶辨》621～622页。

形声字。从雈，白声。白为舂米具石臼之象，于旧表音，旧与白并为群纽，之幽旁转。旧的源头、声首、初文为臼，见于甲骨文偏旁。古初以臼为旧，后乃为造今字。中山守丘刻石"白牆"即"旧将"，是其证。商代甲骨文已出现此字，时主流结构是从雈、白声，非主流结构则为从隹、白声。西周春秋传承商代主流结构。战国时一方面沿袭商、西周、春秋以来的主流结构，另一方面，对商代从隹、白声的字也有传承，有的还在隹顶、白足各加一条横线为装饰。还有一变是形旁"雈"易作"鸟"，属于形义相近相关的偏旁更替。《说文》采纳了前代主流结构，同时还收了一个"从鳥，休声"的异体，此异体可以视作战国时从鸟、白声字声旁更替(休与白并为牙音或喉牙相转，幽部)。隶变后主流结构楷书作舊，主要是小篆的笔势变化，简化作旧。非主流结构则作"奮"(韩勑碑)、"奮"(白石神君碑)、"奮"(张迁碑)、"奮"、"舊"等，皆俗体。魏晋以迄隋唐，碑刻中尚有"舊"、"奮"、"蓓"、"舊"、"舊"、"舊"、"舊"、"舊"、"舊"、"舊"、"舊"等，亦皆俗体。不过在这些俗体中，产生了简体"旧"。"旧"始见于三国魏高贞碑与北魏元谭墓志，乃构件"臼"的讹变。至元代"舊"恒假作"旧"，于是元刊《京本通俗小说》遂以"旧"为"臼"(舊)。现代整理汉字时，取以为简化正体。《说文》本义是"鵂旧，舊留"，即猫头鹰。假借作时间长的。《殷契粹编》233："叀旧豊(醴)用？"引申指交往深、声望高的。《前编》4.15.4："我家旧老臣亡害我？"盠驹尊："王弗望(忘)厥旧宗小子。"引申指非新的、故旧的。《京都》2062："丧(地名)旧田，不受又[年]？"《诗·大雅·假乐》："不愆不忘，率由旧章。"引申指长久的。邾公华钟："眘(慎)为之名(铭)，元器其旧，哉(载)公眉(眉)寿。"地名。《金璋所藏甲骨卜辞》574："癸未卜，在旧贞：王步于洀，亡灾？"通"舅"，舅父。汉京兆尹樊陵颂碑："同体诸旧，兆萌蒙福。"通"周"，密切。汉刘向《说苑·贵德》："无变旧亲，惟仁是亲。"(张标)

丫部

丫 guǎi 见纽、微部；见纽、马韵、古瓦切。

1、2《类编》190页"羞"字偏旁。3《汗简》9页。4《四声韵》46页。5《古文典》738页。6《说文》77页。

像形字。像羊体上部有歧枝的角状。商代及西周尚见于构件或偏旁中，战国时始独立成字。楷书、《正字通》及《康熙字典》作艹(上为草字头)，《汉语大字典》隶定作丫(上非草字头)。因其不在现代汉语通用字范围之内，所以《现代汉语规范字典》也没对它加以规范。本义是羊角。战国小直刀上有此字，其义不详。《玉篇》："丫，丫，两角儿。"方言或用之，同"拐"，跛行貌。清范寅《越谚》卷中："丫脚丫手。"它在现代汉语中不是常用字，但在小篆系统中却是重要的基础构件。由它直接参构的部首就有雈、苜(miè)、羊等，每部统领若干字；若干字中又有声首、准声首字，又组构起若干字群，在许慎整理的小篆系统和理据重构中必不可少。(张标)

乖 guāi 见纽、微部；见纽、皆韵、古怀切。

1《类编》190页"羞"字偏旁。2、3《古文典》738页。4《说文》77页。5《马王堆》145页。6《银雀山》136页。7、8《隶辨》105页。

会意兼形声字。从劜(古文别)，从丫，丫亦声。表意偏旁劜像二人背离形(参前"北"字条)，表示乖的本义与离违有关。形旁兼声旁丫像角枝歧出，表示乖的本义与离异不一有关且表音，乖与丫声韵并同。乖的源头、声首是丫，见于商代甲骨文偏旁，估计当时已是独立构件。其与构件"八"(《说文》训别)结合而成会意兼形声之丫。《说文》将构件"八"繁化作劜，实乃二人相背之"北"的省变(甲骨文可证，见"劜"字；汉隶亦可证)。隶变时，劜(别)字回归古初之形，作乖、乖、北皆二人相背，作彳则"北"之衍。构件"丫"始作千、羊，继之作千、千。楷书作乖。或作亣，乖伯毁之隶定，见《汉语大字典》，乖之异体。《说文》本义是"戾"，即背离，不协调统一。《左传·昭公三十年》："楚执政众而乖。"引申指分别、离别。南朝梁任昉《与沈约书》："将乖之际，不忍告别。"引申指差别、不同。晋葛洪《抱朴子·外篇·辞义》："五味乖而并甘。"引申指乖僻、反常。《礼记·乐记》："乱世之音怨以怒，其政乖。"孔颖达疏："乱世之时，其民怨怒，故乐音亦怨怒流亡，由其政乖僻故也。"引申指差错。《后汉书·郭玉传》："针石之间，毫芒即乖。"俗语称乖巧。《红楼梦》第四十八回："花两个钱,叫他学些乖来。"俗语又指小孩听话,可爱。金文用作名字。乖伯归𠭯簋:"乖白拜手顿首天子休。""乖白"为其字,"归𠭯"为其名。(张标)

帀 mián 明纽、元部；明纽、桓韵、母官切。

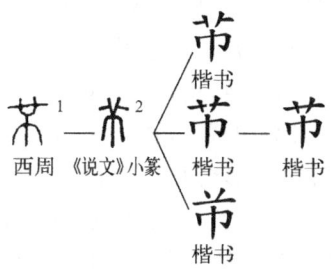

1《文源》卷3(转引自《古文字诂林》卷4,148页)。2《说文》77页。

会意兼形声字。西周金文作从廿(niàn)、从巾,廿亦声。表意偏旁"巾"是象形字,《说文》言其"从冂,丨象系",像巾从中对折状,表示帀的本义与中分、对折有关。形旁兼声旁廿,《说文》言其为"二十并",亦两相对等,表示帀的本义与对等有关且表音,帀与廿为明日邻纽。始见于西周。《说文》将此字收入帀部而对其结构云"阙",未作分析。清代朱骏声就曾指出"此字不从羊角之丱,疑从廿",他的这些意见为乖伯归𠭯簋证实。楷书通常有三种写法:作帀,见《玉篇·丱部》；作帀,见《四声篇海》；作帀,见《汉语大字典·艸部》。按照现代汉字的要求,帀应当书作帀。鉴于帀不在现代通用字范围之内,所以《汉语大字典》仍然作帀(《玉篇》的写法与《说文》最为接近)。本义是相对、相当。乖伯簋:"有帀于大命。"俗语指双方皆有损。《广韵·仙韵》:"帀,今人赌物相折谓之帀。"围棋中指胜负难分,持平。明杨慎《升庵外集》卷十八引《通玄集》:"围棋两无胜败曰帀"。或说《玉篇·贝部》"赈"字是帀的异体。清桂馥《说文义证》:"《玉篇》:'赈,物相当。'馥谓赈即帀之别体。"(张标)

首 部

首 mò 明纽、月部；明纽、末韵、莫拨切。

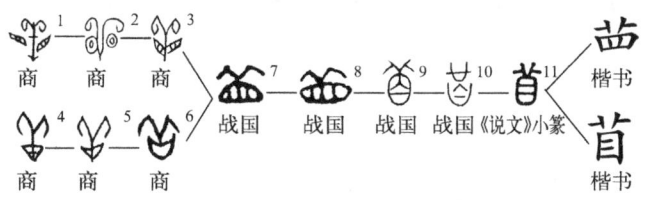

1—6《甲文编》161~162页。7、8《古文典》957页"腊"字偏旁。9《汗简》9页。10《四声韵》75页。11《说文》77页。

会意字。殷商甲骨文繁体作从二目、从丱(羊角),简体则二目省作一目(即𠃌、𠃍、𐩒,并目之讹)。构意不明。战国时繁复诘屈之角简化作ɅɅ、𐤕(或讹作廿),多种多样的"目"整齐作横形⬭或竖形自(或讹作自)。《说文》据战国文字整理作"从丱,从目",隶变后楷书主要有两种字形:作首,见《玉篇》,《康熙字典》、《汉语大字典》同；作苜,见《集韵·末韵》。本来从"丱"的字,如萑、藿、旧、帀等,隶变后"丱"字头楷书都已混同作"艹",而这一个之所以例外,大概主要是为了与"首蓿"字相区别。《说文》本义训"目不正",文献中罕见用例。甲骨文中通"蔑",表否定,通常构成"勿首"、"不首"、"弱首"、"弗首",表示否定之否定,义为"不会不"。《小屯·殷虚文字甲编》3510:"丁丑卜,宾贞:𠂤于丁,勿首𠂤用?"《前编》4.49.10:"己巳卜王(贞):壬申不首雨?"《殷契粹编》440:"丁亥贞:弱首衁伐(三种祭名连用)？丁亥贞:于甲衁伐？"《殷虚卜辞》1916:"……弗首……。"首日,计时各词,即饷午。《乙编》32:"首日大启,炅亦雨？"甲骨文此字或释"善",亦得通。(张标)

瞢 méng 明纽、蒸部；明纽、东韵、莫中切。

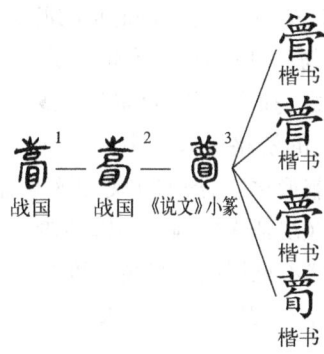

1、2《睡甲》54页。3《说文》77页。

形声字。依据古文字资料当为从目,莔(méng)声。形旁目为眼目之象,表示瞢的本义与眼目有关。声旁莔为从人、从首,首亦声的会意兼形声字,萝之初文,于瞢表音,瞢与莔声韵相同。瞢的远源、声首是首,近源、准声首是莔。首字见于甲骨文,从目(或二目)、从丱,构意不明,《说文》言其本义为"目不正",其与构件"人"结合成为莔,后加形旁"目"分化为瞢。战国卅四年顿丘命戈之"梦"作,楚帛书作,盖准声首"莔"加"夕"所分化,犹莔之于瞢。瞢字始见于战国秦简文字,构件目、人变化不大,首作苜,出入颇巨。《说文》整理作"从首,从旬",属于理据重构。隶变后,楷书或作瞢,见《康熙字典》；作瞢,见《玉篇》；作瞢，见《正字通》；作瞶，见《汉语大字典》。《现代汉语规范字典》以瞢为正体，或作瞶、瞢，并俗体。本义是目不明。《山海经·中山经》："黄华而荚实，名曰箨，可以已瞢。"引申指昏昧。《清史稿·选举志二》："时京僚瞢于时务。"引申指懑闷。《左传·襄公十四年》："不与于会，亦无瞢焉。"又引申指惭愧。《国语·晋语三》："臣得其志，而使君瞢。"同"盲"，目无眸子。通"梦"，做梦；地名。云梦秦简《日书甲种》13 背："人有恶瞢，觉，乃绎发西北面作。"《尔雅·释地》"十薮"之"云梦"，《周礼·夏官·职方氏》、《汉书·叙传》都作"瞢"。（张标）

莫 miè 明纽、月部；明纽、屑韵、莫结切。

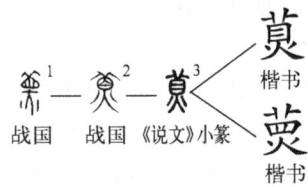

1《古文典》958页"劓"字偏旁。2《汗简》9页。3《说文》77页。

会意兼形声字。从苜、从火，苜亦声。表意偏旁火像火燃烧状，表示莫的本义与火之眩目有关。形旁兼声旁苜为会意字，本义是目不正，表示莫的本义与目的不正不明有关且表音，莫与苜声韵并同。莫的源头、声首是苜，见于甲骨文，其与构件火整合而为莫。此字始见于战国文字，偏旁中有之，独字见于《汗简》，但郭氏收入蔑字，其实是以通假字的资格进入蔑中，应当回归本字。《说文》整理作会意兼形声字。楷书作蔑，见《玉篇》；亦作莫，见《康熙字典》、《汉语大字典》，当以后者为正。《说文》本义是目不明，然不见用例。通"篾"，竹席。《书·顾命》："敷重篾席。"《说文》引作"莫"。（张标）

蔑 miè 明纽、月部；明纽、屑韵、莫结切。

1—5《甲文编》162、181页。6、7《续甲》56页。8、9、10《金文编》260~261页。11、13《古文典》958页。12《汉语字形表》145页。14《说文》77页。15、16、17《隶辨》697~698页。

形声字。商代甲骨文作从戈（或从辛），眉声。形旁戈为兵器之象（辛为兵器或刑具之象），表示蔑的本义与械的使用有关。声旁眉是人目上眉之象，于蔑表音，蔑与眉并为明纽、月脂旁对转。蔑的远源、声首是目，近源、准声首是眉。商代甲骨文眉字从目（从人），上有眉毛，目亦声，其与构件戈（或辛）结合而为蔑。甲骨文已有蔑字，戈（或辛）处于下位，兵器的锐刺左向或右向皆有；眉处于上位，由人、目、眉毛三部分组成，人或作女，眉毛作 ⌒⌒、⌒、⌒者并有之。西周时形旁作"辛"的不见，绝大多数作"戈"，个别的作"戉"（，亦兵器，属于形义俱近偏旁的更替）。此时最主要的变化是声旁眉上的眉毛变作像羊角歧出的，有的甚至略去"人"，完全变成苜声，作（个别的增加形旁木，构意不明）。苜与眉属于音近偏旁的更替，二者并为明纽、月脂旁对转。战国时绝大多数的"苜"已与下部的"人"分割开来，"人"开始与"戈"结合。至小篆，《说文》整理作从苜、从戍，属于理据重构。实际上当是从戈、苜声，繁体作莫声，莫声是眉声的转换。隶变后楷书作蔑。甲骨文通"微"，小。《殷虚书契后编》下37.7："戊寅卜，央贞：雨其蔑？"人名。殷旧臣。《小屯·殷虚文字乙编》4330："勿燎于契？卅牛于黄尹？出于蔑？"女巫，或以为即《山海经》之"女蔑"。《前编》1.52.3："出（侑祭）伐于黄尹？亦出于蔑？"金文中"蔑厤"多连用，表示天子诸侯对下属的褒奖。竞卣："竞蔑厤。"有时将人名夹在蔑厤之间，仍是褒奖义。竞簋："白屋父蔑御史竞厤。"通"灭"，消灭。《易·剥》："剥床以足，蔑贞，凶。"释文："荀（爽）作灭。"引申指无。《诗·大雅·板》："丧乱蔑资，曾莫惠我师。"引申指末。《逸周书·祭公》："兹申予小子追学于文、武之蔑。"引申表否定。《左传·成公十六年》："宁事齐楚，有亡而已，蔑从晋矣。"通"䁾"，眼眶红肿。战国宋玉《风赋》："中唇为胗，得目为蔑。"通"眜"，人名。《左传·文公七年》："晋先蔑奔秦。"《公羊传》作"眜"。（张标）

羊 部

羊 yáng 喻纽、阳部；以纽、阳韵、与章切。

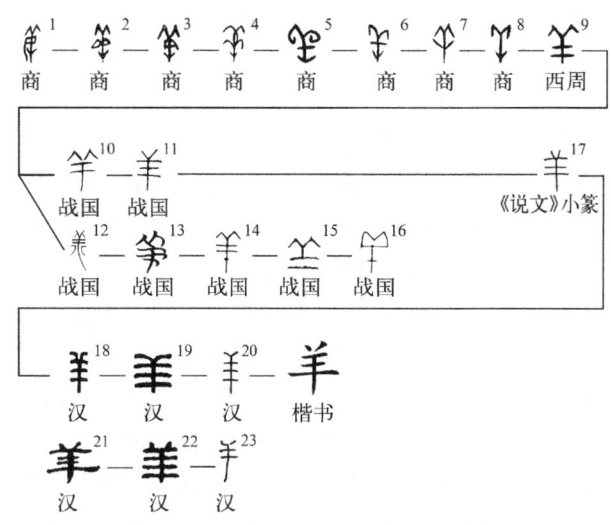

1—8《甲文编》181~182页。9、10、12《金文编》261~262页。11、14、15、16《古文典》671页。13《楚系简帛》311页。17《说文》78页。18、19、20《汉印徵》卷4,7页。21、22《篆隶表》242~243页。23《马王堆》145页。

象形字。商代甲骨文作羊角弯转下垂貌,借羊角的特征表达羊。其繁体或重叠羊角,或在羊角上加🝁、🝂、🝃类饰物,简体则勾勒羊角轮廓即可。西周方正规整,已接近小篆。战国时主流写法与西周一致,所出各种异体或加饰件、饰笔、饰点繁化,或省、变作𦍋、𦍌、𦍍、𦍎等追求诡异、个性的效果,此时古隶有的字已与后代楷书几无区别。《说文》将结构整理作"从𠔌,象头脚足尾之形",属于理据重构,内中不免失误之处。隶变后楷书作羊,成为记号字。本义是家畜羊。《殷契粹编》126:"乙酉卜,方贞,使人于河洋(沉)三羊、罳三牛?"师寰簋:"殴俘士女牛羊。"假借作人名。《殷虚书契续编》6.24.9:"帚(妇)羊示十屯。"羊卣:"羊作父乙宝尊彝。"方国名。《战后京津新获甲骨集》4382:"于一月伐羊及召羊,受又?"地名。《乙编》6753:"丁亥卜,亘贞:羊受年?"通"祥",吉利。《甲编》2904:"令小臣取(禳祭)方(祊)羊鸟?"中山王𧯗壶:"不羊莫大焉。"马王堆帛书《十六经·前道》:"顺于民,羊于鬼神。"通"详",周密。马王堆帛书《战国纵横家书》:"臣愿王与下吏羊计某言而竺虑之也。"通"翔",飞翔。《诗·郑风·有女同车》"将翱将翔",阜阳汉简《诗》作"羊"。在联绵词"望洋"(仰视貌,见《庄子·秋水》)中,与"洋"、"阳"通,亦作"望阳"、"望羊"。(张标)

芈 mǐ 明纽、支部；明纽、纸韵、绵婢切。

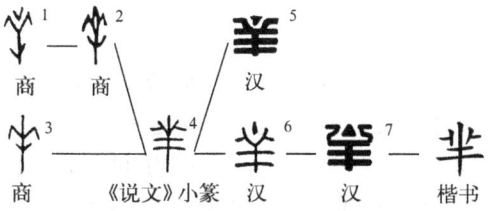

1、2、3《甲文编》182页。4《说文》78页。
5、6、7《汉印徵》卷4,7页。

指事字。《说文》分析作"从羊,象声气上出"。构件羊是羊角的象形字,代表家畜羊。羊角上一短竖是指事符号,表示有声气自此发出。二者结合,表示芈的本义是羊鸣。商代甲骨文已出现"芈"字,时"羊"上的指事符号作丨、∨、∧者并有之,较杂乱,《说文》统一作短竖。隶变时,汉印中指事符多作▼、▲或▮(与玺印文字追求艺术性不无关系)。隶变后楷书作芈,是记号字。《康熙字典》作羋,是小篆的隶定。《现代汉语规范字典》以芈为正体。假借作方国名。《小屯·殷虚文字甲编》:"戊戌卜,又伐芈?"又用作春秋楚国祖先的族姓。《国语·郑语》:"(祝)融之兴者,其在芈姓乎!"(张标)

咩 mǐ 明纽、支部；明纽、纸韵、绵婢切。
miē
mie

哶—哔—咩
楷书 楷书 楷书

形声字。从口,芈声。芈的异体。大概是为着突出以口鸣叫,在南北朝时出现哶字,收入《玉篇》,莫者切,读miě,释为"羊鸣"。《集韵·纸韵》作"哔",以为同"芈",读mǐ(母婢切)。后哶讹作咩,收入《龙龛手鉴》,读miē,(迷尔反)。咩与芈是具有包容关系的异体字。在表示羊叫、姓氏,读mǐ 或 miē 时它们是异体字。咩另有一些音义为芈所无,这时它们不是异体字。读miē,弥嗟切。苴咩,城名,在滇。咩又读mie,方言词,相当于语气词"吗"。《中山方言记》:"你得空儿帮我搬好佢咩。"《现代汉语规范字典》以咩为正体。(张标)

羜 zhù 定纽、鱼部；澄纽、语韵、直吕切。

羜¹—羜
《说文》小篆 楷书

1《说文》78页。

形声字。从羊,宁(zhù)声。形旁羊为羊角之象,表示羜的本义与家畜羊有关。声旁宁是积贮器之状,"贮"的初文、本字,于羜表音,羜与宁声韵并同。羜的源头、声首是宁,见于甲骨文、金文。古初盖以宁为羜,后乃为造今字。文献中曾以宁为贮,甲骨文中恒用作"贮"(见《殷契佚存》77、《甲骨续存》2.229、《殷契撫佚续编》189 等),后为造分化字。羜的产生可能也是这样,或者由构件羊与宁整合而成。楷书作羜。本义是出生五个月的小羊羔。《诗·小雅·伐木》:"既有肥羜,以速诸父。"朱熹集传:"羜,未成羊也。"(张标)

羍 dá 透纽、月部;透纽、曷韵、他达切。

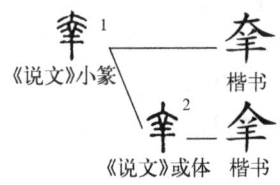

1、2《说文》78页。

形声字。从羊,大声。大像正面站立大人之形,于羍表音,羍与大并为舌头音、月部。羍的源头、声首是大,见于甲骨文、金文,大与构件羊整合为形声字羍。当然也不排除先以大为羍,后乃为造分化字。先秦文献中虽然已使用此字,但小篆以前的古文字资料中迄今未见,《说文》始收录,隶变后楷书作羍。或体楷书作㛔,当是从羊、大省声。本义是小羊羔。《说文》:"羍,小羊也。"段玉裁注:"是初生羔也。薛综答韦昭云:'羊子初生名达,小名羔,未成羊曰羜,大曰羊,长幼异名也。'"此义古代借"达"字表示。《诗·大雅·生民》:"诞弥厥月,先生如达。"郑玄笺:"达,羊子也。"(张标)

羝 dī 端纽、脂部;端纽、齐韵、都奚切。

西周 战国 战国 战国 战国 《说文》小篆 汉
汉 汉 汉 楷书

1《金文编》262页。2、4《战文编》237页。3、5《古文典》752、755页。6《说文》78页。7、

8、9《汉印徵》卷4,7页。10《马王堆》146页。

形声字。从羊,氐声。形旁羊为弯垂羊角之象,表示羝的本义与羊有关。声旁氐为从氏加指事符号、氏亦声的形声字,与氏为一字之分化,羝与氏声韵并同。值得注意的是,在小篆以前的西周战国文字中,作"羝",从羊、氏声(氏与氐并为舌音,支脂通转)。这样小篆以前的"羝"其源头、声首是氏。古初盖以氏为羝,后乃为造今字。羝字见于西周,构件氏作 ,战国时作 、 或 氏,皆西周构件之省或变。《说文》整理作"从羊,氐声",氐是氏的准声首,"羝"的出现,既可以看作是音近偏旁的更替,也可以看作另有来路。对羝而言,氏是羝的源头、声首。古初曾以氏为羝,后乃为造今字。清朱骏声《说文通训定声·履部》:"《史记·匈奴传》'西接氐羌',索隐:'氏亦羊称,则谓借为羝。'"此氏分化为羝之明证。自然也不妨把羝看作羝的异体,各有自己产生之路,隶变后楷书作羝。氏旁隶变或作 ,故楷书或作 (见城坝碑),《龙龛手鉴·羊部》亦予以收录,俗体。本义是牡羊、公羊。九年卫鼎:"舍盠冒□羝皮二。"《汉书·苏武传》:"使牧羝,羝乳,乃得归。"颜师古曰:"羝,牡羊也。羝不当产乳,故设此言,示绝其事。若燕太子丹'乌白头,马生角'之比也。"马王堆帛书《周易》033:"羝羊触藩。"(张标)

羒 fén 並纽、文部;奉纽、文韵、符分切。

《说文》小篆 楷书

1《说文》78页。

形声字。从羊,分声。形旁羊为弯垂羊角之象,表示羒的本义与羊有关。战国时始见此字,时为上下结构,上分下羊,分字的构件刀上有饰笔,战国分字不乏此种写法。《说文》去掉饰笔,隶变后楷书作羒,主要是小篆的笔势变化。本义是白色高大的公羊。《尔雅·释畜》:"羊,牡羒。"郭璞注:"谓吴羊白羒。"郝懿行义疏:"羒,牡羊也,吴羊,白色羊也……羒,盖同坟,言高大也。"《元史·太宗纪》:"羊百者,输羒羊一。"(张标)

牂 zāng 精纽、阳部;精纽、唐韵、则郎切。

战国 战国 战国 战国 战国 《说文》小篆 汉 楷书

1-4《楚系简帛》312页。5《战文编》237页。6《说文》78页。7《篆隶表》243页。

形声字。从羊,爿(qiáng)声。爿为竖置床榻象,为"床"之初文,于牂表音,牂与爿并为齿头音阳部。牂的源头、声首是爿,见于商代甲骨文。战国牂字声旁爿多繁化作丬、爿,甚至作疒(nè,像人有疾病倚着床形),或加饰件廿;简化者与商代一致,作丬,是为主流结构。《说文》肯定了此种结构,隶变后楷书作牂。本义是牝羊、母羊。《诗·小雅·苕之华》:"牂羊坟首,三星在罶。"毛传:"牂羊,牝羊也。"《包山楚简》2.243:"天子各一牂。"或体作羘。《史记·李斯列传》:"跛羘牧其上。"裴骃集解引《诗》作"牂"。《广韵·唐韵》:"牂,牝羊。"《字汇·羊部》:"羘,与牂同。"用作人名,天星观楚简(卜筮)有人名"豢牂"。古郡牂牁之简称,见《汉书·地理志》。牂牂,茂盛的样子。《诗·陈风·东门之杨》:"东门之杨,其叶牂牂。"朱熹注:"牂牂,盛貌。"《现代汉语规范字典》以牂为正体。(张标)

羭 yú 喻纽、侯部;以纽、虞韵、羊朱切。

1、2《类编》8页。3《说文》78页。4《马王堆》147页。

形声字。从羊,俞声。形旁羊为弯垂羊角之象,表示羭的本义与羊角有关。声旁俞,《说文》言其本义是"空中木为舟",于羭表音,羭与俞声韵并同。先秦文献已用此字,《说文》始收录,隶变后楷书作羭,是笔意、笔势变化的产物。本义是黑色母羊。《尔雅·释畜》:"夏羊牡羭牝羖。"郝懿行义疏:"(《说文》)又云'夏羊牡曰羭',此牡字误。段氏注改牡为牝,云羖必是牡,羭必是牝,其说是矣。"《列子·天瑞》:"老羭之为猨也,鱼卵之为虫。"张湛注:"羭,牝羊也。"马王堆帛书《五十二病方》:"亨(烹)肥羭。"羊性善良,味道可口,故引申有美好之义。《左传·僖公四年》:"专之渝,攘公之羭。"杜预注:"羭,美也。"孔颖达疏:"羭是羊之名。美、善之字皆从羊,故羭为美也。"(张标)

羖 gǔ 见纽、鱼部;见纽、姥韵、公户切。

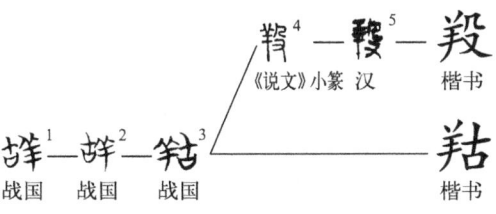

1、2、3《楚系简帛》313页。4《说文》78页。5《马王堆》146页。

形声字。从羊,殳声。形旁羊为弯垂羊角之象,表示羖的本义与羊有关。声旁殳为击打器械之象,于羖表音,羖与殳为鱼侯旁转。羖的源头、声首是殳,见于商周甲骨文、金文。古初盖以殳为羖,后乃为造今字。故书中祋初作殳、后作祋即其证(见《方言》卷五钱绎笺疏)。羖字可能也是这样产生,或由构件羊与殳整合而成。战国古文字资料中迄今没见到"羖",所见为"羒",《玉篇》收有此字,并言其为羖之同体、俗体。《说文》整理时从殳声,不从古声,隶变后楷书作羖。战国时出现的古声字楷书作羒。《汉语大字典》以羖为主字头,羒为附字头。本义指黑色公羊。《包山楚简》214:"赛祷宫侯土一羒。"引申泛指公羊。《史记·秦本纪》:"请以五羖羊皮赎之。"马王堆帛书《五十二病方》:"渍羖羊矢。"《续资治通鉴·宋宁宗嘉泰四年》:"视蒙古兵若羖羅羔儿,意谓蹄皮不留。"亦特指阉割之羊,即羯(jié)。(张标)

羯 jié 见纽、月部;见纽、月韵、居竭切。

1《汗简》9页。2《四声韵》75页。3《说文》78页。

形声字。从羊,曷声。形旁羊为弯垂羊角象,表示羯的本义与羊有关,声旁曷西周金文作(从丏,从匃),构意不明(《说文》析为从日、匃声,为理据重构),于羯表音,羯与曷并为牙音(或牙喉邻纽)、月部。羯的源头、声首是曷,见于西周偏旁中。古初盖以曷为羯,后乃为造专字。故书中曷曾用作"蝎"、"鹖"、"偈"、"獨"、"遏"等,后皆为造分化字。羯的产生可能也是这样,或由构件羊与曷整合而成。始见于战国文字,隶变后楷书作羯。《说文》本义是"羊羖犗",即被去势的公羊。《急就篇》卷三:"牂、羖、羯、羠、羝、羝、羭。"颜师古注:"羖之犗者为羯,谓劇之也。"引申指儤悍。《史记·货殖列传》:"其民羯羠不均。"假借作部族名,匈奴别支,为东晋时五胡十六国之一。(张标)

羸 léi 来纽、歌部;来纽、支韵、力为切。
lián 来纽、真部;来纽、先韵、落贤切。

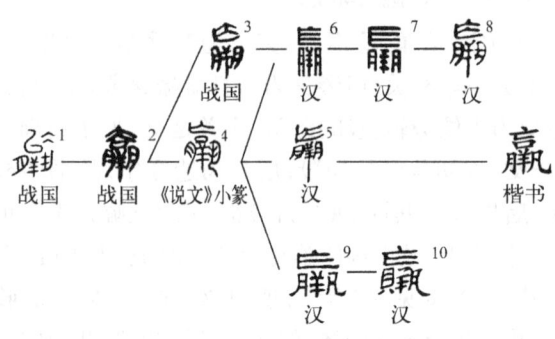

1《汉语字形表》146页。2、8、9、10《篆隶表》243页。3《睡甲》54页。4《说文》78页。5《银雀山》136页。6、7《汉印徵》卷4，7页。

形声字。从羊，嬴（luǒ）声。形旁羊为弯垂羊角之象，表示嬴的本义与羊有关。声旁嬴为蜷体、四足、有触角之蜗牛象，"嬴"之初文，于嬴表音，嬴与嬴声韵并同。嬴的源头、声首为嬴，见于商代甲骨文，由初始之象形字，历经西周、春秋、战国，演化作《说文》之"嬴"（详情参"嬴"字条）。古初盖以嬴为嬴，后乃为造今字。《古文四声韵》所载，讹变最甚。《说文》所代表的主流结构在隶变中远不如非主流结构势头强劲，多数字是在战国时代省略口的结构上进行的，有的月构件讹作贝，廾多讹作月。楷书最后主要依据小篆结构作嬴，构件廾作凡是笔意变化，其余构件是笔势变化。本义是瘦弱衰病。《国语·鲁语上》："饥馑荐降，民嬴几卒。"引申指卑劣、粗恶。《汉书·游侠传·陈遵》："公府掾史率皆嬴车马。"以上读 léi。嬴陵，古县名，读 lián。通"累"，累计；法码。云梦秦简《效律》："以其贾多者罪之，勿嬴。"又："黄金衡嬴不正。"通"纍"，盛土具。马王堆帛书《老子甲本·德篇》："九成之台，作于嬴土。"通"裸"，不着衣。云梦秦简《日书甲种》50 背："鬼恒嬴入人宫。"通"累"，缠绕。《易·大壮》："羝羊触藩，嬴其角。"通"盈"，充盛。《墨子·非儒下》："夫饥约则不辞妄取以活身，嬴饱则伪行以自饰。"（张标）

羣（群）qún 群纽、文部；群纽、文韵、渠云切。

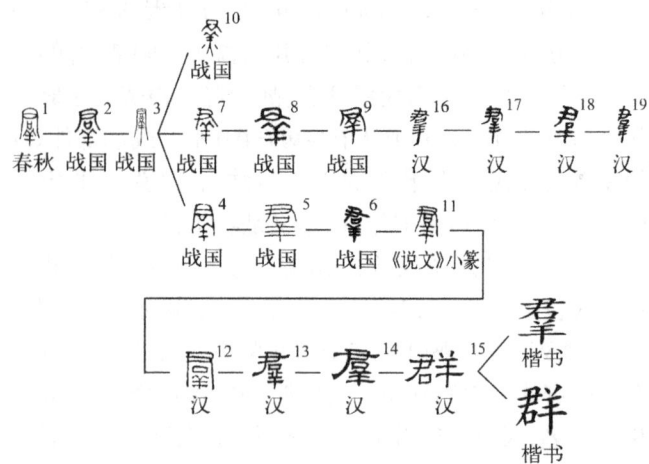

1、2、3《金文编》263页。4、7、10《古文典》1340~1341页。5、6、13、14、15、17、18《篆隶表》243~244页。8《类编》191页。9《楚系简帛》312页。11《说文》78页。12《汉印徵》卷4，8页。16、19《银雀山》136页。

形声字。从羊，君声。君是从口从尹、尹亦声的会意兼形声字，本义是国君，于群表音，群与君并为牙音、文部。群的远源、声首是尹，近源、准声首、初文是君。君字见于甲骨文，古初以君为群，后乃为造今字。《管子·大匡》"君臣之有善者"、《问》"君臣有位而未有田者"，《尔雅·释诂》"林，君也"，君并读"群"。《侯马盟书》"君嘽盟"或作"群"。群字始见于春秋，时为上下结构，君上羊下。战国时，此种结构为主流结构，非主流结构或省略构件口，或形旁羊易作羴、羋、芈、羋等。《说文》传承前代主流结构，隶变后楷书作羣与群。现代整理汉字时，以群为正体，把羣作为异体淘汰。本义是羊群。《诗·小雅·无羊》："谁谓尔无羊，三百维群。"引申指众多。陈侯午錞："陈侯午以群诸侯之献金作皇妣孝太妃祭器铗錞。"云梦秦简《法律答问》："其它罪比群盗者亦如此。"引申指朋辈。马王堆帛书《周易》090："涣其群。"引申指合群，随俗。《楚辞·离骚》："鸷鸟之不群兮，自前世而固然。"（张标）

美 měi 明纽、脂部；明纽、旨韵、无鄙切。

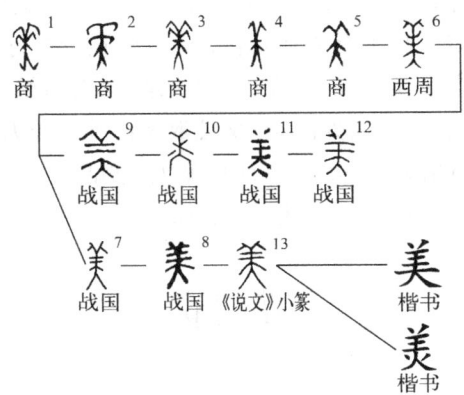

1–5《甲文编》183页。6《金文编》262页。7、10、11、12《古文典》1303页。8《篆隶表》242页。9《类编》190页。13《说文》78页。

会意字。从羊，从大。表意偏旁羊为羊角或羽饰类，"大"像正面站立之人形，二者结合会美饰之意。此字商代甲骨文已经出现，繁者人体上部毛角羽饰较多，简者弯垂羊角而已。西周沿袭其结构而趋于规整齐一。战国时已形成与小篆大致相同的主流结构，同时作为后代主要异体的从羊、从火结构开始出现，构件"火"初作火，后作火，乃"大"之讹。其他变化则构件"羊"或作⺷、⺷、⺷、⺷，大或作六、六等。隶变时，主流结构楷书作美，从构件火的作美，其他变化大、有代表性的是构件"大"讹作廾。《现代汉语通用字典》以美为正体。本义是美好、美饰。《诗·邶风·静女》："匪女之为美，美人之贻。"引申指味美。《吕氏春秋·孝行览·本味》："饭之美者，玄山之禾。"引申指善、精、良。中山王䱥壶："因载所美。"云梦秦简《日书甲种》157正："昼见，有美言。"引申指称美、褒扬。《庄子·齐物论》："毛嫱、丽姬，人之所美也。"引申指擅长。《后汉书·郭太传》："善谈论，美音制。"甲骨文、金文用作人名。《小屯·殷虚文字乙编》3415："子美亡害？"美爵："美乍厥祖可公尊彝。"（张标）

羌 qiāng 溪纽、阳部；溪纽、阳韵、去羊切。

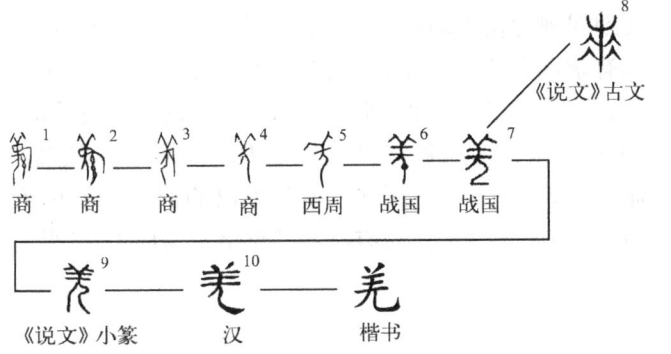

1–4《甲文编》181~185页。5、6《金文编》263页。7《古文典》672页。8、9《说文》78页。10《篆隶表》244页。

会意兼形声字。从人，从羊，羊亦声。表意偏旁人是人体之象，表示羌的本义与人有关。形旁兼声旁羊是羊角或羽饰之象，表示羌的本义与羊有关且表音，羌与羊并阳部。羌的源头、声首是羊，见于商代甲骨文。古初盖以羊为羌，后乃为造今字。故书中羊曾以表"祥"、"佯"、"翔"等，战国晋玺、包山楚简以表"祥"，楚帛书以表"恙"，马王堆帛书《战国纵横家书》以表"详"，后皆为造分化字。羌字很可能也是这样产生的，或者由构件羊与人组合而成，或者由会意字的表意偏旁声化而成。商代甲骨文始见羌字，基本结构是人体上有羊角。由于羌人多作战俘、奴隶，故其身上每加束缚之绳索或刑具类。西周时除个别的加绳索外，基本上统一作从人，羊声。战国时主流结构大体同于小篆。《说文》古文作羌，构意不明。隶变后楷书作羌。或作羗，俗体。本义是商代西方游牧部落的羌人。《殷契遗珠》758："甲戌卜，宾贞：在易牧，隻（获）羌？"《金璋所藏甲骨卜辞》191："甲午卜，后祖乙伐十羌又五？"亦指羌人所建之方国。《殷虚书契前编》6.60.6："癸卯卜，宾贞：叀甫乎令沚𢦏害羌方？"地名。《合集》21532："癸亥子卜，多臣人乎田羌？"。商先王羌丁（沃丁）、羌甲的庙号。《殷契粹编》250："于五示告丁、且乙、且丁、羌甲、且辛？"人名。羌尊："羌乍父己宝尊彝。"楚方言语气词，用于句首。《楚辞·哀郢》："羌灵魂之欲归兮，何须臾而忘反？"（张标）

羑 yǒu 喻纽、之部；以纽、有韵、与久切。

形声字。从羊，久声。形旁羊为羊角弯垂之象，表示羑的本义与羊有关。声旁久与厹（𠫓）同形，为一字之分化，久与厹并见纽。久之构意不明，于羑表音，羑与久并之部。羑的源头、声首是久，见于商周古文字。古初盖以久为羑，后乃为造今字。羑字始见于战国时代，从羊、久声，《说文》采纳其结构，隶变后楷书作羑，主要是小篆的笔势变化。《说文·厶部》𠫓有诱、𧦝、羑三个异体，其中一个正与本字头同形；亦同音，𠫓亦读与久切，然本义有别，羑的本义是"相诱(xū,诱)呼"，羑的本义是"进善"，故二羑是同音的同形字。本义是导人向善（羊性善，故从羊），引申有善义。《书·康王之诰》："惟周文武，诞受羑若，克恤西土。"用作地名。周文王被拘于羑里，在今河南汤阴。用作姓氏，见《广韵·有韵》。（张标）

羴部

羴(羶) shān 晓纽、元部；晓纽、山韵、许间切。

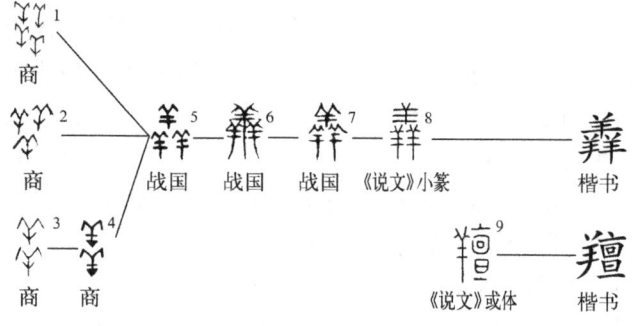

1、2、3《甲文编》186页。4《金文编》263页。5《类编》192页。6《汗简》9页。7《四声韵》22页。8、9《说文》78页。

会意字。《说文》分析作"从三羊"。羊有特殊之膻腥味，以三羊会"羊臭"，即羊的气味之意。商代甲骨文已有此字，多则作四羊，少则作二羊，中则作三羊，以此为常见。战国时亦作三羊，《说文》采纳之，遂成主流结构，楷书作羴。《说文》又载或体羶，从羊，亶声。楷书作羶。现代整理汉字时，羶与羴都作为异体被淘汰，取代它们作正体的是膻。膻(dān)见《说文·肉部》，本义是裸衣露肉。但《集韵》认为它也读尸连切shān，同羶，也就是说，在读shān时，它与羶是同形字关系，膻是借同形字关系顶替羶与羴的。本义用例。《周礼·天官·内饔》："羊泠毛而毳，膻。"甲骨文用作方国名、人名。通"馨"，芳香。《礼记·郊特牲》："故既奠，然后焫萧合膻芗。"郑玄注："膻当为馨。"王引之述闻："凡《礼记》馨香字多作膻。"（张标）

羼 chàn 清纽、元部；初纽、产韵、初限切。

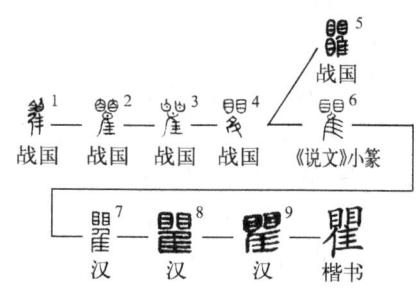

1《说文》78页。2《篆隶表》244页。

会意兼形声字。《说文》分析作"从羴在尸下"（羴亦声）。表意偏旁尸为陈尸之象，屍之初文，表示羼的本义与人尸有关。形旁兼声旁羴会意，本义是群羊之气味，表示羼的本义与羊有关且表音，羼与羴并元部。小篆以前的古文字迄今未见，《说文》始收录，隶变后楷书作羼。本义盖指人、羊共处混杂。汉谯敏碑："耻与邻人羼并枙驱。"引申指滥入，夹杂。《颜氏家训·书证》："（典籍错乱）皆由后人所羼，非本文也。"（张标）

瞿部

瞿 jù 见纽、鱼部；见纽、遇韵、九遇切。
jí 见纽、职部；见纽、职韵、纪力切。

1、5《战文编》240页。2《汗简》9页。3《四声韵》12页。4《古文典》483页。6《说文》79页。7、8《汉印徵》卷4，8页。9《马王堆》147页。

会意兼形声字。从隹，从䀠(jù)，䀠亦声。表意偏旁隹为禽鸟之象，表示瞿的本义与鸟有关。形旁兼声旁䀠作二目左右顾看状，表示瞿的本义与顾看有关且表音，瞿与䀠声韵并同。古初以䀠为瞿，后乃为造今字。《诗·齐风》、《唐风》、《礼记·檀弓》、《曾子问》、《杂记》、《玉藻》并以䀠为瞿，战国赵兵器、《汗简》及《古文四声韵》并亦以䀠为瞿，后乃分化出专字。瞿字始见于战国，主流结构作从隹、䀠声，或有作"䀠"者。《说文》采纳了此种结构，隶变后楷书作瞿。本义指像鹰隼一样地惊视。《礼记·檀弓上》："曾子闻之，瞿然曰：'呼。'"以上读jù。瞿瞿，指居丧期间视力模糊的样子。《礼记·檀弓上》："既殡，瞿瞿如有求而弗得。"以上读jí。通"惧"，惊恐。马王堆帛书《易之义》007："自谁(推)不先瞿。"通"戵"，戟类兵器。《书·顾命》："一人冕，执瞿立于西垂。"孔传："瞿，戟属。"通"衢"，四通八达的道路。银雀山汉简《孙子兵法·九地》："有瞿地，有重地，有泛地。"今诸子集成本作"衢"。（张标）

雔 部

雔 chóu 禅纽、幽部；禅纽、尤韵、市流切。

商 — 战国 — 《说文》小篆 — 楷书

1《金文编》263页。2《汗简》11页。3《说文》79页。

会意字。从二隹。表意偏旁隹为禽鸟之象，二隹共会"双鸟"之意。商代金文始见之，隹作口、目、头、颈、身、尾、足俱全之鸟，战国时则笔画化、线条化，仅头部象形性尚突出，其他部分则象形性不存。《说文》沿袭其结构，楷书作雔。用作国族名。卯弋觚："雔卯弋乍母戊彝。"《说文》本义是"双鸟"，即一对鸟。引申指相当的、对等的。《敦煌资料·降魔变文》："遂向须达大臣，索此难雔之价。""雔由"，野蚕。《尔雅·释虫》："雔由，樗蚕。"郭璞注："食樗叶。"《说文·言部》另有"讎"字，从言从雔、雔亦声，异体作"譬"，本义为应答。其与雔同音、义近（应答为问答双方，含成对义），二字为同源关系，由雔分化孳乳出"讎"。故书中二字互通。《说文·人部》仇训雔。仇与雔同韵、同义。雔每借用作仇（雠）。现代整理汉字时，最初把雠、譬作为仇的异体废除，1986年重新发表的《简化字总表》确认"雠"在表示"仇雠、校对"义时仍由自身承担，类推简化作"雠"。雔字，既没收入《现代汉语通用字表》，也没有收入《现代汉语规范字典》，只作为历史曾用字保存于典籍，现代很少使用。参看"雠"、"仇"字条。（张标）

靃（霍） huò 晓纽、铎部；晓纽、铎韵、虚郭切。

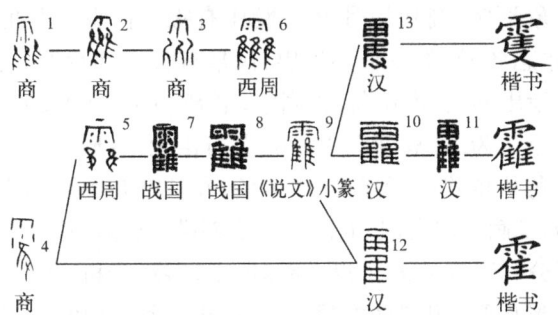

1-4《甲文编》186页。5、6《金文编》263页。7、8《战文编》240页。9《说文》79页。10、11、12《汉印徵》卷4，8页。13《篆隶表》245页。

会意兼形声字。从雔，从雨，雨亦声。表意偏旁雔为双鸟之会意，表示靃字本义与鸟有关。形旁兼声旁雨为降雨或雨滴状，表示靃的本义与雨有关且表声，靃与雨并为牙音（或喉音，铎鱼对转）。商代已出现靃字，时繁体作雨下三隹，简体作雨下一隹，未见如后代作二雔者。至西周，作一隹者消失，作三隹者保留，作二隹者始出现。战国时，作二隹者为主流，无别作者。《说文》采纳了此种结构，隶变后楷书作靃。商代从一隹者至此时复活，或者《说文》将繁重的二隹简化为一，总之此种结构在当时也很盛行，楷书作霍。时隹下又衍出一又，隶变后楷书作雵，并俗体。《现代汉语规范字典》以霍为正体，靃在自然淘汰之列。《说文》本义是群鸟冒雨而飞的靃靃声。引申指疾速声。《木兰诗》："磨刀霍霍向牛羊。"亦指疾速。汉司马相如《大人赋》："焕然雾除，霍然云消。"引申指消散。《荀子·议兵》："劳苦烦辱则必犇，霍焉离耳。"杨倞注："霍焉，犹涣焉也。"古国族名。叔男父匜："叔男父乍为霍姬滕旅匜。"《左传·襄公二十九年》："虞、虢、焦、滑、霍、扬、韩、魏，皆姬姓也。"地名。《卜辞通纂》586："王其至于潢、霍，亡灾？"（张标）

雙（双） shuāng 心纽、东部；生纽、江韵、所江切。

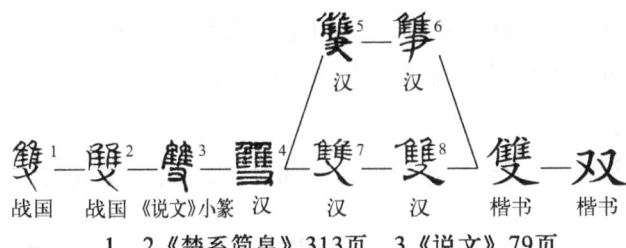

战国 — 战国 — 《说文》小篆 — 汉 — 汉 — 汉 — 楷书 — 楷书

1、2《楚系简帛》313页。3《说文》79页。4《汉印徵》卷4，8页。5-8《篆隶表》245页。

会意字。《说文》分析作"从雔，又持之"。表意偏旁雔为会意字，为相并的一对鸟。表意偏旁又为手之象。手持二隹会"隹二枚"之意。雙的产生与古代"隻（huò；zhī）"关系极为密切。甲骨文始见隻字，作又持一隹，为擒获之初文与本字；由它引申分化而为隻（zhī），有擒获则有一只、两只的计算，隻（huò）与隻（zhī）并为铎部，声转而为隻字。《说文》谓"持一隹曰隻，二隹曰雙"，故由只而造双是顺理成章之事，且二字齿舌邻纽、东铎旁对转。雙字始见于战国时，《说文》加以收录，隶变后楷书作雙，简化作双，简体字始见于唐代敦煌变文写本中。本义是两只鸟。《礼记·聘礼》："乘禽日五双。"孔颖达疏："谓乘行群匹之禽，雁鹜之属，聘卿则每日致五双也。"引申指偶数。望山二号墓遣策简有"一双璜"、"一双虎"。引申指匹敌。《庄子·盗跖》："生而长大,美好无双。"引申指重复。宋王禹偁有《和张校书吴县厅前冬日双开牡丹歌》。亦引申指伴随。《文子·符言》："恶少爱众,天下双。"(张标)

雥 部

雥 zá　从纽、辑部；从纽、合韵、徂合切。

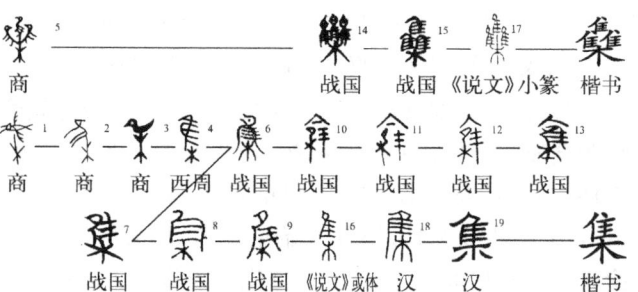

1《甲文编》186页。2《楚系简帛》313页。3《汗简》11页。4《四声韵》80页。5《说文》79页。

会意字。《说文》分析作"从三隹",以三隹聚合会"群鸟"意,犹聚三羊会"羊臭"意。始见于商代甲骨文,继见于战国文字,经小篆整理齐一,楷书作雥。本义是群鸟,引申指丛集。隋许善心《神雀颂》："莫不景福氤氲,嘉贶雥集。"卜辞用作祭名。《殷虚书契续编》1.7.6："叀武唐用,王受又(祐)？叀唐雥,王受又？"用"雥"对举,当与祀事有关。通"集",姓氏。《古文四声韵》以雥为集。包山二号楚墓182简之"郊人雥異",雥读集,姓；異,名。《风俗通》载有汉外黄令集一(见《通志·氏族略五》)。(张标)

集(集) jí　从纽、辑部；从纽、辑韵、秦入切。

1、2《甲文编》186页。3、4、5《金文编》264页。6、12《汉语字形表》147页。7、13《楚系简帛》314~315页。8-11《古文典》1396~1397页。14《四声韵》81页。15、18、19《篆隶表》246页。16、17《说文》79页。

会意字。商代甲骨文简体作从一隹或一鸟在木上,古代隹、鸟难分,原本一字,后乃分化为二。繁体作三隹在木上(三隹为雥,已演化为兼表音的声旁,雥与集声韵并同)。繁体经战国、《说文》的发展,结构一脉相承,楷书最后作雧。简体经西周,到战国时向两个方向发展：一个是会意结构,从一隹在木,最后被《说文》所采纳,楷书作集；一个是形声结构,从集、亼(jí)声,"亼"或省作"人"。此结构没被《说文》采纳,隶定作僉。《现代汉语规范字典》以集为正体。本义是群鸟集于木上。《诗·周南·葛覃》："黄鸟于飞,集于灌木。"引申指降、予。毛公鼎："唯天畁(将)集氒(厥)命。"引申指成就、完成。《左传·成公二年》："此车一人殿之,可以集事。"金文用作人名。集倗簋："集倗乍父癸宝尊彝。"国族名。父癸爵："集父癸。"雧人,官职名。云梦秦简《法律答问》："可(何)谓雧人？古主取薪者也。"战国楚器、简之"集脰"、"集尹"等并亦职官名。通"缉",和协。《史记·周本纪》："武王以殷初定未集。"(张标)

鳥 部

鳥(鸟) niǎo　端纽、幽部；端纽、篠韵、都了切。

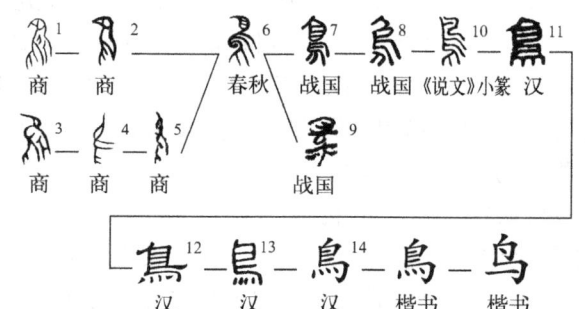

1-5《甲文编》187页。6《金文编》264页。7、8、9《战文编》241页。10《说文》79页。11、13、14《篆隶表》246页。12《隶辨》411页。

象形字。商代甲骨文一般作有喙、首、身、羽、足之形,体态各异,难以全部列出,仅举有代表性数例而已。需要指出的是,古初鸟、隹同字,形音(并为舌音)义并近,后乃分化为二。故鸟例中有的字与隹无别,形声字的形旁从鸟从隹并见,参前"雇"字条。春秋时开始脱离象形性,向笔画方向发展。战国时字形颇乱,鸟形已被切割作几部分,像《汗简》、《四声韵》所出,很难分析。《说文》据象形原则,用圆转的线条规画出一个简约的鸟形轮廓,此后隶变时,形体多有差异。楷书作鸟,是个记号字,简化作鸟。简体来自草书,是草书鸟的楷化。本义是飞禽。《合集》36："虫(有)鸟鸣。"又41802："隻(获)鸟二百十二。"(张标)

鳳(凤) fèng 並纽、侵部；奉纽、送韵、冯贡切。

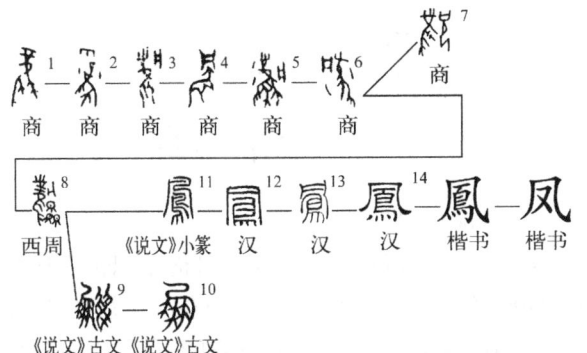

1、2、3、5、6《甲文编》188页。4《续甲》卷5，10页。7《甲骨文字典》427页。8《汉语字形表》148页。9、10、11《说文》79页。12《汉印徵》卷4，8页。13《篆隶表》246～247页。14《隶辨》477页。

初为象形字。商代甲骨文像高冠、丰羽之孔雀类鸟形。由于它经常借用以表风，故其身旁每加若干小点表示风尘，或头上加雨成为会意字，表示雨常与风相伴。到商代晚期，始加声旁"凡"（盘的象形字）而为形声字，凤与凡声韵并同。或加"兄"为声旁，然声韵与凤相去较远。西周时也使用凡声。《说文》所载两个古文凤，并象形字。《说文》采纳了战国以来从鸟、凡声的结构，隶变后楷书作鳳，简化作凤。凤字始见于清代刊行的《目连记弹词》，现为正字。本义是孔雀类所谓凤鸟。《小屯·殷虚文字甲编》3112："甲寅卜，乎鸣罟，隻（获）凤，丙辰隻五？"中鼎："中乎归(馈)生凤于王。"引申指鸟中之王凤凰。《诗·大雅·卷阿》："凤皇于飞，翙翙其羽。"喻德高之人。《论语·微子》："凤兮凤兮，何德之衰。"假借作"风"。《合集》40345："丙子立中，亡凤？"（张标）

鸞(鸾) luán 来纽、元部；来纽、桓韵、落官切。

1、2《金文编》264页。3《说文》79页。4《汉印徵》卷4，9页。5《汉语字形表》148页。

形声字。从鳥，䜌声。声旁䜌为从丝、言声的形声字，本义是相连不断，为联之初文，于鸾表音，鸾与䜌声韵并同。《说文》规范作从鸟，䜌声。隶变后楷书作鸞，简化作鸾。本义是凤鸟类。《说文》："鸞，亦神灵之精也。赤色，五采，鸡形，鸣中五音，颂声作则至。……周成王时氐羌献鸾鸟。"喻忠贞高洁者。《楚辞·九章·涉江》："鸾鸟凤皇，日以远兮。"通"栾"，姓氏。叔噩父簋："叔噩父乍鸾姬旅簋。"通"銮"，车铃；装有车铃的车。《诗·大雅·烝民》："四牡骙骙，八鸾喈喈。"《礼记·月令》："鸾车，有虞氏之路也。"（张标）

鳩(鸠) jiū 见纽、幽部；见纽、尤韵、居求切。

1《汉语字形表》148页。2《说文》79页。3《篆隶表》247页。4《隶辨》294页。

形声字。从鳥，九声。鸠字始见于春秋鸟虫书，虽多饰笔，然其基本结构清晰可辨。后经《说文》厘定，楷书作鳩，是小篆的笔意、笔势变化。本义是鸠类禽鸟。《诗·卫风·氓》："于嗟鸠兮，无食桑葚。"朱熹集传："鸠，鹘鸠也，似山雀而小，短尾，青黑色，多声。"亦指安定。《左传·定公四年》："若鸠楚竟，敢不听命？"通"勾"，越王勾践。越王剑："越王鸠浅自乍用剑。"又通"𢑎"（zhǐ），解决。《左传·宣公十七年》："余将老，使郤子逞其志，庶有𢑎乎？"杜预注："𢑎，解也。"通"逑"，聚集。《书·尧典》："共工方鸠僝功。"孔传："鸠，聚也。"通"究"，度量，测算。《左传·襄公二十五年》："芳掩书土田，度山林，鸠薮泽。"（张标）

鴿(鸽) gē 见纽、缉部；见纽、合韵、古沓切。

1《说文》79页。2《篆隶表》248页。

形声字。从鳥，合声。《说文》始收录，隶变后楷书作鴿，类推简化作鸽。本义是飞禽鸽子。《楚辞·大招》："内鸧鸽鹄，味豺羹只。"王逸注："鸽似鸠而小，青白。"（张标）

鷚(鹨) liù 来纽、幽部；来纽、宥韵、力救切。

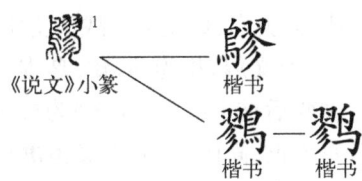

1《说文》79页。

形声字。从鳥，翏(liù)声。《说文》始收录，隶变后楷书作鷚，或颠倒其方位作鷚。今以鷚为正体，类推简化作

鳥部

鹨。本义是百灵科禽鸟云雀，又称天鹨。《尔雅·释鸟》："鹨，天鹨。"郭璞注："大如鷃雀，色似鹨，好高飞作声，今江东名之天鹨。"陆德明释文："鹨，字又作鷚。"又指小野鸡、雏鸡。《尔雅·释鸟》："雉之暮子为鹨。"郭璞注："晚生者，今呼少鸡为鹨。"《吕氏春秋·仲夏》："天子以雏尝黍。"高诱注："雏，春鹨也。"（张标）

鸮（鴞）xiāo 匣纽、宵部；云纽、宵韵、于娇切。

$$鴞^1—鴞—鸮$$
《说文》小篆　楷书　楷书

1《说文》79页。

形声字。从鸟，号声。《说文》始收录，隶变后楷书作鴞，类推简化为鸮。本义指禽鸟鸱鸮，鸮类。《尔雅·释鸟》："鸱鸮，鸋鴂。"郭璞注："鸱类。"《诗·豳风·鸱鸮》："鸱鸮鸱鸮，既取我子，无毁我室。"又指一种叫声不吉利的鸟。《诗·陈风·墓门》："墓门有梅，有鸮萃止。"毛传："鸮，恶声之鸟也。"（张标）

鴃（鴂）jué 见纽、月部；见纽、屑韵、古穴切。
guī 见纽、支部；见纽、支韵、居隋切。

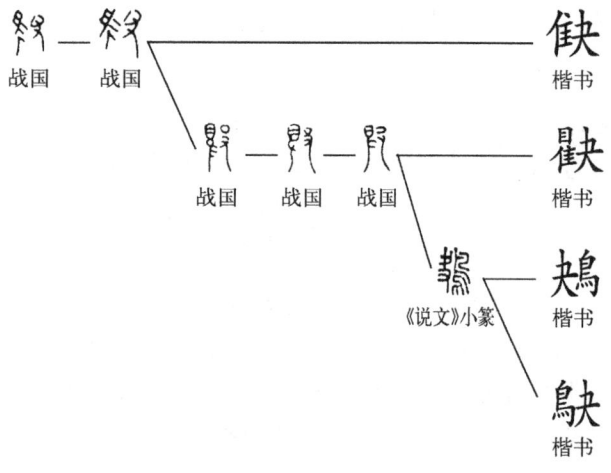

1–5《古文典》905～906页。6《说文》80页。

形声字。从鸟，夬声。鴂始见于战国文字，时从隹、夬声，隶定作鴂。《说文》易隹为鸟，隹、鸟本一字之分化，形音义并近。隶变后楷书或从《说文》为鴃，或变易其方位作鴂。今以鴂为正，简化作鴂。本义指禽鸟宁鴃，即鸱鸮，详"鸮"字条。又指伯劳鸟，即鵙。《孟子·滕文公上》："今也南蛮鴃舌之人，非先王之道。"赵岐注："鴂，博劳鸟也。"《尔雅·释鸟》："鵙，伯劳也。"（张标）

鷦（鹪）jiāo 精纽、宵部；精纽、宵韵、即消切。

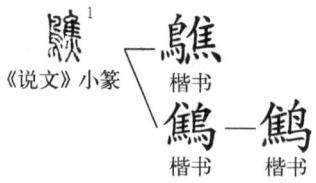

1《说文》80页。

形声字。从鸟，焦声。本义指一种能编织精巧鸟窝的小鸟，即鹪鹩，亦称"桃虫"。《方言》卷八："桑飞，自关而东谓之工爵，或谓之过蠃，或谓之女鸥。"郭璞注："桑飞，即鹪鹩也。又名鹪鴱，女鸥，今亦名为巧妇，江东呼为布母。"《诗·周颂·小毖》："肇允彼桃虫，拼飞维鸟。"朱熹集传："桃虫，鹪鹩，小鸟也。"又指传说中凤凰一类的神鸟鹪鹏。《楚辞·九怀·株昭》："鹪鹏开路兮，后属青蛇。"洪兴祖补注："《博雅》：'鹪鹏，凤也。'"（张标）

鶹（鹠）liú 来纽、幽部；来纽、尤韵、力求切。

$$鶹^1—鶹—鹠$$
《说文》小篆　楷书　楷书

1《说文》80页。

形声字。从鸟，留声。《说文》始收录，隶变后楷书作鶹，类推简化作鹠，本义是指禽鸟鹠离，或作"流离"。此鸟小时长得美，大了变丑，食其生母，有"不孝鸟"之称。《说文》："鹠，鸟少美长丑为鹠离。"《诗·邶风·旄丘》"流离之子"，孔颖达疏引三国吴陆玑云："流离，枭也。自关西谓枭为流离。其子适长大，还食其母。故张奂云：'鹠鷅食母。'许慎云：'枭，不孝鸟。'是也"又指鸺鹠鸟。《山海经·北山经》："其兽多橐驼，其鸟多鹠。"郭璞注："或曰鹠，鸺鹠也。"（张标）

難（难）nán 泥纽、元部；泥纽、寒韵、那干切。
nàn 泥纽、元部；泥纽、翰韵、奴案切。
nuó 泥纽、歌部；泥纽、歌韵、囊何切。

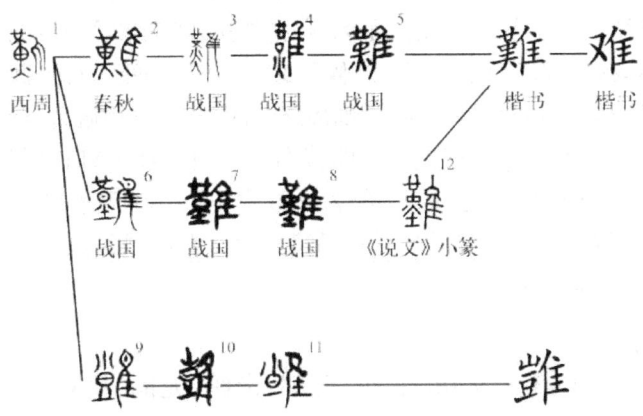

1、2《金文编》264页。3、6《汉语字形表》149页。4、5、10《战文编》241页。7、8《睡甲》55页。9、12《说文》180页。11《四声韵》19页。

形声字。从隹，堇(jǐn)声。形旁隹为禽鸟之象，表示难的本义与鸟有关。西周时始见难字，声旁作羨，是堇之讹，此种结构在战国时出现不少，但后代没有得到传承。而与它相近的另一种形式，可以熏或𦰩为代表，却成为后来发展的大宗，尽管也出现了如"䜴"、"䜁"等异体，但多数字最后到楷书作难，成为正体，简化作难。难字始见于明《薛仁贵跨海东征白袍记》及《兵科抄出》，采用的是以记号代替声符的作法。本义是鸟，罕见用例。经常假借作不容易、困难。殳季良父壶："其万年霝(令)终难老。"《诗·鲁颂·泮水》："既饮旨酒，永锡难老。"以上读nán。引申指灾难。《左传·庄公三十年》："鬭榖於菟为令尹，自毁其家以纾楚国之难。"又指责难，诘问。《孟子·离娄下》："于禽兽又何难焉？"孙奭疏："既为禽兽，于我又何足责难焉？"以上读nàn。指茂盛。《诗·小雅·隰桑》："隰桑有阿，其叶有难。"朱熹集传："难，盛貌。"以上读nuó。通"乱"，变乱。《列子·说符》："民果作难。"殷敬顺释文："(难)，本作乱。"通"叹"，叹息。《诗·曹风·下泉》："忾我寤叹，念彼周京。"阜阳汉简《诗》作"难"。（张标）

鸃（难）

nán 泥纽、元部；泥纽、寒韵、那干切。
nàn 泥纽、元部；泥纽、翰韵、奴案切。
nuó 泥纽、歌部；泥纽、歌韵、囊何切。

鸃¹—鸃
《说文》小篆　楷书

1《说文》80页。

形声字。同"难"。从鸟，堇声，以此为《说文》字头正篆，难为《说文》重文或体。二字之别，仅在形旁作隹或鸟。隹、鸟古本形、音(同为舌音)、义并近的一字分化，故作此作彼于表义无妨。隶变后楷书作鸃。鸃虽为《说文》字头，但行用远不如难普遍。魏晋以迄隋唐、民国，碑刻中尚有"䜴"、"䜁"、"䜴"、"䜁"、"䜴"、"䜁"、"䜴"、"䜁"、（民国梁耀汉烈士纪念碑），并俗本。（张标）

鹤（鹤） hè 匣纽、药部；匣纽、铎韵、下各切。

鹤¹—鹤—鹤
《说文》小篆　汉　楷书　楷书

鹤²—鹤
汉　楷书

1《说文》80页。2《汉印徵》卷4，9页。3《篆隶表》248页。

形声字。从鸟，隺(hè)声。《说文》始收录，楷书从《说文》结构作鹤，类推简化作鹤。异体作鹤。本义是水鸟白鹤。《诗·小雅·鹤鸣》："鹤鸣于九皋，声闻于野。"朱熹集传："鹤，鸟名，长颈，竦身，高脚，顶赤，身白，颈尾黑，其鸣高亮，闻八九里。"引申指白色。唐杜甫《遣闷》："白水鱼竿客，清秋鹤发翁。"引申指长寿。《淮南子·说林》："鹤寿千岁，以极其游。"通"鹄"，鸿鹄，天鹅。《庄子·庚桑楚》："越鸡不能伏鹄卵。"陆德明释文："鹄，本亦作鹤。"通"皜"，鸟白且肥貌。《孟子·梁惠王上》引《诗》："麀鹿濯濯，白鸟鹤鹤。"《诗·大雅·灵台》作"皜皜"。（张标）

鹭（鹭） lù 来纽、铎部；来纽、暮韵、洛故切。

鹭¹—鹭—鹭
《说文》小篆　楷书　楷书

1《说文》80页。

形声字。从鸟，路声。古初盖以路为鹭，后乃为造今字。本义指水鸟白鹭。《诗·陈风·宛丘》："无冬无夏，值其鹭羽。"孔颖达疏引三国吴陆玑云："鹭，水鸟也。……青脚高尺七八寸，尾如鹰尾，喙长三寸，头上有毛十数枚，长尺余。"比喻有次序。元高明《琵琶记·伯喈思家》："鹭序鸳行，怎如乌鸟反哺能终养。"（张标）

鹄（鹄） hú 匣纽、觉部；匣纽、沃韵、胡沃切。
gǔ 见纽、药部；见纽、沃韵、姑沃切。

鸟部

鹄¹

鹄²—鹄³—鹄⁴ 汉 汉 汉

《说文》小篆 鹄⁵—鹄⁶—鹄⁷—鹄—鹄
　　　　　　汉　 汉　 汉　楷书 楷书

1《说文》80页。2-6《篆隶表》249页。7《隶辨》655页。

形声字。从鸟,告声。《说文》始收录,隶变后楷书作鹄,类推简化作鹄。或作鹄。本义指鸿鹄,即天鹅。清朱骏声《说文通训定声》:"形似鹤,色苍黄,亦有白者,其翔极高,一名天鹅。"《庄子·天运》:"夫鹄不日浴而白,乌不日黔而黑。"喻指鹄类白色。《后汉书·宣张二王杜郭吴承郑赵列传赞》:"大仪鹄发,见表宪王。"喻指像鹄一样枯瘦。清蒲松龄《回江都令年家轩辕》:"河伯迁怒,鹄面流离。"喻指像鹄延颈而立,形容盼望。《后汉书·袁谭传》:"整勒士马,瞻望鹄立。"古国名。以上读hú。指箭靶靶心。《周礼·天官·司裘》:"王大射,则共虎侯、熊侯、豹侯,设其鹄。"宋陆佃《埤雅·释鸟》:"设其鹄者,栖鹄于侯中以为的也,若今所射红心是也。"以上读gǔ。通"鹤",水鸟。《庄子·天运》:"夫鹄不日浴而白。"陆德明释文:"本又作鹤。"(张标)

鸿(鸿) hóng 匣纽、东部;匣纽、东韵、户公切。
hòng 匣纽、东部;匣纽、董韵、胡孔切。

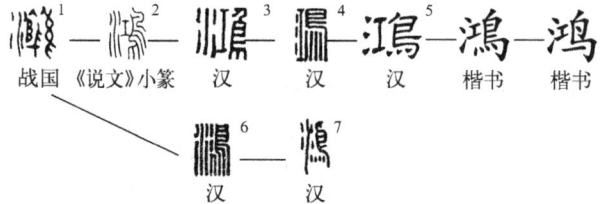

1《四声韵》5页。2《说文》80页。3、4、6《汉印徵》卷4,9页。5《篆辨》12页。7《篆隶表》249页。

形声字。从鸟,江声。《说文》作江声,此后这一结构遂成主流,隶变后楷书作鸿,类推简化作鸿。本义是大雁。《诗·小雅·鸿雁》:"鸿雁于飞,肃肃其羽。"毛传:"大曰鸿,小曰雁。"古有鸿雁传书之故事,遂以代书信。明张煌言《祭建国公郑羽长鸿逵文》:"便鸿致谢,可任伫切。"大雁曰鸿,引申有大义。银雀山汉简《孙膑兵法·十阵》:"是故末必锐,刃必薄,本必鸿。"以上读hóng。联绵词"鸿濛",指广大貌,或宇宙未开、天地混沌之状,或指东方之野,读hòng。通"洪",大水。《荀子·成相》:"禹有功,抑下鸿,辟除民害逐共工。"杨倞注:"鸿即洪水也。"通"候",季节。《礼记·月令》:"獭祭鱼,鸿雁来。"《吕氏春秋》、《淮南子》等并作"候"。又通"蚕",虾蟆。《诗·邶风·新台》:"鱼网之设,鸿则离之。"闻一多《诗经通义·新台》:"鸿当为蚕之假,蚕即苦蚕。《广雅·释鱼》曰:'苦蚕,虾蟆也。'"通"蠓",蠛蠓,小蚊虫。《史记·周本纪》:"麋鹿在牧,蜚鸿满野。"司马贞索隐:"蜚鸿,蠛蠓也,非鸿雁也。"(张标)

鸳(鸳) yuān 影纽、元部;影纽、元韵、於袁切。

鸳¹—鸳—鸳
《说文》小篆 楷书 楷书

1《说文》80页。

形声字。从鸟,夗(yuàn)声。《说文》始收录,隶变后楷书作鸳,类推简化作鸳。魏晋到隋唐碑刻中或作"鸳""鸯",俗体。本义是经常成双配对生活的水禽鸳鸯。《诗·小雅·鸳鸯》:"鸳鸯于飞,毕之罗之。"朱熹集传:"鸳鸯,匹鸟也。"比喻夫妻。唐温庭筠《偶游》:"与君便是鸳鸯侣,休向人间觅往还。"通"鹓",凤凰类鸟。《史记·司马相如列传》:"捷鸳雏,掩焦明。"《文选·上林赋》作"鹓"。(张标)

鸯(鸯) yāng 影纽、阳部;影纽、唐韵、乌郎切。

鸯¹—鸯²—鸯—鸯
战国 《说文》小篆 楷书 楷书

1《古文典》618页。2《说文》80页。

形声字。从鸟,央声。古初盖以央为鸯,后乃为造今字。战国古文字中已出现鸯字,《说文》加以吸收,楷书作鸯,类推简化作鸯。与鸳组成联绵词鸳鸯。用作地名,山西省虞城县有泉名鸯浆。鸳鸯亦省称鸯,《西京杂记》卷六之"鸯锦",即有鸳鸯图案之织锦。(张标)

鹅(鹅) é 疑纽、歌部;疑纽、歌韵、五何切。

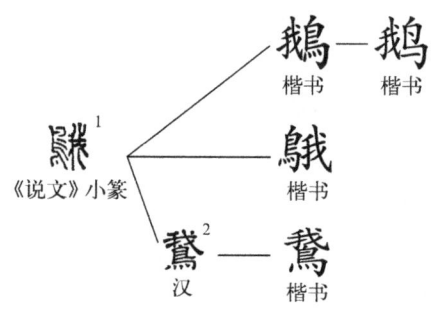

1《说文》80页。2《隶辨》211页。

形声字。从鸟,我声。《说文》始收录,隶变后从《说文》结构的作䳅,改变《说文》方位结构的分别作鵝、鵞、𪁙(《字汇补》)。其中以鹅行用最广,被确定为现代汉字的正体,类推简化作鹅。《说文》本义为"䴚(gē)鹅"。清徐灏《说文段注笺》:"凡远举高飞者为鸿雁,为䴚鹅,养驯者,为鹅,为舒雁。"《孟子·滕文公下》:"他日(仲子)归,则有馈其兄生鹅者。"引申指阵名。因阵形似鹅,故名。《左传·昭公二十二年》:"郑翩愿为鹳,其御愿为鹅。"杜预注:"鹳、鹅,皆阵名。"鹅羽白软,喻雪。唐白居易《雪夜喜李郎中见访兼酬所赠》:"可怜今夜鹅毛雪,引得高情鹤氅人。"鹅行速慢,喻走路迟缓摇摆。《水浒传》第三十二回:"在镇上抬轿时,只是鹅行鸭步。"鹅喙淡黄,喻指类似之物,如"柳吐鹅黄",酒有鹅黄等。亦古姓。(张标)

鶩(鹜) wù　明纽、侯部;明纽、虞韵、亡遇切。

鶩¹—鶩—鹜
《说文》小篆　楷书　楷书

1《说文》80页。

形声字。从鸟,敄(wù)声。《说文》始收录,隶变后楷书作鶩,类推简化作鹜。《说文》本义是"舒凫",清朱骏声《说文通训定声》:"飞行舒迟,驯扰,不畏人,今之家鸭也。野鸭曰凫。"《左传·襄公二十八年》:"公膳日双鸡,饔人窃更之以鹜。"陆德明释文:"鹜,鸭也。"孔颖达疏引李巡曰:"野曰凫,家曰鹜。"鹜喜潜水,喻潜泅。《新唐书·高仁厚传》:"仁厚遣人鹜没凿舟,皆沉。"通"骛",驰逐。《穆天子传》卷一:"天子西征,鹜行至于阳纡之山。"郭璞注:"鹜犹驰也。"(张标)

鷀(鹚) cí　从纽、之部;从纽、之韵、疾之切。

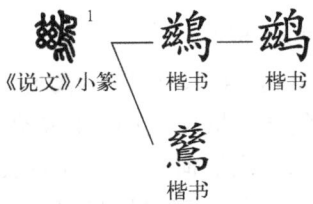

1《说文》81页。

形声字。从鸟,兹声。《说文》始收录,隶变后楷书作鷀,类推简化作鹚。或作鶿,俗体。《说文》本义是水鸟鸬鹚。《尔雅·释鸟》:"鷀,鹈。"郭璞注:"即鸬鹚也。觜头曲如钩,食鱼。"郝懿行义疏:"今鸬鹚乃卵生也,处处水乡有之,蜀人畜之以捕鱼。杜甫诗'家家养乌鬼',或说即此。今江苏人谓之水老鸦。"参"茲"、"兹"字条。(张标)

鴇(鸨) bǎo　帮纽、幽部;帮纽、皓韵、博抱切。

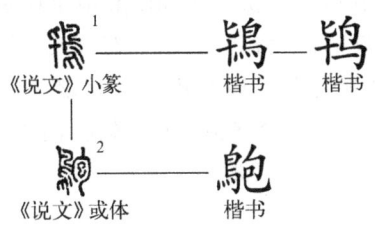

1、2《说文》81页。

形声字。从鸟,𠦑(bǎo)声。鸨始见于《说文》,或说,此鸟善淫,故从七十鸟会意,乃俗儒鄙夫之论。或体鮑从鸟,包声。𠦑与包声韵并同,可视为同音偏旁之互换。然二字源头、声首有别。鸨字见于先秦文献,然古文字最早为《说文》小篆,隶变后楷书作鴇或鮑。今以鴇为正体,类推简化作鸨。本义是像雁而大的一种鸟。《诗·唐风·鸨羽》:"肃肃鸨羽,集于苞栩。"朱熹集传:"鸨,鸟名。似雁而大,无后趾。"旧指妓女及其假母。明朱权《丹丘先生论曲》:"妓女之老者曰鸨。鸨似雁而大,无后趾,虎文。喜淫而无厌,诸鸟求之即就。"假借义指毛色黑白间杂的马,后来写作"䮧"。《诗·郑风·大叔于田》:"叔于田,乘乘鸨。"陆德明释文:"鸨,依字作䮧。"朱熹集传:"骊白杂毛曰鸨,今所谓马骢也。"(张标)

鶬(鸧) cāng　清纽、阳部;清纽、唐韵、七冈切。
　　　　　qiāng　清纽、阳部;清纽、阳韵、千羊切。

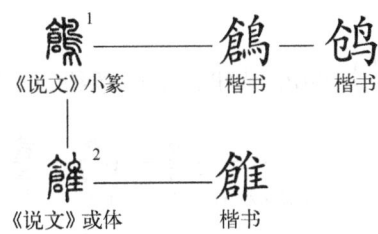

1、2《说文》81页。

形声字。从鸟,仓声。古初以仓为"鸧",后乃为造今字。《诗·小雅·出车》"仓庚喈喈",《文选》卷十九注引作"鸧",此其证。先秦文献已使用此字,然古文字材料于《说文》中方始见到,隶变后楷书作鶬,类推简化作鸧。或体从隹,楷书作雒,今罕用。《说文》本义指禽名"麋鸹(guā)",朱骏声训为"似雁而黑"。《尔雅·释鸟》:"鸧,麋鸹。"郭璞注:"今呼鸧鸹。"《楚辞·招魂》:"鹄酸臇凫,煎鸿鸧些。"亦指白色水鸟鹒。《庄子·天运》："夫白鹒之相视，眸子不运而风化。"陆德明释文引《三苍》云："鸧，鹒也。"亦指黄鹂，即鸧鹒。战国宋玉《登徒子好色赋》："鸧鹒喈喈，群女出桑。"又指传说中的九头鸟。清王筠《说文句读》谓"鸧，至如奇鸧九头，又名苍鹒、逆鸧、鬼车，与麋鸹不同物。"以上读 cāng。指金属装饰的样子。《诗·周颂·载见》："鞗革有鸧，休有烈光。"郑玄笺："鸧，金饰貌。"孔颖达疏："以鞗皮为辔首之革，其末以金为饰。"鸧鸧，叠音词，金属撞击声。《诗·商颂·烈祖》："约軝错衡，八鸾鸧鸧。"（张标）

鷂（鹞）yào 喻纽、宵部；以纽、笑韵、弋照切。
yáo 喻纽、宵部；以纽、宵韵、余昭切。

䍃¹ — 鷂² — 鷂 — 鹞
战国　《说文》小篆　楷书　楷书

1《四声韵》62页。2《说文》81页。

形声字。从鸟，䍃声。声旁䍃为从缶、肉声的形声字，本义是"瓦（陶）器"，于鹞表音，鹞的远源、声首是肉，近源、准声首是䍃。肉见于商代甲骨文，像肉块之形。䍃字见于战国文字偏旁中，战国古文字中已见此字，时构件肉作夕或肉，犹有肉块遗意，《说文》从之。隶变后楷书亦从此作夕、䍃、鷂。现代整理字形，旧字形䍃易作䍃，故"鷂"类推简化作鹞。《说文》本义训"鸷鸟"，即攫食小鸡、小鸟类的猛禽，俗称"鹞子"。战国宋玉《高唐赋》："雕鹗鹰鹞，飞扬伏窜。"以上读 yào。指南方一种野鸡鹞雉，读 yáo。《尔雅·释鸟》："江淮而南青质、五采皆备成章曰鹞。"郭璞注："即鹞雉也。"（张标）

鸇（鹯）zhān 章纽、元部；章纽、仙韵、诸延切。

鸇² — 鸇³ — 鸇 — 鹯
《说文》小篆　汉　楷书　楷书

鸇¹
《说文》籀文　楷书

1、2《说文》81页。3《篆隶表》250页。

形声字。从鸟，亶声。声旁亶（dǎn）为从亩（lǐn，仓）、旦声的形声字，本义是"多谷"，于鹯表音，鹯与亶并舌音、元部。鹯的远源、声首是丁，近源、准声首是旦、亶。丁字见于商代甲骨文，为城邑之象，其与构件日整合为从日、丁声的旦字（旦与丁并为端组）。旦字见于商代甲骨文，古初盖以旦为亶，后乃为造专字。亶字可能也是这样产生的，或者由构件旦与亶整合而成。亶字见于战国古文字，古初盖以亶为鹯，后乃为造专字。鹯字《说文》始收录，楷书作鸇，类推简化作鹯。隋王弘墓志作"鸇"，俗体。重文䳂的出现早于《说文》鸇，其结构为从鸟，廛声，亶与廛并舌头音元部，可以看作是音近声旁的互换，很少使用。《说文》本义是"鸇（chén）风"，鹯子一类的猛禽。三国吴陆玑《毛诗鸟兽虫鱼草木疏》："晨风一名鹯，似鹞，青黄色，燕颔钩喙，向风摇翅，乃因风飞急疾，击鸠鸽燕雀食之。"《山海经·西山经》："北望诸毗，槐鬼离仑居之，鹰鹯之所宅也。"（张标）

鷐（䳺）chén 禅纽、谆部；禅纽、真韵、植邻切。

鷐¹ — 鷐 — 䳺
《说文》小篆　楷书　楷书

1《说文》81页。

形声字。从鸟，晨声。声旁晨为从日、辰声的形声字，本义是早晨，于鷐表音，鷐与辰声韵并同。鷐的远源、声首是辰，近源、准声首初文是晨。辰字见于商代甲骨文，为蚌制农器之象。古初以辰为晨，后乃为造今字，望山楚简及故书中许多辰读"晨"即其证。晨字见于战国文字（实际出现当更早），古初以为"鷐"。《诗·秦风》："鴥彼晨风"、《尔雅·释鸟》之"晨风"、《古诗十九首》之"亮无晨风翼"等并读"鷐"，后为造专字。《说文》始收录，隶变后楷书作鷐，类推简化作䳺。《说文》本义是"鷐风"，即鹯子一类的猛禽，即鹯。《广韵·真韵》："鷐，鷐风，鹯也。"（张标）

鷙（鸷）zhì 章纽、质部；章纽、至韵、脂利切。
zhé 章纽、月部；章纽、薛韵、旨热切。

鷙¹ — 鷙 — 鸷
《说文》小篆　楷书　楷书

1《说文》82页。

形声字。从鸟，执声。形旁鸟为禽鸟之象，表示鸷的本义与鸟类有关。声旁执为从丮（jǐ）、从幸（niè）、幸亦声的会意兼形声字，本意是拘捕罪人，于鸷表音，鸷与执并舌面音、章纽。鸷的远源、声首是幸，近源、准声首是执。幸字见于商代甲骨文，为刑具之状，其与构件丮结合为执。古初盖以执为鸷，后乃为造今字。《说文》始收录，隶变后楷书作鷙，类推简化为鸷。《说文》本义谓"击杀鸟"，即凶猛异常之鸟类。《孙子·势篇》："鸷鸟之疾，至于毁折者,节也。"引申指凶猛。南朝梁刘孝标《辩命论》:"视彭韩之豹变,谓鸷猛致人爵。"引申指凶残。《新唐书·宦者传上·杨思勖》:"思勖鸷忍,敢杀戮。"鸷距,联绵词,踌躇不前的样子。《管子·小问》:"往者不反,来者鸷距。"以上读 zhì。《礼记·月令》:"(季夏之月)行冬令,则风寒不时,鹰隼蚤鸷,四鄙入保。"陆德明释文:"(鸷),击也。"以上读 zhé。（张标）

鴥（鴥）yù 喻纽、物部;以纽、术韵、余律切。

鴥¹ — 穴鳥² — 鴥
《说文》小篆 — 汉 — 楷书
— 鴥 — 鴥
— 楷书 — 楷书

1《说文》81页。2《隶辨》677页。

形声字。从鸟,穴声。声旁穴为从宀、八声的形声字,本义是土室,于鴥表音,鴥与穴为物质旁转。鴥的远源、声首是八,近源、准声首是穴。八字见于商代甲骨文,作分别相背之状,其与构件宀结合而为形声字。古初盖以穴为鴥,后乃为造今字。故书中曾以穴作"峹"、"沇",后皆为造分化字。《说文》始收录,楷书作鴥,类推简化作鴥。汉隶中或有改变形旁与声旁位置作穴鳥者,绝少使用。声旁穴或讹作冗(róng),全字作鳾,俗体。本义是疾飞的样子。《诗·秦风·晨风》:"鴥彼晨风,郁彼北林。"朱熹集传:"鴥,疾飞貌。"（张标）

鶯（莺）yīng 影纽、耕部;影纽、耕韵、乌茎切。

鶯¹ — 鶯 — 莺
《说文》小篆 — 楷书 — 楷书

1《说文》82页。

形声字。古文字当作从鳥,熒(yíng)声。于莺表音,莺与熒并为喉音耕部。莺的源头、声首是熒,见于西周金文。《说文》始收录,隶变后楷书作鶯,类推简化作莺。本义是鸟羽有花纹的样子。《诗·小雅·桑扈》:"交交桑扈,有莺其羽。"朱熹集传:"(莺),莺然有文章也。"也用作鸟名,指仓庚,即黄莺、黄鹂。《禽经》:"仓庚,鵹黄,黄鸟也。"张华注:"今谓之黄莺、黄鹂是也。"（张标）

鸎（莺）yīng 影纽、耕部;影纽、耕韵、乌茎切。

鸎 — 鶯 — 鶯
楷书 — 楷书 — 楷书
— 鶯 — 莺
— 楷书 — 楷书

形声字。从鸟,賏(yīng)声。与从鸟、熒声之鶯(莺)互为异体。异体之别,在于声旁一作賏,一作熒,其实賏与熒并影纽、耕部,属于同音偏旁的更替。清朱骏声《说文通训定声·鼎部》认为此字出现在三国以后。《文选·晋潘岳〈射雉赋〉》:"鸎绮翼而轻挢,灼绣颈而衮背。"现代整理汉字时已把它作为鶯的异体淘汰。鸎(《集韵·耕韵》)是鸎与鶯共同作用产生的讹变之体,賏是賏之省,冖构件与所处部位又来自、取法于鶯。鸎(唐安宜县令王君夫人刘氏墓志铭)又鶯之省,冖省作卩。由于绝少使用,只是作为异体保留在文献中,没有使用价值。（张标）

鴝（鸲）qú 群纽、侯部;群纽、虞韵、其俱切。
gōu 见纽、侯部;见纽、侯韵、古侯切。
gòu 见纽、侯部;见纽、侯韵、古侯切。

鴝¹ — 鴝 — 鸲
《说文》小篆 — 楷书 — 楷书

1《说文》82页。

形声字。从鸟,句声。声旁句为从丩、口声的形声字,本义为弯曲,于鴝表音,鴝与句并牙音、侯部。古初盖以句为鴝,后为造今字。《说文》始收录,隶变后楷书作鴝,类推简化作鸲。《说文》本义是"鴝鵒(yù)",即八哥。《淮南子·原道》:"鴝鵒不过济,貑渡汶而死。"旧时端砚上的斑点似鸲目,因喻指。宋欧阳修《砚谱》:"(端石)有鴝鵒眼为贵。"鸲掇,小虫名。《列子·天瑞》:"胡蝶,胥也,化而为虫,生灶下,其状若脱,其名曰鸲掇。"以上读 qú。鴝鸺,一种猫头鹰。《山海经·海外南经》:"(狄山)爰有鸲九。"郭璞注:"鴝鵒之属。"以上读 gōu。通"雊(gòu)",雉鸣。《集韵·侯韵》:"雊,雉鸣,或作鸲。"《逸周书·时训》:"雉不始鸲,国大水。"（张标）

鵒（鹆）yù 喻纽、屋部;以纽、烛韵、余蜀切。

鳥部

鴿 ─ 鸽

《说文》小篆　楷书　楷书

雊 ─ 雊

《说文》或体　楷书

1、2《说文》82页。

形声字。从鸟，谷声。鸽与谷并屋部。鸽的远源、声首是口，近源、准声首是谷。口为象形字，见于商代甲骨文，其与构件八结合而为谷；当然也不排除先以口为谷，后为造专字，故书中以口为"叩"、"訶"，后造分化字即其证。谷字亦见于甲骨文，古初盖以谷为鸽，后乃为造今字。金文曾以谷为"欲"（师訇簋）、"裕"（何尊），信阳楚简及故书中亦以为"欲"，后乃各为造分化字。《说文》始收录，隶变后楷书为鴿，类推简化作鸽。或体雊从夹声，夹与谷为侯屋对转，属于音近偏旁的更替。本义即鸽鸽、八哥，详"鸽"字条。单用也指鸽鸽。《太平御览·羽族部十·鸜鸽》引《礼稽命徵》：" 孔子谓子夏曰：'群鸽至，非中国之禽也。'"（张标）

鵔（鹙）jùn 心纽、文部；心纽、稕韵、私润切。

鵔 ─ 鵔

《说文》小篆　楷书

鵔 ─ 鵔 ─ 鹙

汉　楷书　楷书

1《说文》82页。2《隶辨》561页。

形声字。从鸟，夋(qún)声。鵔与夋并齿头音，文部。夋字见于西周金文，只是"夂"讹作"女"。故书中曾以表"竣"、"踆"，战国楚帛书曾以表"俊"，后皆为造分化字。《说文》始收录，隶变后楷书作鵔，然此字行用不广。在隶变中出现、改变了《说文》形左声右方位结构的鵔在后来反而取得正体地位，类推简化作鹙。《说文》本义是"鵔鸃(yí)"，即鷩雉、锦鸡。《史记·司马相如列传》："掩翡翠，射鵔鸃。"《汉书》颜师古注谓："鷩也，似山鸡而小，冠背毛黄，腹赤项绿，尾红。"引申为冠名。《说文》："秦汉之初，侍中冠鵔鸃冠。"也指传说中一种不吉利的鸟。《山海经·西山经》："鼓亦化为鵔鸟，其状如鸱，赤足而直喙，黄文而白首，其音如鹄，见则其邑大旱。"（张标）

鸚（鹦）yīng 影纽、耕部；影纽、耕韵、乌茎切。

鸚[1] ─ 鸚[2] ─ 鸚 ─ 鹦

战国　《说文》小篆　楷书　楷书

1《楚系简帛》316页。2《说文》82页。

形声字。从鸟，嬰(婴)声。鸚与婴声韵并同。古初以婴为鸚，《礼记·曲礼上》："鹦鹉能言，不离飞鸟。"陆德明释文："婴，本或作鸚，母，本或作鹉。"知鹦鹉原作"婴母"。《说文》所载为最早，隶变后楷书作鸚，类推简化作鹦。战国时包山楚简所出为从鸟、晏(yàn)声，殆非《说文》鸚之所本。嬰之与晏，并为影纽，属于音近偏旁的互用，盖楚地方土俗字。鸚之源头、声首为晏，与鸚有别。鸚字出现以后，鸚字没再继续传承。《说文》本义是鹦鹉，会说话的一种鸟。《山海经·西山经》："（黄山）有鸟焉，其状如鸮，青羽赤喙，人舌能言，名曰鹦鹉。"袁珂校注："即鹦鹉。"此鸟学舌，引申指文字浅薄之谦称。唐元稹《寄赠薛涛》："言语巧偷鹦鹉舌，文章分得凤皇毛。"鹦鹉洲，地名，在今湖北武汉江中。唐崔颢《黄鹤楼》："晴川历历汉阳树，芳草萋萋鹦鹉洲。"用作人名。《包山楚简》2.85有"黄鸚"。（张标）

鴆（鸩）zhèn 定纽、侵部；澄纽、沁韵、直禁切。

鴆 ─ 鴆 ─ 鸩

《说文》小篆　楷书　楷书

1《说文》82页。

形声字。从鸟，冘(yín)声。鸩与冘并舌音，侵韵。故书中以冘为"扰"（《墨子·经说上》），后乃为造分化字。《说文》始收录，隶变后楷书作鴆，类推简化作鸩。本义是羽毛有剧毒的一种鸟。《山海经·中山经》："（女几之山）其鸟多白鷮，多翟，多鸩。"郭璞注："鸩大如雕，紫绿色，长颈赤喙，食蝮蛇头；雄名运日，雌曰阴谐也。"郝懿行笺疏："《说文》云：'鸩，毒鸟也。'体有毒，古人谓之鸩毒。"引申指用毒酒致人于死。《国语·鲁语上》："温之会，晋人执卫成公，归之于周，使医鸩之，不死。"引申泛指酷毒之物。宋岳珂《桯史·隆兴按鞠》："孝宗锐志复古，戒燕安之鸩。"也指似雉的一种鸟。《山海经·中山经》："（瑶碧之山）有鸟焉，其状如雉，恒食蜚，名曰鸩。"郭璞注："此更一种鸟，非食蛇之鸩也。"（张标）

鳴（鸣）míng 明纽、耕韵；明纽、庚韵、武兵切。

鴣(鸪)

gū 见纽、鱼韵；见纽、模韵、古胡切。

鴣¹—鴣—鸪
《说文》新附　楷书　楷书

1《说文》82页。

形声字。从鸟，古声。古初盖以古为鴣，后乃为造专字。先秦文献已使用此字，古文字材料中以《说文》所载小篆出现最早，隶变后楷书作鴣，类推简化作鸪。本义是鸟名。《山海经·北山经》："(小侯之山)有鸟焉，其状如乌而白文，名曰鴣䳭(xí)，食之不灂。"也用以指鹧鸪，详"鹧"字条。（张标）

鸣

1-6《甲文编》189页。7、8、9《金文编》264页。10《汉语字形表》149页。11、16、17《篆隶表》250页。12《古文典》834页。13《说文》82页。14、15《汉印徵》卷4，9页。18、19《隶辨》251页。

会意字。商代甲骨文已出现，从口、从鸟。口与鸟并象形字，合此二构件会鸣叫意。当时鸟或作鸡形，因为古人把鸡也看作鸟类，鸟或作隹形，因为鸟、隹同物，形音（并为舌音）义俱近，为一字之分化。春秋时渐趋统一，从隹、从鸡的都不见，仅存从鸟者。战国时主流结构从口、从鸟，非主流结构则口上加一，或口下、口旁加=为饰，或又加心旁。《说文》是战国主流结构的继承。隶变后楷书作鳴，类推简化作鸣。本义是鸟鸣叫。《合集》36："庚申亦有设，有鳴鸟？"引申指一般的鸣响。《小屯·殷虚文字乙编》："庚戌卜，朕耳鳴，屮御于且庚羊百？"王孙钟："中(终)韓叡(且)腸(扬)，元鳴孔皇。"用作人名。《甲编》3112："乎(呼)鳴网雉，隻凤？丙辰隻五？"用作地名。《合集》32839："王步于鳴？"（张标）

鹧(鷓)

zhè 章纽、鱼部；章纽、祃韵、之夜切。

鷓¹—鷓—鹧
《说文》新附　楷书　楷书

1《说文》82页。

形声字。从鸟，庶声。古文字中以《说文》所收鷓字为最早，楷书作鷓，类推简化作鹧。本义指雉类禽鸟鹧鸪。《文选·左思〈吴都赋〉》："鷓鸪南翥而中留，孔雀绰羽而翱翔。"刘逵注："鷓鸪，如鸡，黑色，其鸣自呼。或言此鸟常南飞不北，豫章已南诸郡，处处有之。"假借作曲调名，"山鹧鸪"的省称。唐元稹《酬乐天东南行诗一百韵》："舞态翻鹧鸪，歌词咽《鹧鸪》。"（张标）

鸭(鴨)

yā 影纽、叶部；影纽、狎韵、乌甲切。

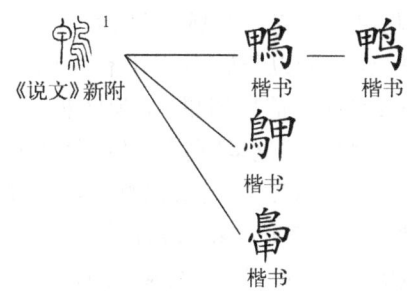

1《说文》82页。

形声字。从鸟，甲声。鸭与甲并为牙音、叶部。古初盖以甲为鸭，后乃为造今字。故书中甲曾用作"狎"(《书·多方》)，后乃为造分化字。《说文》未收此字，宋徐铉始附入。楷书作鴨，类推简化作鸭。或作"䳇"(《广韵·狎韵》)，是《说文》形右声左方位结构的变易；或作"䲷"(《玉篇》)，是《说文》的形声并列结构改易为上下结构；或作"䳒"(《玉篇》)，是音近声旁的更替(邑与甲是喉牙邻纽、缉叶旁转)，并俗体。本义是家禽鸭子。《尔雅·释鸟》："舒凫，鹜。"郭璞注："鸭也。"《三国志·吴书·陆逊传》："时建昌侯(孙)虑于堂前作斗鸭栏，颇施小巧。"引申指鸭形香炉。唐戴叔伦《春怨》："金鸭香销欲断魂，梨花春雨掩重门。"鸭行步不快，喻指行走缓慢摇摆。元秦简夫《东堂老》第二折："肚垒胸高，鸭步鹅行。"鸭头呈绿，以喻水色。清纳兰性德《松花江》："烟光浮鸭绿，日气射鳞红。"《玉篇》以"鹈"为鸭之古文，《汗简》、《古文四声韵》亦并以为鸭。后通以鹈为"鹈鹕"字。这样鹈也就与鸭成为同形字。（张标）

烏 部

烏(乌) wū 影纽、鱼部；影纽、模韵、哀都切。

字形演变：西周、西周、西周、春秋、战国《说文》古文、战国《说文》小篆、汉、楷书、楷书

1-4、6《金文编》265～266页。5《郭店》71页。7、8《说文》82页。9《汉印徵》卷4，9页。

象形字。初文本像乌鸦之形。本义是指乌鸦。《说文》："烏，孝鸟也。"（旧谓乌鸦反哺，故又称之为孝鸟）《诗·邶风·北风》："莫赤匪狐，莫黑匪乌。"因为乌鸦的羽毛是黑色的，所以"乌"可引申有黑色义。《三国志·魏书·邓艾传》："值岁凶旱，艾为区种，身被乌衣，手执耒耜，以率将士。"这里"乌衣"即指黑色的衣服。由黑色义又可引申为抹黑义。元关汉卿《玉镜台》第四折："貌赛过神仙洛浦，怎好把墨来乌？"在金文中，"乌"字均用其假借义。何尊："乌(呜)虖(呼)，尔有唯(虽)小子亡(无)识。"（呜呼，你虽是小子未能深知天命）这里"乌"假为叹词，相当于"呜"。文献中也有这种用法，如《左传·襄公三十年》："乌(呜)乎(呼)，必有此夫！"金文中"乌"还可假为介词，用来引出动作的对象、地点等，这时其用法相当于"於"字。中山王方壶："则尚(上)逆乌(於)天。下不怼(顺)乌(於)人施(也)。"（这样就上逆于天命，下不顺于人心）参见"於"字条。（齐航福）

於 wū 影纽、鱼部；影纽、模韵、哀都切。
yú 影纽、鱼部；影纽、鱼韵、央居切。

字形演变：春秋、战国《说文》古文、战国、秦、汉、汉、楷书

1《金文编》265页。2《郭店》71页。3《说文》82页。4《包山》58页。5《睡甲》56页。6《马王堆》151页。7《汉印徵》卷4，9页。

"烏(乌)"之借形变体分化字。初文本像乌鸦之形。从西周时起，上部表喙处的部分笔画逐渐脱离主体，讹作人形。战国时期，或于人形之下羡出两饰横（楚简文字或从鸟）。秦汉时期，字形左边或讹作方，遂为后世於字所本。"於"字本义同"烏"，指乌鸦。《穆天子传》卷三："比徂西土，爰居其野，虎豹为群，於鹊与处。"郭璞注："於读曰乌。""於"可假为叹词，表赞叹。《书·尧典》："佥曰：'於！鲧哉！'"这两种意义上的"於"读为wū。在古文字材料和古文献中，"於"常假为介词。或表示地点，相当于"在"。鄂君启节："大司马邵(昭)鄢(阳)败晋师於襄陵之岁。"（大司马昭阳在襄陵击败晋师之年）长沙马王堆一号汉墓《杂禁方》1："又(有)犬善皋(嗥)於壃(垣)与门。"《书·君奭》："其集大命於厥躬。"或表示比较，相当于"过"、"比"。《礼记·檀弓下》："苛政猛於虎也。"或表示被动，相当于"被"。《左传·成公二年》："郤克伤於矢。"而睡虎地秦墓竹简《南郡守腾文书》"不便於民"之"於"，则用表动作的对象，相当于"对"、"对于"。又如《史记·老子韩非列传》："是皆无益於子之身。"这些意义上的"於"，音yú，今简写作"于"。（齐航福）

舄 què 清纽、铎部；清纽、药韵、七雀切。
xì 心纽、铎部；心纽、昔韵、思积切。

字形演变：西周、西周、战国、《说文》小篆、秦、汉、楷书、楷书

1、2《金文编》266页。3《古文典》575页。4《说文》82页。5《睡甲》56页。6《甲金篆》248页。

象形字。初文本像鸟张翅飞翔之形。其象形写法到了战国时期稍微有所改变，上部鸟翼形或写作_W，且与下部分离。小篆字形上部则讹作臼形。本义是指鹊鸟。《说文》："舄，䧿也。"朱骏声通训定声："今谓之喜鹊。字亦作鹊。"金文中"舄"字不用其本义，均用假借义，指木底鞋。大盂鼎："易(赐)女(汝)鬯一卣、一(冂)衣、市(韨)、舄、车、马。"（赏赐给你一卣鬯酒、头巾、蔽膝、木底鞋、车、马）古文献中，"舄"字也多用其假借义，或用同金文，指木底鞋。《诗·豳风·狼跋》："公孙硕肤，赤舄几几。"或读若"碣"，指柱下石。汉何晏《景福殿赋》："金楹齐列，玉舄承跋。""舄"还可读若"潟"，指盐碱地。《汉书·沟洫志》："民歌之曰：'郑有贤令兮为史公(起)，决漳水兮灌邺旁，终古舄卤兮生稻粱。'"上述假借用法的"舄"均读为xì。在古文献中，"舄"字也可假为姓氏，读为què。《广韵·药韵》："舄，

人姓。"舄"字又或写作"雒",则为从佳、昔声的形声字,即后世之"鹊"字(参见"鹊"字条)。(齐航福)

雒(鹊) què 清纽、铎韵;清纽、药韵、七雀切。

1《说文》82页。2《睡甲》56页。3、4《甲金篆》248页。

形声字。字古本象形,写作"舄"。小篆或作从佳、昔声。后又或习作从鸟。"鹊"字本义同"舄",指鹊鸟。《墨子·鲁问》:"公输子削竹木以为鹊,成而飞之,三日不下。"《诗·召南·鹊巢》:"维鹊有巢,维鸠居之。"古文献中,"鹊"也可用其假借义。或用作山名。《山海经·南山经》:"南山经之首曰鹊山。"或读若"犯",用作犬名。《礼记·少仪》:"守犬、田犬则授擯者,既受,乃问犬名。"郑玄注:"畜养者当呼之名,谓若韩卢宋鹊之属。"(齐航福)

焉 yān 影纽、元部;影纽、仙韵、於乾切。

1《金文编》266页。2《说文》82页。3、5《甲金篆》249页。4《睡甲》56页。6、7《银雀山》140页。8《隶辨》188页。

象形字。初文本像鸟形,首部或讹作从正,且与鸟身分离(金文从鸟、从正)。后世表鸟爪的笔画或讹作数点状(首部亦或有所讹变),遂为今焉字所本。汉简文字或作上"正"下"二",是其省体。"焉"字本义是指一种鸟,或谓黄凤鸟。《说文》:"焉鸟,黄色,出于江淮。"佚名《禽经》:"黄凤谓之焉。"在古文字材料和古文献中,"焉"字常用其假借义。或作句末语气词。中山王方壶:"贾曰:'为人臣而叛(返)臣其宗,不羊(祥)莫大焉。'"(贾说:"作为人臣却反倒使其君为臣,没有比这更为不祥的。")或用作代词,相当于"之"。《左传·僖公二十三年》:"子女玉帛,则君有之;羽毛齿革,则君地生焉。"或相当于"于此"。云梦睡虎地秦简《日书》1008:"若或死焉。"《楚辞·离骚》:"驰椒丘且焉止息。"还可用作连词,相当于"乃"、"则"、"就"。《墨子·兼爱上》:"必知乱之所自起,焉能治之;不知乱之所自起,则弗能治。"亦可用作形容词、副词词尾,相当于"然"、"样子"。《书·秦誓》:"其心休休焉,其如有容。"以上用法的"焉",均读作yān。古文献中"焉"字亦可读若"夷",音yí,是我国古代对少数民族的泛称。《周礼·秋官·行夫》:"焉使,则介之。"郑玄注引郑司农云:"夷使,使于四夷。"(齐航福)

毕 部

毕(毕) bì 帮纽、质部;帮纽、质韵、卑吉切。

1《合集》28394。2《合集》8336正。3《甲金篆》249页。4、5《金文编》266页。6《说文》83页。7、8《汉印徵》卷4,10页。

象形字。初文本像带有木柄的网状捕猎工具之形。周人习在字形上部追加田旁,下部表网状的错落笔画或均衡写成平直(周原卜甲♥形或省作丫),后世袭之。今字则简写作"毕"。"毕"字本义是指古代用以掩捕野禽的长柄网。《说文》:"毕,田网也。"《庄子·胠箧》:"夫弓弩毕弋机变之知多,则鸟乱于上矣。"由本义引申为用毕网猎取、擒获义。《合集》24445:"乙巳卜,出贞:逐六兕,毕(毕)?"(在乙巳这一天占卜,贞人出贞问:追逐六头兕,能够擒获吗?)《诗·小雅·鸳鸯》:"鸳鸯于飞,毕之罗之。"由毕取义又引申为结束、终止义。马王堆汉墓帛书《阴阳五行(乙篇)》28:"四旬而夏毕。"《孟子·滕文公上》:"公事毕而后敢治私事。"由结束义又引申为全部义,这种意义相当于"戬"。又如马王堆汉墓帛书《战国纵横家书》136:"地未毕入而兵复出矣。"在古文字材料和古文献中,"毕"也可用假借义。《合集》9802:"贞:毕(毕)受年。"(贞问:毕地会得到好年成吗?)这里"毕"假为地名。马王堆汉墓帛书《五星占》49:"营室角毕箕。"《诗·小雅·渐渐之石》:"月离于毕,俾滂沱矣。"这里"毕"用为星名,见"毕宿"。甲骨文♥、丫之形本毕、戬、禽诸字之初文,其追加又旁(周以后习从攴)擎乳为"戬"("戬"今亦作"毕",参见"戬"字条)。周金文或追加声旁 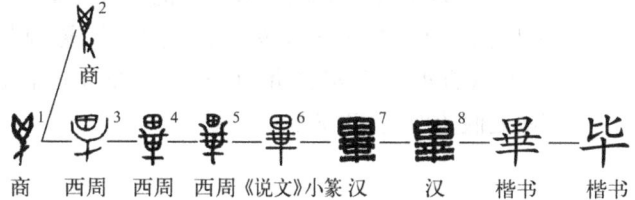 而别出禽(古同擒,参见"禽"字条)。(齐航福)

畢部　冓部　幺部

戰(毕) bì　帮纽、质部；帮纽、质韵、卑吉切。

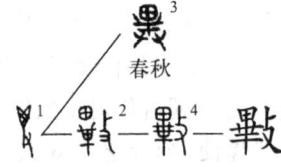

商　西周　《说文》小篆　楷书

1《合集》8336正。2《金文编》219页。3《金文编》267页。4《说文》69页。

象形字。字本作♈，像带有木柄的网状捕猎工具，或追加又旁作以手持♈状。周金文或习从攴、从畢，为后世所袭。春秋时字或作从𣥂、从畢(畢形省作畢)之形。"戰"字本义是戰尽、全部。《说文》："戰，戰尽也。"《玉篇·支部》："戰，尽也。"这个意义上的"戰"后写作"畢"，遂"畢"行而"戰"废。《合集》17387："贞：王梦戰(同'毕')不惟田(祸)？"此处假为地名(同"畢")。（齐航福）

糞(粪) fèn　帮纽、文部；帮纽、问韵、方问切。

商　战国《说文》小篆　秦　汉　楷书　楷书

商

1《合集》10956。2《合集》18181。3《古玺》88页。4《说文》83页。5《睡乙》134页。6《甲金篆》249页。

会意字。初文作从𠬞、从其(箕之本字)，表双手持箕有所弃除。甲骨文"糞"字亦或从帚。晚周以后𠬞形始讹变作从廾从奴，后讹作从異。其上之点则类化作从米，今则简化作"粪"。本义是指扫除、弃置。《说文》："糞，弃除也。"《左传·昭公三年》："小人粪除先人之敝庐。"云梦睡虎地秦墓《日书》89："取不可葆缮者乃粪之。"由扫除义引申为污秽、粪便义。《正字通·米部》："糞者，屎之别名。"云梦睡虎地秦墓《日书》817反："臧(藏)于粪蔡(柴)中。"由粪便义又引申为施肥、使肥沃义。《广雅·释诂四》："糞，饶也。"《礼记·月令》："可以粪田畴。""糞"字在甲骨文中可假为地名。《合集》33374反："辛巳卜，才(在)粪：今日王逐咒，擒？允擒七咒。"(辛巳这一天在粪地卜问：今天商王去追逐咒，会擒获吗？果真擒获七头咒）（齐航福）

棄(弃) qì　溪纽、质部；溪纽、至韵、诘利切。

商　战国　战国《说文》古文　汉　楷书

《说文》小篆　秦　汉　楷书

1《甲文编》189页。2《中山》27页。3《包山》58页。4、5《说文》83页。6《睡甲》57页。7、8《甲金篆》250页。

会意兼形声字。字本从𠬞、从子置于"其"("箕"之本字)上，"其"亦表声。周以后，"弃"字习从倒子形，所从之其或讹作𠦒形，或有所省略，今字作"弃"。在古文献及古文字材料中，"弃"字可表抛弃、离开义。《说文》："棄，捐也。"中山王鼎："虐(吾)先考成王，暴(早)弃群臣。"（我先父成王，早已离开了他的众臣子）古代"弃市"之刑罚，即处死刑而抛尸于野。《礼记·王制》："刑人于市，与众弃之。"由抛弃义引申为废除义。《国语·周语上》："及夏之衰也，弃稷不务。"还可引申为忘记。《尔雅·释诂》："忘也。"《左传·昭公十三年》："南蒯子仲之忧，其庸可弃乎？""弃"还可假为人名，指周的先祖后稷。（齐航福）

冓部

冓 gòu　见纽、侯部；见纽、侯韵、古侯切。

商　商　西周《说文》小篆　楷书

1、2《甲文编》190页。3《金文编》267页。4《说文》83页。

会意字。甲骨文本像两物上下对交状。到了金文时，原字形中的交错笔画逐渐写成平直，且进一步添加饰横。小篆时，则写成上下均衡的"冉"形。《说文》："冓，交积材也。"乃据讹变字形为说，非是。古文字材料中，"冓"字可指相遇、遭遇，这种意义相当于后世"遘"字。《合集》6196："贞：甫弗其冓(遘)舌方？"（贞问：甫族人不会与舌方相遇吧？）殷人祭祀时，把与受祭者神灵的沟通也称为"冓"，这种用法的"冓"金文中亦可写作从辵之"遘"。

《合集》32216:"癸亥卜:冓酌图(俎)伐于大乙？"(在癸亥日卜问:举行酌祭、俎祭、伐祭,会与大乙的神灵沟通吗？)由相遇义可引申为交互为婚姻义,这种意义相当于后世"媾"字。叔多父盘:"兄弟诸子婚冓(媾)无不喜。"甲骨文中也可假为地名。《合集》9774正:"癸丑卜,殻贞:冓受年？二月。贞:冓不其受年？"(癸丑这天占卜,贞人殻贞问到:冓地会有好年成吗？时在二月。贞问:冓地不会有好年成吗？)(齐航福)

再 zài 精纽、之部；精纽、代韵、作代切。

商 春秋 战国《说文》小篆 秦 汉 汉 楷书

1《甲文编》191页。2、3《金文编》267页。4《郭店》72页。5《说文》83页。6《睡甲》57页。7、8《马王堆》152页。

会意字。初文从冓形(冓字对半之省形),上部加一横笔。周代文字又或累加横笔或口形为饰。早期字形中的𠆢形后世渐写作平直,而为秦篆所本。古文献及古文字材料中,"再"字可用表两次、第二次。《说文》:"再,一举而二也。"㝈羌钟:"唯廿又再祀。"(二十又二年)陈喜壶:"陲(陈)喜再立事岁。"(陈喜第二次莅临政事这年)引申有重复、继续义。唐杜甫《自京赴奉先县咏怀五百字》:"荣枯咫尺异,惆怅难再述。"又可引申为另、另外义,用表另有补充。唐李白《溧阳濑水贞义女碑铭》:"皇唐叶有六圣,再造八极。"表示动作的先后关系,"再"还可引申为然后义。《红楼梦》第四十一回:"(把杯子)取来再商量。"(齐航福)

再 chēng 昌纽、蒸部；昌纽、蒸韵、处陵切。

商 西周 战国 战国《说文》小篆 汉 楷书

1、2《甲文编》191页。3《金文编》268页。4《金文编》267页。5《古文典》142页。6《包山》59页。7《说文》83页。8《银雀山》141页。

会意字。初文本从爪(或从又)持冉(冓字对半之省形),像以手挈物之形。后来字形上部均从爪,下部所从冉形小篆写作冉(战国文字下部将原来的形体分写成两部分作⺈状,或累增又旁以繁化)。本义是称举。清段玉裁《说文解字注》:"凡手举字当作再。"《合集》6087正:"乙卯卜,争贞:沚䤆再(称)册,王比伐土方,受㞢(有)又(祐)？"(乙卯这天占卜,贞人争贞问:沚䤆行册命礼,商王率军攻打土方,会受到祐助吗？)由称举义可引申为赞扬、述说义。㝈簋:"肄(肆)余曰(以)飤(庶)士献民,再(称)盩(庚)先王宗室。"(所以我和诸士献民在先王的宗庙中,称扬先王的美德)郭店楚墓竹简《鲁穆公问子思》5:"恒再(称)其君之亞(恶)者。"(经常说君主缺点的人)上述意义上的"再"后世用作"稱",今亦简作"称"。战国文字中"郢再",是指楚国货币名,"再"用其假借义。(齐航福)

幺 部

幺 yāo 影纽、宵部；影纽、萧韵、於尧切。

商 西周 春秋 战国《说文》小篆 楷书

1《合集》33276。2、3《金文编》268页。4《古文典》160页。5《说文》83页。

象形字。本像丝束之形,为后世文字所袭。《说文》以为像子初生之形,非是。"幺"字本义是指微小。《合集》20948:"囗不雨？乙幺雨小。"《甲骨续存补》45:"贞:叀(惠)之日幺雨？"(向神灵贞问:这一天有小雨吗？)方言中的幺叔、幺妹等,即指小的、排行最末的。《汉书·叙传上》:"又况幺䴊,尚不及数子,而欲暗奸天位者乎！"颜师古注:"幺、䴊,皆微小之称也。"由微小义引申,幺可表物体之色度。《合集》33276:"乙巳贞:秉禾于䄵三幺(幽)牛？"(乙巳这天向神灵贞问:用三头幽色牛向䄵请求好收成吗？)这一用法甲骨文中也可用"丝"、"幽"来表示(参见"丝"、"幽"字条)。周代铭文中的"幺"字多读若"玄",亦表物体之色度。邾公华钟:"邾公华择厥吉金,幺(玄)镠赤炉,用铸厥龢钟。"(邾公华择选黑色的美金和红色的炉这样的吉金,用来铸造声音和谐的钟)这一用法的"幺"后世多用作"玄"(参见玄字条)。"幺"字还可作数词"一"的俗称。清段玉裁《说文解字注》:"幺,俗谓一为幺。"(齐航福)

幺部　丝部　叀部

幼 yòu　影纽、幽部；影纽、幼韵、伊谬切。

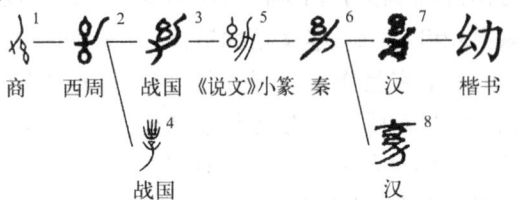

商　西周　战国　《说文》小篆　秦　汉　楷书
　　　　　　　　　　　　　战国　　　汉

1《甲文编》192页。2、4《金文编》269页。3《包山》59页。5《说文》83页。6《睡甲》57页。7《马王堆》152页。8《银雀山》141页。

会意兼形声字。从幺，从力，幺亦声。古文字"幼"或幺、力粘连在一起，或上下作(战国文字或上从幽，下从子，幽亦表声。汉代文字或从玄从力作)。今幺、力左右作。本义是指年少、初出生的。《说文》："幼，少也。"中山王鼎："潢(寡)人幼(幼)僮(童)未甬(通)智。"(我是年少的小孩，智慧未开)《史记·五帝本纪》："(黄帝)幼而徇齐，长而敦敏，成而聪明。"由年少义引申为小孩义。禹鼎："勿遗寿幼。"(不要遗漏老人和小孩)由小孩义又可引申为爱护义。《孟子·梁惠王上》："幼吾幼，以及人之幼。"赵岐注："幼，犹爱也。"在甲骨文中，"幼"字或假作祭名。《合集》35437："癸丑卜，贞：王宾幼自上甲至于多毓，衣，亡尤？"(齐航福)

麽(么) mó　明纽、歌部；明纽、戈韵、莫婆切。

麽—麽
《说文》新附　楷书

1《说文》83页。

会意兼形声字。初文从幺，从麻，幺、麻亦表声。近代字又或从么(么，乃幺形之讹作)。新中国成立后汉字简化时取"麽"之下部作"么"。本义是指细小。《说文》："麽，细也。"《列子·汤问》："江浦之间有么虫。"张湛注："么，细也。""么"也可假为语气助词，犹言"这么"、"那么"。宋黄庭坚《山谷词·南乡子》："万水千山还么去，悠哉，酒向黄花欲醉谁。"上述意义的"么"音 mó。"么"还可假作甚，音 mà。《中华新韵·麻韵》："么，干么。"犹今"干嘛"。"么"还可读为 ma，同"吗"(用在句末表疑问时，旧读 me)。唐贾岛《王侍御南原庄》："南斋宿雨后，仍许重来么？"(齐航福)

丝部

丝 yōu　影纽、幽部；影纽、尤韵、於求切。

商　商　商　西周　春秋　战国　《说文》小篆　楷书

1《合集》24156正。2《甲文编》192页。3《合集》36166。4、5《金文编》269页。6《郭店》72页。7《说文》84页。

象形字。初文从二幺，像两束丝相并之形，为后世文字所袭。本义指微小。《说文》："丝，微也。"北周卫元嵩《元包经·孟阴》："俶幺丝，卒飘飍(xiū)。"李江注："丝，微也。"由微小义引申为微妙、隐暗不明等义。《篇海类编·通用类·幺部》："丝，妙也。"《字汇·幺部》："丝，隐也。"甲骨文中"丝"可用表物体之色度。《屯南》2363："叀(惠)丝(幽)牛(丝牛合文)？"(用幽色的牛吗)这一用法甲骨文中又别出幽字(参见"幽"字条)。(齐航福)

幽 yōu　影纽、幽部；影纽、幽韵、於虯切。

商　商　西周　西周　战国　《说文》小篆　汉　楷书

1、2《甲文编》192页。3、4《金文编》270页。5《古文典》159页。6《说文》84页。7《汉印徵》卷4，10页。

"丝"之同源分化字。本作丝，像两束丝相并之形，可用表物体之色度(参见"丝"字条)。为了区别词义，卜辞又追加火旁孳乳出"幽"字。金文袭之。因古文字山形与火形易混，后世火旁讹作山形，《说文》遂以为"从山、中丝"，非是。《金文大字典》以为"幽"字本义指微火，并谓"今杭县人犹谓火微为幽"。甲骨文中"幽"或用于表物体之色度，这种颜色近于微火之色。《合集》14951正："虫黄牛，叀(惠)幽牛？"古文献中，"幽"字或指黑色，假为"黝"。清朱骏声《说文通训定声》："幽，叚借为黝。"《诗·小雅·隰桑》："隰桑有阿，其叶有幽。"毛传："幽，黑色也。"由上述意义，"幽"字可引申为昏暗、微弱义，还可引申为幽静、幽雅义。墙盘："青(静)幽高且(祖)才(在)散(微)灵处。"(内心幽静的高祖安好地居住在微国)唐杜甫《江村》："清江一曲抱村流，长夏江村事事幽。"由幽静义又可引申为隐蔽义。《说文》："幽，隐也。"《荀子·正论》："上幽险，则下渐诈矣。"由隐蔽义亦可引申为囚禁义。诅楚文"幽剌嫔戚"之幽即表囚禁。又如《吕氏春秋·骄恣》："于是厉公游于匠丽氏,栾书、中行偃劫而幽之。"（齐航福）

幾(几) jī 见纽、微部；见纽、微韵、居依切。
jǐ 见纽、微部；见纽、尾韵、居狶切。

1、2《金文编》270页。3《古文典》1183页。4《郭店》73页。5《说文》84页。6、7《马王堆》153页。

会意字。从戍，从丝，会兵事隐微莫测之意。西周金文从戍（或从大作）、从丝。后世文字承袭周金文，或易丝形为幺形。小篆之后，人形或讹作へ形，进而作广形。楷书人形左笔已固定地与戈连在一起，其右笔写作一点则相对独立。今天是用案几之"几"代替"幾"字。本义即指隐微、细微。《说文》："幾，微也。"郭店楚墓竹简《老子甲》25："其霝（脆）也，易畔（判）也。其几也，易後（散）也。"《易·系辞上》："夫易，圣人之所以极深而研几也。"由细微义引申为事情的苗头、细微的迹象等义。《易·系辞下》："君子见几而作，不俟终日。"这些意义上的"几"，先秦以后多通作"機（机）"。"几"字又可指危险。《尔雅·释诂下》："几，危也。"《书·顾命》："呜呼，疾大渐，惟几。""几"字也可指事务、机关、时期、机会诸义。睡虎地秦墓竹简《法律答问》135："□，关也。舌，几也。"此几为机关义。银雀山汉墓竹简297："所以当投几也。"此几读若"機（机）"，机会义。这些意义的"几"后亦作"机"。诅楚文："几灵德赐。"此几读若"禨"，指迷信鬼神的活动。上述意义上的"几"均读为 jī。"几"还可假作疑问词，用来询问数量多少，音 jǐ。《左传·僖公二十三年》："其人能靖者与，有几？"或读若"岂"。银雀山汉墓竹简593："君人者几以陵民？"（齐航福）

叀 部

叀 zhuān 章纽、元部；章纽、仙韵、职缘切。
huì 匣纽、质部；匣纽、霁韵、胡桂切。

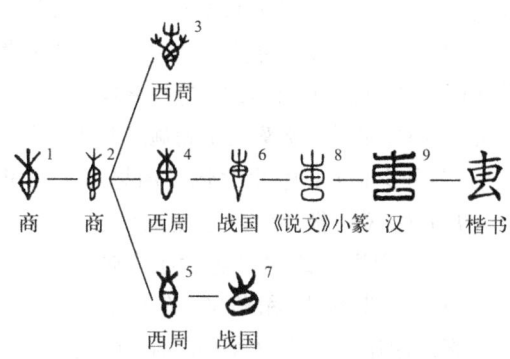

1《合集》23059。2《甲文编》193页。3-6《金文编》271页。7《郭店》73页。8《说文》84页。9《汉印徵》卷4，10页。

象形字。像纺锤之形。"叀"字初文上部丝绪形作↓，周金文或有所繁化，秦汉以后逐渐平直化而写作一横笔；中部对称性圆形隶变后写作方形；下部底座商周时期或有所省略，隶变后则写作厶形。清徐灏《说文解字注笺·叀部》："叀即古專字。"又《寸部》："專，一曰纺專。"甲骨文中的"叀"，假作语气助词，读如"惠"，相当于"惟"。《屯南》618："其登黍祖乙，叀（惠）翌日乙酉酢，王受又（祐）？"（登献祖乙黍子，要是在翌日乙酉这天进行酒祭，商王会受到福祐吗？）或用于传达一种主观愿望。《合集》6648正："王占曰：叀（惠）既。三日戊子允既戋戈方。"（商王视兆后判断说：可能已经战胜了。占卜前的第三天戊子日果然已经打败了戈方）金文中"叀"字也读如"惠"，或假为语气词，相当于"惟"。何尊："叀（惠）王龏（恭）德谷（裕）天。"（王之恭德裕容于天）或用作爱惠、和顺义。哀成叔鼎："君既安叀（惠），亦弗其述（坠）䩱（夒）。"（君既能安定和施惠百姓，也没有废坠法度）《诗·大雅·抑》："惠于朋友，庶民小子。"（齐航福）

惠 huì 匣纽、质部；匣纽、霁韵、胡桂切。

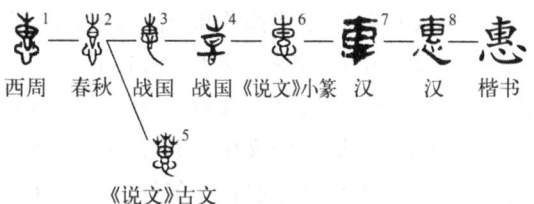

1、2、3《金文编》272页。4《郭店》73页。5、6《说文》84页。7《马王堆》153页。8《甲金篆》253页。

形声字。初文从叀（古文字中叀或用作惠，参见"叀"字条），后追加心旁而孳乳出惠字。本义是仁爱。《说文》："惠，仁也。"墻盘："□惠乙且（祖），逑（謀）匹氒辟，远猷匈(腹)心。"(仁爱的乙祖,辅助和配合君主,筹划远谋,同心同德)《书·皋陶谟》："安民则惠。"蔡沈注："惠,仁之爱也。"由仁爱义引申为恩惠。中山王壶："兹(慈)孝寰(宣)惠,燙(举)堅(贤)速(使)能。"(慈爱孝顺,遍施恩惠,举荐任用贤能之人)《书·蔡仲之命》："惟惠之怀。"由恩惠义又可引申为赐给、赠与义。《广雅·释言》："惠,赐也。"《孟子·滕文公上》："分人以财谓之惠。"惠赠于人则人必从之,故赠与义又可引申为顺从、和顺义。《尔雅·释言》："惠,顺也。"戡簋："用康惠朕皇文剌(烈)且(祖)考。"(用来使我的伟大而文德彰明的祖考安乐和顺)《诗·邶风·燕燕》："终温且惠,淑慎其身。"毛传："惠,顺也。"我国古代书信中,"惠"常用作敬词,如称人来信为惠函,称人光临叫惠临等。(齐航福)

疐(疐) zhì 知纽、脂部;知纽、至韵、陟利切。
dì 端纽、脂部;端纽、霁韵、都计切。

1、2《甲文编》194页。3、4《金文编》272页。5《说文》84页。6《睡甲》57页。

初文从甾从丫,下部又或追加止旁,表义不明。字形上部西周金文或有所繁化,小篆时则讹作疐。近代字作疐,下部从疋(止之变形)。或俗作"疐",下部从疋。汉字简化后作"疐"。"疐"字在古文献中可用作顿踬、倒仆义,同"踬",音zhì。《尔雅·释言》："疐,仆也。"又:"疐,跲(jiá)也。"《诗·豳风·狼跋》："狼跋其胡,载疐其尾。"汉桓宽《盐铁论·箴石》、《说文》"踬"字下引诗,疐皆作"踬"。也可指花、瓜、果和根相连的部分,用同"蒂",音dì。《礼记·曲礼上》："为大夫累之,士疐之。"孔颖达疏:"疐,为脱华处。"但在古文字材料中,不见"疐"表上述意义。甲骨文中"疐"字皆假作地名。《合集》37500:"乙未,王卜,贞:田疐,往来无灾?王占曰:吉。"(乙未这天商王占卜,向神灵贞问:到疐地畋猎,往来没有灾害吗?大王依据卜兆判断说:吉利)金文中"疐"字可用为砥柱、根本义。戡簋："眔(畯)才(在)立(位),乍(作)疐才(在)下。"(永久在王位,作人间的砥柱)由砥柱义引申为牢固义。秦公钟："眔(畯)疐才(在)立(位)。"(永久牢固在位)由牢固义亦可引申为永久、经常义。井人钟："疐处宗室。"(永久地处于宗室)睡虎地秦墓竹简《封诊式》53:"刺其鼻不疐。"此疐读若"嚏",指打喷嚏。这些意义的"疐"均读作dì。(齐航福)

玄 部

玄 xuán 匣纽、真部;匣纽、先韵、胡涓切。

1《金文编》272页。2、3《金文编》268页。4《郭店》73页。5《说文》84页。6《睡甲》57页。7《马王堆》153页。8《甲金篆》253页。

幺之借形变体分化字。本作幺,表物体之色度(参见"幺"字条)。晚周以后字形上部追加圆点状区别符号而别出,后世再线化为一横而为秦篆所本。"玄"字本义指赤黑色。《说文》:"玄,黑而有赤色者为玄。"《诗·小雅·何草不黄》:"何草不玄。"郑玄笺:"玄,赤黑色。"吉日壬午剑"玄镠",即指赤黑色的美金。因赤黑色不是单纯色,在色阶上具有一定的模糊性、隐晦性,所以"玄"可引申为幽远义。《说文》:"玄,幽远也。"《楚辞·九章·惜往日》:"临沅湘之玄渊兮,遂自忍而沈流。"也可引申为奥妙义。《玉篇·玄部》:"妙也。"郭店楚墓竹简《老子甲》8:"长古之善为士者,必非(微)溺(妙)玄达,深不可志(识)。"《老子》第一章:"玄之又玄,众妙之门。"又可引申为虚伪、不可靠义,如这话太玄了。(齐航福)

兹 xuán 匣纽、真部;匣纽、先韵、胡涓切。
zī 精纽、之部;精纽、之韵、子之切。
cí 从纽、之部;从纽、之韵、疾之切。

1《合集》776正。2《金文编》269页。3、8、9《甲金篆》253页。4《玺汇》159页。5《说文》84页。6《说文》22页。7《汉印徵》卷4,10页。

丝之借形变体分化字。字本作丝，晚周习于丝形上部追加两短横笔作𢆶(从二玄)，以区别于丝，此为小篆兹字所本；或再将𢆶形变异作𦱳(上部讹作从艸)，此为小篆兹字所本。后世均写作兹。《说文》："兹，黑也。从二玄。《春秋传》曰：'何故使吾水兹。'"案：许慎引《春秋传》语出自《左传·哀公八年》，文中"兹"今本作"滋"。晋杜预注云："浊也。"《说文》读兹如玄(xuán)，乃承自丝之古音，其义亦缘自丝字古表幽玄之色的用法(参见丝字条)，这里概指水色混浊。从丝字派生出来的"兹"也可沿袭丝字作为近指代词的用法，相当于"此"、"这"之义(参见丝字条)。秦石鼓文《车工》："𢍭𢍭角弓，弓兹(兹)㠯(以)寺(持)。"又《左传·哀公二十一年》："念兹在兹。"许慎以"草木多益，从艸，兹省声"训"兹"字，"兹"乃"兹"变异笔画所致，二形皆为兹之异文。《尔雅·释诂》："兹，此也。"马王堆汉墓帛书《老子甲本·德经》："民多利器，而邦家兹昏。"其兹字盖读如滋，表示程度，有更加之义。上述用法的"兹"皆读为zī。又汉代西域国名"龟兹"读为qiū cí。 (齐航福)

予部

予 yǔ 喻纽、鱼部；以纽、语韵、余吕切。
yú 喻纽、鱼部；以纽、鱼韵、以诸切。

1《古文典》569页"舒"字偏旁。2《古玺》89页。3《古文典》567页。4《说文》84页。5《云梦龙岗秦简》220。6《马王堆》154页。7《甲金篆》254页。

吕之借形变体分化字。本作"吕(战国文字野、豫、舒诸字所从)"，或把"吕"字上下两部分(多写作三角状)粘连在一起，秦系文字又于字形下部加短竖笔画(六国文字则于字形上部追加八状区别符号)而别出。汉字隶变以后，字形进一步抽象化，两三角状符号开始破裂，字形上部遂作㇀，中部写作横弯钩，下部则由原来的竖笔写作弧笔。今天弧笔已写成了竖钩。古文献中的"予"可表给义。《尔雅·释诂上》："予，赐也。"《诗·小雅·采菽》："君子来朝，何赐予之？"也可表赞许义。《荀子·大略》："言音者予师旷。"又可假作介词，相当于"与"。《史记·游侠列传》："诚使乡曲之侠，予季次、原宪比权量力，效功于当世，不同日而论矣。"秦简中亦有这样的用法。《云梦龙岗秦简》220："勿予其言殹(也)。"这些意义的"予"读为yǔ。"予"还可假作第一人称代词"我"，读若"余"。《尔雅·释诂下》："予，我也。"《书·盘庚上》："予告汝于难。"此外，"予"亦可读若"杼"，古帝王名。《集韵·语韵》："予，夏帝名，通作'杼'。"《史记·夏本纪》："帝相崩，子帝少康立。帝少康崩，子帝予立。" (齐航福)

舒 shū 书纽、鱼部；书纽、鱼韵、伤鱼切。

1《包山》59页。2《说文》84页。3《马王堆》154页。4《甲金篆》254页。

形声字。初文上从余，下从吕，余、吕兼亦表声。小篆以后字形改为左右结构，并分别在余、吕下部加口旁和一竖笔写作舍、予。"舒"字可用指伸展。《说文》："舒，伸也。"《素问·气交变大论》："其化生荣，其政舒启。"王冰注："舒，展也。"由伸展义可引申为展现、放出、散开、开启诸义。"舒"还可用作迟缓义。《尔雅·释言》："舒，缓也。"《诗·陈风·月出》："舒窈纠兮，劳心悄兮。"毛传："舒，迟也。"由迟缓义又可引申为缓解、调畅、安详诸义。十一年䶂苔戈："工帀(师)舒意。"假作姓氏。舒氏，子爵，先为徐所灭，《春秋·僖公三年》："徐人取舒。"其后复立国，又于襄公二十一年被楚所灭。 (齐航福)

幻 huàn 匣纽、元部；匣纽、裥韵、胡辨切。

1《金文编》273页。2《古文典》986页。3《古玺》89页。4《说文》84页。

会意字。本从幺字上端向下引出一长弧笔，战国文字弧笔或与幺字脱离，幺字又或同化作糸。小篆讹作吕上一弧笔，《说文》遂以为从反予，非是。早期幻字所从弧笔位置不定，后来则统一为左幺右㇁。"幻"字可用作虚幻义。《篇海类编·通用类·幺部》："幻，虚幻。"《列子·周穆王》："有生之气，有形之状，尽幻也。"也可表奇异的变化。《广韵·裥韵》："幻，幻化。"汉张衡《西京赋》："奇幻倏忽，易貌分形。"还可用表诈惑、惑乱义。

《说文》:"幻,相诈惑也。"《书·无逸》:"民无或胥诪(zhōu)张为幻。"金文中"幻"字可假为姓氏,如孟㝬父毁"孟㝬父作幻伯妊媵(縢)殷八。"楚简文字或读若"弦",如曾侯乙墓竹简33:"一𨍶弓幻䪐。"(齐航福)

放 部

放 fàng 帮纽、阳部;非纽、漾韵、甫妄切。
fǎng 帮纽、阳部;非纽、养韵、分两切。
fāng 帮纽、阳部;非纽、阳韵、分房切。

𢼊¹—𢼈²—𢽤³—𣀈⁴—𣀋⁵—放⁶—放
西周　战国《说文》小篆　汉　　汉　　汉　楷书

1、2《金文编》273页。3《说文》84页。4《马王堆》154页。5《甲金篆》254页。6《隶辨》438页。

形声字。从攴,方声(西周金文所从之方上部或羡加饰横)。所从之攴隶变后省作夂。"放"字可指驱逐、抛弃。《说文》:"放,逐也。"《周礼·夏官·大司马》:"放弑其君,则残之。"郑玄注:"放,逐也。"由驱逐义可引申为释放、放任、开放、发放、放置诸义,这些意义上的"放"读为fàng。"放"又可指仿效、效法,读若"仿"。《广雅·释诂三》:"放,效也。"中山王方壶:"用佳(惟)朕所放。"(因而是我效法的榜样)《书·尧典》:"曰若稽古帝尧,曰放勋。"孔颖达疏:"能放效上世之功。"由仿效引申为依据。《论语·里仁》:"放于利而行,多怨。"这些意义上的"放"读为fǎng。"放"字还可读若"方",相当于"并"。多友鼎:"用嚴(玁)㺇(狁)放㒲(興),寏(廣)伐京自(师)"。(齐航福)

敖 áo 疑纽、宵部;疑纽、豪韵、五劳切。
ào 疑纽、宵部;疑纽、号韵、鱼到切。

𡉚¹—𡉛²—𡉜³—𣀊⁴—𣀉⁵—𣀋⁶—敖⁷—敖⁸
商　商　商　西周　西周　西周　秦《说文》小篆

𣀊⁹—𣀋¹⁰—敖
汉　　汉　　楷书

1《合集》188正。2《合集》33149。3《合集》277。4《集成》4294。5、6《金文编》273页。7《睡甲》58页。8《说文》84页。9、10《甲金篆》254页。

初文从人形上部着↓状,后于人首处羡加饰点或饰横。金文累加攴旁,又或于人首处叠加↓状饰画。秦简文字袭之。小篆人首上部讹作从出,人形则讹作从方,《说文》遂以为从出从放,非是。敖之本义似为某一族人的专名,晚商和西周之敖习用表国族名或族氏徽号。《合集》118正:"贞:敖不其获羌?"(贞问:敖族人不会俘获羌人吗?)这种意义的用法后世或再追加阜旁作隞。《史记·殷本纪》:"帝仲丁迁于隞。"裴骃集解:"皇甫谧曰:'或云河南敖仓是也。'"西周晚期金文乖伯簋之"敖"字用表春秋时期楚国未为王的君长之号。其辞云:"王命益公征眉敖。"古文献中"敖"字多用表游玩之义。《说文》:"敖,出游也。"《诗·邶风·柏舟》:"微我无酒,以敖以游。"这个意义后又写作"遨"。上述意义的"敖"均读为áo。此外,"敖"亦可读若"傲",指傲慢。睡虎地秦墓竹简《为吏之道》19:"见民昊敖。"又《尔雅·释言》:"敖,傲也。"《礼记·曲礼上》:"敖不可长,欲不可从(纵)。"(齐航福)

敫 jiǎo 喻纽、药部;以纽、药韵、以灼切。

𣀋¹—𣀌²—𣀍³—敫
秦　《说文》小篆　汉　楷书

1《睡甲》58页。2《说文》84页。3《甲金篆》254页。

会意字。从白,从放。"敫"可用表光芒闪耀。《说文》:"敫,光景流也。"段玉裁注:"谓光景流行,煜耀昭著。"还可引申为显明义。章炳麟《新方言·序》:"敫然如析符之复合。"秦简文字"敫"也可表要求义,读若"徼"。睡虎地秦墓竹简《日书甲种》87:"可以敫人攻雠(chóu)。"(齐航福)

爰 部

爰 piǎo 並纽、宵部;並纽、小韵、平表切。

𠬪¹—爰
《说文》小篆　楷书

1《说文》84页。

会意字。甲骨文与金文爱、受、争诸字上下或从爫、从又作,表两手有所作为。隶变后作爰。"爰"字可表付给、给予义。《说文》:"爰,上下相付也。"段玉裁

注:"付,与也。"段氏还以为:"以覆手与之,以手受之,象上下相付。凡物陊(堕)落皆如是观。"所以由付给义可引申为物落义。《说文》:"受,物落……读若《诗》'摽有梅'。"段玉裁注:"见《周(召)南。毛曰:'摽,落也。'""受"还可假为饿死的人,这种意义后作"殍"、"莩"。《玉篇·受部》:"受,今作莩。"《广韵·小韵》:"莩,殍同。"《孟子·梁惠王上》:"狗彘食人食而不知检,涂有饿莩而不知发。"(齐航福)

爰 yuán 匣纽、元部;云纽、元韵、雨元切。

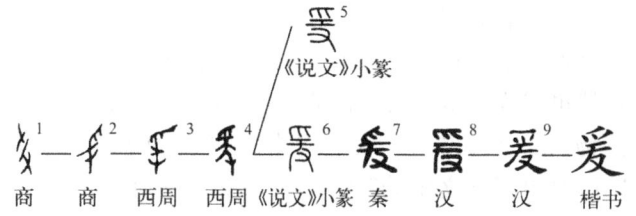

1、2《甲文编》195页。3、4《金文编》273页。5、6《说文》84页。7《睡甲》58页。8《汉印徵》卷4,11页。9《隶辨》145页。

会意字。初文像上下两手中间持丨状,表援引义。周以后所持丨形音化作于(或讹作工)。隶变后则写作"爰",亦别出"旨"字(参旨字条)。"爰"字本义是指援引。《说文》:"爰,引也。"《合集》34133:"丁酉卜:王族爰多子族立(位)于舌?"(丁酉这天卜问,在舌这个祭祀场所王族援引多子族吗?)由援引义可引申为援助义。《史记·六国年表》:"(秦历共公六年)绵诸乞援。"裴骃集解:"《音义》曰:'援,一作爰。'"上述两种意义上的"爰"后世累加手旁别出"援"字(参见"援"字条)。"爰"还可用表变易、更换义。《小尔雅·广诂》:"爰,易也。"《合集》13555:"戊戌卜,宁贞:其爰东室?贞:弗其爰东室?"(在戊戌这一天占卜,由贞人宁向神灵贞问:要更换东室吗?还是不要更换东室呢?)《书·盘庚上》:"既爰宅于兹。"清俞樾《群经平议·尚书二》:"爰之言易也。""爰"亦可用为假借义。或假为语气词,起补充音节作用。商鞅方升:"爰积十分尊(寸)五分尊(寸)壹为升。"(以十六又五分之一的容积定为一升)《诗·邶风·凯风》:"爰有寒泉,在浚之下。"或假为连词。虢季子白盘:"王各(格)周庙宣廎(榭),爰卿(飨)。"(王来到成周太庙的宣榭,于是宴请虢季子)《书·无逸》:"作其即位,爰知小人之依,能保惠于庶民。"这种用法的"爰"相当于"于是",表承接关系。或假为古代货币单位,读若"锾"。《书·吕刑》:"其罚千爰。"这种用法后世别出"锾"字(参见"锾"字条)。(齐航福)

𤔔 luán 来纽、元部;来纽、换韵、郎段切。

1《合集》4532反"孿"字偏旁。2、3《金文编》273页。4《古文典》1036页。5《古文典》1036页"乱"字偏旁。6《说文》84页。7《隶辨》576页。8、9《隶辨》576页"亂"字偏旁。

会意字。初文从受,从幺,像上下两手执束丝形。金文以后习于幺形中部羡加一形饰画(或又于𤔔字两旁添加口旁)。隶变以后,一形饰画两边或向下拉长作门形,下部手形或写为寸。"𤔔"字本义包含治理和紊乱两个方面。《说文》:"𤔔,治也……读若乱同。一曰理也。"金文中"𤔔"可引申为背叛、违乱义,读若"乱"。召伯簋:"余既讯厎(告)我考我母令(命),余勿敢𤔔。"(我既已讯告而明我父母之命,我不敢违乱)上述意义的𤔔后世别出"乱"字(参见"亂"字条)。金文中"𤔔"也可假为柔软的皮革,读若"靼(dá)"。番生簋:"朱𤔔𢎨鞃。"(朱色的柔软皮革蒙包的车轼)(齐航福)

受 shòu 禅纽、幽部;禅纽、有韵、殖酉切。

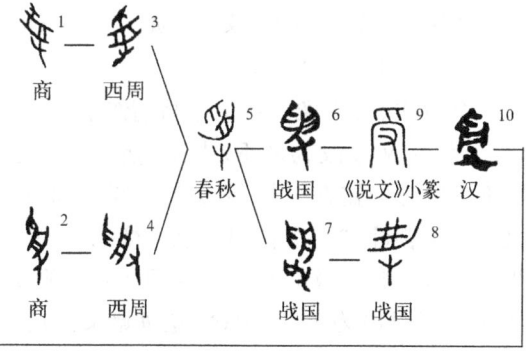

1、2《甲文编》196页。3、4《金文编》274页。5、7《金文编》275页。6《包山》59页。8《古文典》186页。9《说文》84页。10《马王堆》154页。11、12《隶辨》458页。

会意兼形声字。初文从受,从舟,舟亦兼声。本像明双手授受舟形。本义即包括两方面。一可表授予义,读若

343

"授"。《说文》:"受,相付也。"《合集》6273:"伐舌方,帝受我又(祐)?"(攻打舌方,上帝会授予我国福祐吗?)免簋:"王受乍册尹者(书),卑(俾)册令免。"(王授命作册尹书命辞于简册,使册命于免)《韩非子·外储说左上》:"因能而受官。"这种意义上的受后世累加手旁作"授"("受"、"授"古本一字,参见"授"字条)。二可表接受义。《广雅·释诂三》:"受,得也。"《合集》6233:"王伐舌方,我受又(祐)?"(商王率兵攻打舌方,我国会受到祐助吗?)沈子它簋:"休同公克成妥(绥)吾考目于顙顙(晏晏)受令(命)。"(休美于同公,能使吾考安然地接受王命)《诗·大雅·下武》:"於万斯年,受天之祐。"由接受义可引申为遭受义。《诗·邶风·柏舟》:"覯(遘)闵既多,受侮不少。"此外,文献中"受"由接受还可引申为收取、容纳、买入、继承、应和、禀受诸义。《古玺汇编》"君受"则假为人名。汉简文字受或读若"纣"。《银雀山汉墓竹简》725:"受为天道。""受"字初文从二手,战国文字或省作一手,或于手旁追加口旁;初文所从舟,篆隶后则讹作一形,《说文》以为从舟省。(齐航福)

爭(争) zhēng 精纽、耕部;庄纽、耕韵、侧茎切。
zhèng 精纽、耕部;庄纽、诤韵、侧迸切。

1《合集》1853白。2、3《金文编》350页"静"字偏旁。4《说文》84页。5《马王堆》155页。6《隶辨》255页。

会意字。初本像二手上下持凵作争夺状。周金文以后,上部从又多改为从爪;中间凵形写作一竖弯笔,而与下部手形交错在一起。本义是争夺。《说文》:"争,引之。"段玉裁注:"引之使归于己。"徐灝注笺:"争之本义为两手争一物。"《韩非子·说林下》:"争肥饶之地。"由争夺义可引申为争斗、辩论、竞争诸义。方言中"争"可表借人的钱物还没有偿还,相当于"欠"。这些意义上的"争"读为zhēng。《玉篇·爻部》:"争,谏也。"《荀子·子道》:"父有争子,不行无礼。士有争友,不为不义。"这种意义后写作"诤(zhèng)",规劝之义。甲骨文中的"争"字常见,但一般用为宾组贞人名,使用其假借义。(齐航福)

寽 lǚ 来纽、月部;来纽、术韵、吕邮切。
lüè

1、2、3《金文编》275~276页。 4、5《古文典》934页。6《说文》84页。

会意字。本从上下两手中间持●,后来点状符号渐线化为一横笔。侯马盟书文字下部又旁或羨加一短笔,小篆讹作一横,《说文》遂以为"从爻,一声",非是。"寽"字可表五指握着条形物体向一端滑动。《说文》:"寽,五指持也。"段玉裁注改"持"为"寽",并谓:"凡今俗用五指持物引取之曰寽。""寽"也可表摩擦义。《玉篇·爻部》:"寽,摩也。"金文中的"寽"则可表夺取义,读若"捋"。戒簋:"寽戎孚(俘)人百又十又四人"(夺回被淮戎所俘虏的一百一十四人)上述意义的"寽"均读为lǚ,后世用作"捋"字("捋"乃"寽"累加手旁而孳乳出的同源分化字,参见"捋"字条)。禽簋:"王易(赐)金百寽。"(周王赐百锊铜)这种意义上的"寽"读为lüè,古代重量单位,后世习用作"锊"("锊"乃"寽"追加金旁而孳乳出的同源分化字,参见"锊"字条)。(齐航福)

敢 gǎn 见纽、谈部;见纽、敢韵、古览切。

1-4《金文编》276~279页。5、6《包山》60页。7《说文》84页。8《马王堆》155页。9《隶辨》469页。

会意字。本从口(或音化为从甘),从二手上下相叠状。金文口形上部习加ʃ状笔画,与上一手相连。战国楚简文字或音化为从古(又旁或繁作攴),为小篆所本。"敢"可表有胆量、勇于进取。《说文》:"敢,进取也。"《玉篇·支部》:"敢,敢果也。"邵钟:"余不敢为乔(骄)。"(我不敢骄傲)《书·汤誓》:"予畏上帝,不敢不正。""敢"也可用作谦词,有冒昧之义。颂鼎:"颂敢对扬天子不(丕)显鲁休。"(颂冒昧地答谢称扬天子辉煌而嘉美的赏赐)《论语·先进》:"敢问死?曰:'未知生,焉知死?'"由冒昧义可引申为侵犯、冒犯义。《广雅·释诂四》:"敢,犯也。"《国语·吴语》:"寡人帅不腆吴国之役,遵汶之上,不敢左右,唯好之故。""敢"还可用作反语,相当于"不敢"、"岂敢"。《左传·庄公二十二年》:"敢辱高位。"杜预注:"敢,不敢也。"此外,文献中"敢"亦可用表莫非、或许义。宋苏轼《虔守霍大规和复次前韵》:"敢因逃酒去,端为和诗留。"(齐航福)

奴 部

奴 cán 从纽、元部;从纽、寒韵、昨干切。

1 《合集》29695"餐"字偏旁。2 《金文编》279页"餐"字偏旁。3 《说文》84页。

会意字。会手执残骨之意。《说文》:"奴,从又,从歹。读若残。"徐锴系传:"又所以穿也。""奴"可表残穿、穿凿义。《说文》:"奴,残穿也。"徐灏注笺:"奴,凡有所穿凿亦曰奴。"由残穿义可引申为残败义。清徐灏《说文解字注笺》:"奴,引申之,则凡物之残败皆曰奴。"(齐航福)

叡(壑) hè 晓纽、铎部;晓纽、铎韵、呵各切。

《说文》小篆 汉 楷书 楷书

1 《说文》84页。2 《马王堆》155页。

会意字。《说文》:"叡,沟也。从奴,从谷。"段玉裁注:"凡穿地为水渎,皆称沟称叡。"马王堆汉墓帛书《战国纵横家书》192:"愿及未寘(填)叡(壑)谷而讬(托)之。""叡"为"壑"之初文,今字一般都写作"壑"。(齐航福)

壑 hè 晓纽、铎部;晓纽、铎韵、呵各切。

1 《说文》84页。2 《马王堆》155页。

会意字。《说文》:"叡,或从土。""壑"可指山谷。《广韵·铎韵》:"壑,谷也。"《国语·晋语八》:"是虎目而豕喙,鸢肩而牛腹,溪壑可盈,是不可餍也,必以贿死。""壑"也可用指水沟(参见"叡"字条)。又《礼记·郊特牲》:"土反其宅,水归其壑。"此外,文献中的"壑"还有城池、坑地等义。《诗·大雅·韩奕》:"实墉实壑,实亩实籍。"陆德明释文:"壑,城池也。"《孟子·滕文公上》:"盖上世尝有不葬其亲者,其亲死,则举而委之于壑。"赵岐注:"壑,路旁坑壑也。"马王堆汉墓帛书《五行篇》197:"壑壑在上。"这里"壑壑"则读如"赫赫",用其假借义。(齐航福)

叡(睿) ruì 喻纽、月部;以纽、祭韵、以芮切。

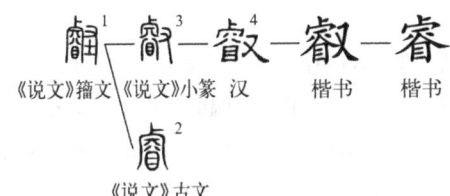

1、2、3 《说文》85页。4 《甲金篆》257页。

会意字。从目,从叡省,以会目光深邃洞察之义。本义是深明、通达。《说文》:"叡,深明也;通也。"《易·系辞上》:"神以知来,知以藏往,其孰能与此哉?古之聪明叡知神武而不杀者夫。"战国文字"叡"字或省作"睿"。新中国成立后经过整理汉字,"叡"一般都写作"睿"(参见"睿"字条)。(齐航福)

睿 ruì 喻纽、月部;以纽、祭韵、以芮切。

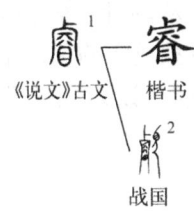

1 《说文》85页。2 《金文编》279页。

会意字。本写作"叡",从目,从叡省,会目光深邃之义,为"叡"之省文。中山王鼎或从见作"叡"。"睿"字本义是深明、通达。《玉篇·目部》:"睿,智也,明也,圣也。"中山王鼎:"郾(燕)君子噲,叡弇(yǎn)夫悟(悟)。"(燕君哙深明博识)《礼记·中庸》:"能为聪明睿知。"古时"睿"常用为臣下对帝王的颂词。《隋书·音乐志下》:"皇矣上帝,受命自天。睿图作极,文教遐宣。"睿图,皇帝的图谋、规划。唐白居易《德宗皇帝挽歌》:"睿文诗播乐,遗训史标言。"睿文,皇帝的文德。(齐航福)

歺部

歺(歹) è　疑纽、月部；疑纽、曷韵、五割切。

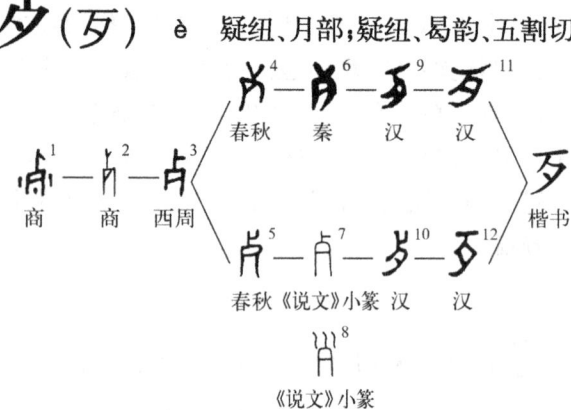

1《合集》6589正。2《甲文编》198页。3、5《金文编》280页"死"字偏旁。4《侯马盟书》305页"死"字偏旁。6《睡甲》59页"死"字偏旁。7《说文》85页。8《说文》239页。9《马王堆》155页"殆"字偏旁。10《隶辨》687页"殁"字偏旁。11《甲金篆》258页"殄"字偏旁。12《甲金篆》257页"殡"字偏旁。

象形字。本像列骨之残。从战国晚期到西汉，受俗体书写的影响，字形下部逐渐向左倾斜，而上部两画又连为一横，于是写作"歹(音è)"。晚周因字形讹变又别出"歺"字。"歺"字在甲骨文中已经出现，但用的都是假借义。如假"歺"为"烈"，《合集》6589正"其亦歺雨"，即"其亦烈雨"，意思是"又要下暴雨吗？"除少数单独成字之例外，"歺"在甲骨文中多是作为偏旁出现，如皆、烈、冽、叔、死诸字所从。后世"歺"以及隶变后的"歹"主要也是用作偏旁，单独成字的用法很少见。《古钱大辞典·刀布类》84"平歺"，读为"平利"，地名。（齐航福）

矮　wěi　影纽、微部；影纽、支韵、於为切。

1《说文》85页。

形声字。《说文》："病也。从歺，委声。"段玉裁注："矮、萎古今字。"清王念孙《广雅疏证》亦云："矮字亦作萎，草木枯死谓之萎。"如段、王所说，"矮"与"萎"是古今字的关系，"矮"字本义应该是草木得病而枯死。汉桓宽《盐铁论·未通》："树木数徙则矮，""矮"字用的正是枯萎之义。（齐航福）

殄　tiǎn　定纽、文部；定纽、铣韵、徒典切。

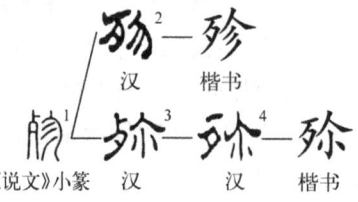

1《说文》85页。2、4《甲金篆》258页。3《隶辨》405页。

形声字。从歺，㐱声。本义为尽，为绝。《说文》："殄，尽也。"《诗·大雅·桑柔》："不殄心忧。"郑玄笺："殄，绝也，民心之忧无绝已。"由尽绝之义又引申为病。《诗·大雅·瞻卬》："邦国殄瘁。"清王引之《经义述闻》云："家大人曰：殄、瘁皆病也。殄瘁之同为病，犹劳瘁之同为病。"西汉时"殄"字出现了异体"殄"，这种写法是把"殄"字右旁下面三画由纵向排列改为横向排列而造成的。"殄"字楷书又写作"殄"，《敦煌变文集·长兴四年中兴殿应圣节讲经文》："感百灵之消殄灾祥。"（齐航福）

殚　zú　精纽、物部；精纽、术韵、子聿切。

1《说文》85页。2《马王堆》156页。

形声字。本义指大夫死。《说文》："大夫死曰殚。从歺，卒声。"引申为凡死之称。《玉篇·歹部》："殚，死也。"又引申为终竟之词。《广韵·术韵》："殚，终也。"《广雅·释诂三》："殁殚，竟也。"王念孙疏证："殁殚为究竟之竟，经传通作终卒。"（齐航福）

殊　shū　禅纽、侯部；禅纽、虞韵、市朱切。

1《说文》85页。2《马王堆》156页。3、4《甲金篆》257页。

形声字。从歺，朱声。声旁"朱"隶变后与"未"字不殊，所以在上横左端加一小撇以相区别，遂写作"朱"。"殊"字本义当是断绝。《广雅·释诂一》："殊，断也。"又，

《释诂四》:"殊,绝也。"王念孙疏证两处皆引《左传·昭公二十三年》:"断其后之木而弗殊",杨伯峻《春秋左传注》云:"此谓砍伐树木而不使断绝。"人身首断绝则死,故"殊"字又有死义。《说文》:"殊,死也。"《汉书·淮南王安传》:"太子自刑,不殊。"颜师古注引晋灼曰:"不殊,不死也。""殊"字由断绝之义又引申出差异、区别。《易·系辞下》:"天下同归而殊途。"《史记·太史公自序》:"法家不别亲疏,不疏贵贱,一断于法。"由差异、区别之义又引申出特殊。汉王充《论衡·知实》:"人之殊者谓之圣。"由特殊之义又引申出大、甚等程度副词之义。《文选·张衡〈西京赋〉》:"超殊榛。"李善注引薛综曰:"殊,犹大也。"又《诗·魏风·汾沮洳》:"美无度,殊异乎公路。"殊异就是甚异。(齐航福)

殇(殤) shāng 书纽、阳部;书纽、阳韵、式羊切。

娚¹—觴²—觴³—殤⁴—殇—殇
战国　《说文》小篆　秦　汉　楷书　楷书

1《楚系简帛》336页。2《说文》85页。3《睡甲》59页。4《甲金篆》257页。

形声字。本从歹,易声。后来的"殤"字形源出《说文》,应该分析为从歹,傷省声。《说文》认为"殤"字从"傷省声",其实"傷"字也是从"鬺省声"的,《说文》的说法不可信。现代汉字则简化作"殇"。本义是指人未至二十岁而死。《说文》:"殤,不成人也。人年十九至十六死为长殤,十五至十二死为中殇,十一至八岁死为下殇。"(齐航福)

殂 cú 从纽、鱼部;从纽、模韵、昨胡切。

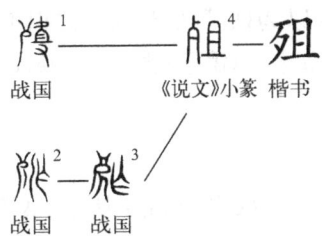

1、2《金石典》992页。3、4《说文》85页。

形声字。战国文字"殂"作"䘏"或"䏿",从歹,虘声或作声。秦代文字从歹,且声。虘、作、且古音相近。"殂"本义为死亡。《说文》:"殂,往死也。《虞书》曰:'勋乃殂。'"段玉裁注:"殂之言逝也。逝,往也,故言往死。"《玉篇·歹部》:"殂,死也。今作徂。"古人有时避讳说"死",把尊贵人物的死亡称为"殂"。殂实借为迺或徂(迺、徂同字),义为往、去。把死叫作"殂",就如同后人说"去世"。现在中国某些地方仍把老人去世叫作"过去了",这和古人说"殂"是一个意思。(齐航福)

殛 jí 见纽、职部;见纽、职韵、纪力切。

殛¹—殛
《说文》小篆　楷书

1《说文》85页。

形声字。从歹,亟声。本义为诛杀。《书·汤誓》:"有夏多罪,天命殛之。""殛"字本谓人有罪而诛杀之,故又有惩罚之义。《书·康诰》:"爽惟天其罚殛我。"杨筠如《尚书核诂》云:"罚殛连文,殛亦犹罚也。"(齐航福)

殪 yì 影纽、质部;影纽、霁韵、於计切。

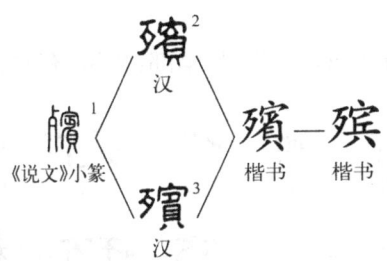

1、2《说文》85页。

形声字。从歹,壹声。战国"殪"字形旁"歹"包裹在声旁"壹"的腹中,秦代小篆的"殪"字则是形旁、声旁左右并列。本义为死。《左传·隐公九年》:"前后击之,尽殪。"杜预注:"殪,死也。"杨伯峻注云:"尽殪犹今言全部歼灭。"引申为仆、跌倒之义。《墨子·明鬼下》:"追周宣王,射之车上,中心折脊,殪车中。"孙诒让间诂引《后汉书·光武纪》李贤注云:"殪,仆也。"(齐航福)

殡(殯) bìn 帮纽、真部;帮纽、震韵、必刃切。

殯¹—殯²/殯³—殡
《说文》小篆　汉　汉　楷书　楷书

1《说文》85页。2、3《甲金篆》257页。

会意兼形声字。人死后停棺待葬谓之"殯",今简体作"殡"。周人停棺于西阶,西阶属宾位,故其字从歹、从宾会意,宾亦声。清段玉裁《说文解字注》云:"尸在棺,故从歹。西阶宾之,故从宾。"《左传·僖公三十二年》:"冬,晋文公

卒。庚辰,将殡于曲沃。"(齐航福)

殣 jìn 群纽、文部;群纽、震韵、渠遴切。

蓳 — 殣 — 殣 — 殣
《说文》小篆 汉   汉   楷书

1《说文》85页。2、3《甲金篆》257页。

形声字。从歹,堇声。路边饿死之人被掩埋在路边谓之殣,故"殣"一字而有三重含义,而且三重含义相互关联。一,饿死为殣。《左传·昭公三年》:"道殣相望。"杜预注:"饿死为殣。"《大戴礼记·千乘》:"道无殣者。"殣者就是饿死之人。二,路冢谓之殣。《玉篇·歹部》:"殣,路冢也。"《国语·楚语下》:"四境盈垒,道殣相望。"韦昭注云:"道冢曰殣。"三,埋葬谓之殣。《广韵·震韵》:"殣,埋也。"《荀子·礼论》:"不得饰棺,不得昼行,以昏殣。""以昏殣"是说在黄昏以后掩埋。(齐航福)

殠 chòu 昌纽、幽部;昌纽、宥韵、尺救切。

殠 — 殠
《说文》小篆 楷书

1《说文》85页。

形声字。从歹,臭声。本义为腐臭的气味。"殠"是表香臭之"臭(chòu)"的专用字,而"臭(xiù)"字本义是气味,包括香味和臭味;后世以"臭"字专表香臭之"臭","殠"字就逐渐废弃不用了。《说文》:"殠,腐气也。"段玉裁注引《广韵》曰:"腐臭也。"又云:"臭者,气也,兼芳殠言之,今字专用臭而殠废矣。"明方以智《物理小识·人身类·留尸法》:"李预服玉,其尸暑中不殠。"(齐航福)

朽(朽) xiǔ 晓纽、幽部;晓纽、有韵、许久切。

朽¹ — 朽³ — 歺丂⁴ — 歺丂⁶ — 朽
《说文》小篆 秦 汉   汉   楷书

朽²——朽⁵—朽⁷—朽
《说文》或体   汉   汉   楷书

1、2《说文》85页。3《睡甲》59页。4-7《甲金篆》258页。

形声字。从歹,丂声。异体作"朽",从木,丂声,为简化字所本。"朽"本义为腐朽。《说文》:"朽,腐也。朽,或从木。"《墨子·尚同上》:"腐朽余财,不以相分。"意谓多余的财物宁可让其腐烂,也不与其他人共享。(严玉)

殆 dài 定纽、之部;定纽、海韵、徒亥切。

殆¹ — 殆² — 殆³ — 殆⁴ — 殆
《说文》小篆 汉   汉   汉   楷书

1《说文》85页。2、4《甲金篆》258页。3《马王堆》155页。

形声字。"殆"本义为危险、危亡。《说文》:"殆,危也。从歹,台声。"《诗·小雅·正月》:"民今方殆。"郑玄笺:"方,且也。民今且危亡。"引申而有败坏之义。《广雅·释诂三》:"殆,败也。"王念孙疏证:"卷一云:'殆,坏也。'坏与败同义。"三国蜀诸葛亮《治军》:"不知其敌,每战必殆。"此谓每战必败也。人处危必惧,故引申而有畏惧之义。《淮南子·说林》:"腾蛇游雾,而殆于蝍蛆。"高诱注:"殆,犹畏也。"人处危惧则身心困乏,故引申而有困乏之义。《庄子·养生主》:"以有涯随无涯,殆已。"陆德明释文:"殆已,向云:疲困之谓。"人处危惧是指将要发生不利于己的事情,故"殆"字引申而为将然、或然、可能、应该、必定之义。清段玉裁《说文解字注》:"危者,在高而惧也。引申之凡将然之词皆曰殆。"(严玉)

殃 yāng 影纽、阳部;影纽、阳韵、於良切。

㲞¹ — 䄃² — 殃³ — 殃
战国 《说文》小篆 汉   楷书

1《金文编》280页。2《说文》85页。3《甲金篆》258页。

形声字。战国时字或作㲞,从心,央声。小篆从歹,央声。"殃"本义为祸害,灾难。《说文》:"殃,咎也。"《礼记·礼运》:"众以为殃。"《易·坤》:"积不善之家,必有余殃。"引申为危害。《孟子·告子》:"殃民者不容于尧舜之世。"(严玉)

殘(残) cán 从纽、元部;从纽、寒韵、昨干切。

殘¹ — 殘² — 歹戋³ — 殘 — 残
《说文》小篆 汉   汉   楷书 楷书

1《说文》85页。2、3《甲金篆》258页。

形声字。简化字作"残"。《说文》:"残,贼也。从歹,戋声。"《苍颉篇》:"残,伤也。""贼"义为害,故"残"本义为伤害、杀害。《战国策·秦策》:"张仪之残樗里疾也。"

高诱注:"害也。"《周礼·夏官·大司马》:"放弑其君则残之。"郑玄注:"残,杀也。"《史记·樊郦滕灌列传》:"凡二十七县残。"裴骃集解:"谓多所杀伤也。"引申而为毁坏、毁灭。《战国策·齐策三》:"则汝残矣。"高诱注:"坏也。"《战国策·秦策五》:"昔智伯瑶残范、中行。"高诱注:"灭也。"《荀子·荣辱》:"室家立残,亲戚不免乎刑戮。"用作名词义为祸害。汉贾谊《论积贮疏》:"是天下之大残也。"又引申为残缺、剩余义。《后汉书·儒林传》:"典文残落。"《列子·汤问》:"以残年余力。"(严玉)

殲(歼) jiān 精纽、谈部;精纽、盐韵、子廉切。

歼—殲—歼
《说文》小篆 汉 楷书 楷书

1《说文》85页。2《甲金篆》258页。

形声字。从歺,韱声。简化字作"歼"。"歼"本义为尽、灭。《说文》:"殲,微尽也。"《尔雅》:"歼,尽也。"《书·胤征》:"歼厥渠魁。"《诗·秦风·黄鸟》:"歼我良人。"《春秋·庄公十七年》:"齐人歼于遂。"皆义为消灭。今仍用"歼灭"一词。(严玉)

殫(殚) dān 端纽、元部;端纽、寒韵、都寒切。

殫—殚—殚
《说文》小篆 汉 楷书 楷书

1《说文》85页。2《甲金篆》258页。

形声字。今简化字作"殚"。"殚"本义为用尽、竭尽。《说文》:"殫,殛尽也。从歺,單声。"《吕氏春秋·本味》:"相为殚智竭力。"汉张衡《东京赋》:"征税尽,人力殚。"通"惮",义为害怕。北周庾信《周祀宗庙歌》:"敬殚如此。"(严玉)

殖 zhí 禅纽、职部;禅纽、职韵、常职切。

殖—殖—殖
《说文》小篆 秦 汉 楷书

1《说文》85页。2《甲金篆》258页。3《马王堆》156页。

形声字。"殖"本指脂膏因放置时间过久而变质。《说文》:"殖,脂膏久殖也。从歺,直声。"引申为生长、繁殖。《左传·襄公二十九年》:"松柏之下,其草不殖。"《国语·晋语四》:"同姓不婚,恶不殖也。"又引申为增加、货殖。《后汉书·西域传序》:"胆势益殖。"《列子·杨朱》:"子贡殖于卫。"又引申为树立、立。《国语·周语下》:"上得民心,以殖义方。"(严玉)

死 部

死 sǐ 心纽、脂部;心纽、旨韵、息姊切。

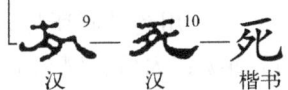
商 商 西周 春秋 战国 《说文》小篆 秦 汉

死—死
汉 汉 楷书

1、2《合集》17060、19898。3《金文编》280页。4《侯马盟书》305页。5、9、10《甲金篆》259页。6《说文》86页。7《睡甲》59页。8《马王堆》156页。

会意字。甲骨文从人(或从人之跪跽形)从歺(尸骨)会意。"死"本义为生命终止。《甲骨文字诂林》:"罗振玉说,象生人拜于朽骨之旁,死之义也。"后"人"旁讹为"匕"而成"死"字。《列子·天瑞》:"死者,人之终也。"《说文》:"死,澌也,人所离也。"段玉裁注:"《方言》:'澌,索也,尽也。'是澌为凡尽之称,人尽曰死。"死之本义甲骨文已见,《合集》17059:"𢀖(人名)不佳(唯)死?"(𢀖不会死吧?)西周金文又常假"死"为"尸",义为主持。康鼎:"王命死(尸)嗣王家。""死(尸)嗣王家"意即主司王室之事。(严玉)

薨 hōng 晓纽、蒸部;晓纽、登韵、呼肱切。

薨—薨—薨—薨
战国 《说文》小篆 汉 汉 楷书

1、4《甲金篆》259页。2《说文》86页。3《马王堆》157页。

形声字。从死,瞢省声。古代称诸侯之死曰薨。《说文》:"薨,公侯殁也。"《礼记·曲礼下》:"天子死曰崩,诸侯曰薨,大夫曰卒,士曰不禄,庶人曰死。"《左传·昭公三十二年》:"鲁文公薨,而东门遂杀适(嫡)立庶。"后世有封爵的大官之死也称薨。《汉书·霍光传》:"光薨,上及皇太后亲临光丧。"(严玉)

冎 部

冎 guǎ 见纽、歌部；见纽、马韵、古瓦切。

乙—习—冎—咼—冎
商　西周　《说文》小篆　秦　楷书

1《合集》18837。2《金文编》94页"過"字偏旁。
3《说文》86页。4《睡甲》59页"別"字偏旁。

象形字。甲骨文作乙，晚周以后渐讹作"冎"，或加口作"咼"。"冎"加肉旁即今"骨"字。"冎"本像骨架形，《说文》释为"剔人肉置其骨也"，所释为今"剮"字义，说明"剮"也是"冎"的同源分化字。"冎"用为"剮"所见较晚，《资治通鉴·唐则天后圣历元年》："太后合礫（阎知微）于天津桥南，使百官共射之，既乃咼其肉，剉其骨。"胡三省注："咼，剔人肉至骨人也。"（严玉）

別 bié 帮纽、月部；帮纽、薛韵、方別切。

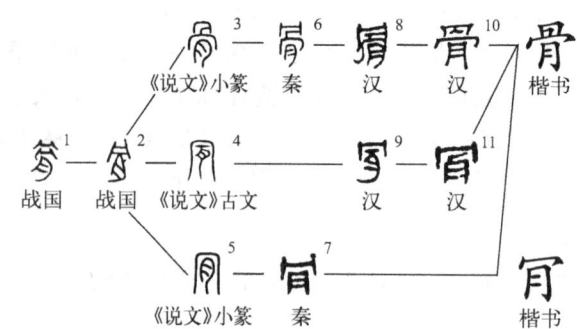

1《合集》17230。2《说文》86页。3、4《马王堆》157页。5、6《甲金篆》260页。

会意字。《说文》："別，分解也。从冎，从刀。"字形表示用刀剔别骨头，本义为分解。隶变时，"別"所从之"冎"上部讹为"口"，下部讹为似"刀"形，而作"別"；似"刀"形者，后来又讹作"力"而成为今"別"字。"別"字在卜辞中意义不明。《淮南子·主术》："桀之力，别觡伸钩。""別"用作本义。由本义引申而有分离、分开、分出诸义。睡虎地秦墓竹简《法律答问》："子小不可別"，义为分离。《书·禹贡》："岷山导江，东別为沱"，义为分出。《管子·问》："有別券者几何家？"注："別券，谓分契也。"由本义又可引申为区分、辨別。《荀子·君道》："知国之安危臧否，若別白黑。"《列子·杨朱》："我又欲与若別之。"又引申为区别、差异之义。《礼记·坊记》："衣服有別。"或又引申为另外、各別。《史记·高祖本纪》："使沛公、项羽別攻城阳。"《新唐书·来济传》："山东役丁，岁別数万人。""別"通"遍"，义普遍。《墨子·天志》："天之爱百姓別矣。"或通"变"，义变革、变换。汉扬雄《法言·吾子》："圣人虎別，其文炳也。"（严玉）

骨 部

骨 gǔ 见纽、物部；见纽、没韵、古忽切。

1《包山》61页。2《古玺》90页。3《说文》86页。4、5《说文》90页。6、7《睡甲》59、62页。8、9、10《甲金篆》260页。11《马王堆》158页。

形声字。"骨"字初文作"冎"（参见"冎"字条），本像骨架之形，是象形字。晚周累加肉旁孳乳为"骨"（古隶或省作"冐"，后别作"肯"。参见"肯"字条），则当为形声字。《说文》："骨，肉之覈（核）也。从冎有肉。"分析为会意，实误。段玉裁注："去肉为冎，在肉中为骨。"强分二字，以曲从许氏作会意说，实不明"骨"为"冎"之孳乳而误。"骨"本义为骨头。《望山楚简》1.39："足骨疾。""骨"字用其本义。郭店楚简《老子甲》33："骨弱筋柔而捉固。"亦用其本义。引申特指人的尸骨。南朝梁江淹《恨赋》："闭骨泉里。"或为祭祀所用之牲体。《礼记·祭统》："凡为俎者，以骨为主。"骨是支撑人体的主干，故"骨"可引申而指人的心、魂、品格或气质等。晋张华《博陵王宫侠曲》"死闻侠骨香"之"骨"义为品质。（严玉）

髑 dú 定纽、屋部；定纽、屋韵、徒谷切。

髑—髑
《说文》小篆　楷书

1《说文》86页。

形声字。从骨，蜀声。"髑"字不单用，与"髅"组成叠韵连绵词"髑髅"。《说文》："髑髅，顶也。"人之顶就是头，两字快读即为"头"音。清朱骏声《说文通训定声》云："髑髅之合音为头字。"清王念孙《广雅疏证》亦云："急言之则曰头，徐言之则曰髑髅。""髑髅"本义为头，后词义分化，专指死人的头骨。《庄子·至乐》："庄子之楚，见空髑髅。"由于语音的变化，"髑"字的声旁"蜀"换以"古"，而成为"骷"，故"髑髅"今写作"骷髅"。（严玉）

髀 bì 並紐、支部；並紐、紙韻、便俾切。

1、2《说文》86页。

形声字。大腿谓之"髀"。《说文》："髀，股也。从骨，卑声。踔，古文髀。"段玉裁注："从足者，足所恃以能行也。"秦李斯《上秦始皇书》："弹筝搏髀。"大腿骨（股骨）亦谓之髀（或髀骨）。《淮南子·人间》："家富良马，其子好骑，坠而折其髀。"古代又把测量日影的表称作"髀"。《周髀算经》上："周髀长八尺。"（严玉）

髁 kuǎ 溪纽、歌部；溪纽、马韵、苦瓦切。

1《说文》86页。

形声字。《说文》："髁，髀骨也。从骨，果声。"段玉裁注："髀骨，犹言骰（股）骨也。"《说文》释"髀"为股（大腿），释"髁"为髀骨（大腿骨），两字义似各有所指。但其实"髀"也可释为髀骨（参见"髀"字条），"髁"释为髀骨，实际上指称的是股骨上端斜向内上方伸出的球状突起，现代学名叫"股骨头"，古人又称之为"尻骨"。《一切经音义》卷十四引《三苍篇》曰："髁，尻骨。"股骨头与髋骨两侧连接，构成大腿活动的关节。这个关节是人体站立及运动的重要枢机，所以古人又谓之"机"。段玉裁注："沈氏彤《释骨》云：'在膝以上者曰髀骨，曰股骨。其直者曰楗，其斜上侠髋者，则所谓机也。'按髀之上曰髋，即俗所谓胯也。髁者，髀与髋相接之处，人之所以能立、能行、能有力者，皆在于是，故《医经》谓之机。""髁"与"踝"音同，故可通作"踝"，指膝骨。"髁"字构成的连绵词"謑髁"，为随顺貌。《庄子·天下》："謑髁无任。"（严玉）

髋（髋）kuān 溪纽、元部；溪纽、桓韵、苦官切。

1《说文》86页。

形声字。简化字作"髋"。本义是髋骨，通称胯骨。《说文》："髋，髀上也。从骨，寬声。"髋骨是组成骨盆的大骨，左右各一，由髂骨、坐骨、耻骨合成。髋上承脊椎，下连大腿，故《说文》释之为"髀上"，即大腿之上意。髋骨在臀部，故可指称臀。唐陆龟蒙《读〈襄阳耆旧传〉因作诗》："或能醯髋髀。""髋髀"即指臀与大腿。（严玉）

髌（髌）bìn 並紐、真部；並紐、軫韻、毗忍切。

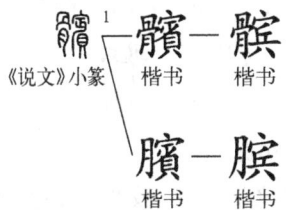

1《说文》86页。

形声字。简化字作"髌"，俗从肉作"膑"，今简化为"膑"。《说文》："髌，郤耑（膝端）也。从骨，宾声。"膝端即膝盖骨。段玉裁注："膑者，髌之俗。"《素问·刺禁论》："刺膝髌，出液为跛。""髌"义为膝盖骨。引申之，古人将剔去膝盖骨的酷刑谓之"髌"。《史记·鲁仲连邹阳列传》："昔者司马喜髌脚于宋。"战国时兵家孙子名膑，传乃受髌刑因名。《资治通鉴》卷二胡三省注："郑玄曰：'周改膑作刖，断足也。'《书》传云：'决关梁、踰城郭而略盗者其刑膑。'孙膑盖以刖足，故呼为膑。"（严玉）

骹 qiāo 溪纽、宵部；溪纽、肴韵、口交切。

1《说文》86页。

形声字。本义指小腿。《说文》："骹，胫也。从骨，交声。"段玉裁注："胫，膝下也。凡物之胫皆曰骹。"《尔雅·释畜》："四骹皆白驓。"（四条小腿都是白色的马叫驓）这是说马腿。《文选·张衡〈西京赋〉》："青骹挚于韝下。"李善注引薛综曰："青骹，鹰青胫者。"这是说鹰足。小腿比大腿细，故"骹"可引申称凡物较细之一端。如车辐近毂一端粗，故谓之股，近轮牙一端细，乃谓之骹。《周礼·考工记·轮人》："三分其股围，去一以为骹围。"郑玄注引郑司农曰："股谓近毂者也，骹谓近牙者也。方言股以喻其丰，故言骹以喻其细。"脚脖子为小腿细处，故"骹"又特指脚脖子。《重修广韵》："骹，胫骨近足细处。"肋骨下部亦可称"骹"。《黄帝内经·灵枢·本藏》："广胸反骹者肝高,合胁兔骹者肝下。"矛头下端接矛柄处较细,亦谓之"骹"。《方言》卷九:"矛骹细如雁胫者谓之鹤膝。"豆(古代盛食器)柄又直又细,故亦称"骹",字或假"校"为之。《礼记·祭统》:"夫人荐豆执校。"郑玄注:"校,豆中央直者也。"另,《说文》又释"骭"为"骹"(参见"骭"字条),二字同为小腿义。盖泛言之,小腿可称"骹"或"骭";析言之,"骹"当特指小腿细处(脚脖子)。(严玉)

骭 gàn 见纽、元部;见纽、翰韵、古案切。

骭¹—骭
《说文》小篆　楷书

1《说文》86页。

形声字。《说文》:"骭,骹也。从骨,干声。""骹"《说文》释"胫也"(参见"骹"字条),二字在小腿的意义上同义。《黄帝内经·灵枢·经筋》:"上循骭,结于膝。""骭"义为小腿。与"骹"相同,"骹"可指称肋骨下部,"骭"亦可指称肋骨。北齐刘昼《新论·命相》:"颧项骈骭。"骈骭,即骈胁。(严玉)

骸 hái 匣纽、之部;匣纽、皆韵、户皆切。

骸¹—骸
《说文》小篆　楷书

1《说文》86页。

形声字。胫骨(小腿骨)谓之"骸"。《说文》:"骸,胫骨也。从骨,亥声。"段玉裁注:"上文言胫也,骹也,不言骨者,骹、骭皆目其表也。《骨空论》曰:'膝解为骸关,侠膝之骨为连骸。'然则正谓胫骨为骸矣。"《齐民要术》:"(相马)臂欲大而短,骸欲小而长。""骸"义为小腿骨。引申之,凡骨、尸骨皆可称"骸"。唐慧琳《一切经音义》引顾野王云:"身体之骨,总名为骸。"《公羊传·宣公十五年》:"析骸而炊之。"何休注:"骸,人骨也。"(严玉)

體(体) tǐ 透纽、脂部;透纽、荠韵、他礼切。

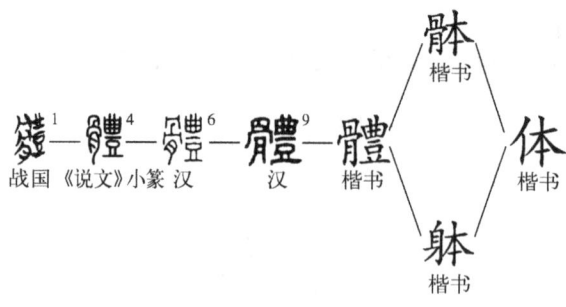

1、2《郭店》75、77页。3《金文编》281页。4《说文》86页。5《睡甲》59页。6、9《甲金篆》260页。7、10《马王堆》173页。8《汉印徵》卷4,12页。

形声字。身体之"體",就目前出土文字资料看,最早见于战国。初文有三种异体:楚系文字中,"體"、"䏊"并见;河北中山王厝器则作"豊"。"體"、"䏊"、"豊"都是形声字,皆从豊表音,形旁从骨、从身与从肉表义相通。后世通行用"體"。曾出现过的"骵"与"躰"为"體"的会意俗体。今简化字"体",开初也是"體"的会意俗体字,大约出现于宋代前后。另有一个同形字"体"(bèn)是"笨"的形声俗体字,意为愚劣、粗笨,与"體(体)"非一字。"体"字本义指身体,是全身的总称。《说文》:"體,总十二属也。"据段玉裁注,十二属者:顶、面、颐,首属三;肩、脊、臀,身属三;肱、臂、手,手属三;股、胫、足,足属三也。故"体"指称的是头部、躯干和四肢的十二个部位(或器官),是身体外部所能看见的各个部位(或器官)的总称,不包括内部脏器。郭店楚简《缁衣》:"民以君为心,君以民为体。心好则体安之,君好则民欲之。"心、体对言。《穷达以时》:"非亡(无)体壮(状)也。""体"皆用其本义。"体"也可指称身体的一部分。《论语·微子》:"四体不勤。"四体即四肢。引申之,凡有形质的万物,其本身或全部皆可谓之"体",如物体、固体、液体、形体、体积、个体、全体、主体等等。本无形或较为抽象之事物,其外在总体表现形式,亦可称之为"体",如事体、国体、政体、体统、体裁等等。由本体、主体之义又引申出本质、法式、准则、规矩之义。《荀子·天论》:"君子有常体矣。"义为法式、准则。用为动词,"体"有长成形体之义。《诗·大雅·行苇》:"方苞方体。"有划分之义。《周礼·天官·冢宰》:"体国经野。"又有体验、体会、体谅、体现、包容、效法、依照等义。(严玉)

骾（鲠）gěng 见纽、阳部；见纽、梗韵、古杏切。

1《说文》86页。2《甲金篆》261页。

形声字。骨、刺等卡在咽喉中谓之"骾"。《说文》:"骾,食骨留咽中也。从骨,更声。"忠言逆耳,如食骨在喉,故"骾"引申为耿直之义。《汉书·杜周传》:"朝无骨骾之臣。""骨骾"即耿直义。"骾"后世习以"鲠（鲠）"为之。段玉裁云:"《汉书》以下皆作骨鲠,字从鱼,谓留咽者鱼骨较多也。依《说文》则鲠训鱼骨,骨留咽中当作骾。"实两字用法无别。今简化字方案将"骾"并入"鲠"字。"骾（鲠）"由留骨在喉义而引申为病患、祸害义。《国语·晋语六》:"除鲠而避强。"韦昭注:"害也。"(严玉)

骴 cī 从纽、支部；从纽、支韵、疾移切。
zì 从纽、支部；从纽、寘韵、疾智切。

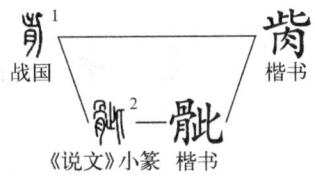

1《古玺》90页。2《说文》86页。

形声字。肉未烂尽的尸骨谓之"骴"。《说文》:"骴,鸟兽残骨曰骴。骴,可恶也。从骨,此声。《明堂·月令》曰:'掩骼薶骴。'骴或从肉。"其实"骴"不限指鸟兽残骨。《周礼·秋官·蜡氏》:"蜡氏掌除骴。"郑玄注:"故书骴作脊。郑司农云:脊读为渍,谓死人骨也。《月令》曰'掩骼埋胔',骨之尚有肉者也,及禽兽之骨皆是。"许氏云"骴或从肉"字即上引郑注"胔"字,为"骴"之异体。古文字"骨"、"肉"充当义符例可通用,如"体"又作"膿"。《月令》"掩骼埋胔",《说文》引作"掩骼薶骴"。唐陆德明《经典释文》:"胔,亦作骴。"是"骴"与"胔"同。(严玉)

骫 wěi 影纽、微部；影纽、纸韵、於诡切。

1《说文》86页。2《甲金篆》261页。

形声字。骨端弯曲谓之"骫"。《说文》:"骫,骨耑骫奊也。从骨,丸声。"段玉裁注:"骫奊者,谓屈曲之状。"引申为凡弯曲之称。《汉书·淮南厉王刘长传》:"皇帝骫天下正法而许大王。""骫"义为枉曲。《吕氏春秋·报更》:"见骫桑之下有饿人卧不起者。""骫桑"指盘曲之桑树。又引申为聚集。汉扬雄《太玄》:"小人积非,祸所骫也。"(严玉)

肉 部

肉 ròu 日纽、觉部；日纽、屋韵、如六切。

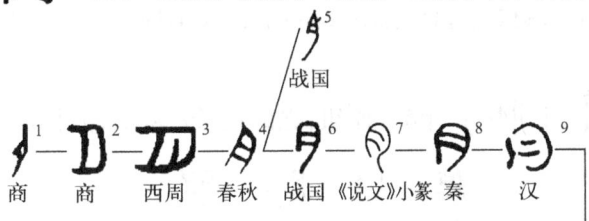

1、2《合集》6507、31770。3《金文编》283页"散"字偏旁。4《侯马盟书》339页"腹"字偏旁。5《古玺》90页"肌"字偏旁。6《古玺》90页"胔"字偏旁。7《说文》87页。8《睡甲》60页。9、10、11《甲金篆》261页。

象形字。"肉"字初文本像肉块横放之形,西周时字形像肌肉纹理的部分繁化作两笔。春秋以后"肉"字写法由横势转为纵势,至汉代像肌理的两画渐因屈曲而各作两笔书写,而成为今字。"肉"字初文与"月"字形似,隶变以后作为偏旁的"肉"多与"月"字混同（"胔"等少数字例外）。"肉"本义为指供食用的动物肉。《说文》:"肉,胾肉。象形。"段玉裁注:"下文曰'胾,大脔也',谓鸟兽之肉……而制人体之字,用肉为偏旁,是亦假借也。人曰肌,鸟兽曰肉。此其分别也。"其实,《说文》释"肌"为"肉也",可见"肉"、"肌"对言则异,散言则通,人肌亦可谓"肉"。甲骨文中"肉"有用其本义例,如《合集》6507:"乎取肉?"(叫人取肉吗?)《左传·隐公元年》:"公赐之食,食舍肉。"《孟子·梁惠王上》:"七十者可食肉矣。""肉"

皆用其本义，指供人食用的动物肉。"肉"又为人的肌肉、脂肪和皮肤的统称，亦专指肌肉。《管子·水地》："五藏已具，而后生肉。"《庄子·至乐》："为子骨肉肌肤。"引申之，蔬菜瓜果的可食部分亦称"肉"。汉蔡邕《为陈留太守上孝子状》："嚼枣肉以哺之。"另外，"肉"还可用于无生命之物。中间有孔的环状体的周边亦称"肉"。《尔雅·释器》："肉倍好谓之璧。"（玉环边比孔大一倍的叫璧）《汉书·律历志》"令之肉倍好者"之肉指的是秤权。（严玉）

腜 méi 明纽、之部；明纽、灰韵、莫杯切。

腜¹—腜
《说文》小篆　楷书

1《说文》87页。

形声字。本义指妇女始孕之征兆。《说文》："腜，妇始孕腜兆也。从肉，某声。"《广雅·释亲》："腜，胎也。"又"腜腜"，肥美貌。晋左思《魏都赋》："腜腜垌野。"（严玉）

肧（胚） pēi 滂纽、之部；滂纽、灰韵、芳杯切。

肧¹—肧²—肧—胚
战国　《说文》小篆　楷书　楷书

1《楚系简帛》341页。2《说文》87页。

形声字。字亦作"胚"（不、丕古本一字，同音），为今简化字所用。本义指初期发育的胎儿。《说文》："肧，妇孕一月也。从肉，不声。"古或以妇孕一月为胚（如《说文》释），或以三月为胚。《文子·九守》："三月而胚。"用为动词，"胚"义为怀孕。天星观楚简3402："既胚雁（膺）疾。"（怀孕以后生了病）（严玉）

胎 tāi 透纽、之部；透纽、咍韵、土来切。

胎¹—胎²—胎³—胎
春秋　战国　《说文》小篆　楷书

1《甲金篆》261页。2《郭店》75页。3《说文》87页。

形声字。本义是指孕于母体内三四个月大的胎儿。《说文》："胎，妇孕三月也。从肉，台声。"《文子·九守》："四月而胎。"引申为凡胚胎之称。《史记·孔子世家》："刳胎杀夭。"怀胎意味着生命之始，故引申为凡初始之称。《尔雅·释诂》："胎，始也。"《文选·枚乘〈上书谏吴王〉》："福生有基，祸生有胎。"李善注引服虔曰："基、胎，皆始也。"胎养于母体，故引申有孕育之义。《方言》卷一："胎，养也。"唐张说《大成舞》："后歌有娇，胎炎孕黄。""胎炎孕黄"谓孕育出炎、黄二帝。（严玉）

肌 jī 见纽、脂部；见纽、脂韵、居夷切。

肌¹—肌²—肌
战国　《说文》小篆　楷书

1《古玺》90页。2《说文》87页。

形声字。《说文》："肌，肉也。从肉，几声。"本义为人的肌肉。先秦时期，"肌"表示人的肉；"肉"表示禽兽的肉。《韩非子·喻老》："病在肌肤。"此"肌肤"指肌肉与皮肤。《史记·扁鹊列传》："乃割皮解肌，诀脉结筋。""皮"与"肌"对文，肌指肌肉。"肌"可专指皮肤。《列子·黄帝》"燋然肌色皯黣"之"肌"即指皮肤。（严玉）

臚（胪） lú 来纽、鱼部；来纽、鱼韵、力居切。

见下"膚"字条。

膚（肤） fū 来纽、鱼部；来纽、鱼韵、力居切。

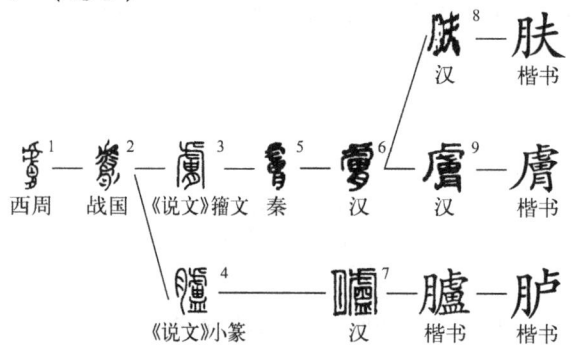

1《金文编》281页。2《郭店》75页。3、4《说文》87页。5《睡甲》60页。6、8《马王堆》167页。7《汉印徵》卷4，12页。9《甲金篆》261页。

形声字。皮肤之"膚"，从肉，虍声。《玉篇·肉部》："膚，皮也。"《诗·卫风·硕人》："手如柔荑，膚如凝脂。"用其本义。小篆作"臚"。《说文》："臚，皮也。从肉，盧声。膚，籀文臚。""虍"是"盧"的初文，从虍与从盧得声相同。"膚"变为"臚"，属于形声字的声符繁化现象。"膚"、"臚"本是一字，后因用各有当，遂分化为两字：皮肤义用"膚"，今音fū，简化字作"肤"，从肉，夫声；胪列义用"臚"，音lú，简化字作"胪"，从肉，卢声。"膚"最早见于西周金文，但用的都是假借义。引尊："引为魏膚宝尊彝。""膚"读为鑢，《说文》："鑢，错金铁也。"郭店楚简《唐虞之道》11："顺乎脂膚血气之情。""膚"用其本义。皮肉相附，故肤又可兼指肉而言。《易·夬》："臀无肤。"此"肤"谓皮肉。又引申泛指物之表皮。《后汉书·蔡伦传》："用树肤、麻头及敝布、鱼网以为纸。"皮为身体表层，故肤可引申而有肤浅、肤泛之义。"胪"用作皮义见于《礼记·礼运》："胪革充盈。"孔颖达疏："革外之薄皮。"但后来大多用其假借义。表示陈述义。《尔雅》："胪，叙也。"《史记·六国年表》："胪于郊祀。"司马贞索隐："陈也。"表示传言。《国语·晋语六》："风听胪言于市。"韦昭注："传也。"今多用其胪列义。（严玉）

脣（唇） chún 船纽、文部；船纽、谆韵、食伦切。

1、2《说文》87页。3《睡甲》60页。4《马王堆》162页。

形声字。今简化字为"唇"。本义是嘴唇。《说文》："脣，口耑也。从肉，辰声。"《释名·释形体》："脣，缘也，口之缘也。"睡虎地秦墓竹简《法律答问》："或斗，啮断人鼻，若耳、若指、若脣。"用其本义。引申为凡边缘之名。《诗·魏风·伐檀》："置之河之漘兮。"郑玄注《易纬·乾凿度》引《诗》"漘"作"脣"。器缘可谓之脣。《周礼·考工记·陶人》："陶人为甗，实二鬴，厚半寸，脣寸。""唇"与"脣"本非一字。《说文》："唇，惊也。从口，辰声。"以"唇"为"脣"，是假借现象。《玉篇》释"唇"有二义"警也，脣口"，说明用"唇"为"脣"沿用已久。今简化字方案用"唇"。（严玉）

脰 dòu 定纽、侯部；定纽、候韵、徒候切。

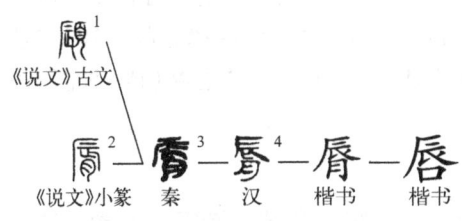

1、2《金文编》281页。2《说文》87页。

形声字。颈项谓之"脰"。《说文》："脰，项也。从肉，豆声。"《玉篇·肉部》："脰，颈也。"《左传·襄公十八年》："两矢夹脰。"杜预注："脰，颈也。"《文选·上林赋》："解脰陷脑。"李善引张揖曰："脰，项也。""脰"字在春秋战国楚系金文中习借为"厨"。《三代吉金文存》3.19铸客鼎："铸客为大句（太后）脰官为之。""脰官"即厨官。（严玉）

肓 huāng 晓纽、阳部；晓纽、唐韵、呼光切。

1《说文》87页。

形声字。古代医家把心脏与横隔膜之间的部位称之为"肓"。《说文》："肓，心下鬲上也。从肉，亡声。"古人认为"肓"为药力达不到的部位。《左传·成公十年》："疾不可为也，在肓之上，膏之下。"成语"病入膏肓"，即指病重到了无法医治的地步。（严玉）

肾（腎） shèn 禅纽、真部；禅纽、轸韵、时忍切。

1《说文》87页。2《睡甲》60页。3《马王堆》164页。

形声字。今简化字作"肾"。《说文》："腎，水藏也。从肉，臤声。"古人以五行（金、木、水、火、土）配五脏。肾脏主水，故称为"水藏"，指位于脊椎动物体腔内脊柱近旁的一对内脏器官，俗称腰子。它排出尿液、尿酸和其他代谢的排泄物。《素问·金匮真言论》："开窍于二阴，藏精于肾。"此肾指的就是肾脏。古人把"睾丸"也称作"肾"，或称"外肾"。（严玉）

肺 fèi 滂纽、月部；敷纽、废韵、芳废切。

1《说文》87页。2《马王堆》159页。3《甲金篆》262页。

形声字。《说文》："肺，金藏也。从肉，市声。""肺"于五行主金。本义为人和高等动物的呼吸器官。《淮南子·精神》："肺为气。"《素问·刺禁论》："肺藏于右。"肺附于肝，故以"肺腑"表亲近之意。《汉书·刘向传》："臣幸得托肺附。"颜师古注："旧解云，肺附，谓肝肺相附着，

犹言心膂也。""肺附"后来写作"肺腑",为偏旁类同所致。(严玉)

脾 pí 並纽、支部;並纽、支韵、符支切。

脾¹—胛²—䐑³—脾⁴—脾
《说文》小篆 汉 汉 汉 楷书

1《说文》87页。2、3《马王堆》164页。4《甲金篆》262页。

形声字。《说文》:"脾,土藏也。从肉,卑声。""脾"于五行主土,本义为脾脏,是人和脊椎动物的内脏之一,是贮血和产淋巴与抗体的器官,有调节新陈代谢的作用。《春秋元命苞》:"脾者,谓之主。"通"髀",指大腿。《庄子·在宥》:"鸿蒙方将拊脾雀跃而游。"通"膍",指牛胃。《诗·大雅·行苇》:"嘉殽脾臄。"今"脾气"一词本指脾病。《黄帝内经·灵枢》:"脾气盛,则梦歌乐,身体重不举。"后来则用来指人的性情。(严玉)

肝 gān 见纽、元部;见纽、寒韵、古寒切。

肝¹—肝²—肝³—肝⁴—肝
《说文》小篆 汉 汉 汉 楷书

1《说文》87页。2、3《马王堆》159页。4《甲金篆》262页。

形声字。《说文》:"肝,木藏也。从肉,干声。"《释名·释形体》:"肝,榦也。于五行属木,故其体状有枝干。"本义为肝脏。《列子·黄帝》:"内则肝胆心肺。"肝、胆相连,后以"肝胆"喻内心,如成语"肝胆相照"。(严玉)

膽(胆) dǎn 端纽、谈部;端纽、敢韵、都敢切。

膽¹—膽²—膽³—膽⁴—膽—胆
《说文》小篆 汉 汉 汉 楷书 楷书

1《说文》87页。2《汉印徵》卷4,12页。3《马王堆》168页。4《甲金篆》262页。

形声字。今简化字作"胆",从肉,旦声。《说文》:"膽,连肝之府。从肉,詹声。"本义为胆囊(动物体内消化器官之一)。《素问·灵兰秘典论》:"胆者,中正之官,决断出焉。"引申为胆量、勇气。《荀子·修身》:"勇胆猛戾,则辅之以道顺。"杨倞注:"胆,有胆气。"(严玉)

胃 wèi 匣纽、物部;云纽、未韵、於贵切。

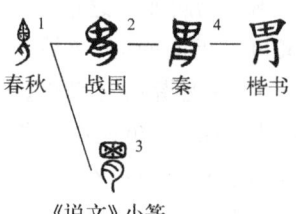
春秋 战国 秦 楷书
《说文》小篆

1《金文编》282页。2《郭店》75页。3《说文》87页。4《睡甲》60页。

象形字。上部本胃之象形,加形符"肉"而成"胃"字。《说文》:"胃,谷府也。从肉,囟。象形。"战国后俗体习省去"囟"中小点,遂写作"胃"。本义为人和动物贮藏和消化食物的器官。《韩非子·喻老》:"君之病在肠胃。"在出土文字资料中,"胃"习假为"谓"。吉日壬午剑:"胃(谓)之少虡。"睡虎地秦墓竹简《法律答问》108:"是胃(谓)家罪。"郭店楚简《老子甲》7:"是胃(谓)果而不强。"(严玉)

脬 pāo 滂纽、幽部;滂纽、肴韵、匹交切。

脬¹—脬²—脬³—脬
战国 《说文》小篆 汉 楷书

1《古陶字汇》155页。2《说文》87页。3《马王堆》163页。

形声字。即膀胱。《说文》:"脬,膀光也。从肉,孚声。""膀光"后因偏旁类同而作"膀胱"。《史记·扁鹊仓公列传》:"风瘅客脬,难于大小溲,溺赤。"张守节正义:"脬……膀胱也。"今俗称"尿脬"。古人或称鱼鳔为"脬"。明宋应星《天工开物·弧矢》:"凡胶乃鱼脬杂肠所为。"(严玉)

腸(肠) cháng 定纽、阳部;澄纽、阳韵、直良切。

腸¹—腸²—腸³—腸—肠
战国 《说文》小篆 汉 楷书 楷书

1《包山》62页。2《说文》87页。3《马王堆》166页。

形声字。今简化字作"肠"。《说文》:"肠,大小肠也。从肉,昜声。""肠"是人和动物消化器官之一,呈长管形,上端连胃,下通肛门,主消化和吸收养分。《韩非子·喻老》:"君之病在肠胃。"古人亦以为肠主感情,引申而有心肠义。《史记·万石张叔列传》:"(卫绾)忠实无他

肠。”唐杜甫《赠卫八处士》：“惊呼热中肠。”（严玉）

膏 gāo 见纽、宵部；见纽、豪韵、古劳切。

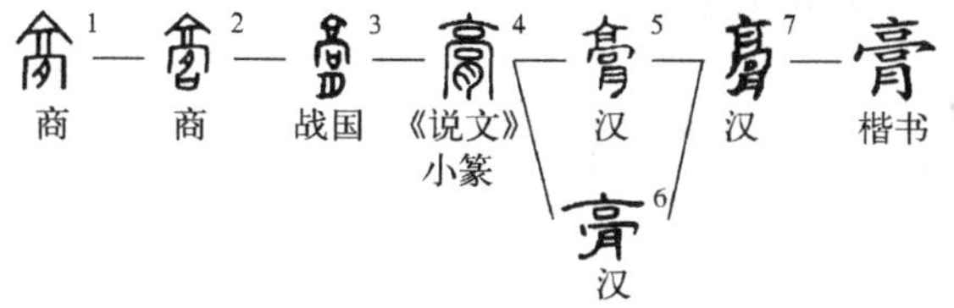

1、2《合集》15062、7926。3《古陶字汇》155页。4《说文》87页。5《马王堆》166页。6、7《甲金篆》263页。

形声字。甲骨文“膏”字从肉，⿵(高字初文)声，或于字形下部赘加“口”而作⿵。“膏”本义为溶化的油脂——无角动物的油脂。《说文》：“膏，肥也。从肉，高声。”《大戴礼记·易本命》：“无角者膏。”《史记·秦始皇本纪》：“以人鱼膏为烛。”用其本义。引申之则黏稠状物多可称“膏”。如牙膏、药膏。又引申指物的精华。《穆天子传》：“玉果、璿珠、烛银、黄金之膏。”又指恩惠。《史记·乐书》：“沐浴膏泽而歌咏勤苦。”“膏”引申为肥、肥沃。《国语·晋语七》：“嗛嗛之食，不足狃也，不能为膏而只离咎也。”《史记·货殖列传》：“膏壤千里。”用为形容词有“滋润的”、“甘美的”之义。《左传·襄公十九年》：“如百谷之仰膏雨。”《礼记·礼运》：“天降膏露。”甲骨文中“膏”用为地名，如《合集》28188：“自瀼至于膏，亡(无)灾？”（严玉）

肪 fáng 並纽、阳部；並纽、阳韵、符方切。

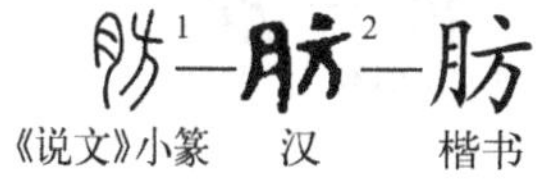

1《说文》87页。2《甲金篆》263页。

形声字。本义为脂肪。《说文》：“肪，肥也。从肉，方声。”三国魏曹丕《与钟大理书》：“窃见玉书，称美玉白如截肪。”亦指食物的油脂。宋陆游《山中》：“松肪彻夜明。”特指动物腰部肥厚的油。《文选》李善注引《通俗文》：“脂在腰曰肪。”（严玉）

膺 yīng 影纽、蒸部；影纽、蒸韵、于陵切。

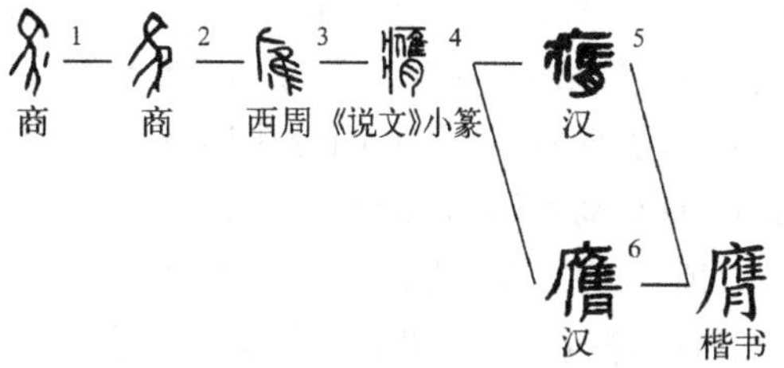

1、2《合集》109、18338。3《金文编》257页。4《说文》87页。5《马王堆》168页。6《甲金篆》263页。

形声字。“膺”字本义为胸。“膺”字甲骨文初文在“隹”(鸟)胸脯部位加一点或一圆弧符号以示胸义，于造字方法属指事。周代追加形符“人”而成为形声字(可隶为“隹”)。篆隶累加形符“肉”，其声符又有所繁化，或从“疒”而作“癕”，或从“广”而作“膺”。后定形为“膺”。《说文》“膺，胸也。从肉，痽声。”《国语·鲁语》：“无搯膺。”《楚辞·九章·惜诵》：“背膺牉(拌)以交痛兮。”皆用其本义。引申指内心。《新唐书·封伦传》：“人莫能探其膺肺。”又引申为受、承受。段玉裁《说文解字注》云：“《鲁颂》：‘戎狄是膺。’《释诂》、《毛传》曰：‘膺，当也。’此引申之义，凡当事以膺，任事以肩。”《楚辞·天问》：“撰体协胁，鹿何膺之？”王逸注：“膺，受也。”又引申为抱有。《国语·周语下》：“膺保明德，以佐王室。”（严玉）

肊(臆) yì 影纽、职部；影纽、职韵、於力切。

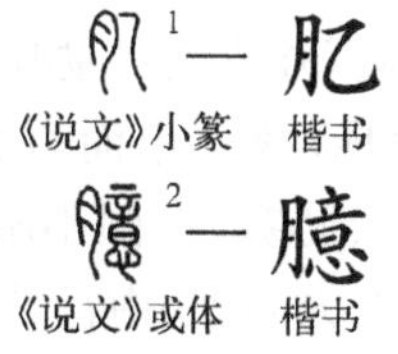

1、2《说文》87页。

形声字。本义为胸骨。《说文》：“肊，胸骨也。从肉，乙声。臆，肊或从意。”今简化字方案则把“肊”作为异体并入“臆”字。“臆”亦指胸部。《广雅》：“臆，匈(胸)也。”《文选·潘岳〈射雉赋〉》：“丹臆兰綷。”李善注引徐爰曰：“臆，膺也。”引申为胸怀、内心。汉王充《论衡·佚文》：“论发胸臆，文成手中。”又引申为主观臆测之义。宋辛弃疾《美芹十论》：“定势也，非臆说也。”（严玉）

背 bèi 帮纽、职部；帮纽、队韵、补妹切。

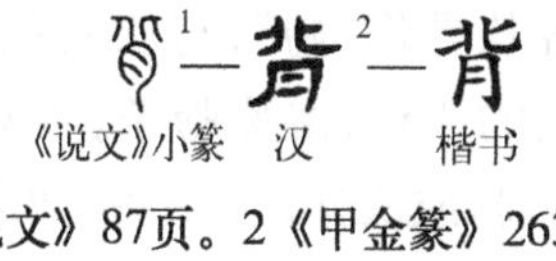

1《说文》87页。2《甲金篆》263页。

形声字。肩背之"背",初文即"北"字,字形像两人相背,属会意字(参见"北"字条)。后因"北"字习用以表示方位,篆隶遂追加形符"肉"旁,而分化出形声字"背"以表本义。睡虎地秦墓竹简《封诊式》:"某头左角刃痏一所,北(背)二所,皆从(纵)头北(背)。"两"北"字皆"背"义。《说文》:"背,脊也。从肉,北声。"这是以"脊"解"背"。段玉裁注:"脊者,背之一端,背不止于脊。"所说是。现代说"脊背"即指后背、背部。"背"的引申义有背离、背叛、背诵等义。"背"指用脊背驮这个词义,现代读 bēi。(严玉)

脅(胁) xié 晓纽、葉部；晓纽、业韵、虚业切。

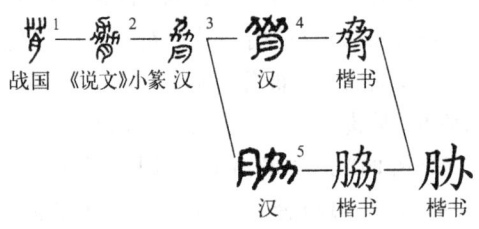

1《古玺》90页。2《说文》87页。3《马王堆》162页。4、5《甲金篆》264页。

形声字。汉隶或改上下结构为左右结构,而作"脇"。今简化字作"胁"。《说文》:"脅,两膀也。从肉,劦声。""胁"本义为腋下肋骨所在的部分。《史记·扁鹊仓公列传》:"以更熨两胁下。""胁"亦指肋骨。《左传·僖公二十三年》:"曹共公闻其骈胁。"杨伯峻注:"骈胁者,肋骨比迫若一骨然。"引申为旁边、边侧之义。《诗·秦风·小戎》:"游环胁驱。"郑玄笺:"胁驱者,著服马之外胁。"腋下是人挟持之所,故引申而有胁迫、劫持之义。《史记·楚世家》:"以众胁寡,小国不附。"《国语·晋语六》:"长鱼矫既杀三郤,乃胁栾、中行。"再引申而有恐惧义。《礼记·郊特牲》:"大夫强,诸侯胁。"(严玉)

膀 bǎng 并纽、阳部；并纽、唐韵、步光切。
　　 páng

1、2《说文》87页。

形声字。字或从骨作"髈",与从肉相通。本义为臂膀,指肩和肘之间的手臂,俗称膀子。《说文》:"膀,胁也。从肉,旁声。髈,膀或从骨。"又:"胁,两膀也。"两者互训。膀、胁乃身体相连的两个部位,在外者谓之"膀",在内者谓之"胁",并共同完成挟持这一动作。引申之,兽类腿的上部或鸟类的翅膀也可谓之"膀"。"膀胱"之"膀",读 páng,平声。(严玉)

肋 lèi 来纽、职部；来纽、德韵、卢则切。

肋[1]—肋
《说文》小篆　楷书

1《说文》87页。

形声字。本义为肋骨。《说文》:"肋,肋骨也。从肉,力声。"《释名·释形体》:"肋,勒也,检勒五脏也。"引申指胸部两侧。《宋史·高丽传》:"余皆杖肋。"(严玉)

胂 shēn 书纽、真部；书纽、真韵、朱人切。

胂[1]—胂
《说文》小篆　楷书

1《说文》87页。

形声字。夹脊肉谓之"胂"。《说文》:"胂,夹脊肉也。从肉,申声。"《黄帝内经·素问·缪刺论》:"两胂之上是腰俞。"亦指腰胝两旁隆起的肌肉。《素问·刺腰痛论》:"刺腰尻交者,两髁胂上。"(严玉)

脢 méi 明纽、之部；明纽、灰韵、莫杯切。

脢[1]—脢
《说文》小篆　楷书

1《说文》87页。

形声字。背脊肉谓之"脢"。《说文》:"脢,背肉也。从肉,每声。《易》曰:'咸其脢。'"段玉裁注:"胂为迫吕(脊骨)之肉,脢为全背之肉。"但今俗称"脢子"者则专指夹脊肉,又称里脊。"脢"为背肉,故又可指背。清龚自珍《行路易》:"而乃鞭其脢。""脢"又有短暂义。《汉书·叙传》:"鲜生民之脢在。"联绵词"脢胎",意为"放诞"。《晋书·文苑·王沈传》:"脢胎者以无检为弘旷。"(严玉)

肩(肩) jiān 见纽、元部；见纽、先韵、古贤切。

肩 商 商 商 《说文》小篆 楷书

肩 《说文》或体 汉 汉 楷书

1、2、3《合集》32301、13740、3236。4、5《说文》87页。6《马王堆》160页。7《甲金篆》264页。

形声字。肩膀之"肩",本是象形字,甲骨文像肩胛骨之形,后追加形符"肉"成为形声字"肩",俗写作"肩"。"户"和"户"皆"肩"字象形初文讹变后的形体,与门户之"户"无关。后世通行"肩"字。《说文》正篆作"肩",云:"肩,髆也。从肉,象形。肩,俗肩从户。"又:"髆,肩甲也。"肩甲即肩胛骨。人常用肩负物,故引申而有肩负、担负之义。再引申而有委任、任用义。《书·盘庚》:"朕不肩好货。"孔颖达疏:"我今不委任贪货之人。"(严玉)

胳 gē 见纽、铎部；见纽、铎韵、古落切。

胳 《说文》小篆 汉 楷书

1《说文》87页。2《甲金篆》264页。

形声字。本义是腋窝。《说文》:"胳,亦(腋)下也。从肉,各声。"《广雅》:"胳谓之腋。"今用作"胳膊"字,指手臂,即肩下腕上的部分。(严玉)

胠 qū 溪纽、鱼部；溪纽、鱼韵、去鱼切。

胠 《说文》小篆 汉 汉 楷书

1《说文》87页。2《银雀山》147页。3《甲金篆》264页。

形声字。"胠"指腋下胁上的部分。《说文》:"胠,亦(腋)下也。从肉,去声。"段玉裁注:"胳谓迫于厷者,胠谓迫于臂者。"是"胳"指腋窝,"胠"则指腋下胁上。《战国纵横家书·李园谓辛梧章》:"燕使蔡鸟股符胠璧,奸(间)赵入秦。""股符胠璧"是说把符藏在大腿旁,把璧藏在腋下。"胠"在体侧,故引申为军阵侧翼之名。《左传·襄公二十三年》:"胠:商子车御侯朝,桓跳为右。"杜预注:"右翼为胠。"用为动词指从旁边打开。《庄子·胠箧》:"将为胠箧、探囊、发匮之盗。"陆德明释文引司马彪曰:"从旁开为胠。"(严玉)

臂 bì 帮纽、锡部；帮纽、寘韵、卑义切。

臂 战国 《说文》小篆 汉 汉 汉 楷书

1《集成》15册,286页。2《说文》87页。3《睡甲》60页。4《马王堆》168页。5《甲金篆》264页。

形声字。《说文》:"臂,手上也。从肉,辟声。"《广雅·释亲》:"肱谓之臂。"今谓之"胳臂"。引申之,动物的前肢也称"臂"。《庄子·人间世》:"汝不知乎螳螂乎?怒其臂以当车辙。"又器械上似臂的部分也称"臂"。《墨子·杂守》:"梯两臂长三尺。"(严玉)

肘 zhǒu 端纽、幽部；知纽、有韵、陟柳切。

肘 商 西周 春秋 战国 《说文》小篆 汉 楷书

肘 春秋 战国

1《合集补编》5732。2《金文编》526页"守"字偏旁。3、4《侯马盟书》306页"守"字偏旁。5、6《古玺》183页"守"字偏旁。7《说文》87页。8《睡甲》60页。

形声字。手肘之"肘",其初文系于像手臂之形的肘弯凸起处加一竖笔符号,以示肘之所在,属指事字。后来这个初文字形渐与方寸之"寸"字混同,遂追加"肉"旁而写作"肘",应分析为从肉、寸(zhǒu)声之形声字。《说文》:"肘,臂节也。从肉,从寸,寸,手寸口也。"此说误。"肘"字所从之"寸"与手寸口之"寸"(cùn)字无涉。其实,后代不少从"寸"之字,如"守"、"讨"、"疛"、"纣"、"酎"等,皆以"肘"字初文为其声符。"肘"指上下臂可以弯曲的部位。《庄子·让王》"捉衿而肘见"用其本义。引申为动词,有以肘碰触之义。《战国策·秦策四》:"魏桓子肘韩康子。"(严玉)

腹 fù 帮纽、觉部；非纽、屋韵、方六切。

腹 商 商 西周 春秋 战国 《说文》小篆 秦 汉 楷书

1、2《合集》5373、31759。3《商周青铜器

铭文选》(一)119页。4《侯马盟书》339页。5《包山》62页。6《说文》87页。7《睡甲》61页。8《甲金篆》265页。

形声字。甲骨文从身（或从人），复声。春秋以后习从肉作"腹"。"腹"本义为躯干胸以下的部位，俗称肚子。甲骨文中已有本义的用法。《合集》5373"王腹不安"，意即"王的肚子不舒服"。引申为凡物体中间的部位或中空的部分亦可称"腹"。《礼记·投壶》："壶颈修七寸，腹修五寸。""腹"与"心"常连用，作"腹心"或"心腹"，是指亲信或内心、心中之义。西周墙盘铭文称乙祖"远猷腹心"，这是说乙祖为君王深谋远虑，是君王的心腹之臣。"腹心"一词与《诗·周南·兔罝》"公侯腹心"之词同义，皆指亲信。春秋《侯马盟书》："趙敢不闢其腹心。""闢其腹心"意谓剖明心迹，竭诚相待，"腹心"乃内心之义。腹部厚大，故"腹"引申而有厚义。《说文》："腹，厚也。"《礼记·月令》："冰方盛，水泽腹坚。"郑玄注："腹，厚也。"（严玉）

腴 yú 喻纽、侯部；以纽、虞韵、羊朱切。

腴¹—腴²—腴
《说文》小篆　汉　楷书

1《说文》88页。2《马王堆》166页。

形声字。本义为腹下肥肉。《说文》："腴，腹下肥也。从肉，臾声。"汉王充《论衡·语增》："桀、纣之君，垂腴尺余。"用其本义。引申之则肥沃甘美者皆可谓之"腴"。《战国策·赵策四》："封之以膏腴之地。"此谓土地肥沃。汉王充《论衡·艺增》："稻粱之味，甘而多腴。"此谓粮食甘美。又引申喻指事物的精髓。汉班固《答宾戏》："委命供己，味道之腴。"（严玉）

脽 shuí 禅纽、微部；禅纽、脂韵、视隹切。

脽¹—脽³—脽
战国　《说文》小篆　楷书

脽²
战国

1《集成》18册，359页。2《古玺》91页。3《说文》88页。

形声字。臀部谓之"脽"。《说文》："脽，尻也。从肉，隹声。""尻"即"臀"。《广雅·释亲》："臀谓之脽。"《黄帝内经·素问·六元正纪大论》："感于寒，则病人关节禁固，腰脽痛。"臀部为人体之高起部位，故"脽"可引申为高丘之称。亦用作地名。《史记·孝武本纪》："始立后土祠汾阴脽上。"又《封禅书》："汾阴巫锦为民祠魏脽后土营旁。"（严玉）

胯 kuà 溪纽、鱼部；溪纽、祃韵、苦化切。

胯¹—胯
《说文》小篆　楷书

1《说文》88页。

形声字。两股（大腿）之间谓之"胯"。《说文》："胯，股也。从肉，夸声。"段玉裁注："合两股言曰胯。"《史记·淮阴侯列传》："出我袴下。"裴骃集解引徐广曰："袴，一作胯。"《尔雅·释畜》："骊马白跨。"陆德明释文引《苍颉篇》曰："跨，两股间。"皆假借为"胯"。（严玉）

股 gǔ 见纽、鱼部；见纽、姥韵、公户切。

股¹—股²—股³—股⁴—股
《说文》小篆　秦　汉　汉　楷书

1《说文》88页。2《睡甲》61页。3《马王堆》160页。4《甲金篆》265页。

形声字。大腿谓之"股"。《说文》："股，髀也。从肉，殳声。"又："髀，股也。""股"、"髀"互训，两词皆可称大腿，区别是"髀"又指大腿骨。《论语·宪问》孔颖达疏："膝上曰股，膝下曰胫。"《战国策·秦策一》："读书欲睡，引锥自刺其股。"《左传·僖公二十二年》："公伤股。"皆用其本义。大腿为腿之粗壮部分，引申之，车辐近毂部位也较粗，故称之为"股"。《周礼·考工记·轮人》："参分其股围，去一以为骹围。"郑玄注引郑司农曰："股谓近毂者也，骹谓近牙者也。方言股以喻其丰，故言骹以喻其细。"人身自腰以下分为两腿，故"股"引申而有分支、部分之义。《汉书·沟洫志》："其西因山足高地，诸渠皆往往股引取之。"颜师古注引如淳曰："股，支别也。"今称股票、人事股（机构名）皆用此引申义。（严玉）

脚 jiǎo 见纽、铎部；见纽、药韵、居勺切。

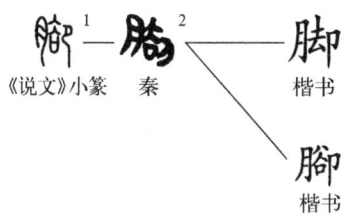

1《说文》88页。2《睡甲》61页。

形声字。从肉，却声。声符"却"战国时讹为"卻"，故"脚"也有两种写法，作"脚"与"腳"。今简化字作"脚"。"脚"本义为胫，即小腿。《说文》："腳，胫也。"《荀子·正论》："捶笞膑脚。"亦指脚掌。唐李白《梦游天姥吟留别》："脚着谢公屐。"引申为凡物体下端与地面接触的部分。如山脚、墙脚、床脚等，甚至下垂的云、下射的光芒也可以"脚"称之。唐白居易《钱塘湖春行》："水面初平云脚低。"宋苏轼《牛口见月》："月脚垂孤光。"在"脚色"一词中，"脚"读 jué，有履历、人物角色、真相等义。（严玉）

脛（胫）jìng 匣纽、耕部；匣纽、径韵、胡定切。

1《说文》88页。2《马王堆》163页。3、4《甲金篆》265页。

形声字。今简化字作"胫"，乃"脛"之草书的隶定。小腿谓之"胫"。《说文》："脛，胻也。从肉，巠声。"段玉裁注："膝下踝上曰胫。"《论语·宪问》："以杖叩其胫。"皇侃义疏："脚胫也。膝上曰股，膝下曰胫。"《山海经·海内经》："有赤胫之民。""赤胫"谓赤色小腿。胫骨（小腿内侧骨）亦称"胫"。《玉篇·肉部》："胫，腓肠前骨头。"《汉书·赵充国传》："闻若脚胫寒泄。"颜师古注："胫，膝以下骨也。"又泛指腿或脚。《庄子·徐无鬼》："鹤胫有所节。"汉孔融《论盛孝章书》："珠玉无胫而自至者，以人好之也。"引申指强直。汉扬雄《太玄·争》："臂膊胫如。"（严玉）

胻 héng 匣纽、阳部；匣纽、庚韵、户庚切。

1《说文》88页。2《马王堆》162页。

形声字。胫骨上端谓之"胻"。《说文》："胻，胫耑也。从肉，行声。"段玉裁注："耑犹头也，胫近膝者曰胻……言胫则统胻，言胻不统胫。"其实泛言之，"胻"也可称"胫"。《说文》："胫，胻也。"《广雅·释亲》："胻，胫也。"《史记·龟策列传》："壮士斩其胻。""斩其胻"即斩其胫骨。（严玉）

腓 féi 并纽、微部；奉纽、微韵、符非切。

1《说文》88页。2《甲金篆》265页。

形声字。"腓"即腓肠肌，胫骨后的肉，俗称腿肚子。《说文》："腓，胫腨也。从肉，非声。"又："腨，腓肠也。"段玉裁注："诸书或言膊肠，或言腓肠。谓胫骨后之肉也。腓之言肥，似中有肠者然，故曰腓肠。"小腿也可称"腓"。《庄子·在宥》："腓无胈，胫无毛。"这里"腓"、"胫"对文，概指小腿而言。另，小腿外侧较胫骨小的骨头谓之"腓骨"。"腓"又指古代剔除膝盖骨或断足的酷刑。汉班固《白虎通义·五刑》："腓者，其膑。"（严玉）

肖 xiāo 心纽、宵部；心纽、笑韵、私妙切。
xiào

1、2《侯马盟书》346页。3《金文编》282页。4《古玺》91页。5《玺汇》379页。6《说文》88页。

形声字。其声符，春秋、战国文字或从"少"作。"小"、"少"古本一字分化，古音相通。《说文》："肖，骨肉相似也。从肉，小声。""肖"本义为相似，相像。《淮南子·地形》："肖形而蕃。"《礼记·杂记下》："某之子不肖。"郑玄注："肖，似也。不似，言不如人。"引申为仿效义。宋王安石《张君玉墓志铭》:"我肖其涤,以清厥身。""肖"又有衰微、渺小义,这时读xiāo。《史记·太史公自序》:"申吕肖矣。"《庄子·列御寇》:"达于知者肖。"春秋《侯马盟书》及战国魏大梁鼎诸"肖"字皆用为姓氏之"趙(赵)"字。(严玉)

胤 yìn 喻纽、文部;以纽、震韵、羊晋切。

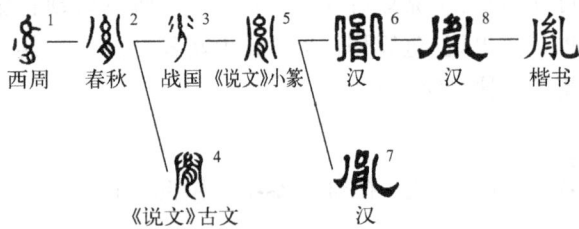

1、2、3《金文编》283页。4、5《说文》88页。6、7、8《甲金篆》265页。

构意不明。子孙相承续谓之"胤"。《说文》:"胤,子孙相承续也。从肉,从八,象其长也;从幺,象重累也。𦞩,古文胤。"段玉裁注:"八,分也。骨肉所传,支分派别,传之无穷。是以会意说解"胤"字。但从初文来看,"胤"字从"肉"是对的,但从"八"却可能非是。其中像"八"的两笔画与"幺"字连在一起,似不能拆分。至春秋时,"幺"的左右两画才对称拉长而成"八"字形,战国时或又繁化而成"父"字形,汉印则又弯曲下垂以美其形,才演变为今"胤"字。但"胤"的构形初意却难以索考了。汉隶"胤"字所从幺或讹变为从口。战国中山𡨚蚕壶"胤嗣𡨚蚕","胤"、"嗣"同义连用,皆继承义。春秋秦公簋:"百辟胤士。"孙诒让以为"胤"当为"尹",是官的意思。(严玉)

胄 zhòu 定纽、幽部;澄纽、宥韵、直祐切。

胄¹—胄
《说文》小篆 汉 楷书

1《说文》88页。2《甲金篆》266页。

形声字。帝王或贵族的后代谓之"胄"。《说文》:"胄,胤也。从肉,由声。"《左传·襄公十四年》:"是四岳之裔胄也。""裔"、"胄"同义连用,并指后世苗裔。要注意的是,裔胄之"胄"与表示头盔的甲胄之"胄"本非一字,甲胄之"胄"从冃(音mào,帽的初文),由声。隶变楷化后两字常混同无别。(严玉)

膻 dàn 定纽、元部;定纽、旱韵、徒旱切。
shān

膻¹—膻
《说文》小篆 楷书

1《说文》88页。

形声字。脱去上衣露出身体谓之"膻",读dàn。也叫"肉膻"或"膻裼"。《说文》:"膻,肉膻也。从肉,亶声。《诗》曰:'膻裼暴虎。'"其引《诗》意为光着膀子徒步(不乘田猎之车)与老虎搏斗。"膻"字之义文献中多用"禋"或"袒"字表示,大概是因其用为"膻中"(中医穴位之一,在胸中两乳间,又称气海)之名后,复造从衣、亶声之"禋"以表"膻"之本义。"袒"本义为衣缝开裂,以"袒"为"膻"乃为假借。段玉裁注:"《释训》、《毛传》皆云:'禋裼,肉禋也。'李巡云:'脱衣见体曰肉禋。'孙炎云:'禋,去裼衣。'按多作禋、作袒,非正字,膻其正字。"现代则通行用"袒"字,如"袒胸露臂"。要注意的是,表示似羊肉的气味或泛指膻气的"羴"字,后世也作"膻",读shān,与肉膻之"膻"并非一字。(严玉)

臞(癯) qú 群纽、鱼部;群纽、虞韵、其俱切。

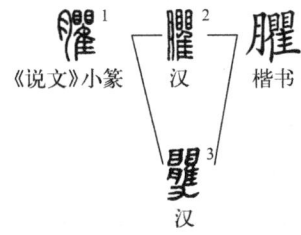

1《说文》88页。2、3《甲金篆》266页。

形声字。消瘦谓之"臞"。《说文》:"臞,少肉也。从肉,瞿声。"《史记·司马相如列传》:"相如以为列仙之传居山泽间,形容甚臞。"裴骃集解引徐广曰:"臞,瘦也。"汉隶"臞"字或从䍿声。今通行作"癯"。(严玉)

脱 tuō 透纽、月部;透纽、末韵、他括切。

脱¹—脱²—脱³—脱
《说文》小篆 秦 汉 楷书

1《说文》88页。2《睡甲》61页。3《甲金篆》266页。

形声字。过于消瘦谓之"脱"。《说文》:"脱,消肉臞也。从肉,兑声。"段玉裁注:"消肉之臞,臞之甚者也。今俗语谓瘦太甚者曰脱形,言其形象如解蜕也。"《尔雅》:"肉去骨曰脱。"是说人过瘦则似肉离其骨而去,故"脱"引申而有脱离、逃脱、脱落、解脱、解下等义。言行简慢,不自约束则谓之通脱、简脱、脱略,谓其言行与礼法、理智相脱离也。《国语·周语中》:"入险而脱(脱略),能无败乎!"又疾病迅速痊愈称为"脱然"。《公羊传·昭公十五年》:"乐正子春之视疾也,复加一饭,则脱然愈。"此并"脱"字本义引申而来。(严玉)

膌(瘠) jí 从纽、锡部;从纽、昔韵、秦昔切。

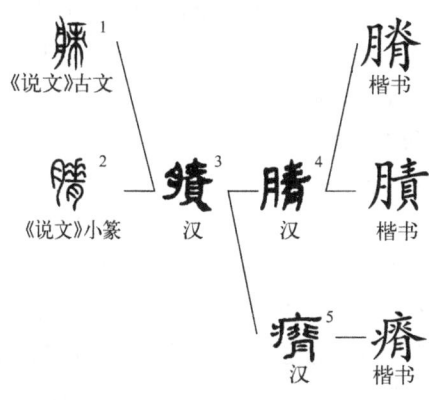

1、2《说文》88页。3《马王堆》167页。4、5《甲金篆》266页。

形声字。身体瘦弱谓之"膌"。《说文》:"膌,瘦也。从肉,脊声。瘠,古文膌,从疒,朿。""膌"字异体较多:战国作"瘠",从疒,朿("刺"初文)声。小篆作"膌",从肉,脊声。汉代作"膌",从肉,責声。汉代或作"瘠",从疒,脊声。人病则体瘦,其形符从疒与从肉相通。其所从声符,"責"从朿得声,朿、脊古音相近,三字古音相通。现代汉字通行用"瘠"。(严玉)

肬(疣) yóu 匣纽、之部;云纽、尤韵、羽求切。

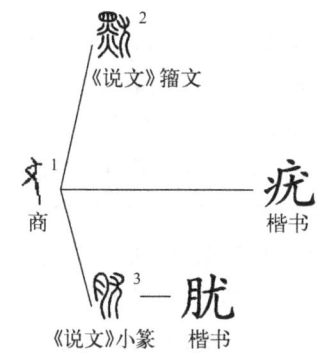

1《合集》2545页。2、3《说文》88页。

形声字。皮肤上长的小肉瘤谓之"肬"。其初文即"尤"字,甲骨文作 ,系在"又"(手)上添加指事符号而成的指事字(参见"尤"字条)。"尤"添加形符"肉"而成为形声字。《说文》:"肬,赘也。从肉,尤声。黖,籀文肬,从黑。"籀文从黑之意不明。"肬"亦作"疣",从疒,尤声。《广韵·尤韵》:"肬,同疣。结病也。"今简化字把"肬"作为异体并入"疣"字。马王堆汉墓帛书《五十二病方》有"尤者"。"尤"即"肬(疣)","尤者"即长疣子的人。《灵枢·经脉》:"虚则生肬。"肬是皮肤上赘生的无用的瘤状物,故后人以"赘疣"比喻多余而无用的东西。(严玉)

腫(肿)

zhǒng 章纽、东部;章纽、肿韵、之陇切。

腫¹—瞳²—腫³—腫—肿
战国《说文》小篆 汉 楷书 楷书

1《古玺》92页。2《说文》88页。3《甲金篆》267页。

形声字。战国文字作"瞳",从肉,童声(后代"瞳胧"之字与之同形)。简化字作"肿",从肉,中声。肌肤浮胀或因伤而凸起称之为"肿",疮痈亦称"肿"。《说文》:"腫,痈也。从肉,重声。"段玉裁注:"按凡膨胀粗大者谓之痈肿。"汉王充《论衡·状留》:"肉暴长者曰肿。"《周礼·天官》:"疡医掌肿疡。"郑玄注:"肿疡,痈而上生疮者。"《后汉书·济北惠王寿传》:"体生疮肿。""疮肿"即"疮痈"。(严玉)

臘(腊) là 来纽、葉部;来纽、盍韵、卢盍切。

臘¹—臘²—㜑³—臘—腊
《说文》小篆 汉 汉 楷书 楷书

1《说文》88页。2《汉印徵》卷4,13页。3《马王堆》168页。

形声字。古代把干肉称为"腊",字本从肉,昔声,与"臘"字不同音。因"腊"与"臘肉"同义,故后来或用"腊"为"臘"的简体。今简化字即采用了这个简体。"臘"本义是古人在岁终时举行的一种祭祀。《说文》:"臘,冬至后三戌腊祭百神。从肉,巤声。"《左传·僖公五年》:"宫之奇以其族行,曰:'虞不腊矣。'"杜预注:"岁终祭众神之名。"因腊祭所在之月为夏历十二月,故夏历十二月又称为"腊月",在十二月或冬天腌制后风干或熏干的肉称为"腊肉"。另"腊"读 liè 时,指的是剑两面的刃。《周礼·考工记·桃氏》:"桃氏为剑,腊广二寸又半寸。"(严玉)

膢 lǘ　来纽、侯部；来纽、侯韵、落侯切。

膢¹ — 膢
《说文》小篆　楷书

1《说文》88页。

形声字。古代祭名。其行祭时日，各地有所不同。《说文》："膢，楚俗以二月祭饮食也。从肉，婁声。"《汉书·武帝纪》："（三月）令天下大酺五日，膢五日。"《玉篇·肉部》："膢，饮食祭也。冀州八月，楚俗二月。"《风俗通义·膢》："楚俗常以十二月祭饮食也。又曰尝新始杀也，食新曰朡膢。"（严玉）

朓 tiǎo　透纽、宵部；透纽、篠韵、土了切。
　　　tiào　透纽、宵部；透纽、啸韵、他吊切。

朓¹ — 朓
《说文》小篆　楷书

1《说文》88页。

形声字。古代祭名。《说文》："朓，祭也。从肉，兆声。"读 tiǎo。另，指农历月底月亮在西方出现义的"朓"，读 tiào。从月，兆声，与祭名义的"朓"本非一字，楷化后才成为了同形字。（严玉）

胙 zuò　从纽、铎部；从纽、暮韵、昨误切。

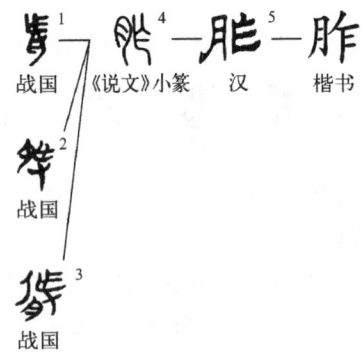

1《古玺》94页。2、3《包山》62页。4《说文》89页。5《甲金篆》267页。

形声字。战国文字又作、，赘加形符"又"，声符或从"作"声，与从"乍"声同。"胙"的本义是祭祀求福用的肉。《说文》："胙，祭福肉也。从肉，乍声。"《包山楚简》205："归胙于栽郢之岁。"《左传·僖公九年》："王使宰孔赐齐侯胙。""胙"皆用其本义。引申而有福祐、酬报之义。《左传·昭公二十五年》："天若胙君，不过周公。"亦指赏赐，赐予。《左传·隐公八年》："胙之土而命之氏。"（严玉）

隋 duò　定纽、歌部；定纽、果韵、徒果切。
　　　suí　邪纽、歌部；邪纽、支韵、旬为切。

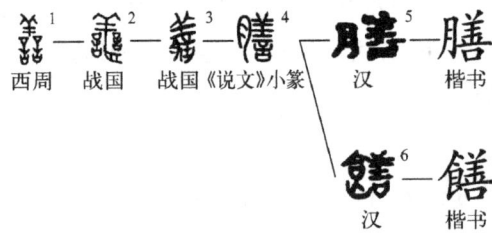

1《侯马盟书》338页。2《说文》89页。3《睡甲》61页。4《马王堆》165页。5《甲金篆》267页。

形声字。祭享后所剩余的肉谓之"隋"。《说文》："隋，裂肉也。从肉，隓省声。"段玉裁注："裂肉谓尸所祭之余也。""隋"本从肉，陒声，音堕。"陒"或繁作"隓"，音灰，是"隳"之本字。《说文》说"隋"从隓省声非是。"陒"本从阜，圣（与"聖"之简化字"圣"非一字）声，是一个形声字。其声符"圣"从又（手），从土。后"又"写作十（古文字偏旁有时左右无别），"土"旁讹为"工"，遂有"隋"之字形。"隋"本又音随（"随"繁体作"隨"，即以"隋"作其声符）。睡虎地秦简《为吏之道》30："四曰善言隋行，则士毋所比。""隋"读为"惰"。又《日书》甲种44反："丈夫女子隋须赢髪黄目。""隋"读为"堕"。马王堆帛书《老子乙》229下："隋而不见其后。""隋"读为"随"。隋又为周代诸侯国名、朝代名（隋朝）、姓氏，皆读为 suí。（严玉）

膳 shàn　禅纽、元部；禅纽、线韵、时战切。

膳¹ — 膳² — 膳³ — 膳⁴ — 膳⁵ — 膳
西周　战国　战国《说文》小篆　汉　楷书

饍⁶ — 饍
汉　楷书

1、2《金文编》283页。3《郭店》75页。4《说文》89页。5、6《甲金篆》267页。

形声字。准备饭食谓之"膳"。西周时字只作"善"，东周开始追加"肉"旁而成为形声字"膳"，汉时字或作"饍"，从食，善声。《说文》："膳，具食也。从肉，善声。"段玉裁注："具者，供置也，欲善其事也。"西周小克鼎："王命善夫舍令于成周。""善夫"即膳夫，为职官名。"善"本从羊，从二"言"，晚周省去一"言"，隶变楷化后作"善"。具食含进献之事，故"膳"有进献食物之义。《仪礼·公食大夫礼》："宰夫膳稻于梁西。"郑玄注："膳，犹进也。"又用作烹调义。《周礼·天官·庖人》："春行羔豚，膳膏香。""膳"作名词多用其饭食义，一般指肉食类美食。《周礼·天官·膳夫》："掌王之食饮膳羞。"郑玄注："膳，牲肉也。"《礼记·玉藻》："膳于君。"郑玄注："膳，美食也。"战国齐侯敦："齐侯乍（作）……孟姜善（膳）敦。""善敦"即膳食所用之敦。（严玉）

肴

yáo　匣纽、宵部；匣纽、肴韵、胡茅切。

肴¹—肴²—肴
《说文》小篆　汉　楷书

1《说文》89页。2《甲金篆》267页。

形声字。"肴"指做熟的鱼肉等。《说文》："肴，啖也。从肉，爻声。"《广雅》："肴，肉也。"《楚辞·招魂》："肴羞未通。"王逸注："鱼肉为肴。"（严玉）

腆

tiǎn　透纽、文部；透纽、铣韵、他典切。

腆¹—腆
《说文》古文　楷书

腆²—腆³—腆
《说文》小篆　汉　楷书

1、2《说文》89页。3《甲金篆》267页。

形声字。饭菜丰盛谓之"腆"。《说文》："腆，设膳腆腆多也。从肉，典声。腆，古文腆。"其古文下部从"日"，应是从"月"之讹，《玉篇》"腆"又作"䐌"可证。"腆"由饭菜丰盛引申为凡丰厚之称。《小尔雅》："腆，厚也。"《左传·僖公三十三年》："不腆敝邑。"杜预注："腆，厚也。"又引申为善、美善。《礼记·郊特牲》："币必诚，辞无不腆。"郑玄注："腆犹善也。"（严玉）

腯

tú　定纽、物部；定纽、没韵、陀骨切。

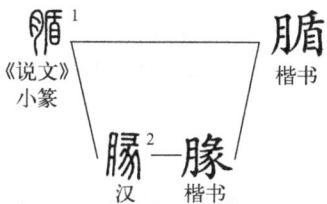

腯¹—腯
《说文》小篆　楷书

豚²—豚
汉　楷书

1《说文》89页。2《甲金篆》267页。

形声字。猪肥壮谓之"腯"。汉时字或从象声作"豚"。《说文》："腯，牛羊曰肥，豕曰腯。从肉，盾声。"段玉裁注："按人曰肥，兽曰腯，此人、物之大辨也。又析言之，则牛羊得称肥，豕独称腯。"《集韵》卷九："肥也。或作豚。"《左传·桓公六年》："奉牲以告，曰'博硕肥腯'，谓民力之普存也。""肥腯"连用，"腯"亦肥义。（严玉）

胡

hú　匣纽、鱼部；匣纽、模韵、户吴切。

胡¹　　胡²—胡³—胡⁴—古月⁵—胡
战国　　战国《说文》小篆　汉　　楷书

1《古玺》92页。2《古陶字汇》155页。3《说文》88页。4《马王堆》161页。5《甲金篆》268页。

形声字。"胡"本义为牛脖子下的垂肉。《说文》："胡，牛顄垂也。从肉，古声。"徐锴系传："牛颔下垂皮也。"引申之，动物颔、颈之下垂处皆可称"胡"。《诗·豳风·狼跋》："狼跋其胡。"毛传："老狼有胡。"朱熹注："胡，颔下悬肉也。"《汉书·郊祀志上》："有龙垂胡须下迎黄帝。"颜师古注："胡，谓颈下垂肉也。"器物的下垂部分亦可称"胡"。《周礼·考工记·冶氏》："戈广二寸，内倍之，胡三之，援四之。"孙诒让注："胡之言喉也。援曲而有胡，如人之喉在首下，曲而下垂然。"引申而有长远义。《仪礼·士冠礼》："永受胡福。"郑玄注："胡，犹遐也，远也。"再引申而有寿、长寿义。《诗·周颂·载芟》："胡考之宁。"毛传："胡，寿也。"（严玉）

膘

biāo　並纽、宵部；並纽、小韵、符小切。

膘¹—膘
《说文》小篆　楷书

1《说文》89页。

形声字。牲畜小腹两边的肥肉谓之"膘"。《说文》："膘，牛胁后髀前合革肉也。从肉，票声。"段玉裁注："合革肉者，他处革与肉可分剥，独此处不可分剥也。……《三苍》云：'膘，小腹两边肉也。'"《诗·小雅·车攻》："大庖不盈。"毛传云："故自左膘而射之，达于右腢，为上杀。"引申之则肥肉皆可称"膘"，如膘肥体壮、上膘等。（严玉）

脯 fǔ / pú

帮纽、鱼部；非纽、虞韵、方矩切。

战国　《说文》小篆　秦　汉　汉　楷书

1《包山》62页。2《说文》89页。3《睡甲》61页。4《马王堆》163页。5《甲金篆》268页。

形声字。干肉谓之"脯"。战国楚简字从肉，父声，小篆从肉，甫声（"甫"从父声）。《说文》："脯，干肉也。"《周礼·天官·冢宰》："（腊人）掌干肉，凡田兽之脯腊膴胖之事。"郑玄注："大物解肆干之，谓之干肉……薄析曰脯。"《论语·乡党》："沽酒市脯不食。"睡虎地秦简《日书》1082"脯脩"之"脯"并用其本义。用作动词，亦谓制成干肉。《荀子·正论》："故脯巨人而炙婴儿矣。"引申之，干果亦称之为"脯"，如桃脯、杏脯等，统称果脯。以上读fǔ。另，人或动物的胸部或胸部的肉也称作"脯"，读为pú。（严玉）

脩（修）xiū

心纽、幽部；心纽、尤韵、息流切。

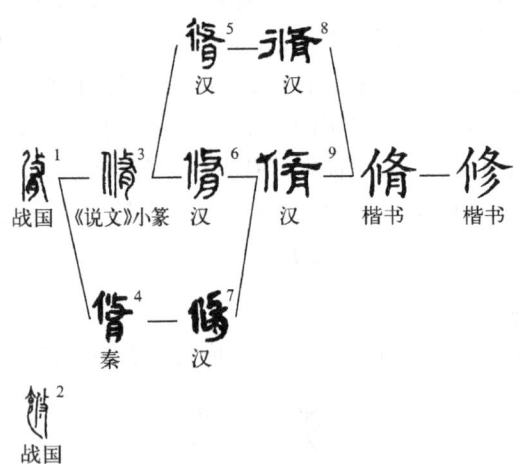

战国　《说文》小篆　汉　汉　楷书　楷书

秦　汉

战国

1《古玺》93页。2《中山》70页。3《说文》89页。4《睡甲》61页。5、6、7《马王堆》163页。8、9《甲金篆》268页。

形声字。干肉又谓之"脩"。"脩"字从肉，攸声。战国金文字或从食，攸声。《说文》："脩，脯也。从肉，攸声。"《周礼·天官·冢宰》："（腊人）掌干肉，凡田兽之脯腊膴胖之事。"郑玄注："大物解肆干之，谓之干肉，若今凉州乌翅矣。薄析曰脯，棰之而施姜桂曰锻脩。腊，小物全干。"是"脩"乃施姜桂等佐料加以精制的干肉，故又称为"锻脩"，又作"殿脩"或"段脩"。《仪礼·有司》："取糗与殿脩。"《礼记·昏义》："枣栗段脩。"又作"束脩"。《论语·述而》："自行束脩以上，吾未尝无诲焉。"古代从师以送"束脩"为礼，后引申之，送给老师的酬金亦称为"脩"。又引申为干、干枯义。《诗·王风·中谷有蓷》："中谷有蓷，暵其脩矣。"毛传："脩，且干也。"睡虎地秦简《日书》1082："得之于酉（酒）脯脩节肉。""脯脩"同义连用，为其本义。又《语书》4："脩法律令。"《为吏之道》5："正行脩身。""脩"则皆假为"修"。自秦汉以后，除干肉义只用"脩"外，"脩"与"修"皆通用。今简化字方案除保留本义之"脩"外，又将"脩"作为异体并入"修"字。（严玉）

脘 wǎn

见纽、元部；见纽、缓韵、古满切。

《说文》小篆　楷书

1《说文》89页。

形声字。"脘"为胃的内腔。《说文》："脘，胃府也。从肉，完声。读若患。旧云脯。"《正字通·肉部》："胃之受水谷者曰脘。"《黄帝内经·素问·调经论》："上焦不行，下脘不通。"又"脘"表胃脯，段玉裁注改"胃府"为"胃脯"云："'胃脯'见《史》《汉》货殖传，晋灼曰：'今大官常以十月作沸汤燖羊胃，以末椒姜坋之，暴使燥。'是也。《广雅》曰：'脘，脯也。'"（严玉）

朐 qú

群纽、侯部；群纽、虞韵、其俱切。

《说文》小篆　汉　汉　楷书

1《说文》89页。2、3《甲金篆》269页。

形声字。弯曲的干肉谓之"朐"。《说文》："朐，脯挺也。从肉，句声。"《礼记·曲礼上》："以脯脩置者，左朐右末。"郑玄注："屈中曰朐。"引申为凡屈曲之称。如车轭曲，亦称为"朐"。《左传·昭公二十六年》："繇朐汏辀。"杜预注："朐，车轭。"又为虫名。清段玉裁《说文解字注》"朐"字条："汉巴郡有朐忍县，《十三州志》曰：'其地下湿，多朐忍虫，因名。'朐忍虫即丘蚓，今俗云曲蟮也。"（严玉）

膴 hū / wǔ

晓纽、鱼部；晓纽、模韵、荒乌切。
明纽、鱼部；明纽、虞韵、文甫切。

《说文》小篆　汉　楷书

1《说文》89页。2《甲金篆》269页。

形声字。去骨的干肉谓之"膴"。《说文》:"膴,无骨腊也。从肉,无声。"段玉裁注:"《腊人》:'掌干肉,凡田兽之脯腊膴胖之事。'脯腊皆谓干肉,故许释膴为无骨腊。"引申指大块的鱼肉。《礼记·少仪》:"羞濡鱼者进尾……祭膴。"郑玄注:"膴,大脔,谓刳鱼腹也。"再引申而有厚盛、肥沃之义,读wǔ。《诗·小雅·节南山》:"琐琐姻亚,则无膴仕。"毛传:"膴,厚也。"《诗·大雅·绵》:"周原膴膴。"郑玄笺:"周之原地,在岐山之南,膴膴然肥美。"(严玉)

胥 xū 心纽、鱼部;心纽、鱼韵、相居切。

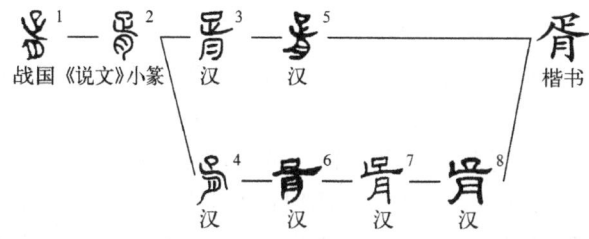

1《古玺》93页。2《说文》89页。3《银雀山》148页。4-8《甲金篆》269页。

形声字。"胥"字古或从足,"疋"、"足"古本一字。蟹酱谓之"胥"。《说文》:"胥,蟹醢也。从肉,疋声。"《周礼·天官·庖人》:"共祭祀之好羞。"郑玄注:"谓四时所为膳食,若荆州之鳠鱼,青州之蟹胥。"《释名》:"蟹胥,取蟹藏之,使骨肉解之,胥胥然也。"文献中,"胥"多因音同而假为他用。《诗·大雅·绵》:"爰及姜女,聿来胥宇。"郑玄笺:"于是与其妃大姜自来相可居者。"《书·盘庚上》:"汝曷弗告朕,而胥动以浮言。"《方言》卷六:"胥,辅也。"《广雅·释诂二》:"胥,助也。"此皆用"胥"为"相"之义。《列子·天瑞》:"胡蝶胥也化而为虫。"《荀子·君道》:"狂生者不胥时而落。""胥"用为"须",义为须臾、等待。《尚书大传》二:"佐文王为胥附、奔辏、先后、御侮。"《诗·大雅·绵》"胥附"作"疏附",谓使疏远者亲附。此用"胥"为"疏"。"胥"又用为职官名,指官府中的小吏,这时应读xǔ。(严玉)

胹 ér 日纽、之部;日纽、之韵、如之切。

1《说文》89页。

形声字。肉煮烂谓之"胹"。《说文》:"胹,烂也。从肉,而声。"引申而有煮义。《左传·宣公二年》:"宰夫胹熊蹯不熟,杀之。"《楚辞·招魂》:"胹鳖炮羔。""胹"皆煮义。(严玉)

胜(腥) xīng 心纽、耕部;心纽、青韵、桑经切。

1《说文》89页。2《马王堆》161页。

形声字。"胜"本腥臊之"腥"的初文。《说文》:"胜,犬膏臭也。从肉,生声。一曰不孰也。"凡肉不熟则犹有腥味,故亦谓之"胜"。后来由于语音的变化,"胜"之声符"生"与本字的读音不谐,故其本义通行用"腥"("腥"本猪肉米粒状息肉之本字,见"腥"字条)字来表示。要注意的是,今用"胜"为"勝"的简化字,非上述之"胜"字。(严玉)

臊 sāo 心纽、宵部;心纽、豪韵、苏遭切。 sào

1《说文》89页。

形声字。肉或动物体上的腥臭味谓之"臊"。《说文》:"臊,豕膏臭也。从肉,喿声。"此谓猪肉之臊味。《礼记·内则》:"狗赤股而躁,臊。"此谓狗体臊。《荀子·荣辱》:"鼻辨芬芳腥臊。"此乃泛指。引申而有丑恶之义。《魏书·抱嶷传》:"臊声布于朝野。"以上读sāo。"臊"又有害羞义。《金瓶梅》三三回:"平白臊剌剌的。"又"臊子",指细切的肉、肉末。《金瓶梅》六七回:"一碗臊子韭。"以上读sào。(严玉)

腥 xīng 心纽、耕部;心纽、青韵、桑经切。

1《说文》89页。

会意兼形声字。"腥"本义是猪肉中像米粒的息肉。《说文》:"腥,星见食豕,令肉中生小息肉也。从肉、星,星亦声。"这是说星星出现时喂猪而导致息肉产生。《周礼·天官·内饔》:"豕盲眂而交睫,腥。"郑玄注:"肉有如米者似星。"又是说猪远视交睫而导致息肉产生。并为古人不明猪息肉乃因病而起的不科学的解释。但这些解释说明了"腥"为何从"星"的原因。"腥"用为腥臊味或生肉之称,则与古"胜"字同义(见"胜"字条)。《楚辞·九章》:"腥臊并御,芳不得薄兮。"指腥臭的气味。汉刘向《说苑·君道》:"分熟不如分腥。"指生肉。(严玉)

脂 zhī 章纽、脂部;章纽、脂韵、旨夷切。

1《古玺》93页。2《郭店》76页。3《说文》90页。4《睡甲》62页。5《甲金篆》268页。

形声字。动植物的油脂曰"脂"。《说文》:"脂,戴角者脂,无角者膏。从肉,旨声。"《周礼·考工记·梓人》:"天下之大兽五,脂者、膏者、臝者、羽者、鳞者。"郑玄注:"脂,牛羊属。膏,豕属。"其实,统言之,脂、膏无别,可泛指油脂、油膏。《大戴礼记·易本命》:"有羽者脂。"是无角者亦可称脂。《玉篇·肉部》:"脂,脂膏也。"《国语·越语上》:"勾践载稻与脂于舟以行。"韦昭注:"脂,膏也。"用为动词,指用脂膏涂物。《左传·襄公三十一年》:"巾车脂辖。"郭店楚简《唐虞之道》11:"顺乎脂肤血气之情。""脂"用其本义。睡虎地秦简《秦律十八种》28:"官有钱者自为买脂胶。"脂胶盖润滑类油脂。(严玉)

腻(膩) nì 泥纽、脂部;泥纽、至韵、女利切。

腻¹—腻²—腻—腻
《说文》小篆 汉 楷书 楷书

1《说文》90页。2《马王堆》168页。

形声字。今简化字作"腻"。表层脂肪谓之"腻"。《说文》:"腻,上肥也。从肉,貳声。"段玉裁注:"谓在上者。"汉蔡邕《为陈留太守上孝子状》:"但用麦饭寒水,不食肥腻。"引申为光滑之义。《楚辞·招魂》:"靡颜腻理。"王逸注:"腻,滑也。"又引申为污垢。唐元稹《野节鞭》:"玉滑无尘腻"。(严玉)

膜 mó 明纽、铎部;明纽、铎韵、慕各切。

膜¹—膜
《说文》小篆 楷书

1《说文》90页。

形声字。生物体内部的薄皮形组织谓之"膜"。《说文》:"膜,肉间胲膜也。从肉,莫声。"《黄帝内经·素问·太阴阳明论》:"脾与胃以膜相连耳。"引申之则凡薄皮状物皆可谓之"膜"。明陈懋仁《庶物异名疏》:"竹膜,即笨,竹中之白薄皮,敷笛以发声。"今塑料膜、面膜等。又"膜拜",指合掌加额,长跪而拜。《宋史·占城国传》:"官属谒见膜拜。"(严玉)

臛 hé 晓纽、药部;晓纽、铎韵、呵各切。

臛¹—臛
《说文》小篆 楷书

1《说文》90页。

形声字。肉羹谓之"臛"。《说文》:"臛,肉羹也。从肉,萑声。"段玉裁注:"《礼经》:'牛臐、羊臐、豕臛',郑云:'今时臛也。'是今谓之臛,古谓之羹。臛字不见于古经,而见于《招魂》,王逸曰:'有菜曰羹,无菜曰臛。'王说与《礼》合。许不云'羹也',而云'肉羹也'者,亦无菜之谓。"(严玉)

膾(脍) kuài 见纽、月部;见纽、泰韵、古外切。

膾¹—膾²—膾—脍
《说文》小篆 汉 楷书 楷书

1《说文》90页。2《银雀山》149页。

形声字。今简化字作"脍"。细切的肉、鱼谓之"脍"。《说文》:"膾,细切肉也。从肉,會声。"《礼记·内则》:"肉腥细者为脍。"《汉书·东方朔传》:"生肉为脍。"《论语·乡党》:"食不厌精,脍不厌细。"(严玉)

腌 yān 影纽、谈部;影纽、严韵、于严切。

腌¹—腌
《说文》小篆 楷书

1《说文》90页。

形声字。"腌"本义为用盐浸渍肉类。《说文》:"腌,渍肉也。从肉,奄声。"引申之用盐或糖浸渍一切食物皆可称为"腌"。"腌"又读 ā 或 āng,为脏、恶劣等义。(严玉)

散 sàn 心纽、元部;心纽、翰韵、苏旰切。

sǎn 心纽、元部;心纽、旱韵、苏旱切。

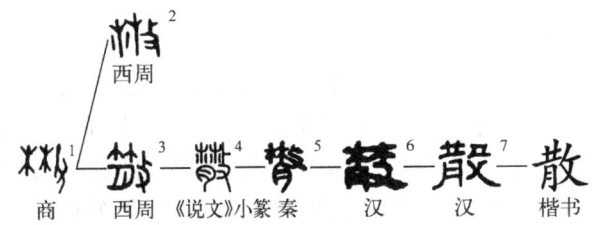
散
商　西周　《说文》小篆　秦　汉　汉　楷书

1《合集》29092。2、3《金文编》283页。4《说文》90页。5《睡甲》62页。6《马王堆》164页。7《甲金篆》270页。

形声字。初文作"槃",从林从攴会意。金文其字所从形符"林"或省作"艸",又追加"月"为声符。战国字形讹变已甚。《说文》讹为从肉从椒作"散",训为"杂肉也"。汉隶"林"旁又变为"土",字形遂变为今"散"字。本义是芟除草木,分散是其引申义。甲骨文"槃"用为地名或国族名。《合集》8183:"王往槃?"西周金文"散"用为国族名。如散伯簋,"散伯"指散国族的伯长。睡虎地秦简《秦律十八种》117:"兴徒以斩(堑)垣离(篱)散及补缮之。"此"散"用其分散义。"散"又读sǎn,有散漫、松散、闲散等义。（严玉）

腏 zhuì 端纽、月部;知纽、祭韵、陟卫切。

腏—腏—腏—腏
《说文》小篆　秦　汉　楷书

1《说文》90页。2《睡甲》62页。3《马王堆》165页。

形声字。战国时或作上下结构。《说文》:"腏,挑取骨间肉也。从肉,叕声。""腏"或用为"餟",指连续祭祀众神。《汉书·郊祀志》:"其下四方地,为腏,食群神从者及北斗云。"（严玉）

胏 zǐ 庄纽、脂部;庄纽、止韵、阻史切。

胏—胏
《说文》古文　楷书

𦙍—𦙍
《说文》小篆　楷书

1、2《说文》90页。

形声字。"胏"字见于《说文》古文,从肉,弗声。小篆本作𦙍,后通行用"胏"字。《说文》:"𦙍,食所遗也。从肉,仕声。《易》曰:'噬干𦙍。'胏,扬雄说𦙍从弗。"段玉裁注:"马融、陆绩皆曰:'肉有骨谓之胏。'"《易·噬嗑》:"噬干胏。"是连骨的干肉亦谓之"胏"。（严玉）

䐅 xiàn 匣纽、侵部;匣纽、陷韵、户籀切。

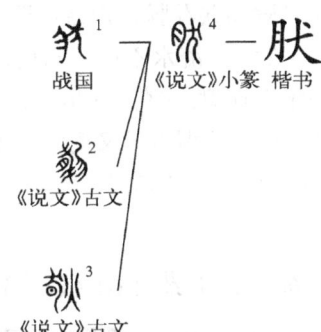
战国　《说文》小篆　楷书

1《玺汇》282页。2《说文》90页。

形声字。吃肉不满足谓之"䐅"。《说文》:"䐅,食肉不厌也。从肉,臽声。"战国古玺"䐅"用为"阎"姓字。（严玉）

肰 rán 日纽、元部;日纽、仙韵、如延切。

肰—肰—肰
战国　《说文》小篆　楷书

𣢜
《说文》古文

𣢜
《说文》古文

1《郭店》76页。2、3、4《说文》90页。

会意字。狗肉谓之"肰"。《说文》:"肰,犬肉也。从肉、犬。读若然。𣢜,古文肰。𣢜,亦古文肰。"战国楚简中"肰"读同"然"。（严玉）

肙 yuān 影纽、元部;影纽、霰韵、乌县切。

肙—肙—肙
战国　《说文》小篆　楷书

1《古陶字汇》156页。2《说文》90页。

本义及构形不明。《说文》:"肙,小虫也。从肉,口声。"段玉裁注改形声为会意,以为字从肉、口,云:"(《说文》)虫部蜎下曰:'肙也。'《考工记》注云:'谓若井中虫蜎蜎。'按井中孑孑,虫之至小者也,不独井中有之。字从肉者,状其软也。从口者,象其首尾相接也。"依段注,则"肙"似为"蜎"之初文。战国陶文中"肙"用为人名。后世"肙"只作为偏旁出现,为"捐"、"娟"、"蜎"、"瓹"等字所从。（严玉）

腐

fǔ 並纽、侯部；奉纽、麌韵、扶雨切。

1《说文》90页。2、3《马王堆》165页。

形声字。朽烂谓之"腐"。《说文》："腐，烂也。从肉，府声。"肉易腐，故其字从肉。汉时字又或从付声作。《荀子·劝学》："肉腐出虫，鱼枯生蠹。"此谓肉腐。《礼记·月令》："腐草为萤。"此谓草腐。引申为凡腐烂的东西。南朝宋鲍照《升天行》："啄腐共吞腥。"物腐则臭，故"腐"有臭义。《吕氏春秋·尽数》："流水不腐。"高诱注："腐，臭败也。"思想陈旧则谓之迂腐。《荀子·非相》："故《易》曰：'括囊，无咎无誉。'腐儒之谓也。"又受宫刑也谓之"腐"。《史记·佞幸列传》："延年坐法腐。"（严玉）

肎（肯）

kěn 溪纽、蒸部；溪纽、等韵、苦等切。

1《古玺》94页。2《说文》90页。3《睡甲》62页。4《马王堆》159页。

会意字。首肯之"肯"本作"肎"，本义是附着在骨头上的肉。《说文》："肎，骨间肉肎肎箸也。从肉，从冎省。一曰骨无肉也。"其实，"肎"字乃"骨"字省变而来（参见"骨"字条）。隶变后习作"肯"。《庄子·养生主》："技经肯綮之未尝，而况大軱乎？"乃用其本义。引申之，则语言切中要害谓之"中肯"。又用为愿意、同意之义。睡虎地秦简《封诊式》95："召甲等，甲等不肎来。"《诗·邶风·终风》："惠然肯来。"（严玉）

肥

féi 並纽、微部；奉纽、微韵、符非切。

1、4《甲金篆》271页。2《说文》90页。3《睡甲》62页。

会意字。多肉谓之"肥"。《说文》："肥，多肉也。从肉、从卩。"徐铉曰："肉不可过多，故从卩。""卩"即"节"之初文，徐氏以肉不可过多需节制说"肥"从"卩"之意，此说实难通。"肥"字从"卩"之意不明，隶变后"卩"写作"巴"。睡虎地秦简《为吏之道》35"畜产肥牺，朱珠丹青"，包山楚简202"肥豨"，"肥"皆用其本义。引申之，凡富厚沃美者皆可称为"肥"，如肥胖、肥沃、肥美、肥料等。（严玉）

朘

zuī 精纽、微部；精纽、灰韵、臧回切。

juān 精纽、元部；精纽、仙韵、子泉切。

1《说文》90页。2《甲金篆》271页。

形声字。男孩生殖器谓之"朘"。《说文》："朘，赤子阴也。从肉，夋声。"马王堆帛书《老子》乙本191上："未知牝牡之会而朘怒，精之至也。""朘"用其本义，读zuī。"朘"又用作削减、减少义，读juān。《汉书·董仲舒传》："民日削月朘。"《新唐书·李巽传》："赋入朘耗。"（严玉）

腔

qiāng 溪纽、东部；溪纽、江韵、苦江切。

1《说文》新附。2《睡甲》62页。

会意兼形声字。人和动物体内的空处谓之"腔"。《说文》："腔，内空也。从肉，从空，空亦声。"睡虎地秦简《封诊式》56"鼻腔"，乃用其本义。引申之凡物体内空的部分皆可称为"腔"。宋陆游《有怀梁益旧游》："树经野火有空腔。"声音由口腔发出，故"腔"又有曲调、声腔、口音等义。（严玉）

筋 部

筋

jīn 见纽、文部；见纽、殷韵、举欣切。

1《说文》91页。2《睡甲》62页。3《马王堆》173页。

会意字。本义为肌腱或骨头上的韧带。《说文》："筋,肉之力也。从力,从肉,从竹。竹,物之多筋者。"是说竹多筋,故字从"竹"。《黄帝内经·素问·五藏生成篇》："诸筋者,皆属于节。"是说筋是附着于骨关节的,以此说字从"竹"意(竹多节)似更洽切。秦汉简帛文字,"筋"皆从"刀"不从"力",可能是"刀"乃"力"之讹。睡虎地秦简《秦律十八种》18"即入其筋、革、角","筋"用其本义。静脉管亦谓之"筋"。《管子·水地》："如筋脉之通流者也。"引申之,凡似筋之条状物多有谓之"筋"者,如钢筋、橡皮筋等。(严玉)

腱 jiàn 群纽、元部;群纽、愿韵、渠建切。

1、2《说文》91页。

形声字。"腱"本义为肌腱,见于《说文》或体(朧),字本作"笏"(䈥),后通行"腱"字。《说文》："笏,筋之本也。从筋从夗省声。腱,笏或从肉、建。"按字当为"从肉,建声",引申而特指供食用的蹄筋。《楚辞·招魂》："肥牛之腱,臑若芳些。"(严玉)

刀 部

刀 dāo 端纽、宵部;端纽、豪韵、都牢切。

1、5《金石典》185页。2《合集》33033。3《包山》63页。4《说文》91页。6《甲金篆》273页。

象形字。本像刀器之形,甲骨文习省去刃部曲形线条而为"刀"字的象征符号,为后世文字所本。汉隶又或把表刀背部的笔画写成一平笔,而为今字所本。"刀"字可用指兵器,也可指切、割、砍削的工具。《包山楚简》144："小人取怆之刀。"《说文》："刀,兵也。"《诗·大雅·公刘》："何以舟之?维玉及瑶,鞞琫容刀。"毛传："容刀,言有武事也。"《庄子·养生主》："良庖岁更刀,割也。"由兵器名引申为用兵征伐。《合集》20349："今八月刀?"我国古代一种钱币,因其形状如刀,故称"刀"。《中国历代货币大系》3794："䂂冶齐刀。"《荀子·富国》："厚刀布之敛以夺之财。"而《中山》2"一石三百卅九刀"则表重量单位,疑与刀币有关。古文献中的"刀"还可假指小船。《诗·卫风·河广》："谁谓河广?曾不容刀。"这个意义后写作"舠"。"刀"也可假为量词,纸一百张为一刀。明沈榜《宛署杂记·乡试》："包裹纸十刀。"在殷墟卜辞中,"刀"常常假为方国名或族地名,读为"召"。《合集》33033："癸卯卜:刀方其出?"(章秀霞)

削 xiāo 心纽、药部;心纽、药韵、息约切。
　　xuē 心纽、药部;心纽、药韵、息约切。
　　qiào 心纽、药部;心纽、笑韵、仙妙切。
　　shào 生纽、宵部;生纽、效韵、所教切。

1《古文典》322页。2《说文》91页。3《睡甲》63页。4《银雀山》150页。5《甲金篆》273页。

形声字。从刀,肖声(今作偏旁之"刂"或写作"刂")。表用刀斜刮。《广韵·药韵》："削,刻削。"《墨子·鲁问》："公输子削竹木以为䧿(鹊)。"由用刀斜刮可引申为分割。《说文》："削,析也。"《战国策·齐策一》："夫齐,削地而封田婴,是其所以弱也。""削"在东周和秦汉时还可指书刀,用来削除书写在简牍上的错字。《周礼·考工记·筑氏》："筑氏为削,长尺,博寸,合六而成规。"上述"削"旧读xuē,今读为xiāo。睡虎地秦墓竹简《法律答问》17"削盗"则读若"宵盗"。曾侯乙墓竹简61"削敗縣毯"中"削"疑读若"小"。此外,由用刀斜刮还可引申为削除、削减、削弱、剥削等义,今仍读为xuē。"削"也可指刀剑之套,读为qiào,后作"鞘"。《释名·释兵》："刀其室曰削。"《汉书·货殖传》："质氏以洒削而鼎食。"文献中的"削"还可假指距王畿三百里以内的大夫的采地名称。《周礼·天官·太宰》："四曰家削之赋。"贾公彦疏："三百里之内地名削,其中有大夫采地谓之家,故名家削。"这种意义上的"削"读为shào。(章秀霞)

剀(剴) kǎi 见纽、微部;见纽、咍韵、古哀切。
　　ái 疑纽、微部;疑纽、咍韵、五来切。

1《金石典》204页。2《郭店》77页。3《说文》91页。4《甲金篆》273页。

形声字。从刀,豈声。今简化字为"剀"。在金文中,剀读为闿,为开辟、开敞、通达、无阻塞之意。叔夷镈:"外内剀(闿)辟。""剀"还可指大镰。《说文》:"剀,大镰也。"《史记·淮南衡山列传》:"非直适戍之众,鑱凿棘矜也。"裴骃集解:"徐广曰:'大镰谓之剀……或是鑱乎?'""剀"还可表摩义。《说文》:"剀,一曰摩也。"段玉裁注:"刀不利,于瓦石上刉之。剀、刉音义皆同也。"由摩义可引申为讽喻义,清段玉裁《说文解字注》:"剀,引申之为规讽之义。"《周礼·春官·大司乐》:"以乐语教国子,兴道讽诵言语。"郑玄注:"道,读若导。导者,言古以剀今也。"由规讽义又可引申为恳切义。《玉篇·刀部》:"剀,切也。"《新唐书·魏徵传》:"徵亦自以不世遇,乃展尽底蕴,无所隐,凡二百余奏,无不剀切当帝心者。"这些意义的剀读为kǎi。此外,文献中的"剀"还可读为ái,用表靠近或遭受义。清章炳麟《新方言·释言》:"今人谓相切近为剀,俗作捱(挨)。剀亦自近彼物之称。""直隶谓招杠(打)谓'剀杠(打)',陕西谓招杀曰'剀刀'。"表遭受义后世亦用作"捱(挨)"。"剀"还可作副词,相当于"岂"。郭店楚墓竹简《缁衣》:"剀必尽仁?"(章秀霞)

剞 jī 见纽、歌部;见纽、纸韵、居绮切。

剞¹—剞
《说文》小篆　楷书

1《说文》91页。

形声字。从刀,奇声。其基本义为雕刻用的曲刀。《说文》:"剞,剞劂,曲刀也。"《楚辞·哀时命》:"握剞劂而不用兮,操规矩而无所施。"洪兴祖补注:"应劭曰:'剞,曲刀。'""剞劂"也作"剞刷"。汉王逸《楚辞章句》:"剞刷,刻镂刀也。"由曲刀义可引申为雕版印书。唐韩愈《送文畅师北游》:"先生閟穷巷,未得窥剞劂。""剞"还可用作抢劫义。《文选·左思〈吴都赋〉》:"劫剞熊罴之室,剽掠虎豹之落。"李善注:"剞,亦劫也。"(章秀霞)

劂 jué 见纽、物部;见纽、物韵、九勿切。

劂¹—劂
《说文》小篆　楷书

1《说文》91页。

形声字。《说文》:"劂,剞劂也。从刀,厥声。"其本义是指雕刻用的曲凿。用同"厥"(参见"剞"字条)。又《淮南子·俶真》:"镂之以剞劂。""劂"还可用为断割义。《广韵·祭韵》:"劂,剞劂,断割也。"今"劂"废而"蹷"行。(章秀霞)

利 lì 来纽、脂部;来纽、脂韵、力至切。

利字字形演变
商　商　　戦国　《说文》小篆　汉　汉　楷书
西周　战国　《说文》古文

1、2《甲文编》199页。3《金石典》192页。4《金文编》284页。5、9《甲金篆》274页。6、7《说文》91页。8《马王堆》174页。

会意字。字本从禾,从勿(勿乃刌字初文),或又以刀代勿。其本义是锋利。《说文》:"利,铦也。"《易·系辞上》:"二人同心,其利断金。"由锋利义引申为顺利、吉利义。《广韵·至韵》:"利,吉也。"《英国所藏甲骨集》2264:"庚子卜,旬贞:其利?"利,顺利也。《易·谦》:"无不利撝谦。"由顺利、吉利又可引申为"对……有利"。诅楚文:"毋相为不利。"《书·金滕》:"公将不利于孺子。"由吉利义还可引申为利益、好处、利润等义。此外,古文字材料中的"利"还可假作人名、地名、姓氏。《合集》3651曰:"利示十屯。"利簋:"易(赐)有史利金。"《怀特氏等所藏甲骨集》1350:"在利。"利,地名也。《包山楚简》122:"里公利爸。"利爸之利,姓氏也。《通志·氏族略五》:"利氏,或言楚公子食采于利,后以为氏。利,今之霞萌也,汉有利幾。"(章秀霞)

剡 yǎn 以纽、谈部;以纽、琰韵、以冉切。
shàn 禅纽、谈部;禅纽、琰韵、时冉切。

剡¹—剡²—剡³—剡⁴
战国《说文》小篆汉　汉　楷书

1《包山》64页"剡"字所从。2《说文》91页。3《甲金篆》274页。4《汉印徵》卷4,15页。

形声字。从刀,炎声。其本义是锐利。《说文》:"剡,锐利也。"《楚辞·九章·橘颂》:"曾枝剡棘,圆果抟兮。"由锐利义引申为削尖。《玉篇·刀部》:"剡,削也。"《易·系辞下》:"剡木为楫……剡木为矢。""剡"还可用作举起义。《荀子·强国》:"欲剡其胫而以蹈秦之腹。"这些意义上的"剡"都读为yǎn。"剡"亦可读为shàn,用作水名,即剡溪,在今浙江省嵊县西南。唐孟郊《送淡公》:

"镜浪洗手绿,剡花入心春。"(章秀霞)

初 chū
初纽、鱼部;初纽、鱼韵、楚居切。

商 西周 春秋 秦 秦 汉 汉 汉 楷书
战国

1《甲文编》200页。2、3《金文编》285、287页。4《郭店》77页。5、6《睡甲》63页。7《汉印徵》卷4,15页。8《甲金篆》275页。9《金石典》190页。

会意字。《说文》:"初,始也。从刀,从衣,裁衣之始也。"其本义即是开始。兮甲盘:"王初各(格)伐玁狁(獫狁)于䛆虘。"金文中"初吉"习见,用为月相名词,王国维以为是指农历每月初一至初七、八。又《书·伊训》:"今王嗣厥德,罔不在初。"由开始义可引申为第一个,表次序。《易·乾》:"初九,潜龙勿用。"孔颖达疏:"居第一之位,故称初。"孟爵:"唯王初榖于成周。"(王初次在成周举行榖祭)还可引申为当初。《左传·隐公元年》:"遂为母子如初。"何尊:"隹王初壅,宅于成周。"引起追叙往事之词,亦用"初",犹言"原先"、"早先"。《左传·隐公元年》:"初,郑武公娶于申。"孔颖达疏:"杜以为凡倒本其事者,皆言初也。"初又可引申表最低的(等级),如初等、初级。古文献中,"初"亦可假作副词,或用表时间频率,相当于"才"、"刚刚"。《史记·秦始皇本纪》:"天下初定,又复立国,是树兵也。"或与否定词连用,表"本来没有"义。《诗·豳风·东山》:"勿士行枚。"郑玄笺:"亦初无行陈(阵)衔枚之事。"孔颖达疏:"初无,犹本无。"(章秀霞)

前 jiǎn
精纽、元部;精纽、狝韵、子浅切。
qián 从纽、元部;从纽、先韵、昨先切。

西周 战国 《说文》小篆 秦 汉 汉 汉 楷书

1《金文编》84页。2《包山》19页。3《说文》91页。4《睡甲》17页。5、6、7《甲金篆》275页。

形声字。本作"歬"。甲骨文本从止,凡(古盘字)声,又或追加行旁(后世行旁省)。因古凡、舟字形相近易混,金文习从舟而为小篆所本,《说文》误以为"不行而进谓之歬,从止在舟上"。"歬"字本义指前进。"歬"在甲骨文中多用其假借义,表人名、地名。《合集》3207:"御子歬于父乙。"子歬,人名。金文中,"歬"多用其引申义,表时间,与"后"相对。默簋:"其各歬文人。"秦简文字又或追加刀符而为从刀,歬声,用表以刀齐断义。汉字隶变之后,上部止写作"䒑"而为今字所本,"歬"形遂废。"前"字本义指以刀齐断,乃剪字初文(参见"剪"字条)。《字汇·刀部》:"前,即剪也。""前"还可读若"䩅",用表浅黑色。《周礼·春官·巾车》:"木路,前樊鹄缨。"郑玄注:"前,读为'缁翦'之'翦'。翦,浅黑色。""前"字还可假借为前进义。《广雅·释诂二》:"前,进也。"《史记·项羽本纪》:"项羽召见诸侯将,入辕门,无不膝行而前。"由前进义可引申为引导。《仪礼·士虞礼》:"祝前尸出户,踊如初。"郑玄注:"前,道(导)也。""前"可引申为表时间或方位,与"后"相对。睡虎地秦墓竹简《为吏之道》43:"慎前虑后。"《礼记·檀弓上》:"我未之前闻也。"《论语·子罕》:"瞻之在前,忽焉在后。"又可表面前、跟前。《汉书·严助传》:"事效见前,故使臣助来谕王意。"颜师古注:"见,显也;前,目前也。"亦可表为先、预先。云梦睡虎地秦墓《日书》1133:"有疧于前。"《正字通·刀部》:"前,先也。"还可引申为"未来的"之意。如前景、前程。《旧五代史·冯道传》:"时有周玄豹者,善人伦鉴,与道不洽,谓承业曰:'冯生无前程,公不可过用。'"《宋书·雷次宗传》:"犬马之齿,已踰知命,崦嵫将迫,前途几何?"(章秀霞)

剪 jiǎn
精纽、元部;精纽、狝韵、即浅切。

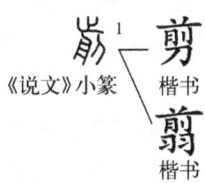
《说文》小篆　楷书
楷书

1《说文》91页。

形声字。字本作前,从刀,歬(前之本字,参见"前"字条)声。"前"或假为前进义,后世遂又累加刀旁作剪,追加羽旁则孳乳为翦。"剪"字本义是以刀齐断义。清吴锦章《六书类纂》:"歬,齐断也。今作剪。""剪"用同"翦"。《尔雅·释言》:"翦,齐也。"又《释器》:"金镞翦羽谓之鍭,骨镞不翦羽谓之志。"《玉篇·刀部》:"翦,俗作剪。""剪"可引申为割断、割截、杀戮。《礼记·文王世子》:"公族无宫刑,不翦其类也。"还可引申为消灭、歼灭、削减等义。《诗·鲁颂·閟宫》:"实始翦商。"此外,"剪"还可指尽、全义,浅淡义等(详见"翦"字条)。在古籍中,多作"翦",今则通行"剪"字。(章秀霞)

则(则) zé 精纽、职部；精纽、德韵、子德切。

西周　春秋　战国《说文》小篆　秦　汉　楷书　楷书
西周　《说文》古文

1、2、3《金文编》288~289页。4、7《说文》91页。5《楚系简帛》350页。6《中山》45页。8《睡甲》63页。9《银雀山》152页。

会意字。金文从刀，从鼎（或从重鼎），会用刀刻鼎铭为准则之意。战国文字承袭西周金文，鼎足逐渐演变为"八"，所从鼎旁篆隶讹为从贝。其本义指规则、法则。《尔雅·释诂上》："则，法也。"《广韵·德韵》："则，法则。"《诗·大雅·烝民》："天生烝民，有物有则。"由此义可引申为按等级划分物体。《说文》："则，等画物也。"属羌钟："用明则之于铭。"则，刻画也。《汉书·叙传下》："《坤》作地势，高下九则。"颜师古注："刘德曰：'九则，九州土地上中下九等也。'"又可引申为榜样。《诗·大雅·抑》："敬慎威仪，为民之则。"还可指效法。《易·系辞上》："河出图，洛出书，圣人则之。"《史记·夏本纪》："皋陶于是敬禹之德，令民皆则禹。""则"也可指采邑。段簋："令龏夨遣大则于段。""则"也可用作副词，相当于"就"、"只"等。《汉书·项籍传》："于是至则围王离，与秦军遇。""则"还可作连词。何尊："佳武王既克大邑商，则廷告于天。"中山王䑏方壶："外之则酒（将）速（使）尚（上）勤（觐）于天子之庿（庙）。"（对外而言，则派使者朝觐于周天子之庙）"则"还可通"贼"。《河南温县东周盟誓遗址一号发掘简报》3："尔敢与则为徒者。""则"，贼也。此外，则还用作助词，相当于"之"、"者"等。用作量词，相当于"章"、"条"等。（章秀霞）

刚(刚) gāng 见纽、阳部；见纽、唐韵、古郎切。

商　西周　战国《说文》小篆　秦　汉　汉　楷书　楷书

1《甲文编》200页。2《金文编》289页。3《甲金篆》276页。4《说文》91页。5《睡甲》63页。6《银雀山》153页。7《金石典》202页。

甲骨文本从刀、从网，周以后习于网下加山旁作冈（今作冈），冈乃声旁。其本义为刚强。《说文》："刚，强也。"墙盘："宪圣成王，左右毄（柔）敽（会）刚鯀（渔）。"（敏达而圣叡的成王，他辅弼之臣既柔和又刚强）甲骨文中，刚可作人名、地名、祭名等。《合集》13745："癸酉卜，贞：刚其有疒？"（癸酉这一天进行占卜，贞问：刚这个人有病吗？）《合集》36807："癸亥卜，在刚贞：旬亡（无）𡆥（忧）？"（癸亥这一天在刚地进行占卜，贞问：十天内没有灾祸吗？）《合集》31138："其刚，叀（惠）犬？"（将要举行刚祭，要使用犬吗？）文献中的刚还可用作公牛义，读若"犅"。《诗·鲁颂·閟宫》："白牡骍刚。"此外，刚还可假作"强"、"仅仅"、"恰好"、"方才"诸义。（章秀霞）

切

qiē 清纽、质部；清纽、屑韵、千结切。
qiè 清纽、质部；清纽、屑韵、千结切。
qì 清纽、霁韵、七计切。

《说文》小篆　汉　汉　楷书

1《说文》91页。2《甲金篆》276页。3《隶辨》694页。

会意兼形声字。从刀，从七，七亦表音。甲骨文中七字本作十，疑切之初文。小篆始出现从刀、从七之切字。"切"字本义是用刀切割。《说文》："切，刌也。"《礼记·少仪》："牛与羊鱼之腥，聂而切之为脍。"由切割义而引申，古时加工骨器亦谓之切。《诗·卫风·淇奥》："如切如磋，如琢如磨。"毛传："治骨曰切。"又引申为在学问等方面的相互研讨以取长补短。《尔雅·释训》："丁丁嘤嘤，相切直也。"郭璞注："丁丁，斫木声；嘤嘤，两鸟鸣。以喻朋友切磋相正。"又，几何学上的切是指直线与弧线或两弧线相接于一点，该点叫做"切点"。这些意义的"切"均读为 qiē。"切"可用为贴近义。《荀子·劝学》："《诗》、《书》故而不切。"也可用为急迫、紧急义。《论语·子张》："切问而近思。"皇侃疏："切，犹急也。"亦可用为医学上的切脉。《史记·扁鹊仓公列传》："不待切脉望色听声写形，言病之所在。"又我国古时汉语拼音取上一字的声母与下一字的韵母和声调，拼成一个音，叫"反切"，简称"切"。这些意义的"切"均读为 qiè。"切"字还可读若"砌"，音 qì。《文选·张衡〈西京赋〉》："刊层平堂，设切厓隒。"李善注："切与砌古字通。"（章秀霞）

刏 jī 见纽、物部；见纽、队韵、古对切。

刉

1《说文》91页。

篆文为从刀,气声(或从乞声,字作"刏"字,气、乞古本一字),形声字。"刉"可指划伤。《说文》:"刉,划伤也。"《周礼·秋官·士师》:"凡刉珥,则奉犬牲。"也可指切割、切断。《说文》:"一曰断也。"由此可引申为杀、以血涂门等义。亦有以瓦石将钝刀磨砺义。《说文》:"一曰刀不利,于瓦石上刉之。"(章秀霞)

刻 kè
溪纽、职部;溪纽、德韵、苦得切。

1《说文》91页。2《睡甲》64页。3《金石典》197页。4《甲金篆》276页。5《隶辨》758页。

形声字。从刀,亥声。本义指雕刻、刻镂。《说文》:"刻,镂也。"云梦龙岗秦简《效律》40:"公器不久刻者,官啬夫赀盾。"《春秋·庄公二十四年》:"刻桓宫桷。"杜预注:"刻,镂也。"孔颖达疏:"《释器》:金谓之镂,木谓之刻。"由雕刻义引申,"刻"也可指雕刻的物品、削减、深入、刻薄等意义。"刻"又可用为计时单位。我国古代以漏壶计时,一昼夜共一百刻。《汉书·宣帝纪》:"烛燿(耀)齐宫,十有余刻。"颜师古注:"刻者,以漏言时也。"(章秀霞)

副
- pì 滂纽、职部;滂纽、职韵、芳逼切。
- fù 敷纽、职部;敷纽、宥韵、敷救切。

1《四声韵》68页。2、3《说文》91页。4、5《隶辨》622页。

形声字。从刀,畐声。《说文》籀文或双写声旁作䨻。本义指判分一物为二。《说文》:"副,判也。"《礼记·曲礼上》:"为天子削瓜者副之。"这种意义上的"副"读为pì。由本义而引申,"副"可指位居第二的。《汉书·陈汤传》:"康居副王抱阗将数千骑,寇赤谷城东。"还可引申为辅助、赞助义。汉王充《论衡·薄葬》:"闵死独葬,魂孤无副。"亦可引申为符合、书籍、文献诸义。此外,"副"也可假为量词,指套、张、双,这些意义上的"副"均读为fù。(章秀霞)

剖 pōu
滂纽、之部;滂纽、厚韵、普后切。

1《说文》91页。2、3《甲金篆》277页。4《隶辨》463页。

形声字。从刀表意,从咅(否之变体分化字)表音。本义指中分、破开。《说文》:"剖,判也。"《广韵·厚韵》:"剖,破也。"《书·泰誓下》:"斫朝涉之胫,剖贤人之心。"由中分、破开义可引申为分析、辨明。《北史·裴政传》:"簿案盈几,剖决如流。"此义今多用双音词"剖析"。(章秀霞)

辨
- biàn 并纽、元部;并纽、狝韵、符蹇切。
- bàn 并纽、元部;并纽、裥韵、蒲苋切。
- biǎn 帮纽、琰韵、悲检切。
- piàn 滂纽、元部;滂纽、霰韵、普面切。

1、2《金文编》289页。3《说文》91页。4《睡甲》64页。5《汉印徵》卷4,16页。6《甲金篆》277页。

形声字。从刀,辡声。本义指判别、分辨。《说文》:"辨,判也。"桂馥义证:"辨,隶作辨。"《易·同人》:"君子以族类辨物。"由判别义引申,"辨"可用表床足与床身分辨处。《易·剥》:"剥床以辨。"孔颖达正义:"谓床身之下,床足之上,足与床身分辨之处也。"亦可用作古代土地面积单位。《左传·襄公二十五年》:"井衍沃。"孔颖达疏引贾逵曰:"京陵之地,九夫为辨,七辨而当一井也。"辨也可引申为辨认、明察、确定、辩论诸义。用为辩论义时,辨读若"辩"。《荀子·正名》:"实不喻,然后命;命不喻,然后期;期不喻,然后说;说不喻,然后辨。"此外,辨亦可读若"徧",周遍义。《易·系辞下》:"《复》,小而辨于物。"上述意义的"辨"均读为biàn。辨还有治理、具备等义,读为bàn。《荀子·议兵》:"城郭不辨。"杨倞注:"辨,治也,或音辨。"《周礼·考工记·序官》:"或审曲面执,以饬五材,以辨民器。"郑玄注:"辨,犹具也。"辨也有贬卑义,音biǎn。《礼记·玉藻》:"立容辨卑,无谄。"郑玄注:"辨,读为贬,自贬卑,谓磬折也。"还有皮革中断之义,音piàn。《尔雅·释器》:"革中绝谓之辨。"(章秀霞)

刀部

判 pàn
滂纽、元部；滂纽、换韵、普半切。

1《订正六书通》289页。2《说文》91页。3、4《甲金篆》277页。

会意兼形声字。从刀，从半，半亦表音。本义指分开、判分。《广雅·释诂一》："判，分也。"《左传·庄公三年》："纪于是乎始判。"杜预注："判，分也。"由判分可引申为半、分辨、评断、判决义。用作半时，判也可写作"胖"。唐玄应《一切经音义》卷二："判，古文胖，又作牉。"《周礼·地官·媒氏》："掌万民之判。"郑玄注："判，半也，得偶而合。"唐宋官制，以高官兼低职称判。元黄公绍《古今韵会举要·翰韵》："宰相出典州曰判。"此用其假借义。判亦可表不顾、豁出去之义。汉赵晔《吴越春秋·勾践伐吴外传》："一夫判死兮而当百夫。"这种意义上的判旧读为pān。（章秀霞）

刳 kū
溪纽、鱼部；溪纽、模韵、苦胡切。

1《说文》91页。2《甲金篆》277页。

形声字。从刀，夸声。本义指用刀剖开。《说文》："刳，判也。"《庄子·山木》："吾愿君刳形去皮。"也可指剖开后再挖空。《易·系辞下》："刳木为舟。"由这两种意义引申，刳可用表宰杀、剔净、消除等义。《庄子·天地》："君子不可以不刳心焉。"《文选·鲍照〈芜城赋〉》："划崇墉，刳濬洫。"李善注："刳，谓除消其土也。"（章秀霞）

列 liè
来纽、月部；来纽、薛韵、良薛切。

1《古文典》909页。2《金石典》187页。3《说文》91页。4《睡甲》64页。5《马王堆》174页。6《甲金篆》277页。7《隶辨》699页。

会意兼形声字。初文从刀，从歺（歺或作歹形），歺亦声。帛书文字所从之歺下部或讹与口同。汉代以后歺上部始省写为一横笔，遂为今列字所本。本义指分裂、分解。《说文》："列，分解也。"睡虎地秦墓竹简《秦律十八种》127："车蕃盖强折列。"《管子·五辅》："是故博带梨，大袂列。"这种意义上的列字今均用"裂"（裂乃列之后起孳乳字）。由分裂义引申出行列、位次义。马王堆汉墓帛书《九主》371："并列百官之职者也。"《荀子·议兵》："聚则成卒，散则成列。"由陈列还可引申出陈述、归类、类、众多等义。用为量词，列可表成行列的东西，如"一列火车"。《史记·屈原贾生列传》："贪夫殉财兮，列士殉名。"这里列当读若"烈"，指为正义而死的。（章秀霞）

刊 kān
溪纽、元部；溪纽、寒韵、苦寒切。

1《说文》91页。2《睡甲》64页。3、4《隶辨》158页。

形声字。从刀，干声。战国秦汉之际，又有从木、开声之栞，今亦作刊。本义指用刀削去外皮、砍削。《说文》："刊，剟也。"《广雅·释诂三》："刊，削也。"《书·禹贡》："随山刊木。"也可指用刀雕刻。《睡乙》16："以牡棘刀刊其宫蘠。"清段玉裁《说文解字注》："刻石谓之刊。"《文选·班固〈封燕然山铭〉》："乃遂封山刊石，昭明上德。"由砍削义可引申为修改、刊定。由雕刻义可引申为排版印刷。用为名词则指出版物。（章秀霞）

剟 duō
端纽、月部；端纽、末韵、丁括切。

1《说文》91页。2《隶辨》692页。

形声字。从刀，叕声。剟字可指删削。《说文》："剟，刊也。"由删削引申为删除义。《商君书·定分》："有敢剟定法令，损益一字以上，罪死不赦。"由删削义又可引申为割取义。《汉书·贾谊传》："盗者剟寝户之帘，搴两庙之器。"还可引申为刺、击义。《史记·张耳陈馀列传》："吏治榜笞数千，刺剟，身无可击者，终不复言。"（章秀霞）

删 shān
生纽、元部；生纽、删韵、所奸切。

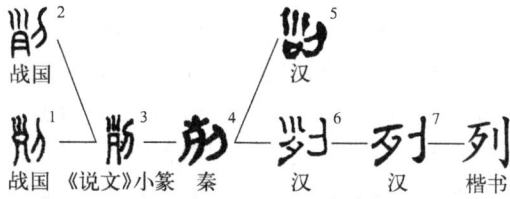
《说文》小篆 汉 楷书

1《说文》92页。2《甲金篆》277页。

会意兼形声字。从刀,从册,册亦表音。删的本义是指用刀在简册上进行删改。《说文》:"删,剟也。"徐锴系传:"古以简牍,故曰孔子删《诗》、《书》,言有所取舍也。"由裁定、取舍义可引申为删除义。《广韵·删韵》:"删,除削也。"《汉书·律历志》:"故删其伪辞,取正义著于篇。"(章秀霞)

劈 pī 滂纽、锡部;滂纽、锡韵、普击切。
pǐ

劈¹—劈
《说文》小篆 楷书

1《说文》92页。

形声字。从刀,辟声。本义指用刀斧等破开。《说文》:"劈,破也。"唐白居易《自蜀江至洞庭湖有感而作》:"长波逐若泻,连山凿如劈。"由破开义可引申为正对着、冲着。宋邓肃《临江仙》:"佳人嗔不语,劈面嗅丁香。"用刀斧破开称为"劈",雷电毁坏或击毙亦可称为"劈"。此外,于"劈啪"中则用为拟声词。上述意义的"劈"均读为pī。劈由破开义还可引申为分开、分配、掰开、撕开、扭伤等义。这些意义上的"劈"均应读为pǐ。(章秀霞)

剥 bō 帮纽、屋部;帮纽、觉韵、北角切。
bāo 帮纽、屋部;帮纽、觉韵、北角切。
pū 滂纽、屋部;滂纽、屋韵、普木切。

1《合集》15788。2《甲文编》200页。3《说文》92页。4、5、6《甲金篆》278页。

形声字。从刀,录声。古文剥或从刀,从卜,卜亦声(见"刂"字条)。本义是指剥裂、撕裂。《说文》:"剥,裂也。"马王堆汉墓帛书《五十二病方》112:"即以刀剥其头。"《墨子·非攻下》:"夫取天之人,以攻天之邑,此刺杀天民,剥振神之位。"由剥裂义引申为削去、脱落义,由脱落义又可引申为搜刮、侵夺、伤害义。这些意义上的"剥"当读为bō。《后汉书·胡广传》:"若事下之后,议者剥异。"此处剥当读若"驳",辩解义。用船分载转运货物也称"驳"。而剥用指去掉外面的皮、壳或其他东西时,则读为bāo。

《诗·小雅·楚茨》:"洁尔牛羊,以往烝尝,或剥或亨(烹),或肆或将。"朱熹注:"剥,解剥其皮也。"当剥作扑打义时,则读若"扑"。《诗·豳风·七月》:"八月剥枣,十月获稻。"(章秀霞)

刂 bō 帮纽、屋部;帮纽、觉韵、北觉切。

刂¹—刂²—刂³—刂
商 战国《说文》小篆 楷书

1《甲文编》200页。2《四声韵》73页。3《说文》92页。

甲骨文从刀,从卜,卜亦声,为《说文》或体所本。《说文》:"刂,剥或从卜。"《集韵·觉韵》:"剥,或从卜,或书作卜刀。"(章秀霞)

割 gē 见纽、月部;见纽、曷韵、古达切。

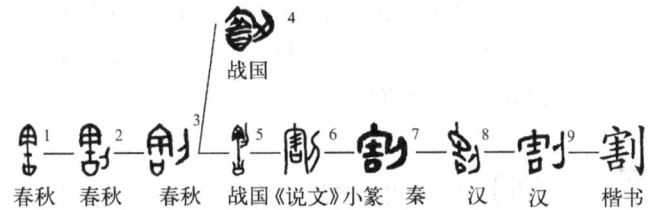
春秋 春秋 春秋 战国《说文》小篆 秦 汉 汉 楷书

1、2、3《金文编》289页。4《包山》63页。5《金文编》290页。6《说文》92页。7《睡甲》64页。8《银雀山》154页。9《隶辨》691页。

会意兼形声字。从刀,从害,害亦声。金文"割"或作"害"(中竖习羡加饰点),割乃害之孳乳字。楚简文字"割"习改写刀旁为刃旁。本义指用刀截开。《玉篇·刀部》:"割,截也。"《庄子·让王》:"割牲而盟以为信。"由用刀截开可引申为分割、划分。马王堆汉墓帛书《五行篇》308:"尤割人之心。"这里"割"则应读如"害",灾害、损害义,亦为引申义。文献中也有这种用法,如《书·尧典》:"汤汤洪水方割。"金文中的"割"或读如"匃",祈求义。无鱄:"用割(匃)眉(眉)寿。"或读如"姑",乐律名用字。曾侯乙编钟下11:"割肆之滆宫。"(章秀霞)

劃(划) huá 匣纽、锡部;匣纽、麦韵、胡麦切。
huà 晓纽、麦韵、呼麦切。
hua

刀部

劃（划）

战国 《说文》小篆 楷书 楷书

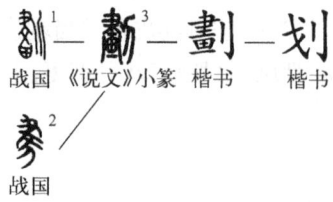
战国

1《甲金篆》278页。2《楚系简帛》352页。3《说文》92页。

会意兼形声字。从刀，从畫，畫亦声。楚简文字简作从刀，从妻，且刀形移至下方。今字简作"划"。本义指用刀或其他尖锐物把东西割开、分开。《说文》："锥刀曰划。"富奠剑："富奠之划鐱（剑）。"《文选·鲍照〈芜城赋〉》："划崇墉，刳濬洫。"由割开义引申为擦、抹掉、拨水前进等义。这些意义上的"划"读为 huá。由割开义还可引申为划分、谋划等义。用为副词，"划"有忽然义。唐杜甫《苦雨奉寄陇西公兼呈王征士》："划见公子面，超然欢笑同。"另，汉字的一笔叫"一划"，这种用法的"划"相当于"画"。上述意义的"划"均读为 huà。在方言中，多与刮连用，"刮划"有处置、安排、修理、整治义，这时的"划"读为 hua。（章秀霞）

劑（剂） jì 从纽、脂部；从纽、霁韵、在诣切。

西周 战国 《说文》小篆 楷书 楷书

1《集成》6015。2《金石典》205页。3《说文》92页。

会意兼形声字。从刀，从齐，齐亦表音。本义指剪齐。《尔雅·释言》："剂，翦齐也。"诅楚文："克剂楚师。"汉贾谊《新书·谕诚》："豫让剂面而变容。"又用为调节、调和义。《后汉书·刘梁传》："和如羹焉，酸苦以剂其味。"引申而有剂量、药剂等义。《周礼·地官·质人》："大市以质，小市以剂。"这里"剂"是指古代买卖时用的一种契券，相当于现在的合同。金文中"剂"或假作"齍"，义为赏赐。麦方尊："剂（齍）用王乘车马、金□、冂（冕）、衣、市、舃。"（章秀霞）

刷 shuā 生纽、月部；生纽、薛韵、所劣切。

shuà

《说文》小篆 《说文》小篆 汉 楷书

1《说文》92页。2《说文》64页。3《甲金篆》278页。

会意字。本从又，从尸，从巾，作"叞"，或变又为刀旁。古隶则从人，从尸，从巾，作"佈"。今字一律写作"刷"。"刷"可指揩拭、清扫。《说文·又部》："叞，拭也。"《尔雅·释诂下》："刷，清也。"《周礼·天官·凌人》："夏，颁冰，掌事；秋，刷。"也可指刮。《说文》："刷，刮也。"由清扫义还可引申为刷子、涂抹、用刷子去垢、淘汰梳理等义，由梳理义又引申出根究、搜寻义。此外，亦可引申出冲洗、抽等义。这些意义上的"刷"读为 shuā。在表示面色白的程度时，常用"刷白"一词，指的是脸色白而略带有青色。这时的"刷"则读为 shuà。（章秀霞）

刮 guā 见纽、月部；见纽、鎋韵、古頒切。

《说文》小篆 楷书

1《说文》92页。

形声字。从刀，从昏（甲骨文作舌，从毛声，后讹作氏）得声，隶变后昏讹作舌。"刮"可用表刮削。《广韵·鎋韵》："刮，刮削。"《礼记·明堂位》："复庙，重檐，刮楹……天子之庙饰也。"郑玄注："刮，刮摩也。"也可用表捾把义。《说文》："刮，捾把也。"王筠句读："所谓捾把者，搂而聚之也。"由刮削义可引申为摩擦、扫拂、发掘等义，由捾把义则可引申出搜刮义。"刮"有时也可读若"颳"，风吹义。唐杜甫《前苦寒行》："冻埋蛟龙南浦缩，寒刮肌肤北风利。"（章秀霞）

剽 piāo 滂纽、宵部；滂纽、笑韵、匹妙切。
旧读 piào

piáo 并纽、宵部；并纽、宵韵、符宵切。

biāo 帮纽、宵部；帮纽、小韵、俾小切。

biāo 帮纽、宵部；帮纽、宵韵、卑遥切。

战国 《说文》小篆 秦 汉 汉 楷书

汉

1《四声韵》63页。2《说文》92页。3《睡乙》18页。4《银雀山》154页。5《甲金篆》278

页。6《汉印徵》卷4，16页。

形声字。从刀，票声。"剽"可用表砭刺义。《说文》："剽，砭刺也。"段玉裁注："砭者，以石刺病也。"引申为一目有疾。睡虎地秦墓竹简《治狱程式》24："雅牛七右剽。"这里"剽"疑读若"瞟"。《广韵》引埤苍曰："一目病也。"剽，或指抢劫义，如《说文》："一曰剽，劫人也。"《史记·梁孝王世家》："（彭离）昏暮私与其奴、亡命少年数十人行剽杀人，取财物以为好。"引申而有攻击、窃取等义。而银雀山汉墓竹简《孙膑兵法·威王问》281："剽风之阵者何也？"剽则读若"飘"，飘动义。又如马王堆汉墓帛书《老子乙本》238："剽（飘）风不冬（终）朝。"由飘动义可引申为轻疾、强悍、轻浮义。"剽"也可用表分割、消除义。《广雅·释诂三》："剽，削也。"《史记·西南夷列传》："西夷后揃，剽分二方，卒为七郡。"这些意义上的"剽"均读为piào，现音piāo。《尔雅·释乐》："大钟谓之镛，其中谓之剽。"剽，音piáo，是我国古代一种乐器的钟名。《庄子·庚桑楚》："（道）出无本，入无窍，有实而无乎处，有长而无乎本剽。"这里"剽"读为biāo，末梢义，当是砭刺义之引申。《周礼·春官·肆师》："表齍盛"，郑玄注："故书'表'为'剽'。剽、表皆谓徽识也。"这里"剽"当读为biāo，用同"标"，标志义。（章秀霞）

刲 kuī 溪纽、支部；溪纽、齐韵、苦圭切。

1《古陶字汇》162页。2《说文》92页。3《银雀山》154页。4《马王堆》175页。

形声字。从刀，圭声。本义指刺杀。《说文》："刲，刺也。"王筠句读："杀羊刺其耳下，异于他牲，故谓之刲。"马王堆汉墓帛书《易传·缪和》41（又见《易·归妹》）："士刲羊。"由刺杀义可引申为割取义。《广韵·齐韵》："刲，割。"《战国策·齐策三》："今又劫赵魏，疏中国，刲魏之东野，兼魏之河南，绝赵之东阳，则赵魏亦危矣。"（章秀霞）

剉（锉） cuò 清纽、歌部；清纽、过韵、粗卧切。

1《四声韵》65页。2《说文》92页。

形声字。从刀，坐声。本义指折损、摧折。《说文》："剉，折伤也。"《吕氏春秋·必己》："廉则剉。"这个意义后又写作"挫"。剉可指用锉刀磋磨。《玉篇·刀部》："剉。去芒角也。"这种意义后又作"锉"。可引申为砍、铡碎义。《玉篇》："剉，斫也。"南朝宋刘义庆《世说新语·贤媛》："剉诸荐以为马草。"又可引申为饲料义。汉赵晔《吴越春秋·勾践入臣外传》："夫斫剉养马，妻给水、除粪、洒扫。"这种意义上的剉读若"莝"。新中国成立后整理汉字时，"剉"被作为异体并入"锉"字之中。（章秀霞）

刖 yuè 疑纽、月部；疑纽、月韵、鱼厥切。

1《合集》580正。2《合集》6001。3《合集》6007。4、6《古文典》912页。5《说文》92页。

会意字。初文从一正面人形（一足长一足短），从刀（或手持锯状物），会用刀（或锯状物）截去下肢之义。晚周以后习从刀，月声。其本义指砍掉脚，这是我国古代的一种酷刑，也作"跀"。《玉篇·刀部》："刖，断足也。"《合集》6001正："丁巳卜，亘贞：刖若？"《左传·庄公十六年》："杀公子阏，刖强锄。"可引申为截断、割断、割义。睡虎地秦墓竹简《为吏之道》9："廉而毋刖。"意为行事正直而不伤人。汉焦赣《易林·艮之需》："根刖残树，花叶落去。"（章秀霞）

钊（钊） zhāo 见纽、宵部；见纽、萧韵、古尧切。

1《甲金篆》279页。2《说文》92页。

会意兼形声字。从金，从刀，刀亦声。本义指磨损。《说文》："钊，刓也。"承培元引经例证："刓，抟（tuán）也。抟，圜也。谓摩去器芒角也。"文献中的钊常用作勉励义。《尔雅·释诂上》："钊，勉也。"明宋濂《补雪坛祝舞歌辞》："俯下士，无不钊。"也有用为遥远义。《方言》卷七："钊，远也。"《说文》以为钊可用指周康王名。《书·顾命》："用敬保元子钊，弘济于艰难。"（章秀霞）

制 zhì 章纽、月部；章纽、祭韵、征例切。

1《合集》2《战国》3《说文》小篆 4秦 5汉 6汉 7汉 8楷书

1《甲文编》201页。2《古文典》915页。3《说文》92页。4《金文续编》92页。5《金石典》197页。6《秦金石刻辞》上·5上两诏权。7《银雀山》155页。8《甲金篆》279页。

会意字。甲骨文本从刀，从木，会以刀截割木材之义。在周代，制字左旁演变为与"未"同。秦汉时期，"制"沿着两个方向演变：一是左旁写作与"朱"同，为今文字所本；二是把"未"旁断为三截，最下一截写作与"巾"同，上边两截后世或又被连在了一起。制字指以刀断木。《说文》："制，裁也。"《淮南子·主术》："是故贤主之用人也，尤巧工之制木也。"高诱注"制"为"裁"，与《说文》同。断木为"制"，断木之外的东西亦可称"制"。《礼记·郊特牲》："诏祝于室，坐尸于堂。"郑玄注："主人亲制其肝。"而孔颖达《正义》训"制"为"割"。制由此义可引申为制造义。《字汇·刀部》："制，造也。"子禾子釜："而车人制之。"《孟子·梁惠王上》："可使制梃，以挞秦楚之坚甲利兵矣。"由制造义又可引申为制定、形制、法度义。泰山刻石"作制明法"即用法度义。由法度义引申，古代帝王的命令以及法定的古代长度亦可称为"制"。《礼记·曲礼下》："士死制。"郑玄注："制，谓君教令所使为之。"《仪礼·既夕礼》："赠用制币玄纁束。"郑玄注："丈八尺曰制。"由裁断义可引申为禁止、抑制。《礼记》中记载古代丧服有四种形制，后世遂专以守父母之丧为制。另外，春秋时郑国有一地名制，故城在今河南荥阳县氾水镇。（章秀霞）

罚（罰）fá 並纽、月部；奉纽、月韵、房越切。

1、2《金文编》290页。3《中山》68页。4《郭店》78页。5《说文》92页。6《睡甲》64页。7、9《银雀山》155页。8《甲金篆》279页。

会意字。从刀，从詈（音lì，从网，从言，意为责骂）。罚字在小篆以前，右旁从刀，左旁从詈，多为左右结构。隶变后，刀旁（汉代刀旁或讹为寸旁）移至网（后世位于字形上部者，多写为"罒"。又，银雀山汉简文字或省去"网"而作从言从刀）下，字形遂变为上下结构，而为楷书所本。现在则简作"罚"。本义指惩罚、处治。《书·无逸》："乱罚无罪，杀无辜，怨有同，是丛于厥身。"智鼎："女（汝）匡罚大。"睡虎地秦墓竹简《秦律十八种》14："罚冗皂者二月。"用为名词时则表刑罚义。中山王圆壶："大去型（刑）罚。"由惩罚引申为征罚、罪过义，由罪过义又引申为出钱赎罪。如儠匜："罚女（汝）三百寽（锊）。"文献中亦有这种用法。如《周礼·秋官·职金》："受士之金罚货罚。"古代罚还可用为星名：或指伐星，在参宿；或指火星，古又称荧惑星。（章秀霞）

聏 ěr 日纽、之部；日纽、志韵、仍吏切。

1《说文》92页。

会意兼形声字。从刀，从耳，耳亦声。本义指用刀断耳，古代一种残酷的肉刑。《说文》："聏，断耳也。"《书·康诰》："非汝封刑聏人，无或劓聏人。"（章秀霞）

劓 yì 疑纽、脂部；疑纽、至韵、鱼器切。

1《甲文编》200页。2《金文编》290页。3、9《甲金篆》279页。4、5《说文》92页。6、7《睡甲》64页。8《马王堆》179页。

会意字。甲骨文本从刀，从自（鼻之象形初文），会以刀割鼻之义。西周金文或以臬代自，臬则表声，为《说文》小篆所本。战国文字承袭金文，或作从刀、从鼻会意，为《说文》或体所本。劓、劓实为异体字，后世"劓"形废而通用"劓"形。劓字本义指割掉鼻子，是古代一种残酷的肉刑。《说文》："劓，刑鼻也。"《合集》6226："丁巳卜，亘贞：劓牛爵？"睡虎地秦墓竹简《治狱程式》46："黥劓丙。"《易·睽》："其人天且劓。"陆德明释文："截鼻也。"割鼻叫做"劓"，割除物亦可叫做"劓"。《书·盘庚中》："我乃劓殄灭之，无遗育。"（章秀霞）

刑 xíng 匣纽、耕部；匣纽、青韵、户经切。

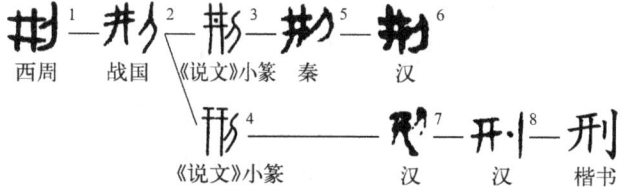

1、2《金文编》351页。3《说文》106页。4《说文》92页。5《睡乙》16页。6、7《马王堆》175页。8《甲金篆》279页。

字本从刀,井声。小篆时或讹井为"开",隶变后又进一步讹作"开"而为楷书刑之所本。"刑"可指杀戮义。《广雅·释诂四》:"刑,到也。"诅楚文:"刑戮孕妇。"《吕氏春秋·顺说》:"刘人之颈,刳人之腹,隳人之城郭,刑人之父子也。"也可指惩治义。睡虎地秦墓竹简《法律答问》3:"刑为城旦。"引申而有刑罚义。睡虎地秦墓竹简《秦律十八种》140"赎刑"即是,文献上如《商君书·去强》:"以刑去刑,国治。"而墙盘"广能楚荆(荆)"是指大击楚荆之义,这里"刑"用其假借义,典籍中或古文材料中,多见"刑"用假借义。睡虎地秦墓竹简《治狱程式》35:"与战刑丘城。"刑,则读如"邢",即邢丘(今河南温县东),地名。又清朱骏声《说文通训定声·鼎部》:"刑,叚借为型。"这时"刑"可用为铸造器物的模子、法度、效法、成诸义。此外,"刑"也可读如"形"。马王堆汉墓帛书《经法》001:"虚无刑(形)。"刑,形体义。马王堆汉墓帛书《易传·易之义》001:"阴阳流刑(形)。"刑,显现义。(章秀霞)

到(到) jǐng 见纽、耕部;见纽、迥韵、古挺切。

1《说文》92页。

形声字。从刀,巠声。今字简化作"到"。指用刀割头。清段玉裁《说文解字注》:"《耳部》曰:'小罪聅,中罪刖,大罪到。'到,谓断头也。"《左传·定公四年》:"……句卑布裳,到而裹之,藏其身,而以其首免。"杜预注曰:"司马已死,到取其首。"又可用作以刀割颈。《玉篇》:"到,以刀割颈。"《左传·定公十四年》:"臣不敢逃刑,敢归死,遂自到也。"(章秀霞)

券 quàn 溪纽、元部;溪纽、愿韵、去愿切。
xuàn

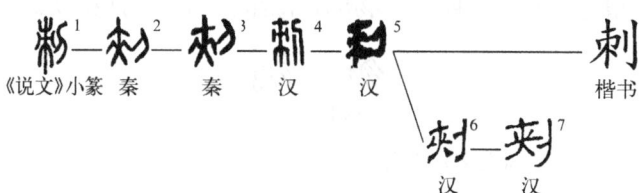

1《包山》206页。2《睡甲》65页。3《说文》92页。4《甲金篆》279页。

形声字。秦简文字本从刀,𠔁(朕、送所从)声。楚简文字则从力,声符亦有所省变。小篆时"券"讹为从刀、从萻。隶变后作"券"而为楷本所本。"券"字本义指契据。古代常书于竹简木牍上,分为两半,各执其一,以为凭证。后世多用纸帛书写。《说文》:"券,契也。"睡虎地秦墓竹简《秦律十八种》80:"而人与参辨券,以效少内。"参辨券,可以分为三份的木券。又睡虎地秦墓竹简《法律答问》179:"可(何)谓亡券而害?亡校券右为害。"《荀子·君道》:"合符节,别契券者,所以为信也。"由契据义可引申为信物、票证、币钞义。明茅坤《〈唐宋八大家文钞〉序》:"予于是乎撮韩公愈、柳公宗元、欧阳公修、苏公洵、轼、辙,曾公巩、王公安石之文而稍为批评,以为操觚者之券。"这里"券"当是保证义,亦为契据义之引申。上述意义的"券"均应读为 quàn。另,门窗、桥梁等建筑成弧形的部分也叫作"券",或叫"拱券"。这种意义上的"券"多读为 xuàn,但也可读为 quàn。(章秀霞)

刺 cì 清纽、锡部;清纽、寘韵、七赐切。
cī

1《说文》92页。2、3《睡甲》65页。4《金石典》198页。5《马王堆》176页。6、7《甲金篆》280页。

甲骨文中朿(刺之初文)字作 ((《合集》5127)、((《合集》22130)、((《合集》22140)等形,像一种用于刺杀的矛类兵器形。秦简文字时始出现从刀、从朿、朿亦声的"刺"。简书文字"刺"又或把矛锋处的入笔写为一横笔,为隶楷所本。汉代碑书文字作"刾"或"刾",是讹"朿"为"夹(夾)"的结果。"刺"可指矛、刀等的锋刃部分。《淮南子·氾论》:"古之兵,弓剑而已矣,槽矛无击,修戟无刺。"高诱注:"刺,锋也。"由此义而引申,草木的芒刺以及其他像芒刺的东西均可称为"刺"。"刺"也可指用尖利的东西刺。《说文》:"刺,直伤也。"云梦睡虎地秦墓《日书》861反:"以良剑刺其颈。"《孟子·梁惠王上》:"是何异于刺人而杀之。"由此义而引申,"刺"有行刺、铲除、刺激、指责、侦察等义。另外,"刺"还有撑(船)义。《庄子·渔父》:"乃刺船而去。"我国古代的名片叫作"名帖",亦称"刺"。汉王充《论衡·骨相》:"通刺倪宽,结胶漆之交。"这些意义上的"刺"均读为cì。用于象声词时,"刺"读为cī,如"刺溜",是指脚底下滑动的声音。(章秀霞)

剔

tī 透纽、锡部;透纽、锡韵、他历切。

tì 透纽、脂部;透纽、霁韵、他计切。

1《说文》92页。2《隶辨》739页。

形声字。从刀,易声。本义是指分解骨肉。《说文》:"剔,解骨也。"《书·泰誓上》:"刳剔孕妇。"孔颖达疏:"今人去肉至骨谓之剔去,是则亦刲之义也。"由分解骨肉义引申为剜、剪除、清除、挑拣诸义,这些意义上的"剔"均读为tī。《韩非子·显学》:"夫婴儿不剔首则腹痛。"这时的"剔"或可写作"鬄"、"剃",指用刀刮去毛发。《文选·潘岳〈射雉赋〉》:"亦有目不步体,邪眺旁剔。"这时的"剔"读如"惕",警惕之义。上述两种意义上的"剔"均读为tì。(章秀霞)

刎

wěn 明纽、物部;微纽、吻韵、武粉切。

1《说文》92页。

甲骨文勿字作𠃨(《合集》2052正,从刀,三斜点当为血滴),乃"刎"之初文。《说文》新附字始出现从刀、勿声之"刎"。其义指割颈。《说文》:"刎,刭也。"《玉篇·刀部》:"刎,割也。"《礼记·檀弓下》:"绖者,废其祀,刎其人。"用刀自杀叫"自刎"。《汉书·苏武传》:"伏剑自刎。"由割颈义引申,"刎"也泛指割断他物。《韩非子·外储说右下》:"马前不得进,后不得退,遂避而逸,因下抽刀而刎其脚。"(章秀霞)

剜

wān 影纽、元部;影纽、桓韵、一丸切。

1《说文》92页。2《甲金篆》280页。

形声字。从刀,宛声。本义是用刀刻或挖。《说文》:"剜,削也。"《尚书大传》卷二:"望钓得玉璜,剜曰:'姬受命,吕佐检,德合于今昌来提。'"唐聂夷中《咏田家》:"二月卖新丝,五月粜新谷。医得眼前疮,剜却心头肉。"后人因此用"剜肉补疮"或"剜肉医疮"来喻指那些用有害的方法来救眼前之急而不顾及后果的行为。今天方言中的"剜"是指深视貌。姚雪垠《长夜》:"小伙子不放心地向菊生剜了一眼,好像是警告说:'不准动,别老想跑!'"(章秀霞)

劇(剧)

jù 群纽、铎部;群纽、陌韵、奇逆切。

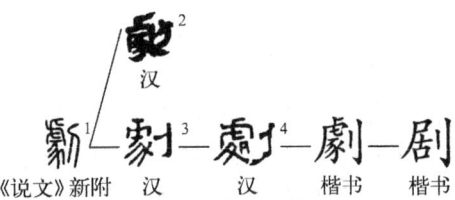

1《说文》93页。2《马王堆》563页。3、4《甲金篆》280页。

《说文》中本无从刀、豦声之"劇",而只有从力、豦声之"勮"。清王筠《说文解字句读》:"《唐扶颂》:'察能治勮。'俗作劇。"今《说文》新附从刀、豦声之劇,隶书豦旁多有讹变。现在的简化字作从刀,居声。剧可用来形容程度深,有极、甚之义。《说文》:"剧,尤甚也。"《荀子·非十二子》:"犹然而材剧志大,闻见杂博。"这里是形容材极其多。由这种意义引申出繁多、艰难、险要等义。汉扬雄《剧秦美新论》:"二世而亡,何其剧与!"这里剧则是迅疾义。《易·大畜》:"豮豕之牙。"李鼎祚集解引虞翻曰:"剧豕为豮。"剧,阉割义。唐陆德明《经典释文》:"刘氏曰:豕去势曰豮。"此外,剧还有嬉戏、戏剧义。这些都是后起用法。(章秀霞)

刹

chà 清纽、月部;初纽、鎋韵、初鎋切。

shā

1《说文》93页。

《说文》:"刹,柱也。从刀,未详,杀省声。"郑珍说文新附考:"字出梵书。"梵语"刹多罗"省称为"刹",本义是指土田。唐玄应《一切经音义》卷一:"刹,此译云土田。"引申可指佛寺或佛塔。唐顾况《独游青龙寺》:"春风入香刹,暇日独游衍。"《文选·王屮〈头陁寺碑文〉》:"后遗文简出,列刹相望。"这些意义上的"刹"应读为 chà。刹用作动词时,有止住义,如"刹车",这时"刹"应读为 shā。(章秀霞)

刃 部

刃 rèn 日纽、文部;日纽、震韵、而振切。

1《合集》5475。2《说文》93页。3《睡甲》65页。4《马王堆》180页。5《甲金篆》280页。

指事字。于其刀形刃处施加一点或一曲笔指事符号以示意。《说文》:"刃,刀坚也。象刀有刃之形。"《墨子·备峨傅》:"斧,柄长六尺,刃必利。"引申指刀、剑之类利器。《孟子·梁惠王上》:"杀人以梃与刃。"用作动词有杀义。《左传·襄公二十五年》:"请自刃于庙。"刃须磨才利,故"刃"有磨义。《庄子·齐物论》:"与物相刃相靡。"(严玉)

刅(创)

chuāng 清纽、阳部;初纽、阳韵、初良切。
chuàng 清纽、阳部;初纽、漾韵、初亮切。

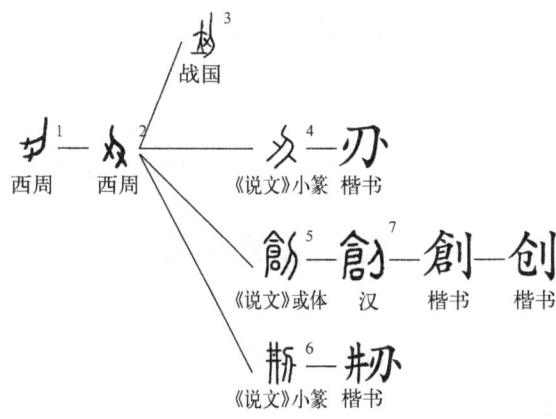

1、2、3《金文编》291页。4、5《说文》93页。6《说文》106页。7《甲金篆》280页。

"刅"为创伤之"创"字初文。其字形造意是在"刃"字的基础上再加一点以示刀刃伤人之意,当为指事字。战国文字作"竝",从立、从刃会意。小篆又或作形声字"創",从刀,倉声。"創"今简化字作"创"。《说文》:"刅,伤也。从刃,从一。創,或从刀,倉声。"引申之,两刃刀亦称为"刅"。《正字通·刀部》:"刅,两刃刀也。"要注意的是,创业之"创"字本篆作"刱",《说文·井部》:"刱,造法刱业也。从井,刅声。"后世并用"创"字,但二义读音不同,创伤义读平声 chuāng,创业义读去声 chuàng。(严玉)

劍(剑) jiàn 见纽、谈部;见纽、酽韵、居欠切。

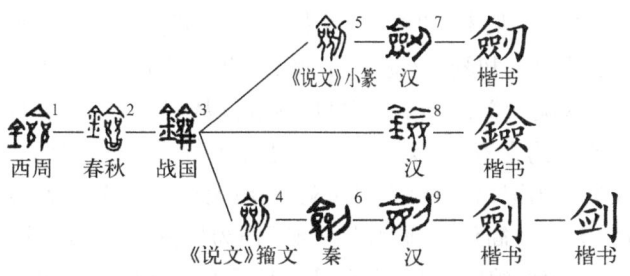

1、2、3《金文编》291页。4、5《说文》93页。6《睡甲》65页。7、8、9《甲金篆》281页。

形声字。金文多从金,僉声作"鐱",篆隶习从刀作"劍",亦或从刃作"劎",今简化字作"剑"。"剑"为古代兵器。《说文》:"劍,人所带兵也。从刃,僉声。剑,籀文劍从刀。""剑"两面有刃,短柄,适合随身所带。《左传·僖公十年》:"伏剑而死。"(严玉)

韧 部

韧 qià 溪纽、月部;溪纽、黠韵、恪八切。

1《合集》14176。2《金文编》292页。3《说文》93页。4《甲金篆》281页。

形声兼会意字。"韧"字初文作"丯",像契刻积画之形(参见"丯"字条)。后追加形符"刀"成为形声字"韧","丯"兼表意(汉时,所从"刀"旁或讹为"力")。因所刻之物多为木,故字累加木旁作"栔"(参见"栔"字条)。今简化字将"韧"与"栔"作为异体并入"契"字。《说文》:"韧,巧韧也。从刀,丯声。"《合集》14176:"……丁帝其降囚

（忧）？其韧？""韧"作动词，很可能是用其本义，指在所占甲骨上契刻文字。（严玉）

栔(契) qì 溪纽、月部；溪纽、霁韵、苦计切。

1《合集》14176。2《说文》93页。3《说文》213页。4《甲金篆》281页。

形声字。初文是"韧"（参见"韧"字条），后累加"木"旁后作"栔"，从木，韧声。典籍中，"栔"与"契"通用无别。"栔"本义为契刻，《说文》："栔，刻也。""契"本义为契约。《说文》："契，大约也，从大，从韧。""大约"即大的契约之意。其实，"契"也是源于"韧"的分化字，古人刻木为记，故引申为契约义。一般大事才订契约，故字从"大"。今简化字将"韧"、"栔"作为异体并入"契"字。《诗·大雅·绵》："爰契我龟。"《吕氏春秋·察今》："其剑自舟中坠于水，遽契其舟。""契"皆义为刻。《列子·说符》："宋人有游于道得人遗契者。""契"义为契约。（严玉）

丰部

丰 jiè 见纽、月部；见纽、怪韵、古拜切。

1、2《合集》14295、3954正。3《说文》93页。

象形字。"丰"本契刻之字"韧(栔)"的初文，像契刻积画之形。《合集》3954正："贞：沚馘其乍(作)丰？"又7882："□□卜王……不乍丰……""乍丰"疑读为"作契"，谓契刻之事。《说文》："丰，艸蔡也。象艸生之散乱也。""艸蔡"即草芥，但典籍不见其用例，许说恐误。（严玉）

耒部

耒 lěi 来纽、微部；来纽、队韵、卢对切。

1、2《集成》10册173页、6册126页。3《说文》93页。4《甲金篆》281页。

会意字。"耒"是古代的一种翻土农具，形状像木叉。其初文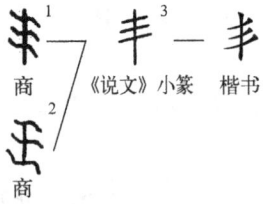即像古时农耕所用耜类木叉之形(其省形而别出丿[力]字，"耒"、"力"乃同源字。参见"力"字条)，为象形字；或添加形符"又"(手)作，为会意字。《说文》："耒，手耕曲木也。"《易·系辞下》："斫木为耜，揉木为耒。"乃用其本义。引申而泛指农具。《韩非子·五蠹》："(禹)身执耒臿，以为民先。"（严玉）

耕 gēng 见纽、耕部；见纽、耕韵、古茎切。

1、2《郭店》79页。3《说文》93页。4、5《甲金篆》281页。

会意字。用犁翻土谓之"耕"。其战国文字像持执耒耕田之形，或省"又"加"口"，小篆从耒、从井。《说文》："耕，犁也。从耒，井声。一曰古者井田。"一曰是谓"耕"从耒、从井(意为井田)会意。《孟子·梁惠王上》"深耕易耨"之耕用为本义。引申亦比喻为谋生计或致力于某种事业。汉扬雄《法言·学行》："耕道而得道，猎德而得德。"（严玉）

耦 ǒu 疑纽、侯部；疑纽、厚韵、五口切。

1《说文》93页。2《睡甲》65页。3《甲金篆》281页。

形声字。两人两耜并耕谓之"耦"。《说文》："耦，耒(耕)广五寸为伐，二伐为耦。从耒，禺声。"《论语·微子》："长沮、桀溺耦而耕。""耦"用为本义。引申为婚配、配偶义。《左传·宣公三年》："吾闻姬、姞耦。"义为婚配。《左传·桓公六年》："人各有耦。"义为配偶。引申为双数。与"奇"相对。《易·系辞下》："阳卦奇，阴卦耦。"又引申为相对。《汉书·高帝纪上》："耦语者弃市。"以上引申义后来的分化字作"偶"（参见"偶"字条）。（严玉）

耤 jí 从纽、铎部；从纽、昔韵、秦昔切。
jiè 从纽、铎部；从纽、祃韵、慈夜切。

1、2《合集》9512、626。3《金文编》292页。4《说文》93页。5《睡甲》65页。6《甲金篆》281页。

形声字。甲骨文像人举足持耒耕作之形（或省去人形，作手持耒状），从"艸"或"昔"声。周以后习从"昔"声。"耤"本义为耕作。《说文》："耤，帝耤千亩也。古者使民如借，故谓之耤。从耒，昔声。"《合集》9504正："丙辰卜，争贞：乎（呼）耤于𠂤，受有年？"又9500正："庚子卜，贞：王其萑（观）耤，叀生（往）？""耤"皆义为耕作。后引申指古代天子举行象征性的耕田仪式，以示劝农。唐太宗《耕耤诏》："亲祭先农，耤于千亩之甸。"这个意义后来的分化字作"藉"，从艸，耤声。《礼记·祭义》："是故昔者天子为藉千亩。"郑玄注："藉，藉田也。"以上音义的"耤"皆读为jí。另音读jiè，通作"借"。《汉书·郭解传》："以躯耤友报仇。"（严玉）

𦔐（耘） yún 匣纽、文部；云纽、文韵、王分切。

1、2《说文》93页。3《甲金篆》282页。

形声字。篆文从耒，员声；或从芸声作"𦔐"，隶楷习从云声作"耘"。苗间除秽谓之"𦔐"。《说文》："𦔐，除苗间秽也。从耒，员声。𦔐，𦔐或从芸。"《诗·小雅·甫田》："或耘或耔，黍稷薿薿。"毛传："耘，除草也。"引申而泛指去除、除掉。《史记·东越列传》："不战而耘。"（严玉）

角 部

角 jiǎo 见纽、屋部；见纽、觉韵、古岳切。
jué

1《合集》3306。2《合集补编》5067。3、4《金文编》292页。5、8《甲金篆》281页。6《说文》93页。7《睡甲》65页。

象形字。"角"是动物头顶或鼻前长出的骨状突起物，前端较尖，用于攻击或防卫。其初文像动物头部的犄角形。周以后习将角尖笔画上引，或再羡出一斜画为饰，遂为篆隶"角"字所本。《说文》："角，兽角也。象形。"晋左思《蜀都赋》："庨犀角"之"角"用其本义。引申指像角的东西。北周庾信《小园赋》："蜗角蚊睫。"额骨为角的部位，故称之为"角"。南朝梁刘峻《辩命论》："龙犀日角。"古代男孩头顶两侧所留头发似角，亦称为"角"。《礼记·内则》："男角女羁。"角是尖的，偏于一隅，故凡角落隅处皆称之为"角"。唐李贺《莫愁曲》："城角栽石榴。"又为古代乐器，多用于军中。李贺《雁门太守行》："角声满天秋色里。"又为量器名。《吕氏春秋·仲秋》："正钧石，齐升角。"以上诸义"角"今读jiǎo。又读jué，义为较量、衡量。《新唐书·陆贽传》："争驱角力。"《吕氏春秋·简选》："选练角材。"又为古代酒器，青铜制，有盖。《仪礼·特牲馈食礼》："主人拜受角。"又为古代五音之一。三国魏嵇康《琴赋》："角、羽俱起。"（严玉）

觭 jī 溪纽、歌部；见纽、支韵、居宜切。
qí 溪纽、歌部；溪纽、支韵、支奇切。

1《说文》93页。2、3《汉印徵》卷4，17页。

形声字。"觭"本义为角一向上一向下弯，不对称。《说文》："觭，角一俛（俯）一仰也。从角，奇声。"《尔雅·释畜》："角一俯一仰，觭。"引申为偏向一面。《战国策·赵策四》："齐、秦非复合也，必有觭重者矣。"角不对称，故不成双，引申而有奇数、单数之义。《汉书·五行志中之下》："匹马觭轮。"又角偏向一边，引申而有掎重义，比喻为获得、得到。《周礼·春官·大卜》："二曰觭梦。"郑

玄注："觭读如诸戎掎之掎,掎亦得也。"字又读qí,通"奇",怪异。清袁枚《祭妹文》："觭梦幻想。"（严玉）

觓 qiú　群纽、幽部；群纽、幽韵、渠幽切。

觓—觓
《说文》小篆　楷书

1《说文》93页。

形声字。角弯曲的样子谓之"觓"。《说文》："觓,角兒(貌)。从角,丩声。《诗》曰:'兕觥其觓。'"《榖梁传·成公七年》："郊牛日,展觓角而知伤。"（严玉）

觸（触）chù　昌纽、屋部；昌纽、烛韵、尺玉切。

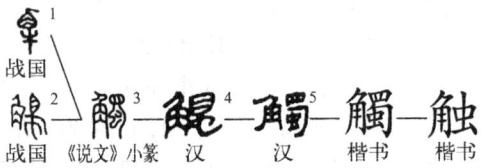
战国　战国　《说文》小篆　汉　汉　楷书　楷书

1《古玺》98页。2《金文编》292页。3《说文》94页。4、5《甲金篆》282页。

形声字。从角,蜀声。古玺或作"隼隼",从角、从牛会意。《玉篇》："隼,牴也,与觸字同。"今简化字作"触"。"触"本义为抵触。《说文》"觸,抵也。"三国魏陈琳《为曹洪与魏文帝书》："奔兕之触鲁缟。"引申而泛指碰、撞。南朝宋刘义庆《世说新语·尤悔》："又放船纵横,撞人触岸。"引申为冒犯、触犯。《汉书·东方朔传》："忘生触死。"又为接触。晋张载《七哀诗》："触物增悲心。"又为遇、遭。晋郭璞《方言序》："触事广之。"（严玉）

衡 héng　匣纽、阳部；匣纽、庚韵、户庚切。

衡—奥—𢖍—衡—衡—衡—衡
西周　《说文》古文　《说文》小篆　秦　汉　汉　楷书

1《金文编》293页。2、3《说文》94页。4《睡甲》65页。5、6《甲金篆》283页。

形声字。防牛角触人而设的横木谓之"衡"。《说文》："衡,牛触。横大木其角。从角,从大,行声。《诗》曰:'设其楅衡。'奥,古文衡如此。"其古文从角、从大（字从"卤"乃"角"之讹）,省声符"行"。引申之,车辕前端的横木称之为"衡"。《左传·宣公十二年》："拔旆投衡。"又横木为门亦称为"衡"。晋陶潜《归去来兮辞》："乃瞻衡宇。"又引申为对抗。北周庾信《竹杖赋》："楚汉争衡。"强横。《孟子·梁惠王下》："一人衡行于天下。"引申为秤、秤杆。《庄子·胠箧》："掊斗折衡。"再引申为衡量。《淮南子·主术》："衡之于左右。"（严玉）

觟 huà　匣纽、支部；匣纽、马韵、胡瓦切。
　　　xiè　　　　　　匣纽、蟹韵、下买切。

觟—觟—觟—觟
战国　《说文》小篆　汉　楷书

1、3《甲金篆》283页。2《说文》94页。

形声字。有角的母羊谓之"觟",读huà。《说文》："觟,牝牂羊生角者也。从角,圭声。"（段注本作"牝羊角者也"）典籍"觟"多通"獬",读xiè,即"獬豸"。《太平御览》卷六百八十四引《淮南子》："楚庄王好觟冠,楚国效之也。"汉王充《论衡·是应》："觟䚏者,一角之羊也,性知有罪。"《初学记》卷二十九引作"解豸"（即"獬豸"）。（严玉）

觜 zī　精纽、支部；精纽、支韵、即移切。
　　　zuǐ　　　　　　精纽、纸韵、即委切。

觜—觜—觜
《说文》小篆　汉　楷书

1《说文》94页。2《甲金篆》283页。

形声字。猫头鹰类头上的毛角谓之"觜"。《说文》："觜,鸱旧头上角觜也。一曰:'觜,觿也。'从角,此声。"段注："角觜,萑下云'毛角'是也。毛角,头上毛有似角者也。"典籍中,"觜"多用作"嘴",读zuǐ,人的嘴巴。《南齐书·刘休传》："武人厉其觜吻。"鸟喙。汉祢衡《鹦鹉赋》："绀趾丹觜。"像嘴的东西。北魏贾思勰《齐民要术·种红蓝花栀子》："铛觜瓶口。"用作动词,有啄义。唐杜甫《阌乡姜七少府设鲙戏赠长歌》："有骨已剁觜春葱。"（严玉）

解 jiě　见纽、支部；见纽、蟹韵、佳买切。
　　　jiè　见纽、支部；见纽、卦韵、古隘切。
　　　xiè　匣纽、支部；匣纽、蟹韵、胡买切。

1《合集》18387。2、3、4《金文编》293页。5《郭店》79页。6《说文》94页。7《睡甲》66页。8《甲金篆》283页。

会意字。其初文作双手(白)执牛角状，表判解牛角之意，或从攴、从牛、从角会意。晚周所从双手(或攴)省变作从刀，遂为篆隶"解"字所本。"解"本义为分解牛，后泛指剖开。《说文》："解，判也。从刀判牛角。一曰：'解廌，兽也。'"《庄子·养生主》："庖丁为文惠君解牛。""解"用为本义。引申为瓦解、分裂。《史记·张耳陈馀列传》："今独王陈，恐天下解也。"融化、消散。《汉书·赵充国传》："冰解漕下。"排解、和解。《史记·滑稽列传序》："谈言微中，亦可以解纷。"解下、脱下。南朝宋刘义庆《世说新语·文学》："丞相自起解帐带塵尾。"脱落。《穆天子传》卷三："硕鸟解羽。"《礼记·月令》："鹿角解，蝉始鸣。"解除、消除。《战国策·齐策六》："解齐国之围。"开、开放。宋欧阳修《钱相中伏日池亭宴会》："粉箨春苞解。"理解、懂得。晋陶潜《五柳先生传》："不求甚解。"注释、解释。南朝梁刘勰《文心雕龙·论说》："王弼之解《易》，要约明畅。"辩解。《汉书·五行志中之下》："有以自解。"达、通达。《庄子·秋水》："奭然四解。"以上诸义，"解"读 jiě。"解"读 xiè，义为物体相连接处。《周礼·考工记·弓人》："今夫茭解中有变焉。"义为松懈，其分化字为"懈"。《汉书·元帝纪》："匪敢解怠。"义为螃蟹，其分化字为"蟹"。明沈德符《野获编·释道·禅林诸名宿》："一解不如一解。"通"廨"，官署。《晋书·鸠摩罗什传》："别立解舍。"《说文》一曰"解廌"即"獬豸"，也读 xiè。(严玉)

觿 xī 晓纽、支部；晓纽、支韵、许规切。

1《说文》94页。2《甲金篆》284页。

形声字。"觿"是古代角(或象骨)制解绳结的工具。《说文》："觿，佩角，锐耑可以解结。从角，巂声。《诗》曰：'童子佩觿。'"《礼记·内则》："左佩纷帨、刀、砺、小觿、金燧。"郑玄注："小觿，解小结也。觿貌如锥，以象骨为之。"亦用作佩饰。唐元稹《王悦等可昭武校尉行左千牛备身制》："佩觿有趋跄之美。"(严玉)

觵(觥) gōng 见纽、阳部；见纽、庚韵、古横切。

形声字。字或从光声作"觥"。"觵"是古代用兽角制的酒器，后也有用木或铜制的。《说文》："觵，兕牛角可以饮者也。从角，黄声。其状觵觵，故谓之觵。觥，俗觵从光。"《诗·小雅·桑扈》："兕觥其觩，旨酒思柔。"后泛指酒杯。宋欧阳修《醉翁亭记》："觥筹交错。"引申为丰盛、大。《国语·越语下》："觥饭不及壶飧。"(严玉)

觯(觶) zhì 章纽、歌部；章纽、寘韵、支义切。

1、2、3《说文》94页。4、5《甲金篆》284页。

形声字。《说文》："觯，乡饮酒角也。《礼》曰：'一人洗，举觯。'觯受四升。从角，單声。觗，觯或从辰，觝，《礼经》觯。"今简化字作"觯"。字或从辰声作"觗"，或从氏声作"觝"。"觯"是古代的饮酒角杯器。《仪礼·乡饮酒礼》："坐，奠觯于荐西。"(严玉)

觞(觴) shāng 书纽、阳部；书纽、阳韵、式羊切。

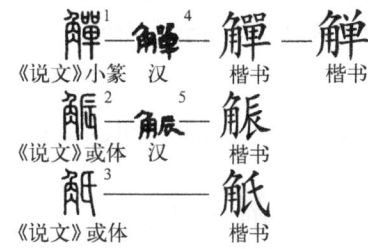

1《金文编》293页。2、6、7《甲金篆》284页。3《包山》65页。4、5《说文》94页。

形声字。两周金文从爵，易声；战国时改为从角，易声；小篆改为"觞"字。其籀文乃西周金文𤖅(从爵，易省声)

讹变而来。今简化字作"觞"。"觞"本为往酒杯中倒满酒之称。《说文》:"觞,觯实曰觞,虚曰觯。从角,𥏻省声。𧣨,籀文觞从爵省。"引申为酒器、酒杯。旧题《李少卿与苏武诗三首》其二:"独有盈觞酒。"引申之饮酒亦得称"觞"。或以酒饮人。汉傅毅《舞赋》:"欲觞群臣。"亦指自饮。《战国策·韩策二》:"乃具酒,觞聂政母前。"(严玉)

觚 gū 见纽、鱼部;见纽、模韵、古胡切。

1《说文》94页。2、3《甲金篆》284页。

形声字。"觚"是古代的一种饰有多角棱的酒器。《说文》:"觚,乡饮酒之爵也。一曰:'觞受三升者谓之觚。'从角,瓜声。"晋刘伶《酒德颂》:"操卮执觚。"引申而有棱角义。《宋史·乐志》:"紫埘觚坛。"古代用于书写的木简为棱体形,故亦称之为"觚"。唐来鹄《圣政纪颂》:"觚编毫络。"剑柄有棱,故亦或谓之"觚"。北齐刘昼《新论·思顺》:"令提剑锋而掉剑觚。"(严玉)

觼(镝) jué 见纽、月部;见纽、屑韵、古穴切。

1、2《说文》94页。

形声字。"觼"为古代有舌的环器,用以系辔。《说文》:"觼,环之有舌者。从角,夐声。镝,觼或从金,矞。"《诗·秦风·小戎》:"鋈以觼軜。"郑玄笺:"鋈以觼軜,軜之觼以白金为饰也。"(严玉)

觳 hú 匣纽、屋部;匣纽、屋韵、胡谷切。
que 溪纽、屋部;溪纽、觉韵、苦角切。

1《说文》94页。

形声字。"觳"是古代的一种大酒杯。《说文》:"觳,盛觯卮也。一曰射具。从角,㱿声。读若斛。"段玉裁注:

"'盛'字当是衍文。觯卮谓大卮。觳者,酒器之大者也。"《周礼·考工记·瓬人》:"豆实三而成觳。"又"觳觫",恐惧貌。《梁书·王僧孺传》:"怜其觳觫。""觳"或读 què,义为脚背。《仪礼·既夕礼》:"(前后裳)长及觳。"郑玄注:"觳,足跗也。"义为简陋、俭约。《史记·秦始皇本纪》:"虽监门之养,不觳于此。"义为瘠薄。《管子·地员》:"觳土之次曰五凫。"(严玉)

竹 部

竹 zhú 端纽、觉部;知纽、屋韵、张六切。

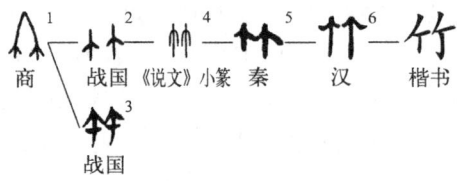

1《合集》108。2《古币》81页。3《包山》67页。4《说文》95页。5《睡甲》67页。6《甲金篆》285页。

象形字。像竹叶下垂之形。战国楚简"竹"字或加短横为饰。《说文》:"竹,冬生艸也。象形。下垂者,箁箬也。"箁箬即竹叶。段玉裁注:"云'冬生'者,谓竹胎生于冬,且枝叶不凋也。"甲骨文中"竹"用为地名或族名。金文中"孤竹"亦用为国名。箫笛一类乐器用竹制,故"竹"有乐器、音乐义。《周礼·春官·太师》:"丝木匏竹。"郑玄注:"竹,管箫也。"《礼记·乐记》:"金石丝竹,乐之器也。""竹"也特指竹简或书籍。《晋书·束皙传》:"得竹书数十车。"汉桓宽《盐铁论·利议》:"明(抱)枯竹,守空言,不知趋舍之宜,时世之变。"(严玉)

箭 jiàn 精纽、元部;精纽、线韵、子贱切。

1《金文编》295页。2《说文》95页。3《甲金篆》285页。

形声字。战国文字"箭"本从竹,𣦵(前进之"前"的初文)声。小篆改为从"前"声("前"本是"剪"的初文,从刀,𣦵声)。"箭"的本义是箭竹,是一种竹子。《说文》:"箭,矢(竹)也。从竹,前声。"《尔雅·释地》:"东南之美者,有会稽之竹箭焉。"箭竹是一种可用来制矢的竹子,故后来称"矢"为"箭"。《方言》卷九:"箭,自关而东谓之矢,江淮之间谓之鏃,关西曰箭。"《释名·释兵》:"矢,又谓之箭。"鄂君启车节:"母(毋)载金革黽(黾)箭。"《山海经·西山经》:"其阳多箭䈽。"其"箭"、"䈽"连用,皆为竹名。后多用"箭"称矢。(严玉)

箇

jǔn　群纽、文部;群纽、准韵、渠殞切。
qūn　群纽、文部;溪纽、真韵、去伦切。

箇¹—箇
《说文》小篆　楷书

1《说文》95页。

形声字。《说文》:"箇,箇簵也。从竹,囷声。"段玉裁注:"箇簵二字一竹名。"箇簵,是一种细长节稀的美竹,可做箭干,故又名"射筒"(见晋左思《吴都赋》),也单称箇。《书·禹贡》:"惟箇簵楛。"《山海经·中山经》:"暴山,其木多棕、楠、荆、芑、竹、箭、䈽、箇。""箇"皆为竹名。引申之,以箇簵为干的箭亦称之为"箇簵"。《战国策·赵策一》:"其坚则箇簵之劲不能过也。""箇"读qūn,为桂树的一种。《楚辞·离骚》:"杂申椒与菌桂兮。"洪兴祖补注:"《本草》有菌桂,花白蕊黄,正圆如竹。菌,一作箇,其字从竹。"(严玉)

簵

lù　来纽、铎部;来纽、暮韵、洛故切。

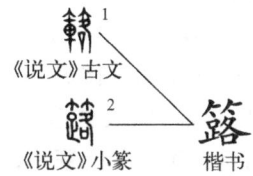

1、2《说文》95页。

形声字。"簵"为竹名,即箇簵(参"箇"字条)。《说文》:"簵,箇簵也。从竹,路声。《夏书》曰:'惟箇簵楛。'簬,古文簵从䇩。"所引《夏书》即今《书·禹贡》,"簵"各本均作"簬",与古文合。(严玉)

筍(笋)

sǔn　心纽、真部;心纽、准韵、思尹切。

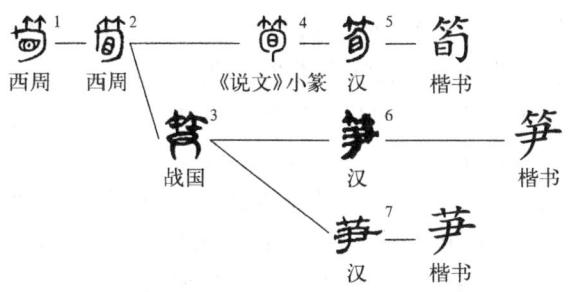

1、2《金文编》295页。3《包山》68页。4《说文》95页。5、6《马王堆》184页。7《甲金篆》285页。

形声字。"筍"字最早见于西周金文,其声符"旬",小篆改为"旬"。战国时"筍"字始有异体作"笋",从竹,尹声,为今简化字所采用。汉隶"笋"字所从之"竹"或讹为"艹",故字与《说文》释作"艸之葟荣"(初生的草木花)之"笋"字同形。"筍"本义为竹子初从土里长出的嫩芽。《说文》:"筍,竹胎也。从竹,旬声。"金文中"笋"用作国名,读同"郇"。另,"筍"又指古代悬挂钟磬等乐器的横木。《周礼·考工记·梓人》:"(梓人)为筍虡。"(严玉)

箬

ruò　日纽、铎部;日纽、药韵、而灼切。

箬¹—箬²—箬
战国　《说文》小篆　楷书

1《甲金篆》285页。2《说文》95页。

形声字。竹笋壳谓之"箬"。《说文》:"箬,楚谓竹皮曰箬。从竹,若声。""箬"又是一种竹名。箬竹叶大而宽,可编竹笠,并常用来包粽子。《玉篇·竹部》:"箬,竹大叶。"箬竹的叶子亦称作"箬"。唐张志和《渔父歌》:"青箬笠,绿蓑衣。"(严玉)

節(节)

jié　精纽、质部;精纽、屑韵、子结切。

節¹—節²—節³—節⁴—節⁶—節⁸—節—节
战国　战国　《说文》小篆　秦　汉　汉　楷书　楷书
節⁵—節⁷—節⁹—節
秦　汉　汉　楷书

1、2《金文编》296页。3《说文》95页。4、5《睡甲》67页。6、7《马王堆》186页。8、9《甲金篆》286页。

形声字。秦隶"竹"头或省写作"艹",故字有异体作"節"。今简化字作"节",也是形声字,其中"艹"乃"竹"字头演变而来，"卩"可看成声符。"節"之本义为竹节。字从竹，即声。《说文》："節，竹约也。"段玉裁注："约，缠束也。竹节如缠束之状。"《史记·龟策列传》："竹，外有节理，中直空虚。"引申而泛指草木枝干间坚实结节的部分。《易·说卦》："其于木也，为坚多节。"骨与骨连接处。《庄子·达生》："骨节与人同。"季节、节令。《列子·汤问》："寒暑易节。"节日。唐王维《九月九日忆山东兄弟》："每逢佳节倍思亲。"符节。《汉书·苏武传》："杖汉节牧羊。"气节、操守。南朝宋傅亮《故安成太守傅府君铭》："贞风亮节。"礼节。《论语·微子》："长幼之节，不可废也。"文字的段落。唐李商隐《杂纂》："书少章节。"法度、定规。《荀子·成相》："言有节，稽其实。"节奏。《楚辞·九歌》："应律兮合节。"用为动词，指节制、节约。《易·颐》："节饮食。"《荀子·天论》："强本而节用。"（严玉）

笨 bèn 並纽、文部；並纽、混韵、蒲本切。

第¹ — 笨
《说文》小篆 楷书

1《说文》95页。

形声字。"笨"本指竹子的内层，通称"竹黄"。《说文》："笨，竹里也。从竹，本声。"徐锴系传："笨，竹白也。"朱骏声通训定声："谓中之白质者也。其白如纸，可手揭者，谓之竹孚俞。"《广雅·释草》："竹，其表曰筼，其里曰笨。"后来"笨"被假借用来表愚笨粗陋之义，其本义反而不再使用。（严玉）

筡 tú 定纽、鱼部；定纽、模韵、同都切。

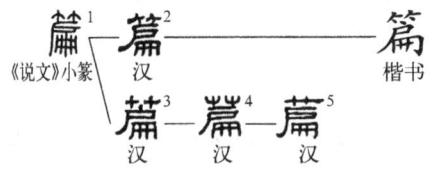

1、2《古玺》99页。3《说文》95页。4《甲金篆》286页。

形声字。剖竹取篾谓之"筡"。《说文》："筡，折(析)竹笢也。从竹，余声，读若絮。"又："笢，竹肤也。"剖取竹表面柔韧部分(即竹蔑)称为"筡"。引申之，析竹所得之竹篾亦称为"筡"。《广韵·鱼韵》："筡，竹篾名也。"（严玉）

篆 zhuàn 定纽、元部；澄纽、狝韵、持兖切。

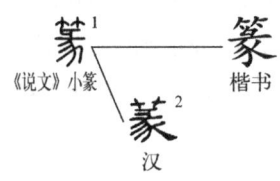

1《说文》95页。2《甲金篆》286页。

形声字。字从竹，彖声。汉隶"篆"字所从之"竹"或讹为从"艹"作。"篆"本义为运笔书写。《说文》："篆，引书也。"段玉裁注："引书者，引笔而著于竹帛也。"《文选·左思〈吴都赋〉》："鸟策篆素。"李善注："篆素，篆书于素也。"宋赵明诚《金石录》卷七："徐浩篆额。""篆"字皆用其本义。引申之，其书写对象亦称"篆"，所谓史籀所作为"大篆"，李斯所作为"小篆"，又有以摹印者为"缪篆"等。古代官印多以篆字镌刻，因此为官印的代称，亦借指官职。宋邵长蘅《阎典史传》："使县令摄篆旁邑。"（严玉）

籀 zhòu 定纽、幽部；澄纽、宥韵、直祐切。

籀 — 籀
《说文》小篆 楷书

1《说文》95页。

形声字。"籀"字本义是读书。《说文》："籀，读书也。从竹，榴声。"段玉裁注："籀者，抽也。读者，续也。抽引其绪，相续而不穷也。"《说文·叙》："讽籀书九千字乃得为吏。"段玉裁注云："讽，谓能背诵尉律之文；籀、书，谓能取尉律之义推演发挥，而缮写至九千字之多。"是"籀"用作本义。"籀"又用为书体名，即籀文，又名大篆。《玉篇·竹部》："籀，史籀，周太史造大篆。"或用"籀"泛称文字。晋左思《魏都赋》："雠校篆籀，篇章毕覩。"经籍"籀"常假为"繇"、"紬"、"抽"等。（严玉）

篇 piān 滂纽、真部；滂纽、仙韵、芳连切。

篇¹ 篇² — 篇
《说文》小篆 汉 楷书
篇³ — 篇⁴ — 篇⁵
汉 汉 汉

1《说文》95页。2《隶辨》181页。3、4、5《甲金篆》286页。

形声字。从竹，扁声。汉隶"篇"字所从之"竹"或讹为"艹"，或进而讹为从"艸"作。古代文章写在竹简上，为保持前后完整，用绳子或皮条编集在一起称为"篇"。《说文》："篇，书也。"朱骏声通训定声："篇，谓书于简册可编者也。"汉王充《论衡·书说》："著文为篇。"用其本义。泛指则"简册"可称为"篇"。《汉书·公孙弘传》："详具其对,著之于篇。""篇"也指书、典籍。《隋书·经籍志·序》："歆遂总括群篇,撮其指要,著为《七略》。"首尾完整的诗文或一部著作的组成部分亦称之为"篇"。(严玉)

籍 jí 从纽、铎部；从纽、昔韵、秦昔切。

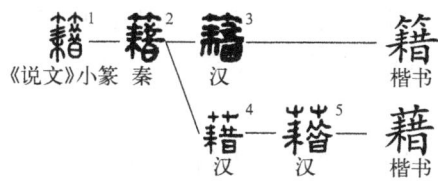

1《说文》95页。2《睡甲》67页。3、4、5《甲金篆》286页。

形声字。从竹,耤声。汉隶所从之"竹"或讹为从"++",或进而讹为"艹"作,而与艹部之"藉"(义为狼藉)字相混。故文献中常用"藉"为"籍"。"籍"之本义为古代登记赋税、户口等的档案簿书,相当于现代的登记册、户口簿之类。《说文》："籍,簿书也。"《周礼·秋官·小行人》："掌邦国宾客之礼籍。"郑玄注："礼籍,名位尊卑之书。"《汉书·尹翁归传》："县县各有记籍。""籍"皆用其本义。引申之凡代表个人的隶属关系及登记隶属关系的簿册多称为"籍",如户籍、籍贯、国籍、学籍等。用作动词,"籍"有登记、记录、征收、没收等义。《汉书·高帝纪上》："籍吏民,封府库。"义为登记。《左传·襄公二十五年》："赋车籍马。"义为记录。《诗·大雅·韩奕》："实亩实藉(籍)。"义为征税。古人之籍皆书于竹帛,引申之凡图书、书籍之称。(严玉)

篁 huáng 匣纽、阳部；匣纽、唐韵、胡光切。

篁—篁—篁
战国 《说文》小篆 楷书

1《包山》67页。2《说文》95页。

形声字。"篁"本义为竹田,即竹园。《说文》："篁,竹田也。从竹,皇声。"《战国策·燕策二》："蓟丘之植,植于汶篁。"鲍彪注："竹田曰篁。"汉张衡《西京赋》："编町成篁。"用其本义。"篁"亦指竹丛、竹林。《楚辞·九歌》："余处幽篁兮终不见天。"朱熹集传："篁,竹丛也。""篁"也是一种竹名。《集韵·唐韵》："篁,竹名。"晋戴凯之《竹谱》："篁任篪笛,体特坚圆。"又泛指竹子。宋陆游《初夏幽居》："微风解箨看新篁。"又用为管乐器的通称。唐崔珏《美人尝茶行》："手拨丝篁醉心起。"(严玉)

簡(简) jiǎn 见纽、元部；见纽、产韵、古限切。

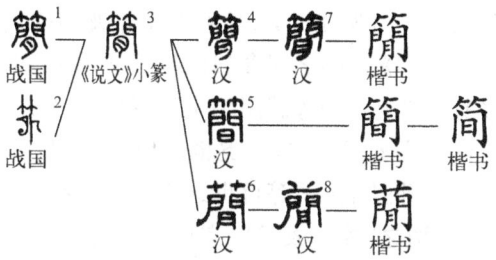

1、4、6、7、8《甲金篆》287页。2《金文编》303页。3《说文》95页。5《金石典》1326页。

形声字。从竹,閒声。战国中山王䲨壶作𥳑,从竹,閒省声("閒"是"間"的古文,见《说文·门部》及曾姬无卹壶)。字又作"簡",从竹,间声(间、閒本一字)。汉隶"簡"字所从之"竹"或讹为"艹",与兰草义之"蕳"字同形。今简化字作"简"。"简"本义为竹简,即古代书写了文字的狭长竹片。另古代书写用的木片本称"札"或"牍",也统称为"简"。若干简编缀在一起的叫"策"(册)。《说文》："簡,牒也。"段玉裁注："简,竹为之。牒,木为之。牒、札,其通语也。"《周礼·考工记·弓人》："小简而长。"《韩非子·外储说左下》："昭王读法十余简而睡卧矣。""简"皆用其本义。引申为书籍、信札义。《礼记·王制》："大史典礼,执简记,奉讳恶。"郑玄注："简记,策书也。"宋沈括《梦溪笔谈·人事》："乃为一简答之。""简"用为书信。"简"又有简单、简略之义。《庄子·人间世》："其作始也简。"简单、简略用于人,有好的一方面是简朴。《后汉书·魏霸传》："以简朴宽恕为政。"其不好的一面是简慢。《吕氏春秋·骄恣》："自骄则简士。"(严玉)

等 děng 端纽、蒸部；端纽、等韵、多肯切。

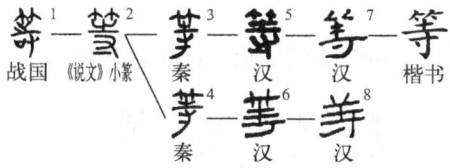

1《包山》67页。2《说文》95页。3、4《睡甲》67页。5-8《甲金篆》287页。

会意兼形声字。从竹,从寺,寺亦声。秦、汉隶书"等"

字所从之"竹"或讹为从"艹"作。古代官曹整齐简策谓之"等"。《说文》:"等,齐简也。"段玉裁注:"齐简者,叠简册齐之,如今人整齐书籍也。引申为凡齐之称。"睡虎地秦简《秦律十八种·仓律》55:"城旦之垣及它事而劳与垣等者,旦半夕参。"《史记·陈涉世家》:"等死,死国可乎?""等"皆用为等同义。又引申为等级、级别之义。《大戴礼记·少间》:"同名同食曰同等。"又用为台阶义。《论语·乡党》:"出降一等。"用为类型、样子。《易·系辞下》:"爻有等。"王弼注:"等,类也。"用为动词,有衡量义。《孟子·公孙丑上》:"等百世之王。"事物品类众多,难以遍举,概谓之"等",故"等"字可用在代词或名词之后,表示复数或列举未尽。《史记·陈涉世家》:"公等遇雨。"另"等"表等待之义,乃假借为"待"。《字汇·竹部》:"等,候待也。"今有复音词"等待"。(严玉)

笵(范) fàn 並纽、侵部;奉纽、范韵、防錂切。

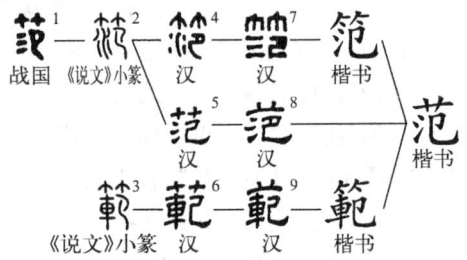

1《古陶字汇》168页。2、3《说文》96、302页。4《甲金篆》287页。5、6、8、9《隶辨》475页。7《汉印徵》卷5,2页。

形声字。写在竹简上的法律条文谓之"笵"。后世一般写作"範",从車,笵省声。汉隶"笵"字所从之"竹"或讹作"艹",而与从艹、氾声之"范"(本草名和姓氏字)字同形。今简化字并作"范"。《说文》:"笵,法也。从竹,竹,简书也;氾声。古法有竹刑。"段玉裁注:"竹刑者,刑罚科条载于竹简也。"《孟子·滕文公下》:"吾为之范我驰驱。"赵岐注:"范,法也。""范"的常用义是模子,引申为典范、规范、模范等义。(严玉)

箋(笺) jiān 精纽、元部;精纽、先韵、则前切。

1《说文》96页。2《汉印徵》卷5,2页。3《甲金篆》287页。

形声字。从竹,戔声。字亦作"牋",从片,戔声。今简化字作"笺"。"笺"本义是古书注释的一种。《说文》:"笺,表识书也。"《广雅·释诂四》:"笺,书也。"作为古书注释的一种,"笺"最早见于汉郑玄注毛诗,称为郑笺。唐孔颖达《毛诗正义》:"郑于诸经皆谓之'注',此言笺者……记识其事,故特称为'笺'。""笺"也是古代的一种公文体裁。《后汉书·胡广传》:"文吏试笺奏。""笺"又指精美的小幅纸张,用以题咏或写书信。唐李商隐《送崔珏往西川》:"浣花笺纸桃花色。"亦用以称书信。宋曾巩《回泉州陈都官启》:"特枉长笺。"(严玉)

符 fú 並纽、侯部;奉纽、虞韵、防无切。

1、5、6、7《甲金篆》287~288页。2《说文》96页。3《睡甲》67页。4《马王堆》183页。

形声字。从竹,付声。汉隶"符"字所从之"竹"或讹为"艹",而与草名或姓字之"苻"字同形。"符"为古代朝廷封爵、置官、命使或调兵遣将用的凭证。《说文》:"符,信也。汉制以竹,长六寸,分而相合。"《玉篇·竹部》:"符,符节也。分为两边,各持其一,合之为信。"新郑虎符之"符"即兵符。《周礼·地官·掌节》:"门关用符节。"郑玄注:"符节者,如今宫中诸官诏符也。"引申之,不但官家所给,凡取信之作凭证者皆谓之"符"。《史记·吕不韦列传》:"乃与夫人刻玉符,约以为适(嫡)嗣。"此"玉符"便是私下相约的凭证。两符相合斯为信,引申之,凡事物相合者,称为符合、符验、相符等。《汉书·扬雄传下》"同符三皇"之"符"乃符合之义。古人迷信,认为上天示人以征兆,吉凶与人事符合,故"符"有征兆之意,谓之"符兆"或"符瑞"等。《汉书·刘辅传》:"天之所与必先赐以符瑞。"假称神意以预示未来的神秘文书称为符谶。符是一种有明显标识的物品,故凡有标志性的事物称之为"符号"。(严玉)

筮 shì 禅纽、月部;禅纽、祭韵、时制切。

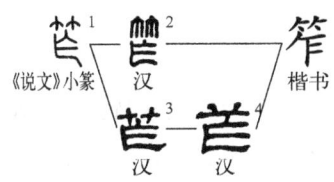

1《金文编》296页。2《侯马盟书》350页。
3、6—9《甲金篆》288页。4《说文》96页。5《睡甲》67页。

会意字。古文字"筮"字作"簭",从竹、从巫、从収会意,《说文》古文"巫"作"𥜒"当即字从巫、从収之讹,并讹为小篆"筮"字作"簭"。晚周时省去"収"旁遂成今文字"筮"字。汉隶"筮"字所从之"竹"或讹为"艹",而与木名之"莁"字同形。古人用蓍草占卦以卜问吉凶谓之"筮"《说文》:"簭,易卦用蓍也。从竹,从巫。巫,古文巫字。"《诗·卫风·氓》:"尔卜尔筮。"《左传·僖公四年》:"卜之,不吉;筮之,吉。""筮"皆用其本义。引申而泛指占卜。唐王勃《益州夫子庙碑》:"玉策筮亡秦之兆。"蓍草做成的占卜用具也叫"筮"。西周史懋壶:"亲令史懋露筮。"意为王亲自命令史懋将持筮的蓍草置于露天下。(严玉)

笄 jī 见纽、脂部;见纽、齐韵、古奚切。

1《合集》367正"龓"字所从。2《楚系简帛》358页。3《说文》96页。4《甲金篆》288页。

形声字。其初文为象形字,即"幵"字(参见"幵"字条),像两发簪形,如甲骨文"妍"作𦑱,像两簪斜插于女子发间。初文字形中两簪的相对位置尚不固定,后通行左右并列之字形,遂演变为"幵"。战国时追加形符"竹"而成为形声字"笄"。簪谓之"笄"。《说文》:"笄,簪也。从竹,幵声。"《仪礼·士冠礼》:"皮弁笄,爵弁笄。"天星观楚简4607:"生缯之经笄。"皆用其本义。引申指女子成年之礼。《礼记·内则》:"(女子)十有五年而笄。"郑玄注:"谓应年许嫁者。女子许嫁,笄而字之,其未许嫁,二十则笄。"故又特指女子十五岁或成年,如及笄、笄年等。《国语·郑语》:"府之童妾未既龀而遭之,既笄而孕。""既笄"指过了十五岁。(严玉)

笮 zé 精纽、铎部;庄纽、陌韵、侧伯切。

1《说文》96页。2《汉印徵》卷5,2页。 3、4《甲金篆》288页。

形声字。从竹,乍声。汉隶"笮"字所从之"竹"或讹为"艹"作。"笮"是古代房屋建筑构件之一,用竹条或苇秆编成帘状,装在檩上瓦下。《说文》:"笮,迫也。在瓦之下,棼上。"王筠句读:"棼,复屋栋也。案:栋,今谓之檩,笮在瓦、棼之间,为所迫窄,故名窄也。"《周礼·考工记·匠人》:"殷人重屋。"郑玄注:"重屋,复笮也。"引申为压。汉王充《论衡·幸偶》:"蝼蚁行于地,人举足而涉之。足所履,蝼蚁笮死。""笮死"即压死。又为压榨,后世通行作"榨"。唐玄应《一切经音义》卷九:"笮,犹压也。今谓以槽笮出汁也。"《后汉书·耿弇列传》:"笮马粪汁而饮之。"又为狭窄,后世通行作"窄"。清王闿运《到广州与妇女》:"市廛逼笮。"竹制箭袋较窄,故亦称为"笮"。《仪礼·既夕礼》:"甲、胄、干、笮。"郑玄注:"笮,矢箙。""笮"又读zuó,通"筰",引舟的竹索。南朝宋谢灵运《折杨柳行》:"负笮引文舟,饥渴常不饱。"通"凿"。《文选·马融〈长笛赋〉》:"刻镂钻笮。"李善注:"笮与凿音义同也。"(严玉)

簾(帘) lián 来纽、谈部;来纽、盐韵、力盐切。

簾—簾—帘
《说文》小篆 楷书 楷书

1《说文》96页。

形声字。"簾"是用竹、布等制成的遮蔽门窗的用具。《说文》:"簾,堂簾也。从竹,廉声。"《汉书·外戚传下》:"美人当有以予女,受来,置饰室中簾南。"颜师古注:"簾,户簾也。"今简化字作"帘"(其本义指酒店的幌子),将"簾"作为繁体并入"帘"字。(严玉)

筵 yán 喻纽、元部;以纽、仙韵、以然切。

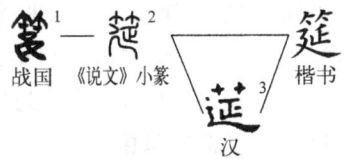

1《包山》69页。2《说文》96页。3《甲金篆》288页。

形声字。战国文字作"筳",从竹,延声。小篆作"筵",从竹,延声,沿用至今。汉隶"筵"字所从之"竹"或讹为"艹"作。"筵"是古时铺在地上供人坐的垫底的竹席。古人席地而坐,设席每每不止一层。紧靠地面的一层称"筵",筵上面的称"席"。《说文》:"筵,竹席也。"《信阳楚简》2.023号"一寝筵",即一张寝卧用的竹席。引申为名词,指席位。南朝齐孔稚珪《北山移文》:"法筵久埋。"又为动词,指铺席。《仪礼·士冠礼》:"主人之赞者筵于东序。"郑玄注:"筵,布席也。"进而引申指宴会。唐杜甫《赠李十五丈别》:"三日一共筵。"(严玉)

簟 diàn 定纽、侵部;定纽、忝韵、徒玷切。

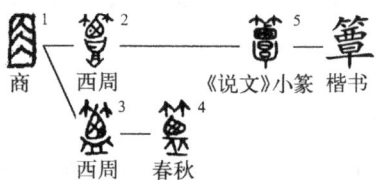

1《合集》9575。2、3《金文编》296页。4《侯马盟书》351页。5《说文》96页。

形声字。甲骨文初文是竹席的象形字。西周金文作形声字"簟",从竹,覃声。或作"籚",从竹,鹵(盐)声。竹席谓之"簟"。《说文》:"簟,竹席也。"《诗·齐风·载驱》:"簟茀朱鞹。"朱熹集传:"簟,方文席也。茀,车后户也。"亦指苇席。《礼记·丧大记》:"君以簟席,大夫以蒲席。"郑玄注:"簟,细苇席也。"后泛称席子。(严玉)

籧 qú jǔ 群纽、鱼部;群纽、鱼韵、强鱼切。

1《说文》96页。2《甲金篆》288页。

形声字。籧篨,指用竹篾、芦苇编的粗席。《说文》:"籧,籧篨,粗竹席也。从竹,遽声。"《淮南子·本经》:"若簟籧篨。"高诱注:"籧篨,苇席。"另,不能俯身者亦称为"籧篨"。《国语·晋语四》:"籧篨不可使俯。"诒佞谓之"籧篨"。《汉书·叙传》:"舅氏籧篨。"《尔雅·释训》"籧篨,口柔也。"郭璞注:"籧篨之疾不能俯,口柔之视人颜色常不伏,故以名云。""籧"读jǔ,同"筥",为竹制的圆形盛器。《礼记·月令》:"具曲植籧筐。"(严玉)

篨 chú 定纽、鱼部;澄纽、鱼韵、直鱼切。

1《说文》96页。

形声字。籧篨,指用竹篾、芦苇编的粗席。《说文》:"篨,籧篨也。从竹,除声。"(参见"籧"字条)(严玉)

箅 bì 帮纽、质部;帮纽、霁韵、博计切。

1《说文》96页。

形声字。"箅"是蒸煮食物的竹格。《说文》:"箅,蔽也。所以蔽甑底。从竹,畀声。"引申为能起间隔作用的有空隙器物。北周庾信《哀江南赋》:"敝箅不能救盐池之咸。"(严玉)

篦 bì 帮纽、质部;帮纽、质韵、卑吉切。

1《包山》70页。

形声字。从竹,敝声。战国楚系文字作"箅",从竹,尚("尚"为"敝"之初文)声。故字后来作"篦","篦"本是古人占卜所用记事备考的竹简,文献中多借用"毕"字为之。《礼记·学记》:"今之教者,呻其占毕。"郑玄注:"简谓之毕。"《包山楚简》204:"凡此篦也,既尽逐。""篦"用其本义,指卜筮记录用的竹简。引申为记录义。《包山楚简》213:"逐故篦。""故篦"犹故志、旧记之义,指贞人卜筮时所用的卜筮书。古人一种博局所用竹箸形状与"篦"相似(上面亦有文字或符号),故亦称为"篦"。《集韵·祭韵》:"篦,簿筹。"又借为车户之"第"。《集韵·祭韵》:"篦,簟衣车户也。"(严玉)

筥 jǔ 见纽、鱼部;见纽、语韵、居许切。

1、2、3《金文编》296页。4《说文》96页。5《汉印徵》卷5，2页。

形声字。竹制的圆形盛器谓之"筥"。《说文》："筥，䈰也。从竹，吕声。"《诗·召南·采蘋》："于以盛之，维筐及筥。"毛传："方曰筐，圆曰筥。"西周金文"筥"为诸侯国名(传世文献作"莒")。春秋金文"筥"又作"籚"，从竹，膚声。或追加"邑"旁作"鄽"。此为古文字声符繁化现象，皆为"筥"之异体。(严玉)

笥 sì 心纽、之部；心纽、志韵、相吏切。

1《说文》96页。2、3《甲金篆》289页。

形声字。从竹，司声。汉隶"笥"字所从之"竹"或讹为"艹"作。"笥"是古代一种盛饭食或衣物的竹器。《说文》："笥，饭及衣之器也。"《书·说命中》："惟衣裳在笥。"《礼记·曲礼上》："凡以弓剑、苞苴、箪笥问人者。"郑玄注："箪笥，盛饭食者，圜曰箪，方曰笥。"战国文字或假"司"为"笥"，望山楚简"二竹司"即二竹笥。(严玉)

箪(筆) dān 端纽、元部；端纽、寒韵、都寒切。

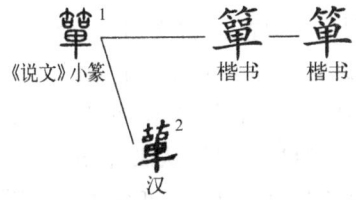

1《说文》96页。2《甲金篆》289页。

形声字。从竹，單声。汉隶"箪"字所从之"竹"或讹为"艹"作。今简化字作"箪"。"箪"是古代盛饭的圆形竹器。《说文》："箪，笥也。从竹，單声。汉律令：'箪，小筐也。'《传》曰：'箪食壶浆。'"《论语·雍也》："一箪食，一瓢饮。"引申而泛指竹盒。《左传·哀公二十年》："与之一箪珠，使问赵孟。"北魏贾思勰《齐民要术·水稻》："藏谷必用箪。"(严玉)

箅 bì 帮纽、支部；帮纽、纸韵、并弭切。
bēi 帮纽、支韵、府移切。

箄 — 箄 — 箄
战国 《说文》小篆 楷书

1《甲金篆》289页。2《说文》96页。

形声字。"箄"为古代笼、篓之类的竹器。《说文》："箄，筵箄也。从竹，卑声。"《方言》卷十三："箄，篮也。……篮小者，南楚谓之篓，自关而西，秦晋之间谓之箄。"郭璞注："今江南亦名笼为箄。"戴震疏证："江东呼小笼为箄。"望山楚简"二箄"用其本义。古人常用竹篓捕鱼，故"箄"又是竹制的捕鱼工具名。《广韵·支韵》："箄，取鱼竹器。"(严玉)

箸 zhù 定纽、鱼部；澄纽、御韵、迟倨切。

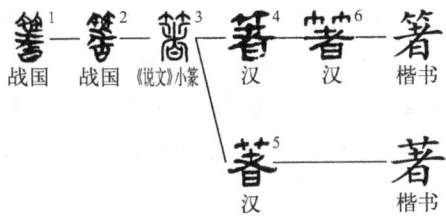

1《郭店》81页。2《包山》67页。3《说文》96页。4《马王堆》187页。5、6《甲金篆》289页。

形声字。从竹，者声。汉隶"箸"字或讹为从"艹"，故字有分化的异体作"著"。"箸"本义为筷子。《说文》："箸，饭敧(jī)也。"王筠句读："敧，持去也。"《通俗文》：'以箸取物曰敧。'"《玉篇·竹部》："箸，筴也，饭具也。"《韩非子·喻老》："昔者纣为象箸而箕子怖。""象箸"即象牙做的筷子。大概书写用的毛笔与筷子相像，或是假借为"书"，"箸"又有书写、撰写义。《说文·聿部》："书，箸也。"诅楚文《巫咸》："箸者(诸)石章。"意思是写在石头上。从书写、撰写之义引申而有明显、显著之义。《荀子·王霸》："致忠信，箸仁义，足以竭人矣。"杨倞注："箸，明。"《史记·秦始皇本纪》："大圣作治，建定法度，显箸纲纪。""显箸"即显明。以上"箸"的书写、明显之义，今习用"著"字，但其本义筷子只用"箸"字。另外，"箸"又通"着"，有穿、附着等义。(严玉)

篓(簍) lǒu 来纽、侯部；来纽、厚韵、郎斗切。

簍 — 簍 — 篓 — 篓
《说文》小篆 汉 楷书 楷书

1《说文》96页。2《甲金篆》289页。

形声字。今简化字作"篓"。"篓"是用竹篾、柳条等编成的盛物器具。《说文》:"篓,竹笼也。从竹,娄声。"《方言》卷十三:"篓,篝也。……篝小者,南楚谓之篓。"今竹篓是也。(严玉)

籃(篮) lán 来纽、谈部;来纽、谈韵、鲁甘切。

㔱¹ — 籃² — 籃 — 篮
《说文》古文 《说文》小篆 楷书 楷书

1、2《说文》96页。

形声字。今简化字作"篮"。"篮"是用竹、藤、柳条等编成的有提手的盛器。《说文》:"籃,大篝也。从竹,监声。㔱,古文籃如此。"(古文"篮"字构形不明)桂馥义证:"'大篝也'者,《广韵》:'籃,篮笼。'《玉篇》:'籃,大笼也。'《一切经音义》十六:'籃,筐属也。'《字林》:'大答也。'《纂文》云:'大筐也。'《广雅》:'籃,筐也。'《方言》:'笼或谓之笯。'注云:'亦呼籃。'"竹舆(竹轿子)似籃,亦称为"籃"或"籃舆"。宋梅尧臣《依韵和春日偶书》:"归来陶令只乘籃。"由于球架上供投球用的网状圈似籃,故称这种球类为籃球。(严玉)

篝 gōu 见纽、侯部;见纽、侯韵、古侯切。

篝¹ — 篝
《说文》小篆 楷书

1《说文》96页。

形声字。"篝"为罩在薰炉上的笼子,俗称薰笼。《说文》:"篝,笿也,可熏衣。从竹,冓声。宋楚谓竹篝墙以居也。"《方言》卷五:"篝,陈、楚、宋、魏之间谓之墙居。"元宋无《寒食》:"春寒不禁香篝火。""篝"用其本义。又泛指盛物的竹篓。《楚辞·招魂》:"秦篝齐缕,郑绵络些。"洪兴祖补注:"篝,笼也,笿也。"用为动词,为用笼罩住之义。宋王安石《寄张先郎中》:"篝火尚能书细字。"另"篝"也用于野外燃烧的火堆。元柳贯《浦阳十咏》:"一篝松火照微茫。"(严玉)

笿 luò 来纽、铎部;来纽、铎韵、卢各切。

笿¹ — 笿² — 笿³ — 笿
战国 《说文》小篆 汉 楷书

1《包山》67页。2《说文》96页。3《甲金篆》289页。

形声字。字又作"落"。"笿"是古代盛杯盘之类器皿的竹笼。《说文》:"笿,栖笿也。从竹,各声。"《方言》卷五:"杯落,陈楚宋卫之间谓之栖落,又谓之豆笿,自关东西谓之栖落。"注:"盛栖器笼也。"又指竹篓。《云笈七签》卷一百二十一:"(蜀之青城)其邑每岁修竹笿之堰,以隄川防水。"(严玉)

簋 guǐ 见纽、幽部;见纽、旨韵、居洧切。

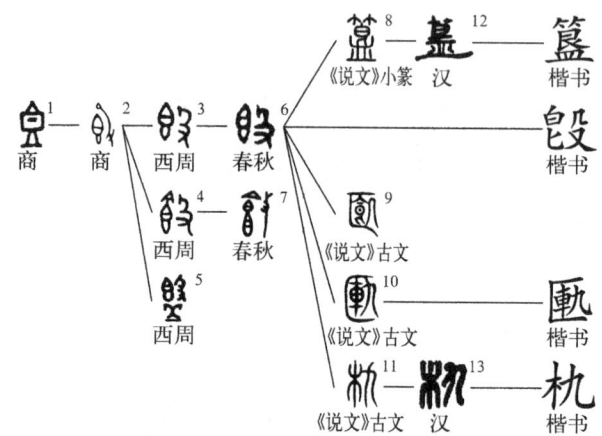

1《合集》3823。2《合集补编》7469。3—7《金文编》297~301页。8—11《说文》97页。12、13《甲金篆》290页。

形声字。"簋"之异体较多。其初文作象形字"皀",像簋器形。又累加"殳"(相当于手持饭具的形符)旁作"segh",当为形声兼会意字。"segh"字所从之"皀"金文或从"食"作,与从皀表意相同。金文"segh"字或又追加形符"皿"作。"簋"的战国文字主要见于《说文》古文,有三个:一作"匭",从匚、从飢(疑"segh"之讹,则为声符);一作"匭",从匚,轨声(后用作义为匣子之字);一作"朹",从木,九声(后又读qiú,义为木名)。小篆后起,作"簋",从竹,从皿,皀声。以上诸字并一字之异体。后通行"segh"与"簋",今正字取用"簋"字。"簋"是古代食器。圆腹圈足,二耳或四耳,以竹木、陶土或青铜制成。《说文》:"簋,黍稷方器也。""簋"当为圆器。《周礼·地官·舍人》郑玄注:"方曰簠,圆曰簋。"与出土实物合。甲骨文"皀"、"segh"字用义不明,金文中"segh"、"簋"皆用为器名。(严玉)

簠 fǔ 帮纽、鱼部;非纽、麌韵、方矩切。

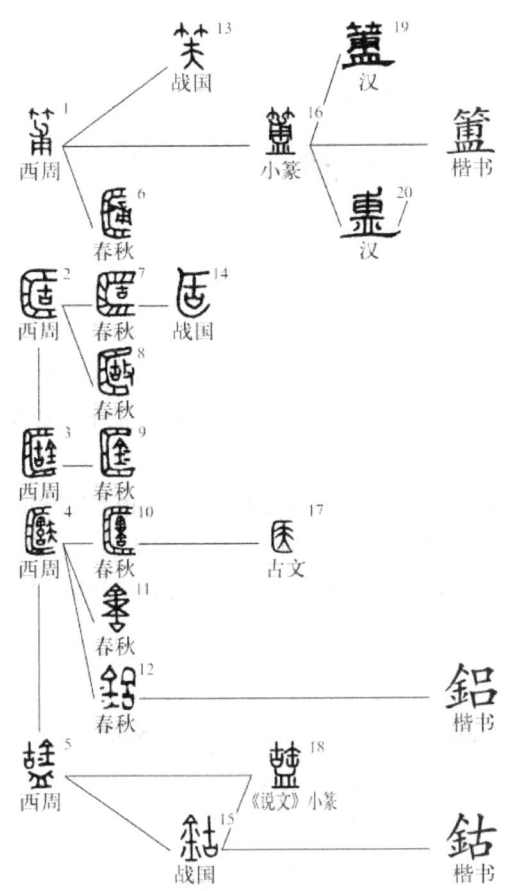

1《金文编》301页。2、7《金文编》845页。3、4、8、10、11、14《金文编》846页。5、9、13《金文编》847页。6《金文编》302页。12《集成》9册132页。15《金文编》920页。16、17《说文》97页。18、19、20《甲金篆》290页。

形声字。一般认为，"簠"是古代的一种长方形、斗状、器盖同形的食器和祭器，盛黍稷稻梁。但此种器物在铭文中的自名，其字皆不作"簠"。常见的为以下几种：1. 大多数作"匠"，从匚，古声；春秋金文或从"故"声，作"匧"。2. 西周金文在"匠"字的基础上追加形符"金"作"鈷"，当分析为从金，匠声；春秋金文或省去声符"古"而作"鈷"。3. 西周金文作"盬"。从皿，从金，古声；小篆所从之"金"讹为"缶"而作"盬"。《说文》："盬，器也。从皿，从缶，古声。"春秋金文或省去"皿"旁作"鈷"，可分析为从金，古声，而与后代金属名之"鈷"字同形。4. 西周金文作"匧"，从匚，害、夫双声；春秋金文或将声符"夫"换作"五"作"匧"，又或省去形符"匚"作双声符字"鈷"。5. 春秋金文又或作"鋁"，从金，吕（或以为是"害"字省写）声，而与后代金属名之"鋁"字同形。6. 战国金文作"笑"，从竹，夫声。出土青铜器中有一种豆属器（镂空柄，器腹皆甚浅，平底），有铭文自名为"簠"（或径借"甫"、"鋪"为名），

从竹，甫声。此字或即《说文》小篆"簠"的来源，其累加形符"皿"则作"簠"（从皿，笛声）；汉隶"簠"字所从之"竹"或讹为"艹"，而作"蓸"（《集韵·嘘韵》："簠，古作蓸。"实为讹变字）；或省竹旁作"盧"，从皿，甫声。另春秋金文或改形符"竹"为"匚"，改从"脯"声而作"匯"。《说文》："簠，黍稷圜器也。从竹，从皿，甫声。医，古文簠从匚，从夫。"而《周礼·地官·舍人》郑玄注："方曰簠，圆曰簋。"两说不合。故有学者认为上述一般认为的方形器不当名簠，名为簠者应即自名为笛的豆属类圆形器。此说虽与《说文》之说近合，但也有的学者指出，上述豆属器盘甚浅，与其盛黍稷之用恐不当，且与郑玄说相左。现暂因旧说，综合"簠"字形的两个来源，揭举其古文字形体共18个，其所从的形符有竹、匚、金，所从的声符有甫、古、夫、五、吕、害六个，古韵前五个均在鱼部，"害"在月部，鱼月对转，例可相通。今通行字作"簠"。《仪礼·公食大夫礼》："左拥簠梁。"（严玉）

籩（笾） biān　帮纽、元部；帮纽、先韵、布玄切。

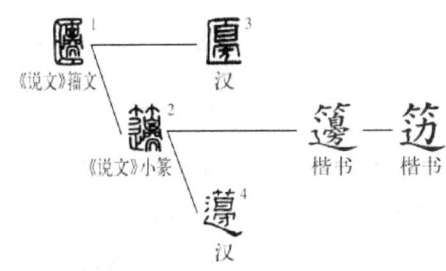

1、2《说文》97页。3、4《甲金篆》290页。

形声字。《说文》籀文作"匽"，从匚，舁声。《说文》小篆作"籩"，从竹，邊声。汉隶"籩"字所从之"竹"或讹为"艹"作。今简化字作"笾"，从竹，边声。"笾"是古代用竹编成的食器，形状如豆，祭祀燕享时用来盛果实、干肉等。《说文》："籩，竹豆也。匽，籀文籩。"《周礼·天官·笾人》："笾人，掌四笾之实。"郑玄注："笾，竹器如豆者，其容实皆四升。"《仪礼·特牲馈食礼》："祝赞笾祭。"郑玄注："笾祭，枣栗之祭也。"（严玉）

篅 chuán　禅纽、元部；禅纽、仙韵、市缘切。

篅[1] — 篅
《说文》小篆　楷书

1《说文》97页。

形声字。"篅"是贮藏谷物的圆囤。《说文》："篅，以判竹，圜以盛谷也。从竹，耑声。"《广韵·支韵》："篅，盛谷圆笔。"《淮南子·精神》："与守其篅笔。"（严玉）

簏

lù　来纽、屋部；来纽、屋韵、卢谷切。

簏¹—簏　　《说文》小篆　楷书
簍²—箓　　《说文》或体　楷书

1、2《说文》97页。

形声字。"簏"是竹篾编的箱箩类器物。《说文》："簏，竹高箧也。从竹，鹿声。箓，簏或从录。"后通行作"簏"。《楚辞·九叹·愍命》："莞苎弃于泽洲兮，蜩蟉蠹于筐簏。"王逸注："方为筐，圆为簏。"引申为量词。宋李清照《金石录后序》："穴壁负五簏去。"（严玉）

竿

gān　见纽、元部；见纽、寒韵、古寒切。

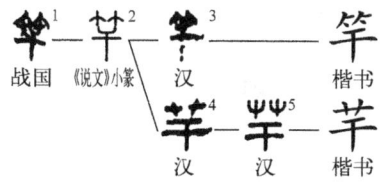

1《楚系简帛》359页。2《说文》97页。3《马王堆》183页。4、5《甲金篆》291页。

形声字。从竹，干声。汉隶"竿"字所从之"竹"或讹为"艹"，进而讹为从艸，而与草芊之"芉"同形。"竿"是竹子的主干，俗称"竹竿"。《说文》："竿，竹梃也。从竹，干声。"《诗·卫风·竹竿》："籊籊竹竿，以钓于淇。"汉贾谊《新书·过秦论上》："斩木为兵，揭竿为旗。"又特指钓竿。《庄子·外物》："投竿东海，旦旦而钓，期年不得鱼。"又特指竹简，引申为书札、文书。宋朱彧《萍洲可谈》："田望勤于竿牍。"引申作量词，用于竹子。唐杜甫《将赴成都草堂途中有作先寄严郑公五首》之四："恶竹应须斩万竿。"（严玉）

笯

nú　泥纽、鱼部；泥纽、模韵、乃都切。

笯¹—笯　　《说文》小篆　楷书

1《说文》97页。

形声字。鸟笼谓之笯。《说文》："笯，鸟笼也。从竹，奴声。"《方言》卷十三："笼，南楚、江、沔之间谓之篣，或谓之笯。"《楚辞·九章·怀沙》："凤皇在笯兮，鸡鹜翔舞。"（严玉）

箇（个）

gè　见纽、歌部；见纽、个韵、古贺切。

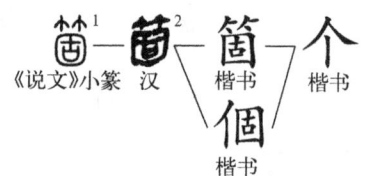

1《说文》97页。2《马王堆》186页。

形声字。从竹，固声。字又作"個"，从人，固声。又作"个"，为"介"之变体字（参"个"字条）。今简化字采用"个"字。"箇"本义为竹枚。《说文》："箇，竹枚也。"引申为通用个体量词，表示单独的人或物。唐杜甫《绝句四首》之三："两个黄鹂鸣翠柳，一行白鹭上青天。"《史记·货殖列传》："竹竿万个。"张守节正义："《释名》云：'竹曰个，木曰枚。'"（严玉）

箑

shà　心纽、叶部；生纽、洽韵、山洽切。

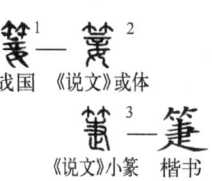

1《包山》68页。2、3《说文》97页。

形声字。战国文字作"箑"，从竹，妾声。竹扇谓之"箑"。《说文》："箑，扇也。从竹，疌声。篓，箑或从妾。"《方言》卷五："扇，自关而东谓之箑，自关而西谓之扇。"《淮南子·精神》："知冬日之箑，夏日之裘，无用于己，则万物之变为尘埃矣。"高诱注："箑，扇也。楚人谓扇为箑。"望山楚简"箑"借用为"翣"，如47简："一大羽翣，一大竹翣，一少(小)箑。"翣是一种扇形的棺饰，在路以障车，入椁以障柩。《集韵》："箑，竹翣。"（或以为"箑"是竹翣之专字）。（严玉）

籠（笼）

lóng　来纽、东部；来纽、东韵、卢红切。
lǒng　　　　　　　来纽、董韵、力董切。

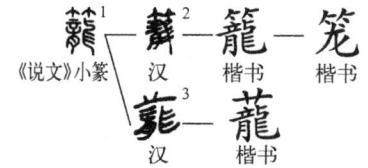

1《说文》97页。2《马王堆》186页。3《甲金篆》291页。

形声字。从竹,龍声。汉隶"籠"字所从之"竹"或讹为"艹",而与草名之"龍"同形。今简化字作"笼"。"笼"本是古代一种竹制的盛土器具。《说文》:"籠,举土器也。一曰答也。从竹,龍声。"《淮南子·说山》:"貂裘而负笼,甚可怪也。"高诱注:"笼,土笼也。"《汉书·王莽传上》:"负笼荷锸。"引申而泛称其他类笼的盛物器具。《周礼·夏官·司弓矢》:"田弋,充笼箙矢,共鸒矢。"郑玄注:"笼,竹箙也。"此为装箭的器具。《集韵·东韵》:"笼,所以畜鸟。"此为鸟笼。南朝宋刘义庆《世说新语·任诞》:"俄见一人,持半小笼生鱼,径来造船。"此为盛鱼之笼。等等。用为动词,"笼"读lǒng,有将东西装进笼内、包罗、笼罩、控制等义。(严玉)

竿 hù 匣纽、鱼部;匣纽、暮韵、胡误切。

1、2《说文》97页。

形声字。初文即"互"字象形。后累添形符"竹"作形声字"竿",从竹,互声。"竿"是古代一种收绳的工具。《说文》:"竿,可以收绳也。从竹,象形,中象人手所推握也。互,竿或省。"王筠释例:"互字象形,当是古文,而说'竿或省',倒置矣。竿加竹,非互省竹也。"王说是。"竿"为收绳器具,故引申又作纺车的别名。《广雅·释器》:"軠谓之竿。"王念孙疏证:"軠,纺车也。纺车所以收丝,故亦谓之竿。"又为竹名,即苦笋。元李衎《竹谱详录·竹品谱·全德品》:"竿竹生浙东,缙云以南多有之……味苦而节疏。"(严玉)

簝 liáo 来纽、宵部;来纽、萧韵、落萧切。

1《说文》97页。

形声字。古代宗庙祭祀盛肉的竹器谓之"簝"。《说文》:"簝,宗庙盛肉竹器也。从竹,寮声。《周礼》:'供盆簝以待事。'"《广韵·萧韵》:"簝,宗庙盛肉方竹器。"又为竹名。《玉篇·竹部》:"簝,竹也。"(严玉)

箮 dōu 端纽、侯部;端纽、侯韵、当侯切。

1《说文》97页。

形声字。"箮"本义是古代的饲马器。《说文》:"箮,饮马器也。从竹,兜声。"《高僧传》卷五:"桩之间悬一马箮。"引申而泛称盛东西的竹器,或其他用藤或柳条做成的盛器。竹轿亦可称为"箮"。《唐会要·杂录》:"听乘苇蘴车及箮笼。"(严玉)

籚 lú 来纽、鱼部;来纽、模韵、落胡切。

1《说文》97页。

形声字。"籚"本义为竹名,又为矛、戟的柄。《说文》:"籚,积竹,矛戟矜也。从竹,盧声。《春秋国语》曰:'朱儒扶籚。'"又为筐或饭器。《广雅·释器》:"籚,筐也。"王念孙疏证:"籚,或作盧。《说文》:'盧,饭器也。'又云:'㔷盧,饭器,以柳为之。'"(严玉)

簦 dēng 端纽、蒸部;端纽、登韵、都滕切。

1《楚系简帛》359页。2《说文》97页。

形声字。"簦"为古代有柄的笠,类似现在的伞。《说文》:"簦,笠盖也。从竹,登声。"段玉裁注:"笠而有柄如盖也,即今之雨伞。"《国语·吴语》:"(夫差)遵汶伐博,簦笠相望于艾陵。"韦昭注:"簦笠,备雨器。"又为竹名。《篇海类编·花木类·竹部》:"簦,竹也。"又为器名。清顾炎武《天下郡国利病书》:"馈海盐五千簦。"《信阳楚简》2.027:"二㚖几簦。""簦"读为"䑠",《说文·豆部》:"䑠,礼器也。"(严玉)

笠 lì 来纽、缉部;来纽、缉韵、力入切。

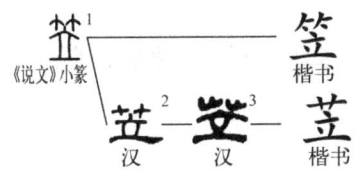

1《说文》97页。2、3《甲金篆》291页。

形声字。从竹,立声。汉隶"笠"字所从之"竹"或讹为"艹",进而讹为从艸,而与药草名之"苙"同形。"笠"本义为笠帽,用竹箬或棕皮等编制而成,俗称"斗笠"。《说文》:"笠,簦无柄也。从竹,立声。"《诗·小雅·无羊》:"何蓑何笠,或负其糇。"毛传:"蓑所以备雨,笠所以御暑。"泛称笠状的覆盖物。《左传·宣公十四年》:"以贯笠毂。"又称门闩。《管子·四时》:"令禁扇去笠。"(严玉)

箱 xiāng 心纽、阳部;心纽、阳韵、息良切。

1《说文》97页。2《汉印徵》卷5,2页。

形声字。"箱"本义为车箱,箱内可乘人或有装物之处。《说文》:"箱,大车牝服也。从竹,相声。"段玉裁注:"郑司农云:'牝服谓车箱,服读为负。'"《诗·小雅·大东》:"不以服箱。"毛传:"箱,大车之箱也。"引申之,凡有底、盖可以藏物的方形器俱称为"箱"。《晋书·郗超传》:"出一箱书付门生。"通"厢",居室前厅两侧的房屋。《汉书·晁错传》:"错趋避东箱。"(严玉)

篚 fěi 帮纽、微部;非纽、尾韵、府尾切。

1《金文编》302页。2《说文》97页。

形声字。依《说文》,"篚"亦是车箱,但文献中"篚"多指圆形的盛物竹器。《说文》:"篚,车笭也。从竹,匪声。"段玉裁注:"依许,'匡匪'之'匪'不从竹,在匚部。从竹者,专谓车笭。字又作'韠',从车,非声。《广雅·释器》:'韠,箱也。'王念孙疏证:'车笭谓之篚,车箱谓之韠,其义一也。'"篚"又有竹器义。《书·禹贡》:"厥贡漆丝,厥篚织文。"孔传:"织文,锦绮之属,盛之筐篚而贡焉。"(严玉)

笭 líng 来纽、真部;来纽、青韵、郎丁切。

1《金文编》302页。2《说文》97页。

形声字。"笭"为车轼前面纵横交结的竹木条。《说文》:"笭,车笭也。从竹,令声。"桂馥义证:"'车笭也'者,颜注《急就篇》:'笭,车前曲阑也。'《释名》:'笭,横在车前,织竹为之,孔笭笭也。'"字也作"軨",从车,令声。清王筠《说文句读》:"笭,与车部'軨'同。"又,古代船舱中放器物的床形衬板也称"笭"。《释名·释船》:"舟中床以荐物者曰笭。"又"笭箵",指装鱼的竹笼,亦作"笭箐"。《说文》:"笭,一曰笭籯也。"段玉裁注:"竹笼。"宋苏舜钦《松江长桥未明观鱼》:"拟来随尔带笭箵。"(严玉)

策 cè 清纽、锡部;初纽、麦韵、楚革切。

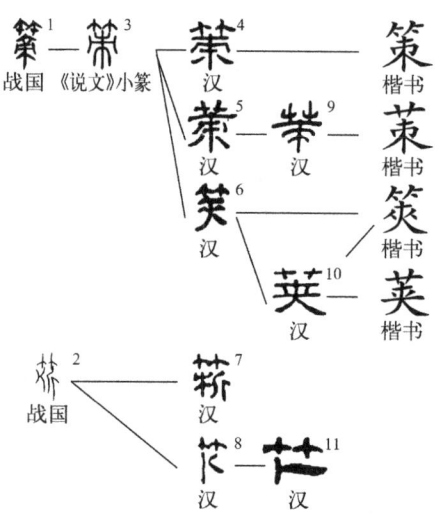

1《包山》68页。2《金文编》303页。3《说文》98页。4-11《甲金篆》291~292页。

形声字。从竹,朿声。汉隶"策"字所从之"竹"或讹为"艹",进而讹为从艸,而与《说文》训为草刺之"萊"同形。汉隶"策"字所从之"朿"或讹为夹,而与本训夹箸之"筴"字同形(文献中"筴"或用同"策")。此讹变之"筴"字所从之"竹"汉隶或又讹为"艹",而与豆荚之"荚"字同形。战国金文"策"又作"箭",从竹,斨(为"析"之异体,"片"为"木"之半,字从片与从木同意。秦汉文字正从析声,而作"䇽"可证)声。汉隶或省去"箭"之声符"斨"所从之"斤",而作"笁";或进而讹作"芐"。以上诸讹变字,皆为"策"之异体。"策"本义为竹制的马鞭。《说文》:"策,马箠也。"《礼记·曲礼上》:"君车将驾,则仆执策立于马前。"用其本义。用为动词有鞭打、驱使义。《楚辞·九辩》:"却骐骥而不乘兮,策驽骀而取路。"汉李陵《答苏武书》:"策疲乏之兵。"引申为鞭策、督促。《宋史·叶适传》:"抱此志意而可以策励期望者谁乎?"又引申称拐杖。唐杜甫《别常徵君》:"儿扶犹杖策。""杖策"同义连用。古代用作计算的小筹亦称为"策"。占卜时,用同蓍草。马王堆帛书《老子》甲本:"善数者不用梼筴。""梼筴"乙本作"梼笄",即筹策。《楚辞·卜居》:"詹尹乃释策而谢。"并同为本义。引申为数。《汉书·律历志上》:"参之则得乾之策,两之则得坤之策。"颜师古注引苏林曰:"策,数也。"又引申为计谋、谋划。《史记·张耳陈馀列传》:"怨陈王不用其策。"《汉书·陈汤传》:"不足以策大事。""策"又假借为"册",义为简册。晋杜预《春秋经传集解序》:"大事书之于策。"亦泛指书籍。《后汉书·方术传序》:"莫不负策抵掌。"引申为册赏,记载。中山王方壶:"使其老筴(策)赏中(仲)父。""策赏"即册赏。《木兰辞》:"策勋十二转。""策"义为记载。(严玉)

箠 chuí 端纽、歌部;知纽、支韵、竹垂切。

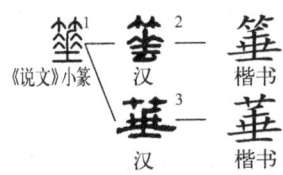

1《说文》98页。2《睡甲》68页。3《甲金篆》292页。

形声字。从竹,垂声。汉隶"箠"字所从之"竹"或讹为"艹",而与木名之"菙"字同形。"箠"本义为鞭子、马鞭。《说文》:"箠,(所以)击马也。"《玉篇·竹部》:"箠,击马箠也。"《史记·张耳陈馀列传》:"夫武臣、张耳、陈馀杖马箠下赵数十城。"引申之刑杖亦谓之"箠"。字也作"棰",从木,垂声。《文选·司马迁〈报任少卿书〉》:"其次关木索被箠楚受辱。"李善注:"《汉书》曰:'箠长五尺。'《说文》曰:'棰,以杖击也。'箠与棰同。以之笞人,同谓之'箠楚'。箠、楚,皆杖木之名也。"用为动词,指鞭打、击打。《后汉书·酷吏传·董宣》:"帝大怒,召宣,欲箠杀之。"(严玉)

籣 lán 来纽、元部;来纽、寒韵、落干切。

籣¹—籣
《说文》小篆 楷书

1《说文》98页。

形声字。"籣"是古代盛弩矢的一种器具。《说文》:"籣,所以盛弩矢,人所负也。从竹,阑声。"《汉书·韩延寿传》:"抱弩负籣。"颜师古注:"籣,盛弩矢者也,其形如木桶。"(严玉)

箙 fú 並纽、职部;奉纽、屋韵、房六切。

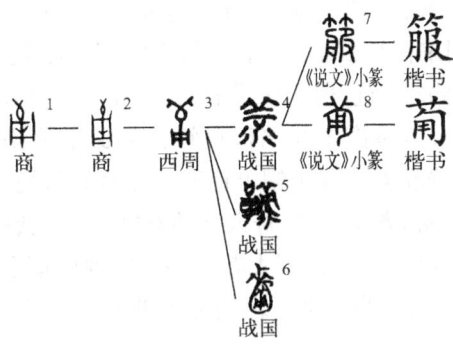

1《合集》16184。2《小屯南地甲骨》334页。3《金文编》55页。4《古文典》124页。5、6《楚系简帛》360页。7、8《说文》98、70页。

形声字。甲骨文初文像矢在器中形,为象形字。两周金文其矢尾讹变为似"苟"字上部,其矢杆与箙形组合与"用"字相似,遂演变为小篆"葡"字。战国文字又或追加形符"革"作"鞴",或追加形符"甹"作"蔮",二字皆为"葡"之繁文。后"葡"字另作他用,久借不还,遂另造了一个形声字"箙"字来表示其本义。"箙"是古代用竹、木或兽皮等做成的盛箭器具。《说文》:"箙,弩矢箙也。从竹,服声。"《玉篇·竹部》:"箙,矢器,藏弩箭为箙。"毛公鼎"鱼箙",指鱼皮做的箭袋,"箙"用其本义。《合集》320"葡一牛","葡"读为"福",是一种用牲法。望山楚简"箙玉","箙"读为"佩"。(严玉)

笘 shān 书纽、侵部;书纽、盐韵、失廉切。

笘¹—笘
《说文》小篆 楷书

1《说文》98页。

形声字。古代折竹做成的简易鞭子谓之"笘"。《说文》:"笘,折竹箠也。从竹,占声。颍川人名小儿所书写为笘。"段玉裁注:"折竹为箠,箠之便易者也。"《说文》又说指的是古代儿童习字用的一种竹觚。《广雅·释器》:"笘,觚也。"王念孙疏证:"觚通作柧。"(严玉)

笪 dá 端纽、月部;端纽、曷韵、当割切。

竹部

笪 dá

笪¹ — 笪
《说文》小篆　楷书

1《说文》98页。

形声字。竹皮谓之"笪"。《说文》："笪，箸也。从竹，旦声。"（据王筠《句读》改）王筠句读："玄应引此而申之曰：'音若，箸，竹皮名也。'"引申为粗竹席，用来晾晒粮食等，或用来覆屋或船。《玉篇·竹部》："笪，粗篷簾也。"《集韵·曷韵》："笪，覆舟簟。"宋洪迈《容斋随笔·俗语有出》："竹工谓屋椽上织箔曰筛笪。"又引申为檐。宋王谠《唐语林》卷五："置于帽上笪处。"拉船的竹绳亦谓之"笪"。元周密《齐东野语·舟人称谓有据》："钟会呼捉船索为百丈。赵氏注云：'百丈者，牵船篾，内地谓之笪。'"又"笪挞"，笞挞，鞭打之义。《乐府诗集·妇病行》："有过慎莫笪笞。"（严玉）

笞 chī

透纽、之部；彻纽、之韵、丑之切。

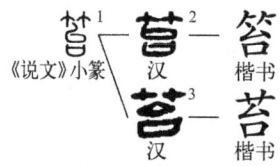

1《说文》98页。2、3《甲金篆》292页。

形声字。从竹，台声。汉隶"笞"字所从之"竹"或讹为"艹"，而与苔藓之"苔"字同形。"笞"指用鞭、杖或竹板抽打。《说文》："笞，击也。"王筠句读："箠者笞之器，以箠击之谓之笞。"《史记·陈涉世家》："尉果笞广。"用其本义。"笞"又用为古代五刑之一，用竹板或荆条打背部或臀部。《新唐书·刑法志》："笞之为言耻也。"（严玉）

箴 zhēn

章纽、侵部；章纽、侵韵、职深切。

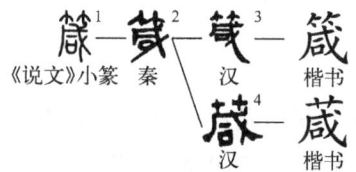

1《说文》98页。2《睡甲》68页。3、4《甲金篆》292页。

形声字。从竹，咸声。汉隶"箴"字所从之"竹"或讹为"艹"，而与《说文》训为马蓝草之"葴"字同形。"箴"本义为缝衣用的工具，即后世之针。《说文》："箴，缀衣箴也。"盖古人初以竹为针，故字从竹。后世以金属为针，故字又作"鍼"，从金，咸声。俗作"针"，从金、十（像针形）会意。今从俗体，简化字作"针"。睡虎地秦简《秦律十八种》110："隶妾及女子用箴为缮绣它物。"《礼记·内则》："衣裳绽裂，纫箴请补缀。""箴"皆用其本义。古代一种刺穴位治病的用具似针，故称之以"箴"。晋葛洪《抱朴子·勤求》："箴砭为道之病痛。"引申而有规劝、告诫之义。《左传·襄公四年》："命百官，官箴王阙。"又为古代文体的一种。南朝梁刘勰《文心雕龙·铭箴》："箴者，所以攻疾防患。"（严玉）

竽 yú

匣纽、鱼部；云纽、虞韵、羽俱切。

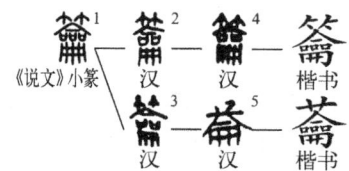

1《合集》16243。2《包山》68页。3《说文》98页。4《甲金篆》292页。

形声字。"竽"是古簧管乐器，似笙而略大。《说文》："竽，管三十六簧也。从竹，亏（于）声。""竽"之甲骨文初文，其声符"于"置于竽形中，亦是形声字。后改为从竹，于声。《合集》16242"新竽"连用，似用其本义。《楚辞·九歌》："陈竽瑟兮浩倡。"（严玉）

籥 yuè

喻纽、药部；以纽、药韵、以灼切。

1《说文》98页。2《马王堆》188页。3、4、5《甲金篆》287页。

形声字。从竹，龠声。汉隶"籥"字所从之"竹"或讹为"艹"，而与《说文》训为爵（雀）麦之"蘥"字同形。"籥"本是古代儿童习字用的竹片。《说文》："籥，书僮竹笘也。"徐锴系传："籥，谓编竹以习书。"引申指简册。《广雅·释器》："籥，笳也。"王念孙疏证："《众经音义》卷二引《纂文》云：'关西以书篇为籥。'"《书·金縢》："启籥见书，乃并是吉。""籥"义指简册，"书"为占兆之辞，意思为打开简册，见到占兆之辞，皆以此为吉。又引申为鼓风吹火的竹器。《老子》第五章："天地之间，其犹橐籥与？"吴澄注："橐籥，冶铸所以吹风炽火之器也。为函以周罩於外者，橐也；为辖以鼓扇于内者，籥也。""籥"通"龠"，义为管乐器。《孟子·梁惠王下》："管籥之音。"古代锁钥似管，故"管"、"籥"皆有锁钥义。睡虎地秦简《法律答问》

30：":抉籥，赎黩。""籥"即为"鑰"（钥）。（严玉）

笙 shēng 心纽、耕部；生纽、庚韵、所庚切。

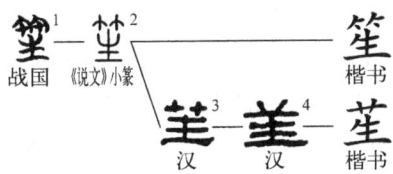

1《楚系简帛》361页。2《说文》98页。3、4《甲金篆》292页。

形声字。从竹，生声。汉隶"笙"字所从之"竹"或讹为"艹"，而与古地名之"茥"字同形。"笙"为古簧管乐器之一。《说文》："笙，十三簧，象凤之身也。笙，正月之音。物生，故谓之笙。大者谓之巢，小者谓之和。从竹，生声。古者随作笙。"《诗·小雅·鹿鸣》："我有嘉宾，鼓瑟吹笙。"《信阳楚简》2.03"二笙"，皆用其本义。后来竹席亦谓之"笙"。《文选·左思〈吴都赋〉》："桃笙象簟，盛于筒中。"李善注引刘逵曰："桃笙，桃枝簟也，吴人谓簟为笙。"（严玉）

簧 huáng 匣纽、阳部；匣纽、唐韵、胡光切。

形声字。"簧"是乐器中用以发声的薄片。《说文》："簧，笙中簧也。从竹，黄声。"《诗·秦风·车邻》："既见君子，并坐鼓簧。"朱熹集传："簧，笙中金叶，吹笙则鼓动之以出声也。"引申之，"簧"也可指"笙"、"竽"类簧管乐器。《诗·王风·君子阳阳》："君子阳阳，左执簧，右招我由房。"毛传："簧，笙也。"簧是一种有弹性的薄片，振动而发声。引申之器物中有弹性的构件也可称为"簧"，如锁簧、弹簧等。舌之于人犹簧之于笙竽，故以"簧"喻能言善辩。唐李白《雪谗诗赠友人》："坦荡君子，无悦簧言。""簧"又为竹名。元李衎《竹谱详录》："簧竹出江淮间。"（严玉）

箫（萧） xiāo 心纽、幽部；心纽、萧韵、苏彫切。

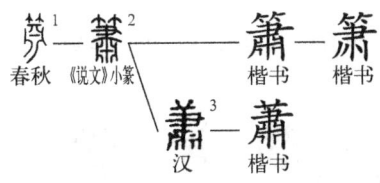

1、3《甲金篆》292、293页。2《说文》98页。

形声字。春秋金文"箫"或省作箫。汉隶"箫"字所从之"竹"或讹为"艹"，而与姓字之"萧"同形。今简化字作"萧"。"箫"是古代的一种竹制管乐器，以长短不等的竹管编排而成，俗称排箫。《说文》："箫，参差管乐也。象凤之翼。从竹，肃声。"《诗·周颂·有瞽》："既备乃奏，箫管备举。"郑玄笺："箫，编小竹管。如今卖饧者所吹也。"另单管直吹乐器名长笛者，相传出自西羌，后人谓之"洞箫"。宋苏轼《前赤壁赋》："客有吹洞箫者，倚歌而和之。"（严玉）

筒 tǒng 定纽、东部；定纽、东韵、徒红切。

1《说文》98页。2《甲金篆》293页。

形声字。从竹，同声。"筒"本指洞箫。《说文》："筒，通箫也。"段玉裁注："所谓洞箫也。"引申为竹管之称。唐慧琳《一切经音义》卷三十二引《三苍》："（筒）竹管也。"《后汉书·段颎传》："并以简书封于筒中。"亦泛指管状物。南朝梁陆倕《新刻漏铭》："金筒方圆之制。"（严玉）

籁（籁） lài 来纽、月部；来纽、泰韵、落盖切。

1《说文》98页。

形声字。今简化字作"籁"。"籁"为古代一种管乐器，三孔。《说文》："籁，三孔龠也。大者谓之笙，其中谓之籁，小者谓之箹。从竹，赖声。"《淮南子·说山》："物莫不因其所有，而用其所无，以为不信，视籁与竽。"高诱注同《说文》。箫也谓之"籁"。《广雅·释乐》："籁谓之箫。"《史记·司马相如列传》："摐金鼓，吹鸣籁。"裴骃集解引《汉书音义》："籁，箫也。"引申指孔穴中发出的声音。亦泛指声音。《庄子·齐物论》："汝闻人籁而未闻地籁，汝闻地籁而未闻天籁夫！"（严玉）

管

管 guǎn 见纽、元部；见纽、缓韵、古满切。

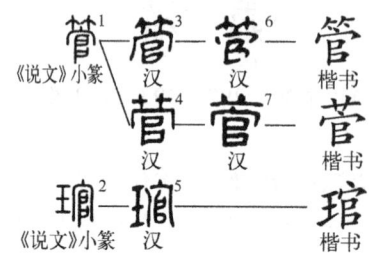

1、2《说文》98页。3—7《甲金篆》293页。

形声字。汉隶"管"字所从之"竹"或讹为"艹"，而与草菅之"菅"同形。"管"为古代的单管乐器，似笛而六孔，或以竹制，或以玉制。《说文》："管，如篪，六孔，十二月之音，物开地牙，故谓之管。从竹，官声。琯，古者玉琯以玉。舜之时，西王母来献其白琯。前零陵文学姓奚，于伶道舜祠下得笙玉琯。夫以玉作音，故神人以和，凤皇来仪也。从玉，官声。"《诗·周颂·有瞽》："既备乃奏，箫管备举。""管"用其本义。引申而泛指管乐器。唐白居易《琵琶行》："主人下马客在船，举酒欲饮无管弦。"又引申为凡管状物。笔杆为管状，故毛笔谓之"管"。《诗·邶风·静女》："静女其娈，贻我彤管。"陆德明释文："管，笔管。"古代的锁钥为管状，故谓之"管"。《左传·僖公三十二年》："郑人使我掌其北门之管。"《管子·立政》："慎管键。""管"皆为锁钥。从锁钥引申为枢要。《荀子·儒效》："圣人也者，道之管也。"杨倞注："管，枢要也。"又引申为掌管、管辖、管理等义。（严玉）

笛

笛 dí 定纽、觉部；定纽、锡韵、徒历切。

笛¹—笛
《说文》小篆 楷书

1《说文》98页。

形声字。"笛"为管乐器名。古笛竖吹，与今之"箫"相似。今之笛，源于古代"横吹"。《说文》："笛，七孔筩也。从竹，由声。羌笛三孔。"引申指响声尖锐的发音器，如今汽笛、警笛等。（严玉）

筑

筑 zhù 端纽、觉部；知纽、屋韵、张六切。

筑¹—筑²—筑³—筑
《说文》小篆 汉 汉 楷书

1《说文》98页。2、3《甲金篆》293页。

会意兼形声字。"筑"为古代的击弦乐器，似筝，十三弦，已失传。《说文》："筑，以竹曲五弦之乐也。从竹，从巩；巩，持之也；竹亦声。"段玉裁注："'以竹曲'不可通……今审定其文，当云'筑曲，以竹鼓弦之乐也'。"或是。《广韵·屋韵》："筑似筝，十三弦。"《战国策·燕策三》："既祖取道，高渐离击筑，荆轲和而歌，为变徵之声。"乃用其本义。要注意的是，今"建筑"之字本作"築"（从木，筑声），与"筑"本不同字。但因音近而通，"筑"常用作"築"。睡虎地秦简《日书甲》87："春三月庚辰可以筑羊圈（圈）。""筑"用为"築"，犹今言建筑。今简化字将"築"作为异体并入"筑"字。（严玉）

筝

筝（箏） zhēng 精纽、耕部；庄纽、耕韵、侧茎切。

箏¹—筝—筝
《说文》小篆 楷书 楷书

1《说文》98页。

形声字。今简化字作筝。"筝"为古代拨弦乐器。《说文》："箏，鼓弦竹身乐也。从竹，争声。"（《御览》引《说文》作"五弦筑身乐也"）筝起源甚早，形似瑟，战国时已流行于秦地，故又称秦筝。今俗称"古筝"，以其古老也。《楚辞·九叹·愍命》："挟人筝而弹纬。"（严玉）

箛

箛 gū 见纽、鱼部；见纽、模韵、古胡切。

箛¹—箛
《说文》小篆 楷书

1《说文》98页。

形声字。"箛"为古乐器名，一说即笳。《说文》："箛，吹鞭也。从竹，孤声。"徐锴系传："盖于鞭上作孔，马上吹之呱呱然。"桂馥义证："箛即笳也。"宋郭茂倩《乐府诗集》卷十六引应劭《汉卤簿图》："唯有骑执箛。"又为竹名。汉张衡《南都赋》："其竹则……篠、簳、箛、箠。"（严玉）

籌

籌（筹） chóu 定纽、幽部；澄纽、尤韵、直由切。

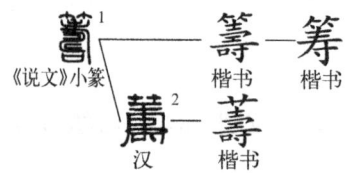

1《说文》98页。2《甲金篆》293页。

形声字。从竹，壽声。汉隶"籌"字所从之"竹"或讹为"艹"，而与草名之"薵"同形。今简化字作"筹"。"籌"是古代投壶游戏所用的矢，也是古代计算或计数用的竹码类用具。《说文》："籌，壶矢也。"徐锴系传："籌，人以之算数也。"《汉书·五行志下之上》："籌，所以纪数。"引申为谋划、策划等义。《史记·留侯世家》："臣请藉前箸为大王筹之。"（严玉）

簙 bó 帮纽、铎部；帮纽、铎韵、补各切。

1《说文》98页。

形声字。"簙"为古代一种棋戏。以六箸十二棋为博具以争胜。《说文》："簙，局戏也。六箸十二棋也。从竹，博声。古者乌胄作簙。"《楚辞·招魂》："菎蔽象棋，有六簙些。"王逸注："投六箸，行六棋，故为六簙也。""簙"字之义，后世或用"博"字表示，如"博弈"。（严玉）

篳（筚） bì 帮纽、质部；帮纽、质韵、卑吉切。

1《说文》99页。2《汉印徵》卷5，3页。

形声字。从竹，畢声。今简化字作"筚"。汉印"篳"字所从之"竹"或讹为"艹"而作"蕐"。"篳"本义为用竹子编成的篱笆。《说文》："篳，藩落也。"王筠句读："屏蔽之以为院落也。"《左传·襄公十年》："篳门闺窦之人。"杜预注："篳门，柴门。"后世用"蓬门篳户"比喻穷苦人家。引申而泛指用竹子、荆条等织成的器物。《左传·宣公十二年》："篳路蓝缕，以启山林。"杜预注："篳路，柴车。"所谓"篳路"即以荆竹编织的车栏，简陋无饰，又谓之"柴车"。以上意义，"篳"、"蕐"通用无别。但荜豆之"荜"不能作"篳"。（严玉）

筭 suàn 心纽、元部；心纽、换韵、苏贯切。

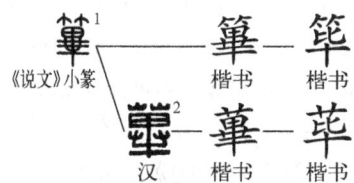

1《说文》99页。2-5《甲金篆》293页。

会意字。从竹，从弄。汉隶"筭"字所从之"竹"或讹为"艹"作。"筭"为古代计数的筹码。《说文》："筭，长六寸，计历数者。从竹，从弄。言常弄乃不误也。"《山海经·海外东经》："竖亥右手把筭，左手指青丘山。""筭"与"算"多通用（参见"算"字条），表计算。汉枚乘《七发》："孔、老览观，孟子持筭而筭之，万不失一。"睡虎地秦简《日书乙》132："不可卜筭为屋。""筭"并用为"算"。又引申为谋划之义。《文选·陆机〈吊魏武帝文〉》："长筭屈于短日，远迹顿于促路。"李善注："筭，计谋也。"（严玉）

算 suàn 心纽、元部；心纽、换韵、苏贯切。

1《说文》99页。2《甲金篆》293页。

会意字。计算谓之"算"。《说文》："算，数也。从竹，从具。读若筭。"段玉裁注："从竹者，谓必用筭以计也。从具者，具，数也。""算"指计算，动词；"筭"是计算用的工具，名词。但古书中二字常通用无别（参见"筭"字条）。清王筠《说文释例》："'算'下云：'读若筭。'此区别之词也。二字经典通用。"《淮南子·俶真》："难以算计举也。""算计"同义连用，即"计算"。引申为数目、数额。《仪礼·士丧礼》："明衣不在算。"引申为谋略。三国蜀诸葛亮《绝盟好议》："使北贼获计，非算之上者。"引申为料想、估量。宋张先《系裙腰》："算一年年，又能得几番圆。"（严玉）

笑 xiào 心纽、宵部；心纽、笑韵、私妙切。

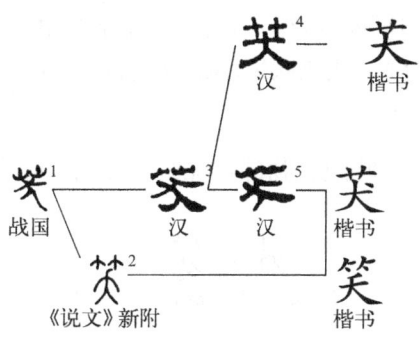

1《郭店》7页。2《说文》新附。3、4、5《甲金篆》293页。

构意不明。喜笑之"笑"字在古文字中皆从艹，从犬。后小篆讹为从竹，从犬。唐李阳冰刊定《说文》改为从竹，从夭，为今"笑"字所本。汉隶或讹"犬"为"大"，而与后代训治义之"芺"字同形。《说文》："此字本阙。臣铉等案：孙愐《唐韵》引《说文》云'喜也。从竹，从犬'，而不述其义。今俗皆从犬。又案：李阳冰刊定《说文》'从竹、从夭'，义云'竹得风其体夭屈，如人之笑'，未知其审。"李说实谬。《郭店楚简》与马王堆帛书《老子》乙本："下士闻道，大芺（笑）之。"乃用其本义。引申为欣羡。唐李商隐《马嵬》："当时七夕笑牵牛。"（严玉）

簃 yí 喻纽、歌部；以纽、支韵、弋支切。

簃¹—簃
《说文》新附　楷书

1《说文》99页。

形声字。楼阁边的小屋谓之"簃"。《说文》："簃，阁边小屋也。从竹，移声。《说文》通用誃。"《尔雅·释宫》："连谓之簃。"郝懿行义疏："《逸周书·作雒篇》云：'设移旅楹。'孔晁注：'承屋曰移。'然则《尔雅》古本作移，魏、晋以后始加竹为簃。……知魏晋人始有簃字也。"明张凤翔《宫词》："妆就慵来坐矮簃。"（严玉）

筠 yún 匣纽、真部；云纽、真韵、为赟切。

筠¹—筠
《说文》新附　楷书

1《说文》99页。

形声字。"筠"本义为竹子的青皮。《说文》："筠，竹皮也。从竹，均声。"《礼记·礼器》："其在人也，如竹箭之有筠也。"孔颖达疏："筠是竹外青皮。"引申为竹子。晋王嘉《拾遗记·周灵王》："手握青筠之杖，与聊共谈天地之数。""青筠"即青竹。又引申为竹制管乐器。北周庾信《赵国公集序》："大禹吹筠，风云为之动。"（严玉）

笏 hù 晓纽、物部；晓纽、没韵、呼骨切。

笏¹—笏
《说文》新附　楷书

1《说文》99页。

形声字。"笏"是古代大臣朝会时所执手板，以玉、象牙或竹制成，上面可以记事。《说文》："笏，公及士所搢也。从竹，勿声。"《礼记·玉藻》："凡有指画于君前，用笏；造受命于君前，则书于笏。"（严玉）

篙 gāo 见纽、宵部；见纽、豪韵、古劳切。

篙¹—篙
《说文》新附　楷书

1《说文》99页。

形声字。"篙"为撑船的竿。《说文》："篙，所以进船也。从竹，高声。"《淮南子·说林》："以篙测江，篙终而以水为测，惑也。"（严玉）

第 dì 定纽、脂部；定纽、霁韵、特计切。

第¹—第²—第³—第
《说文》小篆　汉　汉　楷书

1 段注本《说文》199页（原从"弔"，改从"弟"）。2、3《甲金篆》355页。

形声字。"第"初文为"弟"，后加形符"竹"成为形声字"第"，从竹，弟声。清段玉裁《说文解字注·竹部》："第，次也。从竹，弟。"又云："此见《毛诗正义》卷一之一引《说文》。其在弟部抑竹部，今不可知。要孔冲远所据有此篆无疑。"（按，段注本原篆作第，恐有误。"弟"《说文》小篆作弟，弔为"弔"。汉印"第"字从弟而非从弔可证段篆误。今改篆如上）《吕氏春秋·原乱》："乱必有第。"高诱注："第，次也。"引申为等级。《后汉书·孝献帝纪》："试儒生四十余人，上第赐位郎中，次太子舍人，下第者罢之。"由此而引申之，科举应试合格称为"及第"。唐韩愈《柳子厚墓志铭》："能取进士第。"引申之，古代按一定品级为王侯功臣等官员建造的大宅院亦称"第"，后也通称上等房屋为"第"。《史记·卫将军骠骑列传》："天子为治第。""治第"即建造宅第。（严玉）

簉 zào 清纽、幽部；初纽、宥韵、初救切。

簉
楷书

形声字。从竹，造声。本义为副、附属之义。《左传·昭公十一年》："僖子使助薳氏之簉。"杜预注："簉，副倅也。薳氏之女为僖子副妾，别居在外，故僖子纳泉丘人女，令副助之。"引申为齐、并排。唐李峤《让润州表》："簉羽鹓鹭。"引申为杂、杂厕。《文选·嵇康〈琴赋〉》："承间簉乏，亦有可观者焉。"李周翰注："簉，杂也。"又引申为充满、聚集。南朝梁江淹《为萧让剑履殊礼表》："虽英

袞簪朝,贤武满世,蒙此典者,乃旷古时降耳。"(严玉)

个 gè 见纽、歌部；见纽、个韵、古贺切。

1、2《甲金篆》65页。

变体字。"个"乃"介"字的变体分化字,与"箇"、"個"相通用。《集韵·箇韵》:"箇,或作个,通作個。"《仪礼·士虞礼》:"俎释三个。"郑玄注:"个犹枚也。今俗或名枚曰個,音相近。"今简化字将"個"作为繁体、"箇"作为异体并入"个"字。"个"本指单个的人。《左传·昭公三年》:"又弱一个焉。"引申为通用量词。《汉书·刑法志》:"负矢五十个。"古代还把正堂两旁的侧室称为"个"。《左传·昭公四年》:"使宜馈于个而退。"杜预注:"个,东西厢。"(严玉)

箕 部

箕 jī 见纽、之部；见纽、之韵、居之切。

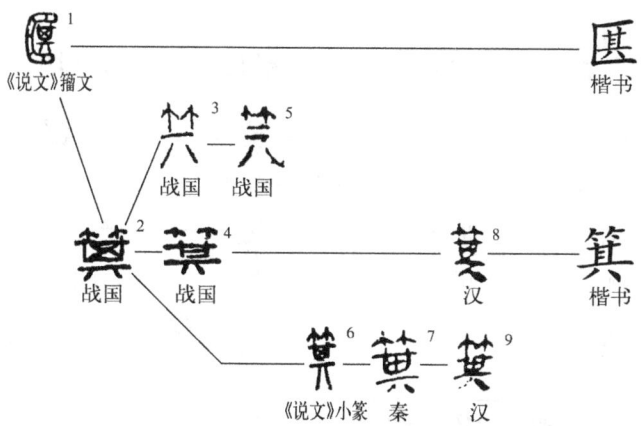

1、6《说文》99页。2—5《战文编》291页。7《睡甲》68页。8《甲金篆》294页。9《马王堆》190页。

形声字。从竹,其声。"箕"的初文是象形的"其"字,写作,因为"其"字被长久借出写副词和代词,所以为簸箕义的名词在原字上另造增加义符的分化字(参见"其"字条)。较早的加义符形式是从匚(匸)的"匶"字,见于《说文》籀文;战国的常见形式是从竹的"箕",这成为秦汉以后形声结构的基本形式。汉隶中,义符"竹"头或趋简写成四笔的"艹"头,但楷书定型从竹,不与"豆茎"义的"其"字混。又,战国时代,"箕"字声符"其"或简写作"丌"、"亓"(参见"丌"、"亓"字条)。"箕"本义是簸箕。《战国策·齐策六》:"大冠若箕。"(大帽子像簸箕一样)引申指畚(běn)箕,即盛装垃圾土石的器具,又比喻指天空二十八宿之一的箕宿,是四颗星连线成梯形,正像簸箕轮廓。(金国泰)

其 jī 见纽、之部；见纽、之韵、居之切。
qí 群纽、之部；群纽、之韵、渠之切。

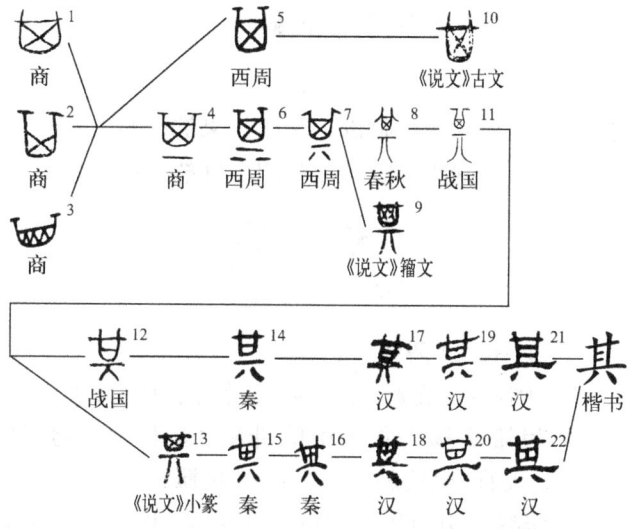

1、2《甲文编》205页。3—8、11《金文编》303~307页。9、10《说文》99页。12《古文字研究》十九辑283页青川木牍。13《说文》99页"箕"字偏旁。14、15、16《睡甲》68页。17、18《马王堆》189页。19《银雀山》162页。20《隶辨》58页。21、22《甲金篆》295页。

象形字。初文像簸箕形,上部像箕舌,左右及下部像边框,中间的交叉线或齿形线像竹木编织的纹理。早在殷商后期,"其"的象形字底部就有了加一横画饰笔的写法,从西周时代起,箕形顶端左右两个平平的小短画逐渐向左右两侧折转倾斜,并且在底部横画下又平加了断开的两个短横,后来这两个短横斜立起来成"八"字形。战国时代的"其"字变易较多,但至战国中晚期的秦系文字中出现了开启后世演变主流的形式,把顶端向左右折转的短画变成贯通两侧竖笔的长横,字上部成"甘"形,已初显隶书姿态。经秦、西汉至东汉,这一"甘"形左右两竖向下延长,落到下部"丌"形长横上,成为楷书的最终形式。虽然小篆还在上部廓线内保留着商周时代交叉斜笔的形式,但在秦并六国前后,这种斜向交叉多变为横竖交叉,此后,又渐变为横笔与缩短了一半的竖笔交接而不交叉,又加一横画成"工"形,再省去"工"形中的短竖,就与上述"其"字隶变演化的主流汇拢。"其"本义就是簸箕。但在各类古文献里,它长期被假借出写副词和代词,今读qí。《合集》14138:"贞:帝弗其及今四月令雨?"(贞问:上帝到了这个四月大概不命令下雨吧?)《左传·庄公十年》:"吾视其辙乱,望其旗靡,故逐之。"也写虚化的连词,用于假设或选择。"其"有时读jī,一是写语气助词,如《诗·小雅·庭燎》"夜如何其";二是通"朞(期)",表示周年。因为"其"字长期写假借义,所以在字上部加义符"竹"构成"箕"字来表示簸箕本义(参见"箕"字条)。(金国泰)

簸

bǒ 帮纽、歌部;帮纽、果韵、布火切。

bò 帮纽、歌部;帮纽、过韵、补过切。

形声字。《说文》:"簸,扬米去糠也。从箕,皮声。"本义是用簸箕扬去谷米中的糠秕、尘土等杂物,读bǒ。《诗·大雅·生民》:"或舂或揄,或簸或蹂。"由簸米时的动作特点引申出一般的上下颠动、摇荡的意义。"簸"与"箕"连用,构成动宾式复合名词"簸箕",指扬米去糠的工具,这种情况中,读去声bò。(金国泰)

丌部

丌 qí 群纽、之部;群纽、之韵、渠之切。

jī 见纽、之部;见纽、之韵、居之切。

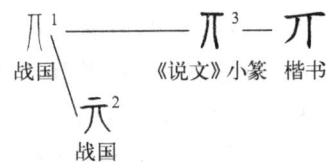

1、2《金文编》308页。3《说文》99页。

本是"其"的简化字,截省去"其"字上部而通行(参见"其"字条)。"丌"及其增一饰笔的变化形式"亓"盛行于战国时代,西汉也很流行,与"其"原本异体并用,没有音义差别。中山王𧊒壶铭"反臣其宔"在同组器鉴壶铭中作"反臣丌宔"。汉代以后,"丌"专用于写姓氏。现代,"丌"字几乎不见用例了,而"亓"姓却时有所见。战国以下,所见"丌"的用例都读qí。《说文》所说"丌"为"下基"的词义和"读与'箕(jī)'同"的读音,还未见实际用例。"丌"字在汉隶以前下部呈"八"形,后代楷书下部左笔作撇,右笔作长竖(参见"亓"字条)。(金国泰)

亓 qí 群纽、之部;群纽、之韵、渠之切。

1、2《金文编》308页。3《睡甲》68页。4《马王堆》190页。5《银雀山》163页。

本是"其"的简化字。截省去"其"字上部作"丌",上增饰画作"亓"。《说文》未收。"亓"盛行于战国秦汉时代,与"其""丌"异体并行,音义相同。睡虎地秦简《日书》1108:"丙丁死者,其西受咒,亓女子也。""其"、"亓"二形同见于一简。今本《墨子》"亓"字很多,与"其"同用无别,有的版本又写作"丌"。汉代以后,"亓"字一般只写姓氏。另外,汉代偶见"亓"通"基"之例。韩勑后碑:"作大亓(基)。"而同一碑下文也用本字"基"。"亓"字下部在汉隶以前呈"八"形,后代楷书下部左笔作竖撇,右笔作直竖。(金国泰)

典

diǎn 端纽、文部;端纽、先韵、多殄切。

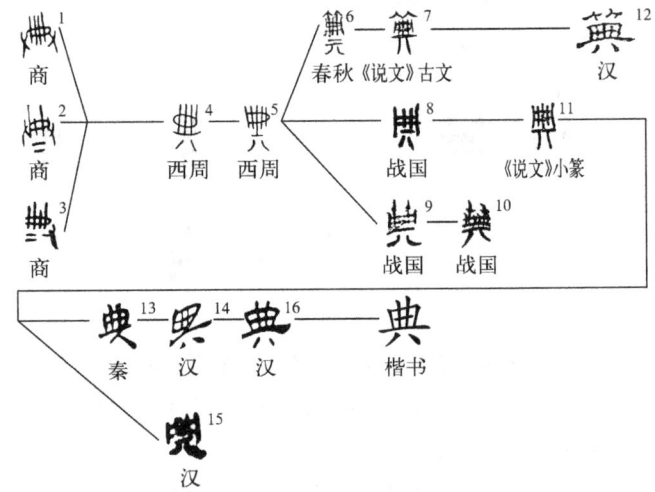

1、2、3《甲金篆》296页。4、5《金文编》308页。6《商周青铜器铭文选(四)》359页。7、11《说文》99页。8、9、10《战国编》298页。12《隶辨》405页。13、14、16《甲金篆》296页。15《马王堆》190页。

会意字。初文从廾(双手),从册,会捧读典册之意。在殷商时期,以形象会意的"典"字有在册形下、双手形之间加平行两短横为饰笔的形式,有的把双手省作一手形。西周时代,完全省去了双手形,册下的双横变为"六"形,而这时的"册"字已有在竖笔(像单根竹简)上端加圆形饰点的,写作"𠕋"(参见"册"字条)。因此,战国的典字样式,实际上在西周或春秋就已存在,只是现今尚未发现这种形式的早期材料。"典"字中的"册"形竖笔上端的两个圆点受全字词义影响,至春秋时期有演变成"竹"头的,所以《说文》说"古文'典'从竹"。战国时代,也还有保留上部两个圆点的形式,或把圆点变成短横。秦隶开始把"册"形左右两条边竖的上端截去,与上部长横接连成"冂"形,中间只留两条高出的竖线,并把"册"下一横变成长横,为汉隶和楷书继承。"典"本义是典册、典籍,指有垂范价值的重要文献书籍。《说文》:"典,五帝之书也。庄都说:'典,大册也。'"殷商卜辞有"工(贡)典",即在祭祀时贡献典册给神灵。《书·多士》:"惟殷先人,有册有典。"典籍的内容是要人们信奉遵守的,因此引申为常道、准则。《仪礼·士昏礼》:"吾子顺先典。"进而引申出制度、法律义,又引申为礼节、仪式和典礼。由典籍本义还引申出典故、故事义,由此引申出典雅、古朴、不俗义。由准则义引申出动词主持、掌管义,也引申出抵押、典当(dàng)义及与之相关的抵押物义、当铺义。(金国泰)

畀 bì 帮纽、脂部;帮纽、至韵、必至切。

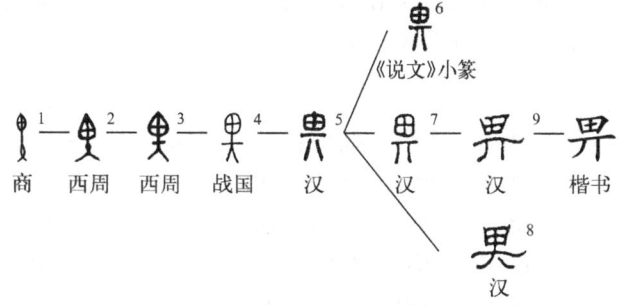

1《甲文编》241页。2、3《金文编》309页。4《古文典》1298页"痹"字偏旁。5《汉印徵》卷5,4页。6《说文》99页。7《篆文编》5·5。8《汉石经集存》拓本121、141、282。9《隶篇》5·5。

象形字。像有宽大矢镞的古代矢形。"畀"字的上部原来像矢镞,两头尖,中间宽,后来逐渐变方,变得跟"田"一样;原来是与箭杆相连的,后来与箭杆分离。像箭杆的部分原是一长竖,后来逐渐变短,以致消失。像箭羽的部分,其上部的空心圆在西周时代被填实,后来变成一横;其下部的两笔原来是在上部相接的,自秦代时起开始分离,在今天则变为一撇一竖了。"畀"本义指古代一种扁平而长阔的矢镞,古文献中表示这种意义的字是"匕"。《左传·昭公二十六年》:"齐子渊捷从泄声子,射之,中楯瓦,繇胁汰辀,匕入者三寸。"杜预注:"匕,矢镞也。""匕"是"畀"的通假字。"畀"字在甲骨文中业已出现,但不用来表示本义,几乎都当"给与"讲。《合集》1430:"鼎(贞):王其有丏于大甲,畀?"(贞问:国王如果向大甲有所祈求,那么会给予吗?)古文献里的"畀"也多是这个意思。《左传·僖公二十八年》:"分曹卫之田以畀宋人。"(张玉金)

巽 xùn 心纽、文部;心纽、慁韵、苏困切。

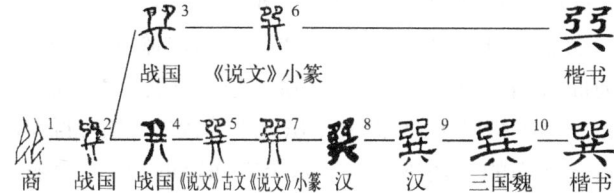

1《甲文编》376页。2、3、4《战文编》298~299页。5、6、7《说文》99页。8《马王堆》190页。9、10《甲金篆》297页。

会意字。初文从二卩,原本是"卯"(或写作"㔚")字。像二人一前一后,朝同一方向跪坐着,会合出顺从的意思(参见"卯"字条)。经长期演变成为"巽"字。在殷商甲骨文中,"巽"字会意初文"卯"的两个人形,可以同向左,也可以同向右,后来几乎都向左了。战国时代,"卯"字中双人跪跽的腿形或向下伸展开,在两人腿中部贯一横线,或贯两横线,进一步演变为上下二体,上部是"卯",或贯了长横的"巽",下部呈"六"形。汉隶下部变作"共"形,上部省去原来像人臂的垂画,变"卩"为"己"形,后代楷书又给"己"形封口作"巳",接近原"卩"字结构。"巽"在近代有个不常用的异体"㢲",上从二"弓",是由战国文字"巽"形渐次讹变的楷化形式。巽本义是顺从。《易·蒙》:"童蒙之吉,顺以巽也。""顺以巽"就是顺从。《论语·子罕》:"巽与之言,能无说(悦)乎?绎者为贵。"引申有谦逊、谦让义,与"愻"(后代用"逊")字同用,"巽"、"愻"古同音。唐韩愈《答魏博田仆射书》:"位望益尊,谦巽滋甚。""巽"又为八卦卦名。(金国泰)

奠 diàn 定纽、真部;定纽、霰韵、堂练切。

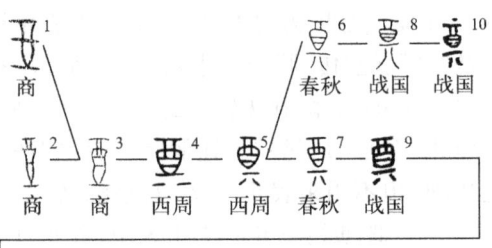

1、2、3《甲文编》206页。4、5、6、8《金文编》309~310页。7《甲金篆》297页。9《类编》445页。10《战文编》299页。11《说文》99页。12《隶辨》581页。13《隶辨》614页"鄭"字偏旁。

会意字。殷商甲骨初文从酉，从一。酉像酒坛，一表示地面或酒坛下的托垫物，会设酒祭祀之意。稍后在轮廓内增加了横竖笔画，以表示坛壁上的纹饰。进入西周，在表示地面的横线下平加了两个有间距的短横，后来，这两个短横斜立起来成"八"字形，连同"酉"下横线，成"六（丌）"形。起于西周晚期，盛行于春秋战国时期的一种写法，是把上部的"酉"形写成𦥑形，并发展为在其顶部加一短横饰画。但是小篆却直承商周从酉的主流形式，同时又受"陴（尊）"字影响，在"酉"上加了"八"形，所以《说文》说"从酋"。东汉隶书把下部"丌"形变为"大"形。楷书旧字形上部作"八"形，新字形改作"丷"形。《说文》："奠，置祭也。从酋。酋，酒也。下，其丌也。"本义是设酒祭祀，殷商卜辞中用作祭名。《合集》780："贞：奠于丘剌（丘剌，地名）？"词义扩大，指称设置各种祭品的祭祀。《诗·召南·采蘋》："于以奠之？宗室牖下。"引申为进献、放置。由放置义引申有定义，如确定、规定、平定等义。在出土古文字材料中，"奠"又读zhèng，是"郑"的古字，周金文用"奠"字写郑国名。（金国泰）

左 部

左 zuǒ 精纽、歌部；精纽、哿韵、臧可切。

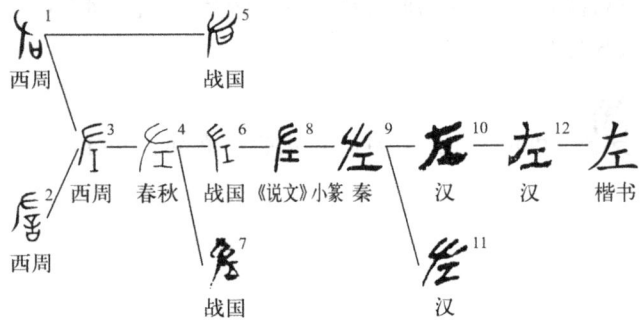

1-4、6《金文编》310页。5《郭店》81页。7《战文编》300页。8《说文》99页。9《睡甲》69页。10、11《马王堆》191页。12《甲金篆》298页。

形声字。从工，ナ（zuǒ）声。ナ，初文作𠂇，像人左手（参见"ナ"字条）。因为"ナ"字多义，自西周早期已开始增加义符以求区别。从"ナ"字中区别出来的"左"字在西周早期本不从"工"，而是从"口"，或从"言"。西周中期之后，主流写法改从"工"。但在战国楚系文字中，占优势地位的写法是承袭西周早期从"口"的形式；或从"𠀠"，是从"工"的变异。战国秦系文字承西周中期以来从"工"的形式，为小篆和汉隶所继承。西汉初期马王堆汉墓中文字已经有把声符"ナ"中表示手指形的弧笔写成直横的形式，但直到东汉才最终定型，全字写作"左"。《说文》按会意字作解："左，手相左（佐）助也。从ナ、工。""左"本义是佐助、辅佐，是"佐"的古字。西周虢季子白盘："王赐乘马，是用左王。"（王赏赐四匹马，就用它辅佐王）先秦又用"左"字书写其古字"ナ"的意义，并最终取代了"ナ"字，因此"左"早已有左手义。《诗·王风·君子阳阳》："君子陶陶，左执翿（dào），右招我由敖。"由左手义引申出左方、左边的事物、向左方、偏颇等义。按古代礼俗习惯，很多场合以右边为尊贵位置，因此，"左"引申为卑下，再引申为贬谪、降等级，"左迁"即降职。现代常用"左"表示进步、革命或激进的政治思想倾向，这是受近代欧洲政治文化的影响才出现的。（金国泰）

差
chā 清纽、歌部；初纽、麻韵、初牙切。
chà 初纽、歌部；初纽、祃韵、楚嫁切。
chāi 初纽、歌部；初纽、佳韵、楚佳切。
cī 初纽、歌部；初纽、支韵、楚宜切。
chài 精纽、歌部；初纽、卦韵、楚懈切。

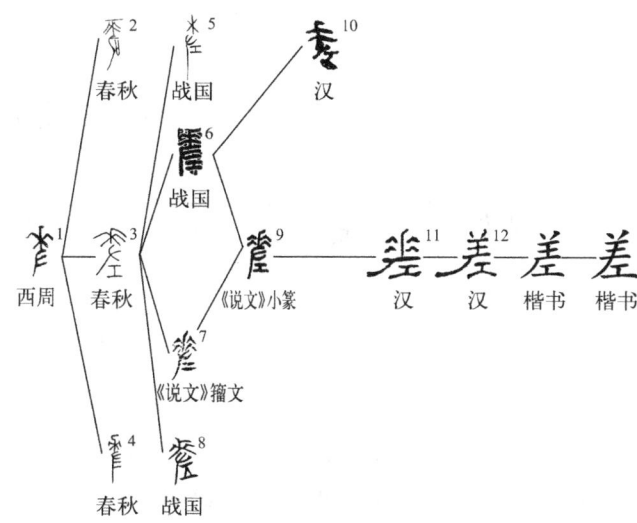

1《金文编》194页。2、3《金文编》311页。4《金文编》311页"轃"字偏旁。5《金文编》311页"狫(搓)"字偏旁。6《战文编》301页。7、9《说文》99页。8《楚系简帛》380页。10《马王堆》191页。11《隶辨》215页"嗟"字偏旁。12《隶辨》216页"嗟"字偏旁。

形声字。从ナ(或左)，來(chuí)声。本质是加声字，是ナ(或左)增加声符來。今见西周时代的"差"字下部原只是左手形，春秋时期的"差"字多在手形下加"工"或"口"(参见"左"字变化例)。蔡侯龖钟"轃"字声符"差"的手形下是两道短横，《说文》籀文同此。"差"字上部的变化大略是來——來——羊，战国时代或变作來(木)、來，汉代初期或变作來、左。在东汉以后的隶书和楷书里，下部"左"的斜撇(古文字是人手中指与小臂的连线)不穿透横画(由两边的手指形平展而来)，也不与上部"羊"形的中竖对接，因此，楷书旧字形全字10笔，而现代新字形把上部中竖与下部斜撇对接贯通成一笔，全字是9笔。"差"字的本义大概是由ナ表示的佐助义，典籍写作"左"或"佐"。西周同簋："世孙孙子子來(差)右吴大父。"铭内"來(差)右"即"左右"亦即"佐佑"之意，属同义组合，是辅佐义。《春秋》所记齐人国佐，在春秋金文中写作"国來(差)"。本义引申为副贰、副职，《说文》训差为贰，盖其引申义。金文所见"工差"即工佐，是管理工匠的副职人员，使用的正是引申义。以上各义的读法都与后代不同，应该读zuǒ。传世文献及后代用例都写引申义。左与右不同，正与副不同，因此，"差"引申为差别、区别、差错和歪斜，由差别义引申出数学减法中的差数义，这些意义都读chā。由差别义还引申为奇异、低、次、不好和欠缺、错误，这些意义都读chà，如现代说"差远了"、"说差了"。由差别、区别义引申还有选择义，因此又引申为派遣、被派遣者、受派遣的职事，这些意义都读chāi，如"差使""官差"等词语。由差别、

区别义还引申为次第、等级和分别等级、依次排列，读cī。"差"在古籍中还表示病愈义，读chài，今字作"瘥"。
(金国泰)

工 部

工 gōng 见纽、东部；见纽、东韵、古红切。

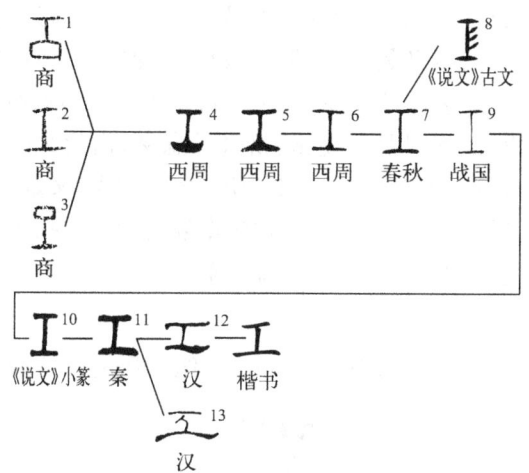

1、2、3《甲文编》207页。4、5、6、9《金文编》311~312页。7、13《甲金篆》298、299页。8、10《说文》100页。11《睡甲》69页。12《银雀山》166页。

象形字。像古代画直角或方形的工具曲尺。象形的"工"字在殷商晚期已经简化，把原来一端的方框形收缩为一横，同现代写法已没有什么区别。但在西周中期以前的金文中，还能见到早期象形字的遗迹，即下底肥厚，经过了 —— 的变化过程，最终也把下底简化为瘦笔单横。战国古文有在中竖右侧加"彡"形饰笔的形式，汉隶有故意把中竖写成"彡"形曲笔的形式，后代都有效仿。《说文》："工，象人有规矩也。"本义应该是矩，即曲尺，但这一意义早已失落，后代用的都是引申义。较早、较直接的引申义是工匠。西周伊簋："王呼令尹册命龖官嗣(司)康宫王臣妾、百工。"(周王召令尹封策命伊掌管康宫中王的男女仆役及各种工匠。封、伊都是人名)《论语·卫灵公》："工欲善其事，必先利其器。"词义扩大，泛指各种劳动者，古代又特指乐官。由工匠义还引申为擅长、精巧和技巧。由本义直接引申出另一个较早的意义是工程义，西周金文有"嗣(司)工"这一职官，主掌水利土木营造工程，这在典籍写作"司空"。由工程义引申出功业、功绩义，后来写作"功"。"工"较早还有官吏、职事义，是由工匠义或工程义引申出的。(金国泰)

式

shì 书纽、职部；书纽、职韵、赏职切。

1《说文》100页。2《战文编》301页。3《银雀山》166页。4《甲金篆》299页。

形声字。《说文》："式，法也。从工，弋(yì)声。"目前所见最早的"式"字出现于秦统一天下前后，商周古文字中未见。本义是法式、准则。《诗·大雅·下武》："成王之孚，下土之式。"（周成王建树的信誉，是天下的准则）引申为楷模、法度、规矩、规格、格式等意义，由此又引申为仪式、典礼。用作动词，引申为用、施行。"式"又是"轼"、"栻"、"拭"的古字。"轼"是古代车厢前用以作扶手的横木，"栻"是古代占卜用具。（金国泰）

巧

qiǎo 溪纽、幽部；溪纽、巧韵、苦教切。

1《睡甲》69页。2《说文》100页。3《马王堆》191页。4《汉印徵》卷5，4页。5《隶辨》416页。

形声字。《说文》："巧，技也。从工，丂声。""巧"字声符"丂"的横画下本来是垂竖，逐渐向左拐了弧度很小的一个弯，小篆改为先向右侧硬拐，然后再向下、向左慢拐，东汉隶书又把这一笔末端向上提成钩形（参见"丂"字条）。本义是技巧、技艺。《孟子·离娄上》："离娄之明，公输子之巧，不以规矩，不能成方圆。"引申为灵巧、工巧、精致、美妙和擅长，由灵巧义又引申为巧诈、虚伪，由美妙义引申为恰巧。（金国泰）

巨

jù 群纽、鱼部；群纽、语韵、其吕切。

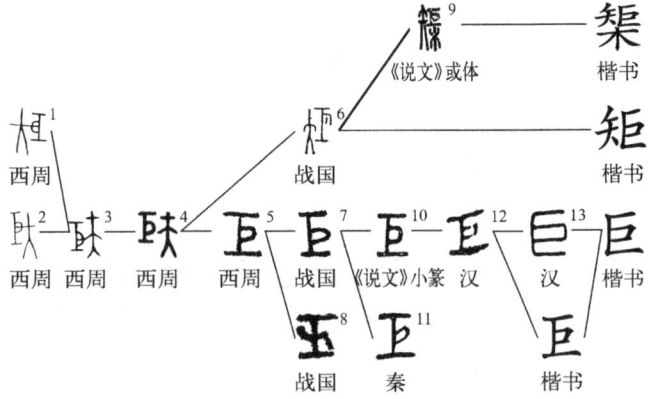

1-4《金文编》312页。5《金文编》356页"䥯"字异体"鬯"偏旁。6、8《战文编》302页。7《类编》364页。9、10《说文》100页。11《睡甲》69页。12《马王堆》191页。13《汉印徵》卷5，4页。

初文是合体象形字。《说文》："巨，规巨(矩)也。从工，象手持之。"西周早期像一人分腿站立，一手握着工形器具。工形器具是矩，画直角用的曲尺（参见"工"字条）。"巨"的早期合体象形字在西周已开始渐变，先是在像人的"大"形顶部添一饰横而成"夫"形，之后，"夫"形与像矩的"工"形分离，而人的手指形却脱离臂端，附着到"工"形竖笔的旁侧，呈半弧形。西周中期，已经有了截去"夫"形而只保留原字主要特征的简化形式"巨"。东周及秦汉以下都继承了这一简化形式。在汉代玺印及碑铭中已经有把"巨"字中的"工"形写作"匚"的，但长期未被列入正体。近代楷书维持"工"形框架(3笔)，现代规范字形以从"匚"(2笔)为标准。另外，东周以后，已经讹变却没有简化的形式几乎都把"夫"（或"大"）形放到左侧，"巨"形移到右侧，表示手指的"⊃"形彻底与人臂远离。以后，"夫"形又讹作"矢"形，这就演变出了"矩"字。并由此产生了一个加"木"旁表义的异体字"榘"（参见"榘"字条）。战国年间，"巨"字还出现过"𢀖"或"𢀘"的形式，"⌒"或"⌒"形是"⊃"形的变化。"巨"和"工"可能有语源关系。"巨"本义是矩，这在文献中偶见遗迹。《管子·宙合》："成功之术，必有巨获。"清王念孙《读书杂志》："巨获读为榘(矩)彟(yuē)。""矩彟"同义复合，义为尺度，法度。"巨"的本义几乎都保留在它的异体字"榘"和"矩"上（参见"榘""矩"字条），而"巨"本身几乎都写假借义，主要表示大及由大引申出的极、最等义。《墨子·非乐》："三者，民之巨患也。""巨患"即大忧患。"巨"字也通假作"距"或"讵"（相当于"岂"）。（金国泰）

矩

jǔ 见纽、鱼部；见纽、麌韵、俱雨切。

矩
西周

跃—跃—跃—㭉—矩—矩—矩
西周 西周 西周 战国 《说文》小篆 汉 汉 楷书

1—4《金文编》312页。5《古玺》103页。6《说文》100页"巨"字下或体"榘"偏旁。7《隶辨》372页。8《隶辨》372页"榘"字偏旁。

象形字。合体象形。早期像一人分腿站立，一手握着"工"形器具(矩尺)的样子，与"巨"古同字(参见"巨"字条)。经过渐变，到战国时期，演变出左边是"夫"(或"大")形，右边是"叵(巨)"形的写法，篆文左旁讹作"矢"，全字作"矩"，《说文》未录。"矩"字左旁在汉隶中写作"夫"或"夫"，这是"矢"形在汉隶中的经常性写法，后者与"夫"混同。楷书从矢。"矩"本义也就是画直角用的曲尺。《墨子·法仪》："百工为方以矩，为圆以规。"引申为方形、直角、法度和准则，还引申有刻下标记的意义。(金国泰)

榘(矩) jǔ 见纽、鱼部；见纽、麌韵、俱雨切。

榘—榘—榘—矩
《说文》小篆 汉 楷书 楷书

1《说文》100页"巨"字下。2《隶辨》372页。

形声字。从木，矩声。"矩"的加旁异体字。现代整理异体字时，废弃"榘"字，只留用"矩"字。本义是矩尺，即曲尺，在文献上多写作"矩"(参见"矩"字条)。引申为规则、法度。常出现在"规榘"、"榘彟(yuè)"等复合词语中。《楚辞·九辩》："何时俗之工巧兮，灭规榘而改凿。"(金国泰)

珏 部

珏 zhǎn 知纽、狝韵、知演切。

珏—珏
《说文》小篆 楷书

1《说文》100页。

会意字。《说文》："珏，极巧视之也。从四工。"本义是仔细察看。古文献未见用例。近代章炳麟据《说文》而刻意用此字此义。《国故论衡·原道中》："人君者，在黄屋羽葆之中，有料民听事之劳矣，心不两役，欲与畴人百工比巧，犹不得，况其至珏察者！"(金国泰)

巫 部

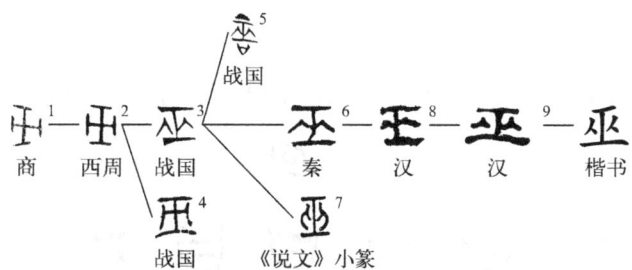

巫 wū 明纽、鱼部；微纽、虞韵、武夫切。

1《甲文编》207页。2《金文编》313页。3、9《甲金篆》300页。4、5《战文编》302页。6《睡甲》69页。7《说文》100页。8《马王堆》192页。

象形字。像与巫事有关的某种器具，具体不详。"巫"字到春秋战国之际变化较大，上下两个短横向左右延长，中间的长横从中间折断，连同左右原有的短竖，在中竖两侧各变作一个"入"形。战国文字或在所变的"巫"形下加"口"形，或在"巫"形上部加短横为饰。小篆和秦汉隶书演变成"工"形两侧各一个"人"形。本义是巫师，后来常特指女巫。《说文》："巫，祝也(主持祭礼者)。女能事无形，以舞降神者也(能够敬奉无形迹的神灵，并能用舞蹈请神灵降临的女人)。"《合集》33077："癸酉卜，巫卬(宁)风？"(癸酉这天占卜，巫师进行让风宁静下来的祭祀吗？)古代巫者兼行医术，因此，巫也有医师义。(金国泰)

觋(覡) xí 匣纽、锡部；匣纽、锡韵、胡狄切。

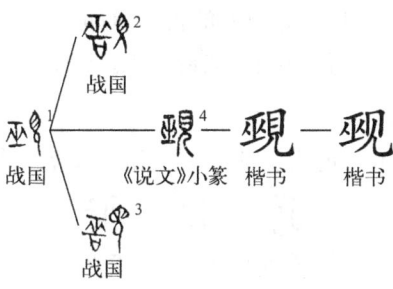

1、2、3《战文编》302页。4《说文》100页。

会意字。"觋"字始见于春秋战国之际，或从"巫"之繁化形式"晉"。现代"觋"字因偏旁"见"简化而类推简化作"觋"。本义是男性巫师，自称和被人认为能见到并

413

接触到神灵的人。《说文》:"覡,能斋肃事神明也。在男曰覡,在女曰巫。从巫,从见。"《国语·楚语》:"如是则神明降之,在男曰覡,在女曰巫。"后来可泛指巫师,不限男女。(金国泰)

甘 部

甘 gān 见纽、谈部;见纽、谈韵、古三切。

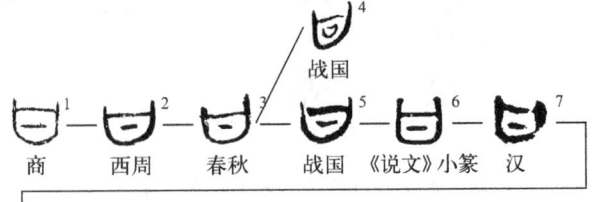

1《甲文编》208页。2《金文编》313页"厴"字偏旁。3《金文编》314页"猒"字偏旁。4《郭店》82页。5《战文编》302页。6《说文》100页。7《马王堆》192页。8《汉印徵》卷5,5页。9《甲金篆》301页。

指事字。《说文》:"甘,美也。从口含一。"在口(人嘴)中附加一短画,作为指事字标志,表示香甜美味。"甘"字早见于殷商甲骨卜辞,但长期没有变化。战国楚系文字中或把"口"形内的短画改写成小圆圈。汉印中已见表示口形轮廓的上横线向左右竖线稍作穿透,意欲区别于形似的"曰"字。东汉隶书把这一穿透之势突出了,"口"形被打破,成为楷书定式。本义是香甜美味,特指甜味。《书·洪范》讲到"咸、苦、酸、辛、甘"五味,说:"稼穑作甘。"《诗·邶风·谷风》:"谁谓荼苦?其甘如荠(jī)。"引申指美味的食物,还引申为觉得甜美、嗜好、爱好、心甘情愿、乐意。"甘"又是"酣"的古字。《孙膑兵法·威王问》:"劲弩趋发者,所以甘(酣)战持久也。"(金国泰)

甜 tián 定纽、谈部;定纽、添韵、徒兼切。

𦧇¹—甛—甜
《说文》小篆 楷书 楷书

1《说文》100页。

会意字。"甜"字篆文左边从"甘",右边从"舌",楷书有随同篆文结构的,但后代多把"舌"写在左边,视作正体,这也是现代汉字的写法。"𦧇"字作为异体逐渐被淘汰。本义是像糖和蜜的味道,与苦相对。《说文》:"甜,美也。从甘,从舌。舌,知甘者。"汉张衡《南都赋》:"酸甜滋味,百种千名。"引申为美好,又引申为幸福、快乐。(金国泰)

𪎮 gān 见纽、谈部;见纽、谈韵、古三切。

𪎮¹—𪎮
《说文》小篆 楷书

1《说文》100页。

形声字。从麻,甘声。"麻"形内本从𣏟(pài),不从林(参见"麻"字条)。本义是调和,文献未保留用例。《说文》:"𪎮,和也。"(金国泰)

猒 yàn 影纽、谈部;影纽、艳韵、於艳切。

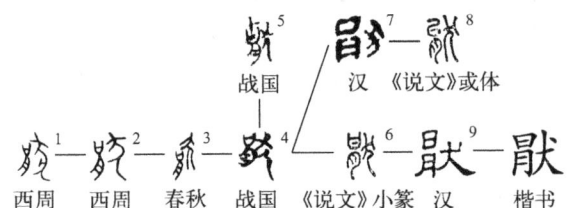

1、2《金文编》314页。3《商周青铜器铭文选(四)》538页。4《包山》149页"猒"字偏旁。5《战文编》302页。6、8《说文》100页。7《马王堆》193页。9《甲金篆》301页。

会意字。从犬口食肉,以会饱足之意。在西周和春秋战国时代,"猒"字中的"口"形都是右邻"犬"首,并紧压在"肉"形上面。到秦汉时代,"口"形讹变,小篆讹作"甘"形,且与"肉"形有了间隔。西汉早期或把"口"形写成椭圆形,这与"以"在先秦特别是战国时代的写法近似,因此,有人据此写篆书就把它写成"㠯(㠯)",把全字写作"猒",被《说文》收为或体。东汉隶书把小篆左上角的"甘"形变为"日"形,确立了此后楷书的基本形式。《说文》:"猒,饱也。"这是本义,但这一本义多保留在后出的分化字"厭(厌)"和"饜(餍)"字上。马王堆帛书《老子》乙本189:"服文采,带利剑,猒食而赍财。"王弼本五十三章作:"服文綵,带利剑,厌(猒)饮食,财货有余。"由本义引申为足、满足,又引申为憎恶、嫌弃。"猒"还由本义引申为压、压迫,后来用"厭(厌)"或"壓(压)"字。马王堆帛书《老子》乙本310:"毋㹷(狭)其所居,毋猒其所生。"王弼本七十二章作"无厌其所生"。(金国泰)

甚 shèn 禅纽、侵部；禅纽、寝韵、常枕切。
shén

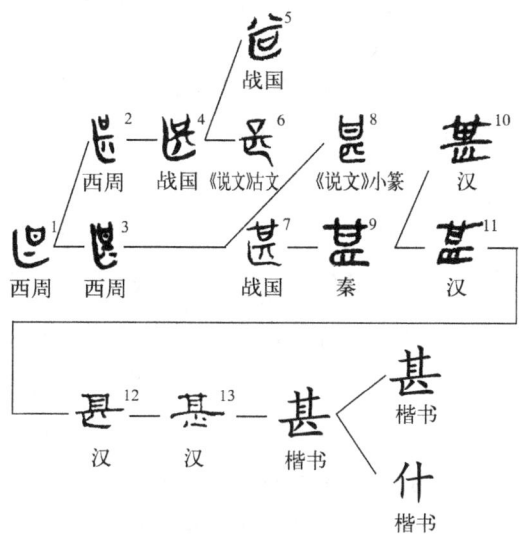

1《金文编》314页。2、3《金文编》736页"湛"字偏旁。4《郭店》83页。5《战文编》303页。6、8《说文》100页。7《古文典》1406页。9《睡甲》69页。10、11《马王堆》192页。12、13《甲金篆》301页。

会意字。初文从甘，从匕。匕其意未详。"甚"字在西周晚期已经增繁，"匕"形渐变成"匕"形，中间又增添了"八"形短画，至秦汉时代混似"匹"字，所以《说文》误解作"从匹"。"甚"字上部本作"凵(甘)"，但从西周起就有省作"口"形的，战国楚系文字中还有把"匕"上之"口"与"匕"内之"八"形交换位置的。战国后期，秦系文字把"凵"形顶横向左右延长穿透而写作"甘"形，虽然未被小篆接受，却被秦隶及汉隶承袭，因此"甚"字整体近似于"其"在"乚"上之形，所以西汉及东汉隶书都常把此处的"甘"形写成"甘"("其"之异体"萁"上部)。东汉隶书开始把"甘"形左右两竖笔向下延长，触及"匹"之近似形的顶横上，就完全看不出从"甘"了，从而开启了后世"甚"字的楷书形式。《说文》："甚，尤安乐也。"本义是特别安乐，此义在"甚"的后出分化字"湛"中有体现。《诗·小雅·宾之初筵》："锡(cì)尔纯嘏(gǔ)，子孙其湛(dān)。"由本义引申为过分、过度，又引申为厉害、严重、太、深、很、极、超过，由很、极等义又引申为的确、实在等副词义。隋唐以后，"甚"字有疑问代词的用法，相当于何、什么，或怎、怎么之义，这是假借义。《敦煌曲子词·失调名八》："蝉鬓(鬓)因何乱？金钗为甚分？"这一意义在现代汉语音shén，现在写作"什"（五代时已经可以这样写），敦煌变文中的"甚没"，今天写作"什么"。（金国泰）

曰 部

曰 yuē 匣纽、月部；云纽、月韵、王伐切。

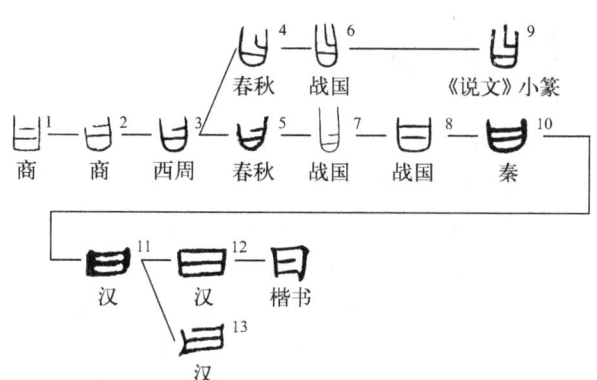

1、2《甲文编》208页。3-7《金文编》315~316页。8《甲金篆》301页。9《说文》100页。10《睡甲》69页。11《马王堆》193页。12、13《甲金篆》302页。

指事字。初文从口，上加短横，以表示言从口出。"曰"字在殷商早期甲骨文里，用以指事的短横位于"口"形上部中央，从殷商后期甲骨文开始，这一短横有平行右移而与"口"形右框线高出段相接的，为先周甲骨文及西周金文所继承。到春秋时期，短横左端折曲上翘，经战国，传至小篆，《说文》云"象口气出也"。战国后期至秦代，秦国文字或写作"凵"，顶横封口，与"甘"字易混。至东汉，主要有两种写法：一是承两周旧式，顶横左侧不封口；二是顶横封口，与"日"字近似，仅以扁宽特点与"日"字相区别。后世楷书承袭了第二种形式。本义是说。《合集》6057："王固曰：'㞢(有)希(祟)，其有来艰(艰)。'"（商王察看了龟卜的兆纹后说："有鬼神作祟，将要有灾祸降临。"）引申为叫做，虚化为语气助词。（金国泰）

曷 hé 匣纽、月部；匣纽、曷韵、胡葛切。

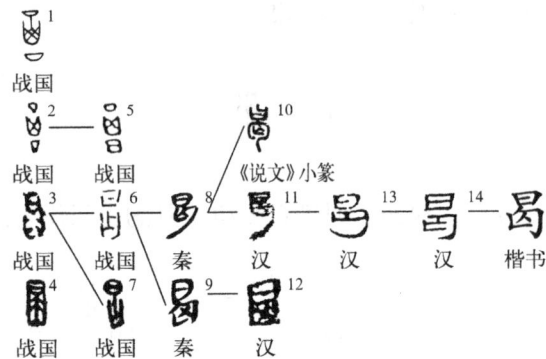

1《中山》59页"渴"字偏旁。2、3、5《战文编》598页"歇"字偏旁。4《战文编》208页"歇"字偏旁。6《战文编》135页"谒"字偏旁。7《战文编》693页"竭"字偏旁。8、9《睡甲》31页"谒"字偏旁。10《说文》100页。11、12《马王堆》448页"渴"字偏旁。13、14《甲金篆》302页。

结构方式不明。目前还不能依据所见古文字材料确认并清楚地说明其初文形式。"曷"字在目前所见古文字材料中，都是以合体字中的偏旁（几乎都是声符）形式出现的。战国时代"曷"的写法变化纷繁：三晋系文字在上下两个"口"形中间写作"丛"或"㐅"等形式；齐系文字或写作"㫃"，近似于"曰""㐅"二形上下接合；秦系文字或写作"㫃"（下部中间分裂成左右两片），或省变作"曷"形，或为"㫃"形。在秦汉隶变过程中，上部"曰"形得以保持（因此，《说文》小篆上部作"日"，这可能是汉代人所为），下部渐变为"㫃"形，楷书写作"匃"。本义不明。"曷"字在古代文献中主要作疑问代词，常询问原因，表示为什么、怎么。《书·盘庚》："汝曷弗告朕？"早期也常用来询问时间。《书·汤誓》："时日曷丧？予及汝偕亡。""曷"在古书中或通"遏"。（金国泰）

曶 hū 晓纽、物部；晓纽、没韵、呼骨切。

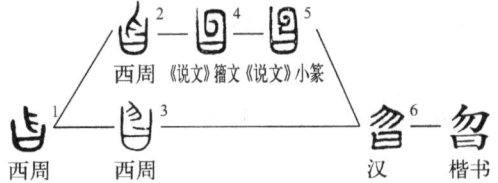

1、2、3《金文编》316页。4、5《说文》100页。6《甲金篆》302页。

会意字。本从爪，从口（后多从曰），构义不明。西周晚期以后，可能因为速写连笔，或因为讹误，"曶"字上部的爪形"爫"连同下部右侧竖笔，被写成了"勹"形。籀文下从"口"，小篆下从"曰"。汉隶上部变作"勿"形，这可能受到读音影响，而且这与西周时那种手指朝左的形式极为接近。早期可以表示"笏"（hù）义，即古代朝会时君臣所持的手板，用以记事备忘，后代只是品级官员才持用它。《说文》："一曰佩也。"《穆天子传》卷一："天子大服，冕袆，帔带，搢曶夹佩奉璧，南面立于寒下。"《太平御览》卷六九二引作"笏"。"曶"字在古代也常通假作"忽"，表示疾速、轻微和轻忽等义。（金国泰）

朁 cǎn 清纽、侵部；清纽、感韵、七感切。

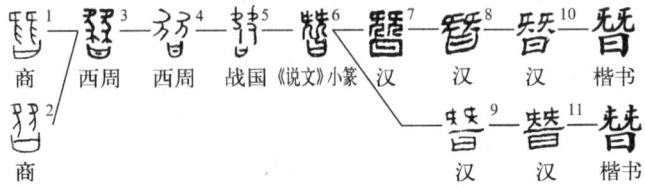

1、2《甲文编》52页。3、4《金文编》669、712页。5《古文典》1415页。6《说文》100页。7《汉印徵》卷5，5页。8、9、11《甲金篆》302页。10《隶辨》468页"僭"字偏旁。

形声字。初文从口，兓声。"朁"字早见于殷商卜辞，字形上部的声符"兓"原像并列的两个动物，头身足尾俱全，后来渐变失去初形特点，战国间其头部中竖有穿透头廓顶线而上出者，小篆的声符已近乎两个人形。"朁"字下部的"口"形自西周已多内填短横而变作"甘"，小篆又讹"甘"为"曰"（日），至后世楷书，与"日"混同。"朁"字自古罕用，字典辞书写作"朁"或"朁"，二者小异，都源自两千年前，尚未规范划一，这在合体字中也有表现，如《现代汉语词典》有从"朁"的"簪"字和从"朁"的"噆"字。本义不明。西周金文称誉赞美之辞中有其用例，番生簋："虔夙夜尃（溥）求不朁德。"（虔诚地日日夜夜广求美好的德行）用作副词，有竟、竟然之义。《说文》："朁，曾（zēng）也。《诗》曰：'朁不畏明。'"今本《诗》写作"憯"，诗意是：（那些残害人民的人）竟然不怕在光天化日之下作恶。（金国泰）

沓 tà 定纽、缉部；定纽、合韵、徒合切。

1《甲文编》51页。2《战文编》304页。3《说文》100页。4、6《甲金篆》302页。5《汉印徵》

卷5，5页。

会意字。初文从水，从口，可能是表示口若悬河之意。"沓"字的演变主要在下部，初文本从"口"，至战国时代内增横画而变作"曰"，汉印中还继承这种形式，小篆又变作"曰"，西汉和东汉隶书写作"曰"，为楷书之本。《说文》："沓，语多沓沓也。"本义是话语多。《诗·小雅·十月之交》："噂(zǔn)沓背憎。"引申为重叠、繁杂、会合，又引申为贪婪。由话语多的意义还引申为水势沸涌，由此引申为行进中击鼓。（金国泰）

曹 cáo 从纽、幽部；从纽、豪韵、昨劳切。

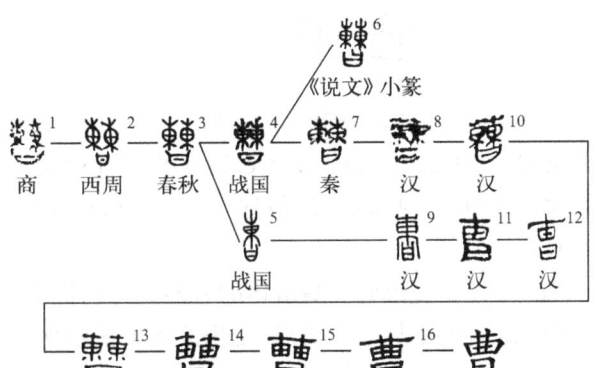

1《甲文编》210页。2、3、5《金文编》317页。4《战文编》304页。6《说文》100页。7《睡甲》69页。8《马王堆》193页。9《汉印徵》卷5，5页。10《银雀山》172页。11、12、13、15、16《甲金篆》303页。14《隶辨》208页。

会意字。殷商甲骨卜辞有"𣎴"字，以二"𣎴(东)"形相对，会对偶之意，这是"曹"字初文。也在殷商，其下加"口"形而为分化形式。"曹"字自西周在下部"口"形内增加了短横，混同于"甘"之古形，这种写法绵延至秦汉。但小篆下部变作"曰"(日)，西汉有变作"曰"者，东汉则以作"曰"为基本形式，后世楷书与"日"混同。上部"棘"形在汉代先省作"𣎴"，后又连通顶部两个短横，最后合并中间两个短竖，全字成为"曹"形。汉代还有承战国简化形式"𣎴"而进一步简省作"曹"的形式，后人也常效仿，但没有成为正体。"曹"本义是对偶。《楚辞·招魂》："分曹并进，道相迫些。"（二人对弈，各自落子进攻，紧急地相互逼迫以求胜棋）王逸注："曹，偶也。""曹"由对偶义引申出诉讼的双方义，即原告和被告。《说文》："曹，狱之两曹也。""两曹"，古书或写作"两遭"、"两造"。对偶是双方相对，所以引申为遭逢，战国中山王𧍰壶及马王堆汉墓帛书都有此义例，后来用加旁分化字"遭"。由两曹义引申为等辈、群类，又引申为古代分科治事的官署和部门，如刑曹、兵曹、功曹。（金国泰）

乃 部

乃 nǎi 泥纽、之部；泥纽、海韵、奴亥切。

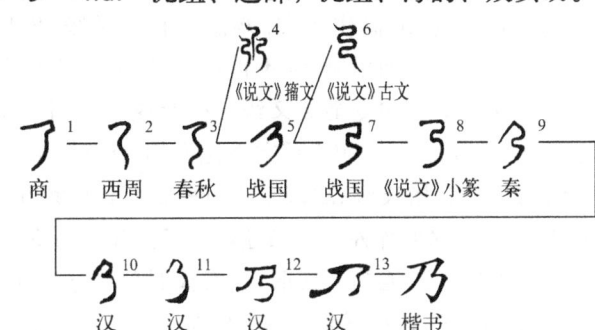

1《甲文编》210页。2、3《金文编》317、318页。4、6、8《说文》100页。5《郭店》83页。7《战文编》304页。9《睡甲》70页。10《马王堆》193页。11《银雀山》172页。12、13《甲金篆》304页。

象形字。所像不明。有说为奶头形者，《说文》解作"象气之出难"。"乃"字自殷商至战国晚期写法一贯，基本未变。只是籀文繁作三乃重加，六国古文折而又折。从秦代起，"乃"字收笔处向左横向渐长，而且略欲上翘，顶横左端形成一向下短斜笔，汉代把这一斜笔顺势拉长成撇，而右侧欲上翘的收笔渐成缓慢提勾，奠定了楷书形式。"乃"字在上古主要写第二人称代词或副词。西周克罍："隹(唯)乃明乃心。"（你要让你的心地光明）句中两个"乃"都是人称代词，前者作主语，后者作定语。西周驹父盨："我乃至于淮。"（我就到达淮水）句中"乃"是副词。由副词"乃"虚化为连词、语气词。（金国泰）

卤 nǎi 泥纽、之部；泥纽、海韵、奴亥切。

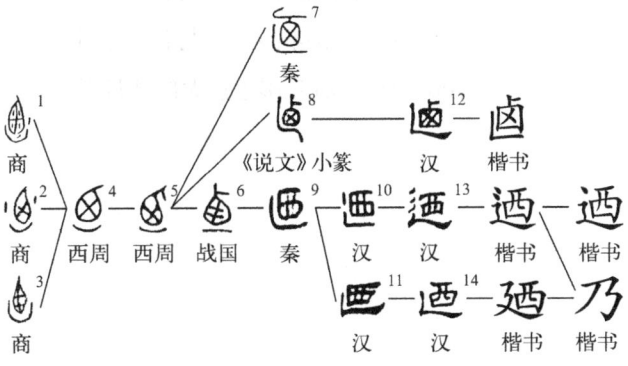

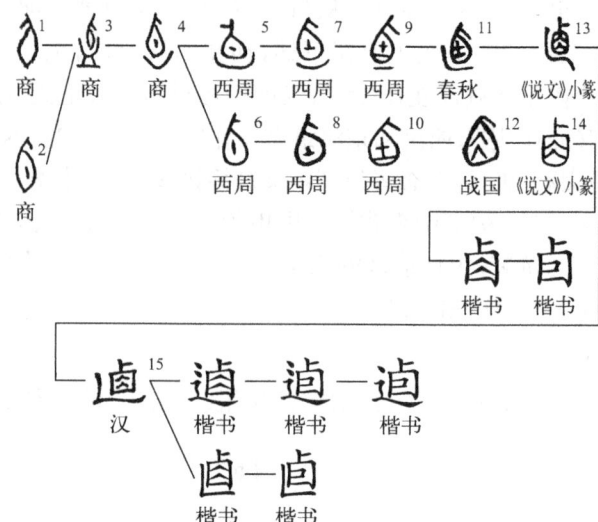

1、2、3《甲文编》311页。4、5《金文编》318、319页。6《古文典》78页。7、11、12、14《甲金篆》304页。8《说文》100页。9《睡甲》70页。10《汉印徵》卷5,5页。13《隶辨》387页。

象形字。像盛器内盐卤结晶之形。殷商时代的"卤"字初文在盛器形内外多有为数不等的小点,像结晶的盐粒,也有不加点粒的简化形式。盛器下有一弧线,像托盘。进入西周,除个别用例,都不再加点粒,并且把盛器形内原来变化不一的复笔交叉线一律写成二笔斜向交叉。西周中期以后,受"卤(卣)"字类化作用,字上渐锐斜向突出的一笔旁增歧画。战国至秦,底部弧线或变为一条平横,但后来多变作左下一条曲线"乚"或"乚",主体内部又出现了超过二笔的交叉形式。秦汉时代由篆变隶,直至演变为楷书,字左下曲线的变化有三种情况:其一,乚(或乚)—乚—乚;其二,乚—乚—辶—辶—辶,其三,乚—乚—又。曲线以上主体部分的变化是两种情况,其一,卤—卤,其二,卤—西—西—西。因此,全字在楷书中有三种形式:"卤"、"迺"、"廼",但在典籍上几乎不见"卤"这种写法。《第一批异体字整理表》未录"卤"字,而把"迺""廼"当作"乃"的异体字淘汰了,但是仍然保留"迺"字写姓氏的专一用途。"卤"本义是盐卤,这一意义只保留在与"卤"字字形相关联的"卤(卤)"字上(参见"卤"字条)。"卤"字被假借写副词、连词和语气词,与"乃"读音和用法相同。西周五祀卫鼎:"正卤讯厉曰:'女(汝)贮田不?'厉卤许曰……"(主管官长就询问厉:"你是否同意交换田亩?"厉就应允说……)《说文》:"卤,惊声也。"这是说"卤"有作语气词的用法。据《说文》"读若仍"和《唐韵》切音,今当读réng,但它在典籍上写作"迺"或"乃",读nǎi,不读réng。清段玉裁在"卤"下注云:"'惊声'者,惊讶之声。与'乃'字音义俱别。《诗》《书》《史》《汉》发语多用此字作'迺',而流俗多改为'乃'。"(金国泰)

卣(卣) yǒu 喻纽、幽部;以纽、尤韵、以周切。

yōu 喻纽、幽部;以纽、尤韵、以周切。

yóu 喻纽、幽部;以纽、尤韵、以周切。

1-4《甲文编》301页。5、6、7、9、10《金文编》319页。8、11、12《类编》179页。13《说文》100页。14《说文》143页。15《隶辨》387页。

象形字。初文像盛装着液体的容器,立式,圆底,上有提梁,器形内多加一个长点,是用液滴形显示所盛液体。"卣(卣)"本是独体象形字,但早在商代就已有了增繁形式,先在卣器下增皿形烘托,后又把皿形的底座部分省去,只保留原本像皿身的一条左右上翘的弧线。就以有无这一条弧形底线而分为繁简二形,由商代直到秦汉,都可以见到,但以有底线者居多。这一底线在春秋战国年间写作"乚",小篆收笔下引作"乚",汉隶作"乚",后来与"卣(迺)"相互同化而有"乚"、"辶(辶)"两种楷书形式。初文卣形内像液滴的长点在西周时渐讹为"土"、"土",战国文字及小篆又讹为"𠆢",延及汉隶,但后世由行草楷化作"丆"。由于上述变化,中古以后的楷书有了出自一源的"卣"和"卣"、"卣"和"卣"、"迺"和"迺"等字,但是,这组字在秦后已经分化异用,"卣"字只写初文表示的本义,名词,"卣(卣)"字写其他引申义和假借义。许慎不知"卣(卣)"和"卣(卣)"本是一字,不知其本义,所以《说文》分收到两部,所解均误(参见"卤"字条)。"卣"本义是一种盛酒器。西周盂鼎:"易(赐)女(汝)鬯(chàng)一卣。"(赏赐给你一卣香酒)这一意义在典籍上只写作"卣",旧读yōu(《唐韵》以周切),又读yǒu(《广韵》又有与久切一读),今只读yǒu。大概是从卣这种容器鼓腹能容的特点引申出宽松、舒适自得这样的形容词意义,与"攸"意义相通。《说文》:"卣,气行皃(貌)。读若攸。"这一意义读作yōu,在典籍上写作"逌",不写"卣"。《史记·赵世家》:"烈侯逌然。""卣(逌)"被假借写结构助词,与"所"作用相

当。《汉书·地理志上》:"九州逌同。"《书·禹贡》作"九州攸同"。又假借写介词,与"由"相当,读yóu。(金国泰)

丂部

丂 kǎo 溪纽、幽部;溪纽、皓韵、苦浩切。

1、2《甲文编》211页。3、4、5《金文编》319~320页。6、7《古文典》175页。8《睡乙》97页"丂"字偏旁。9《说文》101页。10《甲金篆》258页"朽"字偏旁。11《隶辨》454页"朽"字偏旁。

象形字。像斧柯,即斧柄、斧把形(斧斤之"斤"在甲骨文中写作"𠂆",可证),是"柯"的象形初文。"丂"字的顶画在商代多是倾斜的,偶见写平的,自西周起,就都写作平横了。而且从西周起,下垂的斜竖尾端弯度加大,至东周,在竖笔上段又往往增多一弯,写作"丂"形。春秋战国时期,在顶部加短画、在竖笔上段加短画或圆点为饰的情形也较常见。小篆作"丂",东汉隶书在收笔处上挑出钩形,楷书从之。"丂"字在出土古文字材料中并不少见,但在典籍中已无用例,只在合体字中作偏旁。本义是斧柯。古书都是用"丂"的第二级谐声字"柯"("柯"从"可"声,"可"从"丂"声)表示其本义。《诗·豳风·伐柯》:"伐柯如何?匪斧不克。""丂"字早期多假借写"考",表示父亲义和长寿义。西周同簋:"用乍(作)朕文丂重(zhuān)仲尊宝簋。"(因此为祭我有美德的先父重仲制作宝簋)(金国泰)

甹 pīng 滂纽、耕部;滂纽、青韵、普丁切。

1《甲文编》213页。2、4、5《金文编》320页。3《金文编》811页"嬰"字偏旁。6、8《战文编》305页。7《战文编》788页"聘"字偏旁。9《说文》101页。10《隶辨》615页"聘"字偏旁。

会意字。从甶(缶形器),从丂。"甹"字始见于商代,在西周曾有几种增繁形式,一是加声符"并",二是叠增一"甶",三是在西周晚期在叠增过的字形左下增"口"形,因此变下部之"丂"形为"可"形。但是,在合体字中,多保持原有结构。战国文字仍有一些地区(特别是楚地)继承西周晚期增从"口"的形式,而且"甶"形演变为"甾""甾"等形;但是居于演变主流的秦系文字先变"甶"为"由",随后又把下部变作"丂"形,为汉代以后的字形所继承,直至楷书。本义不明。早期假借作"屏",用辅佐义。西周班簋:"王令毛伯班更虢成公服、甹(屏)王立(位),作四方亟(极)。"(周王命令毛伯班继承虢成公的职位,辅佐王位,作四方的准则)汉代都城长安一带的方言称任侠轻财之人为"甹"。《说文》:"甹,侠也。三辅(长安近畿地区)谓轻财者为甹。"后代"甹"字罕用,一般只作合体字偏旁。(金国泰)

宁(宁) níng 泥纽、耕部;泥纽、青韵、奴丁切。
nìng 泥纽、耕部;泥纽、径韵、乃定切。

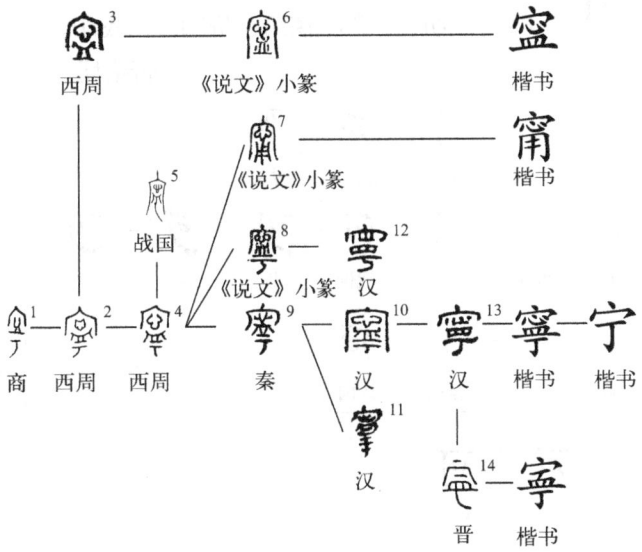

1《甲文编》213页。2、4、5《金文编》320~321页。3《金文编》514页。6、7、8《说文》150、70、101页。9《睡甲》70页。10《汉印徵》卷5,5页,11《马王堆》194页。12、14《甲金篆》305页。13《隶辨》270页。

形声字。从宀，寍声。"寍"在商代甲骨文中写作"𠖄"，是"寧（宁）"的初文，后讹作"寍"（参见"寍"字条）。"寧（宁）"字到西周初期从"心"以增强表现心理活动的意义，随后就有省去"丁（丂）"的形式，延续到秦汉之后（参见"寗"字条）。战国晋系文字有把"寍"省作"宀"的。小篆或把"寍"讹成"用（用）"，延续到后世（参见"甯"字条）。秦汉之后的基本形式是"寧"。晋代出现过简写形式"寍"，转化为楷书"寍"。楷书"寍""甯""寧""寗"等一组异体字，都源自商周。秦汉后，"寍"字已久无用例，自然淘汰。1955年《第一批异体字整理表》淘汰了"甯""寗"二字，确定"寧"为规范正体。1956年《汉字简化方案》根据群众的创造，用保留轮廓的办法，把"寧"简化作"宁"，与宁（zhù）为同形字。"宁"本义是安宁、安定。《英国所藏甲骨集》2527："丁巳卜，贞：'今夕自（师）亡𢦔（祸）？寧？'"（丁巳日占卜，贞问："今夜部队没有灾祸吧？安宁吧？"）引申为问安、慰问。西周孟爵："王令孟寧𢀈白（邓伯）。"由本义还引申为安静、止息。由问安义引申为已婚女子归望父母。以上诸义都读níng。"宁"引申为副词，表示宁愿、宁可，即内心安于某种选择。《说文》："宁，愿词也。"有时相当于"岂"或"乃""曾"等语气副词。以上副词用法都读nìng。（金国泰）

"口"形之右为常例，但也时有反向居"口"形之左者，殷商及春秋战国都有其例，古文字正反多无别，此所谓反"可"并非《说文》新附字所云"反可"的"叵"（pǒ）字。"可"字古今变化甚微，值得注意的，一是春秋战国时代常在顶端增短横为饰，二是声符"丂"的垂竖尾端从殷商晚期就渐向左内偏转，两周从之，只是小篆在左转后又向右弯转。秦汉隶书承先秦笔势，汉隶收笔尾端逐渐上挑，为楷书作竖钩所本。"可"本义是歌咏。《集韵·歌韵》："歌，古作可。"金文及郭店战国楚简用加旁字"訶"表示这一本义。徽儿钟："饮食訶舞。"典籍用"可"的繁化字"哥"及"哥"的加旁字"謌"或"歌"字（参见"訶"、"哥"、"歌"字条）。今见古文献中，"可"的较早意义是作助动词（有时是动词），表示可以、能够。《合集》18897："贞：其可？"（贞问：可以吗？）西周师毇簋："女（汝）敏可吏（使）。"（你敏捷可以任用）引申为肯定、许可、值得、对（错的反义）、适合。由适合义引申为恰好、约略。由对义引申为确实（副词义）。由恰好义虚化为转折连词，作用相当于"却"。以上所有意义都读kě。在"可汗""可贺敦"（可汗妻）等古代北部几个少数民族的称呼用语中，旧读kè。又，"可"在古代有假借写"何"例，既可以写疑问代词"何"，又可以写动词"何（荷）"。（金国泰）

可 部

可 kě 溪纽、歌部；溪纽、哿韵、枯我切。
　　kè 苦格切。

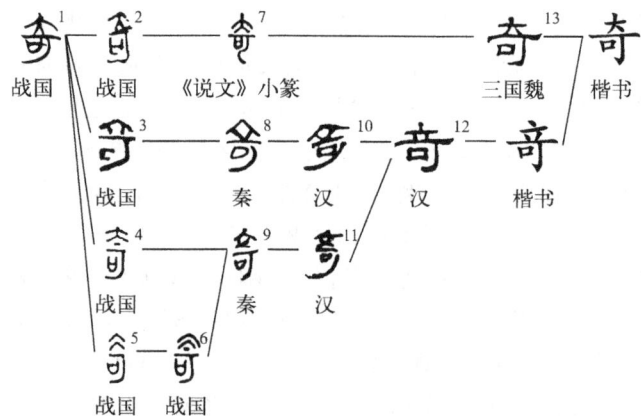

1、2《甲文编》215页。3、4、6《金文编》321页。5、14《甲金篆》305、306页。7、8、9《郭店》83页。10《说文》101页。11《睡甲》70页。12《马王堆》194页。13《银雀山》173页。

形声字。从口，丂声。"可"字声符"丂"在先秦虽以居

奇 qí 群纽、歌部；群纽、支韵、渠羁切。
　　jī 见纽、歌部；见纽、支韵、居宜切。

1《楚系简帛》385页。2-6《战文编》305~306页。7《说文》101页。8《睡甲》70页。9《睡乙》39页。10《银雀山》175页。11《马王堆》195页。12、13《甲金篆》306页。

形声字。从大，可声。战国文字中，奇字上部的大有四种形式：一作大，一作介，可视为大的变体；一作犬，但下有可的一短横饰笔；一作𠓜，大概是大的草体。后来在秦汉隶变过程中，后两种渐次被淘汰，保留了前两

种,楷书分别作奇与竒。中古以来,把结构与《说文》相合的"奇"视为正体,《正字通·大部》:"奇,俗作竒。""奇"本义是独特、殊异。《说文》:"奇,异也。"《周礼·天官·阍人》:"奇服怪民不入宫。"引申为出人意料、惊异、美妙,还引申为极、甚、特别。由意动用法(认为奇)引申为赏识、看重,以上各义都读qí。另有以下读jī的一些意义:由本义引申出单数义,与"耦(偶)"相对。《说文》:"奇,一曰不耦。"引申为余数、零数。由本义还引申为诡异不正、命运不好、遇事不顺利等。在古文献中,还通假为"寄",表示寄托义。(金国泰)

哿 gě 见纽、歌部;见纽、哿韵、古我切。

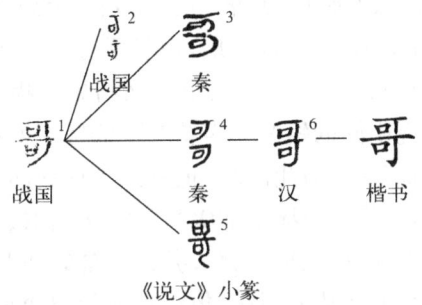

1《说文》101页。

形声字。《说文》:"哿,可也。从可,加声。"楷书与小篆结构相同,只有笔势变化。本义是称许,嘉,引申为快乐。《诗·小雅·正月》:"哿矣富人,哀此惸(qióng)独。"(金国泰)

哥 gē 见纽、歌部;见纽、歌韵、古俄切。

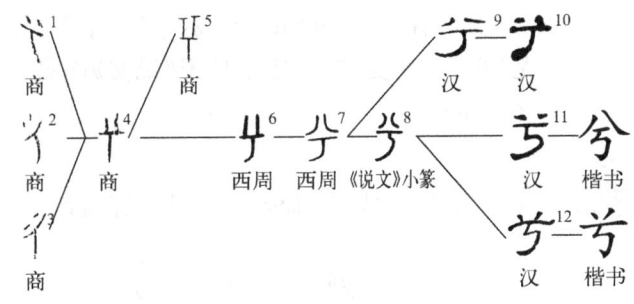

1《古文典》854页"歌"字偏旁。2《战文编》599页"謌(歌)"字偏旁。3《战文编》306页。4《睡甲》139页"歌"字偏旁。5《说文》101页。6《隶辨》209页"歌"字偏旁。

繁化字。初文是形声字"可",繁化叠加一"可",分化异用。"哥"从二可的结构从古至今没有改变,只是笔势有变。战国时偶见二可上各有一小横作饰笔者。本义是歌咏。《说文》:"哥,声也。从二可。古文以为謌(歌)字。"睡虎地秦简《日书甲》40:"不可饮食哥(歌)乐。"同书《日书乙》132用"歌"字:"大行远行若饮食歌乐。"歌咏义在今见春秋战国时代古文字材料中亦写作"訶(词)"、"謌(謌)",先秦典籍及秦后主要用"歌"字,也有用"謌"者,汉代(如《史记》《汉书》)及汉后也偶用"哥"字。《史记·燕召公世家》:"召公卒,而民人思召公之政,怀棠树不敢伐,哥咏之,作《甘棠》之诗。""哥"从唐代起主要用来称呼亲族中同辈男子比自己年龄大的人,与"兄"同义,多用于口语。唐代还曾经称父为"哥",但用例不多。元明时期用"哥"作语气词,相当于"啊"。(金国泰)

叵 pǒ 滂纽、歌部;滂纽、果韵、普火切。

叵¹—叵
《说文》新附 楷书

1《说文》101页。

指事字。《说文》:"叵,不可也。从反可。"利用"可"字反体,表示"不可"的合音及意义。古代有入声,"不可"合音正相当于"叵"之音。《说文解字·叙》:"虽叵(不可)复见远流,其详可得略说也。""叵"偶用为遂、便、就等义。用"反可"的"叵"字表示"不可"义,是秦后才发生的事,在先秦古文字里,汉字一般都是正反无别。"可"字在先秦有"叵"和"叵"所谓正反两种形式,直至战国郭店楚简仍有所说"反写"形式(《老子》甲21),但它是"可"的常规异体形式,不是以"不可"为义的"叵"字。分化出"反可"以为"叵",是隶变后人们的实践与观念。(金国泰)

兮 部

兮 xī 匣纽、歌部;匣纽、齐韵、胡鸡切。

1—5《甲文编》215页。6、7《金文编》321页。8《说文》101页。9、10、11《甲金篆》306页。12《隶辨》100页。

是"乎"的分化字(参见"乎"字条)。"兮"、"乎"同源,但在殷商卜辞中已经分化,不再通用。甲骨文前期"兮"字作"兮",在"丂(丂)"形上有二短画,与"兮(乎)"字只有一短画之差。"兮"字到殷商后期,原来顶部的两个短画或变得相背外曲,近于"丷"形,或由此变作"丌"形,入西周,

"八"形渐变为"八"形。汉隶或把"八"形变势作"丶丿"形,为后世俗字"兮"所本。正体从西周及小篆作"兮"。本义虽不明,但应与"乎"相关。《说文》:"兮,语所稽也(话语停顿之处)。从丂、八,象气越亏也(越、亏:都是上扬之意)。""兮"在典籍中作句中或句末语气词。《诗·卫风·伯兮》:"伯兮朅(jié)兮,邦之桀兮。""兮"在甲骨卜辞中假借写表时段之词。《小屯南地甲骨》2729:"中日至章(郭)兮不雨,大吉。"卜辞"中日"(正午)、"昃"(太阳偏西)、"郭兮"、"昏"(日落)是时段顺序,"郭兮"当在下午2时至4时之间。"兮"在周金文中写氏称。(金国泰)

始见于战国,经秦汉至今楷书,结构变化甚微,楷书较隶书只省去左下一笔,即"我"的左下提笔与"兮"的左上一撇共用,全字是16笔。古文献主要作传说中的神人名,如伏羲、羲和。先秦也假借作"牺",战国诅楚文"羲牲"即"牺牲"。(金国泰)

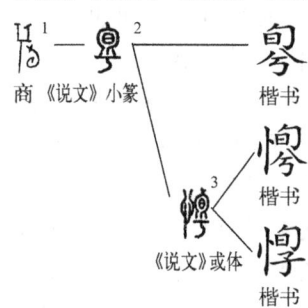

sǔn 心纽、真部;心纽、准韵、思尹切。

1《甲文编》215页。2、3《说文》101页。

形声字。初文从兮,旬(旬古字)声。本义不明。甲骨卜辞用写殷人先祖名。《合集》32028:"乙亥卜:其乎(宁)秋于夸(罗)?"(乙亥日占卜:向先祖罗举行祈求秋季平安的祭祀吗?)《说文》正篆之声符用"旬"之今字"旬",其或体增从心作"惸"。《说文》以为"罗"之本义为"惊辞",但"罗"和"惸"典籍不见用例。文献用"恂"字表示惊惧义。《庄子·齐物论》:"木处则惴慄恂惧,猿猴然乎哉?"另,典籍有"惸"(qióng)字,右下作"子"不作"兮",应是"惸"字讹变,"惸"字不见于《说文》而见于《广韵》。(金国泰)

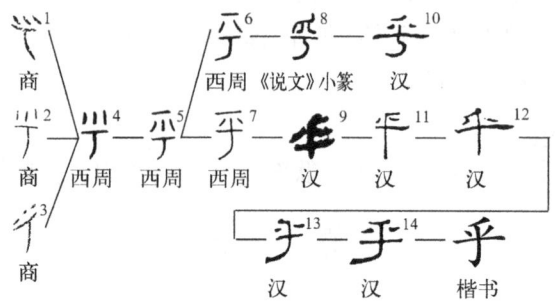

乎 hū 匣纽、鱼部;匣纽、模韵、户吴切。

1、2、3《甲文编》215~216页。4—7《金文编》323~324页。8《说文》101页。9《马王堆》195页。10、12、13、14《甲金篆》307页。11《银雀山》175页。

形声字。从丨,丂声。但"丨"只是像声气分散上扬之形,并不是独立的字形。"乎"与"兮"形音义都有关联,二者是一字之分化,所以《说文》曰:"(乎)从兮,象声上越扬之形也。"殷商时代的"乎"字上部是三个短画,以竖画为主,也有斜画。至西周中期,短竖平行之态几乎消尽,而变作不平行的"丷"形,其上方又增添一横。又稍后,已偶尔出现中间的短竖与声符"丁"的竖笔对接并上及顶横的形式"乎",与此同时,也有加了顶横而省去中间短竖的形式"乎",顶横下部实与"兮"字同形。小篆据此把顶横变作宛转的曲笔"𠂉",并把下部篆成"丁"形。汉隶虽有承小篆笔势的写法,但没有成为演变正宗。秦以后的正宗变化是:西汉初期的隶书,顶横变短,偏处右侧,其左端与中竖连通,全字作"乎"形。稍后,为了避免逆笔,顶横从中竖右侧移至左侧,仍与中竖折向接通成一笔。至东汉,顶横成为从左至右的平撇。楷书把中间的两个短画变作"丷"形。"乎"是"呼"、"評"的古字,本义是召呼、呼叫,引申为传召、传令、命令。《甲骨续存》609:"癸巳卜,㱿贞:'乎(呼)雀伐望?'"(癸巳日占卜,贞人㱿问:"呼令雀去征伐望这个方国吗?")西周遹簋:"穆穆王在葊京,乎(呼)渔于大池。"(穆王在葊京,命令渔师在大池打鱼)"乎"字多为语气词,又为形容词后缀,常作介词,与"于"相当,"乎""于"古音相同。(金国泰)

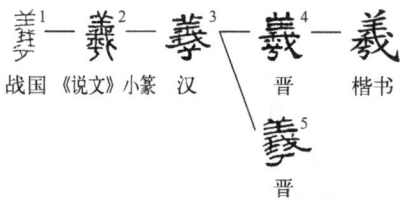

xī 晓纽、歌部;晓纽、支韵、许羁切。

1《古文典》871页。2《说文》101页。3、4《隶辨》36页。5《甲金篆》306页。

形声字。《说文》:"羲,气也。从兮,义声。""羲"字

号 部

号 hào 匣纽、宵部；匣纽、号韵、胡倒切。
　　háo 匣纽、宵部；匣纽、豪韵、胡刀切。

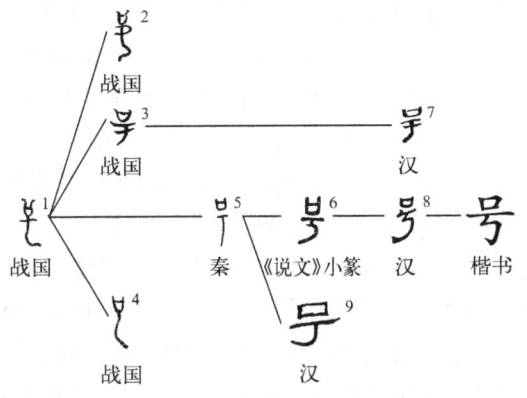

1、2、4《古文典》287页。3《楚系简帛》386页。5、8《甲金篆》307页"號"字偏旁。6《说文》101页。7 银雀山汉墓竹简《尉缭子》486简。9《甲金篆》307页。

形声字。从口，丂声。今见最早的"号"字是在战国早期的楚系文字，所见或增饰画而作"㕯"、"㖡"等形，或省去"丂"上横画而作"㕯"形。秦汉时期，其声符有"丁""丂"两种笔势。后世楷书从小篆作"号"。在宋代以来的通俗小说刻本中，"号"字使用已较普遍。现规定以"号"为"號"的简化字。《说文》："号，痛声(即大声哭)。"此义应读háo，这在典籍上都写作"號"，出土文献可见"号"有称谓义和号令义，应读hào。战国早期曾侯乙编钟："妥(蕤ruí)宾之才(在)楚号为坪皇。"(音乐蕤宾律在楚国称为坪皇)银雀山汉墓竹简《尉缭子》486简："发号出令。"这两种意义在传世典籍上都写作"號"。(金国泰)

號(号) háo 匣纽、宵部；匣纽、豪韵、胡刀切。
　　　　hào 匣纽、宵部；匣纽、号韵、胡倒切。

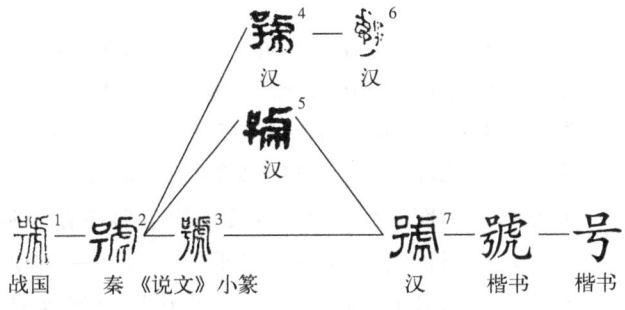

1《战文编》306页。2《睡甲》70页。3《说文》101页。4、5《马王堆》195页。6《银雀山》176页。7《甲金篆》307页。

形声字。从虎，号声。所见"號"字多是右形左声，西汉时或写作左形右声。今以"号"为"號"的简化字。本义是大声呼叫。《说文》："號，呼也。"《诗·大雅·荡》："式號式呼，俾昼作夜。"引申为大声哭叫、动物放声鸣叫和风吼。以上意义都读háo，以下一些引申义读hào。由本义引申为召唤，由此再引申为号令、命令、发布命令。由本义还引申为扬言、宣称。由号令义引申为称谓、给以称号、名称，由名称义引申为别号(本名以外的称谓)。由号令义还引申为记号、标志、口令、暗语。由动物鸣叫义引申为管乐器，如现代的军号、圆号。(金国泰)

亏 部

亏(于) yú 匣纽、鱼部；云纽、虞韵、羽俱切。

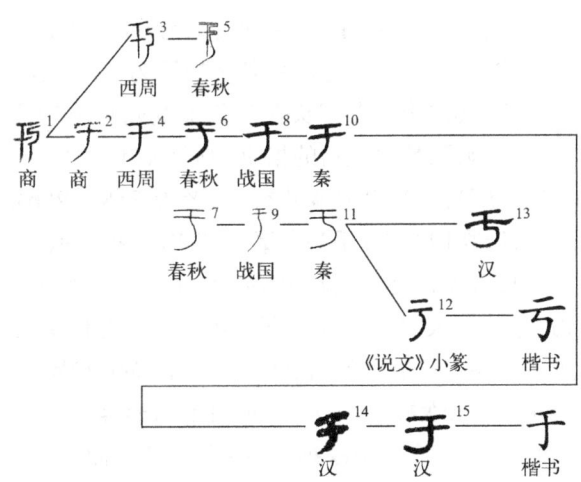

1、2《甲文编》216、217页。3-7、9《金文编》323~325页。8《楚系简帛》386页。10《睡甲》71页。11、13、15《甲金篆》308页。12《说文》101页。14《马王堆》195页。

象形字。所像之物及本义都不确知。学者或以为是竽之象形文(《甲文编》740页)之省形。"于"字初文由"干"形与旁侧曲折廓线"⺄"构成，在商代，已经出现省去廓线而只保留"干"形的简化形式，其未省形式在西周中期以后就不使用了(春秋晚期偶见复古用繁例，如王子午鼎)。在商代，"干"形的中竖大部分是直笔，少部分在下部向左偏斜微弯，这少部分写法成为入周以后演变的主流，至东汉隶书变成竖直钩。另外，春秋年间，有一种写法，把竖笔先向右折，然后向左缓弯，战国秦汉时代也多见此写法，而小篆由此微讹，竖笔上端不穿透下部横笔，隶定作"亏",与现代"亏"的简化字同形。《说文》训其本义为於。早期假借写动词,意思是往、前往。《合集》5128:"贞:王去𠂆于𦵩(敦)?"(贞问:王离开𠂆地前往敦地吗?)西周令簋:"隹(唯)王于伐楚白(伯),才(在)炎。"(周昭王前往征伐楚伯,驻扎在炎地)后来多写由动词虚化的介词。(金国泰)

虧(亏) kuī 溪纽、歌部;溪纽、支韵、去为切。

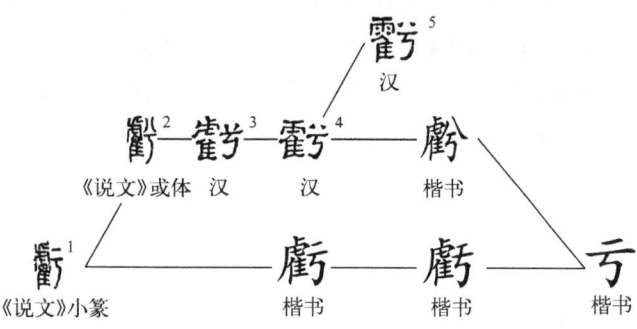

1、2《说文》101页。3、4、5《隶辨》33页。

形声字。《说文》:"虧,气损也。从亏(于),虖(hū)声。""虧"字在秦汉时代或变右旁之"亏"为"亐",是二者形近之故。其左上之"虍"头在汉代隶变或写作"亜",由此或讹作"雨"。魏晋以后的楷书"虧"(或因汉隶"于"作"亐"而写作"虧")、"虧"以异体并行,前者为正体。1956年汉字简化,借鉴1935年《手头字第一期字汇》把"虧(虧)"写作"亏"的形式,用保留特征的办法,正式把"虧(虧)"简化为"亏"。本义是气缺损不足,引申为一般的缺损、减少。《易·谦》:"天道亏盈而益谦。"(大自然的规律是让满盈的事物缺损而让欠缺的事物增益)也引申为形容词欠缺、不足,如"功亏一篑"。由缺损、减少义向多方面引申为衰退、减弱、毁坏、伤害、损失、违背,由损失义引申为亏空、蚀本,由欠缺、不足义引申为虚弱,如体亏、肾亏。(金国泰)

粵 yuè 匣纽、月部;云纽、月韵、王伐切。

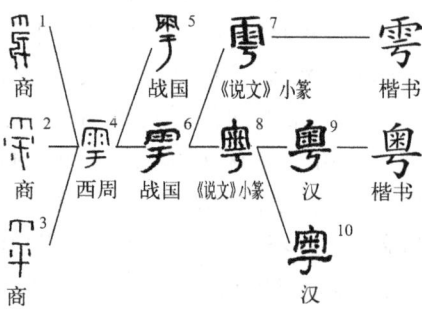

1、2、3《甲文编》454~455页。4、5《金文编》753页。6《包山》173页。7、8《说文》242、101页。9、10《隶辨》684页。

形声字。是"雩"的变体分化字。初文从雨,于声。小篆讹"雨"为"宀",且正讹二体已经出现写词分别,所以《说文》把"雩""粵"二篆分立为形义迥别的二字,把"粵"错解为"从亏(于)从寀(审)"的会意字。始讹于小篆的"粵"字上部为"宀(审)"形,其"冂(宀)"下从"采"(读biàn,不是读cǎi的"采"),东汉隶书有"宀""宀"两种形式,内从"米",后世楷书继承了汉隶左上角为撇的形式。"粵"和"雩"本义不明,《说文》以为"雩"本义是古人以乐舞祈求降雨的祭祀活动,可这在殷商卜辞及周金文中得不到证明(参见"雩"字条)。"粵"和"雩"二位一体的古字在卜辞和金文中除写专名外,主要假借写介词、连词和语气词,在传世文献中,"粵"字仍然如此,而"雩"字则主要写祈雨之祭一义,二者分化明显。西周作册魅卣:"雩四月既生霸庚午,王遣公大史"(到四月月在上弦的庚午那一天,周王让公太史回去)《说文》引《周书》:"粵三日丁亥。"(到了三天后的丁亥日)这两句中的"雩""粵"引进行为的时间,相当于介词"于"(可译为"至""到"),语法学家或以为是语气词。这种用法在古书中又用与"粵"同音的"越"字,《书·召诰》:"越六日乙未。"(金国泰)

平 píng 並纽、耕部;並纽、庚韵、符兵切。

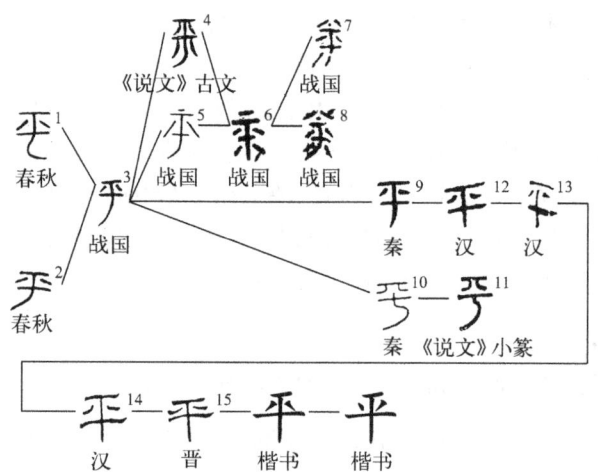

1、3、5《金文编》326页。2《甲金篆》308页。4、11《说文》101页。6、7、8《战文编》307页。9《睡甲》71页。10、14、15《甲金篆》309页。12《马王堆》196页。13《银雀山》176页。

字形结构不明。今见"平"字最早的字形在春秋时期,其基本形式近于西周中晚期"乎"字写作"𠂇"的形式,"八"字形二斜画分置于"于(于)"形中竖上部两侧。

战国中晚期的"平"字增繁形式较多,也许是为了与"乎"字区分开,有的在顶横上加了短横或圆点(这也可能只是饰笔);有的在中竖下部两侧各增一笔画(也有单在一侧增一笔画的),既有垂画,也有斜画;有的既在顶横上加短横或圆点,又在中竖下旁侧加笔画,而且还有在这种"釆"形顶部再叠加一"八"形的。秦刻石篆书"平"字未增繁,只是中竖上部脱离顶横,缩短至刚刚露出下部横线,因此,不再有中分"八"形斜画之势,中竖下部先右转,再左回,《说文》小篆承此把中竖顶端再收缩,不再穿透下部横画。秦简隶法承春秋及战国初期未繁化形式,把中竖拉直,为汉隶和楷书所本。现代楷书把"八"形斜画变为倒"八"形的左长点和右短撇。本义大概是平坦,不倾斜(《说文》本义为语平舒)。《诗·小雅·黍苗》:"原隰(xí)既平,泉流既清。"引申为平静、齐一、均等、端正和公正,由平坦义还引申为平原、平地,又引申为汉语声调中没有高低起伏的平声;由平静义引申为平定、平息、太平;由平定、平息义又引申为媾和、治理,如说"治国平天下";由齐一和均等义引申为平常和普通,如"平民";由端正、公正义引申为衡量的标准,后来衡器之一的天平就因此义而得名。(金国泰)

旨 部

旨 zhǐ 章纽、脂部;章纽、旨韵、职雉切。

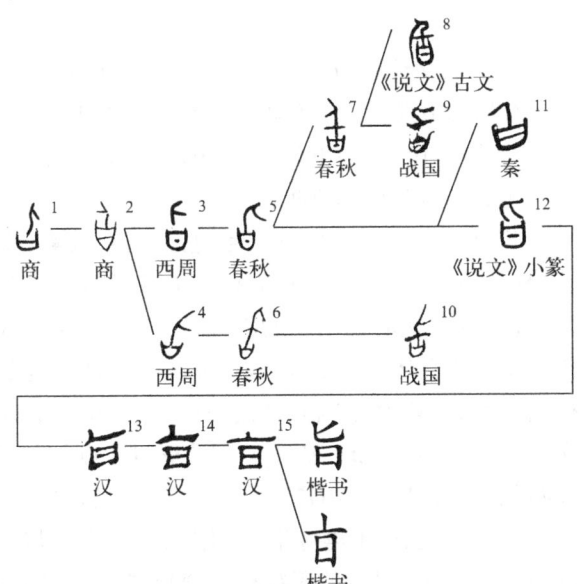

1、2《甲文编》217、218页。3《金文编》326页"嘗"字偏旁。4—7《金文编》326页。8、12《说文》101页。9、10《战文编》307、308页。11《睡甲》71页。13《银雀山》176页。14《隶辨》526页"詣"字偏旁。15《甲金篆》309页。

会意字。从匕,从口。匕,是进餐用的勺子,像用勺子向嘴里送食物。"旨"字在殷商已多见,当时偶见在"口"形内加横画的,西周有无横画者并见,春秋之后,"口"内增短横而为"曰(甘)"形的渐多,因此《说文》解为"从甘"。春秋战国时代往往在"匕"形下部加横画,秦系文字不加。秦简把"匕"写成立"人"(左向),小篆把"匕"写成卧"人"(右向)。西汉隶书(如银雀山简)上部作"ㄥ(人)"形,至东汉隶书渐变作"ㅗ一上",据此,后世楷书写作"旨",但楷书正体本小篆作"旨"。本义是味道甘美。《说文》:"旨,美也。"《诗·小雅·鱼丽》:"君子有酒,旨且多。"引申泛指美好,也引申为思想主张、意旨、意图。由赞美、恭维的角度特指皇帝的诏书、命令。(金国泰)

嘗(尝) cháng 禅纽、阳部;禅纽、阳韵、市羊切。

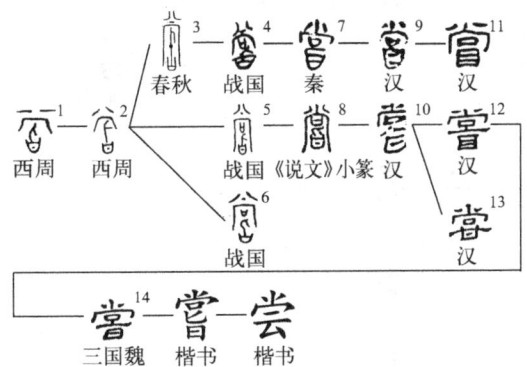

1、2、3、5、6《金文编》326~327页。4《郭店》84页。7《睡甲》71页。8《说文》101页。9《马王堆》196页。10《银雀山》176页。11、12《甲金篆》309页。13、14《隶辨》234页。

形声字。初文从旨,尚省声。《说文》:"嘗,口味之也。从旨,尚声。""尝"字始见于西周,早期声符"尚"都省去"口",战国时代才不再省声。声符"尚"顶部原是同一水平上的两个短横,演变为"八"形,至东周又在"八"形中间加饰画(参见"尚"字条)。意符"旨"下部的"曰(甘)"形在春秋战国时代有承商代初文形式写作"口"的,"旨"加饰笔及秦汉隶变情况参见"旨"字条。但是"尝"字下部的"旨"还有两种特殊变化,其一,由秦简作"日",汉初帛书作"白",至后来讹作"目"(汉隶"稽"字右下之"旨"也有写成"目"的);其二,有省作"甘"形的。楷书本《说文》小篆作"嘗"。1956年汉字简化,根据元代以来的草书形式,把"嘗"简化作"尝"。本义是用口舌辨别滋味。《诗·小雅·甫田》："尝其旨否。"(尝尝味道美不美)引申为吃、食用、试探。还引申为滋味,由此引申指古代秋季的一种祭祀,意思是用新粮请神灵品尝食用。《尔雅·释天》："秋祭曰尝。"这一意义在战国时代南楚地方曾经专用一个从示、尚声的"裳"字,但后代不再行用。"尝"由吃、食用一义引申为经历、经受,由此虚化为时间副词,表示曾经义。(金国泰)

喜 部

喜 xǐ 晓纽、之部;晓纽、止韵、虚里切。

xī 晓纽、之部;晓纽、之韵、许其切。

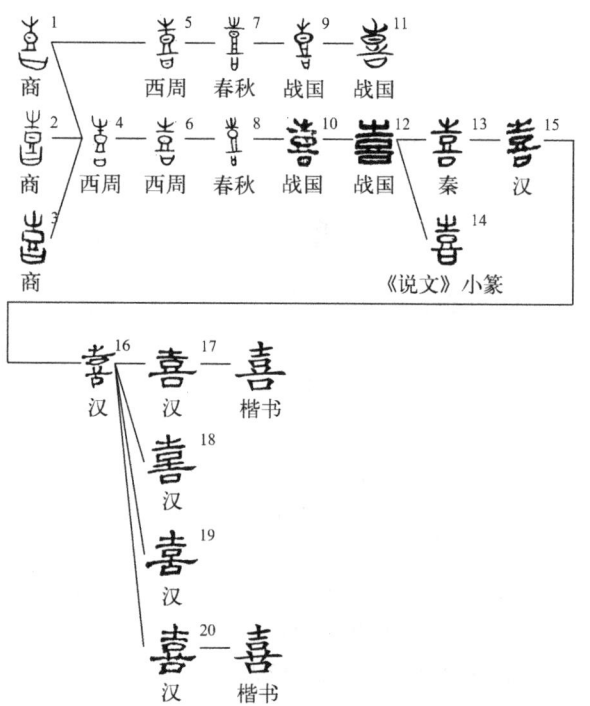

1、2、3《甲文编》218页。4-9《金文编》327页。10、12《战文编》308页。11《包山》72页。13《睡甲》71页。14《说文》101页。15《马王堆》197页。16《银雀山》176页。17、18《甲金篆》310页。19《隶辨》347页。20《隶辨》63页"僖"字偏旁。

会意字。《说文》："喜,乐也。从壴,从口。""壴"是"鼓"的象形初文,听到鼓乐声就快乐,所以从壴,欢喜的情绪表现在笑语中,所以从口。"喜"字出现于商代。字中"壴"形的演变参见"壴""鼓"二字。在汉代隶书中,"喜"或写作上下重叠的两个"吉"字,这有词义影响的因素;或写作上"吉"下"古"的"喆"形,后代双喜字就是此形的左右繁复;或把"壴"字下部原像鼓座部分的"业"形写成"艹"(如鲁峻碑"熹"字、袁良碑"僖"字、孔宙碑"憙"字各字偏旁),这种写法常见于近现代手头字。今以喜为规范字。本义是欢喜、快乐。《诗·小雅·菁菁者莪》："既见君子,我心则喜。"引申为喜爱、爱好,由此再引申为某种动植物习惯于或适合于某种环境条件,或某种事物容易发生某种变化。由本义还引申为吉庆快乐之事,特指妇女怀孕。以上本义及各引申义都读xǐ。由本义引申为福、吉祥,后来多用从"示"的"禧"字表示,如"年禧(喜)"旧读xī,今天也读xǐ。由爱好义引申为游戏,后来写作"嬉",此义读xī。(金国泰)

憙 xǐ 晓纽、之部;晓纽、志韵、许记切。

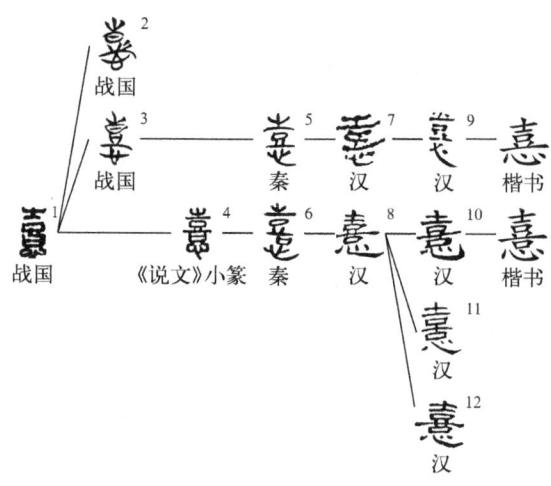

1《战文编》308页。2、3《包山》73页。4《说文》101页。5、6《睡甲》71页。7《马王堆》197页。8、10、11《甲金篆》310页。9《银雀山》177页。12《隶辨》347页。

形声字。《说文》："憙,说(悦)也。从心,从喜,喜亦声。""憙"实际是"喜"的加旁异体字,加义符"心"在"喜"字下,以增强表达心理活动的效果。"憙"字出现于战国时代,当时,还有从心从壴(不从喜)的形式,这既可能是从"喜"省,也可能就是用"心"替换"喜"下之"口"。战国楚系文字还有从心从彭的"惠(喜)"字,"彭"是"壴"形之变。秦汉两代隶书及后世楷书"憙""喜"二字并见,但以"喜"字为多见。现代已经不再应用,只用"喜"字。本义与"喜"相同,喜悦、快乐。郭店楚简《语丛一》45:"凡又(有)血燂(气)者,皆又(有)憙(憙、喜)有忞(怒)。"与"喜"同样,有喜爱、爱好、容易发生某种变化等引申义。(金国泰)

嚭 pǐ 滂纽、之部；滂纽、旨韵、匹鄙切。

嚭¹—嚭
《说文》小篆 楷书

1《说文》101页。

形声字。说文："嚭，大也。从喜，否声。"本义是大。典籍上用作人名，《左传》和《国语》有吴国太宰名嚭。（金国泰）

壴 部

壴¹(鼓) gǔ 见纽、鱼部；见纽、姥韵、公户切。

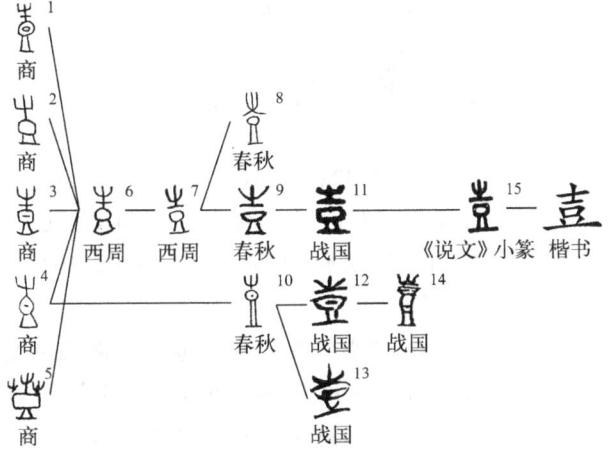

1—5《甲文编》218~219页。6《金文编》328页"彭"字偏旁。7、10《金文编》329页"鼓"字偏旁。8《金文编》328页。9《类编》333页"嘉"字偏旁。11《战文编》309页"尌"字偏旁。12、14《战文编》309页。13《郭店》84页。15《说文》102页。

象形字。初文像上插羽饰，下有脚座的圆鼓形。"壴"字产生于商代，它在甲骨文中像羽饰的部分有繁简不同的几种形式，像鼓面正视形的圆圈（或刻画成方框）中，有的加了短画或小圆圈。在西周年间，鼓上的羽饰形已渐脱离鼓体，成为上下两分的"䒑"形。春秋战国时代，各地区变化较多，上部有"㞢、屮、丷"等多种形式，下部脚座内或填饰横作"且、H"形。或在底下增"口"为饰，虽与"喜"字同形而实是"壴"字，如楚系文字"鼓""鞞"（鼙）之"壴"下皆有增"口"形者。秦系文字一直承继西周，至小篆作"壴"，隶变（今仅见于偏旁）作"壴"。本义是鼓，名词。《说文》："陈乐立而上见也。"在殷商卜辞与周金文中与以击鼓为本义的动词"鼓"字通用，此名动二词本出一源。《合集》34475："庚寅贞：其壴（鼓）彡（肜，róng）？"（庚寅日卜，贞问：要击鼓举行肜祭吗？）由击鼓义引申为敲击义，春秋王孙钟："枼（世）万孙子，永保壴之。"（万代子孙，永远爱护敲击这铜钟）此义在同时期沇儿钟铭中用"鼓"字。秦后只用"鼓"字而不再用"壴"字，"壴"只见于历代字书，但已失落本义及相应的读音。（金国泰）

壴² shù 禅纽、侯部；禅纽、遇韵、常句切。
zhù 端纽、侯部；知纽、遇韵、中句切。

尌¹—尌²—壴³—壴
西周 战国《说文》小篆 楷书

1《金文编》328页。2《战文编》309页。3《说文》102页。

"尌"的简写字，参见"尌"字。省去"尌"字右旁的"寸"（初文是"又"），与"壴（鼓）"字混同。《说文》："尌，立也。""尌"与其简写字"壴"本义是树立，应读shù，如据《唐韵》《广韵》"中句切"，则读zhù。文献未见用例。《字汇补》据《韵宝》说："壴，又借作竖立之竖。"《万姓统谱》引《姓苑》："今河东有树氏，宋有诸司使树滋近，改作壴。"（金国泰）

尌 shù 禅纽、侯部；禅纽、遇韵、常句切。

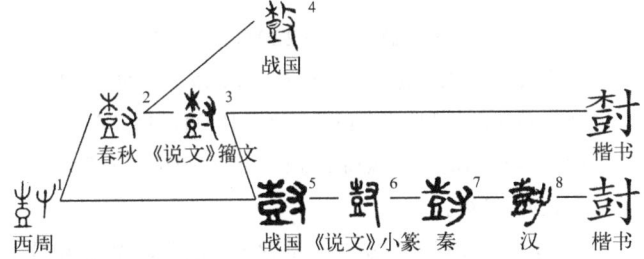

1《金文编》328页。2《类编》294页。3《说文》118页"树"下。4、5《战文编》309页。6《说文》102页。7《睡甲》71页。8《马王堆》197页。

会意字。从又，从壴。又，是人手象形，壴，像上插羽饰的鼓，整个字形表现人手持羽饰植于鼓上。"尌"字在西周已经行用，当时其左上的羽饰形"屮"插立在鼓形"⿱"上，后来，羽饰形渐变作"屮"，与鼓体脱离（参见"壴"字条）。大概受词义影响，"屮"形或变作木形，在秦系和楚系文字都有所见，而"又"下加了短画变成"彐（寸）"，因此后世楷书有"尌"字。战国楚系文字或在

"又"上加"卜"而成"支"形。小篆从壴从寸,为秦汉隶书及后世楷书继承。《说文》:"尌,立也。"本义是树立,典籍用其后起字"树(樹)"写这一本义。《诗·小雅·巧言》:"荏染柔木,君子树之。"引申为名词树木,石鼓文《吾水》:"嘉尌则里(理)。"(美好的树木就绪)典籍用"树"字。由本义还引申为立定、停止,与"驻"音义相通。《说文》:"读若驻。"(金国泰)

彭 péng 並纽、阳部;並纽、庚韵、薄庚切。
　　 páng 並纽、阳部;並纽、唐韵、蒲光切。
　　 bāng 帮纽、阳部;帮纽、唐韵、逋旁切。

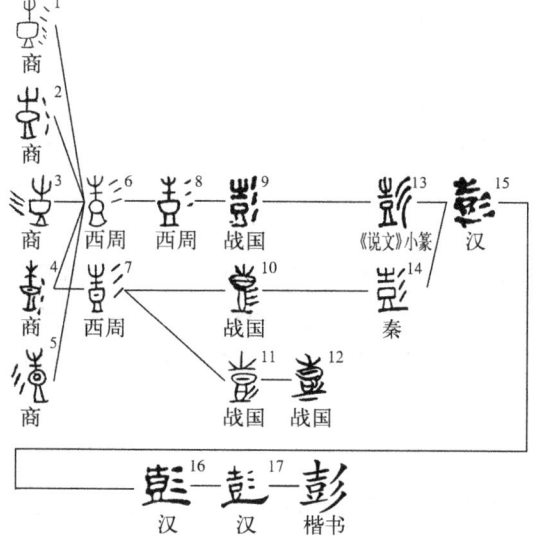

1—5《甲文编》219～220页。6、7、8、11《金文编》328页。9、10《战文编》309页。12《楚系简帛》389页。13《说文》102页。14《汉印徵》卷5,6页。15《马王堆》197页。16、17《甲金篆》311页。

会意字。从壴,从彡。壴,是名词"鼓"的象形初文;彡,表示飞扬散布的鼓声。"彭"字在商代已多有应用,当时标志鼓声的短画有"彡""丨""彡""ミ"等多种形式,而且可居于"壴"左,也可居于"壴"右。入周以后,一般作"彡"形,而且几乎都位居右侧,偶见写成两画的。"壴(鼓)"形变化参见"壴"字。至战国时代,习见把"彡"粘连到"壴"下竖笔上(如⑫)的形式,由此导致秦汉篆书或把"彡"置于"壴"形延长的底线上,西汉及东汉隶书多从这种写法。后世楷书又本《说文》小篆,"壴"下底线会缩,"壴"与"彡"左右分立。《说文》:"彭,鼓声也。"本义是鼓声,象声词,读péng。但殷商卜辞和周金文都用以写人名和地名,早期典籍借"逢"字写鼓声义,《诗·大雅·灵台》:"鼍(tuó)鼓逢逢。"(鼍皮大鼓彭彭地响)用鼓声义比喻强壮有力的马蹄声、人的脚步声,并引申为人马强壮有力的行进状态,这一意义也读páng。《诗·小雅·北山》:"四牡彭彭。"(驾车的四匹大公马彭彭有力地行进)引申为盛多,读bāng。(金国泰)

嘉 jiā 见纽、歌部;见纽、麻韵、古牙切。

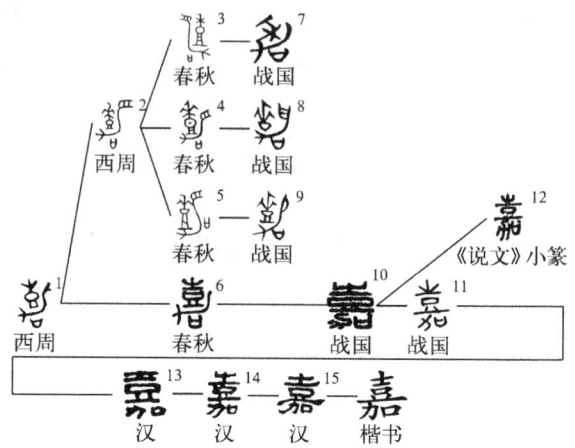

1—5《金文编》328～329页。6、13、15《甲金篆》311页。7《包山》73页。8、9、10《战文编》310页。11《古文典》844页。12《说文》102页。14《马王堆》197页。

形声字。《说文》:"嘉,美也。从壴,加声。"西周时期,已有"嘉"字,因声符中的"力"宛曲而长,所以声符"加"对义符"壴"呈半包围形,这种形势直延续至战国。西周晚期的"嘉"字已出现变化,义符"壴"上的羽饰形"屮"(参见"壴"字条)变作"来"(与商代"來"字同形),声符"加"中的"(力)"形上段加了"㇀"形。春秋战国时代,"嘉"字形变纷繁,以三晋系和楚系文字为最,难以遍举详述:义符"壴"上有"未、禾、禾、来"等形,或把"壴"省作"舌"或"(禾)"形;声符"加"中的"力"形上段的"㇀"形或变作扁弧形")""(",其"口"形在侯马盟书中或变作"心""又"。但是,春秋战国的秦系文字"嘉"却没有繁杂变化,春秋时期的写法与西周未变形式相同,至战国,已改变声符对义符半包围的形态而成为整齐的上下结构,声符"加"也由原先近于上下结构的形式变为整齐的左右结构,至战国晚期把宛曲的"力"形写成简短的"ヵ",初具隶书形态。本义是美好。《诗·豳风·东山》:"其新孔嘉,其旧如之何?"(新婚夫妻很美好,日子长久了会怎么样呢?)引申为赞美、褒扬、表彰,还引申为吉庆、幸福、快乐、喜欢。(金国泰)

鼓 部

鼓 gǔ 见纽、鱼部；见纽、姥韵、公户切。

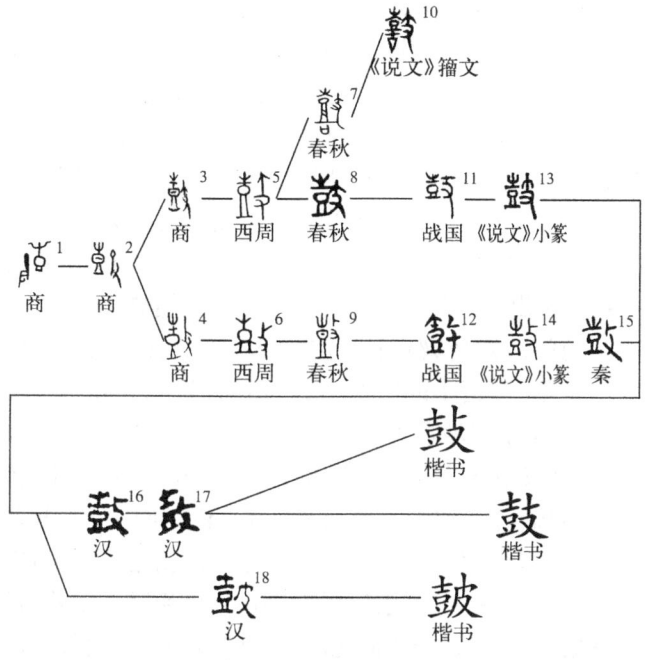

1、5—9《金文编》329页。2、3、4《甲文编》220~221页。10、13《说文》102页。11《战文编》310页"鼛"字偏旁。12《包山》73页。14《说文》69页。15《睡甲》71页。16《马王堆》197页。17、18《甲金篆》312页。

会意字。《说文·攴部》："鼓（鼓之异），击鼓也。从攴，从壴，壴亦声。"像手持鼓槌击鼓之状。"鼓"字在商代已多见，其时鼓槌形鲜明，商金文作"丨"，甲骨文作"丨"，但后来为书写简便而写成"卜""卜""卜"两种形式，因此，手持鼓槌形由商末至周秦一直有并行的"攴（支）""攴（支）"二体，《说文》把"鼓""鼓"分为二字，但"鼓""鼓"实是写词相同的异体字（参见"壴"字条）。春秋时期，"鼓"字或在"壴"下加"口"为饰而似如从"喜"，汉初马王堆墓内帛书中仍有这种写法。《说文》所载籀文从"攴（古）"，可能是所增"口"形之传讹。今见秦汉隶书"鼓"字多从"攴"，不从"支"；但东汉隶书从"皮"作"鼓"，更似从"支"之讹。楷书有"鼓""鼓""皷"三体，"鼓"字常行。1955年《第一批异体字整理表》未收"鼓"字，确定"鼓"字为正体，废除"皷"字。本义是击鼓，动词。《合集》22749："辛亥卜，出贞：'其鼓彡（肜 róng）告于唐（汤），九牛？'"（辛亥日占卜，由名出的人贞问："要击鼓举行对先祖汤的肜祭，用九

头牛行吗？"）与名词"壴（鼓）"是同源词，名动相因，读音相同，所以"鼓""壴"二字在殷周两代可以通用，但后来"鼓"字行而"壴"字废，"鼓"字兼写动名二词。参见"壴"。由本义引申为敲击或弹奏其他乐器，如"鼓钟""鼓琴""鼓瑟""鼓缶"，进而引申为更宽泛的意义敲、拍，如"鼓刀""鼓掌"。由本义还引申为振动、摇动，如"鼓舌"。由名词鼓借代引申为鼓声，由鼓的形状特点比拟引申为凸起、涨大，进而引申为激发、鼓动、煽动和用风箱等器具吹风、送风，如现代说"鼓风机"。（金国泰）

鼖 fén 並纽、文部；奉纽、文韵、符分切。

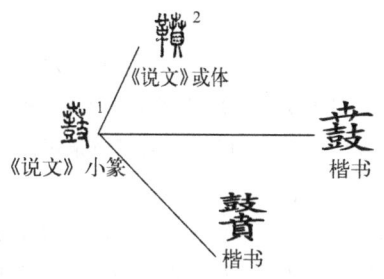

1、2《说文》102页。

形声字。《说文》："鼖，大鼓谓之鼖。鼖八尺而两面，以鼓军事。从鼓，贲省声。""鼖"字的出现不早于战国，"鼖鼓"一语先前写作"贲鼓"，《诗·大雅·灵台》："贲鼓维镛。""贲"字受中心词"鼓"字同化而加"鼓"标义，《集韵·文韵》有"鼖"字，正是这一情况的反映。《说文》小篆及典籍所见"鼖"字是"贲"省去下部"贝"形。大约在汉代产生过"鼖"的异体字"鞼"，从革，贲声，声符"贲"不省，虽见于《说文》，却未存于典籍实例。"鼖"本义是大，只专用于修饰名词"鼓"，"鼖鼓"是用于军事的双面大鼓。《书·顾命》："胤之舞衣、大贝、鼖鼓在西房。"（把胤制作的舞衣、大贝和大鼓放在房屋西面）《周礼·地官·鼓人》："以鼖鼓鼓军事。"（用鼖鼓指挥军事行动）受所修饰的中心词"鼓"作用，同化引申而有大鼓义。（金国泰）

鼙 pí 並纽、支部；並纽、齐韵、部迷切。

鼙¹ — 鼙² — 鼙
战国　《说文》小篆　楷书

1《战文编》310页。2《说文》102页。

形声字。从壴（鼓），卑声。"鼙"字始见于战国，包山楚简字从"喜"，是"壴（鼓）"之增繁形式，犹如楚系文字"鼓"字增繁作"鼓"（参见"壴""鼓"字条）。小篆从"鼓"。《说文》："鼙，骑鼓也。"本义是一种小鼓，用于军旅战

事,也用于乐队,汉代作骑兵用鼓。《周礼·夏官·大司马》:"中军以鼖令鼓,鼓人皆三鼓。"(中军将帅用鼖鼓发出击鼓令,所有击鼓手全都敲三通鼓)(金国泰)

豈部

豈(岂) kǎi 溪纽、脂部;溪纽、海韵、苦亥切。
qǐ 溪纽、脂部;溪纽、尾韵、祛狶切。

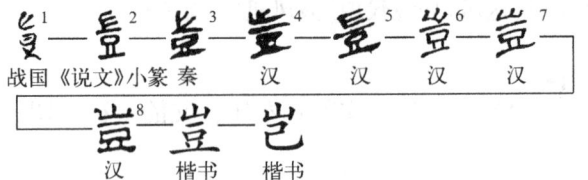

1《楚系简帛》265页"敱"字偏旁。2《说文》102页。3《战文编》311页。4《马王堆》197页。5、8《甲金篆》312页。6、7《隶辨》385页"凱"、"愷"字偏旁。

字形结构未明。《说文》分析作"从豆,微省声",不尽可信,可能是"壹"的分化字,"豈""壹"二者字形极为近似,上古声母极为接近,词义有关联。"豈"字约产生于东周,战国楚文字"敱"字声符是"豈",写作"𧯮",与同时代楚字"𧯮(壹)"(郭店楚简)近似,两相比较,只是"壹"顶端正的"𠃍"形与"豈"顶偏倾的"𠃊"形之差。"豈"字顶部在小篆作"𠃊",秦简作"𠃌",西汉初期的马王堆帛书作"𠃍""𠃊",至东汉,由倾斜的"山"形渐变为端正的"山"形,置于"豆"上,确立了楷书体势。元代通俗小说抄本上,出现了"豈"的草书楷化形式"岂"(下部封口),1935年《简体字表》收之为简体字。1956年《汉字简化方案》据此把"豈"简化为"岂"(下部不封口)。《说文》:"豈,还师振旅乐也。"(军队胜利归来时所奏的乐曲)本义是凯乐。先秦典籍都用"愷(恺)"字写这一本义,汉魏之后,渐用"凱(凯)"字。《左传·僖公二十八年》:"秋七月丙申,振旅,愷以入于晋。"(秋季七月丙申那天,整队班师,高奏凯歌回到晋国)引申为和乐、欢快,这一意义在典籍中先用"豈"字,后用"愷"字。《诗·小雅·鱼藻》:"王在在镐,豈乐(lè)饮酒。"陆德明释文:"豈,本亦作'愷',同。"《诗》多见"豈弟(tì)"一语,《左传》引《诗》作"愷悌"。以上本义及引申义都读kǎi。后代所见"豈"字经常读音是qǐ,作副词,主要表示反问,也表示推测、期望或命令,这在古书上多写作"其"。"豈"在古书中或通"覬(jì)",表示希冀,《说文》:"一曰欲也。"(金国泰)

凱(凯) kǎi 溪纽、脂部;溪纽、海韵、苦亥切。

豈凡¹—豈凡²—凱—凯
汉　汉　楷书　楷书

1《隶辨》385页。2《甲金篆》312页。

形声字。从豈(鼓),几声。本是"愷(恺)"的异体,后分化。产生于汉代,《说文》未收。"凯"字始出,与"恺"同用,写本义凯乐及相因的动词奏凯乐义,也写其引申义和乐、温和等。《诗》用古字有"豈弟(tì)"一语,是和乐平易之义,在汉魏晋古书及碑铭中写作"愷弟(悌)"或"凱弟(悌)"。汉人《诗》传本有"凱风"一语,谓和暖之南风,汉人又写作"愷风"(《淮南子·地形》高诱注)。但是,在后汉已经显示出"凱"与"愷"分化异用的明显趋势,至六朝时更为明朗。《左传》《周礼》中"愷入"(即凯旋)"愷乐""愷歌""愷献"等语中的"愷"字,汉后渐用"凱"字取代。汉蔡邕《释诲》:"城濮捷而晋凱入。"此事在《左传·僖公二十八年》用"愷"字:"愷以入于晋。"晋崔豹《古今注·音乐》:"《周礼》所谓王大捷则令凯乐,军大献则令凯歌者也。"今《周礼·春官·大司乐》作"愷"。六朝之后,凡与凯乐义、战胜义相关之词语,除个别仿古例用"愷"字外,几乎全用"凱"字。1956年简化汉字,把"豈"简作"岂","凱"字类推简化作"凯"。(金国泰)

豆部

豆 dòu 定纽、侯部;定纽、候韵、徒候切。

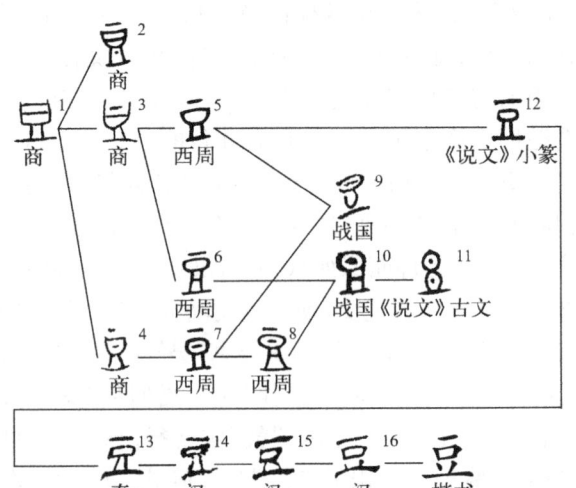

1、3、4《甲文编》221页。2、5-8《金文编》330页。9《郭店》84页。10《战文编》311页。11、12《说文》102页。13《睡甲》72页。14《马王堆》

198页。15《银雀山》177页。16《甲金篆》313页。

象形字。像豆形,豆是古代盛食器之一,上部是盘形浅腹,腹顶有密合之盖,腹下有高柄圈足。《说文》:"豆,古食肉器也。从口,象形。""豆"字早见于商代。殷商后期,"豆"字顶部表示器盖的长横已开始变作短横,或在顶盖形上增一短横饰笔,也有在豆腹形内加短横的。西周中期之后,顶部短横多超脱于豆腹形上,渐失像器盖之初意。同时,高足形内或又加横画饰笔。战国时代,楚系文字上部多作"日"形,其他地方或把豆腹内短横收缩成圆点,为《说文》古文所从。小篆承商周古形,豆腹形写成椭圆,上有平行的长横。秦汉隶书从小篆,至东汉始变原像高柄的"/\"形为倒"/\"形。本义就是食器之豆。西周周生豆:"周生乍(作)尊豆。"引申指容器,用作古代容量单位,《左传·昭公三年》:"齐旧四量:豆、区(ōu)、釜、钟,四升为豆。"秦后假借写"荅"(《说文》作"未"),表示豆类植物及其籽实,这一假借义成为"豆"字在后代的主要意义。(金国泰)

䅅 juǎn 见纽、元部;见纽、线韵、居倦切。

1、2、3《金文编》610页。4《说文》102页。

形声字。春秋金文从皿,䅅声。声符䅅(朕,音juǎn)从舟(此舟形是"盘"之象形所演变),䒑(或稍繁作䒑)声。䒑与"朕(zhèn)"右旁的声符(金文作䒑、䒑)有别。《说文》:"䅅,豆属。""䅅"字声符在西周金文(目前仅见一例)中写作"䒑",比较春秋金文,可以说是省去了右下的双手形,在它之前应还有尚未发现的不省例。到小篆,声符省去"舟"形,剩余的"䒑"讹作"𦥯",隶变作"𠔉(卷)",与"腾""胜"等字声符"朕"(朕,小篆作𦩝)的右旁混同。"䅅"字义符至小篆也改变了,从豆,不从皿。"䅅"字不见于典籍,近现代也无用例。本义是古代与豆同类的盛食器。出土的战国中期实物哀成叔䅅是件有盖的豆类器,铭云:"哀成叔之䥶(䅅)。"(金国泰)

登 dēng 端纽、蒸部;端纽、登韵、都滕切。

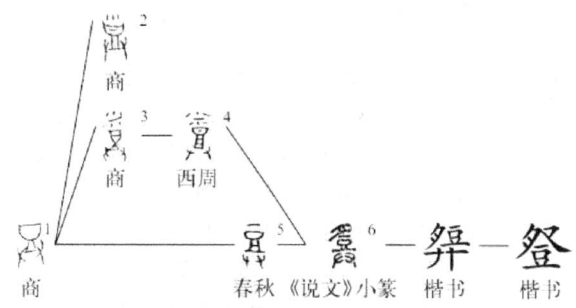

1、2、3《甲文编》221~222页。4《金文编》330页。5《金文编》85页。6《说文》102页。

会意字。其初文是商代甲骨文中的䒑、䒑等字,像双手捧豆以献祭之事,或增从米(米形或简作"⺮"形),以明进献之物。殷商从米的"䒑"字在西周早期和中期的金文中都有继承。西周及春秋也有不从米的"䒑"字,专写国名,典籍作"鄧"。小篆"䒑(登)"字从肉,是祭祀用牲肉的反映,其字是"䒑"字增形或"䒑"字换形。楷书"䒑"或写作"登",是把"廾(𠬞)"形移至上部,"𠬞"与"𠆢"笔画共用的简写形式。本义是登祭,即烝祭,荐新之祭,进献新获谷物的祭祀。《合集》235:"贞:䒑黍?勿䒑黍?"(贞问:用黍子献祭吗?不用黍子献祭吗?)30977:"其䒑新鬯,東(惟)二牛用?"(要拿新酿的鬯酒献祭,用两头牛做牲行吗?)先秦典籍假借"烝""蒸"或"登"写这一意义。《书·洛诰》:"戊辰,王在新邑,烝祭岁。"《尔雅·释天》:"冬祭曰烝。"郭璞注:"进品物也。"由本义引申为祭祀用器。《说文》:"䒑(登),礼器也。"(金国泰)

豊 部

豊 lǐ 来纽、脂部;来纽、荠韵、卢启切。

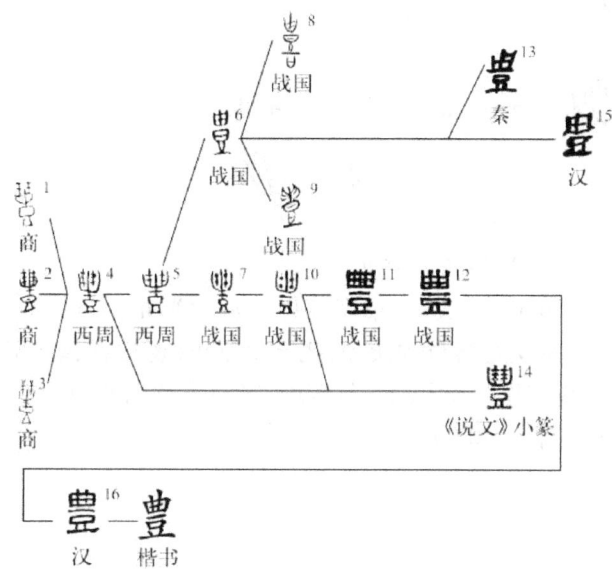

豊 部

豊(丰) fēng　滂纽、冬部；敷纽、东韵、敷空切。

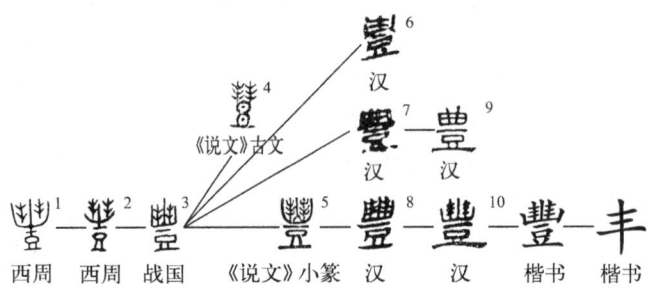

1《金文编》331页。2《金文编》224页"麷"字偏旁。3《战文编》414页。4、5《说文》103页。6、7《马王堆》198页。8、9、10《甲金篆》314页。

形声字。初文从豆，丰声。豆，本是"鼓"之象形。可能受同时期"豐(豊)"字同化而求布局对称，声符重复，左右各一。"丰"字及以"丰"作偏旁的字在西周金文中已不少见(殷商甲骨文中另有些与之近似字形，"豆"形内从二"亡"或二"木"，学者或释为"丰"之异体，但至今并无确证，故此处没有收录)。"丰"与"豊"字同例，自西周晚期，义符"豆"形上部中竖讹断，因此全字分为上下两块，所以《说文》也解为"从豆"。《说文》古文当是战国字形的传写变异，其双声符由"丰"形增繁作"丰"，小篆与之相同，但篆文双声符是置于由"山"形所变的"山"形的左右空处。由小篆隶变作"豐"，阜阳汉墓所出西汉早期识字读本《苍颉篇》字如此，这是秦汉以下演变正宗。但是，西汉前期或隶作"豐"或"豊"，这就同"豊(礼)"在战国至西汉的简写形式混同了，而在汉魏碑铭中，又习见写作"豊"，既有单字例，也有合体字中偏旁例，当然，碑铭中也有"豐"作"禮"字偏旁例，足见"豐""豊"在隶变时期混同互用，学者或谓"豊、豐古同字"，这也是缘故之一(参见"豊"字条)。汉魏之后，"豐"与"豊"明确区别。自明代起，有用"豐"之特征部分(又是其单一声符)"丰"简写例，1956年汉字简化，正式规定"丰"是"豐"的简化字。本义可能是鼓声宏大，词义扩大，也指宏大的钟声。西周痶钟："其丰丰戁戁。"(钟声蓬蓬勃勃)由本义引申为大、增大、扩大，又引申为厚大、富饶、丰足、兴盛、茂盛。(金国泰)

豔(艳) yàn　喻纽、谈部；以纽、艳韵、以赡切。

豊 部

1、2、3《甲文编》222页。4《金文编》331页。5《金文编》330页。6、8、9《战文编》312页。7、10《古文典》1161页。11、12《战文编》4页"禮"字偏旁。13《睡甲》222页"醴"字偏旁。14《说文》102页。15《马王堆》7页"禮"字偏旁。16《隶辨》379页"禮"字偏旁。

会意字。是"禮"之古字。初文从豆从玨。豆，是"鼓"之象形；玨，是两串玉。古人行礼事常用鼓与玉，故以二者会意。"豊"字始见于殷商，当时字内之"玨"有"丰、丰丰、玨"等大同小异形式。西周早期，已经开始把"玨"形省作"丰"。目前未见春秋时代"豊"字，至战国时代，既有继承"丰"形的，也有把它再省去一半成"丰"形的，同时由于完整一体的鼓形"豆"讹断为上下二体，所以"豊"字上部就有了"凵"和"屮"繁简两种形式，下部都如"豆"形。战国"豊"字简体"豊"(豊)绵延至秦及西汉(多见于简帛"禮""醴""體"等字偏旁)，而且还有同期变体：楚系文字中"凵"形讹断成"凵"形，三晋文字或在下底加"口"。而起自战国的另一条演变线路，上体简化程度不大，过程大略是：凵——凵(左右短横接连成长横)——凵(省去中竖)——曲，这成为上承西周、下启汉魏晋的演变主流。小篆虽尚存商周从"丰丰(玨)"的古意，但受战国以来主流变化的裹挟，也失落了"豆"形中竖而难见鼓之形象，所以《说文》解为"从豆"。又，"豊"与"豐(丰)"二字在商周本有区别，由于近似，在周金文及战国文字中确有难以辨识之例，小篆虽然也有明确分别，但在汉魏碑铭中却多见用"豊"写"豐(丰)"例，也有用"豊"作"禮(礼)"偏旁例，参见"豐"字条。学者或谓"豊、豐古同字"，就是因为二者曾长期混似及互有影响之故。后世楷书不混。本义是典礼。西周天亡簋："王又(有)大豊(礼)。"其引申义见"禮(礼)"字条。(金国泰)

醍 zhì　定纽、质部；澄纽、质韵、直一切。

醍 — 醍
《说文》小篆　楷书

1《说文》102页。

形声字。从豊，弟声。《说文》："醍，爵之次弟(第)也。"本义是爵位的次序。此字仅见于《说文》引《虞书》"平醍东作"，今本《书·尧典》作"平秩东作"，其他文献未见用例。(金国泰)

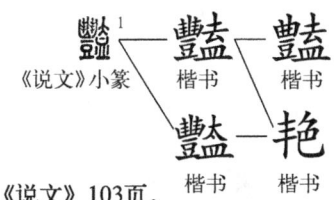

1《说文》103页。

形声字。《说文》:"豔,好而长也。从豐,豐,大也;盍声。"篆文中的"豔"到了楷书里出现了三种写法,即"豔"、"豓"和"豔"。《说文》:"《春秋传》曰:'美而豔。'"今本作"豔"。《篇海类编》:"豔,美色也。《左传》:'美而豔。'""豔"、"豓"和"豔"三者是同出于一个篆体而字形稍有差别的一组异体字。新中国成立以后整理汉字时它们都被作为异体并入到"豔"的简化字"艳"字之中。本义是漂亮而高大。《左传·桓公元年》:"宋华父督见孔父之妻于路,目逆而送之。曰:'美而豔。'"杜预注:"豔,美色也。"(张玉金)

艷(艳) yàn　喻纽、谈部;以纽、艳韵、以赡切。

会意字。从豐,从色。《集韵·豔韵》:"豔,隶作艷。"跟由"豔"变出了"豓"这种异体一样,由"艷"也变出了"艶"这种异体。"豔"、"豓"和"豔"是异体字关系,"艷"和"艶"也是异体字关系,而"豔"、"豓"、"豔"和"艷"、"艶"又是异体字关系。新中国成立后,"豐"被用同意替代法简化为"丰"。由此类推,"艷"被简化为"艳",简化方法是偏旁简化,而"艶"被作为异体字并入"艳"字之中。本义是漂亮而高大。(张玉金)

虍 部

虚 xī　晓纽、歌部;晓纽、支韵、许羁切。

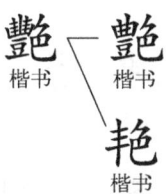

1《甲金篆》314页。2《金文编》825页"戲"字偏旁。3《楚系简帛》391页。4《说文》103页。5《睡甲》188页"戲"字偏旁。6《隶辨》487页"戲"字偏旁。

形声字。《说文》:"虚,古陶器也。从豆,虍声。"本义当是古代与豆形状近似的陶器。但未见本义用例。在出土文献中仅见两个假借用例:其一,在西周甲骨卜辞中写地名"戲(戏)",即戏水;其二,在战国楚帛书中写古帝王名号"雹虚",即伏戏,古书又写作"宓戏""伏羲""庖牺""包牺"等。"虚"多作合体字偏旁。(金国泰)

虍 部

虍 hū　晓纽、鱼部;晓纽、模韵、荒乌切。

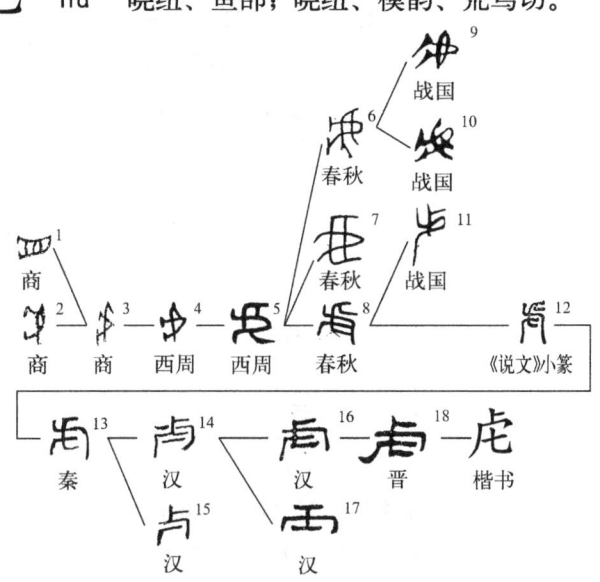

1《甲文编》223页。2、3《甲文编》223页"虖"字偏旁。4《金文编》333页"虖"字偏旁。5、6、8《金文编》332页"虎"字偏旁。7《金文编》332页"虞"字偏旁。9《战文编》313页"虖"字偏旁。10《郭店》86页"虢"字偏旁。11《郭店》86页"虘"字偏旁。12《说文》103页。13《睡甲》72页"虞"字偏旁。14《银雀山》177页"虞"字偏旁。15《马王堆》198页"虖"字偏旁。16、17、18《甲金篆》315页"虎"字偏旁。

象形字。是象形字"虎"的省形,是虎的头部象形(参见"虎"字条)。"虍"仅在殷商甲骨卜辞和战国赵方足布各见一独体为字例,均作地名,其余全在合体字中作偏旁。在商代,"虍"形特点鲜明,突出张开的巨口和上下相对的利齿,稍晚些,又可见表示利齿的两个短竖已经向口形外延长,有失初意。渐变至西周中晚期,最基本写法是𠂆,完全没有虎口利齿的特点了。春秋战国,各地写法变异增多,三晋系及楚系变化更大,但其中多共存一虎头

虍部

形轮廓"尸、⌒、ᐱ"等，此轮廓中部贯以"∬、ⅠⅠ、㇄、ㄣ"等笔画。秦系文字上承晚周基本形式，春秋年间把原头形轮廓"ᐱ"变作"ㄣ"，把中间贯穿的"㇄"变作"㇗"，这成为直通小篆的形式。秦简省去了"㇗"形中的"乚"，为汉隶普遍吸取，但两汉"虍"有"声、卢、虍、虍、西"等多种形式，最终由"虍"形变为楷书"虍"形。（金国泰）

虞 yú 疑纽、鱼部；疑纽、虞韵、遇俱切。

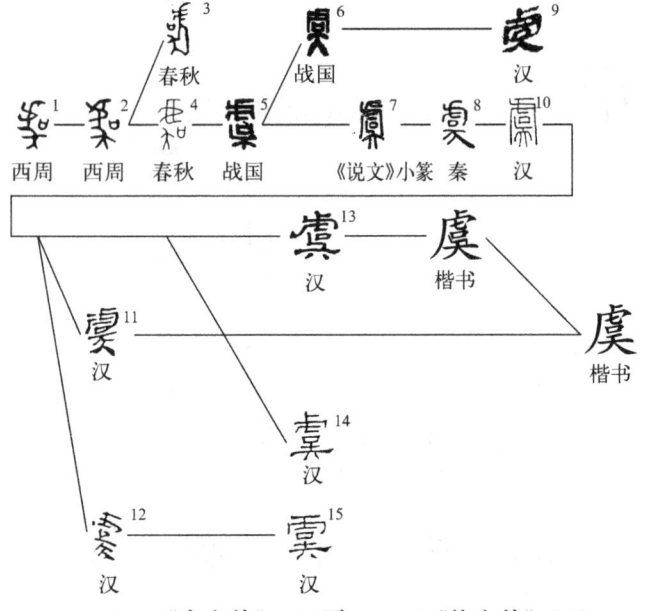

1-4《金文编》332页。5、6《战文编》312页。7《说文》103页。8《睡甲》72页。9《马王堆》198页。10、14、15《甲金篆》314～315页。11、12《银雀山》177页。13《隶辨》79页。

形声字。《说文》："驺虞也。白虎黑文，尾长于身，仁兽，食自死之肉。从虍，吴声。"西周中期已用"虞"字。春秋时期有从虎的写法，从虎与从虍无别。西汉初期所从"虍"或写作"卢"，这种简写形式实源自战国。声符"吴"本从"矢"，战国或简作"大"，由此汉初帛书把声符写作"夨"，是"大"与"口"共用一横，西汉初简帛在"口"下或作"天"，东汉或作"夫"。后世楷书上承汉隶及小篆从矢，作"虞"或"虞"，新规范字形求简从天作"虞"，与西汉初期隶书相合。本义是兽名，又称"驺虞"。《诗·召南·驺虞》："彼茁者葭，壹发五豝，于嗟乎驺虞！"西周金文及典籍多写职官名，职责是掌管山泽禽兽。《周礼·地官·山虞》："山虞掌山林之政令。"又《地官·泽虞》："泽虞掌国泽之政令，为之厉禁。"散盘："豆人虞丂。"（豆地人虞官名丂）《书·舜典》："帝曰：'俞！咨益，汝作朕虞。'"（帝舜说："好吧！益啊，你作我的虞官吧。"）"虞"在典籍中较早的意义有猜度、料想。《诗·大雅·抑》："用戒不虞。"引申为忧虑、忧患、戒备、候望、期待，还有欺诈义。（金国泰）

虙 fú 并纽、职部；奉纽、屋韵、房六切。

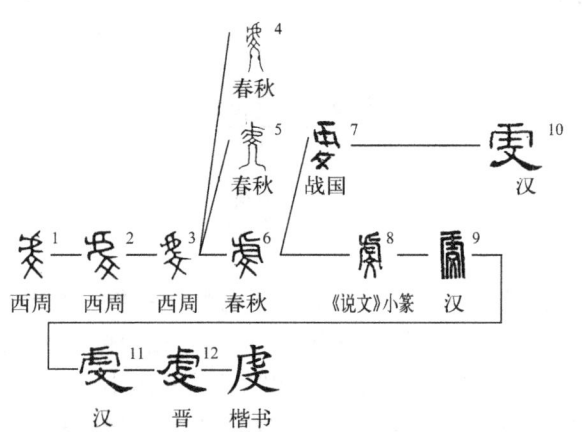

1《说文》103页。

形声字。《说文》："虙，虎皃（貌）。从虍，必声。"据此，本义是虎的某种样子。未见用本义例。古书用例都通假写"伏"，《素问·气厥论》："小肠移热于大肠，为虙瘕，为沈（沉）。"王冰注："虙与伏同。"上古帝王名号伏羲，有多种写法，或写作"虙羲""虙戏"。"虙"字未见先秦字形，可能是战国之后所造字。（金国泰）

虔 qián 群纽、元部；群纽、仙韵、渠焉切。

1-6《金文编》332页。7《战文编》313页。8《说文》103页。9《汉印徵》卷5，7页。10、11、12《甲金篆》315页。

形声字。从文，虍声。今见最早的"虔"字古文字字形在西周中期。战国时代，声符"虍"有简写作"丏"形者，为汉隶或作"丏"形之开端。本义可能是敬、恭敬。《尔雅·释诂》："虔，固也。"郝懿行义疏："虔者，敬之固也。"西周痶钟："今凤夕虔苟（敬）。"铭内"虔敬"同义连文。毛公鼎："虔凤夕重（惠）我一人。""虔"又假借写他词，有杀伐、斩断等义。《左传·成公十三年》："芟（shān）夷我农功，虔刘我边陲。"杜预注："虔、刘皆杀也。"此假借义引申有劫掠、夺取义。（金国泰）

虘 cuó 从纽、歌部；从纽、歌韵、昨何切。又才都切。

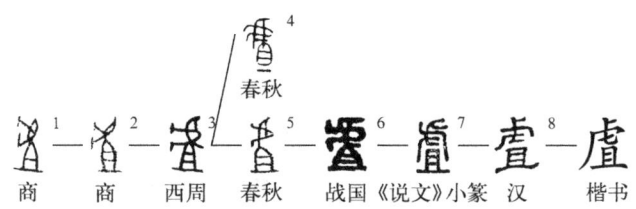

1、2《甲文编》223页。3、4《金文编》333页。5《金文编》188页"叡"字偏旁。6《战文编》313页。7《说文》103页。8《隶辨》376页"襜"字偏旁。

形声字。《说文》:"盧,虎不柔不信也。从虍,且声。"在卜辞写方国名,金文多假借写连词,相当于典籍之"且",徐王子旆钟:"中(终)龢(翰)盧(且)鶾(扬)。"(钟声高亢而又飞扬)铭文与《诗》"终风且暴""终温且惠"等句语法相同。"盧"字早见于商代,西周至战国古文字材料都有用例,但秦后传写古书无用例,"盧"早就不以单字通行,只作偏旁。而近代学者章炳麟却据《说文》用之写"不信"义,狡诈义,《思乡原上》:"雒闽之学,明以来稍敝蠹,及清为佞人假借,世益视之轻。然刁苞、应扬谦、张履祥辈,修之田舍,其德无点。至今草野有习是者,虽陋犹少盧诈。"(金国泰)

虖 hū 晓纽、鱼部;晓纽、模韵、荒乌切。

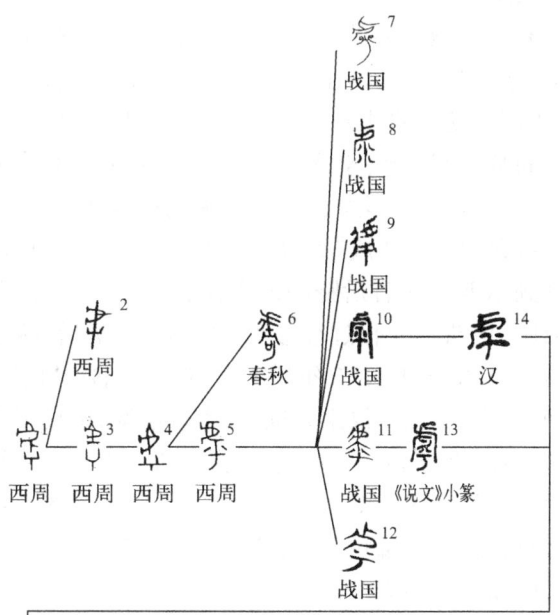

1—5、7《金文编》333页。6《甲金篆》315页。8—12《战文编》313页。13《说文》103页。14、16《甲金篆》316页。15《银雀山》178页。

形声字。初从虍,兮声。"虖"字在西周初期已经行用。西周中期之前,字内之"兮"多作"丫",两个短竖下接"丁(丂)"横线,个别字形把"虍"形内中竖向下延长,与"兮"形内中竖对接。西周中期后,"兮"形的两个短竖与下部"丁"形横画脱离上移,多成"八"形,而"丁"之中竖又向上穿透,中分"八"形。春秋字形有一变例,"兮"的"八"形短画下移,分置于"丁"形横笔两端,左下增"口",这发展成后来的"嘑"字。战国"虖"字变化多姿,以晋系和楚系为最。中山国器铭把"兮"的两个短画写成涡曲线,是艺术表现。郭店竹简字把"兮"写成"甲、术"形,前者是春秋把"兮"写作"冖"(见字形6)形的小变,后者是变横画为圆点并增了"八"形饰笔。秦系战国文字和小篆虽然"虍"形简繁有别,但下部都已由"兮"变"乎",只是笔势有异,故《说文》解为"夸(乎)声"。汉隶从秦系演变。《说文》:"虖,哮虖也。"本义是虎叫。多用于写语气助词,相当于"乎";或写感叹词"乌虖(乎)"。西周戎鼎:"乌虖!朕文考甲公、文母日庚,弋(式)休则尚。"(啊!我有美德的先父甲公、有美德的先母日庚,以美好高尚为楷模)(金国泰)

虐 nüè 疑纽、药部;疑纽、药韵、鱼约切。

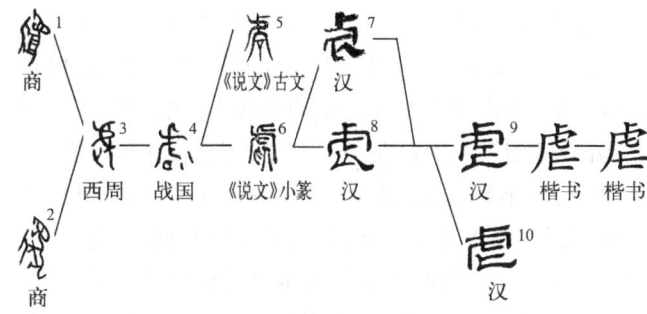

1、2《甲文编》35页。3《类编》206页。4《战文编》313页。5、6《说文》103页。7《马王堆》315页"瘧"字偏旁。8、10《甲金篆》316页。9《隶辨》707页。

会意字。初文从虎从人,会虎张口食人之意。"虐"字初见于商代,初文形象鲜明生动,西周虎身形简化,人形变作"匕"形,而且不再正对虎口。至战国,人(或匕)形又讹变作"C",进而讹作"丫(口)"形,而小篆讹作"爪"形。小篆中瘦化的虎身形与头形讹断,犹如"人"形,所以《说文》误解为"从虍,虎足反爪人也"。隶变为上下结构,上部从"虍",下部变化大致是:爪——亡(或匕),楷书因之作"巨",现代字形作"ヒ"。本义是虎伤害人,引申为残害、残暴、灾害义。《合集》17192:"贞:今夕其虐?"(贞问:今天夜里会有灾祸吗?)由残暴义引申为暴烈、过

分、无节制。（金国泰）

虡（虡） jù 群纽、鱼部；群纽、语韵、其吕切。

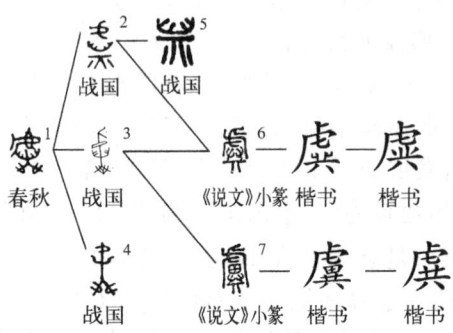

1、2《甲金篆》316页。3《金文编》334页。
4、5《战文编》313页。6、7《说文》103页。

形声字。从虍，吴声。实是"吴"的加声字，"吴"在春秋金文中写作"",犹存更早时期初文之形态，像一人分腿站立，展双臂擎举之状，当是"举"的象形（像事，像行为）古字孑遗，"虍"是后加的声符。"虡"字下部的象形部分在春秋和战国的一些字形中都还近于初形，人的双手双足形明晰可见。但也就在战国，这一形象或讹成上下两分的""形，人身躯和双腿下的脚形失落了，手和臂形讹成""形，原双腿形外侧各加一饰笔斜画。战国"虡"字声符"虍"有""等变体，其中有省去声符的。《说文》篆文之一，其下部接近于战国的讹形，但可见双手形，落在由双臂形变成的横线上。《说文》篆文之二增出个"田"形，可能是受"異"字类化。汉隶"虡"字，至今未见。承小篆体势，楷书分作"虡""虡"二字，但典籍只见"虡"字而不见"虡"字。现代书写求简便，"虡"写作"虡""虡"。"虡"源于"举"，其本义是钟虡，即古代悬挂钟磬的架子两端下起支撑作用的立柱。战国早期曾侯乙墓实物中的编钟架，其横梁正是由铜人用头和双手承托着的，这些铜人形式的立柱就是"虡"。《说文》："虡，钟鼓之柎(fū)，器物之足)也。"春秋邾钟："乔乔其龙，既旆(伸)䚈虡。大钟既县(悬)，玉镈鼍鼓。"（连蜷的龙形悬钟之梁，伸展于竖虡之上。大钟悬挂起来了，还配有玉磬和鼍皮大鼓）《周礼·春官·典庸器》："设筍虡"，郑玄注引杜子春曰："横者为筍，从(纵)者为鐻(虡)。"词义扩大，指钟磬架整体。（金国泰）

虎 部

虎 hǔ 晓纽、鱼部；晓纽、姥韵、呼古切。

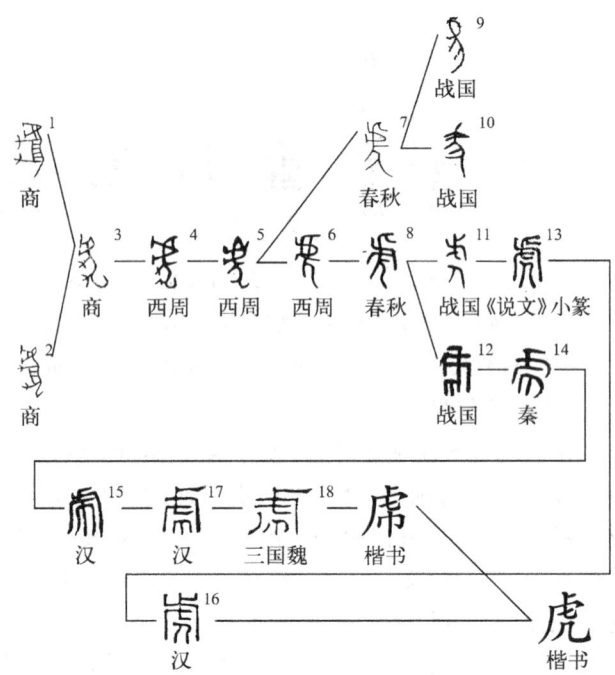

1、2、3《甲文编》224～225页。4、5《金文编》334页。6、7、8《金文编》335页"虢"字偏旁。9、10、12《战文编》314页。11《甲金篆》317页"虢"字偏旁。13《说文》103页。14《睡甲》72页。15《马王堆》199页。16《汉印徵》卷5，8页。17、18《甲金篆》317页。

象形字。像虎形，巨口锐牙，利爪长尾，身有花纹。都是头上尾下的竖写。"虎"字始见于商代。殷商后期，已经有一些很省简的写法，以一单线条代表有花纹的身躯，这成为入周以后的基本形式。西周逐渐省去利爪形，西周中晚期省去后腿形，而且长尾不再上翘，虎头下如同是个侧人形。至战国中晚期，秦系文字断成上下两块，下部有两种形式：其一，从晚周和春秋成"人"形，小篆从之；其二，变成""形，秦隶从之。春秋早期还可以见到承西周未省后腿的形式，战国晋系文字仍有这种余脉。虎头形变化过程参见"虍"字条。秦后，两汉至魏隶书都承秦隶，下部作""或""，楷书作"虎"；另有楷书"虎"字虽于汉隶无征，却本于小篆。唐代正定文字，以"虎"为正体，"虎"为异体，此后，"虎"字渐废，仅用于书法艺术。《说文》："虎，山兽之君。"本义是被称为百兽之王的猛虎。《合集》10199："壬午卜，方贞：'隻(获)虎？'"（金国泰）

虥（虥） zhàn 从纽、元部；崇纽、谏韵、士谏切。

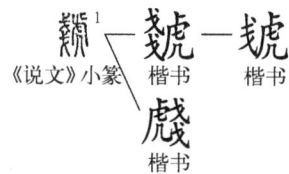

1《说文》103页。

形声字。《说文》:"虎窃毛谓之虦苗(猫)。从虎,戋声。窃,浅也。"现代简化汉字,偏旁"戋"简化作"戋"。因此,"虦"字应类推简化作"虦"。本义是虎皮之毛短浅。虎属猫科动物,"虦苗(猫)"就是浅毛虎,短毛虎。毛短浅,可能是随季换毛而未厚。引申指短毛的虎。唐韩愈《崔十六少府摄伊阳》:"下言人吏稀,惟足彪与虦。"(金国泰)

彪 biāo 帮纽、幽部;帮纽、幽韵、甫烋切。

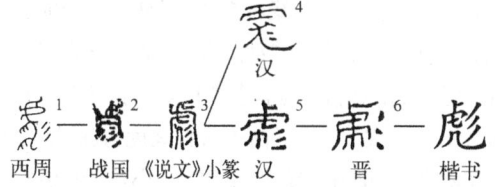

1《金文编》335页。2《战文编》314页。3《说文》103页。4、6《甲金篆》317页。5《隶辨》301页。

会意字。《说文》:"彪,虎文也。从虎,彡,象其文(纹)也。"彡(shān),指虎纹闪耀。西周时已有"彪"字。字形演变,参见"虎"字条。本义是虎身斑纹,用以比喻文彩鲜明。汉扬雄《法言·君子》:"或问君子言则成文,动则成德,何也?曰:以其弸(péng,充满)中而彪外也。"引申为彰明、明悟。"彪"还用于形容人魁梧健壮。(金国泰)

虓 xiāo 晓纽、幽部;晓纽、肴韵、许交切。

1《说文》103页。

形声字。《说文》:"虓,虎鸣也。从虎,九声。"虓字虽见于《诗》,但在先秦古文字材料中未见其迹。本义是虎吼。《诗·大雅·常武》:"王奋厥武,如震如怒。进厥虎臣,阚(hǎn)如虓虎(大吼如咆哮的猛虎)。"引申泛指动物叫声,又比喻大风之声。由本义还引申为震怒、勇猛。通假作"敲",《吕氏春秋·必己》:"孟贲过于河,先其五,船人怒而以楫虓其头。"(金国泰)

虩 xì 晓纽、铎部;晓纽、陌韵、许郄切。

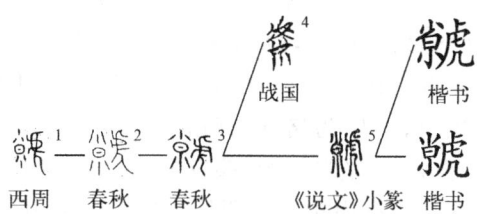

1、2、3《金文编》335页。4《战文编》314页。5《说文》103页。

形声字。从虎,㬎声。"虩"字始见于西周,战国时代楚系文字都把义符省为"虍",并多省去声符"㬎"内"日"形里的短画。小篆承春秋秦系文字,不省,仍从虎。目前未见汉魏隶书形式。楷书作"虩",其异体作"虩",可能出于《说文》把"㬎"收在白部的原因。今只通行正体。《说文》:"虩,《易》'履虎尾虩虩',恐惧。"本义是戒惧,有小心、谨慎义。春秋秦公钟:"剌剌(烈烈)邵(昭)文公、静公、宪公,不豕(坠)于上(不废上天给予的使命),邵(昭)合皇天,以虩事蛮方(小心谨慎地对待蛮邦各国)。"此义与复音词"虩虩""虩许"之义相同。(金国泰)

虢 guó 见纽、铎部;见纽、陌韵、古伯切。

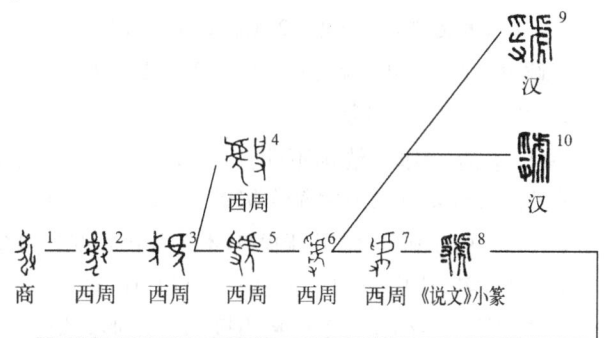

1《合集》30998。2《金文编》222页。3-7《金文编》335~336页。8《说文》103页。9、10《汉印徵》卷5,8页。11《隶辨》720页。12《甲金篆》317页。

会意字。初文从支从虎,会格击猛兽之意。"虢"字出现于商代,但甲骨卜辞仅一见。西周初期字形与甲骨文所见相同,至穆王时期录伯簋字,"支"形移左,"虎"形移右,成为此后左右结构主流。其后,在"支"上方又增一"爪"(手)形,自此,原"支"形逐渐脱节,表现为上"卜"下"又"二形,"卜"形游移失所。随之或失落"卜"形,全字左侧遂成从"受"之势。小篆于"受"下增短画而变作"寽",《说文》遂解作"寽声",与初文不合。汉印篆文却在"受"形中间有一"∠∠"形,极似"卜"形旋转90度的变化,或在"受"形中夹一短横,也似"卜"形之省变。因此,汉印二篆是直承先秦的(目前未见春秋战国古文字字形)。本义是格击猛兽,引申为格斗、打击。见于《说文》的"挌"、见于《广雅》《广韵》的"敋"都应是"虢"的晚出形声字。但"虢"本义及近引申义在所见文献中都借用"格"字。《史记·殷本纪》:"帝纣资辨捷疾,闻见甚敏,材力过人,手格猛兽。""虢"在西周金文中假借作"鞹(鞟)"(kuò,去毛的熟皮)。西周录伯簋"朱虢靳",是用染成红色的皮革制作的马具。"虢"在西周金文中主要写国名,典籍承之。(金国泰)

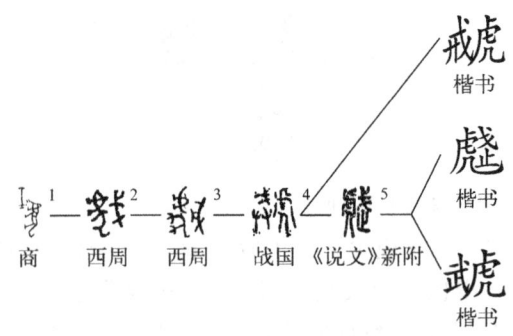

1《甲文编》225页。2《金文编》588页"襃"字偏旁。3《类编》208页。4《战文编》314页。5《说文》103页。

会意字。初文从戈,从虎,会以戈击虎之意。"虢"字在西周金文也从戈从虎,个别用例中"戈"形写成"戉"形。战国时代有在"戈"下加双手形的写法,由此产生了从戒的形式。《说文》小篆在"戈"下加"止",则全字变作从"武",因此楷书有"虣""虣"两种微别形式,以后者为正体。本义是搏击猛虎。《合集》11450:"王㞢(往)虢(虣)虎,允亡(无)巛(灾)?"(商王去打老虎,真的没有灾害?)此本义在典籍上借用"暴"字,《诗·小雅·小旻》:"不敢暴虎,不敢冯(píng)河。"引申为凶暴、暴虐,西周金文及战国迟楚文都有"虣虐"一语。早期典籍只有《周礼》用"虣"字,汉后有所沿用。(金国泰)

虒

sī 心纽、支部;心纽、支韵、息移切。
tí 定纽、支部;定纽、齐韵、杜奚切。
zhì 定纽、支部;澄纽、纸韵、池尔切。

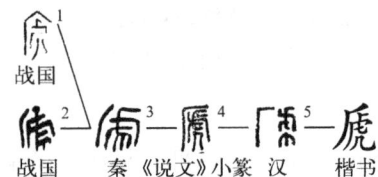

1《古文典》770页。2《战文编》314页。3《睡甲》72页。4《说文》103页。5《汉印徵》卷2,19页"踶"字偏旁。

源头不清,因此,结构不明。(西周金文有字,有学者释为"虒"之初文,但也有学者释为"虢"之初文。其字于六书属指事,从虎,?,示啼号之声出于虎口,本义当是虎之啼号)今见战国"虒"字,从虎,从厂,或从广。(似由西周字演变而来)楷书"虒"字起笔是两撇相接的"厂"形。《说文》解作兽名用字:"虒,委虒,虎之有角者也。"《广韵·支韵》:"虒,似虎有角,能行水中。"此义读sī,但未见实际用例,这也不是"虒"的本义。又读tí,作古县名,汉代有虒奚县,今《汉书·地理志》"虒"作"㟆"。又读zhì,如联绵词"苉虒(cǐ zhì)",见于汉赋。"虒"字古有斜义,睡虎地秦墓竹简《日书甲》158:"寅,朝见,有奴(怒)。晏见,有美言。昼见,禺(遇)奴(怒)。日虒见,有告,听。夕见,有恶言。""日虒"即日斜,指时过正午,太阳西斜。此义读音待定。(金国泰)

虣(虣) bào 並纽、药部;並纽、号韵、薄报切。

虤部

虤 yán 疑纽、元部;疑纽、山韵、五闲切。

1《甲文编》226页。2《金文编》337页。3《说文》104页。

会意字。《说文》:"虤,虎怒也。从二虎。""虤"字在殷商甲骨文中像二虎颠倒,怒而将斗之状。西周金文中更明显表现二虎巨口相对互啮之势,小篆作二虎并立,则失怒而相斗相啮之态。本义是虎怒。西周金文用作人名,早期典籍未见用例。后人用以形容虎怒之貌。唐孟郊《懊恼》:"求闲未得闲,众诮瞋虤虤。"(金国泰)

皿 部

皿 mǐn 明纽、阳部；明纽、梗韵、武永切。

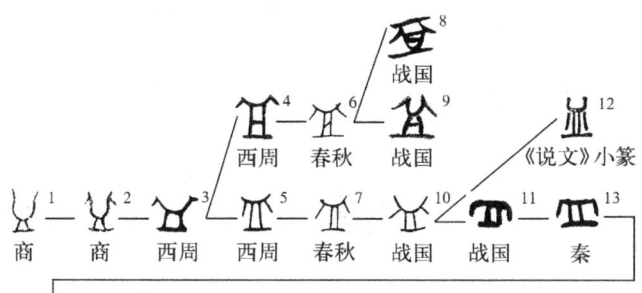

1、2《甲文编》226页。3、5《金文编》338页"盂"字偏旁。4《金文编》344页"益"字偏旁。6《金文编》340页"盧"字偏旁。7《金文编》346页"盞"字偏旁。8《楚系简帛》399页"盇"字偏旁。9、10《类编》313页。11《类编》314页"盇"字偏旁。12《说文》104页。13《睡甲》72页"盈"字偏旁。14《马王堆》202页"鹽"字偏旁。15《甲金篆》319页"盧"字偏旁。

象形字。《说文》："皿，饭食之用器也。象形。"像器皿，上部像口沿外展的容器，下部像底座。早在殷商时代，"皿"字已有在器物口沿线外斜垂两条短画的形式，短画是突出显示口沿外翻。入周后，表示器身的弧线多数不再向上伸展，而变作趋于低平的浅弧。西周晚期起，表示器座的两条竖线间，或填加一二横画为饰，这在东周习见。战国时代，已经低平的浅弧线两端又反其势向下弯转，这就完全失落了器身特点，经秦汉渐变，两端下折线与底部横线终于碰接，为汉后楷书继承。而《说文》（徐铉本）小篆的写法是战国后的另一种变化形式，器身形弧线下的两条短画脱离弧线，后代隶楷没有这种形式。"皿"字独体用例不多，主要出现在合体字中。本义就是器皿，可泛指碗盘杯碟等盛器。《左传·昭公元年》："于文，皿虫为'蛊'。"（在文字写法上，器皿里装入毒虫那个形就是"蛊"字）（金国泰）

盂 yú 匣纽、鱼部；云纽、虞韵、羽俱切。

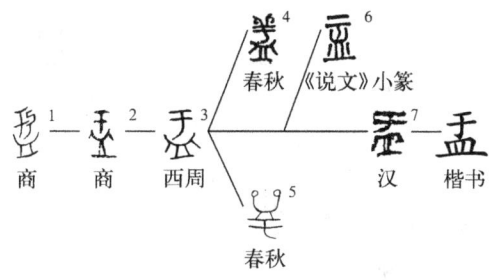

1、2《甲文编》226页。3、5《金文编》338页。4《战文编》316页。6《说文》104页。7《马王堆》199页。

形声字。《说文》："盂，饭器也。从皿，亏（于）声。"春秋时期，"盂"字有增繁及变化形式，如在声符"于"顶部增"∽"形，如变下形上声为上形下声（而且声符顶横与义符底横兼用一笔）。字内义符"皿"及声符"于"的演变，分见"皿""于"字条。本义是大型盛食器，兼可盛水，盛冰。西周逪盂："用乍（作）文且（祖）己公障（尊）盂。"（用来制作祭祀德行美好的祖父己公的尊贵盂器）词义扩大，泛指壶、匜（yí）、鉴（盛水器）、盆和鼎等器具。（金国泰）

盌（碗） wǎn 影纽、元部；影纽、缓韵、乌管切。

盌 — 盌 — 碗
《说文》小篆 楷书 楷书

1《说文》104页。

形声字。《说文》："盌，小盂也。从皿，夗声。""盌"字产生较晚，约出现于秦汉时代，另有异体字"椀"、"碗"、"椀"，后二者出现更晚。1955年《第一批异体字整理表》取"碗"为正体，而"盌"及"椀"、"椀"均被淘汰。本义是小型盛食器。《方言》卷五："盂，宋楚魏之间，或谓之盌。"（金国泰）

盛 chéng 禅纽、耕部；禅纽、清韵、是征切。
shèng 禅纽、耕部；禅纽、劲韵、承正切。

皿部

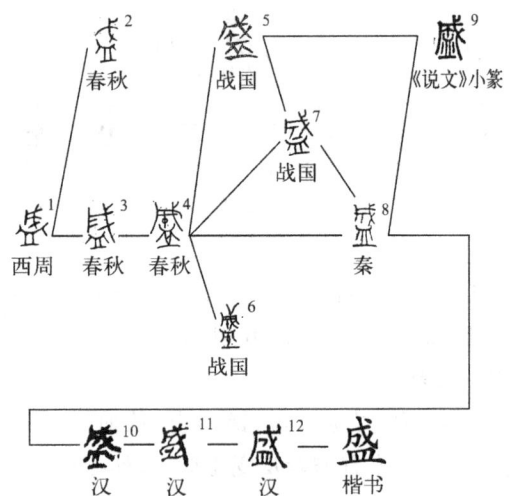

1—4、6《金文编》339页。5《包山》74页。7、8《甲金篆》318页。9《说文》104页。10《马王堆》200页。11《银雀山》178页。12《隶辨》616页。

形声字。《说文》："盛，从皿，成声。"今见最早的"盛"字出自西周，声符作"戊"，是"成"省声，东周也有如此省声的。春秋时代，也有把声符省成"戈"的。未省的声符"成"是在"戊"形内加一短横，或加一带圆点或圆圈的竖笔，其圆点或圆圈是由竖笔中间的肥处演变而来（参见"成"字条）。楚系文字声符内部写作"个"形，波及《说文》小篆。秦系诅楚文、琅邪刻石字声符承西周，是"戊"形内加短竖，但短竖上接横线，隶变作"成"。又诅楚文讹从"血"，或是受楚系文字"皿"之变形影响，也或是偶然笔误。本义是盛装、容纳。西周史免簠："史免作旅匡（簠类盛器），从王征行，用盛稻粱（粱）。"分化出名词义，特指盛装在祭器中的谷物，即《说文》所谓"黍稷在器中以祀者"。由本义还引申为整饬、端正。以上意义都读chéng。由本义还引申出一些意义，都读shèng，大致是：引申为盛满、丰盛、众多，由此引申为兴旺、壮盛、强大、繁茂、繁荣、深厚、美好，由盛满义引申为极点、顶点，由此进一步引申为很、非常。（金国泰）

盧（卢） lú 来纽、鱼部；来纽、模韵、落胡切。

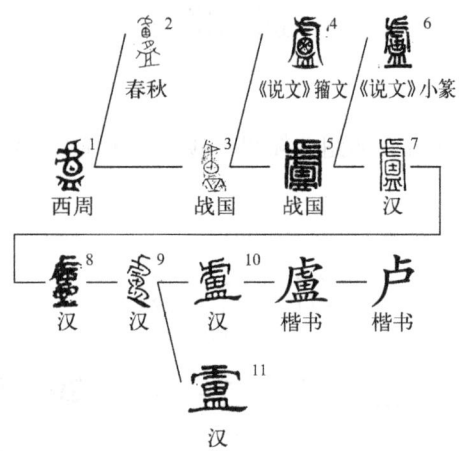

1、2《金文编》340页。3、5《战文编》317页。4、6《说文》104页。7《汉印徵》卷5，8页。8《马王堆》201页。9《银雀山》178页。10、11《甲金篆》319页。

形声字。《说文》："从皿，虍声。""盧"与其声符"虍（虎）"本是一字异体，"盧"是"虎"的加形字。"虎"字早见于殷商甲骨卜辞，至西周晚期，始见增从"皿"的"盧"字。春秋时代楚系字多从皿、膚声，但战国秦系、晋系文字仍循西周从虍声的形式演变（参见"虍"字条）。《说文》籀文声符下部讹作"⊗"。秦后隶变声符下部成"田"形。1956年汉字简化，根据现代群众的创造，把"盧"字简化作"卢"，从"卢"得声的"鑪""櫨""顱""艫"等字都类推简化，但在"蘆""蘆""爐""驢"等字中，其声符却简化作"户"，不能用"卢"类推。"盧"本义与"虎"同，是火炉，后世用"鑪""爐（炉）"字。春秋婴次盧（炉）："王子婴次之燎盧。"该器是燎炭取暖的火炉，即今之火盆。引申指酒家安放盛酒器的土坛，后来写作"壚（垆）"。因火炉都会被熏黑，所以引申有黑色义，并可具体指有黑色特点之物，如黑色犬称"盧"，一种黑色水鸟称"卢（鸬）鹚"，黑色瞳仁称"盧"，后作"矑"。（金国泰）

盬 gǔ 见纽、鱼部；见纽、姥韵、公户切。

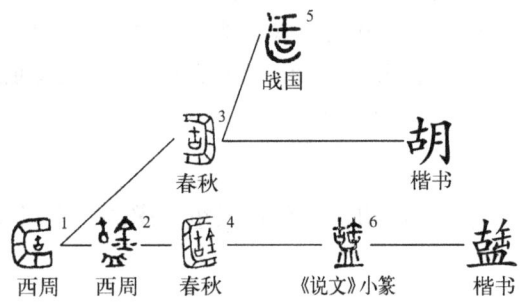

1《金文编》845页。2《金文编》847页。3、4

《金文编》846页。5《战文编》317页。6《说文》104页。

形声字。初文从匚（fāng），古声。"䇩"字在西周乃至春秋时代义符"匚"的象形特点还很鲜明，写作"匚"类形象，至战国才简作单线条的"匚"。义符或反向朝左开口作"匚"，全字由此渐讹作"胡"，但它与《说文》从肉作的"胡"字只是讹混同形，本非一字。早在西周晚期，已出现"䇩"的异体形式"䇩"，改从匚为从皿、从金，仍是古声，至春秋，从金省作从"全"，小篆易作从"缶"，即《说文》所言"从皿从缶古声"，为后世楷书所本。另，春秋时代，"䇩"字形声繁简变化很多，此不详列遍举。《说文》："䇩，器也。"本义是古代一种礼器，祭祀、宴飨时用以盛稻粱。长方形，如斗状，侈口，器盖同形，可以扣合。西周伯公父䇩："白（伯）大师小子白（伯）公父乍（作）䇩（䇩）。"先秦典籍写作"胡"或"瑚"。《左传·哀公十一年》："仲尼曰：'胡簋之事，则尝学之矣。'"在后世的意义是烹饪用具，周围陡直的深锅，如"汤䇩""沙䇩子""瓷䇩子"之类。（金国泰）

盎 àng 影纽、阳部；影纽、宕韵、乌浪切。

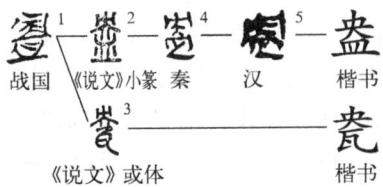

1《战文编》318页。2、3《说文》104页。4《睡甲》72页。5《马王堆》200页。

形声字。《说文》："盎，盆也。从皿，央声。""盎"字产生较晚，约出现于战国中晚期。《说文》另有或体字从瓦作"瓨"，现代已不再应用。本义是大腹敛口的盆类陶器。《淮南子·精神》："譬犹陶人之埏埴（shān zhí，把黏土揉和到模子里）也，其取之地而已为盆盎也，与其未离于地也无以异。"引申为洋溢、充满。古代一种浊酒称"盎齐（jì）"，简称为"盎"。在马王堆汉墓出土文献中，通假为"殃"。（金国泰）

盆 pén 並纽、文部；並纽、魂韵、蒲奔切。

1《金文编》341页。2《说文》104页。3《马王堆》199页。4《甲金篆》320页。

形声字。《说文》："盆，从皿，分声。""盆"字始见于春秋时代，直至秦汉以下，没有结构变化。本义是一种盛器，多是圆形，口大底小，比盘深，可以盛食、水、血，用于祭祀，也用于日常生活。春秋樊君夔盆："楸（樊）君夔用其吉金（良铜）自乍（作）宝盆。""盆"或借用作量器，因此亦有量词义。（金国泰）

盨（盨）xǔ 心纽、侯部；心纽、虞韵、相庾切。

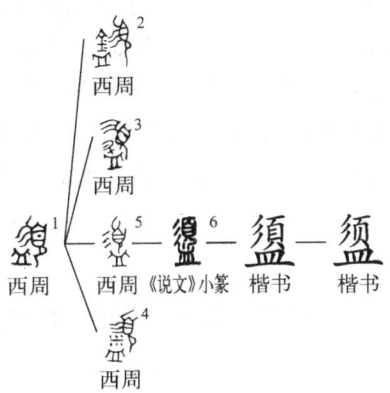

1—5《金文编》341～343页。6《说文》104页。

形声字。《说文》："盨，从皿，须声。""盨"字在西周中晚期虽以从皿为主流，但增繁变异形式极为纷繁，或增从金、从米、从升或斗，也有增形后又省去原有义符皿而只从金、米、升或斗等形式，本字谱从简未尽列。小篆承从皿的主流写法。现代汉字简化，因声符简化而类推作"盨"。本义是古代一种盛器，用以盛放黍稷稻粱，其源出自簋，基本形制为椭方，敛口，鼓腹，双耳，圈足或四足，有盖，其盖可以仰置以盛物。西周兔叔盨："兔弔（叔）乍（作）中（仲）姬旅盨，兔弔其万年永及中姬宝用。"盨器始兴于西周中期，至春秋前期已近消失，所以其名称不见于经传。《说文》虽收"盨"字，但已不知盨为何物，故误说为"槾盨，负戴器也"。（金国泰）

盉 hé 匣纽、歌部；匣纽、戈韵、户戈切。又胡卧切。

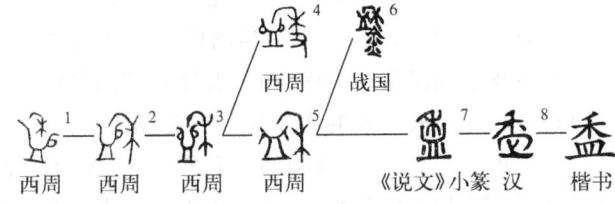

1—5《金文编》343～344页。6《战文编》318页。7《说文》104页。8《甲金篆》320页。

形声字。最初是象形加禾声,加声符的目的,可能是避免与"皿"的象形混淆。盉之为器,见于商代,而"盉"字见于书面,目前只能说始于西周。早期,其象形部分像前有高出的流(如同壶嘴),后有偏低的銴(pàn,把手),但渐变得前后平齐,流形不显,在与原銴形相对的另一侧也增加了銴形半弧,前后逐呈对称之势,盉之形象全失,而与皿形接近,到两个銴形半弧变成了斜垂的短画之后,盉形就完全混同于皿形了。西周时代,"盉"字大多是左形右声,偶见下形上声者,但小篆为结体匀称而作下形上声,为后世所本。西周有在皿旁外加又旁者,战国时有增金旁表义者。本义是古代一种液体盛器,盛玄酒(水)以调和酒味浓淡,而且有时与盘组合,兼有盥沐作用。西周员盉:"员乍(作)盉。"吕服余盘:"用乍(作)宝般(盘)盉。"(金国泰)

益 yì 影纽、锡部;影纽、昔韵、伊昔切。

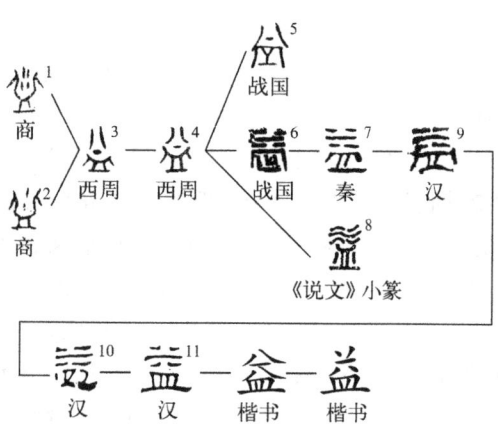

1、2《甲文编》227页。3、4、5《金文编》344页。6《战文编》318页。7《睡甲》72页。8《说文》104页。9《马王堆》200页。10《银雀山》178页。11《甲金篆》321页。

会意字。初文像皿中有水(以水滴形表示),会水满外溢之意,是"溢"之古字。"益"字在商代形象特点鲜明,皿形内有多少不等的小点,显示水满欲溢之势。入周后,皿形变得低浅,皿上大多是由三个水滴形变作"八""八"形,全字如同从血从八,仍可表示满溢之意。战国末期秦系文字"皿"上变作横写的"水",与商代初文之意密合,但是,秦隶及早期汉隶这个横写的"水"每一笔都趋于平直,因此与八卦中表示水的坎卦卦形"☵"相合。后世楷书把这一"水"形写成一条横画的上下各一个"八"形,现代规范字形在横画上是倒"八"形。本义是水满漫出,引申为江河水道涨水。《吕氏春秋·察今》:"荆人欲袭宋,使人先表澭水(在澭水作出水位深浅标记),澭水暴溢,荆人弗知。"引申为丰饶、富足、多、增益、增加和利益、好处,由增益义又引申为上进和更加、逐渐。西周金文有加给谥称义,见于班簋,此义后来写作"谥"。又用作量词,重量单位,后来写作"镒"。(金国泰)

盈 yíng 喻纽、耕部;以纽、清韵、以成切。

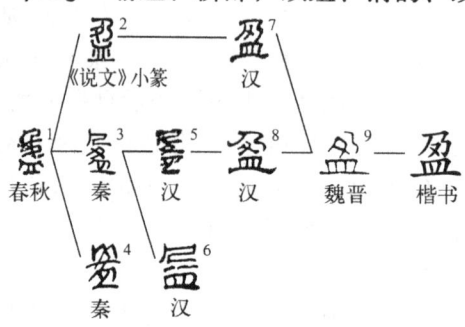

1《战文编》318页。2《说文》104页。3、4《睡甲》73页。5《马王堆》199页。6《银雀山》178页。7《隶辨》257页。8、9《甲金篆》321页。

结构未详。从皿,皿上之形不明。《说文》以为会意字:"盈,满器也。从皿、丮。"徐铉注:"丮,古乎切。益多之义也。古者以买物多得为丮,故从丮。""盈"字虽见于《易》《诗》等早期文献,但至今所见最早字形仅在春秋时代,字内"皿"上部分似是一个侧视的有足趾的人形,中间穿过一横画,其形意不明。"皿"上之形在秦简和《说文》小篆中都变作上下两部分:秦简写作"𢆉""𢆉"等形者多,写作"𠂤"形者少,但后者为西汉继承,见于马王堆及银雀山出土简帛;小篆写作"𠘧"。到东汉后期,承秦简及西汉简帛形式的写作"及",承小篆形式的写作"𠘧",二者趋同,后者比前者省用一笔,为后世楷书继承。本义是盛满、充满,《易·比》:"有孚(俘)盈缶。"(俘获的物品充满盆中)《诗·周南·卷耳》:"采采卷耳,不盈顷筐。"引申为丰满、饱满、圆满无缺、满足、盛多、增长,由满足义又引申为自满、骄傲。(金国泰)

盡(尽) jìn 从纽、真部;从纽、轸韵、慈忍切。
jǐn 精纽、真部;精纽、轸韵、即忍切。

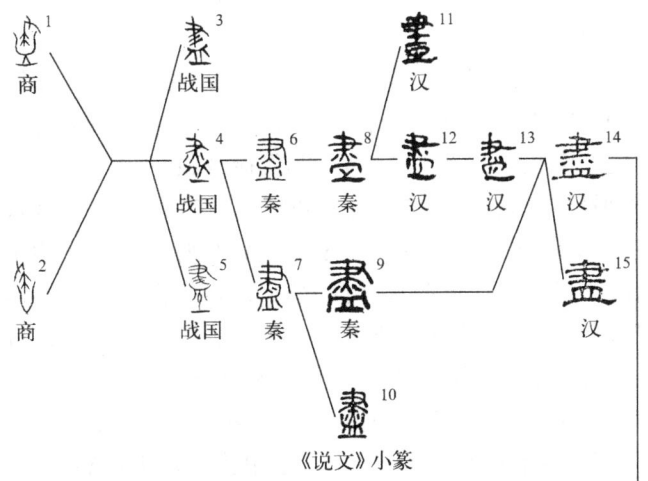

盡—尽
楷书　楷书

1、2《甲文编》228页。3、4、9《战文编》319页。5《金文编》345页。6、7、14、15《甲金篆》321～322页。8《睡甲》73页。10《说文》104页。11、12《马王堆》201页。13《银雀山》179页。

会意字。初文从又持 ，从皿，像人手持一毛刷擦拭器皿内壁之形，表示饮食已尽而涤拭之，以此表示终尽之意。"尽"字在商代会意特点鲜明。西周用例尚未发现。进入战国，所持毛刷形下部已有变异，原来左右斜垂的倒毛形或变作几道斜画，或讹作"火"形，后者是此后演变的基础。战国以下又交错着微小的繁简差异，其繁者是在"火"形上方有分向左右的斜画(是原倒毛形残留)，小篆在斜画上还有一短横。西汉虽有把"火"形写成两横的形式，但主流是把"火"形平摊成一连线的四个点，成为后世楷书形式。汉隶虽有省去四个点的写法，但未被后世立为正字。1956年《第一次汉字简化方案》据草书楷化，把"盡"简化作"尽"，这一简化形式远在唐代敦煌佛经写本中已经使用。《说文》："尽，器中空也。"本义是器中空无、净尽，泛指竭尽、完尽。《管子·乘马》："货尽而后知不足，是不知量也。"引申为终尽、完了、竭尽。战国中山王𰉓壶："貯(人名)渇(竭)志尽忠，以𣲺(左)右(佐助)氒(厥)䦧(辟，国君)，不貳其心。"由终尽义引申为死亡、达到极限。由竭尽义，即全部用出、使尽义引申为范围副词全部、都。以上各义都读jìn。有时读jǐn。作副词，表示达到最大限度，如言"尽量""尽早""尽快"，又可以表示行为的持续。(金国泰)

盦 ān 影纽、侵部；影纽、覃韵、乌含切。

盦¹—盦²—盦
战国　《说文》小篆　楷书

1《战文编》319页。2《说文》104页。

形声字。《说文》："盦，覆盖也。从皿，酓声。"本义是覆盖，但在早期文献未见本义例，所见最早用例在战国前期侯马盟书，作氏。明李时珍《本草纲目·草部·续断》："闪肭(nǜ。闪肭：扭伤筋络或肌肉)骨节，用接骨草叶捣烂盦之，立效。"此可视为用本义。引申为掩埋。宋人称古代一种有盖儿的立式圆形盛食器为"盦"。中古以后，"盦"引申有圆形小草屋义，与"庵"同义，但"盦"'庵"二字并非异体字。(金国泰)

盟（昷）wēn 影纽、文部；影纽、魂韵、乌浑切。

昷¹—盟²—盟³—盟⁵
战国《说文》小篆　汉　汉　楷书
　　　　　　　昷⁴—昷⁶
　　　　　　　汉　　楷书

1《古玺》109页。2《说文》104页。3《银雀山》348页"温"字偏旁。4《马王堆》490页"揾"字偏旁。5《甲金篆》758页"温"字偏旁。6《隶辨》150页"温"字偏旁。

形声字。从皿，囚声。囚，并非囚系之"囚"，而是"函"之省形。函在殷商甲骨文中写作 ，或省作 。其后，西周至春秋战国古文字材料中都可见这同一字繁简二体。"函"可能与"圅"字音义相近相关(参见"函"字条)。在战国玺印文字中，"囚(圅)"用为"盟"字声符，写作" "，小篆写作" "，混同于囚系之"囚"，所以《说文》引官溥说"盟"字是"从皿以食(sì)囚(给囚徒饭吃)"。误解为从囚会意。"醖"'愠"等字都从"盟"得声。合体字中的"盟"，其上部(即其最初声符)自西汉初期已有简变成"日"形者，与未简化的作"囚"形者在隶楷中长期并行，近代楷书以合于《说文》小篆的"盟"形为正体，现代以从简的"昷"为规范字形。"昷"本义不明。所见战国"昷"字用作人名，典籍未见用例。(金国泰)

盥 guàn 见纽、元部；见纽、换韵、古玩切。

皿部 凵部 去部 血部

1《金文编》345页。2《战文编》319页。3《说文》104页。4《马王堆》201页。5《甲金篆》322页。

会意字。《说文》：" 盥，澡手也。从臼、水，临皿。"会用水在水盆上冲洗双手之意。"盥"字在春秋时代已经行用，后世篆、隶、楷都同于春秋字形结构。只是在西汉早期有把"水"形写成一竖的，实即把原像水滴的四个短画与左右原像手指的横画叠合共用。但后代用字都从水不省。本义是洗手，但不是手浸水中，而是冲洗，有人持盛水之匜（yí），如同现代提着壶，向盥者手上浇水冲洗，手下有承盘盛受冲洗过的水。《左传·僖公二十三年》："奉（捧）匜沃盥。"春秋金文常见"盥盂""盥般（盘）""盥壶""盥匜"等词组。词义扩大，引申为洗浴。由本义还引申为盥手之器。（金国泰）

盪（荡）dàng 定纽、阳部；定纽、宕韵、徒浪切。

盪¹—盪²—荡—荡
《说文》小篆 汉 楷书 楷书

1《说文》104页。2《甲金篆》322页。

形声字。《说文》："盪，从皿，汤声。"从皿的"盪"字常借用从艸的"蕩"字书写，1955年《第一批异体字整理表》把"盪"作为"蕩"的异体字淘汰，1956年汉字简化，"蕩"简化作"荡"。本义是水摇动、激荡。引申为动荡。《庄子·庚桑楚》："此四六者不荡，胸中则正。"进而引申为摇动、摆动、推移、荡涤，由荡涤义引申为军事扫荡。由本义还引申为放纵、放荡。（金国泰）

盏（盏）zhǎn 精纽、元部；庄纽、产韵、阻限切。

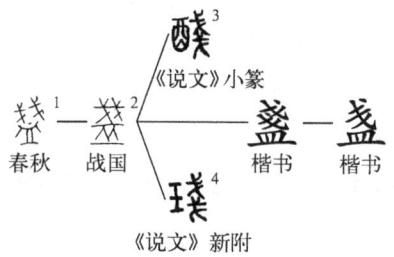

1、2《金文编》346页。3、4《说文》312、14页。

形声字。从皿，戋声。"盏"字最早见于春秋，义符"皿"或偶误作"血"，声符初作左右并列二"戈"形，与后代上下相叠二"戈"形小异。五代徐铉校《说文解字·酉部》补入正篆"醆"，"玉"部新附"琖"，都是"盏"的异体，在1955年《第一批异体字整理表》中被淘汰。保留的正体字"盞"在1956年汉字简化时，因声符简化而类推作"盏"。本义是盛食器之一种。貣于敦盏："貣于敦之行盏。"此出土器有盖，盖上有四对称环纽，器身有四对称环耳，圆底，蹄足甚矮。随县曾侯乙墓出土三件金器与此同形。泛指鼎、簋等器，出土王子申盏盂是盏形器。后引申指浅而小的杯子，再引申为杯状器皿，如称油灯为"灯盏"。（金国泰）

凵 部

凵 qū 溪纽、鱼部；溪纽、鱼韵、去鱼切。

凵¹—凵
《说文》小篆 楷书

1《说文》104页。

象形字。但在古文字材料中不是独立的字形，不能单独写词，只作合体字中的表意部件。凵像盛食之器的器身形。《说文》："凵，凵卢，饭器，以柳为之，象形。……笼，凵或从竹，去声。"此处读qū。"凵卢"，或写作"笼篓（lǔ）"，是单音节词"凵（笼）"变化出的双音节联绵词。《方言》卷十三："篓，南楚谓之筲，赵、魏之郊谓之笼篓。"钱绎笺疏："盖单言之则为篓，亦为笼；絫言之则为笼篓。笼篓即凵卢，皆叠韵字。"但"凵（笼）"或"凵卢（笼篓）"在古书中都未保存实际用例。（金国泰）

去 部

去 qù 溪纽、鱼部；溪纽、御韵、丘倨切。

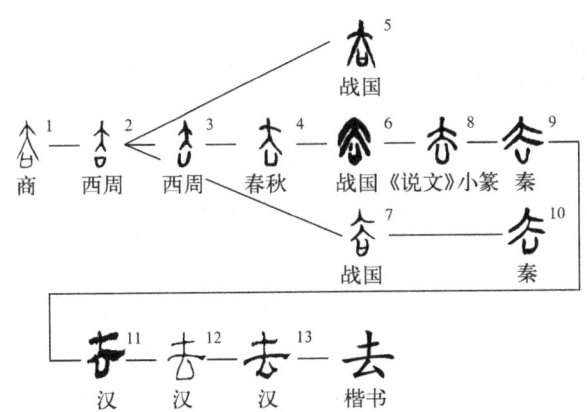

1《甲文编》230页。2《金文编》679页"瀍"字偏旁。3、4《金文编》348页"䜌"字偏旁。5、6、7《战文编》321页。8《说文》104页。9、10《睡甲》73页。11《马王堆》203页。12、13《甲金篆》323页。

"去"字可能有两个来源。其一，象形字。像盛器，下体之"口"像器，上体之"大"像盖儿，是"凵卢"（筥簏）一词的象形初文，本义是有盖儿的盛食器（参见"凵"字条）。其二，从大从口，结构之意不明，词本义未知（学者或视作以"开口"为义的"呿"字初文）。以上二字在商周时代已经混同一形。至西周中期，二元混同的"去"字下体"口"已多省去上横而成"凵"形，至东汉，变作三角形，进而变作"厶"形。"去"字上体的"大"形，在战国楚系文字里中竖讹断，成为上下相叠的两个"人"形，这在秦简及西汉马王堆、银雀山简帛中都有表现，但秦后隶变的主流形式是把"大"形变作"土"形。《说文》："去，人相违也。"违离、离开义使用频率高，占据了混同合一的"去"字。《诗·大雅·生民》："鸟乃去矣，后稷呱矣。"由离开的使动义引申为去掉、除去。由离开义还引申为放弃、失掉和距离，引申为往，即离开此地而至于彼地。而以盛食器为义的"去"在汉代字书和词书中写作加"竹"标义的"筡"，典籍上一般用后起形声字"筥(jǔ)"。《诗·周颂·良耜》："或来瞻女(汝)，载筐及筥，其饟伊黍。"引申为收藏，后来用增从"艹"的"弆"字。另引申为器盖儿，用增从"皿"的"盍"字（参见"盍"字条）。（金国泰）

血 部

血 xuè 晓纽、质部；晓纽、屑韵、呼决切。
xiě

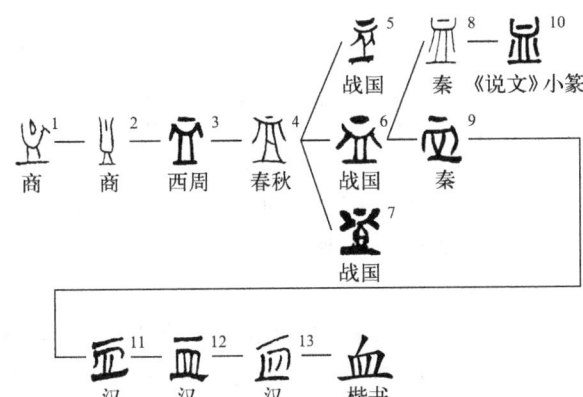

1、2《甲文编》231页。3、4、6《金文编》348页"䜌"字偏旁。5、7《战文编》321、322页。8《甲金篆》323页。9《睡甲》73页。10《说文》105页。11《马王堆》203页。12、13《甲金篆》323页。

象形字。《说文》："血，祭所荐牲血也。从皿，一象血形。""血"字初文见于商代，是"皿"形中有一个小圆圈，圆圈直接像血，"皿"是烘托条件，既显示鲜血的液态，又表明可以盛之奉祭。稍后，小圆圈省简为一个短竖，进入西周，短竖变作短横，入汉，短横拉长，至东汉，拉长了的横开始向右高左低之势转变，发展成楷书中的上撇。字中"皿"形变化见"皿"字条。本义是血液，特指祭祀用的鲜血。《合集》34148："于帝五玉、臣血。""臣血"是用作人祭的奴隶的血。由本义引申为用鲜血涂沾、有血缘关系、像血一样的颜色、红色等义。因流血可能使人流泪，所以由本义还引申为泪水。《易·屯》："泣血涟如。"即流泪不止。"血"字在现代有 xuè、xiě 文白二读：复音词及成语读 xuè；口语多单用，读 xiě，口语中还有几个常用复音词也读 xiě。（金国泰）

衁 huāng 晓纽、阳部；晓纽、唐韵、呼光切。

衁—衁
《说文》小篆 楷书

1《说文》105页。

形声字。《说文》："衁，血也。从血，亡声。"本义是血液。《左传·僖公十五年》："士刲(huī,刺杀)羊，亦无衁也。"《易·归妹》作"士刲羊，无血"。（金国泰）

衁 tíng 定纽、耕部；定纽、青韵、特丁切。

1、2《甲文编》231页。3《金文编》320页"宁"字偏旁。4《睡甲》70页"宁"字偏旁。5《说文》105页。

字形结构不明。初文从皿(或血)在丁上，丁，未悉何物。"𡧍"字在殷商时代的基本形式从"皿"，偶见从"血"者。入周以后，未见"𡧍"字单用例，只见其在合体字中作声符。所见西周金文至秦隶都从"皿"，《说文》小篆从"血"，且变下部之"丁"为"丂"形。楷书有"𡧍""𡧍"两种微别形式。《说文》："𡧍，定息也。"本义是安定、安宁，是"宁(寧)"的初文。据《说文》"读若亭"，今读 tíng。《合集》24991："贞:今夕王𡧍(𡧍,宁)？"(贞问：今天晚上王安宁吗？)(金国泰)

衄 nǜ 泥纽、觉部；泥纽、屋韵、女六切。又如六切。

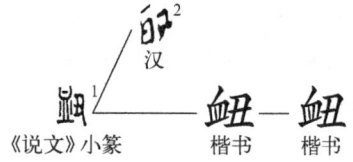

1《说文》105页。2《甲金篆》323页。

形声字。《说文》："衄，鼻出血也。从血，丑声。""衄"字在汉代武威医简中草写。本义是鼻出血。《素问·水热穴论》："故曰：冬取井、荥(xíng,井和荥都属于五腧穴)，春不鼽(qiú,流清鼻涕)衄。"引申指人体各部位出血。由本义还引申为挫败、损伤。《尉缭子·攻权》："将无修容，卒无常试，发攻必衄，是谓疾陵之兵。"进一步引申为侮辱、退缩，由侮辱义又引申为耻辱。(金国泰)

䐉(脓) nóng 泥纽、冬部；泥纽、冬韵、奴冬切。

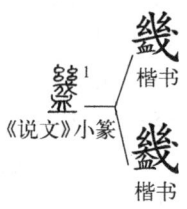

1《说文》105页。

形声字。从血，䢅省声。《说文》："䐉，肿血也。"本义是化脓性炎症病变而形成的黄白色黏液。文献上都用其重文异体字"膿(脓)"字书写，因此，"䐉"字已经自然淘汰。参见"膿"字条。(金国泰)

膿(脓) nóng 泥纽、冬部；泥纽、冬韵、奴冬切。

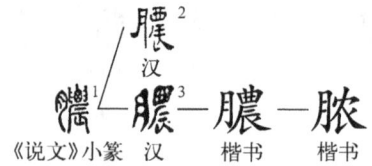

1《说文》105页。2、3《甲金篆》323页。

形声字。为"䐉"字异体。《说文》："膿，俗䐉。从肉，農(农)声。"文献多用"膿"而罕用"䐉"，因此"膿"是事实上的正体。"膿"字声符的变化参见"農(农)"字。1956年汉字简化，"膿"字因声符简化而类推简化作"脓"。本义是化脓性炎症病变而形成的黄白色黏液。《韩非子·外储说左上》："吴起为魏将而攻中山，军人有病疽(jū,毒疮)者，吴起跪而自吮其脓。"引申为腐烂、浓厚。(金国泰)

衅 jī 群纽、微部；群纽、微韵、渠希切。

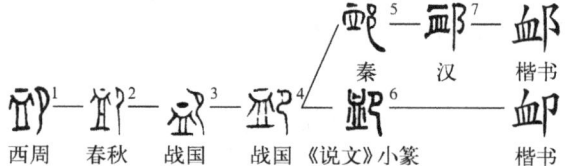

1《说文解字系传》9卷（徐铉本《说文》105页字形小误）。

形声字。《说文》："衅，以血有所刉(刏，划破，刺)涂祭也。从血，幾声。"字在楷书中有省声的写法，即省去声符左下的"人"形，见于《广韵》、《类篇》及《康熙字典》等，不省例见于《集韵》、《康熙字典》等。本义是古代一种祭祀的名称，其祭祀要用牲血。(金国泰)

衁(恤) xù 心纽、质部；心纽、术韵、辛聿切。

1、2、3《金文编》348页。4《战文编》322页。5《睡甲》73页。6《说文》105页。7《隶辨》678页。

会意字。从卩，从血。像人鞠躬俯视盆血，以表现祭祀或盟誓时谨慎庄重之意。"卹"字右旁本从"卩",秦简讹作"邑",汉隶承之而变作"阝"形,因此后世楷书中有"卹"字与继承初文结构的"卹"字并行。在1955年《第一批异体字整理表》中,"卹"和"卹"都被当作"恤"的异体字淘汰了。本义是谨慎。西周痶钟:"今痶(人名)夙夕虔苟(敬),卹厥死(尸,主)事。"(现今痶朝夕恭敬严肃,谨慎地对待所主掌的那些事务)引申为忧虑、顾念(《说文》训卹为忧),进而引申为救济、抚恤、怜悯,这些引申义常写作从"心"的"恤"字(参见"恤"字条)。(金国泰)

盍(盇) hé 匣纽、葉部;匣纽、盇韵、胡腊切。

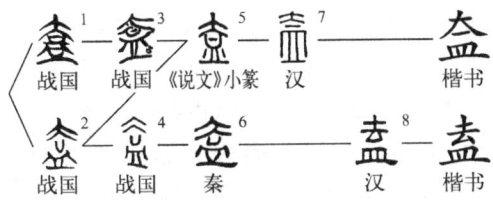

1《包山》75页。2、3《战文编》322页。4《金文编》37页"盇"字偏旁。5《说文》105页。6《睡甲》73页。7《汉印徵》卷5,9页。8《甲金篆》324页。

形声字。初始从皿,去声。今见最早的"盍(盇)"字真迹在战国前期,至《说文》小篆,声符"去"下体的"凵"形与义符"皿"上体的"凵"形叠合,这是一种简化方式,但《说文》却因此误解其字结构为"从血、大"。小篆的省简形式在后世楷书中写作"盍",与未省形式演变出的楷书"盇"为异体。1955年《第一批异体字整理表》确定"盍"字为正体,淘汰"盇"字。本义是器盖儿。是"蓋(蓋、盖)"的古字。战国楚王酓忎鼎盖:"窃(室)铸铦鼎之盇(盖)。"引申为盖合、覆盖,再引申为聚合。但以上意义在文献上多用"蓋"字,而"盍(盇)"字在文献上主要用于假借义:有时写疑问副词,表示反诘;有时相当于"何不"二词的合音词。(金国泰)

衊(蔑) miè 明纽、月部;明纽、屑韵、莫结切。

衊—衊—蔑
《说文》小篆 楷书 楷书

1《说文》105页。

形声字。《说文》:"衊,污血也。从血,蔑声。""衊"字约产生于秦汉之际,在所存汉魏隶书材料中未见其字。在明代,"衊"字已可以借用"蔑"字书写,1956年《汉字简化方案》以同音替代方式正式把"衊"简化作"蔑"。本义是污血。《素问·气厥论》:"鼻渊者,浊涕下不止也,传为衄(nù,鼻出血)衊瞑目。"王冰注:"衊谓汙(污)血也。"引申为血染,再引申为用物涂染,再引申为用恶语诬毁诽谤,因而有"污蔑"一语。(金国泰)

、部

丶 zhǔ 端纽、侯部;知纽、麌韵、知庾切。

丶 丶 、
西周 《说文》小篆 楷书

1《金文编》349页。2《说文》105页。

象形(或指事)字。本义不明。《说文》:"丶,有所绝止,丶而识(zhì)之也。"许慎认为"丶"是读书断句的符号,似是误解。在西周金文中,"丶"与其他族名符号作用相同。历代《说文》研究者以"丶"为"主"之初文,而"主"又是"炷"的古字,因此视其为火炷的象形,但无确证。"丶"在文献中无写词例。《说文》以之为540部首之一,以统属"主""音"二字。楷书写作"丶",是现代汉字基本笔画之一。(金国泰)

主 zhǔ 章纽、侯部;章纽、麌韵、之庾切。
zhù 章纽、侯部;章纽、遇韵、之戍切。

丅—丅—丅—丅—丵—丵—主
商 西周 战国 战国 战国 《说文》小篆 秦

主—主—主—主
汉 汉 汉 楷书

1《甲文编》5页。2《陕西金文汇编》424页。3、4《类编》384页"宗(宝)"字偏旁。5《类编》47页。6《说文》105页。7《睡甲》74页。8《马王堆》203页。9《银雀山》179页。10《甲金篆》324页。

象形字。初文像神主(即受祭祀的死者的牌位)形。"主"字初文出自商代,与"示"词义相关,因此与"示"共用一字,后渐分化。(参见"示"字条)写"主"的"丅"字在西周时代于竖笔中部加圆点,至战国,圆点变成短横,后又在中竖底部加一横,而顶部长横两端上翘而呈弧形,原长横顶上的饰横变成竖点,小篆把竖点写成上锐下肥的"瓜子"点,并把底横延长,秦简及西汉早期简帛把左右上翘的弧笔的弧度大大减低,直至恢复为平直的横笔,并且把顶部的竖点又变为略短的横笔,但在东汉隶书中,这一横笔写得稍长,后世楷书把顶横写成斜点。本义即神主。《周礼·春官·司巫》:"祭祀则共匰(dān,盛放神主之器)主。"引申为家长、君主、首领、主人。由君主义引申指公卿大夫及其正妻,也引申为根本、主掌、守护,由主掌义引申为主张、主治(中医术语)。以上诸义都读 zhǔ。还有读 zhù 的情况:一是火炷,灯心,即《说文》所谓"鐙中火主",后来专用"炷"字;二是作量词,相当于件、桩;三是灌入,后来专用"注"字。(金国泰)

丹 部

丹 dān 端纽、元部;端纽、寒韵、都寒切。

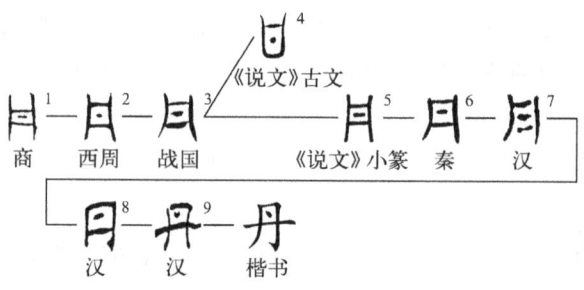

1《甲文编》232页。2《金文编》349页。3《包山》76页。4、5《说文》106页。6《睡甲》74页。7《马王堆》203页。8、9《隶辨》155页。

象形字。像竹筒里盛放着朱砂形。字形中间的点画,表示朱砂,为了表意明确,用盛朱砂的竹筒形烘托。"丹"字从殷商甲骨文至小篆没有明显变化,两条横线夹在两条竖线间,竖线上下都长出于横线。至秦简,竖线高出部分已不明显,与顶横近于平齐,汉隶发展为顶横右端折转向下,连接右竖而成为一笔,写作"𠁁"(《说文》古文与此形颠倒相对,变化道理近似,只是变化在底部),原来居下位的长横又向两边延伸,穿透左右竖线,全字演变成"丹"形。楷书把内部短画或横点变作斜点。《说文》:"丹,巴、越之赤石也。"说丹是西南地区出产的朱砂。"丹"本义就是朱砂。西周庚嬴卣:"易(赐)贝十朋,又丹一𣞗。"(王赏赐庚嬴二十串贝,又赏赐一管朱砂)引申为朱红色。因道家炼药多用朱砂,所以引申出道家炼制出的药物一义。(金国泰)

音 pǒu 滂纽、之部;滂纽、厚韵、普后切。
　　　tǒu 透纽、侯部;透纽、厚韵、天口切。

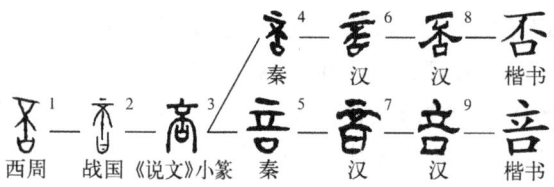

1、2《金文编》763页。3《说文》105页。4《睡甲》87页"棓"字偏旁。5《睡甲》74页。6、7《马王堆》203页。8《隶辨》456页。9《隶辨》627页"蹄"字偏旁。

形声字。从口,不声,原本是"否"字,后分化。"音"字从"否"字中分化出来,是在秦汉隶变进程中实现的。"音"字与"否"字的区别,是隶写求简,把"否"字声符"不"的左右斜笔变平并接连成一笔长横,因此,变"不"(顶部有饰画)形为"立"形。不过,已有差别的"音""否"二形在很长时期还以异体关系并行,秦汉时代"部""倍"等字声符也都有"音""否"两种虽异而犹同的形式。至东汉《说文解字》明确区分"音""否"为二字。魏晋后楷书以"音"和"否"为声符的字都有一些,用"音"者居多数。分化出来的"音"字今音有二读:其一,读 pǒu,这出自本源;其二,读 tǒu,是因为《说文》以"欨"为"音"字或体,后人便据"欨"字"豆"声的读法读"音",这与"音"的来源不一致。本义与"否"同。"音"字在典籍未见单用例,只作合体字声符,在所见出土文献中,有写假借义例。在睡虎地秦简《封诊式》中通"衃"(《说文》作"杯",pēi,凝血),第 87 简:"如衃血状"(像凝血的形状),而第 88 和第 89 二简都作"音血"。(金国泰)

彤 tóng 定纽、冬部;定纽、冬韵、徒冬切。

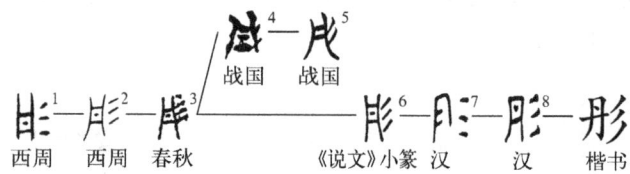

1、2《金文编》349页。3、4《战文编》323页。5《包山》76页。6《说文》106页。7《金文续编》108页。8《隶辨》14页。

会意字。《说文》:"彤,丹饰也。从丹,从彡。彡,其画也。"彡,在此表示丹(朱砂)的色彩鲜艳绚丽而外映,与"彭"字用"彡"形表示鼓声外扬近似。"彤"字始见于西周,战国南楚文字有微小简化形式,把"彡"形的三画省作二画,并且又常省去"丹"形中间像丹砂的短画。小篆承春秋、西周,不省。汉代随着"丹"形的隶变而演变作"彤",参见"丹"字条。本义是朱砂的颜色,朱红色,西周金文常见"彤弓彤矢"之语,其中的彤就指此色。虢季子白盘:"赐(赐)用弓、彤矢,其央。"(王赏赐虢季子白用红色的弓和红色的箭,色彩鲜明)用作动词,引申为用红色涂饰。(金国泰)

青 部

青 qīng 清纽、耕部;清纽、青韵、仓经切。

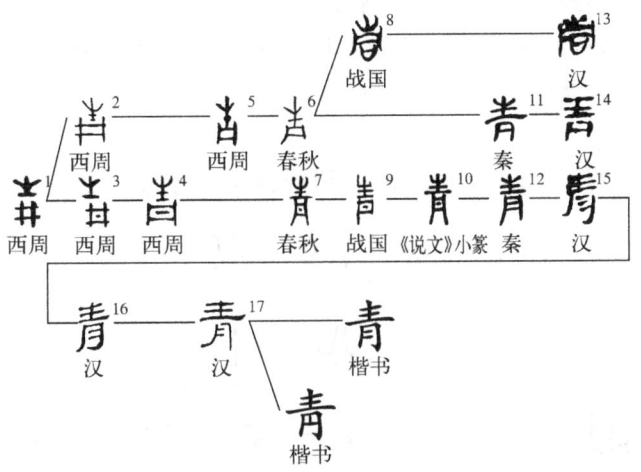

1、3、5、6、7《金文编》350页"静"字偏旁。2、4《金文编》349页。8《郭店》87页。9《战文编》324页。10《说文》106页。11、12《睡甲》74页。13、14、15《马王堆》204页。16《银雀山》180页。17《甲金篆》325页。

形声字。从生,井声。《释名·释采帛》:"青,生也,象物生时色也。""青"字在西周中期前段偶有不从"生"而从"木"的(班簋"静"字偏旁,本字谱未列入),稍晚还有从"屮"的(草的象形。这也可能是把"生"的底横与"井"的上横叠合成一笔的省简写法,本字谱未列入),从"木"或从"屮"也都是要表现青色之所出。但从"生"的写法一直是主流。声符"井"的中空处或加一个小点或短画,这是"井"字的常见异体,"甘"与"𠙴(丹)"形近,因此,"青"的声符讹混作"𠙴",原作"井"者类化作"𠙴"。战国时代多在"𠙴"下加"口"形为饰(多见于楚系文字),这与"𠙴"下未加"口"的形式一直延续到西汉。但小篆以下演变的主流是把"𠙴"形渐变作"月"形,楷书旧或作"丹"形,欲以别于"月",现代规范字形作"月",起笔是竖,别于起笔是撇的"月"。本义是草木生长期的绿色。借代指青色之物,《诗·齐风·著》:"充耳以青乎而。"(从帽边垂到耳旁的丝结用青色)由本义引申为与绿色相关的蓝色,又可指黑色。在古人五行说中,木为东方之行,木是青色的,所以青是东方之色,用"青"可以表示东方义。由本义还引申为草木生长茂盛,后来写作"菁",此义读 jīng。《诗·卫风·淇奥》:"瞻彼淇奥,绿竹青青。"(金国泰)

静 jìng 从纽、耕部;从纽、静韵、疾郢切。

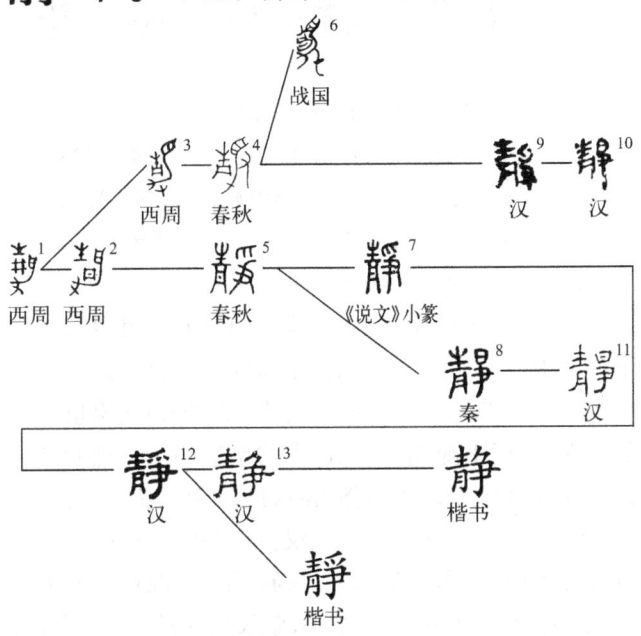

1-5《金文编》350页。6《郭店》87页。7《说文》106页。8《睡甲》74页。9、10《马王堆》204页。11、12、13《甲金篆》325~326页。

形声字。从争,青声。西周时代,"静"字声符"青"只处于全字左上角处,至春秋时代,已经确立为右形左声各处半边的格局,但战国时代仍有返古的布局,见于楚系文字,而且声符"青"多加"口"形为饰。小篆继承春秋以来秦国文字写法,隶变后,或把义符"争"上部的"爪"形趋简写作⺈。又,秦汉两代,义符"争"上部的"爪"形或讹作"日",彼时多有流布,但后世楷书中不行用。楷书有静、靜两体,根据新旧字形规范,通行从争者,汰除从爭者。本义是安静。西周毛公鼎:"翻翻(音cè,纷乱之意)四方,大从(纵)不静。"引申为平定、镇抚,后世多写作"靖"。西周班簋:"三年静东或(國)。"由本义还引申为静止、恬淡、平和。(金国泰)

井 部

井 jǐng 精纽、耕部；精纽、静韵、子郢切。

1《甲文编》232页。2、3《金文编》350页。4《甲金篆》326页"刑"字偏旁。5《战文编》324页。6《说文》106页。7《睡甲》74页。8《马王堆》204页。9《银雀山》180页。10《隶辨》449页。11《甲金篆》326页。

象形字。《说文》："象构韩（井栏）形。"用四木交搭像井口围栏。"井"字早已行于商代，入西周后，或在中空处添加圆点为饰，《说文》以为"瓮（汲瓶）之象也"，可备一说。西周中晚期，不加饰点的字形和加饰点的字形曾出现过分化写词的趋势，但最终没能成功。仅有一点之差的繁简二体却并行至东汉。楷书从简，取中间无点的形式为规范。本义是水井。《易·井》："改邑不改井。"（改建城邑而不改水井）词义缩小，就仅指井栏。井栏不能随意越过，因此引申为法度、法则、惩罚，这些意义在周金文多有用例，而在典籍则写作"刑"或"型"。"井"由本义比喻引申，可指类似井的建筑，如盐井、矿井、天井等。先秦用"井"字字形描述一种土地制度——井田制：把一里见方的土地划分成如"井"字形的九块，每块百亩，八家各分一块，中间一块为公田，所以《说文》说"八家一井"。（金国泰）

阱 jǐng 从纽、耕部；从纽、静韵、疾郢切。

1、3《甲金篆》326页。2《说文》106页。

形声字。春秋战国之际侯马盟书上的字形从阜、从土，井声。《说文》："阱，陷也。从阜，从井，井亦声。""阱"是"井"的分化字，本义是陷坑。《周礼·秋官·雍氏》："春令为井擭（huò）沟渎之利于民者。"（春季下令修建对人民有利的陷兽坑、捕兽笼及水沟灌渠）引申为深坑，囚人的地牢。用作动词，引申为陷入、陷害。（金国泰）

穽（阱）jǐng 从纽、耕部；从纽、静韵、疾郢切。

1《说文》106页。2《战文编》324页。3《甲金篆》326页。

形声字。从穴，井声。《说文》："穽，阱或从穴。"是"阱"的异体字，"穽"字在战国之前的古文字材料中无见，只见于《说文》及汉魏文字。在1955年《第一批异体字整理表》中，"穽"字被淘汰。本义及引申义与"阱"同。《书·费誓》："杜乃擭，敜（niè）乃穽。"（封闭你们的捕兽笼子，填塞你们的陷兽坑）（金国泰）

㓝（刑）xíng 匣纽、耕部；匣纽、青韵、户经切。

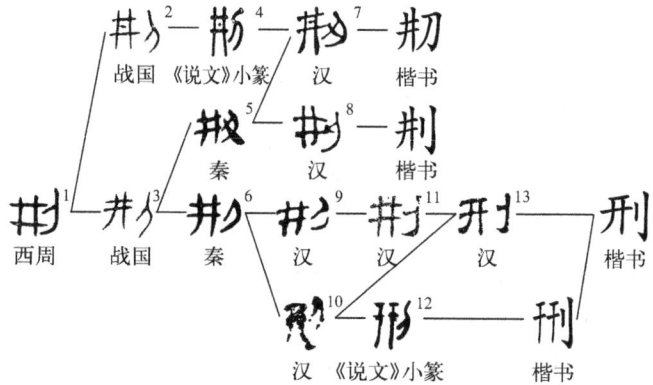

1、3《金文编》351页。2、11《甲金篆》326页。4《说文》106页。5、6《睡甲》74页。7、8、9《银雀山》181页。10《马王堆》175页。12《说文》92页。13《隶辨》265页。

会意兼形声字。《说文》："刑，罚罪也。从井，从刀。《易》曰：'井，法也。'井亦声。""刑"的意义在西周中期以前都是用"井"字表达（参见"井"字条），在西周晚期加"刀"旁标义，写作"㓝"，与"井"字分化，所加"刀"形在秦简及西汉简帛中或讹作"刃"（秦简字偶然把"刃"的指事笔画拉得太长），但从"刀"一直是主流。声符（即"刑"之古字）"井"一直有加饰点于中间的形式（参见"井"字条），不加饰点的形式到东汉后期变作"开"形，表音作用淹没。值得注意的是，汉初简帛文字中，"刑"字多见，但只见马王堆帛书字形照片中有一例声符呈"开"形，如果此一显影真确，那么，"刑"字声符由"井"变"开"的发端就当在西汉早期。又，《说文·刀部》收篆文"刑（刑）"，谓"从刀幵声"，此篆似汉人所为，其左旁"幵"似是由"井"

之变形"开"而讹断成"二'干'对构"形。本义是法、法度。《书·吕刑》:"王享国百年,耄,荒度作刑,以诘四方。"(王在位百年,老了,根据宽大的原则制定法律,并责成四方官吏遵守)引申为依法罚罪、惩处,再引申为杀、伤害、灾害。(金国泰)

皀 部

皀　guǐ　见纽、幽部;见纽、旨韵、居洧切。
　　xiāng　晓纽、阳韵、许良切。
　　bī　邦纽、缉韵、彼及切。
　　　　又彼侧切。

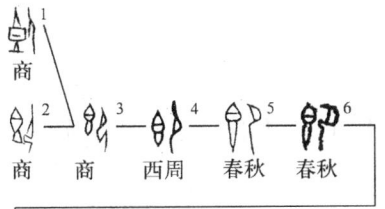

1、2、3《甲文编》233页。4《金文编》352页。5《甲金篆》327页"既"字偏旁。6《金文编》353页"即"字偏旁。7《说文》106页。

象形字。像谷物盛于簋中之形,是"殷"和"簋"的象形初文(参见"簋"字条)。"皀"字早见于殷商卜辞,初文主体像有圈足的簋,尖顶像满盈高出的谷物,由尖顶也可以同象形的"豆"字相区别。殷商后期,书写求简,原平底圈足形变作向下的窄弧形ᴗ,经西周,至春秋渐变作Ⅴ,战国多变作ᄼ,小篆变作斜下双歧的ᄾ(匕)形,所以《说文》说"匕所以扱(chā)之",经隶变,楷书作匕。字形上部自春秋以下渐变轨迹是:〇——♢——白——白。因此,楷书整体变作"皀"(7画)。在"即""卿"等楷字中的"皀",旧字形多与独体的"皀"相同,而现代规范字形写作"𠆢"(5画)。本义是簋,古代重要礼器之一。西周㦰姬簋:"㦰姬乍(作)宝尊皀。"金文普遍用加形的"殷"字,而典籍用"簋"字。今读guǐ。《说文》:"皀,谷之馨香也,象嘉谷在裹中之形。"此说不甚确,但古人常在皀(簋)中盛放谷物以行祭祀、宴飨,可见《说文》所言与古义相关。但《说文》又曰:"或说皀,一粒也。又读若香。"这都与"皀"本义本音不合。如据《说文》"读若香"及《广韵》许良切,则"皀"今又读xiāng;如据《唐韵》皮及切,《广韵》彼侧切,则"皀"今又读bī。但《唐韵》《广韵》所记都不是"皀"字本读,而是后人"移花接木"。典籍未见"皀"字用例,而只在"即""既""乡""卿""食"等字中作构字成分。(金国泰)

即(即)　jí　精纽、质部;精纽、职韵、子力切。

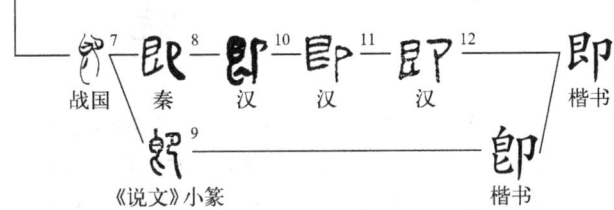

1、2、3《甲文编》233页。4、5《金文编》353页。6《战文编》325页。7《郭店》87页。8《睡甲》74页。9《说文》106页。10《马王堆》205页。11、12《甲金篆》327页。

会意字。从卩,从皀。像人就坐或站立于盛满食物的簋旁,以会就食之意。"即"字始见于商代,其演变情况参见"皀"和"卩"字。楷书旧字形本小篆,多写作"卽"(左旁7画),现代规范字形本汉隶,写作"即"(左旁5画)。《说文》:"即,即食也。"本义是就食。《合集》34169:"燹彔上甲其即。"(先公燹及上甲都来就飨)引申为就(动词)、接近、靠近。西周孟鼎:"今我隹(唯)即井(型)禀(廪)于文王正德。"(现在我要靠近并效法文王纯正的德行)由此又引申为至、到达、迎合、符合、寻求。由接近或到达义引申为就(时间副词)、即刻,由此虚化为表示承接的连词,与"则""乃"用法接近,而且还可以表示假设、让步或转折。(金国泰)

既(既)　jì　见纽、物部;见纽、未韵、居豙切。

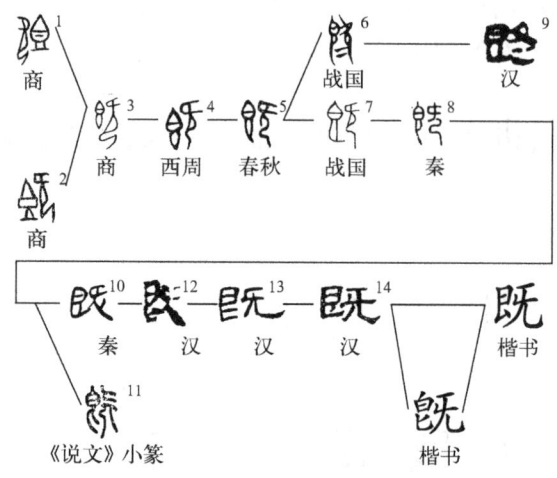

1、2《甲文编》234、235页。3、4《金文编》353页。5、8、13、14《甲金篆》327页。6《郭店》87页。7《金文编》354页。9、12《马王堆》205页。10《睡甲》75页。11《说文》106页。

会意字。从旡从皀，像人虽坐于盛满食物的簋旁，但已转头向后，以表现用食完毕之意。"既"字始见于商代，字内"皀""旡"二形的演变，分见"皀""旡"字条。战国楚系文字普遍把"旡"讹同"次"，这在南楚一带曾影响至秦汉一段时期。"旡"在《说文》小篆中讹作"旡"，但秦泰山刻石完全承继商周至战国正宗，下启秦汉隶变。"既"字楷书旧字形写作"旣"，左旁皀本小篆，7画，右旁旡源汉隶，5画。现代规范字形全本自汉隶，左旁艮5画，右旁旡4画。本义是食毕，食尽。引申为完毕、完尽，西周令方彝："甲申，明公用牲于京宫；乙酉，用牲于康宫，咸既用牲于王。"（甲申日，明公在京宫用牲祭祀；乙酉日，在康宫用牲祭祀，对王的用牲祭祀完毕）再引申为全、都、已、已经，由已经义虚化为连词。又，由本义比喻引申，特指日全食或月全食，见于《春秋·桓公三年》、《史记·周本纪》及《汉书》等古书，与现代所言"食既"意义不同。（金国泰）

冥 mì 明纽、锡部；明纽、锡韵、莫狄切。
shì 书纽、锡部；书纽、昔韵、施只切。

冥¹—冥²—冥⁴—冥
西周　西周　《说文》小篆　楷书
　　　　冥³
　　　　西周

1、2、3《金文编》355页。4《说文》106页。

会意字。从冖，从皀，像以罩覆盖食簋之形。"冥"字在西周中期前段已经应用，当时上部作"冖"形，随后或稍变作"凵"形，但西周后期写作"冖"的形式是小篆从"冖"所本。又，东周古文字材料未发现"冥"字，但可以见到"鼐"和从凵（冖之变）从贝（鼎之省）的字形，可能是"冥"字异体（参见"鼐"字条）。本义当是覆盖，用作名词，就是覆盖所用之物，如盖巾之类，这在典籍用"鼐""幭""幂"等字。西周彔伯簋："余易（赐）女（汝）……虎冥窍（朱）里……"（我赏赐给你……虎皮制作的有朱红色里子的车幭……）此类义例当如《说文》所言"冂（冖）声"读为mì，但《切韵》以下韵书未保存这一读音。而《说文》又谓"读若适"，《唐韵》"施只切"，不知所据，依此今读shì。典籍未见"冥"字用例。（金国泰）

鬯部

鬯 chàng 透纽、阳部；彻纽、漾韵、丑亮切。

鬯¹—鬯²—鬯⁴
商　　西周
鬯³—鬯⁵—鬯⁶—鬯⁷
商　商　西周　《说文》小篆　汉　楷书

1、2、3《甲文编》235~236页。4、5《金文编》355页。6《说文》106页。7《隶辨》604页。

象形字。像酒器内盛装鬯酒之形。器身内有三四个小点，表示酒液；器身下的"U"形是圈足的演变形式。器身及圈足上多有纹饰。"鬯"字早见于商代，当时，在书写中，已常省去像酒液的小点，但也有在圈足形上添加小点的，这是受器身形内酒滴形的作用。在东周古文字材料中，目前尚未发现"鬯"字。小篆把早已变异了的圈足形再变为斜下双歧的"匕"形，这与"皀"字下部演变近同（参见"皀"字条）。《说文》谓"中象米，匕以扱（chā）之"是据小篆作解，不一定正确。本义是鬯酒，这种酒由黑黍酿成，用于祭祀或宴飨。西周盂鼎："易（赐）女（汝）鬯一卣。"（金国泰）

鬱(郁) yù 影纽、物部；影纽、物韵、纡物切。

鬱¹—鬱—郁
《说文》小篆　楷书　楷书

1《说文》106页。

形声字。从臼，鬱省声。是"鬱"的异体字。《说文》以为其本义是"芳草",但在古书上都写作"鬱"。1955年《第一批异体字整理表》以"鬱"为正体,淘汰"欝""鬱"两个异体字,"欝"字虽然未列其中,但自古及今,几无用例,等于自然淘汰。保留为正体的"鬱"字在1956年《汉字简化方案》中按"同音替代"方式简化作"郁",参见"鬱(郁)"字条。(金国泰)

爵 jué 精纽、药部;精纽、药韵、即略切。

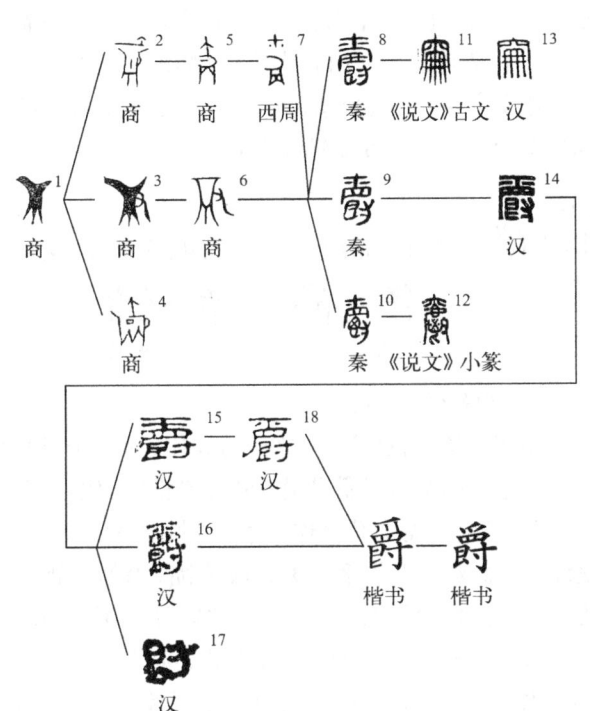

1、3、6、7《金文编》356页。2、4、5《甲文编》236～237页。8、9、10《睡甲》75页。11、12《说文》106页。13、14《汉印徵》卷5,10页。15、18《甲金篆》328、329页。16、17《马王堆》206页。

象形字。像爵形。"爵"字在商代已多见,逼肖实物:爵身前有流(倾酒的流槽),后有尖状尾,杯身下有三足。稍后,杯口上多有柱形"↑",或在杯侧加鋬(pàn,把手)形,或在杯内或流内加短画以示酒液,或在爵侧加手形以示握爵之意。至西周,爵柱形讹作"十"形,下体省变为二足。目前,尚未在东周古文字材料中发现"爵"字。在秦并六国前后的秦简里,"爵"字变异较多,柱形多作"十",手形(又)下增一短画而讹变作"寸",整体讹断为上下两块,全失爵形。秦简字左下或作"", 为汉隶继承;或作"",导致《说文》小篆讹作"鬯"。秦简字中间有多种形式,其中的"严"形,不仅可能是《说文》小篆"严"形之所由,而且成为汉隶"严""罒"两种写法的发端。"严"形在汉隶中多见,"罒"形在汉隶中并不普遍,但后者传入楷书。《说文》古文"爵"字可能出于汉初,因为它实际是截取秦简一种字形上部后的变化形式;而汉初马王堆帛书"爵"字又有截取秦或汉初"爵"字下部的形式"时"。几经变化的爵柱形,在楷书中变成了扁"爪"形,因此,楷书旧字形写作"爵",现代规范字形写作"爵"。本义就是用以盛酒或温酒的爵。西周史兽鼎:"易(赐)豕鼎一、爵一。"借代指酒。古代君王授给臣下官职爵位时,往往伴随着赐给爵及其他器物,因此引申为爵位、授爵、授职。"爵"在古书中也被假借作"雀"。《孟子·离娄上》:"为丛驱爵(雀)者,鹯(zhān,猛禽)也。"(金国泰)

鬯 jù 群纽、鱼部;群纽、语韵、其吕切。

1、2、3《金文编》356页。4《说文》106页。

形声字。《说文》:"鬯,黑黍也……从鬯,矩声。""鬯"字在西周已有简写形式,声符省作"巨"。小篆不省,其义符和声符的变化,参见"鬯""矩"字条。本义是黑黍。西周吴方彝:"易(赐)鬯鬯一卣。"(赏赐一卣用黑黍酿制的酒)借代指酒。吕鼎:"王易(赐)吕(人名)獸(鬯)三卣。"(金国泰)

秬 jù 群纽、鱼部;群纽、语韵、其吕切。

1《说文》106页。

形声字。从禾,巨声。是"鬯"的异体字。《说文》:"鬯,黑黍也……秬,鬯或从禾。"本义是黑黍。《诗·大雅·生民》:"诞降嘉种,维秬维秠(pī),维穈(mén)维芑(qǐ)。"出土古文字材料中有"鬯"字而未见"秬"字,而传世典籍中仅见用"秬"字而未见用"鬯"字。(金国泰)

食部

食 shí 船纽、职部；船纽、职韵、乘力切。
　　 sì 邪纽、之部；邪纽、志韵、祥吏切。
　　 yì 喻纽、职部；以纽、志韵、羊吏切。

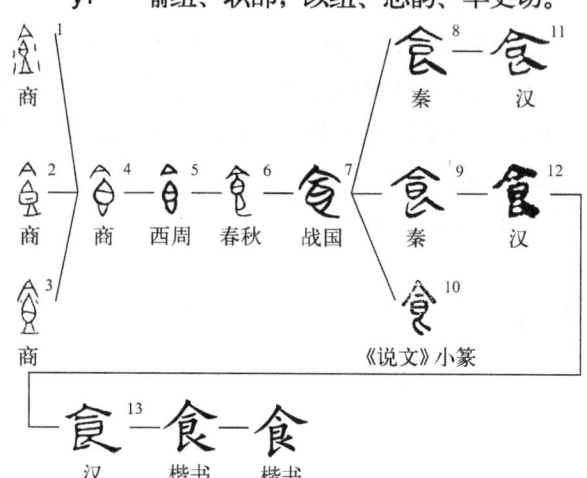

1—4《甲文编》237页。5、13《甲金篆》329页。6《金文编》356页。7《楚系简帛》407页。8、9《睡甲》75页。10《说文》106页。11《银雀山》182页。12《马王堆》206页。

会意字。从亼（倒口），从皀（簋），以会张口就簋而食之意。"食"原是"飤"的简写形式，"飤"字初文本是图画式的会意字，像一人俯身张口就簋进食之状（参见"飤"字条）。早在殷商甲骨文中已普遍行用"食"字——省去了"飤"字中的人身形，只留向下张开的口形及食簋形，簋之两侧或有2至4个小点，像口中流下的涎水。簋形渐变之迹，参见"皀"字条。在秦汉隶变中，"食"字内的"皀"形上部作"日"，也习见省去内横而作"口"的写法，但东汉就难得见到这种省写了。"食"字楷书旧字形在"人"形下是横，末笔是捺；现代规范字形在"人"形下是点，末笔是长点。楷书中，"食"字作左侧偏旁时，旧字形写作"飠"，新字形写作"飠"，简化作"饣"。本义是进食，吃。殷商甲骨卜辞用"大食""小食"表示吃早饭和吃晚饭的时段。《诗·魏风·硕鼠》："硕鼠硕鼠，无食我黍。"相因的名词义是食物，主要指饭食、粮食。由吃义引申为享受，又由比喻而引申为日食、月食（这在后来写作"蚀"），并进一步引申为亏损。以上诸义都读shí。由使动义引申为对人的供养和对动物的饲养，这要读sì，后来写作"饲"。"食"字在古人名字上还保留旧读yì，如汉人郦食其(yì jī)。（金国泰）

餴（馎） fēn 帮纽、文部；非纽、文韵、府文切。

饙¹—餴—餴—馎
《说文》小篆　楷书　楷书　楷书

1《说文》107页。

形声字。从食，奔声。与"馈"为异体，同见于《说文》"餴"篆下。在先秦古文字材料中，尚未发现"餴"字。现代偏旁"飠"已简化作"饣"，因此，"餴"字应当类推简化作"馎"。本义是蒸熟。《诗·大雅·泂酌》："泂酌彼行潦(lǎo)，挹彼注兹，可以馎饎(chì)。"（从远处舀来那水沟的水，倒到这炊锅里，可以用它蒸饭食）（金国泰）

馈（馈） fēn 帮纽、文部；非纽、文韵、府文切。

馈¹—馈—馈—馈
《说文》小篆　楷书　楷书　楷书

1《说文》107页。

形声字。从食，贲声。与"餴"为异体，同见于《说文》"餴"篆下。今偏旁"飠"简化作"饣"，"贲"简化作"贲"，因此，"馈"应当类推简化作"馈"。《尔雅·释言》："馈，馏稔也。"郭璞注："今呼餐(xiū)饭为馈，馈熟为馏。"本义是蒸熟。五代徐锴《说文解字系传》"餴"下引《诗·大雅·泂酌》："泂酌彼行潦，挹彼注此，可以馈饎(chì)。"今《诗》作"馎饎"。唐韩愈《南山诗》："或如火燹焰，或若气馈馏。"引申为蒸熟的饭食。（金国泰）

飪（饪） rèn 日纽、侵部；日纽、寝韵、如甚切。

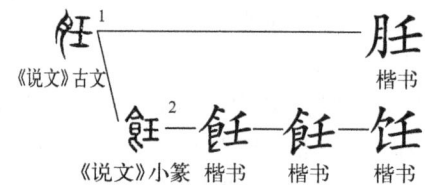

1、2《说文》107页。

形声字。《说文》古文从肉，壬声。小篆从食作。《说文》："饪，大孰(熟)也。从食，壬声。""饪"字产生较晚，可能出现于春秋战国之际，目前所见最早的字形就是《说文》古文和小篆，在已出秦汉隶书中未见。现代楷书偏旁"飠"简化作"饣"，因此"饪"字类推简化作"饪"。本义是煮熟。《论语·乡党》："失饪，不食。"（烹煮生熟不得当，不吃）现代"饪"字只用于"烹饪"一语。（金国泰）

饔(饔) yōng 影纽、东部；影纽、锺韵、於容切。

1《金文编》358页。2《说文》107页。

形声字。《说文》："饔，孰(熟)食也。从食，雝声。""饔"字声符"雝"作为单字在商周时代变化较多，隶变有"雝""雍"两种形式，后者简易，在汉后居主导地位，参见"雝(雍)"字条。今见西周晚期金文"饔"字作"饔"，声符作"雝"，小篆声符作"雝"。隶变后，"饔"字因声符异写而"饔""饔"并见。后世避繁趋简，多用"饔"字，在古书上或据此写为左形右声结构。本义是熟食。《诗·小雅·瓠叶序》："上弃礼而不能行，虽有牲牢饔饩不肯用也。"郑玄笺："熟曰饔。"引申指早饭，多与表示晚饭的"飧"连用。《孟子·滕文公上》："贤者与民并耕而食，饔飧(飧)而治。"（金国泰）

飴(饴) yí 喻纽、之部；以纽、之韵、与之切。
sì 邪纽、之部；邪纽、志韵、祥吏切。

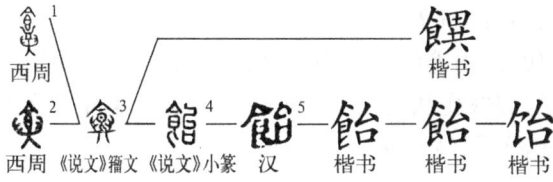

1、2《甲金篆》330页。3、4《说文》107页。5《马王堆》207页。

形声字。初从食，異(异)省声；或作从食、从皿，異省声。小篆以下从食，台(yí)声。现代楷书偏旁"食"简化作"饣"，"飴"字类推简化作"饴"。而源自早期"異"省声的字，在《玉篇》《集韵》中写作"餯"，声符不省。但后代几无用例。《说文》："饴，米糵(niè 麦芽)煎也。"本义是糖稀，用米和麦芽熬制而成。《诗·大雅·绵》："周原朊朊，堇茶如饴。"（周原土地肥沃，堇菜和苦茶也如同饴糖）引申为甜、美食。现代常用指某些软糖，如高粱饴。以上本义及引申义都读 yí。"饴"字又用同"饲"，读 sì，有供养、喂养义，其用例多见于六朝及其后。《世说新语·德行》："郗公值永嘉丧乱，在乡里，甚穷馁。乡人以公名德，传(轮流)共饴之。"但"饴"在近现代只用读 yí 的一些意义。（金国泰）

餅(饼) bǐng 帮纽、耕部；帮纽、静韵、必郢切。

餅—餅—餅—餅—饼
《说文》小篆 汉 楷书 楷书 楷书

1《说文》107页。2《甲金篆》330页。

形声字。《说文》："餅，面餈也。从食，并声。""餅"字产生较晚，虽然在先秦文献中已有用例，但目前所见最早的古文字字形只在秦统一天下前后。现代楷书偏旁"食"简化作"饣"，"餅"字类推简化作"饼"。本义是用蒸、煮、烤等方法做熟的面食。《释名·释饮食》："饼，并也。溲(用水调和)面使合并也……蒸饼、汤饼、蝎饼、髓饼、金饼、索饼之属，皆随形而名之也。"《墨子·耕柱》："见人之作饼，则还然窃之。"后世专指用面粉制成的扁圆形食品。比喻引申为饼状物体，再引申为饼状物的计量词。（金国泰）

餱(糇) hóu 匣纽、侯部；匣纽、侯韵、户钩切。

餱—餱—餱
《说文》小篆 楷书 楷书

1《说文》107页。

形声字。《说文》："餱，乾食也。从食，侯声。""餱"字虽然在先秦文献中已经有用例，但目前尚未见于先秦古文字材料，今见最早字形是小篆。1955年《第一批异体字整理表》规定"餱"的异体字"糇"为规范正字，淘汰"餱"字。本义是干粮。《诗·大雅·公刘》："乃裹餱粮，于橐于囊。"（金国泰）

饎(饎) chī 昌纽、之部；昌纽、志韵、昌志切。

饎—饎—饎—饎
《说文》小篆 楷书 楷书 楷书

1《说文》107页。

形声字。《说文》："饎，酒食也。从食，喜声。""饎"字尚未见于先秦古文字材料，今见最早字形是小篆。现代楷书偏旁"食"简化作"饣"，"饎"字应当类推作"饎"。又，据《说文》，"饎"有异体字"䊲"和"糦"，典籍未见"䊲"字用例，可见"糦"字用例（参见"糦"字条）。本义是酒食。《诗·小雅·天保》："吉蠲为饎，是用孝享。"（择吉斋戒，备办酒食，把它奉献给祖先在天之灵）引申为黍稷，还引申为动词炊、煮。《仪礼·士虞礼》："饎爨在东壁西面。"郑玄注："炊黍稷曰饎。"（金国泰）

糦（饎） chì 昌纽、之部；昌纽、志韵、昌志切。

糦¹—糦
《说文》小篆　楷书

1《说文》107页。

形声字。从米，喜声。《说文》："饎或从米。"是"饎"的异体字。参见"饎"字条。本义是酒食。《诗·商颂·玄鸟》："大糦是承。"（供奉丰盛的酒食）（金国泰）

饌（馔） zhuàn 从纽、元部；崇纽、线韵、士恋切。
又雏鲩切。

餕¹—餕²—饌—饌—馔
《说文》小篆　汉　楷书　楷书　楷书

1《说文》107页。2《甲金篆》330页。

形声字。从食，巽声。"馔"字尚未见于先秦古文字材料，目前所见最早字形是《说文》或体（在正篆"籑"下）。声符"巽"在汉代武威简中写作"𢁉"。现代楷书偏旁"飠"简化作"饣"，"饌"字类推作"馔"。《说文》："具食也。"本义是陈设或备办食物。《仪礼·聘礼》："馔于东方。"引申为吃喝、饭食和菜肴。《论语·乡党》："有盛馔，必变色而作。"（金国泰）

籑 zhuàn 从纽、元部；崇纽、线韵、士恋切。
zuǎn

籑¹—籑
《说文》小篆　楷书

1《说文》107页。

形声字。《说文》："籑，具食也。从食，算声。"在《说文》是正篆，与重文"饌"互为异体（参见"馔"字条）。汉字隶变后，"籑"字义符"食"上部的"人"形与声符下部的"廾"（卄）形借笔共用，省写作"大"，全字写作"籑"。1955年《第一批异体字整理表》确定"饌（馔）"为规范正字，"籑"为被淘汰的异体字。本义是陈设或备办饮食。引申为饮食（名词）。《汉书·杜邺传》："陈平共壹饭之籑而将相欢。"通假作"撰"，编写、著述义。《汉书·司马迁传赞》："自古书契之作而有史官，其载籍博矣。至孔氏籑之，上继唐尧，下讫秦缪（穆）。""籑"又读作zuǎn，用同"纂"，义为编辑。（金国泰）

養（养） yǎng 喻纽、阳部；以纽、养韵、馀两切。

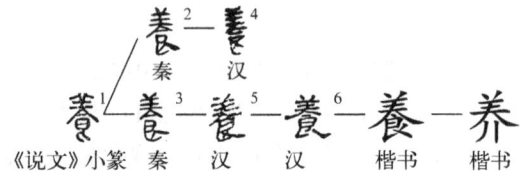

養¹—養²—養³—養⁴—養⁵—養⁶—养
《说文》小篆　秦　汉　汉　楷书　楷书

1《说文》107页。2、3《睡甲》75页。4《马王堆》207页。5《甲金篆》330页。6《隶辨》432页。

形声字。《说文》："从食，羊声。""养"字可能产生于战国晚期的秦系文字，今见最早的字形在小篆和秦简古隶，经秦"书同文字"排斥了可能早于它的"羖"字。楷书"養"字上部是"羊"字头，6画。1956年《汉字简化方案》据元代已经出现的草书楷化形式，简化作"养"，上部"羊"形中竖连贯下体之撇为一画，全字9画。据《说文》古文作"羖"，与战国楚简相合（参见"羖"字条），可以认为本义是牧养牲畜。《周礼·夏官·圉人》："圉人，掌养马刍牧之事。"引申为对人的供养（《说文》以此义为本义），即养活。《书·梓材》："引养引恬。"（长久地养活小民，长久地安定小民）由本义向多方向引申，有奉养、生养、饲养、种植、养护、保养、教育和熏陶等义。到近代，还由养活义引申出名词氧气义，并分化出"氧"字。梁启超《变法通议》："紫血红血流注体内，呼炭（碳）吸养（氧）。"（金国泰）

羖 yǎng 喻纽、阳部；以纽、养韵、馀两切。

羖¹—羖²—羖
战国　《说文》古文　楷书

1《郭店》88页。2《说文》107页。

会意兼形声字。从攴、从羊，羊声。是"养"字异体。《说文》："羖，古文养。"殷商甲骨文中早已有一从攴从羊的"羖"字，学者释读不一，多数学者以为是"牧"的异体字。西周之后，放牧之"牧"尚未见写作"羖"者，因此，战国竹简及《说文》古文之"羖"只是"养"的异体，而且可能早于"养"字。据字形结构，"羖"本义当是牧养牲畜，文献写作"养"（参见"养"字条）。引申出对人的供养、奉养等义。郭店楚简《唐虞之道》第22简:"古者尧之与舜也,昏(闻)舜孝,智(知)其能敩天下之老也。""敩"在秦后被"养"字排挤而久废,偶见应用。柳亚子《叠韵寄呈毛主席》:"昌言吾拜心肝赤,敩士君倾醴酒黄。"(金国泰)

飯(饭) fàn 並纽、元部;奉纽、愿韵、符万切。

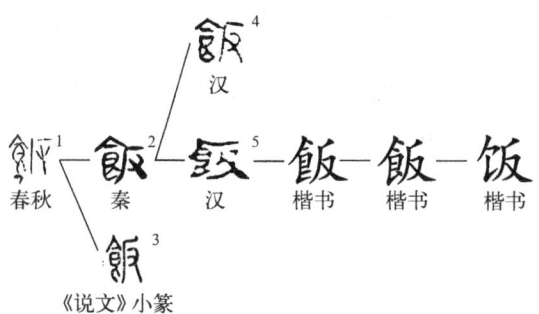

1《战文编》327页。 2《睡甲》76页。 3《说文》107页。4、5《甲金篆》331页。

形声字。《说文》:"饭,食也。从食,反声。""饭"字产生较晚,始见于春秋晚期,此前动词吃饭义及名词饭食义都用"食"这个词。现代楷书偏旁"食"简化成"饣","飯"字类推作"饭"。本义是吃饭。《论语·述而》:"饭疏食(吃粗粮),饮水,曲肱而枕之,乐亦在其中矣。"分化出名词饭食义,多指米饭。本义的使动意义为给别人饭吃、喂牲畜,如"饭牛"即喂牛。由本义还引申为饭含(唅),指让死者口中含着米、贝、珠、玉等物,《战国策·赵策三》:"生则不得事养,死则不得饭含。"(金国泰)

飤(饮) shí 船纽、职部;船纽、职韵、乘力切。
sì 邪纽、之部;邪纽、志韵、祥吏切。

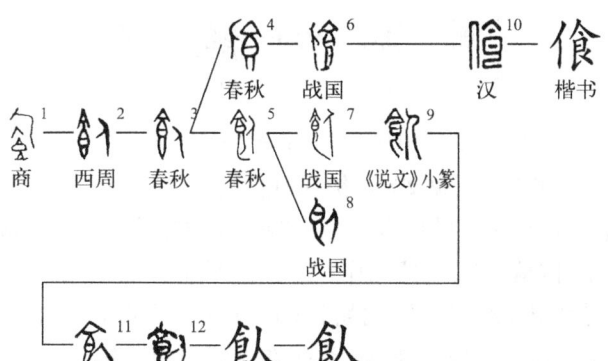

1、10《甲金篆》331页。2—5、7《金文编》359～360页。6《战文编》326页。8《包山》77页。9《说文》107页。11《睡甲》76页。12《马王堆》207页。

会意字。初文像人俯首张口向簋就食。省去人身形而只留向下张开的口形,就成为"仓(食)"字,所以"飤""食"是繁简异体。"飤"字目前在殷商卜辞中仅一见,但并不是最早的写法,所以人身形和向下倒张开的口形已经讹断两分。入周后,倒口形长留在食簋形之上,人身形完全移置于食簋右旁,朝向食簋,还显示着人身与倒口曾经连为一体的形迹。春秋战国直至汉代,有把人形写在左侧的,虽然所见不多,但却是汉后楷书"飤"("飤"之异体)字之源。战国楚系文字中,时见省去倒口形的写法。秦后较晚时候(极可能是在六朝)出现了"饲"字,它是"食"字加声符"司"的结果,专用于作"食"的使动意义,后人以"飤"为"饲"异体。1955年《第一批异体字整理表》确定"飼(饲)"为规范正字,淘汰了"飤"字。本义是进食,吃。西周父乙飤盂:"父乙飤。""飤"在西周金文中多作食器用词的定语,如"飤鼎""飤盂""飤簋"等。相因的名词义是食物,金文有"旨飤",即甘美的食物。以上动词和名词意义都应读shí,但这些意义未见于典籍,所以历代字典没有与此义相应的注音。"飤"用使动意义,使吃,此读sì。西周谏簋:"谏作宝簋,用日飤宾(用这宝簋每天款待宾客)。"这种意义见于汉代著作。(金国泰)

飧 sūn 心纽、文部;心纽、魂韵、思魂切。

1《说文》107页。

会意字。《说文》:"飧,铺也。从夕、食。""夕食"可连续成意。"飧"字出现较晚,据其结构方式的特点,可知不会早于春秋,目前所见最早字形是《说文》小篆。在秦汉隶书材料中都未见"飧"字。"飧"字在小篆是上下结构,后代楷书正体作左右结构。楷书中或讹"夕"旁为"歹"旁,因此,典籍中"飧""飱"以异体形式并见。1955年《第一批异体字整理表》中,确定"飧"为规范字。"飱"被淘汰。本义是晚饭,可指吃晚饭或做晚饭。《孟子·滕文公上》:"贤者与民并耕而食,饔(yōng早饭)飧而治。"引申为熟食、汤水泡饭(参见"飱"字条)和便宴。(金国泰)

餔(铺)

bū 帮纽、鱼部；帮纽、模韵、博孤切。
bù 並纽、鱼部；並纽、暮韵、薄故切。

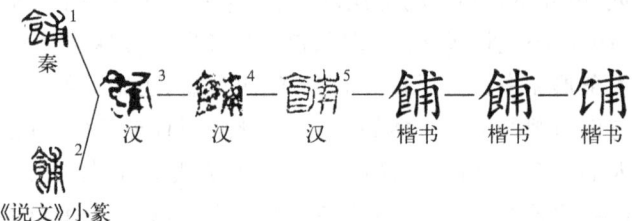

1《睡甲》76页。2《说文》107页。3《马王堆》208页。4、5《甲金篆》321页。

形声字。从食，甫声。现代楷书偏旁"飠"简化作"饣"，"餔"字亦类推作"铺"。《说文》："餔，日加申时食也。"段玉裁注据《广韵》、《类篇》、《韵会》等改为"申时食也"。本义是晚饭。睡虎地秦简《日书甲》135："庚申戊己壬癸餔时行，有七喜。"马王堆汉墓帛书《五十二病方》："以月晦日日下餔时。"（在月末最后一天日落吃晚饭的时候）引申为吃、给食和喂养，还引申为傍晚（后来用"晡"字）。以上意义都读bū。"餔"字另有一音bù，用于糖渍的干果一义。（金国泰）

餐

cān 清纽、元部；清纽、寒韵、七安切。

1《说文》107页。2《隶辨》156页。

形声字。《说文》："餐，吞也。从食，奴声。"本义是吃。《诗·魏风·伐檀》："彼君子兮，不素餐兮。"引申为饭食，还引申为承受、挨，用作量词，如言"一日三餐"。表示吃或吃饭义，上古汉语多用"食"，与"食"有同义关系的"餐"这个词出现较晚，"餐"字尚未见于先秦古文字。今见最早字形是小篆。（金国泰）

湌(餐)

cān 清纽、元部；清纽、寒韵、七安切。

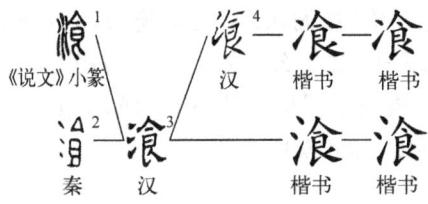

1《说文》107页。2、4《甲金篆》331页。

3《隶辨》156页。

会意字。《说文》："餐或从水。"从水，从食，以会餐食之意。是"餐"的异体字。"湌"字左旁的"氵"，经汉代草写后楷化而变成"冫"，所以"湌""飡"二字又以异体关系在古书中并见。《史记·梁孝王世家》："太后闻之，立起坐飡，气平复。"《隶释·汉外黄令高彪碑》："饥不及湌。""湌"字从水，古书或专指水泡饭。汉刘向《列女传》："负羁（人名）乃遗（wèi送给）壶湌，加璧其上，公子受湌反（返还）璧。""壶湌"一语，古书或写作"壶餐"、"壶飱""壶飧"，用"餐"，是异体同词，用"飱"或"飧"，词义和读音就不同了，可能有传抄之误。（金国泰）

饁(馌)

yè 匣纽、叶部；云纽、叶韵、筠辄切。

1《说文》107页。2《甲金篆》332页。

形声字。《说文》："饁，饷田也。从食，盇声。""饁"字尚未见于先秦古文字。楷书"饁"字声符有"盇""盍"两种形式，"盇"在《第一批异体字整理表》中被淘汰，因此"饁"是规范正体。又因偏旁"飠"简化作"饣"，"饁"字类推作"馌"。本义是饷田，给在田间耕作的人送饭。《诗·豳风·七月》："同我妇子，馌彼南亩。"引申指古代田猎时以所获鸟兽祭四郊神。《周礼·夏官·大司马》："致禽馌兽于郊。"（金国泰）

餉(饷)

xiǎng 书纽、阳部；书纽、漾韵、式亮切。

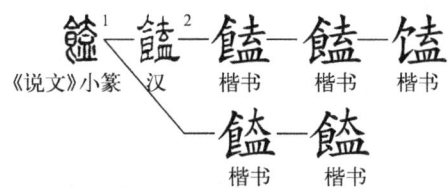

1《说文》107页。2《甲金篆》332页。

形声字。《说文》："餉，饟也。从食，向声。"1955年《第一批异体字整理表》中，把"饟"视作"餉"的异体字淘汰了。因偏旁"飠"简化作"饣"。"餉"字类推作"饷"。本义是饷田，给正在田间耕作的人送饭。《孟子·滕文公下》："有童子以黍肉饷，杀而夺之。"引申为馈送、所送的食物、军粮，由军粮义引申为运送军粮（动词）、军饷。后来，由饷田义引申为短暂的一段时间和中午（因为饷田多是在中午，而且时间不长），这两个意义后来用改换义符的"晌"字，语音也有了变化。又，《说文》有"饟"字，训为

"周人谓饷田曰饟",并且用"饟"解释"饷",古书中也常见"饟"字意义同"饷"的本义及早期各引申义,只是不表示后来用"晌"字表示的意义。(金国泰)

饋(馈) kuì 群纽、物部;群纽、至韵、求位切。

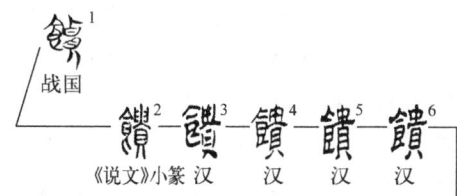

1《包山》78页。2《说文》107页。3《银雀山》183页。4、5《甲金篆》332页。6《隶辨》490页。

形声字。《说文》:"从食,贵声。"今见最早的"馈"字字形在战国楚系文字中,其声符"贵"之上部都写作"占"或"与",但云梦秦简独体的"贵"字上部写作"臾",所以,小篆及汉隶"馈"字是秦系文字的演变形式。现代"貴"字和偏旁"食"都已简化,所以,"饋"类推作"馈"。本义是赠送粮食或饭食。《左传·桓公六年》:"于是诸侯之大夫戍齐,齐人馈之饩(xì,粮食)。"引申为进献、输送粮食,还引申为食物及饮食之事;由进献义又引申为祭祀。(金国泰)

饗(飨) xiǎng 晓纽、阳部;晓纽、养韵、许两切。

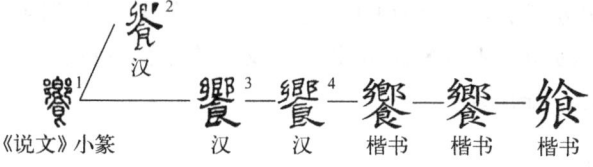

1《说文》107页。2、3、4《甲金篆》332页。

形声字。《说文》:"饗,乡人饮酒也。从食,从鄉,鄉亦声。"飨"字初文是"鄉(乡)",早见于殷商卜辞(参见"鄉"字条)。由于词义分化和引申,在西周金文中,"鄉"字写着同源的"鄉"、"卿"、"飨"、"嚮(向)"等四个词,书面记言的区别律要求词有专字,后来在初文下加义符"食"而产生"饗"字。"鄉"与"卿"二字的分化,在西汉初期还不彻底,这在马王堆汉墓帛书中有明显表现,所以,西汉武威简"飨"字声符作"卿"形,而东汉碑刻承小篆作"鄉",把小篆声符中正反相对的两个"邑"形渐变为"乡""阝"相对。现代"鄉"字简化为"乡","饗"字类推作"飨",为书写匀称,变原来的上下结构为左右结构。本义是众人相聚宴饮,《诗·豳风·七月》:"朋酒斯飨,曰杀羔羊。"引申为宴请宾客、祭献、享受。(金国泰)

餬(䭅) hú 匣纽、鱼部;匣纽、模韵、户吴切。

1《说文》107页。

形声字。《说文》:"从食,胡声。""餬"字产生较晚,今见最早字形是小篆。现代"餬"字因偏旁"食"简化作"饣"而类推作"䭅"。本义是稠粥。《尔雅·释言》:"餬,饘(zhān)也。"郭璞注:"糜也。"用作动词,就是用粥填口以充饥。《左传·隐公十一年》:"寡人有弟,不能和协,而使餬其口于四方。"餬有黏性,因此引申为粘合、涂抹,这在后来用"糊"字。(金国泰)

飽(饱) bǎo 帮纽、幽部;帮纽、巧韵、博巧切。

1《说文》108页。2《银雀山》183页。3《甲金篆》332页。

形声字。《说文》:"饱,猒(厌)也。从食,包声。""饱"字义符"食"在西汉或简写(参见"食"字条)。现代"饣"旁简化作"饣",因此,"飽"字类推作"饱"。本义是吃到足量的程度。《书·酒诰》:"尔大克羞耇惟君,尔乃饮食醉饱。"(只要你们能够很好地奉养老人和国君,你们就能酒足饭饱)引申为满足、饱满、充足、充分。(金国泰)

饒(饶) ráo 日纽、宵部;日纽、宵韵、如招切。又人要切。

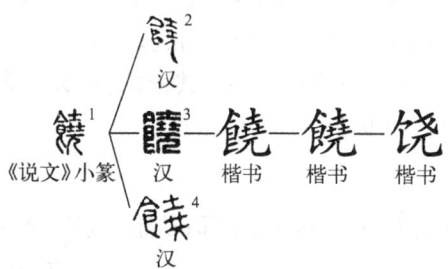

1《说文》108页。2《银雀山》183页。3《汉

印徵》卷5，10页。4《甲金篆》332页。

形声字。从食，堯声。"饶"字的产生可能在战国前后，至今尚未见于先秦古文字，今见最早字形是小篆。在汉代，"饶"之声符"尧"有不同省简形式，或省其三"土"为二"土"，或省去"兀"形的长横，并把下部并列的两个"土"形的横笔接通，这在西汉初银雀山墓竹简字中都有反映。楷书承小篆不省。现代偏旁"食"简化作"饣"，"堯"简化作"尧"，因此，"饒"字类推作"饶"。本义是充足、富足。《说文》："饶，饱也。"这是用"饱"的引申义作解。《左传·成公六年》："国饶则民骄佚。"引申为丰富、多、土质肥沃等义。由丰富义、多义引申为厚赐、多给、剩余、浓厚、厚重等。由厚赐义引申为宽容、宽恕等。由多给义引申为增添。此外，自中古以来，"饶"还有连词用法，相当于"任凭"、"尽管"。（金国泰）

餘（余、馀）

yú 喻纽、鱼部；以纽、鱼韵、以诸切。

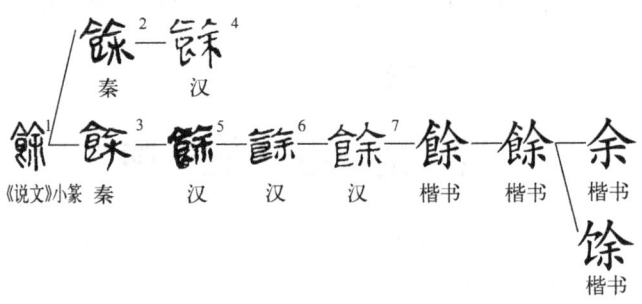

1《说文》108页。2、3《睡甲》76页。4《银雀山》183页。5《马王堆》208页。6、7《甲金篆》332页。

形声字。《说文》："餘，饶也。从食，余声。"目前所见"餘"字的最早形式是小篆和秦隶。自汉代以来，历代都有以同音代替方式用"余"写"餘"之例。1956年《汉字简化方案》正式把"餘"简化作"余"，但后来又作出补充说明："在'余'和'餘'的意义可能混淆时，仍用'馀'。""馀"是"餘"字因偏旁"食"简化作"饣"而类推出的简化字。本义是食物有剩余，多出来。《诗·秦风·权舆》："今也每食无餘。"引申泛指剩余，还引申为宽裕、丰足。由剩余义引申为残剩、末、其他的、整数后余计的零头尾数等。（金国泰）

餞（饯）

jiàn 从纽、元部；从纽、线韵、才线切。
又慈演切。

饋¹—餞—餞—饯
《说文》小篆 楷书 楷书 楷书

1《说文》108页。

形声字。从食，戔声。"餞"字尚未见于先秦古文字，今见最早字形是《说文》小篆。现代"餞"字因左右偏旁都简化了而类推作"饯"。《说文》："餞，送去也。"清段玉裁据《左传》释文等改为"送去食也"。本义是设酒食送行。《诗·大雅·崧高》："申伯信迈，王饯于郿。"（申伯真的要远行了，周王在郿地设酒食送行）引申为送，送走。近现代也用"饯"字写以蜜或糖浆浸渍果品一义，如"蜜饯"。（金国泰）

館（馆）

guǎn 见纽、元部；见纽、缓韵、古缓切。
又古玩切。

1《战文编》328页。2《说文》108页。3《汉印徵》卷5，11页。4《隶辨》574页。

形声字。《说文》："館，客舍也。从食，官声。"战国时期的文字材料已见"館"字，但是声符省作"自"，这与同时期单用的"官"字省写形式一致（参见"官"字条）。汉隶以下承小篆。现代偏旁"食"简化作"饣"，"館"字类推作"馆"。本义是接待宾客的房舍。《诗·郑风·缁衣》："适子之馆兮。"引申为华丽的住宅、官署，近现代一些接待公众的活动场所也多称为"馆"。本义用作动词，有接待、安置义。（金国泰）

饐（饐）

yì 影纽、质部；影纽、至韵、乙冀切。
yē 影纽、质部；影纽、屑韵、乌结切。

饐¹—饐²—饐—饐—饐
《说文》小篆 汉 楷书 楷书 楷书

1《说文》108页。2《甲金篆》333页。

形声字。《说文》："饐，饭伤湿也。从食，壹声。""饐"字产生的时代不会早于春秋，至今尚未见于先秦古文字，今见最早字形是《说文》小篆和西汉初马王堆汉墓帛书字，帛书字声符写法参见"壹"字条。现代偏旁"食"简化作"饣",因此,"饐"字应类推作"饐"。本义是饭食因受湿热而腐臭。《论语·乡党》:"食饐而餲(ài),鱼馁而肉败,不食。"(饭搁久出臭味了,鱼和肉腐败变质了,不吃)本义读yì。"饐"在以下两种情况读yē:其一,通"噎",食物等堵塞喉咙。《吕氏春秋·荡兵》:"夫有以饐死者,欲禁天下之食,悖。"后成语作"因噎废食"。其二,通"咽",声音滞塞。(金国泰)

饑(饥) jī 见纽、微部;见纽、微韵、居依切。

1《说文》108页。2《马王堆》308页。3《甲金篆》333页。

形声字。《说文》:"饑,谷不孰(熟)为饑。从食,幾声。""饑"字尚未见于先秦古文字,今见最早字形是《说文》小篆和西汉初马王堆汉墓帛书字。至现代,"饑"字因左右偏旁都已简化而类推作"饥",这就与原非异体关系的"飢"字的简化形式同形了。本义是五谷不收,荒年。《诗·小雅·雨无正》:"降丧饥馑,斩伐四国。"也通假作"飢",肚子饿,吃不饱。(金国泰)

饉(馑) jǐn 群纽、文部;群纽、震韵、渠遴切。

1《金文编》361页。2《说文》108页。3《甲金篆》332页。

形声字。《说文》:"从食,堇声。""饉"字最早见于西周中期,其义符和声符的演变,参见"食"和"堇"字条。现代偏旁"饣"简化作"饣","饉"字类推作"馑"。本义是饥荒,五谷不收。西周曶鼎:"昔饉岁,匡众厥臣二十夫寇䙴禾十秭。"(去年闹荒年,匡氏的属民及其奴仆20人群聚劫掠了我2000捆禾谷)《墨子·七患》:"一谷不收谓之馑。"古书中常"饥馑"连用,《诗·小雅·雨无正》:"降丧饥馑,斩伐四国。"《尔雅》及《说文》都以为"谷不熟为饥,蔬不熟为馑",这与"馑"在西周金文用例不尽相合。(金国泰)

餧(馁) něi 泥纽、微部;泥纽、贿韵、奴罪切。
wèi 影纽、微部;影纽、寘韵、於伪切。

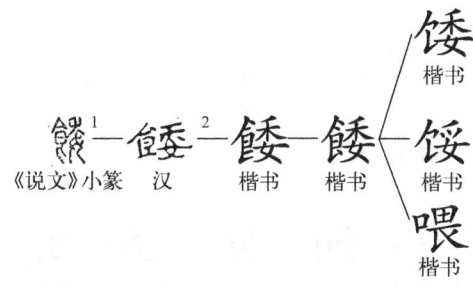

1《说文》108页。2《甲金篆》333页。

形声字。从食,委声。"餧"字产生较晚,今见最早字形是小篆。现代用作偏旁的"食"已经简化作"饣","餧"应类推作"馁"。但是,现代已不再用此字,因为它已被"馁""喂"二字取代了。读něi的饥和鱼败二义,现代只用"馁"字,在今见《论语》中有其根据,清阮元《论语注疏校勘记》以为"馁、餧古今字"。"馁"虽未见于今本《说文》,但清段玉裁据《经典释文》改《说文》之"餧"为"馁",《广韵》以为"馁"与"餧"同。读wèi的意义,在现代只用"喂"字。在1955年的《第一批异体字整理表》中,"餧"和"餵"被当作"喂"的异体字正式淘汰了。《说文》:"餧,饥也。一曰:鱼败曰餧。"本义是饥饿。《荀子·儒效》:"虽穷困冻餧,必不以邪道为贪。"又有"鱼败"义,即鱼腐烂义。《南史·傅昭传》:"或有暑月荐昭鱼者,昭既不纳,又不欲拒,遂餧于门侧。"饥和鱼败,二者没有明显的词义联系,因此,是两个同音词由于某种原因而共用了一个字,都读něi。"餧"又音wèi,用于喂,喂养义,后来又用"喂"字。《礼记·月令·季春之月》:"餧兽之药(给野兽吃的毒药),毋出九门。"(金国泰)

飢(饥) jī 见纽、脂部;见纽、脂韵、居夷切。

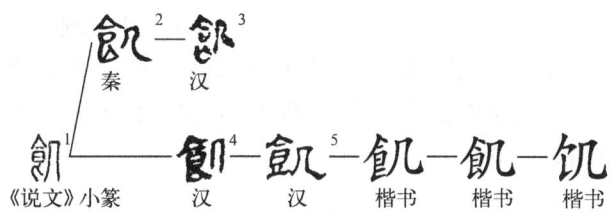

1《说文》108页。2《睡甲》76页。3、4《马王堆》206页。5《甲金篆》233页。

形声字。《说文》:"飢,饿也。从食,几声。""飢"字至今在先秦古文字材料中尚无发现,今见最早字形是小篆和秦简古隶。现代偏旁"飠"简化作"饣","飢"字类推作"饥",与本非异体的"饑"字简化字同形了。本义是饿。《诗·王风·君子于役》:"君子于役,苟无饥渴。"古书中或通"饑",五谷不收,荒年。(金国泰)

餓(饿) è 疑纽、歌部；疑纽、个韵、五个切。

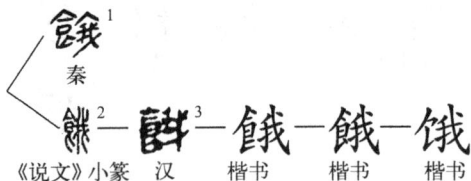

1《睡甲》76页。2《说文》108页。3《马王堆》208页。

形声字。《说文》:"餓,饥也。从食,我声。"秦简"餓"字义符作"飲",同"食"(参见"飲"字条)。汉以下承小篆从"食"。现代偏旁"飠"简化为"饣",因此,"餓"字类推作"饿"。本义是饥饿,但程度甚于"饥",指饿坏,饿得受不了。《论语·季氏》:"伯夷、叔齐饿于首阳之下,民到于今称之。"《淮南子·说山》:"宁一月饥,无一旬饿。"(金国泰)

餘(秣) mò 明纽、月部；明纽、末韵、莫拨切。

餘—餘—餘—秣
《说文》小篆 楷书 楷书 楷书

1《说文》108页。

形声字。从食,末声。先秦典籍多用其异体字"秣",但"秣"字未见于《说文》而见于《广韵》。今见"餘"字最早字形是《说文》小篆。现代偏旁"飠"已简化作"饣","餘"字应当类推作"饹",但是,其字古书罕见,后人不用,约定俗成,已属自然淘汰之列。而"秣"是古今通用字。《说文》:"餘,食(sì,饲)马谷也。"段玉裁注:"以谷飲(饲)马也。"本义是用谷物喂牲畜。《诗·周南·汉广》:"之子于归,言秣其马。"《左传·僖公三十三年》:"郑穆公使视客馆,则束载、厉兵、秣马矣。"陆德明释文:"秣,《说文》作餘。"后人偶用"餘"字。"餘(秣)"由本义分化出名词义,即牲畜的饲料。(金国泰)

餻(糕) gāo 见纽、宵部；见纽、豪韵、古劳切。

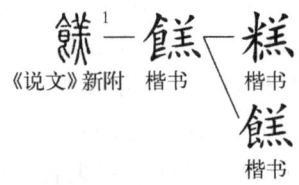

1《说文》108页。

形声字。《说文》:"餻,饵属。从食,羔声。""餻"字产生于秦后,北宋初附入《说文》。北宋时代也已经出现了"餻"的异体字"糕",两字并行于后世。在1955年《第一批异体字整理表》中,确定"糕"为规范字,淘汰"餻"字。本义是用麦粉、米粉或豆粉做成的糕饼。《方言》:"饵谓之餻。"《隋书·五行志上》:"又有童谣曰:'七月刈禾伤早,九月吃餻正好。'"(金国泰)

亼 部

亼 jí 从纽、缉部；从纽、缉韵、秦入切。

亼—亼
《说文》小篆 楷书

1《说文》108页。

不是独立的字形。《说文》:"亼,三合也。从入一,象三合之形。读若集。"典籍及所见出土文献都无单字"亼"的用例,"亼"形只见于某些字局部,《说文》立为540部部首之一,以统领"合""僉""侖""今""舍"等字,但此5字本不从"象三合之形,读若集"的"亼",而是各有其形意。或据《说文》而以为是古"集"字,与古文字不合。(金国泰)

合 hé 匣纽、缉部；匣纽、合韵、侯阁切。
gě 见纽、缉部；见纽、合韵、古沓切。

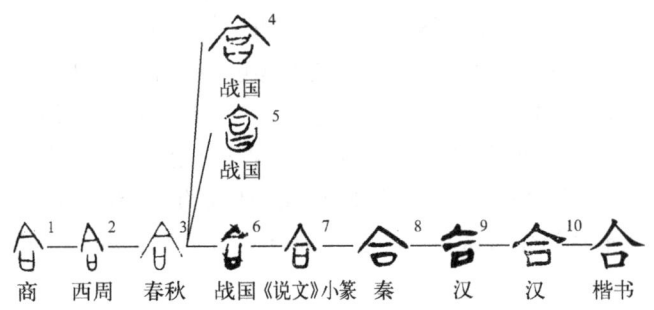

1《甲文编》238页。2、3《金文编》362页。4、6《战文编》330页。5《郭店》88页。7《说文》108页。8《睡甲》77页。9《马王堆》209页。

10《甲金篆》334页。

象形字。像盖儿与器上下相合之形。"合"字从商代至现代，基本形式古今一贯，只有笔势方面的微小变化。但在战国期间，主要在楚系文字中有增从"甘"或"口"的写法，这种形式也见于以"合"为构件的合体字。本义是盖合，引申为闭合、聚合、结合、符合等义。《小屯南地甲骨》2350："王其以众合又（右）旅。"此用聚合义。《战国策·燕策二》："蚌方出曝，而鹬啄其肉，蚌合而拑其喙。"此用闭合义。由聚合义引申为联合、联络、合并、军事交锋等，还引申为副词，有共同、一起义。由结合义特指男女结合，因此引申为匹配。由符合义引申为重合、适合，用于语言交际，所言符合对方的发问，是对答、回答，后来分化出"答"这个词。以上意义，都读 hé。"合"另有读 gě 一音，专用于容量单位，合、升、斗、石（dàn）是一组十进制容量用词。《汉书·律历志》："十合为升。"（金国泰）

僉（金） qiān 清纽、谈部；清纽、盐韵、七廉切。

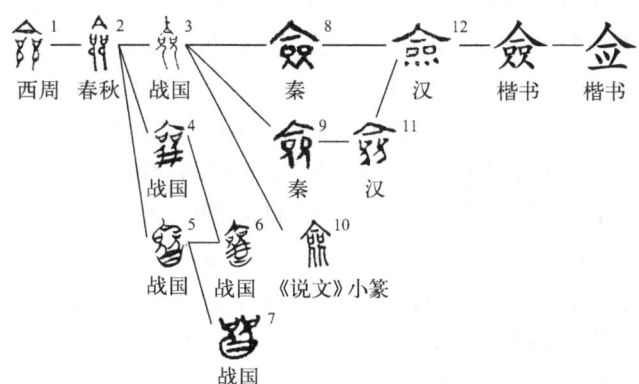

1、2、3《金文编》291页"劍"字偏旁。4《包山》216页"轂"字偏旁。5、6《郭店》88页。7《战文编》331页。8、9《睡甲》65页"劍"字偏旁。10《说文》108页。11《银雀山》185页。12《甲金篆》334页。

会意字。从亼，从二兄。亼，似是倒"口"形，与"令"字初文上部形象相同，像人张口向上，抚膝而跪，在殷商卜辞中与同是"祝"字。"僉"字产生很早，西周中期师同鼎铭文已有从金、僉声的"鐱（劍）"字。至战国时代，字内人形已失早期跪踞之态，变作侧立形，与"兄"字混同。而且，此时期繁简变化纷纭，或增二横线串连二"兄"形，或在原形下增"曰（甘）"或"口"形，或省去上部之"亼"，这些变化在楚系文字中最为突出。小篆及秦隶承西周以来未繁也未简的基本形式，秦隶已出现把侧立的人形写成"八"的形式，东汉隶书多把下部两个"八"形写成两个矮"八"形或四点形。楷书把下部写成并列的两个"人"形。1956年《汉字简化方案》据流传已久的草书形式，把"僉"字简化为"佥"。"佥"会意不明，本义未确知。《说文》："佥，皆也。"《书·尧典》："佥曰：'於（wū，语气词）！鲧哉！'"孔传："佥，皆也。"这种范围副词的意义，是从较早的某种实词意义引申来的，但是，目前搞不清这一引申的源头。春秋战国时代，"佥"常通"劍"。越王州句剑："戉（越）王州句自乍（作）用佥（劍）。"（金国泰）

侖（仑） lún 来纽、文部；来纽、谆韵、力迍切。

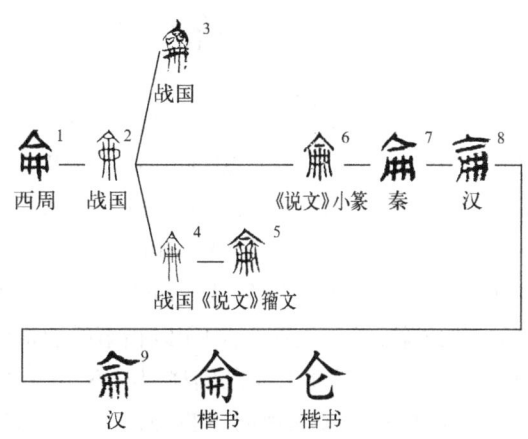

1《金文编》734页"淪"字偏旁。2、3《战文编》331页。4《金文编》363页。5、6《说文》108页。7《睡甲》31页"論"字偏旁。8《甲金篆》335页。9《隶辨》569页"論"字偏旁。

结构方式未明。疑与"龠"字有某种联系，参见"龠"字条。《说文》以为是会意字，曰："侖，思也。从亼，从册。""侖"字产生很早，因为早在西周它已经在合体字如"淪"字中作偏旁。或在字内"册"形二竖画上段加饰点，《说文》籀文"册"形顶部有二"八"形，就是由这种饰点演化而成。楚系文字或在字内"亼""册"二形间加二"口"形，则与"龠"字同形了。小篆承"侖"字初形，但"册"形作五竖，隶变多作四竖，演变至楷书。1956年《汉字简化方案》采用草书楷化形式，"侖"字简化作"仑"。本义可能是乐音的等次、条理，本义及其引申义在典籍上都写作"伦（伦）"。《书·舜典》："八音克谐，无相夺伦。"（八种乐器的声音能够和谐一体，不要互相离乱了伦次）引申泛指伦次、条理。特指人与人之间的长幼尊卑关系。郭店楚墓竹简《成之闻之》："以里（理）人侖（伦）。"由伦次、条理义引申为论，包含分析、说明事理的过程及由之而生的言论，在后来写作"论"，而出土古文献用"侖"字。中山王䇦鼎："侖（论）其惪（德），眚（省）其行。"（金国泰）

今 jīn 见纽、侵部；见纽、侵韵、居吟切。

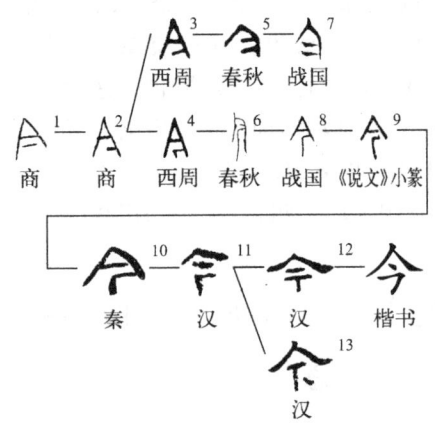

1《甲文编》238页。2《类编》7页。3–6《金文编》363页。7《战文编》331页。8、12《甲金篆》335页。9《说文》108页。10《睡甲》77页。11《马王堆》209页。13《隶辨》308页。

指事字。初文是倒"曰"形，从亼(倒"口"形)，下加短画，以示口吟之意。"今"字初文中用以指事的短横位于"亼"形下中间部位，殷商末期已偏移，与"亼"之右侧斜画相接。入西周，短横又出现向下折曲成"⌐"形者，但为数甚少。入东周，或写作"A"，二横画全作短横，而且只与右斜画相接，但这没能成为演变的主流，其主流是"亼"形下的折笔向下拉长，为小篆及秦汉隶书所继承。由于折笔"⌐"有向左逆笔的过程，所以，汉隶又逐渐改进：一种形式是把它变作近似"卜"的两笔形式，这在以"今"为声符的"岑、含、贪、琴、黔、阴"等隶字中也都有表现；另一种形式是把它变成"丁"这样的两笔形式。后来楷书把"丁"形改造成顺向横折撇的一笔形式"丁"，它上面的横笔变作点。本义当是吟。但其本义在典籍用后起的累增字"吟"。"今"字早在商代已被表时间的假借义占据，其义为此时，可以表示当日。《合集》12004："贞：今日雨？"又可以表示较当日宽泛的现时阶段。《合集》33351："贞：今秋禾不遘大水？"（金国泰）

舍 shě 书纽、鱼部；书纽、马韵、书冶切。
　　shè 书纽、鱼部；书纽、祃韵、始夜切。

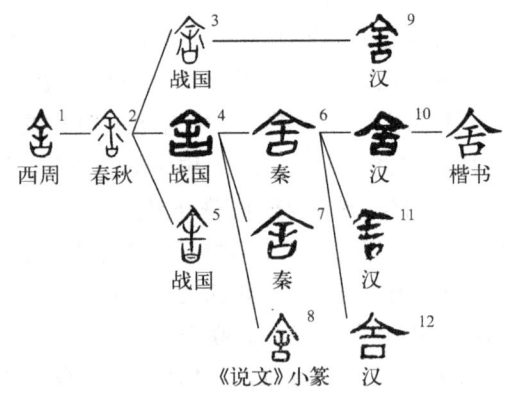

1、2、3《金文编》364页。4、5《战文编》331页。6、7《睡甲》77页。8《说文》108页。9、10、11《马王堆》210页。12《甲金篆》335页。

形声字。从口，余声。"舍"字在西周前期已经行用。其声符"余"与单字"余"在战国之前的演变大体同步，先写作"余"，春秋战国时在下部加"八"形。但战国时代既有把声符内"八"形改易连成一横笔的，又有完全不用"八"形而如西周旧式的，后者在秦系文字。秦隶是把声符"余"中向上的斜笔"∨"变为一横的过渡阶段，所以，变与未变的两种形式并见于秦简。汉隶已完全不见"∨"形而只有横笔，作"舍"形者传至楷书。不过，在汉初至汉末，"舍"字声符中的"干"形，也常常被写作"土、工、干"，但都没能进入楷书规范。本义是口头发布。《说文》："市居曰舍。从亼，中象屋也，囗(wéi)象筑也。"这是据小篆字形而曲解。古文字从口舌之"口"，不从"回币"形之"囗"。西周善夫克鼎："王令善夫克舍令于成周遹正八师之年"，"舍命"即发布命令。引申为发出、释放、施予、给予。《诗·小雅·车攻》："舍矢如破(放出箭就射中猎物)。"进一步引申为离开、罢止、放弃。以上各义都读shě。另有以下读shè的一些意义：由罢止义引申为止息、止宿，由此进一步向多方向引申，军队住宿一夜为"舍"，军行30里而短时休息为"舍"，处所、住所称"舍"，星次，即星宿运行所至之处称"舍"。由止息、止宿义还引申为安置、保留。由住所义引申为客馆，引申为对自家或亲属的谦词，如"舍间""舍弟"。（金国泰）

會 部

會(会) huì 匣纽、月部；匣纽、泰韵、黄外切。
　　 kuài 见纽、月部；见纽、泰韵、古外切。

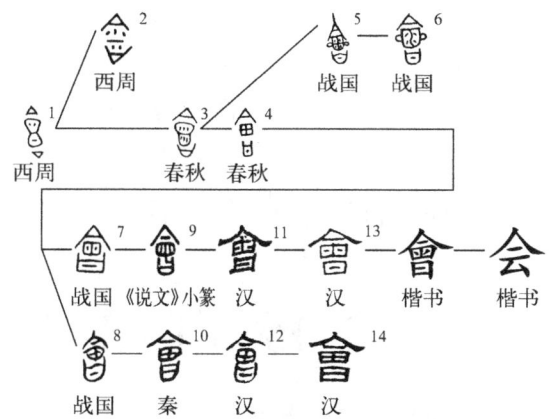

1、6《金文编》364页。2《甲金篆》335页。3、4《金文编》365页。5《金文编》364页"逾"字偏旁。7、13、14《甲金篆》336页。8《郭店》89页。9《说文》109页。10《睡甲》77页。11《隶辨》543页。12《马王堆》210页。

形声字。从合，夹置于"合"形中间的声符，还不能说定，疑是"胃"字象形初文，像胃袋内存有米粒之形（参见"胃"字条）。今见最早的"会"字在西周早期（见于员卣）。字形演变主要表现在声符上，西周晚期有省去胃袋形而只存"米）"形的。春秋时代，先是承西周象形，写作" "，后来出现了两种简写形式：其一，简写作" "，这在战国（主要在楚国）秦汉得到广泛继承；其二，简写作" "，见于秦国兵符，是小篆所本，汉隶中也有据此作形的，但数量明显低于作" "形的。在汉隶中数量未占优势的" "形，在后世楷书规范中取胜，淘汰了原来占优势的" "形，这大概是以《说文》小篆为正字的结果。此外，战国时代，三晋地区或把原声符写作" "" "形，前者若去掉双耳形饰笔，就与"胃"字小篆的象形部分" "没什么本质区别了，而后者是从前者进一步变化的，这些写法没能扩展和延续。另一方面，"会"字义符"合"中的下半，居全字之底，自春秋时代起，内加短画而成"甘（甘）"形，小篆变作" "，隶变作"日"，楷书中渐与"日"混同。1956年《汉字简化方案》采用草书楷化方式，把"會"字简化作"会"。本义未明，可能是积聚禾谷，是"廥"之古字。引申为聚合、会合。《尔雅·释诂》："会，合也。"《广雅·释诂三》："会，聚也。"西周儶匜："牧牛则誓。乃以告吏䊒，吏䎽，于会牧牛辞。"（败诉者牧牛按照规定的誓词起誓。于是把这事向名字叫䊒和䎽的两个官员报告，他们就前往合验牧牛的誓词）《书·禹贡》："灉、沮会同。"（灉水和沮水会合）由聚合、会合义引申为盟誓、聚会、相遇、符合，还引申出两个名词义：一是器盖儿，二是都（dū）会，即人口集散之所。由相遇义引申为机会和副词义恰、正值。由符合义引申为领悟、理解、能进行、熟悉或擅长，还引申为应当。以上诸义皆读 huì。"会"还有一音 kuài，主要用于由聚合义引申出的计算、总计义，也用于买卖中间人义，这在后来写作"儈（侩）"。（金国泰）

倉部

倉(仓) cāng　清纽、阳部；清纽、唐韵、七冈切。

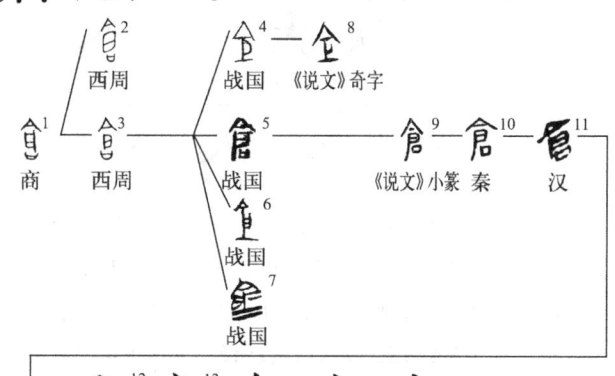

1《甲文编》240页。2、3《金文编》365页。4、5、6《战文编》332页。7《郭店》89页。8、9《说文》109页。10《睡甲》77页。11《马王堆》211页。12、13《甲金篆》336页。

象形字。像粮仓形。顶部像苫盖；底部像坎穴，古代一些地区仓储与居住同，常为半地穴式；中部是户形，即出纳之门扇。"仓"字始行于商代，西周与商代初文基本相同，但至战国，变化纷繁：下底之"口"形多简变为一横或二横；仓门形因书写草率而作" "" "等形，并往往在其中轴另一侧空旷处填二横画作饰笔；仓门形或简写作" "，再简为" "。但同时期秦国文字仍承西周体系，只是把底部"口"形上移至门扇竖轴右侧。小篆把门轴线向左斜拉，秦汉隶书都因之成撇势。楷书全本汉隶，只是新楷书字形把" "下的横画变成点。1956年《汉字简化方案》把"倉"字简化作"仓"，这与《说文》"仓"下奇字及清代刊行的《目连记弹词》等书中"仓"的写法相近。《说文》："仓，穀藏(zàng)也。"本义是粮仓。《诗·小雅·楚茨》："我仓既盈。"比喻引申为船舱，后来写作"艙(舱)"。（金国泰）

入 部

入 rù 日纽、缉部；日纽、缉韵、人执切。

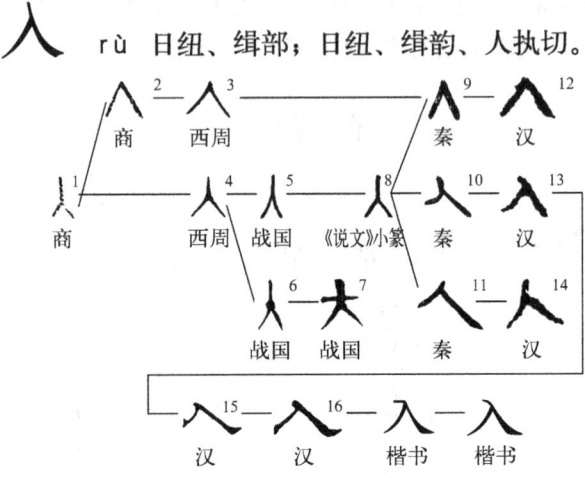

1、2《甲文编》240页。3、4《金文编》365页。5、6、7《战文编》333页。8《说文》317页叙目（109页字头不确）。9、10、11《睡甲》77页。12、13、14《马王堆》211页。15、16《甲金篆》337页。

可以视为指事字，实际是"内"的分化字。"内"字初文作"冂"，以有锐锋的楔形符号"人"刺入"冂"形的图象，表示进入内里之意。从"内"字中分化出"人（入）"形以示进入之事。"入""内"二字都见于商代，"入"之初形当与"内"字中"人"形相同，本作"人"，或省作"八"，这两种大同小异的写法长期并行，直至西汉初。战国时代，或在中竖上加圆形饰点，饰点或变作短横。秦汉两代隶书都有把"入"写作"入"和"人"两种形式的情况，后者与"人（rén）"字混似，所以，至东汉，终于确立左撇短写，右捺探头的形式。本义是进入。《合集》27667："癸亥卜：王其入商？"（癸亥日卜问：王将要进入商都吗？）"入"与"内"、"纳"古本同源，因此，"入"有纳义，既表示献纳、交纳，又表示收纳、采纳。（金国泰）

内 nèi 泥纽、物部；泥纽、队韵、奴对切。
　　 nà 泥纽、缉部；泥纽、合韵、奴答切。
　　 ruì 日纽、月部；日纽、祭韵、而锐切。

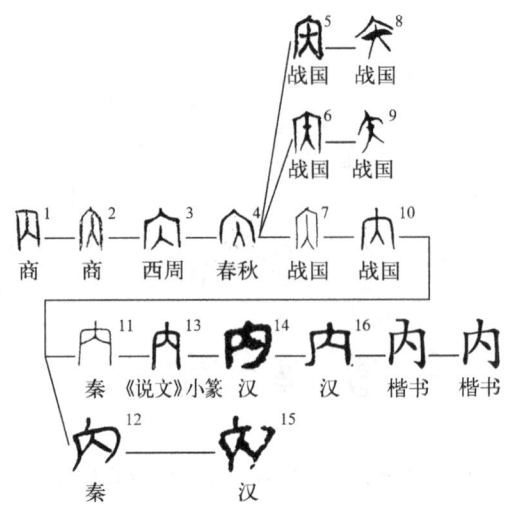

1、2《甲文编》240页。3、4、6、7《金文编》366~367页。5《战文编》333页。8、9《郭店》89页。10、11、16《甲金篆》337页。12《睡甲》78页。13《说文》109页。14、15《马王堆》211、212页。

会意字。《说文》："内，入也。从冂，自外而入也。"初文以有锐锋的楔形符号"人"刺入"冂"形的图象，表示进入内里之意。"内"字在商代原本写作"冂"，因为与"冂（丙）"字区别甚微，而改平顶"冂"为尖顶"介"。至战国，字中的"入"形常在中竖上加饰点或饰横，同时，楚系文字又把"冂"形简写为"八"形。战国中期之后，秦系文字"入"形向上穿透重作平顶的"冂"形，成为秦及其后篆隶楷各体的稳定形式。但是，在秦汉简帛中也有写成"人"在"冖"形中的样子。楷书旧字形作"内"或"内"，是要明确从"入"，新字形作"内"，既是沿袭汉隶笔势，也是为了书写便利。本义是从外面进入内里，逐渐分化为"内""入""纳"三词，但在西周中期以前，"内"字还兼赅"内""入""纳"三项相关联的意义。西周录卣："淮尸（夷）敢伐内国。"此用内外之内义。员卣："员从（跟随）史旗伐会（郐），员先（作先锋），内（入）邑，员孚（俘）金。"此用进入义。师望鼎："虔夙夜出内（纳）王命。"在典籍中也可以看到"内"兼表受纳和交纳两方面意义，读作 nà，后来写作"纳"。"内"由本义引申为榫头，读 ruì，后来写作"枘"。（金国泰）

糴（籴） dí 定纽、药部；定纽、锡韵、徒历切。

糴¹—糴²—糴³—糴—糴—籴
《说文》小篆　汉　三国魏　楷书　楷书　楷书

1《说文》109页。2、3《甲金篆》337页。

会意兼形声字。《说文》:"籴,市谷也。从入,从糴。"按:糴亦声。"籴"字产生较晚,尚未见于先秦古文字,今见最早字形是《说文》小篆。在唐代《干禄字书》中,"糴"字与只截取其特征部分的简化形式"籴"以正俗异体并存。1956年《汉字简化方案》正式规定"糴"字简化作"籴"。本义是买入粮食,与卖出粮食的"糶(粜)"同源。《左传·庄公二十八年》:"冬,饥。臧孙辰告籴于齐。"(冬天,闹饥荒,鲁国大夫臧孙辰向齐国请求买入粮食)(金国泰)

全 quán 从纽、元部;从纽、仙韵、疾缘切。

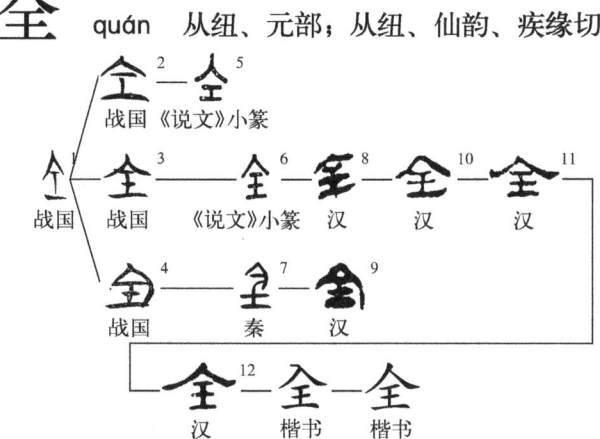

1《战文编》334页。2、3、4《包山》79页。5、6《说文》109页。7《睡甲》78页。8、9《马王堆》212页。10《银雀山》187页。11、12《甲金篆》338页。

结构不明。《说文》:"仝(全),完也。从入,从工。"今见最早的"全"字在春秋战国之际的侯马盟书,写作"仝"(与《说文》字头同),形象不明。战国中期,下部"工"形中竖上增加饰点,演变为短横,短横变长,至小篆下体成"王(玉)"形,故《说文》曰:"全,篆文仝从玉,纯玉曰全。"战国中期,楚国文字常把上部"入"形右笔向下拉长,并多向内里回转,秦兼并天下前后,在楚地的秦简及汉初帛书都承袭这种形式。秦简字又把中竖上端向右折,接通或接近向内里回转的右侧长画,与秦简"金"字形近,也许这就是受了"金"字同化。汉隶主流写法是延伸《说文》小篆从王的形式。楷书旧字形上部据《说文》写作"入(人)",新字形从俗,从便,改作"人"形。本义是完整,全体,整个的。《庄子·养生主》:"三年之后,未尝见全牛也。"引申为完好无缺、完备、齐全和保全和纯一、纯粹。由完好义引申为病愈,后来写作"痊"。由纯粹义引申,特指纯色玉。由完备、齐全义引申为副词义完全、都。(金国泰)

国家出版基金项目

字源 中

李学勤 主编

天津出版传媒集团
天津古籍出版社
辽宁人民出版社

缶 部

缶 fǒu 帮纽、幽部；非纽、有韵、方久切。

1、2《甲文编》241页。3、4、5《金文编》367页。6《战文编》334页。7《说文》109页。8《马王堆》212页。9《汉印徵》卷5，12页。

形声字。从口，午声。《说文》："缶，瓦器所以盛酒浆，秦人鼓之以节謌。象形。"其所训"象形"，不确。商代文字从"口"像器物形，又从个或丨（也是午）为标声符。春秋战国文字上端明显从午。秦代文字沿袭了春秋时此字下端口字无横画的写法。汉代仍之。凵，本像瓦器之形，午则为声符。缶作为一种瓦器本不限于盛酒浆，也常用来汲水。《左传·襄公九年》："具绠缶"，杜预注："绠，汲索。缶，汲器。"春秋时期，亦用铜作缶，故栾书缶的缶从金旁。缶作为乐器，《墨子·三辩》："息于聆缶之乐"，清王念孙《读书杂志》谓聆乃瓴之讹，瓴即瓴。瓴、缶皆乐器。商代多用缶做人名，如甲骨文有"基方缶"（《合集》6572），金文有"小臣缶"（小臣缶鼎）。古无轻唇音，故上古亦用缶为保或宝，如甲骨文《铁》191.4："贞：帝弗缶（保）于王"。大意是贞问上帝不保祐于商王吗？金文京姜鬲："其永缶（宝）用。"缶或假为陶，战国文字如："廿秊（年）正月，左缶（陶）君（尹），左缶（陶）攻（工）敔（造）。"（《古陶文汇编》4.1）（刘桓）

匋 táo 定纽、幽部；定纽、豪韵、徒刀切。

1-4《金文编》368页。5、6、7《战文编》334页。8《战文编》335页。9《说文》109页。

形声字。从缶，勹声。《说文》："匋，瓦器也。从缶，包省声。古者昆吾作匋。案《史篇》读与缶同。"西周文字所从缶字写法不一；战国文字颇有变化，有的字形接近秦小篆，有的字形则属异构。关于匋字字义，《广雅·释宫》："匋，窑也。"窑俗作窰。匋后来亦写作陶。《玉篇》："陶，作瓦器也。"所训与《说文》匋字相合。《周礼·考工记》："有虞氏上陶。"西周金文匋用做氏名，如麓伯簋："蔡（麓）白（伯）量（星）父乍（作）匋中姞宝毁。"战国文字用"匋"为"陶"，如《季木藏匋》38.8："匋（陶）里人臧（臧）之豆。"郭店楚墓竹简《穷达以时》："舜耕於鬲（歷）山，匋（陶）笘於河浜。"（刘桓）

罂（罌） yīng 影纽、耕部；影纽、耕韵、乌茎切。

1《说文》109页。2《马王堆》212页。

形声字。从缶，賏声。罂是一种大腹小口的容器。《说文》："罂，缶也。"段玉裁注："许意缶、罂、甖一物也。《方言》：'瓨、瓿、瓮、瓮、甈、瓮、瓮、瓽、瓶、甒、罃、罂也。自关而西，晋之旧都，河汾之间，其大者谓之甈。自关而东、赵魏之郊谓之瓮，或谓之罂，罃其通语也。'甈即瓮，罃即罂。"《广雅·释器》："罂，瓶也。"《汉书·韩信传》："以木罂缶度（渡）军"，颜注："罂缶谓瓶之大腹小口者也。"马王堆帛书《养生方》062："煎白罂（嬰）丘（蚯）引（蚓）"，罂假为嬰，"白嬰"是一种药物。前人有一种说法，认为罂又通罃（清桂馥《说文解字义证》罃字引《方言》"罃"字条及《史记·淮阴侯列传》："守儋石之禄者"，晋灼曰："扬雄《方言》海岱之间名罂为儋"）。段玉裁则指出罂大罃小，二者有别，详见《说文解字注》"罃"字下。（刘桓）

𦈢 fú 並纽、之部；奉纽、尤韵、缚谋切。
póu 並纽、之部；奉纽、尤韵、缚谋切。
bù 並纽、之部；並纽、厚韵、蒲口切。

1《说文》109页。

形声字。从缶，咅声。《说文》："𦈢，小缶也。"字又通瓿。《说文》："瓿，甂也。"段玉裁注："按《方言》曰：'瓿甄，瓮也。自关而西，晋之旧都，河汾之间，其大者谓之甄，其中者谓之瓿甄。'又曰：'缶谓之𦈢甄。'许意缶罂一物也，故云'甂，小缶'也。即杨（按指扬雄《方言》）之'中者谓之瓿甄'也。"段玉裁调和《说文》、《方言》两说，认为小缶、中罂都可称𦈢，应是对的。《玉篇》谓𦈢亦作瓿。（刘桓）

缶部 矢部

缾（瓶） píng
並紐、耕部；並紐、青韻、薄經切。

春秋　戰國　《說文》小篆　《說文》或體　漢　楷書　楷書

1 《金文編》368頁。2 《戰文編》335頁。3、4 《說文》109頁。5 《漢印徵》卷5，12頁。

形聲字。春秋時期字從缶，比聲，至戰國始成為從缶、并聲字。漢代有缾的或體瓶字。春秋時期還有從由、比聲的字用為缾。缾是一種汲水器。《說文》："缾，甕也。從缶，并聲。瓶，缾或從瓦。"又說："甕，汲缾也。從缶，雝聲。"《方言》則以為瓶是小缶，"缶謂之瓿甊，其小者謂之瓶"。缾用於汲水見於典籍，《左傳·定公三年》："閽以缾水沃廷。"《呂氏春秋·察今》："見瓶水之冰，而知天下之寒。"（劉桓）

罃 yīng
影紐、耕部；影紐、耕韻、烏莖切。

西周　戰國　《說文》小篆　楷書

1 《金文編》913頁。2 《汗簡》14頁。3 《說文》109頁。

形聲字。從缶，熒聲。戰國文字上端從熒。本義為一種長頸瓶。《說文》訓為"備火長頸缾也"。段玉裁注特別說明罃與罌不是同一字，"按近人謂罌罃一字，依許（按指許慎）則劃然二物二字也，罌大罃小，用各不同。《方言》、《廣雅》說雖不與許同，而罌罃亦畫為二"。西周金文伯百父罃用鎣為罃。（劉桓）

缸 gāng
匣紐、東部；匣紐、江韻、下江切。
匣紐、東部；匣紐、講韻、胡講切。

《說文》小篆　楷書

1 《說文》109頁。

形聲字。意為一種長頸似罌的容器。《說文》："缸，瓨也。從缶，工聲。"（段注本）段玉裁注："瓦部曰：瓨似罌，長頸，受十斗。缸與瓨音義皆同也。史、漢《貨殖傳》皆曰：'醯醬千瓨'。"缸與瓨皆從工聲，為同義字。現代漢語讀為gāng，為底小口大的圓桶狀容器。（劉桓）

䍃 yóu
喻紐、宵部；以紐、尤韻、以周切。

戰國　《說文》小篆　楷書

1 睡虎地秦簡《日書甲》137反。2 《說文》109頁。

形聲字。從缶，肉聲。徐鉉以為從䚘省聲。本義為一種瓦器。《說文》："䍃，瓦器也。"徐灝曰："䍃、匋語之轉。"《方言》："䍃，罌也。淮汝之間謂之䍃。"䍃字通搖，睡虎地秦簡《日甲》137反："召䍃"，即"招搖"。（劉桓）

罶 líng
來紐、耕部；來紐、青韻、郎丁切。

春秋　春秋　春秋　《說文》小篆　楷書

1、2、3 《金文編》368頁。4 《說文》109頁。

形聲字。從缶，霝聲。《說文》："罶，瓦器也。"金文罶的霝一般多從三口，個別的從二口，亦通。周代金文伯夏父罶，假霝為罶，見強運開《說文古籀三補》。春秋時金文或假濡、儕、瞏為罶。蓋林、霝音近可通。如："享□父昶戊乍（作）寶瞏"。（《集成》16.9969）（劉桓）

缺 quē
溪紐、月部；溪紐、屑韻、苦穴切。
溪紐、月部；溪紐、薛韻、傾雪切。

《說文》小篆　漢　楷書

1 《說文》109頁。2 《馬王堆》212頁。

形聲字。從缶，夬聲。《說文》："缺，器破也。"以器破為本義。又指武器的破缺殘損，《詩·豳風·破斧》："既破我斧，又缺我斨。"又指文獻的殘缺，《文選·劉歆〈移太常博士書〉》："猶欲保殘守缺。"戰國文字用夬為缺，如郭店楚墓竹簡《語叢一》："夬（缺）生虖（乎）未得也。"（劉桓）

罅 xià
曉紐、魚部；曉紐、禡韻、呼訝切。

《說文》小篆　楷書

1 《說文》109頁。

形聲字。從缶，虖聲。《說文》："罅，裂也。從缶，虖聲。缶燒善裂也。"本指瓦器之裂縫，引申為物體的坼裂。唐韓愈《進學解》："補苴罅漏。"（劉桓）

罄 qìng 溪纽、耕部；溪纽、径韵、苦定切。

罄¹ — 罄
《说文》小篆　楷书

1《说文》109页。

形声字。从缶，殸声。《说文》："罄，器中空也。从缶，殸声。殸，古文磬字。《诗》云：'缾之罄矣。'"毛传："罄，尽也。"《左传·僖公二十六年》："室如县罄"，释文："罄亦作磬，尽也。"（刘桓）

罐 guàn 见纽、元部；见纽、换韵、古玩切。

罐¹ — 罐
《说文》新附　楷书

1《说文》110页。

形声字。从缶，雚声。《说文》："罐，器也。从缶，雚声。"《玉篇》："罐，瓴罐。"罐字的出现较晚，先秦典籍未见使用。后代用指汲水器。（刘桓）

矢 部

矢 shǐ 书纽、旨部；书纽、旨韵、式视切。

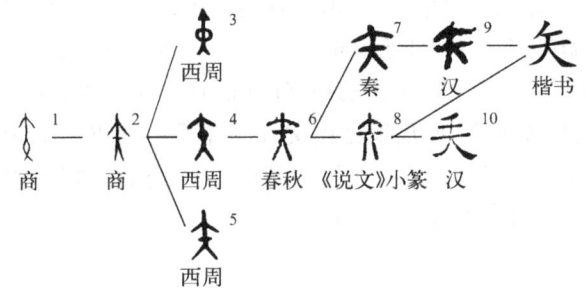

1、2《甲文编》241页。3、4、5《金文编》369页。6《战文编》335页。7《睡甲》78页。8《说文》110页。9《马王堆》213页。10《隶韵》100页。

象形字。像箭的镝、干、栝羽之形，本义为箭。《说文》："矢，弓弩矢也。从入，象镝栝羽之形。"商代矢与寅为同源字，为了避免二者混淆，乃将与矢同形的寅写作 等形。商周矢字在矢干中间标一短横，或标一〇，或标一圆点。春秋以降，字中间标一短横的写法得以沿袭下来。在商代矢字有二义，一是用为箭义，如《合集》36481正记载"小臣墙比伐𢀛方美"，所获的战利品中就有"矢"（箭）。二是用为陈义。《尔雅·释诂》："矢，陈也。"《屯》313："……我以方矢于宗。"（我用方人作为人牲陈列于宗庙）"弜矢。"（还是不陈列于宗庙）周代文字矢多用为箭义，虢季子白盘："赐用弓彤矢其央。"此义至春秋时依然，如石鼓文《而师》："弓矢孔庶。"（刘桓）

躲（射） shè 船纽、铎部；船纽、祃韵、神夜切。
　　　　yè 喻纽、铎部；以纽、祃韵、羊谢切。

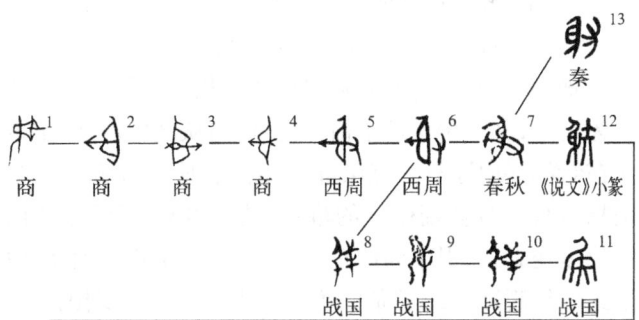

1《甲文编》附录上，812页。2、3、4《甲文编》242页。5《金文编》369页。6《金文编》370页。7—11《战文编》336页。12、14《说文》110页。13《睡甲》78页。15《汉印徵》卷5，12页。16《马王堆》214页。

会意字。像矢（箭）在弓弦上将射发之形。《说文》："躲，弓弩发于身而中于远也，从矢，从身。"又说："射，篆文躲，从寸。寸，法度也，亦手也。"商代文字偶见繁形，像一人两手拉弓射箭形。一般商周文字射字则省去"人"，只作弓上注箭形。西周文字或作一手（又）拉弓射箭形。战国文字"射"形变，"弓"、"矢"二者不再互相配合为象形字，而是相并立；"弓"不再用象形字，改为简省形并且成为偏旁，"矢"字倒书并加短横，或虽正书而形变较大。秦简中"弓"又被讹作"身"，"又"则被加一短画成为"寸"。汉代隶书显然受秦文字的影响而定型。射用做动词，义为射箭，多见于商代田猎卜辞。《粹》1018："王其射鹿，𢦏（擒）。弗𢦏。"或指祭祀之射牲。《粹》314："于且（祖）丁𢦏。于父己𢦏。于父甲𢦏。其射。"做名词用时，"射"指官名或射手。《粹》15："贞：令多射迈。"西周金文"射"指射箭。长由盉："穆王饗（饗）豊，即井（邢）白（伯）大祝射。"西周有"司射"之官。静簋："王令静司射學宮。"静盖任"射人"官职。战国文字"射"字通"夜"，《包山楚简》138有

"坪射公","坪射",地名,读为"平夜(舆)"。《春秋·桓公九年》"射姑",《史记·鲁周公世家》作"夜姑",可证。(刘桓)

矫(矯) jiǎo 见纽、宵部;见纽、小韵、居夭切。

1《睡甲》78页。2《说文》110页。3《马王堆》215页。4《汉印徵》卷5,13页。

形声字。从矢,乔声。从战国文字构形分析,从矢、从又为会意,义为用手矫正箭杆使直,而从高省声。此字本义在《说文》中还有一点保留,《说文》训为"揉箭箝也"。是指古代一种揉箭使直的箝子,是为本义。后泛指使曲的物体变直,又引申为纠正、匡正、抑制、违背等意。睡虎地秦墓竹简《语书》:"是以圣王作为法度,以矫端民心。"注释:"矫端,即矫正。"马王堆汉墓帛书《天文气象杂占》:"日景(影)矫燎如句(钩)","矫燎"意为弯曲状。汉代矯亦用为矫。(刘桓)

矰 zēng 精纽、蒸部;精纽、登韵、作滕切。

1《古文典》155页。2、3《战文典》336页。4《睡甲》79页。5《说文》110页。6《马王堆》215页。7《汉印徵》卷5,13页。

形声字。从矢,曾声。古代指系有丝绳的箭,以射飞鸟。《说文》:"矰,隿射矢也。"《周礼·夏官·司弓矢》:"矰矢、茀矢,用诸弋射。"郑玄注:"结缴于矢谓之矰。"《史记·老子韩非列传》:"飞者可以为矰",正用此义。战国文字矰既有较为规范的写法,也有矢字象倒矢形的写法。战国文字矰多作人名,如《包山楚简》165:"鄩君之人登矰。"相公子矰戈,矰亦人名。睡虎地秦简《日甲》139反用矰为增,如:"毋起北南陈垣及矰之。"银雀山汉简《孙膑兵法·威王问》:"倅险矰垒",亦用矰为增。典籍矰又通赠,《周礼·春官·司巫》:"冬堂赠,无方无筭。"郑玄注:"故书赠为矰。杜子春云:'矰当为赠'。"(刘桓)

矦(侯) hóu 匣纽、侯部;匣纽、侯韵、户钩切。

1《甲文编》243页。2、3《金文编》370页。4、5《金文编》371页。6、8、9、10《战文编》336页。7《金文编》372页。11《睡甲》79页。12《篆文编》259页。13、14《说文》110页。15《马王堆》214页。16《隶韵》89页。

会意字。像矢射向射侯之形。《说文》:"矦,春飨所射矦也。从人,从厂,象张布,矢在其下。""矦,古文矦。"《说文》说矦字"从人"是不对的。商代至西周的文字,还较为象形。春秋文字开始朝符号方向发展,但变化不大。战国文字厂有似厂形者,矢有似大形者。战国时期秦国文字厂作广形,成为后来秦篆和汉隶变化的依据。此后,大约在汉代矦字开始分化成侯、候两字。在商代和西周时"矦"字用法主要有四:一、指殷代外服诸侯的一种,如西周大盂鼎:"佳殷邊矦田雪(舆)殷正百辟"(《集成》5.2837),"矦"、"田"皆为外服诸侯。二、通指方国或封国的诸侯,如西周保卣:"乙卯,王令保及殷东国五矦,征兄(兑)六品。"三、用为时候之候,《乙》4055:"王于黍岁(矦字倒书)受黍年,十三月。"(问商王在收黍的时候黍获得丰收,殷历十三月)《广雅·释言》:"矦,候也。"四、用为地名,西周铜器铭文有"上矦"(《集成》5.2735)。战国文字用矦为后,《包山楚简》54记载祭祀对象有"矦土",即"后土"。(刘桓)

短 duǎn 端纽、元部;端纽、缓韵、都管切。

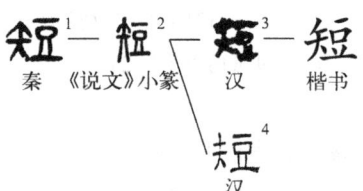

1《睡甲》79页。2《说文》110页。3《马王堆》214页。4《隶韵》118页。

形声字。从矢,豆声。汉代文字中有将"矢"写成"夫"的,当是一种简率写法。短的本义与"长"相对。《说文》："短，有所长短，以矢为正。"典籍用为不长之义的，如《书·尧典》："日短星昴，以正仲冬。"又指不足而言，如《楚辞·卜居》："夫尺有所短，寸有所长。"秦代文字有"短长"一词，睡虎地秦简122："辩短长"。战国文字又用耑为短，郭店楚简《老子》甲本："长耑(短)之相型(形)也。"上博简《曹沫之陈》："句(苟)见耑(短)兵。"皆其证。（刘桓）

知

zhī 端纽、支部；知纽、支韵、陟离切。
zhì 端纽、支部；知纽、寘韵、知义切。

1	2	3	4	5	6
商	商	商	战国	春秋	秦

7	8	9	10
《说文》小篆	汉	汉	汉	楷书

1、2、3《甲文编》89页。4《金文编》373页。5《集成》5.2766。6《战文编》337页。7《说文》110页。8、9《隶韵》18页。10《马王堆》213页。

形声字。从口，矢声。知字本是由𢎨、䛱（《说文·白部》又作䛒）字分化而来，商代𢎨、䛱又是由会意字冊（小孩读书，知识之义）加声符"矢"而成，𢎨与冊通用。知字至迟在春秋时期已有。《说文》："知，词也。从口，从矢。"徐锴系传："凡知理之速，如矢之疾也，会意。"《说文》释"知"字不明此字来源，徐锴据此说解当属望文生义。知为知识之义是对的，但前人训释并不可信。春秋时期金文徐𩰿尹鼎："以知恤𪛊"（《集成》5.2766），知为知道之意。典籍知或读为智，义为智慧，如《荀子·正名》："故知者之言也"，杨倞注："知读为智。"古亦用智为知，郭店楚墓竹简《语丛四》："母(毋)命(令)智(知)我。"（刘桓）

矣

yǐ 匣纽、之部；云纽、止韵、于纪切。

1	2	3	4	5	6	7	8
战国	战国	战国	战国	战国	战国	战国	《说文》小篆

9	10	11
汉	汉	汉	楷书

1《金文编》373页。2-7《战文编》337页。8《说文》110页。9、10《马王堆》213页。11《隶韵》104页。

形声字。从矢，㠯声。此字在战国文字中始见，推测春秋时期当已出现。在战国文字中较为规范的写法是从矢，㠯声，也有一些写法出现变形。矣上端的㠯在秦简中略呈圆形，实受殷周正统文字写法的影响，汉隶作方形或圆形；矢字写法也由秦代定型，可以看出秦汉文字的沿袭性。《说文》："矣，语已词也。"战国中山王鼎铭："闻於天下之勿(物)矣。"睡虎地秦简《语书》："今法律令已具矣。"矣皆用为表示已然或肯定的语气词。此外，还有表示疑问、感叹等用法。表疑问的如《论语·子路》："何如斯可谓之士矣？"表示感叹的如《论语·述而》："甚矣，吾衰也！"矣、疑二字古音相近，战国文字还习惯于用疑为矣。由于疑本来就是疑字，故郭店楚墓竹简《唐虞之道》："卒王天下而不疑(疑)。"用疑为疑。此处若释为矣显然是不对的。汉代仍有用疑为矣者，马王堆汉墓帛书《刑德甲》："因遇战疑(矣)"，即其例。（刘桓）

矮

ǎi 影纽、微部；影纽、蟹韵、乌蟹切。

1	
《说文》新附	楷书

1《说文》110页。

形声字。从矢，委声。本义为身材短。《说文》："矮，短人也。"（刘桓）

高 部

高

gāo 见纽、宵部；见纽、豪韵、古劳切。

1	2	3	4	5	6	7	8
商	商	商	西周	西周	春秋	战国	战国

9	10	11	12	13	14	15
战国	战国	战国	战国	《说文》小篆	汉	汉

16	
汉	楷书

1《甲文编》245页。2、3《甲文编》244页。4、5、6《金文编》374页。7-12《战文编》338页。13《说文》110页。14《隶字编》1480页。15《曹全碑》。16《汉印徵》卷5，13页。

初为象形字，商代文字不从口者当为初形。《说文》："高，崇也，象台观高之形。"商代文字下端加"口"字者，成为此字定型的基础。西周、春秋文字与商代的相似。战国文字出现简省写法，秦统一文字系参考战国字形略作省改而成。商代甲骨文多用"高"为远义，如《粹》："叀高且(祖)夒祝用，王受又(祐)。"《广雅·释诂》："高，远也。"故"高祖"即远祖，高祖夒是商朝的远祖。周代兴瘨钟(二式)乙铭："瘨曰：不显高且(祖)、亚且(祖)、文考"，"高祖"在"亚祖"前面，仍是指远祖。春秋时期秦公簋用"高"为由下向上，距离地面远之意，铭云："眕(畯)壼才(在)天，高引又(有)慶，竈囿三(四)方。"战国文字高用为高低之高，秦青川木牍："道广三步，封高四尺，大称其高。"高又多用做地名，如《包山楚简》237有"高垔(丘)"。高又假为缟，望山楚简2.2："秦高之䪎䨄"，"秦高"即"秦缟"。(刘桓)

亭

tíng 定纽、耕部；定纽、青韵、特丁切。

1、2、6《古文典》792页。3《战文编》338页。4《战文编》339页。5《集成》16.10371。7《说文》110页。8、9《汉印徵》卷5，13页。

形声字。从高，丁声。《说文》："亭，民所安定也。亭有楼。从高省，丁声。"所说"从高省"，应易为从高，较为合理。《释名》："亭，停也，亦人所停集也。"战国文字字形多有变化，多数从高、丁声，唯简省形不易看出声符。战国有"市亭"(《玺汇》3093)，即市场管理机构，陈纯釜"于丝(兹)安陵亭(《集成》16.10371)"，即安陵的市亭。又有四方的亭障，《战国策·魏策》："卒戍四方守亭障者参列。"秦汉亦有候望之亭。《急就篇》颜注："秦汉之制，十里一亭，亭有高楼，可以候望。"秦汉的亭为社会基层组织机构，《史记·高祖本纪》说刘邦"及壮，试为吏，为泗水亭长。"《汉书·百官表》："大率十里一亭，十亭一乡，天下亭凡二万九千六百三十五也。"(刘桓)

亳

bó 並纽、铎部；並纽、铎韵、傍各切。

商 商 商 西周 西周 战国 战国 战国

秦《说文》小篆 汉 楷书

1、2、3《甲文编》245页。4、5《金文编》374页。6、7、8《战文编》339页。9《睡甲》79页。10《说文》110页。11《隶韵》209页。

此字在商代甲骨文中即有两形，一应是会意字，从高，从屮，像草生于台观之下形，疑本义为薄，指草木丛生之地；一为会意兼形声字，从毛，"毛"通"萚"，像草木落叶形。《诗·豳风·七月》："八月其获，十月陨萚。"所以这一构形的"亳"，乃像落叶的草木生于台观之下形。西周文字大致沿袭商代字形，或稍有讹变。战国文字发生形变，字上端有的从高，有的则从亩，下端从毛。《说文》训亳为"从高省，毛声"，是对的。或说从亩从屮的字应隶定为蒿，读郊。卜辞"蒿土"应读"郊社"，《礼记·仲尼燕居》："郊社之义，所以仁鬼神也。"亳字本义待考。商代甲骨文用亳为地名，如《合集》7841："贞：于亳。"亳地有社，称为"亳土(社)"。《合集》28110："其又亳土。""亳社"见于《左传·襄公三十年》、《昭公十年》、《春秋·哀公四年》。杜预注："亳社，殷社。"至战国亳仍用做地名，如陈璋壶有地名"匽亳"，学者以为即《左传·昭公九年》的"燕亳"。(刘桓)

冂部

冂

jiōng 见纽、耕部；见纽、青韵、古荧切。

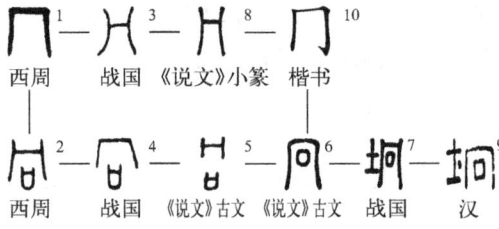

1、2《金文编》374页。3、4、5《古文典》787页。6、7、8《说文》110页。9《隶韵》83页。

象形字。像门扃之形。结合字义来判断，此字象形作冂或作冂均可。冂亦作同，坰，《说文》以为冂之古文。《说文》："冂，邑外谓之郊，郊外谓之野，野外谓之林，林外谓之冂。象远界也。"又，"同，古文冂，从口，象国邑"，又"坰，同或从土"。冂字从西周文字到战国文字写法变化不甚大，冂、冋两形均有沿袭。后又出现坰字写法。冂在西周金文中，多用作"冂(冋)黄"。师𡘂父鼎："易(赐)载市、冋黄，玄衣黹屯(纯)。"唐兰说"冋黄"是用苘麻织成的衡。典籍中䌹与裧、颎通用。在战国文字中冂(冋)亦假为炯，长沙楚帛书："星辰不冋(炯)。"（刘桓）

市 shì 禅纽、之部；禅纽、止韵、时止切。

商 西周 战国 战国 战国 战国 战国 战国
秦 《说文》小篆 汉 汉 汉 楷书

1《合集》27641。2《金文编》375页。3、4《古文典》48页。5《战文编》340页。6、7、8《战文编》339页。9《睡甲》79页。10《说文》110页。11《汉印徵》卷5，14页。12《隶韵》102页。13《马王堆》216页。

形声字。从"丂"加两点或三点，之声。段注本《说文》："市，买卖所之也。市有垣，从冂，从乁，象物相及也。乁，古文及字。㞢省声。"其所释字义甚是，说解字形则不可信。西周"市"字构形从"之"不省。战国文字发生形变，上端从"之"有讹变，原从两点与中间的一横连成冂形，原"之"与"丂"的二横合为一横，竖遂贯通由弯渐变直形。又出现增"土"旁的巿字。《说文》小篆当为讹变字形，秦汉隶书字形才固定下来。上古"市"用为市场义。商代甲骨文有"市日"，《合集》28754："今日丁市日王其述，亡𢦏。"是贞问今天丁为市日，商王若出行，有无灾祸。西周兮甲盘："其进人，其贾(賈)，母(毋)敢不即餗(次)、即市。"意即要是进人服力役，商贾做生意，不敢不到军队驻扎之地和市场。战国文字有"军市"（《玺汇》5708），典籍如《商君书·垦令》说："令军市无有女子。"汉印有"长安市长"（《汉印徵》卷5，14页）。（刘桓）

尤 yín 喻纽、侵部；以纽、侵韵、余真切。
yóu 喻纽、幽部；以纽、尤韵、以周切。

《说文》小篆 汉 楷书

1《说文》110页。2《汉印徵》卷5，14页。

会意字。行貌。清朱骏声《说文通训定声》："读如淫，故今本《说文》作'淫淫行皃'。声转亦读如由，缓行之状也。"汉代用为姓氏，《汉印徵》有"尤利世之印"。（刘桓）

央 yāng 影纽、阳部；影纽、阳韵、於良切。

商 商 西周 战国 战国 战国 战国 秦
《说文》小篆 汉 汉 汉 楷书

1、2《甲文编》附录上，637页。3《金文编》375页。4《战文编》340页。5、6、7《古文典》617页。8《睡甲》79页。9《说文》110页。10《汉印徵》卷5，14页。11《马王堆》216页。12《隶韵》73页。

会意字。像人的颈上荷枷形。本义为灾祸。央，孳乳为鞅。《说文》："鞅，颈靼也。"商代和西周文字大致保留会意初形。战国文字颇有讹变，至秦代统一文字，字形复近于西周文字。汉代隶定加以规范，字形才固定下来。商代文字用央为人名，甲骨文有"子央"（《合集》3013）。西周用"央"为形容词，意为鲜明。如虢季子白盘："赐用弓，彤矢其央。"《诗·小雅·出车》："出车彭彭，旂旐央央。"毛传："央央，鲜明也。"战国文字天星观简4505有"𩎟央"，应读"鞥鞅"，《左传·僖公二十八年》："鞥鞯鞅靽"，杨伯峻《春秋左传注》说鞅是"驾车时马颈之革"。战国秦文字央假为殃，睡虎地秦简《日甲》91："有央(殃)。"汉代亦有此用法，如马王堆帛书《老子甲》："毋道(道)身央(殃)"，张家山汉墓竹简《盖庐》："害之有央(殃)。"（刘桓）

雀 hè 匣纽、药部；匣纽、沃韵、胡沃切。

《说文》小篆 楷书

1《说文》110页。

会意字。《说文》："雀，高至也。从隹上欲出冂。《易》曰：'夫乾雀然。'"今本《易·系辞》雀作确，郑玄《易赞》作雀。雀除有极高之义外，又与"鹤"同，唐玄应《一切经音义》卷二："古文鹤，今作雀，同。"这一写法当是鹤的俗字。（刘桓）

𩫖部

𩫖 guō 见纽、铎部；见纽、铎韵、古博切。
yōng 喻纽、东部；以纽、钟韵、馀封切。

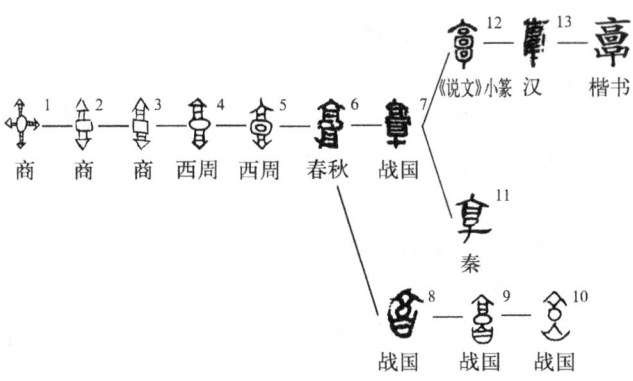

1、2、3《甲文编》246页。4《金文编》375页。5《金文编》376页。6、7《战文编》340页。8《战文编》341页。9、10《古文典》492页。11《睡甲》80页。12《说文》110页。13《阜阳·亳州出土文物文字篇》62页。

象形字。像城郭两面有亭形。《说文》："𩫖，度也。民所度居也。从回，象城𩫖之重两亭相对也。或但从囗。"段玉裁注："按城𩫖字今作郭，郭行而𩫖废矣。"商代文字本像城郭四面有亭之形。后来简化为城郭两面有亭形。西周和春秋文字沿袭商代文字简化形，均为象形写法。战国文字出现一些异形，字上端变化尚可捉摸，下端从自或从子，皆属讹变。上古时期𩫖既是郭字，有时亦用做城墉的墉字。《说文·土部》："墉，城垣也。从土，庸声。𩫖，古文墉。"故知𩫖为郭、墉二字所自出。字作郭读，如商代甲骨文有"𩫖兮"（《安明》B1848），表示下午黄昏前的一个时段，即读"郭兮"。做墉字读，如："……立邑𩫖（墉）商……"（《缀合》30）战国文字𩫖演变为享，仍读郭，如上博简《曹沫之陈》："城𩫖（郭）必攸（修）。"字仍通椁，如睡虎地秦简《秦律十八种·田律》："唯不幸死而伐绾𩫖者"，"绾𩫖"即"棺椁"。至汉代亦然，阜阳汉简《仓颉篇》："冢𩫖棺区"，即塚椁棺柩。（刘桓）

𩫨 quē 溪纽、月部；溪纽、屑韵、倾雪切。

战国 《说文》小篆 楷书
1《汗简》14页。2《说文》111页。

形声字。从𩫖，夬声，意为缺。《说文》："𩫨，缺也。古者城阙（桂馥说："阙当为缺"）其南方谓之𩫨。从𩫖，缺省声。读若拔物为决引也。"汉何休《公羊解诂》："天子周城，诸侯轩城，轩城者，缺南面以受过也。"是先秦王朝制度规定诸侯的城缺其南面，𩫨即此意。《汗简》以𩫨为决字，出李彤《字略》。（刘桓）

京部

京 jīng 见纽、阳部；见纽、庚韵、举卿切。

商 商 商 西周 西周 战国 战国 战国 战国 战国 战国 《说文》小篆 汉 汉 楷书

1、2、3《甲文编》246页。4、5、6《金文编》376页。7、8、9《战文编》341页。10《古文典》639页。11《篆文编》264页。12《说文》111页。13《汉印徵》卷5，14页。14《隶韵》77页。

象形字。《说文》："京，人所为绝高丘（也）。"《尔雅·释丘》："绝高之为京。"人为之高丘，即积土之高台。商代及西周文字皆像积土之高台，其上有建筑形。战国文字出现省画变形。楚系文字与三体石经写法相合。由于京是高丘，商代地名数见"某京"，如"磐京"（《合集》317、318）、"𩫖京"（《合集》6477正）、"芑京"（《屯》108）、"享京"（《合集》36560、36561）等。"京"又为地名（《甲》3510），也是国族名。西周訇（询）簋有"京尸（夷）"，为夷人之一种。西周时习见"京自"一词，如多友鼎："寅（广）伐京自"，"京自"即"京师"，典籍训为都邑，西周时京又为宫室名。矢方彝："甲申，明公用牲于京宫。"何尊："王𩫖（诰）宗小子于京室。"《诗·大雅·思齐》："思媚周姜，京室之妇。"战国文字中京用为地名，驫羌钟："武侄寺力，彘效楚、京"，据考，"京"在楚丘附近。（刘桓）

就 jiù 从纽、觉部；从纽、宥韵、疾僦切。

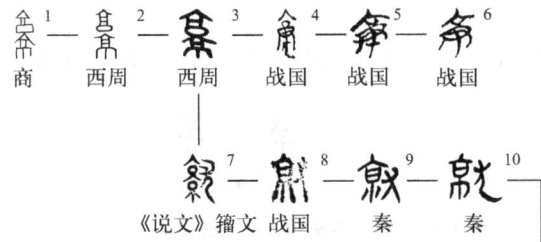

商 西周 西周 战国 战国 战国

《说文》籀文 战国 秦 秦

《说文》小篆 汉 汉 汉 楷书

1《甲文编》247页。2、3《金文编》377页。4、5、6、8《战文编》341页。7、11《说文》111页。9、10《睡甲》80页。12《马王堆》216页。13《居延汉简》甲145A。14《隶韵》183页。

形声字。从京，尤声。《说文》："就，就高也。从京，从尤。尤，异于凡也。"朱骏声通训定声："此字实从京、尤声，尤读如酋，声之转也。""就"字是由商代豪字演变而来。商代豪字，有时是"享京"二字的合文（《合集》36563、36564等），有时则用做人名，如"子豪"（《合集》3139、3140）。西周用豪为就，如师嫠簋："今余唯䌛（申）豪（就）乃令（命）。"（《集成》84296）豪字繁形作遼亦读就，史惠鼎："日遼（就）月匝（将）。"（《近录》346）在战国文字中，豪字写法有所省略，如常见中间有借笔仍读就，郭店楚简《六德》："圣与智豪（就）壴（矣）。"《说文》籀文作"重京"，实为豪字讹变形，这表明就最初实为豪加尤声，后简化作就。秦简用"就"为僦，如睡虎地秦简《日书甲》："丙申以就（僦）"。汉代"就"多用为即义，马王堆汉墓帛书《战国纵横家书》："甘薛公以就事。""就事"犹"即事"。（刘桓）

亯部

亯 xiǎng 晓纽、阳部；晓纽、养韵、许两切。

商 商 商 商 西周 西周 西周 西周

春秋 战国 战国 战国 秦 秦 战国

《说文》小篆 《说文》小篆 汉 楷书

1—4《甲文编》248页。5《金文编》377页。6、9《金文编》378页。7、8《金文编》379页。

10、11、12《战文编》342页。13、14《睡甲》80页。15《篆文编》265页。16、17《说文》111页。18《营陵置社碑》。

象形字。像高台上有建筑物，意为亯祭之所。《说文》："亯，献也。从高省，曰象进熟物形。《孝经》曰'祭则鬼亯之'。""䧞，篆文亯。"《说文》所训"象进熟物形"，与亯构形不合。商代甲骨文像高台上有建筑形。西周金文象形出现变化，台状由长方形变成圆形，有的字圆中或加一短横，甚至写作田形。春秋战国文字大体沿用西周字形而趋简化，战国秦文字字下端从"子"或"孑"。清段玉裁《说文解字注》："据玄应书，则亯者，籀文也。小篆作𩫏，故隶书作亨。作享，小篆之变也。"现在则知道亨、享二字都出自战国秦文字，来源比段玉裁注所说的"小篆之变"略早。亯字后来分化出亨、享、烹三字。亯字上古多用为享献、享祭义，如克罍、克盉："唯乃明乃心（一说是"㐭"），亯于乃辟。"或为享用义，如《说文》引《孝经·孝治》"祭则鬼亯之"，今作享。即此义。商代甲骨文《合集》32227："壬申卜，㚅，又久伐亯匕（妣）己。兹用。"此辞卜问用伐（杀人牲）享祭妣己。"兹用"是决定用此卜。周代金文士父钟："子子孙孙永宝，用亯于宗。"所说"用亯于宗"，就是用来享祭于宗庙。因为享祭是表示对已故亲人的孝，故衍生"享孝"一词（《集成》5.2666）。战国文字《包山楚简》237有"亯祭"一词。《包山楚简》163、《新蔡楚简》甲三240、《九店楚简》77、78都载有"亯月"，学者考知即楚六月。古书中亨字常用作享或烹。（刘桓）

𩫏 chún 船纽、文部；船纽、谆韵、食伦切。

禅纽、文部；船纽、谆韵、常伦切。

商 商 商 西周 西周 战国 《说文》小篆 《说文》小篆 楷书

1、3《甲文编》248页。2《甲文编》249页。4、5《金文编》380页。6《战文编》342页。7、8《说文》111页。

此字是否会意，待证。《说文》："𩫏，孰也。从亯、从羊，读若纯。一曰鬻也。""𩫏，篆文𩫏。"从甲骨文字来看，此字下端并不从"羊"而从"羊"。从商代到秦代，字形大体相沿袭，除上端的亯形略有变化外，其余变化不大。商代及西周文字，多用𩫏为敦伐之义。如《粹》1176："乙酉卜，王𩫏（敦）缶，受又（祐）。"意思是说乙酉日占卜，商王敦伐缶，会受祐护吗？宗周钟："王𩫏（敦）伐其至，戈伐氒都。"不𡢁簋："女（汝）及戎大𩫏（敦）戟。"商代文字亦假𩫏为顿，甲骨文有："辛卯卜，大，贞：洹引弗辜邑，七月。"（《遗珠》393）顿意为冲坏。亦用辜为器物名的敦，如"齐侯乍（作）飤辜（敦）。"（《集成》9.4638）战国文字辜亦假为淳，如淳于公戈："辜（淳）于公之霖造。"字或假为准，上博（四）《内豊（礼）》附简："欤（然）句（后）奉之吕中辜（准）。"中准，语见《庄子·天道》："水静则明烛须眉，平中准，大匠取法焉。"（刘桓）

箮 dǔ 端纽、觉部；端纽、沃韵、冬毒切。

箮¹—箮²—箮³—箮
战国　战国　《说文》小篆　楷书

1、2《战文编》342页。3《说文》111页。

形声字。《说文》："箮，厚也，从亯，竹声。读若笃。"战国楚简字上端竹作竹，下端亯亦为简省写法。古箮与築相通假，《说文》小徐本"築"字古文作箮，段玉裁注也说築的古文"从土、箮声"。築从筑声，筑又从"竹"得声，而箮亦从竹声，故二字可通假。郭店楚简《穷达以时》："軵（释）板箮（築）而差（佐）天子。"箮又假为笃，郭店楚简《唐虞之道》："古者吴（虞）羣（舜）箮（笃）事瞽叟，乃弋（式）丌（其）孝。"笃义为笃诚。箮又通孰，郭店楚简《老子》甲本："名与身箮（孰）斩（亲）？"字亦通熟，上博楚简《柬大王泊旱》："四疆皆箮（熟）。"典籍多用笃为厚义，如《诗·大雅·公刘》："笃公刘"，《诗·大雅·大明》："笃生武王"，毛传并训："笃，厚。"箮义同于竺、笃。（刘桓）

亯 yōng 喻纽、东部；以纽、钟韵、余封切。

亯¹—亯²—亯³—亯⁴—亯
西周　战国　战国　《说文》小篆　楷书

1、2《金文编》376页。3《古文典》492页。4《说文》111页。

象形字。从亯，从自。本是亯（亯）字的讹形（参看"亯"字下）。《说文》："亯，用也。从亯，从自，自知臭香所食也。读若庸。"所训释纯属望文生义，只有"读若庸"是对的。此字形始见于战国。字从亯从自，又讹为从亯从曰。战国文字多用亯为郭，如《玺汇》5601："亯公里钵"，"亯公"应读郭公，例见《春秋·庄公二十四年》。说明亯与亯一样，有庸、郭两读。（刘桓）

厚 部

旱 hòu 匣纽、侯部；匣纽、厚韵、胡口切。

旱¹—旱²—旱
商　《说文》小篆　楷书

1《甲文编》249页。2《说文》111页。

象形字。《说文》："旱，厚也。从反亯。"所训"从反亯"是错的。据商代甲骨文字形，此字像盛物之坛形。据《说文》，此字当与厚字通用，然后代罕用。（刘桓）

覃 tán 定纽、侵部；定纽、覃韵、徒含切。

覃¹—覃²—覃³—覃⁴—覃⁵—覃⁶—覃⁷—覃
商　西周　战国　《说文》古文　《说文》小篆　《说文》小篆　汉　楷书

1《金文编》380页。2《大系图录》267页。3《四声韵》26页。4、5、6《说文》111页。7《汉印徵》卷5，14页。

会意兼形声字。商代文字像坛中盛盐之形，⊗像装盐捆扎的口袋。西周文字从卤，其中的点像盐粒形。《说文》认为覃"从旱，鹹省声。"《说文》覃字古文与《四声韵》载古覃字均为从卤、旦声。《说文》训覃"长味也"。《尔雅·释言》："覃，延也。"《广雅·释诂二》："覃，长也。"《诗·周南·葛覃》："葛之覃兮"，毛传："覃，延也。"清桂馥《说文解字义证》："馥案延亦长也。"又假为剡，《诗·小雅·大田》："以我覃耜"，毛传训覃为"利也"。（刘桓）

厚 hòu 匣纽、侯部；匣纽、厚韵、胡口切。

厚¹—厚²—厚³—厚⁴—厚⁵—厚⁹
商　西周　西周　西周　西周　春秋

厚⁶—厚⁷—厚⁸
西周　西周　西周

厚¹⁰—厚¹¹—厚¹²—厚¹³—厚¹⁴—厚¹⁵
战国　战国　战国　《说文》古文　《说文》小篆　汉

厚¹⁶—厚¹⁷—厚
汉　汉　楷书

1《甲文编》384页。2-5《金文编》380页。6-9《金文编》381页。10、11、12《战文编》342页。13、14《说文》111页。15《马王堆》217页。

16《西狭颂》。17《汉印徵》卷5，14页。

形声字。从厂，旱声。商周文字上端从厂，下端像一器物形，后经讹变隶定为从旱。此字在战国文字中变化最多。有的字在下端从"戈"，有的从"句"，盖取同音字标声。厚本义为厚薄之厚。《说文》："厚，山陵之厚也。"此字所以从厂，厂即𠂆（石之省），山陵多石故从厂。西周金文常以厚形容福多，如墙盘："九（匡）保受（授）天子绾（宽）令（命），厚福、丰年。"（《集成》16.10175）安钟："降余厚多福无疆。"（《集成》1.112）战国文字用为厚薄之厚，如青川牍："下厚（厚）二尺。"亦用做人名，如《包山楚简》46："泜厚。"西周金文从旱从旱从𠂆的字也读为厚。西周询簋："戈琱㪃𦘕（厚）必（柲）、彤沙。""厚柲"意为长柲。（刘桓）

畗 部

畗 fú 並纽、职部；奉纽、屋韵、房六切。
bì 滂纽、职部；滂纽、职韵、芳逼切。

1	2	3	4	5	6	7
西周	西周	西周	战国	战国	秦	《说文》小篆 楷书

1、2、3《金文编》381页。4、5、6《战文编》342页。7《说文》111页。

象形字。像盛酒的容器形。《说文》："畗，满也。从高省，象高厚之形。读若伏。"此字字形不可分割，《说文》所说"从高省"明显与古文字字形不合，是不对的。西周文字象形较为明显。战国文字承袭西周金文但略有讹变，甚者已失其形。西周金文用畗为福，如季宻尊："季宻乍宝隣彝，用𢼸（即𥬨，读祈）畗（福）。""祈福"一词，见《吕氏春秋·精谕》："夫祈福于三塗。"战国文字畗或读为富，如睡虎地秦简《日书乙》195："赐某大畗"，畗通富。（刘桓）

良 liáng 来纽、阳部；来纽、阳韵、吕张切。

1、2、3《甲文编》附录上，757页。4、5、6《金文编》381页。7-10《战文编》343页。11《睡甲》80页。12、13、14、16《说文》111页。15《四声韵》26页。17《马王堆》217页。18《隶韵》72页。

象形字。商代文字像水中有梁形。此字变形是将上下双弯水道变成单弯水道，字形发生变异。西周文字又将上下双弯道，都用短横连接。战国文字变形颇多，又演变为下端从亡声。秦汉文字的规范写法是上从囗，中从日，下从亡。或将上端的口与中间的日相连，这一写法与《说文》小篆的写法较为接近。关于良字本义，应与水中之梁有关。《说文》："良，善也。"已非良字本义。良应以梁为本义。《诗·邶风·谷风》："毋逝我梁"，毛传："梁，鱼梁也。"《诗·卫风·有狐》："在彼淇梁"，毛传："石绝水曰梁。"梁或鱼梁，就是在水中筑堰，成为拦鱼的水坝。古文字梁、良二字通用，如睡虎地秦墓竹简《为吏之道》："强良不得"，注释："《老子》：'强梁者不得其死'，《马王堆帛书·老子甲》本作强良，与简文同。"《孟子》的"王良"，《荀子·正论》及《论衡·命义》俱作王梁，可为证。良，古多用为善良美好之意。儠儿钟："余义㹒之良臣。"《左传·昭公十二年》："左史倚相趋过，王曰：'是良史也。'"马王堆帛书《五十二病方》："壽（捣）蜋（蛸）良（螂）"，假良为螂。（刘桓）

㐭 部

㐭 lǐn 来纽、侵部；来纽、寝韵、力稔切。

1、2《甲文编》250页。3《大盂鼎》，《史徵》170页。4、5《古文典》1412页。6、7、8《战文编》343页。9、10《说文》111页。11《汉印徵》卷5，15页。12《马王堆》218页。13《隶韵》136页。

象形字。商代文字像露天的谷堆，其顶上作一亭盖形，本义为仓廪。西周金文还作𠆢(墙盘啬字所从)，𠆢(召伯簋裹字所从)等形。战国文字字形变化较大，有不同字形将近20个，齐、晋、楚、秦系文字字形各异，但字上端像亭盖(个别的像房盖)，下端像谷堆形则不变。秦文字㐭上端沿袭商周文字，下端则取晋系文字的一种写法而成。亩乃指仓廪。《说文》："亩，谷所振入宗庙粢盛，仓黄亩而取之，故谓之亩。从入、回。象屋形中有户牖。""廪，亩或从广、从禾。"商代甲骨文亩有时与 (冬)字形近，但从字义上可以区分。《屯南》539："重阜令眚(省) 。"即省亩，指省视盛粮食的仓廪。周代用亩为禀，西周大盂鼎："今我隹(唯)即井(刑)亩于文王正德。"禀意为受，《国语·晋语七》："将禀命焉"，韦昭注："禀，受也。"战国文字亩多用本义，如《陶汇》6.107："荥阳亩"，即"荥阳廪"，义为荥阳的仓廪。（刘桓）

稟（禀）lǐn 来纽、侵部；来纽、寝韵、力稔切。
bǐng 帮纽、侵部；帮纽、寝韵、笔锦切。

1《金文编》382页。2、3《战文编》343页。4、5《睡甲》80页。6《说文》111页。7《隶韵》136页。

会意兼形声字。从禾，从亩，亩亦声。会意为仓廪贮存禾谷之意，与亩字同义。《说文》："禀，赐谷也，从亩，从禾。"西周禀字上端像仓廪形，详见"亩"字下。战国文字承袭西周字形，又有一些变化，甚至在"亩"下加上"人"形，这种写法又见于三体石经。战国文字用禀为廪，二年寺工尊铭有"禀人莽"，"禀（廪）人"是职掌仓廪粮谷之官，见《周礼·地官·廪人》。金文 、 （《金文编》382页）二字，即禀，为禀字之异构。（刘桓）

亶 dǎn 端纽、元部；端韵、旱韵、多旱切。

1《合集》26898。2《殷周金文集录》409页。3《战文编》343页。4《古文典》1020页。5《说文》111页。6《隶韵》117页。7《马王堆》217页。

形声字。从亩，旦声。《说文》："亶，多谷也。"为字之本义。亶系由会意字䵣字演变而来。上举商周䵣字从亩（廪）从虫，像仓廪（谷物）生虫之形。甲骨文虫字写法在此字出现省笔，但在周代金文中表现得很清楚。从䵣到亶，中间尚有一个过渡，《说文·鱼部》鳝字籀文写作 说明该字加音符旦声之初，虫字还保留。甲骨文䵣字用法有二，一是用为地名，如"䵣土人"（《合集》26898）的"䵣土"即是地名，二是用做壇字，如："于公䵣其兄(祝)于 方莫。兹用。弜兄。"（《合集》27999）䵣读壇，即为祭祀所设的祭坛。银雀山汉简《晏子》十五："累寿不能亶其教"，亶通殚。亶亦通遭，《汉书·叙传上》："纯亶与骞连兮，何艰多而智寡。"《文选·班固〈幽通赋〉》"亶"作"遭"。亶或用为擅，《张家山汉墓竹简·二年律令·史律》："毋敢亶(擅)史、卜。"（刘桓）

啚 bǐ 帮纽、之部；帮纽、旨韵、方美切。

1—4《甲文编》250页。5、6、7《金文编》382页。8、10《说文》111页。9《四声韵》37页。

会意字。从口（或讹为口），像聚落；从 ，像仓廪，会意为有粮食储备可以驻守之地。啚字春秋战国字形发生讹变，至秦代大体沿袭西周字形而略有变化。啚古义同于鄙，指边鄙。商代甲骨文有东啚、西啚，如《合集》6059："……告曰土方……伐(侵)我西啚……"。《左传·隐公元年》："既而大叔命西鄙、北鄙贰于己。""西啚"即"西鄙"，指西部边鄙。西周金文啚字用法有二：一、鄙邑，指边境。恒簋（盖）："令女更朕克嗣直啚"。二、是使动用法，鄙于某地犹言国于某地，指分封。"王令雍白(伯)啚于尘，为宫。"（《集成》5.2531）"徝(诞)令康侯啚于卫。"（《集成》7.4059）《广雅·释诂二》："鄙，国也。"《史记·周本纪》："以微子开代殷后，国于宋。"（刘桓）

嗇 部

嗇（啬）sè 心纽、职部；生纽、职韵、所力切。

1、2《甲文编》251页。3、4《金文编》383

页。5-8《战文编》344页。9、11《说文》111页。10《睡甲》80页。12《马王堆》218页。13《隶韵》217页。

会意字。从來，从靣。來指麥子，靣指粮仓，本义是将麦子"靣而藏之"的意思。商代文字从來从靣，或从秝从靣，其为靣藏之义相同。西周文字从來从靣，但写法有变化。西周文字也有从秝从靣的，见牆字所从。战国文字变化较多，如下端靣字颇有变形。秦简嗇字与《说文》古文相似，唯下端字符略有区别。《说文》训"嗇"为"愛瀒也"，"來者靣而藏之，故田夫谓之嗇夫"。将麦子"靣而藏之"是一种农业劳动，故嗇有稼穑义。甲骨文："[戊]午卜，王竞……亦嗇。""戊午卜，王竞不亦嗇。"（《英》1813）嗇应读穑，指收割庄稼。《诗·魏风·伐檀》："不稼不穑，胡取禾三百廛兮"。毛传："种之曰稼，敛之曰穑"。嗇夫即田夫，本指农业劳动者。战国金文有"嗇夫"的官名，如"左使車嗇夫孙固、工頨"（《集成》8.12056），"私库嗇夫賁正、工遹"。（《集成》18.12042）秦简中亦载"嗇夫"的官名。汉代亦以"嗇夫"为官名。（刘桓）

牆（墙）qiáng 从纽、阳部；从纽、阳韵、在良切。

1、2《甲文编》251页。3、4《金文编》383页。
5、6、8《说文》111页。7《战文编》344页。

形声字。从嗇，爿声。《说文》："牆，垣蔽也。"即用土石砌筑的屏障。《诗·郑风·将仲子》："无踰我牆"，毛传："牆，垣也。"在这个义项上，古人又造出墙字。牆所从的嗇在商代文字中上端从两"禾"，应隶定为牆；西周籀文出现以两"來"取代它的写法，应隶定为牆，秦代简化为从來，即牆字。商代文字牆用做人名，甲骨文有"小臣牆"（《粹》1161）。西周金文用做人名有史牆："王乎史牆册令师酉。"（《集成》8.4288）又假为"将"，如："凤夜恤厥牆(将)事。"（《集成》8.4313）典籍亦用牆指柩车饰件，即棺罩四周的帷幔。《仪礼·既夕礼》："巾奠乃牆"。郑玄注："牆，饰柩也。"胡培翚《仪礼正义》于"商祝饰柩"下疏为"牆有布帷"。战国郭店楚墓竹简《语丛四》用从章、爿声的 為牆，云："牆(牆)又(有)耳。"（刘桓）

來 部

來（来）lái 来纽、之部；来纽、咍韵、落哀切。

1、2《甲文编》251页。3-6《金文编》383页。7-10《战文编》344页。11《说文》111页。12《马王堆》218页。

象形字。像麦子长有麦穗芒束之形。《说文》："來，周所受瑞麥來麰也。一來二缝，象其芒束之形。天所來也，故为行來之來。《诗》曰：'诒我来麰（按《诗·周颂·思文》作："贻我來牟"）。'"來的本义指小麦。商代文字较为象形，当时已经出现为了突出指麦穗，在字上端加一横的字形。这一写法为西周、春秋战国文字所承袭，但象形意味逐渐减弱。西周至战国來字都有繁复写法，即字从辵或从止。來指小麦，此义又作麳，《广雅·释草》："大麥，麰也；小麥，麳也。"商代甲骨文还保留此字本义，如《铁》177.3："辛亥卜贞：或刈來。""刈來"即收获小麦。來字更习见的用法是指返回，商代甲骨文常见"𡴍(往)來亡𡿪"（《合集》28466），往是前往，来是返回。来又有出义。商代金文艅尊有"隹王來正人方"。來还有表示下一个的意思，如甲骨文"來岁"（《合集》9659），意即来年。战国商鞅方升："十八年，齐遣卿夫=(大夫)众來聘。"来是前来之意。"往""来"二字的区别已经湮没不见。（刘桓）

麳（䅘）lái 来纽、之部；来纽、咍韵、落哀切。

1、2《甲文编》140页。3《金文编》384页。4《古文典》2页。5、6《说文》30页。

形声字。从䅘，來声。麳是由商代䅘字孳乳而来。商代䅘字主要有两种构形，或像以手持杖打麦，人在劳作（当是收取麦粒）形；或省略人形，只像手持杖打麦形，其义不变。由此判断，西周麳字从厂，显然字形已发生讹变。

战国文字出现省略字上端的写法。秦代文字取西周字形稍加改变。《说文·麰部》："麰,疆曲毛可以箸起衣。从麰省,来声。麳,古文麰省。"所说"从麰省"并不可信,从金文字形可知是"从攵"。西周金文用为封国名,如趠鼎:"用乍(作)朕皇考麰白(伯)奠(鄭)姬寶鼎"(《集成》5.2815)。(刘桓)

麥部

麥(麦) mài 明纽、职部;明纽、麦韵、莫获切。

商 商 西周 秦 秦《说文》小篆 汉 楷书 楷书

1、2《甲文编》252页。3《金文编》384页。4《睡甲》81页。5《战文编》345页。6《说文》112页。7《西狭颂》。

形声字。从來,从攵,为來字的分化字。"來"本为麥的象形字,从來从攵是表示麦是上天所降之意。在商代甲骨文中,多数麥字从來从攵,但少数从禾从攵,为麥之异构。西周金文从麥从攵,但有变化。作为來的分化字,麦与來的本义相近。《说文》:"麦,芒谷。"《诗·鄘风·载驰》:"芃芃其麦。"《诗·鄘风·桑中》:"爰采麦矣,沫之北矣。"(刘桓)

麰(䴢) móu 明纽、幽部;明纽、尤韵、莫浮切。

《说文》小篆 《说文》或体 楷书 楷书

1、2《说文》112页。

形声字。《说文》:"麰,來麰,麥也。从麥,牟声。䴢,麰或从艸。"本义指大麦,《诗·周颂·思文》:"貽我来牟。"《说文》引作"来䴢"。"来"、"䴢"指小麦、大麦(见《广雅·释草》)。《孟子·告子上》:"今夫麰麦,播种而耰之",赵岐注:"麰麦,大麦也。"(刘桓)

麧(𪌣) hé 匣纽、物部;匣纽、没韵、下没切。

《说文》小篆 楷书 楷书

1《说文》112页。

形声字。从麥,气声。《说文》:"麧,坚麦也。"《玉篇》并同。指麦之磨不碎者,或麦糠之粗屑。麧亦隶定作

麧,见《字汇·麥部》。(刘桓)

麩(麸) fū 帮纽、鱼部;敷纽、虞韵、芳无切。

《说文》小篆 《说文》或体 楷书 楷书

1《说文》112页。

形声字。从麥,夫声。麩或从甫作䴾,夫、甫古音相近可通。《说文》:"麩,小麦屑皮也。""䴾,麩或从甫。"今人称为麸子或麸皮。典籍中麩亦作䴾,《晋书·五行志中》:"麦䴾粗秽,其精已去,明将败也。"(刘桓)

麪(面) miàn 明纽、元部;明纽、霰韵、莫甸切。

《说文》小篆 楷书 楷书

1《说文》112页。

形声字。从麥,丏声。指用麦子粉碎成的细末,也就是面粉。《说文》:"麪,麦屑末也。"《玉篇》:"麪,麦䴲也。"晋束皙《饼赋》:"重罗之麪,尘飞雪白。"俗作麵,见《集韵》。今简化为面。(刘桓)

夊部

夊 suī 心纽、脂部;心纽、脂韵、息遗切。

商 《说文》小篆 楷书

1《甲文编》253页。2《说文》112页。

象形字。像倒"止"形,本义为行走迟缓。《说文》:"夊,行遟曳夊夊,象人两胫有所躧也。"夊,后亦作绥,《玉篇·夊部》:"夊,行遲皃。《诗》云'雄狐夊夊'。今作绥。"据陈奂《毛诗传疏》,此所引《诗》即《有狐》篇:"有狐绥绥"。在商代文字犹能看出字像倒"止"而非"两胫"之形。西周夒尊:"不(丕)顯朕文考魯公夊文遺公。""夊文"已有学者读"垂文",《楚辞·九叹·逢纷》:"垂文扬采遺將来兮。"战国文字此字字形已发生讹变。信阳简1.06:"夊則□",读为绥。(刘桓)

夋 qūn 清纽、文部；清纽、谆韵、七伦切。

西周　战国　战国　《说文》小篆　楷书

1、2《金文编》615页。3《战文编》345页。4《说文》112页。

形声字。从女，允声。《说文》："夋，行夋夋也。一曰倨也。从夊，允声。""行夋夋"应是本义，即行走舒缓的样子。徐锴系传："夋夋，舒遅也。"但认为此字从夊则不确，古文字已清楚显示字下端从女。西周金文假夋为狁，不娶毀铭："不娶，駿方厭夋廣伐西俞。""厭夋"即典籍中的"獫狁"。战国文字读夋为俊，如《长沙楚帛书》（甲篇）："帝夋（俊）乃爲禺：（日月）之行□。"又读夋为允，《长沙楚帛书》（甲篇）："禺——（日月）夋（允）生。"夋读允，用做助词，无义。（刘桓）

复 fù 並纽、觉部；奉纽、屋韵、房六切。

商　西周　春秋　春秋　春秋　战国　《说文》小篆　楷书

1《甲文编》253页。2《金文编》384页。3、4、5《战文编》345页。6《古文典》251页。7《说文》112页。

会意字。商代文字从𠙹，是古代窨穴的象形，正中的长方形像窨穴，两头为出入处。字从夊，从𠙹，𠙹亦声，《说文》："复，行故道也。"是其本义，但认为字"从畗省声"则不确。复之本义为𡪢，《说文》："𡪢，地室也。从穴，复声。《诗》曰：'陶𡪢陶穴'。"《诗·大雅·绵》作复，皆为窨穴之义。商代复字写法，西周犹仿佛其形，春秋战国发生省变及讹变，甚至夊形写在上端。商代甲骨文中复字用法有三：一、通復，指报告。《合集》7076："貞：弓曰雀来复。"《周礼·天官·宰夫》："诸臣之复"，郑注："复之言报也，反也。"即指报告。二、通復，意为再次。《合集》22048："壬寅卜，令已复出。"三、用做人名。"貞：复先以岁（指岁祭贡物）。"（《合集》15483正）西周金文用复为復，一为又义。鬲比盨铭："复友鬮比其田其邑，复誓言二邑。"头一个"复"义为又；友读贿，赠送之意。"复友"意即又赠送。一为还给义。同铭："卑鬮比复卑（厥）小宫邑鬮比田"，谓鬮比返还给小宫之田仍给鬮比。《侯马盟书》用复为復，亦用复为腹。（刘桓）

㐬 líng 来纽、蒸部；来纽、蒸韵、力膺切。

商　西周　战国　战国　战国　《说文》小篆　楷书

1《甲文编》附录，818页。2《西周青铜器铭文分代史徵》229页。3《郭店》91页。4、5《古文典》152页。6《说文》112页。

疑为会意字。商代文字下端从人，上端所从不明。西周文字有变形，下端的人加"止"（足形）。战国楚系文字用坴为㐬，坴从土，來声，來为来纽之部字，㐬为来纽蒸部字，二者可通。《说文》："㐬，越也。从夊，从共。共，高也。一曰㐬，僭也。"《玉篇·夊部》："㐬，越也。今作陵。"甲骨文用㐬为地名，如"……才（在）㐬……"（《后》上10.6）西周金文㐬用做人名，如"小臣㐬"（《集成》5.2775）。或为封国名如"㐬公宗室"（《集成》5.2677）。战国文字多用㐬为陵，构成地名，如郷陵君鉴的"郷㐬"。（刘桓）

致 zhì 知纽、至部；知纽、至韵、陟利切。

商　西周　西周　战国　秦　秦

《说文》小篆　汉　汉　楷书

1《粹》1275。2、3《大系图录》137页、83页。4《战文编》345页。5、6《睡甲》81页。7《说文》112页。8《隶韵》卷7，144页。9《西狭颂》。

形声字。从夊，从至，至亦声。商代甲骨文从至从卩，西周文字演变为从至从人。战国文字右边从人，每于下端加"止"字，讹为从"女"。战国秦文字右边"人"、"止"分离，形成上端从人，下端从夊。《说文》："致，送诣也。从夊，从至。"周代致字多用为致送义，如金文："用致（致）兹人。"（《集成》5.2838）𩰬匜："乃师或曰女（汝）告，则𩰬（致）。"（《集成》16.10285）秦代致通至，睡虎地秦简《日书乙》："有死亡之志致（至）。"（刘桓）

憂（忧） yōu 影纽、幽部；影纽、尤韵、於求切。

夂部 舛部

憂 yōu

1 《甲文编》150页。2、3、4 《金文编》384页。5、6 《战文编》345页。7 《说文》112页。8、9 《汉印徵》卷5,15页。10 《赵圉令碑》。11、12 《马王堆》220页。

形声字。从夂，惪声。此字的初形作惪，乃会意字，像人心中有所思表现在面部，为忧愁义。《说文》将惪、憂分为两字，训惪为"愁也"，训憂为"和之行也"，实则二者本为一字之分化。典籍大都以憂为忧愁义，惪多不用。字亦作慢。商代甲骨文不见憂字，而用田字（即繇或猶）为憂，如《粹》1300:"己丑卜贞：今出羌亡田。"意即己丑日贞卜问，今日若羌人出动，有没有可担忧的事。"亡田"即"无憂"。西周金文主要有上举两形，用憂为忧愁、担忧之意，如毛公鼎："䵼圂大命，康能三（四）国，俗（欲）我弗乍先王憂。"战国文字屡见惪字，知《说文》以惪为忧愁本字是正确的。上博简《孔子论诗》："绿衣之惪思古人也。"用惪（惪）为忧愁义。战国中山王鼎："日惪（憂）悆邦家"，"憂悆"即憂勞。睡虎地秦简则用憂而不用惪，马王堆汉墓帛书憂、惪并用。（刘桓）

愛（爱）ài 影纽、物部；影纽、代韵、乌代切。

1、2、5 《战文编》345页。3、4 《说文》219页。6 《说文》112页。7 《银雀山》193页。8 《西狭颂》。9 《隶韵》161页。10 《马王堆》220页。

形声字。从夂，悉声。爱实由悉字演变而来。《玉篇》："悉，今作愛。"悉、愛当为古今字。《说文》："愛，行皃。从夂，悉声。"《说文·心部》："悉，惠也。从心，无声。㤅，古文。"悉加"夂"即成为愛字。《广雅·释诂一》："愛，仁也。"战国文字如郭店楚墓竹简《老子》甲本："甚悉（愛）必大費（费）"，悉用法同愛。中山王方壶铭："厥悉深则賢人親"，读"德愛深则賢人親"。汉代则多用愛字，如马王堆汉墓帛书《老子》甲本："愛以身为天下。"（刘桓）

㞕 pú 並纽、屋部；並纽、屋韵、蒲木切。

1 《说文》112页。

形声字。从夂，从尸。《说文》："㞕，行㞕㞕也。从夂，闌，读若僕。"为行走促迫之义。今语"风尘仆仆"之"仆仆"出此。（刘桓）

竷 kǎn 溪纽、谈部；溪纽、感韵、苦感切。

1 《九店》64页。2 《说文》112页。

形声字。从夂，章声。段注本《说文》："竷，繇也，舞也。从夂，从章。樂有章也。牵声。《诗》曰：'竷竷鼓我'。"按《诗·小雅·伐木》作："坎坎鼓我，蹲蹲舞我。""竷竷"通"坎坎"。清段玉裁《说文解字注》："繇当作䚋。䚋，徒歌也。上'也'字衍。'谣舞'者，谣且舞也。"段注以为竷是"舞兼歌"，"故其字从章从夂"。分析字形不尽合理。《九店楚简》56号墓竹简13上："竷（竷字异体）於巳"，秦简《日书》楚除与"竷"相当的字，甲种作"陷"，乙种作"窨"，竷、陷、窨三字古音相近可通。《说文》"峀"字重文作"盬"，为从㿝声字与从牵声字相通之证。坎、㿝皆溪纽侵部字，故可通假。（刘桓）

夒 miǎn 並纽、侵部；明纽、忝韵、明忝切。
又亡范切。

mǎn 並纽、侵部；明纽、感韵、莫坎切。

1 《说文》112页。

象形字。《说文》："夒，瑙（钮树玉校作"䐉"）盖也。象皮包覆瑙下，有两臂而夂在下。读若范。"做脑盖讲时，字读miǎn音。夒后来作"鋄"，指马头上装饰物。典籍中夒字或讹作夒。《后汉书·马融传》："扬金夒而挹玉瓖"，清段玉裁《说文解字注》"夒"字引马融《广成颂》作"扬金夒而挹玉瓖"，说"金夒"应作"金夒"，夒是讹字。金夒正指马头饰。（刘桓）

夏 xià
匣纽、鱼部；匣纽、马韵、胡雅切。
匣纽、鱼部；匣纽、祃韵、胡驾切。

1	2	3	4	5	6
西周	春秋	战国	战国	战国	战国

7	8	9
《说文》古文	战国	战国

10	11	12	13	14	15
春秋	战国	战国	秦	《说文》小篆	汉

16	17	
汉	汉	楷书

1、10《金文编》384页。2《大系图录》247页。3—6、11《战文编》346页。7、14《说文》112页。8《篆文编》268页。9《郭店》91页。12、13《睡甲》81页。15《马王堆》219页。16、17《隶韵》176页。

象形字。夏字与《说文》字形相合的写法见于春秋时秦国文字，当源于西周籀文。《说文》："夏，中国之人也。从夂、从頁、从臼。臼，两手；夂，两足也。"此字在西周文字中已发生形变，字从日旁，"頁"下端的"人"已变成加"女"形。春秋战国时又出现"頴"字写法，及讹变形。楚简作虽的写法，可能是楚地的一种特殊写法，也可能是表示夏季天气炎热有虫类活动的会意字。周秦文字传统写法一脉相承，成为汉代隶定的根据。夏义指夏朝或夏族，亦指华夏。如秦公钟："虩事綟(蛮)夏"（《两周金文辞大系图录》290页）。亦用夏为雅，上博简《纻(缁)衣》中的"大颖"即"大雅"。夏用为地名如鄂君启舟节："逾颖(夏)，内(入)邡。"学者疑此"夏"指《史记·越世家》的"夏路"。《楚辞·九章·哀郢》："遵江夏以流亡"，"夏"指夏水。马王堆汉墓帛书《十六经》："春夏为德"，"夏"指夏季。（刘桓）

畟 cè
清纽、职部；初纽、职韵、初力切。
jì 精纽、职部；精纽、职韵、子力切。

1	2	3	4	5	
战国	战国	《说文》古文	《说文》小篆	汉	楷书

1、2《战文编》480页"稷"字所从。3《说文》144页"稷"字所从。4《说文》112页。5《马王堆》219页。

会意字。《说文》："畟，治稼畟畟进也。从田人，从夂。《诗》曰：'畟畟良耜'。"从畟的字如稷、禝所从为鬼下端从女形，《汗简》兒形与鬼字无异，推测畟乃鬼字繁形，由鬼字分化而来。畟下端初从女，后讹为夂。畟应与社稷之稷相通。典籍畟与测通用。《说文》引《诗》"畟畟良耜"，见《诗·周颂·良耜》，毛传："畟畟犹测测也。"畟与测古音相同。马王堆汉墓帛书用"畟"为"后稷"。（刘桓）

夒 náo
泥纽、幽部；泥纽、豪韵、奴刀切。

1	2	3	4	5	6	
商	商	商	商	西周	《说文》小篆	楷书

1《甲文编》253页。2、3、4《甲文编》254页。5《殷周金文集录》125页。6《说文》112页。

象形字。像猕猴形。《说文》训夒为"贪兽也。一曰母猴"。母猴亦作猕猴解，因为象形字有局限，无法表示其性别。在商代甲骨文中，夒有勾勒形与单纯线条形之别。甲骨文夒为侧立之形，除表现猕猴头部有耳、目、口，身体上有又(手)、下有止(足)之外，还着意表示有尾之形。偶或省略尾形，字亦可识，但不属于标准写法。周代夒字写法出现繁复变化。甲骨文夒用做高祖名，学者多以为指帝喾。西周金文夒或假为擾，俶𢧜铭文记牧牛誓曰："自今余敢夒乃小大史(事)"，意即从今天起我若是敢扰乱您的大小事情。（刘桓）

舛 部

舛 chuǎn
昌纽、元部；昌纽、狝韵、昌兖切。

1	2	3	
《说文》小篆	《说文》小篆	汉	楷书

1、2《说文》113页。3《隶韵》121页。

会意字。字从两夂相背，表示相违背之意。《说文》："舛，对卧也。从夂䑞相背。""踳，扬雄说舛从足春。"《广雅·释诂一》："舛，偝也。"舛又由相违背之意，引申为舛错之意。（刘桓）

舞 wǔ 明纽、鱼部；微纽、虞韵、文甫切。

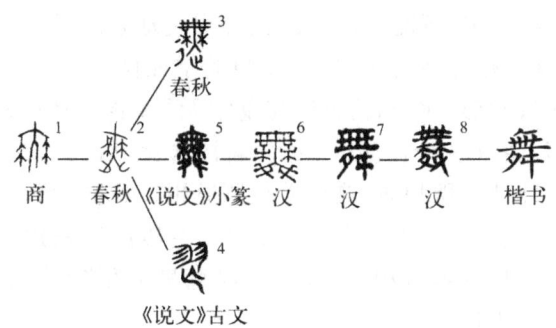

1《甲文编》255页。2、3《金文编》385页。
4、5《说文》113页。6《汉印徵》卷5，16页。7《营陵置社碑》。8《马王堆》220页。

会意字。商代甲骨文舞之初文，像人两手执牛尾之类的舞具而舞蹈之形。古代無、舞最初本一字，其后由于舞蹈是手舞足蹈，两脚动作带动全身，故特意在字下端添加二"止"（足形），遂成为"舞"这种写法。無、舞二字发生分化后，無多用为有無之無。春秋战国时期，舞字像人两手所持的舞具形发生讹变，字上端也发生形变，有的不从大（人形），而讹为从卅、从林的字。《说文》："㒼，豐也。从林、爽。"㒼就是舞，战国無字形较规矩者与此形接近。商代舞皆用其本义舞蹈之意。例如《合集》12835："其舞，业(有)雨。"《合集》12836 反："贞：舞，业(有)雨。"都是贞问用舞蹈娱神求雨，问是否有雨。《周礼·春官·司巫》："若国大旱，则率巫而舞雩。"《尔雅·释训》："舞，号雩也。"郭璞注："雩之祭，舞者吁嗟而请雨。"由于当时礼俗是以舞乞雨，所以甲骨文又造出霖字（《合集》30029、30030 等），为以舞求雨之专字。西周金文有用舞构成人名的，如房山县琉璃河西周燕墓出土圆盘形铜器，上有"匽侯舞易"四个字，"舞易"为燕侯的名。（刘桓）

辖 xiá 匣纽、月部；匣纽、鎋韵、胡瞎切。

1、2《甲文编》511页。3、6《古文典》897页。
4、5《战文编》346页。7《说文解字系传》影宋钞本小篆。8《说文》113页。

会意字演变成的形声字。商代"蚩"为会意字，即害字，像人足被虫虺咬啮形。辖字即由此演变而来。演变的过程是，先由蚩演变为萬，此形多见于战国文字。上古从虫的字有的演变为从禹，如甲骨文蠚演变为《说文》的䗪。萬字在秦代下端加牛，成为犇，最后成为辖字。商代蚩即伤害之害的本字。卜辞如《前》1.13.8："贞：南庚不蚩。贞：南庚蚩。"意即贞问先王南庚是否对商王有伤害。卜辞习见"亡蚩"（《甲》545），旧释"亡老"，其实不确，应该为"亡(无)害"才对。《书·金縢》记周公曰："体（按指卜兆形状），王其罔害。""罔害"即"亡害"。辖义为辖。《说文》："辖，车轴端键也。两穿相背。从舛，萬省声。䕵，古文偰字。"《说文》所据已是小篆字形，所说此字"从舛、萬省声"均与战国文字字形不符。长沙楚帛书用辖为害，"辖于其王"，即害于其王。辖后来写做辖。《左传·昭公二十五年》："昭子赋《车辖》。"辖，毛诗作辖，韩诗作辖。（刘桓）

舜部

舜（舜）shùn 书纽、文部；书纽、稕韵、舒闰切。

1、2《战文编》346页。3、5《说文》113页。
4《汗简》14页。6《隶韵》163页。7《马王堆》
221页。8《汉印徵》卷5，16页。

形声字。段注本《说文》："舜，艸也。楚谓之萐，秦谓之藑。蔓地生而連華。象形。从舛，舛亦声。"䥝，古文舜。"（段注本）《说文》的小篆字形，与战国文字构形已有很多不同，故《说文》所训显然与较古字形不符。战国文字较早的写法是上端从"䇂"，中间为"亦"字，下端从"土"，实为允之繁形，即夋字，隶定的为夋。此字当从"䇂"得声。战国文字"䇂"或讹为"夕"，中间部分讹为炎，《说文》古文及《汗简》字形则是此字进一步讹变形。舜是夋的同音字，秦汉文字可能与夋的讹变形有关。夋在战国文字中大都指帝舜，如郭店楚简《唐虞之道》："古者堯之與夋也"。上博简《容成氏》："见夋(舜)之㲻(贤)也"。由于舜、夋古音相同，故舜在古书上通俊，《山海经·大荒东经》："帝俊生中容"，郭璞注："俊亦舜字，假借字也。"这里的帝俊就是帝舜。（刘桓）

韋部

韋（韦）wěi 匣纽、微部；云纽、微韵、雨非切。

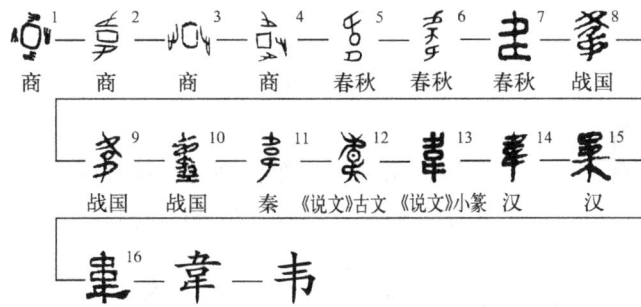

商	商	商	商	春秋	春秋	春秋	战国
战国	战国	秦	《说文》古文	《说文》小篆	汉	汉	
汉	楷书	楷书					

1《集成》11.5748。2、3《甲文编》255页。4《甲文编》256页。5、6《金文编》385页。7《古文典》1176页。8、9、10《战文编》347页。11《睡甲》81页。12、13《说文》113页。14、15《马王堆》221页。16《张迁碑》（阴）。

会意字。从口,从二"止"。商代文字从四"止"、从口（义为城邑或聚落），会意为围在城四周攻城或守城之义，本义为围，《说文》训围为守。商代文字简化形一般从二"止"，偶从三"止"。因为韋是围城，故后来将帀(帀,取环绕义)代替口。春秋战国文字多有省变。《说文》古文与三体石经字形相同。商代韋为国名，《诗·商颂·长发》："韋、顾既伐，昆吾、夏桀。"又用做人名。金文有："韋乍（作）父丁彝。"(《集成》4.2121)春秋文字亦有人名"黄韋俞父"(《集成》16.10146)。战国文字作人名，如"相邦吕不韋"(《集成》17.11395)。春秋时期韋还指皮韋，即熟过的皮子，《侯马盟书·宗盟类序篇》有"不帅从幸(即韋)书之言"等语，"韋书"应指用韋编连的竹书。"韋"义同《史记·孔子世家》："(孔子)读《易》韋编三绝。"战国文字亦有韋指皮韋的，《包山楚简》259："二紫韋之韜"，韜读帽。秦代文字"韋"通"围"，睡虎地秦简《日书甲》："韋城"，即围城。(刘桓)

韎

mèi 明纽、月部；明纽、怪韵、莫拜切。
mò 明纽、月部；明纽、末韵、莫拨切。
wà 明纽、月部；微纽、月韵、勿发切。

韎 — 韎
《说文》小篆 楷书

1《说文》113页。

形声字。从韋,末声。《说文》："韎,茅蒐染韋也，一入曰韎。"意即以茜（茅蒐）染皮革。韎亦为草名，即茜草，其根可作赤色染料。《诗·小雅·瞻彼洛矣》："韎韐有奭"，孔颖达疏引郑玄《驳异义》："韎,草名。齐、鲁之间言韎

韐,声如茅蒐,字当作韎,陈留人谓之蒨也。"韎字又同韎,亦作韎。(刘桓)

韜（韬）

tāo 透纽、幽部；透纽、豪韵、土刀切。

韜 — 韜 — 韜 — 韬
《说文》小篆 汉 楷书 楷书

1《说文》113页。2《隶字编》1471页。

形声字。从韋,舀声。意为剑衣。《说文》："韜,剑衣也。"桂馥义证："剑衣也者,《汉官仪》：'班剑衣以虎皮饰之'。"韜又同弢,《汉书·艺文志》："周史《六弢》六篇。"颜师古注："即今之《六韜》也,弢字与韜同也。"韜又通绦,《礼记·檀弓上》："南宫绦",《孔子家语·弟子行》作"南宫韜"。(刘桓)

韝（鞲）

kōu 溪纽、侯部；溪纽、侯韵、恪侯切。
gōu 见纽、侯部；见纽、侯韵、古侯切。

韝 — 韝 — 鞲
《说文》小篆 楷书 楷书

1《说文》113页。

形声字。从韋,冓声。意为臂衣。韝亦作鞲,指套臂上用皮制成的臂套。清段玉裁《说文解字注》："凡因射著左臂,谓之射韝;非射而两臂皆著之,以便于事,谓之韝。其字或作鞲,见《后汉书》。"(刘桓)

韣（韣）

dú 章纽、屋部；定纽、屋韵、徒谷切。
zhú 章纽、屋部；章纽、烛韵、之欲切。

韣 — 韣 — 韣
《说文》小篆 楷书 楷书

1《说文》113页。

形声字。从韋,蜀声,意为《说文》所训的"弓衣"。如《礼记·月令》："带以弓韣,授以弓矢,于祢之前。"韣的引申义指旌旗的弧之衣,《礼记·明堂位》："载弧韣",注："弧,旌旗所以张幅也。其衣曰韣。"(刘桓)

韔（韔）

chàng 透纽、阳部；彻纽、漾韵、丑亮切。

韔

秦　《说文》小篆　楷书　楷书

1《古文典》347 页。2《说文》113 页。

形声字。从韦，長声。但在战国文字中则像囊形字，里面加声符"長"，意即像弓囊的韔。说明此字经过象形字标注音符，到完全脱离象形的形声字的演变过程。《说文》："韔，弓衣也。从韦，長声。《诗》曰：'交韔二弓'。"《孔子家语·子贡问》："韔其弓"，王肃注："韔，韬也。"韬即藏弓的弓衣。望山楚简二号墓第八简："貍貘之齒（韔）。"韔正用作本义。韔又作鬯，《广雅·释器》："韔，弓藏也。"韔又通弢，《诗·郑风·大叔于田》："抑鬯弓忌"，毛传："鬯弓，弢弓。"（刘桓）

韓(韩) hán 匣纽、元部；匣纽、寒韵、胡安切。

战国　战国　战国　秦　秦　《说文》小篆　汉　楷书　楷书

1《金文编》385 页。2、3《战文编》347 页。4、5《睡甲》56 页。6《说文》113 页。7《马王堆》212 页。

最初以𩎌为韓，其后形成形声字韓，从韦、𩎌声。战国文字所从的"韦"或省"口"字。《说文》："韓，井垣（《史记·索隐》引作"井橘"）也。"典籍中韩又通幹，《庄子·秋水》："吾乐与吾跳梁乎井幹之上。"陆德明释文："司马云，井栏也。"战国文字用𩎌为韩，如䭾羌钟铭："芈（厥）辟𩎌宗歔（徹），"韩宗徹即韩景侯虔。战国文字用韩為氏名，如"大攻（工）君（尹）韓䎡。"（《集成》18.11715）（刘桓）

韌(韧) rèn 日纽、文部；日纽、震韵、而振切。

战国　《说文》小篆　楷书　楷书

1《战文编》347 页。2《说文》113 页。

形声字。从韦，刃声。《说文》："韌，柔而固也。"随县简 43 有"纷韌"一词，天星观简 82 作"纷纫"。（刘桓）

弟部

弟 dì 定纽、脂部；定纽、荠韵、徒礼切。
定纽、脂部；定纽、霁韵、特计切。

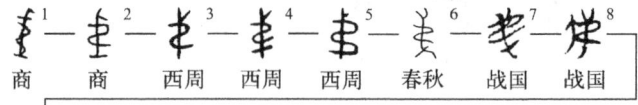

商　商　西周　西周　西周　春秋　战国　战国
战国　战国　《说文》古文　战国　《说文》小篆　汉　汉

弟
楷书

1、2《甲文编》256 页。3-6《金文编》386 页。7-10、12《战文编》350 页。11、13《说文》113 页。14、15《马王堆》221 页。

会意字。从𠄌（必）、从己，像柲缠韦形，《说文》以为"韦束之次弟也"。战国文字字形相沿袭，亦有一些变化，主要是柲形变直竖为向右（偶向左）的斜画，随之下端的一横也变成一撇；亦有不作一撇而作圆点的。缠韦形亦有简化。秦小篆、汉隶的写法都受战国文字的影响。弟古多用为兄弟之弟。《包山楚简》151："步死，無子，其弟番黜偬（後）之。"《侯马盟书》309 有"兄弟"一词。《诗·邶风·柏舟》："亦有兄弟，不可以据。"战国文字中还有"豈弟"一词，信阳楚墓竹简 1.011："豈弟君子"，豈读岂，"豈弟"见《诗·齐风·载驱》，毛传训"豈弟"为"乐易也"。（刘桓）

夂部

夂 zhǐ 端纽、脂部；知纽、旨韵、豬几切。

西周　《说文》小篆　楷书

1《新出金文与西周历史》6页。2《说文》114 页。

会意字。意为从后至。《说文》："夂，从后至也。象人两胫后有致之者。读若黹。"西周𧖟尊："不（丕）显朕文考鲁公夂文遗公"，另有古文终字亦作夂，《说文》："冬，四时尽也。从仌，从夂。夂，古文终字。"《集韵·东韵》："终，古作夂，隶作夂。"音 zhōng，之戎切。此与《说文》夂

字无涉。（刘桓）

夆 féng 並纽、东部；奉纽、钟韵、符容切。

1、2、3《金文编》386页。4、5、6《古文典》433页。7《说文》114页。8《马王堆》222页。9《汉印徵》卷5，17页。

形声字。从夂，丰声。商代文字从夂从丰，丰像根部带土形，丰上有水点。西周文字承袭商代字形而趋简。战国文字字形又加繁复，"丰"字下加一"土"字，"夂"亦有变形。夆古义训牾，犹"逢"。《说文·夂部》："夆，牾也。从夂，丰声。读若缝。"段玉裁注："《午部》曰：'牾，逆也。'夆训牾，犹逢、迎、逆、遇、遻，互相为训。"商代金文用夆为地名，如二祀卲其卣："王令卲其兄(贶)□于夆。"（《集成》10.5412）周代金文用夆为封，如："则乃成夆(封)四夆(封)。"（《集成》5.2831）夆读封，指封土为田界。战国文字中，夆读逢，指姓氏而言。夆又通豐，马王堆汉墓帛书《老子》乙本："修之国，其德乃夆。"《老子·五十四章》"夆"作"豐"。乃丰厚之意。（刘桓）

夅 xiáng 匣纽、冬部；匣纽、江韵、下江切。

1、2《甲文编》536页。3《说文》114页。

会意字。像两脚向下行走形，会意为降下。《说文》："夅，服也。从夂、屮，相承不敢竝也。"段玉裁注："上从夂，下从反夂。'相承不敢竝'，夅服之意也。凡'降服'字当作此，'降'行而'夅'废矣。"夅实为上举商代降字省形，降像两脚从山阜向下行走形，本义是从高处到低处。夅是"降"省却山阜形，其义仍不变。降服乃是引申义，非本义。《说文》及段注训释"夅，服"之义均存在问题。"从夂、屮，相承不敢竝也。"显然是根据"降服"之义推断的臆想之词。此字像两脚向下行走，与步（陟）为向上行走，字义正好相反。典籍如《诗·大雅·文王》："文王陟降，在帝左右。"金文如㝬簋："其各前文人，其濒才(在)帝廷陟降。"降与陟相对，还保留夅、夅的本义。（刘桓）

𠂉 kuà 溪纽、歌部；溪纽、祃韵、苦化切。

1《说文》114页。

象形字。《说文》："𠂉，跨步也。从反夂。䟺从此。"屮，𠂉之讹字，见《玉篇》。（刘桓）

久 部

久 jiǔ 见纽、之部；见纽、有韵、举有切。

1、2《战文编》351页。3、4《古文典》29页。5《说文》114页。6《马王堆》222页。7《许阿瞿画像志铭》。

象形字。《说文》以为久"象人两胫后有距也"，所说并不可信。此字字形与㡭（厥）相似，本义不可考。久义为长久，睡虎地秦简家书11号木牍："里夫等直(值)佐淮阳，攻反城久，伤未可智(知)也。""久"指攻城时间长。久亦读为记，睡虎地秦简《金布律》："县、都官以七月粪公器不可繕者，有久识者靡蚩之。"注释："久，读为记，记识指官有器物上的标志题识。"久又作为地名，金文有"久陵"（《集成》18.11542）。（刘桓）

桀 部

桀 jié 群纽、月部；群纽、薛韵、渠列切。

1《战文编》347页。2《睡甲》82页。3《汗简》37页。4《说文》114页。5《马王堆》222页。6《隶韵》206页。

构形不明何意。字从舛、从木。战国文字亦有从舛、从土的。而乘字周代从夵从木，二字有无关联，目前还不得而知。《说文》："桀，磔也。从舛，在木上也。"桀字通傑，睡虎地秦墓竹简《日书甲》："为邑桀(傑)"。汉桓宽《盐铁论·备胡》："以世俗言之，乡曲有桀，人尚辟之。"马王堆汉墓帛书《经法》："能收天下豪桀(傑)。"马王堆帛书中桀多用做夏桀之桀。桀亦为姓氏，战国玺印文字有"桀疟"（《玺汇》1389）。（刘桓）

磔 zhé　端纽、铎部；知纽、陌韵、陟格切。

1《睡甲》82页。2《说文》114页。3《马王堆》223页。

形声字。从桀，石声。《说文》："磔，辜也。"睡虎地秦简《法律答问》："甲可(何)论？当磔。"注释："磔，《荀子·宥坐》注：'谓车裂也。'"磔当指一种称为车裂的死刑。（刘桓）

乘 chéng　船纽、蒸部；船纽、蒸韵、食陵切。
　 shèng　船纽、蒸部；船纽、证韵、实证切。

1《甲文编》257页。2、3、4《金文编》387页。5、6、7、9《战文编》351页。8《战文编》352页。10《郭店》92页。11《睡甲》82页。12、13《说文》114页。14《马王堆》222页。15、16《隶韵》83页。

会意字。像人在树(木)上，本义当如清朱骏声《说文通训定声》所说："自上而加曰乘。""加其上曰椉，人乘车，是其一嵒也。"乘字在商代文字中像人在木(已伐之木)上。西周文字为了突出人踩在树上之意，又在大字下端连两"止"(足)，成为从舛从木。战国文字讹变更甚，除秦文字从木外，大多已不从木，而改从几；且多将原标在"大"下端的两"止"，与"大"的像人两臂处直接相连。楚文字有从車者，即《集韵》的䡈字，是为"乘"的分化字，字义不变。汉代文字沿袭秦代字形，而向便于书写方向发展。乘是人爬到树上，故有升义。《诗·豳风·七月》："亟其乘屋"，毛传："乘，升也。"金文言"乘舟"，如"庚率二百乘舟入籲(营)從洄(河)。"（《集成》15.9733）《诗·邶风·二子乘舟》亦有"二子乘舟"之句。作为量词，西周至春秋的乘乃指四匹马拉的一辆车。由此"乘"既可以指车，亦可指马，或并指车马。指车的如西周的禹鼎："辪武公迺遣禹率公戎车百乘。"《诗·小雅·六月》："元戎十乘。"指马的如《论语·公冶长》："陈文子有马十乘"，十乘即四十匹马。指连车带马的如师同鼎："孚车马五乘。"（刘桓）[12章完]

木 部

木 mù　明纽、屋部；明纽、屋韵、莫卜切。

1、2《汉语字形表》213页。3《类编》277页。4《说文》114页。5、6、7《篆隶表》361页。

象形字。上像树枝，下像树根。本义是树。《诗·周南·汉广》："南有乔木，不可休思。"《庄子·山木》："庄子行于山中，见大木枝叶盛茂。"又指树叶。唐杜甫《登高》："无边落木萧萧下，不尽长江滚滚来。"引申指木材。《论语·公冶长》："朽木不可雕也。"《荀子·劝学》："锲而舍之，朽木不折。"又指木制的。《韩非子·外储说左上》："墨子为木鸢，三年而成，蜚一日而败。"特指棺材。《左传·僖公二十三年》："我二十五年矣，又如是而嫁，则就木焉。"又为"八音"之一，指木制的乐器。唐韩愈《送孟东野序》："金、石、丝、竹、匏、土、革、木八者，物之善鸣者也。"又为"五行"之一。《书·洪范》："五行：一曰水，二曰火，三曰木，四曰金，五曰土。"又引申指质朴。《论语·子路》："子曰：刚毅木讷近仁。"何晏注："王曰：'木，质朴也。'"从木的字，本义多与树木或木制品有关。（冀小军）

橘 jú　见纽、物部；见纽、术韵、居聿切。

1《篆隶表》361页。2《说文》114页。

形声字。从木，矞(yù)声。右上从"矛"，其形体演变序列为：𐰓（《金文编》929页，戜簋）　𐅠（《汉语字形表》20页，古玺"茅"字所从）　𐰓（字形1所从）　𐰓（《篆隶表》377页，"柔"字所从）　𐰓（字形2所从）　𐰓（《篆隶表》378页，"柔"字所从）—矛。"橘"，果树名。《说文》："橘，果，出江南。"《楚辞·九章·橘颂》："后皇嘉树，橘徕服兮。受命不迁，生南国兮。"《晏子春秋·内篇杂下》:"橘生淮南则为橘,生于淮北则为枳。"也指橘树的果实。《玉篇·木部》:"大曰柚,小曰橘。《吕氏春秋》曰:'果之美者有江浦之橘。'"《晏子春秋·内篇杂下》:"景公使晏子于楚,楚王进橘,置削,晏子不剖而并食之。"橘,今俗又作"桔"。(冀小军)

橙 chéng 定纽、蒸部;澄纽、耕韵、宅耕切。

橙¹—橙
《说文》小篆 楷书

1《说文》114页。

形声字。从木,登声。果树名,也指橙树的果实。《说文》:"橙,橘属。"桂馥义证引《本草》云:"其树亦似橘树而叶大;其形圆,大于橘而香,皮厚而皱,八月熟。"唐杜甫《遗意》二首之一:"衰年催酿黍,细雨更移橙。"宋苏轼《赠刘景文》:"一年好景君须记,最是橙黄橘绿时。"(冀小军)

柚 yòu 喻纽、幽部;以纽、宥韵、余救切。
zhóu 定纽、觉部;澄纽、屋韵、直六切。
旧读zhú

柚¹—柚
《说文》小篆 楷书

1《说文》114页。

形声字。从木,由声。本义是果树名,也指柚树的果实(音yòu)。《说文》:"柚,条也,似橙而酢。"徐灏注笺:"柚谓之条者,古音相近也。"《广韵·宥韵》:"柚,似橘而大。"《书·禹贡》孔颖达疏:"橘、柚二果,其种本别,以实相比,则柚大橘小。"晋左思《蜀都赋》:"家有盐泉之井,户有橘柚之园。"南朝宋刘义庆《世说新语·品藻》:"楂梨橘柚,各有其美。"又通"轴",织布机上缠经线的滚筒(音zhóu,旧音zhú),常与"杼"(缠纬线的梭子)连用。清朱骏声《说文通训定声·孚部》:"柚,叚借为轴。"《广韵·屋韵》:"柚,杼柚,机具。"《诗·小雅·大东》:"小东大东,杼柚其空。"朱熹集传:"杼,持纬者也。柚,受经者也。"(冀小军)

梨 lí 来纽、脂部;来纽、脂韵、力脂切。

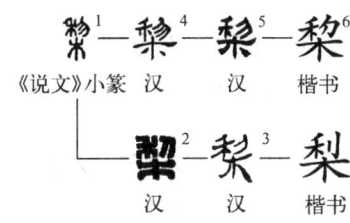
《说文》小篆 汉 汉 楷书
汉 汉 楷书

1《说文》114页。2《汉印徵》卷6,1页。
3、4、5《篆隶表》361页。6《玉篇·木部》。

形声字。从木,利声。《说文》小篆"利"旁作"秒",所从之"彡"乃由彡(刀)形加二饰笔演变而来。汉代篆文(字形2)或从利,为今所本。果树名。《尔雅·释木》:"梨,山樆。"邢昺疏:"言其在山之名则曰樆,人植之曰梨。"《急就篇》卷二:"梨柿柰桃待露霜。"颜师古注:"梨,一名山樆。"《后汉书·五行志二》:"又掘徙梨,根伤而血出。曹公恶之,遂寝疾,是月薨。"也指梨树的果实。《说文》:"梨,果名。"《庄子·天运》:"故譬三皇五帝之礼义法度,其犹柤、梨、橘、柚邪,其味相反,而皆可于口。"《后汉书·孔融传》李贤注:"融《家传》曰:'年四岁时,每与诸兄共食梨,融辄引小者。'"(冀小军)

柿(柹) shì 从纽、之部;崇纽、止韵、鉏里切。

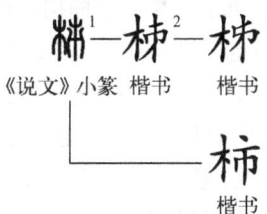
《说文》小篆 楷书 楷书

柿
楷书

1《说文》114页。2、3《集韵·止韵》。

形声字。小篆从木,朮(zī)声。"朮",小篆作朮,隶变作朮(《隶辨·止韵》"姊"字所从),再变为朮(左侧短竖上移);或作市(同前,武梁祠堂画像"姊"字所从。参见《宋部》"朮"字条),则与"市"字形近,故楷书中柹、柿二体并行。果树名,也指柿树的果实。《说文》:"柿,赤实果。"邵瑛群经正字:"今经典作柿。"《急就篇》卷二:"梨柿柰桃待露霜。"新中国成立后,"柹"作为异体字并入了"柿"字。(冀小军)

枏(楠) nán 泥纽、谈部;泥纽、覃韵、那含切。

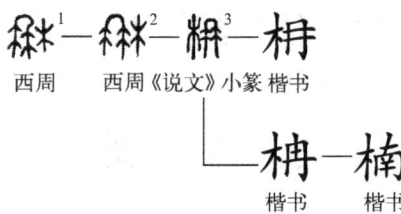

1、2《汉语字形表》213页。3《说文》114页。

形声字。从木，丹(冉)声("丹"为丹之隶定，"冉"为隶变)。木名，又名梅，即楠树。《说文》："枏，梅也。"(参见下条"梅"字)《墨子·公输》："荆有长松文梓，楩枏豫章。"字亦作"楠"。《汉书·司马相如传上》："其北则有阴林巨树，楩枏豫章。"颜师古注："枏音南，今所谓楠木。"《广韵·覃韵》："枏，木名。楠，俗。"新中国成立后，"枏"和"柟"作为异体字并入了"楠"字。(冀小军)

梅 méi 明纽、之部；明纽、灰韵、莫杯切。

1《说文》114页。2《篆隶表》362页。

形声字。从木，每声。本义是楠树，又名枏(楠)。《尔雅·释木》："梅，枏也。"邢昺疏引孙炎曰："荆州曰梅，扬州曰枏。"《诗·秦风·终南》："终南何有？有条有梅。"又《陈风·墓门》："墓门有梅，有鸮萃止。"毛传："梅，枏也。"唐玄应《一切经音义》卷二十"梓枏"条引樊光《尔雅》注云："荆州曰梅，扬州曰枏，益州曰赤楩，叶似豫樟，无子也。"后被借用为本义是酸果的"楳"字，"梅"之本义遂废(参见下条"楳"字)。(冀小军)

楳(梅) méi 明纽、之部；明纽、灰韵、莫杯切。

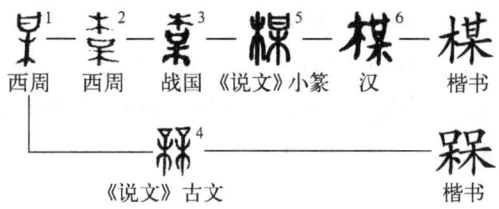

1、2《汉语字形表》216、213页。3《战文编》353页。4、5《说文》118、114页。6《篆隶表》362页。

形声字。从木，某声。果树名，果实叫酸果，即梅子。字本作"某"(音méi，参见本部"某"字)，因"某"多用于假借义，遂加"木"旁分化出"楳"字来表示本义。《说文》古文变从二"呆(某)"。《集韵·灰韵》："梅，或作楳。"古书中又多借本义是楠树的"梅"字来表示这个意思。《诗·召南·摽有梅》陆德明释文："梅，《韩诗》作楳。"《说文》"梅"字下段玉裁注："《召南》之'梅'，今之酸果也；《秦》、《陈》（按:指《秦风》、《陈风》）之'梅'，今之楠树也。"(参见上条"梅"字)新中国成立后，"楳"、"槑"作为异体字并入了"梅"字。(冀小军)

杏 xìng 匣纽、阳部；匣纽、梗韵、何梗切。

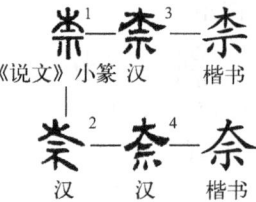

1《古陶徵》125页。2《说文》114页。

构形不明。果树名，也指杏树的果实。《说文》："杏，果也。"《广韵·梗韵》："杏，果名。《广志》曰：'荥阳有白杏，邺有赤杏、黄杏。'"《山海经·中山经》："又东北三百里，曰灵山，……其木多桃、李、梅、杏。"(冀小军)

柰(奈) nài 泥纽、月部；泥纽、泰韵、奴带切。

1《说文》114页。2、3、4《篆隶表》362页。

形声字。从木，示声。果树名，也指柰树的果实。《说文》："柰，果也。"《急就篇》卷二："梨柿柰桃待露霜。"南朝梁周兴嗣《千字文》："果珍李柰，菜重芥姜。"借用为"柰何"字。《玉篇·木部》："柰，柰何也。"《庄子·山木》："君曰：'彼其道远而险，又有江山，我无舟车，柰何？'"又《盗跖》："柳下季曰：'先生言为人父者必能诏其子，为人兄者必能教其弟，若子不听父之诏，弟不受兄之教，虽今先生之辩，将柰之何？'"或体作"㮈"，所从"木"旁乃"木"之省变(参看下条"李"字)。后分化为"柰"、"奈"二字，分别表示本义和假借义。《广韵·泰韵》："柰，果木名。"又："奈，如也。本亦作柰。"《国语·晋语三》："公谓庆郑曰：'秦寇深矣，柰何？'"《老子》七十四章："民不畏死，柰何以死惧之？"(冀小军)

李 lǐ 来纽、之部；来纽、止韵、良士切。

战国　　秦《说文》小篆 汉　汉　　楷书

战国　秦　汉

1《汉语字形表》213页。2《古陶徵》125页。3、4《睡甲》83页。5《说文》114页。6《马王堆》226页。7、8《篆隶表》363页。

形声字。从木，子声。字形2、4、6所从"木"旁形体稍变（中竖笔画收缩）。本义是果树名。《韩诗外传》卷七："夫春树桃李者，夏得阴其下，秋得其实。"《史记·李将军列传赞》："桃李不言，下自成蹊。"也指李树的果实。《说文》："李，果也。"《诗·大雅·抑》："投我以桃，报之以李。"南朝梁周兴嗣《千字文》："果珍李柰，菜重芥姜。"又通"理"。清段玉裁《说文解字注》："古李、理同音通用，故'行李'与'行理'并见，'大李'与'大理'不分。"《管子·法法》："舜之有天下也，禹为司空，契为司徒，皋陶为李，后稷为田。"《史记·天官书》："房南众星曰骑官。左角，李；右角，将。"司马贞索隐："李即理，法官也。"（冀小军）

桃

táo 定纽、宵部；定纽、豪韵、徒刀切。

1《包山》85页。2《睡甲》83页。3、4、5《篆隶表》363页。6《说文》115页。

形声字。从木，兆声。"兆"，甲骨文作 、 （《甲文编》445页），从水（字形2从水省）、从二人相背，像大水至而人逃散，是"逃"字的初文；西周金文作 （《金文编》1254页，"姚"字所从），战国楚文字作 （《包山》24页，"逃"字所从），所从"人"形均讹为"止"；秦汉文字则承袭商代文字，作 、 、 （字形2—字形4所从），尚存二人相背形；再变作 （字形5），遂为后世楷书所本（《说文》小篆"兆"旁稍讹）。"桃"，果树名。《广韵·豪韵》："桃，果木名。"《诗·周南·桃夭》："桃之夭夭，灼灼其华。"《史记·李将军列传赞》："桃李不言，下自成蹊。"也指桃树的果实。《说文》："桃，果也。"《玉篇·木部》："桃，毛果也。"《诗·大雅·抑》："投我以桃，报之以李。"《急就篇》卷二："梨柿柰桃待露霜。"（冀小军）

亲

zhēn 精纽、真部；庄纽、臻韵、侧诜切。

西周　战国　《说文》小篆　楷书

西周　战国　汉　楷书

1、2《汉语字形表》213页。3、4《古币》142页。5《说文》115页。6《篆隶表》363页。

形声字。从木，辛声。"亲"为古"榛"字。《说文》："亲，果实如小栗。《春秋传》曰：'女挚不过亲栗。'"今本《左传·庄公二十四年》作"女贽不过榛栗枣脩"。《礼记·曲礼下》："妇人之挚，椇榛脯脩枣栗。"陆德明释文："榛，古本又作亲，音壮巾反，云似梓，实如小栗也。"《龙龛手鉴·木部》："亲，或作榛、䝉，音臻。榛子，小栗也。"在考古资料中，"亲"多用于假借义：1.借为"辛"。蒿簋："唯六月既生霸亲（辛）巳。" 2.借为"莘"（古国名）。中伯壶："中白（伯）乍（作）亲（莘）姬縊人朕（媵）壶。"（字形1）3.借为"新"。八年新城戈："八年亲（新）城大命（令）韩定。"（《战国策·秦策一》："秦攻新城。"新城：韩地名，在今河南洛阳市南）4.借为"親"。上方镜："长葆二亲（親）矣。"（字形6）后另造从木、秦声的"榛"字来表示本义（参见本部"榛"字），"亲"字遂废，"亲（亲）"则保留在偏旁中（如"新"、"親"二字均从"亲"得声）。楷书阶段偶见以"亲"为"親"者，《改并四声篇海·立部》引《俗字背篇》："亲，与親义同。"新中国成立后，"亲"被确定为"親"的简化字。（冀小军）

楷

jiē 见纽、脂部；见纽、皆韵、古谐切。

kǎi 溪纽、脂部；溪纽、骇韵、苦骇切。

西周　西周　汉　汉

《说文》小篆　楷书

1、2《金文编》403、404页。3、4《篆隶表》364页。5《说文》115页。

形声字。从木，皆声。"皆"字甲骨文作 （《甲文编》50页），秦故道残诏版作 （《金文续编》79页），西周金文"楷"字所从 、 即此种写法之省。楚帛书"皆"字作

(《楚系简帛》291页),上从"虍"从二"人",是 的讹省(省去一"虍",又讹"匕"为"人")。这种讹省之体再省去"虍"头,就成为先秦古文字中习见的" "字(从二"人"从"曰")。秦文字作 、 (《金文续编》79页),变二"人"为"比"。《说文》小篆作 ,又变"曰"为"白",为后世楷书所沿用(参见《说文·白部》"皆"字)。"楷",本义是树木名,音 jiē,即黄连木。《说文》:"楷,木也。"《广韵·皆韵》:"楷,《说文》云:'木名。'……《广志》云:'孔子冢上特多楷树。'"相传楷树枝干疏而不屈,因用以形容刚直。三国魏刘邵《人物志·体别》:"强楷坚劲,用在桢干,失在专固。"又引申为法式、典范,音 kǎi。《广雅·释诂一》:"楷,法也。"又《释诂四》:"楷,式也。"《礼记·儒行》:"今世行之,后世以为楷。"陆德明释文:"楷,苦骇反,法式也。"(冀小军)

桂 guì 见纽、支部;见纽、霁韵、古惠切。

桂¹—桂²—桂³—桂⁴—桂⁵
战国 《说文》小篆 秦 汉 汉 楷书

1《包山》85页。2《说文》115页。3、4、5《篆隶表》364页。

形声字。从木,圭声。树木名。一指肉桂,树皮可入药或做香料,通称桂皮。《说文》:"桂,江南木,百药之长。"晋葛洪《抱朴子·诘鲍》:"故剥桂刻漆,非木之愿。"一指木犀,花可做香料,通称桂花。《字汇·木部》:"桂,木名,花香清远,其叶冬夏常青。"《楚辞·远游》:"嘉南州之炎德兮,丽桂树之冬荣。"洪兴祖补注:"桂,凌冬不凋。"(冀小军)

棠 táng 定纽、阳部;定纽、唐韵、徒郎切。

棠¹—棠²—棠³
战国 《说文》小篆 汉 楷书

1《上博一》36页。2《说文》115页。3《篆隶表》364页。

形声字。从木,尚声。树木名。有两种:一种叫杜,又名杜梨、赤棠、棠梨,果实色赤而味涩。一种叫棠,又名甘棠,果实色白而味甜。《尔雅·释木》:"杜,赤棠。白者,棠。"清朱骏声《说文通训定声·壮部》:"实之白而甘者曰棠,赤而涩者曰杜。"《诗·召南·甘棠》:"蔽芾甘棠,勿翦勿败,召公所憩。"《史记·燕召公世家》:"召公巡行乡邑,有棠树,决狱政事其下。"(冀小军)

杜 dù 定纽、鱼部;定纽、姥韵、徒古切。

杜¹—杜²—杜⁴—杜⁵
商 西周 战国 战国
杜³—杜⁶—杜⁷—杜⁸—杜⁹
西周 战国《说文》小篆 秦 汉 楷书

1、2、3、6《汉语字形表》214页。4、5《上博一》32、30页。7《说文》115页。8《睡甲》83页。9《篆隶表》364页。

形声字。从木,土声。树木名,又名杜梨、赤棠、棠梨(参见上条"棠"字)。《诗·唐风·杕杜》:"有杕之杜,其叶萋萋。"因杜树果实味涩,引申而有苦涩义,又有阻塞、堵塞之义。《方言》卷七:"杜,涩也。"郭璞注:"今俗语通言涩如杜。杜梨子涩,因名之。"钱绎笺疏:"《众经音义》卷五引贾逵《国语》注云:'杜,塞也。'塞与涩声义并相近。"《汉书·王陵传》:"杜门竟不朝请。"又《晁错传》:"内杜忠臣之口。"颜师古注:"杜,塞也。"(冀小军)

椅 yī 影纽、歌部;影纽、支韵、於离切。
yǐ 影纽、纸韵、於绮切。

椅¹—椅²—椅
战国《说文》小篆 楷书

1《汉语字形表》214页。2《说文》115页。

形声字。从木,奇声。1.音 yī,树木名。《说文》:"椅,梓也。"《诗·鄘风·定之方中》:"树之榛栗,椅桐梓漆。"毛传:"椅,梓属。"清段玉裁《说文解字注·木部》:"《释木》曰:'椅,梓。'浑言之也。《卫风》(按:"卫"当作"鄘")传曰:'椅,梓属。'析言之也。椅与梓有别,故《诗》言'椅桐梓漆';其分别甚微也,故《尔雅》、《说文》浑言之。"2.音 yǐ,椅子。《正字通·木部》:"椅,坐具后有倚者,今俗呼为椅子。"桌椅之椅因有"倚"(靠背)而得名,字本作"倚"。后将"倚"字所从的"人"旁改成"木"旁,分化出"椅"字。宋黄朝英《靖康缃素记》卷一:"今人用倚、卓字,多从木旁。"明方以智《通雅·杂器》:"倚、卓之名,见于唐宋。……杨亿《谈苑》云:'咸平、景德(北宋真宗年号:998-1003,1004-1007)中,主家造檀香倚卓。'俗以为椅子、棹子。"(参见"櫂"字条所附"棹"字)(冀小军)

梓 zǐ 精纽、之部;精纽、止韵、即里切。

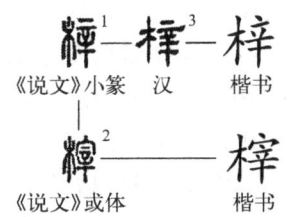

1、2《说文》115页。3《篆隶表》365页。

形声字。从木,宰省声(或体不省,但古书中罕见)。树木名。《说文》:"梓,楸也。"徐锴系传:"今人名腻理曰梓,质白曰楸。"《诗·小雅·小弁》:"维桑与梓,必恭敬止。"陆德明释文:"梓,音子,木名。"古代多用梓制作器具,因以指木工。《周礼·考工记序》:"攻木之工,轮、舆、弓、庐、匠、车、梓。"《孟子·滕文公下》:"子如通之,则梓、匠、轮、舆皆得食于子。"赵岐注:"梓、匠,木工也。……《周礼》攻木之工七,梓、匠、轮、舆是其四。"又指印刷雕版。因雕版多以梓木为之,故称。《正字通·木部》:"梓,俗谓锓文书于版曰梓。"明徐渭《刻沛言序》:"今持以付诸梓者侈矣,然与《大风歌》数语孰雄也?"(冀小军)

楸 qiū 清纽、幽部;清纽、尤韵、七由切。

1《说文》115页。

形声字。从木,秋声。树木名。《说文》:"楸,梓也。"《尔雅·释木》:"槄,木楸曰乔。"郭璞注:"楸树性上竦。"《庄子·人间世》:"宋有荆氏者,宜楸、柏、桑。"陆德明释文:"崔云:荆氏之地宜此三木。"《楚辞·九章·哀郢》:"望长楸而太息兮,涕淫淫其若霰。"清王筠《说文解字句读》:"楸字见于《尔雅》,其名见左襄十八年《传》,而字作萩,《释文》则曰'本又作秋',《山海经》作櫹。知春秋末年乃有是名,周秦之间乃有是字,故不见于他经也。"(冀小军)

榛 zhēn 精纽、真部;庄纽、臻韵、侧诜切。

1《说文》116页。

形声字。从木,秦声。树木名,也指榛树的果实(字本作"亲"。参见本部"亲"字)。《诗·邶风·简兮》:"山有榛,隰有苓。"毛传:"榛,木名。"朱熹集传:"榛,似栗而小。"《左传·庄公二十四年》:"男贽,大者玉帛,小者禽鸟。……女贽不过榛栗枣脩。"又指丛生的树木。《广雅·释木》:"木丛生曰榛。"《诗·曹风·鸤鸠》:"鸤鸠在桑,其子在榛。"陆德明释文:"榛,《字林》云:'木丛生也。'"《淮南子·原道》:"处穷僻之乡,侧谿谷之间,隐于榛薄之中。"高诱注:"藂木曰榛,深草曰薄。"(冀小军)

栩 xǔ 晓纽、鱼部;晓纽、麌韵、况羽切。

1《战文编》356页。2《说文》116页。

形声字。从木,羽声。本义是树木名。《说文》:"栩,柔(shù)也。其皁(皂)一曰样(xiàng)。"段玉裁注:"《毛传》、《说文》皆'栩'、'柔'、'样'为一木。"《诗·唐风·鸨羽》:"肃肃鸨羽,集于苞栩。"毛传:"栩,杼也。"(杼:同"柔"。参见本部"杼"字)孔颖达疏引陆玑《草木疏》云:"栩,今柞栎也。徐州谓栎为杼,或谓之为栩。"南朝宋谢灵运《过白岸亭》:"交交止栩黄,呦呦食苹鹿。"又借为形容词(多叠用)。指高兴的样子。《庄子·齐物论》:"昔者庄周梦为胡蝶,栩栩然胡蝶也。"陆德明释文:"栩栩,喜貌。"又《庄子·田子方》:"今视之鼻间栩栩然。"成玄英疏:"栩栩,欢畅之貌也。"也指生动的样子。明徐宏祖《徐霞客游记·滇游日记八》:"泉上大树,当四月初,即发花如蛱蝶,须翅栩栩然,与生蝶无异。"(冀小军)

様(样) xiàng 邪纽、阳部;邪纽、养韵、似两切。
yàng 喻纽、阳部;以纽、漾韵、徐亮切。

1《说文》116页。

形声字。从木,羕(yàng)声(参见永部"羕"字)。1. 音xiàng,栎树的果实(本义)。这个意思后来写作"橡"("橡"字始见于东汉苍山画像石题记)。《说文》:"様,栩实。"朱骏声通训定声:"栩、杼(shù)、柞、栎,一木也,其实为様。"徐锴系传:"様,今俗书作橡。"《玉篇·木部》:"様,栩实也。橡,同上。"《小尔雅·广物》:"柞之实谓之橡。"《韩非子·外储说右下》:"秦大饥,应侯曰:'五苑之草著蔬菜橡果枣栗,足以活民,请发之。'"《吕氏春秋·恃君》:"夏日则食菱芡,冬日则食橡栗。"2. 音yàng,式样(假借义)。《集韵·漾韵》:"様,法也。"清段玉裁《说文解字注》:"今人用'様'为式样字,'像'之假借也。"《隋书·何稠传》:

"凡有所为,何稠先令(黄)亘、(黄)衮立样。"唐张籍《答元八遗纱帽》:"唯恐被人偷剪样,不曾闲戴出书堂。"这种用法的"様",新中国成立后被简化为"样"。(冀小军)

杙 yì 喻纽、职部;以纽、职韵、与职切。

杙¹—杙²—杙³—杙
西周　战国　《说文》小篆　楷书

1 《汉语字形表》214页。2 《郭店》93页。3 《说文》116页。

形声字。从木,弋声(《说文》小篆"弋"旁稍讹)《说文·厂部》:"弋,橛也。"即木橛子。《左传·襄公十七年》:"齐人获臧坚……(臧坚)以杙抉其伤而死。"南朝梁慧皎《高僧传·昙无竭》:"行经三日,复过大雪山,悬崖壁立,无立足处。石壁皆有故杙孔,处处相对,人各执四杙,先拔下杙,手攀上杙,展转相攀,经日方过。"(冀小军)

枇 pí 并纽、脂部;并纽、脂韵、房脂切。
bǐ 帮纽、脂部;帮纽、旨韵、卑履切。
bì 并纽、脂部;并纽、至韵、毗至切。

枇¹—枇²—枇³—枇
《说文》小篆　汉　汉　楷书

1《说文》116页。 2、3《篆隶表》366页。

形声字。从木,比声。1. 音 pí,枇杷。果树名,也指枇杷树的果实。《说文》:"枇,枇杷,木也。"《玉篇·木部》:"枇,枇杷,果木,冬花夏熟。"南朝梁周兴嗣《千字文》:"枇杷晚翠,梧桐蚤凋。"唐岑参《赴嘉州过城固县,寻永安超禅师房》:"满寺枇杷尽著花,老僧相见具袈裟。"又为乐器名,即琵琶。《释名·释乐器》:"枇杷,本出于胡中,马上所鼓也。"清朱骏声《说文通训定声·履部》:"枇杷,亦双声连语,今字作琵琶。"2. 音 bǐ,同"匕",古代一种用于舀取饭食或挑取大肉块的器具。字本作"匕",象形(参见《说文·匕部》"匕"字)。战国时,出现了加注意符"木"的"杒"字(从木,匕声)。信阳楚简 227 号简有"鋑杒"(即《仪礼·有司彻》之"桃匕")。后改音符"匕"为"比",写作"枇"。武威汉简《仪礼·特牲》14 号简:"加枇(今本作"匕")于鼎。"(字形3)传世古书中也有写作"朼"或"枇"的,但"匕"字较常见。3. 音 bì,同"篦",篦子。《广韵·至韵》:"枇,细栉。"江陵凤凰山一六七号汉墓遗策第 10 号简:"女子二人持疏(梳)枇。"《北堂书钞》卷一百三十六仪饰部七引崔寔《政论》曰:"无赏罚而欲世之治,是犹不畜梳枇而欲发之治也。"也指用篦子梳头。《后汉书·济北惠王寿传》:"头不枇沐,体生疮肿。"篦之得名,是由于篦齿细密,字本作"比"(音 bǐ)。《说文·比部》:"比,密也。"引申指栉齿之细密者。《说文·木部》:"枇,梳比之总名也。"《释名·释首饰》:"梳言其齿疏也。密者曰比。"《急就篇》卷三:"镜籢疏比各异工。"颜师古注:"栉之大而粗所以理鬓者谓之疏,言其齿稀疏也。小而细所以去虮虱者谓之比,言其齿密比也。"(参见本部"梳"字)"枇"是在"比"字上加注意符"木"而成的分化字。字或从"竹"作"笓"(《集韵·至韵》:"笓,栉属。"),但此种写法不甚流行;或从"毘"(pí)作"篦",相沿至今。《说文·竹部》:"笓,导也,今俗谓之篦。从竹,毘声。"(按:《六书故·人八》:"导,……篦类也。")唐刘恂《岭表录异》卷下:"蠵𪓟(zuī xī)者,俗谓之兹夷,乃山龟之巨者。……广州有巧匠,取其甲黄明无日脚者(原注:甲上有散黑晕,为日脚矣),煮而拍之,陷黑玳瑁花,以为梳篦杯器之属,状甚明媚。"(冀小军)

桔 jié 见纽、质部;见纽、屑韵、古屑切。
jú

桔¹—桔²—桔³—桔
《说文》小篆　秦　汉　楷书

1《说文》116页。2《睡甲》83页。3《篆隶表》366页。

形声字。从木,吉声。1. 桔梗,多年生草本植物,根可入药。《说文》:"桔,桔梗,药名。"《战国策·齐策三》:"今求柴胡、桔梗于沮泽,则累世不得一焉。"武威汉代医简第 1 号简:"茈(柴)胡、桔梗、蜀椒各二分。"(即字形3)2. 桔槔,一种用杠杆从井中汲水的装置。《庄子·天运》:"且子独不见夫桔槔者乎?引之则俯,舍之则仰。"明宋应星《天工开物·作咸·井盐》:"井上悬桔槔、辘轳诸具。"(冀小军)

柞 zuò 从纽、铎部;从纽、铎韵、在各切。
zé 从纽、铎部;庄纽、陌韵、侧格切。

柞¹—柞²—柞³—柞⁴
西周　春秋　《说文》小篆　汉　楷书

1、2《汉语字形表》214页。3《说文》116页。4《篆隶表》366页。

形声字。从木,乍声。树木名(音 zuò),即柞树,也叫柞栎。《说文》："柞,木也。"《诗·大雅·绵》："柞棫拔矣,行道兑矣。"郑玄笺："柞,栎也。"又《小雅·车舝》："陟彼高冈,析其柞薪。"马瑞辰传笺通释："今俗称柞树为柞栎树。"引申指砍除树木,音 zé。《集韵·陌韵》："柞,除草曰芟,除木曰柞。"清段玉裁《说文解字注》："按柞可薪,故引申为凡伐木之称。"《诗·大雅·既醉》："载芟载柞,其耕泽泽。"毛传："除草曰芟,除木曰柞。"(冀小军)

梭

xùn　心纽、稕韵、须闰切。

suō　心纽、歌部；心纽、戈韵、苏禾切。

穀—梭
《说文》小篆　楷书

1《说文》116页。

形声字。从木,夋(cūn)声。本义是树木名(音 xùn)。《说文》："梭,木也。"后借指织布时牵引纬线的梭子,音 suō。徐铉曰："今人别音苏禾切,以为机杼之属。"《太平御览》卷八百二十五引《通俗文》："梭,织具也,所以行纬。"《晋书·谢鲲传》："女投梭,折其两齿。"又《陶侃传》："侃少时渔于雷泽,网得一织梭,以挂于壁。有顷雷雨,自化为龙而去。"(冀小军)

枸

jǔ　见纽、侯部；见纽、麌韵、俱雨切。

gǒu　　　　见纽、厚韵、古厚切。

枸¹—枸²—枸⁴
战国　秦　汉　楷书
└─枸³
《说文》小篆

1《包山》85页。2《睡甲》83页。3《说文》116页。4《篆隶表》366页。

形声字。从木,句声。树木名(音 jǔ),即枳枸(也作"枳椇"),俗称拐枣。《诗·小雅·南山有台》："南山有枸,北山有楰。"毛传："枸,枳枸。"孔颖达正义引陆玑《草木疏》："枸树高大似白杨,有子著枝端,大如指,长四寸,啖之甘美如饴。"又音 gǒu,即枸杞。见本部"杞"字。(冀小军)

枋

fāng　帮纽、阳部；非纽、阳韵、府良切。

bǐng　帮纽、阳部；帮纽、映韵、陂病切。

枋¹—枋²—枋³—枋⁵—枋⁶
战国　战国　秦　汉　汉　楷书
└─枋⁴
《说文》小篆

1、2《汉语字形表》215页。3《睡甲》84页。4《说文》117页。5、6《篆隶表》366、367页。

形声字。从木,方声(《说文》小篆"方"旁稍讹。参见《说文·方部》"方"字)。树木名,音 fāng,即檀树。《说文》："枋,木,可作车。"徐锴系传："按《字书》：'枋,檀木也。'"《庄子·逍遥游》："我决起而飞,枪榆枋。"陆德明释文："李云：枋,檀木。"又音 bǐng,通"柄"。清朱骏声《说文通训定声·壮部》："枋,叚借为柄。"《集韵·映韵》："柄,《说文》'柯也。'或作枋。"《周礼·春官·内史》："掌王之八枋之法。"郑玄注："柄,本又作枋。"马王堆汉墓帛书《经法·论》："执六枋以令天下。"(冀小军)

楊(杨)

yáng　喻纽、阳部；以纽、阳韵、与章切。

楊¹—楊²—楊³—楊⁴—楊⁵—杨⁶—杨
西周　春秋　战国　《说文》小篆　汉　汉　楷书　楷书

1《金文编》391页。2、3《汉语字形表》215页。4《说文》117页。5、6《篆隶表》367页。

形声字。从木,昜声。树木名。《尔雅·释木》："杨,蒲柳也。"《广韵·阳韵》："杨,赤茎柳。"清朱骏声《说文通训定声·壮部》："杨与柳别。杨,枝劲脆而短,叶圆阔而尖；柳,叶长而狭,枝软而韧。……散文则杨柳亦通称耳。"《诗·陈风·东门之杨》："东门之杨。"朱熹集传："杨,柳之扬起者也。"《韩非子·说林上》："夫杨,横树之即生,倒树之即生,折而树之又生。"新中国成立后,"昜"旁简化为"㐅","楊"类推简化为"杨"。(冀小军)

柳

liǔ　来纽、幽部；来纽、有韵、力久切。

柳¹—柳²—柳³—柳⁴—柳⁵
商　西周　西周　春秋　战国

柳⁶—柳⁷—柳⁸—柳¹⁰—柳
秦　秦　汉　汉　楷书

柳⁹—柳¹¹—柳¹²
汉　《说文》小篆　楷书

1—5《汉语字形表》215页。6、7《睡甲》84

页。8、9、10《篆隶表》367页。11《说文》127页。12《集韵·有韵》。

形声字。从木,卯声。《说文》小篆讹从丣(误将字形9所从之卯顶端连为一笔),又云:"丣,古文酉。"亦误(参见酉部"酉"字)。树木名。《说文》:"柳,小杨也。"段玉裁注:"杨之细茎小叶者曰柳。"明李时珍《本草纲目·木部·柳》:"杨枝硬而扬起,故谓之杨;柳枝弱而垂流,故谓之柳。"《诗·齐风·东方未明》:"折柳樊圃,狂夫瞿瞿。"朱熹集传:"柳,杨之垂者,柔脆之木也。"晋陶潜《五柳先生传》:"先生不知何许人也,亦不详其姓字,宅边有五柳树,因以为号焉。"新中国成立后,"栁"作为异体字并入了"柳"字。(冀小军)

欒(栾) luán 来纽、元部;来纽、桓韵、落官切。

1《说文》117页。2《篆隶表》368页。

形声字。从木,䜌(luán)声。树木名。《说文》:"欒,木,似栏。《礼》:天子树松,诸侯柏,大夫欒,士杨。"徐锴系传:"栏,木兰也。树皆谓冢树也。"汉班固《白虎通义·崩薨》引《春秋含文嘉》:"天子坟高三仞,树以松;诸侯半之,树以柏;大夫八尺,树以欒。"在宋元以来的一些小说戏曲刻本中,"䜌"旁多简作"亦"(见《宋元以来俗字谱》47页"䜌"、59页"欒"、63页"戀"、71页"挛"、94页"鸾"、97页"蠻"、126页"鑾"、141页"鸾"、164页"䜌"等字)。新中国成立后,"䜌"旁简化为"亦","欒"类推简化为"栾"。(冀小军)

枳 zhǐ 章纽、支部;章纽、纸韵、诸氏切。

1《郭店》93页。2《楚系简帛》443页。3《睡甲》84页。4《说文》117页。5《篆隶表》368页。

形声字。从木,只声(参见《说文·只部》"只"字)。树木名,似橘,茎上多刺,果实味酸苦。《说文》:"枳,木,似橘。"《晏子春秋·内篇杂下》:"橘生淮南则为橘,生于淮北则为枳。"《韩非子·外储说左下》:"树橘柚者,食之则甘,嗅之则香;树枳棘者,成而刺人,故君子慎所树。"《后汉书·冯衍传下》:"揵六枳而为篱兮,筑蕙若而为室。"李贤注:"揵,立也。枳,芬木也。枳之为物,芳而多刺,可以为篱。"(冀小军)

楓(枫) fēng 帮纽、侵部;非纽、东韵、方戎切。

1《说文》117页。

形声字。从木,風声(参见《说文·風部》"風"字)。树木名。《说文》:"楓,木也。厚叶弱枝,善摇。一名欇。"《尔雅·释木》:"楓,欇欇。"郭璞注:"楓树似白杨,叶员而岐,有脂而香,今之楓香是。"《楚辞·招魂》:"湛湛江水兮上有楓。"汉王充《论衡·状留》:"楓桐之树,生而速长,故其皮肌不能坚刚。"新中国成立后,"風"简化为"风","楓"类推简化为"枫"。(冀小军)

權(权) quán 群纽、元部;群纽、仙韵、巨员切。

1《说文》117页。2《睡甲》84页。3、4、5《篆隶表》368页。

形声字。从木,雚(guàn)声。本义是树木名。《说文》:"權,黄华木。"假借指秤锤,也指秤。《广雅·释器》:"锤谓之權。"《论语·尧曰》:"谨權量,审法度。"《庄子·胠箧》:"为之權衡以称之。"引申指称量、衡量。《孟子·梁惠王上》:"權,然后知轻重,度,然后知长短。"《吕氏春秋·举难》:"且人固难全,權而用其长者,当举也。"又指权力、权柄。《荀子·议兵》:"權出一者强,權出二者弱。"《商君书·修權》:"国之所以治者三:一曰法,二曰信,三曰權。"在元抄本《京本通俗小说》中,"雚"旁已多简作"又"(参见《宋元以来俗字谱》34页"勸"、59页"權"、109页"勸"等字)。新中国成立后,"權"简化为"权"。(冀小军)

柜 jǔ 见纽、鱼部;见纽、语韵、居许切。
guì

战国 秦 《说文》小篆 汉 汉 楷书

1《包山》85页。2《睡甲》89页。3《说文》

117页。4、5《篆隶表》369页。

形声字。从木，巨声(参见《说文·工部》"巨"字)。树木名，柜柳，也作榉柳。《玉篇·木部》："柜，柜柳也。"《后汉书·马融传》："其植物则……椿梧栝柏，柜柳枫杨。"李贤注："并木名也。柜音矩。"有些方言里，"柜"、"櫃(guì)"音近(清段玉裁《说文解字注·木部》："《广韵》'柜'下云：'柜柳'，按今俗作榉，又音讹为鬼柳树。")，遂有以"柜"代"櫃"者(见清刊本《金瓶梅奇书》，《宋元以来俗字谱》58页)。新中国成立后，这种用法的"柜"被确定为"櫃"的简化字，音guì。(冀小军)

槐 huái 匣纽、微部；匣纽、皆韵、户乖切。

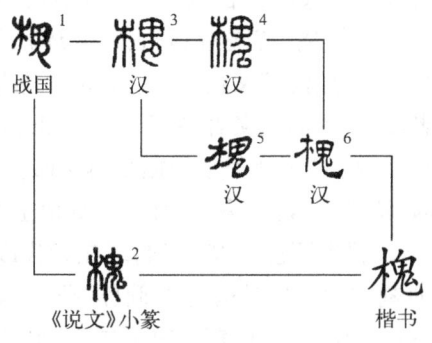

1《古陶徵》132页。2《说文》117页。3-6《篆隶表》369页。

形声字。从木，鬼声。树木名。《说文》："槐，木也。"《左传·宣公二年》："(钮麑)触槐而死。"《国语·晋语九》："献子执(董叔)而纺于庭之槐。"韦昭注："纺，悬也。"(冀小军)

杞 qǐ 溪纽、之部；溪纽、止韵、墟里切。

1、2、3《汉语字形表》215页。4《说文》117页。5《篆隶表》369页。

形声字。从木，己声。本义是树木名。1.枸杞，一种落叶小灌木，果实可入药。《说文》："杞，枸杞也。"段玉裁注："枸檵为古名；枸杞虽见《本草经》，而为今名。"《诗·小雅·四月》："山有蕨薇，隰有杞桋。"毛传："杞，枸檵也。"《左传·昭公十二年》："我有圃，生之杞乎！"杜预注："杞，世所谓枸杞也。"2.杞柳，一种落叶乔木，枝条可编筐。《诗·郑风·将仲子》："将仲子兮，无逾我里，无折我树杞。"毛传："杞，木名也。"孔颖达疏引陆玑《草木疏》云："杞，柳属也，生水傍。树如柳叶粗而白色，理微赤。"又为古国名，在今河南杞县。《史记·乐书》："武王克殷，下车而封夏后氏之后于杞。"《列子·天瑞》："杞国有人忧天地崩坠，身亡所寄，废寝食者。"(冀小军)

檀 tán 定纽、元部；定纽、寒韵、徒干切。

1《篆隶表》370页。2《说文》117页。

形声字。从木，亶(dǎn)声(《说文》小篆中"亶"的写法出现较晚)。树木名。一种落叶乔木，木质坚硬，可制作各种器具。《说文》："檀，木也。"《诗·郑风·将仲子》："将仲子兮，无逾我园，无折我树檀。"毛传："檀，强韧之木。"又《大雅·大明》："檀车煌煌。"朱熹集传："檀，坚木，宜为车者也。"唐李贺《感春》："急语向檀槽。"王琦注："檀槽，谓以紫檀木为琵琶槽。"(冀小军)

櫟(栎) lì 来纽、药部；来纽、锡韵、郎击切。

1、2《汉语字形表》216页。3《睡甲》84页。4《说文》117页。5《篆隶表》370页。

形声字。从木，樂声。树木名，又名栩，也叫柞櫟或麻櫟；果实叫橡子、皂斗。《说文》："櫟，木也。"《诗·秦风·晨风》："山有苞櫟。"毛传："櫟，木也。"孔颖达疏引陆玑《草木疏》云："秦人谓柞櫟为櫟。"汉代草书"樂"字多作乐(见《汉代简牍草字编》111页)。清刊《岭南逸史》"樂"字作"乐"，"爍"字作"烁"(见《宋元以来俗字谱》57、80页)。新中国成立后，"樂"简化为"乐"，"櫟"类推简化为"栎"。(冀小军)

梂 qiú 群纽、幽部；群纽、尤韵、巨鸠切。

1《上博一》22页。2《说文》117页。

形声字。从木，求声。栎树的果实。《尔雅·释木》："栎，其实梂。"郝懿行义疏："栎实外有裹橐，形如彙(猬)

毛,状类毯子。"《说文》:"梂,栎实。"朱骏声通训定声:"梂,即橡(xiàng。同橡)也,草斗也(草:zào。草斗:即皂斗),其实聚生,故亦谓之梂。"(冀小军)

楝 liàn 来纽、元部;来纽、霰韵、郎甸切。

楝¹—楝
《说文》小篆 楷书

1《说文》117页。

形声字。从木,柬声。树木名。一种落叶乔木,春天开花,果实椭圆形,俗称苦楝。《说文》:"楝,木也。"《淮南子·时则》:"七月官库,其树楝。"宋谢逸《玉楼春》:"轻风冉冉楝花香,小雨丝丝梅子熟。"(冀小军)

柘 zhè 章纽、铎部;章纽、祃韵、之夜切。

柘¹—柘²—柘
《说文》小篆 汉 楷书

1《说文》117页。2《篆隶表》370页。

形声字。从木,石声。柘树,一种灌木或小乔木,叶可饲蚕,木质坚韧,可制弓。清段玉裁《说文解字注·木部》:"柘,柘桑也。各本无'柘'字,今补。山桑、柘桑,皆桑之属。古书并言二者则曰桑柘,单言一者则曰桑、曰柘,柘亦曰柘桑。"《诗·大雅·皇矣》:"攘之剔之,其檿其柘。"朱熹集传:"檿,山桑也。与柘皆美材,可为弓干,又可蚕也。"《山海经·北山经》:"发鸠之山,其上多柘木,有鸟焉。"(冀小军)

梧 wú 疑纽、鱼部;疑纽、模韵、五乎切。

梧¹—梧²—梧³—梧⁴—梧
《说文》小篆 汉 汉 三国魏 楷书

1《说文》117页。2、3、4《篆隶表》370页。

形声字。从木,吾声。树木名,一种落叶乔木。《说文》:"梧,梧桐木。"《孟子·告子上》:"今有场师,舍其梧檟,养其樲棘,则为贱场师焉。"《孔雀东南飞》:"东西植松柏,左右种梧桐。"(冀小军)

榮(荣) róng 匣纽、耕部;云纽、庚韵、永兵切。

笑¹—榮²—榮³—榮⁴—榮⁵—榮—荣
战国 《说文》小篆 秦 汉 汉 楷书 楷书

1《战文编》359页。2《说文》117页。3《睡甲》84页。4、5《篆隶表》370页。

形声字。从木,熒省声。"熒",西周金文作 (《金文编》392页,盂鼎)、 (井侯簋)、 (荣簋),像两只燃烧的火炬,或作 (荣子盂),加"口"为饰,隶定作炏;小篆作 ,将火炬形上下分离(上变从二"火",下变为"冖"),隶定作 。炏是"熒"字的初文,前引西周金文皆用为"榮"字。小篆作 ,是加注"木"旁而成的分化字,从木,熒声。由于在《说文》的时代,"炏"早已为加"火"旁的后起字"熒"所取代,故《说文》分析为"从木,熒省声"。本义是树木名。《尔雅·释木》:"榮,桐木。"郭璞注:"即梧桐。"又指植物的花。《国语·晋语四》:"黍稷无成,不能为榮。"韦昭注:"榮,秀也。"《楚辞·橘颂》:"绿叶素榮,纷其可喜兮。"王逸注:"言橘青叶白华,纷然盛茂,诚可喜也。"引申指繁盛。晋陶潜《归去来兮辞》:"木欣欣以向榮,泉涓涓而始流。"又指荣耀。《荀子·荣辱》:"先义而后利者榮,先利而后义者辱。"又为古国名(西周金文作"炏")。《书·序》:"王俾榮伯作贿肃慎之命。"孔传:"榮,国名,同姓诸侯,为卿大夫。"《国语·周语上》:"厉王说(yuè)榮夷公。"韦昭注:"榮,国名。"在元代以来的一些小说戏曲刻本中," "旁已多简作"艹"(见《宋元以来俗字谱》33页"勞"、57页"榮"、79页"營"、96页"螢"等字)。新中国成立后," "旁简化为"艹","榮"类推简化为"荣"。(冀小军)

桐 tóng 定纽、东部;定纽、东韵、徒红切。

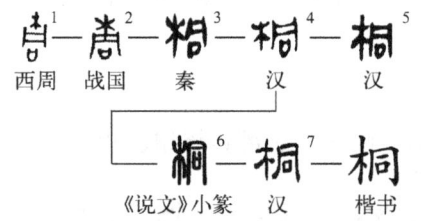

1、2《汉语字形表》216页。3《睡甲》84页。4、5、7《篆隶表》371页。6《说文》117页。

形声字。从木,同声。"同",先秦古文字作 ,从口,凡声;西汉文字或作同(见《篆隶表》997页"铜"字),为《说文》小篆所本。"桐",树木名,又名榮,即梧桐。《说文》:"桐,榮也。"《诗·鄘风·定之方中》:"树之榛栗,椅桐梓漆,爰伐琴瑟。"毛传:"桐,梧桐也。"《孔雀东南飞》:"东西植松柏,左右种梧桐。"(冀小军)

榆 yú 喻纽、侯部;以纽、虞韵、羊朱切。

榆 yú 喻纽、侯部；喻纽、虞韵、羊朱切。

战国 秦 汉 汉 汉 楷书

《说文》小篆

1《古文典》374页。2《睡甲》84页。3《说文》118页。4、5、6《篆隶表》371页。

形声字。从木，俞声。"俞"，西周金文作 (《金文编》606页，豆闭簋)，从舟，余声；春秋金文作 (鲁伯俞父盘)，"余"旁加一曲笔为饰；战国文字（字形1所从）将"舟"移至"余"下（中间一笔为二者共用）；秦代文字又将"余"上下分离，遂为后世文字所本。"榆"，树木名，一种落叶乔木。《说文》："榆，白枌。"明李时珍《本草纲目·木部·榆》："邢昺《尔雅疏》云：'榆有数十种，今人不能尽别，唯知荚榆、白榆、刺榆、榔榆数者而已。'荚榆、白榆皆大榆也，有赤白二种，白者名枌。"《诗·唐风·山有枢》："山有枢，隰有榆。"孔颖达疏引郭璞曰："今之刺榆也。"（冀小军）

樵 qiáo 从纽、宵部；从纽、宵韵、昨焦切。

《说文》小篆 楷书

1《说文》118页。

形声字。从木，焦声。本义是木柴。《说文》："樵，散也。"徐锴系传："散，散木也。散木不入于用也。"桂馥义证："既不入于用，惟堪作薪焚烧。"《广韵·宵韵》："樵，柴也。"《左传·桓公十二年》："轻则寡谋，请无扞采樵者以诱之。"杜预注："樵，薪也。"汉晁错《论贵粟疏》："伐薪樵，治官府。"引申指打柴。《左传·昭公六年》："不樵树，不采蓺。"孔颖达疏："不樵树，不伐树以为樵。"《三国志·蜀书·诸葛亮传》："令军士不得于亮墓所左右刍牧樵采。"又指打柴的人。《正字通·木部》："樵，采薪者曰樵。"唐柳宗元《田家》三首之三："是时收获竟，落日多樵牧。"（冀小军）

松 sōng 邪纽、东部；邪纽、钟韵、祥容切。

战国 汉 汉 《说文》小篆 楷书

1《汉语字形表》216页。2、3《篆隶表》371页。4《说文》118页。

形声字。从木，公声。树木名，松树。《说文》："松，木也。"《诗·郑风·山有扶苏》："山有乔松，隰有游龙。"又《小雅·天保》："如松柏之茂，无不尔或承。"又借为松散、松弛之"松"（本作"鬆"）。《字汇补·木部》："松，与鬆同。"新中国成立后，"鬆"被并入了"松"字。（冀小军）

檜(桧) guì 见纽、月部；见纽、泰韵、古外切。

又读 kuài

战国 《说文》小篆 汉 楷书 楷书

1《楚系简帛》441页。2《说文》118页。3《篆隶表》371页。

形声字。从木，會声（参见《说文·會部》"會"字）。树木名，一名栝，也叫桧柏、刺柏、圆柏。常绿乔木，叶刺状或鳞形，干似松，木材坚实，有芳香，可供建筑及制作家具之用。《说文》："檜，柏叶松身。"《诗·卫风·竹竿》："淇水滺滺，檜楫松舟。"在元代以来的一些小说戏曲刻本中，"會"字及"會"旁已多简作"会"（见《宋元以来俗字谱》32页"創"、54页"會"、58页"檜"、107页"繪"等字）。新中国成立后，"會"简化为"会"，"檜"类推简化为"桧"。（冀小军）

樅(枞) cōng 清纽、东部；清纽、钟韵、七恭切。

战国 《说文》小篆 楷书 楷书

1《战文编》360页。2《说文》118页。

形声字。从木，從声（参见《说文·从部》"從"字）。树木名，常绿乔木，叶如松，干似柏，木材轻软，可供建筑、造纸之用。《说文》："樅，松叶柏身。"《汉书·霍光传》："（赐）樅木外臧椁十五具。"新中国成立后，"從"简化为"从"（"从"是"從"的初文），"樅"类推简化为"枞"。（冀小军）

柏 bǎi 帮纽、铎部；帮纽、陌韵、博陌切。

旧读 bó

商 战国 秦 汉 《说文》小篆 汉 汉 楷书

1、2《汉语字形表》216页。3《睡甲》85页。4、6、7《篆隶表》371页。5《说文》118页。

形声字。从木，白声。本义是树木名，柏树，一名椈(jú)。《尔雅·释木》："柏，椈。"《诗·小雅·天保》："如松柏之茂，无不尔或承。"又《邶风·柏舟》："泛彼柏舟，亦泛其流。"毛传："柏木，所以宜为舟也。"柏又有假借义。清段玉裁《说文解字注》："柏，古多假借为伯仲之伯、促迫之迫。"前者（音 bó）如：《晏子春秋·内篇谏上五》："令柏巡氓，家室不能禦者，予之金。"俞樾平议："柏，亦官名也。……古柏与伯通。"后者（音 pò）如：《周礼·春官·司几筵》："其柏席用繡纯。"郑玄注引郑司农云："柏席，迫地之席。"字或从百声作栢。唐张参《五经文字·木部》："柏，经典相承亦作栢。"《玉篇·木部》："栢，木名。《诗》曰：'泛彼栢舟。'"《广韵·陌韵》："柏，亦作栢。"新中国成立后，"栢"作为异体字并入了"柏"字。（冀小军）

机

jī 见纽、脂部；见纽、脂韵、居夷切。

jǐ 见纽、脂部；见纽、旨韵、居履切。

极¹ — 机² — 机³ — 机
战国　《说文》小篆　汉　　楷书

1《战文编》360页。2《说文》118页。3《篆隶表》371页。

形声字。从木，几声（参见几部"几"字）。本义是树木名（音 jī），即桤木。这个意思后来写作"桤 qī"。《说文》："机，木也。"段玉裁注："盖即桤木也。……机、桤古今字。桤见杜诗。"《山海经·北山经》："单狐之山多机木。"郭璞注："机木，似榆，可烧以粪稻田，出蜀中。"假借为"几案"之"几"（今音 jī，旧音 jǐ）。《龙龛手鉴·木部》上声："机，木几，小案之属也。"《庄子·齐物论》："南郭子綦隐机而卧，仰天而嘘。"陆德明释文："机，李本作几。"《文选·嵇康〈与山巨源绝交书〉》："堆案盈机，不相酬答。"吕延济注："机，案也。"新中国成立后，"机"又用为"機"的简化字（参见本部"機"字）。（冀小军）

栀

zhī 章纽、支部；章纽、支韵、章移切。

栀¹ — 栀
《说文》小篆　楷书

1《说文》118页。

形声字。从木，卮声。栀子树，果实叫栀子，可入药，又可作黄色染料。《说文》："栀，黄木可染者。"（此字篆文讹作"梔"，大徐不察，于"新附"中又出"栀"字，今依段注本改正）"栀"字从"卮"，篆文"卮"下从"卪"（卩，音 jié）；从"卪"之字隶变后或从"巴"（如"色"字），故"卮"、"栀"亦作"卮"、"梔"。《广雅·释木》："栀，栀子，梣桃也。"唐柳宗元《鞭贾》："向之黄者，栀也。"新中国成立后，"梔"作为异体字并入了"栀"字。（冀小军）

某

méi 明纽、之部；明纽、灰韵、莫杯切。

mǒu 明纽、之部；明纽、厚韵、莫厚切。

杲¹ — 某² — 某³ — 某⁴ — 杲⁵ — 某
西周　西周　战国　秦　《说文》小篆　楷书

1、2、3《汉语字形表》216页。4《睡甲》85页。5《说文》118页。

会意字。从木，从甘。或从口（古文字中，甘、口二形作偏旁时，经常混用）。本义是果树名，音 méi，果实叫酸果，即梅子。《说文》："某，酸果也。"段玉裁注："此是今梅子正字。"因"某"多用于假借义（详下文），遂加木旁分化出"楳"字来表示本义；这个意思后来又借用本义是楠树的"梅"字来表示（参见"梅"、"楳"二字条），相沿至今。假借为代词，音 mǒu。《广雅·释诂三》："某，名也。"王念孙疏证："凡言某者，皆所以代名也。"1. 指代不确知的或不明言的人地时等。清刘淇《助字辨略》卷三："凡无所指名，及泛言事物，与不知姓名皆云'某'也。"《公羊传·宣公六年》："于是使勇士某往杀之。"何休注："某，本有姓字，记传者失之。"《汉书·项籍传》："某时某丧，使公主某丧，不能办，是以不任用公。"又《孝成许皇后传》："欲作一屏风，张于某所。"2. 谦词，指代"我"。《正字通·木部》："某，今书传凡自称不书名亦曰'某'。"《礼记·曲礼下》："君使士射，不能，则辞以疾，曰：'某有负薪之忧。'"（冀小军）

樹（树）

shù 禅纽、侯部；禅纽、遇韵、常句切。

木寸¹ — 尌² — 尌³ — 樹⁵ — 梼⁶ — 樹⁷ — 树
商　春秋　《说文》籀文　《说文》小篆　汉　汉　楷书　楷书

尌⁴
战国

1《甲文编》124页。2《汉语字形表》217页。3、5《说文》118页。4《郭店》59页。6、7《篆隶表》372页。

形声字。从木，尌（shù）声。商代文字（字形 1）从又从木，像以手植木，即"樹"之初文。春秋文字加注"豆"声，隶定作"尌"。《说文》籀文的结构与字形 2 相同，但受后世文字影响，"又"旁已讹为"寸"。战国文字从"支"，属义近形符互换（此类现象古文字中常见）。小篆作（字形 5

所从），"木"省为 ψ，其左半遂与"壴"字同形（"壴"为"鼓"之初文）；又变"又"旁为"寸"，"植木"之义已全然不见，于是又加"木"旁作"樹"。"樹"，本义是种植。《说文》："樹，生植之总名。"《广雅·释地》："樹，种也。"《诗·小雅·巧言》："荏染柔木，君子樹之。"《管子·权修》："一年之计，莫如樹谷；十年之计，莫如樹木。"引申指樹立。《广韵·遇韵》："樹，立也。"《书·泰誓下》："樹德务滋，除恶务本。"马王堆汉墓帛书《战国纵横家书》："《诗》曰：樹德莫如兹（滋），除怨莫如尽。"又引申指培养。《管子·权修》："终身之计，莫如樹人。"《韩非子·外储说左下》："吾闻子善樹人。"又用为木本植物的总称。《广韵·遇韵》："樹，木总名也。"《韩诗外传》卷九："樹欲静而风不止。"新中国成立后，"樹"简化为"树"。（冀小军）

本 běn 帮纽、文部；帮纽、混韵、布忖切。

1、4、6《汉语字形表》217页。3、5《上博一》28、17页。2、7《说文》118页。8、9、10《篆隶表》372页。

指事字。西周文字在"木"字像树根的部分加"·"，作为指示字义的符号；战国文字变"·"为短横，为后世所本。《说文》古文上从木，下以三"♀"象征树根。战国文字或体（字形5、6）从臼（古者掘地为臼，在此表示树坑），亦为强调树根之意。本义是树根。《说文》："木下曰本。"《国语·晋语一》："伐木不自其本，必复生。"《淮南子·缪称》："根本不美，枝叶茂者，未之闻也。"又指草木的茎、干。《广雅·释木》："本，干也。"王念孙疏证："干亦茎也。前《释诂》云：'茎、干，本也。'"《后汉书·李固传》："夫表曲者景（yǐng）必邪，源清者流必絜，犹叩树本，百枝皆动也。"比喻根本的、重要的事物，跟"末"相对。《荀子·议兵》："今女（rǔ）不求之于本而索之于末，此世之所以乱也。"成语有"本末倒置"。又特指农业，跟"末"（特指工商业）相对。《荀子·天论》："强本而节用，则天不能贫。"汉贾谊《论积贮疏》："今背本而趋末，食者甚众，是天下之大残也。"（冀小军）

柢 dǐ 端纽、脂部；端纽、荠韵、都礼切。

1《说文》118页。2《睡甲》85页。

形声字。从木，氐（dī）声。本义是树的主根，也泛指树根。《说文》："柢，木根也。"徐锴系传："华叶之根曰蒂，树之根曰柢。"朱骏声通训定声："蔓根为根，直根为柢。"《老子》第五十九章："是谓深根固柢，长生久视之道也。"《韩非子·解老》："树木有曼根，有直根。直根者，书之所谓'柢'也。柢也者，木之所以建生也；曼根者，木之所以持生也。"引申指事物的根本或基础。晋左思《吴都赋》："霸王之所根柢，开国之所基趾。"（冀小军）

朱 zhū 章纽、侯部；章纽、虞韵、章俱切。

1-6、8《汉语字形表》217页。7《古陶徵》125页。9《说文》118页。10、11、12《篆隶表》372~373页。

指事字。"株"字的初文，本义指露出地面的树根和靠近根部的部分，树桩。《说文》："株，木根也。"徐锴系传："入土曰根，在土上者曰株。"段玉裁注："株，今俗语云桩。" ↑像地下之根，上面的"·"、"一"是指示符号（或作"="，亦同），指示地上之"株"。后假借为颜色词，指大红色。《广雅·释器》："朱，赤也。"《礼记·月令》："（孟夏之月，天子）衣朱衣，服赤玉。"孔颖达疏："色浅曰赤，色深曰朱。"因为"朱"常用于假借义，故又加"木"旁分化出"株"字来表示本义（参见"株"字条）。（冀小军）

根 gēn 见纽、文部；见纽、痕韵、古痕切。

木部

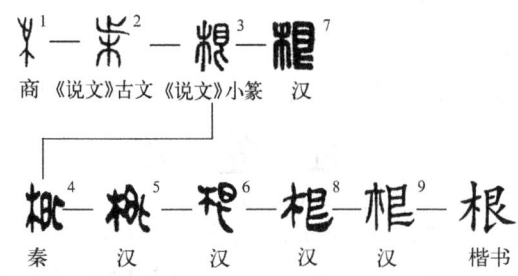

1《甲文编》57页。2、3《说文》129、118页。4-9《篆隶表》373页。

商代文字作 ，下从 (木省，像树根)，因单独画出 形意思不够明确，故又加 (止)以示意(为人之足， 为木之足)。《说文》古文作 (见"困"字下)，从木不省(按:《古文四声韵·痕韵》引《古老子》"根"字作 ，即此形之讹。用为"困"字，当属假借)。小篆为形声字，从木、艮(gèn)声。"艮"，西周文字作 ， (《金文编》939页，"限"字所从)，上从"目"；秦汉文字或省从"目"，后世因之(参见匕部"艮"字)。本义是树根。《说文》:"根，木株也。"又，"株，木根也。"徐锴系传:"入土曰根，在土上者曰株。"《左传·文公七年》:"公族，公室之枝叶也。若去之，则本根无所庇荫矣。"《淮南子·缪称》:"根本不美，枝叶茂者，未之闻也。"引申指物体的最下部。北周庾信《明月山铭》:"风生山洞，云出山根。"唐白居易《早春》:"满庭田地湿，芥叶生墙根。"又指事物的本原、根据。《老子》第六章:"玄牝之门，是谓天地根。"河上公注:"根，元也。"宋苏轼《李氏山房藏书记》:"后生科举之士皆束书不观，游谈无根。"(冀小军)

株 zhū 端纽、侯部；知纽、虞韵、陟输切。

1《汉语字形表》217页。2《上博五》147页。3《说文》118页。4《篆隶表》373页。

形声字。从木，朱声。初文作"朱"，本义是露出地面的树根和靠近根部的部分，树桩(参见上"朱"字)。《说文》:"株，木根也。"徐锴系传:"入土曰根，在土上者曰株。"段玉裁注:"株，今俗语云桩。"《急就篇》卷四:"斩伐树木斫株根。"颜师古注:"桔栽(桔niè栽:立着的树桩子)曰株，树本曰根。"《韩非子·五蠹》:"宋人有耕田者，田中有株，兔走触株，折颈而死，因释其耒而守株，冀复得兔。"《列子·黄帝》:"吾处也若厥株驹。"殷敬顺释文:"株驹，亦枯树本也。"引申为树木的量词，棵。《三国志·蜀书·诸葛亮传》:"成都有桑八百株，薄田十五顷，子弟衣食，自有余饶。"南朝宋刘义庆《世说新语·言语》:"斋前种一株松。"(冀小军)

末 mò 明纽、月部；明纽、末韵、莫拨切。

1、2《汉语字形表》218页。3《郭店》93页。4《说文》118页。5-8《篆隶表》373~374页。

指事字。在"木"字像树枝的部分加"-"或"•"，作为指示字义的符号。本义是树梢。《说文》:"木上曰末。"《左传·昭公十二年》:"末大必折。"也泛指物体的末梢。《孟子·梁惠王上》:"明足以察秋毫之末。"比喻非根本的、次要的事物，跟"本"相对。《荀子·议兵》:"今女(rǔ)不求之于本而索之于末，此世之所以乱也。"成语有"本末倒置"。又特指工商业，跟"本"(特指农业)相对。汉贾谊《论积贮疏》:"今背本而趋末，食者甚众，是天下之大残也。"(冀小军)

果 guǒ 见纽、歌部；见纽、果韵、古火切。

1《汉语字形表》218页。2、3《楚系简帛》443页。4《说文》118页。5-9《篆隶表》374页。

象形字。像树上长有果实。《说文》:"果，木实也。象果形在木之上。""⊕"(后省作田)像果实形，如果单独画出来，恐字形不够明确，所以把生长果实的树木也一起画了出来。本义指树上结的果实。《易·说卦》:"艮，为果蓏。"孔颖达疏:"木实为果，草实为蓏。"《管子·立政》:"瓜瓠荤菜百果不备具，国之贫也。"《庄子·逍遥游》:"适莽苍者，三飡(音cān，同"餐")而反，腹犹果然(果然:像果子那样圆鼓鼓的)。"引申指成为事实，实现。《韩非子·外储说左下》:"君谋欲伐中山，臣荐翟角而谋得果。"晋陶潜《桃花源记》:"南阳刘子骥，高尚士也。闻之，欣然规往，未果。"事情与预期相合亦称"果"，即今之"果然"。《战国策·楚策一》:"齐之反赵、魏后，楚果弗与地，则五国之事困矣。"《三国志·魏书·武帝纪》:"岱不从，果为所杀。"又指果敢，有决断。《玉篇·木部》："果，果敢也。"清徐灏《说文解字注笺》："果，木实谓之果，故谓事之实然者曰果然。因之果敢、果断之义生焉。"《论语·雍也》："由也果。"何晏集解引包曰："果，谓果敢决断。"汉曹操《举贤勿拘品行令》："果敢不顾，临敌力战。"由于"果"多用于引申义，遂加"艹"旁分化出"菓"字来表示本义。《广韵·果韵》："果，俗作菓。"《汉书·叔孙通传》："古者有春尝菓。方今樱桃孰，可献。"新中国成立后，"菓"作为异体字并入了"果"字。（冀小军）

杈 chā 清纽、歌部；初纽、麻韵、初牙切。

杈¹—杈
《说文》小篆 楷书

1《说文》118页。

形声字。从木，叉声。本义是歧生的树枝。《说文》："杈，枝也。"徐锴系传："杈，岐枝木。"唐杜甫《雕赋》："突杈枒而皆折。"引申指一头分叉便于扎取的工具（这种用法的"杈"后借"叉"字来表示）。《周礼·天官·鳖人》："以时籍鱼鳖龟蜃。"郑玄注引郑司农曰："籍（cè）谓以杈刺泥中搏取之。"此为渔具。《集韵·麻韵》："杈，杈杷，农器。"《类篇·木部》："杈，杈杷，收草具也。"此为农具。表示本义的"杈"今读去声，如树杈。（冀小军）

枝 zhī 章纽、支部；章纽、支韵、章移切。

枝¹—枝²—枝³—枝⁴—枝⁵—枝⁶—枝
战国《说文》小篆 秦 汉 汉 晋 楷书

1《战文编》362页。2《说文》118页。3—6《篆隶表》374页。

形声字。从木，支声。本义是枝条（这个意思本来写作"支"，"支"、"枝"为古今字。参看《说文·支部》"支"字）。《说文》："枝，木别生条也。"《左传·庄公六年》："《诗》云：'本枝百世。'"孔颖达疏："《诗》以树木本榦喻嫡（嫡），枝叶喻庶。言文王子孙本榦枝叶，嫡（嫡）子庶子皆传国百世。"（《诗·大雅·文王》作"本支百世"）《庄子·逍遥游》："鹪鹩巢于深林，不过一枝。"引申指分散。《易·系辞下》："中心疑者其辞枝。"孔颖达疏："中心于事疑惑，则其心不定，其辞分散，若闲枝也。"《新唐书·哥舒翰传》："吐蕃枝其军为三行。"又指地支。后作"支。"汉班固《白虎通义·姓名》："甲乙者干也，子丑者枝也。"又通"支"。1.分支。《管子·度地》："入于大水及海者，命曰枝水。"《列子·杨朱》："吞舟之鱼，不游枝流。"2.支持，支撑。《左传·桓公五年》："蔡、卫不枝，固将先奔。"杜预注："不能相枝持也。"晋皇甫谧《高士传·老莱子》："枝木为床，蓍艾为席。"又通"肢"，四肢。《荀子·儒效》："行礼要节而安之，若生四枝。"《史记·范雎蔡泽列传》："吴起定楚国之政，兵震天下，威服诸侯，功以成矣，而卒枝解。"又通"歧"，分歧，旁出。清段玉裁《说文解字注·木部》："枝必歧出也，故古枝、歧通用。"《庄子·骈拇》："骈拇枝（音qí）指。"成玄英疏："枝指者谓手大拇指傍枝生一指，成六指也。"陆德明释文："崔云：'音歧，谓指有歧也。'"（冀小军）

朴 pò 滂纽、屋部；滂纽、觉韵、匹角切。
pǔ 滂纽、屋部；滂纽、觉韵、匹角切。

朴¹—朴²—朴
《说文》小篆 汉 楷书

1《说文》118页。2《篆隶表》374页。

形声字。从木，卜声。本义是树皮，音pò。《说文》："朴，木皮也。"徐锴系传："今药有厚朴，一名厚皮，是木之皮也。"《汉书·司马相如传上》："亭奈厚朴。"颜师古注："张揖曰：'厚朴，药名。'此药以皮为用，而皮厚，故呼'厚朴'云。"《文选·王褒〈洞箫赋〉》："秋蜩不食，抱朴而长吟兮。"李善注："《方言》曰：'楚谓蝉为蜩。'《苍颉篇》曰：'朴，木皮也。'"假借为"樸"，指未经加工的东西，音pǔ。《广韵·觉韵》："朴，同樸。"《庄子·山木》："既雕既琢，复归于朴。"《战国策·秦策三》："郑人谓玉未理者璞，周人谓鼠未腊者朴。"《史记·范雎蔡泽列传》："楚有和朴。"张守节正义引刘伯庄云："珍玉朴也。"又引申指朴质、朴实。《老子》第二十八章："樸散则为器。"河上本"樸"作"朴"。《庄子·山木》："其民愚而朴，少私而寡欲。"唐李白《酬王补阙惠翼庄庙宋丞沘赠别》："朴散不尚古。"王琦辑注："朴散，谓淳朴之风散失也。"新中国成立后，"朴（pǔ）"被确定为"樸"的简化字。（冀小军）

條(条) tiáo 定纽、幽部；定纽、萧韵、徒聊切。

條¹—條²—條³—條⁴—條⁵—條⁶—条
战国《说文》小篆 汉 汉 楷书 楷书 楷书

1《郭店》93页。2《说文》118页。3、4《篆隶表》374页。5《广韵·萧韵》。6《集韵·萧韵》。

形声字。从木，攸声。本义是树的枝条。《说文》："條，小枝也。"《诗·周南·汝坟》:"遵彼汝坟,伐其條枚。"毛传:"枝曰條,榦曰枚。"引申指条理。《书·盘庚上》:"若网在纲,有條而不紊。"孔安国传:"有條理而不乱也。"又指分条书写,分条列举。《广雅·释诂四》:"條,书也。"《史记·建元以来王子侯者年表》:"诸侯王或欲推私恩分子弟邑者,令各條上。"《汉书·黄霸传》:"臣问上计长吏守丞以兴化條。"颜师古注:"凡言條者,一一而疏举之,若木條然也。"又用为量词。《汉书·刑法志》:"大辟四百九條,千八百八十二事。"在楷书阶段,"條"也写作"條"(变"夂"为"攵")。在元抄本《京本通俗小说》中,"條"省作"条";元刊《古今杂剧三十种》又作"条"(见《宋元以来俗字谱》29页)。新中国成立后,规定"條"为标准字形;"條"又简化为"条"。(冀小军)

枚 méi 明纽、微部;明纽、灰韵、莫杯切。

1、2《汉语字形表》218页。3《战文编》362页。4《说文》118页。5、6、7《篆隶表》375页。

会意字。从木,从攵(攴pū)。《说文》:"枚,干也,可为杖。"段玉裁注:"攴,小毃(擊)也。……杖,可以毃人者也。故取木、攴会意。"本义是树干。《诗·周南·汝坟》:"遵彼汝坟,伐其条枚。"毛传:"枝曰条,干曰枚。"又指树枝。《广雅·释木》:"枚,条也。"王念孙疏证:"散文则枝亦称枚。《玉篇》、《广韵》并云:'枚,枝也。'"引申指马鞭。《左传·襄公十八年》:"以枚数阖。"杜预注:"枚,马檛也。阖,门扇也。"又,古代行军时为防止喧哗,让士兵衔在口中的小棍亦称枚(形状像筷子,两端有带,可系于颈上)。晋左思《吴都赋》:"衔枚无声。"宋欧阳修《秋声赋》:"又如赴敌之兵,衔枚疾走。"又用为量词,个。《玉篇·木部》:"枚,简也。"南朝宋谢惠连《祭古冢文》:"棺上有五铢钱百余枚。"(冀小军)

栞(刊) kān 溪纽、元部;溪纽、寒韵、苦寒切。

1、2《说文》118页。3《篆隶表》375页。

形声字。从木,开(jiān)声(《说文》古文所从为讹形)。后作"刊",从刀,干声。本义是砍。《说文》:"栞,槎识也。《夏书》曰:'随山栞木。读若刊。'"段玉裁注:"槎,衺斫也。槎识者,衺斫以为表志也。"《汉书·地理志上》"随山栞木",颜师古注:"栞,古刊字也。……言禹随行山之形状而刊斫其木,以为表记。"引申指刻,雕刻。《晋书·孙绰传》:"必须绰为碑文然后刊石焉。"又引申指删改,消除。汉扬雄《答刘歆书》:"是县(悬)诸日月不刊之书也(不刊:无可删改)。"《后汉书·班彪传》:"一人之精,文重思烦,故其书刊落不尽。"李贤注:"刊,削也。谓削落繁芜,仍有不尽。"又指磨灭,失掉。明徐宏祖《徐霞客游记·游黄山日记》:"洞南向,正对天都之阴,僧架阁连板于外,而内犹穹然,天趣未尽刊也。"新中国成立后,"栞"作为异体字并入了"刊"字。(冀小军)

梃 tǐng 定纽、耕部;定纽、迥韵、徒鼎切。

1、2、3《篆隶表》375页。4《说文》119页。

形声字。从木,廷声。本义是棍棒。《广雅·释器》:"梃,杖也。"《孟子·梁惠王上》:"杀人以梃与刃,有以异乎?"又"可使制梃以挞秦楚之坚甲利兵矣。"引申为量词,根(用于杆状的东西)。《说文》:"梃,一枚也。"朱骏声通训定声:"竹曰竿,草曰莛,木曰梃。"《魏书·李孝伯传》:"(武陵王)骏奉酒二器,甘蔗百梃。"(冀小军)

標(标) biāo 帮纽、宵部;帮纽、宵韵、甫遥切。

1《说文》119页。

形声字。从木,票(biāo)声(参见《说文·火部》"票"字)。票,隶变作票。本义是树梢。《说文》:"標,木杪末也。"《玉篇·木部》:"標,木末也。"《庄子·天地》:"上如標枝,民如野鹿。"陆德明释文:"言树杪之枝无心在上也。"晋卢谌《赠刘琨》:"绵绵女萝,施(yì,蔓延)于松標。"比喻非根本的,次要的事物。跟"本"相对。《素问·标本病传论》:"黄帝问曰:'病有標本,刺有逆从,奈何?'"明李时珍《本草纲目·序例上·标本阴阳》:"故百病必先治其本,后治其標。"引申指标杆,标记。《文选·郭璞〈江赋〉》:

"峨嵋为泉阳之揭,玉垒作东别之標。"李善注:"峨嵋、玉垒,二山名也。揭、標,皆表也。"《旧唐书·崔彦昭传》:"但立直標,终无曲影。"又指楷模,标准。《晋书·王桢之传》:"桢之曰:'亡叔一时之標,公是千载之英。'"新中国成立后,"標"简化为"标"。(冀小军)

朵 duǒ 端纽、歌部;端纽、果韵、丁果切。

朵¹—朵²—朵³—朵
秦　汉　《说文》小篆　楷书

1《战文编》363页。2《篆隶表》375页。3《说文》119页。

指事字。字形1、2从禾,在像禾穗的部分加一短竖,指示禾中下垂的部分。本义指禾的垂穗,引申指禾穗下垂的样子。《说文·禾部》:"䆃,禾垂皃。从禾,耑声,读若端。""䆃"即表示"朵"字引申义的后起分化字(二字古音相近,䆃,端纽元部;朵,端纽歌部,端纽双声,歌元对转。《广韵》"䆃"字又音丁果切,则与"朵"同音)。这跟从"采(穗)"字(《说文·禾部》:"采,禾成秀也。穗,采或从禾、惠声。"《广韵·至韵》:"采,禾稼成皃(貌)。")分化出"穟"(《说文·禾部》:"穟,禾采之皃(貌)。")是同类的现象。朵字后被分成上下两截:口变为几,余下的部分与"木"形近,遂变从"木"。字义亦由专指"禾"之垂而变为泛指植物枝叶花实之垂(也可能"朵"字最初就是用于泛指,由于"禾采必垂",比较有代表性,故字形从"禾"),又特指花朵。《说文》:"朵,树木垂朵朵也。从木,象形。此与采(穗)同意。"段玉裁注:"凡枝叶花实之垂者皆曰朵朵,今人但谓一花为一朵。"又用为量词。《新唐书·韦陟传》:"自谓所书'陟'字若五朵云。"隶变后字亦作"朶"。《玉篇·木部》:"朵,木上垂。朶,同上。"新中国成立后,"朶"作为异体字并入了"朵"字。(冀小军)

枉 wǎng 影纽、阳部;影纽、养韵、纡往切。

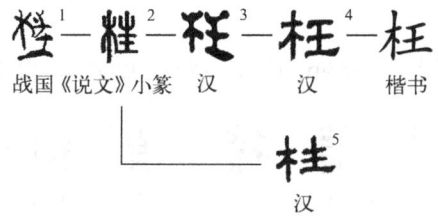

1《郭店》93页。2《说文》119页。3、4、5《篆隶表》376页。

形声字。战国文字、《说文》小篆从木,㞷(wǎng)声(字形5所从的"主"也是"㞷"的一种变体。参见《说文·之部》"㞷"字);汉代隶书改从"王"声,为后世楷书所本。本义是弯曲。《说文》:"枉,衺曲也。"《荀子·王霸》:"辟之是犹立直木而求其景(yǐng)之枉也。"《淮南子·本经》:"矫枉以为直。"引申指不正直,不正派。《论语·为政》:"举直错诸枉,则民服。"何晏注引包氏曰:"错,置也。举用正直之人,废置邪枉之人,则民服其上也。"《汉书·翟方进传》:"方进奏:'咸与逢信邪枉贪污,营私多欲。'"又指不公正,不公平。汉王符《潜夫论·爱日》:"郡县既加冤枉,州司不治。"《新唐书·高仙芝传》:"我有罪,若辈可言;不尔,当呼'枉'。"又指屈尊就卑。《战国策·韩策二》:"(严仲子)不远千里,枉车骑而交臣。"《三国志·蜀书·诸葛亮传》:"将军宜枉驾顾之。"又用为副词,徒然,白白地。唐李白《清平调》三首之二:"一枝红艳露凝香,云雨巫山枉断肠。"(冀小军)

杕 dì 定纽、月部;定纽、霁韵、特计切。
duò 定纽、哿韵、待可切。

杕¹—杕²—杕³—杕⁴—杕⁵
商　春秋　战国《说文》小篆　秦　楷书

1、2《汉语字形表》218页。3《战文编》363页。4《说文》119页。5《篆隶表》376页。

形声字。从木,大声。1.音dì,树木孤立的样子。《字汇·木部》:"杕,木独生也,又孤高貌。"《诗·唐风·杕杜》:"有杕之杜,其叶湑湑。"毛传:"杕,特皃(貌)。"2.音duò,同"柁(舵)"。《玉篇·木部》:"杕,船尾小梢也。"《集韵·哿韵》:"柁,正船木。或作杕。"《淮南子·说林》:"心所说,毁舟为杕,心所欲,毁钟为铎。"高诱注:"杕,舟尾。"(冀小军)

格 gé 见纽、铎部;见纽、陌韵、古陌切。

格¹—格²—格³—格⁴—格⁵—格⁶
西周　战国《说文》小篆　汉　汉　汉　楷书

1、2《汉语字形表》219页。3《说文》119页。4、5、6《篆隶表》376页;

形声字。从木,各声。本义是树木的长枝条。《说文》:"格,木长皃。"王筠句读:"盖谓枝条长也。"北周庾信《小园赋》:"草树混淆,枝格相交。"引申指张网的木柱。《庄子·胠箧》:"削格罗落罝罘之知多,则兽乱于泽矣。"陆德明释文:"削格所以施罗网也。"又指架子。《字汇·木部》：" 格，庋格，凡书架仓架皆曰格。"《周礼·地官·牛人》：" 凡祭祀共其牛牲之互。"郑玄注：" 互，若今屠家县(悬)肉格。"又指格子，框子。宋沈括《梦溪笔谈·故事一》：" 宫嫔自窗格引烛入照之。"又指格式，标准。《字汇·木部》：" 格，格样，法则也。"《礼记·缁衣》：" 言有物而行有格也。"又引申指栅栏。唐杜甫《潼关吏》：" 连云列战格，飞鸟不能逾。"仇兆鳌注：" 战格，即战栅，所以捍敌者。"又指阻止。《小尔雅·广诂》：" 格，止也。"《字汇·木部》：" 格，沮隔不行。"《史记·梁孝王世家》：" 大臣及袁盎等有所关说于景帝，窦太后义(议)格，亦遂不复言以梁王为嗣事由此。"又指抵挡。《荀子·议兵》：" 服者不禽(擒)，格者不赦。"又指击，打。《后汉书·董宣传》：" 叱奴下车，因格杀之。"又假借为"佫"，至，来。《尔雅·释诂上》：" 格，至也。"又《释言》：" 格，来也。"《书·舜典》：" 帝曰：'格，汝舜。'"孔传：" 格，来。"《诗·大雅·抑》：" 神之格思，不可度思。"毛传：" 格，至也。"引申指推究。《字汇·木部》：" 格，穷究。"《礼记·大学》：" 致知在格物，格物而后知至。"（冀小军）

枯 kū 溪纽、鱼部；溪纽、模韵、苦胡切。

枯¹—枯²—枯³—枯⁴—枯⁵—枯
战国《说文》小篆 秦　汉　　汉　楷书

1《战文编》364页。2《说文》119页。3《睡甲》86页。4、5《篆隶表》377页。

形声字。从木，古声。本义指草木枯萎。《说文》：" 枯，槁也。"《易·大过》：" 枯杨生稊。"孔颖达疏：" 枯谓枯槁。"也指枯树。《国语·晋语二》：" 人皆集于苑，己独集于枯。"《晋书·甘卓传》：" 将军之举武昌，若摧枯拉朽。"引申指干枯。《荀子·致士》：" 川渊枯则龙鱼去之。"又指憔悴。《荀子·修身》：" (君子)安燕而血气不惰，劳倦而容貌不枯。"（冀小军）

稾(槁) gǎo 溪纽、宵部；溪纽、皓韵、苦浩切。 kào

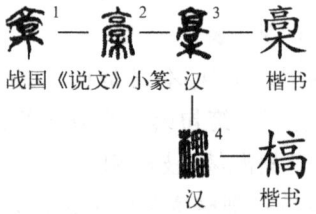

1《郭店》93页。2《说文》119页。3、4《篆隶表》377页。

形声字。从木，高声。本义指干枯，读gǎo。《说文》：" 稾，木枯也。"后移"木"旁于左侧写作"槁"。《广韵·晧韵》：" 槁，木枯也。《说文》作稾。"《庄子·齐物论》：" 形固可使如槁木，而心固可使如死灰乎？"《荀子·劝学》：" 木直中绳，揉以为轮，其曲中规，虽有槁暴不复挺者，輮使之然也。"引申指用酒食等慰劳，读kào。清朱骏声《说文通训定声·小部》：" 稾而润之亦曰稾，犹劳而慰之亦曰劳。"这个意思后来写作"犒"（《说文》未收"犒"字）。《周礼·地官·序》：" 稾人。"郑玄注引郑司农云：" 稾，读为犒师之犒，主冗食者，故谓之犒。"清段玉裁《说文解字注·木部》：" 盖汉时盛行'犒'字，故大郑以今字易古字。"新中国成立后，当"干枯"讲的"稾"作为异体字并入了"槁"字。（冀小军）

樸(朴) pǔ 並纽、屋部；並纽、屋韵、蒲木切。

樸¹—樸²—樸³—樸⁴—樸⁵—樸—朴
春秋《说文》小篆 汉　　汉　　楷书 楷书

1《汉语字形表》219页。2《说文》119页。
3、4、5《篆隶表》377页。

形声字。从木，菐(pú)声。本义指未经加工的木材。《说文》：" 樸，木素也。"段玉裁注：" 素，犹质也。以木为质，未雕饰，如瓦器之坯然。"也泛指其他未经加工的东西。《说文·石部》：" 磺(礦)，铜铁樸石也。"《荀子·臣道》：" 若驭樸马。"杨倞注：" 樸马，未调习之马。"汉王充《论衡·量知》：" 无刀斧之断者谓之樸。"引申指朴质、朴实。《老子》第二十八章：" 樸散则为器。"《商君书·开塞》：" 古之民樸以厚。"汉王充《论衡·书解》：" 人无文则为樸人。"唐杜牧《答庄充书》：" 是以意全胜者，辞愈樸而文愈高；意不胜者，辞愈华而文愈鄙。"古书中常借本义是树皮的"朴"字来表示"樸"的这些意思(参见本卷"朴"字)。新中国成立后，"樸"简化为"朴"。（冀小军）

楨(桢) zhēn 端纽、耕部；知纽、清韵、陟盈切。

楨¹—楨²—楨³—楨⁴—楨⁵—楨—桢
战国《说文》小篆 汉　　汉　　晋　楷书 楷书

1《古陶徵》131页。2《说文》119页。3、4、5《篆隶表》377页。

形声字。从木，贞声。本义指坚硬之木。《说文》：

"榠,刚木也。"段玉裁注:"此谓木之刚者曰榠,非谓木名也。"《玉篇·木部》:"榠,坚木也。"又指筑土墙时所用的立柱。《尔雅·释诂下》:"榠,干也。"郝懿行义疏:"舍人曰:'榠,正也。筑墙所立两木也。'"《书·费誓》:"峙乃榠干,甲戌我惟筑。"孔传:"题曰榠,旁曰榦。"孔颖达疏:"题曰榠,谓当墙两端者也;旁曰干,谓在墙两边者也。"引申指支柱、主干。《诗·大雅·文王》:"思皇多士,生此王国。王国克生,维周之榠。"毛传:"榠,干也。"《汉书·匡衡传》:"朝廷者,天下之榠干也。"新中国成立后,"貝"简化为"贝";"榠"类推简化为"桢"。(冀小军)

柔 róu 日纽、幽部;日纽、尤韵、耳由切。

柔¹—柔²—柔³—柔⁴—柔⁵—柔⁶—柔
战国　秦　汉　汉《说文》小篆　汉　楷书

1《郭店》94页。2、3、4、6《篆隶表》377~378页。5《说文》119页。

形声字。从木,矛声。"矛"字演变序列为: (《金文编》929页,戟簠) (《汉语字形表》20页,"茅"字所从) (字形3所从) (字形2所从) (字形4所从) (字形5所从) (字形6所从)—矛。字形1所从"柔"旁写讹。本义是柔软、柔弱,与"刚"相对。《说文》:"柔,木曲直也。"段玉裁注:"凡木曲者可直,直者可曲曰柔……柔之引申,为凡懦弱之称。"《诗·大雅·烝民》:"柔则茹之,刚则吐之。"(茹:食)又《小雅·巧言》:"荏染柔木,君子树之。"(荏染:柔弱的样子)引申指安抚。清段玉裁《说文解字注·木部》:"柔之引申,为凡抚安之称。"《诗·大雅·民劳》:"柔远能迩,以定我王。"毛传:"柔,安也。"(冀小军)

榛(柝) tuò 透纽、铎部;透纽、铎韵、他各切。

榛¹—榛²—榛³—榛⁴—柝—柝
西周　西周《说文》小篆　汉　楷书　楷书

1、2《汉语字形表》219页。3《说文》119页。4《隶辨》710页。

形声字。从木,㡿(斥)声。㡿为篆文之隶定, (字形4所从)为隶变,楷书省去一横作斥(见《玉篇·广部》),又变下面一横为点作"斥"(见《集韵·铎韵》)。"柝",本义指破开木头,后假借为"榛",指巡夜打更用的梆子(参见本部"榛"字)。《说文》:"榛,判也。……《易》曰:'重门击榛。'"段玉裁注:"此引《易》'击榛'者,榛之借字也。引经言假借也。""土裂曰坼(坼),木判曰榛。……自专以榛为击榛字,而榛之本义废矣。"《玉篇·木部》:"榛,击木也。……亦作柝。"今本《易·系辞下》:"重门击柝,以待暴客。"陆德明释文:"马云:'柝,两木相击以行夜。'《说文》作'榛'。"《左传·哀公七年》:"鲁击柝闻于邾。"唐柳宗元《段太尉逸事状》:"候卒击柝卫太尉。"(冀小军)

扐 lè 来纽、职部;来纽、德韵、卢则切。

扐¹—扐²—扐
《说文》小篆　汉　楷书

1《说文》119页。2《篆隶表》378页。

形声字。从木,力声。本义指木的纹理。《说文》:"扐,木之理也。"段玉裁注:"此形声包会意也。'阞'下曰"地理","扐"下曰'木理';'泐'下曰'水理',皆从力。力者,筋也,人身之理也。"又指棱角。《诗·小雅·斯干》:"如矢斯棘。"陆德明释文:"棘,《韩诗》作扐,扐,隅也。"(冀小军)

材 cái 从纽、之部;从纽、咍韵、昨哉切。

材¹—材²—材³—材⁴—材⁵—材⁶—材
战国　战国《说文》小篆　秦　汉　汉　楷书

1《上博一》15页。2《上博五》127页。3《说文》119页。4、5、6《篆隶表》378页。

形声字。从木,才声(参见《说文·才部》"才"字)。本义指木材、木料。《说文》:"材,木梃也。"徐锴系传:"木之劲直堪入于用者。"《孟子·梁惠王上》:"斧斤以时入山林,材木不可胜用也。"《荀子·王制》:"斩伐养长不失其时,则山林不童而百姓有杂材也。"引申指材料、原料。清段玉裁《说文解字注》:"材,引申之义,凡可用之具皆曰材。"《左传·隐公五年》:"其材不足以备器用,则君不举焉。"《管子·小同》:"致天下之精材,来天下之良工,则有战胜之器矣。"又指资质。《韩非子·难势》:"夫有云雾之势而能乘游之者,龙蛇之材美也。"《礼记·中庸》:"故天之生物,必因其材而笃焉。"郑玄注:"材,谓其质性也。"又假借为"才",指才能。《左传·僖公二十八年》:"公欲杀之而爱其材。"杜预注:"材,才力。"《素问·上古天真论》:"材力尽邪?"王冰注:"材,谓才干,可以立身也。"(冀小军)

木部

柴

chái 从纽、支部；崇纽、佳韵、士佳切。
zhài 崇纽、夬韵、士迈切。

战国　《说文》小篆　汉　汉　汉　楷书
1《战文编》364页。2《说文》119页。3、4、5《篆隶表》378页。

形声字。从木,此声。本义指枯枝。《说文》："柴,小木散材。"《左传·僖公二十八年》："栾枝使舆曳柴而伪遁。"《礼记·月令》："乃命四监,收秩薪柴,以供郊庙及百祀之薪燎。"郑玄注："大者可析谓之薪,小者合束谓之柴。薪施炊爨,柴以给燎。"《楚辞·九叹·愍命》："树棘柘与薪柴。"王逸注："枯枝为柴。"唐王维《送别》："山中相送罢,日暮掩柴扉。"引申之,烧柴祭天亦谓之柴。《书·舜典》："岁二月,东巡守,至于岱宗,柴。"陆德明释文："《尔雅》：'祭天曰燔柴。'"《礼记·大传》："柴于上帝。"孔颖达疏："谓燔柴以告天。"以上柴皆读 chái。又引申指用于防卫的篱笆或栅栏,这个意思后来写作"寨"。《说文》"柴"字下徐铉注："师行野次,竖散木为区落,名曰柴篱。后人语讹,转入去声,又别作寨字。"《集韵·夬韵》："柴,篱落也。或作寨。"《三国志·吴书·甘宁传》："羽闻之,住不渡,而结柴营。"也指有篱落的村居。唐王维《鹿柴》赵殿成笺注："柴,栅也。凡师行野次,立木为区落,谓之柴。别墅有篱落者,亦谓之柴。"以上柴皆读 zhài。（冀小军）

杲

gǎo 见纽、宵部；见纽、皓韵、古老切。

战国　《说文》小篆　楷书
1《汉语字形表》219页。2《说文》119页。

会意字。从日在木上,会太阳升起天色明亮之意。本义为明亮。《说文》："杲,明也。"《诗·卫风·伯兮》："其雨其雨,杲杲出日。"毛传："杲杲然日复出矣。"《管子·内业》："杲乎如登于天,杳乎如入于渊。"南朝梁刘勰《文心雕龙·物色》："杲杲为日出之容,瀌瀌拟雨雪之状。"（冀小军）

杳

yǎo 影纽、宵部；影纽、篠韵、乌皎切。

战国　《说文》小篆　汉　楷书
1《汉语字形表》219页。2《说文》119页。
3《篆隶表》378页。

会意字。从日在木下,会太阳落下天色昏暗之意。本义为昏暗。《说文》："杳,冥也。"段玉裁注："莫(暮)为日且冥,杳则全冥矣。"《管子·内业》："杲乎如登于天,杳乎如入于渊。"《楚辞·涉江》："深林杳以冥冥兮,猿狖之所居。"引申指远而无尽头。汉蔡琰《胡笳十八拍》："朝见长城兮路杳漫。"又指见不到踪影。成语有"杳无音信"、"杳如黄鹤"。（冀小军）

栽

zài 从纽、之部；从纽、代韵、昨代切。
zāi 精纽、之部；精纽、咍韵、祖才切。

《说文》小篆　秦　汉　楷书
1《说文》120页。2、3《篆隶表》378页。

形声字。从木,𢦒(zāi)声。本义指筑土墙时所用的长板,读 zài。《说文》："栽,筑墙长版也。"《广韵·代韵》："栽,筑墙长板。"也指设板筑墙。《左传·哀公元年》："楚子围蔡,里而栽,广丈,高倍。"（里：离蔡城一里）孔颖达疏："筑墙立板谓之栽。栽者,竖木以约版也。"《急就篇》卷三："干桢板栽度圜方。"颜师古注："栽,筑墙也。"以上诸义读读 zài。引申指种植,此义字读 zāi。《广韵·咍韵》："栽,种也。"《礼记·中庸》："故栽者培之。"郑玄注："栽,犹殖也。培,益也。今时人名草木之殖曰栽。"唐刘禹锡《戏赠看花诸君子》："玄都观里桃千树,尽是刘郎去后栽。"（冀小军）

築（筑）

zhù 端纽、觉部；知纽、屋韵、张六切。

战国　《说文》小篆　秦　汉　汉　楷书　楷书

战国　《说文》古文

1《汉语字形表》219页。2《楚帛书》108页。
3《说文》（段注本）253页。4《说文》120页。5、6、7《篆隶表》379页。

形声字。从木,筑声（参见《说文·丮部》"巩"字）；战国文字或体从攴,管(dǔ)声；《说文》古文从土,管声。从木、从攴、从土,均与建筑有关。本义是筑土墙时捣土用的杵。《广雅·释器》："築谓之杵。"《左传·宣公十一年》：

"称畚築,程土物。"孔颖达疏:"築者,築土之杵。"《史记·黥布列传》:"项王伐齐,身负板築,以为士卒先。"裴骃集解:"李奇曰:'板,墙板也。築,杵也。'"汉陈琳《饮马长城窟行》:"官作自有程,举築谐汝声。"引申指捣土(使之坚实)。《说文》:"築,捣也。"《诗·大雅·绵》:"築之登登。"又《豳风·七月》:"九月築场圃,十月纳禾稼。"又指修建。《左传·庄公元年》:"築王姬之馆于外。"楚帛书:"可目(以)出师築(築)邑。"又指建筑物。唐杜甫《畏人》:"畏人成小築,褊性合幽栖。"新中国成立后,"築"简化为"筑"(古书中另有"筑"字,与"築"音义皆有别。参见竹部"筑"字)。(冀小军)

榦(干) gàn 见纽、元部;见纽、翰韵、古案切。

战国 《说文》小篆 秦 汉 楽书

斡⁵—幹—干
汉 楽书 楽书

1《古文典》968页。2《说文》120页。3、5《篆隶表》379页。4《隶辨》571页。

形声字。从木,倝(gàn)声(参见《说文·倝部》"倝"字)。本义指筑土墙时所用的立柱。《说文》:"榦,筑墙岢(端)木也。"徐锴系传:"筑墙两旁木也,所以制版者。"段玉裁注:"旧说皆谓桢为两耑木,榦为夹版两边木。许不尔者,旧说析言之,《尔雅》与许皆浑言之也。"引申指主干。《淮南子·主术》:"枝不得大于榦,末不得强于本。"三国魏曹植《封二子为公谢恩章》:"既荣本榦,枝叶并蒙。"又指天干,后做"干"。《广雅·释天》:"甲乙为榦,榦者日之神也。寅卯为枝,枝者月之灵也。""榦"字在汉代出现了一种俗体,以"干"取代了"榦"中的"木",写作"幹",成为"倝"、"干"皆声的双声字。新中国成立后,"榦"作为异体字并入了"幹"字;"幹"又简化为"干"。(冀小军)

檥(舣) yǐ 疑纽、歌部;疑纽、纸韵、鱼倚切。
yí 疑纽、歌部;疑纽、支韵、鱼羁切。

檥¹—檥—艤—舣
《说文》小篆 楷书 楷书 楷书

1《说文》120页。

形声字。从木,義声。1. 音yǐ,整船靠岸。《史记·项羽本纪》:"于是项王乃欲东渡乌江,乌江亭长檥船待。"裴骃集解:"应劭曰:'檥,正也。'如淳曰:'南方人谓整船向岸曰檥。'"后因"檥船"之义而改"木"旁为"舟"旁,写作"艤"。《广韵·纸韵》:"艤,整舟向岸。檥,上同。"南朝宋颜延之《祭屈原文》:"艤舟汨渚。"《旧五代史·五行志》:"七月,洛水泛涨,坏天津桥,漂近河庐舍,艤舟为渡,覆没者日有之。"新中国成立后,"義"简化为"义","艤"类推简化为"舣"。2. 音yí,用作标记的木柱。《说文》:"檥,干也。"段玉裁注:"《释诂》曰:'桢、翰、仪,干也。'许所据《尔雅》作檥也。人仪表曰干,木所立表亦为干,其义一也。"《广韵·纸韵》"檥"字下注:"《说文》鱼羁切,干也。"(冀小军)

構(构) gòu 见纽、侯部;见纽、候韵、古候切。

構¹—構²—構³—構⁴—构
《说文》小篆 汉 汉 三国魏 楷书

1《说文》120页。2、3、4《篆隶表》379页。

形声字。从木,冓(gòu)声。本义是架(木)。《韩非子·五蠹》:"構木为巢,以避群害。"《淮南子·氾论》:"筑土構木,以为宫室。"引申指修建,建造。《说文》:"構,盖也。"《玉篇·木部》:"構,架屋也。"汉张衡《东京赋》:"乃構阿旁,起甘泉。"也指建筑物。晋陆云《岁暮赋》:"悲山林之杳霭兮,痛华構之丘荒。"明徐宏祖《徐霞客游记·滇游日记》:"不意殊方反得此神構也。"又引申指构成。《广雅·释诂三》:"構,成也。"《韩非子·存韩》:"夫一战而不胜,则祸構矣。"由架木义引申,又指交接,交集。《孟子·告子下》:"吾闻秦楚構兵。"《荀子·劝学》:"邪秽在身,怨之所構。"又指构陷。《左传·桓公十六年》:"宣姜与公子朔構急子(急子:人名)。"又通"篝"。清朱骏声《说文通训定声·需部》:"構,叚借为篝。"《汉书·陈胜传》:"又间令广之次所旁丛祠中,夜構火,狐鸣呼曰:'大楚兴,陈胜王。'"字亦作"构"(从木,勾声)。《正字通·木部》:"构,俗構字。"新中国成立后,"構"简化为"构"。(冀小军)

模 mó 明纽、鱼部;明纽、模韵、莫胡切。
mú

模¹—模²—模³—模
《说文》小篆 汉 汉 楽书

1《说文》120页。2、3《篆隶表》379页。

形声字。从木,莫声。本义指制造器物的模型,模子。《说文》:"模,法也。"段玉裁注:"以木曰模,以金曰镕,以土曰型,以竹曰范,皆法也。"晋左思《魏都赋》:"授全模于梓匠。"宋赵希鹄《洞天清录》:"古者铸器,必先用蜡为模。"引申指模范,榜样。汉曹操《告涿郡太守令》:"士之楷模,乃国之桢干也。"晋左思《咏史》八首之八:"巢林栖一枝,可为达士模。"又指模仿,效法。《汉武内传》:"(刘)彻书之金简,以身模之焉。"南朝梁陆倕《石阙铭》:"色法上圆,制模下矩。"(上圆:指天。下矩:指地)又指模样(音mú)。唐李白《明堂赋》:"人物禽兽,奇形异模。"(冀小军)

桴 fú 並纽、幽部;奉纽、尤韵、缚谋切。

1、2《汉语字形表》220页。3《说文》120页。4《篆隶表》1079页。

形声字。从木,孚声。本义指用竹木编成的小筏子。《论语·公冶长》:"道不行,乘桴浮于海。"何晏集解引马融曰:"桴,编竹木也。大者曰栰,小者曰桴。"《国语·齐语》:"乘桴济河。"韦昭注:"小泭曰桴。"(《说文·水部》:"泭,编木以渡也。")又指房屋的次栋,即二梁。《尔雅·释宫》:"栋谓之桴。"清段玉裁《说文解字注》:"桴,眉栋也。……《尔雅》浑言之,许君析言之。……栋前曰眉栋,谓栋之近前若眉者也。"汉班固《西都赋》:"荷栋桴而高骧。"又通"枹",鼓槌。清朱骏声《说文通训定声·孚部》:"桴,叚借为枹。"《韩非子·功名》:"至治之国,君若桴,臣若鼓。"《韩诗外传》卷六:"庄王援桴而鼓之。"(冀小军)

棟(栋) dòng 端纽、东部;端纽、送韵、多贡切。

1《说文》120页。2《篆隶表》379页。

形声字。从木,東声。房屋的正梁。《说文》:"棟,极也。"朱骏声通训定声:"棟,屋内至中至高之处,亦曰阿,俗谓之正梁。"《易·系辞下》:"上古穴居而野处,后世圣人易之以宫室,上栋下宇,以待风雨。"新中国成立后,"東"简化为"东","棟"类推简化为"栋"。(冀小军)

極(极) jí 群纽、职部;群纽、职韵、渠力切。

1、2、4《篆隶表》379页。3《说文》120页。
5《广韵·职韵》。6《集韵·职韵》。

形声字。从木,亟声。本义是房屋的正梁。《说文》:"極,栋也。"徐锴系传:"極,屋脊之栋也。"《后汉书·蔡茂传》:"茂初在广汉,梦坐大殿,極上有三穗禾。"因"極"在屋之正中,故引申有"中"义。《广雅·释言》:"極,中也。"又指准则,标准。《书·君奭》:"作汝民極。"唐刘禹锡《天论上》:"建極闲(闲:防止)邪。"又因"極"居于屋之最高处,故引申指顶点。成语有"登峰造極"。也指最高的。汉司马迁《报任安书》:"是以就極刑而无愠色。"又用为程度副词。最,非常。《史记·李将军列传》:"李广军極简易,然虏卒犯之,无以禁也。"在楷书阶段,"亟"字及"亟"旁也写作"亙"。新中国成立后,规定"亟"、"極"为标准字形;"極"又简化为"极"(改声旁"亟"为"及"。古书中另有"极"字,与"極"音义皆有别。参见本部"极"字)。(冀小军)

柱 zhù 定纽、侯部;澄纽、麌韵、直主切。
zhǔ 端纽、侯部;知纽、语韵、展吕切。

1《战文编》365页。2《说文》120页。3、4《篆隶表》380页。

形声字。从木,主声(参见《说文·丶部》"主"字)。柱子,支撑屋顶的木料。《说文》:"柱,楹也。"汉刘向《说苑·谈丛》:"蠹蝝(yuán,白蚁)仆柱梁,蚊虻走牛羊。"《汉书·成帝纪》:"腐木不可以为柱。"泛指像柱的东西。《史记·廉颇蔺相如列传》:"王以名使括(赵括),若胶柱而鼓瑟耳。"引申指支撑。《集韵·语韵》:"柱,支也。"《资治通鉴·汉纪五十五》:"绍为地道,穿其楼下,施木柱(zhǔ)之。"胡三省注:"柱,拄也。"这个意思后来写作"拄"。(冀小军)

楹 yíng 喻纽、耕部;以纽、清韵、以成切。

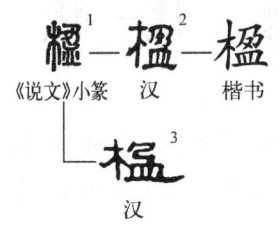

1《说文》120页。2、3《篆隶表》380页。

形声字。从木,盈声(字形3从盈省声)。本义是柱子。《说文》:"楹,柱也。"《左传·庄公二十三年》:"秋,丹(用红漆涂饰)桓宫之楹。"特指厅堂前部的柱子。如"楹联"。引申为量词,房屋一列为一楹。《新唐书·隐逸传·陆龟蒙》:"有田数百亩,屋三十楹。"(冀小军)

橑 lǎo 来纽、宵部;来纽、皓韵、庐皓切。

1《说文》120页。2《篆隶表》380页。

形声字。从木,尞声。本义是椽子。《说文》:"橑,椽也。"《楚辞·九歌·湘夫人》:"桂栋兮兰橑,辛夷楣兮药(白芷,香草名)房。"《汉书·司马相如传上》:"仰沙(攀)橑而扪天。"引申指车盖的弓形骨架。《广韵·皓韵》:"橑,一曰盖骨。"《类篇·木部》:"橑,盖弓也。"《淮南子·俶真》:"若夫墨杨申商之于治道,犹盖之无一橑,而轮之无一辐,有之可以备数,无之未有害于用也。"这个意思后来写作"轑"。(冀小军)

桷 jué 见纽、屋部;见纽、觉韵、古岳切。

1《说文》120页。2、3《篆隶表》380页。4《玉篇·木部》。

形声字。从木,角声。椽子的别称(齐鲁方言。参看下"榱"字条)。《说文》:"桷,榱也。"《春秋·庄公二十四年》:"刻桓宫之桷。"孔颖达疏:"桷谓之榱,榱即椽也。"在汉代隶书中,"角"字及"角"旁已有写作"角"的(见《篆隶表》287~290页)。新中国成立后,规定"桷"为标准字形。(冀小军)

椽 chuán 定纽、元部;澄纽、仙韵、直挛切。

1《汉语字形表》220页。2《说文》120页。

形声字。从木,彖(tuàn)声。椽子,放在檩子上支架屋顶的木条。宋李诫《营造法式·大木作制度二·椽》:"椽,其名有四:一曰桷,二曰椽,三曰榱,四曰橑。"《左传·桓公十四年》:"宋人以诸侯伐郑……以大宫之椽归,为卢门之椽。"《晋书·王珣传》:"珣梦人以大笔如椽与之。"引申指房屋间数。唐杜甫《秋日夔府咏怀奉寄郑监李宾客一百韵》:"甘子阴凉叶,茅斋八九椽。"(冀小军)

榱 cuī 心纽、微部;生纽、脂韵、所追切。

1《说文》120页。2、3《篆隶表》381页。

形声字。从木,衰声(参见《说文·衣部》"衰"字)。椽子的别称(秦方言)。《说文》:"榱,秦名为屋椽,周谓之椽,齐鲁谓之桷。"《左传·襄公三十一年》:"栋折榱崩,侨将厌焉。"《荀子·哀公》:"仰视榱栋,俯见几筵。"(冀小军)

楣 méi 明纽、脂部;明纽、脂韵、武悲切。

1《说文》120页。2、3《篆隶表》381页。

形声字。从木,眉声(参见《说文·眉部》"眉"字)。指房屋的横梁,即二梁。《仪礼·乡射礼》:"序则物当栋,堂则物当楣。"郑玄注:"正中曰栋,次曰楣。"又指门框上的横木。《释名·释宫室》:"楣,眉也,近前各两若面之有眉也。"《楚辞·九歌·湘夫人》:"桂栋兮兰橑,辛夷楣兮药房。"王逸注:"辛夷,香草,以作户楣。"唐陈鸿《长恨传》:"男不封侯女作妃,看女却为门上楣。"(冀小军)

檐 yán 喻纽、谈部;以纽、盐韵、余廉切。

1、2《战文编》366页。3《说文》120页。

形声字。从木,詹声(参见《说文·八部》"詹"字)。本义是屋檐。《玉篇·木部》:"檐,屋檐也。"引申指屋檐下的平台。《国语·吴语》:"王背檐而立,大夫向檐。"字亦作"簷"。《玉篇·竹部》:"簷,与檐同。"晋陶潜《归田园居》:"榆柳荫后簷,桃李罗堂前。"又假借为"儋",担或扛。《说文·人部》:"儋,何也(儋:音dān,后作"擔",今简化为"担"。何:音hè,后作"荷")。"《尔雅·释天》:"何鼓谓之牵牛。"郭璞注:"今荆楚人呼牵牛星为檐鼓。檐者,荷也。"新中国成立后,"簷"作为异体字并入了"檐"字。(冀小军)

木部

植 zhí 禅纽、职部；禅纽、职韵、常职切。

樴—植—植—植—植
战国 《说文》小篆 汉 楷书 楷书

草² 櫃⁴
战国 《说文》或体

1《汉语字形表》220页。2《郭店》94页。3、4《说文》120页。5《篆隶表》381页。6《康熙字典·木部》。

形声字。从木，直声。字形2从直省声，字形4从置声。本义是立，树立，竖立。《玉篇·木部》："植，树也。"《集韵·职韵》："植，立也。"《论语·微子》："植其杖而芸。"《周礼·地官·山虞》："植虞旗于中。"《淮南子·泰族》："闻者莫不瞋目裂眦，发植穿冠。"引申指关闭门户用的直木。《尔雅·释宫》："植谓之传。"郝懿行义疏："植者，……古人门外闭讫，中植一木，加锁其上，所以掌距两边，固其键闭。其木植，故谓之植。"《墨子·非儒下》："季孙与邑人争门关，决植。"又指栽种，种植。《广雅·释地》："植，种也。"《广韵·职韵》："植，种植也。"《战国策·燕策二》："蓟丘之植，植于汶篁。"《孔雀东南飞》："东西植松柏，左右种梧桐。"自东汉以来，"直"字及"直"旁多写作"直"。新中国成立后，规定"直"、"植"为标准字形。（冀小军）

樞(枢) shū 昌纽、侯部；昌纽、虞韵、昌朱切。
ōu 影纽、侯部；影纽、侯韵、乌侯切。

樞—樞—樞—枢
《说文》小篆 汉 楷书 楷书

1《说文》120页。2《篆隶表》381页。

形声字。从木，區声。本义指门上的转轴，音shū。《说文》："樞，户樞也。"《吕氏春秋·尽数》："流水不腐，户樞不蠹，动也。"汉王符《潜夫论·忠贵》："惧门之不坚，而为作铁樞。"比喻重要的或中心的部分。《庄子·齐物论》："谓之道樞。"陆德明释文："樞，樞要也。"《资治通鉴·周纪五》卷五："今夫韩魏，中国之处而天下之樞也。"胡三省注："以门户为喻，门户之阖辟皆由于樞也。"又指北斗第一星，也叫天樞。《广雅·释天》："北斗七星，一为樞。"《后汉书·崔骃传》："建天樞，执斗柄。"李贤注："《春秋运斗樞》：'北斗七星，第一星名天樞。'"樞又音ōu，树木名，即刺榆。《集韵·侯韵》："樞，木名。《尔雅》：'樞，荎。'今刺榆也。或作櫙。"《诗·唐风·山有樞》："山有樞，隰有榆。"朱熹集传："樞，荎也，今刺榆也。"新中国成立后，"區"简化为"区"，"樞"类推简化为"枢"。（冀小军）

樓(楼) lóu 来纽、侯部；来纽、侯韵、落侯切。

樓—樓—樓—樓—樓
秦 汉 汉 《说文》小篆 楷书

樓—楼—楼
汉 汉 楷书

1《睡甲》86页。2、3、5、6《篆隶表》381页。4《说文》120页。

形声字。从木，婁声。婁，战国文字作 （《古文典》336页），上从𦥑，下从女。秦简文字作 （同前），"角"形下移，又变为囗（字形1所从）。汉代篆文将两手间的竖笔直贯而下（字形3所从），再变则为《说文》小篆，遂为后世文字所本。本义指两层以上的房屋，楼房。《说文》："樓，重屋也。"《史记·平原君列传》："平原君家樓临民家。民家有躄者，槃散行汲。平原君美人居樓上，临见，大笑之。"《古诗十九首》之三："西北有高樓，上与浮云齐。"也指楼房的一层。唐王之涣《登鹳雀楼》："欲穷千里目，更上一层楼。"又泛指一切楼状物。《左传·宣公十五年》："登诸樓车。"汉武帝《秋风辞》："泛樓船兮济汾河，横中流兮扬素波。"《后汉书·邓禹传》："光武舍城樓上，披舆地图。""樓"字汉代草书作 、 。宋元以来，一些小说戏曲刻本中，"婁"字及"婁"旁已多简作"娄"（据草书楷化。见《宋元以来俗字谱》42页"婁"、29页"僂"、39页"嘍"、46页"嶁"、57页"樓"、67页"摟"、69页"撒"、89页"簍"、97页"䗝"、108页"縷"、136页"髏"等字）。新中国成立后，"婁"简化为"娄"，"樓"类推简化为"楼"。（冀小军）

櫺(棂) líng 来纽、耕部；来纽、青韵、郎丁切。

櫺—櫺—櫺—棂
战国 《说文》小篆 楷书 楷书

1《楚系简帛》447页。2《说文》121页。

形声字。从木，霝(líng)声。本义指栏杆或窗户上的孔格。唐玄应《一切经音义》卷十四"櫺子"条引《说文》："櫺，窗楯(shǔn，栏杆)间子也。"《广韵·青韵》："櫺，窗櫺。"《文选·江淹〈杂体诗三十首·许询〉》："曲櫺激鲜飙,石室有幽响。"李善注:"櫺,窗间孔也。"《太平广记》卷三百九十四引段成式《酉阳杂俎》:"夜半,觉门外喧闹,潜于窗櫺中窥之。"引申指带有栏杆的。《三国志·魏书·袁术传》裴松之注引《吴书》:"坐櫺床上,叹息良久。"字后作"欞"。《古今韵会举要·青韵》:"櫺,通作欞。"宋元以来,"靈"字俗书或作"灵"(见《宋元以来俗字谱》131页"靈"字);清初刊本《目连记弹词》中,"欞"已简作"棂"(同前59页)。新中国成立后,"靈"简化为"灵","欞"类推简化为"棂"。(冀小军)

圬 wū 影纽、鱼部;影纽、模韵、哀都切。

羊¹—圬²—圬³—圬
战国　汉　《说文》小篆　楷书

1《古文典》460页。2《篆隶表》1079页。3《说文》121页。

形声字。从木,亏声。"于",秦代文字作于或丂(《篆隶表》313、314页);汉代文字作于或玉、丂(同前),《说文》小篆讹作亐;后世楷书遂有"于"、"亏"、"丂"三体。今音kuī之"亏"字本作"虧",从"亏(于)",虍(hū)声。又,"污"亦是从"于"声之字(或体作"汙"、"汚")。(参见《说文·亏(于)部》"亏(于)"字)本义指涂刷墙壁的工具。《说文》:"圬,所以涂也。秦谓之圬,关东谓之槾。"引申指涂刷墙壁。《论语·公冶长》:"粪土之墙不可圬也。"其器初用木,故作"圬"。后以铁为之,遂造从金之"鋙"。涂墙以泥,故又从土作"圬"。《广韵·模韵》:"圬,泥鏝、圬、鋙,并同上。"唐韩愈《圬者王承福传》:"圬之为技,贱且劳者也。"后世相承多用"圬"字。(冀小军)

槾 mán 明纽、元部;明纽、桓韵、母官切。
màn 　　　　明纽、换韵、莫半切。

槾¹—槾
《说文》小篆　楷书

1《说文》121页。

形声字。从木,曼声。本义指涂刷墙壁的工具。《说文》:"槾,圬也。"以木为之,故作"槾"。后以铁为之,遂作"鏝"。《尔雅·释宫》:"鏝谓之圬。"郝懿行义疏:"按鏝,古者盖用木,后世以铁。"《说文·金部》:"鏝,铁圬也。"唐韩愈《圬者王承福传》:"吾操鏝以入富贵之家有年矣。"涂墙以泥,故又从土作"墁"。《玉篇·土部》:"墁,

圬也,所以涂饰墙也。亦作鏝。"引申指涂刷墙壁。唐杜甫《课伐木诗序》:"虁人屋壁,列树白菊鏝为墙,实以竹。"唐韩愈《蓝田县丞厅壁记》:"斯立(人名)易桷与瓦,鏝治壁,悉书前任人名氏。"后世相承多用"鏝"字。新中国成立后,"金"旁简化为"钅","鏝"类推简化为"镘"。今音màn。(冀小军)

梱(阃) kǔn 溪纽、文部;溪纽、混韵、苦本切。

梱¹—梱—閫—阃
《说文》小篆　楷书　楷书　楷书

1《说文》121页。

形声字。从木,困声。本义指门限,古代竖立于门中以作限隔的短木。《说文》:"梱,门橜也。"徐锴系传:"谓门两旁挟门短限,今人亦谓门限。"朱骏声通训定声:"横界于门下者为阈,亦曰切,直竖于门中者为梱。"(参见本部"櫱"字)字亦从"門"作"閫"。唐玄应《一切经音义》卷二"门閫"条引《三苍》:"閫,门限也。"《集韵·混韵》:"梱,或作閫。"《礼记·曲礼上》:"外言不入于梱,内言不出于梱。"《史记·循吏列传》:"王必欲高车,臣请教闾里使高其梱。"《南史·沈顗传》:"从叔勃贵显,每还吴兴,宾客填咽,顗不至其门。勃就之,顗送迎不越閫。"特指郭门的门限。《周礼·秋官·大司寇》"军刑"贾公彦疏:"以其在军,梱外之事,将军裁之。"《史记·张释之冯唐列传》:"閫以内者,寡人制之;閫以外者,将军制之。"裴骃集解引韦昭曰:"此郭门之閫也。"引申指统兵在外的将帅。宋文天祥《指南录后序》:"至京口,得间奔真州,即具以北虚实告东西二閫。"又引申指宫中的道路。明王志坚《表异录·宫室》:"宫中路曰閫术。"又指后妃居住的内宫。《后汉书·皇后纪》:"内无出閫之言,权无私溺之授。"又借指妇女。清李汝珍《镜花缘》八十九回:"昔閫能臻是,今闺或过之。"特指妻子。清蒲松龄《聊斋志异·柳生》:"尊閫薄相,恐不能佐君成业。"汉以后古书多用"閫"字。新中国成立后,"門"简化为"门","閫"类推简化为"阃"。(冀小军)

槍(枪)
qiāng 清纽、阳部;清纽、阳韵、七羊切。
chēng 清纽、阳部;初纽、庚韵、楚庚切。

槍¹—槍²—槍³—槍⁴—槍—枪
《说文》小篆　秦　汉　汉　楷书　楷书

1《说文》121页。2《睡甲》87页。3、4《篆隶表》382页。

形声字。从木，倉声。本义指一种长柄有金属尖头的刺击武器。《说文》："槍，距也。"朱骏声通训定声："槍，距(今作"拒")人之械也。"《墨子·备城门》："槍十二枚。"《旧五代史·王彦章传》："常持铁槍，冲坚陷阵。"字亦作"鎗"。《正字通·金部》："俗以鎗为刀槍字。"唐张鷟《朝野佥载》卷六："单马持鎗，所向皆靡。"后指小口径的发射弹药的武器。又指一种掘草的农具。《国语·齐语》："时雨既至，挟其槍、刈、耨、鎛，以旦暮从事于田野。"引申指冲抵，碰撞。清段玉裁《说文解字注》："槍有相迎斗争之意。"《庄子·逍遥游》："我决起而飞，槍榆枋。"(《玉篇·木部》："《庄子》'槍'犹抵也。")汉司马迁《报任安书》："见狱吏则头槍地，视徒隶则心惕息。"又指请人代作。如"槍替"、"槍手"。又为星名，也叫"欃槍"，即彗星，此义音chēng。《尔雅·释天》："彗星为欃槍。"《管子·轻重丁》："国有槍星，其君必辱。"新中国成立后，当武器讲的"鎗"作为异体字并入了"槍"字；"倉"简化为"仓"，"槍"即类推简化为"枪"。（冀小军）

楔 xiē 心纽、月部；心纽、屑韵、先结切。

楔¹—楔
《说文》小篆　楷书

1《说文》121页。

形声字。从木，契声。楔子。《说文》："楔，櫼也。"段玉裁注："今俗语曰楔子。"《淮南子·主术》："大者以为舟航(船)柱梁，小者以为楫楔。"宋沈括《梦溪补笔谈·象数》："闰生于不得已，犹构舍之用磹(音diàn，砌墙时垫缝隙的石块)楔也。"（冀小军）

栅 zhà 清纽、锡部；初纽、麦韵、楚革切。
shàn 心纽、元部；生纽、谏韵、所晏切。

栅¹—栅²—栅³—栅
《说文》小篆　楷书　楷书　楷书

1《说文》121页。2《玉篇·木部》。3《康熙字典·木部》。

形声字。从木，冊声。栅栏，用竹木等做成的阻拦物。字本作册(《甲文编》87页"冊"字)，像编木而成的栅栏，后用为简册义，于是又加"木"旁分化出"栅"字来表示本义。《说文》："栅，编树木也(唐写本《说文·木部》残卷作"编竖木也")。"唐玄应《一切经音义》卷十四"栅櫎"条引《通俗文》："柴垣曰杝，木垣曰栅。"《广韵·麦韵》："栅，竖木立栅，又村栅。"又音shān，义同。《集韵·谏韵》："栅，编竹木为落也。册，亦省。"《后汉书·段颎传》："乃遣千人于西县结木为栅，广二十步，长四十里，遮之。"又《东夷列传》："夫余国……以员栅为城，有宫室、仓库、牢狱。""册"，小篆作冊，隶定作"冊"，又变作"册"、"册"。新中国成立后，"冊"作为异体字并入了"册"字，"栅"亦类推作"栅"。（冀小军）

杝 lí 来纽、歌部；来纽、支韵、邻知切。
zhì 定纽、歌部；澄纽、纸韵、池尔切。
yí 喻纽、歌部；以纽、支韵、弋支切。

杝¹—杝²—杝³—杝
秦　汉　《说文》小篆　楷书

1《睡甲》89页。2《篆隶表》382页。3《说文》121页。

形声字。字形1、2从木，它声。《说文》小篆从木，也声。从"它"声的字，隶变后或讹从"也"声。其演变过程如"地"字所从：巴(《篆隶表》963页) 巴(同前) 巴(《汉代简牍草字编》251页) 巴(《篆隶表》963页)。不过，《说文》小篆所从之"也"，其字形亦有讹误(参见《说文·乁部》"也"字)。1. 音lí，同"篱"，篱笆。《说文》："杝，落也。"清莫友芝《唐写本说文木部笺异》："《说文》无'篱'字，'杝'即'篱'也，故次'栅'后。"《集韵·支韵》："篱，藩也。或作杝。"唐玄应《一切经音义》卷十四"栅櫎"条引《通俗文》："柴垣曰杝，木垣曰栅。"北魏贾思勰《齐民要术序》："杝落不完，垣墙不牢，扫除不净，笞之可也。"2. 音zhì，顺着木材的纹理劈开。《玉篇·木部》："杝，直纸切，《诗》云：'析薪杝矣'，谓随其理也。"《诗·小雅·小弁》："伐木掎矣，析薪扡矣。"(掎jǐ，向一边拉。扡：唐石经作"杝")毛传："伐木者掎其颠，析薪者顺其理。"3. 音yí，同"椸"，树木名，即椴木。《集韵·支韵》："椸，木名。或作杝。"《礼记·檀弓上》："杝棺一"孔颖达疏："杝即椴木。"（冀小军）

檫(柝) tuò 透纽、铎部；透纽、铎韵、他各切。

檫－櫜－柝

《说文》小篆　楷书　楷书

1《说文》121页。

形声字。从木，櫜声。巡夜打更用的梆子。《说文》："檫，夜行所击者。……《易》曰：'重门击檫。'""檫"字罕见，古书中多借用本义为"判也"的"柝"字来表示。唐慧琳《一切经音义》卷九十七"击檫"条注："郑众注《周礼》云：'檫谓戒夜者所击也。'《周易》云：'重门击檫，以待暴客。'《说文》从木，櫜，櫜亦声。《（广弘明）集》作柝，亦俗用。"（参见本部"柝"字条）（冀小军）

桓 huán 匣纽、元部；匣纽、桓韵、胡官切。

戦国　《说文》小篆　秦　汉　汉　楷书

1《古文典》1054页。2《说文》121页。3《战文编》367页。4、5《篆隶表》382页。

形声字。从木，亘(xuān)声。"亘"，商代文字作 （《汉语字形表》512页。以下略去此书名名）；西周文字作 (52页，墙盘"垣"字所从)、 (285页，虢季子白盘"宣"字所从)、 (52页，虢季子白盘"垣"字所从)；春秋文字作 (同前，秦公簋"垣"字所从)、 (285页，石鼓文"宣"字所从)；战国文字作 (514页，襄垣布"垣"字所从)、 (字形1所从)、 (285页，诅楚文"宣"字所从)。秦汉文字中，《说文》小篆承袭春秋文字，省作 (字形2所从)；秦简文字承袭战国文字，省作 (《睡甲》200页，"垣"字所从)，为后世文字所本。又，今楷书中有音 gèn 之"亘"（亦作"亙"，旧音 gèng，"恒"从此得声），在古文字中另有来历，与"桓"、"宣"、"垣"等字所从者并非一字（参见《说文·二部》"恒"、"亘"二字条）。"桓"，本义指古代邮亭旁边用为标志的木柱，后也泛指立于城门、桥梁、寺庙等处起标志作用的木柱。桓多成双而立，又称桓门、华表。《说文》："桓，亭邮表也。"徐锴系传："古者十里一长亭，五里一短亭。邮，过也，所以止客也。表双立为桓。"《汉书·酷吏传·尹赏》："便舆出，瘗寺门桓东。"颜师古注："如淳曰：'……陈宋之俗言桓声如和，今犹谓之和表。'即华表也。"《六书故·植物一》："桓，柱之植立者曰桓。双植以为门者谓之桓门，亦谓和门，亦谓华表。桓、和、华，一声也。"又重言桓桓，形容威武的样子。《诗·鲁颂·泮水》："桓桓于征，狄彼东南。"毛传："桓桓，威武貌。"（冀小军）

杠 gāng 见纽、东部；见纽、江韵、古双切。

西周　战国　《说文》小篆　楷书

1《金文编》397页。2《战文编》367页。3《说文》121页。

形声字。从木，工声。床前横木。《说文》："杠，床前横木也。"《急就篇》卷三："奴婢私隶枕床杠。"颜师古注："杠，床之横木也。"又指旗竿。《尔雅·释天》："素锦绸杠。"郭璞注："以白地锦韬旗之竿。"《集韵·江韵》："杠，旌旗竿。"《晋书·石季龙载记上》："左校令成公段造庭燎于崇杠之末，高十余丈。"又指桥。《玉篇·木部》："杠，石杠，今之石桥。"《正字通·木部》："杠，小桥谓之徒杠，谓衡木以度也。"《孟子·离娄下》："岁十一月，徒杠成。"（冀小军）

桯 tīng 透纽、耕部；透纽、青韵、他丁切。
yíng 喻纽、耕部；以纽、清韵、怡成切。

战国　汉　《说文》小篆　楷书

1《战文编》367页。2《篆隶表》382页。3《说文》121页。

形声字。从木，呈声。"呈"，战国文字作 (《汉语字形表》44页)，下从土；或作 (同前)，改"土"为"壬(tǐng)"，充当声旁。《说文》小篆承袭后者，为楷书所本。1. 音 tīng，床前几。《说文》："桯，床前几。"徐锴系传："几，人所凭也。"《方言》卷五："榻前几，江沔之间曰桯，赵魏之间谓之椸。"宋岳珂《桯史序》："亦斋有桯焉，介几间，髹表可书……" 2. 音 yíng，盖杠。古时车盖的柄分为两节，上节叫达常，下节叫桯（也叫盖杠），达常插入桯中。《字汇补·木部》："桯，盖杠也。"《周礼·考工记·轮人》："轮人为盖，达常围三寸，桯围倍之六寸。"郑玄注引郑司农曰："达常，盖斗柄，下入杠中也。桯，盖杠也，读若'丹桓宫楹'之楹。"贾公彦疏："盖柄有两节，此达常是上节，下入杠中也。……此盖柄下节，粗达常一倍，向上含达常也。"（冀小军）

桱 (柽) jìng 见纽、耕部；见纽、径韵、古定切。

战国　《说文》小篆　楷书　楷书

1《楚系简帛》448页。2《说文》121页。

形声字。从木，巠(jīng)声。"巠"，西周金文作巠(《汉语字形表》436页)，下从工；或作巠(同前496页，虢季子白盘"經"字所从)，在竖笔上加点儿为饰。战国文字作巠(《古文典》784页)，把"工"旁中的"土"改为"壬(tǐng)"，充当声旁。《说文》小篆承袭西周金文，为后世文字所本。"桱"，本义指一种圆筒形的盛酒器(在唐写本《说文·木部》残卷中，"桱"次于"櫑"与"椑"、"槛"之间，四字均指盛酒器)。《说文》："桱，桱桯也。东方谓之蕩。""蕩"字，据日释空海《篆隶万象名义·木部》应作"筹"。《说文·竹部》："筹，大竹筩(筒)也。"《玉篇·竹部》："筹，竹器，可以盛酒。""桱桯"是叠韵联绵词，有不同的书写形式：或作"桱程"。居延汉简293.1与293.2："将军器记：大案七、小杯廿七、大尊二、桱程二……"。或作"經程"。《韩诗外传》卷十："齐桓公置酒，令诸大夫曰：'后者饮一經程。'管仲后，当饮一經程。"或作"縈程"。《急就篇》卷三："酤酒酿醪稽縈程(明宋克摹本作"縈程")。""桱"又为树木名。《玉篇·木部》："桱，木名。"《广韵·径韵》："桱，桱木，似杉而硬。"宋张孝祥《送刘子思》："旧怜杉桱碧，新喜荔枝红。"在元抄本《京本通俗小说》、元刻本《古今杂剧三十种》中，"巠"旁已多简作"圣"(见《宋元以来俗字谱》34页"徑"、105页"經"、119页"輕"、121页"遜"等字)。新中国成立后，"巠"旁简化为"圣"，"桱"类推简化为"桱"。(冀小军)

牀(床) chuáng 从纽、阳部；崇纽、阳韵、士庄切。

爿¹—牀³—牀⁴—牀⁵—牀⁶—牀—床
商　战国　《说文》小篆　秦　汉　楷书　楷书

爿²
商

1、2《甲文编》304页。3《楚系简帛》448页。4《说文》121页。5《睡甲》87页。6《篆隶表》383页。

形声字。从木，爿(chuáng)声。"爿"，商代文字作爿、爿，即"牀(床)"之象形初文(字形要横看)。商代后期，已经确立了汉字书写自上而下的直行排列法。为了适应直行排列的需要，很多宽度比较大的字都被改变了字形的方向。如"疒"字，甲骨文作爿、爿(《甲文编》330页)，像人卧病在床(字形也要横看)，即"疾"字的初文(参见《说文·疒部》"疾"字条)。"爿"字改变方向后，床形已经不显，遂加注意符"木"写作"牀"。《说文》失收"爿"字，在《士部》"壯"、《羊部》"羊"、《啬部》"牆"、《犬部》"狀"、《戈部》"戕"、《斤部》"斨"、《酉部》"醬"及《木部》

"牀"等字下皆云"爿声"(唐张参《五经文字·爿部》："爿，音墙。")；而《女部》"妝"下则云"爿省声"，《寸部》"將"下又云"醬省声"。其实，诸字均应分析为从"爿(牀)声"(今楷书中有音pán的"爿"字，是反写"片"字而成的，与"爿chuáng"是同形字)。"牀"，本义是供人坐卧的器具。《释名·释床帐》："人所坐卧曰牀。"《诗·豳风·七月》："十月蟋蟀，入我牀下。"《宋书·庾炳之传》："(炳之)性好洁，士大夫造之者去，未出户，辄令人拭席洗牀。"引申指放置器物的架子。南朝梁徐陵《玉台新咏序》："琉璃砚匣，终日随身，翡翠笔牀，无时离手。"又指井上的辘轳架。《乐府歌辞·舞曲歌辞三·淮南王篇》："后园凿井银作牀，金瓶素绠汲寒浆。"又用作量词。《太平广记》卷五十引《纂异记》："琉璃琥珀器一百牀。""牀"本是形声字，俗书改"爿"为"广(音yǎn)"，写作"床"，成为从广从木的会意字。《玉篇·木部》："牀，《说文》曰：'安身之坐者。'床，同上，俗。"新中国成立后，"牀"作为异体字并入了"床"字。(冀小军)

枕 zhěn 章纽、侵部；章纽、寝韵、章荏切。

枕¹—枕²—枕³—枕⁴—枕
《说文》小篆　汉　汉　汉　楷书

1《说文》121页。2、3、4《篆隶表》383页。

形声字。从木，冘(yín)声。本义是枕头。《玉篇·木部》："枕，卧头所荐也。"《广韵·沁韵》："枕，枕头也。"《诗·陈风·泽陂》："寤寐无为，辗转伏枕。"《战国策·齐策四》："三窟已就，君姑高枕为乐矣。"也指用头枕着。《晋书·刘琨传》："吾枕戈待旦，志枭逆虏，常恐祖生先吾着鞭。"引申指临近，靠近。《汉书·严助传》："会稽东接于海，南近诸越，北枕大江。"(冀小军)

櫝(椟) dú 定纽、屋部；定纽、屋韵、徒谷切。

櫝¹—櫝²—櫝³—櫝—椟
战国　秦　《说文》小篆　楷书　楷书

1《汉语字形表》220页。2《睡甲》87页。3《说文》121页。

形声字。从木，賣(yù)声。本义指木柜、木匣一类的收藏用具。《说文》："櫝，匱也。"《论语·季氏》："虎兕出于柙，龟玉毁于櫝中，是谁之过与？"皇侃疏："櫝，柜也。"《仪礼·聘礼》："启櫝取圭。"陆德明释文："櫝，函也。"成语有"买櫝还珠"。也指用椟装。《国语·郑语》：

"櫝而藏之。"唐孙樵《书褒城驿壁》:"囊帛櫝金。"引申指棺材。《广雅·释器》:"櫝,棺也。"《左传·昭公二十九年》:"卫侯来献其乘马,曰启服,堑而死,公将为之櫝。"《北史·魏孝文帝纪》:"囚未判在狱死无近亲者,给衣衾棺櫝葬之。""櫝"的声旁"賣"(yù),跟买卖的"卖"的繁体"賣"本不同形,隶变后始相混。新中国成立后,"賣"简化为"卖","櫝"也被类推简化为"椟"。(冀小军)

櫛(栉) zhì 庄纽、质部；庄纽、栉韵、阻瑟切。

櫛¹—櫛²—櫛³—櫛—栉
战国　《说文》小篆　三国魏　楷书　楷书

1《战文编》367页。2 唐写本《说文·木部》残卷。3《篆隶表》383页。

形声字。战国文字从木,即声。《说文》小篆从木,節声。本义是梳子和篦子的总称。《说文》:"櫛,梳比(音 bì,篦子,后作篦)之总名也。"王筠句读:"此谓汉时曰梳曰比者,周秦统谓之櫛也。"《诗·周颂·良耜》:"其崇如墉,其比如櫛。"《庄子·寓言》:"妻执巾櫛。"也指梳理头发。《庄子·天下》:"沐甚雨,櫛疾风。"(用大雨洗发,大风梳头。)成语有"櫛风沐雨"。隶书中常把"竹"头写成"艹"头,所以"節"多作"莭"(如字形3所从)。后世俗书在"莭"的基础上进一步简化,又省去"即"的左旁,就成为"节"(始见于元抄本《京本通俗小说》,《宋元以来俗字谱》88页)。新中国成立后,"節"简化为"节","櫛"类推简化为"栉"。(冀小军)

梳 shū 心纽、鱼部；生纽、鱼韵、所葅切。

梳¹—梳
《说文》小篆　楷书

1《说文》121页。

形声字。从木,疏省声。本义是梳子。《广韵·鱼韵》:"梳,梳枇。"《新唐书·吴兢传》:"朝有讽谏,犹发之有梳。"也指用梳子理发。《说文》:"梳,理发也。"段玉裁注:"器曰梳,用之理发,因亦曰梳。"汉扬雄《长杨赋》:"头蓬不暇梳,饥不及餐。"梳之得名,是由于梳齿稀疏。《释名·释首饰》:"梳,言其齿疏也。数者曰比。"字本作"疏"。《急就篇》卷三:"镜籢疏比各异工。"颜师古注:"栉之大而粗所以理鬓者谓之疏,言其齿稀疏也。小而细所以去虮虱者谓之比,言其齿密比也。"江陵凤凰山一六七号汉墓遣策第10号简:"女子二人持疏枇。"(参见本部"枇 bì"字)"梳"是通过改换"疏"字偏旁造出的分化字。(冀小军)

耜(耜) sì 邪纽、之部；邪纽、止韵、详里切。

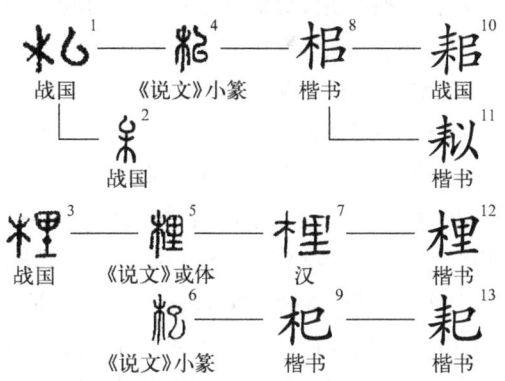
战国　《说文》小篆　楷书　战国
　　　　战国　　　　　　　　楷书
耜³—耜⁵—耜⁷—耜¹²
战国　《说文》或体　汉　楷书
耜⁶—杞⁹—耒¹³
《说文》小篆　楷书　楷书

1、2《古文典》59页。3《汉语字形表》221页。4、5《说文》121页。6唐写本《说文·木部》残卷。7《篆隶表》383页。8—13《集韵·止韵》。

形声字。战国文字从木,㠯(yǐ)声(㠯,"以"字的省文,小篆作㠯,隶定作㠯,又变作目);或体从木,里声(《周礼·考工记·匠人》:"凡沟防,必一日先深之以为式,里为式然后可以傅众力。"郑玄注:"里读为已,声之误也。"陆德明释文:"里,音以。")。《说文》小篆承袭战国文字,亦有此二体。楷书作"耜"、"梩";"耜"又变作"耜"、"耒"(古代从"木"旁表示农具的字,后世多改为从"耒"旁)。唐写本《说文·木部》残卷"耜"字作"杞"(从木,巳声),后亦改为从"耒"旁之"耜"。在古书中,上述各体以"耜"字最为常见。本义指锸、锹一类挖土的农具。《说文》:"耜,臿(锸)也。……梩,或从里。"徐铉注:"今俗作耜。"《集韵·止韵》:"耜,田器也。……或作梩、耜、杞、耒。"《管子·轻重五》:"耕者必有一耒、一耜、一铫。"《孟子·滕文公上》:"归反虆梩而掩之。"赵岐注:"虆梩,笼臿之属,所以取土者也。"又指运土的工具。《说文》:"耜,一曰徒土𧋘。齐人语也。"(冀小军)

杷 pá 並纽、鱼部；並纽、麻韵、蒲巴切。
　　bà 並纽、鱼部；並纽、祃韵、白驾切。

杷¹—杷
《说文》小篆　楷书

1《说文》122页。

形声字。从木,巴声。1. 音 pá. 本义指一种用来聚拢或散开柴草谷物的有齿农具,竹、木制。《说文》:"杷,收麦器。"《广韵·麻韵》:"杷,《说文》曰:'收麦器也。'"《急就篇》卷三:"捃获秉把插捌杷。"颜师古注:"无齿为捌,有齿为杷,皆所以推引聚禾谷也。"汉王褒《僮约》:"屈竹作杷。"引申指用杷把东西聚拢或散开。以上两种用法后来写作"耙"。又引申指用手扒。《韩诗外传》卷八:"臣譽仲尼,譬犹两手捧土而附泰山,其无益亦明矣。使臣不誉仲尼,譬犹两手杷泰山,无损亦明矣。"《汉书·贡禹传》:"农夫父子暴露中野,不避寒暑,捽中(古草字)杷土,手足胼胝。"颜师古注:"杷,手掊之也。音蒲巴反。"这个意思后来写作"扒"。又,枇杷,果树名,也指枇杷树的果实。《广韵·麻韵》:"杷,枇杷,木名。"《集韵·麻韵》:"杷,一曰枇杷,果名。"南朝梁周兴嗣《千字文》:"枇杷晚翠,梧桐蚤凋。"又为乐器名,即琵琶。2. 音 bà。本义指一种用来碎土、平地的有齿农具,木制或铁制。后作"耙"。《广韵·祸韵》:"杷,田器。"南朝梁宗懔《荆楚岁时记》:"四月也,有鸟名获谷,其名自呼,农人候此鸟则犁杷上岸。"元王祯《农书》卷十二:"人字耙者,铸铁为齿,《齐民要术》谓之铁齿镉榛。"引申指用杷碎土、平地。元王祯《农书》卷十二:"凡耙田者,人立其上,入土则深。"明朱国祯《涌幢小品》:"中国耕田必用牛,以铁齿杷土。"又指器物的柄。后作"把"。《集韵·祸韵》:"杷,枋(柄)也。俗从'手',非是。"《晋书·外戚传·王濛》:"临殡,刘惔以犀杷麈尾置棺中。"(冀小军)

枷 jiā 见纽、歌部;见纽、麻韵、古牙切。
jià 见纽、歌部;见纽、祸韵、古讶切。

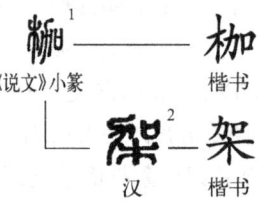

1《说文》122 页。2《篆隶表》1080 页。

形声字。从木,加声。1. 音 jiā,一种打稻谷的农具,也叫连枷。《释名·释用器》:"枷,加也,加杖于柄头以挝穗而出其谷也。"《玉篇·木部》:"枷,连枷,打谷具。"《国语·齐语》:"耒耨枷芟。"宋范成大《四时田园杂兴》六十首之四十四:"笑歌声里轻雷动,一夜连枷响到明。"又指一种套在犯人脖子上的木制刑具。《玉篇·木部》:"枷,枷锁。"《北史·流求国传》:"狱无枷锁,唯用绳缚。" 2. 音 jià,又指用于搁置物体的架子。《礼记·曲礼上》:"男女不杂坐,不同椸枷。"(椸枷:衣架)陆德明释文:"枷,本又作架。徐音稼。"这个意思后来写作"架"。(冀小军)

杵 chǔ 昌纽、鱼部;昌纽、语韵、昌与切。

1《说文》122 页。2《睡甲》87 页。3《篆隶表》384 页。

形声字。从木,午声。本义指舂米用的木棒。《说文》:"杵,舂杵也。"段玉裁注:"杵,舂捣粟也,其器曰杵。"字本作"午",像杵形,后加"木"旁而成"杵"字(参见"午"字条)。《易·系辞下》:"断木为杵,掘地为臼。"也泛指捣物用的木棒。南朝宋谢惠连《捣衣》:"檐高砧响发,楹长杵声哀。"唐张籍《筑城词》:"筑城处,千人万人齐把杵。"清龚自珍《能令公少年行》:"东僧西僧一杵钟。"引申指用杵舂捣。汉桓宽《盐铁论·散不足》:"古者邻有丧,舂不相杵,巷不歌谣。"(冀小军)

槩(概) gài 见纽、物部;见纽、代韵、古代切。

1 唐写本《说文·木部》残卷。2-5《篆隶表》384 页。

形声字。从木,既声(字形 2 从暨声)。原为下形上声,后偏旁移位作"概"。本义指古代量谷物时刮平斗斛的器具。《说文》:"槩,杚斗斛。"邵瑛群经正字:"今经典多作概。"《玉篇·木部》:"槩,平斗斛也。"《广韵·代韵》:"槩,平斗斛木。"《管子·水地》:"量之不可使概,至满而止。"《楚辞·九章·怀沙》:"同糅玉石兮,一概而相量。"汉袁康《越绝书·越绝请籴内传》:"妻操斗,身操概,自量而食。"引申指刮平,削平。《管子·枢言》:"釜鼓满则人概之,人满则天概之。"又引申指限量。《韩非子·说难》:"彼自多其力,则毋以其难概之。"又指大略。《史记·伯夷列传》:"其文辞不少概见。"司马贞索隐:"概是梗概,谓略也。""概"字所从的"既"(左旁是"皂",7 笔),是小篆的隶定形;唐人楷书作既(唐欧阳询《九成宫醴泉铭》、唐写本《说文·木部》残卷"槩"字下注"既声"),宋以后刻本多作既(见《集韵·代韵》从"既"声诸字。《正字通·无部》:"既,俗既字。"),亦作"既"(《说文诂林·木部》"槩"字条所引大徐本注"既声")。新中国成立后,把"槩"作为异体字并入了"概"

字；又规定"既"（左旁是"旡"，5笔）为标准字形，"概"亦类推作"概"。（冀小军）

柶 sì 心纽、质部；心纽、至韵、息利切。

柶¹ — 柶² — 柶
《说文》小篆　汉　楷书

1《说文》122页。2《篆隶表》384页。

形声字。从木，四声。一种舀取饭食的用具。《说文》："《礼》有柶。柶，匕也。"《说文·匕部》："匕，亦所以用比取饭，一名柶。"早期的柶是用角制成的。《仪礼·士冠礼》："角柶。"郑玄注："柶，状如匕。以角为之者，欲滑也。"后改为木制（居延汉代遗址曾出土木制之柶），故字从木。（冀小军）

桮（杯） bēi 帮纽、之部；帮纽、灰韵、布回切。

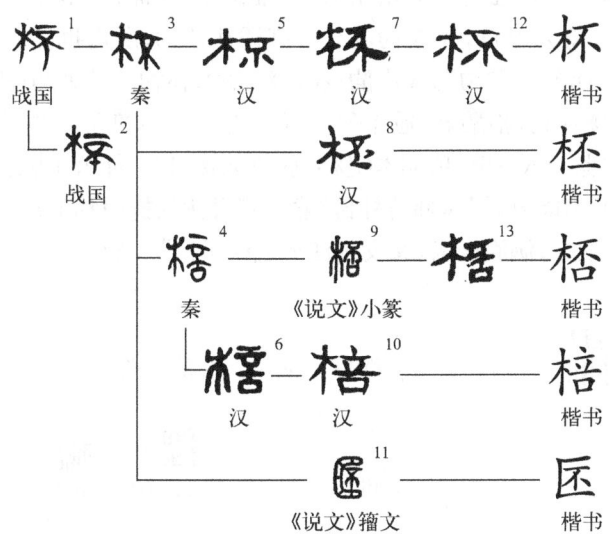

1、2《汉语字形表》221 页。3—8、10、12、13《篆隶表》385 页。9、11《说文》122 页。

形声字。战国文字从木，不声（"不"上的一横及字形2竖笔中的短横均为饰笔）。秦代文字承袭战国文字，声旁"不"或加"口"繁化为"否"（不、否乃一字分化，古音均为帮纽之部）。汉代文字形旁或从匚（《说文·匚 fāng 部》："匚，受物之器。籀文匚。"）；声旁有"不"、"丕"、"否"、"音"几种写法（从"音"声者与音 bàng 之"桮"为同形字）。"丕"是从竖笔上加短横的"不"字分化出来的，古音为滂纽之部。"音"是"否"之异构，其形体演变序列为：音（字形4所从）音（字形6所从）音（字形10所从）音（楷书偏旁），与今楷书中"部"、"剖"等字所从之"音"（小篆作音，音 pǒu，又音 tǒu，古音在侯部。参看、部"音"条）不同。"杯"，

器皿名。《说文》："桮，䰞也。"《集韵·灰韵》："桮，《说文》：'䰞也'，盖今饮器。或作桮、杯、盃、柸、匚、匚。"《字汇·木部》："杯，古杯字。"清朱骏声《说文通训定声·颐部》："古盛羹若注酒之器通名曰桮也。"1.盛羹器，状近于盆，椭圆形，两侧各有一耳，故又名耳杯；盛行于战国至汉晋间。《庄子·逍遥游》："覆杯水于坳堂之上，则芥为之舟。置杯焉则胶，水浅而舟大也。"《淮南子·齐俗》："窥面于盘水则员，于杯则隋（员：同"圆"。隋：读为"椭"）。"《史记·项羽本纪》："吾翁即若翁，必欲烹而翁，则幸分我一桮羹。"贵州清镇平坝汉墓漆器刻铭："乘舆髹洦画木黄耳桮。"（字形10）2.盛酒器。《管子·小称》："桓公、管仲、鲍叔牙、甯戚四人饮，饮酣。桓公谓鲍叔牙曰：'阖不起为寡人寿乎？'鲍叔牙奉杯而起，曰……"《史记·项羽本纪》："张良入谢，曰：'沛公不胜桮杓（桮杓：酒器，借指酒），不能辞。'"居延汉简89.13A号简："墨著大桮（字形8）廿。"又用为量词。《孟子·告子上》："今之为仁者，犹以一杯水救一车之火也。"马王堆汉墓帛书《五十二病方》："以温酒一杯（字形3）和饮之。"在"杯"字的诸多异体中，只有"杯"、"盃"、"桮"较为常见。新中国成立后，"盃"、"桮"作为异体字并入了"杯"字。（冀小军）

槃（盘） pán 并纽、元部；并纽、桓韵、薄官切。

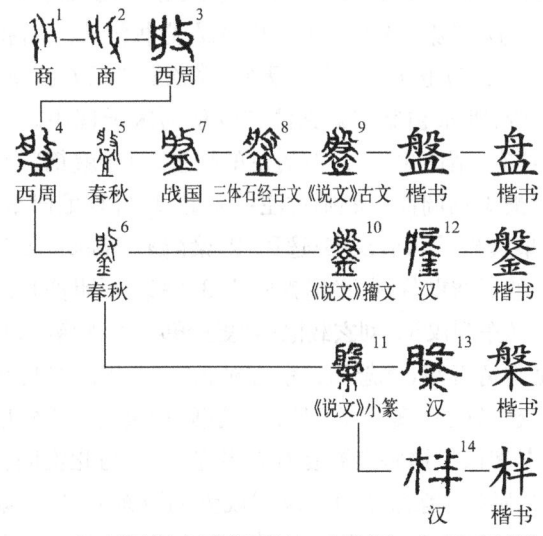

1—8《汉语字形表》221~222页。9、10、11《说文》122页。12、13、14《篆隶表》385页。

形声字。承盘，盘子。初文作"般"（字形1、2），从凡（像高圈足之盘）、从攴，因"凡"字形与"舟"相似，故渐讹从"舟"（参见舟部"般"字条）。西周时，在"般"字上加"皿"旁分化出"盤"字（从皿，般声）。先秦时盘用青铜制作，故

或从"金"作"鎜"(从金,般声。始见于春秋)。汉代盘多为木制,故又改从"木"旁作"槃"(从木,般声);又或作"柈"(从木,半声)。先秦时盘主要用于盛水。盥洗时用匜浇水,用盘承接。汉以后则多用为食器。《说文》:"槃,承槃也。"《玉篇·木部》:"槃,器名。或作盤、鎜。柈,同上。"《礼记·内则》:"进盥,少者奉槃,长者奉水。"郑玄注:"槃,承盥水者。"《急就篇》卷三:"榹杅槃案桮閜盌。"颜师古注:"无足曰槃,有足曰案,所以陈举食也。"晋葛洪《西京杂记》卷四:"俎上蒸狌(豚)一头,厨中荔枝一柈,皆可为设。"宋苏轼《前赤壁赋》:"肴核既尽,杯盘狼藉。"唐宋以后多用"盘"字。新中国成立后,"盤"简化为"盘"。(冀小军)

案 àn 影纽、元部;影纽、翰韵、乌旰切。

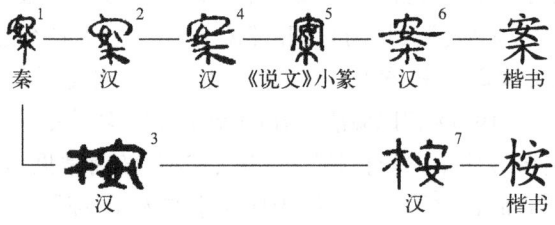

1—4、6、7《篆隶表》385~386页。5《说文》122页。

形声字。从木,安声(字形1、2、3中"安"字"女"旁作𠨰,加撇为饰笔。参看宀部"安"字条)。本义是木制器物。《集韵·翰韵》:"案,《说文》:'几属。'或书作桉。"所指有三:1.(先秦)坐床。《周礼·天官·掌次》:"王大旅(旅:祭祀)上帝,则张毡案。"郑玄注:"以毡为床于幄中。"贾公彦疏:"案,谓床也。"2.有短足的托盘。《急就篇》卷三:"榹杅槃案桮閜盌。"颜师古注:"无足曰槃,有足曰案,所以陈举食也。"《后汉书·逸民传·梁鸿》:"每归,妻为具食,不敢于鸿前仰视,举案齐眉。"3.书案。后世亦用以称"桌"。《东观汉记·刘玄载记》:"更始韩夫人犹嗜酒,每侍饮,见常侍奏事,辄怒曰:'帝方对我饮,正用此时持事来乎?'起抵破书案。"《三国志·吴书·周瑜传》:"权拔刀斫前奏案曰:'诸将吏敢复有言当迎曹者,与此案同!'"清蒲松龄《聊斋志异·促织》:"成妻纳钱案上,焚拜如前人。"由书案义引申,又指官府的文书、案卷。《北史·裴政传》:"簿案盈几,剖决如流。"《资治通鉴·汉纪四十七》:"案经三府。"胡三省注:"案,文案也。"新中国成立后,这种用法的"桉"作为异体字并入了"案"字。(冀小军)

杓 biāo 帮纽、宵部;帮纽、宵韵、甫遥切。
sháo 禅纽、药部;禅纽、药韵、市若切。

形声字。从木,勺声。1.音 biāo,本义是勺柄。《说文》:"杓,枓柄也。"段玉裁注:"枓柄者,勺柄也。勺谓之枓,勺柄谓之杓。"借指北斗七星中形成斗柄的三颗星。《广韵·宵韵》:"杓,北斗柄星。"《淮南子·天文》:"斗杓为小岁。"高诱注:"斗第一星至第四为魁,第五至第七为杓。"《晋书·天文志》:"(北斗)一至四为斗,五至七为杓。"又指拉开。《淮南子·道应》:"孔子劲杓国门之关,而不肯以力闻。"高诱注:"杓,引也。古者悬门下,从上杓引之者难也。"又指击打。《淮南子·兵略》:"凌人者胜,待人者败,为人杓者死。"高诱注:"杓,所击也。"2.音 sháo,同"勺"。《广韵·药韵》:"杓,杯杓。"《集韵·药韵》:"杓,挹酌器。通作勺。"《龙龛手鉴·木部》:"杓,木杓也。"《史记·项羽本纪》:"张良入谢,曰:'沛公不胜桮杓,不能辞。'"《韩诗外传》卷八:"譬犹渴操壶杓就江海而饮之,满腹而去,又安知江海之深乎?"(冀小军)

櫑 léi 来纽、微部;来纽、灰韵、鲁回切。

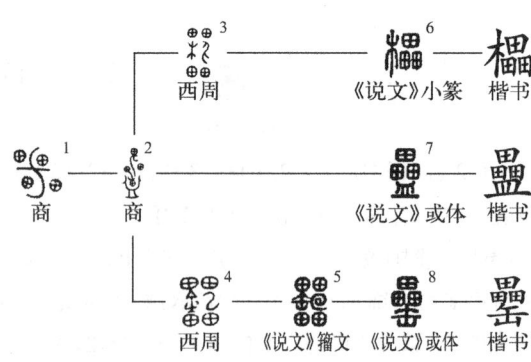

1—4《汉语字形表》222页。5—8《说文》122页。

形声字。从木,畾(léi)声。商代文字(字形1)始借雷电之"雷"(参看雨部"雷"字条)为之,后加"皿"旁分化出专用字(字形2),《说文》小篆或体(字形7)省作"𥂛"。西周文字或从"木"(字形3),为《说文》小篆"櫑"字所本;或从"金"(字形4),为《说文》籀文(字形5)所本。籀文改从"金"

为从"缶",又讹乙(申,像闪电)为回(回)。小篆或体(字形8)承袭籀文,省作"罍"(古书中多用此形)。罍,古代一种大型盛酒器。《诗·周南·卷耳》:"我姑酌彼金罍。"陆德明释文:"罍,酒樽也。"又《小雅·蓼莪》:"瓶之罄矣,唯罍之耻。"毛传:"瓶小而罍大。"《周礼·春官·鬯人》:"凡祭祀社壝用大罍。"罍又兼可盛水。《仪礼·大射》:"设洗于阼阶东南,罍水在东。"(冀小军)

椑

bēi　帮纽、支部;帮纽、支韵、府移切。
pí　　并纽、支部;并纽、齐韵、部迷切。
bì　　并纽、锡部;并纽、锡韵、扶历切。

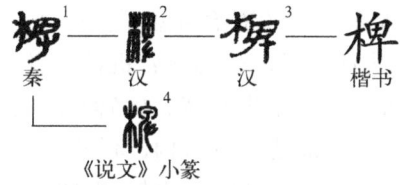

1、3、4《篆隶表》386页。2《说文》122页。

形声字。从木,卑声(《说文》小篆"卑"旁写讹。参见ナzuǒ部"卑"字条)。1.音bēi,树木名。《广韵·支韵》:"椑,木名,似柿。"明李时珍《本草纲目·果部·椑柿》:"时珍曰:椑乃柿之小而卑者,故谓之椑。"2.音pí,指古代一种器身呈卧式圆筒形的盛酒器,又名"圜榼(kē)"、"匾榼"、"偏榼"、"椑榼"。《说文》:"椑,圜(圆)榼也。"椑侧视则为圆形。《广雅·释器》:"匾(扁)榼谓之椑。"《集韵·铣韵》:"匾,器之薄者曰匾榼。"这里"扁"是就器身上下厚度而言,与"榼"的俗称"扁壶"之"扁"就器身前后厚度而言者不同(参见下"榼"字条)。《汉书·张骞传》颜师古注:"椑榼即今之偏(扁)榼,所以盛酒耳。""椑"字从"卑","卑"有"低"义,"椑"或"椑榼"应该是由于器身低矮而得名的。《流沙坠简》器物类第44号简所记器物有"椑榼(榼)一"(字形4)。又指椭圆形。《周礼·考工记·庐人》:"是故句兵椑,刺兵抟。"郑玄注:"齐人谓柯斧柄为椑,则椑椭圜也;抟,圜也。"3.音bì,内棺。《正字通·木部》:"椑,亲身棺,即杝棺。"《礼记·檀弓上》:"君即位而为椑,岁壹漆之,藏焉。"陆德明释文:"椑,蒲历反;徐房益反。槥尸棺。"(冀小军)

榼

kē　溪纽、葉部;溪纽、盍韵、苦盍切。

榼¹—榼²—榼
《说文》小篆　汉　楷书

1《说文》122页。2《篆隶表》386页。

形声字。从木,盍声。古代一种盛酒器,俗称扁壶(器身的横断面呈扁圆形或边线略鼓的扁方形)。《说文》:"榼,酒器也。"《左传·成公十六年》:"使行人执榼承饮。"西安北郊刘北村汉墓所出铜扁壶铭文:"酒,河间食官榼,容二斗,重十一斤三两。(以上器铭)酒,河间食官榼盖。(以上盖铭)"《《考古与文物》1987年4期)又,江陵凤凰山8号汉墓遣策有如下一简:"二斗榼一。"(《文物》1976年6期)(冀小军)

橢(椭)

tuǒ　透纽、歌部;透纽、果韵、他果切。

橢¹—橢—椭
《说文》小篆　楷书　楷书

1《说文》122页。

形声字。从木,隋声。指某些椭圆形的容器。《说文》:"橢,车笭中橢橢器也。"王筠句读:"谓车笭中器,其形橢橢然,即以其形为之名也。"《集韵·果韵》:"橢,木圜而长曰橢。"亦泛指椭圆形。《淮南子·齐俗》:"窥面于盘水则员,于杯则隋(橢)。"(参见本部"杯"字又《修务》:"今夫救火者汲水而趍(趋)之,或以瓮瓴,或以盆盂,其方圆锐橢不同,盛水各异,其于灭火钧也。"在元代以来的一些小说戏曲刻本中,"隋"字及"隋"旁多简作"陏"(见《宋元以来俗字谱》45页"墮",129页"隋"、"隨"字)。新中国成立后,"橢"简化为"椭"。(冀小军)

槌

zhuī　定纽、微部;澄纽、寘韵、驰伪切。
chuí　定纽、微部;澄纽、脂韵、直追切。

槌¹—槌
《说文》小篆　楷书

1《说文》122页。

形声字。从木,追声。1.音zhuī,搁置蚕箔的木柱。《方言》卷五:"槌,宋魏陈楚江淮之间谓之植,自关而西谓之槌,齐谓之样。"郭璞注:"槌,悬蚕薄柱也。"《说文》:"槌,关东谓之槌,关西谓之持。"徐锴系传:"今江淮谓之槌。此架蚕薄之木也。"北魏贾思勰《齐民要术·种桑柘》:"一槌得安十箔。"2.音chuí,同"椎"。捶击的器具。《集韵·脂韵》:"椎,《说文》:'击也。齐谓之终葵。'或作棉,通作槌。"汉王充《论衡·效力》:"凿所以入木者,槌叩之也。"引申指击打,捶打。《孔雀东南飞》:"阿母得闻之,槌床便大怒。"唐慧琳《一切经音义》卷四"槌胸"条引《字书》曰:"槌胸者,心怀悲恨,自毁其身也。"(冀小军)

機(机) jī

见纽、微部；见纽、微韵、居依切。

機¹ — 檖² — 機³ — 機 — 机
《说文》小篆　汉　　汉　　楷书　楷书

1《说文》123页。2、3《篆隶表》386页。

形声字。从木，幾声。本义指弩机，弩上的发动机关。《说文》："機，主发谓之機。"《淮南子·原道》："其用之也若发機。"宋沈括《梦溪笔谈·器用》："郓州发地得一铜弩機，甚大，制作极工。"泛指其他制动装置，也指有这种装置的机械。《燕丹子》卷上："秦王不得已而遣之，为機发之桥，欲陷丹。"《后汉书·赵壹传》："罥网在上，機穿在下。"李贤注："機，捕兽機槛也。"《战国策·宋卫策》："公输般为楚设機，将以攻宋。"姚宏注："機，械，云梯之属。"特指织布机。《集韵·微韵》："機，织具也。"《史记·樗里子甘茂列传》："其母投杼下機，逾墙而走。"引申指事物变化的关键。《韩非子·八说》："任人以事，存亡治乱之機也。"汉王符《潜夫论·本政》："是故国家存亡之本，治乱之機，在于明选而已矣。"又引申指时机。《史记·项羽本纪》："楚兵罢(通"疲")食尽，此天亡楚之时也，不如因其機而遂取之。"又引申指机巧，机灵。《三国志·魏书·武帝纪》："太祖少機警。"又通"几(幾)"。事情的苗头或征兆。《三国志·蜀书·先主传》："睹其機兆，赫然愤发。"又指事务。《汉书·百官公卿表》："相国、丞相皆秦官，金印紫绶，掌丞天子，助理万機。"在元代以来的一些小说戏曲刻本中，多借本义是木名的"机"（参见本部"机"字）来表示"機"的意思（见《宋元以来俗字谱》58页"機"字）。新中国成立后，"幾"简化为"几"，"機"类推简化为"机"。（冀小军）

縢 shèng

书纽、蒸部；书纽、证韵、诗证切。

縢¹ — 縢² — 縢
《说文》小篆　汉　　楷书

1《说文》123页。2《篆隶表》1079页。

形声字。从木，朕声。织布机上缠经线的滚筒。《说文》："縢，机持经者。"徐锴系传："此云机，机杼之机也。"朱骏声通训定声："按即杼轴之轴。"阜阳汉简《苍颉篇》第14号简："机杼縢楇(楇：织布机上卷布用的轴)。"（冀小军）

杼

zhù 定纽、鱼部；澄纽、语韵、直吕切。

shù 船纽、鱼部；船纽、语韵、神与切。

杼¹ — 杼² — 杼³ — 杼⁴ — 杼⁵ — 杼
《说文》小篆　汉　　汉　　汉　　汉　　楷书

1《说文》123页。2-5《篆隶表》387页。

形声字。从木，予声。1.音zhù，织布机上缠纬线的梭子。《说文》："杼，机之持纬者。"《诗·小雅·大东》："小东大东，杼柚其空。"朱熹集传："杼，持纬者也。柚，受经者也。"《乐府诗集·横吹曲辞·木兰诗》："不闻机杼声，唯闻女叹息。"《资治通鉴·周纪三》："其母投杼下机。"胡三省注："杼，《说文》：'机持纬者。'即今之梭也。" 2.音shù，木名，即栎树，又名栩，果实叫橡。这种用法的"杼"字本来是上下结构，写作"柔"。《说文·木部》："柔，栩也。"段玉裁注："此与'机杼'字，以下形声、左形右声分别。"俗书易为左右结构，遂与音zhù的"杼"字同形。《玉篇·木部》："柔，今为杼。"《集韵·语韵》："柔，或书作杼。"《尔雅·释木》："栩，杼。"郝懿行义疏："徐州人谓栎为杼。"《广雅·释木》："杼，橡也。"《庄子·山木》："衣裘褐，食杼栗。"《三国志·魏书·东夷传》："其山有丹，其木有柟、杼、豫樟。"（冀小军）

核

gāi 见纽、之部；见纽、咍韵、柯开切。

hé 匣纽、职部；匣纽、麦韵、下革切。

核¹ — 核² — 核³ — 核
《说文》小篆　汉　　汉　　楷书

1《说文》123页。2、3《篆隶表》387页。

形声字。从木，亥声。1.音gāi，树木名。《集韵·咍韵》："核，《说文》：'蛮夷以木皮为箧，状如签尊。'" 2.音hé，果核。《玉篇·木部》："核，果实中也。"《广韵·麦韵》："核，果中核。"南朝宋刘义庆《世说新语·俭啬》："王戎有好李，常卖之，恐人得其种，恒钻其核。"也指有核的果实。宋苏轼《前赤壁赋》："肴核既尽，杯盘狼藉。"引申指确实。《汉书·司马迁传赞》："其文直，其事核。"颜师古注："核，坚实也。"又引申指核实。汉王充《论衡·问孔》："凡学问之法，不为无才，难于距师，核道实义，证定是非也。"（冀小军）

棚 péng 並纽、蒸部；並纽、耕韵、薄萌切。

棚¹—棚
《说文》小篆　楷书

1《说文》123页。

形声字。从木，朋声。本指高楼间架设的空中通道。《说文》："棚，栈也。"段玉裁注："《通俗文》曰：'板阁曰栈，连阁曰棚。'析言之也。许云'棚，栈也。'浑言之也。"朱骏声通训定声："今苏俗谚语曰'搭棚'，盖空中楼阁之谓。"唐玄应《一切经音义》卷五"棚阁"条引《苍颉篇》曰："棚阁，楼阁也，谓重屋复道者也。"《隋书·柳彧传》："高棚跨路，广幕连云。"后亦指用竹木等搭成的蓬架或简陋的小屋。清段玉裁《说文解字注·木部》："今人谓架上以蔽下者皆曰棚。"（冀小军）

栈(栈) zhàn 从纽、元部；崇纽、产韵、士限切。

栈¹—栈²—栈—栈
战国　《说文》小篆　楷书　楷书

1《汉语字形表》222页。2《说文》123页。

形声字。从木，戋(cán)声。本义指马栈，即马棚内防潮湿的木制栅板；也指牲畜棚或栅栏。《说文》："栈，棚也。"段玉裁注："栈者，上下四旁皆称焉。"《庄子·马蹄》："编之以皁栈。"陆德明释文："司马彪云：'编木作槛似床曰栈，以御湿也。'崔譔云：'栈，木棚也。'"引申指栈车。《说文》："栈，竹木之车曰栈。"段玉裁注："竹木之车者，谓以竹若木散材编之为箱，如栅然，是曰栈车。"《周礼·春官·巾车》："士乘栈车。"又指栈道。清朱骏声《说文通训定声·乾部》："陇蜀之间山路窄而不平者，往往施版以度，名曰栈道。"《战国策·秦策三》："栈道千里，（通）于蜀汉。"唐李白《蜀道难》："地崩山摧壮士死，然后天梯石栈相钩连。"又，高楼间架设的空中通道亦称栈道。《淮南子·本经》："延楼栈道。"高诱注："栈道，飞阁复道相通。"在宋元以来的一些小说戏曲刻本中，"戋"旁多简作"戈"（见《宋元以来俗字谱》32页"剗"、73页"淺"、82页"盞"、88页"箋"、114"賤"、124页"錢"、134页"餞"、153页"殘"等字）。新中国成立后，"戋"简化为"戋"，"栈"类推简化为"栈"。（冀小军）

梯 tī 透纽、脂部；透纽、齐韵、土鸡切。

梯¹—梯
《说文》小篆　楷书

1《说文》123页。

形声字。从木，弟声。本义是木梯。《说文》："梯，木阶也。"《孙子·九地》："如登高而去其梯。"比喻导致某事的因由。《史记·赵世家》："毋为怨府，毋为祸梯。"汉桓宽《盐铁论·本议》："故平准、均输，所以平万物而便百姓，非开利孔为民罪梯者也。"引申指凭，靠着。《字汇·木部》："梯，凭也，若梯邪倚着也。"《山海经·海内北经》："西王母梯几而戴胜(胜：首饰名)。"郭璞注："梯谓冯(凭)也。"又引申指登。南朝梁萧纲《大法颂序》："航海梯山，奉白环之使。"（冀小军）

根(根) chéng 定纽、阳部；澄纽、庚韵、直庚切。

根¹—根—根
《说文》小篆　楷书　楷书

1《说文》123页。

形声字。从木，长声。本义指古代竖立在大门两旁的木柱。《尔雅·释宫》："根谓之楔。"郭璞注："门两旁木。"郝懿行疏引《论语》皇侃疏云："门左右两橛边各竖一木，名之为根，根以御车过恐触门也。"唐韩愈等《城南联句》："幸得履中气，忝从拂天根。"引申指触。晋葛洪《抱朴子·内篇·勤求》："此亦如窃钟根物，铿然有声。"《文选·谢惠连〈祭古冢文〉序》："以物根拨之，应手灰灭。"李善注："南人以物触物为根也。"新中国成立后，"长"简化为"长"，"根"类推简化为"根"。（冀小军）

桊 juàn 见纽、元部；见纽、线韵、居倦切。
quān 溪纽、元部；溪纽、仙韵、驱圆切。

桊¹—桊²—桊
战国　《说文》小篆　楷书

1《楚系简帛》450页。2《说文》123页。

形声字。从木，𢀖(juàn)声。"𢀖"由𢀖演变而来，隶变后作关，即"卷"、"拳"、"券"等字的声旁，与"腾"、"胜"等字中的"关"来源不同(参见贝部"滕"字条)。本义为牛鼻桊儿，指穿在牛鼻中间，便于拴系牵引的环形木(后世多以铁环代之)。《说文》："桊，牛鼻中环也。"王筠句读："言环者，以柔木贯牛鼻,而后曲之如环也。亦有用大头直木者。"《玉篇·木部》:"桊,牛鼻环也。一曰牛拘也。"唐玄应《一切经音义》卷四"牛桊"条:"今江以北皆呼牛拘,以南皆曰桊。"字或借"棬"为之。《吕氏春秋·重己》:"使乌获疾引牛尾,尾绝力勍,而牛不可行,逆也,使五尺竖子引其棬,而牛恣所以之,顺也。"又音 quān,同"棬",曲木制成的盂。《集韵·仙韵》:"棬,曲木盂也。或作桊。"(冀小军)

橛(橛) jué 见纽、月部;见纽、月韵、居月切。

橛¹—橛—橛
《说文》小篆 楷书 楷书

1 唐写本《说文·木部》残卷。

形声字。从木,厥声。字亦作"橛"。本义指木橛子,短木桩。《说文》:"橛,弋也。""弋",后作"杙"。《广雅·释宫》:"橛,杙也。"王念孙疏证:"凡木形之直而短者谓之橛。"唐慧琳《一切经音义》卷六十一"钉橛"条云:"以橛钉于地也。"同卷"打杙"条云:"在墙曰杙,在地曰橛。"《北史·酷吏传·王文同》:"因令刐木为大橛,埋之于庭,出尺余,四面各埋小橛。"引申指门限,古代竖立于门中以作限隔的短木。《尔雅·释宫》:"橛谓之阑。"郭璞注:"门阃。"郝懿行义疏:"橛是竖木设于门中,其旁曰梐,其中曰阃。……所以门必设梐与阃者,以为尊卑出入中间及两旁之节制。"《说文》:"橛,一曰门梱也。"又"梱,门橛也。"徐锴系传:"谓门两旁挟门短限,今人亦谓门限。"朱骏声通训定声:"横界于门下者为阃,亦曰切,直竖于门中者为梱。"段玉裁注:"门梱、门橛、阃,一物三名也,谓当门中设木也。"又指树木或禾稼的残根。《诗·小雅·大田》郑玄笺:"至孟春,土长冒橛,陈根可拔而事之。"又指马口中所衔的横木。《韩非子·奸劫弑臣》:"无捶策之威、衔橛之备,虽造父不能以服马。"又指一小段。宋黄庭坚《跋白兆语后》:"伏惟烂木一橛,佛与众生不别。"新中国成立后,"橛"作为异体字并入了"橛"字。(冀小军)

樴 zhí 章纽、职部;章纽、职韵、之翼切。

樴¹—樴
《说文》小篆 楷书

1《说文》123 页。

形声字。从木,哉(zhí)声。木桩。《说文》:"樴,弋也。"段玉裁注:"弋、杙古今字。"《尔雅·释宫》:"樴谓之杙。"郭璞注:"橛也。"邵晋涵正义:"凡木采于山去其枝条以待用者,俗谓之木料,古谓之樴,又谓之橛,又谓之杙。其状不一,或邪而锐,或大而长。其用至广,虽栖鸡兔亦皆用之。其在室中者,各随所在而异其名。"《周礼·地官·牛人》:"凡祭祀共其享牛求牛,以授职人而刍之。"郑玄注:"职读为樴。樴谓之杙,可以系牛。"(冀小军)

杖 zhàng 定纽、阳部;澄纽、漾韵、直亮切。

杖¹—杖²—杖³—杖
《说文》小篆 汉 汉 楷书

1《说文》123 页。2、3《篆隶表》387 页。

形声字。从木,丈声。"丈"字篆作丈(字形1所从),从"又"从"十";隶作支(字形2所从)。后为了避免与从乇变来的"支"混淆,遂将"十"的竖笔与"又"相连,写作丈。"杖",本义是棍子,特指手杖。《集韵·漾韵》:"杖,所以扶行也。"《论语·微子》:"子路从而后,遇丈人,以杖荷蓧。"《礼记·曲礼上》:"大夫七十而致事,若不得谢,则必赐之几杖。"又指挂着。银雀山汉墓竹简《孙子兵法》:"杖而立者,饥也。"《礼记·王制》:"五十杖于家,六十杖于乡,七十杖于国,八十杖于朝。"又指拿着。《左传·哀公十五年》:"孔伯姬杖戈而先。"引申指倚仗,依靠。《左传·襄公八年》:"完守以老楚,杖信以待晋,不亦可乎?"《汉书·李寻传》:"近臣已不足杖矣。"三国魏嵇康《答难养生论》:"若能杖药以自永,则稻稷之贱居然可知。"从"人"的"仗"字始见于睡虎地秦墓竹简《秦律十八种》:"仗城旦勿将司。"(老年的城旦不必监管)不过,这个"仗"可能只是"杖"字的异构(因用于指人,故改从"人"旁)。两汉时期,"仗"字还很少见(《说文》亦未收)。"仗"成为常用字,大概是入唐以后的事。"杖"本来兼有名词和动词的用法,随着"仗"字的流行,逐渐变得只有名词的用法了。(冀小军)

棓 bàng 并纽、侯部;并纽、讲韵、步项切。
póu 并纽、侯部;奉纽、尤韵、缚谋切。

棓¹—棓²—棓
《说文》小篆 汉 楷书

1《说文》123 页。2《篆隶表》387 页。

形声字。从木,音(pǒu)声。1.音 bàng,本义是棒。字亦作"桦"、"棒"。《说文》:"棓,棳也。""棳,木杖也。"唐慧琳《一切经音义》卷十五"把棓"条:"棓,《考声》云:'大杖也。'或作桦,俗作棒。"《广韵·讲韵》:"《魏志》云:'曹操为北部尉,门左右县(悬)五色棓各十枚。'"北魏郦道元《水经注·浙江水》："出不意,又以白桮击之。"这个意思后来写作"棒"。又指连枷,一种打谷器。《方言》卷五:"佥,……自关而西谓之桮。"郭璞注:"桮,今连枷,所以打谷者。"又为星名,"天桮"的简称。《汉书·天文志》:"枪、棳、桮、彗异状,其殃一也。" 2.音póu,踏板(齐方言)。《公羊传·成公二年》:"萧同姪子者,齐君之母也,踊于桮而窥客。"何休注:"凡无高下,有绝,加蹑板,曰桮。齐人语。"徐彦疏:"无高下,犹言莫问高下,但当有悬绝而加蹑板者,皆曰桮矣。"(冀小军)

椎 chuí 定纽、微部;澄纽、脂韵、直追切。

1《楚系简帛》451页。2《睡甲》88页。3、4《篆隶表》398、387页。5《说文》123页。6唐写本《说文·木部》残卷。

形声字。从木,佳声;或从木,隼声。清莫友芝《唐写本说文解字木部笺异》:"按:佳、隼声同。……《汉书·沟洫志》:'李冰凿离崔。'晋灼曰:'崔,古堆字。'《史记·河渠书》作'离碓'。碓、堆,佳声,与隼声之'崔'同字。是'榫'、'椎'旁证。"后世通行"椎"字。本义指一种敲击的器具。睡虎地秦墓竹简《日书》(甲种):"以铁榫(椎)榗之。"(字形2。《说文·殳部》:"殳,椎物也。")《史记·留侯世家》:"为铁椎,重百二十斤。"《淮南子·说林》:"椎固有柄,不能自椓。"也指用椎打。《史记·魏公子列传》:"朱亥袖四十斤铁椎,椎杀晋鄙。"又指朴实。《汉书·周勃传》:"勃不好文学,每召诸生说士,东乡坐责之:'趣为我语。'其椎少文如此。"颜师古注:"椎谓朴钝如椎也。"(冀小军)

柯 kē 见纽、歌部;见纽、歌韵、古俄切。

1《说文》123页。2、3《篆隶表》388页。

形声字。从木,可声。本义指斧柄。《说文》:"柯,斧柄也。"《诗·豳风·伐柯》:"伐柯如何?匪斧不克。"又:"伐柯伐柯,其则不远。"又指树枝。晋陶潜《归去来兮辞》:"引壶觞以自酌,眄庭柯以怡颜。"北魏贾思勰《齐民要术·园篱》:"交柯错叶。"(冀小军)

柄 bǐng 帮纽、阳部;帮纽、映韵、陂病切。

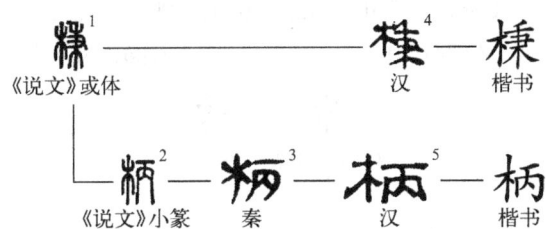

1、2《说文》123页。3《睡甲》88页。4、5《篆隶表》388页。

形声字。从木,丙声。器物的把儿。初文作"秉"("器物的把儿"即"秉持"之引申),后加注"木"旁分化出"棅"字(从木、秉声),又改声旁"秉"为笔画较少的"丙",字遂作"柄"。东汉时,"柄"已经成为常用字,故《说文》中以"柄"为字头,以"棅"为或体。后世相承用"柄"字。《说文》:"柄,柯也。"王筠句读:"上承柯,故言柯,实则凡柄之通名也。"《楚辞·远游》:"擥彗星以为旍(同"旌")兮,举斗柄以为麾。"《汉书·梅福传》:"倒持太阿(宝剑名),授楚其柄。"北魏贾思勰《齐民要术·耕田》:"划(一种农具)柄长三尺。"喻指权柄。《广韵·映韵》:"柄,权也。"《韩非子·问田》:"治天下之柄。"又《八说》:"今生杀之柄在大臣。"(冀小军)

柲 bì 帮纽、质部;帮纽、至韵、兵媚切。

1《说文》123页。2《篆隶表》388页。

形声字。从木,必声。初文作𢆶(《甲文编》862页),像戈戟一类兵器的柄。西周金文作𢆶(《金文编》51页),从𢆶、八声,即"必"字(参见"必"字条)。因"必"多借用为"必然"义,遂又加注"木"旁分化出"柲"字。本义指戈戟一类兵器的柄。《说文》:"柲,欑也。"徐锴系传:"欑即矛戟柄。"《方言》卷九:"三刃枝,南楚宛、郢谓之匽戟,其柄,自关而西谓之柲。"《左传·昭公十二年》:"君王命剥圭以为鏚柲。"《周礼·考工记·庐人》:"戈柲六尺有六寸。"又指刺。《方言》卷十二:"柲,刺也。"郭璞注:"矛戟之欑(同"𨥙",音qín,矛柄),所以刺物者也。"又指弓檠,一种竹制的保护和矫正弓身的器具。《仪礼·既夕礼》:"(弓)有柲。"郑玄注:"柲,弓檠,弛则缚之于弓里,备损伤,以竹为之。"(冀小军)

木部

榜
bǎng　帮纽、阳部；帮纽、荡韵、北朗切。
péng　并纽、阳部；并纽、庚韵、薄庚切。
又读 bēng　　　　　　　　　　　　　　　　　　　　　　　　　　　　　　　埔横切。
bèng　帮纽、阳部；帮纽、映韵、北孟切。
又读 bàng　　　　　　　　　　　　　　　　　　　　　　　　　　　　　　　宕韵、补旷切。

榜¹—榜
《说文》小篆　楷书

1《说文》123 页。

形声字。从木，旁声。1. 音 bǎng。木片，木板。《广韵·荡韵》："榜，木片也。"《宋书·邓琬传》："(沈)攸之缮治船舸，材板不周，计无所出，会琬送五千片榜供(刘)胡军用。"引申指木牌，匾额。南朝宋刘义庆《世说新语·巧艺》："韦仲将能书，魏明帝起殿，欲安榜，使仲将登梯题之。"又指榜文，公开张贴的文书、告示。《后汉书·崔骃传》："灵帝时，开鸿都门榜卖官爵。"又指告示应试录取的名单。唐杜牧《及第后寄长安故人》："东都放榜未花开，三十三人走马回。"又指题写。唐慧琳《一切经音义》卷九十七"标榜"条引《桂苑珠丛》："榜，署也。"宋苏轼《虔州崇庆禅院新经藏记》："而州之僧舍无所谓经藏者，独榜其所居室曰'思无邪斋'而铭之，致其志焉。"字亦作"牓"。《集韵·荡韵》："榜，木片也。牓，或从片。"上述的几个意思都可以写作"牓"。新中国成立后，"牓"作为异体字并入了"榜"字。2. 音 péng（又音 bēng），一种矫正弓弩的器具。《说文》："榜，所以辅弓弩。"徐锴系传："正弓弩之体也。"《韩非子·外储说右下》："椎锻平夷，榜檠矫直。……椎锻者，所以平不夷也；榜檠者，所以矫不直也。"北齐刘昼《新论·贵言》："楚柘质劲，必资榜檠以成弩弓。"3. 音 bèng（又音 bàng），船桨。《楚辞·九章·涉江》："齐吴榜以击汰。"王逸注："吴榜，船櫂也。汰，水波也。"洪兴祖补注："《字书》：'艕，船也。'吴，疑借用。"又指船。《广雅·释水》："榜，船也。"《玉篇·木部》："榜，又北孟切，榜人，船人也。"唐罗隐《春日忆湖南旧游寄卢校书》："旅榜前年过洞庭，曾提刀笔事甘宁。"又指划船。这个意思也写作"艕"。《集韵·宕韵》："榜，进船也。艕，或从手。"唐张籍《书怀寄元郎中》："吟君钓客词中说，便欲南归艕小船。"《宋书·朱百年传》："或遇寒雪，樵箬不售，无以自资，辄自艕船送妻还孔氏，天晴复迎之。"（冀小军）

櫽
yǐn　影纽、文部；影纽、隐韵、於谨切。

櫽¹—櫽
《说文》小篆　楷书

1《说文》123 页。

形声字。从木，隱省声（参见阜部"隱"字条）。《说文》："櫽，栝也。"又"栝，櫽也。""櫽栝"或作"檼栝"（"檼"从隱声，不省），亦作"櫽括"，今作"隐括"。1. 指矫正竹木弯曲的器具。五代徐锴《说文解字系传·木部》"櫽"下注："此即正邪曲之器也。"清王筠《说文解字句读·木部》"櫽"下注："古书多櫽栝连言，许君则二字转注，以见其为一事而二名，群书连用之为复语也。《增韵》曰：'揉曲为櫽，正方者曰栝。'分为两义，盖非许意也。"《荀子·法行》："櫽栝之侧多枉木。"《淮南子·修务》："木直中绳，揉以为轮，其曲中规，櫽栝之力。"2. (就原有文章、著作)剪裁改写。南朝梁刘勰《文心雕龙·镕裁》："蹊要所司，职在镕裁，櫽栝情理，矫揉文采也。"宋苏轼《水调歌头·昵昵儿女语》序："特取退之词稍加櫽栝，使就声律。"（冀小军）

栝
kuò　见纽、月部；见纽、末韵、古活切。

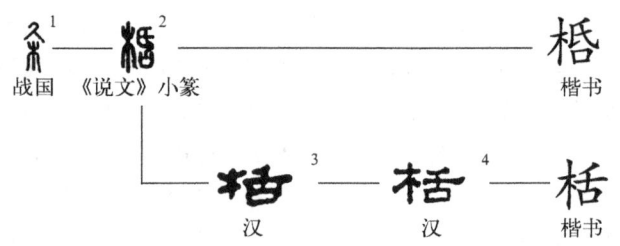

1《古文典》907 页。2《说文》123 页。3、4《篆隶表》388 页。

形声字。从木，昏(kuò)声。"昏"，从口、丂声。丂，商代甲骨文作𠃑（《甲文编》488 页），西周金文作𠃑（《金文编》818 页），均像矢栝（箭末端用来钩住弓弦的部件）形，即"栝"之初文。"丂"在金文中多借用为代词或副词，遂又加"木"旁分化出字形 1（从木，丂声）。春秋金文"丂"或增饰"口"形作"昏"（《金文编》819 页，蔡侯申钟），由"昏"加"木"旁则为字形 2（从木，昏声）。字形 2 隶定作"栝"，隶变则为"栝"（所从之"舌"音 kuò，与今之音 shé 者不同）。古书多用"栝"字。本义指矢栝。《说文》："栝，一曰矢栝，築弦处。"《释名·释兵》："矢也，其末曰栝。栝，会也，与弦会也。栝旁曰叉，形似叉也。"毕沅注："栝之有叉，所以築弦也。"《庄子·齐物论》："其发若机栝，其司是非之谓也。"或借"括"字为之。《列子·仲尼》："言善射者能令后镞中前括，发发相及，矢矢相属。"又用为"櫽栝"，见上"櫽"字条。又为树木名，即桧。《广雅·释木》："栝，柏也。"王念孙疏证："栝，与桧同。《尔雅》云：'桧，柏叶松身。'是栝即柏之别种，故以栝为柏也。"《玉篇·木部》："栝，木名，柏叶松身。"（冀小军）

棊（棋）qí 群纽、之部；群纽、之韵、渠之切。

棊——棊——棋
《说文》小篆　楷书　楷书

1 《说文》123页。

形声字。从木，其声。或作"棋"。本义指围棋之子。《左传·襄公二十五年》："弈者举棋不定，不胜其耦（指弈棋之对方）。"《淮南子·说林》："行一棊不足以见智，弹一弦不足以见悲。"亦代称围棋。《左传·襄公二十五年》："今宁子视君，不如弈棋。"孔颖达疏："棋者，所执之子，……以子围而相杀，故谓之围棋。"字亦从石作"碁"。《玉篇·石部》："碁，音其，围碁也。"《集韵·之韵》："棊，或作碁，通作棋。"新中国成立后，"棊"和"碁"作为异体字并入了"棋"字。（冀小军）

椄 jiē 精纽、葉部；精纽、葉韵、即叶切。

椄——椄——椄——椄
《说文》小篆　秦　汉　楷书

1 《说文》123页。2 《睡甲》88页。3 《篆隶表》388页。

形声字。从木，妾声。本义指嫁接花木。《说文》："椄，续木也。"段玉裁注："今裁华植果者，以彼枝移接此树，而华果同彼树矣。椄之言接也，今接行而椄废。"王筠句读："《齐民要术》有插梨法，今之根椄也。今又有枝椄、眼椄，巧于古人。"引申指连接。睡虎地秦墓竹简《为吏之道》："夜以椄日。"（字形2）银雀山汉墓竹简《孙子兵法》："深入则后利不椄。"（字形3）此二义后世均用"接"字表示，"椄"字遂废。（冀小军）

槽 cáo 从纽、幽部；从纽、豪韵、昨劳切。

槽——槽
《说文》小篆　楷书

1 《说文》123页。

形声字。从木，曹声（"曹"字上半小篆作𣍘，隶书作𦥯，省作𠀐，又变作𠀐，再变作曲）。本义是盛牲畜饲料的长条形器具。清段玉裁《说文解字注》："槽，畜（畜 chù 同"畜"，指家畜）之食器。"《晋书·宣帝纪》："尝梦三马同食一槽。"泛指两旁高起、中间凹下的器具。晋刘伶《酒德颂》："先生于是方捧罂承槽，衔杯漱醪。"也指两旁高起、中间凹下的部分。《宋史·兵志》："传信牌中为池槽，藏笔墨纸。"又《河渠志》："十月水落安流，复其故道，谓之复槽水。"又指弦槽，琵琶一类乐器上架弦的格子。唐李贺《秦王饮酒》："龙头泻酒邀酒星，金槽琵琶夜枨枨。"（冀小军）

臬 niè 疑纽、月部；疑纽、屑韵、五结切。

臬——臬——臬
商　《说文》小篆　楷书

1 《汉语字形表》223页。2 《说文》123页。

形声字。从木，自声。本义指古代测日影定方位的标杆。《周礼·考工记·匠人》："置槷以县（悬），眡（视）以景（影）。"郑玄注："槷，古文臬假借字，于所平之地中央树八尺之臬，以县正之，眡之以其景，将以正四方也。"贾公彦疏："臬即表也。"南朝梁陆倕《石阙铭序》："陈圭置臬，瞻星揆地。"引申指射箭的靶子。清段玉裁《说文解字注·木部》："臬，射埻旳（音 zhǔn dì，准的）也。"汉张衡《东京赋》："桃弧棘矢，所发无臬。"又引申指法度。《广雅·释诂一》："臬，法也。"王念孙疏证："凡言臬者，皆树之中央，取准则之义也。"《书·康诰》："外事，汝陈是臬。"清龚自珍《拟上今方言表》："及今成书，以今为臬也。"又指终，极。汉王粲《游海赋》："其深不测，其广无臬。"（冀小军）

桶 tǒng 透纽、东部；透纽、董韵、他孔切。

桶——桶——桶——桶
战国　《说文》小篆　汉　楷书

1 《楚系简帛》451页。2 《说文》123页。3 《篆隶表》389页。

形声字。从木，甬声。本义是量器名，即方形的斛。《说文》："桶，木方，受六升。"《广雅·释器》："方斛谓之桶。"《史记·商君列传》："平斗桶、权衡、丈尺。"司马贞索隐："桶，量器名。"又用为容器名。《玉篇·木部》："桶，木桶。"《宋史·隐逸下·谯定传》："初，程颐之父珦尝守广汉，颐与兄颢皆随侍，游成都，见治篾箍桶者挟册，就视之，则《易》也。"（冀小军）

櫓（橹）

lǔ　来纽、鱼部；来纽、姥韵、郎古切。

蕁	蕁	櫓	櫓	櫓
西周	西周	《说文》小篆	楷书	楷书

	樐	樐
	《说文》或体	楷书

1、2《金文编》398页。3、4《说文》124页。

形声字。从木，鲁声（字形4从卤声）。本义指大盾。《说文》："櫓，大盾也。……樐，或从卤。"字又作"樚"。《集韵·姥韵》："櫓，《说文》：'大盾也。'……樚，或从虏。"《左传·襄公十年》："狄虒弥建大车之轮，而蒙之以甲以为櫓。"杜预注："櫓，大楯。"汉贾谊《过秦论》："伏尸百万，流血漂橹。"引申指建于城上的望楼。《释名·释宫室》："櫓，露也。露上无屋覆也。"《玉篇·木部》："櫓，城上守御望楼。"《史记·司马相如列传》："江河为陁，泰山为橹。"司马贞索隐引郭璞曰："因山谷遮禽兽为陁。櫓，望楼也。"《三国志·魏书·袁绍传》："绍为高櫓，起土山，射营中。""櫓"又指一种比桨长而大的行船工具。《释名·释船》："櫓，旅也。用旅力然后舟行也。"唐慧琳《一切经音义》卷五十九"櫓船"条："櫓，船旁大楫曰櫓，所以进船也。"《正字通·木部》："桨，行舟具。长大曰櫓，短小曰桨。"《三国志·吴书·吕蒙传》："蒙至寻阳，尽伏其精兵䑽艫（一种大的战船）中，使白衣摇櫓，作商贾人服，昼夜兼行。"字亦作"樐"。宋杨万里《发杨港渡入交石夹》："柔樐殊清响，征人自厌听。"又从"舟"作"艣"（见《广韵·姥韵》）、"艪"（见《龙龛手鉴·舟部》）。新中国成立后，"樐"、"樚"、"艣"、"艪"作为异体字并入了"櫓"字；"鱼"简化为"鱼"，"櫓"类推简化为"橹"。（冀小军）

樂（乐）

yuè　疑纽、药部；疑纽、觉韵、五角切。
lè　来纽、药部；来纽、铎韵、卢各切。
yào　疑纽、宵部；疑纽、效韵、五教切。

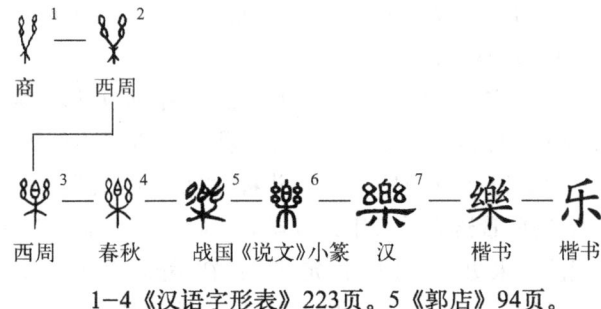

1-4《汉语字形表》223页。5《郭店》94页。
6《说文》124页。7《篆隶表》389页。

会意字。商代文字从丝（絲之初文）、从木，会乐器之弦附于木上之意。西周金文增日，或以为像调弦之器。本义指音乐（音yuè）。《说文》："樂，五声八音总名。"《广韵·觉韵》："樂，音樂。"《荀子·樂论》："夫声樂之入人也深，其化人也速。"又指乐器。《荀子·王霸》："齐桓公闺门之内县（悬）樂。"又指乐工。《论语·微子》："齐人归（馈）女樂，季桓子受之，三日不朝，孔子行。"引申指快乐（音lè）。《广韵·铎韵》："樂，喜樂。"《论语·学而》："有朋自远方来，不亦樂乎？"又指乐于。《战国策·楚策一》："法令既名，士卒安难樂死。"又引申指喜好（音yào）。《广韵·效韵》："樂，好也。"《论语·雍也》："知者樂水，仁者樂山。"陆德明释文："樂，五孝反。"邢昺疏："樂，谓爱好。"汉代草书"樂"字多作乐（见《汉代简牍草字编》111页）。清刊《岭南逸史》"樂"字作"乐"（《宋元以来俗字谱》57页）。新中国成立后，"樂"简化为"乐"。（冀小军）

柎

fū　帮纽、侯部；非纽、虞韵、甫无切。

柎	柎	柎
《说文》小篆	汉	楷书

1《说文》124页。2《篆隶表》390页。

形声字。从木，付声。本义指花托。《玉篇·木部》："柎，花萼足也。"《诗·小雅·常棣》："鄂不韡韡。"郑玄笺："承华者曰鄂，'不'当作'柎'。柎，鄂足也。鄂足得华之光明，则韡韡然盛。古声'不'、'柎'相同。"也指草木子房。《集韵·虞韵》："柎，草木房为柎，……或作'不'。"《山海经·西山经》："（崇吾之山）有木焉，员叶而白柎，赤华而黑理。"郭璞注："今江东人呼草木子房为柎。"按："不"即"柎"之初文。商代文字作丕（《甲文编》461页），西周文字作丕（《金文编》761页），上像花托（或子房）形。因"不"多借用为否定副词，遂另造形声之"柎"来表示本义。由"花萼足"引申，"柎"又指器物之足。《说文》："柎，阑足也。"朱骏声通训定声："谓钟鼓虡（音jù，同"虡"，悬挂钟鼓的架子）之足。按：凡器物之足皆得曰柎。"《急就篇》卷三："锻铸铅锡镫锭镲。"颜师古注："有柎者曰镫，无柎者曰锭。柎，谓下施足也。"（冀小军）

枹

fú　並纽、幽部；奉纽、尤韵、缚谋切。

枹	枹	枹	枹
《说文》小篆	汉	汉	楷书

1《说文》124页。2、3《篆隶表》390页。

形声字。从木，包声。鼓槌。《说文》："枹，击鼓杖也。"《左传·成公二年》："（张侯）左并辔，右援枹而鼓。"陆德明释文："枹，音浮，鼓槌也。本亦作桴。"《国语·齐语》："执枹鼓立于军门，使百姓皆加勇焉。"古书中亦多借"桴"字为之（参见本部"桴"字）。（冀小军）

椌 qiāng　溪纽、东部；溪纽、江韵、苦江切。

柕¹—椌
《说文》小篆　楷书

1《说文》124页。

形声字。从木，空声。古代一种木制打击乐器，即"柷"。《说文》："椌，柷，乐也。"王筠句读："（柷）句绝，谓其一器两名也。"《礼记·乐记》："然后圣人作为鞉、鼓、椌、楬、埙、篪，此六者，德音之音也。"陆德明释文："椌，柷也。"（冀小军）

柷 zhù　章纽、觉部；章纽、屋韵、之六切。

柷¹—柷
《说文》小篆　楷书

1《说文》124页。

形声字。从木，祝省声。古代一种木制打击乐器，奏乐开始时先击柷。《尔雅·释乐》："所以鼓柷谓之止。"郭璞注："柷如漆桶，方二尺四寸，深一尺八寸，中有椎柄，连底挏之，令左右击。止者，其椎名。"《汉书·律历志上》："八音：土曰埙，匏曰笙，皮曰鼓，竹曰管，丝曰弦，石曰磬，金曰钟，木曰柷。"颜师古注："柷与俶同。俶，始也。乐将作，先鼓之，故谓之柷。"宋孟元老《东京梦华录·驾诣郊坛行礼》："乐作，先击柷，……每奏乐，击之内外共九下。"（冀小军）

槧(椠) qiàn　清纽、谈部；清纽、艳韵、七艳切。

槧¹—槧—椠—椠
《说文》小篆　汉　楷书　楷书

1《说文》124页。2《篆隶表》1079页。

形声字。从木，斩声。本义指未经书写的书版。《说文》："槧，牍朴也。"徐锴系传："牍朴谓始削粗朴也。"段玉裁注："朴，素也，犹坯（坯）也；牍，书版也。槧谓书版之素未书者也。"汉扬雄《答刘歆书》："雄常把三寸弱翰，赍油素四尺，以问其异语，归即以鈆（铅）摘次之于槧，二十七岁于今矣。"汉王充《论衡·量知》："断木为槧，析（析）之为板，力加刮削，乃成奏牍。"引申指书的版本。宋黄伯思《东观余论·跋洛阳所得杜少陵诗后》："政和二年夏，……于法堂壁间弊簏中得此帙，所录杜子美诗，颇与今行椠本小异。"清莫友芝《唐写本说文解字木部笺异·引言》："近人获蜀石经残拓，宝过宋椠元钞。"新中国成立后，"車"简化为"车"（据草书楷化），"槧"类推简化为"椠"。（冀小军）

札 zhá　精纽、月部；庄纽、黠韵、侧八切。

朳¹—札²—札³—札⁴—札⁵—札
《说文》小篆　秦　汉　汉　汉　楷书

1《说文》124页。2-5《篆隶表》390页。

形声字。从木，乙(yà)声。本义指古代书写用的小木片。《说文》："札，牒也。"徐锴系传："牒亦木牍也。"段玉裁注："长大者曰椠，薄小者曰札、曰牒。"《汉书·司马相如传上》："上令尚书给笔札。"颜师古注："札，木简之薄小者也。时未多用纸，故给札以书。"引申指书信。《广韵·黠韵》："札，简札。"《古诗十九首》之十七："客从远方来，遗我一书札。"又指铠甲的叶片。《广雅·释诂四》："札，甲也。"《左传·成公十六年》："潘尫之党与养由基蹲甲而射之，彻七札焉。"杜预注："党，潘尫之子。蹲，聚也。一发达七札，言其能陷坚。"汉扬雄《太玄·玄棿》："比札为甲。"北周庾信《三月三日华林园马射赋》："七札俱穿。"（冀小军）

檢(检) jiǎn　见纽、谈部；见纽、琰韵、居奄切。

檢¹—檢²—檢³—檢⁴—檢—检
《说文》小篆　秦　汉　汉　楷书　楷书

1《说文》124页。2、3、4《篆隶表》390页。

形声字。从木，僉(qiān)声。本义指古代封书题签。《说文》："檢，书署也。"段玉裁注："书署，谓表署书函也。"王筠句读："以木为函，复题署函上以禁闭之也。"《急就篇》卷三："简札檢署椠牍家。"颜师古注："檢之言禁也，削木施于物上，所以禁闭之，使不得辄开露也。署谓题书其檢上也。"《后汉书·公孙瓒传》："（袁绍）矫刻金玉，以为印玺，每有所下，辄皂囊施检，文称诏书。"引申指法度。《荀子·儒效》："礼者，人主之所以为群臣寸尺寻丈检式也。"《文选·曹丕〈典论·论文〉》："譬诸音乐，曲度虽均，节奏同检。"李善注："《苍颉篇》曰：'检，法度也。'"又指约束。汉王充《论衡·程材》:"世间能建蹇蹇之节,成三谏之义,令将检身自救,不敢邪曲者,率多儒生。"《北史·韩显宗传》:"正奸在于防检,不在严刑。"又指考查。《汉书·食货志下》:"均官有以考检厥实,用其本贾取之,毋令折钱。"新中国成立后,"僉"简化为"佥"(据草书楷化),"檢"类推简化为"检"。(冀小军)

檄 xí 匣纽、药部;匣纽、锡韵、胡狄切。

檄¹—檄²—檄
《说文》小篆　汉　楷书

1《说文》124页。2《篆隶表》390页。

形声字。从木,敫(jī)声。古代用来征召、晓谕或声讨的文书。《说文》:"檄,二尺(二尺:段玉裁据《韵会》所引改作"尺二")书。"《广雅·释诂四》:"檄,书也。"《史记·张耳陈余列传》:"诚听臣之计,可不攻而降城,不战而略地,传檄而千里定,可乎?"《汉书·高帝纪下》:"吾以羽檄征天下兵,未有至者。"颜师古注:"檄者,以木简为书,长尺二寸,用征召也。其有急事,则加以鸟羽插之,示速疾也。"《后汉书·光武帝纪》:"王郎移檄购(悬赏)光武十万户。"(冀小军)

棨 qǐ 溪纽、支部;溪纽、荠韵、康礼切。

棨¹—棨²—棨
汉　《说文》小篆　楷书

1《篆隶表》390页。2《说文》124页。

形声字。字形1从木,启声;字形2从木,启省声。古代通过关卡时用的一种木制符信,也叫"传(zhuàn)"。《说文》:"棨,传,信也。"王筠句读:"谓棨一名传,所以为信也。"《汉书·文帝纪》:"(十二年)三月,除关无用传。"颜师古注:"李奇曰:'传,棨也。'……古者或用棨,或用缯帛。棨者,刻木为合符也。"汉李尤《印铭》:"棨传符节,非印不行。"又指古代官吏出行时用作前导的一种仪仗(木制,形似戟,外包赤黑色的帛)。《汉书·韩延寿传》"建幢棨"颜师古注:"棨,有衣之戟也。其衣以赤黑缯为之。"《晋书·羊祜传》:"尝欲夜出,军司徐胤执棨当营门。"(冀小军)

柘 hù 匣纽、鱼部;匣纽、暮韵、胡误切。

柘¹—柘
《说文》小篆　楷书

1《说文》124页。

形声字。从木,互声。古代官署前遮拦行人的设施,用木条交叉做成,也叫"行马"。字本作"互"。《周礼·秋官·修闾氏》:"修闾氏,掌比国中宿互樏者。"郑玄注引郑司农云:"互谓行马,所以障互,禁止人也。"后加"木"旁作"柘"。《说文》:"柘,行马也。"《文选·潘岳〈藉田赋〉》:"封人墡宫,掌舍设柘。"李善注引杜子春曰:"柘,桎柘,行马也。"(参见下"桎"字条)。(冀小军)

桎 bì 帮纽、脂部;帮纽、齐韵、边兮切。

桎¹—桎
《说文》小篆　楷书

1《说文》124页。

形声字。从木,坒(bì)声。桎柘,即"行马"(参见上"柘"字条)。《说文》:"桎,桎柘也。"王筠句读:"单言互,便是行马;连言桎柘,仍是行马。"《周礼·天官·掌舍》:"掌舍,掌王之会同之舍,设桎柘再重。"(冀小军)

极 jí 群纽、叶部;群纽、叶韵、其辄切。

极¹—极²—极³—极
春秋　《说文》小篆　汉　楷书

1《汉语字形表》224页。2《说文》124页。3《篆隶表》391页。

形声字。从木,及声。放在驴背上用以载物的驮架。《说文》:"极,驴上负也。"徐锴系传:"今人为木牀(木床,《韵会》所引作"木版")以跨驴背,以负载物,即古之极也。""极"字古书罕见,或以为即"负笈"之笈(《说文》无笈字)。据唐玄应《一切经音义》卷三"负笈"条所引《风土记》:"笈谓学士所以负书箱,如冠箱而卑者也。"可知笈是一种扁形的书箱。这种书箱的容量有限,因而古书所言"负笈",均谓人自负之也。"极"既为"驴上负版",其所载物恐非人力所能及。故此说不可信。新中国成立后,"极"用为"極"的简化字。(冀小军)

樏 léi 来纽、微部;来纽、脂韵、力追切。

樏

樏¹ — 樏² — 樏
《说文》小篆　秦　　楷书

1《说文》124 页。2《睡甲》88 页。

形声字。从木，纍(léi)声。古代行山路时的一种代步工具。《说文》:"樏,山行所乘者。"字亦省作"樏"。《广韵·脂韵》:"樏,山行乘樏。亦作樏。"《书·益稷》:"予乘四载。"孔传:"所载者四,谓水乘舟,陆乘车,泥乘輴,山乘樏。"此物又名"梮(音jū)",亦作"桐"。《史记·夏本纪》:"(禹)陆行乘车,水行乘船,泥行乘橇,山行乘檋。"《汉书·沟洫志》:"(禹)陆行载车,水行乘舟,泥行乘毳,山行则桐。"《集韵·烛韵》:"檋,山行所乘。"《篇海类编·花木类·木部》:"桐,禹治水,山行则桐,与檋同。"又名"桥(轿)"。《史记·河渠书》:"(禹)陆行载车,水行载舟,泥行蹈毳,山行即桥。"清阎若璩《古文尚书疏证》:"樏,《史记·夏本纪》作'檋',《河渠书》作'桥',《汉书·沟洫志》作'桐',实一物也。韦昭云:'桐,木器也。如今舆床,人举以行。'此说近之。《史记》作'桥',桥即今之轿也。"(冀小军)

榷

榷　què　见纽、药部；见纽、觉韵、古岳切。

榷¹ — 榷² — 榷³ — 榷
《说文》小篆　汉　　汉　　楷书

1《说文》124 页。2、3《篆隶表》391 页。

形声字。从木，隺(hè)声。本义是独木桥。《说文》:"榷,水上横木所以渡者也。"《初学记》卷七引《广志》曰:"独木之桥曰榷。"《广雅·释宫》:"榷,独梁。"王念孙疏证:"《淮南子·缪称训》:'若行独梁。'高诱注云:'独梁,一木之水榷也。'"引申指专利,专卖。汉桓宽《盐铁论·本议》:"用度不足,故兴盐铁,设酒榷,置均输。"《汉书·武帝纪》:"初榷酒酤。"颜师古注:"应劭曰:'县官自酤榷卖酒,小民不复得酤也。'韦昭曰:'以木渡水曰榷。谓禁民酤酿,独官开置,如道路设木为榷,独取利也。'"又指税,征(税)。元马端临《文献通考·征榷考》:"其擅加杂榷,率一切宜停。"清赵翼《廿二史札记·五代史》"五代盐曲之禁"条:"明宗乃诏乡村人户,于秋田苗上每亩纳钱五文,听民自造曲酿酒,其城坊亦听自造而榷其税。"(冀小军)

橋(桥)

橋(桥)　qiáo　群纽、宵部；群纽、宵韵、巨娇切。
　　　　　jiāo　见纽、宵部；见纽、宵韵、居妖切。

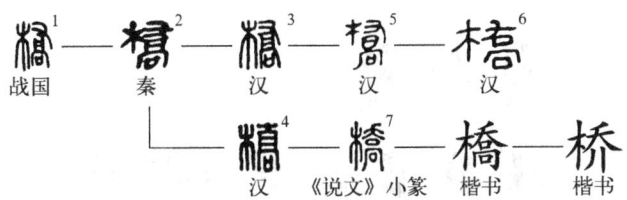
战国　秦　汉　汉　汉
　　　汉　《说文》小篆　楷书　楷书

1《古陶徵》133 页。2-6《篆隶表》391 页。7《说文》124 页。

形声字。从木,喬声。"喬",春秋文字作 (《金文编》700 页,喬君钲),从止、从高,或作 (同前,邵钟),"止"讹为"丶"。战国文字作 (《古文典》294 页,侯马盟书),从又(由"丶"变来)、从高,或作 (字形1所从),从又、从高省。秦汉文字承袭战国文字,多从又、从高省(字形2、3、5、6所从);或作 (字形4所从),则从又、从高不省;《说文》小篆作 ,从夭(夭,由 字中"土"形变来)、从高省,为后世文字所本。1.音qiáo。本义是桥梁。《说文》:"橋,水梁也。"段玉裁注:"水梁者,水中之梁也。"《玉篇·木部》:"橋,梁也。"《史记·秦纪》:"(昭襄王十五年)初作河橋。"《战国策·赵策一》:"居顷之,襄子当出,豫让伏所当过橋下。襄子至橋而马惊。"引申指器物上的横梁。《正字通·木部》:"橋,凡器有横梁者,工人皆呼曰橋。"宋王安石《胡笳十八拍》:"几回抛鞯抱鞍橋,往往惊堕马蹄下。"又指古代行山路时的一种代步工具,后作"轿"(今读为jiào)。《史记·河渠书》:"(禹)陆行载车,水行载舟,泥行蹈毳,山行即橋。"裴骃集解引徐广曰:"橋,近遥反。"《汉书·严助传》:"舆轿而隃(逾)领(岭)。"颜师古注:"服虔曰:'轿音橋梁,谓隘道舆车也。'臣瓒曰:'今竹舆车也,江表作竹舆以行是也。'"(《集韵·宵韵》:"轿,竹舆。")清赵翼《陔余丛考·官府乘轿》:"轿本起于南俗,山行非舟车可通,故有此器。《史记·河渠书》引《夏书》曰:'禹山行即橋。'橋即轿也。"(参见上"樏"字条)2.音jiāo,桔橰,井上汲水的工具。《集韵·宵韵》:"橋,桔橰也。"汉刘向《说苑·反质》:"卫有五丈夫,俱负缶而入井,灌韭终日一区。邓析过,下车,为教之曰:'为机,重其后,轻其前,命曰橋。终日灌韭,百区不倦。'"在清代以来的一些小说戏曲刻本中,"喬"字及"喬"旁已简作"乔"(见《宋元以来俗字谱》38 页"喬"、43 页"嬌"、58 页"橋"、119 页"轎"等字)。新中国成立后,"喬"简化为"乔","橋"类推简化为"桥"。(冀小军)

梁

梁　liáng　来纽、阳部；来纽、阳韵、吕张切。

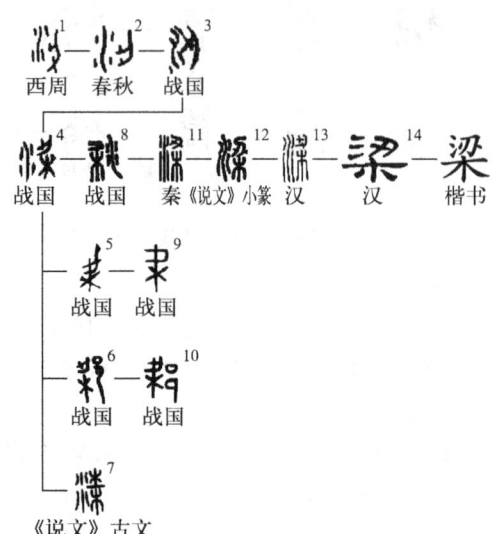

1、2、4、6、10《汉语字形表》224页。3、5、8、9、11《战文编》372页。7、13《说文》124页。12、14《篆隶表》391页。

形声字。从木，刅声。西周、春秋文字作泖，从水，刅(chuāng)声。战国文字颇多异形：或承袭前代文字作"泖"，或加"木"旁作"梁"（从木，刅声），或省"水"旁作"梁"（从木，刅省声），或加"邑"旁作"鄝"（从邑，梁省声，此为地名、国名之专用字，后并入"梁"）。《说文》古文之右旁疑即战国文字"梁"形之讹。秦汉文字相承作"梁"。因其初文"泖"已不为人所知，"梁"之结构遂被误析为"从木，从水，刅声"。本义是桥梁。《说文》："梁，水桥也。"段玉裁注："梁之字，用木跨水，则今之桥也。"《诗·大雅·大明》："造舟为梁。"孔颖达疏："造其舟以为桥梁。"朱熹集传："梁，桥也。作船于水，比之而加版于其上通行者，即今之浮桥也。"《国语·周语中》："先王之教曰：'雨毕而除道，水涸而成梁。'"引申指屋梁。《尔雅·释宫》："杗廇谓之梁。"郭璞注："屋大梁也。"汉刘向《说苑·谈丛》："蠹蟓(音yuán，白蚁)仆柱梁，蚊虻走牛羊。"《后汉书·陈寔传》："时岁荒民俭，有盗夜入其室，止于梁上。"又用为地名。《左传·哀公四年》："(楚)为一昔之期，袭梁及霍。"杜预注："梁，河南梁县西南故城也。"又为国名。1.周代诸侯国。《国语·晋语二》："夷吾逃于梁。"韦昭注："梁，嬴姓之国，伯爵也。"2.战国时魏国迁都大梁后亦称梁。《战国策·齐策一》："今齐、楚、燕、赵、韩、梁六国之递甚也，不足以立功成名，适足以强秦而自弱也。"又为古九州之一。《书·禹贡》："华阳黑水惟梁州。"（冀小军）

楼（艘） sōu 心纽、幽部；心纽、豪韵、苏遭切。

樓－楼－樓－艘
《说文》小篆 楷书 楷书 楷书

1《说文》124页。

形声字。从木，叟声。隶变后亦作"楼"。魏晋以后，又改"楼"的"木"旁为"舟"造出"艘"字。《说文》："楼，船总名。"《玉篇·木部》："楼，船总名。或作艘。楼，同上。"晋葛洪《抱朴子·勖学》："欲凌洪波而遐济，必因艘楫之器。"又用作船只计数的量词。《汉书·沟洫志》："漕船五百楼。"颜师古注："一船为一楼。"今通用"艘"字。（冀小军）

楫 jí 精纽、缉部；精纽、叶韵、即叶切。

楫－楫
《说文》小篆 楷书

1《说文》124页。

形声字。从木，咠(jí)声。本义是船桨。《说文》："楫，舟櫂也。"《易·系辞下》："刳木为舟，剡木为楫。"焦循章句："楫，所以行舟也。"《晋书·祖逖传》："中流击楫而誓，曰：'祖逖不能清中原而复济者，有如大江！'"字亦作"檝"（从木，戢 jí 声）。《集韵·叶韵》："楫，或作檝。"《管子·兵法》："历水谷不须舟檝。"《资治通鉴·汉纪四十四》："夫君者，舟也，民者，水也，群臣，乘舟者也；将军兄弟，操檝者也。"胡三省注："檝，与楫同。"也指用楫划（船）。《诗·大雅·棫朴》："淠彼泾舟，烝徒楫之。"又借指船。唐贾岛《送董正字常州覲省》："轻楫浮吴国，繁霜下楚空。"新中国成立后，"檝"作为异体字并入了"楫"字。（冀小军）

欚 lǐ 来纽、支部；来纽、荠韵、卢启切。

欚－欚
《说文》小篆 楷书

1《说文》124页。

形声字。从木，蠡声。船的通称。《方言》卷九："南楚江湘，凡船大者谓之舸，小舸谓之艖。……东南丹阳、会稽间谓艖为欚。"《说文》："欚，江中大船名。"沈涛古本考："《初学记》二十五'器用部'引'江中舟曰欚'，欚亦欚之俗。"（按：《广雅·释水》："欚，舟也。"俗书"象"旁或讹为

"豖",如北魏元遵墓志"掾"作"拵",北周曹恪碑"篆"作"篆",故"艫"亦作"艫"。《玉篇·木部》:"艫,又作艫。")王煦五翼:"《广雅》'艫'作艫,云'舟也',是艫当为船之通称。《说文》以为大船,《方言》以为小舸,当两存之。"(冀小军)

校

jiào 见纽、宵部;见纽、效韵、古孝切。
xiào 匣纽、宵部;匣纽、效韵、胡教切。

1《古陶徵》129页。2《说文》124页。3《睡甲》89页。4《篆隶表》392页。

形声字。从木,交声。1.音 jiào。本义指古代桎、梏一类的刑具。《说文》:"校,木囚也。"王筠句读:"囚从口,高其墙之阑罪人也。木囚者,以木作之如墙也。桎梏皆围其手足,情事相类,故得校名。"《易·噬嗑》初九爻辞:"屦校灭趾。"又上九爻辞:"何校灭耳。"邵雍注:"屦校,桎其足,桎大而没趾。何校,械其首,械大而没耳也。"引申指田猎时用来拦阻野兽的木栅栏。《汉书·成帝纪》:"(元延二年)冬,行幸长杨宫,从胡客大校猎。"颜师古注:"校,谓以木自相贯穿为阑校耳。……校猎者,大为阑校以遮禽兽而猎取也。"又引申指古代军队的一种建制。《汉书·卫青传》:"军大捷,皆诸校力战之功也。"颜师古注:"校者,营垒之称,故谓军之一部为一校。"《资治通鉴·周纪五》:"正月,王陵攻邯郸少利。益发卒佐陵,陵亡五校。"胡三省注:"校,犹部队也。"又指军职级别。《集韵·效韵》:"校,木为栏格,军部及养马用之,故军尉马官皆以校为名。"《后汉书·顺帝纪》:"(汉安元年,冬十月)癸卯,诏大将军、三公选武猛试用有效验任为将校者各一人。"《资治通鉴·汉纪四十六》:"其余卿、将、尹、校五十七人。"胡三省注:"校,诸校尉也。"(按:以上二义亦读 xiào。《广韵·效韵》:"校,校尉,官名。又音教。《集韵》为"后教切"。前引《通鉴》胡注均言"户教翻")又指对抗,较量。《韩非子·外储说右上》:"臣乘君则主失威,下尚校则上位危。"《史记·春申君列传》:"韩魏之强,足以校于秦。"又指校对,比较。《汉书·张安世传》:"后购求得书,以相校,无所遗失。"《资治通鉴·晋纪二十六》:"以吾击晋,校其强弱之势,犹疾风之扫落叶。"又指计算,清点。《荀子·王霸》:"暗君者必将急逐乐而缓治国,故忧患不可胜校也。"《汉书·贾捐之传》:"都内之钱,贯朽而不可校。"2.音 xiào。学校。《集韵·效韵》:"校,教学之宫。"《左传·襄公三十一年》:"郑人游于乡校,以论执政。"杜预注:"乡之学校。"陆德明释文:"校,郑国谓学为校。"《孟子·滕文公上》:"夏曰校,殷曰序,周曰庠,学则三代共之,皆所以明人伦也。"(冀小军)

樔

cháo 崇纽、宵部;崇纽、肴韵、钮交切。

1《上博一》22页。2《说文》124页。

形声字。从木,巢声。字形1"巢"旁从𠃉,是楚国文字的特殊写法;《说文》小篆所从作𠧪,则是字形讹误。本义指泽中守望的草楼。《说文》:"樔,泽中守艸楼也。"徐锴系传:"谓其高若鸟巢也,今田中守稻屋然。"段玉裁注:"谓泽中守望之艸楼也。艸楼,盖以艸覆之。"又通"巢",鸟巢,也指上古未有房屋之前人在树上的住处。《龙龛手鉴·木部》:"樔,鸟穴居也。"上博一《孔子诗论》第10、11、13号简均有"鹊樔"之名,即今本《诗·召南》之《鹊巢》。汉王充《论衡·非韩》:"尧不诛许由,唐民不皆樔处。"(冀小军)

采

cǎi 清纽、之部;清纽、海韵、仓宰切。
cài 清纽、之部;清纽、代韵、仓代切。

1、2、3《汉语字形表》224页。4《郭店》95页。5《说文》124页。6《篆隶表》392页。

会意字。商代文字(字形1)从爪(像手),从枀("葉"的初文。参看"枀"字条),会采摘树叶之意。"枀",后省作"木"。本义是摘取。《说文》:"采,捋取也。"《诗·唐风·采苓》:"采苓采苓,首阳之巅。"《史记·伯夷列传》:"登彼西山兮,采其薇矣。"引申为采用。《史记·秦始皇本纪》:"采上古帝位号,号曰'皇帝'。"又借用为彩色之彩。《玉篇·木部》:"采,色也。"《礼记·月令》:"命妇官染采。"郑玄注:"采,五色。"这个意思后来写作"彩"。引申指彩色的丝织品。汉晁错《论贵粟疏》:"故其男不耕耘,女不蚕织,衣必文采,食必粱肉。"《汉书·货殖传》:"文采千匹。"颜师古注:"帛之有色者曰采。"这个意思后来写作"綵"。新中国成立后,"綵"作为异体并入了"彩"字。"采"又音 cài,指采邑(古代诸侯分封给卿大夫的土地)。《汉书·刑法志》:"此卿大夫采地之大者也。"这个意思后来写作"寀",亦作"埰"。由于"采"有诸多引申义和假借义,所以

曾分化出加注"手"旁的"採"来表示本义。新中国成立后,"採"和"寀"作为异体字并入了"采"字。(冀小军)

柿 fèi 滂纽、月部；敷纽、废韵、芳废切。

柿¹ — 柿
战国　　楷书
└ 柿²
《说文》小篆

1《楚系简帛》452页。2《说文》124页。

形声字。战国文字从木,市(fú)声;《说文》小篆从木,宋(bèi)声(此或有误,参见宋部"宋"字条);楷书承袭战国文字作柿。砍削木材而产生的木皮。唐慧琳《一切经音义》卷七十三"木柿"条引玄应:"《苍颉篇》:'柿,札也。'《说文》:'削木札朴也。'江南名柿,中国曰札,山东名朴豆。"("札":清段玉裁《说文解字注》"柿"下云:"非简牒之札,乃柿之一名耳。""朴":木皮。参见本部"朴"字条)《广韵·废韵》:"柿,斫木札也。"《晋书·王濬传》:"濬造船于蜀,其木柿蔽江而下。吴建平太守吾彦取流柿以呈孙皓曰:'晋必有攻吴之计,宜增建平兵。'"因隶书中"市"或作"巿",亦作"巿",与"市 fú"相混(参见宋部"宋"字条),故"柿"字亦或讹作"柿"、"柿"。《龙龛手鉴·木部》:"柿,芳废反,斫木片零柿也。"《资治通鉴·陈纪十》:"(隋主)命大作战船,人请密之。隋主曰:'吾将显行天诛,何密之有?'使投其柿于江。"胡三省注:"柿,方废翻,斫木札也。"(冀小军)

横 héng 匣纽、阳部；匣纽、庚韵、户盲切。
　　 hèng 匣纽、阳部；匣纽、映韵、户孟切。

横¹ — 横² — 木黄³ — 横
《说文》小篆　汉　　汉　　楷书
└ 横⁴
汉

1《说文》124页。2、3、4《篆隶表》392页。

形声字。从木,黄声。音héng。本义指门闩。《说文》:"横,阑木也。"张舜徽约注:"许云阑木者,谓距门使不得开之木也,非谓凡遮阑木也。今俗闭门时,内有一木横距之,古谓之横。今湖湘间称门杠,读古双切,即横声之转也。"《乐府诗集·清商曲辞·子夜歌四十二首》之十五:"攊门不安横,无复相关意。"引申为凡横直之称。地理上东西为横,南北为纵。《广韵·庚韵》:"横,纵横也。"汉东方朔《七谏·沉江》:"不开寤而难道兮,不别横之与纵。"《汉书·扬雄传上》:"上乃率群臣横大河。"颜师古注:"横,横度之也。"特指"连横"(战国时东方国家与秦结盟),与"合纵"(六国结盟)相对。《战国策·楚策一》:"故从(纵)合则楚王(wàng),横成则秦帝。"又指使物体成横向。《韩非子·说林上》:"夫杨,横树之即生,倒树之即生,折而树之又生。"又指纵横交错。《周礼·秋官·野庐氏》:"禁野之横行径逾者。"贾公彦疏:"言横行者,不要(不要 yāo:不限)东西为横,南北为纵,但是不依道塗,妄由田中,皆是横也。"汉仲长统《昌言·理乱》:"源发而横流,路开而四通矣。"引申指恣意妄为(音 hèng)。《史记·吴王濞列传》:"文帝宽,不忍罚,以此吴日益横。"又《魏其武安侯列传》:"灌夫家在颍川横甚,民苦之。"又指出乎意料(音 hèng)。《淮南子·诠言》:"内修极而横祸至者,皆天也,非人也。"(冀小军)

椓 zhuó 端纽、屋部；知纽、觉韵、竹角切。

椓¹ — 椓
《说文》小篆　楷书
└ 
汉

1《说文》124页。2《篆隶表》392页。

形声字。从木,豖(chù)声(字形2"豖"旁省笔,与"豕"相混)。本义指敲击。《说文》:"椓,击也。"《诗·周南·兔罝》:"椓之丁丁。"引申指宫刑。字亦作"斀"、"剝"。《集韵·觉韵》:"斀,《说文》:'去阴之刑也。'或作椓,古作剝。"《书·吕刑》:"劓、刵、椓、黥。"孔颖达疏:"刵截人耳,劓截人鼻,剝椓人阴,黥割人面。……椓阴,即宫刑也。"又指宦官。《诗·大雅·召旻》:"昏椓靡共。"郑玄笺:"昏、椓皆奄人也。椓,椓毁阴者也。"(冀小军)

棱 léng 来纽、蒸部；来纽、登韵、鲁登切。

棱¹ — 棱² — 棱³ — 棱
战国　《说文》小篆　汉　　楷书
└ 稜⁴ — 稜
　　汉　　楷书

1《汉语字形表》224页。2《说文》125页。
3、4《篆隶表》1080、486页。

形声字。从木,夌(líng)声。"夌",商代文字作𢍏(《甲文编》818页），下从人，上所从不详。西周文字作 𣎵（《金文编》937页，陵叔鼎"陵"字所从，原形反书），或加足形作 𣎵（同前1177页，子夋尊）、𣎵（同前937页，三年瘨壶"陵"字所从。其中"𠂇"取意不详）。战国时，齐系文字承袭未加足形的写法，作 𣎵（字形1所从）；秦系文字则承袭加足形的写法，作 𣎵（《古文典》153页，屠陵矛"陵"字所从）、𣎵（同前，长陵盉"陵"字所从），上半由𣎵变为𣎵（右下笔画收缩），再变为𣎵，下半足形易为𣎵（倒足形）且与人身分离，又将"𠂇"移至右侧。秦代文字承袭秦系第二形，作 𣎵（《文物》2003年1期25页图十九，湖南龙山里耶秦简"陵"字所从），进而演变为《说文》小篆之 𣎵（字形2所从，略去"𠂇"）。"棱"，本义指棱角。《说文》："棱，柧也（音 gū，《说文》中与"棱"字互训）。"唐玄应《一切经音义》卷十八"四楞"条引《通俗文》："木四方为棱，八棱为柧。"字亦从"禾"作"稜"（字形4，汉鲁峻碑）。《玉篇·木部》："稜，俗棱字。"引申指威势。《汉书·李广传》："是以名声暴于夷貉，威棱憺乎邻国。"王先谦补注："人有威，如有棱者然，故曰威棱。"又指梗直。《后汉书·王允传》："允性刚棱疾恶，初惧董卓豺狼，故折节图之。"字亦作"楞"，从"四方木"会意。《广韵·登韵》："楞，四方木也。"宋张有《复古编》卷上："棱，别作稜、楞，并非。"新中国成立后，"稜"作为异体字并入了"棱"字；"楞"则多用于记录口语词。（冀小军）

櫱（蘖）niè 疑纽、月部；疑纽、薛韵、鱼列切。

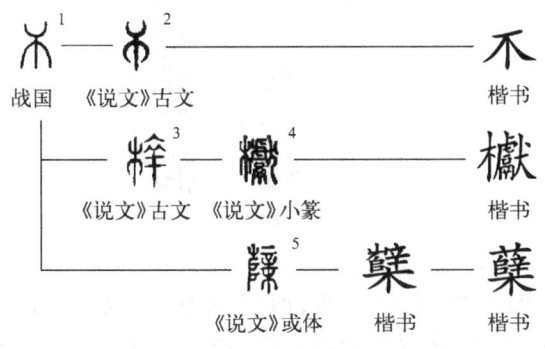

1《古文典》909页。2—5《说文》125页。

形声字。从木，献声。战国文字及《说文》古文作 𣎵，像被砍伐尚存余根之木，为象形字。《说文》古文（字形3）作 𣎵，改象形为形声：从木，献省声（侯马盟书"献"字作 𣎵，字形3所从即其左旁下半之 𣎵）；《说文》小篆或体（字形4）承袭古文或体（字形3），但从"献"声不省；《说文》小篆或体（字形5）从木、辥（xuē）声；后世文字多写作"蘖"，则又将声旁"辥"改为习见之"薛"。本义指树木被砍伐后再生的枝条。《说文》："櫱，伐木余也。"字亦作"枿"。《集韵·曷韵》："櫱，亦作枿。"《书·盘庚上》："若颠木之有由櫱。"《国语·鲁语上》："山不槎櫱，泽不伐夭。"《文选·张衡〈东京赋〉》："山无槎枿。"薛综注："斜斫曰槎。斩而复生曰枿。"北魏郦道元《水经注·沅水》："吴末，衡柑成，岁绢千匹，今洲上犹有陈根余枿，盖其遗也。"引申指植物的芽。宋王观国《学林》卷八："茶之佳品，芽櫱细微，不可多得。"又通"孽"，邪恶。唐柳宗元《憎王孙文》："群小遂兮君子违，大人聚兮櫱无余。"（冀小军）

枰 píng 並纽、耕部；並纽、庚韵、符兵切。

平—枰—枰
战国　《说文》小篆　楷书

1《汉语字形表》225页。2《说文》125页。

会意兼形声字。从木，从平，平亦声。《说文》："枰，平也。"段玉裁注："谓木器之平偶枰，如今言棊枰是也。"枰为"木器之平"者，故棋盘称枰。《玉篇·木部》："枰，博局也。"三国吴韦昭《博弈论》："其所志不出一枰之上。"《晋书·杜预传》："帝与张华围棋，预表适至，华推枰敛手。"供一人独坐之板床亦称枰。《释名·释床帐》："枰，平也，以板作之，其体平正也。"唐玄应《一切经音义》卷四"跳枰"条引《埤苍》："枰，榻也，谓独坐板床也。"（冀小军）

槎 chá 精纽、歌部；崇纽、麻韵、鉏加切。

槎—槎
《说文》小篆　楷书

1《说文》125页。

形声字。从木，差声。"差"，形体演变序列为：𢀖（小篆）　𢀖（《隶辨·麻韵》"嗟"字所从，校官碑）　𢀖（同前，费凤别碑）　𢀖（同前，谯敏碑）　𢀖（同前，刘宽碑）　𢀖（同前，郑固碑）　差（《篆隶表》305页，嘉祥画像石题记）。"槎"，本义指斜砍，劈削。《说文》："槎，衺斫也。"《文选·张衡〈东京赋〉》："山无槎枿。"薛综注："斜斫曰槎。斩而复生曰枿。"《北史·李崇传》："崇槎山分进，出其不意。"又指树木的枝杈。唐卢照邻《行路难》："君不见长安城北渭桥边，枯木横槎卧古田。"又同"楂"，木筏。《广韵·麻韵》："楂，水中浮木。查、槎，二同。"晋张华《博物志》卷十："旧说云天河与海通，近世有人居海滨者，年年八月有浮槎去来，不失期。"北周庾信《杨柳歌》："流槎一去上天池，织女支机当见随。"（冀小军）

析 xī 心纽、锡部；心纽、锡韵、先击切。

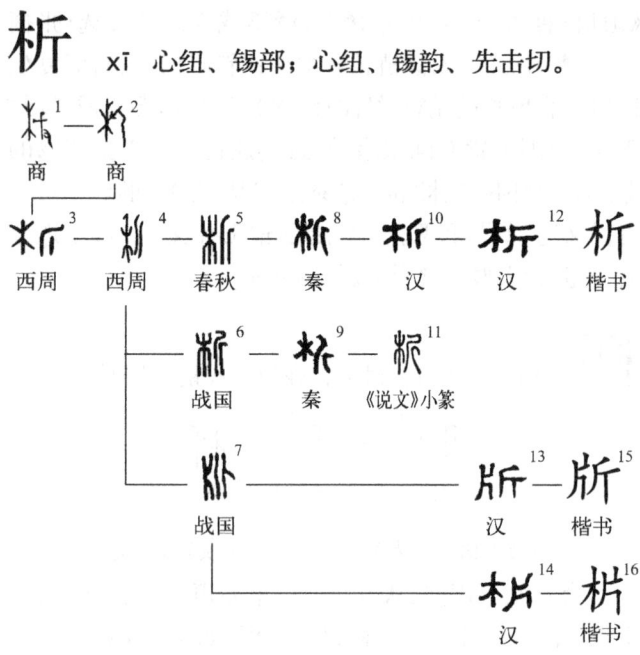

1《金文编》395页。2—6《类编》282页。7、9《战文编》374页。8、10、12、13、14《篆隶表》393页。11《说文》125页。15《广韵·锡韵》。16《集韵·锡韵》。

会意字。商代金文(字形1)像手持斧破木之形，甲骨文(字形2)省去手形，又用较常见的"斤"字替代了像斧形的部分(斧、斤是同类的工具。参见斤部"斤"字条)。西周文字从木、从斤。春秋文字(字形4)"木"旁讹为"禾"。战国文字(字形5)承袭商周文字，从木、从斤，为秦汉及后世文字所本；字形6"斤"旁上部弯曲，为秦代隶书或体及《说文》小篆所本；字形7改从"木"为从"片"(像破开之半木形)，取意相同，为汉代隶书或体所本。受这种写法的影响，汉代隶书中还出现了从"木"从"片"的俗体。"析"，本义是劈开(木头)。《说文》："析，破木也。"《广韵·锡韵》："析，字从木、斤。枂，俗。"《集韵·锡韵》："析，或从片，古作㭊。"《诗·齐风·南山》："析薪如之何？匪斧不克。"汉王充《论衡·量知》："断木为椠，析之为板，力加刮削，乃成奏牍。"引申指分开，分散。《广韵·锡韵》："析，分也。"《书·盘庚下》："今我民用荡析离居，罔有定极。"成语有"分崩离析"。又引申指分析，剖析。晋陶潜《移居》二首之一："奇文共欣赏，疑义相与析。"(冀小军)

枼 yè 喻纽、叶部；以纽、叶韵、与涉切。

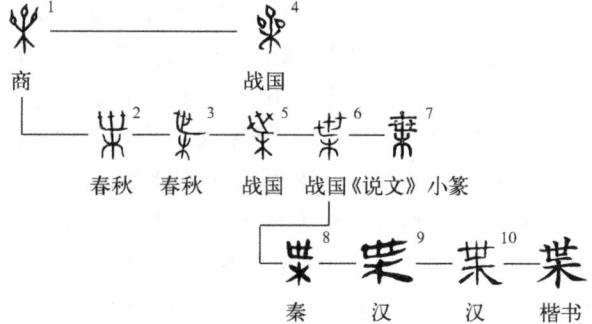

1《甲文编》262页。2—6《汉语字形表》225页。7《说文》125页。8、9、10《篆隶表》393页。

象形字。甲骨文像树上长有树叶，是"葉"字的初文。在春秋文字中，像树叶的部分与树干分离成为"世"字(充当声旁)。秦汉文字的"枼"有两种写法：一为古隶，一为《说文》小篆，楷书的"枼"字由古隶演变而成。本义是树叶。《正字通·木部》："枼，郑樵曰：'枼即葉字。'"引申指薄木片。《说文》："枼，薄也。"徐锴系传："枼之言葉也，如木葉之薄也。"段玉裁注："凡木片之薄者谓之枼，故葉、牒、鲽、箑、傑等字，皆用以会意。"在古文字材料中，"枼"字多假借为"世"。屬羌钟："永枼(世)母(毋)忘。"(字形5)银雀山汉墓竹简《孙膑兵法》："齐三枼(世)其忧矣。"(字形9)(冀小军)

槱 yǒu 喻纽、幽部；以纽、有韵、与久切。

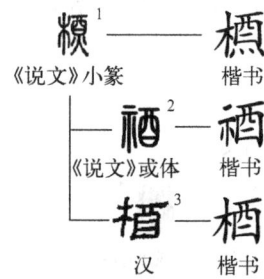

1、2《说文》125页。3《篆隶表》1080页。

形声字。从木，从火，酉声。亦作禉(从示，酉声)、栖(从木，酉声)。本义指堆积木柴焚烧祭天。唐写本《说文》残卷："槱，积木燎之也。禉、槱，柴祭天神之名。"《玉篇·木部》："槱，积木燎以祭天也。与栖同。"《诗·大雅·棫朴》："芃芃棫朴，薪之槱之。"《周礼·春官·大宗伯》："以禋祀祀昊天上帝，以实柴祀日月星辰，以槱燎祀司中、司命、飌师、雨师。"引申指打柴。宋苏辙《题乡舍木山》："西归父老拍手笑，笑忆翁子躬薪槱。"(冀小军)

休 xiū 晓纽、幽部；晓纽、尤韵、许尤切。

1—4、6、7《汉语字形表》225页。5《类编》12页。8、9《说文》125页。10、11《篆隶表》394页。

会意字。从人，从木，像人倚树而息。本义是人在树荫下休息。《诗·周南·汉广》："南有乔木，不可休思。"(思：句末语气词)字亦作"茠"。《集韵·尤韵》："茠，休或从艹。"《淮南子·精神》："今夫繇(徭)者揭钁臿，负笼土，盐汗交流，喘息薄喉。当此之时，得茠越下，则脱然而喜矣。"高诱注："三辅人谓休华树下为茠也。楚人树上大本小如车盖状为越，言多荫也。"也泛指休息。《尔雅·释诂下》："休，息也。"《诗·小雅·十月之交》："民莫不逸，我独不敢休。"引申指休假。《后汉书·蔡邕传》："长休百日。"又为停止。《尔雅·释言》："休，戾也。"郭璞注："戾，止也。"《史记·秦始皇本纪》："天下共苦战斗不休。"从本义又引申出树荫和荫庇的意思。《汉书·孝成班倢伃传》："依松柏之余休。"颜师古注："休，荫也。"《诗·商颂·长发》："何天之休。"(何hè：同"荷"，承受，蒙受)有些"休"字木旁的上部向人旁弯曲，正像树荫，字亦作"庥"("广"可荫蔽，与树荫相似)。《尔雅·释言》："庇、庥，廕(荫)也。"郭璞注："今俗语呼树廕为庥。"《玉篇·广部》："庥，庇庥也。"后"庥"与"休"分化成两个字。"休"从荫庇义又引申指美好。《尔雅·释诂下》："休，美也。"《汉书·武五子传》："远方珍物陈于太庙，德甚休盛。"颜师古注："休，美也。"又指喜悦。《广雅·释诂一》："休，喜也。"《国语·周语下》："为晋休戚，不忘本也。"韦昭注："休，喜也。"成语有"休戚与共"。（冀小军）

楦 gèn 见纽、蒸部；见纽、嶝韵、古邓切。

旧读gèng

1《甲文编》516页。2《汉语字形表》226页。

3、4《说文》125页。

形声字。从木，恒声。"楦"字古书中罕见。《说文》："楦，竟也。亙，古文楦。"段玉裁注："今字多用亙，不用楦。"邵瑛群经正字："此横楦字，今文从古而又省作亙。""亙"，商周文字(字形1、2)从二、从月，像月在天地之间，是"恒常"之"恒"的本字。在秦系文字中，"月"渐讹为"舟"(参见二部"恒"字条)，《说文》以之为古文"楦"，是假借的用法。"夏"，隶定作"亙"，隶变又作"亘"(与"宣"、"桓"、"垣"等字所从者不同。后者音xuān，仅用作声旁。参见二部"亘"字条)，古书中二形混用。本义指穷尽。《文选·班固〈典引〉》："扇遗风，播芳烈，久而愈新，用而不竭，汪汪乎丕天之大律，其畴能亙之哉！"李善注："言谁能竟此道。"唐韩愈《伯夷颂》："若伯夷者，穷天地亙万世而不顾者也。"引申指绵延。《后汉书·马防传》："又大起第观，连阁临道，弥亙街路。"《旧五代史·唐书·周德威传》："两军皆阵，梁军横亙六七里。"又指贯通。南朝宋鲍照《河清颂》："亙古通今，朗鲜晦多。"新中国成立后，"亙"作为异体字并入了"亘"字。（冀小军）

械 xiè 匣纽、职部；匣纽、怪韵、胡介切。

1《说文》125页。2、3《篆隶表》394页。

形声字。从木，戒声。本义指器械。《说文》："械，一曰器之总名。"《荀子·王制》："农夫不斫削，不陶冶，而足械用。"《墨子·公输》："公输盘为楚造云梯之械。"特指兵器。《新唐书·百官志》："都督，掌督诸州兵马甲械。"又指桎梏之类刑具。《说文》："械，桎梏也。"《史记·萧相国世家》："乃下相国廷尉，械系之。"引申指拘束。宋陆游《秋夕戏作短歌》："人生不自怜，坐受外物械。"（冀小军）

桎 zhì 章纽、质部；章纽、质韵、之日切。

1《战文编》374页。2《说文》125页。3、4《篆隶表》394页。

形声字。战国文字从木，侄声。《说文》小篆从木，至声。本义指加在犯人脚上的木制刑具。《说文》："桎，足械也。"《易·蒙》："利用刑人，用说(通"脱"，解除)桎梏。"

孔颖达疏："在足曰桎，在手曰梏。"也指加上桎。《山海经·海内西经》："帝乃梏之疏属之山，桎其右足。"引申指束缚。《庄子·达生》："工倕旋而盖规矩，指与物化而不以心稽，故其灵台一而不桎。"《晋书·束皙传》："徒以曲畏为梏，儒学自桎。"（冀小军）

梏 gù 见纽、觉部；见纽、沃韵、古沃切。

梏¹—梏²—梏³—梏

《说文》小篆　汉　汉　楷书

1《说文》125页。2、3《篆隶表》394页。

形声字。从木，告声。本义指加在犯人手上的木制刑具。《说文》："梏，手械也。"《汉书·刑法志》："（凡囚）上罪梏拲而桎。"颜师古注："械在手曰梏，两手同械曰拲，在足曰桎。"引申指拘禁。《山海经·海内西经》："帝乃梏之疏属之山，桎其右足。"《左传·成公十七年》："郤犫与长鱼矫争田，执而梏之。"（冀小军）

檒（枥） lì 来纽、锡部；来纽、锡韵、郎击切。

檒¹—檒—枥

《说文》小篆　楷书　楷书

1《说文》125页。

形声字。从木，歷声。"檒"，檒撕，古代一种刑具。《说文》："檒，檒撕，桪（柙）指也。"徐锴系传："以木椑（柙）十指而缚之也。"段玉裁注："柙，各本作椑，今正。柙指，如今之拶指（拶，zǎn，夹手指的刑具，其酷刑，称拶指）。《庄子》曰：'罪人交臂厤指。'厤指，谓以檒撕柙其指也。《通俗文》曰：'考具谓之檒撕。'考，俗作拷。《尉缭子》曰：'束人之指而讯囚之情。'"又指马槽。《方言》卷五："檒，梁宋齐楚北燕之间或谓之樎，或谓之阜（皂）。"郭璞注："檒，养马器也。"汉曹操《步出夏门行》："老骥伏檒，志在千里。"借指马厩。宋王安石《骐骥在霜野》："入檒闻秋风，悲鸣思长道。"新中国成立后，"歷"简化为"历"，"檒"类推简化为"枥"。（冀小军）

柙 xiá 匣纽、葉部；匣纽、狎韵、胡甲切。

檡¹—柙³—柙⁴—柙⁵—柙

战国　《说文》小篆　汉　汉　楷书

└ ⁲

《说文》古文

1《郭店》95页。2、3《说文》125页。4、5《篆隶表》394页。

形声字。战国文字从木，虘（xiá）声（虘，楚简中多用为甲胄之"甲"）。《说文》小篆从木，甲声（"甲"旁写讹。参见甲部"甲"字条）。《说文》古文即"甲"字（字形亦讹），用为"柙"乃是假借。"柙"，本义指关猛兽的木笼。《说文》："柙，槛也，以藏虎兕。"《论语·季氏》："虎兕出于柙，龟玉毁于椟中，是谁之过与？"《穆天子传》卷五："乃生搏虎而献之天子，天子命之为柙，而畜之东虢，是曰虎牢。"《韩非子·守道》："故设柙非所以备鼠也，所以使怯弱能服虎也。"字形1所从之"虘"，从虍（虎省）、从幸（像木梏之形）、幸亦声，即"柙"之初文。"椑"字从"木"，为追加之意符。"虘"又有异体作"庿"（从虍，甲声），加"木"旁则为"椑"。《字汇补·木部》："庿，《金石韵府》与柙同。亦作椑。"《玉篇·木部》："椑，槛也。""柙"字当由"椑"或"庿"简省而成（音符替换）。从兽笼义引申，"柙"又指（用囚笼、囚车）关押、押解。《管子·小匡》："于是鲁君乃不杀，遂生束缚而柙以予齐。"《后汉书·仲长统传》："网罗遗漏，拱柙天人矣。"又通"匣"，匣子、柜子。《商君书·定分》："主法令之吏谨藏其右券木柙，以室藏之，封之以法令之长印。"《汉书·平帝纪》："乙未，义陵寝神衣在柙中。"颜师古注："柙，匮也。"也指装入匣、柜。《庄子·刻意》："柙而藏之，不敢用也。"（冀小军）

棺 guān 见纽、元部；见纽、桓韵、古丸切。

棺¹—棺³—棺⁴—棺⁵—棺⁶—棺⁷—棺

战国　《说文》小篆　汉　汉　汉　晋　楷书

└ ²

战国

1、2《战文编》374页。3《说文》125页。4—7《篆隶表》394页。

形声字。从木，官声（字形2从官省声）。棺材总称，特指内棺（与"椁"相对）。《说文》："棺，关也，所以掩尸。"《易·系辞下》："古之葬者，厚衣之以薪，葬之中野，不封不树，……后世圣人易之以棺椁。"《韩非子·备内》："故舆人成舆，则欲人之富贵；匠人成棺，则欲人之夭死也。"又《内储说上》："齐国好厚葬，布帛尽于衣衾，材木尽于棺椁。"也指装入棺材。《左传·僖公二十八年》："棺而出之。"（冀小军）

槥 huì 邪纽、质部；邪纽、祭韵、祥岁切。

形声字。从木，彗声。字本作"蔧"，下形上声，《说文》小篆易为左形右声，为后世楷书所本（唐写本《说文·木部》残卷作"蔧"，与汉代文字相合，当为《说文》原貌）。小棺。《说文》："槥，棺椟也。"段玉裁注："椟，匮也，棺之小者，故谓之棺椟。……椟，即槥也。"《广韵·祭韵》："槥，小棺。"《汉书·高帝纪下》："（八年）十一月，令士卒从军死者为槥，归其县，县给衣衾棺葬具。"颜师古注："应劭曰：'小棺也，今谓之椟。'臣瓒曰：'初以槥致其尸于家，县官更给棺衣更敛之也。《金布令》曰：不幸死，死所为椟，传归所居县，赐以衣棺'也。师古曰：'初为槥椟，至县更给衣及棺，备其葬具耳。'"又《韩安国传》："今边竟数惊，士卒伤死，中国槥车相望。"颜师古注："槥，小棺也。从军死者，以槥送致其丧，载槥之车，相望于道，言其多也。"《后汉书·五行志五》："李娥年六十余，物故，以其家杉木槥敛，瘗于城外数里。"（冀小军）

椁 guǒ 见纽、铎部；见纽、铎韵、古博切。

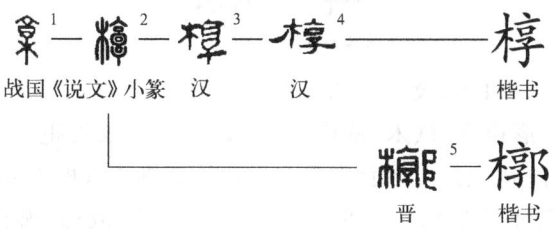

1《战文编》375页。2《说文》125页。3、4、5《篆隶表》395页。

形声字。战国文字从木，稟省声；《说文》小篆从木，稟声；汉代及后世文字或作椁，从木、享（guō）声；或作槨，从木、郭声。今楷书之"享"读音有三，来源各异：一音 xiǎng，本作宫；一音 chún（"淳"、"谆"、"敦"等字所从），本作𦎫（参见𦎫部"𦎫"字条）；一音 guō（"郭"、"𩫏"、"椁"等字所从），本作稟。"稟"，城郭之"郭"的初文。商代文字作 ✥（《甲文编》246页），像城郭四周有城楼之形，后省作 ✥、✥（同前）；西周文字作 ✥（《金文编》375页，毛公䀇鼎），春秋文字作 ✥（同前376页，国差𫖎）。战国时，各国文字异形：齐系文字作 ✥（同前376页，拍敦盖）、✥（《战文编》341页），燕系文字作 ✥（同前），楚系文字作 ✥（同前）、✥（《古文典》493页），晋系文字作 ✥（字形1所从，省去"𦎫"字下半部分），秦系文字作 ✥、✥（《战文编》340页）。秦代文字承袭秦系文字作 ✥（《睡甲》80页。简文中用为"椁"字）。汉代文字分为两途：小篆承袭春秋文字，并受到战国文字的影响，写作 ✥、✥（《篆隶表》348页）、✥（《说文》110页）；隶书则承袭秦代文字，写作 ✥（字形3所从）、✥（字形4所从），由此又演变为后世楷书之"享"（仅见于偏旁，即"郭"、"𩫏"、"椁"等字所从）。"宫"，商代文字作 ✥、✥、✥（《甲文编》247页），像宗庙之形；西周文字作 ✥（《金文编》378页，不𣪘簋）、✥（同前379页，封仲簋）、✥（同前，仲辛父簋）；春秋文字作 ✥（同前，虞司寇壶）、✥（同前，邾公华钟）、✥（同前，十年陈侯午锌）；战国文字作 ✥（《楚系简帛》421页）。由于战国时"𦎫"字之省形亦作 ✥（见前引晋系文字），与"宫"之作 ✥ 者同形，遂导致混淆。秦代"宫"字分为两途：一是承袭先秦文字，作 ✥（《说文》110页，古文）；一是与𦎫相混，作 ✥、✥（《睡甲》80页。简文中用为"烹"字），或减去一横作 ✥（同前）、✥（《说文》110页，小篆）。汉代文字作 享、亨（《篆隶表》349页），后世楷书遂分化为"享"、"亨"二字（"亨"后又分化出"烹"）。由于表示城郭义的"稟"字后被加注"邑"旁的"郭"所取代，从"稟"字演变而来的"享"不再单独使用，"享"字遂为 xiǎng 音所专。后人不察，反以"郭"、"𩫏"、"椁"等字所从者为讹变，殊误。"椁"，外棺。古时棺有两层，内曰棺，外曰椁。《说文》："椁，葬有木稟（郭）也。"段玉裁注："木稟者，以木为之，周于棺，如城之有稟也。"《礼记·檀弓上》："昔者，夫子居于宋，见桓司马自为石椁，三年而不成。"《庄子·天下》："今墨子独生不歌，死不服，桐棺三寸而无椁，以为法式。"新中国成立后，"槨"作为异体字并入了"椁"字。（冀小军）

楬 jié 群纽、月部；群纽、月韵、其谒切。

1《汉语字形表》226页。2《说文》125页。3、4《篆隶表》1080页。

形声字。从木，曷声。用作标记的小木桩。唐写本《说文》残卷："楬，楬橥也。"《广雅·释宫》："楬橥，杙也。"王念孙疏证："《方言》注云：'橛、楬，杙也。江东呼都。'都与椟古同声，合言之，则曰'楬椟'。"《广韵·鱼韵》："椟，楬椟，有所表识。"《周礼·秋官·蜡氏》："若有死于道路者，则令埋而置楬焉。"郑玄注引郑司农云："楬，欲令其识取之，今时楬橥是也。"《汉书·酷吏传·尹赏》："数日壹发视，皆相枕藉死，便舆出，瘗寺门桓东，楬著其姓名。"颜师古注："楬，杙也。"（冀小军）

枭(梟) xiāo 见纽、宵部；见纽、萧韵、古尧切。

1《楚帛书》75页。2《说文》125页。3《篆隶表》395页。

会意字。本义指一种猫头鹰一类的猛禽，相传为食母的恶鸟。《说文》："枭，不孝鸟也。日至，捕枭磔之。从鸟头在木上。"清张文虎《舒艺室随笔》："此字与'悬'音义并同，义取县(悬)头于木，故系木部，遂以名其鸟，非其鸟本名枭也。"战国时楚系文字"鸟"写作（《楚帛书》101页"鸢"字所从），字形1从木、从，正像悬鸟头于木上。《说文》小篆所从仅省去鸟足，字义不甚明显，且易与"鸟"旁相混，故汉代隶书又有繁化为从"鸟"者。唐张参《五经文字·木部》云："枭，从鸟在木上，隶省。"实为本末倒置。《吕氏春秋·分职》："譬白公之啬，若枭之爱其子也。"高诱注："枭爱养其子，子长而食其母也。"《汉书·郊祀志》："祠黄帝用一枭、破镜。"颜师古注："孟康曰：'枭，鸟名，食母。破镜，兽名，食父。黄帝欲绝其类，使百吏祠皆用之。'如淳曰：'汉使东郡送枭，五月五日作枭羹以赐百官。以其鸟恶，故食之也。'"引申指勇猛难驯。《史记·留侯世家》："且太子所与俱诸将，皆尝与上定天下枭将也。今使太子将之，此无异使羊将狼也。"《三国志·吴书·鲁肃传》："刘备天下枭雄。"又指悬头示众。《史记·高祖本纪》："枭故塞王欣头栎阳市。"司马贞索隐："枭，悬首于木也。"《南史·陈本纪》："临川太守骆牙斩周迪，传首建邺，枭于朱雀航。"新中国成立后，"鳥"简化为"鸟"，"梟"类推简化为"枭"。（冀小军）

榭 xiè 邪纽、铎部；邪纽、祃韵、辞夜切。

1《说文》126页。

形声字。《说文》小篆从木，躲声。"躲"，"射"之异体，后世文字多从射声。建在高台上只有楹柱而无墙壁的房子，本为讲军习武之所，故以"射"为名，后加"木"旁而成"榭"字。《国语·楚语上》："榭不过讲军实。"（《文选·左思〈吴都赋〉》刘逵注引"榭"作"射"）《左传·成公十七年》："三郤将谋于榭。"杜预注："榭，讲武堂。"后泛指建在高台上的房子。《说文》："榭，台有屋也。"《楚辞·招魂》："层台累榭，临高山些。"北魏郦道元《水经注·漯水》："台榭高广，超出云间。"（冀小军）

槊 shuò 心纽、铎部；生纽、觉韵、所角切。

1《说文》126页。

形声字。从木，朔声。长矛。《说文》："槊，矛也。"《资治通鉴·晋纪十四》："(段文鸯)遂下马苦战，槊折。"宋苏轼《前赤壁赋》："酾酒临江，横槊赋诗。"字本作"矟"。唐慧琳《一切经音义》卷六十一"槊刃"条注："槊，俗字也，正体从矛作矟。"《释名·释兵》："矛长丈八尺曰矟，马上所持，言其矟矟便杀也。"晋庾翼《与燕王书》："今致朱漆矟弱弓一弄，丈八矟一枚。"《晋书·刘迈传》："玄曾于仲堪厅事前戏马，以矟拟仲堪。"因"矟"的声旁"肖"与shuò音相差较大，最终被从"朔"声的"槊"字所取代。（冀小军）

椸 yí 喻纽、歌部；以纽、支韵、余支切。

1《说文》126页。

形声字。从木，施声。《说文》："椸，衣架也。"《礼记·曲礼上》："男女不杂坐，不同椸枷。"（枷音jià，同"架"。不同椸枷：不共用衣架）唐柳宗元《三戒·永某氏之鼠》："某氏室无完器，椸无完衣。"字亦从竹作"箷"。《尔雅·释器》："竿谓之箷。"郭璞注："衣架。"唐玄应《一切经音义》卷十三"椸架"条注："又作箷，《埤苍》作椸，同。……竿谓之椸，椸用以架衣也。"（冀小军）

榻 tà 透纽、葉部；透纽、盍韵、吐盍切。

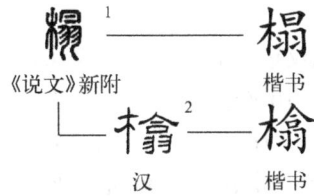

1《说文》126页。2《篆隶表》395页。

形声字。从木,昴(tà)声。一种狭长低矮的坐卧用具。《释名·释床帐》:"长狭而卑曰榻,言其榻然近地也。"《说文》:"榻,床也。"《后汉书·徐穉传》:"(陈)蕃在郡不接宾客,唯穉来特设一榻,去则县(同'悬')之。"《三国志·吴书·鲁肃传》:"(孙权)乃独引肃还,合榻对饮。"字或从"龠"作榆。《集韵·盇韵》:"榻,牀也。或作榆。"河南郸城出土西汉石榻铭文:"汉故博士常山大傅王君坐榆。"(字形2)又通"搨(拓)",摹印,描摹。《太平广记》卷二○七"僧智永"条引《尚书故实》:"梁武教诸王书,令殷铁石于大王书中,榻一千字不重者,每字片纸,杂碎无序。武帝召兴嗣谓曰:'卿有才思,为我韵之。'"(冀小军)

櫂(棹) zhào 定纽、药部;澄纽、效韵、直教切。

櫂¹ — 櫂 — 棹
《说文》新附　楷书　楷书

1《说文》126页。

形声字。从木,翟声。本义是船桨。《释名·释船》:"在旁拨水曰櫂。"《楚辞·九歌·湘君》:"桂櫂兮兰枻,斲冰兮积雪。"也指用櫂划(船)。《后汉书·张衡传》:"号冯夷俾清津兮,櫂龙舟以济予。""櫂"字出现较晚,《说文》未收。古书中多用"濯"字。《汉书·佞幸传》:"邓通,蜀郡南安人也,以濯船为黄头郎。"颜师古注:"濯船,能持濯行船也。"又《百官公卿表》:"(水衡都尉)属官有上林、均输、御羞、禁圃、辑濯……"颜师古注:"辑,读与楫同,音集;濯,音直孝反;皆所以行船。""櫂"应是通过改换"濯"字偏旁造出的分化字。大徐本《说文》将"櫂"收入新附字,云:"櫂,所以进船也。从木,翟声。或从卓。史记通用'濯'。"新中国成立后,"櫂"作为异体字并入了"棹"。古书中"棹"字有二:1.音zhào,同"櫂"。《广韵·效韵》:"棹,楫也。"汉曹操《船战令》:"整持橹棹,战士各持兵器就船。"也指用棹划(船)。晋陶潜《归去来兮辞》:"或命巾车,或棹孤舟。"2.音zhuō,同"桌"。桌椅之"桌",因其高于几案而得名,字本作"卓"(《说文·匕部》:"卓,高也。")。宋史绳祖《学斋占毕》卷二:"盖其席地而坐,不设椅卓,即古之设筵敷席也。"后在"卓"字上加注"木"旁分化出"棹"字。宋孔平仲《珩璜新论》卷四:"古字通用,后人草则加草,木则加木,遂相承而不知也。如倚卓遂作椅桐之'椅'、棹船之'棹'。"宋朱熹《朱子语类》卷九十:"同人在旅中遇有私忌,于所舍设棹炷香可否?"(参见本部"椅"字)《正字通·木部》:"棹,椅棹。"后来为了跟音zhào的"棹"字相区别,又把"棹"(zhuō)改成上下结构的"桌"(从木,卓声。其中的"十"是"木"与"卓"共用的笔画)。明文秉《烈皇小识》卷二:"上与讲官俗共一桌,真不啻天颜咫尺矣。"(冀小军)

櫻(樱) yīng 影纽、耕部;影纽、耕韵、乌茎切。

櫻¹ — 櫻 — 樱
《说文》新附　楷书　楷书

1《说文》126页。

形声字。从木,嬰声。樱桃树,果实也叫樱桃。《说文》:"櫻,果也。"《集韵·耕韵》:"櫻,樱桃,果名。"《史记·刘敬叔孙通列传》:"孝惠帝曾春出游离宫,叔孙生曰:'古者有春尝果,方今樱桃孰,可献,愿陛下出,因取樱桃献宗庙。'"晋左思《蜀都赋》:"朱樱春熟,素柰夏成。"新中国成立后,"嬰"简化为"婴";"櫻"类推简化为"樱"。(冀小军)

束 部

束(东) dōng 端纽、东部;端纽、东韵、德红切。

1、2、3《汉语字形表》228页。4《楚帛书》40页。5《说文》126页。6《睡甲》90页。7、8、9《篆隶表》399页。

假借字。商代金文作⊕(字形1),甲骨文省作⊗(字形2),亦作⊗、⊗、⊗(《甲文编》266页),像两头用绳索扎住的橐(一种无底的口袋),是"束"字的初文(参见束部"束"字条),也是"橐"字的初文(参见橐部"橐"字条)。因东方之"东"无形可像,故借音近的"束"字来表示("東"端纽、东部,"束"书纽、屋部。端、书均属舌音;东、屋阳入对转),后分化成⊗(東)、⊗(束)、⊗(橐,后作⊗。仅见于偏旁)三字。不过,偶尔还可以看到借"束"为"東"的例子。䚄鼎："佳(唯)周公于征伐䧹(東)尸(夷)。"曾侯乙墓漆衣箱上朱书二十八宿有："㯱(東)䓕(营)"、"㯱(東)井"。本义指日出的方向。《诗·邶风·日月》："日居月诸,出自東方。"《史记·项羽本纪》："纵江東父兄怜而王我,我何面目见之?"引申指往东。《左传·僖公三十二年》："秦师遂東。"新中国成立后,"東"简化为"东"(据草书楷化)。(冀小军)

林 部

林 lín　来纽、侵部；来纽、侵韵、力寻切。

1、2、3《汉语字形表》229页。4《说文》126页。5、6、7《篆隶表》399页。

会意字。从二木,表示丛聚的树木。本义是连接成片的树木。《说文》："林,平土有丛木曰林。"《诗·邶风·击鼓》："于以求之? 于林之下。"《诗·大雅·大明》："殷商之旅,其会(通"旝 kuài",旌旗)如林。"比喻聚集在一起的人或事物。汉司马迁《报任安书》："士有此五者,然后可以托于世,而列于君子之林矣。"南朝梁萧统《文选序》："历观文囿,泛览辞林,未尝不心游目想,移晷忘倦。"(冀小军)

無(无) wú　明纽、鱼部；微纽、虞韵、武夫切。

1—8《汉语字形表》229、486页。9《古文典》612页。10《类编》94页。11《郭店》95页。12、13、15、16、17、21—24《篆隶表》399~400、904页。14《睡甲》90页。18,19、20《说文》126、267页。25《隶辨》80页。

"無"是"舞"字的初文,会意字。商代甲骨文(字形1、字形2)像人两手持物而舞之形。西周金文中,所持之物变为上"口"下"木",且与人手分离(字形3、4、5);后两"口"之横画延长,连为一笔(字形6)。春秋战国时期,东方国家的文字多将"人"形的两臂与"口"形之竖笔相交(字形8,王子午鼎),又或省去"口"形(字形10,侯马盟书),或省去"人"形中像躯干和两腿的部分(字形11,郭店楚简);秦国文字则承袭西周金文,变化不大(字形7,秦公钟;字形9,诅楚文)。秦统一后,文字分正、俗二体:前者(字形12)演变为《说文》小篆"無"(字形18),又分化出"橆"(字形19。《说文·亡部》:"橆,亡也。从亡,無声。"这是有无之"無"的后起本字,但古书中罕见);后者(字形14)则承袭楚简文字的写法,历经两汉演变为隶楷之"無"(字形17、21、25,可见"無"字下半从"林"到"灬"的变化过程)。此外,在秦汉隶书中还有一种省去两"木"的俗体"𠑱"(字形13)、"𠑬"(字形16),渐变为隶楷之"无"。这是由字形8、10一类写法的简体"𠑱"(仅保留人形和舞具中的横画)改变笔势而成的,《说文》以此为"奇字"(字形20),收在亡部"橆"字下。"無",本义是舞蹈。《合集》14207正:"贞:無(舞)岳,有雨。"又20973:"丙子卜:今日雨,無(舞)。"卜辞中的"無(舞)"多为祈雨之祭。《尔雅·释训》:"舞、号,雩也。"郭璞注:"雩之祭,舞者吁嗟而请雨。"邢昺疏:"孙炎曰:'雩之祭,有舞有号。'"假借为有无之"無"。《广韵·虞韵》:"無,有无也。"颂簋:"颂其万年眉寿無疆(疆)。"《左传·宣公二年》:"人谁無过? 过而能改,善莫大焉。"字亦作"无"。《易·无妄》:"六三,无妄之灾。"又借为荒蕪之"蕪",字本作"橆"(即字形18,或隶作"無")。《说文·林部》:"橆,丰也。"清吴楚《说文染指·释无無》:"林部:'橆,丰也。'其实無即荒蕪本字,無与荒等也。荒本大荒之荒,草木虽丰盛而未加治理则财用未兴,故又为虚荒之荒。"《楚辞·九辩》:"块独守此無(蕪)泽兮,仰浮云而永叹。"后加"艹"旁作"蕪"。《尔雅·释诂下》:"蕪,茂,丰也。"陆德明释文:"古本作無。"《说文·艹部》:"蕪,薉(秽)也。"《楚辞·招魂》:"主此盛德兮,牵于俗而蕪秽。"王逸注:"不治曰蕪,多草曰秽。"后为表示"無"的本义又分化出从"舛"的"舞"字(小篆作𣞤,从舛、無声;隶楷从舛、無省声)。在宋元以来的一些小说戏曲刻本中,多以"无"代"無"(见《宋元以

来俗字谱》78页"無"字)。新中国成立后,"无"被规定为"無"的简化字,"蕪"亦类推简化为"芜"。(冀小军)

鬱(郁) yù 影纽、物部;影纽、物韵、纡物切。

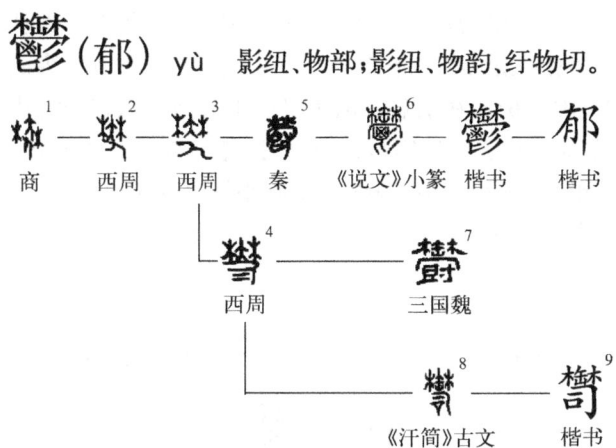

1《甲文编》767页。2、3、4《金文编》356页。5、7《篆隶表》400页。6《说文》126页。8《汗简》49页。9《集韵·迄韵》。

"鬱"字的用法大致有三,古文字中各有其初文。1.郁闷。《管子·内业》:"忧鬱生疾。"汉司马迁《报任安书》:"是以独鬱悒而谁与语?"其初文作 (字形1所从)、 (字形2所从),从大、从勹("勹"为"伏"字初文),会一人俯地受另一人践踏而郁悒之意,隶定作夸。2.树木丛生,茂盛。《说文》:"鬱,木丛生者。"《诗·秦风·晨风》:"鬱彼北林。"孔颖达疏:"鬱者,林木积聚之貌。"朱熹集传:"鬱,茂盛貌。"《古诗十九首》之二:"鬱鬱园中柳。"引申指(云、气)浓盛的样子。《三国志·吴书·薛综传》:"加以鬱雾冥其上,咸水蒸其下。"其初文作 、 (字形1-3),从林、夸声,隶定作樊。金文或作鬱(字形4,加"="为饰笔),传抄古文作 (字形8, 讹为 , 变为),隶定作鬱。《集韵·迄韵》:"鬱,《说文》:'木丛生者。'古作樊。"3.香草名。《集韵·迄韵》:"鬱,《说文》:'芳草也。'通作鬱。"《周礼·春官·序官》"鬱人"郑玄注:"鬱,鬱金香草,宜以和鬯。"其初文作 (字形5)、 (字形7),从时("爵"之省文。爵:酒器)、樊声(大讹为缶,勹变为一。字形5从樊省声)。古人捣取郁金香草汁,合黍为酒,谓之鬱鬯。这个意思,西周金文均借樊字来表示;秦简始增时(爵省)旁为意符,造出专用字;《说文》小篆作鬱(字形6),从鬯与秦简从时(爵省)义近,彡乃扌旁之讹,隶定作鬱,为后世所沿用。此外,古书中当"(云、气)浓盛"讲的"鬱",有时也借用本义是地名的"郁"字来表示。新中国成立后,规定"郁"作为"鬱"的简化字。(冀小军)

楚 chǔ 初纽、鱼部;初纽、语韵、创举切。

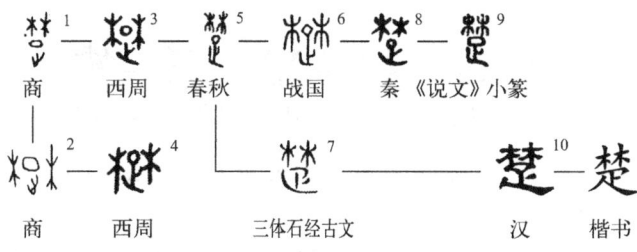

1-7《汉语字形表》230页。8《睡甲》90页。9《说文》126页。10《篆隶表》400页。

形声字。从林,疋声。本义指丛生的树木。《说文》:"楚,丛木。"《吴子·论将》:"居军荒泽,草楚幽秽,风飙数至,可焚而灭。"又指一种落叶小灌木,也叫荆。《说文》:"楚,一名荆也。"《诗·周南·汉广》:"翘翘错薪,言刈其楚。"朱熹集传:"楚,木名,荆属。"引申指打人用的荆条。《礼记·学记》:"夏楚二物,收其威也。"郑玄注:"夏,榎也;楚,荆也。二者所以扑挞犯礼者。"又引申指痛苦。《史记·孝文本纪》:"夫刑至断支体,刻肌肤,终身不息,何其楚痛而不德也,岂称为民父母之意哉!"又指楚国。周代诸侯国,战国时为七雄之一,后为秦所灭。(冀小军)

楙 mào 明纽、侯部;明纽、候韵、莫候切。

楙¹—楙²—楙³—楙⁴—楙
西周 西周 《说文》小篆 汉 楷书

1、2《汉语字形表》230页。3《说文》126页。4《篆隶表》400页。

形声字。从林,矛声("矛",参见本部"柔"字条)。草木茂盛。《说文》:"楙,木盛也。"段玉裁注:"此与艸部'茂'音义皆同。"《汉书·律历志上》"楙盛"颜师古注:"楙,古茂字也。"(冀小军)

麓 lù 来纽、屋部;来纽、屋韵、卢谷切。

林部 才部 叒部

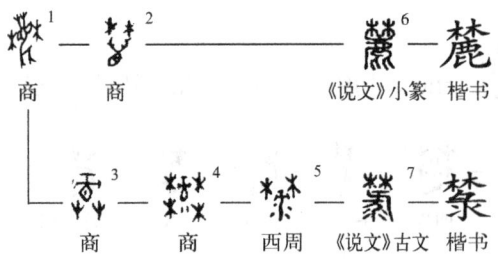

1—5《汉语字形表》231页。6、7《说文》126页。

形声字。商代甲骨文或从林、鹿声(字形1。字形2省去了像鹿身的部分),或从林、录声(字形3。参见录部"录"字条。字形4从四木,与从"林"同意)。前者演变为《说文》小篆,后者演变为西周金文和《说文》古文。古书中通用"麓"字。本义指生长在山脚的林木。《说文》:"麓,一曰林属,于山为麓。"《周礼·地官·叙官》"林麓"郑玄注:"竹木生平地曰林,山足曰麓。"引申指看守山林苑囿的官吏。《说文》:"麓,守山林吏也。"《国语·晋语九》:"主将适蝼而麓不闻。"韦昭注:"蝼,晋君之囿。麓,主君苑囿之官。"又指山脚。《玉篇·林部》:"麓,山足也。"《诗·大雅·旱麓》:"瞻彼旱麓。"毛传:"麓,山足也。"(冀小军)

棼 fén 並纽、文部;奉纽、文韵、符分切。

棼¹—棼²—棼
《说文》小篆 汉 楷书

1《说文》126页。2《马王堆》249页。

形声字。从林,分声。本义指楼阁的栋。《说文》:"棼,复屋栋也。"徐锴系传:"复屋皆重梁也。"《三国志·吴书·太史慈传》:"贼于屯里缘楼上行詈,以手持楼棼,慈引弓射之,矢贯手著棼,围外万人莫不称善。"又指众多交错的样子。《正字通·木部》:"棼,林木棼错也。"《宋史·乐志十五》:"林棼彩仗明初日,瑞气满晴空。"引申指纷乱。《左传·隐公四年》:"臣闻以德和民,不闻以乱,犹治丝而棼之也。"杜预注:"棼,丝见棼缊,益所以乱。"(冀小军)

森 sēn 心纽、侵部;生纽、侵韵、所今切。

森¹—森²—森³—森
商 商 《说文》小篆 楷书

1、2《汉语字形表》231页。3《说文》126页。

会意字。从三木,像成片生长的树木。本义指树木茂密。《说文》:"森,木多皃(貌)。"晋左思《蜀都赋》:"弹言鸟于森木。"唐杜甫《蜀相》:"丞相祠堂何处寻,锦官城外柏森森。"引申为众多。汉张衡《思玄赋》:"百神森其备从兮。"唐张九龄《奉和圣制早发三乡山行》:"羽卫森森西向秦,山川历历在清晨。"从本义引申又指阴森,幽暗。唐顾况《游子吟》:"沈寥群动异,眇默诸境森。"又指森严。唐杜甫《李潮八分小篆歌》:"况潮小篆逼秦相,快剑长戟森相向。"(冀小军)

梵 fàn 奉纽、梵韵、扶泛切。

梵¹—梵
《说文》新附 楷书

1《说文》126页。

形声字。从林,凡声。本是"芃"(音péng)的俗体,形容草木茂盛的样子。《诗·大雅·棫朴》:"芃芃棫朴。"毛传:"芃芃,木盛貌。"又《曹风·下泉》:"芃芃黍苗。"孔颖达正义:"芃芃然盛者,黍之苗也。""芃"从艸,凡声。俗书中"艸"旁与"林"旁有时混用。如《集韵·东韵》:"丛,《说文》:'草丛生皃(貌)。'或作蕞、藂。"所以"芃"又可写成"梵"。汉都乡正卫弹碑:"梵梵黍稷。""梵梵"即"芃芃"。"梵"后被借用为译音词,音fàn。1.指梵语(古印度书面语)。南朝梁慧皎《高僧传·鸠摩罗什传》:"但改梵为秦(指汉语),失其藻蔚,虽得大意,殊隔文体。"2.梵语Brahmā的译音。意为清净、寂静。《维摩经·方便品》:"示有妻子,常修梵行。"3.指与佛教有关的事物。如:梵宇(佛寺)、梵夹(佛经)、梵声、梵音(诵经声)等。(冀小军)

才 部

才 cái 从纽、之部;从纽、咍韵、昨哉切。

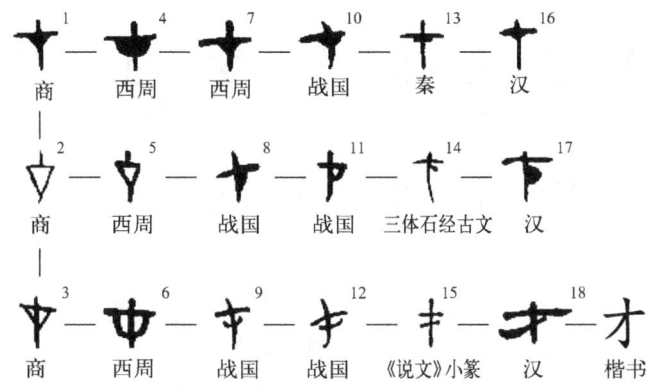

1—7、11、14《汉语字形表》231、232页。
8、9、10、12《郭店》96页。15《说文》126页。
13、16、17、18《篆隶表》401页。

指事字。商代甲骨文作 ✝（字形1），西周金文作 ✝（字形4），均像草木自"—"（象征地面）钻出之形。为便于锲刻，甲骨文将其轮廓化，写作 ▽（字形2）、中（字形3）。其中字形3的写法在先秦文字中最为常见，逐渐演变为后世的楷书。"才"，本义指草木初生。《说文》："才，草木之初也。"引申指才质。《集韵·咍韵》："才，质也。"清徐灏《说文解字注笺·才部》引李阳冰曰："凡木阴阳、刚柔、长短、小大、曲直，其才不同用而各有宜，谓之才。其不中用者谓之不才。引之则凡人物之才质皆谓之才。"《韩非子·五蠹》："今有不才之子，父母怒之弗为改，乡人谯之弗为动，师长教之弗为变。"又指才能。汉王充《论衡·实知》："人才有高下，知物由学，学之乃知，不问不识。"又指有才能的人。《礼记·文王世子》："必取贤敛才焉。"从本义引申，又指刚刚（表示时间）。清段玉裁《说文解字注》："才，引申为凡始之称。"《晋书·谢混传》："才小富贵，便豫（干预）人家事。"又指仅仅（表示程度）。北魏郦道元《水经注·湿余水》："林鄣遽险，路才容轨。"（这两种用法的"才"后来写作"纔"。新中国成立后，又简化为"才"）在古文字材料中，"才"多用于假借义：1. 借为"在"（音zài）。令彝："隹（惟）八月，辰才（在）甲申。"孟鼎："王才（在）宗周令（命）盂。"2. 借为"哉"（音zāi）。师询簋："哀才（哉）今日，天疾畏（威）降丧。"马王堆汉墓帛书《老子》乙本："吾何以知其然也才（哉）？"（冀小军）

叒 部

叒 ruò 日纽、铎部；日纽、药韵、而灼切。

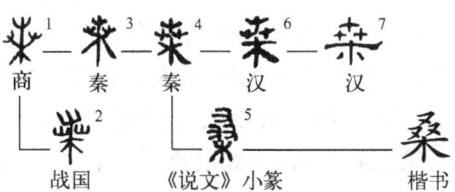

《说文》籀文 《说文》小篆 楷书
1、2《说文》127页。

"若"字的讹省。《说文》："叒，日初出东方汤谷所登榑桑，叒木也。象形。""叒木"，古书中作"若木"，又称"扶桑"（即《说文》所谓"榑桑"），是古代神话中的木名。相传太阳初升，登于此木。唐李峤《日》："日出扶桑路，遥升若木枝。""若"见于甲骨文，作 ᛜ（《甲文编》20页），像人跪踞而以两手梳理头发之形。《尔雅·释言》："若，顺也。"此为"若"之本义，"若木"之"若"则是假借用法。西周金文作（《金文编》413页，孟鼎），踞形已不明显；或作（同前，毛公厝鼎），加"口"旁为饰。战国时，各国文字异形颇多：秦系文字承袭西周金文作（《古文典》563页，诅楚文），或作（《古陶徵》201页），省去了头部，两臂和身则变为 ⼀，且与两手分离，这种写法为《说文》小篆"叒（若）"字所本；楚系文字或作（《古文典》563页），晋系文字或作（《汉语字形表》232页），头、手、身已断为三截（ ͐、 ＝ 为饰笔），《说文》籀文 即此类写法之讹变，小篆之 则其又省。《说文》误将"若"、"叒"分为二字（参见艸部"若"字条）。"叒"虽被立为部首，但本部仅隶一"桑"字。"桑"之初文作，本像桑树形，与"叒"并无关系（参见下"桑"字条）。（冀小军）

桑 sāng 心纽、阳部；心纽、唐韵、息郎切。

1《汉语字形表》232页。2《古文字研究》第十四辑179页。3、4《睡甲》91页。5《说文》127页。6、7《篆隶表》401页。

象形字。商代文字作，像桑树之形。战国文字作，两侧的枝叶与树形脱离。至秦代文字（字形4）及《说文》小篆，枝叶已完全与树形脱离，前者变从"艹"，后者变从"叒"。"桑"，本义是桑树。《说文》："桑，蚕所食叶木。"《诗·小雅·小弁》："维桑与梓，必恭敬止。"朱熹集传："桑、梓二木，古者五亩之宅，树之墙下，以遗子孙给蚕食，具器用者也。"（按：后世以"桑梓"为故里，源出于此。）晋陶潜《归园田居》五首之二："相见无杂言，但道桑麻长。"也指桑叶。《诗·卫风·氓》："桑之落矣，其黄而陨。"

汉王充《论衡·商虫》："夫虫食谷,自有止期,犹蚕食桑,自有足时也。"引申指采桑。《诗·魏风·十亩之间》："十亩之间兮,桑者闲闲兮。"《汉书·外戚传·元后》："率皇后列侯夫人桑。"颜师古注："桑,采桑也。"又指种桑养蚕。《汉书·食货志上》："故务民于农桑,薄赋敛,广蓄积,以实仓廪。"(冀小军)

之 部

之 zhī 章纽、之部；章纽、之韵、止而切。

1-5《汉语字形表》233页。6《郭店》96页。7《包山》91页。8、11-14《篆隶表》401页。9《睡甲》91页。10《说文》127页。15《玉篇·之部》。

会意字。商代文字从 𠂇（止，像足形。参见止部"止"字条）、从 一 （代表某地），𠂇 形向前，表示人离此地往他处而去。所从"止"旁，后讹变为"屮"。秦代文字有两种写法：一作 业（字形8）、屮（字形10），后演变为楷书"屮"（今仅见于偏旁，如"蚩"从虫、屮声）；一作 业（字形9），后演变为楷书"之"。本义是往，到……去。《尔雅·释诂上》："之,往也。"《诗·卫风·伯兮》："自伯之东,首如飞蓬。"《战国策·赵策三》："齐闵王将之鲁。"引申为至。《诗·鄘风·柏舟》："之死矢靡它。"（矢：通"誓"。靡它：没有别的心思）"之"多用于假借义，较常见的有：1.指示代词,相当于"这"。《诗·邶风·燕燕》："之子于归,远送于野。"《庄子·逍遥游》："之二虫又何知？" 2.第三人称代词,相当于"他（她、它）"。《诗·周南·关雎》："窈窕淑女,寤寐求之。"《荀子·天论》："从天而颂之,孰与制天命而用之？" 3.助词,相当于"的"。《诗·召南·何彼秾矣》："平王之孙,齐侯之子。"《韩非子·难一》："以子之矛,陷子之盾,何如？"（冀小军）

坣 wǎng 匣纽、阳部；云纽、养韵、于两切。

1、2、3、5、8《汉语字形表》233页。4《金文编》417页。6、10、11《古文典》631页。7《类编》114页。9《包山》91页。12《说文》127页。

形声字。商代文字(字形1)从 𠂇（止），𠂇（王）声，是"徍（往）"字的初文。《合集》29088："乙丑卜,贞：王其田,坣（往）来亡灾？"（乙丑这天占卜,贞问：王如果去田猎,往来不会有灾祸吧？）侯马盟书67.6："自今昌（以）坣（往）。"后"𠂇（王）"旁省变为 𠂆，字形结构已不明确。春秋战国文字将"𠂇（止）"旁与下面的横画结合,作 业（字形5所从）、业（字形10所从）、业（字形11所从），遂与"之"相混(参见上"之"字条)；字形下半或变为"土"（字形5、字形11），或变为"壬"（字形9）。秦汉文字中，小篆作 坣（字形12），承袭字形11的写法(《说文·之部》："坣,从之在土上。")；隶书作 坣（《睡甲》23页，"往"字所从)、坣（《篆隶表》121页，"往"字所从)、主（同前），承袭字形10的写法(仅见于偏旁)。从"坣"得声的字,汉代以后多改从"王"声（如"汪"、"枉"、"旺"、"狂"、"匡"等），只有"往"字是个例外,"坣（生）"旁被改成了形近的"主"（见《康熙字典·彳部》。参见彳部"往"字条)。(冀小军)

帀 部

帀（匝）zā 精纽、叶部；精纽、合韵、子答切。

1《说文》127页。2《篆隶表》402页。

变体字。始见于小篆,字形从反"屮（之）"（参见上"之"字条）。本义指环绕。《说文》："帀,周也。从反之而帀也。"王筠释例："屮者,出也。既出而反,是周帀也。"《后汉书·仲长统传》："沟池环帀,竹木周布。"引申为量词,周。《庄子·秋水》："孔子游于匡,宋人围之数帀,而弦歌不惙。"又假借为"集"。新嘉量："黄帝初祖,德帀（集）于虞；虞帝始祖,德帀（集）于新。"（字形2）因"帀"之字义与行走有关，俗书遂加"辶(辵)"旁作"迊"。唐颜元孙《干禄字书》："迊帀：上通下正。"又，"匚"旁之"乚"或作"辶"，唐张守节《史记正义·论字例》谓俗书"匨匠从走"（俗称"辶"旁为"走之"），如南朝宋爨龙颜碑"匠"字作"近"（《碑别字新编》21页），唐润州魏法师碑"匮"字作"遭"（同前277页）。"近"字的结构恰好与"近"、"遭"相似，于是被误认为也是从"匚"之字，而回改为"匠"。《康熙字典·匚部》引《增韵》："帀，俗作匝。"新中国成立后，"帀"作为异体字并入了"匝"字。（冀小军）

帀²

shī 心纽、脂部；生纽、脂韵、疏夷切。

西周　春秋　战国　秦　汉　汉　楷书

1、2、3《汉语字形表》234页。4《睡甲》91页。5、6《篆隶表》402页。

构形不明。西周金文作𠂤；春秋战国文字作𠂤，加短横为饰；秦汉文字多作帀，隶定作"帀"，则与"帀¹"同形。在古文字中均用为"师"。鄂君启舟节："大司马昭阳败晋帀(师)于襄陵之岁。"马王堆汉墓帛书《春秋事语》："亘(桓)公衔(率)帀(师)以侵蔡。"（参见下"师"字条）。（冀小军）

師（师）

shī 心纽、脂部；生纽、脂韵、疏夷切。

商　西周　西周　　秦　汉　楷书　楷书
西周　春秋　战国　《说文》小篆　汉
西周　春秋　三体石经古文　《说文》古文　汉
春秋　战国　战国　秦　汉

1—5（原文为反书）、6—12、15《汉语字形表》233～234页。13、19《说文》127页。14《睡甲》91页。16、17、18、20《篆隶表》402页。

"师"字，商代甲骨文作𠂤，构形不明，隶定作"𠂤"（参见𠂤部"𠂤(duī)"字条）。西周金文或作"𠂤"，或加"帀"旁作"師"，或省"𠂤"旁作"帀"（参见上"帀²"字条）。春秋战国及秦汉文字承袭西周金文，亦作"師"、"帀"二体（字形15将"𠂤"横书置于"帀"旁之上，字形19即此形之讹）。古代军队编制单位，二千五百人为一师。《说文》："师，二千五百人为师。"《周礼·地官·小司徒》："五人为伍，五伍为两，四两为卒，五卒为旅，五旅为师，五师为军。"泛指军队。禹鼎："王乃命西六𠂤(师)、殷八𠂤(师)。"《左传·僖公四年》："齐侯以诸侯之师侵蔡。"鄂君启舟节："大司马昭阳败晋帀(师)于襄陵之岁。"又指驻扎军队。《左传·僖公二十五年》："秦伯师于河上。"引申指众，众人。《诗·大雅·韩奕》："薄彼韩城，燕师所完。"毛传："师，众也。"又为官名。如太师、师氏、乐师等。又指精通某种技艺的人。《孟子·告子上》："今有场师。"赵岐注："场师，治场圃者。"又指先生，老师。《论语·述而》："三人行，必有我师焉。"《玉篇·帀部》："师，教人以道者之称也。""师"字在汉代还有过一个假借义。《汉书·西域传》："(乌弋山离)有桃拔、师子、犀牛。"这种用法的"师"，后来加"犬"旁写作"獅"。《说文》无"獅"字。《玉篇·犬部》："獅，音师，猛兽也。"新中国成立后，"師"简化为"师"，"獅"类推简化为"狮"。（冀小军）

出 部

出

chū 昌纽、物部；昌纽、术韵、赤律切。

商　西周　西周　春秋　《说文》小篆
西周　战国　战国　三体石经古文　秦　汉　楷书

1—6、8《汉语字形表》234页。7《古文典》1233页。9《睡甲》91页。10《说文》127页。11《篆隶表》402页。

会意字。商代文字作𠙴，从"止"（像足形）、从"凵"（像坎穴）。古人穴居，𠙴字像人离开坎穴。所从"止"旁，在战国文字中讹变为"屮"。秦代文字有两种写法：小篆作𠙴，隶书作出，楷书的"出"字即由后者演变而成。本义是从里面到外面（跟"入"相对）。《集韵·至韵》："出，自内而外也。"《诗·郑风·出其东门》："出其东门，有女如云。"《三国志·蜀书·诸葛亮传》："出于子口，入于吾耳。"引申指离开。《玉篇·出部》:"出,去也。"《诗·齐风·猗嗟》:"终日射侯,不出正兮。"(侯:用布或兽皮做的箭靶。正zhēng:靶心)又引申指发出。《商君书·更法》:"于是遂出垦草令。"《史记·屈原贾生列传》:"入则与王图议国事,以出号令。"又指拿出,交纳。汉曹操《抑兼并令》:"户出绢二匹、绵二斤而已。"又指支出。汉桓宽《盐铁论·贫富》:"量入为出,节俭以居之。"又引申指出产,生产。《荀子·富国》:"田肥以易则出实百倍。"(以:而。易:治理,这里指管理得好)汉桓宽《盐铁论·本议》:"故工不出则农用乏。"又指产生,发生。《荀子·劝学》:"肉腐出虫,鱼枯生蠹。"又引申指出现,显露。《乐府诗集·相和歌辞三·陌上桑》:"日出东南隅,照我秦氏楼。"宋苏轼《后赤壁赋》:"山高月小,水落石出。"又引申指超出,超过。《孟子·公孙丑上》:"出乎其类,拔乎其萃。"(冀小军)

賣(卖) mài 明纽、支韵;明纽、卦韵、莫懈切。

賣¹—賣²—賣³—賣—卖
《说文》小篆 汉 汉 楷书 楷书

1《说文》127页。2、3《篆隶表》403页。

会意兼形声字。从出,从買,買亦声。"買"字本指商品交易活动,兼有买、卖二义,后专指交易中的"买入"行为。于是又加注"出"旁分化出"賣"字(隶书"出"字作 ,字形2所从作 ,后逐渐演变为楷书所从之"士"),专指交易中的"賣出"行为。《说文》:"賣,出物货也。"《急就篇》卷二:"贳贷賣買販肆便。"颜师古注:"出曰賣,入曰買。"在传世的先秦古书中,已可见到"賣"字。《左传·昭公二十四年》:"冬十月癸酉,王子朝用成周之宝珪沈于河。甲戌,津人得诸河上。阴不佞以温人南侵,拘得玉者,取其玉。将賣之,则为石。"《韩非子·外储说左上》:"楚人有賣其珠于郑者,……郑人买其椟而还其珠。此可谓善賣椟矣,未可谓善鬻珠也。"人们通常把这种用法的"賣"字读为mài音。不过,从考古材料看,"賣"字最早见于西汉早期写本马王堆汉墓帛书《战国纵横家书》(即字形2)。在睡虎地秦墓竹简中,"賣"的意思仍由"買"字承担。睡虎地秦墓竹简《秦律十八种·金布律》:"有買及賣(賣)殹(也),各嬰其賈(價);小物不能各一钱者,勿嬰。"(嬰:系。嬰其价:指在货物上系签儿标明价格。各:至。不能各一钱:不满一钱。)又《法律答问》:"盗盗人,買(賣)所盗,以買它物,皆界其主。"(界其主:应归还原主。)可见"買"、"賣"二字的分化是在秦汉之际。前引《左传》及《韩非子》中的"賣"字,原文可能是"買"字,或是读音为yù的"賣"

字(参见贝部"賣²"字条)。引申指贩卖。《商君书·慎法》:"君人者不察也,以战必损其将,以守必賣其城。"马王堆汉墓帛书《战国纵横家书》:"齐先觭勺(赵)以取秦,后賣秦以取勺(赵)而功(攻)宋。""賣"又有炫耀义。《后汉书·杨震传》:"盛修第舍,賣弄威福。"这个意思,不是从"賣"的本义引申出的,而是受"賣²(yù)"的影响产生的。新中国成立后,"賣"简化为"卖"(据草书楷化)。(冀小军)

糶(粜) tiào 透纽、药部;透纽、啸韵、他吊切。

糶¹—糶—粜
《说文》小篆 楷书 楷书

1《说文》127页。

会意兼形声字。从出,从耀(音dí,谷也),耀亦声。卖出粮食。《说文》:"糶,出谷也。"《玉篇·出部》:"糶,出谷米也。"《韩非子·内储说下》:"韩昭侯之时,黍种尝贵甚,昭侯令人覆廪,吏果窃黍种而糶之甚多。"唐聂夷中《咏田家》:"二月卖新丝,五月糶新谷。"新中国成立后,"糶"简化为"粜"。(冀小军)

宋 部

宋 bèi 帮纽、月部;帮纽、泰韵、博盖切。
帮纽、月部;滂纽、末韵、普活切。
又读pō

宋¹—宋—市
《说文》小篆 楷书 楷书

1《说文》127页。

小篆作 ,隶定作宋(亦作市)。《说文》:"宋,艸木盛宋宋然。象形,八声。读若辈。"段玉裁注:"宋宋者,枝叶茂盛因风舒散之皃(貌)。"楷书中又作市(与"朱市fú"之市字同形)。《玉篇·市部》:"市,《说文》普活切,艸木市市然,象形。"按:《说文》本部所隶字凡五,除"孛"字外,索、孛、宋、南四字均见于古文字,而其篆形所从之" ",在古文字中各有来历,并非"宋"字(详见以下各条)。此外,《说文》小篆从"宋"得声者,如柿、旆见于楚简(《楚文字编》352、424页),肺见于汉简(《篆隶表》264页),沛见于汉印(同前786页),诸字均从"市"得声,与后世楷书文字相同,而与小篆有别。可见此字于形于音都颇有疑点。"宋"、

"市"古音相近，《说文》"索"字下引杜林说"宋亦朱市字"（据小徐本）；"宋"、"市"字形相近，隶变后"市"旁亦或作"市"（如"姉"之为"姊"。参看下"市"字条），因疑小篆所谓"宋"字，其音乃"市"声之误，其形则为"市"字之省。汉人名印有"焦宋"，旧释"焦宋"（《汉印徵》6.14）。《汉印徵》同页有"郑宋（市）"、"王宋（市）"、"孙宋（市）印"、"徐宋（市）之印"等凡8例；他书所载又有"史宋（市）"（《故宫博物院藏古玺印选》74.407）、"胡宋（市）"（《印典》1641页，误释为"市"）。人名用字往往有一时之风气，从这一点看，"焦 "之"宋"很有可能也是"市"字。（冀小军）

索 suǒ

心纽、铎部；心纽、铎韵、苏各切。

1	2	3	4	5	6	7	8	9
商	商	商	战国	秦	《说文》小篆	汉	汉	汉 楷书

1、2《甲文编》275页。3《甲文编》103页。4《战文编》388页。5《睡甲》91页。6《说文》127页。7《银雀山》221页。8、9《篆隶表》403页。

商代文字作（字形1）、（字形2）、（《甲文编》202页，"剢"字所从），像丝（麻等）搓成的绳索，或作、（同前201页，"剢"字所从），像绳索一端有为防松散而扎系的细绳；字形3从"廾"作，画出了搓绳的双手。后分化为"索"、"素"二字（索：心纽、铎部，素：心纽、鱼部；鱼、铎阴入对转。"索"、"素"二字及偏旁均有相通的例子）。"索"，西周文字作（《金文编》872页，师𩛥鼎"𩛥"字所从）、（同前，𢀜簋"𩛥"字所从）；春秋文字作（同前，秦公镈"𩛥"字所从）；战国文字作（字形4。"业"讹为"灬"）。"素"，西周文字作（同前，师克盨"𩛥"字所从。按：与"𩛥"字表示的是同一词），或从"廾"作（同前，师克盨）、（同前，辅师嫠簋）；春秋文字作（同前，齐镈"𩛥"字所从）；战国文字作（《郭店》97页）、（同前。原文用为"索"）。"索"、"素"二字最大的差别在于："索"头部分叉向上，"素"头部分叉则有下垂的折笔。在秦代文字中，隶书"索"字作（字形5），承袭了春秋文字的写法；《说文》小篆作（字形6），从市（即春秋文字中"业"形之讹变。参看下"南"字条。本义是大绳子，后泛指各种绳索。《小尔雅·广器》："大者谓之索，小者谓之绳。"《书·五子之歌》："若朽索之驭六马。"汉司马迁《报任安书》："其次关木索，被箠楚受辱。"唐刘禹锡《西塞山怀古》："千寻铁索沉江底，一片降幡出石头。"引申指绞

搓（绳索）。《玉篇·索部》："索，纠绳曰索。"《诗·豳风·七月》："昼尔于茅，宵尔索绹。"朱熹集传："索，绞也。"《淮南子·氾论》："緂麻索缕。"假借为"𢱢"（《说文·宀部》："𢱢，入家搜也。"段玉裁注："搜，求也。《颜氏家训》曰：'《通俗文》云：入室求曰搜。'按：当作'入室求曰𢱢'，今俗语云搜索是也。索，经典多假索为之。"），搜索。《孙子·行军》："军旁有险阻、潢井、葭苇、林木、蘙荟者，必谨覆索之，此伏奸之所处。"《史记·留侯世家》："秦皇帝大怒，大索天下。"引申指求索。《广雅·释诂三》："索，求也。"《小尔雅·广言》："索，求也。"《易·系辞上》："探赜索隐，钩深致远。"孔颖达疏："索，谓求索。"《后汉书·杜林传》："吹毛索疵。"又引申指索取。《方言》卷六："索，取也。自关而西曰索。"《小尔雅·广诂》："索，取也。"《史记·平原君虞卿列传》："秦索六城于王，而王以六城赂齐。"又指孤独。《广雅·释诂三》："索，独也。"王念孙疏证："索与㪚同。"《礼记·檀弓上》："吾离群而索居，亦已久矣。"又借为"素"，尽，空。清朱骏声《说文通训定声·豫部》："索，叚借为素。"《广雅·释诂三》："素，空也。"《小尔雅·广言》："索，空也。"《书·牧誓》："牝鸡之晨，惟家之索。"孔传："索，尽也。"（冀小军）

孛 bèi / bó

bèi　並纽、物部；並纽、队韵、蒲昧切。
bó　並纽、物部；並纽、没韵、蒲没切。

1	2	3	4	5	6	7
商	西周	春秋	《四声韵》古文	战国	《说文》小篆	汉 楷书

1《甲文编》357页。2、3《金文编》601页。4《四声韵》57页。5《郭店》97页。6《说文》127页。7《银雀山》221页。

构形不明。商周古文字"子"上从"丰"，战国文字讹为"屮"，《说文》小篆始从宋。本义指草木茂盛的样子，音bèi。《说文》："孛，𡧧（彙）也。"（"𡧧"下云："艸木𡧧孛之皃。"）《集韵·勿韵》："孛，艸木盛儿（貌）。"三国魏曹丕《柳赋》："上扶疏而孛散兮，下交错而龙鳞。"引申指光芒四射的彗星。《集韵·队韵》："孛，一说彗星也。"《公羊传·昭公十七年》："有星孛于大辰。孛者何？彗星也。"又引申指人发怒变色的样子，音bó。《说文》："孛，人色也。从子。《论语》曰：'色孛如也。'"徐锴系传："言人色勃然壮盛，似草木之茂也。"《集韵·没韵》："孛，色恶也。"这个意思后来写作"勃"。《论语·乡党》："色勃如也。"（冀小军）

宋部 生部

宋 zǐ 精纽、脂部；庄纽、止韵、阻史切。

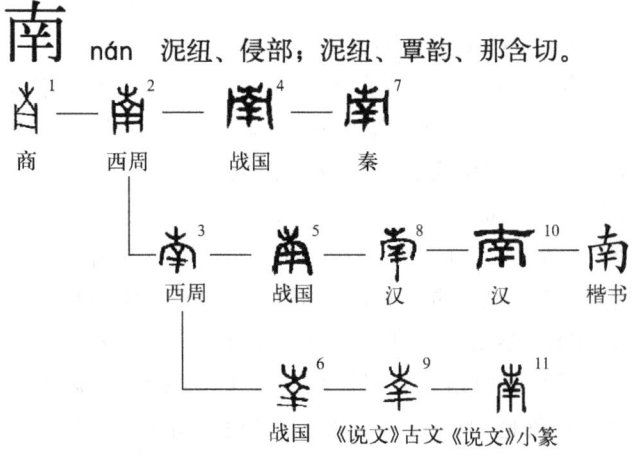

1、2《甲文编》645、953页。3、4《金文编》937页"𠂤（𣄢）"字所从。5《汉语字形表》50页"𧾷"字所从。6《说文》127页。7、9、10《篆隶表》884页"姊"字所从。8《篆隶表》403页。11、12《隶辨》342页"姊"字所从。

会意字。义为止。《说文》："宋，止也。从宋，盛而一横止之也。"按：商代文字从 𣎵（丰），从一，会植物生长受阻之意。𣎵之下半后变为一竖笔，春秋文字在竖笔中加短横（字形5）。汉代篆文两体兼备（7、8两字形。《说文》小篆讹作𣎵，故隶之于𣎵部）。字形7，隶变后作宋（字形11），再变则为宋（左侧短竖上移），楷书中多用此形；字形8，隶变后作市（字形12），与"市"（篆作巿）、"巿"二字相混，故此形渐被废弃。但从"宋"声之字，有因此而讹为从"市 shì"者（参见木部"柿 shì"字条）；从"巿 fú"声之字，亦有因此而讹为从"宋"或"宋"者（参见木部"柿 fèi"字条）。（冀小军）

南 nán 泥纽、侵部；泥纽、覃韵、那含切。

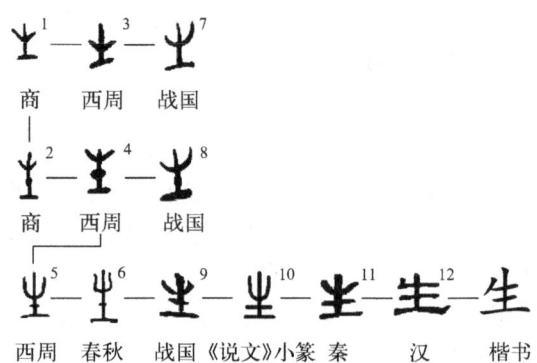

1、2、3《汉语字形表》235页。4、5、6《战文编》389页。7《睡甲》91页。8、10《篆隶表》403页。9、11《说文》127页。

假借字。商代文字作ᗩ（字形1），亦作ᗩ、ᗩ、ᗩ（《汉语字形表》235页），为独体象形字，或以为像一种瓦制的乐器。《说文》根据小篆的写法，将"南"字分析为"从宋，羊（rěn）声"，不可信。所从"宋"形之演变过程为：ᗩ（字形1、字形2所从）ᗩ（字形3所从）ᗩ（字形6、字形9所从）ᗩ（字形10所从）。本义不详。在殷墟卜辞中已借用为方位词（与"北"相对）。《合集》9738："甲午卜，亘贞：南土受年。"《诗·小雅·大东》："维南有箕，不可以簸扬。维北有斗，不可以挹酒浆。"（箕、斗：星宿名）引申指向南（走）。《墨子·贵义》："南之人不得北，北之人不得南。"又指古代南方少数民族的音乐。《诗·小雅·鼓钟》："以雅以南。"毛传："南蛮之乐曰南。"（冀小军）

生 部

生 shēng 心纽、耕部；生纽、庚韵、所庚切。

1-6、9《汉语字形表》235页。7、8《郭店》97页。10《说文》127页。11、12《篆隶表》404页。

会意字。商代文字作㞢，像草木从地面长出之形；中竖或加"·"为饰笔。西周文字承袭商代文字，或变"·"为短横，为后世文字所本。本义指（草木）生长。《说文》："生，进也。象艸木生出土上。"《荀子·劝学》："蓬生麻中，不扶自直。"引申指生育，出生。《左传·隐公元年》："初，郑武公娶于申，曰武姜，生庄公及共叔段。"《史记·秦始皇本纪》："(秦始皇帝)以秦昭王四十八年正月生于邯郸。"又指产生，发生。《玉篇·生部》："生，起也。"《正字通·生部》："生，凡事所从来曰生。"《左传·僖公三十五年》："敌不可纵，纵敌患生。"又指生产。汉贾谊《论积贮疏》："生之者甚少而靡之者甚多，天下财产何得不蹶！"又引申指活着，生存。《孙子兵法·九地》："投之亡地然后存，陷之死地然后生。"《孙膑兵法·奇正》："有生有死,万物是也。"又指生命。《荀子·王制》:"水火有气而无生,草木有生而无知。"又引申指新鲜的。《汉书·东方朔传》:"生肉为脍,干肉为脯。"又指生的(跟"熟"相对)。《史记·项羽本纪》:"项王曰:'赐之彘肩。'则与一生彘肩。"又用为"先生"的简称。《汉书·高帝纪上》:"秋八月,汉王如荥阳,谓郦食其曰:'缓颊往说魏王豹,能下之,以魏地万户封生。'"(缓颊:婉言劝说)颜师古注:"生,犹言先生。"（冀小军）

丰 fēng 滂纽、东部;滂纽、钟韵、敷容切。

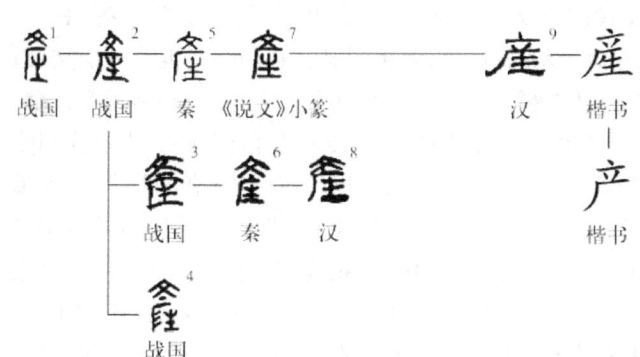

1-5《汉语字形表》235页。6《说文》127页。7《篆隶表》404页。

会意字。商代文字作 ᵜ、ᵜ,像植物根茎丰满肥大。●、◐像根茎,后简化为竖笔(中部稍粗,字形3、字形4),又加短横(字形5),短横又变为长横(字形6)。丰,丰满。《诗·郑风·丰》:"子之丰兮,俟我乎巷兮。"毛传:"丰,豐满也。"陆德明释文:"丰,面貌豐满也。"又指丰茂。《说文》:"丰,艸盛丰丰也。"《集韵·东韵》:"丰,丰茸,艸盛皃(貌)。"汉司马相如《长门赋》:"罗丰茸之游树兮,离楼梧而相撑。""丰"与"豐"意近,在明刊《清平山堂话本》中,有以"丰"代"豐"的例子。新中国成立后,"丰"被用为"豐"的简化字。（冀小军）

産(产) chǎn 心纽、元部;生纽、产韵、所简切。

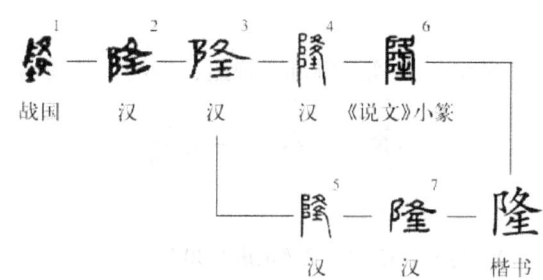

1、2、4《汉语字形表》236页。3《上博五》91页。5、8、9《篆隶表》404页。6《睡甲》92页。7《说文》127页。

形声字。从生,产声。"产",从文、厂(hǎn)声,乃"彦"之初文;"厂"上及"厂"内或加饰笔,小篆作彥,故《说文》谓"產"字所从者为"彦省";隶变后,"文"旁与"厂"之横画结合为"立",遂写作"产(字形9所从)"。本义指生。《说文》:"產,生也。"《韩非子·六反》:"且父母之于子也,产男则相贺,产女则杀之。"《晋书·羊祜传》:"有私牛于官舍产犊。"引申指出产。《左传·僖公二年》:"晋荀息请以屈产之乘与垂棘之璧假道于虞以伐虢。"杜预注:"屈地生良马,垂棘出美玉。"秦李斯《谏逐客书》:"夫物不产于秦,可宝者多;士不产于秦,而愿忠者多。"又引申指财产,产业。《孟子·滕文公上》:"民之为道也,有恒产者有恒心,无恒产者无恒心。"新中国成立后,"產"简化为"产"。（冀小军）

隆 lóng 来纽、冬部;来纽、东韵、力中切。

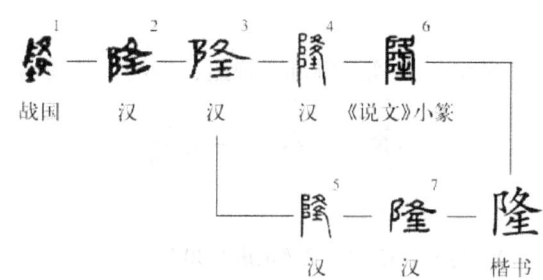

1《金文编》941页。2、3、7《篆隶表》404页。4、5《金文续编》134页。6《说文》127页。

形声字。战国文字从土,降声;西汉文字(字形2、3)从土,降省声(右下作 ⻖、王,"土"上一笔为 ⺈ 形残余的笔画)。新莽时期(字形4、5)恢复为"降声",不过,字形4的"土"旁已讹为"圭"(盖由"王"讹变而来),与"生"之或体相似(见上条"產"字字形8),于是又出现了《说文》小篆(字形6)"从生,降声"的写法。东汉隶书作隆,仍为从土、降声("土"中的竖笔亦是"降"的末笔)。楷书的字形本出自隶书,由于受到《说文》小篆的影响,右下的部分被改为形体近似的"生",写作"隆"(从生,降省声)。本义指四面高起的山。《尔雅·释山》:"宛中,隆。"郝懿行义疏:"宛中隆者,谓中央下而四边高,因其高处名之为隆。"又泛指高。《史记·高祖本纪》:"高祖为人,隆准而龙颜,美须髯。"引申指增高。《战国策·齐策一》:"虽隆薛之城到于天,犹之无益也。"又引申指尊崇。《荀子·天论》:"君人者,隆礼尊贤而王。"又引申指隆盛。《战国策·秦策一》:"当(苏)秦之隆,黄金万镒为用,转毂连骑,炫熿于道,山东之国,从风而服,使赵大重。"（冀小军）

毛部 烝部 琴部 華部 禾部 稽部 巢部 黍部

毛 部

乇 zhé 端纽、铎部；知纽、陌韵、陟格切。

乇¹ — 乇² — 乇
战国　《说文》小篆　楷书

1《战文编》391页。2《说文》127页。

构形不明。《说文》："乇，艸叶也。"此义未见用例。在古文字材料中，"乇"多用为"宅"、"毫"等形声字的声旁。（冀小军）

烝 部

烝 chuí 禅纽、歌部；禅纽、支韵、是为切。

烝¹ — 烝² — 烝
《说文》小篆　汉　楷书

1《说文》128页。2《隶辨》30页。

象形字。春秋文字作（《汉语字形表》236页，石鼓文"琴"字所从）像花叶下垂之形，是下垂之"垂"的本字。《说文》："烝，艸木華(同"花")叶烝。"段玉裁注："引伸为凡下烝之称。今字垂(垂)行而烝废矣。"峄淙铭："鲜不烝涕。"后世借用本义是边陲的"垂"字来表示，"烝"就不再使用了（参见土部"垂"字条）。（冀小军）

琴 部

琴 huā 晓纽、鱼部；晓纽、麻韵、呼瓜切。

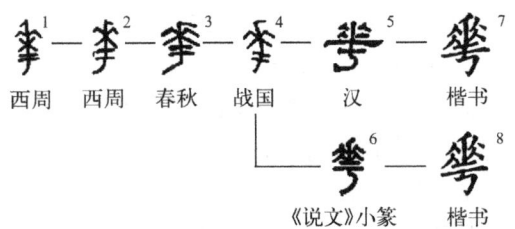
西周　西周　春秋　战国　汉　楷书
《说文》小篆　楷书

1、2、3《汉语字形表》236页。4《战文编》391页。5《篆隶表》405页。6《说文》128页。7、8《广韵·虞韵》。

"華(花)"之初文。西周金文作𦼮、𦼱，像草木之花，下有花蒂，为独体象形字。《说文》小篆作琴，下部讹为"亏" (音yú。参见亏部"亏"字条)。《说文》："琴，艸木華也。从烝，亏声。蕚，琴或从艸、从夸。"段玉裁注："此与下文蕚音义皆同。《释草》曰：'琴，蕚也。''琴、蕚，荣也。'今字花行而琴废矣。"《正字通·人部》："琴，華本字。隶作華，俗作花。"（参见下"華"字条）。（冀小军）

華 部

華(华)
huā 晓纽、鱼部；晓纽、麻韵、呼瓜切。
huá 匣纽、鱼部；匣纽、麻韵、户花切。
huà 匣纽、鱼部；匣纽、祃韵、胡化切。

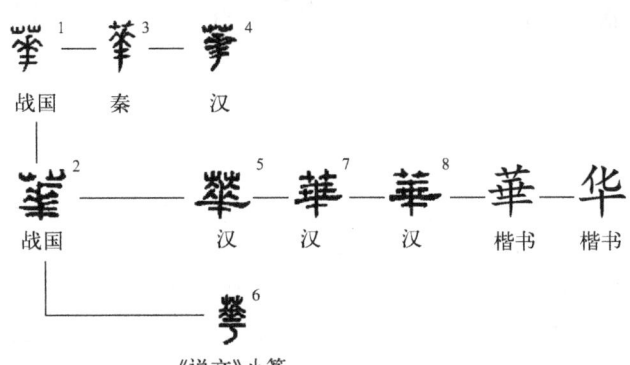
战国　秦　汉
战国　汉　汉　汉　楷书　楷书
《说文》小篆

1《汉语字形表》236页。2《战文编》391页。3、4、5、7、8《篆隶表》405页。6《说文》128页。

形声字。从艸，琴声。即"琴"字加"艸"旁之繁化形体(参见上"琴"字条)，隶作華。1.音huā。指草木之花。《说文》："華，荣也。"《诗·周南·桃夭》："桃之夭夭，灼灼其華。"汉蔡邕《释诲》："夫華离蒂而萎，条去干而枯。"又指开花。《淮南子·时则》："(仲春之月)始雨水，桃李始華。"因"華"有比较常用的变音引申义，自汉代以来为表示本义又造出"琴"、"蘤"、"花"等字。《尔雅·释草》："華，蕚也。"又："華、蕚，荣也。"《说文》以"蕚"为"琴"之或体，收在"琴"字下。《广雅·释草》："蘤，花，華也。"《后汉书·张衡传》："百卉含蘤。"李贤注引张氏《字诂》云："蘤，古花字也。"《广韵·麻韵》："華，呼瓜切。花，俗，今通用。"新中国成立后，"蘤"作为异体字并入了"花"字。2.音huá。指光彩，光辉。《尚书大传》卷一："日月光華，旦复旦兮。"《淮南子·地形》："(扶桑木)末有十日，其華照下地。"又指华丽，华美。汉王充《论衡·自纪》："论贵是而不务華。"又指中国，亦称华夏。《左传·定公十年》："裔不谋夏，夷不乱華。"孔颖达疏："中国有礼义之大，故称夏；有服章之美，故谓之華。華夏一也。"新中国成立后，"華"简化为"华"。3.音huà。华山，在陕西省华阴县，又名太华山，古称西岳。《集韵·祃韵》：

"崋，《说文》：'山，在弘农华阴。'或作華。"今简化为"华"。（冀小军）

皣 yè 匣纽、葉部；云纽、葉韵、筠辄切。

皣《说文》小篆 楷书

1《说文》128页。

会意字。从華（花），从白。草木白花貌。《说文》："皣，艸木白華也。"段玉裁注据《文选·西都赋》注改"也"为"皃（貌）"。晋左思《白发赋》："予观橘柚，一暠一皣，贵其素華，匪尚绿叶。"（冀小军）

禾 部

禾 jī 见纽、脂部；见纽、齐韵、古奚切。

禾《说文》小篆 楷书

1《说文》128页。

指事字。从木而屈其首，表示树枝受到阻碍而不能上长。《说文》："禾，木之曲头，止不能上也。"《广韵·齐韵》："禾，木不长也。"从"禾"之字，后世改为从"禾"（参见下"稽"字条）。（冀小军）

稽 部

稽 jī 见纽、脂部；见纽、齐韵、古奚切。
qǐ 溪纽、脂部；溪纽、荠韵、康礼切。

《说文》小篆　汉　汉　楷书

1《秦文》454页。2《说文》128页。3-7《篆隶表》405、406页。

形声字。小篆从禾，从尤，旨声。隶书改"禾"为形近的"禾"，后世因之。1.音jī。本义指留止，停留。《说文》："稽，留止也。"《管子·君臣上》："令出而不稽。"《后汉书·段颎传》："稽固颎军，使不得进。"又指查考，考核。《书·大禹谟》："无稽之言勿听。"《荀子·非相》："兼听而时稽之。"又指计较，争论。汉贾谊《陈政事疏》："妇姑不相说，则反唇相稽。"2.音qǐ。稽首，古时一种跪拜礼，叩头至地且停留片刻。《周礼·春官·大祝》："一曰稽首，二曰顿首，三曰空首。"贾公彦疏："空首者，先以两手拱至地，乃头至手，是为空首也。以其头不至地，故名空首。顿首者，为空首之时，引头至地，首顿地即举，故名顿首。一曰稽首，其稽，稽留之字，头至地多时则为稽首也。"《书·舜典》："禹拜稽首，让于稷、契暨皋陶。"《孟子·万章下》："再拜稽首而受。"（冀小军）

巢 部

巢 cháo 从纽、宵部；崇纽、肴部、鉏交切。

西周　秦　汉　汉　楷书
战国　《说文》小篆

1《汉语字形表》236页。2《望山楚简》189页。3、4、5《篆隶表》406页。6《说文》128页。

象形字。商代文字作 、 （《甲文编》444页，"澡"字所从），像树上有鸟巢。巢形之演变序列为：（商代文字所从）（同前）（字形1所从）（字形3所从）（字形5所从）（字形6所从）（楷书所从）。字形2所从作 ，是楚国文字的特殊写法（参见木部"栗"字条）。《说文》小篆所从作 ，系字形讹变。本义是鸟窝。《说文》："巢，鸟在木上曰巢，在穴曰窠。"《诗·召南·鹊巢》："维鹊有巢，维鸠居之。"也指上古未有房屋之前人在树上的住处，或其他动物在树上做的窝。《韩非子·五蠹》："上古之世，构木为巢以避群害。"《汉书·五行志中之上》："长安城南有鼠衔黄蒿、柏叶，上民家柏及榆树上为巢。"引申指做窝。《庄子·逍遥游》："鹪鹩巢于深林，不过一枝；偃鼠饮河，不过满腹。"（冀小军）

桼 部

桼 qī 清纽、质部；清纽、质韵、亲吉切。

漆 — 漆 — 漆 — 漆 — 漆 — 漆 — 漆
战国　战国　战国　秦　汉　《说文》小篆　楷书

1、2、3《战文编》391页。4《睡甲》92页。5《篆隶表》406页。6《说文》128页。

象形字。"生漆"之"漆"的本字。春秋文字作漆（《汉语字形表》442页，曾伯簠"霥"字所从），从木，两侧的斜点儿像流出的漆汁。战国文字斜点儿的数目、位置均不固定。秦代文字作漆，斜点儿移至下方。《说文》小篆作漆，为后世楷书所本。本义指漆树皮里的黏汁，又叫生漆，可用作涂料。也指漆树。《说文》："桼，木汁，可以髹物。"段玉裁注："木汁名桼，因名其木曰桼。今字作漆而桼废矣。漆，水名也，非木汁也。《诗》、《书》'梓漆'、'漆丝'皆作漆，俗以今字易之也。"《汉书·贾山传》："冶铜锢其内，桼涂其外。"又《货殖传·巴寡妇清》："陈、夏千亩桼。"颜师古注："种桼树而取其汁。"引申指黑色。《周礼·春官·巾车》"漆车"郑玄注："漆车，黑车也。"又指用生漆涂。《史记·刺客列传》："豫让又漆身为厉（疠），吞炭为哑。""桼"又借用为数目字。清段玉裁《说文解字注》："汉人多叚桼为七字。"汉扬雄《太玄·攡》："运诸桼政。"范望注："桼政，日、月、五星也。"新中尚方钟："始建国四年桼月。"西汉时隶书"七"作 七 （参见七部"七"字条），借用"桼"字是为了与形近的"十"相区别。此外，公元四世纪前后，在帐目、契约等文书中，"七"又往往写作"柒"。吐鲁番出土文书《北凉玄始十一年（422）马受条呈为酒事》："合用酒柒斛。"《广韵·质韵》："漆，水名。柒，俗。"借"柒"为"七"，则是为了防止对数目的篡改。后世沿用，遂以"柒"为数词"七"之大写。（冀小军）

髹　xiū　晓纽、幽部；晓纽、尤韵、许尤切。

髹 — 髹 — 髹 — 髹
秦　汉　《说文》小篆　楷书

1、2《篆隶表》407页。3《说文》128页。

形声字。从桼，髟（biāo）声。"髟"本不从"彡"（参见髟部"髟"字条），《说文》小篆"髹"字从"髟"是晚出的写法。用漆涂饰器物，刷漆。《说文》："髹，桼也。"段玉裁注："韦昭曰：'刷桼曰髹。'师古曰：'以桼桼物谓之髹。'"睡虎地秦墓竹简《效律》："殳、戟、弩，髹泭 相易也，勿以羸、不备，以职（识）耳不当之律论也。"（殳、戟、弩，涂黑漆和涂红漆的调换了，不要认为是超过或不足数的问题，应按标错

次第的法律论处）也指漆。睡虎地秦墓竹简《秦律十八种·工律》："公甲兵各以其官名刻久（刻久：刻上标记）之，其不可刻久者，以丹若髹书之。"字亦作"髤"、"髤"。《集韵·尤韵》："髹、髤、髤，《说文》：'桼也。'或从休，亦省。"（冀小军）

麭　pào　滂纽、幽部；滂纽、效韵、披教切。
　　páo　並纽、幽部；並纽、肴韵、薄交切。

麭 — 麭
《说文》小篆　楷书

1《说文》128页。

形声字。从桼，包声。1.音pào。在木器上涂漆灰，待干后磨平再上漆。《说文》："麭，桼垸已，复桼之。"段玉裁注："垸者，以桼骹灰垸而髹也。既垸之复桼之以光其外也。"2.音páo。赤黑之漆。《广韵·肴韵》："麭，赤黑之漆。"（冀小军）

束　部

束　shù　书纽、屋部；书纽、烛韵、书玉切。

束 — 束 — 束 — 束 — 束 — 束 — 束
商　商　西周　战国　《说文》小篆　秦　汉　楷书

1、2、3《金文编》1151、423页。4《湖北出土商周文字辑证》图版78。5《说文》128页。6、7《篆隶表》407页。

指事字。商代金文作束（字形1），省作束（字形2），像两头用绳索扎住的橐（橐无底，所以盛物时要扎住两头），是"束"字的初文，也是"橐"字的初文（参见橐部"橐"字条）；又曾借为"束"本义是系，捆。《说文》："束，缚也。"《诗·鄘风·墙有茨》："墙有茨，不可束也。"《左传·襄公二十八年》："士皆释甲束马而饮酒。"引申指约束，拘束。《玉篇·木部》："束，约束。"《庄子·秋水》："曲士不可以语于道者，束于教也。"又用为量词，捆儿。《诗·王风·扬之水》："扬之水，不流束薪。"（冀小军）

柬　jiǎn　见纽、元部；见纽、产韵、古限切。

柬 — 柬 — 柬 — 柬
西周　战国　《说文》小篆　楷书

1、2《金文编》423页。3《说文》128页。

构形不明。西周金文作𣐺，从束，中有两点儿。在战国文字中，两点儿变为"八"；《说文》小篆从之，解为"从束，从八。八，分别也"。"柬"，选择。后作"拣（揀）"。《尔雅·释诂下》："柬，择也。"《说文》："柬，分别简之也。"邵瑛群经正字："今俗作揀，经典作柬。"《荀子·修身》："安燕而血气不惰，柬理（柬理：选择合宜）也。"又指信札、名帖等。清朱骏声《说文通训定声·乾部》："叚借为简，今用为柬帖字。"（冀小军）

剌 là　来纽、月部；来纽、曷韵、卢达切。

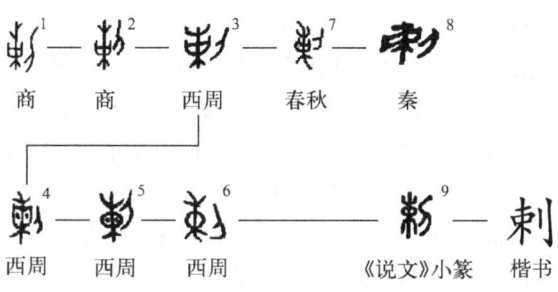

商　商　西周　春秋　秦

西周　西周　西周　《说文》小篆　楷书

1、2《甲文编》275页。3-7《金文编》423~424页。8《秦简牍文字汇编》140页。9《说文》128页。

商代甲骨文作𠛱，从刀，左旁不明；西周金文左旁异形颇多（见《金文编》423~424页），或作𠛱（字形6所从），形近于"束"，为《说文》小篆所本（秦简左旁的写法仍与一般的"束"字不同，参看上"柬"字条），后世沿用至今。《说文》："剌，戾也。"段玉裁注："戾者，违背之意。"汉司马迁《报任安书》："今少卿乃教以推贤进士，无乃与仆私心剌谬乎！"在古文字材料中，"剌"多用于假借义：1.借为"烈"，指显赫。珊生簋二："用乍（作）朕剌（烈）且（祖）釐（召）公尝簋。"又指功业。盠壶："以追庸（诵）先王之工（功）剌（烈）。"又重言"烈烈"，威武貌。秦公簋："剌剌（烈烈）趄趄（桓桓）。"2.借为"列"，众。中山王鼎："辟启封疆，方覃（数）百里，剌（列）城雩（数）十。"3.借为"厉"。克钟："王才（在）周康剌（厉）宫。"（剌宫：厉王的宗庙）睡虎地秦墓竹简《日书》甲种"剌鬼"，一说即厉鬼。（冀小军）

橐部

㯱 hùn 匣纽、文部；见纽、混韵、胡本切。

𣕫—橐

《说文》小篆　楷书

1《说文》128页。

形声字。从㯻（tuó），圂声。"㯻"，"橐"字初文（参见下"橐"字条）。小篆"㯱"中的"囗"是形旁和声旁共用的部分，既是"㯻"中像橐的部分，又是"圂"字的外框。"㯱"，捆束。《说文》："㯱，橐也。"徐锴系传："㯱，束缚囊橐之名。"王筠句读："凡束皆谓之㯱，今谚犹然。"（冀小军）

橐 tuó 透纽、铎部；透纽、铎韵、他各切。

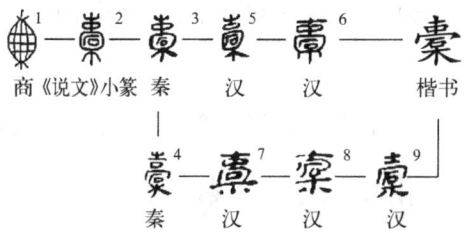

商　《说文》小篆　秦　汉　汉　楷书

秦　汉　汉　汉

1《金文编》1151页。2《说文》128页。3、4《睡甲》93页。5-9《篆隶表》407页。

形声字。从㯻（tuó），石声。无底的口袋。《史记·郦生陆贾列传》司马贞索隐引《埤苍》："有底曰囊，无底曰橐。"也泛指口袋。《说文》"橐"、"囊"互训，古书中二字常连用。《诗·大雅·公刘》："乃裹糇粮，于橐于囊"。汉王充《论衡·论死》："人之精神藏于形体之内，犹粟米在囊橐之中也。"㯻，商代金文作（字形1），像两头用绳索扎住的橐（橐无底，所以盛物时要扎住两头），是"橐"字的初文，也是"束"字的初文；甲骨文省作（《甲文编》766页，"橐"字所从），西周金文作（《金文编》425页，"橐"字所从）；春秋文字在的上部又增加了象征绳索的小圈儿，写作（《汉语字形表》237页，"橐"字所从）；《说文》小篆作（字形2），加"石"为声旁（"石"禅纽、铎韵）。在秦汉文字中，旁的下半"木"逐渐与上半分离，进而演变成"木"。（冀小军）

囊 náng 泥纽、阳部；泥纽、唐韵、奴当切。

𣡄—𣡃—𣡅—𣡆—囊

《说文》小篆　秦　汉　汉　楷书

1《说文》128页。2《睡甲》93页。3、4《篆隶表》408页。

形声字。初文作（《金文编》425页，"𣡃"字所从），像扎住袋口的囊（小圈儿象征扎系袋口的绳索），象形字。后改为从橐("囊"之初文)的形声字。小篆及秦汉古隶从橐,襄省声;草书与楷书则是从橐省(省去"木"),襄省声。以上各体虽然均从襄省声,但所省者各不相同:小篆"襄"字作𧟲(从衣,㐰声),字形1所从省去了"衣"旁;古隶"襄"字作𧟄、𧟅,字形2、字形3所从都省去"㐰"和"衣"的下半;隶书"襄"字作𧟆,草书(字形4)所从省去了"亠";楷书则仅省去了"亠"。"囊",本义是口袋。《史记·平原君列传》:"平原君曰:'夫贤士之处世也,譬若锥之处囊中,其末立见。'"汉王充《论衡·无形》:"形之血气也,犹囊之贮粟米也。"引申指用口袋盛物。汉桓谭《新论·求辅》:"虽积和璧,累夏璜,囊隋侯,箧夜光,未足以喻也。"明马中锡《中山狼传》:"策蹇驴,囊图书。"(冀小军)

橐 pāo 滂纽、幽部;滂纽、豪韵、普袍切。

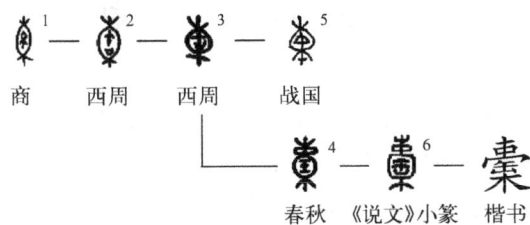

商　西周　西周　战国

春秋　《说文》小篆　楷书

1《甲文编》766页。2、3、4《汉语字形表》237页。5《战文编》377页。6《说文》129页。

形声字。商代、西周及战国文字从𠙴("橐"之初文),缶声;春秋文字及《说文》小篆从橐(亦"橐"之初文。参见上"囊"字条),缶声。本义指口袋盛物后鼓起的样子。《说文》:"橐,囊张大皃(貌)。"引申指包裹。石鼓文:"其鱼佳(唯)可(何)?佳(唯)鱮佳(唯)鲤。可(何)㠯(以)橐之?佳(唯)杨及柳。"(冀小军)

囗部

囗 wéi 匣纽、微部;云纽、微韵、雨非切。

《说文》小篆　楷书

1《说文》129页。

象形字。像围起来的一块地方。《说文》:"囗,回也,象回帀(匝)之形。"(回匝:回转一周)"囗"只用作偏旁,从"囗"之字,意义大多跟区域或界围有关。(冀小军)

圜 yuán 匣纽、元部;云纽、仙韵、王权切。
　　　huán 匣纽、元部;匣纽、删韵、户关切。

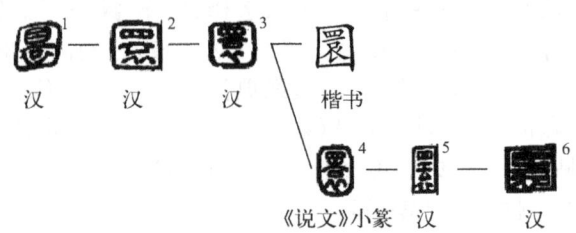

汉　汉　汉　楷书

《说文》小篆　汉　汉

1、2、3、5、6《篆隶表》408页。4《说文》129页。

形声字。从囗,瞏(huán)声。"瞏",下或从"袁",始见于东汉。"圜",本义指圆,音yuán。《广雅·释诂三》:"圜,圆也。"《周礼·考工记·舆人》:"圜者中规,方者中矩。"《楚辞·九辩》:"圜凿而方枘兮,吾固知其鉏铻而难入。"引申指天。《说文》:"圜,天体也。"《易·说卦》:"乾为天,为圜。"《楚辞·天问》:"圜则九重,孰营度之?"又引申指钱币。《汉书·食货志下》:"太公为周立九府圜法。"颜师古注引李奇曰:"圜即钱也。"又引申指环绕,音huán。《广韵·删韵》:"圜,围。"《集韵·删韵》:"圜,绕也。"《列子·说符》:"有悬水三十仞,圜流九十里,鱼鳖弗能游,鼋鼍弗能居也。"(冀小军)

團(团) tuán 定纽、元部;定纽、桓韵、度官切。

《说文》小篆　楷书　楷书

1《说文》129页。

形声字。从囗,專声。本义是圆。《说文》:"團,圜也。"《玉篇·囗部》:"團,圆也。"《墨子·经下》:"鉴團景一。"孙诒让间诂:"盖谓鉴正圜则光聚于一。"南朝梁吴均《八公山赋》:"桂皎月而常團,云望空而自布。"引申指圆形的东西。宋杨万里《三山荔枝》:"甘露落来鸡子大,晓风冻作水晶團。"又引申指聚集。唐张说《东都酺宴》:"争驰群鸟散,斗伎百花團。"又用为量词。宋陆游《岁暮》:"啖饭着衣常苦懒,为谁欲理一團丝?"又为军队编制单位。《新唐书·兵志》:"士以三百人为團,團有校尉。"新中国成立后,"團"简化为"团"。(冀小军)

圓(圆) yuán 匣纽、元部;云纽、仙韵、王权切。

圓 ― 圓 ― 圓 ― 圆
战国 《说文》小篆 楷书 楷书

1《战文编》393页。2《说文》129页。

形声字。从口,員声。字本作"員",因"員"多用于假借义,遂加"口"旁分化出"圓"字来表示本义。字形1所从"口"旁变为匚,所从"員"旁下半尚未变成"貝"(参见員部"員"字条)。本义指圆形。《墨子·法仪》:"百工为方以矩,为圆以规。"《荀子·赋篇》:"圆者中规。"又代指天。古人以为天圆地方,故称天为"圆"。《淮南子·本经》:"戴圆履方。"引申指完整,周全。《说文》:"圓,圜,全也。"南朝梁刘勰《文心雕龙·镕裁》:"故能首尾圆合。"成语有"自圆其说"。新中国成立后,"員"简化为"员","圓"类推简化为"圆"。(冀小军)

回 huí 匣纽、微部;匣纽、灰韵、户恢切。

回 ― 回 ― 回 ― 回 ― 回
商 商 西周 战国 《说文》古文

回 ― 回 ― 回 ― 回 ― 回
战国 《说文》小篆 汉 汉 楷书

1、2《甲文编》517页。3《金文编》425页。4《古文典》1180页。5、7《说文》129页。6《战文编》393页。8、9《篆隶表》408页。

象形字。商周文字均像回环旋转之形,战国时秦文字变为从内外两个封闭的环形,为后世文字所本。本义指旋转。《说文》:"回,转也。"《荀子·致士》:"水深而回。"《古诗十九首》之十二:"回风动地起,秋草萋以绿。"引申指掉转。《楚辞·离骚》:"回朕车以复路兮,及行迷之未远。"又指转变。汉贾谊《陈政事疏》:"夫移风易俗,使天下回心而乡[向]道,类非俗吏之所能为也。"又指还,返。唐贺知章《回乡偶书》:"少小离家老大回,乡音无改鬓毛衰。"又指答复。宋沈括《梦溪笔谈·人事二》:"有一县令使人独不肯去,须责回书。"又引申指迂回。《汉书·李广传》:"东道少回远。"颜师古注:"回,绕也,曲也。"又指邪僻。《左传·襄公二十三年》:"奸回不轨,祸倍下民可也。"又用为量词,次。唐杜甫《百忧集行》:"庭前八月梨枣熟,一日上树能千回。"(冀小军)

圖(图) tú 定纽、鱼部;定纽、模韵、同都切。

圖 ― 圖 ― 圖 ― 圖 ― 圖 ― 圖 ― 圖 ― 图
西周 西周 战国 三体石经古文 《说文》小篆 汉 楷书 楷书

1-4《汉语字形表》238页。5《说文》129页。6《篆隶表》408页。

会意字。从口,从啚。本义是地图。《周礼·夏官·职方氏》:"职方氏掌天下之图以掌天下之地。"郑玄注:"天下之图,如今司空舆地图也。"《史记·刺客列传》:"秦王发图,图穷而匕首见。"引申指图画。《史记·留侯世家》:"余以为其人计(大概)魁梧奇伟,至见其图,状貌如妇人好女。"《汉书·苏武传》:"然不得列于名臣之图。"也指绘图,绘画。中山王墓兆域图:"王命贾为逃(兆)乏(窆)阔闼(狭)少(小)大之□(度),又(有)事(司)者(诸)官图之。"《淮南子·氾论》:"今夫图工好画鬼魅而憎图狗马者,何也?"又引申指谋划。《尔雅·释诂上》:"图,谋也。"《诗·大雅·烝民》:"民鲜克举之,我仪图之。"毛传:"仪,度也。图,谋也。"《商君书·更法》:"君其图之!"又指谋取。《左传·隐公元年》:"无使滋蔓,蔓难图也。"《战国策·秦策四》:"韩魏从而天下可图也。"又指意图。晋陆机《五等论》:"故强晋收其请隧之图,暴楚顿其观鼎之志。"新中国成立后,"圖"简化为"图"。(冀小军)

國(国) guó 见纽、职部;见纽、德韵、古或切。

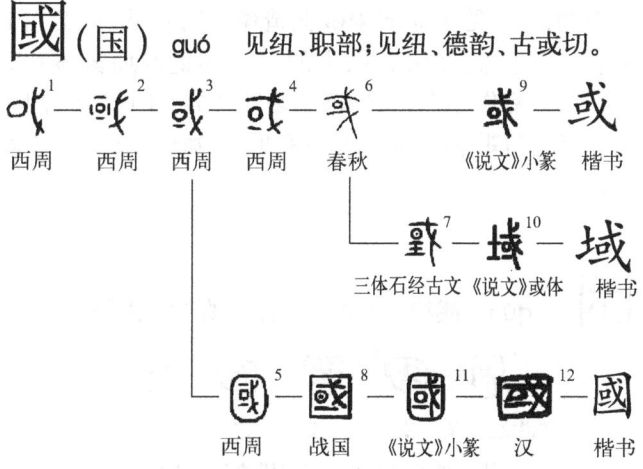

或 ― 或 ― 或 ― 或 ― 或 ― 或
西周 西周 西周 西周 春秋 《说文》小篆 楷书

― 或 ― 域 ― 域
三体石经古文 《说文》或体 楷书

或 ― 國 ― 國 ― 國 ― 國
西周 战国 《说文》小篆 汉 楷书

1《金文编》1257页。2、3、4、6《金文编》826页。5《金文编》426页。7《汉语字形表》238页。8《古陶徵》53页。9、10《说文》266页。11《说文》129页。12《篆隶表》409页。

形声字。从口,或声。"國"之初文作"或",始见于西周金文,会意字。字形1从口、从戈,口象征疆域领土,戈为"柲"(兵器之柄)之初文(参见八部"必"字条),表示以武器守卫;字形2从囗,像"或"有四至;字形3省去囗中左右两竖笔,字形4又将上面的横笔与戈相交而成

"戈"字（为后世文字所本）。因借用为或然之"或"及疑惑之"或"，遂加"囗"旁作"國"（字形5），或加"邑"旁作"邦"（《金文编》826页，师袁簋）以表示本义；战国文字中又出现了加"土"旁的"域"（字形7，三体石经古文）和加"宀"旁的"寴"（《郭店》112页，郭店楚简《缁衣》），均为形声字。其中"邦"、"寴"二字后世不再使用，"或"、"域"、"國"则分化为三个不同的字（《说文》："國，邦也。"戈部："或，邦也。……域，或又从土。"是"或"、"域"、"國"古本一字）。本义指疆域，地域。这个意思后来写作"域"。引申指地区，区域。何尊："武王既克大邑商，则廷告于天，曰：余宅兹中或（國），自之辥民。"（中國：指周王朝疆域内的中心地区，即洛邑。辥：治理。)《书·洛诰》："作新大邑于东國洛，四方民大和会。"又引申指分封的诸侯国。《周礼·天官·大宰》："大宰之职，掌建邦之六典，以佐王治邦國。"贾公彦疏："《周礼》凡言邦國者，皆是诸侯之國。"秦公钟："我先且（祖）受天命商（赏）宅受或（國）。"《左传·昭公二十八年》："昔武王克商，光（广）有天下，其兄弟之國者十有五人，姬姓之國者四十人，皆举亲也。"后泛指国家。《论语·学而》："道(dǎo)千乘之國，敬事而信，节用而爱人，使民以时。"也指国都。《左传·隐公元年》："先王之制，大都(dū)不过参(sān)國之一。"（参國之一：国都的三分之一）《史记·乐毅列传》："轻卒锐兵，长驱至國。""國"俗书作"国"，始见于北齐宋敬业造像，从囗、从王，会"囗中有王"之意。在宋元以来的一些小说戏曲刻本中，"國"字多写作"国"（见《宋元以来俗字谱》41页）。新中国成立后，"國"简化为"国"（在"囯"中加点儿而成）。（冀小军）

囷

qūn 溪纽、文部；溪纽、真韵、去伦切。

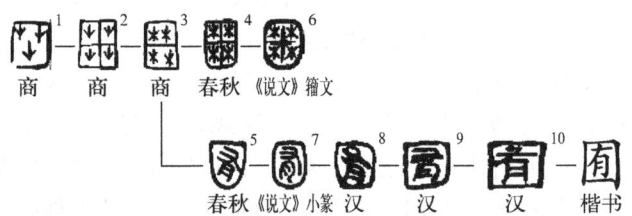

1《战文编》393页。2《说文》129页。3《睡甲》93页。4《篆隶表》409页。

会意字。从禾在囗中。圆形的粮仓。《说文》："囷，廪之圆者。"《诗·魏风·伐檀》："不稼不穑，胡取禾三百囷兮。"毛传："圆者为囷。"陕西临潼上焦村7号秦墓出土的圆形陶仓，门上的部分刻有一"囷"字，可知这种圆形粮仓确实为囷。睡虎地秦墓竹简《日书》甲种："囷居宇西北阴（陋，这里指宅院的角落），不利。"（冀小军）

圈

juàn 群纽、元部；群纽、狝韵、渠篆切。
juān

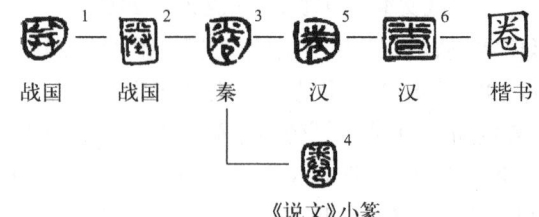

1《包山》94页。2《战文编》393页。3《睡甲》93页。4《说文》129页。5、6《篆隶表》409页。

形声字。战国文字字形1从囗，弮(juàn)声。"弮"由 ⿱ 演变而来，隶变后作关，即"卷"、"拳"、"券"等字的声旁，与"腾"、"胜"等字（参看贝部"賸"字条中的"关"来源不同。字形2在"弮"下增"土"旁。秦文字从囗、卷声，为后世文字所本。本义指饲养家畜的有栅栏的地方。《说文》："圈，养畜之闲也。"睡虎地秦墓竹简《日书》甲种："圈居宇西南，贵吉。"也指养猛兽的地方。《淮南子·主术》："养虎豹犀象者，为之圈槛，供其嗜欲。"《汉书·张释之传》："(释之)从行，上登虎圈。"颜师古注："圈，养兽之所也。"引申又指拘禁，音juān。《晋书·刘颂传》："魏氏承之，圈闭亲戚，幽囚子弟，是以神器速倾。"（冀小军）

囿

yòu 匣纽、之部；云纽、宥韵、于救切。

1-5《汉语字形表》238~239页。6、7《说文》129页。8、9、10《篆隶表》410页。

形声字。从囗，有声。"囿"是古代供田猎用的大园子，里面有大量草木使鸟兽得以栖身，商代文字作 ⿴、⿴，是象形字。春秋时出现从囗、有声的形声字，为后世文字所本。《说文》："囿，苑有垣也。……一曰，禽兽曰囿。"王筠句读："以苑释囿者，《周礼·囿人》注：'囿，今之苑。'然则古名囿，汉名苑也。"《诗·大雅·灵台》："王在灵囿，麀鹿攸伏。"毛传："囿，所以域养鸟兽也。"《国语·周语中》："薮有圃草，囿有林池。"韦昭注："囿，苑也。"泛指菜园、果园。《大戴礼记·夏小正》："(正月)囿有见韭。"

又：“(四月)囿有见杏。”也比喻事物会聚的地方。汉司马相如《上林赋》：“游于六艺之囿，驰骛乎仁义之塗。”南朝梁萧统《文选序》：“历观文囿，泛览辞林。”从本义引申又指局限，拘泥。《庄子·徐无鬼》：“知士无思虑之变则不乐，辩士无谈说之序则不乐，察士无凌谇之事则不乐，皆囿于物者也。”（冀小军）

園（园）yuán 匣纽、元部；云纽、元韵、雨元切。

1《汉语字形表》239页。2《说文》129页。3、4《睡甲》93页。5、6《篆隶表》410页。

形声字。从囗，袁声。园有垣篱的种蔬菜、花果、树木的地方。《说文》：“園，所以树果也。”《诗·郑风·将仲子》：“将仲子兮，无逾我园，无折我树檀。”毛传：“园，所以树木也。”《墨子·非攻》：“今有一人，入人园圃，窃其桃李。”特指花园。南朝宋刘义庆《世说新语·简傲》：“王子敬自会稽经吴，闻顾辟疆有名园。”宋李格非《洛阳名园记》：“洛阳园池多因隋唐之旧。”又比喻事物丛集之处。汉司马相如《上林赋》：“修容乎礼园，翱翔乎书圃。”在元代以来的一些小说戏曲刻本中，"園"多简作"园"（音符替换）。新中国成立后，"園"简化为"园"。（冀小军）

圃 pǔ 帮纽、鱼部；帮纽、姥韵、博古切。

1《甲文编》881页。2、3《金文编》426页。4《包山》93页。5《说文》129页。6、7《篆隶表》410页。

形声字。从囗，甫声。商代文字作 ，从田、从屮，像长有菜蔬之地。西周文字作 ，加"囗"表示地有界围；或作 ，从囗，尃声（先秦古文字"尃"上均从"屮"，从"甫"作者始见于《说文》小篆。参见寸部"尃"字条）。战国文字作 ，"屮"中之"丨"声化为"父"。《说文》小篆改为从囗、甫声之"圃"，为后世文字所本。本义指菜园子。《说文》：“圃，种菜曰圃。”《玉篇·囗部》：“圃，菜园。”《诗·齐风·东方未明》：“折柳樊圃，狂夫瞿瞿。”毛传：“圃，菜园也。折柳以为藩园。”后也指种植花草、果木的园子。引申指种菜，也指种菜的人。《论语·子路》：“樊迟请学稼，子曰：'吾不如老农。'请学为圃，曰：'吾不如老圃。'”何晏集解引马融曰：“树菜蔬曰圃。”又比喻事物丛集之处。汉司马相如《上林赋》：“修容乎礼园，翱翔乎书圃。”（冀小军）

因 yīn 影纽、真部；影纽、真韵、於真切。

1《甲文编》412页（原形"衣"内误摹作"火"）。2、5、6《金文编》426页。3、4《郭店》98页。7《说文》129页。8《睡甲》93页。9《篆隶表》410页。

商代甲骨文（字形1）作 ，从人在衣中。西周金文形 ，将像衣形的部分改为随体诘诎的线条，以示衣之着于人体。商代甲骨文另有或体作 （《甲文编》841页）、 （《新甲骨文编》373页），即由金文此类写法简省而成。战国楚系文字作 、 ，乃承袭西周金文；齐系及中山文字（字形6、7）则将随体诘诎的线条整齐为方形，遂为后世文字所本。"因"，即"裀"之初文，本义指内衣。《字汇·衣部》：“裀，近身衣也。”楚文字"裀"字作 （《战国楚简》27页），即在字形3的基础上又增加了意符。由"近身衣"引申，又指亲。《广雅·释诂三》：“因，亲也。”《仪礼·丧服》：“继母之配父，与因母同。”郑玄注：“因，犹亲也。”唐韩愈《祭薛助教文》：“同官太学，日得相因。”又指顺，随，缘。《广韵·真韵》：“因，缘也。”《庄子·养生主》：“批大郤，道大窾，因其固然。”《史记·孙子吴起列传》：“善战者，因势而利导之也。”又指于是。繭鼎：“因付乎（厥）且（祖）仆二家。”（字形2）《史记·高祖本纪》：“秦军解，因大破之。”又引申指因袭，承袭。《广韵·真韵》：“因，仍也。”《论语·为政》：“殷因于夏礼，所损益可知也。”《三国志·魏书·程昱传》：“转相因仍，莫正其本。”又指依托，凭借。《说文》：“因，就也。”《孟子·离娄上》：“为高必因丘陵，为下必因川泽。”《史记·平原君虞卿列传》：“公等录录，所谓因人成事者也。”又指趁着。《三国志·魏书·郭嘉传》：“因其无备，卒然击之。”又引申指原因，原由。汉邹阳《狱中上梁王书》：“故无因而至前，虽出随珠和璧，犹结怨而不见德。”又指由于。

《史记·卫将军骠骑列传》："因前使绝国功,封骞博望侯。"（冀小军）

囹 líng 来纽、真部；来纽、青韵、郎丁切。

囹¹—囹²
《说文》小篆　汉　楷书

1《说文》129页。2《篆隶表》411页。

形声字。从囗,令声。监狱。《说文》："囹,狱也。"桂馥义证："《白虎通》：'三王始有狱,夏曰夏台,殷曰牖里,周曰囹圄。'"《玉篇·囗部》："囹,囹圄,狱也。"《史记·秦始皇本纪》："虚囹圄而免刑戮。"宋陆游《晚凉述怀》："屏医却药疾良已,破械空囹盗自消。"（冀小军）

圄 yǔ 疑纽、鱼部；疑纽、语韵、鱼巨切。

圄¹—圄²
《说文》小篆　汉　楷书

1《说文》129页。2《篆隶表》411页。

形声字。从囗,吾声。本义是监狱。《广韵·语韵》："圄,囹圄,周狱名。"《晏子春秋·内篇·谏下一》："景公藉重而狱多,拘者满圄,怨者满朝。"引申指囚禁。《玉篇·囗部》："圄,禁囚也。"《左传·宣公四年》："圄伯嬴于轑阳而杀之。"又通"御",抵御(音yù)。《战国策·赵策三》："告以理则不可,说以义则不听,王非战国守圄之具,其何以当之？"（冀小军）

囚 qiú 邪纽、幽部；邪纽、尤韵、似由切。

囚¹—囚²—囚³—囚⁴
三体石经古文　《说文》小篆　秦　汉　楷书

1《汉语字形表》239页。2《说文》129页。3《睡甲》93页。4《篆隶表》411页。

会意字。从人在囗中。本义是关押,拘禁。《尔雅·释言》："囚,拘也。"《韩非子·外储说左上》："王因囚而问之。"引申指囚犯。《史记·高祖本纪》："七月,太上皇崩栎阳宫。楚王、梁王皆来送葬。赦栎阳囚。"又指俘虏。《左传·成公十六年》："明日复战,乃逸楚囚。"（冀小军）

固 gù 见纽、鱼部；见纽、暮韵、古暮切。

固¹—固²—固³—固⁴—固⁵
战国　《说文》小篆　秦　汉　汉　楷书

1《战文编》394页。2《说文》129页。3《睡甲》94页。4、5《篆隶表》411页。

形声字。从囗,古声。本义指坚固。《玉篇·囗部》："固,坚固也。"清段玉裁《说文解字注·囗部》："凡坚牢曰固。"《左传·襄公十年》："晋荀偃、士匄请伐偪阳,而封宋向戌焉。荀罃曰：'城小而固,胜之不武,弗胜为笑。'"《庄子·胠箧》："然则巨盗至,则负匮、揭箧、担囊而趋,唯恐缄、縢、扃、鐍之不固也。"引申指地势险要。《说文》："固,四塞也。"徐锴系传："《周礼》曰：'负固不服。'守天下之要塞也。"汉贾谊《过秦论》："秦孝公据崤函之固,拥雍州之地。"又引申指安定。《国语·鲁语上》："晋始伯而欲固诸侯,故解有罪之地以分诸侯。"《史记·留侯世家》："(张)良因说汉王曰：'王何不烧绝所过栈道,示天下无还心,以固项王意？'"又指固定。《韩非子·五蠹》："是以赏莫如厚而信,使民利之；罚莫如重而必,使民畏之；法莫如一而固,使民知之。"又指固执。《论语·子罕》："子绝四：毋意,毋必,毋固,毋我。"又指坚决。《左传·隐公四年》："固请而行。"又指必定。《左传·桓公五年》："蔡、卫不枝,固将先奔。"又指本来。《战国策·齐策二》："蛇固无足,子安能为之足？"（冀小军）

圍（围） wéi 匣纽、微部；云纽、微韵、雨非切。

圍¹—圍²—圍³—圍⁴—圍⁵—圍⁶—围⁷
春秋　战国　《说文》小篆　秦　汉　楷书　楷书

1《金文编》427页。2《包山》93页。3《说文》129页。4《睡甲》94页。5、6《篆隶表》411页。

形声字。从囗,韋声(字形2从韋省声)。初文作𩇓、𩇔(《金文编》121页),像人绕囗而行,会围绕之意。后省去两侧的脚形,写作𩇕(韋)。因"韋"多用于假借义,遂又加"囗"旁作"圍"。本义是围绕。《玉篇·囗部》："圍,绕也。"《庄子·则阳》："精至于无伦,大至于不可圍。"特指以军队包围。《左传·僖公五年》："八月甲午,晋侯圍上阳。"引申指周围。元王实甫《西厢记》第四本第三折："四圍山色中,一鞭残照里。"又引申为计量圆周的单位。1.指两臂合围起来的长度。《庄子·人间世》："匠石之齐,至于曲辕,见栎社树。其大蔽数千牛,絜(xié,用绳子量粗细)之百圍。"2.指两手的拇指和食指合围起来的长度。南朝宋刘义庆《世说新语·言语》:"桓公北征,经金城,见前为琅邪时种柳,皆已十围。"又《容止》:"庾子嵩长不满七尺,腰带十围。"新中国成立后,"韦"简化为"韦","圍"类推简化为"围"。(冀小军)

困 kùn 溪纽、文部;溪纽、恩韵、苦闷切。

囷¹—囲²—囷³—困⁴—困⁵—困⁶—困
商　战国　《说文》小篆　汉　汉　汉　楷书

1《汉语字形表》240页。2《包山》94页。3《说文》129页。4、5、6《篆隶表》412页。

会意字。从木在口中,会意不明(《说文》在小篆下又出古文,作𣏂。按:此是"根"字初文,借为"困"。参见木部"根"字条)。其常用义为困窘。《礼记·学记》:"是故学然后知不足,教然后知困。"《史记·屈原贾生列传》:"齐竟怒不救楚,楚大困。"又指使困窘。《左传·襄公二十二年》:"子三困我于朝,我惧,不敢不见。"《史记·张丞相列传》:"文帝度丞相已困通,使使者持节召通。"又指被困。《左传·定公四年》:"困兽犹斗,况人乎?"三国蜀诸葛亮《后出师表》:"其用兵也,仿佛孙、吴,然困于南阳。"引申指匮乏、贫困。《左传·僖公三十年》:"行李(使者)之往来,共(供)其乏困。"又指疲乏,困倦。《管子·宙合》:"夫鸟之飞也,必还山集谷。不还山则困,不集谷则死。"(冀小军)

圂 hùn 匣纽、文部;匣纽、恩韵、胡困切。

圂¹—圂²—圂³—圂⁴—圂⁵—圂
商　西周　战国《说文》小篆　秦　楷书

1、2《汉语字形表》240页。3《战文编》395页。4《说文》129页。5《睡甲》94页。

会意字。从豕,从口,会豕在圈中之意。旧时猪圈往往与厕所相连通,"圂"就是带猪圈的厕所。《说文》:"圂,厕也。"《玉篇·口部》:"圂,豕所居也。"睡虎地秦墓竹简《日书》甲种:"圂居西北匠(陋,这里指宅院的角落),利猪,不利人。"《汉书·五行志中之下》:"豕出圂。"字亦作"溷"。《释名·释宫室》:"(厕)或曰溷,言溷浊也。"汉王充《论衡·吉验》:"北夷橐离国王,侍婢有娠,王欲杀之。……后产子,捐于猪溷中。"(冀小军)

员 部

员(员) yuán 匣纽、文部;云纽、仙韵、王权切。
yún 匣纽、文部;云纽、文韵、王分切。

𪔅¹—𪔅²—员³—𪔅⁴—𪔅⁵—𪔅⁶—鼎⁷
商　商　商　西周　西周　春秋《说文》籀文

𪔅⁸—员⁹—员¹⁰—员¹¹—员
战国《说文》小篆　汉　汉　楷书　楷书

1《甲文编》277页。2-6《汉语字形表》240页。7、9《说文》129页。8《郭店》98页。10、11《篆隶表》412页。

形声字。从贝,口声。商代金文有〇字(《商周金文录遗》15号〇鼎),即"圆"之初文(西周金文"睘"作𣆶,"袁"作𠙝,均从"〇"得声)。在甲骨文中,由于镂刻不便,圆形往往被刻成方形。于是又加"鼎"旁作𪔅(字形1),以明确字义(鼎之三足者为圆鼎)。"鼎"旁后讹省为"贝"(参见卜部"贞"字条、刀部"则"字条),字遂作"员"。本义是圆。《孟子·离娄上》:"不以规矩,不能成方员。"(规:画圆的工具。矩:画方的工具)《淮南子·原道》:"员者常转。"高诱注:"轮丸之属也。"这个意思后来写作"圆"。假借指物数。《说文》:"员,物数也。"段玉裁注:"数木曰枚、曰梃,数竹曰箇,数丝曰绪、曰总,数物曰员。"《淮南子·说山》:"不中员呈。"《汉书·尹翁归传》:"责以员程,不得取代。"颜师古注:"员,数也。"也指人数。《史记·平原君虞卿列传》:"今少一人,愿君即以遂(毛遂,人名)备员而行矣。"《汉书·百官公卿表上》:"吏员自佐史至丞相,十二万二百八十五人。"又借为"云",音yún。1.助词,无实义。《书·秦誓》:"日月逾迈,若弗员(云)来。"2.动词,说。郭店楚墓竹简《缁衣》:"《寺(诗)》员(云):'甾(淑)人君子,其仪式(一)也。'"新中国成立后,"贝"简化为"贝","员"类推简化为"员"。(冀小军)

贝 部

贝(贝) bèi 帮纽、月部;帮纽、泰韵、博盖切。

贝部

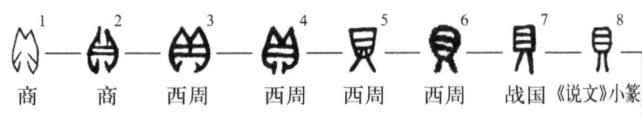

1-5《汉语字形表》240~241页。6《汉语字形表》243页。7《古陶徵》223页。8《说文》129页。9《篆隶表》412页。

象形字。甲骨文像海贝形,西周金文渐变作 ，为后世文字所本。上古时,贝壳曾被用作货币。《说文》:"贝,海介虫也。……象形。古者货贝而宝龟,周而有泉,至秦废贝而行钱。"《书·盘庚中》:"兹予有乱政同位,具乃贝玉。"孔颖达疏:"贝者,水虫。古人取其甲以为货,如今之用钱然。"遽伯睘尊:"遽白(伯)睘作宝隙彝,用贝十朋又四朋。"睡虎地秦墓竹简《为吏之道》:"吏有五失:……五曰贱士而贵货贝。"从"贝"之字本义多与财货有关。西汉前期一些写得比较草率的隶书,往往将"贝"旁写作 (见《银雀山》229~232页),这种写法为草书所继承。在宋元以来的一些小说戏曲刻本中,"贝"字及"贝"旁亦或作"贝"(见《宋元以来俗字谱》112~114页)。新中国成立后,"贝"简化为"贝"。(冀小军)

贠(赟) suǒ 心纽、歌部;心纽、果韵、苏果切。

1《说文》129页。2《玉篇·贝部》。

会意字。从小,从贝。本义指小贝。《字汇·贝部》:"贠,小贝也。"引申指细小、细碎。这个意思后来写作"琐"。清段玉裁《说文解字注》:"贠,引申为细碎之称,今俗琐屑字当作此。琐行而贠废矣。"在元代刊行的《古今杂剧三十种》中,"贠"旁上方的"小"已写成"⺍"(见《宋元以来俗字谱》125页"锁"字)。新中国成立后,确定"贠"(偏旁)为标准字形;"贝"简化为"贝","贠"类推简化为"赟"。(冀小军)

赇(赇) huì 晓纽、之部;晓纽、贿韵、呼罪切。

1《说文》小篆。

形声字。从贝,有声。本义指财物。《尔雅·释言》:"赇,财也。"邢昺疏:"赇,财帛总名。"《诗·卫风·氓》:"以尔车来,以我赇迁。"《左传·襄公二十四年》:"侨闻君子长国家者,非无赇之患,而无令名之难。"引申指赠送财物。《玉篇·贝部》:"赇,赠送财也。"《左传·宣公九年》:"王以为有礼,厚赇之。"又指贿赂,用财物买通他人。《隋书·炀帝纪》:"政刑弛紊,赇货公行。"宋沈括《梦溪笔谈·谬误》:"溥晚年以赇败,窜谪海州。"新中国成立后,"贝"简化为"贝","赇"类推简化为"赇"。(冀小军)

财(财) cái 从纽、之部;从纽、咍韵、昨哉切。

1《说文》130页。2、3、4《篆隶表》412页。

形声字。从贝,才声。本义指财物。《说文》:"财,人所宝也。"《韩非子·说难》:"暮而果大亡其财。"《三国志·吴书·吕蒙传》:"羽府藏财宝皆封闭,以待权至。"又通"材",材料。《墨子·尚贤下》:"有一牛羊之财不能杀,必索良宰。"孙诒让间诂引毕沅曰:"(财)同材。"又通"才",才能。《孟子·尽心上》:"有成德者,有达财者。"焦循正义:"财,即才也。"又通"裁",制裁。《荀子·天论》:"财非其类以养其类,夫是之谓天养。"杨倞注:"财,与裁同。"又通"纔(才)",仅。《汉书·霍光传》:"长财七尺三寸。"新中国成立后,"贝"简化为"贝","财"类推简化为"财"。(冀小军)

货(货) huò 晓纽、歌部;晓纽、过韵、呼卧切。

1《郭店》98页。2《说文》130页。3、4、5《篆隶表》413页。

形声字。从贝,化声。本义是金玉布帛的总称。《说文》:"货,财也。"《玉篇·贝部》:"货,金玉曰货。"《书·洪范》:"八政:一曰食,二曰货。"孔颖达疏:"货者,金玉布帛之总名。"《汉书·食货志上》:"货谓布帛可衣及金刀龟贝,所以通有无者也。"引申指货物。《易·系辞下》:"日中为市,致天下之民,聚天下之货,交易而退,各得其所。"汉桓宽《盐铁论·本议》:"有山海之货而民不足于财者,商工不备也。"又引申指卖。《玉篇·贝部》:"货,卖也。"《南史·高爽传》:"守羊无食,何不货羊籴米?"也指买。唐冯翊《桂苑纪谈》:"公恐其货酒不治药,亲为治之。"又引申指贿赂。《字汇·贝部》:"货,赂也。"《左传·僖公三十年》:"晋侯使医衍酖卫侯。宁俞货医,使薄其酖,不死。"《后汉书·黄琼传》:"诛税民受货者九人。"又引申指给报酬。唐柳宗元《零陵郡复乳穴记》:"徒吾役而不吾货也,吾是以病而给焉。"新中国成立后,"貝"简化为"贝","貨"类推简化为"货"。(冀小军)

資(资) zī 精纽、脂部;精纽、脂韵、即夷切。

1《睡甲》94页。2、3、4《篆隶表》413页。5《说文》(段注本)279页。

形声字。从贝,次声(《说文》小篆"欠"旁上部写讹。参看欠部"欠"字条)。本义是货物、钱财的总称。《说文》:"資,货也。"《易·旅》:"怀其资。"王弼注:"资,货。"《诗·大雅·板》:"丧乱蔑资。"毛传:"蔑,无;资,财也。"引申指积蓄。清段玉裁《说文解字注·贝部》:"资者,积也。"《国语·越语上》:"夏则资皮,冬则资絺,旱则资舟,水则资车,以待乏也。"又指资助。《集韵·脂韵》:"资,助也。"《韩非子·内储说下》:"资其轻者,辅其弱者,此谓庙攻。"《史记·李斯列传》:"今逐客以资敌国,损民以益雠。"又指凭借。《商君书·慎法》:"故贵之不待其有功,诛之不待其有罪也,此其势正使污吏有资而成其奸险。"又引申指资料。晋王羲之《与谢万书》:"故以为抚掌之资。"又指资质。《汉书·彭宣传》:"臣资性浅薄,年齿老眊。"又指资历。《晋书·郗愔传》:"愔自以资望少,不宜超莅大郡。"新中国成立后,"貝"简化为"贝","資"类推简化为"资"。(冀小军)

賑(赈) zhèn 章纽、文部;章纽、震韵、章刃切。

1《说文》130页。

形声字。从贝,辰声。本义是富有、富饶。《尔雅·释言》:"赈,富也。"郭璞注:"谓隐赈,富有。"《文选·张衡〈西京赋〉》:"乡邑殷赈。"薛综注:"殷赈,谓富饶也。"又左思《蜀都赋》:"邑居隐赈。"李善注引刘逵曰:"赈,富也。"又指赈济,以财物救济。字本作"振"。《说文·手部》:"振,举救也。"邵瑛群经正字:"案:此即俗赈济之本字。"《易·蛊》:"君子以振民育德。"陆德明释文:"振,济也。"因事涉财货,遂将"手"旁改为"贝"旁。汉刘向《说苑·谈丛》:"饥渴得食,谁能不喜?赈穷救急,何患无有?"汉桓宽《盐铁论·力耕》:"故均输之物,府库之财,非所以贾万民而专奉兵师之用,亦所以赈困乏而备水旱之灾也。"新中国成立后,"貝"简化为"贝"。"賑"类推简化为"赈"。(冀小军)

賢(贤) xián 匣纽、真部;匣纽、先韵、胡田切。

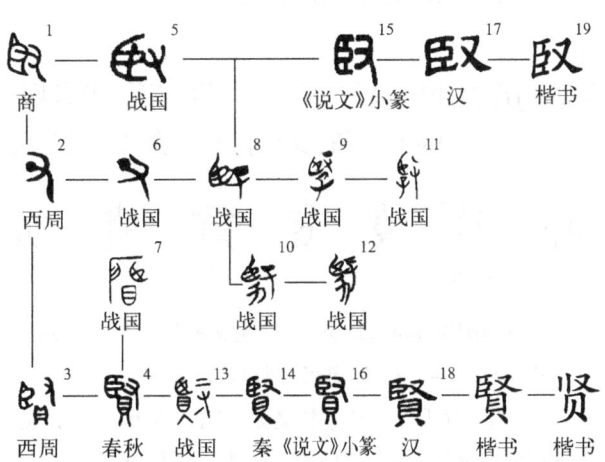

1、3、4、5、7、11、13《汉语字形表》241页。2《文物》1998年第9期56页图三。6、8《郭店》54页。9《郭店》98页。10《包山》94页。12《楚系简帛》515页。14《睡甲》95页。15、16《说文》65、130页。17、18《篆隶表》202、414页。19《玉篇·臤部》。

形声字。从贝,臤声。"臤"乃"掔"(音qiān)之初文,本义是除去(《庄子·徐无鬼》:"君将黜耆欲,掔好恶,则耳目病矣。")。商代金文作 ,从又、从臣,像以手指抉人之目。西周金文作 (字形3"賢"字所从),手指与目形分离,造字意图已不明显。或省作 (字形2),字义亦不甚明豁。战国文字承袭西周金文,亦有 、 二形(字形5、6);或将二者组合,写作 (字形8),则像眼球已被抉出(战国文字中,"臤"所从之"又"上面多有一笔或两笔,即此形之变)。古文字多借"臤"为"贤"。《说文·臤部》:"臤,古文以为贤字。"柞伯簋:"王迺赤金十反(钣)。王曰:'小子、小臣,敬又臤(贤)隻(获)则取。'"(迺:读为"陈",陈列。臤:字形2。《小尔雅·广诂》："贤,多也。"此句的完整意思是：王陈列赤金十钣作为奖品,说："小子、小臣,恭敬而射中多的可得到这些奖品。")郭店楚墓竹简《唐虞之道》："尧舜之行,爱亲尊臤(贤)。"(字形6)又《语丛四》："臤(贤)人不在侧,是谓迷惑。"(字形8)汉校官碑："亲臤(贤)宝知(智)。"(字形17)《说文》："贤,多才也。"《周礼·地官·乡大夫》："兴贤者能者。"郑玄注："贤者,有德行者。""贤"始见于西周金文(字形3),是在假借字上加注意符造出的分化字。国有贤人,犹家之有财,故"贤"字从"贝"。战国文字或从"臤"省、从"户"(字形7),寓家有贤人之意；或从"子"(字形9、11),有尊贤之意；或从"力"(字形10、12),取贤者多力之意。在宋元以来的一些小说戏曲刻本中,"臤"旁多简作"㐅"(见《宋元以来俗字谱》44页"坚"、106页"紧"、114页"贤"、125页"鏗"等字)。新中国成立后,"臤"旁简化为"㐅","贝"简化为"贝"；"贤"类推简化为"贤"。(冀小军)

贲(贲) bì 帮纽、微部；帮纽、寘韵、彼义切。
bēn 帮纽、文部；帮纽、魂韵、博昆切。

1《战文编》398页。2《说文》130页。3《睡甲》95页。4、5《篆隶表》414页。

形声字。从贝,卉声。本义是文饰,音bì。《说文》："贲,饰也。"《易·贲》："白贲,无咎。"王弼注："以白为饰而无患忧。"引申指有光彩。《诗·小雅·白驹》："皎皎白驹,贲然来思。"朱熹集传："贲然,光彩之貌也。"唐封演《封氏闻见记·烧尾》："上与侍臣亲贲临焉。"又为《易》六十四卦之一,卦形为离下艮上。《易·贲·彖传》："山下有火,贲。"又通"奔",奔走,音bēn。清朱骏声《说文通训定声·屯部》："贲,叚借为奔。"《书·牧誓序》："武王戎车三百两,虎贲三百人。"孔颖达疏："若虎之贲走逐兽,言其猛也。"新中国成立后,"贝"简化为"贝"。"贲"类推简化为"贲"。(冀小军)

贺(贺) hè 匣纽、歌部；匣纽、个韵、胡个切。

1《汉语字形表》241页。2《说文》130页。3《睡甲》95页。4、5、6《篆隶表》414页。

形声字。从贝,加声。本义指以礼物相庆贺。《说文》："贺,以礼相奉庆也。"《诗·大雅·下武》："受天之祐,四方来贺。"孔颖达疏："武王既受得天之祐福,故四方诸侯之国皆贡献庆之。"亦泛指祝贺,庆贺。《广韵·个韵》："贺,庆也。"《晏子春秋·外篇》第七："景公迎而贺之,曰：'甚善矣！子之治东阿也。'"又用为"荷(hè)",扛,担。《方言》卷七："贺,儋(擔)也。自关而西、陇、冀以往谓之贺。凡以驴马駞驼载物者谓之负佗,亦谓之贺。"《新唐书·郝处俊传》："群臣皆贺戟侍。"新中国成立后,"贝"简化为"贝","贺"类推简化为"贺"。(冀小军)

贡(贡) gòng 见纽、东部；见纽、送韵、古送切。

1《汉语字形表》241页。2《说文》130页。3、4《篆隶表》414页。

形声字。从贝,工声。本义兼指上对下的赐予和下对上的贡献,后专用于贡献义(参见本部"赣"字条)。《说文》："贡,献功也。"《广雅·释言》："贡,献也。"《书·禹贡》："厥贡漆丝。"蔡沈集传："贡者,下献其土所有于上也。"《史记·五帝本纪》："各以其职来贡,不失厥宜。"又指贡品。《荀子·王制》："理道之远近而致贡。"又为传说中夏代税法名。《孟子·滕文公上》："夏后氏五十而贡,殷人七十而助,周人百亩而彻,其实皆什一也。"赵岐注："民耕五十亩,贡上五亩。"引申指荐举。《礼记·射义》："诸侯岁献,贡士于天子。"《后汉书·左雄传》："郡国荐廉,古之贡士。"新中国成立后,"贝"简化为"贝"。"贡"类推简化为"贡"。(冀小军)

赞(赞) zàn 精纽、元部；精纽、翰韵、则旰切。

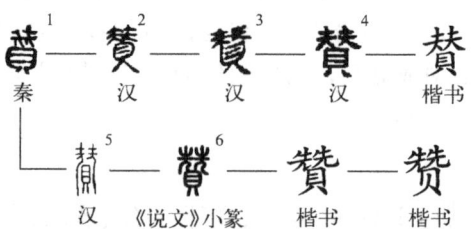

1《古陶徵》228页。2—5《篆隶表》414页。6《说文》130页。

会意字。秦代文字从贝,从兟(bān)。《说文·夫部》："兟,并行也。从二夫。赞字从此。读若伴侣之伴。"汉代文字(字形5)将"夶"讹为"𦮙",《说文》小篆则进一步讹为"兟(shēn)"。后世楷书中"赞"、"贊"二体并行。本义是辅佐，帮助。《小尔雅·广诂》："赞，佐也。"《左传·襄公二十七年》："大叔仪不贰，能赞大事。"杜预注："赞，佐也。"《吕氏春秋·务大》："细大贱贵，交相为赞。"高诱注："赞，助也。"引申指引导。《广雅·释诂三》："赞，道(导)也。"《国语·周语上》："太史赞王，王敬从之。"韦昭注："赞，导也。"又指辅助行礼的人，司仪。《史记·秦始皇本纪》："将闾曰：'阙廷之礼，吾未尝敢不从宾赞也。'"又引申指告知。《史记·魏公子列传》："公子引侯生坐上坐，遍赞宾客。"司马贞索隐："赞者，告也。谓以侯生遍告宾客。"又指称赞。《后汉书·孔融传》："既而与衡更相赞扬。"这个意思后来也写作"讚"。新中国成立后，"贊"和"讚"作为异体字并入了"赞"；"赞"又类推简化为"赞"。（冀小军）

賮(赆) jìn 邪纽、真部；邪纽、震韵、徐刃切。

1《说文》130页。

形声字。从贝，㥯(jìn)声。字亦从"盡"声作赆。本义指(见面或临别时)赠送的财物。《说文》："賮，会礼也。"段玉裁注："以财货为会合之礼也。"《六书故·动物四》："賮，行资也。"《字汇·贝部》："賮，送行财币。"《汉书·高帝纪》："萧何为主吏，主进。"颜师古注："进者，会礼之财也。字本作賮，又作赆，音皆同耳。古字假借，故转而为进。"《孟子·公孙丑下》："予将有远行，行者必以赆。"赵岐注："赆，送行者赠贿之礼也。"引申指进贡的财物。《南史·宋本纪上》："是以绝域献琛，遐夷纳賮。"由于作为声旁"㥯"不如"盡"常见，故后世多用从"盡"声的"赆"字("㥯"也被改为"燼"，从火、盡声)。在宋元以来的一些小说戏曲刻本中，"盡"字及"盡"旁已多简作"尽"(据草书楷化。见《宋元以来俗字谱》83页"盡"、31页"儘"、80页"燼"、87页"赆"等字)。新中国成立后，"贝"简化为"贝"，"盡"简化为"尽"；"赆"类推简化为"赆"。（冀小军）

齎(赍) jī 精纽、脂部；精纽、齐韵、即夷切。
zī 精纽、脂部；精纽、脂韵、祖稽切。

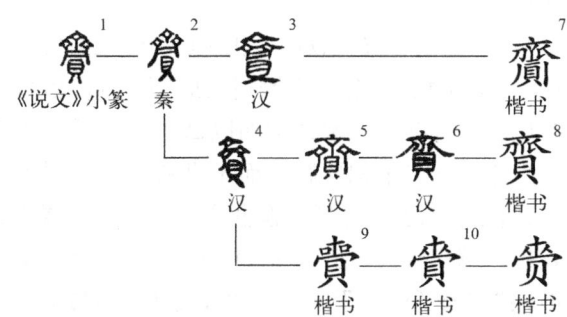

1《说文》130页。2《睡甲》95页。3、4、6《篆隶表》415页。5《隶辨》102页。7、9《广韵·齐韵》。8、10《字汇补·贝部》。

形声字。从贝，齊(齐)声。"齊"，商代文字作𠫝(《金编》487页，齊且辛爵)，西周文字作𠫝(同前，五年师旋簋)，春秋文字作𠫝(同前488页，齊侯匜)，战国文字作𠫝(《战文编》476页)，或加两横为饰笔作𠫝(同前475页)。秦汉文字字形1—3承袭战国文字第二形，隶变后作齎；字形4—6承袭战国文字第一形，隶变后作齌(古书中少见)。楷书或体又作賫、賷，"贝"上的部分亦是"齊"字之变。其演变序列为：𠫝(《说文》8页，"齊"字所从。齋：从示，𠫝声)𠫝(《篆隶表》10页，"齋"字所从) 𠫝(字形9所从) 𠫝(字形10所从)。《集韵·齐韵》："齎，或作賫。"《字汇补·贝部》："賷，俗齎字。"本义是送给，音 jī。《说文》："齎，持遗也。"徐锴系传："持以遗人也。"《广雅·释诂四》："齎，送也。"《战国策·西周策》："王何不以地齎周最(人名)以为太子也。"又《秦策三》："此所谓藉贼兵而齎盗食者也。"引申指携、持。《广雅·释诂三》："齎，持也。"《战国策·齐策四》："齐王闻之，群臣恐惧，遣太傅齎黄金千斤，文车二驷，服剑一，封书谢孟尝君。"《史记·秦始皇本纪》："乃令入海者齎捕巨鱼具。"又引申指怀着，抱着。南朝宋鲍照《代蒿里行》："齎我长恨意，归为狐兔尘。"南朝梁江淹《恨赋》："齎志没地，长怀无已。""齎"又通"资"，钱财，音 zī。《周礼·春官·巾车》："毁折，入齎于职币。"郑玄注引杜子春云："齎，读为资。资谓财也。乘官车毁折者，入财以偿缮治之也。"《史记·陈丞相世家》："平既娶张氏女，齎用益饶。"新中国成立后，"齎"和"賫"作为异体字并入了"賷"；"賷"又类推简化为"赍"。（冀小军）

貸(贷) dài 透纽、之部；透纽、代韵、他代切。

1《说文》130页。2、3《篆隶表》415页。4

《银雀山》230页。

形声字。始见于汉代。从贝，代声(字形3弋旁加饰笔，形近于戈)。本义指借出。《广雅·释诂二》："贷，借也。"《左传·昭公三年》："以家量贷而以公量收之。"汉王符《潜夫论·忠贵》："宁积粟腐仓而不忍贷人一斗。"引申指施与，给予。《说文》："贷，施也。"段玉裁注："谓我施人曰贷也。"《广雅·释诂三》："贷，予也。"《左传·文公十六年》："宋公子鲍礼于国人，宋饥，竭其粟而贷之。"明金声《程阿白书序》："人来求书者，计钱与字，一字不多贷。"又引申指宽恕。三国蜀诸葛亮《为后帝伐魏诏》："广宣恩威，贷其元帅，吊其残民。"《新唐书·张柬之传》："(柬之)至州，持下以法，虽亲旧无所纵贷。"又引申指推卸。成语有"责无旁贷"。又指借入(参见下"貣"字条)。宋陆游《秋晓》："贷米未回愁灶冷，读书有课待窗明。"新中国成立后，"貝"简化为"贝"，"貸"类推简化为"贷"。(冀小军)

貣 tè 透纽、职部；透纽、德韵、他德切。

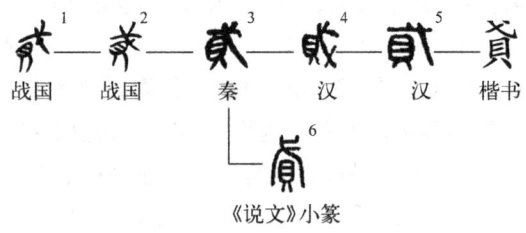

1、2《包山》94页。3、5《篆隶表》415页。4《马王堆》260页。6《说文》130页。

形声字。从贝，弋声(弋旁或加饰笔，形近于戈。《说文》小篆弋形稍讹)。《广韵·德韵》："貣，假貣。"假貣，即今之借贷。《包山楚简》114号简："州莫嚣疧、州司马庚为州貣陟异之黄金四益以翟(籴)种。"(州：地名。莫嚣：古书中作莫敖，楚官名。陟异：官府名。益：通"镒"，古代重量单位。翟：通"糴"。籴种：即购买种子)《汉书·主父偃传》："家贫，假貣无所得。"《资治通鉴·唐纪五十三》："左神策军吏李昱貣长安富人钱八千缗，满三岁不偿。"胡三省注："貣，假贷也。"引申指乞求，向人求物。《说文》："貣，从人求物也。"段玉裁注："从人，犹向人也，谓向人求物曰貣也。"《荀子·儒效》："今有人于此，屑然藏千溢之宝，虽行貣而食，人谓之富矣。"杨倞注："行貣，行乞也。"貣字本兼指借入和借出二义。睡虎地秦墓竹简《法律答问》："府中公金钱私貣用之，与盗同法。"此为借入义。又："可(何)谓'介人'？不当貣，貣之，是谓'介人'。"(介：读为丐，《广雅·释诂三》："丐，予也。")此为借出义。后加"人"旁分化

出"贷"字，以"貣"表示借入，以"贷"表示借出。清段玉裁《说文解字注》："代、弋同声，古无去、入之别；求人施人，古无貣、贷之分。由貣字或作贷，因分其义，又分其声。"不过，这种分化并未成功。古书中常见以"贷"字表示借入或乞求的例子。《左传·文公十四年》："公子商人骤施于国，而多聚士，尽其家，贷于公有司以继之。"陆德明释文："贷，音待，又音忒。"《史记·苏秦列传》："初，苏秦之燕，贷人百钱为资，及得富贵，以百金偿之。"看来，人们似乎更喜欢用"贷"来代替"貣"字。清段玉裁《说文解字注》："经史内貣、贷错出，恐皆俗增人旁。"说的就是这种情况。现在"貣"字已完全被"贷"所取代，借入和借出义都由"贷"字来表示了。(冀小军)

赂(賂) lù 来纽、铎部；来纽、暮韵、洛故切。

賂¹—賂—赂
《说文》小篆 楷书 楷书

1《说文》130页。

形声字。从贝，各声。本义指赠送财物。《说文》："赂，遗也。"《左传·桓公二年》："以郜大鼎赂公。"又指赠送的财物。《左传·庄公二十八年》："数之以王命，取赂而还。"亦泛指财物。汉司马迁《报任安书》："家贫，货赂不足以自赎。"引申指行贿，以财物买通他人。《正字通·贝部》："赂，有所属而私遗之。"《国语·晋语一》："骊姬赂二五(晋献公的宠臣梁五和东关五)，使言于公。"《晋书·谢安传》："贼厚赂泓，使云'南军已败'，泓伪许之。"新中国成立后，"貝"简化为"贝"，"賂"类推简化为"赂"。(冀小军)

賸 yìng 喻纽、蒸部；以纽、证韵、以证切。
shèng 船纽、蒸部；船纽、证韵、实证切。

1、2、5、6、7《汉语字形表》242页。 3《金文常用字典》656页。 4《汉语字形表》319页。 8

《楚系简帛》517页。9《古文典》150页。10《篆隶表》415页。11、12《说文》130、165页。

形声字。从贝，朕声。"朕"之右旁，商代文字作𢆉（《甲文编》102页），西周文字作𢆉（字形1所从），春秋文字作𢆉（《金文编》609页，秦公簋"朕"字所从），𢆉（同前610页，齐侯敦"朕"字所从），秦文字作𢆉（《文物》2003年1期21～26页图十五至二十，湖南龙山里耶秦简"腾"字所从），《说文》小篆作𢆉（字形11所从）。隶变后有二体：在"朕"字中作"关"，在"勝"、"腾"、"媵"（均从"朕"声）等字中作"𦝠"（"卷"、"拳"等字所从的"𦝠"与此来源不同）。"媵"本义是送（音yìng）。《说文》："媵，一曰送也。"五祀卫鼎："卫小子者其卿（饗）𢆉（媵）。"（饗媵：宴饗并以物相送。字形3）特指（嫁女时）陪送。叔上匜："弔（叔）上乍（作）弔（叔）娟朕（媵）匜。"（字形1）楚王钟："楚王媵邛（江）中（仲）嫡南龢钟。"按：朕（字形1）从𢆉（盘之初文）、𢆉声（𢆉像两手持物以送人，𢆉为加注之意符），本义即为送。后因"朕（朕）"被借为第一人称代词，遂用改变或加注意符的方式来表示本义：或从贝（字形2），或从人（字形3、字形4），或从女（字形5），从贝表示送物，从人、从女表示送人。从人旁者，隶变后作"𠆢"。《说文·人部》："𠆢，送也。从人，灷声。吕不韦曰：'有侁氏以伊尹𠆢女。'"从女旁者，隶变后作"媵"（陪送之义，古书中多用此字表示，《说文》失收）。《尔雅·释言》："媵，送也。"《广韵·证韵》："媵，送女从嫁。"《左传·僖公五年》："执虞公及其大夫井伯，以媵秦穆姬。"杜预注："送女曰媵。"是媵、媵实为一字。也指随嫁的人。《诗·小雅·我行其野》孔颖达疏："媵之名不专施妾，凡送人适人者，男女皆谓之媵。""虽男亦名媵也。"《吕氏春秋·本味》："有侁氏喜，以伊尹为媵送女。"引申指剩余，音shèng。清朱骏声《说文通训定声·升部》："《说文》：'（媵），一曰副也。'《方言》：'媵，双也。'《广雅·释诂四》：'媵，二也。'故又为赘余之词。"秦公簋器外刻铭："西元器一斗七升媵（媵）簋。"（此为秦汉间人所补刻，指簋的容量是一斗七升多）《新唐书·杜甫传赞》："它人不足，甫乃厌余，残膏媵馥，沾丐后人多矣。"字亦作"剩"。《集韵·证韵》："媵，余也。俗作剩。"新中国成立后，表示剩余义的"媵"作为异体字并入了"剩"字。（冀小军）

赠（赠）zèng

从纽、蒸部；从纽、嶝韵，昨亘切。

1《说文》130页。2《篆隶表》415页。

形声字。从贝，曾声。本义指送给，赠送。《广韵·嶝韵》："赠，相送也。"《诗·郑风·女曰鸡鸣》："知子之来兮，杂佩以赠之。"汉张衡《四愁诗》："美人赠我金错刀，何以报之英琼瑶。"引申指送走，驱除。《周礼·春官·占梦》："以赠恶梦。"郑玄注："赠，送也，欲以新善去故恶。"贾公彦疏："旧岁将尽，新年方至，故于此时赠去恶梦。"又引申指对死者追封爵位。《三国志·吴书·吴主传》："步夫人卒，追赠皇后。"新中国成立后，"贝"简化为"贝"，"赠"类推简化为"赠"。（冀小军）

赣（贛）gòng

见纽、东部；见纽、送韵，古送切。

gàn 见纽、谈部；见纽、勘韵，古暗切。

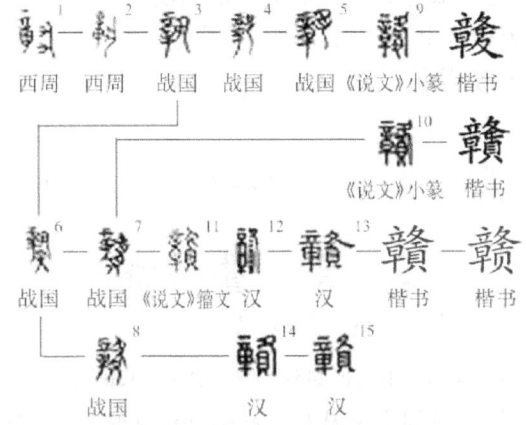

1《金文编》180页。2《金文总集》6784。3、4、6、8《楚系简帛》517～518页。5、7《包山》96页。9《说文》112页。10、11《说文》130页。12-15《篆隶表》416页。

形声字。从贝，贛（kǎn）省声。西周金文作𢍰、𢍰，从廾，从章，像两手捧章（璋），隶定作𢍰。战国文字承袭西周金文，作𢍰（字形3、字形4从欠，字形5从次，均廾旁之讹变），或加"贝"旁作赣（字形6，从贝，𢍰声）。西周春秋金文中，廾旁常常在人形上部加上张开的口形，作𢍰（《金文编》307页，訇伯簋"𢍰"字所从）；或在下部附加止形，作𢍰（同前，秦公簋"𢍰"字所从）；人形上部有时又贯穿口形，作𢍰（同前1191页，师克𣪘"𢍰"字所从）。小篆赣字（字形9）所从之𢍰即由此讹变而成。小篆赣字（字形10）从贝，贛省声。籀文赣字（字形11）右上从夂，乃"次"形之讹。汉代承袭战国文字，亦有从次、从欠两种写法（字形12、14，因受小篆的影响，"欠"形已讹变为"夂"）。古书中赣字多写作赣，这种写法是将字形12中的𣪘改成形近的"貢"而成的。"赣"字从"貢"，有表音的作用，也有表意的作用。赣音gòng，初文（字形1）像两手捧章（璋），兼有赐予（上对下）和贡献（下对上）二义。鲜簋："王𢍰祼玉三品、贝廿朋。"此为赐予义。《包山楚简》244:"贛之衣裳各三再(稱)。"(字形7)此为贡献义。"貢"字在常见的贡献义外,也有赐予义。《尔雅·释诂上》:"貢,赐也。"《说文》:"贛,赐也。"徐锴系传:"故端木赐字子贛也。""子贛"即"子貢"。可见"贛"和"貢"最初表示的应该是同一个词。后来用法有了分工:赐予义由"贛"字表示,贡献义则由"貢"字表示。"贛"又音gàn,水名,即江西省赣江。又为县名,在赣江上游。北魏郦道元《水经注·赣水》:"贛水出豫章南野县,西北过赣县东。"字亦作灨、灨。《集韵·感韵》:"灨,水名,出南康。或作贛、灨。"灨字从章从貢,得义于赣江上游的章、貢二水。宋王象之《舆地纪胜·赣州》:"(灨)章、貢合流为义。二水为贛,左右拥抱,合流城角,于文为贛。"新中国成立后,"灨"、"灨"作为异体字被并入"贛";"貝"简化为"贝","贛"类推简化为"赣"。(冀小军)

賚(赉) lài 来纽、之部;来纽、代韵、洛代切。

西周 《说文》小篆 楷书 楷书

1《汉语字形表》243页。2《说文》130页。

形声字。西周金文从貝,辣(lí)声。《说文》小篆改为从貝,來声。赏赐,赐予。《尔雅·释诂上》:"賚,赐也。"《集韵·咍韵》:"賚,与也。"《书·汤誓》:"予其大賚汝。"孔传:"賚,与也。"汉张仲景《伤寒论·伤寒杂病论集》:"賚百年之寿命。"新中国成立后,"貝"简化为"贝","來"简化为"来";"賚"类推简化为"赉"。(冀小军)

賞(赏) cháng 禅纽、阳部;禅纽、阳韵、市羊切。
shǎng 书纽、阳部;书纽、养韵、书两切。

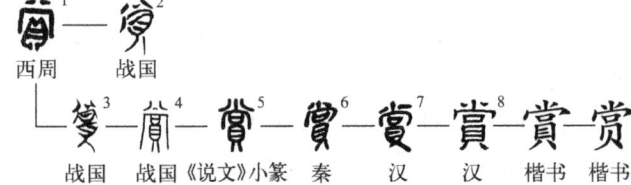
西周 战国 战国 战国《说文》小篆 秦 汉 汉 楷书 楷书

1、4《汉语字形表》243页。2、3《郭店》99页。5《说文》130页。6、7、8《篆隶表》416页。

形声字。从貝,尚声(字形1、2从貝,尚省声)。1. 音cháng,其本义是偿还,赔偿。这个意思后来写作"償(偿)"。曶鼎:"東宮迺曰:'(匡季)賞(償)曶禾十秭,遺十秭,为廿秭。□来岁弗賞(償),則賞(付)卅秭。'"(秭:音zǐ,禾的计量单位。遺:同"遗wèi",增加)睡虎地秦墓竹简《效律》:"官嗇夫、冗吏皆共賞(償)不备之货而入贏。"(共偿:共同赔偿。)2. 音shǎng,赏赐(假借义)。《说文》:"賞,赐有功也。"《荀子·王制》:"无功不赏。"《韩非子·有度》:"刑过不避大臣,赏善不遗匹夫。"赏赐之义,西周金文多假借本义是地名的"商"字来表示,此外还使用过"嚳"和"資"字(这是表赏赐义的专用字。参见本部"資"条),春秋以后始借"賞"字为之("賞"字既用以表示赏赐,遂又加"亻"旁分化出"償"来表示偿付之义)。引申指赠送。《淮南子·说林》:"毋賞越人章甫,非其用也。"高诱注:"賞,遗。章甫,冠。越人断发,无用冠为。"又引申指称赏。《北史·裴庄伯传》:"(庄伯)博识多闻,善以约言辩物,任城王澄辟为参军,甚加知赏。"也指欣赏。晋陶潜《移居》:"奇文共欣赏,疑义相与析。"新中国成立后,"貝"简化为"贝","賞"类推简化为"赏"。(冀小军)

賜(赐) cì 心纽、锡部;心纽、寘韵、斯义切。

商 西周 西周 春秋 战国 战国 《说文》小篆 秦

賜 賜 赐
汉 楷书 楷书

1《甲文编》395页。2《金文编》671页。3—6《汉语字形表》243页。7《说文》130页。8《睡甲》96页。9《篆隶表》416页。

形声字。从貝,易声。赏赐之义,商代文字假借"易"字来表示;西周文字因之,后又改借本义为"目疾视"的"賜"(音shì)字;春秋文字将"賜"所从之"目"改为"貝",分化出"賜"字,为后世所本。本义指赏赐。召尊:"甲午,白(伯)懋父賜(赐)召白马。"《史记·留侯世家》:"汉王赐良金百溢(镒)。"引申指给予人的恩惠或财物。《广韵·寘韵》:"赐,惠也。"《论语·宪问》:"民到于今受其赐。"《三国志·吴书·吕蒙传》:"蒙未死时,所得金宝诸赐尽付府藏。"新中国成立后,"貝"简化为"贝","賜"类推简化为"赐"。(冀小军)

贏(赢) yíng 喻纽、耕部;以纽、清韵、以成切。

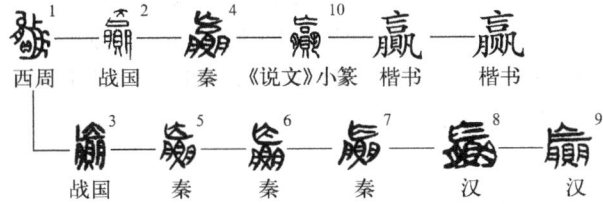

西周 战国 秦 《说文》小篆 楷书 楷书
战国 秦 秦 秦 汉 汉

1《金文编》432页。2、3《战文编》399页。4—7《睡甲》95～96页。8、9《篆隶表》417页。10《说文》130页。

形声字。从贝，羸(luǒ)声。"羸"，赢之初文，象形。《说文·虫部》："羸，虎蝓也。"朱骏声通训定声："虎蝓，俗字作螺。……后人别水生可食者为螺，陆生不可食者为蜗牛。"字形1所从之形，像口和身的部分在战国秦汉文字中变为二"月"，在《说文》小篆中变为"月"、"凡"，在楷书中变为"月"、"凡"；像头和触角的部分在战国文字中变为"亡"（字形2所从）或"山"（字形3所从），后者演变为"㠯"（字形5所从）、"㠯"（字形6所从）、"㠯"（字形7所从），前者演变为"㠯"（字形4所从）、"㠯"（字形10所从）、"亡"（楷书所从）。"赢"，本义指获利。《说文》："赢，贾利也。"《左传·昭公元年》："贾而欲赢，而恶嚣乎？"也指利润。《战国策·秦策五》："归而谓父曰：'耕田之利几倍？'曰：'十倍。''珠玉之赢几倍？'曰：'百倍。'"引申指超过，多出。《广雅·释诂三》："赢，过也。"睡虎地秦墓竹简《秦律十八种·效》："禾赢，入之；而以律论不备者。"（谷物超过应有数目，应交官；不足数的依法论处。）《汉书·萧何传》："以尝繇(徭)咸阳时，何送我独赢钱二也。"颜师古注："赢，余也。二谓二百也。众人皆送三百，何独五百，故云赢二也。"又指增长，与"缩"相对。《广雅·释诂一》："赢，益也。"《淮南子·本经》："赢缩卷舒。"新中国成立后，"貝"简化为"贝"，"赢"类推简化为"赢"。（冀小军）

赖（赖） lài 来纽、月部；来纽、泰韵、落盖切。

《说文》小篆 秦 汉 汉 楷书 楷书

1《说文》130页。2《睡甲》96页。3、4《篆隶表》417页。

形声字。从貝，剌声。本义指赢利，利益。《说文》："赖，赢也。"《广韵·泰韵》："赖，利也。"《国语·齐语》："相语以利，相示以赖，相陈以知贾。"《三国志·吴书·陆逊传》："逊开仓谷以振贫民，劝督农桑，百姓蒙赖。"引申指依赖，依靠。《广雅·释诂三》："赖，恃也。"《左传·襄公十四年》："王室之不坏，繄伯舅是赖。"《汉书·项籍传》："范增欲害沛公，赖张良、樊哙得免。"新中国成立后，"貝"简化为"贝"，"赖"类推简化为"赖"。（冀小军）

负（负） fù 並纽、之部；奉纽、有韵、房九切。

《说文》小篆 秦 汉 汉 楷书 楷书

1《说文》130页。2《睡甲》96页。3、4《篆隶表》417页。

会意字。从人，从貝。本义是背(bēi)。《释名·释姿容》："负，背也，置项背也。"《玉篇·貝部》："负，担也，置之于背也。"《韩非子·喻老》："王寿负书而行。"《列子·汤问》："命夸娥氏二子负二山，一厝朔东，一厝雍南。"引申指负担。《谷梁传·昭公二十九年》："昭公出奔，民如释重负。"引申指背靠着。《孟子·尽心下》："有众逐虎，虎负嵎，莫之敢撄。"《汉书·西域传赞》："天子负斧依。"（斧依：也作"黼扆"，是置于户牖之间天子座位之后的绣有黼纹的屏风）又指依靠，依仗。《说文》："负，恃也。"《左传·襄公十四年》："昔秦人负恃其众，贪于土地，逐我诸戎。"汉贾谊《陈政事疏》："其异姓负强而动者，汉已幸胜之矣。"又引申指背弃，违背。《玉篇·貝部》："负，违恩忘德也。"《类篇·貝部》："负，违也。"《史记·高祖本纪》："项羽负约。"汉王充《论衡·自然》："心险而行诐(bì：偏颇)，则犯约而负教。"又指辜负。《史记·廉颇蔺相如列传》："臣恐见欺于王而负赵。"又指亏欠。《说文》："负，一曰受贷不偿也。"《汉书·邓通传》："通家尚负责(债)数钜万。"《晋书·袁耽传》："桓温少时，游于博徒，资产俱尽，尚有负。"又指赔偿。《韩非子·说林下》："宋之富贾有监止子者，与人争买百金之璞玉，因佯失而毁之，负其百金。"又引申指失败。《孙子·计》："吾以此知胜负矣。"由背负义，又引申指抱。《荀子·不苟》："故怀负石而赴河，是行之难为者也。"王先谦集解引王念孙曰："负，抱也，谓抱石于怀中而赴河也。"《淮南子·说林》："负子而登墙，谓之不祥。"高诱注："负，抱也。"唐刘肃《大唐新语·刚正》："恨不先打竖子脑破，而今混乱国经，吾负此恨。"新中国成立后，"貝"简化为"贝"，"负"类推简化为"负"。（冀小军）

贮（贮） zhù 端纽、鱼部；知纽、语韵、展吕切。

《说文》小篆 楷书 楷书

1《说文》130页。

形声字。从贝,宁(zhù)声。本义指一种存储东西的箱形器具。唐玄应《一切经音义》卷十四"贮器"条引《说文》:"贮,所以盛贮者也。"初文作𢇇(《金文编》946页),象形字;小篆作𧵐,隶变为宁。"贮"是在初文上加注意符"贝"而成的形声字。引申指贮藏,囤积。《玉篇·贝部》:"贮,藏也。"《广韵·语韵》:"贮,居也,积也。"《公羊传·僖公三年》:"无贮粟。"汉贾谊《论积贮疏》:"夫积贮者,天下之大命也。"新中国成立后,"貝"简化为"贝","貯"类推简化应为"贮"。因"宁"已简化为"宁"("咛"、"拧"、"泞"等字从之),为避免混淆,又将音zhù的"宁"简化为"㝉",字遂作"贮"。(冀小军)

贰(貳) èr 日纽、脂部;日纽、至韵、而至切。

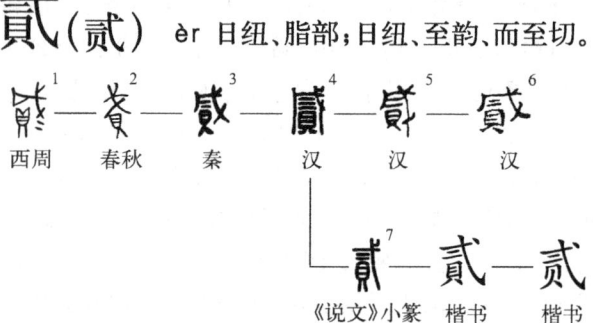

1、2《汉语字形表》244页。3《睡甲》96页。
4、5、6《篆隶表》418页。7《说文》130页。

形声字。从贝,弋声。"弋",古文"二"字,西周金文从戊,春秋金文从戈(戊、戈均像兵器形,作意符时可以通用。字形2脱落"="形);秦汉文字承袭西周金文的写法,亦从戊(字形3、5、6"戊"中的短横与"="的首画共用一笔);《说文》小篆改从弋旁,为后世文字所本。"贰"的本义是增加。《说文》:"贰,副益也。"《周礼·天官·酒正》:"大祭三贰,中祭再贰,小祭壹贰。"郑玄注引郑司农曰:"三贰,三益副之也。"引申指副的。《玉篇·贝部》:"贰,副也。"《国语·鲁语下》:"大夫有贰车,备承事也。"邵大叔斧铭:"邵大叔时(持)贰车之斧。"又引申指辅佐。《字汇·贝部》:"贰,佐也。"《后汉书·仲长统传》:"秦兼天下,则置丞相,而贰之以御史大夫。"又引申指重复。《字汇·贝部》:"贰,重也。"《论语·雍也》:"不迁怒,不贰过。"《汉书·谷永传》:"毋贰旧怨。"(怨:过失)又引申指不专一,背离。《诗·卫风·氓》:"女也不爽,士贰其行。"《荀子·天论》:"循道而不贰,则天不能祸。"特指从属二主。《左传·僖公三年》:"以其无礼于晋,且贰于楚也。"又用为数词"二"。吐鲁番哈拉和卓91号北魏墓出土文书《奴婢月廪麦帐》:"(前缺)合给肆斛贰斗。奴文德、婢芳容二人,二日稟麦五升,合给麦叁斛。奴子虎子一人,日给稟麦二升,合□□陆斗。都合

柒斛拔(捌)斗,请记识。"此件文书中,总计的数字均用大写,意在防止他人窜改。后世沿用,遂以"贰"为数词"二"之大写。新中国成立后,"貝"简化为"贝","貳"类推简化为"贰"。(冀小军)

賓(宾) bīn 帮纽、真部;帮纽、真韵、必邻切。

1、2《甲文编》477页。3、4《甲文编》279页。5、7《汉语字形表》244页。6、8、10《金文编》434页。9《郭店》110页。11、12《说文》130页。13《篆隶表》418页。

形声字。从贝,㝛(bīn)声。商代文字(字形1、2)为会意字,像主人(用"𠂉"或"卩"表示)在家中(用"宀"表示)迎接客人(用"丆"表示);𠂉朝向宀,表示客人自外而来。字形或有省简,其最简者作"丏"(隶定作丏),为后世文字所本。西周时,"賓"引申出赠送、赠品等义。为了表示这类意思,又在"丏"字上加注"貝"旁(字形6),成为从贝、丏声的形声字。春秋战国时,"丏"所从的"万"上多有一饰笔(《说文》古文"賓"字作𡨅,所从之𡨅即此类写法之讹)。小篆作賓,所从之"㝛"是在"丏"中增加一曲笔而形成的,隶定作㝛(与《说文·宀部》训为"冥合"、音miàn之"㝛"同形,但非一字。《集韵·真韵》:"賓,古作𡨔、㝛。")。秦代以后,随着"賓"字的流行,"㝛(bīn)"字逐渐废弃,人们对"賓"的结构也产生误解,以为它是从㝛(miàn)声的字了。本义是引导,迎接宾客。这个意思后来写作"儐(傧)"。《合集》22692:"丁卯卜,即贞:王賓报丁祭,亡尤?"(丁卯这天占卜,卜人即贞问:王为报丁的祭祀举行迎神仪式,不会有灾祸吧?即:卜人名。报丁:商先公名)《书·舜典》:"賓于四门,四门穆穆。"孔传:"诸侯来朝者,舜賓迎之。"《穆天子传》卷六:"内史賓侯,北向而立。"引申指宾客。《诗·小雅·鹿鸣》:"我有嘉賓,鼓瑟吹笙。"《左传·襄公三十一年》:"賓至如归。"虘钟:"用濼(樂)好丏(賓)。"(字形5)郑公钘钟:"用乐我嘉丏(賓)。"(字形7)又引申指赠送。景卣:"王姜令乍(作)册睘安尸(夷)白(伯),尸(夷)白(伯)賓睘贝布。"(王姜命作册睘问候夷伯,夷伯送给睘贝和布)《国语·楚语下》:"公

货足以賓献。"韦昭注:"賓,饟赠也。"也指赠送的物品。仲幾父簋:"中(仲)幾父、史幾史(使)于者(诸)侯者(诸)監,用氒(厥)賓乍(作)丁宝簋。"(仲幾父、史幾出使于诸侯诸监,用诸侯诸监赠送的礼物做了祭祀丁的宝簋)在清刊本《岭南逸事》中,"賓"字作"宾"(见《宋元以来俗字谱》48页。这是把"賓"中"宀"下的部分改作"兵",成为从宀、兵声的新形声字)。新中国成立后,"賓"简化为"宾"。(冀小军)

賒(赊) shē 书纽、鱼部;书纽、麻韵、式车切。

賒¹—賖²—賖³—賒⁴—赊
《说文》小篆 楷书 楷书 楷书 楷书

1《说文》130页。2《广韵·麻韵》。3《龙龛手鉴·贝部》。4《字汇·贝部》。

形声字。从贝,余声。"賒"上古是鱼部字,故以"余"为声旁。中古转入麻韵后,曾有过从"舍"声的俗体(《龙龛手鉴·贝部》:"賖,俗;賒,正。"),但未能流通开。明清之际,又出现了从"佘"声的"賖"(见《字汇·贝部》),因"佘"、"余"形近,容易被人们接受,所以很快就取代了"賒"字正统的地位(《正字通·贝部》:"賒,俗从余作賖。")。本义指赊欠,买卖货物时买方延期交款,卖方延期收款。《说文》:"賒,贳买也。"《周礼·地官·泉府》:"凡賒者,祭祀无过旬日。"郑玄注引郑司农曰:"賒,贳也。"孙诒让正义:"賒者,先贳物而后偿直。"《资治通鉴·唐纪五十八》:"或賒贷徐还。"胡三省注:"鬻物而缓取直曰賒。"引申指迟缓。唐杜甫《喜晴》:"甘泽不犹愈,且耕今未賒。"又指遥远。南朝梁沈约《冠子祝文》:"行之则至,无谓道賒。"又指长久。唐李中《旅夜闻笛》:"长笛起谁家,秋凉夜漏賒。"新中国成立后,"貝"简化为"贝","賒"类推简化为"赊"。(冀小军)

貰(贳) shì 书纽、月部;书纽、祭韵、舒制切。

貰¹—貰²—貰³—貰⁴—貰⁵—贳
秦 汉 汉 汉 楷书 楷书

貰⁵
《说文》小篆

1《睡甲》96页。2、3、4《篆隶表》418页。5《说文》130页。

形声字,从贝,世声。本义指赊买。《广韵·祭韵》:"貰,赊也。"《史记·高祖本纪》:"常从王媪、武负(通"妇")貰酒。"裴骃集解引韦昭曰:"貰,赊也。"《汉书·汲黯传》:"县官亡(无)钱,从民貰马。"颜师古注:"貰,赊买也。"引申指赦免。《国语·吴语》:"吾先君阖庐,不贳不忍。"韦昭注:"貰,赦也。"《汉书·苏武传》:"今汉且貰陵罪,全其老母。"新中国成立后,"貝"简化为"贝","貰"类推简化为"贳"。(冀小军)

贅(赘) zhuì 章纽、月部;章纽、祭韵、之芮切。

贅¹—贅²—贅³—贅⁴—赘
秦 汉 汉 楷书 楷书

贅⁴—贅⁵
汉 《说文》小篆

1《睡甲》96页。2、3、4《篆隶表》418页。5《说文》130页。

会意字。从敖,从贝。"敖",春秋金文作(《汉语字形表》234页,屍敖簋),从攴,左旁为上毛下大。战国文字作(《古陶徵》114页),"大"形中增一短横。秦文字作(字形1所从),"毛"省作,"大"变为。西汉文字或承袭秦文字作(字形2所从),或从"毛"不省,作(字形3所从)、(字形4所从)。字形3的写法,为后世楷书所本;字形4的写法,则演变为汉代小篆之(《说文》分析为从出、从放)。本义是抵押。《说文》:"贅,以物质钱。"段玉裁注:"若今人之抵押也。"朱骏声通训定声:"贅,从敖、贝会意。敖贝犹出放贝,当复取之也。"《汉书·严助传》:"岁比不登,民待卖爵贅子以接衣食。"颜师古注:"如淳曰:'淮南俗,卖子与人作奴婢,名为贅子。三年不能赎,遂为奴婢。'师古曰:'贅,质也。'"引申指入赘。《史记·滑稽列传》:"淳于髡者,齐之贅婿也。"《汉书·贾谊传》:"家贫子壮则出贅。"颜师古注引应劭曰:"出作贅婿也。"又通"缀",连缀。《韩非子·存韩》:"夫赵氏聚士卒,养从徒,欲贅天下之兵。"王先慎集解:"贅,缀连也。"引申指赘疣。《释名·释疾病》:"贅,属也。横生一肉,属著体也。"《庄子·骈拇》:"附贅县(悬)疣,出乎形哉!"又指多余。宋曾巩《讲官议》:"问一告二谓之贅。"新中国成立后,"貝"简化为"贝","贅"类推简化为"赘"。(冀小军)

質(质) zhì 章纽、质部;章纽、质韵、之日切。

1《金文编》58页。2、3《汉语字形表》244页。4《古玺》138页。5《睡甲》96页。6、7、9、《篆隶表》419页。8《说文》130页。

会意字。从贝,斦(zhī)声。西周金文上作斦,本非二"斤"。其左旁卜,战国文字(字形2)将笔画连接写作斤,与所从"斤"旁形近(或省为𠂆,字形3、4)。秦及汉初文字作𠂇、𠂊、𠂋(字形5—7),后者已与"斤"旁同形,为《说文》小篆及隶楷文字所本。本义指抵押,以财物或人作保证。《说文》:"質,以物相贅。"朱骏声通训定声:"以钱受物曰贅,以物受钱曰質。"《左传·隐公三年》:"故周郑交質:王子狐为質于郑,郑公子忽为質于周。"《战国策·赵策四》:"于是为长安君约车百乘,質于齐,齐兵乃出。"引申指买卖货物的券契。《周礼·天官·小宰》:"听卖买以質剂。"郑玄注:"質剂,谓两书一札,同而书之,长曰質,短曰剂。傅别、質剂,皆今之券书也。"又指对质。《汉书·王陵传》:"面質吕须于平前。"颜师古注:"質,对也。"又引申指诚信。《左传·昭公十六年》:"楚子闻蛮氏之乱也,与蛮子之无質也,使然丹诱戎蛮子嘉,杀之。"杜预注:"質,信也。"又引申指本质。《荀子·劝学》:"其質非不美也。"又指质朴。《韩非子·解老》:"夫君子取情而去貌,好質而恶饰。"又指底子。唐柳宗元《捕蛇者说》:"永州之野产异蛇,黑質而白章。"又引申指箭靶。《荀子·劝学》:"是故質的张而弓矢至焉。"又指砧板,古代斩人时用的垫板。《史记·张丞相列传》:"苍坐法当斩,解衣伏質。"这个意思后来写作"櫍"、"鑕"。东汉北海相景君铭"質"字作"质"(《篆隶表》419页,省去一"斤"),清初刊本《目连记弹词》进一步简作"质"(见《宋元以来俗字谱》114页)。新中国成立后,"質"简化为"质"。(冀小军)

貿(贸) mào 明纽、幽部;明纽、候韵、莫候切。

1、2《汉语字形表》244页。3《睡甲》96页。
4、5《篆隶表》419页。6《说文》(段注本)281页。

形声字。从贝,卯声。唐张参《五经文字·贝部》:"貿、貿:上《说文》;下经典。相承,隶省。"本义指交换(财物),交易。《说文》:"貿,易财也。"《尔雅·释言》:"貿,市也。"郝懿行义疏:"市兼买卖二义。"《诗·卫风·氓》:"氓之蚩蚩,抱布貿丝。"《吕氏春秋·上农》:"是故丈夫不织而衣,妇人不耕而食,男女貿功以长生。"引申指变易,变更。《广雅·释诂三》:"貿,𢼸也。"王念孙疏证:"(𢼸)为变易之易,易与𢼸通。"《后汉书·虞诩传》:"明日悉陈其兵众,令从东郭门出,北郭门入,貿易衣服,回转数周。"南朝齐王融《为竟陵王与隐士刘虬书》:"金商在律,炎凉始貿。"新中国成立后,"贝"简化为"贝","貿"类推简化为"贸"。(冀小军)

贖(赎) shú 船纽、屋部;船纽、烛韵、神蜀切。

1《汉语字形表》244页。2《睡甲》97页。
3、4《篆隶表》419页。5《说文》130页。

形声字。从贝,賣(音yù,参见本部"賣²"字条)声。西周金文借"賣"为之,秦代文字加"贝"旁作"贖"。本义指以财物等换回人或抵押品。《说文》:"贖,贸也。"《玉篇·贝部》:"贖,质也。"《左传·宣公二年》:"宋人以兵车百乘、文马百驷以贖华元于郑。"也指交纳财物以减免刑罚。《书·舜典》:"金作贖刑。"孔传:"出金以贖罪。"《史记·李将军列传》:"博望侯留迟后期,当死,贖为庶人。"引申指替换。《诗·秦风·黄鸟》:"如可贖兮,人百其身。"孔颖达疏:"如使此人可以他人贖代之兮,我国人皆百死其身以贖之。"新中国成立后,"贝"简化为"贝","賣"简化为"卖"(据草书楷化),"贖"类推简化为"赎"。(冀小军)

費(费) fèi 滂纽、物部;敷纽、未韵、芳未切。
bì 帮纽、物部;帮纽、至韵、兵媚切。

1《汉语字形表》244页。2《说文》130页。

3、4、5《篆隶表》419页。

形声字。从贝,弗声。本义指耗费,损耗,音fèi。《说文》:"费,散财用也。"《广雅·释言》:"费,损也。"《孙子·作战》:"车甲之奉,日费千金。"《商君书·垦令》:"商贾少则上不费粟。"引申指费用。《墨子·贵义》:"吾取饰车食马之费与绣衣之财以畜士。"汉桓宽《盐铁论·非鞅》:"足军旅之费。"又音bì,古邑名,在今山东费县西北(后亦作"鄪")。《广韵·至韵》:"鄪,邑名,在鲁。费,同鄪。"《论语·季氏》:"今夫颛臾,固而近于费,今不取,后世必为子孙忧。"新中国成立后,"貝"简化为"贝","費"类推简化为"费"。(冀小军)

責(责)

zé 庄纽、锡部;庄纽、麦韵、侧革切。
zhài 庄纽、锡部;庄纽、卦韵、侧卖切。

1—4《汉语字形表》245页。5《郭店》99页。6《包山》95页。7、12《篆隶表》420页。8《说文》130页。9、10、11《睡甲》97页。

形声字。从贝,朿声。战国文字将"朿"旁繁化作束,与三体石经古文作束者相合,亦即汉代隶书或体(字形7)所本。《说文》小篆(字形8)所从"朿"旁上端稍讹。秦代文字所从"朿"旁系由秦隶俗体演变而成。其演变序列为:朿(《睡甲》65页,"刺"字所从) 朿(同前) 朿(字形9所从) 朿(《文物》2003年1期25页图十九,湖南龙山里耶秦简"責"字所从) 朿(字形10所从) 朿(字形11所从)。"責",本义是索取,音zé。《说文》:"責,求也。"徐锴系传:"責者,迫迮而取之也。"王筠句读:"責,谓索求负家偿物也。"《左传·桓公十三年》:"宋多責赂于郑。"《战国策·西周策》:"归其剑而责之金。"泛指求。《孙子·势》:"故善战者求之于势,不责于人。"《韩非子·定法》:"循名而责实。"引申指责备。《战国策·赵策三》:"梁客辛垣衍安在?吾请为君责而归之。"又指责任。《韩非子·南面》:"主道者,使人臣必有言之責,又有不言之责。"由索取义引申,又指债务,音zhài。这个意思后来写作"債",今简作"债"。《战国策·齐策四》:"先生不羞,乃有意欲为收責(债)于薛乎?"新中国成立后,"貝"简化为"贝","責"类推简化为"责"。(冀小军)

賈(贾)

gǔ 见纽、鱼部;见纽、姥韵、公户切。
jià 见纽、鱼部;见纽、祃韵、古讶切。
jiǎ 见纽、鱼部;见纽、马韵、古疋切。

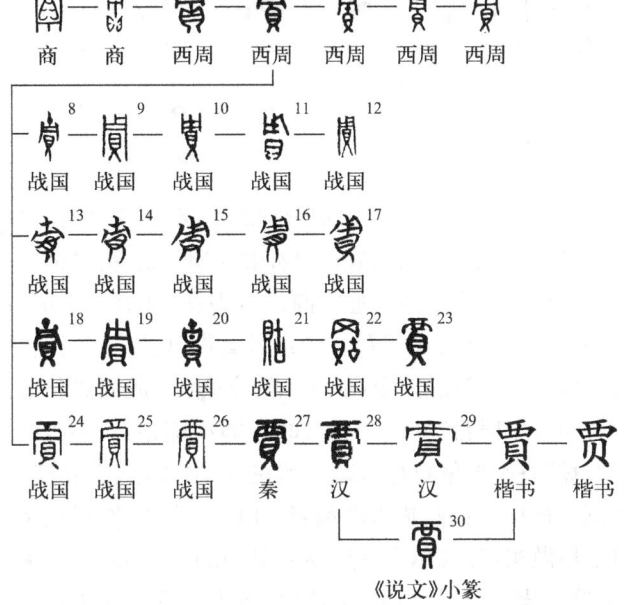

1、2、8《汉语字形表》243页。3—7《金文编》432页。9—12《古玺》141~142页。13—17《楚系简帛》519~520页。18、19、20、22、23《古陶徵》225~226页。21《类编》221页。24、25、26《古文典》454页。27、28、29《篆隶表》420页。30《说文》130页。

形声字。从贝,襾(xià)声。商代文字作𠂹,从凵、从贝("凵",隶定作"宁",音zhù,是一种存储东西的箱形器具。参见本部"貯"字条),会囤积营利之意,或作𠂹,将"贝"移在"凵"下。西周金文承袭第二体,"宁"旁则略有变化,或在中间的竖笔上加"·"(字形5、6变"·"为"一"),或在"凵"形中加一横笔(字形6),或将中竖直贯而下(字形7)。战国文字颇多异形,晋(字形8—12)、楚(字形13—17)、齐(字形18—23)三系文字共同的特点是或省去"凵"形中下面的一笔,如𠂹(字形8所从)、𠂹(字形13所从)、𠂹(字形18所从);晋系和楚系文字"宁"旁右上方又多有一饰笔,渐变为"用"(晋系文字或从"贝"省,如字形11)。由于"宁"旁变形太甚,已丧失其表意功能,一些诸侯国遂陆续将"賈"字改造为形声结构:齐系文字或从贝、古声(字形20、21。《集韵·姥韵》:"賈,《说文》:'賈,市也。'𠂹,或从古。"),或从買、古声(字形22),或从贝、襾声(字形23);秦系文字(字形24—27)亦从贝、襾声(字形24、25"襾"旁作𠂹、𠂹,与字形8所从之𠂹、字形18所从之𠂹形相近,当是改"宁"为形近的声旁),为后世文字所本。在楷书阶段,"川"又变为"屮"。《说文·襾部》:"襾,覆也。"丆、冖像倒置的水器(西周金文㝵字或作𨽻,所从与此相近),故有覆义。其形体演变序列为(右上为所属原字形的编号):

商—商—西周—西周—春秋—战国
楷书 楷书

1. 音gǔ。"賈",本义指囤积营利的坐商。《说文》:"賈,一曰坐卖售也。"《六书故·动物四》:"坐肆居卖之谓賈,行儋(担)买卖之谓贩,通曰商。"《周礼·地官·司市》:"以商賈阜货而行布。"郑玄注:"居卖曰賈。"陆德明释文:"賈,音古。"颂壶"令(命)女(汝)官㣑(司)成周賈廿家"(字形6),兮甲盘"其賈毋(毋)敢不即次即市"(字形4),鲁方彝"齐生鲁肇賈休多嬴"。《左传·昭公元年》:"賈而欲嬴。"杜预注:"商賈求嬴利者。"以上"賈"字均用此义。引申指做买卖。《尔雅·释言》:"賈,市也。"郝懿行义疏:"市兼买卖二义。"《说文》:"賈,市也。"段玉裁注:"市,买卖所之也。因之,凡买、凡卖皆曰市,賈者,凡买卖之称也。"《韩非子·五蠹》:"长袖善舞,多钱善賈。"睡虎地秦墓竹简《日书》甲种:"货门,所利賈市,入货吉。"亦专指买或卖。《左传·昭公二十九年》:"平子每岁賈马。"杜预注:"賈,买也。"《汉书·宁成传》:"仕不至二千石,賈不至千万,安可比人乎!"颜师古注:"賈,谓贩卖之。"又引申指求取。《国语·晋语》:"谋于众,不以賈好。"韦昭注:"賈,求也。"又指招致。《左传·桓公十年》:"匹夫无罪,怀璧其罪。吾焉用此? 其以賈害也。"2. 音jià。指价格。《小尔雅·广言》:"賈,价也。"《集韵·祃韵》:"賈,售直(值)也。價,或从人。"清段玉裁《说文解字注·贝部》:"賈,凡卖者之所得,买者之所出,皆曰賈。俗又别其字作價,别其音入祃韵,古无是也。"卫孟"罕(厥)賈(價)其舍田十田"(字形3),格伯簋"罕(厥)賈(價)卅田",均用此义。《论语·子罕》:"求善賈(價)而沽诸。"《孟子·滕文公上》:"从许子之道,则市賈(價)不贰。"3. 音jiǎ。古国名。在今山西省襄汾县东,姬姓,康王封唐叔虞少子公明于此,后为晋所灭。《左传·桓公九年》:"荀侯、賈伯伐曲沃。"杜预注:"荀、賈皆国名。"1974年,山西闻喜上郭村出土賈子己父匜(与荀侯匜同出,字形5),"賈"即文献中荀、賈之"賈"。又为姓。《广韵·马韵》:"賈,姓也。出河东,本自周賈伯之后。"在晋系文字资料中,"賈"字多达50余例,除个别用为人名外(古书中亦有以"賈"为名者,如春秋时

晋有屠岸賈,西汉有陆賈。《汉书·古今人表》"下下愚人"有"屠颜賈",颜师古注:"即屠岸賈也。音工下反。"按:"工下反"今读为jiǎ),绝大多数都是姓氏字。新中国成立后,"貝"简化为"贝","賈"类推简化为"贾"。(冀小军)

賞 shǎng 书纽、阳部;书纽、养韵、书两切。
shāng 书纽、阳部;书纽、阳韵、式羊切。

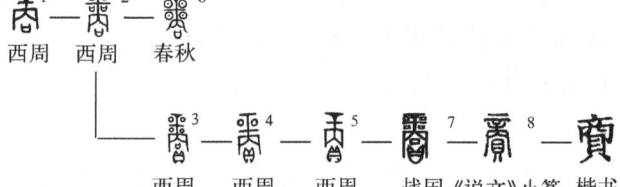

1-6《汉语字形表》245页。7《古陶徵》227页。8《说文》131页。

形声字。从贝,商省声。1. 音shǎng,本义为赏赐。赏赐之义,西周金文多假借本义是地名的"商"字来表示。般甗:"王商(赏)乍(作)册般贝。"(即字形1。字形2亦"商"(赏)字,加四"口"为饰)此外,还使用过加注"贝"旁的"賞"、"賞",这是表示赏赐义的专用字。传卣:"白(伯)剬(祖)父賞(赏)小臣传。"(字形3,从贝商声,变四"口"为四"o"。)作册大鼎:"公賞(赏)乍(作)册大白马。"(字形5,从贝,商省声)不过,"賞"或"賞"字的这种用法仅见于西周金文。赏赐之义,春秋金文仍借用"商"字(字形6,变四"o"为四"⊙");战国文字则又假借本义是偿付的"賞(赏)"字来表示(参见本部"賞"字条)。2. 音shāng,商人(假借义)。赏赐义既为"赏"字所专,"賞"字遂被借作他用。《说文》:"賞,行贾也。"段玉裁注:"浑言之,则贾賞可互偁。析言之,则行贾曰賞。行贾者,通四方之珍异以资之。"唐慧琳《一切经音义》卷三十二"賞贾"条引《周礼·天官·大宰》郑玄注:"行曰賞,处曰贾。"这种用法的"賞"后来被"商"字所取代。《集韵·阳韵》:"賞,通作商。"清段玉裁《说文解字注》:"经传皆作商,商行而賞废矣。"(冀小军)

贩(販) fàn 帮纽、元部;非纽、愿韵、方愿切。

販—販—贩—贩
《说文》小篆 汉 楷书 楷书

1《说文》131页。2《篆隶表》420页。

形声字。从贝,反声。本义指买货出卖。《玉篇·贝部》:"贩,贱买贵卖。"《史记·平准书》:"贩物求利。"《后汉书·吴汉传》:"资用乏,以贩马为业。"也指贩卖

货物的小商人。《说文》："贩，买贱卖贵者。"《管子·八观》："悦商贩而不务本货，则民偷处而不事积聚。"引申指叛卖。《宋书·沈悠之传》："虽吕布贩君，郦寄卖友，方之斯人，未足为酷。"新中国成立后，"貝"简化为"贝"，"販"类推简化为"贩"。（冀小军）

買(买) mǎi 明纽、支部；明纽、蟹韵、莫蟹切。

商　西周　西周　战国　秦　汉　汉　楷书　楷书

《说文》小篆

1—4《汉语字形表》245页。5《睡甲》97页。6《说文》131页。7、8《篆隶表》420页。

会意字。《说文》："買，市也。从网、貝。《孟子》曰：登垄断而网市利。"古以贝为货币，"買"从网、从贝，会网罗钱财、获利之意。"買"字本指商品交易活动，兼有买、卖二义，后用来专指交易中的买入行为（参见本部"賣¹"字条）。《左传·昭公元年》："《志》曰：买妾不知其姓，则卜之。"《韩非子·外储说左上》："郑人买其椟而还其珠。"《急就篇》卷二："赁贷卖买贩肆便。"颜师古注："出曰賣，入曰買。"引申指招致。《战国策·韩策一》："夫以有尽之地而逆无已之求，此所谓市怨而买祸者也。"又指雇用。《韩非子·五蠹》："泽居苦水者，买庸而决窦。"清彭端淑《为学》："吾数年欲买舟而下，犹未能也。"新中国成立后，"買"简化为"买"。（冀小军）

賤(贱) jiàn 从纽、元部；从纽、线韵、才线切。

战国　《说文》小篆　秦　汉　汉　楷书　楷书

1《郭店》99页。2《说文》131页。3、4、5《篆隶表》421页。

形声字。从贝，戔(cán)声。本义指价格低，与"贵"相对。《说文》："賤，賈(价)少也。"《左传·昭公三年》："国之诸市，屦贱踊贵。"汉桓宽《盐铁论·本议》："贱即买，贵即卖。"引申指地位低，与"贵"相对。《玉篇·贝部》："賤，卑下也，不贵也。"《论语·里仁》："贫与贱，是人之所恶也。"汉曹操《举贤勿拘品行令》："昔伊挚、傅说，出于贱人。"（伊挚、傅说：人名）又用为谦辞，称与自己有关的人或事。《战国策·赵策四》："老臣贱息舒祺，最少，不肖。"（贱息：指自己的儿子）汉司马迁《报任安书》："又迫贱事，相见日浅。"宋王安石《感事》："贱子昔在野，心哀此黔首。"（贱子：指自己。）又引申指轻视，与"贵"相对。《正字通·贝部》："賤，轻也。"《韩非子·难三》："厉伯以奸闻，而穆公贱之。"汉晁错《论贵粟疏》："是故明君贵五谷而贱金玉。"在宋元以来的一些小说戏曲刻本中，"戔"旁多简作"戋"（见《宋元以来俗字谱》32页"剗"、73页"淺"、82页"盞"、88页"箋"、114页"賤"、124页"錢"、134页"餞"、153页"殘"等字）。新中国成立后，"貝"简化为"贝"，"戔"简化为"戋"；"賤"类推简化为"贱"。（冀小军）

賦(赋) fù 帮纽、鱼部；非纽、遇韵、方遇切。

西周　战国　《说文》小篆　秦　汉　汉　楷书　楷书

1《金文编》436页。2《汉语字形表》246页。3《说文》131页。4《睡甲》97页。5、6《篆隶表》421页。

形声字。从贝，武声。本义是赋税。《广雅·释诂二》："賦，税也。"《周礼·天官·太宰》："以九赋敛财贿。"唐李觏《感事》："役频农力耗，赋重女工寒。"也指征收赋税。《说文》："賦，敛也。"《左传·哀公十年》："季氏欲以田赋。"汉桓宽《盐铁论·非鞅》："是以征敌伐国，攘地斥境，不赋百姓而师以赡。"又有颁布、授予之义。清段玉裁《说文解字注》："敛之曰赋，班之亦曰赋。经传中凡言以物班布与人曰赋。"《广雅·释诂三》："賦，布也。"王念孙疏证："赋、布、敷、铺，并声近而义同。"《国语·晋语四》："赋职任功。"韦昭注："赋，授也。"《吕氏春秋·分职》："出高库之兵以赋民。"高诱注："赋，予也。"又有宣布、陈述之义。《左传·僖公二十七年》："赋纳以言，明试以功。"汉王充《论衡·对作》："或南面称师，赋奸伪之说。"引申指一种铺叙直陈的诗歌表现方法。《释名·释典艺》："敷布其义谓之赋。"《周礼·春官·大师》："教六诗：曰风，曰赋，曰比，曰兴，曰雅，曰颂。"南朝梁钟嵘《诗品·序》："直书其事，寓言写物，赋也。"又指一种有韵的文体。《史记·屈原贾生列传》："及渡湘水，为赋以吊屈原。"汉班固《两都赋·序》："赋者，古诗之流也。"新中国成立后，"貝"简化为"贝"，"賦"类推简化为"赋"。（冀小军）

貪(贪) tān 透纽、侵部；透纽、覃韵、他含切。

战国　《说文》小篆　汉　楷书　楷书

1《郭店》99页。2《说文》131页。3《篆隶表》421页。

形声字。从贝，今声。本义指爱财，不择手段地求取财物。《说文》："贪，欲物也。"《楚辞·离骚》："众皆竞进以贪婪兮，凭不厌乎求索。"王逸注："爱财曰贪，爱食曰婪。"《汉书·贡禹传》："贵廉絜，贱贪污。"引申指贪求，贪图。《左传·僖公二十四年》："窃人之财，犹谓之盗，况贪天之功以为己力乎？"唐韩愈《进学解》："贪多务得，细大不捐。"新中国成立后，"貝"简化为"贝"，"貪"类推简化为"贪"。（冀小军）

貶(贬) biǎn 帮纽、侵部；帮纽、琰韵、方敛切。

1《说文》131页。2《篆隶表》421页。

形声字。从贝，乏声（参见正部"乏"字条）。本义是减少，损减。《说文》："貶，损也。"《玉篇·贝部》："貶，减也，损也。"《左传·僖公二十一年》："貶食省用。"汉司马相如《封禅文》："此天下之壮观，王者之丕业，不可貶也。"引申指给予低下的评价，与"褒"相对。汉王充《论衡·齐世》："故孔子作《春秋》，采毫毛之善，貶纤介之恶。"晋范宁《春秋穀梁传序》："片言之貶，辱过市朝之挞。"又指降级，降职。《商君书·境内》："爵自二级以上，有刑罪则貶。"《新唐书·柳宗元传》："貶邵州刺史，不半道，貶永州司马。"新中国成立后，"貝"简化为"贝"，"貶"类推简化为"贬"。（冀小军）

貧(贫) pín 並纽、文部；並纽、真韵、符巾切。

1《郭店》131页。2《说文》131页。3《睡甲》97页。4、5《篆隶表》421页。

形声字。从贝，分声。本义指贫穷，与"富"相对。《玉篇·贝部》："貧，乏财也。"《战国策·齐策四》："齐人有冯谖者，貧乏不能自存。"《荀子·天论》："强本而节用，则天不能貧（使貧乏）。"引申指不足，缺少。南朝梁刘勰《文心雕龙·事类》："才自内发，学以外成，有学饱而才馁，有才富而学貧。"新中国成立后，"貝"简化为"贝"，"貧"类推简化为"贫"。（冀小军）

賃(赁) lìn 泥纽、侵部；泥纽、沁韵、乃禁切。

1《楚文编》385页。2《说文》131页。3《睡甲》98页。4《篆隶表》422页。

形声字。从贝，任声。本义指被人雇用。《说文》："賃，庸也。"段玉裁注："庸者，今之佣字。"《玉篇·贝部》："賃，借佣也。"《左传·襄公二十七年》："申鲜虞来奔，仆賃于野。"《史记·栾布传》："穷困，賃佣于齐。"引申指租借。1.出租。唐杜佑《通典》卷七："每店皆有驴賃客乘。"2.租用。唐张籍《赠令狐博士》："久为博士谁能识，自到长安賃舍居。"新中国成立后，"貝"简化为"贝"，"賃"类推简化为"赁"。（冀小军）

賕(赇) qiú 群纽、幽部；群纽、尤韵、巨鸠切。

1《说文》131页。2《篆隶表》422页。

形声字。从贝，求声。本义指行贿。《说文》："賕，以财物枉法相谢也。"《玉篇·贝部》："賕，请也。"《汉书·薛宣传》："宣子况为右曹侍郎，数闻其语，賕客杨明，欲令创咸面目，使不居位。"《晋书·冯跋载记》："于是上下肃然，请賕路绝。"也指用来行贿的财物。《史记·滑稽列传》："恐受賕枉法。"宋沈括《梦溪笔谈·官政二》："天下吏人素无常禄，唯以受賕为生，往往致富者。"引申又指受贿。清段玉裁《说文解字注》："賕，法当有罪而以财求免是曰賕，受之者亦曰賕。"宋周密《齐东野语》卷一："官暗而吏賕，故冤不得直也。"新中国成立后，"貝"简化为"贝"，"賕"类推简化为"赇"。（冀小军）

購(购) gòu 见纽、侯部；见纽、候韵、古候切。

1《说文》131页。2《睡甲》98页。3《马王堆》265页。4《篆隶表》422页。

形声字。从贝，冓(gòu)声。本义指悬赏征求，重金收买。《说文》："購，以财有所求也。"段玉裁注："县(悬)

重价以求得其物也。"《史记·项羽本纪》："吾闻汉购我头千金，邑万户。"《汉书·高帝纪》："乃多以金购豨将，豨将多降。"（豨 xī：陈豨，人名）引申指奖赏。睡虎地秦墓竹简《法律答问》："甲告乙盗牛，今乙贼伤人，非盗牛殹（也），问甲当论不当？不当论，亦不当购。"《尔雅·释兽》郭璞注引晋律："捕虎一，购钱五千，其狗（幼崽）半之。"又引申为购买。清龚自珍《病梅馆记》："予购三百盆，皆病者，无一完者。"新中国成立后，"購"简化为"购"。（冀小军）

貲（赀）zī 精纽、支部；精纽、支韵、即移切。

<字形> 战国 《说文》小篆 秦 汉 楷书 楷书

1《战文编》403页。2《说文》131页。3《睡甲》98页。4《篆隶表》422页。

形声字。从贝，此声。本义指罚缴（财物）。《说文》："貲，小罚以财自赎也。"睡虎地秦墓竹简《效律》："斗不正，半升以上，貲一甲；不盈半升到少半升，貲一盾。"引申指财货。《玉篇·贝部》："貲，财也，货也。"《史记·司马相如列传》："以貲为郎。"唐柳宗元《答元饶州论政理书》："苟然，则贫者无貲以求仕吏。"又指计量。《后汉书·陈蕃传》："采女数千，食肉衣绮，脂油粉黛，不可貲计。"新中国成立后，当财货讲的"貲"作为异体字并入了"资"字；当"计量"讲的"貲"则类推简化为"赀"。（冀小军）

賨（赛）cóng 从纽、冬部；从纽、冬韵、藏宗切。

<字形> 《说文》小篆 楷书 楷书

1《说文》131页。

形声字。从贝，宗声。"賨"本是古代四川、湖南等地的少数民族对所交赋税的称谓。《说文》："賨，南蛮赋也。"《后汉书·南蛮传》："岁令大人输布一匹，小口二丈，是谓賨布。"引申为对秦汉时四川、湖南等地一种少数民族（一说即巴人）的称谓。《文选·左思〈蜀都赋〉》李善注引应劭《风俗通》："巴有賨人，剽勇。"《晋书·李特载记》："巴人呼赋为賨，因谓之賨人焉。"新中国成立后，"贝"简化为"贝"，"賨"类推简化为"赛"。（冀小军）

賣[2] yù 喻纽、屋部；以纽、屋韵、余六切。

<字形> 西周 春秋 战国 秦 汉 楷书
<字形> 《说文》小篆 楷书 楷书 楷书
<字形> 楷书

1《金文编》437页。2、3《类编》112页"遺"字所从、295页"櫝"字所从。4《睡甲》97页"贖"字所从。5《说文》131页。6、7《篆隶表》419页"贖"字所从。8、10《玉篇·贝部》。9《广韵·屋韵》。11《字汇·贝部》。

形声字。西周金文作𧷓，从 𠙹、 㞢（𠫓，古文睦）声。㞢渐变为㞢（字形2所从）— 㞢（字形3所从）— 㞢（字形4所从）— 㞢（字形6所从）— 㞢（字形7所从）— 𠂇（楷书所从），这种写法仅见于偏旁；《说文》小篆作𧷓，所从变作㞢。与此相应，后世文字也分化为两种：一般古书用字多作"賣"；而字书、韵书用字则多承袭小篆的写法，后省作賣（字形10）。"賣"，本义是走着叫卖（音 yù）。《说文》："賣，衒也。"（衒，或体作㡧。行部："㡧，行且卖也。从行，从言。"）也泛指卖。《史记·吕不韦列传》："往来贩贱卖贵，家累千金。"司马贞索隐："王劭卖作䜌，音育。案：䜌卖义同，今如字读。"（据文渊阁《四库全书》本）从"叫卖"义又引申出炫耀的意思。《战国策·宋策》："宋与楚为兄弟。齐攻宋，楚王言救宋，宋因賣楚重以求讲于齐，齐不听。"鲍彪注："谓衒䜌之。"（衒䜌之：炫耀楚王对宋国的重视。讲：和解）在楷书阶段，除了音 yù 的"賣"之外，还有一个音 mài 的"賣"字（本作𧶠，从出，从买，买亦声。参见出部"賣[1]"字）。二者隶变后字形相同，又都有"卖出"的意思，于是发生混淆。至迟在唐代，已经有把写作"賣"的字一律读为 mài 的倾向（见前引《史记》司马贞索隐）。此外，古书中还曾假借"䜌"、"粥"等字来表示"賣（yù）"的意思（《玉篇·贝部》："賣，衒也。或作粥、䜌。"《国语·齐语》："市贱粥贵。"韦昭注："粥，賣也。"《礼记·曲礼下》："君子虽贫，不粥祭器。"郑玄注："粥，賣也。"陆德明释文："粥音育。"）。在现代汉字中，"賣 yù"字已经完全并入"賣 mài"字（今又简作"卖"）。不过，作为形声字声旁的"賣（卖）"，仍应读 yù（如：續、贖、讀、犢、瀆、櫝、牘、黷、竇等字均从"賣 yù"声）。"賣 yù"字原有的两个意思："卖出"义由假借字"䜌 yù"来承担，"炫耀"义则由"賣（卖，mài）"字承担。三者关系如下表所示：

隶变以后文字			现代文字		
字形	字音	字义	字义	字音	字形
賣²：从貝,裔声	yù	卖出	卖出	yù	鬻
鬻：（假借字）		炫耀	炫耀		
賣¹：从出,買声	mài	卖出	卖出	mài	賣（卖）

（冀小军）

貴（贵） guì 见纽、物部；见纽、未韵、居胃切。

战国《说文》小篆 汉 汉 汉 汉 楷书 楷书

1《楚系简帛》520页。2《说文》131页。3—6《篆隶表》422页。

形声字。《说文》："贵，从贝，臾声。臾，古文蕢。"按："臾"，西周金文作（《金文编》101页，旂作父戊鼎"遗"字所从），从臼，从小，像两手捧物而有所遗落之形，乃"遗"字初文（参见辵部"遗"字条）；古文用为"蕢"字，实为假借。"贵"本义指价格高，与"贱"相对。《说文》："贵，物不贱也。"《左传·昭公三年》："国之诸市，屦贱踊贵。"汉桓宽《盐铁论·本议》："贱即买，贵即卖。"引申指地位高，与"贱"相对。《玉篇·贝部》："贵，高也，尊也。"《老子》第三十九章："故贵以贱为本，高以下为基。"汉曹操《让县自明本志令》："身为宰相，人臣之贵已极。"又引申指看重，重视，与"贱"相对。《老子》第三章："不贵难得之货。"《商君书·画策》："圣王者不贵义而贵法。"又用为敬辞，称与对方有关的人或事。《三国志·蜀书·张裔传》："贵土风俗，何以乃尔乎？"《京本通俗小说·冯玉梅团圆》："娘子不若权时在这店里住几日，将息贵体。"新中国成立后，"贝"简化为"贝"，"贵"类推简化为"贵"。（冀小军）

貺（贶） kuàng 晓纽、阳部；晓纽、漾韵、许访切。

《说文》新附 楷书 楷书

1《说文》131页。

形声字。从贝，兄声。赐予，赏赐。《尔雅·释诂上》："貺，赐也。"《诗·小雅·彤弓》："我有嘉宾，中心貺之。"毛传："貺，赐也。"唐李贺《荣华乐》："绣段千寻遗皂隶，黄金百镒貺家臣。"新中国成立后，"贝"简化为"贝"，"貺"类推简化为"贶"。（冀小军）

賵（赗） fèng 滂纽、东部；敷纽、送韵、抚凤切。

《说文》新附 汉 楷书 楷书

1《说文》131页。2《篆隶表》423页。

会意字。从贝，从冒。送给死者的随葬物品。《说文》："賵，赠死者。从贝，从冒。冒者，衣衾覆冒之意。"《穀梁传·隐公三年》："归(通"馈")死者曰賵，归生者曰赙。"也泛指送给丧家的财物。《广韵·送韵》："賵，賵赗。"《后汉书·桓帝邓皇后纪》："宣卒，賵赠葬礼，皆依后母旧仪。"新中国成立后，"贝"简化为"贝"，"賵"类推简化为"赗"。（冀小军）

賭（赌） dǔ 端纽、鱼部；端纽、姥韵、当古切。

《说文》新附 楷书 楷书

1《说文》131页。

形声字。从贝，者声(参见白zì部"者"字条)。赌博，以财物作注比输赢。《说文》："赌，博簺(sài，古代一种赌博性的游戏)也。"唐玄应《一切经音义》卷十五"共赌"条引《通俗文》："钱戏曰赌也。"《晋书·谢安传》："方与玄围棋，赌别墅。"也指比输赢，争高下。《魏书·任城王澄传》："特令澄为七言连韵，与高祖往复赌赛。"《南史·王僧虔传》："高祖素善书，笃好不已，与僧虔赌，曰：'谁为第一？'"新中国成立后，"贝"简化为"贝"，"赌"类推简化为"赌"。（冀小军）

貼（贴） tiē 透纽、葉部；透纽、帖韵、他协切。

《说文》新附 楷书 楷书

1《说文》131页。

形声字。从贝，占声。本义是典押，典当。《说文》："贴，以物为质也。"《玉篇·贝部》："贴，以物质钱。"《南齐书·虞愿传》："陛下起此寺，皆是百姓卖儿贴妇钱。"《旧唐书·李峤传》："天下编户，贫弱者众，……亦有卖舍贴田，以供王役。"又指粘，黏附。《正字通·贝部》："贴，黏置也。"宋沈括《梦溪笔谈·技艺》："每字有二十余印(指字模)，以备一板内有重复者，不用则以纸贴之。"引申指挨近。《正字通·贝部》："贴，依附。"宋史达祖《双双燕》:"爱贴地争飞,竞夸轻俊。"又引申指补助,补贴。《西游记》第三十五回:"快快的送将出来还我,多多贴些盘费。"新中国成立后,"貝"简化为"贝","貼"类推简化为"贴"。(冀小军)

貽(贻) yí 喻纽、之部;以纽、之韵、与之切。

貽¹—貽²—貽³—貽—贻
战国　《说文》新附　汉　楷书　楷书

1《类编》219页。2《说文》131页。3《篆隶表》423页。

形声字。从贝,台(音 yí)声。本义是赠送。《说文》:"貽,赠遗也。"《庄子·逍遥游》:"魏王貽我大瓠之种。"汉辛延年《羽林郎》:"貽我青铜镜,结我红罗裾。"引申指遗留。《书·五子之歌》:"有典有则,貽厥子孙。"晋陆机《文赋》:"俯貽则于来叶(来叶:来世),仰观象乎古人。"新中国成立后,"貝"简化为"贝","貽"类推简化为"贻"。(冀小军)

賺(赚) zhuàn 澄纽、陷韵、直陷切。

賺¹—賺²—賺—赚
《说文》新附　楷书　楷书　楷书

1《说文》131页。2《广韵·陷韵》。

形声字。从贝,廉声。后省作"賺"(从兼声)。《龙龛手鉴·贝部》:"賺,俗;賺,正。"义为(做买卖)获利。《说文》:"賺,重买也。"郑珍新附考:"按:买当作卖。……賺系汉已来俗语,古书传无之。……重卖者,卖物得价倍于常值。重读如字,犹买物出多资谓之重资、重价,今人犹谓市利多得为赚钱,南北皆有此语。俗间通用賺为之。"新中国成立后,"貝"简化为"贝","賺"类推简化为"赚"。(冀小军)

賽(赛) sài 心纽、职部;心纽、代韵、先代切。

賽¹—賽²—賽—赛
战国　《说文》新附　楷书　楷书

1《楚系简帛》522页。2《说文》131页。

形声字。从贝,寒(sāi)声。寒,甲骨文作(《甲文编》321页),从卄、从 II、从宀(字形1),像两手捧物实于宀中,是堵塞之"塞"的初文。春秋金文作(《金文编》313页,寋公孙指父匜),从廾;小篆(字形2)作寋,隶定为寋,隶变作寋、寒。《说文·廾部》:"寋,窒也。"《玉篇·廾部》:"寋,

窒也。今作塞。""塞"引申指报神之祭。《汉书·郊祀志上》:"冬塞祷祠。"颜师古注:"塞谓报其所祈也。"清徐灏《说文段注笺·贝部》:"塞,实也。……盖有所祈祷,许以牲礼为报,自实其言,故谓之塞也。""賽"始见于战国文字,是在"寒"字上加注"贝"旁,为表示报神之祭的专用字(或省卄,所实之物或变从玉)。《说文》:"賽,报也。"《韩非子·外储说右下》:"秦襄王病,百姓为之祷。病愈,杀牛塞祷。"《包山楚简》214 简:"至秋三月,賽祷邵王戠牛,馈之。"引申指了结,完毕。宋赵长卿《清平乐》:"何日利名俱赛,为予笑下愁城。"元马致远《新水令·题西湖》:"自赛了儿婚女嫁,却归来林下。"此外,"塞"还引申指古代一种博戏　"簺"(音 sài。《说文·竹部》:"簺,行棊相塞谓之簺。"),受其影响,"赛"亦引申出比赛、竞赛之义。《魏书·任城王澄传》:"特令澄为七言连韵,与高祖往复赌赛。"又引申指胜过,比得上。《水浒全传》第六十八回:"头上金盔耀日光,身穿铠甲赛冰霜。"新中国成立后,"貝"简化为"贝","賽"类推简化为"赛"。(冀小军)

賻(赙) fù 並纽、鱼部;奉纽、遇韵、符遇切。

賻¹—賻²—賻—赙
《说文》新附　汉　楷书　楷书

1《说文》131页。2《篆隶表》423页。

形声字。从贝,専(fū)声。送财物助人办丧事。《广雅·释诂四》:"賻,送也。"《玉篇·贝部》:"賻,以财助丧也。"《后汉书·杜诗传》:"司隶校尉鲍永上书,言诗贫困无田宅,丧无所归,诏使治丧郡邸,賻绢千匹。"也指送给丧家的财物。《礼记·檀弓上》:"既葬,子硕欲以賻布之余具(置办)祭器。"新中国成立后,"貝"简化为"贝","賻"类推简化为"赙"。(冀小军)

贍(赡) shàn 禅纽、谈部;禅纽、艳韵、时艳切。

贍¹—贍²—贍—赡
《说文》新附　三国魏　楷书　楷书

1《说文》131页。2《篆隶表》423页。

形声字。从贝,詹声。本义是供给。《说文》:"贍,给也。"汉桓宽《盐铁论·本议》:"使备塞乘城之士,饥寒于边,将何以赡之?"《汉书·王莽传上》:"收赡名士,交结将相卿大夫甚众。"引申指充足。《小尔雅·广言》:"赡,足也。"《吕氏春秋·顺民》:"颜色愁悴不赡者,必

身自食之。"汉桓宽《盐铁论·非鞅》:"是以征伐敌国,攘地斥境,不赋百姓而师已赡。"又指充满。《盐铁论·本议》:"故川源不能实漏卮,山海不能赡溪壑。""赡"本来是假借"澹"字来表示的。《说文·水部》:"澹,水摇也。"《荀子·王制》:"物不能澹则必争。"杨倞注:"澹,读为赡。"《汉书·食货志上》:"犹未足以澹其欲也。"颜师古注:"澹,古赡字也。赡,给也。"后把"澹"字的"水"旁改为"贝"旁,分化出后起本字"赡"。清郑珍《说文新附考》:"至晋右将军郑烈碑始见从贝之赡,殆制于魏晋间。"新中国成立后,"貝"简化为"贝","赡"类推简化为"赡"。
(冀小军)

邑 部

邑 yì 影纽、缉部;影纽、缉韵、於汲切。

1、8《甲文编》280页。2《金文编》441页。3、4《楚系简帛》529、526页。5《说文》131页。6《金文续编》142页。7、12《篆隶表》424页。9《先秦货币》84页。10《睡甲》98页。11《篆隶表》423页。

会意字。初文从⌀(口),从𠂇(卪)。其中"口"字表示城市,而下面的"卪"字表示跪坐臣服的人,有城有人,这就是"邑"。《释名·释州国》云:"邑,……邑人聚会之称也。"所以"邑"字的造字本义就是指城市及其居民。后来字形逐渐演变,表示"城市"的"口"由方到圆,表示跪坐臣服的"人"也变成了"卪",渐渐失去了其造字本义。甲骨文:"庚午卜,丙贞:王作邑,帝若?八月。"(《合集》14201)《周礼·地官·小司徒》:"四井为邑,邑方三里。"这都已经是后世的创制了。《论语·公冶长》:"十室之邑,必有忠信如丘者焉。"这就是"小邑"了。《说文》:"邑,国也。先王之制,尊卑有大小。"这里所说的"国"是狭义的"国",也就是"邑"字的引申义。古代国家一般规模较小,国家往往同时就是城市,甲骨文中屡见"大邑商",《书》中作"天邑商",也就是"大国商"的意思,与此相对的是"小邦周"。这是在"国家"意义上使用的"邑"的概念。(王志平)

邦 bāng 帮纽、东部;帮纽、江韵、博江切。

1《甲文编》281页。2、3《金文编》443、442页。4《古文典》434页。5《先秦货币》88页。6《古玺》142页。7、10《说文》131页。8《楚系简帛》530页。11《睡甲》99页。9、12、13《篆隶表》424页。

会意兼形声字。甲骨文从丰,从田,表示建立土界,也即"封疆"之义。所以"邦"的造字本义就是"封界"。古文字中"封"、"邦"本为一字,清段玉裁《说文解字注》云:"邦之言封也。《书序》云:邦康叔,邦诸侯,《论语》在邦域之中,皆封字也。《周礼》故书:乃分地邦而辨其守。邦为土界,杜子春改邦为域,非也。"古汉语名动相因,所以"封邦建国"的中动词"封"和所"封"的名词"邦"本来是一回事。而在金文中字形的演变又增添了义符"邑",而表示"封界"之义的"丰"和"土"(也即"邦"字的初文)也逐渐演变为仅余"丰"字。到了战国文字中,其字形进一步简化,表示"封界"之义的"丰"字又演变成为表示草盛意思的"丰"字,所以《说文》云:"邦,国也。从邑,丰声。"这时"邦"就是地道的形声字,看不出原来的造字含义了。甲骨文:"贞:勿㞢年于邦土。"(《合集》846)"邦土"读为"邦社"。(王志平)

郡 jùn 群纽、文部;群纽、问韵、渠运切。

1《汉语字形表》247页。2《说文》131页。3《金文续编》142页。4、5、6《篆隶表》424页。

形声字。《说文》:"从邑,君声。"上郡武库戈:"上郡武库。"(《集成》17.11378)《释名·释州国》:"郡,群也,人所群聚也。"郡的沿革前后有别。《逸周书·作雒篇》:"制郊甸,方六百里。国西土为方千里,分以百县,县有四郡。"故《左传·哀公二年》曰:"上大夫受县,下大夫受郡。"所以周代的封建制是县大郡小。秦始皇初设三十六郡,以监其县。这就是秦朝所谓的"郡县制"。这时是郡大县小。(王志平)

都 dū 端纽、鱼部;端纽、模韵、当孤切。
dōu

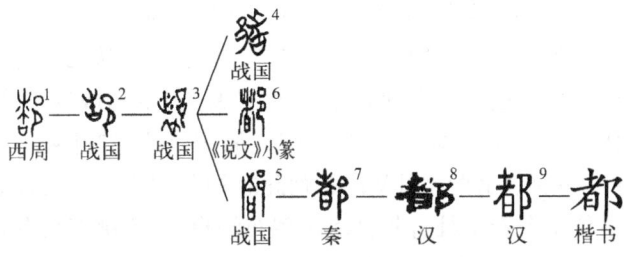

1、2、3《金文编》443页。4《楚系简帛》530页。5《古玺》143页。6《说文》131页。7《睡甲》99页。8、9《篆隶表》425页。

形声字。《说文》:"从邑,者声。""者"的古音与"都"相近,所以用作"都"字的声旁。宗周钟:"撲伐厥都。"(《集成》1.260)《释名·释州国》云:"国城曰都。都者,国君所居,人所都会也。"由于都城是历代国君所居,所以《说文》说:"都,有先君之旧宗庙曰都。"《司马法》云:"王国百里为郊,二百里为州,三百里为野,四百里为县,五百里为都。"这里的"都"是指王子弟和公卿的采邑,并非"京师"之义。由于都市往往是文雅的象征,所以人们有时把闲雅也称为"都"。《诗·郑风·有女同车》:"洵美且都。"这些意义都念为 dū。而"都"有"聚集"的意思。《广雅·释诂三》:"都,聚也。"由这一意义又引申出总括的意思。《广雅·释训》:"都,凡也。"这些意义都念为 dōu。(王志平)

鄰(邻) lín 来纽、真部;来纽、真韵、力珍切。

1《战文编》413页。2《说文》131页。3、4《篆隶表》425页。

形声字。战国文字作"𠴨",从叩,从文,假借为"鄰"。中山王䙴鼎:"叟(鄰)邦难亲。"(《集成》5.2840)《说文》:"五家为鄰。从邑,粦声。""邻"是"鄰"的简化字,但是简化字的声旁"令"与"邻"并不完全同音。"鄰"字的本义就是邻近的居住地,我们今天所说的"邻居"就是由此发展出来的。《诗·小雅·正月》:"洽比其邻。"(王志平)

酇(酂) zàn 精纽、元部;精纽、翰韵、则旰切。
cuó 精纽、元部;从纽、歌韵、才何切。

1《说文》131页。2《汉印徵》卷6,20页。3《篆隶表》425页。

形声字。《说文》:"百家为酇。酇,聚也。从邑,赞声。"所以"酇"有聚集地的意思。《周礼·地官·遂人》:"五家为邻,五邻为里,四里为酇。五酇为鄙,五鄙为县,五县为遂。"《说文》:"南阳有酇县。"此为秦代所置,故地在今湖北省光化县西北。此音 zàn。又《汉书·地理志上》沛郡也有"酇县",王莽改为赞治,此音 cuó。唐颜师古注云:"此县本为酇,……中古以来借酇字为之耳。读皆为酂,而莽呼为赞治,则此县亦有赞音。"此县为秦代所置,故地在今河南省永城县西。今"酇"类推简化作"酂"。(王志平)

鄙 bǐ 帮纽、之部;帮纽、旨韵、方美切。

1、2《甲文编》281页。3《金文编》444页。4《说文》131页。5《睡甲》99页。6、7《篆隶表》426页。

形声字。《说文》:"从邑,啚声。"甲骨文作"啚",从口,从㐭。其中"口"像城市,而"㐭"是粮仓的意思。在城外所建的粮仓,这就是"啚"。金文是这一字形的讹变。而《说文》小篆则在甲骨文的字形上又添加了义符"邑",表示远离城市的聚集地之意。从字形上看,"鄙"的造字本义就是指城外的粮仓或者农田。甲骨文:"土方征于我东啚(鄙),捷二邑;吉方亦侵我西啚(鄙)田。"(《合集》6057)《周礼·天官·大宰》:"以八则治都鄙。"郑玄注:"都之所居曰鄙。都鄙,公卿大夫之采邑,王子弟所食邑。"古代分封诸侯,其所受封的土地称为采邑或食邑。这种土地一般都在郊外甚至更远,因而"鄙"字的引申义就是边远之地。又由此引申出狭小、固陋、世俗等义。《说文》:"鄙,五酇为鄙。"(王志平)

郊 jiāo

见纽、宵部；见纽、肴韵、古肴切。

战国 《说文》小篆 汉 汉 楷书

1 《楚系简帛》530页。2 《说文》132页。3 《银雀山》233页。4 《篆隶表》426页。

形声字。战国文字从邑，从交，与后世的"郊"字形旁左右互换。《包山楚简》2.165 有"郊人"一职。《说文》："从邑，交声。""交"与"烄"通，古代在郊外祭天燎柴，称为"烄"。所以"烄"的场所也便称为"郊"。古代的"郊"与都市距离不等。《周礼·春官·肆师》："与祝侯禳于畺及郊。"郑玄注："远郊百里，近郊五十里。"《说文》云："距国百里为郊。"这是指"远郊"。这里的"国"是指"国都"的意思。由"远郊"又引申出"边境"、"郊田"之义。（王志平）

邸 dǐ

端纽、脂部；端纽、荠韵、都礼切。

战国 《说文》小篆 汉 汉 楷书

1 《楚系简帛》530页。2 《说文》132页。3、4 《篆隶表》426页。

形声字。战国文字从邑，从氏，与后世的"邸"字形旁左右互换。《包山楚简》2.98 有"邸昜（阳）君"之名，"邸昜（阳）君"是楚国地方的一个封君。《说文》："邸，属国舍。从邑，氐声。""氐"有"至"的意思，《说文》："氐，至也。"所以从"氐"声的"邸"也有"至"的意思。《汉书·文帝纪》："至邸而议之。"颜师古注："郡国朝宿之舍，在京师者悉名邸。邸，至也，言所归至也。"所以"邸"的本义就是指诸侯或者地方官在京师所息宿的馆舍。后来也泛指普通的馆舍为"邸"。（王志平）

郵（邮） yóu

匣纽、之部；云纽、尤韵、羽求切。

《说文》小篆 秦 汉 汉 楷书 楷书

1 《说文》132页。2 《睡甲》99页。3、4 《篆隶表》426页。

会意字。《说文》："郵，境上行书舍。从邑、垂。垂，边也。""垂"是"边陲"之"陲"的本字。文书传递到边境，需要很多人马中继的驿站，这就是"郵"。《广雅·释诂四》："郵，驿也。"这就是"郵"字的本义。后来也把文书传递的过程称为"郵"。又因"郵"有驿站之义，所以田间的小舍称为"郵"。现在简化为"邮"，与《说文》里用为地名的形声字"邮"就完全混淆了。（王志平）

鄯 shàn

禅纽、元部；禅纽、狝韵、常演切。

《说文》小篆 汉 楷书

1 《说文》132页。2 《篆隶表》427页。

形声字。《说文》："鄯，鄯善，西胡国也。从邑，从善，善亦声。"这是一个地名专用字。"鄯善"本名楼兰，为汉代西域三十六国之一，汉昭帝元凤四年改名"鄯善"。清段玉裁《说文解字注》："是则此时初制鄯字也。"汉代故城位于今新疆维吾尔自治区罗布泊附近，今鄯善县在新疆维吾尔自治区吐鲁番盆地东部。（王志平）

邰 tái

透纽、之部；透纽、咍韵、土来切。

《说文》小篆 汉 楷书

1 《说文》132页。2 《汉印徵》卷6，20页。

形声字。《说文》："邰，炎帝之后，姜姓所封，周弃外家国。从邑，台声。右扶风斄县是也。《诗》曰：有邰家室。""邰"原为古国，是周朝先祖后稷之母姜嫄的家国。后来又成为县名。"邰"从"台"声，读音与"斄"相近。《史记·周本纪》："舜封弃于邰。"司马贞索隐："邰即斄，古今字异耳。""斄"即"邰"，也即"邰"，只是同一地名的不同写法而已。"邰"故地在今陕西省武功县西南。（王志平）

郂（岐） qí / zhī

群纽、支部；群纽、支韵、巨支切。
章纽、支部；章纽、支韵、章移切。

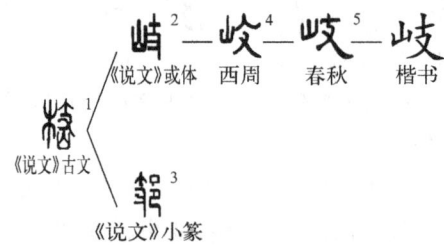

《说文》或体 西周 春秋 楷书
《说文》古文
《说文》小篆

1、2、3 《说文》132页。4、5 《篆隶表》427页。

形声字。篆文从邑，支声；或体作"岐"；古文从山，从枝。《说文》："郂，周文王所封，在右扶风美阳中水乡。从邑，支声。岐，郂或从山，支声。因岐山以名之也。"

汉印有"岐丞之印"(《汉印徵》卷6，21页)，故地在今陕西省岐山县东北。又邑名，在今河南省新野县。(王志平)

邠（豳） bīn 帮纽、文部；帮纽、真韵、府巾切。

1、2《说文》132页。3、4《篆隶表》427页。

形声字。《说文》："邠，周太王国，在右扶风美阳。从邑，分声。豳，美阳亭，即豳也。民俗以夜市。有豳山。从山，从豕。阙。""分"字古音与"邠"声相近，所以"邠"从"分"声。"邠"是周祖先公刘所建之国，《孟子·梁惠王下》："昔者大王居邠，狄人侵之。"因此地有"豳山"，故又写作"豳"。后又设州县。唐朝开元年间因为"豳"字与"幽"字容易相混，又改用"邠"字。今简化作"彬"。故地在今陕西省彬(豳)县、旬(枸)邑一带。(王志平)

郿 méi 明纽、脂部；明纽、脂韵、武悲切。

1《说文》132页。2《汉印徵》卷6，21页。

形声字。《说文》："郿，右扶风县。从邑，眉声。"《诗·大雅·崧高》："申伯信迈，王钱于郿。""郿"是地名的专用字，周代置邑，汉代设县。今简化为"眉"，故地在今陕西省眉县东北。(王志平)

郁 yù 影纽、之部；影纽、屋韵、於六切。

1《说文》132页。2《古封泥》241页。

形声字。《说文》："郁，右扶风郁夷也。从邑，有声。""郁"本为地名，后来与"鬱"的简化字混淆了。"郁夷"故地在今陕西省陇县西。"郁"一般假借为"燠"。《论语·八佾》："郁郁乎文哉。""郁郁"形容有文采。"郁"后来假借为香气浓郁的"鬱"，文字简化后两字就合并了。(王志平)

鄠 hù 匣纽、鱼部；匣纽、姥韵、侯古切。

1《说文》132页。2《汉印徵》卷6，21页。

形声字。《说文》："鄠，右扶风县名。从邑，雩声。"本为夏之"扈国"(参见下"扈"字条)，秦设"鄠邑"，汉设"鄠县"，"鄠"是地名的专用字，今简化为"户"。故地在今陕西省户县北部。(王志平)

扈 hù 匣纽、鱼部；匣纽、姥韵、侯古切。

1《汉语字形表》248页。2、3《说文》132页。4《汉印徵》卷6，21页。5《篆隶表》428页。

形声字。古文从山，从马声，"马"与"户"为一声之转。《说文》："扈，夏后同姓所封，战于甘者。在鄠，有扈谷、甘亭。从邑，户声。"夏代有扈氏之国，至秦改为"鄠"，故地在今陕西省鄠(户)县。另春秋郑地也有地名"扈"，在今河南省原阳县西。"扈"通"护"，所谓"扈从"为此义。又通"雇"，为鸟名之义。常作为姓氏使用。(王志平)

郝 hǎo 晓纽、铎部；晓纽、铎韵、呵各切。
chì 昌纽、铎部；昌纽、昔韵、昌石切。

1《类编》437页。2《说文》132页。3、4《篆隶表》428页。

形声字。战国文字作"𧺳"，从邑，从赤得声。《玺汇》1436："富郝。"用为人名。《说文》："郝，右扶风鄠(户)、盩(周)厔(至)乡。从邑，赤声。""赤"古音与"郝"接近，所以用作"郝"的声旁，这一意义上的"郝"当读为 chì，音变为 hǎo。"郝"故地在今陕西省户县、周至二县境内。商朝帝乙时封子期于太原郝乡，后用为姓氏。此音念 hǎo。(王志平)

酆 fēng　滂纽、冬部；敷纽、东韵、敷空切。

豐—酆—酆—酆—酆—酆
西周　战国　《说文》小篆　汉　汉　楷书

1《金文编》444页。2《古玺》145页。3《说文》132页。4、5《篆隶表》428页。

形声字。初文作"豐"，本义是表示五谷丰登之"豐"，假借来表示地名。后又添加了义符"邑"。西周金文豐井叔簋："豐井叔作伯姬尊簋。"（《集成》7.3923）《说文》："酆，周文王所都，在京兆杜陵西南。从邑，豐声。"周文王建都豐、镐，豐在豐水（即今沣河）以西，镐在豐水以东。后其第十七子于此受封建国。地在今陕西省长安县南沣河以西一带。经典通作"豐"，简化为"丰"。今"酆"字只用于姓氏和地名"酆都"之中。（王志平）

鄭（郑）
zhèng　定纽、耕部；澄纽、劲韵、直正切。

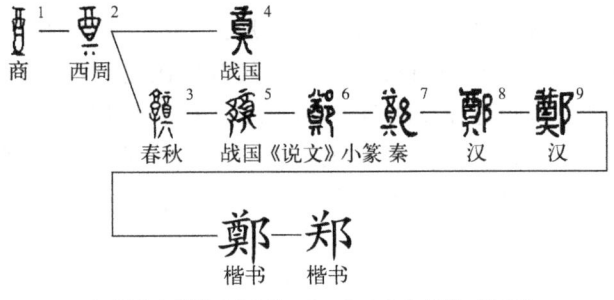

1《甲文编》206页。2、3《金文编》444页。4《古玺》102页。5《楚系简帛》531页。6《说文》132页。7《睡甲》99页。8、9《篆隶表》429页。

形声字。"鄭"初文作"奠"，"奠"的造字本义是置酒于几表示祭祀，后来假借为"奠定"之意。甲骨文用为地名："贞：在南奠。"（《合集》7885）用于地名的"鄭"也是表示"奠基"的意思。在春秋时期的文字中增添了义符"庸"，至战国时期又改为义符"邑"。鄭羌伯鬲："奠（鄭）羌伯作季姜尊鬲。"（《集成》3.659）"奠"用为"鄭"。《说文》："鄭，京兆县，周厉王子友所封。从邑，奠声。宗周之灭，鄭徙潧洧之上。今新鄭是也。"古音"奠"与"鄭"接近，故"鄭"从"奠"声。"鄭"原为周厉王之子公子友的封地，在今陕西省华县一带。平王东迁之后，"鄭"国移居今河南省新郑县一带，为了区别于原先的"鄭"，就称为"新鄭"。"鄭"现在简化为"郑"，失去了它原先的表音功能。（王志平）

酂 fán　並纽、元部；並纽、元韵、附袁切。

酂—酂
《说文》小篆　楷书

1《说文》132页。

形声字。《说文》："酂，京兆杜陵乡。从邑，樊声。"在今陕西省西安市南。又通"樊"。（王志平）

邮 dí　定纽、觉部；定纽、锡韵、徒历切。
yóu　余纽、幽部；余纽、尤韵、以周切。

邮—邮—邮
战国　《说文》小篆　楷书

1《战文编》415页。2《说文》132页。

形声字。战国文字作"邮"，从邑，由（由）声。《包山楚简》2.67有地名"郯邮"。《说文》："邮，左冯翊高陵。从邑，由声。"本为亭名，后设乡，故地在今陕西省高陵县西南。此义读为dí，"由"字古音与dí接近。今用为"邮"的简化字，"邮"和邮读音相近，此义读为yóu。（王志平）

邽 guī　见纽、支部；见纽、齐韵、古携切。

邽—邽—邽—邽
《说文》小篆　秦　三国魏　楷书

1《说文》132页。2《战文编》415页。3《篆隶表》429页。

形声字。《说文》："邽，陇西上邽也。从邑，圭声。""邽"从"圭"得声，为地名用字。所谓"上邽"，故地在今甘肃省天水市西南。秦印单称"邽"。此外地名还有"下邽"，故地在今陕西省渭南县北。（王志平）

部 bù　並纽、侯部；並纽、厚韵、蒲口切。

部—部—部—部—部
战国《说文》小篆　秦　汉　汉　楷书

1《汉语字形表》249页。2《说文》132页。3《睡甲》99页。4、5《篆隶表》429页。

形声字。《说文》："部，天水狄部。从邑，音声。"位于今甘肃省天水市，当时是狄人的居住地，"部"是部族、部落之义。"部"和"剖"同从"咅"声，是同源词。所以"部"也有区分、分类之义，所谓"部分"就是由此引申出来的。"部"因此也用为行政区划之名。后来也用为

官署之义,如"部署",本来都是同义的名词,现在作为动词使用。"部"现在一般用为行政机构之名,也用为量词。(王志平)

郰 rǔ 日纽、屋部;日纽、烛韵、而蜀切。

1《说文》132页。

形声字。《说文》:"郰,河南县,直城门官陌地也。从邑,辱声。《春秋传》曰:成王定鼎于郏郰。""郏郰"为周的旧都,在今河南省洛阳市西。(王志平)

邙 máng 明纽、阳部;明纽、唐韵、莫郎切。

1《古玺》146页。2《说文》133页。

形声字。战国兵器十年邙令戈有"邙命(令)"之名。(《集成》17.11291)《说文》:"邙,河南洛阳北亡山上邑。从邑,亡声。""亡"古音如"邙",所以"邙"从"亡"得声。"北邙山"是古代有名的墓地,很多达官贵人葬在那里,山名为"亡"也是这个道理。清段玉裁《说文解字注》:"山本名芒,山上之邑则作邙。后人但云北邙,尟(鲜)知芒山矣。亡者讹字也。"段氏说"亡"是"讹字"比较武断,但是他注意到"邙"本来是指邑名,还是很正确的。"邙邑"在今河南省洛阳市的北邙山上,现在连山名的"亡"、"芒"也写成"邙"了。(王志平)

郇(鄩) xún 邪纽、侵部;邪纽、侵韵、徐林切。

1《金文编》1216页。2《楚系简帛》547页。3《说文》133页。

形声字。从"邑",从"彐(寻)"得声。"寻(尋)"的初文作"彐",像人伸张两臂之形,即"枉尺直寻"之"寻",今简化为"寻"。战国楚文字偏旁左右互换,"寻"字有所变形。鄩仲盘:"鄩仲䙅仲女子宝盘。"(《集成》16.10135)《说文》:"鄩,周邑也。从邑,寻声。"今在河南省巩义市西南。此外,古国有"斟鄩",故地在今山东省潍坊市西南。(王志平)

郗 chī 透纽、微部;彻纽、脂韵、丑饥切。
xī 晓纽、微部;晓纽、微韵、香依切。

1《说文》133页。2《汉印徵》卷6,22页。

形声字。《说文》:"郗,周邑也,在河内。从邑,希声。"通作"絺"。此意义念 chī,也读 xī。故地在今河南省沁源县。也用为姓氏。"郗"的俗字也作"郄",由于两者都可用于地名和姓氏,"郗"和"郄"的地望又很接近,这样"郗"与"郄"就有些相混了。此意义上念 xī。(王志平)

郓(鄆) yùn 匣纽、文部;云纽、问韵、王问切。

1《金文编》444页。2《说文》133页。

形声字。金文郓戈有地名"郓"(《集成》17.10828)。《说文》:"郓,河内沁水乡。从邑,军声。鲁有郓地。"今简化为"郓"。春秋时代鲁国有两个地方都称"郓",各据东西两邑。"东郓"原为莒邑,后为鲁国所取。故地在今山东省沂水县北。"西郓"在今山东省郓城县东。(王志平)

邶 bèi 并纽、职部;并纽、队韵、补妹切。

1《金文编》579页。2《说文》133页。

形声字。初文作"北","北"的造字本义是"背",假借为"北方"的"北"。西周金文北子䚄:"北子作宝尊彝。"(《集成》12.6507)后来添加了义符"邑"。"邶"的造字本义就是"北方"的意思。《说文》:"邶,故商邑,自河内朝歌以北是也。从邑,北声。""邶"本为商地,周武王灭商后封商纣王之子武庚于此。后三分其地,朝歌(今河南省淇县)以北为"邶",以南为"鄘",以东为"卫"。故地在今河南省淇县以北,直至汤阴县一带。(王志平)

邘 yú 匣纽、鱼部;云纽、虞韵、羽俱切。
xū 晓纽、鱼部;晓纽、虞韵、匈于切。

1《古文典》459页。2《说文》133页。

形声字。战国文字从邑，从于，与后世的"邘"字形相同。《包山楚简》2.115用为人的姓氏，四年邘令戈用为地名（《集成》17.11335）。《说文》："邘，周武王子所封，在河内野王是也。从邑，于声。又读若区。""邘"国故地在今河南省沁阳县。（王志平）

邵 shào 禅纽、宵部；禅纽、笑韵、寔照切。

1《汉语字形表》249页。2《说文》133页。
3、4《篆隶表》430页。

形声字。战国金文中山王䗯方壶："以内绝邵公之业。"（《集成》15.9735）《说文》："邵，晋邑也。从邑，召声。"通作"召"，故地在今河南省济源县西。又为姓氏用字。（王志平）

邲 bì 並纽、质部；並纽、质韵、毗必切。

1《说文》133页。

形声字。《说文》："邲，晋邑也。从邑，必声。《春秋传》曰：晋楚战于邲。"故地在今河南省郑州市东。《左传·宣公十二年》："晋荀林父帅师，及楚子战于邲。"（王志平）

郤 xì 溪纽、铎部；溪纽、陌韵、绮戟切。

1《说文》133页。2《汉印徵》卷6，22页。3《篆隶表》430页。

形声字。《说文》："郤，晋大夫叔虎邑也。从邑，谷声。"段玉裁注："叔虎之子曰郤芮，以邑为氏。"假借为"隙"，用为姓氏时也通作"郄"。一般都用为"卻"（却）的别字。（王志平）

邼 kuāng 溪纽、阳部；溪纽、阳韵、去王切。

1《说文》133页。

形声字。《说文》："邼，河东闻喜乡。从邑，匡声。"今属山西省闻喜县。（王志平）

邢 xíng 匣纽、耕部；匣纽、青韵、户经切。
　　gěng 见纽、耕部；见纽、梗韵、古幸切。
　　qiān 溪纽、元部；溪纽、先韵、苦坚切。

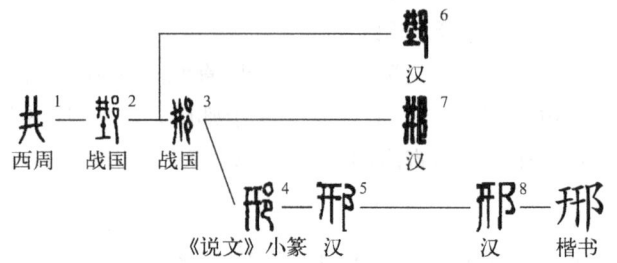

1《金文编》444页。2《古玺》163页。3《类编》434页。4《说文》133页。5、8《篆隶表》430页。6《汉印徵补遗》卷6，6页。7《汉印徵》卷6，22页。

形声字。初文作"井"，后添加了义符"邑"。井叔方彝："井叔作旅彝。"（《集成》16.9875）《说文》："邢，周公子所封，地近河内怀。从邑，幵声。"此"邢"出土文字中多从"井"声，不从"幵"，与《说文》中从"幵"声的"邢"不同地。"邢"为周代的姬姓侯国，周公之子的始封地，在今河北省邢台市西南的襄国故城。春秋时为卫国所灭，入于卫地。此念 xíng。又商代祖乙迁邢，此"邢"经典通作"耿"，周代名"邢邱"，即《说文》所谓的"河内怀"。故地在今河南省温县东南。此念为 gěng，一音 qiān。（王志平）

祁 qí 群纽、脂部；群纽、脂韵、渠脂切。
　　zhǐ 章纽、脂部；章纽、旨韵、职雉切。

1《古币》91页。2《说文》133页。3《汉印徵》卷6，22页。4《篆隶表》430页。

形声字。先秦布币有"祁"字币（《古钱大辞典》145）。《说文》："祁，太原县。从邑，示声。"汉代置县，故地在今山西省祁县。"祁"古有盛大、繁多之义。又作为姓氏使用。（王志平）

鄴（邺） yè 疑纽、葉部；疑纽、葉韵、鱼怯切。

鄴¹—鄴²—鄴³—鄴—邺
《说文》小篆 汉 汉 楷书 楷书

1《说文》133页。2、3《篆隶表》431页。

形声字。《说文》："鄴，魏郡县。从邑，業声。"为齐桓公始筑，汉代置县，三国时曹魏建都于此，后避晋怀帝讳，改名临漳。今属河北省临漳县。现在简化为"邺"。（王志平）

邢 xíng 匣纽、耕部；匣纽、青韵、户经切。

井¹—邢²—邢³—邢⁴—邢⁵—邢⁶—邢⁷—邢
西周 战国 战国《说文》小篆 汉 汉 楷书

1《金文编》444页。2《古玺》163页。3《类编》434页。4《说文》133页。5《汉印徵》卷6，22页。6《汉印徵补遗》卷6，6页。7《篆隶表》431页。

形声字。初文作"井"，后添加了义符"邑"。但此"邢"在地理上实为从邑、开声的"邢"字，参见前"邢"字。井叔方彝："井叔作旅彝。"（《集成》16.9875）但此"井"与《说文》的"邢"不是一地。《说文》："邢，郑地亭。从邑，井声。"则为另一地。又"井陉"之井或作"邢"，因其陉如井而得名，在今河北省井陉县。（王志平）

邯 hán 匣纽、谈部；匣纽、谈韵、胡甘切。

甘¹—邯²—邯³—邯⁴—邯⁵—邯⁶—邯⁷—邯
战国 战国 战国《说文》小篆 秦 汉 汉 楷书

1《汉语字形表》250页。2《类编》435页。3《古玺》146页。4《说文》133页。5《睡甲》100页。6《银雀山》234页。7《篆隶表》431页。

形声字。本作"甘"，后添加义符"邑"为"邯"。《侯马盟书》316有"邯"，用为姓氏。《说文》："邯，赵邯郸县。从邑，甘声。""邯郸"，战国文字作"甘丹"。春秋时属卫邑，后属晋，三家分晋后属赵。今属河北省邯郸市。（王志平）

鄲（郸） dān 端纽、元部；端纽、寒韵、都寒切。

單¹—單²—鄲³—鄲⁴—鄲⁵—鄲—郸
战国 战国《说文》小篆 汉 汉 楷书 楷书

1《金文编》445页。2《古玺》146页。3《说文》133页。4《银雀山》234页。5《篆隶表》431页。

形声字。金文作"鄲"，从邑，單声。"單"的字形像弹弓之形，为"弹"的初文。金文鄲孝子鼎："鄲孝子以庚寅之日命铸飤鼎。"（《集成》5.2574）《说文》："鄲，邯郸县。从邑，單声。"今简化为"郸"。据说邯郸有邯山，山势至此而尽，因而都添加了"邑"旁，取名"邯郸"。"郸"训为尽。此外"邯郸"也用为复姓。（王志平）

郇 xún 心纽、真部；心纽、谆韵、相伦切。
huán 匣纽、元部；匣纽、删韵、户关切。

郇¹—郇²—郇³—郇
战国《说文》小篆 汉 楷书

1《类编》436页。2《说文》133页。3《汉印徵》卷6，23页。

形声字。《说文》："郇，周武王子所封国，在晋地。从邑，旬声。读若泓。"故地在今山西省临猗县。古籍中一般写作"荀"。此音当读为xún，而《说文》云"读若泓"，《广韵》一音huán，说明某些方言中有"s-"、"h-"的混淆现象。（王志平）

鄗 hào 匣纽、宵部；匣纽、皓韵、胡老切。

鄗¹—鄗²—鄗³—鄗⁴—鄗
战国《说文》小篆 汉 汉 楷书

1《楚系简帛》532页。2《说文》133页。3、4《篆隶表》432页。

形声字。战国文字从邑，从高，与后世的"鄗"字形旁左右互换。《包山楚简》2.103有地名"鄗间"。《说文》："鄗，常山县。世祖所即位。今为高邑。从邑，高声。"春秋时为晋邑，战国时属赵，汉代为侯国，东汉光武帝时改名高邑。今属河北省柏乡县。也通假为"丰镐"之"镐"，故地在今陕西省长安县西南。（王志平）

郅 zhì 章纽、质部；章纽、质韵、之日切。

郅

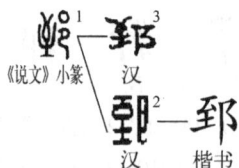

1《说文》133页。2《汉印徵》卷6,23页。3《篆隶表》432页。

形声字。《说文》:"郅,北地郁郅县。从邑,至声。""郁郅"今属于甘肃省庆阳县。又作为姓氏使用。(王志平)

鄋 sōu 心纽、幽部；生纽、尤韵、所鸠切。

1《合集》13572。2《说文》133页。

形声字。甲骨文作"𠂤",即"叟"字,指叟族。甲骨文:"辛未贞:其枭多叟,其刖多叟。"(《屯》857)或以为即"鄋瞒"之"鄋"。《说文》:"鄋,北方长狄国也。在夏为防风氏,在殷为汪芒氏。从邑,叟声。《春秋传》曰:鄋瞒侵齐。"春秋时北方少数民族建立的漆姓古国,故地在今山东省济南市北。《左传·文公十一年》:"鄋瞒侵齐。"(王志平)

鄦 xǔ 晓纽、鱼部；晓纽、语韵、虚吕切。

1-4《金文编》445页。5《楚系简帛》532页。6《说文》133页。

形声字。金文作"無",或从"皿",后添加了义符"邑"。春秋金文鄦大邑鲁生鼎:"鄦大邑鲁生作寿母媵鼎。"(《集成》5.2605)《说文》:"鄦,炎帝太岳之胤,甫侯所封,在颖川。从邑,無声。读若许。"经典通作"许"字,"鄦"、"许"古音相近。"鄦"为周代姜姓古国,男爵,武王时封四岳伯夷父之后文叔于此,与齐国同祖。战国时,为楚所灭。故地在今河南省许昌市。(王志平)

郾 yǎn 影纽、元部；影纽、阮韵、於幰切。
yān 影纽、元部；影纽、先韵、乌前切。

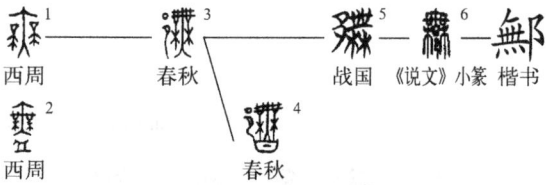

1-4《金文编》445页。5《类编》442页。6《古玺》147页。7《说文》133页。

形声字。金文作"匽",战国金文添加了义符"邑"。郾侯载壶:"率师征郾(燕)。"(《集成》15.9734)这里的"郾"实际上是"燕国"的"燕",此义念yān。《说文》:"郾,颍川县。从邑,匽声。"这里的"郾"则是另一地,为古郾子国属地,战国时属魏,汉代置县,今属河南省郾城县。此义念yǎn。(王志平)

郟(郏) jiá 见纽、葉部；见纽、洽韵、工洽切。

1《汉语字形表》251页。2《说文》134页。3《汉印徵》卷6,23页。4《篆隶表》432页。

形声字。《说文》:"郟,颍川县。从邑,夾声。"春秋时属郑邑,后为楚所有。故地在今河南省郏县。而"郟鄏"之"郟"则在今河南省洛阳市,参见"鄏"字。今简化为"郏"。(王志平)

郪 qī 清纽、脂部；清纽、齐韵、七稽切。

1《说文》134页。2《古封泥》259页。

形声字。"郪"首见于新郪虎符:"左在新郪。"(《集成》18.12108)《说文》:"郪,新郪,汝南县。从邑,妻声。"原属魏地,后为秦所有,今有"新郪虎符"。故地在今安徽省太和县。此外,春秋时齐国有地名"郪丘",今在山东省东阿县境内。而"郪县"则为汉代所置,今在四川省中江县南。(王志平)

郋 xī 心纽、职部；心纽、职韵、相即切。

鄎

春秋 《说文》小篆 楷书

1《金文编》445页。2《说文》134页。

形声字。春秋金文鄎子行盆："鄎子行自作飤盆。"（《集成》16.10330）《说文》："鄎，姬姓之国，在淮北。从邑，息声。今汝南新鄎。"通作"息"。故地在今河南省息县西南。（王志平）

鄧（邓） dèng

定纽、蒸部；定纽、嶝韵、徒亘切。

春秋 春秋 战国 《说文》小篆 秦 汉 楷书 楷书
汉

1、2《金文编》446页。3《汉语字形表》251页。4《说文》134页。5《汉印徵》卷6，23页。6《睡甲》100页。7《篆隶表》432页。

形声字。金文中从登，从艹，假借用来表示国名"邓"。后又添加了义符"邑"。邓伯吉射盘："鄧伯吉射自作盥般（盘）。"（《集成》16.10121）《说文》："鄧，曼姓之国，今属南阳。从邑，登声。"春秋时代，为楚所灭。故地在今河南省邓县一带。今简化为"邓"。（王志平）

鄛 cháo

崇纽、宵部；崇纽、肴韵、锄交切。

战国 《说文》小篆 楷书

1《金文编》446页。2《说文》134页。

形声字。古文字中从邑，巢声，"巢"与"巢"古音接近，故从"巢"声。鄂君启节："就居鄛（巢）"（《集成》18.12110），在今安徽省桐城县南。《说文》："鄛，南阳枣阳乡。从邑，巢声。"为汉和帝时宦官郑众所封地，故地在今河南省南阳市南。（王志平）

鄝 lóu / lú

来纽、侯部；来纽、侯韵、落侯切。
来纽、侯部；来纽、虞韵、力朱切。

《说文》小篆 楷书

1《说文》134页。

形声字。金文井南伯簋："井南伯作鄝季姚好尊簋。"（《集成》7.4113）《说文》："鄝，南阳穰乡。从邑，婁声。"今在河南省邓县东南的穰县故城。（王志平）

郢 yǐng

喻纽、耕部；以纽、静韵、以整切。

战国 战国 《说文》小篆 汉 汉 楷书

1《金文编》446页。2《楚系简帛》533页。3《说文》134页。4、5《篆隶表》433页。

形声字。金文从邑，呈声。"郢"、"呈"古音接近。鄂君启节："王尻于郊郢之游宫。"（《集成》18.12110）《说文》："郢，故楚都，在南郡江陵北十里。从邑，呈声。""郢"为春秋、战国时期楚国的都城，在今湖北省江陵市北的纪南城。（王志平）

鄢 yān

影纽、元部；影纽、仙韵、於乾切。

《说文》小篆 秦 汉 汉 楷书

1《说文》134页。2、3、4《篆隶表》433页。

形声字。《说文》："鄢，南郡县，孝惠三年改名宜城。从邑，焉声。"春秋时代为楚都，汉惠帝时改名宜城。在今湖北省宜城县西南。又周代妘姓古国名"鄢"，为郑所灭，改名鄢陵，在今河南省鄢陵县。（王志平）

鄳 měng

明纽、阳部；明纽、梗韵、莫杏切。

《说文》小篆 楷书

1《说文》134页。

形声字。《说文》："鄳，江夏县。从邑，黾声。""鄳阨"，春秋时楚地，汉代置鄳县。在今河南省罗山县西南。又通作"冥"、"黾"等。（王志平）

鄂 è

疑纽、铎部；疑纽、铎韵、五各切。

西周 战国 《说文》小篆 汉 汉 楷书

1、2《金文编》446页。3《说文》134页。4、5《篆隶表》433页。

形声字。初文"噩"，不从"邑"。后添加了义符"邑"。殷周时期的古国，纣王时鄂侯为三公之一。故地在今河南省沁阳县西北的邗台镇。鄂君启节："为鄂君启之府赓铸金节。"（《集成》18.12110）《说文》："鄂，江夏县。从邑，咢声。"则为另一地。春秋时为楚国鄂王的旧都，战国时鄂为封君。汉代设县。故地在今湖北省鄂城县一带。汉代又于南阳郡设西鄂县，故地在今河南省南阳市北。此外，春秋时晋国也有鄂邑，故地在今山西省乡宁县北。现在也用为湖北省的简称。（王志平）

邾 zhū 端纽、侯部；知纽、虞韵、陟输切。

1、2《金文编》446页。3《古玺》148页。4《说文》134页。5、6、7《篆隶表》433页。

形声字。金文作"黽"，即"蜘蛛"的"蛛"的象形字。后演变为从邑，朱声的"邾"字。"邾"本来指又名"邾娄"的曹姓古国，周武王时分封颛顼子孙于此。春秋时"邾"为子爵小国，是鲁国的附庸，后改名邹，终为楚所灭。故地在今山东省邹城市东南。邾公钰钟："陆终之孙邾公钰。"（《集成》1.102）《说文》："邾，江夏县。从邑，朱声。"则为另一地，今属湖北省黄岗县。（王志平）

鄖(郧) yún 匣纽、文部；云纽、文韵、王分切。

1《金文编》450页。2《说文》134页。

形声字。金文作"邧"，从邑，云声。"云"古音与"员"接近，故从"云"。鄂君启节中"邧"指"涢水"（《集成》18.12110）。《说文》："鄖，汉南之国。从邑，员声。汉中有鄖关。"周代为古国名，涢水流经该地，后为楚所灭。故地在今湖北省安陆县，或说在今湖北省郧县一带。今简化为"郧"。（王志平）

鄘 yōng 喻纽、东部；以纽、钟韵、余封切。

1、2《金文编》447、376页。3《说文》134页。

形声字。初文作"墉"，"墉"是城垣的意思，所以"鄘"也可通假为"墉"。后来演变为从邑，庸声的"鄘"，指称地名。荥作周公簋："州人、重人、墉（鄘）人。"（《集成》8.4241）《说文》："鄘，南夷国。从邑，庸声。"鄘本指商周时期的少数民族古国，春秋时为楚所灭，故地在今湖北省竹山县西南上庸城。经典通作"庸"字。另一"鄘"则为周武王灭商后，分朝歌以南为鄘，并封管叔于此，以监视殷遗民。《诗》中的"鄘风"即是此地的民谣。今在河南省新乡市西北。（王志平）

郫 pí 并纽、支部；并纽、支韵、符支切。

1《楚系简帛》535页。2《说文》134页。3《汉印徵补遗》卷6，6页。

形声字。战国文字从邑，从卑，与后世的"郫"字形旁左右互换。《包山楚简》2.121 有地名"郫昜（阳）"。《说文》："郫，蜀县也。从邑，卑声。"秦代置县，在今四川省成都市西北。另外，春秋时晋国有"郫邑"，在今河南省济源县西。（王志平）

邡 fāng 帮纽、阳部；帮纽、阳韵、府良切。

1《金文编》447页。2《古玺》149页。3《说文》134页。4《古封泥》137页。5《篆隶表》433页。

形声字。战国金文作"邡"，为"方"的通假字。鄂君启节有地名"邡城"（《集成》18.12110），或以为即今河南省方城县东北。居延汉简有"东邡"、"西邡"二县，属"昌邑国"。如"昌邑国东邡西安里丁"（《居延汉简甲乙编》2174：90.14）、"戍卒昌邑国西邡西土里朱广德"（《居延汉简甲乙编》8967：512.24）等，今属山东省兖州市一带。《说文》云："邡，什邡，广汉县。从邑，方声。""什邡"为另一地。汉代置县，出土文字多作"汁邡"。今属四川省什邡县。（王志平）

䣕 mǎ 明纽、鱼部；明纽、马韵、莫下切。

1《说文》134页。2《古封泥》264页。

形声字。《说文》："䣕，存䣕，犍为县。从邑，马声。""存䣕"，汉代县名，故地在今四川省宜宾市东南。（王志平）

那　nuó　泥纽、歌部；泥纽、歌韵、诺何切。
　　又读nā
　　nuò　泥纽、歌部；泥纽、简韵、奴简切。
　　nà　泥纽、歌部；泥纽、箇韵、奴箇切。
　　又读nǎ
　　nán　泥纽、谈部；泥纽、覃韵、那含切。

𨙅¹—𨙂²—册阝³—那阝⁴—那
《说文》小篆　汉　汉　汉　楷书

1《说文》134页。2《汉印徵》卷6，24页。
3、4《篆隶表》434页。

形声字。"那"本从"冄"声，即"髯"的本字。汉印尚作"𨙅"，今隶变为"那"，已失去其表音功能。《说文》："那，西夷国。从邑，冄声。安定有朝那县。""西夷国"此即《史记·西南夷列传》所称的"冉駹"，为西南的少数民族，今在四川省茂县。而《说文》所言的"朝那"则在今甘肃省平凉市。楚地又有"那处"，位于今湖北省荆门县。这种用于地名的"那"念为nuó。古代表示疑问副词或者疑问代词的"哪"也多写作"那"，不从"口"，或以为是"奈何"的合言，此义念nǎ。今天常用的表示指示代词的"那"则念nà。用作姓的"那"则又念nā，多为满族人的姓氏。"那"还可以通假为周代的国名"聃"，此时念为nán。（王志平）

鄱　pó　並纽、歌部；並纽、戈韵、薄波切。
　　pán　並纽、元部；並纽、寒韵、蒲官切。
　　pí　並纽、支部；並纽、支韵、蒲糜切。

𨟻¹—䣉²—䣙³—䣙⁴—鄱
西周　战国　战国《说文》小篆　楷书

1《金文编》54页。2《楚系简帛》535页。3《战文编》419页。4《说文》134页。

形声字。金文从邑省，番声。此即"潘国"之"潘"，金文多作"番"，不从邑。战国文字从邑，从番，与金文的"鄱"字形旁左右互换。"鄱"故地在今河南省固始县西南。此义并念pán。是鄱戈："是鄱。"（《集成》17.10899）《说文》："鄱，鄱阳，豫章县。从邑，番声。"则为另一地，即"鄱阳湖"之"鄱阳"，故地在今江西省波阳县北。此义念pó。此外又通为"蕃"，汉代县名，属鲁国，故地在今山东省滕县。此读为pí。（王志平）

酃　líng　来纽、耕部；来纽、青韵、郎丁切。

酃¹—酃
《说文》小篆　楷书

1《说文》134页。

形声字。《说文》："酃，长沙县。从邑，霝声。"汉代置县，在今湖南省衡阳市东，当地有酃湖。（王志平）

郴　chēn　透纽、侵部；彻纽、侵韵、丑林切。

郴¹—郴²—郴
《说文》小篆　汉　楷书

1《说文》134页。2《篆隶表》434页。

形声字。金文鄂君启节作"𨜓"（《集成》18.12110），从邑，廩声。"廩"与"林"音近，故可通假。通作"郴"。《说文》："郴，桂阳县。从邑，林声。"故地在今湖南省桂阳县东。（王志平）

耒阝　lěi　来纽、微部；来纽、贿韵、落猥切。

耒阝¹—耒阝
《说文》小篆　楷书

1《说文》134页。

形声字。《说文》："耒阝，今桂阳耒阝阳县。从邑，耒声。"通作"耒"，故地在今湖南省耒阳县东。（王志平）

鄞　yín　疑纽、文部；疑纽、真韵、语斤切。

鄞¹—鄞
《说文》小篆　楷书

1《说文》135页。

形声字。《说文》："鄞，会稽县。从邑，堇声。"据说"鄞"以赤堇山得名，后加"邑"旁为"鄞"。春秋时代属于越地，汉代置县，故地为今浙江省宁波市。（王志平）

邶　bèi　帮纽、月部；帮纽、泰韵、博盖切。

邶¹—邶
《说文》小篆　楷书

1《说文》135页。

形声字。《说文》："邶，沛郡。从邑，市声。"通作"沛"。"沛"、"邶"为古今字。西汉设沛郡，东汉设沛国，

故地在今江苏省沛县。（王志平）

郜 gào 见纽、觉部；见纽、号韵、古到切。

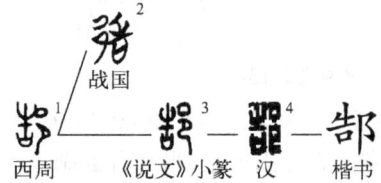

1《金文编》447页。2《楚系简帛》535页。3《说文》135页。4《汉印徵》卷6，24页。

形声字。金文用为人名。伯家父簋盖："唯伯家父郜乃用吉金，自作宝簋。"（《集成》8.4156）《说文》："郜，周文王子所封国。从邑，告声。"故地在今山东省成武县东南的北郜城。又春秋时宋有邑名"郜"，故地在今山东省成武县东南的南郜城。此外，春秋时晋邑名"郜"，则在今山西省祁县西南。（王志平）

鄄 juàn 见纽、文部；见纽、线韵、吉掾切。
zhēn 章纽、真部；章纽、真韵、之人切。
yīn 影纽、真部；影纽、真韵、於巾切。

1《古玺》149页。2《说文》135页。

形声字。《古玺汇编》2598用为人名。《说文》："鄄，卫地，今济阴鄄城。从邑，垔声。"春秋时属卫，今山东省鄄城县北。此义念juàn，又念yīn。"鄄"通假为"甄"，则念zhēn。（王志平）

邛 qióng 群纽、东部；群纽、钟韵、渠容切。
jiāng 见纽、东部；见纽、江韵、古双切。

1、2《金文编》727、447页。3《古文典》414页。4《说文》135页。5《汉印徵》卷6，24页。

形声字。金文的"邛"从邑，工声，此即"江黄"古国的"江"，这一字音念jiāng。金文中有时径作"江"。楚王钟："楚王媵邛（江）仲嫡（芈）南龢钟。"（《集成》1.72）故地在今河南省正阳县东南。《说文》："邛，邛地，在济阴县。从邑，工声。"今属山东省成武县。此外，今四川省的邛水、邛崃山等也都用此字。这些意义都念qióng。（王志平）

鄶（郐） kuài 见纽、月部；见纽、泰韵、古外切。

1《金文编》364页。2《类编》444页。3《说文》135页。

形声字。初文作"會"，后添加了义符"邑"。齐国陶文有人名"鄶购"（《古陶文汇编》3.826），"鄶"用为姓氏。《说文》："鄶，祝融之后，妘姓所封。澮洧之间，郑灭之。从邑，會声。"今简化为"郐"，通作"桧"。《左传·襄公二十九年》："自《郐》以下无讥焉。"《郐》是指《诗》中的《桧风》。"郐"故地在今河南省密县东南。（王志平）

鄒（邹） zōu 庄纽、侯部；庄纽、尤韵、侧鸠切。

1《汉语字形表》253页。2《说文》135页。3《古封泥》187页。4《篆隶表》434页。

形声字。《说文》："鄒，鲁县古邾国，帝颛顼之后所封。从邑，芻声。""鄒"即故邾国，战国时改名"鄒"，"鄒"是"邾娄"的合音，后为楚所灭。"鄒"故地在今山东省邹城市东南的邾城一带。"鄒"是孟子的故乡，"鲁"是孔子的故乡，都在今天的山东省，因而人们称之为"鄒鲁之乡"。又可作为姓氏使用，这时也通作"騶（驺）"。今简化为"邹"。（王志平）

鄐 tú 定纽、鱼部；定纽、模韵、同都切。
xú 邪纽、鱼部；邪纽、鱼韵、似鱼切。

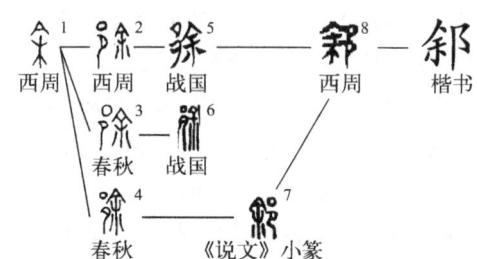

1《金文编》53页。2、3《金文编》448页。4《金文编》447页。5《楚系简帛》536页。6《古玺》149页。7《说文》135页。8《篆隶表》435页。

形声字。金文作"余"，后左旁添加了义符"邑"。此"鄐"为嬴姓古国，经典通作"徐"。庚儿鼎："鄐王之子庚儿。"(《集成》5.2715)为伯益之后,本为子爵国,周初僭称为王,穆王灭之。后多次复国,终为楚国所灭。故地在今安徽省泗县北。此义读xú。至小篆左右偏旁互换,成为今天的"邾"字。《说文》:"邾,邾下邑地。从邑,余声。鲁东有邾城。读若塗。"为另一地,此义念tú。故地在今山东省泗水县南。(王志平)

邿 shī 书纽、之部;书纽、之韵、书之切。

寺¹—邿²—邿³—邿⁴
春秋 春秋 战国 《说文》小篆 楷书

1、2《金文编》448页。3《古玺》150页。4《说文》135页。

形声字。初文作"寺",后添加了义符"邑"。《说文》:"邿,附庸国,在东平亢父邿亭。从邑,寺声。《春秋传》曰:取邿。"春秋时为鲁的附庸,后为鲁所灭。金文邿伯祁鼎云:"邿伯祁乍(作)善(膳)鼎。"(《集成》5.2602)"邿伯祁"是"邿国"的国君。《春秋·襄公十三年》:"取邿。"故地今在山东省济宁市东南。此外山东省平阴县西有山名"邿山"。(王志平)

郰 zōu 庄纽、侯部;庄纽、尤韵、侧鸠切。

取¹—取²—郰³—郰
西周 春秋 《说文》小篆 楷书

1、2《金文编》448、192页。3《说文》135页。

形声字。金文作"取",不从"邑"。后添加了义符。《说文》:"郰,鲁下邑,孔子之乡。从邑,取声。"春秋时为鲁邑,金文取它人鼎:"取(郰)它人之善(膳)鼎。"(《集成》4.2227)"郰"是以邑为氏,"它人"是名。"郰"还是孔子的出生地,故地在今山东省曲阜市东南的郰城。(王志平)

郕 chéng 禅纽、耕部;禅纽、清韵、是征切。

城¹—郕²
战国 《说文》小篆 楷书

1《楚系简帛》536页。2《说文》135页。

形声字。"郕"金文作"成",最初指国名,为周武王之弟武叔所封。在今山东省汶上县西北。成伯邦父壶:"成伯邦父作叔姜万人壶。"(《集成》15.9609)后添加了义符"邑"作"郕"。战国文字从邑,城声,为"城"之异体

字。《说文》:"郕,鲁孟氏邑。从邑,成声。"在今山东省宁阳县东北。(王志平)

郎 láng 来纽、阳部;来纽、唐韵、鲁当切。

郎¹—郎²—郎³—郎⁴
《说文》小篆 汉 汉 三国魏 楷书

1《说文》135页。2、3、4《篆隶表》435页。

形声字。《说文》:"郎,鲁亭也。从邑,良声。"春秋时鲁国有两地名都称"郎",一为鲁近郊之邑,在今山东省曲阜市近郊。《春秋》一书中的"郎"多指此地。一为远邑,在今山东省鱼台县东北,为费伯之食邑,其后以邑为氏。"郎"也是官名,秦代设郎中令,为侍从官。我们今天所称的"郎"是假借义,"郎"从"良"声,《诗》中多称女子所爱之男子为"良人","郎"即由此发展而来。后来泛指青年男子,也可指女子,如"女郎"。(王志平)

邳 pī 并纽、之部;并纽、脂韵、符悲切。

丕¹—邳²—邳³—邳⁴—邳⁵
春秋 战国 《说文》小篆 汉 楷书

1《金文编》448页。2《古玺》162页。3《说文》135页。4《古封泥》221页。5《篆隶表》435页。

形声字。金文作"丕",假借为"邳"。邳伯缶:"丕(邳)伯夏子自作尊缶。"(《集成》16.10006)古玺有人名"邳迲(去)疾"(《古玺汇编》2153)。"邳"用为姓氏。《说文》:"邳,奚仲之后,汤左相仲虺所封国。在鲁薛县。从邑,丕声。""邳"是商代汤王的左相仲虺的封国,故地在今山东省滕县南。北周时置州,治所在今下邳(江苏省睢宁县北)。清代治所移至今江苏省邳县西北。(王志平)

鄣 zhāng 章纽、阳部;章纽、阳韵、诸良切。

鄣¹—鄣²—鄣³
《说文》小篆 汉 汉 楷书

1《说文》135页。2、3《篆隶表》436页。

形声字。《说文》:"鄣,纪邑也。从邑,章声。"春秋时属纪,后为齐所灭。故地在今山东省东平县东。通假为"障",如"鄣塞"。(王志平)

邗 hán 匣纽、元部；匣纽、寒韵、胡安切。

邗¹—邗²—邗³—邗
春秋　战国　《说文》小篆　楷书

1《金文编》448页。2《楚系简帛》536页。3《说文》135页。

形声字。金文中的"邗"从邑，干声。战国文字则从邑，从干，与金文的"邗"字形旁左右互换。春秋金文赵孟庎(介)壶："遇邗王于黄池。"(《集成》15.9678)其中的"邗"是越国的别名。《说文》："邗，国也，今属临淮。从邑，干声。一曰邗本属吴。"故地在今江苏省扬州市东北。我国最早的运河"邗沟"就在此。（王志平）

郈 hòu 匣纽、侯部；匣纽、厚韵、胡口切。

郈¹—郈
《说文》小篆　楷书

1《说文》135页。

形声字。《说文》："郈，东平无盐乡。从邑，后声。"本乡名，春秋时属鲁地，后为大夫叔孙氏的领地，在今山东省东平县东南。又作为姓氏使用。（王志平）

郯 tán 定纽、谈部；定纽、谈韵、徒甘切。

炎¹—郯²—郯³—郯⁴—郯
西周　战国　《说文》小篆　汉　楷书

1《金文编》449页。2《楚系简帛》536页。3《说文》135页。4《篆隶表》435页。

形声字。金文作"炎"，假借为"郯"。召卣："用追于炎(郯)。"(《集成》10.5416)战国文字左旁添加了义符"邑"，至小篆左右偏旁互易。《包山楚简》2.183有"郯人"一词，是指郯国人。《说文》："郯，东海县，帝少昊之后所封。从邑，炎声。"本为少昊之后所封的祁姓古国，或曰嬴姓，子爵。后为楚所灭。故地在今山东省郯城县西南。《春秋·宣公四年》："公及齐侯平莒及郯。"又作为姓氏使用。（王志平）

郚 wú 疑纽、鱼部；疑纽、模韵、五乎切。

郚¹—郚²—郚
战国　《说文》小篆　楷书

1《古文典》507页。2《说文》135页。

形声字。战国文字从邑，从吾，与小篆相同，成为后世楷书的字形。金文二十三年郚令戈有"郚令垠"（《集成》17.11299），"郚"为地名。《春秋·文公七年》："三月甲戌取须句，遂城郚。"此"郚"为鲁国邑名，故地在今山东省泗水县东南。楚灭鲁后，成为楚的封邑。《包山楚简》2.200有"郚公子春"之语，其中的"郚"即指此地。《说文》："郚，东海县，故纪侯之邑也。从邑，吾声。"则为另一地。春秋时属齐，为纪侯之邑。在今山东省安丘县西南。（王志平）

鄫 zēng 从纽、蒸部；从纽、蒸韵、疾陵切。

曾¹—鄫²—鄫
春秋　《说文》小篆　楷书

1《金文编》449页。2《说文》135页。

形声字。金文作"曾"，不从"邑"。此"曾"国为侯爵，姬姓，或以为即文献中楚的附庸国"随"，故地在今湖北省随县。曾伯从宠鼎："曾伯从宠自作宝鼎用。"(《集成》5.2550)这是姬姓曾国。《说文》："鄫，姒姓国，在东海。从邑，曾声。"实际上是另一国，金文上曾太子鼎中也称之为"上曾"（《集成》5.2750）。此"鄫"周代为子爵国，姒姓，夏禹之后所封地。春秋时为莒所灭。故地在今山东省苍山县西北。经典通作"缯"。此外，春秋时郑地也有地名"鄫"，故地在今河南省柘城县北。（王志平）

邪 yé 喻纽、鱼部；以纽、麻韵、以遮切。
又读yá
xié 邪纽、鱼部；邪纽、麻韵、似嗟切。
yú 余纽、鱼部；余纽、鱼韵、羊诸切。
xú 邪纽、鱼部；邪纽、鱼韵、详余切。

邪¹—邪²—邪³—邪⁴—邪⁶—邪
战国　《说文》小篆　秦　汉　汉　楷书

邪⁵—邪⁷—耶
汉　汉　楷书

1《古玺》150页。2《说文》135页。3《睡甲》100页。4《银雀山》235页。5、6、7《篆隶表》436页。

形声字。战国文字作"邪"，从邑，牙声。《说文》："邪，琅邪郡。从邑，牙声。"本来表示地名"琅邪"，因其地有琅邪山而得名。故地在今山东省诸城县东南。汉印作"狼犽"。"琅邪"的"邪"后来也写作"玡"、"琊"、"𨛬"等。此意义念yé，又读为yá。此外，"邪"字还可用为疑问语气的助词,通作"耶"。今天念为 xié 音的"邪",实际上是"衺"的通假字,由此引申出不正、邪恶、怪异等意义来。(王志平)

郏 fū　帮纽、鱼部；帮纽、虞韵、甫无切。

战国　《说文》小篆　汉　楷书

1《古玺》150页。2《说文》135页。3《古封泥》219页。

形声字。古陶文有人名"蔓圆甸里郏這"(《古陶文汇编》3.174),"郏"用为姓氏。《说文》:"郏,琅邪县,一名纯德。从邑,夫声。"在今山东省胶县西南。(王志平)

郲 qī　清纽、质部；清纽、质韵、亲吉切。

《说文》小篆　楷书

1《说文》135页。

形声字。《说文》:"郲,齐地也。从邑,桼声。"经典通作"漆"。今在山东省邹城市北。(王志平)

郭 guō　见纽、铎部；见纽、铎韵、古博切。

商　商　战国　《说文》小篆　汉　汉　汉　楷书

1、2《甲文编》246页。3《汉语字形表》254页。4《说文》136页。5、6、7《篆隶表》436页。8《篆隶表》437页。

形声字。初文作"墉",像城墉之形,与"墉"为一字异体。后添加了义符"邑",表示外城之义。甲骨文:"辛卯卜,殻贞:基方作郭。"(《合集》13514 正甲)用的就是本义。《释名·释宫室》:"郭,廓也,廓落在城外也。"也通"廓",指事物的轮廓,如刀剑、钱币、弩牙的外廓都称为"郭"。《说文》:"郭,齐之郭氏虚。善善不能进,恶恶不能退,是以亡国也。从邑,𦎧声。""郭"原为郭公赤之国,春秋时失国成为郭氏虚,在齐国境内。故地在今山东省聊城市。又通假为"虢",指"虢国"。(王志平)

郳 ní　疑纽、支部；疑纽、齐韵、五稽切。

春秋　战国　《说文》小篆　楷书

1、2《金文编》449页。3《说文》136页；

形声字。金文郳姶甗:"郳姶逸母铸其羞甗。"(《集成》3.596)《说文》:"郳,齐地。从邑,兒声。《春秋传》曰:齐高厚定郳田。"周代为国名,是"邾"的别封,故一名"小邾国"。初为宋国的附庸,曹姓,子爵。故地在今山东省滕县东,一说在今山东省枣庄市西北。一作"兒"。(王志平)

郣 bó　並纽、物部；並纽、没韵、蒲没切。

《说文》小篆　汉　楷书

1《说文》136页。2《汉印徵》卷6,25页。

形声字。金文廿二年左郣矛:"左郣"。(《集成》18.11508)《说文》:"郣,郣海地。从邑,孛声。一曰地之起者曰郣。"春秋时属齐地,汉代设郣海郡。今在河北省沧州市东南。徐铉云:"今俗作渤,非是。"(王志平)

邱 qiū　溪纽、之部；溪纽、尤韵、去鸠切。

战国　《说文》小篆　楷书

1《古文典》36页。2《说文》136页。

形声字。古陶文有"取杜,才(在)鄪邱。"(《古陶文汇编》5.384)《说文》:"邱,地名。从邑,丘声。"《广雅·释丘》:"小陵曰邱。"又,"邱,冢也。"所以地名多带"邱"字。清朝避孔子名"丘"之讳,以"邱"代"丘",所以"邱"义多同"丘"。又作为姓氏使用。(王志平)

鄶 xī　晓纽、缉部；晓纽、缉韵、希立切。
　　xì　心纽、缉部；心纽、缉韵、息入切。

《说文》小篆　楷书

1《说文》136页。

形声字。《说文》:"鄶,地名。从邑,翕声。"(王志平)

鄃 kuài　溪纽、微部；溪纽、怪韵、苦怪切。

《说文》小篆　汉　楷书

1《说文》136页。2《汉印徵》卷6,26页。

形声字。《说文》:"鄃,汝南安阳乡。从邑,蒇省声。"

故地在今河南省正阳县的安阳故城。（王志平）

郙 fǔ　帮纽、鱼部；帮纽、虞韵、方矩切。

郙¹ — 郙² — 郙
春秋　《说文》小篆　楷书

1《金文编》450页。2《说文》136页。

形声字。春秋金文郙王剑："郙王蔑自作用剑。"（《集成》18.11611）《说文》："郙，汝南上蔡亭。从邑，甫声。"在今河南省上蔡县西南的上蔡故城。（王志平）

䣖 ruò　日纽、铎部；日纽、药韵、而灼切。

䣖¹ — 䣖
春秋　楷书

1《金文编》451页。

形声字。金文作"䣖"，《说文》所无，《玉篇》："䣖，国名。"从邑，若声。金文䣖公敄人钟："唯䣖正二月。"（《集成》1.59）䣖是周代的小国，但是有自己的历法。地处秦、楚之间，位于今河南省淅川县西的丹水故城。后迁移至南郡䣖县，《广韵》："䣖，地名，在襄阳。"即今湖北省宜城县东南。又楚昭王避吴之难由郢迁此。（王志平）

䢋 部

䢋 xiàng　匣纽、东部；匣纽、绛韵、胡绛切。

䢋¹ — 䢋² — 䢋³ — 䢋
商　战国　《说文》小篆　楷书

1《甲文编》281页。2《古玺》164页。3《说文》136页。

会意字。甲骨文、战国古玺作"䢋"、"䢋"，从两"邑"，表示两"邑"之间的小道。这实际上是"巷"的本字。《说文》之"䢋"则从两"邑"相对。《说文》："䢋，邻道也。从邑，从䢋。凡䢋之属皆从䢋。"徐铉注："今隶变作䢋。"（王志平）

鄉（乡）

xiāng　晓纽、阳部；晓纽、阳韵、许良切。
xiǎng　晓纽、阳部；晓纽、养韵、许两切。
xiàng　晓纽、阳部；晓纽、漾韵、许亮切。

鄉¹ — 鄉² — 鄉³ — 鄉⁴ — 鄉⁵ — 鄉⁶ — 鄉⁷ — 乡
商　西周　战国《说文》小篆　汉　汉　汉　楷书　楷书

1《甲文编》378页。2《金文编》647页。3《类编》264页。4《说文》136页。5、6、7《篆隶表》439页。

会意字。甲骨文作"鄉"，像两人相对而食之形。这是"饗（飨）"字的象形初文，偶尔也用为"方向"的"嚮"。如："戉其宿辽于西方东鄉（嚮）。"（《合集》28190）金文作"鄉"，也即"卿"字。"鄉"、"卿"本为一字，"鄉"系由"卿"字分化而来。"卿"古音为溪纽、阳部字，与"鄉"声音接近。在金文中多用作"饗"或"嚮（向）"字。七年趞曹鼎："趞曹立中廷，北鄉（向）。……用作宝鼎，用鄉（飨）朋友。"（《集成》5.2783）《说文》："鄉，国离邑，民所封鄉也。啬夫别治封圻之内六鄉。六鄉治之。从䢋，皀声。"其中"皀"字（音bī）《说文》也用为部首，并云"又读若香"，故《说文》以为形声字。而且其字形讹变为从"䢋"，故其训"鄉"为"国离邑"，也即秦汉时"乡亭"之"乡"。《汉书·百官公卿表上》："大率十里一亭，亭有长。十亭一乡，乡有三老、有秩、啬夫、游徼。"周代也有"乡"，一万两千五百家为"乡"。《论语·雍也》："以与尔邻里乡党乎？"春秋时期齐国则以二千家为一"乡"。《国语·齐语》："五家为轨，轨为之长。十轨为里，里有司。四里为连，连为之长。十连为乡，乡有良人焉。"而《管子·小匡》则以三千家为一乡："制五家为轨，轨有长。六轨为邑，邑有司。十邑为率，率有长。十率为乡，乡有良人。"楚国也以二千家为一"乡"。《鹖冠子·王铁》："五家为伍，伍为之长。十伍为里，里置有司。四里为扁，扁为之长。十扁为乡，乡置师。"也泛指居住地。《孟子·告子上》："出入无时，莫知其乡。"注："乡，犹里也。以喻居也。"也引申为"家乡"、"故乡"等义。也泛指"地方"、"处所"。《诗·小雅·殷武》："于此中乡。"毛传："乡，所也。"也可指人。《礼记·缁衣》："故君子之朋友有乡，其恶有方。"郑玄注："乡、方，喻辈类也。"有时"乡人"、"乡大夫"等也省称为"乡"。又假借为"方向"之"嚮（向）"。《荀子·赋》："天地易位，四时易乡。"注："乡，方也。"也假借为"響（响）"。《汉书·天文志》："犹景之象形，乡之应声。"也假借为"曏（嚮、向）"，表示过去、以前之义。《论语·颜渊》："乡也吾见于夫子而问知。""鄉"今简化为"乡"。（王志平）

𨛜(巷)

xiàng 匣纽、东部；匣纽、绛韵、胡绛切。
hàng

𨛜¹—𨛜²—巷⁴—巷⁵—巷⁶—巷
战国 《说文》小篆 秦 西汉 东汉 楷书

𨛜³—𨛜
《说文》籀文 楷书

1《古文典》418页。2《说文》137页。3《说文》137页。4《睡甲》101页。5、6《篆隶表》439页。

形声字。《说文》："𨛜，里中道。从𨛜，从共。皆在邑中所共也。巷，篆文，从𨛜省。"不确。"共"应为"巷"的声符。"共"古音为群纽、东部字，与"巷"声音接近，故"巷"从"共"声。"𨛜"经典中一般都写作"巷"。《古陶徵》87有"左巷"。"巷"的本义就是指小巷。《诗·郑风·叔于田》："巷无居人。"古代也特指宫廷中的小道为"巷"。"巷"一般泛指狭长的小街道。《易·睽》："遇主于巷。"有时也指门外为"巷"。《诗·郑风·丰》："俟我乎巷兮。"毛传："巷，门外也。"有时也泛指州闾。《礼记·祭义》："强不犯弱，众不暴寡，而弟达乎州巷矣。"郑玄注："巷，犹闾也。"以上诸义都念 xiàng。今矿山所用的小隧道也称为"巷道"，此则音 hàng。（王志平）

日 部

日 rì 日纽、质部；日纽、质韵、人质切。

○¹—⊙²—⊙⁴—⊙⁷
商 商 西周 战国

⊖³—⊖⁵—⊖⁶—⊖⁸
商 西周 春秋 战国

⊖⁹—⊖¹⁰—日¹¹—日¹²—日
古文 《说文》小篆 汉 汉 楷书

1、4、5《金文编》455页。2、3《甲文编》283页。6《金文编》456页。7《先秦货币》99页。8《楚系简帛》560页。9、10《说文》137页。11、12《篆隶表》441页。

象形字。初文像太阳之形，后由于书写不便，笔画由圆转变为方折，象形之意渐失。"日"的本义就是太阳。甲骨文："戊子贞：日有哉，告于河。"（《合集》33699）意思是太阳有黑点之义。《说文》："日，实也。太阳之精不亏。从囗、一，象形。"太阳本身是个发光体，所以日光也称为"日"。由于地球绕太阳运行一周为一个恒星日，也就是一天，所以一个昼夜也称为"日"。后来词义缩小了，专指狭义的"白昼"为"日"，以与"夜"相对。后又引申为时候、时代、日子。又因为"日"的唯一性，所谓"天无二日，人无二主"，所以"日"也用于比喻君主。《广雅·释诂一》："日，君也。"（王志平）

旻 mín 明纽、文部；明纽、真韵、武巾切。

旻¹—旻²—旻
《说文》小篆 汉 楷书

1《说文》137页。2《篆隶表》441页。

形声字。《说文》："旻，秋天也。从日，文声。《虞书》曰：仁闵覆下则称旻天。""文"与"闵"、"旻"接近，故从之。"闵"有悲悯的意思。《尔雅·释天》："秋为旻天。"郭璞注："旻，犹愍也。愍万物彫落。"《书·大禹谟》："日号泣于旻天。"孔传："仁覆愍下谓之旻天。"（王志平）

時（时）shí 禅纽、之部；禅纽、之韵、市之切。

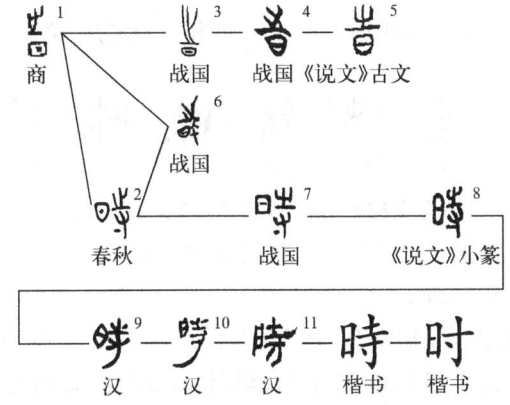

1《甲文编》628页。2、7《类编》494页。3《金文编》456页。4《楚系简帛》565页。5、8《说文》137页。6《战国编》455页。9《睡甲》103页。10《银雀山》237页。11《篆隶表》442页。

形声字。甲骨文作"旹"，从日，之声。或以为"之日"的合文。后添加了"又"字，"之"声也演变为"寺"声。石鼓文《车工》："即邍即時。""時"假借为"埘"。《说文》："時，四时也。从日，寺声。"而"时"是"時"的简化字，从日，从寸，成为了会意字，已失去了形声字的表音功能。"時"字的本义就是一年四季中的某一季。"時"有大、小之分。"大時"是指一年四季,"小時"是指一日中的十二辰,相当于今天的二十四小时。后来由计时的用法逐渐引申出"时光"、"时代"、"时运"、"时机"、"经常"、"适逢"等意义。(王志平)

早 zǎo　精纽、幽部；精纽、皓韵、子皓切。

战国 — 战国 — 《说文》小篆 — 秦 — 汉 — 楷书

1《金文编》456页。2《战文编》456页。3《说文》137页。4《睡甲》103页。5《篆隶表》442页。

会意字。战国文字从日，枣声，是个形声字。楚文字省略为"日"，"束"声（实际上是"枣"省声）。小篆从日，从甲。"甲"字是"冊"字的讹变。《说文》："早，晨也。从日在甲上。"所以"早"的本义就是早晨。后来引申为"早先"、"很久以前"之义，如中山王䜏鼎："早弃群臣。"（《集成》5.2840）又有"最初"、"尽快"等义。古代一般假借"蚤"或"皂"字为之。（王志平）

昧 mèi　明纽、物部；明纽、队韵、莫佩切。

西周 — 战国 — 战国 — 《说文》小篆 — 汉 — 晋 — 楷书

1《金文编》456页。2《古玺》165页。3《汉语字形表》257页。4《说文》137页。5、6《篆隶表》442页。

形声字。初文从"未"在"日"上，"未"为声旁兼会意。古文字经常颠倒偏旁，至《说文》小篆又演变为左"日"，右"未"，与隶书、楷书无别了。免簋有"昧爽"（《集成》8.4240）之语。《说文》："昧爽，且明也。一曰闇也。"所以"昧"字的本义就是天色将明未明之形。又由此引申出"暗昧"、"昏庸"之义。（王志平）

睹 dǔ　端纽、鱼部；端纽、姥韵、当古切。
　　 shǔ　禅纽、鱼部；禅纽、御韵、常恕切。

睹 — 曙 — 睹
战国　《说文》小篆　楷书

1《楚系简帛》565页。2《说文》137页。

形声字。战国文字从日，者声。"者"古音与"睹"接近。《楚帛书》丙篇："欱出睹。"《说文》："睹，旦明也。从日，者声。"通作"曙"。《广韵》："睹，诘朝欲明。"（王志平）

昭 zhāo　章纽、宵部；章纽、宵韵、止遥切。
　　 zhào　章纽、宵部；章纽、啸韵、之笑切。
　　 sháo　禅纽、宵部；禅纽、宵韵、市昭切。

西周 — 战国 — 战国 — 《说文》小篆 — 汉 — 汉 — 楷书

1《金文编》643页。2《汉语字形表》258页。3《战文编》456页。4《说文》137页。5《睡甲》103页。6《篆隶表》442页。

形声字。初文作"卲"，或添加了"日"旁，假借为"昭"。䟒羌钟："昭于天子。"（《集成》1.157）楚文字从日，召声，但是与后世小篆字形差别较大。《说文》："昭，明也。从日，召声。"《诗·大雅·云汉》："倬彼云汉，昭回于天。"《楚辞·大招》："白日昭只。"此音念 zhāo。后来由"日明"引申出"显著"的意思。也通假为"照"、"炤(zhào)"、"韶"、"佋(sháo)"等。（王志平）

晤 wù　疑纽、鱼部；疑纽、暮韵、五故切。

晤 — 晤
《说文》小篆　楷书

1《说文》137页。

形声字。《说文》："晤，明也。从日，吾声。《诗》曰：晤辟有摽。"段玉裁注："晤者，启之明也。心部之悟、寱部之寤皆训觉，亦明也。同声之义必相近。"通作"寤"。今本《诗·邶风·柏舟》即作"寤辟有摽"。也通假为"迕"，我们今天所说的"会晤"之"晤"即是此义。（王志平）

旳（的）dì　端纽、药部；端纽、锡韵、都历切。
　　　　 dí　端纽、药部；端纽、锡韵、都历切。

旳 — 旳 — 旳
《说文》小篆　汉　楷书

的 — 的
汉　楷书

1《说文》137页。2、3《篆隶表》443页。

形声字。《说文》:"旳,明也。从日,勺声。《易》曰:为旳颡。"段玉裁注:"旳者,白之明也。故俗字作的。"引申为"明确"之义。《礼记·中庸》:"小人之道,的然而日亡。"而《说文》所引的《易》,今本《易·说卦传》:"为的颡。""的"是指白额头的马,此字也通作"駒"。古书所谓"的卢马"就是指一种黑白相间的马。"的"是指"白","卢"是指"黑"。至于"的"的其他义项详见"的"字诸条。(王志平)

晄(晃)

huǎng 匣纽、阳部;匣纽、荡韵、胡广切。
huàng 匣纽、阳部;匣纽、荡韵、胡广切。

1《说文》137页。2、3《篆隶表》443页。

形声字。《说文》:"晄,明也。从日,光声。""光"也有"明"的意思,所以"晄"字的本义就是"光明",引申为"耀眼"等等。俗语"晃眼"之"晃"就是用的此义。此读为 huǎng。亦假借为"爌"、"熿"等等。《汉书·扬雄传上》:"北爌幽州。"颜师古注:"爌,古晃字。"而用作"晃动"之"晃"则念 huàng。"晄"今隶定为"晃"。(王志平)

旭

xù 晓纽、觉部;晓纽、烛韵、许玉切。
hào 晓纽、幽部;晓纽、皓韵、许皓切。

1《说文》138页。

形声字。《说文》:"旭,日旦出皃(貌)。从日,九声。读若勖。一曰明也。""旭"古音与"九"(见纽、幽部)接近,故从"九"得声。五代徐铉以为"九非声",是因为他不了解古音。"旭"的本义是日出之貌,由此引申出日出之明义以及日出之时义。(王志平)

晉(晋)

jìn 精纽、真部;精纽、震韵、即刃切。

1《甲文编》284页。2《金文编》456页。3、4、5《金文编》457页。6《类编》494页。7《楚系简帛》565页。8《说文》138页。9《汉印徵》卷7,2页。10、12《银雀山》238页。11、13《篆隶表》443页。14《篆隶表》444页。

会意兼形声字。初文从二"矢",从日。后来二"矢"逐渐演变为"臸"字。甲骨文:"……晉扶……"(《合集》19568)古文字中多用为地名,指两周时期的晋国。晋公盆:"晉邦维翰。"(《集成》16.10342)《说文》:"晉,进也。日出万物进。从日,从臸。《易》曰:明出地上,晉。"而徐锴系传:"从日,臸声。""臸"为日纽、质部字,而"质"部与"真"部是"阴阳对转"的关系,两者古声韵都很接近。所以《说文》分析为形声字。而徐铉、徐锴并以为是会意字,徐铉并云:"臸,到也,会意。"二人理解为单纯的会意字,那是因为他们已经不了解古音了。"晋"字《说文》训为"进",《易·晋卦·象传》:"晋,进也。明出地上,顺而丽乎大明,柔进而上行。"正是"晋"字的确诂。常见的"晋谒"一词用的就是此义。古书中又用为"抑"。"晉"还可通假为"搢"、"鐏"等等。今简化为"晋"。(王志平)

暘(旸)

yáng 喻纽、阳部;以纽、阳韵、与章切。

1《楚系简帛》566页。2《说文》138页。3《篆隶表》444页。

形声字。战国文字从日,易声。《包山楚简》2.187有"正秀暘秋亥"之语,"暘"假借为"阳"。《说文》:"暘,日出也。从日,易声。《虞书》曰:暘谷。""易"是太阳升起之意,所以"暘"字的本义就是"日出"。"暘谷"就是古代神话传说中日出的地方,也作"汤谷"。《书·尧典》:"分命羲仲宅嵎夷,曰暘谷。""暘"后来也引申出"光明"、"干燥"、"日气"、"日中"等义。"暘"经常可以通假为"阳"、"易"等。今简化为"旸"。(王志平)

日部

啓

qǐ　溪纽、脂部；溪纽、荠韵、康礼切。

qiàn　溪纽、脂部；溪纽、线韵、去战切。

戌¹ — 間² — 啓
商　《说文》小篆　楷书

1《甲文编》284页。2《说文》138页。

形声字。初文从日，戌声。"戌"是"启"字的初文，像以手开门之意。甲骨文"啓"字，所从声旁也有不省"口"而径作"启"者。故《说文》云："啓，雨而昼姓也。从日，启省声。"《说文》所说的"姓"实即"晴"（参见"姓"字）。雨过天晴为"啓"，与开门之"啓"在比喻意义上是相似的，它们在造字心理上有着共同的构型。甲骨文："辛丑卜，宾贞：翌壬寅啓，壬寅雾？"（《合集》13449）《广韵·荠韵》："啓，《说文》：雨而昼见日。又姓。或作启。"此念qǐ。《广韵·线韵》："啓，雨而昼止。"此念qiàn。（王志平）

晹

yì　书纽、锡部；书纽、昔韵、施只切。

晹¹ — 晹
《说文》小篆　楷书

1《说文》138页。

形声字。初文作"易"，甲骨文多有"易日"之语。后添加了义符"日"。《说文》："晹，日覆云暂见也。从日，易声。"《广韵》："晹，日无光。"这是"晹"字的确诂。（王志平）

昫

xù　晓纽、侯部；晓纽、遇韵、香句切。

昫¹ — 昫² — 昫³ — 昫
《说文》小篆　汉　汉　楷书

1《说文》138页。2《汉印徵》卷7，2页。3《篆隶表》444页。

形声字。《说文》："昫，日出温也。从日，句声。北地有昫衍县。"段玉裁注："昫与火部煦义略同。""煦"字《说文》训为："烝（蒸）也。一曰赤皃（貌）。一曰湿润也。从火，昫声。"两字音义并同，在"温暖"意义上经常通假。此外，"昫"还可以指"日光"等。（王志平）

晛

xiàn　匣纽、元部；匣纽、霰韵、胡甸切。

𣅜¹ — 晛² — 晛
商　《说文》小篆　楷书

1《甲文编》288页。2《说文》138页。

会意兼形声字。甲骨文从日，从见，用为贞人名。甲骨文："癸巳卜，晛贞：翌日祖甲岁其牢。"（《合集》27336）《说文》："晛，日见也。从日，从见。见亦声。《诗》曰：见晛曰消。"也形容日出时的明亮或美丽。还可指"日光"。《说文》所引的《诗》见今本《诗·小雅·角弓》："雨雪瀌瀌，见晛曰消。"这里的"晛"实际上是指"日气"，不是《说文》的本义。（王志平）

晏

yàn　影纽、元部；影纽、谏韵、乌涧切。

晏¹ — 晏² — 晏³ — 晏
战国　《说文》小篆　汉　楷书

1《战文编》457页。2《说文》138页。3《篆隶表》444页。

形声字。楚文字从日，安声，但是"安"字的写法与小篆正好相反。《说文》："晏，天清也。从日，安声。"《汉书·扬雄传上》："天清日晏。"古书中又训为"鲜盛也"。而一般训为"晚"的"晏"实际上是"旰"的假借字。《楚辞·离骚》："及年岁之未晏兮。"也假借为"安"，《史记·南越尉佗列传》："今吕嘉建德等反自立晏如，令罪人及江淮以南。""晏如"就是安闲的样子，古书常见。（王志平）

景

jǐng　见纽、阳部；见纽、梗韵、居影切。

yǐng　影纽、阳部；影纽、梗韵、於境切。

景¹ — 景² — 景³ — 景⁴ — 景
战国　《说文》小篆　汉　汉　楷书

1《汉语字形表》258页。2《说文》138页。3、4《篆隶表》445页。

形声字。《说文》："景，光也。从日，京声。"这实际上是"影"的本字。"影子"的"影"本作"景"，后来晋代葛洪的《字苑》一书为"景"字加上了"彡"旁，才形成了今天的"影"字。所以形容时光短暂的"光景"也就是"光影"。又由名词的"光影"引申出动词的"光照"。"景"本不泛指光，后也可仅指狭义的"日光"。此外，"景"又引申出"明亮"、"情况"、"风致"、"风景"等义。"景"还可以假借为"京"、"庆"、"映"、"仰"、"间"等等。（王志平）

晧(皓) hào 匣纽、幽部；匣纽、皓韵、胡老切。

战国 《说文》小篆 汉 汉 楷书 楷书
1《楚系简帛》566页。2《说文》138页。3、4《篆隶表》445页。

形声字。战国文字从日，告声。《说文》：「晧，日出皃(貌)。从日，告声。」段玉裁注：「晧谓光明之貌也。天下惟絜白者最光明，故引申为凡白之称。又改其字从白作皓。」所以"晧"也即"皓"字。《楚辞·九叹·逝远》：「曳彗星之晧旰兮。」王逸注：「晧旰，光也。」也通作"颢"。（王志平）

皞(皞) hào 匣纽、幽部；匣纽、皓韵、胡老切。

《说文》小篆 楷书 楷书
1《说文》138页。

形声字。《说文》：「皞，晧旰也。从日，皋声。」"皋"与"皞"古音接近，故从"皋"得声。"晧旰"是"光明"的意思，所以"皞"的本义就是"光明"，后也引申为"白色"之义。也隶定为"皞"。俗改"日"旁为"白"旁，作"皞"、"皞"、"皞"等。（王志平）

曅(晔) yè 匣纽、叶部；云纽、叶韵、筠辄切。
yì 匣纽、缉部；云纽、缉韵、为立切。

《说文》小篆 楷书 楷书 楷书
1《说文》138页。

会意字。《说文》：「曅，光也。从日，从琴。」后来又添加了"艹"旁演化为"曄"字。五代徐锴《说文系传》：「曅，光也。从日，華声。」徐锴并云：「華音訏，草木叶也。臣锴以为曅然象草木之盛，不得云声。或者訏、胁为旁纽，胁与曅声相近，亦非臣所能尽详之。然自许氏没，传写者不晓本意，多要妄加声字也。」"琴"是"花"的本字，像花开后垂下的样子。太阳照到花上，互相交映，这就是"曅"。"曅"字的本义就是花开后鲜艳、繁盛的样子。宋玉《神女赋序》：「美貌横生，曅兮如华。」就是指容貌艳丽，美若鲜花。引申为"光明"、"照耀"等义。"曅(曄)"有时也通作"曄"，"曄"是"草木白华"之意。还通作"爗"，"爗"训

"盛"。"曄"今简化为"晔"。（王志平）

暉(晖) huī 晓纽、微部；晓纽、微韵、许归切。

《说文》小篆 汉 晋 楷书 楷书
1《说文》138页。2《汉印徵》卷7，2页。3《篆隶表》445页。

形声字。《说文》：「暉，光也。从日，軍声。」"軍"与"暉"古音接近，由于尾音丢失，所以"暉"才从"軍"得声的。这就是所谓的"阴阳对转"。一般假借为"辉"字。《易·未济》：「君子之光，其暉吉也。」今简化为"晖"。（王志平）

晷 guǐ 见纽、幽部；见纽、旨韵、居洧切。

《说文》小篆 汉 楷书
1《说文》138页。2《篆隶表》446页。

形声字。《说文》：「晷，日景也。从日，咎声。」"咎"字古音与"晷"相近，故从"咎"得声。"景"即"影"字(参见"景"字)。《汉书·王莽传上》：「人不还踵，日不移晷。」后来也引申为"光线"、"时间"等义。由于"晷"字的本义是"日影"，后来把这种测量日影的工具也称为"晷"。《释名·释天》：「晷者，规也；如规画也。」原始的日晷只是地上立一根竿，简单地测一下竿的影长而已。这样，人们通过竿的影长就可以知道一年四季的起始了。这种测量方法沿袭到后世，成为圭表的鼻祖。后来常见的日晷则多为圆盘形，上有刻度，圆心设一立柱，柱影所在的刻度对应着相应的时刻，这样人们就可以知道时间了。（王志平）

晚 wǎn 明纽、元部；明纽、阮韵、无远切。

《说文》小篆 汉 晋 楷书
1《说文》138页。2、3《篆隶表》446页。

形声字。《说文》：「晚，莫也。从日，免声。」"莫"即"暮"字。所以"晚"字的本义就是"夜晚"。后来引申为"早晚"、"迟缓"等等。《吕氏春秋·不侵》：「君从以难之，未晚也。」也引申为"晚年"、"末期"、"晚辈"等义。"晚"还有假借为"輓"等。（王志平）

昏 hūn 晓纽、文部；晓纽、魂韵、呼昆切。

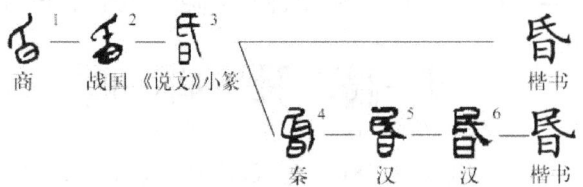

1《甲文编》285页。2《战文编》458页。3《说文》138页。4《睡甲》104页。5、6《篆隶表》446页。

会意字。初文从日，从氏，或从氐；古文字"氏"、"氐"本为一字。"氏"或"氐"有落下的意思，日落就是"昏"。后来"氏"或"氐"字亦讹变为"民"字。甲骨文："今日辛至昏雨。"（《合集》29328）《说文》："昏，日冥也。从日，氐省，氐者，下也。一曰民声。""昏"古音与"民"字接近，故也从"民"得声。"昏"字的本义就是"日落"、"日没"，后由此引申出"夜晚"、"黑暗"等义。"昏"字经常假借为"惛"，所谓"昏乱"、"昏迷"、"昏庸"等都由此引申而来。也经常假借为"婚姻"之"婚"，而"昏勉"之义的"昏"则为"敃"字的通假。用为"宦官"之"昏"实际上是"阍"字，而还没有起名就死去了也叫"昏"，则又是"殙"的假借字了。（王志平）

奄 ǎn 影纽、谈部；影纽、感韵、乌感切。
yǎn 影纽、谈部；影纽、琰韵、衣俭切。
àn 影纽、谈部；影纽、勘韵、乌绀切。

1《说文》138页。2《篆隶表》446页。

形声字。《说文》："奄，不明也。从日，奄声。"《广雅·释诂四》："奄，冥也。"这个意义上的"奄"通"暗"、"阍"。《汉书·元帝纪》："三光晻昧。"颜师古注："晻，与暗同。"有时也形容日无光为"奄"。《广雅·释诂二》："奄，障也。"此义通"掩"。"奄"可指阴雨天，此义通"滃"。（王志平）

暗 àn 影纽、侵部；影纽、勘韵、乌绀切。

1《说文》138页。

形声字。《说文》："暗，日无光也。从日，音声。"所以"暗"字的本义就是"黑暗"。后来也引申为"漆黑"、"夜晚"、"知识昏庸"、"视力不明"等义。《国语·郑语》："今王弃高明昭显，而好谗慝暗昧。"也假借为"谙"、"喑"、"晻"等等。（王志平）

晦 huì 晓纽、之部；晓纽、队韵、荒内切。

1《楚系简帛》566页。2《说文》138页。3《睡甲》103页。4《篆隶表》446页。

形声字。战国文字或从日，母声。小篆则从日，每声。"每"、"母"本为一字分化，古音又很相近，古文字中经常通用无别。《楚帛书》乙篇："乃命山川四晦（海）。""晦（晦）"假借为"海"。《说文》："晦，月尽也。从日，每声。"依此说，"晦"为阴历的最后一天，这时月亮是看不见的。此处的"日"旁是表示明暗之意，不是指"太阳"。因而"晦"也就有了"黑暗"的意思，"晦"和"黑"也是一对音义皆近的同源词。《释名·释天》云："晦，月尽也。晦，灰也。火死为灰，月光尽似之也。"实际上是牵强附会。"晦"本义是指每月的最后一天，但是后来也可以泛指黑夜。也引申为"隐微"、"愚昧"、"凋零"等义。（王志平）

旱 hàn 匣纽、元部；匣纽、旱韵、胡笴切。

1《说文》138页。2《睡甲》103页。3《篆隶表》447页。

形声字。《说文》："旱，不雨也。从日，干声。""干"与"乾"声音相同，"乾"是干燥的"干"的本字。唐欧阳询《艺文类聚》卷一百《灾异部·旱》引《洪范五行传》云："旱之为言乾，万物伤而乾不得水也。"后来把"旱"所引起的灾害也称为"旱"，如《墨子·七患》："二谷不收谓之旱。"（王志平）

昴 mǎo 明纽、幽部；明纽、巧韵、莫饱切。

昴

昴¹—昴²—昴
《说文》小篆　汉　楷书

1《说文》138页。2《篆隶表》447页。

形声字。《说文》："昴,白虎宿星。从日,卯声。""昴"是二十八宿之一。《尔雅·释天》："大梁,昴也。西陆,昴也。"郭璞注："昴,西方之宿,别名旄头。"（王志平）

曩

曩 nǎng 泥纽、阳部；泥纽、荡韵、奴朗切。

曩¹—曩
《说文》小篆　楷书

1《说文》138页。

形声字。《说文》："曩,曏也。从日,襄声。""襄"（心纽、阳部）字古音与"曩"字很接近,故"曩"从"襄"得声。《说文》"曩"训为"曏","曏"又训为"不久也",则"曩"字的本义就是"不久以前"。《尔雅·释诂下》："曩,久也。"郝懿行义疏："《尔雅》以'曩'为'久',《说文》以'曩'为'不久',其义两通。故《檀弓》曰：'曩者尔心或开予。'是'曩'为'未久'之词。《文选·北征赋》云：'岂曩奏之所图？'是'曩'为'久'词。"表面上看这是一个反训的问题,其实这是由于词义扩大所引起的泛化所致。"曩"的本义是"不久以前",后扩大为泛指"以前",又由"以前"很自然地联想到"很久以前",这样"曩"也就感染上"久"的意思了。（王志平）

昨

昨 zuó 从纽、铎部；从纽、铎韵、在各切。

昨¹—昨²—昨
《说文》小篆　汉　楷书

1《说文》138页。2《篆隶表》447页。

形声字。《说文》："昨,垒日也。从日,乍声。""乍"与"昨"古音相近,故"昨"从"乍"声。"垒日"即"累日",也即"昔"义,"昨"与"昔"古音也很相近,实际上是一对同源词。"昨"后来由广义的"往日"之义逐渐转为狭义的"昨天"之义。《文选·潘岳〈悼亡诗〉》李善注引《苍颉篇》云："昨,隔日也。"这是"昨"字现在最常见的用法。"昨"还可通假为"酢"、"醋"等,这就很少见了。（王志平）

暇

暇 xiá 匣纽、鱼部；匣纽、祃韵、胡嫁切。
　　 xià 匣纽、鱼部；匣纽、祃韵、胡嫁切。

暇¹—暇²—暇
《说文》小篆　东汉　楷书

1《说文》138页。2《篆隶表》447页。

形声字。《说文》："暇,闲也。从日,叚声。"本义是指空闲、多余的时间,后泛指一般意义上的时间。《书·酒诰》："不敢自暇自逸。"也通假为"假"、"嘉"。"假期"之"假"与"闲暇"之"暇"实际上是一对同源词。（王志平）

暂

暂（暫）zàn 从纽、谈部；从纽、阚韵、藏滥切。

暫¹—暫—暂
《说文》小篆　楷书　楷书

1《说文》138页。

形声字。《说文》："暫,不久也。从日,斬声。"所以"暂"的本义就是"暂时"。《书·盘庚中》："乃有不吉不迪,颠越不恭,暂遇奸宄。"又由此引申出"急促"、"匆忙"之义。也通作"蹔"。"暫"今简化为"暂"。（王志平）

昌

昌 chāng 昌纽、阳部；昌纽、阳韵、尺良切。
　　 chàng 昌纽、阳部；昌纽、漾韵、尺亮切。

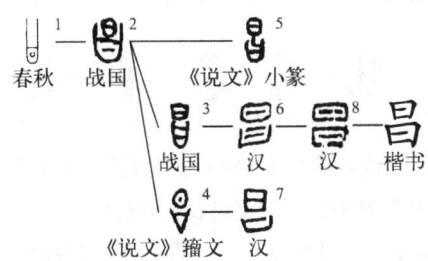

1《金文编》457页。2《古玺》166页。3《古玺》166页。4、5《说文》138页。6《银雀山》239页。7《金文续编》151页。8《古封泥》212页。

会意字。初文从日,从口,本义是"歌唱"的"唱",古代把日出后呼唤大家起身做事时带有一定调子的叫声称为"唱"。后来"口"字讹变为"曰"。《说文》："昌,美言也。从日,从曰。一曰日光也。《诗》曰:东方昌矣。"但是《说文》籀文仍然从"口"不误。《说文》说"昌"的本义是"美言",这实际上是"讻（谠）"的假借字用法。至于"一曰日光也"之说同样也是"昌"（唱）字的假借用法,但是这一意义已经发展成为"昌"字的常见用法了。后由此引申出"昌明"、"昌盛"诸义。蔡侯盘："子孙蕃昌。"（《集成》16.10171）就是"昌盛"的意思。也假借为"倡"、"阊"、"裳"字等等。（王志平）

昱 yù 喻纽、职部；以纽、屋韵、余六切。

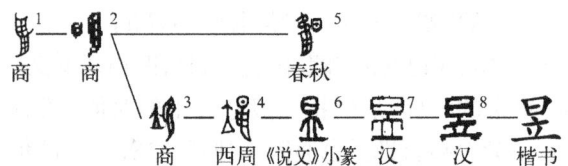

1、4《金文编》458页。2《甲文编》286页。3《甲文编》170页。5《汉语字形表》260页。6《说文》139页。7《汉印徵》卷7，3页。8《篆隶表》448页。

形声字。商代甲骨文作"翼"，本像蝉翼之形，即"翌日"之"翌"。甲骨文："壬戌卜，争贞：翌乙酉有伐于唐用。"（《合集》952正）"昱"与"翌"本为一字。甲骨文后来在"翼"字上又增添了"日"旁。西周甲骨文和金文又为"翼"字增添了声旁"立"，演变至《说文》小篆就成了纯粹的形声字了。《说文》："昱，明日也。从日，立声。""昱"与"立"（来纽、职部）古音接近，故从"立"声。"昱"在"次日"之义上也通"翌"、"翼"等，但是"昱"还有明亮的"日光"之义，则又为"翌"、"翼"诸字所无了。（王志平）

暑 shǔ 书纽、鱼部；书纽、语韵、舒吕切。

1《楚系简帛》566页。2《说文》139页。3《睡甲》103页。4《篆隶表》448页。

形声字。战国楚文字中"暑"（暑）与"晤"（晤）本为一字，这是由于其偏旁不固定的关系。《包山楚简》2.184、185有"墜暑"、"墜晤"，实际上都是一个人名字的不同写法。《说文》："暑，热也。从日，者声。"段玉裁注："暑与热浑言则一，故许以热训暑。析言则二……暑之义主谓湿，热之义主谓燥。"《释名·释天》："暑，煮也。热如煮物也。"因此把炎热的季节也称为"暑"，如"大暑"、"小暑"等。（王志平）

㬎 xiǎn 晓纽、元部；晓纽、铣韵、呼典切。
ê 疑纽、缉部；疑纽、合韵、五合切。
jìn 群纽、侵部；群纽、寝韵、渠饮切。

战国 《说文》小篆 楷书

1《楚系简帛》566页。2《说文》139页。

会意字。战国文字中假借为"顯"字，天星观楚简遣策有"㬎央"之语。《说文》："㬎，众微眇也。从日中视丝。古文以为顯字。或曰众口皃，读若唫。唫或以为繭。繭者，絮中往往有小繭也。""微眇"即"微妙"，日中看到细小的丝线，比喻能够洞察事物的微妙。此字本义念 ê。假借为"顯"的，读 xiǎn。"读若唫"的念 jìn。也通假为"㗊"。至于"繭"字，现在一般简化为"茧"字，但是它却不是《说文·丝部》训为"蚕衣"的"繭"义，而是此义的引申。清段玉裁《说文解字注》："此盖缫丝之余潎，亦可装衣，而中有类结。故云絮中历历有小繭，繭之言结也。"（王志平）

暴 bào 并纽、药部；并纽、号韵、薄报切。
pù 并纽、药部；并纽、屋韵、蒲木切。

《说文》古文

战国 《说文》小篆 秦 汉 楷书

1、3《说文》139页。2《楚文编》510页"襮"字偏旁。3《睡甲》104页。4《篆隶表》448页。

会意字。战国文字作"暴"，从日，从出，从廾。表示双手捧物在日下曝晒之意。小篆又从米。《说文》："暴，晞也。从日，从出，从廾，从米。麃，古文暴。从日，麃声。""暴"是"曝晒"的"曝"的本字。《孟子·滕文公上》："秋阳以暴之。"就是用的本义。由此引申出"暴（曝）露"、"干枯"等义。《说文·夲部》另有一个"暴"字，并云："疾有所趣也。从日、出、夲、廾之。"亦音"薄报切"。实际上它们同从的字形并不是"出"字，而是像树枝一类的东西。有些学者以为二者本为一字；有些学者以为夲部的"暴"是从"暴"省声的，则又以为二字。《诗·邶风·终风》："终风且暴。"毛传："暴，疾也。"这里的"暴"就是"暴"的假借字。由此引申出"仓促"、"猛烈"、"暴虐"、"暴乱"、"残暴"等义。后来两字已经没有分别，都一律写作"暴"。也假借为"虣"。《诗·郑风·大叔于田》："襢裼暴虎。"指"徒搏"。还可假借为"剥"、"白"等等。（王志平）

曬(晒) shài 心纽、歌部；生纽、卦韵、所卖切。

曬[1] — 曬 — 晒
《说文》小篆　楷书　楷书

1《说文》139页。

形声字。《说文》："曬,暴也。从日,麗声。""暴"即今"曝晒"的"曝"。又通假为"灑","光照"之意。《汉书·中山靖王传》："臣闻白日曬光,幽隐皆照；明月曜夜,蟁蟁宵见。"今简化为"晒"。（王志平）

暵 hàn 晓纽、元部；晓纽、翰韵、呼旰切。

暵[1] — 暵
《说文》小篆　楷书

1《说文》139页。

形声字。初文从日,堇声。《说文》："暵,乾也。耕暴田曰暵。从日,堇声。《易》曰：燥万物者,莫暵于离。"从古文字来看,《说文》分析为从"堇"（群纽、文部）得声是有道理的,而徐铉云："当从漢省,乃得声。"则于古音未达也。"暵"的本义就是"干燥"、"曝晒"。也形容干枯的样子。《诗·王风·中谷有蓷》："中谷有蓷,暵其乾矣。""暵"就是植物枯萎的样子。也通作"熯"。《说文》所引《易》,今本《易·说卦》云："燥万物者,莫熯乎火。"（王志平）

晞 xī 晓纽、微部；晓纽、微韵、香衣切。

晞[1] — 晞[2] — 晞
《说文》小篆　汉　楷书

1《说文》139页。2《篆隶表》448页。

形声字。《说文》："晞,乾也。从日,希声。"所以"晞"字的本义就是指天气干燥。《诗·小雅·湛露》："匪阳不晞。"又引申为"暴晒"之义。由于天色将明之时,日气上升,这种情况也称为"晞"。"晞"还可通假为"稀"等。（王志平）

昔 xī 心纽、铎部；心纽、昔韵、思积切。
cuò 清纽、铎部；清纽、铎韵、仓各切。

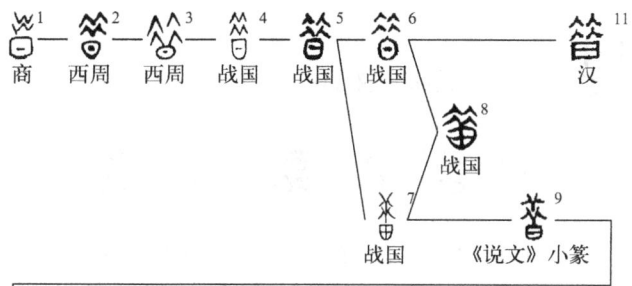

昔[10] — 昔[12] — 昔
汉　汉　楷书

[13] — [14] — 腊[15] — 腊
春秋　《说文》籀文　汉　楷书

1《甲文编》286页。2、3、4、7、13《金文编》458页。5、6《汉语字形表》260页。8《楚系简帛》567页。9、14《说文》139页。10、11、12、15《篆隶表》449页。

会意字。初文从日,从〜。"〜"像洪水泛滥之意,所以"昔"的造字本义是指古代大洪水发生的时期。或以"〜"为肉片的象形,太阳暴晒肉片,即是"腊肉"的"腊"字。甲骨文："庚申卜,殻贞：昔祖丁……黍,惟南庚害？"（《合集》1772正）《说文》："昔,干肉也。从残肉,日以晞之。……与俎同意。腊,籀文从肉。"依此说,当"往古"、"过去"、"以前"意义讲的"昔"实际上是个假借字。因而"昔"也由此引申出"长久"之义,《周礼·天官·酒正》所说的"昔酒"就是指酿的时间较长的酒。又以音近通假为"昨"、"夕"、"错"等等。（王志平）

暱 nì 泥纽、质部；泥纽、质韵、尼质切。

暱[1] — 暱
《说文》小篆　楷书

昵[2] — 昵
《说文》或体　楷书

1、2《说文》139页。

形声字。《说文》："暱,日近也。从日,匿声。《春秋传》曰：私降暱燕。昵,暱或从尼。""暱"字的本义是"日近也",但是一般都引申为"近"的意思。《左传·闵公元年》："诸夏亲暱。"杜预注："暱,近也。"又引申为"亲信"、"私情"等义。"暱"通作"昵"。《说文》所引《春秋传》,今本《左传·昭公二十五年》作"私降昵宴"。（王志平）

昆 kūn 见纽、文部；见纽、魂韵、古浑切。

西周 — 战国 — 《说文》小篆 — 秦 — 汉 — 楷书

1《金文编》458页。2《古玺》167页。3《说文》139页。4《睡甲》104页。5《篆隶表》449页。

象形字。初文像昆虫之形，后其身讹变为"日"，其两足讹变为"比"。昆疕王钟："昆疕王貯作龢钟。"（《集成》1.46）《说文》："昆，同也。从日，从比。"徐锴说："日日比之，是同也。"未免牵强附会。"昆虫"的"昆"古文字及《说文》中从二"虫"作"蚰"，两字经常通假。《说文》训为"同"的"昆"实际上是"混"的假借字，又由此引申出"合并"、"众多"、"全部"、"后裔"等义。"昆弟"之"昆"当作"晜"，"昆仑"之"昆"当作"崑"、"崐"，都不是"昆"字的本义。（王志平）

普（普） pǔ 滂纽、鱼部；滂纽、姥韵、滂古切。

《说文》小篆 — 汉 — 汉 — 楷书
汉 — 汉 — 楷书

1《说文》139页。2、4、5《篆隶表》450页。
3《金文续编》152页。

形声字。《说文》："普，日无色也。从日，从竝。"朱骏声通训定声："普，竝者，旁也。旁者，云旁溥也。今隶作普。""竝"是并纽阳部字，与"普"字声韵并近，二者属于"阴阳对转"的关系。而徐锴云："日无光，则近远皆同。故从竝。有'声'字，传写误多之也。会意。"误以形声字为会意字，说法实不确。"普遍"、"溥大"、"普通"之义的"普"实际上都是"溥"字的假借，现在一般都写成"普"。（王志平）

曉（晓） xiǎo 晓纽、宵部；晓纽、筱韵、馨皛切。

《说文》小篆 — 西汉 — 魏晋 — 楷书 — 楷书

1《说文》139页。2、3《篆隶表》450页。

形声字。《说文》："曉，明也。从日，堯声。"段玉裁注："俗云天晓是也。引申为凡明之称。""尧"有高的意思，太阳升高也就是"晓"。《庄子·天地》："冥冥之中，独见晓焉；无声之中，独闻和焉。"后来也引申为"明智"、"明白"、"知道"、"告诉"等义。也假借为"饶"等。今简化为"晓"。（王志平）

昕 xīn 晓纽、文部；晓纽、欣韵、许斤切。

商 — 《说文》小篆 — 楷书

1《甲文编》286页。2《说文》139页。

形声字。甲骨文从日、斤，斤为声旁。《说文》："昕，旦明，日将出也。从日，斤声。读若希。""昕"与"斤"古音相近，故从"斤"声。"读若希"是因为在某些方言中失落了尾音，清代学者也称之为"阴阳对转"。"旦明"和"日将出"是一回事，所以这也就是"昕"字的两个意义。古代的天文学说中有一种"昕天说"，这里的"昕"则假借为"轩"，是指天高若车轩，故名"昕天说"。（王志平）

昉 fǎng 帮纽、阳部；帮纽、养韵、分两切。

战国 — 《说文》新附 — 楷书
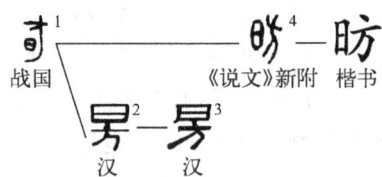
汉 — 汉

1《古玺》167页。2《汉印徵》卷7，3页。3《篆隶表》450页。4《说文》139页。

形声字。为《说文》所无，是徐铉所增的新附字。《玺汇》1951："郐昉。"用为人名。《说文》："昉，明也。从日，方声。"这一意义实际上是"晒"的古字，典籍中的"昉"一般多是"开始"之义。（王志平）

晟 shèng 禅纽、耕部；禅纽、劲韵、承正切。
chéng 禅纽、耕部；禅纽、清韵、时征切。

《说文》新附 — 汉 — 楷书

1《说文》139页。2《汉印徵》卷7，3页。

形声字。为《说文》所无，是徐铉所增的新附字。《说文》："晟，明也。从日，成声。"通作"盛"。《楚辞·九章·思美人》："高辛之灵晟兮，遭玄鸟而致诒。"也通假为"晶"。（王志平）

昶 chǎng 透纽、阳部；彻纽、养韵、丑两切。
　　chàng 透纽、阳部；彻纽、漾韵、丑亮切。

∭¹—𣈱²—昶
西周　《说文》新附　楷书

1《金文编》459页。2《说文》139页；

会意字。金文从日，从永，"永"有"长久"之义。所以"昶"字的本义就是"长日"。昶仲鬲："昶仲无龙作宝鬲。"（《集成》3.713）用为姓氏。但奇怪的是此字为《说文》所无，是徐铉所增的新附字。《说文》："昶，日长也。从日、永，会意。"由此引申出"明亮"、"长远"之义。"昶"一般通假作"畅"，如训为"和"、"舒"等义的"昶"字即是。（王志平）

暈（晕）yùn 匣纽、文部；云纽、问韵、王问切。
　　yūn 匣纽、文部；云纽、问韵、王问切。
　　jūn 见纽、文部；见纽、文韵、举云切。

𣆶¹—暈²—暈—晕
商　《说文》新附　楷书　楷书

1《甲文编》287页。2《说文》139页。

形声字。甲骨文作云气环日之形，汉初文字多假借"军"为"晕"，如马王堆帛书《星占书》："月军（晕）二重，倍僑（僪）在外。""晕"与"晖"同从"军"声，本为一字，后来才成为分化字（参见"晖"字）。"晕"字为《说文》所无，是徐铉所增的新附字。大徐本《说文》云："暈，日月气也。从日，軍声。"甲骨文："辛未卜，贞：翌壬申帝不令雨。壬申晕。"（《合集》115）《释名·释天》："晕，卷也，气在外卷结之也。日月俱然。"《吕氏春秋·明理》："其日有斗蚀，有倍僪，有晕珥。"高诱注："晕读为君。国子，民之君气，围绕日周匝，有似军营相围守，故曰晕也。"此念 yùn 或 jūn。今天"头晕目眩"之"晕"则读为 yūn。"暈"今简化为"晕"。（王志平）

映 yìng 影纽、阳部；影纽、映韵、於敬切。
　　yǎng 影纽、阳部；影纽、养韵、乌朗切。

暎¹—映
《说文》新附　楷书

1《说文》139页。

形声字。《说文》所无，为徐铉所增新附字。大徐本《说文》云："映，明也，隐也。从日，央声。""明"和"隐"是两个相互矛盾的含义，《小尔雅·广言》："映，晒也。"这是"明"义的来源。《文选·王粲〈七哀诗〉》注引《通俗文》："日阴曰映。"这是"隐"义的来源。"映"也通作"暎"，现在一般指"映照"之义。（王志平）

曙 shǔ 禅纽、鱼部；禅纽、御韵、常恕切。

曙¹—曙
《说文》新附　楷书

1《说文》139页。

形声字。《说文》所无，为徐铉所增新附字。大徐本《说文》云："曙，晓也。从日，署声。"此即《说文》正文的"睹"字（参见"睹"字条）。与"夜"相对。《玉篇》："曙，东方明也。"《淮南子·天文》："日入于虞渊之汜，曙于蒙谷之浦。"又由"曙光"义引申出"早晨"之义。《楚辞·远游》："魂营营而至曙。"（王志平）

昳 diē 定纽、质部；定纽、屑韵、徒结切。
　　yì 喻纽、质部；以纽、质韵、夷质切。

昳¹—昳
《说文》新附　楷书

1《说文》139页。

形声字。《说文》所无，为徐铉所增新附字。大徐本《说文》："昳，日昃也。从日，失声。"徐灏注笺："昳、跌古通，言日蹉跌而下也。"此读为 diē。《吴越春秋·句践入臣外传》："时加日昳。"旧以为日在未时（相当于今天午后一至三时）曰昳，这时太阳已经由一天的最高点开始下降了，故称为"日昳"。也通假为"逸"，此读 yì。（王志平）

曇（昙）tán 定纽、侵部；定纽、覃韵、徒含切。

曇¹—曇²—曇—昙
《说文》新附　汉　楷书　楷书

1《说文》139页。2《汉印徵》卷7，3页。

会意字。《说文》所无，为徐铉所增新附字。大徐本《说文》云："曇，雲布也。从日、雲，会意。"《玉篇》云："曇，曇曇，黑雲貌。"用为鸱鸟的别名。《抱朴子·内篇·登涉》："曇是鸱鸟之别名。"后多用为梵文 dharma

的音译,即"法"之义,也音译为"达摩"。今简化为"昙"。(王志平)

曆(历) lì 来纽、锡部;来纽、锡韵、郎击切。

战国 《说文》新附 汉 楷书 楷书

1《楚系简帛》567页。2《说文》140页。3《金文续编》152页。

形声字。《说文》所无,为徐铉所增新附字。战国文字从秝,从田,《包山楚简》2.181有"戾廥曆",用为人名。大徐本《说文》云:"曆,厤象也。从日,厤声。《史记》通用歷。"大司农权即作"黄钟律歷"。(《秦汉金文》304)"曆"字的本义就是"天象"、"历法"之义。《书·洪范》:"五曰曆数。"后引申为"命运"、"年代"、"年龄"等义。也通假为"歷"。二字今经简化后,都写作"历",现在已经混用无别了。(王志平)

昂 áng 疑纽、阳部;疑纽、唐韵、五刚切。

《说文》新附 汉 汉 楷书

1《说文》140页。2《汉印徵》卷7,3页。3《篆隶表》451页。

形声字。《说文》所无,为徐铉所增新附字。大徐本《说文》云:"昂,举也。从日,卬声。"《类篇》:"昂,日升也。"所以"昂"的本义就是太阳升起。也通作"卬"、"仰"。形容士气或者品德高扬也称"昂然"、"昂昂"等。(王志平)

昇(升)

shēng 书纽、蒸部;书纽、蒸韵、识蒸切。

《说文》新附 晋 楷书 楷书

1《说文》140页。2《篆隶表》451页。

形声字。《说文》所无,为徐铉所增新附字。大徐本《说文》云:"昇,日上也。从日,升声。古只用升。"《广韵》:"昇,日上,本亦作升。《诗》曰:如日之升。升,出也。俗加日。""昇"除了作为"日上"的专用字以外,也通作一般意义上"升降"的"升"。《楚辞·王逸〈九思·哀岁〉》:"昇车兮命仆。""昇"现在也简化为"升"。(王志平)

旦 部

旦 dàn 端纽、元部;端纽、翰韵、得案切。

商 西周 西周 春秋 战国 《说文》小篆 汉 楷书
秦 汉

1《甲文编》288页。2《金文编》459页。3《金文编》460页。4《类编》490页。5《楚系简帛》569页。6《说文》140页。7《睡甲》104页。8《篆隶表》452页。9《篆隶表》453页。

指事字。初文像太阳破土而出之形,"日"下面像土地之意,填实与勾勒意同。至战国文字时,"土"又讹变为"一",小篆的字形就是由此而来。甲骨文:"……旦至于昏不雨。大吉。"(《合集》29272)《说文》:"旦,明也。从日见一上。一,地也。"所以"旦"字的本义就是"日方出",也即"早晨"、"破晓"之义,并由此引申出"光明"、"白昼"、"一日之始"等意义。(王志平)

暨 jì 群纽、物部;群纽、至韵、其冀切。
jì 见纽、物部;见纽、质韵、居乙切。
又见纽、迄韵、居乞切。

《说文》小篆 汉 汉 楷书

1《说文》140页。2、3《篆隶表》453页。

形声字。《说文》:"暨,日颇见也。从旦,既声。"朱骏声通训定声云:"日出地平线谓之旦。暨者,乍出微见也。""既"是"已经"之意,所以"暨"就是"已旦"之义。但"暨"多用为假借字。《书·尧典》:"汝羲暨和。"此"暨"是"臮"的假借字,表示"和"、"与"的意思。又假借为"讫"、"墍"、"届"等。(王志平)

倝 部

倝 gàn 见纽、元部;见纽、翰韵、古案切。

战国 战国 战国 《说文》小篆 楷书

1《金文编》460页。2《古文典》967页。3

《楚系简帛》569页；4《说文》140页。

形声字。战国文字作"朝"或"朝"、"朝"，并从早，倝声。"倝"为影纽、元部字，与"倝"古音接近，故亦用为"倝"的声符。在金文中假借为"韩"氏之"韩"。属羌钟："厥辟倝(韩)宗。"(《集成》1.157)《说文》："倝，日始出，光倝倝也。从旦，㫃声。"(王志平)

朝

zhāo　端纽、宵部；知纽、宵韵、陟遥切。

cháo　定纽、宵部；澄纽、宵韵；直遥切。

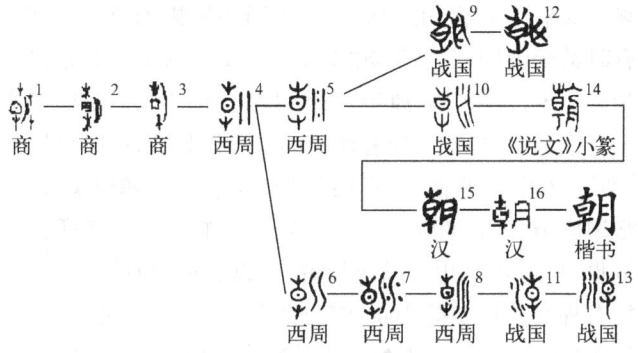

1、2、3《甲文编》20页。4、5、8《金文编》460页。6、7、10、11《金文编》461页。9、12《楚系简帛》569页。13《汉语字形表》262页。14《说文》140页。15、16《篆隶表》453页。

形声字。甲骨文从"日"、"月"、"艸"会意。字形像残月当空，而红日尚隐于草中之意，表示"朝暮"之"朝"。金文中则演变为从"日"、"艸"、"巛"或"川"会意，这实际上是《说文》训为"水朝宗于海"的"淖"（潮）的本字，假借为"朝"。"川"又讹变为"㐬"。楚文字中则进一步讹变为从"𠂇"（舟）。战国文字或径从"水"旁，作"淖"（潮）。《说文》："朝，旦也。从倝，舟声。""倝"则是古文字中从日、㞢之"朝"的讹变，而"舟"则是"㐬"的讹变。但"舟"与"朝"声古音接近，故可用为声旁。"朝"字的本义是"早晨"。甲骨文："癸丑卜，行贞：翌甲寅毓祖乙岁朝酉，兹用。"(《合集》23148)后来也引申为"初期"之义。《洪范五行传》："自平旦至食事为日之朝，上旬为月之朝，自正月尽四月为岁之朝。"古代早朝听政，百官毕至，所以把朝见也称为"朝"。《诗·小雅·沔水》："朝宗于海。"郑玄笺："诸侯春见天子曰朝，夏见曰宗。"夏代以来，诸侯每年都要朝见天子，晋文公以后改为五年一次。"朝"一般指双方平等或者下级见上级的朝会，如诸侯相见，臣见君，子见父母等。礼崩乐坏后，甚至君见臣也称为"朝"。《礼记·王制》："天子无事，与诸侯相见曰朝。"郑玄注："事谓征伐。""朝见"时人们彼此相会，因此"朝"往往有"会同"、"会见"之义。由于早朝听政，"朝"也引申出"政务"之义。后来还由听政之时的"朝"引申为听政之所的"朝"，如"朝廷"、"朝野"等。也通假为"潮"、"晁"、"召"等。(王志平)

㫃 部

㫃

yǎn　影纽、元部；影纽、阮韵、於幰切。

1《甲文编》289页。2《金文编》461页。3《古玺》169页。4、5《说文》140页。

象形字。甲骨文、金文都作旌旗飘扬之形，这就是"㫃"。甲骨文用为方国名："弜其立㫃。"(《合集》28207)《说文》："㫃，旌旗之游，㫃蹇之皃。从中曲而下垂，㫃相出入也。读若偃。古人名㫃字子游。凡㫃之属皆从㫃。"古文㫃字，象形。及象旌旗之游。"经典通作"偃"。段玉裁注："晋有籍偃、荀偃，郑有公子偃、驷偃，孔子弟子有言偃，皆字游。今之经传，皆变作偃。偃行而㫃废矣。"(王志平)

旐

zhào　定纽、宵部；澄纽、小韵、治小切。

1《说文》140页。

形声字。《说文》："旐，龟蛇四游，以象营室，游游而长。从㫃，兆声。《周礼》曰：县鄙建旐。"朱骏声通训定声："九旗之帛皆用绛，惟旐用缁，长八尺。续旐又有旆，旆帛用绛，亦长八尺，故旐独长。"《诗·小雅·出车》："设此旐矣。"毛传："龟蛇曰旐。"所以"旐"是指画有龟蛇图案黑底红边的长旗。《释名·释兵》："旐，兆也；龟知气兆之吉凶，建之于后，察度事宜之形兆也。"又《周礼·春官·司常》："县鄙建旐。"郑玄注："州里、县鄙、乡遂之官，互约言之。……龟蛇象其扞难辟害也。"后来，也把引领灵柩所打的旗旛称为"旐"。(王志平)

旗

qí　群纽、之部；群纽、之韵、渠之切。

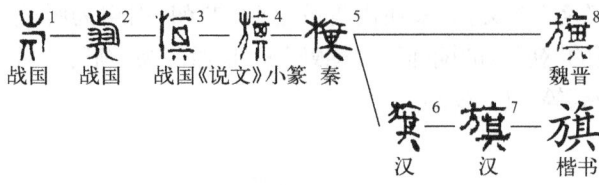

1《古玺》169页。2《楚系简帛》570页。3《古文典》27页。4《说文》140页。5《睡甲》104页。6《银雀山》241页。7、8《篆隶表》454页。

形声字。战国古玺文从"屮"(㫃)，丌声。楚系文字"屮"作"屮"，又添加了"羽"的意符。《曾侯乙墓竹简》3有"旗赗"之语。《说文》："旗，熊旗五游，以象罚星。士卒以为期。从㫃，其声。《周礼》曰：率都建旗。"《周礼·春官·司常》："熊虎为旗。"所以"旗"的本义就是指画有熊虎的旗帜。《释名·释兵》："旗，期也，言与众期于下。军将所建，象其猛如熊虎也。"又《周礼·春官·司常》："师都建旗。"郑玄注："师都，六乡、六遂大夫也，谓之师都。都，民所聚也。画熊虎者，乡、遂出军赋，象其守猛，莫敢犯也。"又《考工记·辀人》："熊旗六斿，以象伐也。"郑玄注："熊虎为旗，师都之所建。伐属白虎宿，与参连体而六星。"后也泛指旗帜。引申为"标志"、"象征物"等义。假借为"箕"、"欺"等。（王志平）

旆 pèi 并纽、月部；并纽、泰韵、蒲盖切。

[字形演变图：战国—战国《说文》小篆—楷书]

1、2《楚系简帛》570页。3《说文》140页。

形声字。初文上"㫃"像旌旗之游之形，即"㫃"字，下从"巿"声。《曾侯乙墓竹简》62："二旆"，即"二面旗帜"之意。《说文》："旆，继旐之旗也。沛然而垂。从㫃，巿声。"《释名·释天》："杂帛为旆，以杂色缀其边为翅尾也。将帅所建，象物杂也。"所以"旆"字的本义就是缀在黑色"旗旛"（也即"旐"）末尾的杂色碎帛，由于边缘开叉像燕尾之形，所以《说文》称"沛然下垂"。此即今旗帜所谓的"边幅"。也假借为"末"、"茇"等。（王志平）

旌 jīng 精纽、耕部；精纽、清韵、子盈切。

[字形演变图：战国《说文》小篆—汉—汉—汉—楷书]

1《楚系简帛》572页。2《说文》140页。3、4《银雀山》241页。5《篆隶表》454页。

形声字。战国文字从㫃，青声，"青"与"旌"古音相近。《曾侯乙墓竹简》65："朱旌"，即"朱旌"。《说文》："旌，游车载旌，析羽注旄首，所以精进士卒。从㫃，生声。"所谓"旌"是指"旄首"（指旗竿头上装饰的牦牛尾）上又缀有数根合为五彩的羽毛。《周礼·春官·司常》："全羽为旞，析羽为旌。"郑玄注："全羽、析羽皆五采，系之于旞旌之上，所谓注旄于干首也。""游车"，《周礼·春官·司常》作"斿车"，即"木路(辂)"，是王车的一种。最早时，车所载的"旌"其"旄首"上大约仅有"析羽"（即数羽毛），后来才又有了旗旛的。此后"旌"也用为旗帜的总称。"旌"有时甚至混同于"旐"，如《楚辞·七谏·自悲》："载雌霓而为旌。"王逸注："旌，旗也。有铃为旌。"由于"旌"是由竿头注有毛羽做成的，与使者所持的"节"很相似，所以也用为"节"。《周礼·地官·掌节》："门关用符节，货贿用玺节，道路用旌节，皆有期以反节。"郑玄注："旌节，今使者所拥节是也。将送者执此节以送行者，皆以道里日时课，如今邮行有程矣。"后由此引申出"旌表"、"彰旌"之义。《公羊传·宣公十二年》："左执茅旌。"这是引申用法。"茅旌"是指祭祀时，指引神道及保护祭者所用的没有切断的茅草，与本义已经相去甚远了。（王志平）

旟(旟) yú 喻纽、鱼部；以纽、鱼韵、以诸切。

[字形演变图：战国—《说文》小篆—楷书—楷书]

1《古玺》169页。2《说文》140页。

形声字。《玺汇》3430："句犊旟"，用为人名。《说文》："旟，错革画鸟其上，所以进士众。旟旟，众也。从㫃，与声。《周礼》曰：州里建旟。""旟"是指画有鸟隼，用来催促士兵急行军的赤旗。一说"旟"是指剥了鸟的皮毛绑在旗杆上，以会勇猛之意。《释名·释兵》："鸟隼为旟。旟，誉(誉)也。军吏所建，急疾趋事则有称誉(誉)也。"《周礼·春官·司常》："州里建旟。"又假借为"舉(举)"，用为"飞扬"之义。"與"今简化为"与"，故"旟"类推简化作"旟"。（王志平）

旂 qí 群纽、文部；群纽、微韵、渠希切。

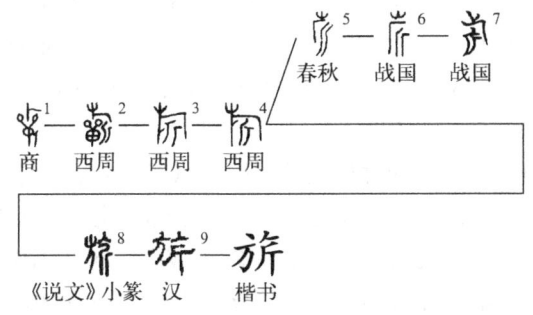

1《甲文编》10页。2《金文编》14页。3、4《金文编》461页。5《金文编》462页。6《古玺》170页。7《楚系简帛》572页。8《说文》140页。9《篆隶表》455页。

形声字。甲骨文"𣃞"从㫃，斲声，用为地名："贞：燎于旃。"（《合集》488反）金文则多从"斤"得声。颂簋："銮旂鋚勒用事。"（《集成》8.4332）即指旗帜之义。古文字中"旃"、"旂"也多假借为"祈"。《说文》："旂，旗有众铃，以令众也。从㫃，斤声。"《尔雅·释天》："有铃曰旂。"郭璞注："县(悬)铃于竿头，画蛟龙于旒。"《释名·释兵》："交龙曰旂。旂，倚也。画作两龙相依倚，通以赤色为之，无文彩。诸侯所建也。"《周礼·春官·司常》："诸侯建旂。"郑玄注："诸侯画交龙，一象其升朝，一象其下复也。"又作为旌旗的总称。《广雅·释器》："凡旗之名随异，旌、旂为之总称。"（王志平）

旞 suì 邪纽、物部；邪纽、至韵、徐醉切。

1《战文编》465页。2、3《说文》140页。4《睡甲》104页。

形声字。战国文字从㫃，遂声。《说文》："旞，导车，所以载全羽以为允。允，进也。从㫃，遂声。䍸，旞或从遗。""旞"与"旌"相似，仅"全羽"与"析羽"之别。所谓"全羽"是指一根羽毛兼备五彩，用为旌首的装饰。严格说来，"旞"是没有"縿"和"斿"的，竿头仅有装饰用的牦牛尾和羽毛。《周礼·春官·司常》："道车载旞，斿车载旌。"郑玄注："道车，象路也；王以朝夕燕出入。斿车，木路也；王以田以鄙。"而用为"道车"的"旞"则有"縿"有"斿"，也即是说除了竿头的装饰之外，还有幅面。这已经不是其最早的狭义用法了。（王志平）

旝 kuài 见纽、月部；见纽、泰韵、古外切。

1《说文》140页。

形声字。《说文》："旝，建大木，置石其上，发以机，以追敌也。从㫃，會声。《春秋传》曰：旝动而鼓。《诗》曰：其旝如林。"徐锴系传："按：诸家'旝，旌旗也。'唯许慎言。潘岳《闲居赋》谓之礟(炮)。"依许慎说，"旝"字的本义是指某种抛石机，它是"炮"的前身。而经典多以为"旌旗"之义。《左传·桓公五年》："旝动而鼓。"杜预注："旝，旃也。通帛为之，盖今大将之麾也。执以为号令。"此当为"旝"字的本义。又通假为"會(会)"，《诗·大雅·大明》："殷商之旅，其會(会)如林。"（王志平）

旃 zhān 章纽、元部；章纽、仙韵、诸延切。

1《金文编》463页。2、6《说文》140页。3、7、8《篆隶表》455页。4《楚系简帛》572页。5《战文编》466页。

形声字。金文从㫃，亶声。西周金文番生簋盖："簟弼、鱼箙、朱旂旃。"（《集成》8.4326）战国文字从㫃，从羽，丹声。或从㫃，丹声。《曾侯乙墓竹简》72、115有"紫旃"、"朱旃"等。《说文》："旃，旗曲柄也。所以旃表士众。从㫃，丹声。《周礼》曰：通帛为旃。旝，旃或从亶。""旃"的形状是旗柄上端弯曲，下接整块纯色的赤帛，用以招集士众。《释名·释兵》："旃，战也。战战恭己而已。通以赤帛为之，无文采。三孤所建，象无事也。"今本《周礼·春官·司常》作"通帛为旃"。"旃"本来是贵族所用，后也用于庶人。《孟子·万章下》："庶人以旃。"也泛指旌旗。常通假为"氊(毡)"。作语助词用时，又是"之焉"的合音。（王志平）

施

shī 书纽、歌部；书纽、支韵、式支切。
shì 书纽、歌部；书纽、寘韵、施智切。
yì 余纽、歌部；余纽、寘韵、以豉切。
shǐ 书纽、歌部；书纽、纸韵、赏是切。
yí 余纽、歌部；余纽、支韵、余支切。

1 《说文》140页。2 《睡甲》105页。3 《篆隶表》455页。4 《篆隶表》456页。

形声字。金文作"𢻻"，假借"阤"字表示"施行"之义。中山王䇳方壶："以阤(施)及子孙。"(《集成》15.9735)《说文》："施，旗皃。从㫃，也声。齐栾施字子旗，知施者，旗也。"徐锴系传："旗之逶迤也。臣锴按：《白虎通》：古人为字，使人闻其字则知其名，率皆如此。许慎言栾施，知施字训旗，所以字子旗也。孔子弟子巫马施亦字子旗。"今多用为假借字。"施行"、"施加"、"施展"、"设施"等义之"施"为《说文》中训为"敷也"的"敁"字之假借。"施"又有"施舍"、"施惠"、"布施"等义，义同"与"。又假借为"迻(移)"、"弛"、"侈"、"斜"、"殖"、"瞡"、"旎"、"敆"、"柂"等等。(王志平)

游

yóu 喻纽、幽部；以纽、尤韵、以周切。
liú 来纽、幽部；来纽、尤韵、力求切。
xiū 邪纽、幽部；邪纽、尤韵、徐由切。

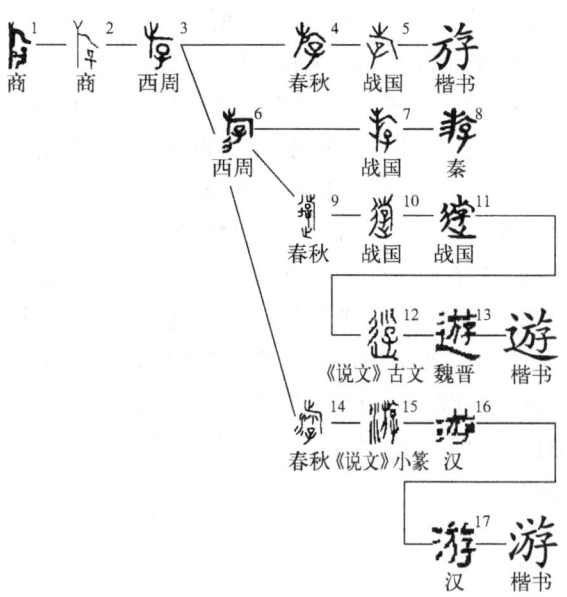

1、3、5、6、7《金文编》463页。2《甲文编》289页。4《汉语字形表》263页。8《睡甲》105页。9、10、14《金文编》464页。11《楚系简帛》573页。12、15《说文》140页。13、16、17《篆隶表》456页。

形声字。甲骨文作"斿"，从㫃，从子，不从水。字形像一子立于旌旗下之形，表示"督导"之义。此字当即"纛"或"翿"，也即汉代人所说的华盖。"纛"为定纽、幽部字，"督"为端纽、觉部字，而"游"字为余纽(喻四)、幽部字；"喻四归定"，"幽"、"觉"阴入对转，所以它们的读音是很相近的。甲骨文中用为地名："羌其陷麋于斿。"(《合集》5579正)金文或加"彳"旁，战国文字则加"辵"旁，即"遊"字。或加水旁，小篆中的"游"就是由此演变而来的。《说文》："游，旌旗之流也。从㫃，汓声。""𣻣，古文游。""流"即"旒"字，指旌旗下垂的摆穗，也称"赘旒"。《说文》对于字形("从㫃，汓声")、字义("旌旗之流")的分析，从古文字来看都是有问题的。《左传·桓公二年》："鞶厉游缨。"杜预注："游，旌旗之游也。"就是用的《说文》的本义。也作"斿"。《周礼·春官·巾车》："建大常，十有二斿。"郑玄注："正幅为縿，斿则属焉。"这实际上也是"旒"字的假借，指连缀在旗帜边幅上的摆穗。《方言》卷十："潜，又游也。"则是"浮游"、"漂游"、"游泳"之"游"，这实际上是《说文》训为"浮行水上也"的"汓"字，也即是"泅"。又用为"游行"、"出游"、"旅游"、"遨游"、"交游"之"游"，又引申为"出仕"、"高飞"、"自如"等义。又假借为"流"、"蝣"、"囿"等等。(王志平)

旋

xuán 邪纽、元部；邪纽、仙韵、似宣切。
xuàn 邪纽、元部；邪纽、线韵、辞恋切。

1《甲文编》289页。2《说文》140页。3《睡甲》105页。4、5《篆隶表》457页。

会意字。甲骨文从㫃，从足或止。表示在旌旗下周旋之意。甲骨文："辛酉卜，王贞：余丙示旋于正。"(《合集》31482)《说文》："旋，周旋，旌旗之指麾也。从㫃，从疋。疋，足也。"徐锴系传："按：《尚书》曰：'王秉白旄以麾。'(牧誓)以进之也。疋者，足也。故㫃、疋为旋，人足随旌旗也。"段玉裁注："旗有所乡(向)，必运转其杠，是曰周旋。"所以"旋"的本义就是指旌旗旋转，后也泛指一般的旋转。《史记·日者列传》："旋式正棋。"司马贞索隐："旋，转也。"也引申为"回旋"、"返转"等义，如《诗·小雅·黄鸟》:"言旋言归,复我邦族。"后也引申为"盘旋"、"飞旋"等义。这些意义念 xuán。又假借为"璇"、"琁"、"还"、"环"等等。"旋"还是"鏇"的简化字,此义念 xuàn。(王志平)

旄

máo　明纽、宵部;明纽、豪韵、莫袍切。
mào　明纽、宵部;明纽、号韵、莫报切。
wù　明纽、宵部;明纽、遇韵、亡遇切。

南¹—𣃘²—𣃚³—旄
西周　《说文》小篆　秦　楷书

1《金文编》464页。2《说文》141页。3《睡甲》105页。

形声字。金文从㫃,毛声,用为人名,假借为"毛"。师遽簋盖:"用作文考旄(毛)叔尊簋。"(《集成》8.4214)《说文》:"旄,幢也。从㫃,从毛,毛亦声。"朱骏声通训定声:"按,旄櫜竿饰也。本用犛牛尾注于旗之竿首,故曰旄。后又用羽,或兼用犛与羽焉。""犛牛"即"氂(牦)牛"。所以"旄"字的本义就是指旗杆头上装饰有牦牛尾。也假借为《说文》训为"犛牛尾"的"氂",泛指指挥或舞蹈所用的牦牛尾。《书·牧誓》:"右秉白旄以麾。"陆德明释文:"白旄,旄牛尾。"又假借为《说文》训为"西南夷长髦牛"的"犛"。此义读 máo。又假借为"楙"、"耄"等,此念 mào。又假借为"愁",此念 wù。(王志平)

旛

fān　滂纽、元部;滂纽、元韵、孚袁切。

𣄧¹—𣄨²—旛
春秋　《说文》小篆　楷书

1《类编》369页。2《说文》141页。

形声字。石鼓文《田车》:"左骖旛旛。"即作"旛",从㫃,番声。假借为"幡",即"翻翻"之义。《说文》:"旛,幅胡也。从㫃,番声。"徐铉注:"胡幅之下垂者也。"段玉裁注:"凡旗正幅谓之縿,亦谓之旛胡。""胡"的本义是指旗帜下端弯曲的部分,这里借指除了穗子之外的整幅旗面。《释名·释兵》:"旛,幡也。其貌幡幡然。"也用为旌旗的总称。也通作"幡",如"信幡"。《古今注》卷上《舆服》云:"古之徽号也。所以题表官号,以为符信,故谓之信幡。"(王志平)

旅

lǚ　来纽、鱼部;来纽、语韵、力举切。
lú　来纽、鱼部;来纽、鱼韵、凌如切。

𣃚⁷—𣃛⁸—𣃜⁹
　西周　春秋　战国

𣃗¹—𣃘³—𣃙⁴—𣃚¹¹—旅¹³—旅¹⁴—旅
商　商　西周　《说文》小篆　汉　汉　楷书

𣃚²—𣃙⁵—𣃜⁶—𣃝¹⁰
商　西周　西周　战国

𣃞¹²—旅¹⁵
秦　汉

𣃟¹⁶—𣃠¹⁷—𣃡¹⁸—𣃢¹⁹
春秋　战国　战国　《说文》古文

1《金文编》464页。2《金文编》468页。3《甲文编》290页。4《金文编》465页。5《金文编》469页。6《金文编》470页。7、8、16《金文编》467页。9、17《楚系简帛》574页。10《古玺》170页。11、19《说文》141页。12《睡甲》105页。13、14、15《篆隶表》457页。18《古文典》564页。

会意字。甲骨文从㫃,从从,表示军旗下人数众多之意,用为"师旅"之旅。这是"旅"字的本义。商末的族氏金文更为象形,像三人共扶一旗之意。金文中或添加"车"旁,表示"戎车"之意。车上载旗,大约有些像《周礼·春官·司常》所说的"斿车载旌"一类,只不过"载旌"的是兵车罢了。"车"的古音(见纽、鱼部)与"旅"也很接近,所以这也可以视为添加声符。甲骨文:"翌日,王其令右旅暨左旅禽视方。捷,不雉众。"(《屯》2328)金文中又从"㫃"下"车",或又从"㫃"下"比","比"是"从"的反书。金文中多用此为"旅行"之"旅",故或从"车"或从"辵"。《说文》:"旅,军之五百人为旅。从㫃,从从。从,俱也。𣃢,古文旅。古文以为鲁卫之鲁。"《论语·卫灵公》:"军旅之事,未之学也。"何晏集解:"郑玄曰:万二千五百人为军,五百人为旅。"一说二千人为旅。《国语·齐语》:"故二千人为旅。"也指旅的将官。《左传·成公十八年》:"旅不偪师。"杜预注:"师,二千五百人之帅也。旅,五百人之帅也。"后泛指军队。由此引申出"众多"、"列阵"、"驻扎"、"军令"、"下士"、"子弟"等与军队有关的各项意义。假借为"路",由此引申出"旅客"、"旅行"、"商旅"等义。又假借为"俱"、"鲁"、"膂"、"穞"、"膐"、"庐"、"绪"、"苢"、"租"等等。(王志平)

族

族 zú 从纽、屋部；从纽、屋韵，昨木切。
còu 清纽、屋部；清纽、宥韵，千候切。

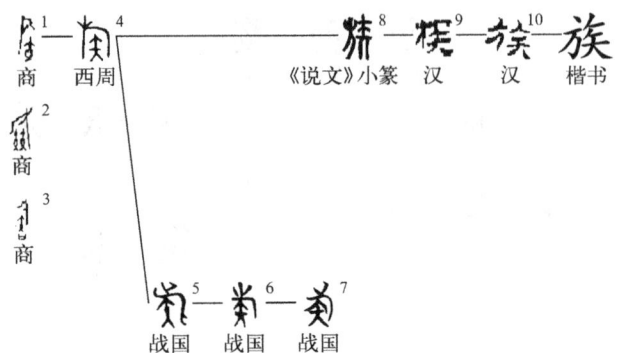

1、2、3《甲文编》291页。4、5《金文编》470页。6《类编》368页。7《楚系简帛》574页。8《说文》141页。9、10《篆隶表》457页。

会意字。甲骨文从㫃，从矢。有旗帜，有箭头，表示以旗帜招集军队之意。甲骨文或从两"矢"，像束矢之意。或又从矢，从口。甲骨文："己亥贞：令王族追召方，及于……"(《合集》33017)《说文》："族，矢锋也。束之族族也。从㫃，从矢。"《说文》训为"矢锋"的，本字当为"镞"字。而古文字中，"族"的造字本义实际上是"束之族族也"，即"簇"字，表示聚集、拼凑之义。"族"和"簇"是一对同源词。后多用为集团之义，如"宗族"、"家族"、"氏族"等。古代聚族而居，"族"本身就有聚集之义。或以为这种意义的"族"是"属"的假借字。古代有所谓"三族"、"九族"等说法，都是以自己为中心，范围越来越大的人际关系圈。因此"族"还可以作为行政单位使用。《周礼·地官·大司徒》："四闾为族。"郑玄注："闾二十五家，族百家。"而"灭族"之"族"，则又是引申用法了。还可以引申为"族类"、"族众"等义。又假借为"蔟"、"嗾"、"奏"、"凑"、"促"、"丛"等。(王志平)

冥部

冥 míng 明纽、耕部；明纽、青韵，莫经切。
míng 明纽、耕部；明纽、迥韵，母迥切。
mì 明纽、锡部；明纽、锡韵，莫狄切。

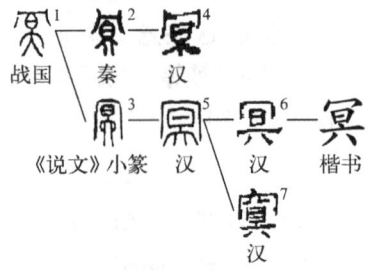

1《战文编》468页。2、4、6《篆隶表》457页。3《说文》141页。5《汉印徵》卷7，5页。7《篆隶表》458页。

会意兼形声字。《诅楚文》作"冥"，从日，从冖，从大，表示人头顶的太阳被覆盖之意，也就是"冥"。"冖"为明纽、锡部字，与"冥"古音接近，亦用为"冥"的声符。后来"大"讹变为"六"。《说文》："冥，幽也。从日，从六，冖声。日数十，十六日而月始亏幽也。"对于字形的解说也很穿凿。"冥"的本义是幽暗。《诅楚文》："拘圉其叔父，置诸冥室榛棺之中。"也指黑夜。《诗·小雅·斯干》："哙哙其正，哕哕其冥。"郑玄笺："冥，夜也。"也引申为幽深之义。也可指天空。《楚辞·九章·悲回风》："据青冥而揽虹兮，遂儵忽而扪天。"有时也指地下。《后汉书·冯衍传》："赍此恨而入冥。"李贤注："冥，谓地也。"后多用于"冥界"、"冥府"等。也引申为事理的幽深、隐微。《素问·征四失论》："窈窈冥冥，孰知其道。"注："冥冥，言玄远也。"也指称人的愚昧。《礼记·哀公问》："寡人憃愚冥烦，子志之心也。"郑玄注："冥烦者，言不能明理。"也指隐居，不为人知。也假借为"溟"。《庄子·逍遥游》："北冥有鱼。"指的是"北海"。又假借为"瞑"、"眠"、"梫"等。

(王志平)

晶部

晶 jīng 精纽、耕部；精纽、清韵，子盈切。

1《甲文编》292页。2《楚系简帛》575页。3《说文》141页。

象形字。初文作三星之形，表示群星灿烂之意，也即"曐"字。"晶"和"曐"本为一字分化。甲骨文："庚午卜：……大晶(晴)。"(《合集》29696)又："七日己巳夕向……有新大星(晴)并火。"(《合集》11503反)假借为"晴"字。《说文》："晶，精光也。从三日。"误以为像星之圆圈为"日",故分析为"从三日"。"晶"的本义是指星光,后引申为"明亮"、"闪耀"之义。又通假为"精"、"晟"等。(王志平)

曐(星) xīng 心纽、耕部;心纽、青韵、桑经切。

1、2《甲文编》293页。3《金文编》472页。4《古玺》171页。5《楚系简帛》575页。6、7《说文》141页。8、9《篆隶表》458页。

形声字。甲骨文作"㬍"。其中"品"像群星之形,从"生"得声。或省作"㫃"。甲骨文中"曐"多假借为"姓(晴)"字:"乙巳彭,明雨,伐?既雨。咸伐,亦雨?施卯鸟星(晴)。"(《合集》11497正)金文作"曐"。从晶,生声。战国文字或作"星"字。《说文》:"曐,万物之精,上为列星。从晶,生声。一曰象形。从口,古口复注中,故与日同。"所说的"一曰"云云,显然有误。所以"星"本指群星,后也指单独的星体。古代所说的"星",包括今天所说的"恒星"、"行星"、"流星"、"彗星"等等。后也引申指"小的斑点"等等。今简化为"星"。(王志平)

曑(参)
- shēn 心纽、侵部;生纽、侵韵、所今切。
- sān 心纽、侵部;心纽、谈韵、苏甘切。
- cān 清纽、侵部;清纽、覃韵、仓含切。
- cēn 初纽、侵部;初纽、侵韵、楚簪切。

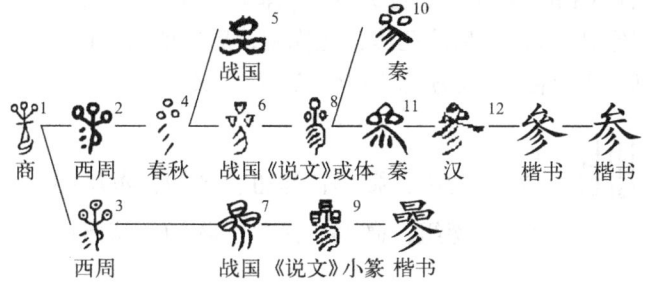

1、2《金文编》472页。3、4《金文编》473页。5《战文编》468页。6《古玺》171页。7《楚系简帛》575页。8、9《说文》141页。10、11《睡甲》105页。12《篆隶表》458页。

形声字。金文作"㬍",像一个跪着的人头顶三星之冠形,或即"簪"之本字。"簪"为精纽、侵部字,与"参"古音接近。或添加了"彡"旁,作为声符。"彡"为山纽、侵部字,与"参"古音相同。在金文中多假借为"三"字。盠方尊:"用司六师、王行、参(三)有司:司徒、司马、司空。"(《集成》11.6013)春秋金文或作"㬍",省略了"人"形。战国金文或从三"日",用为"参(三)军"之"参"。此皆音sān。战国古玺文字作"㬍",字形讹变为从勿,从㬍。《说文》:"曑,商星也。从晶,㐱声。㬍,曑或省。"所从字形略有讹变,后隶变为"参"。《说文》所训实际上是"动如参商"之"参"的本字,为星宿之名。此音为shēn。一般训为"参与"、"参互"、"混同"等义的"参"则音cān。如《庄子·在宥》:"吾与日月参光。"而"参差"之"参"则音cēn。又假借为"骖",如《史记·魏世家》:"韩康子为参乘。"一般称为"人参"的"参"其本字则为"薓"。而"参杂"的"参"则又为"穇"字的假借。此外,"参"又假借为"掺"、"糁"、"䅟"、"傪"、"岑"等。"曑"、"参"今皆简化为"参"。(王志平)

晨(晨) chén 禅纽、文部;禅纽、真韵、植邻切。

1《楚系简帛》1081页。2《古玺》171页。3、4《说文》141页。5《篆隶表》459页。

形声字。甲骨文作"㬍",从林,从辰。"辰"是"蜃"的初文。古代以"蜃"为镰,此字也即"农"字,甲骨文用为"晨昏"的"晨"字:"丙午卜,即贞:翌日丁未,丁褮岁,其有伐。"(《合集》22610)战国文字中多作"日"在"辰"下之形,"辰"为声旁,也用为"晨昏"之义。《说文》:"晨,房星,为民田时者。从晶,辰声。晨,晨或省。"所以"晨"字的本义就是指"房星"。《国语·周语上》:"农祥晨正。"韦昭注:"农祥,房星也。晨正,谓立春之日,晨中于午也。农事之候,故曰农祥。"按:韦注不确。"农祥"并非指"房星",而是"农事天象"的意思。又《国语·周语下》:"月之所在,辰马农祥也。"韦昭注:"辰马,谓房、心星也。心星所在,大辰之次为天驷,驷,马也,故曰辰马。言月在房,合于农祥。祥犹象也,房星晨正,而农事起,故谓之农祥。"所以"晨"或"辰"才是指"房星"。古代农事视天而动,以清晨时房星在正南方出现为立春,作为农事之始,故云"农祥晨正"。"晨"也作"辰"。《说文·辰部》:"辰,震也。三月阳气动,雷电振民农时也。……辰,房星、天时也。"又

"辱"字云："辰者，农之时也。故房星为辰，田候也。"也假借为"晨"。《说文·晨部》："晨，早昧爽也。从臼(jú)，从辰。辰，时也。辰亦声。""早晨"、"清晨"的"晨"字就是"晨"的假借字。也假借为"鷐"等。"晨"、"晨"等今一律简化为"晨"。(王志平)

疊（叠） dié 定纽、葉部；定纽、帖韵、徒协切。

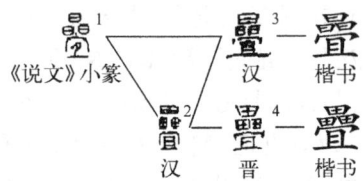

1《说文》141页。2《汉印徵》卷7，6页。3、4《篆隶表》459页。

会意字。《说文》："疊，扬雄说以为，古理官决罪三日，得其宜乃行之。从晶，从宜。亡新以为疊从三日太盛，改为三田。"此说不妥。《说文·夕部》"多"字下："重夕为多，重日为疊。"从古文字中看，"多"字本从重"肉"，而"宜"字本从"多"，"多"肉则得"宜"，故"疊"字从"宜"。王莽新朝作"疊"，改从"三日"为"三田"。"疊"的造字本义是重叠。也假借为"憺"、"慴"等。《诗·周颂·时迈》："莫不震疊。"毛传："疊，惧。"也假借为"垫"、"氎"等。今简化为"叠"。(王志平)

月 部

月 yuè 疑纽、月部；疑纽、月韵、鱼厥切。

1、3《甲文编》293页。2《金文编》475页。4《金文编》474页。5《类编》496页。6《汉语字形表》266页。7《楚系简帛》576页。8《说文》141页。9《睡甲》106页。10《银雀山》242页。11《篆隶表》459页。

象形字。初文像半月之形，表示"月亮"之意，有时与"夕"混同。金文等一脉相承，但是至小篆字形有讹变。甲骨文："三日乙酉夕，月有食。"(《合集》11485)是其本义。《说文》："月，阙也。太阴之精。象形。凡月之属皆从月。"以"阙"训"月"，犹存半月之意。《释名·释天》："月，阙也。满则阙也。"古人认为月是"太阴之精"，所以它也是妇人、女子的象征。由于月亮盈亏的周期为一月(朔望月)，所以人们把这种时间长度也称为"月"。《书·洪范》："二曰月。"孔颖达疏："从朔至晦，大月三十日，小月二十九日。"后引申为"光阴"之义。(王志平)

朔 shuò 心纽、铎部；生纽、觉韵、所角切。

1《金文编》476页。2《类编》497页。3《楚系简帛》580页。4《说文》141页。5《睡甲》106页。6《金文续编》154页。7《篆隶表》460页。

形声字。金文从月，屰声。侯马、温县盟书同之。公朱左官鼎："十一年十一月乙巳朔。"(《集成》5.2701)《温县盟书》9："乙未朔。"《说文》："朔，月一日，始苏也。从月，屰声。"《释名·释天》："朔，苏也。月死复苏生也。朔，月初之名也。"阴历每月的初一称为"朔"，这时月亮是看不见的。最初古人是以新月初现为一月之始，这还不是"朔"。天文观测进步后，人们通过观测日的视运动来计算"朔"，这才是科学意义上的一月之始。周代天子要向各个诸侯颁布来年十二个月的"朔日"，诸侯藏到祖庙里，每月朔日要用特羊告于祖庙，请求受而行之。因此"告朔"是一项很重要的礼仪。由于"朔"为一月之始，所以"朔"也引申出"初始"、"月旦"等义。又由于"朔日"是看不见的，因此"朔"也引申出"幽暗"之义。《书·尧典》："宅朔方，曰幽都。"孔传："北称朔。"后来把"北方"、"北风"等也称为"朔方"、"朔风"等等。(王志平)

朏 fěi 滂纽、微部；滂纽、尾韵、敷尾切。
pèi 滂纽、微部；滂纽、队韵、滂佩切。

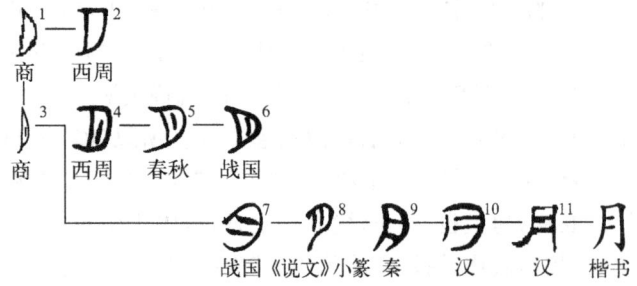

1《金文编》477页。2《说文》141页。

会意字。金文从"日"、"出"会意，吴方彝盖："宰朏佑作册吴。"(《集成》16.9898)用为人名。《说文》："朏，月未盛之明。从月、出。《周书》曰：丙午朏。"所以"朏"字的本义就是新月初现,上古大约是用"朏"作为每月之始的。《书·召诰》:"三月惟丙午朏。"孔传:"朏,明也。月三日明生之名。"历法进步以后,确定了"朔"为一月之始,这时就把每月的阴历初三称为"朏"了。(王志平)

霸

pò 滂纽、铎部;滂纽、陌韵、普伯切。
bà 帮纽、铎部;帮纽、祃韵、必驾切。

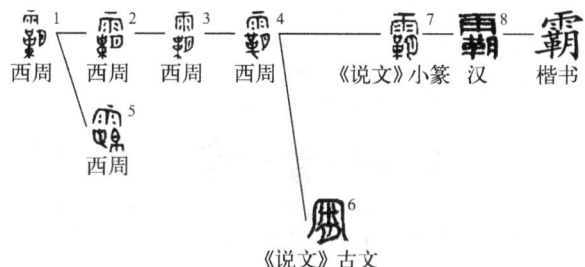

1、2、3《金文编》477页。4、5《金文编》478页。6、7《说文》141页。8《金文续编》154页。9《篆隶表》461页。

形声字。金文作"霸",从月,䨣声。或作"霸",添加"帛"字声符。作册夨令簋:"唯九月既死霸。"(《集成》8.4300)《说文》:"霸,月始生霸然也。承大月二日,承小月三日。从月,䨣声。《周书》曰:哉生霸。魄,古文霸。""䨣"字《说文》分析为"雨濡革也。从雨,从革。读若膊。""霸"是一种月相,金文中常有"既生霸"、"既死霸"的记载,此字经典中也通作"魄"。"既生霸"是说"月魄已生","既死霸"是说"月魄已死"。至于此月相准确的日期,学者之间有不同意见。凡此诸义皆读为pò。也假借为"伯"。《白虎通·号》:"霸者,伯也。行方伯之职,会诸侯,朝天子,不失人臣之义。故圣人与之,非明王之张法。霸犹迫也,把也。迫胁诸侯,把持其政。"徐铉注:"今俗作必驾切,以为霸王字。"段玉裁注:"俗用为王霸字,实伯之假借字也。"今读为bà。(王志平)

朗

lǎng 来纽、阳部;来纽、荡韵、卢党切。

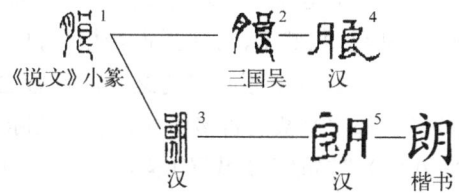

1《说文》141页。2、4、5《篆隶表》462页。3《汉印徵》卷7,6页。

形声字。《说文》:"朗,明也。从月,良声。""清风朗月"用的就是本义。《诗·大雅·既醉》:"高朗令终。"毛传:"朗,明也。"又引申出"高"、"长"之义。(王志平)

朓²

tiāo 透纽、宵部;透纽、萧韵、土彫切。
tiǎo 透纽、宵部;透纽、篠韵、土了切。

朓 — 朓
《说文》小篆 楷书

1《说文》141页。

形声字。《说文》:"朓,晦而月见西方,谓之朓。从月,兆声。"《汉书·五行志下》:"晦而月见西方谓之朓,朔而月见东方谓之仄慝。"颜师古注:"孟康曰:朓者,月行疾,在日前,故早见。仄慝者,行迟,在日后,当没而更见。""晦"是每月的最后一天,本来月亮也不应当出现的。但是这时"月见西方",人们就称之为"朓","朓"是指异变之兆。"仄慝"《尚书大传·洪范传》作"侧匿",《说文》"朒"字下作"缩朒"。东汉服虔以为"日晦食为朓",实非。日食应当发生在"朔",却发生在"晦",这实际上是历朔有误的结果,致使所看的天象失常。(王志平)

期

qī 群纽、之部;群纽、之韵、渠之切。
jī 见纽、之部;见纽、之韵、巨之切。

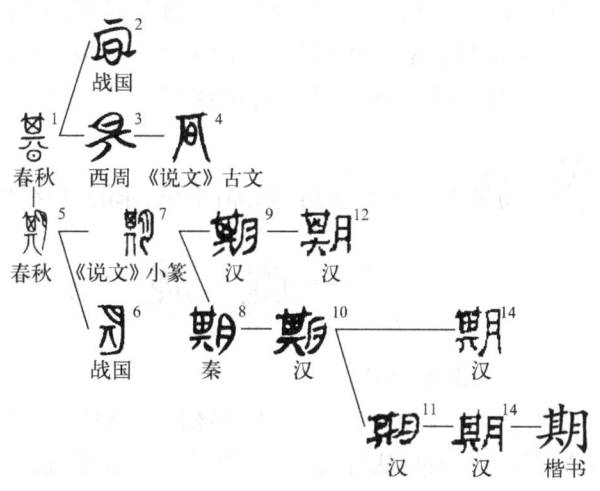

1、5《金文编》479页。2《楚系简帛》581页。3《楚系简帛》583页。4、7《说文》141页。6《古玺》172页。8《睡甲》106页。9、10《银雀山》243页。11—14《篆隶表》462页。

形声字。金文从日,其声。战国文字演变为从日,丌(几)声或开声。金文又或从月,其声。它们都是指"时期"的"期",也通做"朞"字。沇儿钟:"眉寿无期。"(《集成》1.203)《说文》:"期,会也。从月,其声。"段玉裁注:"会者,合也。期者,要约之意,所以为会合也。"《诗·鄘风·桑中》:"期我乎桑中,要我乎上宫。"就是用的此义。引申为"约定"、"契约"、"期待"、"期望"、"必定"、"目的"等义。此义读为 qī。而"周期"的"期"与"期会"之"期"实际上是同源关系,因为其规律是一定的,因而称之为"期",表示"会合"之意。所以满一年、一月、一日、一昼夜等都可以称为"期"。此字即《说文》训为"复其时也"的"稘"字,读为 jī。《说文》所引《虞书》"稘三百有六旬",今本《书·虞书·尧典》作"期三百有六旬有六日",后泛指"百年"、"时间"、"期限"等义。又假借为"其"、"綦"、"羁"等。(王志平)

朦

méng 明纽、东部;明纽、东韵、莫红切。

měng 明纽、东部;明纽、董韵、莫孔切。

朦 — 朦
《说文》新附 楷书

1《说文》141页。

形声字。《说文》所无,为徐铉所增新附字。《说文》云:"朦,月朦胧也。从月,蒙声。""蒙"有"模糊不清"之意,所以"朦"与"蒙"是一对同源词。《类篇》:"朦,朦胧,月将入也。"这是指月亮为云所掩,故朦胧不清。又有一个"朦"(肉旁)字,《方言》卷二云:"自关而西,秦晋之间,凡大貌谓之朦。"此"朦"字实际上从"肉"旁,隶定后"月"、"肉"二字混同了,才成为同形字的。(王志平)

朧(胧)

lóng 来纽、东部;来纽、东韵、卢红切。

朧 — 朧 — 胧
《说文》新附 楷书 楷书

1《说文》141页。

形声字。《说文》所无,为徐铉所增新附字。《说文》:"朧,朦朧也。从月,龍声。""朧"一般指"朦朧"(参见"朦"字条)。又有"曈朧",就是指月出前昏暗的样子。"朧"今简化为"胧"。(王志平)

有 部

有

yǒu 匣纽、之部;云纽、有韵、云九切。

yòu 匣纽、之部;云纽、宥韵、尤救切。

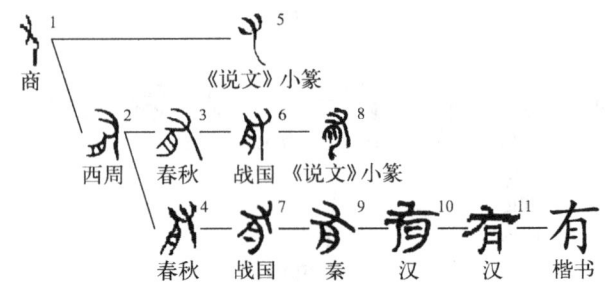

1《甲文编》294页。2《金文编》479页。3、6《金文编》480页。4《类编》61页。5《汉语字形表》267页。7《楚系简帛》584页。8《说文》141页。9《睡甲》106页。10《银雀山》243页。11《篆隶表》462页。

形声字。甲骨文作"又",假借为"有"。甲骨文:"丁酉,余卜:今八月又事。"(《合集》21586)金文从肉,又声,假借为"有"。战国文字通作"有",或作"又"。至小篆讹变为从月,又声。瘐钟:"匍有四方。"(《集成》1.251)《说文》:"有,不宜有也。《春秋传》曰:日月有食之。从月,又声。"段玉裁注:"谓本是不当有而有之称,引申遂为凡有之称。"由"有无"之"有"引申出"占有"、"保有"、"富有"、"专有"、"识有"等义。还假借为"或"、"域"等。(王志平)

彧

yù 影纽、之部;影纽、屋韵、於六切。

彧 — 彧 — 彧
《说文》小篆 汉 楷书

1《说文》141页。2《篆隶表》463页。

形声字。《说文》:"彧,有文章也。从有,或声。""或"字从彡,或声,实际上是"彧"字的初文,"彡"实为下垂的头发。"彧"为见纽、职部字,与"彧"古音相近,故可用为声符。段玉裁注:"彧,古多假或字为之。或者,彧之隶变。今本《论语》'郁郁乎文哉',古多作'或或'。"实际上"彧"就是《论语·八佾》"郁郁乎文哉"的本字。(王志平)

明 部

朙（明）

míng　明纽、阳部；明纽、庚韵、武兵切。
méng　明纽、阳部；明纽、敬韵、莫更切。

1、8《甲文编》295、296页。2、3、9《金文编》480页。4、12《说文》141页。5、7《篆隶表》463页。6《金文续编》155页。10《汉语字形表》268页。11《楚系简帛》584页。13《篆隶表》464页。

会意字。初文从日，从月或囧。日月为明，故从"日"。而"囧"是窗户的意思(参见"囧"字条)，月亮照到窗户，当然就是"朙"了。甲骨文："戊戌卜，贞：丁目不丧明？"(《合集》21037)这是卜问"丁"日不会失明吗？《说文》："朙，照也。从月，从囧。凡朙之属皆从朙。"而"明"是"朙"的异体字，但是却是来历很早的字形。"明"的造字本义是"光照"，有光为"明"，无光为"暗"，所以"明"与"暗"是一对反义词。后由"光明"之义引申出"明亮"、"明显"、"明晰"、"明白"、"清明"等义，后来"明"也可以指视力或者智力"明辨"、"明智"、"圣明"等等。至于"明"较为常见的"明日"之义则是天色之"明"转为时光之"明"，指称已经有所不同。此外，"明"还可以通假为"盟"、"萌"、"孟"、"猛"、"望"等，它们的读音都比较相近。（王志平）

囧 部

jiǒng　见纽、耕部；见纽、耕韵、俱永切。

1《金文编》481页。2《甲文编》296页。3《汉语字形表》268页。4《说文》142页。5《汉印徵》卷7，7页。

象形字。商代金文作"囧"，甲骨文作"囧"，均像窗牖透光之形。而战国金文作"囧"，与《说文》字形相同。甲骨文用为地名："戊寅卜，宾贞：王往以众，黍于囧。"(《合集》10)《说文》："囧，窗牖丽廔闿明。象形。凡囧之属皆从囧。读若犷。贾侍中说读与明同。"也假借为"炯"。"囧"今一般写作"冏"。（王志平）

盟

méng　明纽、阳部；明纽、庚韵、武兵切。
míng　明纽、阳部；明纽、庚韵、武兵切。
měng　明纽、阳部；明纽、梗韵、武永切。
mèng　明纽、阳部；明纽、映韵、莫更切。

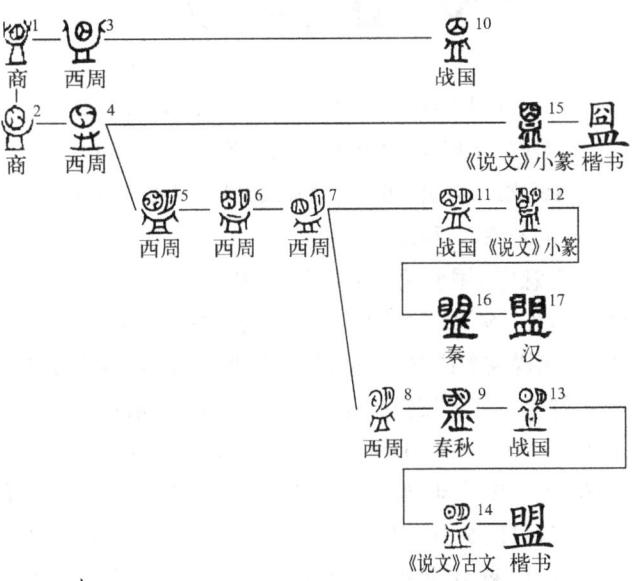

1、2《甲文编》296页。3-8《金文编》481页。9、11《类编》316页。10《古文典》725页。12、14、15《说文》142页。13《汉语字形表》269页。16《睡甲》106页。17《篆隶表》464页。

形声字。甲骨文从囧，皿声。"囧"即像窗牖透光之形的"囧"字。甲骨文多用为"盟誓"之"盟"："甲辰贞：其大御王父丁？……盟用白豕九……"(《合集》32330)金文后来又添加了"月"旁，与"朙"字无别，殆用为声旁。而战国文字则径用"明"字为声旁。至小篆又讹"皿"为"血"。《说文》："盟，《周礼》曰：国有疑则盟。诸侯再相与会，十二岁一盟，北面诏天之司慎、司命。盟，杀牲歃血，朱盘玉敦，以立牛耳。从囧，从血。盟，篆文从朙。盟，古文从明。"由于盟誓时也需取血盛于玉敦(音duì，一种青铜容器)，以血为盟书，盟誓完成后歃血读书。所以《说文》讹变为从"血"也是有情可原的。《周礼·春官·诅祝》：

"掌盟诅。"郑玄注:"盟诅主于要誓。大事曰盟,小事曰诅。"《释名·释言语》:"盟,明也。告其事于神明也。"也通假为"明"、"孟"等等。(王志平)

夕部

夕 xī 邪纽、铎部;邪纽、昔韵、祥易切。

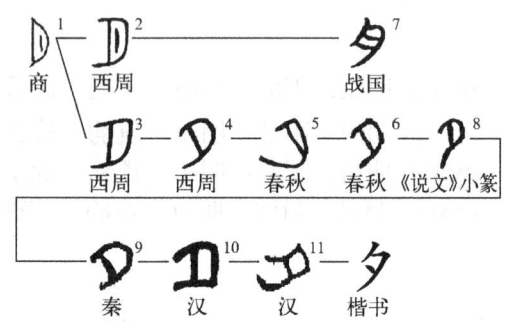

1《甲文编》297页。2-5《金文编》482页。6《汉语字形表》269页。7《楚系简帛》585页。8《说文》142页。9、11《篆隶表》464页。10《汉印徵》卷7,7页。

会意字。甲骨文、金文作"☽"或"☽",像月出之形。金文多作"夕"。"夕"与"月"本为一字,后来才分化为两字。《说文》:"夕,莫也。从月半见。"所以"夕"的造字本义就是"暮夜"之意。甲骨文:"戊戌卜,永贞:今日其夕风?"(《合集》13338)又:"贞:今夕其雨疾。"(《合集》12670)也引申为动词,指夜晚祭月。《国语·周语上》:"于是乎有朝日、夕月,以教民事君。"韦昭注:"礼:天子以春分朝日,以秋分夕月。拜日于东门之外,然则夕月在西门之外必矣。"后泛指时间。《诗·小雅·白驹》:"絷之维之,以永今夕。"毛传:"夕犹朝也。"也假借为"汐"。《荀子·礼论》:"月夕卜宅。"杨倞注:"月夕,月末也。"还假借为"昔"等。(王志平)

夜 yè 喻纽、铎部;以纽、祃韵、羊谢切。

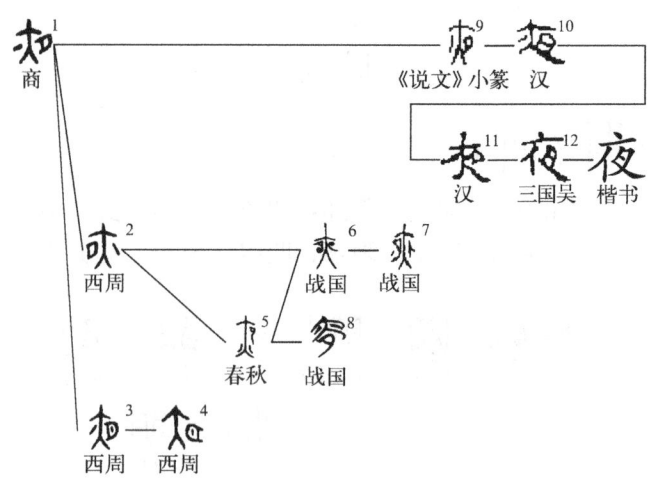

1《金文编》卷7,482页。2-6《金文编》483页。7《古玺》174页。8《楚系简帛》586页。9《说文》142页。10、11、12《篆隶表》464页。

形声字。金文作"",从夕,亦省声。或从"月"作""。春秋金文或作"",从"亦"不省,战国楚文字或从"夕"在"亦"下之形。《说文》:"夜,舍也。天下休舍也。从夕,亦省声。"段玉裁注:"休舍,犹休息也。舍,止也。""舍"古音是书纽、鱼部字,与"夜"声音相近。故许慎声训如此。日出为"昼",月出为"夜"。效尊:"效不敢不迈(万)年夙夜奔走扬公休。"(《集成》11.6009)有时特指鸡鸣时刻。《周礼·春官·鸡人》:"大祭祀,夜嘑旦,以嘂百官。"郑玄注:"夜,夜漏未尽,鸡鸣时也。呼旦以警起百官,使夙兴。"引申为"暗昧"之义。《管子·侈靡》:"大昏也,博夜也。"注:"夜,暗昧之行也。"又假借为"液"、"掖"、"射"等。(王志平)

夢(梦)

méng 明纽、蒸部;明纽、东韵、莫中切。

mèng 明纽、蒸部;明纽、送韵、莫凤切。

商 战国《说文》小篆 汉 晋 楷书 楷书

1《甲文编》328页。2《汉语字形表》270页。3《说文》142页。4《篆隶表》464页。5《篆隶表》465页。

形声字。甲骨文作"",从"爿",从"",""实为《说文》训为"寐而有觉也"的"寱"字。古书多假借"夢"字为之。此音 méng。甲骨文:"贞:王夢疾齿,惟……"(《合集》17385正)楚帛书作"夢",从夕,瞢省声。《说文》:"夢,不明也。从夕,瞢省声。"《楚帛书》:"夢夢墨墨。"指黑暗

不明,用其本义。此音 mèng。后引申为昏乱、蒙昧之义。也通假为"瞢"、"蒙"、"鄳"等。今简化为"梦"。(王志平)

夗 yuàn 影纽、元部;影纽、阮韵、於阮切。

1《合集》1824。2《集成》9.4469。3《古文典》973页。4《说文》142页。

会意字。甲骨文作"夗",金文作"夗",并像弯腰低头之形,会弯曲、屈伏之意。小篆字形略有讹变。《说文》:"夗,转卧也。从夕,从卪。卧有卪也。"段玉裁注:"凡夗声、宛声字,皆取弯曲意。卪,节,古今字。"金文读为"怨恨"之"怨"。塑盨:"廼作余一人夗(怨)。"(《集成》9.4469)《包山楚简》122:"夗执场赒。"《方言》卷五:"簿谓之蔽,或谓之箘。秦晋之间谓之簿。吴楚之间或谓之蔽,或谓之箘里,或谓之簿毒,或谓之夗专。"郭璞注:"专音转。""夗专"是指一种双陆的博棋。也通"宛转"。(王志平)

夤 yín 喻纽、真部;以纽、真韵、翼真切。

1《金文编》483页。2《汉语字形表》270页。3、4《说文》142页。5《汉印徵》卷7,7页。6《篆隶表》465页。

形声字。春秋金文作"夤",从夕,寅声。《说文》:"夤,敬惕也。从夕,寅声。《易》曰:夕惕,若夤(夤,今本作'厉')。"《说文》所引《易》为《乾·九三》爻辞。秦公簋:"严恭夤天命。"(《集成》8.4315)又假借为"峻"、"延"、"㒳"、"胂"等。(王志平)

姓 qíng 从纽、耕部;从纽、清韵、疾盈切。

1《说文》142页。

形声字。《说文》:"姓,雨而夜除星见也。从夕,生声。"徐铉注:"今俗别作晴,非是。"段玉裁注:"《卫风》:'星言夙驾。'《韩诗》曰:'星者,精也。'按:星者,今晴字。《史记》'天精而见景星',《汉书》作'天晴'。古姓、晴、精,皆今之晴。而《诗》作星。《韩非子》曰:'荆伐陈,吴救之。军间三十里,雨十日,夜星。''夜星'即'夜姓'也。姓、星叠韵。"(王志平)

外 wài 疑纽、月部;疑纽、泰韵、五会切。

1《合集》34189。2、4《金文编》483、484页。3《汉语字形表》270页。5《古玺》175页。6、7《说文》142页。8、9《睡甲》107页。10《银雀山》247页。11、12、14、15《篆隶表》465页。13《汉印徵》卷7,7页。

形声字。甲骨文作"卜",字形同"卜"字,实为"外"字省形。金文作"夕卜",从卜,月声。"月"亦为疑纽、月部字,与"外"同音,故可用为声符。后演变为从卜,从夕。甲骨文:"外有咎,在兹,内有不若。"(《京》3488)毛公鼎:"出入尃命于外。"(《集成》5.2841)《说文》:"外,远也。卜尚平旦,今夕卜于事,外矣。""外,古文外。"本义就是与"内"相对。毛公鼎:"命汝乂我邦、我家内外。"(《集成》5.2841)后由空间的远引申为时间的远。《荀子·非相》:"五帝之外,无传人。"杨倞注:"外,谓已前。"也用于指称亲属关系的远近尊卑。《礼记·儒行》:"儒有内称不辟亲,外举不辟怨。"从血缘关系来说,由于女方亲属相对男方较为疏远,故往往称女方亲属为"外"。如"外戚"、"外姑"等。由亲属关系的远近又引申为疏远、遗弃之义。《荀子·王霸》:"人主则外贤而偏举。"杨倞注:"外贤,疏贤也。"《庄子·大宗师》:"参日而后能外天下。"郭象注:"外,犹遗也。"此外,也引申为威仪、言行等外在的仪容。《易·文言》:"君子敬以直内,义以方外。"(王志平)

夙(夙) sù 心纽、觉部;心纽、屋韵、息逐切。

1、13《甲文编》298页。2、3、4、7《金文编》484页。5、6、8《金文编》485页。9、14、15《说文》142页。10《睡甲》107页。11《汉印徵补遗》卷7，2页。12《篆隶表》466页。

会意字。甲骨文作"䙴"，从月，从廾，像人两手捧月之形，表示敬拜之意。金文从月或从夕，从廾。西周金文或作"䙴"，"廾"字下面也演变为从"女"之形。睡虎地秦简"廾"省为"凡"，下从"月"。后演变为从"夕"之"夙"。《说文》："夙，早敬也。从廾，持事虽夕不休，早敬者也。㑗，古文夙，从人，囟。㑗，亦古文夙。从人，西。宿从此。"徐铉注："今俗书作夙，讹。""夙"字的本义是"早敬"，但是常常特指"早"。甲骨文："癸卯贞：丁未诞朕示，其夙。"（《屯》1115）追簋："追虔夙夕恤厥死事。"（《集成》8.4219）《诗·召南·采蘩》："被之僮僮，夙夜在公。"毛传："夙，早也。"后来也引申为"早先"、"旧"，如"夙愿"。也常通假为"肃"。至于《说文》所引的两个古文，从"人"，从《说文》训为"舌貌"……一曰竹上皮"的"囟"，实际上是"宿"字的会意初文，古代常假借为"夙"。"宿"字早见于甲骨文，作"㑗"，从人，从㐭。"㐭"即"簟"字初文，后来讹变为"竹上皮"的"囟"字。（王志平）

多 部

多 duō 端纽、歌部；端纽、歌韵、得何切。

1《甲文编》299页。2、3、9《金文编》485页。4《汉语字形表》271页。5《古玺》175页。

6、11《说文》142页。7《睡甲》107页。8《银雀山》248页。10《楚系简帛》587页。

会意字。甲骨文作"㚘"，从重"肉"之形，与"夕"有别。古代祭祀后要分胙肉，两块肉者为"多"。金文则作"㚘"，亦重二"肉"。金文中"肉"、"夕"字形相近，故易混淆。《说文》："多，重也。从重夕。夕者，相绎也，故为多。重夕为多，重日为叠。凡多之属皆从多。㚘，古文多。"所从字形已经讹变。造字本义是重复、众多。甲骨文："贞：生一月不其多雨？"（《合集》12501）《诗·周颂·访落》："未堪家多难。"郑玄笺："多，众也。"引申为深厚。《汉书·赵广汉传》："亭长戏曰：至府为我多谢问赵君。"颜师古注："多，厚也。"也引申为重视。《汉书·灌夫传》："士亦以此多之。"颜师古注："多犹重之。"又引申为欣赏。《吕氏春秋·谨听》："听者自多而不得。"高诱注："自多，自贤也。"也引申为军功。《周礼·夏官·司勋》："治功曰力，战功曰多。"也假借为"祇"、"耆"等。（王志平）

夥 huǒ 晓纽、歌部；晓纽、果韵、乎果切。

1《说文》142页。

形声字。《说文》："夥，齐谓多为夥。从多，果声。"通作"夥"。《方言》卷一："齐宋之间，凡物盛多谓之寇，齐宋之郊，楚魏之际曰夥。"《史记·陈涉世家》："入宫见殿屋、帷帐，客曰：'夥颐！涉之为王沉沉者。'楚人谓多为夥，故天下传之。"司马贞索隐："服虔云：楚人谓多为夥。又言颐者，助声之辞也。谓涉为王，宫殿帷帐，其物夥多。惊而伟之，故称'夥颐'也。"作同伴、集体等义时可简化为"伙"。（王志平）

毌 部

毌 guàn 见纽、元部；见纽、换韵、古玩切。

1《集成》5.2826。2《古文典》1000页。3《说文》142页。

象形字。春秋金文作"毌"，像穿贝之形，为"钱贝"之"贯"的本字。也是"贯穿"之"贯"的本字。战国文字简省为"冊"。《说文》:"冊,穿物持之也。从一横贯,象宝货之形。凡冊之属皆从冊。读若冠。"金文用为"贯通"之义。晋姜鼎:"俾冊(贯)通,弘征繁汤(阳)。"(《集成》5.2826)(王志平)

貫(贯) guàn 见纽、元部;见纽、换韵、古玩切。

1《集成》5.2785。2《古文典》1000页。3《说文》142页。4、5《篆隶表》466页。

形声字。金文作"",像穿贝之形,为"钱贝"之贯的本字。战国文字字形已演变为从贝,冊声。《说文》:"贯,钱贝之贯。从冊、贝。"按:《说文》分析有误,当从"冊"声。金文中方鼎用为"钱贝"之"贯":"今兄(贶)贯女(汝),禑土作乃采。"(《集成》5.2785)后来也指钱串子。《汉书·食货志上》:"京师之钱,累百钜万,贯朽而不可校。"后以千钱为一贯。由"钱贯"之"贯"又引申出"积累"之义。《楚辞·离骚》:"贯薜荔之落蕊。"王逸注:"贯,累也。"又引申为"统一"之义。《论语·里仁》:"吾道一以贯之。"又引申为"条理"、"隶属"等,如"条贯"、"籍贯"、"贯穿"、"贯通"等义都是"冊"字的假借。《左传·成公二年》:"矢贯余手及肘。"也引申为"通过"、"经过"之义。《淮南子·时则》:"贯大人之国。"高诱注:"贯,通也。"又引申为"贯彻"、"实行"之义。《后汉书·东平宪王苍传》:"奉承贯行。"李贤注:"贯行,谓一皆遵奉也。"也假借为"摜"、"惯"、"遦",指"习惯"之义。《孟子·滕文公下》:"我不贯与小人乘。"又引申为"事务"等义。《论语·先进》:"仍旧贯。"也用作动词,为"事奉"、"养活"等义。《诗·魏风·硕鼠》:"三岁贯女,莫我肯顾。"毛传:"贯,事也。"也假借为"弯",表示"弯弓"之义。又假借为"卝",表示"结发"之义。"贯"今简化为"贯"。(王志平)

虜(虏) lǔ 来纽、鱼部;来纽、姥韵、郎古切。

1《楚系简帛》587页。2《说文》142页。3《银雀山》248页。4《篆隶表》466页。

形声字。战国文字从虍,从冊,从力。上面的""(虍)像虎头之形。《说文》:"虏,获也。从冊,从力,虍声。""冊"是甲盾之义,所以"虏"字的本义就是指战俘。《包山楚简》19:"娄剩虏。""虏"用为人名。《诗·大雅·常武》:"仍执丑虏。"毛传:"虏,服也。"《礼记·曲礼上》:"献民虏者操右袂。"郑玄注:"民虏,军所获也。"也引申为"仇敌"之义,如"敌虏"。由于古代战俘常被用作奴隶,故"虏"也引申奴隶。《史记·李斯列传》:"严家无格虏者,何也?"司马贞索隐:"虏,奴隶也。"后也指蛮族。《后汉书·李膺传》:"羌虏及疏勒、龟兹。"常假借为"卤",表示"掳掠"之义。《史记·韩长孺传》:"匈奴虏略千余人及畜产而去。"今简化为"虏"字。(王志平)

马 部

马 hàn 匣纽、谈部;匣纽、感韵、胡感切。
hán 匣纽、谈部;匣纽、覃韵、胡男切。

1《古文典》1401页。2《说文》142页。

象形字。字形像草木开花,含苞未放之形。《说文》:"马,嘾也。艸木之华未发函然。象形。凡马之属皆从马。读若含。"《仰天湖楚简》7"马"读为"检"。(王志平)

圅(函) hán 匣纽、谈部;匣纽、覃韵、胡南切。

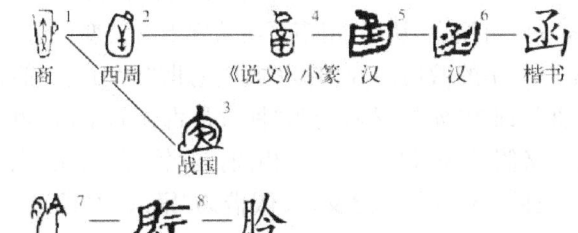

1《甲文编》300页。2《金文编》486页。3《楚系简帛》587页。4、7《说文》142页。5、6、8《篆隶表》467页。

象形字。甲骨文作"",金文作"",像矢函(俗称箭壶或箭囊)之形。殷墟甲骨文:"[马口]两,车二辆,橹八十三,函五十,矢……"(《合集》36481正)所用正为本义。《墨子·非儒下》:"君子胜不逐奔,揜函弗射。""揜函"就是盖上箭壶盖儿的意思。《说文》:"圅,舌也。象形。舌体马马。从马,马亦声。肣,俗圅从肉、今。"所从字形已有讹变。其义训实际上是"顄"的假借字,俗作"肣"。

后来也泛指盛放器物的盒匣为"函"。《战国策·燕策三》："乃遂收盛樊於期之首，函封之。"书信也可以封于"函"中，所以后来把纸做的信封也称为"信函"。"函"古代也可以指"铠甲"。《孟子·公孙丑上》："矢人岂不仁于函人哉？"注："函，甲也。""函人"是指作"铠甲"的匠人。金文中常假借为"陷"。毛公鼎："欲汝弗以乃辟函（陷）于艰。"（《集成》5.2841）也假借为"含"。《诗·周颂·载芟》："实函斯活。"郑玄笺："函，含也。"后引申为"包含"、"涵盖"等义。今简化为"函"。（王志平）

甬 yǒng 喻纽、东部；以纽、肿韵、余陇切。

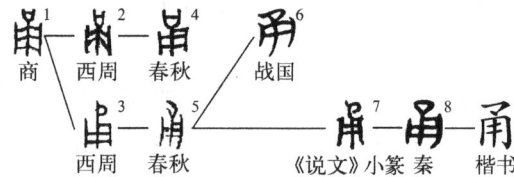

1、2《金文编》1198页。3《金文编》486页。4《金文编》487页。5《汉语字形表》271页。6《楚系简帛》588页。7《说文》142页。8《睡甲》107页。

象形字。商末金文作"甬"，像有甬可悬之甬钟之形。西周金文作"甬"，字形一脉相承。又作"甬"，下部演变为从"用"得声。《周礼·考工记·凫氏》："舞上谓之甬，甬上谓之衡。"郑玄注："此二名者，钟柄也。""甬"就是悬挂钟的钟鼻，这种钟也称为"甬钟"。旨赏钟："旨赏公丮𢻻之甬钟。"（《集成》1.19）是其本义。《说文》："甬，艸木华甬甬然也。从𠃆，用声。"所从字形有讹变，其义训也是"涌"字的假借。又假借为"用"，意即"使用"。也假借为"庸"，训为"常"。又假借为"桶"，是古代的量器，也即"斛"。又假借为"筩"，与"筒"相同，为"竹管"之义。也假借为"佣"，为"雇佣"之义。又假借为"踊"，如"甬道"之"甬"。（王志平）

柬 部

柬 hàn 匣纽、谈部；匣纽、感韵、胡感切。

1《甲文编》776页。2、3《金文编》1291、487页。4《说文》142页。

象形字。甲骨文作"柬"，像木上有物缠束之形。"柬"的本义应为"缠束"、"包裹"等义。金文作"柬"，改为上下包束之形。战国文字作"柬"，字形略有讹变。后演变为《说文》小篆之形。《说文》："柬，木垂华实。从木，马。马亦声。"字形字义解说并有错误。在甲骨文中用为"韢"的省体。甲骨文："西方曰柬（韦），风曰彝（夷）。"（《合集》14294）（王志平）

韢 wéi 匣纽、微部；云纽、微韵、于非切。

1、2《甲文编》641页。3《金文编》1291页。4《说文》143页。

形声字。甲骨文作"韢"，表示"纬束"之义，故从"韦"声。金文作"韢"，左旁改为上下包束之形。在甲骨文中用为西方风名。《说文》："韢，束也。从柬，韋声。"甲骨文："韢（韦）风叀豚又大雨。"（《合集》30393）（王志平）

卣 部

卣 tiáo 定纽、幽部；定纽、萧韵、徒辽切。

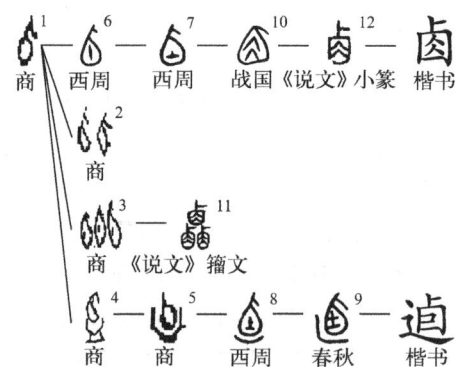

1、4、5《甲文编》301页。2、3《甲文编》302页。6、7《金文编》486页。8《金文编》319页。9、10《类编》179页。11、12《说文》143页。

象形字。甲骨文作"卣"，或从"皿"作"卣"。实际上这是"卣"字的象形初文，"卣"是商周时期常见的酒器之一。"卣"为余纽（喻纽四等）、幽部字，"喻纽四等"字与"定纽"古音非常接近，故古音可以通假。甲骨文或从二"卣"作"卣"，或从三"卣"作"卣"。金文作"卣"，或作"卣"。甲骨文："其祼新鬯，二爵一卣于……"（《合集》

30973)大盂鼎:"錫汝鬯一卣。"(《集成》5.2837)战国陶文作"⟨图⟩",字形有所讹变,但与《说文》小篆相似。《说文》:"卤,草木实垂卤卤然。象形。凡卤之属皆从卤。读若调。⟨图⟩,籀文三卤为卤。"由于字形讹变,其所作说解也就难免错误了。(王志平)

栗

lì　来纽、质部;来纽、质韵、力质切。

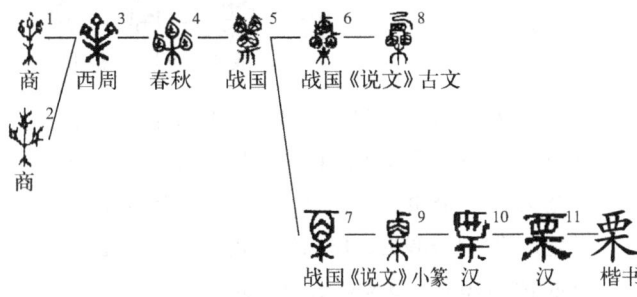

1、2《甲文编》302页。3、6《汉语字形表》272页。4《类编》286页。5《楚系简帛》588页。7《古玺》175页。8、9《说文》143页。10、11《篆隶表》467页。

象形字。甲骨文作"⟨图⟩",像栗树结果之形。金文作"⟨图⟩"。石鼓文从"木",从三"⟨图⟩",与战国楚文字和三体石经古文字形接近。战国古玺文作"⟨图⟩",与《说文》相似。《说文》:"栗,木也。从木,其实下垂。故从卤。⟨图⟩,古文栗。从西,从二卤。徐巡说木至西方战栗。"所以"栗"的本义就是指"栗树",其果实即今之"栗子"。甲骨文用为地名:"庚辰……贞:王……比栗。"(《合集》36745)《诗·鄘风·定之方中》:"树之榛栗。"也引申为"成果"、"结果"之义。《诗·大雅·生民》:"实颖实栗。"又假借为"慄"。《论语·八佾》:"使民战栗。"也假借为"溧"。《诗·豳风·七月》:"二之日栗烈。"又假借为"瑮"、"历"、"律"、"裂"等。(王志平)

粟

sù　心纽、屋部;心纽、烛韵、相玉切。

1《甲文编》302页。2、3《古玺》175页。4、5《说文》143页。6《睡乙》134页。7、8《篆隶表》468页。

象形字。甲骨文作"⟨图⟩",本像粟实下垂之形。《说文》:"粟,嘉谷实也。从卤,从米。孔子曰:粟之为言续也。⟨图⟩,籀文粟。"字形已有讹变。战国古玺或从"禾"作"⟨图⟩"。秦汉古隶作"粟"作"粟",至汉隶中进一步讹变为从"西",从"米"或"禾"。清段玉裁《说文解字注》:"'禾'下曰'嘉谷'也;'黍'下曰'禾属而黏者'也,然则'嘉谷'谓禾黍也。……嘉谷之实曰粟,粟之皮曰穅,中曰米。"甲骨文:"丙子卜:其登粟于宗?"(《合集》30306)《礼记·曲礼上》:"献粟者执右契。"《淮南子·本经》:"昔者苍颉作书,而天雨粟,鬼夜哭。"古今"粟"义有别。古代的"粟"为黍稷粱秫之总称,凡有壳者皆可称"粟"。《论衡·量知》:"谷之始熟曰粟。舂之于臼,簸其粃糠,蒸之于甑,爨之以火,成熟为饭。"今但指谷子,去壳后谓之"小米"。古代以粟米等代俸禄,故"粟"又指俸禄。又假借为"媟",表示"拘谨"、"局促"之义。(王志平)

齊部

齊(齐)

qí　从纽、脂部;从纽、齐韵、徂奚切。
jī　从纽、脂部;从纽、霁韵、在诣切。
zī　精纽、脂部;精纽、支韵、津私切。
zhāi　庄纽、脂部;庄纽、佳韵、庄皆切。

1、3《甲文编》302页。2、4、5、7、8、9《金文编》487页。6《甲文编》303页。10、11、14《金文编》488页。12《汉语字形表》273页。13《楚系简帛》588页。15《金文续编》157页。16

《说文》143页。17、18、19《篆隶表》468页。

象形字。甲骨文作"𠦃",金文作"𠧧",均像谷穗上端齐平之形。甲骨文又或作"𠦃",金文或作"𠦃",均像谷穗上端之形,但略有高下错落。金文中的"齐"多数用为国名。战国金文或下从二横作"𠧧",或下部连为一体作"𠧧"。小篆作"齊"。《说文》:"齊,禾、麦吐穗上平也。象形。"徐锴系传:"生而齐者,莫若禾、麦也。二,地也。两傍在低处也。"所以"齐"的造字本义就是谷穗整齐。后来泛指整齐。甲骨文用为地名:"癸丑王卜,贞:旬亡祸,在齐次。"(《合集》36821)《礼记·大学》:"欲治其国者,先齐其家。"齐,理也。也引申为"等同"之义。《淮南子·精神》:"齐死生。"高诱注:"齐,等也。"又引申为"全部"之义。《荀子·王霸》:"四者齐也。"杨倞注:"齐谓无所阙也。"也假借为"斋"字。如者㓝钟:"齐(斋)休祝盟。"(《集成》1.125)由此引申出"庄严"、"肃穆"等义。又通假为"脐"。《左传·庄公六年》:"后君噬齐。"杜预注:"若啮腹齐,喻不可及。"由此引申出"中央"、"中正"、"中和"等义。也假借为"霁"。《仪礼·既夕礼》:"马不齐髦。"郑玄注:"齐,霁也。"由此引申出"限制"等义。又假借为"剂"、"嚌"、"粢"、"齌"、"齋"、"齍"、"跻"等。"齊"今简化为"齐"。(王志平)

齎 qí 从纽、脂部;从纽、齐韵、徂今切。

齎—齎
《说文》小篆 楷书

1《说文》143页。

形声字。这实际上是一个两声字。"妻"为清纽、脂部字,"齐"为从纽、脂部字,并与"齎"字古音接近。故均可用为"齎"字的声符。《说文》:"齎,等也。从丝,妻声。"这应该是《白虎通义·嫁娶》训为"妻者,齐也;与夫齐体"之"齐"的本字。(王志平)

朿 部

朿 cì 清纽、锡部;清纽、寘韵、七赐切。

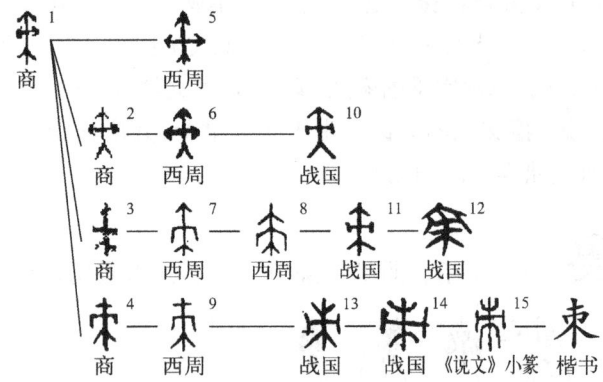

1、2《甲文编》749页。3、4《甲文编》303、764页。5、6《金文编》1161、1162页。7、8、9《金文编》488页。10、11《古文典》767页。12《楚系简帛》589页。13《先秦货币》107页。14《古玺》176页。15《说文》143页。

象形字。甲骨文作"𣎵",像荆棘的芒刺之形。卜辞用为"刺":"妣庚宰朿羊、豕。"(《合集》22226)金文作"𣎵",字形略同。至战国楚文字作"朿",字形已有较大讹变。或作"朿",是《说文》的前身,均已不见所从尖刺之形。《说文》:"朿,木芒也。象形。凡朿之属皆从朿。读若刺。"段玉裁注:"今字作刺。"有时也用为"棘"字的或体。(王志平)

棗(枣) zǎo 精纽、幽部;精纽、皓韵、子皓切。

棗—棗—棗—棗—棗—棗—枣
战国 《说文》小篆 秦 汉 汉 楷书 楷书

1《金文编》489页。2《说文》143页。3《睡甲》107页。4、5《篆隶表》469页。

会意字。战国文字作"棗",从二"朿"重叠,表示有芒刺的枣树,是小篆的前身。酸枣戈有地名"酸枣"(《集成》17.10922)。《说文》:"棗,羊枣也。从重朿。"不确。"羊枣"只是"枣"的诸多树种之一,其造字本义应泛指枣树。"枣树"果实也称为"枣"。《谷梁传·庄公二十四年》:"枣栗腶脩。""棗"今简化为"枣"。(王志平)

棘 jí 见纽、职部;见纽、职韵、纪力切。

棘—棘—棘—棘
战国 《说文》小篆 汉 汉 楷书

1《金文编》489页。2《说文》143页。3、4《篆隶表》469页。

会意字。战国金文不降戈(《集成》17.11286):"不降棘余子之赀金。"《说文》:"棘,小枣丛生者。从并束。"桂馥义证:"《急就篇》颜注:'棘,酸枣之树也。一名樲。'沈括曰:'枣、棘皆有束。枣独生,高而少横枝;棘列生,卑而成林。以此为别。'"所以"棘"的本义就是指酸枣树。《诗·邶风·凯风》:"凯风自南,吹彼棘心。"后也统称"荆棘"。由于"棘"的针刺较多,因此也用为刑罚、拘囚之地。《易·坎·上六》:"系用徽纆,置于丛棘。"也引申为"尖锐"、"突出"等义。《诗·小雅·斯干》:"如矢斯棘。"毛传:"棘,棱廉也。"也假借为"戟"。《左传·隐公十一年》:"子都拔棘以逐之。"杜预注:"棘,戟也。"也假借为"急"、"亟"。《诗·小雅·采薇》:"狁孔棘。"郑玄笺:"棘,急也。"也假借为"瘠"。《吕氏春秋·任地》:"棘者欲肥,肥者欲棘。"高诱注:"棘,赢瘠也。"也用为"僰"字的省体。(王志平)

片 部

片 piàn 滂纽、元部;滂纽、霰韵、普面切。
pǎn 滂纽、元部;滂纽、翰韵、普半切。

片¹—片²—片³—片
商　战国　《说文》小篆　楷书

1《甲文编》303页。2《先秦货币》107页。3《说文》143页。

指事字。甲骨文作"片",像木字的右半之形,表示把木头分成两半之意。卜辞用为地名:"戊戌贞:有牧于片。攸侯缶圖。"(《合集》32982)《说文》:"片,判木也。从半木。"段玉裁注:"谓一分为二之木片。"这就是"片"字的本义。后引申为"一半"、"片面"等义。《论语·颜渊》:"片言可以折狱。"后来也指薄的片状物,可用为量词。假借为"瓣"等。(王志平)

版 bǎn 帮纽、元部;帮纽、潸韵、布绾切。

版¹—版²——版
《说文》小篆　秦　　楷书
板³—板⁴—板⁵—板
汉　　汉　　汉　　楷书

1《说文》143页。2《睡甲》107页。3、4、5《篆隶表》470页。

形声字。《说文》:"版,判也。从片,反声。"古代建筑盛行版筑,所谓"版筑"是指筑墙时先立两块木板,然后往木板中间填土夯实,最后再撤去木板,这样墙就筑成了。这种筑墙所用的两块木板就称为"版",《说文》所说的"判也",就是指分成两半的木板。《诗·大雅·绵》:"缩版以载。"郑玄笺:"以索缩其筑版。"后也指车辆或棺椁两旁的木板。简牍、书籍、户籍、地图等也称为"版",因其常书写于木版之上。也通作"板",用为长度单位。《公羊传·定公十二年》:"五板而堵。"何休注:"八尺曰板。"或曰长六尺,宽二尺为板,或曰长二尺,或曰一丈,本无定制。也假借为"钣",指金饼。《周礼·秋官·职金》:"共其金版。"郑玄注:"饼金谓之版。"(王志平)

牐 pī 滂纽、职部;滂纽、职韵、芳逼切。

牐¹—牐
《说文》小篆　楷书

1《说文》143页;

形声字。《说文》:"牐,判也。从片,畐声。"本义就是指分开的木片。也通假为"副"、"劈"等。(王志平)

牍(牍) dú 定纽、屋部;定纽、屋韵、徒谷切。

牍¹—牍—牍
《说文》小篆　楷书　楷书

1《说文》143页。

形声字。《说文》:"牍,书版也。从片,賣声。""賣"读为 yù,为喻纽、屋部字,与"牍"读音相近,而与读 mài 的"賣"不是一个字。"牍"的本义就是书写所用的木版。清朱骏声《说文通训定声》:"牍长一尺。既书曰牍,未书曰椠。"由于牍形长方,多用于书写文书、簿籍、书信等,所以也经常称这些内容为牍,如文牍、书牍、尺牍等。《庄子·列御寇》:"小夫之知,不离苞苴竿牍。"陆德明释文:"竿牍谓竹简为书,以相问遗。"此外"牍"还是一种乐器的名字,也称"舂牍"。《释名·释乐器》:"舂牍:舂,撞也;牍,筑也。以撞筑地为节也。"或说它是一种无底的竹筒,大五六寸,短者一二尺,长者七尺,前端开有两孔,撞地作声。后世称为"顿相"。"牍"今简化为"牍"。(王志平)

牖 yǒu 喻纽、幽部;以纽、有韵、与久切。

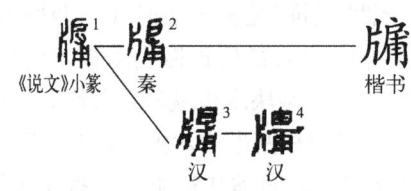

1《说文》143页。2《睡甲》107页。3、4《篆隶表》470页。

会意字。《说文》:"牖,穿壁以木为交窗也。从片、户、甫。谭长以为甫上日也,非户也。牖所以见日。"段玉裁注:"交窗者,以木横直为之,即今之窗也。在墙曰牖,在屋曰窗。"而徐锴系传云:"从片、户,甫声。……臣锴曰:室但穿明则为窗;牖者,更以木为交棂。故《老子》曰:凿户牖以为室。先言户,后言牖,弥文饰也。故者甫盖与父同声,故云甫声。古者,一室一窗一户也。谭长亦当时说文字者,记其言,广异闻也。其言以为户字当作日字也。"但是"甫"(帮纽、鱼部)与"牖"古音并不接近,此说可疑。从造字本义分析,"片"指木片,"户"指窗户,"甫"或以为是"用"字之讹,表示"通"的意思。或以为"甫"为像窗棂之意的讹字,而"片"、"户"为添加义符。《诗·豳风·鸱鸮》:"迨天之未阴雨,彻彼桑土,绸缪牖户。"(趁天还没有下雨,剥下桑根,缠绑固定一下门窗)后也专指某方的门窗。《论语·雍也》:"自牖执其手。"皇侃疏:"牖,南窗也。"可通假为"诱"、"羑"、"迪"等。(王志平)

鼎 部

鼎 dǐng 端纽、耕部;端纽、迥韵、都挺切。

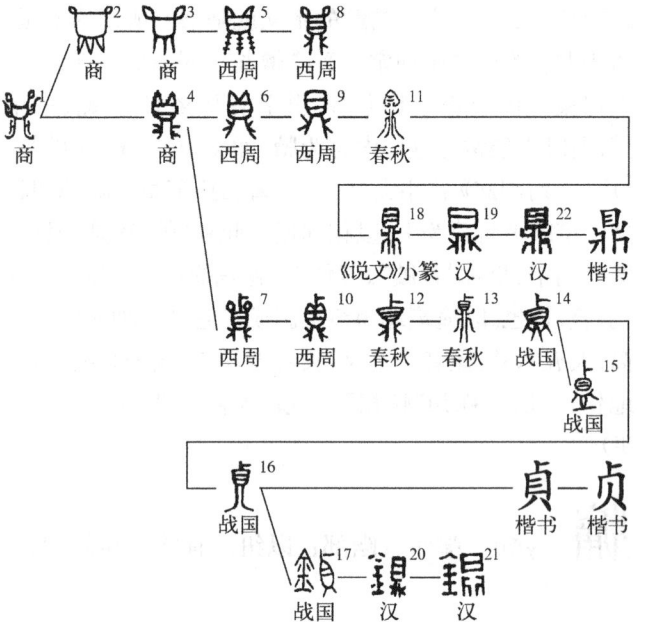

1、2、3、5《金文编》489页。4《甲文编》305页。6《金文编》491页。7、15、17《金文编》494页。8《金文编》490页。9、10《金文编》492页。11《汉语字形表》274页。12、13、16《金文编》493页。14《楚系简帛》589页。18《说文》143页。19、20、21《金文续编》158页。22《篆隶表》472页。

象形字。商末金文作"𪔅",甲骨文作"𪔅",西周金文作"𪔅",均像鼎之形。金文中又或假借"贞"字为之。战国金文或从金,贞声,或从皿,贞声。汉代金文或作"鎛",从金,鼎声。《说文》:"鼎,三足两耳,和五味之宝器也。……籀文以鼎为贞字。"徐锴系传:"从贞省声。古文以贞为鼎,籀文以鼎为贞。"甲骨文:"其鼎用三牢犬羊……"(《合集》30997)大盂鼎:"用作祖南公宝鼎。"(《集成》5.2837)"鼎"本为烹煮用的食器,因此有"钟鸣鼎食"的成语。三足两耳指的是圆鼎,所谓"三足鼎立"即由此而来。另外尚有四足两耳的方鼎。"鼎"在古代也多用于宗庙祭祀,可称为国之重器。《左传·宣公三年》:"楚子问鼎之大小轻重焉。对曰:'在德不在鼎。昔夏之方有德也,远方图物,贡金九牧,铸鼎象物,百物而为之备,使民知神奸。故民入川泽山林,不逢不若,螭魅罔两,莫能逢之。用能协于上下,以承天休。桀有昏德,鼎迁于商,载祀六百。商纣暴虐,鼎迁于周。德之休明虽小,重也。其奸回昏乱虽大,轻也。天祚明德,有所底止。成王定鼎于郏鄏,卜世三十,卜年七百,天所命也。周德虽衰,天命未改,鼎之轻重,未可问也。'"由此派生出"问鼎"、"迁鼎"、"定鼎"等词语典故。甲骨文中也常假借为"贞"字。如:"甲申卜,㱿鼎(贞):妇好娩,嘉?"(《合集》14002)(王志平)

鼒 zī 精纽、之部;精纽、之韵、子之切。

1《金文编》494页。2《类编》324页。3、4《说文》143页。

形声字。金文作"鼒",从鼎,才声。王作康季鼒:"王作康季宝尊鼒。"(《集成》4.2261)《说文》:"鼒,鼎之圜掩上者。从鼎,才声。《诗》曰:鼐鼎及鼒。鎡,俗鼒,从金、从兹。"实际上是一种敛口的圆鼎。(王志平)

鼐 nài 泥纽、之部；泥纽、代韵、奴代切。

鼐—鼐
《说文》小篆 楷书

1 《说文》143页。

形声字。《说文》："鼐，鼎之绝大者。从鼎，乃声。《鲁诗说》：鼐，小鼎。"《诗·周颂·丝衣》："鼐鼎及鼒。"毛传："大鼎谓之鼐，小鼎谓之鼒。"（王志平）

鼏 jiōng 见纽、耕部；见纽、青韵、古萤切。
　　xuàn 匣纽、真部；匣纽、铣韵、胡畎切。
　　mì 明纽、锡部；明纽、锡韵、莫狄切。

鼏——鼏—鼏
春秋　　《说文》小篆 楷书
　鼏
春秋

1、2《金文编》494页。3《说文》143页。

会意兼形声字。金文作"鼏"，从"冂"，从"鼎"，"冂"亦声。或作"鼏"，从"冂"，从"鼎"。造字本义指以木杠举鼎。《说文》："鼏，以木横贯鼎耳而举之。从鼎，冂声。《周礼》：庙门容大鼏七个。即《易·鼎上九》'玉铉，大吉也。'"今本《周礼·考工记·匠人》作："庙门容大扃七个。"又假借为"铉"。《仪礼·公食大夫礼》："甸人陈鼎七，当门。南面西上设扃，鼏。鼏若束若编。"郑玄注："七鼎，一大牢也。甸人，冢宰之属，兼亨人者。南面西上，以其为宾，统于外也。扃，鼎扛所举之者也。凡鼎，鼏盖以茅为之。长则束本，短则编其中央。今文扃作铉，古文鼏皆作密。"秦公簋："鼏宅禹迹。"（《集成》8.4315）国差𦉜："齐邦鼏静安盄（宁）。"（《集成》16.10361）此皆音jiōng。而小篆字形作"鼏"的，实为覆鼎之"幂"字。此音为mì。《说文》把两个形近字混为一谈，以致纠缠不清。（王志平）

克 部

克 kè 溪纽、职部；溪纽、德韵、苦得切。

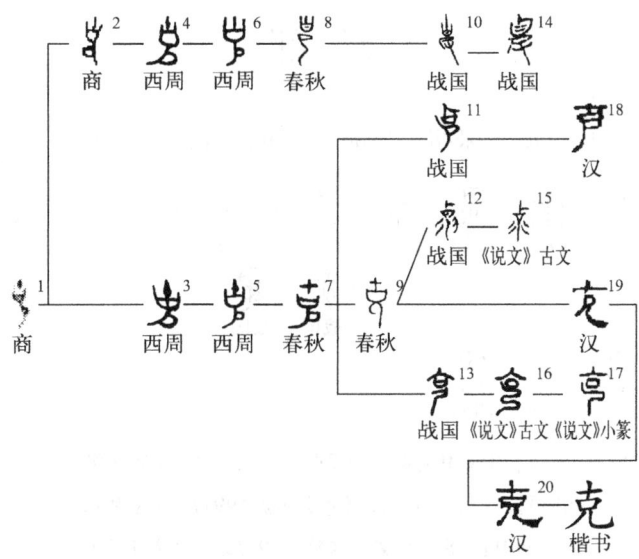

1、2《甲文编》306页。3、4《金文编》497页。5—10《金文编》498页。11《楚系简帛》590页。12、13《汉语字形表》277页。14《战文编》478页。15、16、17《说文》143页。18、19、20《篆隶表》472页。

会意字。甲骨文作"𠧞"，金文作"𠧞"，像甲胄（兜鍪、头盔）之形。在古代"胄"往往是战利品，金文弌篇有"俘戎兵、盾、矛、戈、弓、箙、矢、裨胄"等语（《集成》8.4322），有时"胄"还可以作为首级的替代品。所以就以此表示"战胜"之义。这就是"克"字的本义。何尊："唯武王既克大邑商。"（《集成》11.6014）春秋金文或作"𠧞"，与秦汉文字较为接近。古代作战都需要强大的武力，故也以"克"字指称能力超强。甲骨文就是用的"能够"之义："癸卯卜，其克，捷周。"（《合集》20508）《说文》："克，肩也。象屋下刻木之形。凡克之属皆从克。𠧞，古文克。𠧞，亦古文克。"所从字形虽有讹变，但其义训可从。徐锴系传："肩者，任也。……任者，又负荷之名也。与人肩脾之'肩'义通。故此字亦微象'肩'字之上也。能胜此物谓之克，故亦象刻木也。""刻"亦为溪纽、职部字，与"克"声音相同，故《说文》用为声训。在金文中"克"多用为"胜任"、"能够"之义。癫钟："克明厥心。"（《集成》1.247）又引申为"完成"之义。《春秋·宣公八年》："日中而克葬。"杜预注："克，成也。"也引申为"克服"、"克制"之义。《论语·颜渊》："克己复礼。"用为"克期"、"克日"等"约定"义的"克"实际上是"刻"字的假借。今用为重量单位的"克"是法语gramme的译音。（王志平）

录 部

录 lù　来纽、屋部；来纽、屋韵、卢谷切。

商 — 西周 — 西周 — 西周 — 西周 — 《说文》小篆 — 汉 — 楷书
战国 — 战国
商 — 西周 — 西周

1、9《甲文编》307页。2、3、10《金文编》498页。4、5、6、11《金文编》499页。7《楚系简帛》590页。8《说文》144页。9《篆隶表》473页。

象形字。甲骨文作"䓣"作"䓣"，像用辘轳汲水之形，应为"辘"字的象形初文。"辘"古音亦为来纽、屋部字，与"录"同音，故可通假。金文字形基本相同。后来演变为"䓣"和"䓣"，象形意味稍有减弱。《说文》小篆即从此字形演变而来。对于"录"的造字本义，《说文》："录，刻木录录也。象形。"未免解说有误。甲骨文假借为"山麓"之"麓"："辛酉，王田于鸡录。"(《合集》37848)金文通用为"福禄"之"禄"。瘐钟："授余纯鲁、通录(禄)、永令(命)、眉寿、灵终。"(《集成》1.247)今也用为"錄"的简化字。(王志平)

禾 部

禾 hé　匣纽、歌部；匣纽、戈韵、户戈切。

商 — 西周 — 春秋 — 战国 — 《说文》小篆 — 秦 — 汉 — 汉 — 楷书
商 — 春秋

1、2《甲文编》308页。3、4、5《金文编》499页。6《古玺》176页。7《说文》144页。8《睡甲》108页。9、10《篆隶表》473页。

象形字。甲骨文作"䓣"，像谷穗下垂之形。甲骨文："壬申贞：燎禾于河。"(《合集》33273)金文、战国文字字形统一。至小篆虽略有讹变，但造字本义未失。《说文》："禾，嘉谷也。二月始生，八月而孰，得时之中，故谓之禾。禾，木也，木王而生，金王而死。从木，从巫省。巫象其穗。"《仪礼·聘礼》："米禾皆二十车。"郑玄注："禾，藁实并刈者也。"(禾是秆子和果实一块收割的东西。)因此也专指谷类的穗。《广雅·释草》："粱、黍、稻，其穗谓之禾。"有时也总称谷类。《诗·豳风·七月》："九月筑场圃，十月纳禾稼。"(王志平)

秀 xiù　心纽、幽部；心纽、宥韵、息救切。

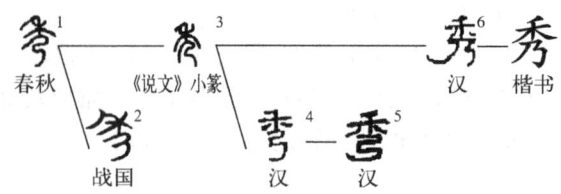

春秋 — 《说文》小篆 — 汉 — 楷书
战国 — 汉 — 汉

1《汉语字形表》277页。2《楚系简帛》591页。3《说文》144页。4、5、6《篆隶表》473页。

会意字。石鼓文"秀"字从禾，从弓，《说文》小篆讹为从"乃"。"秀"的造字本义不明。石鼓文《田车》："宫车其写，秀弓寺(持)射。"《说文》："秀，上讳。"徐铉注："汉光武帝名也。"徐锴系传："禾实也。有实之象下垂也。汉光武帝讳，故许慎阙而不书也。"《诗·大雅·生民》："实发实秀。"毛传："不荣而实曰秀。"依此说，"秀"是指不开花却能够结果。一说"秀"指开花。《论语·子罕》："苗而不秀者有矣夫，秀而不实者有矣夫。"也多指事物的精华为"秀"。《楚辞·九歌·山鬼》："采三秀兮于山间。"王逸注："三秀谓芝草也。"引申为"灵秀"等。后多用为引申义，指美丽、茂盛的事物。如"秀美"、"秀雅"、"秀伟"等等。也通假为"尤"，指"杰出"、"优异"之义。如"秀士"、"秀才"、"优秀"、"俊秀"等等。还通假为"莠"等。(王志平)

稼 jià　见纽、鱼部；见纽、祃韵、古讶切。

《说文》小篆 — 秦 — 汉 — 汉 — 楷书

1《说文》144页。2《睡甲》108页。3、4《篆隶表》473页。

形声字。《说文》："稼，禾之秀实为稼。茎节为禾。从禾，家声。一曰稼，家事也。一曰在野曰稼。"依此说，"稼"的本义就是"禾穗"。《诗·豳风·七月》："十月纳禾稼。"有时也泛指谷物为"稼"，即今所谓庄稼。《诗·小雅·甫田》："曾孙之稼。"郑玄笺："稼，禾也。谓有稾者也。"引申为"耕种"、"农事"之义，这就是所谓"家事也"。《书·洪范》："土爰稼穑。"孔传："种曰稼，敛曰穑。"也泛指种田的技能。《论语·子路》："樊迟请学稼。"(王志平)

穡(穑) sè 心纽、职部；生纽、职韵、所力切。

西周《说文》小篆 汉 楷书 楷书
1《金文编》500页。2《说文》144页。3《篆隶表》473页。

形声字。金文作"㐭"，从來，从向，即"啬"字初文。史墙盘："农㐭(穡)戊(越)替。"（《集成》16.10175）《说文》："穡，穀可收曰穡。从禾，嗇声。"段玉裁注："《毛传》曰：'敛之曰穡。'许不云敛之，云'可收'者，许主谓在野成孰。"依此，"穡"的本义是谷物成熟。也泛指收获谷物。《书·洪范》："土爰稼穡。"孔传："种曰稼，敛曰穡。"引申为"农事"、"耕作"等义。《左传·襄公九年》："力欲农穡。"也称敛税为"穡"。《诗·小雅·信南山》："曾孙之穡。""穡"也通假为"啬"，训为"俭"、"爱"等。今简化为"穑"。(王志平)

穜(种)

zhòng 章纽、东部；章纽、用韵、之用切。
tóng 定纽、东部；定纽、东韵、徒红切。
chóng 定纽、东部；澄纽、钟韵、直容切。

战国《说文》小篆 汉 秦 楷书
1《楚系简帛》593页。2《说文》144页。3《篆隶表》474页。4《睡甲》108页。

形声字。战国文字从禾，童声。《包山楚简》2.103："以贷鄗间以籴穜。"《说文》："穜，埶也。从禾，童声。"这是"种植"的"种"的本字。依本义，当念zhòng。但韵书多读为tóng或chóng，这实际上是"種"的通假字。《周礼·天官·内宰》："上春诏王后帅六宫之人，而生穜稑之种，而献之于王。"郑玄注："郑司农云：先种后孰谓之穜，后种先孰谓之稑。"两字之所以多混，是因为在古文字中"童"和"重"声经常无别，如"鐘"与"鍾"等。也通假为"縫"。今简化为"种"。(王志平)

種(种)

zhòng 章纽、东部；章纽、用韵、之用切。
zhǒng 章纽、东部；章纽、肿韵、之陇切。

战国《说文》小篆 汉 汉 楷书 楷书
1《类编》276页。2《说文》144页。3、4《篆隶表》474页。

形声字。战国文字从米，重声，至小篆改从"米"为"禾"。《古玺汇编》2578有人名"垩種"。《说文》："種，先穜后孰也。从禾，重声。"此义经典通作"重"、"穜"等。《诗·豳风·七月》："十月纳禾稼，黍稷重穋。"陆德明释文："先种后熟曰重。又作種，音同。《说文》云：禾边作重是重穋之字，禾边作童是穜藝之字。今人乱之已久。"引申为种子的"種"。《诗·大雅·生民》："诞降嘉種。"又引申出"原因"、"种因"等义。又引申为后代、种类、种族的"種"。《汉书·郊祀志下》："家人尚不欲绝種祀。"今用为种植之"種"，实际上是"穜"的通假字。也通假为"腫(肿)"、"鐘(钟)"、"叢"等。今简化为"种"。(王志平)

稑 lù 来纽、觉部；来纽、屋韵、力竹切。

《说文》小篆 楷书

《说文》或体 楷书
1、2《说文》144页。

形声字。《说文》："稑，疾孰也。从禾，坴声。《诗》曰：黍稷種稑。穋，稑或从翏。"《诗·豳风·七月》："十月纳禾稼，黍稷重穋。"毛传："后孰曰重，先孰曰穋。"《周礼·天官·内宰》："上春诏王后帅六宫之人，而生穜稑之种，而献之于王。"郑玄注："郑司农云：先种后孰谓之穜，后种先孰谓之稑。"(王志平)

穉(稚) zhì 定纽、脂部；澄纽、至韵、直利切。

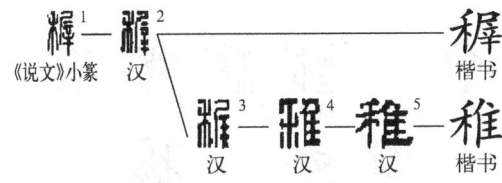
《说文》小篆 汉 楷书
汉 汉 汉 楷书
1《说文》144页。2、3《汉印徵》卷7，9页。4、5《篆隶表》475页。

形声字。《说文》："穉，幼禾也。从禾，犀声。"汉代文字中"犀"与"隹"字形相近，故"穉"常讹为"稚"。"犀"为心纽、脂部字，"隹"为章纽、微部字，并与"穉"声音相近,故可用为声旁。"稺"的本义是"幼禾"。《诗·小雅·大田》:"彼有不获稺,此有不敛穧;彼有遗秉,此有滞穗。"后引申为"幼稚"、"幼小"之义。《穀梁传·僖公十年》:"有二子:长曰奚齐,稚曰卓子。""稺"也有"晚禾"之义。《诗·鲁颂·閟宫》:"黍稷重穆,稙稺菽麦。"毛传:"先种曰稙,后种曰稺。"也通假为"挤"。"稺"也写作"穉"。今简化为"稚"。(王志平)

稠 chóu 定纽、幽部;澄纽、尤韵、直由切。

1《说文》144页。2《睡甲》108页。

形声字。《说文》:"稠,多也。从禾,周声。"本义是指禾苗稠密。后泛指众多之义。《史记·魏其武安侯列传》:"稠人广众。"也假借为"雕"、"调"等。今多用为稠密之义,与"稀疏"相对。(王志平)

稀 xī 晓纽、微部;晓纽、微韵、香依切。

1《说文》144页。2《睡甲》108页。

形声字。《说文》云:"稀,疏也。从禾,爻声。"徐锴系传:"当言从禾、爻、巾,无'声'字,后人加之。爻者,希疏之义,与爽同意。巾亦是其希象。至莃与晞,皆从稀省。何以知之?《说文·巾部》、《爻部》并无希字,以是知之。"按:此说不妥。很多学者认为"希"为《说文》所遗漏,应增补。所以"稀"从"希"得声并无可疑。"稀"的本义是禾苗稀疏,也引申为稀少、稀薄之义。《汉书·地理志下》:"习俗颇殊,地广民稀。"后也通假为"希"。(王志平)

穆 mù 明纽、觉部;明纽、屋韵、莫六切。

1、2、3《金文编》500页。4《汉语字形表》278页。5《楚系简帛》593页。6《说文》144页。7、8、9《篆隶表》475页。

形声字。金文作"𥝩",像谷穗饱满之形,故"穆"有"嘉禾"之意。或下增"彡"字,为装饰笔画。后来演变过渡为"穆"字,象形之义渐失,其右旁又与《说文·彡部》训为"细文也"的"㬎"字混同无别,成为了一个形声字。虢叔旅钟:"穆穆秉元明德。"(《集成》1.238)用为形容词。《说文》:"穆,禾也。从禾,㬎声。"但是"穆"字的本义在出土文献或传世文献中未见使用,多数假借为"㬎"。段玉裁注:"凡经传所用穆字,皆叚(假)穆为㬎。㬎者,细文也。……凡言穆穆、于穆、昭穆,皆取幽远之义。"《书·舜典》:"宾于四门,四门穆穆。"孔传:"穆穆,美也。"也引申为"敬穆"、"肃穆"等义。又训为"信"、"厚"、"纯"、"悦"等。也通假为"睦"、"缪"、"谬"、"默"等。(王志平)

私 sī 心纽、脂部;心纽、脂韵、息夷切。

1《古玺》232页。2《类编》272页。3《说文》144页。4《睡甲》109页。5《银雀山》249页。6《篆隶表》476页。

形声字。战国文字作"厶",这一字形即《韩非子·五蠹》所谓:"古者苍颉之作书也,自环者谓之私,背私谓之公。"而《说文·厶部》云:"奸衺也。《韩非》曰:苍颉作字,自营为厶。"则"厶"本为表意字。或又添加了义符"禾"字,以"私"作为"厶"的假借字。《古玺汇编》4622:"私玺",即是"厶"的假借。《说文》:"私,禾也。从禾,厶声。北道名禾主人曰私主人。"依此,"私"的本义本是私人所拥有的"禾"。由此引申出"自己"、"独自"、"私人"之义,与"公"相对。《诗·小雅·大田》:"雨我公田,遂及我私。"后也指"私情"、"私欲"、"私利"等,由此引申出"渺小"之义。"私"也指"私爱"、"私惠"等义。《释名·释言语》:"私,恤也;所恤念也。"所以古代也称宠臣、陪臣、家属等为"私",女子或称姊妹之夫亦为"私",《诗·卫风·硕人》:"谭公维私。"有时也称燕居独处为"私"。《诗·周南·葛覃》:"薄汙我私。"毛传:"私,燕服也。"引申为称"私生活"、"隐私"、"秘密"、"私通"等为"私",如《论语·为政》:"退而省其私。"也称"私处"、"小便"等为"私"。(王志平)

稷 jì 精纽、职部;精纽、职韵、子力切。

稷

禝¹ — 禝² — 稷³ — 稷⁴
战国　战国　汉　汉

秜⁵ — 稷⁶ — 稷⁷ — 稷⁸ — 稷⁹
战国《说文》古文《说文》小篆　秦　汉　楷书

1《金文编》501页。2《战文编》480页。3、4、9《篆隶表》476页。5《战文编》481页。6、7《说文》144页。8《睡甲》109页。

形声字。金文从示，畟声。小篆改为从"禾"。中山王譻鼎："恐陨社禝(稷)之光。"(《集成》5.2840)《说文》："稷，䵚也。五谷之长。从禾，畟声。禝，古文稷省。"朱骏声通训定声云："程氏瑶田以稷为今之高粱，良是。高大如芦，蓻以正月，故为五谷之长。其实麤大，故谓之疏食，即《礼记·玉藻》之'稷食'也。"也泛指五谷。也指五谷之神。《周礼·春官·大宗伯》："祭社稷、五祀、五岳。"注："社稷，后土及田正之神。"古书记载厉山氏(神农)、弃(后稷)等先后为稷神，掌种百谷。"稷"也引申为田正一类的田官。《左传·昭公二十九年》："稷，田正也。"也假借为"即"、"昃"、"肃"、"人(集)"等。(王志平)

穧 jì 精纽、脂部；精纽、霁韵、子计切。
　　　从纽、脂部；从纽、霁韵、在诣切。
　　　精纽、脂部；精纽、祭韵、子例切。

穧¹ — 穧
《说文》小篆　楷书

1《说文》144页。

形声字。《说文》："穧，穫刈也。一曰撮也。从禾，齐声。"段玉裁注："《小雅》曰：此有不敛穧。谓已刈而遗于田，未敛者也。"依此义，"穧"的本义就是收割后丢在田里，还没来得及收拾的谷物。《诗·小雅·大田》："此有不敛穧。"也泛指收获的谷物为"穧"。也用为容量单位，即一撮，等于四圭。或以为即"一小撮"之"撮"，谓少量之义。(王志平)

秫 shú 船纽、物部；船纽、术韵、食聿切。

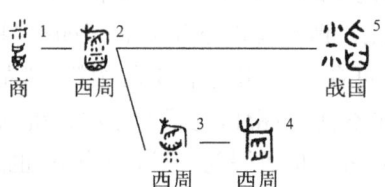
商　战国《说文》或体　《说文》小篆　秦　汉　楷书

1《甲文编》308页。2《战文编》481页。3、4《说文》144页。5《睡甲》109页。6《篆隶表》477页。

形声字。甲骨文作"朮"，像禾苗之形。甲骨文假借为"述"："丁丑卜，宾贞：父乙允朮(述)多子？"(《合集》3238正)战国文字承之，但有所讹变。《说文》或体即由此而来。后来添加了"禾"旁，作"秫"。《说文》："秫，稷之黏者。从禾、朮，象形。朮，秫或省禾。"《尔雅·释草》："众，秫。"郭璞注："谓黏粟也。"邢昺疏："众，一名秫，谓黏粟也。《说文》云：稷之黏者也。与穀相似，米黏。北人用之酿酒，其茎秆似禾而粗大者是也。"则"秫"的本义是一种黏粟，可以酿酒。《周礼·考工记·钟氏》："染羽以朱湛丹秫。"郑玄注："丹秫，赤粟。"朱骏声通训定声云："今北地谓高粱之粘者为秫，亦曰胡秫，盖古语也。"也通假为"鉥"，指一种长的针。(王志平)

稻 dào 定纽、幽部；定纽、皓韵、徒皓切。

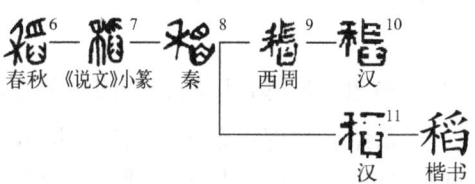
商　西周　　　　　　　战国
　　西周　西周
春秋《说文》小篆　秦　西周　汉
　　　　　　　　　　　　　汉　楷书

1《甲文编》314页。2、4《金文编》472页。3、5、6《金文编》501页。7《说文》144页。8《睡甲》109页。9、10、11《篆隶表》477页。

形声字。甲骨文作"舀"，即《说文》之"稻"字。卜辞："戊戌卜，彀贞：我受稻(稻)年。"(《合集》10041)西周金文多作"舀"，用为"稻粱"之"稻"。而春秋金文曾伯霁簠"用盛稻粱"(《集成》9.4631)之"稻"作"稻"，与《说文》同。而战国金文陈公子叔邍父甗从米，从舀，(《集成》3.947)为"稻"之异体。《说文》："稻，稌也。从禾，舀声。"朱骏声通训定声云："今苏俗，凡粘者不粘者统谓之稻。古则以粘者曰稻，不粘者曰秔。"《诗·豳风·七月》："十月穫稻。""稻"还是古代的"五谷"之一。《礼记·曲礼下》："稻曰嘉蔬。"《周礼·地官》有"稻人"之职，"掌稼下地"，即以下等田来种植稻麦。(王志平)

禾部

稌 tú 透纽、鱼部；透纽、模韵、他胡切。

稌¹—稌
《说文》小篆　楷书

1《说文》144页。

形声字。《说文》："稌,稻也。从禾,余声。《周礼》曰:牛宜稌。"《诗·周颂·丰年》："丰年多黍多稌。"毛传："稌,稻也。"《古今注》："稻之粘者为稌。"《周礼·天官·食医》："牛宜稌。"注："稌,稉也。"这又是指一般的"稉稻"了。(王志平)

稗 bài 並纽、支部；並纽、卦韵、傍卦切。

稗¹—稗²—稗
《说文》小篆　秦　楷书

1《说文》144页。2《睡甲》109页。

形声字。《说文》："稗,禾别也。从禾,卑声。琅邪有稗县。"段玉裁注："谓禾类而别于禾也。"即今"稗子",似谷而实少,亦可食。主要用于牲畜的饲料。《左传·定公十年》："若其不具,用秕稗也。"杜预注："秕,谷不成者。稗,草之似谷者。"也通假为"卑",训为小。也通假为"粺",《说文·米部》训为"毇也",是一种精米。(王志平)

移 yí 喻纽、歌部；以纽、支韵、弋支切。
　　　 yí 余纽、歌部；余纽、寘韵、以豉切。
　　　 chǐ 昌纽、歌部；昌纽、纸韵、敞尔切。

移¹—移²—移³—移⁴—移
《说文》小篆　秦　汉　汉　楷书

1《说文》144页。2《睡甲》109页。3《银雀山》250页。4《篆隶表》478页。

形声字。《说文》："移,禾相倚移也。从禾,多声。一曰禾名。"徐铉注云："多与移声不相近,盖古有此音。"实际上是他们不懂古音,"移"与"多"古音相近,因此才能够谐声。依《说文》,"移"的本义就是禾苗随风摇摆的样子,"倚移"是联绵词,也作"婀娜"等。也可以用来指人的摇晃。《礼记·玉藻》："手足毋移。"(手脚不要晃动)郑玄注："移之言靡迤也。"而今天常见的"移动"、"转移"、"迁移"的"移"本字实际上是"迻"。引申为"延续"、"变化"、"归去"、"转让"、"宽纵"等义,后来把文书的移送也称为"移"。也假借为"侈"、"扅"、"扡"、"跢"、"施"、"迤"等。(王志平)

颖(颖) yǐng 喻纽、耕部；以纽、静韵、余顷切。

颖¹—颖²—颖³—颖—颖
《说文》小篆　汉　汉　楷书　楷书

1《说文》145页。2《汉印徵》卷7,9页。3《篆隶表》478页。

形声字。汉印有"颖川太守",用为地名。《说文》："颖,禾末也。从禾,顷声。《诗》曰:禾颖穟穟。"所以"颖"的本义就是指禾穗的末端,借指禾穗。《诗·大雅·生民》："实颖实栗。"毛传："颖,垂颖也。"就是指下垂的"禾穗"。由于"颖"处于最尖端,又有"禾芒",所以人们就把"尖端"、"锋芒"等也称为"颖"。《史记·平原君传》："乃颖脱而出,非特其末见而已。"(这样的话,整个锥子尖都会全部掉出来,不光是仅露个头罢了)这又是指"锥尖"了。后来引申为"突出"、"杰出"之义。"颖"还可以指"刀环"。《礼记·少仪》："刀却刃授颖。"(刀要避开刀刃,抓住刀环)郑玄注："颖,镮也。"也可以指"警枕"。《礼记·少仪》："枕几颖杖。"郑玄注："颖,警枕也。"或以为此"颖"为"警"之假借。今简化为"颖"。(王志平)

采(穗) suì 邪纽、质部；邪纽、至韵、徐醉切。

采¹—采²—采³—采⁴—采
战国　战国《说文》小篆　汉　楷书

穗⁵———穗
《说文》或体　楷书

1《汉语字形表》279页。2《古玺》177页。
3、5《说文》145页。4《银雀山》250页。

会意字。侯马盟书作"采",从爪,从禾会意,表示用手采穗之意。或以为此字为"秀"字,"秀"、"穗"义近,故混而为一。《玺汇》0438："王采厶玺","采"用为人名。《说文》："采,禾成秀也。人所以收,从爪、禾。穗,采或从禾,惠声。"而"穗"则是形声字,"惠"的古音是匣纽、质部字,与"穗"声母有别,这是古代语音中的复辅音现象。"穗"的本义是禾穗。《诗·王风·黍离》："彼稷之穗。"毛传："穗,秀也。"后来穗状物也称为"穗"。"穗"可假借为"穟"等。(王志平)

秒

miǎo 明纽、宵部；明纽、小韵、亡沼切。

秒¹—秒
《说文》小篆　楷书

1《说文》145页。

形声字。《说文》："秒，禾芒也。从禾，少声。"但是"少"古音是书纽、宵部字，似与"秒"声母较远。但是有不少明纽字是从"少"得声的，如"眇"、"杪"、"纱"、"篎"、"訬"等，所以有些古音学家构拟有"sm-"之类的复辅音，故可从"少"得声。"秒"本义是指稻、麦等先长出来的细毛，古文字中"少"与"小"系一字分化，而"少"与"渺"也有同源关系，所以《说文》训为"禾芒也"。也用为长度和重量单位，《说文》"稱"字下云："禾有秒，秋分而秒定。律数：十二秒而当一分，十分而寸，其以为重。"现在一般用为时间单位，指一分的六十分之一。也可用于角度单位，指一度的三百六十分之一。（王志平）

穫（获）

huò 匣纽、铎部；匣纽、铎韵、胡郭切。

穫¹—穫²—穫³—穫—获
《说文》小篆　秦　汉　楷书　楷书

1《说文》145页。2《睡甲》109页。3《篆隶表》479页。

形声字。《说文》："穫，刈谷也。从禾，蒦声。"《诗·豳风·七月》："八月其穫。"毛传："穫，禾可穫也。"引申为收获之"获"。《国语·吴语》："以岁之不穫也。"韦昭注："穫，收也。"实际上，收获之"获"的本字应当是"穫"，今天多用猎获之"获"来表示。也通假为"隻"、"穫"、"劐"、"护"等。今简化为"获"。（王志平）

積（积）

jī 精纽、锡部；精纽、昔韵、资昔切。

積¹—積²—積⁴
战国　《说文》小篆　汉

積³—積⁵—積⁶—積—积
　　秦　汉　汉　楷书　楷书

1《古文典》769页。2《说文》145页。3《睡甲》109页。4《金文续编》159页。5《银雀山》250页。6《篆隶表》479页。

形声字。战国文字从禾，責(责)声。商鞅量："爰積十六尊(寸)五分尊(寸)，壹为升。"（《集成》16.10372）《说文》："積，聚也。从禾，責声。""責"有"求"的意思，广求财货，这就是"積"。《诗·大雅·公刘》："乃積乃仓。"这里的"積"就是指露天堆积的谷物。后又引申为"储藏"之义。《国语·楚语下》："无一日之積。""積"也引申为"积习"之义。"习惯"是累积起来的，所以"積"也可训"习"。《荀子·解蔽》："私其所積。"杨倞注："積，习。"也由"积聚"义引申出"积滞"之义。《庄子·天道》："天道运而无所積。"又引申为"多"。《周礼·地官·大司徒》："令野脩道委積。"郑玄注："少曰委，多曰積。"也引申为"久"之义。"積"在数学上又指两数所乘的值。假借为"绩"、"迹"、"渍"、"骴"等。今简化为"积"。（王志平）

秩

zhì 定纽、质部；澄纽、质韵、直一切。

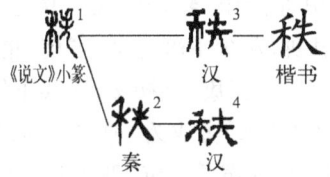
秩¹—秩³—秩
《说文》小篆　　汉　楷书

秩²—秩⁴
秦　汉

1《说文》145页。2《睡甲》110页。3、4《篆隶表》479页。

形声字。《说文》："秩，積禾也。从禾，失声。《诗》曰：積之秩秩。"谷物在仓库储藏堆积时需要按照一定的顺序，这种谷物堆积井井有条的顺序就是"秩"。《左传·庄公十九年》："收膳夫之秩。"也泛指一般的秩序、次第。《管子·轻重乙》："提衡争秩。"尹知章注："秩，次也。"由此又引申出等差、品级、官职之义。《左传·文公六年》："委之常秩。"由于秩序才是正常情况，故"秩"可训"常"。《诗·小雅·宾之初筵》："不知其秩。"而《说文》所引的《诗》，今本《诗·周颂·良耜》作"積之栗栗。"（王志平）

稞

huà 匣纽、歌部；匣纽、马韵、胡瓦切。
kē 溪纽、歌部；溪纽、歌韵、苦禾切。
luǒ 来纽、歌部；来纽、哿韵、鲁果切。

稞¹—稞²—稞
战国　《说文》小篆　楷书

1《类编》272页。2《说文》145页。

形声字。《说文》："稞，谷之善者。从禾，果声。一曰无皮谷。"段玉裁注："古音读如颗。谓凡谷颗粒俱佳者。"也可以指"无皮谷"。今天多指"青稞"，是盛产于西藏地区的一种麦类。（王志平）

禾部

穅（糠） kāng 溪纽、阳部；溪纽、唐韵、苦冈切。

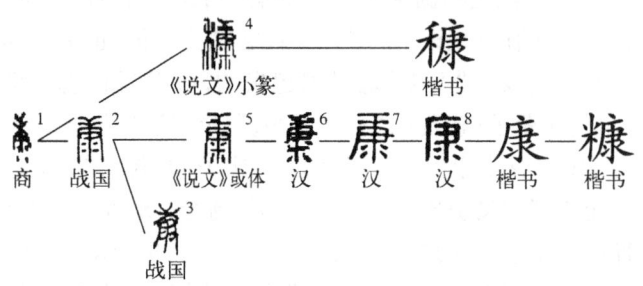

1《甲文编》308页。2《古玺》177页。3《战文编》482页。4、5《说文》145页。6《篆隶表》480页。7、8《金文续编》159页。

形声字。甲骨文作"𩰬"，从"庚"，像悬钟之形；从小点，表示振动悬钟，灰尘下落之义。"庚"也可视为声符。其本字实为"康乐"之"康"之初文。后其下的数点讹变为"米"字。或又添加"禾"旁成为"穅"字。《说文》："穅，谷皮也。从禾，从米，庚声。""康，穅或省。"段玉裁注："穅之言空也。空其中以含米也。"甲骨文："……卜，贞：王宾康祖丁，祭亡尤。"（《合集》35889）用于美称。《墨子·非乐上》："万人不可衣短褐，不可食穅糟。"由于"穅"较贱，引申为恶谥之名。《逸周书·谥法》："凶年无谷曰穅。"也假借为"康"。今简化为"糠"。（王志平）

稭（秸） jiē 见纽、脂部；见纽、皆韵、古谐切。

1《说文》145页。

形声字。《说文》："稭，禾稾去其皮，祭天以为席。从禾，皆声。"段玉裁注："禾茎既刈之，上去其穗，外去其皮，存其净茎，是曰稭。"《史记·封禅书》："席用苴稭以为席。"此即俗所谓麦稭。今简化为"秸"。（王志平）

稈（秆） gǎn 见纽、元部；见纽、旱韵、古旱切。

1、3《说文》145页。2、4《篆隶表》480页。

形声字。《说文》："稈，禾茎也。从禾，旱声。"《春秋传》曰：或投一秉稈。秆，稈或从干。"所以"稈"的本义就是"稭秆"。《左传·昭公二十七年》："或取一编菅焉，或取一秉秆焉。"（有的取一编草苫，有的取一把稭秆）今简化为"秆"。（王志平）

稾（稿） gǎo 见纽、宵部；见纽、皓韵、古老切。
kào 溪纽、宵部；溪纽、号韵、苦到切。

1《说文》145页。2《睡甲》110页。3《篆隶表》481页。

形声字。《说文》："稾，秆也。从禾，高声。"由于禾秆都比较高大，故从"高"声。所以"稾"的本义就是"禾秆"。《汉书·萧何传》："毋收稾为兽食。"又引申为"草"之义。《玉篇》："稾，公道切。禾秆也。又稾草。"今所谓"草稿"、"手稿"等义即由此引申而来。也假借为"犒"、"槁"、"藁"、"藁"等。今简化为"稿"。（王志平）

秧 yāng 影纽、阳部；影纽、阳韵、於良切。
yǎng 影纽、阳部；影纽、养韵、於两切。

1《说文》145页。

形声字。《说文》："秧，禾若秧穰也。从禾，央声。"朱骏声通训定声云："秧谓秆上皮葳蕤之状。"后称草木可以移栽的幼苗为"秧"。后也为动词，即"栽培"、"插秧"之"秧"。今一般称稻苗为"秧"。（王志平）

年 nián 泥纽、真部；泥纽、先韵、奴颠切。

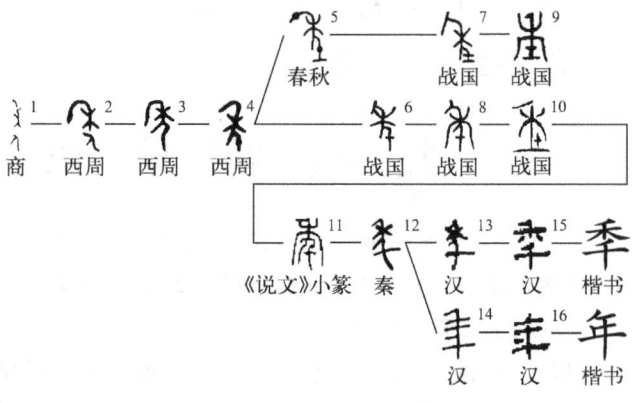

1《甲文编》310页。2、3、4《金文编》502

页。5—9《金文编》504页。10《汉语字形表》279页。11《说文》146页。12《睡甲》110页。13、15、16《篆隶表》482页。14《金文续编》165页。

会意兼形声字。甲骨文作"❋",像人负禾之形,表示丰收、收获等义。"人"也用为声符。"人"古音为日纽、真部字,与"年"古音接近。甲骨文中用为本义。"癸卯卜,大贞:今岁商受年。"(《合集》24427)金文作"❋",从禾,从人。或作"❋",从禾,从千。西周金文中多用为"年岁"之年。颂鼎:"颂其万年眉寿,畯臣天子,灵终。"(《集成》5.2827)战国文字中则多从"禾",从"千"及其变体,与《说文》小篆接近。"千"亦用为声符。"千"为清纽、真部字,也与"年"古音相近。秦汉文字进一步简化,多作"❋",象形意味趋淡。至于楷书,则就完全写作"年"了。《说文》:"秊,谷孰也。从禾,千声。《春秋传》曰:大有年。"天文历法与农业生产一向关系密切,古代生产水平较低,谷物一年一熟,因此周人以谷物成熟一季为一年。有时即以"年"代替"谷物"之义。《吕氏春秋·任地》:"有年瘗土。"高诱注:"年,穀也。"也引申为"寿龄"、"年龄"等义。《吕氏春秋·下贤》:"子产相郑,往见壺丘子林,与其弟子坐,必以年。"也泛指"时间"、"年代"。《汉书·司马相如传》:"当年不能究其礼。"也假借为"佞"字。(王志平)

穀(谷) gǔ 见纽、屋部;见纽、屋韵、古禄切。

1《类编》276页。2《说文》146页。3、4《篆隶表》483页。

形声字。《说文》:"穀,续也。百穀之总名。从禾,㱿声。"《周礼·春官·大宗伯》:"子执穀璧。"郑玄注:"穀,所以养人。"也引申为"食物"或"供养"之义。《诗·小雅·小旻》:"民莫不穀。"毛传:"穀,养也。"也引申为"生"。《诗·王风·大车》:"穀则异室,死则同穴。"毛传:"穀,生也。""穀"常训为"善"。《诗·小雅·甫田》:"以穀我士女。"也通假为"禄"、"告"等。今简化为"谷"。(王志平)

稔 rěn 日纽、侵部;日纽、寝韵、如甚切。

1《说文》146页。2《篆隶表》483页。

形声字。《说文》:"稔,谷熟也。从禾,念声。《春秋传》曰:鲜不五稔。""稔"的本义就是谷物成熟。《左传·僖公二年》:"不可以五稔。"杜预注:"稔,熟也。"由于古代生产力低下,一般是一年一熟。所以古人就从谷物成熟的周期来判断年岁和季节,"年"和"稔"都是如此。《左传·襄公二十七年》:"所谓不及五稔者,夫子之谓矣。"杜预注:"稔,年也。"也通假为"饪"。(王志平)

租 zū 精纽、鱼部;精纽、模韵、则吾切。

1《说文》146页。2《汉印徵》卷7,11页。

形声字。《说文》:"租,田赋也。从禾,且声。""且"古音与"租"相近,故用为声符。"租"就是土地收割后需要交纳的年贡。《管子·国蓄》:"租籍者,所以强求也;租税者,所虑而请也。"尹知章注:"在工商曰租籍,在农曰租税。"也泛指税金。《史记·冯唐传》:"军市之租,皆自用飨士。"司马贞索隐:"谓军中立市,市有税。税即租也。"现在一般用为"租借"、"出租"等义。也通假为"贮"、"储"、"祖"、"苴"、"作"等。(王志平)

税 shuì 书纽、月部;书纽、祭韵、舒锐切。
tuì 透纽、月部;透纽、泰韵、吐外切。
tuàn 透纽、元部;透纽、翰韵、吐玩切。
tuō 透纽、月部;透纽、曷韵、他括切。

1《说文》146页。2《银雀山》251页。3《篆隶表》483页。

形声字。《说文》:"税,租也。从禾,兑声。"《春秋·宣公十五年》:"初税亩。"杜预注:"公田之法,十取其一。今又履其余亩,复十收其一,故哀公曰:'二,吾犹不足。'遂以为常。"意思是说,原先公田一年只收十分之一的税,鲁宣公在公田的税收之外又额外收取十分之一的税,这样税收加起来就有十分之二了。可是鲁哀公还嫌不足呢!"税"除了"赋税"之义外,还可假借为"说"、"脱"、"挩"、"悦"、"阅"、"蜕"、"邃"、"繐"等。(王志平)

䆃 dào 定纽、幽部;定纽、号韵、徒到切。

禾部

《说文》小篆　汉　楷书

1《说文》146页。2《汉印徵》卷7,11页。

形声字。《说文》:"䆃,禾也。从禾,道声。司马相如曰:䆃一茎六穗。"段玉裁注:"各本删䆃字,改米为禾。自吕氏《字林》、《颜氏家训》已然。今正。䆃,择也。择米曰䆃米。"依《说文》,"䆃"的本义是"嘉禾","一茎六穗"。《史记·司马相如列传》:"䆃,一茎六穗于庖。"司马贞索隐:"郑德云:䆃,择也。"(王志平)

䅣 huāng　晓纽、阳部;晓纽、唐韵、呼光切。

《说文》小篆　楷书

1《说文》146页。

形声字。《说文》:"䅣,虚无食也。从禾,荒声。"段注:"荒年字当作䅣。荒行而䅣废矣。"所以"䅣"字的本义就是"饥荒"之"荒"。《广韵》、《唐韵》:"䅣,果蓏不熟。"这是"䅣"的另一解。总之,要与"荒年"、"凶年"有关。(王志平)

稣(穌) sū　心纽、鱼部;心纽、模韵、素姑切。

西周　春秋　战国　战国　《说文》小篆　楷书　楷书

1、2《金文编》506页。3《类编》275页。4《战文编》484页。5《说文》146页。

形声字。金文从鱼,从木,假借为"鱼穌(苏)"氏的"蘇"。苏公子簋:"穌(蘇)公子癸父甲作尊簋。"(《集成》7.4014)《说文》:"穌,把取禾若也。从禾,鱼声。""鱼"是疑纽、鱼部字,与"穌"是复辅音的关系。"把",段玉裁改为"杷",并注云:"杷,各本作把,今正。禾若散乱,杷而取之,不当言把也。"则"穌"的本义就是"杷取禾苗"。也训为"满"。通假为"蘇(苏)"、"寤"等。今简化为"稣"。(王志平)

稍 shāo　心纽、宵部;生纽、效韵、所教切。

《说文》小篆　秦　汉　汉　楷书

1《说文》146页。2《睡甲》110页。3、4《篆隶表》484页。

形声字。《说文》:"稍,出物有渐也。从禾,肖声。""肖"有微小之意,禾苗出芽既微小又缓慢,这个过程就是"稍"。《史记·汉兴以来诸侯年表》:"诸侯稍微,大国不过十余城,小侯不过数十里。"这里的"稍"就是"渐"的意思,后来的"稍微"之义即典出于此。从字源上说,"稍"也有"小"、"少"诸义。《周礼·天官·膳夫》:"凡王之稍事。"郑玄注:"稍事,有小事而饮酒。"后引申为官吏的俸禄。《周礼·天官·宫正》:"均其稍食。"郑玄注:"稍食,禄禀也。""稍食"就是"少量的廪食"之义,类似今天所说的"小钱"。也假借为"消",训为"尽"。而古书所说的"稍地"实际上是"削"的假借,这是指距离王城三百里的乡遂之地,为大夫之食邑。(王志平)

秋 qiū　清纽、幽部;清纽、尤韵、七由切。

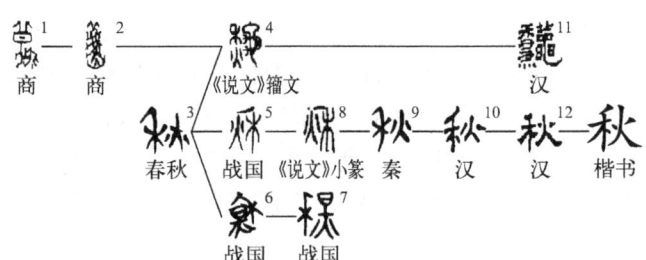

商　商　《说文》籀文　汉
春秋　战国　《说文》小篆　秦　汉　汉　楷书
战国　战国

1、2《甲文编》514、412页。3、7《类编》272页。4、8《说文》146页。5《汉语字形表》280页。6《楚系简帛》594页。9《睡甲》110页。10《银雀山》251页。11、12《篆隶表》484页。

形声字。甲骨文作"䖵",即《万象名义》卷二十五之"蠸"字,象形。其本义是一种昆虫,甲骨文中假借为"秋"。或添加了"火"旁作"䖵"形。此即《说文》籀文之"䖵"字。战国文字中多省文作"秋",或添加了"日"旁。甲骨文:"戊寅卜,宾贞:今秋吾方其征于𢀛。"(《合集》6352)《说文》:"秋,禾谷孰也。从禾,𤒈省声。䖵,籀文不省。"或以为"秋"是会意字。由于秋季收割后要烧荒以备播种,故从禾,从火会意。甲骨文中习见"今秋",多是指季节之"秋"。从天文历法上说,秋是一年四季中夏后冬前的季节,但是甲骨文中只有春秋,没有冬夏。秋天又是收获的季节,故《说文》云"禾谷孰(熟)也"。《书·盘庚》:"若农服田力穑,乃亦有秋。"又引申为"时机"、"时候"之义。又音训为"愁"等。同时它也是"鞦(秋)韆(千)"之"鞦"的简化字。(王志平)

秦 qín　从纽、真部;从纽、真韵、巨邻切。

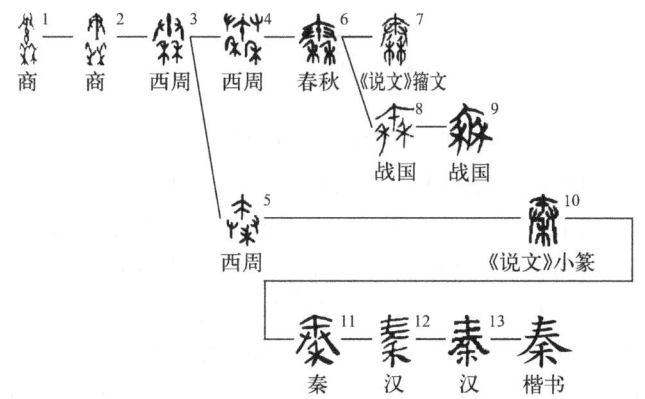

1、2《甲文编》310页。3、5、8《金文编》506页。4、6《金文编》507页。7、10《说文》146页。9《楚系简帛》595页。11《睡甲》110页。12《银雀山》251页。13《篆隶表》484页。

会意字。甲骨文作"🌾"、"🌾"等形,可以分析为从午,从廾,从秝。"午"是"杵"的初文,"廾"是两手之意,两手握杵,表示"舂"的意思。所以也可以认为甲骨文中"秦"字从秝,从舂省,会意。金文造字之意同。春秋金文、《说文》籀文字形皆同。而西周金文或省"秝"为"禾",《说文》"小篆"字形承之。甲骨文用为祭名:"弜秦宗于妣庚?"(《合集》32742)《说文》:"秦,伯益之后所封国。地宜禾。从禾、舂省。一曰秦,禾名。𥢣,籀文秦从秝。"所以"秦"的本义实际上是一种"禾名",但多假借为国名,也即周代的秦国。秦国嬴姓,伯爵。周孝王封伯益之后于秦,始建国于此。其地"宜禾",故假"秦"为名。秦孝公时定都咸阳,国势逐渐强大,成为战国七雄之一。后逐步吞并六国,至秦始皇时统一天下,建立了中国历史上的第一个帝国——秦王朝。此外,"秦"也可用为姓氏使用。(王志平)

稱(称)

chèng 昌纽、蒸部;昌纽、证韵、昌孕切。

chēng 昌纽、蒸部;昌纽、蒸韵、处陵切。

1《甲文编》190页。2《金文编》268页。3《汉语字形表》281页。4《说文》146页。5《睡甲》110页。6《银雀山》252页。7《篆隶表》485页。

形声字。甲骨文、金文、战国文字均作"再",假借为"稱"。如楚国的金饼即有"郢爯(稱)"的戳记。甲骨文:"己巳卜,争贞:侯告爯(稱)册。王勿卒……"(《合集》7410)这里是"称述册命"之义。《说文》:"稱,铨也。从禾,爯声。春分而禾生,日夏至,晷景可度。禾有秒,秋分而秒定。律数:十二秒而当一分,十分而寸,其以为重。十二粟为一分,十二分为一铢。故诸程品皆从禾。"段玉裁注:"铨者,衡也。《声类》曰:铨所以称物也。稱俗作秤。"由于原始的度量衡制度都是从农业生产中而来,诸计量单位也是如此,所以《说文》才说"诸程品皆从禾"。"稱"作重量单位使用时,相当于十五斤。"稱"多用作动词,表示"稱量"。《礼记·月令》:"蚕事既登,分茧稱丝。"由此引申出"适合"、"适宜"、"符合"、"均等"诸义。《礼记·礼器》:"礼不同,不丰不杀,此之谓也。盖言稱也。"而用为"稱扬"、"稱赞"、"稱道"、"稱述"、"稱呼"等之"稱"实际上是"偁"的假借字。又由"稱扬"等引申出"稱好"之义。而用为"稱举"、"举行"等义的"稱"又是"爯"的假借字。而训为"随"的"稱"又是"趁"的假借字。"稱"今简化为"称"。(王志平)

科

kē 溪纽、歌部;溪纽、戈韵、苦禾切。

kè 溪纽、歌部;溪纽、过韵、苦卧切。

1《说文》146页。2、3《篆隶表》485页。

形声字。《说文》:"科,程也。从禾,从斗。斗者,量也。"徐锴系传以为是会意字。按:实当从"禾"声,"禾"古音为匣纽、歌部字,与"科"音近,故从"禾"得声。依《说文》,"科"字的本义当为"区分"、"程度"、"类别"的意思。所以《广雅·释言》云:"科,品也。"《论语·八佾》:"射不主皮,为力不同科。"《广雅·释言》又云:"科,条也。"引申为法律条文。《战国策·秦策一》:"科条既备,民多伪态。"也指刑罚。《释名·释典艺》:"科,课也。课其不如法者,罪责之也。"又《广雅·释诂三》:"科,本也。"指植物的根。引申为"坎"、"窾"等。(王志平)

程

chéng 定纽、耕部;澄纽、清韵、直贞切。

1《说文》146页。2《睡甲》111页。3、4《篆隶表》485页。

形声字。《说文》:"程,品也。十髮为程,十程为分,十分为寸。从禾,呈声。"依此说,"程"的本义就是一种长度单位,为一寸的百分之一,也即一厘。而徐锴系传:"十髮为程,一程为分,十分为寸。"依此说。则"程"为一寸的十分之一,也即一分。"程"的引申义就是度量衡的标准规格。如《史记·太史公自序》:"汉兴,萧何次律令,韩信申军法,张苍为章程。"裴骃集解:"如淳曰:章,历数之章术也。程者,权衡、丈尺、斛斗之平法也。瓉曰:《茂陵书》:'丞相为工用程数。'其中言百工用材多少之量及制度之程品者是也。"依如淳说,"程"是指度量衡的标准规格。依臣瓉说,则"程"是指"工程"之"程",似与原意不合。"程"也泛指度量衡。《荀子·致仕》:"程者,物之准也。"杨倞注:"程者,度量之总名也。"也引申为"程式"、"法度"、"标准"之义。《诗·小雅·小旻》:"匪先民是程。"毛传:"程,法。"还可引申为"过程"、"期限"等义。至于"工程"之"程",又引申出"方程"、"课程"等义。"程"也假借为"稱",训为"铨"、"量"等。由此还引申出"考课"、"功课"等义。还假借为"徵",训为"效"、"示"、"见"等。(王志平)

稯 zōng 精纽、东部;精纽、东韵、子红切。
zǒng 精纽、东部;精纽、董韵、祖动切。

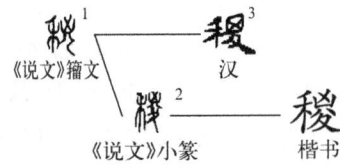

1、2《说文》146页。3《篆隶表》485页。

形声字。《说文》:"稯,布之八十缕为稯。从禾,㚇声。秘,籀文稯省。"这个义训实际上是"緫"的假借。《史记·孝景本纪》:"令徒隶衣七稯布。"朱骏声通训定声云:"此当为總(总)字之训。稯者,禾四十把也。《仪礼·聘礼记》:四秉曰筥,十筥曰稯,十稯曰秅。……又按:此字实即總之转注。總犹束也,禾四十秉为一大束,故曰總字,变从禾作稯耳。许书当订为總之重文。"依此说,《说文》实际上把"稯"和"緫"两个义训搞混了。《仪礼·聘礼》:"十筥曰稯,十稯曰秅,四百秉为一秅。"郑玄注:"一车之禾三秅,为千二百秉,三百筥,三十稯也。古文稯作緫。"这才应当是"稯"的本义。《说文·糸部》有"總"无"緫",训"總"为"聚束也"。无论是"布之八十缕"还是"禾四十秉"都有"聚束"的意思,所以它们是关系密切的同源词。(王志平)

秄 zǐ 精纽、脂部;精纽、旨韵、将几切。

秭 西周《说文》小篆 楷书

1《金文编》507页。2《说文》146页。

形声字。金文作"秭",即"秭"字,从禾,㠯声。習鼎:"寇習禾十秭。"(《集成》5.2838)《说文》:"秭,五稷为秭。从禾,㠯声。一曰数亿至万曰秭。""㠯"有堆积的意思,所以可用为计量单位。"稷"为布八十缕,则"秭"为四百缕。周代一"秭"为二百"秉",一"秉"为十六斛二百四十斤,所以一"秭"就有三千二百斛。"秭"也用为数量单位。《诗·周颂·丰年》:"万亿及秭。"毛传:"数万至万曰亿;数亿至亿曰秭。"此说与《说文》"数亿至万曰秭"不同。至后世称"万万垓"为"秭"(万万亿为兆,万万兆为京,万万京为垓),数目更大了。(王志平)

穩(稳) wěn 影纽、文部;影纽、混韵、乌本切。

穩—穩—稳
《说文》新附 楷书 楷书

1《说文》146页。

形声字。《说文》所无,为徐铉所增新附字。大徐本《说文》云:"穩,蹂谷聚也。一曰安也。从禾,隱省。古通用安隱。""穩"当为从"隱(隐)"省声,"隱"上古音为影纽、文部,中古音为影纽、隱韵,声音都很相近。故"穩"从"隱"省声。"穩"字见《玉篇》:"穩,于本切。蹂谷聚。"而《广韵·混韵》:"穩,乌本切。持谷聚。亦安穩。"所以"穩"的本义就是用手或脚把谷物撮到一块。至于"安穩"的"穩",实际上是"安"或"隱"的通假字。今简化为"稳"。(王志平)

秝 部

秝 lì 来纽、锡部;来纽、锡韵、郎击切。

秝—秝—秝
商 《说文》小篆 楷书

1《甲文编》312页。2《说文》146页。

会意字。甲骨文即从二"禾"作"秝"。卜辞:"叀祖丁秝舞,用有正。"(《合集》28209)《说文》:"秝,稀疏适也。从二禾。凡秝之属皆从秝。读若历。"徐锴系传:"适者,宜也。禾人手植之,故其稀疏等也。"本义是指禾苗的间距稀疏均等,故从二"禾"。而段玉裁注据江声、王念孙说补为"稀疏适秝也",并云:"盖凡言历历可数、历录束文,皆当作秝。历行而秝废矣。"(王志平)

兼 jiān 见纽、谈部;见纽、添韵、古甜切。

春秋 战国 战国 《说文》小篆 秦 汉 汉 楷书

1《金文编》507页。2《汉语字形表》281页。3《战文编》487页。4《说文》146页。5《睡甲》111页。6《银雀山》252页。7《篆隶表》487页。

会意字。春秋金文作"",用为一并、连同之义。徐王子旃钟:"兼以父兄、庶士。"(《集成》1.182)战国文字作"",像手持二禾之形。《说文》:"兼,并也。从又持秝。兼持二禾,秉持一禾。"今多引申为"合并"之义。《左传·昭公八年》:"欲兼我也。"杜预注:"兼,并也。"又引申为"一并"、"相同"之义。《仪礼·士冠礼》:"兼执之。"郑玄注:"兼,并也。"又引申为"积累"之义。《后汉书·吕强传》:"重金兼紫。"李贤注:"重、兼,言累积也。"也引申"加倍"、"超过"之义。《论语·先进》:"由也兼人,故退之。"也引申为"穷尽"、"全部"。《荀子·解蔽》:"圣人纵其欲,兼其情。"杨倞注:"兼,犹尽也。"又假借为"谦"、"嫌"、"慊"等。(王志平)

黍 部

黍 shǔ 书纽、鱼部;书纽、语韵、舒吕切。

商 商 西周 战国 战国《说文》小篆 秦 汉 汉 楷书

1、2《甲文编》312页。3《金文编》508页。4《楚系简帛》596页。5《战文编》487页。6《说文》146页。7《睡甲》111页。8、9《篆隶表》487页。

象形字。甲骨文作"",像黍之形。或于字形上加点作"",表示黍穗之形。或又加"水"旁,作""之形。而金文的"黍"字则演变为从水,从禾,与小篆作""构形相同。战国文字或作"",像"禾"下水点之形。而汉代文字又或讹"水"为"米"字。《说文》:"黍,禾属而黏者也。以大暑而种,故谓之黍。从禾,雨省声。孔子曰:黍可为酒,禾入水也。"《说文》分析为"雨省声",字形分析上有问题。至于说"以大暑而种,故谓之黍",则是声训了。"暑"是书纽、鱼部字,与"黍"音同,故《说文》解说如此。"黍"的本义是"禾属而黏者也",这是糜子的一种。甲骨文中有:"丙辰卜,殼贞:我受黍年。"(《合集》9950正)《礼记·内则》:"黍、稷、稻、粱、白黍、黄粱、稰、穛。"郑玄注:"黍,黄黍也。"《管子·轻重己》:"以夏日至始,数四十六日,夏尽而秋始,而黍熟。天子祀于太祖,其盛以黍。黍者,谷之美者也。"也用为容量单位。《吕氏春秋·权勋》:"临战,司马子反渴而求饮,竖阳榖操黍酒而进之。"高诱注:"酒器受三升曰黍。""黍"也用为度量衡的基本单位。一粒"黍"直径一分,一千二百"黍"容一"龠",重十二铢。(王志平)

穈(糜) mí 明纽、歌部;明纽、支韵、靡为切。

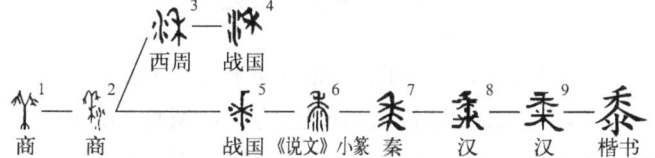

《说文》小篆 楷书

1《说文》146页。

形声字。《说文》:"穈,穄也。从黍,麻声。"《初学记》卷二十七《草部·五谷第十》引崔豹《古今注》曰:"穈,穄也。"今多假借《说文·米部》释为"糁也"(一种稠粥)的"糜"字为之,即今糜子。《吕氏春秋·本味》:"饭之美者,玄山之禾,不周之粟,阳山之穄,南海之秬。"高诱注:"穄,关西谓之穈,冀州谓之穈。秬,黑黍也。"今简化为"糜"。(王志平)

黏 nián 泥纽、谈部;泥纽、盐韵、女廉切。

《说文》小篆 楷书

1《说文》146页。

形声字。《说文》:"黏,相着也。从黍,占声。"所以"黏"的本义就是"黏着"。《战国策·赵策三》:"夫胶漆至黏也,而不能合远;鸿毛至轻也,而不能自举。""黏"也用为动词,也即是"粘"。《淮南子·说林》:"柳下惠见饴,曰:可以养老。盗跖见饴,曰:可以黏牡。""黏"还可以指"酒麹(曲)"。《广韵·盐韵》:"黏,女廉切。黏麹(曲)也。"由于"酒麹"有发酵作用,一般比较"黏稠",所以"黏"也可以指"酒麹"。"黏"也通假为"粘"、"点"、"溓"等。(王志平)

黍部

黏 nì 泥纽、质部；泥纽、质韵、尼质切。
　　 rì 日纽、质部；日纽、质韵、入质切。

1、3《说文》147页。2《汉印徵》卷7，12页。

形声字。《说文》："黏，黏也。从黍，日声。《春秋传》曰：不义不黏。𪏭，黏或从刃。""黏"从"日"得声，"日"与"昵"音近，"黏"与"昵"义近，所以"黏"与"昵"也是一对同源词。《广韵·质韵》："黏，胶黏。"都是"黏"的意思。（王志平）

黎 lí 来纽、脂部；来纽、齐韵、郎奚切。

1《说文》小篆卷7，147页。2《战文编》487页。3《睡甲》111页。4《篆隶表》488页。

形声字。《说文》："黎，履黏也。从黍，利省声。秒，古文利。作履黏以黍米。"秦代文字从黍，从勿，字形有所讹变。依《说文》本义，"黎"的造字本义是指作履时用黍米所粘的布。或以为"黏"为"黏"之误，即"糊"字，义亦通。今多为假借用法。《尔雅·释诂下》："黎，众也。"《书·尧典》："黎民于变时雍。"或以为"黎民"之"黎"为"黧黑"之"黧"的假借，与"黔首"同义。《荀子·尧问》："颜色黎黑，而不失其所。"也假借为"齐"。《诗·大雅·桑柔》："民靡有黎。"又假借为"垆"。《释名·释地》："土青曰黎。似黎草色也。"还假借为"耆"。《墨子·明鬼下》"播弃黎老，贼诛孩子。"还假借为"藜"。《淮南子·时则》："黎莠、蓬蒿并兴。"也假借为"莉"、"犁"、"藜"、"璨"、"迟"、"直"等。（王志平）

香部

香 xiāng 晓纽、阳部；晓纽、阳韵、许良切。

1《说文》147页。2《汉印徵》卷7，12页。3《篆隶表》488页。

会意字。《说文》："香，芳也。从黍，从甘。《春秋传》曰：黍稷馨香。"本义是指谷物的芳香。《诗·周颂·载芟》："有飶其香。"后泛指香气以及其他气味。《周礼·天官·庖人》："春行羔豚，膳膏香。"郑玄注："膏香，牛脂也。以牛脂和之。"这是指牛油的气味。"香"还可以作名词，指某种"香料"。"香"也假借为"乡"、"飨"、"馨"等。（王志平）

馨 xīn 晓纽、耕部；晓纽、青韵、呼刑切。

1《说文》147页。2《篆隶表》488页。

形声字。《说文》："馨，香之远闻者。从香，殸声。殸，籀文磬。"按照韵书所说，"馨"本来应该读为xīng，今音为xīn是俗读。"馨"的本义是"香之远闻者"。《左传·僖公五年》："黍稷非馨，明德惟馨。"杜预注："馨香之远闻。"后也泛指一般的香气。也引申为芳香之物。《楚辞·九歌》："折芳馨兮遗所思。"（王志平）

馥 fù 并纽、觉部；并纽、屋韵、房六切。
　　 bì 并纽、觉部；并纽、职韵、符逼切。

1《说文》147页。2《汉印徵》卷7，12页上。

形声字。此字《说文》所无，为徐铉所增的新附字。《说文》："馥，香气芬馥也。从香，复声。"此训实际上是"苾"的假借字，《说文·草部》："苾，馨香也。从草，必声。"字亦作"佖"或"飶"。《玉篇·香部》："馥，皮逼、扶福二切。香也。"也指香气浓郁。《易林·复之艮》："秋兰芬馥，盈满箧筐。"（王志平）

米部

米 mǐ 明纽、脂部；明纽、荠韵、莫礼切。

米

商 西周 战国 《说文》小篆 汉 楷书

1《甲文编》313页。2《金文编》508页。3《汉语字形表》282页。4《说文》147页。5《隶辨》382页。

象形字。像一堆米粒之形。原像在一横的上下各有三点,各个点都像米粒之形。后来上下中间的两点都变成长竖,又后来两个长竖连在一起,与原有的一横交叉成十字形。楷书化后,下面左右的两点分别变成了一撇一捺,本义是去掉皮的粮食作物的子实。《说文》:"米,粟食也。"《周礼·地官·舍人》:"掌米粟之出入,辨其物。"《史记·货殖列传》:"楚汉相距荥阳也,民不得耕种,米石至万。"后词义泛化,指所有脱去皮的籽粒,如花生米。又引申指像细米一样的绣纹,还引申作量词,表示少量。(张玉金)

梁 liáng 来纽、阳部；来纽、阳韵、吕张切。

西周 春秋 战国 《说文》小篆 汉 楷书
西周 西周

1—4《金文编》508页。5《战文编》488页。6《说文》147页。7《隶辨》224页。

形声字。从米,刅(古"创"字)声。"梁"字的声符初为"刅",后来有的改为"㓕"(古"创"字),有的改为"汈"(古"梁"字)。西周文字中的"梁"或作"䢄",此当是由"㓕"和"汈"构成的双声字,共用一个偏旁"刀","刀"为"刅"之省。从"汈"声的"梁"后来通行开来,一直传到今天。声符"㓕"中的"刅"有被省去两点而成"刀"形的,声符"汈"中的"刅"也有被省去两点而与"亡"字类似的。本义是指高粱。《说文》:"梁,米名也。"《篇海类编·食货类·米部》:"梁,似粟而大,有黄青白三种,又有赤黑色者。"《本草纲目·谷部·梁》:"自汉以后,始以大而毛长者为梁,细而毛短者为粟。"这里的"粟"即指谷子。《诗·小雅·甫田》:"黍稷稻梁,农夫之庆。"(张玉金)

粲 càn 清纽、元部；清纽、翰韵、苍案切。

战国 《说文》小篆 汉 楷书

1《古文典》1044页。2《说文》147页。3《隶辨》573页。

形声字。从米,奴(cān)声。隶书将"歺"讹变为"夕"。楷书是由篆文的写法变来的。本义是精米,即舂得精细的白米。《诗·郑风·缁衣》:"适子之馆兮,还,予授子之粲兮。"由本义引申有晶莹明亮的意思。三国魏曹植《赠徐幹》:"众星粲以繁。"表达这个意义的"粲"后来又被加上"火"字旁写成"燦"(今简化为"灿"),所以"粲"和"燦"是古今字的关系。(张玉金)

糲(粝) lì 来纽、月部；来纽、祭韵、力制切。

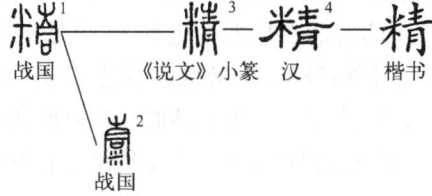
秦 《说文》小篆 楷书
楷书 楷书

1《睡甲》112页。2《说文》147页。

形声字。本作"糲",从米,萬声。后来由于语音的演变,"萬(万)"已不能准确地表达"粝"字的声音了,到了楷书里声符被改成了"厲(厉)"。但楷书里也有从"萬(万)"的写法。简化汉字时,"糲"被用偏旁简化法简化为"粝"。本义是粗米。《说文》:"糲,粟重一䄷为十六斗太半斗,舂为米一斛曰糲。"(䄷,shí,一百二十斤。太半斗,即大半斗。斛,hú,十斗)《汉书·司马迁传》:"糲粱之食,藜藿之羹。"(张玉金)

精 jīng 精纽、耕部；精纽、清韵、子盈切。

战国 《说文》小篆 汉 楷书
战国

1、2《古文典》822页。3《说文》147页。4《隶辨》256页。

形声字。从米,青声。本义是纯净的米。《庄子·人间世》:"鼓筴播精,足以食十人"。引申为精细、精华等。"精"在古代可假借为"晴"。《史记·天官书》:"天精而见景星。"("景星"为星名)这种用法的"精"应读为qíng。声符"青"字的下部原为"丹",后变为"月",与"月(yuè)"同形了。(张玉金)

米部

粗 cū 从纽、鱼部；从纽、姥韵、徂古切。

粗¹—粗
《说文》小篆　楷书

1《说文》147页。

形声字。从米，且声。本义是粗粮。《庄子·人间世》："吾食也执粗而不臧。"（臧：zāng，精美）引申为粗糙、不精致及粗大等意义。古代常借"麤"为"粗"。《左传·哀公十三年》："粱则无矣，麤则有之。"（"粱"指细粮）"麤"的本义，《说文·麤部》解释为"行超远也"，字从三个"鹿"会意。"麤"作为"粗"的通假字，在古代非常常见。例如《列子·说符》："得其精而忘其麤。"《史记·乐书》："其声麤以厉。"简化汉字时把"麤"作为"粗"的异体字精简掉了。（张玉金）

糵（蘖）niè 疑纽、月部；疑纽、薛韵、鱼列切。

糵¹—蘖²—蘖³—蘖
《说文》小篆　汉　汉　楷书
　　　　　　　　　糵
　　　　　　　　　楷书

1《说文》147页。2《马王堆》297页。3《隶书典》321页。

形声字。从米，辥声。"糵"字上部的声符本作"辥"，后来为了使字形匀称，在字的右上角也加上"屮"，这样字的上部就变成了"薛"。隶书以后，这个字基本都写成"蘖"，但"糵"的写法在楷书中也有。本义是指种子发出的芽儿。《说文》："糵，牙米也。"不过，"蘖"在古籍中常见的意义不是"芽米"，而是酒曲。《书·说命》："尔惟曲蘖。"《礼记·礼运》："礼之于人，犹酒之有蘖也。"（张玉金）

粒 lì 来纽、缉部；来纽、缉韵、力入切。

䉼¹—粒²—粒
《说文》古文《说文》小篆　楷书

1、2《说文》147页。

形声字。《说文》古文为从食，立声；《说文》小篆为从米，立声。此后沿袭了《说文》小篆的写法。本义是米粒。《孟子·滕文公上》："乐岁粒米狼戾。"（乐岁：丰年。狼戾：犹狼藉，指散乱丢在地上）也泛指粮食。《礼记·王制》："北方曰狄，衣羽毛，穴居，有不粒食者矣。"（不粒食：不以粮食为主食）（张玉金）

糁（糝）sǎn 心纽、侵部；心纽、感韵、桑感切。

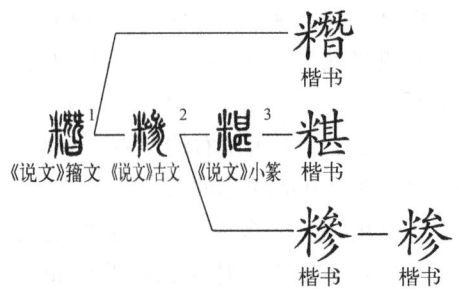

1、2、3《说文》147页。

形声字。《说文》籀文是从米，朁声；《说文》古文改为从米，参声；《说文》小篆改为从米，甚声。后世主要沿袭了小篆的写法，但是还有直接继承《说文》籀文的楷书"糂"和直接继承《说文》古文的楷书"糁"。"糁"、"糝"、"糂"三者为异体字的关系。本义是用米饭拌羹汤。《墨子·非儒下》："孔某穷于蔡陈之间，藜羹不糂。"同样的意思，在《庄子·让王》中写成："孔子穷于陈、蔡之间，七日不火食，藜羹不糝。""糝"在古籍中更为常用，今简化作"糁"。（张玉金）

糜 mí 明纽、歌韵；明纽、支韵、靡为切。

糜¹—糜²—糜
《说文》小篆　汉　楷书

1《说文》147页。2《隶辨》30页。

形声字。篆文从米，麻声。隶书从米，靡声。楷书沿袭了篆文的写法。本义是粥。《礼记·问丧》："故邻里为之糜粥，以饮食之。"粥一般都煮得比较烂，所以"糜"又引申有碎烂的意思。《字汇·米部》："糜，烂也。"《孟子·尽心下》："梁惠王以土地之故，糜烂其民而战之，大败。"还引申有耗费、米麦碎粒的意思。字还通假为"眉"。《字汇补·米部》："糜，与眉同。"（张玉金）

糟 zāo 精纽、幽部；精纽、豪韵、作曹切。

糟¹—糟²—糟
《说文》籀文《说文》小篆　楷书

1、2《说文》147页。

形声字。《说文》籀文是从酉(本像酒坛子等容器形)，
棘(cáo)声。《说文》篆文为从米，曹声。后世沿用的是小
篆的写法。"糟"的声符"曹"(篆文写法)的上部本为"棘"，
后来它的下部被省掉了，变成"甴"；再后来将两部分合
并在一起变成"曲"。《说文》："糟，酒滓也。"意思是说
"糟"的本义是指酒的渣滓，即酒糟。其实，"糟"的本义
应是指未经过滤的带渣滓的酒。《礼记·内则》："稻醴清
糟，黍醴清糟，粱醴清糟。"后引申为过滤后剩下的渣滓，
即酒糟。《楚辞·渔父》："众人皆醉，何不铺其糟而歠其
醨。"(歠：chuò，喝。醨：薄酒，淡酒)(张玉金)

糒 bèi 並纽、脂部；並纽、至韵、平秘切。

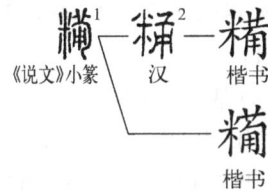

1《说文》147页。2《篆隶表》156页。

形声字。从米，葡声。从汉代开始，对字的声符有所
简化。楷书主要沿袭汉代隶书的写法，但也有直接由小
篆变来的写法。本义是干粮。《说文》："糒，干饭也。"
《玉篇·米部》："糒，干饭"。《史记·李将军列传》："大将
军使长使持糒醪遗广。"(醪：láo，浊酒。遗：wèi，送给)(张
玉金)

糗 qiǔ 溪纽、幽部；溪纽、有韵、去久切。

1《汉语字形表》282页。2《说文》147页。

形声字。从米，臭声。本义是干粮，即指炒熟的米麦
等。《孟子·尽心下》："舜之饭糗茹草也，若将终身也。"
(饭、茹：吃)(张玉金)

糈 xǔ 心纽、鱼部；心纽、语韵、私吕切。

1《说文》147页。

形声字。从米，胥声。本义是粮食。《说文》："糈，粮

也。"《史记·货殖列传》："医方诸食技术之人，焦神极
能，为重糈也。"又引申有粮饷、米饭和祭神用的精米等
意义。(张玉金)

糧(粮) liáng 来纽、阳部；来纽、阳韵、吕张切。

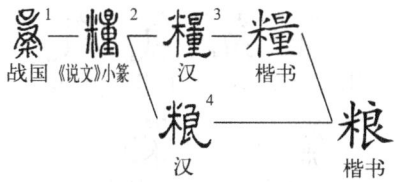

1《战文编》489页。2《说文》147页。3、4
《隶辨》224页。

形声字。从米，量声。在汉代的隶书中，"粮"有两种
写法，一是沿袭篆文的写法，写作"糧"，楷书中也有"糧"
字；二是把声符"量"改成"良"的写法"粮"。本义是干粮。
《诗·大雅·公刘》："乃裹餱粮。"(餱：hóu，干粮)又泛指
粮食。《左传·哀公十三年》："吴申叔仪乞粮于公孙有山
氏。"在先秦传世文献中已见到"粮"字，如《墨子·鲁问》：
"攻其邻家，杀其人民，取其狗豕食粮衣裘。"尽管已出现
了"粮"，但"糧"一直是正体。直到新中国成立后整理汉
字时，才以"粮"为正体，而"糧"则被废弃了。(张玉金)

糴 dí 定纽、药部；定纽、锡韵、徒历切。

1《汉语字形表》283页。2《说文》147页。3
《隶辨》739页。

形声字。从米，翟声。本义是粮食。《说文》："糴，谷
也。""糴"(dí)和"糶"(tiào)两字都从这个字。"糴"
由"入"和"糶"构成会意字，意思是买米；"糶"由"出"和
"糶"构成会意字，意思是卖米。(张玉金)

粹 cuì 心纽、物部；心纽、至韵、虽遂切。

1《说文》148页。2《隶辨》489页。

形声字。从米，卒声。本义是指纯净无杂质的米。
《说文》："粹，不杂也。"段玉裁注："粹，本是精米之称。"

引申指没有杂质、纯粹。《庄子·刻意》："无所于逆，纯之至也。"又引申指精华、美好、精通等意义。还通假为"萃"，有全、聚的意思。（张玉金）

氣(气)

qì 溪纽、微部；溪纽、未韵、去既切。
xì 晓纽、物部；晓纽、未韵、许既切。

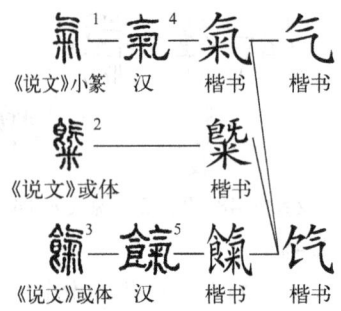

1、2、3《说文》148页。4、5《隶辨》508页。

形声字。《说文》小篆正体为从米，气声，《说文》小篆的第一个或体是从米，既声，第二个或体是从食，氣声。本义是赠送（粮食），这种意义读xì。《说文》："氣，馈客刍米也。"《左传·僖公十五年》："是岁晋又饥，秦伯又氣之粟。""气"和"氣"本是两个不同的字。甲骨文"气"字作"三"形，像云层之形，本义是云气，泛指气体。但是在古籍中往往不用"气"字，而是借用"氣"字表达云气之义。此种意义的氣读qì。"氣"既常表达此义，它的本义就用"餼"字表示。"餼"是在"氣"的基础上产生的，是在"氣"的右侧加形符"食"而形成的，"氣"和"餼"是古今字的关系。新中国成立后简化汉字时，表示云气意义的"氣"被废弃，重新恢复了它的古体"气"。"餼"字被简化为"饩"，运用的是偏旁简化的方法。"氣"被作为"饩"的异体废弃掉了。（张玉金）

粉

fěn 帮纽、文部；非纽、吻韵、方吻切。

1《战文编》489页。2《说文》148页。3、4《马王堆》295页。5《隶辨》392页。

形声字。从米，分声。本义是用米豆等加工成的粉末。《正字通·米部》："凡物硙之如屑者皆曰粉。"《周礼·天官·笾人》："羞笾之实，糗饵粉餈。"郑玄注引郑司农云："粉，豆屑也。"引申指化妆用的粉末。《说文》："粉，傅面者也。"宋玉《登徒子好色赋》："东家之子，增一分则太长，减一分则太短，着粉则太白，施朱则太赤。"又引申为擦粉、绘画用的颜料。还引申有粉碎、用淀粉制成的食品等意义。（张玉金）

竊(窃)

qiè 清纽、质部；清纽、屑韵、千结切。

1《说文》148页。2《马王堆》296页。3、4《隶辨》694页。

这个字原来应是从"穴"从"糒"的。在《说文》小篆里，"萬"讹变为"廿"和"禼"，一分为二。《说文》认为此字"从穴从米，禼、廿皆声"，这是不对的。到了汉代帛书里，此字是从"宀"从"糒"的，在汉隶阶段"宀"、"穴"两个偏旁经常相混。今隶以后，此字都是从"穴"的。今隶一般都省去"廿"形。楷书中则把"廿"变为一撇，加在"米"字之上。竊字本义为盗。《说文》："盗自中出曰竊。"《周礼·地官·山虞》："凡竊木者，有刑罚。"郑玄注："竊，盗也。"引申有私自、暗自义。《论语·述而》："竊比于我老彭。"《孟子·尽心上》："竊负而逃。"东晋时代，已经出现了"窃"字。"窃"是个形声字，它保留了"竊"字中的"穴"，作为意符，另在"穴"下加"切"作为声符。新中国成立后简化汉字时，把"窃"作为正式简体字，而把"竊"废弃掉了。（张玉金）

粻(粻)

zhāng 端纽、阳部；知纽、阳韵、陟良切。

1《说文》148页。

形声字。从米，長(长)声。本义是粮。《说文》："粻，食米也。"《诗·大雅·崧高》："以峙其粻，式遄其行。"（"峙"，通"庤"，储存）郑玄笺："粻，粮也。"新中国成立后简化汉字时，"粻"被用偏旁简化法简化为"粻"。（张玉金）

粕

pò 滂纽、铎部；滂纽、铎韵、匹各切。

粕¹—粕
《说文》新附　楷书

1 《说文》148页。

形声字。从米,白声。本义是糟粕、酒糟。《说文》:"粕,糟粕,酒滓也。"(张玉金)

糉(粽)

zòng　精纽、东部;精纽、送韵、作弄切。

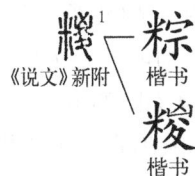

1 《说文》148页。

形声字。小篆是从米,㚇声。楷书"糉"直接沿袭了小篆的写法。但在楷书中声符有被改为"宗"的。"粽"出现较早,《广韵·送韵》里把"粽"作为"糉"的俗字。南朝梁吴均《续齐谐记》:"今五月五日作粽,并带楝叶,五花丝。"新中国成立后整理汉字时,把"粽"作为规范字,而"糉"则被作为异体字废弃了。字的本义是指一种用箬叶、芦叶包裹糯米或粘黍做成的食品。《说文》:"糉,芦叶裹米也。"晋周处《风土记》:"俗以菰叶裹黍米,以淳浓灰汁煮之令烂熟,于五月五日及夏至啖之,一名糉,一名角黍。"(张玉金)

糖

táng　定纽、阳部;定纽、唐韵、徒郎切。

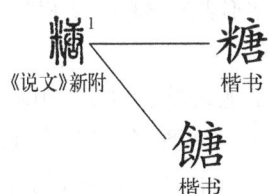

1 《说文》148页。

形声字。从米,唐声。本义是从甘蔗、米麦、甜菜等提炼出来的甜食品。《说文》:"糖,饴也。"《南齐书·周颙传》:"蟹之将糖,躁扰弥甚。"今多指一类有机化合物,如"葡萄糖"。楷书"糖"直接沿袭小篆的写法。此外,古代还写作"餹",这是把形符"米"换成"食"字旁。汉扬雄《方言》:"锡谓之餹。"("锡"指饴糖)"糖"和"餹"为异体字关系。新中国成立后整理汉字时,以"糖"为规范字,而把"餹"作为异体字。(张玉金)

毇 部

毇　huǐ　晓纽、微部;晓纽、纸韵、许委切。

毇¹—毇
《说文》小篆　楷书

1 《说文》148页。

会意字。从臼,从米,从殳。"殳"本像人手拿器,表示打的意思。"臼"是捣米用的捣缸。整个字表示手拿器具在"臼"中捣米的意思。本义是将米舂得精细。《说文》:"毇,米一斛舂为八斗也。"段玉裁注:"粝米一斛舂为九斗也。"《淮南子·主术》:"太羹不和,粢食不毇。"高诱注:"毇,细也。"(粢,zī,指各种谷物)(张玉金)

糳

zuò　精纽、铎部;精纽、铎韵、则落切。

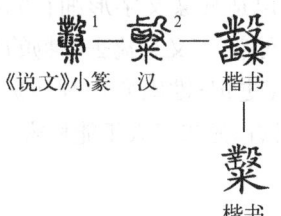

1 《说文》148页。2 《马王堆》297页。

形声字。从毇,丵声。本义是舂米。《广雅·释诂四》:"糳,舂也。"《楚辞·九章·惜诵》:"捣木兰以矫蕙兮,糳申椒以为粮。"又引申为舂得精细的米。《说文》:"粝米一斛舂为九斗曰糳。"《广韵·铎部》:"糳,精细米也。"还引申为细小、小。《广雅·释诂二》:"糳,小也。""糳"字的左侧"丵"与"凿"十分类似,后来发生混同。"糳"是"糳"的俗字。宋王禹偁《酬种放征君》:"卜居杂民甿,致养无精糳。"(张玉金)

臼 部

臼　jiù　群纽、幽部;群纽、有韵、其九切。

臼¹—臼²—臼³—臼
战国　《说文》小篆　汉　楷书

1 《汉语字形表》283页。2 《说文》148页。3 《隶辨》879页。

象形字。像舂米用的里面有沟槽的捣缸形。篆文中为了使字形美观,把表示臼的口部的笔画向内翻卷。到了隶书、楷书里,为了便于书写,把表示沟槽的笔画减少了两个。本义是指舂米用的捣缸。《说文》:"臼,舂也。古者掘地为臼,其后穿木石。"《易·系辞下》:"断木为杵,掘地为臼。"(杵:chǔ,舂米用的棒槌)(张玉金)

舂 chōng 书纽、东部；书纽、锺韵、书容切。

1《甲文编》314页。2《金文编》508页。3《战文编》491页。4《说文》148页。5《隶辨》16页。

会意字。像双手握着舂杵在捣缸中捣米之形。甲骨文中为了使字形美观,在表示杵子的笔画的下端加上了一个装饰性的笔画。金文中把这一笔画移到了上端,又在下端另加上一个圆点,表示装饰。这一圆点到篆文中又变成了一短横。另外,表示捣缸中的沟槽的笔画到篆文中变成四个,以适应篆文字形细长的特点,到了隶楷阶段,又减少为两个。本义是舂去谷物的外壳。《说文》:"舂,捣粟也。"《史记·淮南衡山列传》:"一尺布,尚可缝;一斗粟,尚可舂。兄弟二人不能相容。"(张玉金)

舀 yǎo 喻纽、幽韵；以纽、小韵、以沼切。

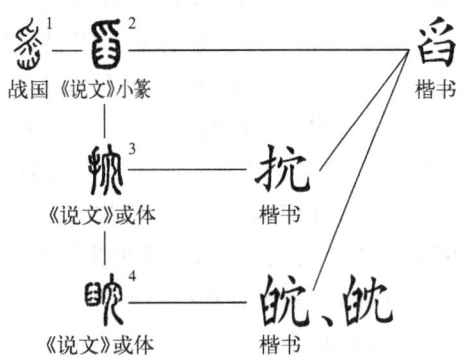

1《战文编》491页。2、3、4《说文》148页。

会意字。像人手从捣缸(臼)中掏取所舂米的样子。在楷书中,"舀"字上部的手形本作"爪",或变作"爫"形,为了便于书写后来又变作"⺈",即一撇的下面变成了两个右点,一个左点。本义是用瓢、勺挹取东西。《说文》:"舀,抒臼也。从爪、臼。《诗》曰:'或簸或舀。'"段玉裁注:"抒,挹也。既舂之,乃于臼中挹出之。今人凡酌彼注此皆曰舀,其引申语也。"唐张汝《妆楼记·半阳泉》:"半阳泉,世传织女送董子经此,董子思饮,(织女)舀此水与之。"《说文》中还收录了"舀"的两个异体字"䆃"和"𤓫"。这两个异体字中的"𤓫",《说文》认为是"宂",朱骏声认为是"尢",起表音作用,还有人认为是"穴"。是"穴"的可能性大,《广韵·小韵》就把"䆃"字隶定为"𣎳"。"𤓫"可解为会意字,以手挹穴。"䆃"是"臼"和"穴"会意,也可表示挹取之义。楷书中"䆃"还有一个变体"𤓫"。在今天,"抗"、"䆃"、"𤓫"都被废弃了。(张玉金)

臽 xiàn 匣纽、侵部；匣纽、陷韵、户䰙切。

1《甲文编》314页。2《金文编》509页。3《说文》148页。4《隶辨》633页。

会意字。像人掉入陷阱之中的样子。本义是落入陷阱或坑中。马王堆汉墓帛书《春秋事语》:"有绝其凡而臽之深。"后来这个意义用"陷"表示,"陷"是在"臽"字的左侧加上形符"阜(阝)"构成的。"臽"也指陷阱或坑。汉王充《论衡·讥日》:"《葬历》曰:葬避九空地臽,及日之刚柔,月之奇耦。"这个意义后来也用"陷"字表示。"臽"、"陷"为古今字的关系。(张玉金)

凶 部

凶 xiōng 晓纽、东部；晓纽、钟韵、许容切。

1《汉语字形表》283页。2《说文》148页。3《隶辨》18页。

象形字。像穿地为坑、有物交相陷入其中之形。本义是险恶、不吉利。《尔雅·释言》:"凶,咎也。"《诗·王风·兔爰》:"我生之后,逢此百凶,尚寐无聪。"郑玄笺:"百凶者,王构怨连祸之凶。"引申有凶恶、恶人、夭亡、饥荒、厉害等意义,还指杀人或伤人的行为,如"行凶"。(张玉金)

兇 xiōng 晓纽、东部；晓纽、钟韵、许容切。

1《汉语字形表》283页。2《说文》148页。3《隶辨》19页。

会意兼形声字。从人(后来变形为"儿"),从凶,凶也表音。本义是恐惧。《说文》:"兇,扰恐也。从人在凶下。"《左传·僖公十三年》:"曹人兇惧。"后来"兇"也表示凶恶的意思,这样跟"凶"字就同音同义了,实际上成了异体字的关系。新中国成立以后整理汉字时,把"兇"作为"凶"的异体而废弃了。(张玉金)

朩 部

朩 pìn 滂纽、真部;滂纽、震韵、匹刃切。

朩¹—朩²—朩
《说文》小篆 汉 楷书

1《说文》149页。2《隶辨》880页。

会意字。《说文》:"从屮,八象枲之皮茎也。"段玉裁注:"从屮,象枲茎;八,象枲皮,两旁者其皮分离之象也。"本义是剥取枲杆上的皮。《说文》:"朩,分枲茎皮也。"宋育仁部首笺正:"分枲茎皮者,谓剥取枲之茎皮也。"此字在古籍中见不到,"枲"字以它为意符。楷书中为了让它与"木"区别开来,右下角的一笔写成"乚"而不写成"丶"。(张玉金)

枲 xǐ 心纽、之部;心纽、止韵、胥里切。

绿¹—枲²—枲
《说文》籀文《说文》小篆 楷书

1、2《说文》149页。

形声字。《说文》籀文为从枾,辞声。《说文》小篆改为从朩,台声。本义是麻。《说文》:"枲,麻也。"《仪礼·丧服礼》:"牡麻者,枲麻也。"篆文中此字的下部为"朩",但楷书中通常写作"木",与"木"字同形。(张玉金)

枾 部

枾 pài 滂纽、支部;滂纽、卦韵、匹卦切。

枾¹—枾²—枾³—枾
战国 《说文》小篆 汉 楷书

1《战文编》492页。2《说文》149页。3《隶辨》880页。

会意字。从二朩。"朩"音pìn,本义是剥取麻杆之皮的意思。"枾"本义是麻。《说文》:"枾,葩之总名也。枾之为言微也,微纤为功。"《广韵·卦韵》:"枾,麻纻。"此字在楷书中左右两部分均不写成"木",即与"林"相区别,又与"枾"(俗称"柿",音fèi,指削木或削下的木皮)相区别。(张玉金)

檾 qǐng 溪纽、耕部;溪纽、静韵、去颖切。

檾¹—檾
《说文》小篆 楷书

1《说文》149页。

形声字。从枾,熒(荧)省声。本义是一种麻类植物。《说文》:"檾,枲属。《诗》曰:衣锦檾衣。"宋苏轼《浣溪沙·徐门石潭谢雨道上作五首》:"麻叶层层檾叶光,谁家煮茧一村香。"现代汉字中,"檾"字的下部作"林",是同形混讹。(张玉金)

㪔 sàn 心纽、元部;心纽、翰韵、苏旰切。
sǎn 心纽、元部;心纽、旱韵、苏旱切。

㪔¹—㪔²—㪔³—㪔
西周 西周《说文》小篆 楷书

1、2《金文编》509页。3《说文》149页。

会意字。从攴,从枾。"攴"本像人手拿器械之形,这里表示分离这种动作;"枾"是剥取麻杆皮的意思,皮与麻杆分离。本义是分离、分散。《说文》:"㪔,分离也。"《玉篇·枾部》:"㪔,分离也,称也。亦作散。"《晋语·国传十》:"殿中兵今至,汝属无类矣。众皆㪔走。"此字是"散(散)"的本字,但古籍中一般都借用"散"字表示分离、分散之义。"散"字本从肉(楷书中变为"月")、㪔声。本义是杂肉。(张玉金)

麻 部

麻 má 明纽、歌部;明纽、麻韵、莫霞切。

麻¹—麻²—麻³—麻⁴—麻⁵—麻⁶
西周 春秋 战国《说文》小篆 汉 汉 楷书

1、2《汉语字形表》283页。3《战文编》492页。4《说文》149页。5《马王堆》299页。6《隶辨》215页。

会意字。本从厂(hǎn)、从枾。"厂"字像山石崖岩之形,人可以居住,此处表示剥麻或放麻的处所;"枾"字是剥取麻杆之皮的意思。本义是大麻。《说文》:"麻与枾同。"《诗·齐风·南山》:"艺麻如之何?衡从其亩。"("艺"即"藝",今简化为"艺",种植)引申指麻的茎皮纤维。又引申有用麻布制成的丧服、麻布带子、不光滑等意义。"麻"字本从"厂",从小篆开始变为从"广(yǎn)"。所以《说文》释为:"人所治,在屋下。从广,从枾。""麻"所从的"枾"在隶变后变形为"林",与"林"字同形了。(张玉金)

朩部

朩 shú 书纽、觉部;书纽、屋韵、式竹切。

1《说文》149页。2《隶辨》880页。

会意字。《说文》认为:"朩,豆也。象朩(菽)豆生之形。"此说不正确。西周金文中有"𠬪"(叔卣),从又、从丬、从䒑。"又"表示手,丬像橛杙,䒑为土点。《说文》把"叔"解释为"汝南名收芉为叔"。西周金文中的"叔"正是以橛掘地收芉的象形。"朩"是西周金文"叔"字的省形,是篆文"朩"字的源头。古代称豆为菽,菽、朩同音,因此许慎发生了误会。古籍中,有"朩"借为"菽"的例子。《后汉书·光武帝纪》:"野谷旅生,麻朩尤盛。"(旅生:野生)(张玉金)

尗(豉) chǐ 禅纽、支部;禅纽、寘韵、是义切。

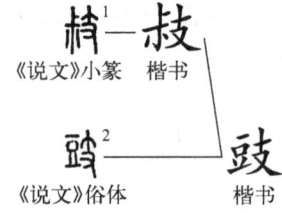

1、2《说文》149页。

形声字。《说文》小篆从朩,支声。小篆或体从豆,支声。"朩"有"豆"这样的假借义,因此两者作偏旁可通用。本义是豆豉(一种用煮熟的大豆发酵后制成的食品,供调味用,有咸、淡两种)。《玉篇·朩部》:"尗,以调五味也。今作豉。"《史记·货殖列传》:"糵麴盐豉千荅。"根据《说文》,"豉"是后出现的俗字,但是字形与字义的关系更为明显,因此后来比"尗"更为常用,甚至完全替代了它。(张玉金)

耑部

耑 duān 端纽、元部;端纽、桓韵、多官切。

1、2《甲文编》314页。3《汉语字形表》284页。4《战文编》492页。5《说文》149页。6《隶辨》881页。

象形字。甲骨文像草木出生之形。字的上部像植物初生渐生枝叶的形状,中间的一横代表地,下部则像其根的形状,上部的点代表土形。本义是开端。《说文》:"耑,物初生之题也。"《周礼·考工记·磬氏》:"已上则摩其旁,已下则摩其耑。"《汉书·艺文志》:"言感物造耑,材知深美。"颜师古注:"耑,古端字。"开端、发端本来用"耑"字表示,后来借用意义为"端正"的"端","耑"就逐渐被废弃了。(张玉金)

韭部

韭 jiǔ 见纽、之部;见纽、有韵、举有切。

1《战文编》493页。2《说文》149页。3《隶辨》881页。

象形字。这个字下边的"一"表示地的意思,"一"上的"非"像韭之形。本义是韭菜。《说文》:"韭,菜名。一種而久者,故谓之韭。象形,在一之上。一,地也。此与耑同意。"《诗·豳风·七月》:"四之日其蚤,献羔祭韭。"由于字形演变,一般人已不知道"韭"字就像韭菜形,于是又在字的上面加上意符"艸"写作"韮"。《广韵·有韵》:"韭,俗作韮。"宋苏轼《春菜》:"蔓菁宿根已生叶,韭芽戴土拳如蕨。""韮"是"韭"的后起俗字,新中国成立后整理汉字时把"韮"废弃了。(张玉金)

齏(齑) jī 精纽、脂部;精纽、齐韵、祖稽切。

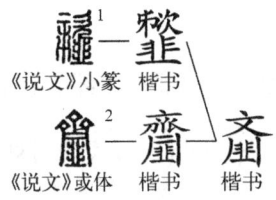

1、2《说文》149页。

形声字。《说文》小篆从韭,次、弅都是声符;《说文》小篆或体从韭,齐声。本义是指用酱拌和所细切的菜或肉。《周礼·天官·醢人》:"王举则共醢六十瓮,以五齐、七醢、七菹、三臡实之。"郑玄注:"齐,当为齑……凡醢酱所和,细切为齑。"引申指细的或碎的,如"齑粉"。"韲"原为正体,而"齏"为或体。后来都用或体"齏",正体反被淘汰了。汉字简化方案中"齏"被简化为"齑",用的是偏旁简化法。(张玉金)

韱 xiān 心纽、谈部;心纽、盐韵、息廉切。

1《说文》149页。

形声字。从韭,𢦏声。本义是山韭(也叫山葱)。《本草纲目·菜部·山韭》:"苏颂曰:韱,山韭也。形性亦与家韭相类,但根白,叶如灯心苗耳。时珍曰:《尔雅》云:韱,山韭也;许慎《说文》云:韱,山韭也。"此字可通假为"纤(纤)",有细、少的意思。(张玉金)

瓜 部

瓜 guā 见纽、鱼部;见纽、麻韵、古华切。

1《汉语字形表》284页。2《说文》149页。3《隶辨》217页。

象形字。像蔓上长的瓜形。本义是各种瓜的通称。《说文》:"瓜,蓏也。"《字汇·瓜部》:"瓜,种类不一,俱从蔓生。"《诗·豳风·七月》:"七月食瓜,八月断壶。"引申指瓜熟的时候和头部像瓜的一种武器。还通假为"蜗"。《字汇补·瓜部》:"瓜,与蜗通。"楷书"瓜"保持着篆文的字形轮廓,而与"爪"有区别。(张玉金)

瓞 dié 定纽、质部;定纽、屑韵、徒结切。

1、2《说文》149页。

形声字。《说文》小篆为从瓜,失声;小篆或体为从瓜,弗声。本义是小瓜。《说文》:"瓞,瓝也。"《玉篇·瓜部》:"瓞,小瓜也。"《诗·大雅·绵》:"绵绵瓜瓞,民之初生,自土沮漆。"篆文中"𤓱"是"瓞"的俗体字,这种异体在楷书中也存在,但后来没有沿用下来。楷书中"瓞"还产生一个新的异体字"𤓳"(《龙龛手鉴·瓜部》:"𤓳,同瓞。"),这个异体也没有沿用下来。(张玉金)

瓠 部

瓠 hù 匣纽、鱼部;匣纽、暮韵、胡误切。

1《说文》150页。2《马王堆》301页。

形声字。从瓜,夸声。本义是葫芦。《说文》:"瓠,匏也。"《诗·小雅·南有嘉鱼》:"南有樛木,甘瓠累之。"毛传:"累,蔓也。""瓠"还有"壶"的意义,这时读为 hú。它还被用来记录联绵词"瓠落",这时它读为 huò。(张玉金)

瓢 piáo 并纽、宵部;并纽、宵韵、符霄切。

1《说文》150页。

形声字。《说文》认为是从瓠省,票声。实际上应是从瓜,票声。本义是剖葫芦做成的舀水盛酒器。清朱骏声《说文通训定声》:"一瓠劙为二曰瓢。"《论语·雍也》:"子曰:贤哉,回也!一箪食,一瓢饮,在陋巷,人不堪其忧,回也不改其乐。"引申有瓠瓜的意思。《玉篇·瓜部》:"瓢,瓠瓜也。"(张玉金)

宀 部

宀 mián 明纽、元部；明纽、仙韵、武延切。

商 商 《说文》小篆 汉 楷书

1、2《甲文编》314页。3《说文》150页。4《隶辨》882页。

象形字。像尖顶房屋的侧视形。甲骨文中表示房盖的笔画原与表示房墙的笔画分离，如同实物一样，后来为了便于书写，把两者连为一体。本义就是指房屋。《说文》："宀，交覆深屋也。"段玉裁注："古者屋四注，东西与南北，皆交覆。有堂有室，是为深屋。"《合集》295："丁卯卜：作宀于兆？勿作宀于兆？"（在丁卯这天占卜：是在兆建造房屋呢，还是不宜这样呢？）引申有覆盖的意思。《元包经·太阴》："乾，颠宀勺盈。"李江注："宀，覆。"此字最早见于甲骨文，可独立成字。但在古文献中罕见。在今天"宀"已不能单独成字，只能作偏旁了。（张玉金）

家 jiā 见纽、歌韵；见纽、麻韵、古牙切。

商 商 西周 西周 战国 《说文》小篆 汉 楷书

1、2、3《甲文编》315页。4、5、6《汉语字形表》284页。7《说文》150页。8《隶辨》217页。

会意兼形声字。《说文》："家，居也。从宀，豭省声。"又说："豭，牡豕也。"此说有据。在商代甲骨文中，"家"有两种写法，一种是"宀"（房屋的象形）中的豕为雄性的（腹部有突出的雄性生殖器），另一种较简单的写法，不强调性别。突出雄性生殖器的"豕"应是"豭"的象形初文，是兼称声符的。而不强调性别的"豕"则是省形。到了周代金文中以不强调性别的写法为主，后世的"家"字就是由这种写法演变而成。在商代甲骨文中，"家"中的"豕"大多是画出猪体的轮廓，也有只画出猪体的线条的，周代金文的"家"是由这种简便的写法演变而成。在甲骨文中出现了省略像豕的前蹄的笔画的写法，但周代金文则是由甲骨文的完整写法演变而成。另外，在周代金文中"豕"的原像猪的后蹄和猪尾的笔画是连成一笔的，一直到西汉隶书中才分成两笔，到了东汉隶书中又分成三笔，书写更便利了。（张玉金）

宅 zhái 定纽、铎部；澄纽、陌韵、场伯切。

商 西周 西周 春秋 春秋 战国 《说文》小篆 汉 楷书

《说文》古文 楷书

《说文》古文 楷书

1《甲文编》315页。2、3、4、5《汉语字形表》284页。6《战文编》494页。7、8、9《说文》150页。10《隶辨》719页。

形声字。从宀，乇声。甲骨文"宅"字声符"乇"的上部本来不是弯曲的，周代金文为了字形美观就把上部变成弯曲的。篆文"宅"字就是由这种写法演变成的。隶书则把篆文"乇"的上部变成一撇，这样"乇"就是三笔了。本义是住宅、房舍。《玉篇·宀部》："宅，人之居舍曰宅。"《书·多方》："今尔尚宅尔宅，畋尔田。"引申有住处、家、居住、居于、寄托、墓穴等意义。又通假为"咤"，指奠爵酒。《说文》古文作"宊"，加上了一个表示意义的偏旁"土"。古文或体作"厇"，其形旁由"宀"变为"广"。现在这两种写法都被淘汰了。（张玉金）

室 shì 书纽、质部；书纽、质韵、式质切。

商 西周 春秋 战国 《说文》小篆 汉 楷书

1《甲文编》315页。2、3《汉语字形表》285页。4《战文编》494页。5《说文》150页。6《隶辨》673页。

会意兼形声字。从宀，从至，至也表音。《说文》："室，实也。从宀，从至。至，所止也。"徐锴系传："室，实也。从宀，至声。室、屋皆从至，所止也。"本义是居室、房间。唐玄应《一切经音义》卷六："户外为堂，户内为室。"《论语·先进》："由也，升堂矣，未入于室也。"引申有房屋、家人、家产、妻子、朝廷、坟墓和刀剑的鞘等意义。（张玉金）

宣

xuān 心纽、元部；心纽、仙韵、须缘切。

向¹—＠²—＠³—宣⁴—宣⁵—宣⁶—宣
商　　西周　春秋　战国　《说文》小篆　汉　楷书

1《甲文编》316页。2、3《汉语字形表》285页。4《战文编》495页。5《说文》150页。6《隶辨》183页。

形声字。从宀，亘声。"宣"的声符本像一个旋涡之形，周代金文中在其上面或下面加上了一个装饰性的笔画。到战国秦代文字中则在上面和下面各加一个装饰性的笔画，或把原像旋涡形的笔画变成"日"形，以便于书写。本义是天子宣室。《说文》："宣，天子宣室也。从宀，亘声。"《淮南子·本经》："武王甲卒三千，破纣牧野，杀之于宣室。"引申有普遍、传播、宣扬等意义。(张玉金)

向

xiàng 晓纽、阳部；晓纽、漾韵、许亮切。

向¹—向²—向³—向⁴—向⁵—向⁶—向⁷
商　商　西周　西周　战国　《说文》小篆　汉　楷书

1、2《甲文编》316页。3、4、5《汉语字形表》285页。6《说文》150页。7《隶辨》604页。

会意字。从宀，从口。像一个人张嘴在室内说话产生回响。按照隶变的一般规律，"向"字应写作"宣"。但是为了字形的美观，汉代隶书没有把"宀"两端的笔画变短。到了楷书中，又把隶书"向"字上边的竖起的点变形为"撇"，以适应楷书的特点。本义就是回响(裘锡圭说)。但古书中"向"被假借表示朝北的窗户。《诗·豳风·七月》："塞向墐户。"(墐：jìn，用泥涂抹)引申为朝着、对着、方向等意义。"向"既有此假借义，它的本义就用"响"字表示。(张玉金)

宦

huàn 匣纽、元部；匣纽、谏韵、胡惯切。

宦¹—宦²—宦³—宦⁴—宦
西周　《说文》小篆　汉　汉　楷书

1《汉语字形表》289页。2《说文》150页。3《马王堆》304页。4《隶辨》578页。

会意字。从宀，从臣。本义是做官。《说文》："宦，仕也。"《广韵·谏韵》："宦，仕宦。"《左传·宣公二年》："及成公即位，乃宦卿之适子而为之田，以为公族。"杜预注："宦，仕也。为置田邑以为公族大夫。"引申有官职、学习官吏的事务、做贵族的奴仆、太监、阉等意义。还通假为"贯"(guàn)。清段玉裁《说文解字注》："宦，古贯、宦通用，故《魏风》'三岁贯女'，《鲁诗》作'宦女'。"(张玉金)

奥

ào 影纽、幽部；影纽、号韵、乌到切。

奥¹—奥²—奥
《说文》小篆　汉　楷书

1《说文》150页。2《隶辨》596页。

形声字。从宀，癸(juàn)声。字的形符"宀"后来变成"门"，跟"向"类似，声符"癸"中的双手形，到隶书中被合并为一长横和两点，到楷书中则变形为"大"。本义是室内西南角(古时祭祀设神主或尊长居坐之处)。《说文》："奥，宛也。室之西南隅。"《仪礼·士丧礼》："乃奠烛，升自阼阶，祝执巾席从，设于奥，东面。"引申有室内深处、幽深的地方、深、奥妙、主事人等意义。(张玉金)

宛

wǎn 影纽、元部；影纽、阮韵、於阮切。

宛¹—宛²—宛⁴—宛
战国　《说文》小篆　汉　楷书

宛³—宛
《说文》或体　楷书

1《战文编》495页。2、3《说文》150页。4《隶辨》396页。

形声字。从宀，夗声。本义是"屈草自覆"(把草弯曲用以覆盖自身)。小篆或体又从心。《说文》："宛，屈艸自覆也。从宀，夗声。宛，宛或从心。"徐灏注笺："夗者，屈曲之义，宛从宀，盖谓宫室窈然深曲，引申为凡圆曲之称，又为屈折之称。屈草自覆未详其指。"引申有弯曲、低洼、晃荡等意义。通假为"苑"，意义是枯死的样子。又通假为"蕴"(yùn)、"郁"(yù)。(张玉金)

宸

chén 禅纽、文部；禅纽、真韵、植邻切。

宸¹—宸
《说文》小篆　楷书

1《说文》150页。

形声字。从宀，辰声。本义是屋檐、屋边。《说文》："宸，屋宇也。"《国语·越语上》："君若不忘周室，而为敝邑宸宇，亦寡人之愿也。"引申有深邃的房屋、帝王的住

处、王位的代称等意义。（张玉金）

宇 yǔ 匣纽、鱼部；云纽、麌韵、王矩切。

1、2《汉语字形表》285页。3《战文编》495页。4、5《说文》150页。6、7《隶辨》367页。

形声字。从宀，于声。或从宀，禹声。本义是屋檐。《说文》："宇，屋边。"《易·系辞下》："后世圣人易之以宫室，上栋下宇，以待风雨。"《诗·豳风·七月》："七月在野，八月在宇，九月在户。"此字从西周时代起就有两种写法，或是于声，或是禹声。《说文》小篆以"于"为声符，《说文》籀文以"禹"为声符。今隶这两种写法都存在。但最后保留了"宇"这种写法，"寓"被淘汰了。（张玉金）

寏(奐) huán 匣纽、元部；匣纽、桓韵、胡官切。

1、2《汉语字形表》286页。3、4《说文》150页。

形声字。从宀，奐声。本义是围墙。《说文》："寏，周垣也。"桂馥义证："周垣也者，四面屏蔽也。亦谓之院落。"字的声符本作"奐"，1964年整理汉字字形时，去掉了里边的两点写成"奂"。"寏"的篆文或体作"院"，从阜，完声，这个"院"读huán。在《说文·阜部》还有一个"院"，此"院"读yuàn。读为huán的"院"今天已被废弃了。（张玉金）

宏 hóng 匣纽、蒸部；匣纽、耕韵、户萌切。

1《说文》150页。

形声字。从宀，厷声。本义是房屋幽深而有回响。《说文》："宏，屋深响也。"朱骏声通训定声："深大之屋，凡声如有应响。"引申有广大、广博、高远、发扬等意义。段玉裁《说文解字注》认为，《说文》"屋深响"中的"响"为衍文，"宏"的本义就是房屋深广。（张玉金）

宖 hóng 匣纽、蒸部；匣纽、耕韵、户萌切。

1《汉语字形表》286页。2《说文》150页。

形声字。从宀，弘声。本义是房屋幽深而有回响。《说文》："宖，屋响也。"朱骏声通训定声："《系传》引《鲁灵光殿赋》：'宖寥窔以峥嵘'，按此字即宏之或体。凡屋必深大乃响。""宖"与"宏"是异体字的关系。（张玉金）

康 kāng 溪纽、阳部；溪纽、唐韵、苦冈切。

1、2《汉语字形表》286页。3《说文》150页。

形声字。从宀，康声。本义是屋宇空阔。《说文》："康，屋康䆯也。"徐锴系传："屋虚大也。"引申有空虚之义。《玉篇·宀部》把"康"解释为"虚也，空也"。（张玉金）

宬 chéng 禅纽、耕部；禅纽、清韵、是征切。

1《说文》150页。

形声字。从宀，成声。本义是房屋所容纳、接受的东西。《说文》："宬，屋所容受也。"段玉裁注："宬之言盛也。"引申有容纳、容盛、藏书室等意义。（张玉金）

寍 níng 泥纽、耕部；泥纽、青韵、奴丁切。

1-4《汉语字形表》286页。5《说文》150页。

会意字。本像房中有器皿之形。人有吃的，有住处，即可安定。本义即是安定。《说文》："寍，安也。从宀，心在皿上。人之饮食器，所以安人。"段玉裁注："此安宁正字，今则宁行而寍废矣。"（张玉金）

定 dìng 定纽、耕部；定纽、径韵、徒径切。

商 西周 西周 春秋 战国 《说文》小篆 汉 楷书

1-5《汉语字形表》286页。6《说文》150页。7《隶辨》616页。

会意兼形声字。从宀，从正，正亦声。在商代甲骨文中，"定"的声符"正"是由一个口形和一个人脚形组成的。在西周金文中，这个口形变为填实的长方形或圆形。后来逐渐变为一横。值得注意的是，古文字中的"正"在楷书中大都作"正"形，但在"定"字中则变为"疋"形。本义是安定、使安定。《说文》："定，安也。"《易·家人》："正家而天下定矣。"引申有宁静、停止、专注、固定、必定等意义。（张玉金）

寔 shí 禅纽、锡部；禅纽、职韵、常职切。

《说文》小篆 楷书

1《说文》150页。

形声字。从宀，是声。此字的下部由"日"和"正"组成，其中的"正"后来变为"疋"。本义是停止。《说文》："寔，止也。"此字在古文献中多不用本义，一般用来表示假借义。可通"是"，有"这"的意思。《国语·晋语五》："赵穿攻灵公于桃园，迎公子黑臀而立之，寔为成公。"（寔为：这是）可以通"实"。《礼记·坊记》："寔受其福"。还可以通"寘"（zhì），有"放置"的意思。《易·坎》："寘于丛棘。"有的本子"寘"作"寔"。（张玉金）

安 ān 影纽、元部；影纽、寒韵、乌寒切。

商 西周 《说文》小篆 汉 楷书

商 西周 春秋 战国 战国

1-6《汉语字形表》287页。7《战文编》497页。8《说文》150页。9《隶辨》156页。

会意字。在商代甲骨文中，"安"字中的"女"的两边有时被加上装饰性的笔画（两点），到周代金文中只保留了一个点。这种写法与没有装饰性笔画的写法构成了异体。带一个装饰性笔画的写法一直到战国文字中还存在，但在小篆和隶书以后已不复存在了。《说文》："安，静也。从女在宀下。"徐锴系传："安，止也。从女在宀中。"以女人在居室中，会安静之义。本义就是安静。《尔雅·释诂下》："安，定也。"《诗·小雅·常棣》："丧乱既平，既安且宁。"引申有安定、安适、安全等意义。（张玉金）

宓 mì 明纽、质部；明纽、质韵、美笔切。

战国 《说文》小篆 楷书

1《战文编》497页。2《说文》150页。

形声字。从宀，必声。本义是安定。《说文》："宓，安也。从宀，必声。"段玉裁注："此字经典作'密'，'密'行而'宓'废矣。"《淮南子·览冥》："宓穆休于太祖之下。"引申有寂静、停止、秘密等意义。"宓"的各种意义后来用"密"表示，"密"本从山，宓声。本义是形状像堂屋的山。清段玉裁《说文解字注》："密，主谓山，假为精密字而本义废矣。"（张玉金）

宴 yàn 影纽、元部；影纽、霰韵、於甸切。

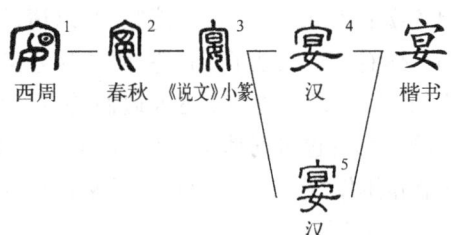

西周 春秋 《说文》小篆 汉 楷书

汉

1、2《汉语字形表》287页。3《说文》150页。4《熹平石经》。5《隶辨》581页。

形声字。从宀，妟(yàn)声。本义是安逸、安闲。《说文》："宴，安也。从宀，妟声。"《字汇·宀部》："宴，闲也。"《左传·闵公元年》："宴安酖毒。"孔颖达疏："宴安自逸，若酖毒之药。"引申有安居、安定、宴请、酒食、内室等意义。在古籍中，往往有"宴"不用，而借用"燕"字。"宴"还通假为"晏"，有晚、迟的意思；还通假为"曣"，指日出时散发的温润之气。"宴"隶书中有一个异体字，从宀，妟声。这个异体后来被废弃了。今天"宴"很常用，用来表示宴会的意义。（张玉金）

宗(寂) jì 从纽、觉部；从纽、锡韵、前历切。

宀部

𡨈 — 家 — 宋 — 寂
《说文》小篆　汉　楷书　楷书

1《说文》150页。2《隶辨》740页。

形声字。从宀，未声。本义是寂静。《说文》："宋，无人声。从宀，未声。"段玉裁注："宋，今字作寂。""宋"和"寂"是古今字的关系。《楚辞·九辩》："宋寥兮，收潦而水清。"王逸注："宋，一作寂。""寂"字从宀，叔声，后来它逐渐代替了"宋"字，而"宋"被废弃了。隶书中的"宋"作"家"，这是在"家"字中减去一撇一捺像"人"的部分，表示家中寂静无人之意。这个俗体在古代文献中很少使用，后来也被废弃了。（张玉金）

察 chá 清纽、月部；初纽、黠韵、初八切。

𥧁 — 𥧷 — 察 — 察 — 察
战国　《说文》小篆　汉　汉　楷书

1《战文编》498页。2《说文》150页。3《马王堆》307页。4《隶辨》693页。

形声字。从宀，祭声。"察"中声符"祭"的右上角本是"又"，像人右手形，在楷书中变形为"⺈"。本义是详审、细究。《说文》："察，覆也。从宀，祭。"徐锴系传："察，覆审也。从宀，祭声。"《尔雅·释诂下》："察，审也。"《左传·庄公十年》："小大之狱，虽不能察，必以情。"引申有考察、推举、细看、明了、辨别、清楚、明智等意义。"察"可通假为"蔡"，有野草之义；还可通假为"际（際）"，有到达、边沿等意义；也可通假为"杀"。在睡虎地秦简中，"察"有一个异体作"𥧁"，从宀，蔡声。后来这个异体没有沿用下来。（张玉金）

寴(亲) qīn 清纽、真部；清纽、真韵、七人切。

𡩝 — 寴 — 𡩦 — 寴 — 親 — 亲
商　西周　战国　《说文》小篆　楷书　楷书　楷书

1、2、3《汉语字形表》287页。4《说文》150页。

形声字。从宀，親声。本义是亲密无间。《说文》："寴，至也。从宀，親声。"段玉裁注："至者，亲密无间之意。《见部》曰：'親者，至也。'然则寴与親音义皆同。"《集韵·真部》："親，古作寴。"《泰山刻石》："寴輶远黎。""寴"后来并入"親"字之中，"親"又被简化为"亲"。（张玉金）

完 wán 匣纽、元部；匣纽、桓韵、胡官切。

完 — 完 — 完
《说文》小篆　汉　楷书

1《说文》150页。2《隶辨》159页。

形声字。从宀，元声。在汉代隶书中，把篆文"完"字声符"元"的右下角弯曲的笔画变成较直的笔画，后来逐渐定成竖弯钩。本义是完整、完好。《说文》："完，全也。从宀，元声。"《战国策·齐策四》："夫玉生于山，制则破焉；非弗宝贵矣，然夫璞不完。"引申有保全、坚固、修筑、缴纳、完成等意义。可通假为"院"，有墙垣的意义。（张玉金）

富 fù 帮纽、之部；非纽、宥韵、方副切。

畐 — 富 — 富 — 富 — 富 — 富
春秋　战国　《说文》小篆　汉　汉　楷书

1、2《汉语字形表》287页。3《说文》150页。4《马王堆》306页。5《隶辨》623页。

形声字。从宀，畐声。"富"字的声符本像一个酒坛子形，后来又在上部加上了一个装饰性的笔画；汉代隶书中又去掉这一装饰性笔画的写法。为了便于书写，原像酒坛颈部的笔画又与原像腹部的笔画分开，变成"口"和"田"。本义是完备。《说文》："富，备也。一曰厚也。从宀，畐声。"《易·系辞上》："富有之谓大业。"韩康伯注："广大悉备，故曰富有。"引申有多、财物多、财物、使富裕等意义。还通假为"福"，有降福、保佑的意义。（张玉金）

實(实) shí 船纽、质部；船纽、质韵、神质切。

實 — 實 — 實 — 實 — 實 — 實 — 實 — 实
西周　西周　春秋　战国　《说文》小篆　汉　楷书　楷书

1、2、3《汉语字形表》287页。4《战文编》499页。5《说文》150页。6《隶辨》666页。

会意字。西周金文有的从宀、从田、从贝，有房有田又有贝（古代货币）表示富有；西周金文有的从宀、从贯，"贯"本指穿钱用的绳索，这里指钱。小篆以后沿用了这种写法。本义是富裕。《说文》："實，富也。从宀，从贯。贯，货贝也。"段玉裁注："以货物充于屋下，是为实。"《汉书·食货志上》："食品货通，然后国实民富。"引申有财富、物资、满、盛、充实、坚实、果实、事实、真诚等意义。

可通假为"寔",相当于"是";还可通假为"至",读为zhì。"實"的偏旁"貫"新中国成立后简化汉字时被简化为"头"。(张玉金)

容 róng 喻纽、东部;以纽、钟韵、余封切。

1《汉语字形表》287页。2《战文编》499页。3、4《说文》150页。5《隶辨》17页。

会意兼形声字。从宀,从谷,谷亦声。本义是容纳、装盛。《说文》:"容,盛也。从宀、谷。"徐铉注:"屋与谷皆所以盛受也。"徐锴系传:"从宀,谷声。"《诗·卫风·河广》:"谁谓河广,曾不容刀。"引申有收留、容量、从容、宽容、容貌、装饰等意义。可通假为"公"(gōng),有共同的意思;还可通假为"庸"(yóng),有用、岂等意义。此字早期为纯形声字,如战国文字和《说文》古文都是从宀,公声,这种写法没有沿用下来。小篆以后变为从宀、从谷,谷亦声,这种写法沿用至今。另外,在先秦时期,容貌的"容"本作"颂",从页("页"表示人头),公声,后用"容"表示,"颂"只表示歌颂等意义。(张玉金)

宂(冗) rǒng 日纽、东部;日纽、肿韵、而陇切。

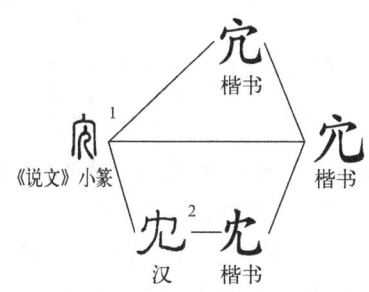

1《说文》151页。2《隶辨》328页。

会意字。从宀,从人。像人在屋中。此字本从宀、从人,但到了隶书中,"宀"变成"冖","人"变为撇和竖弯钩,成了"尢"形,与"尢"同形。楷书中为了与"尢"区别,则变为"宂",上仍从"冖",下边的"人"变形为"儿"。本义是闲散。《说文》:"宂,㪔也。从宀,人在屋下,无田事。"徐锴系传"㪔"作"散"。汉荀悦《申鉴·时事》:"必也正贪禄,省闲宂。"引申有多余、庸劣、繁杂、离散、邪僻等意义。(张玉金)

寶(宝) bǎo 帮纽、幽部;帮纽、皓韵、博抱切。

1—6《汉语字形表》288页。7《战文编》499页。8、9《说文》151页。10《隶辨》423页。

本为会意字。从宀,从玉,从贝。表示屋中储藏的贝、玉等珍宝。后来加"缶"声,则成了形声字。本义是珍宝。《说文》:"寶,珍也。从宀,从玉,从贝,缶声。"《左传·襄公十五年》:"我以不贪为宝,尔以玉为宝,若以与我,皆丧宝也。"商代甲骨文中的"寶"为会意字,从商代金文开始,另加上声符"缶"。在商代,有省去"贝"作"㝬"形的,《说文》古文沿用了这种写法。在周代金文中,有时省去"贝"和"玉",写作"宲"。汉代隶书中,有把"寶"改为从宀、从珍或珎("珍"的异体)、从贝的,作"寳"或"寶"形。更有省去"贝"和"缶"的,变成从宀、从王("玉"篆文以前的写法),后代书法家有写这个简体的,并把"王"写成"玉"。新中国成立后整理汉字时,废除了"寶"的异体"寳";简化汉字时,采用了源自隶书的简体"宝",而把"寶"作为繁体废弃掉了。(张玉金)

宭 qún 群纽、文部;群纽、文韵、渠云切。

1《说文》151页。

形声字。从宀,君声。本义是群居。《说文》:"宭,群居也。从宀,君声。"引申为某种事物荟萃之处,如"学宭"。可通假为"窘"(jiǒng),有"困迫"之义。(张玉金)

宰 zǎi 精纽、之部;精纽、海韵、作亥切。

1—4《汉语字形表》289页。5《说文》151页。6《隶辨》385页。

会意字。《说文》:"宰,辠(罪)人在屋下执事者。从宀,从辛。辛,辠也。"此字所从的"宀"代表房屋,所从的

"辛"代表与罪过刑罚有关的意义。本义是充当家奴的罪人。引申有官名、主宰者、治理、杀牲、坟墓等意义。可通假为"采"(cài),有"封邑"的意义;通假为"滓"(zǐ),有渣滓的意思。(张玉金)

守 shǒu 书纽、幽部;书纽、有韵、书九切。

商 — 西周 — 春秋 — 战国 — 《说文》小篆 — 汉 — 楷书

1、2、3《汉语字形表》289页。4《战文编》500页。5《说文》151页。6《隶辨》455页。

形声字。从宀,寸(肘)声。"宀"像房屋之形;"寸"本作"乚",像肘之形。"守"字之下本是"彐",后来为了使字形均衡美观,就在"彐"上加上一个装饰性的笔画,这样就变成了"寸"。本义是官吏的职责,职守。《说文》:"守,守官也。"《左传·隐公五年》:"官司之守,非君所及也。"杜预注:"是小臣有司之职,非诸侯之所亲也。"引申有节操、掌管、保守、遵守、保护等意义。(张玉金)

寵(宠) chǒng 透纽、东部;彻纽、肿韵、丑陇切。

西周 — 春秋 — 战国 — 《说文》小篆 — 汉 — 楷书 — 楷书

1、2《汉语字形表》289页。3《战文编》501页。4《说文》151页。5《隶辨》327页。

形声字,从宀,龍声。本义是尊崇。《说文》:"寵,尊居也。从宀,龍声。"《国语·楚语下》:"寵神其祖,以取威于民。"韦昭注:"寵,尊也。"引申有荣耀、恩惠、喜爱、受宠爱的人、骄纵等意义。楷书"寵"简化汉字时被用偏旁简化法简化为"宠"。(张玉金)

宥 yòu 匣纽、之部;云纽、宥韵、于救切。

西周 — 《说文》小篆 — 汉 — 楷书

1《汉语字形表》289页。2《说文》151页。3《隶辨》619页。

形声字。从宀,有声。本义是宽仁、宽待。《说文》:"宥,宽也。"《庄子·在宥》:"闻在宥天下,不闻治天下也。"引申有宽恕、空等意义。可通假为"囿",有局限的意思;可通假为"侑",有助兴的意思;还可通假为"右"、"祐"。(张玉金)

宜 yí 疑纽、歌部;疑纽、支韵、鱼羁切。

商 — 西周 — 春秋 — 春秋 — 战国 — 《说文》古文 — 《说文》小篆 — 汉 — 楷书

《说文》古文

1《甲文编》529页。2、3、4《汉语字形表》290页。5《战文编》501页。6、7、8《说文》151页。9《隶辨》318页。

象形字。此字在商和西周时,都像两块肉在俎上之形。到了春秋时,像俎的边沿的弧形与下边的一横分离开。《说文》古文以后,断开的弧形演变成为"宀"。《说文》古文还保留两块肉的形状,到篆文中只剩下一块肉之形了。隶楷之后,字形演变为从宀、从且了。本义是菜肴。《尔雅·释言》:"宜,肴也。"邢昺疏:"谓肴馈也。"引申指烹调菜肴。《诗·郑风·女曰鸡鸣》:"弋言加之,与子宜之。"又引申为祭名、适宜的事、相称、应当等意义。(张玉金)

寫(写) xiě 心纽、鱼部;心纽、马韵、悉姐切。

春秋 — 战国 — 《说文》小篆 — 汉 — 楷书 — 楷书

1《汉语字形表》290页。2《战文编》502页。3《说文》151页。4《隶辨》431页。

形声字。从宀,舄声。"寫"的声符"舄"本像鸟形。后来像鸟口部的笔画和像鸟身的笔画相分离。前者变为"臼"。到汉代隶书中两者又连在一起。现行汉字的简体"写",是经对古代"寫"字的草书的楷化而形成的。上部的点在古代草书中就常被省略,《简化字总表》中规定"写"上没有一点。本义是移置、放置。《说文》:"寫,置物也。从宀,舄声。"徐灏注笺:"古谓置物于屋下曰寫,故从宀,盖从他处传置于此室也。"《管子·白心》:"卧名(颐舌)利者写生危。"郭沫若等集校:"写者,置也,处也。"引申有输送、倾吐、去掉、书写、写作等意义。(张玉金)

宵 xiāo 心纽、宵部;心纽、宵韵、相邀切。

宵 — 宵 — 宵 — 宵 — 宵
西周　戦国《说文》小篆　汉　楷书

1《汉语字形表》290页。2《战文编》502页。
3《说文》151页。4《隶辨》193页。

形声字。从宀，肖声。本义是夜。《说文》："宵，夜也。从宀，宀下冥也，肖声。"《书·尧典》："宵中星虚，以夜中秋。"引申有化的意思。可通"肖"（xiāo），有相像的意思；又通"绡"，指绮属；还通"小"。（张玉金）

宿 sù 心纽、觉部；心纽、屋韵、息逐切。
xiù 心纽、幽部；心纽、宥韵、息救切。
xiǔ

宿 — 宿 — 宿 — 宿 — 宿 — 宿 — 宿
商　西周　西周　战国《说文》小篆　汉　楷书

佰 5
《说文》古文

1、2、3《汉语字形表》291页。4《战文编》502页。6《说文》151页。7《隶辨》652页。

会意字。本像人（亻）在屋子里（宀）躺在席子上（囗）睡觉之形。字原由三部分组成：像人形的后来变为"亻"，像房子形的后来变为"宀"，这都是适合乎规律的演变。只是像席子形的部分变为"百"，进而变为"百"，与"百"（bǎi）同形了。本义就是夜晚睡觉。《说文》："宿，止也。"《玉篇·宀部》："夜止也。"《诗·卫风·考槃》："独寐寤宿。"引申有居住，住宿的地方，夜等等意义。又引申为量词，指一夜，这时读为xiǔ。又指天上的星辰，这时读xiù。字可通假为"肃"为"缩"。（张玉金）

寝（寝） qǐn 清纽、侵部；清纽、寝韵、七稔切。

寝 — 寝 — 寝　　寝 — 寝 — 寝
商　西周　西周　　　　汉　楷书　楷书
寝 — 寝 — 寝 — 寝　寝 — 寝
西周《说文》籀文 战国《说文》小篆　汉　楷书

1-4《汉语字形表》291页。5、7《说文》151页。6《战文编》502页。8、9《隶辨》464~465页。

会意字。从宀，从帚。本像房屋中有笤帚，或像手拿笤帚打扫房屋。后又加上"人"旁写作"寝"。本义是寝室、卧室。引申有躺卧、睡觉、休息、搁置等意义。战国文字和隶书中又把"人"旁换成了"爿"（原像床形），写成"寝"（寝），以使字义更加明确。古籍中一般都写作"寝"。《左传·昭公十八年》："子大叔之庙在道南，其寝在道北。"孔颖达疏："寝，即游吉所居宅也。""寝"可通假为"寝"（jìn），有逐渐的意思，还可通假为"侵"（qīn），有侵犯的意思。新中国成立后整理简化汉字时，把"寝"中的"爿"简化为"丬"，同时把"寝"作为异体废弃了。（张玉金）

宀 miàn 明纽、元部；明纽、霰韵、莫甸切。

宀 — 宀 — 宀 — 宀 — 宀 — 宀 — 宀 — 宀
商　商　商　西周　西周　春秋　战国《说文》小篆　楷书

1、2、3《甲文编》278~279页。4、5、6《汉语字形表》291页。7《战文编》502页。8《说文》151页。

原为会意字，从宀，从人。后来"人"这个偏旁逐渐变为"元（兀）"和"万"，又变为"丏"，这是受会意字声化规律影响所致。"元（兀）"、"万"和"丏"在"宀"字中能起到表音作用。本义是人待或人住的房屋。《合集》14206："癸丑卜，争贞：我宅兹邑大宀，帝若？"（在癸丑这天占卜，由争贞问：我们如果居住在这座城邑的大住所里，那么上帝会顺助吗？）引申有居住，冥合之义。还通假为"宾"，有引导的意思。（张玉金）

寛（宽） kuān 溪纽、元部；溪纽、桓韵、苦官切。

寛 — 寛 — 寛 — 寛 — 寛 — 寛
战国　战国《说文》小篆　汉　楷书　楷书

1《汉语字形表》291页。2《战文编》502页。
3《说文》151页。4《隶辨》163页。

形声字。从宀，莧声。声符"莧"，本像细角山羊形，上部像双角，中部"目"像头，下部像腿和尾巴。在今隶中，像尾巴形的笔画被省略了。现行简化字把羊角形变为"艹"，把"見"简化为"见"，又把像尾巴形的一点去掉了。本义是房屋宽敞。《说文》："宽，屋宽大也。"引申有广阔、宽厚、饶恕、宽解、舒缓、放宽、解脱、富裕等意义。（张玉金）

寡 guǎ 见纽、鱼部；见纽、马韵、古瓦切。

宀部

寡

1、2、3《汉语字形表》291页。4《说文》151页。5《银雀山》258页。6《隶辨》431页。

会意字。从宀，从頁(页)。頁，古同首，头也。本像一个人独居一室。后来为了使字形均衡，在像人身体的笔画两旁又加上了两个装饰性的笔画，合在一起像是一个"分"字。秦代篆文又在像头部形的笔画下加了两个短竖，使得"宀"里边的部分像是由"頁"和"分"组成的，因此，《说文》误以为从宀，从頒。汉代隶书中没有这两个短竖。今隶中在"分"字的上部又加了一横，这个写法被楷书继承下来。本义是男女丧偶。《左传·襄公二十七年》："齐崔杼生成及彊而寡。"杜预注："偏丧曰寡。寡，特也。"后专指女子丧偶。《诗·小雅·鸿雁》："爰及矜人，哀此鳏寡。"又引申指孤单、少、减少、舍弃、不吉利等等。可通假为"顾"。（张玉金）

客 kè

溪纽、铎部；疑纽、陌韵、苦格切。

1、2《汉语字形表》292页。3《说文》151页。4《马王堆》304页。5《隶辨》719页。

形声字。从宀，各声。"客"的声符"各"，由"夂"（本像人脚形）和"口"组成。"夂"本朝下，到了秦代隶书，开始被横过来，这样不便于书写。所以汉代隶书中角度向下扭转，以便于书写。本义是宾客、客人。《广韵·陌韵》"客，宾客。"《礼记·曲礼下》："主人敬客，则先拜客，客敬主人，则先拜主人。"引申为顾客、门客、客卿等意义。（张玉金）

寄 jì

见纽、歌部；见纽、寘韵、居义切。

1《说文》151页。2《马王堆》306页。3《隶辨》484页。

形声字。从宀，奇声。本义是托付，委托。《说文》："寄，托也。"《论语·泰伯》："可以托六尺之孤，可以寄百里之命。"引申有依附、客居、放置、寓托、借、赠与等意义。（张玉金）

寓 yù

疑纽、侯部；疑纽、遇韵、牛具切。

1、2、4《汉语字形表》292页。3《战文编》503页。5、6《说文》191页。

形声字。从宀，禺声。"寓"的形符本是"宀"，到战国时代和小篆中演变出从"广"的"寓"，应隶定为"廩"，这种异体后来被废弃了。本义是寄居。《说文》："寓，寄也。"《孟子·离娄下》："无寓人于我室。"引申有居处、投寄、寄存、托付、寄托等意义。可以通假为"偶"，还可以通假为"宇"。（张玉金）

寒 hán

匣纽、元部；匣纽、寒韵、胡安切。

1《汉语字形表》292页。2《战文编》504页。3《说文》151页。4《隶辨》卷1，17页。

会意字。本从宀，从茻，从人，从仌（"冰"之本字）。像人垫着、盖着草待在屋子里，外边有冰。在隶书中，草形和人形凝固在一起，形成"共"；像冰的部分原像两横或"仌"，到楷书中变为二点。本义是寒冷。《说文》："寒，冻也。从人在宀下，以茻荐覆之，下有仌。"（"茻"与"艸"，即"草"同义）段玉裁注："冻当作冷。"《书·洪范》："曰燠曰寒。"《史记·刺客列传》："风萧萧兮易水寒。"引申为感到冷、寒冷的季节、贫困、卑微、恐惧、凄凉、枯萎等意义。（张玉金）

害 hài

匣纽、月部；匣纽、泰韵、胡盖切。

1、2、3《汉语字形表》292页。4《战文编》504页。5《说文》151页。6《马王堆》304页。7、

8《隶辨》542页。

形声字。《说文》:"害,伤也。从宀,从口。宀、口,言从家起也。丰声。"从周代金文来看,《说文》的解释并不正确。字原由两部分组成,一是"申"表意,一是"古"。可能是表音的。该如何解释,尚不清楚。"申"像房梁和支柱突出的房屋形,大概是暴风过后,房盖被掀掉,只剩下支架。若真是这样,"害"的本义应是灾祸,而不是《说文》所说的伤害。引申有杀害、忌妒、超过、险阻、杀气等意义。可通假为"辖",有锁链的意义;又通假为"乔"(jiè),有"大"的意义。后来为了便于书写,声符"古"与上部的意符连在一起。(张玉金)

宄 guǐ　见纽、幽部;见纽、旨韵、居洧切。

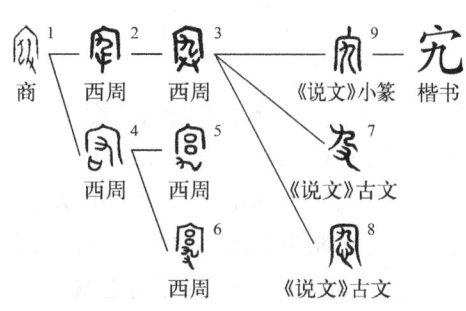

1—6《汉语字形表》293页。7、8、9《说文》151页。

形声字。本从宀、从攴,像房屋中有人举起器械欲行凶;九声。本义应是入室抢劫。引申为在内部作乱。《书·牧誓》:"俾暴虐于百姓,以奸宄于商邑。"从周代金文起,"宄"的异体出现了多种。有的省略了器械形,保留一手形(应隶定为"安");有的省略器械形而保留两只手形(可隶定为"宎");有的省去"攴",而又把"宀"改为"宫"(可隶定为"宼");有的省去器械形,而又把"宀"改为"宫"(可隶定为"寏");有的省去声符"九",又省器械形,又省"宫"中一个"口"(可隶定为"寏")。《说文》古文"宎"源自西周金文中"安",而又省去了"宀"形。《说文》古文"宄"也源自"安",其中"心"当是"又"的讹变。《说文》篆文是"寇"中省去了"攴",这种写法一直沿用下来,其余的写法被淘汰了。(张玉金)

宕 dàng　定纽、阳部;定纽、宕韵、徒浪切。

1、2、3《汉语字形表》293页。4《说文》151页。5《隶辨》607页。

会意字。从宀,从石。西周金文中,"宕"有以"广"为形旁的异体(应隶定为"庯"),后来这种异体没有沿用下来。"宕"所从的"石"的上部,一直到汉代的隶书中,仍保持篆文的写法,类似于"厂"。到楷书中把撇与横的交接点移到横的中间。本义是洞屋。《说文》:"宕,过也。一曰洞屋。从宀,砀省声。"林义光《文源》:"石为砀省不显。洞屋,石洞如屋者。从石,宀。洞屋前后通,故引申为过。"徐灏注笺:"岩,盖石室空洞之义。"由洞屋引申有通过、宽广、放纵、飘荡、拖延、拖下等意义。(张玉金)

宋 sòng　心纽、冬部;心纽、宋韵、苏统切。

1—4《汉语字形表》294页。5《说文》151页。6《隶辨》480页。

会意字。从宀,从木。本义是居住。《说文》:"宋,居也。从宀,从木。"林义光《文源》解释说:"木者,床几之属,人所依以居也。"清段玉裁《说文解字注》:"此义未见经传。"在经传中,"宋"的常用义是朝代名及姓氏。(张玉金)

宗 zōng　精纽、冬部;精纽、冬韵、作冬切。

1—4《汉语字形表》294页。5《战文编》505页。6《说文》151页。7《隶辨》15页。

会意字。从宀,从示。"宀"像房屋侧视之形,"示"像神主。甲骨文"宗"里的"示"本像神主形,即"丅"形。后来为了字形的匀称,又在上面加上了装饰性的笔画,变形"示"形,这种写法一直沿用下来。本义是宗庙(宗庙是放置祖先神主的房屋)。《说文》:"宗,尊祖庙也。从宀,从示。"段玉裁注:"当云,尊也,祖庙也。"《左传·昭公

宀部　宫部　吕部　穴部

二十二年》：“无宁以为宗羞。”杜预注：“言华氏为宋宗庙之羞耻。”引申有祖宗、同祖家族、宗子、神庙、尊崇等意义。（张玉金）

宔 zhǔ　章纽、侯部；章纽、麌韵、之庾切。

宔¹ － 宔
《说文》小篆　楷书

1《说文》151页。

会意兼形声字。从宀，从主，主亦声。本义是古代宗庙中藏神主的石函。《说文》：“宔，宗庙宔祏。从宀，主声。”段玉裁注：“经典作主，小篆作宔。主者，古文也。《左传》'使祝史徙主祏于周庙'是也。"古籍中用"主"表示"宔"的意义。（张玉金）

宙 zhòu　定纽、幽部；澄纽、宥韵、直祐切。

宙¹ － 宙² － 宙³ － 宙
商　《说文》小篆　汉　楷书

1《汉语字形表》294页。2《说文》151页。3《隶辨》620页。

形声字。从宀，由声。本义是栋梁。清段玉裁《说文解字注》：“宙之本义谓栋，一演之为舟舆所极覆，再演之为往古来今。”《淮南子·览冥》：“而燕雀佼之，以为不能与之争于宇宙之间。”高诱注：“宙，栋梁也。”引申有舟车所到处、居、往古来今、天空等意义。（张玉金）

寘(置) zhì　章纽、支部；章纽、寘韵、支义切。

寘¹ － 寘² － 寘 － 寘 － 置
春秋《说文》新附　楷书　楷书　楷书

1《汉语字形表》294页。2《说文》152页。

形声字。从宀，真声。本义是放置、安放。《诗·小雅·谷风》：“将恐将惧，寘予于怀。”郑玄笺：“寘，置也。”"寘"的声符本作"眞"，这种写法难以书写。大约在南北朝时期，出现了"寘"，把"眞"写作"真"。"寘"当时被认为是俗字。由于"寘"和"置"字古音相近，今音相同，在放置、安放的意义上又相同，所以整理汉字时，把"寘"作为"置"的异体字精简掉了。（张玉金）

寰 huán　匣纽、元部；匣纽、删韵、户关切。

寰¹ － 寰² － 寰³
西周　战国《说文》新附　楷书

1、2《汉语字形表》294页。3《说文》152页。

形声字。从宀，瞏声。在小篆以前，此字从宀，袁声。"瞏"是"寰"的初文。"瞏"本从目，袁声。因此作声符时"瞏"、"袁"可以通用。"寰"这种写法沿用下来了。本义是王畿（即指京都周围方千里之地）。《榖梁传·隐公元年》：“寰内诸侯，非有天子之命，不得出会诸侯。”引申有广大的境域、王宫围墙、居住等意义。（张玉金）

寀 cài　清纽、之部；清纽、海韵、仓宰切。

寀¹ － 寀
《说文》新附　楷书

1《说文》152页。

形声字。从宀，采声。本义是指古代卿大夫受封的土地。《尔雅·释诂上》：“寀，官也。”郭璞注：“官地为寀”。邢昺疏：“寀，寀地。主事者必有寀地。寀，采也。采取赋税，以供己有。云官地为寀者，《礼运》云：'大夫有采以处其子孙是也。'”引申有官职、文采等意义。古籍中一般用"采"字。（张玉金）

宫部

宫 gōng　见纽、冬部；见纽、冬韵、居戎切。

宫¹ － 宫² － 宫³ － 宫⁴ － 宫⁵ － 宫⁶ － 宫⁷ － 宫⁸
商　商　商　西周　春秋　战国《说文》小篆　汉　楷书

1-6《汉语字形表》295页。7《说文》152页。8《隶辨》882页。

象形字。从宀，像房屋之形；从吕或吕，像有几个室的样子。吕本像居室相连相通，后来为了便于书写，就把两个"口"分开，进而上下重叠。在周代金文中，把代表居室的方形写成圆形，战国文字中又写成三角形。大篆和小篆写法一脉相承，都是在本来分开的两个"口"中间加上一个短竖，使两个"口"上下相连。新中国成立后规定"宮"为旧字形应废弃掉，而"宫"为新字形可以使用。本义是房屋。《易·系辞下》：“上古穴居而野处，后世圣人易之以宫室。”"宫"本泛指房屋，秦汉以后专指帝王所居住的房屋（"宫"还有围绕、宗庙、神庙、学校等意义）。（张玉金）

營（营） yíng 喻纽、耕部；以纽、清韵、余倾切。

閹¹—營²—營—营
《说文》小篆　汉　楷书　楷书

1《说文》152页。2《隶辨》258页。

形声字。从宫，𤇾（"熒"字初文）声。篆文中"宫"和"𤇾"共用一个字符"冖"。本义是四周垒土而居。《孟子·滕文公下》："下者为巢，上者为营窟。"引申有军营、扎营、区域、建造、经营、耕作等意义。"营"的声符"𤇾"的两个"火"，早在汉代的隶书中就有"艹"、"艹"等简化的写法，宋元明清的通俗文学作品中也都采用了这种简化的写法。新中国成立后简化汉字时，采用了这种写法作为简体字。"营"字中"吕"的两个"口"之间本有一竖相连，到楷书中变为一撇。后来规定"吕"的两个"口"之间没有笔画，而有笔画的"吕"被作为旧体字废弃掉了。（张玉金）

吕 部

吕 lǚ 来纽、鱼部；来纽、语韵、力举切。

口¹—吕²—吕³—吕⁴—吕⁶—吕
商　西周　战国《说文》汉　楷书
小篆　　楷书

膂⁵—膂—吕⁷—吕
《说文》小篆　楷书　汉　楷书

1、2、3《汉语字形表》295页。4、5《说文》152页。6、7《隶辨》359页。

象形字。原由两个圆圈组成（甲骨文作两个方形，是书写工具影响所致。用刀在甲骨上刻，不易刻出方形。如甲骨文"日"即作方形），像两个金属块（青铜）。本义是金属名。后来写作"铝"，"吕"和"铝"为古今字的关系。"吕"有脊骨义，是假借用法。脊骨之义原无本字，后来造了"膂"字，从肉，旅声，为后起之字。"吕"本为两个圆形，篆文中为了字形美观，在两个"口"中间加了一个短竖，到楷书中变为一个短撇。新中国成立后整理汉字时，规定新字形不带一短撇，而作"吕"形。"膂"字下边本是从"肉"的，到了楷书中变成"月"，跟"月"（yuè）同形了。（张玉金）

躳（躬） gōng 见纽、冬部；见纽、东韵、居戎切。

躳¹—躳²—躳—躳
战国《说文》小篆　汉　楷书　楷书

躬³—躬⁵——躬
《说文》或体　汉　楷书

1《战文编》515页。2、3《说文》152页。4、5《隶辨》5页。

此字篆文有两个形体。一是"躳"，一是"躬"。"躳"应为会意字，从身，从吕（"吕"有"脊骨"这样的假借义）。"躬"为会意兼形声字，从身，从弓（弓像身体形），弓声。本义是身体。《尔雅·释诂上》："躬，身也。"《书·牧誓》："尔所弗勖，其于尔躬有戮。"引申有自我、亲自、弯曲等意义。通假为"恭"，有恭敬之义；又通假为"肱"，有手臂之义；还通假为"穷"，有穷尽、穷困等意义。"躳"中"吕"的一短撇，被作为旧字形而去掉了，新体字"躳"作"躬"。整理汉字时，又把"躳"作为"躬"的异体废弃了。（张玉金）

穴 部

穴 xué 匣纽、质部；匣纽、屑韵、胡决切。

穴¹—穴²—穴³—穴⁴—穴
战国《说文》小篆　汉　汉　楷书

1《战文编》515页。2《说文》152页。3《马王堆》310页。4《隶辨》883页。

象形字。像挖地建造的供居住用的洞穴。此字的主体是"冖"，像房屋的侧视形。里面的表示洞穴的笔画，在隶书中写作"儿"，但在楷书中写作"八"，以使"穴"和"宂"区别开来。《说文》："穴，土室也。从宀，八声。"朱骏声通训定声："象嵌空之形，非八字。"林义光《文源》："按：穴、八不同音。象穴形。"本义是地室。《诗·大雅·绵》："古公亶父，陶復陶穴，未有家室。"郑玄笺："凿地曰穴。"引申有洞窟、巢穴、墓坑、窟窿、水道、穴居、挖凿等意义。（张玉金）

窨 yìn 影纽、侵部；影纽、沁韵、於禁切。

窨¹—窨
《说文》小篆　楷书

1《说文》152页。

形声字。从穴，音声。本义是地室、地窖。《后汉书·光武帝纪下》："诏死罪系囚皆一切募下蚕室。"李贤注："蚕室，宫刑狱名。宫刑者畏风，须暖，作窨室蓄火如蚕室，因以名焉。"引申有窨藏、封闭使冷却、忍住等意义。（张玉金）

窯（窑）yáo 喻纽、宵部；以纽、宵韵、余昭切。

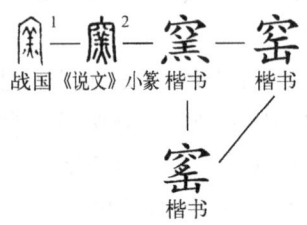

1《汉语字形表》295页。2《说文》152页。

形声字。从穴，羔声。本义是烧制砖瓦及陶瓷器的大型炉灶。《说文》："窯，烧瓦灶也。"《墨子·备穴》："穴内口为灶，令如窯。"引申有陶瓷器、窑洞等意义。战国玺印文字把意符"穴"省作"宀"。由于语音的演变，声符"羔"已不能准确地表示"窯"的读音了。于是约在宋朝的时候又出现了"窑"字，从穴，窑声。后来又把声符"窑"省作"缶"。于是"窑"字出现了，这可分析为从"穴"从"缶"（古代指瓦器）的会意字。1955年公布的《第一批异体字整理表》废除了"窯"和"窑"字。（张玉金）

窦 fù 滂纽、觉部；敷纽、屋韵、芳福切。

1《说文》152页。

形声字。从穴，复声。本义是地室。《说文》："窦，地室也。"朱骏声通训定声："凡直穿曰穴，旁穿曰窦，地覆于上故曰窦也。"《诗·大雅·绵》："古公亶父，陶复陶穴。"陆德明释文："复，《说文》作窦。"引申有挖建地室的意思。此字本借用"复"（复）字，约在汉代又另加形符"穴"写作"窦"。汉马融《长笛赋》："峪窨岩窦。"（峪：kǎn，同坎，坑。窨，dàn，坑）（张玉金）

竈（灶）zào 精纽、幽部；精纽、号韵、则到切。

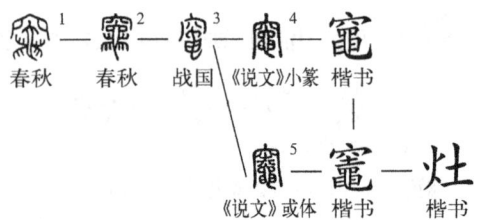

1、2《汉语字形表》295页。3《战文编》515页。4、5《说文》152页。

形声字。《说文》："竈，炊灶也。从穴，䰜省声。竃，竈或不省。"本义即是生火炊煮食物的设备。《管子·轻重己》："教民樵室、钻燧、墐竈、泄井，所以寿民也。"引申有烧炼或锻造的设备、灶神等意义。可通假为"造"，有建造、祭名等意义。自篆文起，字有两种写法，古籍中多用"竈"这种写法。新中国成立后简化汉字时，把"竈"简化为"灶"。"灶"为会意字，从火、从土。（张玉金）

窓（罙）shēn 书纽、侵部；书纽、侵韵、式针切。

1、2《汉语字形表》296页。3《战文编》737页。4《说文》152页。

会意字。本像人在穴中。字中的"宀"为"穴"，"𠆢"即"元"，像突出头部的人形，这里代表人；"𠆢"旁的两点代表泥水。本义即是深。战国文字中的"罙"，从"宀"从"水"，省去人形。窓、滨古今字；罙、深古今字。马王堆汉墓帛书《战国纵横家书·苏秦自齐献书于燕王章》："臣之德王，窓于骨隨（髓）。"引申指灶上烟囱。"窓"中的人形，原有侧视形"𠆢"和正视形"大"两种写法，后一种写法流传下来了。篆文把原像人两臂的笔画变成一个弧线，同时头部也向左侧倾斜。楷书"窓"的写法直接来自春秋时代的写法。"罙"是篆文"窓"经过隶变以后的写法。在表示"深"这个意义时，后世多用"深"，"深"是在"罙"的左侧加上"氵"旁而形成的。（张玉金）

穿 chuān 昌纽、元部；昌纽、仙韵、昌缘切。

1《汉语字形表》296页。2《说文》152页。3《马王堆》310页。4《隶辨》184页。

会意字。由"穴"和"牙"组成，表示用牙咬出穴来。楷书"穿"中的"牙"是由篆文"𠄔"逐渐变成的。隶书中"牙"有的变形为"𦫳",与"耳"近似了。本义是穿透、打洞。《诗·召南·行露》:"谁谓鼠无牙,何以穿我墉。"引申有开凿、通过、开道、孔洞、墓穴、水道等意义。(张玉金)

竇(窦) dòu 定纽、侯部;定纽、侯韵、徒候切。

竇¹—竇²—竇—窦
《说文》小篆 汉 楷书 楷书

1《说文》152页。2《隶辨》627页。

形声字。从穴,賣(yù)声。声符"賣"(yù)在篆文中与"賣"(mài)的写法差别很明显(篆文"賣"作𧶠),但经过隶变,两者同形了。新中国成立后简化汉字时,又把声符"賣"简化为"卖"。"賣"的简化方法是草书楷化。本义是孔穴。《说文》:"竇,空也。从穴,瀆省声。"徐锴系传作"賣声"。《左传·哀公元年》:"逃出自竇。"引申有门旁小户、地窖、水沟、溃决等意义。可通假为"渎"(dú),有沟渠、大川的意义。(张玉金)

窗(窗)

chuāng 清纽、东部;初纽、江韵、楚江切。

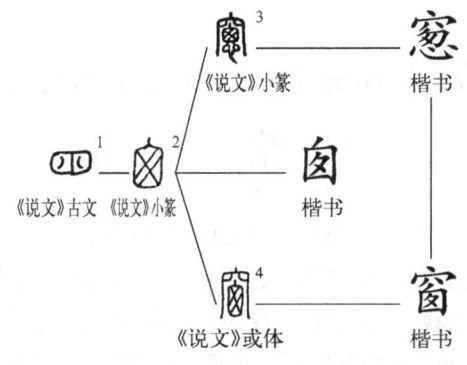

1、2、4《说文》212页。3《说文》152页。

象形字。本像窗户形。后又另加形符"穴",写作"窗"。本义是天窗。《说文·囪部》:"囪,在墙曰牖,在屋曰囪。"段玉裁注:"屋在上者也。"汉王充《论衡·别通》:"开户内日之光,日光不能照幽,凿窗启牖,以助户明也。"泛指房屋、车船上通气透光的洞口。"窗"还有烟囱之义,这时读为cōng。唐崔涯《嘲李端端》:"黄昏不语不知行,鼻似烟窗耳似铛。"在《说文》中,还有一个"窻"字,从穴,悤声。隶变后"悤"变形为"怱",相应地"窻"写作"窗"。《说文·穴部》:"窻,通孔也。从穴,悤声。"其实,"窗(窻)"就是"窗"的异体字。晋潘岳《悼亡》:"皎皎窗中月,照我室南端。"新中国成立后整理汉字时,把"窻"作为"窗"的异体废除了。而"囪"用来表示烟囱之义,与"窗"分化为两个不同的字。(张玉金)

竅(窍) qiào 溪纽、宵部;溪纽、啸韵、苦吊切。

竅¹—竅²—竅—窍
《说文》小篆 汉 楷书 楷书

1《说文》152页。2《马王堆》311页。

形声字。从穴,敫(jiǎo)声。本义是孔洞。《庄子·齐物论》:"其名为风。是唯不作,作则万窍怒呺(háo)。"引申有穿孔、凿洞、贯通、人或动物器官的孔等意义。新中国成立后简化汉字时,把声符"敫"改"巧"。"巧"的现代音比"敫"更接近于"窍",表音较准;而且笔画也比"敫"少,书写方便。(张玉金)

空

kōng 溪纽、东部;溪纽、东韵、苦红切。
kòng 溪纽、东部;溪纽、送韵、苦贡切。

空¹—空²—空³—空
战国 《说文》小篆 汉 楷书

1《汉语字形表》296页。2《说文》152页。3《隶辨》9页。

形声字。从穴,工声。本义是孔穴(这种意义今音读kǒng)。《庄子·秋水》:"不似礨空之在大泽乎?"陆德明释文:"空,音孔。礨孔,小穴也。"引申有空虚、空间、穷尽、没有等意义(这时读为kōng)。还引申有贫穷、缺少、间隙、空子等意义(这时读为kòng)。(张玉金)

窖 jiào 见纽、幽部;见纽、效韵、古孝切。

窖¹—窖²—窖
《说文》小篆 汉 楷书

1《说文》152页。2《银雀山》260页。

形声字。从穴,告声。本义是藏物品的地窖。《说文》:"窖,地藏也。从穴,告声。"段玉裁注:"《通俗文》曰:'藏谷麦曰窖。'"《礼记·月令》:"穿窦窖,修囷仓。"郑玄注:"入地隋曰窦,方曰窖。"引申有坑穴、埋藏、用心深沉等意义。还有"灶"的意义,这时同"竈",读为zào。(张玉金)

窬 yú 喻纽、侯部;以纽、虞韵、羊朱切。

窬

窬 — 窬
《说文》小篆　楷书

1《说文》152页。

形声字。从穴,俞声。本义是门边缘像圭形的小洞。《说文》:"窬,穿木户也。"《礼记·儒行》:"筚门圭窬。"郑玄注:"圭窬,门旁窬也,穿墙为之如圭矣。"引申有挖空、凿穿(墙壁)等意义。可通假为"踰",有越过的意义。(张玉金)

窥(窺) kuī 溪纽、支部;溪纽、支韵、去随切。

窺¹ — 窺² — 窥 — 窥
《说文》小篆　汉　楷书　楷书

1《说文》153页。2《隶辨》34页。

形声字。从穴,规声。本义是从孔隙中或隐僻处偷看。《说文》:"窺,小视也。"徐错系传:"视之于隙穴也。"《庄子·秋水》:"是直用管窥天,用锥指地,不亦小乎?"引申有观看、暗中伺探、接近于某种境界等意义。可以通假为"跬"(kuǐ),有半步的意思。"窺"新中国成立后被简化为"窥",简化方法是偏旁简化法。(张玉金)

寘 tián 定纽、真部;定纽、先韵、徒年切。

寘¹ — 寘 — 寘
《说文》小篆　楷书　楷书

1《说文》153页。

形声字。从穴,真声。声符本作"眞",是由篆文"真"直接楷化而形成的;俗体作"真",是由隶书的写法演变而成的。新中国成立后,以"真"为新体字,而"眞"被作为旧体字废弃了,相应地"寘"也被废弃了。"寘"的本义是填塞,是"填"的古字。《说文》:"寘,塞也。从穴,真声。"段玉裁注:"寘、填同义,填行而寘废矣。"《玉篇·穴部》:"寘,今作填。"《楚辞·天问》:"洪泉极深,何以寘之?"洪兴祖补注:"寘,与填同。"引申有满的样子、加等意义。(张玉金)

窒 zhì 端纽、质部;知纽、质韵、陟栗切。

窒¹ — 窒² — 窒³ — 窒⁴ — 窒
战国　《说文》小篆　汉　汉　楷书

1《汉语字形表》296页。2《说文》153页。3《马王堆》310页。4《隶辨》673页。

形声字。从穴,至声。本义是填塞。《诗·豳风·七月》:"穹窒熏鼠,塞向墐户。"毛传:"窒,塞也。"《庄子·秋水》:"梁丽可以冲城,而不可以窒穴。"引申有阻塞、遏制、障碍物、充满等意义。可通假为"室"(shì),有房屋的意思。(张玉金)

突 tū 定纽、物部;定纽、没韵、陀骨切。

突¹ — 突² — 突³ — 突
战国　汉　汉　楷书

1《汉语字形表》296页。2《马王堆》310页。3《隶辨》688页。

会意字。从穴,从犬。像犬从穴中突然窜出。本义即此。《说文》:"突,犬从穴中暂出也。从犬在穴中。"徐错系传:"犬匿于穴中伺人,人不意之,突然而出也。"引申有突然、袭击、冲撞、凌犯、凸出、穿破、欺诈、烟囱、洞穴等意义。可通假为"塗"(tú),有涂抹的意义。今隶"突"字中的"犬"隶变为"犮",此种写法没有继承下来。(张玉金)

窜(窜) cuàn 清纽、元部;清纽、换韵、七乱切。

窜¹ — 窜² — 窜 — 窜
《说文》小篆　汉　楷书　楷书

1《说文》153页。2《隶辨》575页。

会意字。由"鼠"和"穴"组成,表示鼠藏在穴中之意。本义是隐藏。《说文》:"窜,坠也。从鼠在穴中。"徐错系传把"坠也"改为"匿也"。《国语·周语上》:"我先王不窜,用失其官,而自窜于戎狄之间。"引申有容纳、放逐、逃跑、改易、掺杂、放置等意义。由于"窜"的偏旁"鼠"笔画较多,也不易书写正确,因此在20世纪30年代出现了简化的写法,用"串"替代"鼠",把会意字改为形声字("窜"可分析为从穴,串声)。新中国成立后简化汉字时,采用了已有的"窜"作为简化字,而把"窜"作为繁体字废弃了。(张玉金)

窘 jiǒng 群纽、文部;群纽、准韵、渠殒切。

窘 — 窘
《说文》小篆　楷书

1《说文》153页。

形声字。从穴,君声。本义是窘迫,受困扰。《诗·小雅·正月》:"终其永怀,又窘阴雨。"毛传:"窘,困也。"引申有难堪、穷困、急、切要、拘禁、局限、仍等意义。(张玉金)

究 jiū 见纽、幽部;见纽、宥韵、久祐切。

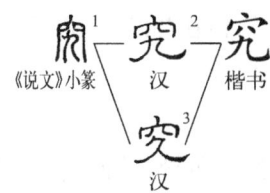

1《说文》153页。2、3《隶辨》620页。

形声字。从穴,九声。本义是穷尽。《诗·大雅·荡》:"侯作侯祝,靡届靡究。"毛传:"究,穷也。"引申有遍及、贯彻、钻研、谋划、清楚等意义。今隶中有从穴、久声的异体字。这种异体没有沿用下来。(张玉金)

窮(穷) qióng 群纽、冬部;群纽、东韵、渠弓切。

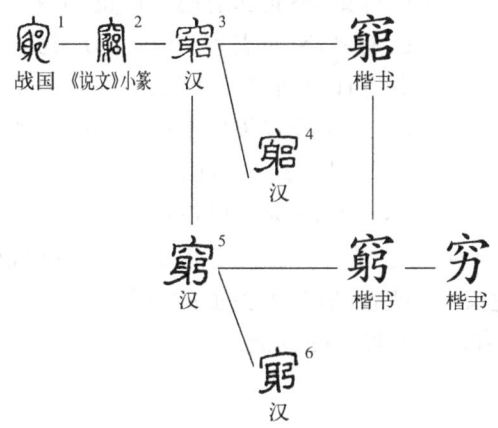

1《战文编》517页。2《说文》153页。3、4、5、6《隶辨》7页。

形声字。从穴,躳声。声符"躳"常作"躬"。本义是极尽、完结。《说文》:"窮,极也。从穴,躳声。"邵瑛群经正字:"今经典作'窮'。盖'躳'字《说文》或体作'躬',经典'窮'字从或体'躬'也。汉隶亦时有之。"《书·微子之命》:"作宾于王家,与国咸休,永世无穷。"引申有极端、彻底、寻根究源、理屈、识破、全部、困厄、贫困等意义。可通"躬"(gōng),有身体的意思,还可通"穹"。字本从穴,躳声。从隶书开始,声符或作"躬";形符或作"宀"。世传古籍中一般作"窮"。在晋代以来的草书中,声符"躳"被简省笔画,写得与"力"形近。到了元代,在通俗文学作品中,根据"窮"字草书的写法加以楷化,把"窮"写作"穷"。新中国成立后简化汉字时,采用"穷"作为简体字,而把"窮"字废弃了。(张玉金)

邃 suì 心纽、微部;心纽、至韵、虽遂切。

1《说文》153页。

形声字。从穴,遂声。本义是深远。《礼记·玉藻》:"十有二旒,前后邃延。"郑玄注:"言皆出冕前后而垂也。"陆德明释文:"邃,深也。"引申有精深的意义。在楷书中,"邃"有"䆳"这种异体。《玉篇·穴部》:"䆳,穷也。"《说文》曰'深远也。'"(张玉金)

窈 yǎo 影纽、幽部;影纽、篠韵、乌皎切。

1《说文》153页。2《隶辨》412页。

形声字。从穴,幼声。篆文中的"窈",其中的"幺"和"力"左右并列,楷书从之。隶书则"幺"和"力"上下重叠。本义是深远。《老子》第二十一章:"窈兮冥兮,其中有精。"王弼注:"窈冥,深远之叹,深远不可得而见。"引申有美好、幽静的样子、昏暗的样子等意义。"窈"还与"窕"一起记录联绵词"窈窕"。(张玉金)

窆 biǎn 帮纽、谈部;帮纽、艳韵、方验切。

1《说文》153页。

形声字。从穴,乏声。本义是把死者的棺材放进墓穴。《周礼·地官·乡师》:"及窆,执斧以涖匠师。"引申有埋葬、墓穴、窆石等意义。可通"贬",有减损之义。(张玉金)

窀 zhūn 端纽、文部;知纽、谆韵、陟纶切。

1《战文编》517页。2《说文》153页。3《隶辨》132页。

形声字。从穴,屯声。跟"窆"一起记录复合词"窀穸",是埋葬的意思。《左传·襄公十三年》:"唯是春秋窀穸之事,所以从先君于祢庙者,请为灵若厉,大夫择焉。"杜预注:"窀,厚也;穸,夜也。窀穸,犹长夜。"引申有墓穴之义。(张玉金)

瘺 部

瘺 mèng 明纽、蒸部;明纽、送韵、莫凤切。

1《说文》153页。

会意字。此是"梦"的本字。甲骨文中作"𦎧",像人躺在床上而眼睛睁得很大,表示人睡着了却看见了东西,即是做梦之意。字的本义即是做梦。篆文中又增加了房屋的象形"宀"和表示夜晚的"夕"作形符,以表示晚上在寝室里躺在床上睡觉而做梦。但字中像床形的部分被误作"疒"。这时应隶定为"瘺"。这个字见于古籍中。《淮南子·俶真》:"方其瘺也,不知其瘺也,觉而后知其瘺也。"由于字形有错误,所以《说文》把此字解释为"从穴,从疒,夢声"。由于"瘺"字笔画太多,后来省去了后加的形符"宀",也省去了像床形的"爿",而把字写作"夢"。"夢"基本上是由甲骨文中的"𦎧"加"夕"演变而来的。《说文》不知这些,把"夢"误解为从夕,瞢省声,误认为本义是不明。其实"夢"是"瘺"的省体,本义也是做梦。在北宋的时候,出现了由"夢"的草书而来的行书"梦"字。明清时代,在当时的文学作品中又出现了由行书"梦"楷化而成的楷书"梦"。新中国成立后简化汉字时,把"梦"作为简体字,而"夢"又被废弃了。(张玉金)

寐 mèi 明纽、微部;明纽、至韵、弥二切。

1《泰山刻石》。2《说文》153页。

形声字。甲骨文中有"𠆢"字,表示屋子里有床,字义与"寝"相近。从泰山刻石来看,寐字应分析为从爿、未声。本义是睡着。《说文》:"寐,卧也。"段玉裁注:"俗所谓睡着也。"《诗·邶风·柏舟》:"耿耿不寐,如有隐忧。"可作鱼名解,这种意义后来写作"鮇"。还可通假为沫,相当于"已"。《说文》小篆把偏旁"爿"误作"疒",也就是在旁边多加一横。但在楷书中这一横又被省去了。"爿"本像床形,新中国成立后简化汉字时,某些字中所带的"爿"被简化为"丬",但在"寐"、"寤"等现代不常用的字中没有简化。(张玉金)

寤 wù 疑纽、鱼部;疑纽、著韵、五故切。

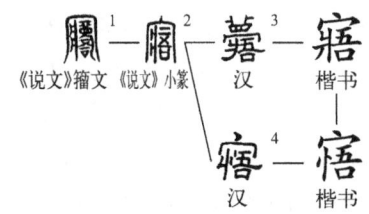

1、2《说文》153页。3、4《隶辨》520页。

形声字。《说文》小篆从爿(原作𠆢),吾声。《说文》籀文从爿、从𠬞(原作𦥑),吾声。小篆在籀文的基础上省去"苃"旁。籀文、小篆都是把"爿"讹为"疒"。隶书"𡪢"源自籀文,有省略,而且把"苃"部分写到"宀"之外。东汉隶书中还有把"寤"写作"悟"的,也是形声字,从宀,悟声,这种写法没有流传下来。"寤"中的"爿",跟"寐"中的"爿"一样,没有简化,这跟常用字"寝"中的"丬"不同。本义是睡醒。《诗·周南·关雎》:"窈窕淑女,寤寐求之。"引申有做梦的意思。可通"悟",有醒悟之义;也可通"晤",有见面的意思;还可通"牾(wǔ)",有逆的意思。(张玉金)

疒 部

疒 nè 泥纽、阳部;娘纽、麦韵、尼戹切。

1、2《汉语字形表》297页。3《说文》154页。4、5《隶辨》883页。

会意字。甲骨文中的字形经过了方向的调整,原来应作𤕫,像人有疾病,躺在床上(人形旁的数点,像人发烧所流出的汗滴之形；有的人形突出了腹部,应是腹部有疾)。小篆中的"疒",不但省去了像汗滴的数点,而且人的身躯形与床形的一长竖共用一个笔画,像人上肢的笔画变成一横,放在右上侧。到了今隶中,像床腿的部分变成两点,又在原像人上肢的一横上加一点。楷书直接源自隶书,但已不独立成字了。本义就是疾病。《殷墟书契前编》1.25.1："贞：疒齿,御于父乙？"(贞问：牙齿有病了,应该向父乙举行御祭吗？)引申有手足麻痹的意思。(张玉金)

疾 jí　从纽、质部；从纽、质韵、秦悉切。

1、2、3《汉语字形表》297页。4、5、6《说文》154页。7、8《隶辨》672页。

会意字。甲骨文像人腋下中箭。王国维《观堂集林·毛公鼎铭考释》："象人亦(腋)下箸矢形。古多战事,人箸矢则疾矣。"从春秋时代开始,"疾"字中的人形(即"大")被换成"疒"。"矢"与"疾"古音又相近,这样字可分析为从疒,矢声,变为形声字了。《说文》古文中像人身躯形的一长竖和像床体的一竖尚未合一,到了小篆里,两者就共用一个长竖了。汉隶中的"疒"最初还没有点,写作"厂",这源自篆文。后来在一横之上加一点,变成"疒"了。《说文》籀文中"疾"的写法未详。本义当为伤病(外伤),疾病应是其引申义。《国语·晋语》："吾不幸有疾。"疾还有祸害、缺点、病残、疾苦、憎恶、担忧、急速等引申义。(张玉金)

痛 tòng　透纽、东部；透纽、送韵、他贡切。

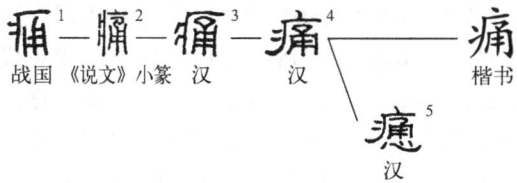

1《战文编》519页。2《说文》154页。3《马王堆》315页。4、5《隶辨》478页。

形声字。从疒,甬声。本义是疼痛,痛楚。《说文》："痛,病也。从疒,甬声。"唐白居易《新丰折臂翁》："至今风雨阴寒夜,直到天明痛不眠。"引申有悲伤、憎恨、怜爱、尽

情地等意义。隶书中的"痛"有的另加意符"心",但这种写法没有流传下来。(张玉金)

病 bìng　並纽、阳部；並纽、映韵、皮命切。

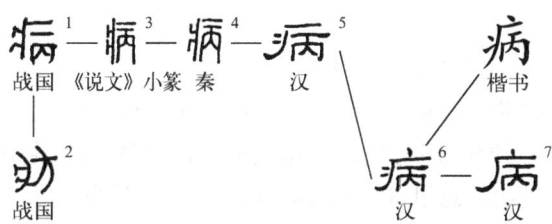

1、2《战文编》519页。3《说文》153页。4《睡甲》120页。5、6、7《隶辨》611页。

形声字。从疒,丙声(或从方声)。字中像床腿的部分,隶书中变为两点。厂上的一横后来加上一点,变为"疒"。"疒"旁在隶书中还有省略为"厂"的。本义是重病。《说文》："病,疾加也。从疒,丙声。"("疾加",意思是疾病加重)《论语·子罕》："子疾病,子路使门人为臣。"(疾病,即指疾病加重)引申有患病、疾苦、贫困、疲惫、毛病、损害、侵犯、失败、忧虑、怜悯、为难、指责、耻辱、怨恨等意义。(张玉金)

疴 kē　溪纽、歌韵、枯驾切。

1《说文》154页。

形声字。《说文》："疴,病也。从疒,可声。"晋谢灵运《登池上楼》："徇禄反穷海,卧疴对空林。"还有排泄大小便的意思,这时同"屙"(ē)。又指小儿惊病,这时读 qiā。(张玉金)

痡 pū　滂纽、鱼部；滂纽、模纽、普胡切。

1《说文》154页。

形声字。《说文》："从疒,甫声。"本义是疲困。《诗·周南·卷耳》："我仆痡矣,亏何吁矣。"孔颖达引孙炎曰："痡,人疲不能行之病。"引申有衰竭、害等意义。还有"痡病"的意义,这时同"瀑",读为 pù。(张玉金)

疛 jiǎo 见纽、幽部；见纽、巧韵、古巧切。

忖¹—疛
《说文》小篆 楷书

1《说文》154页。

形声字。《说文》："疛，腹中急也。从疒，丩声。"本义是腹中绞痛。还与"瘤"一起记录复合词"疛瘤"，是肌肉某处隆起的意思，这时读为 jiū；还有"小痛"的意思，这时读为 niú。（张玉金）

癇(痫) xián 匣纽、元部；匣纽、山韵、户间切。

癇¹—癇—痫
《说文》小篆 楷书 楷书

1《说文》154页。

形声字。《说文》："癇，病也。从疒，閒声。"本义是癫痫。汉王符《潜夫论·忠贵》："哺乳太多，则必挚縱而生癇。"新中国成立后简化汉字时，把声符"閒"简化为"闲"。（张玉金）

疵 cī 从纽、支部；从纽、支韵、疾移切。

疵¹—疵²—疵³—疵⁴
战国 战国 《说文》小篆 汉 楷书

1《汉语字形表》297页。2《战文编》520页。
3《说文》154页。4《马王堆》313页。

形声字。《说文》："疵，病也。从疒，此声。"本义是病。《老子》第十章："涤除玄览，能无疵乎！"引申有忧虑、缺点、非议、黑斑等意义。用来记录复音词"卑疵"，这时读为 zī，指谄媚的样子；又用来记录复音词"疵睢"，这时读 zhài，指恨视；还用来记录复音词"媿疵"，这时读 jī，有恨的意思。（张玉金）

癈(废) fèi 帮纽、月部；非纽、废韵、方肺切。

癈¹—癈²—廢³—廢⁴—废
《说文》小篆 汉 汉 楷书 楷书

1《说文》154页。2、3《隶辨》554页。

形声字。《说文》："癈，固病也。从疒，發(发)声。"本义是残废。《周礼·地官·旅师》："辨其贵贱老幼癈疾可任者。"贾公彦疏："癈疾，谓癈于人事疾病。"引申有废弃的意思。古籍中往往不用"癈"，而借用"廢"字表示。"癈"一直沿用到清朝，与"廢"字并行。新中国成立后整理异体字时把"癈"作为"廢"的异体废弃了。另外"廢"字的声旁"發"也被类推简化为"发"。现在用"废"字。（张玉金）

瘏 tú 定纽、鱼部；定纽、模韵、同都切。

瘏¹—瘏²—瘏
战国 《说文》小篆 楷书

1《汉语字形表》297页。2《说文》154页。

形声字。《说文》："瘏，病也。从疒，者声。"本义是因劳累而生病。《诗·周南·卷耳》："陟彼砠矣，我马瘏矣。"（张玉金）

痟 xiāo 心纽、宵部；心纽、宵韵、相邀切。

痟¹—痟²—痟
春秋 《说文》小篆 楷书

1《汉语字形表》297页。2《说文》154页。

形声字。《说文》："痟，酸痟，头痛。从疒，肖声。"本义是痠痛、头痛。《周礼·天官·疾医》："春时有痟首疾。"郑玄注："痟，酸削也。首疾，头痛也。"引申有衰微的意思。（张玉金）

痒 yǎng 喻纽、阳部；以纽、养韵、余两切。
yáng 邪纽、阳韵、似羊切。

痒¹—痒
《说文》小篆 楷书

1《说文》154页。

形声字。《说文》："痒，疡也。从疒，羊声。"本义是痈疮。《周礼·天官·疾医》："夏时有痒疥疾。"在这个意义上今读为 yáng。在古籍中又用"痒"表示忧思成病的意思。《诗·小雅·正月》："哀我小心，癙忧以痒。"在这个意义上现在也读 yáng。在这两个意义上，两个"痒"属于一对同形字。在古籍中有时还用"痒"表示搔痒的意思，在这个意义上今读 yǎng。《玉篇·疒部》："痒，痛痒也。"《集韵·养韵》："痒，肤欲搔也。或作'癢'。"根据《说文》，"痒"表示搔痒的意思时是假借为"蛘"字。《说文·虫部》："蛘，搔蛘也。"唐玄应《一切经音义》卷五引《礼记·内则》："蛘不敢搔。"今本《礼记·内则》作"癢不敢搔"。可见，"癢"是"蛘"的后起字，是"蛘"的今字。由于"癢"字的笔画太多，不易书写，古人常借"痒"字代替它。1964年中国文字改革委员会等部门正式宣布以"痒"为"癢"的简化字。（张玉金）

瘖（喑）yīn 影纽、侵部；影纽、侵韵、於金切。

1《汉语字形表》298页。2《说文》154页。

形声字。《说文》："瘖，不能言也。从疒，音声。"本义是哑，不能说话。《史记·吕太后本纪》："太后遂断戚夫人手足，去眼，煇耳，饮瘖药，使居厕中。"引申为缄默、不说话等意义。古籍中还有一个"喑"字，与"瘖"音义皆同，是"瘖"的异体字。《管子·入国》："聋盲、喑哑。"《说文》认为"瘖"是本字，而把"喑"解释为"齐宋谓儿泣不止曰喑。"1955年整理汉字异体时，把"瘖"作为"喑"的异体字废除了。（张玉金）

瘿（癭）yǐng 影纽、耕部；影纽、静韵、於郢切。

1《说文》154页。2《隶辨》450页。

形声字。《说文》："癭，颈瘤也。从疒，嬰声。"本义是大脖子。《山海经·西山经》："（天帝之山）有草焉，其状如葵，其味如蘪芜，名曰杜衡，可以走马，食之已瘿。"（已：止住，治愈）引申指树木外部隆起如瘤之物，也指多余的东西。现行简体字只是把繁体字中的两个"貝"简化为"贝"，其余部分未变。（张玉金）

瘀 yū 影纽、鱼部；影纽、御韵、依倨切。

1《说文》154页。

形声字。《说文》："瘀，积血也。从疒，於声。"本义是积血。汉扬雄《太玄·数》："八为疾瘀。"范望注："瘀，疾也。"引申有郁积的意思。"瘀"字所代表的实际上是"淤"这个字的一个引申义。"淤"从水，於声，本义是泥沙淤积，引申为血液淤积。于是人们又另造一个从疒、於声的字（造字方法应是把"淤"的形旁"氵"改为"疒"）。虽造了"瘀"，但后世也用"淤"字表示。《红楼梦》第三十四回："晚上把这药用酒研开，替他敷上，把那淤血的热毒散开，就好了。"现在通用"淤"字。（张玉金）

疝 shàn 心纽、元部；生纽、谏韵、所晏切。

1《说文》154页。

形声字。《说文》："疝，腹痛也。从疒，山声。"本义是心腹气痛。《素问·大奇论》："三阳急为瘕，三阴急为疝。"王冰注："太阳受寒，血凝为瘕；太阴受寒，气聚为疝。"引申有疝气的意思。（张玉金）

痀 jū 见纽、侯部；见纽、虞韵、举朱切。
gōu 见纽、侯部；见纽、侯韵、古侯切。

1《战文编》521页。2《说文》154页。

形声字。《说文》："痀，曲脊也。从疒，句声。"本义是驼背。一般作"痀瘘"。《庄子·达生》："仲尼适楚，出于林中，见痀瘘者承蜩，犹掇之也。"成玄英疏："痀瘘，老人曲腰之貌。"后世也有单用"痀"的。明吴宽《记园中草木二十首》之《枣》："近复得异种，挛拳类人痀。"此义今作"佝偻"。（张玉金）

瘚 jué 见纽、月部；见纽、月韵、居月切。

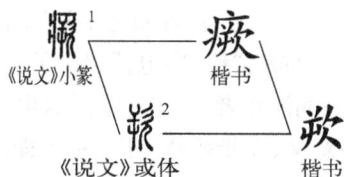

1、2《说文》155页。

会意字。《说文》："瘚，屰气也。从疒，从屰，从欠。欮，瘚或省疒。"徐灏注笺："此字正作欮，从欠、屰会意，相承增疒旁。今以为欮从瘚省，非也。医字通用厥。"字初作"欮"，从屰（即"逆"的初文），从欠（像张嘴喘气）。后来加上"疒"旁。本义是气逆（俗称岔气）。《灵枢经·邪气藏府病形》："（脾脉）缓甚为痿瘚。"医书中一般用"厥"字。（张玉金）

疒部

痱 fèi 並纽、微部；奉纽、未韵、扶沸切。
fèi 並纽、微部；奉纽、微韵、符非切。

痱¹—痱
《说文》小篆　楷书

1《说文》155页。

形声字。《说文》："痱,风病也。从疒,非声。"本义是中风病(读 fèi)。《史记·魏其武安侯列传》："魏其良久乃闻,闻即恚,病痱,不食,欲死。""痱"又被用来表示痱子,即汗疹(读 fèi)。唐韩愈《嘲鼾睡》："木枕卜字裂,镜面生痱瘤。"(张玉金)

瘤 liú 来纽、幽部；来纽、尤韵、力求切。

瘤¹—瘤
《说文》小篆　楷书

1《说文》155页。

形声字。《说文》："瘤,肿也。从疒,留声。"本义即是肿瘤。《晋书·赵王伦传》："伦目上有瘤,时以为妖焉。"引申指物体表面隆起的疙瘩或块状物。(张玉金)

痤 cuó 从纽、歌部；从纽、戈韵、昨禾切。

痤¹—痤²—痤³—痤
战国　战国　《说文》小篆　楷书

1《战文编》521页。2《汉语字形表》298页。
3《说文》155页。

形声字。《说文》："痤,小肿也。从疒,坐声。"本义是疖子。《玉篇·疒部》："痤,疖也。"《庄子·列御寇》："秦王有病召医,破痈溃痤者,得车一乘。"引申指痈、瘯瘰(六畜病)、麦李等意义。今指痤疮,即年轻人面部生的粉刺。(张玉金)

疽 jū 清纽、鱼部；清纽、鱼韵、七余切。

疽¹—疽
《说文》小篆　楷书

1《说文》155页。

形声字。《说文》："疽,痈也。从疒,且声。"本义是毒疮。《史记·项羽本纪》："行未至彭城,疽发背而死。"还用于记录复音词"痦疽"(这时读 jū),指痒病。(张玉金)

癰(痈) yōng 影纽、东部；影纽、钟韵、於容切。

癰¹—癰²—癰³—癰—痈
春秋　战国　《说文》小篆　楷书　楷书

1、2《汉语字形表》298页。3《说文》155页。

形声字。从疒,雝声。"癰"的声符"雝"笔画太多,不易书写。新中国成立后简化汉字时,把声符换成"用"。《说文》："痈,肿也。"本义是肿疡(一种皮肤病)。《庄子·列御寇》："秦王有病召医,破痈溃痤者,得车一乘。"引申有祸害、鼻疾等意义。(张玉金)

瘜 xī 心纽、职部；心纽、职韵、相即切。

瘜¹—瘜
《说文》小篆　楷书

1《说文》155页。

形声字。《说文》："瘜,寄肉也。从疒,息声。"本义是息肉(肉疙瘩)。《本草纲目·百病主治药下·面疮》："鼻窒,是阳明湿热,生瘜肉。"此字本作"息"。"息"有生长的意思。《说文·肉部》："腥,星见(现)食豕,令肉中生小息肉也。"段玉裁注："息,当作瘜。"后来为了表示长息肉是一种病这样的认识,又另加意符"疒"写作"瘜"。现在虽然没有把"瘜"简化为"息",但人们大都恢复了最初的写法。(张玉金)

癬(癣) xuǎn 心纽、元部；心纽、狝韵、息浅切。

癬¹—癬—癣
《说文》小篆　楷书　楷书

1《说文》155页。

形声字。《说文》："癣,干疡也。从疒,鲜声。"本义是一种皮肤病名。《国语·吴语》："夫齐鲁譬诸侯,疥癣也。"繁体字中的"魚"被简化为"鱼",相应地"癬"也被简化为"癣"。(张玉金)

疥 jiè 见纽、月部；见纽、怪韵、古拜切。

疥¹—疥²—疥
战国　《说文》小篆　楷书

1《汉语字形表》298页。2《说文》155页。

形声字。《说文》："疥,搔也。从疒,介声。"本义是一种皮肤病名,即疥疮。《文选·宋玉〈登徒子好色赋〉》:"又疥且痔。"("疥"、"痔"这里作动词用,指生疥疮,生痔疮)引申有弄脏的意思。可通假为"痎"(jiē),指两日一发的疟疾。(张玉金)

痂 jiā 见纽、歌部;见纽、麻韵、古牙切。

痂¹—痂
《说文》小篆　楷书

1《说文》155页。

形声字。《说文》:"痂,疥也。从疒,加声。"本义是疥疮,但通常把疮愈后上面结的硬壳叫"痂"。《宋书·刘穆之传附刘邕》:"邕所至嗜食疮痂,以为味似鳆鱼。"(张玉金)

癞(疠) lì 来纽、月部;来纽、祭韵、力制切。

癞¹—癞²—癞—疠
《说文》小篆　汉　楷书　楷书

1《说文》155页。2《隶辨》538页。

形声字。《说文》:"癞,恶疾也。从疒,蠆省声。"本义是一种恶性皮肤病,即麻风病,也叫"癞"。《战国策·楚策四》:"癞人怜王。"吴师道补注:"癞,癞也。"引申有瘟疫、杀等意义。可通假为"励",有劝勉的意思。"癞"的声符本作"蠆"(《说文》认为是蠆省),"蠆"的简体"万"在汉代就出现了,是根据当时章草的写法而改成的(不是源自章草"蠆"的"万"出现得更早,甲骨文中已出现了)。新中国成立后简化汉字时,用"万"替代"蠆";相应地"癞"也类推简化为"疠"。(张玉金)

瘧(疟) nüè 疑纽、药部;疑纽、药韵、鱼约切。

瘧¹—瘧²—瘧—疟
战国　《说文》小篆　楷书　楷书

1《战文编》522页。2《说文》155页。

会意兼形声字。《说文》:"瘧,热寒休作。从疒,从虐,虐亦声。"本义是疟疾。《素问·瘧论》:"瘧之始发也,先起于毫发,伸久乃作,寒慄鼓颔,腰脊俱痛。寒去则内外皆热,头痛如破,渴欲冷饮。"因为这个病折磨人,所以把这个病叫"虐疾"。但由于这是一种病,所以后来就在"虐"上加"疒"旁,形成"瘧"字。"瘧"书写不易,所以早在新中国成立前就出现了"疟"这种简体,这是去掉了"瘧"字中的"虍"。新中国成立后简化汉字时,用"疟"代替了"瘧"字。(张玉金)

痁 shān 书纽、谈部;书纽、盐韵、失廉切。

痁¹—痁
《说文》小篆　楷书

1《说文》155页。

形声字。《说文》:"痁,有热疟。从疒,占声。"本义是一种一日多发的疟疾。《左传·昭公二十年》:"齐侯疥,遂痁。"杜预注:"痁,疟疾。"引申有病的意思。可通假为"阽",有临近(危患)的意思。(张玉金)

痎 jiē 见纽、之部;见纽、皆韵、古谐切。

痎¹—痎²—痎
战国　《说文》小篆　楷书

1《战文编》522页。2《说文》155页。

形声字。《说文》:"痎,二日一发疟。从疒,亥声。"本义是两天一发作的疟疾。《素问·四气调神大论》:"逆之则伤心,秋为痎疟。"(张玉金)

痳 lín 来纽、侵部;来纽、侵韵、犁针切。
lìn　　　　来纽、侵韵、力寻切。

痳¹—痳
《说文》小篆　楷书

1《说文》155页。

形声字。《说文》:"痳,疝病。从疒,林声。"本义是疝病。这时读为 lín。此字还被用来表示另一种疾病,即一种小便困难的病。这时读为 lìn。《释名·释疾病》:"痳,懔也。小便难,懔懔然。"(张玉金)

痔 zhì 定纽、之部;澄纽、止韵、直里切。

痔¹—痔²—痔
战国　《说文》小篆　楷书

1《汉语字形表》298页。2《说文》155页。

形声字。《说文》:"痔,后病也。从疒,寺声。"本义是痔疮。《庄子·人间世》:"与人有痔病者不可适河。"成玄英疏:"痔,下漏病也。"还指耳、鼻所生赘瘤。"痔"

疒部

的声符"寺"的上半部本是"之",隶变后变形为"土"。(张玉金)

痿 wěi　影纽、微部;影纽、支韵、於为切。

《说文》小篆　楷书

1《说文》155页。

形声字。《说文》:"痿,痹也。从疒,委声。"段玉裁注:"古多痿、痹联言,因痹而痿。"本义是因肌肉麻痹而萎缩的症状。《素问·痿论》:"居处相湿,肌肉濡渍,痹而不仁,发为肉痿。"(不仁:没有知觉)引申有衰竭的意思。"痿"表示的实际上是"萎"(本义是枯萎)的一个引申义,所以古人有用"痿"来代替"萎"表示枯萎之义的。明李贽《史纲评要·南宋纪·绍兴二年》:"康侯如大冬严雪,百草痿死,而松柏挺然独秀。""痿"的产生,应是通过把"萎"的草字头"艹"换为"疒"而产生的。(张玉金)

痹 bì　帮纽、脂部;帮纽、至韵、必至切。

战国　《说文》小篆　楷书

1《汉语字形表》298页。2《说文》155页。

形声字。从疒,畀声。声符"畀"上下两部分本是连在一起的,本像一种箭头扁平、宽大的箭形,为了书写方便,篆文以后被分为上下两部分。《说文》:"痹,湿病也。"本义是指一种风湿病。《荀子·解蔽》:"故伤于湿而痹,痹而击鼓烹豚。"引申有麻木、气郁闷等意义。(张玉金)

痺 bì　并纽、脂部;并纽、至韵、毗至切。

《说文》小篆　楷书

1《说文》155页。

形声字。《说文》:"痺,足气不至也。从疒,畢声。"徐锴系传:"今人言久坐则足痺也。《高士传》曰:'晋侯与玄唐坐,痺,不敢坏坐也。'"本义是由于坐得久而脚麻木。(张玉金)

瘺 piān　滂纽、真部;滂纽、仙韵、芳连切。

《说文》小篆　楷书

1《说文》155页。

形声字。《说文》:"瘺,半枯也。从疒,扁声。"段玉裁注:"瘺之言偏也。"王筠句读:"群书皆作偏。王冰注《素问》曰:'偏枯,半身不随。'"《集韵·仙韵》:"公孙绰有瘺枯之药以起死者。""瘺"表示的是"偏"的一个引申义。"瘺"是通过把"偏"的偏旁"亻"改换为"疒"而产生的。(张玉金)

癑 nòng　泥纽、冬部;泥纽、送韵、奴冻切。
　　　nóng　　　　　　　 泥纽、冬韵、奴冬切。

《说文》小篆　楷书

1《说文》155页。

形声字。《说文》:"癑,痛也。从疒,農声。"本义是疼痛。引申有病、疮溃的意义。这些意义读为 nòng。"癑"又是"脓"的异体字,有疮溃脓的意义。这时读为 nóng。(张玉金)

痕 hén　匣纽、文部;匣纽、痕韵、户恩切。

《说文》小篆　楷书

1《说文》155页。

形声字。《说文》:"痕,胝瘢也。从疒,艮声。"本义是疤痕。汉蔡琰《胡笳十八拍》之十七:"沙场白骨兮刀痕剑瘢。"引申泛指痕迹。(张玉金)

瘦 shòu　心纽、幽部;生纽、宥韵、所祐切。

《说文》小篆　楷书

1《说文》155页。

形声字。《说文》:"瘦,臞也。从疒,叜声。""瘦"的声符本作"叜",从宀、从火、从又,后来为了书写方便逐渐变形为"叟"。本义是肌体的肉少、脂肪少。《史记·滑稽列传》:"谚曰:'相马失之瘦,相士失之贫。'"引申有细小、瘠薄、贫穷、稀薄、减损等意义。(张玉金)

疢

chèn　透纽、文部；彻纽、震韵、丑刃切。

战国　《说文》小篆　汉　汉　楷书

1《汉语字形表》299页。2《说文》155页。3《银雀山》260页。4《隶辨》560页。

会意字。《说文》："疢，热病也，从疒，从火。"段玉裁注："其字从火，故知为热病。《小雅》'疢如疾首'，笺云：'疢，犹病也。'此以疢为烦热之称。"本义是热病。晋左思《悼离赠妹诗二首》之二："其疢伊何？寤寐惊悸。"引申有疾病、灾患、癖好等意义。（张玉金）

癉（瘅）

dàn　端纽、元部；端纽、翰韵、得案切。

又读dǎn

dān　端纽、元部；端纽、寒韵、都寒切。

tán　　　　　　定纽、寒韵、徒干切。

《说文》小篆　楷书　楷书

1《说文》155页。

形声字。《说文》："癉，劳病也。从疒，單声。"声符原为"單"，新中国成立后简化为"单"。本义是劳苦。《诗·大雅·板》："上帝板板，下民卒癉。"引申有憎恶、热、盛、湿热等意义。这些意义读为dàn（又读dǎn）。"火瘅"的"瘅"，意义为旱的"瘅"读为dān。风瘫（手足风病）意义的"瘅"读为tán。（张玉金）

疸

dǎn　端纽、元部；端纽、旱韵、多旱切。

《说文》小篆　楷书

1《说文》156页。

形声字。《说文》："疸，黄病。从疒，旦声。"本义是黄疸病。《素问·平人气象论》："溺黄赤，安卧者，黄疸。"在明代以后的通俗文学作品中，"疸"被借用来记录双音词"疙疸"，即"疙瘩"，今读为da。《水浒传》第十五回："疙疸脸横生怪肉。"（张玉金）

痞

pǐ　並纽、之部；並纽、旨韵、符鄙切。

战国　《说文》小篆　楷书

1《战文编》523页。2《说文》155页。

形声字。《说文》："痞，痛也。从疒，否声。"清沈涛《说文古本考》据《太平御览》改"痛也"为"腹病也"。本义是一种病名，即腹内结块。宋洪迈《容斋五笔》卷四："痞横于胸中，其累多矣。"引申指（胸腹）胀满。俗又称流氓无赖为"痞"。（张玉金）

疲

pí　並纽、歌部；並纽、支韵、符羁切。

战国　《说文》小篆　楷书

1《战文编》523页。2《说文》156页

形声字。《说文》："疲，劳也。从疒，皮声。"本义是疲劳。《左传·成公十六年》："奸时以动，而疲民以逞。"引申有厌倦、懒惰、瘦弱、衰老、停止等意义。古籍中虽有"疲"但不常用，一般借用"罷（罢）"字表疲劳之义。《国语·周语中》："有逸无罷。"（张玉金）

癃

lóng　来纽、冬部；来纽、东韵、力中切。

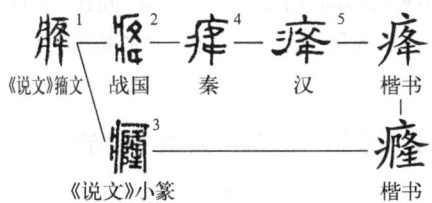

《说文》籀文　战国　秦　汉　楷书　《说文》小篆　楷书

1、3《说文》156页。2《汉语字形表》299页。4《睡甲》121页。5《隶辨》9页。

形声字。本从疒，降省声（籀文中有"夅"字，音义同"降"）。篆文从疒，隆声。"隆"本身也是个形声字，从生，降声。降、隆古音十分相近，作声符可通用。本义是腿不能走路。《史记·平原君列传》："躄者曰：臣不幸有罷（通"疲"）癃之病。"引申有废疾、重病、小便不畅、老等意义。"癃"这种写法一直沿用至汉代，在今隶中仍作此形，不过到楷书中已不用这种写法。楷书中的"癃"，直接源自小篆的写法。（张玉金）

疫

yì　喻纽、锡部；以纽、昔韵、营只切。

疫

《说文》小篆 楷书

1《说文》156页；

形声字。《说文》："疫，民皆疾也。从疒，役省声。"本义是指流行性的传染病。《吕氏春秋·孟春纪》："(孟春)行秋令，则民大疫。"引申有疫鬼(指古代迷信称施瘟疫的鬼)之义。(张玉金)

㾐(疗) liáo　来纽、宵部；来纽、笑韵、力照切。

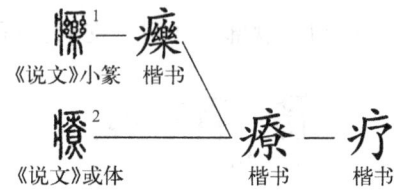

1、2《说文》156页。

形声字。《说文》："㾐，治也。从疒，樂(乐)声，读若劳。療，或从尞。"本义是治疗。《正字通·疒部》："療，治病也。"《说文》把"㾐"作为正字，而把"療"作为或体。但在古籍中，一般不用"㾐"字，而常用"療"(简化字为"疗")。"療"也是形声字，从疒，尞声。《周礼·天官·疡医》："凡療疡，以五毒攻之。"引申有治、止的意思。古籍中，楷书里以"療"为正体。但"尞"笔画较多，不易书写，且容易写错。所以新中国成立后简化汉字时，把"療"简化为"疗"，这是换用了声符，把"尞"声换为"了"声。(张玉金)

瘌 là　来纽、月部；来纽、曷韵、卢达切。

瘌

《说文》小篆 楷书

1《说文》156页。

形声字。《说文》："瘌，楚人谓药毒曰痛瘌。从疒，剌声。"本义是由服药或上药所引起的刺痛感。这个意义本用"刺"字表示。清段玉裁《说文解字注》引《方言》："凡饮药、傅药而毒，南楚之外谓之'刺'。""刺"字从刀，朿声。《方言》卷二："剌，痛也。"为了专门表示由药物引起的刺痛感，古人又在"刺"字上另加意符"疒"写作"瘌"，不过，原字"刺"并未因此而废除。(张玉金)

癆(痨) lào　来纽、宵部；来纽、号韵、郎到切。
láo　来纽、宵部；来纽、豪韵、鲁刀切。

癆—痨

《说文》小篆 楷书 楷书

1《说文》156页。

形声字。从疒，勞(劳)声。声符"劳"的上半部本作"燃"，早在西汉时期就出现了简化的写法"艹"，1956年正式把这个偏旁简化为"艹"。《说文》："癆，朝鲜谓药毒曰癆。"本义是因服药或上药而引起的刺痛感。《方言》卷三："凡饮药、傅药而毒，南楚之外谓之'刺'，北燕、朝鲜之间谓之'癆'。"在这个意义上，"癆"是由"刺"音变而成的，"癆"字是专为表示北燕、朝鲜地区的方言词语而造的字(参见"瘌"字条)，今读lào。"癆"字还被用来表示一种病名，即癆病。唐段成式《异疾志》："河南刘崇远有妹为尼，尝有一尼寓宿，病癆，瘦甚且死。"在这个意义上，今读láo。读láo的"癆"字与读lào的"癆"字是同形字。(张玉金)

瘥 cuó　从纽、歌部；从纽、歌韵、昨何切。
chài　　　　初纽、卦韵、楚懈切。

瘥—瘥—瘥

战国　《说文》小篆　楷书

1《汉语字形表》299页。2《说文》156页。

形声字。《说文》："瘥，瘉也。从疒，差声。"徐锴系传："今人病差字。"本义是病愈。在这个意义上今读chài。《水经注·洞水》："泉源沸涌，冬夏汤汤，望之则白气浩然，言能瘥百病云。"这个意义本来用"差"字表示。《方言》卷三："差，愈也。南楚病愈者谓之差。"《后汉书·方术传·华佗》："操积苦头风眩，佗针，随手而差。"后来为了专门表示病愈的意思，又另加意符"疒"写作"瘥"，而与原有的"瘥"字(今读cuó)字成为同形字。"瘥"也是形声字，以疒，差声，本义是流行性传染病。《诗·小雅·节南山》："天方荐瘥，丧乱弘多。"郑玄笺："天气方今又重以疫病。"作为疫病意义的"瘥"最初也写作"痊"，从疒，左声。"左"与"差"上古音相同，"差"的声符就是"左"。由篆文演变为隶书时，"差"字的上下两部分合在一起，原来的形声结构变得不明显了(参见"差"字条)。(张玉金)

瘝 shuāi　心纽、微部；生纽、脂韵、所追切。

瘝—瘝

《说文》小篆 楷书

1《说文》156页。

形声字。《说文》:"瘱,减也。从疒,衰声。一曰耗也。""衰"本是蓑衣之蓑的本字,字从衣,从"冄"。"冄"像蓑衣之形。"瘱"字从"衰",本是表音的,后来假"衰"为"瘱"。唐玄应《一切经音义》卷一:"《礼记》:'年五十始衰。''瘱',解也。今皆作'衰'。"再后来,衰减、衰落的"瘱"都用假借字"衰",本字反而不用了。"蓑衣"的"衰"另加"艹"成了"蓑"字。(张玉金)

瘉(愈) yù 喻纽、侯部;以纽、麌韵、以主切。

1《说文》156页。

形声字。《说文》:"瘉,病瘳(chōu)也。从疒,俞声。"本义是病愈。《汉书·高帝纪》:"汉王疾瘉。"在这个意义上,古文献中多写作"愈"。"愈"从心,俞声。《孟子·公孙丑下》:"今病小愈。"郭店楚简《老子》乙本中有"愈",但读为"渝",是变更、改变的意思,而不是病愈的意思。在古代文献中,"瘉"字还有疾病的意思,这是古人另用"愈"字表示病愈意义的原因。《诗·小雅·正月》:"父母生我,胡俾我瘉(为什么使我生病)。"由于"瘉"和"愈"二字原来并用,实际上成了异体字,所以1955年国家正式宣布废除"瘉"字。另外,宋代的字书《集韵》中还保存着一个由"愈"字增加意符而成的异体字"癒",和"瘉"字一起被废除了。(张玉金)

瘳 chōu 透纽、幽部;彻纽、尤韵、丑鸠切。

1《汉语字形表》300页。2《战文编》524页。3《说文》156页。4《隶辨》291页。

形声字。从疒,翏(liù)声。本义是病愈。《书·说命上》:"厥疾弗瘳。"在汉代隶书中,有把声符"翏"中"彡"的"彡"变形为"小"的写法,楷书则没有沿用这种写法。(张玉金)

癡(痴) chī 透纽、之部;彻纽、之韵、丑之切。

1《说文》156页。

形声字。《说文》:"癡,不慧也。从疒,疑声。"本义是痴呆。《山海经·北山经》:"食之无癡疾。"由于"癡"的声符"疑"笔画较多,以及语音的演变,后来出现了用"知"代替"疑"作声符的"痴"字。《玉篇·疒部》:"痴,痴瘵,不达也。"《正字通·疒部》:"痴,俗癡字。"1955年,"癡"字被作"痴"的异体字正式被废除了。(张玉金)

冖 部

冖 mì 明纽、锡部;明纽、锡韵、莫狄切。

1、2《汉语字形表》302页。3《说文》156页。4《隶辨》884页。

指事字。《说文》:"冖,覆也。从一下垂也。"徐铉等注:"今俗作幂。"本义是覆盖。"冖"、"幂"是古今字的关系。(张玉金)

冠 guān 见纽、元部;见纽、桓韵、古丸切。
guàn 见纽、元部;见纽、换韵、古玩切。

1《战文编》537页。2《说文》156页。3《隶辨》161页。

会意字。根据秦代篆文的写法和汉字演变的规律可知,此字由"冖"、"元"和"寸"组成,"冖"表示帽子,"元"表示人头,"寸"原是人手的象形,手腕处的一横(楷书中变作点)是后加的装饰性笔画,所以"冠"字中的"寸"与独立的"寸"字不同(参见"元"字、"寸"字条)。到了汉代隶书中,"冠"字由秦代篆文的写法演变而成。楷书的写法是由汉代隶书的写法演变而成。帽子意思的"冠"读为guān,戴帽子意思的"冠"读为guàn。(张玉金)

冣 jù 从纽、侯部;从纽、遇韵、从遇切。

1《说文》156页。

形声字。从冖,取声。冖本像帽子的轮廓,古人留长发,用帽子来聚拢头发。本义是聚拢、聚集。《史记·殷本纪》:"大㝡乐戏于沙丘。"清段玉裁《说文解字注》:"㝡与聚音义皆同。""㝡"实际上是"聚"的异体字。由于"㝡"的篆文写法与"最"的篆文写法相近,到了南北朝时期,"㝡"字就被"最"字代替了,因而"最"字也就有了聚集的意义。(张玉金)

冂部

冂 mǎo　明纽、幽部;明纽、皓韵、武道切。

1《说文》156页。2《隶辨》884页。

会意字。《说文》:"冂,重覆也。从冂、一。读若艹苺苺。"王筠句读:"冂又加一,故曰重也。窃疑冂、冃盖同字,古人作之,有繁省耳。虽音有上去之别,古无此别也。"《说文》认为"冂"是覆的意思。在"冂"内又加"一",是覆而又覆,所以《说文》解释为"重覆"。(张玉金)

同 tóng　定纽、东部;定纽、东韵、徒红切。

1-4《汉语字形表》302页。5《说文》156页。6、7《隶辨》1页。

会意字。由一种四人抬东西的用具的象形和"口"组成,表示四人用口令协调行动(参见"兴"字条)。后来,"同"字上部像抬东西用具的部分逐渐变形,并把下部的"口"包在里边,到了秦代篆文中,原来不相连的三个笔画被连接起来,形成一条长的曲线。到了汉代隶书中这一长的曲线又被分成两笔,以便于书写,楷书"同"字是由这种写法演变而成。本义是共同做事。《书·立政》:"惟羞刑暴德之人,同于厥邦。"孔颖达疏:"惟进用刑罚与暴德之人同治其国。"(张玉金)

冡 méng　明纽、东部;明纽、东韵、莫红切。

1《战文编》537页。2《说文》156页。

会意字。《说文》:"冡,覆也。从冂、豕。"本由"冂"和"豕"组成,"冂"像帽子形,用以表示覆盖的意思(参见"冂"字条)。本义是覆盖。清段玉裁《说文解字注》:"凡'覆盖'、'童蒙'之字,今字皆作'蒙',依古当作'冡'。""冡"是"蒙"的古字。在秦代篆文中,"冡"字的偏旁"豕"的最后一笔是一个长的折线,到了楷书中被分为两撇一捺,以便于书写(参见"豕"字)。(张玉金)

冃部

冃 mào　明纽、幽部;明纽、号韵、莫报切。

1《说文》156页。2《隶辨》884页。

象形字。《说文》:"冃,小儿、蛮夷头衣也。从冂,二,其饰也。"朱骏声通训定声:"冃,今字作'帽'。"由于"冃"字的字形过于简略,后来又加上"目",以代表人的头,写作"冒"。又由于"冒"字有了覆盖、冒犯等引申义,又另加意符"巾"写作"帽"(参见"冒"、"帽"二字)。今所见的古文献中"冃"字都被"冒"、"帽"所代替,而以最后出现的"帽"字为最常见。(张玉金)

冕 miǎn　明纽、元部;明纽、狝韵、亡辨切。

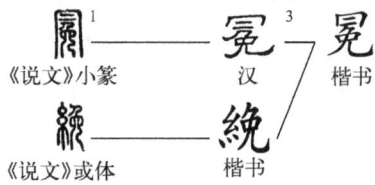

1、2《说文》156页。3《隶辨》411页。

形声字。从冃,免声。本义是古代帝王、诸侯、卿大夫所戴的礼帽。《左传·哀公十五年》:"服冕乘轩。"(服:戴。轩:古代高级官员乘坐的高大的车)秦代篆文中,"冕"有个异体字"絻",从糸(纟),免声,表示冕是由丝织品做成的。《荀子·正名》:"乘轩戴絻。"这种写法后来没有流传下来。在古代文献中,"絻"字还被用来表示一种丧服的名称。《左传·哀公二年》:"使太子絻。"杜预注:"絻者,始发丧之服。"在这个意义上,今读wèn,与作为"冕"的异体字的"絻"为同形字。"冕"的意符"冃"本像帽子形,到楷书中,变形为"冖"。(张玉金)

冑 zhòu　定纽、幽部;澄纽、宥韵、直祐切。

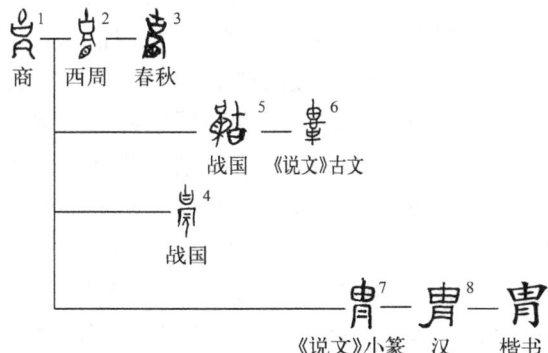

1《合集》36492。2、3《汉语字形表》302页。4、5《战文编》537页。7《说文》156页。8《隶辨》620页。

原为形声字。上部分是"由",是表音的;下部分像头盔形。西周时代,"由"字和头盔形连在一起了,又加上了意符"目",表示头盔戴到头上,眼睛从头盔中露出。春秋时代的"冑"亦然。战国时代,有的"冑"在头盔形之下加"元"字,"元"与头盔形共用笔画。"元"本义是首,整个字像人把头盔戴在头上。战国时有的"冑"是从革、由声,表示头盔是革做的,《说文》古文同此。小篆字形与甲骨文字形一脉相承,只不过头盔形多了一横。今隶、楷书的"冑"字直接源自小篆。本义是头盔。《诗·鲁颂·闷宫》:"公徒三万,贝冑朱绶。"(贝冑:用贝壳装饰的头盔。绶:qīn,线。朱绶:指用红线缝缀而成)(张玉金)

冒 mào 明纽、幽部;明纽、号韵、莫报切。

1、2《汉语字形表》303页。3《战文编》538页。4《说文》157页。

象形字。上部本像帽子形,下部的"目"代表人头。本义是帽子。《汉书·隽不疑传》:"着黄冒。"(着:zhuó,戴)因引申有覆盖、顶着、冒犯等意义,后来又另加意符"巾"写作"帽"。"冒"字最初只写作"冃"(参见"冃"字条),后来由于字形过于简略,又另加"目"(代表人头)以明确定义。另外,"冒"的上部"冃"到了楷书中,变为"冖"。(张玉金)

最 zuì 精纽、月部;精纽、泰韵、祖外切。

1《战文编》538页。2《说文》157页。

形声字。从冃(mào),取声。"冃"是"帽"字的初文,本义是帽子。"最"字的本义是军功最高。因为帽子戴在人的头顶上,所以古人造字时用"冃"作意符,表示最高,最突出的意思。《史记·绛侯周勃世家》:"攻槐里、好畤,最。"在魏晋以前,有个"冣"字,从冖,取声,"冖"是"冃"的省略的写法,也表示与帽子有关的意义。"冣"的本义是聚拢、聚集,以"冖"为意符,是因为帽子有聚拢头发的作用(古人留长发)。"冣"和"最"在古代同音,在造字的时候,古人有意识地使二字意符的写法有区别。到了南北朝时期,"冣"字被"最"字代替了,因而"最"字又有了聚拢、聚集的意思。另外,"最"的意符"冃"到了楷书中变形为"⺜",以便于书写。(张玉金)

㒳 部

㒳 liǎng 来纽、阳部;来纽、养韵、良奖切。

1、2《汉语字形表》303页。3《战文编》538页。4《说文》157页。

会意字。本像两个相同的物体并列在一起之意。本义是两个。"㒳"是"兩"字的早期写法,从春秋时期开始逐渐变为"兩"。参见"兩"(两)字。(张玉金)

兩(两) liǎng 来纽、阳部;来纽、养韵、良奖切。
liàng 来纽、阳部;来纽、漾韵、力让切。

1、2《汉语字形表》303页。3《战文编》538页。4《说文》157页。5《隶辨》433页。

会意字。本作"㒳",像两个相同的物体并在一起之意。西周时期,人们为了使字形美观,又在上部加了一横,作为装饰性的笔画,又后来,人们又将两个物体相连的笔画向上延伸,与上部的一横相接触,这样字形更美观,也便于书写。由于"兩"字中间有一竖,使"兩"字不便于快速书写,所以宋代出现了省去中间的一竖,并使两个"人"字形的笔画向上延伸,与上面的"冂"相交叉的写法,而到了明朝,又出现了从这种草书写法楷化成的"两"字,新中国成立后简化汉字时,正式把"兩"简化为"两"。本义是成双的两个。《左传·宣公十二年》:"御下两马掉鞅而还。"俞越《群经平议》解释道:"两马者,使服

与服耦(偶),骖与骖耦也。"因为"两"的本义指成双的两个,所以又引申为量词,相当于"双",又引申为泛指两个。(张玉金)

㒼 mán 明纽、元部;明纽、桓韵、母官切。

㒼¹ — 㒼² — 㒼³ — 㒼
西周　战国　《说文》小篆　楷书

1、2《汉语字形表》303页。3《说文》157页。

会意字。《说文》:"㒼,平也。从廿,五行之数二十分为一辰。冈,㒼平也。读若蛮。"构形不明。此字在今所见的传世文献中没有出现。西周铜器"驹簋"上的"㒼"字中的两个"人"形笔画被加上了装饰性的笔画,变为"个",而战国陶器上的"㒼"中的两个"人"形笔画又被省略为两竖。(张玉金)

网 部

网 wǎng 明纽、阳部;微纽、养韵、文两切。

网¹ — 网² — 网³ — 网⁴ — ㄨㄨ⁹ — 网
商　商　《说文》籀文　《说文》小篆　汉　楷书

　　　　　　　　　　　　罔⁷ — 罔¹⁰ — 罔
　　　　　　　　　　　　《说文》或体　汉　楷书

　　　　　　　　　　　　網⁸ — 網
　　　　　　　　　　　　《说文》或体　楷书

罔⁵ — 网⁶
战国　《说文》古文

1、2《汉语字形表》303页。3、4、6、7、8《说文》157页。5《战文编》539页。9、10《隶辨》437、438页。

象形字。本像在用木棍等做的支架上编成的用以捕捉鱼、鸟、兽等的网形。本义是捕鱼及捕鸟兽等用的网。由于网的形状不同,所以,商代甲骨文中的"网"字有几种不同的写法。籀文"网"字是由有四面支架的写法演变成的,把原像左右两侧的木棍的笔画和像顶部的木棍的笔画连成一条曲线,到了秦代,原来代表支架下部的木棍的笔画被省略掉了,这种写法被后代的隶书所继承,只是把外部的长曲线变成分两笔书写的笔画,甚至把代表网眼的笔画"乂"省略一个。在战国时期,还出现了只保留"网"字的外部轮廓,而里面另外加声符"亡"的写法,但没有流传下来。在秦代,还出现了在"网"字的里边加声符"亡"的写法,这种写法到汉代隶书中演变为"罒",而到了楷书中则按照篆文的写法写作"罔",把声符"亡"包在里边。又由于"罔"字被假借来表示无、没有等意义,人们又另加意符"系(纟)"写作"網"。在今所见到的古代文献中,"罔"和"網"字都比较常见,而没有"网"的写法。《易·系辞下》:"作结绳而为罔罟,以佃以渔。"(罟:gǔ,网。佃:tián 打猎)《诗·邶风·新台》:"鱼網之设,鸿则离之。"(离:通"罹",遭遇)新中国成立后简化汉字时,根据篆文和隶书的写法,把"網"字简化为"网"(参见"網"字条),因此"网"既是"網"的初文,又是"網"的简化字。(张玉金)

罨 yǎn 影纽、谈部;影纽、琰韵、衣俭切。

罨¹ — 罨
《说文》小篆　楷书

1《说文》157页。

形声字。从网,奄(yǎn)声。"罨"的意符是"网",而"网"位于字的上部时,在隶书和楷书中变形为"罒",原来像网眼的两个"乂"变为两个短竖和一个横。本义是一种网名。五代徐锴《说文解字系传》:"网从上掩之也。""罨"是一种撒出去把鱼或鸟罩住的网。用罨捕鱼鸟也叫"罨"。晋左思《蜀都赋》:"罨翡翠(鸟名)。"(张玉金)

罕 hǎn 晓纽、元部;晓纽、旱韵、呼旱切。

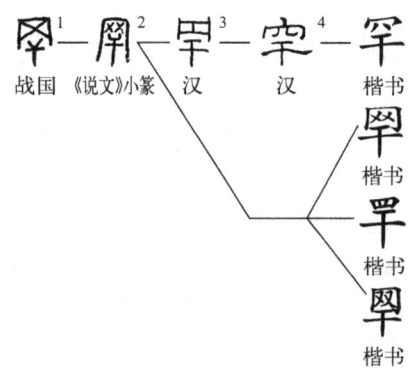

1《战文编》539页。2《说文》157页。3《马王堆》320页。4《隶辨》400页。

形声字。本从网,干声。本义是一种捕鸟网。《文选·张衡〈西京赋〉》:"飞罕潚箭。"吕向注:"罕,鸟网也。""罕"的意符本是"网",而"网"在字的上部作偏旁时,到汉代的隶书中将里面代表网眼的两个"乂"变为两短竖和一横,这种写法被早期的楷书所继承。宋玉《高唐赋》:"弓弩不发,罘罕不倾。"(罘:fú,捕兔网)这种写法逐渐被"罕"所代替。"罕"字把上部的意符"网"变形为"⺲",这种写法是由"网"的古代简体"冈"变成的,把里面的"乂"变形为"丿"和"丶"。(参见"网"、"罘"等字)"罕"字在早期被看成俗体字。《玉篇·网部》云:"罕,稀疏(疏)也。俗作'罕'。"后逐渐代替"罕"而成为正体。其本义渐隐,而由"稀疏"引申出的稀少、稀缺义则被广泛使用。(张玉金)

罩 zhào 端纽、宵部;知纽、效韵、都教切。

罩¹—罩
《说文》小篆　楷书

1 《说文》157页。

形声字。《说文》:"罩,捕鱼器也。从网,卓声。"唐李贺《春归昌谷》:"韩鸟处缯缴,湘篙在笼罩。"下面的声符"卓"到隶书和楷书中,上部的"匕"形笔画变作"卜",下部则被简化、变形为"十"(参见"卓"字条)。(张玉金)

罾 zēng 精纽、蒸部;精纽、登韵、作滕切。

罾¹—罾
《说文》小篆　楷书

1 《说文》157页。

形声字。从网,曾声。本义是一种用竹竿或木棍作支架的沉入水中以捕鱼的网。《庄子·胠箧》:"钩饵罔(网)罾罟笱之知多,则鱼乱于水矣。"(张玉金)

罪 zuì 从纽、微部;从纽、贿韵、组贿切。

罪¹—罪²—罪³—罪⁴—罪
战国《说文》小篆　汉　汉　楷书

1《战文编》539页。2《说文》157页。3《马王堆》320页。4《隶辨》384页。

形声字。从网,非声。本义是一种捕鱼用具。《说文》:"罪,捕鱼竹网。从网,非声。秦以罪为'辠'字。"段玉裁注引《文字音义》云:"始皇以'辠'字似'皇',乃改为'罪'。按:经典多出于秦后,故皆作'罪'。""罪"字表示罪过的意义始于秦朝,并代替了与"皇"字形近的本字"辠"。下部的声符"非"在《说文》所搜集的篆文中的写法与甲骨文、金文、战国文字以及汉代隶书的写法都不同,汉代隶书的写法系由战国以前的写法演变而成。(张玉金)

罛 gū 见纽、鱼部;见纽、模韵、古胡切。

罛¹—罛
《说文》小篆　楷书

1 《说文》157页。

形声字。从网,瓜声。本义是一种大鱼网。《诗·魏风·硕人》:"施罛濊濊。"声符"瓜"在变成隶书、尤其是变成楷书时,为了便于书写,长的曲线被变为两笔,短的曲线被变为直线、折线、弧线等。(张玉金)

罟 gǔ 见纽、鱼部;见纽、姥韵、公户切。

罟¹—罟²—罟³—罟⁴—罟
春秋　战国《说文》小篆　汉　楷书

1《汉语字形表》303页。2《战文编》539页。3《说文》157页。4《隶辨》375页。

形声字。从网,古声。意符本是"网",春秋时期秦国大篆(石鼓文)中"罟"字的意符"网"作"冈",是一种简略的写法(参见"网"字条),秦代篆文中的"罟"字则保持了意符"网"的完整写法。到了汉代隶书中,把意符"网"中的两个乂省略,变形为两竖一横,同时外框"冂"也缩短,到了楷书中意符"网"就变成了"罒"。《说文》:"罟,网也。从网,古声。"徐锴系传:"罟,网之总名也。""罟"字的本义是网的总称,与"网"字同义。《孟子·梁惠王上》:"数罟不入洿池。"(数:cù,细密。洿:wū,"洿池"即深水池塘)(张玉金)

罶 liǔ 来纽、幽部;来纽、有韵、力久切。

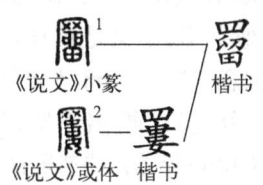

《说文》小篆　楷书
《说文》或体　楷书

1、2《说文》157页。

形声字。从网,留声。"罶"的声符"留"在汉字由隶书变成楷书时,是根据汉代篆文"留"字变形的,不是根据秦代的篆文"留"字变形的,这一点值得注意(参见"留"字条)。本义是一种捕鱼的竹器,鱼进入其中就出不来。《诗·小雅·鱼丽》:"鱼丽于罶。"(丽:遭遇,陷入)在秦代篆文中,"罶"有个异体字"罺",从网,婁声,可以根据"婁"的简化字"娄"类推简化为"罺",此字未出现于今所见的古代文献中。(张玉金)

网部

罜 zhǔ　章纽、侯部；章纽、遇韵、之戍切。

罜—罜
《说文》小篆　楷书

1《说文》157页。

形声字。从网，主声。此字所代表的是联绵词"罜丽"的前一个音节。"罜丽"是指一种小渔网。《国语·鲁语上》："水虞于是禁罝罜丽。"（水虞：官名）（张玉金）

罠 mín　明纽、文部；明纽、真韵、武巾切。

罠—罠
《说文》小篆　楷书

1《说文》157页。

形声字。从网，民声。本义是捕兽网。《文选·张协〈七命〉》："布飞罗，张修（长）罠。""罠"的意符本是"网"。"网"在字的上部作偏旁时，到了汉代隶书，"网"变形为"罒"。在秦代篆文中，"罠"字的声符"民"的笔画长而曲折，到汉代隶书中将长的笔画分解，并减少曲折之处，以便于书写。（张玉金）

羅（罗） luó　来纽、歌部；来纽、歌韵、鲁何切。

羅—羅—羅—羅—羅—罗
商　战国　《说文》小篆　汉　楷书　楷书

1《甲文编》332页。2《汉语字形表》304页。
3《说文》157页。4《隶辨》211页。

会意字。本从网，从隹。"网"像捕鱼及捕鸟兽的网形，"隹"（zhuī）像鸟形。本义是捕鸟用的网。后来为了明确字义，又另加意符"糸"（mì，本像丝线形），写作"羅"（罗）。《诗·王风·兔爰》："雉离于罗。"（雉：野鸡。离：通"罹"，遭遇，落入）《尔雅·释器》："鸟罟谓之罗。"在战国文字中，"羅"字的偏旁"网"有被省略为"冈"的，其实早在商代甲骨文中，"网"字就有这种写法。由于秦代篆文"羅"字的笔画圆转，不便于书写，所以人们便把偏旁"网"的外框缩短，把里边的两个"乂"变为两横一竖，"网"就变形为"罒"。同时把偏旁"糸"和"隹"中的环形笔画变成折线，把半圆形笔画分解成两笔。由于"羅"字的笔画较多，不易书写，到了元代出现了简体字"罗"，保留了上部的偏旁"罒"，而根据草书"羅"字的写法，左下角的偏旁"糸"形似"夕"，便把下部的两个偏旁用一个"夕"代

替了。新中国成立后简化汉字时，正式把"羅"简化为"罗"。（张玉金）

罦 fú　並纽、幽部；奉纽、尤韵、缚谋切。

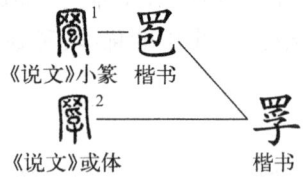

1、2《说文》157页。

形声字。从网，孚声。或从网，包声。本义是一种通过发动机关而把鸟兽覆盖于其中的网。今所见的经传中一般用"罦"字表示这个意义，但《说文》认为"䍀"是正体，"罦"是异体。《诗·王风·兔爰》："雉离（罹）于罦。"（离：通"罹"，遭遇，落入）（张玉金）

罻 wèi　影纽、微部；影纽、未韵、於胃切。

罻—罻
《说文》小篆　楷书

1《说文》157页。

形声字。从网，尉声。"罻"在秦代篆文中，"网"在字的上部作偏旁时，通常把下部的偏旁包在"冂"里边，如"罪"、"罟"等字，但由于下部的偏旁"尉"不容易写得很窄，所以写在"网"的下边，使篆文"罻"字为上下结构。"罻"的声符"尉"在篆文以前的古文字中，下部是"火"，在变为隶书时，"火"被省略，变形为"小"（参见"尉"字条）。本义是捕鸟网。《楚辞·九章·惜诵》："矰弋机而在上兮，罻罗张而在下。"（矰弋：zēng yì，系有丝绳的用以射飞鸟的短箭）（张玉金）

罘（罘） fú　並纽、之部；奉纽、尤韵、缚谋切。

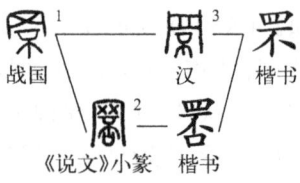

1《汉语字形表》304页。2《说文》157页。3《汉印徵》卷7，22页。

形声字。本从网，不声。战国古文字中有把意符"网"写作"冈"的，"冈"是"网"的简化写法。秦代篆文的"罘"写作"罘"，从网，否声。汉代隶书则继承了战国时

期的写法,在汉印所使用的书中,"罜"的意符"网"已经变形为"冂","冂"里边的两个"乂"被省略、变形为两竖一横,只是外框"冂"依然写得很长,声符"不"则完全保持了篆文的写法,在今所见的古代文献中,"罜"字都写作"罘"。在由篆文变为隶书时,"罘"的声符"不"被省略了上面的弧形笔画,下面的弧形笔画则被分解、变形为撇和捺,以便于书写。本义是捕兔网。《礼记·月令》:"田猎罝罘、罗网……"(罝:jū,捕兔网)(张玉金)

罝 jū 精纽、鱼部;精纽、麻韵、子邪切。

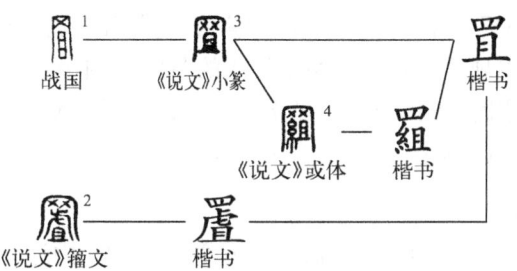

1《汉语字形表》304页。2、3、4《说文》158页。

形声字。本从网,且声。本义是捕兔网。《诗·周南·兔罝》:"肃肃兔罝。"在战国古文字中,意符"网"有被略为"冈"的写法。在《说文》中,保存了春秋战国时期的籀文"罝"字,作"蘆",从网,虘(jū)声,由于笔画多,没有流传下来。《说文》还保存了"罝"的异体字"罝",是在"罝"字上增加意符"系"(纟)而成的,这种写法也没有流传下来。(张玉金)

署 shǔ 禅纽、鱼部;禅纽、御韵、常恕切。

1《战文编》540页。2《说文》158页。3《银雀山》262页。4《隶辨》510页。

形声字。本从网,者声。"网"本像网形。本义是布置、部署。《汉书·高帝纪》:"部署诸将。"篆文"署"的声符"者"的笔画较曲折、复杂,不易书写,在变为隶书的过程中,采用了合并笔画、减少曲折的方式,后来又把交叉笔画"乂"变形为一横加一撇,更加便于书写。(张玉金)

罷(罢) bà 並纽、歌部;並纽、蟹韵、薄蟹切。
pí 並纽、歌部;並纽、支韵、符羁切。

1《战文编》540页。2《说文》158页。3《马王堆》322页。4《隶辨》383页。

会意字。"罷"本由"网"和"能"组成,在由秦代篆文变为隶书的过程中,"网"就变形为"罒"。"罒"有时被省去一竖。"能"的左上角的笔画在篆文中很曲折,不易书写,到隶书中变成三角形,到楷书中变成"厶"。由于三国时期"罷"的偏旁"能"出现了把右上角的"匕"变形为"上",把右下角的"匕"变形为竖提和捺的写法,而草书"罷"字把这二者连起来书写,很像"去"字,所以后来出现了由草书省略、楷化成的简体俗字"罢"。新中国成立后简化汉字时,正式把"罷"字简化为"罢",而"羆"字也类推简化为"罴"。《说文》:"罷,遣有辠也。从网、能。网,罪网也。言有贤能而入网,而贯遣之。"按《说文》的说法,"罷"的本义是放遣有罪的人,有贤能的人进入法网,就赦免遣他。张舜徽《说文解字约注》:"能(熊属)在网下为罷态……故罷字当以疲困为本义。"此说更为可信。在表示疲劳的意义时,今读pí。《国语·周语中》:"有逸有罷。"在"罷"表示停止、完毕的意义时,今读bà。《论语·子罕》:"欲罷不能。"(张玉金)

置 zhì 端纽、之部;知纽、志韵、陟吏切。

1《说文》158页。2《战文编》540页。3《隶辨》502页。

形声字。本从网,直声。"网"本像捕鱼或鸟兽的网形。本义是安置。《书·说命》:"王置诸其左右。""置"的意符本是"网",有时被省略为"冈"(参见"网"字)。在由秦代篆文变为隶书的过程中,声符"直"的左下角的折线也被变为直线,到了楷书中,原来的"目"的两侧的笔画向下延伸,与下面的直线(横)相接触。(张玉金)

罯 ǎn 影纽、侵部;影纽、感韵、乌感切。

罨 — 罯
《说文》小篆　楷书

1《说文》158页。

形声字。从网，音声。本义是鱼网。宋梅尧臣《正仲见赠依韵和答》："譬彼捕长鲸，区区只持罯。"声符"音"在变成隶书时，上面的弧形笔画被分解为两点，下面的弧形笔画被变为一长横(参见"音"字条)。(张玉金)

詈　lì　来纽、歌部；来纽、寘韵、力智切。

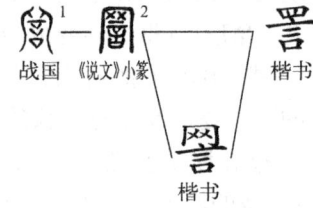
战国　《说文》小篆　楷书
楷书

1《汉语字形表》304页。2《说文》158页。

会意字。《说文》："骂也。从网，从言。网罪人。"此字本义是骂，由网、言会意，表示搜罗罪人般的语言(骂人)。石经古文由两个相对而立的人形和"言"组成，似是表示两人对骂。《书·无逸》："或告之曰：小人怨汝詈汝。"由秦代篆文变为隶书时，"网"里边的两个"乂"被省略、变形为两短竖和一横，"网"就变成了"罒"。而偏旁"言"在变成隶书时，上面的弧形笔画被分解为两点，下面的弧形笔画被变为直线(横)，以便于书写。(张玉金)

駡(骂)　mà　明纽、祃韵、莫驾切。

篆 — 罵 — 駡 — 駡 — 骂
春秋　《说文》小篆　楷书　楷书　楷书

1《汉语字形表》304页。2《说文》158页。

形声字。《说文》："詈也。从网，馬声。"在从秦代篆文变为隶书的过程中，"駡"的偏旁"网"变成了"罒"。后来又出现了"駡"字，把"罒"换成两"口"，以明确字义，今所见的古文献中只使用"駡"字，而不使用"駡"字。"駡"的声符"馬"笔画较复杂，新中国成立后简化汉字时，"馬"字被简化为"马"，"駡"字被类推简化为"骂"。"駡"字作为"骂"的异体字被废除了。本义是用恶言侮辱人。《史记·留侯世家》："四人皆曰：'陛下轻人善骂，臣等义不受辱，故恐而亡匿。'"(张玉金)

羈(羁)　jī　见纽、歌部；见纽、支韵、居宜切。

篆 — 羈 — 羇 — 羈 — 羁
战国　《说文》小篆　《说文》或体　楷书　楷书

1《战文编》540页。2、3《说文》158页。

会意字。本从网，从䩹(zhí)。本义是马络头。"䩹"像马腿被绊住之意。后来又被加上了意符"革"，为了书写方便，在隶书、楷书中写作"羈"，原来的从网、从䩹的"羇"字由于过于难写，被废除了，今所见的古代文献中都写作"羈"。《左传·僖公二十四年》："臣负羈绁(xiè，绳索)，从君巡于天下。""羈"的偏旁"馬"笔画较复杂，在古代就出现了由草书写法楷化成的"马"，新中国成立后简化汉字时，正式把"馬"简化为"马"，"羈"也类推简化为"羁"。(张玉金)

罭　yù　匣纽、职部；云纽、职韵、雨逼切。

罭 — 罭
《说文》小篆　楷书

1《说文》158页。

形声字。从网，或声。本义是捕小鱼用的网。《诗·豳风·九罭》："九罭之鱼。"(张玉金)

罹　lí　来纽、歌部；来纽、支韵、吕支切。

羅 — 罹 — 罹
《说文》小篆　汉　楷书

1《说文》158页。2《隶辨》39页。

会意字。从网，从隹，从心，"隹"本像鸟形。"网"和"隹"表示鸟被捕鸟网罩住，本义是遭遇。"罹"所表示的是"离"字的引申义。"离"字的本义是遭遇，指鸟兽被网捕住，引申有泛指遭遇及人的忧患等义，于是又另造"罹"字专表此引申义(参见"离"字条)。《书·汤诰》："罹其凶害。"又《诗·王风·兔爰》："我生之后，逢此百罹。"篆文"罹"的偏旁"心"在隶书中笔画变直、省略，成了"忄"(参见"心"部字)。(张玉金)

西部

西　yà　影纽、鱼部；影纽、祃韵、衣嫁切。

两¹—两²—两
《说文》小篆　汉　楷书

1《说文》158页。2《隶辨》885页。

会意字。像一物（用一横线表示）盖住另一物之意。本义是覆盖。此字未作为独立的字出现于古代文献中。（张玉金）

覂 fěng 帮纽、东部；非纽、肿韵、方勇切。
　　bǎn　　　　帮纽、范韵、补范切。

覂¹—覂
《说文》小篆　楷书

1《说文》158页。

形声字。《说文》："覂，覆也。从两，乏声。"本义是翻覆。《玉篇·两部》："覂，《汉书》'大命将覂'，谓覆也。"引申有缺乏的意思，这些意义读为fěng。还有舍弃的意思，这时读为bǎn。（张玉金）

覈（核） hé 匣纽、锡部；匣纽、麦韵、下革切。

覈¹—覈²—覈—核
《说文》小篆　汉　楷书　楷书

1《说文》158页。2《隶辨》724页。

形声字。《说文》："覈，实也，考事两笮，邀遮其辤，得实曰覈。从两，敫声。"本义是核实。《文选·张衡〈西京赋〉》："化俗之本，有与推移，何以覈诸？"引申有翔实、深刻、苛刻、骨等意义。"覈"还指核果中的坚硬部分。马王堆汉墓帛书《称》："华之属，必有覈，覈中必有意。"这时同"核"。由于"核""覈"有共同的义项，所以后来核实、考察等意义也用"核"表示。新中国成立后整理汉字时，把"覈"作为"核"的异体字废弃了。（张玉金）

覆 fù 滂纽、觉部；敷纽、屋韵、芳福切。

覆¹—覆²—覆³—覆
战国《说文》小篆　汉　楷书

1《战文编》543页。2《说文》158页。3《隶辨》651页。

形声字。《说文》："覆，覂也。一曰盖也。从两，復声。"本义是翻转。《左传·僖公二十四年》："沐则心覆，心覆图反。"《荀子·王制》："水则载舟，水则覆舟。"引申有颠覆、灭亡、覆盖等意义。还通假为"剡"，有锐利、深入的意思，这时读为yǎn。（张玉金）

巾 部

巾 jīn 见纽、文部；见纽、真韵、居银切。

巾¹—巾²—巾³—巾⁴—巾
商　西周　《说文》小篆　汉　楷书

1《甲文编》335页。2《金文编》548页。3《说文》158页。4《篆隶表》536页。

象形字。甲骨文像下垂的佩巾。金文承袭甲骨文。后来，"巾"字中间的一竖渐渐拉长，右边的"冂"变为"冂"，到了楷书成了"巾"字。本义是指古代擦抹用的布。《礼记·内则》："盥卒，授巾。"引申为古代妇女的佩巾。《诗·郑风·出其东门》："缟衣綦巾，聊乐我员（yún）。"再引申为缠束或覆盖用的织物。如：车巾，领巾，围巾。后又指头巾，指一种冠，以葛或缣制成，横著额上，古时尊卑共用。汉末农民起义军裹黄巾，称黄巾军。后来贵族士大夫也有以裹巾为雅的。也指盛书用的巾箱，即古时放置头巾或文件、书卷的小箱子。（胡伟）

帥（帅） shuài 心纽、物部；生纽、至韵、所律切。

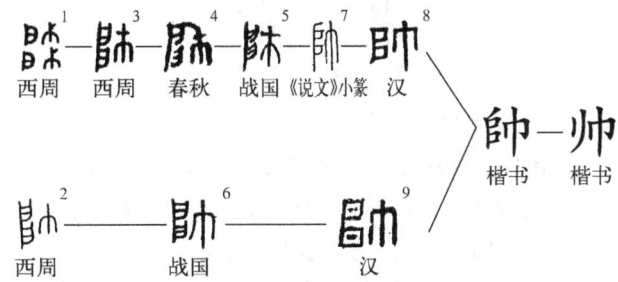
西周　西周　春秋　战国《说文》小篆　汉
西周　　　战国　　汉
帥—帅
楷书　楷书

1、2、3《金文编》548页。4《类编》258页。5、6《战文编》543页。7《说文》158页。8、9《篆隶表》536页。

会意字。从寻，从巾。早期金文中，"𢑚"是"寻"的变体，"䏌"两"木"省写变成"䏌"。春秋战国时写作"䏌"、"䏌"，"木"和"衤"都是巾部。秦系文字"𢑚"旁省作"𠂤"形，小篆因此讹变作"𠂤"旁。汉隶的帅字从"𢑚"与从"𠂤"互见，六朝以后，"帅"字行而"䏌"字遂废。楷书形体由小篆演变而来。"帅"在元代已出现，是"帥"的俗字，据草书楷化而成。本义是佩巾。《说文》："帥，佩巾也。"

通"率",带领。《易·师》:"长子帅师,以中行也。"《左传·成公十三年》:"我文公帅诸侯及秦围郑。"引申为主将,统帅。《论语·子罕》:"三军可夺帅也,匹夫不可夺志也。"引申为引导,带头。《周礼·天官·九嫔》:"若有宾客,则从后。大丧,帅叙哭者亦如之。"还有遵循的含义。《礼记·王制》:"命乡简不帅教者以告。"后引申为漂亮,英俊。如:长得帅。帅还作古代的姓。(胡伟)

帗

bō 帮纽、月部;帮纽、末韵、北末切。
fú 帮纽、物部;非纽、物韵、分勿切。

帗¹—帗
《说文》小篆　楷书

1《说文》158页。

形声字。《说文》:"帗,一幅巾也。从巾,友声。"王筠句读:"此亦首饰之巾也……案:帛幅二尺四寸,仅此一幅为之,故曰一幅巾。"本义是一幅宽的巾。当读fú时,指五色帛制成的舞具,舞蹈的人在柄上系五色缯帛,持柄而舞。《周礼·春官·乐师》:"凡舞有帗舞,有羽舞。"同"韨",蔽膝。《方言》卷二:"帗缕,毳也。"郭璞注:"谓物之扞蔽也。"钱绎笺疏:"帗,通作韨,亦作韍。卷四云:蔽膝,江淮之间或谓之袚,魏宋南楚之间谓之大巾,自关东西谓之蔽膝。袚、韨并与帗通。"(胡伟)

幋

pán 並纽、元部;並纽、桓韵、薄官切。

幋¹—幋
《说文》小篆　楷书

1《说文》158页。

形声字。《说文》:"幋,覆衣大巾。从巾,般声。"幋本义是指覆衣大巾。《广韵·桓韵》:"幋,大巾。"也可以指头巾。《说文》:"幋,或以为首鬘。"段玉裁注:"当依李善《思玄赋》注作首饰。"还可指囊。五代徐锴《说文系传》:"幋,囊也。"(胡伟　郭敏珊)

袽

rú 泥纽、鱼部;泥纽、鱼韵、女余切。

袽¹—袽
《说文》小篆　楷书

1《说文》158页。

形声字。《说文》:"袽,巾袽也。从巾,如声。一曰弊巾。"本义是大幅的巾。《方言》卷四:"大巾谓之袽,嵩岳之南,陈、颖之间谓之帤。"又指手巾。章炳麟《新方言·释器》:"今人谓巾曰手巾,亦曰手帤儿。"引申为破旧的巾。唐白居易《喜照密闲实四上人见过》:"臭帤世界终须出,香火因缘久愿同。"还可指弓干上的衬木。《周礼·考工记·弓人》:"厚其帤则木坚,薄其帤则需。"(胡伟　郭敏珊)

幣(币)

bì 並纽、月部;並纽、祭韵、毗祭切。

幣¹—幣²—幣—币
《说文》小篆　汉　楷书　楷书

1《说文》158页。2《篆隶表》536表。

形声字。《说文》:"幣,帛也。从巾,敝声。"小篆"幣"中的"攴"多写作"攵",楷书形体由小篆形体演变而来,写作"幣"。《简化字总表》把"幣"简作"币",用符号"丿"代替原字上边的声符"敝"。本义是古人用作礼物的丝织品。《书·召诰》:"我非敢勤,惟恭奉幣,用供王能祈天永命。"孔传:"惟恭敬奉其币帛用供侍王,能求天长命。"因车马玉帛同为聘享之礼,所以泛指车马玉帛等。《周礼·秋官·小行人》:"合六币。"也有赠送的意思。《庄子·说剑》:"闻夫子明圣,谨奉千金以币从者。"由丝织品引申为货币。《管子·国蓄》:"以珠玉为上币,以黄金为中币,以刀布为下币。"现代币指货币。通假为"敝"。《国语·鲁语上》:"不同典先君之币器。"(胡伟)

幅

fú 帮纽、职部;非纽、屋韵、方六切。
bī 帮纽、职部;帮纽、职韵、彼侧切。

幅¹—幅²—幅³—幅
《说文》小篆　秦　汉　楷书

1《说文》158页。2《睡甲》123页。3《篆隶表》537页。

形声字。《说文》:"幅,布帛广也。从巾,畐声。"本义指布帛的宽度。《诗·商颂·长发》:"幅陨既长。"毛传:"幅,广也。"《左传·襄公二十八年》:"且夫富,如布帛之有幅焉。"古代布帛宽二尺二寸为一幅。引申指地面或书画面的广狭。如:幅员、篇幅。布帛的边也叫幅,引申指衣服的边饰。不修边幅,形容不注意衣着、容貌的整洁。幅又为量词。如:一幅画。读bī时,指绑腿布,它是用幅帛斜缠在小腿上,从脚到膝盖,古代称为"行縢"。《诗·小雅·采菽》:"赤芾在股,邪幅在下。"郑玄笺:"邪幅,如今行縢也,偪束其胫自足至膝。"(胡伟)

帶(带) dài 端纽、月部；端纽、泰韵、当盖切。

战国　战国　《说文》小篆　汉　汉　楷书　楷书

1、2《战文编》543页。3《说文》158页。4、5《篆隶表》537页。

象形字。像古人捆扎衣服的腰带。《说文》："帶，绅也。男子鞶带，妇人带丝，象系佩之形。佩必有巾，从巾。"本义指腰带。古人用两种带子，一种是皮制的革带，用以悬佩；一种是丝制的束在外衣的大带，围在腰间，结在前面，两头垂下，称作绅。《诗·卫风·有狐》："心之忧矣，之子无带。"毛传："带，所以申束衣。"由衣带引申为各种带子或像带子的东西。如：鞋带，彩带。又引申指地带，区域。如：热带，温带。由衣带引申为挂在带上，佩带。《礼记·少仪》："仆者右带剑。"泛指携带，随身带着。《世说新语·德行》："(陈)遗已聚敛得数斗焦饭，未展归家，遂带以从军。"由携带引申为带领。如：带兵，带徒弟。由衣带又引申为捆缚。由捆缚引申为连接。《后汉书·侯霸传》："县界旷远，滨带江湖。""带"在近代已出现，是"帶"的俗字，据草书楷化而成。（胡伟　郭敏珊）

幘(帻) zé 精纽、锡部；庄纽、麦韵、侧革切。

《说文》小篆　汉　汉　楷书　楷书

1《说文》158页。2、3《篆隶表》537页。

形声字。《说文》："幘，发有巾曰幘。从巾，責声。"本义指一种包头发的巾。《后汉书·法雄传》："冠赤幘，服绛衣。"新中国成立后，偏旁"責"简化为"责"。据简化偏旁类推，"幘"简化为"帻"。（胡伟　郭敏珊）

帔 pèi 滂纽、歌部；滂纽、寘韵、披义切。
pī 滂纽、歌部；滂纽、支韵、敷羁切。

《说文》小篆　楷书

1《说文》158页。

形声字。《说文》："帔，弘农谓裙帔也。从巾，皮声。"段玉裁注："谓裙曰帔也。"本义指裙。《方言》卷四："裙，陈魏之间谓之帔。"又指披肩，古代妇女披在肩上的衣饰。《释名·释衣服》："帔，披也。披之肩背，不及下也。"读pī时，指古代戏曲服装的一种。剧中帝王、后妃、将相、官绅的便服，大领、对襟、水袖，左右胯下开衩，其颜色与图案花纹，因人物身份而异。女帔长仅及膝。（胡伟）

常 cháng 禅纽、阳部；禅纽、阳韵、市羊切。

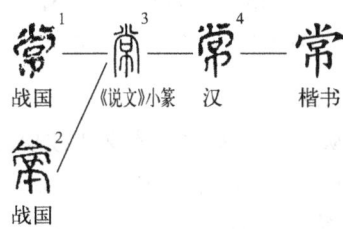

战国　《说文》小篆　汉　楷书
战国

1、2《战文编》554页。3《说文》159页。4《篆隶表》537页。

形声字。从巾，尚声。同"裳"。裙子。《说文》："常，下裙也。裳，常或从衣。"《逸周书·度邑》："叔旦泣涕于常，悲不能对。"常有固定不变，恒定的意思。《易·系辞上》："动静有常，刚柔断矣。"《左传·昭公元年》："疆场之邑，一彼一此，何常之有？"由不变的引申为普通的，一般的。如：老生常谈。由恒久引申为经常，常常。《列子·天瑞》："常生常化者，无时不生，无时不化。"由固定不变引申为规律，准则。《荀子·天论》："天行有常。"常又是古代的长度单位，一丈六尺。古代衣巾之类字多通用，裳也写作常。后世常、裳二字的用法发生分歧，其中裳字仍保留着它的本义，指下身的裙，而常字则多借用为恒久、经常之义，又用来指法度伦常等。（胡伟）

帬(裙) qún 群纽、文部；群纽、文韵、渠云切。

《说文》小篆　秦　汉　楷书　楷书

1《说文》159页。2《睡甲》123页。3《篆隶表》538页。

形声字。《说文》："帬，下裳也。从巾，君声。"同"裙"。古指下裳，男女均服。睡虎地秦墓竹简《封诊式·贼死》："衣布禅裙、襦各一。"还可指缝在衣领周围的一圈边，类似披肩。清段玉裁《说文解字注》："裙，绕领也。""绕领者,围绕于领,今男子妇人披肩,其遗意。"古代裙也是衣。"巾"、"衣"部的字多通用,"帬"也写作"裙"。(胡伟)

幓(帴) sàn 心纽、元部;心纽、翰韵、苏旰切。
jiǎn 精纽、元部;精纽、狝韵、即浅切。
jiān 精纽、元部;精纽、先韵、则前切。

幓¹—幓—帴
《说文》小篆　楷书　楷书

1《说文》159页。

形声字。从巾,戔(戈)声。本义为披肩,读sàn。《说文》:"幓,帬也。"朱骏声通训定声:"帬如今之披肩。"读jiǎn时义为狭窄。《周礼·考工记·鲍人》:"若苟自急者先裂,则是以博为帴也。"郑玄注引郑司农云:"帴,读为翦。谓以广为狭也。"也有裹婴儿的布的含义。读jiān时为垫衬之义。《晋书·张方传》:"于是军人便乱入宫阁,争割流苏武帐而为马帴。"新中国成立后,偏旁"戔"简化为"戋",据简化偏旁类推,"幓"简化为"帴"。(胡伟　郭敏珊)

幝(帼) kūn 见纽、文部;见纽、魂韵、古浑切。

幝¹—幝—帼
《说文》小篆　楷书　楷书

1《说文》159页。

形声字。本义指满裆裤。《说文》:"幝,幒也。从巾,軍声。裈,幝或从衣。"段玉裁注:"今之套裤,古之绔也,今之满裆裤,古之裈也。自其浑合近身言曰幝,自其两襱孔穴言曰幒。"《释名·释衣服》:"裈,贯也。贯两脚上系要中也。"《世说新语·德行》:"人宁可使妇无幝邪?"新中国成立后,偏旁"軍"简化为"军",据简化偏旁类推,"幝"简化为"帼"。(胡伟　郭敏珊)

幎 mì 明纽、锡部;明纽、锡韵、莫狄切。

幎¹—幎
《说文》小篆　楷书

1《说文》159页。

形声字。《说文》:"幎,幔也。从巾,冥声。《周礼》有幎人。"本义指覆盖物体的巾。《仪礼·士丧礼》:"幎目用缁,方尺二寸。"郑玄注:"幎目,覆面者也。"引申指覆盖。《淮南子·原道》:"舒之幎于六合,卷之不盈于一握。"高诱注:"幎,覆也。"还指均匀貌。《周礼·考工记·轮人》:"望而眂其轮,欲其幎尔下迤也。"(胡伟)

帷 wéi 匣纽、微部;云纽、脂韵、洧悲切。

匲¹—帷²—帷³—帷
《说文》古文　《说文》小篆　汉　楷书

1、2《说文》159页。3《篆隶表》538页。

形声字。《说文》:"帷,在旁曰帷。从巾,隹声。"本义指帐幕,即围在四周的幕布。《周礼·天官·幕人》:"掌帷、幕、幄、帟、绶之事。"郑玄注:"在旁曰帷,在上曰幕。"引申指用幕布遮挡。《礼记·丧大记》:"士殡见衽,涂上帷之。"孔颖达疏:"帷,障也。"(胡伟)

帳(帐) zhàng 端纽、阳部;知纽、漾韵、知亮切。

帳¹—帳²—帳—帐
《说文》小篆　汉　楷书　楷书

1《说文》159页。2《篆隶表》538页。

形声字。《说文》:"帳,张也。从巾,長声。"本义指床帐。《淮南子·道应》:"偷则夜解齐将军之帱帐而献之。"引申泛指张挂或支架起来作为遮蔽的用具。通常用布帛毡革制成。用途不同,质料亦异。"张"、"帐"是古今字。改换"张"的"弓"旁为"巾"而成"帐"。幕帐的意义原写作"张",后作"帐"。《史记·袁盎晁错列传》:"乃以刀决张。"帐可指帷幕,帐幕。如:帐篷,营帐,军帐。还可作古代游牧民族计算户数的单位。如:三百帐。帷、幕、帏、帐的意义都是布帐。"帷"是围在四周的幕布,没有顶子。"幕"是帐篷。"帏"本通"帷",后来一般用来指帐子(如"罗帏")。"帐"是帐子,有时也指帐篷(如"帐饮")。新中国成立后,偏旁"長"简化作"长",据简化偏旁类推,"帳"简化为"帐"。(胡伟　郭敏珊)

幕 mù 明纽、铎部;明纽、铎韵、慕各切。

幕¹—幕²—幕
《说文》小篆　汉　楷书

1《说文》159页。2《篆隶表》538页。

形声字。《说文》:"幕,帷在上曰幕;覆食案亦曰幕。

从巾,莫声。"本义指帐篷的顶布。《周礼·天官·幕人》:"掌帷、幕、幄、帟、绶之事。"郑玄注:"在旁曰帷,在上曰幕。"《战国策·齐策一》:"举袂成幕。"引申为帐篷。《左传·庄公二十八年》:"楚幕有乌。"杜预注:"幕,帐也。"由此引申为幕府,古代将帅出行无固定处所,以幕帐为办公府署,称幕府。由本义又引申为挂着的帘幕,是后起义。南朝宋鲍照《拟行路难十九首》其三:"文窗绣户垂绮幕。"演剧时,两个完整的段落之间有时会用开合幕布来表示,因此一段就叫"一幕"。（胡伟）

帖 tiè / tiě / tiē

透纽、叶部；透纽、帖韵、他协切。

《说文》小篆 — 楷书

1《说文》159页。

形声字。《说文》:"帖,帛书署也。从巾,占声。"段玉裁注:"木为之谓之检,帛为之则谓之帖,皆谓幖题,今人所谓签也。"后代的书疏也叫帖。如:晋王羲之《兰亭帖》。也称对联为帖。如:楹贴。读 tiě 可指官府文书。《乐府诗集·横吹曲辞五·木兰诗》:"昨夜见军帖,可汗大点兵。"还可指柬帖。如:名帖,庚帖,礼帖。唐、宋、元时的试题也叫帖。指从全文中帖出数语作为试题。还可指票券,收支财物的单据。读 tiē 时,指安定,帖服。《字汇补》:"帖,服也。"《世说新语·假谲》:"后观其意转帖。"（胡伟　郭敏珊）

帙 zhì

定纽、质部；澄纽、质韵、直一切。

《说文》小篆 — 楷书

1《说文》159页。

形声字。《说文》:"帙,书衣也。从巾,失声。袠,帙或从衣。"本义指包书、画的封套,用布帛制成。《文选·潘岳〈杨仲武诔〉》:"披帙散书,屡睹遗文。"引申为书的卷册卷次,书卷编次。《隋书·牛弘传》:"今御书单本,合一万五千余卷,部帙之间,仍有残缺。"引申作量词。一函为一帙。唐白居易《长庆集·后序》:"前三年,元微之为予编次文集而叙之,凡五帙,每帙十卷。"还指整理书籍。唐杜甫《晚晴》:"书乱谁能帙,杯干自可添。"（胡伟）

微 huī

晓纽、微部；晓纽、微韵、许归切。

《说文》小篆 — 楷书

1《说文》159页。

形声字。《说文》:"微,帜也。以绛微帛著于背。从巾,微省声。"朱骏声通训定声:"将帅以下衣皆有题识,平时则城门仆射及亭长所著。又凡救火人衣用绛帛著于背,皆微属也。"本义指标志,符号。《说文》:"《春秋传》曰:'扬微者公徒。'"也指旗帜。《玉篇·巾部》:"微,幡也。"（胡伟　郭敏珊）

幖 biāo

帮纽、宵部；帮纽、宵韵、甫遥切。

《说文》小篆 — 楷书

1《说文》159页。

形声字。《说文》:"幖,帜也。从巾,票声。"本义指标志。段玉裁注:"《通俗文》曰:'微号曰幖,私记曰帜。'……凡物之幖识亦曰微识,今字多作標牓,標行而幖废矣。"后作"標(标)"。后指酒店的招子,即酒旗。《正字通》:"幖,今酒旗,俗称幖。"量词,指书卷。唐陆龟蒙《送豆卢处士谒丞相序》:"有文三十编,有书数千幖。"（胡伟　郭敏珊）

幡 fān

滂纽、元部；敷纽、元韵、孚袁切。

《说文》小篆 — 汉 — 楷书

1《说文》159页。2《篆隶表》539页。

形声字。从巾,番声。本义指旗帜,长幅下垂的旗。《汉书·鲍宣传》:"博士弟子济南王咸举幡太学下。"也指冠上的巾饰。《后汉书·舆服志下》:"负赤幡,青翅燕尾,诸仆射幡皆如之。"又指簿册。《吕氏春秋·观表》:"绿图幡簿,从此生矣。"（胡伟　郭敏珊）

飾(饰) shì

书纽、职部；书纽、职韵、赏职切。

巾部

飾—飾—飾—飾—饰
战国 《说文》小篆 汉 楷书 楷书

1《汉语字形表》306 页。2《说文》159 页。3《篆隶表》539 页。

形声字。《说文》:"飾,㕞也。从巾,从人,食声。"从人,从巾,表示人持巾擦拭。本义是修饰,妆饰。《诗·郑风·羔裘》:"羔裘豹饰,孔武有力。"引申为遮掩。如:文过饰非。又引申为修治,修整。《周礼·地官·封人》:"凡祭祀,饰其牛牲。"郑玄注:"饰谓刷治洁清之也。"由打扮转为名词,指装饰品。《庄子·马蹄》:"前有橛饰之患。"新中国成立后,偏旁"飠"简化作"饣",依简化偏旁类推,"飾"简化作"饰"。(胡伟 郭敏珊)

幃(帏) wéi 匣纽、微部;云纽、微韵、雨非切。

幃—幃—幃—帏
战国 《说文》小篆 楷书 楷书

1《战文编》543 页。2《说文》159 页。

形声字。《说文》:"幃,囊也。从巾,韋声。"本义指佩带的香囊。《楚辞·离骚》:"苏粪壤以充帏兮,谓申椒其不芳。"还指裙的正面一幅。《国语·郑语》:"王使妇人不帏而谯之。"韦昭注:"裳正幅曰帏。"通"帷",指帐子。汉枚乘《七发》:"如素车白马帏盖之张。""帏幄",指军中帐幕,借指计划作战的地方,成语有"运筹帷幄"。新中国成立后,偏旁"韋"简化作"韦",据简化偏旁类推,"幃"简化为"帏"。(胡伟 郭敏珊)

帚 zhǒu 章纽、幽部;章纽、有韵、之九切。

帚—帚—帚—帚—帚
商 商 西周 《说文》小篆 汉 楷书

1、2《甲文编》335 页。3《金文编》550 页。4《说文》159 页。5《篆隶表》539 页。

象形字。像扫帚,古代以某种植物为帚,中间为捆扎标志。甲骨文中的帚有借为妇的:"帚妌挽娶。"(《前》4.32.2);还有借为归的:"辛未卜王帚。"(《京》2030)也有作神祇名的:"贞于帚御卓三月。"(《甲》2121)"帚"到小篆时,中间"⼍"讹变为"冖",下面"巾"讹变为"巾",上面"ヨ"演变为"彐",到楷书时写作"帚"。今天指扫除刷洗秽物的用具,如:扫帚,苕帚,炊帚。《世本》:"少康作箕帚。"《礼记·曲礼上》:"凡为长者粪之礼,必加帚于箕上。"(胡伟 郭敏珊)

席 xí 邪纽、铎部;邪纽、昔韵、祥易切。

䈛—席—席—席—席
战国 《说文》小篆 秦 汉 楷书

囜
《说文》古文

1《战文编》545 页。2、3《说文》159 页。4、5《篆隶表》539 页。

会意字。《说文》:"席,籍也。《礼》:'天子、诸侯席,有黼绣纯饰。'从巾,庶省。囜,古文席,从石省。"战国文字的"席"从竹。小篆形体由金文演变来,讹变成了从巾从庶。席,本义指用芦苇、竹篾、蒲草等编成的坐卧铺垫用具。《诗·邶风·柏舟》:"我心匪席,不可卷也。"古人席地而坐,因此称坐次或席位为席。《诗·大雅·行苇》:"肆筵设席。"古时有布席治事,因此也称职务为席。三公宰相称台席,管刑名的幕宾为刑席,管钱谷的叫钱席,称教师为教席。古代饮食宴会都在席上,又引申指酒筵、筵席。《南史·徐孝克传》:"至席散,当其前膳羞损减。"(胡伟 郭敏珊)

帑 tǎng 透纽、鱼部;透纽、荡韵、他朗切。
nú 泥纽、鱼部;泥纽、鱼韵、女余切。

帑—帑
《说文》小篆 楷书

1《说文》160 页。

形声字。《说文》:"帑,金币所藏也。从巾,奴声。"本义指古时收藏钱财的府库。《后汉书·郑弘传》:"人食不足,而帑藏殷积。"转指国库里的钱财。《汉书·匈奴传》:"上由是难之,以问公卿,亦以为虚费府帑。"也指裹金帛的囊。《旧唐书·杜让能传》:"行帑无寸金,卫兵不宿饱。"读 nú 时,指鸟尾。《左传·襄公二十八年》:"以害鸟帑。"杜预注:"鸟尾曰帑。"(胡伟 郭敏珊)

布 bù 帮纽、鱼部;帮纽、暮韵、博故切。

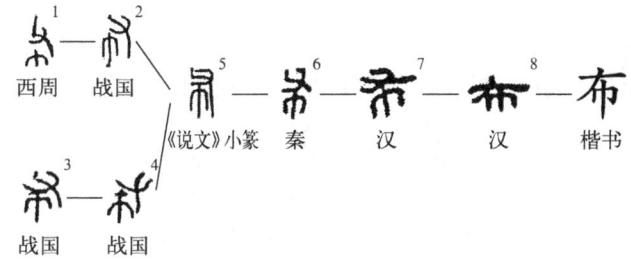

1《金文编》550页。2《汉语字形表》306页。3《类编》257页。4《战文编》545页。5《说文》160页。6、7、8《篆隶表》540页。

形声字。从巾，父声。古文中，"乂"为"父"字，用"巿"字表"巾"的意思。小篆形体由金文演变而来，到楷书"父"讹变为"ナ"，写作"布"。本义指麻布。《礼记·礼运》："治其麻丝，以为布帛。"布指麻织品，帛则是丝织品的通称。布后引申为棉、麻等织物的通称。现代各种化纤织品也可称为布。古代平民穿麻布衣服，所以"布衣"就成为平民的代称。汉桓宽《盐铁论·非鞅》："商君起布衣。"古代行实物贸易时，布曾经作为交换的媒介。《诗·卫风·氓》："抱布贸丝。"布作为货币的一种，其长度有定制。引申指财货。由织物面积引申为展开。又引申为散布，分布。北魏贾思勰《齐民要术·种葱》："收葱子，必薄布阴干。"由铺开引申为宣告，宣布。（胡伟）

嫁 jià　见纽、鱼部；见纽、祃韵、古讶切。

嫁¹ — 嫁

《说文》小篆　楷书

1《说文》160页。

形声字。《说文》："嫁，南郡蛮夷賨布。从巾，家声。"本义指古代西南地区少数民族所织的布名，多用于贡赋。《后汉书·南蛮传》："其民户出嫁布八丈二尺。"（胡伟）

幦 mì　明纽、锡部；明纽、锡韵、莫狄切。

幦¹ — 幦

《说文》小篆　楷书

1《说文》160页。

形声字。从巾，辟声。本义指漆布。《说文》："幦，漆布也。"朱骏声通训定声："幦则漆布之专名也。"又指古代盖在车轼上遮蔽风尘的帷席。《公羊传·昭公二十五年》："以幦为席。"何休注："幦，车覆笭。"（胡伟）

幢 chuáng　定纽、东部；澄纽、江韵、宅江切。
　　zhuàng　定纽、冬部；澄纽、绛韵、直绛切。

幢¹ — 幢

《说文》新附　楷书

1《说文》160页。

形声字。《说文》："幢，旌旗之属。从巾，童声。"本义指古代用作仪仗的一种旗帜。《韩非子·大体》："雄骏不创寿于旗幢。"又指佛教的经幢。经幢指佛教刻写经文的石柱或圆形绸伞。《大日经疏》："梵云驮嚩若，此翻为幢。"还指古代编制单位，百人为幢。《资治通鉴·宋文帝元嘉七年》："加散骑常侍、右卫将军，领内都幢将。"胡三省注："百人为幢，幢有帅。"由用作仪仗的一种旗帜引申为张持于舟车上的帷幔，读 zhuàng。《后汉书·班固传上》："抚鸿幢，御矰缴。"后转为建筑物的量词。如：一幢房屋。（胡伟　郭敏珊）

幟（帜）zhì　章纽、之部；章纽、志韵、职吏切。

幟¹ — 幟² — 幟 — 帜

《说文》新附　三国魏　楷书　楷书

1《说文》160页。2《篆隶表》541页。

形声字。《说文》："幟，旌旗之属。从巾，戠声。"本义指旗帜。《墨子·旗帜》："鼓三，举一帜。"旗巾起标志作用，因此又指标记。《后汉书·虞诩传》："以采綖缝其裾为帜。"（用彩布缝在大襟上作为标志）新中国成立后，偏旁"戠"一般都简化成"只"，依简化偏旁类推，"幟"简化成"帜"。（胡伟）

幗（帼）guó　见纽、职部；见纽、队韵、古对切。

幗¹ — 幗 — 帼

《说文》新附　楷书　楷书

1《说文》160页。

形声字。《说文》："幗，妇人首饰。从巾，國声。"本义指古代妇女戴的头巾或发饰。《晋书·宣帝纪》："(诸葛)亮数挑战，帝不出，因遗帝巾幗妇人之饰。"后用作妇女的代称。如：巾帼英雄。新中国成立后，偏旁"國"简化成"国"，依简化偏旁类推，"幗"简化成"帼"。（胡伟）

袋 dài 定纽、职部；定纽、代韵、徒耐切。

帒¹—袋—袋
《说文》新附　楷书　楷书

1《说文》160页。

形声字。从巾，代声，同"袋"。《说文》："袋，囊也。或从衣。"《玉篇·衣部》："袋，亦作帒。"本义即口袋。宋陆游《别建安》："三十年来云水僧，常挑钵帒系行縢。"（胡伟）

希 xī 晓纽、微部；晓纽、微韵、香衣切。

希¹—希²—希³—希
秦　汉　汉　楷书

1《睡甲》123页。2、3《篆隶表》541页。

形声字。从巾，爻声。罕见，少。后作"稀"。《尔雅·释诂下》："希，罕也。"《论语·公冶长》："不念旧恶，怨是用希。"皇侃义疏："希，少也。"又指稀疏。《文选·曹植〈朔风诗〉》："昔我初迁，朱华未希；今我旋止，素雪云飞。"李善注："希，与'稀'同，古字通也。"又有观望，看的含义，后作"睎"。《广韵·微韵》："希，望也。"由此引申为仰慕。《后汉书·赵壹传》："仰高希骥。"进而引申为希求。唐柳宗元《冉溪》："少时陈力希公侯。"希字上部本为"爻"，楷书变作"乂"。（胡伟　郭敏珊）

巿部

巿 fú 帮纽、物部；非纽、物韵、分勿切。
pó 滂纽、月部；滂纽、末韵、普活切。

巿¹—巿²—巿³—巿
西周　战国　《说文》小篆　楷书

1《金文编》550页。2《类编》257页。3《说文》160页。

象形字。"韨"的本字。本义指古代朝觐或祭祀时遮蔽在衣裳前面的一种服饰。金文中已经出现。柳鼎："易（赐）女（汝）赤巿、幽黄、攸勒。"陈梦家曰："金文之巿从一从巾，象大巾上之博带。"读pó时同"茇"，指草木茂盛的样子。《集韵·末韵》："巿、茇，草木盛貌。或从草。"金文"巿"中，"一"像博带，故"巿"是指朝袍前面博带以下的部分。本指"巾"，加一横分化为"巿"。（胡伟）

韐 gé 见纽、缉部；见纽、洽韵、古洽切。

鞈¹—韐²—韐
西周　《说文》小篆　楷书

1《金文编》551页。2《说文》160页。

形声字。同鞈。从巿，合声。用来蔽膝用的服饰，长方形，圆角。《字汇·巾部》："韐，士蔽膝之衣。"金文中已出现。《说文》："韐，士无巿，有韐，制如榼，缺四角，爵弁服，其色韎，贱不得与裳同。鞈，韐或从韦。"（韎：皮革染成赤黄色）（胡伟　郭敏珊）

帛部

帛 bó 並纽、铎部；並纽、陌韵、傍陌切。

帛¹—帛²—帛³—帛⁴—帛⁵—帛⁶
商　西周　春秋　战国　《说文》小篆　汉　楷书

1《甲文编》336页。2《金文编》551页。3《类编》259页。4《战文编》546页。5《说文》160页。6《篆隶表》542页。

会意兼形声字。从巾，从白，白亦声。本义是丝织品的总称。本为白色缯，后不限于白色。生帛指缟、素、绡、绢，熟帛指练。《左传·闵公二年》："卫文公大布之衣，大帛之冠。"杜预注："大帛，厚缯。"写在缣帛上的文字叫帛书。甲骨文中已经出现，指地名。金文有两种含义。1. 丝织品。九年卫鼎："舍矩姜帛三两。"2. 通"白"。九年卫鼎："（舍）肼帛金一反（钣）。"《礼记·玉藻》："亲没不髦，大帛不绣。"郑玄注："帛当为白，声之误也。大帛，谓白布冠也。"清洪颐煊《读书丛录》卷一："白、帛，古字通行。"可作姓。（胡伟）

錦（锦）jǐn 见纽、侵部；见纽、寝韵、居饮切。

錦¹—錦²—錦³—锦
《说文》小篆　秦　汉　楷书　楷书

1《说文》160页。2、3《篆隶表》542页。

形声字。《说文》："錦，襄邑织文。从帛，金声。"徐锴系传"邑"作"色"。本义指有彩色花纹的丝织品。《诗·秦风·终南》："锦衣狐裘。"引申指色彩鲜艳华丽。

如：锦霞。南朝宋鲍照《芙蓉赋》："戏锦鳞而夕映，曜绣羽以晨通。"古指锦袍，引申为奖赏。宋黄公绍《竞渡棹歌》："最是玉莲堂上好，跃来夺锦看吴儿。"新中国成立后，偏旁"釒"简化作"钅"，依简化偏旁类推，"錦"简化作"锦"。（胡伟）

幫(帮) bāng 帮纽、阳部；帮纽、唐韵、博旁切。

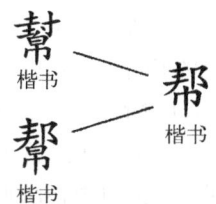

形声字。从帛，封声。本义指鞋的边缘部分。《集韵·唐韵》："帮，治履边也。"引申指物体两旁或周围立起的部分。如：桶帮，腮帮。由此引申出辅助、帮助的含义。《正字通·巾部》："凡事物旁助者皆曰帮。"辅助义在现代是帮的常用义。同伙的可以相帮，所以帮又指群、伙。由此引申出帮会义，指由于一定目的而结合的集团。如：马帮，茶帮。还可以作量词。如：一帮人。"帮"在近代已出现，是"幫"的俗字，据异体"幚"简省而成，原字下边的形符"帛"省为"巾"。（胡伟）

白 部

白 bái 並纽、铎部；並纽、陌韵、傍陌切。

1、2《甲文编》336页。3《金文编》552页。4《说文》160页。5、6《篆隶表》542页。

构形有争议，一说为象形字，像拇指。郭沫若："拇为将指，在手足俱居首位，故白引申为伯仲之伯，又引申为王伯之伯，其用为白色字者，乃假借也。"甲骨文写作"⊙"。金文形体由甲骨文演变而来，写作"⊙"，小篆形体由金文演变来，写作"⊙"，楷书字头形体由小篆演变来。假借为白，指白色。《诗·小雅·白驹》："皎皎白驹，食我场苗。"由白色引申为纯洁。日出天明，白又表示明亮。如："雄鸡一唱天下白"。由明亮引申为清楚，明白。如：真相大白，不白之冤。由清楚、明白，引申为表明、辩白。《楚辞·九章·惜诵》："情沈抑而不达兮，又蔽而莫之白也。"进而引申为告诉，禀告。《史记·滑稽列传·西门豹》："烦三老为入白之。"白又引申为徒然，平白地。如：白费力气。由空白，引申为没有功名的平民。如：白丁、白衣、白身。由于丧服用白色，白色又指丧事。白与红构成反义词，现代的红可指革命，而白则象征反动。以"白"为构件的字，大都和白色、明亮有关。（胡伟 郭敏珊）

皎 jiǎo 见纽、宵部；见纽、篠韵、古了切。

1《说文》160页。

形声字。《说文》："皎，月之白也。从白，交声。"本义指月光洁白而明亮。《诗·陈风·月出》："月出皎兮，佼（姣）人僚（美貌）兮。"引申为光明，明亮。三国魏曹植《洛神赋》："远而望之，皎若太阳升朝霞。"由本义引申为洁白。《诗·小雅·白驹》："皎皎白驹，食我场苗。"陆德明释文："皎皎，洁白也。"引申为明白，清楚。汉王逸《离骚经序》："其词温而雅，其义皎而朗。"五代时有以皎为姓的。（胡伟）

曉 xiǎo 晓纽、宵部；晓纽、篠韵、馨皛切。

1《说文》160页。

形声字。同晓。《说文》："曉，日之白也。从白，尧声。"本义指天亮。（胡伟 郭敏珊）

晳 xī 心纽、锡部；心纽、锡韵、先击切。

1《说文》160页。

形声字。《说文》："晳，人色白也。从白，析声。"本义指肤色洁白。《诗·鄘风·君子偕老》："扬且之晳也。"毛传："晳，白晳。"引申为白色。《左传·定公九年》："晳帻而衣貍制。"杜预注："晳，白也。"用于抽象意义，引申指清楚、明白。此义只用晰。晰原为晳之异体，现晰为正字。（胡伟）

皤 pó　並纽、歌部；並纽、戈韵、薄波切。

皤¹ — 皤² — 皤
《说文》小篆　汉　楷书

1《说文》160页。2《篆隶表》542页。

形声字。《说文》：" 皤,老人白也。从白,番声。"本义形容老年人头白。《后汉书·樊宏传附樊准》："故朝多皤皤之良,华首之老。"多指须发花白,引申指白色。《易·贲》："贲如皤如。"引申指老人。宋宋祁《宋景文公笔记上》："蜀人谓老为皤,取皤皤黄发义。"还可指肚子大。《左传·宣公二年》："皤其腹。"（胡伟）

皬 hé　匣纽、药部；匣纽、沃韵、胡觉切。

皬¹ — 皬
《说文》小篆　楷书

1《说文》161页。

形声字。《说文》："皬,鸟之白也。从白,雀声。"本义指羽毛光泽洁白。三国魏何晏《景福殿赋》："悠悠玄鱼,皬皬白鸟。"（胡伟）

皑（皑） ái　疑纽、微部；疑纽、咍韵、五来切。

皑¹ — 皑 — 皑
《说文》小篆　楷书　楷书

1《说文》161页。

形声字。《说文》："皑,霜雪之白也。从白,豈声。"本义是霜雪洁白的样子。汉乐府诗《白头吟》："皑如山上雪,皎若云间月。"皑皑,形容霜雪洁白。新中国成立后,偏旁"豈"简化为偏旁"岂",依简化偏旁类推,"皑"简化为"皑"。（胡伟）

皅 pā　滂纽、鱼部；滂纽、麻韵、普巴切。
　　 bà　並纽、鱼部；並纽、祃韵、白驾切。

皅¹ — 皅
《说文》小篆　楷书

1《说文》161页。

形声字。《说文》："皅,草华之白也。从白,巴声。"本义指草花之白,也泛指花,后作"葩"。《集韵·麻韵》："葩,花也。又草花白。亦作皅。"读为 bà 时,指色不真。《集韵·祃韵》："皅,色不真也。"（胡伟）

皦 jiǎo　见纽、宵部；见纽、篠韵、古了切。

皦¹ — 皦² — 皦
《说文》小篆　汉　楷书

1《说文》161页。2《篆隶表》543页。

形声字。《说文》："皦,玉石之白也。从白,敫声。"本义形容玉石洁白的样子。《北史·高闾传》："佞者饰知以行事,忠者发心以附道,譬如玉石,皦然可知。"引申指白,明亮。《诗·王风·大车》："谓予不信,有如皦日。"皦皦,洁白明亮的样子。又引申指清晰,分明。《论语·八佾》："乐其可知也,始作翕如也,从之纯如也,皦如也。"再引申为清白。《后汉书·乐恢传》："诸弟子皆以通关被系,恢独皦然不污于法。"（胡伟）

皵 xī　溪纽、铎部；溪纽、陌韵、绮戟切。

皵¹ — 皵² — 皵
商　《说文》小篆　楷书

1《合集》33871。2《说文》161页。

会意字。像有光亮穿过的缝隙。同"隙"。甲骨文的"皵",会日光穿过缝隙之意。下面两点演变成三点,"口"演变成"日",楷书写作"皵"。《说文》："皵,际见之白也。从白,上下小见。"段玉裁注："际者,壁会也。壁会者,隙也。见读如现。壁隙之光,一线而已,故从二小。"《正字通·小部》："皵,别作隙。"（胡伟）

㡀 部

㡀 bì　並纽、月部；並纽、祭韵、毗祭切。

㡀¹ — 㡀
《说文》小篆　楷书

1《说文》161页。

象形字。像破旧的巾形。《说文》："㡀,败衣也。从巾,象衣败之形。"本义为破旧的衣服。又指衣服破旧的样子。《集韵·祭韵》："㡀,衣坏貌。"引申指破旧,坏,困顿的样子。（胡伟）

敝 bì 並纽、月部；並纽、祭韵、毗祭切。

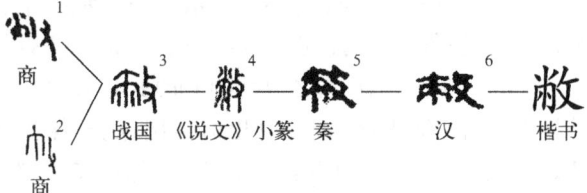
商 商 战国 《说文》小篆 秦 汉 楷书

1、2《甲文编》337页。3《战文编》547页。4《说文》161页。5、6《篆隶表》543页。

会意兼形声字。从㡀，从攴，㡀亦声。甲骨文从攴，从巾。右边是手持木棍抽打巾，左边的"巾"是一块布，布上的点表示破碎的布屑。战国文字承袭甲骨文。右边"彳"演变成"攴"，字右边的"攴"多写成"攵"，楷书写作"敝"。本义是败衣，破旧的衣。《诗·郑风·缁衣》："缁衣之宜兮，敝，予又改为兮。"引申为破旧。《易·井》："甕敝漏。"又有疲惫衰败之意。《汉书·张敞传》："吏民凋敝。"引申为谦词，对自己或自己一方的谦称。如：敝国，敝姓。（胡伟 郭敏珊）

黹 部

黹 zhǐ 端纽、脂部；知纽、旨韵、猪几切。

黹¹—黹²—黹³—黹
西周 西周 《说文》小篆 楷书

1、2《金文编》553页。3《说文》161页。

象形字。像用针线缝缀的图案。本义指用针线绣成的花纹。金文中已经出现，指刺绣。颂簋："锡女玄衣、黹屯（纯）……"唐兰译作："赏给你玄色的上衣，有针刺花纹的边……"后来引申为缝纫刺绣，称女红为针黹。凡从黹的字义，一般都与礼服的图案花纹有关。金文的"黹"字，即像所绣的带状图案之形。到了小篆中，讹变成为"黹"。（胡伟）

黼 chǔ 清纽、鱼部；初纽、语韵、创举切。

黼¹—黼²—黼
西周 《说文》小篆 楷书

1《类编》256页。2《说文》161页。

形声字。从黹，虘声。《说文》："黼，合五采鲜色。"本义指鲜明整洁的样子。《诗·曹风·蜉蝣》："衣裳黼黼。""黼黼"，典籍作"楚楚"。金文中已经出现，大也。墙盘："剌（烈）且（祖）文考弋（式）寵受（授）墙尔黼福。"（胡伟）

黼 fǔ 帮纽、鱼部；非纽、虞韵、方矩切。

黼—黼
《说文》小篆 楷书

1《说文》161页。

形声字。《说文》："黼，白与黑相次文。从黹，甫声。"本义指古代礼服上绣的黑白相间如斧形的花纹。《周礼·考工记·画缋》："白与黑谓之黼。""黼黻"，古代礼服上所绣的花纹，也泛指花纹和有文采。《左传·桓公二年》："火龙黼黻，昭其文也。"（火、龙：礼服上画的火和龙的花纹）引申指古代有黑白相间斧形花纹的礼服。《礼记·礼器》："天子龙衮，诸侯黼。"（胡伟）

黻 fú 帮纽、物部；非纽、物韵、分勿切。

黻¹—黻²—黻³—黻
战国 《说文》小篆 汉 楷书

1《汉语字形表》308页。2《说文》161页。3《篆隶表》543页。

形声字。《说文》："黻，黑与青相次文。从黹，犮声。"本义指古代礼服上绣的半青半黑花纹，《考工记·画缋》："画缋之事……黑与青谓之黻。"（画缋之事：指在衣服上绘画的事。缋，通"绘"）《诗·秦风·终南》："君子至止，黻衣绣裳。"毛传："黑与青谓之黻。"通"韨"，古代贵族祭祀时戴的蔽膝，用熟皮做成，遮在膝前。《左传·宣公十六年》："以黻冕命士会（人名）将中军。"系印章或佩玉用的丝带。《文选·江淹〈谢光禄郊游〉》："云装信解黻，烟架可辞金。"（胡伟）

黻 zuì 精纽、微部；精纽、队韵、子对切。

《说文》小篆 楷书

1《说文》161页。

形声字。《说文》："黻，会五采缯色。从黹，綷省声。"段玉裁注："五采缯者，五采帛也。"本义指汇集有五彩的

缯帛。（胡伟）

粉 fěn 帮纽、文部；非纽、吻韵、方吻切。

粉 —— 粉
《说文》小篆　楷书

1《说文》161页。

形声字。从黹，粉省声。本义指彩色花纹。《玉篇》："粉，綵也。"《广韵·吻韵》："粉，綵文。"（胡伟）

人 部

人 rén 日纽、真部；日纽、真韵、如邻切。

（字形演变图）

1—6、8、9、10《甲金篆》537页。7《说文》161页。

象形字。像人的侧视形。本义指人。古文字或以像人首和像躯干的部分连写，或以像人首和像人臂的部分连写，两种写法在表义上没有区别。前一种写法是《说文》小篆的形体来源，后一种写法则在隶书中较多使用，同时像人下肢的部分后撇，最终演化成楷书的"人"字。（董莲池）

保 bǎo 帮纽、幽部；帮纽、皓韵、博抱切。

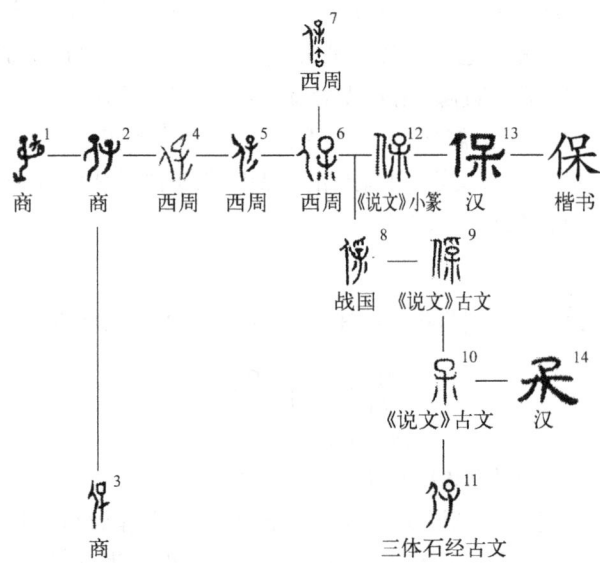

1—8、11、13、14《甲金篆》538～539页。
9、10、12《说文》161页。

会意字。较原始的写法作（字形），表示一个人把孩子背在背上，本义是负子于背。《书·召诰》："保抱携持厥妇子。"（意谓男子背着、抱着、牵着、扶着他们的妻儿）以"保"与"抱"并提，用的即是此义。后由此引申出保养、保护诸动词义。《孟子·梁惠王上》："古之人，若保赤子。"《左传·成公十三年》："奸绝我好，伐我保城。" 又引申指背负幼儿的衣物，其字后来写作"褓"。又引申指养育幼儿之人。《礼记·内则》："择于诸母与可者……为保母。"《礼记·文王世子》："入则有保，出则有师。"西周时又用作辅翼年幼的执政者或国子的官员之称。《书·君奭序》"召公为保"之"保"、《周礼·地官·保氏》之"保"。"保"字的形体演化，先是因其在构形上较原始的写法有明确表示背手于身后托子之形，后来便把这一部分简化，只在像幼子的形体下面加一斜划，保留以手托子的一点痕迹，用以与"仔"字相区别。西周金文在完成这一简化后，或又在"子"形之左下加一饰划，以求对称，成为《说文》小篆的形体来源。"保"的动作因为与手有关，战国时期，又出现在"子"旁上部附加义符"爪"的写法，成为《说文》古文的形体来源。受形声化风气的影响，"保"也曾一度出现追加"缶"字标识其读音的写法，不过这种写法增加了书写上的繁琐，使用得并不广泛。隶变发生后，保字以小篆的构形结体，写作"保"。（董莲池）

仁 rén 日纽、真部；日纽、真韵、如邻切。

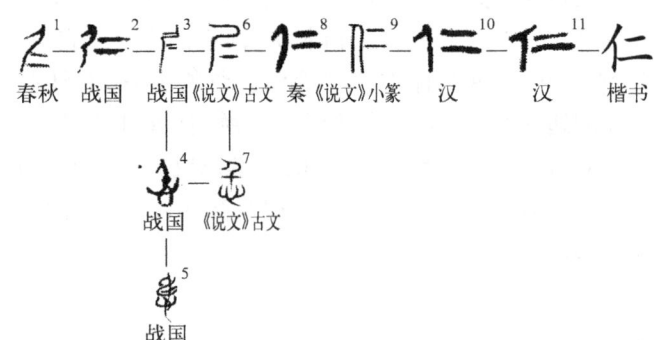

1、3、8、10、11《甲金篆》539页。2、4、5《战文编》550页。6、7、9《说文》161页。

会意字。从现有古文字材料看，"仁"字最早出现在春秋晚期的侯马盟书中。过去曾一度认为甲骨文已有"仁"字，后经学者考辨，是误识。在春秋战国文字中，"仁"字的形体，一种从尸从二，是《说文》古文（字形）的形体来源；另一种从心千声，是《说文》古文㣺的形体来源。此外还有从身声、人声者。秦简从人，为《说文》正篆所本，隶、楷承之。《说文》："仁，亲也。从人，从二。"本义是对人友善、相亲。《论语·颜渊》："樊迟问仁。子曰：'爱人。'"（董莲池）

企

qǐ 溪纽、支部；溪纽、纸韵、丘弭切。
qì 溪纽、支部；溪纽、寘韵、去智切。

1、2、3《甲文编》339 页。4、6《说文》161 页。
5《甲金篆》539 页。

会意字。商代甲骨文（字形 1、2）作"人"形下有"止"（趾），会举踵意。《说文》："企，举踵也。""举踵"谓跂起脚后跟，此其本义。《老子》第二十四章："企者不立，跨者不行。"是其用。举踵必竦身，呈张望状，因之引申有企望、企及等义。"企"之字形，早期古文字尚能看出人在止（趾）上，至《说文》小篆人形与足趾两个部件彻底割裂，许慎遂误解此字为"从人，止声"。（董莲池）

仞

rèn 日纽、文部；日纽、震韵、而振切。

1《说文》161 页。2、3、4《甲金篆》539 页。

形声字。古代长度单位用字。《说文》："仞，伸臂一寻，八尺。从人，刃声。"《书·旅獒》："为山九仞，功亏一篑。"孔传："八尺曰仞。"清陶方琦《说文仞八尺考》云："许君所用周尺也，故主八尺之说。"《仪礼·乡射礼》："杠长三仞。"郑玄注："七尺曰仞。"陶方琦认为郑注根据的是汉尺长度。（董莲池）

仕

shì 从纽、之部；崇纽、止韵、鉏里切。

1、2、4《甲金篆》539 页。3《说文》161 页。

会意字。《说文》："仕，学也。从人，从士。"据《说文》，本义指学习仕宦之事。引申指担当官职。《论语·微子》："子路曰：'不仕无义。长幼之节，不可废也；君臣之义，如之何其可废也？'"又《论语·公冶长》："子使漆彫开仕。"（董莲池）

佼

jiāo 见纽、宵部；见纽、肴韵、古肴切。
jiǎo 匣纽、宵部；匣纽、巧韵、下巧切。
xiáo

1《说文》161 页。

会意字。《说文》："佼，交也。从人，从交。"本义指交往。《管子·明法》："群臣皆忘主而趋私佼矣。"又指超出一般，读上声。《资治通鉴·汉纪·世主光武皇帝上之下》："帝曰：'卿所谓铁中铮铮，佣中佼佼者也。'"通"姣"，指"美好"。《诗·陈风·月出》："佼人僚兮。"唐陆德明《经典释文》："佼，字又作姣。古卯反。好也。"（董莲池）

俅

qiú 群纽、幽部；群纽、尤韵、巨鸠切。

1《说文》161 页。

形声字。《说文》："俅，冠饰皃。从人，求声。《诗》曰：'弁服俅俅。'""冠饰皃"谓帽子上所缀装饰品的样子。（董莲池）

佩

pèi 並纽、之部；並纽、队韵、蒲昧切。

1、2、4《甲金篆》540 页。3《说文》161 页。

《说文》："大带佩也。从人，从凡，从巾。佩必有巾，巾谓之饰。"据《说文》，构形是会意。所谓"大带佩"是说"佩是系在大带上的装饰品"。《诗·郑风·子衿》："青青子佩，悠悠我思。"毛传："佩，佩玉也。"《诗·郑风·女曰鸡鸣》："知子之来之，杂佩以赠。"毛传："杂佩者，珩、璜、琚、瑀、衝牙之类。"又用作动词，表示佩带。《礼记·玉藻》："君子必佩玉。"引申指佩服、敬仰之意。西周至秦文字中，部件"凡"居于"人"右"巾"上，到了隶楷阶段，"凡"之左右两笔引长，遂成为今天使用的"佩"形。（董莲池）

儒 rú 日纽、侯部；日纽、虞韵、人朱切。

1《说文》162页。2、3《甲金篆》540页。

形声字。古今构形没有变化。《说文》："儒，柔也。术士之偁（称）。从人，需声。"指性格柔和的人。清徐灏《说文解字注笺》云："人之柔者曰儒，因以为学人之称。"又是道术之士之称。《论语·雍也》："女（汝）为君子儒，无为小人儒。"泛指学者，又专指孔子创立的儒家学术流派。（董莲池）

俊 jùn 精纽、文部；精纽、稕韵、子峻切。

1《说文》162页。2、3《甲金篆》540页。

形声字。《说文》："俊，材千人也。从人，夋声。"指才能智慧超出一般之人。《孟子·公孙丑上》："尊贤使能，使俊杰在位。"也指才能智慧超群。"俊"在隶变过程中，部件"夋"上部发生了变化，成为"厶"形。（董莲池）

傑（杰）jié 群纽、月部；群纽、薛韵、渠列切。

1《说文》162页。

形声字。《说文》："傑，傲（桀）也。从人，桀声。"本指豪杰。五代徐锴《说文解字系传》："才过万人也。"楷书简化，写作"杰"。（董莲池）

伉 kàng 溪纽、阳部；溪纽、宕韵、苦浪切。

1《说文》162页。2、3《甲金篆》540页。

形声字。《说文》："伉，人名。从人，亢声"。人名用字。又指称匹偶，如：伉俪。引申指匹偶的、对等，同"抗"。也表刚直、傲慢、强悍等义。（董莲池）

伯 bó 帮纽、铎部；帮纽、陌韵、博陌切。

1《甲文编》340页。2《金文编》559页。3《说文》162页。4马王堆帛书《老子》甲后207。5《熹平石经春秋僖廿八年》。

初文是象形字。取象于人首，貌字作❓可证。本义即人首。引申指首领，甲骨文云"羌方白"即谓羌方之首领。《说文》小篆增加了意符"人"，成为从人、白声的形声字。隶、楷因之。《说文》："伯，长也。"引申指第一的，如兄弟排行，伯仲叔季，兄曰伯，又如父之兄称伯父或伯。由首即"头儿"引申指领导一方的长官。《周礼·春官·大宗伯》："九命作伯。"引申称某一方面魁首，或对道德学问足为表率者的尊称。《毘陵集附录·独孤公行状》："其茂学博闻，不读非圣之书，非法之言不出诸口，非设教垂训之事不行于文字，而达言发辞若山岳之峻，极江海之波澜，故天下谓之文伯。"（董莲池）

仲 zhòng 定纽、冬部；澄纽、送韵、直众切。

1、2、3、5、6《甲金篆》541页。4《说文》162页。

形声字。商和西周所见用于兄弟排行，指排行第二者，不从"人"，与中间之"中"形体有别。战国以后增加了意符"人"。《说文》："仲，中也。从人，从中，中亦声。"（董莲池）

伊 yī 影纽、脂部；影纽、脂韵、於脂切。

1、2、3、5、7、8、9《甲金篆》541页。4、6《说文》162页。

形声字。商代姓氏用字。《说文》："伊，殷圣人阿衡尹治天下者。"即"伊尹"之伊。借作近指代词用字，相当于"这"、"此"。《诗·秦风·蒹葭》:"所谓伊人,在水一方。"近代汉语中又用作第三人称代词,相当于"他"。"伊"字古今字形变化不大,《说文》古文当是从人死声的异体。(董莲池)

偰 xiē 心纽、月部；心纽、屑韵、先结切。

偰¹ — 偰
《说文》小篆 楷书

1《说文》162页。

形声字。商之始祖名用字。《说文》:"偰,高辛氏之子,尧司徒,殷之先。从人,契声。"字也作"契"。(董莲池)

倩 qiàn 清纽、真部；清纽、霰韵、仓甸切。
qìng 清纽、耕部；清纽、劲韵、七政切。

倩¹ — 倩² — 倩
《说文》小篆 汉 楷书

1《说文》162页。2《甲金篆》541页。

形声字。《说文》:"倩,人美字。从人,青声。"(据段注本)男子美称用字,读qiàn。引申指美好。《诗·卫风·硕人》:"巧笑倩兮。"读qìng,《方言》卷十二:"倩,借也",指借、借助。(董莲池)

伃 yú 喻纽、鱼部；以纽、语韵、余吕切。

伃¹ — 伃
《说文》小篆 楷书

1《说文》162页。

形声字。汉宫中女官名"倢伃"用字。《说文》:"伃,妇官也。从人,予声。"又音xù,义为大头长脸。《方言》卷二:"丰人杼首,杼首,长首也,楚谓之伃。"(董莲池)

儇 xuān 晓纽、元部；晓纽、仙韵、许缘切。

儇¹ — 儇² — 儇
《说文》小篆 汉 楷书

1《说文》162页。2《甲金篆》541页。

形声字。《说文》:"儇,慧也。从人,瞏声。"指小聪明。《荀子·非相》:"乡曲之儇子,莫不美丽姚冶。"引申指奸佞,又指敏捷。(董莲池)

倓 tán 定纽、谈部；定纽、谈韵、徒甘切。

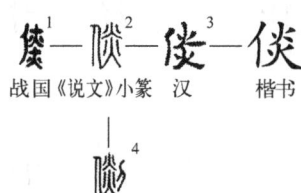
战国《说文》小篆 汉 楷书

倓⁴
《说文》或体

1、3《甲金篆》541页。2、4《说文》162页。

形声字。《说文》:"倓,安也。从人,炎声。"表示安然不疑。《荀子·仲尼》:"倓然见管仲之能足以托国也,是天下之大知也。"又读dàn,表示动。《类篇·人部》:"倓,动也。"《说文》"倓"从人剡声,是"倓"的异体。(董莲池)

佳 jiā 见纽、支部；见纽、佳韵、古膎切。

佳¹ — 佳² — 佳³ — 佳
《说文》小篆 汉 汉 楷书

1《说文》162页。2、3《甲金篆》542页。

形声字。《说文》:"佳,善也。从人,圭声。"汉王充《论衡》:"及光武到河北,与伯阿见,问曰:'卿前过春陵,何用知其气佳也?'"引申指美、好。《淮南子·修务》:"曼颊皓齿,形夸骨佳,不待脂粉芳泽而性可说者,西施阳文也。"(董莲池)

偉(伟) wěi 匣纽、微部；云纽、尾韵、于鬼切。

偉¹ — 偉² — 偉 — 伟
《说文》小篆 汉 楷书 楷书

1《说文》162页。2《甲金篆》542页。

形声字。《说文》:"偉,奇也。从人,韋声。""奇"谓奇异,超出一般。汉荀悦《前汉纪》:"遂孙尊字孟公,以好宾客著名,身长八尺余,容貌甚伟。贵戚豪杰咸敬重之。"引申指卓越。晋左思《咏史》:"冯公岂不伟,白首不见招。"(董莲池)

人部

份 bīn 帮纽、文部；帮纽、真韵、府巾切。
fèn

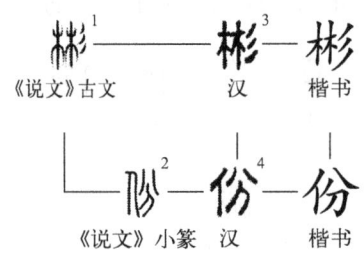

彬¹——彬³—彬
《说文》古文　　汉　　楷书

彬²—份⁴—份
《说文》小篆　汉　　楷书

1、2《说文》162页。3、4《甲金篆》542页。

形声字。《说文》："份，文质僣（备）也。从人，分声。《论语》曰：'文质份份。'彬，古文份。""份"是篆文，"彬"是古文，二字是古今异体。"文质备"谓外在的文彩和内质的美好兼备。现代汉字借"份"表示一份、股份、部份之"份"，读fèn，"份份"只用"彬彬"记写。（董莲池）

僚 liǎo 来纽、宵部；来纽、小韵、力小切。
liáo 来纽、宵部；来纽、萧韵、落萧切。

僚¹—僚²—僚
《说文》小篆　汉　楷书

1《说文》162页。2《甲金篆》542页。

形声字。《说文》："僚，好皃。从人，寮声。"指美好的样子，读liǎo。《诗·陈风·月出》："佼人僚兮，舒窈纠兮。"又读liáo，指官员、同僚。（董莲池）

儺（傩）nuó 泥纽、歌部；泥纽、歌韵、诺何切。

儺¹—儺—傩
《说文》小篆　楷书　楷书

1《说文》162页。

形声字。《说文》："儺，行人节也。从人，难声。"本义指行走有节度。《诗·卫风·竹竿》："巧笑之瑳，佩玉之儺。"毛传："儺，行有节度。"假借作"驱儺"之"儺"用字，驱儺是腊月举行的驱逐疫鬼、被除不祥的一种巫舞。《论语·乡党》："乡人傩，朝服而立于阼阶。"何晏集解："傩，驱逐疫鬼也。"汉字简化，偏旁类推，简化为"傩"。（董莲池）

倭 wēi 影纽、微部；影纽、支韵、於为切。
wō

倭¹—倭
《说文》小篆　楷书

1《说文》162页。

形声字。从人，委声。连绵词"倭迟"用字。"倭迟"，道路迂曲的样子，读wēi。《诗·小雅·四牡》："四牡骓骓，周道倭迟。"字又读wō，是我国古代对日本的称呼。（董莲池）

僑（侨）qiáo 群纽、宵部；群纽、宵韵、巨娇切。

僑¹—僑²—僑³—僑⁴—僑—侨
《说文》小篆　汉　汉　汉　楷书　楷书

1《说文》162页。2、3、4《甲金篆》542页。

形声字。《说文》："僑，高也。从人，喬声。"桂馥义证："北方伎人，足系高竿之上，跳舞作八仙状，呼为高橇，当作此僑。"又指客居异地。《晋书·祖逖传》："僑居阳平"，是其用。今指客居国外者。（董莲池）

俟 sì 邪纽、之部；俟纽、止韵、漦史切。

俟¹—俟²—俟³—俟
《说文》小篆　汉　汉　楷书

1《说文》162页。2、3《甲金篆》542页。

形声字。《说文》："俟，大也。从人，矣声。《诗》曰：'伾伾俟俟。'""大"指壮大。又常用作等待义。《诗·邶风·静女》："静女其姝，俟我于城隅。"郑玄笺："俟，待也。"（董莲池）

侗 tóng 透纽、东部；透纽、东韵、他红切。
tǒng 透纽、东部；透纽、董韵、他孔切。

侗¹—侗²—侗³—侗
战国　战国《说文》小篆　楷书

1、2《甲金篆》542页。3《说文》162页。

形声字。《说文》："侗，大皃。从人，同声。" 指大的样子。《论衡·气寿》："太平之时，人民侗长。"又指无知。《庄子·山木》："侗乎其无识。"陆德明释文："侗乎，无知貌。"又表示幼童。（董莲池）

佶 jí 群纽、质部；群纽、质韵、巨乙切。

佶¹—佶²—佶
《说文》小篆 汉 楷书

1《说文》162页。《甲金篆》542页。

形声字。《说文》："佶，正也。从人，吉声。" 又指壮健。《诗·小雅·六月》："四牡既佶，既佶且闲。"郑玄笺："佶，壮健之皃。"（董莲池）

俁 yǔ 疑纽、鱼部；以纽、麌韵、虞矩切。

俁¹—俁
《说文》小篆 楷书

1《说文》163页。

形声字。《说文》："俁，大也。从人，吴声。"表示大。《诗·邶风·简兮》："硕人俁俁，公庭万舞。"毛传："俁俁，容貌大也。"即相貌雄伟岸。（董莲池）

僤（僤） dàn 定纽、元部；定纽、翰韵、徒案切。

僤¹—僤—僤
《说文》小篆 楷书 楷书

1《说文》163页。

形声字。《说文》"僤，疾也。从人，單声。""疾"谓疾速。典籍所用有笃厚之意。《诗·大雅·桑柔》："我生不辰，逢天僤怒。"毛传："僤，厚也。"（董莲池）

健 jiàn 群纽、元部；群纽、愿韵、渠建切。

健¹—健²—健
《说文》小篆 汉 楷书

1《说文》163页。2《甲金篆》543页。

形声字。《说文》："健，伉也。从人，建声。"伉谓强壮。《易·乾》："天行健，君子以自强不息。"孔颖达疏："健者，强壮之名。"引申指健康、善长诸义。（董莲池）

倞 jìng 群纽、阳部；群纽、映韵、渠敬切。

倞¹—倞
《说文》小篆 楷书

1《说文》163页。

《说文》："倞，强也。从人，京声。"形声字。指强劲。《诗·大雅·抑》："无竞维人。"毛传："竞，强也。"唐石经作"倞"。（董莲池）

傲 ào 疑纽、宵部；疑纽、号韵、五到切。

傲¹—傲²—傲
《说文》小篆 汉 楷书

1《说文》163页。2《甲金篆》543页。

形声字。《说文》："傲，倨也。从人，敖声。"倨谓傲慢。《书·盘庚》："无傲从康。"孔传："无傲慢，从心所安。"（董莲池）

仡 yì 疑纽、物部；疑纽、迄韵、鱼迄切。

仡¹—仡
《说文》小篆 楷书

1《说文》163页。

形声字。《说文》："仡，勇壮也。《周书》曰：'仡仡勇夫。'"表示勇武健壮。（董莲池）

倨 jù 见纽、鱼部；见纽、御韵、居御切。

倨¹—倨²—倨
秦 《说文》小篆 楷书

1《甲金篆》543页。2《说文》163页。

形声字。《说文》："倨，不逊也。从人，居声。" 本义是傲慢。《越绝书·越绝吴内传》："尧太子丹朱倨傲怀禽兽之心，尧知其不可用，退丹朱而以天下传舜。"（董莲池）

儼（俨） yǎn 疑纽、谈部；疑纽、琰韵、鱼检切。

人部

儼—儼—儼—俨
《说文》小篆　汉　楷书　楷书

1《说文》163页。2《甲金篆》543页。

形声字。《说文》："儼,昂头也。从人,嚴声。"本义指昂首。引申指庄重。《论语·尧曰》："君子正其衣冠,尊其瞻视,俨然,人望而畏之,斯不亦威而不猛乎？"（董莲池）

俚 lǐ　来纽、之部；来纽、止韵、良士切。

俚—俚
《说文》小篆　楷书

1《说文》163页。

形声字。从人,里声。本义指倚赖。《说文》："俚,聊也。从人,里声。"（董莲池）

伴 bàn　並纽、元部；並纽、缓韵、蒲旱切。

伴—伴
《说文》小篆　楷书

1《说文》163页。

形声字。《说文》："伴,大皃。从人,半声。"本义是大的样子。假借为伴侣之伴。（董莲池）

俺 yàn　影纽、谈部；影纽、艳韵、於验切。
ǎn

俺—俺
《说文》小篆　楷书

1《说文》163页。

形声字。从人,奄声。本义指博大。《说文》："俺,大也。"段玉裁注："与奄义略同。奄,大有余也。"又读ǎn,方言称我。《集韵》："俺,我也,北人称我曰俺。"（董莲池）

僩（侚）xiàn　匣纽、元部；匣纽、潸韵、下赧切。

僩—僩—侚
《说文》小篆　楷书　楷书

1《说文》163页。

形声字。从人,閒声。本义是威武的样子。《说文》："僩,武皃。"《诗·卫风·淇奥》："瑟兮僩兮。""僩兮"指体态威武。毛传："僩,宽大也。"孔颖达疏："僩,宽大,是内心宽裕。"与许慎说稍异。（董莲池）

仿 fǎng　滂纽、阳部；敷纽、养韵、妃两切。

仿—仿—仿
战国　《说文》小篆　楷书

1、3《说文》163页。2《战文编》552页。

形声字。从人方声。籀文从人,丙声。本义指相似。《说文》："仿,相似也。"引申之,凡有所效法以求其近似者叫仿,在这个意义上与"傚(效)"相通。《晋书·刘粲载记》："相国之府,仿像紫宫。"（董莲池）

佛 fú　並纽、物部；奉纽、物韵、符弗切。

佛—佛
《说文》小篆　楷书

1《说文》163页。

形声字。从人,弗声。本义指看不清楚。《说文》："佛,见不审也。"（董莲池）

佗 tuó　定纽、歌部；定纽、歌韵、徒河切。

佗—佗—佗
战国　《说文》小篆　楷书

1《甲金篆》544页。2《说文》163页。

形声字。从人,它声。本义指用背载负物体。《说文》："佗,负何也。"朱骏声通训定声："(佗之)本训为人负物,故畜产载负亦曰佗,俗字作驼,作驮。"段玉裁注："隶变佗为他,用为彼之称。"（董莲池）

何 hé　匣纽、歌部；匣纽、歌韵、胡歌切。

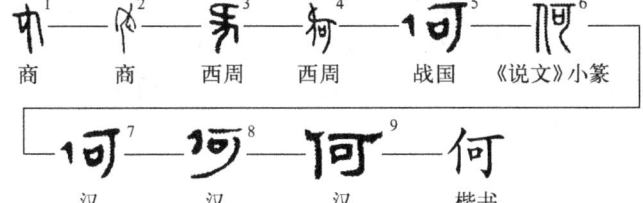

商　商　西周　西周　战国　《说文》小篆

何⁷—何⁸—何⁹—何
汉　汉　汉　楷书

1《新甲》458页。2—5、7、8、9《甲金篆》544页。6《说文》163页。

初文(字形1、2、3)是会意字。像人用肩担物之形,为担荷之荷的本字。西周在人身与所荷物之间增入"口"繁化。战国时,人形简化掉所增头,与所荷之物割裂,形体分离成"亻""可"两部分,小篆、隶、楷承之。假作疑问代词"何"用字,使用频率高,遂借"荷"表示本义,以"何"专表假借义。(董莲池)

儋 dān 端纽、谈部；端纽、谈韵、都甘切。

儋¹—儋²—儋
《说文》小篆　汉　楷书

1《说文》163页。2《甲金篆》545页。

形声字。从人,詹声。本义是担荷。《说文》:"儋,何也。"段玉裁注:"儋,俗作担。韦昭《齐语》注曰:'背曰负,肩曰儋;任,抱也,何,揭也。'按统言之,则以肩、以手、以背、以首,皆得云儋也。"(董莲池)

供 gòng 见纽、东部；见纽、用韵、居用切。
gōng 见纽、东部；见纽、钟韵、九容切。

供¹—供²—供³—供
战国　《说文》小篆　汉　楷书

1、3《甲金篆》545页。2《说文》163页。

形声字。《说文》:"供,设也。从人,共声。"本义指设置、摆放。清段玉裁《说文解字注》:"设者,施陈也。"这个意义今读作gòng。引申指供奉,仍读gòng,最初使用"共",或对鬼神,或对人。《墨子·明鬼下》:"鬼神者,固请无有,是以不共其酒醴粢盛之财。"后来写作"供"。又引申指满足他人衣食等等方面之所需,读作gōng。《说文》:"供,一曰给。"《三国志·魏书·钟繇传》:"供给资费,使得专学。"宋王安石《上仁宗皇帝言事书》:"取天下之财,以供天下之费。"(董莲池)

儲(储) chǔ 定纽、鱼部；澄纽、鱼韵、直鱼切。

儲¹—儲²—储—储
《说文》小篆　汉　楷书　楷书

1《说文》163页。2《甲金篆》545页。

形声字。从人,諸(诸)声。本义指储蓄物品以备使用。《说文》:"儲,待(zhì)也。"段玉裁注:谓储物以待用也。《韩诗外传》:"昔郭君出郭,谓其御者曰:'吾渴欲饮。'御者进清酒。曰:'吾饥欲食。'御者进干脯梁糗。曰:'何备也?'御者曰:'臣儲之。'曰:'奚儲之?'御者曰:'为君之出亡而道饥渴也。'"(董莲池)

備(备) bèi 並纽、职部；並纽、至韵、平祕切。

備¹—備²—備³—備⁴—備⁵—備⁶—備⁷—备
西周　战国　《说文》古文　《说文》小篆　汉　汉　汉　楷书　楷书

1、2、5、6、7《甲金篆》545页。3、4《说文》163页。

形声字。本义是谨慎、防备。《说文》:"備,慎也。从人,葡声。"備字形体流变中,声符变化最大,初形作葡,是盛矢器"箙"的本字,像矢在盛矢器中盛放之形。西周已讹,但初形仍可寻见,发展到战国,已面目全非,《说文》小篆将其定形作葡。到楷书繁体,由葡又讹作𫝈;形符"人"旁稳定,一直保持形声结构。楷书简体则取草书声旁将整个字定型为"备",遂使形声之旨全失,成了结构上不可分析的记号。(董莲池)

位 wèi 匣纽、物部；云纽、至韵、于愧切。

位¹—位²—位³—位⁴—位⁵—位⁶—位⁷—位
商　西周　战国　战国　《说文》小篆　汉　汉　楷书

1—4、6、7《甲金篆》545~546页。5《说文》163页。

会意字。初文用"立"字表示。战国所见或追加"胃"声以表其读音,或追加"人"旁以会人立中庭义。《说文》小篆以从人、从立结体,许慎解释其形义云:"列中庭之左右谓之位。从人、立。"利鼎:"唯王九月丁亥,王客于般宫,井白内右利立(位)中廷。"是其用。用作名词表示座

位。二十七年卫簋："王在周,各太室,即立(位)。"又表示抽象的职位,又特指君王或诸侯之位等。(董莲池)

儐(傧) bīn 帮纽、真部;帮纽、真韵、必邻切。
bìn 帮纽、真部;帮纽、震韵、必刃切。

儐¹—儐—傧
《说文》小篆 楷书 楷书

擯²—擯³
《说文》或体 汉

1、2《说文》163页。3《甲金篆》546页。

形声字。从人,賓声。或体从手,賓声。本义是导引、接引。《说文》:"儐,导也。"《周礼·春官·大宗伯》:"王命诸侯则儐。"郑玄注:"儐,进之也。"王昭禹详解:"王命诸侯则儐者,儐诸侯使见王也。"又指导引、接引之人。晋左思《吴都赋》:"儐从奕奕。"(董莲池)

偓 wò 影纽、屋部;影纽、觉韵、於角切。

偓¹—偓
《说文》小篆 楷书

1《说文》163页。

形声字。从人,屋声。仙人偓佺的名字用字。《说文》:"偓,佺也。"又,"佺,偓佺,仙人也。"汉刘向《列仙传》:"偓佺,尧时人也。服松实得仙。"(董莲池)

佺 quán 清纽、元部;清纽、仙韵、此缘切。

佺¹—佺
《说文》小篆 楷书

1《说文》163页。

形声字。从人,全声。仙人偓佺的名字用字。《说文》:"佺,偓佺,仙人也。"(董莲池)

儕(侪) chái 崇纽、脂部;崇纽、皆韵、士皆切。

儕¹—儕—侪
《说文》小篆 楷书 楷书

1《说文》164页。

形声字。《说文》:"儕,等辈也。从人,齊声。"本义表示辈分等同。《左传·僖公二十三年》:"晋郑同儕,其过子弟固将礼焉,况王之所启乎!"杜预注:"儕,等也。"(董莲池)

倫(伦) lún 来纽、文部;来纽、谆韵、力迍切。

倫¹—倫²—倫—伦
《说文》小篆 汉 楷书 楷书

1《说文》164页。2《甲金篆》546页。

形声字。从人,侖声。本义指辈。《说文》:"伦,辈也。"《资治通鉴·汉纪十·世宗孝武皇帝上之下》:"四豪者,又六国之罪人也。况于郭解之伦,以匹夫之细,窃杀生之权,其罪已不容于诛矣。"引申为相比并、相匹敌。唐陈子昂《堂弟孜墓志铭》:"实为时辈所高,而莫敢与伦也。"伦的另一常用义是道。《说文》:"倫,一曰道也。"多用以指伦常,即封建礼教所规定的尊卑长幼之间的关系。《毛诗序》:"故正得失,动天地,感鬼神,莫近于诗。先王以是经夫妇,成孝敬,厚人伦,美教化,移风俗。"(董莲池)

侔 móu 明纽、幽部;明纽、尤韵、莫浮切。

侔¹—侔²—侔
《说文》小篆 三国魏 楷书

1《说文》164页。2《甲金篆》546页。

形声字。从人,牟声。本义指均齐等同。《说文》:"侔,齐等也。"《周礼·冬官·考工记》:"凡为轮,行泽者欲杼,行山者欲侔。"郑玄注:"侔,上下等。"(董莲池)

偕 xié 见纽、脂部;见纽、脂韵、古谐切。

偕¹—偕²—偕³—偕
秦 《说文》小篆 汉 楷书

1、3《甲金篆》546页。2《说文》164页。

形声字。从人,皆声。《说文》认为其本义指强壮。《诗·小雅·北山》:"偕偕士子。"毛传:"偕偕,强壮兒。"另一义曰"俱也",谓共同。考之文献,"共同"为常用义。《诗·秦风·无衣》:"与子偕行。"《孟子·梁惠王上》:"古之人与民偕乐。"(董莲池)

俱 jù 见纽、侯部；见纽、虞韵、举朱切。

俱¹ — 俱² — 俱
《说文》小篆　汉　　楷书

1《说文》164页。2《甲金篆》546页。

形声字。《说文》："俱，偕也。从人，具声。"本义表示共同。《孟子·告子》："虽与之俱学，弗若之矣。"（董莲池）

傅 fù 帮纽、鱼部；非纽、遇韵、方遇切。

傅¹ — 傅² — 傅³ — 傅
战国　秦　《说文》小篆　楷书

1、2《甲金篆》547页。3《说文》164页。

形声字。战国所见从甫声。秦简所见从尃声。《说文》："傅，相也。从人，尃声。"本义指辅佐。《左传·僖公二十八年》："郑伯傅王。"（董莲池）

俌 fǔ 帮纽、鱼部；非纽、虞韵、方矩切。

俌¹ — 俌
《说文》小篆　楷书

1《说文》164页。

形声字。《说文》："俌，辅也。从人，甫声。"段玉裁注："谓人之俌，犹车之辅也。……今则辅专行而俌废矣。"本义是辅佐。（董莲池）

倚 yǐ 影纽、歌部；影纽、纸韵、於绮切。

倚¹ — 倚² — 倚³ — 倚⁴ — 倚
战国　秦　《说文》小篆　汉　楷书

1、2、4《甲金篆》547页。3《说文》164页。

形声字。从人，奇声。本义指依靠。《说文》："倚，依也。"《楚辞·招魂》："彷徉无所倚。"引申为依附。《汉书·西域传》："亲倚都护。"引申为偏颇。《礼记·中庸》："中立而不倚。"（董莲池）

依 yī 影纽、微部；影纽、微韵、於希切。

依¹ — 依² — 依³ — 依⁴ — 依⁵ — 依
战国　秦　《说文》小篆　汉　汉　楷书

1、2、4、5《甲金篆》547页。3《说文》164页。

形声字。从人，衣声。战国所见声符讹为"卒"。本义表示倚靠。《说文》："依，倚也。"（董莲池）

仍 réng 日纽、蒸部；日纽、蒸韵、如乘切。

仍¹ — 仍² — 仍
《说文》小篆　汉　楷书

1《说文》164页。2《甲金篆》548页。

形声字。从人，乃声。本义指因袭，沿用。《说文》："仍，因也。"《论语·先进》："仍旧贯如之何？何必改作？"引申指行为、动作，或某种事件、状态等的频繁、屡次发生。《欧阳文忠公文集·表奏书启四十六集》："而数月之内，恩典频仍，当黜而升，宜罚而赏。"这种意义，有时作副词用。《国语·周语下》："晋仍无道而鲜胄，其将失之乎？"（董莲池）

佽 cì 清纽、脂部；清纽、至韵、七四切。

佽¹ — 佽
《说文》小篆　楷书

1《说文》164页。

形声字。本义指便利。另一意义指次第。《说文》："佽，便利也。从人，次声。《诗》曰：'决拾既佽。'一曰：递也。"（董莲池）

佴 èr 日纽、之部；日纽、至韵、仍吏切。

佴¹ — 佴
《说文》小篆　楷书

1《说文》164页。

形声字。从人，耳声。本义指次第。《说文》："佴，佽也。"王筠句读认为这一训释是承"佽"字的"递也"一义而言，即谓次第。（董莲池）

人部

倢 jié 从纽、葉部；从纽、葉韵、疾叶切。

倢¹—倢
《说文》小篆　楷书

1《说文》164 页。

形声字。从人，疌声。本义指便捷。《说文》："倢，伇也。"段玉裁注认为许训是蒙伇字的便利义。（董莲池）

侍 shì 禅纽、之部；禅纽、志韵、时吏切。

侍¹—侍²—侍
战国　《说文》小篆　楷书

1《甲金篆》548 页。2《说文》164 页。

形声字。从人，寺声。本义是承奉。《说文：》"侍，承也。"段玉裁注："凡言侍者，皆敬恭承奉之义。"（董莲池）

傾（倾） qīng 溪纽、耕部；溪纽、清韵、去营切。

傾¹—傾²—傾—倾
《说文》小篆　汉　楷书　楷书

1《说文》164 页。2《甲金篆》548 页。

形声字。从人，从顷，顷亦声。从"顷"是取"顷"的头不正义，同时也用顷表示字的读音。本义指偏斜。《说文》："傾，仄也。"（董莲池）

側（侧） cè 精纽、脂部；庄纽、脂韵、阻力切。

側¹—側²—側³—側—侧
西周　《说文》小篆　汉　楷书　楷书

1、3《甲金篆》548 页。2《说文》164 页。

形声字。从人，则声。本义表示旁边。《说文》："側，旁也。"（董莲池）

侐 xù 晓纽、质部；晓纽、职韵、况逼切。

侐¹—侐
《说文》小篆　楷书

1《说文》164 页。

形声字。从人，血声。本义指清静。《说文》："侐，静也。"（董莲池）

付 fù 帮纽、侯部；非纽、遇韵、方遇切。

付¹—付²—付³—付⁴—付⁵—付
西周　西周　战国　《说文》小篆　汉　楷书

1、2、3、5《甲金篆》548 页。4《说文》164 页。

会意字。从人，从又。"又"表示手，会持物与人之意。《说文》："付，与也。"形体所从之"又"，西周时或于其下加点饰，遂讹为"寸"形。小篆遂以从"寸"结体。（董莲池）

俜 pīng 滂纽、耕部；滂纽、青韵、普丁切。

俜¹—俜
《说文》小篆　楷书

1《说文》164 页。

形声字。从人，甹声。本义指放纵。《说文》："俜，使也。"桂馥义证云"使也"之"使"，"读如使酒之使。"（董莲池）

俠（侠） xiá 匣纽、葉部；匣纽、帖韵、胡颊切。

俠¹—俠²—俠³—俠—侠
《说文》小篆　汉　汉　楷书　楷书

1《说文》164 页。2、3《甲金篆》549 页。

形声字。从人，夾声。本义指轻财好义，济人之难，助人之危，抱打不平的豪士。《说文》："俠，俜也。"段玉裁注："丂部曰：'甹，俠也。三辅谓轻财者为甹。'然则俜甹音义皆同。"（董莲池）

仰 yǎng 疑纽、阳部；疑纽、养韵、鱼两切。

仰¹—仰²—仰³—仰
《说文》小篆　汉　三国魏　楷书

1《说文》164 页。2、3《甲金篆》549 页。

会意字。从人，从卬。卬，表示仰望之意。本义是抬头。《说文》："仰，举也。"（董莲池）

佰

bǎi 帮纽、铎部；帮纽、陌韵、博陌切。

佰¹—佰²—佰³—佰⁴—佰
秦　《说文》小篆　汉　　汉　　楷书

1《谱系》1680页。2《说文》164页。3、4《甲金篆》549页。

会意字。从人，从百。本义指古代百户为一单位，相互担保。《说文》："佰，相什伯也。"（据小徐本）徐锴注："亦相保也。"又指军队编制，百人为佰。又指军队中统率百人的长官。《史记·陈涉世家》："蹑足行伍之间，俛仰仟佰之中。"司马贞索隐："仟佰谓千人百人之长也。"又通"陌"。（董莲池）

恬

huó 匣纽、月部；匣纽、末韵、户括切。

恬¹—恬
《说文》小篆　楷书

1《说文》164页。

形声字。从人，昏声。本义指相会。《说文》："恬，会也。"《诗·王风·君子于役》："君子于役，不日不月，曷其有佸？""曷其有佸"，朱熹集传："佸，会。……君子行役之久，不可计以日月，而又不知其何时可以来会也。"（董莲池）

佮

gé 见纽、缉部；见纽、合韵、古沓切。

佮¹—佮
《说文》小篆　楷书

1《说文》164页。

形声字。从人，合声。本义指相合。《说文》："佮，合也。"（董莲池）

散

wēi 明纽、微部；微纽、微韵、无非切。

散¹—散²—散³—散⁴—散⁵—散
商　西周　西周　战国　《说文》小篆　楷书

1、2、3、《甲金篆》550页。4《战文编》555页。5《说文》164页。

形声字。裘锡圭认为其构形是从攴，岂声，可从。《说文》训其本义为"妙"，又将其析为"从人，从攴，豈省声"，均不可信。本义待考。（董莲池）

作

zuò 精纽、铎部；精纽、铎韵、则落切。

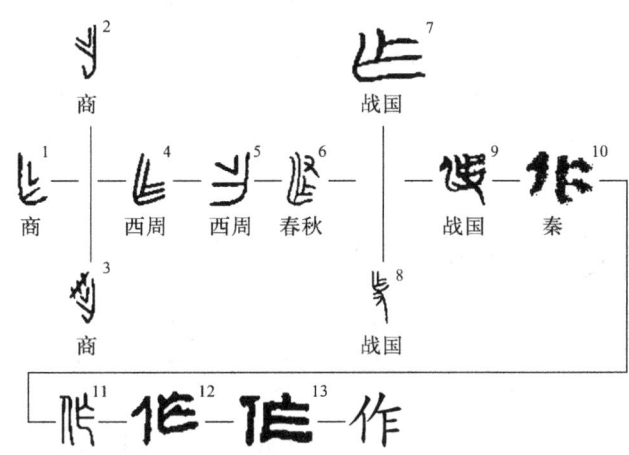

《说文》小篆　汉　　汉　　楷书

1–5、7–10、12、13《甲金篆》550～551页。6《金文编》839页。9、10《战文编》556页。11《说文》165页。

初文是会意字。乚是耕作土地的农具耒的象形，丶表示耕作时随庛（耒下前曲接耜者）而起的土块，合起来以会耕作意。本义是耕作。殷墟卜辞云："令尹作大田"（《合集》9472正）即用其本义。由此引申指劳作、工作等。其形体，图中字形3从屮，即𡴑字，当是追加之声符（或说是手握持形符号，以增显握耒耕作之意）。西周沿用初文写法，如图中字形4、5，春秋战国或行初文写法，或增从又、攴，又或增从人（从又，从攴，从人当均和耕作劳作有关）。至秦及《说文》小篆、汉隶，均行从人写法，以此结体。《说文》训"作"之本义为"起也"，不可信，实则"起"应是假借义。（董莲池）

假

jiǎ 见纽、鱼部；见纽、马韵、古疋切。
gé 　　　　　　　　　古额切。

假¹—假²—假³—假⁴—假
《说文》小篆　汉　　汉　　汉　　楷书

1《说文》165页。2、3、4《甲金篆》551页。

形声字。从人，叚声。本义指不真实。《说文》："假，非真也。""假"的另一种意义是到、至，读gé。《说文》："一曰至也。《虞书》曰：'假于上下。'"今《书·尧典》作

人部

"格"字。(董莲池)

借 jiè 精纽、铎部；精纽、昔韵、资昔切。

《说文》小篆　汉　楷书

1《说文》165页。2《甲金篆》551页。

形声字。从人，昔声。本义是借用。《说文》："借，假也。"(董莲池)

侵 qīn 清纽、侵部；清纽、侵韵、七林切。

商　商　西周　《说文》小篆　汉　汉　楷书

1、2、3、5、6《甲金篆》551页。4《说文》165页。

会意字。初文像手举扫帚之类的物什轰驱牛马之形。《谷梁传·隐公五年》："苞人民殴牛马曰侵。"由商代卜辞所用看，所侵对象已用于人。如卜辞言："舌方亦侵我西鄙田。"(《合集》6057正)故西周时意符"牛"已开始换作"人"，小篆沿袭西周写法。隶变过程中，所从之"叉"省去了"帚"的下部，变成了"彐"，并以之结体。(董莲池)

儥 yù 喻纽、觉部；以纽、屋韵、余六切。

西周　《说文》小篆　楷书

1《甲金篆》551页。2《说文》165页。

形声字。从人，賣声。本义是卖。《说文》："儥，卖也。"(董莲池)

候 hòu 匣纽、侯部；匣纽、候韵、胡遘切。

商　《说文》小篆　汉　汉　晋　楷书

1、3、4、5《甲金篆》552页。2《说文》165页。

形声字。从人，矦声。本义是观察守望。《说文》："候，伺望也。"(董莲池)

償(偿) cháng 禅纽、阳部；禅纽、漾韵、时亮切。

《说文》小篆　汉　楷书　楷书

1《说文》165页。2《甲金篆》552页。

形声字。从人，賞声。本义是归还。《说文》："償，还也。"(董莲池)

僅(仅) jǐn 群纽、文部；群纽、震韵、渠遴切。

《说文》小篆　汉　楷书　楷书

1《说文》165页。2《甲金篆》552页。

形声字。从人，堇声。本义指才能。《说文》："僅，材能。"徐锴系传"材能"作"才能"。段玉裁注："今人文字皆训僅为但。"汉字简化，写作"仅"。(董莲池)

代 dài 定纽、职部；定纽、代韵、徒耐切。

战国　秦　《说文》小篆　汉　汉　汉　楷书

1、2、4、5、6《甲金篆》552页。3《说文》165页。

形声字。从人，弋声。本义是更替。《说文》："代，更也。"(董莲池)

儀(仪) yí 疑纽、歌部；疑纽、支韵、鱼羁切。

《说文》小篆　汉　楷书　楷书　楷书

1《说文》165页。2、3《甲金篆》552页。

形声字。从人，義声。本义指人的仪表。《诗·曹风·尸鸠》："淑人君子，其仪一兮。"又，《诗·大雅·烝民》："令仪令色，小心翼翼。"也指仪式。《左传·昭公七年》："孟僖子为介，不能相仪。"由仪表、仪式引申出标准、典范、准则之义。又引申为法度。《说文》："儀，度也。""度"，徐锴系传："法度也。"(董莲池)

傍 bàng 並纽、阳部；並纽、宕韵、蒲浪切。

傍

傍 《说文》小篆　楷书

1 《说文》165页。

形声字。从人,旁声。本义是靠近。《说文》:"傍,近也。"(董莲池)

似 sì

邪纽、之部;邪纽、止韵、详里切。

以—㠯—似—似
战国　《说文》小篆　汉　楷书

1、3《甲金篆》552页。2《说文》165页。

形声字。从人,㠯声。本义是相像。《说文》:"似,象也。"(董莲池)

便 pián

並纽、元部;並纽、仙韵、房连切。

biàn　並纽、线韵、婢面切。

biān

便—便—便—便—便—便—便
西周　战国　秦《说文》小篆　汉　汉　楷书

1、2、3、5、6《甲金篆》552～553页。4《说文》165页。

形声字。西周所见从人,从初文鞭,会鞭人之意,以初文鞭为声。为"鞭刑"之鞭的本字。假借为训"安也"(训见《说文》)之便(pián)。又用作"便利"之便(biàn)。后来追加"革"旁造为"鞭"字以表其本义,以"便"形专表假借义。(董莲池)

任 rèn

日纽、侵部;日纽、沁韵、汝鸩切。

任—任—任—任—任—任—任
商　西周　战国　秦《说文》小篆　汉　楷书

1-4、6《甲金篆》553页。5《说文》165页。

形声字。从人,壬声。本义是抱。《诗·大雅·生民》:"是任是负,以归肇祀。"毛传:"任犹抱也。"《国语·齐语》:"负任担荷。"韦昭注:"任,抱也。"《说文》:"任,保也。"(据小徐本)此保当读为抱。引申指担任。《史记·蒙恬传》:"恬任外事,而毅常为内谋。"又指承担。《左传·成公二年》:"韩厥献丑父,郤献子将戮之。呼曰:'自今无有代其君任患者,有一于此,将为戮乎?'"又引申指所担的担子。《论语·泰伯》:"曾子曰:'士不可以不弘毅,任重而道远。仁以为己任,不亦重乎?死而后已,不亦远乎?'"《易·系辞下》:"子曰:'德薄而位尊,知小而谋大,力少而任重,鲜不及矣。'"泛指任务。又指交给其任务等。(董莲池)

優(优) yōu

影纽、幽部;影纽、尤韵、於求切。

優—優—優—優—优
《说文》小篆　汉　汉　楷书　楷书

1《说文》165页。2、3、4《甲金篆》553页。

形声字。从人,憂声。汉字简化,声旁更作"尤"。本义指物的充裕,富富有余。《说文》:"優,饶也。"《诗·小雅·信南山》:"上天同云,雨雪雰雰,益之以霡霂,既优既渥,既沾既足。"对所从事的事能胜任有余也叫优,与劣相对。《论语·宪问》:"孟公绰为赵魏老则优。"引申指高于一般。(董莲池)

僖 xī

晓纽、之部;晓纽、之韵、许其切。

僖—僖—僖
《说文》小篆　三国魏　楷书

1《说文》165页。2《甲金篆》553页。

形声字。从人,喜声。本义是喜乐。《说文》:"僖,乐也。"(董莲池)

儉(俭) jiǎn

群纽、谈部;群纽、琰韵、巨险切。

儉—儉—儉—儉—俭
秦　《说文》小篆　汉　楷书　楷书

1、3《甲金篆》553～554页。2《说文》165页。

形声字。从人,僉声。本义是行为约束。《说文》:"儉,约也。"《礼记·乐记》:"恭俭而好礼。"孔颖达疏:"俭,谓以约自处。"《汉书·杜邺传》:"每事俭约,非礼不动。"于财物则表现为节缩开支,与侈相对。(董莲池)

俰 miǎn

明纽、元部;明纽、狝韵、弥兖切。

人部

偭

偭 — 偭
《说文》小篆　楷书

1《说文》165页。

形声字。从人,面声。本义是面向。《说文》:"偭,乡也。"(董莲池)

俗 sú 邪纽、屋部；邪纽、烛韵、似足切。

俗 — 俗 — 俗 — 俗 — 俗
西周　秦　《说文》小篆　汉　汉　楷书

1、2、4、5《甲金篆》554页。3《说文》165页。

形声字。从人,谷声。本义指习惯。《说文》:"俗,习也。"《礼记·曲礼》:"入国而问俗。"郑玄注:"俗谓常所行与所恶也。"(董莲池)

俾 bǐ 帮纽、支部；帮纽、纸韵、并弭切。

俾 — 俾 — 俾 — 俾
战国　《说文》小篆　汉　楷书

1《战文编》558页。2《说文》165页。3、4《甲金篆》554页。

形声字。从人,卑声。本义指增益。《说文》:"俾,益也。"(董莲池)

倪 ní 疑纽、支部；疑纽、齐韵、五稽切。

倪 — 倪
《说文》小篆　楷书

1《说文》165页。

形声字。从人,兒声。本义指增益。《说文》:"倪,俾也。"(董莲池)

億(亿) yì 影纽、职部；影纽、职韵、於力切。

億 — 億 — 億 — 億 — 亿
《说文》小篆　汉　汉　楷书　楷书

1《说文》165页。2、3《甲金篆》554页。

形声字。从人,意声。本义指安。《说文》:"億,安也。"《左传·昭公二十一年》:"心億则乐。"杜预注:"億,安也。"又数之单位,或曰"万万曰億",或曰"十万曰億"。(董莲池)

使 shǐ 心纽、之部；生纽、止韵、疎士切。

商　西周　西周　战国　秦　《说文》小篆　汉　汉　楷书

战国

1–4、5、7、8、9《甲金篆》554～555页。6《说文》165页。

初文是会意字,从又持中,所象不明。甲骨文有 字(《小屯南地甲骨》650),西周金文有 字,从又持中、 。中、 当均为一种旗帜的象形,手持之,以示旌节,中或即为中、 之省,如此则其本义当表使者之"使",殷墟卜辞有"方其杀我使"、"方弗杀我使"之贞,可谓本字本用。商代甲骨文"使"与"事"同用,此外还表示使令义,三义共一形。西周承袭初文写法,与"事"仍共一形。战国时开始追加人旁,从形体上强调"使"和人事相关,并与事字开始相区分。或追加辵旁,表示其义和出使有关。秦独行从人的使字,此后遂以之结体。(董莲池)

僁 kuí 群纽、职部；群纽、职韵、渠追切。

僁 — 僁
《说文》小篆　楷书

1《说文》156页。

形声字。从人,癸声。本义指左右两眼对视。《说文》:"僁僁,左右两视。"(董莲池)

伶 líng 来纽、真部；来纽、清韵、朗丁切。

伶 — 伶
《说文》小篆　楷书

1《说文》165页。

形声字。从人,令声。本义指戏弄。《说文》:"伶,弄也。"徐锴曰:"伶人者,弄臣也。"又指称乐官、乐人。《左传·成公九年》:"问其族,对曰:'伶人也。'使与之琴,操南音。"杜预注:"伶人,乐官。"(董莲池)

儷（俪） lì　来纽、歌部；来纽、霁韵、郎计切。

儷¹—儷²—儷—俪
《说文》小篆　汉　楷书　楷书

1《说文》165页。2《甲金篆》555页。

形声字。从人，麗声。汉字简化，声旁省作"丽"。《说文》："儷，棽儷。"徐锴系传："参差繁茂皃也。"《广雅》以耦（成对）为释，此其常用义。《左传·成公十二年》："鸟兽犹不失俪。"俪即耦之义。（董莲池）

傳（传） zhuàn　端纽、元部；知纽、线韵、知恋切。
chuán　定纽、元部；澄纽、仙韵、直挛切。

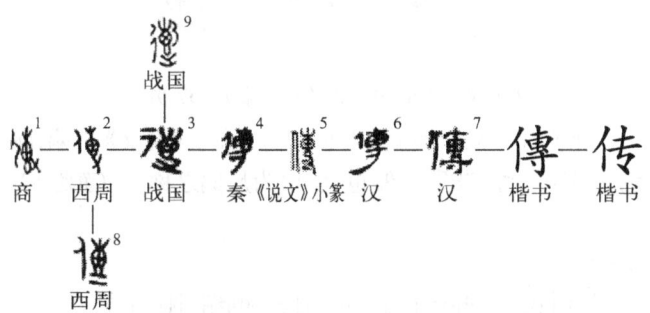

1-4、6-9《甲金篆》555页。5《说文》165页。

形声字。从人，專声。楷书简化，声旁承袭草书写法作"专"。本义指传送命令消息的驿车。《说文》："传，遽也。"段玉裁注："如今之驿马。"朱骏声通训定声："以车曰传，亦曰驲，以马曰遽，亦曰驿。皆所以达急速之事。"《左传·成公五年》："晋侯以传召宗伯。"引申指驿站。以上读zhuàn。又引申指传送，读chuán。（董莲池）

倌 guān　见纽、元部；见纽、桓韵、古丸切。

倌¹—倌²—倌—倌
战国　战国　《说文》小篆　汉　楷书

1、2《战文编》558页。3《说文》165页。4《甲金篆》556页。

形声字。从人，官声。本义指地位低微的臣仆。《说文》："倌，小臣也。"（董莲池）

价 jiè　见纽、月部；见纽、怪韵、古拜切。

价¹—价
《说文》小篆　楷书

1《说文》165页。

形声字。从人，介声。本义指善。《说文》："价，善也。"《诗·大雅·板》："价人维藩。"毛传："价，善也。"（董莲池）

仔 zī　精纽、之部；精纽、之韵、子之切。

仔¹—仔
《说文》小篆　楷书

1《说文》165页。

形声字。从人，子声。本义指肩任。《说文》："仔，克也。"《诗·周颂·敬之》："佛时仔肩。"郑玄笺："仔肩，任也。"（董莲池）

徐 xú　邪纽、鱼部；邪纽、鱼韵、似鱼切。

徐¹—徐
《说文》小篆　楷书

1《说文》165页。

形声字。从人，余声。本义指舒缓。《说文》："徐，缓也。"（董莲池）

伸 shēn　书纽、真部；书纽、真韵、朱人切。

伸¹—伸²—伸
《说文》小篆　汉　楷书

1《说文》165页。2《甲金篆》556页。

形声字。从人，申声。本义指弯曲和伸展。《说文》："伸，屈伸。"（董莲池）

伹 qū　清纽、鱼部；清纽、鱼韵、七余切。

伹¹—伹²—伹
战国　《说文》小篆　楷书

1《战文编》599页。2《说文》165页。

形声字。从人，且声。本义指笨拙。《说文》："伹，拙

人部

也。"（董莲池）

偄 nuàn 泥纽、元部；泥纽、换韵、奴乱切。

偄¹—偄
《说文》小篆　楷书

1《说文》166页。

会意字。从人，从耎。本义指懦弱。《说文》："偄，弱也。"（董莲池）

倍 bèi 並纽、之部；並纽、贿韵、部浼切。

倍¹—㟁²—㟁³—倍⁴—倍
战国　《说文》小篆　汉　汉　楷书

1、3、4《甲金篆》556页。2《说文》166页。

形声字。从人，音声。本义是违反。《说文》："倍，反也。"（董莲池）

傿 yàn 匣纽、元部；影纽、愿韵、於建切。

傿¹—傿²—傿
《说文》小篆　汉　楷书

1《说文》166页。2《甲金篆》556页。

形声字。从人，焉声。本义指抬价。《说文》："傿，引为贾也。"段玉裁注："引犹张大之。贾，今之价字。引为贾，所以豫价也。"（董莲池）

僭 jiàn 精纽、侵部；精纽、㮇韵、子念切。

僭¹—僭
《说文》小篆　楷书

1《说文》166页。

形声字。从人，朁声。本义指下级假冒上级的职权。《说文》："僭，假也。"段玉裁注："各本作假也，今依《玉篇》所引正。《广韵》亦云'拟也'，以僭、儗二篆互训，知作假之非矣。"依段玉裁注"假"应作"儗"，义为下效上，或下犯上。（董莲池）

儗 nǐ 疑纽、之部；疑纽、止韵、鱼纪切。
yí 疑纽、之部；疑纽、志韵、鱼记切。

儗¹—儗
《说文》小篆　楷书

1《说文》166页。

形声字。从人，疑声。本义指下级僭越上级。还表示相疑惑之义。《说文》（小徐本）："儗，僭也。从人，疑声。一曰相疑。"（董莲池）

偏 piān 滂纽、真部；滂纽、仙韵、芳连切。

偏¹—偏²—偏
《说文》小篆　汉　楷书

1《说文》166页。2《甲金篆》557页。

形声字。从人，扁声。本义是指偏斜。《说文》："偏，颇也。"段玉裁注："颇，头偏也，引申为凡偏之称。"（董莲池）

倀(伥) chàng 透纽、阳部；彻纽、阳韵、褚羊切。

倀¹—倀²—倀—伥
战国《说文》小篆　楷书　楷书

1《战文编》559页。2《说文》166页。

形声字。从人，长声。本义指猖狂。《说文》："倀，狂也。"（董莲池）

儔(俦) chóu 定纽、幽部；澄纽、尤韵、直由切。

儔¹—儔—俦
《说文》小篆　楷书　楷书

1《说文》166页。

形声字。从人，壽声。本义指隐蔽。《说文》："儔，翳也。"（董莲池）

僟 jiàn 从纽、元部；从纽、獮韵、慈演切。

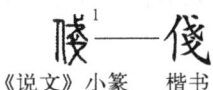

1《说文》166页。

形声字。从人，戋声。本义指浅。《说文》："俴，浅也。"（董莲池）

佃 diàn 定纽、真部；定纽、先韵、徒年切。

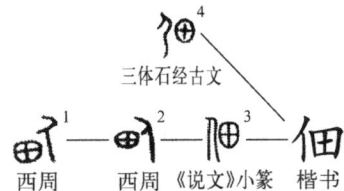

1、2、4《甲金篆》557页。3《说文》166页。

会意兼形声字。从人，从田，田亦声。高鸿缙云：字从田人会意，本义应为农吏（见高鸿缙《散盘集释》）。其说可从。假借指中等车乘。《说文》："佃，中也。《春秋传》曰：'乘中佃。'"（董莲池）

僻 pì 滂纽、锡部；滂纽、昔韵、芳辟切。

1《说文》166页。

形声字。从人，辟声。本义指避开。《说文》："僻，避也。"（董莲池）

伭 xián 匣纽、真部；匣纽、先韵、胡田切。

1《说文》166页。

形声字。从人，弦省声。本义指凶狠。《说文》："伭，很也。"桂馥义证："很也者，谓很戾也。"（董莲池）

伎 jì 群纽、支部；群纽、支韵、巨支切。

1《说文》166页。2《甲金篆》557页。

形声字。从人，支声。本义指党与。《说文》："伎，与也。"段玉裁注："《异部》曰：'与者，党与也。'"（董莲池）

侈 chǐ 昌纽、歌部；昌纽、纸韵、尺氏切。

1《说文》166页。2《甲金篆》557页。

形声字。从人，多声。本义指蒙蔽在上位者，胁迫控制其他人。《说文》："侈，掩胁也。"段玉裁注："掩者，掩盖其上；胁者，胁制其旁。"侈的另一个意义是表示奢侈。《说文》："侈，一曰奢也。"（董莲池）

佁 yǐ 喻纽、之部；以纽、止韵、羊已切。

1《甲金篆》557页。2《说文》166页。

形声字。从人，台声。本义指痴呆的样子。《说文》："佁，痴皃。"（董莲池）

偽（伪） wěi 疑纽、歌部；疑纽、寘韵、危睡切。

1、3《甲金篆》557页。2《说文》166页。

形声字。从人，爲声。楷书简化，声旁作"为"。本义指用假相欺诈。《说文》："偽，诈也。"《广雅·释诂二》："伪，欺也。"《孟子·滕文公上》："从许子之道，则市贾不贰，国中无伪，虽使五尺之童适市，莫之或欺。"引申指非真。《庄子·齐物论》："道恶乎隐而有真伪，言恶乎隐而有是非。"（董莲池）

佝 gōu 晓纽、侯部；晓纽、候韵、呼漏切。

1、3《甲金篆》558页。2《说文》166页。

人部

形声字。从人,句声。本义指愚昧无知。《说文》:"佝,务也。"段玉裁注本改作"佝,佝瞀也",注云:"其义为愚蒙也。"(董莲池)

僄 piào 並纽、宵部;並纽、宵韵、符霄切。

1《说文》166页。

形声字。从人,票声。本义指轻薄。《说文》:"僄,轻也。"(董莲池)

倡 chāng 昌纽、阳部;昌纽、阳韵、尺良切。
chàng 昌纽、阳部;昌纽、漾韵、尺亮切。

1《说文》166页。2《汉语字形表》98页。

形声字。从人,昌声。本义指歌舞乐人,读chāng。《说文》:"倡,乐也。"桂馥义证引《急就篇》:"倡,乐人也。"《广韵》:"倡,优也。" 汉荀悦《前汉纪》:"上颇倡优畜之。"用其义。又指领唱,引申指发起,又指歌唱等等,读chàng。(董莲池)

俳 pái 並纽、微部;並纽、皆韵、步皆切。

1《说文》166页。2《甲金篆》558页。

形声字。从人,非声。本义指杂戏。《说文》:"俳,戏也。"段玉裁注:"以其戏言之谓之俳,以其音乐言之谓之倡,亦谓之优,其实一物也。"(董莲池)

儳 chán 崇纽、谈部;崇纽、咸韵、士咸切。

1《说文》166页。

形声字。从人,毚声。本义指儳和交互,杂乱不齐。《说文》:"儳,儳互,不齐也。"(董莲池)

佚 yì 喻纽、质部;以纽、质韵、夷质切。

1《说文》166页。2、3《甲金篆》558页。

形声字。从人,失声。本义指隐逸之人。《说文》:"佚,佚民也。"(董莲池)

俄 é 疑纽、歌部;疑纽、歌韵、五何切。

1、2《甲文编》534页。3《说文》166页。

初为会意字,像手持锯类刑具将人的一只脚割去之形,是刖刑之刖的初文。到了小篆,"大"被易之以"人"旁,原像锯的刑具讹作"我"旁,既作会意偏旁,又兼表字的读音。并用这个形体专门表示由刖足引申出来的"行倾"(行路歪斜)义,本义则另造一从刀月声的形声字"刖"表示。俄、刖义既有殊,读音亦渐有别,遂发展为二字。(董莲池)

傜 yáo 喻纽、宵部;以纽、宵韵、余昭切。

1《说文》166页。

形声字。从人,䍃声。本义指喜悦。《说文》:"傜,喜也。"(董莲池)

侮 wǔ 明纽、侯部;微纽、虞韵、文甫切。

1《战文编》559页。2、3《说文》166页。

形声字。从人,每声。声旁,小篆从每,古文从母。本义指轻慢。《说文》:"侮,伤也。"(董莲池)

傷 yì 喻纽、锡部;以纽、寘韵、以豉切。

1《战文编》560页。2《说文》166页。

形声字。从人，易声。本义是轻慢。《说文》："惕，轻也。"（董莲池）

偾（偾） fèn 滂纽、文部；滂纽、魂韵、普魂切。

1《甲金篆》558页。2《说文》167页。

形声字。从人，賁声。本义指向后仰倒。《说文》："偾，僵也。"朱骏声通训定声："却偃曰僵。"（董莲池）

僵 jiāng 见纽、阳部；见纽；阳韵、居良切。

1《说文》167页。

形声字。从人，畺声。本义指向后仰倒。《说文》："僵，偾也。"朱骏声通训定声："却偃曰僵，前覆曰仆。"（董莲池）

仆 pū 滂纽、屋部；滂纽、侯韵、匹侯切。

1《说文》167页。

形声字。从人，卜声。本义指向前仆地而倒。《说文》："仆，顿也。"朱骏声通训定声："前覆曰仆。"（董莲池）

偃 yǎn 影纽、元部；影纽、元韵、於幰切。

1、2《战文编》560页。3《说文》167页。4、5《甲金篆》558页。

形声字。从人，匽声。本义指向后仰倒。《说文》："偃，僵也。"（董莲池）

伤（伤） shāng 书纽、阳部；书纽、阳韵、式羊切。

1、3、4《甲金篆》558～559页。2《说文》167页。

形声字。从人，煬省声。本义指创伤。《说文》："伤，创也。"（董莲池）

催 cuī 清纽、微部；清纽、灰韵、仓回切。

1《说文》167页。2《甲金篆》559页。

形声字。从人，崔声。本义是相迫促。《说文》："催，相擣也。"（据小徐本）徐锴系传："擣，相迫蹙也。"（董莲池）

俑 yǒng 透纽、东部；透纽、东韵、他红切。
喻纽、东部；以纽、肿韵、余陇切。
旧读tòng

1《说文》167页。

形声字。从人，甬声。本义指痛。《说文》："俑，痛也。"又余陇切，音yǒng，指殉葬用的木制或陶制的偶人。（董莲池）

伏 fú 並纽、职部；奉纽、屋韵、房六切。

1、2、4《甲金篆》559页。3《说文》167页。

会意字。本义表示伺候。《说文》："伏，司也。从人，从犬。"段玉裁注云小徐本有"犬司人也"四字，"犬司人，谓犬伺人而吠之。说此字之会意也。不曰从犬人，而曰从人犬，入于人部者，尊人也，伏篆以明人事，非说犬

人部

也。"此字又与"俯"同源,指脸朝下趴在地上或某物上,《释名·释姿容》:"伏,覆也。"引申指顺从、屈从。(董莲池)

促 cù 清纽、屋部；清纽、烛韵、七玉切。

1《说文》167 页。2《甲金篆》559 页。

形声字。从人,足声。本义指急迫。《说文》:"促,迫也。"(董莲池)

例 lì 来纽、月部；来纽、祭韵、力制切。

1《说文》167 页。

形声字。从人,列声。本义表示类例。《说文》:"例,比也。"桂馥义证:"比也者,《玉篇》:'例,类例也。'"引申指比照、类似诸义。(董莲池)

係(系) xì 匣纽、锡部；匣纽、霁韵、胡计切。

1、3、4、《甲金篆》559~600 页。2《说文》167 页。

会意兼形声字。从人,从系,系亦声。本义指用麻绳围束。《说文》:"係,絜束也。"(董莲池)

伐 fá 明纽、月部；奉纽、月韵、房月切。

1—8、10、11、12《甲金篆》560 页。9《说文》167 页。

会意字。像以戈断人首之形。商代甲骨文所见或省去表示戈柄的部分,如字形 7,只留下表戈刃的部分在人的头部,是伐的简化形体。本义是砍头。殷墟卜辞云:"丁丑卜,贞:王宾武丁,伐十人,卯二牛。"(《合集》35355)"伐十人"谓采用砍头的方法砍断十个人的头以祭。泛指砍断,又引申指对他人武力上的征讨或言辞上的诛责。(董莲池)

俘 fú 滂纽、幽部；敷纽、虞韵、芳无切。

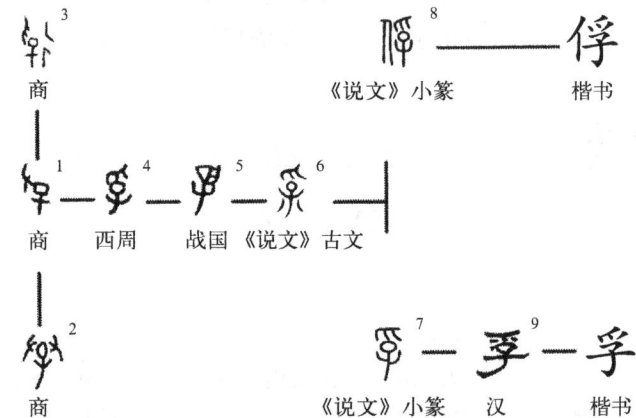

1《甲文编》109 页。2《甲骨文字诂林》543 页。3、4《甲金篆》560 页。5、9《甲金篆》182 页。6、7《说文》63 页。8《说文》167 页。

初文是会意字。像以一手或两手抓获小儿之形。本义是俘获。殷墟卜辞所见,其字已用于军事上的俘获,如《合集》173 反:"甲辰,方征于蚁,俘人十又五人。"其字或又从彳(如字形 3),当与俘获是在军事行动中发生有关,或以为与俘而必驱之行有关。西周金文所见亦用于军事,如敔簋:"卑(俾)克氒啻(敌),隻(获)馘百,执嘼(讯)二人,孚戎兵:盾、矛……凡百又卌又五款"。到了小篆,追加人旁,作"俘",《说文》:"俘,军所获也。"揭示了俘的特点。不过《说文》把"孚"、"俘"分为二字,训孚为卵孵则非是。小篆之后,"孚"、"俘"分化,"俘"专表俘获义,"孚"则用来表示假借义。(董莲池)

但 dàn 定纽、元部；定纽、旱韵、徒旱切。

但 — 但 — 但 — 但 — 但
战国　《说文》小篆　汉　　汉　　楷书

1《战文编》561页。2《说文》167页。3、4《甲金篆》560页。

形声字。从人,旦声。本义指赤裸上身。《说文》:"但,裼也。"段玉裁注:"裼,肉袒也。肉袒者,肉外见无衣也。"(董莲池)

伛(伛) yǔ　影纽、侯部；影纽、麌韵、於武切。

伛 — 伛 — 伛 — 伛
秦　《说文》小篆　楷书　楷书

1、3《甲金篆》561页。《说文》167页。

形声字。从人,區声。楷书简体声旁作"区"。本义指驼背。《说文》:"伛,偻也。"(董莲池)

偻(偻) lóu　来纽、侯部；来纽、侯韵、落侯切。

偻 — 偻 — 偻 — 偻 — 偻
秦　《说文》小篆　汉　　楷书　楷书

1、3《甲金篆》561页。2《说文》167页。

形声字。从人,婁声。楷书简体声旁作"娄"。本义指脊背弯曲。《说文》:"偻,尪也。"段玉裁注:"尪是曲胫之名,引申为曲脊之名。"(董莲池)

僇 lù　来纽、幽部；来纽、宥韵、力救切。

僇 — 僇 — 僇
《说文》小篆　汉　　楷书

1《说文》167页。2《甲金篆》561页。

形声字。从人,翏声。本义表示有痴病者行走,僇僇迟缓。《说文》:"僇,痴行僇僇也。"(董莲池)

仇 qiú　群纽、幽部；群纽、尤韵、巨鸠切。

仇 — 仇 — 仇 — 仇
《说文》小篆　汉　　汉　　楷书

1《说文》167页。2、3《甲金篆》561页。

形声字。从人,九声。本义指配偶。《说文》:"仇,雠也。"段玉裁注:"仇为怨匹,亦为嘉偶。"朱骏声通训定声:"后儒因之专训仇怨。"仇怨义今读chóu。(董莲池)

儡 lěi　来纽、微部；来纽、灰韵、鲁回切。

儡 — 儡
《说文》小篆　楷书

1《说文》167页。

形声字。从人,畾声。本义当指容颜颓丧的样子。《说文》:"儡,相败也。"段玉裁注:"《西征赋》注引作败坏之皃。《寡妇赋》注引作'败'也。无'相'字。……《寡妇赋》:'容貌儡以顿悴。'注引《礼记》'丧容儡儡'。"(董莲池)

咎 jiù　群纽、幽部；群纽、有韵、其久切。

咎 — 咎 — 咎 — 咎 — 咎
战国　《说文》小篆　汉　　汉　　楷书

1、3、4《甲金篆》561页。2《说文》167页。

会意字。从人,从各。"各"为"格至"之"格"的本字,以之构形当是取其表示来到之意。本义指上天对人的罪过所降下的灾祸。《说文》:"咎,灾也。"《国语·晋语四》:"上帝临子,贰必有咎。"上天降灾是对人的一种责罚,因之引申为责罚义。《史记·淮阴侯列传》:"天与弗取,反受其咎。"(董莲池)

值 zhí　定纽、职部；澄纽、职韵、直吏切。

值 — 值
《说文》小篆　楷书

1《说文》167页。

形声字。从人,直声。本义指措置。《说文》:"值,措也。"(董莲池)

侂 tuō　透纽、铎部；透纽、铎韵、他各切。

侂 — 侂
《说文》小篆　楷书

人部

1《说文》167页。

形声字。从人，氐声。本义指寄托。《说文》："侂，寄也。"（董莲池）

傅 zǔn 精纽、文部；精纽、魂韵、兹损切。

1《说文》167页。

形声字。从人，尊声。本义指聚集。《说文》："傅，聚也。"（董莲池）

像 xiàng 邪纽、阳部；邪纽、养韵、徐两切。

1、3《甲金篆》561页。2《说文》167页。

形声字。从人，象声。本义指像似。《说文》："像，象也。"（董莲池）

倦 juàn 群纽、元部；群纽、线韵、渠卷切。

1《说文》167页。

形声字。从人，卷声。本义是疲劳。《说文》："倦，罢也。"（董莲池）

傮 zāo 精纽、幽部；精纽、豪韵、作曹切。

1《说文》167页。

形声字。从人，曹声。本义指绕行一周终结。《说文》："傮，终也。"王筠句读："傮与周遭，字同音似。所谓终者，即星一周天之义。"（董莲池）

偶 ǒu 疑纽、侯部；疑纽、侯韵、五口切。

1《说文》167页。2《甲金篆》562页。

形声字。从人，禺声。本义指用桐木雕的偶人。《说文》："偶，桐人也。"（董莲池）

弔（吊） diào 端纽、药部；端纽、啸韵、多啸切。

1、2、3、5、6、7《甲金篆》562页。4《说文》167页。

初文从人从𢎨会意，𢎨像矢有缴之形。构形之旨不明。姚孝遂认为其字与弟当属同源关系。殷墟卜辞用义不明。西周金文所见用作伯叔之叔字。《说文》："弔，问终也。古之葬者厚衣之以薪。""问终"谓慰问死丧。构形分析为"从人持弓会驱禽"，不可信。（董莲池）

佋 zhāo 禅纽、宵部；禅纽、小韵、市沼切。

1《甲金篆》562页。2《说文》167页。

形声字。从人，召声。周代宗庙排列次序中居始祖左方的位次名。《说文》："佋，庙佋穆。父为佋，南面。子为穆，北面。"今音 zhāo。典籍用"昭"字。（董莲池）

僊（仙） xiān 心纽、元部；心纽、仙韵、相然切。

1《说文》167页。2、3《甲金篆》563页。

会意兼形声字。从人，从䙴，䙴亦声。本义指长生不老,升天而去。《说文》:"仚,长生仚去。"其字汉代或从人、从山,清段玉裁《说文解字注》引《释名》:"老而不死曰仙。仙,迁也,迁入山也。故其制字人旁作山也。"今楷书简体即用从山的"仙"字。(董莲池)

僰 bó 並纽、职部;並纽、职韵、符逼切。

棘 —— 僰 —— 僰
春秋　　《说文》小篆　　楷书

1《四版校补》97页。2《说文》167页。

形声字。从人,棘声。《说文》:"僰,犍为蛮夷。"段玉裁注:"犍为郡有僰道县,即今四川叙州府治也,其人民曰僰。"按此,僰应为我国古代西南地区少数民族名。又,《玉篇·人部》:"屏之远方僰,僰之言偪也。"指被放逐到边远的少数民族地区。(董莲池)

僥(侥) yáo 疑纽、宵部;疑纽、萧韵、五聊切。

僥 —— 僥 —— 僥 —— 侥
《说文》小篆　　汉　　楷书　　楷书

1《说文》167页。2《甲金篆》563页。

形声字。从人,堯声。一种个子很矮的南方人的名称用字,这种人叫焦僥。《说文》:"南方有焦僥,人长三尺,短之极。"假作僥幸之僥,读jiǎo。(董莲池)

件 jiàn 群纽、元部;群纽、狝韵、其辇切。

件 —— 件 —— 件
《说文》小篆　　汉　　楷书

1《说文》168页。2《甲金篆》593页。

会意字。从人,从牛。本义指把物体分割开。《说文》:"件,分也。从人,从牛。牛,大物,故可分也。"引申指被分割开的部分,成为量词。(董莲池)

侣 lǚ 来纽、鱼部;来纽、语韵、力举切。

侣 —— 侣 —— 侣
《说文》新附　　汉　　楷书

1《说文》168页。2《甲金篆》563页。

形声字。从人,吕声。本义指伙伴。《说文》:"侣,徒侣也。"(董莲池)

侲 zhèn 禅纽、文部;章纽、震韵、章刃切。

侲 —— 侲
《说文》新附　　楷书

1《说文》168页。

形声字。从人,辰声。指童子。《说文》:"侲,童子也。"(董莲池)

倅 cuì 精纽、物部;清纽、队韵、七内切。

倅 —— 倅 —— 倅 —— 倅
战国　　《说文》新附　　汉　　楷书

1《战文编》562页。2《说文》168页。3《甲金篆》563页。

形声字。从人,卒声。本义指副的。《说文》:"倅,副也。"(董莲池)

倜 tì 透纽、锡部;透纽、锡韵、他历切。

倜 —— 倜
《说文》新附　　楷书

1《说文》168页。

形声字。从人,周声。联绵词"倜傥"用字。倜傥指卓异,洒脱不羁。《史记·越王勾践世家》张守节正义引《会稽典录》云:"范蠡字少伯,越之上将军也。本是楚宛三户人,佯狂倜傥负俗。"《说文》:"倜,倜傥不羁也。"(董莲池)

儻(傥) tǎng 透纽、阳部;透纽、阳韵、他朗切。

儻 —— 儻 —— 傥
《说文》新附　　楷书　　楷书

1《说文》168页。

形声字。从人,黨声。联绵词"倜傥"用字。《说文》:"儻,倜傥也。"参见"倜"字条。(董莲池)

佾 yì 喻纽、质部；以纽、质韵、夷质切。

佾¹ — 佾
《说文》新附　楷书

1《说文》168页。

形声字。从人，肴声。本义指古代乐舞的行列，古代乐舞，一行八人为一佾。《说文》："佾，舞行列也。"《论语·八佾》："孔子谓季氏曰：'八佾舞于庭，是可忍也，孰不可忍也？'"（董莲池）

倒 dǎo 端纽、宵部；端纽、皓韵、都皓切。
　 dào 端纽、宵部；端纽、号韵、都导切。

倒¹ — 倒
《说文》新附　楷书

1《说文》168页。

形声字。《说文》："倒，仆也。从人，到声。""仆"指仆倒。引申指失败、垮台。以上读dǎo。又读dào，指颠倒。《左传·宣公二年》："狂狡辂郑人，郑人入于井，倒戟而出之，获狂狡。"《诗·齐风·东方未明》："颠之倒之，自公召之。"（董莲池）

儈(侩) kuài 见纽、月部；见纽、泰韵、古外切。

儈¹ — 儈 — 侩
《说文》新附　楷书　楷书

1《说文》168页。

形声字。从人，會(会)声。本义指介绍买卖。《说文》："儈，合市也。"（董莲池）

低 dī 端纽、脂部；端纽、齐韵、都奚切。

低¹ — 低
《说文》新附　楷书

1《说文》168页。

会意兼形声字。《说文》："低，下也。从人、氐，氐亦声。"本义指矮，与高相反。（董莲池）

債(债) zhài 庄纽、支部；庄纽、卦韵、测买切。

債¹ — 債 — 债
《说文》新附　楷书　楷书

1《说文》168页。

会意兼形声字。《说文》："債，債负也。从人、責，責亦声。"指欠负的钱财。（董莲池）

價(价) jià 见纽、鱼部、见纽、马韵、古疋切。

價¹ — 價 — 价
《说文》新附　楷书　楷书

1《说文》168页。

形声字。《说文》："價，物直也。从人，賈声。"楷书简体改为介声，遂与训为"善也"的价字同形。本义指物的价格。（董莲池）

停 tíng 定纽、耕部；定纽、青韵、特丁切。

停¹ — 停
《说文》新附　楷书

1《说文》168页。

形声字。《说文》："停，止也。从人，亭声。"本义指停止。《庄子·德充符》："平者，水停之盛也。"郭庆藩集释："停，止也。"引申指停留、停放诸义。（董莲池）

僦 jiù 精纽、幽部；精纽、宥韵、即就切。

僦¹ — 僦² — 僦
《说文》新附　汉　楷书

1《说文》168页。

会意兼形声字。《说文》："僦，赁也。从人、就，就亦声。"本义为租赁。（董莲池）

伺 sì 心纽、之部；心纽、志韵、相吏切。

伺

1《说文》168页。2《甲金篆》563页。

形声字。《说文》:"伺,候望也。从人,司声。"义为窥望探察。《韩非子·内储说上》:"吾闻数夜有乘辒车至李史门者,谨为我伺之。"(董莲池)

僧 sēng　心纽、登韵、苏赠切。

1《说文》168页。

形声字。《说文》:"僧,浮屠道人也。从人,曾声。"男性佛教徒的称呼。(董莲池)

伫(佇) zhù　定纽、鱼部;澄纽、语韵、直吕切。

1《说文》168页。2《甲金篆》563页。

会意字。《说文》"伫,久立也。从人,从宁。"本义指长久站立不动。楷书简化,声旁省作"宁"。(董莲池)

侦(偵) zhēn　彻纽、清韵、丑贞切。

1《说文》168页。

形声字。《说文》:"侦,问也。从人,贞声。"义为卜问。又表示暗中探察。(董莲池)

七 部

七 huà　晓纽、歌部;晓纽、祃韵、呼霸切。

1、2、3、5、6《甲金篆》568页"化"字偏旁。4《说文》168页。

初文作倒人形。《说文》:"七,变也。从到人。"段玉裁注:"到者,今之倒字。人而倒,变七之意也。"无独立使用者,只用作偏旁。(董莲池)

矣 yí　疑纽、之部;疑纽、之韵、语其切。

1、2、3《甲金篆》567页。4《说文》168页。

实与"疑"为一字。初文为象形字。像人站在那里左顾右盼疑惑不定之形,或又追加彳旁,作路上停下来东张西望不知该朝哪里走状,以增显疑惑不定义。西周所见又追加止旁繁化。小篆从的矣是初文矣之讹,七旁或即"止""彳"之类偏旁所讹。《说文》:"矣,未定也。从七,矣声。"字形分析并不正确(参见"疑"字条)。(董莲池)

眞(真) zhēn　章纽、真部;章纽、真韵、职邻切。

1、2、3《新金》1118页。4、7、8《甲金篆》567页。5、6《说文》168页。

构形及本义不明。初文(字形1)下从"貝""丁",上从颠越之"颠"的表意字,后"貝"下"丁"渐讹为"丌","貝""丌"又渐讹为"鼎"。《说文》:"眞,仙人变形而登天也。从七,从目,从乚;八,所乘载也。"以会意字解之,是就篆文为说,不可信。常用义是真假之意。(董莲池)

化 huà　晓纽、歌部;晓纽、祃韵、呼霸切。

1、2、4《甲金篆》568页。3《说文》168页。

会意字。初文以一正一倒的人形示变化意。本义指变化。《说文》:"化,教行也。"所释是引申义。(董莲池)

匕 部

匕 bǐ 帮纽、脂部；帮纽、脂韵、卑履切。

商 西周 战国 秦《说文》小篆 楷书

1—4《甲金篆》568页。5《说文》168页。

象形字。是古代的一种长柄浅勺、勺端稍锐的取食器具的象形，段玉裁认为即今之饭匙。这种器具又称"柶"。（董莲池）

匙 chí 禅纽、支部；禅纽、支韵、是支切。

《说文》小篆　楷书

1《说文》168页。

形声字。从匕，是声。本义指匕勺。《说文》："匙，匕也。"朱骏声通训定声："苏俗所谓茶匙、汤匙、调羹、饭橾者也。"（董莲池）

阜 bǎo 帮纽、幽部；帮纽、皓韵、博抱切。

《说文》小篆　楷书

1《说文》168页。

《说文》认为是会意字。构形分析为从匕，从十。训其义为"相次也"，相次指排列次第，相互担保。清王筠《说文解字句读》："此即'保甲'。五家为比，故从匕；二五为十，故从十，互相保任，故曰相次。"（董莲池）

顷(頃) qīng 溪纽、耕部；溪纽、清韵、去营切。

战国 战国 秦《说文》小篆 汉 楷书 楷书

1《四版校补》98页。2、3、5《甲金篆》568页。4《说文》168页。

会意字。从页，从匕。《说文》："頃，头不正也。从匕，从頁。"段玉裁注："匕，头角而不正方。""頁者，头也。匕其头是不正也。"（董莲池）

㪷 nǎo 泥纽、宵部；泥纽、皓韵、奴皓切。

秦 《说文》小篆 汉 楷书

1、3《甲金篆》569页。2《说文》168页。

会意字。本义指脑髓。《说文》："㪷，头髓也。从匕，匕，相匕著也。巛象发，囟象㪷形。"（董莲池）

卬 yǎng 疑纽、阳部；疑纽、养韵、鱼两切。
　　 áng 疑纽、阳部；疑纽、唐韵、五刚切。

战国《说文》小篆 汉 汉 楷书

1、3、4《甲金篆》569页。2《说文》168页。

会意字。本义是指仰望，希望有可能到达这种境界，读作yǎng。《说文》："卬，望，欲有所庶及也。从匕，从卩。《诗》曰：'高山卬止。'"又有抬起、扬起、高昂扬等义，读作áng。（董莲池）

卓 zhuó 端纽、药部；知纽、觉韵、竹角切。

西周《说文》古文《说文》小篆 汉 汉 楷书

1、4、5《甲金篆》569页。2、3《说文》168页。

构形不明。《说文》认为其本义为"高"，考之文献，"高"确是其常用义，但是否为其本义则不能定。《说文》认为其构形是"早匕为卓"，这个分析也不可信。（董莲池）

艮 gèn 见纽、文部；见纽、恨韵、古恨切。

《说文》小篆 汉 汉 楷书

1《说文》168页。2、3《甲金篆》569页。

会意字。《说文》释其本义为"很也"。构形分析为"从匕目。匕目，犹目相匕，不相下也"。意思是说艮字的构形由匕目会意。"匕目"的意思好比两人怒目相视，互不相让。（董莲池）

从 部

从 cóng　从纽、东部；从纽、钟韵、疾容切。

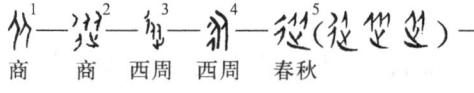

1、2《甲金篆》569 页。3《说文》169 页。

会意字。像一人在后面跟随前人之形。本义是跟从、随从。《说文》："从，相听也。"所训是从的引申义。(董莲池)

從(从) cóng　从纽、东部；从纽、钟韵、疾容切。

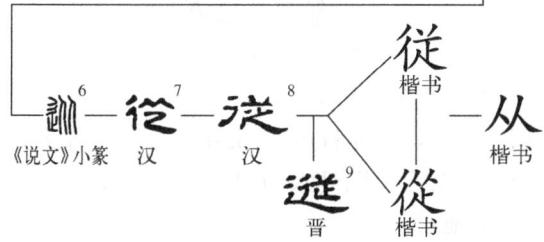

1、3、4、5、7、8、9《甲金篆》570～571 页。2《新金》1120 页。6《说文》169 页。

会意字。初文像一人在后面跟随前人之形。本义是跟从、随从。由于和行动有关，商代时又追加辵旁以增显其义。西周因之。春秋或从"辵"，或从"彳"；或从二"人"，或从三"人"，或从一"人"。小篆以"辵"从二"人"结体。汉代隶变，所从的二"人"简化作"丛"，"止"旁也趋从草书笔意发生变形。晋代或又再追加"辵"旁繁化。楷书以"從"、"徔"形结体，但以"從"为正体。汉字简化，复行初文为正体。(董莲池)

并 bìng　帮纽、耕部；帮纽、清韵、府盈切。

1-4、6、7、8、9《甲金篆》570～571 页。2《说文》169 页。

会意字。字形像在腿部把两个人连绑在一起，本义表示把两个或几个物体合并成一个。《孙膑兵法·威王问》："营而离之，我并卒而击之。""并卒"是说把几部分兵力集中成为一股。引申表示一并、一同。《韩非子·外储说右上》："因令奄将宫人之美者二十人并遗季也。"又如《战国策·燕策二》："渔者得而并擒之。"并字的形体，《说文》小篆讹变为从幵，许慎遂以从幵声为释，并训其本义为"相从"，非是。汉代隶变，人形渐失，后已完全看不出从二"人"相连并了。(董莲池)

比 部

比 bǐ　帮纽、脂部；帮纽、旨韵、卑履切。

1、2、4、6《甲金篆》571 页。3、5《说文》169 页。

会意字。从二"匕"。"匕"是古代的一种长柄浅勺、勺端稍锐的取食器具的象形文，排比二"匕"成字，表示比的本义是相邻并、靠得近，同时"匕"也提示字的读音。《说文》："比，密也。"说义可从，但构形分析为"二人为从，反从为比"则不正确。从商周古文字看，"比"字与"从"字形体判然有别，相互并无关系，并非改变"从"字的书写方向造成。形体由商周到小篆，主流一直保持从二匕的构形，唯古文有别。隶变以后，所从的二"匕"笔划平直，失去象形性。比字之用，由相邻并、靠得近这一本义，引申而有联合、勾结、相比照诸义，这些意义在传世或出土先秦文献之中经常可见。《诗·周颂·良耜》："其崇如墉，其比如栉"，这里的比用的是本义。又如殷墟卜辞云："辛酉卜，争贞：王比望乘伐下危？"这里的比用的是联合义。《论语·为政》："君子周而不比"，这里的"比"用的是勾结义。《左传·昭公二十八年》："慈和遍服为顺，择善而从之为比。"杜预注："比方善事，使相从也。"这里的比用的是比照义。(董莲池)

毖 bì　帮纽、质部；帮纽、至韵、兵媚切。

1《说文》169 页。2《甲金篆》571 页。

形声字。从比，必声。本义是谨慎小心。《说文》："毖，慎也。"《诗·周颂·小毖》："予其惩而毖后患。"(董莲池)

北部

北 běi　帮纽、脂部；帮纽、德韵、博墨切。

1—4、6《甲金篆》571～572页。5《说文》169页。

会意字。像二人相背之形，为乖背之背的初文。商代甲骨文所见借为南北之北，如卜辞云："呼牛于北土"（《合集》8783）"辛亥卜，北方其出？"（《合集》32030）均是其例。大概由于这种假借义最常用，后来便又追增"肉"旁造为"背"字以表乖背之背，以"北"字专门表示南北之北。（董莲池）

冀 jì　见纽、脂部；见纽、至韵、几利切。

1、2、4《甲金篆》572页。3《说文》169页。

初文像一怪头之上长有双角的人形，为独体字。本义不明。到了《说文》小篆，双角讹为"北"形，怪头人形讹为"異"形。成为合体字。隶变将"北"形简化为两点。楷书仍以从北从異结体。《说文》："冀，北方州也。从北，異声。"释形是就讹体为说。（董莲池）

丘部

丘 qiū　溪纽、之部；溪纽、尤韵、去鸠切。

1—4、6—9、11《甲金篆》572～573页。5、10《说文》169页。

象形字。商代甲骨文所见像地面突起的小土山形。到了西周，原像小土山的部分讹成"北"形。战国或追加土旁以增显其义。《说文》小篆以从"北"结体。汉代隶变，所从"北"形的笔画在平直过程中又被无理据地加以连接，"北"貌全失。《说文》："丘，土之高也，非人所为。"（董莲池）

虛（虚）xū　晓纽、鱼部；晓纽、鱼韵、朽居切。

1、3、4《甲金篆》573页。2《说文》169页。

形声字。从丘，虍声。本义指大丘。《说文》："虛，大丘也。"段玉裁注："丘本谓大丘，大则空旷，故引申之为空虚。""又引申之为凡不实之称。"（董莲池）

屔 ní　泥纽、脂部；泥纽、齐韵、奴低切。

1《说文》169页。

形声字。从丘，泥省声。本义指一种形状像山顶倒过来内中低四旁高可以受水的山丘。《说文》："反顶受水丘。"（董莲池）

㐺部

㐺 yín　疑纽、侵部；疑纽、侵韵、鱼金切。

1《甲金篆》573页。2《说文》169页。

会意字。从三"人"以会众多意，即"眾"的初文。今眾的简体用此，《说文》把它和"眾"分为二字不确。（董莲池）

眾（众）zhòng　章纽、冬部；章纽、送韵、之仲切。

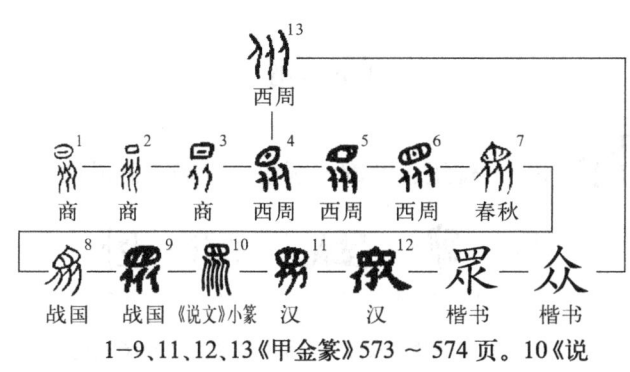

1—9、11、12、13《甲金篆》573～574页。10《说文》169页。

会意字。初文所见上从日("日或省去中横"),下从三"人"(偶或省从二"人"),表示"眾"字是指日光下的很多人。《说文》:"眾,多也。""多"指的是人的众多。上古众人相聚,日出而耕作,"眾"字所表示的日光下的很多人,其身份指的当是田间农业生产者。殷墟卜辞《合集》1云:"……(王)大命众人曰叶田,其受年。"《小屯南地甲骨》395:"甲子卜,令众田,若?"《合集》14:"丙戌卜,宾贞:令众黍,其受佑?"正应是其证。引申指一般、普通。又引申为许多。(董莲池)

聚 jù 從纽、侯部;从纽、麌韵、慈庾切。

1《甲金篆》574页。2《说文》169页。

形声字。从伋,取声。本义是会聚。《说文》:"聚,会也。"(董莲池)

壬 部

壬 tǐng 透纽、耕部;透纽、迥韵、他鼎切。

1、2《甲文编》354页。3《金文编》581页。4《说文》169页。

象形字。像人挺立地上之形。当即挺的初文。西周于字的中画加点饰,致有字形3那样的形体。点饰发展到后来变为横画,于是有了小篆那样的形体。《说文》训其本义为善,构形分析成从人、士,均不可信。(董莲池)

徵(征) zhēng 端纽、蒸部;知纽、蒸韵、陟陵切。

1、2《四版校补》99页。4、6、7《甲金篆》575页。3、5《说文》169页。

西周所见当为形声字。从辵,𡈼声。战国所见省去了辵旁,增加了口旁。《说文》古文所见又增加了攴旁。小篆当是保留了初文所从"辵"旁的一部分因而有了"彳"旁,保留了古文的"攴"旁。至其中间的"𡈼",疑𡈼之讹。《说文》:"徵,召也。从微省,𡈼为徵,行于微而文达者,即徵之。"构形分析与初文不合。(董莲池)

望(望) wàng 明纽、阳部;微纽、漾韵、巫放切。

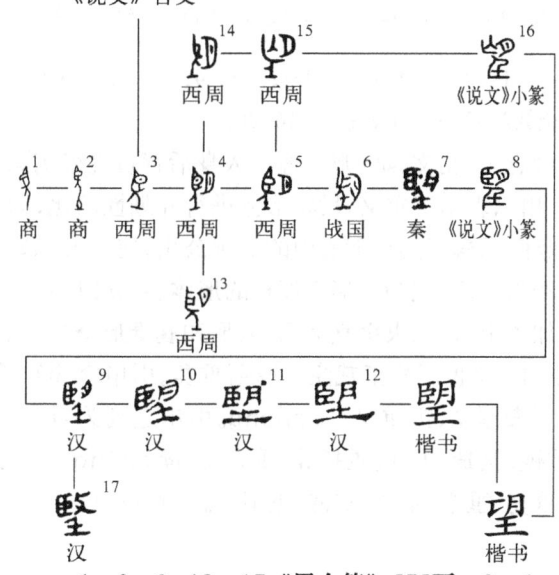

1、2、9—12、17《甲金篆》575页。3、4、5、13、14、15《金文编》581页。6、7《战文编》573页。8、18《说文》169页。16《说文》267页。

初文像一人站立地上张大其目或向前方或向后方远望之形。到了西周,语言中有了朔望之"望"一词。遂假其为声,以月为意符,造为"朢"字以表之,同时也用以兼表张望、远望之望。后来"朢"的形体中像目的部分出现一种讹近"亡"的写法,如字形14,便干脆将这部分写作"亡",如字形15,以之提示字的读音,因而又有了"望"字,成为"朢"的异体。再到后来,人们又采用异体字分工方式,以"望"字专门表示张望、瞭望、远望之望。而以

"朢"字专门表示朔望之望。《说文》:"朢,月满与日相朢。"所释即是"朢"的本义。汉字简化,朔望之望、张望、远望、瞭望之望统一作"望"。(董莲池)

𡈼部

㚔 yín 喻纽、侵部；以纽、侵韵、余针切。

㚔¹—㚔
《说文》小篆 楷书

1《说文》169页。

会意字。《说文》:"近求也。从爪、𡈼。𡈼,徼幸也。"本义表示就近求取。(董莲池)

重部

重 zhòng 定纽、东部；澄纽、肿韵、直陇切。
　　 chóng 定纽、东部；澄纽、钟韵、直容切。

重¹—重²—重³—重⁴—重⁵—重⁶—重⁷—重⁸
西周 西周 西周 春秋 战国《说文》小篆 汉 汉 楷书

1、2《四版校补》99页。3、4、5、7、8《甲金篆》576页。6《说文》169页。

会意字。初文(如字形1)像一人身后背负盛得满满的囊橐,用以表示沉重义。后将形体进行并划性简化,即将人形竖画和囊橐的象形文中的竖画公用,使人形和囊橐形并和为一体,成为字形3那样的形体。春秋以降,下面又增加了土旁。汉隶平直笔画,人形和囊橐形全失。《说文》:"重,厚也。"段玉裁注:"厚斯重矣。引申之为郑重、重叠。"表厚重、沉重义,读zhòng。引申之则为重大、重要、重视、重量、重任、重托等。重叠义,读chóng。引申之则有重复、重逢、重合、重霄、重围等。(董莲池)

量 liáng 来纽、阳部；来纽、漾韵、力让切。

量¹—量²—量³—量⁴—量⁵—量⁶—量⁷
西周 西周《说文》古文《说文》小篆 秦 汉 汉 楷书

1、2、5、6、7《甲金篆》557页。3、4《说文》169页。

构形不明。《说文》认为本义是"称轻重",构形是"从重省,曏省声"。于省吾《甲骨文字释林》云:"(量)从重从日,乃会意字。""量所以量度物之多少轻重。""其从日,系露天量度之意。"(董莲池)

卧部

卧 wò 疑纽、歌部；疑纽、过韵、五卧切。

卧¹—卧²—卧³—卧⁴—卧
秦《说文》小篆 汉 汉 楷书

1、3、4《甲金篆》577页。2《说文》169页。

象形字。以人大目低垂表示休息之意。字中的"臣"形是目的象形,和人臣之臣无关。《说文》:"卧,休也。从人、臣,取其伏也。"字形分析不可信。(董莲池)

監(监) jiān 见纽、谈部；见纽、衔韵、古衔切。

監¹—監²—監³—監⁴—監⁵—監⁶—監⁷
商 西周 战国《说文》古文《说文》小篆 汉 汉

監⁸—監—监
汉 楷书 楷书

1、2、3、6、7、8《甲金篆》577页。4、5《说文》169页。

会意字。初文像人跪跽或站立在盛水的器皿旁俯首照看之形,本义是以水为镜照视自己。《书·酒诰》"人无于水监"用的就是这种意义。这种照视是由上往下看,遂引申出自上视下义。《诗·大雅·大明》:"天监在下。"《说文》:"监,临下也。"由此又引申为监视、监察、监督诸义。由于监是用器皿盛上水照看自己的影子,遂又把可以照看人影的器物称为"监",这个意义后世用"鉴"来表示。《诗·邶风·柏舟》:"我心非鉴,不可以茹。"毛传:"鉴所以察形也。"(董莲池)

臨(临) lín 来纽、侵部；来纽、沁韵、良鸩切。

臨¹—臨²—臨³—臨⁴—臨⁵—臨⁶—臨⁷—臨⁸
西周 西周 战国 秦《说文》小篆 汉 汉 汉

臨—临
楷书 楷书

1-4、6、7、8《甲金篆》578页。5《说文》170页。

会意字。像一人俯首下视一堆品物之形。本义表示从上往下俯视。《说文》：“临，监临也。”《诗·秦风·黄鸟》：“临其穴，惴惴其栗。”《荀子·劝学》：“不临深溪，不知地之厚也。”"临"均是用其本义。引申为面对着。《史记·孔子世家》：“孔子临河而叹曰：'美哉水，洋洋乎！'”又引申为从上面监视着。《诗·大雅·大明》：“上帝临汝，无贰尔心。”又引申为侯王高居上位对在下百姓的统治。《论语·为政》：“临之以庄则敬。”《孟子·梁惠王》：“欲以临中国，朝秦楚。”又引申为位尊者到位卑者处来。《周礼·春官·鬯人》：“凡王吊临，共介鬯。”郑玄注：“以尊适卑曰临。”（董莲池）

身 部

身 shēn 书纽、真部；书纽、真韵、朱人切。

1—6、8《甲金篆》578页。7《说文》170页。

象形字。像人的整个身躯之形。写法上突出腹部，一是因为腹部是身躯的主要部分，二是以此与侧身线条化的人字作"亻"写法相区别。小篆便以这种象形写法结体。《说文》：“身，躬也。像人之身。”"躬"（躬）谓全身躯。或以为字形像人有身孕，又以《诗·大雅·生民》"大妊有身"作为佐证，并不可信。（董莲池）

軀（躯）qū 溪纽、侯部；溪纽、虞韵、岂俱切。

1《说文》170页。2《甲金篆》579页。

形声字。从身，區（区）声。本义指身体。《说文》：“軀，体也。”（董莲池）

肙 部

肙 yǐn 影纽、微部；影纽、末韵、於既切。

1《说文》170页。

象形字。构形采用改变身字书写方向（即将其反写）

的方式。是殷字所从。只充当构形偏旁，不独立使用。《说文》训其义为"归也"，不可信。（董莲池）

殷 yīn 影纽、文部；影纽、殷韵、於斤切。

1、2、3、5《甲金篆》579页。4《说文》170页。

会意字。像手持一可击刺之物指向另一个人的腹部之形，所会之意不明。《说文》以"作乐之盛"释其本义显然不可信。疑为当隐痛讲的"隐"的初文，字形中人手所持者为疗疾之械，大腹以示人有疾。有疾而疗之，以示其正当隐痛之时。《国语·周语上》："勤恤民隐"，韦昭注：“隐，痛也。”隐借字，殷即应是其本字。殷的作乐之盛意应是假借义。（董莲池）

衣 部

衣 yī 影纽、微部；影纽、微韵、於希切。

1《甲文编》356页。2《金文编》585页。3、4、6、7、8《甲金篆》579~580页。5《说文》170页。

象形字。像上衣之形。本义是上衣。上古上衣称衣，下衣称裳。《说文》：“衣，依也。上曰衣，下曰裳”。《诗·邶风·绿衣》"绿衣黄裳"是其本义用法。许慎分析衣"象覆二人之形"，非是。其形体由商代甲骨文到《说文》小篆，一直比较稳定，保持或大体保持象形写法，西汉末，在隶变过程中，某些笔画被平直、连接等，遂失去了象形性。（董莲池）

裁 cái 从纽、之部；从纽、咍韵、昨哉切。

1《说文》170页。

形声字。从衣，𢦏声。《说文》：“裁，制衣也。”制衣即裁制衣服。《古诗为焦仲卿妻作》："十三能织素，十四学

裁衣"用其义。后引申有裁断、裁判、裁制诸义。（董莲池）

衮 gǔn 见纽、文部；见纽、混韵、古本切。

1、2、3、5、6《甲金篆》580页。4《说文》170页。

形声字。从衣，公声。本义表示古代天子祭祀时穿的绣有龙形的礼服。《说文》："衮，天子享先王，卷龙绣于下幅，一龙蟠阿上相嚮。"《周礼·春官·司服》："享先王则衮冕。"郑众注："衮，卷龙衣也。"（董莲池）

褕 yú 喻纽、侯部；以纽、虞韵、羊朱切。

1《说文》170页。2《甲金篆》580页。

形声字。从衣，俞声。一种绘有野鸡尾羽图案的衣。《说文》："褕，翟羽饰衣。"这种衣是王后从王祭先公之服。侯伯夫人也服之以从君祭宗庙。（董莲池）

袗 zhěn 章纽、文部；章纽、轸韵、章忍切。

1《甲金篆》580页。2《说文》170页。

形声字。从衣，参声。或体从辰。指赤黑色的衣、裳。《说文》："袗，玄服。"（董莲池）

表 biǎo 帮纽、宵部；帮纽、小韵、陂矫切。

1、3、4、5《甲金篆》580页。2、6《说文》170页。

会意字。从衣，从毛。本义表示加在衣服外面的衣服。《说文》："表，上衣也。从衣，从毛。古者衣裘，以毛为表。"段玉裁注："上衣者，衣之在外者也。"古文从衣，麃声，是形声字。汉代承袭会意写法。隶变过程中"衣"、"毛"形象渐失，成为记号。（董莲池）

裏（里）lǐ 来纽、之部；来纽、止韵、良士切。

1、2、3、4、6《甲金篆》580页。5《说文》170页。

形声字。从衣，里声，外形内声。在战国楚系文字里，意符"衣"或讹为从卒省，这种写法没有影响"裏"字的构形主流，一直到楷书，仍然从衣里声。或又被写成左形右声，作"裡"，而与"裏"形异体并存。楷书简化，用故里的"里"代替了"裏"、"裡"。本义表示衣服内层。《说文》："裏，衣内也"。（董莲池）

襁 qiǎng 见纽、阳部；见纽、养韵、居两切。

1《说文》170页。2《甲金篆》581页。

形声字。从衣，强声。本义指背负婴儿的衣物。《说文》："襁，负儿衣。"《正字通》："负儿衣也。今俗织缕为之，广八寸，长二尺，以负小儿于背。"《论语·子路》："上好信，则民莫敢不用情。夫如是，则四方之民襁负其子而至矣，焉用稼。"引申为背负。《大戴礼记·保傅》："成王生，仁者养之，孝者襁之。"（董莲池）

襮 bào 帮纽、药部；帮纽、沃韵、博沃切。

1、2《甲金篆》581页。3《说文》170页。

形声字。形体以西周金文所见为最早，从衣，以暴虎冯河之暴的本字"戲"为声符，外形内声。战国或从巾，暴省声。《说文》小篆从衣，暴声。楷书以之结体。《说文》："襮，黼领也。""黼领"谓绣有黑白相间花纹的衣领。《诗·唐风·扬之水》："素衣朱襮，从子于沃。"毛传："襮，领也。"朱熹集传："诸侯之服，绣黼领而丹。"（董莲池）

衽 rèn 日纽、侵部；日纽、沁韵、汝鸩切。

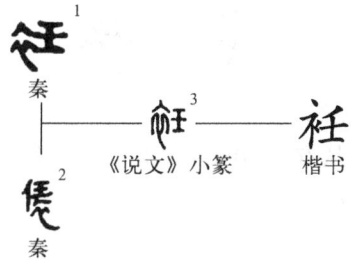

1、2《甲金篆》581页。3《说文》170页。

形声字。小篆从衣,壬声。秦时或从壬声或从任声。楷书以从壬声结体。本义指衣服胸前交领的部分。《说文》："衽,衣裣也。" 也指衣的大襟。《论语·宪问》："微管仲,我其披发左衽矣。"（董莲池）

褛(褛) lǔ 来纽、侯部；来纽、侯韵、落侯切。

1《说文》170页。

形声字。从衣,娄声。本义指衣襟。《说文》："褛,衽也。"（董莲池）

裣(襟) jīn 见纽、侵部；见纽、侵韵、居吟切。

1、3《甲金篆》581页。2《说文》170页。

形声字。其形体最早见于西周金文,从衣,金声,内声外形。本义指衣领。《说文》："裣,交衽也。"衽指襟,襟谓衣眥,郭璞径以交领释之。《玉篇》："交裣,衣领也。"戒簋铭："王姐姜使内史友员锡戒玄衣朱褛裣。""朱襮裣"是指"以黼纹装饰的有丹朱纯缘的下连于衿的斜领"。到了晋代,人们易金声为禁声,将其字写作"襟"以代"裣",这种写法后来广为流行,一直保留到楷书。在楷书阶段中,人们又改从"今"声,造出了一个"襟"字异体"衿",与之同用,后来人们将这两个异体字分工,以"衿"专门表示衣领,以"襟"专门表示衣襟,襟、衿遂分化为二字。（董莲池）

褘(袆) huī 晓纽、微部；晓纽、微韵、许归切。

1、3《甲金篆》581页。2《说文》170页。

形声字。甲骨文从衣,衛声,外形内声。《说文》小篆从衣,韋声,左形右声,隶、楷结构与小篆同。《说文》："褘蔽厀也。""蔽厀"是一种佩于身前可以遮蔽膝部的衣物。所见甲骨文使用不明。（董莲池）

袚 fū 帮纽、鱼部；非纽、虞韵、甫无切。

1《说文》170页。

形声字。从衣,夫声。本义指衣服的前襟。《说文》："袚,袭袚。"段玉裁注："盖古语。"《广韵》："袚,衣前襟。"（董莲池）

襲(袭) xí 邪纽、缉部；邪纽、缉韵、似入切。

1、4、5《甲金篆》581页。2、3《说文》170页。

形声字。西周金文及籀文所见从衣,龖声。《说文》小篆从衣,龖省声。汉代以降承袭省声写法,或下形上省声,或外形内省声。楷书以下形上省声结体。楷书简体把省声"龍"写作"龙"。本义表示死者穿的衣襟在左边的内衣。《说文》："襲,左衽袍。"朱骏声通训定声："凡殓死者,左衽不纽。"段玉裁注："袍,襃衣也。"又表示给死者穿衣。《释名·释丧制》："衣尸曰袭。袭,匝也。以衣周匝覆之也。"由以衣周匝覆之引申为衣上加衣。《礼记·内则》"寒不敢袭",郑玄注："重衣。"由此又引申为重叠、重复、承袭等义。（董莲池）

袍 páo 並纽、幽部；並纽、豪韵、薄褒切。

衣部

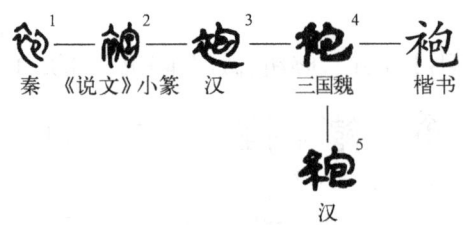

1、3、4、5《甲金篆》581～582页。2《说文》170页。

形声字。从衣,包声。指一种有夹层,在夹层中絮有丝绵的长衣。《说文》:"袍,襺也。从衣,包声。《论语》曰:'衣弊缊袍。'"又云:"襺,袍衣也。以絮曰襺。"絮即指丝绵。《尔雅·释言》:"袍,襺也。"邢昺疏:"襺是袍之别名,谓新绵着袍者也。"(董莲池)

袤 máo 明纽、侯部;明纽、侯韵、莫侯切。

1、3《说文》170页。2《甲金篆》582页。

形声字。籀文从衣,楙声,小篆从衣,矛声。都是外形内声。秦及其后,一律从矛声。本义指衣带以上的部分。《说文》:"袤,衣带以上。"又指南北之间的距离。《说文》:"南北曰袤。"(董莲池)

襘 guì 见纽、月部;见纽、泰韵、故外切。

1《说文》171页。

形声字。本义表示衣带交结之处。《说文》:"襘,带所结也。"(董莲池)

裯 chóu 定纽、幽部;澄纽、尤韵、直由切。

1《说文》171页。

形声字。从衣,周声。本义表示衣袖。也表示短衣。《说文》:"裯,衣袂,祇裯。"(董莲池)

祛 qū 溪纽、鱼部;溪纽、鱼韵、去鱼切。

1《说文》171页。

形声字。从衣,去声。本义指衣袖。《说文》:"祛,衣袖也。"(董莲池)

褥 dú 端纽、觉部;端纽、沃韵、冬毒切。

1《说文》171页。

形声字。从衣,毒声。本义指衣的背缝。《说文》:"褥,衣躬缝。"(董莲池)

褎(袖) xiù 邪纽、幽部;邪韵、宥韵、似由切。

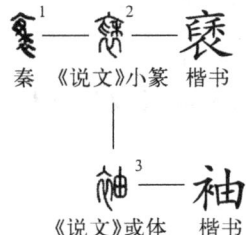

1《甲金篆》582页。2、3《说文》171页。

形声字。秦简所见从衣,采声。《说文》正篆与秦简同,或体从衣,由声。今简化字以从衣、由声的"袖"字为正体。本义是衣袖。《说文》:"褎,衣袂也。"(董莲池)

袂 mèi 明纽、月部;明纽、祭韵、弥獘切。

1《说文》171页。

形声字。从衣,夬声。本义指衣袖。《说文》:"袂,袖也。"(董莲池)

褱 huái 匣纽、微部;匣纽、皆韵、户乖切。

1、2、4、5《甲金篆》582～583页。3《说文》

171页。

形声字。从衣,㲋声。外形内声。字形以西周金文所见为最早。本义表示怀夹。《说文》:"袌,夹也。"(董莲池)

祏 tuō 透纽、铎部;透纽、铎韵、他各切。

1《说文》171页。2《甲金篆》583页。

形声字。从衣,石声。本义指裙子中间开衩的地方。《说文》:"祏,衣衱。"段玉裁注:"《广雅》:'衩、衱、祏,袜膝也。'《玉篇》:'袜膝,裙衱也。'按袜膝者,裙衱在正中者也,故谓之祏,言其开拓也。亦谓之衱,言其中分也。"(董莲池)

裾 jù 见纽、鱼部;见纽、鱼韵、九鱼切。

1《说文》171页。2、3《甲金篆》583页。

形声字。从衣,居声。本义指衣服的前襟。《说文》:"裾,衣袌也。"段玉裁注:"袌,裹也。裹物谓之袌,因之衣前襟谓之袌。"(董莲池)

衧 yú 匣纽、鱼部;云纽、虞韵、云俱切。

1《说文》171页。

形声字。从衣,于声。本义指夫人穿的一种大袖外衣。《说文》:"衧,诸衧。"朱骏声通训定声:"大掖衣,如夫人袿衣也。"(董莲池)

褒 bāo 帮纽、幽部;帮纽、豪韵、博毛切。

1《说文》171页。2、3、4《甲金篆》583页。

形声字。从衣,保(古文保,参见保字条)省声。外形内声。字形以《说文》小篆和汉印所见最古。隶变平直笔划,意符"衣"失去象形性,但仍保持外形内声的形声结构。楷书作袌,后来又把衣形中的"𠈃"换作"保"。《说文》:"袌,衣博裾。"本义是指衣襟宽大。《汉书·隽不疑传》:"褒衣宽带,盛服至门上谒"是其用。引申为广大。《淮南子·主术》:"一人被之而不褒,万人蒙之而不褊。"高诱注:"褒,大;褊,小也。"天子按臣下的等级、功劳赏赐给臣下的礼服称褒衣。《礼记·杂记上》:"内子以鞠衣、褒衣、素沙。"郑玄注:"褒衣者,始为命妇见加赐之衣也。"又,《礼记·杂记》:"诸侯以褒衣。"郑玄注:"褒衣,亦始命为诸侯及朝觐见加赐之衣也。"由此又引申为上对下的褒奖、褒扬。《公羊传·隐公元年》:"曷谓称字?褒之也。"《汉书·张安世传》:"帝初即位,褒赏大臣。"这种意义成为后世常用义。(董莲池)

複 fù 帮纽、觉部;非纽、屋韵、方六切。

1《战文编》577页。2《说文》171页。3《甲金篆》583页。

形声字。从衣,复声。《说文》:"複,重衣也。"重衣指有里子的衣服,此其本义。引申指夹层的、双层的,又指重复、复杂等义。(董莲池)

褆 tí 定纽、支部;定纽、齐韵、杜奚切。

1《甲金篆》583页。2《说文》171页。

形声字。从衣,是声。本义指衣厚褆褆的样子。《说文》:"褆,衣厚褆褆。"《集韵·衣部》:"褆,衣厚皃。一曰,衣好。"《玉篇·衣部》:"褆,衣服端正皃。"(董莲池)

裔 yì 喻纽、月部;以纽、祭韵、余制切。

1、4、5《甲金篆》584页。2、3《说文》171页。

形声字。从衣,冏声。上形,下声。古文是冏省声。本义表示衣服的边缘。《说文》:"裔,衣裾也。"徐锴系传:"裾,衣边也。"引申指边远的地带。《左传·文公十八年》:"投诸四裔。"也用来表示年代久远的后代。《左传·襄公十四年》:"谓我诸戎,是四岳之后裔也。"(董莲池)

衣部

袁 yuán 匣纽、元部；云纽、元韵、雨元切。

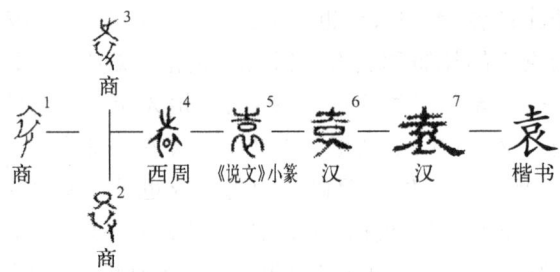

1《合集》18165。2《合集》27756。3《合集》31774。4《猷簋》"遠"所从。5《说文》171页。6、7《甲金篆》584页。

商代甲骨文所见是会意字，或从一"又"（手）曳衣，如字形1，或从两"又"（手）曳衣（其中衣旁上部的止形是又之讹），如字形3，或加注〇（初文圆）声，如字形2。这些形体都是"攐"的初文（参裘锡圭说）。本义是穿衣。《国语·吴语》："乃令服兵擐甲"，玄应《一切经音义》十七引贾注："擐甲，衣甲也。""衣甲"即穿甲衣之意。西周金文所见"衣"上部保留了由"又"旁讹变成的"止"旁，〇声移入"衣"内，简去了"又"旁。石经古文和《说文》小篆、汉隶都承袭了西周金文省"又"的写法，但"衣"旁上部的"止"已讹得面目全非，并且小篆和汉隶的"止"旁下部笔划都已与"衣"旁上部的笔划连为一体。楷书承袭汉隶写法，平直了笔划。由于假作他用，复造"攐"字以表本义。（董莲池）

襦 rú 日纽、侯部；日纽、虞韵、人朱切。

1、3《甲金篆》584页。2《说文》172页。

形声字。从衣，需声。本义指短袄。《说文》："襦，短衣也。"朱骏声通训定声："短衣，其长及膝，若今之短袄。"（董莲池）

襌(禅) dān 定纽、元部；定纽、翰韵、徒案切。

1《甲金篆》284页。2《说文》172页。3《甲金篆》584页。

形声字。从衣，單声。《说文》："襌，衣不重。"《释名·释衣服》："有里曰複，无里曰襌。"本义指单衣。宋葛长庚《沁园春》："斗茗分香，脱禅衣夹，回首清明上已临。"是其用。（董莲池）

襄 xiāng 心纽、阳部；心纽、阳韵、息良切。

1、2、3、5、6《甲金篆》585页。4《说文》172页。

形声字。从衣，㐬声。本义当与衣有关。《说文》："解衣耕谓之襄。"其构形，从西周始，一直外形内声。战国时，声旁"㐬"讹省得与原貌全非，《说文》小篆是承续秦的写法。汉代隶变，平直、连接笔划过程中，形、声都失去了象形性。由解衣而耕的振奋状态，引申为昂扬向上。《汉书·邹阳传》："交龙襄首奋翼。"颜师古注："襄，举也。"又引申或假借为高、除、助、成等义。（董莲池）

被 bèi 并纽、歌部；并纽、纸韵、皮彼切。

1、2、4-7《甲金篆》585页。3《说文》172页。

形声字。《说文》："被，寝衣也。从衣，皮声。"寝衣指被子，此即其本义。《论语·乡党》"必有寝衣，长一身有半。"是其用。被子是盖在人身上的，引申而有表面、覆盖、施加、遭受诸义。字形以战国所见为最早，有左形右声者，有外形内声者。秦时起，固定为左形右声结构，汉代隶变发生之后，意符"衣"变作"衤"。（董莲池）

衾 qīn 溪纽、侵部；溪纽、侵韵、去金切。

1《说文》172页。2、3《甲金篆》585页。

形声字。从衣，今声。小篆外形内声，汉隶下形上声。晋时或左形右声，楷书以下形上声结体。本义是大被。《说文》："衾，大被。"泛指被子。《诗·召南·小星》："肃

肃宵征,抱衾与裯。"郑玄笺:"衾,被也。"(董莲池)

褻(亵) xiè 心纽、月部;心纽、薛韵、私列切。

1《金文编》587页。2《说文》172页。

形声字。从衣,埶声。西周下形上声。《说文》小篆外形内声。楷书承袭小篆写法结体。本义指贴身穿的内衣。《说文》:"褻,私服。从衣,埶声。《诗》曰:'是褻袢也。'"(董莲池)

衷 zhōng 端纽、冬部;知纽、东韵、陟弓切。

1、2、4《甲金篆》586页。3《说文》172页。

形声字。从衣,中声,外形内声。本义表示里面贴身穿的衣。《说文》:"衷,里亵衣也。"段玉裁注:"亵衣有在外者,衷则在内者也。"王筠句读:"衷则私服之在中者,故言里以别之。"用为动词,表示穿在里面。《左传·宣公九年》:"皆衷其祖服以戏于朝。"又引申表示内心。《左传·僖公二十八年》:"今天诱其衷,使皆降心以相从也。"(董莲池)

袾 shū 端纽、侯部;知纽、虞韵、昌朱切。

1《说文》172页。

形声字。从衣,朱声。本义指美好佳善。《说文》:"袾,好佳也。"(董莲池)

袓 jǔ 从纽、鱼部;从纽、语韵、慈吕切。

1《说文》172页。

形声字。从衣,且声。指效仿美姿。《说文》:"袓,事好也。"段玉裁注:"事好,犹言学好也。"(董莲池)

裨 bì 并纽、支部;并纽、支韵、府移切。

1、3《甲金篆》586页。2《说文》172页。

形声字。从衣,卑声。本义指接续缀补。《说文》:"裨,接益也。"王筠句读:"以接说裨者,字从衣,谓作衣者遇短材,别以布帛接之也。再以益申之者,既接之则有益于初也。"引申指增补、弥补。(董莲池)

雜(杂) zá 从纽、缉部;从纽、合韵、徂合切。

1、3、4、5《甲金篆》586页。2《说文》172页。

形声字。从衣,集声。秦简所见声旁"集"下部的"木"已向"衣"旁之下移位,《说文》小篆已完全和衣旁结为一体。汉隶或承袭小篆写法,或承袭秦简写法,又或承袭小篆写法而于"木""衣"皆有省。字形5"衣"竟讹为"九"形。楷书繁体承袭小篆结构,异体左形右声。楷书简体衣旁承袭汉隶讹为"九"的写法,又省去了"隹"旁,已无意可说。本义指以各种彩色搭配制作衣服。《说文》:"五彩相会。"段玉裁注:"所谓五采彰施于五色作服也,引申为凡参错之称。"(董莲池)

裕 yù 喻纽、侯部;以纽、遇韵、羊戍切。

1、3、4、5《甲金篆》586页。2《说文》172页。

形声字。从衣,谷声。左形右声,战国郭店简所见或讹从卒,谷省声。石经古文外形内声。本义指衣物富余。《说文》:"裕,衣物饶也。"(董莲池)

襞 bì 帮纽、锡部；帮纽、昔韵、必益切。

襞¹ — 襞
《说文》小篆　楷书

1《说文》172页。

形声字。从衣，辟声。《说文》："襞，韏(juàn)衣也。"韏衣指折叠衣裳，本义即此。《汉书·扬雄传》"芳酷烈而莫闻兮，固不如襞而幽之离房"是其用，颜师古注"襞，叠衣也"可证。形体以汉印和《说文》小篆所见为最早，至楷书，一直保持上声下形结构。(董莲池)

衦 gǎn 见纽、元部；见纽、旱韵、古旱切。

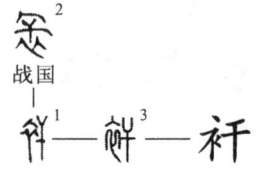
战国 《说文》小篆 楷书

1、2《甲金篆》586页。3《说文》172页。

形声字。从衣，干声。字形以战国所见最早，或左形右声，或外形内声，《说文》小篆承续左形右声的写法，楷书亦然。本义表示把衣服的皱纹压平展。《说文》："衦，摩展衣。"(董莲池)

裂 liè 来纽、月部；来纽、薛韵、良薛切。

裂¹ — 裂² — 裂³ — 裂
战国 《说文》小篆 汉 楷书

1、3《甲金篆》586页。2《说文》172页。

形声字。从衣，列声。下形，上声。据《说文》，本义是表示缯帛的残余。《说文》："裂，缯余也。"考其文献所用及据其从衣这一点，可知其本义当指撕裂布帛而言。《左传·昭公元年》"裂裳帛而与之"可为其文献证据。由此引申为坼开、分裂、分割、离散、裁减布帛诸义。(董莲池)

袈 ná 泥纽、鱼部；泥纽、麻韵、女加切。

袈¹ — 袈
《说文》小篆　楷书

1《说文》172页。

形声字。从衣，奴声。本义指破旧的衣服。《说文》："袈，弊衣。"(董莲池)

袒 zhàn 定纽、元部；澄纽、裥韵、丈苋切。
tǎn 定纽、元部；定纽、旱韵、徒旱切。

袒¹ — 袒² — 袒³ — 袒
战国 《说文》小篆 汉 楷书

1《战文编》579页。2《说文》172页。3《甲金篆》587页。

形声字。从衣，旦声。战国所见是上下结构。小篆以后是左右结构。本义指衣缝裂开，读zhàn。《说文》："袒，衣缝解也。"又读徒旱切，音tǎn，指去衣将一面臂露出或上身露出。引申指偏袒、敞开、表白等。(董莲池)

補(补) bǔ 帮纽、鱼部；帮纽、姥韵、博古切。

補¹ — 補² — 補³ — 補⁴ — 補 — 补
秦 《说文》小篆 汉 汉 楷书 楷书

1、3、4《甲金篆》587页。2《说文》172页。

形声字。从衣，甫声。楷书简体从衣，卜声。《说文》："補，完衣也。""完衣"谓修补使衣完整无缺。引申指修补、弥补。《诗·大雅·烝民》："衮职有缺，惟仲山甫补之。"又引申为补助、裨益等。(董莲池)

褆 zhǐ 定纽、质部；澄纽、质韵、直一切。

褆¹ — 褆
《说文》小篆　楷书

1《说文》172页。

会意兼形声字。从衣，黹，黹亦声。本义表示缝制衣服。《说文》："褆，绀(zhǐ)衣也。"段玉裁注："《系部》曰：'绀者，缝也。'缝者，以针绀衣也。"(董莲池)

褫 chǐ 定纽、支部；澄纽、纸韵、池尔切。

褫¹ — 褫
《说文》小篆　楷书

1《说文》172页。

形声字。从衣，虒声。本义是把衣服剥去。《说文》："褫，夺衣也。"引申指脱落。北魏郦道元《水经注·清水》："清水又东迳故石梁下，梁跨水上，桥石崩褫，余基尚存。"又引申为去掉、拉扯诸义。(董莲池)

臝(裸) luǒ　来纽、歌部；来纽、果韵、郎果切。

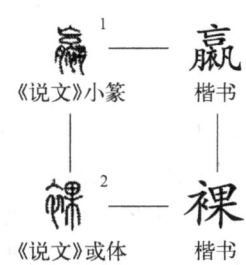

1、2《说文》172页。

形声字。从衣,臝声。或体从衣,果声。本义指赤身裸体。《说文》："臝,袒也。"(董莲池)

裎 chéng　定纽、耕部；澄纽、清韵、直贞切。

1《说文》172页。

形声字。从衣,呈声。《说文》："裎,袒也。"谓裸体,此即其本义。其用见《战国策》等,如《战国策·韩策》："秦人捐甲徒裎以趋敌。"鲍彪注："裎,裸也。"(董莲池)

裼 xī　心纽、锡部；心纽、锡韵、先击切。

1《说文》172页。

形声字。从衣,易声。本义指脱衣露体。《说文》："裼,袒也。"(据段玉裁注)《玉篇·衣部》："裼,脱衣露体也。"(董莲池)

衺 xié　邪纽、鱼部；邪纽、麻韵、似嗟切。

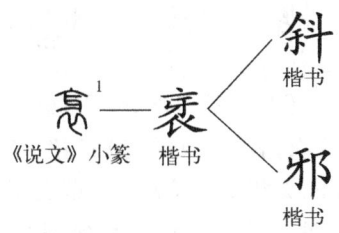

1《说文》172页。

形声字。从衣,牙声,外形内声。本义当同衣有关。《说文》："衺,褱(衺)也。"谓回邪乖僻。《广韵》："衺,不正也。"此字之用见先秦典籍。《周礼·天官·宫正》："去其淫怠与奇衺之民。"《文子·上义》："立正法,塞衺道。"从战国末期,开始把行为、道德、思想等的不正用"邪"字表示。《荀子·劝学》："邪秽在身,怨之所构。"从南北朝开始,把方位上的不正用"斜"字表示。衺遂废弃不用。而"邪"初本郡国名用字,"斜"原本指用器物往外舀东西。都和歪邪无关。(董莲池)

襭(撷) xié　匣纽、质部；匣纽、屑韵、胡结切。

1、2《说文》172页。

形声字。《说文》正篆从衣,頡声。或体从手,頡声。本义是用衣襟兜东西。《说文》："以衣衽扱物谓之撷。"《诗·周南·芣苢》："采采芣苢,薄言撷之。"(董莲池)

袺 jié　见纽、质部；见纽、黠韵、古黠切。

1《说文》172页。

形声字。从衣,吉声。本义表示用手提起衣襟。《说文》："执衽谓之袺。"《诗·周南·芣苢》："采采芣苢,薄言袺之。"毛传："袺,执衽也。"(董莲池)

装 zhuāng　精纽、阳部；庄纽、阳韵、侧阳切。

1、3《甲金篆》587页。2《说文》172页。

形声字。从衣,壮声。本义指包裹。《说文》："装,裹也。"(董莲池)

裹 guǒ　见纽、歌部；见纽、果韵、古火切。

1、3《甲金篆》587页。2《说文》172页。

形声字。从衣,果声。本义是缠束。《说文》:"裹,缠也。"(董莲池)

裋 shù 禅纽、侯部;禅纽、麌韵、臣庾切。

1《说文》173页。

形声字。从衣,豆声。指僮仆穿的比一般短衣长的麻布衣服。《说文》:"裋,竖使布长襦。"段玉裁注:"竖使谓僮竖也。"(董莲池)

褐 hè 匣纽、月部;匣纽、曷韵、胡葛切。

1、3、4《甲金篆》587页。2《说文》173页。

形声字。《说文》:"褐,编枲韈。一曰粗衣。从衣,曷声。"据《说文》,一种意义表示用粗麻编成的袜子(段玉裁注:"取未绩之麻,编之为足衣,如今草鞋之类。");另一种意义表示用兽毛或麻等编织成的粗衣(段玉裁注引赵岐《孟子注》:"褐,以毳织之,若今马衣者也。或曰:枲衣也。一曰粗布衣。")。《孟子·滕文公上》:"曰:'许子必织布而后衣乎?'曰:'否,许子衣褐。'"是其用。(董莲池)

褗 yǎn 影纽、元部;影纽、阮韵、於幰切。

1《说文》172页。

形声字。从衣,匽声。本义指衣领。《说文》:"褗,枢领也。"徐锴系传:"谓衣领偃曲。"(董莲池)

衰 suō 心纽、微部;心纽、戈韵、苏禾切。
shuāi 心纽、微部;生纽、脂韵、所追切。
cuī 清纽、微部;清纽、灰韵、仓回切。

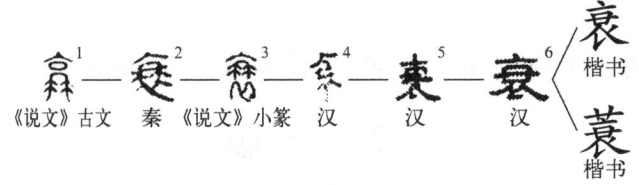

1、3《说文》173页。2、4、5、6《甲金篆》。

"蓑"的初文。《说文》古文是象形字。清朱骏声《说文通训定声》:"上象笠,中象人面,下象衰(蓑)形。"秦简所见和《说文》小篆是会意字,从衣,表示与衣物有关,"衣"形中的"𠁼"为蓑衣的象形。《说文》:"衰,草雨衣。秦谓之萆。从衣,象形。"《广雅·释器》:"萆谓之衰。"汉代隶变,平直连接笔划,衰字"衣"形中的"𠁼"已失去象形性。假借为"衰落"、"衰微"之"衰"及丧服名(读作cuī),又加意符"艸"造为"蓑"字以表本义。清王念孙《广雅疏证》:"《越语》:'譬如蓑衣,时雨既至,必求之。'经传或从艸作蓑。"(董莲池)

卒 zú 精纽、物部;精纽、术韵、子聿切。

1-4、6、7、8《甲金篆》588页。5《说文》173页。

象形字。甲骨文的卒字是在"衣"形上加交叉线,示意衣服已经缝制完毕,用以表示终卒意(参裘锡圭说)。西周改为在"衣"形下部加一横划的办法以与衣字相区别,自秦以降均因袭这种写法。《说文》释其本义是隶役供给差事的人穿的衣服,这其实应是假借义,其构形分析亦不可信。(董莲池)

褚 chǔ 透纽、鱼部;彻纽、语韵、丑吕切。

1、3、4《甲金篆》588页。2《说文》173页。

形声字。从衣,者声。《说文》:"褚,卒也。""卒"指士卒。清徐灏《说文解字注笺》:"卒谓之褚者,因其着褚衣而名之也。"另一种意义是用丝绵装衣服。《说文》:"褚,一曰装衣。"(据段注本)王筠句读引颜师古注:"以棉装衣曰褚。"(董莲池)

衣是指给死者脸上覆盖的布巾。(董莲池)

製(制) zhì 章纽、月部；章纽、祭韵、征例切。

製¹ — 袈² — 製 — 制
《说文》小篆 汉 楷书 楷书

1《说文》173页。2《甲金篆》588页。

形声字。从衣,制声。汉字简化,以"制"代"製"。本义是剪裁。《说文》:"製,裁也。"(董莲池)

袯 bō 帮纽、月部；帮纽、末韵、北末切。

袯¹ — 袯
《说文》小篆 楷书

1《说文》173页。

形声字。《说文》:"袯,蛮夷衣。从衣,犮声。一曰蔽膝。"据《说文》,一种意义是指蛮夷之类少数民族衣服；另一种意义是指遮蔽在膝前的大巾。(董莲池)

襚 suì 心纽、物部；心纽、至韵、虽遂切。

襚¹ — 襚² — 襚
《说文》小篆 汉 楷书

1《说文》173页。2《甲金篆》588页。

形声字。从衣,遂声。本义表示给死者穿衣。《说文》:"襚,衣死人也。"《左传·襄公二十九年》:"楚人使公亲襚,公患之。"也表示向死者赠送衣被。(董莲池)

裞 shuì 书纽、月部；书纽、祭韵、舒芮切。

裞¹ — 裞
《说文》小篆 楷书

1《说文》173页。

形声字。从衣,兑声。本义表示赠送给死者的衣被。《说文》:"赠终者衣被曰裞。"(董莲池)

褮 yīng 影纽、耕部；影纽、耕韵、乌茎切。

褮¹ — 褮
《说文》小篆 楷书

1《说文》173页。

形声字。《说文》:"褮,鬼衣。从衣,熒省声。"鬼

襓 niǎo 泥纽、宵部；泥纽、筱韵、奴鸟切。

襓¹ — 襓² — 襓
《说文》小篆 汉 楷书

1《说文》173页。2《甲金篆》588页。

会意字。从衣,从马。本义表示用丝带系马。《说文》:"襓,以组带马也。"(董莲池)

袨 xuàn 匣纽、真部；匣纽、铣韵、胡畎切。

袨¹ — 袨
《说文》新附 楷书

1《说文》173页。

形声字。从衣,玄声。本义表示盛服。《说文》:"袨,盛服也。"(董莲池)

襖(袄) ǎo 影纽、幽部；影纽、皓韵、乌皓切。

襖¹ — 襖 — 袄
《说文》新附 楷书 楷书

1《说文》173页。

形声字。从衣,奥声。楷书简体从衣,夭声。本义是指皮裘类的衣服。《说文》:"襖,裘属。"后来也指有衬里的上衣。(董莲池)

裘 部

裘 qiú 群纽、之部；群纽、尤韵、巨鸠切。

裘¹ — 裘² — 裘³ — 裘⁴
商 西周 西周 春秋

裘⁵ — 裘⁶ — 裘⁷ — 裘⁸ — 裘⁹ — 裘
西周 战国 《说文》小篆 汉 汉 楷书

1《甲文编》356页。2-5《金文编》589页。6《楚系简帛》686页。7《说文》173页。8、9《篆隶表》604页。

形声字。裘字在商代甲骨文中为象形字,像用兽皮制成的毛皮衣而兽毛在外表的形象。大约到了西周早期

至中期的金文中，裘字在商代象形字形体基础上加"又"作为声符而成为形声字。到了西周中晚期金文中，形声结构的裘字的形符省去像兽毛之形而变为从衣。西周中期金文卫盉、九祀卫鼎等裘字变为从衣求声的形声结构。从求为声符，可能是从又声演变而来，也可能直接用求字作为声符。从衣求声的裘字，从西周一直延续下来，而从衣又声的裘字只用到春秋时代，到了战国时代已经不见。出土的秦汉时代文字资料中，裘字多作为裵，声符在中间，仍是西周以来的传统写法。但到了西汉印文，裘字变为上声下形的结构，但不多见。甚至到了居延汉简、隋唐碑文中的裘字仍然以求声在中间的结构占大多数，以上声下形的结构为少数。上声下形结构的裘字在汉魏至隋唐时代是求声在中间结构裘字的异体。现在上声下形结构的裘字是通行汉字。裘字本义为皮衣。《说文》："裘，皮衣也，从衣求声。"西周金文裘字用其本义，大师虘(cuó，人名)簋："王呼宰曶(hū，人名)赐大师虘虎裘。"虎裘就是用虎皮制作的毛皮衣。九年卫鼎有"羔裘"一词，羔裘即用羊羔皮制作的毛皮衣。乖伯簋："己未，王命仲偯归(读为馈，馈赠)乖伯貉(貘)裘。王若曰：朕丕显文武，膺受大命，乃祖克弼(bì，辅佐)先王⋯⋯赐汝貉(貘)裘。"(貘音pí，白狐。貘裘即用白狐皮制作的毛皮衣)《诗·小雅·都人士》："彼都人士，狐裘黄黄(通煌，色彩鲜明的样子)。"《诗·郑风·羔裘》："羔裘如濡(rú，柔润有光泽)。"裘皮衣是当时贵族穿的衣服。裘字结构从西周开始为形声字至今未变，其本义至今也未变，仍在使用。(周宝宏)

襄 kè　溪纽、锡部；溪纽、麦韵、楷革切。

襄¹ — 襄
《说文》小篆　楷书

1 《说文》173页。

形声字。《说文》："襄，裘里也。从裘，鬲声。"先秦古文字及秦汉魏晋出土文字资料中皆不见襄字，也不见于传世古典文献，只见于《说文》、《玉篇》、《广韵》等字书，《玉篇》："襦，裘里也，或作襄。"宋罗泌《路史·国名纪·周世侯伯》："眉器南宫中鼎云襦人是。"襦在此用为人名或氏族名。(周宝宏)

老部

老 lǎo　来纽、幽部；来纽、皓韵、卢皓切。

¹ ² ³ ⁴ ⁵ ⁶ ⁷ ⁸
商　西周　西周　西周　《说文》小篆　秦　汉　汉　楷书

1《甲文编》357页。2《金文编》599页。3《金文编》595页。4《金文编》589页。5《说文》173页。6《睡甲》135页。7、8《篆隶表》605页。

会意字。老字在甲骨文中与考字为同字，像老人扶杖之形，从老人形从杖会意，老人形像老人戴帽之形。甲骨文老字所从之"杖"形也有作"丂"(丂)形的，当变为从丂为声的形声字，但二形皆用为年老之义，不用为先祖皇考之义。甲骨文："贞：我家旧老臣亡蚩我？"(贞：问。亡：无。蚩：祸害)正用为年老之义。从"杖"形和从"丂"形(声)的两种形体的老字一直沿用到西周早中期金文，西周中期以后之金文，只见从"丂"声之考(老)字，未见从"杖"形之老(考)字。西周早期金文考、老仍为同字，仍用为年老之义，如叔趯(quán，人名)父卣："叔趯父曰：余考(老)不克御事，唯汝倐其敬乂乃身。"(克：能。御事：治事)西周早期或中期耳尊铭文："侯其万年寿考(老)黄耇。"正用为年老之义。《诗·大雅·棫朴》"周王寿考"，用法与西周金文老(考)字相同。西周金文从中晚期开始已经出现与《说文》篆文相同结构的老字，正用为老之义。如五年琱生簋铭文："余老，止公仆庸土田多刺，弋伯氏纵许。"(止公：人名。刺：调查。弋：语气词。纵：从宽、缓)西周中晚期金文开始出现从"匕"形的老字，从"匕"大概是为了与祖考之考字区别开，并无深意。老字的楷书形体的上部是从篆书隶变而来，这种变化是从秦简、汉初简帛中的老字开始的。(周宝宏)

耊(耋) dié　定纽、质部；定纽、屑韵、徒结切。

耊¹ — 耊 — 耋
《说文》小篆　楷书　楷书

1《说文》173页。

形声字。《说文》："耊，年八十曰耊。从老省，从至。"《韵会》引此文在"至"字后有"声"字，据此可知：耊字为从老省、至声的省形形声字。典籍中也有不省形的耊字，《尔雅·释言》："耊，老也。"《诗·秦风·车邻》：

"今者不乐,逝者其耋。"毛传:"耋,老也,八十曰耋。"《左传·僖公九年》:"以伯舅耋老,加劳,赐一级,无下拜。"《易·离》:"日昃(zè,斜)之离(张网捕禽兽),不鼓缶(瓦盆)而歌,则大耋之嗟(jiē,叹息)。"甲骨文、西周金文、春秋战国文字、秦汉出土文字资料皆不见耋或耊字,但《易》和《诗·国风》有耋字,说明至迟西周晚期至春秋时代已有耋字。又:《甲文编》卷八老部有"耊"字,但是这是老、至二字合文,不是真正的耊字(详于省吾主编《甲骨文字诂林》"耊"字条下姚孝遂按语)。(周宝宏)

薹(耄) mào 明纽、宵部;明纽、号韵、莫报切。

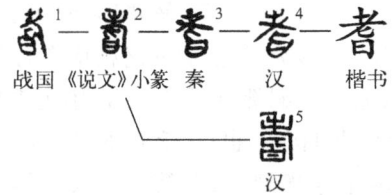
《说文》小篆 楷书 楷书

1《说文》173页。

形声字。从老,蒿省声。《说文》:"薹,年九十曰薹。从老,从蒿省。"(段注本为"从老,蒿省声")先秦古文字和秦汉出土文字资料到目前为止未见薹字和耄字。五代徐锴《说文系传》认为"薹亦作耄"。梁顾野王《玉篇》认为"薹"同"耄"。清桂馥《说文义证》:"《书·吕刑》:'王享国百年耄荒',《释文》:'耄,本作薹。'"清段玉裁《说文解字注》认为薹"今作耄"。可知耄为薹字的后起今字。《国语·周语下》:"尔老耄矣。"韦昭注:"八十曰耄。"《礼记·曲礼上》:"八十九十曰耄。"又,耄有昏乱、糊涂义。《左传·昭公元年》:"谚所谓老将至而耄及者。"杜预注:"耄,乱。"《诗·大雅·抑》:"借曰未知,亦聿既耄。"孔颖达疏:"耄则无智。"义即老而昏聩。耄和薹一样,皆未见于先秦古文字资料和出土秦汉文字资料,但见于《诗·大雅》、《书·吕刑》和《书·微子》诸篇,可见薹或耄至迟在西周中晚期已经产生。(周宝宏)

耆 qí 群纽、脂部;群纽、脂韵、渠脂切。

战国 《说文》小篆 秦 汉 楷书

汉

1《战文编》593页。2《说文》173页。3《睡甲》135页。4、5《篆隶表》605页。

形声字。从老省形,旨声。《说文》:"耆,老也。从老省,旨声。"耆字本义为年老。《诗·鲁颂·閟宫》:"俾尔昌而大,俾尔耆而艾。"《礼记·曲礼上》:"五十曰艾,六十曰耆。"耆字从目前出土的古文字资料看,最早见于战国文字,但已见于西周晚期至春秋传世文献,常见于《左传》、《国语》等文献,可见至迟西周晚期至春秋时代已经产生。至于西周晚期的耆字是否省形,依西周金文大多形声字看,当是不省。(周宝宏)

耇 gǒu 见纽、侯部;见纽、厚韵、古厚切。

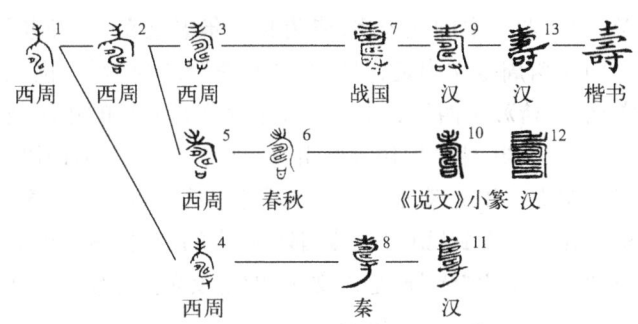

1-4《金文编》590页。5《说文》173页。

形声字。《说文》:"耇,老人面冻梨若垢(老人脸色像冻的梨,像有污垢似的)。从老省,句声。"耇字从西周早期金文(如耳尊)看当为从老不省、句声,其余形体皆同于《说文》篆文从老省形、句声。汉刘熙《释名·释长幼》:"耇,垢也,皮色骊(lí,黑色)顇(cuì,憔悴),恒如有垢者也。或曰冻梨,皮有斑黑如冻梨色也。"《说文》、《释名》从声训解释耇字本义,训耇为面老有黑斑如垢,都是推寻耇字词义来源的,解释为年老之义。《诗·大雅·行苇》:"曾孙维主,酒醴维醹(rú,酒味醇厚),酌以大斗,以祈黄耇。"《诗·商颂·烈祖》:"绥我眉寿,黄耇无疆。"耳尊铭文:"万年寿考黄耇。"师奎父鼎铭文:"用匄眉寿黄耇吉康。"师艅簋铭文:"天子其万年眉寿黄耇。"曾伯簠铭文:"遐不黄耇。"《书·康诰》:"汝丕远惟商耇成人。"(耇成人,即老成人,年老之人)西周典籍与西周金文"黄耇"一词常见,皆与眉寿对用或连用,都是长寿之义,都是用耇之本义长寿。(周宝宏)

壽(寿) shòu 禅纽、幽部;禅纽、有韵、殖酉切。

西周 西周 西周 战国 汉 汉 楷书

西周 春秋 《说文》小篆 汉

西周 秦 汉

1-6《金文编》590~595页。7《战文编》584页。8《睡甲》135页。9、11、12、13《篆隶表》606页。10《说文》173页。

形声字。《说文》:"壽,久也。从老省,畺声。"《说文》用的是声训。寿字习见于西周金文、《诗》等传世典籍，皆用为长寿之义，长寿是寿字的本义。寿字从西周早期金文开始就从老省从𠃑(chóu，即畴字古字)声。从西周中晚期金文开始从老省形𠃑声之结构下加"曰"旁，为《说文》篆文和汉印所本；从老省形𠃑声结构下加"又"或"寸"者见于西周中晚期金文，一直留传至秦简和汉代帛书文字中；从老省形从𠃑声结构下加"吋"之寿者也始见于西周中晚期金文，经战国一直到汉代简帛文字，又到东汉简牍文字，都常见此结构寿字，今天繁体字壽字形体就是从汉代隶书而来，而不是从《说文》篆文直接变来。大约从唐代开始有了印刷书籍之后，采用从"吋"之寿字形体为正体，其他形体结构的寿字就不再通用了，只有从汉隶而来的壽字留传下来。现在通行的简化字寿字，在敦煌汉简中已有雏形，写作"寿"；到了唐代敦煌遗书中的寿字已经与今天简化字寿字相同。（周宝宏）

考 kǎo 溪纽、幽部；溪纽、皓韵、苦皓切。

1《甲文编》357页。2《金文编》599页。3《金文编》595页。4《金文编》598页。5《说文》173页。6、7《篆隶表》607页。

形声字。《说文》："考，老也。从老省，丂声。"考字在商代甲骨文中与老字同字，皆用为"年老"之义。在商代甲骨文中，考(老)字初形本像一老人举杖之形，同时又变为从丂声之考(老)字，被西周金文所继承。考字用为年老之义，从商代经西周一直延用至于春秋战国时代。西周金文毛公旅鼎："是用寿考"，春秋金文蔡侯盘："不讳寿考。"寿、考二字同义连用，皆为长寿年老之义。"寿老"一词在西周金文中是常见词，"寿考"和"胡考"一词也常见于《诗》。但西周金文和《诗》中考字最常见的用法是对去世父亲的称呼，如常见祖考、皇考、烈考之类词语。服尊铭文："作文考日辛宝尊彝。"考字从老省形从丂声，从甲骨文一直到《说文》小篆都没有大的变化，秦汉隶书中考字所从之"⺹"形是古文字和《说文》小篆考字所从之"⺹"形的隶变。（周宝宏）

孝 xiào 晓纽、幽部；晓纽、效韵、呼教切。

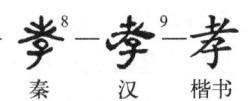

1-4《金文编》600～601页。5《战文编》585页。6《说文》173页。7、8、9《篆隶表》607页。

会意字。《说文》："孝，善事父母者。从老省，从子，子承老也。"从甲骨文孝字形体结构看，孝字像一个孩子搀扶老人之形，本义为孝顺。孝字战国楚简开始就有了隶书的意味，秦代睡虎地秦墓竹简、汉初马王堆汉墓帛书中的孝字直接承袭战国楚简孝字形体而来，最后演变为汉魏隶书及今天的楷书形体。《说文》篆文孝字形体是直接承袭西周金文孝字形体而来，而出土秦汉文物上的篆文孝字形体略晚于《说文》小篆孝字形体。在西周金文和西周文献中，孝字是非常习见的字，多用为孝顺之义。杜伯盨铭文："其用享孝于皇神祖考。""享孝"是用物品祭祀以示孝心之义。兮仲钟铭文："其用追孝于皇考己伯。""追孝"即追念先祖以示孝心之义。《诗·周颂·雍》："假(伟大)哉皇考，绥予孝子。"追孝、享孝皆为西周时代常用词语。（周宝宏）

毛 部

毛 máo 明纽、宵部；明纽、豪韵、莫袍切。

1、2《金文编》602页。3《睡甲》136页。4《说文》173页。5、6、7《篆隶表》607页。

象形字。《说文》："毛，眉发之属及兽毛也。象形。凡毛之属皆从毛。"饶炯部首订："析言，胎生者曰毛，卵生者曰羽，统言，则羽亦毛也。鸟毛有本，故羽象两翅之形；兽毛无本，故毛象攒聚之形，篆正象其冒体蒙茸(róng)然者。"此说仅可备一说。从现在所见最早时代毛字形体看，既不像眉发之形，也不像兽毛之形。高鸿缙《字例》："按此不象毛形，毛不得分叉。"此说有一定道理。毛字的本形本义到底是什么，从现有的古文字资料还无法判断，只能存疑。西周金文未见毛字用为眉毛头发和兽毛之义者,西周文献《诗》中多用毛字为兽毛之义,如《小雅·小弁》:"不属于毛,不罹于里。"《大雅·烝民》:"德輶如毛,民鲜克举之。"可见兽毛之义当是毛字的初义和常见义。《说文》小篆毛字形体是直接承袭西周金文、秦代毛字形体而来。汉代初年马王堆汉墓帛书的毛字形体是从篆文向东汉时代成熟隶书以及后代楷书毛字形体的过渡形式。(周宝宏)

毨 hàn 匣纽、元部;匣纽、翰韵、侯旰切。

毨¹—毨
《说文》小篆　楷书

1《说文》174页。

形声字。《说文》:"毨,兽豪也。从毛,倝声。"(豪,兽的鬣毛)段玉裁注:"引伸为毛之长者之称。毨,古书多作翰。"张舜徽约注:"按:毨、豪双声,一语之转耳。今语称人身之毛曰毨毛,音转如韩。亦称如豪毛。"按,豪毛即今之毫毛、汗毛。古籍中未见毨字用例,也未见于先秦古文字和秦汉出土文献资料。(周宝宏)

氈(毡) zhān 章纽、元部;章纽、仙韵、诸延切。

氈¹—氈—毡
《说文》小篆　楷书　楷书

1《说文》174页。

形声字。《说文》:"氈,撚(niǎn)毛也。从毛,亶声。"段玉裁注:"手部曰:撚者蹂也。撚毛者,蹂毛成氈也。《周礼·掌皮》曰:共其毳毛为氈。"氈字本义为毡子,今作毡。此字大约产生于战国时代。(周宝宏)

氍 qú 群纽、鱼部;群纽、虞韵、其俱切。

氍¹—氍
《说文》新附　楷书

1《说文》174页。

形声字。从毛,瞿声。本义为毛毯之类的毛织品。字为徐铉所收,篆文也为徐铉所造,不是许慎《说文》原有之字。氍字始见于魏晋时代文献,不见于先秦时代文献,更不见于先秦两汉出土文字资料,可见它应是汉魏时代产生的字。(周宝宏)

毬 qiú 群纽、幽部;群纽、尤韵、巨鸠切。

毬¹—毬
《说文》新附　楷书

1《说文》174页。

形声字。不见于许慎《说文》小篆,而是五代徐铉所收所造之篆文。毬字不见于出土的和传世的先秦两汉文献,始见于唐代文献。本义是一种皮革制作的球,里边装有兽毛,古人用来踢和用杖击打作为游戏。《宋史·李庭芝传》:"(范)文虎日携美姬,走马击毬军中为乐。"清王玉树《说文拈字》(拈,niān,以指取物):"按《史记·霍去病传》:'骠骑尚穿城蹋鞠'。注:《索隐》曰'鞠戏以皮为之,中实以毛,蹴蹋为戏'。《初学记》'鞠即毬字',是毬通作鞠。考《说文》求(裘)训皮衣,象形;艸部:蓑,《尔雅释文》引作'实裹如裘者'。据此知毬本求,作毬者乃俗字也。"看来,毬字在汉代或以前作求或鞠,毬字当是隋唐时代产生的字。(周宝宏)

氅 chǎng 昌纽、阳部;昌纽、养韵、昌两切。

氅¹—氅
《说文》新附　楷书

1《说文》174页。

形声字。从毛,敞声。字不见于许慎《说文》所收之小篆,乃是五代徐铉所收所造之篆文。氅字最早见于南北朝梁顾野王《玉篇》。《玉篇》:"氅,鹙毛。"清郑珍《说文新附考》:"《篇》、《韵》并云:氅,鹙毛。其字不见汉魏人书,唯《世语》始有'鹤氅裘',是六朝名称。"(周宝宏)

毳 部

毳 cuì 清纽、月部;清纽、祭韵、此芮切。

毳¹—毳²—毳³—毳⁴—毳
西周　西周　《说文》小篆　汉　楷书

1、2《金文编》602页。3《说文》174页。4《篆隶表》607页。

会意字。《说文》:"毳,兽细毛也。从三毛。凡毳之属皆从毳。"段玉裁注:"《周礼·掌皮》注云:'毳毛,毛细缛者。'毛细则丛密,故从三毛,众意也。"毳字最早见于西周金文,如守宫盘铭文:"赐守宫丝束、苴幕五、苴幂二,马匹,毳布三。"此处之毳布即是用细毛织成的布。《诗·王风·大车》有"毳衣"一词,古注认为是大夫之服,当是用毳毛所织之衣。以上两文中的毳字是用于本义

而见于最早文献者。（周宝宏）

尸 部

尸 shī 书纽、脂部；书纽、脂韵、式脂切。

商 商 西周 西周 秦《说文》小篆 汉 楷书

1、2《甲文编》357~358页。3、4《金文编》603页。5《睡甲》137页"尾"字所从。6《说文》174页。7《篆隶表》607页。

象形字。《说文》："尸，陈也。象卧之形。凡尸之属皆从尸。"段玉裁注："陈当作敶，攴部曰：敶，列也。……玉裁谓：祭祀之尸本象神而陈之，而祭者因主之，二者实相因而生也。"尸字习见于商代甲骨文和金文，也习见于西周金文，多用为夷方、东夷、淮夷、南淮夷之"夷"，不用为尸体之尸，也不用为"卧"之义。西周文献如《诗》中尸字也是常见，也没有一例用为尸体之尸者。容庚《金文编》："案：金文作𠃌，象屈膝之形，意东方之人其状如此，后假夷为尸而𠃌之意晦，祭祀之尸其陈之而祭，有似于尸，故亦以尸名之。《论语》'寝不尸'，苟尸为象卧之形，孔子何为寝不尸，故尸非象卧之形矣。"林义光《文源》："按：古作𠃌……象人箕踞形。"箕踞，一种坐的姿势，臀部着地，两腿向前伸开，如同簸箕一样，是一种极不礼貌的行为。踞(jù)，两脚岔开而坐。姚孝遂、肖丁《小屯南地甲骨考释》："我们认为，'尸'非象卧形，当为象箕居之形。古文字'尸'均用作'夷'，典籍多作'夷'。《论语·宪问》：'原壤(人名)夷俟(sì，等待)'，《贾子·等齐》：'织履蹲(dūn，臀部着地而坐)夷'，'夷'皆为箕踞之义，亦即'尸'之本义。"从上引几位名家之说看，尸本像箕踞之形，箕踞为尸字之本义，典籍作夷，甲骨文金文多借尸为东夷之夷，不见用其本义者。用为尸体之尸始见于春秋文献，如《左传》，这一用法不但是后起义，而且是"尸"字用为祭祀时代表神灵接受享祭者之后产生的引申义或假借义。尸字从甲骨文、经西周金文、一直到秦代古隶文字、《说文》篆文在形体上没有很大的变化，至汉代隶书才与现代楷书尸字形体接近。用于尸体之义后孳乳为屍。用于蹲踞之义，在典籍中一方面借用"夷"字为之，一方面又制造"居"字以代替本义。商代人皆以坐为常见姿势(坐即跪下后臀部压在后脚跟上)，东夷人以尸(箕踞)为常见的坐的姿势，因此用来指东夷人，至西周泛指东、南少数民族。（周宝宏）

居 jū 见纽、鱼部；见纽、鱼韵、九鱼切。

西周 战国 战国《说文》小篆 秦 汉 楷书

1、2《金文编》603页。3《战文编》587页。4《说文》174页。5《睡甲》136页。6《篆隶表》607。

形声字。《说文》："居，蹲也。从尸，古者居从古。踞，俗居从足。"严可均校议："说解有脱误。当作'从尸古声，古文居从立'。按：居古声相近。《玉篇》居，古文作𡱂。"《汗简》卷中之一引《说文》作'𡱂'，即此所云从立者也。段玉裁注："但古人有坐有跪有蹲有箕踞。跪与坐皆郤(即古膝字)着于席，而跪耸(sǒng，提高)其体，坐下其脾(臀的异体)。若蹲则足底着地，而下其臀耸其膝曰蹲。若箕踞则臀着席而伸其脚于前，是曰箕踞。"据此可知，居字之本义即段玉裁所说的箕踞，即臀部着地而伸其脚于前，不是《说文》笼统地说"蹲也"。居(踞)与蹲是有区别的。居的本义与尸字相同，居与踞是古今字。典籍中尸或居之本义皆用踞字表示，而居字多用其引申义。《诗·大雅·皇矣》："居岐之阳，在渭之将(將，侧也)。"《诗·大雅·公刘》："度其夕阳，豳居允荒(荒，大也)。"以上居字皆用为居处之义，当是由踞坐之义所引申。《论语·阳货》："居，吾语汝。"《左传·哀公元年》："昔阖庐食不二味，居不重席，室不崇坛。"以上二"居"字不是箕踞之义，而是一般意义上的跪坐，此用法与上古时代之坐义相同。西周文献常见居字，可见西周时代已经有居字。西周金文居簋之居作𡰜，居字旁多出一笔，当是笔误所致，释为居字是可信的。（周宝宏）

眉 xiè 晓纽、质部；晓纽、怪韵、许介切。

战国《说文》小篆 汉 汉 楷书

1《战文编》587页。2《说文》174页。3、4《篆隶表》608页。

会意字。《说文》："眉，卧息地。从尸、自。"徐铉注："自，古者以为鼻字，故从自。"徐锴系传："卧中喘息也。"段玉裁注："眉之本义为卧息，《鼻部》所谓䶎也。"尸为人卧之状，自为鼻字的象形初文，故用二字放在一起会意。眉字在典籍中很少见，但出土汉简《苍颉篇》中有此字，战国古玺印文中有此字，可见它至迟在战国时代已经产生。因为屓的本义是表示鼾(hān)声,因此经书正史之类典籍一般不会出现此字,但此字所表示的词义在典籍中用鼾字表示,《说文》:"鼾,卧息也。"晋王叔和《伤寒论·辨太阳病脉证并治法(上)》:"身重,多眠睡,息必鼾。"(周宝宏)

屑(屑) xiè 心纽、质部;心纽、屑韵、先结切。

屑¹—屑²—屑³—屑
《说文》小篆 汉 汉 楷书

1《说文》174页。2《马王堆》357页。3《篆隶表》608页。

形声字。《说文》:"屑,动作切切也。从尸,肖声。"邵瑛群经正字:"今经典作屑,从肖,非声。《汉书》作屑,见董仲舒等传。"战国文献已经有屑(屑)字,但先秦古文字未见屑字。《说文》篆文至汉初古隶屑仍然从肖,但至东汉碑文及东汉金文中已作屑,从肖为声了。可能是肖字不常见,与肖字形相近而讹为肖,也可能是语音之变化改肖为肖。五代徐锴《说文系传》:"居既从尸,动亦从尸也。屑屑,屡动作也。故言不以屑,是不以动意也。"清徐灏《说文段注笺》:"动作谓之屑屑,故有所不为者谓之不屑。"清桂馥《说文义证》:"《方言》:'屑屑,不安也,秦晋谓之屑屑。'《汉书·董仲舒传》:'凡所为屑屑者,夙兴夜寐。'《王莽传》:'星夜屑屑。'颜注:屑屑,犹切切,动作之意。"由此看来,屑的构形本义是从尸肖声,后来变为肖声。从构形上看,此字最早产生于战国时代,因为西周时代尸(或居)用为居处之义,还不可能引申为相反之义 动。(周宝宏)

展 zhǎn 端纽、元部;知纽、狝韵、知演切。

展¹—展²—展³—展⁴—展⁵
战国 秦《说文》小篆 汉 楷书

1《战文编》587页。2、4、5《篆隶表》608页。3《说文》174页。

形声字。《说文》:"展,转也。从尸,㕁省声。"㕁(zhǎn),见《说文·衣部》,红色细纱衣服。展字习见《诗》等西周春秋文献以及战国文献,但西周春秋古文字未见展字。展字形体最早见于战国玺印文、睡虎地秦墓竹简,已与《说文》篆文展字没有什么区别,已经是从㕁省声。汉居延简、汉华山庙碑中的展字下衣旁的上边的𠩺变为"㞡"形,是㕁的省变,至汉流沙坠简、汉礼器碑㕁形已变为"㞡"形,与楷书完全相同,但下部衣旁仍作"𧘇"形,仍然可以看出衣旁之省,至楷书作展,㕁、衣之省形,皆看不出初始形体了。张舜徽《说文解字约注》:"展字之从尸,犹从人耳。其本义自谓之偃卧展转也。夕部:'夗,转卧',亦即此意。本谓转卧,因引申为凡转之称。经传作辗,乃后起增偏旁字。人卧则四体开张,故展字引申又有舒义、开义。"据上引之说,展字本义有二说,一为转卧,一为舒展。其实二义皆由"尸"形所由生,尸为伸出两脚而坐,自然有舒展之义;尸像人卧之形,自然引申有辗转而卧之义。(周宝宏)

屈(届) jiè 见纽、质部;见纽、怪韵、古拜切。

届¹—届²—届³—届⁴
战国《说文》小篆 汉 楷书

1《战文编》597页。2《说文》174页。3、4《篆隶表》608页

形声字。《说文》:"届,行不便也,一曰极也。从尸,凷声。"凷即土块之块的初文。清桂馥《说文义证》:"《尔雅·释诂》:'艐,至也。'《释文》:'孙云:古届字。'郭注《方言》亦云:'艐,古届字。'本书:'艐,船著沙不行也。'"艐(音kè,又音jiè),古注把它当作届的古字,但现在还没出土资料证明二字为古今字关系。张舜徽《说文解字约注》:"行不便谓行为物阻,不得前进也。在人为届,在舟为艐,其事一耳。行不得进,故届字又有极义,谓有所止。《尔雅·释言》:'届,极也。'郭注云:'有所极限也',是也。"届字的本义为行动不便和极限之义。《诗·小雅·节南山》:"君子如届,俾民心阕(què,止息)。"《诗·大雅·荡》:"侯作侯祝,靡届靡究。"《诗·大雅·瞻卬》:"孟贼蟊疾,靡有夷届。"上引文献中的届字均用为终止、极限之义。引申为至、到之义。《诗·小雅·小弁》:"譬彼舟流,不知所届。"《诗·小雅·采菽》:"载骖载驷,君子所届。"朱熹注:"届,至也。"届字未见于西周金文,但习见于西周文献,可见西周时代应有届字。从战国古玺文和《说文》小篆形体看,届本从凷(块)为声符,至汉代简牍和熹平石经"凷"已经讹为"甴"形,至楷书讹为从由。(周宝宏)

尻 kāo 溪纽、幽部;溪纽、豪韵、苦刀切。

尻¹—尻²—尻
《说文》小篆 汉 楷书

1《说文》174页。2《篆隶表》608页。

形声字。《说文》:"尻,脾也。从尸,九声。"脾即臀

的异体字。章炳麟《新方言·释形体》:"今山西平阳、蒲、绛之间谓臀曰尻子,四川亦谓臀为尻子,音稍移如钩,九声之转也。"尻字见于战国文献《庄子》和《楚辞·天问》等,用于本义及其引申义。《韩非子·说林下》:"三抚其尻而马不踶"(踶,dī,踢),正用其本义。张舜徽《说文解字约注》:"尻之言究也,谓人躯干穷尽处也。人身四体可舒布,惟脊骨尽处为最末,故尻从九声,声中固有义矣。"先秦古文字资料中到目前为止还未见尻字,但从战国文献较常见尻字看,此字当产生于战国时代。尻从尸九声,尸字旁在此是表示身体之义,非蹲踞之义,而尸字用于身体义,最早也只能产生于战国时代。尽管尻这个词在口头语言中产生可能很早,但制为文字,当在战国时代。(周宝宏)

㞟 (臀) tún 定纽、文部;定纽、魂韵、徒浑切。

1《甲文编》354页"壬"字条下第1字。2《商周青铜器铭文选》(一)"师寰簋铭文"。3《战文编》587页。4、5、7《说文》174页。6、8《篆隶表》608页。

会意字。《说文》:"㞟,髀也,从尸下丌,居几。脽,㞟或从肉隼。臀,㞟或从骨殿声。"(髀,音bì,大腿。隼,音sǔn,作声符)段玉裁注:"髀者股外也,此云髀者专言股后。㞟,各本作居,误,丌下基也。㞟者,人之下基。㞟几者犹言坐于床。隼,声也。今《周易》《春秋》《考工记》皆作臀,从肉。军后曰殿,即臀之假借字也。"《说文》小篆㞟字是会意字。从"?"像人坐于某物之上,"丌"表示下基之义,"几"即几案之几,可以凭依。㞟之异体字脽是从肉隼声,为形声字。㞟字另一异体字作臀,从骨殿声的形声字。从尸、从肉、从骨作形符,在此可相通。甲骨文之臀字作"?",为指事字,指示人之臀部所在。甲骨文:"癸卯子卜,至小牢用豕?(臀)。"正用臀字之本义。何琳仪《古文典》(1233页):"㞟,金文作?(师寰簋)。从兀从尸,会臀部位置之意。臀之初文。《集韵》:'㞟,《说文》髀也。或作臀。'尸亦声。㞟,定纽谆部;尸,透纽脂部。透、定均属舌音,脂、谆为阴阳对转,㞟为尸之准声首。战国文字或加爪繁化,或加典为音符(秦文字)。"又:"随县简㞟,读殿,殿后之兵车。"至东汉末年熹平石经始见臀字,文献中汉刘熙《释名》已经见臀字,为后代楷书所继承。(周宝宏)

尼 ní 泥纽、脂部;泥纽、脂韵、女夷切。

1《甲文编》附录二十一,678页"伲"(3313号)字所从。2《战文编》588页。3《说文》174页。4、5《篆隶表》609页。

会意字。《说文》:"尼,从后近之。从尸,匕声。"王筠句读:"言从后者,于字形得之,尸是卧人,匕是反人,匕者,比也,人与人比,是相近也,人在人下,是从后也。"于省吾《甲骨文释林·释尼》:"甲骨文无尼字,而有从尼的伲秜二字。"又:"甲骨文从尼之字作?,从夸之字作?,正象人之坐或骑于另一人的背上。"又:"尼字的构形既然象人坐于另一人的背上。故《尔雅·释诂》训尼为止为定;人坐于另一人的背上,则上下二人相接近。"故典籍多训尼为近,综合王筠、于省吾对尼字形体结构的分析,尼字不是像《说文》所说是从尸匕声的形声字,篆文尼字所从之"匕"不是声符,而是"?"旁之变,尼字本是会意字,本义之一当是亲昵之义,尼昵为古今字。尼字形体从甲骨文一直到《说文》小篆都没有大的变化,到了西汉晚期定县竹简中的尼字才变为从尸从匕,这已经是完全隶书形体。《尸子》卷下:"悦尼而来远。"典籍多作昵(暱),《书·高宗肜日》:"典祀无丰于昵。"上举两例皆亲近义。(周宝宏)

㞕 zhěn 章纽、文部;章纽、轸韵、章忍切。

1、2《金文编》603页。3《说文》174页。

形声字。《说文》:"㞕,伏皃(貌)。从尸,辰声。一曰屋宇。"王筠句读:"屋宇一训,谓与宸同字,恐后人增也。"张舜徽《说文解字约注》:"此篆说解一曰之义,盖后人沿宸下说解而误增,王说得之。"《玉篇》:"㞕,重唇也。"张舜徽《说文解字约注》:"重唇犹云厚唇,此盖㞕之本义。"㞕字虽见于西周金文,但用为地名,未见用其本义和引申义者。㞕字亦未见用于传世典籍,只保存在字书中,其具体用法不明。据字形及《说文》之说解,㞕之本义当为伏。(周宝宏)

屖

xī　心纽、脂部；心纽、齐韵、先稽切。

商　商　商　西周　西周　西周　春秋　《说文》小篆　楷书

1、4—7《金文编》604页。2、3《甲文编》75页"犀"字所从。8《说文》174页。

形声字。《说文》："屖，屖遅也。从尸，辛声。"桂馥义证："《玉篇》：'屖，屖遅也，今作栖。'《释诂》：'栖遅，息也。'郭云：'栖遅，游息也。'舍人云：'栖遅，行步之息也。'《诗·衡门》：'可以栖遅。'传云：栖遅，游息也。"又："丁公著《孟子音释》：屖音西，义与栖遅同，息也，久也。"屖字在古籍中很少用，屖栖(栖)古今字，《说文》之屖遅即典籍之"栖遲"，叠韵联绵词，本义为游息之义。写于文字为屖，口头语言为屖遅(栖遲)，《诗》等多采自民歌或口头语言，因此口语成分更浓一些，所以写为栖遅。《诗·陈风·衡门》："衡门之下，可以栖遲。"毛传："栖遲，游息也。"栖字之本义为鸟类停留、歇息，其音义当来源于屖，屖之形、音、义皆来源于尸(居)，尸本义为箕踞，引申有休息、停留之义。屖犀(遅)也为古今字，犀多用为停留、舒缓之义。西周金文常见"害屖"一词，即典籍中"舒遅"，亦即舒缓、停息之义。（周宝宏）

扉

fēi　帮纽、微部；非纽、微韵、甫微切。

《说文》小篆　楷书

1《说文》174页。

形声字。《说文》："扉，履也。从尸，非声。"《方言》："扉，粗履也。徐、兖之郊谓之扉。"《玉篇》："扉，草屩(juē，草鞋)也。"《释名》："齐人谓草屦(jù，鞋)曰扉。"《左传·僖公四年》："共其资粮扉屨。"杜预注："扉，草屨。"扉字之本义当是用草或麻制成的鞋。张舜徽《说文解字约注》："今俗之所称草鞋即古之所谓扉也。""凡履必成双而后可用，因谓之扉，犹门之两扇谓之扉耳。"扉字虽见于战国文献，但先秦两汉出土文字资料未见，大约应产生于战国。（周宝宏）

屍(尸)

shī　书纽、脂部；书纽、脂韵、式脂切。

《说文》小篆　楷书　楷书

1《说文》174页。

会意字。《说文》："屍，终主。从尸，从死。"人死后以其尸体为神主，故从尸从死会意。段玉裁注："死者，终也；尸者，主也(神主牌位)，故曰终主。"又："今经传字多作尸，同音假借字也，亦尚有作屍者。"王筠句读："屍乃尸之分别文。"尸屍为古今字，屍不见于先秦两汉出土文字资料，大约产生于汉代，传世先秦两汉文献多以尸字表示神主及屍体之义，屍字可能是汉代产生的俗体字。《国语·齐语》："杀而以其屍授之。"《管子·小匡》："君何为不杀而受之其屍。"清桂馥《说文解字义证》："《易·师》'或舆屍'石经作'尸'。《吴子》：'僵屍而哀之'，《史记·鲁世家》：'不如杀以其屍舆之'，《汉书》：'汉遣使至康居求谷吉等屍'，师古曰：'屍，尸也'。"唐代颜师古注《汉书》用尸字给屍字作注，可见屍字至唐代还不是被人们悉知的字，人们悉知的仍然是尸字。（周宝宏）

屠

tú　定纽、鱼部；澄纽、鱼韵、直鱼切。

《说文》小篆　秦　汉　汉　楷书

1《说文》174页。2《战文编》588页。3、4《篆隶表》609页。

形声字。《说文》："屠，刳也。从尸，者声。"(刳，音kū，判，剥开)丁福保诂林："《慧琳音义》引，刳也，分割牲肉曰屠。"《周礼·地官·廛人》："凡屠者，敛其皮角筋骨，入于王府。"贾公彦疏："云屠者，谓屠宰豕羊之类。"战国文献较常见屠字，但先秦古文字资料中未见屠字，或当时借"者"为屠。屠字从尸为意符，取其表示尸体之义。屠字的本义是屠宰牲畜，引申为屠杀。（周宝宏）

屋

wū　影纽、屋部；影纽、屋韵、乌谷切。

战国　战国　《说文》古文　　　　　楷书

《说文》小篆　秦　汉　汉　楷书

1、2《战文编》558页。3、4《说文》175页。5《睡甲》136页。6、7《篆隶表》609页。

会意字。《说文》："屋，居也。从尸，尸，所主也。一曰尸象屋形。从至。至，所止。室、屋皆从至。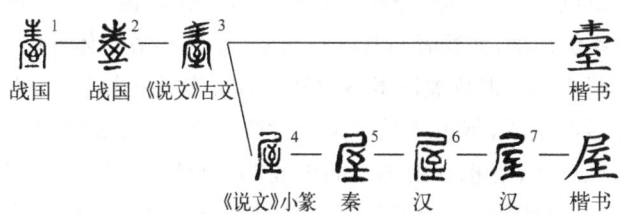，籀文屋，从厂。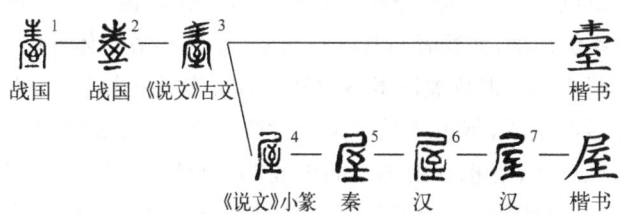，古文屋。"段玉裁注："屋者，室之覆也。引申之，凡覆于上者皆曰屋。天子车有黄屋，《诗》笺：'屋，

小帐也。'"《诗·小雅·十月之交》："彻我墙屋。"《小雅·正月》："瞻乌爰止,于谁之屋？"《召南·行露》："谁谓雀无角(鸟嘴),何以穿我屋？"《谷梁传·文公十三年》："大室屋坏。"范宁注："屋者,主于覆盖,明庙不都坏。"《淮南子·主术》："是故十围之木,持千钧之屋。"由上引文献可知,屋字之本义是屋盖、屋顶,引申为房屋之义。《诗·秦风·小戎》："在其板屋,乱我心曲。"《易·丰》："上六,丰其屋。"上引文献则用为房屋之义。屋字未见于甲骨文、西周金文,最早形体见于秦代文字,已是篆隶之间的形体,说明此形体屋字至迟在春秋战国时代已经产生。《说文》古文形体壐字,见于战国古玺文和战国楚简,战国楚简壐字所从之"宀"或"至"已是比较简率的写法。西周金文僰匜有"𢉥"字,所从之"𠂉"当为战国古文壐字和《说文》古文屋的形体所本,二者构形之意不明。《说文》籀文屋字从厂,厂与广在古文字中有时通用,从广字旁之字多与房屋有关,从厂(山崖之崖)也与房屋有关。籀文屋当是从厂,屋声。而屋字之用为屋顶、幕幄之义,皆与屋字形体不合,可能不是构形之义,《说文》及段注诸说对屋字形义之解说,似较牵强。因为屋字之屋盖义比较早,多见于《诗》等西周文献,故暂以屋盖之义为屋字本义。（周宝宏）

屏 píng 並纽、耕部；並纽、青韵、薄轻切。

屏¹—屏²—屏³—屏⁴—屏⁵—屏
秦　　秦　《说文》小篆　汉　　汉　　楷书

1、2《睡甲》137页。3《说文》175页。4、5《篆隶表》609页。

形声字。《说文》："屏,屏蔽也。从尸,并声。"钱坫斠诠："《系传》无此字。广部有庰,亦云：'蔽也。'此恐后人所加。"邵瑛群经正字："屏,屏蔽也。庰,蔽也。二字音义俱同,盖一字也,今经典有屏无庰。"张舜徽约注："此字本但作并,作篆者引其首画而成屏,……故二体并行,屏蔽双声。"但睡虎地秦墓竹简已有屏字,说明屏字并不是后产生的,屏也不是由庰字讹变而来。而古文资料中未见庰字,庰也许由屏字而讹变的。但是屏字用为当门的墙(即照壁)、用为屏蔽之义,皆与字形结构不符,可能都不是屏字字形结构所表现的词义,即不是屏字的本义。先秦时代可能借并为屏蔽之义,后来又借屏为屏蔽之义。屏,三体石经古文正作并。《国语·吴语》："王背屏而言,夫人向屏。"韦昭注："屏,寝门内屏。"此用屏字初始之义,引申为屏障、屏蔽之义。《诗·大雅·板》："大邦维屏。"（周宝宏）

層(层) céng 从纽、蒸部；从纽、登韵、昨棱切。

層¹—層—层
《说文》小篆　楷书　楷书

1《说文》175页。

形声字。《说文》："層,重屋也。从尸,曾声。"段玉裁注："曾之言重也,曾祖、曾孙皆是也。故从曾之層为重屋。"曾字之构形确有高义。朱芳圃《殷周文字释丛》："曾即甑若甗之初文,象形……甑甗以炊饭,与鼎以烹肉同。其器下体承水,上体盛饭,中设一箅,金文曾字从田即象其形。"曾(甑)为两层之炊具,因此有层义、高义、增义、赠义。曾、甑、赠、增、層皆为同源词。王煦《说文五翼》："古书无層字,多作成。《周官》'为增三成',《尔雅翼》：'一成再成',皆是重义。又作曾,司马相如《哀二世赋》：'岑入曾宫之嵯峨'……《魏大飨碑》以九層为九增,知層字非古也。徐锴本不收層字,疑为新附羼入。"層字不见于先秦两汉出土文字资料,可能产生晚于东汉时代。曾字有高义、层义,因此从曾声之層(层)也有层义。"層"字是借字,本字当是曾字。先秦时代应该以曾字表示层义,《楚辞·招魂》："層(层)台累榭,临高山些。"(些,语气词)（周宝宏）

屢(屡) lǚ 来纽、侯部；来纽、麌韵、力主切。

屢¹—屢²—屡—屡
《说文》新附　汉　楷书　楷书

1《说文》175页。2《篆隶表》609页。

形声字。《说文》："屢,数也。"钱大昭说文徐氏新补新附考："《周颂》'屡丰年',石经作娄。《小雅》'君子屡盟',又《宾之初筵》'屡舞'字,《释文》并云：本亦作娄。《汉书》屡作娄,师古曰：古屡字。"屡字虽然常见于先秦典籍,但未见于先秦古文字资料。《诗·周颂·桓》："绥万邦,娄丰年。"郑玄笺："娄,亟(qì)屡次也。"又《小雅·正月》："屡顾尔仆,不输尔载。"郑玄笺："屡,数也。"可见娄、屡用为多次之义出现于西周时代,可视为屡字的初始之义。（周宝宏）

尺 部

尺 chǐ 昌纽、铎部；昌纽、昔韵、昌石切。

尺

尺¹—尺²—尺³—尺⁴—尺⁵
《说文》小篆　秦　秦　汉　汉　楷书

1《说文》175页。2、3《睡甲》136页。4、5《篆隶表》610页。

构形不明。《说文》："尺，十寸也。人手却十分动脉为寸口。十寸为尺。尺，所以指尺规榘事也。从尸，从乙。乙，所识也。周制，寸、尺、咫、寻、常、仞诸度量，皆以人之体为法。凡尺之属皆从尺。"（却，后退。指尺（斥）：指示。规：画圆的工具。榘（jǔ）：画方的工具。识：标志）桂馥义证："乙即丨部之乙，钩识也，音居月切（jué）。"段玉裁注："'从尸'（主也），'从乙'，会意。"又："'乙，所识也'，汉武帝读东方朔上书未尽，辄乙其处。题识之意也。以榘尺记识所度，故从乙。"尺字之构形，《说文》及段注等诸家皆认为是会意字，从"尸"从"乙"会意。尺字的古文字形体最早见于战国楚帛书，也见于秦代青川木牍和睡虎地秦墓竹简，秦代简牍正用为尺寸之尺，其形体与《说文》篆文无大异，从其构形上看无法说明其构形之义为尺寸之尺。甲骨文、西周金文皆不见尺字。《诗·鲁颂·閟宫》："是断是度，是寻是尺。"这是典籍中最早使用尺字的用例，《鲁颂》最晚是春秋时代的作品，而尺字用于尺寸之义常见于战国文献。（周宝宏）

咫 zhǐ　章纽、支部；章纽、纸韵、诸氏切。

咫¹—咫
《说文》小篆　楷书

1《说文》175页。

形声字。《说文》："咫，中妇人手长八寸，谓之咫，周尺也。从尺，只声。"（长短适中的妇人手长八寸，叫作咫，这是周代的尺度）咫字未见于先秦两汉出土文字资料，但习见于春秋战国文献。《左传·僖公九年》："天威不违颜咫尺。"杜预注："八寸曰咫。"《国语·鲁语下》："楛矢贯之，石砮其长有咫。"韦昭注："八寸曰咫。"引申为近，《国语·晋语四》："吾不能行也咫，闻则多矣。"韦昭注："咫，咫尺间。"引申为少。《国语·楚语上》："是知天咫，安知民则？"韦昭注："咫，言少也。"（周宝宏）

尾 部

尾 wěi　明纽、微部；微纽、尾韵、无匪切。

尾¹—尾²—尾³—尾⁴—尾⁵
商　战国　秦　《说文》小篆　汉　楷书

1《甲文编》358页。2《战文编》589页。3《睡甲》137页。4《说文》175页。5《篆隶表》610页。

会意字。《说文》："尾，微也。从到（即倒字）毛在尸后。古人或饰系尾，西南夷亦然。"段玉裁注："微，当作散，散，细也。此以叠韵为训。如：门，扪也；户，护也之例。《方言》曰：尾，尽也。尾，梢也。引申训为后。《后汉书·西南夷列传》曰：'槃瓠（盘古）之后，好五色衣服，制裁皆有尾形。'按尾为禽兽之尾，此甚易解耳，而许必以尾系之人者，以其字从尸。人饰系尾，而禽兽似之。许意如是。"段注不明白《说文》所说古人或饰系尾之义，但从商代甲骨文看，尾字形体确为人系一尾形，至于甲骨文之尾字的用法却不详，为什么人系一尾形也不清楚，但足以证明商代确有系饰尾之事，《说文》所说确有实据。从甲骨文尾字形体看，尾字的本义绝不是禽兽之尾，恰是人饰之尾，引申为动物之尾。（周宝宏）

屬（属）zhǔ　章纽、屋部；章纽、烛韵、之欲切。

屬¹—屬²—屬⁴—屬⁶
《说文》小篆　秦　汉　楷书
屬³—屬⁵—属⁷—属
秦　汉　汉　楷书

1《说文》175页。2、3《睡甲》137页。4-7《篆隶表》610~611页。

形声字。《说文》："屬，连也。从尾，蜀声。"徐锴系传："屬，相连续，若尾之在体，故从尾。"段玉裁注："从尾，取尾之连于体也。"徐、段之说从尾之义，似较牵强。张舜徽约注："尾之本义，当谓禽兽之交接，故其字从尾。……尾之本义为牝牡之合，因引申义为凡连结之称耳。《史记·五帝本纪》：'鸟兽字微'，《集解》云：'《尚书》微作尾。《说文》：尾，交接也。'"以上张说较为合理。屬字之本义为动物交配接尾，引申为连续之义，本义在先秦文献少见，而其引申义则常见。屬字见于《书》等西周文献，但甲骨文、西周金文未见，最早见于战国文字、秦代文字。秦简文字作属，已是略有隶书意味，这样的形体显然来源于秦代小篆。秦简屬字这一写法，到汉初简帛中进一步隶变，如上列字形中6，但仍然可以看得出从尾蜀声。楷书繁体字屬字是直接从《说文》小篆而来。

属字现在是屬字的简化字,属字在字书中最早见于《广韵》:"屬,付也,足也。属,俗。"把属字当作屬字的俗体。但是,属字形体的最早来源当来源于秦简屬字(见上字表3),到西汉简文中演变作属(见上字表5),一直到东汉碑文作属形,为楷书属字所继承。可见属并不是产生很晚的俗体字,而是与屬字同时产生,只是隶变不同的结果,属字形体是进一步省变的结果。(周宝宏)

屈 qū 溪纽、物部;溪纽、物韵、区勿切。

春秋 战国 《说文》小篆 秦 秦 汉 楷书

1《金文编》605页。2《战文编》589页。3《说文》175页。4、5《睡甲》137页。6《篆隶表》611页。

形声字。《说文》:"屈,无尾也。从尾,出声。"段玉裁注:"《韩非子》曰:'鸟有翢翢(zhōu,鸟名)者,重首而屈尾。'高注《淮南》云:'屈读如秋鸡无尾屈之屈。'郭注《方言》'隆屈'云:'屈尾。'《淮南》'屈奇之服',许注云:'屈,短也;奇,长也。凡短尾曰屈。……引申为凡短之称。山短高曰崛,其类也。今人屈伸字古作诎申,不用屈字,此古今之异也。"屈字本义为短尾,引申为一般意义上的短,再引申义为屈服、冤屈等词义。《左传·襄公二十九年》:"直而不倨,曲而不屈。"杜预注:"倨,傲,屈,桡。"桡为弯曲之义。《易·系辞下》:"尺蠖之屈,以求信(伸)也。"《玉篇》:"屈,曲也。"先秦古文字屈字从尾、出声,到了秦代简文中屈字出现了从尾省、出声的形体。从尾省与从尾不省的屈字形体在汉初马王堆帛书中仍并行,到汉代中期以后从尾不省的屈字已经不见了,汉代中期以后的汉简、汉碑中从尾省之屈,为后代楷书所继承。(周宝宏)

尿 niào 泥纽、宵部;泥纽、啸韵、奴吊切。

《说文》小篆 楷书

1《说文》175页。

会意字。《说文》:"尿,人小便也。从尾,从水。"桂馥义证:"人小便也,《一切经音义》十一:矢溺,正体作屎,经文作溺,假借耳。《广韵》:'屎,小便也,或作溺。'"段玉裁注:"古书多假溺为之。"张舜徽约注:"此字所从之尾但作下体解,古人造字时,固不嫌用引申假借义也。"尿字(或溺字)不见于先秦文献,更不见于出土的先秦两汉其他文字资料,其字产生于何时不可考,因为它很少有机会在经典文献中被使用。甲骨文有字,唐兰《殷虚文字记》、徐中舒《古汉语文字字形表》等皆认为是尿字,像人遗溺形。但于省吾主编《甲骨文字诂林》""字条后姚孝遂按语认为此字释为尿字不可信。甲骨文无辞例可证明为尿字,从字形上看它与屎字形体也没有明显的联系。(周宝宏)

履 部

履 lǚ 来纽、脂部;来纽、旨韵、力几切。

商 西周 战国 《说文》古 《说文》小篆 秦 汉 汉 楷书

1、2《于省吾教授百年诞辰纪念文集》42~45页。3《战文编》589页。4、5《说文》175页。6《睡甲》137页。7、8《篆隶表》611页。

会意字。《说文》:"履,足所依也。从尸,从彳,从夂,舟象履形。一曰尸声。凡履之属皆从履。𩕹,古文履从页,从足。"朱骏声通训定声:"古曰舄,曰屦,汉以后曰履,今曰鞵(即鞋)。此字(指履字)本训践,转注为所以践之具也。《诗·生民》:'履帝武敏。'《方言》:'丝作之者谓之履。'《庄子·让王》:'缝履杖藜而应门。'"段玉裁注:"履,依叠韵。古曰屦,今曰履;古曰履,今曰鞋。名之随时不同者也。引申之训践,如'君子所履'者是也。"履字已见于甲骨文,从人从止从舟省(应是鞋之象形),眉声。西周金文中共三见,一从页从舟,眉声;二从页从舟,不从眉声;三从彳从止从人,眉声。从页与从人同,从止从彳,示与行路有关;舟,像鞋或象征鞋。战国楚简中的履字也不从眉声,只从页从止从舟。《说文》履字古文形体继承楚简履字形体写法。《说文》小篆履字形体从尸从彳从舟从止,从尸也许是从"𠂇"形之讹变,也许是从眉形之省讹。睡虎地秦墓竹简从尸从彳从止从自,"自"形当是舟字之讹变。从西汉初年开始,履字所从舟旁与止旁连在一起讹变为与"复"字相近,为东汉碑文和居延汉简中的履字形体所继承,楷书形体直接由此演变而来。但至东汉晚期熹平石经中的履字作履,仍然可以看出从舟。履字隶变前之结构不是从复,从复是从舟、从止之讹变。履字之本义是践踏,是动词,不是名词鞋之义。履字从甲骨文、西周金文,一直到春秋战国文献皆用为动词践踏等义,只是到了秦汉文献才用为名词鞋之义。《诗·小雅·大东》:"君子所履,小人所视。"此"履"字用为"行"义。(周宝宏)

屦(屨) jù 见纽、侯部；见纽、遇韵、九遇切。

屨¹—屨²—屨³—屨—屦
《说文》小篆 秦 秦 楷书 楷书

1《说文》175页。2、3《睡甲》173页。

形声字。《说文》："屨,履也。从履省,婁声。"段玉裁注："晋蔡谟曰：'今时所谓履者,自汉以前皆名屨'。《左传》：'踊贵屦贱'，不言履贱。《礼记》：'户外有二屦'，不言二履。贾谊曰：'冠虽敝，不以苴(jū,垫鞋的草垫)履'，亦不言苴屦。《诗》曰：'纠纠葛屦,可以履霜？'屦、舄者一物之别名，履者足践之通称。按：蔡说极精。《易》《诗》、《三礼》、《春秋传》、《孟子》皆言屦,不言履。周末诸子、汉人书乃言履。《诗》、《易》凡三履,皆谓践也。然则履本训践,后以为屦名,古今语异耳。"桂馥义证："《玉篇》：屦,履属,麻作谓之屦。"《说文》认为屦字从履省,从睡虎地秦墓竹简和《说文》篆文的屦字形体看是可信的,但屦字未见于甲骨文和西周金文以及战国文字,无法肯定其初形如何。屦字见于西周文献,如《诗·小雅·大东》："纠纠葛屦,可以履霜？"春秋文献如《诗·齐风·南山》："葛屦五两(五两：五双)。"（周宝宏）

屩 juē 见纽、药部；见纽、药韵、居勺切。

屩¹—屩
《说文》小篆 楷书

1《说文》176页。

形声字。《说文》："屩,屐也。从履省,喬声。"屐,音jī,木制之鞋。段玉裁注据徐锴《说文系传》本改为："屩,履也。"桂馥义证："《史记·平准书》：'布衣屩而牧羊'，韦昭曰：'屩,草履也。'又《孟尝君传》：'蹑屩而见之'。字或作𩍿,《管子·轻重戊篇》：'绁𩍿而踵相随'。又或作蹻,《管子·轻重甲篇》：'北郭者尽屦缕之甿也,请以令禁百钟之家不得事蹻。'又通作蹻,《韩非子·外储说》：'此其称功犹嬴胜而履蹻。'何犹注云：'犹嬴胜之人履草履也。'"屩字习见于战国文献,但未见于先秦两汉出土文字资料,《说文》认为屩字结构是从履省、喬声,是可信的,但其本义为草鞋。（周宝宏）

屐 jī 群纽、铎部；群纽、陌韵、奇逆切。

屐¹—屐
《说文》小篆 楷书

1《说文》175页。

形声字。《说文》："屐,屩也。从履省,支声。"桂馥义证："颜注《急就篇》：屐者,以木为之而施两齿,所以践泥。《宋书》：谢灵运常着木屐,上山则去前齿,下山则去后齿。"屐字不见于先秦两汉出土文字资料,也不见于先秦文献,此字之产生可能在汉代,最早也不会早于战国时代。见于汉代文献者有《说文》、《释名》、《急就篇》等,西汉前期文献未见。唐玄应《一切经音义》卷十四："木屐,《三苍》：木屩也。《异苑》云：介子推抱树烧死,晋文公伐以制屐也。"从这个传说来看,作木制之鞋"屐",在春秋时代已产生,其字之产生最早当在战国。（周宝宏）

舟 部

舟 zhōu 章纽、幽部；章纽、尤韵、职流切。

舟¹—舟²—舟³—舟⁴—舟⁵—舟⁶—舟⁷—舟⁸
商 商 西周 春秋 战国 《说文》小篆 汉 汉
—舟⁹—舟
  魏   楷书

1、2《甲文编》358页。3、5《金文编》606页。4《战文编》590页。6《说文》176页。7《篆隶表》611页。8《篆隶表》611页"般"字所从。9《篆隶表》612页。

象形字。《说文》："舟,船也。古者共鼓、货狄,刳木为舟,剡木为楫,以济不通。象形。凡舟之属皆从舟。"（共鼓、货狄：两人名。刳：挖。剡：削。济：渡水）段玉裁注："《邶风》：'方之舟之。'传曰：'舟,船也。'古人言舟,汉人言船,毛以今语释古,故云舟即今之船也。"桂馥义证："《易·系辞》：刳木为舟,剡木为楫,舟楫之利,以济不通。"朱骏声通训定声："按：舟之始,古以自空大木为之曰俞,后因集板为之曰舟,又以其沿水而行曰船。"《方言》："自关而西谓之船,自关而东谓之舟。"甲骨文常见舟字,其字形正像一独木舟之形,在甲骨文中舟字正用其本义舟船之义,可见舟之为名,至迟在商代已经产生。西周金文也常见舟字,而且形体没有大的变化。《方言》关西、关东方言船舟之说,是就战国秦汉时代而言的,商、西周时代未必如此。朱骏声以俞、舟、船作为船的名称发展次序,也未必是事实。《说文》篆文之舟字形体是直接继承春秋时代石鼓文舟和舟字旁形体而来,汉代碑文"般"字所从之舟(见上字表8)及魏舟字(见上字表9)形体是小篆舟字隶书写法,楷书舟字正是继承这隶书写法而来。西汉出土简帛中的舟字形体是直接从西周舟字、战国秦代舟字旁那样的形体而来,但不流行于楷书。(周宝宏)

俞 yú 喻纽、侯部;以纽、虞韵、羊朱切。

肜¹—肜²—俞³—俞⁴—俞⁵—俞⁶—俞⁷—俞
西周　西周　战国　战国《说文》小篆　汉　汉　楷书

1、2《金文编》606页。3、4《战文编》590页。5《说文》176页。6、7《篆隶表》612页。

形声字。《说文》:"俞,空中木为舟也。从亼,从舟,从巜。巜,水也。"段玉裁注:"《淮南·氾论训》:'古者为舿木方版以为舟航。'高曰:'舿,空也;方,并也;舟相连为航也。'按:舿同俞。空中木者,舟之始。并板者,航之始,如椎轮为大路之始。其始见本空之木用为舟,其后因刳木以为舟。凡穿舿、厕牏皆取义于俞。"桂馥义证:"《汉书音义》孟康曰:东南人谓凿木空中如槽谓之庮。"《说文》将俞字分析为会意字,从亼(三合),从舟从巜(水)会意,但从目前见到的最早的俞字形体(西周金文)看,是从舟从亽,西周金文中俞字有时从"亽"形,右边一笔,是饰笔,不是字形结构中的笔画,至春秋战国之交的侯马盟书以及战国文字中的俞字,仍然从"亽"形,到了《说文》篆文"亼"形才上下分离,才有从亼从巜的误解。西周金文俞字结构,现代学者多认为是从舟余声,"亽"是余字初文。此处从此说。但也有人认为俞字所从之"亽"是挖木之工具,俞字为会意字,从舟从"亽",可备一说。俞字本义为把树木凿空以作舟船用,其本义在出土文献和传世文献中均未见使用,但在汉代文献仍残留在舿、庮等字中。(周宝宏)

船 chuán 船纽、元部;船纽、仙韵、食川切。

月心¹—船²—船³—船
战国《说文》小篆　秦　楷书

1《金文编》606页。2《说文》176页。3《睡甲》137页。

形声字。《说文》:"船,舟也。从舟,铅省声。"段玉裁注:"古言舟,今言船,如古言屦,今言鞋。舟之言周旋也,船之言沿沿也。"又:"各本作铅省声,非是。口部有㕣字。水部有沿字,㕣声。"(泝:即溯,逆)船字从舟,㕣声,其字最早出现于战国金文和战国文献,如《墨子》、《庄子》等,未见于甲骨文和西周金文,也未见于西周文献,应是春秋战国时代产生的。《庄子·渔父》:"有渔父者,下船而来。"《方言》:"舟,自关而西谓之船。"(周宝宏)

肜 chēn 透纽、侵部;彻纽、侵韵、丑林切。

肜¹—肜
《说文》小篆　楷书

1《说文》176页。

形声字。《说文》:"肜,船行也。从舟。彡声。"(彡,音shān)段玉裁注、罗振玉《增订殷虚书契考释》、容庚《金文编》等,皆认为甲骨文之"彡"祭之彡,即《书·高宗肜日》之肜,《甲文编》将"彡"列于"肜"字头下,但二者没有可靠而充分的证据证明为一字。肜本义是船行,彡在甲骨文和西周金文及《书》中是祭名。肜只是以彡为声符,或词义源于彡(相连不绝之义)。肜字不见于先秦两汉出土文字资料,也不见于传世文献,只见于《说文》、《集韵》等字书,肜字更早的来源和用法不详。(周宝宏)

舳 zhú 定纽、觉部;澄纽、屋韵、直六切。

舳¹—舳
《说文》小篆　楷书

1《说文》176页。

形声字。《说文》:"舳,舻也。从舟,由声。《汉律》名船方长为舳舻,一曰舟尾。"段玉裁注改为:"舳,舳舻。"舳指船尾,舻指船头,二字连用指船。段玉裁注:"《方言》曰:'舟后曰舳,舳所以制水也。'郭云:'今江东呼柁为舳。'按:《释名》:'船,其尾曰柁。'仲长统、郭璞皆用柁字,而《淮南子》作杕。船之有舳,如车之有轴,主乎运转。"张舜徽约注:"舳之言轴也,所以持舟者曰舳,犹所以持轮者曰轴耳。古人称舳,今则称柁。舟行旋转向背,皆柁持之,犹车行之有轴也。《释名·释船》云:'其尾曰柁,柁,拕也,在后见拕曳也。'是已。"(柁,同舵。拕:同拖。曳:拖,拉)舳字之本义为船舵,因为在船尾,引申指船尾。舳字未见于甲骨文、西周金文,也未见于西周文献,其字可能产生于战国秦汉时代。(周宝宏)

舻(舮) lú 来纽、鱼部;来纽、模韵、落胡切。

艫 — 艫 — 舻
《说文》小篆　楷书　楷书

1 《说文》176页。

形声字。《说文》:"艫,舳艫也。一曰船头。从舟,盧声。"段玉裁注:"《方言》曰:'舟首谓之阁闾'。郭云:'今江东呼船头屋谓之飞闾是也。'《释名》曰:'舟其上屋曰庐,象庐舍也,其上重室曰飞庐,在上故曰飞也。'按此皆许所谓船头曰舻。舻闾古音同耳。"张舜徽《说文解字约注》:"舻之言颅也,谓其形之圆也。船头谓之舻,犹人头谓之颅耳。抑舳舻二字乃舟之反语也(反切),盖缓言之为舳舻,急言之则为舟矣。"舻之本义为船头,舳舻二字连用指船。清段玉裁《说文解字注》:"李斐注《武帝纪》亦云:舳,船后持柁处;舻,船头刺櫂处。"櫂,音zhào,船桨。刺:插。舻字之本义指船头,船头有房室也曰舻。舻字未见于先秦两汉文字资料,也不见于先秦文献,大概是秦汉时代产生的字。(周宝宏)

舮 wù 疑纽、物部;疑纽、没韵、五忽切。

舮 — 舮
《说文》小篆　楷书

1 《说文》176页。

形声字。《说文》:"舮,船行不安也。从舟,卼省声。读若兀。"清张文虎《舒艺室随笔》:"案从卼无义,且去月存刀,孰知其为从卼省邪?《玉篇》有舣字,云:'播舟'。《集韵》、《类篇》并以为舮之重文。疑本作舣,声义并从兀。"清徐灏《说文段注笺》:"《诗·卫风·河广》篇:曾不容刀?郑笺:小船曰刀。《释文》云:'字书作舠,《说文》作䑠。'今许书无䑠字,而舮从卼省声,读若兀,殊有疑义。疑《说文》本有䑠篆,训为小船,而舮乃其或体,又舣为船行不安,读若兀。传写讹夺,仅存舮篆而以舣字说解误附其下,因又改为从卼省耳。"张文虎认为舮字所从之刀是兀字之讹,徐灏认为舮篆下的说解当是舣字下的,而今本舣字已夺。总之,舮字当为舣字,舣字本义指船行时摇摆不定。舣字未见于先秦两汉出土文字资料。又:舮,当是《诗·卫风·河广》:"谁谓河广,曾不容刀"之刀的后起本字。春秋时代借"刀"字表示语言中船只的名称,大约到汉代产生舮字以表示语言中船只的名称。(周宝宏)

艐 zōng 精纽、东部;精纽、东韵、子红切。

kè 溪纽、歌部;溪纽、个韵、口个切。

艐 — 艐
《说文》小篆　楷书

1 《说文》176页。

形声字。《说文》:"艐,船著不行也。从舟,夋声。"桂馥义证:"船著不行也者,《广韵》引'著'下有'沙'字,《集韵》、《增韵》并同。《广韵》艐下云:'船著沙也。'《汉书·司马相如传》:'踏以艐路兮',张揖曰:踏,下也;艐,著也。皆下著道也。"艐字之本义指船搁浅于河道沙床上而不能行。著者,着也,着地也。艐字不见于先秦古文字资料和先秦文献,应该是秦汉时代产生的字。(周宝宏)

朕 zhèn 定纽、侵部;澄纽、寝韵、直稔切。

朕 — 朕 — 朕 — 朕 — 朕 — 朕 — 朕
商　西周　春秋　战国　《说文》小篆　汉　汉　楷书

1 《甲文编》359页。2、3、4 《金文编》607~610页。5 《说文》176页。6、7 《篆隶表》612页。

形声字。《说文》:"朕,我也,阙。"段玉裁注分析朕字之构形之义是:朕,从舟,关声,本义是舟的裂缝。甲骨文、西周金文习见朕字,古文字家们多以会意结构解之。但于省吾主编《甲骨文字诂林》朕字条下姚孝遂按语说:"诸家解䑈字,皆不可据。䑈当从舟关声,犹俅从人关声。《说文》无关字,盖偶佚耳。徐铉以为'关不成字',此乃株守《说文》。段玉裁谓'关,许书无此字,而送、侯、朕皆用为声,此亦许书夺漏之一。'其说得之。朕训我,乃假借,本义久湮,存疑可也。"甲骨文、西周金文、西周文献中的朕字多用代词,未见用为舟裂缝之义,战国秦汉文献中偶用朕字为裂缝之义者,也许是假借,还没有更令人信服的文字资料证明朕字本义为舟之裂缝。朕字本从舟从火,舟旁从甲骨文、西周金文一直到战国文字、《说文》小篆以至秦代简牍中的古隶书的形体,都没有太大的变化,仍然保持舟字的基本形态。至汉代隶书,舟字旁才与月旁相近,楷书朕即从此而来。关字旁本作火,至西周晚期金文变为火,至春秋金文变为土(前见毛公鼎"朕"字,后者见齐侯敦"朕"字),至战国时代变为火(战国"媵"字所从,见《金文编》431页"媵"字所从),至秦代变为关(《篆隶表》415页"媵"字所从),汉初马王堆汉墓帛书形体,是继承秦代隶书写法。《说文》篆文,当是来源于秦代小篆的写法。今天的楷书就是在从月从关的隶书朕字形体上继承而来的。(周宝宏)

舫

fǎng　帮纽、阳部；非纽、漾韵、甫妄切。

舫¹—舫²—舫
春秋　《说文》小篆　楷书

1《战文编》591页。2《说文》176页。

形声字。《说文》："舫，船师也。《明堂月令》曰：'舫人，习水者。'从舟，方声。"舫字最早形体见于春秋时代的石鼓文："舫舟西逮。"郭沫若《石鼓文研究》解舫舟为并船。《说文》的清人诸注家皆认为舫字用为并船之义是假借，本义为船、水师，并船之义本字为方字（《说文》：方，并船也）其实，方、舫二字是古今字，如同当小船讲的刀，后来孳乳为舠。《诗·周南·汉广》："江水永矣，不可方思。"王先谦《诗三家义集疏》："《鲁（诗）》，方作舫。"清沈涛《说文古本考》："涛案：《类聚》卷七十一舟车部、《御览》七百七十舟部皆引：舫，并船也。《文选·王仲宣从军诗》注引：舫，并船也。乃方部方字之训，后人以方为方圆字，而并船之方皆假舫字为之，诸书所引皆用假借字，非异本也。"沈说持《说文》"舫，船师也"之训，认为《说文》所说才是本字，与汉字之发展孳乳的实际情况不符。方、舫二字是古今字，非是假借字关系。舫字的《说文》小篆形体与春秋时代秦国石鼓文的形体几乎完全一样，特别是舟字旁的写法，只有石鼓文与《说文》篆文相同，而与春秋战国秦汉各类文字中舟字写法皆不同，说明《说文》篆文舫字所从之舟的形体来源于春秋秦国文字。（周宝宏）

般

pán　並纽、元部；並纽、桓韵、薄官切。
bān　帮纽、元部；帮纽、删韵、布还切。

¹—²—³—⁴—⁵—⁶—⁷—⁸
商　商　西周　西周　西周　战国　《说文》小篆　秦

⁹—般
汉　楷书

1、2《甲文编》359页。3、4、5《金文编》611～612页。6、8《战文编》591页。7《说文》176页。9《篆隶表》612页。

会意字。《说文》："般，辟也。象舟之旋。从舟，从殳。殳，所以旋也。"徐锴系传："殳，楫之属。"郭沫若《卜辞通纂考释》："前片（甲骨）作𣪊，即后来之般字，字当作𣪊，讹变而为从舟从殳。而桮槃字乃益之以木作槃，或益之以皿作盘。金文伯侯父盘字作鎜，则从金，均繁文也。"李孝定《甲骨文集释》："契文从凡从殳，郭氏说𣪊、般、槃、盤、鎜诸文衍变之迹是也。凡与舟异物，而二者古文仅毫厘之别（凡作𠙹，舟作𠀤）。后世从凡从舟之字每多相混，更进而凡亦或作舟矣。《周礼·春官·司尊彝》云：'皆有舟'，此言诸彝下有承槃，舟字当作凡，云：'皆有凡也'。"般字本从凡从殳，象凡（槃）之旋，讹而从舟，遂有'象舟之旋'之义。且契文即有从舟作𣪊者，知凡舟二字混用殷世已然矣。"于省吾主编《甲骨文诂林》"般"字条下姚孝遂按语："字当释般，古文字从殳从攴每无别。……甲骨文或从'舟'或从'凡'，'凡'即'盤'之初形。"周法高主编《金文诂林》"般"字条后张日升曰："然般为承槃，旋之何义？窃疑般字从舟不误，从殳以旋舟，承槃字之象作𠙹，般、槃音同，𠙹、𠀤形近，金文遂假般为槃，后从皿以示其类，从金以示其质。"徐中舒主编《甲骨文字典》："制槃时须旋转陶坯成形，故般有槃旋之义。"甲骨文中般字多用为人名，没有明确的充分的证据证明甲骨文的般字有盤旋之义。西周金文般字习见，多用为器名之盤字，般字在西周金文中也没有用为盤乐、盤旋之义。般字在西周文献中用为盤乐之义者。《逸周书·祭公》："允乃绍，毕桓于黎民般。"孔晁注："般，乐也。"《书·无逸》："文王不敢盤于游田。"般字，甲骨文中多从凡（盤的象形初文）从殳，其本义或许就是西周金文中常见用为器名的盤；在甲骨文中般字又从舟从殳，或许就是盤旋之义，本义为船盤旋，引申为耽溺于田猎游玩为盤。𣪊、般二字在甲骨文中就已混用无别，至西周金文中从凡（盤）之般的形体就已经消失不见了。𣪊字形虽佚，其音义皆留传下来，先由般字承担，后又由盤、鎜、槃字承担。（周宝宏）

服

fú　並纽、职部；奉纽、屋韵、房六切。

¹—²—³—⁴—⁵—⁶—⁷
商　西周　西周　春秋　《说文》小篆　秦　汉　楷书

1《甲文编》120页。2、3、4《金文编》612页。5《说文》176页。6《睡甲》137页。7《篆隶表》613页。

形声字。《说文》："服，用也。一曰车右騑，所以舟旋。从舟，𠬝声。"𠬝字习见于甲骨文作𠬝，郭沫若认为是像以手捕人之形，姚孝遂认为是"从又在人后，象以手按跽人之形"。甲骨文皆用为俘虏（用为祭祀之牺牲）之义。甲骨文又有𦩻，姚孝遂认为是从盤。𠬝、𦩻当是服字初形。至西周金文从凡多变为从舟，作服。在西周金文和西周文献中服字多用为职务、服事、宾服之义。林洁明认为服字像人奉盤服事之形，还有人认为像使人服务于盤前，皆与许慎《说文》之说一样，比较牵强，与字形结构不符。后来引申为服务、职务之义，西周以后多用服字代替𠬝字。甲骨文服字从凡(盤)从𠬝，至西周早期金文井侯簋之服字仍然可以看出从凡(盤)，至西周康王时的大盂鼎服字才开始讹变为从舟，从此从凡之服字形体消失了。至春秋金文服字(如秦公簋铭文之服字)将原来"又"在跽人形右上的位置移置右下，为秦代古隶、《说文》小篆形体所本。秦代古隶、汉代古隶和隶书中服字所从之舟渐已变形，为楷书形体服字所本。总之，服字所从之"月"，商末周初甲骨文、西周金文本为"凡(盤)"，西周早期金文开始讹变为从"舟"，至汉代《说文》小篆形体仍然从"舟"。"舟"形从秦代古隶书开始已变近"月"，为汉代隶书和后代楷书所继承。（周宝宏）

舸 gě 见纽、歌部；见纽、哿韵、古我切。

舸¹ — 舸
《说文》新附　楷书

1《说文》176页。

形声字。《说文》："舸，舟也。从舟，可声。"《说文解字诂林》丁福保案语："《慧琳音义》引《说文》：船也，从舟，可声。盖古本有此字，今大徐本列入新附，误矣。"《方言》："南楚江湘凡船大者谓舸"。清郑珍《说文新附考》："王氏念孙云：舸者，大也，门大开谓之閜，大盃亦谓之閜。段氏说荷字亦云是大义，言其叶何其大也。此以字音求之。如其说则古舸止作可。"可见，舸字的本义为船大。舸字未见于先秦两汉出土文字资料，也未见用于先秦文献，先秦或许借可字为之，但未见有这方面的用例。除了《方言》之外，两汉之后的传世文献始见舸字，如晋左思《吴都赋》："弘舸连轴，巨槛接舻。"（周宝宏）

艇 tǐng 透纽、耕部；透纽、迥韵、他鼎切。

艇¹ — 艇
《说文》新附　楷书

1《说文》176页。

形声字。《说文》："艇，小舟也。从舟，廷声。"钮树玉新附考："《玉篇》：艇，小船。《淮南·俶真训》：越舲蜀艇，不能无水而浮。高注：蜀艇，一板之舟。据《广韵》梃训木片，与一板之义合。又《说文》楰、梴并从木，俗或从舟，故疑为梃之俗字。"艇字不见于先秦两汉出土文字资料，也不见用于先秦文献，最早见于西汉武帝时代《淮南子》，其字应该产生于战国秦汉。（周宝宏）

艅 yú 喻纽、鱼部；以纽、鱼韵、以诸切。

艅¹ — 艅
《说文》新附　楷书

1《说文》176页。

形声字。《说文》："艅，艅艎，舟名。从舟，余声。"《广雅·释水》："艅艎，舟也。"《集韵》："艎，艅艎，吴大舟名。"《抱朴子·外篇·博喻》："艅艎鹢首，涉川之良器也。"艅艎本是吴地之方言，称呼大船的名称，本为联绵词，二字不可分开讲，只用二字记音表词，因此写作艅艎、艅艭均可，最初或许只作余皇、余黄，二字加舟字旁应该在汉代以后，但先秦文献已见称大船为艅皇者，见《左传》，详下"艎"字条。（周宝宏）

艎 huáng 匣纽、阳部；匣纽、唐韵、胡光切。

艎¹ — 艎
《说文》新附　楷书

1《说文》176页。

形声字。《说文》："艎，艅艎也。从舟，皇声。"钮树玉新附考："《博雅·释水》作艅艭。《左昭十七年传》作馀皇。《后汉书·马融传》：方馀皇。章怀太子云：方犹并也，馀皇，吴船之名，见《左传》。"《左传·昭公十七年》："(楚师)大败吴师，获其乘舟馀皇。"可见此名称最迟在春秋战国时代已经记录于书面语言，但只是借馀皇二字记其音、表其义，没有注重其形与义的关系。馀皇、艅艎、艅艭本为联绵词，二字不可分开解释。（周宝宏）

方 部

方 fāng 帮纽、阳部；非纽、阳韵、府良切。

才¹ — 方³ — 方⁵ — 方⁶ — 方⁷ — 㫃⁸ — 方⁹ — 方
商　西周　春秋　战国　秦　《说文》小篆　汉　楷书

㞢² — 步⁴
商　西周

1、2《甲文编》361页。3—6《金文编》613~614页。7、9《篆隶表》613页。8《说文》176页。

象形字。于省吾主编《甲骨文字诂林》"方"字条后姚孝遂按语："按：《说文》：'方，并船也，象两舟总头形。'

徐中舒以为象耒形,独具卓识。"徐中舒《耒耜考》:"(方)象耒的形制,尤为完备,故方当训为'一番土谓之坺'之坺,初无方圆之意。(古匚即方圆字)方之象耜,上短横象柄首横木,下长横即足所蹈履处,旁两短画或即饰文。小篆力作㫚,即其遗形。古者秉耒而耕,刺土曰推,起土曰方,方或借伐、发、坺等字为之。……《考工记·匠人》:'耜广五寸,二耜为耦,一耦之伐,广尺深尺谓甽。'《国语·周语》:'及籍……王耕一坺,班三之,庶民终于千亩。'孙诒让《周礼正义》说:'伐即坺之借字,其字又通作发,俗作坺。'盖方、坺、伐、发、坺古皆读重唇音,故得互通。《诗·甫田》:'以社以方,我田即臧。'《云汉》:'祈年孔夙,方社不莫。'方社当即农家祈年之祭,社为后土,方自为连类而及之事。"又:"《诗·大田》:'既方既皁,既坚既好。'《生民》:'茀厥丰草,种之黄茂,实方实苞,实种实褎。实发实秀,实坚实好,实颖实粟。'此两方字次叙均在莳艺之先,亦当为坺土之事。"又:"今观卜辞甲骨铜器中方字,全无象两舟总头形之意。盖方可训并,而不可训并船,《尔雅·释水》:'大夫方舟。'李注:'并两船曰方舟。'《庄子·山木》篇:'方舟而济于河。'《释文》司马注:'方,并也。'古者耦耕,故方有并意。又《仪礼》柄皆作枋,耒为曲柄,故声得转为柄。"甲骨文常见方字,皆用为方向、方国之义。西周金文也常用方字,除用为方向、方国之义外,还用为方圆之方。商周文献如《书》、《诗》、《易》等的方字用法与甲骨文、西周金文相同,但这些用法皆为借用,其本义却未见用方字。并船之义当由两人并耕即耦耕之义所引申,并非方字本义。(周宝宏)

斻 háng 匣纽、阳部;匣纽、唐韵、胡郎切。

斻¹—斻
《说文》小篆 楷书

1《说文》176页。

形声字。《说文》:"斻,方舟也。从方,亢声。"徐铉:"今俗别作航,非是。"段玉裁注:"《卫风》:'一苇杭之'。毛曰:杭,渡也。舟所以渡,故谓渡为斻。始皇临浙江,水波恶,乃西百二十里,从狭中渡,其地因有馀杭县。"桂馥义证:"方舟也者,《后汉书·李南传》:'向度宛陵浦里斻。'注云:斻以舟济水也。《杜笃传》:'造舟于渭,北斻泾流。'注云:《尔雅》曰:天子造舟。造,并也,以舟相并而济也。"又:"又或作航,《方言》:'舟,自关而东或谓之舟或谓之航。'"张舜徽约注:"斻之言行也,谓行舟也。"斻之本义为两船相并而渡河。斻字未见于先秦古文字资料,见于传世文献最早在春秋时代《诗·卫风》,作杭,原本或许作斻,如此,春秋时代应有斻字。(周宝宏)

儿 部

儿 rén 日纽、真部;日纽、真韵、如邻切。

ᄂ¹—儿
《说文》小篆 楷书

1《说文》176页。

象形字。《说文》:"儿,仁人也。古文奇字人也,象形。孔子曰:在人下故诘屈。"所谓古文奇字,当指战国时代东方六国文字,但到目前为止出土的古文字资料中还没有发现这样独立使用的形体。在《说文》"儿"部中有兀、兒、允、兌、充等字,还有兄部、皃部、先部、见部等字所从之"儿"的篆文形体皆在字形结构下部,因此必须写作ᄂ形。这些从"儿"的字大多也见于甲骨文、金文、战国文字,与篆文形体近似,只是小篆"儿"部更弯曲而已。大概"儿"部之字无法归属,《说文》将"儿"旁立为部首以统领之。孔子曰:"在人下故诘屈(弯曲)。"这是符合字形实际情况的。但《说文》解为"仁人也"或"仁也",则是望文生训,不足为据。现代读ér的"儿"只是"兒"的简化字。(周宝宏)

兀 wù 疑纽、物部;疑纽、没韵、五忽切。

下¹—下²—ᄂ³—兀
商   商 《说文》小篆 楷书

1、2《甲文编》362页。3《说文》176页。

象形字。《说文》:"兀,高而上平也。从一在人上。读若夐。茂陵有兀桑里。"段玉裁注:"凡从兀声之字,多取孤高之意。"林义光《文源》:"按从人而上平,非高之义,兀盖与元同字,首也。从人,一记其首处,与天同意,读若夐(寒韵),夐古与元同音(奂,从夐得声,奂声之宾与元部之院同字)实元(徽韵)之双声次对转也,兀元同字,故髡,《说文》从元或体从兀;軏,《说文》作輐。"甲骨文中元、兀二字用法相同,实为一字无疑。兀字当是𠂤形(见于金文)之省变,𠂤即突出其元首之形,兀上加一横作元,也是指示元首所在之处而已。又因甲骨文上作"二"形,元首在人体之上,故元字也可以认为是会意字。但兀字为象形字,兀即𠂤之变,《说文》解为会意字,与原始之构形不符,是据兀字后来的词义解释原始构形之义的。西周金文不见兀字,因为兀元为一字，不必使用兀字。到了春秋战国之际的侯马盟书、春秋吴王剑铭文已经出现兀字，可以认为是元字之省，仍然用为元字，古文字在东方六国文字里多用简省之形，兀元仍然不能区分为两个字。《说文》对兀字的解释，大概是两汉时人根据"兀"字的形体特点赋予的新的词义，汉代以后文献中元字的一些用法，都是根据这一新词义引申而来的，在用法上与元字完全不同了。因此，兀元二字到了汉代才从音义形上开始有所分工，成了两个字，两个词，但字形、字音上仍有联系。（周宝宏）

兒（儿） ér 日纽、支部；日纽、支韵、汝移切。

1、2《甲文编》362页。3、4《金文编》614页。5《战文编》592页。6《说文》176页。7、8《篆隶表》614页。

象形字。《说文》："兒，孺子也。从儿，象小儿头囟未合。"朱骏声通训定声："《苍颉篇》：男曰兒，女曰婴。《广雅·释亲》：兒，子也。"清王筠《说文释例》："象小儿头囟未合，谓曰也。"于省吾主编《甲骨文字诂林》"兒"字条后姚孝遂按语："《说文》训兒为'孺子'，'孺子'即'乳子'。《释名》：'人始生曰婴儿。'初生之儿也。难以总角，且卜辞兒字作，亦不象总角形。兒当以'象小儿囟未合'之说为是。李孝定"象总角"之说不可信。卜辞用为人名及方国名。"兒字之构形像小儿头囟未合形，引申为乳子，但甲骨文、西周金文皆不见使用兒字之本义者。兒字形体从甲骨文开始，经西周金文，战国秦汉文字，一直到楷书，都没有很大的变化。（周宝宏）

允 yǔn 喻纽、文部；以纽、准韵、余准切。

1、2《甲文编》362～363页。3、4《金文编》614页。5、6《战文编》592页。7《说文》176页。8《篆隶表》614页。

形声字。《说文》："允，信也。从儿，㠯声。"㠯，后世通作以。于省吾主编《甲骨文字诂林》"允"字条后姚孝遂按语："篆文允字从㠯，乃形体之讹变。金文、石鼓文已讹为从㠯。段玉裁以为'㠯'非声是也。但谓'㠯，用也，任贤勿贰，是曰允，此会意字'。徐灏已非之。卜辞皆用为验辞，其义为'信'。"信，为确实之义。甲骨文允字习见，皆用为确实之义。西周金文、西周文献允字也用为确实之义，如：班簋铭文："允才（哉）。"《诗·大雅·公刘》："度其夕阳，豳居允荒。"《诗·周颂·时迈》："允王维后"。可见，允字用为"确实"之义是商周时代已经通行的词义，而且是最早的词义。也许"允"字的原始构形之义与"确实"、"诚实"之义有关，但无法证实。允字甲骨文形体上部所从确实不是（㠯，以）字，构形之义不明，西周早期金文开始向㠯（以）形体讹变，西周晚期至春秋时代的允字上部确实已讹变为㠯，应该承认《说文》篆文允的形体确实是从㠯声的形声字，是直接继承春秋秦国金文形体而来。允字原始构形之义不明，因此其本义也不详。（周宝宏）

兌 duì 定纽、月部；定纽、泰韵、杜外切。

1《甲文编》363页。2《金文编》615页。3《战文编》592页。4《说文》176页。5《篆隶表》614页。

构形不明。《说文》："兌，说也。从儿，㕣声。"徐铉："㕣古文沇字，非声，当从口从八，象气之分散，《易》曰：兌为巫为口。"林义光《文源》："兌，即悦之本字，古作（师兌敦），从人口八，八，分也，人笑故口分开。"于省吾主编《甲骨文字诂林》"兌"字条后姚孝遂按语："诸说皆难以置信，存以待考。"又："卜辞诸'兌'字皆用作'锐'，徐灏《段注笺》谓'兌即古悦字'。'亦古锐字'。《孟子》：'其进锐者退速'，锐之义为疾速，《汉书·淮南王传》：'王锐欲发兵'，亦急疾之义。"又："《粹》一一五四：'马其先，王兌从'者，马队先行，王疾速从其后也。"兌最早的词义是锐（快速）义，但与兌字初形构形无法联系上，因此无法证明兌字之本义为锐。解兌为悦字之初文，本义为笑，虽与字形结构相符，但甲骨文、西周金文、西周文献未有用兌为悦为说者，也无法证明兌字之本义为悦、说。兌字本义或构形之义如何，只能存疑待考，诸说只可备一说而已。（周宝宏）

充 chōng 昌纽、东部；昌纽、东韵、昌终切。

充 ─ 壴 ─ 亮 ─ 充
《说文》小篆　汉　　汉　　楷书

1《说文》176页。2、3《篆隶表》615页。

构形不明。《说文》："充，长也；高也。从儿，育省声。"徐灏段注笺："《方言》：充，养也。养、长同义。高注《淮南·说山训》曰：充，大也。高、大同义。引申为充满、充实之称。戴氏侗曰：从人从㐬，㐬，生之始也，由始生至于成人，充之义也。"朱骏声通训定声："充育一声之转，或曰从育省会意，育子长大成人也，亦通。《方言》十三：充，养也。"林义光《文源》："育非其声，当从人，育省。"以上诸说对充字本义的解释，都是根据字形和在文献中的用法而来，但充字形体最早只见于《说文》小篆，出土汉初文字资料中的充字也是从小篆形体而隶变，更早的形体未见，不知更早的构形如何。充字从㐬（倒子之形，育字、弃字等所从）从儿（人之变形），如果认为二者加在一起会意，很牵强，如果认为从育省形会意，更无证据，因为没有见到从育不省的充字。况且古文字以及《说文》小篆形体凡下从"儿"形的字一般都是会意字和象形字，没有充分证据证明是形声字的，充字也不应是形声字。因此充字原始构形之义不明，诸家之说仅供参考、聊备一说而已。但充字在典籍中的用法都是以"长"、"高"之义为中心的，如用为肥胖、壮大、充满、富厚、填充、充当等义（详《汉语大字典》113页），都与"长"、"高"义有关，这些词义或许与充字构形有关，但充字构形又与这些词义没有直接关系。（周宝宏）

亮 liàng　见纽、阳部；来纽、漾韵、力让切。

亮 ─ 亮 ─ 亮 ─ 亮
战国　战国　战国　楷书

1、2、3《战文编》593页。

形声字。今本《说文》无亮字，清段玉裁《说文解字注》："亮，明也，从儿高省。各本无，此依《六书故》所据唐本补。盖即晁氏以道所见唐本也。古人名亮者字明，人处高则明，故其字从儿高。明者可以佐人，故《释诂》曰：亮、相，导也。典谟多用亮字，《大雅》：'凉彼武王'，传曰：'凉，佐也。'此假凉为亮也。《韩诗》正作亮。《孟子》曰：'君子不亮，恶乎执？'此假亮为谅也。"战国金文已见亮字作亮，似从高不省从人。战国古玺文习见亮字作亮，何琳仪《古文典》（640页）："亮，从儿，京省声。儿与京借用丨、十、?。《尔雅·释诂》：亮，信也。"亮字到底从高还是从京，还需进一步研究，还需更早的字形证明，此暂依何琳仪之说：亮，从儿京省声。其本义为信，即诚实之义。（周宝宏）

兄部

兄 xiōng　晓纽、阳部；晓纽、庚韵、许荣切。

兄 ─ 兄 ─ 兄 ─ 兄 ─ 兄 ─ 兄 ─ 兄
商　商　西周　战国《说文》小篆　秦　汉　楷书

1、2《甲文编》364~365页。3《金文编》615页。4《战文编》593页。5《说文》177页。6《睡甲》138页。7《篆隶表》615页。

构形不明。《说文》："兄，长也。从儿，从口，凡兄之属皆从兄。"段玉裁注："《小雅》：'兄也永叹。'传曰：兄，兹也。《大雅》：'仓兄填兮。'传曰：兄，滋也。'职兄斯引'，'职兄斯弘'，传曰：兄，兹也。又《小雅》：'仆夫兄瘁。'笺云：兄，兹也。又《大雅》：'乱兄斯削。'笺云：而乱兹甚。兹与滋义同。兹者，草木多益也。滋者，益也。凡此等毛诗本皆作兄。俗人乃改作从水之况，又讹作况。"又："兄之本义训益，许所谓长也。许不云兹者，许意言长则可晐长幼之义。矢部𥎦下曰：'兄，?也'，谓加益之词也。此滋长之义也。"又："引伸之则《尔雅》曰'男子先生为兄，后生为弟'。先生之年自多于后生者，故以兄名之。"又："从儿从口：口之言无尽也，故以儿口为滋长之意。"以上段注等古注皆将兄字之在西周文献中的常见义（如滋长）与兄字之字形牵合，根据这些词义去解释兄字字形结构，但是使人有牵强附会之感，难以相信，只可备一说，不可当作确论。兄字之本义或构形之义只能存以待考。兄字在商代甲骨文、西周金文、西周文献中多用为兄弟之兄，但《诗》中兄字用为滋长之义者则不见于甲骨文和西周金文，最早见于《大雅》，《大雅》为西周中期文献。《诗·小雅·彤弓》："我有嘉宾，中心贶之。"贶是赐给、赐给之义，当由兄之滋长义引申而来。贶赐之义在商代金文和西周金文中用光字表示，商乙卯尊："子光商（贶赏）姒丁贝。"西周守宫尊："周师光（贶）守宫事。"春秋金文叔夷钟："敢再拜稽首，应受君公之赐光（贶）。"《类篇》："贶，或从光作贶。"兄之滋长义、赐贶义也许由"光"字贶赐义而来。总之，兄字之构形及其本义，目前还不明，仍须考证。（周宝宏）

兢 jīng　见纽、蒸部；见纽、蒸韵、居陵切。

競 競 競 競 競 競 競
西周　战国　战国　《说文》小篆　汉　汉　楷书

1《金文编》616页。2、3《战文编》593页。4《说文》177页。5、6《篆隶表》615页。

构形之义不明。《说文》:"競,竞也。从二兄,二兄,竞意。从丯声。读若矜。一曰競,敬也。"段玉裁注:"竞者,强语也,《小雅·无羊》传曰:矜矜兢兢以言坚强也。"又:"丯,读若介,此取双声也,二丯皆声也。"又:"《小雅》'战战兢兢',传曰:战战,恐也,兢兢,戒也。"《无羊》之兢,于省吾《诗经新证》以为是競字,并谓此处之競是競相奔逐之义,不是强义。競字之用为"强"义在《诗》中仅此一见,而且不一定可靠。競之用为恐惧之义,也与字形结构相去甚远。从西周金文競字形体看,上部不从"丯(读为介)"为声,所从也许是玉形,林义光《文源》认为是像头戴饰物之形,可备一说。总之,競非从丯声,构形之义不明,本义也不明。(周宝宏)

先 部

先(簪) zān 精纽、侵部;精纽、覃韵、作含切。

先 先 簪 簪 簪
商　《说文》小篆　《说文》俗体　汉　楷书

1《甲骨文字诂林》第一册,460页。2、3《说文》177页。4《篆隶表》615页。

象形字。《说文》:"先,首笄也。从人、匕,象簪形。凡先之属皆从先。簪,俗先。从竹,从朁。"(笄,音jī,簪)段玉裁注:"竹部曰:笄,簪也。二字为转注。古言笄,汉言簪,此谓今之簪即古之笄也。古经无簪字,惟《易·豫》九四:'朋盍簪',郑云:速也。实寁之假借字。张揖《古今字诂》寁作撍,《埤苍》云:撍,疾也。寁、撍、撍同字。京作撍。经文之簪,古无释为笄者。又《士丧礼》:'复者一人以爵弁服簪衣于裳',注云:簪,连也。然则此实鐕之假借字。金部曰:鐕可以连着物者。凡经典此二簪字外,无言簪者。"郭沫若《殷契粹编》(二四七片考释):"先当是先之异,象女头著簪之形。"于省吾主编《甲骨文字诂林》0434条后姚孝遂按语:"按:郭沫若释先是对的。林义光《文源》谓先'象簪在人头形'。古文字偏旁从人从女每无别。卜辞云:'于大乙、祖乙先年,王受……''……酉卜,其先在大乙……'均用为祭名,或先年,或祈雨,与'先'之本义无涉。"甲骨文先为先字之原始初文,像一女人头发上插簪之形。单从《说文》小篆先字之形态已无法看出像人戴簪形,其形已失原始构形的原貌。新石器时代、商、西周、春秋、战国、秦汉墓葬经常出土石簪、玉簪、骨簪等很多,甲骨文簪字形体所插之簪正像其形。《说文》篆文先,当为讹变的形体。其俗体簪字当产生于秦汉时代,已见于汉初马王堆汉墓遣策中,正用其本义。正因为先字到了汉代已失去象形意味,故另造形声字簪字以代之。(周宝宏)

兟 jīn 精纽、侵部;精纽、侵韵、子心切。

兟 兟
《说文》小篆　楷书

1《说文》177页。

会意字。《说文》:"兟,兟兟,锐意也。从二先。"林义光《文源》:"兟字经传未见。朁字从兂得声,当即从先之繁文,犹《说文》无畾字,畾从刀畐声,而字从畾也。"簪之形状,一头尖锐,便于插入头发,因此引申为锐利、锐意之义。兟当为先字之繁文。《金文编》卷8兟字条下收有散氏盘铭文之 字,从字形上看,明显不是兟字。散氏盘" "与甲骨文之 在形体上没有任何继承关系,与《说文》小篆之兟也没传承关系。(周宝宏)

皃 部

皃(貌) mào 明纽、药部;明纽、效韵、莫教切。

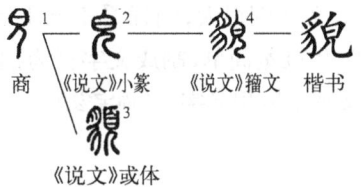
商　《说文》小篆　《说文》籀文　楷书
《说文》或体

1《简明甲骨文词典》300页。2、3、4《说文》177页。

象形字。《说文》:"皃,颂仪也。从人,白象人面形。凡皃之属皆从皃。貌,皃或从頁,豹省声。貌,籀文皃,从豹省。"段玉裁注:"页部曰:颂,皃也。此曰:皃,颂也。是为转注。颂者,今之容字。必言仪者,谓颂之仪度可皃象也。凡容言其内,皃言其外,引申之凡得其状曰皃。析言则容皃各有当,如叔向曰'貌不道容'是也。累言则曰容貌,如'动容貌斯远暴慢'是也。"又:"从儿、白,象人面形:上非黑白字,乃象人面也。"朱骏声通训定声:"面之神气曰颂,面之形状曰皃。……《论语》'貌思恭',皇疏:动容谓之皃。《左传》:貌不道容。"于省吾主编《甲骨文字诂林》"白"

字条下姚孝遂按语:"兒既象人面,亦假作黑白之白。《说苑·修文》:'貌者,男子之所以恭敬,妇人之所以姣好。行步中矩,折旋中规,立即磬折,拱则抱鼓……'《国语·晋语》:'夫貌,情之华也。'仪容包括人身之全体言之,而突出表现于面容,故兒字从人作兒。"姚孝遂之说是非常正确的,但《甲文编》、《汉语大字典》等大型工具书均未收甲骨文兒字,而《说文》小篆及说解、段注等皆与甲骨文兒字形体相合。兒字为初文,貌为后起形声字,《说文》认为是籀文,但西周古文字资料中未见貌字,最早见于汉初马王堆汉墓帛书。(周宝宏)

覍(弁) biàn 並纽、元部;並纽、线韵、皮变切。

1、2、3《说文》177页。

象形字。《说文》:"覍,冕也。"段玉裁注:"《士冠礼·记》曰:周弁、殷冔、夏收。郑注:弁名出于槃,槃,大也,言所以自光大也。冔名出于帳(音hū),帳,覆也,言所以自覆饰也。收,言所以收敛发也。"又:"从兒,象形,谓篆体𠔉也,盖象皮弁之会。郑曰:会,缝中也。"覍字更古的形体未见,覍字之异体弁也是如此,上边所从,已经看不出帽子的形象,战国楚简虽屡见弁字,但形体与《说文》小篆及或体、籀文区别很大,同样看不出上边所从为弁冕之形。上古时代冠冕简单,制成文字更为抽象,难于像其具体形象。文献中皆用弁字。(周宝宏)

兂部

兂 gǔ 见纽、鱼部;见纽、姥韵、公户切。

1《说文》177页。

象形字。《说文》:"兂,廱蔽也。从人,象左右皆蔽形。凡兂之属皆从兂。读若瞽。"李家浩《读〈郭店楚墓竹简〉琐记》:"《唐虞之道》在讲舜的孝的品德时,有两次提到他的父亲,简文作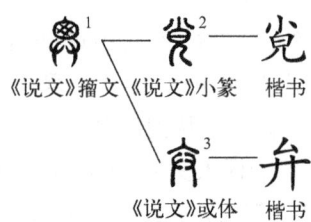寞(《郭店》39.9)、寞(《郭店》40.24),'寞'前一字,释文作为不认识的字而缺释。我们认为这个字是'兂'字。《说文》篆文'兂'作𠑹。朱骏声指出,《说文》篆文'兂'的字形是有问题的,他说:'按'兔'字从此……《说文》无'兔'字,但有从'兔'的'晚'、'冕'、'勉'等字,其所从'兔'旁作兔。按照朱骏声的说法,《说文》篆文'兂'原文应该作:𠑹。这一意见值得注意。"又:"简文'兂'与'兔'的区别,除了所从'儿'旁一反一正外,还有一点区别,就是《唐虞之道》二四号简'兂'所从的'冂(冃)'要比'兔'所从的'冂(冃)'长。据《说文》所说,'兂'的本义是'廱蔽也'。古文字'兂'很可能取象于'冂(冃)'较大,遮盖住人的耳目之义。"又:"前面说过,'兂寞'是舜的父亲。根据文献记载,舜的父亲叫'瞽瞍',字或作'瞽叟'。"又:"'寞'疑应该读为'瞙'。《玉篇》目部:'瞙,《字统》云:目不明。'简文'兂瞙'当是瞽瞍的别名。"按:李家浩之说十分有理,但还缺乏秦汉文字资料中兂字形体的证据。(周宝宏)

兜 dōu 端纽、侯部;端纽、侯韵、当侯切。

1《说文》177页。

会意字。《说文》:"兜,兜鍪,首铠也。从兂,从兒省,兒,象人头也。"段玉裁注:"铠者,甲也。镜属曰鍪。首铠曰兜鍪,谓其形似鍪也。冃部曰:冑,兜鍪也。古谓之冑,汉谓之兜鍪。"兜鍪为叠韵联绵词,头盔之义。《说文》谓"象人头也",指兒字而言。兜字之形体未见于先秦古文字资料,居延汉简兜字作𠑹,与《说文》小篆形体基本相同,《说文》"从兂从兒省"之说可能不符合原字形结构。(周宝宏)

先部

先 xiān 心纽、文部;心纽、先韵、苏前切。

1、2《甲文编》366~367页。3、4、5《金文编》617~618页。6《战文编》138页。7《说文》177页。8、9《睡甲》138页。10、11《篆文编》616页。

会意字。《说文》："先，前进也。从儿，从之。"于省吾主编《甲骨文字诂林》"先"字条后姚孝遂按语："契文从止，从人，或从兀。止在人前，故有先义。卜辞均用为先后之先。段玉裁注谓'之者出也，引申为往'；王筠句读谓'之，出也，出人头地，是先也'，是皆曲为之说。"据甲骨文先字形体结构，从止在人或在兀前（兀者首也）；根据甲骨文先字用例，其本义为先后之先。而不是如《说文》所说，是从之从人，本义也不是"前进"之义。上列字形表1，还可以确定先字确实从止从人或从兀。从甲骨文开始止与兀连在一起，已经无法确定是从止还是从之。到了秦代古隶书里，先的"止"字旁已经与甲骨文、西周金文、战国文字中先的止字旁不同了，这种形体演变为东汉碑文先，为楷书所本。（周宝宏）

兟 shēn 心纽、真部；生纽、臻韵、所臻切。

兟¹ — 兟
《说文》小篆   楷书

1 《说文》177页。

会意字。《说文》："兟，进也，从二先，赞从此，阙。"段玉裁注："《五经文字》儿部曰：兟，色巾反，见《诗》。按此谓《大雅》'兟兟其鹿'也。今《大雅》作甡。传曰：甡甡，众多也。但《玉篇》云：駪，多也。亦作詵、駪、兟、甡字同是众多之义，可作兟。据《五经文字》，张参所据《大雅》作兟。盖并先为众进之意。"清桂馥《说文解字义证》："通作赞。《书·大禹谟》：益赞于禹曰。馥谓：进言于禹。《家语》：游夏不能赞一辞。亦谓不能进一辞。"徐灏段注笺："说解云阙，阙其义也。'进也'之训盖后人以先训前进而增之。"兟字最早见于战国时代的侯马盟书，用为人名，不用其本义。兟字在典籍中几乎不出现，从兟之赞字，则最早见于《左传》、《国语》等文献。兟之本义，以段玉裁之说最为合理，符合兟字字形结构。（周宝宏）

秃 部

秃 tū 透纽、屋部；透纽、屋韵、他谷切。

秃¹ — 秃² — 秃³ — 秃
《说文》小篆 汉 汉 楷书

1 《说文》177页。2、3《篆隶表》616页。

《说文》："秃，无发也。从人，上象禾粟之形，取其声。凡秃之属皆从秃。王育说：苍颉出，见秃人伏禾中，因以制字。未知其审。"段玉裁注："按'粟'当作秀，以避讳改之也。……象禾秀之形者，谓禾秀之颖屈曲下垂，茎屈处圆转光润，如折钗股。秃者全无发，首光润似之。故曰象禾秀之形。秀与秃古音皆在三部，故云秃取秀之声为声也。……此云象禾秀之形，'取其声'，谓取秀声也，皆会意兼形声也。其实秀与秃古无二字，殆小篆始分之，今人秃顶亦曰秀顶，是古遗语。凡物老而椎钝皆曰秀，如铁生衣曰锈。"秀字形体最早见于春秋时代的石鼓文，习见于战国包山楚简，上从禾下从乃，与《说文》篆文秀字形体完全相同。而秃字形体最早见于秦印、秦陶文颓字所从，独体字最早见于汉简、汉印和《说文》小篆，但秃字上从禾下从"几"，与同时代的"乃"字形体区别明显。因此秀与秃二字在形体上从战国晚期至秦汉时代已经区分，二字更早的形体（特别是秃字更早的形体）未见，还没有更可信、更充分的字形证明二字本为一字之分化，或者秃是从秀字分化而来。段玉裁分析秃字的字形结构之义（即秃字本义）似较牵强，仅可备一说而已。秀、秃二字用为秃顶之义可能都是借用，其本义已失。（周宝宏）

穨（頹）tuí 定纽、微部；定纽、灰韵、杜回切。

穨¹ — 穨² — 穨³ — 穨⁴ — 頹
秦 秦 秦 《说文》小篆 楷书

1、2、3《战文编》594页。4《说文》177页。

形声字。《说文》："穨，秃皃（貌）。从秃，贵声。"徐灏段注笺："秃者发落，故引申之义为颓落。《文选·长笛赋》：'感迴飙而将穨'，李注：颓，落也。"张舜徽《说文解字约注》："发落为秃，下队（坠）为隤，其事类相近耳。本书髟部：'髠，发落也。'与穨双声，语原同也。"穨（頹）字在古籍中多用为落下、颓废、衰微、衰老等义，不用为"秃貌"，可见其本义不是秃貌而是头发脱落，因而引申为一般物体的下落、思想颓废（不振作）等词义。《周礼·考工记·梓人》："爪不深，目不出，鳞之而不作，则必颓尔如委矣。"（鳞：动词，去掉鳞。委，委靡不振）孙诒让正义："此颓字，形容厌伏不振之貌。"穨字虽然最早见于秦代文字，但秦文字的穨字形所从之贵旁，虽是秦印篆文，但已是接近隶书形体，可见穨字最迟在春秋战国时代已经产生。（周宝宏）

見 部

見（见）jiàn 见纽、元部；见纽、霰韵、古电切。
xiàn 晓纽、元部；晓纽、霰韵、胡甸切。

見部

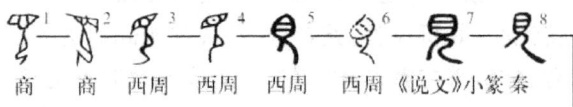

1、2《甲文编》367~368页。3、4、5《金文编》618页。6《战文编》595页。7《说文》177页。8、9《睡甲》138页。10、11《篆隶表》617页。

象形字。《说文》："见，视也。从儿，从目。"见字应该是突出人目之形的象形字，像人用目以视之形。甲骨文中的见字，像人跪坐而视之形，西周早期金文仍然保持着甲骨文见字的写法。从西周中期金文开始见字下边所从之⺆已经变为⺄形，但上部所从之目形仍然很象形。到了西周晚期金文中的见字（如上列字形表5）已经变为与秦汉篆文相近，《说文》小篆见字正是从这一形体而来。裘锡圭《甲骨文中的见与视》认为"西周金文中'目'下作立人形之字亦应释为'视'，这从文例上也可以看出来。"见字在甲骨文中就用其本义及直接引申义，如用为见、用为献等义。在先秦两汉典籍中经常用为"现"。清徐灏《说文段注笺》："目所睹为见，因有见在之称，俗别作现。《汉书·申屠嘉传》：'馀见无可者。'颜注：'见谓见在之人。'是也。《广韵》始收现字。"张舜徽《说文解字约注》："《史记·项羽本纪》：'军无见粮'，《汉书·高五王传》：'于今见在最为长'。古人或单称见，或称见在，犹今俗语现在也。……故今俗所称现在，亦可称眼前，或称目前，其理一耳。"（周宝宏）

視（视） shì 禅纽、脂部；禅纽、旨韵、承矢切。

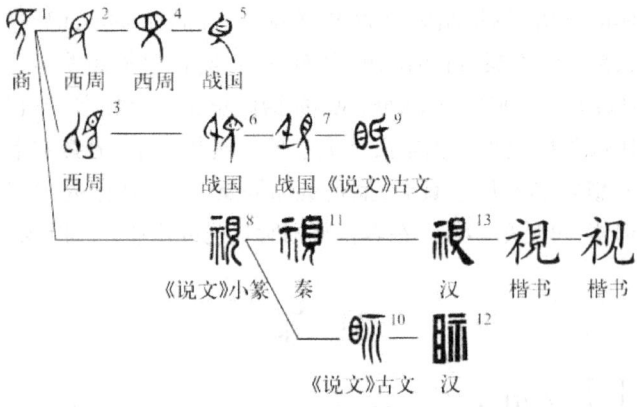

1《甲文编》367页。2、3、4《金文编》618页。5、6、7、11《战文编》595页。8、9、10《说文》177页。12、13《篆隶表》617页。

形声字。《说文》："视，瞻也。从见、示，眂，古文视。眡，亦古文视。"段玉裁注："目部曰：瞻，临视也。视不必皆临，则瞻与视小别矣。浑言不别也。"又"见"字下注云："析言之有视而不见者，听而不闻者，浑言之则视与见、闻与听一也。"饶炯部首订："对文则用目及物曰视，物来遇目曰见，《礼记·大学》云：'视而不见。'《中庸》曰：'视之而不见。'皆是也。散文则视亦为见。"徐灏段注笺："视而不见，听而不闻，与字之本义无涉，段说支离已甚，目所睹为见。因有见在之称。"见字在甲骨文中用为觐见、监视、献物等义，视在甲骨文、西周金文中用为侦视（侦察）、视事等词义。在甲骨文、西周金文中见、视二字在形体和用法上都有明显的区别。主动去看某物为视（但不一定能看到），看到某物为见（但不一定主动去看），这是二字的主要区别。段注、饶炯之说是对的。见和视的形体从甲骨文至战国文字都是有区别的。详见裘锡圭《甲骨文中的见与视》。视在甲骨文和西周金文中本为象形字，一直到战国楚简文字中如此，但在西周早期金文中何尊铭文就已经出现视字的形声字结构作䚕（见上列字形表3），从见（原作⺄），至春秋战国之交的晋侯马盟书作䚕（见字作⺄），《说文》视字古文眡即䚕形之省。从示旁之视字最早见于秦代古玺文和睡虎地秦墓竹简，这样的形体属于秦系文字，最晚应产生于战国时代。《说文》古文应即视形之省。见与视二字形体的混同最迟当在春秋战国，正因为二字混同，才有从示旁之视字形体产生。见、视二字在词义用法上从甲骨文开始就不同，一直到后代文献中仍然如此。（周宝宏）

䚃（睨） nì 疑纽、支部；疑纽、霁韵、五计切。

形声字。《说文》："䚃，旁视也。从见，兒声。"段玉裁注："目旁曰睨，衺（邪）视也。二字音义皆同。"䚃之与睨犹䚕之与睹、视之与袘，只是繁省之别，音义皆同，为异体字，后世典籍通用睨字。䚃字之本义为邪视，旁视也是邪视之义。睨字习见于战国两汉文献，此字应该产生于战国时代。（周宝宏）

覝 lián 来纽、谈部；来纽、盐韵、力盐切。

1《说文》177页。

形声字。《说文》："覝，察视也。从見，兲声。读若镰。"段玉裁注："密察之视也。《高帝纪》'廉问'，师古注曰：廉，察也，字本作覝，其音同耳。按《史》所谓廉察皆当作覝，廉行而覝废矣。"徐锴系传："《汉书》多言'廉得其情'，廉，察视也，当作此覝。"覝字未见于先秦古文字资料，也未见于先秦文献，两汉文献皆以廉代替覝字，后世典籍也不见覝字。覝字应该是战国秦汉时代产生的字。（周宝宏）

觀（观） guān 见纽、元部；见纽、桓韵、古丸切。guàn 见纽、元部；见纽、换韵、古玩切。

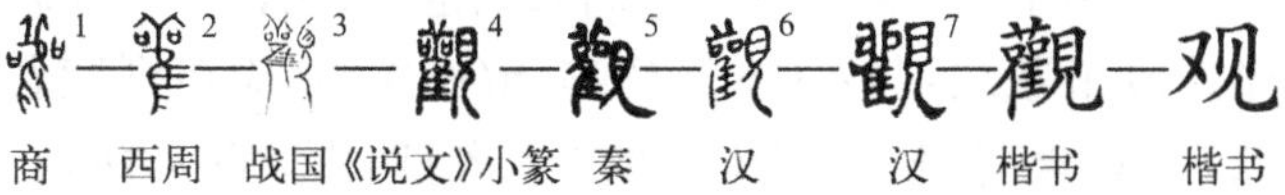

商 西周 战国《说文》小篆 秦 汉 汉 楷书 楷书

1《甲文编》368页。2《金文编》619页。3《战文编》595页。4《说文》177页。5《睡甲》139页。6、7《篆隶表》617页。

形声字。《说文》："觀，谛视也。从見，雚声。"段玉裁注："审谛之视也。《谷梁传》曰：常事曰视，非常曰观。"一般地看叫视，仔细地看叫观。张舜徽《说文解字约注》："故谛视为观，乃其本义，因引申为凡视之称。就字义细分之，见与视短暂，观则停留，见与视轻略，观则审谛，此析言之也，若浑言之，则见与观双声，其义本一。见之与观，犹坚之与刚耳。"赵诚《甲骨文行为动词探索》："甲骨文的萑字写作□，象一种飞禽之形。或写作□，增加了两个□表示一双眼睛，隶定当作雚。看来这是一种有着大眼睛的鸟。《说文》释萑为'鸱属'，当指鸱鸺（也叫鸱鸮）一类鸟。鸱鸺，即俗所谓猫头鹰，也叫夜猫子。这一类鸟确实是有一对大大的眼睛。大概就是因为有一对大大的眼睛，所以卜辞的萑或雚作为动词有观看之义，再由此发展而有观察、监视之义。"甲骨文雚字用为观看之义，又引申为观察之义，正是《说文》所说的"谛视"之义。其本义也许是由猫头鹰（雚）有两个大眼睛而来。商代甲骨文、西周金文皆用雚为觀，至战国才有从見雚声之觀。大概战国时代人们已经不知道雚就是觀的本字，不了解雚字的构形初义，因此才加形符"見"以显示其字义。（周宝宏）

㝵 dé 端纽、职部；端纽、德韵、多则切。

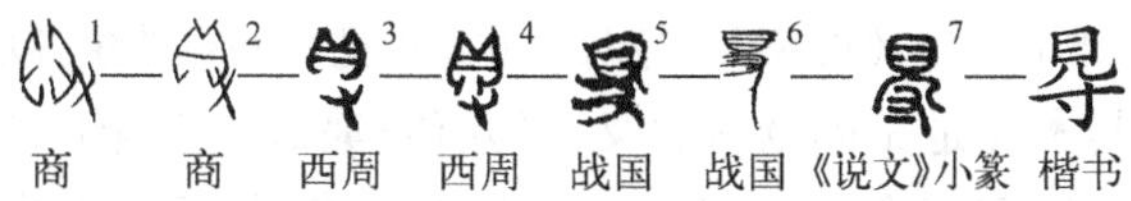

商 商 西周 西周 战国 战国《说文》小篆 楷书

1、2《甲文编》75页"得"字下。3、4《金文编》114页"得"字下"得"字所从。5、6《战文编》596页。7《说文》177页。

会意字。《说文》："㝵，取也。从見，从寸，寸，度之，亦手也。"徐铉："彳部作古文得字，此重出。"徐灏段注笺："《六书故》作从又持贝，云：'贝在手，得之义也。'此说似通。从寸与从又同。'見'则'貝'之讹耳。"罗振玉《殷虚书契考释》："此从又持貝，得之意也。或增彳，许书古文不見，殆从貝之讹。"于省吾主编《甲骨文字诂林》"㝵"字条后姚孝遂按语："卜辞均用作得失之得。"如："𢀛㝵（得）舟"、"丙辰卜，贞：弗其㝵（得）羌"。㝵，甲骨文从又（手）持貝，表示得到之义，西周早期金文也如此结构，西周晚期金文从手持貝，构形之义同。甲骨文不见"得"字，但殷金文有"得"字。西周金文"㝵"与"得"二形并行，字义亦相同。至战国文字，如楚简所从之貝略有省略，又如中山王器所从之貝省略为"目"形。战国时代还习见"㝵"字，但秦汉出土文字资料未见"㝵"字，只见"得"字，传世文献也只见得，未见㝵。《说文》小篆㝵从見，当是后世传抄致讹。（周宝宏）

覽（览） lǎn 来纽、谈部；来纽、敢韵、卢敢切。

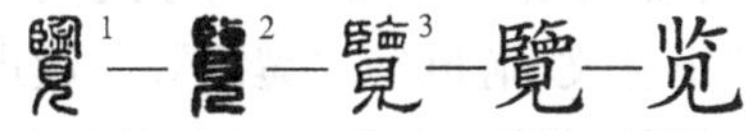

《说文》小篆 汉 汉 楷书 楷书

1《说文》177页。2、3《篆隶表》618页。

形声字。《说文》："覽，观也。从見、監，監亦声。"監字西周金文作□，像人张目视鉴水中所映照的自己的形象，因此有观看之义。"临"字旁是監字旁的省变。临与見皆有观看的意思，二字加在一起，语义重复，构不成会意字，"见"字旁当是后加的形符，覽为監字之增累字。观字的本义是主动地看、仔细地看，览字的本义是泛泛地看，引申为一般地看。覽字习见于战国秦汉文献，多用为观看之义，但未见于出土的战国秦汉文字资料，此字应产生于战国秦汉时代。《楚辞·离骚》："览椒兰其若兹兮"，《楚辞·九歌·云中君》："览冀州兮有余，横四海兮焉穷。"以上览字用为观察、阅览、远望之义。（周宝宏）

覭 piǎo 帮纽、宵部；帮纽、小韵、方小切。

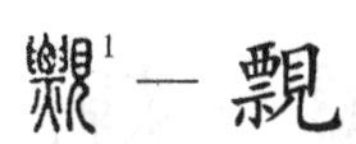

《说文》小篆 楷书

1《说文》178页。

形声字。《说文》："覭，目有察省見也。从見，票声。"（目光观察省视而有所见叫覭）桂馥义证："'见'，《集韵》引作'皃(貌)',《广韵》引《字林》:覯,目有所见也,伺者有意,覯者无心,今俗语尚云覯。与目部之瞟音义皆同。"覯之本义即今口语中覯了某人某物一眼之覯,今本《说文》所解覯字本义当有错乱,当以《字林》所释"覯,目有所察"为是。覯字不见于先秦秦汉文献,也不见于战国秦汉出土文字资料,后世典籍罕用,但在口语中为常用词。(周宝宏)

覯(觏) gòu 见纽、侯部;见纽、候韵、古候切。

覯¹—覯—觏
《说文》小篆　楷书　楷书

1《说文》178页。

形声字。《说文》:"覯,遇见也。从见,冓声。"段玉裁注:"辵部:'遘,遇也。'覯从见,则为逢遇之见。《召南·草虫》:'亦既见止,亦既覯止。'传云:'覯,遇也。'此谓覯同遘。"于省吾主编《甲骨文字诂林》"冓、遘"字条后姚孝遂按语:"甲骨文冓字或从止,或从彳,或从辵。通用无别。《说文》:'冓,交积材也,象对交之形。'谓为'象对交之形'是对的,谓为'交积材'则不确。小篆遘、構、篝、覯、媾诸字均由冓字孳乳分化而来,其初形均当作冓。"甲骨文"遘风"、"遘雨"、"遘虎"、"遘又鹿"等即用为覯即遇见之义。(周宝宏)

覘(觇) chān 透纽、侵部;彻纽、盐韵、丑廉切。

覘¹—覘—觇
《说文》小篆　楷书　楷书

1《说文》178页。

形声字。《说文》:"覘,窥也。从见,占声。《春秋传》曰:公使覘之,信。"段玉裁注:"《左传》:'使公覘之',杜曰:覘,视也。《檀弓》:'晋人之覘宋者',郑曰:覘,阚视也。《国语》:'公使覘之',韦注:覘,微视也。"覘之本义为窥视。覘字虽未见于战国文字,但常见于战国文献,其字应该产生于战国时代。(周宝宏)

覢 shǎn 书纽、谈部;书纽、琰韵、失冉切。

覢¹—覢
《说文》小篆　楷书

1《说文》178页。

形声字。《说文》:"覢,暂见也。从见,炎声。"段玉裁注:"猝乍之见也。……按与目部之䁑音义皆同。"张舜徽约注:"凡言闪电,当以覢为本字。"又:"今语尚称物之暂见而遽(音据,快速)灭者谓之一覢。俗语皆作闪,用借字。"覢字本义即突然出现又马上消失之义,即《说文》所说之"暂见"。其字典籍罕见使用,皆以闪字代之。后人很少知道覢为本字、闪为借字。(周宝宏)

覛 mí 明纽、脂部;明纽、齐韵、莫兮切。

覛¹—覛
《说文》小篆　楷书

1《说文》178页。

形声字。《说文》:"覛,病人视也。从见,氐声,读若迷。"段玉裁注:"按各本篆作覛,解作氏声。氏声则读若低,与读若迷不协。考《广韵》十齐曰:覛,病人视貌。《集韵》曰:覛覛二同。《类篇》曰:覛覛二同。《集韵》、《类篇》覛,又民坚切,训病视。盖古本作覛,民声。读若眠者,其音变,读若迷者,双声合音也。唐人讳民,偏旁省一画,多似氏字,始作覛,继复讹作覛,乃至正讹并存矣。"据段注,覛本作覛,本义为昏迷之迷。字不见于先秦两汉出土文字,也不见于先秦两汉文献,典籍皆以迷代替覛(覛)字。《汉语大字典》等以金文覛、侯马盟书覛作为覛字的初文,是错的。(周宝宏)

覬(觊) jì 见纽、脂部;见纽、至韵、几利切。

覬¹—覬—觊
《说文》小篆　楷书　楷书

1《说文》178页。

形声字。从见,豈(岂)声。本义为希望,典籍中多借冀为之。《楚辞·九辩》:"事亹亹而觊进兮,蹇淹留而踌躇。"正用希望之义。《楚辞》中又用豈(岂)为覬,可能是先借豈字为之,后加"见"旁作覬。覬字不见于先秦两汉出土文献,最早产生于战国秦汉时代。(周宝宏)

覦(觎) yú 喻纽、侯部;以纽、虞韵、羊朱切。

覦¹—覦—觎
《说文》小篆　楷书　楷书

1《说文》178页。

形声字。《说文》:"覦,欲也。从见,俞声。"覦、欲双声,其本义是见而欲得之义。《左传·襄公十五年》:"能官人,则民无觎心。"觎心,贪欲之心。觎字不见于先秦两汉出土文字资料,但战国文献已见之,其字当产生于

战国秦汉时代。（周宝宏）

覺（觉） jué 见纽、觉部；见纽、觉韵、古岳切。

覺¹—覺²—覺³—覺⁴—覺—觉
《说文》小篆　秦　秦　汉　楷书　楷书

1《说文》178页。2、3《睡甲》139页。4《篆隶表》618页。

形声字。《说文》："覺，寤也。从見，學省声。一曰发也。"段玉裁注："悟，各本作寤，今正。心部曰：悟者，覺也。二字为转注。寤部曰：寐觉而有言曰寤。非其义也。何注《公羊》、赵注《孟子》皆曰：觉，悟也。"徐灏段注笺："觉之本义，谓寐而有觉，故曰寤也。引申为觉悟之称。故心部云：'悟，觉也。'又为发觉之义，故《广雅》曰：'发也'。又为凡知觉之称。"觉字未见于甲骨文、西周金文，但春秋战国文献常见觉字。《诗·王风·兔爰》："我生之后，逢此百忧，尚寐无觉。"《王风》最晚是春秋时代的诗篇，可见觉字应该产生于春秋时代。《兔爰》中的觉字正用其本义睡醒。《说文》认为觉字从见、學省声，从西周金文"學"字看，是可信的，因为學字上部所从没有单独使用过。（周宝宏）

靚（靓） jìng 从纽、耕部；从纽、静韵、疾政切。

靚¹—靚²—靚³—靚⁴—靚—靓
《说文》小篆　汉　汉　汉　楷书　楷书

1《说文》178页。2、3、4《篆隶表》618页。

形声字。《说文》："靚，召也。从見，青声。"段玉裁注："《广韵》曰：古奉朝请亦作此字。按《史记》、《汉书》皆作朝请。徐广云：律，诸侯春朝曰朝，秋曰请。"诸侯春天朝见皇帝叫朝，秋天朝见皇帝叫请，此请字本字当作靚，从见正为朝见之义。张舜徽《说文解字约注》："靚、请同从青声，而靚训召，请训谒，字义相反而实相成也。自借请为靚，而靚废矣。今俗称召客为请客，盖古之遗语也。"《广雅·释言》："令、召，靚也。"靚的本义为召见，"秋曰请（靚）"为引申义（去见、被召见），再引申为请人来见之请（靚）。靚字不见于先秦古文字资料，最早见于秦汉文献。（周宝宏）

親（亲） qīn 清纽、真部；清纽、真韵、七人切。

辛¹—辛²—辛³—新⁴—親⁵—親⁶—親⁷—親⁸
西周　西周　战国　战国　《说文》小篆　秦　秦　汉

親⁹—親¹⁰—親—亲
汉　汉　楷书　楷书

1、2《金文编》619页。3、4《战文编》586页。5《说文》178页。6、7《睡甲》139页。8、9、10《篆隶表》619页。

形声字。《说文》："親，至也。从見，亲声。"桂馥义证："至也者，本书窴，至也，《广韵》：儭，至也。"段玉裁注："'窴，至也。'至者，亲密无间之意。見部曰：親者，至也。然则窴与親音义皆同。故秦碑以窴轩为親巡。《广韵·真韵》曰：窴，古文親。"徐错系传："'親，至也'：密至也，亲音榛。"西周金文窴、親二字同见，皆用为亲自之親。甲骨文有新字。于省吾主编《甲骨文字诂林》"新"字条后姚孝遂按语："按：卜辞'新'字与'新'有别，不得谓为新之繁文。中山壶有親字作窴，是契文新当释'親'。金祖同以为'窴'之古文是也。《广韵》以'窴'为'親'之古文。《说文》则以'親'、'窴'分列二部，而皆训为'至'，实本同字。"据姚孝遂之说，西周金文之親来源于甲骨文之窴。清徐灏《说文段注笺》："親从見，则其义起于相见，盖见而親爱也。親爱者莫如父子、兄弟、夫妇，故谓之六親。引申为凡切近之称。"西周金文、西周文献已经用为親自之义，当为親字之本义，再引申为至親、密親之义。西周金文親字以辛字作为声符，至战国楚简親字仍然如此，只是到了秦代简文和战国文字中才出现从亲（上从辛下从木）字作为声符。但战国、秦汉仍然使用从辛或从亲两种声符并行的親字。（周宝宏）

覲（觐） jìn 群纽、文部；群纽、震韵、渠遴切。

堇¹—覲²—覲—觐
西周　《说文》小篆　楷书　楷书

1《金文编》619页。2《说文》178页。

形声字。《说文》："覲，诸侯秋朝曰覲，劳王事。从見，堇声。"段玉裁注："《大宗伯》以宾礼覲邦国，春见曰朝，秋见曰覲。郑曰：覲之言勤也，欲其勤劳王事。按郑与许说合，叠韵为训。"金文夒方鼎铭文："□夒堇（覲）于王，癸曰赏夒贝二朋，用作夒尊彝。"此为殷代晚期至西周早期器，用堇为覲见之覲。覲之本义应是朝见国王。秋天朝见国王叫覲，应该是西周晚期时代才有的用法。

《诗·大雅·韩奕》："韩侯入觐，以其介圭，入觐于王。"毛传："觐，见也。"西周文献虽然已有觐字，但西周金文用堇为觐，未见觐字。直至《说文》才有从见之觐。觐字之产生时代目前还不清楚。（周宝宏）

覜（覜） tiào 透纽、宵部；透纽、啸韵、他吊切。

《战文编》596页。3《说文》178页。

形声字。《说文》："覜，诸侯三年大相聘曰覜。覜，视也。从见，兆声。"段玉裁注："覜训视，故从见。《小行人》曰：存、覜、省、聘、问，臣之礼也。按五者皆得训视。"张舜徽约注："覜、眺音同，盖本一字。覜之初训，当以游视为本义。许云：'覜、视也。'此旧诂也。目部曰：'眺，目不正也。'目不正，即两睛流移不定意。今语所云游眺、眺望，皆用本义。至于以此为聘问之专称，乃后王礼制大备时所有，非造字时原意也。"覜字常见于楚简古文字资料，也常见于传世文献。《左传·昭公五年》："朝聘有珪，亨覜有璋。"眺字见于汉代初年马王堆汉墓帛书《老子乙》。《国语·齐语》："而重为之皮币，以骤聘眺于诸侯，以安四邻。"韦昭注："眺，视也。"眺、覜二字本为一字，本义为视。（周宝宏）

覕（覕） miè 明纽、质部；明纽、屑韵、莫结切。

1《说文》178页。

形声字。《说文》："覕，蔽不相见也。从见，必声。"段玉裁注："覕之言闷也，祕也，蔽覕双声。"覕之本义为因隐蔽而看不见，但这一用法的覕字，文献罕见使用。《集韵·屑韵》："瞥，亦作覕。"《庄子·徐无鬼》："是以一人之断制利天下，譬之犹一覕也。"陆德明释文："覕，暂见貌。"覕字这一用法当晚于覕之为"蔽不相见也"之义。覕字不见于先秦古文字。（周宝宏）

覿（覿） dí 定纽、屋部、徒历切。

1《说文》178页。2《篆隶表》619页。

形声字。《说文》："覿，见也。从见，賣声。"王玉树

说文拈字："覿字屡见经传，如《易·困卦》：'三岁不覿'，《春秋·庄二十四年》：'大夫宗妇覿用币'，《礼·郊特牲》：'不敢私覿'，则此字许书不应无。"《易·丰》："阚其户，闃其无人，三岁不覿。"覿字常见于战国文献，《易》经文最迟也应是西周晚期文献，可见覿字至迟战国时代已产生。（周宝宏）

覞 部

覞 yào 喻纽、宵部；以纽、笑韵、弋照切。

1《说文》178页。

会意字。《说文》："覞，并视也。从二见。"饶炯部首订："并视，非二人同视一物，谓二人相对为视也。"一说，据《广韵》训"并视"为"普视"。此字之本义不见于先秦两汉出土古文字资料，也不见于传世文献，因此无法解释覞字构形之义，但为会意字是可以肯定的。（周宝宏）

欠 部

欠 qiàn 溪纽、侵部；溪纽、酽韵、去剑切。

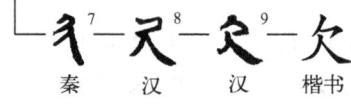
秦　汉　汉　楷书

1、2《金文编》368页。3《金文编》621页"吹"字所从。4《金文编》622页"欹"所从。5《金文编》623页"歙"字所从。6《说文》179页。7《睡甲》139页"欲"字所从。8《篆隶表》619页。9《篆隶表》621页"欲"字所从。

象形字。《说文》："欠，张口气悟也。象气从人上出之形。"徐锴系传："人欠㰦也（㰦，音qù，张口也）。悟，解也。气壅滞，欠㰦而解也。ㄎ，气也。"张舜徽约注："即今语所谓呵欠也。凡人坐久思寐，或疲困时皆然。《仪礼·士相见礼》：'君子欠伸。'郑注云：'志倦则欠，体倦则伸'是也。上出之ㄎ即气字。"于省吾主编《甲骨文字诂林》"欠"字条后姚孝遂按语："字当释欠，象人张口出气形。《说文》：'欠，张口气悟也。'《太平御览》引作'张口出气也'。……《说文》又谓：'旡，饮食气屰（逆）不得息曰旡，

从反欠。'实则古文字反正每无别，𣪊、𣪘俱当释'欠'。"甲骨文之欠字，像人张口出气之形，经西周金文、战国文字，一直到秦汉简帛，都无大的变化，西周、春秋、战国和秦代出土文字资料中，不见单独使用的欠字，但作偏旁的欠字习见。汉代印文中的欠字旁基本保持商周的写法，与之时代相同的《说文》小篆欠字及欠字旁形体也应该是这种形体。《说文》欠字及欠字旁作可能是后人根据《说文》"欠，张口气悟也"的说解改造的，原篆不应如此。（周宝宏）

欽（钦）qīn 溪纽、侵部；溪纽、侵韵、去金切。

战国 战国 秦 《说文》小篆 汉 汉 汉 楷书 楷书

1《金文编》621页。2、3《战文编》597～598页。4《说文》179页。5、6、7《篆隶表》619～620页。

形声字。《说文》："钦，欠皃（貌）。从欠，金声。"徐灏段注笺："戴氏侗曰：'屏气钦敛之皃'，引之为钦敬。"典籍中未见用其本义者，先秦两汉典籍多用钦为敬。清段玉裁《说文解字注》："《释诂》曰：钦，敬也。考《虞》、《夏》、《商书》言钦，《周书》则言敬。《虞》、《夏》、《商》书皆钦敬错见。上曰'钦若昊天'，下曰'敬授民时'。又'钦哉'，不曰'敬哉'。盖钦与敬意略同而词有别也。《周》言'敬哉'，不言'钦哉'。惟《多方》曰：'有夏之民，叨懫曰钦，劓割夏邑。'《立政》：'帝钦罚之。'钦字两见。"钦字最早见于战国文字，也用为敬义。《虞夏书》为春秋战国文献，《商书》用钦字者见于《盘庚》，与《多士》、《立政》篇一样，被公认为较早的文献。但钦字不见于西周金文，西周文献中的钦字是否为后人所改写，原文是否是敬字，还需地下出土西周古文字资料证明。（周宝宏）

吹 chuī 昌纽、歌部；昌纽、支韵、昌垂切。

商 商 西周 《说文》小篆 汉 楷书

1、2《甲文编》39页。3《汉语字形表》40页。4《说文》179页。5《篆隶表》83页。

会意字。《说文》："吹，出气也。从欠，从口。"吹字，已见于甲骨文，从欠从口会意，正像嘘气之形，但在甲骨文中只用为人名和地名，西周金文中也用为人名，未见用为本义者。吹字在《说文》口部与欠部重出，二者解释略有不同，但为同一字，在《玉篇》中只收入"口"部。（周宝宏）

欨 xū 晓纽、侯部；晓纽、虞韵、况于切。

战国 《说文》小篆 楷书

《战文编》598页。2《说文》179页。

形声字。《说文》："欨，吹也。一曰笑意。从欠，句声。"徐灏段注笺："戴氏侗曰：欨，温吹也。……欲暔（暖）者欨之，欲凉者吹之，以气暔（暖）物为欨，去声。亦通作呴，又作响、煦，《乐记》曰：煦妪覆育万物。"呵气使物体温暖为欨之本义，"笑意"当为后起之义。欨字典籍罕见，但战国文献偶有用欨者，战国古玺文、包山楚简已见欨字，可见欨字至迟到战国时代已产生。（周宝宏）

歟（欤）yú 喻纽、鱼部；以纽、鱼韵、以诸切。

《说文》小篆 楷书 楷书

1《说文》179页。

形声字。《说文》："歟，安气也。从欠，與声。"段玉裁注："如趣为安行，歟为马行疾而徐，音同义相近也。今用为语末之辞，亦取安舒之意。通作與（与），《论语》：'与与如也。'"作为句末语气词的歟，典籍不常见，多用與。歟字形体最早见于《说文》小篆，但战国信阳楚简有舉字，正用为句末语气词，当为歟字的异体字。春秋战国文献虽多用與为歟，但西周金文不见與字，西周文献也未见用與为歟者。《诗·周颂·潜》："猗与漆沮，潜有多鱼。"《商颂·那》："猗与那与，置我鞉鼓。"清王引之《经传释词》："犹言猗兮漆沮，猗兮那兮也。《晋语》'猗兮违兮'是其例。"《诗》的语气词"与"与语句末语气词"与"或"欤"用法不同，况且原本《诗》或许"与"作"兮"。歟字当产生于战国秦汉时代。（周宝宏）

歕（喷）pēn 滂纽、文部；滂纽、魂韵、普魂切。

《说文》小篆 楷书 楷书

1《说文》179页。

形声字。《说文》："歕，吹气也。从欠，賁声。"钮树玉说文校录："《广韵》收平去二声，去声为喷之重文。"《广雅·释诂》："歎，吐也。"王念孙疏证："歎与喷同。"清徐灏《说文段注笺》："欠部之字多互从口，其义似异而实同者。"清桂馥《说文解字义证》："《玉篇》：歎，歎气也，口含物歎散也。"出土的先秦两汉文字资料未见歎字，也未见喷字。《穆天子传》卷五："黄之池，其马歎沙，皇人威仪；黄之泽，其马歎玉，皇人寿穀。"《穆天子传》为战国魏王墓所出土，其中有歎字，可见此字应产生于战国时代，或当时以賁为歎。（周宝宏）

歇 xiē 晓纽、月部；晓纽、月韵、许竭切。

1《战文编》598页。2《说文》179页。

形声字。《说文》："歇，息也。一曰气越泄。从欠，曷声。"桂馥义证："息也者，本书：愒，息也。《广韵》：歇，休息也。通作猲，《齐策》：'恫疑虚猲'，高云：猲，喘息惧貌。"《诗·小雅·菀柳》："有菀者柳，不尚愒焉。"毛传："愒，息也。"《诗·大雅·民劳》："汔可小愒。"毛传："愒，息也。"愒(qì)，后代写作憩。《诗·召南·甘棠》："蔽芾甘棠，勿翦勿败，召伯所憩。"毛传："憩，息也。"陆德明释文："憩，本又作愒。"愒(憩)、歇为同源字，本义皆为休息之义。愒、歇，最早只能是战国时代产生的字，未见于西周金文，但西周金文有曷字。西周文献如《诗》的《大雅》、《小雅》等已见愒字。战国时代才加上形符心字旁或欠字旁产生愒和歇字。战国古玺文习见歇字，但属东方六国文字体系，与《说文》小篆在形体上没有承袭关系。（周宝宏）

歡（欢） huān 晓纽、元部；晓纽、桓韵、呼官切。

1《战文编》598页。2《说文》179页。

形声字。《说文》："歡，喜乐也。从欠，藋声。"歡字最早形体见于战国古文字，但在《书·洛诰》中有"公功肃将祗欢"句，王国维《洛诰解》认为此句不可解，古注皆读欢为"和"，非欢乐之义。于省吾《尚书新证》认为此欢字当作藋，读为灌祭之灌，西周金文有"藋"字，一读为观看之观，一读为灌祭之灌，未见用为欢乐之欢者。（周宝宏）

欣 xīn 晓纽、文部；晓纽、殷韵、许斤切。

1、2《金文编》589页。3《说文》179页。4、5、6《篆隶表》620页。

形声字。《说文》："欣，笑喜也。从欠，斤声。"沈涛说文古本考："《史记·万石君传》：䜣䜣如也。晋灼曰：许慎云古欣字也。是古本此字有重文䜣字，今本夺之，而于言部别出䜣字。"桂馥义证："本书：听，笑皃(貌)；䜣，喜也。《释诂》：欣，乐也，或作忻。"欣、忻、䜣、听，并当为一字之分化，为同源字，并有喜乐之义。欣字形体最早见于战国古文字(秦)，用法也习见于战国文献，但《诗·大雅·凫鹥》："凫鹥在亹，公尸来止熏熏。旨酒欣欣，燔炙芬芬。"毛传："欣欣然乐也。"清陈奂《诗毛氏传疏》："欣，乐也，重言曰欣欣。"清俞樾《群经平议》："窃疑经文熏熏、欣欣字当互易。公尸来止欣欣，言公尸之和悦也。旨酒熏熏，此熏字乃薰之假借。……旨酒熏熏，言酒香也。"如果此处之欣欣确为喜乐之义，说明欣这个词在西周时代就有了，但欣这个字未必产生。（周宝宏）

款 kuǎn 溪纽、元部；溪纽、缓韵、苦管切。

1《战文编》589页。2、4《说文》179页。3、5《篆隶表》621页。

形声字。《说文》："款，意有所欲也。从欠，窾省声。款，款或从柰。"姚文田、严可均校议："当作崇声，小徐、《韵会》十四旱引作窾省声。"徐灏段注笺："窾之声转如窜，故《系传》作窾省声。然窾本从款声，款不得又从窾省声。此鼎臣所以删声字也。窃谓款当从崇声，读苦外切，故字又作䂺，从柰即其明证。款或作䂺，正与隸或作隷同也。窾乃诚款本字，其义为空虚，故从宀相承省作窾耳。款从崇声，明白无可疑者，今径正之。"清邵瑛群经正字："凡篆文偏旁出字，隶法当作士。"《说文》所释"意有所欲也"，当为款字本义，因为从欠为意符。战国秦汉文献多用为诚实之义，当为借义；用为空义，本字也作窾。款字当以柰为声符，崇当是柰之讹变。羔是柰之隶变减省。款字未见于西周金文，也未见于西周文献，其字当产生于春秋战国时代。（周宝宏）

欲 yù 喻纽、屋部；以纽、烛韵、余蜀切。

战国　战国　《说文》小篆　秦　汉　汉　汉　楷书

1、2《战文编》598～599页。3《说文》179页。4《睡甲》139页。5、6、7《篆隶表》621页。

形声字。《说文》："欲，贪欲也。从欠，谷声。"段玉裁注："欲从欠者取慕液之意，从谷者取虚受之意。《易》曰：'君子以徵忿窒欲'。陆德明曰：欲，孟作谷。晁说之曰：谷，古文欲。"徐灏段注笺："从欠非慕液也，人心所欲皆感于物而动，故从欠，欠者，气也，欠之义，引申为欠少，欲之所由生也。"欲字形体最早见于战国文字资料，但西周文献如《诗》已较常见欲字。《诗·大雅·民劳》："王欲玉女，是用大谏。"西周金文虽然不见欲字，但用谷为欲望之欲，如师询簋铭文："率以乃友敌敌（捍卫）王身，谷（欲）女（汝，你）弗以乃辟（君王）陷于艰。"用谷为欲，也许是段玉裁所说的取虚受之义，谷，山谷，受百川而成，引申有贪欲之义；也许是借用。总之，西周时代用谷为欲，加欠之欲字，到目前为止最早见于战国古文字，其欠字旁当为后加之形符，当时人认为欠像张口有欲望之义，故以之为形符。欲字虽产生于战国时代，但当时仍有用谷为欲者。（周宝宏）

歌 gē 见纽、歌部；见纽、歌韵、古俄切。

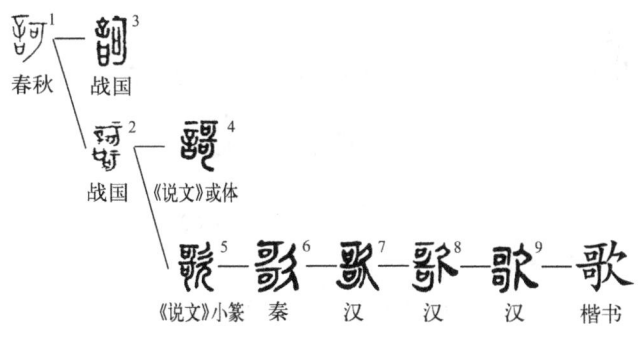

春秋　战国　战国　《说文》或体　《说文》小篆　秦　汉　汉　汉　楷书

1《金文编》621页。2、3《战文编》599页。4、5《说文》179页。6《睡甲》139页。7、8、9《篆隶表》621页。

形声字。《说文》："歌，咏也。从欠，哥声。謌，歌或从言。"段玉裁注："可部曰：哥，声也，古文以为謌字。"《诗·魏风·园有桃》："心之忧矣，我歌且谣。"毛传："曲合乐曰歌，徒歌曰谣。"《大雅·行苇》："或歌或咢。"《小雅·四牡》："是用作歌，将母来谂。"《大雅·桑柔》："既作尔歌。"歌字常见于西周文献，但古文字资料中最早见于春秋时代。战国古文字中歌字有从口哥声者，也有从言可声者，《说文》小篆之或体从言哥声即承袭战国古文字謌字的形体。从欠之歌，见于《说文》小篆，更习见于秦简、汉简帛，其形体当产生于春秋战国时代的秦国。春秋时代的"訶"正用为歌曲之歌。（周宝宏）

歂 chuán 禅纽、元部；禅纽、仙韵、市缘切。
　　chuǎn 昌纽、元部；昌纽、狝韵、昌兖切。

《说文》小篆　楷书

1《说文》179页。

形声字。《说文》："歂，口气引也。从欠，耑声。"王筠句读："《难经》张世贤注云：'欠，气相引也。'然欠之引是自然而引，歂之引，则劳苦倦极而疾息也。与喘同字。《左传》：郑驷歂，字子然。然者，嘫之省形存声字。"《说文》："嘫，语声也。"文献多作然。嘫歂义相近，故用为一名一字。歂喘本为一字之分化，《说文》："喘，喘息也。"歂字本义为"口气引也"，口中出气连续不断，与因劳累而"喘息"义相同。传世文献多作喘，今喘行而歂废矣。《庄子·大宗师》："俄而子来有病，喘喘然将死。"歂、喘二字皆不见于先秦两汉出土文字资料，也不见于西周文献，但见于春秋战国文献，应该是春秋战国时代产生的字。（周宝宏）

歊 xiāo 晓纽、宵部；晓纽、宵韵、许娇切。

秦　《说文》小篆　楷书

1《战文编》599页。2《说文》179页。

形声字。《说文》："歊，歊歊，气出皃（貌）。从欠、高，高亦声。"严可均说文古本考："《文选·两都赋》、《宝鼎诗》注引作'气上出皃'。"张舜徽约注："气出为歊，犹火热为熇，皆谓热气上腾也。经传或借蒿为歊。《礼记·祭义》：'焄蒿悽怆。'郑注云：'蒿谓气蒸出皃（貌）。'是已。"歊是会意兼形声字。歊字未见于西周金文和西周文献，但已见战国文献和战国文字，其字应产生于春秋战国时代。（周宝宏）

歗（啸） xiào 心纽、幽部；心纽、啸韵、苏吊切。

欠部

歗 — 歗 — 啸
《说文》小篆　楷书　楷书

1《说文》179页。

形声字。《说文》：" 歗，吟也。从欠，肅声。《诗》曰：'其歗也歌。'"徐铉："口部有此籀文啸字，此重出。"徐锴系传："歗者，吹气出声也。"《诗·召南·江有汜》："不我过，其啸也歌。"郑玄笺："啸，蹙口而出声。"《诗·王风·中谷有蓷》："有女仳离，条其歗矣。"陆德明释文："歗，籀文啸字，本又作啸。"《诗·小雅·白华》："歗歌伤怀，念彼硕人。"陆德明释文："歗，音啸，本亦作啸。"歗、啸本同字异体，其本义为吟咏，郑玄笺："啸，蹙口而出声。"这只是吟咏的方式，二字词义实相同。二字不见于先秦两汉文字资料，但习见于西周春秋文献如《诗》等。（周宝宏）

歎（叹）tàn 透纽、元部；透纽、翰韵、他旦切。

歎 — 歎 — 歎 — 歎 — 叹
《说文》籀文《说文》小篆 汉　楷书　楷书

1、2《说文》179页。3《篆隶表》622页。

形声字。《说文》："歎，吟也。从欠，鸛省声。歎，籀文不省。"鸛，或写作鸛，即難（难）字之异体。段玉裁注："古歎与嘆义别。歎与喜乐为类，嘆与怒哀为类。如《乐记》云：'一唱而歎，有遗音者矣。'又云：'长言之不足，故嗟歎之，嗟歎之不足，故不知手之舞之，足之蹈之。'《论语》：'喟然歎曰'，皆是此歎字。《檀弓》曰：'戚斯叹，叹斯擗'。《诗》云：'而无永叹'，'嘅其叹矣'，'忾我寤叹'，皆是叹字。"《诗·王风·中谷有蓷》："嘅其叹矣。"陆德明释文："叹，本亦作歎。"《小雅·常棣》："每有良朋，况也永歎。"一本作叹。《豳风·东山》："鹳鸣于垤，妇叹于室。"其义与叹同。《诗》叹（嘆）、歎二字习见，用法无别，其初本为一字之异体，二字错见同出，当是汉以后传抄的结果。有的古书以歎与喜乐为类，以叹与怒哀为类，当是一时或一人用字习惯所致。歎、叹二字的本义皆为叹息，包括喜怒哀乐。歎字见于籀文，籀文应是春秋时代秦国的字体。（周宝宏）

歐（欧）ōu 影纽、侯部；影纽、厚韵、乌后切。

歐 — 歐 — 歐 — 歐 — 歐
战国　战国　战国《说文》小篆 汉　楷书

1、2、3《战文编》599页。4《说文》179页。5《篆隶表》622页。

形声字。《说文》："歐，吐也。从欠，區声。"《集韵》："欧，或作呕。"清徐灏《说文段注笺》："（欧）字又作呕，《释名》曰：呕，伛也，将有所吐，背曲伛也。"欧，后世多作呕，当为欧字之俗体。《左传·哀公二年》："吾伏弢呕血，鼓音不衰。"可见欧字当产生于春秋战国时代。（周宝宏）

歔 xū 晓纽、鱼部；晓纽、鱼韵、朽居切。

歔 — 歔
《说文》小篆　楷书

1《说文》179页。

形声字。《说文》："歔，欷也。从欠，虚声。一曰出气也。"桂馥义证："《一切经音义》五、《字林》：欷歔，涕泣皃（貌）也。《苍颉篇》：泣余声也，亦悲也。《离骚》：'曾歔欷余鬱邑兮'，东方朔《七谏》：'泣歔欷而霑衿'。一曰出气也者，通作嘘，《庄子·齐物论》：'仰天而嘘'，《释文》云：吐气为嘘。"《老子》第二十九章："故物或行或随，或歔或吹。"这是文献中最早见到的歔字，《老子》成书大约在春秋战国之交。但汉代帛书本《老子》甲乙本歔字皆以其他字写之，不是歔字。传本《老子》中歔的词义明显是"出气也"，即"吐气为嘘"之嘘。总之，歔字的本义为因悲泣气咽而抽泣，与嘘本当为同字异体，歔欷二字常连用，为联绵词，用法与二字分开后单独使用时相同。（周宝宏）

欷 xī 晓纽、微部；晓纽、微韵、香衣切。

欷 — 欷 — 欷
《说文》小篆 汉　楷书

1《说文》179页。2《篆隶表》622页。

形声字。《说文》："欷，歔也。从欠，稀省声。"段玉裁注："欷亦作唏，《史记》：'纣为象箸而箕子唏'。"徐锴《说文系传》作"希声"。字最早见于战国文献如《离骚》等，但未见于西周金文和西周文献。《玉篇》："欷，泣余声也。"宋玉《高唐赋》："令人惏悷，胁息增欷。"本义为抽泣、叹息之声。参见"歔"字条。（周宝宏）

渴 kě 溪纽、月部；溪纽、曷韵、苦曷切。

㵣

《说文》小篆　楷书

1《说文》180页。

形声字。《说文》:"㵣,欲歠也。从欠,渴声。"宋本作"欲歙(饮)歠(chuò)也"。段玉裁注:"此举形声包会意。渴者,水尽也。音同竭。水渴则欲水,人㵣则欲饮,其意一也。今则用竭为水渴字,用渴为饥㵣字,而㵣字废矣,渴之本义废矣。《晋语》:'忼曰而㵣岁。'"㵣本义为渴,为渴字本字,其字未见于先秦两汉出土文字资料。(周宝宏)

歃 shà　心纽、缉部；生纽、洽韵、山洽切。

《说文》小篆　楷书

1《说文》180页。

形声字。《说文》:"歃,歠也。从欠,臿声。《春秋传》曰:歃而忘。"段玉裁注:"歠(chuò)者,歙(饮)也,盟者歃血。"又:"临歃而忘其盟载之辞。"桂馥义证:"《晋语》:'宋之盟,楚人固先请歃。'韦云:歃,饮血也。"歃字未见于先秦两汉出土文字资料,但习见于春秋战国秦汉文献,可见当时必有此字。歃字本义为诸侯盟誓时饮动物生血的一种仪式,以示诚意,盟誓歃血之礼常见于《左传》、《国语》。(周宝宏)

欿 kǎn　匣纽、侵部；匣纽、感韵、胡感切。

《说文》小篆　汉　楷书

1《说文》180页。2《篆隶表》622页。

形声字。《说文》:"欿,欲得也。从欠,臽声。读若贪。"叶德辉说文读若考:"按贝部:贪,欲物也,义同,故欿读贪。"钱坫斠诠:"(欿)此贪食字。"欿字不见于先秦古文字,但战国秦汉文献常见欿字,大概音义与贪皆近,因此文献皆以贪字为之,而欿字借作他用。(周宝宏)

歉 qiàn　溪纽、谈部；溪纽、忝韵、苦簟切。

《说文》小篆　汉　楷书

1《战文编》600页。2《说文》180页。

形声字。《说文》:"歉,歉食不满。从欠,兼声。"丁福保《说文解字诂林》按语:"唐写本《玉篇》歉注引《说文》:食不饱也,《慧琳音义》九十七卷九页引作:不饱也(夺食字),盖古本如是,今二徐本衍歉字,饱误作满,宜改。"歉字本义为吃不饱,引申为歉收、缺少等,本义文献罕用。《广雅·释诂》:"歉,贪也。"王念孙疏证:"《襄二十四年·穀梁传》云:一谷不升谓之嗛,《韩诗外传》作馑,《广雅·释天》作歉,并字异而义同。"歉字未见于西周金文和西周文献,当是春秋战国时代产生的字。歉、馑、嗛并一词之分化。(周宝宏)

欬(咳) kài　溪纽、之部；溪纽、代韵、苦爱切。

秦　秦《说文》小篆　汉　汉　楷书

1、2《战文编》600页。3《说文》180页。4、5《篆隶表》623页。

形声字。《说文》:"欬,欮(逆)气也。从欠,亥声。"邵瑛群经正字:"《月令》:'国多风欬。'然往往有作咳者,《内则》:'不敢哕噫嚏咳。'亦即此欬字。今作咳,沿俗讹。《说文·口部》:'咳,小儿笑也,从口,亥声。'古文从子作孩,是咳与孩一字,即孩提之孩,咳作此,大非。"二字本义不同,但典籍通用,后世多用咳(ké)字,不用欬,今日欬废而通行咳字。《正字通》:"咳,与欬同,嗽也,方书:无痰有声谓之咳,无声有痰谓之嗽。"《左传·昭公二十四年》:"余左顾而欬,乃杀之;右顾而笑,乃止。"欬之本义即今之咳嗽。(周宝宏)

歙 xī　晓纽、缉部；晓纽、缉韵、许及切。

秦　《说文》小篆　汉　楷书

1《战文编》600页。2《说文》180页。3《篆隶表》623页。

形声字。《说文》:"歙,缩鼻也。从欠,翕声。"王筠句读:"歙与吸同音,其引气入内亦同,惟吸气自口入,歙气自鼻入,为不同耳。吸者口无形,故曰内息也。歙者作意如此,则鼻微有形,故曰缩鼻。"歙字本义为用鼻子吸气,引申为收敛。《老子》第三十六章:"将欲歙之,必固张之。"(周宝宏)

欠部 歆部 次部

次 cì 清纽、脂部；清纽、脂韵、七四切。

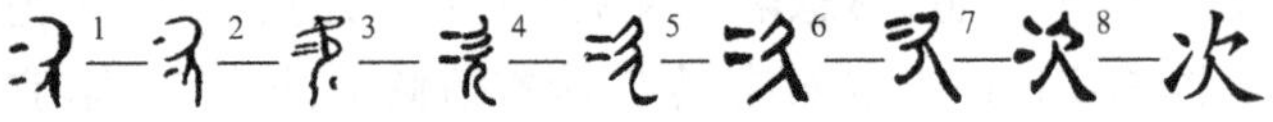

图1—图2—图3—图4—图5—图6—图7—次8
西周 西周 战国《说文》小篆 秦 秦 汉 汉 楷书

1、2《金文编》622页。3《战文编》600页。4《说文》180页。5、6《睡甲》140页。7、8《篆隶表》623页。

会意字。《说文》："次，不前不精也。从欠，二声。"何琳仪《古文典》："次，春秋金文作图（王子婴次钲），从欠从二，会欠缺、次等义，二亦声。"据于省吾、何琳仪之说，《说文》所录所解之次字，确实是从欠从二会意、二亦声的会意兼形声字，而甲骨文、西周金文图即次（涎）字，不是次字。在甲骨文中用"皀"字表示驻军之义。于省吾主编《甲骨文字诂林》"皀（次）"字条后姚孝遂按语："(甲骨文)师旅为'自'，师旅之止舍为'皀'，师旅止舍之处为'𫟼'，用皆有别。《乙》五四〇三：'乙未卜，㱿贞：我于雒入自？''贞：弜（否定词）于雒皀？'（亦见《丙》三）此二者之区分至为显明。'入自'者，谓入于师旅。'弜于雒皀'者，谓'勿于雒地次舍'。前者为名词，后者为动词。前者读为'师'，后者读为'次'。"又在"师"字条后按语中说："卜辞'在某𫟼'习见，谓师之所止。《左传·庄公三年》：'凡师一宿为舍，再宿为信，过信为次。'假'次'为之。《前》二·一五·三：'癸巳卜，贞：王旬亡𡆥，在二月，在齐𫟼，佳王来征人方。''𫟼'为师之所止，应无疑义。卜辞'皀'亦为师次之义。但'皀'为动词，𫟼为名词，用当有别。师舍止曰'皀'，师舍之处则曰'𫟼'。"据此可知，《说文》解释次字之本义是"不前、不精"，即次等之义，甲骨文用"皀、𫟼"为军队驻扎之次。《殷虚书契考释》："（𫟼）从自朿声，师所止也，后世假次字为之，此其初字矣。兮甲盘：'母（毋）敢不即𫟼'，即不敢不至于师次，其字正与此同。"至战国时代才借用次字为师次之次。清徐灏《说文段注笺》："戴氏侗曰：次，止息也，引申之则凡止息皆谓之次。《易》曰：'师左次。'止息之地因谓之次，《周礼》八次八舍是也。不前者后于物，故凡差退者谓之次，《洪范》所谓次一次三、传所谓次国次卿是也。"春秋战国之次字形体，是否从西周金文的"图"形而来，还需辞例上的证明。（周宝宏）

欺 qī 溪纽、之部；溪纽、之韵、去基切。

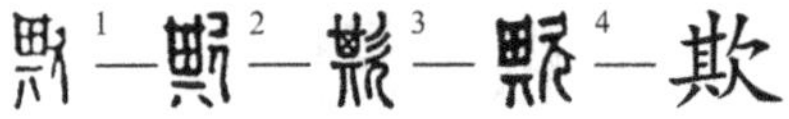

图1—图2—图3—图4—欺
战国 秦《说文》小篆 汉 楷书

1、2《战文编》600页。3《说文》180页。4《篆隶表》623页。

形声字。《说文》："欺，诈欺也。从欠，其声。"严可均说文校议："《韵会》引作：诈也。"段玉裁注从之删"欺"字："言部曰：诈者，欺也。从欠犹从言之义。"张舜徽约注："言部：'諆，欺也。'此盖诈欺本字，与诈从言同意。欺从欠，则与亏部𧥣训气损义近。今俗称所为欺人之事为𧥣心事，谓于内心有所损也，欺、𧥣双声，语之转耳。"战国文献习见欺字用为欺诈、欺骗之义。諆、欺声符相同，意符相近，故通用无别。张舜徽推测欺字之本义与𧥣（气损）义相近，只可备一说而已。（周宝宏）

歆 xīn 晓纽、侵部；晓纽、侵韵、许金切。

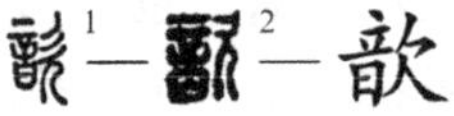

图1—图2—歆
《说文》小篆 汉 楷书

1《说文》180页。2《篆隶表》624页。

形声字。《说文》："歆，神食气也。从欠，音声。"《诗·大雅·生民》："其香始升，上帝居歆。"朱熹集传："鬼神食气曰歆。"陈奂毛氏传疏："歆，飨也。居，语词。上帝居歆，言上帝其飨也。"此诗正用歆字之本义。于省吾《甲骨文释林·释言》："言与音初本同名，后世以用各有当，遂分化为二。周代文字言与音之互作常见，先秦典籍亦有言音通用者……又甲骨文称：'口口卜，子䒱言多亚。'（后下四一·九）'贞，王㞢言且丁，正。'（乙四七〇八）'贞，辇匕辛，其言日彫。'（粹388）以上三条言字均应读作音，音与歆通。音之通歆，犹古文字禽之亦作歆。《左传·僖三十一年》之'不歆其祀'，杜注谓：'歆犹飨也。'《国语·周语》之'王歆太牢'，韦注谓：'歆，飨也。'再以周代金文证之，𢎐仲簋之'音王宾'，即歆王宾。伯矩鼎之'用言出内（入）使人'，言字亦应读音通歆。然则甲骨文言之通音，音字有时亦读为歆，均吻合无间。"据于省吾之说，歆字在甲骨文中作言，在西周金文中作言或作音，其本义确为《说文》所说的"神食气也"。歆字至迟在战国时代已经产生。歆字形体演变历程是：言—音—歆。（周宝宏）

歙 部

歙（饮） yǐn
影纽、侵部；影纽、寝韵、於锦切。

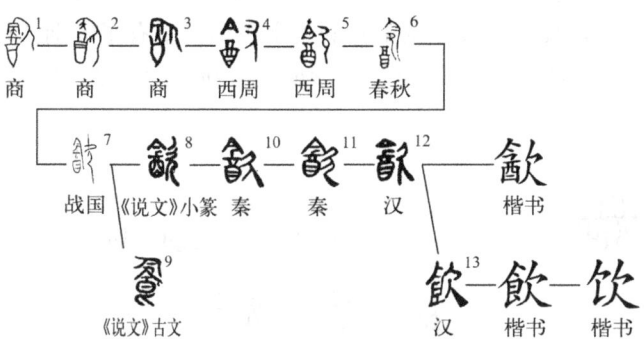

商　商　商　西周　西周　春秋

战国　《说文》小篆　秦　秦　汉　楷书

《说文》古文　　　　　　汉　楷书　楷书

1、2、3《甲文编》369页。4、5、6《金文编》623页。7《战文编》600页。8、9《说文》180页。10、11《睡甲》140页。12、13《篆隶表》624页。

会意字。从酓从欠会意，"欠"像张口饮流食之形。董作宾《殷历谱》："酓，即歙字，第一期作'🍶'，象人俯首吐舌，捧尊就饮之形，歙其本字，酓其省变也。"甲骨文歙字本为会意字，到了西周金文歙字所从之舌形已讹变为从"今"，并与"人"形分离，"人"形也因"舌"形变为"今"形而变为从张口形的欠形。从西周早期金文开始歙字就已省为酓形，省去了"欠"形，而且酓字习见于西周金文、春秋战国金文。但在歙字形体结构中酓仍然不是声符，"酓"字为从酉今声，西周金文及以后的各类出土文字中的歙字形体结构可分析为从欠从酉(酒尊)会意，会饮酒（或其他流食）之意，今声。歙字在文献中最早见于《释名》。清王筠《说文句读》："（歙）隶作飲，参合篆古以成文也。《释名》：'飲，奄也，以口奄而引咽之也。'所饮之物亦曰饮。"飲字形体到目前为止最早见于战国初年的金文，习见于战国古玺文和汉隶，是战国东方之国文字的写法，是战国时代产生的歙字的又一异体字。《说文》小篆歙字之古文形体酓，就由战国古文飲字形体讹变而来。今天歙、酓等皆废而不用，只通行飲(饮)字。（周宝宏）

歠 chuò
昌纽、月部；昌纽、薛韵、昌悦切。

《说文》小篆　楷书

1《说文》180页。

形声字。《说文》："歠，飲也。从歙省，叕声。"朱骏声通训定声："《礼记·檀弓》：'歠主人，主妇，室老，为其病也。'注：歠，歠粥也。"《楚辞·渔父》："众人皆醉，何不铺其糟而歠其醨(lí 薄酒)。"朱熹注："歠，饮也。"歠字习见于战国文献，可见至战国时代已有歠字。王凤阳《古辞辨》认为啜即歠的简体字，《说文》解为"尝也"，本义是一口口喝、小口喝之义，与饮义有别。此说可从。（周宝宏）

次 部

次（涎） xián
邪纽、元部；邪纽、仙韵、夕连切。

商　《说文》小篆　楷书

1《甲文编》368页。2《说文》180页。

会意字。《说文》："次，慕欲口液也。从欠，从水。"丁福保《诂林》云青按语："唐写本《玉篇》次注引《说文》：慕也，欲也，亦口依也(依当作液)。盖古本如是，今二徐本慕下、欲下皆夺'也'字，宜补。"段玉裁注："俗作涎，郭注《尔雅》作唌。"邵瑛群经正字："《尔雅·释言》：漦，盝也。郭注：漉漉出涎沫。涎，正字当作次。《六书正讹》云：'从水欠会意，俗作涎，非。'《尔雅》陆氏本又作'唌'。释云：唌，字当作次。按，唌，《说文·口部》：语，唌叹也，从口延声。音同义异。"于省吾《甲骨文释林·释次盗》："甲骨文次字，有的象以手拂液形，有的象口液外流形，故后世形容人之贪饕，以垂涎为言。甲骨文盗字只一见，与次同用。口液为次之本义，引申之则为水流泛滥无方。"甲骨文次字作🦴、🦴等形，《说文》小篆作涎，演变为从水。涎字最迟见于东汉时代碑文。次涎当为古今字。（周宝宏）

羨（羡） xiàn
邪纽、元部；邪纽、线韵、似面切。

《说文》小篆　楷书　楷书

1《说文》180页。

会意字。《说文》："羨，贪欲也。从次，从羑省。"徐灏段注笺："戴氏侗曰：从羑省声似为得之，然即从羊亦无不可，盖与美善同意耳。"张舜徽约注："孔广居曰：羑训进善，与贪欲义似远。愚意羨从次从羊，会垂次羊肉之意。'舜徽按：羊肉为食之美者，故羨字从羊。此与美、善诸字从羊同意。孔说是也。次羨二字双声，盖羨乃次之增偏旁体。"以上戴侗、孔广居、张舜徽之说可从。羨虽不见于西周金文，但较常见于《诗》。《诗·大雅·皇矣》："无然畔援，无然歆羨。"毛传："无是贪羨。"（周宝宏）

盗(盜) dào 定纽、宵部；定纽、号韵、徒到切。

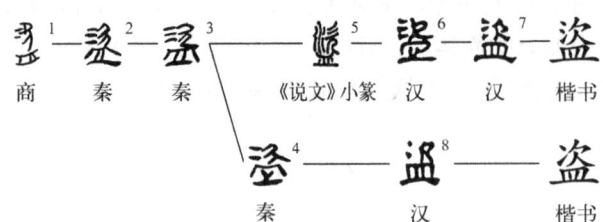

1《甲骨文字诂林》3170页，3132条。2、3、4《睡甲》140页。5《说文》181页。6、7、8《篆隶表》625页。

会意字。《说文》："盗，私利物也。从次，次欲皿者。"盗字在西周文献、春秋至战国文献中基本用法为偷窃别人财物之义。盗字见于甲骨文，从次从舟。于省吾《甲骨文字释林·释次盗》："盗字从皿次声，古读次如诞，二字双声，已详前文。《老子》五十三章的'是谓盗夸'，盗夸即诞夸。石鼓文的籃字从竹从盗(盗)，盗字从次，与《说文》籀文合。《说文》训次字为'慕欲口液'。甲骨文次者，有的以手拂液形，有的象口液外流形，故后世形容人之贪饕，以垂涎为言。甲骨文盗字只一见，与次同用。口液为次之本，引申之则为水流泛滥无方，水流泛滥无方又与后世盗窃之义相因。"秦文字多从次从皿，次之本义为口液外流，皿是食器，会贪欲盗窃之意。义由此而再进一步引申。后世《说文》学家以见于《说文》的盗字为正体，以不见于《说文》的盗字为晚出俗体。实际是声符次在甲骨文中从三点水、两点水共存，用法无别。甲骨文盗字正从两点水，一直到汉碑也是如此写法。可见盗字非晚出的俗体。（周宝宏）

旡 部

旡 jì 见纽、物部；见纽、未韵、居豙切。

1《甲文编》368页"欠"字条。2、3《说文》181页。

会意字。《说文》："旡，歆(饮)食气屰(逆)不得息曰旡。从反欠。凡旡之属皆从旡。𣤶，古文旡。"段玉裁注："屰(逆)气，故从反欠。旡之字，经传无徵。《大雅·桑柔》曰：'如彼遡风，亦恐之僾。'传曰：僾，唈也。《释言》同。笺云：'使人唈然如乡疾风不能息也。'今观许书，则知旡乃正字，僾乃假借字。凡云不得息者，如欪字、欧字、嗄字、噎字、唈字，皆双声像意，然则旡必读於未切也。僾之训仿佛见也。毛郑何从知其训唈然不能息，则以有旡字在也。"(息，呼吸)桂馥义证："通作僾，《释言》：'僾，唈也。'《荀子·礼论》篇：'僤诡唈僾而不能无时至焉。'"徐灏段注笺："气申为欠，逆气为旡，故从反欠。"甲骨文中欠字正反无别，都是欠字，大概到了西周中晚期(从《诗·大雅·桑柔》开始)，从反写欠者与从正写的欠字在词义上有了区别，以反写的欠(即旡)表示逆气，形成一个新的会意字。（周宝宏）

𣤶 huò 匣纽、歌部；匣纽、果韵、胡果切。

1《甲文编》369页。2《说文》181页。

会意字。《说文》："𣤶，屰(逆)恶惊词也。从旡，咼声。读若楚人名多夥。"段玉裁注："遇恶惊骇之词曰𣤶，犹见鬼惊骇之词曰𩴴也。假借为祸字。《史记》、《汉书》多假旤为祸，旤即𣤶字。"𣤶字甲骨文仅一见，像人张口于骨架前，所会之意不明，仅用为地名。《说文》、段注是否为𣤶字本义，无法证明，姑且以之为本义。清钱坫《说文斠诠》："云惊词者，人遇有惊异则呼声如𣤶，今吴语犹有之。"可备一证据。（周宝宏）

㳖 liàng 来纽、阳部；来纽、漾韵、力让切。

1、2《金文编》624页。3《说文》181页。

形声字。《说文》："㳖，事有不善，言㳖也。《尔雅》：㳖，薄也。从旡，京声。"段玉裁注："按水部：凉，薄也。紬绎上下文，乃《周礼》六饮之凉，当作薄酒也。㳖则为事有不善之言，若亮则为明也，谅则为信也。四字在《说文》义别，而古经传多相假。"㳖，《说文》所释之本义，在西周金文及先秦文献中还无资料证明，㳖字虽见于西周金文，但只用为人名。（周宝宏）

頁 部

頁(页) yè 匣纽、质部；匣纽、屑韵、胡结切。
旧读 xié

商 商 西周 西周 西周 春秋 战国
《说文》小篆 秦 汉 楷书 楷书

1、2《甲文编》371页。3《金文编》626页"頫"字所从。4《金文编》625页。5、6《金文编》626页"颂"字所从。7《战文编》605页。8《说文》181页。9《睡甲》141页"頭"字所从。10《篆隶表》628页"顥"字所从。

象形字。《说文》："頁，头也。从𦣻，从儿。古文諸首如此。"王筠句读："当云首也，嚚下云：頁亦首也。此乃以同字说解之例。頁本即首字，《博古图》郘敦諸首作'頫頁'是也。"李孝定《甲骨文集释》："古文頁𦣻首当为一字，頁象头及身，𦣻但象头，首象头及其上发，小异耳。此並发头身三者皆象之。"于省吾主编《甲骨文字诂林》"頁"字条后姚孝遂按语："𦣻，正象人有突出其头首之形。徐灏段注笺：'古今书传未尝有用頁字者，凡頭、頗、顚、顶、颡、额之类俱从頁，頁之为首明甚。灏谓《系传》愚从頁声，尤其明证。鼎臣为胡结之音所误，故于心部愚下删声字耳。頁与首、𦣻本一字，因各有所属，分而为三。'頁音胡结切，王念孙、王筠、朱骏声皆曾致疑，疑之是也。卜辞頁字用义不详，与'首'字有别。"頁字本形本义以姚孝遂之说最为精确。頁字以甲骨文和西周早期形体最为象形，西周中期金文頁字形体仍可见头发之形，中晚期金文頁字已去象形意味，一直至《说文》小篆基本未变。（周宝宏）

頭（头） tóu 定纽、侯部；定纽、侯韵、度侯切。

春秋 战国 《说文》小篆 秦 汉 汉 楷书 楷书

1《金文编》625页。2《战文编》605页。3《说文》181页。4《睡甲》141页。5、6《篆隶表》627页。

形声字。《说文》："頭，首也。从頁，豆声。"頭当是首的音变，当是因语音差异（或因方言、或因历史音变）而制造的形声字，其义与首完全相同。頭字到目前为止最早出现于春秋蔡国铜器上，习见于战国文献，而首字则产生于商代甲骨文中。简化字头字最早见于居延汉简，是頭字的草书楷化，但典籍中很少用。（周宝宏）

顏（颜） yán 疑纽、元部；疑纽、删韵、五奸切。

西周 西周 《说文》籀文《说文》小篆 秦 汉 楷书 楷书

1、2《金文编》625页。3、4《说文》181页。5《睡甲》141页。6《篆隶表》627页。

形声字。《说文》："顏，眉目之间也。从頁，彦声。"桂馥义证："眉目之间也者，本顙字训，今脱顙字，误属颜下，又失颜字训也。《韵会》：'顙，眉目间也。'引《诗》猗嗟顙兮。"又："至颜字义见于诸书者，如《广雅》：'颜，額也'，《小尔雅·广服》：'颜，额也'，《方言》：'颜，颡也。东齐谓之颡，汝颖淮泗之间谓之颜。'《诗·君子偕老》：'扬且之颜也'，传云：'广扬而颜角丰满'。……《宋策》：'为无颜之冠'，鲍云：'冠不覆额曰无颜'。"据今本《说文》颜之本义为眉目之间，据桂馥颜之本义为额。《左传·僖公九年》："天威不违颜咫尺，小白余敢贪天之命无下拜。"孔颖达疏："颜，谓额也。"从古籍用法看，颜之本义确为额。刘钊《古文字构形研究》："金文颜字作𩑶（九年卫鼎），以往分析此形体都以为字从首从彦，其实是错的。按'𩑶'字应分析为从'面'从'彦'，'𠃊'乃'面'字，'产'即'彦'字初文。从古文字看，彦字最早就作'产'，从'彡'是战国时期加上的'饰笔'。'𩑶'即颜字，即在'𠃊'字上又追加'彦'声而成。"这是颜字最早的形体结构，《说文》籀文颜字形体也应来源于西周金文，西周时代也许𩑶、顏两种结构并存。后世𩑶废而顏传于世。颜字本义为额头，引申有颜面之义。《诗·郑风·有女同车》："有女同车，颜如舜花。"（周宝宏）

頌（颂） róng 喻纽、东部；以纽、钟韵、馀封切。
sòng 邪纽、东部；邪纽、用韵、似用切。

西周 西周 春秋 春秋 战国 战国

《说文》籀文《说文》小篆 汉 汉 楷书 楷书

1-4《金文编》625~626页。5、6《战文编》605页。7、8《说文》181页。9、10《篆隶表》628页。

形声字。《说文》："頌，皃（貌）也。从頁，公声。𩒆，籀文。"段玉裁注："古作頌皃，今作容皃，古今字之异也。"王筠句读:"以容说颂,以今字解古字也。容以盛得为本义,汉已借作容貌矣。"邵瑛群经正字:"(颂)此即容皃(貌)之本字,今作容,盖从籀文省而后遂定作容,竟不知本字作颂、额也。《唐韵》余封切,是尚为容皃字,作音又似用切,则又为后人读作歌颂而变音也。"颂字之本义为容貌,借用为歌颂之颂,后世以容字代替颂字而表颂字本义。西周金文颂字用为人名,春秋金文已用颂字为歌颂之义。(周宝宏)

顱(颅) lú　来纽、鱼部;来纽、模韵、落胡切。

《说文》小篆　楷书　楷书

1《说文》181 页。

形声字。从页,盧声。顱字未见于先秦古文字和先秦古文献,应该是秦汉以后产生的字。头颅之义由头骨之义所引申,习见于后世典籍。本义为头骨。(周宝宏)

願 yuàn　疑纽、元部;疑纽、愿韵、鱼怨切。

战国　《说文》小篆　秦　汉　汉　楷书

1《战文编》605 页。2《说文》181 页。3《睡甲》141 页。4、5《篆隶表》628 页。

形声字。《说文》:"願,顚顶也。从页,原声。"顚顶之义即头顶。清邵瑛《说文群经正字》:"今经典皆借其为愿欲字,而又弃繁就简,祇用愿不用願。然古人止作願,故《广雅·释诂》云:'願,欲也。'而汉隶亦有願无愿,如杨统碑:'願从赎其无由。'其他如夏承碑:'意願未止',唐公房碑:'固所願也',史晨后碑:'咸其所願'。笔迹虽不同,要皆从原之变。可知古本作願,今之作愿,隶从省便耳。"睡虎地秦墓竹简、马王堆汉墓帛书、银雀山汉墓竹简等秦汉出土文字资料以願字为願(愿)望之义,而且为常见字。顚顶为願之本义,願望为其借义。此字未见于甲骨文、西周金文,也未见于西周文献,当产生于战国时代,或为元字的后起形声字。(周宝宏)

顚(颠) diān　端纽、真部;端纽、先韵、都年切。

战国　战国　秦　《说文》小篆　汉　楷书　楷书

1、2、3《战文编》606 页。4《说文》181 页。5《篆隶表》629 页。

形声字。《说文》:"顚,顶也。从页,真声。"头(头)顶为顚字本义。《说文·一部》:"天,顚也。"甲骨文、西周金文"天"字即像人之头顶形,顚字当是天字的后起形声字。顚字虽见于战国文字,但最早文献见于《诗·秦风·车邻》:"有车邻邻,有马白顚。"正用为头顶之义,为春秋诗篇。《诗·大雅·抑》有"顚覆厥德",《诗·齐风·东方未明》有"东方未明,顚倒衣裳"。此类顚字用法,不是顚字的本义,也不是引申义,而是借义,本字当作蹎。徐锴《说文系传》:"顚倒字作蹎。"(周宝宏)

頂(顶) dǐng　端纽、耕部;端纽、迥韵、都挺切。

《说文》籀文　《说文》小篆　楷书　楷书

1、2《说文》181 页。

形声字。《说文》:"頂,颠也。从页,丁声。"顶字未见于先秦古文字资料,但是见于《易·大过》:"过涉灭顶,凶,无咎。"灭顶,即河水没过了头顶。顶,马王堆汉墓帛书《周易》作钉。《易》经文为西周文献,可见此时应有顶(或顤)字。顶字从丁声,甲骨文天字或从丁声者,天字本义也是头顶之义,顶与颠都是天字后起形声字。籀文顤字,当来源于西周金文。(周宝宏)

顙(颡) sǎng　心纽、阳部;心纽、荡韵、苏朗切。

《说文》小篆　楷书　楷书

1《说文》181 页。

形声字。《说文》:"顙,额也。从页,桑声。"额即额字,额头之义。《方言》:"中夏谓之额(额),东齐谓之颡。"《仪礼·士丧礼》:"主人哭拜稽颡",郑玄注:"颡,头(头)触地。"此用为动词。颡字虽未见于先秦古文字,但见于战国文献,可见应产生于战国时代。(周宝宏)

題(题) tí　定纽、支部;定纽、霁韵、特计切。

《说文》小篆　楷书　楷书

1《说文》181页。

形声字。《说文》:"题,頟(额)也,从页,是声。"頟即额头(头)之义。桂馥义证:"《释言》:'𩒐,题也。'郭云:'题,额也。'《赵策》:'黑齿雕题',鲍云:刻其额。《楚辞·招魂》:'彫题黑齿',注云:'题,額也。'《山海经》:'石者之山有兽焉,文题。'注云:'题,额也。'《汉书·司马相如传》:'赤首圜题',张揖曰:题,额也。《扬雄传》:'徒角抢题',颜注:题,额也。"题字本义为额头,习见于战国文献,也见于战国古玺文、中山王𧪾器文字。《诗》中有题字,但皆通睼,看的意思。(周宝宏)

頟(额) é 疑纽、铎部;疑纽、陌韵、五陌切。

1《说文》181页。2《篆隶表》629页。

形声字。《说文》:"頟,顙也。从页,各声。"頟,后来写作额。顙(sǎng),本义也是额头。頟、顙二字互训。徐铉:"今俗作额。"额字已见于汉代《释名》,文献多作頟,只有汉代文献有作頟者。汉桂馥《说文义证》:"《东观汉记》:'邓后年五岁,太夫人为剪发,夫人年老目冥,剪中后额,虽痛忍不言,一额尽伤。'"又:"《急就篇》:'头额頞頔眉目耳',颜注:额,颡也。"頟字当产生战国秦汉时代,不见于先秦古文字和先秦文献,额字当是汉以后产生的字。(周宝宏)

頞(頞) è 影纽、月部;影纽、曷韵、乌葛切。

1《说文》181页。

形声字。《说文》:"頞,鼻茎也。从页,安声。齃,或从鼻,曷。"桂馥义证:"《吕氏春秋·遇合》篇:'文王嗜菖蒲菹,孔子闻而服之,缩頞而食之。'《汉书·扬雄传》:'鎭頤折頞'。"又:"《孟子》:'举疾首蹙頞而相告',赵注:'蹙頞,愁貌。'疏云:'頞,鼻茎也。皆蹙其鼻颈而愁闷也。'"頞之本义即鼻梁子,常见于战国文献,但不见于战国文字,应该是春秋战国时代产生的字。(周宝宏)

頯(頯) kuí 群纽、幽部;群纽、脂韵、渠追切。

1《说文》182页。2、3《睡甲》141页。4、5《篆隶表》629页。

形声字。《说文》:"頯,權(权)也。从页,𠀐(kuí)声。"段玉裁注:"權者今之顴字。《战国策》:'眉目準頯權衡,犀角偃月'。其字正作權。"桂馥义证:"《庄子·大宗师》篇:'其頯頯塊然也',《释文》:'頯,權也。'"頯之本义为顴骨,常见于战国秦汉文献,其字也应产生此时。(周宝宏)

頰(颊) jiá 见纽、叶部;见纽、帖韵、古协切。

1《说文》182页。2《睡甲》141页。3《篆隶表》629页。

形声字。《说文》:"頰,面旁也。从页,夾声。"《释名》:"頰,夾也,两旁称也。"颊字的本义是面的左右两侧。颊字形体最早见于秦代简文,文献中亦见于《易·咸》卦经文:"咸其辅頰舌。"(辅:即䩉,牙床。頰:面颊。舌:舌头。咸:后来写作感,感动之义)(周宝宏)

頜(颔) hé 见纽、缉部;见纽、合韵、古沓切。

1《说文》182页。

形声字。从页,合声。本义为"下巴"。文献罕见頜字,而以颔字代替頜字。先秦两汉出土文献未见頜字,详"颔"字条。(周宝宏)

頸(颈) jǐng 见纽、耕部;见纽、青韵、古灵切。

1《说文》182页。2、3《睡甲》141页。4、5《篆隶表》629页。

形声字。《说文》:"頸,头(头)茎也。从页,巠声。"颈的本义即脖颈、脖子,《荀子·荣辱》:"小人莫不延颈举踵而顾。"《庄子·马蹄》:"(马)喜则交颈相靡,怒则分背相踶。"但在两汉文献中颈字多用为指脖子的前部,如"刎颈自杀"。颈字已见于战国楚简,说明至迟战国时代

777

已产生颈字。颈字从巠声,声中有义,与茎、胫等字为同源字。(周宝宏)

領(领) lǐng 来纽、真部;来纽、静韵、良郢切。

領¹—领²—頜³—頜⁴—領⁵—領⁶—領—领
《说文》小篆 秦 汉 汉 汉 汉 楷书 楷书

1《说文》182页。2《战文编》606页。3-6《篆隶表》630页。

形声字。《说文》:"領,项也。从頁,令声。"段玉裁注:"按项当作颈。《硕人》、《桑扈》传曰:'領,颈也。'此许所本也。《释名》、《国语》注同。領字以全颈言之,不当释以头后。"《诗·卫风·硕人》:"肤如凝脂,領如蝤蛴。"毛传:"領,颈也。"《小雅·桑扈》:"交交桑扈,有莺其領。"毛传:"領,颈也。"領字的本义为颈,即脖子,虽不见于西周金文、战国文字,但《小雅》最早为西周晚期至东周初年的作品,说明当时已经有領字。项,古文献一般用法指脖子后边,以此字来训释領字之本义,显然容易引起误解。領字后来引申为衣领之义,其本义湮没。(周宝宏)

項(项) xiàng 匣纽、东部;匣纽、讲韵、胡讲切。

項¹—項²—項³—項⁴—項⁵—項—项
战国《说文》小篆 秦 汉 汉 楷书 楷书

1《战文编》606页。2《说文》182页。3《睡甲》141页。4、5《篆隶表》630页。

形声字。《说文》:"項,头(头)后也。从頁,工声。"《玉篇》:"項,颈后也。"桂馥《说文义证》认为"头后"即"颈后"之讹。項字之本义为脖子后部。《左传·成公十六年》:"王召养由基,与之两矢,使射吕锜,中项,伏弢。"《仪礼·士冠礼》:"宾右手执项,左手执前进客。"清张惠言《仪礼图一》:"凡冠后曰项。"項字当产生于春秋战国时代。(周宝宏)

煩(烦) zhěn 章纽、侵部;章纽、寝韵、章荏切。

煩¹—煩—烦
《说文》小篆 楷书 楷书

1《说文》182页。

形声字。《说文》,"煩,项烦也。从頁,尤声。"严章福校议议:"项枕者即今人所谓后枕骨,仰卧箸枕处。"煩字在典籍中罕用,多以枕字为之,大概先有枕字,汉代人因之以制煩字。《论语·述而》:"曲肱而枕之。"《诗·唐风·葛生》:"角枕粲兮,锦衾烂兮。"《吕氏春秋·顺民》:"身不安枕席,口不甘厚味。"可见枕字至迟在春秋时代已经产生,而先秦文献和先秦古文字不见煩字。(周宝宏)

碩(硕) shuò 禅纽、铎部;禅纽、昔韵、常只切。
旧读 shí

碩¹—碩²—碩³—碩⁴—碩—硕—硕
西周 西周 春秋《说文》小篆 汉 楷书 楷书

1、2《金文编》626页。3《战文编》606页。4《说文》182页。5《篆隶表》630页。

形声字。《说文》:"碩,头(头)大也。从頁,石声。"碩字之本义为"头大",但出土文献与传世文献未见用其本义者,皆用其引申义。段玉裁注:"引申为凡大之称。《释诂》、毛传皆曰:碩,大也。"石字本有"大"义。清桂馥《说文义证》:"石声者,《汉书·律历志》:'石,大也。'《魏都赋》:'碩画精通',《汉书·扬雄传》上疏曰:石画之臣甚众。……碩与石古字通。"因为用于指"头大",故加頁字旁制碩字,以区别字义。碩字之本义为头大,来源于石字有大义,后来取代了石字"大"义这一用法。《易·剥》:"硕果不食,君子得舆,小人剥庐。"马王堆汉墓帛书《易·剥》卦"硕果"正作"石果"。(周宝宏)

頒(颁) bān 帮纽、元部;帮纽、删韵、布还切。

頒¹—頒—颁
《说文》小篆 楷书 楷书

1《说文》182页。

形声字。《说文》:"頒,大頭(头)也。从頁,分声。"頒,《说文》所释之义在文献中并不存在。《说文》所引《诗·小雅·鱼藻》:"有頒其首",毛传训为"大首貌"。但于省吾《诗经新证》读頒为斑:"'有頒其首',《尚书》疏引樊光注引《诗》云:'有贲其首'。頒、贲并应读作斑。《礼记·檀弓》注'斑白',《释文》:'斑,本又作颁。'《易·贲》释文引傅氏云:'贲,古斑字,文章貌。'……毛公鼎:'萃缏绞',刘心源云:'斑缏斑绞',是也。然则'有贲其实',即有斑其实。桃实将熟,红白相间,其实斑然。'有頒其首'，即有斑其首。'祥羊墳首'，即祥羊斑首。鱼首每有文，羊首亦有黑白相间者。"《孟子·梁惠王》："颁白者不负戴于道路矣。"赵岐注："头半白曰颁，斑斑然者也。"颁、斑为同源字。颁字之本义为头发半黑半白。（周宝宏）

顒(顒) yóng 疑纽、东部；疑纽、钟韵、鱼容切。

顒¹—顒—颙
《说文》小篆 楷书 楷书

1《说文》182页。

形声字。《说文》："顒，大头(头)也。从页，禺声。"《诗·小雅·六月》："四牡修广，其大有顒。"毛传："顒，大貌。"陈奂《诗毛氏传疏》："《说文》：'顒，大头也。'是顒有大义。'其大有顒'，犹云有顒其大也。"顒字本义为"大头"，但文献中罕见用其本义，《诗》所用为其引申义。顒字虽不见于先秦古文字，但《六月》为西周晚期诗篇，可见西周时代应有顒字。（周宝宏）

願(愿) yuàn 疑纽、元部；疑纽、愿韵、鱼怨切。

願¹—願²—愿—愿
《说文》小篆 汉 楷书 楷书

1《说文》182页。2《篆隶表》631页。

形声字。《说文》："願，大头(头)也。从页，原声。"段玉裁注："本义如此，故从页。今则本义废矣。"又："按毛诗願字首见于《终风》：'願言则疐'，而无传。毛意谓与今人语同耳。《释诂》曰：'願，思也。'《方言》曰：'願，欲思也。'《邶风》郑笺曰：願，念也。皆与今语合。"张舜徽《说文解字约注》："願训大头，实受声义于元，与顒音同，语源一耳。故汉碑中多以顒为願。《玉篇》、《广韵》并以顒願为一字也。下文頑，亦与顒双声义近。"願字本义未见文献使用，文献中多用願为意願、願望之义，但多见于汉代以后的文献，汉以前文献用顒字，详"顒"字条。愿字也见于《说文》："愿，谨也，从心，原声。"愿字本义为谨慎之义。愿字形体最早见于战国古文字，习见于汉代简帛文字，但在传世经典文献中不如願字用得次数多。简化汉字以后以愿字代替了願字。願字虽未见于先秦古文字，但见于《诗·国风》，此願字也许是后代传抄时所改写，原本当作顒。（周宝宏）

顤 áo 疑纽、宵部；疑纽、号韵、五到切。

顤¹—顤
《说文》小篆 楷书

1《说文》182页。

形声字。《说文》："顤，顤顩也。从页，敖声。"顤之本义为头高，顩之本义也为头高，故引申为高。《说文》："顩，高长头也。"张舜徽约注："尧本训高，因之凡从尧声之字多有高义。高长头为顩，犹之尾长毛为翘，山高为峣，良马骁，犴犬为獒耳。"又："顤顩双声义同。《尔雅·释畜》：'狗四尺为獒。'本书'马部'：'骁，骏马也。'顩之得转为顤，犹峣之转为獒，骁之转为骁耳。合言之则顩顤。《广雅·释诂四》：'顤顩，高也。'许云：顤顩，顩顤耳。"文献中罕见用顤字。（周宝宏）

頮 huì 明纽、物部；明纽、队韵、莫佩切。

頮¹—頮²—頮³—頮⁴—頮⁵—頮
商 西周 西周 春秋《说文》小篆 楷书

1《汉语字形表》352页。2、3、4《金文编》627页。5《说文》182页。

会意字。商代甲骨文頮字作形，从人跪坐于器皿（水盆）前用手洗面洗发之形。西周早期金文未见頮字，中期始见，已讹作頮形（见上列字表2），"昦"形为甲骨文跪坐之人以手洗面洗发之形的省讹，为了使字形更好地表达词义，在皿上加水旁，又在右侧加页旁，以示洗面头发之义。西周晚期金文已省去皿形作頮，为《说文》小篆所本，《说文》误解"昦"形为声符，但释其本义为"昧(沬)前也"则是正确的。沬前即洗面之义。清吴大澂《字说》："《说文》沐沬二字连文，'沐，濯发也。''沬，洒面也。'沬字古文作頮，与余所藏鲁伯愈父匜字相似。又页部：'頮，昧前也，从页，昦声，读若昧。'疑亦沬之古文。许书一字隶两部者不可枚举。''象发下垂形置水于皿上，披发就之，正象濯发形，当即古沐字。大澂以为沐沬本一字。今燕赵间洗面为抹面，抹与沬同意，沬沬一声之转，或谓之沐，或谓之沬，方言之小异也。匜器甚小，不可以濯发，盖沐有沐盘，以匜注水，故谓之沬匜。"吴大澂之说是也，頮为古体，沐、沬二字为后起形声字。《说文》沬字之异体頮和《书·顾命》之"頮"皆是頮(或頮)字形体之省变。详见"沬"字条。（周宝宏）

頑(顽) wán 疑纽、元部；疑纽、删韵、五还切。

䫉¹—䫉²—頑—顽
战国　《说文》小篆　楷书　楷书

1《战文编》607 页。2《说文》182 页。

形声字。《说文》:"頑,梡(hún)頭(头)也。从頁,元声。"段玉裁注:"木部曰:梡,桄木未析也。凡物浑沦未破者皆得曰梡。……梡頑双声。析者锐,梡者钝,故以为愚鲁之偁。"马叙伦《说文解字六书疏证》:"今杭县谓人不能分析事理曰梡头梡脑。北平骂人曰浑蛋。即梡头之声转也。"頑字之本义即浑蛋、昏头昏脑、愚昧无知之义。《书·多士》:"成周既成,迁殷頑民。"孔颖达疏:"頑民谓殷之大夫士从武庚叛者,以其无知,谓之頑民。"《书·多士》篇为西周早期文献,已见頑字,可能当时已有此字。(周宝宏)

顆(颗) kē 溪纽、歌部；溪纽、果韵、苦果切。

顆¹—顆²—顆—颗
战国　《说文》小篆　楷书　楷书

1《战文编》607 页。2《说文》182 页。

形声字。《说文》:"顆,小頭(头)也。从頁,果声。"段玉裁注:"引申为凡小物一枚之称。珠子曰顆,米粒曰顆,是也。"朱骏声通训定声:"《颜氏家训》:'北土通呼物一田(块)为一顆。'按如米粒,珠子皆是,犹一枚也。"张舜徽约注:"顆之声义,实受于果,木实形小谓之果,因之小頭谓之顆耳。今俗惟称物之小而圆者为顆,乃自小頭一义引申而出也。"顆之本义为小头,但文献中未见用其本义者,皆用其引申义。此字不见于西周文献和西周金文,应是春秋战国时代产生的字。(周宝宏)

頷(颔) hàn 匣纽、侵部；匣纽、感韵、胡感切。

頷¹—頷—颔
《说文》小篆　楷书　楷书

1《说文》182 页。

形声字。《说文》:"頷,面黃也。从頁,含声。"《楚辞·离骚》:"长顑頷其何伤。"王逸注:"顑頷,不饱貌。"洪兴祖补注:"顑頷,食不饱面黄皃(貌)。"頷字之本义为面

黄,但文献中多用为颐(yí,下巴)之义。《方言》认为南楚称下巴为頷,秦晋称为颔,颐则是通用语。春秋金文有頷字(见《金文编》627 页),郭沫若认为是頷之异文。(周宝宏)

頍(颀) qǐ 溪纽、支部；溪纽、纸韵、丘弭切。

頍¹—頍
《说文》小篆　楷书

1《说文》182 页。

形声字。《说文》:"頍,舉頭(头)也。从頁,支声。"张舜徽约注:"頍之言起也,即俗所称抬起头也。举头为頍,亦犹举胫为跂,举踵为企耳。頍、跂、企,并双声也。许所引《诗》乃《小雅·頍弁》篇文,《释文》云:'頍,著弁皃(貌)。'亦谓弁之高起也。"(周宝宏)

頞 mò 明纽、物部；明纽、没韵、莫勃切。

頞¹—頞²—頞³—頞
战国　战国　《说文》小篆　楷书

1、2《战文编》607 页。3《说文》182 页。

形声字。《说文》:"頞,内頭(头)水中也。从頁,从叒,叒亦声。"段玉裁注:"内者,入也。入头水中,故从頁。叒与水部之没义同而别,今则叒、頞废而没专行矣。"王筠句读:"頞与没,皆叒之分别文也,今专用没。"頞字之本义即头没(mò)入水中之义,典籍中多用没,罕用頞。春秋战国之际的侯马盟书中的頞字,也用为没。(周宝宏)

顧(顾) gù 见纽、鱼部；见纽、暮韵、古暮切。

顧¹—顧²—顧³—顧⁴—顧—顾
《说文》小篆　秦　汉　汉　楷书　楷书

1《说文》182 页。2《睡甲》142 页。3、4《篆隶表》631 页。

形声字。《说文》:"顧,還視也。从頁,雇声。"段玉裁注:"还视者,返而视也。《桧风》笺云:'迴首曰顧。'"顧字的本义是回头看。《诗·小雅·大东》:"睠言顧之,潸然出涕。"(睠言,即睠然,反顾的样子)引申为照顾、顾念、光顾等义。顧字习见于《诗》,可见西周时代已经有顧字,但到目前为止西周金文未见,只见于战国楚简、战国中山王铜器铭文。西周时代也许以雇为顧,甲骨文中已有雇字。

顧的简化字顾字最早出现于晋代碑文和晋代书法作品中,当是顧字形体草写而成。(周宝宏)

順(顺) shùn 船纽、文部；船纽、稕韵、食闰切。

西周　秦《说文》小篆　秦　汉　汉　楷书　楷书
战国　战国　战国

1《金文编》627页。2、3、4《战文编》608页。5、8、9《篆隶表》631页。6《说文》182页。7《睡甲》142页。

形声字。《说文》:"順,理也。从頁,从川。"朱骏声通训定声:"从頁从川会意,川亦声。按本训谓人面文理之順也。"俞樾《兒笘录》:"此云:順,理也,则当为肤理。"又:"順为肤理,故字从頁。疑许书原文本曰:順,肤理也,从頁川声。犹木部曰:朸,木之理也;水部曰:泐,水石之理;阜部曰:阞,地理也。至順逆之順,则又从肌肤之文理而引申之,其后引申义盛行而本义转废。"順之本义为肌肤之文理,引申为順逆之順,犹驯之从川声而为马之驯服,引申为一切人、物之驯服;亦犹训从川声而使不通之语言词语通順以易于理解。西周初年何尊铭文"順我不每(悔)"之順用为训导、教训之训。順、训、驯三字为同源字,音义皆近,故通用,其声义当皆来源川流不息之川。西周文献《诗》中順字极为常见。順字本义在文献中罕见使用。順本从頁川声,由于词义引申,至战国东方六国文字变为从心川声。《说文》小篆是继承西周金文形体。(周宝宏)

顓(颛) zhuān 章纽、元部；章纽、仙韵、职缘切。

《说文》小篆　汉　楷书　楷书

1《说文》183页。2《篆隶表》632页。

形声字。从頁,耑声。本义为拘谨、诚实的样子。张舜徽《说文解字约注》:"席世昌曰'《汉书》中顓政、顓权等字,皆作顓。《艺文志》引《论语》:不能顓对。'舜徽按:顓之言嫥也,谓其心嫥壹,则头容安定也。凡言专断、专横,皆当作顓。《汉书》中盖犹用本字。自借專为顓,而顓废矣。"按:张舜徽之说可备一说。顓大约产生于战国秦汉时,不见于西周金文和西周文献。(周宝宏)

頊(顼) xū 晓纽、屋部；晓纽、烛韵、许玉切。

西周　《说文》小篆　楷书

1《金文编》628页。2《说文》183页。

形声字。从頁,玉声。据《说文》,本义为谨慎的样子。古文献中頊字不单独使用,多连用作頊頊、顓頊,显然这一用法是借用,不是用其本义和引申义。頊字见于西周金文,仅用于人名,其本义无法证实。(周宝宏)

頓(顿) dùn 端纽、文部；端纽、慁韵、都困切。

《说文》小篆　楷书　楷书

1《说文》183页。

形声字。《说文》:"頓,下首也。从頁,屯声。"朱骏声通训定声:"《周礼·大祝》:二曰頓首。注:拜头叩地也。按拜头至地而不叩为頡首,叩者为頓首。頡首为吉礼之称,稽顙为凶礼之称,其实一也。頓者则非常之事,如《左传》'九頓首而坐'、'頓首于宣子'。非恒用之拜,无关于凶礼吉礼者。秦汉上疏以頓首为请罪之辞,是也。"頓字虽不见于先秦古文字,但习见于春秋战国秦汉文献,至迟在春秋战国时代应该有頓字。(周宝宏)

頫(頫) fǔ 帮纽、侯部；非纽、麌韵、方矩切。

《说文》小篆　楷书　楷书

1《说文》183页。

形声字。《说文》:"頫,低頭(头)也。……俛,頫或从人免。"邵瑛群经正字:"按今经典中有作俛,无作頫者。《考工记·矢人》:'前弱则俛'。此从《说文》或体也。然亦仅见,余多作俯。《礼记·曲礼》:'俯而纳屦。'郑注:'俯,俛也。'《公羊·宣六年传》:'俯而窥其户。'何休注:'俯,俛头也。'……但《说文》无俯字,其字恐本作府,而后人加人旁作俯,故《礼记·乐礼》'进俯退俯',《释文》云:'俯本又作府。'《荀子·非相篇》:'府然若渠匽。'杨

頁部

倞注：'府与俯同。'《匡谬正俗》引张揖《古今字诂》云：'頫府，今俯俛也。'"俯字最早见于东汉时代碑文，应该是当时的俗写体，正体当为頫，异体字当为俛，或借府字为之，东汉时代加人旁而成俯，今通行俯字。（周宝宏）

頡（颉）jié 见纽、质部；见纽、黠韵、古黠切。

頡¹—頡²—頡³—頡⁴—頡⁵—頡—颉
春秋　战国　秦《说文》小篆　汉　楷书　楷书

1《金文编》628页。2、3《战文编》608页。4《说文》183页。5《篆隶表》633页。

形声字。《说文》："頡，直项也。从頁，吉声。"段玉裁注："《淮南子·修务训》：'王公大人有严志頡頏之行者，无不惮悈瘱心而悦其色矣。'此頡頏正谓强项也。……直项者，頡之本义。若《邶风》：'燕燕于飞，頡之頏之。'传曰：飞而下曰頡，飞而上曰頏。此其引申义。直项为頡頏，故引申之直下直上曰頡頏。"张舜徽约注："凡从頡得声之字，亦多有直义。直项为頡，犹直木为桔，正人为佶耳。又多有坚义，如齿坚为龁，石坚为硈，坚黑为黠，蚌壳为鮚，是也。"又："直与坚，义实相成，頡从吉声，吉即坚之入声，是借吉为坚耳。故凡从吉声之字而有直义坚义者，固皆义通于坚。頡训直项，乃谓人之颈项能直不能屈者。"頡字在古文字和古文献最晚见于春秋时代。（周宝宏）

顥（颢）hào 匣纽、宵部；匣纽、皓韵、胡老切。

顥¹—顥²—顥—颢
小篆　汉　楷书　楷书

1《说文》183页。2《篆隶表》633页。

形声字。《说文》："顥，白皃（貌）。从頁，从景。"段玉裁注："李善注《文选》引《声类》：顥，白首皃。《声类》盖本许书。"张舜徽约注："顥字从頁，当以白首为本义，疑今本许书说解有夺字也。盖顥之言晧也，晧者日出也。日之初出，其色恒白，人之首，白者似之也。凡言皓首，当以顥为本字。"顥字习见于战国文献，可见至迟战国时代已有顥字。（周宝宏）

頗（颇）pō 滂纽、歌部；滂纽、戈韵、普过切。

頗¹—頗²—頗³—頗—颇
战国《说文》小篆　汉　楷书　楷书

1《战文编》608页。2《说文》183页。3《篆隶表》633页。

形声字。《说文》："頗，头（头）偏也。从頁，皮声。"文献未见有用頗字之本义者，皆用其引申义。段玉裁注："引申为凡偏之称，《洪范》曰：'无偏无頗，遵王之义。'《书·洪范篇》应为春秋以前文献，可见当时应有頗字。"（周宝宏）

顫（颤）chàn 章纽、元部；章纽、线韵、之膳切。zhàn

顫¹—顫²—顫³—顫⁴—顫—颤
战国　战国《说文》小篆　汉　楷书　楷书

1、2《战文编》609页。3《说文》183页。4《篆隶表》633页。

形声字。《说文》："顫，头（头）不正也。从頁，亶声。"段玉裁注改为："头不定也"。顫字之本义为头摇摆不定，故引申为顫动之顫。《淮南子·说山》："故寒，顫；惧者亦顫。"《论语·八佾》"使民战栗"、《诗》"战战兢兢"之战，本字当为顫，但此皆用顫之引申义，顫字之本义在文献中未见使用。（周宝宏）

顑（顑）kǎn 溪纽、侵部；溪纽、感韵、苦感切。

顑¹—顑—顑
《说文》小篆　楷书　楷书

1《说文》183页。

形声字。宋戴侗《六书故》："顑，饥而面黄，虚浮之皃（貌）。"字见屈原《离骚》："长顑颔亦何伤"。王逸注："顑颔，不饱貌。"详"颔（颔）"字条。字不见于战国文字，只见于战国文献，当时应有顑字。（周宝宏）

煩（烦）fán 並纽、元部；奉纽、元韵、附袁切。

煩¹—煩²—煩³—煩⁴—煩⁵—煩⁶—煩⁷—烦
秦　秦　秦《说文》小篆　汉　汉　汉　楷书　楷书

1《战文编》609页。2、3《睡甲》142页。4

《说文》183页。5、6、7《篆隶表》634页。

会意字。《说文》:"煩,热頭(头)痛也。从頁、从火。"张舜徽约注:"煩之言燔也,谓身热如燔烧也。今俗称身热为发烧,亦即此意。……身热头痛,则心意闷乱,因引申为凡闷乱之称。本书心部:'懑,煩也。'是已。"煩字本义未见使用,引申义习见于春秋战国文献,如《孙子兵法》、《左传》、《周礼》等,可见当时应有煩字。(周宝宏)

頯 yì 疑纽、物部;疑纽、未韵、鱼既切。

頯¹—頯²—頯
《说文》小篆 汉 楷书

1《说文》183页。2《篆隶表》634页。

形声字。《说文》:"頯,癡,不聪明也。从頁,豙声。"《玉篇》:"頯,癡頯,不聪明也。"癡頯为联绵词,本义为不聪明,二字不可分开解释,但不见于文献使用,只保存于字书之中。秦印和汉印中有頯字。頯字至迟在战国时代已经产生。(周宝宏)

頛 lèi 来纽、物部;来纽、泰韵、郎外切。

頛¹—頛²—頛³—頛
战国 战国 《说文》小篆 楷书

1、2《战文编》609页。3《说文》183页。

形声字。从頁,米声,本义为类似。《说文》:"頛,难晓也。"段玉裁注:"谓相似难分别也。頛、類古今字,類本专谓犬,后乃類行而頛废矣。"朱骏声通训定声:"按此字从頁,米声,谓相似难分别,经传皆以類为之。戴氏《六书故》曰从迷省,经传皆以頛为類之本字。"頛字不见于传世文献,新出郭店战国楚墓竹简数见,皆用为类似之类。(周宝宏)

顀(颒) qiáo 从纽、宵部;从纽、宵韵、昨焦切。

顀¹—顀—顀
《说文》小篆 楷书 楷书

1《说文》183页。

形声字。《说文》:"顀,顦顇也。从頁,焦声。"邵瑛群经正字:"此为形容顦顇字,今经典《左传九年》传:'虽有姬姜,无弃蕉萃。'作蕉萃。《昭七年》传:'《诗》曰或憔悴事国'。《国语·吴语》:'民人离落而日以憔悴'。作憔悴。……正字当作顦顇,《一切经音义》卷六云:'憔悴',《三苍》作顦顇。"形容人瘦为憔悴,这是顦顇本义,本为联绵词,初无定字,二字不可分开训释。(周宝宏)

頎(颀) qī 溪纽、之部;溪纽、之韵、去基切。

頎¹—頎—頎
《说文》小篆 楷书 楷书

1《说文》184页。

形声字。《说文》:"頎,醜也。从頁,其声。"段玉裁注:"《周礼·方相氏》注云:冒熊皮者以惊驱疫疠之鬼,如今魌头也。"王筠句读:"字又作魌、倛。郑注《夏官·方相氏》云:'如今魌头也。'《荀子·非相篇》:'仲尼之状,如蒙倛。'……蒙倛,盖谓蒙之以倛。頎头即今假面。"頎字本义为丑陋,吓人的假面具,所以从頁,因为吓人,故又从鬼作魌。頎、魌、倛,当为同源字。頎字习见于春秋战国文献。(周宝宏)

籲(吁) yù 喻纽、药部;以纽、遇韵、羊戌切。

籲¹—籲
《说文》小篆 楷书

1《说文》184页。

形声字。《说文》:"籲,呼也。从頁,䉛声。"王筠句读:"《召诰》:'以哀籲天'。王肃注:'以悲呼天也'。"籲字又见于《书·盘庚》:"率籲众戚",《书·立政》:"乃有室大竞籲俊尊上帝"。古注皆注籲为呼。以上文献最晚是西周中晚期写成的,而且习见籲字,可见籲字虽未见于先秦古文字,但西周时代应该有之,或当时以䉛字为之,后世加頁字旁。吁字在文献中最早也见于西周文献《书·吕刑》篇,其形体最早见于春秋吴国吴王剑铭文。吁与籲在古籍中是两个词义不同的字,因为读音相同,在呼的意义上古书中又相通,因此在简化汉字时用吁字代替了籲字。(周宝宏)

顯(显) xiǎn 晓纽、元部;晓纽、铣韵、呼典切。

顯¹—顯²—顯³—顯⁴—顯⁵—顯⁶—顯⁷
西周 西周 西周 西周 春秋 战国 战国

顯⁸—顯⁹—顯¹⁰—顯¹¹—顯¹²—顯—显
秦 《说文》小篆 秦 汉 汉 楷书 楷书

1-5《金文编》628~629页。6、7《战文编》609页。8、11、12《篆隶表》634页。9《说文》184页。10《睡甲》142页。

会意字。《说文》:"顯,头(头)明饰也。从頁,㬎声。"又:"㬎,众微杪也,从日中视絲,古文以为顯字。"《说文》及清代《说文》学家们多认为顯字之本义为头明饰,引申为显明之义,顯为㬎字的后起字。王筠《说文释例》:"积古斋颂壶颂敦皆云:'不顯鲁休',而颂鼎云:'不㬎鲁休'。一人之器而字作两体,明乎其为一字也。"到目前为止,所见西周金文拓片中未见㬎字。㬎字最早见于战国温县盟书,是战国东方六国文字顯字的省体,《说文》所说以为古文,正是战国东方六国古文。从西周金文看,应该是先有顯字,后有㬎字。顯字是个会意字,从頁从日从絲,像人在日光下视絲之形,会明显、显明之义,也正是《说文》训"㬎"字为"从日中视絲"之义。顯、㬎本为一字,㬎为战国时出现之省体,至《说文》分为二字二义,误解顯字本义,将顯字本义放在㬎字下。西周金文常见顯字,皆用为光明之义,如大盂鼎铭文:"不(丕)顯文王,受天有大命。"显字现在为顯字的简化字,最早产生于元明时代俗文学作品中。(周宝宏)

預(预) yù 喻纽、鱼部;以纽、御韵、羊洳切。

《说文》新附 楷书 楷书

1《说文》184页。

形声字。构形之义不明。《说文》:"預,安也。案经典通用豫,从頁未详。"《战国策》已用预为预先之义。预字不见于先秦两汉出土文字资料。(周宝宏)

頎(颀) qí 群纽、微部;群纽、微韵、渠希切。

汉 楷书

1《篆隶表》635页。

形声字。从頁,斤声。頎字未见于今本《说文》,字书中最早见于《玉篇》。五代徐锴《说文系传》:"頎,头佳貌。"《诗·卫风·硕人》:"硕人其頎",《齐风·猗嗟》:"頎而长兮"。毛传:"頎,长貌。"頎字本义当指头修长的样子。頎字形体最早见于汉印,在文献中见于《诗·国风》。(周宝宏)

百部

百 shǒu 书纽、幽部;书纽、有韵、书九切。

《说文》小篆 楷书

1《说文》184页。

象形字。《说文》:"百,頭(头)也。象形。"又:"首,百同,古文百也。"徐灏段注笺:"首乃最初之古文,百其省体耳。"出土文献中有百字,见于战国随县曾侯乙墓竹简,用法与首字完全相同。百与首在甲骨文、西周金文中同字同形,至战国文字在字形上开始分化,有头发者为首字,无头发者为百字,但音义完全相同,仍为一字之异体。传世文献中不见百字用例,皆用首字。(周宝宏)

面部

面 miàn 明纽、元部;明纽、线韵、弥箭切。

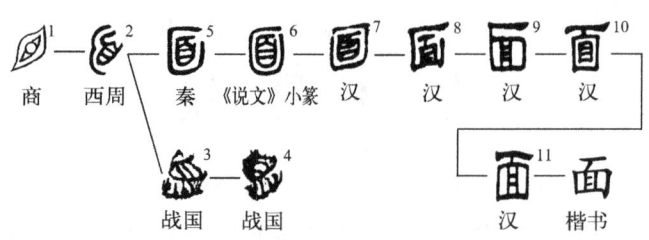

商 西周 秦 《说文》小篆 汉 汉 汉 汉
战国 战国 汉 楷书

1《甲文编》371页。2《金文编》26页"瑂"字所从。3、4《战文编》610页。5、7《睡甲》142页。6《说文》184页。8-11《篆隶表》635页。

会意字。《说文》:"面,颜前也。从百,象人面形。"李孝定《甲骨文集释》:"契文从目,外象面部匡郭之形,盖面部五官中最是引人注意者莫过于目,故面字从之也。篆文从百,则从囗无义可说,乃从目之讹。"甲骨文面字本为会意字,至西周金文作形,已变为从首(与百为一字),当为指事字,指示颜面所在之义。战国楚简面字作形,似从白,当是由西周金文面字形体指事符号演变而来。秦简、《说文》小篆、汉代初年简帛中的面字,应该是甲骨文面字和西周金文面字两种形体演变的结果。甲骨文辞残,面字用法不详。西周金文面字只作偏旁使用。(周宝宏)

靦 tiǎn 透纽、元部;透纽、铣韵、他典切。

靦¹—靦
小篆　楷书

1《说文》184页。

形声字。《说文》:"靦,面见(兒)也。从面、见,见亦声。""面见"为面兒(貌)之讹,这是清代《说文》学家共同的看法。《诗·小雅·何人斯》:"有靦面目,视人何极?"毛传:"靦,姡也。"陆德明释文:"姡,户刮反,面丑也。"《何人斯》为西周晚期作品,此时应有靦字。战国天星观楚简已有靦字,何琳仪《战国古文字典》:"靦,从见,从面,会面惩之意。面亦声。"又:"天星观简'靦鉴',读'面鉴',面镜。"此说解释"靦"字结构,与许说不同,何琳仪之说可从。靦字之本义为人面目之貌,引申而有羞愧之义。(周宝宏)

酺 fǔ　並纽、鱼部;奉纽、虞韵、扶雨切。

酺¹—酺
《说文》小篆　楷书

1《说文》184页。

形声字。《说文》:"酺,颊也。从面,甫声。"段玉裁注:"颊者,面旁也。"桂馥义证:"颊者也,《易》:'咸其辅颊舌',虞、荀作酺,云:耳目之间称酺。马融云:酺,上颔也。"文献中多以辅为酺字。在先秦时代也许先借辅为之,后造酺字,因而酺字不常用。(周宝宏)

靨(靥) yè　影纽、葉部;影纽、葉韵、於叶切。

靨¹—靨—靥
《说文》新附　楷书　楷书

1《说文》184页。

形声字。《说文》:"靨,姿也。从面,厭声。"纽树玉《说文新附考》:"《玉篇》:靨,於协切,引《淮南》'靨辅在颊前则好',又引《楚辞》曰'靨辅奇牙'。"靨字本义指脸上两边的酒窝,是一种美好的容姿,因此《说文》以"姿"训"靨"。靨字应当产生于战国秦汉时代。(周宝宏)

丏部

丏 miǎn　明纽、元部;明纽、銑韵、弥殄切。

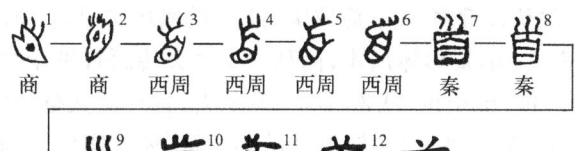

1 石鼓文《汧殹》"沔"字所从。2《古文字典》1078页"沔"字所从。3《说文》184页。

形声字。《说文》:"丏,不见也。象壅蔽之形。"清代《说文》学家们皆不知丏字的结构而曲加解释。何琳仪《战国古文字典》"沔"字条下(1077-1078页):"丏,从乚,万声。《乚,匿也,象迟曲隐蔽形,读若隐(於谨切)。'(十二下十九)'丏,不见也,象壅蔽之形(弥兖切)。'(九上六)此说非常正确。丏字没有见于传世文献,也不单独见于先秦古文字资料,因此皆不知其用法如何。丏字作为沔字偏旁最早见于春秋时代石鼓文。(周宝宏)

首部

首 shǒu　书纽、幽部;书纽、有韵、书九切。

1、2《甲文编》371页。3-6《金文编》630~631页。7《战文编》611页。8、10、11、12《篆隶表》635页。9《说文》184页。

象形字。《说文》:"首,百(shǒu,首的异体字)同,古文百也。巛象发,谓之鬊,鬊即巛也。"甲骨文百(无头发之首)和首(有头发之首)二形同为首字,像人头形。甲骨文经常见有"疾首"之卜,即頭(头)有病之义,首在甲骨文中多用其本义。西周金文、西周文献首字更是常见,用于頔(稽)首之首,也是用首字本义。西周早期金文首字形体与甲骨文首字形体相近,象形意味很浓,至西周晚期金文首字形体已与秦代小篆和《说文》小篆形体相近。楷书首字则是在汉代古隶和今隶首字形体基础产生的。(周宝宏)

頔 qǐ　溪纽、脂部;溪纽、荠韵、康礼切。

首部 䭫部 須部 乡部

西周 西周 西周 西周 西周 西周 西周 西周

䭫 䭫
《说文》小篆　楷书

1–8《金文编》632～633页。9《说文》184页。

形声字。《说文》："䭫,下首也。从首,旨声。"桂馥义证："《周礼·大祝》辨九拜,一曰䭫首。注云:'稽首,拜头至地也。'《尚书大传》:'八伯咸进䭫首而和。'《汉书·诸侯王表》:'厥角䭫首',应劭曰:䭫,首至地也。"邵瑛群经正字:"今经典惟《周礼·大祝》一曰稽首,陆氏《释文》本作䭫,《礼记·燕义》:'皆降再拜稽首',《释文》云:'稽,徐本作䭫。'余无作䭫者。史传中往往有之。"西周金文中习见䭫首一词,《诗》也习见,但作稽首。稽首即磕头,一种最为恭敬的跪礼。《诗·大雅·江汉》:"虎(人名)拜稽首,天子万年。"西周早期金文䭫首之䭫皆作頯,从頁,不从首,为西周金文中常见形体,至西周晚期才出现从首旨声之䭫,应该认为是頯的简体字。从首之䭫为《说文》小篆形体所本,而从頁之頯失传。稽,见于《说文》:"稽,留止也,从禾(古兮切),从尤,旨声。"文献中以稽为䭫,是假借,二字皆以"旨"为声符,故可假借。用稽为䭫,应该是从汉代开始的。稽字最迟已见于秦代竹简,至西汉晚期的简牍中才见用稽为䭫。(周宝宏)

斷 tuán 定纽、元部;定纽、桓韵、度官切。

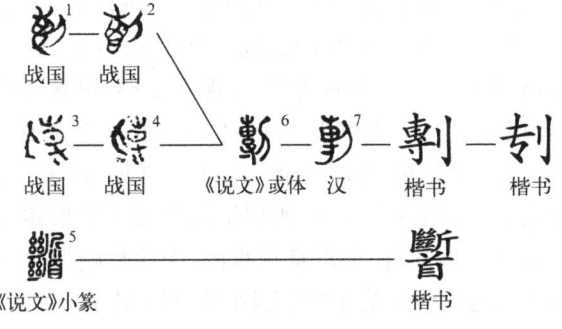

1–4《战文编》612页。5、6《说文》184页。7《篆隶表》676页。

斷,会意字;剸,形声字。《说文》:"斷,截(截)也。从首,从断。剸,或从專声。"段玉裁注:"斷,截首也。首字各本夺,今补。斤部曰:断者,截也。戈部曰:截者,断也。截首则字从断首会意。《集韵》、《类篇》皆云断首,是也。《广雅》:'斷,断也。此引申为凡截之偁。'"斷为会意字,字虽未见于先秦古文字,但肯定来源于先秦秦系文字。剸字虽为《说文》小篆或体,但来源于战国东方六国古文。剸字最迟已见于战国楚简,及其他国家玺文、陶文等。战国剸字虽为六国文字,但被汉代简帛古隶书字体所继承。因为秦小篆斷字形体繁多,剸字形体较简省,故后世文献皆用剸字,不用正篆。(周宝宏)

県部

県 jiāo 见纽、宵部;见纽、萧韵、古尧切。

県 県
《说文》小篆　楷书

1《说文》184页。

会意字。《说文》:"県,到(倒)首也。"県字不见于先秦两汉古文字资料,或许是首字之倒写,会倒悬人首之形;或许就是縣(悬)字的省体。文献中罕用県字,多以枭字为之。段玉裁注:"《广韵》引《汉书》曰:'三族令先黥劓,斩左右趾,県首,菹其骨。'按:今《汉书·刑法志》作枭。"《说文》:"枭,不孝鸟也。"也写作鸮,猫头鹰。秦汉文献习见枭首,意指把人头砍下悬挂于树上或木竿上。枭首本字当作県首。(周宝宏)

縣(县) xuán 匣纽、元部;匣纽、霰韵、黄练切。
　　　　 xiàn 匣纽、元部;匣纽、霰韵、黄练切。

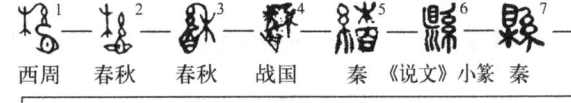

西周 春秋 春秋 战国 秦 《说文》小篆 秦
秦 秦 汉 汉 汉 楷书 楷书

1、2、3、5《金文编》634页。4、9《战文编》612页。6《说文》184页。7、8《睡甲》142页。10、11、12《篆隶表》636页。

会意字。《说文》:"縣,繫也。从系,持県。"徐铉:"此本是縣挂之縣,借为州县之县。"西周金文称县为遠,《管子》作寰:"三乡为寰"。徐灏段注笺:"《玉篇》云:'寰,王者封畿内县也。'灏按:都郡皆聚群众,寰亦谓人民環居也。"郡县之县本作寰,或遠。縣为悬挂之悬的本字。刘心源《奇觚室金文述》:"古文縣从首系木形,义为备,小篆省木。"现在见到的縣字是西周金文,从木从系从目,春秋金文仲义昜臣铭文仍然如此。春秋金文邵钟铭文縣字将"目"变为从"首",但不是倒写的首,战国随县曾侯乙竹简和包山楚墓竹简以及秦封泥之縣字结构保持与春秋䣄钟铭文相同的形体。只有《说文》小篆省略"木"而将正写的"首"形写成倒写的"曓"形,这种形体也许来源于西周春秋金文。到了秦简中,縣字变为从木从系从目,与西周金文同,但将"木"形移至"目"下,基本失去了会意意味。在出土的汉代隶书中,未见《说文》小篆縣字的形体结构。楷书縣字形体当是糅合了汉代隶书和《说文》小篆两种形体。自从縣字借用为郡县之县后,大约在汉魏时代造懸(悬)字表示其本义。(周宝宏)

須 部

須(须) xū 心纽、侯部;心纽、虞韵、相俞切。

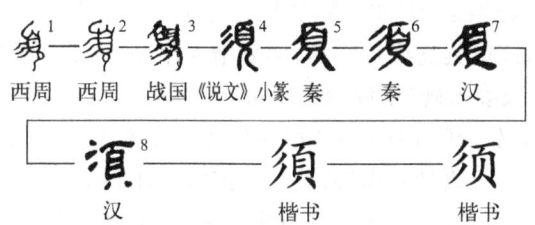

1、2《金文编》634页。3《战文编》612页。4《说文》184页。5、6《睡甲》142～143页。7、8《篆隶表》636～637页。

象形字。《说文》:"須,面毛也。从頁,从彡。"桂馥义证:"《易·贲卦》:'贲其须',《正义》:'须是上附于面。'《丧大记》:'小臣爪手剪须。'《汉书·高帝纪》:'美须髯',颜注:'在颐曰须,在颊曰髯。'《后汉书·蔡邕传》:'摄须理髯。'"须字本像人面长胡须形,从西周金文一直到战国文字、秦汉篆隶形体基本未变,"彡"形皆与"頁"形相连,从未分离,只有《说文》小篆、东汉碑文和东汉简牍中的须字形体"彡"才与"頁"字分离,被楷书形体所继承。《说文》据小篆形体分析须字为从彡从頁会意,是不符合初形的。《易·贲》经文是最早的用于本义的须字用例。(周宝宏)

𩑺(髭) zī 精纽、支部;精纽、支韵、即移切。

《说文》小篆 汉 楷书 楷书

1《说文》184页。2《篆隶表》637页。

形声字。《说文》:"𩑺,口上须也。从须,此声。"徐铉:"今俗作髭,非是。"桂馥义证:"《昭二十六年左传》:'至于灵王生而有頿',或作髭。《洪武正韵》:'在口上曰髭,在下曰鬑。'"𩑺字字书中最早见于《说文》,文献中最早见于《左传》。髭字最早见于汉代西陲简牍。(周宝宏)

䫇(髯) rán 日纽、谈部;日纽、盐韵、汝盐切。

《说文》小篆 楷书 楷书

1《说文》184页。

形声字。《说文》:"䫇,颊须也。从须、冄,冄亦声。"徐铉:"今俗别作髯,非是。"段玉裁注:"颊,面旁也。……《封禅书》有'龙垂胡髯,下迎黄帝'。"桂馥义证:"《汉书·霍光传》:'美须䫇',颜注:'䫇,颊毛也。'"《说文》:"冄,毛冉冉也,象形。"像毛下垂的样子。䫇从须从冄,是会意兼形声字。䫇字未见于先秦古文字和先秦文献,应该是秦汉时代产生的字。(周宝宏)

彡 部

彡 shān 心纽、侵部;生纽、衔韵、所衔切。

《说文》小篆 楷书

1《说文》184页。

象形字。《说文》:"彡,毛饰画文也,象形。"徐灏段注笺:"毛饰画文者,谓凡毛及饰画之文,毛如须、髭;饰画如彣、彰、彫、修是也。"桂馥义证:"本书彤下云:丹饰也,彡其画也。聿下云:聿饰也,从彡。鬱下云:彡其饰也。彪下云:虎文也。"彡像毛发胡须,还可以说象形,因为须字所从正与此彡形同。但谓彡是画饰之文,如彣、彰、彫、修、彪等字所从之彡代表画饰之文,却不是象形,只是一种象征性的符号,象征有文彩、光彩等义。先秦两汉出土文字中未见彡字,但有从彡之字,如西周金文彤、彭。传世文献中也未见用彡字之本义者,《说文》所说是否为本义,没有更早的资料证明。(周宝宏)

形 xíng 匣纽、耕部;匣纽、青韵、户经切。

《说文》小篆 汉 楷书

1《说文》184页。2《篆隶表》637页。

形声字。《说文》:"形,象形也。从彡,幵声。"徐灏段注笺:"象形者,画成其物也,从彡,彡者,饰画文也。引申为形容之称。"战国秦汉文献常见形字,多用其引申义。形字未见于先秦古文字资料。《说文》谓形从幵声,幵即簪之象形初文。东汉碑文作形,应该是形形省变而来。但东汉碑文形字又作彤,从井声。张舜徽《说文解字约注》:"图形物形谓之形,因之器而先制模以象其物亦谓之形。桂馥谓形字当从井声,其说是也。"形与彤当为异体字关系,还没有更早的文字资料证明幵或开为井字旁之讹变。总之,形字之本义为绘画实物形象,以"彡"代表所画之形。图形也是纹饰,与文彩相同,故从彡。(周宝宏)

参(鬒) zhěn 章纽、文部;章纽、轸韵、章忍切。

1、2《金文编》635页。3、4《说文》185页。5《篆隶表》637页。

构形之义不明。《说文》:"参,稠发也。从彡,从人。《诗》曰:参发如云。鬒,参或从髟真声。"段玉裁注:"稠者多也,禾稠曰积,发稠曰参,其意一也。"《诗·鄘风·君子偕老》:"鬒发如云",毛传:"鬒,黑发也。"陆德明释文引《左传》服虔注:"发美为鬒。"头发稠密而黑,皆是发美的标志,故《说文》之稠发、毛传之黑发、服虔之发美,其意相同的。甲骨文已见㐱字,或释参,或释尿,但从文意上无法证实究为何字。甲骨文㐱、西周金文㐱,《说文》之参,西汉铜器铭文之参,皆一脉相承,应为一字。《说文》所释"参"字本义为"稠发",不符合字形结构,因为从参字形体上看不出头发之形。参字形义未详,先秦文献借用参为鬒(稠发)之义,《说文》据借义推究字形结构,不可从。后来制鬒字作为后起本字代替了原来的借字参字。(周宝宏)

修 xiū 心纽、幽部;心纽、尤韵、息流切。

1、2、3《甲文编》139~140页。4、5、6《金文编》217~218页。7《战文编》613页。8《说文》185页;9、10《篆隶表》637页。

形声字。《说文》:"修,饰也。从彡,攸声。"段玉裁注:"巾部曰:饰者,刷也。又部曰:刷者,饰也。二篆为转注。饰即今之拭字,拂拭之则发其光彩,故引申为文饰。"拂拭去污垢、尘土为修字本义。修字形体最早见于《说文》小篆,但其初形则是攸字。攸字见于甲骨文和西周金文,在秦汉文献攸修二字仍然通用不别。于省吾主编《甲骨文字诂林》"攸"字条(0084号,170页)下姚孝遂按语:"攸字许慎以为'水'者,实即彡之形讹,修字复从彡,是为蛇足,犹莫复增日作暮,孚复增人作俘,共复增手作拱之类。汉娄寿碑'不攸廉隅',即'不修廉隅',犹用其本形。《史记·秦始皇本纪》载会稽刻石之文有'德惠脩长',或作'修长',而原刻石作'攸长',诸家皆以通假说之,实则攸修为古今字,本无区分。"由此可知,修字初文本作攸,攸之古体作㩼,像人持物洗刷人之尘土污垢之形,":"即"彡"旁,攸本为会意字。至战国文字仍用攸为修,至秦汉时代才产生修字,可能是攸字所从之":"形讹为"丨"形,看不出表示文彩、光彩之意,故又加"彡"以显示字义。(周宝宏)

彰 zhāng 章纽、阳部;章纽、阳韵、诸良切。

1、2《战文编》613页。3《说文》185页。

形声字。《说文》:"彰,文彰也。从彡,从章,章亦声。"彣彰之彰,初本当作章,《易·姤》:"以杞包瓜,含章,有陨自天。"(杞,qǐ,指用杞树条编织的筐。包瓜,指盛瓜。章,即彣彰之彰。陨,降)章字习见于西周金文,多用为玉器之名"璋"。玉器清莹明亮,故有光明、彣彰之义。章彰为古今字。(周宝宏)

彫 diāo 端纽、幽部;端纽、萧韵、都聊切。

彡 修 彰 彫 髟 弱 彩 彣

彫

戰國　戰國　《說文》小篆　楷書

1、2《戰文編》613頁。3《說文》185頁。

形聲字。《說文》："彫，琢文也。从彡，周聲。"段玉裁注："琢者，治玉也。玉部有瑂字，亦治玉也。《大雅》'追琢其章'，傳曰：'追，彫也。金曰彫，玉曰琢。'毛傳當作瑂。凡瑂琢之成文曰彫，故字从彡。今則彫雕行而瑂廢矣。"彫瑂當爲一字之異體。《詩·周頌·有客》："敦琢其旅"，孔穎達疏：敦琢，治玉之名……敦、雕，古今字。"馬瑞辰《毛詩傳箋通釋》："敦琢其旅，猶云雕琢其侶也。"《大雅·行葦》："敦弓既堅"，孔穎達疏："敦與彫，古今字，彫是畫飾之義，故云：敦弓，畫弓也。"馬瑞辰《毛詩傳箋通釋》："敦、雕雙聲，故通用。"王先謙《詩三家義集疏》："《魯》作'彫弓既殼'。"先秦《詩》傳本不可再現，不知是作追、作敦，還是作彫、作瑂。但戰國楚簡已見彫字（或作敵字），用爲畫飾之義。（周寶宏）

髟 mù　明紐、覺部；明紐、屋韻、莫六切。

《說文》小篆　楷書

1《說文》185頁。

省體字。《說文》："髟，細文也。从彡，鼎省聲。"段玉裁注："細文，文之細者，故字从彡鼎。彡者文也，鼎者際見之白，際者壁隙也。引申爲凡精美之稱。"髟字未見于先秦兩漢古文字，也未見于傳世文獻。髟字在文獻中皆作穆，段玉裁注認爲本當作髟，而實際上穆字習見於西周金文和西周文獻。西周金文穆字作形，甲骨文作形，于省吾《甲骨文字釋林》："《說文》之髟隨意割裂穆字，強作解事。西周器㝬父鼎的㝬字作，从水从穆，不从彡，猶存初文。甲骨文穆字本象有芒穎之禾穗下垂形。……《說文》穆字段注：'凡言穆穆、於穆、昭穆皆取幽微之義。'按段氏知其然而不知其所以然。實則，由于禾穎微末，故引申爲幽微之義。至於金文穆字皆从彡，《說文》訓爲'毛飾畫文'，則从彡有美觀之義。《詩經·清廟》毛傳訓穆爲美，《爾雅·釋詁》也訓穆爲美。"穆字形體至春秋戰國時代禾旁與髟旁分離，《說文》誤認爲是形聲字，遂將髟旁誤入彡部而作爲一個單獨存在的字，並強作解釋，段注等從之，反認髟旁爲穆字本字、穆爲借字。（周寶宏）

弱 ruò　日紐、藥部；日紐、藥韻、而灼切。

秦　秦　秦　秦　《說文》小篆　漢　漢　漢

漢　楷書

1《戰文編》613頁。2、3、4《睡甲》143頁。
5《說文》185頁。6-9《篆隸表》638頁。

構形之義不明。《說文》："弱，橈也。上象橈曲，彡象毛氂，橈弱也。弱物並，故从二弓。"段玉裁注："橈者，曲木也，引申爲凡曲之偁。直者多強，曲者多弱。"又："曲似弓，故从弓象之，弱似毛氂，故从彡象之。"弱字從現在發現的戰國秦漢出土文字資料中的形體上，確實从弓从彡，清代學者或疑弓爲㐱字之變形，或疑羽字之變形，非是。但从弓从彡是否許慎、段玉裁所說的構形之義，則無明確的可信的證據，只能備一說。楷書的弱字變爲从兩點，是從秦隸開始的。一說爲溺（尿）之本字，參見"溺"字條。（周寶宏）

彩 cǎi　清紐、之部；清紐、海韻、倉宰切。

《說文》新附　楷書

1《說文》185頁。

形聲字。《說文》："彩，文章也。从彡，采聲。"鄭珍說文新附考："按經史皆作采，後加系作綵，又仿彣字加彡，更晚出。"《玉篇》："彩，文章也。"彩字在字書中最早見于南朝梁《玉篇》，當產生於漢魏兩晉時代。傳世戰國文獻凡有彩字者，當爲後人傳抄翻刻所致。采、彩爲古今字，采本採摘之採的初字，借用爲彩色之彩，後造彩字成爲後起本字，表示采之借義。（周寶宏）

彣 部

彣 wén　明紐、文部；微紐、文韻、無分切。

戰國　戰國　《說文》小篆　楷書

1、2《战文编》613页。3《说文》185页。

形声字。《说文》：" 彣，馘(yù)也。从彡，从文。"段玉裁注："有部曰：馘，有彣彰也。是则彣彰谓之彣。"文彣为古今字，甲骨文、西周金文已见"文"字，彣字目前最早见于战国文字。彣字只是承担"文"字的一种常见词义，详见"文"字条。(周宝宏)

彦 yàn 疑纽、元部；疑纽、线韵、鱼变切。

彦¹—彦²—彦
西周 《说文》小篆 楷书

1《金文编》639页。2《说文》185页。

形声字。《说文》："彦，美士有文，人所言也。从彡，厂声。"人所言，人们所艳称也。西周金文彦似从文从厂从弓。《尔雅·释训》："美士为彦。"《诗·郑风·羔裘》："彼其之子，邦之彦兮。"毛传："彦，士之美称。"彦字的用法与彦字构形不符，《说文》所释恐非本义。(周宝宏)

文 部

文 wén 明纽、文部；微纽、文韵、无分切。

1、2《甲文编》372~373页。3—11《金文编》635~637页。12、13、14《战文编》613页。15《说文》185页。16、17《篆隶表》638页。

象形字。《说文》："文，错画也，象交文。"段玉裁注："错当作造，造画者，这造之画也。"徐灏段注笺："文象分理交错之形，因以为文字之偁。《左氏隐公元年传》：'仲子生而有文在其手'，即指分理言。"分理即可区分的纹理、有界线的纹理。清段玉裁《说文解字注》："纹者，文之俗字也。"桂馥《说文解字义证》："《哀十三年谷梁传》：'祝发文身'，注云：文身，刻画其身以为文也。《齐策》：'文车二驷'，鲍云：文，彩绘也。《史记·越世家》：'翦发文身，错臂左衽。'注云：错臂亦文身，谓以丹青错画其臂。"朱芳圃《殷周文字释丛》："文即文身之文，象人正立形，胸前之乂、∨、U、㐅、A，即刻画之文饰也。《礼记·王制》：'东方曰夷，被发文身，有不火食矣。'孔疏：'文身者，谓以丹青文饰其身。'《谷梁传·哀公十三年》：'吴，夷狄之国也，祝发文身。'范注：'文身，刻画其身以为文也。'考文身为初民普遍之习俗。"于省吾主编《甲骨文字诂林》"文"字条后姚孝遂按："朱芳圃以'文'之本义为'文身'之文，其说可信。"据上诸说，则"文"字本作仌、仒等形，从正面而立之人形并突出胸部，从乂、U、A等形皆以示纹身之纹，多种花纹，非交错花纹之一种。(周宝宏)

斐 fěi 滂纽、微部；敷纽、尾韵、敷尾切。

斐¹—斐
《说文》小篆 楷书

1《说文》185页。

形声字。《说文》："斐，分别文也。从文，非声。"段玉裁注："《卫风》：'有匪君子'，传曰：匪，文章貌。《小雅》：'萋兮斐兮'。传曰：'萋、斐，文章相错也。'《考工记》注曰：'匪，采貌也。'皆不言分别。许云分别者，浑言之则为文，析言之则为分别之文。以字从非知之也。非，违也。凡从非之属：辈，别也，靠，相违也。"王筠《说文句读》："分非双声，非部说曰违也，辈，别也。文必分别而后成章……《论语》曰：'斐然成章'。"斐字之本义为花纹分别明显的样子，其字最早见于西周晚期文献，可见斐字应该出现较早。(周宝宏)

辬 bān 帮纽、元部；帮纽、删韵、布还切。

辬¹—辬
《说文》小篆 楷书

1《说文》185页。

形声字。《说文》："辬，驳文也。从文，辡声。"段玉裁注："谓驳杂之文曰辬。马色不纯曰驳。"又："斑者，辬之俗，今乃斑行而辬废矣。"《玉篇》："辬，《说文》曰：'驳文也'，亦作斑。"《说文》无斑字。《楚辞·离骚》："纷总总其离合兮，斑陆离其上下。"洪兴祖补注："斑，驳文也。"斑字出现大约在汉魏时代。魏晋碑文已见斑字，传世战国文献中的斑字，原本当作辬，今本作斑者，当是后世传抄翻刻所致。在今本《诗》中多作贲(《小雅·白驹》：皎皎白驹，贲然来思)、作墳(《小雅·苕之华：牂羊墳首》)、作蕡(《周南·桃夭》：桃之夭夭，有蕡其实)。于省吾《诗经新证》："蕡，古斑字。'有蕡其实'，即有斑其实。桃实将熟，红白

相间,其实斑然。"西周金文作羇,经典作贲。其演变之迹当是:羇—贲—辩—斑。(周宝宏)

髟 部

髟 biāo 帮纽、幽部;帮纽、幽韵、甫烋切。

髟¹—髟
《说文》小篆 楷书

1《说文》185页。

会意字。《说文》:"髟,长发猋猋也。从長,从彡。"王筠句读:"猋髟叠韵,借字以形容之。《匡谬正俗》引同。《玉篇》则作髟髟。……《通俗文》曰:发垂而髟。《长笛赋》:特麚昏髟。注云:髟,长髦。"张舜徽约注:"太古披发而行,无结束之法,故发长则散乱飘荡,髟字实言其状。发长谓之髟,犹旗旌飞扬谓之旒,雨雪谓溓耳。"战国楚简已见髟字,秦简秦印亦见髟字旁,可见髟字至迟战国已产生。(周宝宏)

髮(发) fà 帮纽、月部;非纽、月韵、方伐切。

[字形演变图]
西周 西周 西周《说文》或体 楷书
《说文》小篆 秦 秦 汉 楷书 楷书

1、2、3《金文编》639页。4、5《说文》185页。6、7《睡甲》143页。8《篆隶表》639页。

形声字。《说文》:"髮,根也。从髟,犮声。䰅,髮或从首。"桂馥义证:"根也者,本书芨从犮,云草根也。犮声者,《释名》:髮,拔也,拔擢而出也。"这是从声音上训释髮的命名来源,其本义即头发。《说文》小篆髮之或体䰅字见于西周金文,正用为头发之义,但西周金文䰅字,从首从犬。秦简髮字形体皆不从"彡",汉初帛书形体也是如此,当为省体。(周宝宏)

鬢(鬓) bìn 帮纽、真部;帮纽、震韵、必刃切。

鬢¹—鬢—鬓
《说文》小篆 楷书 楷书

1《说文》185页。

形声字。《说文》:"鬢,颊髮也。从髟,賓声。"段玉裁注:"谓发之在面旁者也。《晋语》:美鬓长大则贤。"宋戴侗《六书故》认为鬢为"额旁发也"。此为鬢字本义。鬢字虽见于《左传》,但不见于先秦古文字。(周宝宏)

鬖 cuó 清纽、歌部;清纽、智韵、千可切。

鬖¹—鬖
《说文》小篆 楷书

1《说文》185页。

形声字。《说文》:"鬖,髮好也。从髟、差。"徐锴《说文系传》作"差声"。张舜徽《说文解字约注》:"鬖犹髮也。发必梳理而后有光泽,故训发好。发好为鬖,犹玉色鲜白为瑳耳。"鬖字未见于先秦两汉古文字,也未见于先秦两汉文献。(周宝宏)

髦 máo 明纽、宵部;明纽、豪韵、莫袍切。

髦¹—髦
《说文》小篆 楷书

1《说文》185页。

形声字。《说文》:"髦,髮也。从髟,从毛。"段玉裁注:"发中秀出者谓之髦发,《汉书》谓之壮发,马鬛称髦亦其意也。《诗》三言髦士,《尔雅》、毛传皆曰:髦,俊也。《释文》云:毛中之长豪曰髦,士之俊傑者借譬为此名,此引伸之义也。"徐灏段注笺:"毛、髦相承增偏旁,人之毛发与眉毛颊毛有异,故从毛加髟专为髦鬘字。发为毛中之最长者,故人有长才谓之俊髦,与豪傑之称同意,非谓发中有长豪者。世岂见人发别有长出者乎。"髦是毛字的后起分别字,专门承担毛发一项词义。髦字虽不见于先秦古文字,但已见于《诗》等西周至春秋文献,当时或以毛字为之。(周宝宏)

鬐 tiáo 章纽、幽部;章纽、宥韵、职救切。

鬐¹—鬐
《说文》小篆 楷书

1《说文》185页。

形声字。《说文》:"鬐,髮多也。从髟,周声。"段玉裁注:"彡部:'㐱,稠发也。'稠发当作鬐。此则说鬐之义。

《小雅》曰：'彼君子女，绸直如发。'传曰：'密直如发也。'是则'绸'乃鬜之假借字。"鬜字之本义为稠密之发。字见于传世西周晚期文献至春秋文献。（周宝宏）

髳 máo 明纽、侯部；明纽、尤韵、莫浮切。

《说文》小篆 《说文》或体 汉 楷书

1、2《说文》185页。3《篆隶表》640页。

形声字。《说文》："髳，髪至眉也。从髟，敄声。《诗》曰：沈彼两髳。髦，髳或省。"《诗·鄘风·柏舟》："髧（dān，头发下垂的样子）彼两髦（《说文》引作髳），实维我仪。"毛传："髦者，发至眉，子事父母之饰也。"王先谦《诗三家义集疏》："《齐》、《韩》髦作髳，亦作眊。"此义经典皆用髦字，其他用法多用眊。髳字文献罕见使用。《鄘风·柏舟》为春秋时代诗篇，可见此时应有髳字。（周宝宏）

鬋 jiǎn 精纽、元部；精纽、狝韵、即浅切。

《说文》小篆 汉 楷书

1《说文》185页。2《篆隶表》640页。

形声字。《说文》："鬋，女鬓垂皃(貌)。从髟，前声。"段玉裁注："《招魂》曰：盛鬋不同制。王云：'鬋，鬓也，制，法也。'言九侯之女，装饰两结，垂鬓下发，形貌诡异。又：'长发曼鬋艳陆离些'，注：'曼，泽也。'言美人长发工结，鬓鬋漫泽，其壮艳美，仪貌陆离而难形。"（陆离，联绵词，形容长的样子或参差不齐的样子。些，语气词）鬋字虽未见于战国古文字，但见于战国古文献，可见战国时代应有此字。（周宝宏）

鬄 dì 心纽、锡部；心纽、昔韵、思积切。

《说文》小篆 《说文》小篆 楷书

1、2《说文》185页。

形声字。《说文》："鬄，髲也。从髟，易声。髢，鬄或从也声。"徐灏段注笺："《少牢·馈食礼》：'主妇被锡。'郑注：'被锡读为髲鬄。古者或剔贱者刑者之发以被妇人之紒(jì，发髻)为饰，因名髲鬄焉。此《周礼》所谓次也。'灏按：髲之言被(披)也，鬄之言剔也。自其剔之而言谓之鬄，自其所被而言谓之髲。"邵瑛群经正字："今经典多从或体作髢，《诗·君子偕老》：'不屑髢'，《礼记·曲礼》：'敛发毋髢'，《左哀十七年传》：'初公自城上见己氏之妻发美，使髢之以为吕姜髢'是也。不屑髢也，《周礼·追师》注引作：不屑鬄也。则古本鬄固有作髢者。"《诗·鄘风·君子偕老》："鬒发如云，不屑髢也。"朱熹《集传》："髢，发髢也，人少发则以髢益之，发自美则不洁于髢而用之矣。"鬄（髢）之本义是指把别人头发剔下来装饰在自己头上，即假发。鬄或髢见于春秋战国文献，但未见于先秦古文字。（周宝宏）

髲 bì 並纽、歌部；並纽、寘韵、平义切。

《说文》小篆 楷书

1《说文》185页。

形声字。《说文》："髲，鬄也。从髟，皮声。"汉刘熙《释名》："髲，被也，发少者得以被助其发也。鬄，剔也，剔刑人之发为之。"段玉裁注："髲字不见于经传，假被字为之。《召南》：'被之僮僮'。传曰：被，首饰也。笺云：礼主妇髲鬄。……按如郑说，则《诗》、《礼》之被皆即髲也。"髲与鬄一样，皆为假发之名称，但名称来源有别，详上"鬄"字条。字虽不见于先秦古文字，但见于春秋战国文献作被字，髲当是后起本字。（周宝宏）

髪 cì 清纽、脂部；清纽、至韵、七四切。

《说文》小篆 楷书

1《说文》185页。

形声字。《说文》："髪，用梳比也。从髟，次声。"王筠句读："比今作篦，用梳以次第之以成髻，因谓之髪也。《周礼》作次，盖古借字。髪则后起之专字。《士昏礼》：女次。注：次，首饰也，今时髲也。《周礼·追师》：'掌王后之首服，为副编次。'注：次，次弟发，长短为之，所谓髲也。"髪字在先秦以次字为之，次也有次序之义，梳头发使有次序。先秦文献皆用次字，秦汉以后造髪字，但典籍罕见。（周宝宏）

髻 kuò 见纽、月部；见纽、末韵、古活切。

鬢¹—髻
《说文》小篆 楷书

1《说文》186页。

形声字。《说文》："髻，絜髪也，从髟，昏声。"段玉裁注："絜，各本讹作潔，今依《玉篇》、《韵会》正。絜，麻一耑也，引申为围束之称。絜发指束发也。按《士丧礼》：'主人髻发'，《戴记》作括发。"战国文献已见髻字，但当时应该以括字为之，至秦汉时代才造髻字以表束发之义。（周宝宏）

鬃 pán 並纽、元部；並纽、桓韵、薄官切。

鬚¹—鬃
《说文》小篆 楷书

1《说文》186页。

形声字。《说文》："鬃，卧结也。从髟，般声，读若槃。"段玉裁注："结今之髻字也。"王筠句读："卧者比象之词，高耸者谓之髻，卑下者谓之鬃。"张舜徽约注："许云：'鬃读若槃'，槃即盤也。凡物象之纤曲而低平者皆曰盤，谓形与盤近耳。许以卧结释鬃，犹盤结也。"鬃之本义为盤结的头发，但此字文献罕见。（周宝宏）

𩬳 jiè 见纽、月部；见纽、怪韵、古拜切。

𩭴¹—𩬳
《说文》小篆 楷书

1《说文》186页。

形声字。《说文》："𩬳，簪结也。从髟，介声。"簪结者，插簪之髻也。清王念孙《广雅疏证》："《广雅》：'𩬳，髻也。'𩬳与髻同。二徐本《说文》皆有𩬳字无髻字，而曹宪云：'《说文》'𩬳'即籀文髻字。'《太平御览》引《说文》云：'髻，结发也。'则是《说文》原有'髻'字，而𩬳即髻之重文。《士冠礼》：'将冠者采衣紒'，郑注云：'紒，结发也，古文紒为结。'紒之或作结犹髻之或作𩬳。"（周宝宏）

鬣 liè 来纽、葉部；来纽、葉韵、良涉切。

鬣¹—鬣
《说文》小篆 楷书

1《说文》186页。

形声字。《说文》："鬣，发鬣鬣也。从髟，鼠声。"段玉裁注："鬣鬣，动而直上貌，所谓头发上指，发上冲冠也。……许意鼠为今马鬣字，鬣为颤动之字。今则鬣行而鼠废矣。人部曰：儠者，长壮儠儠也，字意略同，今《左氏传》长儠作长鬣，杜以多须释之，殊误，须下垂不称鬣，凡上指者称鬣。"鬣字习见于战国文献，但字不见于先秦古文字。（周宝宏）

髴 fú 滂纽、物部；敷纽、物韵、敷勿切。

鬚¹—髴²—髴
《说文》小篆 汉 楷书

1《说文》186页。2《篆隶表》640页。

形声字。《说文》："髴，髣髴也。从髟，弗声。"徐灏段注笺："此亦以髣髴二字连篆读之为句，髣髴，正絫言之也。"髴即髣髴，亦即仿佛，皆好像、相似之义。但髴字从髟而为何本义为相似，则没有可信的解释。清桂馥《说文义证》："髴，若似也者，疑后人乱之，《广韵》：'髴，妇人首饰。'《类篇》：'髣髴，发乱貌。'"清王筠《说文句读》："窃疑'髴若似也'固是后人语，即髴篆亦恐是后人增。"髴字本义暂依今本《说文》"若似也（好像）"之义。（周宝宏）

鬌 chuí 定纽、歌部；澄纽、支韵、直垂切。

鬌¹—鬌
《说文》小篆 楷书

1《说文》186页。

形声字。《说文》："鬌，发隋也。从髟，隋省。"隋通墮，意为落，发墮即发落。段玉裁注："《广韵》云：'发落也'是也。《内则》曰：'三月之末，择日剪发为鬌。'"鬌字本义为头发脱落，字未见于先秦古文字，但见于战国文献，或当时以墮字为之，秦汉时代造鬌字。（周宝宏）

髢 tì 透纽、锡部；透纽、锡韵、他历切。

鬎

《说文》小篆 楷书

1《说文》186页。

形声字。《说文》:"鬎,鬎发也。从髟,从刀,易声。"段玉裁注:"此篆今经典不见。"徐灏段注笺:"鬎与剔实一字,故《仪礼》今文鬎为剔,《大雅·皇矣》云:'剔字或作鬎,又作揥同。'《庄子·马蹄》释文云:剔,向崔本作鬎。皆其证。剔即鬎之本字也。髡、鬎、鬀、鬎四字一声之转。""又按:鬎字盖从剔而相承增髟,即鬎之或体,后人因《说文》无剔字,遂改从刀易声,当从《系传》作剔声为长。"鬎字为鬎字(详上"鬎"字条)之异体,字未见于先秦文献,而习见汉魏以后文献,可见其字最早产生于两汉时代。(周宝宏)

髡(髨) kūn 溪纽、文部;溪纽、魂韵、苦昆切。

《说文》小篆 《说文》或体 秦 楷书

1、2《说文》186页。3《战文编》614页。

形声字。《说文》:"髡,鬎发也。从髟,兀声。髨,髡或从元。"段玉裁注:"《楚辞·涉江》:'接舆髡首'。王注云:髡,剔也。"清宋保《谐声补逸》:"髡重文作髨,元声,犹軏字作𨌥,从元声也,元、兀一声之转。"清邵瑛《说文群经正字》:"今经典作髡,《周礼·掌戮》:'髡者使守积',《左·成十年传》:'郑人杀缯立髡顽'。"髡(髨)字习见于春秋战国文献,其髡刑则产生很早,字不见于战国文字,但至迟应产生于春秋战国。(周宝宏)

鬀(剃) tì 透纽、脂部;透纽、霁韵、他计切。

《说文》小篆 楷书

1《说文》186页。

形声字。《说文》:"鬀,鬎发也。从髟,弟声。大人曰髡,小人曰鬀,尽及身毛曰鬎。"徐铉:"今俗别作剃。"鬀、剃、鬎、剔音义皆同,其初当为一字之分化,故音义皆近。鬀字罕见于先秦文献。(周宝宏)

髽 zhuā 从纽、歌部;从纽、歌韵、昨何切。

《说文》小篆 秦 秦 楷书

1《说文》186页。2、3《战文编》614页。

形声字。《说文》:"髽,丧结礼。鲁臧武仲与齐战于狐鲐。鲁人迎丧者始髽。从髟,坐声。"《说文》所引之事见于《左传·襄公四年》,可见髽字最早产生于春秋时代。髽字之本义是举行丧礼时人们所盘结的一种发型,当时人们或许以坐字为之,但秦简已见髽字,说明至迟战国已有髽字。(周宝宏)

髫 tiáo 定纽、宵部;定纽、篠韵、徒了切。

《说文》新附 汉 楷书

1《说文》186页。2《篆隶表》640页。

形声字。《说文》:"髫,小儿垂结也。从髟,召声。"钮树玉说文新附考:"《玉篇》:'髫,徒聊切,小儿发'。按汉校官碑有髫,《后汉书·伏湛传》:'髫发厉志',注引《埤苍》:'髫,髦也。'据《广韵》下下平三萧'鬀'音都聊切,训小儿留发,音义与髫合,则髫即鬀之别体矣。"详上"鬀"字条。髫字虽为徐铉所新附,但产生于两汉时代。(周宝宏)

髻 jì 见纽、质部;见纽、霁韵、古诣切。

《说文》新附 楷书

1《说文》186页。

形声字。《说文》:"髻,总发也。从髟,吉声。古通用结字。"清王念孙《广雅疏证》认为髻字是鬐字之异体,《说文》原本有髻字,详上文"鬐"字条下所引王说。结髻当为古今字,先秦两汉文献多用结字表示髻义。清李桢《说文逸字辨证》:"髻,古作结,西汉以前无作髻者。"(周宝宏)

鬟 huán 匣纽、元部;匣纽、删韵、户关切。

《说文》新附 楷书

1《说文》186页。

形声字。《说文》:"鬟,总发也。从髟,睘声。案:古妇人首饰琢玉为两環。"郑珍新附考:"按此系齐梁间俗字,髻则《说文》原有,琢玉为两環之说未见所出,徐鈜拟不可信。知同谨按:《华严音义》列正文髻環字皆作髻,释之云:髻環谓槃髻如環,名义如此,非琢玉为環也。"鬟字本义为把头发盘结成如同環形,两汉之前皆以環字为之,南北朝时造鬟字,隋唐文献,特别是唐人诗中多作鬟。徐铉《说文新附》所释不是鬟字本义,不可从。郑珍之说符合鬟字产生实际情况,可信。(周宝宏)

后 部

后 hòu　匣纽、侯部；匣纽、厚韵、胡厚切。

1、2《金文编》639页。3、4《战文编》614页。5《说文》186页。6–9《篆隶表》640页。

构形之义不明。《说文》:"后,继体君也。象人之形,施令以告四方,故厂之从一口,发号者君后也。"徐灝段注笺:"古者凡继体从政有君人之道者皆曰后,故有后夔、后羿之称,而诸侯谓之群后,天子独称元后,后世乃为后妃之专名。顾氏炎武曰:帝喾四妃、帝舜三妃,以至周初太姜、太任、太姒、邑姜皆无后名,《春秋桓八年》'祭公来遂逆王后于纪',于是始称后。"以上许、徐之解后字结构,只可备一说而已,皆无可信之证据。徐说后字之用法可信。君后之后字形体不见于商代甲骨文,也不见于西周金文。甲骨文、西周金文皆以毓(育)字为后,甲骨文有毓祖丁,商代金文也有毓祖丁,用为君后、君王之义。西周金文班簋"毓文王"也是用为君王之义。甲骨文、西周金文"后"字习见,但不是君后之后,而是司字的异体,古文字中形体反正无别,皆用为司、嗣等义,无一字用为君后、君王之义者。于省吾《寿县蔡墓铜器铭文考释》:"'后'为'毓'的后起字。西周金文仍以'毓'为'后',班簋的'毓文王、王姒圣孙','毓'文王即'后文王','后'谓君后。金文'后'字只一吴王光鉴一见。由此可知,以'后'为'毓',当起于春秋时期。"但后字为什么从厂从口,厂形到底表示什么,仍然不详,因此后字构形不明。(周宝宏)

呴 hǒu　匣纽、侯部；匣纽、厚韵、胡厚切。

呴¹—呴
《说文》小篆　楷书

1《说文》186页。

形声字。《说文》:"呴,厚怒也。从口、后,后亦声。"段玉裁注:"厚怒故从后,后之言厚也。"邵瑛群经正字:"俗作吼,经典作哮,《左·僖三十二年传》:'柩有声如牛',杜注:如牛哮声。正字当作此,《说文》无哮字。"呴字文献罕见。(周宝宏)

司 部

司 sī　心纽、之部；心纽、之韵、息兹切。

1、2《甲文编》373页。3–6《金文编》640页。7、8《战文编》614页。9《说文》186页。10《睡甲》143页。11《篆隶表》641页。

构形之义不明。《说文》:"司,臣司事于外者。从反后。"甲骨文司字习见,作司,或作后,反正无别,皆为司字。用法相同,司字绝非"后"字之反写。司字之构形,均无令人信服的解释,只能存疑。甲骨文司字不用为司管之义,而用为祀和祠。罗振玉《殷虚书契考释》:"商称年曰祀,亦曰祠。《尔雅·释天》:'商曰祀'。徵之卜辞,称祀者四,称司者三。曰'惟王二祀',曰'惟王五祀',曰'其惟今九祀',曰'王廿祀';曰'王廿司',是商称年曰祀又曰司也。司即祠字。"西周金文司字多用作嗣,不用为主管之义的司,主管之义用嗣字表示,至战国金文才用司字表示主管之义,一直到传世文献也如此,而嗣字只表示治理之义。嗣字从离,像以手治丝之形,因此有治理、主管之义,此为嗣字本义,嗣字从司,只是声符。司字本义没有主管、治理之义。司字本义不明,待考。(周宝宏)

詞(词) cí　邪纽、之部；邪纽、之韵、似兹切。

參—嗣—詞—詞—词
战国 《说文》小篆 汉 楷书 楷书

1《战文编》615页。2《说文》186页。3《篆隶表》641页。

形声字。《说文》:"詞,意内而言外也。从司,从言。"段玉裁注:"司者,主也,意主于内而言发于外,故从司言。"当为形声字,徐锴《说文系传》正作"司声"。邵瑛《说文群经正字》:"据《说文》,词为言词,辞为辞讼,辥为辥受,今经典多乱,惟辞讼尚多作本字。"段玉裁注:"意者,文字之义也;言者,文字之声也;词者,文字形声之合也。"据此可知,词字的本义是指包含一定语义的语音。《楚辞·九章·抽思》:"结微情以陈词兮,矫以遗夫美人。"词字最早见于战国文字,传世文献最早也见于战国时代。(周宝宏)

卮 部

卮 zhī 章纽、支部;章纽、支韵、章移切。

卮—卮—卮—卮
《说文》小篆 汉 汉 楷书

1《说文》186页。2、3《篆隶表》641页。

会意字。《说文》:"卮,圜器也。所以节饮食,象人,卩在其下也。"段玉裁注:"卮从人卩,与后从人口同意。"卩即節(节)制之节。许慎的意思是说,卮是一种圆形酒器,这种圆形器是象征节制人们饮食的,因此创造了从厂(像人形)从卩(節)的会意字。但此字构形之解释牵强,待考。清桂馥《说文义证》:"《韩非子》:'堂溪公谓韩昭侯曰:今日有玉之卮无当,有瓦卮有当,君宁何取?《齐策》:'楚有祠者赐其舍人卮酒。'"又:"《庄子·寓言》篇:卮言日出。《释文》云:《字略》云:卮,圆酒器也。"可见其字习见于战国文献。(周宝宏)

𠋵 zhuǎn 章纽、元部;章纽、狝韵、旨兖切。

𠋵—𠋵
《说文》小篆 楷书

1《说文》186页。

形声字。《说文》:"𠋵,小卮也。从卮,耑声。"徐灝段注笺:"專、耑古字通,𠋵与𠋵音义同,疑本一字。"《说文》:"𠋵,小卮也。"圆器叫卮,圆而小的器叫𠋵,也叫𠋵,專者團也,團者圆也。春秋战国时代借耑为𠋵之称,看来卮当是后来所加。(周宝宏)

卩 部

卩 jié 精纽、质部;精纽、屑韵、子结切。

卩—卩—卩—卩—卩—卩—卩
商 商 商 《说文》小篆 战国 战国 汉 楷书

1、2、3《甲文编》374页。4、5《战文编》615页。6《说文》186页。7《篆隶表》641页。

象形字。《说文》认为卩是符節之節的初文,像符節相合之形。但此说与初文不符。清于鬯《说文职墨》:"卩即卻字,象胫形,⊃即象胫头之形,下文云:卷,卻曲也,从卩。卷字从卩而训卻曲,即卩字之义可知矣。瑞信之训,自是節字之义,卩有胫头之义而无瑞信之义。"甲骨文卩字作𠂆,屈万里《殷虚文字甲编考释》:"此与《说文》之卩字,形虽相似,义实悬殊,疑此乃跪字之初文,隶定当作卩。《说文》以为'瑞信'者,盖后起之义。"甲骨文卩字正像人跪跽之形,因为跪跽时,膝(卻)盖弯曲,故卻字从卩。卩与節、卩与跪、卩与卻,皆为古今字,本为一字。(周宝宏)

令 lìng 来纽、真部;来纽、劲韵、力政切。

令—令—令—令—令—令—令—令
商 商 商 商 西周 西周 春秋 战国

令—令—令—令—令—令—令
《说文》小篆 秦 秦 汉 汉 汉 楷书 楷书

1、2《甲文编》374～375页。3-7《金文编》641～643页。8《战文编》615页。9《说文》187页。10、11《睡甲》143页。12、13、14《篆隶表》641页。

会意字。《说文》:"令,发号也。从亼卩。"徐锴系传:"号令者集而为之,卩制也。"徐灝段注笺:"从卩从亼,亼者集也。"罗振玉《殷虚书契考释》:"古文从亼人,集众人而命令之,故古令与命为一字一谊。许训卩为瑞信,不知古文卩字象人跪之形,即人字。"亼为古集字,非口字,林义光《文源》认为是倒口之形,不确。令字在甲骨文、西周金文中多用为命令之义。(周宝宏)

妣 bǐ 帮纽、质部；帮纽、至韵、兵媚切。

妣¹—妣
《说文》小篆 楷书

1《说文》187页。

形声字。《说文》：" 妣，辅信也。从卩，比声。"王筠句读："《玉篇》曰：妣，今作弼，故以辅说妣，以其从卩，故申之曰信也。"桂馥《说文义证》："本书，弼，辅也。通作比，《释诂》：比，辅也。《易·比》象：比，辅也。《诗·杕杜》：胡不比焉。笺云：比，辅也。又通作毗，《书·微子之命》：'毗余一人'。《虞书》曰'妣成五服'者，《益稷》文，妣作'弼'。郑注：'广辅五服之教而成之。'"由此可知，妣字的基本词义为辅佐，初写作弼，或比，妣字当为后起字，详"弼"、"比"字条。文献未见妣字。（周宝宏）

妼 bì 帮纽、质部；帮纽、至韵、兵媚切。

妼¹—妼²—妼³—妼⁴—妼⁵—妼
商 商 商 商 《说文》小篆 楷书

1、2《甲文编》377页。3、4《金文编》644页。5《说文》187页。

形声字。从卩，必声。张舜徽《说文解字约注》："妼与佖本盖一字，亦訬侈之比。佖者威仪也。《诗·卫风·淇奥》：'有匪君子'，《韩诗》作'有妼君子'，正谓其威仪耳。"文献用妼处仅此一见，无法证明其本义为何。《说文》训妼为"宰之也"，难于理解。裘锡圭《释妼》："第三、四期卜辞里的'妼'字常见，好像都是用作表示时间关系的介词的。'必''比'古音极近，'妼'似应读为'比'。《孟子·梁惠王下》：'比其反也'，《音义》：'比，及也。'《论语·先进》：'比及三年'，《皇疏》：'比，至也。'……三四期卜辞的'妼'（比）大概也都应该当'及''至'或'临近'讲。"显然甲骨文妼字这种用法虽然很早，但绝非本义，这种用法的妼字只能是一种假借用法。甲骨文和《诗》中的妼字用法都与妼字形体结构联系不上，因此其本义不详，只能待考。（周宝宏）

邵 shào 禅纽、宵部；禅纽、笑韵、实照切。

邵¹—邵²—邵³—邵⁴—邵⁵—邵⁶—邵⁷—邵
西周 西周 春秋 春秋 战国 战国《说文》小篆 楷书

1–5《金文编》643~644页。6《战文编》616页。7《说文》187页。

形声字。《说文》："邵，高也。从卩，召声。"朱骏声通训定声："汉应仲远名邵，故字远，今以劭为之。《小尔雅·广诂》：'邵，美也'。《广雅·释诂四》：'邵，高也。'《法言·修身》：'公仪子、董仲舒之才邵也。'注：高也。'重黎贤皆不足邵也'，注：美也。皆以邵为之。"西周金文虽常见卲字，但皆用为卲王之卲。文献中卲又多讹为邵。但"高也"是否为邵字之本义，还没有更早的文献资料证明，况且"高"之义很难与"邵"之字形联系上，故邵字之本义只能存疑。（周宝宏）

厄 è 影纽、锡部；影纽、麦韵、於革切。

厄¹—厄
《说文》小篆 楷书

1《说文》187页。

形声字。《说文》："厄，科厄，木节也。从卩，厂声。"科厄为联绵词，称呼树木之节的一种名称。但这种词义未见于文献使用，多被用作厄运之厄，此种用法为厄字之异体，详见"厄"字条。（周宝宏）

厀（膝）xī 心纽、质部；心纽、质韵、息七切。

厀¹—厀²—厀³—厀⁴—厀⁵—膝⁶—厀
战国 战国《说文》小篆 秦 汉 汉 楷书

1、2《战文编》616页。3《说文》187页。4、5、6《篆隶表》642页。

形声字。《说文》："厀，胫头卩也。从卩，㯼声。"徐铉："今俗作膝。"膝字已见于东汉时代武威医简。清邵瑛《说文群经正字》："今经典作膝，《仪礼·既夕礼》：'袂属，幅长下膝。'《礼记·檀弓》：'进人若将加诸膝'，《尔雅·释水》：繇膝以上为涉。《说文》无膝字。作厀为正，《尔雅》释文云：膝，字又作厀，则隋唐固有得其正者。《史记》、《汉书》作厀，《商君传》：'不自知厀之前于席也'，《吴王传》：'厀行'，《王褒传》：'驾蜚厀'之类皆是。《史》、《汉》之字固多近古也。"厀字之本义为膝盖，战国、秦汉之出土文字厀所从之㯼皆不从水旁，只有《说文》小篆从水旁，楷书由《说文》小篆形体发展而来。（周宝宏）

卷 juǎn 见纽、元部；见纽、狝韵、居转切。
quán 群纽、元部；群纽、仙韵、巨员切。

卷¹—卷²—卷³—卷⁴—卷⁵—卷
《说文》小篆 秦 汉 汉 汉 楷书

1《说文》187页。2《睡甲》144页。3、4、5《篆隶表》642页。

形声字。《说文》:"卷,厀曲也。从卪,关声。"王筠句读:"厀与卷盖内外相对。"厀指膝盖骨,而卷则指与膝盖相对的后部,即大小腿相连关节的后边可弯曲之处。清段玉裁《说文解字注》:"(此)卷之本义也,引申为凡曲之偁。《大雅》:'有卷者阿',传曰:卷,曲也。"卷字虽不见于西周金文,但习见于《诗》之大、小雅,可见西周时代当有卷字。张舜徽《说文解字约注》:"厀曲为卷,犹齿曲为齤,角曲为觠,手曲为拳,牛鼻环为桊,俱从关声,并有曲义。"可见从关之字多有弯曲之义,都是同一来源的同源字,西周时代也许以关字为之,至战国秦汉时代才加"卪"成为卷字。(周宝宏)

卻(却) què 溪纽、铎部；溪纽、药韵、去约切。

卻¹—卻²—卻³—卻⁴—卻⁵—卻—却
《说文》小篆 秦 汉 汉 汉 楷书 楷书

1《说文》187页。2《睡甲》144页。3、4、5《篆隶表》643页。

形声字。《说文》:"卻,節欲(欲为卻字之误)。从卪,谷声。"徐灏段注笺:"卻如间隙之隙。卪卻者谓骨节之间隙也。《曲礼》曰:相见于卻地曰会。郑注:卻,间也。《庄子·养生主》篇:'批大卻',崔、李注同。俗书作郄。《素问·刺腰痛篇》:'刺其卻中',卻即卻字。《孟子·尽心篇》赵注:客光小卻也。丁云:义与隙同。是也。引申之乃为卻退之义。古音并读如膝声,转为隙,乃分为二义二音矣。今俗书卻退字作却。"却从去即谷之隶变,汉初马王堆汉墓帛书卻字实际上已经演变为从去声。清邵瑛《说文群经正字》:"今经典多作郄,《孟子·万章》'郄之'、'郄之为不恭'。"(周宝宏)

卸 xiè 心纽、鱼部；心纽、祃韵、司夜切。

卸¹—卸
《说文》小篆 楷书

1《说文》187页。

形声字。《说文》:"卸,舍车解马也。从卪、止、午(声)。读若汝南人写书之写。"徐灏段注笺:"宀部曰:写,置物也。盖从他处传置物于此谓之写。……舍车解马,正是写字之字义。古通作卸。卸从卪建类,疑别有取义。因通用为卸解,久而昧其本义耳。古音读若谓,故从午声。"御字习见于甲骨文和西周金文,卸应当与御字同字,从卩从止,与从止同义,其本义详见"御"字条。甲骨文、西周金文御字从未与驾车之驭字有关,驾驭之驭也见于甲骨文、西周金文,御、驭二字用法从未相混。从睡虎地秦墓竹简开始用御字为驾车之义,与驭字用法相混。至《说文》,不识卸字初形初义,遂用"舍车解马也"之义解之。(周宝宏)

邔 zhuàn 从纽、元部；崇纽、线韵、士恋切。

邔¹—邔²—邔³—邔
商 商 《说文》小篆 楷书

1、2《甲文编》375~376页。3《说文》187页。

会意字。《说文》:"卯,二卪也,巽从此,阙。"卯字见于甲骨文。罗振玉《殷虚书契考释》:"从二人踞而相从之状,疑即古文巽字。"丁山《说文阙义笺》:"卯孳乳为巽,《虞书》:'女能庸命巽朕位',伪孔传:巽,顺也。《释文》引马融注:'巽,让也。'而《易·象传》:'顺以巽也'。《杂卦》传:'巽,伏也。'义尤近从,则卯直巽之本字而已。"林义光《文源》:"巽,顺之义,当以邔为本字,即逊之双声旁转也,象二人俯伏相谦逊形。"于省吾主编《甲骨文字诂林》"卯"字条后姚孝遂按语:"卜辞邔即象俯伏恭顺之状,其辞云:'戊午卜,侑妣庚五邔十牢不用。'殷代多以人为祭牲,此'五卯'与'十牢'并列,亦为人牲无疑。《存》2.5.2亦有类似之卜辞可参见。殷代人牲多来源于战争中的俘虏,邔当为降伏之敌方之员,与以武力俘获之艮有别。"总之,邔(卯)即巽的初文,本义为顺从、服从之义,其义已见于甲骨文。(周宝宏)

印 部

印 yìn 影纽、真部；影纽、震韵、於刃切。

商 商 西周 春秋 秦 秦 《说文》小篆
秦 秦 汉 汉 楷书

1、2《甲文编》377~378页。3、4《金文编》645页。5、6《战文编》617页。7《说文》187页。8、9《睡甲》144页。10、11《篆隶表》643页。

会意字。《说文》："印，执政所持信也。从爪，从卩。"《说文》释印字为玺印之印，是后起义，非其本义。甲骨文已见印字。罗振玉《增订殷虚书契考释》："卜辞字从爪从人跽形，象以手抑人而使之跽。其谊（义）如许书之抑，其字形则如许书之印。抑训按、训屈、训柱、训止，与字形正合。"《说文》以后世"節"字之义理解"印"字所从之卩，不符合甲骨文印字构形之义。总之，印字从甲骨文、西周金文、战国文字、《说文》小篆形体上看，像人以手抑按人而使之跪之形，即后世抑字初文，后世抑表示印字本义，印字只表示引申义。（周宝宏）

归 yì 影纽、质部；影纽、职韵、於力切。

《说文》小篆 楷书
《说文》俗体 汉 楷书

1、2《说文》187页。3《篆隶表》643页。

会意字。《说文》："归，按也，从反印。抑，俗从手。"于省吾《论俗书每合于古文》："按印、卬、仰、抑古同名，契文作卬、归，金文作印，反正无别，汉校官碑、西狭颂抑并从印不反，虽不符于许书，而不背于古文也。"抑即印字今字，印为抑之初文。甲骨文印归反正无别，战国古玺文中印归反正仍然无别，皆为印字，可见至战国仍然不是反印为归。反印为归，也就是印归正反有别，反写印而成为一个新字归应该是汉代开始的。（周宝宏）

色 部

色 sè 心纽、职部；生纽、职韵、所力切。

战国 战国 汉 汉
春秋 春秋 《说文》小篆 秦 秦 汉 汉 汉 楷书

1-4《战文编》617页。5《说文》187页。6、7《睡甲》144页。8-12《篆隶表》643页。

会意字。《说文》："色，颜气也。从人，从卩。"何琳仪《战国古文字典》："色，春秋金文作（墨敢铸），左从爪，右从卩（与上爪下卩之印字不同），会面部颜色之意。战国文字承袭春秋金文，或卩旁加短横为与印字区别。秦汉金文爪旁讹作勹形。"色字习见于战国楚竹简，"卩"形多有省变，或加"頁"旁以显示颜面之义，《说文》色字古文就从这一形体讹变而来。色字最初形体从爪在卩左侧，战国楚简色字已有讹为从"刀"形者，但秦简中仍有从爪者，不过已在右上，失去会意意味。从秦简开始，色字上部已大多讹为从刀形，汉隶皆如此形体，为楷书所继承。色字形体虽然最早见于春秋金文，但《诗》常见，《大雅·烝民》："令仪令色，小心翼翼。"《大雅·皇矣》："不大声以色"。皆为西周时代文献，可见色字出现于西周时代。（周宝宏）

艴 fú 并纽、物部；并纽、没韵、蒲没切。

《说文》小篆 楷书

1《说文》187页。

形声字。《说文》："艴，色艴如也。从色，弗声。《论语》曰：色艴如也。"段玉裁注："按此当作：艴，怒色也。《孟子》：曾西艴然不悦。赵曰：艴，愠怒色也。"所引《论语》"色艴如也"一句，今本《论语》作"色勃如也"。勃如，勃然大怒的样子。古弗字声近义通，二者皆为借用。（周宝宏）

卯 部

卯 qīng 溪纽、阳部；溪纽、庚韵、去京切。

商 西周 《说文》小篆 楷书

1《甲文编》378页"卿"字所从。2《金文编》

646页"卿"字所从。3《说文》187页。

会意字。或隶作卯。罗振玉《增订殷虚书契考释》："《说文解字》：'卯，事之制也，从卩、卩。'卜辞辭字从二人相向，鄉字从此，亦从㠱，知卯即㠱矣。此为嚮背之嚮字，卯象二人相嚮，犹北象二人相背，许君谓为事之制者，非也。"于省吾《甲骨文字诂林》"鄉"字条后姚孝遂按语："契文㠱象二人相嚮之形。古卯、卿、鄉、饗实本同源。段玉裁卯字注谓'卩卩今人读节奏，合乎节奏乃能制事者也。'均由《说文》以卩为符节字所致误。《玉篇》、《广韵》音卯为卿本不误。卿、嚮古声类同，阳与庚古韵亦通。段玉裁、朱骏声均昧于其初形，皆以《玉篇》、《广韵》音卿之非是。"卯字除见于《说文》小篆外，只见于甲骨文，其余未见于西周金文、战国秦汉文字，亦未见于传世文献。其字形早已失传，至《说文》误认为卿等字从卯良声，才将卯旁立为一部首。（周宝宏）

卿 qīng 溪纽、阳部；溪纽、庚韵、去京切。

1—4《甲文编》378页。5、6《金文编》645~647页。7—10《战文编》618页。11《说文》187页。12、13、14《篆隶表》644页。

会意字。《说文》："卿，章也。"《说文》、段注所释卿字构形及其本义皆不符合初文之义。卿字习见于甲骨文、西周金文。罗振玉《增订殷虚书契考释》："此字㠱从皀，或从㠱从皀，皆象饗食时宾主相嚮之状，即饗字也。古公卿之卿，鄉党之鄉，饗食之饗，皆为一字。"商代甲骨文卿字用为：1. 饗用之饗："唯大乙暨祖乙卿（饗）。"2. 用为面嚮之嚮："东方西鄉"（西向，面向西方）等词义。甲骨文未见卿事（士）之职，卿事是从西周金文开始产生的。甲骨文、西周金文也未见鄉字用为鄉党之义者。杨宽在《古史新探》一书中从社会历史发展的角度论证卿、鄉、饗三字词义的来源，证明三字原为同一字，可备一说。卿（鄉、嚮、饗）本义是相向而饗食。（周宝宏）

辟 部

辟 pì 並纽、锡部；並纽、昔韵、房益切。
bì 帮纽、锡部；帮纽、昔韵、必益切。

1、2《甲文编》379页。3—7《金文编》648~649页。8《说文》187页。9、10《睡甲》144~145页。11、12、13《篆隶表》644页。

会意字。《说文》："辟，法也。从卩、从辛，节制其罪也。从口，用法者也。"于省吾主编《甲骨文字诂林》"辟"字条后姚孝遂按语："此乃就小篆立说，非其本朔。……实则契文仅作辟，既不从口，也不从O，从O乃增饰，从曰或⊙乃讹变。"辟从卩从辛会意，辛为刑具，会用刑具施刑于跪跽之人，故有法义，有罪义。在西周金文中辟有治理、法则、君王、官长等义，皆与本义相关。徐灏《说文段注笺》："《尔雅》曰：辟，法也。法谓法令。君称辟，行法者也。罪称辟，犯法者也。法谓之辟，因之犯法亦曰辟矣。"辟字之本义为刑法，其余为引申义。（周宝宏）

𨐌 bì 帮纽、锡部；帮纽、昔韵、必益切。

1《说文》187页。

会意字。《说文》："𨐌，治也。从辟，从井。《周书》曰：我之不𨐌。"桂馥义证："治也者，《书》释文引作：法也。本书刑下引《易》：井，法也。《周书》曰我之不𨐌者，《金縢》文，彼作'弗辟'，传云：辟，法也。"王筠句读："𨐌字乃辟之分别文。"𨐌与辟音义全同，应为古今字，典籍皆用辟，未见𨐌字。𨐌字也许是战国古文形体结构。清段玉裁《说文解字注》："（《周书》曰我之不𨐌）许所据壁中古文也。盖孔安国以今字读之，乃易为辟字。"𨐌字为东方六国古文写法，但到目前为止未见于出土的战国秦汉文字资料。𨐌字从井（刑法之义）从辟（也是刑法之义），辟亦声。（周宝宏）

嬖 yì 疑纽、月部；疑纽、废韵、鱼肺切。

嬖¹—嬖
《说文》小篆 楷书

1《说文》187页。

形声字。《说文》："嬖，治也。从辟，乂声。《虞书》曰：有能俾嬖。"段玉裁注："见《尧典》，今嬖作乂。盖亦自孔安国以今字读之已然矣。计嬖字秦汉不行，小篆不用，《仓颉》等篇不取，而许独存之者，尊古文经也。"嬖字，传世文献罕用，唯三体石经古文有之，见三体石经《君奭》，可见其字确实来源于孔子旧宅壁中所藏战国时代六国文字抄本文献。嬖为乂的孳乳字。乂字见于甲骨文，裘锡圭《甲骨文字考释八篇·释艿、𦷬》认为乂是割草的工具，本作𠃌，像刈草之刀，后来简化为乂，再后来加刀旁作刈。刈、嬖音同义同，皆为乂字之后起字。刈字主要表示乂字之本义，嬖字主要代表乂字之申义。但乂、刈二字在文献中常见。（周宝宏）

勹 部

勹 bāo 帮纽、幽部；帮纽、肴韵、布交切。

勹¹—勹
《说文》小篆 楷书

1《说文》187页。

会意字。《说文》："勹，裹也。象人曲形，有所包裹。"勹字，有人认为是伏字之古文𠃎或旬之古文𠣎之变，但这都没有可信的证据。勹字当有自己的来源，与𠃎、𠣎二字无涉。文献中未见用勹字者，皆以包字代替勹字。勹部所属之字形伏字的来源与勹字无关，完全是许慎将勹部所属形符之义理解错了，故放于勹部中。勹、包古今字，包字当与勹为一类。（周宝宏）

匍 pú 並纽、鱼部；並纽、模韵、薄胡切。

匍¹—匍²—匍³—匍⁴—匍⁵—匍
西周 西周 西周 西周《说文》小篆 楷书

1-4《金文编》649页。5《说文》187页。

形声字。《说文》："匍，手行也。从勹，甫声。"王筠句读："《众经音义》、李注《长杨赋》皆引《说文》：匍匐，手行也。别引《字林》：匍，手行也；匐，伏也。然则今本乃以《字林》改也。……《诗》两言匍匐，《礼·问丧》一言匍匐，他书或作蒲伏、扶服、蒲服，二字双声，以声为用，不能单字成义，《字林》误也。"匍匐二字为联绵词，在文献中不分开使用，二字皆从勹，所从之勹不是勹（包字从）字，而是𠃎（伏字初文）字之变形，本像人俯伏形，故匍匐二字以勹为形符，但西周金文、春秋金文匍字单独使用，用法与匍匐之义不同。西周金文大盂鼎、史墙盘铭文皆有"匍有"一词，金文研究诸家或读为抚有，或读为溥有，其义与包有、包举之义近。此义也许是匍字本义。（周宝宏）

匐 fú 並纽、职部；奉纽、屋韵、房六切。

匐¹—匐
《说文》小篆 楷书

1《说文》187页。

形声字。《说文》："匐，伏地也。从勹，畐声。"文献中皆匍匐连用，为联绵词，详上文"匍"字条。联绵词是口语的忠实记录，多用于《诗》、《楚辞》、汉赋之类。散文多以一字表示一词，当初也许只用匍字就可以表示匍匐之义，因此西周金文只见匍字，不见匐字。联绵词有些是以其中一字为重音表示义、一为衬音不表义的。匍、匐二字语音重在匍字上，匐只作为陪衬音而存在。（周宝宏）

匊 jú 见纽、觉部；见纽、屋韵、居六切。

匊¹—匊²—匊
西周 《说文》小篆 楷书

1《金文编》649页。2《说文》187页。

会意字。《说文》："匊，在手曰匊。从勹、米。"徐铉："今俗作掬。"段玉裁注："唐风：'椒聊之实，蕃衍盈匊。'《小雅》：'终朝采绿，不盈一匊。'毛传皆云：'两手曰匊。'"桂馥义证："或作掬。《释名》：'掬，局也，使相局近也。'《小尔雅·广量》：'一手之盛谓之溢，两手谓之掬。'"西周金文匊字从勹从米，与从勹（包）无关，勹旁也许是从𠂇（手）形之讹，如此匊字正从手从米会意，后加手作掬，形符重复，如莫字加日作暮，采字加手作採等。但这只是合理的推测，没有证据。（周宝宏）

勹部

勹 yún 喻纽、真部；以纽、谆韵、羊伦切。

西周 西周 西周 战国 战国 战国 《说文》小篆 楷书

1、2、3、7《金文编》卷9, 650页。4、5、6《战文编》卷9, 619页。8《说文》187页。

形声字。《说文》："勺，少也。从勹，二。"徐灏段注笺："勺与均音义相近，从二者，均平之义。凡物分之则少矣，从勹兼取人为声。"从西周金文看，勺字早期形体是从吕勹声。吕即吕，吕像用铜料制作而成的饼形原料以便再制作各种器具。西周金文金字从此作金，正用为形符表示金属之义。勹不是《说文》之"勹(包)"字，而是句字初文，习见于甲骨文。勺即钧字之初形，金字旁为后加之形符，因为勺字所从之吕后来省变为从二，看不出所象之形了。勺在西周金文中都用为钧，金属重量单位。钧字已见于西周金文，详"钧"字条。勺字所从勹，即句字初文，其形源流见下文"句"字条。《说文》据勺字小篆形体解释其形体结构及其本义，不符合初形初义。（周宝宏）

勼 jiū 见纽、幽部；见纽、尤韵、居求切。

《说文》小篆 楷书

1《说文》188页。

形声字。《说文》："勼，聚也。从勹，九声，读若鸠。"段玉裁注："今则鸠行而勼废矣。"桂馥义证："《书·尧典》：'共工方鸠僝功'，传云：鸠，聚也。《隐八年左传》：'君释三国之图以鸠其民'，《襄十六年传》：'敢使鲁无鸠乎'，杜注亦云：鸠，集也。《襄二十五年传》：'鸠薮泽'，《昭十七年传》：'五鸠鸠民者也'，杜注并云：鸠，聚也。"以上文献中的鸠为聚义常见，但鸠为借字，勼为本字。（周宝宏）

旬 xún 邪纽、真部；邪纽、谆韵、详遵切。

商 商 商 西周 春秋 战国 《说文》古文

《说文》小篆 秦 汉 汉 楷书

1、2、3《甲文编》379~381页。4《金文编》650页。5、6《战文编》619页。7、8《说文》188页。9《睡甲》145页。10、11《篆隶表》645页。

形声字。《说文》："旬，徧(遍)也。十日为旬。从勹、日。旬，古文。"徐灏段注笺："十日为旬乃旬之本义。"王国维《观堂集林·释旬》："余遍搜卜辞，凡云'贞旬亡田'者，亦不下数百见，皆以癸日卜，殷人盖以自甲至癸为一旬，而于此旬之末卜下旬之吉凶。……日旬甲至癸而一遍，故旬之义引申为遍。"甲骨文勹字即用为后世之旬，词义也是以十天为一旬。甲骨文旬字作ㄅ，不是《说文》之勹(包)字，也不是古文字中之勹(伏)字。其形体来源于甲骨文云字，甲骨文云字作ㄅ。于省吾主编《甲骨文字诂林》"旬"字条后姚孝遂按语："'ㄅ'之形体乃由'云'字演化而来，借助某些基本形体稍加变化以孳生新的文字形体，此为古代文字演化途径主要手段之一。"甲骨文旬字形体来源是这样的：ㄅ(云) ㄅ(勹或旬)。到了西周加"日"旁作为形符，则勹为声符。春秋战国文字以匀为声符。《说文》旬之古文旬之形即春秋战国文字匀形之讹变，很难看出从日匀声了。从战国秦文字开始，ㄅ讹变为勹(伏)形，为《说文》篆文旬字所本。总之，旬字之本义为十天，引申为遍，《说文》所释为引申义。（周宝宏）

匈 xiōng 晓纽、东部；晓纽、钟韵、许容切。

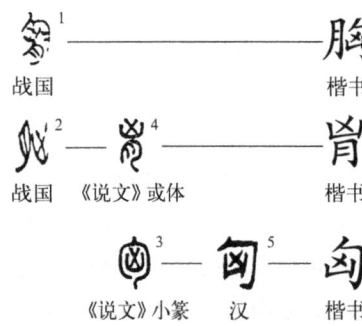

战国 楷书
战国 《说文》或体 楷书
《说文》小篆 汉 楷书

1、2《战文编》620页。3、4《说文》188页。5《篆隶表》645页。

形声字。《说文》："匈，膺也。从勹，凶声。胷，匈或从肉。"（据徐锴《说文系传》本，徐铉本"膺"作"声"字）段玉裁注："肉部曰：膺，匈也。二转篆为转注。膺自其外言之无不当也，匈自其内言之无不容也。"又："今字胷行而匈废矣。"邵瑛群经正字："今经典作胷，《考工记·梓人》'以胷鸣者'，又作胸，《左昭二十七年传》：'铍交于胸'。《史》《汉》多作匈，《史记·高祖纪》：'汉王伤匈乃扪足'，《吴世家》：'铍交于匈'，《汉书·艺文志》：'无忧悌于匈中'，《贾谊传》：'刺手以卫仇人之匈'，《循吏传》：'匈臆结约'，皆以匈为胷，与《说文》合。"匈字之本义即胸堂，文献多作胸。《说文》篆文匈未见于战国文字，但其或体胷见于战国楚简，今通行之胸字也见于战国楚简，可见二字出现之早。匈字习见于战国文献，其字当在胸和胷字之前产生，匈与胸、胷为古今字，胸与胷当为异体字。匈字训为胸堂之胸，从勹，义同人，凶声。（周宝宏）

甸 zhōu 章纽、幽部；章纽、尤韵、职流切。

甸¹—甸
《说文》小篆 楷书

1《说文》188页。

形声字。《说文》："甸，帀徧也。从勹，舟声。"段玉裁注："徧，衍文，当删。帀下曰：甸也。与此为转注。"又："凡圜周、周而复始，其字当作甸，谓其极而复也。"又："今字周行而甸废矣。"邵瑛群经正字："此即周帀、周遍之本字，今经典只用周字。《礼记·檀弓》：'四者皆周'，《左隐十一年传》：'周麾而呼'，《成二年传》：'三周华不注'，《昭十三年传》：'使周走而呼'。"《诗·大雅·崧高》："周邦咸喜"，郑玄笺："周，遍也，申伯入谢，遍邦内皆喜……"也写作舟，《大雅·公刘》："何以舟之，维玉及瑶。"此舟字用为环绕之义。可见西周时代当借舟为甸，战国文献借周为甸。甸字当产生于战国时代，但甸字所表示的语言至迟在西周时代已经产生，只不过那时以舟字表示。甸字从勹，勹当为旬字之省，十天为一旬，循环往复，故以旬为形符。（周宝宏）

匌 gé 见纽、缉部；见纽、合韵、古沓切。

匌¹—匌²—匌³—匌
西周　西周　《说文》小篆　楷书

1、2《金文编》650页。3《说文》188页。

形声字。《说文》："匌，帀也。从勹，从合，合亦声。"帀，周遍之义。桂馥义证："通作合，《纂要》：'天地四方曰六合'，《庄子·齐物论》：'六合之外，圣人存而不论。'"传世先秦两汉文献未见匌字，皆以合为匌。但匌字不是后代所产生，西周金文已两见，痶钟铭文："匍有四方，匌受万邦。"史墙盘铭文："上帝降懿德大甹，匍有上下，迨受万邦。"《书·皋陶谟》："翕受敷施。"孔传："翕，合也。"西周金文匌受、迨受，《书·皋陶谟》翕受，实际上都用为合受，全部接受之义。此义与《说文》训"匌，帀也"之义相近。帀、遍同义，皆有全部之义。从西周金文匌字形体上，匌字从合从勹（旬），勹当为形符。（周宝宏）

餀 jiù 见纽、幽部；见纽、宥韵、居祐切。

餀¹—餀²—餀³—餀
西周　西周　《说文》小篆　楷书

1、2《金文编》650页。3《说文》188页。

形声字。《说文》："餀，饱也。从勹，殷声。"段玉裁注："从勹，象腹。"西周金文餀字从勹和勹之反写，古文字反写正写无别。勹，突出腹形，正象吃饱之形，既不是勹（旬），也不是几（伏），更不是勹（包）。西周金文早期铜器令簋："用鄉（饗）王逆造，用餀寮人。"餀与鄉（饗）字相对而用，其词义用法肯定是相同或相近的，用为饗用之义，与《说文》所说本义合。（周宝宏）

復 fù 并纽、幽部；奉纽、宥韵、扶富切。

復¹—復²—復³—復
西周　战国　《说文》小篆　楷书

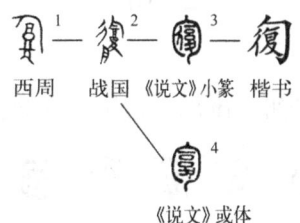
《说文》或体

1《金文编》650页。2《战文编》620页。3、4《说文》188页。

形声字。《说文》："復，重也，从勹，復声。复，或省彳。"段玉裁注："今则複行而復废矣。"西周金文从勹（伏之初文）。多友鼎铭文："復夺师之孚（俘）。"用復为重复之复。史墙盘铭文："重（唯）乙且（祖）速匹厥辟，遠猷復心。"復心即腹心。《诗·周南·兔罝》："赳赳武夫，公侯腹心。"多友鼎铭文用復为複，与《说文》"復，重也"之训合，但从勹（初文作几，伏之初文）为意符，不能有重複之义。"从勹（伏）当与餀字所从之勹（殳）相同，表示腹部之义，引申有腹心、心腹之义，因此復或复当以腹部之义为本义，重複之义当为借义，其本字为復或复字，複当为后起之本字。（周宝宏）

冢 zhǒng 端纽、东部；知纽、肿韵、知陇切。

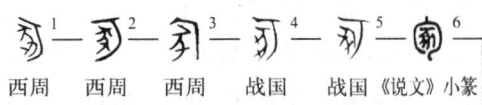

西周　西周　西周　战国　战国　《说文》小篆

秦　汉　汉　汉　楷书

1、2、3《金文编》651页。4、5《战文编》620页。6《说文》188页。7《睡甲》145页。8、9、10《篆隶表》645页。

形声字。《说文》："冢，高坟（坟）也。从冖，豖声。"《说文》所释之本义与字形结构之义不符。何琳仪《战国古文字典》："（冢）从豠之初文，主声。冢，端纽、东部；主，端纽、侯部。侯、东阴阳对转。"又："战国文字承袭金文，豠形或省作豖形，主形或讹变作冫、冖、宀等形，或豖形与主形借用部分笔画。"西周金文中豖字多用为"大"义，而且豖字常见。大义与《说文》所释"高坟"之义也相因。豖字从豕（或豖），主声（详"主"字条），本义当与大、与豖皆有关。秦汉文字与冢混讹。（周宝宏）

包 部

包 bāo　帮纽、幽部；帮纽、肴韵、布交切。

《说文》小篆　秦　秦　汉　汉　汉　汉　楷书

1《说文》188页。2《战文编》621页。3《睡甲》145页。4–8《篆隶表》645页。

会意字。《说文》："包，象人裹妊，巳在中，象子未成形也。"王筠句读："据《玉篇》，知包为古胞字。"裹，后来通常写作褱（今怀字）。《众经音义》引作："儿生裹衣者曰胞。"包从勹，表示包裹之义，从巳，巳字古文字形体（见于西周金文）像未出生的小儿形象，二者在一起表示胞衣之义。字未见于商代西周文字，但《诗》习见包字和苞字，说明西周时代应有包字。（周宝宏）

胞 bāo　帮纽、幽部；帮纽、肴韵、布交切。

《说文》小篆　楷书

1《说文》188页。

形声字。《说文》："胞，儿生裹也。从肉，从包。"徐灏段注笺："胞即包字，从包加肉旁，故不曰包声。"段玉裁注："胞谓胎衣，《小雅》：'不属于毛，不离于里。'笺云：'今我独不得父皮肤之气乎，独不处母之胞胎乎。'《释文》：'胞，音包，今俗语同胞，是也。'"王筠《说文释例》："《说文》之勹，今之包也，故以包裹说之。《说文》之包，今之胞也，其说解全是胞义。《玉篇》包下亦沿用其义，而又曰今作胞。"包胞为古今字，包大约产生于西周，胞字则大约产生于战国秦汉时代。（周宝宏）

匏 páo　并纽、幽部；并纽、肴韵、薄交切。

《说文》小篆　楷书

1《说文》188页。

形声字。《说文》："匏，瓠。从包，从夸声。包，取其可包藏物也。"桂馥义证："瓠也者，本书：瓠，匏也。《古今注》：'匏，瓠也，悬瓠可以为笙。'《诗·公刘》：'酌之用匏'。《匏有苦叶》传云：'匏谓之瓠。'"可见匏字虽不见于先秦古文字，但见于西周文献。（周宝宏）

苟 部

苟 jì　见纽、职部；见纽、职韵、纪力切。

商　商　西周　西周　西周　战国

《说文》小篆　秦　楷书

1、2《甲文编》381～382页。3–6《金文编》652页。7《战文编》621页。8《说文》188页。9《篆隶表》646页"敬"字所从。

象形字。《说文》："苟，自急敕也。从羊省，从包省，从口。口犹慎言也。从羊，羊与义（义）、善、美同意。"苟字见于甲骨文和西周金文，甲骨文苟字不从口，上也不从羊或羊省，下也不从包省，本像一人跪坐之形。清饶炯《说文部首订》："急敕义为敬，《仪礼·聘礼》云：'宾为苟敬'，而以二字连文者，盖析言之曰苟曰敬。"又："然则敬从苟而加攴，音义相同，固是一字矣。"西周金文正用苟为敬。大保簋铭文："王降令于太保，大保克苟（敬）无遣（谴）。"班簋铭文："唯苟（敬）德，无攸违。"师虎簋铭文：

"苟(敬)夙夜无法(废)朕令(命)。"甲骨文用为祭祀对象，有人认为像狗跪坐之形，但甲骨文犬字形体与苟字形体区别明显，从形体上和辞例上都无法证明苟为狗字之初文。苟字，甲骨文不从口，但从西周早期金文开始已经有加"口"者，从口形当为装饰性符号，与说话之口无关。（周宝宏）

敬 jīng 见纽、耕部；见纽、映韵、居庆切。

西周 西周 西周 春秋 战国 战国 秦

《说文》小篆 秦 秦 汉 汉 楷书

1、2、3《金文编》652页。4-7《战文编》621～622页。8《说文》188页。9、10《睡甲》145页。11、12《篆隶表》646页。

形声字。《说文》："敬，肃也，从攴苟。"徐灏段注笺："《释名》曰：'敬，警也，恒自肃警也。'按敬有戒谨义，苟训急敕，敕者，戒也。其义相近，声也相转，疑即古敬字，从苟加攴，攴，治也，治事肃恭之意。"西周早期金文以苟为敬，敬字是在西周早中期之间产生的，是在苟字基础上累加义符而成，作为表示肃敬之义的专字。西周金文中敬字多用为严肃、肃敬之义，如叔趞父卣铭文："敬辞（乂）乃身。"逆钟铭文："敬乃夙夜，用粤（屏）朕身，勿法（废）朕命，勿坠乃政。"恭敬之义始见于春秋金文。《诗》雅颂部分敬字用为严肃、恭敬之义并见，《周颂·闵予小子》："维予小子，夙夜敬之。"郑玄笺："敬，慎也。"慎也是严肃之义。总之，敬字之本义为严肃。（周宝宏）

鬼 部

鬼 guǐ 见纽、微部；见纽、尾韵、居伟切。

商 商 商 西周 西周 西周 战国

《说文》小篆 秦 汉 汉 汉 楷书

1、2、3《甲文编》382页。4、5、6《金文编》653页"䰟"字所从和"魋"字所从。7《战文编》622页。8《说文》188页。9《睡甲》145页。10、11、12《篆隶表》646页。

象形字。《说文》："鬼，人所归为鬼。从人，象鬼头。鬼，阴气贼害，从厶。"王筠释例："鬼字当是全体象形，其物为人所不见之物，圣人知鬼神之情状，故造为此形，不必分析说之。"朱骏声通训定声："按：厶声。"徐灏段注笺："厶当为声。"厶即今天私字初文，战国秦汉文字中多作△形。甲骨文、西周金文鬼字皆不从厶，作形，下边所从确实是人，上边所从之"田"形，象征"鬼头"，但不是像鬼头形。鬼字之本义当是在原始社会和商周社会中人戴一种吓人的面具以代表人们观念中的鬼。鬼字甲骨文作，甲骨文異字作，后来孳乳为戴，即像人头戴一面具之形，因此有奇异之义，鬼字与異字二形相似，构形之义也相似。于省吾主编《甲骨文字诂林》"鬼"字条下姚孝遂按语："《说文》以'人所归为鬼'，卜辞云：'贞亚多鬼夢（梦），亡疾。''贞多鬼夢，蜚言见。'皆用其本义。""人所归为鬼"即人死为鬼。战国秦系文字鬼字作，一直到汉代初年鬼字形体亦如此作，"亅"形是否"厶"，很难说，但从西汉中晚期文字开始已经变为从"△(厶)"了。（周宝宏）

魋 shēn 书纽、真部；书纽、真韵、失人切。

《说文》小篆 楷书

1《说文》188页。

形声字。《说文》："魋，神也。从鬼，申声。"王筠释例："魋，神也。《玉篇》在后增字中，云：山神也。段氏引《山海经》：'青要之山，魋武罗居之。'正山神之说矣。郭注：魋即神字。恐系神之俗字也。鬼者归也，神者伸也，魋从鬼而又从申，于法不合，或后人即据《山海经》羼入。"魋字当为神字异体、俗字，在民间看来，神鬼本为同类，故从示从鬼都表示相同的概念。魋字罕见于文献，文献中皆用神字。《山海经》最迟在战国编定，其中有魋字，或许秦汉以后传抄时改神为魋，故魋字产生于何时代不明。（周宝宏）

魂 hún 匣纽、文部；匣纽、魂韵、户昆切。

《说文》小篆 汉 汉 汉 汉 楷书

1《说文》188页。2-5《篆隶表》646～647页。

形声字。《说文》:"魂,阳气也。从鬼,云声。"桂馥义证:"吴季札葬其子曰:'骨肉复归于土,命也,若魂气则无不之也。'《楚辞·九歌》:'身既死兮神以灵,子魂魄兮为鬼雄。'王注《招魂》云:魂者身之精也。"张舜徽约注:"魂从云声,声中固兼义也。云即雲之古文,本亦作彡,象气下上腾形。《礼记·郊特牲》:'魂气归于天。'是古人固以魂气二字连言矣。"魂字习见于战国文献,当时必有魂字,但未见于西周金文和西周文献,其字当产生于春秋战国时代。魂字的本义,是依附于身体的一种精神或精气,人活则有魂,死则魂升于天,这只是古人的一种观念,不是客观存在的物体,但这种观念的产生很早。(周宝宏)

魄 pò 滂纽、铎部;滂纽、陌韵、普伯切。

魄¹—魄²—魄
《说文》小篆 汉 楷书

1《说文》188页。2《篆隶表》647页。

形声字。《说文》:"魄,阴神也。从鬼,白声。"《左传·昭公七年》孔颖达疏:"附形之灵为魄,附气之神为魂。附形之灵者,谓初生之时,耳目心识手足运动啼呼为声,此则魄之灵也;附气之神者,谓精神性识渐有所知,此则附气之神也。"据孔颖达疏,魄字之本义是与生俱来的能力。魂魄二字本义有别,但在战国文献中经常连用,已经变为同义字。(周宝宏)

魖 xū 晓纽、鱼部;晓纽、鱼韵、朽居切。

魖¹—魖
《说文》小篆 楷书

1《说文》188页。

形声字。《说文》:"魖,耗鬼也。从鬼,虚声。"耗鬼即损害人类财物之鬼,文献中罕见魖字。《汉书·扬雄传》:"梢夔魖而抶獝狂。"孟康曰:"魖,耗鬼也。"文献中或以虚字为之。魖字最早见于汉代文献,未见于先秦文献和先秦古文字,先秦时或许以虚字为之,至秦汉加鬼旁。(周宝宏)

魃 bá 並纽、月部;並纽、末韵、蒲拔切。

魃¹—魃
《说文》小篆 楷书

1《说文》188页。

形声字。《说文》:"魃,旱鬼也。从鬼,发声。《周礼》有赤魃氏。除墙屋之物也。《诗》曰:旱魃为虐。"段玉裁注:"《大雅·云汉》曰:'旱魃为虐。'传曰:魃,旱神也。此言旱鬼,以字从鬼也。神鬼统言之则一耳。《山海经》曰:'大荒之中有山名曰不句,有黄帝女妭,本天女也,黄帝下之杀蚩尤,不得复上,所居不雨。'妭即魃。"又:"其云除墙屋之物,物读精物、鬼物之物,故赦之之官曰赤魃氏。"张舜徽约注:"旱神之名,盖与风伯雨师同例,皆好事者所为,非果有是神、有是鬼。推原造字之初,魃实与炦声义同源。'炦,火气也。'久旱不雨,则日光强烈,火气熏熏,为人所憎畏,因疑有鬼神作祟其间,遂造为神异之说耳。"《诗·大雅》为西周文献,已用魃字,可见当时应有此字。(周宝宏)

魅 mèi 明纽、物部;明纽、至韵、明祕切。

彡鬼¹—魅
《说文》小篆 楷书

魅²—魅
《说文》或体 楷书

1、2《说文》188页。

形声字。《说文》:"彡鬼,老精物也。从鬼、彡。彡,鬼毛。魅,或从未声。"彡鬼,《说文》认为是会意字,又认为"彡"是鬼毛,皆十分牵强,无由证实,此形构形之义不明。魅字从未声,也许是彡鬼魅之本字。清段玉裁《说文解字注》:"《论衡》曰:鬼者,老物之精也。《汉书·艺文志》有神鬼精物之语。则作精物亦通。《周礼》:'以夏日至致地示于物彡鬼。'注曰:'百物之神曰彡鬼',引《春秋传》:'螭彡鬼魍魉'。按今《左传》作魅。《释文》:'本作彡鬼'。服虔注:'魅,怪物。'"清邵瑛《说文群经正字》:"今经典从或体,《左宣三年传》:'螭魅罔两',《昭九年传》:'以御魑魅',惟《周礼》作彡鬼。"可见魅字之本义是老久之物成精者。彡鬼或魅二形当产生于战国时代,因为习见于战国文献。《甲骨文编》"彡鬼"字下录有"彡鬼"形,还没有可信证据证明其与《说文》之彡鬼字为一字。(周宝宏)

魃 jì 群纽、支部；群纽、寘韵、奇寄切。

《说文》小篆 汉 汉 汉 楷书

1《说文》188页。2、3、4《篆隶表》647页。

形声字。《说文》："魃，鬼服也。一曰小儿鬼。从鬼，支声。"张舜徽约注："袞训鬼衣，为明器之属。魃训鬼服亦其类已。凡明器形制皆小，故魃从支声而有小义，犹妇人小物谓之妓，木别生条谓之枝，小头谓之䎽耳。许云：'一曰小儿鬼'，犹言鬼之小者亦谓之魃也。"明器是为死者下葬的器物。魃字之本义即为死者下葬之鬼物或鬼物所穿之衣，非人们观念中的鬼所穿之衣也。魃字在文献中最早见于东汉时代的张衡《东京赋》，在出土文献中最早见于马王堆汉墓帛书《五十二病方》，此帛书当抄于战国末年至秦代。（周宝宏）

醜（丑） chǒu 昌纽、幽部；昌纽、有韵、昌九切。

商 商 战国《说文》小篆 秦 秦 汉 汉 汉 楷书

1、2《甲文编》附录上一三〇·895页。3、5《战文编》622页。4《说文》189页。6-9《篆隶表》647页。

形声字。《说文》："醜，可恶也。从鬼，酉声。"段玉裁注："《郑风》：'无我魗兮'，郑云：魗亦恶也。是魗即醜字也。凡云：'醜，类也'者，皆谓醜即疇假借字也。疇者，今俗之俦类字也。"桂馥义证："《十月之交》：'亦孔之醜'，传云：醜，恶也。《昭二十八年左传》：'恶直醜正，实蕃有徒。'《战国策》：'又身自醜于秦'，注：与秦恶也。《史记·殷本纪》：'既醜有夏，复归于亳。'"于省吾主编《甲骨文字诂林》"醜"字条后姚孝遂按语："卜辞醜与宠相对为文，《说文》训醜为'可恶'，醜或从寿声作'魗'。《诗·遵大路》：'无我魗兮'，《传》训为'弃'，《笺》训为'恶'，醜有厌恶嫌弃之义。或'荷天之宠'，是为'帝降若'；或'天厌之'，是为'帝降不若'，此'宠'与'醜'相对之义。似较释'醜'为'怒'为优。"醜字当为会意兼形声字，从酉（酒）从鬼，酉（酒）亦声，会酒鬼之义，本义当为丑陋，引申为可恶之义，商代甲骨文和西周文献如《诗》等皆用为"可恶"之义。（周宝宏）

魋 tuí 定纽、微部；定纽、灰韵、杜回切。

《说文》小篆 秦 汉 楷书

1《说文》189页。2《战文编》623页。3《篆隶表》647页。

形声字。《说文》："魋，神兽也。从鬼，隹声。"钮树玉说文新附考："魋之见于《左传》者，郑有罕魋，卫有鸿骆魋、石魋，宋有桓魋，并取为名。《尔雅·释兽》：'魋如小熊，窃毛而黄。'《释文》引《字林》云：'魋兽如熊，黄而小。'《玉篇》、《广韵》'魋'训并本释兽，而徐氏独训魋为神兽，未详何本。"魋字，清人皆认为是徐铉所补，不是许慎《说文》原本所有，但魋字已见于秦印中，并且《左传》习见魋字，说明魋字在战国时代已经产生，《说文》原本当有魋字。《说文》训"魋"为神兽，当有所本。（周宝宏）

魑 chī 透纽、歌部；微纽、支韵、丑知切。

《说文》新附 楷书

1《说文》189页。

形声字。《说文》："魑，鬼属。从鬼，从离（音chī），离亦声。"毛际盛新附通谊："《左传》：'螭魅'，杜注：螭，山神，兽形。考《说文》虫部：'螭，若龙而黄，北方谓之地蝼，从虫离声。或云无角曰螭。'厽部：'离，山神兽也。'则《左传》误以离为螭矣。魑更离之俗字。"郑珍说文新附考："《众经音义》云：魑，《说文》作离，《三苍》诸书作螭，近作魑，是齐梁以来俗字如此。"离字也不是山神兽的本字，也不是魑魅的字，战国时代只是借用离表示魑魅义，后来加虫旁作螭，到了齐梁时代才产生魑字，作为魑魅之后产生本字。（周宝宏）

魔 mó 明纽、歌部；明纽、戈韵、莫婆切。

《说文》新附 楷书

1《说文》189页。

形声字。清纽树玉《说文新附考》："《玉篇》：'魔，莫

"可恶"之义。（周宝宏）

何切,魔鬼也。'《一切经音义》卷二十一天魔注云:莫何反,书无此字,译人义作。按后魏武定六年造石像颂云:'神通自然,群魔稽首。'则其时已有魔字。"清郑珍《说文新附考》:"按魔之名起源于梵语,《正字通》引译经论曰:'魔古从石作磨,礳省也。'梁武帝改从鬼。"可见魔字是随着南北朝佛经译文开始产生的。(周宝宏)

魘(魇) yǎn 影纽、谈部;影纽、琰韵、一盐切。

魘¹—魇—魇
《说文》新附 楷书 楷书

1《说文》189页。

形声字。《说文》:"魘,梦惊也。从鬼,厭声。"郑珍说文新附考:"《众经音义》……又引《字苑》:厌,眠内不祥也。《广雅》:梦,寐厌也。《淮南·精神训》:'楚人谓厌为眯'。《庄子·天运篇》:'彼不得梦必且数眯焉',《释文》引司马云:眯,厌也。《西山经》:'翼望之山鸟名鵸鵌,服之使人不眯。'郭注:不厌梦也。六朝已前无不作厌者,《广韵》二十九页厌注:一曰恶梦。此孙愐原文也。下出魘,训恶梦,此宋人所增,盖此字最晚出。"魘字之本义是做恶梦,其篆文形体是宋朝人所造,在战国秦汉时代以厌为魘(魇)。(周宝宏)

甶 部

甶 fú 帮纽、物部;非纽、物韵、分勿切。

甶¹—甶
《说文》小篆 楷书

1《说文》189页。

象形字。字形当是截取鬼字头部而成,而字音应该是后人追加的。孟鼎二"鬼方"之"鬼"写作𢍜,字形虽省,但读音仍然不变。出土文献和传世典籍中均未见甶字用例。甲骨文有𢍜字(《合集》28093),过去被曾被认为甶,现在一般认为是"囟"字初文。又金文有𢍜字(长甶盉),用作人名,其音义也难以确定。参见"囟"字条。(孟蓬生)

畏 wèi 影纽、物部;影纽、未韵、於胃切。

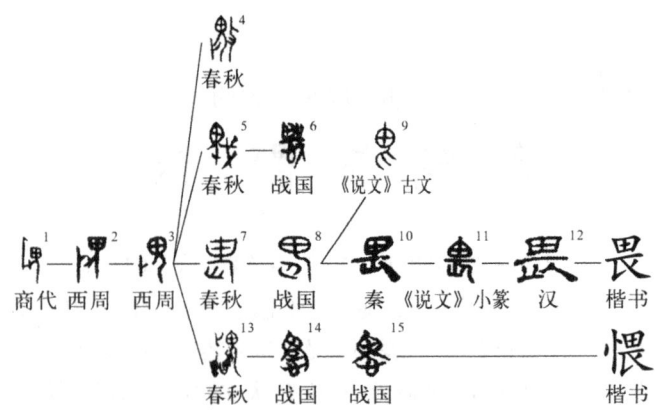

1《甲文编》382页。2、3、4《金文编》654页。5《侯马盟书》325页。6《楚文编》681页。7《甲金篆》636页。8《战文编》623页。9、11《说文》189页。10《睡甲》244页。12《隶辨》506页。13《殷周金文集成》第1册,303页。14、15《楚系简帛》802页。

会意字。像鬼手执杖形。本义为畏惧,害怕。驹父盨:"不敢不苟畏王命。"("苟畏"犹言"敬畏")引申为威严。孟鼎:"敏朝夕入谏(谏),宣奔走,畏天畏。"这句话中的第二个"畏"字,后代借"威"字表示。《诗·周颂·我将》:"我其夙夜,畏天之威,于时保之。"春秋以后,左旁的杖形逐渐变得与手形近似,而右旁鬼字下部的人形又与虎形下部近似,所以《说文》以为畏字"从甶,虎省,鬼头而虎爪,可畏也"。由于畏常用作动词,所以春秋时期在原形上加"攴"旁写作𢾭;又因为"攴"旁和"戈"旁通用,故又写作𢾭。由于畏表示心理活动,故战国时期加一心旁,写作𢝝或𢝝。由于古文字中正反往往无别,故《说文》古文作𢝝。这些异体到楷书阶段都被淘汰了。(孟蓬生)

禺 yǔ 疑纽、侯部;疑纽、遇韵、牛具切。

禺¹—禺—禺—禺—禺—禺
春秋 春秋 战国 秦 汉 楷书

禺⁴
《说文》小篆

1《金文编》654页。2《汉语字形表》164页。3《楚系简帛》727页。4《说文》189页。5《睡甲》146页。6《汉印徵》卷9,6页。

象形字。其最初形体当作𢍜,大概是像某种虫形,𠃌则是后加的饰笔。这与"萬"字由𢍜(《甲文编》544页)到𢍜(《金文编》955页)的演变情况大致相同。《说文》以为此字像猕猴形,是不可信的。在出土文献中往往假借此字为"遇"、"愚""隅"等义。赵孟壶:"禺(遇)邗王于黄池。"(邗王,吴王)马王堆汉墓帛书《老子》甲本:"我禺(愚)人之心也,蠢蠢呵。"又帛书《老子》乙本:"大方无禺(隅)。"传世文献中借此字来表示"猕猴"义(无本字)。《山海经·南山经》:"(招摇之山)有兽焉,其状如禺而白耳,伏行人走,其名曰狌狌,食之善走。"(孟蓬生)

厶 部

厶 sī　心纽、脂部；心纽、脂韵、息夷切。

1《金文形义通解》2303页。2《四版校补》109页。3、4《古玺》177页。5、6《古玺》232页。7《说文》189页。

构形本意不明。相承据《韩非子》,以为是自我环绕,即以自我为中心。本义为自私,与公相对,后来这个意义借用"私"字表示。《韩非子·五蠹》:"古者苍颉之作书也,自环者谓之私,背私谓之公,公私之相背也,乃苍颉固以知之矣。"("私"字均当作"厶")这说明韩非跟我们今天所见到的战国古文"厶"字是一样的,而不是小篆和楷书的字形。字本作一圆围形,与公字下部字构件相同,上平,下圆而钝,后下部逐渐锐化,整个字形于是呈倒三角形,或变作正三角形,复从顶角处断开,遂成为小篆的字形。楷书除运笔方法不同外,字形结构没有发生变化。汉代人笔下的"公"字和"私"字还有一些保留着古人的笔意。如庄少公印"公"字作"㐬"(庄少公印,《汉印徵》卷2,2页),其下部从"口"。而公车赏印作"㕣"(《汉印徵》卷2,2页),则从"口"(上透头),王公子印作"公"(《汉印徵》卷2,2页),则下部透头的一笔拉得很长,然后为便于书写,从透头处断开,便成为楷书的"公"字了。又汉印私字或作"厸"(郅通私印,《汉印徵》卷7,9页),或作"厸"(信私印,《汉印徵》卷7,9页),或作"厸"。厶字大约经历了跟"公"字下旁或"私"字右旁相同的演变过程才成为楷书的样子。《说文》厶字的小篆字形很可疑,它极有可能是根据隶书翻成的。(孟蓬生)

篡 cuàn　清纽、元部；初纽、谏韵、初患切。

1《说文》189页。2、3《银雀山》308页。

形声字。从厶,算声。字形1下部所从为一圆围形,并非"口"字,而是"厶"字的古文。本义为用不正当的手段夺取(权力、财物等),特指臣子非法夺取君位。《汉书·刘歆传》:"及王莽篡位,歆为国师。"有时也泛指夺取,不含贬意。《史记·卫将军骠骑列传》:"大长公主执囚青,欲杀之。其友骑郎公孙敖与壮士篡取之,以故得不死。"篡字还可以假借为"选择"之选。银雀山汉简《孙膑兵法·篡卒》:"兵之胜在于篡(选)卒。"银雀山汉简中此字下部有从口的写法,这可能是口与厶相混之后造成的。(孟蓬生)

羑 yòu　喻纽、之部；以纽、有韵、与久切。

1、2、3《说文》189页。4《银雀山》308页。

形声字。羑字为形声字,从羊,久声。羑当是在羑的基础上加上了"厶"作为装饰性的笔画,是羑字的异体。诱也是形声字,从言,秀声。《说文》把它们当作异体字对待。据《说文》,羑字的本义为进献,而我们在文献中还没有发现"羑(羑)"作"引诱"讲的例子。羑字作"引诱"讲,当是"诱"的假借字。古音久声在之部,秀声在幽部,所以二字可以相通。《说文》以"羑"字是"引诱"之"诱"的本字,不一定可靠。《荀子·非十二子》:"不诱于誉,不恐于诽。"《论语·子罕》:"夫子循循然善诱人,博我以文,约我以礼,欲罢不能。"(孟蓬生)

嵬 部

嵬 wéi　疑纽、微部；疑纽、灰韵、五灰切。
wěi　疑纽、微部；疑纽、贿韵、五罪切。

1《说文》189页。2、3、4《隶辨》112页。

形声字。从山,鬼声。本义为山高而不平。常常与别的字连用,形成复合词或联绵词。《诗·小雅·谷风》:"维山崔嵬,无草不死,无木不萎。"《文选·张衡〈西京赋〉》:"状嵬峨以岌嶪。"晋潘岳《沧海赋》:"其山则嵺崔嵬崒。"明苏志乾《岱山赋》:"其状则嵬崒岪屼。"汉代又在原形上追加一"阜"旁,写作"隗"。汉郙阁颂:"高山崔隗兮,水流荡荡。"(荡荡,即汤汤,水大的样子)(孟蓬生)

巍 wēi 疑纽、微部;疑纽、微韵、语韦切。

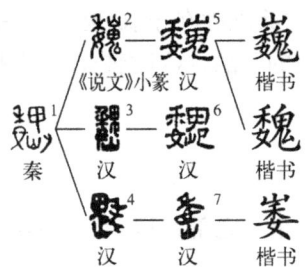

1《古陶徵》270页。2《说文》189页。3《汉印徵》卷9,6页。4《马王堆》380页。5、6《隶辨》505页。7《甲金篆》638页。

形声字。从嵬,委声。此字实际上可以看成在嵬字上加注声符而形成的分化字。巍字字形的演变主要表现在偏旁位置的变化和偏旁的减省上:一是"山"旁的位置变化。目前见到的战国文字,其山均在下部或右下。汉人碑刻文字,其山旁或居于上,或居于下。到楷书阶段,楷书中山旁的位置才固定在上部。二是声旁"委"的位置变化。马王堆汉墓帛书中,声旁"委"或居于形旁"嵬"的右边,形成 (字形4)。三是鬼旁的减省,形成 (字形7)。四是减省之后山旁的位置又一次变化,形成楷书的"委"字。魏国或魏姓之魏,本来也写作巍,后人省去山旁,并且读为去声,于是魏便成了魏国或魏姓的专用字,跟巍字分道扬镳了。宋娄机《汉隶字源》云:"汉碑巍字山皆在下,魏字山却在上。孟都修尧庙碑'巍巍之盛',山在下。武梁祠堂画像'巍阳',西岳华山亭碑'巍尝威',陈球后碑'巍郡',山皆在上。惟杨震碑阴'巍郡',山却在下。其不同如此。"这种说法流传甚广,其实是不准确的。汉代鲁郡碑阴及孔宙碑阴魏郡的巍字,所从之山旁都在下部。马王堆汉墓帛书及银雀山汉简魏国的巍字,所从之山旁也都在下部。《龙龛手鉴》又以" "字为俗体,其说亦不可取。本义为高。《水经注·浊漳水》:"巍若仙居。"明汪克宽《吴山赋》:"楼观巍峨而叠起。"引申为伟大。明徐显卿《大阅赋》:"巍乎!绍万亿祀之大统。"(孟蓬生)

山 部

山 shān 心纽、元部;生纽、山韵、所间切。

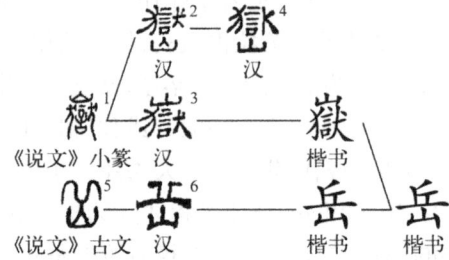

1、5《甲骨文字典》1025页。2、3、4、6、9《金文编》656页。7、10《古陶徵》82页。8、15《睡甲》146页。11《说文》190页。12、16《包山》148页。13、17《汉印徵》卷9,6页。14、18《隶辨》168页。

象形字。像众多山峰耸立。商代甲骨文中的"山"字为了锲刻的方便,只表现山的轮廓。而商代和西周金文中的山字则或填实,或虚廓,或三峰,或五峰,宛若图画。西周以后,两侧峰趋向线条化,而中峰下部或填实,或中空如三角形,这两种形体都一直保持到汉代,到楷书阶段才合流。自秦代以来,人们又在中空处填上数量不等的网纹,战国文字又在中峰上加一短横画,但这种装饰性的笔画都没有保存到楷书阶段。本义为地面上高耸而尖锐的部分。《合集》96:"勿于九山寮?"(不要对九山进行燎祭?)《诗·小雅·天保》:"如山如阜,如冈如陵。"《荀子·赋》:"生于山阜,处于室堂。"(孟蓬生)

嶽(岳) yuè 疑纽、屋部;疑纽、觉韵、五角切。

1、5《说文》190页。2、3、4、6《隶辨》661页。

嶽和岳本来是一对异体字。嶽是形声字,从山,獄声。汉碑中,嶽字的山旁或居于上,或居于下,而右侧的犬旁或变作K。岳是会意字,从山上有丘。本义为高大的山。《诗·大雅·崧山》:"崧高维嶽,骏极于天。"毛传:"嶽,四嶽也。东嶽岱,南嶽衡,西嶽华,北嶽恒。"汉鲁峻碑:"岩岩山岳,礧落彰较。"《第一批异体字整理表》以"岳"为正体字,"嶽"字被作为异体淘汰。(孟蓬生)

岱 dài 定纽、职部；定纽、代韵、徒耐切。

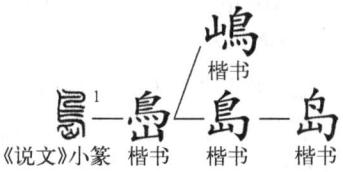

1《说文》190页。2《隶辨》551页。

形声字。从山,代声。山名,即泰山。小篆和汉代隶书中,山旁在右下,楷书则山旁居于正下方。《书·禹贡》:"海岱惟青州。"(沿海到泰山一带为青州)汉班固《白虎通义·巡狩》:"东方为岱宗者,言万物更相代于东方也。"(孟蓬生)

島(岛) dǎo 端纽、幽部；端纽、皓韵、都皓切。

嶋
楷书
鳥—島—島—岛
《说文》小篆 楷书 楷书 楷书

1《说文》190页。

形声字。从山,鳥声。楷书中山旁或移于左侧,便成为"嶋";或省去鳥足演变来的四点,便成为"島"(省声字)。《简化字总表》中"鳥"简化为"鸟",故"島"类推简化为"岛"。古代指海中可以居住的陆地,现在泛指江、河、湖、海被水所包围的小片陆地。《书·禹贡》:"岛夷皮服。"(居海岛的外族人以皮毛为衣服)《史记·田儋列传》:"入海居岛中。"裴骃集解引韦昭注:"海中山曰岛。"(孟蓬生)

嶧(峄) yì 喻纽、铎部；以纽、昔韵、羊益切。

嶧—嶧—峄
《说文》小篆 楷书 楷书

1《说文》190页。

形声字。从山,睪声。山名。有二:一在今江苏省邳州市境内部分称葛峄山。《书·禹贡》:"峄阳孤桐。"孔传:"峄山之阳,特生桐,中琴瑟。"《太平御览》卷九百五十六引《风俗通义》:"梧桐生于峄阳山岩石之上,采东南孙枝为琴,声甚清雅。"一在今山东省邹城市境内部分称邹峄山,或称邾峄山。《史记·秦始皇本纪》:"二十八年,始皇东行郡县,上邹峄山,立石。"《简化字总表》规定"睪"作偏旁时简化为"圣"(草书楷化),因此"嶧"类推简化为"峄"。(孟蓬生)

嵎 yú 疑纽、侯部；疑纽、虞韵、遇俱切。

嵎—嵎
《说文》小篆 楷书

1《说文》190页。

形声字。从山,禺声。本义为山名,在今浙江德清市西北。《国语·鲁语》:"防风氏者,汪芒氏之君也,过封、嵎之山者也。"嵎韦昭注:"封,封山；嵎,嵎山。在今吴郡永安县。"又假借为"隅",作"角落"讲。《孟子·尽心下》:"虎负嵎,莫之敢撄。"(虎倚靠山隅,没有人敢触犯它)又"嵎嵎"连用,义为"高山"。唐柳宗元《梦归赋》:"山嵎嵎以岩立兮,水汩汩以漂激。"(孟蓬生)

嶷 yí 疑纽、之部；疑纽、之韵、语其切。

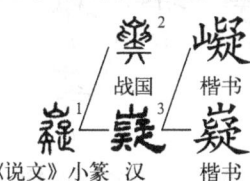

1《说文》190页。2《汗简》26页。3《甲金篆》639页。

形声字。从山,疑声。楷书中,山旁或移于左侧。𡽃为传抄古文,下部可能从疑的古文㠜字变来,左右两手形为装饰笔画。山名。九嶷山,又称苍梧山,在今湖南省宁远县南,也写作"九疑山"。《汉书·武帝纪》:"五年冬行,南巡狩,至于盛唐,望祀虞舜于九嶷。"颜师古注:"嶷音疑。其山九峰,形势相似,故曰九嶷山。"又指山势高峻。晋陶潜《感士不遇赋》:"山嶷嶷而怀影,川汪汪而藏声。"引申为高尚。《史记·五帝本纪》:"其色郁郁,其德嶷嶷。"司马贞索隐:"嶷嶷,德高也。"(孟蓬生)

嵍(岷) mín 明纽、真部；明纽、真韵、武巾切。

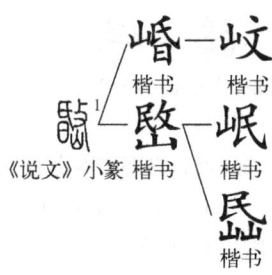

1《说文》190页。

形声字。从山,敃声。楷书中此字的变化主要表现在两个方面:一是声旁的更换,二是形旁位置变化和增加。昏、民、文、敃古音相近,故可以互换。小篆山旁居下,而楷书则或居下,或居左。崏较之民,只是增加了一个山旁,与舍或作盒的道理是一样的。山名。在今四川省松潘北,跨四川、甘肃两省边界,为长江和黄河的分水岭,又为岷江和嘉陵江支流白龙江的发源地。《说文》:"崏,山在蜀湔氐徼外。"《楚辞·九章》:"冯昆仑以澄雾兮,隐岷山以清江。"朱熹集注:"岷,与岷同。"《史记·夏本纪》:"岷嶓既艺(种植),沱潜既道。"孔传:"岷山、嶓冢,皆山名。水去已可种艺。"(孟蓬生)

崋(华) huà 匣纽、鱼部;匣纽、祃韵、胡化切。

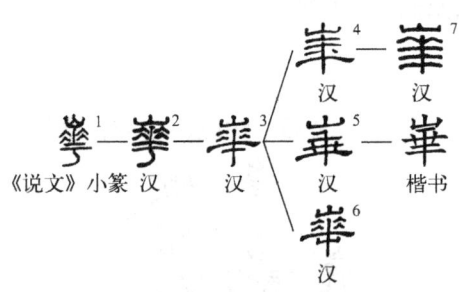

1《说文》190页。2《篆文编》430页。3–7《隶辨》601页。

形声字。从山,䓝("花"的古字)声。山名。在今陕西省东部,北临渭河平原。主峰太华山,在华阴县南,古称西岳。汉碑中崋字所从的䓝旁或变作䒑,下部短横画两头翘起;又为了书写的方便,断笔或减省作连笔。或减省作丯,楷书"崋"字当由此而来,或减省作丰,又进一步减省作⺀,粗具轮廓而已。西岳华山庙碑:"奄有河朔,遂荒华阳。"(奄、荒,均为"覆盖"义)从汉代开始,就有借"華"(䓝的后出字)字来表示"華山"的華。如樊敏碑:"君缵其绪,華南西疆(疆)。"《简化字总表》规定"華"简化为"华",所以西岳"華山",现在写作"华山"。(孟蓬生)

崞 guō 见纽、铎部;见纽、铎韵、古博切。

1《说文》190页。

形声字。从山,𩫏(城郭之郭的本字)声。山名,一在山西省浑源县西北;一在山西省原平市西北。又为县名。历史上有两个崞县,均因山得名。一是汉置崞县,在今山西省浑源县西。一是隋、唐、北宋、金、明、清置崞县,在今山西原平县。《后汉书·王霸传》:"霸及诸将还入鴈(雁)门,与骠骑大将军杜茂会攻卢芳将尹由于崞、繁畤,不克。"此为今山西浑源县之崞。《山西通志》卷二十六引宋张忱《崞山庙记》:"崞县据崞山,县因山得名。予尝周览四顾,其崇岩弘岭,连峰叠嶂,四隅环合,列岫森然,周围拱抱,若城郭状,谓之崞山,不亦宜乎!"此为今原平市之崞。(孟蓬生)

崵 yáng 喻纽、阳部;以纽、阳韵、与章切。

1《说文》190页。

形声字。从山,昜声。山名。首崵山。又写作首阳山。有多处,一在今河北省卢龙县东南十五里,今称阳山,《说文》中的首阳山指此;一在今河南偃师县西北十五里,《水经注》的首阳山指此;一在今山西省永济县南,又称首山,即伯夷、叔齐饿死的地方。又为谷名。崵谷,传说中日出的地方,也写作旸谷。《书·尧典》:"分命羲仲,宅崵夷,曰旸谷。"孔传:"旸,明也。日出于谷而天下明,故称旸谷。"(孟蓬生)

岵 hù 匣纽、鱼部;匣纽、姥韵、侯古切。

1《说文》190页。2《隶辨》378页。

形声字。从山,古声。本义为无草木的山。《诗·魏风·陟岵》:"陟彼岵兮,瞻望父兮。陟彼屺兮,瞻望母兮。"毛传:"山无草木曰岵,有草木曰屺。"一说,多草木的山。《尔雅·释山》:"多草木岵,无草木峐。"《说文》:"岵,山有草木也。"两说不同,当是古书传抄之误。(孟蓬生)

屺 qǐ 溪纽、之部;溪纽、止韵、墟里切。

1《说文》190页。

形声字。从山,己声。本义为有草木的山。一说,无草木的山。详见前"岵"字条。(孟蓬生)

嶨(峃) xué 匣纽、觉部；匣纽、觉韵、胡角切。

嶨¹—嶨—峃
《说文》小篆　楷书　楷书

1《说文》190 页。

形声字。从山，學省声。山多大石。唐韩愈《会合联句》："吟巴山荦嶨，说楚波堆垄。"《简化字总表》规定"學"作偏旁简化为"学"，故"嶨"字类推简化为"峃"。（孟蓬生）

嶅 áo 疑纽、宵部；疑纽、豪韵、五劳切。

嶅¹—嶅
《说文》小篆　楷书

1《说文》190 页。

形声字。从山，敖声。山多小石。又为山名。嶅山，有两处。一在今山东省新泰县东南，一在广东省龙川县北。又为山高的样子。《集韵·号韵》："嶅，山高皃。"（孟蓬生）

岨 qū 清纽、鱼部；清纽、鱼韵、七余切。

岨¹—岨
《说文》小篆　楷书

1《说文》190 页。

形声字。从山，且声。表面戴土的石山。《诗·周南·卷耳》："陟彼砠矣，我马瘏矣，我仆痡矣，云何吁矣。"毛传："石山戴土曰砠。瘏，病也。痡，亦病也。"《说文》引《诗》作"陟彼岨矣"。又联绵词"岨峿"，不相合，不安稳，与"龃龉"义相同。晋陆机《文赋》："或妥帖而易施，或岨峿而不安。"（孟蓬生）

冈(冈) gāng 见纽、阳部；见纽、唐韵、古郎切。

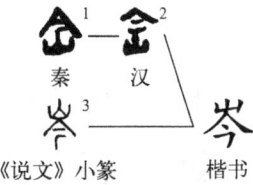

岗—岗
楷书 楷书

1《集成》卷 1，253 页。2《战文编》625 页。3《说文》190 页。4《隶辨》240 页。

形声字。从山，网声。山脊，即山脉中部突起的部分。《诗·周南·卷耳》："陟彼高冈，我马玄黄。"毛传："山脊曰冈。"泛指山岭。《魏书·孝静纪》："三年二月，奉谥曰'孝静皇帝'，葬于漳西山岗。"现代汉语中，"冈"指不太高的山梁。"岗"本是冈的异体字，现在用法已经分化。如"岗位"的"岗"不写作"冈"。《简化字总表》规定"冈"简化为"冈"，"岗"简化为"岗"。（孟蓬生）

岑 cén 从纽、侵部；崇纽、侵韵、锄针切。

岑³—岑
《说文》小篆　楷书

1《睡甲》146 页。2《马王堆》380 页。3《说文》190 页。

形声字。本义为小而高的山，泛指山。睡虎地秦简和马王堆帛书中，岑字的山旁均在下部，与小篆及楷书不同。《文选·马融〈长笛赋〉》："托九成之孤岑兮，临万仞之石溪。"引申为高。《孟子·告子下》："方寸之木，可使高于岑楼。"唐皮日休《三宿神景宫》："古观岑且寂，幽人情自怡。"又引申为山顶。晋陆机《猛虎行》："静言幽谷底，长啸高山岑。"（孟蓬生）

崟 yín 疑纽、侵部；疑纽、侵韵、鱼金切。

崟
楷书
崟—崟
《说文》小篆　楷书

1《说文》190 页。

形声字。从山，金声。楷书中"山"或移至左侧。与"岑"构成联绵词"岑崟"，义为"高峻"。汉司马相如《子虚赋》："岑崟参差，日月蔽亏。"晋陆云《与陆典书》："使希世之宝，久隐岑崟之山；逸景之迹，永萦幽冥之坂。"（孟蓬生）

崒 zú 从纽、物部；从纽、术韵、慈卹切。

崒
楷书
1《说文》小篆　汉
《说文》小篆　汉　楷书

1《说文》190 页。2《甲金篆》639 页。

形声字。从山,卒声。山峰高峻。楷书中,山旁或移于左侧。汉班固《两都赋》:"于是灵草冬荣,神木丛生,岩峻崷崒,金石峥嵘。"《文选·鲍照〈芜城赋〉》:"崒若断岸,矗似长云。"李善注:"崒,高峻。矗,齐平也。"唐柳宗元《邕州马退山茅亭记》:"是山崒然起于莽苍之中,驰奔云矗,亘数十百里。"(孟蓬生)

巒(峦) luán 来纽、元部;来纽、桓韵、落官切。

《说文》小篆 汉 楷书 楷书

1《说文》190 页。2《甲金篆》639 页。

形声字。从山,䜌声。小而尖的山。《楚辞·九章·悲回风》:"登石峦以远望兮,路眇眇之默默。"又指形状狭长的山。《尔雅·释山》:"峦,山堕。"郭璞注:"谓山形长狭者。荆州谓之峦。"(堕,同椭,狭长)又泛指山。《史记·司马相如列传》:"依类托寓,喻以封峦。"(孟蓬生)

密 mì 明纽、质部;明纽、质韵、美毕切。

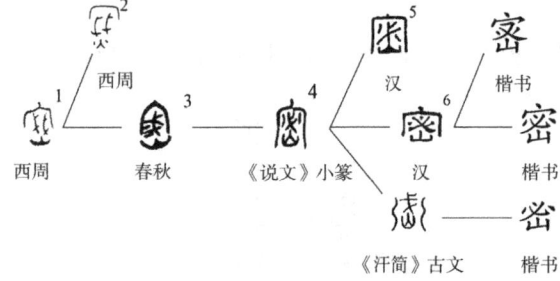

1、2《四版校补》110 页。3《金文编》656 页。4《说文》190 页。5《汉印徵》卷 9,7 页。6《隶辨》675 页。7《汗简》26 页。

形声字。从山,宓声。西周金文中的密字往往从二"必"(必为戈柲之本字),春秋以后则从一"必"。西周金文中下部所从之山,又与"火"字发生讹混,于是便成为㝥。传抄古文中,或将声旁宓字的"宀"旁省去,于是便成为峃。楷书中,或将必的中点和撇连写,于是成为密。本义为像堂室的山。《说文》:"密,山如堂者。"《尸子》:"松柏之鼠,不知堂密之有美枞。"文献中的密字常常表示接近、稠密等义,一般认为是"比"字的假借。《书·毕命》:"毖殷顽民,迁于洛邑,密迩王室,式化厥训。"此接近义。《易·小畜》:"密云不雨。"此稠密义。金文中,密字又借为国名。趞簋:"密弔(叔)右趞即立(位)。"(孟蓬生)

岫 xiù 邪纽、幽部;邪纽、宥韵、似祐切。

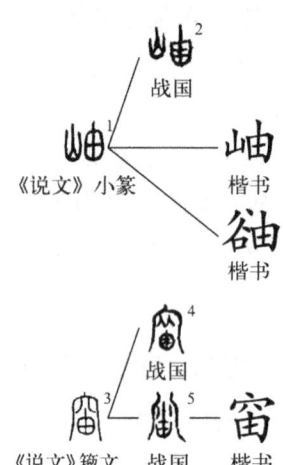

1、3《说文》190 页。2、4、5《四声韵》68 页。

形声字。从山,由声。本义为山上的洞穴。《尔雅·释山》:"山有穴为岫。"晋陶潜《归去来兮辞》:"云无心以出岫,鸟倦飞而知还。"引申为山峰。《文选·谢惠连〈泛湖归出楼中玩月〉》:"斐斐气幕岫,泫泫露盈条。"(幕,笼罩。条,枝条)唐杜甫《早发湘潭寄杜员外院长》:"楚岫千峰翠,湘潭一叶黄。"异体字峀为形声字,从谷,由声。异体字宙也是形声字,从穴,由声。在传抄古文中,由字中间或加一横画。(孟蓬生)

峻 jùn 心纽、真部;心纽、稕韵、私闰切。

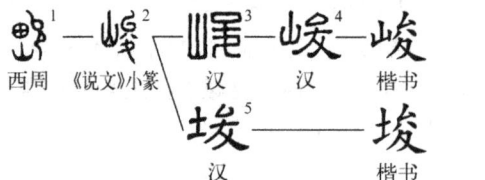

1《金文编》656 页。2、9《说文》190 页。3、4、5、8《隶辨》561 页。6、7《说文》305 页。

形声字。从山,夋声。峻字的异体大致可以分为从山和从阜两组。𨹹字当是峻的初文,从山,允(畯字的初文)声。在用作偏旁时,土和山有时相通,所以汉碑中峻字也可以写作埈。阮字《说文》训"高",当为陵字的异体,阮字和陵字的关系跟𨹹字和峻字的关系是一样的。字书中不以陖为峻字异体,可能是由于二字在后代读音不同的缘故。陵字则是在陖字上递增形符的结果。山高而陡峭。《楚辞·涉江》:"山峻高以蔽日兮,下幽晦以多雨。"引申为大。《礼记·大学》:"克明峻德。"郑玄注:"峻,大也。"又引申为长。《楚辞·离骚》"冀枝叶之峻茂兮,愿俟时乎吾将刈。"王逸注:"峻,长也。"(孟蓬生)

崛 jué 群纽、物部;群纽、物韵、衢物切。

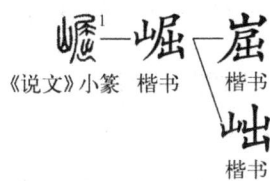

1《说文》190页。

形声字。从山,出声。高起、突出的样子。楷书中或移山旁于上部,或从出声(屈省声)。汉扬雄《甘泉赋》:"洪台崛其独出兮,撠北极之嶟嶟。"汉张衡《西京赋》:"神明崛其特起,井干叠而百增。"(神明,台名。井干,楼名。增,同层)晋左思《蜀都赋》:"郁葐蒀以翠微,崛巍巍以峨峨。"(葐蒀,云气聚集的样子)"崛"或作"崫"。(孟蓬生)

峯(峰) fēng 滂纽、东部;滂纽、钟韵、敷容切。

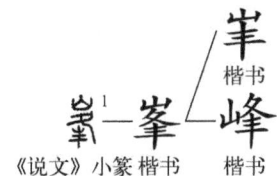

1《说文》190页。

形声字。从山,夆声。楷书字形中,形旁或移于左侧,声旁或省作"丰"。本义为山的顶端。《文选·左思〈蜀都赋〉》:"梗楠幽蔼于谷底,松柏蓊郁于山峰。"又引申指整个山体。唐李白《古风》:"昔我游齐都,登华不注峰。兹山何峻秀,绿翠如芙蓉。"又从本义引申为形状像山峰的物体。《世说新语·文学》:"作万余语,才峰秀逸。"宋王观《送鲍浩然之浙东》:"水是眼波横,山是眉峰聚。"(孟蓬生)

巖(岩) yán 疑纽、谈部;疑纽、衔韵、五衔切。

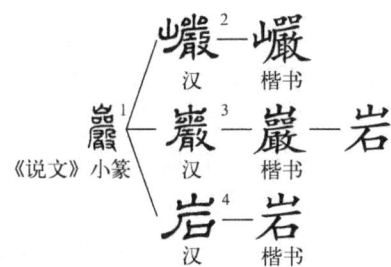

1《说文》191页。2、3、4《隶辨》321页。

形声字。从山,嚴声。汉代隶书中,"巖"字的形旁"山"或移于左侧,并且又产生了一个新的异体"岩"(会意字)。这三种异体的并存一直持续到楷书阶段。《第一批异体字整理表》淘汰了"巖""巗"两个异体,而"岩"字则以笔画少的优势被作为正体保留下来。本义为山高。《诗·鲁颂·閟宫》:"泰山岩岩,鲁邦所詹。"孔颖达疏:"故言泰山之高岩岩然,鲁之邦境所至也。"无极山碑:"岩岩无极,厥体巍巍。"引申为险要。《左传·隐公元年》:"制,岩邑也,虢叔死焉。佗邑唯命。"杜预注:"虢叔,东虢君也。恃制岩险而不修德,郑灭之。"(孟蓬生)

喦 yán 疑纽、侵部;疑纽、咸韵、五咸切。

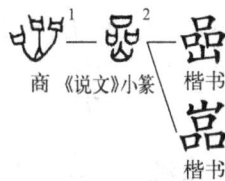

1《甲金篆》640页。2《说文》191页。

形声字。从山,品声。品字在上古时代当有疑纽一读,古音喦与"嚴"字读音相同,是"巖"的异体字。金文"嚴"字作𡃴(《金文编》77页),实际上可以看作从品,厰声,或者反过来看作从厰,品声。甲骨文中,喦字用作国族名或人名。传世文献中一般用作岩(巖巗)字。《文选·谢朓〈郡内登望〉》:"威纡距遥甸,巉喦带远天。"(巉喦即巉岩,山高)楷书阶段,喦字又产生一异体"嵒"。《第一批异体字整理表》把"喦"字作为"岩"的异体字淘汰了。(孟蓬生)

嵯 cuō 从纽、歌部;从纽、歌韵、昨何切。

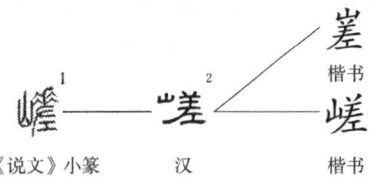

1《说文》191页。2《隶辨》210页。

形声字。从山,差声。常与"峨"构成联绵词"嵯峨",形容山势高峻。《史记·司马相如列传》:"于是乎崇山矗崒,崔巍嵯峨。"唐杜甫《江梅》:"故园不可见,巫岫郁嵯峨。"又与"参"字构成联绵词"参嵯",与"参差"义同,形容高低不齐或长短不齐。《史记·司马相如列传》:"深林巨木,崭岩参嵯。"楷书字形中,"山"或移于上部。现在一般以嵯为正体。(孟蓬生)

峨 é 疑纽、歌部；疑纽、歌韵、五何切。

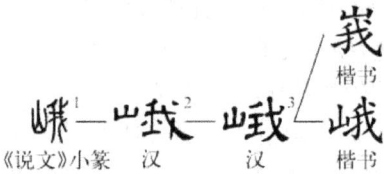

1《说文》191页。2、3《隶辨》211页。

形声字。从山，我声。常与"嵯"构成联绵词"嵯峨"，例见"嵯"字条。汉隶中声旁"我"的写法有一些细微的变化。楷书中形旁"山"或移于上部，产生了"峩"这一异体。《第一批异体字整理表》把"峩"字淘汰了。（孟蓬生）

崝（峥）zhēng 从纽、耕部；崇纽、耕韵、士耕切。

1《说文》191页。2《隶辨》255页。

形声字。从山，青声。本义为山高。古音青与争相近，故汉隶中声符"青"或换用"争"字表示。楷书中"峥"字的形旁"山"或移于上部，产生了异体字"崝"。现代汉字以"峥"为正体。《战国策·楚策一》："上峥山，踰深溪。"《淮南子·缪称》："城峭者必崩，岸崝者必陀（落）。"又常与"嵘"构成联绵词"崝（峥）嵘"，形容山势高峻。《楚辞·远游》："下峥嵘而无地兮，上寥廓而无天。"引申为深邃。《文选·宋玉〈高唐赋〉》："俯视峥嵘，窒寥窈冥，不见其底。"（窒寥，空阔。窈冥，幽暗）《晋书·束皙传》："朝游巍峨之宫，夕坠峥嵘之壑。"（孟蓬生）

嶸（嵘）róng 匣纽、耕部；云纽、庚韵、永兵切。

1《说文》191页。《隶辨》255页。

形声字。从山，榮声。汉隶中或从营声。常与"峥"构成联绵词"峥嵘"，例见前条。《汉书·扬雄传上》："闶阆阆其寥廓兮，似紫宫之峥嵘。"此用为高峻义。汉白石神君碑："尔乃陟景山，登峥嵘，采玄石，勒功名。"此用为高山义。《简化字总表》规定"炏"作偏旁简化为"艹"，因此"嶸"被类推简化为"嵘"（孟蓬生）

崩（崩）bēng 帮纽、蒸部；帮纽、登韵、北滕切。

崩¹—崩²—崩³—崩
《说文》小篆 汉 汉 楷书

堋⁴—阴—隬
《说文》古文 楷书 楷书

1、4《说文》191页。2《甲金篆》640页。3《隶辨》279页。

形声字。从山，朋（古"凤"字）声。汉隶中形旁"山"或移于上部，这种情况一直沿续到今天。在用作偏旁时，山旁和阜旁可以相通，故《说文》古文作堋，从阜，朋声。隬字则是在堋的形体上追加形旁而成。本义为山体垮塌。《春秋·成公五年》："梁山崩。"引申为崩溃。《左传·隐公元年》："不义不昵，厚将崩。"又引申为荒废。《论语·阳货》："三年不为乐，乐必崩。"又从本义引申为（帝王）死亡。《左传·隐公三年》："壬戌，平王崩。"崩从朋声，故又可以借为"朋"。马王堆汉墓帛书《周易》："东北丧崩。"今本《周易》作"东北丧朋"。（孟蓬生）

嵍 wù 明纽、侯部；微纽、遇韵、亡遇切。

1《金文编》656页。2《郭店楚简》130页。3《说文》191页。

战国文字中的"嵍"字本从山，矛声。小篆从孜声，楷书字形中或从务声。古音矛声、孜声、务声并近，故可以互换。"罐嵍"，山名，在今河北省隆尧县西。又"嵍丘"，亦作"旄丘"，指前高后低的山丘。《诗·邶风·旄丘》："旄丘之葛兮。"陆德明释文："旄丘，音毛，前高后下曰旄丘。《字林》作'堥'，云：'堥丘也，亡周反，又音毛。'山部又有'嵍'字，亦云：'嵍丘，亡付反，又音旄。'"楷书中形旁"山"或置于左侧。由于山和土作偏旁时可以相通，故楷

书中或从土,写作"堃"。(孟蓬生)

崇 chóng 从纽、冬部;崇纽、东韵、锄弓切。

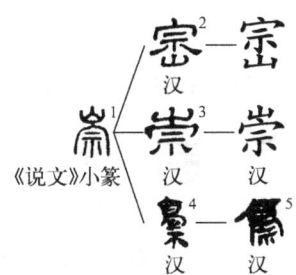

1《说文》191页。2、3《隶辨》5页。4、5《马王堆》381页。

形声字。从山,宗声。汉代形旁"山"或移于下部,写作"崈"。马王堆汉墓帛书中崇字当是从高(或从高省),从宗省声。本义为山高。《诗·周颂·良耜》:"其崇如墉,其比如栉。"(比,密)引申为尊重。汉王褒《四子讲德论》:"崇简易,尚宽原。"又由本义引申为兴盛。南朝宋文帝《诏群臣》:"崇替非无征,兴废要有以。"(有以,有原因)又常常假借为"终尽"之"终"。《荀子·赋》:"周流四海,曾不崇日。"(流,游。曾不终日,用不了一天)(孟蓬生)

崔 cuī 从纽、微部;从纽、灰韵、昨回切。

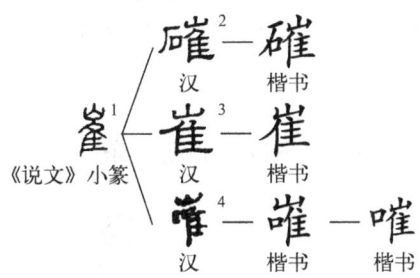

1《说文》191页。2、3《隶辨》110页。4《马王堆》381页。

形声字。从山,隹声。本义为山高。《诗·齐风·南山》:"南山崔崔,雄狐绥绥。"毛传:"崔崔,高大也。"又常与嵬字构成联绵词"崔嵬",表示山势高峻。晋陆机《挽歌诗》:"重阜何崔嵬,玄庐窜其间。"(玄庐,坟墓。窜,羼杂)又转为名词,指山。《诗·周南·卷耳》:"陟彼崔嵬,我马虺隤。"汉蔡邕《九疑山铭》:"登此崔嵬,托灵神仙。"汉隶中或追加石字作为形旁,写作"碓"。西狭颂:"刻凸碓嵬,减高就埤。"(㐫,陷。埤,卑)古音隹声、唯声相近,故马王堆汉墓帛书"崔"字从山,唯声,写作"嶉"。《类篇·山部》:"崔崔,高大也。或作嶉。"马王堆汉墓帛书《五行》: "觟(差)胣(池)者言不在嶉经。""嶉"借为"衰"。楷书中又写作嵟,与表示"撮口作声"的"嵟"为同形字(形体偶同,而意义互不相干)。(孟蓬生)

嶙 lín 来纽、真部;来纽、真韵、良珍切。

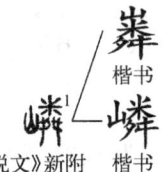

1《说文》191页。

形声字。从山,粦声。常与"峋"构成联绵词"嶙峋",表示深邃。《文选·扬雄〈甘泉赋〉》:"岭嶻嶙峋,洞无厓兮。"李善注:"《埤苍》曰:岭嶻嶙峋,深无厓之貌。"又引申为高峻。宋陆游《开元寺小阁十四韵》:"近山卧蜿蜒,远山高嶙峋。"又与"嶒"构成联绵词"嶙嶒",表示山高。唐玄奘《大唐西域记》:"山阜嶙嶒,土地垫湿。"(垫,低下)楷书中或移形旁"山"于上部,写作"粦"。(孟蓬生)

峋 xún 心纽、真部;心纽、谆韵、相伦切。

峋¹—峋
《说文》新附 楷书

1《说文》191页。

形声字。从山,旬声。释义及书证见前"嶙"字条。(孟蓬生)

岌 jí 疑纽、缉部;疑纽、缉韵、鱼及切。

1《说文》191页。2《隶辨》768页。

形声字。从山,及声。本义为山高。宋孔平仲《二十二日大风发长芦》:"侧看岸旋转,白浪若山岌。"引申为高出,超过。《尔雅·释山》:"小山岌大山,峘。"郭璞注:"岌谓高过。"引申为危险。《管子·小问》:"君之国岌乎?"成语有"岌岌可危"。又同"嶪"构成联绵词"岌嶪",指山势峻峭。《文选·张衡〈西京赋〉》:"疏龙首以抗殿,状巍峨以岌嶪。"引申为危急。唐李华《谢文靖》:"江淮岌嶪,力屈则降。"楷书中形旁"山"或移于左侧,写作"圾"。由于山和土作偏旁时可以通用,因此又产生了异体"圾"。

《庄子·天地》："殆哉,圾乎天下!""圾"字借用为"垃圾"之"圾",是较晚的事情。宋吴自牧《梦梁录》："更有载垃圾粪土之船,成群搬运而去。"(孟蓬生)

嵌 qiàn 溪纽、谈部;溪纽、衔韵、口衔切。

嵌¹—嵌
《说文》新附 楷书

1《说文》191页。

从山,欺省声。本义为山深。《说文》："嵌,山深皃。"唐武元衡《兵行褒斜谷作》："集旅布嵌谷,驱车历层涧。"引申为下陷。唐姚合《恶神行雨》："风击水凹波扑凸,雨漎山口地嵌坑。"(漎,雨下得急)又引申为镶填。明方以智《通雅》："以金银丝饴器曰商,谓镶嵌也。"(孟蓬生)

嶼(屿) yǔ 邪纽、鱼部;邪纽、语韵、徐吕切。

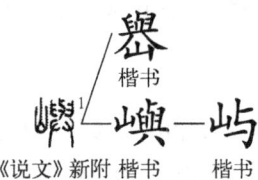

1《说文》191页。

形声字。从山,與声。本义为小岛。《文选·左思〈吴都赋〉》："岛屿绵邈,洲渚冯隆。"刘逵注："屿,海中洲。魏武《沧海赋》曰:'览岛屿之所有。'……冯隆,高貌。"《文选·谢灵运〈登江中孤屿〉》："乱流趋正绝,孤屿媚中川。"楷书中形旁"山"或移于下部,写作"嶼"。《简化字总表》规定"與"简化为"与",故"嶼"字类推简化作"屿"。(孟蓬生)

嶺(岭) lǐng 来纽、真部;来纽、静韵、良郢切。

嶺¹—嶺—岭
《说文》新附 楷书 楷书

1《说文》191页。

形声字。从山,領声。本义为高大的山脉。《楚辞·九怀》："驾玄螭兮北征,向吾路兮葱岭。"《文选·班固〈西都赋〉》："于是睎秦岭,睋北阜,挟沣灞,据龙首。"(睎,望。睋,看。龙首,山名)特指五岭,在今湘、赣与桂、粤交界处。宋苏轼《食荔枝》："日啖荔枝三百颗,不辞长作岭南人。"又泛指山。《文选·潘岳〈西征赋〉》："登崤坂之威夷,仰

崇岭之嵯峨。"岭(岺),从山,令声。常与"嶒"字构成联绵词"岭嶒",表示山高。岭与嶺本不同字,古人用岭(岺)表"嶺"义,应看作假借。《简化字总表》规定"岭"为"嶺"的简化字。(孟蓬生)

岢 kě 溪纽、歌部;溪纽、哿韵、枯我切。

岢¹—岢²—岢
战国 汉 楷书

1《古玺》233页。2《汉印徵》卷9,9页。

形声字。从山,可声。岢岚,山名,在今山西省岢岚县北。又县名。在今山西省西北部与管涔山脉之间。隋于此置岢岚镇,因山为名。《新唐书·懿宗本纪》："八月,大同军节度使李国昌陷岢岚军,黄巢陷杭州。"(孟蓬生)

嵐(岚) lán 来纽、侵部;来纽、覃韵、卢含切。

嵐¹—嵐—岚
《说文》新附 楷书 楷书

1《说文》191页。

形声字。从山,葻省声。参见上条。《简化字总表》规定"風"简化为"风",故"嵐"字类推简化为"岚"。前人多以为此字是"葻"字的讹体,其说是可信的。汉隶中艸旁往往省作屮旁,与山旁容易相混。(孟蓬生)

嵩 sōng 心纽、冬部;心纽、东韵、息弓切。

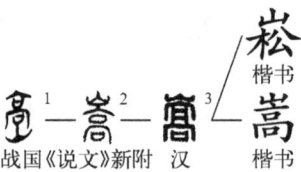

1《郭店》130页。2《说文》191页。3《汉印徵》卷9,7页。

会意字。从山,从高。嵩本是崇的异体字。本义为山高。《国语·周语上》："昔夏之兴也,融降于崇山。其亡也,回禄信于聆隧。"韦昭注："融,祝融也。崇,崇高山也。夏居阳城,崇高所近。回禄,火神。再宿为信。聆隧,地名。"《说文》："嵩,中岳嵩高山也。亦从松。韦昭《国语注》云:古通用崇字。"中古以后,两字发生分化,读音不同,字义也不同。嵩字成了中岳嵩山的专字。(孟蓬生)

崑 kūn 见纽、文部；见纽、魂韵、古浑切。

崑¹—崐—崙—昆
《说文》新附 楷书 楷书 楷书

1《说文》191页。

从山，昆声。与"崙"构成联绵词"崑崙"，又作"崐崘"，山名。中国西部山系的主干，西起帕米尔高原，横贯新疆与西藏之间，通过青海西南到四川西北部，长约2500公里，有多座7千米以上的高峰。《风俗通义·声音》："昔黄帝使伶伦，自大夏之西，昆仑之阴，取竹于嶰谷。"本来只写作"昆侖(仑)"。《周礼·春官·大司乐》："若乐九变，则人鬼可得而礼矣。"郑玄注："此三者皆禘，大祭也。天神则主北辰，地祇则主昆仑，人鬼则主后稷。"《汉书·扬雄传》："蛟龙连蜷于东崖兮，白虎敦圉虖昆仑。"汉崖浚铭："宜乎昆仑，日月所蔽。"《第一批异体字整理表》把"崑崐"之"崐"作为"昆"的异体废除了。实际上，昆仑(昆侖)是"崑崙(崐崘)"的古字，也可以看作"崑崙(崐崘)"的假借字，并不是严格意义上的异体字。现在写作"昆仑"，是对古代用字习惯的一种回归。（孟蓬生）

崙 lún 来纽、文部；来纽、魂韵、卢昆切。

崙¹—崘²—崘—崘—仑
《说文》新附 汉 楷书 楷书 楷书

1《说文》191页。2《汉印徵》卷9，8页。

从山，侖声。与"崑"构成联绵词"崑崙(崐崘)"，说见上条。形旁"山"或移于左侧，写作"崘"。《第一批异体字整理表》把"崑崙"之"崙"字作为"仑"的异体废除了。（孟蓬生）

龓 lóng 来纽、东部；来纽、东韵、卢红切。

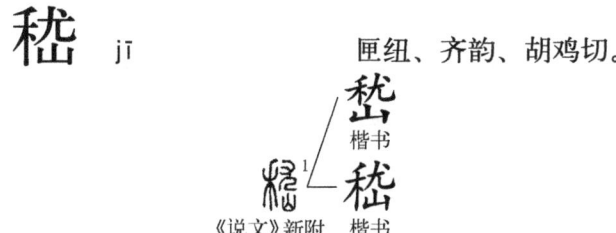

1、2、3《汉印徵》卷9，8页。

形声字。从山，龍声。与"嵷"构成联绵词"龓嵷"，形容山势高耸。《史记·司马相如列传》："于是乎崇山龓嵷，崔巍嵯峨。"引申为云气蒸腾的样子。《楚辞·招隐士》："山气龓嵷兮石嵯峨，溪谷崭岩兮水曾波。"（曾，借为层）汉代开始，龍字的形旁就有移于下部的情形。楷书中或把形旁"山"移于左侧，写作"巃"。（孟蓬生）

嵇 jī 匣纽、齐韵、胡鸡切。

嵆—嵇
《说文》新附 楷书

1《说文》191页。

形声字。从山，稽声。《说文》新附以为稽省声，不可信。山名，在今安徽省宿县以西，亳县以东。《元和郡县志·临涣县》："嵇山，在县西三十里。"又姓。《通志·氏族略三》："嵇氏，姒姓。夏少康封子季杼于会稽，遂为会稽氏。汉初徙谯嵇山，改为嵇氏。"楷书中形旁"山"或移于下部正中，写作"嵇"。（孟蓬生）

屾 部

屾 shēn 心纽、真部；心纽、臻韵、所臻切。

屾¹—屾
《说文》小篆 楷书

1《说文》191页。

会意字。从二山。其构形本义不明。有人以为此字就是"山"的异体。但相传此字读"所臻切"，与"甡"、"兟"等字同音，当是以为此字从二山，有"众多"义。（孟蓬生）

嵞 tú 定纽、鱼部；定纽、模韵、同都切。

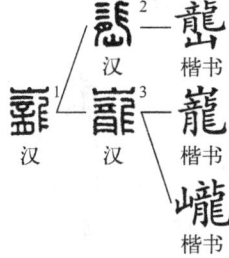

1《说文》191页。

形声字。从屾，余声。会稽山的古名。在今浙江省中部，绵亘于绍兴、嵊县、诸暨、东阳一带。相传夏禹曾大会诸侯于此。又古代有嵞山国。在今安徽省怀远县东南。相传夏禹曾娶嵞山氏女。《楚辞·天问》："禹之力献功，降省下土四方。焉得彼嵞山女，而通之于台桑。"传世典籍中多写作"涂(塗)山"。《书·皋陶谟》："予创若时，娶于涂山,辛、壬、癸、甲。"《说文·山部》引作"予娶嵞山"。《左传·哀公七年》:"禹合诸侯于涂山,执玉帛者万国。"楷书中或省作"峹"。《广韵·模韵》:"嵞,嵞山。……亦作峹。"(孟蓬生)

厂部

厂 è 疑纽、月部;疑纽、曷韵、五割切。

厂—厂
《说文》小篆 楷书

1《说文》191页。

形声字。从山,厂(àn)声。当是"岸"的本字。厂在古音月部,岸字在古音元部,且二字声母相同,故可以相通。从古文字形体来看,"厂"字当是"石"字之省。山岸由岩石构成,故从石。相传此字读àn,可能是把它看作厂或岸的本字来对待的。本义为高。《说文》:"厂,岸高也。"《广韵·曷韵》:"厂,高山状。"(孟蓬生)

岸 àn 疑纽、元部;疑纽、翰韵、五旰切。

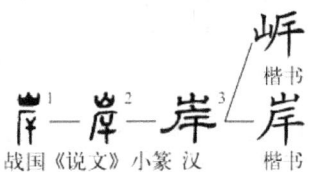

1《甲金篆》641页。2《说文》191页。3《隶辨》572页。

形声字。从厂,干声。实际上是在"厂"字上追加声符"干"而成。本义为水崖,即水边高起的陆地。《诗·卫风·氓》:"淇则有岸,隰则有泮。"又引申为高大。如"魁岸"、"伟岸",多形容人身材高大。《汉书·江充传》:"充为人魁岸。"《新唐书·后妃列传》:"(薛)怀义,鄂人,本冯氏,名小宝,伟岸淫毒,佯狂洛阳市。"又引申为高傲。《文心雕龙·序志》:"傲岸泉石,咀嚼文义。"楷书中形旁"山"或移于左侧,写作"岍"。《第一批异体字整理表》把"岍"字废除了。(孟蓬生)

崖 yá 疑纽、支部;疑纽、佳韵、五佳切。

1《说文》192页。2《马王堆》381页。3《隶辨》104页。

形声字。从厂,圭声。实际上,该字也可以看成在厓字上追加形符而成的(参见下"厓"字条)。本义为陡峭的山边或岸边。《文选·班固〈西都赋〉》:"超洞壑,越峻崖。"《文选·马融〈长笛赋〉》:"惟籦笼之奇生兮,于终南之阴崖。"(籦笼,一种竹子)引申为边际,尽头。《庄子·山木》:"君其涉于江而浮于海,望之而不见其崖,愈往而不知其所穷。"(孟蓬生)

广部

广 yǎn 疑纽、谈部;疑纽、琰韵、鱼检切。

广—广
《说文》小篆 楷书

1《说文》192页。

象形字。像房屋之形。《说文》:"广,因广为屋,象对刺高屋之形。"(屋,犹今言屋顶)古文字中"广(广)"与"宀(冖)"字形相近,又从"广"或从"宀"之字往往互作,故知二字均为房屋之象形。以"广"为形符的字大都跟房屋有关。许慎认为此字像建筑在山崖上的房子,可能是因为这个字与"岩(巖)"字读音相近而产生的联想。清代桂馥以此字为"庵"的初文,这个说法是可以接受的。"广"与"宀"最初为一字,后代始借用这两个字来记录汉语中两个不同的词。"广"和"廣"在古代是两个不同的字,《简化字总表》规定"廣"的简化字作"广",这两个"广"的关系属于同形字(字形相同而音义不相关的字)。(孟蓬生)

府 fǔ 帮纽、侯部;非纽、虞韵、方矩切。

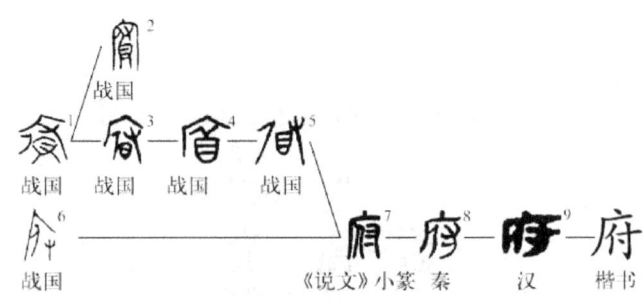

1—5《金文编》657页。6《四版校补》110页。7《说文》192页。8《睡甲》147页。9《马王堆》382页。

形声字。从广,付声。本义为收藏文书、财货的处所。

战国文字中或追加"貝(贝)"为形符,表明府为收藏财货之处。又战国文字作偏旁之"貝(贝)"字往往省作"目",故又写作𢍰、𢍨等形;或又省去形旁"广",写作𠇑;作偏旁之"广"往往与"宀"字互作,故又可写作𡩛。《孟子·告子下》:"今之事君者皆曰:'我能为君辟土地,充府库。'"也指管理财货或文书的官。如泉府、少府。又引申为人的脏器,这个意义后来写作"腑"。《吕氏春秋·达郁》:"凡人三百六十节,九窍五藏(脏)六府。"又从本义引申为指人或事物聚集之处。如:乐府,学府。《左传·昭公二十年》:"吾不为怨府。"《史记·赵世家》:"毋为怨府,毋为祸梯。"又从本义引申为处理政事之处,即官署。《周礼·天官·大宰》:"以八法治官府。"郑玄注:"百官所居曰府。"又作动词用,作"包藏"讲。《庄子·德充符》:"而况官天地,府万物,直寓六骸,象耳目一知之所知,而心未尝死者乎?"(孟蓬生)

廱 yōng 影纽、东部;影纽、钟韵、於容切。

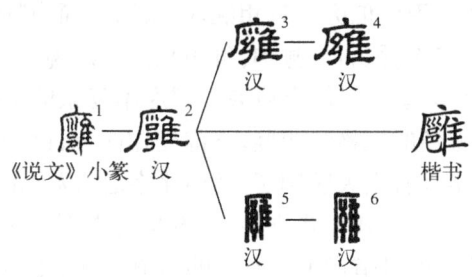

1《说文》192页。2-5《隶辨》19页。6《汉印徵》卷9,8页。

形声字。从广,雝声。汉代碑刻中"廱"字所从的"邑"变作"乡",写作廱,又或省去"巛",写作廱。汉印中所从的形旁"广"变作"厂",又省去"巛",写作廱,并进一步简化,写作廱。但这些异体都没有持续到楷书阶段。辟廱,也写作辟雍,古代天子举行乡饮酒礼的地方,也是古代的最高学府。《说文》:"廱,天子飨饮处辟廱。"《艺文类聚·礼部》:"《说文》曰:'辟雍,天子飨饮处也。'"汉班固《白虎通义》:"天子立辟雍何?所以行礼乐,宣德化也。"《广韵·锺韵》:"辟廱,天子教宫。"《毛诗正义》:"韩诗说:辟廱者,天子之学,圆如璧,壅之以水,示圆;言辟,取辟有德。不言辟水,言辟廱者,取其廱和也。所以教天下。春射秋飨,尊事三老五更。"(孟蓬生)

廬(庐) lú 来纽、鱼部;来纽、鱼韵、力居切。

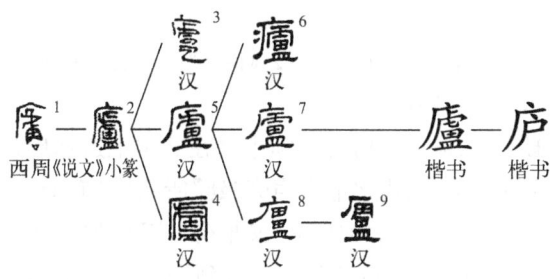

1《金文编》657页。2《说文》192页。3《银雀山》310页。4《汉印徵》卷9,8页。5-8《隶辨》76页。9《甲金篆》643页。

形声字。从广,盧声。金文中,从广,䖒(此字下部所加口形为装饰笔画)声。汉代字形中,形旁"广"或变作"厂",或变作"广",写作廬、𢉥。而"盧"所从的"虍"字头,也变作得跟"田"字一样,写作𧆑、𧆐。汉简中"庐"字或作庐,已经是草化的写法。而楷书字形则基本沿袭小篆的写法。《简化字总表》规定"廬"的简化字为"庐"。本义为田间小屋,于田中劳作时居住的房子。《诗·小雅·信南山》:"中田有庐,疆场有瓜。"(疆场,田边)郑玄注:"中田,田中也。农人作庐焉,以便其田事。"引申为居住。《诗·大雅·公刘》:"京师之野,于时处处,于是庐旅。"毛传:"庐,寄也。"《文选·张衡〈西京赋〉》:"思比象于紫微,恨阿房之不可庐。"李善注:"庐,居也。時阿房已坏,故不得居也。"(孟蓬生)

庠 xiáng 邪纽、阳部;邪纽、阳韵、似羊切。

庠¹—庠²—庠
《说文》小篆 汉 楷书

1《说文》192页。2《隶辨》223页。

形声字。从广,羊声。古代的学校。《说文》:"庠,礼官养老,夏曰校,殷曰庠,周曰序。"《礼记·王制》:"有虞氏养国老于上庠,养庶老于下庠。"郑玄注:"上庠,右学,大学也,在西郊。下庠,左学也,在国中王宫之东。"《荀子·大略》:"立大学,设庠序,修六礼,明七教,所以道之也。"(孟蓬生)

庭 tíng 定纽、耕部;定纽、青韵、特丁切。

1《金文编》657页。2《说文》192页。3、4、5《隶辨》266页。

形声字。从广，廷声。实际上是在廷字上追加形符而形成的分化字。汉代字形中声旁"廷"所从的"壬(tǐng)"，中竖穿透最末横笔，写作庭。又形旁"广"或移置于"廴"之中，写作㢟。这些异写或异体，到楷书阶段都不复存在了。本义指房屋的正室。《论语·季氏》："尝独立，鲤趋而过庭。"《礼记·檀弓》："孔子哭子路于中庭。"特指朝庭，帝王朝会和处理政事的地方。《易·夬》："扬于王庭。"孔颖达疏："王庭，是百官所在之处。"《汉书·匈奴传》："群臣庭议。"引申为官署。《后汉书·马援传》："西于县户有三万两千，远界去庭千余里。"李贤注："庭，县庭也。"又从朝庭义引申为朝觐。《诗·大雅·常武》："徐方来庭。"《诗·大雅·韩奕》："干不庭方，以佐戎辟。"（干，安定。不庭方，指不来朝觐的诸侯国。戎辟，你的君主）又假借为"雷霆"之"霆"。银雀山汉墓竹简《六韬》："如雷如庭。"朱龟碑："威神庭电。"（孟蓬生）

霤 liù 来纽、幽部；来纽、宥韵、力救切。

霤—霤—霤
《说文》小篆 楷书 楷书

1《说文》192页。

形声字。从广，留声。此字为"霤"的分化字。古代人穴居，屋顶正中开一天窗以通明，因为雨水可以从此漏到室内，所以古人以"霤"字来表示此义。堂屋的中央与"霤"相对的地方也称为"霤"，为了加以区别，故造"廇"字表示此义。其后，居室形制演进，霤则置于屋檐，于是二字意义如同毫不相干。《礼记·月令》："其祀中霤，祭先心。"郑玄注："中霤犹中室也。土主中央而神在室。古者复穴，是以名室为霤云。"《楚辞·九叹》："刺谗贼于中廇兮，选吕管于榛薄。"王逸注："中廇，堂中央也。"（孟蓬生）

庌 yǎ 疑纽、鱼部；疑纽、马韵、五下切。

庌—庌
《说文》小篆 楷书

1《说文》192页。

形声字。从广，牙声。本义为廊屋。《说文》："庌，庑也。"引申为客堂。《释名·释宫室》："庌，正也，屋之正大者也。"晋法炬、法立译《法句譬喻经·愚暗品第十三》："前庌后堂，凉台暖室……前庌待客，后堂自处。"又从本义引申为马棚。《周礼·夏官·圉师》郑玄注："庌，庑也。庑，所以庇马凉也。"亦可作动词用。《周礼·夏官·圉师》："圉师，掌教圉人养马。春除蓐，衅厩，始牧，夏庌马，冬献马。"（庌马，给马搭棚遮凉）（孟蓬生）

庑（庑）wǔ 明纽、鱼部；微纽、虞韵、文甫切。

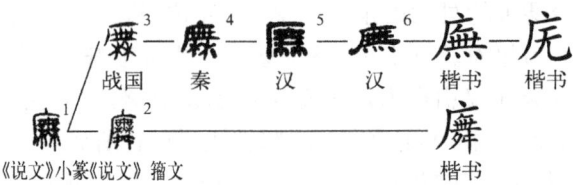

1、2《说文》192页。3《包山》148页。4《睡甲》147页。5《汉印徵》卷9，8页。6《甲金篆》643页。

形声字。从广，無声。《说文》小篆和籀文中所从的"無"尚保留"大"形（正面人形），当上承周代金文或秦篆而来。广和厂用作偏旁有时相混，故战国竹简中"庑"字或从"厂"，写作廡。古音無声、舞声相同，故《说文》籀文从舞声，写作㡇。汉简中声旁"無"原本复杂的笔画变成了书写方便的三横和四竖，下部变作四点，已经跟楷书的"庑"字没有太大区别了。《简化字总表》规定"庑"的简化字为"庑"，属于类推简化。本义为堂下周围的廊屋，指屋檐下的过道或独立有顶的通道。《说文》："庑，堂下周屋也。"引申为屋檐。益州绵竹县武都山净惠寺碑："桂庑松楹。"宋李诫《营造法式》："檐，其名有十四，……其十一曰庑。"又从本义引申为有顶无壁的棚屋。《管子·七臣七主》："台榭相望者，亡国之庑也。"郭沫若等集校："古者亡国之社必覆以屋，此'庑'字亦当即指社上之覆屋言。"又引申为大屋。《管子·国蓄》："夫以室庑籍，谓之毁成。"尹知章注："小曰室，大曰屋。"（孟蓬生）

庖 páo 并纽、幽部；并纽、肴韵、薄交切。

庖—庖—庖
《说文》小篆 汉 楷书

1《说文》192页。2《隶辨》203页。

形声字。从广，包声。本义为厨房。《诗·小雅·车攻》："徒御不惊，大庖不盈。"《孟子·梁惠王上》："庖有肥肉，厩有肥马。"引申为厨师。《庄子·养生主》："良庖岁更刀，割也。"又引申为烹调。元戴表元《许长卿诗序》：

"酸咸甘苦之食,各不胜其味也,而善庖者调之,能使之无味。"(孟蓬生)

廚(厨) chú 定纽、侯部;澄纽、虞韵,其诛切。

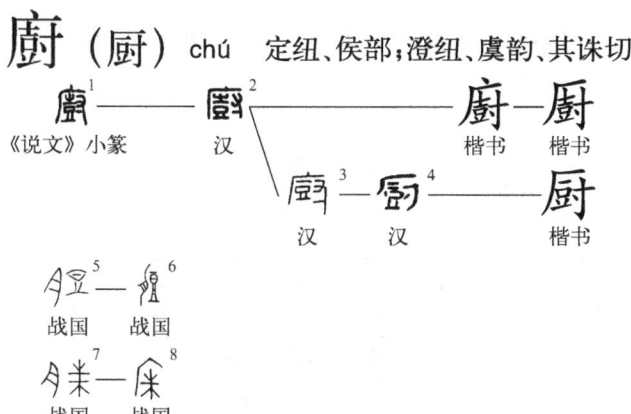

1《说文》192页。2《汉印徵》卷9,8页。3、4《甲金篆》643页。5-8《四版校补》110页。

形声字。从广,尌声。汉代字形中,形旁"广"或变作"厂","尌"省作"对"。这种省写中当然也包含着声音的因素,因为豆与厨古音很相近。因为厨房跟肉的关系是很密切的(《孟子·梁惠王上》:"庖有肥肉。"),所以字形5、6、7都从"肉"。字形5、6"脰"字是楚国的"厨"字,从肉,豆声。但这个跟《说文·肉部》训"项"的"脰"字应当看作同形字。古音豆与朱音近,故三晋文字中或写作"朱",从肉,朱声,或又写作"广朱",从广,朱声。楚国和三晋文字中的"厨"字大约是在秦统一以后就被淘汰了,并没有保持到楷书阶段。《第一批异体字整理表》规定"厨"为正字,"廚"、"厨"二字则被淘汰了。本义为厨房。《孟子·梁惠王上》:"是以君子远庖厨也。"引申为厨师,厨官。《汉书·王嘉传》:"贤母病,长安厨给祠具。"(孟蓬生)

庫(库) kù 溪纽、鱼部;溪纽、暮韵、苦故切。

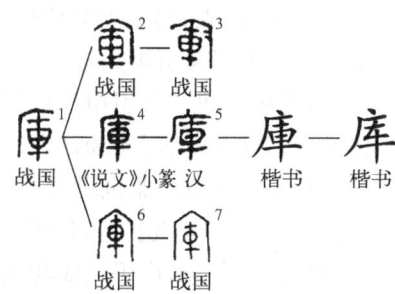

1《金文编》657页。2、3《古玺》234页。4《说文》192页。5《银雀山》310页。6、7《古文典》532页。

会意兼形声字。从"车"在"广"下,表示屋内有车;车(车)兼作声符。古文字中往往正反无别,故战国文字"库"字也可以写作圉,又加两饰笔则作圉。古文字中广旁与宀旁往往相混,故战国文字"库"也可以写作圉,又省写一笔则作圉。这些异体或异写到楷书阶段都被淘汰了。《简化字总表》规定"库"的简化字为"库",属于类推简化。本义为收藏兵车及其他武器的处所。《墨子·七患》:"库无备兵,虽有义不能征无义。"《礼记·曲礼下》:"在库言库。"郑玄注:"库谓车马兵甲之处也。"泛指收藏各种物品的处所。《管子·治国》:"关市之租,府库之征,粟什一。"又指监狱。《韩诗外传》:"夫奚不若子产之治郑,一年而负罚之过省,二年而刑杀之罪亡,三年而库无拘人。"(孟蓬生)

廄(厩) jiù 见纽、幽部;见纽、宥韵、居祐切。

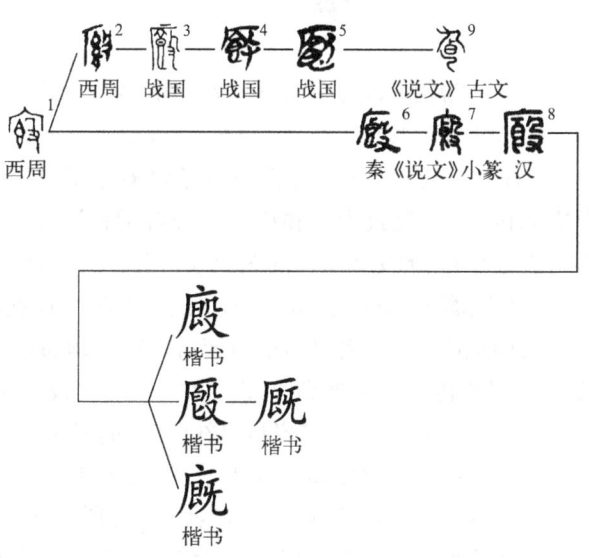

1、2《金文形义通解》2312页。3《金文编》657页。4《包山》149页。5《楚文编》552页。6《睡甲》147页。7、9《说文》192页。8《汉印徵》卷9,9页。

形声字。从广,㲃(古簋字)声。此字的演变主要表现在以下几个方面:一是西周金文中形旁或从宀作,或从厂作。二是战国文字中声旁㲃(从皀,从殳)左边或变从食,右边或变从攴,写作、等形。三是《说文》古文或从㲃省,九声(战国古文字中也借"㲃"表示"廄"字,而㲃或省写作飢,因此九字也有可能是从人形变来的)。四是秦汉隶书中声旁㲃仍然有一些细微的变化。五是进入楷书阶段中声旁"㲃"又讹变为"既(旣)",从而产生"廄(廄)"、"厩"等异体。《第一批异体字整理表》规定"厩"为正体字,其他几个字则作为异体字被淘汰了。本义为牲口棚。《诗·小雅·鸳鸯》:"乘马在厩,摧之秣之。"《孟子·梁惠王上》:"庖有肥肉,厩有肥马。"金文中,此字借为簋字。邵王簋:

"邵(召)王之諲之鷹(荐)厩。"汉代又借为"究"。马王堆汉墓帛书《称》:"毋失天极,厩数而止。"《国语·越语下》作"究数而止"。或借为"勾",义为聚集。马王堆汉墓帛书《经法》:"若号令发,必厩而上九,壹道同心,(上)下不赾(斥),民无他志,然后可以守单(战)矣。"(孟蓬生)

序 xù 邪纽、鱼部；邪纽、语韵、徐吕切。

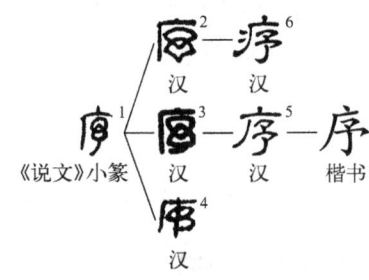

1《说文》192页。2、3《汉印徵》卷9,9页。4《马王堆》382页。5、6《隶辨》366页。

形声字。从广,予声。宀所从的予没有下引的竖笔,是存古的写法。汉隶中广和广作偏旁有时相混,故"序"也可以写作疗。本义为堂屋的东西墙。《仪礼·士冠礼》:"主人玄端爵弁,立于阼阶下,直东序,西面。"郑玄注:"堂东西墙谓之序。"引申为东西厢房。《书·顾命》:"西序东向。"孔传:"东西厢谓之序。"又古代的学校也称为序。《周礼·地官·州长》:"春秋以礼会民,而射于州序。"郑玄注:"序,州党之学也。"《孟子·滕文公上》:"夏曰校,殷曰序,周曰庠。学则三代皆共之,皆所以明人伦也。"又指端绪。《汉书·韦贤传》:"楚王梦亦有序。"颜师古注:"序,绪也,谓端绪。"又引申为次序。《左传·昭公二十九年》:"卿大夫以序守之。"杜预注:"序,位次也。"又从端绪引申为开头的。如序言,序幕等。(孟蓬生)

廦(壁) bì 帮纽、锡部；帮纽、锡韵、北激切。

廦¹ — 廦² — 廦 — 壁
秦　　《说文》小篆　楷体　　楷体

1《睡甲》147页。2《说文》192页。

形声字。从广,辟声。壁的异体字。本义为墙。《说文》:"廦,墙也。"段玉裁注:"与土部之壁音义同。"睡虎地秦墓竹简《封诊式》:"丙死(尸)县(悬)其室东内中北廦枳,南乡(向)。"又云:"东、北去廦各四尺,高一尺。"(孟蓬生)

廣(广) guǎng 见纽、阳部；见纽、宕韵、古晃切。

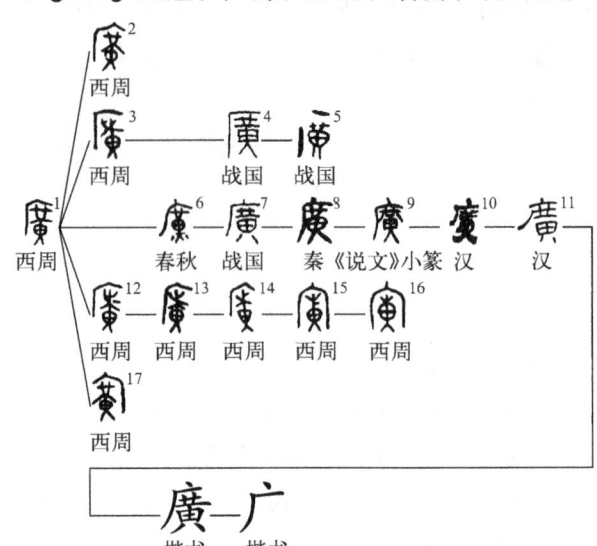

1、2、3、6、12-17《金文编》658页。4、7《古文典》636页。5《类编》399页。8《睡甲》147页。9《说文》192页。10《马王堆》383页。11《隶辨》441页。

形声字。从广,黄声。"廣"字在古文字材料中比较多见,故其异写和异体很多,尤以西周时期为甚。从形旁来看,主要的变化就是有时反写,作𢇟,有时与"厂"相混,写作廣、厰等形;有时跟"宀"相混,写作𡩜、𡩰等形。从声旁来看,主要的变化是黄字上部的讹变,本来像廿字的上部,渐渐地变得跟止、木、中等古文字很相近。这一点可以从上面12-16的字形中得到反映。另一方面,从发展的主线来看,从西周金文到现代楷书,字形基本不变,保持着高度的一致性。本义为有顶而无壁的大殿。《说文》:"廣,殿之大屋也。"段玉裁注:"殿谓堂无四壁。"引申为大。《诗·小雅·六月》:"四牡修广,其大有颙。"毛传:"修,长。广,大也。"又引申为宽阔。《诗·周南·汉广》:"汉之广矣,不可泳思。"又引申为广泛。《汉书·郊祀志》:"广谋从众。"又作动词,义为扩大。《易·系辞上》:"夫易,圣人所以崇德而广业也。"《史记·乐毅列传》:"破宋,广地千余里。"引申为扩散,传播。《史记·乐书》:"是故君子反情以和其志,广乐以成其教。"又从扩大引申为开辟。《太平广记》卷二百二十七引《谭宾录》:"玄宗于华清宫新广一池,制度宏丽。"(孟蓬生)

廥

kuài 见纽、月部；见纽、泰韵、古外切。
guì 见纽、月部；见纽、泰韵、古外切。

廥¹—廥²—廥³—廥
秦《说文》小篆 汉 楷书

1《睡甲》147页。2《说文》192页。3《汉印徵》卷9，9页。

形声字。从广，會声。本义为储藏木柴或草料的地方。《说文》："廥，刍藁之藏也。"《韩非子·内储说下》："故烧刍藁而中山罪，杀老儒而济阳赏也。"《急就篇》："墼垒廥厩库东箱。"颜师古注："廥，刍藁所居也。"引申为仓库，多指粮仓。《晋书·天文志》："天廥四星，在昴南，一曰天廥，主蓄黍稷以供飨祀。"《晋书·食货志》："兖豫，漆丝之廥；燕齐，怪石之府。"（孟蓬生）

庾

yǔ 以纽、鱼部；以纽、麌韵、以主切。

《说文》小篆 汉 汉 楷书

1《说文》192页。2《马王堆》383页。3、4《隶辨》371页。5《汉印徵》卷9，9页。

形声字。从广，臾声。庾字的形旁"广"在汉代碑刻中或与"厂"相混，写作㢈。声旁臾本从臼声，中间是断开的，而汉印中为了书写的方便将两部分连起来，写作㢈，而在汉代碑刻中，臾字的撇笔拉直，捺笔变成一点儿，这样就跟申字十分相近，所不同的只是在右下方加一点而已。本义为露天堆积的谷物。《诗·小雅·楚茨》："我仓既盈，我庾维亿。"毛传："露积曰庾。"《史记·孝文本纪》："发仓庾以振贫民。"裴骃集解："胡公曰：'在邑曰仓，在野曰庾也。'"引申为储存水路转运粮食的仓库。《战国策·魏策一》："粟粮漕庾，不下十万。"泛指粮仓。唐杜牧《阿房宫赋》："钉头磷磷，多于在庾之粟粒。"又从本义引申作动词，积蓄，屯积。《汉书·食货志下》："其贾氏贱减平者，听民自相与市，以防贵庾者。"颜师古注："庾，积也。以防民积物待贵也。"又为古代容量名。一说容二斗四升，一说容十六斗。《周礼·冬官·考工记》："庾实二觳。"郑玄注："觳，受斗二升。"《论语·雍也》："请益。曰：'与之庾。'"何晏集解："包曰：十六斗曰庾。"（孟蓬生）

厕（厕）

cì 清纽、职部；初纽、志韵、初吏切。
cè 清纽、职部；初纽、职韵、察色切。

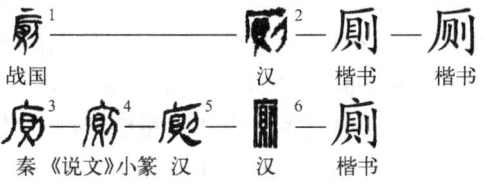
战国 汉 楷书 楷书
秦《说文》小篆 汉 楷书

1《包山》148页。2《马王堆》383页。3《睡甲》147页。4《说文》192页。5《银雀山》310页。6《汉印徵》卷9，9页。

形声字。从广，則声。此字楷书中从广和从厂两个异体，均渊源有自。包山楚简的厕字作厠，与"石"旁相混。当是"厕"字形旁先变作厂，而后才与作偏旁的石字相混。《第一批异体字整理表》规定"厕"为正体字，"厠"作为异体字被淘汰。《简化字总表》规定"貝"简化"贝"（草书楷化），故"厠"字类推简化为"厕"。本义为厕所，今读为cè。《左传·成公十年》："将食，张，如厕，陷而卒。"引申为猪圈。《汉书·武五子传》："厕中豕群出，坏大官灶。"颜师古注："厕，养豕圂也。"又作动词，间杂，今读为cì。《史记·乐毅列传》："厕之宾客之中，立之群臣之上。"汉司马迁《报任少卿书》："向者，仆亦常厕下大夫之列，陪奉外廷末议。"古书中也常借"厕"为"侧"。《庄子·外物》："夫地非不广且大也，人之所用容足耳，然则厕足而垫之，致黄泉，人尚有用乎？"（垫，掘）《史记·张释之冯唐列传》："从行至霸陵，居北临厕。"裴骃集解："如淳曰：'居高临垂边曰厕。'"（孟蓬生）

廛

chán 定纽、元部；澄纽、仙韵、直连切。

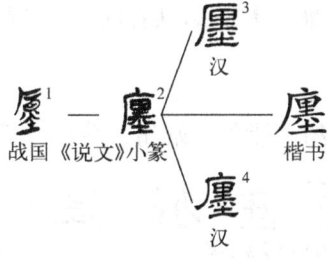
战国《说文》小篆 楷书

1《郭店》131页。2《说文》192页。3、4《隶辨》181页。

当是会意字。廛字初文廛当是从石，从土，中间所从为何字尚不能确指，其构形本意有待研究。由于貝字下部与火字相混，故汉代隶书中或变为四点。厂本为石字之省，容易与广相混，故《说文》小篆从广，而汉代隶书或从广，或从厂。《说文》："廛，一亩半，一家之居也。从广，从里,从八,从土。"段玉裁注:"里者,居也。八土,犹分土也,亦谓八夫同井也。以四字会意。"但从字形上看,《说文》小篆的形体当是战国廛字即𡊮的讹变,因此许说和段说都不甚可靠。古代城市平民一家所居住的房地为廛。《孟子·滕文公上》:"愿受一廛而为氓。"泛指民居。《文选·班固〈西都赋〉》:"阛城溢郭,旁流百廛。"(阛,填塞)宋苏辙《欲质卞氏宅》:"南邻隔短墙,两孙存故廛。"又古代一夫所耕之田称廛,面积一百亩。《商君书·君臣》:"农不离廛者,足以养二亲,治军事。"(孟蓬生)

廉 lián 来纽、谈部;来纽、盐韵、力盐切。

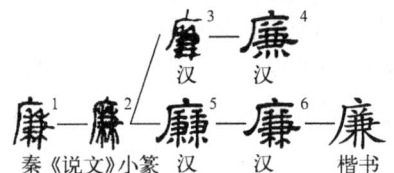
秦《说文》小篆 汉 汉 楷书

1《睡甲》147页。2《说文》192页。3《马王堆》383页。4、5、6《隶辨》315页。

形声字。从广,兼声。汉代隶书中,有的基本保存了小篆的结构,只是笔法不同,如廉;有的则将兼字省写,或将禾字的上部和下部贯通,如廉,或将禾字的上部贯通,而下部省作四点,如廉形。进入楷书阶段,声旁"兼"只保留了原先的大致轮廓,已经完全看不出"手持二禾"的形状了。本义为堂屋的侧边。《仪礼·乡饮酒礼》:"设席于堂廉东上。"郑玄注:"侧边曰廉。"引申为事物的棱角。《礼记·聘义》:"廉而不刿。"孔颖达疏:"廉,棱也。刿,伤也。"引申为方正,正直。《庄子·让王》:"人犯其难,我享其利,非廉也。"引申为清白。《墨子·修身》:"贫者见廉,富者见义。"又假借为"覝",考察,探访。《汉书·高帝纪》:"且廉问,有不如吾诏者,以重论之。"颜师古注:"廉,察也。廉字本作覝,其音同耳。"(孟蓬生)

底 dǐ 端纽、脂部;端纽、荠韵、都礼切。

氐—氐—底—底—底—底
西周 战国《说文》小篆 汉 汉 楷书

1《甲金篆》646页。2《类编》397页。3《说文》192页。4、5《隶辨》381页。

形声字。从厂,氐声。后或从广,氐声。底当是氐的分化字,氐本指质地较细的磨刀石,详下"氐"字条。古氐字或底字假借为"至",表示到达或停止义。《国语·周语上》:"日月底于天庙。"(天庙,星名,即营室)韦昭注:"底,至也。"《左传·襄公二十九年》:"处而不底,行而不流。"(底,停止)由此引申为物体的下部或末端。《文选·宋玉〈高唐赋〉》:"不见其底,虚闻松声。"《诗·大雅·公刘》:"乃裹糇粮,于橐于囊。"陆德明释文:"《说文》云:'无底曰囊,有底曰橐。'"《徐霞客游记·楚游日记》:"数转,达洞底。"(孟蓬生)

庢(厔) zhì 端纽、质部;端纽、质韵、陟栗切。

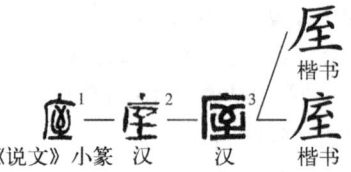
《说文》小篆 汉 汉 楷书

1《说文》192页。2《秦汉金文》241页。3《汉印徵》卷9,10页。

形声字。从广,至声。本义为阻碍。《文选·枚乘〈七发〉》:"发怒庢沓,清升逾跇。"李善注:"言初发怒,碍止而沸腾。"楷书中或从厂,写作厔。《龙龛手鉴·厂部》:"厔,正作庢。"地名有盩庢,亦作盩厔,在今陕西省西安市境内。《汉书·地理志》有盩厔县,属右扶风。《广韵·尤韵》:"盩厔,县,在京兆府。水曲曰盩,山曲曰厔。"现在写作"周至"。(孟蓬生)

庋 bá 並纽、月部;並纽、末韵、蒲拨切。

庋—庋
《说文》小篆 楷书

1《说文》192页。

形声字。从广,犮声。在草野中住宿。《说文》:"庋,舍也。从广,犮声。《诗》曰:'召伯所庋。'"《诗·召南·甘棠》:"蔽芾甘棠,召伯所茇。"郑玄笺:"茇,舍也。"孔颖达正义:"茇者,草也。草中止舍,故曰草舍。"茇当为庋之借字。(孟蓬生)

庳 bēi 帮纽、支部;帮纽、支韵、府移切。

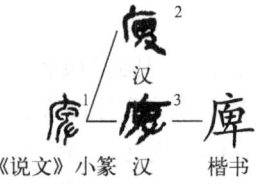
《说文》小篆 汉 楷书

1《说文》193页。2、3《马王堆》382页。

形声字。从广,卑声。本义为房屋低矮。《左传·襄公三十一年》:"侨闻文公之为盟主也,宫室卑庳。"引申为身材矮。《周礼·地官·大司徒》:"其民丰肉而庳。"郑玄注:"庳,犹短也。"又从本义引申为地势低下。《国语·周语下》:"欲壅防百川,堕高堙庳。"引申为地位、态度等低下。马王堆汉墓帛书《春秋事语》:"少长于君前,其执(势)有(又)庳。"又同书:"夫晋之使者敝(币)重而辞庳。"声符卑本从ナ(左),马王堆汉墓帛书中字或从又(右),写作庳。(孟蓬生)

庇 bì 帮纽、脂部;帮纽、至韵、必至切。

庇¹—庇
《说文》小篆 楷书

1《说文》193页。

形声字。从广,比声。本义为遮蔽,覆盖。《说文》:"庇,荫也。"《左传·文公七年》:"葛藟犹能庇其本根。"唐杜甫《茅屋为秋风所破歌》:"安得广厦千万间,大庇天下寒士俱欢颜。"引申为寄托。《方言》卷二:"庇,寄也。齐、卫、宋、鲁、陈、晋、汝、荆州、江、淮之间曰庇,或曰寓。"《左传·襄公三十一年》:"大官大邑,身之所庇也。"又从本义引申为保护。《国语·楚语下》:"夫从政者,以庇民也。"引申为养育。汉王充《论衡·自纪》:"贫无一亩庇身,志佚于王公;贱无斗石之秩,意若食万钟。"(孟蓬生)

庶 shù 书纽、鱼部;书纽、御韵、商署切。

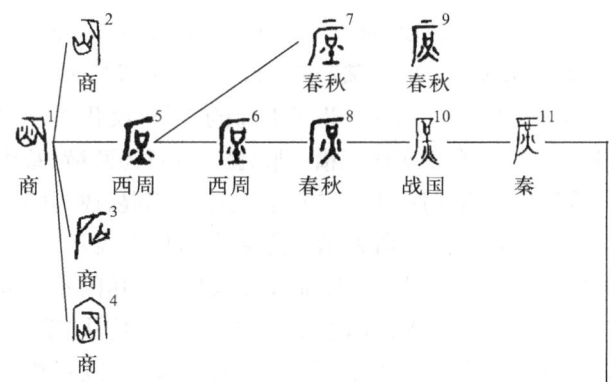

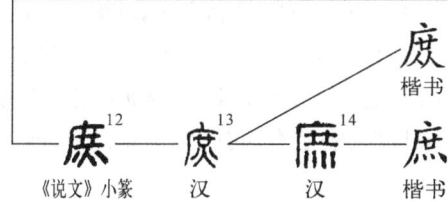

1、2、3《甲文编》384页。4《类编》398页。5—11《金文编》658页。12《睡甲》148页。13《说文》193页。14《汉印徵》卷9,10页。

形声字。本从火,石声。甲骨文中或从"宀",写作庶。像火形的部分在甲骨文与山相似,西周金文中逐渐线条化,约在春秋时期火形下部变得侈张,已经与楷书中火字的写法相同。到了隶楷阶段,火字变作四点,或变作"灬",已全然看不出火的形状。庶为煮的初文,本义为用火加热食物。甲骨文中有"庶牛",于省吾先生读为"煮牛"。后用来表示"众多",应该看成假借。《说文》:"庶,屋下众也。"(其实就是"众"的意思,加"屋下"两字是为了切合字形所从的"广")《易·晋》:"康侯用锡马蕃庶,昼日三接。"又从众多义引申为家族的旁系,相对于嫡系而言。《左传·文公十年》:"杀嫡立庶。"又引申为平民。《左传·昭公三十二年》:"三后之姓,于今为庶。"(三后,夏、商、周三代帝王。姓,子孙)又有差不多之意,亦为假借用法。《论语·先进》:"回也其庶乎。"引申为表示希冀的副词,或许。《诗·桧风·素冠》:"庶见素冠兮,棘人栾栾兮。"(孟蓬生)

庤 zhì 定纽、之部;定纽、止韵、直里切。

庤¹—庤
《说文》小篆 楷书

1《说文》193页。

形声字。从广,寺声。本义为储藏。唐张说《河州刺史冉府君神道碑》:"庤茭藁,积糇粮。"《新唐书·罗艺传》:"涿郡号富饶,伐辽兵仗多在,而仓庤盈羡。"引申为具备。《诗·周颂·臣功》:"命我众人,庤乃钱镈。"毛传:"庤,具也。"(孟蓬生)

廙 yì 喻纽、职部;以纽、职韵、与职切。

廙¹—廙²—廙
商《说文》小篆 楷书

1《金文编》659页。2《说文》193页。

形声字。从广,異声。出行用的帐篷。《说文》:"廙,行屋也。"王筠句读:"行屋者,张之如屋,用之行路也。"又假借为恭敬,与表示恭敬的"翼"字所记录的是同一个词(无本字)。《玉篇·广部》:"廙,……谨敬也。亦作翼。"三国时魏丁廙,字敬礼。(孟蓬生)

廢(废) fèi 帮纽、月部;帮纽、废韵、方肺切。

廢 — 廢 — 廢 — 废

《说文》小篆　汉　汉　楷书　楷书

1 《说文》193页。2 《银雀山》311页。3 《隶辨》554页。

形声字。从广，發声。廢字所从的声旁發，有时也从攴写作癹。《简化字总表》规定"發"简化为"发"，故"廢"字类推简化为"废"。本义为房屋等坍塌，倾倒。《淮南子·览冥》："往古之时，四极废，九州裂。"高诱注："废，顿也。"《汉书·景十三王传》："既上车，轴折车废。"引申为人倒地或伏地。《史记·淮阴侯列传》："项王喑恶叱咤，千人皆废。"裴骃集解："孟康曰：'废，伏也。'张晏曰：'废，偃也。'"又从本义引申为坠落。《左传·定公三年》："（邾子）自投于床，废于炉炭，烂，遂卒。"杜预注："废，堕也。"又从本义引申为停止，中止。《论语·雍也》："力不足者，中道而废。"引申为废弃，废止。《论语·卫灵公》："君子不以言举人，不以人废言。"（孟蓬生）

廑 jǐn 群纽、文部；群纽、震韵、渠遴切。

廑 — 廑 — 廑

《说文》小篆　汉　楷书

1 《说文》193页。2 《甲金篆》647页。

形声字。从广，堇声。本义小屋。《说文》："廑，少劣之居。"《广韵·震韵》："廑，小屋。"宋李诫《营造法式·总释上·宫》："小屋谓之廑。"假借为"仅（僅）"，副词。《汉书·贾谊传》："其次廑得舍人。"颜师古注："廑，与仅同。"又假借为"勤"。《汉书·文帝纪》："余廑身从事，而有租税之赋。"（孟蓬生）

廟（庙） miào 明纽、幽部；明纽、笑韵、眉兆切。

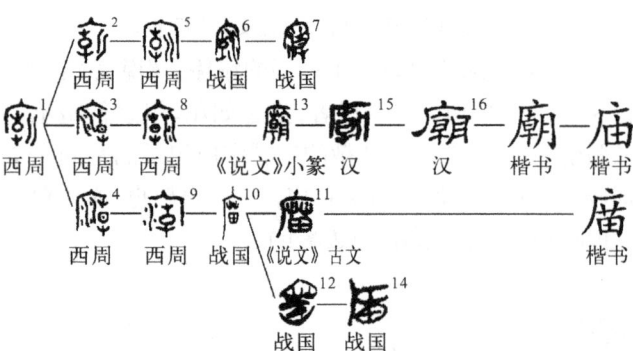

1—5、8、9、10 《金文编》659页。6、7、12 《郭店》130页。11、13 《说文》193页。14 《战文编》631页。15 《马王堆》384页。16 《隶辨》590页。

形声字。本从广，瀳（古潮字）声。"廟"字字形的演变主要表现在四个方面：一是西周时期形符广的方向或朝左写作 ； 二是西周至战国时期形符广或从宀写作 、 、 等形；三是西周至战国时期声符朝字所从的形旁也可以放在侧写作 、 等形；四是从战国开始声旁或从苗写作 、 等形，或省艸为中写作 。庙本是"廟"的简写，实际上可以分析为苗省声。《简化字总表》规定"廟"的简化字为"庙"。本义为供奉并祭祀祖先的建筑。《诗·周颂·清庙》："於穆清庙，肃雍显相。"引申为宫室的前殿。《礼记·月令》："是月也，耕者少舍，乃修阖扇，寝庙毕备。"郑玄注："凡庙，前曰庙，后曰寝。"又引申为朝廷。《孙子兵法·始计》："夫未战而庙算胜者，得算多也；未战而庙算不胜者，得算少也。"又从本义引申为神主，牌位。《荀子·强国》："今楚父死焉，国举焉，负三王之庙而辟于陈蔡之间。"（孟蓬生）

庤 chì 昌纽、铎部；昌纽、昔韵、昌石切。

庤 — 庤 ———————— 庤

秦 《说文》小篆　　　　楷书

庤 — 庤 — 庁

汉　汉　汉

1 《说文》193页。2 《睡甲》148页。3 《马王堆》382页。4 《甲金篆》647页。5 《隶辨》731页。

形声字。从广，屰声。为了书写的方便，汉代文字中庤字所从的声旁屰变作三横一竖（撇），或省为两横，写作干，后又从厂写作厈，与厂字的古文厈字相混，成为同形字。传世典籍中庤字所表示的意义多用斥字表示，加之二字楷书字形也颇相近，故前人多以为庤为斥的本字或古字。其实庤与斥本为两个不同的字，斥字是从"乇"字演变来的，与庤本不相干。庤、斥古音相近，所以互相通用。本义为拓宽，开拓。汉曹全碑："廓土庤竟（境）。"假借为"尺蠖"之"尺"。马王堆汉墓帛书《合阴阳》："三日庤蠖。"又假借为"斥卤"之"斥"。《说文·卤部》："卤，西方咸地也。从西省，象盐形。安定有卤县。东方谓之庤，西方谓之卤。"（孟蓬生）

廈(厦)

xià 匣纽、鱼部；匣纽、马韵、胡雅切。
shà 心纽、鱼部；生纽、祃韵、所嫁切。

廈¹—廈—厦
《说文》新附 楷书 楷书

1《说文》193页。

形声字。从广，夏声。或从厂，夏声。本文为大屋。晋卢谌《感交》："大厦须异材，廊庙非庸器。"唐杜甫《茅屋为秋风所破歌》："安得广厦千万间，大庇天下寒士俱欢颜。"引申为门廊。《玉篇·广部》："廈，今之门廊也。"晚近又指厢房。《第一批异体字整理表》规定"厦"为正字。（孟蓬生）

廊

láng 来纽、阳部；来纽、唐韵、鲁当切。

廊¹—廊
《说文》新附 楷书

1《说文》193页。

形声字。从广，郎声。本义为堂屋四周的廊屋。《韩非子·十过》："再奏之，大风至，大雨随之。裂帷幕，破俎豆，隳廊瓦，坐者散走。"《汉书·司马相如传》："高廊四注，重坐曲阁。"颜师古注："廊，堂下四周屋也。"引申为走廊。唐王维《谒璿上人》："高柳早莺啼，长廊春雨响。"（孟蓬生）

廂(厢)

xiāng 心纽、阳部；心纽、阳韵、息良切。

廂¹—廂—厢
《说文》新附 楷书 楷书

1《说文》193页。

形声字。从广，相声。楷书字形中廂字或从厂，写作厢。《第一批异体字整理表》规定"厢"为正字，"廂"作为异体字被淘汰。本义堂屋两边的房间。《史记·张丞相列传》："吕后侧耳于东厢听。"裴骃集解："韦昭曰：殿东堂也。"司马贞索隐："小颜云：正寝之东西室皆号曰箱，言似箱箧之形。"引申为堂屋前边两侧的房屋。元王实甫《西厢记》："月暗西厢，凤去秦楼。"又从本义引申为车厢。晋阮籍《大人先生传》："倚瑶厢而徘徊，总众辔而安行。"（孟蓬生）

廖

liào 来纽、幽部；来纽、宥韵、力救切。

廖¹—飂²—豂—廫⁴—廖
《说文》新附 汉 汉 汉 楷书

1《说文》193页。2《马王堆》383页。3《甲金篆》383页。4《隶辨》623页。

形声字。从广，翏声。字形上的变化主要表现在声旁上。翏所从的羽，古多写作尛，如参字写作叅，故廖字亦可写作廫。古代国名。《汉书·地理志》："湖阳，故廖国也。"又姓。《汉书·古今人表》："廖叔安。"《左传·昭公二十九年》："昔有飂叔安。"杜预注："飂，古国也。叔安，其君名。"《通志·氏族略》："廖氏，亦作飂。并力救切。今呼为料。《风俗通》：'古有廖叔安，《左传》作飂，盖其后也。'汉有廖颉，为巨鹿太守。今衡山、南剑多廖氏。或言周文王子伯廖之后。"（孟蓬生）

庣

tiāo 透纽、幽部；透纽、萧韵、吐彫切。

庣¹—庣²—庣
汉 汉 楷书

1、2《金文续编》223页。

形声字。从广，兆声。本义为空虚不满的样子。《广韵·萧韵》："庣，不满之皃。"引申为不满或凹下之处。《汉书·律历志》："其法用铜，方尺而圜其外，旁有庣焉。"颜师古注："庣，不满之处。"（孟蓬生）

厂 部

厂

hǎn 晓纽、元部；晓纽、旱韵、呼旱切。

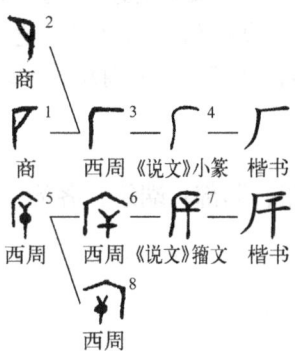

1、2《甲文编》384页。3、5、6、8《金文

编》659页。4、7《说文》193页。

此字分两系。一是厂系。象形字。像山石形。"厂"字是从甲骨文的"𠂆"或"𠂉"演变而来。所以古文字中从"石"、从"厂"之字往往通作。参见下"石"字条。金文中用为地名。散氏盘："登于厂湶。"二是厈系。形声字，从厂，干声。西周金文中，厈字本从广，本义当与房屋有关。金文中亦用为地名。作册折尊："唯五月，王在厈。"（孟蓬生）

厓 yá 疑纽、支部；疑纽、佳韵、五佳切。

厓¹—厓²—厓
《说文》小篆 战国 楷书

1《说文》193页。2《战文编》632页。

形声字。从厂，圭声。战国文字中或从广，写作厓。本义为山边或河岸。《诗·魏风·伐檀》："坎坎伐檀兮，寘之河之干兮。"毛传："干，厓也。"引申为边际。《文选·扬雄〈甘泉赋〉》："岭嶒嶙峋，洞无厓兮。"（孟蓬生）

厰 kǎn 溪纽、谈部；溪纽、敢韵、口敢切。

厰¹—厰²—厰³—厰⁴—厰⁵—厰
西周 西周 西周 战国《说文》小篆 楷书

厰⁶
汉

1、2、3《金文编》661页。4《郭店》130页。5《说文》193页。6《甲金篆》649页。

形声字。从厂，敢声。此字在西周时期，所从的形旁或变作广；战国文字中，则或在最上部添一横画；汉代文字中，则所从的声旁有时也发生简化，写作厰。从构形来看，此字可能是"嚴巖"的初文。在厰字上添加声符"品"就成为嚴(嚴)字，再增加形符"山"就成为"巖"字（参见"巖"字条和"嵒"字条）。本义为山势险峻。《五音集韵》："釜厰，山崖状也。"金文中借用为"玁狁"之"玁"。不𩦢簋："敔方、厰允广伐西俞。"（敔方，朔方）（孟蓬生）

底 dǐ 端纽、脂部；端纽、荠韵、都礼切。

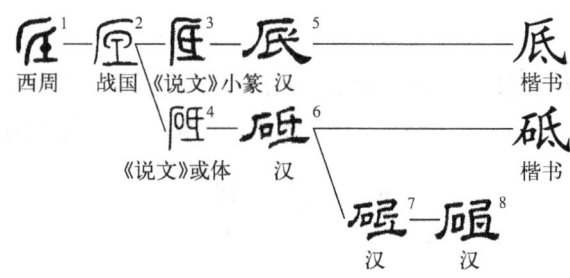

1《甲金篆》646页。2《类编》397页。3、4《说文》193页。5《隶辨》340页。6、7、8《隶辨》341页。

形声字。从厂，氏声。"底"字所从的形符厂加装饰笔画演变为石字，便成为砥字。古文字中从厂与从广的字往往相混，故"底"又可以写作"底"。但底字后来另表"下部或末端"义，与源字发生了分化，见前"底"字条。"底"或"砥"字所从的声旁氏在汉代的碑刻中变化较大，但到楷书阶段便都消失了。跟隶变以前的字形相比，楷书中"底"或"砥"字最明显的变化就是氏旁下部所从的横画变成了点。本义为质地较细的磨石。《诗·小雅·大东》："周道如砥，其直如矢。"《孟子·万章上》："周道如底。"（今本作"底"）《汉书·梅福传》："故爵禄束帛者，天下之砥石，高祖所以厉世摩钝。"颜师古注："砥，细石也。"古代常借用为"致"或"至"。害簋："命女官嗣尸仆，砥鱼。"砥鱼当即致鱼，送达之意。《书·禹贡》："三江既入，震泽底定。"孔传："言三江已入，致定为震泽。"《诗·小雅·小旻》："我视谋犹，伊于胡底。"郑玄笺："底，至也。"（孟蓬生）

厥 jué 见纽、月部；见纽、月韵、居月切。

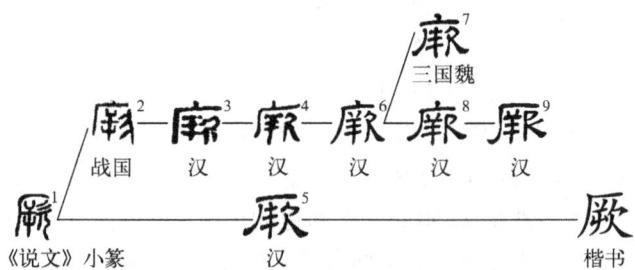

1《说文》193页。2《战文编》632页。3《马王堆》385页。4《银雀山》312页。5-9《隶辨》685页。

形声字。从厂，欮声。形旁或从"广"作。声旁"欮"中的"屰"在汉代文字中或变作三横一竖，或又作"丰"；"欠"字也往往变得与"𠬝"字相似。楷书字形则仍然完整地保留了该字的构形理据。本义为发射石块。《说文》:"厥,发石也。"这个意义后代也写作"礦"。《广韵·月韵》:"礦,发石也。"传世文献中也常常借用来表示代词,相当于"其"。《书·尧典》:"厥民析,鸟兽孳尾。"又借用来表示助词,相当于"之"。《书·无逸》:"自时厥后,立王生则逸。"(孟蓬生)

厲(厉) lì 来纽、月部;来纽、祭韵、力制切。

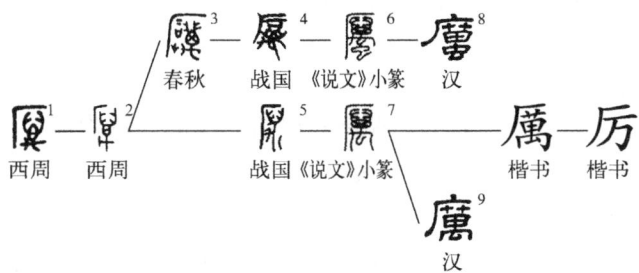

1、2、3《金文编》662 页。4《包山》312 页。5《类编》402 页。6、7《说文》193 页。8、9《隶辨》537 页。

形声字。从厂,萬声。或从石,萬声。又或从蠆声。《说文》:"厲,旱石也。从厂,蠆省聲。厲,或不省。""厂"本像山崖形,石字是在"厂"字上增加"口"作为装饰偏旁而成。故古文字中从厂之字,亦可从石作。蠆本谐萬声,故厲或谐萬声,或谐蠆声。蠆又省为蠆,故汉隶中写作 厲。厲字则是从石,萬声。萬当即邁字,亦本从萬声。《说文》以厲为蠆省声是不符合实际情况的。《说文·石部新附》收有"礪"字,详下。"旱石"就是质地较粗的磨刀石。《诗·大雅·公刘》:"笃公刘,于豳斯馆,涉渭为乱,取厲取锻。"陆德明释文:"厲,本又作礪。"孔颖达疏:"取其礪石,取其锻具,所以锻礪斧斤,利其器用,伐取材木,乃为宫室。"又可用为动词,磨(mó)。成语有"秣马厲兵"。又从磨砺引申为激励、勉励。《韩非子·用人》:"故明主厉廉耻,招仁义。"(孟蓬生)

厤 lì 来纽、锡部;来纽、锡韵、来击切。

厤¹—厤²—厤—厤
西周《说文》小篆 汉 楷书

1《金文编》662 页。2《说文》193 页。3《隶辨》737 页。

形声字。从厂,秝声。汉隶中或从"广"作"厤"。《说文》训:"厤,治也。"但此义目前还没有得到文献的证明,故段玉裁以为"调和"之"治",而王筠以为"治玉"

之"治"。由于古文字中厂有可能是石之省形,故从字形角度看,王说似更可取。出土文献和传世文献中均用为"经历"之义,是"歷"字的假借。毛公鼎:"厤自今,出入敷命于外。""厤自今",犹言"自今以往"。蔡湛碑:"厤世卿尹,有功王室。"苑镇碑:"过郡厤县。"(孟蓬生)

砧 gǔ 匣纽、鱼部;匣纽、姥韵、侯古切。

砧¹—砧
《说文》小篆 楷书

1《说文》193 页。

形声字。从厂,古声。美石。《说文》:"砧,美石也。从厂,古声。"(孟蓬生)

厝 cuò 清纽、铎部;清纽、铎韵、仓各切。

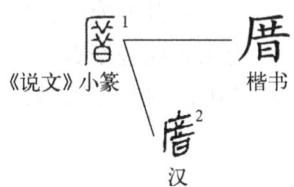

1《说文》194 页。2《银雀山》312 页。

形声字。从厂,昔声。汉代或从"广"作"厝"。声旁"昔"字上部本像水形,小篆字形略存其意,而汉代隶书则变为两个重叠的草字头,其后上下两竖笔连起来,便成为楷书"昔"字。本义为磨石,一说为金刚石。《说文》:"厝,厲石也。《诗》曰:他山之石,可以为厝。"今《诗·小雅·鹿鸣》"厝"作"错"。又假借为"措",安置,放置。《战国策·魏策二》:"王厝(田)需侧以稽之,臣以为身利而便于事。"由安置引申为安葬,亦指临时措置以待迁葬或改葬。《孝经》:"卜其宅兆而安厝之。"(孟蓬生)

厖 máng 明纽、东部;明纽、江韵、莫江切。

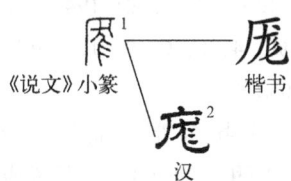

1《说文》194 页。2《隶辨》27 页。

形声字。从厂,龙声。汉隶或从"广"作。本义为大。《尔雅·释诂上》:"厖,大也。"《文选·司马相如〈封禅文〉》:"湛恩厖鸿。"李善注:"厖鸿,皆大也。"又引申为厚。《集韵·江韵》:"厖,厚也。"《诗·商颂·长发》:"受

小共大共,为下国骏厖,何天之龙。"毛传:"厖,厚也。"(孟蓬生)

仄 zè 精纽、职部;庄纽、职韵、阻力切。

仄¹ — 仄² — 斤³ — 仄⁴ — 仄
《说文》籀文 《说文》小篆 战国 汉 楷书

1、2《说文》194页。3《篆隶表》664页。4《甲金篆》650页。

籀文为会意兼形声字,从人侧头于厂下。篆文从人,则演变为会意字。本义为倾侧。《管子·白心》:"日极则仄,月盈则亏。"《后汉书·光武纪》:"每旦视朝,日仄乃罢。"又用作名词,指旁侧。《汉书·段会宗传》:"何必勒功昆山之仄。"又用作动词,使倾侧。《周礼·考工记·车人》:"行泽者反辀,行山者仄辀。反辀则易,仄辀则完。"(辀,车轮的外周)又引申为地位卑微。《汉书·循吏传》:"及至孝宣,繇仄陋而登至尊,兴于闾阎,知民事之艰难。"颜师古注:"仄,古侧字。仄陋言非正统而身轻微贱也。"(孟蓬生)

厭(厌) yàn 影纽、谈部;影纽、艳韵、於艳切。
yā 影纽、葉部;影纽、葉韵、於叶切。

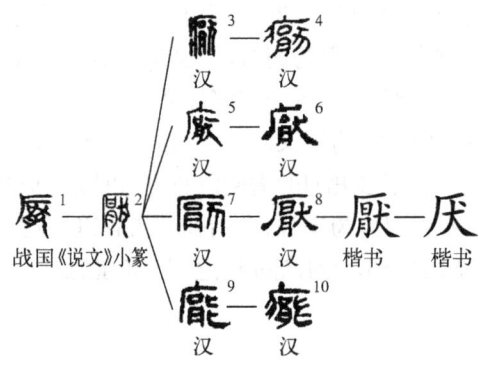

1《包山》149页。2《说文》194页。3、7《汉印徵》卷9,11页。4、5、6、9、10《甲金篆》650页。8《隶辨》632页。

形声字。从厂,猒声。字形方面除了形旁厂和广、疒的交替之外,比较明显的变化是声旁或作"能"。古音"能"极有可能收 -m 尾,与厭字相近,而汉时"能"字的古音仍然保留在某些方言中,故可以用作"厭"字的声符。"厭"是"壓(压)"的古字,本义为覆压。《荀子·强国》:"黭然而雷击之,如墙厭之。"杨倞注:"厭,读为压。"《汉书·外戚传》:"岸崩,尽厭杀卧者。"引申为按压。《荀子·解蔽》:"厭目而视之,视一以为两。"杨倞注:"厭,指按也。"又引申为镇压,抑制。《左传·昭公二十六年》:"齐师围成,成人伐齐师之饮马于淄者,曰:'将以厭众。'"杜预注:"以厭众心,不欲使知已降也。"《汉书·翼奉传》:"东厭诸侯之权,西远羌胡之难。"后来"壓(压)"字表"按压"义,故现代汉字中与"厭"对应的简化字"厌",常用来表示由古代的"厭足"义引申而来的"厌烦"义。(孟蓬生)

广 wēi 疑纽、微部;疑纽、支韵、鱼为切。

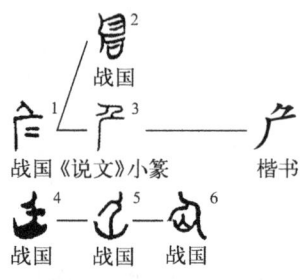

1《古文典》1202页。2 上博简《缁衣》。3《说文》194页。4《郭店》131页。5、6《四声韵》9页。

会意字,危高之"危"的初文("危"当为"跪"字的初文)。分两系,一从人在山上,一从人在厂(石)上。本义当为高,引申为危险。郭店楚墓竹简《六德》:"广(危)丌(其)死弗敢爱也,胃(谓)之臣。"需要注意的是,《说文·人部》有"仚"字,篆作𠉂,说解为"人在山上",学者或以为即"仙"字,为"僊"字的异体。《释名·释长幼》:"老而不死曰仙。仙,迁入山也。故其制字,人旁作山也。"作"危"解的"仚"与作"仙"解的"仚"应当看作同形字,它们在意义上没有任何关系。(孟蓬生)

丸 部

丸 wán 匣纽、元部;匣纽、桓韵、胡官切。

丸¹ — 丸² — 丸³ — 丸
《说文》小篆 汉 汉 楷书

1《说文》194页。2《甲金篆》650页。3《甲金篆》651页。

构形不明。《说文》以为以"仄"字反转会意,表示丸倾侧易转,不一定可信。有学者以为此字是"夗"字的变体。本义为较小的球形物体。《左传·宣公二年》:"晋灵公不君,厚敛以雕墙,从台上弹人,而观其辟丸也。"《庄子·达生》:"五六月,累丸二而不坠,则失者锱铢;累三而不坠,则失者十一;累五而不坠,犹掇之也。"引申为卵,指禽鸟类所生的蛋。《吕氏春秋·本味》:"流沙之西,丹山之南,有凤之丸。"又可用作动词,抟成丸形。《晋书·陈寿传》:"遭父丧,有疾,使婢丸药。客往见之,乡党以为贬议。"(孟蓬生)

䳢 wō 影纽、歌部;影纽、戈韵、乌禾切。

䳢¹—䳢
《说文》小篆　楷书

1《说文》194页。

形声字。从丸,咼声。一些鸟类(如猫头鹰)猎食后吐出的丸形物,主要成份是被猎食动物的皮毛等不容易消化的东西。《说文》:"䳢,鸷鸟食已,吐其皮毛如丸。"(孟蓬生)

危 部

危 wēi 疑纽、微部;疑纽、支韵、鱼为切。

危¹—危²—危³—危⁴—危⁵—危
战国　秦　汉　汉　汉　楷书
　　　　　　　　　危⁶
　　　　　　　《说文》小篆

1《汗简》194页。2《古陶》437页。3、4《马王堆》386页。5《隶辨》43页。6《说文》194页。

形声字。从卩,厃声。卩字本像一跪跽人形,所以危当即跪字的初文或异构。《韩非子·外储说左下》:"朔危引之而逃之门下室中。"正用危如跪字。但典籍中跪多表跪跽,而危则多表示高或危险,已经分化为两个字。表示危高和危险的字当以厃为本字,见前"厃"字条。《庄子·盗跖》:"使子路去其危冠,解其长剑。"陆德明释文:"危冠,李云:'危,高也。'"《礼记·缁衣》:"则民言不危行,行不危言。"郑玄注:"危,犹高也。言不高于行,行不高于言,言行相应也。"以上为危高义。《左传·昭公十八年》:"小国忘守则危,况有灾乎?"《韩非子·十过》:"故曹,小国也,而迫于晋楚之间,其君之危,犹累卵也。"以上为危险义。(孟蓬生)

攲 qī 溪纽、支部;溪纽、支韵、去奇切。
jī 见纽、支部;见纽、寘韵、诡伪切。

攲¹—攲
《说文》小篆　楷书

1《说文》194页。

形声字。从危,支声。本义为倾斜不正。攲岖,即崎岖,倾斜不正。北周庾信《小园赋》:"攲岖兮狭室,穿漏兮茅茨。"(孟蓬生)

石 部

石 shí 禅纽、铎部;禅纽、昔韵、常只切。

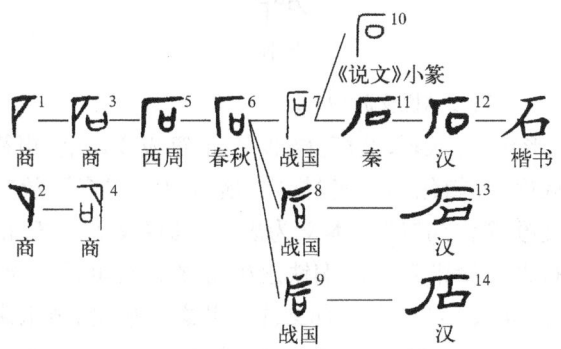

1、2《甲文编》384页。3、4《甲文编》385页。5、6《金文编》664页。7《古玺》237页。8、9《郭店》132页。10《说文》194页。11《睡甲》148页。12《篆隶表》665页。13、14《隶辨》731页。

"卩(厂)"与"石"本为一字之分化,参见前"厂"字条。"卩(厂)"为象形字,像山石形。后来加装饰偏旁"口"字,便成为"石"。战国文字则在"厂"的上下添加饰笔,成为后、后等形,这种加饰笔的字形在汉代碑刻中还有所保留,古代字书中也还收有这种加饰笔的隶定字形,如《集韵》石字古文作"后"。秦代以后,石所从的"口"字变成◯,作圆廓形,以至于《说文》以为该构件像石形。石字本义为岩石。《诗·小雅·鹤鸣》:"它山之石,可以攻玉。"特指石磬。《书·尧典》:"予击石拊石,百兽率舞。"孔传:"石,磬也。"亦特指古人用以治病的石针。《战国策·秦策二》:"扁鹊怒而投其石。"高诱注:"石,砭,所以砭弹人臃肿也。"又引申为用石针治病。《素问·腹中论》:"灸之则瘖,石之则狂。"林亿注:"石,谓以石

针开破之。"（孟蓬生）

礦（矿）

kuàng / gǒng　见纽、阳部；见纽、梗韵、古猛切。

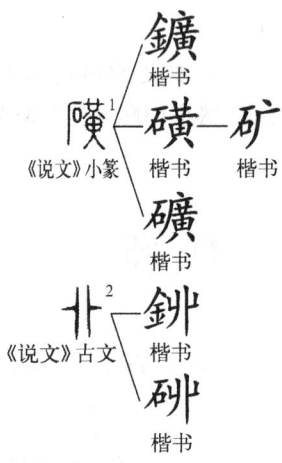

1、2《说文》194页。

形声字。从石，黄声。楷书中，形符或变从金，声符或变从廣。《简化字总表》规定"廣"简化为"广"，故"礦"字类推简化为"矿"。本义为矿石。《说文》："礦，铜铁朴石也。"徐锴系传："铜铁之生者多连石也。"《周礼·地官·丱人》："丱人。"郑玄注："丱之言礦也。金玉未成器曰礦。"根据郑注，知丱（卝）字用作礦（礦）当是出于假借。后人在丱（卝）字增加金旁或石旁，则成为礦（礦）的异体字。至迟在汉代以后，"礦"字就较其他字形更为通行。硫磺（huáng）古代写作流黄或硫黄，是因其色黄而得名。后于黄旁加石，便成为硫磺的专用字。这个磺字跟表示矿石的磺是同形字，音义互不相干。（孟蓬生）

砮

nú　泥纽、鱼部；泥纽、姥韵、乃古切。

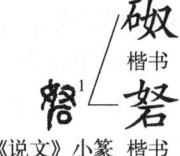

1《说文》194页。

形声字。从石，奴声。楷书中或移形符于左侧，写作砮。一种可以制作箭镞的石头。《书·禹贡》："砺砥砮丹。"孔传："砮，石中矢镞。"《文选·左思〈蜀都赋〉》："其中则有青珠黄环，碧砮芒消。"李善注："砮，可作箭镞。"引申为矢镞。《广雅·释器》："砮，镝也。"《国语·鲁语下》："仲尼在陈，有隼集于陈侯之庭而死。楛矢贯之，石砮，其长尺有咫。"韦昭注："砮，镝也，以石为之。"（孟蓬生）

礜

yù　喻纽、鱼部；以纽、御韵、羊洳切。

1《说文》194页。2《汉印徵》卷9，12页。3《甲金篆》651页。

形声字。从石，與声。一种有毒的矿物，即硫砒铁矿。《说文》："礜，毒石也。"《山海经·西山经》："（皋涂之山）有白石焉，其名曰礜，可以毒鼠。"《淮南子·说林》："人食礜石而死，蚕食之而不饥。"（孟蓬生）

碣

jié　群纽、月部；群纽、薛韵、渠列切。

1、2《说文》194页。

形声字。从石，曷声。古文亦为形声字。从阝（阜），曷声。本义为独立高耸的岩石。《说文》："碣，特立之石。东海有碣石山。"引申为独立高耸。《汉书·扬雄传上》："外则正南极海，邪界虞渊，鸿蒙沆茫，碣以崇山。"颜师古注："碣，山特立貌。"（孟蓬生）

碫

duàn　端纽、元部；端纽、换韵、丁贯切。

1《说文》194页。

形声字。从石，段声。本义为磨石。《玉篇·石部》："碫，厉石也。"引申为磨砺。《广雅·释器》："碫，砺也。"旧题唐冯贽《云仙杂记》："下寺院每岁用除日碫磨，是日作碫磨斋。"清程含章《海安城喻父老》："耕者碫乃锄，樵者砺乃斧。"又假借为锻，指锻打用的石砧。《诗·大雅·公刘》："涉渭为乱，取厉取锻。"陆德明释文："锻，本又作碫。"今本《说文》云："碫，厉石也。从石，段声。"段玉裁注改"碫"为"碫"，云："碫，碫石也。"隶楷阶段，叚、段二字常常相混，段玉裁的说法是可信的。（孟蓬生）

礫(砾) lì
来纽、药部；来纽、锡韵、郎击切。

礫¹—砳㬥²—礫—砾
《说文》小篆　汉　楷书　楷书

1《说文》194页。2《隶辨》738页。

形声字。从石，樂声。汉隶中声符"樂"中的"白"字或变作"日"，且位置上移，写作"砳㬥"。本义为细碎的石块。《文选·宋玉〈高唐赋〉》："礫礫磕磕而相摩兮，嶜震天之礚礚。"《韩非子·内储说下》："僖侯浴，汤中有礫。"《简化字总表》规定"樂"字简化为"乐"（草书楷化），"礫"字类推简化为"砾"。（孟蓬生）

䂬 gǒng
见纽、东部；见纽、肿韵、居悚切。

䂬¹—䂬
《说文》小篆　楷书

1《说文》194页。

形声字。从石，巩声。本义为水边的石头。《说文》："䂬，水边石也。"《广韵·肿韵》："䂬，水边大石也。"假借为"拱"字。弧形的拱洞或桥梁。宋祝穆《方舆胜览·抚州》："石䂬，在宜黄，石梁横空。"又清顾祖禹《读史方舆纪要·江西四·抚州府》："其南五里为石梁，突起数十丈，横跨两岩下，平广可容数十人，谓之石䂬。"又用为动词，呈弧形隆起。《徐霞客游记·西南游日记二》："有石高䂬，若天门上开。"（孟蓬生）

碑 bēi
帮纽、支部；帮纽、支韵、府移切。

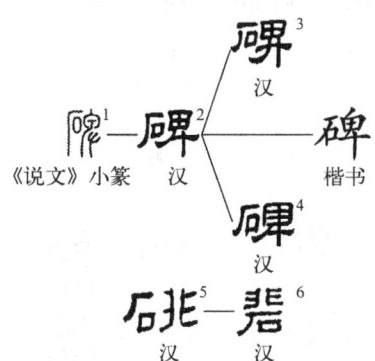

1《说文》194页。2、3、4《隶辨》32页。5、6《篆隶表》666页。

形声字。从石，卑声。该字的变化主要表现在声旁上。先是原篆中的甲形上部变作田形，下部之手形变作𠂉形，继而上部田形中又加一横画，且中竖与下部𠂉形中的竖笔相连；或者田形保持不变，而𠂉形的撇笔拉直，与横笔相交。王孝渊碑的"碑"字则将声旁换成了非，写作石非。而楷书构形基本上保持了小篆的构形本意。本义为竖起的石头或木柱。古代"碑"的用途大约有三种。一种是竖立在宫门前测量日影。《仪礼·聘礼》郑玄注："宫必有碑，所以识日景，引阴阳也。"二是竖立在宗庙院内拴系牺牲。《仪礼·聘礼》："陪鼎当内廉，东面北上，上当碑南陈。"郑玄注："凡碑引物者，宗庙则丽牲焉，以取毛血。其材宫庙以石，窆用木。"三是以木柱或石头竖立在墓旁，中间穿孔，以便安设辘轳，用绳索下棺于墓穴。《礼记·檀弓下》："公室视丰碑。"郑玄注："丰碑，斲大木为之，形如石碑，于椁前后四角树之，穿中于间，为鹿卢，下棺，以繂绕。"引申为刻有文字用作纪念或标记的石头。《后汉书·曹娥传》："至元嘉元年，县长度尚改葬娥于江南道傍，为立碑焉。"《后汉书·蔡邕传》："邕乃自书册于碑，使工镌刻，立于太学门外。"引申为碑文，一种文体。《后汉书·马融传》："所著赋颂、碑诔、书记、表奏、七言、琴歌、对策、遗令，凡二十一篇。"（孟蓬生）

磒(陨) yǔn
匣纽、文部；云纽、轸韵、于敏切。

磒¹—磒—陨
《说文》小篆　楷书　楷书

1《说文》195页。

形声字。从石，员声。"陨(陨)"的异体字，参见"陨"字条。本义为坠落。《说文》："磒，落也。《春秋传》曰：磒石于宋五。"段玉裁注："陨与磒音义同。陨者，从高下也。《春秋经·十有六年》：'陨石于宋五。'《左》、《谷》作'霣'。许所据《左传》作'磒'。"《列子·周穆王》："化人移之，王若磒虚焉。"张湛注："磒，坠也。"（孟蓬生）

䃯 lì
来纽、锡部；来纽、锡韵、郎击切。

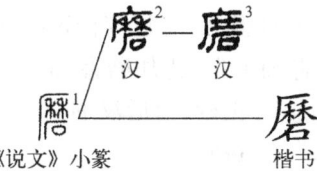

1《说文》195页。2、3《篆隶表》666页。

形声字。从石，厤声。汉隶中声旁厤所从的厂或作广，所从的秝或简化为廾。本义为石声。《说文》："䃯，石声也。"假借为"鬲"，指奴隶。《逸周书·世俘》：

"畯麿亿有十万七千七百七十有九,俘人三亿万有二百三十。"顾颉刚云:"此以'畯麿'与'俘人'对举,人与麿当有分别。麿通虜,指奴隶,则人当为自由民在官者。"又假借为"歷",指历象。《史记·乐毅列传》:"大吕陈于元英,故鼎反乎麿室。"裴骃集解:"徐广曰:'麿,歷也。'"(孟蓬生)

礹 yán 疑纽、谈部;疑纽、衔韵、五衔切。

礹¹—礹
《说文》小篆　楷书

1《说文》195页。

形声字。从石,嚴声。"巖(岩)"的异体字,参见前"巖"字条。本义为山石,引申为高大、险峻。陈球后碑:"沛乎如川,礹□犹岳。"(孟蓬生)

碻(确) què 匣纽、屋部;匣纽、觉韵、胡觉切。

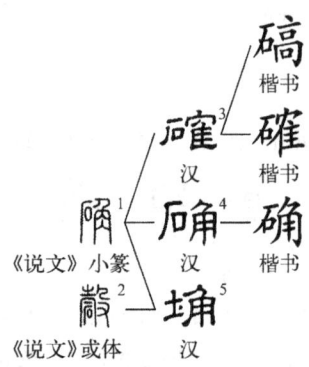

1、2《说文》195页。3、4、5《隶辨》663页。

形声字。从石,角声。或从石,毂声。汉隶中或从石,崔声。或从土,角声。楷书中或从石,高声。本义为坚硬。《易·乾》:"碻乎其不可拔。"《易·系辞下》:"夫乾,碻然示人易矣。"韩康伯注:"碻然,刚貌也。"引申为土地多石而贫瘠。《韩诗外传》:"故丰膏不独乐,硗确不独苦。"汉桓谭《新论·爱民》:"土埆无葳蕤之木。"又从坚硬引申为坚定。《旧唐书·窦建德传》:"今邻人坚守,力屈就擒,此乃忠确士也。若加酷害,何以劝大王之臣乎?"又引申为确实、正确。《后汉书·崔寔传》:"指切时要,言辩而确。"(孟蓬生)

磽(硗) qiāo 溪纽、宵部;溪纽、肴韵、口交切。

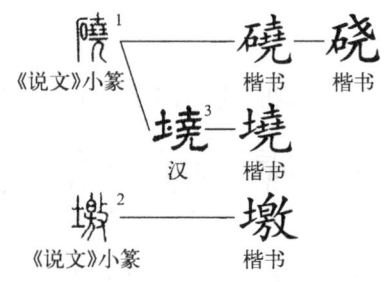

1《说文》195页。2《说文》286页。3《隶辨》203页。

形声字。从石,堯声。或从土,敫声。或从土,堯声。本义为坚硬。唐舒元舆《坊州按狱》:"风冷木长瘦,石磽人亦劳。"引申为坚硬贫瘠。《国语·楚语上》:"瘠磽之地,于是乎为之。"韦昭注:"磽,确也。"《孟子·告子上》:"虽有不同,则地有肥磽,雨露之养,人事之不齐也。"《墨子·亲士》:"磽埆者,其地不育。"孙叔敖碑:"下湿磽埆,人所不贪。"《简化字总表》规定"堯"字简化为"尧"(草书楷化),故"磽"字类推简化为"硗"。(孟蓬生)

嵒 yán 疑纽、侵部;疑纽、侵韵、鱼金切。

嵒¹—嵒
《说文》小篆　楷书

1《说文》195页。

形声字。从石,品声。品字在上古时代当有疑纽一读,古音嵒与山部的岩或喦读音相同,三者为异体字(参见前"岩"字条与"喦"字条)。《说文》:"嵒,磛嵒也。"又用作假借义,僭越。《书·召诰》:"用顾畏于民嵒。"孔传:"嵒,僭也。又当顾畏于下民僭差礼义。"(孟蓬生)

磬 qìng 溪纽、耕部;溪纽、径韵、苦定切。

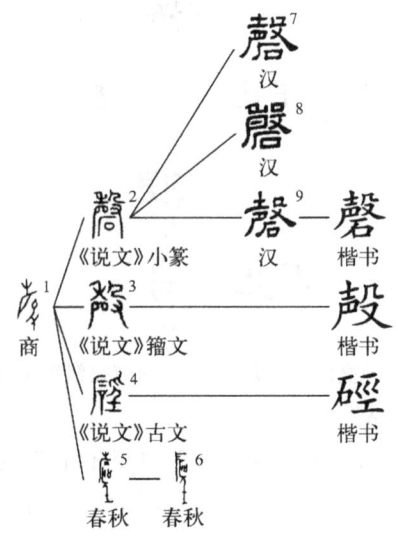

1《甲文编》385页。2、3、4《说文》195页。5—8《隶辨》617页。9《四版校补》112页。

甲骨文为象形字,像以手持物击磬形,𠂆或𠃌像石磬形,𠂆像悬磬之系。《说文》古文𥓡字除了像石磬形的构件略有变化外,基本上保持了其构形本意。《说文》小篆则是在初文的基础上添加形旁而成的形声字,从石,殸声。春秋晚期曾出现了从𠂆、从石、聖声的磬字,其中的𠂆也可以省去。《说文》古文𥓕也是后起的形声字,从石,巠声。汉隶中承小篆字形而略有变化,主要是原象石磬形的构件中间或从一竖笔,或从两竖笔,或从一横笔为异。本义为一种石制的打击乐器。《周礼·春官·眡瞭》:"眡瞭掌凡乐事,播鼗,击颂磬、笙磬。"又表假借义,缢杀,古籍中也用"经"字表示。《礼记·文王世子》:"公族其有死罪,则磬于甸人。"又假借为"罄",空尽。《淮南子·览冥》:"磬龟无腹,蓍策日施。"高诱注:"磬,空也。象磬,数钻以卜,故空尽无腹也。"(孟蓬生)

礙(碍) ài 疑纽、之部;疑纽、代韵、五溉切。

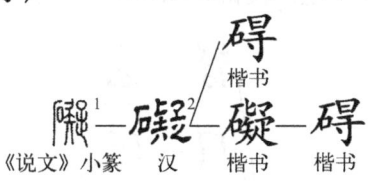

《说文》小篆　汉　楷书　楷书

1《说文》195页。2《隶辨》552页。

形声字。从石,疑声。楷书中或从石,寻声。本义为阻止。《列子·力命》:"独往独来,独出独入,孰能礙之。"引申为限制。汉扬雄《法言·问道》:"圣人之治天下也,礙诸以礼乐。"司马光集注:"礙,限也。"又引申为妨碍。南朝梁简文帝《折杨柳》:"叶密鸟飞礙,风轻花落迟。"唐齐己《船窗》:"举头还有碍,低眼即无妨。""礙""碍"两字并行的时间很长,因为"碍"字笔画较少,《简化字总表》将其确定为"礙"的简化字。(孟蓬生)

碎 suì 心纽、物部;心纽、队韵、苏芮切。

《说文》小篆　汉　楷书

1《说文》195页。2《隶辨》550页。

形声字。从石,卒声。本义为破碎。《史记·廉颇蔺相如列传》:"大王必欲急臣,臣头今与璧俱碎于柱矣。"引申为使破碎。《公羊传·庄公十二年》:"(南宫)万臂搣仇牧,碎其首。"又从本义引申为细碎,零散。《汉书·艺文志》:"后世经传既已乖离,博学者又不思多闻阙疑之义,而务碎义逃难,便辞巧说,破坏形体。"《汉书·黄霸传》:"米盐靡密,初若烦碎,然霸精力能推行之。"(孟蓬生)

破 pò 滂纽、歌部;滂纽、过韵、普过切。

《说文》小篆　汉　汉　楷书

1《说文》195页。2、3、4《隶辨》598页。

形声字。从石,皮声。本义为破碎,破坏。隶书阶段声旁皮的左上与右上相交,逐渐形成现在楷书中的样子,有时甚至可将左下的一笔省去。《荀子·劝学》:"风至苕折,卵破子死。"又引申为使破碎。《诗·豳风·破斧》:"既破我斧,又缺我斨。"又引申为攻克,打败。《史记·孙子吴起列传》:"齐因乘胜尽破其军,虏太子申以归。"又引申为破亡,灭亡。《战国策·齐策一》:"四战之后,赵亡卒数十万,邯郸仅存。虽有胜秦之名,而国破矣。"(孟蓬生)

研(研) yán 疑纽、元部;疑纽、先韵、五坚切。
yàn 疑纽、元部;疑纽、霰韵、五甸切。

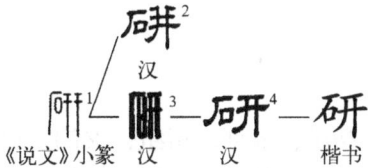

《说文》小篆　汉　汉　楷书

1《说文》195页。2、4《隶辨》175页。3《汉印徵》卷9,12页。

形声字。从石,幵声。其构形本意,至今保存在楷书形体"研"字中。但从汉代起,其中的"幵"字中四个横画就相连而成为"开"字。汉隶中研字的右边则可以看成是在小篆字形的基础上保持上部两笔基本不变,而只将下面的两个横笔相连,本义为研磨。《说文》:"研,䂳也。"《广韵·先韵》:"研,磨也。"北魏贾思勰《齐民要术·煮杏酪粥法》:"打取杏仁,以汤脱去黄皮,熟研,以水和之,绢滤取汁。"引申为指研墨的文具,也写作"砚",读yàn。《后汉书·班超传》:"大丈夫无他志略,犹当效傅介子、张骞立功异域,以取封侯,安能久事笔研间乎?"又从本义引申为钻研,研究。《易·系辞下》:"德

行恒简以知阻,能说诸心,能研诸侯之虑。"晋陆机《文赋》:"或览之而必察,或研之而后精。"(孟蓬生)

礳(磨) mò 明纽、歌部;明纽、过韵、模卧切。

礳¹—礳
《说文》小篆　楷书

1《说文》195 页。

形声字。从石,靡声。"磨"的异体字。本义为研磨,读 mó。《淮南子·修务》:"砥砺礳监,莫见其损,有时而薄。"引申为磨灭。元刘埙《隐居通议·文章五·省事老人赞铭》:"钟鼎有时而尽,而公之功不礳。"又从本义引申为用来磨碎的工具,读 mò。《说文》:"礳,石硙也。"(孟蓬生)

碓 duì 端纽、微部;端纽、灰韵、都队切。

碓¹—碓
《说文》小篆　楷书

1《说文》195 页。

形声字。从石,隹声。本义为舂米的工具。《太平御览》卷八百二十九引汉桓谭《新论》:"宓牺之制杵臼,万民以济。及后人加巧,因延力借身重以践碓,而利十倍杵臼。又复设机关,用驴骡牛马及役水而舂,其利乃且百倍。"引申为舂,捣。《说文》:"碓,舂也。"元倪瓒《过许生茅屋看竹》:"煮药烟轻冲灶出,碓茶声远隔溪闻。"(孟蓬生)

磻 bō 帮纽、歌部;帮纽、戈韵、逋禾切。
pán 並纽、歌部;並纽、桓韵、薄官切。

《说文》小篆　楷书

1《说文》195 页。

形声字。从石,番声。楷书字形中,声旁番换为波。番字古音跨歌、元两部,而波字则在歌部,更换声旁后表音更为明确。本义为缴射时系于丝缴的石头,读 bō。《战国策·楚策四》:"不知夫射者方将脩其碆卢,治其矰缴,将加已乎百仞之上。被剟磻,引微缴,折清风而抎矣。"高诱注:"以石维缴也。"又假借为磐,指大石头,读 pán。《敦煌曲子词·感皇恩》:"磻石永固寿如山。"又磻溪,在今陕西省宝鸡市东南,传说为姜子牙垂钓处,读 pán。《韩诗外传》卷八:"太公望少为人壻,老而见去,屠牛朝歌,赁于棘津,钓于磻溪。"(孟蓬生)

砚(砚) yàn 疑纽、元部;疑纽、先韵、吾甸切。

砚¹—砚—砚
《说文》小篆　楷书　楷书

1《说文》195 页。

形声字。从石,见声。《简化字总表》规定"見"简化为"见"(草书楷化),故"砚"字类推简化为"砚"。本义为石头光滑。《说文》:"砚,石滑也。"段玉裁注:"谓石性滑利也。"又假借为研,指砚台,磨墨的文具。晋陆云《与平原书》:"笔亦如吴笔,砚亦尔。"宋米芾《砚史·用品》:"夫如是,则石理发墨为上,色次之,形制工拙又其次。文藻缘饰,虽天然,失砚之用。"(孟蓬生)

砭 biān 帮纽、侵部;帮纽、盐韵、府廉切。

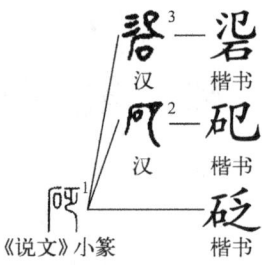
《说文》小篆　　汉　楷书

1《说文》195 页。2、3《甲金篆》653 页。

形声字。从石,乏声。汉隶中或将声旁更换为巳或氾。古音乏声跨侵、缉两部,而巳声则在侵部,更换声旁后表音更为明确。本义为用石针穿刺皮肉来治病。《说文》:"砭,以石刺病也。"马王堆汉墓帛书《脉法》:"脓轾(浅)而碧深,胃(谓)之过。"引申为治病的石针。马王堆汉墓帛书《五十二病方》:"以砒(砭)穿其[隋](膸)旁。"《战国策·齐策二》:"扁鹊怒而投其石。"高诱注:"石,砭,所以砭弹人臃肿也。"明张萱《疑耀》:"治病者,惟针之效最神。疑古先有针而后有药饵也。针本以石为之,名曰砭,后世乃易以金耳。故曰药石者,谓药与砭,非谓金石之石也。"(孟蓬生)

磊 lěi 来纽、微部;来纽、贿韵、落猥切。

磊¹—磊
《说文》小篆　楷书

1《说文》195页。

会意字。从三石。本义为众石累积的样子。《楚辞·九歌·山鬼》:"采三秀于山间,石磊磊兮葛蔓蔓。"也表示垒,堆砌。元刘伯亨《朝元乐》:"粉妆成峻岭深溪,银磊就高台短砌。"(孟蓬生)

礪(砺) lì 来纽、月部;来纽、祭韵、力制切。

1《说文》195页。

形声字。从石,厲声。"厲"的异体字,参见前"厲"字条。(孟蓬生)

碏 què 清纽、铎部;清纽、药韵、七雀切。

1《说文》196页。2《汉印徵》卷9,12页。

形声字。从石,昔声。其义,一说为敬,见《玉篇·石部》。一说为石杂色,见《集韵》。古代用做人名。《左传》有"石碏",汉印有"赵碏"。(孟蓬生)

碌 lù 来纽、屋部;来纽、屋韵、卢谷切。

1《说文》196页。

形声字。从石,录声。本义指石头小而多,常叠用。《尔雅·释丘》:"天下有名丘五,其三在河南,其二在河北。"郭璞注:"说者多以州黎、宛、营为河南,潜、敦为河北者。案此方称天下之名丘,恐此诸丘碌碌,未足用当之。"引申为平凡。《艺文类聚》卷七十三引《史记》:"公等碌碌,所谓因人成事者也。"又从本义引申为繁忙。唐王建《行见月》:"箧中有帛仓有粟,岂向天涯走碌碌。"(孟蓬生)

砌 qì 清纽、质部;清纽、霁韵、七计切。

1《说文》196页。

形声字。从石,切声。本义为台阶。南朝齐谢朓《直中书省》:"红药当阶翻,苍苔依砌上。"南唐李煜《虞美人》:"雕阑玉砌应犹在,只是朱颜改。"引申为逐层垒放砖石等。北魏郦道元《水经注·谷水》:"地壁悉累方石砌之。"又引申为连缀。宋程大昌《演繁露》引唐人诗:"六片尖皮砌作毬,火中燀了水中柔。一包闲气如常在,惹踢招拳猝未休。"又假借为欂,义为门限。汉班固《西都赋》:"于是玄墀釦砌,玉阶彤庭。"(孟蓬生)

礩(碛) zhì 章纽、质部;章纽、质韵、之日切。

1《说文》196页。

形声字。从石,質声。本义石制的柱础,泛指柱础。《说文》:"礩,柱下石也。"《太平御览》卷一八八引《战国策》:"臣闻董安于之治晋阳也,公宫之室皆以黄铜为柱礩,请发而用之,则有余铜矣。"又假借为"窒"。《周书·儒林传·熊安生传》:"时朝廷既行《周礼》,公卿以下多习其业,有宿疑礩滞者数十条,皆莫能详辨。"(孟蓬生)

礎(础) chǔ 清纽、鱼部;清纽、语韵、创举切。

1《说文》196页。

形声字。从石,楚声。近代汉语"出"与"楚"声近,而笔画较少,故可互换,《简化字总表》采用"础"作为"礎"的简体字。本义为柱子下边的石礅,泛指柱础。《淮南子·说林》:"山云蒸,柱础润。"(孟蓬生)

長 部

長(长) cháng 定纽、阳部;澄纽、阳韵、直良切。
zhǎng 端纽、阳部;知纽、养韵、知丈切。

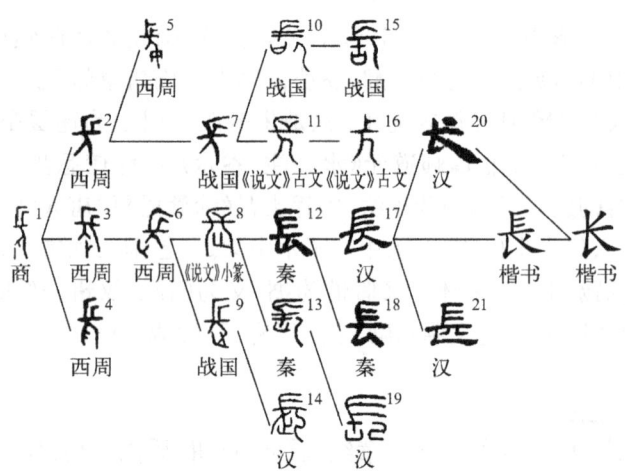

1《甲文编》386页。2-6、9《金文编》665页。7《包山》150页。8、11、16《说文》196页。10、15《汉语字形表》370页。12、18《睡甲》148页。13、14、19、20《篆隶表》669页。17、21《隶辨》440页。

象形字。初文像人长发而拄杖之形，或省去杖形。長字是个使用频率极高的字，因此异构较多。大致说来，是沿着两条主线发展的。一是含杖形的各种字形(上图1、3、6、8、12、17诸形)；二是省去杖形的各种字形(上图2、7、11、16诸形)。除4像省去杖形，而手形画出手指为特例外，其余各种字形都是在这两条主线的基础上发生的的增减变化。楷书字形"長"是从含杖形的字形发展而来的，而简化字"长"则来源于"長"的草书字形。《说文》以为"从兀从匕(化)，亡(亾)声"。把長字的上部像长发的部分看作"倒亡"，其说本不足信。徐铉又从而附会说"倒亡，不亡也"，更是郢书燕说。此字构形本意，今人多从"长发"入手，以为长久之长(cháng)。然此字构形与老字同作拄杖形，其本义也有可能是年长(zhǎng)或长(zhǎng)老。今姑从众说，以"长"(cháng)为本义，指空间或时间的距离大。《诗·齐风·猗嗟》："猗嗟昌兮，颀而长兮。"《诗·秦风·蒹葭》："溯洄从之，道阻且长。"《乐府诗集·杂曲歌辞二·伤歌行》："忧人不能寐，耿耿夜何长。"引申为常常。《庄子·秋水》："吾长见笑于大方之家。"又从本义引申为年长(zhǎng)。《国语·晋语四》："齐侯长矣。"《论语·先进》："以吾一日长乎尔，毋吾以也。"又引申为长老、师长。《诗·大雅·皇矣》："其德克明，克明克类，克长克君。"又从本义引申为生长。《孟子·公孙丑上》："今日病矣，予助苗长矣。"（孟蓬生）

隸(肆) sì 心纽、质部；心纽、至韵、息利切。

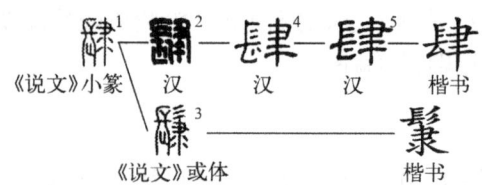

1、3《说文》196页。2《汉印徵》卷9，13页。4、5《隶辨》497页。

形声字。从長，隶声。長和髟形近，故或从髟作鬃。隶与聿形音并近，故或从聿作肆，并逐渐取代隸成为正体，并一直保留到楷书字形中。隸(肆)字本义为伸展或扩展。《左传·昭公三十二年》："伯父若肆大惠，复二文之业，弛周室之忧。"杜预注："肆，展放也。"引申为放肆，恣肆。《左传·昭公十二年》："昔周穆王欲肆其心，周行天下。"又从本义引申为陈列。《诗·大雅·行苇》："或肆之筵，或授之几。"毛传："肆，陈也。"特指死后陈尸示众。《周礼·秋官·掌戮》："凡杀人者，踣诸市，肆之三日。"郑玄注："肆，犹申也，陈也。"又引申为行列。《周礼·春官·小胥》："凡县钟磬，半为堵，全为肆。"郑玄注："钟一堵磬一堵谓之肆。"《左传·襄公十一年》："歌钟二肆，及其镈磬。"杜预注："肆，列也。县钟十六为一肆，二肆三十二枚。"（孟蓬生）

镻 dié 定纽、质部；定纽、屑韵、徒结切。

1《说文》196页。

形声字。从長，失声。一种毒蛇，又称为蝁。《尔雅·释鱼》："镻，蝁。"郭璞注："蝮属，大眼，最有毒。今淮南人呼蝁子。"明刘基《郁离子·玄豹》："客喜，侑主人以文镻之修(借为脩，指肉干儿)，主人吐舌而走。"（孟蓬生）

勿 部

勿 wù 明纽、物部；微纽、物韵、文弗切。

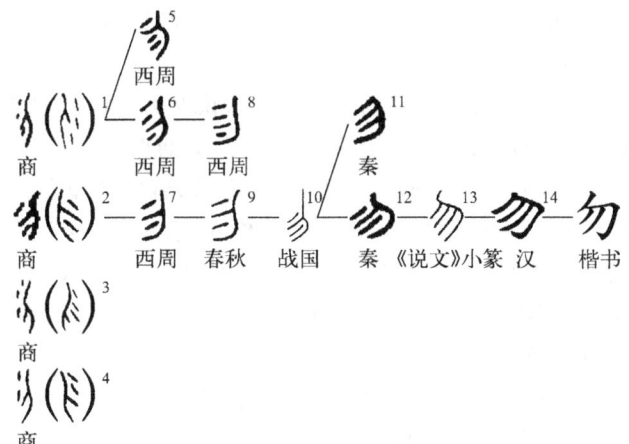

1—4《甲文编》196页。5—9《金文编》666页。10《战文编》641页。11、12《睡甲》149页。13《说文》196页。14《隶辨》680页。

象形字。像刀旁有血滴形。其刀形或正或反,其血滴或二点,或三点不等。一说像耒耜起土形,旁像土粒。《说文》以"勿"为"旗"(杂色旗)之象形初文的说法是错误的。西周以前,两点或三点的字形均可看到,但三点的字形较为常见,但自春秋以后,两点的字形逐渐占据优势。从秦代开始,点笔逐渐拉长,与像刀锋形的一笔均变为撇笔。汉代的隶书与我们今天所见的楷书字形已经十分接近。本义为切割,当即"刎"字的初文。但从甲骨文起此字就被借用为否定词,相当于今天的"不"或"不要"。如:"贞:勿升?"(《合集》22945)大盂鼎:"勿法(废)朕令。"《论语·雍也》:"犁牛之子骍且角,虽欲勿用,山川其舍诸?"皇侃疏:"勿,不也。"《论语·卫灵公》:"子所不欲,勿施于人。"甲骨文中,此字常借用为"物"字,表示"杂色牛"。如:"贞:寮十勿牛?"(《殷虚书契前编》卷四,54页)(孟蓬生)

易 yáng 喻纽、阳部;以纽、阳韵、与章切。

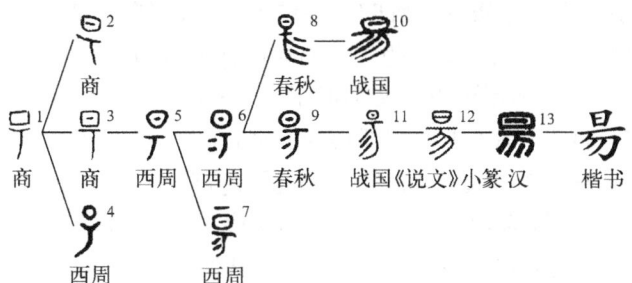

1、2、3《甲文编》388页。4—9、11《金文编》666页。10《包山》150页。12《说文》196页。13《汉印徵》卷9,14页。

会意字。从日,从丁。构形本意不明。商代甲骨文和西周早期金文日内或加点,或不加点。而西周中期以后则以加点为常。西周以后下部所从的"丁"逐渐附加装饰笔画,先是两画,后增加为三画。个别铜器铭文除下部加饰笔外,又于"日"上增加一画。战国时期字形结构和笔画基本稳定,一直保持到楷书阶段。新中国成立后推行简化汉字,《简化字总表》规"易"字作偏旁时简作"𠃓"。"易"字有光明义。金文䢅盨壶:"敢明易告。"张政烺先生谓"易告"犹言"昭告"。从这个意义引申为山南水北之称,后来多用阳(陽)字表示。永盂:"易畀师永㞢田渣易洛。""易"字也用来表示称扬义。貉子卣:"对易王休。""易"字还用来表示飞扬。沇儿钟:"中(终)翰且易。"(孟蓬生)

冄 部

冄(冉) rǎn 日纽、谈部;日纽、琰韵、而琰切。

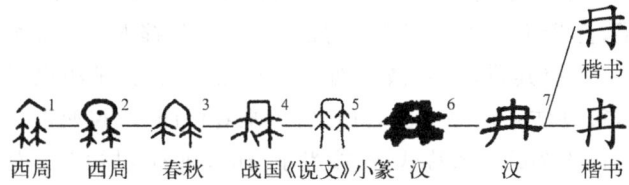

1、2、3《金文编》667页。4《汉语字形表》371页。5《说文》196页。6《马王堆》388页。7《隶辨》472页。

构形不明。《说文》以为即"髯"字之象形初文,不可信。在形体演变的过程中,两边下垂的笔画逐渐连起来,成为两个横笔,便成为楷书字形"冄";后来又在中间加一竖画,便成为今天的正体字"冉"。金文中用作人名。廿一年相邦冉戈:"廿一年相邦冉造。"传世典籍中用作姓氏。《广韵·琰韵》:"冉,姓。孔子弟子冉有。"冉冉,叠音词,表示逐渐或缓慢。《楚辞·离骚》:"老冉冉其将至兮,恐修名之不立。"(孟蓬生)

而 部

而 ér 日纽、之部;日纽、之韵、如之切。

而部　豕部

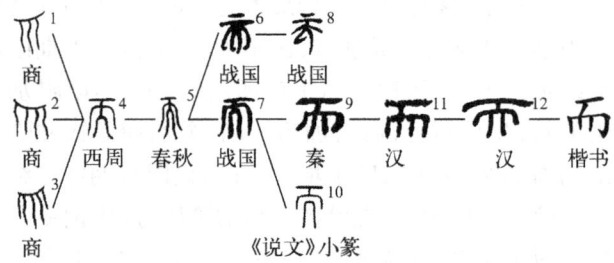

1、2、3《甲文编》930页。4、5《金文编》668页。6、8《包山》150页。7《郭店》132页。9《睡甲》149页。10《说文》196页。11《马王堆》389页。12《隶辨》60页。

象形字。像人的颊毛。甲骨文字形上像脸颊，下垂者为颊毛，或三笔，或四笔，或五笔，不等。西周以后，像颊毛的部分逐渐与像脸颊的部分分开，而以一竖笔相连。战国文字又于上部添加一装饰笔画，变得与"秂（天）"字近似，故往往以左下一笔内钩，写作"秂（而）"，以与"天"字相区别。秦代以后，笔画渐趋平直，汉代帛书的字形已经与楷书字形基本相同。此字本义为人的颊毛，泛指毛发类的东西。《周礼·考工记·梓人》："必深其爪，出其目，作其鳞之而。"郑玄注："之而，颊颔也。"戴震补注："颊侧上出者曰之，下垂者曰而，须鬣属也。"又借用为第二人称代词，相当于"你"。《书·洪范》："而康而色。"孔传："汝当安汝颜色以谦下人。"又借用为连词，表示并列、承接、因果、假设等关系。《论语·雍也》："不有祝鮀之佞，而有宋朝之美，难乎免于今之世矣。"又假借为"如"。《易·明夷》："君子以莅众，用晦而明。"虞翻注："而，如也。"（孟蓬生）

耏 ér 日纽、之部；日纽、之韵、如之切。
nài 泥纽、之部；泥纽、代韵、奴代切。

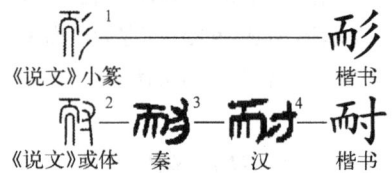

1、2《说文》196页。3《睡甲》149页。4《篆隶表》671页。

形声字。从彡（表示毛发），而声。实际上这个字应该是在"而"字上附加形旁而形成的。本义为人的颊毛。《玉篇·彡部》："耏，颊须也。"《后汉书·章帝纪》："沙漠之北，葱岭之西，冒耏之类，跋涉悬度。"李贤注："或曰：西域人多著冒而须长，故举以为言也。"在这个意义上，"耏"跟"而"读音相同，读 ér。由"颊毛"引申为"剃除颊毛"，故又去"彡"加"寸"（与加手旁同意），表示"剃除颊毛"的动作。这个意义读 nài。《说文》："耏，罪不至髡也。从而，从彡。耐，或从寸。"《汉书·惠帝纪》："内外公孙、耳孙有罪当刑及当为城旦、舂者，皆耐为鬼薪、白粲。"颜师古注引应劭曰："城旦者，旦起行治城；舂者，妇人不豫外徭，但舂作米，皆四岁刑也。今皆就鬼薪白粲。取薪给宗庙为鬼薪，坐择米使正白为白粲，皆三岁刑也。"《汉书·高帝纪》："令郎中有罪耐以上，请之。"颜师古注引应劭曰："轻罪不至于髡，完其耏鬓，故曰耏。古耐字从彡，发肤之意也。"（孟蓬生）

豕部

豕 shǐ　书纽、脂部；书纽、纸韵、施是切。

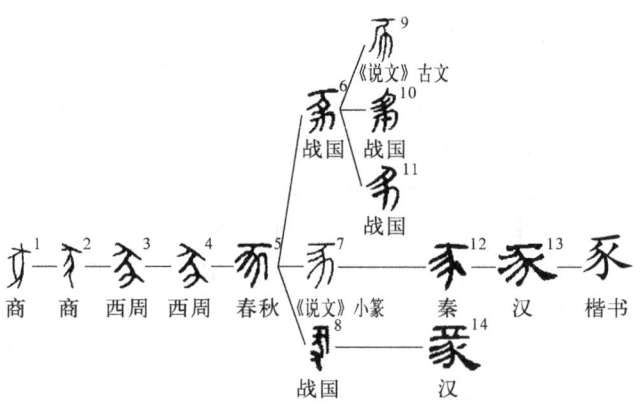

1《甲文编》388页。2《甲文编》389页。3、4《金文编》668页。5《甲金篆》657页。6《类编》196页。7、9《说文》194页。8《古玺》242页。10、11《包山》151页。12《睡甲》149页。13、14《篆隶表》671页。

象形字。像猪形，头尾四足具备。从字形上看，将字形1表示腹部轮廓的一笔或省去，头部再略加变化，就成为。西周以后的字形均从这种简省的写法发展而来。金文字形跟甲骨文字形相比，主要的变化就是表示尾部的一笔不再由背部延伸而来，而是与之相交，写作。战国楚系文字的豕字写作，还可隐约看出跟金文字形的联系，而其后的写法，如字形10和11，就与金文字形相去较远。战国文字中豕的另外一种写法，跟金文字形相比，变化主要在于头部。实际是将金文第一笔的斜笔变作折笔，而第二笔变作直笔，第三笔与第二笔相交。汉隶的字形当从此发展而来。字形5（石鼓文）和7（《说文》小篆）则可以看作代表秦系文字的规范写法,后代的楷书字形与秦系字形是一脉相承的。本义为猪,一种动物。《书·召诰》:"越翼日戊午,乃社于新邑,牛一,羊一,豕一。"《汉书·公孙弘卜式等传赞》:"公孙弘、卜式、兒宽皆以鸿渐之翼困于燕爵,远迹羊豕之间。"《方言》卷八:"猪……关东西或谓之彘,或谓之豕。"(孟蓬生)

豬(猪) zhū 端纽、鱼部;知纽、鱼韵、陟鱼切。

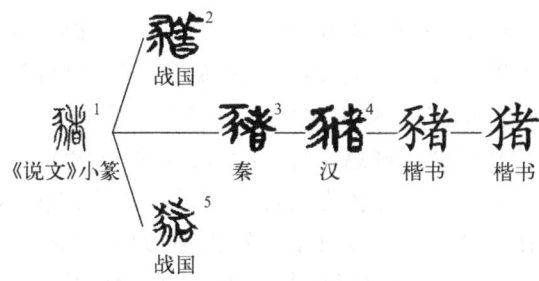

1《说文》196 页。2《包山》151 页。3《睡甲》149 页。4《篆隶表》671 页。5《楚系简帛》740 页。

形声字。从豕,者声。本义为一种家畜,哺乳动物。甲骨文和西周金文中尚未发现"豬"字,故"豬"作为豕的通称,当晚于豕字。从字形上看,3 和 5(战国楚系文字),跟小篆字形相比距离较大,但跟同时楚系文字的豕旁和者旁一致。秦系文字中,字形的变化主要表现在声旁上面,原先分开书写的笔画连接起来,使书写变得更加容易。然后逐渐拉直,便成为楷书的"豬"字。《简化字总表》规定"豬"简化为"猪"。《墨子·法仪》:"此以莫不犓羊,豢犬猪,絜为酒醴粢盛,以敬事天。"(犓,饲养)《荀子·正论》:"今人或入其央渎,窃其猪彘,则援剑戟而逐之。"《方言》卷八:"猪,北燕朝鲜之间谓之豭;关东西或谓之彘,或谓之豕;南楚谓之豨。其子,或谓之豚,或谓之貕;吴扬之间谓之猪子。"又借用来表示"停聚",这个意义后代写作"潴"。《书·禹贡》:"大野既猪,东原厎平。"孔传:"水所停曰猪。"(孟蓬生)

豰 hū 晓纽、屋部;晓纽、屋韵、呼木切。
bó 并纽、屋部;并纽、觉韵、蒲角切。

豰¹—豰
《说文》小篆 楷书

1《说文》196 页。

形声字。从豕,殼声。本义为小猪。《说文》:"豰,小豚也。"这个意义典籍借"穀"字表示。《左传》有先穀,晋国人,字彘子。又泛指幼兽。《尔雅·释兽》:"貔,白狐,其子穀。"(孟蓬生)

豯 xī 匣纽、支部;匣纽、齐韵、胡鸡切。

豯¹—豯²—豯
《说文》小篆 汉 楷书

1《说文》196 页。2《甲金篆》657 页。

形声字。从豕,奚声。战国时楚系文字从奚之字往往省去下部的大字,豯当是继承了这一写法。本义为小猪。《方言》卷八:"猪,其子或谓之豯。"特指出生三个月的猪。《说文》:"豯,生三月豚,腹豯豯皃。"(豯豯,也可以写作"奚奚",腹部鼓起的样子)(孟蓬生)

豵 zōng 精纽、东部;精纽、东韵、子红切。

豵¹—豵
《说文》小篆 楷书

1《说文》196 页。

形声字。从豕,從声。本义为六个月到一岁的小猪。《说文》:"豵,生六月豚。从豕,從声。一曰一岁豵,尚丛聚也。"《诗·豳风·七月》:"言私其豵,献豜于公。"毛传:"豕一岁曰豵。"(孟蓬生)

豝 bā 帮纽、鱼部;帮纽、麻韵、伯加切。

豝¹—豝
《说文》小篆 楷书

1《说文》196 页。

形声字。从豕,巴声。本义为母猪。《说文》:"豝,牝豕也。"《诗·召南·驺虞》:"彼茁者葭,壹发五豝。"郑玄笺:"豕,牝曰豝。"又指一岁或两岁的猪或其他兽类动物。《周礼·夏官·大司马》"大兽公之,小禽私之。"郑玄注引郑司农曰:"《诗》云:'言私其豵,献肩于公。'一岁为豵,二岁为豝,三岁为特,四岁为肩,五岁为慎。"《礼记·射义》:"驺虞者,乐官备也。"郑玄注:"谓《驺虞》曰'壹发五豝',喻得贤者多也。"陆德明释文:"兽一岁曰豝。"又指大猪。《太平御览》卷九〇三引南朝宋何承天《纂文》:"渔阳以大猪为豝。"(孟蓬生)

豜 jiān 见纽、元部;见纽、先韵、古贤切。

豕部

豜¹—豜²—豜
《说文》小篆　战国　楷书

豜³—豜
春秋　楷书

1《说文》196页。2《战文编》644页。3《甲金篆》657页。

形声字。从豕,开声。或从豕,肩声。这个字的两个异体都为楷书字形继承下来。本义为三岁的猪,泛指大兽。《诗·豳风·七月》:"言私其豵,献豜于公。"毛传:"豕一岁曰豵,三岁曰豜。"石鼓文《车工》:"其来趯趯,射其豜蜀。"（孟蓬生）

豶(豮) fén 並纽、文部;奉纽、文韵、符分切。

豶¹—豶²—豶—豮
《说文》小篆　汉　楷书　楷书

1《说文》197页。2《甲金篆》657页。

形声字。从豕,賁声。本义为阉割过的公猪,泛指公猪。汉朱穆《绝交论》:"游豶蹂稼,而莫之禁也。"《周书·陆逞传》:"都界有豕生数子,经旬而死。其家又有豶,遂乳养之,诸豚赖之以活。"引申为阉割。《韩非子·十过》:"公（指齐桓公）妒而好内,竖刁自豶以为治内。"《简化字总表》规定"賁"简化为"贲",故"豶"类推简化为"豮"。（孟蓬生）

豭 jiā 见纽、鱼部;见纽、麻韵、古牙切。

豭¹—豭²—豭—豭
商　西周《说文》小篆　楷书

1《甲文编》389页。2《金文编》668页。3《说文》196页。

甲骨文字形为象形字。像公猪形,腹下一画表示其生殖器。四版《金文编》所收字形将2隶于"豕"字条下,就是忽略了这一小画。小篆字形为形声字。从豕,叚声。楷书字形即承小篆而来。本义为公猪。《左传·定公十四年》:"野人歌之曰:'既定尔娄猪,盍归吾艾豭？'"（娄猪,母猪;艾豭,老公猪。此处为詈词）杜预注:"娄猪,求子猪,以喻南子。艾豭喻宋朝。"《左传·哀公十五年》:"既食,孔伯姬杖戈而先,大子与五人介,舆豭从之。"孔颖达疏:"豭,是豕之牡者。"《史记·秦始皇本纪》:"夫为寄豭,杀之无罪,男秉义程。"司马贞索隐:"豭,牡豕也。"又用作定语,义为雄性的。明李时珍《本草纲目·百病主治药上·伤寒热病》:"劳复发热,同枳壳、豭鼠屎、葱白煎服。"（孟蓬生）

豤 kěn 溪纽、文部;溪纽、很韵、康很切。

豤¹—豤²—豤³—豤
《说文》小篆　秦　汉　楷书

1《说文》197页。2《睡甲》149页。3《银雀山》321页。

形声字。从豕,艮声。本义为咬啮。《说文》:"豤,啮也。"假借为开垦之垦。睡虎地秦墓竹简《秦律·田律》:"入顷刍、稾,以其受田之数,无豤不豤,顷入刍三石、稾二石。"又假借为诚恳之恳。《吕氏春秋·下贤》:"贫无衣食而不忧慑,豤乎其诚自有也。"高诱注:"豤,即恳字。"在"咬啮"的意义上,此字跟齦（龈）古代记录的是一个词,后来齦（龈）用来表示"牙龈"的"龈"字,又另造"啃"字来记录这个词。（孟蓬生）

豷 yì 晓纽、质部;晓纽、至韵、许位切。

豷¹—豷
《说文》小篆　楷书

1《说文》197页。

形声字。从豕,壹声。本义为猪喘息。该字与"呬"字音义相近,当为同一个词的分化。《说文·口部》:"呬,东夷谓息为呬。从口,四声。《诗》曰:'犬夷呬矣。'""豷"在传世典籍中多借用为人名。《左传·襄公四年》:"靡奔有鬲氏,浞因羿室,生浇及豷。"《南史·宋纪上·武帝》:"主上播越,流幸非所,神器沈辱,七庙毁坠,虽夏后之离浞豷,有汉之遭莽卓,方之于兹,未足为喻。"（孟蓬生）

豧 fù 滂纽、鱼部;滂纽、遇韵、芳遇切。

豧¹—豧²—豧³—豧
春秋《说文》小篆　战国　楷书

1《金文编》668页。2《说文》197页。3《楚系简帛》741页。

形声字。从豕,甫声。本义为猪喘息。《说文》:"豧,豕息也。"又借用为人名或地名。乐子簠:"隹（唯）正月初吉丁亥,乐子敬豧择其吉金,自乍（作）飤匡。"此处用作人名。曾侯乙墓竹简:"大莫敖豫喙适豧之岁。"此处用作地名。（孟蓬生）

豢 huàn 匣纽、鱼部；匣纽、谏韵、胡惯切。

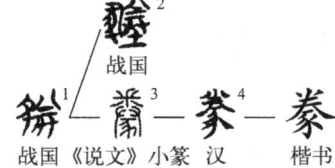

1、2《包山》151页。3《说文》197页。4《甲金篆》658页。

形声字。从豕，莽声。战国楚系文字中字形由上下结构变为左右结构，汉隶和楷书文字则上承小篆，保持了上下结构。豢字跟小篆字形相比，除了字形结构不同外，声旁也有了变化，应该分析为从豕，姜声。此字本义为以谷物圈养牲畜。《说文》："豢，以谷圈养豕也。"《礼记·乐记》："夫豢豕为酒，非以为祸也。"郑玄注："以谷食犬豕曰豢。"引申为食谷的牲畜，跟"刍"（食草的牲畜）相对。《礼记·月令》："是月也，乃命宰祝循行牺牲，视全具，案刍豢，瞻肥瘠。"郑玄注："养牛羊曰刍，犬豕曰豢。"孔颖达疏："食草曰刍，食谷曰豢。"引申为食谷动物的肉。《孟子·告子上》："故聘义之悦我心，犹刍豢之悦我口。"又从本义引申为供养。《荀子·荣辱》："豢之而愈瘠者，交也。"王先谦集解："以利交者，利尽则绝，故曰豢养之而愈瘠也。"唐刘禹锡《海阳湖别浩初师并引》："而里中儿贤适与浩初比者，婴冠带，豢妻子，吏得以乘陵之。"（孟蓬生）

豠 chú 从纽、鱼部；崇纽、鱼韵、士鱼切。

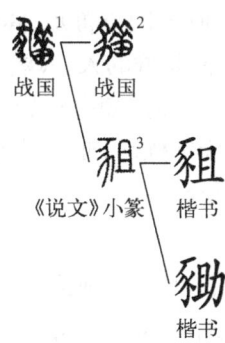

1、2《包山》151页。3《说文》197页。

形声字。从豕，昔声。或从且声。楷书又或从助声，写作𤜂。本义为一种猪。《包山楚简》简214～215："赛祷新母猎豠。"（猎豠，即特豠，一头猪）明徐光启《农政全书》卷四一："《广志》曰：'豨、豠、麤、豝，豕也。'"（孟蓬生）

豨 xī 晓纽、微部；晓纽、尾韵、虚喜切。

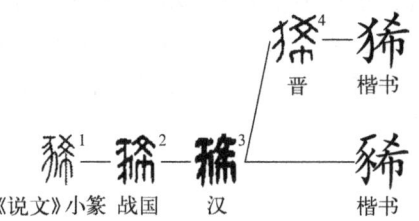

1《说文》197页。2《甲金篆》658页。3、4《篆隶表》672页。

形声字。从豕，希声。隶书字形中或从犬，希声。两个异构在楷书字形中都保留了下来。《说文》："豨，豕走豨豨。从豕，希声。古有封豨脩虵之害。"（豨豨，猪跑的样子）这句的话意思是说，豨得名于它奔跑的样子。豨的本义当为体形较大的猪，泛指猪。《墨子·耕柱》："言则称于汤文，行则譬于狗豨。"《汉书·王莽传下》："莽遣使者分赦城中诸狱囚徒，皆授兵，杀豨饮其血。"《初学记》卷二九引南朝宋何承天《纂文》："梁州以豕为猪，河南谓之彘，吴楚谓之豨。"假借为象声词。表示叹息声。《乐府诗集·鼓吹曲辞一·有所思》："妃呼豨！秋风肃肃晨风飔，东方须臾高知之！"（孟蓬生）

豕 chù 透纽、屋部；彻纽、烛韵、丑玉切。

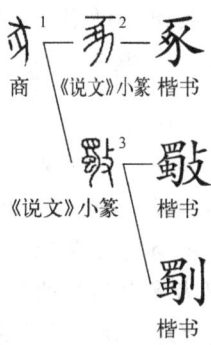

1《甲文编》389页。2《说文》197页。3《说文》69页。

会意字。像公猪被阉割，生殖器（小短画）与腹部断开，表示去势之义。甲骨文"豕"字与"豕"字的区别很小，即小短画是否与身体分离，所以常常被误认为"豕"字。如《甲文编》，就把𠁁放在豕字条下。《说文》："豕，豕绊足行豕豕。从豕系二足。"这是根据小篆字形所作的解释，与甲骨文字形不合。小篆字形已很难看出其本义，所以人们又造了形声字"斀"和"劅"来表示。该字本义为阉割。《说文·攴部》："斀，去阴之刑也。从攴，蜀声。《周书》曰：'刖劓斀黥。'"或借用"椓"字来表示。《书·吕刑》："杀戮无辜，爰始淫为劓、刵、椓、黥。"孔传："截人耳鼻，椓阴黥面。"引申为去势的公猪。甲骨文："贞，燎三豕？"（《合集》6611）又："壬辰卜，翌甲午燎于蚰羊、豕？"（《合集》17405）（壬辰这天占卜，下一个甲午日用羊和豕来燎祭蚰吗？）（孟蓬生）

豦 jù 群纽、鱼部；群纽、鱼韵、强鱼切。

西周　春秋　战国《说文》小篆　汉　汉　楷书

1《金文编》669页。2、3《类编》207页。4《说文》197页。5《甲金篆》658页。6《篆隶表》672页。

形声字。从豕，虍声。本义为一种体形较大的猪。《说文》："豦，斗相丮不解也。从豕、虍。司马相如说：豦，封豕之属。"《玉篇·豕部》："豦，封豦，豕属也。"又借来表示一种猕猴类动物。《尔雅·释兽》："豦，迅头。"郭璞注："今建平山中有豦，大如狗，似猕猴，黄黑色，多髯鬣，好奋迅其头，能举石掷人，玃类也。"（摘，掷的借字）明李时珍《本草纲目·兽四·猕猴》："似猴而多髯者，豦也。"（孟蓬生）

豙 yì 疑纽、物部；疑纽、未韵、鱼既切。

西周　《说文》小篆　楷书

1《金文编》669页。2《说文》197页。

此字从豕，从辛，构形本意不明。楷书字形由篆形省简而成。《说文》："豙，豕怒毛竖也。一曰残艾也。"金文中有"金豙"一语，学者多以为当读为"金枙"。枙指塞于车轮下的制动之木。《易·姤》："系于金枙。"王弼注："枙者，制动之主。"孔颖达疏引马融曰："枙者，在车之下，所以止轮，令不动者也。"（孟蓬生）

希部

希 dì 定纽、质部；定纽、霁韵、特计切。

商代　　　战国《说文》古文《说文》小篆　楷书

商代　西周　《说文》籀文

1《甲文编》391页。2《英国所藏甲骨集》417页。3《郭店》133页。4《汉语字形表》373页。5、6、7《说文》197页。

象形字。像一种动物的形状，但究竟是何种动物，不得而知。从甲骨文字形看，其喙部既可以正写，亦可以反写。这个字到了小篆，分化为两个字形。一个是《说文》的"豸"字，一个是《说文》的"希"字。甲骨文中，该字借用为人名或地名。（孟蓬生）

豪(豪) háo 匣纽、宵部；匣纽、豪韵、胡刀切。

《说文》小篆　战国《说文》古文　秦　汉　汉　楷书

1、3《说文》197页。2《战文编》646页。4《睡甲》149页。5、6《隶辨》203页。

形声字。从豕，高声。或省去高字下部的口字，成为省声字。需要注意的是，这个字虽然收在希部，但其形旁并不从早期的"豸(希)"字来，而是豕形的讹变。本义为豪猪。《说文》："豪，豕鬣如笔管者，出南郡。"章太炎《訄书·订文附正名杂义》："如能如豪，如群如朋，其始表以猛兽羊雀。"引申为动物身上短而硬的毛。《山海经·北山经》："（谯明之山）有兽焉，其状如貆而赤豪。"又引申为豪俊，指才能超群的人。《鹖冠子·博选》："德千人者谓之豪。"《三国志·魏书·吕布传》："君以千里之众，当四战之地，抚剑顾眄，亦足以为人豪，而反制于人，不以鄙乎！"（孟蓬生）

彙 wèi 匣纽、物部；匣纽、未韵、于贵切。

《说文》小篆　楷书　楷书

《说文》或体　楷书　楷书

1、2《说文》197页。

形声字。彙字从籀文希,囷(胃的象形字)声,《说文》以为从胃省声,其说有误。本义为一种动物,长毛尖锐如刺,多而密,遇敌则团缩竖起,俗称刺猬。《史记·龟策列传》:"蝟辱于鹊。"裴骃集解引郭璞曰:"蝟能制虎,见鹊仰地。"《文选·张衡〈西京赋〉》:"搏狒猬,扡窳狻。"薛综注:"猬,其毛如刺。"明李时珍《本草纲目·兽三·猬》:"猬之头觜似鼠,刺毛似豪猪,蜷缩则形如芡房及栗房,攒毛外刺,尿之即开。"楷书字形下部成为果字,写作"彙",而"彙"是小篆的直接隶定字。蝟从虫,胃声,楷书中或变从犬,写作猬。"彙""猬""蝟"三字本为异体字,后来在使用过程中发生了化。"彙"常借为"匯聚"之"匯",因此《简化字总表》把它跟"匯"字一并简化为"汇"。在记录本义(刺猬)时,《第一批异体字整理表》则确定"猬"为正体,而以"蝟"为异体。(孟蓬生)

希 sì 心纽、物部;心纽、至韵、息利切。

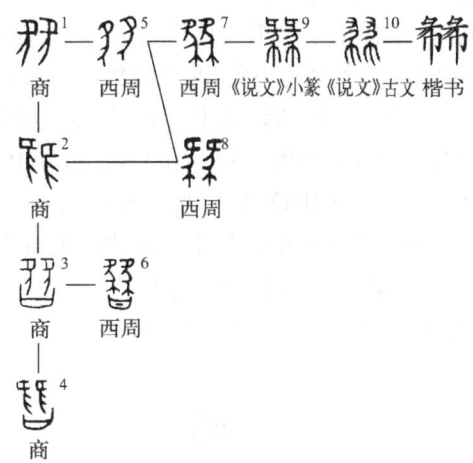

1、2《甲文编》392页。3、4《甲文编》52页。5—8《金文编》669页。9、10《说文》197页。

会意字。从二豕。甲骨文中,其喙部或正写,或反写,而像足的部分或两画(即侧视形中的两条腿),或一画。还有一种加口为装饰偏旁,写作或。其中的口字,到西周金文中又变为日旁。但这种附加装饰偏旁的字形不见于春秋以后的文字材料,而从二豕的字形则一直保留到楷书字形中。该字构形本义不得而知,但根据现在掌握的资料来看,它应该跟豕(希)的古音相同或十分相近。希字在甲骨文除用作人名、地名外,还可以指祭祀,即陈列牲体以祭祀。这种用法在传世文献中也有保留,或借"肆"字表示。《说文》:"希,豕属。古文希。《虞书》曰:'希类于上帝。'"《书·尧典》:"肆类于上帝。"《周礼·地官司·大司徒》:"祀五帝,奉牛牲,羞其肆。"郑玄注:"郑司农云:……肆,陈骨体也。"金文中希字可借来表示勤劳的意义。天亡簋:"不显王乍(作)眚(眚),不(丕)希(肆)王乍(作)庸(鏞)。"这个意义传世文献中也借"肆"来表示。《文选·张衡〈东京赋〉》:"瞻仰二祖,厥庸孔肆。"薛综注:"肆,勤也。"(孟蓬生)

彑 部

彑 jì 见纽、月部;见纽、祭韵、居例切。

彑—彑
《说文》小篆 楷书

1《说文》197页。

此字当是从"希"或古文"豕"字的头部截取下来形成的,读音也应该是从希字那里继承下来的。《说文》:"彑,豕之头。象其锐而上见也。凡彑之属皆从彑。读若罽。"(孟蓬生)

彘 zhì 定纽、脂部;澄纽、至韵、直例切。

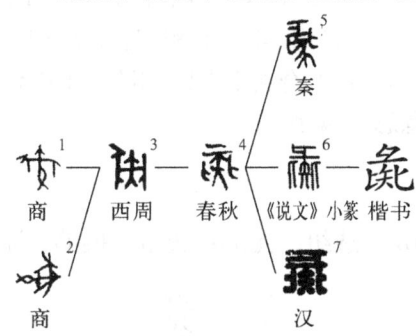

1、2《甲文编》392页。3《金文编》669页。4《甲金篆》659页。5《篆隶表》672页。6《说文》197页。7《汉印徵》卷9,14页。

会意兼形声字。像豕身着矢形,矢亦声。甲骨文中当表示与家养猪有所区别的野猪。也有人以为就是"豕"的形声字。春秋以后,字形逐渐讹变。小篆字形当是豕头由左侧移到中间,足与身体分离的结果。小篆字形当从孙星衍刻本作,《说文》清楚地指出"彘足与鹿足同",所以字形不会是像《康熙字典》一样写作。汉印中彘字前足与后足方向相反,是进一步演变的结果。秦国文字彘或从象作。楷书正体字中仍然保留着符合构形本意的写法。甲骨文:"贞,侑彘于娥?"彘指用于侑祭的豕牲。《方言》卷八:"猪……关东西或谓之彘,或谓之豕。"《汉书·货殖传》:"牛千足,羊彘千只。"颜师古注:"彘,即豕。"传世文献中,豕跟彘有时有区别。据《说文》,彘指后

足不能行走的猪("后蹄废谓之彘")。吕后断戚夫人手足，称为"人彘"，可能就是这种区别的反映。(孟蓬生)

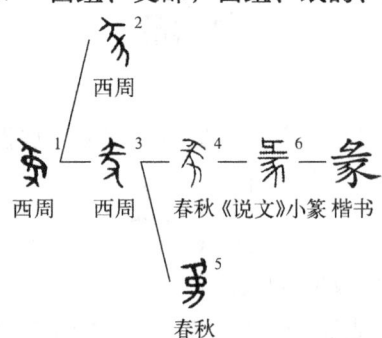

豕 chǐ　昌纽、支部；昌纽、纸韵、尺氏切。

1《金文编》1281页。2—5《金文编》49页。6《说文》197页。

会意字。像豕颈部有绳索形。其中的绳索也可以用一画表示。古人或称牺牲为牵，疑此字本义为人所牵系而用于祭祀的豕牲。这个字的小篆字形，大徐本与"豕"字无别。段玉裁根据《说文》"读若弛"推断，该字篆形当从小徐本作𢑱，与"㣇"字声旁相同。金文字形证明段玉裁的推断是正确的。金文中常说"不豕"，即"不弛"，亦即"不懈"的意思。(孟蓬生)

彖 tuàn　透纽、元部；透纽、换韵、通贯切。

1《说文》197页。

象形字。当为豕形的分化字，是从尾部繁化的"豕（𢑱）"的字形发展来的。这种分化过程可以由"豪"字和"豚"字的演变过程得到印证。"豪"字本从豕，而《说文》小篆所从实际上是"豕"的变形"彖"字。"豚"字古文作𢑱，《说文》以为"从象省"，而楷书字形或写作"𢊎"，显然是由小篆字形省去肉旁而成；而《类篇》又写作"豚"。该字跟从𢑱字发展而来的𦏰字（像一种不知名的动物）以及由𢑱字（像豕形颈部系绳索形）发展而来的"豕"字的区别是泾渭分明的。但战国以降，这三个字由于字形和字音都很相近，遂发生混淆，以致历来文字学家对这几个字的关系聚讼纷纭，莫衷一是。此字本义当与豕相同，《说文》训"豕走"，应看成是"遁"字的假借，字也可以写作"遂"。《易》的"彖"字，一般以为是"断"的假借。(孟蓬生)

豚 部

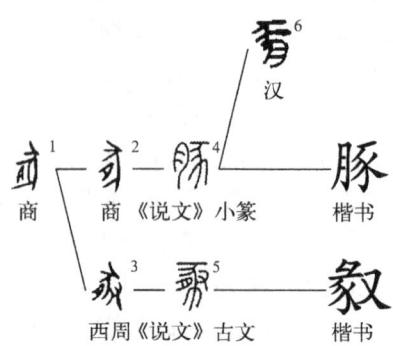

豚 tún　定纽、文部；定纽、魂韵、徒浑切。

1《甲文编》392页。2《甲文编》393页。3《金文编》669页。4、5《说文》197页。6《篆隶表》673页。

会意字。从豕，从肉。金文增一又旁，《说文》古文即承此形而来。汉代隶书字形构件不变，只是由左右结构变作上下结构。或本义为小猪，亦泛指猪。《方言》卷八："猪，……其子，或谓之豚，或谓之貕，吴扬之间谓之猪子。"《文选·东方朔〈答客难〉》："由是观之，譬由鼱鼩之袭狗，孤豚之咋虎，至则靡耳，何功之有！"李善注："豚，猪子也。"北魏郦道元《水经注·谷水》："桓氏有言，曹子丹生此豚犊，信矣。"《国语·越语上》："生丈夫，二壶酒，一犬；生女子，二壶酒，一豚。"(孟蓬生)

豸 部

豸 zhì　定纽、支部；澄纽、纸韵、池尔切。

1《甲文编》391页。2《英国所藏甲骨集》417页。3《说文》197页。4《睡甲》150页。

象形字。像一种动物，但究竟是何种动物，不得而知。此跟《说文》的𢑱字有共同的来源。大约西周金文开始，尾部较简的𢑱字跟尾部较繁的𢑱字逐渐分化。𢑱发展成为《说文》的"豸"字，而𢑱则发展成为小篆的"𢑱"字。《说文》："豸，兽长脊，行豸豸然，欲有所司杀形。"（豸豸，脊背伸长的样子。司,同"伺",窥视)传世典籍中借来表示无足之虫,泛指虫类。《尔雅·释虫》:"有足谓之虫,无足谓之豸。"《楚辞·九思·怨上》:"虫豸兮夹余,惆怅兮自悲。"又借用来表示解救之义。《左传·宣公十七年》:"郤子其或者欲已乱于齐乎?不然,余惧其益之也。余将老,使郤子逞其志,庶有豸乎!"杜预注:"豸,解也。欲使郤子从政,快志以止乱。"(孟蓬生)

豹 bào 帮纽、药部;帮纽、效韵、北教切。

1《说文》198页。2《楚文编》580页。3《汉语字形表》374页。4《睡甲》150页。5《汉印徵》卷9,14页。6《篆隶表》673页。

形声字。从豸,勺声。战国文字或从鼠,勺声。本义为一种猫科动物,也叫豹子。似虎而较小,毛黄褐色或赤褐色,有很多斑点或花纹。性凶猛,会上树,善奔跑,常捕食其他兽类,可伤害人畜。《易·革》:"君子豹变,小人革面。"《左传·襄公四年》:"因魏庄子纳虎豹之皮,以请和诸戎。"《文选·张衡〈西京赋〉》:"总会仙倡,戏豹舞罴。"(孟蓬生)

貙(䝙) chū 透纽、侯部;透纽、虞韵、敕俱切。

1《金文编》670页。2《说文》198页。3《睡甲》150页。

形声字。金文中从𤉯,区声。或从豸,区声。《简化字总表》规定"區"为简化偏旁,故"貙"类推简化为"䝙"。本义为一种似狸的动物。《尔雅·释兽》:"䝙,似狸。"郭璞注:"今䝙虎也,大如狗,文如狸。"(孟蓬生)

貚 tán 定纽、元部;定纽、寒韵、徒干切。

《说文》小篆 楷书

1《说文》198页。

形声字。从豸,單声。本义为一种貙属动物。《说文》:"貚,貙属。"(孟蓬生)

貔 pí 並纽、脂部;並纽、脂韵、房脂切。

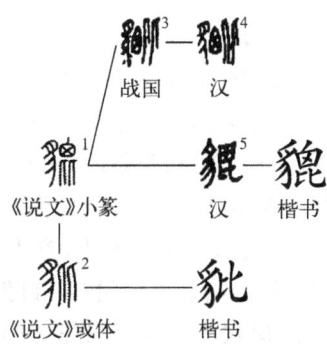

1、2《说文》198页。3《战文编》646页。4《汉印徵补遗》卷9,6页。5《甲金篆》660页。

形声字。从豸,毘声。或从比声,或从䚳声。本义为猛兽。《说文》:"貔,豹属,出貉国。豼,或从比。"《书·牧誓》:"如虎如貔,如熊如罴。"孔传:"貔,执夷,虎属也,四兽皆猛健。"《文选·司马相如〈上林赋〉》:"生貔豹,搏豺狼。"《史记·五帝本纪》:"(轩辕)教熊罴貔貅貙虎,以与炎帝战于阪泉之野。"司马贞索隐:"此六者猛兽,可以教战。"(孟蓬生)

豺 chái 从纽、之部;从纽、皆韵、士皆切。

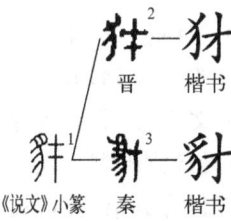

1《说文》198页。2《篆隶表》673页。3《睡甲》150页。

形声字。从豸,才声。隶楷阶段或从犬,才声。本义为一种犬科动物。形似狼而小,性凶猛,俗称豺狗。《逸周书·时训》:"霜降之日,豺乃祭兽。"明李时珍《本草纲目·兽二·豺》:"豺,处处山中有之,狼属也,俗名豺狗。其形似狗而颇白,前矮后高而长尾,其体细瘦而健猛,其毛黄褐色而髼鬆,其牙似锥而噬物,群行虎亦畏之,又喜食羊。"(孟蓬生)

豸部

貐 yǔ 喻纽、侯部；以纽、麌韵、以主切。

貐¹—貐
《说文》小篆　楷书

1《说文》198页。

形声字。从豸，俞声。猰貐，也写作猰㺄、猰貐、窫窳。一种凶猛的动物。《说文》："貐，猰貐。似貙，虎爪，食人，迅走。"《尔雅·释兽》："猰㺄，类貙虎，食人，迅走。"唐陆德明《经典释文》所据本作"猰貐"。《山海经·海内经》："猰㺄，龙首而蛇身人面，居于弱水中，食人。"也用来比喻凶恶的人。《晋书·温峤郗鉴传赞》："封狐万里，投躯而弗顾；猰㺄千群，探穴而忘死。"《陈书·高祖纪上》："屠猰㺄于中原，斩鲸鲵于蒙汜。"（孟蓬生）

貘（獏） mò 明纽、铎部；明纽、陌韵、莫白切。

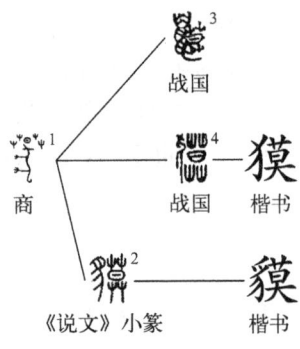

1《金文编》374页。2《说文》198页。3《楚文编》582页。4《古玺》243页。

形声字。商代金文从犬，莫声。小篆字形从豸，莫声。这两种写法都一直延续到楷书阶段。战国文字从鼠，莫声，但这种写法没能保存到楷书阶段。本义为一种似熊的动物，相传可以食铁。《尔雅·释兽》："貘，白豹。"郭璞注："似熊，小头庳脚，黑白驳，能舐食铜、铁及竹骨。骨节强直，中实少髓，皮辟湿。或曰豹白色者别名貘。"郝懿行义疏："《说文》：'貘，似熊而黄黑色，出蜀中。'《释文》引《字林》云：'似熊而白黄，出蜀郡。'《王会篇》云：'不令支，玄貘。'是貘兼黑、白、黄三色。"又指生活在产于南美、中美、马来亚和苏门答腊等地的大型奇蹄类动物。其体形略似犀，但较矮小。尾短鼻长，皮厚毛少。前肢四趾，后肢三趾。栖息于热带密林多水之处，善游泳。胆小而温顺，多于夜间活动。主食为嫩枝叶。（孟蓬生）

貀 nà 泥纽、物部；泥纽、黠韵、女滑切。

貀—貀
《说文》小篆　楷书

1《说文》198页。

形声字。从豸，出声。或从豸，内声。《说文》："貀，兽无前足。从豸，出声。《汉律》：'能捕豺貀，购百钱。'"本义为一种无前足的动物。《尔雅·释兽》："貀，无前足。"郭璞注："晋太康七年，召陵扶夷县槛得一兽，似狗，豹文，有角，两脚，即此种类也。或说：貀似虎而黑，无前两足。"《广韵·黠韵》："貀，女滑切。兽名。似狸，苍黑，无前足，善捕鼠。《说文》作貀。"（孟蓬生）

貈 hè 匣纽、铎部；匣纽、铎韵、下各切。

貈¹—貈
《说文》小篆　楷书

1《说文》198页。

形声字。从豸，舟声。本义为一种似狐的动物。《说文》："貈，似狐善睡兽。从豸，舟声。《论语》曰：'狐貈之厚以居。'"需要说明的是，这个字与读"下各切"的"貉"字读音本不相干，但由于在一些典籍中，这两个字互为异文（同义换读），后人便把"貉"字的读音强加在"貈"字上，于是造成了该字声符与读音不相一致的情况。古音舟声、召声相近，从"貈"字的声符看，其本义应为"貂"。九年卫鼎有"翮裘"一语，学者多以为即后代的"貉裘"。（孟蓬生）

豻（犴） àn 疑纽、元部；疑纽、翰韵、五旰切。

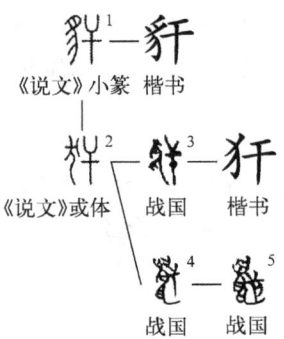

1、2《说文》198页。3《古玺》243页。4、5《曾侯乙》129页。

形声字。从豸，干声。或从犬，干声。或从鼠，干声。本义为古代北方的一种野狗。《周礼·春官·巾车》："漆车，藩蔽，犴禈，雀饰。"郑玄注："犴，胡犬。"《淮南子·道应》："(散宜生)得骊虞、鸡斯之乘，玄玉百工，大贝百朋，玄豹、黄罴、青犴、白虎文皮千合，以献于纣。"高诱注："犴，胡地野犬。"明李时珍《本草纲目·兽二·貘》附录引《禽书》："犴应井星，胡狗也。状似狐而黑，身长七尺，头生一角，老则有鳞，能食虎、豹、蛟、龙、铜、铁。猎人亦畏之。"由本义引申为乡亭的牢狱(古时用犴看守牢狱)，又引申指狱讼之事。《集韵·翰韵》："犴，……一说狋，野犬。犬所以守，故谓狱为犴。"《汉书·刑法志》："原狱刑所以蕃若此者，礼教不立，刑法不明，民多贫穷，豪桀务私，奸不辄得，狱犴不平之所致也。"颜师古注："服虔曰：乡亭之狱曰犴。臣瓒曰：狱岸，狱讼也。师古曰：《小雅·小宛》之诗云：'宜岸宜狱。'瓒说是也。"（孟蓬生）

貂 diāo 端纽、宵部；端纽、宵韵、都聊切。

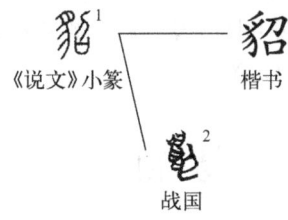

1《说文》198页。2《曾侯乙》130页。

形声字。从豸，召声。战国文字中或从鼠，刀声。本义为一种哺乳动物，亦称貂鼠。其形似鼬，身体细长，四肢短，尾粗，毛长，呈黄色或紫黑色。其毛皮可制衣裘，御寒性能极好。《说文》："貂，鼠属，大而黄黑，出胡丁零国。"《战国策·秦策一》："(苏秦)说秦王书十上而说不行，黑貂之裘弊，千斤之金尽，资用乏绝，去秦而归。"明宋应星《天工开物·裘》："一貂之皮，方不盈尺，积六十余貂，仅成一裘。"引申为貂尾，古代多用貂尾作帝王贵近之臣的冠饰。汉应劭《汉官仪》卷上："中常侍，秦官也。汉兴，或用士人，银珰左貂。光武以后，专任宦者，右貂金珰。"晋左思《咏史》之二："金张籍旧业，七叶珥汉貂。"又从本义引申为貂皮。《文选·张衡〈四愁诗〉》："美人赠我貂襜褕，何以报之明月珠。"又引申为貂皮制成的衣裘。宋陆游《泛舟》："雪里闭门殊不恶，故貂虽弊胜无衣。"（孟蓬生）

貉 hé 匣纽、铎部；匣纽、铎韵、下各切。
mò 明纽、铎部；明纽、陌韵、莫白切。

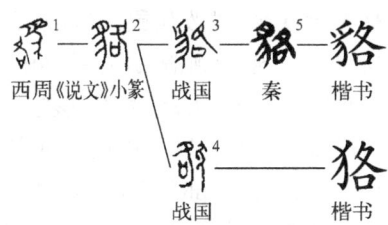

1《金文编》670页。2《说文》198页。3《古陶徵》223页。4《古玺》243页。5《睡甲》151页。

形声字。从豸，各声。战国文字或从犬，各声。这两种字形都一直延续到楷书中。兽名。外形似狐，毛棕灰色。穴居于河谷、山边和田野间，昼伏夜出，食鱼、鼠、蛙、虾、蟹和野果等。是一种重要的毛皮兽。现北方通称貉子。《逸周书·世俘》："武王狩，禽虎二十有二，猫二……貉十有八。"《周礼·考工记序》："橘逾淮而北为枳，鸜鹆不逾济，貉逾汶则死，此地气然也。"又假借为北方少数民族之称，读 mò。字或作貊。《说文》："貉，北方豸种。"（孟蓬生）

貆 huán 匣纽、元部；匣纽、桓韵、胡官切。

貆¹—貆
《说文》小篆 楷书

1《说文》198页。

形声字。从豸，亘声。本义为貉的幼仔。《诗·魏风·伐檀》："不狩不猎，胡瞻尔庭有县貆兮？"郑玄笺："貉子曰貆。"又可以指豪猪。《山海经·北山经》："(谯明之山)有兽焉，其状如貆而赤豪。"郭璞注："貆，豪猪也。"又可以借为"貛"字。《周礼·地官·草人》："凡粪种，……咸潟用貆，勃壤用狐。"（粪种，用动物骨头煮汁浸拌谷物种子）郑玄注："貆，貛也。"（貛，猪獾）（孟蓬生）

貍 lí 来纽、之部；来纽、之韵、里之切。

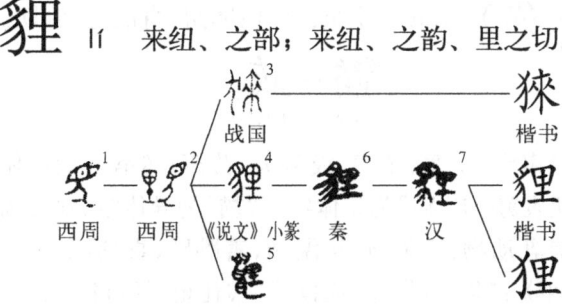

1 太保罍。2《四版校补》114页。3《四声韵》10页。4《说文》198页。5《曾侯乙》132页。6《睡甲》150页。7《马王堆》390页。

本为象形字。后在初文基础上增加声符，成为形声字。其后形符或改从豸，或改从鼠。又或从犬，来声。貍、狸这两种字形都一直延续到楷书中。楷书中还产生了一个新的异体，就是"狸"字，从犬，里声。该字本义为豹猫，也称野猫。《广雅·释兽》："貍，猫也。"《广韵·之韵》："貍，野猫也。"《玉篇·犬部》："狸，似猫。"《庄子·秋水》："捕鼠不如貍狌。"成玄英疏："貍狌，野猫也。"貍还常常假借为"薶"字。《集韵·怪韵》："貍，瘞也。"《周礼·秋官·赤犮氏》："凡隙屋，除其貍虫。"孙诒让正义："貍即薶之借字。"（孟蓬生）

獾（獾） huān 匣纽、元部；匣纽、桓韵、胡官切。

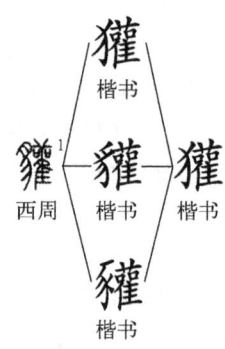

1《说文》198页。

形声字。从豸，雚声。或从犬，雚声。或从豕，雚声。《第一批异体字整理表》规定"獾"为正体字，"貛""豲"为异体字。本义为一种哺乳动物，鼬科，有猪獾、狗獾等。《说文》："貛，野豕也。"《玉篇·豕部》："豲，野豕也。"《集韵·桓韵》："貛，亦作獾。"《淮南子·修务》："蚁知为垤，獾、貉为曲穴，虎、豹有茂草。"晋葛洪《抱朴子·诘鲍》："獾曲其穴，以备径至之锋；水牛结阵，以却虎豹之暴。"（孟蓬生）

貓（猫） māo 明纽、宵部；明纽、宵韵、武儦切。

貓—猫
楷书　楷书

形声字。从豸，苗声。或从犬，苗声。《第一批异体字整理表》规定"猫"为正体字，"貓"为异体字。本义为一种哺乳动物，家猫。性格温顺，善跳跃，喜捕鼠。《玉篇·犬部》："猫，食鼠也。或作貓"《礼记·郊特牲》："迎猫，为其食田鼠也。"陆德明释文："猫，字又作貓。"（孟蓬生）

兕 部

兕（兕） sì 邪纽、脂部；邪纽、旨韵、徐姊切。

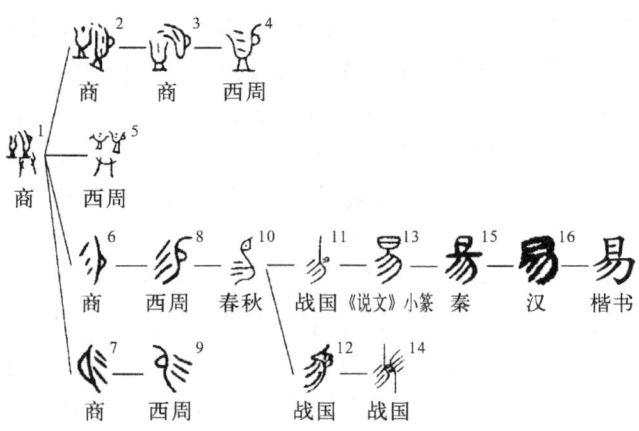

1《甲文编》393页。2、3《说文》198页。4《睡甲》151页。5《马王堆》391页。6《隶辨》342页。

象形字。甲骨文像头顶上长着独角的犀牛。《说文》小篆和古文当是从甲骨文逐渐省变的结果。本义为犀牛。皮厚，可以制甲。《说文》云："兕，如野牛而青，其皮坚厚，可制金铠。"《诗·小雅·吉日》："发彼小豝，殪此大兕。"《尔雅·释兽》："兕，似牛。"郭璞注：'一角，青色，重千斤。'一说兕为雌犀。《集韵·旨韵》："兕，一说雌犀也。"明李时珍《本草纲目·兽一》："犀字篆文象形，其牸名兕，亦曰沙犀。"（孟蓬生）

易 部

易 yì 喻纽、锡部；以纽、昔韵、羊益切。

1、2、3《甲文编》附录上，54页。4、8—11《金文编》673页。5、14《四版校补》114页。6、7《甲文编》394页。12《战文编》648页。13《说文》198页。15《睡甲》151页。16《马王堆》391

页。

会意字。像双手持器(有鋬)向另一器(无鋬)倾注液体之形。该字构形的发展可以分为繁简二系。繁系包括1-5各形，其通行时间为商代到西周，其中2(省去双手形)、3(省去双手形及有鋬器之圈足形)、4(省去双手形及无鋬器形)各形是1逐步简化的结果，而5则是1的直接继承，只是双手的位置放在两器的正下方，与初文放在有柄之器下者有所不同。简系包括6-12各形，其存在时间为商代至今。其中6或7形应看成由4形所代表的有柄之器经过截除性简化而形成的，即截取器形中靠近鋬的部分和器中的液体，而省去其他部分。12则是简系中为追求美观而有意繁化的结果。易字本义当为倾注(此义不见于文献，而表示注水器的匜字可能是其同源词)，引申为赐予，后代一般用赐(锡)记录这个意义。旅鼎："公易(赐)旅贝十朋。"臣卿鼎："臣卿易(赐)金。"《商君书·错法》："夫离朱见秋豪百步之外，而不能以明目易人，乌获举千钧之重，而不能以多力易人。"又引申为更易。甲骨文常见"易日"一语。《易·系辞下》："上古穴居而野处，后世圣人易之以宫室。"文献中常见的"难易"之"易"，应该看成借字(无本字)。(孟蓬生)

象 部

象 xiàng 邪纽、阳部；邪纽、阳韵、徐两切。

1、3、4《金文编》673页。2《甲文编》395页。5《战文编》648页。6《说文》198页。7《睡甲》151页。8《篆隶表》674页。

象形字。像大象形，字形左侧或上部像其卷曲的长鼻子。本义为大象。大象是陆地上现存最大的哺乳动物。大耳，长鼻，短尾，往往有一对长大的门牙伸出口外。《左传·定公四年》："王使执燧象以奔吴师。"特指象牙。《淮南子·泰族》："宋人有以象为其君为楮叶者。"高诱注："象，象牙也。"假借为"形象"之"象"。《老子》："惚兮恍兮，其中有象。"(孟蓬生)

豫 yù 喻纽、鱼部；以纽、御韵、羊洳切。

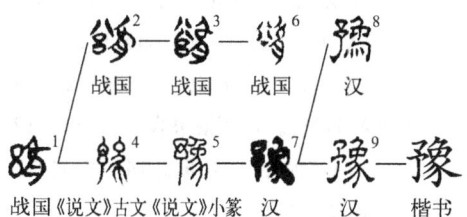

1、2、3《包山》152页。4、5《说文》198页。6《战文编》648页。7《马王堆》391页。8、9《隶辨》512页。

形声字。从象，予声。予字为吕字的分化字。春秋金文蔡侯绅鼎有 字，或以为即豫字，然此字从土，豫声，是否即豫字，尚待证明。战国文字中作偏旁的吕字或加八、公作为装饰或区别符号，故豫字可以写作2、3等形。战国文字中象的下半部也发生讹变，与肉字无法区别。但《说文》以后的字形保留了象字下部的早期面貌。战国以后，作偏旁的吕字常常可以写作 (汉印序字所从的予字)，下端拉长即成 字，故《说文》古文写作 ，小篆写作 。汉隶中表示象足的部分又可以写作四点，与"马"字的足部演变为四点相同。豫字的本义为较大的象。假借为安乐或喜乐义。《书·金縢》："王有疾，弗豫。"《国语·晋语四》："坤，母也；震，长男也。母老子强，故曰豫。"韦昭注："豫，乐也。"又假借为豫备之豫。《国语·晋语一》："士蔿曰：'戒莫如豫，豫而后给。'"《淮南子·说山》："巧者善度，知者善豫。"高诱注："豫，备也。"又假借为参与之与。《国语·楚语上》："王孙启豫于军事。"(孟蓬生)

馬 部

馬(马) mǎ 明纽、鱼部；明纽、马韵、莫下切。

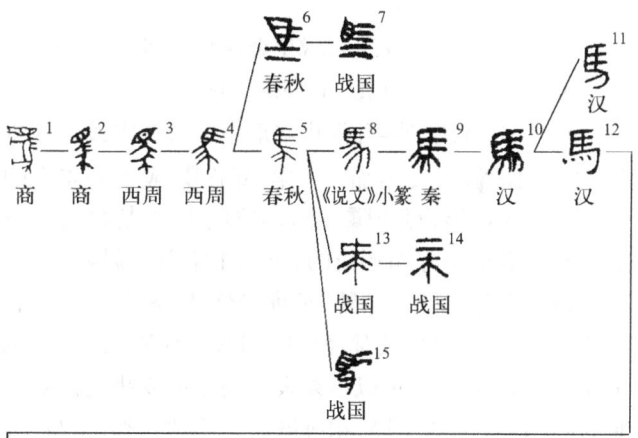

馬部

1、2《甲文编》397页。3、4《金文编》676页。5《金文编》677页。6《类编》192页。7《包山》153页。8《说文》199页。9《睡甲》153页。10《马王堆》392页。11《篆隶表》677页。12《隶辨》427页。13《古玺》246页。14《古文典》605页。15《楚系简帛》753页。

象形字。像马形,头尾四足俱全,背部三笔像马鬃形。春秋战国文字中,马身或用重文或省字符号代替,写作⿰或⿳等形。战国齐系文字中马字写作𩡧𩡧等形,或省去马首,而用重文或省字符号代替,写作禾。楚系文字中,马身或演变为肉,与象字的下部作肉相同。秦汉文字中,马足及其尾部形成五笔,象形意味丧失殆尽。后除最末一笔外,又逐渐演变为四点,于是便成为楷书的"馬"字。汉简中潦草的写法中,"馬"字下部的四点有时也写成一横,这一点为后代草书继承,并一直延续到简化字中。《简化字总表》规定,"馬"作为单字或偏旁时,一律简化为"马"。本义为马,一种单蹄食草大型哺乳动物,性温顺,善于奔跑。《易·屯》:"屯如邅如,乘马班如。"假借为筹码之码。《礼记·投壶》:"请为胜者立马。"郑玄注:"马,胜筹也。"(孟蓬生)

騭(骘) zhì 章纽、职部;章纽、质韵、之日切。

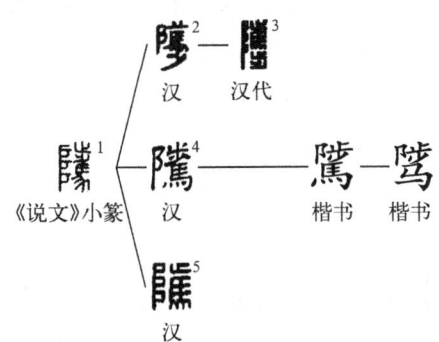

1《说文》199页。2《甲金篆》664页。3、5《汉印徵》卷10,1页。4《隶辨》665页。

形声字。从馬,陟声。汉代字形中形旁马字或放在步字中间写作𩡧,或又多加一止字,写作𩡧。或省去步字的下部倒置的止形,写作𩡧。楷书字形中骘则是将马字放在声旁陟字正下方而形成的。《简化字总表》规定"馬"作偏旁简化为"马",故"騭"类推简化为"骘"。本义为牡马,即公马。唐郤昂《岐邠泾宁四州八马坊碑颂》:"骘骓异群,骊骖亦分。"又可以借来表示安定或安排义。《书·洪范》:"惟天阴骘下民,相协厥居。"孔传:"骘,定也。天不言而默定下民。"宋苏辙《次韵子瞻寄贺生日》:"弟兄本三人,怀抱丧其一。颓然仲与叔,耆老天所骘。"引申指阴德。宋俞文豹《吹剑录外集》:"见人纷争斗讼,而为之和解,实甚盛德大骘也。"(孟蓬生)

馬 huán 匣纽、元部;匣纽、删韵、户关切。

1《甲金篆》664页。2《说文》199页。

会意字。像马足被绊,马足中的一笔为绊索。楷书字形分化为"馬""馬"两个异体字。本义为一岁的马。(孟蓬生)

駒(驹) jū 见纽、侯部;见纽、虞韵、举朱切。

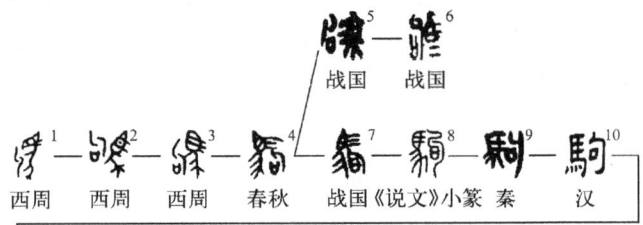

1、2、3《金文编》677页。4《类编》193页。5《战文编》652页。6《古玺》246页。7《楚系简帛》755页。8《说文》199页。9《睡甲》153页。10《隶辨》86页。

形声字。从馬,丩(句)声。西周时声旁丩或句一般放在左边,而春秋以后声旁句一般放在右边。战国时"驹"字也可以从简写的"馬"字写作𩡧,但隶楷阶段的字形则仍然保留了这个字的原始结构。《简化字总表》规定"馬"作偏旁简化为"马",故"駒"字类推简化为"驹"。本义为二岁的马,幼马,泛指幼兽。《周礼·夏官·校人》:"春祭马祖,执驹。"郑玄注:"郑司农曰:二岁曰驹。"《庄子·天下》:"孤驹未尝有母。"《尸子》卷下:"虎豹之驹,未成文而有食牛之气。"引申为少年英才。《汉书·刘德传》:"德字路叔,修黄老术。少时数言事,召见甘泉宫,武帝谓之'千里驹'。"颜师古注:"年齿幼少,故谓之驹。"(孟蓬生)

騏(骐) qí　群纽、之部；群纽、之韵、渠之切。

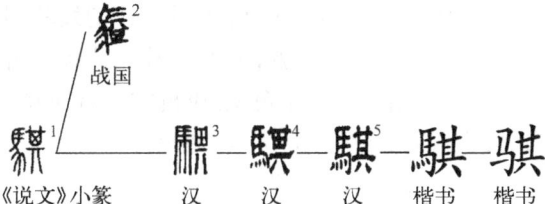

《说文》小篆　汉　汉　汉　楷书　楷书

1《说文》199 页。2《楚系简帛》755 页。3《汉印徵》卷10，1 页。4《篆隶表》678 页。5《隶辨》59 页。

形声字。从馬，其声。战国文字从其字古文(丌)写作（字形2）。汉代字形中像箕纹儿而相交的两笔往往变作十字，写作"騏(字形4)"，又进一步变作两横，便成为騏(字形5)字。《简化字总表》"馬"作偏旁简化为"马"，故"騏"字类推简化为"骐"。本义为青黑色斑纹的马。《诗·秦风·小戎》："文茵畅毂，驾我骐𩧢。"毛传："骐，骐文也。"孔颖达疏："色之青黑者名为綦。马名为骐，知其色作綦文。"又假借为麒字。《战国策·赵策四》："有覆巢毁卵，而凤皇不翔；刳胎焚夭，而骐驎不至。"一本作"麒麟"。（孟蓬生）

驪(骊) lí　来纽、歌部；来纽、支韵、吕支切。

驪¹—骊²—驪—骊
《说文》小篆　汉代　楷书　楷书

1《说文》199 页。2《甲金篆》664 页。

形声字。从馬，麗声。《简化字总表》规定"馬"作偏旁简化为"马"，"麗"作偏旁时简化为"丽"，故"驪"类推简化为"骊"。本义为深黑色的马。《诗·鲁颂·駉》："有骊有黄。"毛传："纯黑曰骊。"《礼记·檀弓上》："夏后氏尚黑……戎事乘骊。"郑玄注："马黑色曰骊。"又假借为"附丽"之"丽"，表示并列或附属。《公孙龙子·通变论》："不害其方者，反而对，各当其所，若左右不骊。"（孟蓬生）

駽 xuān　晓纽、元部；晓纽、先韵、火玄切。

駽¹—駽
《说文》小篆　楷书

1《说文》199 页。

形声字。从馬，肙声。本义为青黑色的马。《尔雅·释畜》："青骊，駽。"郭璞注："今之铁骢也。"《诗·鲁颂·有駜》："有駜有駜，駜彼乘駽。"毛传："青骊曰駽。"（孟蓬生）

騩 guī　见纽、微部；见纽、脂韵、居追切。

騩¹—騩²—騩³—騩
《说文》小篆　战国　汉　楷书

1《说文》199 页。2《战文编》653 页。3《篆隶表》678 页。

形声字。从馬，鬼声。本义为浅黑色的马。《尸子》卷下："马有秀骐逢騩。"《晋书·舆服志》："皇后先蚕，乘油画云母安车，驾六騩马。"（孟蓬生）

騮(骝) liú　来纽、幽部；来纽、尤韵、力求切。

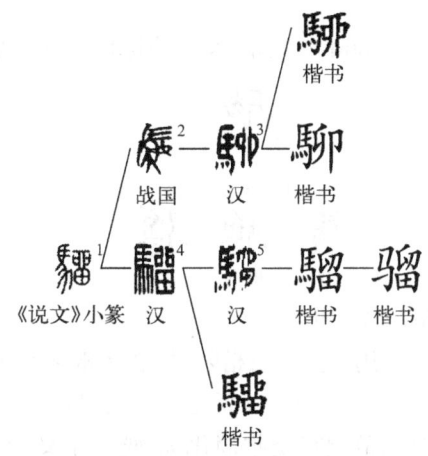

1《说文》199页。2《曾侯乙》177页。3、5《篆隶表》678页。4《汉印徵》卷10，1页。

形声字。从馬，䜌声。战国以后或省从丣声。其中䜌字最上一笔往往断开，或径省去（如字形所从），楷书字形騮、駠即承此形而来。《简化字总表》规定"馬"作偏旁简化为"马"，故"騮"类推简化为"骝"。本义为黑鬣黑尾的红马。北魏贾思勰《齐民要术·养牛马驴骡》："骝马、骊肩、鹿毛……皆善马也。"（孟蓬生）

騅(骓) zhuī　章纽、微部；章纽、脂韵、职追切。

騅¹—騅²—騅³—騅⁴—騅—骓
西周《说文》小篆　秦　汉　楷书　楷书

1《汉语字形表》378 页。2《说文》199 页。3《睡甲》153 页。4《汉印徵》卷10，1 页。

形声字。从馬，隹声。《简化字总表》规定"馬"作偏

馬部

旁简化为"马"，故"騅"类推简化为"骓"。本义为毛色青白相间的马。《诗·鲁颂·駉》："有骓有駓，有骍有骐。"毛传："苍白杂毛曰骓。"（孟蓬生）

駰（骃）yīn 影纽、真部；影纽、真韵、於真切。

《说文》小篆　楷书　楷书

1《说文》199 页。

形声字。从馬，因声。《简化字总表》规定"馬"作偏旁简化为"马"，故"駰"类推简化为"骃"。本义为毛色浅黑杂白的马。《诗·小雅·皇皇者华》："我马维骃，六辔既均。"毛传："阴白杂毛曰骃。"（孟蓬生）

驄（骢）cōng 清纽、东部；清纽、东韵、仓红切。

楷书

《说文》小篆　楷书　楷书

1《说文》199 页。

形声字。从馬，怱声。隶楷阶段，怱字常常写作忽，故"驄"字也可以写作"骢"。《简化字总表》规定"馬"作偏旁简化为"马"，故"驄"类推简化为"骢"。本义为毛色青白相间的马。《乐府诗集·杂歌谣辞三·鲍司隶歌》："鲍氏骢，三人司隶再入公，马虽瘦，行步工。"（孟蓬生）

驈 shù 船纽、物部；船纽、术韵、食聿切。

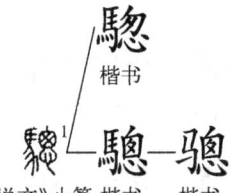

《说文》小篆　楷书

1《说文》199 页。

形声字。从馬，矞声。两股或两股间为白色的黑马。《诗·鲁颂·駉》："薄言駉者，有驈有皇。"毛传："骊马白跨曰驈。"唐张说《河西节度副大使安公碑铭》："其在农牧，大田多稼，如茨如梁，思马斯才，有驈有皇。"（孟蓬生）

駹 máng 明纽、东部；明纽、江韵、莫江切。

《说文》小篆　楷书

1《说文》199 页。

形声字。从馬，龙声。头部为白色的黑马。《尔雅·释畜》："面颡皆白，惟駹。"《玉篇·马部》："駹，马黑，白面。"又指青色马。《汉书·匈奴传上》："匈奴骑，其西方尽白，东方尽駹，北方尽骊，南方尽骍马。"颜师古注："駹，青马也。"又借来表示杂色义。唐柳宗元《晋问》："或赤或黄，或玄或苍，或醇或駹。"（孟蓬生）

驃（骠）biāo 并纽、宵部；并纽、笑韵、毗召切。
piào 并纽、宵部；并纽、笑韵、毗召切。

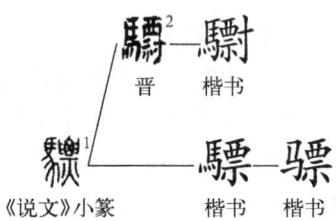

《说文》小篆　楷书　楷书

1《说文》199 页。 2《甲金篆》665 页。

形声字。从馬，嫑声。嫑字到隶楷阶段变为票，故驃（字形1）字写作驃。驫（字形2）字似是右上部手形下移的结果，这个字形保留到了楷书阶段。《简化字总表》规定"馬"作偏旁简化为"马"，故"驃"类推简化为"骠"。本义为黄色杂白的马或黄色白鬃尾的马，这个意义读 biāo。唐杜甫《徒步归行》："妻子山中哭向天，须公枥上追风骠。"宋苏轼《书李将军三鬃马图》："帝乘赤骠，起三鬃，与诸王及嫔御十数骑，出飞仙岭下，初见平陆，马皆若惊。"又指马行轻疾，这个意义读 piào。骠骑，犹言飞骑。（孟蓬生）

驖 tiě 透纽、质部；透纽、屑韵、他结切。

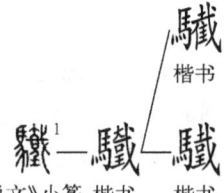

《说文》小篆　楷书　楷书

1《说文》199 页。

形声字。从馬，戜（𢧵）声。声旁本为𢧵（从大，𢧵声），后大与戈相连写作戜。戜（𢧵）字作偏旁时常常与截字相混，故驖（骥）也可以写作驥。本义为赤黑色的马。《诗·秦风·驷驖》："驷驖孔阜，六辔在手。"（孟蓬生）

馰 dì 端纽、铎部；端纽、锡韵、都历切。

駒 —— 駒 —— 駒
《说文》小篆 战国 楷书

1《说文》199页。2《郭店》135页。

形声字。从馬,勺声。本义为白色的(特指马)。《尔雅·释畜》:"駒馰,白颠。"郭璞注:"戴星马也。"(孟蓬生)

駁(驳) bó 帮纽、药部;帮纽、觉韵、北角切。

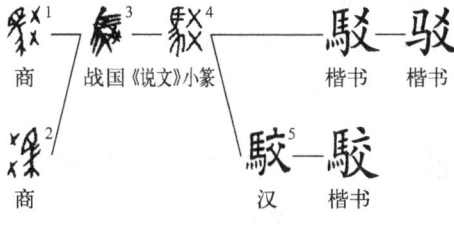

1、2《甲文编》398页。3《曾侯乙》176页。4《说文》199页。5《隶辨》662页。

形声字。从馬,爻声。"駁",从馬,交声,本义为兽名,与"駁"本不同字。但因二字读音相同,字形又相近,故"駁"也可以写作"駁"。准确地说,二字的关系属于同源通用。但二者从至少从隶书阶段就开始通用,且作为兽名的"駁"很少使用,在人心目中已构成异体字的关系,故《第一批异体字整理表》将"駁"作为异体字淘汰。《简化字总表》规定"馬"作偏旁简化为"马",故"駁"字类推简化为"驳"。本义为马毛色不纯,泛指颜色不纯。《诗·豳风·东山》:"之子于归,皇驳其马。"毛传:"驪白曰驳。"《汉书·梅福传》:"一色成体谓之醇,白黑杂合谓之驳。"南朝梁任昉《述异记》:"见群鼠大者如豚,鲜泽五色,或纯或驳。"引申为毛色不纯的动物。《晋书·王济传》:"王恺以帝舅奢豪,有牛名'八百里驳',常莹其蹄角。"宋程大昌《演繁露·牛车》:"王济之八百里驳,驳亦牛也,言其色驳而行速,日可八百里也。"参见后"駮"字条。(孟蓬生)

馵 zhù 章纽、屋部;章纽、遇韵、之戍切。

馵 —— 馵
《说文》小篆 楷书

1《说文》199页。

构意不明。本义为马后足为白色。《易·说卦》:"其于马也,为善鸣,为馵足,为作足,为的颡。"孔颖达疏:"为馵足,马后足白为馵,取其动而见也。"引申为后足白色的马。《诗·秦风·小戎》:"文茵畅毂,驾我骐馵。"毛传:"左足白曰馵。"(孟蓬生)

驒 diàn 定纽、侵部;定纽、忝韵、徒玷切。

驒 —— 驒
《说文》小篆 楷书

1《说文》199页。

形声字。从馬,覃声。本义为脊背为黄色的黑马,一说膝胫有长毛的马。《诗·鲁颂·駉》:"有驒有骆,以车祛祛。"毛传:"豪骭曰驒。"孔颖达疏:"传言'豪骭白'者,盖谓豪毛在骭而白长,名为驒也。"(孟蓬生)

驁(骜) áo 疑纽、宵部;疑纽、豪韵、五劳切。

驁 —— 驁 —— 驁 —— 驁 —— 骜
春秋 《说文》小篆 汉 楷书 楷书

1《汉语字形表》378页。2《说文》199页。3《银雀山》323页。

形声字。从馬,敖声。《简化字总表》规定"馬"作偏旁简化为"马",故"驁"类推简化为"骜"。本义为骏马名。《吕氏春秋·察今》:"良马期乎千里,不期乎骥骜。"高诱注:"骜,千里马名也。"又可表示狂妄,傲慢,与傲为同源通用字。《庄子·庚桑楚》:"蹍市人之足,则辞以放骜。"《汉书·匈奴传上》:"陵轹边吏,入盗,其骜无道,非约也。"引申为轻视。《吕氏春秋·下贤》:"士骜禄爵者,固轻其主。"高诱注:"骜,亦轻也。"(孟蓬生)

驥(骥) jì 见纽、脂部;见纽、至韵、几利切。

驥 —— 驥 —— 骥
《说文》小篆 楷书 楷书

1《说文》199页。

形声字。从馬,冀声。或以为会意兼形声。《左传·昭公四年》:"冀之北土,马之所生。"宋孙奕《履斋示儿编·杂记·因物得名》:"冀北出良马,则名马曰骥。"《简化字总表》规定"馬"作偏旁简化为"马",故"驥"类推简化为"骥"。本义为骏马。《论语·宪问》:"骥不称其力,称其德也。"三国魏曹操《步出夏门行·龟虽寿》:"老骥伏枥,志在千里,烈士暮年,壮心不已。"(孟蓬生)

馬部

駿(骏) jùn 精纽、文部；精纽、稕韵、子峻切。

《说文》小篆　汉　汉　楷书　楷书

1《说文》200页。2、3《隶辨》560页。

形声字。从馬，夋声。汉隶中声旁夋发生了简化，而楷书字形反倒更接近小篆。《简化字总表》规定"馬"作偏旁简化为"马"，故"骏"类推简化为"骏"。本义为良马。《吕氏春秋·权勋》："垂棘之璧，吾先君之宝也；屈产之乘，寡人之骏也。"《文选·颜延之〈赭白马赋〉》："总六服以收贤，掩七戎而得骏。"又表示才智杰出，与俊为同源通用。《史记·屈原贾生列传》："诽骏疑桀兮，固庸态也。"裴骃集解："王逸曰：千人才为俊。"又表示高大，与峻为同源通用。《诗·大雅·崧高》："崧高维岳，骏极于天。"毛传："骏，大。"又从高引申为长。《诗·小雅·雨无正》："浩浩昊天，不骏其德。"毛传："骏，长也。"（孟蓬生）

驍(骁) xiāo 见纽、宵部；见纽、萧韵、古尧切。

《说文》小篆　楷书　楷书

1《说文》200页。

形声字。从馬，堯声。《简化字总表》规定"馬"作偏旁简化为"马"，"堯"简化为"尧"，故"驍"类推简化为"骁"。本义为良马。《文选·颜延之〈赭白马赋〉》："临广望，坐百层，料武艺，品骁腾。"引申为勇猛。唐吴筠《胡无人行》："铁骑追骁虏，金鞯讨黠羌。"（孟蓬生）

驕(骄) jiāo 见纽、宵部；见纽、宵韵、举乔切。

战国　秦　汉　汉　楷书
《说文》小篆　汉　楷书　楷书

1《战文编》654页。2《睡甲》153页。3《说文》200页。4、6《篆隶表》680页。5《隶辨》194页。

形声字。从馬，喬声。喬字本从止(后讹变为又字)，高声，但隶书字形开始又逐渐向高字回归，写作[图]。小篆字形和汉代字形[图]则是受语音影响，而将其上部改成了夭字。《简化字总表》规定"馬"作偏旁简化为"马"，"喬"简化为"乔"，故"驕"类推简化为"骄"。本义为六尺高的马。《说文》："驕，马高六尺为骄。从馬，喬声。《诗》曰：'我马唯骄。'"引申为健壮。《诗·卫风·硕人》："四牡有骄，朱幩镳镳。"毛传："骄，壮貌。"引申为怠慢；轻视。《国语·越语下》："天道盈而不溢，盛而不骄，劳而不矜其功。"韦昭注："不骄，不自纵弛。"《史记·项羽本纪》："战胜而将骄卒惰者败。"（孟蓬生）

驩(骅) huān 晓纽、元部；晓纽、桓韵、呼官切。

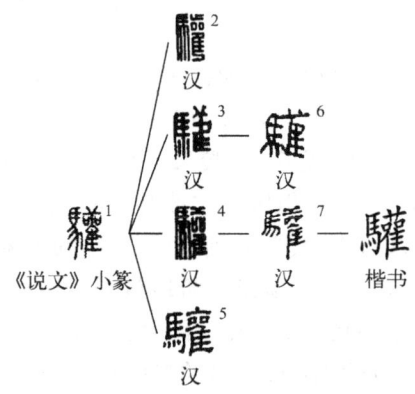

《说文》小篆　汉　汉　汉　汉　楷书

1《说文》200页。2、3、4《汉印徵》卷10，2页。5《隶辨》162页。6《篆隶表》680页。7《银雀山》323页。

形声字。从馬，藋声。该字在汉代演变的一个趋势是字形的讹混。声旁藋字上部本像鸟的毛角，后来与艸字写法相混，楷书字形即承此而来；而有的字形甚至跟止形相混，写作[图]。该字在汉代的另一个演变趋势是简化，一是省去声旁中的"口口"成为[图]，在此基础上出现了[图]。另一种写法是把藋字上部简写为一点一横，写作[图]。该字本义为一种马的名字。假借为"歡"（欢）。《左传·昭公五年》："君若驩焉，好逆使臣，滋敝邑休怠，而忘其死，亡无日矣。"《左传·昭公六年》："武子退，使行人告曰：'小国之事大国也，苟免于讨，不敢求贶。得贶不过三献。今豆有加，下臣弗堪，无乃戾也。'韩宣子曰：'寡君以为驩也。'"《管子·形势》："父母不失其常，则子孙和顺，亲戚相驩。"《史记·商君列传》："吾始与公子驩，今俱为两国将，不忍相攻。"《史记·刺客列传》："故进百金者，将用为大人粗粝之费，得以交足下之驩，岂敢以有求望邪！"《新唐书·叛臣传下·高骈》："用之者，鄱阳人，世为商侩，往来广陵，得诸贾之驩。"由于本义久废，"驩"字实际上

成了"歡"的异体字,所以《第一批异体字整理表》将"驩"字作为"歡"(欢)的异体字加以废弃。(孟蓬生)

驗(验) yàn 疑纽、谈部;疑纽、艳韵、鱼窆切。

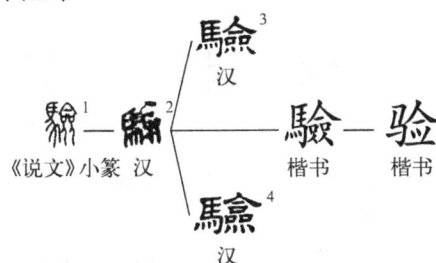

1《说文》200 页。2《马王堆》395 页。3、4《隶辨》632 页。

形声字。从馬,僉声。汉隶中声旁僉字下部写成了四点,或又于中部增一口字写作騐。《简化字总表》规定"馬"作偏旁简化为"马","僉"简化为"佥",故"驗"类推简化为"验"。本义为一种马名。假借为譣,验证之义。《韩非子·南面》:"言无端末,辩无所验者,此言之责也。"《史记·孟子荀卿列传》:"其语闳大不经,必先验小物,推而大之,至于无垠。"引申为效果。《淮南子·主术》:"道在易而求之难,验在近而求之远,故弗得也。"高诱注:"验,效也。"引申为征兆。宋吴曾《能改斋漫录·议论》:"武后之幼,母抱以见袁天纲,绐以男。天纲视其步与目,惊曰:'龙瞳凤颈,极贵验也。若为女,当作天子。'"(孟蓬生)

馼 wén 明纽、文部;微纽、文韵、无分切。

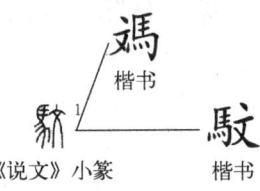

1《说文》200 页。

会意兼形声字。从馬文会意,文亦声。楷书中也写作妏。本义为赤鬣白身黄目的马。《说文》:"馼,马赤鬣缟身,目若黄金,名曰妏。吉皇之乘,周文王时,犬戎献之。"馼字,典籍多写作文。《山海经·海外西经》:"奇肱之国乘文马。"郭璞注:"文马,即吉量也。"明叶宪祖《金锁记补·计贷》:"好一似赋秋风招放臣,好一似馼鸣哭故人。"(孟蓬生)

驤(骧) xiāng 心纽、阳部;心纽、阳韵、息良切。

驤¹—驤²—驤—骧
《说文》小篆 三国魏 楷书 楷书

1《说文》200 页。2《隶辨》232 页。

形声字。从馬,襄声。《简化字总表》规定"馬"作偏旁简化为"马",故"驤"类推简化为"骧"。本义为上仰;上举。《文选·邹阳〈上书吴王〉》:"臣闻蛟龙骧首奋翼,则浮云出流,雾雨咸集。"三国魏曹植《平原懿公主诔》:"在生十旬,察人识物。仪同圣表,声协音律。骧眉识往,俛首知来。"引申为奔驰,腾越。《文选·张衡〈西京赋〉》:"负笋业而馀怒,乃奋翅而腾骧。"薛综注:"骧,驰也。"南朝梁刘勰《文心雕龙·才略》:"袁宏发轸以高骧,故卓出而多偏。"又表假借义,指后右足白的马。《尔雅·释畜》:"后右足白,骧。"(孟蓬生)

驀(蓦) mò 明纽、铎部;明纽、陌韵、莫白切。

驀¹—驀²—驀—蓦
《说文》小篆 秦 楷书 楷书

1《说文》200 页。2《睡甲》153 页。

形声字。从馬,莫声。《简化字总表》规定馬作偏旁简化为马,故"驀"类推简化为"蓦"。本义为上马,跃上马背。《文选·左思〈吴都赋〉》:"蓦六驳,追飞升。"李周翰注:"蓦,骑也。"引申为跳跃。《敦煌变文集·燕子赋》:"人急烧香,狗急蓦墙。"引申为穿越;跨过。唐李贺《送沈亚之歌》:"雄光宝矿献春卿,烟底蓦波乘一叶。"又从本义引申为猛然,忽然。金董解元《西厢记诸宫调》卷三:"恰正张生闷加转,蓦见红娘欢喜煞,又手奉迎他。"(孟蓬生)

騎(骑) qí 群纽、歌部;群纽、支韵、渠羁切。
jì 群纽、歌部;群纽、寘韵、奇寄切。

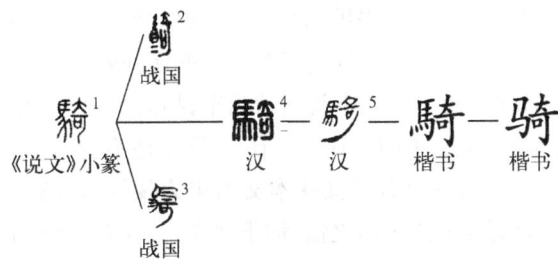

1《说文》200 页。2《古玺》246 页。3《包山》154 页。4《汉印徵》卷 10,2 页。5《银雀山》323 页。

形声字。从馬,奇声。战国文字中曾出现过两个简体,一是形旁馬或从简体(保留上半部,下部以两横画代之),一是声旁或径从可声(奇本从可声)。《简化字总表》规定"馬"作偏旁简化为"马",故"騎"类推简化为"骑"。本义为跨马,骑马。《史记·袁盎晁错列传》:"文帝从霸陵上,欲西驰下峻阪。袁盎骑,并车擥辔。"南朝齐王融《永明十一年策秀才文》之四:"今欲专士女于耕桑,习乡间以弓骑。"引申为跨坐;乘坐。《庄子·齐物论》:"乘云气,骑日月,而游乎四海之外。"又从本义引申为一匹马。这个意义读jì。《战国策·赵策二》:"赵地方三千里,带甲数十万,车千乘,骑万匹。"又引申为一人一马。这个意义也读jì。《文选·班固〈东都赋〉》:"千乘雷起,万骑纷纭。"唐白居易《卖炭翁》:"翩翩两骑来是谁?黄衣使者白衫儿。"(孟蓬生)

駕(驾) jià 见纽、歌部;见纽、祃韵、古讶切。

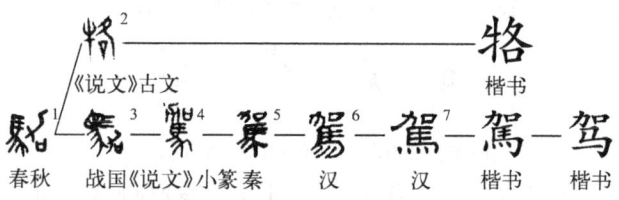

1《类编》194页。2、4《说文》200页。3《类编》194页。5《睡甲》153页。6《银雀山》323页。7《隶辨》599页。

形声字。从馬,加声。战国时或从牛,各声。战国以前该字为左形右声的结构,秦以后则变为下形上声的结构。《简化字总表》规定"馬"作偏旁简化为"马",故"駕"类推简化为"驾"。本义为把车套在牲口身上。《诗·小雅·车攻》:"四黄既驾,两骖不猗。"汉贾谊《吊屈原文》:"腾驾罢牛,骖蹇驴兮。"引申为乘。南朝梁沈约《游沈道士馆》诗:"朋来握石髓,宾至驾轻鸿。"引申为车乘,特指帝王乘坐的车马轿舆,也借指帝王。《左传·定公十三年》:"齐侯曰:'比君之驾也,寡人请摄。'"《后汉书·郭宪传》:"建武七年,代张堪为光禄勋,从驾南郊。"又从本义引申为驾驶。唐白居易《卖炭翁》:"夜来城外一尺雪,晓驾炭车辗冰辙。"又引申为出动兵车,指兴师。《左传·襄公九年》:"行之期年,国乃有节,三驾而楚不能与争。"杜预注:"三驾,三兴师。"又从本义引申为陵驾,超越。《左传·昭公元年》:"子木之信,称于诸侯,犹诈晋而驾焉,况不信之尤者乎!"杜预注:"驾,犹陵也。"(孟蓬生)

駢(骈) pián 並纽、元部;並纽、先韵、部田切。

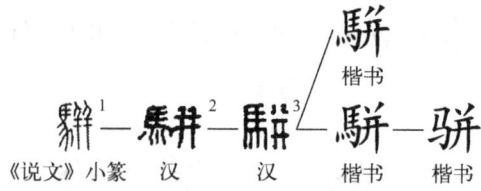

1《说文》200页。2《甲金篆》668页。3《汉印徵》卷10,2页。

形声字。从馬,幷声。声旁幷本像二人相比之形(楷书字形"骈"基本保留了这种形状)。汉代文字中或把人字下部的两画相连,写作骈;或把两个人形的上部又与下部分开,写作骈。《简化字总表》规定"馬"作偏旁简化为"马",故"駢"类推简化为"骈"。本义为两马并驾。引申为并列。《管子·四称》:"入则乘等,出则党骈。"尹知章注:"至其出也,又朋党而骈并。"南朝宋谢惠连《泛湖归出楼中望月》:"辍策共骈筵,并坐相招要。"引申为相连,合并。《庄子·骈拇》:"是故骈于足者,连无用之肉也。"引申为聚集,排列。《后汉书·班固传下》:"遂集乎中囿,陈师案屯,骈部曲,列校队,勒三军,誓将帅。"(孟蓬生)

驂(骖) cān 清纽、侵部;清纽、覃韵、仓含切。

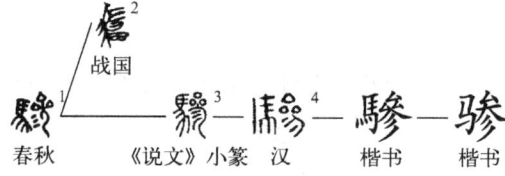

1《甲金篆》668页。2《曾侯乙》182页。3《说文》200页。4《篆隶表》682页。

形声字。从馬,参声。战国文字或省去参字下部,写作骖。声旁参字上部的笔画本来是相连,后来则发生了断裂,写作骖。《简化字总表》规定"馬"作偏旁简化为"马","參"简化为"参",故"驂"类推简化为"骖"。本义为同驾一车的三匹马。《诗·小雅·采菽》:"载骖载驷,君子所届。"《诗·鄘风·干旄》"良马五之"孔颖达疏引王肃曰:"古者一辕之车驾三马则五辔。其大夫皆一辕车,夏后氏驾两谓之丽,殷益以一騑谓之骖,周人又益一騑谓之驷。"引申驾车时位于两边的马。《诗·郑风·大叔于田》:"执辔如组,两骖如舞。"郑玄笺:"在旁曰骖。"《荀子·哀公》:"两骖列,两服入厩。"杨倞注:"两服,马在中;

两骖,两服之外马。"泛指马或马车。北周庾信《李陵苏武别赞》:"李陵北去,苏武南旋。归骖欲动,别马将前。"又从本义引申为驾驭。《楚辞·九章·涉江》:"驾青虬兮骖白螭,吾与重华游兮瑶圃。"(孟蓬生)

駟(驷) sì 心纽、质部;心纽、至韵、息利切。

1《类编》193页。2《金文编》678页。3《睡甲》。4《说文》200页。

形声字。从馬,四声。《简化字总表》规定"馬"作偏旁简化为"马",故"駟"类推简化为"驷"。本一车所驾四马,泛指马。《文选·颜延之〈阳给事诔〉》:"如彼骓駟,配服骖衡。"李善注:"服,谓中央两马夹辕者,在服之左曰骖,右曰骓,四马曰駟。"引申指四马所驾之车。《管子·七臣七主》:"瑶台玉铺不足处,驰车千駟不足乘。"又引申为驾驭。《楚辞·离骚》:"駟玉虬以乘鹥兮,溘埃风余上征。"(孟蓬生)

駙(驸) fù 并纽、侯部;奉纽、遇韵、符遇切。

1《说文》200页。2、3《汉印徵》卷10,3页。4《隶辨》512页。

形声字。从馬,付声。《简化字总表》规定"馬"作偏旁简化为"马",故"駙"类推简化为"驸"。本义为副车之马。《汉书·百官公卿表上》:"驸马都尉掌驸马。"唐颜师古注:"驸,副马也。非正驾车,皆为副马。"(孟蓬生)

騀 wǒ 疑纽、歌部;疑纽、哿韵、五可切。

1《说文》200页。

形声字。从馬,我声。駊騀,叠韵联绵词,形容马头摇动的样子。《楚辞·远游》:"服偃蹇以低昂兮。"汉王逸注:"驷马駊騀而鸣骧也。"引申为山势起伏不平。《汉书·扬雄传上》:"崇丘陵之駊騀兮,深沟嶔岩而为谷。"(孟蓬生)

駊 pǒ 滂纽、歌部;滂纽、果韵、普火切。

1《说文》200页。

形声字。从馬,皮声。駊騀,叠韵联绵词,见上"騀"字条。(孟蓬生)

篤(笃) dǔ 端纽、觉部;端纽、沃韵、冬毒切。

1《说文》200页。2《睡甲》154页。3、4《隶辨》654页。

形声字。从馬,竹声。汉隶中竹和艹相混,故"篤"也可以写作"蕉"。《简化字总表》规定"馬"作偏旁简化为"马",故"篤"类推简化为"笃"。本义为马行走缓慢。《说文》:"篤,马行顿迟也。"引申为深厚、厚重。《汉书·贾山路温舒等传赞》:"路温舒辞顺而意笃,遂为世家,宜哉。"引申为沉重(多指病势)。《史记·范雎蔡泽列传》:"昭王强起应侯,应侯遂称病笃。"又从厚重引申为加厚。《孟子·梁惠王下》:"以笃周祜。"假借为督。《孔子家语·入官》:"笃之以累年之业,不因其力,则民引而不从。"(孟蓬生)

騤(骙) kuí 群纽、脂部;群纽、脂韵、渠追切。

1《说文》200页。

形声字。从馬,癸声。《简化字总表》规定"馬"作偏旁简化为"马",故"騤"类推简化为"骙"。騤騤,马行雄壮的样子。《诗·小雅·采薇》:"驾彼四牡,四牡騤騤。"晋挚虞《太康颂》:"龙马騤騤,风于华阳。"(孟蓬生)

馬部

駸(骎) cēn 清纽、侵部；初纽、侵韵、楚簪切。

駸—駸—骎
《说文》小篆 楷书 楷书

1《说文》200页。

形声字。从馬，𠬶声。《简化字总表》规定"馬"作偏旁简化为"马"，故"駸"类推简化为"骎"。骎骎，马疾速奔驰的样子。《诗·小雅·四牡》："驾彼四骆，载骤骎骎。"毛传："骎骎，骤貌。"引申为疾速。南朝梁简文帝《纳凉》："斜日晚骎骎，池塘半生阴。"（孟蓬生）

馮(冯) píng 並纽、蒸部；並纽、蒸韵、扶冰切。
féng 並纽、蒸部；奉纽、东韵、房戎切。

馮—馮—馮—馮—冯
《说文》小篆 汉 汉 楷书 楷书

1《说文》200页。2《篆隶表》683页。3《隶辨》77页。4《战文编》655页。5《汉印徵》卷10，3页。

形声字。从馬，仌（"冰"之古字）声。战国文字中声旁已简化为两点。汉代或将声旁放在右侧写作馮。《简化字总表》规定馬作偏旁简化为马，故馮类推简化为冯。一读 píng。本义马行疾速。《说文》："馮，马行疾也。"假借为富，义为满、大。《左传·昭公五年》："今君奋焉震电冯怒，虐执使臣，将以衅鼓，则吴知所备矣。"杜预注："冯，盛也。"假借为"凭"（凭）。《史记·魏世家》："中旗冯琴而对曰：'王之料天下过矣。'"又表示"徒涉"，也属于假借用法。《诗·小雅·小旻》："不敢暴虎，不敢冯河。"一读 féng。假借用法，用作古地名或姓氏。《左传·定公六年》："郑于是乎伐冯、滑、胥靡、负黍、狐人、阙外。"杨伯峻注："《后汉书·冯鲂传》注引《东观汉记》谓魏之别封曰华侯，华侯孙长卿食采冯城，即此冯，当在洛阳市不远之处。"（孟蓬生）

驟(骤) zhòu 从纽、侯部；崇纽、宥韵、锄祐切。

驟—驟—骤
《说文》小篆 楷书 楷书

1《说文》201页。

形声字。从馬，聚声。《简化字总表》规定"馬"作偏旁简化为"马"，故"驟"类推简化为"骤"。本义为马奔驰，泛指奔跑。《庄子·齐物论》："鸟见之高飞，麋鹿见之决骤。"引申为疾速，急促。《素问·气交变大论》："中央生湿，湿生土……其变骤注。"又引申为屡次。《左传·文公十四年》："公子商人骤施于国。"（孟蓬生）

驅(驱) qū 溪纽、侯部；溪纽、虞韵、岂俱切。

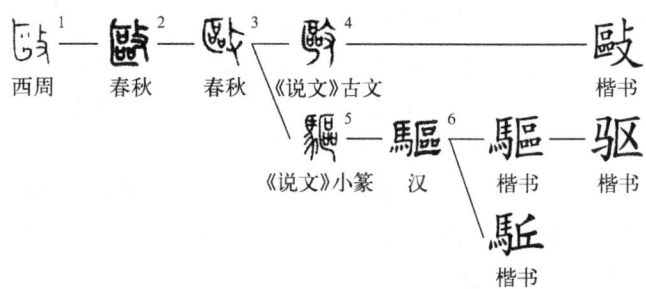
西周 春秋 春秋 《说文》古文 楷书
驅—驅—驱
《说文》小篆 汉 楷书 楷书
駈
楷书

1《四版校补》114页。2、3《甲金篆》669页。4、5《说文》201页。6《隶辨》84页。

形声字。从支，區声。或从馬，區声。或从馬，丘声。《第一批异体字整理表》规定"驅"为正体，"敺""駈"则作为异体字加以淘汰。《简化字总表》规定"馬"作偏旁简化为"马"，"區"简化为"区"，故"驅"类推简化为"驱"。早期字形从支，本义当为策马前进，泛指驱赶人畜。《诗·唐风·山有枢》："子有车马，弗驰弗驱。"《左传·桓公十二年》："明日，绞人争出，驱楚役徒于山中。"（孟蓬生）

馳(驰) chí 定纽、歌部；澄纽、支韵、直离切。

馳
《说文》小篆
馳—馳—馳—馳—馳—驰
战国 秦 汉 汉 汉 楷书 楷书

1《战文编》658页。2《睡甲》154页。3《说文》201页。4《汉印徵》卷10，3页。5《篆隶表》684页。6《隶辨》43页。

形声字。从馬，它声。从它声之字，隶变后或讹从也声。《简化字总表》规定"馬"作偏旁简化为"马"，故"馳"

类推简化为"驰"。本义马疾行，泛指奔驰。《左传·昭公十七年》："啬夫驰，庶人走。"杜预注："车马曰驰，步曰走。"汉刘向《九叹·逢纷》："驰余车兮玄石，步余马兮洞庭。"（孟蓬生）

骞（骞）qiān 溪纽、元部；溪纽、删韵、去乾切。

𩫞¹—骞—骞—骞
《说文》小篆 汉 楷书 楷书

1《说文》201页。2《隶辨》187页。

形声字。从马，寒省声（寒字小篆作𡫾，此字省去了寒字小篆下部像冰形的仌字）。《简化字总表》规定"馬"作偏旁简化为"马"，故"骞"类推简化为"骞"。本义为马腹低陷，泛指低陷。《周礼·考工记·梓人》："锐喙，决吻，数目，顑脰，小体，骞腹，若是者谓之羽属。"孙诒让正义："云小体骞腹者，《说文》云：'骞，马腹絷也。'段玉裁校改絷为垫，谓马腹低陷，是也。"引申为亏损。《诗·小雅·无羊》："矜矜兢兢，不骞不崩。"毛传："骞，亏也。"（孟蓬生）

驻（驻）zhù 端纽、侯部；知纽、遇韵、中句切。

駐³
汉
𢒉¹—駐²—駐—驻
战国《说文》小篆 汉 楷书 楷书

1《曾侯乙》117页。2《说文》201页。3《篆隶表》686页。4《隶辨》516页。

形声字。从马，主声。汉简比较草率的写法中"馬"字下部的四点已经被一横所代替。《简化字总表》规定"馬"作偏旁简化为"马"，故"駐"类推简化为"驻"。本义为车马停止。《汉书·韩延寿传》："今旦明府早驾，久驻未出。"南朝梁简文帝《茱萸女乐府》："不无夫壻马，空驻使君车。"引申为居留其地，驻扎。《三国志·蜀书·诸葛亮传》："五年，率诸军北驻汉中。"（孟蓬生）

驯（驯）xùn 邪纽、文部；邪纽、谆韵、详遵切。

𩢸¹—馴²—馴—驯
《说文》小篆 汉 楷书 楷书

1《说文》201页。2《隶辨》135页。

形声字。从马，川声。由小篆到汉隶，最显著的变化就是川字由曲笔变成了直笔。《简化字总表》规定"馬"作偏旁简化为"马"，故"馴"类推简化为"驯"。本义为驯化，驯服。《淮南子·说林》："马先驯而后求良。"汉枚乘《七发》："客曰：'将为太子驯骐骥之马，驾飞轮之舆。'"引申为驯顺而不乱。《史记·五帝本纪》："舜曰：'契，百姓不亲，五品不驯，汝为司徒，而敬敷五教，在宽。'"（孟蓬生）

骋 chéng 船纽、蒸部；船纽、蒸韵、食陵切。

𩣡¹—騬
《说文》小篆 楷书

1《说文》201页。

形声字。从马，乘声。阉割公马。《周礼·夏官·校人》："夏祭先牧，颁马攻特。"汉郑玄注："郑司农云：攻特谓骋之。"《资治通鉴·后唐庄宗同光三年》："郭崇韬素疾宦官，尝密谓魏王继岌曰：'大王他日得天下，骋马亦不可乘，况任宦官！宜尽去之，专用士人。'"引申为阉割的公马。《说文》："骋，犗马也。"（孟蓬生）

骱 jiè 见纽、月部；见纽、怪韵、古拜切。

𩡗¹—骱
《说文》小篆 楷书

1《说文》201页。

形声字。从马，介声。本义为打成结的马尾。古代乘车远行时，一般要把马尾打结盘起，以免缠绕。汉扬雄《太玄·文》："君子乘位，为车为马，车轮马骱，可以周天下。"范望注："骱，尾结也。"（孟蓬生）

骚（骚）sāo 心纽、幽部；心纽、豪韵、苏遭切。

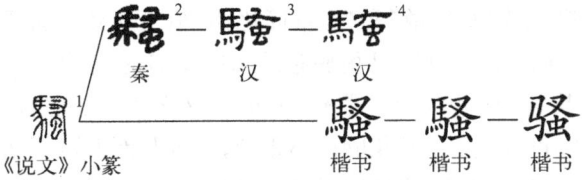

𩣡¹————————骚—骚—骚
《说文》小篆　　　　　　　楷书 楷书 楷书

1《说文》201页。2《睡甲》154页。3、4《隶辨》206页。

形声字。从马，蚤声。蚤本从虫，叉（爪本字，像人手有指甲形）声。但"骚"字所从的叉字秦隶和汉隶中往往省作又字。楷书字形旧字形从叉作"骚"，新字形则从叉写作骚。《简化字总表》规定"馬"作偏旁简化为"马"，故"骚"

类推简化为"骚"。本义用手指为马梳理毛发或挠痒,泛指梳理毛发或挠痒。《说文》:"骚,摩马。"段玉裁注:"人曰搔,马曰骚,其意一也。"引申为瘙痒,这个意义后来写作瘙。《管子·地员》:"寡有疥骚,终无痟醒。"(孟蓬生)

馽 zhí 端纽、缉部；知纽、缉韵、陟立切。

《说文》小篆　楷书

《说文》或体　汉　楷书　楷书

1、2《说文》201页。3《篆隶表》686页。

该字有两个异体。馽为会意字,小篆字形像以绳索绊马之四足,楷书字形像绳套的部分与马足分离,变作中字。"縶"为形声字,从系,执声。《第一批异体字整理表》规定"縶"为正体字,"馽"则作为异体字被淘汰。本义以绳索绊马足。《楚辞·九歌·国殇》:"霾两轮兮縶四马,援玉枹兮击鸣鼓。"又从本义引申为绊马索。《左传·成公二年》:"韩厥执縶马前,再拜稽首,奉觞加璧以进。"杜预注:"縶,马绊也。"用作动词,束缚。《左传·成公九年》:"晋侯观于军府,见钟仪,问之曰:'南冠而縶者,谁也?'"(孟蓬生)

駘(骀) tái 定纽、之部；定纽、哈韵、徒哀切。

《说文》小篆　战国　汉　楷书　楷书

1《说文》201页。2《古玺》247页。3《甲金篆》670页。

形声字。从马,台声。《简化字总表》规定"馬"作偏旁简化为"马",故"駘"类推简化为"骀"。本义马嚼子脱落。《说文》:"駘,马衔脱也。"《后汉书·崔寔传》:"驭委其辔,马骀其衔。"假借用法,义为劣马,比喻庸才。《楚辞·九辩》:"却骐骥而不乘兮,策驽骀而取路。"南朝宋王韶之《赠潘综吴达举孝廉诗》:"伊余朽骀,窃服惧盗,无能礼乐,岂暇声教。"(孟蓬生)

騶(驺) zōu 定纽、之部；定纽、哈韵、徒哀切。

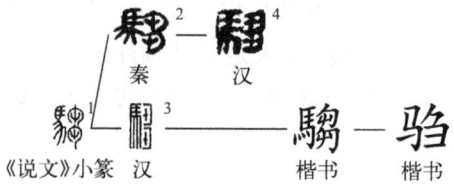

《说文》小篆　汉　楷书　楷书

1《说文》201页。2《睡甲》154页。3《汉印徵》卷10,3页。4《马王堆》394页。

形声字。从马,刍声。秦汉隶书中刍旁略有简省,其中中字两旁像草叶的两笔变成一横,与十字相近。楷书字形则又回归小篆,保留了原始构意。《简化字总表》规定"馬"作偏旁简化为"马",故"騶"类推简化为"驺"。本义为古时掌管养马并管驾车的人。《左传·成公十八年》:"程郑为乘马御,六驺属焉。"孔颖达疏:"驺是主驾之官也。"《后汉书·宦者传·张让》:"凡诏所征求,皆令西园驺密约敕,号曰'中使'。"李贤注:"驺,养马人。"引申为骑马驾车的随从。晋干宝《搜神记》卷四:"忽于树间逢一绛衣驺,呼班云:'泰山府君召。'"又从本义引申为古代帝王畜养禽兽的园地。汉贾谊《新书·礼》:"驺者,天子之囿。"(孟蓬生)

驛(驿) yì 喻纽、铎部；以纽、昔韵、羊益切。

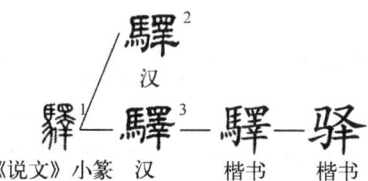

《说文》小篆　汉　楷书　楷书

1《说文》201页。2、3《隶辨》727页。

形声字。从马,睪声。汉隶中声旁下部或讹从羊,写作驛。《简化字总表》规定"馬"作偏旁简化为"马",故"驛"类推简化为"驿"。本义为驿马或驿车。《吕氏春秋·士节》:"齐君闻之,大骇,乘驿而自追晏子,及之国郊,请而反之。"《后汉书·西域传论》:"立屯田于膏腴之野,列邮置于要害之路,驰命走驿,不绝于时月。"引申为用驿马、驿车等传递。唐韩偓《海山记》:"聚巧石为山,凿池为五湖四海。诏天下境内所有鸟兽草木,驿至京师。"(孟蓬生)

騰(腾) téng 定纽、蒸部；定纽、登韵、徒登切。

《说文》小篆　秦　汉　楷书　楷书

1《说文》201页。2《睡甲》154页。3《隶辨》281页。

形声字。从馬,朕声。秦简中形旁和声旁的相互位置有所变化,火字的下部变成一横,而汉代隶书以后字形中象双手的部分又发生简化并与火字相连,成为我们看到的楷书字形"腾"字。《简化字总表》规定"馬"作偏旁简化为"马",故"騰"类推简化为"腾"。本义为驿车。《说文》:"騰,传也。"又指马奔跃。《楚辞·大招》:"腾驾步游,猎春囿只。"王逸注:"腾,驰。"引申为跳跃。《汉书·李广传》:"暂腾而上胡儿马。"又引申为乘,骑。汉刘向《九叹·愍命》:"却骐骥以转运兮,腾驴骡以驰逐。"(孟蓬生)

駮 bó 帮纽、药部;帮纽、觉韵、北角切。

駮—駮—駮
《说文》小篆 汉 楷书

1《说文》201页。2《隶辨》662页。

形声字。从馬,交声。本义为兽名。《说文》:"駮,兽如马,倨牙,食虎豹。从馬,交声。"由于作为兽名的"駮"很少使用,在人心目中已与驳构成异体字关系,故《第一批异体字整理表》将"駮"作为异体字淘汰。参见前"驳"字条。(孟蓬生)

駃 jué 见纽、月部;见纽、屑韵、古穴切。
kuài 溪纽、月部;见纽、夬韵、苦夬切。

駃—駃—駃
《说文》小篆 秦 楷书

1《说文》201页。2《睡甲》154页。

形声字。从馬,夬声。駃騠,由公马和母驴交配所生的杂种,今称驴骡。体形比马骡小,耳朵较大,尾部的毛较少。汉刘向《列女传》:"駃騠生七日而超其母。"(孟蓬生)

騠 tí 定纽、支部;定纽、齐韵、杜奚切。

騠—騠—騠
《说文》小篆 秦 楷书

1《说文》202页。2《睡甲》154页。

形声字。从馬,是声。駃騠,见上"駃"字条。(孟蓬生)

羸(骡) luó 来纽、歌部;来纽、戈韵、落戈切。

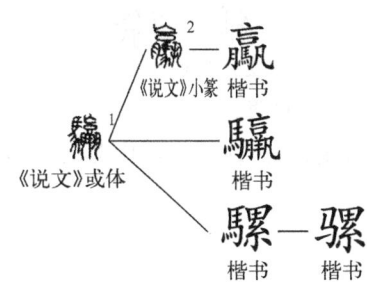

1、2《说文》202页。

形声字。从馬,羸声。或从馬,羸省声。楷书字形或从馬,累声。《第一批异体字整理表》规定"骡"为正体,"羸"作为异体被淘汰。《简化字总表》规定"馬"作偏旁简化为"马",故"騾"类推简化为"骡"。本义为公驴与母马所生的杂种(今称为马骡),现在泛指马和驴杂交的后代。汉刘向《九叹·忧苦》:"同驽骡与乘驵兮,杂班驳与阘茸。"《汉书·匈奴传上》:"其畜之所多则马、牛、羊,其奇畜则橐佗、驴、骡、駃騠、騊駼、驒騱。"颜师古注:"骡,驴种而马生也。"(孟蓬生)

驢(驴) lú 来纽、鱼部;来纽、鱼韵、力居切。

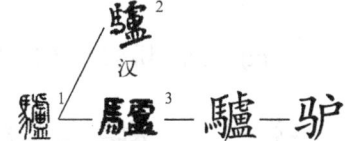

1《说文》202页。2、3《篆隶表》688页。

形声字。从馬,盧声。《简化字总表》规定"驢"简化为"驴"。一种家畜。哺乳动物,体形比马小,耳朵长,胸部稍窄,尾端有毛。毛多为灰褐色。汉司马相如《上林赋》:"蛩蛩騨駼,駃騠驴骡。"(孟蓬生)

騊 táo 定纽、幽部;定纽、豪韵、徒刀切。

騊—騊
《说文》小篆 楷书

1《说文》202页。

形声字。从馬,匋声。騊駼,古代良马名。《逸周书·王会》:"禺氏騊駼。"孔晁注:"騊駼,马之属也。"《尔雅·释畜》:"騊駼,马。"郭璞注引《山海经》:"北海内有兽,状如马,名騊駼,色青。"(孟蓬生)

馬部 廌部 鹿部

駼 tú 定纽、鱼部；定纽、模韵、同都切。

騊—駼
《说文》小篆　楷书

1《说文》202页。

形声字。从马，余声。騊駼，古代良马名，见上"騊"字条。（孟蓬生）

馱(驮) tuó 定纽、歌部；定纽、歌韵、徒河切。
duò 定纽、歌部；定纽、歌韵、唐佐切。

馱—馱—驮
《说文》新附　楷书　楷书

1《说文》202页。

形声字。从马，大声。有两个读音，一读tuó，指牲口负载货物。《北齐书·彭城景思王浟传》："又有一人从幽州来，驴驮鹿脯。"一读duò，指驮着货物的牲口或指牲口所驮的货物。五代贯休《长安道》："千车万驮，半宿关月。"宋陆游《短歌示诸稚》："再归又六年，疲马欣解驮。"（孟蓬生）

騂(骍) xīng 心纽、耕部；心纽、清韵、息营切。

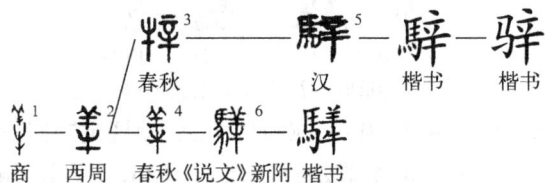
商　西周　春秋《说文》新附　楷书

1《甲文编》399页。2《金文编》56页。3、4、5《甲金篆》672页。6《说文》202页。

羍为初文，盖从羊从牛会意。后追加马旁成为形声字。石鼓文从牛，辛声。汉代又有了从马辛声的"騂"字。《简化字总表》规定"馬"作偏旁简化为"马"，故"騂"类推简化为"骍"。本义为赤黄色牲畜。大篆："易(赐)乌羊牺。"（羊牺，祭祀用的赤色公牛）《诗·鲁颂·閟宫》："白牡騂刚，牺尊将将。"（羊牺与騂刚同，指祭祀用的赤色公牛）《诗·鲁颂·駉》："薄言駉者，有驈有騜，有騂有骐，以车伾伾。"毛传："赤黄曰騂。"孔颖达疏："騂为纯赤色，言赤黄者，谓赤而微黄。"引申为赤色。《论语·雍也》："犁牛之子騂且角。"杨伯峻注："騂，赤色。"（孟蓬生）

廌部

廌(廌) zhì 定纽、支部；澄纽、蟹韵、宅买切。

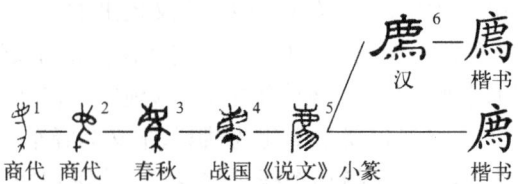
商代　商代　春秋　战国《说文》小篆　楷书

1《甲文编》400页。2《四版校补》114页。3《汉语字形表》380页。4《楚文编》574页。5《说文》202页。6《隶辨》383页。

象形字。像一种有两角的动物，头、角、身、足、尾具备。战国和《说文》小篆字形，头部跟鹿头写法已经相混。汉隶中或增多一笔写作廌。解廌，或作獬廌，獬豸、觟觿(觿)，传说中能辨别是非曲直帮人断案的长有一只角的动物。《说文》："廌，解廌，兽也，似山牛，一角。古者决讼，令触不直。"《汉书·司马相如传》："椎蜚廉，弄獬廌。"颜师古注引张揖曰："獬廌，似鹿而一角。人君刑罚得中则生于朝廷，主触不直者。"《文选·司马相如〈上林赋〉》"獬廌"作"獬豸"。汉王充《论衡·是应》："觟觿者，一角之羊也，性知有罪。皋陶治狱，其罪疑者，令羊触之。有罪则触，无罪则不触。"（孟蓬生）

薦(荐) jiàn 从纽、文部；从纽、霰韵、在甸切。

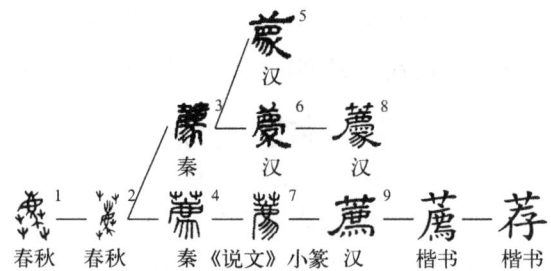
春秋　春秋　秦《说文》小篆　汉　楷书　楷书

1、2《金文编》679页。3-6、8《篆隶表》689页。7《说文》202页。9《隶辨》582页。

会意字，从艸，从廌，表示廌所吃的草。一说为形声字，从艸，廌声。秦代以后，或省从艸。秦代开始，字形下部或讹为从豕，于是产生薦、薦两种写法，甚至出现了薦这样叠床架屋的写法。"薦""荐"两字本不同义，二者是通假关系。《简化字总表》以"荐"为"薦"的简化字，于是二字又变成了繁简关系。本义为一种牧草。《庄子·齐物论》："民食刍豢，麋鹿食薦。"假借为荐，指垫子或席子。《韩非子·存韩》："韩事秦三十余年，出则为扞蔽，入

则为席薦。"（孟蓬生）

灋(法) fǎ 帮纽、叶部；非纽、乏韵、方乏切。

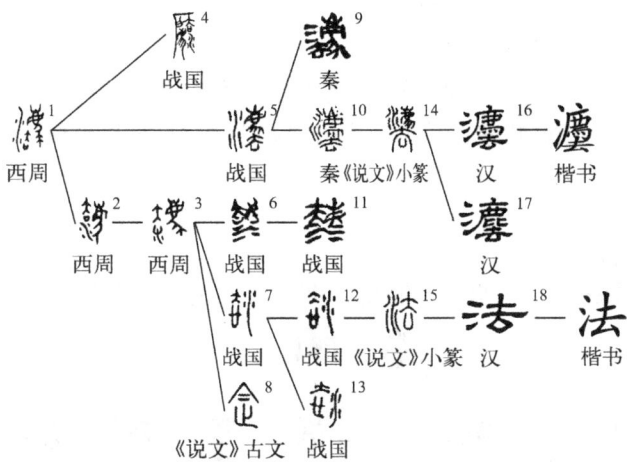

1、2《金文编》679页。3、4《金文编》680页。5《汉语字形表》381页。6《郭店》135页。7、12《古玺》247页。8、14、15《说文》202页。9《睡甲》154页。10《秦汉金文》249页。11《包山》154页。13《战文编》661页。16、17、18《隶辨》781页。

形声字。从水（表示执法须公平如水），从廌（传说中可以辨别是非曲直的动物），去声（去声古音兼属叶部和鱼部，这里取叶部读音）。1和2为初文，部件的相对位置比较灵活。在字形发展的过程中，除了一脉相承维持初文结构基本不变的字形如7、12、13、15外，该字形体上的演变也有简化和繁化、讹混三种情况。简化的情况又分两种：一是部件基本具备，而写法渐趋草率，如3、5、8等。其中3的写法特殊，实际上是声旁去下部的口形与形旁水的上部共用部件凵（口的变形），是古文字发展过程中常见的借笔现象。二是省去构件，如6、9，省去了意符廌。繁化的情况如4，是增加一个部件"户"。有的学者以为是从崖声，这应该是比较合理的解释。讹混的情况如14。汉代隶书字形中廌或写作鹿。《说文》古文为佱，学者多以为是另外一个字，因音同或音近而借用为"灋(法)"。《第一批异体字整理表》规定法为正体，"灋"字被作为异体淘汰。法的本义为刑法，亦泛指法律和各种规章制度。《易·噬嗑》："先王以明罚敕法。"《孟子·离娄上》："遵先王之法而过者，未之有也。"《周礼·天官·大宰》："以八法治官府。"孙诒让正义："法本为刑法，引申之，凡典礼文制通谓之法。"引申为依法惩处。《鹖冠子·武灵王》："喜则释罪，怒则妄杀，法民而自慎。"出土和传世典籍中，该字多假借为"废"。柞伯簋："柞白(伯)十禹(称)弓，无灋(废)矢。"（禹弓，举弓。灋矢，没有命中的箭）《管子·侈靡》："利不可法，故民流；神不可法，故事之。"郭沫若等集校："金文以'法'为'废'字，此两'法'字均当读为'废'。"（孟蓬生）

鹿部

鹿 lù 来纽、屋部；来纽、屋韵、卢谷切。

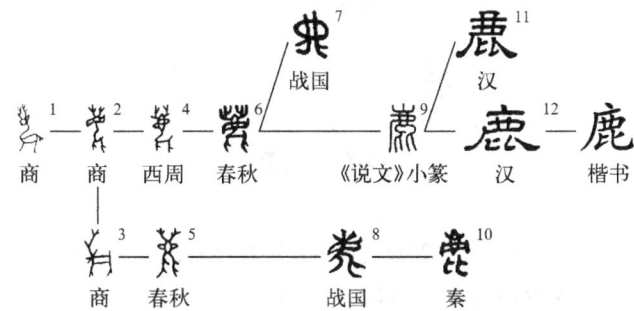

1、2、3《甲文编》。4、5《金文编》680页。6、7《类编》204页。8《包山》155页。9《说文》202页。10《睡甲》155页。11、12《隶辨》639页。

象形字。像鹿形，角、头、身、足、尾具备。虽然各个阶段都有一些省变字形出现，但该字发展脉络仍然十分清楚。隶楷阶段最大的变化就是原像鹿足的部分与身体分离，变成了比形，从而使整字象形意味大减。本义为一种哺乳动物。四肢细长，尾巴较短，雄性头上通常有角。《诗·小雅·鹿鸣》："呦呦鹿鸣，食野之苹。"鹿禄同音，故古人常常使用双关的修辞手法，以鹿指爵位，也指有爵位的人。《史记·淮阴侯列传》："秦失其鹿，天下共逐之。"裴骃集解引张晏曰："以鹿喻帝位也。"《文选·扬雄〈解嘲〉》："往昔周网解结，群鹿争逸。"李善注引服虔曰："鹿喻在爵位者。"（孟蓬生）

麟 lín 来纽、真部；来纽、真韵、力珍切。

1《说文》202页。2-6《隶辨》125页。

形声字。从鹿，粦声。跟所有从粦旁的字一样，汉隶中最大的变化就是粦逐渐变为粦。本义为较大的母鹿。汉隶麟写作麐，当然可以看成麟的简单省略，但汉代粦、夋形音并近,故麟之作麠,可能也有字音方面的因素。《说文》:"麟,大牝鹿也。"假借为麐。典籍中又常见"麒麟"一词,"麟"据《说文》当作"麐"。也有学者以为二者应为一字,都是指体型较大的牝鹿。参见下"麐"字条。(孟蓬生)

麛 mí 明纽、支部;明纽、齐韵,莫兮切。

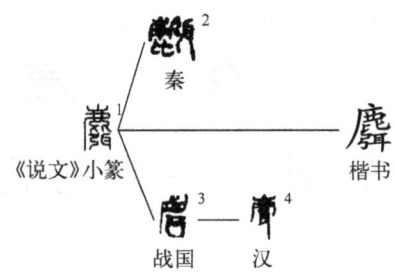

1《说文》202页。2《睡甲》155页。3《战文编》662页。4《篆隶表》691页。

形声字。从鹿,弭声。或省从耳声。秦代或写作左右结构。本义为幼小的鹿,泛指幼兽。《仪礼·士相见礼》:"上大夫相见以羔,饰之以布,四维之结于面,左头如麛执之。"贾公彦疏:"麛是鹿子,与鹿同时献之。"《礼记·曲礼下》:"国君春田不围泽,大夫不掩群,士不取麛卵。"孔颖达疏:"麛乃是鹿子之称,而凡兽子亦得通名也。"又作动词用,指捕猎幼兽。《逸周书·文传》:"不麛不卵,以成鸟兽之长。"《淮南子·时则》:"毋覆巢杀胎夭,毋麛毋卵。"(孟蓬生)

麒 qí 群纽、之部;群纽、之韵,渠之切。

麒¹—麒
《说文》小篆 楷书

1《说文》202页。

形声字。从鹿,其声。麒麟(麐),古代传说中的仁兽,也可以单称为麟(麐)。或说,牡为麒,牝为麟(麐)。《说文》:"麒,仁兽也。麋身牛尾,一角。"段注本作"麒麟,仁兽也",注云:"各本无'麒麟'二字,今依《初学记》补。"《公羊传》:"麟者,仁兽也。"何休注:"状如麇,一角而戴肉,设武备而不为害,所以为仁也。"《管子·封禅》:"今凤凰麒麟不来,嘉谷不生。"(孟蓬生)

麐 lín 来纽、文部;来纽、真韵,力珍切。

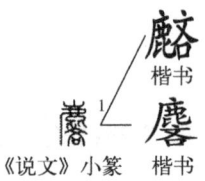

1《说文》202页。

形声字。从鹿,吝声。楷书中或变作左右结构。《说文》:"麐,牝麒也。"典籍多借"麟"字为之。参见上"麒"字条。(孟蓬生)

麋 mí 明纽、脂部;明纽、脂韵,武悲切。

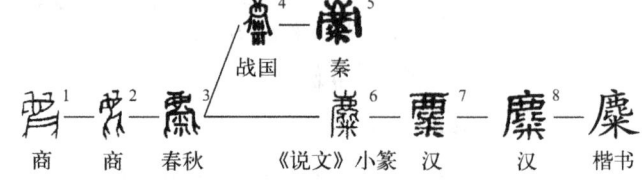

1《甲文编》402页。2《甲文编》403页。3、4《类编》204页。5《睡甲》155页。6《说文》202页。7《马王堆》397页。8《隶辨》53页。

象形字。甲骨文像鹿形,其头部借用眉字充当,眉兼作声符。后从鹿,米声。麋字大约是春秋时出现的,并且一直沿用到楷书。本义为一种似鹿而较大的哺乳动物。毛淡褐色,雄的有角,角像鹿,尾像驴,蹄像牛,颈像骆驼。俗称四不象。《急就篇》:"狸兔飞鼯狼麋麈。"颜师古注:"麋似鹿而大,冬至则角解。目上有眉,因以为名也。"假借为眉,指眉毛。《荀子·非相》:"伊尹之状,面无须麋。"《大戴礼记·主言》:"孔子愀然扬麋曰:'参!女以明主为劳乎?'"(孟蓬生)

麇 jūn 见纽、文部;见纽、谆韵,居筠切。

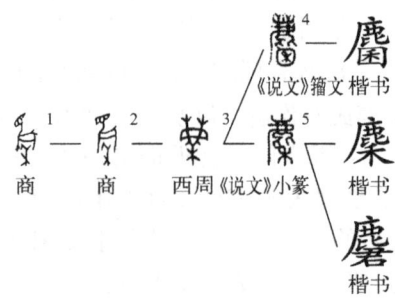

1、2《甲文编》402页。3《金文编》680页。4、5《说文》202页。

疑为形声字,从鹿,禾声。《说文》以为从鹿,囷省声,不可信。有人以为字从禾,(像无角的麋形)声,当是稛字。西周金文从鹿,从禾,写作,鹿足与禾上部形成借笔。籀文从鹿,困声,楷书作麕。楷书阶段还有一异体作麇,从鹿,君声。本义为獐(麞)子,哺乳动物,似鹿而小,无角。《诗·召南·野有死麕》:"野有死麕,白茅包之。"《左传·哀公十四年》:"逢泽有介麇焉。"陆德明释文:"麇,獐也。"《公羊传·哀公十四年》:"有以告者曰:'有麕而角者。'孔子曰:'孰为来哉,孰为来哉!'"(孟蓬生)

麞(獐) zhāng 章纽、阳部;章纽、阳韵、诸良切。

1《说文》202页。

形声字。从鹿,章声。楷书或从犬,章声。《第一批异体字整理表》以"獐"为正体字,"麞"作为异体字被淘汰。本义为獐(麞)子,哺乳动物,似鹿而小,无角,又称牙獐或河麂。《周礼·考工记》:"山以章,水以龙。"郑玄注:"章读为獐。獐,山物也,在衣。齐人谓麇为獐。"晋崔豹《古今注·鸟兽》:"麞有牙而不能噬,鹿有角而不能触。麞,一名麕,青州人谓麕为麞。"(孟蓬生)

麅(狍) páo 並纽、宵部;並纽、肴韵、薄交切。

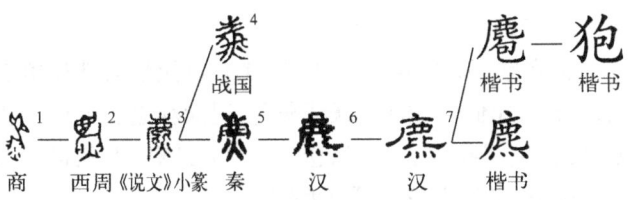

1《四版校补》115页。2《金文编》680页。3《说文》203页。4《战文编》662页。5《睡甲》155页。6《篆隶表》692页。7《隶辨》203页。

初文构意不明。《说文》以为从鹿,匏省声,未可必信。楷书或从鹿,包声,或从犬,包声。本义为鹿的一种,俗称狍子。耳、目均大,颈长,尾短,后肢较前肢略长。冬毛长,棕褐色;夏毛短,栗红色。臀盘白色。雄性有角。喜食浆果和野菌等。《管子·地员》:"既有麋麅,又且多鹿。"古代方言中也指麋鹿。《史记·孝武本纪》:"其明年,郊雍,获一角兽,若麃然。"裴骃集解引韦昭曰:"楚人谓麋为麃。"(孟蓬生)

麑 ní 疑纽、支部;疑纽、齐韵、五稽切。

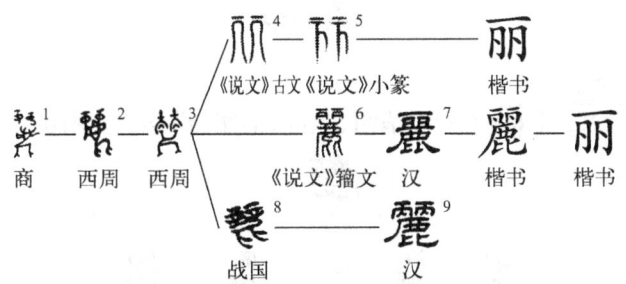

1、2《甲文编》403页。3《说文》203页。

初文为象形字。像幼鹿无角之形,正反无别。后变为形声字,从鹿,兒声。本义当为幼鹿。《论语·乡党》:"素衣,麑裘。"汉班固《白虎通·文质》:"卿大夫贽,古以麑鹿,今以羔雁。"又"狻麑",狮子的古称。《尔雅·释兽》:"狻麑如虥猫,食虎豹。"郭璞注:"即师子也,出西域。"(孟蓬生)

麗(丽) lì 来纽、歌部;来纽、霁韵、郎计切。

1《类编》204页。2、3《金文编》680页。4、5、6《说文》203页。7、9《隶辨》530页。8《曾侯乙》187页。9《隶辨》530页。

从鹿,头上有两对称之物。战国楚系文字讹变为从两辛。《说文》古文和小篆字形当是截除性简化的结果,即省去鹿形,而保留头上对称之物。《简化字总表》规定"丽"为"麗"的简化字。本义为成对。《周礼·夏官·校人》:"丽马一圉,八丽一师。"郑玄注:"丽,耦也。"引申为并列。《汉书·扬雄传上》:"丽钩芒与骖蓐收兮,服玄冥及祝融。"颜师古注:"丽,并驾也。"又引申为附着。《易·离》:"彖曰:离,丽也。日月丽乎天,百谷草木丽乎土,重明以丽乎正,乃化成天下,柔丽乎中正,故亨。"(孟蓬生)

麀 yōu 影纽、幽部;影纽、尤韵、於求切。

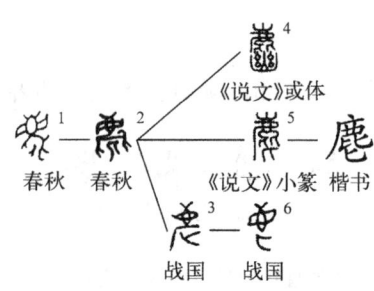

1、2《类编》204页。3《古文典》159页。4、5《说文》203页。6《古文典》159页。

初文为会意字。从鹿，从匕（古文字中表示雌性动物的符号）。战国文字或省作𢉖、𢉝。小篆字形或从鹿幽声，写作麀。本义为牝鹿，泛指牝兽。《诗·小雅·吉日》："兽之所同，麀鹿麌麌。"毛传："鹿牝曰麀。"《左传·襄公四年》："在帝夷羿，冒于原兽，忘其国恤，而思其麀牡。"《礼记·曲礼上》："夫唯禽兽无礼，故父子聚麀。"（孟蓬生）

麤部

麤（粗）cū 清纽、鱼部；清纽、模韵、仓胡切。

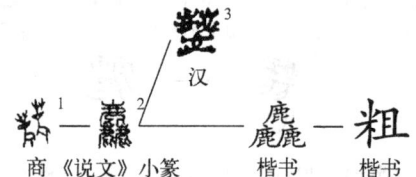

1《甲文编》404页。2《说文》203页。3《甲金篆》677页。

会意字。甲骨文从二鹿，小篆从三鹿，会从鹿行走之意。汉隶中所从之鹿或省去足形，写作麤。本义为远行，泛指出行。《说文》："麤，行超远也。"段玉裁注："三鹿齐跳，行超远之意。"北周卫元嵩《元包经·孟阳》："舆之麤，麤之祖，股运于腹，妇归于姑。"假借为"粗"，粗大。《史记·乐书》："其喜心感者，其声发以散；其怒心感者，其声麤以厉。"由于出行义久不行用，故在粗大的意义上，两者可以看作异体字。《第一批异体字整理表》规定"粗"为正体字，而"麤"作为异体字被淘汰。（孟蓬生）

塵（尘）chén 定纽、文部；澄纽、真韵、直珍切。

1、2《说文》203页。3、4《隶辨》127页。

会意字。从三鹿，从一土或二土，会鹿行扬尘之意。楷书中或省从一鹿，或又从小土会意。《简化字总表》规定"尘"为"塵"的简化字。本义为飞扬的微小土粒。《左传·成公十六年》："甚嚚，且尘上矣。"用作动词，指污染。《诗·小雅·无将大车》："无将大车，只自尘兮。"朱熹集传："言将大车，则尘污之。"（孟蓬生）

㲋部

㲋 chuò 透纽、铎部；透纽、药韵、丑略切。

1、2《说文》203页。

象形字。兔字的变体。《说文》："㲋，兽也。似兔，青色而大。"（孟蓬生）

毚 chán 从纽、侵部；崇纽、咸韵、士咸切。

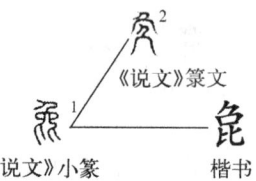

1《说文》203页。2《睡甲》155页。3《银雀山》325页。

会意字，从㲋、兔（实际上从二兔），可能是会其狡猾之意。《诗·小雅·巧言》："跃跃毚兔，遇犬获之。"毛传："毚兔，狡兔也。"孔颖达疏："《仓颉解诂》：'毚，大兔也。'大兔必狡猾，又谓之狡兔。"（孟蓬生）

㲋 xiě 心纽、鱼部；心纽、马韵、息姐切。

1《甲文编》405页。2《金文编》681页。3《说文》203页。

形声字。从㲋，䣱声。小篆从㲋，吾声。本义为一种动物。《说文》："㲋，兽名。从㲋，吾声。读若写。"（孟蓬生）

国家出版基金项目

字源 下

李学勤 主编

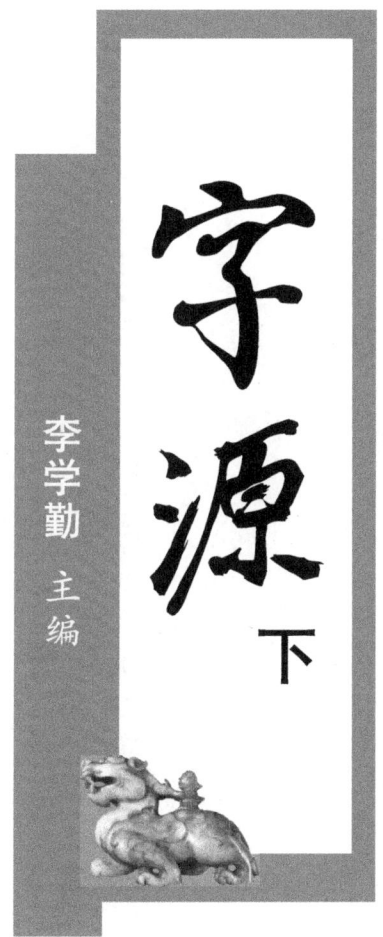

天津出版传媒集团
天津古籍出版社
辽宁人民出版社

兔 部

兔 tù 透纽、鱼部；透纽、暮韵、汤故切。
chǎn 崇纽、衔韵、初衔切。

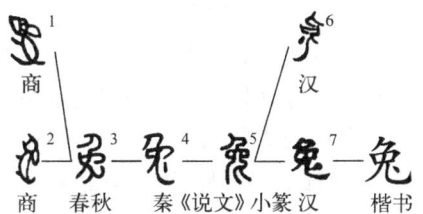

1、3、4、6、7《甲金篆》678页。2《甲文编》405页。5《说文》203页。

象形字。甲骨文的字形像蹲着的兔子，头朝上(有的还突出豁裂的兔唇)，长耳下垂，前后腿，还有一条弯曲的短尾巴，简单而概括地表现了兔子的基本特征。春秋文字起字形逐渐线条化，带有前后腿的腹部由朝左变为朝下，短尾巴逐渐脱离兔身成了一个点形，从字形上几乎看不出兔子的形状了。由于兔头兔耳的线条变化不一，"兔"字楷书在写法上共出现了三种形体，即"兔""兔"和"兔"。新中国成立后整理汉字时将"兔"和"兔"作为"兔"的异体字淘汰。本义指兔子。《合集》10197："乙未卜：今日王狩光，擒？允获兕二，兕一，鹿二十一，豕二，麑一百二十七，虎二，兔二十三，雉二十七。十一月。"(乙未卜：今日王在光这个地方打猎，擒获二牡虎、一兕、二十一鹿、二豕、一百二十七麑、二虎、二十三兔、二十七野鸡。十一月)马王堆汉墓帛书《五十二病方》："以鸡卵弁兔毛，傅之。"《说文》："兔，兽名，象踞，后其尾形。"段注将"象踞"补成"象兔踞"。《诗·王风·兔爰》："有兔爰爰(舒缓貌)，雉离(后作'罹'，遭遇)于罗。"古代车上勾连车厢底板和车轴的部件，形状如蹲伏之兔，因名伏兔，简称兔。传说月中有白兔捣药，因此"兔"又可用作月亮的代称。八大行星之一的水星古代又叫辰星，别名兔星，省称兔。《史记·天官书》："兔过太白。"司马贞索隐："《广雅》云：'辰星谓之兔星。'则辰星之别名兔。或作毚也。"这一意义的"兔"读为chǎn。(郭小武 叶青)

逸 yì 喻纽、质部；以纽、质韵、夷质切。

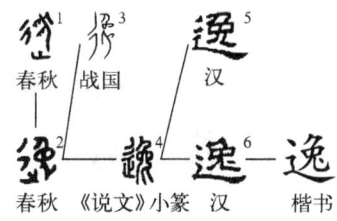

1、2《金文编》682页。3《战文编》663页。4《说文》203页。5、6《甲金篆》678页。

会意字。从辵，从兔，据兔子善于奔跑会意。最初字形不很固定，一般是从辵、从兔，但字形1似是从辵、从犬。犬与兔都善于奔跑，取意相同。"辵"由上"彳"、下"止"构成，从"彳"的就是"辵"的简省写法。后来"辵"作部首时简省为"辶"。"兔"也有丢失尾巴的写法，成为从"辶"、从"兔"。楷书后字形固定为"逸"。本义是逃走、奔跑。《说文》："逸，失也。从辵、兔。兔谩訑善逃也。""谩訑"(màn tuó)的意思是狡猾欺诈。《左传·桓公八年》："战于速杞，随师败绩。随侯逸。"杜预注："逸，逃也。"《左传·成公二年》："马逸不能止，师从之。"由逃跑义引申为隐逸、散失等义，又抽象引申为闲适、安乐、安闲、放纵、放荡等义；由奔跑义还可以引申为超出一般、超绝。(郭小武 叶青)

冤 yuān 影纽、元部；影纽、元韵、於袁切。

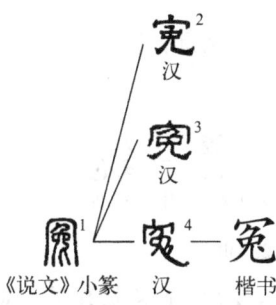

1《说文》203页。2、3、4《甲金篆》678页。

会意字。最初字形不固定，上部有从"冖"的，也有从"宀"的，"冖"像覆盖物，本义是覆盖；"宀"本义是房屋，两者取意相同。"冖"或"宀"下的兔形大同小异，有头尾俱全的，有兔头变化的，有没有兔尾的。冤的字形楷化后也相应地有"冤"、"寃"和"宽"等。新中国成立后整理汉字时，将"寃"和"宽"作为"冤"的异体字处理。《说文》："冤，屈也。从兔，从冖。兔在冖下不得走，益屈折也。"本义是屈缩不展。《汉书·息夫躬传》："冤颈折翼，庸得往兮！"(屈颈折翅，岂能往乎)由屈缩不展义引申为冤屈、冤枉，由冤屈、冤枉义引申为冤仇、冤恨和上当、吃

亏等义。(郭小武 叶青)

娩 fàn 滂纽、元部；敷纽、愿韵、芳万切。

䗹¹—娩
《说文》小篆 楷书

1 《说文》203页。

会意字。从女,从兔。本义为兔子繁殖。《说文》:"娩,兔子也;(一曰)娩,疾也。从女、兔。"段玉裁注:"《释兽》曰:兔子,娩,本或作嬎。"《说文·女部》:"嬎,生子齐均也。"段玉裁注:"谓生子多而如一也。玄应书曰:'今中国谓蕃息为嬎息。'""娩"、"嬎"同音 fàn,可见其音义已经混同。理解"娩""嬎"音义的关键有三:一是同源法,即它们与蕃息的"蕃"、繁殖的"繁"音义相关,属于同源。二是方言法,即"娩""嬎"仍活跃在现代方言中,将家禽产蛋叫做"嬎蛋"。三是又音法。"娩"、"嬎"又音 fū,与孵小鸡的"孵"音义相通。"娩",右边从"兔"不从"免";"娩"、"嬎"义通,但毕竟是两个不同的字。还要顺便纠正自古以来对于《说文》的误解,即把《说文》解释中的"兔子"二字理解为"兔崽"。其实,《说文》"兔子"的"子"是个动词,生子繁殖之义;"兔子"是"兔生崽",而不是名词性的"兔崽"。《集韵·遇韵》:"嬎,兔子也。或省。"兔子善于奔跑,故又义为急速。(郭小武 叶青)

夋兔 jùn 精纽、文部；精纽、稕韵、子峻切。又七伦切。

夋兔—夋兔
《说文》新附 楷书

1 《说文》203页。

形声字。从兔,夋声。本义是狡兔。《说文》:"夋兔,狡兔也。"汉刘向《新序·杂事五》:"昔者,齐有良兔曰东郭夋兔,盖一旦而走五百里。"《战国策·齐策三》:"东郭逡者,海内之狡兔也。"用的是逡巡的"逡"字,而"逡巡"也正是狡兔的特征性神态之一。"夋兔"后也泛指兔。宋吴潜《贺新郎·玩月》:"玉夋兔捣药何时歇?"元陈基《桂林谣》:"雪夋兔持杵敲丁东,惊落瑸玑银阙空。"(郭小武 叶青)

莧部

莧 huán 匣纽、元部；匣纽、桓韵、胡官切。

莧¹—莧²—莧
战国 《说文》小篆 楷书

1 《甲金篆》678页。2 《说文》203页。

象形字。像某种细角山羊之形。本义为细角山羊。《说文》:"莧,山羊细角者。从兔足,苜声。凡莧之属皆从莧。读若丸。宽字从此。"徐铉曰:"苜,徒结切,非声,疑象形。"王筠句读:"丷,其角也;目,其首也;儿则足与尾也。似通体象形。"金文像细角山羊之形,小篆由金文演变而来,中间横目变成竖目。由于构形较怪、用例较少,对"莧"的形义尚难准确解释,这里只好暂依旧说。(郭小武 叶青)

犬 部

犬 quǎn 溪纽、元部；溪纽、铣韵、苦泫切。

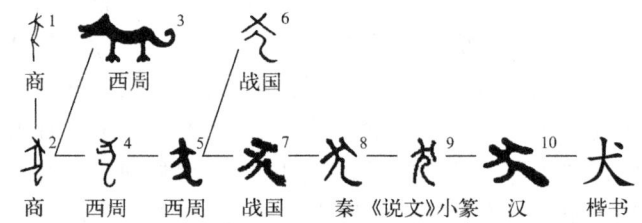

1 《甲文编》406页。2、3、4、6、8、10《甲金篆》679页。5《金文编》683页。7《战文编》664页。9《说文》203页。

象形字。甲骨文像头朝上、前后腿朝左或朝右、尾朝下的狗形,竖立是为了书写的方便。金文中有的字形,如 ⺉, ⺉,则更像站立或蹲踞的狗形,尾巴向上卷起,蹲踞的狗头上还有耳形。在古文字中,"犬"与"豕"字形相近,其主要区别在于尾巴:上卷的是"犬",下垂的是"豕"。由此说到在"犬"、"狗"的语音形式里,其实也蕴含着卷曲(拳曲,卷、拳)、弯勾(弯钩,勾、钩)的原始含义。它们虽不像拟声(叫声)起名的"猫"、"鸭"那么直接,但也并非随意为之。古文字之后,"犬"的字形逐渐线条化,到楷书时,将代表犬耳的部分变成点,与犬身脱离,整个字形就不很像狗的样子了。本义是狗,为人类最早驯化的家畜之一。《说文》:"犬,狗之有縣(悬)蹄者也,象形。孔子曰:'视犬之字,如画狗也。'凡犬之属皆从犬。"孔子的话非常准确,"犬"的确是个典型的象形字。《合集》738正:"乙亥卜,㱿贞:燎三羊、三豕、三犬。"(乙亥卜,㱿贞:用烧燎的方式祭祀,用三只羊、三只猪、三只狗)戍嗣鼎:"犬鱼。"用为氏族名。《礼记·曲礼上》:"效(献上)犬者,左

牵之。"孔颖达疏："通而言之，狗、犬通名；若分而言之，则大者为犬，小者为狗。"（郭小武　叶青）

狗 gǒu 见纽、侯部；见纽、厚韵、古厚切。

狗¹—狗²—狗³—狗⁴—狗⁵—狗⁶—狗
春秋　战国　战国《说文》小篆　汉　汉　楷书

1、5、6《甲金篆》679页。2、3《战文编》664页。4《说文》203页。

形声字。从犬，句声。本义是小犬。《说文》："狗，孔子曰：狗，叩也，叩气吠以守。从犬，句声。""句"与"勾"为古今字。用"叩"解释"狗"，只是一种探求把狗叫做"狗"之缘由的尝试，可以存疑。狗是犬科哺乳动物，其听觉、嗅觉极为灵敏，为人类最早驯化的家畜之一，可用于看守门户、打猎、放牧等，学名为"犬"。《尔雅·释兽》："未成毫，狗。"（未长长毛的小狗崽叫狗）郝懿行义疏："狗、犬通名，若对文则大者名犬，小者名狗。"后不分大小，成为通称。《左传·闵公二年》："归公乘马，祭服五称，牛、羊、豕、鸡、狗皆三百，与门材。"（齐桓公赠送给戴公乘马，祭服五套，牛、羊、猪、鸡、狗各三百头，以及做门用的木材）狗的特点是灵敏、狡猾、对生人凶狠、对主人忠诚等，所以在使用中很容易产生与其自身特点相应的比喻意义和用法。（郭小武　叶青）

獀 sōu 心纽、幽部；生纽、尤韵、所鸠切。

獀¹—獀²—獀³—獀
战国《说文》小篆　汉　楷书

1《战文编》664页。2《说文》203页。3《甲金篆》679页。

形声字。从犬，叟声。联绵词"獀獀"的音节之一，本义是犬名。《说文》："獀，南越名犬獀獀。"段玉裁注："獀獀，叠韵字，南越人名犬如是，今江、浙尚有此语。"又指打猎。《礼记·祭义》："獀狩"郑玄注："春猎为獀，冬猎为狩。"《玉篇·犬部》："獀，秋猎，亦作蒐。""蒐"与"獀"音义相通，而"獀"与"搜"同从"叟"旁得声，所以可依常用字"搜"来作为理解罕用字"獀"、"蒐"的一个引子。（郭小武　叶青）

尨 máng 明纽、东部；明纽、江韵、莫江切。
méng 明纽、东部；明纽、东韵、谟蓬切。

尨¹—尨²—尨³—尨⁴—尨
商　商　春秋《说文》小篆　楷书

1、2《甲金篆》406页。3《战文编》664页。4《说文》203页。

会意字。从犬，从彡（代表多毛），据犬多毛会意。甲骨文像长毛下垂的犬形；小篆由甲骨文演变而来，只是代表长毛的"彡"移到了"犬"的背上；楷书由小篆演变而来，写作"尨"。本义指多毛狗，读作máng。《说文》："尨，犬之多毛者。"《诗·召南·野有死麕》："无使尨也吠。"毛传："尨，狗也。"由多毛引申为杂色义或芜杂、散乱义，表示芜杂、散乱义的"尨"读作méng。按照同源字原理，从音域、义域相关的族群看，"莽"、"茫"、"蒙"、"猛"均与"尨"关系密切，可作为理解"尨"字的锁钥。（郭小武　叶青）

狡 jiǎo 见纽、宵部；见纽、效韵、古孝切。

狡¹—狡²—狡³—狡⁴—狡⁵—狡⁶—狡
战国　战国　秦《说文》小篆　汉　汉　楷书

1、3、5、6《甲金篆》679页。2《战文编》665页。4《说文》204页。

形声字。从犬，交声。本义为少壮的狗。《说文》："狡，少狗也。从犬，交声。匈奴地有狡犬，巨口而黑身。"《淮南子·俶真》："狡狗之死也，割之犹濡。"（小狗死后，宰割时湿气尚存）高诱注："狡，少也。""狡"的常用义为狡猾、诡诈。《广雅·释诂四》："狡，狯(kuài)也。"王念孙疏证："狡者，《众经音义》卷三引《方言》云：'凡小儿多诈而狯谓之狡猾。'"鲜于璜碑："时依郡乌桓，狂狡畔戾。"由少壮义可引申出强健、凶猛、疾速等义，而"狡"的狡猾、诡诈义，一则可能是这些语义的综合性体现，二则联系着狗这种动物的最主要的性征。（郭小武　叶青）

獪（狯）kuài 见纽、月部；见纽、泰韵、古外切。又古卖切。

獪¹—獪—狯
《说文》小篆　楷书　楷书

1《说文》204页。

形声字。从犬，會声。小篆作左"犬"、右"會"，楷书由小篆演变而来，写作"獪"。现代汉字简化时，"會"据草书简化成"会"，"獪"因此类推简化为"狯"。本义为狡诈、狡猾。《说文》:"猾,狡猾也。"清朱骏声《说文通训定声》进一步说明了"狯"字从"犬"得义的理由:"本训当谓犬黠,移以言人。"《方言》卷十:"凡小儿多诈而狯谓之央亡……或谓之猾,皆通语也。"可见"狯"、"猾"很可能是同一个词在不同方言中的不同表达,音、形有所变异而已。(郭小武 叶青)

猲

xiē 晓纽、月部;晓纽、月韵、许竭切。
hè 晓纽、月部;晓纽、曷韵、许葛切。
gé 见纽、月部;见纽、曷韵、居曷切。

猲—猲
《说文》小篆 楷书

1《说文》204页。

形声字。从犬,曷声。本义为短嘴犬,读作xiē。《说文》:"猲,短喙犬也。从犬,曷声。《诗》曰:'载猃猲獢。'《尔雅》曰:'短喙犬谓之猲獢。'"喙,嘴。《尔雅·释畜》:"长喙,猃;短喙,猲獢。"(长嘴的狗叫猃,短嘴的狗叫猲獢)唐韩愈《送文畅师北游》:"庇身指蓬茅,逞志纵猃猲。"又读hè,义为恫吓、吓唬。《战国策·赵策二》:"恐猲诸侯,以求割地。""猲狙"还指一种传说中的兽,《集韵·曷韵》:"猲,猲狙,巨狼。"《山海经·东山经》:"(北号之山)有兽焉,其状如狼,赤首鼠目,其音如豚,名曰猲狙,是食人。"这一意义的"猲"读作gé,字也写作"獦"。"狙"字则有"担"的异文形式。"猲狙"见于《玉篇》《广韵》等书。(郭小武 叶青)、

獢(㹱)

xiāo 晓纽、宵部;晓纽、宵韵、许娇切。

獢—獢—獢—㹱
《说文》小篆 汉 楷书 楷书

1《说文》204页。2《甲金篆》680页。

形声字。从犬,喬声。本义指猲獢,一种短嘴狗。《说文》:"獢,猲獢也。"《尔雅·释畜》:"长喙,猃;短喙,猲獢。"邢昺疏:"犬长口者名猃,短口者名猲獢。"晋傅玄《走狗赋》:"聆辖车之鸾镳(系鸾铃的马衔,此指鸾铃)兮,逸獢獢而盘桓。"又用同"骁",如《新五代史·杂传·雷满》:"(雷满)为人凶悍獢勇。""獢勇"义为矫健勇猛,这一意义的"獢"现在多写成"骁"。楷书由小篆演变而来,写作"獢"。现代汉字简化时,"喬"字据草书简化成"乔","獢"类推简化当为"㹱"。(郭小武 叶青)

玁(猃)

xiǎn 晓纽、谈部;晓纽、琰韵、虚检切。

玁—猃—玁—猃
《说文》小篆 汉 楷书 楷书

1《说文》204页。2《甲金篆》680页。

形声字。从犬,僉声。篆书为左"犬"、右"僉",隶书"僉"下作"灬";楷书由小篆演变而来,写作"玁"。现代汉字简化时,"僉"字据草书简化成"佥","玁"因此类推简化为"猃"。本义为长嘴犬。《说文》:"玁,长喙犬。一曰黑犬黄头。"《诗·秦风·驷驖》:"辎车鸾镳,载猃歇骄。"毛传:"猃,歇骄,田犬也。长喙曰猃,短喙曰歇骄。""歇骄"即"猲獢"。我国古代北方的一个民族叫"猃狁",也写作"獯狁""荤粥""獯鬻""薰育""荤允"等,战国后称匈奴。"猃狁"从"犬","狄"也从"犬",所谓北方犬种,可能与以犬为图腾或族徽的原始崇拜习俗有关。(郭小武 叶青)

猗

yī 影纽、歌部;影纽、支韵、於离切。

猗—猗—猗—猗
战国 战国《说文》小篆 楷书

1、2《战文编》665页。3《说文》204页。

形声字。《说文》:"猗,犗犬也。从犬,奇声。""犗犬"是指阉割过的狗。段玉裁注:"犬曰猗,如马曰骟,牛曰犗,羊曰羠,言之不妨通互耳。"明李时珍《本草纲目·兽一·狗》:"许氏《说文》云:多毛曰尨……去势曰猗。"在古代文献中,"猗"多用其假借义。《诗·小雅·节南山》:"节彼南山,有实其猗。"毛传:"猗,长也。"孔颖达疏:"以其草木之长茂也。"晋陆云《赠郑曼季·高冈》诗之一:"瞻彼高冈,有猗其桐。"也是形容茂盛的样子。有人也认为《诗·小雅·节南山》的"猗"通山阿的"阿",指山隅。清王引之《经义述闻·毛诗中》:"猗,疑当读为'阿'。古音猗与'阿'同,故二字通用……'阿'为山隅,乃偏高不平之地。""猗"还可以用为叹词,常用于句首,表示赞叹。唐王维《暮春太师左右丞相诸公于韦氏逍遥谷宴集序》:"听于朝则《雅》《颂》矣,问于野则麎歌矣,乃曰:猗哉,至理之代也。"(郭小武 叶青)

狊

jú 见纽、锡部;见纽、锡韵、古闃切。

昊

秦 《说文》小篆　楷书

1《战文编》665页。2《说文》204页。

会意字。从犬，从目，会狗目视物之意。本义为犬张目凝视的样子。《说文》：" 昊，犬视皃（貌）。"《玉篇·犬部》：" 昊，犬视也。"" 昊"不局限于犬，《尔雅·释兽》："鸟曰昊。"郭璞注："张两翅。"郝懿行义疏："昊者，张目视也。鸟之休息，恒张两翅，瞪目直视。"" 昊"还可用来指一种猿属兽。《广韵·锡韵》：" 昊，兽名。猿属，唇厚而碧色。"（郭小武　叶青）

默 mò

明纽、职部；明纽、德韵、莫北切。

《说文》小篆　汉　晋　楷书

1《说文》204页。2、3《甲金篆》680页。

形声字，从犬，黑声。本义指犬暗中追赶人。《说文》："默，犬暂逐人也。从犬，黑声。读若墨。"这个"暂"是突然的意思。清沈涛《说文古本考》指出："'暂'字乃'潜'字之误。"按他的说法，则是指的暗中追赶，静不作声，由此泛化，可指暗中做事或沉默不语。《易·系辞上》："或出或处，或默或语。"（或者入世，或者隐居，或者沉默不语，或者高谈阔论）《史记·刺客列传》："荆轲嘿而逃去。"字作"嘿"，同"默"，在这里不读 hēi。由沉默不语引申指默写等，已是很晚才出现的用法。（郭小武　叶青）

猝 cù

清纽、物部；清纽、没韵、仓没切。

《说文》小篆　楷书

1《说文》204页。

形声字。从犬，卒声。本义为狗突然蹿出追赶人。《说文》："猝，犬从艸（草）暴出逐人也。"暴出，突然蹿出。由本义引申为仓促、匆忙。《资治通鉴·齐明帝永泰元年》："县丁猝不可集。"由仓促、匆忙引申为突然、忽然、意想不到。金董解元《西厢记诸宫调》卷六："张生猝病，（红娘）与莺往视疾。"" 猝"字各义，在古文献中每有写作"卒"的，这是需要注意的一个问题。"猝"字构词，如"猝不及防"、"猝迫"、"猝急"等，可以提示"猝"字的用法和意义，这是需要注意的另一个问题。（郭小武　叶青）

猩 xīng

心纽、耕部；心纽、青韵、桑经切。

《说文》小篆　楷书

1《说文》204页。

形声字。从犬，星声。据《说文》，本义为狗的吠叫声。《说文》："猩，猩猩，犬吠声。"有人认为，"猩猩"不似犬吠声，应在"犬吠声"之前加上"一曰"。即认为"猩"即指"猩猩"，而又有一种说法是"猩"为狗叫声。《礼记·曲礼上》："猩猩能言，不离禽兽。"《玉篇·犬部》："猩，猩猩，如狗，面似人也。"《吕氏春秋·本味》："肉之美者：猩猩之唇。"高诱注："猩猩，兽名也，人面狗躯而长尾。"这可以解释"猩"字从"犬"的缘由。据一种未经验证的说法（一般只是俗语源的说法），猩猩的血呈鲜红色，故"猩色"又借指鲜红色。唐韩偓《已凉》："碧阑干外绣帘垂，猩色屏风画折枝。"今多"猩红"连用。（郭小武　叶青）

猥 wěi

影纽、微部；影纽、贿韵、乌贿切。

《说文》小篆　汉　楷书

1《说文》204页。2《甲金篆》680页。

形声字。从犬，畏声。本义为犬吠声。《说文》："猥，犬吠声。"《广韵·贿韵》："猥，犬声。"在古文献中未见作为"犬（吠）声"使用的"猥"字之例，而是多用为众多、繁杂等义。《管子·八观》："以人猥计其野，草田多而辟田少者，虽不水旱，饥国之野也。"唐人注："猥，众也。以人众之多少计其野之广狭也。"由众多、繁杂等义又引申表示鄙陋、卑贱。还可用作谦词，相当于"辱"、"承"。"猥"又为兽名，也作"猬"，现代汉字整理时，将这一意义的"猥"作为"猬"的异体字淘汰。（郭小武　叶青）

獎 jiǎng

精纽、阳部；精纽、养韵、即两切。

《说文》小篆　楷书　楷书　楷书

1《说文》204页。

形声字。从犬，將省声。本义为驱狗劝使猛进，"奖"本字。《说文》："獎，嗾犬厉之也。从犬，將省声。"段玉裁注:"口部曰:'嗾,使犬声也。''厉之',犹勉之也。引申为凡劝勉之称。《方言》曰:'自关而西,秦晋之间,相劝曰聳,或曰獎。'……俗作奬。"《玉篇·犬部》:"獎(从'犬'),今作奬(从'大')。"由驱狗劝使猛进泛化表示劝勉、鼓励。《左传·昭公二十二年》:"无亢不衷,以獎乱人。"又引申为赞许、夸奖。文献中多用从犬、將声不省的"獎",或用从"大"、"將"声的"奬",本字"獎"反而不用了。现代汉字简化时,"將"据草书简化成"将",而"獎"则据本字"獎"结构类推简化成"奖"。(郭小武 叶青)

狠

yín 疑纽、文部;疑纽、欣韵、语斤切。

hěn 匣纽、文部;匣纽、很韵、胡恳切。

狠¹—狠
《说文》小篆 楷书

1《说文》204页。

形声字。从犬,艮声。本义为犬争斗声,读作 yín(按,《汉语大字典》引《广韵》为疑纽、山韵、五闲切,读 yán)。《说文》:"狠,吠斗声。"段注依宋本及《集韵》改为"犬斗声"。文献中多写作"猌"。《广韵·欣韵》:"猌,犬争。"宋苏洵《审敌》:"投骨于地,猌然而争者,犬之常也。""狠"可泛化而指一般的争斗,音 hěn。《礼记·曲礼上》:"狠,毋求胜;分,毋求多。"(遇有争讼,不求胜过他人;分配财物,不求多于他人)郑玄注:"狠,斗也,谓争讼也。"由争斗义引申为凶恶、残忍、坚决、竭力、下决心、不犹豫等义,均读作hěn。近代汉语中"狠"常用为副词,表示程度高,这一意义后来写作"很"。《说文·彳部》另有"很"字:"很,不听从也。一曰行难也。"本与"狠"同源而异用。与"狠""猌"相通的还有个"犾(yín)"字。《说文》:"犾,犬吠声。从犬,斤声。"(郭小武 叶青)

獷(犷)

guǎng 见纽、阳部;见纽、梗韵、古猛切。

獷¹—獷—犷
《说文》小篆 楷书 楷书

1《说文》204页。

形声字。从犬,廣声。本义为犬凶恶而不亲附。《说文》:"獷,犬獷獷不可附也。"《文选·扬雄〈剧秦美新〉》:"来仪之鸟,肉角之兽,狙獷而不臻。"李善注:"《说文》曰:'狙,犬啮人也。'又曰:'獷,犬不可亲附也。'"由凶恶且不亲附引申为凶猛、强悍、野蛮、粗野等义。"粗犷"为现代汉语较常用的词。在古文献中,以"犷"组成的词还有"犷戾"、"犷狠"、"犷悍"、"犷顽"、"犷暴"等。"獷"字小篆字形为左"犬"、右"廣",楷书由小篆演变而来,写作"獷"。现代汉字简化时,"廣"字简化成"广","獷"因此类推简化为"犷"。(郭小武 叶青)

狀(状)

zhuàng 从纽、阳部;崇纽、漾韵、锄亮切。

战国 战国《说文》小篆 汉 汉 楷书 楷书

1《战文编》665页。2《战文编》666页。3、《说文》204页。4、5《甲金篆》680页。

形声字。从犬,爿声。(爿,字书中有依"牆"而音"牆"的,有依"牀"而音"牀"的。其实,更应依"壯"而音"壯"。待考。总之,在这里不宜读pán音)本义为犬形。《说文》:"狀,犬形也。"泛指形状、样子。《吕氏春秋·明理》:"其云状有若犬、若马、若白鹄、若众车。"马王堆汉墓帛书《老子甲》:"是胃(谓)无状之状。"由形状、样子引申为容貌、情形、状况等义。又用作动词,表示描写、描绘或描述、陈述(形状、样子、情形等)。又用作名词,指陈述、描绘有关事情的文字或文书,如"诉状"、"自供状"、"奖状"、"委任状"等。古今文字均为左"爿"、右"犬",现代汉字简化时,"狀"据草书简化作"状"。(郭小武 叶青)

奘

zàng 从纽、阳部;从纽、荡韵、徂朗切。
又徂浪切。

奘¹—奘
《说文》小篆 楷书

1《说文》204页。

会意兼形声字。从犬,从壯,壯亦声。本义为凶猛强壮的狗。《说文》:"奘,妄彊(强)犬也。""奘"与从壯、从大、壯亦声的"奘"形音义皆近,《方言》卷一:"秦晋之间,凡人之大谓之奘,或谓之壯。"后世"奘"多与"奘"混,《正字通·犬部》:"奘,与奘溷。"后世文献多见"奘",不见"奘"。小篆左及右上为"壯",右下为"犬",楷书结构略有变化,成上"壯"、下"犬"。(郭小武 叶青)

獒 áo 疑纽、宵部；疑纽、豪韵、五劳切。

1《说文》204页。2、3《甲金篆》681页。

形声字。从犬，敖声。本义指一种体大善斗、能供人驱使的猛犬。《尔雅·释畜》："狗四尺为獒。"《说文》："獒，犬如人心可使者。"段玉裁注："獒，犬知人心可使者。"校"如"为"知"。《左传·宣公二年》："公嗾夫獒焉，明搏而杀之。"（晋灵公吆喝那只猛犬来咬赵盾，提弥明与猛犬搏斗并杀了它）古今词义、字形一脉相承。现代常用的有"藏獒"一词。（郭小武 叶青）

狎 xiá 匣纽、葉部；匣纽、狎韵、胡甲切。

1《说文》204页。2《甲金篆》681页。

形声字。从犬，甲声。本义为驯犬。《说文》："狎，犬可习(教习、训练)也。"汉贾谊《新书·大政》："故欲以刑罚慈(爱护)民，辟(譬)其犹以鞭狎狗也，虽久弗亲矣。"由驯犬引申为驯养，引申为亲近、接近、熟习、习惯、驯顺、轻慢、戏弄等义。因后来多指人的亲近、轻慢等行为，故字形改"犬"为"亻"，又制"伊"字。（郭小武 叶青）

狃 niǔ 泥纽、幽部；泥纽、有韵、女久切。

1《战文编》666页。2《说文》204页。

形声字。从犬，丑声。本义为习以为常而不以为意。《玉篇·犬部》："狃，习也。"清段玉裁《说文解字注·犬部》："狃，本谓犬性之忕(shì，习惯)，引申叚借为凡忕习之称。"《诗·郑风·大叔于田》："将叔无狃，戒其伤女(汝)。"（提醒那别大意，谨防猛虎咬伤你）毛传："狃，习也。"由习以为常引申为习惯，又引申为因袭、安于、拘泥等义。"狃"字在古文献中常见的组词有"狃狎"、"狃习"等。（郭小武 叶青）

犯 fàn 並纽、侵部；奉纽、范韵、防鋄切。

1、4、5《甲金篆》681页。2《战文编》666页。3《说文》205页。

形声字。从犬，巳声。本义为侵犯。《说文》："犯，侵也。"《左传·桓公五年》："陈乱，民莫有斗心；若先犯之，必奔。"《汉书·王尊传》："吴起为魏守西河，而秦韩不敢犯。"都是用的本义。由侵犯引申为触犯、冒犯。《睡虎地秦墓竹简》："犯令者有辠(罪)。"《论语·泰伯》："以能问于不能，以多问于寡；有若无，实若虚，犯而不校(计较)。"由触犯、冒犯引申指犯罪的人，如"逃犯"、"战犯"、"刑事犯"等。"犯"的字形，从战国文字，经《说文》小篆，到汉代以后的隶、楷，其间变化不大。（郭小武 叶青）

猛 měng 明纽、阳部；明纽、梗韵、莫杏切。

1、2《战文编》666页。3《说文》205页。4、5、6《甲金篆》681页。

形声字。从犬，孟声。本义指健壮之犬。《说文》："猛，健犬也。"泛指凶猛。《左传·宣公二年》："弃人用犬，虽猛何为！"由凶猛引申为勇猛。汉刘邦《大风歌》："安得猛士兮守四方！"又引申出猛烈等义；进一步发展，则可表示忽然、突然，如"猛增"、"猛醒"。（郭小武 叶青）

犺 kàng 溪纽、阳部；溪纽、宕韵、苦浪切。
gǎng　　见纽、荡韵、举朗切。

1《战文编》666页。2《说文》205页。3《甲金篆》681页。

形声字。从犬，亢声。本义指健壮的狗，读作 kàng。《说文》："犺，健犬也。"引申为健壮。《广雅·释诂》："犺，健也。"王念孙疏证："犺者，《说文》：'健，忼也。'……忼与犺通。""犺"的本义和引申义在文献中几无实际用例。"犺"又读作gǎng，指一种像猴的野兽，名为"犺狼"，也叫"狼犺"。《集韵·荡韵》："犺，犺狼，兽名。""狼，犺，兽名，似猴。"还有一种不是兽名的"狼犺"，"犺"音kàng，"狼犺"为叠韵联绵词，意思是笨拙或笨重。《西游记》第七十六回："那呆子生得狼犺，又不会腾那，这一去少吉多凶。"还可以形容走路跌跌撞撞的样子。清蒲松龄《聊斋志异·青蛙神》："下床出门，狼犺数步，复返身卧门内。""狼犺数步"，如言跟跄数步。（郭小武 叶青）

倏 shū 书纽、觉部；书纽、屋韵、式竹切。

倏¹—倏
《说文》小篆　楷书

1《说文》205页。

形声字。从犬，攸声。本义为犬快速奔跑。《说文》："倏，走也。从犬，攸声，读若叔。""走"，古指快跑。段玉裁注："倏，犬走疾也。"由犬快速奔跑泛化表示疾速、忽然。《战国策·楚策四》："（黄雀）昼游乎茂树，夕调乎酸醎（同'咸'），倏忽之间，坠于公子之手。"《楚辞·九歌·少司命》："倏而来兮忽而逝。"晋干宝《搜神记》卷十八："（青衣小儿）乃发声而泣，倏然不见。""倏"的声旁在字的左边和上边，形旁"犬"在字的右下。同从"攸"声的"修"和"條"（条）也是一样。"倏"的"犬"旁或讹为"火"，或换从"黑"，因此有"倐"、"儵"的异体写法。（郭小武 叶青）

狟 huán 匣纽、元部；匣纽、桓韵、胡官切。

狟¹—狟
《说文》小篆　楷书

1《说文》205页。

形声字。从犬，亘(xuān)声。本义为犬行、威武。《说文》："狟，犬行也。从犬，亘声。《周书》曰：'尚狟狟。'"段玉裁注："《牧誓》文，今作桓桓，许用孔壁中古文也。《释训》曰：'桓桓，威也。'《鲁颂》传曰：'桓桓，威武兒（貌）。'然则'狟狟'者，'桓桓'之假借字。"叠音表义，难说"狟"为"桓"之借。"狟"可由犬行之义引申而形容威武的样子，这一意义的"狟"后来写作"桓"。《玉篇·犬部》："狟，武兒（貌）也，威也。今作桓。""狟"还指貉一类的野兽，即貆。《集韵·元韵》："狟，貉类。或从

犬。"《淮南子·齐俗》："狟狢得堙防，弗去而缘。"（貉子得到堤坝，不会离去而是靠着休息）（郭小武 叶青）

猌 yìn 疑纽、真部；疑纽、震韵、鱼觐切。

猌¹—猌
《说文》小篆　楷书

1《说文》205页。

会意字。从犬，从來。本义为犬张嘴露牙而怒的样子。《说文》："猌，犬张龂怒也。从犬，來声。读又若银。"段玉裁注："此从犬、來会意。'声'字衍，当删。"《玉篇·犬部》："猌，犬张龂怒兒（貌）。"此字音义与"狠""猲"有一定联系。小篆为左"來"、右"犬"，楷书由小篆演变而来。（郭小武 叶青）

犮 bá 並纽、月部；並纽、末韵、蒲拨切。

犮¹—犮²—犮
《说文》小篆　汉　楷书

1《说文》205页。2《甲金篆》681页。

指事字。表示"犬"奔跑时腿被"丿"（篆文末笔）拖绊。本义为犬奔跑不顺的样子。《说文》："犮，走犬兒（貌）。从犬而丿之。曳其足，则刺犮（lá bá）也。"段玉裁注依《玉篇》《广韵》将"走犬兒（貌）"改为"犬走兒（貌）"，并注："刺犮，行兒（貌）。""犮"后加形符成为形声字"跋"。"犮"多不单用，常以"剌犮"的形式出现，杨树达《积微居小学述林·释步癶》："'剌癶'或作剌犮。按人两足分张而行为剌癶，犬曳足而行为剌犮，皆言其行之不正也……今长沙称足行不正者为剌犮矣。"现书证中多不见"剌犮"，其实"剌犮"是个联绵词，表示走路呈外八字脚，外八字脚走路行动不便，显得"狼狈不堪"，随着时代的变迁，"剌犮"的字形和读音都发生了很大的变化，变成了我们今天常见的"狼狈"。通常说的"狼狈为奸"的"狼狈"，认为狈是一种前腿奇短的动物，走路时要靠趴在狼身上才能行动。其实，这可能只是一种俗语源上的解释，真正的原因，更可能是"狼狈"也是联绵词，以音相通而源自"剌犮"，俗化后比附成为两种动物。（郭小武 叶青）

戾 lì 来纽、脂部；来纽、霁韵、朗计切。

戾 — 商 — 戰國 — 戰國 — 《說文》小篆 — 漢 — 漢 — 楷書

1《甲骨金文字典》730頁。2、5、6《甲金篆》681頁。3《戰文編》666頁。4《說文》205頁。

会意字。从犬，从户，由犬从门户下曲身挤出会意。甲骨文从犬、立声，为形声字；战国文字有从犬、立声的，也有变为从犬、从户会意的；现在通行的是后者。本义为屈曲。《说文》："戾，曲也。从犬出户下。戾者，身曲戾也。"《吕氏春秋·尽数》："饮必小咽，端直无戾。"（喝饮品时一定要小口咽下，头颈要端正不要扭曲）由屈曲引申为违背、乖张等义，由违背、乖张引申为凶恶、暴虐。马王堆汉墓帛书《战国纵横家书》："秦，贪戾之国也。"（郭小武　叶青）

獨（独） dú 定纽、屋部；定纽、屋韵、徒谷切。

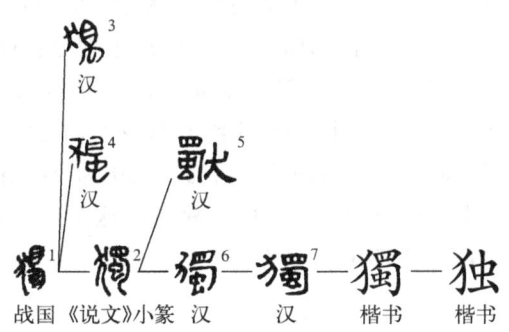

战国 —《说文》小篆 — 汉 — 汉 — 楷书 — 楷书

1《战文编》666页。2《说文》205页。3—7《甲金篆》682页。

形声字。从犬，蜀声。本义为单独。《说文》："獨，犬相得而斗也。羊为群，犬为獨也。"段玉裁注："犬好斗，好斗则独而不群。"意为羊喜欢结群，狗性好斗，多独处。《诗·小雅·正月》："念我独兮，忧心京京。"（现在我单独一人，忧愁之心难消解）由单独义引申出孤单、独特、独裁、仅仅等义。"蜀"本为葵中虫，字形从"虫"，像头身之形。字形4为省体，作从目、从虫，字形3为隶书变体，从目、从勹，以"勹"换"虫"；"勹"本像虫子、鸟兽等的长尾巴，后独立出来，泛化为禽兽的标志性构件，如"禽"、"萬"等。现代汉字简化时，采用宋代省略声符一部分的俗字，将"獨"简化成"独"。（郭小武　叶青）

玁（狁） xiǎn 心纽、元部；心纽、狝韵、息浅切。

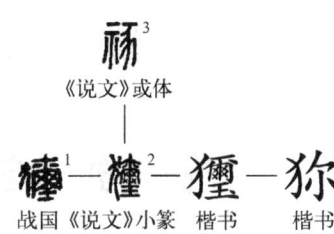

《说文》或体

玁 — 玁 — 玁 — 狁
战国《说文》小篆 楷书 楷书

1《战文编》667页。2、3《说文》205页。

形声字。从犬，嚴声。本义为君主秋季打猎。《说文》："玁，秋田也。从犬，嚴声。"也作"獮"，《集韵·狝韵》："玁，《说文》：'秋田也。'或作獮。"《周礼·春官·肆师》："獮之日莅卜来岁之戒。"（秋季举行田猎时，亲自卜问来年戒备的情况）郑玄注："秋田为獮。"也泛指打猎、捕获；引申为杀戮、捕杀。小篆为左"犬"、右"嚴"。又，《说文》："祢，玁或从豕，宗庙之田也，故从豕、示。" 秋猎也为供宗庙祭祀，故字也作"祢"，从示、从豕会意；"示"表示祖先神灵，"豕"则为祭品。现代汉字简化时，据古文字"爾"简作"尔"之例，又据"玁"可省作"獮"，而将此字类推简化为"狁"。（郭小武　叶青）

獵（猎） liè 来纽、葉部；来纽、葉韵、良涉切。

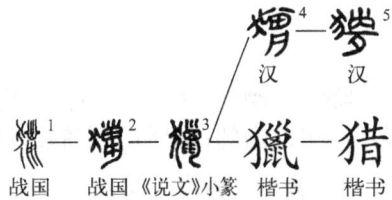

战国 战国《说文》小篆 楷书 楷书

1、2《战文编》667页。3《说文》205页。4、5《甲金篆》682页。

形声字。从犬，巤声。本义为捕捉禽兽、打猎。《说文》："獵，放猎逐禽也。"《诗·魏风·伐檀》："不狩不猎，胡瞻尔庭有县貆兮？"（从来不曾去打猎，为何你家院子挂有獾呢？）郑玄笺："冬猎曰狩，宵田曰猎。"马王堆汉墓帛书《老子乙》："驰骋田猎而不禽芒（荒）。"由捕捉禽兽引申为搜寻、追求、涉猎等义。战国金文为左"犬"、右"巤"，秦简、小篆与之一脉相承；汉代简帛文字"巤"有所讹变简省；楷书由小篆演变而来，写作"獵"。现代汉字简化时，人们参照"腊"、"蜡"的简化方法，借用"猎（xī，兽名；què，良犬名）"作为"獵"的简化字。（郭小武　叶青）

狩 shòu 书纽、幽部；书纽、宥韵、舒救切。

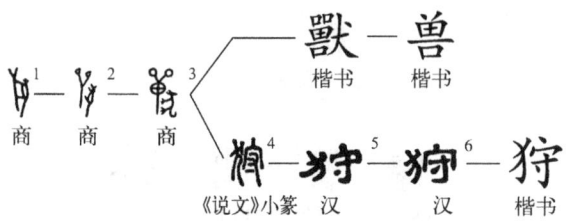

1、2《甲骨金文字典》730页。3、5、6《甲金篆》682页。4《说文》205页。

形声字。从犬，守声。本义为带犬打猎。《说文》："狩，犬田也。"《合集》10374："辛亥卜，王贞：乎(呼)弜獸(狩)麋，擒？"(辛亥卜，王贞：号令弜这个人猎捕麋鹿，擒获？)传世文献中多指冬天打猎。《左传·隐公五年》："故春蒐、夏苗、秋狝、冬狩，皆于农隙以讲事也。"(因此春蒐、夏苗、秋狝、冬狩这四种配合时节的打猎方式，其目的都是在农闲时讲习武事的)后泛指打猎，引申为征伐。商代甲骨文、金文从"干"或"單"、从"犬"会意，"干"或"單"(单)像大的树杈形，为狩猎工具；"犬"即猎犬，为狩猎的辅助者。从字形传承系统看，此字实为"獸"(兽)字("兽"其实即由"干"、"單"变来)，只是因为后来"獸"(兽)主表禽兽义(名词)，所以专为打猎义(动词)的用法另造个"狩"字，成为左"犬"、右"守"的形声字。(郭小武 叶青)

臭 xiù 晓纽、幽部；晓纽、宥韵、许救切。
chòu 昌纽、幽部；昌纽、宥韵、尺救切。

1《甲金篆》682页。2《说文》205页。

会意字。从犬，从自(鼻的本字)，从狗用鼻子辨别气味会意。本义是用鼻子辨别气味。《荀子·荣辱》："彼臭之而无嗛(通'慊'，不满足)于鼻，尝之而甘于口，食之而安于体。"由辨别气味引申为气味。《庄子·天地》："五臭薰鼻，困惾(zōng，闷塞)中(中伤)颡。"《玉篇·犬部》："臭，香臭摠("总"的异体)称也。"这些意义的"臭"读作xiù。后来"臭"字的词义范围缩小，专指秽恶之气，与"香"相对，读作chòu。汉桓宽《盐铁论·论灾》："故不知味者，以芬香为臭。"由秽恶之气引申为令人讨厌的、恶狠狠地、丑恶、低劣等义。为了让词义更明确，后人又给"臭"字增加了一个形符"口"，造了一个"嗅"字，由它来承担"臭"的本义。(郭小武 叶青)

獲(获) huò 匣纽、铎部；匣纽、麦韵、胡麦切。

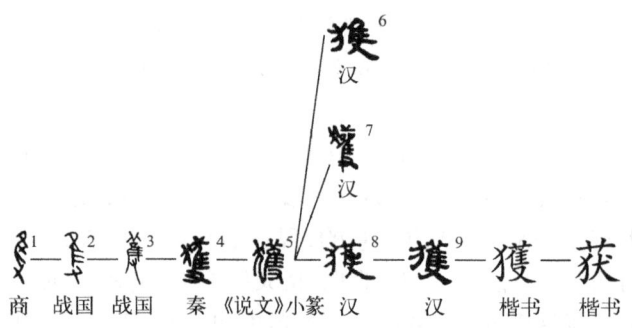

1-4、6、8《甲金篆》682页。5《说文》205页。7、9《甲金篆》683页。

形声字。从犬，蒦声。本义为打猎时猎得禽兽。《说文》："獲，猎所获也。"商代甲骨文有"获鹿"、"获麋"、"获虎"、"获豕"、"获兔"、"获雉"、"获象"、"获婴(猱)"等。《易·解》："田(打猎)获三狐，得黄矢。"由猎得禽兽引申指猎得的禽兽，由猎得引申为捉住、俘获、得到、取得等义。"获"的初文为"隻"，从隹(短尾鸟)、从又(手)，是个会意字，表示捕鸟在手，西周中期史密簋："周伐长必，隻(获)百人。"秦简演变成从犬(犬为助猎能手)、蒦声的形声字，以后字形一脉相承。现代汉字简化时，《简化字总表》采用了民间的写法将"獲"简化为"获"。注意："隻"，《说文·隹部》："隻，鸟一枚也。"这个"隻"是"祇(只)"的本字。(郭小武 叶青)

斃(毙) bì 並纽、月部；並纽、祭韵、毗祭切。

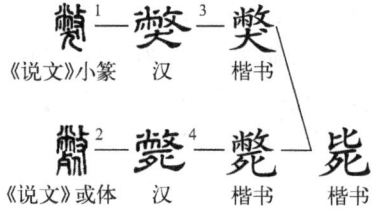

1、2《说文》205页。3《隶辨》533页。4《隶辨》534页。

形声字。从犬，敝声。本义为仆倒、向前倒下。《说文》："獘，顿仆也。"段玉裁注："獘本因犬仆制字，段借为凡仆之称。""獘"或从死作"斃"。《左传·成公二年》："射其左(车左御者)，越于车下；射其右(车右武士)，斃于车中。"由本义引申为失败、垮掉，再引申为死、死亡、枪毙等义。小篆为从犬、敝声，或体为从死、敝声；隶楷文字分别由《说文》小篆(獘)及或体(斃)演变而来。现代汉字整理时将"獘"作为"斃"的异体字淘汰;"斃"字笔画较多,为书写方便,从俗制出一个从死、比声的新形声字"毙"。(郭小武 叶青)

獻(献) xiàn 晓纽、元部;晓纽、愿韵、许建切。
suō 心纽、歌部;心纽、歌韵、素何切。

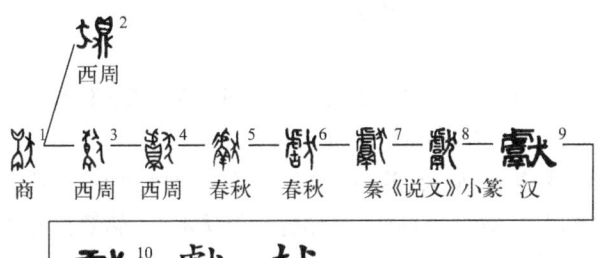

1—7、9、10《甲金篆》683页。8《说文》205页。

形声字。从犬,鬳声。本义指祭祀宗庙时用作祭品的犬,读作 xiàn。《说文》:"獻,宗庙犬名羹獻,犬肥者以獻之。"商代甲骨文有"獻羌"(《合集》26954,羌为被俘的羌人),西周晚期虢季子白盘:"趩趩子白,獻馘(古代割取所杀敌俘的左耳)于王。"《礼记·曲礼下》:"凡祭宗庙之礼……羊曰柔毛,鸡曰翰音,犬曰羹獻。"孔颖达疏:"犬曰羹獻者,人将所食羹馀以与犬,犬得食之肥,肥可以献祭于鬼神,故曰羹獻。"由进献、进献的物品引申为奉献,又引申为显示。"獻"又读作 suō,指古代的一种滤酒方法,也指刻缕纹饰。金文中或用为器物"甗"字,如"旅獻(甗)"、"宝獻(甗)"。甲骨文字作左"鬲"、右"犬",从鬲中烧煮盛放祭品犬会意;金文有作从犬、从鼎会意的(字形2),"鬲"、"鼎"取意相同,皆为烧煮、盛放祭品之器,也作左"鬳"(声符)、右"犬"(字形3、4);后世沿用左"鬳"、右"犬"的写法,写作"獻"。现代汉字简化时,"獻"简作"献"。(郭小武 叶青)

豜(豜) yàn 疑纽、元部;疑纽、霰韵、五甸切。
又五晏切。

豜¹—豜²—豜—豜
战国 《说文》小篆 楷书 楷书

1《甲金篆》684页。2《说文》205页。

形声字。从犬,开(jiān)声。本义为猛犬。《说文》:"豜,獟(勇猛)犬也。一曰逐虎犬也。"段玉裁注:"《广韵·谏韵》曰'逐兽犬',盖唐人避讳改。"晋张协《七命》之三:"乃有圆文之豜,班题之㺄(zōng,兽类),鼓鬣风生,怒目电瞵(cōng,光),口齘(同'咬')霜刃,足拨飞锋。"(郭小武 叶青)

狂 kuáng 群纽、阳部;群纽、阳韵、巨王切。

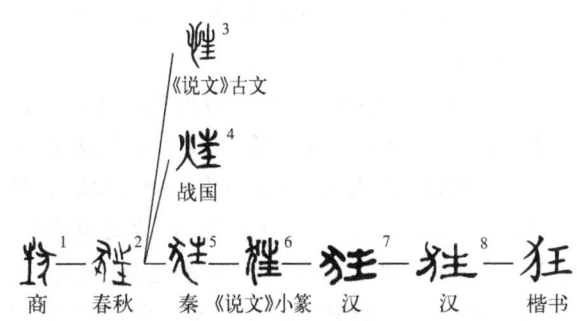

1—5、7、8《甲金篆》684页。6《说文》205页。

形声字。从犬,㞷(wáng)声。本义为狗发疯。《说文》:"狂,狾犬也。"狾(zhì),疯狂。《汉书·五行志中》:"旱岁,犬多狂死。"引申为人疯癫、精神失常,又指一般的失去常态、狂乱、狂妄、傲慢、痴呆等,又引申为放荡、纵情、不受拘束。还引申指声势大的。早期字形结构为左"㞷"("往"的形声本字,从"止"、"王"声)、右"犬",后变为左"犬"、右"㞷";大约因为后引申指人的心理失常,故《说文》古文从"心"。战国文字又从"火",从"心"、从"火"都是"犬"形的旁支流变,亦略取其意象(心急如焚,失去常态);汉代字形渐变成从犬、王声。(郭小武 叶青)

類(类) lèi 来纽、物部;来纽、至韵、力遂切。

類¹—類²—類³—類⁴—類—类
秦 《说文》小篆 汉 魏 楷书 楷书

1、3、4《甲金篆》684页。2《说文》205页。

形声字。从犬,頪(lèi)声。本义为种类,即许多相同或相似事物综合在一起。《说文》:"類,种类相似,唯犬为甚。"马王堆汉墓帛书《相马经》:"(五)色清明,其状类怨。"《易·乾》:"本乎天者亲上,本乎地者亲下,则各从其类也。"由种类引申为同类,又引申为类似、相像、类推、大抵等义。古今字形一脉相承,楷书写作"類"。金代字书《改并四声篇海》的明刻本出现了取字左部并省去犬上一点的"类"字,现代汉字简化时,采用这一写法,将

"類"简化为"类"。(郭小武 叶青)

狄 dí 定纽、锡部；定纽、锡韵、徒历切。
tì 透纽、锡部；透纽、锡韵、他历切。

商 商 西周 西周 《说文》小篆 汉 楷书

1、2《甲骨金文字典》733页。3、4、6《甲金篆》684页。5《说文》205页。

形声字。从犬，亦省声。本义为我国古代北方民族名，读作dí。《说文》："狄，赤狄。"段玉裁注改为"北狄也"。"狄"为我国古代民族名，分为赤狄、白狄、长狄诸部，每部各有支系，因其主要居住北方，故又通称北狄。秦汉以后，则成为北方地区各民族的泛称。《礼记·王制》："北方曰狄，衣羽毛，穴居，有不粒食(不吃谷物)者矣。""狄"又读作tì，义为邪恶、邪僻。《说文》："狄之为言淫辟也。"商代文字为会意字，从犬，从大，"大"本像正立人形(是否也取声，存疑)；金文或从犬，亦声(字形3)，或从犬，亦省声("火"乃"亦"之省讹)；小篆由金文演变而来；隶楷文字由小篆演变而来。(郭小武 叶青)

玃 jué 见纽、铎部；见纽、药韵、古缚切。

《说文》小篆 汉 楷书

1《说文》205页。2《甲金篆》685页。

形声字。从犬，矍声。本义为大猴子。《说文》："玃，母猴也。"《广韵·药韵》："玃，大猿也。"《吕氏春秋·察传》："数传(传言)则白为黑，黑为白；故狗似玃，玃似母猴(猕猴)，母猴似人，人之与狗则远矣。"后泛指猿猴。"玃"常与"攫"通用，表示抓取、夺取的意思。《吕氏春秋·本味》："夫三群之虫，水居者腥，肉玃者臊，草食者膻。"高诱注："肉玃者，玃拿肉而食之，谓鹰雕之属。"(郭小武 叶青)

猶(犹) yóu 喻纽、幽部；以纽、尤韵、以周切。
又余救切。

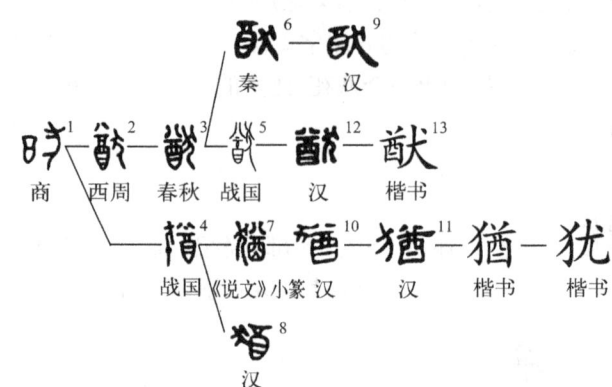

商 西周 春秋 战国 汉 楷书
战国 《说文》小篆 汉 汉 楷书 楷书
汉

1-6、8-11《甲金篆》685页。7《说文》205页。12《汉印徵》卷10，7页。

形声字。从犬，酋声。本义为猴类动物。《说文》："猶，玃属。"《尔雅·释兽》："猶如麂，善登木。"郝懿行义疏："猶之为兽，既是猴属，又类麂形。麂形似麇而足如狗，故猶从犬矣。"也叫"猶猢"，《水经注·江水》："山多猶猢，似猴而短足，好游岩树。"因同音的关系，"猶"的字形被假借来用作动词、副词，表示如同、好比、还、仍、尚且等义。甲骨文左为酒坛形的"酉"，右为"犬"；金文酒坛上增加了溢出的酒水形而为"酋"。后字形分化，左"酋"、右"犬"演变成"猷"，义为谋略、计划。西周中期史墙盘："远猷腹心。"左"犬"、右"酋"演变成"猶"。现代汉字简化时，根据唐代敦煌变文写本及元抄本中出现过的字形，将"猶"简作"犹"。(郭小武 叶青)

狙 jū 清纽、鱼部；清纽、鱼韵、七余切。

《说文》小篆 楷书

1《说文》205页。

形声字。从犬，且声。本义为犬伺机突然蹿出咬人。《说文》："一曰狙，犬也，暂啮人者。"假借指猕猴。《说文》："狙，玃属。"《广雅·释兽》："狙，猕猴也。"《庄子·齐物论》："狙公赋芧(分橡子)，曰：'朝三而暮四'，众狙皆怒。曰：'然则朝四而暮三'，众狙皆悦。"由本义引申为窥伺、伺察，又引申为狡诈、诡诈。(郭小武 叶青)

猴 hóu 匣纽、侯部；匣纽、侯韵、户钩切。

《说文》小篆 楷书

1《说文》206页。

形声字。从犬,侯声。本义指猴子,是一种哺乳动物,形状略像人,毛灰色或褐色,有尾巴,两颊有可储存食物的颊囊,以果实、野菜、鸟卵、昆虫等为食。动作灵活敏捷,好群居。《玉篇·犬部》:"猴,猕猴也。"《正字通·犬部》:"猴,猕猴,状似人,颊陷,尻(kāo,臀部)无毛,尾短,声嗝嗝若咳,腹无脾,以行消食,孕五月而生,生子浴涧中,性躁动害物。"《吕氏春秋·察传》:"故狗似玃(大猴),玃似母猴(猕猴),母猴似人,人之与狗则远矣。"引申为像猴子似的蹲着,有些方言口语中指机灵、淘气。小篆左"犬"、右"矦",后"矦"上部左撇和下部左撇相连成"亻",右部拉直,即成楷书的"侯"。(郭小武 叶青)

狼 láng 来纽、阳部;来纽、唐韵、鲁当切。
  lǎng 来纽、荡韵、里党切。

商 秦 《说文》小篆 汉 晋 楷书

1、2、4、5《甲金篆》686页。3《说文》206页。

形声字。从犬,良声。本义指一种犬科动物,形状似狗,耳竖立,毛黄色或灰褐色,尾下垂。昼伏夜出,性贪婪凶残,以野生动物为食,也伤害人畜,读作láng。《说文》:"狼,似犬,锐头,白颊,高前,广后。从犬,良声。"《诗·齐风·还》:"并驱从两狼兮,揖我谓我臧兮。"(一同追赶两头狼啊,你拱手夸我本领强)由狼性凶残引申为凶狠义。有一种像猴的野兽名为"犺狼",也叫"狼犺",其中的"狼"则读作lǎng。甲骨文为左"良"、右"犬";后世演变成左"犬"、右"良"。(郭小武 叶青)

狐 hú 匣纽、鱼部;匣纽、模韵、户吴切。

商 商 战国 秦《说文》小篆 汉 晋 楷书

1-4、6、7《甲金篆》686页。5《说文》206页。

形声字。从犬,瓜声。本义指狐狸,是一种食肉性哺乳动物,形状似狗而瘦小,耳三角形,尾长,毛多赤黄色。性狡猾多疑,遇敌时能分泌恶臭。毛皮可制衣物。《说文》:"狐,䄏(妖)兽也,鬼所乘之。有三德:其色中和,小前大后,死则丘首。"商代甲骨文:"丁亥卜:翌日戊王叀(惟)呈(地名)田(畋)……王禽(擒)狐三十又七。"《易·解》:"田(打猎)获三狐,得黄矢。"《史记·赵世家》:"吾闻千羊之皮,不如一狐之腋。"可喻指坏人、小人。甲骨文字形为从犬、亡声,后世改其声符为"瓜"。(郭小武 叶青)

獭(獺) tǎ 透纽、月部;透纽、曷韵、他达切。
又他鎋切。

《说文》小篆 楷书 楷书

1《说文》206页。

形声字。从犬,赖声。本义指一种半水栖食肉类动物,头扁,耳小,脚短,趾间有蹼。栖息水边,善游泳。毛皮可制衣物。分水獭、旱獭、海獭三种。《说文》:"獭,如小狗也,水居食鱼。"《孟子·离娄上》:"为渊驱鱼者,獭也;为丛驱爵(同'雀')者,鹯也。"《淮南子·主术》:"獭未祭鱼,网罟(gǔ,鱼网)不得入于水。"水獭喜食鱼,常将所捕之鱼陈列水边,如举行祭礼一般,故后世有"獭祭"一词。小篆为左"犬"、右"赖";楷书由小篆演变而来,写作"獺"。现代汉字简化时,"贝"据汉代草书简作"贝","獺"因此类推简化为"獭"。(郭小武 叶青)

猋 biāo 帮纽、宵部;帮纽、宵韵、甫遥切。

《说文》小篆 汉 楷书

1《说文》206页。2《甲金篆》686页。

会意字。从三犬,从群犬竞相奔跑会意。本义为犬奔跑的样子。《说文》:"猋,犬走皃。"《广韵·宵韵》:"猋,群犬走皃。"由犬奔跑引申为迅疾、疾进义。《楚辞·九歌·云中君》:"灵(神灵)皇皇兮既降,猋远举兮云中。"又用同"飙"(飚),指旋风、暴风。《尔雅·释天》:"扶摇谓之猋。"郭璞注:"暴风从下上。"清朱骏声《说文通训定声·小部》:"猋,叚借为飙。"(郭小武 叶青)

狷 juān 见纽、元部;见纽、线韵、古椽切。

《说文》新附 楷书

1《说文》206页。

形声字。从犬,昌声。本义为性情急躁、偏激。《说文》:"狷,褊急也。"《后汉书·独行传·范冉》:"以狷急不能从俗,常佩韦于朝。"(因性情急躁不能顺从时俗,常于朝廷上佩韦皮以自警戒)由性情急躁、偏激引申为耿直、固执,由耿直、固执又引申为拘谨无为。(郭小武 叶青)

犾 部

犾 yín 疑纽、元部;疑纽、殷韵、语斤切。

1、2、4《甲金篆》688页。3《说文》206页。

会意字。从二犬,从两犬相咬会意。本义为两犬相啮。《说文》:"犾,两犬相啮也。从二犬。凡犾之属皆从犾。"徐灏注笺:"犬性不喜群,两犬相遇,往往相啮,故从二犬。"也指犬相吠。《广韵·欣韵》:"犾,犬相吠也。"甲骨文字形为两只头朝上、前后腿朝左、尾朝下的犬形,金文像相背的两只犬形,小篆则将犬形线条化,隶楷文字由小篆演变而来。同源字有"狠""猎""狞""断"等。(郭小武 叶青)

狱(狱) yù 疑纽、屋部;疑纽、烛韵、鱼欲切。

1、2、4、5、6《甲金篆》688页。3《说文》206页。

会意字。从犾,从言,犾为两犬相咬之形,"狱"表示以言论相互争斗,发生纠纷。本义为争讼。西周晚期蔡簋:"勿事(使)敢又(有)庆(疾),止从(纵)狱。"《周礼·秋官·大司寇》:"以两剂禁民狱。"(用双方合同契约的方法禁止、减少民间有关财产的争讼)郑玄注:"狱,谓相告以罪名者。"《睡虎地秦墓竹简》:"(决)狱不正。"由争讼义引申指监牢。古今字形一脉相承,写作"狱"。现代汉字简化时,"言"作偏旁时简作"讠","狱"类推简化作"狱"。(郭小武 叶青)

鼠 部

鼠 shǔ 书纽、鱼部;书纽、语韵、舒吕切。

1、2、3、5《甲金篆》688页。4《说文》206页。

象形字。像直立的鼠形(为的是书写方便)。本义指穴居兽类动物。《说文》:"鼠,穴虫之总名也。"后专指老鼠,哺乳动物的一科,一般体小尾长,门牙发达。有的地区叫耗子。《诗·召南·行露》:"谁谓鼠无牙,何以穿我墉。"古代的术数家用十二种动物来配合十二地支,用这十二种动物来记人的生年,"鼠"又成为十二生肖之一。甲骨文字形像竖立的鼠,头朝上,尖齿,头部周围有一些小点,像被咬啮的碎物,前后腿朝左,还有一条向下垂的尾巴,简单而概括地表现了鼠体小尾长、门牙发达的基本特征。秦汉文字起字形演变,鼠头部演变成了突出牙齿的"臼",鼠身、鼠腿、鼠尾则成了"䑕"。楷书则成为横平竖直、鼠尾与鼠腿拉平的"鼠"。(郭小武 叶青)

鼢 fán 並纽、元部;奉纽、元韵、附袁切。

1《说文》206页。

形声字。从鼠,番声。本义指白鼠。《玉篇·鼠部》"鼢,白鼠。"也指鼠妇,又名瓮底虫。《玉篇·鼠部》:"鼢,瓮底虫。"《说文》:"鼢,鼠也。或曰鼠妇。"段玉裁注:"《释虫》曰:'蟠,鼠负。'蟠即鼢字,负即妇字,今之瓮底虫也。"(郭小武 叶青)

鼫 shí 禅纽、铎部;禅纽、昔韵、常只切。

1《说文》206页。

形声字。从鼠,石声。本义指五技鼠。《说文》:"鼫,五技鼠也。能飞不能过屋,能缘不能穷木,能游不能渡谷,能穴不能掩身,能走不能先人。"也指一种形状像兔的鼠类。《尔雅·释兽》"鼯鼠"郭璞注:"形大如鼠,头似兔,尾有毛,青黄色,好在田中食粟豆,关西呼为鼩(jué)鼠。""鼯鼠"还可用作虫名。《易·晋》:"晋如鼫鼠。"孔颖达疏:"《本草经》云:蝼蛄一名鼫鼠,谓此也。"(郭小武 叶青)

鼬

鼬 yòu 喻纽、幽部;以纽、宥韵、余救切。

鼬¹—鼬
《说文》小篆 楷书

1《说文》206页。

形声字。从鼠,由声。本义指一种哺乳动物,身体细长,四肢短小,善捕鼠,故称鼠狼,毛黄色,又名黄鼠狼。《说文》:"鼬,如鼠,赤黄而大,食鼠者。"《庄子·徐无鬼》:"藜藋柱乎鼪鼬之径。"(在黄鼠狼出没的小路上长满了野草)今泛指鼬科动物部分种类,有黄鼬、青鼬、雪鼬、白鼬、香鼬、臭鼬等种类。(郭小武 叶青)

能 部

能 néng 泥纽、蒸部;泥纽、登韵、奴登切。
tái 透纽、之部;透纽、咍韵、汤来切。
nái 泥纽、之部;泥纽、咍韵、奴来切。
nài 泥纽、代部;泥纽、代韵、奴代切。

能¹—能²—能³—能⁴—能⁵—能⁶—能⁷—能⁸
商 商 战国 战国 秦《说文》小篆 汉 汉 楷书

1—5、7《甲金篆》689页。6《说文》207页。8《甲金篆》690页。

象形字。像站立的熊形。本义指熊,是一种食肉类哺乳动物,头大尾短,四肢粗短,脚掌大。《说文》:"能,熊属,足似鹿。"因读音相近(能,古音泥纽蒸部;熊,古音匣纽蒸部),"能"被假借为能力、才能的"能"。《书·大禹谟》:"汝惟不矜(自大),天下莫与汝争能。"由能力、才能义引申为有能力、有才能、胜任、善长、能够、容许等义。西周晚期大克鼎:"叀(惠)于万民,柔远能迩。"《睡虎地秦墓竹简》:"及物之不能相易者。"后"能"多用为借义,于是又用"熊"来表示它的本义,"能"则专用为借义了。"能"的基本读音为néng;读nái时指一种三足鳖,《尔雅·释鱼》:"鳖三足,能。"读tái、读nài则都用为通假字。

金文字形像站立的熊形,大口朝下,前后腿脚,带钩的爪,短尾,简单而概括地表现了熊嘴大尾短、四肢粗短的基本特征;战国文字则头、口、脚几处分离;小篆字形由秦简字形演变而来,隶楷文字由小篆演变而来,头部变成了左上的"厶",口部成了左下的"月",前后腿脚成了右上、右下两个"匕",写作"能"。(郭小武 叶青)

熊 部

熊 xióng 匣纽、蒸部;匣纽、东韵、羽弓切。

熊¹—熊²—熊³—熊⁴—熊⁵—熊
战国《说文》小篆 汉 汉 汉 楷书

1、3、4、5《甲金篆》690页。2《说文》207页。

形声字。从火,能声。本义为火势旺盛的样子,如"熊熊大火"。食肉类哺乳动物的"熊",本写作"能",因"能"借用为能愿动词,故借表大火貌的"熊"为动物的"熊"。"熊"头大尾短,四肢粗短,脚掌大,能直立行走,也能爬树。种类很多。《说文》:"熊,兽,似豕,山居,冬蛰。"北方方言中"熊"可表示斥责、斥骂的意思,如"挨熊"、"熊了他一顿";又可形容胆小无能,如"熊样"。(郭小武 叶青)

火 部

火 huǒ 晓纽、微部;晓纽、果韵、呼果切。

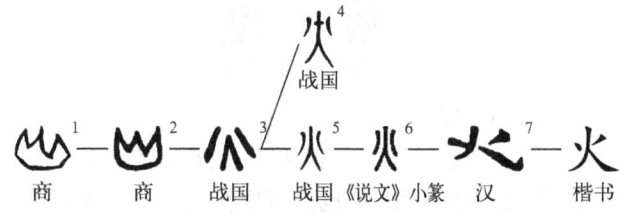

火¹—火²—火³—火⁴战国—火⁵—火⁶—火⁷
商 商 战国 战国《说文》小篆 汉 楷书

1—5、7《甲金篆》690页。6《说文》207页。

象形字。像物体燃烧时发出的光、焰之形。本义是火、火焰。《合集》2874:"丙寅卜,殻贞:其有火?"(丙寅日占卜,殻贞:会有火?)《合集》11503:"有新大晶(星)並火。"可能指的是火星。《书·盘庚上》:"若火之燎于原,不可向迩(靠近),其犹可扑灭?"《韩非子·五蠹》:"有圣人作,钻燧取火,以化腥臊。""火"的引申义较多,由火焰引申为着火、火灾等义,由火焰又可引申为火把、火炬、火药、枪炮弹药等义,由火的颜色可引申为火红色,由火的旺盛引申为兴旺或暴躁、怒气,由着火、火灾的刻不容缓引申为紧急,兹不详述。火可以取暖,又可以照明,尤其可以烧烤食物,使生食转为熟食,使人类卓然超越于其他动物之上,向文明社会挺进。甲骨文字形像物体燃烧时光、焰迸射之形,战国文字将火形拆成了四笔,但还保留了一点光、焰上冒的样子;其后的字形与战国文字一脉相承。(郭小武 叶青)

燹 xiǎn 心纽、文部;心纽、铣韵、苏典切。

1、2、3《甲金篆》690页。4《甲金篆》691页。5《说文》207页。

会意字。从火,从二豕。本义指火烧、燃烧。或认为是形声字,从火,豩(huān)声。也用作名词,指火。《说文》:"燹,火也。"后专指兵火、战火,即在战争中纵火焚烧。《正字通·火部》:"燹,兵火曰燹。"明高启《次韵杨孟载早春见寄》:"久闻离乱今始见,烟火高低变烽燹。"金文上为两个直立猪形(为书写方便),下为火苗上冒之形,或增表打击义的"攴";小篆字形已线条化,楷书与小篆一脉相承,写作"燹",变圆转线条为离散式的硬折线条,并有了点画。(郭小武 叶青)

焌 jùn 精纽、文部;精纽、恩韵、子寸切。
qū 清纽、术韵、仓聿切。

1《说文》207页。

形声字。从火,夋声。本义为点火,读作jùn。《说文》:"焌,然('燃'本字)火也。"《周礼·春官·菙氏》:"凡卜,以明火爇燋,遂龡(chuī,'吹'古字)其焌契(点燃柴枝,用以灼龟),以授卜师。"郑玄注:"焌,谓以契柱燋火而吹之也。"由点火义引申为用火烧、用火烫,由用火烧义引申指一种将蔬菜放入热油锅迅速炒熟的烹饪方法。"焌"还转指把燃烧物放入水中弄灭,这是因为,如果是用火烧烫水分大的物品,则温度降低,火就灭了,由此引申而来。所有的引申义均读作qū。(郭小武 叶青)

尞 liáo 来纽、宵部;来纽、笑韵、力照切。
liáo 来纽、萧韵、怜萧切。

1-4、6《甲金篆》691页。5《说文》207页。

会意字。从火,从木及多寡不等的点画。本义指焚柴祭天,是古代的一种祭祀方法,"燎"的本字。《说文》:"尞,柴祭天也。"《合集》32302:"癸卯贞:其侑于高祖,(厥)尞六牛?"(癸卯日卜问:祭祀高祖,燎祭六头牛?)西周早期保员簋:"唯王既尞,伐东尸(夷)。"由焚柴引申泛指焚烧等义。后为了明确"尞"字与"火"有关,又加了火字旁成为"燎","尞"、"燎"遂成一对古今字。《汉书·礼乐志》:"朝陇首,览西垠,雷电尞,获白麟。"颜师古注:"尞,古燎字。"甲骨文字形1像以火燔木(木旁有火焰上腾之点)之形,或在字形1"木"下加"火"会意;小篆讹变,隶楷文字由小篆演变而来,下"火"成"灬"逐渐讹变成"小"。(郭小武 叶青)

然 rán 日纽、元部;日纽、仙韵、如延切。

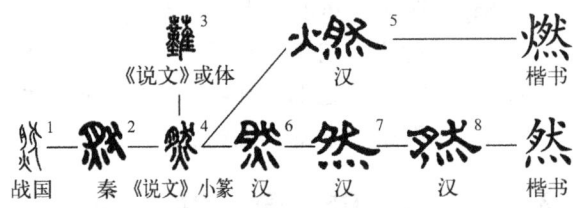

1、2、5-8《甲金篆》691页。3、4《说文》207页。

形声字。从火,肰(rán)声;或体为从艸、難声的形声字。徐铉案语:"艸部有蘸,注云艸也。此重出。"段玉裁注:"按,篆当作爇,或古本作蘸,转写夺火耳。"按照段注,《说文》或体应作爇,或蘸,为从火、難声或蘸声的形声字。"然"字本义是燃烧。《说文》:"然,烧也。"徐铉注:"然,今俗别作燃。"《孟子·公孙丑上》:"凡有四端(仁、义、礼、智四种开端)于我者,知皆扩而充之矣,若火之始然,泉之始达。""然"字因借用作代词、叹词、副词、连词、助词等,本义反被掩盖了,为便于区别,人们又在"然"下增加形符"火",造了个从火、从然、然亦声的会意兼形声字"燃"。从此,"燃"专职指燃烧,"然"则用于各种假借义。战国文字左上为"肉"的古字形,左下为"火",右为头朝左的直立犬形;小篆结构略有变化,上左为肉形、右为

"犬",下为"火"。就构形取意而言,有一种直观通俗的理解,认为以"火"烧"犬"之"肉"即为"然"(燃)。后来为了形体结构平整,位于下部的火形演变成"灬"。(郭小武 叶青)

蓺 ruò 日纽、月部;日纽、薛韵、如劣切。

商 商 《说文》小篆 楷书

1、2《甲骨金文字典》743页。3《说文》207页。

形声字。从火,蓺声。本义为燃烧。《说文》:"蓺,烧也。"徐铉:"《说文》无蓺字。当从火、从艸,热省声。"《左传·昭公二十七年》:"将师退,遂令攻郤氏,且蓺之。"杜预注:"蓺,烧也。"《淮南子·兵略》:"毋蓺五谷,毋焚积聚。"由焚烧义引申为烘烤义。甲骨文字形从"丮"(人跪而双手有所握持)执火炬之形,"丮"或作"又"(像手形),为会意字;小篆演变成上"蓺"、下"火"的形声字;楷书由小篆演变而来,写作"蓺"。"蓺"音义与"燃"相类,为同源字。"蓺"字是否可以分析为从艸、从热、热亦声的会意兼形声字,并解释其本义为放火烧荒呢?难以确定。因为这最多只是假设,必须进一步严加考证后才能下结论。(郭小武 叶青)

燔 fán 並纽、元部;奉纽、元韵、附袁切。

战国 秦 《说文》小篆 汉 汉 楷书

1、2、4、5《甲金篆》692页。3《说文》207页。

形声字。从火,番声。本义为焚烧。《说文》:"燔,蓺(ruò)也。"《庄子·盗跖》:"文公后背之,(介)子推怒而去,抱木而燔死。"马王堆汉墓帛书《五十二病方》:"燔死人头皆冶。"由焚烧引申为烤、炙。宋陆游《鹅湖夜坐书怀》:"马鞍挂狐兔,燔炙百步香。""燔"在古代还常用作"膰"的通假字,指古代祭祀用的烤肉。《孟子·告子下》:"孔子为鲁司寇,不用,从而祭,燔肉不至,不税(脱)冕而行。""燔"的古今字形无大变化,需要注意的是,"燔"右上部分并非采摘的"采"。(郭小武 叶青)

燒(烧) shāo 书纽、宵部;书纽、宵韵、式招切。
shào 书纽、宵部;书纽、笑韵、失照切。

秦《说文》小篆 汉 楷书 楷书

1、3《甲金篆》692页。2《说文》207页。

形声字。从火,堯声,读为shāo。本义为使物体着火。《说文》:"燒,蓺(ruò)也。"《战国策·齐策四》:"臣窃矫君命,以责(债)赐诸民,因烧其券,民称万岁。"由使着火义引申为加热使物体起变化、烘烤、一种烹饪方法等义,由加热引申为因病而体温升高,由使物体起变化引申为因肥料过浓使植物枯萎或死亡,现代又可喻指人因财富多而头脑发热、得意忘形。"烧"又读shào,意为放火烧野草以肥田。《管子·轻重甲》:"齐之北泽烧,火光照堂下。"也泛指野火。字义系统往往是通过比况式联想类推而丰富发展起来的,"烧"的字义系统是这方面的一个典型范例。"烧"原作左"火"、右"堯",后"堯"据草书简化成"尧","燒"也就类推简化成"烧"。(郭小武 叶青)

烈 liè 来纽、月部;来纽、薛韵、良薛切。

西周 春秋 《说文》小篆 汉 汉 汉 楷书

1、2《甲骨金文字典》743页。3、4《说文》207页。5、6《甲金篆》692页。

形声字。从火,列声。本义为火势猛烈。《说文》:"烈,火猛也。"《左传·昭公二十年》:"夫火烈,民望而畏之,故鲜死也。"泛指猛烈。由猛烈引申为强烈、激烈、严厉、浓烈、浓重、威武、威力、刚直、坚贞等义。由火势猛可引申为光明、辉煌义。也可引申指功业、事业。金文从朿(或"束")、从刀,对应于剌(là)字,其实也可以看作是"列"(裂)的一个会意本字。"朿"有分义,变形为"束",从"刀"以判之。一般认为,文例中借为"烈"字。(注意:金文"剌"字多释为"烈",如西周中期簋:"对扬文母福剌(烈)。"西周晚期南宫柳鼎:"对扬天子休,用乍(作)朕剌(烈)考尊鼎。"但这不意味着没有释为"列"的可能。)小篆"烈"字从火,列声,隶楷文字由小篆演变而来。(郭小武 叶青)

火部

炪 zhuō　章纽、月部；章纽、薛韵、职悦切。
又丑律切。

炪¹ — 炪
《说文》小篆　楷书

1《说文》207页。

形声字。从火,出声。本义为火不燃。《说文》:"炪,火光也。"段玉裁注:"《类篇》作'火不光'。《集韵》六术曰:'炪,爩烟皃'……烟盛则光微。"古代多用作"拙"的通假字。《说文》:"《商书》曰:'予亦炪谋。'读若巧拙之拙。"(今本《书·盘庚上》作"予亦拙谋")张舜徽约注:"火不然谓之炪,犹人不巧谓之拙,故二字可通假。"《集韵·术韵》:"炪,爩烟皃。""爩烟"如今言"𬊤烟",指烟气浓而明火少,郁结于内,就叫作"炪"。"拙"也含有憋屈于内、不得舒展的义蕴,所以就其音义相关而言,"炪"与"拙"可认为是同源字;就其文献用例而言,"炪"与"拙"可认为是通假字。(郭小武　叶青)

煏(烨) bì　帮纽、质部；帮纽、质韵、卑吉切。

煏¹ — 煏 — 烨
《说文》小篆　楷书　楷书

1《说文》207页。

形声字。从火,畢声。本义为火貌。《说文》:"煏,煏𤈦(fú),火皃。"《正字通·火部》:"𤈦,本字从正倒二或字,不便楷,今作𤈦。"又用作拟声词,指烈火烧物所产生的爆裂声。《玉篇·火部》:"煏,火声也。"其实,就拟声一端而言,古今中外都有相通一贯的模拟方式。"煏𤈦"—"噼啪"正可古今一例看待,我们完全可用今之易释古之难(古无轻唇音,"𤈦"声母也同"煏"一样为重唇音),"煏𤈦"就是摹状那种火烧物体所伴随的"噼里啪啦"之声。小篆作左"火"、右"畢",楷书由小篆演变而来,写作"煏"。"畢"本为一种猎用长柄网的象形,因繁复难写,从俗新创从十、比声的"毕"作为它的简化字,"煏"因此可以类推简化为"烨"。(郭小武　叶青)

烝 zhēng　章纽、蒸部；章纽、蒸韵、煮仍切。

烝¹ — 烝² — 烝³ — 烝⁴ — 烝⁵ — 烝⁶
西周　西周　战国　《说文》小篆　汉　汉　楷书

1、2、3、5、6《甲金篆》692页。4《说文》207页。

形声字。从火,丞声。本义为火气上升。《说文》:"烝,火气上行也。"用作古代冬祭名。西周晚期姬鼎:"用烝用尝,用孝用亯(享)。"《诗·小雅·楚茨》:"絜尔牛羊,以往烝尝(洗净你的牛和羊,准备拿去作祭享)。"古代"冬祭曰烝,秋祭曰尝","烝""尝"连用,可泛指祭祀。引申为用水气加热,此义后作"蒸"。由火气上升之热气腾腾引申为众多。金文从米,从豆(盛食器);或从米,从𠬞(双手),登声,又或从𠬞(双手),登声。因"登"字中有"豆"形,故从"登"声者亦可认为兼取"豆"的意象,即从双手持豆以会进献祭品意。小篆演变为上"丞"、下"火"的形声字,隶楷文字由小篆演变而来,写作"烝"。(郭小武　叶青)

煦 xù　晓纽、侯部；晓纽、遇韵、香句切。
又况羽切。

煦¹ — 煦
《说文》小篆　楷书

1《说文》207页。

形声字。从火,昫声。本义为温暖、暖和。《说文》:"煦,烝也。一曰温润也。"桂馥义证:"烝也者,《方言》:'煦,热也。'"《广韵·麌韵》:"煦,温也。"引申指清晨的阳光。由温暖转指呵护。《太平广记》卷十六引唐李复言《续玄怪录》:"恩者煦之,雠者复之。"小篆形符"火"居左下;楷书笔形结构略有变化,"火"演变成"灬"居下。(郭小武　叶青)

熯 hàn　晓纽、元部；晓纽、翰韵、呼旰切。
又呼旱切。
rǎn　日纽、元部；日纽、狝韵、人善切。

熯¹ — 熯² — 熯
商　《说文》小篆　楷书

1《甲骨金文字典》744页。2《说文》207页。

会意兼形声字。从火,从莫,莫亦声。本义为干燥,读作hàn。《说文》:"熯,干皃。"《易·说卦》:"燥万物者莫熯乎火。"商代甲骨文例用法略如"旱"。《合集》10168:"庚戌卜,贞:帝其降莫?"意思是问天帝是否降下旱灾。

《合集》10172："辛卯卜，㱿贞：帝其莫我？"意思是问天帝是否使我承受旱灾之苦。由干燥引申为烘干、曝晒、焚烧等义。又读作 rǎn，义为恭敬。《诗·小雅·楚茨》："我孔熯矣，式礼莫愆。"（我们的态度很恭敬，礼节仪式无差错）甲骨文为会意字，上为捆绑的人形，下为火形，会以"火"焚"人"之意，也可认为是旱时将人置于火上祭天以求雨；小篆则在甲骨文的基础上又增加形符"火"，成为从火、从莫、莫亦声的会意兼形声字。（郭小武 叶青）

閦

lìn 来纽、真部；来纽、稕韵、良刃切。

会意字。从火，从门。会门内有火意。《说文》说为形声字，从火，㒳(zhèn)省声。本义为火貌。《说文》："閦，火皃。读若粦。"叶德辉《说文读若考》："按'门部'㒳，登也，从门、二。二古文下字，读若军㒳(通'阵')之㒳。粦、陈，古音同部。"其实，《说文》此处的"读若"，也是在提示"閦"与"粦"的音义具有相近相通的同源关系，因为"粦"的后起字为"燐""磷"（磷火、磷光）。这样，通过系联同源字，形成音义群，就更便于从整体上把握字的读音和意义了。甲骨文上为两扇对开的门形，下为火形，从"门"内有"火"会意。（郭小武 叶青）

爚

yuè 喻纽、药部；以纽、药韵、以灼切。

1《说文》208页。2《甲金篆》693页。

形声字。从火，龠声。本义为火光。《说文》："爚，火飞也。从火，龠声。一曰爇(ruò)也。"段玉裁依《文选》的《琴赋》《景福殿赋》注、玄应书卷九改作"火光也"。《史记·屈原贾生列传》："弥融爚以隐处兮，夫岂从蚁与蛭螾。"（远离光亮去隐居，岂能学那蚂蚁、水蛭和蚯蚓）由火光引申为用火照耀。《吕氏春秋·期贤》："今夫爚蝉者，务在乎明其火，振其树而已；火不明，虽振其树何益？"又引申为用火加热；由火光、照耀引申为光彩貌、炫耀诸义。（郭小武 叶青）

熛

biāo 帮纽、宵部；帮纽、宵韵、甫遥切。

1《说文》208页。

会意字。从火，从票，票亦声。是"票"的孳乳字。"票"字下部本从"火"形，义为火焰升腾。"熛"本义为火焰迸飞。《说文》："熛，火飞也。"段玉裁注："玄应引《三仓》云：'熛，进火也。'"按照同源字词的引导，可直接联想到音义相通的"飚"字。《吕氏春秋·慎小》："巨防（堤防）容蝼而漂邑杀人，突（烟囱）泄一熛而焚宫烧积。"由火焰的迸飞引申为迅疾或焚烧，由火焰引申为闪光、赤色。（郭小武 叶青）

烄

jiǎo 见纽、宵部；见纽、效韵、古孝切。

1、2、3《甲金篆》693页。4《说文》208页。

会意兼形声字。从火，从交，交亦声。从交在火上、燃以祭天会意。本义为用火烧燎祭天。《合集》29993："今日烄，有雨？"问今日焚人牲以祭天，是否有雨。《说文》："烄，交木然（燃）也。"徐锴系传："架而烧之也。"《玉篇》："烄，交木然（燃）之，以燎柴(chái，焚柴而祭)天也。"甲骨文字形中上为两腿交叉的人形，下为火形，有的火上还有一些小点像火焰上腾之形，还有的字形火上人下有木，表示架起的柴堆；小篆变上下结构为左右结构，左"火"、右"交"；楷书由小篆演变而来。（郭小武 叶青）

炎

chán 定纽、谈部；澄纽、盐韵、直廉切。又徒甘切。

yín

1《说文》208页。

形声字。从火，干声。本义为燃烧，读作 chán。《说文》："炎，小热也。"段玉裁据古本《毛诗》改作"小爇(ruò)也"，以"干"声略远，注作"羊声"，并注："羊，各本误作干，篆体亦误，今正。"《诗·小雅·节南山》："忧心如惔。"陆德明释文："惔……《说文》作'炎'字，才廉反，小热也。"《说文》引《诗》曰："忧心炎炎。"又读作yín，义为光明。《方言》卷十二："炎，明也。"郭璞注："炎，光也。"（郭小武　叶青）

燋

jiāo　精纽、宵部；精纽、宵韵、即消切。
qiáo　从纽、宵部；从纽、宵韵、昨焦切。
zhuó　章纽、药部；章纽、药韵、职略切。

燋¹—燋²—燋³—燋
秦　　《说文》小篆　晋　　楷书

1《甲金篆》693页。2《说文》208页。3《隶辨》195页。

会意兼形声字。从火，从焦，焦亦声。是"焦"的孳乳字。本义为引火用的柴枝，读作jiāo。《说文》："燋，所以然（燃）持火也。"《周礼·春官·菙氏》："凡卜，以明火爇（ruò，烧）燋，遂歠（chuī，'吹'古字）其焌契（点燃柴枝，用以灼龟），以授卜师。"《礼记·少仪》："主者执烛抱燋。""燋"亦可仍用作"焦"，表示烧焦、干枯等义，读作jiāo。可用作"憔悴"的"憔"的通假字，读作qiáo。《庄子·天地》："孝子操药以修（调理）慈父，其色燋然。""燋"又读作zhuó，为"灼"字异体，意为火烧、烧灼。《集韵·药韵》："灼，《说文》：'炙也。'或作燋。"（郭小武　叶青）

炭

tàn　透纽、元部；透纽、翰韵、他旦切。

炭¹—炭²—炭³—炭⁴—炭⁵—炭⁶—炭
春秋　战国　秦　《说文》小篆　汉　汉　楷书

1、2、3、5、6《甲金篆》693页。4《说文》208页。

形声字。从火，岸省声，此依《说文》。按字形，或是会意，从"火"烧于山崖之下。本义为木炭。《说文》："炭，烧木余也。"即木材燃烧后尚未变成灰的部分，通常用作燃料。王子婴次卢（炉）："王子婴次之炭卢（炉）。"《礼记·月令》："是月（季秋九月）也，草木黄落，乃伐薪为炭。"也指石炭（煤炭）及像炭的东西，引申指炭火，可比喻灾祸、困苦，如"生灵涂炭"。春秋战国文字字形讹变较甚，依稀可见"火"形而已。"碳"是"炭"的后起字，多用于化学元素。（郭小武　叶青）

灰

huī　晓纽、之部；晓纽、灰韵、呼恢切。

灰¹—灰²—灰³—灰⁴—灰⁵—灰
秦　秦　《说文》小篆　汉　汉　楷书

1、2、4《甲金篆》693页。3《说文》208页。5《隶辨》108页。

会意字。从火，从又（手形），表示用手撮取火灰。本义为物质燃烧后残留的粉状物。《说文》："死火余烖（烬）也。从火，从又。又，手也。火既灭，可以执持。"说的是火灭之后，余烬可以用手执持。《礼记·月令》："（仲夏之月）令民毋艾（通'刈'）蓝以染，毋烧灰，毋暴（晒）布。"郑玄注："火之灭者为灰。""灰"也可以指木炭或石炭。由灰的形状引申指尘土，由灰的颜色引申指介于黑白之间的一种颜色，由热火化为冷灰可比喻沮丧、消沉。"灰"为名词，还可用为动词，指燃烧、烧毁。秦汉文字字形为右手取火之形，后右手形演变成"ナ"，写作"灰"。（郭小武　叶青）

炱

tái　定纽、之部；定纽、哈韵、徒哀切。

炱¹—炱²—炱
春秋　《说文》小篆　楷书

1《甲金篆》694页。2《说文》208页。

形声字。从火，台声。本义指烟气凝结成的黑灰。《说文》："炱，灰炱，煤也。"《玉篇·火部》："炱，炱煤，烟尘也。"《吕氏春秋·任数》："向者煤炱入甑中，弃食不祥，回（颜回）攫而饭之。"由黑色的灰引申为黑色。石鼓文上为"辝"声，下从"炎"；小篆简化为上"台"声、下从"火"；楷书与小篆一脉相承，写作"炱"。（郭小武　叶青）

煨

wēi　影纽、微部；影纽、灰韵、乌恢切。

煨—煨
《说文》小篆　楷书

1《说文》208页。

形声字。从火，畏声。本义为热灰。《说文》："煨，盆中火。"《战国策·秦策一》："犯白刃，蹈煨炭。"引申为焚烧。《新唐书·沙陀传》："时宫室煨残，驻尚书省。"由热灰引申指把生的食物埋在热灰中烤熟，如"煨山芋"、"煨栗子"；再引申为用微火炖煮，如"煨鸡汤"、"煨山

药"。（郭小武 叶青）

熄

熄 xī 心纽、职部；心纽、职韵、相即切。

熄¹——熄
《说文》小篆　楷书

1《说文》208页。

会意兼形声字。从火,从息,息亦声。与"息"兼有止息、生息两义相类似,"熄"兼有正反二义:1.火灭;2.蓄火。《说文》:"熄,畜火也。亦曰灭火。"段玉裁注:"畜,当从艹,积也。熄,取滋息之意。"桂馥义证:"畜火也者,谓火种也。"后世多用火灭义。《孟子·告子上》:"犹以一杯水救一车薪之火,不熄,则谓之水不胜火。"由火灭引申为停止、消亡。（郭小武 叶青）

燀（焯）

燀（焯） chǎn 昌纽、元部；昌纽、狝韵、昌善切。
dǎn 端纽、元部；端纽、旱韵、党旱切。

單¹——燀²——燀³——燀——焯
商　《说文》小篆　汉　楷书　楷书

1、3《甲金篆》694页。2《说文》208页。

形声字。从火,單声。本义指烧火做饭。《说文》:"燀,炊也。"《左传·昭公二十年》:"和如羹焉:水、火、醯(醋)、醢(肉酱)、盐、梅以烹鱼肉,燀之以薪,宰夫(厨师)和之,齐之以味。"由烧火引申为燃烧,又引申为炽盛。这些义项都读作chǎn。由烧火引申为热甚。《六书故·天文下》:"燀,谓过热如焚也。"再引申为过度,这些义项都读作dǎn。甲骨文上为"單",下为"火",小篆时成左"火"、右"單";隶楷文字由小篆演变而来。现代汉字简化时,"單"简作"单","燀"因此可以类推简化作"焯"。（郭小武 叶青）

炊

炊 chuī 昌纽、歌部；昌纽、支韵、昌垂切。

炊¹——炊²——炊³——炊⁴——炊
秦　《说文》小篆　汉　汉　楷书

1、3、4《甲金篆》694页。2《说文》208页。

形声字。从火,吹省声。本义为烧火做饭。《说文》:"炊,爨也。"《战国策·秦策一》:"(苏秦)归至家,妻不下

纴,嫂不为炊,父母不与言。"《庄子·庚桑楚》:"简(选择)发而栉,数米而炊,窃窃乎又何足以济世哉!"又指烧火。《战国策·齐策五》:"令折辕而炊之,杀牛而觞(使饮酒)士。"此字字形结构,传统上认为是"吹"省声,与"吹"取义相关。所从"欠"是呵欠的"欠",本像跽人而大张其口。从这一点上说,认为"炊"是从火、从欠会意也是可以的。（郭小武 叶青）

烘

烘 hōng 晓纽、东部；晓纽、东韵、呼东切。

烘¹——烘
《说文》小篆　楷书

1《说文》208页。

形声字。从火,共声。本义为烧。《说文》:"烘,尞也。""尞"即"燎"本字。《诗·小雅·白华》:"樵彼桑薪,卬烘于煁。"（砍下桑枝当柴烧,我把火炉烧起来）毛传:"烘,燎也。"由烧义引申为烤热、烤干。此外,"烘"还可以表示从周围或旁边渲染、映衬,使主体更加突出,如"烘云托月"。（郭小武 叶青）

熹

熹 xī 晓纽、之部；晓纽、之韵、许其切。

熹¹——熹²——熹³——熹⁴——熹⁵——熹⁶——熹
商　商　《说文》小篆　汉　汉　汉　楷书

1、2、4、5、6《甲金篆》694页。3《说文》208页。

形声字。从火,喜声。本义指烧烤。《说文》:"熹,炙也。"汉赵晔《吴越春秋·句践归国外传》:"火消则无熹毛之热。"由烧烤引申为炽热,由炽热引申为炽盛,又引申为光明、明亮。甲骨文上"壴"("鼓"的本字)、下"火",有的鼓边还有一些小点像火焰上腾之形,各家多释为"熹",则其结构上应分析为从火、喜省声;小篆演变成上"喜"（声）、下"火"（形）;隶楷文字由小篆演变而来,写作"熹"。（郭小武 叶青）

煎

煎 jiān 精纽、元部；精纽、仙韵、子仙切。
jiàn 精纽、元部；精纽、线韵、子贱切。

煎¹——煎²——煎³——煎⁴——煎
秦　《说文》小篆　汉　汉　楷书

1、3《甲金篆》694页。2《说文》208页。4《甲金篆》695页。

形声字。从火，前声。本义为熬煮，读作 jiān。《说文》："煎，熬也。"《三国志·魏书·高堂隆传》："以若所为，求若所致，犹缘木求鱼，煎水作冰，其不可得明矣。"也指一种烹饪方法，即把食物放入热油里加热，使表面变成焦黄。由熬煮引申指熔炼、消熔，由熬煮比喻指折磨、焦虑。"煎"还可用作量词，指中药煎汁的次数。又读作 jiàn，指蜜、糖浸渍的果品，这一意义的"煎"现在写作"饯"。（郭小武 叶青）

熬 áo 疑纽、宵部；疑纽、豪韵、五劳切。
āo

鏊¹—鏊²—鏊⁴—熬⁵—熬
西周　秦　《说文》小篆　汉　楷书

1、2、5《甲金篆》695页。3、4《说文》208页。

形声字。从火，敖声，读为 áo。本义为干煎或干炒。《说文》："熬，干煎也。"《周礼·地官·舍人》："丧纪，共饭米、熬谷。"（有丧事时，供给放在死者口中的米和置于棺侧用的干炒过的谷物）引申指用微火慢煮，由慢煮引申为忍耐、勉力支撑。"熬"还指一种把菜放在水里煮至烂熟的烹饪方法，读作 āo，如"熬白菜"、"熬排骨"。早期文字"火"居右下，小篆则成上"敖"、下"火"，或作上"敖"（声）、下"麦"（义）；隶楷文字由小篆演变而来，写作"熬"。（郭小武 叶青）

炮 páo 并纽、幽部；并纽、肴韵、薄交切。
pào 滂纽、幽部；滂纽、效韵、匹皃切。
bāo

秦　《说文》小篆　楷书

1《甲金篆》695页。2《说文》208页。

形声字。从火，从包，包亦声，表示包起来用火烤。本义指把带毛的肉用泥涂裹后放在火上煨烤。《说文》："炮，毛炙肉也。"《诗·小雅·瓠叶》："有兔斯首，炮之燔之。"（把那白头的兔子，裹上泥巴，放到火上烧烤）泛指烧烤。引申为烧。有时特指一种中药制法，即把药物放进热铁锅里急炒使焦黄爆裂。以上义项均读作 páo。"炮"又读作 bāo，意思是把肉类的东西放在旺火上急炒，如"炮羊肉"、"炮猪肚"。古代用作兵器的炮是用机械发射石头的，因此最初的字形为从石、駁声的"礮"，或从石、包声的"砲"，后改用火药发射铁弹丸，字则借用从火、包声的"炮"，读为 pào，现代汉字整理时，将"礮""砲"作为"炮"的异体字淘汰。（郭小武 叶青）

爆 bào 帮纽、药部；帮纽、效韵、北教切。
bó 帮纽、药部；帮纽、觉韵、北角切。

爆¹—爆
《说文》小篆　楷书

1《说文》208页。

会意兼形声字。从火，从暴，暴亦声。本义为火爆裂，读作 bào。《说文》："爆，灼也。"王筠句读："今俗谓火迸散为爆。"汉班固《白虎通·蓍龟》："卜，赴也，爆，见兆。"（卜即赴，龟甲烧灼后爆裂，呈现出预示吉凶的裂纹）泛指迸出、猛然破裂。由火爆裂引申指燃烧，又引申指火烧物体的声音，后也指把食物放入热油中快速煎炒或放入滚水中略微一烫就取出来的烹饪方法。"爆"又音 bó，用于"爆烁"一词，用如"剥落"，意为枝叶稀疏的样子。《集韵·觉韵》："烁，爆烁，叶疏皃（貌）。"（郭小武 叶青）

煬（炀） yàng 喻纽、阳部；以纽、漾韵、徐亮切。
yáng 喻纽、阳部；以纽、阳韵、与章切。

煬¹—煬—炀
《说文》小篆　楷书　楷书

1《说文》208页。

形声字。从火，易声，读为 yàng。本义为烘干、烘烤。《说文》："煬，炙燥也。"《庄子·盗跖》："古者民不知衣服，夏多积薪，冬则煬之。"由烘烤义引申为焚烧，又引为炽热，由焚烧引申为照耀。"煬"又读为 yáng，意为熔化金属。清王夫之《周易外传·说卦传》："金煬则液，水冻则冰。"这一意义的"煬"后也写作"烊"。现代汉字简化时，将"易"定为简化偏旁，并据汉代草书简作"㐆"，"煬"因此类推简化为"炀"。（郭小武 叶青）

爛（烂） làn 来纽、元部；来纽、翰韵、郎旰切。

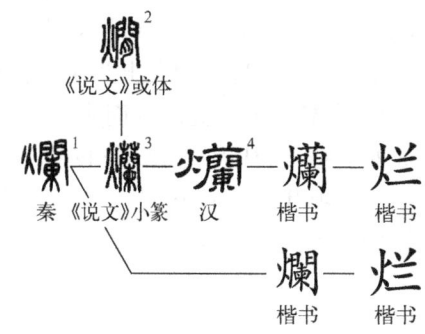

爛—爛—爛—爛—烂
秦　《说文》小篆　汉　楷书　楷书
　　　　　　　　　爛—烂
　　　　　　　　　楷书 楷书

1《甲金篆》695页。2、3《说文》208页。4《隶辨》573页。

形声字。从火，闌或蘭声。本义为用火煮得熟透。《说文》："爛，孰也。""孰"即"熟"。《吕氏春秋·本味》："故久而不弊，熟而不烂。"由用火(煮)引申为烧伤、烫伤；由熟透引申为熟得过度，引申为腐烂、溃烂。又引申为破碎、散乱、头绪混乱，为程度深或高，为明亮、光明，为鲜明有光彩。"烂"字早先字形不定，早期文字作从火、闌声的"爛"，小篆作从火、蘭声的"爛"，《说文》或体为从火、閒声的"爛"，这些字均笔画繁杂。现代汉字简化时，"蘭"据草书简作"兰"；为便于书写，俗间为"爛"新创了一个从火、兰声的简化字"烂"，现代简化汉字时从之。（郭小武　叶青）

尉

wèi　影纽、物部；影纽、未韵、於胃切。
yù　影纽、物部；影纽、物韵、纡物切。
yùn

尉—尉—尉—尉—尉
秦　《说文》小篆　汉　汉　楷书

1、3、4《甲金篆》695页。2《说文》208页。

会意字。从尸(夷)，从又(右手)，从火，表示用手持火熨烫织物使平展。本义为熨平。《说文》："尉，从上案下也。从尸、又，持火以尉申缯也。"后"尉"多借用为官名，如"太尉"、"都尉"、"县尉"、"上尉"、"中尉"等，读作wèi；又借用为姓氏，读作yù。为区别词义，人们另造了一个从火、从尉、尉亦声的"熨"字来表示它的本义，读作yùn。早期文字左上为"尸"（"夷"的古字，义为平），左下为"火"，右为"寸"（从"又"附一画，与手有关）；小篆结构略有变化，上为左"尸"、右"又"，下为"火"；后字形沿袭早期文字的结构，只是尸中的"二"与"火"合成"示"，写作"尉"。（郭小武　叶青）

龝

jiāo　精纽、宵部；精纽、宵韵、即消切。

龝—龝—龝—燋
商　《说文》小篆　楷书　楷书

1《甲金篆》695页。2《说文》208页。

会意字。从火，从龜，表示用火烧灼龟壳。本义为灼龟而不显兆纹。《说文》："龝，灼龟不兆也。……《春秋传》曰：'龟龝不兆。'读若焦。"段玉裁注："《左传·哀二年》：'卜战，龟焦。'无'不兆'二字。按：许所据盖有'不兆'……焦者，火所伤也，龟焦曰龝。"甲骨文从"火"上蝗虫形，用为"秋"字。《合集》21715："庚午卜，我贞：今龝(秋)我入商？"《合集》32968："丁丑贞，今龝(秋)王其大史(使)？"一说，"火"上虫为"蟕"的象形本字，是天牛幼虫，也是庄稼害虫，故以火烧之护秋。在"秋"字中，"蟕"兼声符。"燋"即甲骨文的错讹变形。（郭小武　叶青）

灸

jiǔ　见纽、之部；见纽、有韵、举有切。

灸—灸—灸—灸
战国　《说文》小篆　汉　楷书

1、3《甲金篆》695页。2《说文》209页。

形声字。从火，久声。本义为烧灼。《说文》："灸，灼也。"特指中医的一种治疗方法，即将艾绒所制的艾柱或艾条点燃后烧灼或熏烤人体穴位，以刺激皮肤或血脉，达到治疗的效果。《正字通·火部》："灸，灼体疗病。"《庄子·盗跖》："丘所谓无病而自灸也。"由艾柱、艾条引申指拄、支撑，又引申为堵塞。（郭小武　叶青）

灼

zhuó　章纽、药部；章纽、药韵、之若切。

灼—灼—灼
《说文》小篆　汉　楷书

1《说文》209页。2《甲金篆》696页。

形声字。从火，勺声。本义为烧、灸。《说文》："灼，灸也。"段玉裁改"灸"为"灸"，并注："此与上'灸'篆为转注。灸谓炮肉，灼谓凡物以火附箸之，如以楚焞(楚焞，灼龟用的荆木条)柱龟曰灼龟，其一耑('端'的古字)也。"《国语·鲁语下》："如龟焉，灼其中，必文于外。"由烧引申为

烧伤、烫伤,又由烧引申为照亮,又引申为明白、鲜明的样子。(郭小武 叶青)

煉(炼) liàn 来纽、元部;来纽、霰韵、郎甸切。

煉¹—煉²—煉—炼
《说文》小篆 汉 楷书 楷书

1《说文》209页。2《甲金篆》696页。

形声字。从火,柬声。本义为冶炼,即用加热等方法使物质溶化从而提高纯度或性能。《说文》:"煉,铄冶金也。"《论衡·谈天》:"女娲销炼五色石以补苍天,断鳌足以立四极。"由冶炼引申为熬炼、提炼,又引申为修炼、锤炼、琢磨、锻炼等义。小篆为左"火"、右"柬",以后字形一脉相承,现代汉字简化时,"煉"据草书简化成"炼"。(郭小武 叶青)

燭(烛) zhú 章纽、屋部;章纽、烛韵、之欲切。

燭¹—燭²—燭³—燭⁴—燭—烛
《说文》小篆 汉 汉 汉 楷书 楷书

1《说文》209页。2、3、4《甲金篆》696页。

形声字。从火,蜀声。本义为火炬、火把。《说文》:"燭,庭燎火燭也。"《仪礼·燕礼》:"宵则庶子执烛于阼(东阶)阶上,司宫执烛于西阶上。"后指照明用的膏脂制成品,即蜡烛。由火把引申指点燃、燃着,由点燃引申为照明、照见,由照明引申为明察、洞悉。小篆作左"火"、右"蜀",隶楷文字由小篆演变而来。《京本通俗小说》元抄本将"燭"简作"烛",现代简化汉字时从之。(郭小武 叶青)

燼(烬) jìn 邪纽、真部;邪纽、震韵、徐刃切。

燼¹—燼²—燼³—燼—烬
商 《说文》小篆 汉 楷书 楷书

1、3《甲金篆》696页。2《说文》209页。

会意兼形声字。从火,从盡,盡亦声。本义为物体燃烧后的剩余部分,即灰烬。《说文》:"妻,火餘也。"段玉裁改"火餘也"为"火之餘木也",并注:"各本作火餘也,今依唐初玄应本:火之餘木曰妻,死火之妻曰灰。俗作燼。"清周济《晋略·王导传》:"贼平,宗庙宫室并为灰妻。"字后作"燼",《玉篇·火部》:"妻,炧(xiè,灯烛馀烬)也。燼,同妻。"由灰烬引申为烧残的、残余的,也用作动词,指烧毁、使化为灰烬。甲骨文上为手持拨火棍形,下为火形,会意,小篆由甲骨文演变而来,成上"聿"、下"火";汉隶成左右结构,从火、盡声;楷书由汉隶演变而来,"火"作"灬"。现代汉字简化时,"盡"据草书简作"尽","燼"因此推类简化作"烬"。(郭小武 叶青)

焠 cuì 清纽、微部;清纽、队韵、七内切。

焠¹—焠²—焠
秦 《说文》小篆 楷书

1《甲金篆》696页。2《说文》209页。

形声字。从火,卒声。本义为把加热的金属浸入水中以增加其硬度。《说文》:"焠,坚刀刃也。"王筠释例:"焠与'水部'淬盖同。焠,坚刀刃也。淬,灭火器也……正谓以器盛水灭刀之火,以坚其刃也。今谓之溅,刀甫出火,即投之水,故两从也。"《史记·天官书》:"火与水合曰焠。"《汉书·王褒传》"清水焠其锋,越砥(南方产的磨刀石)敛其锷(锷,刀剑之刃)",《文选·王褒〈圣主得贤臣颂〉》作:"清水淬其锋,越砥敛其锷。"引申为烧灼、点燃。《荀子·解蔽》:"有子恶卧而焠掌,可谓能自忍矣。"杨倞注:"焠,灼也。"也引申为浸染。(郭小武 叶青)

煣 róu 日纽、幽部;日纽、有韵、人久切。又人又切。

煣¹—煣
《说文》小篆 楷书

1《说文》209页。

会意兼形声字。从火,从柔,柔亦声,从用火烘烤使柔软会意。本义为烘烤木材使之弯曲或伸直。《说文》:"煣,屈申木也。"王筠句读:"谓屈直木使之曲,申曲木使之直也。"《汉书·食货志上》:"斫木为耜,煣木为耒。"(砍削木材制成耜,揉弯木材制成耒)"煣"也可以写作"揉",从表示动作的"扌"得义,《易·系辞下》即作"斫木为耜,揉木为耒"。(郭小武 叶青)

樊 fén 並纽、文部;奉纽、文韵、符分切。

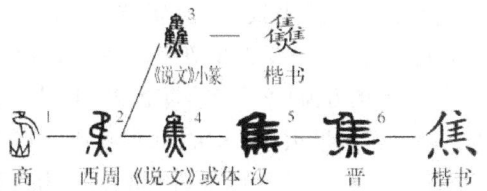

1–4、6《甲金篆》696页。5《说文》209页。

会意字。从火,从林,表示火烧林木。本义为火烧。《合集》10408正:"翌癸卯勿焚?"意思是问下个癸卯日不要用火烧。《说文》作"燓",释为"燓,烧田也",意为火烧林木以便于畋猎。段玉裁改"燓"为"焚",并注:"份,古文作彬,解云'焚省声'。是许书当有焚字。况经传'焚'字不可枚举,而未见有'燓',知'火部''燓'即'焚'之讹。玄应书引《说文》:'焚,烧田也。'字从火,烧林意也。凡四见,然则唐初本有'焚'无'燓',不独《篇》《韵》可证也。"后泛指烧、焚烧。甲骨文字形有上"林"、下"火",有上"艸"(草)、下"火",烧林木与烧草木,取意相同;还有上"林"、中火炬形、下"又",从手持火把烧林会意。小篆字形上为"棥"(樊)声,下为"火"。楷书仍作上"林"、下"火",写作"焚"。"焚"与"燔"为近同源字,可借以开阔思路和眼界。(郭小武 叶青)

燎 liáo 来纽、宵部;来纽、小韵、力小切。
liǎo 来纽、宵部;来纽、宵韵、力昭切。
liào 来纽、宵部;来纽、笑韵、力照切。

燎¹—尞²—燎³—燎
《说文》小篆 汉 魏 楷书

1《说文》209页。2《甲金篆》696页。3《甲金篆》697页。

会意兼形声字。从火,从尞,尞亦声。本义为放火焚烧。《说文》:"燎,放火也。"《诗·小雅·正月》:"燎之方扬,宁或灭之。"(野火烧得正旺,谁能将它扑灭)郑玄笺:"火田为燎。"泛指火烧。由火烧义引申为烘烤、烧焦,这些意义读作liáo。"燎"可转指火把、火炬,还引申为烫,这些意义读作liào。由火炬义引申为照明,还引申为夜间打猎,又专指古代焚柴祭天,这些意义读作liǎo。按,甲骨文有"尞"字,从火上木形会意,为"燎"本字,"燎"则是"尞"的分化孳乳字。(郭小武 叶青)

爨 jiāo 精纽、宵部;精纽、宵韵、即消切。

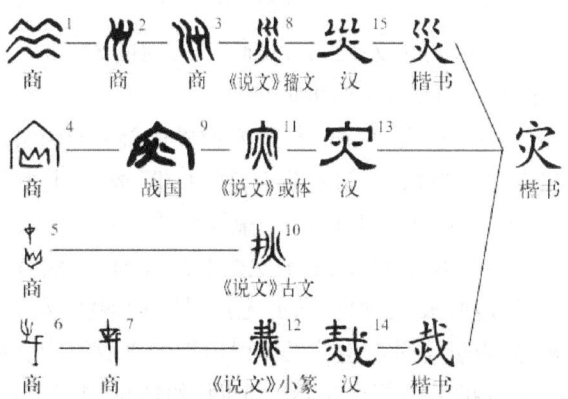

1、2、5、6《甲金篆》697页。3、4《说文》209页。

会意字。从火,从一隹(短尾巴鸟)或三隹,从火上烤鸟会意。本义为火伤物体使之黑黄发脆。《说文》:"爨,火所伤也。焦,或省。"《左传·哀公二年》:"卜战,龟焦(占卜作战的吉凶,龟甲烧焦了)。"由"焦"因失去水分所致引申为干枯、干燥义,由"焦"失去水分而变硬发脆引申为酥、脆义,由"焦"为物体在火上烧烤可喻指心情烦躁、着急。甲骨文为上鸟形、下火形,金文由甲骨文演变而来;小篆作上"隹"、下"火",或作上三"隹"、下"火"。(郭小武 叶青)

栽(灾) zāi 精纽、之部;精纽、咍韵、祖才切。

1、2、3《类编》481页。4、5、9、13、14《甲金篆》697页。6、7《类编》350页。8、10、11、12《说文》209页。15《隶辨》116页。

形声字。从火,㢈声。本义指自然发生的火灾,字又作"灾"。《说文》:"栽,天火曰栽。"《公羊传·桓公十四年》:"秋,八月壬申,御廪灾。"何休注:"火自出烧之曰灾。"泛指灾害。《周礼·天官·膳夫》:"天地有栽则不举(杀牲),邦有大故则不举。"郑玄注:"天栽,日月晦食;地栽,崩动也。"由火灾引申为焚烧;由灾害引申为祸患及个人遭遇的不幸。按,古人把灾害分得较细,有火灾、水灾、兵灾等,反映在字形上也有不同写法。火灾的灾,甲骨文作"灾",从宀(房屋)、从火会意,又或作从火、才声的形声字。水灾的灾,甲骨文作泛滥的水形,或加"才"声。《合集》36378:"乙卯卜,贞:王步亡(无)𤆎(灾)?"兵灾的"灾"甲骨文从"戈"上发形,会斩首意;发形或变为"才"声,为形声字。《合集》6570:"乙酉卜,内贞:子商戋(灾)基方(基姓的方国)?"《合集》28341:"其兽(狩)亡(无)戋(灾)?"后世火灾、水灾、兵灾各类字形渐趋以火灾为主体:"災"(《说文》籀文及后续楷书)上为变形的水字,下从"火";"灾",从"宀"下"火"会意;"烖",从火,从戋,戋亦声(戋,从戈,才声),或书"戈"上"十"字即"才"之省变。现代汉字整理时,将"烖""灾"(从水、火会意)作为"灾"的异体字淘汰。(郭小武 叶青)

煙(烟) yān 影纽、文部;影纽、先韵、乌前切。

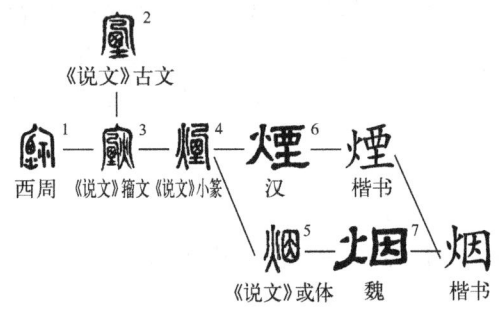

1《甲骨金文字典》750页。2—5《说文》209页。6、7《甲金篆》698页。

形声字。从火,垔声。本义为物质燃烧时产生的气体。《说文》:"煙,火气也。从火,垔声。烟,或从因。凰,古文。鼘,籀文从宀。"《韩非子·喻老》:"千丈之堤,以蝼蚁之穴溃;百尺之室,以突隙之烟焚。"《周礼·秋官·蝈氏》:"以其烟被之,则凡水虫无声。"泛指烟状物质,如云、雾等。由燃烧时产生的气体引申指烟熏所积的黑灰,即煤炱。特指某些能产生烟的东西,如烟草、烟草制品、鸦片等。金文从宀、从火,禋省声;籀文构形与金文略近,从宀、从火,垔声,《说文》古文省去"火";小篆成左右结构,左"火"、右"垔",或体作左"火"、右"因";隶楷文字由小篆演变而来。按,"垔"下的"土"本或为"火"之讹。由此推测,"垔"应即"煙"之会意本字,从火烧树叶形会烟气之意。"煙"由"垔"重加"火"旁而来。"烟"中的声符"因"则可能是树叶形的声符化变体。现代汉字整理时,"煙"作为"烟"的异体字被淘汰。(郭小武 叶青)

熅(煴) yūn 影纽、文部;影纽、文韵、於云切。
yùn 影纽、问韵、纡问切。

形声字。从火,𥁕(音wēn)声。本义为郁烟,即未吐火苗的浓郁烟气,读作yūn。《说文》:"熅,郁烟也。"《齐民要术·栽树》:"天雨新晴,北风寒切,是夜必霜,此时放火作熅,少得烟气,则免于霜矣。"由郁烟引申为微火,又引申为温暖、暖和。又读作yùn,意为用烙铁或熨斗烫平衣物,此义的"熅"后来通作"熨"。小篆作左"火"、右"𥁕",隶书从之;现代楷书变旧字形"𥁕"为新字形"昷",写作"煴"。(郭小武 叶青)

炳 bǐng 帮纽、阳部;帮纽、梗韵、兵永切。

1《说文》209页。2《甲金篆》698页。

形声字。从火,丙声。本义为明亮。《说文》:"炳,明也。"《易·革》:"象曰:'大人虎变',其文炳也。"(《象传》说:"大人实行变革,就像老虎换上新毛",毛色的光泽明亮显著)由明亮引申为清楚、显明等义,由清楚引申为明白,由显明引申为显现、照耀。"炳"字从火,又义为点燃。汉刘向《说苑·建本》:"老而好学,如炳烛之明。"(郭小武 叶青)

焯 zhuō 章纽、药部;章纽、药韵、之若切。
chāo

1《说文》209页。

形声字。从火,卓声。本义为明彻、明显,读作zhuō。《说文》:"焯,明也。《周书》:'焯见三有俊心。'"《书·立政》作"灼见三有俊心(明白三个部门属员的思想)","焯"与"灼"同义。由明彻引申为照耀。"焯"字从火,又义为烧灼。汉扬雄《太玄·童》:"错著焯龟,比光道也。"又读作chāo,指把蔬菜放进开水中稍煮一煮就取出来,如"焯菠菜"。(郭小武 叶青)

照 zhào 章纽、宵部;章纽、笑韵、之少切。

照

𤎯¹—𤐫²—照³—照⁴—照

西周　《说文》小篆　汉　魏　楷书

1、3、4《甲金篆》698页。2《说文》209页。

形声字。从火，昭声。本义为明亮、光明。《说文》："照，明也。"《诗·陈风·月出》："月出照兮，佼人燎兮。"（月儿升起多明亮，月下佳人闪银辉）由明亮引申指光线照射。《易·恒》："日月得天而能久照。"由光线照射引申指日光。由明亮引申为使人明白、察知、告知等义。由光线照射引申为反射影象，又引申为拍摄，又引申指画像或照片，再引申为凭证。由反射影象引申为比照、对比，又引申为朝、向、比、按、依等义，用作介词。金文字形左上为"火"、下为"攴"（从举火会意，形符），右为"召"（声符）；小篆从火（居左下）、昭声；汉隶结构略有改变，成上"昭"、下"火"（灬）；楷书由隶书演变而成。（郭小武　叶青）

煜 yù　喻纽、职部；以纽、屋韵、余六切。

煜¹—煜²—煜

《说文》小篆　汉　楷书

1《说文》209页。2《隶辨》647页。

形声字。从火，昱(yù)声。本义为照耀。《说文》："煜，熠也。"徐锴系传："煜，耀也。"《汉书·叙传上》："游说之徒，风飚电激，并起而救之，其余猋飞景附（飚飞影附），煜霅(zhá，光耀闪烁貌)其间者，盖不可胜载。"颜师古注："煜霅，光貌也。"由照耀引申指火焰、火光，由火焰引申为炽盛、盛貌。（郭小武　叶青）

燿(耀) yào　喻纽、药部；以纽、笑韵、弋照切。

shuò　　　　　书纽、药韵、式灼切。

shào　　　　　生纽、效韵、所教切。

燿¹—燿²—燿—耀

《说文》小篆　汉　楷书　楷书

1《说文》209页。2《甲金篆》698页。

形声字。从火，翟声。本义为照耀，读作yào。《说文》："燿，照也。"《老子》第五十八章："是以圣人方而不割，廉而不刿，直而不肆，光而不燿。"（因此圣人方正而不显得生硬，有棱角而不会伤人，正直而不放肆，明亮而不耀眼）由照耀引申为眩惑、光辉，又引申为荣耀。又读作shuò，如"铄"，意为销熔（燿金）。又读作shào，意为细长。《周礼·考工记·梓人》："大胸，燿后，大体，短脰（脖子）。"郑玄注："燿，读为哨，顾小也。"小篆字形为左"火"、右"翟"，写作"燿"。现代汉字整理时，将它作为从光、翟声的"耀"的异体字淘汰。（郭小武　叶青）

煌 huáng　匣纽、阳部；匣纽、唐韵、胡光切。

煌¹—煌²—煌³—煌

《说文》小篆　汉　楷书

1《说文》209页。2《甲金篆》698页。3《甲金篆》699页。

会意兼形声字。从火，从皇，皇亦声。本义为明亮。《说文》："煌，煌辉也。"《诗·陈风·东门之杨》："昏（黄昏）以为期，明星煌煌。"朱熹集传："煌煌，大明貌。"引申指火光。《文选·张衡〈东京赋〉》："煌火驰而星流，逐赤疫于四裔。"李善注引薛综曰："煌，火光也。"由明亮引申为鲜明，又引申为美盛、兴盛。（郭小武　叶青）

炯 jiǒng　见纽、耕部；见纽、迥韵、古迥切。又户顶切。

炯¹—火冋²—炯

《说文》小篆　汉　楷书

1《说文》209页。2《甲金篆》699页。

形声字。从火，同声。本义为光明、明亮。《说文》："炯，光也。"《抱朴子·外篇·守塉》："吾子苟知老农之小功，未喻面墙之巨拙，何异拾琐沙而捐隋和（隋侯珠、和氏璧），向炯烛而背白日也？"由明亮引申为明白、显著。汉班固《幽通赋》："既讯尔以吉象兮，又申之以炯戒。""炯"实为"冋"字加"火"旁的后起字，与"耿""颎""煛""耿"等均属音近义通的同源字。（郭小武　叶青）

炫 xuàn　匣纽、真部；匣纽、霰韵、黄练切。

炫¹—炫

《说文》小篆　楷书

1《说文》209页。

形声字。从火，玄声。本义为光耀、辉映。《说文》："炫，耀耀也。"段玉裁改作"炫，爓耀也"，并注："爓耀，谓光熠耀明也。"《汉书·司马相如传上》:"众色炫耀,照烂龙鳞。"由光耀引申为迷惑、惑乱,如"炫人心目";由辉映引申为显示、夸示,如"炫耀"、"炫示"、"炫异争奇"。(郭小武 叶青)

光 guāng 见纽、阳部;见纽、唐韵、古黄切。

1-5、6、8-12《甲金篆》699页。7《说文》210页。

会意字。从火在人上会意,本义为光亮、明亮。《说文》:"光,明也。"《诗·齐风·鸡鸣》:"匪东方则明,月出之光。"(不是东方亮,而是月儿明)由明亮、光亮义引申为光彩、光荣、荣耀、光滑等义。西周晚期禹鼎:"敢对扬武公丕显耿光。"(大胆地答谢、颂扬武公特别显明的荣耀恩宠)甲骨文上为火形,下为跪着的人形;金文也有火下从女的;小篆由甲骨文、金文演变而来,为上"火"、下"人";隶楷文字由小篆演变而来,写成"光",火上部演变成"丷",下部演变成一横,"人"演变成"儿"。(郭小武 叶青)

熱(热) rè 日纽、月部;日纽、薛韵、如列切。

1、3《甲金篆》700页。2《说文》210页。

形声字。从火,埶声。一说,"埶"即"熱"的本字,从"人"跽而执持火把会意,后于字下加"火"成形声字,其形音义与"然"(燃)有平行的同源关系。"热"的本义为温度高,跟"冷"相对。《说文》:"熱,温也。"《孟子·梁惠王下》:"如水益(更加)深,如火益热。"由温度高引申指加热、使温度升高,特指由生病引起的高体温。"热"可喻指感情表现深厚而强烈,也可喻指受喜爱的、被关注的、衷心羡慕的,还可喻指一时风行的热潮。早期文字左及右上为"埶",右下为"火";小篆结构略有变化,为上"埶"、下"火";楷书与小篆结构相同,只是下火断开成"灬"。现代汉字简化时,据草书将"埶"简作"热"。(郭小武 叶青)

熾(炽) chì 昌纽、之部;昌纽、志韵、昌志切。

1、4《甲金篆》700页。2、3《说文》210页。

形声字。从火,戠声。本义为火旺盛。《说文》:"熾,盛也。"西周中期墙盘:"擡角熾光。""熾""光"连文。汉王充《论衡·论死》:"火熾而釜沸,沸止而气歇,以火为主也。"晋葛洪《抱朴子·勖学》:"火则不钻不生,不扇不熾。"由火旺盛引申为燃烧,由火旺盛又引申为兴旺、昌盛、强盛。金文上为"戠"声、下为一人用双手举皿之形(当即"異"(异)字;既取其形,有高举之意;也取其声,古与"熾"同)。《说文》古文左上及右为"戠"省,左下为"火";小篆则为左右结构,左"火"、右"戠",楷书承之。现代汉字简化时,将"戠"作为简化偏旁简作"只","熾"因此类推简化为"炽"。(郭小武 叶青)

燠 yù 影纽、觉部;影纽、号韵、乌到切。

1《说文》210页。

会意兼形声字。从火,从奥,奥亦声;当是"奥"的加"火"旁后起字。本义为热、暖。《说文》:"燠,热在中也。"《诗·唐风·无衣》:"不如子之衣,安且燠兮。"《礼记·内则》:"及所,下气怡声,问衣燠寒。"又用作动词,表示使之热或使之温暖。《楚辞·天问》:"投之于冰上,鸟何燠之?"王逸注:"燠,温也。"古代多见"燠休"一词,也作"燠然""燠咻",指抚慰痛苦者的声音,也指抚慰。《左传·昭公三年》:"民人痛疾,而或燠休之。"(郭小武 叶青)

煖(暖) nuǎn 泥纽、元部;泥纽、缓韵、乃管切。
xuān 晓纽、元部;晓纽、元韵、况袁切。

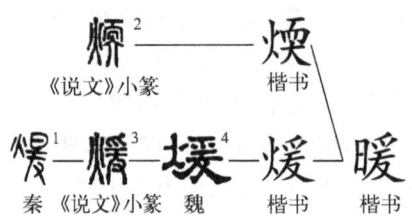

1、4《甲金篆》700页。2、3《说文》210页。

形声字。从火，爰声，或耎声。本义为温暖，读作nuǎn。《说文》："煖，温也。"又："燠，温也。"段玉裁注："今通用煖。"《集韵·缓韵》："燠，或作煖、暖。"《孟子·尽心上》："五十非帛不煖，七十非肉不饱，不煖不饱，谓之冻馁。"《墨子·辞过》："当今之主，其为衣服，则与此异矣。冬则轻（不重视）煖，夏则轻清（qīng，凉）。"又用作动词，表示使之温暖。又读作xuān，同"煊""暄"，义仍为温暖。《庄子·大宗师》："凄然似秋，煖然似春。"因与读nuǎn的"暖"词义相同，后世多不用这一读音。早期文字为左"火"、右"爰"（上从"日"，应为"暖"的本字）；小篆为左"火"、右"爰"，也有作左"火"、右"奧"；楷书字形结构与小篆一脉相承。现代汉字整理时，将"煖""燠"作为从日（与从"火"取意相近）、爰声的"暖"的异体字淘汰。（郭小武　叶青）

炅

jiǒng　见纽、耕部；见纽、迥韵、古迥切。
guì　　见纽、霁韵、古惠切。

1、3、4《甲金篆》700页。2《说文》210页。

会意字。从火，从日。本义为光亮、明亮，读作jiǒng，与"冏""炯""颎"等字音义同。《说文》："炅，见也。"段玉裁注："按，此篆义不可知。《广韵》作'光也'，似近之。"桂馥义证："见也者，当为光。"《广韵·迥韵》："炅，光也。"引申为热，马王堆汉墓帛书甲本《老子·德经》"趮胜寒，靓胜炅"，今本《老子》（第四十五章）作"躁胜寒，静胜热（跳动可以战胜寒冷，安静自会克服炎热）"，"炅"与"热"异文同义。"炅"可用作姓，读作guì。（郭小武　叶青）

炕

kàng　溪纽、阳部；溪纽、宕韵、苦浪切。
hāng　晓纽、阳部；晓纽、唐韵、呼郎切。

1《说文》210页。2《甲金篆》700页。

形声字。从火，亢声，读为kàng。本义为烤干、烘烤。《说文》："炕，干也。"段玉裁注："谓以火干之也。"《诗·小雅·瓠叶》："有兔斯首，燔之炙之。"（把那白头的兔子，放到火上熏烤）毛传："炕火曰炙。"孔颖达疏："炕，举也。谓以物贯之而举于火上以炙之。"由烤干引申为干燥、干渴。又专指北方的一种床，用土坯或砖头砌成，下有孔道，可以生火取暖。"炕"又读为hāng，义为张开。《尔雅·释木》："守宫槐，叶昼聂宵炕。"（槐树中的守宫槐，叶子白天合拢夜晚张开）（郭小武　叶青）

燥

zào　心纽、宵部；心纽、晧韵、苏老切。
sào

1、3、4《甲金篆》700页。2《说文》210页。

形声字。从火，喿声，读为zào。本义指干燥。《说文》："燥，干也。"《易·乾》："同声相应，同气相求；水流湿，火就燥，云从龙，风从虎。"也指使之干燥。《易·说卦》："燥万物者莫熯乎火，说（悦）万物者莫说（悦）乎泽。"喻指焦急、焦躁。"燥"又读为sào，义为快速，方言中把肉末或肉丁叫做"燥子"，加上佐料，淋在面条上，就叫做"燥子面"，也叫"肉燥面"，也可以写成"臊子"。（郭小武　叶青）

烕

xuè　晓纽、月部；晓纽、薛韵、许劣切。
miè　　明纽、薛韵、莫列切。

1、2、3、5《甲金篆》701页。4《说文》210页。

会意字。从火，从戌。本义指熄灭，引申为灭亡、消灭。《说文》："烕，灭也。从火，戌。火死于戌，阳气至戌而尽。"于省吾《骈续》："契文烕字从火，戉声……自东周以后讹戉为戌，《说文》遂有'火死于戌'之误解。""烕"字《说文》认为是会意，从《广韵》许劣切看，应为从火、戉声的形声字。后作莫列切，为"灭"的本字。《诗·小雅·正月》："赫赫宗周，褒姒烕之。"毛传："烕，灭也。"马王堆汉墓帛书《五十二病方》："烟烕（灭）取肥□。"《天文杂占·末·下》："大星入日，日不光，邦当者烕（灭）亡。"现代汉字简化时，"滅"简化成"灭"（新造会意字）。（郭小武　叶青）

火部

焅
kù　溪纽、觉部；溪纽、沃韵、苦沃切。
kào　　　　　溪纽、号韵、口到切。

焅¹—焅
《说文》小篆　楷书

1《说文》210页。

形声字。从火,告声。本义为旱气、热气,读为kù。《说文》:"焅,旱气也。"段玉裁注:"与酷音义相同。"王筠句读:"《广雅》:'焅,谓之煏。'《广韵》:'煏,焅热。'今俗用酷。"《广韵·沃韵》:"焅,热气。""焅"又指一种将食物炒后用文火烹煮的烹饪方法,读为kào,如"荔枝焅腰子"、"五味焅鸡鹅"。(郭小武　叶青)

燹
fēng　滂纽、东部；敷纽、钟韵、敷容切。

烽³—烽
晋　楷书

燹¹—燹²—燹
《说文》小篆　汉　楷书

1《说文》210页。2《甲金篆》701页。3《隶辨》22页。

形声字。从火,逢声。本义指古代边境报警点燃的烟火,文献通作"烽"。《说文》:"燹,燧,候表也。边有警则举火。"朱骏声通训定声:"字亦作烽。"《墨子·号令》:"昼则举烽,夜则举火。"《史记·周本纪》:"幽王举燹火征兵,兵莫至。"小篆作上"逢"、下"火",简帛文字作从火、蓬声,隶楷文字由小篆演变而来,或省作"烽"(从火,夅声)。(郭小武　叶青)

爝
jué　精纽、药部；精纽、药韵、即略切。
　　　　　　　又在爵切。

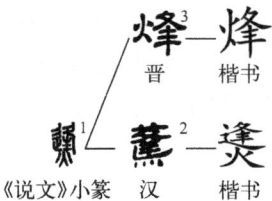

爝¹—爝
《说文》小篆　楷书

1《说文》210页。

形声字。从火,爵声。本义为烧苇把以祓除不祥。《说文》:"爝,苣火祓也。"段玉裁注:"苣,束苇烧之也;祓,除恶之祭也。"《吕氏春秋·本味》:"汤得伊尹,祓之于庙,爝以爟(guàn,火炬)火,衅以牺猳。"(汤得到伊尹后,在宗庙举行除灾求福的祭祀活动,点燃苇把被除不祥,用纯色公猪的血涂祭器)引申指小火或小火把。《庄子·逍遥游》:"日月出矣,而爝火不息;其于光也,不亦难乎!"成玄英疏:"爝火,犹炬火,亦小火也。"(郭小武　叶青)

熙
xī　晓纽、之部；晓纽、之韵、许其切。
yí　　　　　以纽、之韵、盈之切。

熙¹—熙²—熙³—熙
战国《说文》小篆　汉　楷书

1《甲骨金文字典》752页。2《说文》210页。3《甲金篆》701页。

形声字。从火,巸声。战国金文作"巸",不从火,用同"熙";小篆则为上"巸"、下"火";楷书承之,下"火"演变成"灬"。本义为曝晒、晒干,读为xī。《说文》:"熙,燥也。"王筠句读:"言晒之使燥。"晋卢谌《赠刘琨》:"仰熙丹崖,俯澡绿水。"由晒(太阳照射)引申为光明、明亮,由光明引申为兴盛。"熙"又指玩乐,这个意义后来也写作"嬉";由玩乐引申为和乐、喜悦,齐侯敦:"它它熙熙。"(形容和乐的情形)"熙"还作人名用字,读为yí。《集韵·之韵》:"熙,人名。《春秋传》郑有公子熙。"(郭小武　叶青)

煽
shān　书纽、元部；书纽、仙韵、式战切。

煽¹—煽
《说文》新附　楷书

1《说文》210页。

形声字。从火,扇声。本义为炽盛。《说文》:"煽,炽盛也。"《诗·小雅·十月之交》:"艳妻煽方处。"(褒姒气势正盛与几个佞臣同处高位)毛传:"煽,炽也。"也指煽风使火势炽盛。《字汇·火部》:"煽,使火炽。"由煽风使炽盛引申为鼓动、煽惑。(郭小武　叶青)

烙
luò　来纽、铎部；来纽、铎韵、卢各切。
lào　来纽、铎部；来纽、铎韵、卢各切。

烙¹—烙
《说文》新附　楷书

1《说文》210页。

形声字。从火,各声。本义为烧灼,读作luò。《说文》："烙，灼也。"相传殷纣王有一种酷刑，用炭将铜柱烧热，令人在柱上爬行，坠入炭中烧死，铜柱叫作"格"，因此这种酷刑称作"炮格"，后人改"格"为"烙"，义为"烧灼"。《辽史·刑法志上》："鞭、烙之数，凡烙三十者鞭三百，烙五十者鞭五百。"由烧灼引申为用烧热的铁器烫，又引申为在锅上把面食烤熟，这些引申义读作 lào。按，凡字从"各"声而读为"烙""落"等音的，这种现象一向颇受音韵学家的重视，被视为我国上古可能存在复辅音声母"gl-"的重要证据之一。（郭小武　叶青）

爍(烁) shuò 书纽、药部；书纽、药韵、书药切。
　　　　luò　　来纽、觉韵、力角切。

爍¹—火樂²—爍—烁
《说文》新附　晋　楷书　楷书

1《说文》210页。2《甲金篆》701页。

形声字。从火，樂声。小篆与楷书字形结构基本相同，均为左"火"、右"樂"。现代汉字简化时，"樂"据汉代草书简作"乐"，"爍"因此类推简化作"烁"。本义为光亮的样子。《说文》："爍，灼爍，光也。"《新唐书·天文志二》："甲夜有大流星长数丈，光烁如电。"由光亮引申为明亮、闪耀，又引申为照射，由照射引申为热、烤。"烁"又用于"爆烁(bó luò)"一词中，义同"剥落"，指枝叶稀疏的样子。（郭小武　叶青）

燦(灿) càn 清纽、元部；清纽、翰韵、苍案切。

燦¹—燦—灿
《说文》新附　楷书　楷书

1《说文》210页。

形声字。从火，粲声。小篆、楷书字形一脉相承，只是声符"粲"的部件位置略有变化。"燦"字笔画繁复难写，现代汉字简化时，民间新造从火、山声的"灿"字作为"燦"的简化字。本义为光彩耀眼特别明亮的样子。《说文》："燦，燦烂，明瀞(jìng，洁净)皃。"南朝梁何逊《苦热行》："卧思清露浥(yì，湿润)，坐待明星灿。"由光彩耀眼引申为鲜艳、鲜明的样子。元孙周卿《水仙子·山居自乐》："西风篱菊灿秋花，落日枫林噪晚鸦。"（郭小武　叶青）

煥(焕) huàn 晓纽、元部；晓纽、换韵、火贯切。

燗¹—煥²—煥³—煥—焕
《说文》新附　汉　汉　楷书　楷书

1《说文》210页。2、3《甲金篆》701页。

形声字。从火，奂声。小篆为左"火"、右"奂"；隶楷文字由小篆演变而来，写作"煥"。后旧字形"奂"变为新字形"奂"，"煥"依例写作"焕"。本义为火光。《说文》："煥，火光也。"由火光引申为光亮、鲜明。《论语·泰伯》："焕乎！其有文章(美好的礼仪制度)。"朱熹注："焕，光明之貌。"引申为放射光彩。宋尚用之《和韵》："佳篇疾读韵琅琅，真疑星斗焕光芒。"（郭小武　叶青）

炎 部

炎 yán 匣纽、谈部；云纽、盐韵、于廉切。
　　 yàn　　　　　以纽、艳韵、以赡切。

炎¹—炎²—炎³—炎⁴—炎⁵—炎⁶—炎
商　西周　战国　秦《说文》小篆　汉　楷书

1-4、6《甲金篆》702页。5《说文》210页。

会意字。从二火，会大火之意。本义为火光上升，读作 yán。《说文》："炎，火光上也。"《书·洪范》："水曰润下，火曰炎上。"可泛指焚烧。《书·胤征》："火炎昆冈，玉石俱焚。"由焚烧引申为热、极热，如"炎热"、"炎夏"；由热喻指炙手的权势。"炎"还假借指炎症，即身体某部分发生红、肿、热、痛等症状，如"肝炎"、"脑炎"、"伤口发炎"。又读作 yàn，义指火光、火焰，这一意义的"炎"后作从炎、臽声的"焰"。清徐灏《说文解字注笺》："炎、焰，古今字。"商周甲骨文、金文中用为人名或地名，字形为上下两"火"，以后结构、字形与甲骨文一脉相承。（郭小武　叶青）

焰(焰) yàn 喻纽、谈部；以纽、琰韵、以冉切。

焰¹—焰—焰
《说文》小篆　楷书　楷书

1《说文》210页。

形声字。从炎，臽声。本义为火苗、火花。同"焰"。

《说文》："燄，火行微燄燄也。"《书·洛诰》："无若火始燄燄；厥攸灼(烧)叙(残余、余火)，弗其绝(灭)。"后又出现从火、臽声的"焰"，晋葛洪《抱朴子·内篇·勤求》："凿石有余焰，年命已凋颓矣。"由火苗引申为燃烧、照耀，还可喻指咄咄逼人的气势。现代汉字整理时，"燄"作为"焰"的异体字被淘汰。（郭小武　叶青）

燮 xiè 心纽、葉部；心纽、帖韵、苏协切。

1-4《甲金篆》702页。5《说文》210页。6《隶辨》778页。

会意字。从又，像手形；从二或三火；从辛，辛像一种小型刀具；为多体会意，表示用手持金属刀具置火上冶炼。本义应为成功冶炼、治理。古文献中，"辛"或变为"言"。《说文》："燮，大熟也。从又持炎辛。辛者，物熟味也。"解释得有些玄虚、勉强。"燮"由本义引申为调和、和谐，与"协"、"谐"音义略同。《书·顾命》："燮和天下，用答扬文、武之光训。"（郭小武　叶青）

粦 lín 来纽、真部；来纽、真韵、力珍切。

1、3《甲金篆》702页。2《说文》210页。

会意字。从炎，从舛，表示双脚带火而行。金文像人正面之形，旁有小点(代表忽隐忽现的蓝绿色火焰)，突出双脚；小篆讹变为上"炎"、下"舛"；楷书又讹省为上"米"、下"舛"，写作"粦"。本义为鬼火，"燐(磷)"的本字。《说文》："粦，兵死及牛马之血为粦。粦，鬼火也。"徐锴曰："案:《博物志》：'战斗死亡之处，有人马血，积中为粦，著地入草木，如霜露不可见。有触者，著人体后有光，拂拭即散无数。又有吒声如鬻豆。舛者，人足也，言光行著人。'"《淮南子·氾论》："老槐生火，久血为燐，人弗怪也。"（郭小武　叶青）

黑 部

黑 hēi 晓纽、职部；晓纽、德韵、呼北切。

1-5、7、8《甲金篆》703页。6《说文》211页。

会意字。从炎，从囱形，会火焰升腾从烟囱出烟之意。甲骨文、金文上部像内有黑灰的烟囱形，下部为"火"或"炎"；小篆与甲骨文、金文形体大致相同，上为烟囱，下为叠火的"炎"；隶楷文字将小篆"炎"的上一火变成了"土"，下一火变成了"灬"。本义为熏黑之色。《说文》："黑，火所熏之色也。"《合集》29544："惟黑犬，王受有祐。"意思是问用黑色的犬，王会不会受到保佑。泛指像煤或墨的颜色。《诗·邶风·北风》："莫赤匪狐，莫黑匪乌。"(没有狐狸毛不红，没有乌鸦羽不黑)由熏黑之色引申为黑暗，由黑暗引申为秘密的、隐蔽的，由秘密的、隐蔽的引申为恶、坏、反动的。（郭小武　叶青）

黸 lú 来纽、鱼部；来纽、模韵、落胡切。

1《说文》211页。

形声字。从黑，盧声。古今字形一脉相承，写作"黸"。现代汉字简化时，"盧"简作"卢"，"黸"若类推简化则作"黸"。本义为黑。《说文》："黸，齐谓黑为黸。"汉扬雄《法言·五百》："彤弓卢矢。"汪荣宝义疏："'彤弓卢矢'，世德堂本'卢'作'黸'。"（郭小武　叶青）

黯 àn 影纽、侵部；影纽、豏韵、乙减切。又乙咸切。

1《说文》211页。2、3《甲金篆》703页。

形声字。从黑，音声。本义为深黑色，泛指黑色。《说文》："黯，深黑也。"《史记·孔子世家》："(孔子)曰：'丘得其为人，黯然而黑，几(通'颀'，身长貌)然而长。'"裴骃集解引王肃曰："黯，黑貌。"由黑色引申为昏暗。汉王充《论衡·无形》："人少(shào)则肤白，老则肤黑，黑久则黯，若有垢矣。"又喻指伤感、心神沮丧。南朝梁江淹《别赋》："黯然销魂者，惟别而已矣。"（郭小武　叶青）

黶(黡) yǎn 影纽、谈部；影纽、琰韵、於琰切。

黶¹—黡²—黶³—黶—黡
《说文》小篆　汉　　汉　　楷书　楷书

1《说文》211页。2、3《甲金篆》703页。

形声字。从黑，厭声。小篆为上"厭"、下"黑"；汉隶上"厭"之"厂"也有因形近作"广"的；隶楷文字由小篆演变而来，写作"黶"。现代汉字简化时，"厭"简作"厌"，"黶"因此类推简化作"黡"。本义为黑痣。《广韵·琰韵》："黶，面有黑子。"《抱朴子·外篇·接疏》："(明者)岂肯称薪而爨，数粒乃炊，并瑕弃璧，披毛索(寻找)黶哉。"由黑痣引申为黑、黑痕。（郭小武　叶青）

黝 yǒu 影纽、幽部；影纽、黝韵、於纠切。
yī 影纽、脂韵、於脂切。

黝¹—黝²—黝
《说文》小篆　汉　　楷书

1《说文》211页。2《甲金篆》703页。

形声字。从黑，幼声。本义为淡黑色，读作yǒu。《说文》："黝，微青黑色。"也指纯黑色。《周礼·地官·牧人》："阴祀，用黝牲毛之。"（祭祀地和社稷的阴祀，选用毛色纯黑的牲口）又用作动词，义为涂饰黑色。《尔雅·释宫》："地谓之黝，墙谓之垩。"邢昺疏："以黑饰地谓之黝，以白饰墙谓之垩。"可能是由于字形相近而混同，又读作yī，同"黟"，用作地名，安徽省黄山有"黝县"，即"黟县"。（郭小武　叶青）

點(点) diǎn 端纽、谈部；端纽、忝韵、多忝切。

點¹—點—点
《说文》小篆　楷书　楷书

1《说文》211页。

形声字。从黑，占声。上古汉语读音中没有zh-、ch-这样的声母，现代汉语读音中的这些卷舌声母，在上古往往读为d-、t-，所以"占"可以用作"點"的声符。"點"的本义为细小的斑痕或点迹。《说文》："點，小黑也。"《晋书·文苑传·袁宏》："如彼白珪，质无尘点。"由本义引申指用笔加上点迹，或读书时加点断句。又引申为玷污，污辱。由本义引申又表示少量，由少量引申指事物的某一方面或部分，又引申指一定的地点或限度；由少量引申指小滴的液体，又引申指使液体滴下；由少量引申为吃少量的食物解饥，又引申指解饥的点心。又假借指计时单位，如"上午十点"。由用笔加点引申为指定，又引申为指点、提示、启发、核对、查点等义，又引申为引火、引燃。现代汉字简化时，"點"简作"点"。（郭小武　叶青）

黠 xiá 匣纽、质部；匣纽、黠韵、胡八切。

黠¹—黠²—黠
《说文》小篆　汉　　楷书

1《说文》211页。2《甲金篆》704页。

形声字。从黑，吉声。本义为坚。《说文》："黠，坚黑也。"王筠句读："古籍用黠字，只有坚义也。"《汉书·赵充国传》："安国至，召先零诸豪三十余人，以尤桀黠，皆斩之。"颜师古注："桀，坚也，言不顺从也。黠，恶也，为恶坚也。"清桂馥《说文解字义证》指出："馥谓当为：黠，坚也；桀，恶也。"由坚不顺从引申为贬义狡猾、奸诈，又反向引申为褒义聪慧、机敏。（郭小武　叶青）

黔 qián 群纽、侵部；群纽、盐韵、巨淹切。
又巨金切。

黔¹—黔²—黔³—黔⁴—黔⁵—黔
秦　　秦　《说文》小篆　汉　　晋　　楷书

1、2、4、5《甲金篆》704页。3《说文》211页。

形声字。从黑，今声。本义为黑色。《说文》："黔，黎也。从黑，今声。秦谓民为黔首，谓黑色也。周谓之黎民。《易》曰：'为黔喙。'"《秦始皇廿六年诏书》："廿六年，皇帝尽并兼天下诸侯，黔首大安，立号为皇帝。"《左传·襄公十七年》："宋皇国父为大宰，为平公筑台，妨于农收。子罕请俟农功之毕，公弗许。筑者讴曰：'泽门之晳(白，指皇国父)，实兴我役；邑中之黔，实慰我心。'"杜预注："子罕色黑而居邑中。"可用作动词，指晒黑、涂黑或熏黑。又用作贵州省的简称，如"黔剧"、"黔驴技穷"。（郭小武　叶青）

黑部 卤部

黨(党)
dǎng 端纽、阳部；端纽、荡韵、多朗切。
tǎng 透纽、阳部；透纽、荡韵、坦朗切。

黨¹—黨²—黨³—黨⁴—黨—党
秦 《说文》小篆 汉 汉 楷书 楷书

1、3、4《甲金篆》704页。2《说文》211页。

形声字。从黑，尚声。本义指晦暗、不鲜明，读作dǎng。《说文》："黨，不鲜也。"蒋礼鸿《义府续貂·党》："嘉兴谓衣物敝垢不鲜曰菸党党。"假借指乡党，古代的一种居民组织，五百家为一党。《周礼·地官·大司徒》："五族为党。"郑玄注："族，百家；党，五百家。"由居民组织引申指亲族，如"父党"、"妻党"，由亲族引申指因利益而结成的集团、同类的一群人，又引申指政党；由亲族引申为偏袒、偏私、祖护。又读作tǎng，义为假若、或者，这一意义后多写作"倘"或"儻"。古今字形均为上"尚"、下"黑"。现代汉字简化时，"黨"借用从"儿"、"尚"声的"党"（用作姓氏和古族名）的字形，简作"党"。（郭小武 叶青）

黷(黩)
dú 定纽、屋部；定纽、屋韵、徒谷切。

黷¹—黷—黩
《说文》小篆 楷书 楷书

1《说文》211页。

形声字。从黑，賣（"贖"本字，"贖"，简体作"赎"）声。小篆为左"黑"、右"賣"，楷书由小篆演变而来。现代汉字简化时，"賣"据汉代草书简作"卖"，"黷"因此类推简化作"黩"。本义指使有污垢、玷污。《说文》："黷，握持垢也。"段玉裁注："垢非可握持之物，而入于握持，是辱也。"《国语·晋语四》："同志虽远，男女不相及，畏黷敬也。"韦昭注："畏亵黷其类。"又用作名词，指污垢、污浊。由污浊引申指黑色，由污垢引申指丛杂、多而烦，又引申为滥用。由玷污引申为污辱、轻慢、亵渎、狎近。（郭小武 叶青）

黜
chù 透纽、物部；彻纽、术韵、丑律切。

黜¹—黑出²—黜
《说文》小篆 汉 楷书

1《说文》211页。2《甲金篆》704页。

形声字。从黑，出声。本义为贬退，即降职或罢免。《说文》："黜，贬下也。"《书·舜典》："三载考绩，三考，黜陟幽明（罢免昏庸的官员，提拔贤明的官员）。"由贬退引申为减少、减损。《左传·襄公十年》："子驷与尉止有争，将御诸侯之师而黜其车。"杜预注："黜，减损。"又引申为消除、摈弃、废除等。唐魏徵《谏太宗十思疏》："惧谗则思正身以黜恶。"（郭小武 叶青）

黱
dài 定纽、之部；定纽、代韵、徒耐切。

黱¹—黱—黛
《说文》小篆 楷书 楷书

1《说文》211页。

形声字。从黑，朕声。本义指青黑色的颜料，古代女子常用来画眉。后因"朕"声较远而难识，故改为从黑、代声的"黛"。《说文》："黱，画眉也。"徐锴系传："黱，今俗作黛字。"汉贾谊《新书·劝学》："尝试传（用为'傅'，涂抹）白黱黑，榆铗陂，杂芷若，宜瞫视，益口笑，佳态佻志，从容为说焉。"《韩非子·显学》："故善毛嗇、西施之美，无益于面；用脂泽粉黛，则倍其初。"由本义引申指青黑色，又可代指女子的眉毛。（郭小武 叶青）

儵(倏)
shū 书纽、觉部；书纽、屋韵、式竹切。
tiáo

儵¹—儵²—儵³—儵—倏
《说文》小篆 汉 汉 楷书 楷书

1《说文》211页。2、3《甲金篆》704页。

形声字。从黑，攸声。本义指青黑色的丝织品泛白，读作shū。清段玉裁《说文解字注·黑部》："儵，青黑缯发白色也。"又引申指黑色。晋左思《蜀都赋》："坰(jiōng，遥远的郊野)野草昧，林麓儵勍。"又用同"倏"，义为迅疾、疾速。《楚辞·九歌·少司命》："儵而来兮忽而逝。"后世将"儵"、"忽"连用表示极快、迅疾。又读作tiáo，用作"鲦"的通假字，指一种鱼。清郝懿行《尔雅义疏》："孙氏星衍说：儵，古多为鲦。"现代汉字整理时，"儵"（音shū）作为从犬、攸声的"倏"字的异体字被淘汰。（郭小武 叶青）

黡
yǎn 影纽、谈部；影纽、槛韵、於槛切。

1《说文》211页。2《甲金篆》705页。

形声字。从黑,敢声。本义为黑色。《说文》:"黲,黲者,忘而息也。"段玉裁注:"忘而息,宋人所谓黑甜也,故从黑。"朱骏声通训定声:"或曰即諴字之误,故諴俗从忘,所谓忘而息也。"语义不明。从形、音、字分析,后代当即"黮"字,义为黑色。《六书故·天文下》:"黮,会(同'阴')黑也。别作黲。"《南齐书·王奂传》:"见兴祖颈下有伤,肩胛乌黲。"(郭小武 叶青)

黟 yī 影纽、支部;影纽、齐韵、乌奚切。

1、3《甲金篆》705页。2《说文》211页。

形声字。从黑,多声。本义指一种黑木。《说文》:"黟,黑木也。丹阳有黟县。"泛指黑。宋欧阳修《秋声赋》:"宜其渥(红润)然丹者为槁木,黟然黑者为星星。"安徽省有黟县,因境内有黟山(即黄山)而得名,也作黝县,可能是因形近而讹。(郭小武 叶青)

黥 qíng 群纽、阳部;群纽、庚韵、渠京切。

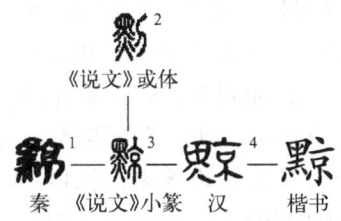

1、4《甲金篆》705页。2、3《说文》211页。

形声字。从黑,京声。秦简作左"黑"、右"京";小篆与之一脉相承,或体从黑、从刀,从用刀刻字再以墨染黑会意;隶楷文字由小篆演变而来。本义指古代的一种肉刑。《说文》:"黥,墨刑在面也。"即在犯人的面、额、颈、臂等处刻字,然后用墨染黑,也叫墨刑。清代叫"刺字"。《书·吕刑》:"杀戮无辜,爰始淫为劓、刵(割耳)、椓(宫刑)、黥。"孔颖达疏:"黥面,即墨刑也。"后也指在奴婢、士兵身上刻字作记号,以防逃跑;也指文身,即在身上刺字、花纹或图形。(郭小武 叶青)

囱 部

囱 chuāng 清纽、东部;清纽、江韵、楚江切。
　　cōng 清纽、东部;清纽、东韵、仓红切。

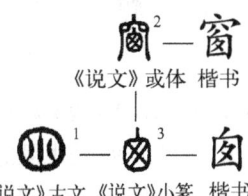

1、2、3《说文》212页。

象形字。像屋顶上留的洞,可以透光,也可以出烟。小篆及说文古文像天窗之形,《说文》或体为上"穴"、下"囱"的会意兼形声字。起初专指天窗,后来多指侧窗。《说文》:"囱,在墙曰牖,在屋曰囱。窗,或从穴。"在屋顶上透光的洞读作chuāng,后为了明确词义,又加"穴"头构成从"穴"、从"囱"、"囱"亦声的"窗";炉灶出烟的洞读作cōng,《玉篇·囱部》:"囱,通孔也,灶突也。"灶突,后称烟囱。(郭小武 叶青)

悤(匆) cōng 清纽、东部;清纽、东韵、仓红切。

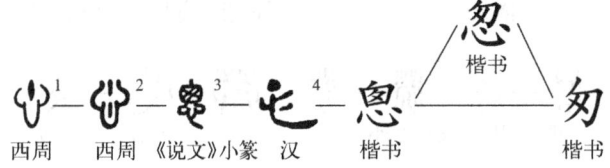

1、2、4《甲金篆》705页。3《说文》212页。

形声字。从心,囱声。小篆作上"囱"、下"心",为形声字;后世文字由小篆演变而来。现代汉字整理时,"悤"和"忩"均作为"匆"的异体字被淘汰。本义为急促、急速。《说文》:"悤,多遽(jù,仓促)悤悤也。"《史记·龟策列传》:"天下祸乱,阴阳相错,悤悤疾疾,通而不相择。""囱"字草写则成"匆",故字亦作"忩"。《正字通·心部》:"悤,隶作忩。"《集韵·东韵》:"忩,古作悤。"金文作"丨"在"心"上,为指事字,示心中急促,多用为假借字,如金文文例,默钟有"仓仓悤悤",即"鎗鎗鏓鏓",形容钟声和美;毛公鼎有"赤市悤黄",即"赤韍蔥衡","悤"(蔥)指蔥绿色。(郭小武 叶青)

焱 部

焱 yàn 喻纽、谈部；以纽、艳韵、以赡切。

炎¹ — 焱² — 焱
商　《说文》小篆　楷书

1《甲金篆》705页。2《说文》212页。

会意字。从三火，会火花四处飞溅之意。甲骨文字形像三堆燃烧着的火焰，按音义关系，当与"炎"为相通之字；小篆字形将火形拆成了四笔，但还保留了一点火星上冒的样子；楷书的字形与小篆一脉相承。本义为火花、火焰。《说文》："焱，火华也。"《广韵·锡韵》："焱，火焰也。"《易林·屯之坎》："朽根倒树，花叶落去，卒逢火焱，随风偃仆。"因形近的关系，古书中也用同"猋"。《汉书·五行志》："臣易上政，兹谓不顺，厥风大焱发屋。"颜师古注："焱，疾风也，音必遥反。"（郭小武　叶青）

熒（荧）

yíng 匣纽、耕部；匣纽、青韵、户扃切。
xíng 晓纽、清韵、翾营切。
jiǒng 匣纽、迥韵、户茗切。

燚¹ — 熒² — 燚³ — 燚⁴ — 熒 — 荧
西周　战国　《说文》小篆　汉　汉　楷书　楷书

1《汉语字形表》396页。2、4、5《甲金篆》705页。3《说文》212页。

会意字。从焱、从冖，从室内之光亮会意。金文字形作下为火盆、上为火苗。或谓即"榮"的别体，像树木开花之形。小篆后字形演变一脉相承，写作"熒"。现代汉字简化时，偏旁"燚"据古隶草写简作"艹"，"熒"因此简作"荧"。本义为屋内灯烛之光，读作 yíng。《说文》："熒，屋下灯烛之光。"泛指光亮，尤指微弱的光亮。汉扬雄《太玄·狩》："荧狩(shū，通)猰猰(tà，贪欲貌)，不利有攸往。"范望注："荧者，光明小见之貌。"由烛光引申为闪烁，又引申为眩惑、迷惑。又读作 xíng，同"荥"，水名，在今河南省境内。又读作 jiǒng，药草名。《尔雅·释草》："荧，委萎。"郭璞注："药草也。"（郭小武　叶青）

燊 shēn 生纽、真部；生纽、臻韵、所臻切。

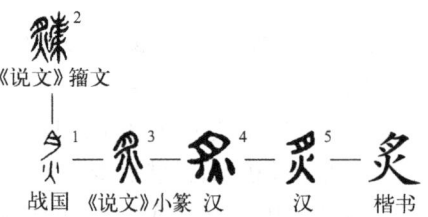

燊¹ — 燊
《说文》小篆　楷书

1《说文》212页。

会意字。从焱，从木，从焱在木上会意。本义为炽盛、旺盛。《说文》："燊，盛皃。从焱在木上。"《玉篇·焱韵》："燊，炎盛和皃。"《集韵·麻韵》："燊，炽也。"字作"木"上三把"火"。按，依古文字一般规律，此字也很有可能原本是表示树木繁花盛开的样子，"木"上的三个"火"即为花蕊的变形写法（"榮"字上的两个"火"也是如此，而"蕊"字则混写为三个"心"了）。（郭小武　叶青）

炙 部

炙 zhì 章纽、铎部；章纽、祃韵、之夜切。

炙² 《说文》籀文

炙¹ — 炙³ — 炙⁴ — 炙⁵ — 炙
战国　《说文》小篆　汉　汉　楷书

1、4、5《甲金篆》706页。2、3《说文》212页。

会意字。从火，从肉，从火上烤肉会意。籀文从"炙"、从"朿"，盖为会意字（《说文·朿部》："朿，木垂华实。"在此应是指积木燃烧）；小篆作"肉"在"火"上，后世文字由小篆演变而来。本义为用火烤肉。《说文》："炙，炮肉也。"《诗·小雅·瓠叶》："有兔斯首，燔之炙之。"（把那白头的兔子，放到火上熏烤）泛指烧烤，由烧烤引申为烘烤、烘干、烧灼，又引申为熏陶，还引申为曝晒；由用火烤肉引申指烤熟的肉食，如"脍炙人口"、"残羹冷炙"。（郭小武　叶青）

燔（膰） fán 並纽、元部；奉纽、元韵、符袁切。

燔¹ — 膰 — 膰
《说文》小篆　汉　楷书

1《说文》212页。2《甲金篆》706页。

形声字。从炙，番声。小篆字形为左"炙"右"番"，石经作左"月"（肉）、右"番"，仍为形声字，只是形符从烤肉义的"炙"变为直接从肉（月）。本义为祭祀用的烤肉。《说文》："燔，宗庙火孰(熟)肉。从炙，番声。《春秋传》曰：'天子有事燔焉,以馈(赠送)同族诸侯。"段玉裁注:"燔,今世经传多作燔、作膰。是《诗》作燔为叚借字,他经作膰乃俗耳。"(郭小武 叶青)

赤 部

赤 chì 昌纽、铎部;昌纽、昔韵、昌石切。

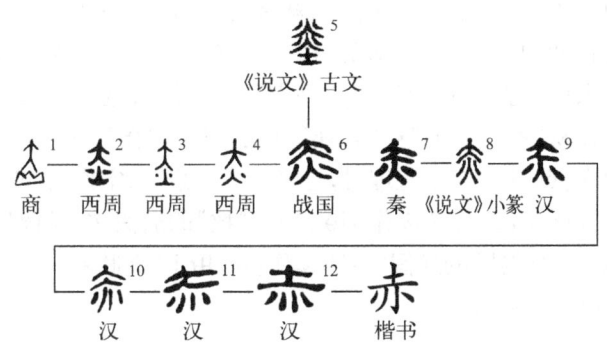

1—4、6、7、9—12《甲金篆隶》706页。5、8《说文》212页。

会意字。从大,从火。甲骨文、金文字形均为上"大"、下"火";《说文》古文"大"变"炎","火"变"土";小篆仍作上"大"、下"火";到楷书时,"大"变成了"土","火"中间拆成了两竖笔,再也不像"火"字了。本义为火红色。《释名·释采帛》:"赤,赫也,太阳之色也。"《合集》29418:"癸丑卜暊贞:左赤马其[利](利)不烈?"(问左边的红色马匹是不是快而不烈)西周早期麦方鼎有"麦赐赤金",赤金,指红铜。西周中期卫簋有"赐赤市(韨)攸(鋚)勒",赤韨指红蔽膝。《礼记·檀弓上》:"周人尚赤,大事殓用日出。"据五行之说,南方属火,故又以赤为南方之色,《说文》:"赤,南方色也。"初生的婴儿全身呈红色,故叫做赤子。赤子是光着身子来到人世的,因此"赤"可引申为光着、空着、裸露、一无所有等义。红色象征热烈,故"赤"又可比喻为忠诚、纯真、专一等义,可用来象征革命。(郭小武 叶青)

赧 nǎn 娘纽、元部;娘纽、潸韵、奴板切。

1《说文》213页。2、3《甲金篆》707页。

形声字。从赤,叞(niǎn)声。小篆为左"赤"、右"叞",演变为"艮"。"叞"义为"柔皮"(参见《说文·尸部》),与"艮"(fú,本义为"治",参见《说文·又部》)不同,但因字形近似,在后来的"赧"中混同作"艮"旁。本义为因惭愧而面赤。《说文》:"赧,面惭而赤也。"《孟子·滕文公下》:"子路曰:'未同而言,观其色赧赧然,非由(子路之名)之所知也。'"由惭愧引申为恐惧、忧惧。《国语·楚语上》:"夫子践位则退,自退则敬,否则赧。"韦昭注:"赧,惧也。不自退,则常忧惧。"(郭小武 叶青)

赫 hè 晓纽、铎部;晓纽、陌韵、呼格切。

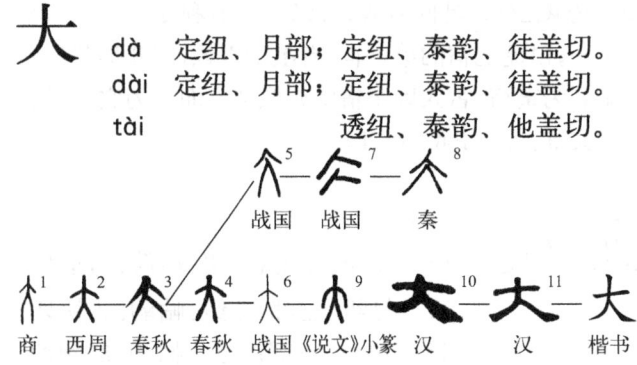

1《说文》213页。2、3《甲金篆》707页。

会意字,从二赤,会赤色炽盛之意。本义为赤色炽盛。《说文》:"赫,火赤皃。"段玉裁本改"火"为"大",并注:"大,各本作火,今正。此谓赤,非谓火也,赤之盛,故从二赤。"《诗·邶风·简兮》:"赫如渥赭,公言赐爵。"(舞师脸色红润如赭染,公爷赐酒一大杯)毛传:"赫,赤貌。"由赤色炽盛厚重引申为显著、显赫、显耀,又为大怒、盛怒,又为盛大、兴盛、炽盛;由显著、显耀引申为明亮。(郭小武 叶青)

大 部

大 dà 定纽、月部;定纽、泰韵、徒盖切。
  dài 定纽、月部;定纽、泰韵、徒盖切。
  tài 透纽、泰韵、他盖切。

1、2、6《甲金篆》707页。3、4、5、8、10、11《甲金篆》708页。7《类编》28页。9《说文》213页。

象形字。像正面站立的人形。甲骨文、金文字形是一个两手伸开、两腿分立的正面人形,以后字形一脉相承。本义指大人,读作dà。《说文》:"天大,地大,人亦大,故大象人形。"意为天大,地大,都无从比画作字,故像人形来表示大。如果加笔画特别强调"大"的头顶部位,则成为"天"字。"大""天""顶""颠"原本是一组较

907

近的同源字,而与"首""頭"(头)则是一组较远的同源字。"大"字引申为大小之"大",即在年龄、体积、面积、容量、数量、力量、声势、强度、程度、规模等方面超过一般或超过所比较的对象。甲骨文中有"大宗"、"大邑"、"大雨"、"大风"、"大吉"、"大出"、"大御"、"大室"、"大牢"等词语,金文中有"大命"、"大令"、"大政"、"大服"、"大福"、"大宗"、"大神"、"大钟"、"大夫"、"大父"、"大且(祖)"、"大兄"、"大师"、"大叔"、"大牢"、"大子"、"大室"、"大庙"、"大史"、"大保"、"大宰"、"小大獻"、"小大政"、"小大事"、"小大邦"等词语,这些"大",一般读 dà,但传统上也有一些要读 tài 的,用同"太",如"太牢"。又读作 dài,用于"山大王"、"大夫(医生)"。(郭小武 叶青)

奎 kuí 溪纽、支部;溪纽、齐韵、苦圭切。

西周 战国 秦 《说文》小篆 汉 楷书

1、2、3、5《甲金篆》708页。4《说文》213页。

形声字。从大,圭声。本义指两髀(bì,大腿)之间,即胯。《说文》:"奎,两髀之间。"段玉裁注:"奎与胯双声。奎宿十六星以像似得名。"《庄子·徐无鬼》:"濡需(苟安一时)者,豕虱是也;择疏鬣自以为广宫大囿;奎蹄曲隈(曲折隐蔽之处),乳间股脚,自以为安室利处。"二十八星宿之一,白虎七宿的第一宿,有星十六颗,因其形状似胯而命名为奎宿。古人因奎宿状亦似文字而认为它掌管文运和文章。(郭小武 叶青)

夾(夹) jiā 见纽、盍部;见纽、洽韵、古洽切。
jiá 见纽、盍部;见纽、帖韵、吉协切。
xié 匣纽、盍部;匣纽、帖韵、檄颊切。
xiá
gā

商 西周 战国 秦《说文》小篆 汉 汉

汉 楷书 楷书

1《甲金篆》708页。2、3、4、6、7、8《甲金篆》709页。5《说文》213页。

会意字。从大,从二人,从左右二人挽扶中间一人会意。古今字形均作"大"下两"人"。现代汉字简化时,据汉代草书将"夾"简作"夹"。本义为挟持、从左右相持,读作 jiā。《说文》:"夾,持也。"《仪礼·既夕礼》:"荐马缨三就,入门,北面,交辔(pèi,缰绳),圉人(养马之人)夹牵之。"《墨子·杂守》:"守大门者二人,夹门而立。"由挟持引申为扶持、辅佐。也指从两个相对的方向向内用力,使物体固定不动,引申指夹东西的器具。由从左右扶持义引申为在两边的、左右相对的、掺杂等义。"夾"由二人挟持一人引申指里外两层,如"夹衣"、"夹裤",这一意义后又作从"衣"、"夹"声的"袷"及从"衣"、"合"声的"袷",读作 jiá,现代汉字整理时,已将"袷""袷"二字作为"夹"的异体字淘汰。又读作 xié,用作"挟"的通假字;又读作 xiá,用作"狭"的通假字;还读作 gā,用于"夹肢窝"一词。(郭小武 叶青)

奄 yǎn 影纽、谈部;影纽、琰韵、衣俭切。
yān 影纽、盐韵、衣炎切。

西周 西周 秦 《说文》小篆 三国魏 楷书

1、2、3、5《甲金篆》709页。4《说文》213页。

会意字。从大,从申。本义为覆盖,读为 yǎn。《说文》:"奄,覆也。大有余也。……从大,从申;申,展也。"意思是上面展开的大东西覆盖下面的物品。《淮南子·修务》:"万物至众,而知(智)不足以奄之。"高诱注:"奄,盖之也。"由覆盖引申为包括、拥有、占有、囊括等义。假借作副词,表示忽然、骤然、急遽的意思。"奄"又读为 yān,古代指被阉割的男子,这一意义后世作"阉"。金文字作上"⚡"(闪电形,与"电"本为同一个字)、下"大";秦简写成上"大"、下"申";小篆与秦简结构位置一样,"申"的直笔变曲笔;隶楷文字由小篆演变而来,写作"奄"。按,金文中此字用为人名,释"奄"是按构成部件隶写的。还有一种可能的解释是,"奄"下部的"申"形是表示两手的讹形,上面的"大"表示盖子(如"盍",即"蓋"本字,后简作"盖",即从"大"像盖子),全字从两手持盖会意。如果以上分析成立,则"奄"为"掩"的本字。(郭小武 叶青)

夸

夸 kuā 溪纽、鱼部；溪纽、麻韵、苦瓜切。
kuà

商—商—商—西周—战国《说文》小篆—汉—楷书

1—5、7《甲金篆》709页。6《说文》213页。

形声字。从大，于声。甲骨文作左"于"、右"大"；金文或作上"大"、下"于"，或作上"大"、下"丂"或"亏"（"于"字异体）；小篆演变成上"大"、下"亏"（"于"的变形字）；隶楷文字由小篆演变而来。本义为奢侈、张大，读作kuā。《说文》："夸，奢也。"《荀子·仲尼》："主疏远之，则全一而不倍（通'背'）；主损绌（通'黜'）之，则恐惧而不怨，贵而不为夸。"杨倞注："夸，奢侈也。"由奢侈、张大引申为夸张、夸大、浮夸、炫耀等义，又引申为赞美、赞赏等义，又引申为美好。"夸"的夸大、炫耀、赞美、赞赏等引申义后来也写作从"言"、"夸"声的"誇"，"夸"、"誇"两字通用，现代汉字简化时，"誇"仍简化为"夸"。"夸"又读为kuà，表示兼有、跨越的意思，这一意义后来写作"跨"。与"夸"的这一意义相联系，或以为"夸"为"胯"本字，所从"大"特显张开的两腿，从"于"为声符。（郭小武 叶青）

夻

夻 gū 见纽、鱼部；见纽、模韵、古胡切。

《说文》小篆—楷书

1《说文》213页。

形声字。从大，瓜声。本义为大。《说文》："夻，大也。"桂馥义证："'夻，大也'者，俗作撾。"《说文·手部》："撾，横大也。"《左传·昭公二十一年》："小者不窕，大者不撾，则和于物。"（乐声小的不至于细弱，乐声大的不至于洪大刺耳，那样就与事物相和谐）（郭小武 叶青）

戠

戠 zhì 定纽、质部；澄纽、质韵、直一切。

《说文》小篆—汉—楷书

1《说文》213页。2《甲金篆》709页。

形声字。从大，戠声。本义为盛大之大。《说文》："戠，大也。……读若《诗》'戠戠大猷'。"段玉裁注："此谓秩秩然之大也。《小雅·巧言》文：'戠戠'当作'秩秩'，今《诗》正作'秩秩'。"或认为是"铁"（鐵）的本字。（郭小武 叶青）

契

契 qì 溪纽、月部；溪纽、霁韵、苦计切。
xiè 心纽、薛韵、私列切。
qiè 溪纽、月部；溪纽、屑韵、苦结切。

《说文》小篆—楷书

1《说文》213页。

会意兼形声字。从大，从韧（以刀刻写），韧亦声，从人持刀刻写文字会意。"契"的原字当为"韧"，像以"刀"刻物，留下印痕。"契"的异体作"栔"，从"木"或许比从"大"更合乎造字之理。"契"的后起字作"鍥"，增加"金"旁，表示刀具是金属制成的。本义为占卜时用刀刻写文字，读作qì。《诗·大雅·绵》："爰始爰谋，爰契我龟。"（于是开始细谋划，刻划龟甲断吉凶）也指刻写在甲骨上的文字（契文）。后泛指刻物。古代兵符、债券、凭证等信物用竹木做成，分为左右两半，刻齿其旁，以便合齿验证，因此契约、信符、券证等均可称作"契"，引申指订约、结盟等。由契约的合齿引申出投合义。"契"也指刻划用的刀具。以上义项均读作qì。传说殷商的祖先名"契"，读作xiè。另有一个常用的联绵词叫"契阔"，其中的"契"读作qiè。（郭小武 叶青）

夷

夷 yí 喻纽、脂部；以纽、脂韵、以脂切。

西周—春秋

西周—春秋—《说文》小篆—汉—楷书

1—4《甲金篆》709页。5《说文》213页。6《甲金篆》710页。

会意字。从大（为正立之人形），从弓，合起来表示人持弓。本义为讨平、平定。《说文》："夷，平也。"《逸周书·明堂》："是以周公相武王伐纣，夷定天下。"（因此周公旦辅佐周武王讨伐商纣王，平定天下）由讨平、平定义引申为铲平、除去、诛灭等义，由铲平引申为平坦义，由平坦引申为平安、平和等义。古代东方游牧民族多以弓箭为武器,因此"夷"又用来指以游猎为生的东方部族,《说文·大部》又云:"夷,东方之人也。"《礼记·王制》:"东方曰夷,被发文身,有不火食者矣。"(东方的部族称为夷,他们披头散发,身刺花纹,有些人不吃熟食)后泛指中原以外的各少数民族。西周、春秋时,"夷"字或加"十",盖为声符;或加"土",盖为形符,表地域。西周中期金文竟卣有"命戍南夷"句,意谓命令戍守南夷之地。或谓"夷"字所从为带绳的"矢"形,"矢"亦声。又,表示东方部族的"夷",甲骨文、金文多以"尸"字表示,"尸"古字形像弯腿的人形。(郭小武 叶青)

亦部

亦 yì 喻纽、铎部;以纽、昔韵、羊益切。

1—4、6、7《甲金篆》710页。5《说文》213页。

指事字。从大,表正立之人形,左右两点指明两腋所在。本义为腋窝。《说文》:"亦,人之臂亦也。"徐灏注笺:"即古'腋'字。"因同音的关系,"亦"的字形被假借来用作副词,相当于"也、又、犹、都、只是、已经"等义,随着假借义用得越来越普遍,"亦"的本义反而不用了,为便于区别,人们新造了一个从"月"(肉)、"夜"声的形声字"腋"。从此,"腋"专职指腋下,"亦"则专用它的假借义。甲骨文中,"亦"字已为假借用法。如说"亦雨"、"亦征"、"亦出"、"亦焚"等。金文中也一样,如西周中期牧簋:"有叴吏,迺多乱,不用先王乍(作)井(型),亦多虐庶民。"(如有放肆的官吏,就会多方作乱,不效法先王树立的好范例,且又会大肆虐害百姓)(郭小武 叶青)

夾 shǎn 书纽、谈部;书纽、琰韵、失冉切。

1、3《甲金篆》710页。2《说文》213页。

指事字。从亦(腋)有所夹持。本义为偷东西并藏入怀中。《说文》:"夾,盗窃裹(怀)物也。从亦,有所持。俗谓蔽人俾夾是也。弘农陝字从此。"段玉裁注:"蔽人俾夾,盖汉时有此语。"徐灏注笺:"夾与闪音义同近。《门部》:'闪,窥头门中也。'盗窃怀物,虑为人所见,行踪隐蔽谓之夾。"朱骏声通训定声:"夾者公然持人,夾者私有怀物。"字形从"亦"(腋),腋部有所夹持;所夹持之物或变为二"人",与"夾"本从二"人"有别。(郭小武 叶青)

矢部

矢 zè 庄纽、职部;庄纽、职韵、阻力切。

1—4《甲金篆》711页。5《说文》213页。

象形字。像人歪斜着脑袋的样子。甲骨文、金文字形像人歪斜着脑袋(或朝左,或朝右)的样子(文例中多用为人名),小篆像头朝左歪之形,楷书由小篆演变而来。本义为歪斜着头,引申为倾斜、偏斜。《说文》:"矢,倾头也。"段玉裁注:"矢象头倾,因以为凡倾之称。""矢"后世都写作从亻、则声的"侧",《玉篇·矢部》:"矢,倾头也。今并作侧。""侧",现代汉语读cè;又读zè,同"平仄"的"仄"。方言中又读zhāi,用于"侧偻着身体"、"侧歪着脑袋"等说法中。也可以认为,zè为一种文读音,zhāi为一种白读音。进一步看,"矢"与"仄""昃"都有很近的同源关系。(郭小武 叶青)

吴(吴) wú 疑纽、鱼部;疑纽、模韵、五乎切。

1—5、8《甲金篆》711页。6、7《说文》214页。

会意字。从矢,从口,从歪斜着头大声说话会意。甲骨文作上"口"、下"矢",金文作歪斜着的头左侧(或右侧)有"口",或谓"吴"字所从之"口"并非嘴形的"口",而是表示器皿,全字从一人头顶或肩负器皿(运水)会意。小篆成上"口"、下"矢",隶楷文字由小篆演变而来,写作"吴"。后旧字形"吴"变为新字形"吴"。本义为大声说话、喧哗。《说文》:"吴,大言也。"段玉裁注:"大言即谓哗也。"《诗·周颂·丝衣》:"不吴不敖,胡考之休。"(不喧哗也不傲慢,保佑我长寿且吉祥)毛传:"吴,哗也。"由大声说话义引申为大。作为古国名的"吴",地处我国东南部,因此又泛指我国东南一带为吴地。金文中用为国名、地名或人名。(郭小武 叶青)

夭 部

夭 yāo 影纽、宵部;影纽、小韵、於兆切。
ǎo 影纽、宵部;影纽、皓韵、乌皓切。

1-4、6《甲金篆隶》711页。5《说文》214页。

象形字。像人弯曲两臂之形。本义为弯曲,读作yāo。《说文》:"夭,屈也。"《淮南子·修务》:"(木熙者)龙夭矫,燕枝拘。"(表演高竿杂技的人像龙一样屈伸自如,像燕子一样蹲立枝头)太弯曲了就易折断,故又引申为夭折、短命、摧残、摧折等义。"夭"还假借指草木茂盛的样子,如《诗·周南·桃夭》:"桃之夭夭,灼灼其华。"又读作ǎo,指动植物的幼小稚嫩者。甲骨文像人弯曲两臂之形。之所以弯曲两臂,有学者据"走"、"奔"古字形上部从"夭"加以推断,认为"夭"即像人奔跑时甩开双臂。因奔跑身如弓曲,故"夭"可表弯曲之义。小篆像人屈颈歪头之形;隶楷文字由小篆演变而来,屈曲的头部另成一笔,写作"夭"。(郭小武 叶青)

喬(乔) qiáo 群纽、宵部;群纽、宵韵、巨娇切。
jiǎo 见纽、宵部;见纽、宵韵、举乔切。

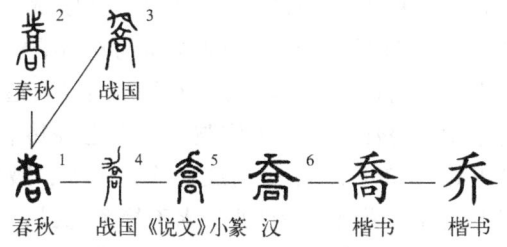

1-4、6《甲金篆》712页。5《说文》214页。

会意兼形声字。从夭,从高("高"或省),高亦声。金文(字形1)为指事字,从"高",上有中以示高端,字形2"高"上部件略有变形。字形3、4有变形为"九"、"又",以附声之意。小篆为会意兼形声字;隶楷文字由小篆演变而来,写作"喬"。现代汉字简化作"乔"。本义指高而弯曲,读作qiáo。《说文》:"喬,高而屈也。"泛指高。《书·禹贡》:"厥草惟夭,厥木惟乔。""乔"又指一种果实高高向上的树木,古代以"乔梓"代指父子,"梓"是一种果实下俯的树木。由高而弯曲引申为做作、装假等义,又由装假、做作引申为某种恶劣的表现,如刁滑、无赖、胡涂、虚伪等义。又读作jiǎo,用于"乔诘"一词,义指意气不平。(郭小武 叶青)

㚔(幸) xìng 匣纽、耕部;匣纽、耿韵、胡耿切。

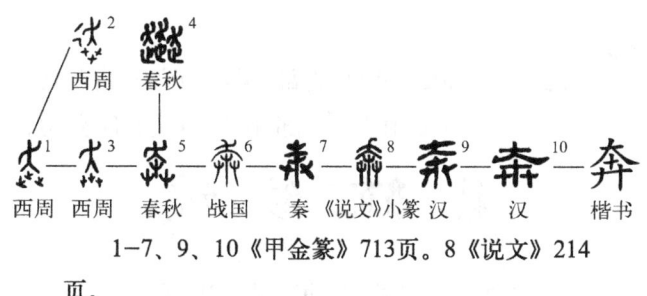

1、3-6《甲金篆》712页。2《说文》214页。

会意字。从夭,表示灾祸;从屰,像头朝下的人形,表逆反之义;全字会与灾祸相反之意。本义为幸运地免去灾祸。《说文》:"㚔,吉而免凶也。"邵瑛群经正字:"今经典作幸。"《论语·雍也》:"有颜回者好学,不迁怒,不贰过,不幸短命死矣。"由幸运引申为幸福,由免去灾祸引申为侥幸、幸亏、庆幸,又引申为希望。古代还专指帝王亲临某地,也指得到帝王的宠爱。表示侥幸、宠爱意义的"幸"后来写作"倖",现代汉字整理时,又将其作为"幸"的异体字淘汰。注意,另有读为niè 的"幸",像刑具(手铐)之形,为另一字。(郭小武 叶青)

奔 bēn 帮纽、文部;帮纽、魂韵、博昆切。
bèn 帮纽、慁韵、甫闷切。
fèn 帮纽、谆部;非纽、问韵、方问切。

1-7、9、10《甲金篆》713页。8《说文》214页。

会意字。从夭,像摆动双臂之形;从三止,以众多脚趾表示急速运动;全字会快速跑动之意。金文字形上为摆臂快跑的人形,下面加上三个带有脚趾的脚,或在人形左边加了表示道路行走的"彳";春秋石鼓文或由三个"走"字组成;战国文字下面的三"止"(趾形)讹变成了三"屮"(草形);隶楷文字由小篆演变而来,成上"大"、下"卉",写作"奔"。本义为急走、奔跑。《说文》:"奔,走也。"西周早期召圜器:"召启进事,奔走事皇辟君。"意思是说名叫召的人(作器者自称)启禀进事,奔走劳碌以辅佐君王。《诗·周颂·清庙》:"对越在天,骏奔走在庙。"(报答、颂扬先王,迅急奔走在清庙中)由急走、奔跑义引申为出逃、败逃、追赶、追求、私奔等义,以上义项均读 bēn。由追赶、追求引申为投向、投奔、为某事奔走、接近等义,这些义项均读 bèn。又读作 fèn,通"贲",义为败,如"奔军之将"。(郭小武　叶青)

交 部

交 jiāo　见纽、宵部；见纽、肴韵、古肴切。

1、2、3、5、6、7《甲金篆》713页。4《说文》214页。

象形字。像人正立两腿交叉的样子。甲骨文字形像一个两腿交叉站立的正面人形,金文字形没有大的变化,多用为专名。小篆字形仍存古,隶楷时手臂下出现断笔写成"交"。本义为小腿交叉。《说文》:"交,交胫也。"古时五岭以南(向南可到今越南境内)有"交趾"之国,或与此"交"字有某种关联。泛指交叉、交错。《楚辞·九歌·国殇》:"旌蔽日兮敌若云,矢交坠兮士争先。"由交叉引申为连接、接触,由连接、接触引申为结交、交往、交付、付给等义,由交往引申为交情、友谊,由接触、交往引申为同时、互相,用作副词。(郭小武　叶青)

絞(绞)　jiǎo　见纽、宵部；见纽、巧韵、古巧切。
　　　　xiáo　匣纽、宵部；匣纽、肴韵、何交切。

1《说文》214页。2《甲金篆》714页。

会意兼形声字。从糸,从交,交亦声,表示细丝相交。小篆为左"糸"、右"交",隶楷文字由小篆演变而来,写作"絞"。现代汉字简化时,偏旁"糸"据汉代草隶简作"纟","絞"因此类推简化作"绞"。本义为将细线相交扭结而成的绳索,读为 jiǎo。《礼记·杂记上》"小敛,环绖(dié,丧服上的麻布带子)"(举行小敛之后,头上要加环绖)孔颖达疏:"知以一股所谓缠绖者,若是两股相交,则谓之绞。"引申为拧、扭、缠绕,又引申为用于纱、毛线等绳索类物品的量词。古代还特指勒死,即用绳缢死犯人的刑罚,《说文》:"绞,缢也。""绞"又读为 xiáo,指苍黄色,也指古代丧礼中束尸用的饰带。(郭小武　叶青)

尣 部

尣 wāng　影纽、阳部；影纽、唐韵、乌光切。

1《甲金篆》714页。2、3《说文》214页。

象形字。像人一条腿弯曲之形。本义为跛。《说文》:"尣,跛,曲胫也。""跛,蹇(jiǎn,腿瘸)也。"即"跛"字。金文作𠃑,像人一条腿弯曲之形；《说文》古文为增加声符而成的形声字,从"尢","王"(呈)声。小篆像正面站立的人形,只是朝右的一条腿弯曲着。楷书由小篆演变而来,写作"尢",成为汉字部首；也作"尣","尢"的异体字。古文献中一般通用"尫"字,更易与"尤其"的"尤"字相别。(郭小武　叶青)

尥 bǒ　帮纽、歌部；帮纽、果韵、布火切。

《说文》小篆　汉　楷书　楷书

1《说文》214页。2《甲金篆》714页。

形声字。从尢,皮声,字后作从"足"(与"尢"义有联系),"皮"声的"跛"。"尥"字篆隶文字为左右结构,楷书演变成半包围结构。本义为腿瘸。《说文》:"尥,蹇(jiǎn,腿瘸)也。"段玉裁注:"尥,俗作跛……今之经传有跛无尥。"《玉篇·尢部》:"尥,今为跛。"《易·履》:"跛能履,不足以与行也。"路不平为"坡",水不静为"波",行不正为"跛",还有上下颠动为"簸",它们都从"皮"得声。(郭小武　叶青)

尵 zuǒ　精纽、歌部；精纽、皓韵、则皓切。

尳—尪
《说文》小篆　楷书

1《说文》214页。

形声字。从尢，左声。小篆为左右结构，楷书演变成半包围结构。本义为行不正，即走起路来身体不平衡。《说文》："尪，尳尪，行不正。"段玉裁注："各本作尳尳。"明杨基《赠跛奚》："立如鹫联拳，行类鳖尳尳。""尳尳"为联绵词。（郭小武　叶青）

尲（尴）gān 见纽、谈部；见纽、咸韵、古咸切。

尲—尲—尴
《说文》小篆　楷书　楷书

1《说文》214页。

形声字。从尢，兼声。小篆为左右结构，楷书演变成半包围结构。联绵词"尲尬"音节之一。本义为行走姿势歪邪不正。《说文》："尲，不正也。"段玉裁注："尲，尲尬，行不正也。各本夺尲尬二字，今依全书通例补。又(据)《广韵》《集韵》补行字。"引申指行为、态度不正常。字也作从"尢"、"监"声的"尴"。《京本通俗小说·西山一窟鬼》："这个开酒店的汉子又尴尬，也是鬼了。"引申指处境困难或事情棘手，不好处理。（郭小武　叶青）

尬 gà 见纽、月部；见纽、怪韵、古拜切。

尬—尬
《说文》小篆　楷书

1《说文》214页。

形声字。从尢，介声。小篆为左右结构，楷书演变成半包围结构。联绵词"尲(尴)尬"音节之一。本义为行走姿势歪邪不正，引申指行为、态度不正常。详见"尲"字条。（郭小武　叶青）

尥 liào 来纽、宵部；来纽、啸韵、力吊切。

尥—尥
《说文》小篆　楷书

1《说文》214页。

形声字。从尢，勺声。小篆为左右结构，楷书演变成半包围结构。本义为走路时腿脚相交，特指牛挪动时后腿相交。《说文》："尥，行胫相交也。从尢，勺声。牛行脚相交为尥。"引申指牲口活动时用后腿向后踢，如"尥蹄"、"尥蹶子"。（郭小武　叶青）

壶 部

壶（壺）hú 匣纽、鱼部；匣纽、模韵、户吴切。

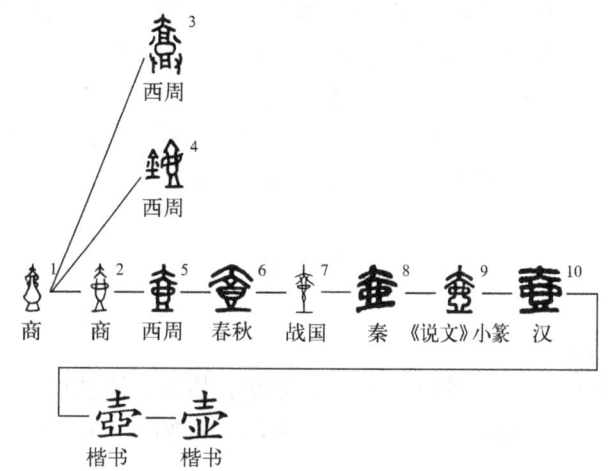

1-8《甲金篆》714页。9《说文》214页。10《甲金篆》715页。

象形字。像壶之形。本义指一种装盛液体的大肚容器，古时主要用于盛水、盛酒等。《荀子·劝学》："不道(遵循、实行)礼、宪，以《诗》《书》为之，譬之犹以指测河也，以戈舂黍也，以锥飡(同'餐')壶也，不可以得之矣。"引申也指古代宴饮宾客时娱乐的器具，将矢投入壶中叫"投壶"。甲骨文字形像酒壶之形，上为盖，下为底座，中为腹，有的带耳。从形音义各方面考察可知，器物的"壶"仿自植物果实"葫芦"之形，音、义因之。金文形体与甲骨文大致相似，或从"臼"(双手)，或从"金"；文例有"尊壶"、"宝壶"、"旅壶"、"滕壶"、"饮壶"、"醴壶"等。小篆形体由甲骨文、金文字形演变而来，写作"壺"，还带酒壶之形；隶楷文字由小篆演变而来，已看不出酒壶之形。现代汉字简化时，"壶"据草书简作"壶"。（郭小武　叶青）

壼 yūn 影纽、文部；影纽、文韵、於云切。

壼—壸
《说文》小篆　楷书

1《说文》214页。

会意字。从凶,从壶,从吉凶在壶中不外泄会意。小篆作"凶"在壶内,楷书由小篆演变而来,壶形略有简化,写作"壹"。联绵词"壹壹"音节之一。本义为气浑然不外泄的样子,后世多写作"氤氲"(或"细缊"、"烟煴")。《说文》:"壹,壹壹也。从凶,从壶。不得泄凶也。《易》曰:'天地壹壹。'"段玉裁注:"不得泄也者,谓元气浑然,吉凶未分,故其字从吉凶在壶中会意。"按古文字字形通例,此"凶"或原非吉凶之凶,而只是表示氤氲之状的,只因写法近似"凶"字而已。清朱骏声《说文通训定声》:"壹壹者,双声连语。亦作细缊,作氤氲,作烟煴,气凝聚充塞之形。"清袁枚《随园随笔·经文异同》:"《说文》所引经书与今本殊,如……天地细缊为'壹煴'。"陈衍《〈剑怀堂诗草〉序》:"子孙虽肖祖父,未尝骨肉间一一相似,壹壹化生,人类之进退由之。"(郭小武 叶青)

壹 部

壹 yī 影纽、质部;影纽、质韵、於悉切。
　　yīn 　　　　影纽、真韵、伊真切。

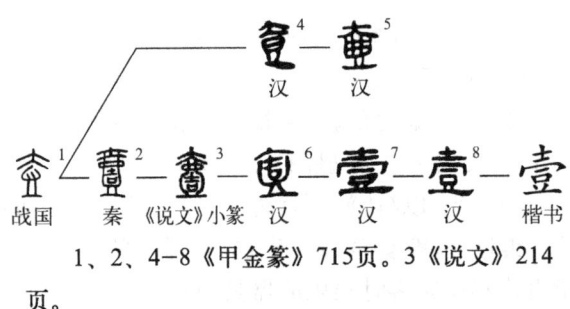

1、2、4-8《甲金篆》715页。3《说文》214页。

形声字。从壶,吉声。战国秦汉文字作"壶"中"吉"声,或省"吉"声;隶楷文字由小篆演变而来,已失去壶形,写作"壹"。本义为专一,读作 yī。《说文》:"壹,专一也。"《荀子·解蔽》:"好书者众矣,而仓颉独传者,壹也;好稼者众矣,而后稷独传者,壹也。"由专一引申为统一、划一、一致,"壹"还用作副词,表示一概、一律、一样、同一、一旦、假若、实在、的确等义。"壹"还用作数词"一"的大写。在"壹壹"一词中"壹"读作 yīn。(郭小武 叶青)

懿 yì 影纽、脂部;影纽、至韵、乙冀切。
　　yī 影纽、脂部;影纽、之韵、於其切。

1、2、4、5《甲金篆》715页。3《说文》214页。

形声字。从壹,恣声。本义为美好,读作 yì。《说文》:"懿,专久而美也。"《易·小畜》:"君子以懿文德。"孔颖达疏:"懿,美也。"《诗·大雅·烝民》:"民之秉彝,好是懿德。"毛传:"懿,美也。"又用为动词,指赞美、称颂。由专久引申为深貌、大貌。"懿"又用为叹词,读作 yī,同"噫"。金文从"壶"、从"欠"(字形1),从人张口就饮于壶边会意,与"饮"音、义近通;或又添加心旁于下(字形2),应属形声字。金文文例中多以"懿德"连文。小篆从金文发展而成从"壹"、"恣"声的形声字,至于是否有"壹"声可能性,及"恣"符是否属于后世讹舛使然,待考。隶楷文字由小篆演变而来,写作"懿"。(郭小武 叶青)

幸 部

幸(幸) niè 泥纽、缉部;泥纽、葉韵、尼辄切。
　　　　 xìng 匣纽、耕部;匣纽、耿韵、胡耿切。

1《甲金篆》715页。2、3、4《甲金篆》716页。5《说文》214页。

象形字。本像手铐类的刑具之形。本义为刑具。《说文》:"幸,所以惊人也。从大,从羊。一曰大声也。凡幸之属皆从幸。一曰读若瓠。一曰俗语以盗不止为幸。幸,读若籋。"此字古形明显为整体象形字,读若"瓠"者,或与"桎梏"之"梏"音义近通。读若"籋"者,音义与"籋"(后写作"镊")音义近通,是从手铐的功用取义。从"幸"的字中有一个很典型的"执"(执)字,就是表示拘捕的,从音义分析,"幸""执"(执)本来可能是一个字。董作宾《殷历谱》:"幸,象手械之形,盖加于俘虏之刑具也。"《合集》628 正:"壬午卜,㱿贞:伲追多臣……羌,弗幸(niè)?"(壬午这天占卜,贞人㱿卜问,伲这个人追逐多臣和羌(奴隶或战俘)等,是否能逮住他们)《合集》577:"其幸(niè)寇?"(是否能逮住强盗)"幸"的拘捕义后世罕用,应是被"执"取代了。至于 xìng 音的"幸"则本是另一个字,原作"㚔";字形在楷书作"幸",是因为音 niè 的"幸"这时已经不使用了。(郭小武 叶青)

罯

yì 喻纽、铎部；以纽、昔韵、羊益切。

zé 章纽、陌韵、直格切。

gāo 见纽、豪韵、歌鏖切。

1、2、3《甲金篆》716页。4《说文》214页。

会意字。从横目，从幸，表示守候观察准备逮捕的罪人。古文字为上横目、下幸，也有上作竖目的，楷书由小篆演变而来。本义为侦视、观察，读作yì。《说文》："罯，目视也。令吏将目捕罪人也。"王筠句读："伺察罪人也。"又读作zé，用为"泽"的通假字，指泽兰，一种香草。又读作gāo，用为"皋"（形容高）或"暤"（形容广大），其原因可能纯粹是由于形近混同。（郭小武 叶青）

执（执）

zhí 章纽、缉部；章纽、缉韵、之入切。

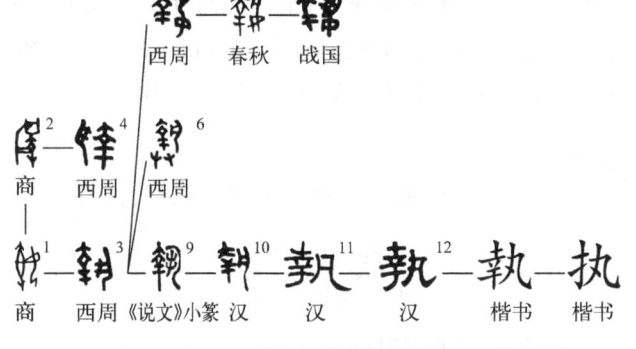

1—8、10、11《甲金篆》716页。9《说文》214页。12《甲金篆》717页。

会意字。从廾(jǐ)，像伸出双手之人形；从幸(xìng, niè)，像手铐之形；全字表示给伸出双手之人戴上刑具。本义为拘捕。《说文》："执，捕罪人也。"《诗·大雅·常武》："铺敦淮濆(布阵靠近淮水边)，仍执丑虏。"由拘捕义引申为持、拿，又引申为掌握、掌管、主持、施行、坚持、固执等义。"执"又由"持、拿"引申为持、拿的东西，即凭单，如"回执"、"收执"。甲骨文像人(或朝左，或朝右)双手戴刑具之形，或连头颈一起使用刑具束缚。文例有"执羌"（逮住了羌族的人）、"执寇"（逮住了强盗）、"执兕"（逮住了犀牛）等。金文字形渐趋讹断或有加繁。文例中很多是"折首执讯"，指在战斗中斩掉敌人的首级，逮住敌人作俘虏。小篆成左"幸"、右"廾"；隶楷文字由小篆演变而来，写作"执"。现代汉字简化时，"执"据草书简作"执"。（郭小武 叶青）

圉

yǔ 疑纽、鱼部；疑纽、语韵、鱼巨切。

1—4、6《甲金篆》717页。5《说文》214页。

会意字。从幸，像手铐之形；从囗，表四周封闭，整字会牢狱之意。甲骨文字形，四围之中，"幸"为基本部件，或有附加"口"形表示颈枷；或有附加一个跽跪之人，其手入"幸"中，即"囗"中"执"字，会以牢狱关押被拘之罪人意。金文为外"囗"、内"幸"；小篆由金文演变而来，隶楷文字由小篆演变而来。本义为牢狱。《说文》："圉，囹圄，所以拘罪人。"银雀山汉墓竹简《尉缭子·将理》："今夫繫(系)者，小圉不下十数。"牢狱是将人限制在一定的范围内，由此引申为禁止，又引申指边疆、边境。"圉"还可指养马，后泛指畜养，并可用作名词，指养马的人。（郭小武 叶青）

盩

zhōu 知纽、幽部；知纽、尤韵、张流切。

1、2、3《甲金篆》717页。4《说文》215页。

会意字。从幸，从攴(pū，表击打)，从血，整字表示狠狠击打被拘执之人。金文由"幸"、"攴"、"皿"三部分组成；小篆由金文演变而来，变"皿"为"血"；楷书由小篆演变而来，字仍从"皿"。本义为抢开了击打。《说文》："盩，引击也。"章炳麟《新方言·释言》："今语自远引而击之亦曰盩，俗亦作丢。山东、辽东谓搒掠捶击曰盩，乃正作张流切，而稍变为去声。"按音义关系推测，现代与之相当的字以"揍"或"抽"更接近。"盩"也指盘曲的样子，多形容山或水。由盘曲引申为乖戾、悖逆。陕西省有盩厔县，今作周至县。（郭小武 叶青）

报（报）

bào 帮纽、幽部；帮纽、号韵、博耗切。

fù 敷纽、遇韵、芳遇切。

1—4《甲金篆》717页。5《说文》215页。6《甲金篆》718页。

会意兼形声字。从幸(niè,手铐形),从𠬝(fú,用手从后面将人制服),𠬝亦声;表示制服犯人使之服罪。本义为制服、判决罪人,读作bào。《说文》:"报,当罪人也。""当"义为判决。《韩非子·五蠹》:"司寇行刑,君为之不举乐;闻死刑之报,君为流涕。"(司寇官执行刑法时,君主为之停止奏乐;听到死刑的判决,君主为之流下眼泪)判决罪人需上报,由此引申为报告,由报告又引申为告诉、回答、传达、通知、报答、报复、报应等义,又用作名词,指告诉或传达信息的各种载体,如"电报"、"简报"、"报刊"等。又读作fù,通"赴",义为急速,如古籍中有"报往"、"报来"。甲骨文字形有人释为"执"字的繁构;但多数学者释为"报"字。释为"报"字可有两种分析方式,其一是左边为双手戴着刑具跪地的人(即"执"字),右边是按人的手;其二是从"幸"(niè)、从"𠬝","𠬝"亦声。甲骨文另有"𠬝"字,习见,指一种常被用为祭牲的罪奴。从形音义关系看,"报"、"𠬝"本应是一字的繁简两种写法,且可与"俘""服""伏"等的形音义相关联。金文由甲骨文演变而来,但明显是左"幸"(niè)、右"𠬝";以后字形变化不大。现代汉字简化时,"報"据汉代草书简作"报"。(郭小武 叶青)

奢 部

奢 shē 书纽、鱼部;书纽、麻韵、式车切。

1、3、4《甲金篆》718页。2《说文》215页。

形声字。从大,者声。本义为奢侈、挥霍无度。《说文》:"奢,张也。"《论语·八佾》:"礼,与其奢也,宁俭;丧,与其易也,宁戚。"(礼仪,与其形式上豪华奢侈,宁可俭朴一些;治丧,与其仪式周全,宁可内心悲伤)奢侈是没有节制地挥霍,由此引申为过分、过度、张大、夸张等义;"奢"字从大,故又有大、多之义。《史记·滑稽列传》:"臣见其所持者狭而所欲者奢,故笑之。"(郭小武 叶青)

亢 部

亢 gāng 见纽、阳部;见纽、唐韵、古郎切。
kàng 溪纽、阳部;溪纽、宕韵、苦浪切。

1—4、6《甲金篆》718页。5《说文》215页。
7《甲金篆》719页。

象形字。本义指颈项,可特指为咽喉,读为gāng。《说文》:"亢,人颈也。从大省,象颈脉形。"《史记·刘敬叔孙通列传》:"夫与人斗,不扼其亢,拊其背,未能全其胜也。"裴骃集解引张晏曰:"亢,喉咙。"《汉书·陈馀传》:"乃仰绝亢而死。"颜师古注:"亢者,总谓颈耳。"人颈位于人体高处,故亢又指高,引申为高傲、刚强、过分等义;人颈为人体要害之处,故亢又喻指要害之处。除本义外,其余义项的"亢"均读为kàng。早期字形为腿下有一横画,或认为表示羁绊,与尢(wāng,跛脚)有关;或认为代表人坐或站在高处。后横画上移,故《说文》解作像颈脉形;隶楷文字由小篆演变而来。(郭小武 叶青)

𡕢 hàng 匣纽、阳部;匣纽、荡韵、胡朗切。

1《说文》215页。

会意兼形声字。从亢,指颈项;从夋,像大头人形;亢亦声。本义为脖子僵直貌。《说文》:"𡕢,直项莽𡕢兒。"段玉裁注:"当作'莽𡕢直项兒。'或曰:淮南书有'严志颉颃之行','颃'即'𡕢'字也。《页部》曰:'颃,直项。'"从形、音、义分析,当即文献中的"颃"(义为高举)字,"颃"之从"页"与"𡕢"之从"夋"取意相近。(郭小武 叶青)

夲 部

夲 tāo 透纽、幽部;透纽、豪韵、土刀切。
běn 帮纽、混韵、布忖切。

1《说文》215页。

会意字。从大(正立之人形),从十,会能力非凡之意。此说不是十分坚确,姑存以备参。本义为快速前进,读作 tāo。《说文》:"夲,进趣(趋)也。读若滔。"桂馥义证、王筠句读均引庄祖述曰:"柳宗元《陆文通墓表》:'后之学者,穷老尽气,左视右顾,莫得而夲。'音土刀切。人或误读为本末之本。"从古文字演变情况看,此字或是"奉""秦"之类字下半部的讹断,割裂取字,附会为义,仅见于字书收录,罕见于文献用例。古籍中不见"夲"字,表达此义多用"滔"。如清王绍兰《说文段注订补·夲部》所举《管子·君臣下》的"心道进退,而形道滔赶"和《诗·大雅·江汉》的"武夫滔滔"中的"滔"即为"夲"义。又读作 běn,用同"本"。《广韵·混韵》:"本,俗作夲。"小篆为上人形(大)、下"十",楷书由此演变而来。(郭小武 叶青)

奉 hū 晓纽、物部;晓纽、没韵、呼骨切。

1-6《甲金篆》719页。7《说文》215页。

形声字。从夲,卉声。本义为疾速。《说文》:"奉,疾也。"石鼓文:"帅彼銮车,奉欶阗如,秀弓孔硕,彤矢族族。"苏曼殊《断鸿零雁记》第七章:"浩此地镜,无裔无襜,圆形在前,神光奉闪;精魅变怪,出尔泥淰。"甲骨文例在"奉"字动词之后有"年"、"禾"、"生"、"雨"等,所"奉"对象有商的列祖列宗及河、岳等自然神灵,故或释此字为"求",但多数则释为"奉",通"祓",义为通过祭祀祈求。这种用法的"奉"应是假借用法,其本形应是像有花而重根之草木形,用如文饰之义。金文承甲骨文而来。金文文例或如甲骨文用为"祓",或假借为"幩"(fén),是车马的一种饰物;或假借为"饙"(fēn),是一种熟食方式。石鼓文此字讹成上"卉"、下"夲";小篆更趋讹断;楷书由小篆演变而来。(郭小武 叶青)

暴 bào 并纽、宵部;并纽、号韵、薄报切。

秦 《说文》小篆 楷书

1《甲金篆》719页。2《说文》215页。

会意字。从日,从出,从 𠬞(双手,读如"共""拱""供"),从夲,表示日出操劳,有所进取。本义为疾速。《说文》:"暴,疾有所趣(趋)也。"段玉裁注:"此与'暴'二篆形义皆殊,而今隶不别。此篆主谓疾,故为夲之属;'暴'主谓日晞,故为日之属。"王筠句读:"凡暴疾、暴虎、暴虐,皆夲部字。""暴"与"暴"(下本从"米")可能本即为一字,而后世字书亦混作"暴"。小篆自上而下为"日"、"出"、"𠬞"、"夲";楷书"𠬞"演变成"大",字作"暴"。释义详见"暴"字条。(郭小武 叶青)

奏 zòu 精纽、屋部;精纽、候韵、则候切。
   còu 清纽、候韵、千候切。

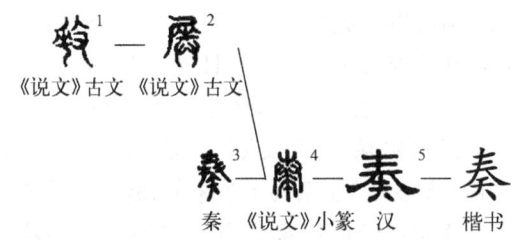

秦 《说文》小篆 汉 楷书

1、2、4《说文》215页。3、5《甲金篆》719页。

会意字。从中,从 𠬞(双手,读如"共""拱""供"),从夲,表示用双手捧着趋步进献。本义为进、进献,读作 zòu。《说文》:"奏,进也。"《书·益稷》:"予乘四载,随山刊木,暨益奏庶鲜食。"(我乘坐四种运载工具,顺着山路砍树作为路标,和伯益一道将刚宰杀的鸟兽送给百姓)孔传:"奏谓进于民。"进(献)的范围包括言论、文书、财物等。又特指进刀(运刀)。后世多指吹弹乐器。由进、进献引申为呈现、显示、取得。"奏"在古代还用作"凑"(聚集)和"腠"(肌肤的纹理)的通假字,读作 còu。《说文》古文字形讹变较甚,不易说解。在甲骨文中有"𣎵"字,各家或混释为"奉",或释为"奏",若释"奏"成立,则"奏"本形为双手进献一种植物之形。文例为"奏玉"、"奏河"、"奏岳"等。(郭小武 叶青)

皋 gāo 见纽、幽部;见纽、豪韵、古劳切。
   háo 匣纽、豪韵、乎刀切。

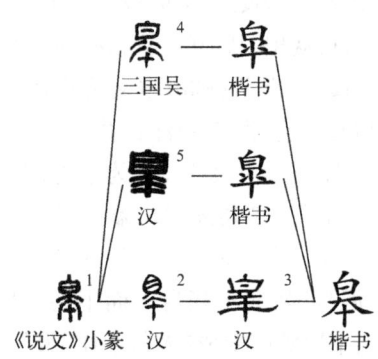

1《说文》215页。2—5《甲金篆》719页。

形声字。从白,夲声,读为gāo。小篆为上"白"、下"夲"("夲"姑按旧说定为声符,实不坚确),字形演变过程中出现了变体"皋"和"皋"。现代汉字整理时,"皋"和"皋"作为"皋"的异体字被淘汰。本义为泽边之地。清朱骏声《说文通训定声·孚部》:"此字(皋)当训泽边地也。从白,白者,日未出时初生微光也,旷野得日光最早,故从白,从夲声。俗字作'皐'。"古文字中,此字字形易与"澤"(泽)的右半部"睪"字相混,而音义则与"杲"及"昊"字相近相通。《楚辞·离骚》:"步余马于兰皋兮,驰椒丘且焉(于此)止息。"王逸注:"泽曲曰皋。"由泽边地引申指沼泽、水田、田边高地等。"皋"又通"嗥",读为háo,表示呼告之义。(郭小武 叶青)

夰 部

夰 gǎo 见纽、幽部;见纽、皓韵、古老切。

1《说文》215页。

会意字。从大,从八,从大而八分会意。小篆为上"大"、下"八";楷书由小篆演变而来,写作"夰"。本义为分散、放纵。《说文》:"夰,放也。从大而八分也。"徐锴系传:"大,人也;八(原无'八'字,据苗夔《说文系传校勘记》补),分施,散也。"用同"昊",指天。北周卫元嵩《元包经·太阴》:"云浮于夰。"李江注:"夰,天。"又指天之气,《元包经·泰》:"泰夰入于困(yuān,'渊'的古字)。"唐苏源明传:"夰入于困,天气降也。"李江注:"夰,气。"(郭小武 叶青)

睪 jù 见纽、鱼部;见纽、遇韵、九遇切。

1《说文》215页。

会意兼形声字。从夰(gǎo,分散),从朋(jù,双目,左右视),朋亦声,表示四下张望。本义为举目而视。《说文》:"睪,举目惊睪然也。"《集韵·梗韵》:"睪,惊而举目视。"《正字通·目部》:"睪,《六书统》:放目而视。"与"瞿"及"懼"(惧)形音义近通。(郭小武 叶青)

奡 ào 疑纽、幽部;疑纽、号韵、五到切。

1、2《甲金篆》720页。3《说文》215页。

会意兼形声字。从頁,形像人首;从夰,义为分散;夰亦声。整字表示昂首仰视。本义为傲慢。《说文》:"奡,嫚也。《虞书》曰:'若丹朱奡。'读若傲。"今本《书·益稷》作"无若丹朱奡"(不要像丹朱那样傲慢)。段玉裁注:"嫚者,侮㑄也。傲者,倨也。奡与傲音义皆同。"杨树达《积微居小学述林·〈说文〉读若探源》:"余谓此壁中古文作'奡',孔安国以今文读之作'傲'也。许君兼见两本,知奡、傲既为异文,音必不异,故云奡,读若'傲'也。"引申为矫健有力。清段玉裁《说文解字注》:"(奡)引申为排奡,多力皃。"相传夏寒浞之子是个大力士,能陆地行舟,他的名字为"奡"。(郭小武 叶青)

亣 部

亣 dà 定纽、月部;定纽、泰韵、徒盖切。

1《说文》215页。

象形字。像人正面而立。为"大"的籀文写法。《说文》:"亣,籀文大改古文,亦象人形。凡大之属皆从大。"说解详见"大"字。(郭小武 叶青)

奕 yì 喻纽、铎部;以纽、昔韵、羊益切。

奕

《说文》小篆 汉 楷书

1《说文》215页。2《甲金篆》720页。

形声字。从大,亦声。小篆上为"亦",下为籀文"大"字;汉隶下讹变成"廾"(小篆中,"奕"与"弈"不同,"弈"字下所从为双手形的);楷书由小篆演变而来,写作"奕"。本义为大。《说文》:"奕,大也。"汉扬雄《太玄·格》:"息金消石,往小来奕。"《诗·大雅·韩奕》:"奕奕梁山,维禹甸(治理)之。"毛传:"奕奕,大也。"由大引申为超过一般的,如姣美、娴熟、明亮等,又用于时间、时代方面,表示累、重,如"奕世"、"奕代"、"奕叶"等。(郭小武 叶青)

奘

zàng 从纽、阳部;从纽、荡韵、徂朗切。又徂浪切。

zhuǎng

《说文》小篆 楷书

1《说文》215页。

会意兼形声字。从大,从壮,壮亦声,表示又大又壮。本义为壮大、健壮,读作zàng。《说文》:"奘,驵(zǎng,壮马)大也。"《方言》卷一:"秦晋之间,凡人之大谓之奘,或谓之壮。"此字常用作人名,如唐代有玄奘和尚。方言中指壮大、粗壮时则读为zhuǎng。方言中还指说话粗鲁、态度生硬,仍读为zàng。(郭小武 叶青)

奚

xī 匣纽、支部;匣纽、齐韵、胡鸡切。

商 商 商 西周 《说文》小篆 汉 汉 楷书

1-4、6《甲金篆》720页。5《说文》215页。7《甲金篆》721页。

会意字。从爪,从幺(如从"糸",绳索),从大(正立人形),表示用手拿绳索捆绑罪人。古代常以罪人充当奴隶。本义为罪奴。《周礼·天官·序官》:"酒人:奄(通'阉')十人,女酒三十人,奚三百人。""奚"后因同音的关系借用为疑问代词,相当于"何、哪里、哪个、什么、怎么样"等。甲骨文上为向下的单手(爪)或双手(双爪),其下为绳索及被系头颈的人形。金文字形仍前。甲骨文、金文例多用为专名。小篆更趋规整,隶楷文字由小篆演变而来。(郭小武 叶青)

耎

ruǎn 日纽、元部;日纽、狝韵、而兖切。

秦 《说文》小篆 汉 楷书

1、3《甲金篆》721页。2《说文》215页。

形声字。从大,而声。本义为物体前端稍微大于后端。《说文》:"耎,稍前大也。"段玉裁注:"稍前大者,前较大于后也。"本义多不用,后多用同"软",义为柔软、懦弱或退缩。《汉书·王吉传》:"数以耎脆之玉体犯勤劳之烦毒,非所以全寿命之宗也。"颜师古注:"耎,柔也。"又如《战国策·楚策一》:"郑魏者,楚之耎国,而秦,楚之强敌也。"鲍彪注:"《集韵》:'耎,弱也。'"再如《史记·天官书》:"其(指太白)已出三日而复,有微入,入三日乃复盛出,是谓耎。"裴骃集解引晋灼曰:"耎,退之不进。"(郭小武 叶青)

夫 部

夫

fū 帮纽、鱼部;非纽、虞韵、甫无切。
fú 并纽、鱼部;奉纽、虞韵、防无切。

商 西周 春秋 战国 秦 《说文》小篆 汉 汉 楷书

1-5、7、8《甲金篆》721页。6《说文》216页。

指事字。从大(正立人形),上面一横指示男子束发之簪,古代男子成年后需束发加冠。本义为成年男子,读作fū。《说文》:"夫,丈夫也。"《诗·秦风·黄鸟》:"维此奄息,百夫之特。"引申指从事某种体力劳动或服劳役的人,如"车夫"、"渔夫"、"农夫"、"樵夫"、"夫役"、"拉夫"等;"伕"是其分化字。又专指女子的配偶。"夫"又因音近的关系借用为第三人称代词和指示代词,相当于"他、她、它、他们、这、此、那、彼"等,读作fú。又借用为助词,多用于句首,表示将发议论;也常用于句末,表示感叹,也读作fú。甲骨文像头上插簪之人,文例为专名。西周晚期金文大克鼎有"善(膳)夫",为名克之人的职业。甲骨文、金文以后字形变化不大。(郭小武 叶青)

規(规) guī 见纽、支部；见纽、支韵、居隋切。

規¹—規²—規³—規⁴—规—规
《说文》小篆 汉 汉 汉 楷书 楷书

1《说文》216页。2、3、4《甲金篆》722页。

会意字。从夫，从见，从成年男子所见合乎法度会意。本义为法度、法则。或说由"矩"之本从"夫"，"矩"本义为矩形，推知"规"本义为圆形。或说"规"从"见"，本为"窥"本字。《说文》："规，有法度也。"《史记·司马相如列传·难蜀父老》："必将崇论闳议，创世垂统，为万世规。"又指画圆形的工具，即圆规，也指圆规所画的对象，即圆形。可用作动词，指画圆。由画圆引申为画、规划，又引申为谋求、谋划，又引申为规劝、告诫。隶楷文字由小篆演变而来，写作"规"。现代汉字简化时，"见"据草书简作"见"，"规"因此类推简化作"规"。（郭小武 叶青）

夫夫 bàn 並纽、元部；並纽、缓韵、蒲旱切。

夫夫¹—赫²—伴
秦 《说文》小篆 楷书

1《甲金篆》722页。2《说文》216页。

会意字。从二夫，从两个成年男子并排而行会意。本义为并行，后写作"伴"。《说文》："夫夫，并行也。……读若伴侣之伴。"引申为陪伴，又指伴侣、伙伴。甲骨文为两个并列的大（正立人形）。但如果两个"大"形或"立"形明显为一高一低，则可能是古文字中的"替"字，需要注意分辨，小篆在两个"大"字上分别加了代表男子束发之簪的一短横。隶变之后并行的二人简化成为从"人"、"半"声的形声字"伴"。（郭小武 叶青）

立部

立 lì 来纽、缉部；来纽、缉韵、力入切。

立¹—立²—立³—立⁴—立⁵—立⁶—立⁷—立
商 西周 战国 秦 《说文》小篆 汉 汉 楷书

1–4、6《甲金篆》722页。5《说文》216页。7《甲金篆》723页。

指事字。从"大"（正立人形）在"一"（代表地面）上，表示人正面站立于地上。本义为站住不动、站立。《说文》："立，住也。"《书·顾命》："一人冕，执钺，立于西堂。"（一名武士戴着贵族的礼帽，手执大斧，站立在西堂之前）由站立引申为竖立，又引申为建立、设立、制定、确立、成就等义，又指登上某种位置。由站住不动又引申为存在、生存。又假借为副词，表示立刻、马上的意义。甲骨文、金文像站在地上的正面人形。《合集》6449："贞：立中？贞：勿立中？"问要不要树立起"中"（一种旗帜，可集众、测风）。金文中多有"立中廷"之辞，是觐见上司（多数是周王）的一种礼仪程序。小篆由甲骨文、金文演变而来，正面站立的人形已略走样；隶楷文字由小篆演变而来，断笔成"立"。（郭小武 叶青）

端 duān 端纽、元部；端纽、桓韵、多官切。

端¹—端²—端³—端⁴—端
秦 《说文》小篆 汉 汉 楷书

1、3、4《甲金篆》723页。2《说文》216页。

形声字。从立，耑声。本义为直。《说文》："端，直也。"《礼记·玉藻》："端行，颐霤如矢；弁行，剡剡起屦。"（直身而行时，下巴下垂，前行如矢之直；疾步行走时，快步若飞）郑玄注："端，直也。"由直引申为正、公正。假借指东西或事物的某一头，引申为开头、开始或尽头，又引申为头绪，再引申为方面、项目、种类等。这一系的"端"义与声符"耑"有关。《说文》："耑，物初生之题也。"段玉裁注："古发端字作此，今则端行而耑废。"这是说，"耑"如"题"，"题"如"头"；"耑"（端）"头"不但隐含某种音义联系，而且具有平行发展关系。这便是"端"表"头"义的缘由。又指审视、细看，如"端详"、"端量"；又为双手捧物、用手拿着。"端"在古代还用作布帛的长度单位，或说一丈六尺，或说两丈，或说六丈。（郭小武 叶青）

竦 sǒng 心纽、东部；心纽、肿韵、息拱切。

竦¹—竦²—竦
《说文》小篆 汉 楷书

1《说文》216页。2《甲金篆》723页。

会意兼形声字。从立，从束，束亦声。表示规规矩矩地站立着。本义指伸长脖子、踮起脚跟站着，《汉书·韩信传》："士卒皆山东人，竦而望归。"颜师古注："竦，谓引领举足也。"由引领举足引申为肃敬、恭敬。《说文》：

"竦,敬也。"《汉书·礼乐志》:"听者无不虚己竦神,说(悦)而承流。"又引申为耸立、高耸、向上及振作、振动等义。又用作"悚"的通假字,义为恐惧。《诗·商颂·长发》:"不戁不竦,百禄是总。"(不畏惧也不惊恐,各种福禄来聚合)毛传:"竦,惧也。"(郭小武 叶青)

靖 jìng 从纽、耕部;从纽、静韵、疾郢切。

《说文》小篆 汉 晋 楷书

1《说文》216页。2、3《甲金篆》723页。

形声字。从立,青声。本义为站着不动,即安定、平安。《说文》:"靖,立竫(jìng,静,安)也。"段玉裁注:"谓立容安竫也。"《书·盘庚上》:"则惟汝众自作弗靖,非予(我)有咎(过失)。"又用为使动用法,意为使安定、平定、止息,又引申为治理、协调,又引申为谋议;由站着不动引申为恭敬、谦恭;由站着引申为树立、确立。又可与同源的"静"字通用,意为安静。《管子·白心》:"以靖为宗,以时为宝,以政为仪。"尹知章注:"静则思虑审,为建事之宗。"清王念孙《读书杂志》:"靖与静同。"(郭小武 叶青)

竢 sì 邪纽、之部;邪纽、止韵、蒌史切。

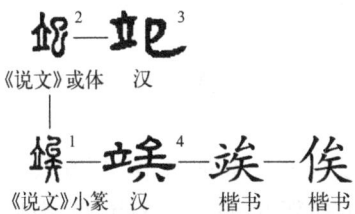

《说文》或体 汉

《说文》小篆 汉 楷书 楷书

1、2《说文》216页。3《甲金篆》723页。4《隶辨》354页。

形声字。从立,矣声。小篆作左"立"、右"矣",或作左"立"(形符)、右"巳"(声符);隶楷文字由小篆演变而来,写作"竢"。现代汉字整理时,"竢"作为从人、矣声的"俟"的异体字被淘汰。本义为等待。《说文》:"竢,待也。"《说文》有用通行同源字注释生僻同源字的惯例。"待"就是"竢"(俟)的通行同源字。依此例推用到今天,可说"等"也是"待"的更为通行的同源字。当然,同源字必须具有较严谨可控的音近义通的源头上的联系,并不能随便拉扯。"竢"(俟)在上古也是舌头声母,由同声符系列的"台"字可知;"竢"(俟)"待"古韵同部。"等"与"待"一样声符为"寺",古本同音。《楚辞·离骚》:"冀枝叶之峻(高大)茂兮,愿竢时乎吾将刈。"《汉书·贾谊传》:"恭承嘉惠兮,竢罪长沙。"颜师古注:"竢,古俟字。"(郭小武 叶青)

竵 wāi 晓纽、歌部;晓纽、佳韵、火娲切。

《说文》小篆 楷书

1《说文》216页。

形声字。从立,䎽(音wāi)声。本义为不正。《说文》:"竵,不正也。"段玉裁注:"竵,俗字作歪。"章太炎《新方言·释言》:"今江南谓不正为竵。"汉字书法中有一种写法叫竵匾法,即草写篆字,因不太整齐,故称竵匾法。宋沈括《梦溪笔谈·书画》:"(徐)铉尝自谓'吾晚年始得竵匾之法'。凡小篆喜瘦而长,竵匾之法,非老笔不能也。"(郭小武 叶青)

竭 jié 群纽、月部;群纽、薛韵、渠列切。又其谒切。

古玺 古玺 秦 《说文》小篆 汉 汉 楷书

1、2、3、5《甲金篆》723页。4《说文》216页。6《甲金篆》724页。

形声字。从立,曷声。古玺或作左"立"、右"曷",或作左"曷"、右"立";秦后文字均为左"立"、右"曷"。本义为背负、承载。《说文》:"竭,负举也。"段玉裁注:"凡手不能举者,负而举之。"用手高举物体是从"手"形且同从"曷"声的"揭"字。因物体很重,手举不动,才尽其全力用背负载。《礼记·礼运》:"五行之动,迭相竭也。"郑玄注:"竭,犹负载也。"由尽力负载引申为尽、穷尽、用尽等义,又引申为完全、全部;由尽可引申为干涸、干枯,由尽又引申为败坏、毁灭、失去、祛除、遏止等义。(郭小武 叶青)

頊 xū 心纽、侯部;心纽、虞韵、相俞切。

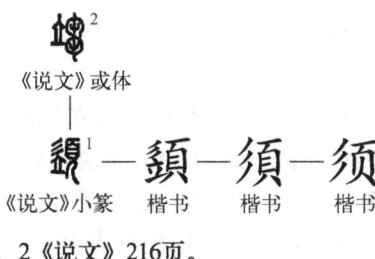

《说文》或体

《说文》小篆 楷书 楷书 楷书

1、2《说文》216页。

形声字。从立，须声。小篆左上、右合为"须"，左下为"立"；或体为左"立"（形符）、右"芻"（简作"刍"，声符；或是"頁"之形讹）；后世字多作"須"（"須"的本义是胡须，即"鬚"的本字。"鬚"后又恢复初文作"須"）。现代汉字简化时，"頁"据汉代草书简作"页"，"須"因此类推简化作"须"。本义为站着等待。《说文》："頿，待也。"段玉裁注："今字多作需、作须，而頿废矣。"《汉书·翟方进传》："方进阴察之，勲(涓勲)私过光禄勋辛庆忌，又出逢帝舅成都侯商道路，下车立，頿过，乃就车。"颜师古注："頿，待也。"（郭小武　叶青）

竣 jùn 清纽、文部；清纽、谆韵、七伦切。

峻¹—竣²—竣
《说文》小篆　汉　楷书

1《说文》216页。2《甲金篆》724页。

形声字。从立，夋（音qūn）声。本义为退伏、返回。《说文》："竣，偓竣也。"朱骏声通训定声："偓者，偃之误字；偃者，踞之借字也。实与蹲同。"按音义关系，应是说"竣"实与"蹲"同，而不是"踞"实与"蹲"同。《玉篇·立部》："竣，退伏也。"《国语·齐语》："有司已（完成、结束）于事而竣。"韦昭注："竣，退伏也。"由退伏、返回引申为完毕、结束，如"竣工"、"告竣"。（郭小武　叶青）

竝 部

竝 bìng 並纽、耕部；並纽、迥韵、蒲迥切。
　　bàng 並纽、阳部；並纽、宕韵、蒲浪切。

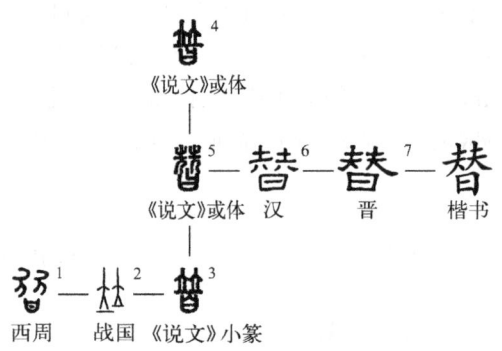

1—6、8、9、10《甲金篆》724页。7《说文》216页。

会意字。从二立，从二人并排站立会意。本义为并列、并行，字后作"並"，读作bìng。《说文》："竝，併也。"《论语·宪问》："吾见其居于位也，见其与先生竝行也。"由并列引申为相等、对等、匹敌；用作副词，表示同时、一起、同等、都等义，又放在否定词前以加强否定语气，如"并不太热"、"并无此事"；又用作连词，表示更进一层的意思，如"学习并讨论"、"同意并支持"。又读作bàng，通"傍"，义为挨着或依随，如"並邻""並边""並河"。甲骨文为二人并排站立在地面之形，金文的人形更加逼真；甲骨文、金文例多用为专名。小篆人站立的地面分成两段；后两"立"连在一起写成"並"。现代汉字整理时，"竝(並)"、"併"均作为"并"的异体字被淘汰。在古文字中，二"大"相连为"並"，二"人"相连为"并"，二字音义相关而略别。在古文献中，"並"与"并"，还有"併"，或通或分，关系复杂。同样的情况还有不少，如"分份""辨辩""系係繫""症证征"等等，其间存在着同源、古今、正异、繁简、通假诸多交杂纠结的关系，仍需学术界进一步研究整理，以利于应用。（郭小武　叶青）

晋（替）tì 透纽、脂部；透纽、霁韵、他计切。

替⁴
《说文》或体
│
朁⁵—替⁶—替⁷—替
《说文》或体　汉　晋　楷书

習¹—竝²—朁³
西周　战国　《说文》小篆

1、2、6、7《甲金篆》724页。3、4、5《说文》216页。

会意字。以字形2为准，本作二"立"，一高一低，表示废除旧的，更换新的。此字多有讹变。高低二"立"，或变为二"欠"、二"先"、二"夫"，或变为平列二"立"而下部增加分化符号。古文字中常以"口"形或其变形为分化符号。因"替"字二"立"等平列易混同"並"等，所以也用"口"形或其变形为分化符号，有"甘"、"曰"、"白"（《说文》"自"的或体字，按《说文》，"替"字从"白"为声符）。本义为废除、更换。《说文》："晋，废一偏下也。"段玉裁注改作："晋，废也，一偏下也。"《玉篇·立部》："晋，废也，今作替。"《书·大诰》："予惟小子，不敢替上帝命。"孔传："替，废也。"由废除引申为停止、消亡，又为衰落、衰败，又为松弛、懈怠；由更换引申为代替、代理，又假借用为介词，引进动作的受益者，相当于"为""给"。小篆作上"竝"、下"白"（"自"的或体），或作上"竝"、下"曰"（与"白"形近），或作上"狀"、下"曰"；隶楷文字由《说文》或体演

变而来,写作"替"。"替"的古文易与"普"(从日,並声)相混淆,需注意分辨。(郭小武 叶青)

囟 部

囟 xìn 心纽、真部;心纽、震韵、息晋切。

1、2《甲金篆》725页。3、4、5《说文》216页。

象形字。像婴儿头顶骨未合缝之形。本义指婴儿头顶未合缝之处。《说文》:"囟,头会脑盖也。"《礼记·内则》:"男角女羁。"孔颖达疏:"囟是首脑之上缝。"现也叫"囟门"或"囟脑门儿"。《说文》古文像开缝的头顶骨,小篆像人头顶骨之形,中间交叉处即为囟门。楷书将头顶骨交叉处的一竖变成为一撇,圆形的头顶骨变成了方笔,失去了囟门的象形意味。按,甲骨文中有类似《说文》古文及小篆写法的字形(⊕),均为方位字"西"。或谓"西"、"囟"形、音近通,本为一字,后来才发生分化,都是通假用法,本形所像不甚明了。学术界有鸟巢形、树叶形等说法,均属推测,需要进一步考证。早期文字或作从"肉"、从"宰",段玉裁认为是俗字。(郭小武 叶青)

鼠 liè 来纽、盍部;来纽、葉韵、良涉切。

1、2《甲金篆》725页。3《说文》216页。

象形字。像动物头颈部毛发上举之形。金文从⊕,像兽头颈上有毛形,下为兽身;小篆仍之,更像鼠头上有毛形;楷书由小篆演变而来。本义指动物头颈上较粗硬的毛。《说文》:"鼠,毛鼠也。象发在囟上及毛发鼠鼠之形。"鼠鼠,即鬣鬣,形容毛发丛立的样子。清王筠《说文句读》:"毛鼠与发同意。"《广韵·葉韵》:"鼠,鼠毛。"金文有用作人名,如鼠季鼎:"鼠季作嬴氏行鼎。"(郭小武 叶青)

毗 pí 並纽、脂部;並纽、脂韵、房脂切。

1、3《甲金篆》725页。2《说文》216页。

形声字。从囟,比声。本义为人的肚脐。《说文》:"毗,人脐也。"所以从囟,取意不甚明了,或谓取气通也。肚脐毗连人体重要器官,由此引申为辅佐、帮助。《集韵·脂韵》:"毗,辅也。隶作毗。"又引申为连接、接近、依附、阿附等义。早期文字为左"囟"、右"比";后"囟"讹变成"田",隶楷文字写作"毗"。还有一种可能性,"毗"是后出的另一字。(郭小武 叶青)

思 部

思 sī 心纽、之部;心纽、之韵、息兹切。
sāi 心纽、咍韵、桑才切。

1、2、4、5、6《甲金篆》725页。3《说文》216页。

形声字。从心,囟声。一说,从心、囟(脑门)会意,读为sī。"思"原作上"囟"、下"心",后"囟"讹变为"田",便成为上"田"、下"心"的"思"。本义为思考。《集韵·志韵》:"思,虑也。"《论语·为政》:"学而不思则罔,思而不学则殆。"由思考引申为想念、怀念、思慕,又引申为心情、情绪,又引申为思路、思绪、想法等。"思"在古代还常用作助词,放在句首或句中,起调节音节的作用。又读为sāi,用于"于思"一词中,指络腮胡。《左传·宣公二年》:"于(语助词)思(络腮胡,代指宋国的华元)于思,弃甲复来。"(郭小武 叶青)

慮(虑) lǜ 来纽、鱼部;来纽、御韵、良倨切。
lú 来纽、虞韵、龙珠切。

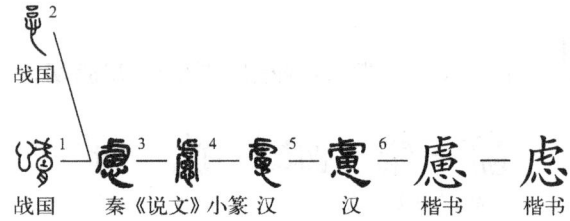
战国 秦《说文》小篆 汉 汉 楷书 楷书

1、2、3、5《甲金篆》725页。4《说文》217页。6《甲金篆》726页。

形声字。从思,虍声。或谓从心、盧省声。金文作左"心"(形符)、右"膚"(声符)。隶楷文字由小篆演变而来,写作"慮"。现代汉字简化时,据草书将"慮"简作"虑"。本义为思考、谋划,读为lǜ。《说文》:"慮,谋思也。"《书·太甲下》:"弗虑胡(何)获?弗为胡成?"(不思考如何会有收获,不去做如何会有成就?)战国中山王鼎"虑"字从"心"、"吕"声,文例为:"氏(是)以寡人许之,愳(谋)惥(虑)皆从。"由思考引申指意念、心思,又由思考引申为担心、担忧、忧虑。又读为lú,为地名用字,如山东古有取虑县。(郭小武 叶青)

心部

心 xīn 心纽、侵部;心纽、侵韵、息林切。

商 西周 春秋 春秋 战国 秦《说文》小篆 汉 汉 楷书

1—6、8、9《甲金篆》726页。7《说文》217页。

象形字。像心脏之形。甲骨文像心脏之形;金文略有变化;小篆仍像心形;楷书写作"心",已失去心脏的象形意味。本义指心脏。《说文》:"心,人心。"《合集》6:"己酉卜,宾贞:王心不……"《素问·痿论》:"心主身之血脉。"古人认为"心之官则思"(心脏的功能是思维,孟子语),引申指思维器官,由思维器官引申为心思、思想、意念、感情、性情等,又引申为思虑、谋划。古代人类(中外一律)普遍认为思维的器官在心不在脑,其缘由何在?这是个值得探究的课题。因心脏在人体的中央位置,故"心"又有中央、中心、中间部位等义。(郭小武 叶青)

息 xī 心纽、职部;心纽、职韵、相即切。

春秋 战国 秦《说文》小篆 汉 汉 楷书

1、2《甲金篆》726页。3、5、6《甲金篆》727页。4《说文》217页。

会意兼形声字。从心,从自(像鼻子之形),自亦声,表示鼻子呼吸与心脏跳动密切相关。本义为呼吸。《说文》:"息,喘也。"又指气息,《庄子·逍遥游》:"野马(指野马般奔腾的雾气)也,尘埃也,生物之以息相吹也。"由气息引申出休息义,由休息引申为停止、停息、静止;由气息又可引申指消息;由呼吸可引申出增长、滋长、生长,又引申指利息、利钱。还可引申指子女,多指儿子,如"子息"。(郭小武 叶青)

情 qíng 从纽、耕部;从纽、清韵、疾盈切。

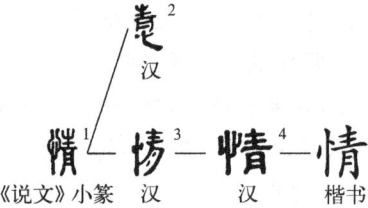
《说文》小篆 汉 汉 楷书

1《说文》217页。2、3、4《甲金篆》727页。

形声字。从心,青声。小篆为左"心"、右"青";汉代简帛文字或作左"心"、右"青",或作上"青"、下"心";隶楷文字与小篆一脉相承,写作"情"。本义指感情、情绪。《说文》:"情,人之阴气有欲者。"徐灏注笺:"发于本心谓之情。"《礼记·礼运》:"何谓人情?喜、怒、哀、惧、爱、恶、欲,七者弗学而能。"由感情引申为本性、情欲、爱情、意愿、欲望、情趣、私情、情面、常情、实情等义,又由实情引申为情况、情形等。(郭小武 叶青)

性 xìng 心纽、耕部;心纽、劲韵、息正切。

西周《说文》小篆 汉 汉 晋 楷书

1、3、4、5《甲金篆》727页。2《说文》217页。

形声兼会意字。从心,从生,生亦声。金文中有用"生"为"性"的。"生"像初生的草木之形,下一横代表土；小篆作左"心"、右"生"的形声字，隶楷文字由小篆演变而来。本义指人的本性。《说文》："性，人之阳气性善者也。"《荀子·正名》："性者，天之就也；情者，性之质也。""性"与"情"相关而不同，简单说来，"性"是内生性的，是"情"的根源，"情"是外感性的，是"性"的体现。《论语·阳货》："性相近也，习相远也。"由人的本性引申指生命、生机，由本性引申为性格、性情、脾气，又引申指体质、身体、性别等义，又引申为专指与生殖、性欲有关的；由本性引申指事物的性质或性能。性是与生俱来的，所以"性"也是"生"的孳乳分化字。（郭小武　叶青）

志 zhì 章纽、之部；章纽、志韵、职吏切。

1、2、4、5、6《甲金篆》727页。3《说文》217页。

形声字。从心，之声。通常说"心之所之为志"（心里有向往的目标就是"志"），将"心""之"理解为会意构造。这虽为俗说，也不无道理，若据此，则"志"为形声兼会意字。早期文字到小篆，均为上"之"、下"心"；隶楷文字渐变"之"为"士"。本义为心意、意念。《说文》："志，意也。"《书·舜典》："诗言志，歌永（通'咏'）言。"中山王壶有"渴（竭）志尽忠"。由心意引申为志向、志愿。也可用为动词，意为有志于、向慕。由意念引申为神志。"志"又指目标、准的。"志"还表示记的意思，如"博闻强志"，引申为标记，这一意义后来又写作"誌"，现代汉字整理时，又将"誌"作为"志"的异体字淘汰。（郭小武　叶青）

意 yì 影纽、职部；影纽、志韵、於记切。
yī 影纽、之韵、於其切。

1《说文》217页。2、3、4《甲金篆》728页。

会意字。从心，从音，表示言为心声。本义为心意、心愿，读为yì。《礼记·大学》："所谓诚其意者，毋自欺也。"《说文》："意，志也；从心，察言而知意也。"按此说又知"意"为"憶"（忆）本字。由心意引申为意思、意义、见解、意味、情意、情趣、感情、志向等义，又用作动词，指意料、猜想、猜测等义，由猜测引申指怀疑。又读为yī，用作叹词，用同"噫"，如《庄子·在宥》："意，甚矣哉！其无愧而不知耻也。"现代汉语有"意义"这一常用词。"意"和"义"的联系自不待言，而其区别则为一般人所忽略。简单说来，"意"是个人意愿的，是主观的，是由内向外型的，而"义"是社会规约的，是客观的，是由外向内型的。（郭小武　叶青）

恉(旨) zhǐ 章纽、脂部；章纽、旨韵、职雉切。

1《说文》217页。

形声字。从心，旨声。本义为意思、意图。《说文》："恉，意也。"段玉裁注："今字或作旨，或作指，皆非本字也。"朱骏声通训定声："经传皆以旨、以指为之。"《说文解字·叙》："究洞（洞悉）圣人之微恉。"（郭小武　叶青）

悳(惪) dé 端纽、职部；端纽、德韵、多则切。

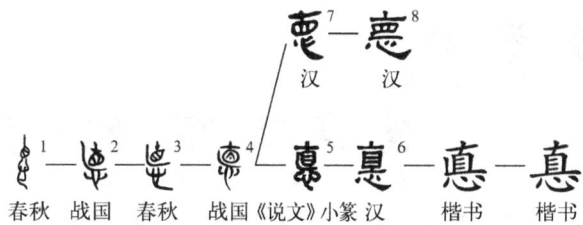

1-4、6、7、8《甲金篆》728页。5《说文》217页。

会意兼形声字。从心，从直，直亦声；表示心意正直。各期文字"悳"上的"直"有竖目、横目的变化，"直"下或有增画。本义为道德，是"德"的本字（"德"的本义是"升"，与"登"同源，所以有"彳"旁）。《说文》："悳，外得于人，内得于己也。"中山王鼎："寡人庸其悳嘉其力。"（我用其德行，嘉其才力）《汉书·贾谊传》："割膏腴之地以王诸公，多者百余城，少者乃三四十县，悳至渥（厚）也。"颜师古注："悳，古德字。"（郭小武　叶青）

應(应)
yīng 影纽、蒸部；影纽、蒸韵、於陵切。
yìng 影纽、蒸部；影纽、证韵、於证切。

心部

應 应

西周 战国 秦《说文》小篆 汉 汉 汉 楷书 楷书

1《甲骨金文字典》783页。2、3《甲金篆》728页。4《说文》217页。5-8《甲金篆》729页。

形声字。从心，䧹(yīng)声。金文不从"心"，假借䧹(即鹰，或又释膺)作"應"；小篆作上"䧹"、下"心"；隶楷文字由小篆演变而来，写作"應"。现代汉字简化时，据草书将"應"简作"应"。本义为应当、应该，读作yīng。《说文》："應，当也。"段玉裁注："凡言语应对之字即用此。大徐言部增膺字，非也。"《诗·周颂·赉》："文王既勤止，我应受之。"（文王创业既辛劳，我们应当享国在今朝）引申为是、认为是、答应、答应做等义。又用作副词，表示行为动作是当即进行的，或表示推测、料想。又读作yìng，表示回答、反响，引申为允许、接受、同意、顺应、适应、适合、应付、对付、处置、证实、接应等义。（郭小武 叶青）

慎 shèn 禅纽、真部；禅纽、震韵、时刃切。
　　 zhèn 章纽、震韵、之刃切。

春秋 战国《说文》古文 秦《说文》小篆 汉 汉 汉 楷书

1、2、4、6、7、8《甲金篆》729页。3、5《说文》217页。

形声字。从心，真声。春秋战国古文字所像不甚明了，或谓从"火"、从"日"会意，与《说文》古文同；小篆变为从"心"、"真"声；隶楷文字由小篆演变而来，写作"慎"。本义为小心谨慎，读作shèn。《说文》："慎，谨也。"郑公华钟："慎为之名(铭)。"由小心谨慎引申为忧虑、忧惧、恐惧，又用为副词，常与"无、勿、莫、毋"等否定词连用，表示警戒、告诫，相当于千万、务必、无论如何，如"慎勿与战"。又读作zhèn，为古地名，在今安徽省颍上县北。（郭小武 叶青）

忠 zhōng 知纽、冬部；知纽、东韵、陟弓切。

战国 秦《说文》小篆 汉 汉 楷书

1、2、4、5《甲金篆》730页。3《说文》217页。

形声字。从心，中声。本义为尽心竭力。《说文》："忠，敬也。"《书·仲虺之诰》："佐贤辅德，显忠遂良。"（帮助贤能之人，辅佐仁德之人，表彰忠诚之人，起用善良之人）中山王壶："余智(知)其忠信也。"在封建社会里特指为君主尽心尽责。引申为忠厚。战国文字上部为古形"中"旁，下为"心"旁；小篆以后从"心"、"中"声相沿至今。自汉代以迄晚清，文字、音韵、训诂学家特别讲究汉字形音义的融会贯通，主张"声中有义"、"因声求义"。依此学说，可以认为"忠"字是"中心不二"、"心"意集"中"，心无旁骛。（郭小武 叶青）

愨(悫) què 溪纽、屋部；溪纽、觉韵、苦角切。

秦《说文》小篆 楷书 楷书 楷书

1《甲金篆》730页。2《说文》217页。

形声字。从心，殼声。秦简左下为"心"，左上及右合为"殼"声；小篆结构略有变化，字作上"殼"、下"心"；楷书由小篆演变而来，写作"愨"或"愨"（《正字通·心部》："愨，俗愨字。"）。现代汉字简化时，将"愨"简作"悫"。本义为恭谨。《说文》："愨，谨也。"《荀子·非十二子》："士君子之容：其冠进(通'峻'，高耸)，其衣逢(宽大)，其容愨。"杨倞注："愨，谨敬。"由恭谨引申为忠厚、诚实。（郭小武 叶青）

懇(貌) miǎo 明纽、药部；明纽、觉韵、墨角切。

《说文》小篆 楷书 楷书

1《说文》217页。

形声字。从心，貌(mào，貌字或体)声。楷书由小篆演变而来，写作"懇"。本义为美好。《说文》："懇，美也。"《后汉书·冯衍传》："高阳(帝颛顼之号)懇其超远兮，世孰可与论兹？"由美好引申为超越、凌越。《后汉书·冯衍传》："沮先圣之成论兮，懇名贤之高风。"李贤注："懇，陵也。"又引申为邈远。（郭小武 叶青）

快 kuài 溪纽、月部；溪纽、夬韵、苦夬切。

快

> 1《说文》217页。2、3、4《甲金篆》730页。

形声字。从心，夬(guài)声。小篆为左"心"、右"夬"，汉简帛文字也有作半包围结构的；楷书由小篆演变而来，写作"快"。本义为高兴、痛快。"快"即是开心、不憋屈，而声符"夬"就正好含有"开"的意蕴。这就是汉字构造的奇妙之处。《说文》："快，喜也。"《易·旅》："旅于外，得其资斧，我心不快。"由高兴、痛快引申为称心、舒适、舒畅、畅快、直爽、爽快等义。"快"又表示迅速敏捷的意思，由迅速敏捷引申为赶快、从速、灵活、快要、就要等义。"快"还有锋利、锐利的意思，应属"快"的一种引申转义：心情畅快了，行动会显得更"麻利"，事情会办得更"顺利"；这些"利"与"锋利""锐利"的关联是可以推知的。（郭小武　叶青）

愷(恺) kǎi 溪纽、微部；溪纽、海韵、苦亥切。

> 1《甲金篆》730页。2《说文》217页。3《隶辨》385页。

形声字。从心，豈声。《说文》："豈，还师振旅乐也。"段玉裁注："《周礼·大司乐》曰：'王师大献，则令奏愷乐。'注曰：'大献，献捷于祖；愷乐，献功之乐。郑司农说以春秋郑文公败楚师于城濮。传曰：振旅愷以入于晋。'按，经传豈皆作愷。"徐灏注笺："豈即古愷字。"又，清雷浚《说文外编》卷二："凯，又凯歌，则当以豈为正字。《说文》部首豈，还师振旅乐也。"可见，凯旋胜利的"凱"(凯)，本作"豈"(岂)，本像上有羽饰的一种鼓形，击鼓奏乐来表示欢庆。"豈"(岂)后假借为反诘用语，故文献通用"凱"(凯)来表示其欢庆之义。欢庆、欢乐本是一种美好的心情，所以又据"豈"(岂)字增加"心"旁成为"愷"(恺)。由此看来，"凱"(凯)"愷"(恺)都是"豈"(岂)的后起字。"愷"(恺)的本义为欢庆、快乐。《说文》："愷，乐也。"《庄子·天道》："中心物愷，兼爱无私，此仁义之情也。"成玄英疏："愷，乐也。忠诚之心，愿物安乐。"引申为和顺、诚恳。"愷"可指军队打胜仗后所奏之乐，这一意义一般写作"凯"。楚简左为"豈"、右为"攴"或"殳"，表示击乐欢庆；小篆为左"心"、右"豈"；隶楷文字由小篆演变而来，写作"愷"。现代汉字简化时，"豈"据草书简作"岂"，"愷"因此类推简化为"恺"。（郭小武　叶青）

愜(惬) qiè 溪纽、葉部；溪纽、帖韵、苦协切。

> 1《说文》217页。

形声字。从心，夾声。小篆为上"夾"、下"心"，楷书变上下结构为左右结构，写作"愜"。现代汉字简化时，"夾"据草书简作"夹"，"愜"因此类推简化为"惬"。本义为快意、满意。《说文》："愜，快心也。"段玉裁注："今作惬。"《汉书·文帝纪》："天下人民未有愜志。"颜师古注："愜，快也。"引申为恰当、合适等义。（郭小武　叶青）

念 niàn 泥纽、侵部；泥纽、橡韵、奴店切。

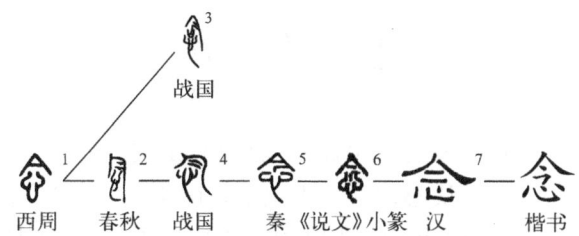

> 1《甲金篆》730页。2-5、7《甲金篆》731页。6《说文》217页。

形声字。从心，今声。金文为上"今"、下"心"，或作从"心"、"含"声(字形3；"含"本从"今"声)；小篆由金文演变而来，隶楷文字由小篆演变而来，写作"念"。本义为思念、想念。《说文》："念，常思也。"《诗·秦风·小戎》："言念君子，温其如玉。"由思念、想念引申为考虑、思考，又引申为爱怜、哀怜、怜悯等义，又用作名词，指念头、想法。又指读、诵读，如"念书"、"念经"。此义或加"口"旁成为"唸"，为"念"的异体写法。人之常情，凡心里念着，口中就会不断唠叨，所谓"念叨"。诵读的情形就仿佛不断念叨，所以念想义可引申出念书义。（郭小武　叶青）

憲(宪)

xiàn　晓纽、元部；晓纽、愿韵、许建切。
xiǎn　　　　　晓纽、铣韵、呼典切。

宪

甲骨文—金文—秦—《说文》小篆—汉—汉—楷书—楷书
西周 西周 秦 《说文》小篆 汉 汉 楷书 楷书

1—4、6、7《甲金篆》731页。5《说文》217页。

形声字。从心，从目，害省声。金文上为用（"害"省略"口"），下为横目形；也有下从心形的。小篆由金文演变而来，隶楷文字由小篆演变而来，写作"憲"。现代汉字简化时，"憲"简作"宪"（新造形声字）。本义为敏捷、聪颖，读作xiàn。《说文》："憲，敏也。"墙盘："憲圣成王。"又指法令。《书·说命下》："监（通'鉴'，借鉴）于先王成宪，其永无愆。"引申指宪法；由法令引申为典范、榜样，又引申为方法；又用作动词，义为效法。又读作xiǎn，为"显"的通假字，如"宪宪"义为兴盛的样子，"宪考"即为"显考"。（郭小武　叶青）

忻

xīn　晓纽、文部；晓纽、殷韵、许斤切。

战国—《说文》小篆—楷书

1《甲金篆》731页。2《说文》217页。

形声字。从心，斤声。古玺作上"斤"、下"心"；小篆变上下结构为左右结构，作左"心"、右"斤"；楷书由小篆演变而来，写作"忻"。本义为心中有所领悟。《说文》："忻，闿（kǎi，开）也。从心，斤声。司马法曰：'善者忻民之善，闭民之恶。'"段玉裁注："闿者，开也。言闿不言开者，闿与忻音近。如昕读若希之类也。忻谓心之开发，与欠部欣谓笑喜也异义。《广韵》合为一字。今义非古义也。""忻"与"欣"确属同声符同源字。《史记·周本纪》："姜原出野，见巨人迹，心忻然说（悦），欲践之。"心之开发为启发，由此引申为明察，又引申为心喜、欢欣、高兴。（郭小武　叶青）

恽（恽）

yùn　影纽、文部；影纽、吻韵、於粉切。

《说文》小篆—汉—汉—汉—楷书—楷书

1《说文》217页。2、3、4《甲金篆》731页。

形声字。从心，军声。隶楷文字由小篆演变而来，写作"恽"。现代汉字简化时，"軍"据历代书法作品简作"军"，"恽"因此类推简化作"恽"。本义为厚重、敦厚。《说文》："恽，重厚也。"也指谋划、商议。《玉篇·心部》："恽，谋也。议也。"又用作姓氏，清代有恽敬，现代有恽代英。（郭小武　叶青）

惇

dūn　端纽、文部；端纽、魂韵、都昆切。

《说文》小篆—汉—楷书

1《说文》217页。2《甲金篆》732页。

形声字。从心，𩫖（音chún或dūn）声。"𩫖"与"享"异字，但在偏旁中简化成"享"。本义为敦厚、厚道。《说文》："惇，厚也。"《书·舜典》："柔远能迩，惇德允元，而难任人，蛮夷率服。"（安抚远方的民众，善待近处的臣民，厚待有德之人，信任善良之人，拒绝邪佞之人。如此，远方的外族都会臣服）孔传："惇，厚也。"由厚引申为重视、注重、推崇等义，由厚道引申为勤勉、努力。"惇"字同声符系列还有"敦、墩、礅、醇、淳"等字，它们有一个共同的底层涵义，即厚重。也正是由于这种深层次的音义联系，才给人们的语言文字理解带来便利。但同时也往往会给初学者、应用者带来一些文字选择上的困惑、麻烦。比如"纯厚、醇厚、淳厚"，"敦厚、惇厚"，就常使人眼花缭乱，无所适从。（郭小武　叶青）

忼（慷）

kāng　溪纽、阳部；溪纽、荡韵、苦朗切。

《说文》小篆—汉—楷书

慷—慷—慷
汉　汉　楷书

1《说文》217页。2、3、4《甲金篆》732页。

形声字。从心，亢声。本义为情绪激昂，后多写作"慷"。《说文》："忼，慨也。"徐铉曰："今俗别作慷。"《战国策·燕策三》："复为忼慨羽声，士皆瞋目，发尽上指冠。"汉扬雄《法言·渊骞》："未信而分疑，忼辞免置，几矣哉！""忼辞免置"意为因慷慨陈辞得以免除牢狱之祸。小篆为左"心"、右"亢"，隶楷文字由小篆演变而来，写作"忼"。今字多作从"心"、"康"声的"慷"。（郭小武　叶青）

慨

kǎi　溪部、微部；溪纽、代韵、苦盖切。

慨

《说文》小篆 汉 汉 三国魏 晋 楷书

1《说文》217页。2-5《甲金篆》732页。

形声字。从心，既声。小篆为左"心"、右"既"，隶楷文字由小篆演变而来，写作"慨"。本义为内心愤激。《说文》："慨，忼慨。壮士不得志也。"《史记·游侠列传》："（郭解）少时阴贼，慨不快意，身所杀甚众。"由内心愤激引申为感慨、慨叹、叹息等。"慨"还用来表示不吝惜、大方，如"慨赠"、"慨允"。（郭小武 叶青）

悃 kǔn 溪纽、文部；溪纽、混韵、苦本切。

《说文》小篆 汉 楷书

1《说文》217页。2《隶辨》399页。

形声字。从心，困声。本义为诚恳、至诚。《说文》："悃，愊也。"《玉篇·心部》："悃，志纯一也。"《汉书·王褒传》："图事揆策则君不用其谋，陈见悃诚则上不然其信。"汉刘向《九叹·愍命》："亲忠正之悃诚兮，招贞良与明智。""悃"与"款"音近义通；"悃诚"犹言"款诚"。古今词义、字形基本一致。（郭小武 叶青）

愊 bì 滂纽、职部；滂纽、职韵、芳逼切。

《说文》小篆 汉 楷书

1《说文》217页。《隶辨》754页。

形声字。从心，畐(bì)声。本义为至诚。《说文》："愊，诚志也。"段玉裁本改作"愊，悃愊也"，并注："各本作诚志也，今依全书通例订。"《玉篇·心部》："愊，悃愊，至诚也。"《后汉书·章帝纪》："安静之吏，悃愊无华。"可见"悃愊"大致是说内心憋着。但诚恳极至则满，由至诚引申为郁结。《汉书·陈汤传》："（陈汤）策虑愊忆（通'臆'），义勇奋发。"颜师古注："愊忆，愤怒之貌也。"（郭小武 叶青）

愿 yuàn 疑纽、元部；疑纽、原韵、鱼怨切。

战国 《说文》小篆 汉 楷书

1、3《甲金篆》732页。2《说文》217页。

形声字。从心，原声。字形为上"原"、下"心"，也有"厂"（ān，山崖形）写作"广"（yǎn，房屋形）的。楷书由小篆演变而来，写作"愿"。现代汉字简化时，将"愿"作为"願"（从"頁"、"原"声，本义为大头，引申为愿意、希望）的简化字。本义为恭谨、老实。《说文》："愿，谨也。"《书·皋陶谟》："愿而恭，乱而敬。"（老实而严肃，有治才而又恭敬）孔颖达疏："愿者，悫谨良善之名。"《论语·泰伯》："狂而不直，侗（幼稚）而不愿。"（郭小武 叶青）

慧 huì 匣纽、月部；匣纽、霁韵、胡桂切。

《说文》小篆 汉

1《说文》217页。2《甲金篆》732页。

形声字。从心，彗声。本义为聪明。《说文》："慧，儇(xuān，聪明)也。"《论语·卫灵公》："群居终日，言不及义，好行（卖弄）小慧，难矣哉！"由聪明引申为狡黠。中医指精神清爽、眼睛清明，佛教语指了悟、破惑证真，均为聪明义的引申。历史上著名僧人以"慧"为名的，有慧能、慧远等，而佛教词汇中以"慧"开头的，则有"慧根"、"慧心"、"慧眼"等。《后汉书·孔融传》："将不早惠乎？"以"惠"为"慧"，属于通假用法。（郭小武 叶青）

悊 zhé 知纽、月部；知纽、薛韵、陟列切。

战国 战国 《说文》小篆 汉 楷书 楷书

1、2、4《甲金篆》732页。3《说文》217页。

形声字。从心，折声。古玺上为"折"省形，"折"字甲骨文作从"斤"断草形，后于草字中间加"二"表示断裂，其后"折"字也省草作从"斤"、从"二"；小篆作上"折"、下"心"，隶楷文字由小篆演变而来，写作"悊"。本义为敬重。《说文》："悊，敬也。"《敦煌变文集·秋胡变文》："（秋胡）度周游鲁，鲁侯召而悊之。"又用同"哲"，义为明智。《说文·口部》："哲，知也。悊，哲或从心。"《玉篇·心部》："悊，与哲同。"《汉书·五行志上》："《书》云：'知人则悊，能官人。'"（了解臣下就是明智，就能够知人善任）颜师古注："悊，智也。"今本《书·皋陶谟》作"知人则哲"，可知在明智这一意义上，"悊"与"哲"同。按："悊"下段玉裁注不同意"悊"、"哲"相同之说，谓："口部哲下曰：'知也。'悊与哲义殊。口部云：'哲或从心作悊。'盖浅人妄增之。因古书圣哲字或从心而合之也。"录以备考。（郭小武 叶青）

恬 tián　定纽、谈部；定纽、添韵、徒兼切。

1、3、4《甲金篆》732页。2《说文》218页。

形声字。从心,甜省声。本义为安静、平静。《说文》:"恬,安也。"《庄子·缮性》:"古之治道(修道)者,以恬养知(智)。"成玄英疏:"恬,静也。"由安静引申为安于,又引申为安然、坦然、满不在乎等；由安静、平静引申为安逸、舒适,又引申为淡泊、淡漠。(郭小武　叶青)

恢 huī　溪纽、之部；溪纽、灰韵、苦回切。

1、3、4《甲金篆》732页。2《说文》218页。5《甲金篆》733页。

形声字。从心,灰声。本义为广大、宽大。《说文》:"恢,大也。"《荀子·非十二子》:"恢然如天地之苞万物。"用作动词,表示使广大,即扩大、弘扬。《左传·襄公四年》:"武不可重,用不恢于夏家。"(武事不能太多,太多了就无法扩大夏后氏的天下)《老子》七十三章:"天网恢恢,疏而不失。""恢恢"为极广貌。《三国志·蜀书·诸葛亮传》:"恢弘志士之气。""恢弘"为发扬光大之义。汉班固《东都赋》:"茂育群生,恢复疆宇。"以"恢复"连文,渐致"恢"字引申出收复、回归、完足诸义。(郭小武　叶青)

恭 gōng　见纽、东部；见纽、钟韵、九容切。

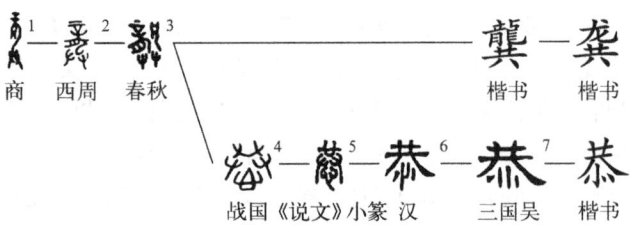

1、3《甲骨金文字典》786页。2、4、6、7《甲金篆》733页。5《说文》218页。

形声字。从心,共声。本义为肃敬、恭敬。《说文》:"恭,肃也。"段玉裁注:"肃者,持事振敬也。"《论语·颜渊》:"君子敬而无失,与人恭而有礼。"由恭敬可引申为端正、工整,由恭敬可引申为奉行、事奉。"恭"在旧时还指拱手作揖,如"连连打恭"。"恭"字更早的写法应是"龏",从"龍"(龙),从"廾"("共""拱""供"的初文),"廾"亦声；金文或再增声符"兄"(字形3)。有古文字学家认为,"龏"及"龔(龚)"是"恭"的初文。西周晚期大克鼎:"肆克龏保氒辟龏王。"前"龏"用为恭敬忠诚义,后"龏"即西周恭王。小篆作上"共"、下"心"；隶楷文字由小篆演变而来,写作"恭"。(郭小武　叶青)

憼 jǐng　见纽、耕部；见纽、梗韵、居影切。

1、2《甲金篆》733页。3《说文》218页。

会意兼形声字。从心,从敬,敬亦声。战国金文所从"敬"字或省"口"。小篆由金文演变而来,为上"敬"、下"心"；楷书由小篆演变而来,写作"憼"。本义为尊敬。《说文》:"憼,敬也。"段玉裁注:"敬之在心者也。"又同"儆",戒备。《荀子·赋》:"无私罪人,憼革贰(当为'戒'字之误)兵。"杨倞注:"憼与儆同,备也。"与"憼"音义相通的字还有"警"。据汉字演变惯例可以推知,"警、憼、儆"均是"敬"的后起孳乳字。"敬"字本身已从"口",而其后累增的"言、心、人",均与"口"相因。另外,由此字可知,以往所谓汉字存在趋简规律的论断,从历史发展上看,需要具体分析。(郭小武　叶青)

恕 shù　书纽、鱼部；书纽、御韵、商署切。

1、4《甲金篆》733页。2、3《说文》218页。

会意兼形声字。从心,从如,如亦声。本义为恕道,由己之心推想他人之心,即所谓"如心"。《说文》:"恕,仁也。"《论语·卫灵公》:"子贡问曰:'有一言可以终身行之者乎？'子曰:'其恕乎！己所不欲,勿施于人。'"由本义引申为原谅、宽恕,如"恕罪"、"饶恕"。金文、《说文》古文均为从"心"、"女"声(但战国金文文例用如"怒")；小篆为从"心"、"如"声；隶楷文字由小篆演变而来,写作"恕"。(郭小武　叶青)

怡 yí　喻纽、之部；以纽、之韵、与之切。

怡

怡¹—怡²—怡
《说文》小篆　汉　楷书

1《说文》218页。2《隶辨》56页。

形声字。从心，台声。本义为和悦。《说文》："怡，和也。"《玉篇·心部》："怡，悦也。"《礼记·内则》："父母有过，下气怡色(低声下气、和颜悦色)，柔声以谏。"由和悦引申为喜悦、快乐，《国语·周语下》："晋国有忧未尝不戚(哀伤)，有庆未尝不怡。"晋陶潜《桃花源记》："黄发垂髫，并怡然自乐。"与"怡"音近义通的字，有"愷"(yí)、"怿"(yì)等。（郭小武　叶青）

慈

cí　从纽、之部；从纽、之韵、疾之切。

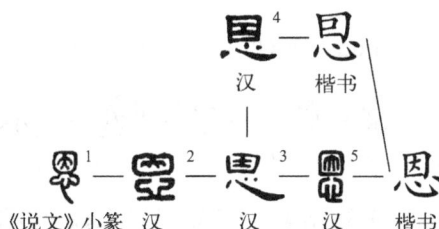
战国 《说文》小篆　汉　三国魏　楷书

1、3、4《甲金篆》733页。2《说文》218页。

形声字。从心，兹声。金文上为两束丝，下为心形；小篆构形相似，"丝"变为"兹"；隶书笔画进一步离散；楷书写作"慈"。本义为上对下的慈爱。《说文》："慈，爱也。"《礼记·祭义》："敬长，慈幼。"《周礼·地官·大司徒》："一曰慈幼，二曰养老。"郑玄注："慈幼，谓爱幼少也。"由上对下的慈爱引申为仁慈、仁爱，也可指对父母的孝敬奉养。古称父严母慈，故称母亲为慈母，可省称为慈，如"家慈、先慈"。佛教中则指佛、菩萨爱护众生，给予欢乐，如"慈悲"。（郭小武　叶青）

恩

ēn　影纽、文部；影纽、痕韵、乌痕切。

恩⁴—恩
　　汉　楷书
恩¹—恩²—思³—恩⁵—恩
《说文》小篆　汉　汉　汉　楷书

1《说文》218页。2-5《甲金篆》734页。

形声字。从心，因声。本义为恩惠。《说文》："恩，惠也。"《孟子·梁惠王上》："故推恩足以保四海，不推恩无以保妻子。"由恩惠引申为宠爱、情爱，《诗·豳风·鸱鸮》："恩斯勤斯，鬻(通'育')子之闵斯。"毛传："恩，爱。"又用作动词，指施恩、加恩，也指感恩、感谢。小篆上"因"、下"心"，隶楷文字由小篆演变而来，写作"恩"；汉隶或作㤙，楷书成"恩"。现代汉字整理时，将"㤙"作为"恩"的异体字淘汰。（郭小武　叶青）

憖(憗)

yìn　疑纽、文部；疑纽、震韵、鱼觐切。
xīn　晓纽、焮韵、香靳切。
yín　疑纽、真韵、鱼巾切。

憖¹—憗²—憗—憖
《说文》小篆　汉　楷书　楷书

1《说文》218页。2《甲金篆》734页。

形声字。从心，猌声。隶楷文字由小篆演变而来，写作"憖"。现代汉字简化时，"來"简作"来"，"憖"因此类推简化为"憗"。本义为恭敬小心，读作yìn。《说文》："憖，谨敬也。"此与"慭慭"（殷勤）的"慭"（殷）音义相类。引申为宁愿、情愿，《诗·小雅·十月之交》："不憖遗一老，俾守我王。"（不愿留下一位老臣，让他作王的守臣）陆德明释文："憖，《尔雅》云：'愿也，强也。'"又指损伤、残缺，引申为忧伤。还指喜悦。《说文》："憖，一曰说(悦)也。"又读作xīn，形容笑的样子，《集韵·焮韵》："憖，笑皃。"此与"忻""欣"音义相类。在作地名时还读作yín。（郭小武　叶青）

憖

yǐn　影纽、文部；影纽、焮韵、於靳切。

憖¹—憖²—憖
《说文》小篆　汉　楷书

1《说文》218页。2《甲金篆》734页。

形声字。从心，㬥(yǐn，即"隐(隱)"的本字)声。小篆字形从上至下依次为爪形、工、右手形、心形，楷书与之一脉相承。本义为谨慎小心。《说文》："憖，谨也。"引申为忧伤、隐痛，文献此义多用"隐"字。《大戴礼记·五帝德》："高辛生而神灵……顺天之义，知民之憖。"（郭小武　叶青）

慶(庆)

qìng　溪纽、阳部；溪纽、映韵、丘敬切。
qīng　溪纽、庚韵、丘京切。
qiāng　溪纽、阳韵、墟羊切。

慶¹—慶²—慶³—慶⁴—慶⁵—慶⁶—慶⁷—庆
商　西周　西周　战国《说文》小篆　汉　汉　楷书　楷书

1—4《甲金篆》734页。5《说文》218页。6《隶辨》611页。7《甲金篆》735页。

会意字。从鹿省，从心，从夂，表示拿着鹿皮真心诚意地前去祝贺，读作qìng。甲骨文、金文字上为鹿形，下（或中）为"文"或"心"；小篆上为省去鹿脚的鹿形，内上为心形，下为"夂"（suī，脚）；隶楷文字由小篆演变而来，写作"慶"。现代汉字简化时，"慶"字据草书简作"庆"。本义为祝贺、庆贺。《说文》："慶，行贺人也。从心，从夂。吉礼以鹿皮为贽，故从鹿省。"《周礼·春官·大宗伯》："以贺庆之礼，亲异姓之国。"贾公彦疏："谓诸侯之国有喜可贺可庆之事，王使大夫往，以物贺庆之。"《公羊传·昭公二十五年》："庆子免君于大难矣。"何休注："庆，贺也。"由庆贺引申为奖赏、赏赐、褒美等义。又用作名词，指可庆贺的事情或日子，引申为福泽、福气。又读作qīng，通"卿"，如古书中的"庆士"即"卿士"。还读作qiāng，用作发语词，《集韵·阳韵》："庆，辞也。通作'羌'。"（郭小武 叶青）

愻（愻）xùn 心纽、文部；心纽、恩韵、苏困切。

1《甲金篆》735页。2《说文》218页。

形声字。从心，孙声。本义为顺从、恭顺，与"驯服"的"驯"字音义俱近。后世多通用"逊"字。《说文》："愻，顺也。从心，孙声。《唐书》曰：'五品不愻。'"段玉裁注："凡愻顺字从心，凡逊遁字从辵。今人逊专行而愻废矣。"《说文》所引今《书·舜典》正作"五品不逊。"者沪钟："……于之愻学趑趄哉。"《说苑·臣术》："君亲而近之，致敏以愻；藐而疏之，则恭而无怨色。"现代汉字简化时，"孫"据草书简作"孙"，"愻"因此可类推简化为"愻"。（郭小武 叶青）

忱 chén 禅纽、侵部；禅纽、侵韵、氏任切。

1《说文》218页。2《隶辨》304页。

形声字。从心，尤声。本义为诚信。《说文》："忱，诚也。"段玉裁注："诚者，信也。"《书·汤诰》："尚克时忱，乃亦有终。"（但愿我能如此诚信，也有一个好结局）孔传："忱，诚也。"由诚信引申为信任、相信，《诗·大雅·大明》："天难忱斯，不易维王。"毛传："忱，信也。"郑玄笺："天之意难信矣。"又为心意、诚意。（郭小武 叶青）

惟 wéi 喻纽、微部；以纽、脂韵、以追切。

1、3《甲金篆》735页。2《说文》218页。4《隶辨》50页。

形声字。从心，隹声。战国金文从"心"、"唯"声；小篆为左"心"、右"隹"；隶楷文字由小篆演变而来，写作"惟"。本义为思考。《说文》："惟，凡思也。"《诗·大雅·生民》："载谋载惟，取萧祭脂。"（筹划思考祭礼事，取来香蒿烧油脂）郑玄笺："惟，思也。"后因读音相同的关系，假借用作副词，指"单单、只有"或"又、还"；又假借用作连词，可以表示并列、顺承、让步等关系；还假借用作语气助词，可用于句首，也可用于句中。从字用层面上看，"惟、唯、维"的纠缠很值得关注。例如"唯一""惟一"，"思维""思惟"，就很纠结。从根源上说，"惟"是"凡思"，故从"心"，"唯"是"唯诺"，故从"口"，"维"是"维系"，故从"系"。至于用为语助，则早期仅作"隹"，借鸟形之字而为之，或者竟是取其鸟鸣声的模拟。其后加"口"为"唯"，渐又混用"惟""维"。另外，"誰"（谁）字也是"隹""唯"系列语法化发展的结果，这是我们的一个新的发现。大致情形是，"唯"的聚焦语气用法转为疑问语气时，导致了疑问代词"谁"的出现，专司特指问。（郭小武 叶青）

懷（怀）huái 匣纽、微部；匣纽、皆韵、户乖切。

1、2、4《甲金篆》735页。3《说文》218页。

形声兼会意字。从心，从褱，褱亦声。本只作"褱"，后乃加心旁为"懷"。本义为思念、怀念。《说文》："懷，念思也。"《诗·周南·卷耳》："嗟我怀人，置彼周行（大路）。"由思念、怀念引申为内心蕴藏、心中存有、怀抱、揣着，由内心蕴藏引申指心意、心胸，由心胸引申指胸部、胸前、怀里，又指腹中有胎、怀孕。思念又引申为使思念、人心归向，又为安抚。金文作"褱"，会意字，从"衣"中横"目"

而有泪水,表怀想之切。旧说为从"衣"、"眔"(dà)声,本义为抱持。西周中期班簋有"文王孙亡(无)弗褱(怀)井(型)",西周晚期毛公鼎有"率褱(怀)不廷方"。秦简字左增"心"旁;小篆字形由秦简演变而来,隶楷文字与小篆一脉相承,写作"懷"。现代汉字简化时,"懷"据明代的官府文书档案用字简作"怀"。(郭小武 叶青)

想 xiǎng 心纽、阳部;心纽、养韵、息两切。

1《说文》218页。2《甲金篆》735页。3《隶辨》434页。

形声字。从心,相声。本义为想象。《说文》:"想,冀思也。"《韩非子·解老》:"人希见生象也(人们很少看见活着的大象),而得死象之骨,案其图而想其生也。"由想象引申为思索,由想象、思索引申为希望、想要、打算、料想、推测、估计、怀念、想念、思念等义。"想"和"思"的区别在于:"想"更注重于情形的联想,而"思"更注重于感情的寄托。至于理性的推断,则更倾向于用"惟"字。不过,现代汉语一般写作"思维",用"维"字,可知其注重逻辑联系的一面。(郭小武 叶青)

意 yì 影纽、职部;影纽、职韵、乙力切。

1《甲金篆》736页。2、3《说文》218页。4《隶辨》750页。

形声字。从心,音(yì)声。金文作𢛳(意),由"音"(与从"言"同意)字附加标志符构成。籀文及小篆下增心旁,楷书形体由小篆演变而来。本义为满。《说文》:"意,满也。"张舜徽约注:"意之言益也。意训满,犹益之训饶,皆充盈之名也。""意"又同"億(亿)",数词,古以十万为亿。《说文》:"意,一曰十万曰意。"《玉篇·心部》:"意,今作'億(亿)'。"令狐君壶:"旂(祈)无疆至于万意(意)年。"从字形及字用上分析,此字与"意"很难脱开干系,颇疑两者本即同字,而别为另字则有强分之嫌。(郭小武 叶青)

愙(恪) kè 溪纽、铎部;溪纽、铎韵、苦各切。

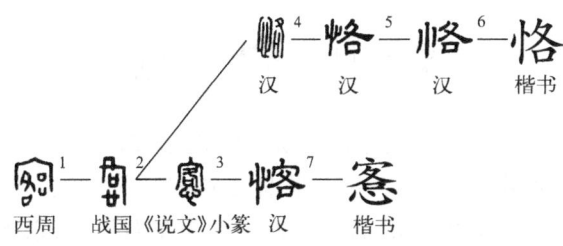

1、2、4、5、6《甲金篆》736页。3《说文》218页。7《隶辨》711页。

形声字。从心,客声。本义为恭敬、恭谨。《说文》:"愙,敬也。"也指所敬之人,音义同"客"。愙簋:"𢎥王为周愙。"也作"恪",《集韵·铎韵》:"愙,或作恪。"《正字通·心部》:"愙,同恪。""愙"(恪)与"慤"(悫)音义并通,为典型同源字。金文外为"宀"、内左为"各",合成"客"声;内右为"心"之异体。小篆为上"客"、下"心";魏碑也有作左"心"、右"客"。后字形也有作"忄"(心)、右"各"(声符)。取意皆同。(郭小武 叶青)

懼(惧) jù 群纽、鱼部;群纽、遇韵、其遇切。

1、3、5-8《甲金篆》736页。2、4《说文》218页。

形声字。从心,瞿声。金文为上"瞿"(隹上两目)、下"心",《说文》古文作从"心"、"䀠"(jù)声;后字形作为左"心"、右"瞿",楷书写作"懼"。现代汉字简化时,"懼"简作"惧"。本义为害怕、恐惧。《说文》:"懼,恐也。"引申为担心。《易·系辞下》:"其出入以度,外内使知惧。"(出入进退按一定的法度,无论内外都需知道害怕凶咎)由害怕、恐惧引申为忧虑、担心。又用为使动用法,表示使之害怕、恐惧,即恐吓、威胁。如果说"怖"和"怕"是一组同源字的话,那么"惧"和"怯"及"恐"则是另一组同源字。这两组同源字虽在义上并行(如组词有"惧怕""恐怖"),但在语音上则显为两系:"惧"一系声在牙音;"怖"一系声在唇音。(郭小武 叶青)

怘 hù 匣纽、鱼部;匣纽、姥韵、侯古切。

怙

𢛯─怙─怙─怙
战国 《说文》小篆 汉 楷书

1、3《甲金篆》736页。2《说文》218页。

形声字。从心,古声。早期文字从"心"、"故"声,为上下结构;小篆从"心"、"古"声,为左右结构;隶楷文字由小篆演变而来,写作"怙"。本义为仗恃、依靠。《说文》:"怙,恃也。"《诗·唐风·鸨羽》:"王事靡盬,不能艺稷黍,父母何怙?"(王事无休无止,不能回家种稻米,父母靠什么生活?)陆德明释文:"《韩诗》云:'怙,赖也。'"又用作名词,代称依靠的对象父母,后通常用"怙"指父亲,"恃"指母亲。(郭小武 叶青)

恃

shì 禅纽、之部;禅纽、止韵、时止切。

恃─恃─恃─恃─恃
战国 战国 《说文》小篆 汉 汉 楷书

1、2《甲金篆》736页。3《说文》219页。4、5《甲金篆》737页。

形声字。从心,寺声。古今字形一脉相承,大致都为左"心"、右"寺"。本义为依靠、凭借。《说文》:"恃,赖也。"《诗·小雅·蓼莪》:"无父何怙?无母何恃?"又用作名词,代称依靠的对象母亲,如"幼年失恃"。(郭小武 叶青)

悟

wù 疑纽、鱼部;疑纽、暮韵、五故切。

䎂─䇻─悟─悟─悟
战国《说文》古文《说文》小篆 汉 楷书

1《甲骨金文字典》792页。2、3《说文》219页。4《隶辨》520页。

形声字。从心,吾声。战国金文左从"欠"("欠"、"心"取意可通)、右"吾"声(口上两"五",仍读"吾");《说文》古文上两"五"(声)、下"心";小篆成左"心"、右"吾";楷书由小篆演变而来,写作"悟"。本义为觉悟、明白。《说文》:"悟,觉也。"中山王鼎:"鄎(燕)君子噲(哙)觀(睿)弇夫敓(悟)。"《书·顾命》:"今天降疾殆,弗兴弗悟。"又作使动用法,使之觉悟、启发。由觉悟引申为理解、明白、领会等义。从心智水平上说,古时所谓"圣""明"等是高级智慧,而"晓""悟"等则是普通智慧,至于"愚""蠢"等则等而下之了。(郭小武 叶青)

愛

ài 影纽、微部;影纽、代韵、乌代切。

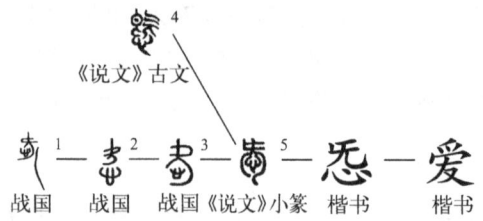
《说文》古文

䒑─㤅─㤅─㤅─㤅─爱
战国 战国 战国《说文》小篆 楷书 楷书

1、2、3《甲金篆》737页。4、5《说文》219页。

形声字。从心,旡(jì)声。本义为惠爱,有深厚的、相依相亲、难以割舍的感情。《说文》:"㤅,惠也。"《亢仓子·君道》:"士有天下人㤅之而主不㤅者,有主独㤅之而天下人不㤅者。"《说文·夂部》另有从"夂"、"㤅"声的"爱"(本义为行貌)字,先秦典籍已经假借"爱"为"㤅","爱"本义罕用,而"㤅"字形少见。由对人或物的深厚感情引申为爱惜、爱护、喜欢、怜惜,由爱惜引申为吝啬,由喜欢引申为容易发生、时常发生。金文作上"旡"、下"心",中山王壶:"陛㤅(爱)深则贤人亲"。《说文》古文为上"既"(与"旡"音同)、下"心"。小篆与金文一脉相承。现代汉字简化时,据草书将"㤅"的假借字"爱"简作"爱"。(郭小武 叶青)

慰

wèi 影纽、微部;影纽、未韵、於胃切。

慰─慰─慰─慰
《说文》小篆 汉 汉 楷书

1《说文》219页。2、3《甲金篆》737页。

形声字。从心,尉声。古今字形结构变化不大,均为上"尉"、下"心"。本义为安慰。《说文》:"慰,安也。"《诗·邶风·凯风》:"有子七人,莫慰母心。"由安慰引申为心安,由心安引申为止息、定居。《诗·大雅·绵》:"乃慰乃止,乃左乃右。"马瑞辰通释:"慰亦止也。《方言》:'慰,居也,江、淮、青、徐之间曰慰。'"(郭小武 叶青)

愐

miǎn 明纽、元部;明纽、狝韵、弥兖切。

愐─愐
《说文》小篆 楷书

1《说文》219页。

形声字。从心,面声。本义为勉力。《说文》:"愐,勉也。"又表示想、思量。《玉篇·心部》:"恼,想也。"《广韵·狝韵》:"恼,思也。"这一意义也写作"缅"。旧时"恼"也可表示惭愧、害羞的意思,如"恼愧",这一意义后多写作"腼腆"。"恼、缅、腼"均从"面"声而相涉,"唯、惟、维"均从"隹"声而相涉。此类条贯,例不胜举。即无论其是同源、分化,抑或通假、流变,其间均存在一条汉字音形义横向或纵向联系的纽带:声符,或者说声符所代表的语音形式。汉有《释名》之作,宋有"右文"之说,至清有《说文通训定声》,近代有《广韵声系》,均能以声带形,别开生面,为汉字与汉语的一体化研究建立起一个更为宏观的系统。(郭小武 叶青)

懋 mào 明纽、侯部;明纽、候韵、莫候切。

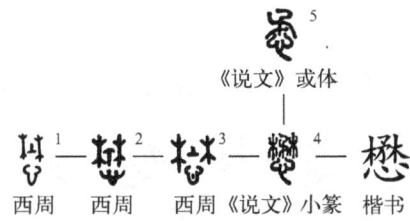

1、2、3《甲金篆》737页。4、5《说文》219页。

形声字。从心,楙声。金文上"楙"("林"中或为"土"形)、下"心",多用为人名用字。小篆由金文演变而来,笔画略有繁化,或体从"心"、"矛"声;楷书由小篆演变而来,写作"懋"。本义为勉力、努力。《说文》:"懋,勉也。""懋"与"勖"音近义通;"勖"字今音为 xù,但声符为"冒",说明本来与"懋"音近。《说文·力部》:"勖,勉也。"与"懋"同训为"勉",其实与"勉"也有同源关系。《书·君陈》:"往慎乃司,兹率厥常(常法),懋昭(发扬光大)周公之训,惟民其乂(安定)。""懋"又可表示盛大、美好。(郭小武 叶青)

慕 mù 明纽、鱼部;明纽、暮韵、莫故切。

1、2《甲金篆》737页。3《说文》219页。4、5《甲金篆》738页。

形声字。从心,莫声。古今字形均为上"莫"(日在草中)、下"心",因"心"作形符放在字的下部时,有时变写作"小",故字有写成"慕"的,也有写成"慕"的。本义为思慕。《玉篇·心部》:"慕,思也。"《书·毕命》:"弗率(遵从)训典,殊(异,区分)厥井疆,俾(使)克畏慕。"《孟子·万章上》:"大孝终身慕父母。五十而慕者,予于大舜见之矣。"由思慕引申为仰慕、敬仰,也引申羡慕、贪慕;又引申为模仿、仿效、模拟,《说文》:"慕,习也。"(郭小武 叶青)

悛 quān 清纽、元部;清纽、仙韵、此缘切。
xún 心纽、谆韵、须伦切。

1《说文》219页。2《甲金篆》738页。

形声字。从心,夋声。小篆为左"心"、右"夋";隶书"夋"上或近"口";楷书由小篆演变而成,写作"悛"。本义为停止,读作 quān。《说文》:"悛,止也。"《左传·隐公六年》:"长恶不悛,从自及也(助长了坏事而不知罢手,接着就会惹祸上身),虽欲救之,其将能乎?"杜预注:"悛,止也。"由停止引申为悔改。"悛"又读作 xún,用同"恂",义为恭谨温顺。(郭小武 叶青)

慆 tāo 透纽、幽部;透纽、豪韵、土刀切。

1《说文》219页。

形声字。从心,舀声。本义为喜悦。《说文》:"慆,说(悦)也。"《尚书大传》卷三:"师乃慆,前歌后舞。"郑玄注:"慆,喜也。"《左传·昭公元年》:"君子之近琴瑟,以仪节也,非以慆心也。"(君子使用琴瑟是为了节度礼仪的,不是为了赏心悦耳的)又表示隐藏,这一意义也写作"韬"。由隐藏引申为逝去,《诗·唐风·蟋蟀》:"今我不乐,日月其慆。"毛传:"慆,过也。"(郭小武 叶青)

懕(恹) yān 影纽、谈部;影纽、盐韵、一盐切。
yàn 影纽、艳韵、於艳切。

1《说文》219页。

形声兼会意字。从心,从厌,厌亦声。本义为安静、安详,读作 yān。《说文》:"懕,安也。"由安静引申为懒散、精神不振。又读作yàn，用同"厌"，义为满足或厌恶。小篆为上"厭"、下"心"；楷书由小篆演变而来，写作"懕"，也有将心底作心旁写成"憜"，在表示精神不振的意义上构成异体。现代汉字简化时，"厭"简作"厌"，"憜"因此类推简化作"愴"，"懕"依理亦可类推简化作"恹"。（郭小武　叶青）

憺 dàn 定纽、谈部；定纽、阚韵、徒滥切。

憺¹—憺
《说文》小篆　楷书

1《说文》219页。

形声字。从心，詹声。本义为安乐、安定，与"淡(澹)泊""淡(澹)然"的"淡"或"澹"音近义通，例属同源。《说文》："憺，安也。"《楚辞·九歌·东君》："羌声色兮娱人，观者憺兮忘归。"王逸注："憺，安也。"《淮南子·本经》："憺然无欲，而民自朴。"由安乐、安定引申为恬淡、清静。"憺"又可表示震动、使之畏惧、忧愁等义，此又与"惮"字近同。（郭小武　叶青）

怕 pà 滂纽、铎部；滂纽、祃韵、普驾切。
bó 滂纽、铎部；滂纽、陌韵、普伯切。

怕¹—怕²—怕
《说文》小篆　汉　楷书

1《说文》219页。2《甲金篆》738页。

形声字。从心，白声。本义为恬淡，读作bó，与淡泊的"泊"通。《说文》："怕，无为也。"汉司马相如《子虚赋》"怕乎无为"，《史记》《汉书》均作"泊乎无为"。后来"怕"以口语音代"怖"而起，其本义为害怕、畏惧，读作pà。其音理演化正如以"爸妈"代替"父母"一样，声母、韵母在口语系统中经历了一个古今历时变化，而旧读则继续沿用于书语系统中。《广韵·祃韵》："怕，怕惧。"唐杜甫《姜楚公画角鹰歌》："梁间燕雀休惊怕，亦未搏空上九天。"由害怕引申为恐怕、担心，表示猜测或疑虑，由猜测的含义引申为倘若、如果，由疑虑的含义引申为难道、还怕，表示反问。（郭小武　叶青）

恤 xù 心纽、质部；心纽、术韵、辛聿切。

恤¹—恤²—恤³—恤⁴—恤⁵
春秋　战国《说文》小篆　汉　汉　楷书

1、2、4、5《甲金篆》738页。3《说文》219页。

形声字。从心，血声。早期字形为上下结构，或上"血"、下"心"，或上"心"、下"皿"（可认为是"血"的省声）；小篆变成左右结构，为左"心"、右"血"；隶楷文字由小篆演变而来，写作"恤"。本义为忧虑、担忧。《说文》："恤，忧也。"《易·晋》："失得勿恤，往吉，无不利。"（不要为了得失而忧虑，往前走就会吉祥，无不利之处）孔颖达疏："失之与得，不须忧恤。"由忧虑引申为怜悯、可怜、体惜、爱惜等义，又引申为救济、接济、援助，再引申为安置。（郭小武　叶青）

恧 nǜ 泥纽、觉部；泥纽、屋韵、女六切。

恧¹—恧²—恧³—恧⁴—恧
春秋　春秋《说文》小篆　汉　楷书

1、2、4《甲金篆》738页。3《说文》219页。

形声字。从心，叔声。本义为忧伤、忧思。《说文》："恧，饥饿也。一曰忧也。"《诗·周南·汝坟》："未见君子，恧如调（朝）饥。"毛传："恧，饥意也。"郑玄笺："恧，思也。未见君子，如朝饥之思食。"由忧伤引申为失意。金文为上"弔(吊)"（声符）、下"心"（形符）；小篆上"叔"、下"心"，为形声字。学习古文字一定要具备一些古音韵知识，否则，今人以今音读之，是很难直观判断出"恧"字是从"吊"或"叔"声符的。隶楷文字由小篆演变而来，写作"恧"。（郭小武　叶青）

急 jí 见纽、缉部；见纽、缉韵、居立切。

急¹—急²—急³—急⁴—急⁵—急
秦《说文》小篆　汉　汉　汉　楷书

1《甲金篆》738页。2《说文》219页。3、4、5《甲金篆》739页。

形声字。从心，及声。古文字"及"字作从"又"（手）抓"人"形。隶楷"急"字所从"及"，"人"在上，"又"在中，均已变形(下"心"未变)。本义为急躁、焦躁。《说文》："急，褊也。"《书·洪范》："曰急，恒寒若；曰蒙（昏昧），恒风若。"孔颖达疏："曰君行急躁，则常寒顺之。"由焦躁引申为气恼、发怒；由急躁引申为关键，又引申为匆促、迅猛、急速、猛烈、剧烈等义，又引申为迫切、紧迫、紧要、紧需、危急等义，又引申为严重、严厉等。也用为名词，指紧要或严重的事情，如"告急"、"救急"、"当务之急"等。（郭小武　叶青）

懦 nuò 日纽、侯部；日纽、虞韵、人朱切。

懦1—懦
《说文》小篆　楷书

1《说文》220页。

形声字。从心，需声。本义为软弱、怯懦。《说文》："懦，驽弱者也。"古音"娘""日"二纽归"泥"，大致即今声母为"r"的，在上古读音归为声母"n"。据此，"懦"与"驽""弱""软"等均属同源字，不过其间关系有近有远："懦"与"弱"较近，而与"驽""软"较远。《左传·僖公二年》："宫之奇之为人也，懦而不能强谏。"杜预注："懦，弱也。"由性格软弱引申为物品柔软。《韩非子·内储说上》："夫火形严，故人鲜灼；水形懦，人多溺。"（郭小武　叶青）

恁 rén 日纽、侵部；日纽、寝韵、如甚切。
nín

恁1—恁2—恁3
春秋　战国　《说文》小篆　楷书

1、2《甲金篆》739页。3《说文》220页。

形声字。从心，任声，旧读为 rén。古今字形大多为上"任"、下"心"，战国金文或作"心"居右下。本义为思念。《广雅·释诂二》："恁，思也。"《玉篇·心部》："恁，念也。"《后汉书·班彪传附班固》："宜亦勤恁旅力（勤思尽力），以充厥道。"蔡邕注："恁，思也。""恁"与"念"在上古音中声韵俱近（声母同为"n"，韵尾同收"m"），故是一对近同源字。引申为诚信，《广韵·侵韵》："恁，信也。"中山王鼎："非恁与忠其佳（谁）能之？"在早期白话中，"恁"又因形似音似而当代词"您"用，读作 nín。在早期白话及现代方言中，"恁"又用作修饰性指示代词，如说"恁新""恁美"之类，概是"那么"的合音用法，读音为 nèn。（郭小武　叶青）

悒 yì 影纽、缉部；影纽、缉韵、於汲切。

悒1—悒2—悒3—悒
战国　《说文》小篆　汉　楷书

1《甲金篆》739页。2《说文》220页。3《隶辨》770页。

形声字。从心，邑声。古玺（字形1）作上"邑"、下"心"；小篆成左右结构；楷书由小篆演变而来，写作"悒"。本义为不安、忧郁。"忧""郁""悒"均属古"影"母（零声母）字。"悒"与"压抑"的"抑"音义尤近，属近同源，两者可以贯通理解。《说文》："悒，不安也。"《楚辞·天问》："武发（周武王）杀殷何所悒？载尸集战何所急？"洪兴祖补注："悒，忧也，不安也。"古今词义相承不变，今义仍为忧郁不安，如"忧悒"、"郁悒"、"悒悒不悦"、"悒悒不乐"等。（郭小武　叶青）

愈 yù 喻纽、鱼部；以纽、御韵、羊洳切。
shū 书纽、鱼韵、商居切。

愈1—愈2—愈3—愈4—愈
商　西周　春秋　《说文》小篆　楷书

1、2、3《甲金篆》739页。4《说文》220页。

形声字。从心，余声。本义为喜悦，读作 yù。按照上古音形义分析，"愈""悦""愉""怿""怡"等是一组同源字。有趣的是，它们的声母还经历了近似于平行的音变。请看同声符字呈现的轨迹（仅简单示例）："途、脱、偷、铎、台"显为舌头音，而"愈、悦、愉、怿、怡"则均为"喻"纽四等字（上古"喻四归定"，原本也是舌头音）。这种现象自然是古音学研究的宝贵材料。《说文》："愈，喜也。"《玉篇·心部》："愈，悦也。"三国魏嵇康《琴赋》："若和平者听之，则怡养悦愈。"引申为安乐、舒适。又读作 shū，用同"纾"，义为缓解、消除，《新唐书·罗艺传》："济阴女子李，自言通鬼道，能愈疾，四方惑之，诏取致京师。"（郭小武　叶青）

忒 tè 透纽、职部；透纽、德韵、他德切。
tuī

忒1—忒2—忒3—忒
《说文》小篆　汉　汉　楷书

1《说文》220页。2、3《甲金篆》739页。

形声字。从心，弋声。本义为变更、更改。《说文》：

"忒,更也。"《诗·鲁颂·闷宫》:"春秋匪解(通'懈'),享祀不忒。"郑玄笺:"忒,变也。"变更易流于过度,而过度则错,由此引申为差错,又引申为邪恶;由过度引申为甚、太,用作副词,这一意义在方言中又读作 tuī（渐与"太"音义相涉)。小篆作上"弋"、下"心",隶楷文字由小篆演变而来,为右上包围结构,写作"忒"。(郭小武 叶青)

愉

yú 喻纽、侯部;以纽、虞韵、羊朱切。
tōu 透纽、侯部;透纽、侯韵、他侯切。

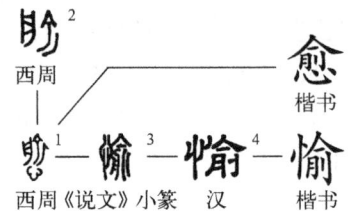

1《甲金篆》739页。2《甲骨金文字典》795页。3《说文》220页。4《隶辨》84页。

形声字。从心,俞声,读为 yú。本义为快乐、高兴(请参"念"字条对于同源字"念、悦、愉、怿、怡"的解释)。《尔雅·释诂上》:"愉,乐也。"《庄子·在宥》:"桀之治天下,使天下瘁瘁(忧愁貌)焉。人苦其性,是不愉也。"成玄英疏:"愉,乐也。"由快乐引申为和悦、温和,又引申为悦服。又读为 tōu,通"偷",表示苟且、怠惰和盗取之意。金文作上"俞"、下"心";或借用"俞"字为"愉",不从"心";小篆作左"心"、右"俞";隶楷文字由小篆演变而来,写作"愉"。按照通例,在不是形成对比(如"左"、"右"两字是对比例)的情况下,古文字一般不严格区别构形位置。据此,则"愉"、"愈"初本一字,后乃分化。《说文》有"愉"无"愈",清朱骏声《说文通训定声》:"愉,字亦作愈。"《荀子·君子》:"天子也者,执至重,形至佚,心至愈,志无所诎,形无所劳,尊无上矣。"此"愈"而用"愉"的快乐义。(郭小武 叶青)

愚

yú 疑纽、侯部;疑纽、虞韵、遇俱切。

1、2、4、5《甲金篆》740页。3《说文》220页。

形声字。从心,禺声。战国金文作上"禺"、下"心";秦简作左"心"、右"禺";小篆由金文演变而来,为上下结构;隶楷文字由小篆演变而来,写作"愚"。本义为糊涂、笨拙。《说文》:"愚,戆(zhuàng)也。"中山王鼎:"募(寡)人闻之,事小女(如)踉(长),事愚女(如)智。"《庄子·天地》:"知其愚者,非大愚也。"引申为愚弄、欺骗。"愚"在旧时常用作谦词,表示自己或与自己有关的人或事,如"愚以为"、"愚见"、"愚计"等。(郭小武 叶青)

戆（戇）

zhuàng 知纽、东部;知纽、绛韵、陟降切。
gàng

1《说文》220页。2《甲金篆》740页。

形声字。从心,赣声。隶楷文字由小篆演变而来,写作"戇"。现代汉字简化时"贝"据草书简作"贝","戇"因此类推简化作"戆"。本义为愚笨,读作 zhuàng。《说文》:"戇,愚也。"《荀子·议兵》:"身苟不狂惑戇陋(狂妄昏惑愚笨浅薄),谁睹是(指刑罚)不改也哉?"参看"愚"字条,可知《说文》"愚"与"戇"是互训的。"互训",本是一种可以容许的语文注解方式,但现代学术界却有人将它机械地归为"循环论证",认定它是不科学的。其实,这是一种误解。"互训"只是互相提示,以广见闻,并不是逻辑上的循环论证,不宜形而上学地乱扣帽子。由愚笨引申为迂而刚直,又引申为抬杠、吵嘴。方言中用"戆"表示愣、鲁莽的意思,读作 gàng。(郭小武 叶青)

惷

chōng 透纽、东部;彻纽、用韵、丑用切。
又丑江切。

1、2《甲金篆》740页。3《说文》220页。

形声字。从心,春声。金文为从"心"、"春"省声,小篆为从"心"、"春"声。本义为愚蠢。《说文》:"惷,愚也。"西周禹鼎:"肆禹亦弗敢惷赐(易)。"意思是说:因此禹(人名)也不敢愚鲁。《周礼·秋官·司刺》:"壹赦曰幼弱,再赦曰老旄(即'耄',昏惑),三赦曰惷愚。"郑玄注:"惷愚,生而痴呆童昏者。"引申为失意的样子。注意"惷"与"蠢"的区别(当然还有两字音近义通相联系的一面)。(郭小武 叶青)

懝 ài

疑纽、之部；疑纽、代韵、五溉切。

懝¹—懝
《说文》小篆　楷书

1《说文》220页。

形声兼会意字。从心，从疑，疑亦声。"疑"是"懝"本字，"懝"是"疑"分化字，表示心中有疑、不能领会。本义为傻、痴呆；也表示惶恐之意。《说文》："懝，騃(ài)也。一曰惶也。"段玉裁注："《方言》曰：'癡(痴)，騃也。'懝騃，即《方言》之癡騃。《广部》曰：'癡，不慧也。'"汉扬雄《太玄·文》："高明足以覆照，制刻足以竦懝。"（郭小武　叶青）

悍 hàn

匣纽、元部；匣纽、翰韵、侯旰切。

悍¹—悍²—悍³—悍⁴—悍
秦　《说文》小篆　汉　汉　楷书

1、3、4《甲金篆》740页。2《说文》220页。

形声字。从心，旱声。本义为勇猛。《说文》："悍，勇也。"《史记·孙子吴起列传》："彼三晋之兵素悍勇而轻齐。"由勇猛引申为凶狠、凶暴、蛮横，《荀子·富国》："不富不厚之不足以管下也，不威不强之不足以禁暴胜悍也。"由勇猛又引申为强劲、猛烈，再引申为坚固、坚实。（郭小武　叶青）

態（态） tài

透纽、之部；透纽、代韵、他代切。

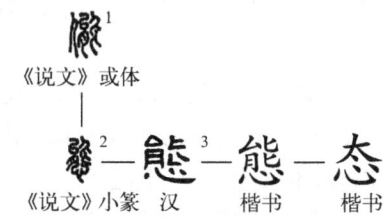

態¹
《说文》或体

態²—態³—態—态
《说文》小篆　汉　楷书　楷书

1、2《说文》220页。3《甲金篆》740页。

会意字。从心，从能，表示心能其事必然反映到态度上来。小篆作上"能"、下"心"，或作左"人"（"人"与"心"在此取意相关）、右"能"。《说文》及段注等均以为会意字，今按古音，似为从"心"、"能"声的形声字。录以备考。隶楷文字由小篆演变而来，写作"態"。现代汉字简化时，从俗造从"心"、"太"声的"态"作为"態"的简化字。本义为态度、意态。《说文》："態，意也。"段玉裁改"意也"为"意态也"，并注："各本作'意'也，少一字，今补。意态者，有是意因有是状，故曰意态。"唐杜牧《阿房宫赋》："一肌一容，尽态极妍。"引申为情态，又引申为姿态、状态、形状、样子等义，又引申为情况、情形。（郭小武　叶青）

怪 guài

见纽、之部；见纽、怪韵、古怀切。

怪¹—怪²—怪
《说文》小篆　汉　楷书

1《说文》220页。2《隶辨》546页。

形声字。从心，圣声。本义为奇异、罕见的，形容词。《说文》："怪，异也。"《荀子·天论》："夫日月之有蚀，风雨之不时，怪星之党(倘，偶然)见(出现)，是无世而不常有之。"也指奇异的、罕见的事物，名词。《论语·述而》："子不语怪、力、乱、神。"又用作动词，义为感到奇异，引申为奇怪、惊异，还引申为埋怨、责备、责怪。后世还用作程度副词，相当于"很、非常"。此字所从为"圣"，音kū，不是作为"聖"之简体的"圣"。（郭小武　叶青）

慢 màn

明纽、元部；明纽、谏韵、谟晏切。

慢¹—慢²—慢³—慢
《说文》小篆　汉　晋　楷书

1《说文》220页。2《隶辨》578页。3《甲金篆》740页。

形声字。从心，曼声。"慢"字小篆作左"心"、右"曼"；隶书"曼"下右手形有作"寸"（取意与手同）的，有串写作"方"的；楷书由小篆演变而来，写作"慢"。本义为怠惰、懒惰。《说文》："慢，惰也。"《左传·昭公二十年》："政宽则民慢，慢则纠之以猛。"由怠惰引申为怠慢、轻慢、轻视、傲慢等义，又引申为速度不快、缓行、缓慢等义，又引申为简略、放松。同从"曼"声的字有些本属同源字。以古代汉语用法为例，如"欺谩"的"谩"，"漫漶"的"漫"，"侮嫚"的"嫚"，"缦缦"的"缦"等，就均与"慢"字存在着音同义通的内在联系。（郭小武　叶青）

怠 dài / yí

定纽、之部；定纽、海韵、徒亥切。
喻纽、之部；喻纽、之韵、与之切。

怠¹—怠²—怠³—怠⁴—怠
战国　《说文》小篆　汉　汉　楷书

1、3、4《甲金篆》740页。2《说文》220页。

形声字。从心，台声。金文作从"尸"、从"心"，"㠯"声；小篆作上"台"、下"心"；隶楷文字由小篆演变而来，写作"怠"。本义为松懈、懒惰，与"惰"字声义相关，有同源关系，读作 dài。《说文》："怠，慢也。"中山王壶："穆穆济济，严敬不敢怠荒。"《书·大禹谟》："汝惟不怠，总朕师(总领我的众人)。"孔传："汝不懈怠于位。"由松懈、懒惰引申为轻慢、怠慢、不恭敬、冷淡等义，又引申为疲倦、疲惫、疲乏等义。又读作 yí，通"怡"，为安乐之意。（郭小武　叶青）

懈 xiè　见纽、支部；见纽、卦韵、古隘切。

1《甲骨金文字典》798页。2《说文》220页。

形声兼会意字。从心，从解，解亦声。"懈"是"解"的后起分化字。金文作"解"，用同"懈"；小篆为左"心"、右"解"；楷书由小篆演变而来，写作"懈"。本义为懈怠、懒惰。《说文》："懈，怠也。"中山王鼎："夙夜不解(懈)以誾(诱)道寡(寡)人。"《淮南子·修务》："为民兴利除害而不懈。"由懈怠引申为松懈、松弛、缓解，又引申为松散、疲困。（郭小武　叶青）

惰（憜）duò　定纽、歌部；定纽、果韵、徒果切。

1、2、3《说文》220页。

形声字。从心，隋声，或隋省声。《说文》古文为从"女"、"隋"省声，小篆为从"心"（"心"与"女"在此取意相关）、"隋"声，或作从"心"、"隋"省声；楷书分别由小篆和说文或体演变而来。现通行用"惰"字。本义为轻慢、不恭敬，当与"堕"（堕）、"墜"（坠）同源。《说文》："憜，不敬也。……惰，憜或省𣍂，㥩，古文。"《汉书·韦玄成传》："我既兹恤，唯凤唯夜，畏忌是申(约束)，供事靡惰。"颜师古注："惰，古憜字。"《左传·襄公三十一年》："滕成公来会葬，惰而多涕。"由轻慢、不敬引申为懈怠、懒惰，又引申为衰落、败坏。（郭小武　叶青）

忽 hū　晓纽、物部；晓纽、没韵、呼骨切。

1、3、4、5《甲金篆》741页。2《说文》220页。

形声字。从心，勿声。金文、小篆均为上"勿"、下"心"，汉简帛文字也有作左"心"、右"勿"的，隶楷文字由小篆演变而来，写作"忽"。本义为忽略、不经意。《说文》："忽，忘也。"《书·周官》："蓄疑败谋，怠忽荒政。"（积疑不决，定会败坏计谋；懈怠轻忽，定会荒废政事）由忽略引申为轻视、怠慢，又引申为容易、轻易；由不经意引申为突然，又引申为疾速、迅速、迅疾等义，又引申为突然变故、灭亡、绝尽之义；疾速则不清，故又引申为不分明、迷茫、恍惚等义。古代还借用作最小的长度和重量单位，十忽为一丝，十丝为一毫，十毫为一厘，十厘为一分。上述涉及到的"忘""荒""慢""迷""茫""灭"等(还有未涉及的"漫""漠""没"等)一些古"明"母(m 母)字，均与"忽"的音义暗含某种联系，即存在广义的同源关系。"忽"字既从"勿"声，则本亦"明"母字。（郭小武　叶青）

忘 wàng　微纽、阳部；微纽、漾韵、巫放切。

1、2、4、5《甲金篆》741页。3《说文》220页。

形声兼会意字。从心，从亡，亡亦声。"忘"是"亡"的后起分化字，表示在记忆中亡佚(其同源字群与"忽"等相通，可参"忽"字条)。本义为忘记、不记得。《说文》："忘，不识(zhì，记住)也。"《书·微子之命》："予嘉乃德，曰笃不忘。"(我赞许你的美德，以为纯厚而不可记忘)中山王鼎："天子不忘其有勋。"由忘记引申为遗失、遗漏，由遗失引申为遗弃、舍弃等义。（郭小武　叶青）

恣 zì　精纽、脂部；精纽、至韵、资四切。

1《说文》220页。2《甲金篆》741页。

形声字。从心，次声。小篆"心"位于左下，汉简、楷书则作上"次"、下"心"。本义为放纵、没有拘束。《说文》："恣，纵也。"《荀子·成相》："（上）耳目既显，吏敬法莫敢恣。"《吕氏春秋·适威》："骄则恣，恣则极物（穷奢极欲）。"古有"恣肆""恣睢"等词，意思是言行放纵，无所顾忌。实际上，"恣"与"肆""睢"（suī）也都属于同源字。"恣"字由放纵引申为任凭、听任、听凭，又引申为尽情。（郭小武　叶青）

憧

chōng　昌纽、东部；昌纽、钟韵、尺容切。
zhuàng　澄纽、绛韵、直绛切。

憧¹—憧
《说文》小篆　楷书

1《说文》220页。

形声字。从心，童声。本义为心意不定，读为chōng。《说文》："憧，意不定也。"汉桓宽《盐铁论·刺复》："心憧憧若涉大川，遭风而未薄。"（心意不宁，就如同乘船渡河，遇风浪而未能靠岸）"憧憬"，义为向往，表示心有所慕。由心意不定引申为摇晃、摇曳不定，又引申为往来不绝的样子。又读为zhuàng，表示凶顽、愚昧无知的意思，与"戆"音义相通，为同源字。（郭小武　叶青）

悝

kuī　溪纽、之部；溪纽、灰韵、苦回切。

悝¹—悝²—悝³—悝
《说文》小篆　汉　汉　楷书

1《说文》220页。2、3《甲金篆》742页。

形声字。从心，里声。本义为嘲讽、戏谑。《说文》："悝，啁（tiáo，嘲笑）也。"段玉裁注："啁即今之嘲字，悝即今之诙字，谓诙谐啁调也。今则诙嘲行而悝啁废矣。"《文选·张衡〈东京赋〉》："由余（人名）以西戎孤臣而悝缪公于宫室。"李善注："悝，犹嘲也。"又指病。《说文》："悝，一曰病也。"由病引申为忧愁、悲伤。还作人名用字，如春秋时期有孔悝，战国时期有李悝。（郭小武　叶青）

悸

jì　群纽、脂部；群纽、至韵、其季切。

悸¹—悸
《说文》小篆　楷书

1《说文》221页。

形声字。从心，季声。本义为因害怕而心急速跳动。《说文》："悸，心动也。"《素问·气交变大论》："民病身热，烦心躁悸。"《后汉书·梁节王畅传》："肌栗心悸，自悔无所复及。"由心惊而跳引申为惊恐、惊惧，由心跳又引申为跳动、颤动的样子。中医专指心悸或惊悸一类的病症。（郭小武　叶青）

憿

jiǎo　见纽、宵部；见纽、萧韵、古尧切。
jī　　见纽、锡韵、吉历切。

憿¹—憿
《说文》小篆　楷书

1《说文》221页。

形声字。从心，敫(jiǎo)声。本义为侥幸，读作jiǎo，当为"侥"之本字。《说文》："憿，幸也。"段玉裁注："幸者，吉而免凶也。引申之曰钦（同"冀"）幸，亦曰憿幸，俗作侥幸、徼幸、儌幸皆非也。凡传言徼福者，皆当作憿福为正。"王筠句读："憿幸是连语（联绵词），两字同义。"朱骏声通训定声："憿，幸也。经传皆以徼为之，俗作侥幸、儌幸。"又读作jī，义为疾速。《集韵·锡韵》："憿，疾也。"唐韩愈《清河郡公房公墓碣铭》："迁万年令，果辨憿绝。"王伯大音释："憿，吉历切，疾也。"（郭小武　叶青）

忨

wán　疑纽、元部；疑纽、桓韵、五丸切。

忨¹—忨²—忨
战国　《说文》小篆　楷书

1《甲金篆》742页。2《说文》221页。

形声字。从心，元声。本义为贪爱、苟安。《说文》："忨，贪也。《春秋传》：'忨岁而潋日。'"段玉裁注："贪者，欲物也。忨与玩、翫义皆略同。"按，与"顽"音义亦通，例属同源。又，今本《左传·昭公元年》作"翫岁而愒日"（玩忽岁月，荒废光阴）。《玉篇·心部》："忨，贪也，爱也。"《国语·晋语八》："今忨日而潋岁，怠偷甚矣。"韦昭注："忨，偷也。""忨"又可假借为"願"（愿）。中山王壶："贾忨（愿）从士大夫以靖郾（燕）疆。"（郭小武　叶青）

愆 qiān 溪纽、元部；溪纽、仙韵、去乾切。

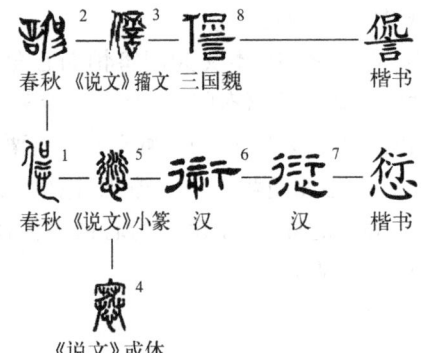

1、2、6、8《甲金篆》742页。3、4、5《说文》221页。7《隶辨》187页。

形声字。从心，衍声。春秋金文(字形1)从"心"(右下)、"侃"声，侯马盟书(字形2)从"言"(左，"言"与"心"相通)、"侃"(右)声，籀文从"言"(右下)、"侃"声；小篆从"心"、"衍"声，或从"心"、"寒"省声。隶楷文字由小篆演变而来，写作"愆"；由籀文演变而来，写作"諐"。现代汉字整理时，"諐"作为"愆"的异体字被淘汰。本义为过失、差错。《说文》："愆，过也。"《书·冏命》："绳愆纠谬，格其非心。"(纠正过错和谬误，匡正不正确的想法)蔡侯钟："不愆(愆)不贰(忒)。"由过失引申为错过或超过，又引申为丧失、失掉，由差错引申指恶疾；由超过引申为丰盈、多余。（郭小武　叶青）

慊 xián 匣纽、谈部；匣纽、添韵、贤兼切。
qiàn 溪纽、谈部；溪纽、忝韵、苦簟切。
qiè 溪纽、盍部；溪纽、帖韵、诘叶切。

1《说文》221页。

形声字。从心，兼声。本义为疑惑、嫌疑，读作xián，这一意义后来也写作"嫌"。《说文》："慊，疑也。"段玉裁注："今字多作嫌。"《汉书·赵充国传》："虽亡尺寸之功，偷（偷）得避慊之便。"颜师古注："慊亦嫌字。"又读作qiàn，表示怨恨、不满、遗憾等义，可引申为不足、缺少，又引申为俭省、节约。又读作qiè，用同"惬"，表示满足、满意、快意等义。（郭小武　叶青）

惑 huò 匣纽、职部；匣纽、德韵、胡国切。

1、2、3、5、6《甲金篆》742页。4《说文》221页。

形声字。从心，或声。除汉简帛文字中出现左"心"、右"或"的写法外，古今字形均为上"或"、下"心"。本义为迷乱。《说文》："惑，乱也。"《管子·问》："国则不惑，行之职也。"尹知章注："国无奸人，所以不惑。"由迷乱引申为疑惑、糊涂等义。《论语·颜渊》："既欲其生，又欲其死，是惑也。"又用作使动用法，为使迷惑、使疑惑、欺骗、蛊惑等义。（郭小武　叶青）

惷（蠢） chǔn 昌纽、文部；昌纽、准韵、尺忍切。

1、3《甲金篆》742页。2《说文》221页。

形声字。从心，春声。本义为骚动、扰动。《说文》："惷，乱也。《春秋传》曰：'王室日惷惷焉。'"《左传·昭公二十四年》"惷惷"作"蠢蠢"，杜预注："动扰貌。"又义为愚蠢、愚笨。《淮南子·汜论》："存士之迹若此其易知也，愚夫惷妇皆能论之。"高诱注："惷亦愚，无知之貌也。"现代汉字以"惷"为"蠢"的异体。（郭小武　叶青）

惛 hūn 晓纽、文部；晓纽、魂韵、呼昆切。
mèn 明纽、文部；明纽、恩韵、莫困切。

1《说文》221页。

形声兼会意字。从心，从昏，昏亦声。"惛"是"昏"的后起分化字。本义为糊涂、不明白，读作hūn。《说文》："惛，不憭(liǎo，明白)也。"《孟子·梁惠王上》："吾惛，不能进于是矣。"引申为神志不清、迷迷糊糊，又用为使动用法，意为使之糊涂、迷惑、欺蒙。又读作mèn，通"闷"，意为烦闷。《吕氏春秋·本生》："上为天子而不骄，下为匹夫而不惛。"高诱注："惛，读忧闷之闷，义亦然

也。""悯"的原初声符应为"民","明"母(m母)字,与"迷""茫""蒙"等隐含音义联系。(郭小武　叶青)

愦(愦) kuì　见纽、微部;见纽、队韵、古对切。

巤¹—愦—愦
《说文》小篆　楷书　　楷书

1 《说文》221页。

形声字。从心,贵声。楷书由小篆演变而来,写作"愦"。本义为昏乱。与同从"贵"得声的"溃"(溃逃)、"匮"(匮乏)、"殨"(殨烂)、"聩"(耳聋)等音义相通,例属同源。《说文》:"愦,乱也。"《战国策·齐策四》:"文倦于事,愦于忧,而性懧(nuò,同懦)愚,沉于国家之事,开罪于先生。"由昏乱引申为神志不清。现代汉字简化时,"貝"、"貴"据草书简作"贝"、"贵","愦"因此类推简化作"愦"。(郭小武　叶青)

忌 jì　群纽、之部;群纽、志韵、渠记切。

己¹—忌²—忌³—忌⁴—忌⁵—忌
春秋　春秋　《说文》小篆　汉　　晋　　楷书

1、2《甲金篆》742页。3《说文》221页。4、5《甲金篆》743页。

形声字。从心,己声。本义为憎恶、憎恨。《说文》:"忌,憎恶也。"《诗·大雅·瞻卬》:"舍尔介狄,维予胥忌。"(披甲夷狄不去管,反而把我来憎恨)毛传:"忌,怨也。"由憎恨引申为嫉妒、猜忌,又引申为顾忌、惧怕、畏惧;由顾忌、惧怕引申为忌讳、禁忌,又引申为禁戒、禁止、戒除。"忌"在古代还可用作句尾语气词。(郭小武　叶青)

忿 fèn　滂纽、文部;敷纽、问韵、匹问切。

忿¹—忿²—帉³—忿⁴—忿
秦　　《说文》小篆　汉　　汉　　楷书

1、3、4《甲金篆》743页。2《说文》221页。

形声字。从心,分声。本义为愤怒、怨恨;与"愤"字形、音、义相关联,属近同源字。《说文》:"忿,悁也。"《易·损》:"君子以惩(抑制)忿窒欲。"《左传·僖公二十四年》:"兄弟虽有小忿,不废懿亲(至亲)。"由怨、怒引申为心中不平、不服气,由心中不平又引申为闷着、憋着;"忿"常用同"奋",义为振作,如"忿力"。(郭小武　叶青)

恚 huì　影纽、支部;影纽、寘韵、於避切。

恚¹—恚
《说文》小篆　楷书

1《说文》221页。

形声字。从心,圭声。本义为愤恨、恼怒。《说文》:"恚,恨也。"《说文》之所以用"恨"训"恚",主要是因为两字音通义近,当属同源。《广雅·释诂二》:"恚,怒也。"《战国策·齐策六》:"故去忿恚之心,而成终身之名。"《墨子·非儒下》:"孔乃恚怒于景公与晏子。"古今词义、字形变化不大。(郭小武　叶青)

怨 yuàn　影纽、元部;影纽、愿韵、於愿切。
yùn　影纽、焮韵、纡问切。

夗¹—夗²—怨³—怨⁴—怨⁵—怨
《说文》古文　战国　《说文》小篆　汉　　汉　　楷书

1、3《说文》221页。2、4、5《甲金篆》743页。

形声字。从心,夗声。早期文字上为"夕"的变体,与下右合成"夗"声;小篆结构略有变化,成上"夗"、下"心";隶楷文字由小篆演变而来,写作"怨"。本义为怨恨、仇恨,读作yuàn。《说文》:"怨,恚也。"按,"怨""恨"与"恚""恨"一样,也存在同源关系,但二者的层次不太一样:"恚""恨"可能有方、通之别,而"怨""恨"则均属通语,只不过所表达的感情色彩不同("怨"较浅轻,"恨"较深重)。这可从扩展对比中获得解释:从"夗"声的字常有屈、曲之义(如"宛""婉"),而从"艮"声的字常有深、透之义(如"根""狠"),显然前轻后重。《易·系辞下》:"益(卦名)以兴利,困(卦名)以寡怨。"《荀子·正论》:"汤武者,民之父母也;桀纣者,民之怨贼也。"由怨恨引申为埋怨、责怪、不满,也可引申为哀怨、悲哀,也用作名词,指仇怨、仇人。又读作yùn,通"蕴",义为蕴藏、蓄积,如"怨利"、"怨财"等。(郭小武　叶青)

怒 nù　泥纽、鱼部;泥纽、暮韵、乃故切。
又奴古切。

怒

字形演变：战国 — 战国 — 《说文》小篆 — 汉 — 汉 — 楷书

1《甲骨金文字典》801页。2、4《甲金篆》743页。3《说文》221页。5《甲金篆》744页。

形声字。从心，奴声。本义为愤怒、气愤。《说文》："怒，恚也。"《诗·大雅·常武》："王奋厥威，如震如怒。"可用作使动用法，意为使之愤怒、激怒，由愤怒引申为谴责；由愤怒的气势引申为气势强盛、猛烈，又引申为奋发、奋起。诅楚文字形为上"奴"（右从"丑"，为"又"之变形）、下"心"，战国金文作从"心"、"女"声（"女"与"奴"声近），按字形同"怒"之古文，按文例为"怒"之省形。舒盗壶有"战忞"，如《诗·大雅·桑柔》"僤怒"，意为盛怒。成语有"金刚怒目"，也写作"金刚努目"，以形容其眼睛突着鼓着，面目凶狠威猛。由此可见，"怒"与"努"相通相关，存在同源关系："怒"是心里憋足了气，"努"是身上憋足了劲。《太平广记·谈薮》："金刚努目，所以降伏四魔；菩萨低眉，所以慈悲六道。"小篆与诅楚文一脉相承，为上"奴"、下"心"，隶楷文字由小篆演变而来，写作"怒"。（郭小武 叶青）

憝 duì

定纽、微部；定纽、队韵、徒对切。

字形演变：《说文》小篆 — 楷书

1《说文》221页。

形声字。从心，敦声。小篆左与右上合成"敦"声，右下为"心"；楷书结构略有变化，成上"敦"、下"心"，写作"憝"。本义为怨恨、憎恨。《说文》："憝，怨也。"段玉裁注"憞"（憝）字下说："今与憝音义皆同，谓为一字。许不尔者，敦声古在十三部。"《书·康诰》："寇攘奸宄，杀越人于货，暋不畏死，罔弗憝。"（偷盗抢掠，内外作乱，杀人劫财，强横不怕死，这些行为没有人不憎恨的）引申指怨恨、憎恨的对象，即凶恶、奸恶；也指恶人，如"元恶大憝"（元凶首恶）。（郭小武 叶青）

愠

yùn 影纽、文部；影纽、问韵、於问切。

yǔn 影纽、隐韵、委陨切。

字形演变：《说文》小篆 — 汉 — 汉 — 楷书

1《说文》221页。2、3《甲金篆》744页。

形声字。从心，昷(wēn)声。小篆为左"心"、右"昷"；隶书从之；楷书变旧字形"昷"为新字形"㬊"，写作"愠"。本义为怨恨、愤怒，读作yùn。《说文》："愠，怒也。"《诗·邶风·柏舟》："忧心悄悄（忧愁貌），愠于群小。"毛传："愠，怒也。"又读作yǔn，义为郁结。《集韵·迄韵》："愠，心所郁积也。""怒"是心里憋足了气，"愠"是心里胀满了气。二字取意略同，但语音不通，故仅为同义字，不属同源字。"愠"的同源字有"蕴""酝"等，可以帮助理解"愠"的音义脉络。（郭小武 叶青）

惡（恶）

è 影纽、铎部；影纽、铎韵、乌各切。

wù 影纽、鱼部；影纽、暮韵、乌路切。

wū 影纽、鱼部；影纽、模韵、哀都切。

ě

字形演变：秦 — 秦 — 《说文》小篆 — 汉 — 汉 — 汉 — 楷书 — 楷书

1、2、4、5、6《甲金篆》744页。3《说文》221页。

形声字。从心，亞声。隶楷文字由小篆字形演变而成，写作"惡"。现代汉字简化时，"亞"据草书简作"亚"，"惡"因此类推简化作"恶"。本义为罪过、罪恶，读作è。《说文》："惡，过也。""惡"字之所以从"亚"为声，或可从其形象求得解释。"亚"本像墓葬形，尤指墓葬的四角，故其义含恶象。《说文》："亞，醜也，象人局背之形。贾侍中说，以为次弟也。"说字形不确，说二义（形象丑陋，次第较后）有理。故"惡"从"亚"声，或不仅取其音近，亦兼取其义通。《书·系辞下》："善不积不足以成名，恶不积不足以灭身。"也指恶人、坏人；由罪恶引申为凶狠、凶猛、凶暴、凶险、厉害等义，又引申为坏、不好、粗劣，再引申为丑、丑陋。由本义引申为讨厌、憎恨，读作wù，引申为畏惧、害怕、得罪、中伤、忌讳等义。又读作wū，用作疑问代词或叹词。又读作ě，用于"恶心"一词。（郭小武 叶青）

憎

zēng 精纽、蒸部；精纽、登韵、作滕切。

憎

憎¹—憎²—憎
《说文》小篆　汉　楷书

1《说文》221页。2《甲金篆》744页。

形声字。从心，曾声。本义为憎恨、厌恶。《说文》："憎，恶也。"《左传·昭公十九年》："子产憎其为人也，且以为不顺，弗许，亦弗止。"《史记·魏其武安侯列传》："太后由此憎窦婴。"古今词义、字形变化不大。（郭小武　叶青）

忍

忍 yì　疑纽、微部；疑纽、未韵、鱼既切。

忍¹—忍²—忍
战国　《说文》小篆　楷书

1《甲金篆》744页。2《说文》221页。

会意字。从心，从刀，从心如刀割会意。古今字形结构大致相同，均为上"刀"、下"心"。本义为愤怒。《说文》："忍，怒也。从心，刀声。"段玉裁本改"从心，刀声"为"从心、刀"，并注："各本作'刀声'，今删正。从心、刀，谓心中含怒如怀刃也。"段说"怀刃"，如说"身藏利器"。需注意"忍"与"忍"并非同字。（郭小武　叶青）

恨

恨 hèn　匣纽、文部；匣纽、恨韵、胡艮切。

恨¹—恨²—恨³
《说文》小篆　汉　汉　楷书

1《说文》221页。2、3《甲金篆》745页。

形声字。从心，艮声。小篆为左"心"、右"艮"，导引图（字形2）将"艮"拆成左"目"右"匕"、下"心"，成为上下结构，仍为形声字；隶楷文字由小篆演变而来，写作"恨"。本义为怨恨、仇恨。《说文》："恨，怨也。"关于"恨"与"怨"的联系及区别，参看"怨"字条。《荀子·尧问》："处官久者士妒之，禄厚者民怨之，位尊者君恨之。"由怨恨引申为遗憾、不满。这个用法的"恨"字，似与"憾"字的音义有纠缠。《荀子·成相》："不知戒，后必有恨。"杨倞注："恨，悔也。"《史记·淮阴侯列传》："大王失职入汉中，秦民无不恨者。"（郭小武　叶青）

憝（怼）

憝（怼）duì　定纽、微部；澄纽、至韵、直类切。

憝¹—憝²—憝—怼
《说文》小篆　晋　楷书　楷书

1《说文》221页。2《甲金篆》745页。

形声字。从心，對声。隶楷文字由小篆演变而来，写作"憝"。现代汉字简化时，"對"据元抄本通俗小说简作"对"，"憝"因此类推简化作"怼"。本义为怨恨。《说文》："憝，怨也。"段玉裁认为此字与"憞"字音义略同，其说详"憞"下引录。《楚辞·九歌·国殇》："天时怼兮威灵怒，严杀尽兮弃原野。"《孟子·万章上》："如告，则废人之大伦，以怼父母，是以不告也。"由怨恨引申为凶狠、暴戾。（郭小武　叶青）

悔

悔 huǐ　晓纽、之部；晓纽、贿韵、呼罪切。又荒内切。

悔¹—悔²—悔³—悔⁴—悔⁵
春秋　秦　《说文》小篆　汉　汉　楷书

1、2、4、5《甲金篆》745页。3《说文》221页。

形声字。从心，每声。早期文字可为上下结构，秦简汉篆变为左右结构，隶楷文字由小篆演变而来，写作"悔"。"悔"从"每"声，似不相合，其实古声均属"明"母（m母）。同类例子如"墨"本从"黑"声，"昏"上"氏"或作"民"声，"荒""茫"原初均从"亡"声。"悔"字的本义为悔恨、懊悔。《说文》："悔，悔恨也。"《左传·襄公十四年》："吾今实过（过错），悔之何及，多遗秦禽（擒）。"《荀子·议兵》："知莫大乎弃疑，行莫大乎无过，事莫大乎无悔。"由悔恨引申为悔过；由悔恨引申指悔恨的对象，即过失，引申为灾祸、不吉利。（郭小武　叶青）

怏

怏 yàng　影纽、阳部；影纽、漾韵、於亮切。

怏¹—怏²—怏
战国　《说文》小篆　楷书

1《甲金篆》745页。2《说文》221页。

形声字。从心，央声。金文为上"央"、下"心"；小篆字形由金文演变而来，变上下结构为左右结构；楷书由小篆演变而来，写作"怏"。本义为不服、不满。《说文》："怏，不服怼也。"段玉裁注："当作不服也，怼也。夺一'也'字，遂不可解矣。"《战国策·赵策三》："辛垣衍怏然不说（悦）。"《史记·绛侯周勃世家》："此怏怏者非少主

臣也!"由不服引申为勉强、强求,又引申为惆怅、闷闷不乐。(郭小武 叶青)

懑(懑) mèn 明纽、元部;明纽、慁韵、莫困切。又莫旱切。

懣¹—悶²—懑—懑
《说文》小篆 汉 楷书 楷书

1《说文》221页。2《甲金篆》745页。

形声兼会意字。从心,从满,满亦声。从满心烦恼会意,"懑"是"满"的后起分化字。隶楷文字由小篆演变而来,写作"懑"。现代汉字简化时,"兩"、"滿"据行书简作"两"、"满","懑"以近似类推简化作"懑"。本义为烦闷。《说文》:"懑,烦也。"又,据《说文》"闷"下"闷,懑也",可知"懑"与"闷"同源。《礼记·问丧》:"孝子亲死,悲哀志懑,匐匍而哭之。"《史记·扁鹊仓公列传》:"病使人烦懑,食不下。"引申为愤慨。旧时"懑"还用同"们",如"你懑"、"他懑"、"儿郎懑"等。(郭小武 叶青)

愤(愤) fèn 並纽、文部;奉纽、吻韵、房吻切。

僨¹—憤²—憤³—愤—愤
《说文》小篆 汉 汉 楷书 楷书

1《说文》221页。2、3《甲金篆》745页。

形声字。从心,賁声。本义为憋闷、郁闷。《说文》:"愤,懑也。"在同从"心"形的方向上,此字与"忿""懑"音近义通,例属同源。在同从"賁"声的方向上,此字与"坟"(坟)、"喷"音近义通,例属同源。另外,"懑""愤"与"奋"(奋)仅以音近义通亦可归为同源。这说明,同源字有角度、层次之别。虽然语言是第一性的,文字是第二性的,但一旦同源字体现为文字同声符时,则往往作为典型标志而划入典型成员。譬如由于内部过满而膨胀形之于外的"賁"声同源字,在"心"为"愤"(发泄情绪),在"口"为"喷"(猛然吐出),在"土"为"坟"(坟,鼓起土堆)。这些看似各自独立的汉字,就这么存在着有趣的联系,让使用者首先感知其大略,然后通过语境而迅速定位,并最终明确下来。《论语·述而》:"不愤不启,不悱不发。"(不到苦思不通时不去开导他,不到想说而表达不出来时不去启发他)朱熹注:"愤者,心求通而未得之意。"由憋闷引申为充满、旺盛,又引申为发奋,由憋闷、郁闷又引申为愤怒、怨恨。小篆为左"心"、右"賁",隶楷文字由小篆演变而来,写作"愤"。现代汉字简化时,"贝"、"賁"据草书简作"贝"、"贲","愤"因此类推简化作"愤"。(郭小武 叶青)

悶(闷) mèn 明纽、文部;明纽、慁韵、莫困切。
mēn 明纽、魂韵、谟奔切。

悶¹—悶²—悶³—悶⁴—悶—闷
战国 《说文》小篆 汉 汉 楷书 楷书

1、3、4《甲金篆》745页。2《说文》222页。

形声字。从心,門声。古玺、小篆均为外"門"、内"心",汉简帛文字近于上"門"、下"心";隶楷文字由小篆演变而来,写作"悶"。现代汉字简化时,"門"据汉代草书简作"门","悶"因此类推简化作"闷"。本义为烦闷,读作mèn。《说文》:"悶,懑也。"实与"懑"为近同源字。《易·乾》:"不易乎世,不成乎名,遁世无闷,不见是(不被肯定)而无闷。" 烦闷因心里不爽快而起,由此引申为密封的、空气不畅通的;又引申为因空气不流通而引起的不适感、憋闷感,又引申为沉默、不作声、声音低沉等义。由密封不通引申为久呆一处不与外界接触,由密封引申为过饱(积食),这些引申义的"闷"均读作mēn。(郭小武 叶青)

惆 chóu 彻纽、幽部;彻纽、尤韵、丑鸠切。

惆¹—惆
《说文》小篆 楷书

1《说文》222页。

形声字。从心,周声。本义为失意、伤感。《说文》:"惆,失意也。"《荀子·礼论》:"案(语辞)屈然(空然,意为若无祭礼则成空虚)已,则其于志意之情者惆然不嗛(qiè,满足、快意),其于礼节者阙然不具。"杨倞注:"惆然,怅然也。"按,"惆怅"连文可以组成同义复合词。又,汉语中有一种具有声音联系的双音节单纯词,即联绵词。如"踌躇""踟蹰""蜘蛛"等是双声联绵词,"怅惘""荒唐""徘徊"等是叠韵联绵词。"惆怅"双声,但可分释,是否属于联绵词,尚存疑问。与"惆怅"双声类型最接近的是"倜傥"(也作"俶傥"),确属双声联绵词,没有疑问。"惆"字由失意、伤感引申为悲痛、悲哀。《文选·陆机〈叹逝赋〉》:"虽不寤其可悲,心惆焉而自伤。"李善注引《广雅》曰:"惆,痛也。"(郭小武 叶青)

怅(悵) chàng 彻纽、阳部；彻纽、漾韵、丑亮切。

1《说文》222页。2《甲金篆》746页。

形声字。从心，長声。本义为失意、烦恼。《说文》："悵，望恨也。"段玉裁注："望其还而不至为恨(遗憾)也。"《楚辞·九歌·山鬼》："怨公子兮怅忘归，君思我兮不得闲。"《史记·陈涉世家》："陈涉少时，尝与人佣耕，辍耕之垄上，怅恨久之。"又，"惆怅"连文成词，说详"惆"字下。此字隶楷文字由小篆演变而来，写作"悵"。现代汉字简化时，"長"据汉代草书简作"长"，"悵"因此类推简化作"怅"。（郭小武 叶青）

愴(怆)

chuàng 清纽、阳部；初纽、漾韵、初亮切。
chuǎng 清纽、阳部；初纽、养韵、初两切。

1《说文》222页。

形声字。从心，倉声。本义为悲伤，读作chuàng。《说文》："愴，伤也。"《玉篇·心部》："怆，悲也，伤也。"《礼记·祭义》："霜露既降，君子履之，必有凄怆之心，非其寒之谓也。"唐代诗人陈子昂《登幽州台歌》中的"念天地之悠悠，独怆然而涕下"，至今仍脍炙人口。又用同"仓"，义为仓促、慌乱，如"怆慌"、"怆惶"。由悲伤引申为失意的样子，多以"怆恍"一词出现，读作chuǎng。"怆慌""怆惶"及"怆恍"均为叠韵联绵词，且当属同源而字形略变。小篆为左"心"、右"倉"；楷书由小篆演变而来，写作"愴"。现代汉字简化时，"倉"据《说文》奇字仺简化为"仓"，"愴"因此类推简化作"怆"。（郭小武 叶青）

怛 dá 端纽、月部；端纽、曷韵、当割切。

1、2《说文》222页。3、4《甲金篆》746页。

形声字。从心，旦声。小篆为左"心"、右"旦"，或作上"旦"、下"心"；隶楷文字由小篆演变而来，写作"怛"。"怛"字本从 dàn 声而音 dá，失去鼻音韵尾，这种现象属于历史音变中的"阴阳对转"（如以"月"部字属于入声，则也可认为尾音弱化属于"阳入对转"，再后来脱落入声韵尾则属于"阴入对转"）。"怛"字本义为悲痛、忧伤。《说文》："怛，憯(cǎn,悲痛)也。"《诗·桧风·匪风》："顾瞻周道(大路)，中心怛兮。"毛传："怛，伤也。"由悲痛引申为惊恐、惧怕；又用作使动用法，表示使之惧怕、恐吓，由恐吓引申为惊动。（郭小武 叶青）

憯 cǎn 清纽、侵部；清纽、感韵、七感切。

1《说文》222页。2《甲金篆》746页。3《隶辨》468页。

形声字。从心，朁(cǎn)声。小篆为左"心"、右"朁"，汉简帛文字结构和字形都略有变化，"心"居上左，"朁"上面部件略有讹变；楷书由小篆演变而来，写作"憯"。本义为悲痛、惨痛。《说文》："憯，痛也。"《汉书·武帝纪》："盖君者心也，民犹支体，支体伤则心憯怛。"马王堆汉墓帛书《老子·德经》："祸莫大于不知足，咎莫憯于欲得。"由悲痛引申为忧伤；由惨痛引申为残酷，这一意义也写作"惨"；由残酷引申为锋利，又为急速。"憯""惨""残"属同源字，音义相通。"憯""惨"（可认为用如同字异体）重在心灵，"残"则重在身体，是其同中之异。古代还用作副词，相当于"曾"，义为竟然。《诗·小雅·节南山》："民言无嘉，憯莫惩嗟。"（郭小武 叶青）

悽(凄) qī 清纽、脂部；清纽、齐韵、七稽切。

1《说文》222页。2、3《甲金篆》746页。

形声字。从心，妻声。本义为悲痛、悲伤。《说文》："悽，痛也。"《庄子·渔父》："客悽然变容曰：'甚矣，子之难悟也！'"《楚辞·九辩》："憯凄增欷(xī,抽咽声)兮，薄寒之中(zhòng,侵袭)人。"心凉而悲伤，由此引申为寒冷。宋李清照《声声慢》："寻寻觅觅，冷冷清清，凄凄惨惨戚戚。乍暖还寒时候，最难将息。"小篆为左"心"、右"妻"；

隶楷文字由小篆演变而来,写作"悽"。现代汉字整理时,将"悽"作为"凄"(从"冫"、"妻"声,义为寒冷)的异体字淘汰。(郭小武 叶青)

恫

tōng 透纽、东部;透纽、东韵、他红切。
dòng 定纽、东部;定纽、送韵、徒弄切。

恫¹—恫
《说文》小篆 楷书

1《说文》222页。

形声字。从心,同声。本义为悲痛、哀痛,读作tōng。《说文》:"恫,痛也。一曰呻吟。""恫"与"痛""疼"音义相通,为同源字。《战国策·燕策一》:"国事皆决于子之,三年,燕国大乱,百姓恫怨(哀痛怨恨)。"由悲痛引申为呻吟。由悲痛引申为恐惧,读作dòng,又用作使动用法,意为使之恐惧、恐吓,如"恫吓"。(郭小武 叶青)

悲

bēi 帮纽、微部;帮纽、脂韵、府眉切。

悲¹—悲²—悲³—悲⁴—悲
战国 《说文》小篆 汉 汉 楷书

1、3、4《甲金篆》746页。2《说文》222页。

形声字。从心,非声。本义为哀痛、悲伤。"悲"字之所以从"非"为声符,推测其或有取意。古"非"字本像飞禽展翅而飞,与"飛"(飞)同源,取意相当。从"非"为声的"徘"字,构成联绵词"徘徊"。"悲"的本义相仿,是心有所哀,徘徊于彼,无法开释。《说文》:"悲,痛也。"《诗·豳风·七月》:"女心伤悲,殆及公子同归。"《礼记·问丧》:"夫悲哀在中(内心),故形变于外也。"引申为怜悯、慈悲,又引申为眷念、思念,如《汉书·高祖纪下》:"游子悲故乡。"颜师古注:"悲谓顾念也。"(郭小武 叶青)

恻(惻)

cè 清纽、职部;初纽、职韵、初力切。

恻¹—恻²—恻³—惻⁴—惻—恻
战国 战国 《说文》小篆 汉 楷书 楷书

1、2、4《甲金篆》746页。3《说文》222页。

形声字。从心,则声。本义为悲痛、忧伤。《说文》:"恻,痛也。"《易·井》:"井渫(xiè,除去污垢)不食,为我心恻。"由悲痛引申为同情、怜悯(常"恻隐"连用,含有设身处地、急人所急的意思,如今言之"关切""体谅"),又引申为诚

恳、恳切。战国简帛文字均上为古"则"(从"刀"、从"鼎",或有羡画)、下"心";小篆成左"心"、右"则";隶楷文字由小篆演变而来,写作"惻"。现代汉字简化时,"貝"、"則"据草书简作"贝"、"则","惻"因此类推简化作"恻"。(郭小武 叶青)

惜

xī 心纽、铎部;心纽、昔韵、思积切。

惜¹—惜²—惜³—惜
《说文》小篆 汉 汉 楷书

1《说文》222页。2、3《甲金篆》746页。

形声字。从心,昔声。本义为痛惜、哀伤。欲知"昔"声符系列字的取意,其关键是"错"字,即表示参差不平、错综交杂的形状。此种形状在字形上的反映,则视"昔"的古文字上部可知。由此说到"惜"字,其取意即在于表示心里忐忑不安,充满哀怜之情。《说文》:"惜,痛也。"《论语·子罕》:"惜乎!吾见其进也,未见其止也。"由痛惜引申为爱惜、珍视。《庄子·在宥》:"而天下乃始尊之惜之,甚矣天下之惑也!"由爱惜引申为吝惜、舍不得;由哀伤引申为害怕、担心、恐怕,如旧题汉李陵《答苏武书》:"子卿视陵,岂偷生之士而惜死之人哉?"(郭小武 叶青)

愍

mǐn 明纽、文部;明纽、轸韵、眉殒切。

愍¹—愍²—愍³—愍
战国 《说文》小篆 汉 楷书

1、3《甲金篆》746页。2《说文》222页。

形声字。从心,敃声。诅楚文"心"居左下,左上与右合为"敃"("民"形变为"氏",与"昏"字上部或从"民"声相类);小篆结构略有改变,成上"敃"、下"心";隶楷文字由小篆演变而来,写作"愍"。本义为悲痛、忧伤。《说文》:"愍,痛也。"《左传·昭公元年》:"齐国子曰:'吾代二子愍矣。'"由本义引申为怜悯(在这个意义上,"愍"、"悯"近通)、体恤,又引申为爱惜、抚养;由本义引申为祸乱、灾祸;"愍"还表示勉力和强悍之义。(郭小武 叶青)

慇(殷)

yīn 影纽、文部;影纽、殷韵、於斤切。

慇¹—慇²—慇³—慇—殷
《说文》小篆 汉 汉 楷书 楷书

慇

1《说文》222页。2、3《甲金篆》746页。

形声兼会意字。从心，从殷，殷亦声。隶楷文字由小篆演变而来，写作"慇"。"慇"是"殷"的后起分化字。本义为忧痛。《说文》："慇，痛也。"《集韵·谆韵》："慇，忧也。"《诗·小雅·正月》："念我独兮，忧心慇慇。"毛传："慇慇然痛也。"又用为殷实、富足之义，同"殷"。《古文苑·楚相孙叔敖碑》："钟天地之美，收九泽之利，以慇润国家。"章樵注："慇，音义与殷同。殷，富也。"现代汉字整理时，"慇"作为"殷"的异体字被淘汰。（郭小武 叶青）

感

gǎn 见纽、侵部；见纽、感韵、古禫切。
hàn 匣纽、侵部；匣纽、勘韵、胡绀切。

1、2、4《甲金篆》747页。3《说文》222页。

形声字。从心，咸声。本义为感动，即外界事物在人们思想感情上引起的反应，读作 gǎn。《说文》："感，动人心也。"《书·君陈》："至治馨香，感于神明。"由本义引申出感慨、感触、感觉、感受、觉得等义；由感动又引申为感谢；由感受又引申为感染。又用作名词，指情感、感想。又读作 hàn，通"撼"，意为动、摇动；又通"憾"，意为恨、遗憾。"手"动为"撼"，"心"动为"感"，由此可见用"义符＋声符"的同源分解法来探求字源，颇有效力（当然，此法忌讳臆猜妄断和机械理解）。（郭小武 叶青）

忧

yōu 云纽、之部；云纽、宥韵、于救切。
yōu

1《甲金篆》747页。2《说文》222页。

形声字。从心，尤声。本义为心动，读作 yōu。《说文》："忧，不动也。"段玉裁改"不动也"为"心动也"，并注："各本作'不动也'，今正。"《玉篇·心部》："忧，心动也。"《广韵·宥韵》："忧，动也。"因典籍中极少用到，在现代汉字简化时，"忧"被用作表示发愁义的"憂"的简化字，读作 yōu，它的本义反而不为人知晓了。（郭小武 叶青）

恙

yàng 喻纽、阳部；以纽、漾韵、馀亮切。

1、3《甲金篆》747页。2《说文》222页。

形声字。从心，羊声。本义为忧虑、担心。《说文》："恙，忧也。"《史记·平津侯主父列传》："君不幸罹霜露之病，何恙不已。"司马贞索隐："恙，忧也。"由忧虑引申指疾病，如"微恙"即小病；又引申指祸患、灾祸。"恙"在古代还指一种啮虫，传说这种虫善食人心。《玉篇·心部》："恙，噬虫，善食人心。"（郭小武 叶青）

惴

zhuì 章纽、歌部；章纽、寘韵、之睡切。
chuǎn 昌纽、狝韵、川兖切。

1《说文》222页。2、3、4《甲金篆》747页。

形声字。从心，耑声。小篆为左"心"、右"耑"；汉简帛文字（字形2）作上"耑"（声符）、下"心"；隶楷文字由小篆演变而来，写作"惴"。本义为忧惧、恐惧，读作 zhuì。《说文》："惴，忧惧也。"《孟子·公孙丑上》："自返而不缩，虽褐宽博，吾不惴焉。"（反躬自问，正义不在己，即使是穿宽大粗布衣服的贫贱者，我也不去恐吓他）赵岐注："惴，惧也。"《史记·项羽本纪》："楚兵呼声动地，诸侯军无不人人惴恐。"成语有"惴惴不安"，形容心绪忐忑不定，行为战战兢兢。又有"惴栗"一词，如说"战栗"（也作"颤栗"），形容怕得发抖。又读作 chuǎn，用于"惴耎(ruǎn)"一词，为叠韵连语，形容虫蠕动的样子。（郭小武 叶青）

愁

chóu 崇纽、幽部；崇纽、尤韵、士尤切。
qiǎo 清纽、幽部；清纽、宵韵、亲小切。
jiū 精纽、尤韵、将由切。

1《说文》222页。2《甲金篆》747页。

形声字。从心，秋声。小篆上为左"火"、右"禾"，下为"心"；隶楷文字位置略有变化，上为左"禾"、右"火"，下为"心"。本义为忧愁、忧虑,读作chóu。《说文》:"愁,忧也。"《左传·襄公二十九年》:"哀而不愁,乐而不荒(荒淫)。"由忧愁、忧虑引申为悲伤、哀愁,用于事物,则形容凄凉、惨淡的景象;由忧愁、忧虑引申为怨恨、忿恨。又读作jiū,表示聚集、聚敛的意思,又读作qiǎo,用同"愀",形容脸色改变的样子。(郭小武 叶青)

悠 yōu 喻纽、幽部;以纽、尤韵、以周切。

1、3《甲金篆》747页。2《说文》222页。

形声字。从心,攸声。金文上"攸"为声符,下"言"为形符;从"言"与从"心"近通。小篆为上"攸"、下"心";隶楷文字由小篆演变而来,写作"悠"。本义为忧思、绵长的思念。《说文》:"悠,忧也。"《广韵·尤韵》:"悠,思也,忧也。"《诗·周南·关雎》:"悠哉悠哉,辗转反侧。"毛传:"悠,思也。"由绵长的思念引申为长远、久远。凡从"攸"得声的字,常含长义。如"修"(修长),"條"(条,本从木,攸声,表枝条细长之状)。又表示闲适的样子,如"悠闲"、"悠然自得"。在口语中还指悬空晃动,如"悠荡"、"忽悠"、"颤悠"、"转悠"等。(郭小武 叶青)

忡 chōng 彻纽、冬部;彻纽、东韵、敕中切。

1《说文》223页。

形声字。从心,中声。本义为忧愁不安的样子。《说文》:"忡,忧也。"《诗·邶风·击鼓》:"不我以归,忧心有忡。"《诗·召南·草虫》:"未见君子,忧心忡忡。"至今在形容心事重重、忧愁不安时,还用"忧心忡忡"一词。作为我国首部经典字书,《说文》首创部首类聚之法,据以分形释义,往往兼顾语音联系,以寥寥数语就把形、音、义"三位"归于"一体",切中字之要害,成为不易之论。这里特别指出一点,就是《说文》同部字的排列也是有讲究的。简单概括起来,就是"义类相从"。如"忡"及前后若干字均含"忧"义(因为"忧"较通行,所以多用"忧"来训释),故"义类相从",排在一起,既避免零散无纪,又便于比较掌握。(郭小武 叶青)

悄 qiǎo/qiāo 清纽、宵部;清纽、小韵、亲小切。

1《说文》223页。2《甲金篆》748页。

形声字。从心,肖声。本义为忧愁,读为qiǎo。《说文》:"悄,忧也。"《诗·陈风·月出》:"舒窈纠(形容女子体态美好)兮,劳心(忧心)悄兮。"毛传:"悄,忧也。"这个意义的"悄"与"憔"音义相类。《说文》无"憔悴",有"顦顇"。"悄"字又为寂静无声或小声、轻声,为现代常用义。后世用于叠音词"悄悄"时,读作qiāo,意为无声或小声。(郭小武 叶青)

慼(戚) qī 清纽、觉部;清纽、锡韵、仓历切。

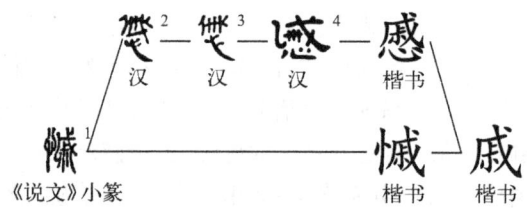

1《说文》223页。2、3、4《甲金篆》748页。

形声字。从心,戚声。也写作"慽"。按,此字的上古音韵地位归入"觉"部,颇值得怀疑。音韵学家大致是由其原始声符"卡"推定的,但它与"戚"的中古声、韵地位显有出入。据古文字字形,"戚"中所从似不为"卡",故宜存疑。"慼"本义为忧伤、悲愁。《说文》:"慼,忧也。"《左传·昭公十一年》:"有三年之丧,而无一日之慼。"《左传·僖公二十四年》:"《诗》曰:'自诒(通'贻',给)伊慼。'其子臧之谓矣。"杜预注:"慼,忧也。"《汉书·王商传》:"父薨,商嗣为侯,推财以分异母诸弟,身无所受,居丧哀慼。"又通"戚",指亲戚。小篆为左"心"、右"戚";汉简帛文字则为上下结构,上"戚"(所从之"卡"出现苟简、讹连)、下"心";楷书由小篆演变而来的作"慼",由汉帛汉隶演变而来的作"慽"。现代汉字整理时,"慼"和"慽"均作为"戚"的异体字被淘汰。(郭小武 叶青)

㥑(忧) yōu 影纽、幽部;影纽、尤韵、於求切。

憂—憂—憂—憂—憂—憂—憂—憂—憂
西周 战国 战国《说文》小篆 汉 汉 楷书 楷书 楷书

1、2、3、5、6、7《甲金篆》748页。4《说文》223页。

会意字。从心，从頁；"心"，古人以为情思之器官；"頁"本像人首脸面之形；此字从心中忧愁反映在脸面上会意。本义是忧愁、发愁。《说文》："憂，愁也。"段玉裁注："上文云'愁，憂也'，此云'憂，愁也'，二篆互训。不知何时浅人尽易许书憂字为憂。许于夊部曰：'憂，和行也。从夊，憂声。'非和行则不得从夊矣。又引《诗》'布政憂憂'，于此知许所据诗惟此作憂，其他训愁者皆作憂。自段憂代憂，则不得不段優代憂。而《商颂》乃作'布政優優'，優者，饶也。一曰倡也。""憂"的"和行"义是说悠闲自在地缓行，段说是。"憂"本"憂"本字，"憂"本"優"本字；文献以"憂"代"憂"而以"優"代"憂"。中山王鼎："昔者虖(吾)先祖趠王、邵(昭)考成王，身勤社稷行四方，以憂(憂)劳邦家。"由忧愁引申指使人忧愁之事，如困难、忧患、祸患、疾病、丧事等。字形1出自西周晚期毛公鼎，文例为："俗(欲)我弗作(作)先王憂。"此例各家多释为"憂"(忧)，按字形，像突出头部而特加手形的人，故有释为"覓"或"擾"的可能性。录以备考。字形2以下从上"頁"、下"心"，可确释为"憂"字。后"憂"行而"憂"废，现代汉字简化时，"憂"简作从"心"、"尤"声的"忧"。（郭小武 叶青）

患 huàn 匣纽、元部；匣纽、谏韵、胡惯切。

悶（《说文》古文）
患—患—患—患—患—患
《说文》古文《说文》小篆 汉 汉 汉 楷书

1、2、3《说文》223页。4、5、6《甲金篆》748页。

形声字。从心，串声。本义为忧虑、担忧。《说文》："患，忧也。"《论语·宪问》："不患人之不己知，患其不能也。"由忧虑引申为厌恶、憎恶；又由忧虑引申指忧虑的对象，如灾难、祸患、弊病、疾病等；由疾病又引申为害病。《说文》古文从"心"、"關"省声，或作从"心"、"串"声，小篆为上"串"、下"心"，隶楷文字由小篆演变而来，写作"患"。按，此字所从声符"串"，《说文》所无，旧说谓"毌"（"毌"的后起字为"贯"）之变形。段玉裁注"患"下云："古本当作从心、毌声……毌、贯古今字……患字上从毌，

或横之作申，而又析为二中之形，盖恐类于申也。"（郭小武 叶青）

慴（慑）shè 章纽、叶部；章纽、叶韵、之涉切。

慴—慴—慴—慑
《说文》小篆 汉 楷书 楷书

1《说文》223页。2《隶辨》775页。

形声字。从心，聶声。本义为丧气。《说文》："慴，失气也。"按，凡从"聶"声之字（包括"聶"本身也一样），多含收敛及不振之义，如"鑷""攝""躡""囁"等。"慴"字属于这个同源字群，其音义与上列诸字有深层关联。《礼记·曲礼上》："富贵而知好礼，则不骄不淫；贫贱而知好礼，则志不慴。"由丧气引申为恐惧、害怕，又引申为悲戚、哀伤；又用为使动用法，意为使害怕屈服，即震慴、威慴。《说文》："慴，一曰服也。"隶楷文字由小篆演变而来，写作"慴"。现代汉字简化时，"聶"简作"聂"，"慴"因此类推简化作"慑"。（郭小武 叶青）

憚（惮）dàn 定纽、元部；定纽、翰韵、徒案切。
dá 端纽、月部；端纽、曷韵、当割切。

憚—憚—憚—憚—惮
战国《说文》小篆 汉 楷书 楷书

1、3《甲金篆》749页。2《说文》223页。

形声字。从心，單声。本义为畏惧、害怕，读作dàn。《说文》："憚，忌难也。一曰难也。"段玉裁注："凡畏难曰憚，以难相恐吓亦曰憚。"《论语·学而》："过则勿憚改。"《楚辞·离骚》："岂余身之憚殃兮，恐皇舆之败绩（溃败）。"由畏惧引申为敬畏，又引申为威盛、盛怒；由畏惧引申为憎恶、忌恨。又用作使动用法，意为使畏惧、使害怕，这一意义读作dá。"憚"与"怛"存在同源关系，在源头上音义相通。金文为上下结构，作上"單"、下"心"；小篆成左右结构，作左"心"、右"單"；隶楷文字由小篆演变而来，写作"憚"。现代汉字简化时，"單"据居延汉简等简作"单"，"憚"因此推类简化作"惮"。（郭小武 叶青）

恐 kǒng 溪纽、东部；溪纽、肿韵、丘陇切。
又区用切。

工―――――恐―恐―恐
战国 《说文》古文 秦 《说文》小篆 汉 汉 汉 楷书

1、3、5、6、7《甲金篆》749页。2、4《说文》223页。

形声字。从心,巩声。金文与《说文》古文均从"心"、"工"声;秦简与汉篆改"工"声为"巩"声,隶楷文字与秦简一脉相承,写作"恐"。本义为畏惧、惊恐。《说文》:"恐,惧也。""恐""惧"本同源,音义均相关,故《说文》以"惧"训"恐",借以沟通两字在形(同从"心")、音(上古声、韵俱近)、义(均表害怕)各方面的联系。《书·金縢》:"天大雷电以风,禾尽偃,大木斯拔,邦人大恐。"《左传·僖公二十六年》:"何恃而不恐?"又用作使动用法,意为使之畏惧、恐吓、威吓,又常表示估计兼担心的意思,即"恐怕"。(郭小武 叶青)

慴(慹) shè 章纽、葉部;章纽、葉韵、之涉切。又徒协切。

慴¹―慴²―慴³―慴―慹
《说文》小篆 汉 汉 楷书 楷书

1《说文》223页。2《甲金篆》749页。3《隶辨》775页。

形声字。从心,習声。本义为恐惧、害怕。《说文》:"慴,惧也。"与"慹"音义近通。《庄子·达生》:"死生惊惧不入乎其胸中,是故遻(è,遇到)物而不慴。"陆德明释文:"慴,惧也。"又用作使动用法,意为使之恐惧、威慑,如汉枚乘《七发》:"恐虎豹,慴鸷鸟。"小篆为左"心"、右"習";汉隶"習"下略简;楷书由小篆演变而来,写作"慴"。现代汉字整理时,"慴"作为从"心"、"聂"声的"慹"的异体字被淘汰。(郭小武 叶青)

怵 chù 彻纽、术部;彻纽、术韵、丑律切。
xù 心纽、术部;心纽、术韵、雪律切。

怵¹―怵²―怵
《说文》小篆 汉 楷书

1《说文》223页。2《隶辨》679页。

形声字。从心,术声。本义为恐惧、害怕,读作 chù。《说文》:"怵,恐也。"《庄子·田子方》:"今汝怵然有恂目(眨眼)之志,尔于中(射中)也殆矣夫!"由恐惧、害怕引申为悲伤、凄凉,又为警惕。俗写"怵"或为"憷",如"怵场"也写"憷场"。至于"怵目惊心",则同"触目惊心"。又读作 xù,意为利诱、诱惑、引诱。《管子·心术上》:"不怵乎好,不迫乎恶。"(郭小武 叶青)

惕 tì 透纽、锡部;透纽、锡韵、他历切。

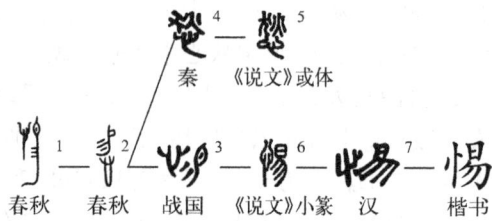
秦 《说文》或体

忄¹―忄²―惕³―惕⁶―惕⁷―惕
春秋 春秋 战国 《说文》小篆 汉 楷书

1-4、7《甲金篆》749页。5、6《说文》223页。

形声字。从心,易声。金文字形为左"心"、右"易",或作上"易"、下"心";小篆由金文演变而来,为左右结构。或体与秦简一脉相承,作从"心"、"狄"声,为上下结构;隶楷文字由小篆演变而来,写作"惕"。本义为恭敬。《说文》:"惕,敬也。"由恭敬引申为警惕、谨慎,又引申为畏惧、戒惧。《书·盘庚上》:"惟汝含德,不惕予一人。"《左传·襄公二十二年》:"无日不惕,岂敢忘职。"杜预注:"惕,惧也。"由畏惧引申为忧伤。"惕"在古代还有疾、急速之义。(郭小武 叶青)

惶 huáng 匣纽、阳部;匣纽、唐韵、胡光切。

惶¹―惶²―惶³―惶
《说文》小篆 汉 汉 楷书

1《说文》223页。2、3《甲金篆》750页。

形声字。从心,皇声。本义为惊慌、恐惧。"惶"与"恐""惧"及"惊""慌"均有同源关系,但关系不是很近。其主要差别在于:"惶"更重情状描摹,虽为形容词而倾向于副词用法(如说"惶惶不可终日")。而"恐""惧"则形中带动,"惊""慌"则维持形容词为固有的主要用法。《说文》:"惶,恐也。"《史记·刺客列传》:"(秦王)拔剑,剑长,操其室(剑鞘)。时惶急,剑坚(剑鞘套得紧),故不可立拔。"由惊慌引申为迷惑或慌忙、慌张。(郭小武 叶青)

耻(恥) chǐ 彻纽、之部;彻纽、止韵、敕里切。

1《说文》223页。2、3、4《甲金篆》750页。

会意兼形声字。从心,从耳,耳亦声,从因耻辱而面红耳赤("耳"、"心"是典型位置)会意,从耳兼示读音。小篆为左"耳"、右"心",简帛文字也作上"耳"、下"心";隶书因形近变从"心"为从"止",成为从"耳"、"止"声的形声字;楷书形体由小篆演变而来,写作"耻"。现代汉字整理时,"恥"作为"耻"的异体字被淘汰。汉字字形流变中常发生借形兼借其音或义的现象,从"恥"到"耻"就是一例。本义为耻辱。《说文》:"恥,辱也。"《周礼·地官·司救》:"三罚而士加明刑,耻诸嘉石(有纹理的石头,立于外朝门左,周民有罪过者,坐在上面以示羞耻),役诸司空。"《论语·子路》:"行己有耻,使于四方,不辱君命,可谓士矣。"也指耻辱的事情。由耻辱引申为羞愧,又用作使动,意为使之羞愧、侮辱、羞辱。(郭小武 叶青)

忝 tiǎn 透纽、侵部；透纽、忝韵、他玷切。

1《说文》223页。2、3《甲金篆》750页。

形声字,从心,天声。本义为辱没。《说文》:"忝,辱也。"《诗·小雅·小宛》:"夙兴夜寐,毋忝尔所生(所由生,即父母)。"毛传:"忝,辱也。"《书·尧典》:"否(通'鄙')德忝帝位。"后多用作谦词,表示辱没他人而有愧,如《后汉书·杨赐传》:"臣受恩偏特,忝任师傅,不敢自同凡臣,括囊避咎。"现还有"忝为人师"、"忝列门墙(愧在师门)"的说法。(郭小武 叶青)

慙(惭) cán 从纽、谈部；从纽、谈韵、昨甘切。

1《说文》223页。2《甲金篆》750页。3《隶辨》314页。

形声字。从心,斬声。本义为羞愧,唐宋后字也作"慚"。《说文》:"慙,媿(愧)也。"《易·系辞下》:"将叛者其辞慙,中心疑者其辞枝(歧)。"《玉篇·心部》云:"慚",同"慙"。唐李复言《续玄怪录·李卫公靖》:"公慙怖,不知所对。"隶楷文字由小篆演变而来,写作"慙"。现代汉字整理时,将"慙"作为"慚"的异体字淘汰;又据居延汉简等将"車"简作"车","慚"简化作"惭"。(郭小武 叶青)

怍 zuò 从纽、铎部；从纽、铎韵、在各切。

1《说文》223页。

形声字。从心,乍声。本义为惭愧、羞惭。《说文》:"怍,惭也。"《论语·宪问》:"其言之不怍,则为之也难。"《庄子·让王》:"审自得者,失之而不惧;行修于内者,无位而不怍。"由羞惭引申为脸色改变。《礼记·曲礼上》:"将即席,容毋怍。"郑玄注:"怍,颜色变也。"(郭小武 叶青)

憐(怜) lián 来纽、真部；来纽、先韵、落贤切。

1、3《甲金篆》750页。2《说文》223页。

形声字。从心,粦声。本义为哀怜、怜悯。《说文》:"憐,哀也。"《商君书·兵守》:"壮男壮女过老弱之军,则老使壮悲,弱使强怜,悲怜在心,则使勇民更虑(改变斗志),而怯民不战。"由哀怜、怜悯引申为疼爱、怜爱。石鼓文作上"粦"、下"心";小篆成左右结构,为左"心"、右"粦";隶楷文字由小篆演变而来。现代汉字简化时,"憐"据隋唐墓志、变文简作"怜"。(郭小武 叶青)

忍 rěn 日纽、文部；日纽、轸韵、而轸切。

1、3、4《甲金篆》750页。2《说文》223页。

形声字。从心,刃声。本义为抑制、忍耐,读作rěn。《说文》:"忍,能(通"耐")也。"王筠句读:"能读为耐。"《书·汤诰》:"尔万方百姓,罹其凶害,弗忍荼毒,并告无辜于上下神。"《论语·卫灵公》:"小不忍则乱大谋。"战国金文中山王壶:"则臣不忍见也。"由忍耐引申为狠心,又引申为残忍;由狠心引申为忍心、硬着心肠,如"惨不忍睹"。俗语有"心字头上一把刀,你就忍了吧"的说法,是对"忍"字分解后所形成的俏皮话。(郭小武 叶青)

懲(惩)

chéng 定纽、蒸部;澄纽、蒸韵、直陵切。

懲¹—懲—惩
《说文》小篆 楷书 楷书

1《说文》223页。

形声字。从心,徵声。本义为因过失而警戒。《玉篇·心部》:"懲,戒也。"《诗·周颂·小毖》:"予其惩而毖(谨慎)后患。"《礼记·表记》:"以德报德,则民有所劝;以怨报怨,则民有所惩。"由警戒过失引申为责罚、处罚,又为克制、制止,又为恐惧。楷书由小篆演变而来,写作"懲"。现代汉字简化时,借用远行义的"征"字字形,将"徵"简作"征","懲"因此类推简作"惩"。(郭小武 叶青)

憬

jǐng 见纽、阳部;见纽、梗韵、俱永切。

憬¹—憬²—憬
《说文》小篆 汉 楷书

1《说文》223页。2《隶辨》446页。

形声字。从心,景声。本义为觉悟、醒悟。《说文》:"憬,觉悟也。"明凌濛初《二刻拍案惊奇》卷二十四:"瞑目一想,憬然明悟。"古代还用来形容远行的样子,《诗·鲁颂·泮水》:"憬彼淮夷,来献其琛(珍宝)。"毛传:"憬,远行貌。"引申指远,《字汇·心部》:"憬,远也。"(郭小武 叶青)

慵

yōng 禅纽、东部;禅纽、钟韵、蜀庸切。

慵¹—慵
《说文》新附 楷书

1《说文》223页。

形声兼会意字。从心,从庸,庸亦声。楷书由小篆演变而来,写作"慵"。"慵"是"庸"的后起分化字。本义为懒、懒散。《说文》:"慵,懒也。"唐白居易《慵不能》:"架上非无书,眼慵不能看。匣中亦有琴,手慵不能弹。"还用同"庸",意为平庸,如"慵夫"。(郭小武 叶青)

忖

cǔn 清纽、文部;清纽、混韵、仓本切。

忖¹—忖
《说文》新附 楷书

1《说文》224页。

形声字。从心,寸声。本义为揣度、细想。《说文》:"忖,度也。"《诗·小雅·巧言》:"他人有心,予忖度之。"唐元稹《旱灾自咎贻七县宰》:"归来重思忖,愿告诸邑君。"古代还用作"刌"的通假字,意为切割。《礼记·玉藻》"瓜祭上环",孔颖达疏:"忖,切。谓切瓜。"陆德明释文:"忖也,本又作刌。"(郭小武 叶青)

慟(恸)

tòng 定纽、东部;定纽、送韵、徒弄切。

慟¹—慟²—慟—恸
《说文》新附 晋 楷书 楷书

1《说文》224页。2《甲金篆》751页。

形声字。从心,動声。本义为极度悲痛。《玉篇·心部》:"恸,哀也。"《论语·先进》:"颜渊死,子哭之恸。"《论衡·问孔》:"夫恸,哀之至也。"也指大哭、痛哭。《说文》:"恸,大哭也。"隶楷文字由小篆演变而来,写作"慟"。现代汉字简化时,"動"从俗简作"动","慟"因此类推简化作"恸"。(郭小武 叶青)

惹

rě 日纽、鱼部;日纽、马韵、人者切。

惹¹—惹
《说文》新附 楷书

1《说文》224页。

形声字。从心,若声。本义为心乱。《说文》:"惹,乱也。"心乱多由外物招惹引起,故后多用为招引、挑逗。唐段成式《柳枝》:"只向江南并塞北,酒旗相伴惹行人。"也用为沾染、沾上。南朝梁何逊《九日侍宴乐游苑》:"晴轩连瑞气,同惹御香芬。"由招引引申为牵扯,又引申为触动、触犯。(郭小武 叶青)

恰

qià 溪纽、缉部;溪纽、洽韵、苦洽切。

恰

怡¹—恰
《说文》新附　楷书

1《说文》224页。

形声字。从心,合声。本义为用心。《说文》:"恰,用心也。"《玉篇·心部》:"恰,用心也。"用心则能相合,引申为适合、恰好。唐杜甫《南邻》:"秋水才深四五尺,野航恰受两三人。"又用作副词,表示正好、刚刚、恰巧。(郭小武　叶青)

悌

tì 定纽、脂部;定纽、霁韵、特计切。又徒礼切。

悌¹—悌²—悌
《说文》新附　汉　楷书

1《说文》224页。2《甲金篆》751页。

形声兼会意字。从心,从弟,弟亦声,"悌"是"弟"的后起分化字。本义为敬爱兄长。《说文》:"悌,善兄弟也。"《孝经·广至德章》:"教以悌,所以敬天下之为人兄者也。"《论语·学而》:"弟子入则孝,出则悌。"引申为顺从长于己者。又可表示和乐平易,多见于"恺悌"一词。(郭小武　叶青)

怿(怿)

yì 喻纽、铎部;以纽、昔韵、羊益切。

怿¹—怿²—怿³—怿—怿
战国　《说文》新附　晋　楷书　楷书

1、3《甲金篆》751页。2《说文》224页。

形声字。从心,睪声。本义为喜悦、欢喜。《说文》:"怿,说(悦)也。"《书·康诰》:"我维有及,则予一人以怿。"《诗·小雅·頍弁》:"既见君子,庶几说(悦)怿。"《史记·郦生陆贾列传》:"高帝不怿而有惭色。"由喜悦引申为悦服。古陶文 (字形1)作上"睪"(上像目之形,下为"幸"讹省之形)、下"心",小篆成左右结构,作左"心"、右"睪";隶楷文字由小篆演变而来,写作"怿"。现代汉字简化时,"睪"据汉代草书简化,"怿"因此类推简化作"怿"。按,《说文》(包括《新附》)的"A,B也"的字释方式,往往在后世组成同义复合双音词"AB"(也有"BA"式的)。清朱仕琇《訾亭记》:"四时明晦,其状万变,所以发舒心意、怿悦精神者侈矣!"可知"怿(怿)悦"已然成词使用了。(郭小武　叶青)

水 部

水 shuǐ 书纽、微部;书纽、旨韵、式轨切。

水¹—水²—水³—水⁴—水⁵—水⁶—水⁷—水⁸
商　商　商　西周　春秋　战国　战国　《说文》小篆

水⁹—水¹⁰—水¹¹—水¹²—水
汉　汉　汉　汉　楷书

1、2、3《甲文编》431页。4《金文编》727页。5、6、7《战文编》733页。8《说文》224页。9—12《篆隶表》773页。

象形字。始见于商代甲骨文。形态各异,而以 为基本形体。像水蜿蜒流动之形。 像水流,两侧之点像水滴。表示水流之曲笔或多曲折( ),或作复式( ),曲向或左( )或右( ),表示水滴之点数或多或寡,于义无别。自周至秦,大体无二,基本作 形,或稍变作 形,仍不失象形之意。至汉,像水流之曲笔逐渐向直笔过渡,像水滴的点画两相连属,终成"水"字,象形遂失。甲骨文水字用作偏旁时,除图表所列诸形外,或作 、 、 等形;仅作水滴形,如 (沚),于义无别。又,古文字中水之偏旁位置,上、下、左、右、中变动不居,于义亦无别。凡此,于水部各字中不再赘述。战国文字水旁有作" "形者,为汉隶所本,沿袭至今。以上诸情,可于本部字中详勘。甲骨刻辞中或用为洪水、水灾之义。《英国所藏甲骨集》2593:"癸丑卜,贞:今岁亡(无)大水?"《合集》33356:"壬子卜,亡(无)水。"文献亦有相同之义。《书·舜典》:"帝曰:'俞!咨禹!汝平水土,惟时懋哉!'"孔传:"治洪水有成功。"水之本义为河流。启尊:"在洀水上。"《诗·卫风·竹竿》:"泉源在左,淇水在右。"引申为江、河、湖、海的通称。《书·微子》:"今殷其沦丧,若涉大水,其无津涯。"又,以河流之象形字"水"表示无色无味的透明液体。《诗·小雅·沔水》:"沔彼流水,朝宗于海。"引申泛指某些液态物质。如药水、铁水、酒水等。又,水静则平。由此衍生出水准,用水测平之义。《说文》:"水,准也。"《周礼·考工记·轮人》:"水之以眂(视)其平沈之均也。"又有游水、五行之一、水生动植物等义,不备举。(王逸鹤)

河

hé 匣纽、歌部;匣纽、歌韵、胡歌切。

1、2《甲文编》431页。3《金文编》727页。
4、5、7《战文编》733页。6《说文》224页。8、9、10《篆隶表》773页。

形声字。甲骨文所从之丁(丂,斧柯之柯本字)、𠂊、卜(何,担荷之荷本字),俱为声符。古音皆在歌部。金文声符部分或作𠂆形,乃𠂊、卜二形之进一步象形化。复增"口",并为声符。战国文字省去人形作"可",为小篆所本,遂为从水、可声的形声字。河,黄河。《尔雅·释水》:"河,出昆仑虚,色白;所渠并千七百一川,色黄;百里一小曲,千里一曲一直。"《说文》:"河,水。出焞(敦)煌塞外昆仑山,发原注海。"《合集》2328:"壬午卜,方贞,河枼。"《合集》5225:"壬辰,王其涉河。"同篇:"自漉东至于洇(河)。"《易·系辞上》:"河出图,洛出书,圣人则之。"《庄子·秋水》:"秋水时至,百川灌河。"又,河流的通称。《诗·周南·关雎》:"关关雎鸠,在河之洲。"又,指银河。《文选·谢朓〈暂使下都夜发新林至京邑〉》:"秋河曙耿耿,寒渚夜苍苍。"李善注:"秋河,天汉也。"(王逸鹤)

涪 fú　並纽、之部;奉纽、尤韵、缚谋切。
póu　並纽、之部;並纽、侯韵、薄侯切。

1《说文》224页。2《汉印徵》卷11,1页。3《篆隶表》774页。

形声字。从水,音声。水名。《说文》:"涪,水。出广汉刚邑道徼外,南入汉。"在四川省中部。又,古州名,故治所在今四川省涪陵县境。汉印有"涪丞之印"、"涪长之印"。以上读fú。又音póu。《集韵·侯韵》:"涪,涪沤,水泡。"(王逸鹤)

潼 tóng　定纽、东部;定纽、东韵、徒红切。

1《说文》224页。2、3《汉印徵》卷11,1页。4《隶辨》2页。

形声字。从水,童声。水名。凡三:1. 在今四川省梓潼县境。《说文》:"潼,水。出广汉梓潼北界,南入垫江。"2. 在安徽省五河县境。3. 在陕西省潼关县境。又,地名。汉印有"梓潼令印"。又,关隘名。"潼关",在陕西省潼关县境。(王逸鹤)

江 jiāng　见纽、东部;见纽、江韵、古双切。

1、3《战文编》734页。2《金文编》727页。4《说文》224页。5《篆隶表》774页。

形声字。从水,工声。古代专指长江。《说文》:"江,水。出蜀湔氐徼外崏(岷)山,入海。"《书·禹贡》:"江汉朝宗于海。"后用为江河的通称。《书·禹贡》:"九江孔殷。"孔颖达疏:"江以南,水无大小,俗人皆呼为江。"《文选·鲍照〈芜城赋〉》:"重江复关之隩,四会五达之庄。"宋宋祁《宋景文公笔记·释俗》:"南方之人谓水皆曰江;北方之人谓水皆曰河。"(王逸鹤)

沱 tuó　定纽、歌部;定纽、歌韵、徒河切。
duò　定纽、歌部;定纽、哿韵、徒可切。
chí　定纽、歌部;澄纽、支韵、直离切。

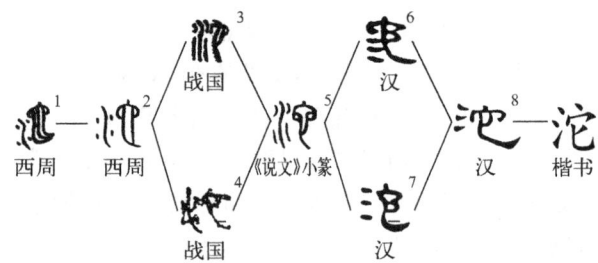

1、2《金文编》727页。3、4《战文编》734页。5《说文》224页。6、7、8《篆隶表》774页。

形声字。从水,它声。江水的支流。《尔雅·释水》:"江有沱,河有灉,汝有濆。"《诗·召南·江有汜》:"江有沱,之子归,不我过。"毛传:"沱,江之别者。"又,古水名。凡三:1. 指四川省郫县的古湔水,约为今之柏条河。《说文》:"沱,江别流也,出崏(岷)山东,别为沱。"2. 指湖北省枝江县百里洲北,今长江正流一段。或以为即此段至江陵县东流,经监利县、沔阳县入汉之古夏水。又,《正字通》:"沱,涕垂貌。"《易·离》:"出涕沱若,戚嗟若。"以上诸义读tuó。又音duò。《集韵·箇韵》:"沱,水皃。"又音chí,后作"池"。《集韵·支韵》:"沱,穿地钟水。亦作池"。赵孟頫:"遇邗王于黄沱。"邗王,即吴王。黄沱,《左传》作"黄池"。(王逸鹤)

浙 zhè
章纽、月部;章纽、薛韵、旨热切。

形声字。从水,折声。江名,即今之钱塘江。《说文》:"浙,江。水东至会稽山阴为浙江。"又,地名。1. 古州名。其境约当今贵州习水县一带。2. 宋代两浙路的简称;后浙江省也简称浙。(王逸鹤)

沫 mò
明纽、月部;明纽、末韵、莫拨切。

形声字。从水,末声。水名。即今四川大渡河。《说文》:"沫,水。出蜀西徼外,东南入江。"又,《玉篇·水部》:"沫,水浮沫也。"《广韵·末韵》:"沫,水沫。"《文选·宋玉〈高唐赋〉》:"巨石溺溺之瀺灂兮,沫潼潼而高厉。"又,唾液;涎沫。《庄子·大宗师》:"泉涸,鱼相与处于陆,相呴以湿,相濡以沫,不如相忘于江湖。"(王逸鹤)

溫(温) wēn
影纽、文部;影纽、魂韵、乌浑切。

形声字。从水,昷声。水名。凡三:1. 即今贵州省遵义市东的洪江。《说文》:"溫,水。出犍为涪,南入黔水。"(桂馥义证:"'涪',当作'符'。")2. 即今南盘江上游。3. 温江,岷江支流,在今四川省温江县。又,暖和。《广雅·释诂三》:"温,煖也。"《礼记·曲礼上》:"冬温而夏清。"又,使暖和。南朝宋刘义庆《世说新语·任诞》:"王大(忱)服散后,……不能冷饮,频语左右,令温酒来。"引申为平和、柔和等义。溫今作"温"。(王逸鹤)

灊 qián
从纽、侵部;从纽、盐韵、昨盐切。

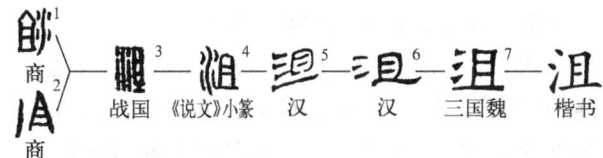

形声字。从水,鷺声。水名。《说文》:"灊,水。出巴郡宕渠,西南入江。"也作"潜"。在四川省境,即今之渠江。又,古县名。故城在安徽省霍山县东北。汉印有"灊街长印"。(王逸鹤)

沮
jū 清纽、鱼部;清纽、鱼韵、七余切。
jù 从纽、鱼部;从纽、语韵、慈吕切。
jù 精纽、鱼部;精纽、御韵、将预切。

形声字。从水,且声。水名,凡六:1. 渭河支流漆水,即今陕西省彬县、岐山一带的漆沮水。周朝发祥地。或谓漆、沮为二水。2. 源出山东省濮县,今湮。3. 在陕西省境内,会漆水,东流入渭水。有别于岐周之沮水。4. 一名东沮水,源出陕西省黄陵县西北子午岭,东经县南入洛水。5. 汉水的别源,一名上沮水。源出陕西省略阳县,东流至勉县,与汉水西源合。6. 源出湖北省保康县西南,东南流与漳水合,又南流经江陵县西境入江。《说文》:"沮,水。出汉中房陵,东入江。"又,古县名。以上读jū。又音jù。《广韵·语韵》:"沮,止也。"《诗·小雅·巧言》:"君子如怒,乱庶遄沮。"毛传:"沮,止也。"又,《集韵·语韵》:"沮,败也。"《诗·小雅·小旻》:"谋犹回遹,何日斯沮。"《淮南子·说山》:"故沮舍之下,不可以坐。"高诱注:"沮,舍坏也。"又,诋毁;诽谤。《汉书·李陵传》:"上以迁诬罔,欲沮贰师,为陵游说,下迁腐刑。"又,恐吓;恐惧。《礼记·儒行》:"劫之以众,沮之以兵。"郑玄注:"沮,谓恐怖之也。"又,沮丧。《庄子·逍遥游》:"举世而非之而不加沮。"成玄英疏:"率土非毁,亦不加其沮丧。"又,《小尔雅·广言》:"沮,疑也。"唐司空图《太尉琅琊王公河中生祠碑》:"公实宽宏,且无猜沮。"又,清朱骏声《说文通训定声·豫部》:"沮,叚借为俎。"《隶释·巴郡太守张纳碑》:"既脩沮梪,导我以文。"洪适注:"以沮梪为俎豆。"又音jù。《广雅·释诂一》:"沮,湿也。"《广韵·御韵》:"沮,沮洳,渐湿。"《诗·魏风·汾沮洳》:"彼汾沮洳。"《礼记·王制》:"居民山川沮泽,时四时。""沮(字形6)梨"假为"柤",同"樝",即"楂",山楂。汉印用为人名。(王逸鹤)

滇

diān　端纽、真部;端纽、先韵、都年切。
tián　定纽、真部;定纽、先韵、徒年切。

1《说文》225页。2《篆隶表》776页。3《汉印徵》卷11,2页。4《隶辨》175页。

形声字。从水,真声。湖名。滇池,又称昆明湖、昆明池、滇南泽,在云南省昆明市西南。《说文》:"滇,益州池名。"又,古国名。在今云南省东部滇池附近地区。又,古族名,西南夷的一支。又,云南省的简称。以上诸义读diān。又音tián。《汉书·礼乐志》:"泛泛滇滇从高斿(游)",颜师古注引应劭曰:"滇滇,盛貌也。"又,《篇海类编·地理类·水部》:"滇,水流皃。"又,《字汇补·水部》:"滇,与填塞之填同。"(王逸鹤)

涂

tú　定纽、鱼部;定纽、模韵、同都切。
chú　定纽、鱼部;澄纽、鱼韵、直鱼切。

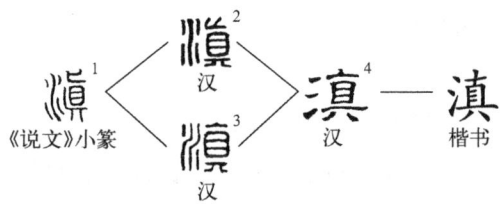

1、2《甲文编》433页。3《战文编》734页。4、8《篆隶表》776页。5《说文》225页。6、7《汉印徵》卷11,2页。

形声字。从水,余声。水名。凡二:1. 即今云南省牛栏江。源出寻甸回族彝族自治县,北流至威宁折向西北,至鲁甸县入金沙江。《说文》:"涂,水。出益州牧靡南山,西北入渑。"姚文田、严可均校议:"《说文》无渑字,当作绳。"2. 洞涡水(潇河)支流。在山西省榆次县境。又,道路。后作"途"。《周礼·地官·遂人》:"百夫有洫,洫上有涂。"郑玄注:"径、畛、涂、道、路,皆所以通车徒于国都也……涂容乘车一轨。"《汉书·礼乐志》:"大朱涂广,夷石为堂。"颜师古注:"涂,道路也。"《释名·释道》:"涂,度也,人所由得通度也。"又,涂抹;粉饰。后作"塗",今又简化为"涂"。《说文·木部》:"杇,所以涂也。"段玉裁注:"涂者,饰墙也。"又,古月令名(或读chú)。《尔雅·释天》:"十二月为涂。"以上诸义读tú。又音chú。通"除",扫除。《荀子·礼论》:"卜筮视日,斋戒修涂。"梁启雄注引王念孙曰:"涂,读为'除'。《周官·典祀》:'若以时祭祀,则帅其属而修除。'注:'修除,芟埽之。'……作涂者,借字耳。"又,古水名。即今安徽省合肥市东北之滁河。(王逸鹤)

沅

yuán　疑纽、元部;疑纽、元韵、愚袁切。

1《战文编》735页。2《说文》225页。3《篆隶表》776页。

形声字。从水,元声。水名。在湖南省西部。源出贵州省云雾山,上游称清水江。流经湖南,入洞庭湖。《说文》:"沅,水。出牂牁故且兰,东北入江。"(王逸鹤)

淹

yān　影纽、谈部;影纽、盐韵、央炎切。
yǎn　　　　　　影纽、琰韵、衣俭切。

1《说文》225页。2《篆隶表》776页。

形声字。从水,奄声。水名。即今金沙江自发源地至四川省攀枝花市的一段。在攀枝花市东与雅砻江(古称若水)汇合。《说文》:"淹,水。出越嶲徼外,东入若水。"又有浸渍、淹没、停滞、时间久长、深广、埋没等义。例不备举。用盐浸渍食物义后作"醃"。以上诸义读yān。又音yǎn。《集韵·琰韵》:"淹,水涯也。"又,"淹,缲丝出绪也。"(王逸鹤)

溺

niào　泥纽、宵部；泥纽、啸韵、奴吊切。
ruò　日纽、药部；日纽、药韵、而灼切。
nì　泥纽、药部；泥纽、锡韵、奴历切。

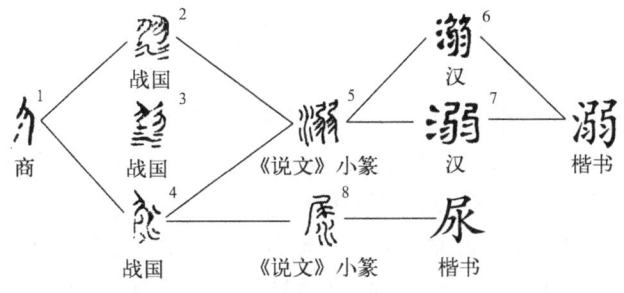

1《甲骨文字典》1187页。2、3、4《战文编》735页。5《说文》225页。6、7《篆隶表》776页。8《说文》175页。

始见于商代甲骨文。既可视为整体象形字，亦可视作从亻，从氵，像人遗溺之会意字。为便溺之溺字初文。战国文字变氵为彡作(局部形体)，为小篆彡形所本。复重之，更增水旁，遂为从水、弱声的形声字，而本义晦。战国文字有之一形，隶定之可作"伙"或"尿"，与甲骨文构形之意同。其形当即《说文·尸部》训"人小便也"之"屎"字。又，《集韵·啸韵》："尿，亦作溺。"按：尿，即《说文》之"屎"字，乃依篆文隶定不同。是屎、尿、尿、溺一字，本义为小便。《庄子·人间世》："以蜄盛溺。"《史记·扁鹊仓公列传》："中热，故溺赤也。"又，动词，撒尿。《韩非子·内储说下》："类溺者之状。"以上读niào。又音ruò。水名。文献中也作"弱水"，又名"额济纳河"，在甘肃省西北部。《说文》："溺，水。自张掖删丹西至酒泉合黎，馀波入于流沙。"甲骨刻辞用为(体)弱义。《殷虚文字甲编》1128："己巳卜，贞：有疒(疾)，王溺。"谓商王有病，体弱。文献中亦通"弱"。清许槤《读〈说文〉记》："盖弱、溺古本一字，故《易·大过》王弼注：'拯弱兴衰'救其弱，《释文》'弱，本作溺'。《春秋·昭八年》'陈侯溺'，《汉书·古今人表》作'弱'，是其证也。"又音nì。《释名·释丧制》："死于水者曰溺。"又，《正字通》："凡人情沈湎不反亦曰溺。"引申为陷入、失陷、失职等义。(王逸鹤)

洮

táo　透纽、宵部；透纽、豪韵、土刀切。
yáo　　　　　　以纽、宵韵、馀昭切。

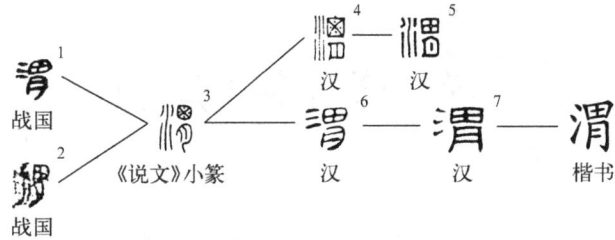

1《说文》225页。2《篆隶表》776页。3《隶辨》206页。

形声字。从水，兆声。水名。凡三：1. 在甘肃省西南部，黄河上游支流。源出甘肃、青海边境的西倾山东麓。《说文》："洮，水。出陇西临洮，东北入河。"2. 山西省涑水上游支流。3. 在广西全州西。又，春秋曹、鲁二地名。故址分别在今山东省鄄城西及泗水县境。又，《集韵·豪韵》："洮，盥也。"又同"淘"，淘洗。北魏贾思勰《齐民要术·作菹藏生菜法》："……出，置冷水中，净洮。"以上诸义读táo。又音yáo。湖名。又名长荡湖、长塘湖。在江苏省溧阳、金坛两县境内。(王逸鹤)

泾(泾)

jīng　见纽、耕部；见纽、青韵、古灵切。

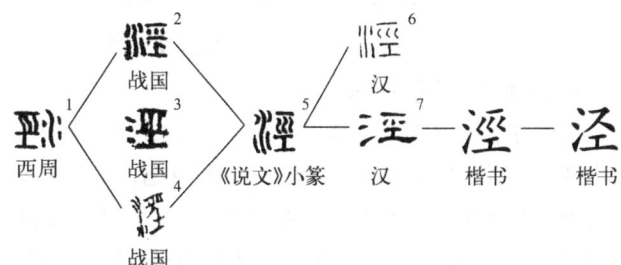

1《金文编》728页。2、3、4《战文编》735页。5《说文》225页。6《汉印徵》卷11，2页。7《四体大字典》768页。

形声字。从水，巠声。水名。凡二：1. 渭水支流，在陕西省中部，也称泾河。《说文》："泾，水。出安定泾阳开头山，东南入渭，雝州之川也。"克钟："王亲令克遹(音yù。义循)泾东至于京自(師)。" 2. 安徽省南部青弋江上流有泾溪(又名"赏溪")。又，古州名；古县名。泾所从声符"巠"今简化作"𢀖"，凡所从者依例简化。(王逸鹤)

渭

wèi　匣纽、物部；云纽、未韵、于贵切。

1、6、7《篆隶表》777页。2《战文编》735页。3《说文》225页。4、5《汉印徵》卷11，2页。

形声字。从水，胃声。水名。源出甘肃省渭源县鸟鼠山，横贯陕西省中部，至潼关入黄河。《说文》："渭，水。出陇西首阳渭首亭南谷，东入河。……杜林说，《夏书》以为出鸟鼠山。雝州浸也。"又古州名。其地有三：1. 北魏庄帝置。清代为巩昌府，治所在今甘肃省陇西县西南。2. 唐侨置渭州。在今甘肃省平凉县。3. 辽置。在今辽宁省黑山县境。（王逸鹤）

漾

yàng 喻纽、阳部；以纽、漾韵、徐亮切。
yǎng 以纽、养韵、以两切。

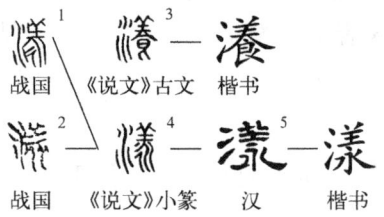

1、2《战文编》736页。3、4《说文》225页。5《四体大字典》808页。

形声字。小篆从水，羕声。水名。凡二：1. 今嘉陵江上源的西汉水。源出甘肃省天水市西南。《说文》："漾，水。出陇西相（《集韵》引《说文》作'氐'）道，东至武都为汉。"2. 汉水上流。源出陕西省宁羌县北嶓冢山。又，《文选·王粲〈登楼赋〉》李善注："《韩诗》曰：'江之漾矣，不可方思。'薛君曰：'漾，长也。'"以上读 yàng。又音 yǎng。《集韵·养韵》："瀁，混漾，水兒。或从养。"《篇海类编·地理类·水部》："漾，水摇动兒。"南朝宋谢惠连《泛南湖至石帆诗》："涟漪繁波漾，参差层峰峙。"引申为浮动、漂动、游动、泛滥、挥动、晃动、闪耀等义。例不备举。按：漾，《说文》古文作"瀁"，非一字。所从声符之形体演变参"羕"、"養"条。（王逸鹤）

漢（汉）

hàn 晓纽、元部；晓纽、翰韵、呼旰切。

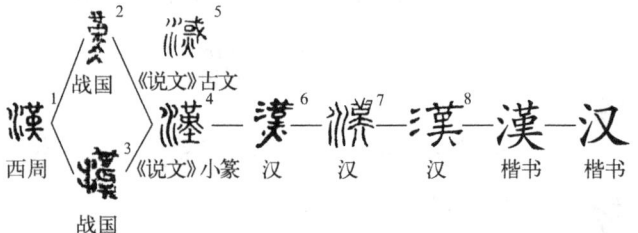

1《汉语字形表》420页。2、3《战文编》736页。4、5《说文》225页。6、7、8《篆隶表》777页。

形声字。《说文》："从水，難省声。"水名，也称汉江。长江最大的支流。源出陕西省宁强县，流经湖北，在武汉市入长江。《书·禹贡》："嶓冢导漾，东流为汉。"孔传："泉始出山为漾水，东南流为沔水，至汉中东流为汉水。"《说文》："漢，漾也。东为沧浪水。"朱骏声通训定声："域中大水也。出今陕西汉中府宁羌州北嶓冢山为漾，至南郑县西为汉，今名东汉水，东流至湖北襄阳府均州名沧浪之水，又东南流至汉阳府汉阳县汉口合江。"又，天河；银河。《尔雅·释天》："箕斗之间，汉津也。"《诗·小雅·大东》："维天有汉，监亦有光。"毛传："汉，天河也。"又，种族名、朝代名、国名、地名、男子的称呼等。不备举。六年葉（漢）中守戈省水旁，于义无别。按：《说文》出古文"滅"字，其右下从"火"。《集韵·翰韵》从"大"，《康熙字典》书眉篆字从"天"，均当为传写之讹。漢，今简作"汉"。（王逸鹤）

浪

láng 来纽、阳部；来纽、唐韵、鲁当切。
làng 来纽、阳部；来纽、宕韵、来宕切。

1《说文》225页。2《汉印徵》卷11，3页。3《篆隶表》777页。

形声字。从水，良声。"沧浪"：1. 古水名。所指不一。《说文》："浪，沧浪水也。南入江。"《书·禹贡》："嶓冢导漾，东流为汉，又东为沧浪之水。"孔传："别流在荆州。"北魏郦道元《水经注·夏水》："刘澄之著《永初山川记》云：'夏水，古文以为沧浪，渔父所歌也。'"2. 青苍色，多指水色。《吕氏春秋·审时》："后时者，弱苗而穗苍狼。"毕沅辑校："苍狼，青色也，在竹曰'苍筤'，在天曰'仓浪'，在水曰'沧浪'。"《文选·陆机〈塘上行〉》："发藻玉台下，垂影沧浪泉。"李善注："孟子曰：'沧浪之水清。'沧浪，水色也。"3. 形容头发斑白。唐姚合《奉和前司苏郎中惊斑鬓之什》："逸鬓沧浪有几茎。"4. 歌曲名。《孟子·离娄上》："有孺子歌曰：'沧浪之水清兮，可以濯我缨；沧浪之水浊兮，可以濯我足。'"后以"沧浪"指此歌，南朝梁刘勰《文心雕龙·明诗》："孺子'沧浪'，亦有全曲。"又，《集韵·唐韵》："浪，浪浪，流貌。"《楚辞·离骚》："揽茹蕙以掩涕兮，霑余襟之浪浪。"王逸注："浪浪，流貌也。"以上诸义读 láng。又音 làng。《玉篇》："浪，波浪也。"引申为像波浪起伏的事物，如麦浪。又，放荡，放纵。《广韵·宕韵》："浪，谑浪。"引申为轻率、随意等义。又，州名。（王逸鹤）

沔 miǎn 明纽、元部；明纽、狝韵、弥兖切。

春秋 战国 《说文》小篆 汉 楷书

1《战文编》736页。2《古文典》1078页。3《说文》225页。4《四体大字典》744页。

形声字。从水，丏声。汉水上源。在陕西省西南部。北源出今陕西省留坝县西，一名沮水；西源出今陕西省宁强县北。二源合流后通称汉水。《说文》："沔，水。出武都沮县东狼谷，东南入江。"《广韵·狝韵》："沔，汉水别名。"又，古州名；县名。又，通"渳"(mǐ)。《集韵·纸韵》："弥(渳)，水盛皃。或作沔。"清朱骏声《说文通训定声》："沔，叚借为渳……沔、渳双声。"《诗·小雅·沔水》："沔彼流水。"毛传："沔，水流满也。"又"沔沔"，水满荡漾貌。《石鼓文》二："汧殹沔沔"。又，《字汇补·水部》："沔，与湎同。《礼乐志》：'湛沔自若。'"（王逸鹤）

湟 huáng 匣纽、阳部；匣纽、唐韵、胡光切。

《说文》小篆 汉 楷书

1《说文》225页。2《四体大字典》789页。

形声字。从水，皇声。水名。凡二：1. 在青海省东部，源出海晏县包呼图山，东南流至甘肃省兰州市西达家川入黄河。《说文》："湟，水。出金城临羌塞外，东入河。"2. 广东连江上游。源出连县北部。又通"隍"。《大戴礼记·夏小正》："湟潦生苹。"传："湟，下处也。"孔广森补注："湟，隍也。有水曰池，无水曰隍。"（王逸鹤）

汧(汧) qiān 溪纽、元部；溪纽、先韵、苦坚切。

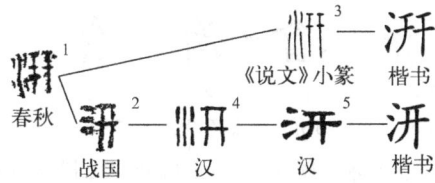

春秋 战国 《说文》小篆 汉 楷书

1、2、《战文编》736页。3《说文》225页。4《汉印徵》卷11，3页。5《四体大字典》740页。

形声字。从水，开声。水名。即今陕西省千河。源出甘肃省六盘山南麓，东南流至宝鸡市入渭河。《说文》："汧，水。出扶风汧县西北，入渭。"又，出水或流水停积聚集之地。《尔雅·释水》："汧，出不流。"郭璞注："水泉潜出便自停成汧池。"又，"水决入泽中者，亦名为汧。"又，同"岍"，山名。又，古县名。又，《声类》："汧，漂也。"字亦作"汧"。《正字通》："汧，同汧，俗省。"今通作"汧"。（王逸鹤）

潦(涝) láo 来纽、宵部；来纽、豪韵、鲁刀切。
lào 来纽、宵部；来纽、号韵、郎到切。

《说文》小篆 汉 楷书 楷书

1《说文》225页。2《四体大字典》815页。

形声字。从水，劳声。水名。凡二：1. 在陕西省，为关中八川之一。源出秦岭，北流入渭。下游屡迁。又名"潦水"。《说文》："潦，水。出扶风鄠，北入渭。"2. 汾水支流。在今山西省。源出浮山县黑山。又名"高河"、"长寿河"。又，大波。《文选·木华〈海赋〉》："飞潦相磕，激势相沏。"李善注："潦，大波也。"又，洗。《广雅·释诂二》："潦，洒也。"以上读láo。又音lào。《广韵·号韵》："潦，淹也。"引申为浇灌；灌溉。宋王安石《和钱学士喜雪》："公今早晚班春去，强劝潦田补岁饥。"潦所从声符"劳"今简化作"劳"，凡所从者依例简化。（王逸鹤）

漆 qī 清纽、质部；清纽、质韵、亲吉切。

战国 战国 《说文》小篆 汉 汉 楷书

1、2《战文编》736页。3《说文》225页。4、5《汉印徵》卷11，3页。

本作"桼"。象形字。《说文·桼部》："桼，木汁，可以髹物。象形。桼如水滴而下。"《玉篇·桼部》："桼，木汁，可以髹物。今为漆。"清段玉裁《说文解字注》："木汁名桼，因名其木曰桼。今字作漆，而桼废矣。"又谓："漆，水名也，非木汁也。"是"桼"之本义为桼木汁，即后来油漆之"漆"本字；增水为"漆"，用为水名。而后二者合一，诸义统归"漆"下，"漆"行而"桼"废。形声字。从水，桼声。水名。凡三：1. 渭水支流，今名漆水河。源出陕西省麟游县西，东南流至武功县西入渭水。《说文》："漆，水。出右扶风杜陵（阳）岐山，东入渭。一曰入洛。"2. 即今陕西省邠县的水簾河。又名白土川。3. 耀县石川河上源之一的水流。源出陕西省铜川市北。又，地名。凡二：1. 春秋邑名。在今山东省邹县东。2. 县名。秦置。治所在今陕西彬县。木名。漆树。落叶乔木。树汁与空气接触后即为"生漆"，可制涂料漆物。《书·禹贡》："（豫州）厥贡漆、枲、绨、纻。"引申泛指用漆树汁与其他树脂制成的涂料。又，木汁名漆，因名其树木为漆树。《诗·鄘风·定之方中》："树之榛栗，椅桐梓漆。"由涂料漆，派生出涂漆义。《战国策·赵策一》："豫让又漆身为厉，灭须去眉，自刑以变其容。"又，漆汁呈暗褐色，故又引申为黑色。《周礼·春官·巾车》："漆车。"郑玄注："漆车，黑车也。"（王逸鹤）

洛 luò　来纽、铎部；来纽、铎韵、卢各切。

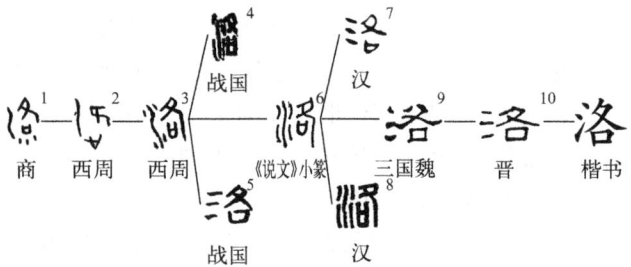

1《甲文编》433页。2《周原卜甲》27。3《金文编》729页。4《战文编》736页。5《古文典》487页。6《说文》225页。7、9、10《篆隶表》778页。8《汉印徵》卷11，3页。

形声字。从水，各声。水名。凡五：1. 今陕西省北洛河。源出陕西定边县，东南流至大荔县南三河口入渭河。《说文》："洛，水。出左冯翊归（襄）德北夷界中，东南入渭。"2. 约在今甘肃省境。3. 即今河南省洛河。原出陕西省雒南县华山东麓，经偃师至巩县洛口入黄河。本作"雒"。4. 今四川沱江诸源之一。亦作"雒"。5. 在安徽省。又名"洛涧"。又，地名，洛阳的简称。（王逸鹤）

淯 yù　喻纽、觉部；以纽、屋韵、余六切。

1《说文》225页。2《四体大字典》779页。

形声字。从水，育声。水名。即河南省白河。汉江支流。源出河南省嵩县西南攻离山。《说文》："淯，水。出弘农卢氏山，东南入海。……或曰出郦山西。"又，清朱骏声《说文通训定声·孚部》："淯，叚借为育。"《管子·宙合》："天淯阳，无计量。"尹知章注："淯，古育字。"（王逸鹤）

汝 rǔ　日纽、鱼部；日纽、语韵、人渚切。

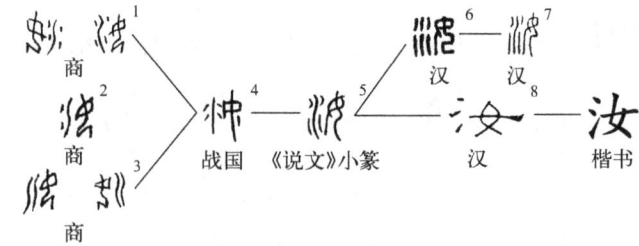

1、2、3《甲文编》433页。4《古文典》561页。5《说文》225页。6、7《汉印徵》卷11，3页。8《篆隶表》778页。

形声字。从水，女声。水名。凡二：1. 淮河支流。源出河南省鲁山县大孟山，入淮河。《说文》："汝，水。出弘农卢氏还归山，东入淮。"2. 江西省盱江下游，又名建昌江。又，古州名。又，《广韵·语韵》："汝，尔也。"《正字通·水部》："汝，本水名，借为尔汝字。"（王逸鹤）

汾 fén　並纽、文部；奉纽、文韵、符分切。

1《战文编》736页。2《说文》225页。3《汉印徵》卷11，3页。4《篆隶表》779页。

形声字。从水，分声。即汾河。源出山西省宁武县管涔山，于万荣县西入黄河。为黄河第二大支流。《说文》："汾，水。出太原晋阳山，西南入河。……或曰，出汾阳北山。冀州浸。"又，古州名、地名。（王逸鹤）

浍（浍）kuài　见纽、月部；见纽、泰韵、古外切。
huì　晓纽、觉部；晓纽、末韵、呼括切。
huá　匣纽、黠韵、户八切。

1《说文》225页。2《篆隶表》779页。

形声字。从水，會声。田间的水沟，排水道。《尔雅·释水》："水注川曰谿，注谿曰谷，注谷曰沟，注沟曰浍。"《周礼·地官·稻人》："以浍写（泻）水。"郑玄注："浍，田尾去水大沟。"读 kuài。又音 huì。水名。今称浍河。凡二：1. 在山西省。源出山西翼城县东北浍山下，西流至侯马入汾河。《说文》："浍，水。出霍山，西南入汾。"2. 在安徽省北部。下游入洪泽湖。又，地名。又，同"澮"，深广貌。又音 huá。《集韵·黠韵》："浍，雨水合也。"引申为大

水冲击义。澮所从声符"會"今简化作"会",凡所从者依例简化。(王逸鹤)

沁 qìn 清纽、侵部;清纽、沁韵、七鸩切。

《说文》小篆 汉 楷书

1《说文》225页。2《四体大字典》742页。

形声字。从水,心声。水名。凡二:1.源出山西省沁源县东北緜山东谷,南流至河南省武陟县南入黄河。《说文》:"沁,水。出上党羊头山,东南入河。"2.沁河。源出河北省邯郸县紫金山,北流入滏阳河。又,古州名;县名。又,渗入;渗透。清朱骏声《说文通训定声·临部》:"沁,按:唐人诗用为沁脾字。此渍灌之意。"唐孙欣《奉试冷井诗》:"灵液沁成泉。"(王逸鹤)

沾 zhān 端纽、侵部;知纽、盐韵、张廉切。
tiān 透纽、侵部;透纽、添韵、他兼切。
diàn 端纽、侵部;端纽、椓韵、都念切。

《说文》小篆 汉 楷书

1《说文》226页。2《篆隶表》779页。

形声字。从水,占声。水名。淇水支流。源出山西省壶关县南赵掌尖老山南麓,东流经河南省,至鹤壁市西入淇水。《说文》:"沾,水。出壶关,东入淇。"又,通"霑"。《集韵·盐韵》:"霑,《说文》:'雨䨴也。'通作沾。"《庄子·齐物论》:"涕泣沾襟。"引申为受益、沾光、沾染等义。又,充足;充溢。白石神君碑:"不朝终日,而澍雨沾洽。"又,《集韵·盐韵》:"沾,沾沾,轻薄也。"《汉书·窦婴传》:"魏其沾沾自喜耳,多易。"颜师古注:"沾沾,轻薄也。"以上诸义读zhān。又音tiān。《说文》:"一曰,沾,益也。"徐锴系传:"今俗作添。"段玉裁注:"沾、添古今字,俗制添为沾益字而沾之本义废矣。"又音diàn。古水名。即今山西省昔阳县的松溪河。又,古县名。(王逸鹤)

漳 zhāng 章纽、阳部;章纽、阳韵、诸良切。

《说文》小篆 汉 楷书

1《说文》226页。2《篆隶表》779页。

形声字。从水,章声。水名。凡四:1.漳河。有浊漳、清漳二水,均源出山西省,至河南省林县北界合。《说文》:"漳,浊漳出上党长子鹿谷山,东入清漳;清漳出沾山大要谷,北入河。"2.源出湖北省南漳县西南,东南流经当阳县合沮水。《说文》:"南漳,出南郡临沮。"3.在湖北省云梦县。源出湖北省大洪山。4.漳江。在福建省。源出福建省平和县南。又,古州名,即今漳州市。(王逸鹤)

淇 qí 群纽、之部;群纽、之韵、渠之切。

《说文》小篆 汉 汉 楷书

1《说文》226页。2《篆隶表》779页。3《四体大字典》773页。

形声字。从水,其声。水名。又名淇河。在河南省北部。源出河南省林县,经汲县东北入黄河。《说文》:"淇,水。出河内共北山,东入河。或曰出隆虑西山。"《诗·卫风·淇奥》:"瞻彼淇奥,绿竹猗猗。"又,古州名;山名。(王逸鹤)

蕩(荡) tāng 透纽、阳部;透纽、唐韵、吐郎切。
dàng 定纽、阳部;定纽、荡韵、徒浪切。

《说文》小篆 汉 汉 汉 楷书 楷书

1《说文》226页。2、3、4《篆隶表》779页。

形声字。从水,募声。水名。源出河南省汤阴县北,唐以后称汤水。《说文》:"蕩,水。出河内蕩阴,东入黄泽。"《集韵·唐韵》:"荡,水名。通作汤。"读tāng。又音dàng。摇动;摆动。《左传·僖公三年》:"齐侯与蔡姬乘舟于囿,荡公,公惧,变色。"杜预注:"荡,摇也。"引申为动荡、震动、涤荡、碰撞、放纵等义。又,平坦。《诗·齐风·南山》:"鲁道有荡,齐子由归。"毛传:"荡,平易也。"引申为宽大、广阔等义。又,积水长草的洼地。如芦荡。又,同"簜",大竹。按:"蕩",今字书归入艸部(从艸,汤声)。"湯"今简化作"汤","蕩"依例简化。(王逸鹤)

沇 yǎn 喻纽、元部;以纽、狝韵、以转切。

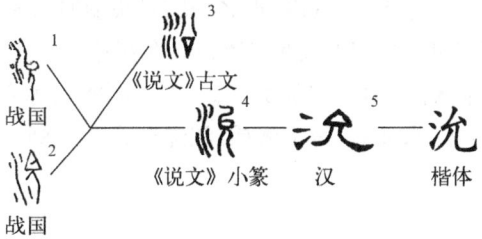

战国 《说文》古文 战国 《说文》小篆 汉 楷体

1、2《战文编》737页。3、4《说文》226页。5《四体大字典》742页。

形声字。从水,允声。水名。又称"济"。源出河南省济源县王屋山,至温县入黄河。又自荥泽复出黄河南,东流至山东省琅槐(今广饶县)入渤海。《说文》:"沇,水。出河东东垣王屋山,东为泲。"也作"兖"、"渷"。又,同"兖",古州名。《说文》古文一形,段玉裁《说文解字注》作"㕣",谓:"各本篆作沿,误,今正。"《说文》有"㕣"字,谓"山间陷泥地。从口,从水。败皃。读若沇州之沇,九州之渥地也,故以沇名焉。㕣,古文㕣"。按:㕣字从八,不从水。其下云云,概据沇州之地理地貌为说,于形无据。下出古文,不足为凭。段注据此改作㕣,亦非。《说文》古文一形与战国文字其他形体亦不类。姑附于此。(王逸鹤)

泲 jǐ 精纽、脂部;精纽、荠韵、子礼切。

1《说文》226页。2《汉印徵》卷11,4页。3《篆隶表》780页。4《四体大字典》755页。

形声字。从水,㐬声。水名。也作"济"。凡二:1.古四渎之一。累经变迁,不可详考。《说文》:"泲,沇也,东入于海。"2.源出河北赞皇山,东流至柏乡县东入宁晋泊。今名午河。又,古地名。又,漉,过滤。《周礼·天官·酒正》:"辨四饮之物,一曰清。"郑玄注:"清,谓醴之泲者。"孙诒让正义:"凡泲皆谓去汁滓。"引申为挤出。宋彭大雅《黑鞑事略》:"马之初乳。日则听其驹之食,夜则聚之以泲,贮以革器。"(王逸鹤)

溠 zhà 精纽、歌部;庄纽、祃韵、侧驾切。

1《说文》226页。2《四体大字典》792页。(按:该书此字下未明出处,定为"古隶"。兹依风格定为汉。)

形声字。从水,差声。水名。又名"扶恭河"。源出湖北省随州市西北。《说文》:"溠,水。在汉南。……荆州浸也。"《春秋传》曰:"修涂梁溠。'"又,水湾。《水经注·江水三》:"江水又右,得上檀浦。江溠也。"(王逸鹤)

洭 kuāng 溪纽、阳部;溪纽、阳韵、去王切。

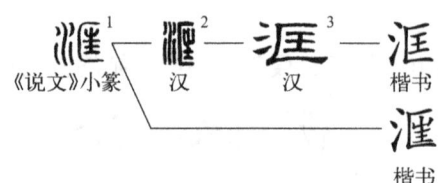

1《说文》226页。2《汉印徵》卷11,4页。3《隶辨》236页。

形声字。从水,匡声。古水名。即今广东省西北部的湟江、连江两水。源出粤、湘交界山地。又,北江的清远县以上段(包括溱水、涟水)也称洭水。《说文》:"洭,水。出桂阳县卢聚,山(姚文田、严可均校议:'山,当作出。')洭浦关为桂水。"又,古地名。(王逸鹤)

灌 guàn 见纽、元部;见纽、换韵、古玩切。

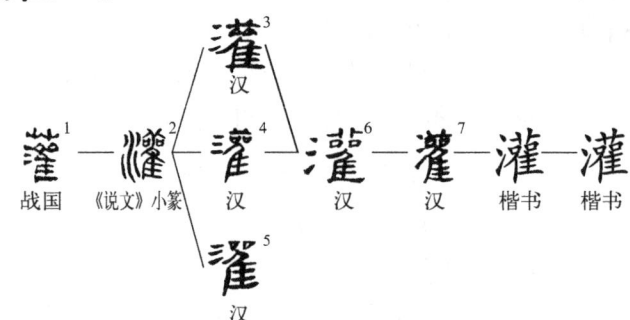

1《战文编》737页。2《说文》226页。3-7《篆隶表》780页。

形声字。从水,蒦声。灌所从声符"蒦"上从"丫",楷作艹,像毛角之形。今归入艸(艹)部,写作"蒦"。水名。凡四:1.源出河南省商城县南。东北经固始县西南曰曲河。北合史河入淮河。《说文》:"灌,水。出庐江雩娄,北入淮。"2.灌江。源出广西壮族自治区灌阳县西南,东北流至全州合于湘水。3.渭水支流。在陕西省华县西。4.在江苏省灌云县东南。又,《广韵·换韵》:"灌,浇也。"《集韵·换韵》:"灌,溉也。"引申为注入、流进。《庄子·秋水》:"秋水时至,百川灌河。"更引申为装入、倒入、浇铸等义。又,古代奠酒献神的祭祀仪式。《礼记·郊特牲》:"灌用鬯臭也。"《论语·八佾》:"子曰:禘自既灌而往者,吾不欲观之矣。"何晏集解引孔安国曰:"灌者,酌鬯灌于太祖以降神也。"引申为敬酒。《礼记·礼器》:"诸侯相庙,灌用鬯臼。"郑玄注:"灌,献也。"又,《尔雅·释木》:"木族生为灌。"《广韵·换韵》:"灌,聚也。"《诗·大雅·皇矣》:"其灌其栵。"朱熹集传:"灌,丛生者也。"又,古州名。(王逸鹤)

渐(漸) jiàn 从纽、谈部；从纽、琰韵、慈染切。
jiān 精纽、谈部；精纽、盐韵、子廉切。

| 戰國 | 《说文》小篆 | 汉 | 汉 | 汉 | 楷书 | 楷书 |

1《战文编》737页。2《说文》226页。3、4、5《篆隶表》780页。

形声字。从水，斩(斬)声。水名。凡二：1. 即今浙江。也特指浙江中、上游的新安江。南北朝后统称浙江。源出安徽省黄山南麓，东流至浙江省杭州市东入海。《说文》："渐，水。出丹阳黟南蛮中，东入海。"2. 又名"澹水"。在今湖南省常德北。又，《广雅·释诂二》："渐，进也。"《易·渐》："象曰：渐之进也。"引申为逐渐发展之过程。《管子·明法》："奸臣之败其主也，积渐积微，使主迷惑而不自知也。"更引申为(疾病)严重、加剧。《书·顾命》："王曰：呜呼！疾大渐，惟几。"又，疏导。《史记·越王勾践世家》："禹之功大矣，渐九川，定九州，至于今诸夏艾安。"又，开端；征兆。《广韵·琰韵》："渐，事之端，先睹之始也。"《论衡·明雩》："旸颇久，旱之渐也。"引申为前提、条件。又，《广韵·琰韵》："渐，渐次也。"又，六十四卦之一。又，人体穴位名。以上诸义读 jiàn。又音 jiān。《集韵·盐韵》："渐，流入也。"《书·禹贡》："东渐于海。"孔传："渐，入也。"又，《广雅·释诂一》："渐，湿也。"《诗·卫风·氓》："淇水汤汤，渐车帷裳。"引申为浸渍、滋润、润泽、习染、影响等义。又，欺诈。《书·吕刑》："民兴胥渐，泯泯棼棼。"孙星衍疏："渐犹诈也。"《孙膑兵法》："重为沟渐。"假为"堑"。渐所从声符"斬"，因"車"简化作"车"。(王逸鹤)

泠 líng 来纽、真部；来纽、青韵、郎丁切。

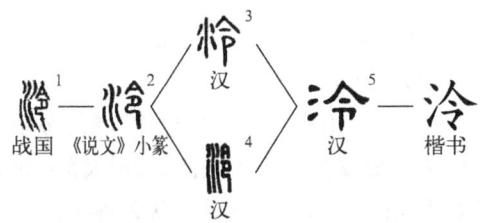

1《战文编》737页。2《说文》226页。3《篆隶表》781页。4《汉印徵》卷11，4页。5《隶辨》269页。

形声字。从水，令声。古水名。凡五：1. 今安徽省东南部的青弋江。汇黄山北谷诸水，北流至芜湖市入长江。《说文》："泠，水。出丹阳宛陵，西北入江。"2. 潇水上源之一。源出湖南省宁远县西南，西北流注入潇水。又作"冷"。3. 渭水下游支流。又作"冷"、"零"。4. 指广东省乐昌县西的泠溪水。5. 清泠水，约在今河南省南阳市境。又，水清貌，引申用以形容明净。汉刘向《新序·节士》："(屈原曰)吾独闻之，新浴者必振衣，新沐者必弹冠。又恶能以其泠泠，更事之嘿嘿者哉？"唐韩愈《和崔舍人咏月》："浩荡英华溢，萧疏物象泠。"又，清凉貌。《文选·宋玉〈风赋〉》："清清泠泠，愈病析酲。"李善注："清凉之貌也。"又用为象声词。泉水声。晋陆机《招隐》："山溜何泠泠，飞泉漱鸣玉。"引申为凡清越之音。晋陆机《文赋》："音泠泠而盈耳。"又，形容轻妙；轻柔。《庄子·逍遥游》："夫列子御风而行，泠然善也，旬有五日而后反。"郭象注："泠然，轻妙之貌。"又，明了。唐玄应《一切经音义》卷十四："泠而，《淮南子》云：'受教一言精神泠。'许叔重曰：'泠然解悟之意。'"又，春秋时地名。文献中或用为"令"、"零"、"伶"等义，例不备举。(王逸鹤)

溧 lì 来纽、质部；来纽、质韵、力质切。

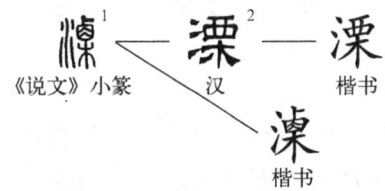

1《说文》226页。2《篆隶表》781页。

形声字。从水，栗声。溧所从声符"栗"，依小篆隶定之当作"㮚"。《说文·卤部》出栗字古文㮚形，上从"西"、从二"卤"，小篆或其省文。古水名。凡二：1. 在江苏省溧阳县。源出安徽省芜湖市，经高淳县入境。《说文》："溧，水。出丹阳溧阳县。"也称陵水，又名濑水、永阳江。2. 在湖北省随州市，源出市东北螺蛳山。古称"漂水"。又借为寒冷义。汉董仲舒《春秋繁露·暖燠孰多》："是故非薰也，不能有育，非溧也，不能有熟。"《文选·马融〈长笛赋〉》："正浏溧以风冽。"李善注引毛苌《诗传》："溧，寒也。"(王逸鹤)

湘 xiāng 心纽、阳部；心纽、阳韵、息良切。

| 戰國 | 戰國 | 《说文》小篆 | 汉 | 汉 | 汉 | 楷书 |

1、2《战文编》737页。3《说文》226页。4《汉印徵补遗》卷11，2页。5《汉印徵》卷11，4

页。6《隶辨》232页。

形声字。从水,相声。水名。今湘江。源出广西壮族自治区兴安县海阳山西麓,至湖南省湘阴县豪河口入洞庭湖,为湖南省最大的河流。《说文》:"湘,水。出零陵阳海山,北入江。"又,山名;古州名。又,湖南省的简称。(王逸鹤)

汨 mì
明纽、锡部;明纽、锡韵、莫狄切。

1《说文》226页。2《四体大字典》740页。

形声字。从水,日声。水名。湘江支流。源出湘赣边界,经古罗县又称罗水,下称汨罗江。或说汨水与罗水合流称汨罗江。《说文》:"汨,长沙汨罗渊,屈原所沉之水。"(王逸鹤)

溱 zhēn
精纽、真部;庄纽、臻韵、侧诜切。

1《说文》226页。2《四体大字典》794页。

形声字。从水,秦声。水名。凡三:1. 源出湖南省临武县西南,下流合洭水、桂水入海。《说文》:"溱,水。出桂阳临武,入洭。"或作"秦水"。2. 源出河南省密县东北。又名"增水"。3. 源出河南省泌阳县东,至汝南县入汝河。又名"吴砦河",今名"臻头河"。又,古州名。又,《字汇·水部》:"溱,众也。"《诗·小雅·无羊》:"室家溱溱。"毛传:"溱溱,众也。"郑玄笺:"子孙众多也。"(王逸鹤)

深 shēn
书纽、侵部;书纽、侵韵、式针切。

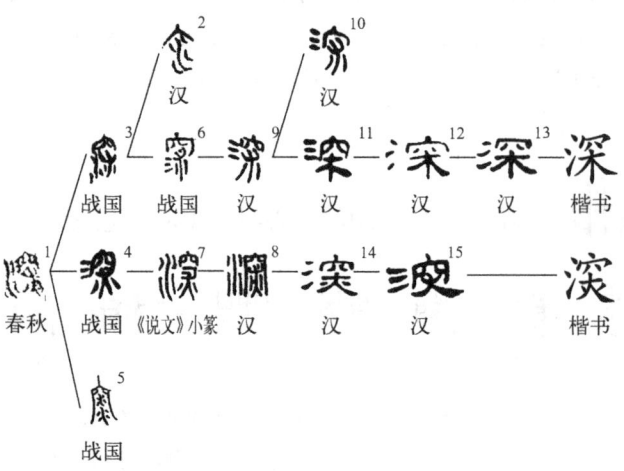

1-6《战文编》737页。7《说文》226页。
8-12、15《篆隶表》781页。13《隶辨》305页。
14《隶辨》304页。

形声字。从水,罙声。水名。即今湘水支流的潇水。其上源至江华瑶族自治县一段仍称深水。《说文》:"深,水。出桂阳南平,西入营道。"又,与"浅"相对,泛指从上到下或从外到内的距离。《诗·小雅·十月之交》:"高岸为谷,深谷为陵。"《诗·小雅·小旻》:"如临深渊,如履薄冰。"引申有玄妙、精微、深入、深刻、深厚、深远等义。(王逸鹤)

潭 tán
定纽、侵部;定纽、覃韵、徒含切。

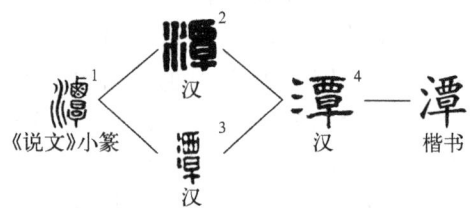

1《说文》226页。2《汉印徵补遗》卷11,2页。3《汉印徵》卷11,4页。4《隶辨》310页。

形声字。从水,覃声。水名。即今柳江。在广西壮族自治区。《说文》:"潭,水。出武陵镡成玉山,东入郁林。"又,《广雅·释水》:"潭,渊也。"《楚辞·九章·抽思》:"长濑湍流,泝江潭兮。"王逸注:"潭,渊也。楚人名渊曰潭。"姜亮夫校注:"潭,深渊也。"引申为深,深邃。《集韵·覃韵》:"潭,一说楚人名深曰潭。"《管子·侈靡》:"潭根之毋伐。"尹知章注:"潭,深也。"又,古州名。(王逸鹤)

油 yóu
喻纽、幽部;以纽、尤韵、以周切。

yòu 喻纽、幽部;以纽、宥韵、余救切。

1《战文编》738页。2《说文》226页。3《四体大字典》747页。

形声字。从水,由声。古水名。也作"繇"。源出湖北五峰县境,东流至公安县西南入长江。《说文》:"油,水。出武陵孱陵西,东南入江。"段玉裁《说文解字注》据《水经注》订正《说文》"南"当作"北"。又,称动植物脂肪。如猪油、豆油等,即段注所谓"俗用为油膏字"。引申泛称矿物的碳氢化合物的混合液体,如汽油。由油脂之性质引申出光润、油滑、浮滑等义。又用为动词,用油涂饰。如油漆家具。以上读yóu。又音yòu。"浩油"(一作"皋鼬"),春秋地

名。（王逸鹤）

溜 liù liū

来纽、幽部；来纽、宥韵、力救切。

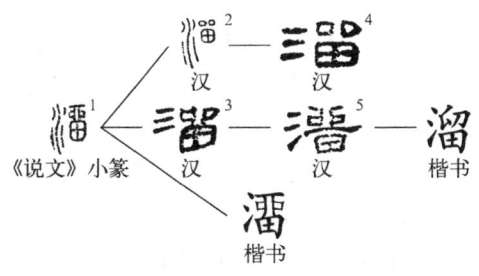

1《说文》226页。2、3、4《篆隶表》782页。5《四体大字典》791页。

形声字。从水，留声。溜，为小篆之楷化形体。水名。又名"潭水"。即今广西壮族自治区中北部的融江、柳江及黔江。源出三江侗族自治县北。《说文》："溜，水。出郁林郡。"或作"留水"。又，通"流"。马王堆汉墓书《十问》："元（其）人（入）中散溜。"银雀山汉墓竹简《孙膑兵法·地葆》："迎陵逆溜。"又通"霤"。《左传·宣公二年》："三进及溜，而后视之。"孔颖达疏："溜谓檐下水溜之处。"陆德明释文："溜，屋霤也。"引申为水或其他液体下流。唐玄应《一切经音义》卷十八引《苍颉解诂》："溜，谓水垂下也。"又引申为水滴或细小水流等义。（王逸鹤）

淮 huái

匣纽、微部；匣纽、皆韵、户乖切。

1、2《甲文编》434页。3、4《金文编》730页。5《战文编》738页。6《说文》226页。7、8《篆隶表》782页。

形声字。从水，隹声。水名。凡三：1.今称淮河。古代四渎之一。《尔雅·释水》："江、河、淮、济为四渎。"源出河南桐柏山。《说文》："淮，水。出南阳平氏桐柏大复山，东南入海。"2.在安徽省南陵县南。3.指"秦淮河"（因部分为秦时所凿，故名）。甲骨文用为地名。《殷虚书契前编》2.24.5："己亥卜，贞：王㸚于淮往来亡灾。"金文用为部族名。曾伯霥匜："克狄淮夷"。《书·费誓》："徂兹淮夷。"《史记·周本纪》"东伐淮夷"用并同。《尚书大传》卷二："久矣天之无别风淮雨。"郑玄注："淮，暴雨之名也。"淮，金文或从"唯"，于义无别。（王逸鹤）

滍 zhì

定纽、之部；澄纽、旨韵、直几切。

1《说文》226页。2《四体大字典》796页。

形声字。从水，蚩声。水名。古称泜水，也称滍川，即今河南鲁山、叶县境内的沙河。《说文》："滍，水。出南阳鲁阳尧山，东北入汝。"（王逸鹤）

澧 lǐ

来纽、脂部；来纽、荠韵、卢启切。

1《金文编》730页。2《说文》226页。3、4《篆隶表》782页。5《四体大字典》818页。

形声字。从水，豊声。水名。凡三：1.今称澧河。源出河南省方城县北伏牛山。《说文》："澧，水。出南阳雉衡山，东入汝。"2.源出河南省桐柏县西北与湖北省鹤峰县交界处。3.源出河南桐柏县西北胎簪山。又名"派水"。鄂君启舟节："入㵋、沅、澧、澹。"又，古州名。（王逸鹤）

颍（潁）yǐng

喻纽、耕部；以纽、静韵、馀顷切。

1《说文》227页。2《四体大字典》801页。

形声字。从水，頃声。水名，今称"颍河"。源出河南省登封县嵩山西南，东南流至安徽省寿县西北正阳关入淮。《说文》："颍，水。出颍川阳城乾山，东入淮。……豫州浸。"又，古州名。按：颍，今字书归页部。（王逸鹤）

洧 wěi

匣纽、之部；云纽、旨韵、荣美切。

1、2《说文》小篆 3 汉 4 楷书

1、2《甲文编》434页。3《说文》227页。4《四体大字典》759页。

形声字。从水,有声。水名。源出河南省登封县阳城山,东南至新郑县与溱水合,至西华县入颍水。《说文》:"洧,水。出颍川阳城山,东南入颍。"又,古州名。甲骨文"又"每用作"有"字。故或谓从水、从又之形即"洧"字。《合集》20569:"……才(在)汉(洧)。"地名。(王逸鹤)

灅 yīn 影纽、文部;影纽、殷韵、於斤切。

1《说文》227页。2、3《篆隶表》782页。

形声字。从水,㔾声。㔾字所从声符"㔾"或从自作灅。灅,朱骏声《说文通训定声》:"字亦作灅",为灅之异写。居延汉简之"灅"字所从声符"隐"可视为后世"隐"字简化字"隐"形之滥觞。按:灅不简化。水名。河南省颍水三源的中源。《说文》:"灅,水。出颍川阳城少室山,东入颍。"(王逸鹤)

泄 yì 喻纽、月部;以纽、祭韵、馀制切。
xiè 心纽、月部;心纽、薛韵、私列切。

1《说文》227页。2-6《篆隶表》783页。

形声字。从水,世声。古水名。即今安徽省六安地区的汲河。《说文》:"泄,水。受九江博安洵波,北入氏。"段玉裁注据《水经注》订正《说文》谓:"洵波当作芍陂,氏当作比(沘)。"又,泄泄。《诗·邶风·雄雉》:"雄雉于飞,泄泄其羽。"毛传:"雄雉见雌雉飞,而鼓其翼泄泄然。"朱熹集传:"泄泄,飞之缓也。"引申为闲散自得。《诗·魏风·十亩之间》:"十亩之外兮,桑者泄泄兮。"朱熹集传:"泄泄,犹闲闲也。"以上读 yì。又音 xiè。发泄。《诗·大雅·民劳》:"惠此中国,俾民忧泄。"郑玄笺:"泄犹出也,发也。"引申为泄露;漏泄。银雀山汉墓竹简《孙膑兵法》213:"三军之士,无所出泄。"又,排泄。精白镜:"然雍塞而不泄。"(王逸鹤)

淩 líng 来纽、蒸部;来纽、蒸韵、力膺切。

1《说文》227页。2-6《篆隶表》783页。

形声字。从水,夌声。古水名(已堙)。《说文》:"淩,水。在临淮。"又,古县名。又,乘。《楚辞·九章·哀郢》"淩阳侯之汜滥兮,忽翱翔之焉薄。"王逸注:"淩,乘也。"又,越过。《吕氏春秋·论威》:"虽有江河之险则淩之。"高诱注:"淩,越也。"又,《篇海类编·地理类》:"淩,犯也。"《史记·游侠列传》:"侵淩孤弱。"又《尔雅·释言》:"淩,慄也。"郭璞注:"淩慄战慄。"文献或通"凌"。马王堆汉墓帛书《十问》100:"精气淩楗(健)久长",《天下至道谈》021:"筋骨淩强",形容精气、筋骨非常强健。按:淩、凌非一字。"乘"义以下今作"凌"。(王逸鹤)

濮 pú 帮纽、屋部;帮纽、屋韵、博木切。

1《说文》227页。2《汉印徵》卷11,5页。3-5《篆隶表》783页。

形声字。从水,僕声。古水名。凡二:1.流经春秋卫地,又称濮渠水。《说文》:"濮,水。出东郡濮阳,南入钜野。"2.古沙水下游,即今安徽省芡河,俗谓欠水。又,古州名。汉印有"濮阳丞印"。濮阳,县名。又,古代西南少数民族名。《书·牧誓》:"及庸、蜀、羌、髳、微、卢、彭、濮人。"(王逸鹤)

濕(湿) shī 书纽、缉部;书纽、缉韵、失入切。
tà 透纽、缉部;透纽、合韵、他合切。

1《古文典》1039页。2《说文》227页。3《汉印徵》卷11,5页。4-7《篆隶表》783页。

会意兼形声字。初文从日、从水、从絲(像两束丝),像日下晒湿丝之形,会干湿之湿意。本义为湿。《玉篇》同"溼",《说文》作"濕",后代二字通用无别。今用作干湿之义统作"湿"。读 shī。又音 tà。水名。古代黄河下游主要支流之一,在今山东省境内。后作"漯"。《说文》:"㵟,水。出东郡东武阳,入海。……桑钦云:出平原高唐。"平都矛:"㵟成。"地名。汉印"㵟阴丞印",汉代侯国名。㵟所从声符"㬎",汉隶或简作"㬎",为楷书所本,作"累"者,为"㬎"之省形;作"累"者,为"累"之讹。"㬎",草书简化作"显",为简化字所本。(王逸鹤)

泡

pāo　滂纽、幽部;滂纽、肴韵、匹交切。
páo　並纽、幽部;並纽、肴韵、蒲交切。
pào　　　　　　　滂纽、肴韵、匹交切。

形声字。从水,包声。古水名。又名丰水。《说文》:"泡,水。出山阳平乐,东北入泗。"后世多转作他用,如指虚而松软的东西:豆腐泡儿,眼泡儿等。又用为量词:一泡鼻涕,一泡泪。以上读pāo。又音páo。《方言》卷二:"泡,盛也……江淮之间曰泡。"又,《玉篇·水部》:"泡,流皃。"《集韵·爻韵》:"泡,泡泡,流也。"又音pào。有浮沤,泡沫,泡状的物体,水中浸渍等义。例不备举。(王逸鹤)

泗

sì　心纽、质部;心纽、至韵、息利切。

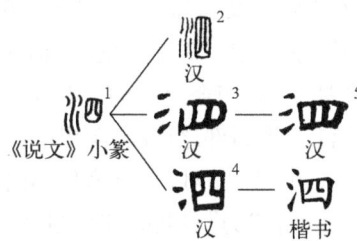

1《说文》227页。2《汉印徵》卷11,5页。3-5《篆隶表》784页。

形声字。从水,四声。水名。在山东省中部。源出山东省泗水县东蒙山南麓,为淮河下游一大支流。因其四源合一,故名。"泗"之构形兼具会意成分。《说文》:"泗,受泲水,东入淮。"又,古州名;县名。汉印有"泗水相印"。又"涕泗",鼻涕。(王逸鹤)

洹

huán　匣纽、元部;匣纽、桓韵、胡官切。
旧或读yuán

1、2《甲文编》434页。3、4《金文编》731页。5、6《古文典》1053页。7《说文》227页。8《四体大字典》761页。

形声字。从水,亘声。洹所从声符"亘"。大体作回旋形,与"回"为一字之分化。水名。即今河南省北境之安阳河,源出林县,东入卫河。《说文》:"洹,水。在齐鲁间。"姚文田、严可均校议改作:"在晋卫之间。"《合集》34165:"戊子贞:其燎于洹。"(王逸鹤)

灉

yōng　影纽、东部;影纽、钟韵、於容切。

1、2《甲文编》177页。3、4《金文编》257页。5《古文典》404页。6《说文》227页。

形声字。始见于商代甲骨文。从水、从隹,吕(古文宫字,或以为辟雍字)声。《说文》:"从水,雝声",乃据小篆为训。或省作口,或省水,于义无别。金文构形与甲骨文略同。小篆为讹变形体,为楷书所本。《尔雅·释水》:"灉,反入。"郭璞注:"即河水决出又还入者。河之有灉,犹江之有沱。"又,水名。凡三:1.即古汳(汴)水流经河南商丘虞城的一段,又作"雎"水。后堙。《说文》:"灉,河灉水,在宋。"2.《尔雅·释水》:"水自河出为灉。"故道在今山东省西部、河北省东部一带。今堙。3.源出山东省菏泽县境,东北流经郓城入黄河。又名"赵王河"。甲骨文、金文中或用为地名、人名。金文或假借为"壅"、"饔"。又,同"雍",例不备举。(王逸鹤)

澶

chán　禅纽、元部;禅纽、仙韵、市连切。

1《说文》227页。2《四体大字典》819页。

形声字。从水,亶声。"澶渊":1.古湖泊名。又名"繁汙"、"繁渊"、"浮水"。故址在今河南省濮阳县西。《说文》:"澶,澶渊水,在宋。"《左传·襄公二十年》:"盟于澶渊。" 2.古县名。(王逸鹤)

洙

zhū　禅纽、侯部；禅纽、虞韵、市朱切。

《说文》小篆　汉　汉　楷书

1《说文》227页。2、3《篆隶表》784页。

形声字。从水，朱声。古水名。源出山东省新泰县东北，西南与泗水合。后世上源改道西流入汶水，与泗水隔绝。《说文》："洙，水。出泰山盖临乐山，北入泗。"《礼记·檀弓上》："吾与女（汝）事夫子于洙、泗之间。"武威汉代医简："归来洙泗。"（王逸鹤）

沭

shù　船纽、物部；船纽、术韵、食聿切。

《说文》小篆　汉　楷书

1《说文》227页。2《四体大字典》746页。

形声字。从水，术声。水名。源出山东省沂水县北沂山南麓，南流入江苏境。《说文》："沭，水。出青州浸。"段玉裁注："'出'下有夺文……当补'琅邪东莞南入泗'七字。"沭所从声符"术"，《说文》以为"秫"之省文。（王逸鹤）

沂

yí　疑纽、微部；疑纽、微韵、鱼衣切。

yín　疑纽、谆部；疑纽、真韵、鱼巾切。

《说文》小篆　汉　楷书

1《说文》227页。2《篆隶表》784页。

形声字。从水，斤声。水名。凡二：1. 源出山东省曲阜东南的尼山，西流至滋阳县合于泗水。2. 大沂河，古又称沂水。源出山东省的沂山，南流入江苏省。《说文》："沂，水。出东海费东，西入泗。……一曰沂水出泰山盖，青州浸。"又，山名、古邑名、古州名。以上读yí。又读yín，古代乐器名。《尔雅·释乐》："大篪谓之沂。"郭璞注："篪以竹为之。长尺四寸，围三寸，一孔上出寸三分，名翘。"文献或通"垠"。孔彪碑："永永无沂。"（王逸鹤）

洋

xiáng　邪纽、阳部；邪纽、阳韵、似羊切。

yáng　喻纽、阳部；以纽、阳韵、与章切。

战国　《说文》小篆　汉　汉　楷书

1《战文编》738页。2《说文》227页。3、4《篆隶表》784页。

形声字。从水，羊声。水名。即今山东省的潍河。《说文》："洋，水。出齐临朐高山，东北入钜定。"又，古州名。以上读xiáng。又音yáng。水名。凡二：1.《山海经·西山经》："昆仑之丘……洋水出焉。"今不详。2. 在陕西省南部。源出西乡县星子山。又名"西乡河"。又，《尔雅·释诂下》："洋，多也。"郭璞注："洋溢，亦多皃。"又，洋洋，自得貌。《孟子·万章上》："少则洋洋焉，攸然而逝。"又，地球表面覆盖的广袤的水域。引申为国外的，如洋人、洋货。（王逸鹤）

濁（浊）

zhuó　定纽、屋部；澄纽、觉韵、直角切。

战国　《说文》小篆　汉　汉　楷书　楷书

1《战文编》739页。2《说文》227页。3、5《篆隶表》784页。4《汉印徵》卷11，5页。

形声字。从水，蜀声。水名。凡五：1. 今北洋河。源出山东省益都县西南，北入小清河。《说文》："濁，水。出齐郡厉妫山，东北入钜定。"又名"溷水"、"北洋水"。2. 今甘肃省白水江。源出西和县。3. 古清水（白河）西部支流。源出河南省内乡县西。疑即今之刁河。4. 古湟水。在河南省巩县。5. 今江西省西部之锦江。源出湘、赣交界处。古又名"蜀水"。又，与"清"相对。引申为凡不清、不净、不明之义。按：濁所从声符"蜀"与某些偏旁组字时，位置居右多简作"虫"。如：独（獨）、触（觸）等。濁依例简作"浊"。（王逸鹤）

溉

gài　见纽、物部；见纽、代韵、古代切。

春秋　战国　汉　汉　楷书
　　　《说文》小篆　　　　楷书

1《金文编》731页。2、4《篆隶表》784页。3《说文》227页。5《隶辨》553页。

形声字。从水，既声。水名。在山东省潍县东南，东北入渤海。《说文》：“溉，水。出东海桑渎覆甑山，东北入海。”又，《说文》：“一曰灌注也。”犹今所说"灌溉"。《史记·河渠书》："西门豹引漳水溉邺。"溉所从声符旧作"既"，犹存古义。（王逸鹤）

潍（潍）wéi 喻纽、微部；以纽、脂韵、以追切。

1 《说文》227页。2 《四体大字典》824页。

形声字。从水，維声。水名。今称潍河，在山东省东部。源出五莲县西南箕屋山。《说文》："潍，水。出琅邪箕屋山，东入海。徐州浸。《夏书》曰：'潍、淄其道。'"又，古州名；县名。潍所从声符"維"因系旁简化作"维"。（王逸鹤）

汶 wèn 明纽、文部；微纽、问韵、亡运切。

1 《说文》227页。2 《汉印徵》卷11，5页。3、4 《篆隶表》784页。

形声字。从水，文声。水名。《说文》："汶，水。出琅邪朱虚东泰山，东入潍。……桑钦说：汶水出泰山莱芜，西南入泲。"凡三：1. 今大汶河。源出山东省莱芜市北。2. 今东汶河。源出山东省临朐县南。3. 今亦名东汶河。本桑泉水上源叟崮水的别名。源出山东省蒙阴县西。（王逸鹤）

治 chí 定纽、之部；澄纽、之韵、直之切。
zhì 定纽、之部；澄纽、志韵、直吏切。

1 《战文编》739页。2、4、6 《篆隶表》785页。3 《说文》227页。5 《汉印徵》卷11，5页。

形声字。从水，台声治所从声符小篆作"㠯"（非"台"字），汉代文字均讹变之形。水名。凡二：1. 今山东半岛大沽河与支流小沽河。《说文》："治，水。出东莱曲城阳丘山，南入海。"2. 沂河支流。在山东省。源出蒙阴县西冠石山。读 chí。又音 zhì。《玉篇·水部》："治，修治也。"《广韵·至韵》："治，理也。"引申为统治、政治等义。马王堆汉墓帛书《老子乙前》五下："度量已具则治而制之矣。"（王逸鹤）

寖（浸）jìn 精纽、侵部；精纽、沁韵、子鸩切。

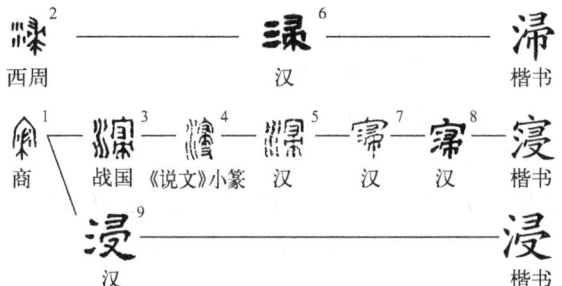

1 《甲文编》435页。2 《殷周金文集录》108页。3、4 《说文》228页。5 《汉印徵》卷11，5页。6、7 《篆隶表》785页。8 《隶辨》302页。9 《四体大字典》766页。

甲骨文字从宀、从水、从帚，像于室内洒扫之形。隶定之可作"寖"。西周金文作"㴞"，为甲骨文之省形。战国文字移水于宀外作"濡"，已开形声之渐。小篆作"寖"增又（手），以手持帚于宀下，似具会意成分。《说文》定为形声"从水，寁声"。汉代文字作"寖"、"㴞"者，为商、周、战国文字余绪。水旁或变动不居，于义无别。帚旁或从一作，汉字宀、一每互作，于义无别。作"浸"者为小篆省变之形。段玉裁注："隶作浸。"寖、㴞、濡、寖、浸，实异体而同字。《殷契卜辞》："贞今二月宅东寖"，用为"寝"字，寝室，读 qǐn。成伯孙父鬲："成伯孙父乍（作）㴞嬴障鬲"，假为"婦"。《说文》："寖，水。出魏郡武安，东北入呼沱水。"又，《篇海类编·地理类》："浸，泽之总名也。"《周礼·夏官·职方氏》："（扬州）其川三江，其浸五湖。"又，灌溉，滋润，《诗·小雅·白华》："滮池北流，浸彼稻田。"郑玄笺："池水之泽，浸润稻田。"引申为渗入、渗透、渍、泡、淹没等义。二年寺工壶："北寖"，用为寝。读 qǐn。汉印用为人名。（王逸鹤）

渪 yú 疑纽、侯部；疑纽、虞韵、遇俱切。

1 《金文编》731页。2 《说文》228页。3 《四体大字典》789页。

形声字。从水，禺声。水名。又称沙河。在河北省南部，源出太行山，东入宁晋泊。《说文》："渪，水。出赵国襄国之西山，东北入寖。"又，古沼泽名。金文用作人名。

《集成》10.5368："乎渪用乍(作)父己尊彝。"渪所从声符"禺"之形体演变参"禺"条。（王逸鹤）

漇 sī 心纽、支部；心纽、支韵、息移切。

漇¹—漇
《说文》小篆　楷书

1《说文》228页。

形声字。从水，麗声。水名。或以为即今之百泉河。源出河北省邢台市附近。《说文》："漇，水。出赵国襄国，东入湡。"又，《广韵·支韵》："漇，涯也。"（王逸鹤）

渚 zhǔ 章纽、鱼部；章纽、语韵、章与切。

渚¹—渚²—渚³—渚⁴—渚⁵—渚
战国　战国《说文》小篆　汉　汉　楷书

1、2《战文编》739页。3《说文》228页。4《汉印徵》卷11，5页。5《隶辨》360页。

形声字。从水，者声。《尔雅·释水》："小洲曰陼。"《说文》引作"小洲曰渚"。《诗·召南·江有汜》："江有渚。"毛传："渚，小洲也。"引申为海岛、水涯等义。又，古水名。后堙。《说文》："渚，水。在常山中丘逢山，东入湡。"（王逸鹤）

洨 xiáo 匣纽、宵部；匣纽、肴韵、胡茅切。

洨¹—洨²—洨³—洨
战国　《说文》小篆　汉　楷书

1《战文编》739页。2《说文》228页。3《四体大字典》759页。

形声字。从水，交声。水名。凡二：1.今名洨河。源出河北省井陉县，东南流合于泜水。《说文》："洨，水。出常山石邑井陉，东南入于泜。" 2.在安徽省宿县灵璧一带。一说即今沱河。战国"洨阳戈"，地名。又，古县名。（王逸鹤）

濟(济) jǐ 精纽、脂部；精纽、荠韵、子礼切。
jì 精纽、脂部；精纽、霁韵、子计切。

濟¹—濟²—濟³—濟⁴—濟—济
春秋　战国　《说文》小篆　汉　楷书　楷书

1、2《战文编》739页。3《说文》228页。4《篆隶表》785页。

形声字。从水，齊声。水名。凡二：1.古与江、淮、河并称"四渎"。《说文》作"沛"，他书作"济"。 2.今名午河。源出河北省赞皇山。或名"沛水"、"沛河"。《说文》："濟，水。出常山房子赞皇山，东入泜。"又，州名。又，《诗·大雅·旱麓》："榛楛济济。"毛传："济济，众多也。"以上读jǐ。又音jì。渡；渡河。《书·大诰》："予惟往求朕攸济。"孔传："往求我所以济渡。"引申为渡过、畅通等义。又，渡口。《诗·邶风·瓠有苦叶》："济有深涉。"毛传："济，渡也。"又，救助。《易·系辞上》："知周乎万物，而道济天下。"《老子甲》30："启其闷，济其事。"引申为增益、充足等义。例不备举。濟所从声符"齊"，今简化作"齐"，凡所从者依例简化。（王逸鹤）

泜 chí 定纽、脂部；澄纽、脂韵、直尼切。
zhǐ 澄纽、脂部；澄纽、旨韵、直几切。
zhī 端纽、脂部；知纽、脂韵、旨夷切。

泜¹—泜²—泜
《说文》小篆　汉　楷书

1《说文》228页。2《四体大字典》752页。

形声字。从水，氐声。水名。凡三：1.即今槐河，源出今河北省赞皇县西南。东入滏阳河。《说文》："泜，水。在常山。"读chí。 2.今河南省叶县东北的沙河。一名瀙水。读zhǐ。 3.今名泜河。源出河北省临城县西，入漳河。读zhī。又，古州名。读chí。（王逸鹤）

濡 rú 日纽、侯部；日纽、虞韵、人朱切。

濡¹—濡²—濡³—濡⁴—濡
战国《说文》小篆　秦　汉　楷书

濡⁵—濡
汉　楷书

1《战文编》740页。2《说文》228页。3、4、5《篆隶表》786页。

形声字。从水，需声。水名。凡三：1.北濡水。涞水(今拒马河)支流。源出河北省易县西北。后堙。《说文》："濡，水。出涿郡故安，东入漆涑(二字或以为"涞"之讹)。" 2.南濡水，后称祁水。源出河北省完县西北。3. 修江支流。在广西壮族自治区。又，《广雅·释诂二》："濡，渍也。"《集韵·虞韵》："濡，沾湿也。"《易·夬》："遇雨若濡。"引申为滋润、潮湿等义。（王逸鹤）

沽 gū 见纽、鱼部；见纽、模韵、古胡切。

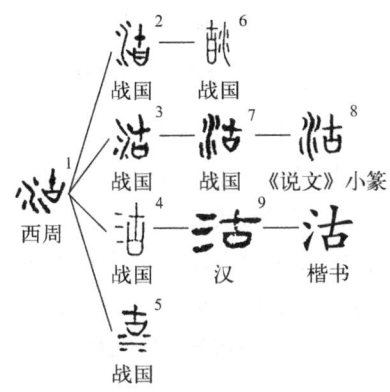

1、2《金文编》732页。3、4、5《战文编》740页。6《古玺》270页。7《侯马盟书》。8《说文》228页。9《篆隶表》786页。

形声字。从水，古声。水名。凡三：1. 即今河北省白河。《说文》："沽，水。出渔阳塞外，东入海。" 2. 即今河北省州河。3. 大沽河，在山东省。又，买；卖。《论语·乡党》："沽酒市脯不食。"陆德明释文："沽，买也。"《论语·子罕》："子贡曰：'有美玉于斯，韫椟而藏诸？求善贾而沽诸？'"何晏集解："马曰：'沽，卖也。'"又，天津市的别称。（王逸鹤）

沛 pèi 滂纽、月部；滂纽、泰韵、普盖切。

1《说文》228页。2《汉印徵》卷11，5页。3、4《篆隶表》786页。

形声字。从水，市声。水名。约在今辽宁省，未详所在。《说文》："沛，水。出辽东番汗塞外，西南入海。"又，古郡名；县名；地名。汉印有"沛郡太守"。又多用于充盛义。如"充沛"、"滂沛"等，不备举。（王逸鹤）

滱 kòu 溪纽、侯部；溪纽、候韵、苦候切。

1《说文》228页。2《四体大字典》799页。

形声字。从水，寇声。古水名。上游即河北省定州市以上的唐河；其下易水也通称滱水。宋以后名废。《说文》："滱，水。起北地灵丘，东入河。……滱水，即沤夷水，并州川也。"（王逸鹤）

泥 ní 泥纽、脂部；泥纽、齐韵、奴低切。
nì 泥纽、脂部；泥纽、霁韵、奴计切。

1《战文编》740页。2《古文典》1229页。3《说文》228页。4、5《篆隶表》786页。

形声字。从水，尼声。水名。凡二：1. 泾水支流，即今甘肃省庆阳地区的东河及下流马连河。《说文》："泥，水。出北地郁郅北蛮中。" 2. 湘江支流。即今湖南省洣水。又，《广韵·齐韵》："泥，水和土也。"引申为如泥之物，柔弱等义。银雀山简《晏子》："中（仲）泥之齐见景公。"假"泥"为"尼"。以上读 ní。又音 nì。《广韵·霁韵》："泥，滞陷不通。"《论语·子张》："致远恐泥。"引申为拘泥之义。又用为动词涂抹义。《字汇·水部》："泥，杇也。"引申为黏糊、沾污等义。（王逸鹤）

湘 tuō 透纽、歌部；透纽；戈韵、土禾切。
tuò 透纽、歌部；透纽；过韵、汤卧切。

1《说文》228页。

形声字。从水，垂声。黄河古渡口名。《说文》："湘，河津也，在西河西。"段玉裁注："河津名湘，犹浢津、孟津也。"又，水名。《玉篇·水部》："湘，水，在西河。"读 tuō。又音 tuò。同"唾"，口液。按：用于"唾"义，当为会意。（王逸鹤）

洍 sì 邪纽、之部；邪纽、止韵、详里切。

1《说文》229页。

形声字。从水，臣声。水名。《说文》："湎，水也。"不详。又通"汜"。《说文》："《诗》曰：'江有湎。'"段玉裁注："此盖三家诗。下文引'江有汜'，则毛诗也。……此言假借也。"（王逸鹤）

漠 mò 明纽、铎部；明纽、铎韵、慕各切。

《说文》小篆 1　汉 楷书 2

1《说文》229页。2《篆隶表》787页。

形声字。从水，莫声。《说文》："漠，北方流沙也。"《广韵·铎韵》："漠，沙漠。"引申为广大。《篇海类编·地理类》："漠，广也，大也。"如"冥漠"、"广漠"。又，《说文》："一曰清也。"《庄子·知北游》："漠而清乎。"引申有冷漠、寂静等义。汉娄寿碑："怡佚净漠。"（王逸鹤）

海 hǎi 晓纽、之部；晓纽、海韵、呼改切。

西周1 西周2 《说文》小篆3 战国4 《说文》小篆5 汉6 汉7 汉8 楷书9

1、2《金文编》733页。3、4《战文编》740页。5《说文》229页。6《汉印徵》卷11，6页。7、8、9《篆隶表》787页。

形声字。从水，每声。百川汇聚处。本指地球上最大的水域。后指小于洋的水域。《说文》："海，天池也，以纳百川者。""天池"，极言其大。《书·禹贡》："江、汉朝宗于海。"又，海水。《汉书·晁错传》："煮海为盐。"由上二义引申为大及凡大之物。如以海名大的湖水、池水，大碗称"海碗"，酒量大称"海量"等。马王堆汉墓帛书《老子乙》235下："而仁腹（覆）四海。"四海，犹言四方、天下。喻地域广大。海所从声符"每"或从"母"作。"每"、"母"同部，故可通。《马王堆·九主》："伊尹受令（命）于汤，乃论海内四邦。"（王逸鹤）

溥 pǔ 滂纽、鱼部；滂纽、姥韵、滂古切。

《说文》小篆1 汉2 汉3 汉4 楷书

1《说文》229页。2《汉印徵》卷11，6页。3、4《篆隶表》788页。

形声字。从水，尃声。《说文》："溥，大也。"《诗·大雅·公刘》："笃公刘，逝彼百泉，瞻彼溥原。"毛传："溥，大。"由广大引申出普遍义，后作"普"。《诗·小雅·北山》："溥天之下，莫非王土。"（王逸鹤）

洪 hóng 匣纽、东部；匣纽、东韵、户公切。

《说文》小篆1 三国魏2 楷书

1《说文》229页。2《篆隶表》788页。

形声字。从水，共声。大水。《说文》："洪，洚水也。"王筠句读："古音洪、洚同声，故《孟子》以洪释洚，许君本之。"《书·尧典》："汤汤洪水方割。"由大水之义引申出大义。《书·洪范》："帝乃震怒，不畀洪范九畴。"又，古水名；州名。（王逸鹤）

洚 hóng 匣纽、东部；匣纽、东韵、户公切。
jiàng 见纽、冬部；见纽、绛韵、古苍切。

商1 《说文》小篆2 汉3 楷书

1《甲文编》440页。2《说文》229页。3《四体大字典》757页。

会意兼形声字。按，《说文》："从水，夅声。"定为形声。按著甲骨文当为：从水、从二倒止（趾），夅亦声。《说文》："洚，水不遵道。"段玉裁注："《孟子·滕文公》：'书曰洚水警予。洚水者，洪水也。'水不遵道，正谓逆行，是以绝大。洚、洪二字，义实相因。"又，《说文》："一曰，下也。"段玉裁注："此别一义。洚与夅、降音义同。"按，依上训，似当以"水不遵道"（即"逆行"、"洪水"）为本义，"下也"为"别一义"。依甲骨文初形，其于《说文》二义兼具。即从水、从二倒止（趾）兼会水逆行及降下之义。然则本义未敢确指。或《说文》二义本即一义，唯训释角度不同。一读hóng、一读jiàng，音异而义同。《殷契佚存》678："……巳卜，王洚祖丁羌……"洚或释降，谓降其神也。读jiàng。又，古水名。也作"绛"、"降"。经流历代屡有更易，不备述。（王逸鹤）

衍 yǎn 喻纽、元部；以纽、狝韵、以浅切。

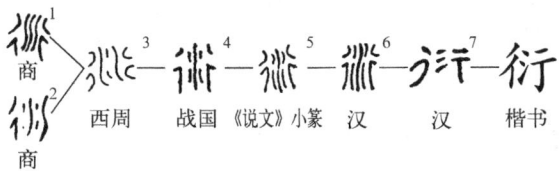

1、2《甲文编》84页。3《金文编》733页。4《古文典》1030页。5《说文》229页。6《汉印徵》卷11，6页。7《篆隶表》788页。

会意字。从水，从行。会水循河道流行之意。《说文》："衍，水朝宗于海也。"王筠句读："案：字形，水在行中与'洐'水在行外异，当是即形为义，乃《孟子》'水由地中行'之说。"甲骨文或省从"彳"，水流多寡不定，形态各异，于义无别。至战国，形体基本固定。汉隶将"水"写成"氵"，沿袭至今。甲骨文"衍"，一期贞人名。"婦衍"，人名。战国戈铭"广衍"，地名。由"衍"之本义引申有溢出、富足等义。又，多用为推衍、演变等义。例不备举。今"衍"字归"彳"部。（王逸鹤）

淖 cháo 定纽、宵部；澄纽、宵韵、直遥切。

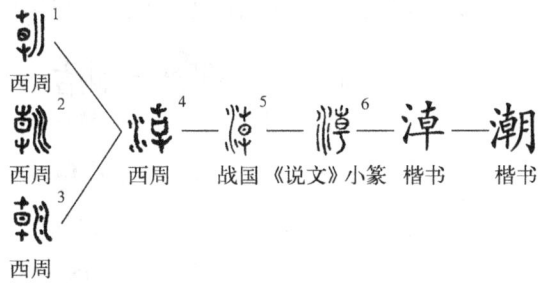

1、2、3《金文编》460页。4、5《金文编》733页。6《说文》229页。

会意兼形声字。《说文》："从水，朝省。"段玉裁注："会意。"徐锴系传："淖，今俗作潮。"徐铉曰："隶书不省。"《集韵·宵韵》："淖，隶作潮。"《汗简》释"潮"。是皆视"淖"、"潮"为一字。按：段注"会意"，未明所会之义，实据后世文字为训。淖，西周盂鼎作𣄰。其右旁，战国文字或讹与"舟"形近，小篆遂从"舟"作，为隶书所本。渐变为"朝"、增水为"潮"，为楷书所本，淖、潮遂为异体同字；而西周金文诸形或亦视作"朝"之初文。其演变之迹大体为：淖—朝—𣄰—潮。汉隶之前未见"潮"字，亦不见"朝"字。小篆作"𣄰"，乃据战国文字讹变之形。金文"淖"，所从"卓"像日出艹中之形，会旦明之意，当为"朝"之本字（《说文》训"旦"）。从水、从卓，会早潮之意。《广韵·宵韵》："潮，潮水。"《字汇·水部》："早曰潮，晚曰汐。"当其本义。然则"淖"之训释当谓：淖，早潮也。从水、从卓，会意。卓亦声。金文用作"朝"。陈侯午錞："陈侯午淖（朝）群邦诸侯于齐。"为假借或引申义。又，《说文》："淖，水朝宗于海。"（王逸鹤）

滔 tāo 透纽、幽部；透纽、豪韵、土刀切。

1、2《战文编》741页。3《说文》229页。4《隶辨》206页。

形声字。从水，舀声。《说文》："滔，水漫漫，大貌。"《书·尧典》："浩浩滔天。"《诗·小雅·四月》："滔滔江汉。"毛传："滔滔，大水貌。"多叠用。又，引申为广大义。不备举。（王逸鹤）

涓 juān 见纽、元部；见纽、先韵、古玄切。

1、2《战文编》741页。3《说文》229页。4《汉印徵》卷11，6页。5、6《篆隶表》788页。

形声字。从水，肙声。战国文字或省作𣳮。《说文》："涓，小流也。"引申为水流细缓貌。《广雅·释训》："涓涓，流也。"又，水名。凡二：1. 源出山东省诸城县西南，北入潍水。2. 湘江支流。源出衡山北麓。（王逸鹤）

混 hùn 匣纽、文部；匣纽、混韵、胡本切。

1《说文》229页。2《篆隶表》789页。

形声字。从水，昆声。水势盛大。《说文》："混，丰流也。"文献多用为杂糅义。《老子》第十四章："……此三者不可致诘，故混而为一。"河上公注："混，合也。"汉瓦铭："涌泉混流。"引申有混同、混浊、胡涂等义。例不备举。（王逸鹤）

漦 chí 邪纽、之部；俟纽、之韵、俟甾切。

水部

𣲘 — 㵞 — 㵞

《说文》小篆　汉　楷书

1《说文》229页。2《四体大字典》805页。

会意兼形声字。从水,从桼,桼亦声。《说文·支部》:"桼,从支,从厂……从未声。"段玉裁注以"声"字为衍文,谓:"此合三字会意。"按:"㵞"实合桼、水二字会意。《说文·支部》:"桼,坼也。"坼义为裂,故"㵞"之本义当为渗。《尔雅·释言》:"㵞,盝也。"《广雅·释诂二》作"漆也",同。郝懿行义疏:"盝者,与漉同。渗也。"《说文》:"㵞,顺流也。"其引申义。又,《广韵·之韵》:"㵞,涎沫也。"《国语·郑语》:"卜请其㵞而藏之,吉。"韦昭注:"㵞,龙所吐沫,龙之精气也。"清段玉裁《说文解字注》:"龙沫必徐徐漉下,故亦谓之㵞。"又,《集韵·山韵》:"㵞,鱼龙身濡滑者。"又,《说文》:"一曰水名。"未详。（王逸鹤）

演 yǎn 喻纽、元部；以纽、狝韵、以浅切。

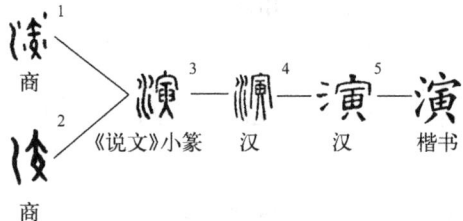

1、2《甲骨文字典》1193页。3《说文》229页。4《汉印徵》卷11,6页。5《篆隶表》789页。

形声字。从水,寅声。《说文》:"演,长流也。"段玉裁注:"演之言引也,故为长远之流。"《文选·木华〈海赋〉》:"东演析木",李善注:"言流至析木(析木,地名)之境。"引申为扩展,推演等义。甲骨文用作地名。《合集》37541:"……卜才(在)演……"《说文》:"演,一曰水名。"未详。又,古州名。（王逸鹤）

渙(涣) huàn 晓纽、元部；晓纽、换韵、火贯切。

𣸪 — 𣶒 — 渙 — 渙 — 涣

战国 《说文》小篆　汉　汉　楷书　楷书

1《战文编》741页。2《说文》229页。3、4《篆隶表》789页。

形声字。从水,奐声。《说文》:"渙,流散也。"徐灏注笺:"引申为凡离散之称。"《诗·周颂·访落》:"将予就之,继犹判渙。"毛传:"渙,散也。"犹后世言"渙散"。又,《玉篇·水部》:"渙,水盛貌。"《诗·郑风·溱洧》:"溱与洧,方渙渙兮。"毛传:"渙渙,春水盛也。"又,六十四卦之一。渙所从声符"奐",今作"奂"。凡所从者皆作"奂"。（王逸鹤）

泌 bì 帮纽、质部；帮纽、至韵、兵媚切。

泌 — 泌 — 泌 — 泌

战国《说文》小篆　汉　楷书

1《古文典》1102页。2《说文》229页。3《四体大字典》750页。

形声字。从水,必声。《说文》:"泌,侠流也。"清张文虎《舒艺室随笔》:"案:《玉篇》作'狭流也'。《说文》无'狭'字,盖皆'陕'之误。《阜部》:'陕,隘也。'《玉篇》云:'陕,不广也。亦作狭。''陕',谓泉出石间甚偪侧也。""侠流"即"狭流",谓山间溪流。又,水名。凡二:1.河南省西南部唐河上游的别称。2.今山东省中部的卫鱼河。又,古州名。廿七年泌阳戈"泌阳",地名。或疑即今河南泌阳。（王逸鹤）

活 kuò 见纽、月部；见纽、末韵、古活切。

huó 匣纽、月部；匣纽、末韵、户括切。

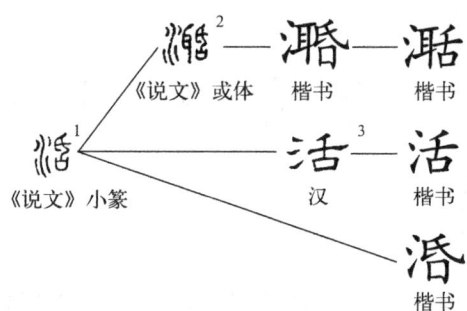

1、2《说文》229页。3《篆隶表》789页。

形声字。从水,昏声。活,本作"𣴠"。作"㯠"者,为《说文》或体。隶作"活",为楷书所本。所从声符"舌"非口舌字(口舌之舌,小篆从干、从口)。《说文》:"𣴠,水流声。"多叠用。《诗·卫风·硕人》:"河水洋洋,北流活活。"毛传:"活活,流也。"读 kuò。又音 huó。《诗·周颂·载芟》:"播厥百谷,实函斯活。"郑玄笺:"活,生也。"《广韵·末韵》:"活,不死也。"引申有活动、生动、生计、工作等义。例不备举。（王逸鹤）

滂 páng 滂纽、阳部；滂纽、唐韵、普郎切。

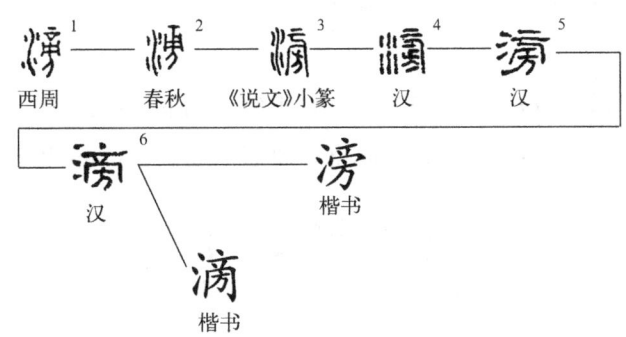

1《精编金石大字典》499页。2《战文编》741页。3《说文》229页。4《汉印徵》卷11,6页。5、6《篆隶表》790页。

形声字。从水,旁声。大水涌流貌。《说文》:"滂,沛也。"徐锴系传:"水广及貌。"又,《字汇·水部》:"滂沱,大雨也。"《诗·陈风·汉陂》:"寤寐无为,涕泗滂沱。"喻泪如雨下。引申有旺盛、充溢、浇灌等义。例不备举。又,古水名。(王逸鹤)

汪 wāng 影纽、阳部;影纽、唐韵、乌光切。

wǎng 影纽、阳部;影纽、养韵、纡往切。

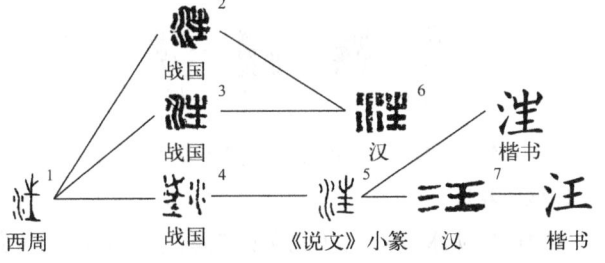

1《金文编》734页。2、3、4《战文编》742页。5《说文》229页。6《汉印徵》卷11,6页。7《篆隶表》790页。

形声字。从水,㞷声。汪所从声符"㞷",从之、从土,作"主"、"王"者乃讹变之形。《说文》:"汪,深广也。"《玉篇·水部》:"汪,水深广也。"《国语·晋语二》:"汪是土也,苟违其违,谁能惧之。"韦昭注:"汪,大貌。"又,《说文》:"一曰汪,池也。"《左传·桓公十五年》:"祭仲杀雍纠,尸诸周氏之汪。"杜预注:"汪,池也。"又,假为"枉"。马王堆汉墓帛书《老子乙·道经》:"曲则全,汪则正。"《老子甲》作"枉则定"。以上读 wāng。又音 wǎng。"汪陶",古县名,在今山西省应县西。(王逸鹤)

況 kuàng 晓纽、阳部;晓纽、漾韵、许访切。

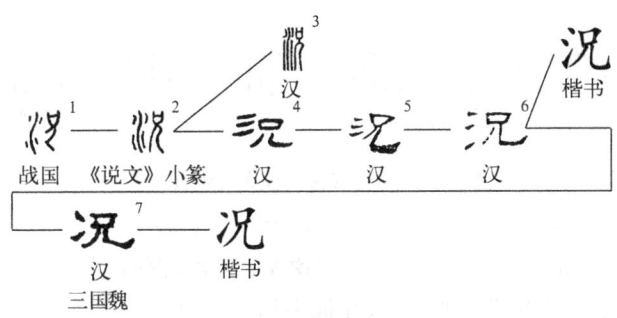

1《古文典》622页。2《说文》229页。3《汉印徵》卷11,6页。4—7《篆隶表》790页。

形声字。从水,兄声。《说文》:"況,寒水也。"徐锴系传:"怆況,寒凉貌。"《诗·大雅·桑柔》:"不殄心忧,仓兄填兮。"王绍兰《说文段注订补》谓:"'仓兄'当即'怆況'之省文假借,皆取寒义,谓不绝心忧如水之寒久矣,盖言寒心也。《三家诗》或有作'沧況'者,许说用之。"又,《广韵·漾韵》:"況,匹拟也。"犹比况;比拟。《合集》28188:"自況至于膏亡(无)灾。"用作地名。战国长信侯鼎:"ㄙ(私)官西況。"人名。三国魏碑有"况"字,乃"況"之省文,为今楷书所本。(王逸鹤)

沖(冲) chōng 定纽、冬部;澄纽、东韵、直弓切。

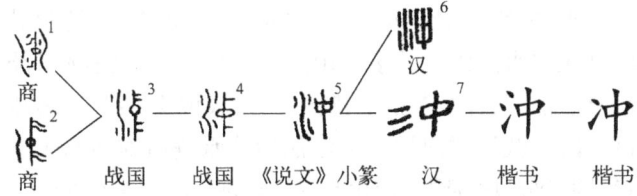

1、2《甲文编》435页。3、4《战文编》742页。5《说文》229页。6《汉印徵》卷11,7页。7《篆隶表》790页。

形声字。从水,中声。《说文》:"沖,涌摇也。"叶德辉读若考:"涌摇,即动摇。"又,《广韵·东韵》:"沖,深也。"字始见于商代甲骨文。《合集》32906:"令沖宗。"疑为人名。战国玺印"沖青",姓氏字。汉印"宗沖",人名。后世多用为冲击、冲刷、冲淡、相冲(五行、生肖、时辰不合)等义。字亦作"冲"。《老子》第四十五章:"大盈若冲,其用不穷。"《玉篇·水部》:"冲,俗沖字。"新中国成立后整理汉字,以"沖"为异体字,"冲"为规范字。(王逸鹤)

汎(泛) fàn 滂纽、侵部;敷纽、梵韵、孚梵切。

水部

汎

1 《玺汇》3341。2《说文》230页。3、4《汉印徵》卷11，7页。5《篆隶表》791页。

形声字。从水，凡声。《说文》："汎，浮貌。"《诗·邶风·柏舟》："汎彼柏舟，在彼中河。"由浮义引申为（气体）飘浮、浮泛、广泛等义。多写作"泛"。又，古水名。凡二：1．古代流入渤海的一条河。2．古河水支流。（王逸鹤）

沄 yún 匣纽、文部；云纽、文韵、王分切。

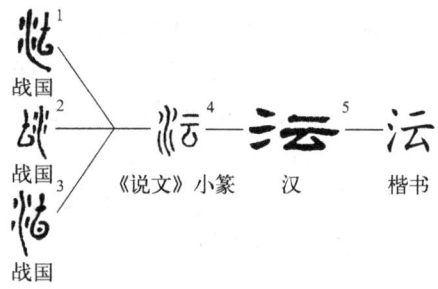

1、2、3《战文编》742页。4《说文》230页。5《隶辨》138页。

形声字。从水，云声。《尔雅·释言》："沄，沆也。"郭璞注："水流溃沆。"多叠用。《楚辞·九思·哀岁》："流水兮沄沄。"自注："沄沄，沸流。"又，《说文》："沄，转流也。"段玉裁注："回转之流沄沄然。"水流回旋亦水大之意。按："沄"非"澐"之简化字。另有"澐"条。（王逸鹤）

浩 hào 匣纽、幽部；匣纽、皓韵、胡老切。

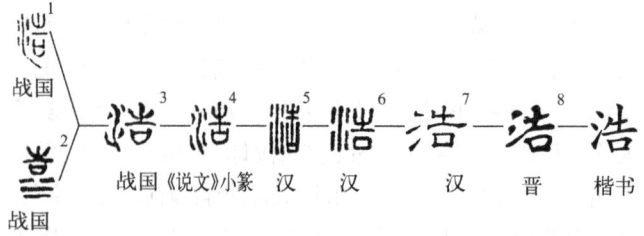

1、2、3《战文编》742页。4《说文》230页。5、6《汉印徵》卷11，7页。7、8《篆隶表》791页。

形声字。从水，告声。《说文》："浩，浇也。"朱骏声通训定声："浇者，许以声训。《字林》：'浩，溔也。水大也。'"《正字通·水部》："浩，大水盛貌。"《说文》引《虞书》："洪水浩浩"，即水大之意。引申有广大、广远、众多等义。又，古州名。（王逸鹤）

沆 hàng 匣纽、阳部；匣纽、荡韵、胡朗切。
háng 匣纽、阳部；匣纽、唐韵、胡郎切。

1《说文》230页。2《四体大字典》742页。

形声字。从水，亢声。《说文》："沆，莽沆，大水也。""莽沆"，也作"沆茫"、"沆漭"、"漭沆"，义并同。唐玄应《一切经音义》卷七引《通俗文》："水广大谓之漭沆也。"《后汉书·马融传》："潢瀁沆溰"，李贤注："并水皃也。"引申泛指广阔之义。又，《说文》："沆，一曰大泽皃。"徐锴系传作"一曰大泽"。汉应劭《风俗通·山泽》："沆，泽之无水，斥卤之类也。今俗语亦曰沆泽。"以上读hàng。又音háng。《集韵·唐韵》："沆，水流皃。"又，《广韵·唐韵》："沆，渡也。"（王逸鹤）

濞 pì 滂纽、质部；滂纽、至韵、匹备切。

1《战文编》742页。2《说文》230页。3《汉印徵》卷11，7页。

形声字。从水，鼻声。《说文》："濞，水暴至声。"《文选·宋玉〈高唐赋〉》："濞淘淘其无声兮，溃淡淡而并入。"李善注引《字林》曰："濞，水暴至声也。"又，水名。在云南省，入澜沧江。读pì。又音bì。"漾濞"，县名。战国、汉印文，俱为人名。（王逸鹤）

滕 téng 定纽、蒸部；定纽、登韵、徒登切。

1、2《战文编》742页。3《说文》230页。4、5《汉印徵》卷11，7页。6、7《篆隶表》791页。

形声字。从水，朕声。《说文》："滕，水超涌也。"《玉篇·水部》："滕，《诗》曰：'百川沸滕。'水上涌也。""沸滕"即"沸腾"（今《诗》从此作）。又，张口（放言）。《易·咸》："象曰：咸其辅颊舌，滕口说也。"又，西周诸侯国名。在今山东滕县。《左传·隐公十一年》："滕侯、薛侯来朝。"又，以国为氏。战国器有"滕侯戟"。又，姓。汉印有"滕无害印"。按：滕字左旁本从"舟"作，隶变从"月"。今字书归"月"部。（王逸鹤）

洸 guāng 见纽、阳部；见纽、唐韵、古黄切。

1《说文》230页。2《四体大字典》761页。

会意兼形声字。从水，从光，光亦声。《说文·火部》："光，明也。"又"洸"下云："水涌光也。"意相契。王筠句读："水涌生光，即《岳阳楼记》'浮光跃金'也。"又，威武貌。《诗·大雅·江汉》："江汉汤汤，武夫洸洸。"毛传："洸洸，武貌。"又，水名。汶水支流。（王逸鹤）

波 bō 帮纽、歌部；帮纽、戈韵、博禾切。

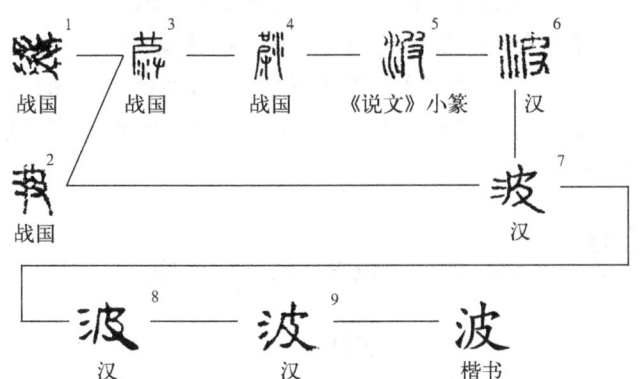

1-4《战文编》742页。5《说文》230页。6《汉印徵》卷11，7页。7、8、9《篆隶表》792页。

形声字。从水，皮声。水流起伏之状。《说文》："波，水涌流也。"《诗·小雅·渐渐之石》："有豕白蹢，烝涉波矣。"（毛传："蹢，蹄也。"）《西陲简》51.19："州流灌注兮转扬波。"引申有波动、波及、波折、奔波等义。又，水流。《书·禹贡》："馀波入于流沙。"又，古水名；州名；县名。《马王堆帛书古地图》："并波里。"波里，地名。（王逸鹤）

澐 yún 匣纽、文部；云纽、文韵、王分切。

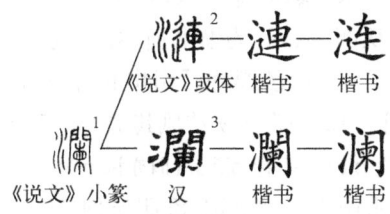

1《说文》230页。2《四体大字典》816页。

形声字。从水，雲声。《说文》："江水大波谓之澐。"江，指长江。多叠用。"澐澐"，水流汹涌貌。唐独孤及《招北客文》："其东则有大江澐澐，下绝地垠。"按："澐"与"沄"非一字。另有"沄"条。（王逸鹤）

澜（澜） lán 来纽、元部；来纽、寒韵、落干切。

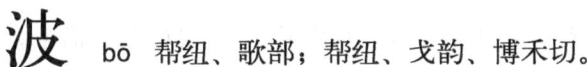

1、2《说文》230页。3《隶辨》158页。

形声字。从水，闌声。《说文》："澜，大波为澜。"《孟子·尽心上》："观水有术，必观其澜。"赵岐注："澜，水中大波也。"又，水纹；波纹。《释名·释水》："风行水波成文曰澜。澜，连也，波体转流相及连也。"《正字通·水部》："澜与涣、沦、涟，音别义通。"《说文》或体作"漣"（简作涟），古或通用。《诗·魏风·伐檀》："河水清且涟猗。"《尔雅·释训》"涟"作"澜"。澜所从声符"闌"，因"門"简化作"门"，凡所从者依例简化。（王逸鹤）

淪（沦） lún 来纽、文部；来纽、谆韵、力迍切。

1《金文编》734页。2《说文》230页。3《汉印徵》卷11，7页。4《篆隶表》792页。

形声字。从水，侖声。《说文》："淪，小波为淪。……《诗》曰：'河水清且淪猗。'""沦猗"，《诗·魏风·伐檀》一章作"涟猗"。毛传："小风水成文，转如轮也。"引申有相率之义。《尔雅·释言》："沦，率也。"《释名·释水》："沦，伦也，水文相次有伦理也。"《诗·小雅·雨无正》："若无此罪，沦胥以铺。"毛传："沦，率也。"又，《说文》："一曰没也。"其沦没、沦陷、沦丧等义由之引申。淪所从声符"侖"今简化作"仑"，凡所从者依例简化。（王逸鹤）

漂

piāo 滂纽、宵部；滂纽、宵韵、抚招切。
piǎo 滂纽、宵部；滂纽、笑韵、匹妙切。又匹沼切。
piào 滂纽、宵部；滂纽、笑韵、匹妙切。

漂¹—漂²—漂³—漂
《说文》小篆 汉 汉 楷书

1《说文》230页。2、3《篆隶表》792页。

形声字。从水，票声。漂所从声符"票"，小篆从𠕁、从火，汉隶讹作从西、从示，为楷书所本。《说文》："漂，浮也。"《书·武成》："血流漂杵。"引申有轻、漂流、流浪等义。又，吹。《诗·郑风·萚兮》："风其漂女。"毛传："漂，犹吹也。"以上读piāo。又音piǎo（旧亦读piào）。《集韵·宵韵》："击絮水中也。"《史记·淮阴侯列传》："（韩）信钓于城下，诸母漂……竟漂数十日。"裴骃集解引韦昭曰："以水击絮为漂。"引申为凡冲洗之义。又音piào。《文选·王褒〈洞箫赋〉》："迅漂巧兮。"李善注："漂，疾也。"又，古水名。（王逸鹤）

浮

fú 並纽、幽部；奉纽、尤韵、缚谋切。

浮¹—浮²—浮³—浮⁴—浮⁵—浮
西周 战国 《说文》小篆 汉 汉 楷书

1《金文编》735页。2《战文编》742页。3《说文》230页。4《汉印徵》卷11，7页。5《篆隶表》792页。

形声字。从水，孚声。与"沉"相对。《广雅·释言》："浮，漂也。"《玉篇·水部》："浮，水上曰浮。"《诗·小雅·菁菁者莪》："汎汎杨舟，载沉载浮。"又，《说文》："浮，氾也。"《书·禹贡》："浮于济、漯，达于河。"孔传："顺流曰浮。"谓在水上漂流。引申有渡、游水、飘浮、游荡、轻浮等义。马王堆汉墓帛书《老子》乙前136下："气者，心之浮也。"又，古水名，已堙。又，古州名。公宅父匜："浮公之孙"，姓氏。（王逸鹤）

濫（滥）

làn 来纽、谈部；来纽、阚韵、卢瞰切。
jiàn 匣纽、谈部；匣纽、槛韵、胡黯切。

濫¹—濫²—濫³—滥—滥
战国《说文》小篆 汉 楷书 楷书

1《古文典》1452页。2《说文》230页。3《篆隶表》793页。

形声字。从水，监声。《说文》："濫，氾也。"《广韵·阚韵》："濫，泛濫。"《孟子·滕文公上》："当尧之时，天下犹未平，洪水横流，氾濫于天下。"引申有蔓延、肆意枉为、过度、失实、浮泛等义。例不备举。又，《说文》："濫，一曰清也。"又，古水名。今甘肃省洮河支流东峪河。以上读làn。又音jiàn。《尔雅·释水》："濫，泉正出。正出，涌出也。"《说文》："濫，一曰濡上及下也。"《诗》曰：'觱沸濫泉。'"王筠释例："濫泉盖如历城之趵突泉。"又通"鑑"。又，《字汇·水部》："濫，浴器。"濫所从声符"监"，依草书简化作"监"，凡所从者依例简化。（王逸鹤）

氾

fàn 並纽、侵部；奉纽、凡韵、孚梵切。

氾¹—氾²—氾³—氾⁴—氾⁵—氾
《说文》小篆 汉 汉 汉 汉 楷书

1《说文》230页。2《汉印徵》卷11，7页。
3、4、5《篆隶表》793页。

形声字。从水，㔾声。水漫溢。《说文》："氾，濫也。"《孟子·滕文公下》："当尧之时，水逆行，氾濫于中国。"引申有广泛、普遍等义。后作"泛"。又，摇动不定貌，也作"汎"。《楚辞·招魂》："光风转蕙，氾崇兰些。"王逸注："氾犹汎。汎，摇动貌也。"字形2-5皆用作姓氏字，读fán。（王逸鹤）

泓

hóng 影纽、蒸部；影纽、耕韵、乌宏切。

1《说文》230页。2、3《汉印徵》卷11，7页。

形声字。从水，弘声。水深貌。《说文》："泓，下深皃。"晋郭璞《江赋》："极泓量而海运，状滔天以森茫。"水深则清，故引申有清澈义。南朝宋刘义庆《世说新语·赏誉下》："丞相（王导）目子躬云：'入理泓然，我已上人。'"又，古水名。在今河南省柘城县西北。（王逸鹤）

測（测）

cè 清纽、职部；初纽、职韵、初力切。

測

1《金文编》735页。2《说文》230页。3《篆隶表》793页。

形声字。从水，则声。度量，测量。《说文》："测，深所至也。"王筠句读："《玉篇》：'测，度也，广深曰测。'案：当作'度深曰测'。……深所至者，谓深其深之几何也。"《周礼·地官·大司徒》："以土圭之法测土深。"郑玄注："测，犹度也。"引申有猜测、推测等义。《左传·庄公十年》："夫大国难测也，惧有伏焉。"（王逸鹤）

湍

tuān 透纽、元部；透纽、桓韵、他端切。
zhuān 章纽、元部；章纽、仙韵、职缘切。

1《战文编》743页。2《说文》230页。

形声字。从水，耑声。急流之水。《说文》："湍，疾濑也。"段玉裁注："疾湍，濑之急者也。"《楚辞·九章·抽思》："长濑湍流。"引申为水势急。《孟子·告子上》："性犹湍水也。"以上读tuān。又音zhuān。水名。源出河南省内乡县熊耳山。（王逸鹤）

淙

cóng 从纽、冬部；从纽、冬韵、藏宗切。

1《说文》230页。2《四体大字典》776页。

形声字。从水，宗声。《说文》："淙，水声也。"多叠用。晋陶潜《祭从弟敬远文》："淙淙悬溜。"又，清段玉裁《说文解字注》："水势淙淙然。"《广韵·江韵》："淙，水流儿。"又，《六书故·地理三》："淙，飞流也。"即瀑布。南朝梁沈约《守山东》："百丈悬淙流。"（王逸鹤）

激

jī 见纽、药部；见纽、锡韵、古历切。
jiào 见纽、宵部；见纽、啸韵、古吊切。
jiāo 见纽、萧韵、坚尧切。

1《说文》230页。2《隶辨》736页。

形声字。从水，敫声。水流受阻。《说文》："激，水碍衺疾波也。"《孟子·告子上》："激而行之，可使在山。"水流受阻则激扬飞溅，故引申有激扬之义。更引申有冲击、急速、激烈等义。读jī。又音jiào。《集韵·啸韵》："激，湍流儿。"又，《说文》："激，一曰半遮也。"段玉裁注："此亦有碍之义。与徼、邀音义略同。"桂馥义证："'一曰半遮也'者，或通作徼。《字书》：徼，遮也。"当为《说文》前义之引申。又音jiāo。同"徼"，侥幸。《集韵·萧韵》："憿，《说文》：'幸也。'亦作激，通作侥、徼。"（王逸鹤）

洞

dòng 定纽、东部；定纽、送韵、徒弄切。
tóng 定纽、东部；定纽、东韵、徒红切。

1《说文》230页。2《汉印徵》卷11，8页。3、4、5《篆隶表》793页。

形声字。从水，同声。《说文》："洞，疾流也。"王筠句读："桂氏曰：'《水经》有洞过水，亦谓其流疾也。'"又，《集韵·送韵》："洞，通也。"引申有穿透、透彻等义。又，洞穴、孔洞。以上读dòng。又音tóng。"洪洞"，县名。在山西省。又"澤洞"，也作"颍洞"。《集韵·东韵》："洞，澤洞，水无厓儿。"引申为连续不断貌。唐杜甫《自京赴奉先县咏怀五百字》："忧端齐终南，颍洞不可掇。"（王逸鹤）

洶（汹）

xiōng 晓纽、东部；晓纽、钟韵、许容切。

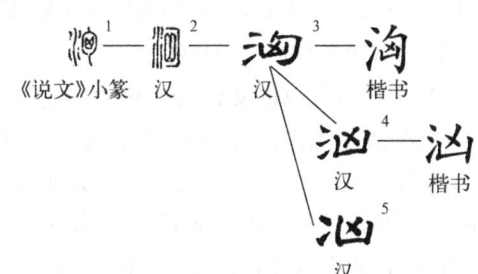

1《说文》230页。2《汉印徵》卷11，8页。3《四体大字典》761页。4《隶辨》330页。5《篆隶表》793页。

形声字。从水，匈声。《说文》："洶，涌也。"《文选·宋玉〈高唐赋〉》："濞洶洶其无声兮，溃淡淡而并入。"李善注："谓水波腾貌。"又，形容喧嚣之声，多叠用。《楚辞·九章·悲回风》："听波涛之洶洶。"又形容声势大，如"其势洶洶"。皆前义之引申。又引申为动荡不定。《三国志·魏书·曹爽传》："司马懿奏：……天下洶洶。"按《集韵·钟韵》：" 洶，或作汹。"《隶辨·肿韵》："汹，按：《说文》作洶，碑省从凶。"皆就汉隶为说，"汹"为"洶"之省形，为楷书所本。今"汹"行而"洶"废。《楼兰古文书》作"汹"。按："氵"与"冫"，汉字每互作。如"凍"或作"涷"，"冷"或作"泠"，"冽"或作"洌"，不备举。汉印，人名。《楼兰古文书》29"白首白汹"，假为"胸"。（王逸鹤）

涌 yǒng

喻纽、东部；以纽、肿韵、余陇切。

1《说文》230页。2、3《篆隶表》794页。4《汉印徵》卷11，13页。

形声字。从水，甬声。《说文》："涌，滕也。"段玉裁注："滕，水超涌也。"《玉篇》："涌，水滕波。""滕"同"腾"，谓水向上冒。汉瓦文："涌泉混流。"曹全碑："谋若泉涌。"引申有升腾、满溢等义。又，古水名。《说文》："一曰涌水，在楚国。"已湮。《集韵·肿韵》："涌，或作湧。"为"涌"之异体。汉印为人名。（王逸鹤）

汋 zhuó

从纽、药部；崇纽、觉韵、士角切。

1《中山》25页。2《说文》230页。3《篆隶表》794页。4《四体大字典》738页。

形声字。从水，勺声。《说文》："汋，激水声也。……井一有水一无水谓之瀱汋。"《释名·释宫室》："瀱，竭也；汋，有水声汋汋也。"《庄子·田子方》："夫水之于汋也，无为而才自然矣。"王先谦集解："汋乃水之自然涌出，无所作为，唯其才之自然也。"又，古乐名。《荀子·礼论》杨倞注："武、汋、桓皆《周颂》篇名。"汋，《诗·周颂·酌》作"酌"。孔颖达疏："酌，《左传·宣公十二年》作汋，古今字耳。"汉武威简《燕礼》17："升自西阶序汋散于楹北。"按：今本"序"下有"进"字。"汋"作"酌"。又同"勺"。《集韵·药韵》："勺，《说文》：'挹取也。'或从水、勺。"（王逸鹤）

渾（浑）hún

匣纽、文部；匣纽、魂韵、户昆切。

hùn 匣纽、文部；匣纽、混韵、胡本切。

1《说文》230页。2、3《汉印徵》卷11，11页。4《篆隶表》794页。

形声字。从水，軍声。水喷涌声。《说文》："渾，混流声也。"《玉篇》："渾，水溃涌之声也。"《史记·司马相如列传》："汨乎浑流，顺阿而下，赴隘陜之口。"又，浑浊。与清相对。《说文》："一曰洿下皃。"桂馥义证："谓浑浊也。"马王堆汉墓帛书《老子甲》24："为天下浑心，百姓皆属耳目焉。"引申有混同、混合等义。又，河流名；少数民族"吐谷浑"之省称。以上读hún。又音hùn。同"混"。《集韵·混韵》："混，或作浑。"渾所从声符"軍"因"車"简化作"军"。（王逸鹤）

洌 liè

来纽、月部；来纽、薛韵、良薛切。

1《说文》230页。2《篆隶表》794页。

形声字。从水，列声。《说文》："洌，水清也。"《易·井》："九五。井洌寒泉，食。"引申泛指清醇之物。宋欧阳修《醉翁亭记》："醴泉为酒，泉香而酒洌。"明徐弘祖《徐霞客游记·滇游日记四》："茶洌而兰幽。"又同"冽"。寒冷。《诗·小雅·大东》："有冽氿泉，无浸获薪。"毛传："冽，寒意也。"清邵瑛《说文解字群经正字卷》二十一："洌，今经典往往从冫作冽。"按：寒冷一义今通作"冽"，与"洌"析为二字。又，古水名。在朝鲜。（王逸鹤）

淑 shū

禅纽、觉部；禅纽、屋韵、殊六切。

1《说文》231页。2-5《篆隶表》794页。

形声字。从水，叔声。《说文》："淑，清湛也。"《广雅·释诂一》："淑，清也。"《淮南子·本经》："日月淑清而扬光。"又《尔雅·释诂上》："淑，善也。"多用指人品。

《诗·曹风·鸤鸠》:"淑人君子,其仪一兮。"汉张迁碑:"唯淑是亲。"引申有美好、温和等义。(王逸鹤)

溶 róng 喻纽、东部;以纽、钟韵、馀封切。

《说文》小篆　汉　楷书

1《说文》231页。2《四体大字典》794页。

形声字。从水,容声。《说文》:"溶,水盛也。"《楚辞·九叹·远逝》:"彼淫淫而周流兮,鸿溶溢而滔荡。"又,泛指盛大。《文选·张衡〈思玄赋〉》:"氛旄溶以天旋兮。"多叠用。《楚辞·九叹·逢纷》:"扬流波之潢潢兮,体溶溶而东回。"亦水盛之义。或形容水流动之貌。唐杜牧《阿房宫赋》:"二川溶溶,流入宫墙。"又,《集韵·锺韵》:"溶,安流也。"引申为安闲等义。不备举。(王逸鹤)

澂 chéng 定纽、蒸部;澄纽、蒸韵、直陵切。

《说文》小篆　汉　汉　楷书

1《说文》231页。2、3《篆隶表》794页。

形声字。从水,徵省声。澂字形体变化主要在中部"壴"形。汉代文字较篆书或少一横,或将篆书上部平置讹作"山"形,至楷书又讹下部之"壬"为"王"而保留其上一横,遂成今形。《说文》:"澂,清也。"段玉裁注引《方言》曰:"澂,清也。澂、澄古今字。"或以为非。今通作"澄"。《楚辞·九章·惜往日》:"君含怒而待臣兮,不清澂其然否。"又用为动词,使澄清。《后汉书·儒林传赞》:"千载不作,渊源谁澂?"按:用为澄清义,今作"澄"。姓名用字,如清吴大澂,仍用"澂"。汉印"左澂",人名。(王逸鹤)

清 qīng 清纽、耕部;清纽、清韵、七情切。

战国　战国　秦《说文》小篆　汉　汉　汉　楷书

1-4《战文编》743页。5秦山刻石。6《说文》231页。7《汉印徵》卷11,8页。8、9、《篆隶表》795页。

形声字。从水,青声。水清澈貌,与浊相对。《说文》:"清,朖(朗)也。澂水之皃。"段玉裁注:"朖者,明也。澂而后明,故云澂水之皃。"《诗·魏风·伐檀》:"河水清且涟猗。"他如高洁、清静、清楚、廉洁等义,皆其引申。例不备举。又用为动词,如清除、使清醒等。又,古地名、水名、朝代名等。(王逸鹤)

渗(渗) shèn 心纽、侵部;生纽、沁韵、所禁切。

《说文》小篆　汉　楷书　楷书

1《说文》231页。2《篆隶表》795页。

形声字。从水,参声。液体缓慢地透入或外漏。《说文》:"渗,下漉也。"《史记·司马相如列传》:"滋液渗漉,何生不育。"由渗漏(漏有时则尽)引申出干涸义。《尔雅·释诂一》:"渗,尽也。"《南史·到彦之传》:"……自淮入泗。泗水渗,日裁行十里。"渗所从声符"参",今简化作"参"。凡所从者,依例简化。(王逸鹤)

溷 hùn 匣纽、文部;匣纽、慁韵、胡困切。

《说文》小篆　汉　楷书

1《说文》231页。2《四体大字典》793页。

形声字。从水,圂声。《说文》:"溷,乱也。"《楚辞·离骚》:"世溷浊而不分兮,好蔽美而嫉妒。"引申有混杂、扰乱等义。又,《说文》:"一曰水浊皃。"引申为污秽物。又同"圂",其义有二:1.厕所。2.猪圈。按:用为"混浊"义今多写作"混"。(王逸鹤)

淈 gǔ 见纽、物部;见纽、没韵、古忽切。

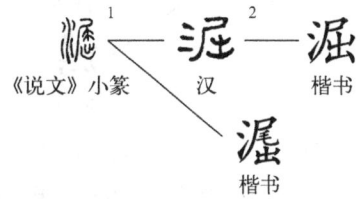

《说文》小篆　汉　楷书

楷书

1《说文》231页。2《篆隶表》795页。

形声字。从水,屈声。搅浑,扰乱。《说文》:"淈,浊也。"段玉裁注:"今人'汩乱'字当作此。"《楚辞·渔父》:"世人皆浊,何不淈其泥而扬其波?"又,《说文》:"一曰滒泥。"段玉裁注:"多汁成泥。"犹今所说"稀泥"。又,《说文》:"一曰水出皃。"马王堆汉墓帛书《老子甲》24:"虚而不淈",假作"屈"(音 qū)。(王逸鹤)

淵（渊）

yuān 影纽、真部；影纽、先韵、乌玄切。

| 商 | 《说文》古文 | 战国 | 战国 | 《说文》或体 | 楷书 |
| 商 | 西周 | 春秋 | 《说文》小篆 | 汉 | 汉 | 楷书 | 楷书 |

1 《甲文编》436页。2 《甲骨文字典》1195页。3、8、9 《说文》231页。4、6、7 《战文编》743页。5 《金文编》735页。10、11 《篆隶表》795页。

象形兼会意字。甲骨文作⌘，《说文》古文⌘与之同，像口中有水，会潭水之意。或加水作⌘，乃叠加意符，同。《说文》："淵，回水也。从水，象形。"又谓："左右，岸也，中象水皃。開，淵，或省水。"乃就篆文声旁開形为训。而于古文⌘则训："从口，水。"实则无论古文、小篆，象形、会意兼备。渊字初为独体，后加水旁，前后形体一脉，唯简繁之别。宋元俗字"渊"为今简化所本。字在甲骨刻辞用为地名。《屯南》722："今日壬王其田渊西其焚亡（无）𢦏（灾）。"典籍或用为深水之义。《广雅·释训》："渊，深也。"盖《说文》"回水"一义之引申，水盘旋回转则必深。《篇海类编·地理类》："渊，水盘旋处为渊。"引申泛指深意，如（学问）渊深、渊薮等。（王逸鹤）

澹

dàn 定纽、谈部；定纽、阚韵、徒滥切。
tán 定纽、谈部；定纽、谈韵、徒甘切。

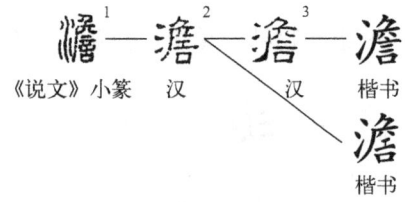

| 《说文》小篆 | 汉 | 汉 | 楷书 |
| | | | 澹 楷书 |

1 《说文》231页。2、3 《篆隶表》796页。

形声字。从水，詹声。《说文》："澹，水摇也。"《玉篇·水部》："澹，水动貌。"《文选·宋玉〈高唐赋〉》："水澹澹而盘纡兮，洪波淫淫之溶滴。"又，恬静。《广雅·释诂一》："澹，安也。"《老子》第二十章："澹兮其若海"。引申而有淡薄、（味道）清淡等义。今通作"淡"。又，古水名、姓氏等。以上读 dàn。又音 tán。"澹台"，复姓。（王逸鹤）

滿（满）

mǎn 明纽、元部；明纽、缓韵、莫旱切。

| 战国 | 战国 | 《说文》小篆 | 汉 | 汉 | 楷书 | 楷书 |

1、2 《战文编》743页。3 《说文》231页。4 《汉印徵》卷11，8页。5 《篆隶表》796页。

形声字。从水，㒼声。充盈。《说文》："满，盈溢也。"《广雅·释诂四》："满，充也。"《庄子·天运》："在谷满谷，在阬满阬。"引申有满足、饱满、充实、全等义。例不备举。满所从声符"㒼"今简化"㒼"，凡所从者，依例简化。（王逸鹤）

滑

huá 匣纽、物部；匣纽、黠韵、户八切。
gǔ 见纽、物部；见纽、没韵、古忽切。

| 战国 | 《说文》小篆 | 汉 | 汉 | 楷书 |
| 战国 | 汉 | 汉 |

1 《古文典》1194页。2 《战文编》743页。3 《玺印文综》664页。4 《说文》231页。5 《汉印徵》卷11，8页。6、7、8 《篆隶表》796页。

形声字。从水，骨声。使滑溜。《说文》："滑，利也。"《礼记·内则》："堇、荁、枌、榆……以滑之。"孔颖达疏："以滑之者，谓用堇……令柔滑之。"又，古时制菜肴和以米粉使之柔滑。《周礼·天官·食医》贾公彦疏："滑者，通利往来，亦所以调和四味。"孙诒让正义："谓以米粉和菜为滑也。"引申有滑动、流利、浮华不实、狡猾等义。例不备举。又，古国名、地名、州名、水名、中医脉象名等。以上读 huá。又音 gǔ。《广韵·末韵》："滑，乱也。"《列子·黄帝》："美恶不滑其心。"又，治。《庄子·缮性》："缮性于俗学，以求复其初；滑欲于俗思，以求致其明，谓之蔽蒙之民。"陆德明释文："崔云：治也。"（王逸鹤）

澤（泽）

zé 定纽、铎部；澄纽、陌韵、场伯切。

| 战国 | 战国 | 战国 | 战国 | 《说文》小篆 | 秦 | 汉 |
| 汉 | 魏 | 楷书 | 楷书 |

1、2、3 《古玺》272页。4 《战文编》744页。

5《说文》231页。6、8、9、10《篆隶表》796页。
7《汉印徵》卷11，8页。

形声字。从水，睪声。澤所从声符"睪"，据草书简化作"圣"。凡所从者依例简化。按："睪"独立使用时不简。《说文》："澤，光润也。"《周礼·考工记·弓人》："瘠牛之角无泽。"郑玄注："少润气。"引申为润泽、恩惠等义。又，《释名·释地》："下而有水曰泽。"《风俗通·山泽》："水草交厝，名之为泽。"指水的汇聚处及水草丛杂之地。又，古州名、地名。（王逸鹤）

淫 yín 喻纽、侵部；以纽、侵韵、徐针切。

1《战文编》744页。2《说文》231页。3《汉印徵》卷11，8页。4、5《篆隶表》797页。

形声字。从水，㸒声。浸淫，浸渍。《说文》："淫，侵淫随理也。"《释名·释言语》："淫，浸也，浸淫旁入之言也。"《周礼·考工记·匠人》："善防者水淫之。"郑玄注："谓水淤泥土留著，助之为厚。"引申为润泽。《楚辞·七谏·自悲》："邪气入而感内兮，施玉色而外淫。"又，《尔雅·释天》："久雨谓之淫，淫谓之霖。"《说文》："一曰久雨为淫。"《左传·庄公十一年》："天作淫雨。"又，过度，如淫刑、淫辞等。又多用于沉湎、淫乱、奸淫等义。睡虎地简8.3："去其淫避（僻）"，华山碑："改秦淫祀。"汉印或用为姓氏、人名。（王逸鹤）

泆 yì 喻纽、质部；以纽、质韵、夷质切。

1《说文》231页。2《四体大字典》749页。

形声字。从水，失声。《说文》："泆，水所荡泆也。"段玉裁注："荡泆者，动荡奔突而出。"《庄子·天地》："凿木为机，后重前轻，挈水若抽，数如泆汤，其名为槔。"陆德明释文："本或作溢。李（颐）云：'疾速如汤沸溢也。'"又，放荡、淫乱。《书·酒诰》："诞惟厥纵淫泆于非彝，用燕丧威仪。"《左传·隐公三年》："骄、奢、淫、泆，所自邪也。"又，安稳貌。汉刘向《说苑·修文》："……言未已，舟泆然行。"（王逸鹤）

潰（溃） kuì 匣纽、物部；匣纽、队韵、胡对切。

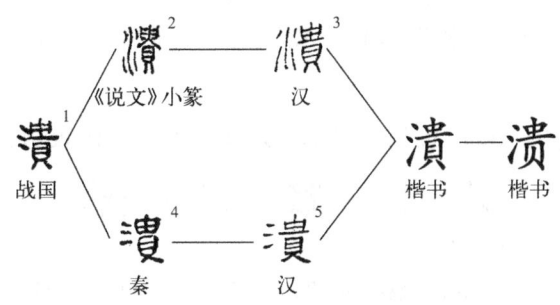

1《战文编》744页。2《说文》231页。3、4、5《篆隶表》797页。

形声字。从水，贵声。《说文》："溃，漏也。"段玉裁注："屋穿水下也。"又，徐锴系传："溃，决也。"《国语·周语上》："川壅而溃，伤人必多。"引申有散乱、败散等义。马王堆汉墓帛书《春秋事语》："蔡人遂溃。"又，肌肉溃烂（或读 huì），如"溃疡"。溃所从声符"贵"因"贝"简化作"贝"，故"溃"简化作"溃"。（王逸鹤）

淺（浅） qiǎn 清纽、元部；清纽、狝韵、七演切。
jiān 精纽、元部；精纽、先韵、则前切。
jiàn 从纽、元部；从纽、狝韵、在演切。

1《战文编》744页。2、3《楚帛书》808页。4《说文》231页。5、6、7《篆隶表》797页。

形声字。从水，戋声。《说文》："浅，不深也。"《诗·邶风·谷风》："就其浅矣，泳之游之。"引申为肤浅、浅薄、短浅等义。读 qiǎn。又音 jiān。浅浅。凡二义：1.《广韵·先韵》："浅，浅浅，流疾皃。"亦作"溅溅"、"㶕㶕"。2.流水声。又音 jiàn。"浅浅"犹"戋戋"，浅薄。又通"贱"。马王堆汉墓帛书《老子甲》40："不可（得）而贵，亦不可得而浅。"今本《老子》第五十六章作"贱"。又通"践"。金文"邨（越）王欼浅剑"，"欼浅"史籍作"勾践"。浅所从声符"戋"今简作"戋"，凡所从者依例简化。（王逸鹤）

渻 shěng 生纽、耕部；生纽、梗韵、所景切。

1《说文》231页。2《四体大字典》786页。

形声字。从水，省声。渻所从声符"省"，古文字从生、从目作，隶定之当作"眚"。《说文》："渻，少减也。"段玉裁注："今减省之字当做渻，古今字也。"又，《说文》："一

曰水门。又水出丘前谓之湝丘。"承培元引经证例："水门即水出丘前之义,以丘为水门也。"又,水名。(王逸鹤)

淖 nào 泥纽、宵部；娘纽、效韵、奴教切。

春秋 《说文》小篆　汉　　汉　　楷书

1《战文编》744页。2《说文》231页。3《汉印徵》卷11,9页。4《篆隶表》797页。

形声字。从水,卓声。烂泥,泥沼。《说文》："淖,泥也。"唐玄应《一切经音义》卷十二："淖,深泥也。"《左传·成公十六年》："栾、范以其族夹公行,陷于淖。"又《广雅·释诂一》："淖,湿也。"汉印用为姓氏,音zhuō。武威简《少牢》22："嘉荐薄(今本作"普")淖",调和义,音zhào。(王逸鹤)

溽 rù 日纽、屋部；日纽、烛韵、而蜀切。

《说文》小篆　汉　楷书

1《说文》231页。2《四体大字典》793页。

形声字。从水,辱声。潮湿而暑热。《说文》："溽,湿暑也。"《礼记·月令》："(季夏之月)土润溽暑,大雨时行。"又,味浓。《礼记·儒行》："其饮食不溽。"孔颖达疏："即浓厚也。"又,古水名。(王逸鹤)

涅 niè 泥纽、质部；泥纽、屑韵、奴结切。

战国　战国　《说文》小篆　汉　汉　汉　楷书

汉

1、2《古文典》1092页。3《说文》231页。4《汉印徵》卷11,9页。5《马王堆》442页。6《老子乙前》100上。7《隶辨》697页。

会意兼形声字。从水在土中,日声。《说文》："涅,黑土在水中也。从水,从土。"似亦以会意说之。王筠句读："筠按,染布帛为深蓝色,再以池中兹泥涂之,暴诸日而成缁。《五经文字》云'从日',盖谓此也。"依王筠说,则"涅"为从水、从土(土在水中)、从日(曝于日下)会意,日亦声。于形义似亦可通。《说文》"日声",桂馥义证："日声者,声不相近。"按："日"、"曰",古音一在"质"部、一在"月"部,似当以"日"声为是。"涅"所从声符"日",于战国货币文中作△、▽等形。或虚、或增横画、或正、或倒,于义无别。小篆作"日"形,汉隶之后趋扁作"曰"。涅,为一种黑色矿物。《说文》："涅,黑土在水中也。"《山海经·西山经》："女床之山,……其阴多石涅。"石涅即黑矾石。又名黑石脂、石墨,可以染黑。故涅又有黑色、染黑二义。《广雅·释诂三》："涅,黑也。"《玉篇·水部》："涅,染也。"《字汇·水部》："涅,染黑也。"又,水名。凡三：1.今山西省南部之沁河。2.今河南省镇平县之赵河。3.今广东省东部之东江。战国币文为地名,在今山西省武乡西北。汉印"涅阳"、"涅阳",地名。"涅倫印",姓氏。马王堆汉墓帛书《十六经》110："寒涅燥湿",假为"热"字。马王堆汉墓帛书《十六经》133："合之而涅於美。"(王逸鹤)

滋 zī 精纽、之部；精纽、之韵、子之切。

商　战国《说文》小篆　汉　汉　楷书

1《甲文编》436页。2《战文编》744页。3《说文》231页。4《汉印徵》卷11,9页。5、6《篆隶表》798页。

会意兼形声字。从水,从兹(像两束丝),丝亦声。初文象水中浸丝之形,隶定之当做"滋"。后世讹变从水,从兹,初义遂晦。《字汇·水部》："滋,浸也。"当是本义。《说文》："滋,益也。"为后起之义。他如滋生、滋长、滋润等为其义之引申。(王逸鹤)

沙 shā 心纽、歌部；生纽、麻韵、所加切。

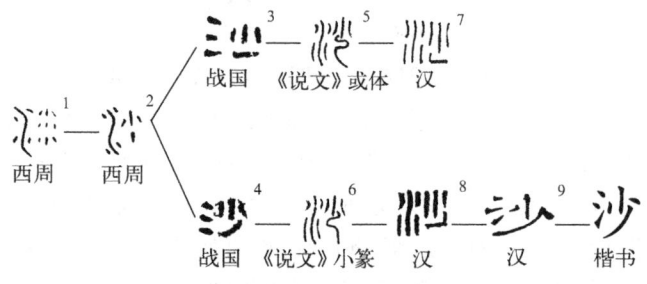

西周　西周　战国　《说文》或体　汉

战国　《说文》小篆　汉　汉　楷书

1、2《金文编》736页。3、4《战文编》745页。5、6《说文》232页。7、8《汉印徵》卷11,9页。9《篆隶表》798页。

初文为合体象形字。像水及散碎沙粒之形。水旁数点本即沙形,恐沙形不显,故从水,似亦兼具会意之义。金文与甲骨文大体同,唯表示沙粒的点数多寡之异。战国文字形体渐趋统一,易象形为会意。《说文》:"沙,水散石也。从水,从少,水少沙见。"段玉裁注:"石散碎谓之沙。"当为后起之义,亦会意之属。本义为沙。后用为沙地、沙漠及泛指细碎松散之物,皆引申义。又用为河流名、地名等。沙或从"㡿",于义无别。(王逸鹤)

瀨(濑) lài 来纽、月部;来纽、泰韵、落盖切。

1《说文》232页。2《隶辨》544页。

形声字。从水,赖声。《说文》:"瀨,水流沙上也。"《楚辞·九歌·湘君》:"石瀨兮浅浅。"又,急流。《淮南子·本经》:"抑减怒瀨,以扬激波。"高诱注:"瀨,急流也。"又,湍急。《篇海类编·地理类》:"瀨,湍也。"《文选·左思〈吴都赋〉》:"混涛并瀨。"又,水名。凡二:1.即广西荔江。2.溧水的别名。在江苏。瀨所从声符"賴"因"貝"简化作"赖"。(王逸鹤)

濆(渍) fén 奉纽、谆部;奉纽、文韵、符分切。

1《战文编》745页。2《说文》232页。3《篆隶表》798页。

形声字。从水,賁声。水边,崖岸。《说文》:"濆,水厓也。"……《诗》曰:'敦彼淮濆。'"又,《集韵·文韵》:"濆,大水溢出别为小水之名。"又,古水名。汝水支流,即今河南省之沙河。又,星名。《天文杂占末下》:"濆星出,天下兴兵。"濆所从声符"賁"因"貝"简化作"贲"。(王逸鹤)

涘 sì 邪纽、之部;俟纽、止韵、牀史切。

1《包山》100页。2《说文》232页。3《篆隶表》799页。

形声字。从水,矣声。水边,河岸。《说文》:"涘,水厓也。"《诗·王风·葛藟》:"绵绵葛藟,在河之涘。"《庄子·秋水》:"两涘渚崖之间,不辨牛马。"引申为界限、止境。《新唐书·回鹘传上》:"自是,道虽通,而房求取无涘。"包山楚简用为人名。(王逸鹤)

汻(浒) hǔ 晓纽、鱼部;晓纽、姥韵、呼古切。

1《说文》232页。2《篆隶表》799页。3《四体大字典》799页。

形声字。从水,午声。岸,水边。《说文》:"汻,水厓也。……臣铉等曰:'今作浒,非是。'"邵瑛群经正字:"今经典作浒。《诗·葛藟》'在河之浒',《绵》'率西水浒',《江汉》'江汉之浒'。《尔雅·释丘》'岸上,浒',《释水》'浒,水厓',……正字当作汻。"按:"汻"与"浒"无论正俗,可视为古今字。后世有《水浒传》亦作"浒"。是"浒"行而"汻"废矣。《苍山画像石题记》"生(笙)汻",假为"竽"。(王逸鹤)

漘 chún 船纽、文部;船纽、谆韵、食伦切。

1《说文》232页。2《四体大字典》804页。

形声字。从水,唇声。水边。《说文》:"漘,水厓也。……《诗》曰'置河之漘。'"又,临水的山崖。《尔雅·释丘》:"夷上洒下,漘。"郭璞注:"厓上平坦而下水深者为漘。不,发声。"孙炎疏:"平上陗下,故曰漘。"(王逸鹤)

浦 pǔ 滂纽、鱼部;滂纽、姥韵、滂古切。

1《战文编》745页。2《说文》232页。3《篆隶表》799页。4《汉印徵》卷11,9页。5《四体大字典》764页。

形声字。从水,甫声。水滨。《说文》:"浦,瀨也。"桂馥义证:"浦也者,《诗》、《释文》、《艺文类聚》、《白帖》并引作'水瀨也',徐锴本同。"《诗·大雅·常武》:"率彼淮浦,省此徐土。"毛传:"浦,涯也。"又,河流注入江海地方。如"乍浦"(在浙江)、"浦口"(在江苏)。汉隶"浦"所从声

符或作"甫",讹省之形,于义无别。(王逸鹤)

沚 zhǐ 章纽、之部；章纽、止韵、诸市切。

1、2《甲文编》436页。3《说文》232页。4《四体大字典》745页。

甲骨文像"止"(趾或脚)沾水或在水中之形。会意不明。《合集》6728:"贞方允其来于沚。"用作方国名,或用于人名等,不备举。《说文》:"从水,止声。"定为形声。《说文》:"沚,小渚曰沚。《诗》曰:'于沼于沚。'"《尔雅·释水》:"水中可居者曰洲,小洲曰沚。"《诗·秦风·蒹葭》:"溯游从之,宛在水中沚。"又,《广雅·释诂三》:"沚,质也。"(王逸鹤)

沸 fèi 帮纽、物部；非纽、未韵、方味切。

1《说文》232页。2、3、4《篆隶表》799页。

形声字。从水,弗声。泉涌貌。《说文》:"沸,滭沸,滥泉。"《玉篇》:"沸,泉涌出貌。""滭沸",又作"觱沸"。《诗·小雅·采菽》:"觱沸槛(通滥)泉。"引申为水波翻涌。《诗·小雅·十月之交》:"百川沸腾。"汉武威医简87甲:"以骆苏煎之,三沸。"又泛指煮沸之物,如沸水、沸油等。又形容声音喧闹或嘈杂。如"人声鼎沸"、"沸沸扬扬"等,亦其引申义。(王逸鹤)

派 pài 滂纽、锡部；滂纽、卦韵、匹卦切。

1《说文》232页。2《四体大字典》762页。

会意兼形声字。从水,从辰,辰亦声。《说文》有"辰"字,与"永"字正反之别。甲骨文正、反二形皆具,于义无别,均为"永"字。甲骨文反"永"之形作𣲘、𣲠,可隶定作"辰"、"派",为派(辰)字之源。《古今韵会举要·卦韵》:"派,本作辰,从反永。""永"、"辰",字本同源。后世为区别于"永"歧而为二:以反永为"辰"。更于"永"、"辰"二字添加水旁为"泳"、"派"以别于"永"、"辰"。甲骨文"永"、"辰"字带点者象水流之别出支流形。《说文》:"别水也。"与初文合。《文选·郭璞〈江赋〉》:"源二分于崌崃,流九派乎浔阳。"引申泛指事物的分支、流别、派别,如宗派、学派、党派及各种流派。又《正字通·水部》:"派,物均分曰派。"如分派、派分。引申为安排、派用场、派遣等义。例不备举。(王逸鹤)

汜 sì 邪纽、之部；邪纽、止韵、详里切。

1《甲文编》437页。2《说文》232页。3《四体大字典》739页。

形声字。从水,巳声。水分流后重归主流的水。《说文》:"汜,水别复入水也。"《诗·召南·江有汜》:"江有汜。之子归,不我以。"毛传:"决复入为汜。"又,不流通的死水。《尔雅·释丘》:"穷渎,汜。"郭璞注:"水无所通者。"《说文》:"一曰汜,穷渎也。"又通"涘"。水名。甲骨文形体与小篆略同,义不明。(王逸鹤)

濘(泞) níng 泥纽、耕部；泥纽、青韵、奴丁切。
nìng 泥纽、耕部；泥纽、径韵、乃定切。

1、2《甲骨文字典》1197页。3《说文》232页。4《四体大字典》821页。

形声字。从水,寧声(《说文》作"从水,寍声")。甲骨文"寧"旁不从"心",作𡨄,或𡩁。于义无别。初义不明。甲骨刻辞用为地名。《合集》27972:"于濘帝乎御羌方于之𢦏。"《说文》:"濘,荥濘也。"荥下云:"绝小水也。"是濘之义为绝小水,犹说极细小的水流。读níng。又音nìng。《广韵·径韵》:"濘,泥濘。"濘所从声符"寧"今用"宁"作为其简化字。凡所从者依例简化。按"宁"、"寧"本非一字。其形体演变参"寧"字条。(王逸鹤)

洼 wā 影纽、支部；影纽、佳韵、於佳切。

1《说文》232页。2、3《篆隶表》799页。

形声字。从水，圭声。《说文》："洼，深池也。"《庄子·齐物论》："大木百围之窍穴……似洼者，似污者。"引申为低陷、低凹的地方。马王堆汉墓帛书《老子甲·道经》："洼则盈。"今本作"窪"，同。又，水名，"渥洼"的省称，在甘肃。（王逸鹤）

潢 huáng 匣纽、阳部；匣纽、唐韵、胡光切。

1《甲文编》437页。2《说文》232页。3《篆隶表》799页。

形声字。从水，黄声。《说文》："潢，积水池。"《左传·隐公三年》："横汙行潦之水，可荐于鬼神。"孔颖达疏引服虔曰："畜小水谓之潢，水不流谓之汙。"引申为港汊。又，水名。"潢水"，俗称"小黄河"，源出湖北省麻城县，东流经河南省入淮。字在甲骨刻辞中用为地名。《合集》36589："己亥卜，在潢贞：王今夕亡[祸]。"（王逸鹤）

沼 zhǎo 章纽、宵部；章纽、小韵、之少切。

1《战文编》745页。2《说文》232页。3《隶辨》414页。

形声字。从水，召声。《说文》："沼，池水。"《玉篇·水部》："沼，池沼也。"《诗·召南·采蘩》："于以采蘩，于沼于沚。"毛传："沼，池。"又，《篇海类编·地理类》："沼，清也。"（王逸鹤）

湖 hú 匣纽、鱼部；匣纽、模韵、户吴切。

1《说文》237页。2《篆隶表》800页。

形声字。从水，胡声。积水的大泊。《说文》："湖，大陂也。"《周礼·夏官·职方氏》："其川三江，其浸五湖。"又，古州名、县名、水名等，不备举。（王逸鹤）

洫 xù 晓纽、质部；晓纽、职韵、况逼切。

1《说文》232页。2《四体大字典》759页。

形声字。从水，血声。古井田制，成与成之间的水道。《说文》："洫，十里为成，成间广八尺，深八尺，谓之洫。"也泛指田间的水沟。《左传·襄公十年》："子驷为田洫。"杜预注："洫，田畔沟也。"又，泛指河渠，"沟洫"。又，古水名，即今河北省东北部之滦河。（王逸鹤）

溝（沟）gōu 见纽、侯部；见纽、侯韵、古侯切。

1《战文编》745页。2《篆隶表》800页。3《说文》232页。4《汉印徵》卷11，9页。5《四体大字典》791页。

形声字。从水，冓声。田间水道。《说文》："溝，水渎。广四尺，深四尺。"《周礼·考工记·匠人》："九夫为井，井间广四尺，深四尺谓之沟。"他如排水道、坑堑、壕沟等义皆其引申。溝，今简化字作"沟"。按：溝、沟本非一字。《康熙字典》"沟"下注："沟，《篇韵》古侯切，音勾，水声。"（王逸鹤）

瀆（渎）dú 定纽、屋部；定纽、屋韵、徒谷切。

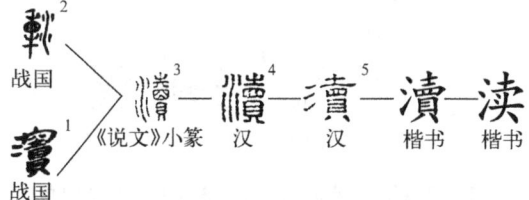

1、2《战文编》745页。3《说文》232页。4《汉印徵》卷11，9页。5《篆隶表》800页。

形声字。战国文字從水，𧶠声；從水，犊省声；小篆从水，賣(yù)声。《说文》："瀆，沟也。……一曰邑中沟。"朱骏声通训定声："或曰，田间曰瀆，邑中曰沟。"《易·说卦》："坎为水，为沟瀆。"也泛指河川，如"四瀆"。文献中假为"媟"、"黩"、"㺀"等，不备举。睡虎地简瀆，或通"瀆"、"竇"。瀆所从声符"賣"今简作"卖"，凡所从者，依例简化。（王逸鹤）

渠 qú 群纽、鱼部；群纽、鱼韵、强鱼切。

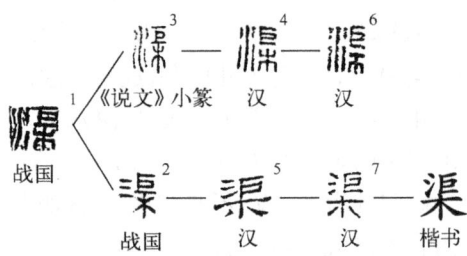

1《战文编》745页。2、4、5、7《篆隶表》800页。3《说文》232页。6《汉印徵》卷11，10页。

形声字。《说文》："从水，榘省声。"水渠，人工开凿的濠沟、水道。《说文》："渠，水所居。"王筠句读："河者，天生之；渠者，人凿之。"《史记·河渠书》："秦欲杀郑国。郑国曰：'始臣为间，然渠成亦秦之利也。'秦以为然，卒使就渠。""蜀守冰，穿离碓，辟沫水之害，穿二江成都之中，此渠皆可行舟，有馀则用溉浸。"又，古代车轮的外圈。《周礼·考工记下·车人》："车人为车，柯长三尺……渠三柯者三。"郑玄注："……郑司农云：'渠谓车辋，所谓牙。'"又，盾。《国语·吴语》："建肥胡，奉文犀之渠。"韦昭注："文犀之渠，谓楯也。文犀，犀之有文理者。"又，水名、古地名。又，代词，表第三人称"他"。例不备举。（王逸鹤）

湄 méi 明纽、脂部；明纽、脂韵、武悲切。

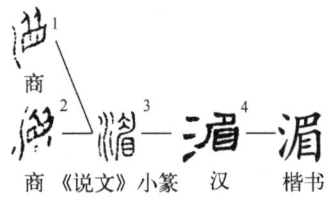

1、2《甲文编》437页。3《说文》232页。4《四体大字典》785页。

会意兼形声字。从水、从眉，眉亦声。按：眉，甲骨文像目上眉毛形。水之湄犹目之眉、门之楣。本义为水边，岸边。《说文》："湄，水艸交为湄。"《字汇·水部》："湄，水草之交也。岸有草，水与草交则水之际也。"《诗·秦风·蒹葭》："所谓伊人，在水之湄。"甲骨文假为"弥"。《合集》33514："王其田湄日不雨。""湄日"，弥日，终日。（王逸鹤）

洐 xíng 匣纽、阳部；匣纽、庚韵、户庚切。

1《说文》232页。

会意兼形声字。从水、从行，行亦声。《说文》："洐，沟水行也。"徐锴系传："沟行水也。"王筠系传校录："案：《周礼》：'以沟荡水。'荡者，行也。许似本之为说。大徐本作'沟水行也'，《玉篇》、《广韵》皆作'沟水也'。又似因字从行而衍行字。"按：以从水、从行会意说之，《说文》及《系传》义皆相宜。"沟水行"，谓沟水在流；"沟行水"，谓沟在流水。义近而稍异。《玉篇》、《广韵》作"沟水"，则言沟中之水，与二义别。前二义近乎本义。（王逸鹤）

澗（涧） jiàn 见纽、元部；见纽、谏韵、古晏切。

1、2《战文编》746页。3《说文》232页。4、5《篆隶表》801页。6《隶辨》578页。

会意兼形声字。从水，从閒，閒亦声。战国文字从水在两阜(山)之间会意(字形1尺为阜之简化)。《说文》："澗，山夹水也。从水，閒声。"与战国文字构形之义合，而变会意为形声。朱骏声通训定声："从水、从间(间隙，两山之间)会意，间亦声。"于小篆构形之义合。澗，山间的流水，山涧。《诗·周南·采蘩》："于以采蘩，于涧之中。"毛传："山夹水曰涧。"又，水名。凡二：1.源出河南省新安县南白石山。《说文》："一曰澗水。出弘农新安，东南入洛。"2.涧河。即古穀水。银雀山汉墓竹简《孙膑兵法》假为"简"字。澗所从声符"閒"，用作时间、间隙等义简化作"间"；用作空闲义简化作"闲"，澗依前例简化作"涧"。（王逸鹤）

澳 yù 影纽、沃部；影纽、屋韵、於六切。
ào 影纽、觉部；影纽、号韵、乌到切。

1《说文》232页。2《四体大字典》819页。

形声字。从水，奥声。水边地。《说文》："澳，隈厓也。

其内曰澳,其外曰隈。"《诗·卫风·淇奥》:"瞻彼淇奥,绿竹猗猗。""奥",《礼记·大学》引作"澳"。又,《广雅·释诂三》:"澳,浊也。"读 yù。又音 ào。《集韵·号韵》:"澳,深也。"江海边凹进可以停船处称澳。又,水名,在今河南省泌阳县。俗名凉河。(王逸鹤)

灘(滩)

hàn 晓纽、元部;晓纽、翰韵、呼旰切。
tān 透纽、元部;透纽、寒韵、他干切。
nàn 泥纽、元部;泥纽、翰韵、奴案切。

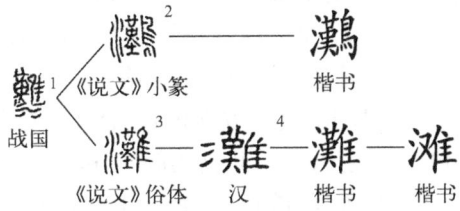

1《战文编》746页。2、3《说文》233页。4《篆隶表》801页。

形声字。《说文》并收"灘"、"灘"二形,以"灘"为正字,按:从"鸟"之字每与"隹"互作,如"鸡"、"鹐"或作"雞"、"雛"。汉字中原本所谓之正字,后世或为俗字、异体;而原本所谓之俗字、异体,后世反为正字。今以"灘"字为正通行是其例。《说文》以"灘"形为训"从水,鸢声";以"灘"形论,则当谓"从水,难声"。音 hàn。《说文》:"灘,水濡而乾也。"王筠句读:"言为水所濡以致干枯也。"段玉裁注:"灘字古义如此,后人用为沙灘。"又音 tān。《广韵·寒韵》:"灘,水灘。"《集韵·寒韵》:"潬,水中沙出。通作灘。"引申泛指岸边露出水面的地方。又音 nàn。《广韵·翰韵》:"灘,水奔。"《集韵·换韵》:"灘,水奔流儿。"(王逸鹤)

汕

shàn 心纽、元部;生纽、谏韵、所晏切。

1《战文编》746页。2《说文》233页。3《四体大字典》738页。

形声字。从水,山声。《说文》:"汕,鱼游水儿。《诗》曰:'烝然汕汕。'"又,《尔雅·释器》:"罺谓之汕。"郭璞注:"今之撩罟。"邢昺疏:"捕鱼笼。"《诗·小雅·南有嘉鱼》(即《说文》所引):"南有嘉鱼,烝然汕汕。"毛传:"汕汕,樔也。"郑玄笺:"樔者,今之撩罟也。"按:以上所言"汕"字之义,以"汕"字叠用观之,颇疑"捕鱼笼"之说为后起。(王逸鹤)

決(决)

jué 见纽、月部;见纽、屑韵、古穴切。

1《战文编》746页。2《说文》233页。3、4《篆隶表》801页。

会意兼形声字。从水,从夬,夬亦声。《说文》:"夬,分决也。从又、ㄓ,象决形。"徐锴系传:"ㄓ,物也;丨,所以决之。"按:玉缺口为玦;水破口为决。此当其本义。《说文》:"决,行流也。"朱骏声通训定声:"人导之而行曰决,水不循道而自行亦曰决。"然则,决既有人为之疏通水道,又有自行之冲破圩堤之义。《书·益稷》:"予决九川,距四海。"引申有冲破、弄断、打开等义。又,断案、判决。《礼记·曲礼上》:"分争辩讼,非礼不决。"引申有处决、决定等义。又,古水名。《说文》:"庐江有决水出于大别山。"古名决水,今名史河,淮河支流。按:決,今作"决"。《玉篇·冫部》:"决,俗決字。"古籍多作"決",今"决"通行,而将"决"归于"決"之异体字。决所从声符"夬"或作"支"形,与"史"相混。(王逸鹤)

滴

dī 端纽、锡部;端纽、锡韵、都历切。

1《说文》233页。2《四体大字典》799页。

形声字。从水,啻声。滴所从声符,小篆作"啻",隶变作"商",为楷书所本。《说文》:"滴,水注也。"《玉篇·水部》:"滴,水滴也。"《文选·谢惠连〈雪赋〉》:"尔其流滴垂冰。"引申用为量词。如,几滴眼泪,一滴露水等。又用为象声词,如滴滴答答。皆后起义。(王逸鹤)

注

zhù 章纽、侯部;章纽、遇韵、之戍切。

1《战文编》746页。2《说文》233页。3、4《篆隶表》801页。

形声字。从水,主声。《说文》:"注,灌也。"《诗·大雅·泂酌》:"挹彼注兹。"西陲简 51.19:"州流灌注兮转扬波。"又,聚集。《周礼·天官·兽人》:"及弊田,令禽注于虞中。"贾公彦疏:"注,犹聚也。"马王堆汉墓帛书《老子甲》

51:"(道)者,万物之注也。"又,击、投。《庄子·达生》:"以瓦注者巧。"又,附属、衔接。《战国策·秦策四》:"一举众而注地于楚。"（王逸鹤）

沃 wò 影纽、药部；影纽、沃韵、乌酷切。

1《说文》233页。2《隶辨》653页。

形声字。从水,芺声。《龙龛手鉴·艸部》:"芺,通沃。"段玉裁注:"芺,隶作沃。"《说文》:"芺,溉灌也。"溉灌,意犹浇灌、灌溉。引申有浸泡、润泽、肥美(土地肥沃)等义。又,水名(在今山西省右玉县境);春秋晋地"曲沃"的简称。按:用于以上诸义,今作"沃"。"芺"今字书入"艸(艹)"部。（王逸鹤）

澨 shì 禅纽、月部；禅纽、祭韵、时制切。

1《说文》233页。2《四体大字典》818页。

形声字。从水,筮声。大堤。《说文》:"澨,埤增水边土,人所止者。……《夏书》曰：'过三澨。'"王筠句读引胡胐明曰:"水边即厓,埤增之土即大防。防大故为人所止也。"防,堤防。又《玉篇·水部》:"澨,又水边地也,涯也。"又,古水名。源出今湖北省京山县西,东南流入汉水。（王逸鹤）

津 jīn 精纽、真部；精纽、真韵、将邻切。

1《金文编》736页。2、4《说文》233页。3《战文编》746页。5、7《汉印徵》卷11,10页。6《古文典》1155页。

初为会意,后为形声字。津字构形,可分为三系:1. 始见于西周,从舟、从淮(《说文》据古文为训如此),或从舟、从水、从隹(鸟)。若依后者分析,疑当会乘舟渡水如鸟之飞跃意。《说文》古文与金文构形同,唯舟形在下与在左之异,于义无别。2. 始见于战国,隶定之作"津",而将聿之"彡"置于水下。小篆将"彡"移附于"聿"下,易三部分结构为左右结构。汉代文字水形或作"彡",为楷书所本。3. 始见于战国,省"聿"为"聿",沿袭至今,津行而津废。《说文》据小篆定为形声字。从水,聿声。依"津"形,当为从水,聿声。《说文》:"津,水渡也。"义为渡口。金文从舟当与之相关。王筠句读:"渡为动字,此借为静字,故加水以明之。"按:王筠之意,恐人误"渡也"为渡河,故《说文》增"水"字而明其意。《论语·微子》:"使子路问津焉。"引申为水陆必经和冲要、津要之地。睡虎地简 52.14:"千(阡)佰(陌)津桥。"又,转用为动词,过渡。晋潘岳《西征赋》:"津便门以右转。"便门,地名。又,体液。《黄帝素问·调经论》:"人有精气津液。"金文翏生盨:"角津",地名。清邵瑛《说文解字群经正字》:"今经典作津。"（王逸鹤）

渡 dù 定纽、铎部；定纽、暮韵、徒故切。

1《说文》233页。2《汉印徵》卷11,10页。3《篆隶表》801页。

形声字。从水,度声。《说文》:"渡,济也。"《史记·项羽本纪》:"项梁乃以八千人渡江而西。"引申为凡通过、越过之义。又指渡口,摆渡处。唐王维《归嵩山作》:"荒城临古渡。"又,通"度",过去义。又,古州名。（王逸鹤）

沿 yán 喻纽、元部；以纽、仙韵、以专切。
yǎn 喻纽、元部；以纽、狝韵、以转切。

1《说文》233页。2《四体大字典》748页。

形声字。从水,㕣声。《说文》:"沿,缘水而下也。"

《书·禹贡》："浮于江海,达于淮泗。"清邵瑛《说文解字群经正字》："今经典有作'沿'者,此隶变之讹。"按:汉隶"㕣"形多如此作。由前义引申为凡循、顺等义。例不备举。读 yán。又音 yǎn。同"㕣"。《说文》"㕣"下曰："㕣,古文沿。"沿,今作"沿"。（王逸鹤）

泝

sù 心纽、铎部；心纽、暮韵、桑故切。

1、2《说文》233页。3《隶辨》521页。

形声字。小篆作溯,从水,席声。又作遡、溯。《说文》："遡,溯。或从朔。"《集韵·莫韵》："溯或作遡、溯。"清高翔麟《说文字通》："泝即溯之省文。"《说文》："溯,逆流而上曰溯。溯,向也。水欲下,违之而上也。"《左传·文公十年》："沿汉泝江,将入郢。"杜预注："沿,顺流,泝,逆流。"引申有寻源、推求等义。按:逆流而上,追本溯源义,今通用"溯"。（王逸鹤）

洄

huí 匣纽、微部；匣纽、灰韵、户恢切。

1《说文》233页。2《隶辨》108页。

会意字。从水,从回。《说文》："洄,溯洄也。"《说文》"溯"下曰："逆流而上曰溯洄。"（见"泝"字条）"溯、洄"并举,是"洄"之义亦"逆流而上",逆流而上则回旋(含去回之意)。按:许慎所会之意恐非。《说文·口部》："回,转也。从口。中象回转形。囘,古文。"回之本义为旋转,回之古文尤肖。加水作"洄",以会水之旋转、回旋意。《后汉书·循吏传·王景》："十里立一水门,令更相洄注,无复遗漏之患。"注曰："《尔雅》曰:'逆流而上曰(泝)洄'。郭璞注云:'旋流也'。"按:郭璞所言当是。《说文》当本诸《尔雅》。又,古州名,湖名。（王逸鹤）

泳

yǒng 匣纽、阳部；云纽、映韵、为命切。

1《说文》233页。2《篆隶表》802页。3《四体大字典》755页。

形声字。从水,永声。甲骨文有"永"字,作 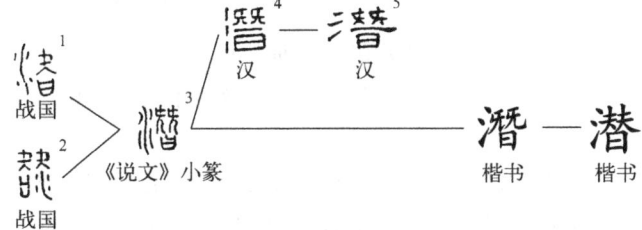 等形。从人,从水,会人潜行水中之意。为"泳"之本字。后增水为"泳",与"永"别,为一字之分化。字在甲骨刻辞中用为人名。《说文》："泳,潜行水中也。"（王逸鹤）

潛(潜)

qián 从纽、侵部；从纽、盐韵、昨盐切。

1、2《战文编》746页。3《说文》233页。4《汉印徵》卷11,10页。5《篆隶表》802页。

形声字。从水,朁声。《说文》："潜,涉水也。"段玉裁注："《邶风》传云:'由膝以上为涉。'然则言潜者,自其膝以下没于水言之,所谓泳也。"引申有隐藏、潜伏等义。《说文》："一曰藏也。"《易·乾》："初九,潜龙勿用。"又引申有暗中之义。《左传·哀公六年》："潜师闭塗。"杜预注："潜师,密发也。"又,水名。凡三:1. 汉水支流,即今湖北省潜江县东南部的芦洑河。《说文》："一曰汉水为潜。"2. 嘉陵江支流,即今四川省的渠江。3. 一名"前河"。源出安徽省岳西县。又,春秋鲁地名,楚邑名。潜,又作"濳"。《正字通》："濳,俗从二夭。"今简作"潜"。（王逸鹤）

泛

fàn 滂纽、侵部；敷纽、梵韵、孚梵切。

1《战文编》746页。2《说文》233页。3《四体大字典》752页。4《隶辨》634页。

形声字。从水,乏声。《说文》："泛,浮也。"亦作"汎"。《诗·邶风·柏舟》："汎彼柏舟,亦汎其流。"《广韵》："汎、泛同。"又,广泛。《庄子·秋水》："泛泛乎其若四方之无穷。"成玄英疏："泛泛,普遍之貌也。"引申为一般,如"泛泛而论"。更引申有随意、漫不经心等义。又同"氾",泛滥。（王逸鹤）

砅

lì 来纽、月部；来纽、祭韵、力制切。

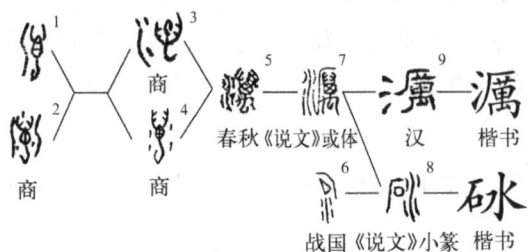

1、2、3《甲文编》438页。4、5《战文编》747页。6、7《说文》233页。8《四体大字典》825页。

会意字。分为二系：1. 甲骨文从水、从萬(像蝎之形)，像蝎在水中游。会意不明。春秋文字，犹存初义。小篆从水、从属，为"灟"之增繁字，为隶书所本。2. 战国文字从水、从石，《说文》或体易上下结构为左右结构，于义无别。《说文》："砅，履石渡水也。……灟，砅或从属。"引申为凡渡水之称。《楚辞·九叹·离世》："櫂舟杭以横灟兮，济湘流而南极。"水既履石可渡，则水必浅，故引申有浅水之义。清段玉裁《说文解字注》："谓若今有水汪，垫砖石而过。水之至小至浅者也。会意。石鼓文："灟有小鱼。"罗振玉《增订殷虚书契考释》："灟为浅水，故有小鱼。"至于《诗》曰"深则砅"，乃稍深之义，故亦须履石而过。并其义。砅与"灟(或灟)"形体相去甚远，音义相同而相属，有如后来之同义字(词)。甲骨文有"灟"无"砅"。罗振玉《增订殷虚书契考释》谓：勉励之勵、粗糲之糲、蚌蠣之蠣，许书皆从萬作勘、糒、蟎，以此例之，知灟即灟矣。甲骨刻辞用为地名。(王逸鹤)

湛

chén 定纽、侵部；澄纽、侵韵、直深切。
dān 端纽、侵部；端纽、覃韵、丁含切。
zhàn 澄纽、侵部；澄纽、豏韵、丈减切。

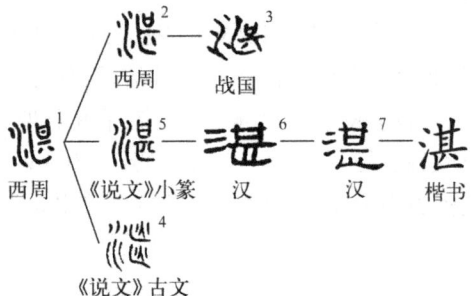

1、2《金文编》736页。3《战文编》747页。4、5《说文》233页。6、7《篆隶表》802页。

形声字。从水，甚声。湛，小篆与金文构形大体同，后世文字与小篆大体无二。《说文》古文当是讹变形体。《说文》："湛，没也。"段玉裁注："古书浮沈字多作湛。湛、沈，古今字。沉又沈之俗也。"《左传·昭公二十四年》："王子晁以成周之宝圭湛于河。"读 chén。按：沉浮义今通作"沉"。又音 dān，喜乐。《诗·小雅·鹿鸣》："鼓瑟鼓琴，和乐且湛。"陆德明释文："又作耽。"引申为沉迷等义。又音 zhàn。《诗·小雅·湛露》："湛湛露斯，匪阳不晞。"毛传："湛湛，露茂盛皃。"引申有深厚、盈满等义。又，清澄义。宋苏轼《行香子·过七里滩》："水天清，影湛波平。"又，古水名。《说文》："一曰湛水，豫章(段注作"州")浸。"源出河南省宝丰县南。(王逸鹤)

湮

yīn 影纽、文部；影纽、真韵、於真切。

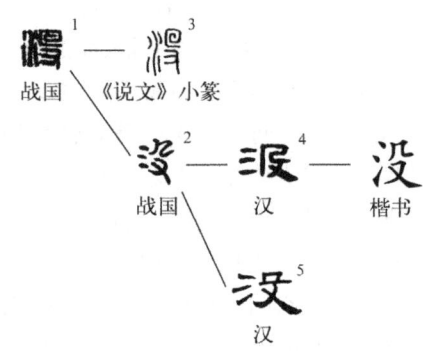

1《说文》233页。2《隶辨》118页。

形声字。从水，垔声。《说文》："湮，没也。"桂馥义证引《集韵》："湮，没水中也。"本义为沉没水中，引申为没落、沉落。《国语·周语下》："绝后无主，湮替隶圉。"假借为"垔"，阻塞。《庄子·天下》："昔禹之湮洪水。"成玄英疏："湮，塞也。"又，液体着物向四外散开。后作"洇"。又，水名，伊水支流，在今河南省登封县西。(王逸鹤)

没

mò 明纽、物部；明纽、没韵、莫勃切。

1、2《战文编》747页。3《说文》233页。4《篆隶表》803页。5《赵宽碑》。

会意兼形声字。清朱骏声《说文通训定声》："从水，从冞，会意。冞，亦声。"《说文》："没，沈也。从水，从冞。"冞，《说文》："入水有所取也。从又在回下。回，古文回，回，渊水也。"按：回，像深水有旋流(涡)之形(即《说文》所谓"渊水也")。冞字之义为"入水有所取"，本即具沉没之意，故水旁可视为附加义符。《庄子·列御寇》："其子没于渊，得千金之珠。"引申有淹没、陷入、沦落等义。例不备举。又,清段玉裁《说文解字注》:"没者,全人于水,故引申之义训尽。"《诗·小雅·渐渐之石》:"山川悠远,曷其没也。"毛传:"没,尽也。"引申有覆没等义。又,没收。睡虎地秦简《法律答问》:"当赀盾,没钱五千而失之,可(何)论?当赀。"又通"殁"、"昧"。又,副词,表否定,相当于"莫"、"不"。如"没要",即莫要、不要。以上诸义读 mò。又音 méi。《小尔雅·广诂》:"没,无也。"犹今所说"没有"。没,旧作"没",今作"没"。(王逸鹤)

泱

yāng 影纽、阳部;影纽、阳韵、於良切。

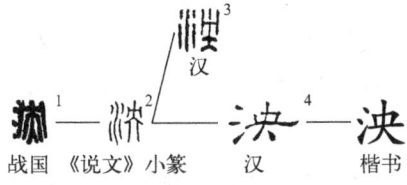

1《战文编》747页。2《说文》233页。3《篆隶表》803页。4《四体大字典》755页。

会意兼形声字。从水,从央,会水中央深广之意,央亦声。多叠用。《诗·小雅·瞻彼洛矣》:"瞻彼洛矣,维水泱泱。"毛传:"泱泱,深广兒。"又,象声词。《左传·襄公二十九年》:"为之歌《齐》曰:'美哉,泱泱乎,大风也哉……'"杜预注:"泱泱,宏大之声。"引申为气势宏大。如"泱泱大国"。又,《集韵·阳韵》:"泱,《说文》:'滃也。'谓云气起貌。"《文选·潘岳〈射雉赋〉》:"天泱泱以垂云。"(王逸鹤)

凄

qī 清纽、脂部;清纽、齐韵、七稽切。

1、2《战文编》747页。3《说文》233页。4《四体大字典》774页。

形声字。从水,妻声。《说文》:"凄,云雨起也。《诗》曰:'有渰凄凄。'"姚文田、严可均校议据《初学记》、《太平御览》所引"雨云起也",以为《说文》误。颜师古注《汉书·食货志上》引该诗:"凄凄,云起貌也。""凄凄",今《诗·大雅·大田》作"萋萋",毛传:"萋萋,云行貌。"又,《正字通·水部》:"凄,寒凉也,通作凄。"《诗·郑风·风雨》:"风雨凄凄。"引申为悲凉等义。今作"凄"。又,古水名。(王逸鹤)

溟

míng 明纽、耕部;明纽、青韵、莫经切。
mǐng 明纽、耕部;明纽、迥韵、莫迥切。

1《说文》233页。2《篆隶表》803页。3《四体大字典》792页。

形声字。从水,冥声。《说文》:"溟,小雨溟溟也。"溟溟,濛濛。《玉篇·水部》:"溟,溟濛小雨。"《太玄·少》:"密雨溟沐。"引申为迷茫。又,《广韵·青韵》:"溟,海也。"《庄子·逍遥游》:"北冥有鱼。"陆德明释文:"北冥,本亦作溟,北海也。"以上诸义读 míng。又音 mǐng,"溟涬",也作"涬溟"。(王逸鹤)

瀑

bào 並纽、药部;並纽、号韵、薄报切。
pù 並纽、药部;並纽、屋韵、蒲木切。

1《说文》234页。2《隶辨》595页。

形声字。从水,暴声。《说文》:"瀑,疾雨也。……《诗》曰:'终风且瀑。'"按:今《诗·邶风·终风》作"终风且暴"。"疾雨",犹言暴雨。又,水飞溅。《说文》:"一曰沫也。"唐玄应《一切经音义》卷十引《苍颉篇解诂》曰:"水渍起曰瀑也。"又,水名。瀑河,在河北省东北部。以上诸义读 bào。又音 pù。瀑布。(王逸鹤)

澍

shù 禅纽、侯部;禅纽、遇韵、常句切。

1《战文编》747页。2《说文》234页。3《篆隶表》803页。

形声字。从水,尌声。《说文》:"澍,时雨澍生万物。"姚文田、严可均校议以为"澍,时雨"下脱"所以"二字。按:不加"所以"二字,亦通。必欲添字,可于"时雨"下加一"也"字为句。唐玄应《一切经音义》卷六引《三苍》曰:"澍,时雨也,百卉沾洽也。"清桂馥《说文解字义证》引《尸子》:"神农氏治天下,欲雨则雨。五日为行雨,旬为穀雨,旬五日为时雨。"又,沾、润。《淮南子·泰族》:"若春雨之灌万物也……无地而不澍,无物而不生。"(王逸鹤)

浥 jí 精纽、缉部；精纽、缉部、子入切。

浥¹—浥²—浥
《说文》小篆　汉　楷书

1《说文》234页。2《四体大字典》787页。

形声字。从水，㠯声。《说文》：“浥，雨下也。”桂馥义证：“'雨下也'者，《广雅》：'浥浥，雨也。'《一切经音义》十二：'《字林》：浥，雨声浥浥也。'”又，《说文》："一曰沸涌皃。"又同"浥"。《说文》："浥，和也。"（王逸鹤）

潦 lǎo 来纽、宵部；来纽、皓韵、卢皓切。

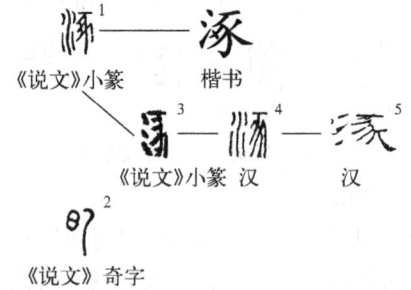

1《甲文编》438页。2《篆隶表》803页。3《说文》234页。4《汉印徵》卷11, 10页。5《四体大字典》812页。

形声字。从水，尞声。《说文》："潦，雨水大皃。"《玉篇》："潦，雨水盛也。"《诗·召南·采蘋》："于以采蘋，于彼行潦。"引申为雨后积水。《韩非子·外储说右上》："天雨，廷中有潦。"睡虎地简10.2"水潦"，读"涝"，同。汉印"潦东"，借为"遼(辽)"，地名。（王逸鹤）

涿 zhuó 端纽、屋部；知纽、觉韵、竹角切。

涿¹—涿
《说文》小篆　楷书

涿³—涿⁴—涿⁵
《说文》小篆　汉　汉

涿²
《说文》奇字

1、2《说文》234页。3《战文编》748页。4《汉印徵》卷11, 10页。5《隶辨》662页。

形声字。从水，豖声（"豖"或省作"豕"，甲骨有从、水从豕之字，非其源）。流下的水滴。《说文》："涿，流下滴也。"段玉裁注："今俗谓一滴曰一涿。"又，敲击。《周礼·秋官·壶涿氏》郑玄注："壶谓瓦鼓；涿，击之也。"孙诒让正义："涿与毂、椓、毄音义并相近。"又，水名。源出河北涿鹿县。又，古郡名、县名。涿，《说文》奇字作"氡"。段玉裁注："乙盖象滴下之形。非甲乙字。"（王逸鹤）

濛 méng 明纽、东部；明纽、东韵、莫红切。
明纽、东部；明纽、董韵、莫孔切。

濛¹—濛²—濛
《说文》小篆　汉　楷书

1《说文》234页。2《四体大字典》822页。

形声字。从水，蒙声。《说文》："濛，微雨也。"又，《玉篇·水部》："濛，微雨皃。"《诗·豳风·东山》："我来自东，零雨其濛。"毛传："濛，雨貌。"又，水名，古州名。"濛溲"，或作"濛鸿"、"鸿濛"。凡二义：1. 宇宙形成前元气未分的混沌状态。2. 大水。（王逸鹤）

沈 chén 定纽、侵部；澄纽、侵韵、直深切。
shěn 书纽、侵部；书纽、寝韵、式荏切。

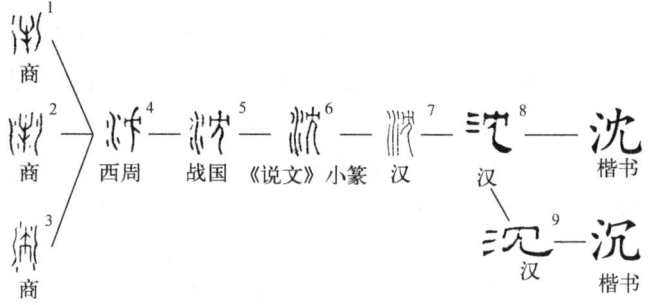

1、2、3《甲文编》439页。4《金文编》737页。5《古文典》1406页。6《说文》234页。7、9《篆隶表》804页。8《篆隶表》803页。

会意字。始见于商代甲骨文。从水，从牛（牛或倒作），或从羊（从二羊者同），或从宰（姚孝遂谓为圈养的一头羊），并同，像沉牛、羊、宰于水之形。本义为沈祭（古代祭水神的仪式，因向水中投祭品而得名）。《尔雅·释天》："祭川曰浮沈。"《周礼·春官·大宗伯》："以貍沈祭山林川泽。"甲骨文用其本义。《合集》16187："贞：沈十牛。"16186："沈三宰。"16191："贞：沈十羊，十豕。"引申为沈没等义。经籍多以"沈"为之。汉隶或作"沉"，为讹变。今统作"沉"，读chén。又音shěn。同"瀋"（参"瀋"条）。又，国名，地名，姓。（王逸鹤）

涔 cén 从纽、侵部；崇纽、侵韵、锄针切。
qián 从纽、侵部；从纽、盐韵、慈盐切。

涔

《说文》小篆　汉　楷书

1《说文》234页。2《四体大字典》769页。

形声字。从水，岑声。涔，久雨而渍。《说文》：“涔，渍也。"徐锴系传作"渍也"。王筠句读："涔主言雨之渐渍。"《淮南子·主术》："……时有涔旱灾害之患。"高诱注："涔，久而水潦也。"引申为路上的积水、泪流不止等义。又，地名。《说文》："一曰涔阳渚，在郢中。"又，水名。以上诸义读 cén。又音 qián。聚集柴木于水中捕鱼。《尔雅·释器》："槮谓之涔。"引申为鱼池。又，《类篇·水部》："涔，涉水也。"（王逸鹤）

渍（渍） zì

从纽、支部；从纽、寘韵、疾智切。

战国《说文》小篆　秦　秦　汉　汉　楷书　楷书

1《战文编》748页。2《说文》234页。3-6《篆隶表》804页。

形声字。从水，責声。《说文》："渍，沤也。"段玉裁注："谓浸渍也。"《礼记·内则》："渍取牛肉，必新杀者。"引申有沾染、濡染、浸润等义。又，（疾病）沉重。《吕氏春秋·贵公》："管仲有病，桓公往问之，曰：'仲父之病矣，渍甚。'"高诱注："渍，亦病也。"渍所从声符"責"因"貝"简化作"责"。（王逸鹤）

浞 zhuó

从纽、屋部；崇纽、觉韵、士角切。

《说文》小篆　汉　楷书

1《说文》234页。2《四体大字典》764页。

形声字。从水，足声。本义是沾湿。《说文》："浞，濡也。"《诗·小雅·信南山》："益之以霢霂，既优既渥，既霑既足，生我百谷。"清段玉裁《说文解字注》："足即浞之假借。"又为古人名。《楚辞·天问》："浞娶纯狐，眩妻爰谋。"王逸注："浞，羿相也。"浞所从声符"足"，始见于商代甲骨文，与"疋"为一字之分化。（王逸鹤）

渥 wò

影纽、屋部；影纽、觉韵、於角切。

《说文》小篆　汉　汉　楷书

1《说文》234页。2《汉印徵》卷11，11页。3《篆隶表》804页。

形声字。从水，屋声。沾润。《说文》："渥，霑也。"《诗·小雅·信南山》："既优既渥，既霑既足，生我百谷。"引申为润泽。又，浓厚。《文选·宋玉〈神女赋〉》："夫何神女之姣丽兮，含阴阳之渥饰。"刘良注："谓含天地渥厚之美饰也。"引申为深厚、充盈等义。（王逸鹤）

洽 qià

匣纽、缉部；匣纽、洽韵、侯夹切。

《说文》小篆　汉　汉　汉　楷书

1《说文》234页。2《汉印徵》卷11，11页。3、4《篆隶表》804页。

形声字。从水，合声。浸润。《说文》："洽，霑也。"《书·大禹谟》："好生之德，洽于民心。"孔颖达疏："洽，谓沾渍优渥。洽于民心，言润泽多也。"又，《玉篇·水部》："洽，合也。"《诗·周颂·载芟》："为酒为醴，烝畀祖妣，以洽百礼。"郑玄笺："畀，与。洽，合也。"引申为协和、协调、协商、接洽等义。（王逸鹤）

濃（浓） nóng

泥纽、冬部；泥纽、钟韵、女容切。

《说文》小篆　汉　楷书　楷书

1《说文》234页。2《四体大字典》820页。

形声字。从水，農声。《说文》："濃，露多也。"《诗·小雅·蓼萧》："蓼彼萧斯，零露浓浓。"毛传："浓浓，厚貌。"引申为厚密、深厚等义。濃所从声符"農"因草书简化作"农"，凡所从者依例简化。（王逸鹤）

泐 lè

来纽、职部；来纽、德韵、卢则切。

《说文》小篆　汉　楷书

1《说文》234页。2《四体大字典》750页。

会意兼形声字。从水，从阞，阞亦声。《说文》："泐，水石之理也。"王筠句读："非谓水与石皆有理，……石之脉理曰泐。"按：《说文》"水石之理也"，"水"为动词。盖石之纹理形成每与水之作用有关。泐之本义为"石之脉理"，"水"为意符，示其成因。《说文·自部》："阞，地理也。"徐锴系传："地之脉理也。"意亦相因。徐锴系传："言石因其脉理而解裂也。"及王筠句读："因其脉理而裂亦因谓之泐"，为派生义。《周礼·考工记·总序》："石有时以泐。"（《说文》引作"石有时而泐"）又，同"阞"。铭刻。引申为书写。（王逸鹤）

滞（滯） zhì 定纽、月部；澄纽、祭韵、直例切。

《说文》小篆 汉 楷书 楷书

1《说文》234页。2、3《篆隶表》805页。

形声字。从水，带声。凝聚；积聚。《说文》："滞，凝也。"《集韵·祭韵》："滞，积也。"《周礼·地官·廛人》："凡珍异之有滞者，敛而入于膳府。"郑玄注："其有货物久滞于廛而不售者，官以法为居取之。"引申有逗留、耽搁、久、停止、迟缓、滞涩、不流畅等义。例不备举。滞所从声符"帶"因草书简化作"带"，凡所从者依例简化。（王逸鹤）

瀌 guó 见纽、铎部；见纽、陌韵、古伯切。
huò 晓纽、陌韵、霍虢切。

《说文》小篆 楷书

1《说文》234页。

形声字。从水，虢声。水因受阻而分流。《说文》："瀌，水裂去也。"清魏源《天台纪游》："三折五折水，一佩一环瀌。"读 guó。又音 huò。"瀌瀌"，流水声。《集韵·陌韵》："瀌，水声。或从虢。"唐韩愈《蓝田县丞厅壁记》："水瀌瀌循除鸣。"（王逸鹤）

澌 sī 心纽、支部；心纽、支韵、息移切。

《说文》小篆 汉 楷书

1《说文》234页。2《四体大字典》816页。

形声字。从水，斯声。《说文》："澌，水索也。"徐锴系传："索，尽也。"本义为水尽，引申泛指物之竭尽。《方言》卷三："澌，尽也。"《礼记·曲礼下》："庶人曰死。"郑玄注："死之言澌也，精神澌尽也。"宋欧阳修《送徐无党南归序》："草木鸟兽之为物，众人之为人，其为生虽异，而为死则同，一归于腐坏澌尽泯灭而已。"引申为死尸。汉王充《论衡·四讳》："腐澌于沟。"黄晖注："澌，死人也。"又，《玉篇·水部》："澌，水名。"又，地名。文献同"嘶"，通"㾨（嘶）"。（王逸鹤）

涸 hé 匣纽、铎部；匣纽、铎韵、下各切。

《说文》或体

《说文》小篆 汉 楷书

1、2《说文》235页。3《四体大字典》770页。

会意兼形声字。从水，从固，固亦声。固，《说文》："四塞也。"加水以会水枯竭之意。《说文》："涸，渴也。"渴，尽。段玉裁注："渴、竭，古今字。"《玉篇·水部》："涸，水竭也。"《庄子·大宗师》："泉涸，鱼相与处于陆。"引申为凡竭尽之义。《说文》或体作"㳎"，谓"从水、卤、舟"。构形不明。（王逸鹤）

消 xiāo 心纽、宵部；心纽、宵韵、相邀切。

《说文》小篆 汉 汉 汉 楷书

1《说文》235页。2、3、4《篆隶表》805页。

形声字。从水，肖声。《说文》："消，尽也。"《广雅·释诂四》："消，灭也。"《孟子·滕文公下》："险阻既远，鸟兽之害人者消。"又，《释名·释言语》："消，削也，言减削也。"《字汇·水部》："消，衰也，退也。"《易·泰》："君子道长，小人道消也。"引申为消遣、排遣、打发等义。又，承受、禁得住。宋辛弃疾《摸鱼儿》："更能消几番风雨。"又，《玉篇·水部》："消，消息也。"武威医简86甲："消石"，即"硝石"，用为假借。又，古地名。（王逸鹤）

渴 jié 群纽、月部；群纽、薛韵、渠列切。
kě 溪纽、月部；溪纽、曷韵、苦曷切。

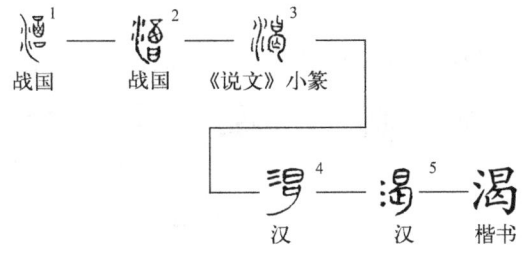

战国　战国　《说文》小篆

渴⁴—渴⁵—渴
汉　　汉　　楷书

1、2《战文编》748页。3《说文》235页。4《篆隶表》805页。5《四体大字典》785页。

形声字。从水,曷声。水枯竭。后作"竭"。《说文》:"渴,尽也。"段玉裁注:"渴、竭,古今字。古水竭字多用渴,今则用渴为潵矣。"《广韵·薛韵》:"渴,水尽也。"由水尽引申为凡尽之义。中山王䥑壶:"贯渴志尽忠。"读 jié。又音 kě。口干思饮。《说文·欠部》:"瀫,欲歠歠。"(姚文田、严可均校议:"下'歠'乃'也'之误。")段玉裁注:"今则用竭为水渴字,用渴为饥瀫字,而瀫字废矣。"《诗·小雅·采薇》:"行道迟迟,载渴载饥。"引申为急切、渴望等义。(王逸鹤)

溼（湿） shī 书纽、缉部；书纽、缉韵、失入切。

商　西周　春秋　战国　战国《说文》小篆 楷书 楷书 楷书 溼—溼—湿

1《甲骨文字典》1205页。2《金文编》738页。3、4、5《战文编》748页。6《说文》235页。

甲骨文从水,从䌈,或又从止,所会之意不明。商承祚谓:"象足履湿。"金文改从土,与甲骨文稍异。石鼓文亦从土,而讹上部为二系相联形,遂为小篆所本。《说文》:"溼,幽溼也。从水;一,所以覆也。覆而有土,故溼也。㬎省声。"按:《说文》乃据小篆为训,不足据。又,省声之说亦不可信。清段玉裁《说文解字注》:"今字作濕。"按:"濕"之形或当由许慎"㬎省声"所由生。溼、濕,用为干湿字时或通;他则用各有当。另见"濕"条。今统作"湿",而视"溼"为异体,"濕"为繁体。甲骨文用为地名。《后上》13.6:"…王步于溼。"金文史懋壶盖:"……王才(在)荟京溼宫。"溼宫,寝宫。盖取幽深之义,所谓深宫也。《庄子·让王》:"上漏下溼,匡坐而弦。"用为干湿义。石鼓文《銮车》:"遒溼",读"原隰(xí)"。又《广韵·缉韵》:"溼,水霑也。"又,中医术语。风、寒、暑、湿、燥、火为"六淫"。(王逸鹤)

湆 qì 溪纽、缉部；溪纽、缉韵、去急切。

湆—湆
《说文》小篆　楷书

1《说文》235页。

形声字。从水,音声。《说文》:"湆,幽湿也。"幽湿,阴暗潮湿。又,《玉篇》:"湆,煮肉汁。"《广韵·缉韵》:"湆,羹汁。"《礼记·少仪》:"凡羞有湆者不以齐。"或作"渹"。（王逸鹤）

洿 wū 影纽、鱼部；影纽、模韵、哀都切。

洿—洿—洿
《说文》小篆　汉　　楷书

1《说文》235页。2《篆隶表》805页。

形声字。从水,夸声。浊水池,一说小水池,也作"汙"。《说文》:"洿,浊水不流也。"《孟子·梁惠王上》:"数罟不入洿池。"引申为地势低洼。《说文》:"一曰窊下也。"桂馥义证:"窊当为窔。"又,挖掘。《礼记·檀弓下》:"……洿其宫而猪（潴）焉。"孔颖达疏:"谓掘洿其宫使水之聚积焉。"又,同"汙"。见"汙"条。又,《龙龛手鉴·水部》:"洿,水流皃也。"（王逸鹤）

汙（污） wū 影纽、鱼部；影纽、模韵、哀都切。

汙—汙—汙—汙
战国《说文》小篆　汉　　楷书

污
楷书

1《战文编》749页。2《说文》235页。3《篆隶表》805页。

形声字。从水,于声。《正字通》:"污、汙、汙、洿同。本作污。"欧阳氏曰:"污、汙本一字,今经传皆以今文(指'汙'字)书之。"按:作"亐"者,为小篆形体。《玉篇·亐部》以"亐"为古,"于"为今文。实则,"于"字早见于甲骨文,作ㄎ、于等形。金文同之。汉以后字形反为古文。欧阳氏所言亦本末倒置。作"亐"者,乃"亐"、"于"之综合形:下弯者从亐作;上下贯通者从于作。至"汙"、"洿"二字,乃因音同而通假。《说文》:"汙,薉也。"唐玄应《一切经音义》卷十三引《字林》:"汙,秽也。"《左传·宣公十五年》:"谚曰:高心在下,川泽纳汙……"南朝宋刘义庆《世说新语·文学》:"财本是粪土,所以将得而梦秽汙。"引申泛指一切不洁及肮脏之物。又用为动词,污染。引申而有污辱、污蔑等义。以上诸义今统作"污"。又同"洿"。《说文》:"一曰小池为汙。"王筠句读:"此义与洿同。"见"洿"条。引申为低洼之地。又引申为地位低下等义。又,《说文》:"一曰涂也。"其义当与"杇"同。《说文·木部》:"杇,所以涂也。"段玉裁注:"涂,饰墙也。"(王逸鹤)

湫

jiǎo　精纽、幽部;精纽、篠韵、子了切。
jiū　精纽、幽部;精纽、尤韵、即由切。
qiū　清纽、幽部;清纽、尤韵、七由切。

战国　《说文》小篆　三国魏　楷书

1《战国编》749页。2《说文》235页。3《篆隶表》805页。

形声字。从水,秋声。湫所从声符"秋",篆文反作"烁",诅楚文作"秌",均为异体。《说文》:"湫,隘下也。"朱骏声通训定声:"湫,当训下湿也。"《左传·昭公二年》:"子之宅近市,湫隘嚣尘,不可以居,请更诸爽垲者。"杜预注:"湫,下。"又,春秋楚地名,读jiǎo。又音jiū。古水名,凡二:1.《说文》:"一曰有湫水,在周地。"今不详。2.今湫水河,源出山西省岚县西。又,湖名。《说文》:"安定朝那有湫泉。"在宁夏回族自治区固原县。又,凄凉。《吕氏春秋·重言》:"……湫然清静者,衰绖之色也。"又音qiū。孔洞。《吕氏春秋·审分》:"此之谓定性于大湫。"高诱注:"大湫犹大窦。"又,《洪武正韵·尤韵》:"湫,北人呼水池为湫。"又,《集韵·尤韵》:"湫,集也。《春秋传》:'壅闭湫底',徐邈说。"(王逸鹤)

潤(润)

rùn　日纽、真部;日纽、稕韵、如顺切。

《说文》小篆　汉　汉　汉　楷书　楷书

1《说文》235页。2、3、4《篆隶表》806页。

形声字。从水,閏声。滋润。《说文》:"潤,水曰潤下。"《广雅·释诂二》:"润,渍也。"《易·系辞上》:"鼓之以雷霆,润之以风雨。"引申为潮湿、湿润、光润等义。又,雨水。《后汉书·钟离意传》:"而比日密云,遂无大润。"又,水名,古州名。潤所从声符"閏",因"門"简化而作"闰"。(王逸鹤)

準(准)

zhǔn　章纽、文部;章纽、准韵、之尹切。

《说文》小篆　汉　汉　楷书　楷书
　　　　　　　　　　汉

1《说文》235页。2《汉印徵》卷11,11页。3《四体大字典》792页。4《篆隶表》806页。

形声字。从水,隼声。《说文》:"準,平也。"段玉裁注:"谓水之平也。天下莫平于水。"又谓:"準,水平谓之準,因之制平物之器亦谓之準。"《管子·水地》:"準也者,五量之宗也。"《汉书·律历志上》:"準者,所以揆平取正也。"引申有标准、准则、准确等义。又,清吴善述《说文广义校订》:"準,有準则不改易,古文以为允準字。"又,古代狱官。《书·立政》"準人"孔颖达疏:"準训平也。平法之人谓士官也。"又"準的",箭靶。以上诸义读zhǔn。按:今统作"准"。用作准许、不准(许)等义时,不可写作"準"。(王逸鹤)

汀

tīng　透纽、耕部;透纽、青韵、他丁切。
tìng　透纽、耕部;透纽、径韵、他定切。

《说文》小篆　《说文》或体　汉　楷书

1、2《说文》235页。3《四体大字典》736页。

形声字。从水,丁声。《说文》:"汀,平也。"段玉裁注:"谓水之平也。"又,《玉篇·水部》:"汀,水际平沙也。"《楚辞·九章·湘夫人》:"搴汀洲兮杜若,将以遗兮远者。"又,古州名。以上读tīng,又音tìng。"汀滢"。《集韵·径韵》:"汀,汀滢,小水。"《广韵·径韵》:"汀,汀滢,不遂志。"又,水清澈貌。例不备举。(王逸鹤)

瀞(净)

jìng　从纽、耕部;从纽、劲韵、疾政切。

春秋　春秋　《说文》小篆　楷书

1《金文编》738页。2《石鼓文研究》54页。3《说文》235页。

形声字。从水，靜声。同"淨"。《说文》："瀞，无垢秽也。"段玉裁注："瀞，此今之淨字也。古瀞今淨，是之谓古今字。古籍少见。"石鼓文《吾水》："吾水既瀞，吾道既平。"按：用为洁淨之义，今通作"淨（净）"。（王逸鹤）

韎 mò 明纽、月部；明纽、末韵、莫拨切。

1《说文》235页。2《四体大字典》826页。

形声字。从水，蔑声。同"抹"。涂抹，抹拭。《说文》："韎，拭灭皃。"《广韵·末韵》："韎，涂拭。"《集韵·屑韵》："韎，涂饰也。"《正字通·水部》："韎，《方言》：'净巾谓之韎布。'《正讹》曰：'别作抹。'""韎布"即"抹布"。（王逸鹤）

洎 jì 见纽、质部；见纽、至韵、几利切。

1、2《甲文编》439页。3《战文编》749页。4《说文》235页。5《汉印徵》11，11页。6《篆隶表》806页。

形声字。从水，自声。始见商代甲骨文，用为地名。《说文》："洎，灌釜也。"朱骏声通训定声："谓以水添釜。"《周礼·秋官·士师》："祀五帝，则沃尸，及五盟，洎镬釜。"郑玄注："洎，谓增其沃汁。"又，《玉篇·水部》："洎，肉汁也。"《左传·襄公二十八年》："御者知之，则去其肉，而以其洎馈。"又，《广韵·至韵》："洎，润也。"《管子·水地》："越之水，浊重而洎。"又，《集韵·至韵》："洎，及也。"《庄子·寓言》："后仕，三千钟而不洎，吾心悲。"又，水名。（王逸鹤）

湯（汤）
tāng 透纽、阳部；透纽、唐韵、吐郎切。
tàng 透纽、阳部；透纽、宕韵、他浪切。
shāng 书纽、阳部；书纽、阳韵、式羊切。

1、2《金文编》738页。3《类编》473页。4《古文典》668页。5《说文》235页。6《篆隶表》806页。

会意兼形声字。从水、从易会意，易亦声。易，甲骨文作等形，像日初升之形。金文或同，或增彡形，殆像日光。清段玉裁《说文解字注》谓"易"："此陰陽之正字也。陰陽行而易、昜废矣。"《说文》："湯，热水也。"阳光照在水上，以会水热之意。《论语·季氏》："见善如不及，见不善如探湯。"又，温泉称"湯"，中医之"湯剂"，馔食之"菜湯"等，皆当为本义之引申。又，为"湯池"的简称，指护城河。又，古州名、山名、水名，商代开国君主名等。以上诸义读 tāng。又音 tàng，后作"烫"。又音 shāng，"湯湯"，水流盛貌。湯所从声符"易"，独立成字不简，用作声符均简化作"䜌"（陽简作阳除外）。（王逸鹤）

渜 nuǎn 泥纽、元部；泥纽、缓韵、乃管切。

1《说文》235页。2《四体大字典》781页。

形声字。从水，耎声。热水。《说文》："渜，湯也。"又特指浴后的水。《广韵·换韵》："渜，浴余汁也。"《仪礼·士婚礼》："渜濯弃于坎。"郑玄注："沐浴余潘水，巾栉浴衣亦并弃之。"贾公彦疏："潘水既经温煮，名之为渜；已将沐浴，谓之为濯。"（王逸鹤）

涫 guàn 见纽、元部；见纽、换韵、古玩切。

1《战文编》749页。2《说文》235页。3《汉印徵》卷11，18页。4《篆隶表》807页。

形声字。从水，官声（战国文字从官省声）。《说文》："涫，䁰也。"段玉裁注："《春秋繁露》'燔（缲）以涫湯'，《韩诗外传》作'沸湯'。然则涫、䁰一也。《周礼》注曰：'今燕俗名汤热为观。'观即涫。今江苏俗语，䁰水曰滚水，滚水即涫语之转也。"是"涫"即"䁰"，义为沸滚之水。《荀子·解蔽》："涫涫纷纷，孰知其形？"杨倞注："涫涫，沸貌。"又假借为"盥"。（王逸鹤）

淅 xī 心纽、锡部；心纽、锡韵、先击切。

《说文》小篆　汉　楷书

1《说文》235页。2《四体大字典》773页。

形声字。从水,析声。《说文》:"淅,汏米也。""汏",同"汰"。犹今言淘米、洗米。清段玉裁《说文解字注》:"凡释米、淅米、渍米、汏米、滴米、淘米、洮米、漉米,异称而同事。"《玉篇·水部》:"淅,洗也。"《仪礼·士丧礼》:"祝淅米于堂,南面用盆。"又,水名。"淅水",一名"析水",又称"淅川"、"淅河",源出河南省卢氏县。又,古邑名、古州名。也作"析"。(王逸鹤)

溲

sǒu 生纽、幽部;生纽、有韵、疎有切。
sōu 心纽、幽部;生纽、尤韵、所鸠切。

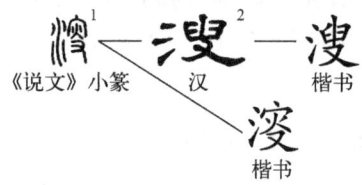

1《说文》235页。2《四体大字典》794页。

本作浸。形声字。从水,叜声。浸泡。《说文》:"溲,浸㶕也。"《仪礼·士虞礼》:"明齐溲酒。"郑玄注:"言以新水溲酿此酒也。"引申为沾湿、湿透。又,《广韵·有韵》:"溲,溲面。亦作溞。"谓以水和面。引申为拌和。以上读sǒu。又音sōu。便溺,后专指小便。又,淘米声。《集韵·尤韵》:"叜,叜叜,淅米声。通作溲。"引申为淘洗。又,同"馊"。又,古水名。(王逸鹤)

浚

jùn 心纽、文部;心纽、稕韵、私润切。

1《说文》235页。2《汉印徵》卷11,12页。3、4《篆隶表》807页。

形声字。从水,夋声。挹取。《说文》:"浚,杼(抒)也。"段玉裁注:"抒者,挹也,取诸水中也。"又,《玉篇·水部》:"浚,深也。"《诗·小雅·小弁》:"莫高匪山,莫浚匪泉。"毛传:"浚,深也。"引申为疏浚、加深河道。《春秋·庄公九年》:"冬,浚洙。"杜预注:"浚,深之。"又,《方言》卷六:"浚,敬也。"《书·皋陶谟》:"日宣三德,夙夜浚明有家。"汉武威医简80乙:"浚去宰(滓)。"义同"沥",过滤。谓滤去渣滓。又,古水名,春秋时卫邑。(王逸鹤)

瀝(沥)

lì 来纽、锡部;来纽、锡韵、郎击切。

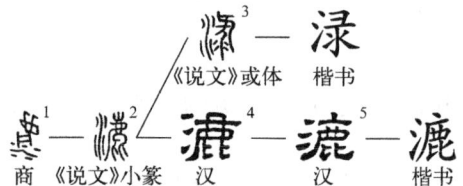

1《说文》236页。2《四体大字典》828页。

形声字。从水,歷声。《说文》:"瀝,浚也。"义见"浚"条。又,《说文》:"一曰水下滴瀝。"《文选·王延寿〈鲁灵光殿赋〉》:"动滴沥以成响。"李善注:"言檐垂滴沥才成小响。"又,《篇海类编·地理类》:"沥,漉去水也。"当为前义之引申。又,《广雅·释器》:"沥,酒也。"按:指所沥之物为酒。亦前义之引申。汉隶每于"厂"上加点作"广",于义无别。"歷"或省从"林",于义亦无别。瀝所从声符"歷"今简作"历",凡所从者依例简化。(王逸鹤)

漉

lù 来纽、屋部;来纽、屋韵、卢谷切。

1《甲骨文字典》1206页。2、3《说文》236页。4《篆隶表》807页。5《隶辨》640页。

形声字。从水,鹿声。使干涸。《玉篇·水部》:"漉,竭也,涸也。"《礼记·月令》:"是月也,毋竭川泽,毋漉陂池,毋焚山林。"又,五代徐锴《说文解字系传》:"漉,一曰水下皃也。"《广雅·释言》:"漉,渗也。"《广韵·屋韵》:"漉,沥也。"《战国策·楚策四》:"夫骥之齿至矣,服盐车而上太行……漉汁洒地,白汗交流。"引申有过滤之义。又,《说文》:"漉,浚也。"见"浚"条。又,水名。即湖南东部之"渌水"。《说文》:"渌,漉或从录。"按:同音假借,义不尽同。参"渌"条。漉所从声符甲骨文从"麤"作,于义无别。(王逸鹤)

潘

pān 滂纽、元部;滂纽、桓韵、普官切。
fān 滂纽、元部;敷纽、元韵、孚袁切。

1、2《战文编》750页。3《说文》236页。4《汉印徵》卷11,12页。5《篆隶表》807页。

形声字。从水,番声。淘米水。《说文》:"潘,淅米汁也。"又,《说文》:"一曰水名,在河南荥阳。"又,山名、古州名。汉印用为姓氏字。以上诸义读pān。又音fān。《管

子·五辅》:"决潘渚。"尹知章注:"潘,溢也。"(王逸鹤)

泔 gān 见纽、谈部;见纽、谈韵、古三切。

《说文》小篆　汉　汉　汉　楷书

1《说文》236页。2、3《篆隶表》808页。4《四体大字典》751页。

形声字。从水,甘声。淘米水。《急就篇》卷二:"饼饵麦饭甘豆羹。"颜师古注:"甘豆羹,以洮米泔和小豆而煮之也。"《说文》:"泔,周谓潘曰泔。""潘,淅米汁也。"后泛指洗刷锅碗及倒掉的残汤、剩菜等混水。或称"泔脚"、"潲水"。引申为用淘米水浸渍。《荀子·大略》:"曾子食鱼有余,曰:'泔之。'"又引申为食物放久变味,章炳麟《新方言·释器》:"今谓食久味变作泔。"又,水名。在山东长清县南。(王逸鹤)

滫 xiǔ 心纽、幽部;心纽、有韵、息有切。

战国　《说文》小篆　汉　楷书

1《战文编》750页。2《说文》236页。3《四体大字典》798页。

形声字。从水,脩声。酸腐的泔水。《说文》:"滫,久泔也。"又,《六书故·地理三》:"滫,泔久则酢,故今人谓酓(饮)食之酢气为滫。"是食物坏变之味亦称"滫",为前义之引申。又,古代烹调方法。《礼记·内则》:"堇、苴、粉、榆……滫瀡以滑之。"孔颖达疏:"谓用堇、用苴……相和滫瀡之,令柔滑之。"(王逸鹤)

澱(淀) diàn 定纽、文部;定纽、霰韵、堂练切。

《说文》小篆　汉　楷书　楷书

1《说文》236页。2《四体大字典》819页。

形声字。从水,殿声。淤泥,沉积的泥滓。《尔雅·释器》:"澱谓之垽。"郝懿行义疏:"澱,今之滓泥是也。"《说文》:"澱,滓滋也。"引申为淤积、沉淀。又,同"淀",浅水的湖泊。以上诸义今统作"淀",为"澱"之简化字。(王逸鹤)

淤 yū 影纽、鱼部;影纽、鱼韵、央居切。

《说文》小篆　汉

1《说文》236页。2《四体大字典》776页。

形声字。从水,於声。《说文》:"淤,澱滓浊泥。"《广韵·御韵》:"淤,浊水中泥也。"《汉书·沟洫志》:"春夏干燥,少水时也,故使河流迟,贮淤而稍浅。"引申为污浊、壅塞不流畅等义。又,同"瘀"。淤所从声符"於",像鸟形,《说文》所谓"孝鸟也",为"乌"之本字。(王逸鹤)

滓 zǐ 精纽、之部;庄纽、止韵、阻史切。

《说文》小篆　汉　楷书

1《说文》236页。2《隶辨》356页。

形声字。从水,宰声。沉淀物,渣子。《说文》:"滓,澱也。"《广雅·释器》:"澱谓之滓。"王念孙疏证:"澱之言定也,其滓定在下也。"引申为污浊、污秽。《字汇·水部》:"滓,浊也。"(王逸鹤)

湎 miǎn 明纽、元部;明纽、狝韵、弥兖切。

《说文》小篆　汉　楷书

1《说文》236页。2《四体大字典》787页。

形声字。从水,面声。《说文》:"湎,沈于酒也。"犹言沉湎于酒。《书·酒诰》:"罔敢湎于酒。"引申为沉迷、放纵、无节制等义。(王逸鹤)

漿(浆) jiāng 精纽、阳部;精纽、阳韵、即良切。

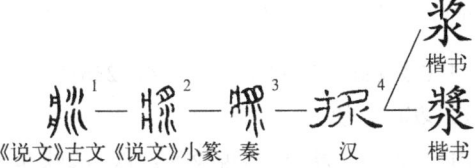

《说文》古文 《说文》小篆 秦 汉 楷书

1、2《说文》236页。3、4《篆隶表》808页。

形声字。《说文》:"从水,將省声。"漿,《说文》古文但作"牀",小篆之后多作"桨",清朱骏声《说文通训定声》:"漿,今隶作浆。"按:汉字发展之总趋势为简化,但其中或存在繁化现象。"漿"字是其例。《说文》:"漿,酢漿也。"酢漿,古代酿制的一种带酸味的饮料。《周礼·天官·酒正》:"辨四饮之物……三曰浆。"引申之泛指饮料。如,豆浆、糖浆等。又,用粉浆或米汤浸渍衣物使干后平挺叫"浆"或"浆洗"。浆所从声符"將",行草书简作"将",凡所从者依例简化。(王逸鹤)

涼(凉)

liáng 来纽、阳部;来纽、阳韵、吕张切。
liàng 来纽、阳部;来纽、漾韵、力让切。

1《说文》236页。2、5、6《篆隶表》808页。
3、4《汉印徵》卷11,12页。

形声字。从水,京声。《说文》:"凉,薄也。"段玉裁注:"许云薄也,盖'薄'下夺一'酒'字,以水和酒,故为薄酒……"引申为凡薄之称。《诗·大雅·桑柔》:"民之罔极,职凉善背。"马瑞辰通释:"职凉善背……谓凉薄者善相欺背。"又,《玉篇·水部》:"凉,薄寒皃。"引申为寒、清凉、荒凉、凄凉等义。又,古州名、山名、水名、国名等。以上诸义读liáng。又音liàng。《诗·大雅·大明》:"涼彼武王。"毛传:"涼,佐也。"涼,俗省从"冫"作凉。《玉篇·冫部》:"凉,俗涼字。"新中国成立后整理汉字,以"凉"为规范字,"涼"为异体字。(王逸鹤)

淡

dàn 定纽、谈部;定纽、阚韵、徒滥切。
yàn 喻纽、谈部;以纽、艳韵、以赡切。
yǎn 喻纽、谈部;以纽、琰韵、以冉切。
tán 定纽、谈部;定纽、谈韵、徒甘切。

1《战文编》750页。2《说文》236页。3、4《篆隶表》808页。

形声字。从水,炎声。《说文》:"淡,薄味也。"段玉裁注:"酢之反也。"《老子》第三十五章:"道之出口,淡乎其无味。"引申有某种成分含量少、稀薄、淡泊、冷淡、浅淡、(生意)不兴旺等义。例不备举。以上诸义读dàn。又音yàn。隐约。《列子·汤问》:"淡淡焉若有物存。"张湛注:"淡音艳。"又,《集韵·艳韵》:"淡,水皃。"又音yǎn。同"灩"。《集韵·琰韵》:"灩,潋灩,水满皃。或作淡。"又音tán。《集韵·谈韵》:"淡,水皃。或作澹。"(王逸鹤)

澆(浇)

jiāo 见纽、宵部;见纽、萧韵、古尧切。
ào 疑纽、宵部;疑纽、啸韵、五吊切。

1《说文》236页。2《四体大字典》815页。

形声字。从水,尧声。灌溉,淋。《说文》:"浇,茯也。"《楚辞·九思·伤时》:"时混兮浇饡,哀当世其莫知。"引申为浇注,如浇版、浇铁水等。又,《玉篇·水部》:"浇,薄也。"浮薄。多指社会风气而言。《淮南子·齐俗》:"浇天下之淳。"高诱注:"浇,薄也。"以上诸义读jiāo。又音ào。夏代有穷氏国君寒浞之子。也作"奡"。澆所从声符"堯"因草书简作"尧",凡所从者依例简化。(王逸鹤)

液

yè 喻纽、铎部;以纽、昔韵、羊益切。
shì 书纽、铎部;书纽、昔韵、施只切。

1《说文》236页。2《篆隶表》817页。3《四体大字典》771页。

形声字。从水,夜声。《集韵·昔韵》:"液,或作泺。"从水,亦声。液体。《说文》:"液,盡也。"又,《血部》:"盡,气液也。"《广韵·昔韵》:"液,津液。"《素问·调经论》:"人有精气津液。"以上读yè。又音shì。同"醳(醳)"。浸泡。《集韵·昔韵》:"液,渍也。或作醳。"(王逸鹤)

汁

zhī 章纽、缉部;章纽、缉韵、之入切。

1《说文》236页。2、4、5、6《篆隶表》809页。3《汉印徵》卷11,12页。

形声字。从水,十声。《说文》:"汁,液也。"《五十二病方》239:"取其汁。"武威简《有司》10:"羊肉汁。"今本作"湆"。又,雨雪夹杂。《礼记·月令·仲冬之月》:"行秋令,则天时雨汁,瓜瓠不成。"郑玄注:"雨汁者,水雪杂下也。"又,眼泪。《释名·释形体》:"汁,渧也,渧渧而出也。"(王逸鹤)

灝(灏) hào 匣纽、宵部;匣纽、皓韵、胡老切。

1《说文》236页。2《四体大字典》833页。

形声字。从水,顥声。《说文》:"灝,豆汁也。"桂馥义证引赵宦光曰:"释氏以灝浴身,故四月八日以豆浴佛。"《玉篇·水部》:"灝,煮豆汁。"又,用同"顥",明净。又,常假借为"浩"。灝所从声符"顥"因"頁"简化作"颢"。(王逸鹤)

溢 yì 喻纽、质部;以纽、质韵、夷质切。

1《说文》236页。2、3《篆隶表》805页。

形声字。从水,益声。甲骨文有"益"字,作 等形。像器满外溢,为"溢"之初文。《说文》:"溢,器满也。"存其本义。后世以"益"为增益字,而以"溢"为溢出义。《楚辞·天问》:"东流不溢,孰知其故?"引申为河水泛滥、充满、过度、过分等义。例不备举。(王逸鹤)

洒 xǐ 心纽、文部;心纽、荠韵、先礼切。
sǎ 生纽、卦韵、所卖切。

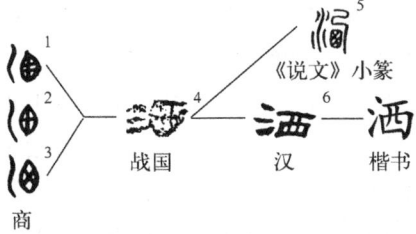

1、2、3《甲文编》440页。4《战文编》750页。5《说文》236页。6《四体大字典》757页。

形声字。从水,西声。甲骨文用作地名。《说文》:"洒,涤也。"《左传·襄公二十一年》:"在上位者洒濯其心……而后可以治人。"此一义后作"洗"。读xǐ。又音sǎ,同"灑"。《说文》:"古文为灑埽字。"今作"洒扫"。引申为凡物之散落、散布,如洒泪。复引申出无拘束、洒脱等义。今用为"灑"的简化字。(王逸鹤)

滌(涤) dí 定纽、觉部;定纽、锡韵、徒历切。

1《说文》236页。2《篆隶表》809页。

形声字。从水,條声。《说文》:"滌,洒也。"《玉篇·水部》:"洒,洗也。"《仪礼·少牢馈食礼》:"乃官戒宗人命涤。"郑玄注:"涤,溉濯祭器。"引申为清除、清净之义。又,《集韵·啸韵》:"涤,养牲室。"又,音乐节奏疾速。《礼记·乐记》:"流辟、邪散、狄成、涤滥之音作,而民淫乱。"孔颖达疏:"狄成、涤滥,皆谓往来速疾,谓乐之曲折,速疾而成,疾速而止。"(王逸鹤)

潘 shěn 昌纽、侵部;昌纽、寝韵、昌枕切。

1《说文》236页。2《四体大字典》826页。

形声字。从水,审声。《说文》:"瀋,汁也。""汁,液也。"《左传·哀公三年》:"无备而官办者,犹拾瀋也。"杜预注:"瀋,汁也。"陆德明释文:"北土呼汁为瀋。"又,瀋阳市的简称,今简作"沈"。按:瀋、沈音义不尽同。另见"沈"字条。(王逸鹤)

漱 shù 心纽、屋部;生纽、宥韵、所佑切。

1《说文》236页。2《四体大字典》807页。

形声字。从水,欶声。《说文》:"漱,盪口也。"《广韵·宥韵》:"漱,漱口。"引申为冲刷、冲荡、洗涤等义。或作"潄"。清龙启瑞《字学举隅·正讹》:"潄"同"漱"。当是"漱"字之讹。(王逸鹤)

淬 cuì 清纽、物部;清纽、队韵、七内切。

淬 《说文》小篆 秦 汉 楷书

1《说文》236页。2、3《篆隶表》809页。

形声字。从水,卒声。也作"焠"。《说文》:"淬,灭火器也。"段玉裁注:"灭火器者,盖以器盛水,濡火使灭,其器谓之淬。"朱骏声通训定声:"淬,贮水以焠刃之器,其实焠、淬同字。"又,淬火。将金属制品加热到一定程度,然后浸入水或油中冷却使之坚硬的工艺处理方法。多施用于带刃的器具。按:依事理,当以"淬火"之工艺为其本义。因称这一工艺所用之器具亦为"淬"。又,浴。《淮南子·修务》:"身淬霜露。"高诱注:"淬,浴也。"又,《玉篇·水部》:"淬,深也。"(王逸鹤)

沐 mù 明纽、屋部；明纽、屋韵、莫卜切。

沐 战国 《说文》小篆 汉 汉 楷书

1《古文典》397页。2《说文》236页。3《汉印徵》卷11,12页。4《篆隶表》809页。

形声字。从水,木声。《说文》:"沐,濯发也。"《诗·小雅·采绿》:"予发曲局,薄言归沐。"《荀子·不苟》:"故新浴者振其衣,新沐者弹其冠,人之情也。"引申为洗涤、润泽等义。又,米汁,热之洗发,可以去垢。《诗·卫风·伯兮》:"岂无膏沐,谁适为容。"又,水名,即今山东之"弥河"。(王逸鹤)

沬 huì 晓纽、微部；晓纽、队韵、呼内切。
mèi 明纽、月部；明纽、泰韵、莫贝切。

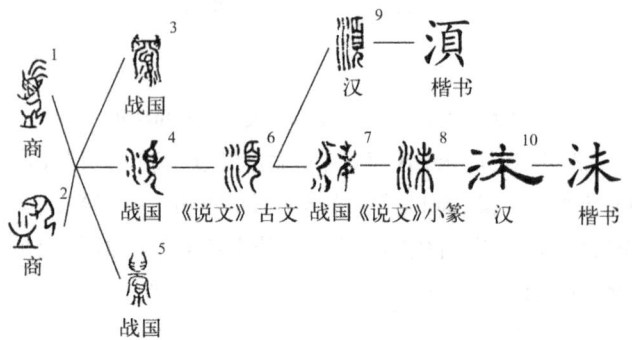

1、2《甲文编》440页。3、4、5、7《战文编》750页。6、8《说文》237页。9《汉印徵》卷11,12页。10《四体大字典》746页。

形声字。从水,未声。甲骨文像人就皿掬水洗面之形。或从皿,像皿中有水。金文或从双手执覆皿形,或省皿,与甲骨文构形之义近,《说文》古文从水,从页(像人头面形),与字形4同。按:初文为会意,至小篆作"沬",则变会意为形声。《说文》:"沬,洒(洗)面也。"形虽失而本义犹存。《文选·司马迁〈报任少卿书〉》:"沬血饮泣",李善注:"言流血在面如盥颊也。"有其本义。读huì。甲骨刻辞用为人名(例略)。陈逆簋"羕令沬寿","沬寿"读"眉寿",长寿义,为假借。又音mèi。春秋时卫邑。又,古水名。(王逸鹤)

浴 yù 喻纽、屋部；以纽、烛韵、余蜀切。

浴 商 战国 《说文》小篆 汉 汉 楷书

1《甲骨文字典》1208页。2《战文编》751页。3《说文》237页。4《汉印徵》卷11,12页。5、6《篆隶表》810页。

形声字。从水,谷声。甲骨文从人、从皿,又于人之着水滴,像人浴于盆中之形。按:初文为会意。浴为后起之形声字。《说文》:"浴,洒(洗)身也。"《广韵·烛韵》:"浴,洗浴。"《合集》151 正:"贞,小子亡(无)浴。"《左传·文公十八年》:"二人浴于池。"又,假借为"谷"。马王堆汉墓帛书《老子乙·德经》:"浴得一盈。"今本《老子》第三十九章作"谷得一以盈"。又,假借为"俗"。睡虎地秦简《为吏之道》:"变民习浴(俗)。"又,古水名。(王逸鹤)

澡 zǎo 精纽、宵部；精纽、皓韵、子皓切。

澡 战国 《说文》小篆 汉 汉 楷书

1《战文编》751页。2《说文》237页。3《篆隶表》810页。4《四体大字典》817页。

形声字。从水,喿声。《说文》:"澡,洒手也。"《文选·马融〈长笛赋〉》:"……溉盥汗濊,澡雪垢滓矣。"李善注:"澡,洗手也。"引申为洗浴、洗涤。又,整治。《仪礼·丧服》:"小功布衰裳,澡麻带绖五月者。"郑玄注:"澡者,治去莩垢不绝其本也。"又,同"璪"。《集韵·晧韵》:"璪,《说文》:'玉饰如水藻之文。'或从水。"(王逸鹤)

洗

xiǎn 心纽、文部；心纽、铣韵、苏典切。
xǐ 心纽、脂部；心纽、荠韵、先礼切。

洗¹	洗²	洗³	洗⁴	洗
战国	《说文》小篆	汉	汉	楷书

1《战文编》751页。2《说文》237页。3《汉印徵》卷11，12页。4《篆隶表》810页。

形声字。从水，先声。《说文》："洗，洒足也。"《礼记·内则》："足垢，燂汤请洗。"又，《集韵·铣韵》："洗，洁也。"又，《尔雅·释木》："洗，大枣。"后作"栍"。又，姓，也作"冼"。以上诸义读xiǎn。又音xǐ。用水清除污垢。《诗·大雅·行苇》："或献或酢，洗爵奠斝。"引申为洗刷、除去。如，洗冤，洗耻。又，古盥洗器名，状如盆。（王逸鹤）

汲

jí 见纽、缉部；见纽、缉韵、居立切。

汲¹	汲²	汲³	汲⁴	汲
战国	《说文》小篆	汉	汉	楷书

1《战文编》751页。2《说文》237页。3《汉印徵》卷11，12页。4《篆隶表》810页。

会意兼形声字。《说文》："从水，从及，及亦声。"汲所从声符"及"，甲骨文作 ，金文作 ，从又（手）、从人，会逮及之义。加水，会汲水之义。《说文》："汲，引水于井也。"《庄子·至乐》："绠短者不可以汲深。"又，古郡名、县名。（王逸鹤）

淳

zhūn 章纽、文部；章纽、谆韵、朱伦切。
chún 禅纽、文部；禅纽、谆韵、常伦切。

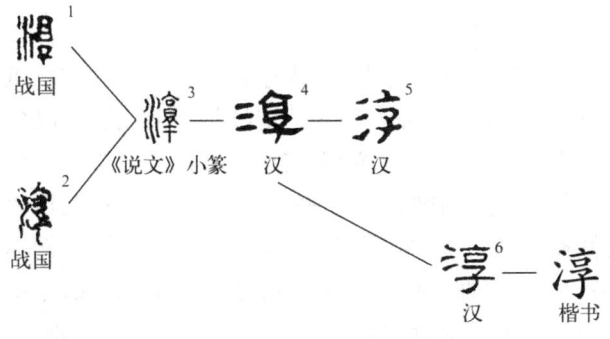

1、2《战文编》751页。3《说文》237页。4、5、6《篆隶表》811页。

形声字。依小篆隶定作"濞"，从水，臺声。或省羊作"淯"，与"淳"同。浇灌。《说文》："濞，渌也。"《周礼·考工记·钟氏》："淯而渍之。"郑玄注："淯，沃也。"读zhūn。又音chún。唐玄应《一切经音义》卷七引《三苍》："淳，浓也。"朱骏声通训定声："淳，叚借为醇。"武威医简89甲："以淳酓（醯）三升渍之。"又，《广韵·谆韵》："淳，朴也。"《集韵·谆韵》："淳，质也。"又，成对。《左传·襄公十一年》："广车、軘者，淳十五乘，甲兵备。"杜预注："淳，耦也。"（王逸鹤）

淋

lín 来纽、侵部；来纽、侵韵、力寻切。

淋¹	淋²	淋
《说文》小篆	汉	楷书

1《说文》237页。2《篆隶表》811页。

形声字。从水，林声。《说文》："淋，以水茠也。"茠同沃。《玉篇·水部》："淋，水浇也。"北魏贾思勰《齐民要术·煮𥻸》："以饮汁当向𥻸汁上淋之。"引申为浸渍。又，"淋淋"，水倾泻而下。《说文》："一曰淋淋，山下水皃。"《文选·枚乘〈七发〉》："洪淋淋焉，若白鹭之下翔。"又，通"霖"。久雨。《庄子·大宗师》："霖雨十日"，陆德明释文："霖，本又作淋。"（王逸鹤）

渫

xiè 心纽、月部；心纽、薛韵、私列切。

渫¹	渫²	渫³	渫⁴	渫
战国	《说文》小篆	汉	汉	楷书

1《战文编》751页。2《说文》237页。3《汉印徵》卷11，13页。4《隶辨》699页。

形声字。从水，枼声。淘井，除去污秽。《说文》："渫，除去也。"《广韵·薛韵》："渫，治井，亦除去。"《易·井》："九三，井渫不食，为我心恻。"孙星衍集解引向秀曰："渫者，浚治去泥浊也。"孔颖达疏："渫，治去秽污之名也。"引申为污浊、治理。又，分散、疏散。《汉书·食货志上》："……如此，富人有爵，农民有钱，粟有所渫。"又，消散、止歇。《文选·曹植〈七启〉》："于是为欢未渫，白日西颓。"又，《集韵·薛韵》："渫，漏也。或作渿、泄、洩。"例不备举。（王逸鹤）

澣

huàn 匣纽、元部；匣纽、缓韵、胡管切。

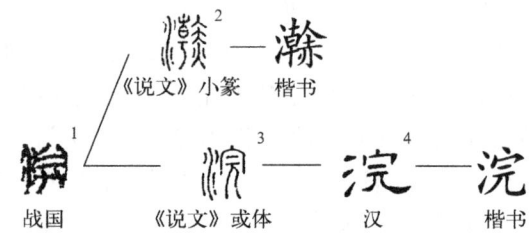

1《战文编》752页。2、3《说文》237页。4《四体大字典》763页。

形声字。《说文》并出瀚、浣二形,谓:"浣,瀚或从完。"以瀚为正字,浣为或体。訓瀚"从水,榦声",则浣当谓从水,完声。异形而字同。《说文》:"瀚,濯衣垢也。"或作"澣"。段玉裁注:"《周南》笺云:'澣谓濯之。'……按:作'澣'者,今俗字也。"引申为凡漂洗、涤除之义。又,《正字通·水部》:"澣,俗以上澣、中澣、下澣为上旬、中旬、下旬,本唐官制十日一休沐,故白居易诗:'公假月三旬。'今皆袭用之,省作浣。"以上诸义,今统作"浣"。又,水名。凡二:1. 浣江。指浙江省浦阳江流至诸暨县东南一段。2. 浣水。不详。(王逸鹤)

濯 zhuó 定纽、药部;澄纽、觉韵、直角切。

1《金文编》739页。2《说文》237页。3《篆隶表》811页。

形声字。从水,翟声。洗涤。《说文》:"濯,瀚也。"《诗·大雅·泂酌》:"泂酌彼行潦,挹彼注兹,可以濯罍。"毛传:"濯,涤也。"引申为清洗、祛除等义。又,《尔雅·释诂上》:"濯,大也。"《诗·大雅·常武》:"濯征徐国。"毛传:"濯,大也。"又,用过的脏水。《广雅·释器》:"潲、濯,潞也。"王念孙疏证:"臭汁亦谓之潲,亦谓之潞,亦谓之濯。"《仪礼·士丧礼》:"澳濯弃于坎。"(王逸鹤)

涑

sōu 心纽、屋部;心纽、侯韵、速侯切。
shù 心纽、屋部;生纽、宥韵、所佑切。
sù 心纽、屋部;心纽、屋韵、桑谷切。又相玉切。

1《古文典》362页。2《说文》237页。3《汉印徵》卷11,13页。4《篆隶表》811页。

形声字。从水,束声。洗涤。《说文》:"涑,瀚也。"《集韵·侯韵》:"以手曰涑,以足曰瀚。"读sōu。又音shù。《集韵·宥韵》:"涑,水有所败。"又,《玉篇·水部》:"涑,与漱同。"又音sù,水名。凡二:1.《说文》:"河东有涑水。"在山西西南部。2. 在今山东费县。(王逸鹤)

潎
pì 滂纽、月部;滂纽、祭韵、匹蔽切。
piē 滂纽、月部;滂纽、薛韵、芳灭切。

1《说文》237页。2《四体大字典》812页。

形声字。从水,敝声。《说文》:"潎,于水中击絮也。"朱骏声通训定声:"今苏俗语谓之漂。"《玉篇·水部》:"潎,漂潎也。"又,《广韵·祭韵》:"潎,鱼游水也。"《集韵·祭韵》:"潎,鱼游皃。"《文选·潘岳〈秋兴赋〉》:"澡秋水之涓涓兮,玩游儵之潎潎。"李善注:"潎潎,游貌也。"又,《方言》卷十二:"潎,清也。"以上读pì。又音piē。《集韵·薛韵》:"潎,潎洌,流轻疾皃。"《文选·司马相如〈上林赋〉》:"横流逆折,转腾潎洌。"又,形容乐声。《文选·嵇康〈琴赋〉》:"或摟批擽捋,缥缭潎洌。"李善注:"缥缭潎洌,声相纠激之貌。"(王逸鹤)

灑(洒)
sǎ 心纽、歌部;生纽、马韵、砂下切。
xǐ 心纽、歌部;生纽、纸韵、所绮切。

1《说文》237页。2《篆隶表》812页。3《汉印徵》卷11,13页。

形声字。从水,麗声。散水于地。《说文》:"灑,汛也。"段玉裁注:"凡堨者先灑。"谓打扫之前先洒水以免灰尘。唐玄应《一切经音义》卷二引《通俗文》:"以水捡尘曰灑。"《礼记·内则》:"灑扫室堂及四庭。"引申泛指散落、散播、挥洒,更引申有自然、不拘束、洒脱等义。例不备举。又,《尔雅·释乐》:"大瑟谓之灑。"以上诸义,今统作"洒",为"灑"之简化字。读sǎ。又音xǐ,同"洒(洗)"。按:灑、洒本非一字。另见"洒"条。(王逸鹤)

染

染 rǎn 日纽、谈部；日纽、琰韵、而琰切。

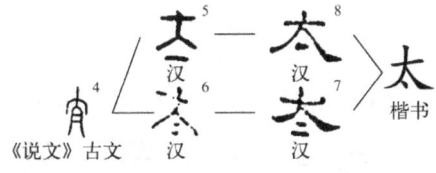
《说文》小篆 汉 魏 楷书

1《说文》237页。2《篆隶表》812页。3《隶辨》472页。

形声字。从水，杂声。徐锴曰："《说文》无杂字。裴光远云：从木，木者所以染，栀茜之属也；从九，九者染之数也。未知其审。"按：裴氏之意，当为会意，然未敢遽定。兹姑从《说文》，定为形声。《说文》："染，以缯染为色。"《广韵·琰韵》："染，染色。"《周礼·天官·染人》："染人，掌染丝帛。"引申为凡染之义。进而引申有渲染、玷污、感染、传染等义。"染"，今字书归入木部。（王逸鹤）

泰

泰 tài 透纽、月部；透纽、泰韵、他盖切。

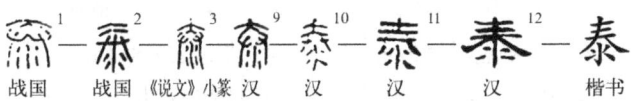

1、2《战文编》752页。3、4《说文》273页。5—12《篆隶表》812页。

形声字。《说文》："从廾，从水，大（太）声。"《说文》于"泰"下出古文 ，像正面站立之人形。中从"二"或表示身体部位（或以为区别笔画以别于"大"），犹如甲骨文、金文之"文"字或加饰画以表示文身交错之形。《说文》古文形体为后世"太"字所本。按：商、周无"太"字，每以"大"为之。典籍亦每以"大"为之。"大"、"太"，古今字也，乃一字之分化。至战国陶文而有"泰"字，是小篆形体所由出。汉后，渐合"廾"为"大"状，复与上部相连，遂成"夫"形，为楷书所本。于是变小篆"泰"字由从大、从廾、从水三部结构为从夫、从水之两部结构字。《说文》："泰，滑也。"按：诸家或由此以寻造字之义。或谓古文"夳"下"二"形当作"冫（冰）"以取滑义；或谓"泰"为双手（即廾）捧水，示水从手（指）中溜下以表滑义。然则是以会意释之。清邵瑛《群经正字》谓"今经典无此义"，是释字可，于义则无徵。姑阙之。或释"太"之义，以为古文"夳"乃"太"之上者，从大、从古文上（即二）会意，似亦勉强。兹以古文"夳"象形，以"泰"为形声，俟考。《广韵·泰韵》："泰，大也。"段玉裁《说文解字注》"泰"下言："后世凡言大而以为形容未尽则作太。如'大宰'俗作'太宰'，'大子'俗作'太子'，'周大王'俗作'太王'是也。谓'太'即《说文》'夳'字，'夳'即'泰'，则又用'泰'为'太'。"按：大、太、泰三字之关系，何琳仪《战国古文字典》"太"下说解至为简赅。其言曰："典籍之中，大、太、泰三字往往通用。大为象形，太为分化，泰为假借。"《书·泰誓上》孔颖达疏："顾氏以为，泰者，大之极也，犹如天子诸侯之子曰太子，天子之卿曰太宰。此会中之大，故称'泰誓'也。""泰誓"即"太誓"，极言其盛。《礼记·曲礼》："假尔泰龟有常，假尔泰筮有常。"孔颖达疏："泰，大中之大也。"上所列"泰"字多用为大、太义，例多不备举。要之，大、太一字而分化；太、泰成两条脉络歧而为二，始每通用，后分而为三。（王逸鹤）

濽

濽（灒） zàn 精纽、元部；精纽、翰韵、则旰切。

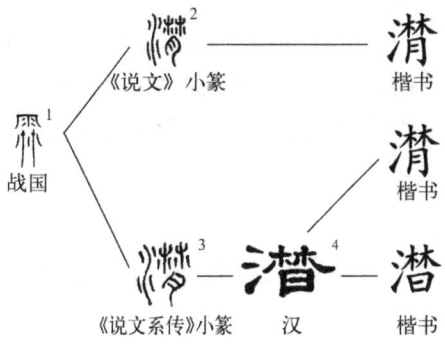

1《说文》237页。2《四体大字典》833页。

形声字。从水，赞声。《说文》："灒，汙洒也。一曰水中人。"段玉裁注："谓用污水挥洒也……'中'读去声。此与上文无二义，而别之者，此兼指不污者言也。"王筠句读："'一曰'二字当作'谓'。"按：《说文》所言，分明二义。段氏既析而为注，又强言"无二义"，殊觉勉强。王筠当据段注合二为一之说立言，亦非。"水中人"，谓水溅中人身。引申为凡以液体物溅之之义。字亦作"濺"。唐玄应《一切经音义》卷三："灒，又作濺、吱二形。"《史记·廉颇蔺相如列传》："五步之内，相如请得以颈血溅大王矣。"张守节正义："溅音赞。"灒所从声符因"贝"简化作"赞"。（王逸鹤）

潸

潸 shān 心纽、元部；生纽、删韵、所奸切。

1《中山》73页。2《说文》237页。3《说文系传》225页。4《四体大字典》814页。

形声字。《说文》:"从水,散省声。"战国文字作"霖","林"为"朁"之省讹,从雨与从水同。小篆分作二形,隶定之分别作"潜"、"潜",其后一形为汉隶所本。《正字通》:"潜,俗从林。"今以俗为正。《说文》:"潜,涕流儿。"《玉篇》:"潜,出涕儿。"《诗·小雅·大东》:"潜焉出涕。"或叠用,中山王圆壶:"霖(潜潜)流澘(涕)。"也指泪水、流泪。不备举。(王逸鹤)

汗

hàn 匣纽、元部;匣纽、翰韵、侯旰切。
hán 匣纽、元部;匣纽、寒韵、胡安切。
gān 见纽、元部;见纽、寒韵、古寒切。

春秋《说文》小篆 秦 汉 汉 楷书

1《类编》467页。2《说文》237页。3《篆隶表》812页。4《汉印徵》卷11,13页。5《四体大字典》738页。

形声字。从水,干声。人及动物汗腺排出的液体。《说文》:"汗,人液也。"段玉裁注订正曰:"汗,身液也。各本作人,今依《太平御览》订。"又,用为动词,出汗,使出汗。《韩非子·五蠹》:"弃私家之事而必汗马之劳。"以上读hàn。又音hán。"可汗"(kè hán),古代我国北方少数民族对君长的称呼,也简称"汗"。又音gān,"馀汗",古县名。故址在今江西余干县。汗,石鼓文下加"土",属繁化。(王逸鹤)

泣

qì 溪纽、缉部;溪纽、缉韵、去急切。

战国《说文》小篆 汉 汉 汉 楷书

1《战文编》752页。2《说文》237页。3、4、5《篆隶表》813页。

形声字。从水,立声。《说文》:"泣,无声出涕曰泣。"《易·中孚》:"或鼓或罢,或泣或歌。"又,《尔雅·释言》:"泣,泪也。"《诗·邶风·燕燕》:"瞻望弗及,泣涕如雨。"(王逸鹤)

涕

tì 透纽、脂部;透纽、霁韵、他计切。

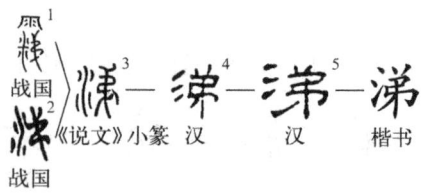

战国《说文》小篆 汉 汉 楷书

1《战文编》753页。2《郭店》158页。3《说文》237页。4、5《篆隶表》813页。

形声字。从水,弟声。眼泪。《说文》:"涕,泣也。"段玉裁注:"按:'泣也'二字,当作'目液也'三字,转写之误也。"唐玄应《一切经音义》卷三:"涕,泪也。"引申为流泪。《玉篇·水部》:"目汁出曰涕。"又,鼻涕。《篇海类编·地理类》:"涕,鼻液也。"又,古代龟卜兆象之一。涕,战国文字或作"霁"。按:汉字或于已然之字另加偏旁以增强表意成分。与"涕"相类者,如:雲(同"云")、霑(同"沾")、濡(同"濡")、霪(同"淫")等皆是。涕加雨头,以会涕泗滂沱、泪如雨下之意。霁之水形中间多一横画乃饰笔,无义。(王逸鹤)

涷

liàn 来纽、元部;来纽、霰韵、郎甸切。

《说文》小篆 汉 汉 汉 楷书

1《说文》237页。2、3、4《篆隶表》813页。

形声字。从水,柬声。练丝,煮丝使软熟。《说文》:"涷,滴也。"段玉裁注:"涷之暴之,而后丝帛之质精,而后染人可加染,涷之以去其瑕,如滴米之去康秕(糠秕),其用一也。故许以滴释涷……滴谓米,涷谓丝束也。"《玉篇·水部》:"涷,煮丝绢熟也。"《周礼·考工记·巟氏》:"巟氏涷丝以涚水。"涷字声符"柬",或将中间左右两笔相连,乃取其便捷,非"東(东)"字。按:柬于形声字中作为声符时或简化作"东"。(王逸鹤)

渝

yú 喻纽、侯部;以纽、虞韵、羊朱切。

《说文》小篆 汉 汉 楷书

1《说文》237页。2《汉印徵》卷11,13页。3《篆隶表》813页。

形声字。从水,俞声。《尔雅·释言》:"渝,变也。"《说文》:"渝,变,汙也。"《玉篇·水部》:"渝,变也,汙也。"《诗·郑风·羔裘》:"彼其之子,舍命不渝。"毛传:"渝,变也。"又,溢,泛滥。《文选·木华〈海赋〉》:"跷踔湛澩,沸溃渝溢。"李善注:"渝,亦溢也。"又,《集韵·遇韵》："渝，色染也。"又，古水名。凡三：1.《说文》："一曰渝水，在辽西临俞，东出塞。"今辽宁省大凌河。2.今四川省渠县之流江溪。3.今江西省赣江支流袁江。又，古州名，重庆市的简称等。（王逸鹤）

减（減） jiǎn

见纽、侵部；见纽、豏韵、古斩切。

減¹—減²—減³—減⁴—減⁵—減—减
春秋　战国　《说文》小篆　汉　汉　楷书　楷书

1《金文编》739页。2、5《篆隶表》813页。
3《说文》237页。4《汉印徵》卷11，13页。

形声字。从水，咸声。《说文》："减，损也。"《广雅·释诂三》："减，少也。"《文选·宋玉〈登徒子好色赋〉》："东家之子，增之一分则太长，减之一分则太短。"引申为减轻、削减、减弱、少于等义。又，《管子·山至数》："四减国榖，三在上，一在下。"郭沫若等集校："减，谓分也。"以上诸义今作"减"。又，古水名。（王逸鹤）

滅（灭） miè

明纽、月部；明纽、薛韵、亡列切。

战国　战国　战国　秦《说文》小篆　汉　汉　楷书　楷书

1、2《战文编》753页。3《篆文编》530页。
4、6、7《篆隶表》814页。5《说文》237页。

形声字。从水，烕声。《尔雅·释诂下》："灭，绝也。"《说文》："灭，尽也。"《周礼·夏官·大司马》："大司马之职，掌建邦国之九法……外内乱，鸟兽行，则灭之。"又，《篇海类编·地理类》："灭，火熄也。"又，《小尔雅·广诂》："灭，没也。"引申为埋没、消失、消除等义。灭，今取其形体局部简化作"灭"。（王逸鹤）

漕 cáo

从纽、幽部；从纽、豪韵、昨劳切。

漕¹—漕²—漕³—漕⁴—漕
战国　《说文》小篆　汉　汉　楷书

1《战文编》753页。2《说文》237页。3《汉印徵》卷11，4页。4《篆隶表》814页。

形声字。从水，曹声。水道运粮。《说文》："漕，水转榖也。"桂馥义证："榖当为榖。本书'转'，运也。"《广韵·号韵》："水运榖。"《史记·平准书》："漕转山东粟，以给中都官。"又，泛指水运。《玉篇·水部》："漕，水转运也。"《广韵·豪韵》："水运曰漕。"又指乘运的车船。《说文》："一曰人之所乘及船也。"段玉裁注："'乘'下疑夺'车'字，盖车亦得称漕。"又，明、清征纳谷米由水路运往京师供需，称为漕赋或漕粮。又，古邑名。在今河南省滑县东南。也作"曹"。（王逸鹤）

泮 pàn

滂纽、元部；滂纽、换韵、普半切。

泮¹—泮²—泮
《说文》小篆　魏　楷书

1《说文》237页。2《篆隶表》814页。

会意兼形声字。"泮宫"，古代诸侯举行乡射所设的学宫，西南为水，东北为墙，一半有水，一半无墙，故从半水会意。《说文》："泮，诸侯乡射之宫，西南为水，东北为墙。从水，从半，半亦声。"《诗·鲁颂·泮水》："思乐泮水。"毛传："泮水，泮宫之水也。"又通"畔"、"判"，均引申之义。又，河名。源出泰山西北谷。（王逸鹤）

漏 lòu

来纽、侯部；来纽、候韵、卢候切。

漏¹—漏²—漏³—漏⁴—漏
《说文》小篆　汉　汉　三国魏　楷书

1《说文》237页。2、3、4《篆隶表》814页。

形声字。从水，扁声。古计时器。历代形制不一。如清乾隆时制漏为铜质，由三个方形播水壶和一个圆形受水壶组成。各播水壶均有小孔滴水，入受水壶。壶中置立箭，上分一百刻度，箭随受水壶蓄水而渐次上升，根据所露刻度以示时间。《说文》："漏，以铜受水刻节，昼夜百刻。"引申为更次、时刻。又由漏之漏水引申为泄漏、流失、孔穴、缝隙、遗漏等义。例不备举。（王逸鹤）

萍 píng

並纽、耕部；並纽、青韵、薄经切。

萍¹—萍
《说文》小篆　楷书

1《说文》237页。

会意兼形声字。《说文》"苹"下曰："无根浮水面而生者。"加水为"萍"，强调其为水草。《说文》："萍，苹也。水草也。从水，苹，苹亦声。"萍，浮萍。《本草》称"水萍"，浮萍科。《礼记·月令》："季春之月……萍始生。"萍，今字书归入艸(艹)部。（王逸鹤）

濊

huì 晓纽、月部；晓纽、泰韵、呼会切。

huò 晓纽、月部；晓纽、末韵、呼括切。

战国　《说文》小篆　汉　楷书

1《战文编》753页。2《说文》238页。3《四体大字典》821页。

形声字。从水，岁声。水深广貌。《说文》："濊，水多皃。"《汉书·礼乐志·郊祀歌》："泽汪濊，辑万国。"引申为凡深广之义。《文选·司马相如〈难蜀父老〉》："威武纷纭，湛恩汪濊。"又，通"秽"。《集韵·废韵》："濊，浊也。"《篇海类编·地理类》："濊，与秽同。读 huì。又音 huò。"濊濊"，象声词，撒网入水声或水流受阻所发之声。（王逸鹤）

汨

gǔ 见纽、物部；见纽、没韵、古忽切。

战国　《说文》小篆　汉　楷书

1《战文编》753页。2《说文》238页。3《四体大字典》740页。

形声字。从水，日声。《说文》："汨，治水也。"段玉裁注："引申之凡治皆谓汨。"《国语·周语下》："决汨九川。"韦昭注："汨，通也。"《楚辞·天问》："不任汨鸿，师何以尚之？"王逸注："汨，治也。鸿，大水也。"又，《书·洪范》："鲧陻洪水，汨陈其五行。"孔传："汨，乱也。"又，《玉篇·水部》："汨，汨没。"汨没，淹没，湮灭。又，"汨汨"，水流声。战国《楚帛书乙》三，用为姓氏。（王逸鹤）

泯

mǐn 明纽、真部；明纽、轸韵、武尽切。

《说文》新附　汉　楷书

1《说文》238页。2《篆隶表》814页。

形声字。从水，民声。《说文》："泯，灭也。"《诗·大雅·桑柔》："乱生不夷，靡国不泯。"毛传："泯，灭也。"又，昏乱。《书·康诰》："天惟与我民彝大泯乱。"清王引之《经义述闻》："泯亦乱也。"引申为混淆、混合等义。又，《广雅·轸韵》："泯，水皃。"（王逸鹤）

瀣

xiè 匣纽、月部；匣纽、怪韵、胡介切。

《说文》新附　汉　楷书

1《说文》238页。2《四体大字典》828页。

形声字。《说文》："从水，齍省声。"《说文》："瀣，沆瀣（《说文诂林》改作"瀣"），气也。"《楚辞·远游》："飡六气而饮沆瀣兮，漱正阳而含朝霞。"王逸注："沆瀣者，北方夜半之气。"《史记·司马相如列传》："澎濞沆瀣。"《汉书》、《文选》皆作"沆溉"，司马贞索隐："溉，亦作瀣。司马彪曰：'沆溉，徐流。'"（王逸鹤）

潇（瀟）

xiāo 心纽、幽部；心纽、萧韵、苏彫切。

《说文》新附　汉　楷书　楷书

1《说文》238页。2《四体大字典》828页。

形声字。从水，萧声。《集韵·萧韵》："潇，潇潇，风雨暴疾皃。"《诗·郑风·风雨》："风雨潇潇。"毛传："潇潇，暴疾也。"又，《水经注·湘水》："（二妃）神游洞庭之渊，出入潇湘之浦。潇者，水清深也。"又，《说文》："潇，水名。"源出湖南省宁远县南九嶷山。潇所从声符"萧"依草书简化作"萧"，凡所从者依例简化。（王逸鹤）

瀛

yíng 喻纽、耕部；以纽、清韵、以成切。

《说文》新附　汉　楷书

1《说文》238页。2《四体大字典》827页。

形声字。从水，赢声。《说文》："瀛，水名。"不详。又，池泽中。《集韵·清韵》："楚人名泽中曰瀛。"《楚辞·招魂》："倚沼畦瀛兮遥望博。"王逸注："瀛，池中也。楚人名池泽中曰瀛。"又，《玉篇·水部》："瀛，海也。"又，古州名。（王逸鹤）

滁

chú 澄纽、鱼部；澄纽、鱼韵、直鱼切。

《说文》新附　汉　楷书

1《说文》238页。2《四体大字典》795页。

形声字。从水，除声。《说文》："滁，水名。"在安徽东部，源出肥东县东北。本作"涂"，唐人改作"滁"。又，古州

名。在安徽省境内。（王逸鹤）

潺 chán 从纽、元部；崇纽、山韵、士山切。

1《说文》238页。2《四体大字典》814页。

形声字。从水，孱声。《说文》："潺，水声。"多叠用。宋欧阳修《醉翁亭记》："山行六七里，渐闻水声潺潺。"又，雨声。南唐李煜《浪淘沙》："帘外雨潺潺"。又，水流貌。魏明帝《步出夏门行》："弱水潺潺。"又，"潺湲"：1.水流貌。《楚辞·九歌·湘夫人》："观流水兮潺湲。"2.泪流貌。《楚辞·九歌·湘君》："横流涕兮潺湲。"又，水名。四川省涪江上游支流。（王逸鹤）

濤（涛） tāo 定纽、幽部；定纽、豪韵、徒刀切。

1《甲文编》440页。2《说文》238页。3《隶辨》206页。

形声字。从水，壽声。《说文》："濤，大波也。"《广韵·豪韵》："涛，波涛。"《篇海类编·地理类》："涛，海中大波，亦曰潮头。"《淮南子·人间》："经丹徒，起波涛。"高诱注："波者涌起，还者为涛。"濤所从声符"壽"依草书简作"寿"，凡所从者依例简化。（王逸鹤）

潊 xù 邪纽、鱼部；邪纽、语韵、徐吕切。

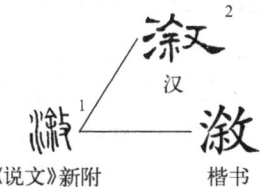

1《说文》238页。2《四体大字典》807页。

形声字。从水，敍声。潊所从声符"敍"依小篆隶定之当作"敍"，从余，从支。或作"溆"，水名，古名序水，又名双龙江，源出湖南溆浦县东南山中。《楚辞·九章·涉江》："入溆浦余儃佪兮，遂不知吾所如。"王逸注："溆浦，水名。"又，水边。《说文》："潊，水浦也。"南朝齐王融《渌水曲》："日霁沙潊明。"（王逸鹤）

港 gǎng 见纽、讲韵、古项切。

1《说文》238页。2《四体大字典》784页。

形声字。从水，巷声。江河的支流。《说文》："港，水派也。"唐玄应《一切经音义》卷三引《字略》："港，水分流也。"多用于河流名，如"江山港"、"常山港"（均在浙江）。又，港口，如商港、军港等。又，我国香港的简称。（王逸鹤）

淼 miǎo 明纽、宵部；明纽、小韵、亡沼切。

1《说文》238页。2《四体大字典》777页。

会意字。从三水，会水大之意，与"众"从三人会人众之意同。《说文》："淼，大水也。从三水。或作渺。"引申为辽阔无际。《管子·内业》："渺渺乎如穷无极。"唐孟浩然《送杜十四》："君去春江正渺茫。"（王逸鹤）

潔（洁） jié 见纽、月部；见纽、屑韵、古屑切。

1《说文》238页。2《四体大字典》810页。

形声字。从水，絜声。清洁，干净。《说文》："潔，瀞也。"《广韵·屑韵》："潔，清也。"《左传·定公三年》："庄公卞急而好潔。"又，《广雅·释器》："潔，白也。"引申为操守清白。《广韵·屑韵》："经典用絜。"先秦古籍"潔"多作"絜"，后世多作"潔"。今以"洁"为其简化字。按："洁"、"潔"非一字。《玉篇·水部》："洁，水也。"《广韵·质韵》："洁，水名。"音 jí。（王逸鹤）

浹（浃） jiā 精纽、葉部；精纽、帖韵、子协切。

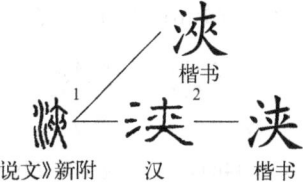

1《说文》238页。2《篆隶表》814页。

形声字。从水，夾声。通，透。《尔雅·释言》："浃，彻也。"《淮南子·原道》:"不浸于肌肤,不浃于骨髓。"高诱注:"浃,通也。"《后汉书·献帝伏皇后传》:"操出,顾左右,汗流浃背。""浃背",透背。又,周匝。《左传·成公九年》:"浃辰之间,而楚克其三都。"孔颖达疏:"浃为周匝也……从子至亥为十二辰。"又,遍,遍及。《说文》:"浃,洽也。"《楚辞·大招》:"冥陵浃行。"王逸注:"浃,徧也。"浃所从声符"夾"依草书简作"夹"。(王逸鹤)

溘 kè 溪纽、盍部;溪纽、合韵、口答切。

1《说文》238页。2《四体大字典》792页。

形声字。从水,盍声(《说文》如此)。《正字通·水部》:"溘,本作溘。"按:溘、溘均为讹变之形。篆文声旁从大,从血,隶定之应作"盍"。今通作"溘"。忽然,疾促。《说文》:"溘,奄忽也。"《楚辞·离骚》:"宁溘死以流亡兮,余不忍为此态也。"王逸注:"溘,犹奄也。"又,掩盖。《楚辞·离骚》:"驷玉虬以乘鹥兮,溘埃风余上征。"王逸注:"溘,犹掩也。"又,《广韵·合韵》:"溘,至也。"(王逸鹤)

涯 yá 疑纽、支部;疑纽、佳韵、五佳切。

1《说文》新附。2《篆隶表》814页。

会意兼形声字。厓,山边也,加水以会水边之意。《说文》:"涯,水边也。从水,从厓,厓亦声。"《玉篇·水部》:"涯,水际也。"《广韵·支韵》:"涯,水畔也。"《书·微子》:"今殷其沦丧,若涉大水,其无津涯。"引申为边际,极限。《庄子·养生主》:"吾生也有涯,而知也无涯。"又,限制,约束。南朝梁沈约《答沈麟士书》:"约少不自涯。"(王逸鹤)

㳄 部

㳄 zhuǐ 章纽、微部;章纽、旨韵、之诔切。

1《甲文编》446页。2《说文》239页。3、4《篆隶表》817页。

象形字。像二水形。《说文》:"㳄,二水也。阙。"或说同"水"。王筠句读:"既释以二水也,而又云阙者,盖㳄即水之异文。许君未得确据,故不质言之,……安康王玉树松亭曰:邝氏《易》'坎为水',水作㳄。郭忠恕《佩觿集》:'音义一而体别:水为㳄,火为炊。是水与㳄音义并同。'筠案:此说最精。凡叠二成文者,如㳄、炏、从、棘、㸚、玨、屾、豩、㸚、所等字,皆当与本字无异……"㳄,始见于商代甲骨文,卜辞用为地名。《英国所藏甲骨集》540:"甲戌……贞奉自㳄圉得。"侍其繇墓枋:"涑黄冰復襆(襥)褕一领。"北海相景君碑用为人名。(王逸鹤)

㳄水(流) liú 来纽、幽部;来纽、尤韵、力求切。

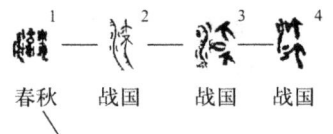

1-4《战文编》761页。5、7《说文》239页。
6、8、9《篆隶表》818页。

会意字。《说文》并出"㳄水"、"流"二形,谓:"流,篆文从水。"段玉裁注:"流为小篆,则㳄水为古文、籀文可知。"春秋石鼓文"㳄水"字与之同,可证。《古文苑·周宣王〈石鼓文〉五》:"霝雨口㳄水。"章樵注:"㳄水,今省作流。"清邵瑛《说文解字群经正字》:"今经典从篆。""㳄水"从二水,为复加意符,与"流"同,是谓古今字。今"流"行而"㳄水"废。流,从水,从㐬。按:《说文》有"去"字,以"㐬"为其或体。谓:"去,不顺忽出也。从到子(段玉裁注:'到,今倒字。倒子,会意也')。《易》曰:'突如其来如。'不孝子突出,不容于内也。"按:去为"倒子",谓其出于内(母体)之形。去下数点(即㐬甲骨文作之下半部分)为羊水,甲骨文"育(毓)"字从此。是"流"字以子之突出,加水以会水之流动意。《说文》:"㳄水,水行也。从㳄,㐬。㐬,突忽也。"《诗·大雅·常武》:"如山之苞,如水之流。"引申为随水飘流,又引申泛指移动、运行、移动不定、放荡、传布等义。例不备举。又,水道。《史记·周本纪》:"武王渡河,中流,白鱼跃入王舟中。"引申为支流,流派等义。(王逸鹤)

涉水(涉) shè 禅纽、葉部;禅纽、葉韵、时摄切。

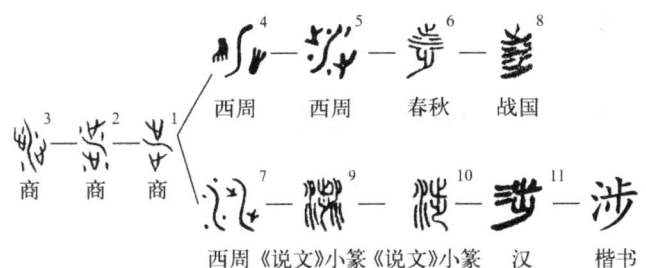

1、2、3《甲文编》446页。4《集成》12册7040。5、6、7《类编》468页。8《战文编》761页。9、10《说文》239页。11《篆隶表》818页。

会意字。始见于甲骨文，作两止(趾)中隔一水形，会步行渡水之意。西周与春秋、战国文字构形大体同。金文或有从二水者，则㴔形当有所本。从二水，为复加意符，于义无别。《说文》：“㴔，……篆文从水。”按：段玉裁于"流"下注："流为小篆，则㴔为古文，籀文可知。"以之说"流"是，说"涉"则非。甲骨文即有从水作者，可见形繁未必即古文。《说文》："㴔，徒行厉水也。"王筠句读："厉者，濿之省文也。"《广韵·葉韵》："涉，徒行渡水也。"《诗·邶风·匏有苦叶》："济有深涉。"毛传："由膝以上为涉。"又，段玉裁注："引申为凡渡水之称。"《易·需》："利涉大川。"引申为经历、度过、涉及等义。又，渡口，县名，漳水的别名。（王逸鹤）

頻 部

濒(瀕) bīn 帮纽、真部；帮纽、真韵、卑民切。

1、2、3《金文编》742页。4《战文编》761页。5《说文》239页。6《汉印徵》卷11，14页。7《隶辨》128页。

会意字。金文像人临水欲涉之形，会水边之意。义同"濱(滨)"。《说文》："瀕，水厓，人所宾附，頻蹙不前而止。"《墨子·尚贤下》："是故昔者舜耕于历山，陶于河瀕。"引申为凡临近、靠近之义。《汉书·地理志下》："故秦地于《禹贡》时跨雍、梁二州……瀕南山，近夏阳。"金文用为"频"、"并"等义，例不备举。（王逸鹤）

顰(颦) pín 並纽、真部；並纽、真韵、符真切。

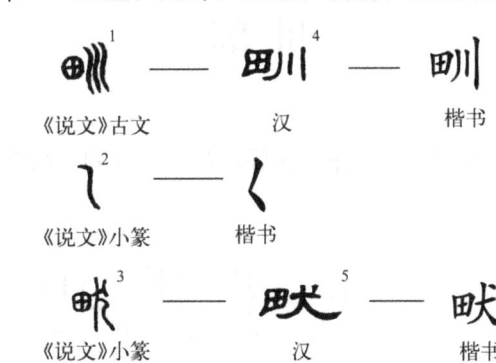

1《说文》239页。2《四体大字典》1864页"蛰道人"。

会意兼形声字。《说文》："顰，涉水顰蹙。从頻，卑声。""涉水顰蹙"，清段玉裁《说文解字注》改为"涉水顰戚"，谓："顰戚，谓顰眉蹙頞也。许必言涉水者，为其字之从瀕也。"按：紧鼻皱眉，言人涉水小心紧张之面部神情，以之会顰蹙之意。必欲言形声，依篆文当谓从頻(瀕)，卑声。后世但作"顰"，或为省形。北齐颜之推《颜氏家训·治家》："（房文烈）尝寄人宅，奴婢彻屋为薪，略尽。闻之顰蹙，卒无一言。""顰"，今字书归入"页"部。（王逸鹤）

巜 部

巜 quǎn 见纽、元部；见纽、铣韵、姑泫切。

1、2、3《说文》239页。4、5《四体大字典》956、957页。

象形字。像水流之形。《说文》："巜，水小流也。《周礼》：'匠人为沟洫，耜广五寸，二耜为耦。一耦之伐，广尺深尺谓之巜。'……甽，古文巜。从田，从川。畎，篆文巜。从田，犬声，六畎为一亩。"《正字通·巜部》："巜，畎本字。"按：巜为象形，甽为会意，畎为形声。巜，今字书归入"乙"部。（王逸鹤）

巛 部

巛 kuài 见纽、月部；见纽、泰韵、古外切。

1《说文》239页。

象形字。像两条水流形。《说文》："巛，水流浍浍也。

方百里为巜,广二寻,深二仞。"王筠句读:"巜,言水流者,承'〈',水小流也'而言。巜倍于〈',其流大也。"徐错系传:"《释名》:'水注沟曰巜。巜,会也,小水之所聚会也。'今人作'浍'。"王筠句读:"巜,言水流者,承'〈',水小流也'而言。巜倍于〈',其流大也"巜,今字书归入"乙"部。(王逸鹤)

粼 lín 来纽、真部;来纽、真韵、力珍切。

战国《说文》小篆 汉 楷书

1《战文编》761页。2《说文》239页。3《隶辨》125页。

形声字。从巜,㷠声。明净,清澈貌。多叠用。《说文》:"粼,水生厓石间粼粼也。"《诗·唐风·扬之水》:"扬之水,白石粼粼。"毛传:"粼粼,清澈也。"又,《玉篇·巜部》:"粼,兽名。"又,同"簾",竹的一种。(王逸鹤)

川 部

川 chuān 昌纽、文部;昌纽、仙韵、昌缘切。

商 西周 战国《说文》小篆 汉 楷体

1、2、3《甲文编》447页。4《金文编》742页。5《古文典》1330页。6《说文》239页。7《隶辨》185页。

象形字。像两岸中间有流水。"川"字甲骨文两边为岸,中间为流水;金文把中间水形变为〈,小篆从之。《说文》:"川,贯穿通流水也。《虞书》曰:'濬巜〈距川',言深巜〈之水会为川也。"本义为河流。《书·禹贡》:"奠高山大川。"孔传:"大川,四渎。"孔颖达疏:"川之大者,莫大于渎。四渎谓江、河、淮、济也。""川"字在甲骨文中业已出现,但其义则不详。似与"水"之用法同。《战后宁沪新获甲骨集》1.482:"丙子贞,不川?其川?"《殷墟书契前编》2.4.3:"丙戌卜,贞……不水?"都指涨水。从河流义引申为河流的源头,又转指山间或高原间平坦的陆地,因其地势低,在山原间,像河水在堤岸间一样。《新五代史·周德威传》:"平川广野,骑兵之所

长也。"(冯华)

巠 jīng 见纽、耕部;见纽、青韵、古灵切。

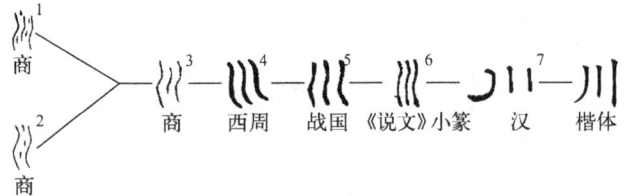

西周 战国《说文》小篆 汉 楷书

1《金文编》742页。2、3《战文编》762页。4、5《说文》239页。6《甲金篆》802页。

象形字。郭沫若《金文丛考》:"余意巠盖经之初字也。观其字形……均象织机之纵线形。从系作之经,字之稍后起者也。"巠和经为古今字。(冯华)

巟 huāng 晓纽、阳部;晓纽、唐韵、呼光切。

西周 战国《说文》小篆 汉 楷书

1《金文编》743页。2《郭店》160页。3《说文》239页。4《甲金篆》802页。

形声字。从川,亡声。本义为水广大。《说文》:"巟,水广也。《易》曰:'包巟用冯河。'"段玉裁注:"引申为凡广大之称。《周颂》:'天作高山,大王荒之。'《传》曰:'荒,大也。'凡此等皆假荒为巟也。荒,芜也。荒行而巟废矣。"按今本《易·泰》作"荒"。"巟"字在西周金文中已出现,铭文中作人名。巟伯簋:"巟白(伯)乍姬寶殷。"(冯华)

巜 liè 来纽、月部;来纽、薛韵、良薛切。

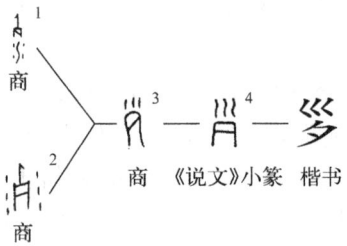

商 《说文》小篆 楷书

1、2、3《汉语字形表》436页。4《说文》239页。

形声字。从川,巜省声。同"甽"。本义为水流。《玉篇·巜部》:"巜,巜巜,水流皃。""巜"字契文从水,从巜为声。《合集》18772:"贞,㱿其大巜。"其义未详。可能指某种天灾。(冯华)

邕 yōng 影纽、东部；影纽、钟韵、於容切。

西周 《说文》籀文 《说文》小篆 楷书

1《金文编》743页。2、3《说文》239页。

会意字。从巛，从邑。从川表示与水有关，从邑表示水流环绕都邑之义。籀文邕，从川、从吕，象形。《说文》："邕，邑四方有水，自邕成池者是也。"引申之，凡四面有水皆曰邕。又假作"雍"。又有和睦之义。《晋书·桑虞传》："虞五世同居，闺门邕穆。"又假作"壅"，堵塞。《汉书·王莽传中》："长平馆西岸崩，邕泾水不流。"颜师古注："邕，读曰壅。"（冯华）

巛 zāi 精纽、之部；精纽、咍韵、祖才切。

商 商 商 战国 《说文》小篆 汉 楷书

1、2、3《甲文编》447页。4《古文典》92页。5《说文》239页。6《金石典》卷11，3页。

象形字。巛像洪水横流成灾之形，或作屮，叠加才声。小篆巛为屮之省。战国文字作巛，多加一笔。《说文》："巛，害也。从一雝川。《春秋传》曰：'川雝为泽，凶。'"《玉篇·巛部》："巛，天反时为巛，今作灾。"后以灾泛指疾病、损伤、死亡等祸事。（冯华）

侃 kǎn 溪纽、元部；溪纽、旱韵、空旱切。

西周 战国 《说文》小篆 汉 楷书

1《金文编》743页。2《郭店》160页。3《说文》239页。4《甲金篆》803页。

会意字。从伫（古文"信"），从川。信而有恒之义。《说文》："侃，刚直也。"《三国志·魏书·杨阜传》："每朝廷会议，阜常侃然以天下为己任。"又引申为和悦貌。《汉书·韦贤传》："我徒侃尔，乐亦在而。"从和悦貌引申为调侃、戏弄、闲谈。如"侃大山"。（冯华）

州 zhōu 章纽、幽部；章纽、尤韵、职流切。

商 西周 战国 《说文》小篆 汉 楷书

1《甲文编》449页。2《金文编》744页。
3、4《战文编》762页。5、6《说文》239页。7《甲金篆》802页。

象形字。像水中有小块陆地。本义是水中的一块块陆地。《说文》："水中可居曰州……《诗》曰：'在河之州。'"《汉书·地理志下》："自合浦、徐闻南入海，得大州，东西南北方千里。"后分化"洲"字表达这一意义。相传禹治水后，分其领域为九州。到了汉代，汉武帝为了加强中央集权，始于京师附近地区外分境内为十三个监察区，称为"十三州"，置刺史，巡视境内。东汉末始成为郡以上的一级行政区划。历魏晋南北朝不改。隋废郡存州，旋改州为郡。唐复改郡为州。宋属于路。元属于路或府。明清时属于府，其不属于府而属于省的，则称为直隶州。州又指古代民户编制，五党为州，计二千五百家。"州"字的商代文字像水中有小块陆地，楷书变为三个点。（冯华）

泉 部

泉 quán 从纽、元部；从纽、仙韵、疾缘切。

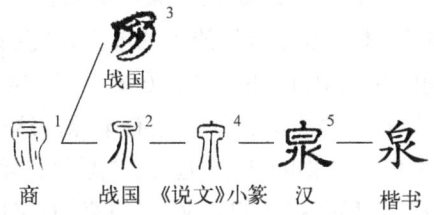

商 战国 《说文》小篆 汉 楷书

1《甲文编》449页。2、3《战文编》763页。4《说文》239页。5《隶辨》183页。

象形字。像泉水从泉穴中流出。泉是地下涌出的水，即水源。《墨子·备穴》："下地，得泉三尺而止。"又引申为地下水。又泉下指人死后所在的地方。《周书·晋荡公护传》："死若有知，冀奉见于泉下尔。"有的学者认为泉水是流通的，货币也是流通的，因此，古代把货币叫泉。《汉书·食货志下》："私铸作泉布者，与妻子没入为官奴。"商代文字外边像从泉中流出的水形。金文形体稍变。小篆又变，稍失形。（冯华）

灥部

灥 xún 邪纽、谆部；邪纽、谆韵、详遵切。又昌缘切。

quán 从纽、仙韵、从缘切。

quàn 清纽、线韵、取绢切。

1 《说文》239页。

会意字。三泉；众流。《说文》："灥，三泉也。阙。"《广韵·谆韵》："灥，三泉相通。"又用法同"泉"，表水源，读作quán，水源义又引申为"下雨而泉水出"，读作quàn。（冯华）

厵 yuán 疑纽、元部；疑纽、元韵、愚袁切。

1 《金文编》744页。2 《古文典》1046页。3、4 《说文》239页。5、6 《甲金篆》804页。

会意字。本义是水最初流出的地方。《说文》："厵，水泉本也。从灥出厂下。""厂(hǎn)"，岩崖。由此会意。《左传·昭公九年》："木水之有本原。"这个意义后作"源"。引申指事物的开始、起源。"原"与"元"读音相同，意义相近，都有起始的意义。"原来"意义的"原"本作"元"，明代初年因嫌与元朝的"元"相混，字改作"原"。"原"又表示谅解、宽容。如：情有可原。平原的"原"是原的假借用法。《尔雅·释地》："广平曰原。"《楚辞·九歌·国殇》："平原忽兮路超远。"（冯华）

永部

永 yǒng 匣纽、阳部；云纽、梗韵、于憬切。

1、2 《甲文编》450页。3 《金文编》744页。4、5 《类编》460页。6 《说文》240页。7 《隶辨》446页。

会意字。甲骨文从人，从水，从彳。从人从水，像人在水中游的样子，彳本是行字的左旁，有前进之意。"永"的本义是人在水中向前游，后分化"泳"字表永之本义。《六书故·地理三》："永，潜行水中谓之永。《诗》云：'汉之广矣，不可永思。'别作'泳'。"按今《诗·周南·汉广》作"泳"。永由本义引申为水流长。《诗·周南·汉广》："江之永矣。"又引申为时间久远之义。《书·尧典》："日永星火。"永还有永远义。《诗·卫风·木瓜》："匪报也，永以为好也。"永通假"咏"。《书·舜典》："诗言志，歌永言。"孔传："歌咏其义以长其言。"按《汉书·礼乐志》引作"歌咏言"。"永"之金文、小篆略同甲骨文，只是右侧水形变成一条实线。隶书、楷书笔画化，失去原形。（冯华）

羕 yàng 喻纽、阳部；以纽、漾韵、余亮切。

1 《金文编》749页。2、3 《战文编》763页。4 《说文》240页。5 《隶辨》602页。

形声字。从永，羊声。本义为水流悠长。《说文》："羕，水长也……《诗曰》：'江之羕矣。'"后分化出"漾"字指水流长。由本义引申为长；长大。战国文字"羕"之"永"旁或讹作巛、水、木。羊为叠加音符。（冯华）

辰部

辰 pài 滂纽、锡部；滂纽、卦韵、匹卦切。

1 《甲文编》450页。2 《金文编》749页。3 《类编》460页。4 《说文》240页。

会意字。与"永"本为一字。后分化为两个字。本义为水的支流，后又分化出"派"字。《说文》："辰，水之衺流别也。"甲骨文、金文中，"永"、"辰"为一字，《说文》："辰，……从反永。"小篆分为两字。（冯华）

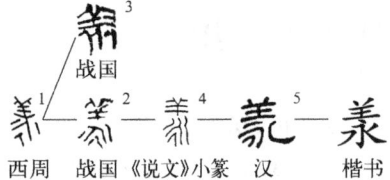(脉) mài 明纽、锡部；明纽、麦韵、莫获切。

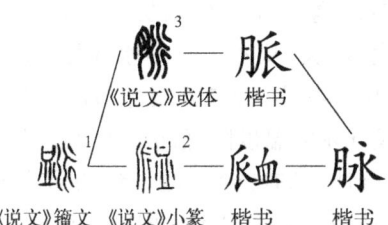

1、2、3《说文》240页。

会意字。由辰、血会意。同"脉"。《说文》:"衇,血理分衺行体者。脈,衇或从肉。𧖴,籀文。"明陶宗仪《辍耕录》卷十九:"无求子云:'脈'之字从肉,从辰。又作衇。盖脈以肉为阳,衇以血为阴。"为"脉"的异体字。(冯华)

覛(覛) mì 明纽、锡部;明纽、锡韵、莫狄切。

1、2《说文》240页。

会意字。从辰,从見。辰谓水的支流,从辰表示斜,不正。本义为斜视。《说文》:"覛,衺视也。"又引申为看、察视之义。《尔雅·释诂》:"覛,相也。"《国语·周语上》:"古者,太史顺时覛土。"韦昭注:"覛,音脉,视也。"由察视又引申为寻觅之义。汉张衡《西京赋》:"覛往昔之遗馆,获林光于秦余。"(冯华)

谷 部

谷 gǔ 见纽、屋部;见纽、屋韵、古禄切。

1《甲文编》451页。2《金文编》749页。3《类编》123页。4《说文》240页。5《隶辨》638页。

会意字。甲骨文字形下面像谷口,上面像水流出。甲骨文上边是两个八字,下边是口形。金文与甲骨文略同。小篆字形规整匀称,下面八字变形。隶书、楷书笔画化,近于金文。本义是两山之间的水流。《淮南子·说山》:"江河所以长百谷者,能下之也。"从本义引申指两山中间的低洼地,如山鸣谷应。从两山间的低洼地引申比喻困难。《诗·大雅·桑柔》:"进退维谷。"谷假借为"穀"。"穀"本是庄稼和粮食的总称。汉陆贾《新语·慎微》:"弃二亲,捐骨肉,绝五谷,废《诗》、《书》,背天地之宝,求不死之道。"(冯华)

谿 xī 溪纽、支部;溪纽、齐韵、苦奚切。

旧读qī

1《说文》240页。2《甲金篆》806页。

形声字。从谷,奚声。本义为山中不与外界相通的沟渠。《墨子·亲士》:"谿陕者速涸,逝浅者速竭。"引申为山间的流水,今作"溪"。又引申为空虚。《吕氏春秋·适音》:"以危听清,则耳谿极。"高诱注:"谿,虚;极,病也。不闻和声之故也。"(冯华)

豁 huò 晓纽、月部;晓纽、末韵、呼括切。

huō

1《说文》240页。

形声字。从谷,害声。从谷表示山口,害声有缺破之意。豁的本义是通开的山谷。晋郭璞《江赋》:"豁若天开。"引申为开阔。《史记·高祖本纪》:"意豁如也。"这时读huò。又引申为缺口,这个意义读huō。如"北风从山的豁口吹过来"。又指裂开豁口,如"他的裤子豁了一个口子"。小篆从谷,害声。隶书、楷书笔画化,形体稍变。且将害与谷易位。(冯华)

睿 jùn 心纽、真部;心纽、稕韵、私闰切。

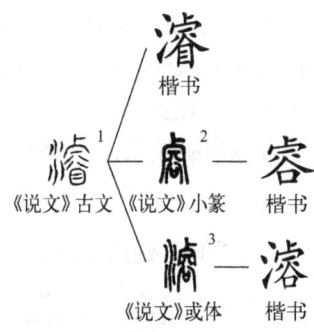

1、2、3《说文》240页。

会意字。睿从谷,从𠑿。𠑿(歺)表示穿通的意思,谷表示坑穴(而深)的意思。濬,从水,从睿。睿,古文叡

也。叡，深明也；通也。本义为深疏川流并使通畅。《虞书》："睿畎浍距川。""睿"，《书·益稷》作"濬"。（冯华）

仌部

仌（冰） bīng 帮纽、蒸部；帮纽、蒸韵、笔陵切。

1《类编》482页。2、3《金文编》750页。4《说文》240页。

象形字。像冰凌之形。本义是水凝冻而成的固体，后加水旁写作"冰"。《荀子·劝学》："冰，水为之而寒于水。"又指结冰。冰的特点是洁白、晶莹，以此比喻清高、纯洁。唐王昌龄《芙蓉楼送辛渐》："洛阳亲友如相问，一片冰心在玉壶。"商、西周字形与战国小篆字形基本相同，经过隶变以后成为两点水。（冯华）

冰 bīng 帮纽、蒸部；帮纽、蒸韵、笔陵切。

1《类编》482页。2、3《金文编》750页。4《说文》240页。5《金石典》卷4，20页。

会意字。从水从仌，古"凝"字。《新唐书·韦思谦传》："涕泗冰须（鬚）。"后以冰代仌，遂通行。商代文字是象形字，像冰凌之形。本义为水在摄氏零度或零度以下凝结成的固体。《易·坤》："象曰：履霜坚冰，阴始凝也。"从冰之本义可引申为洁白、晶莹，如冰清玉洁；从冰之本义又引申为使感到冷。唐戴叔伦《奉天酬别郑谏议》："泥积辙更深，木冰花不发。"由使感到冷又引申为把东西和冰放在一起使变凉，如冰镇矿泉水。（冯华）

凝 níng 疑纽、蒸部；疑纽、蒸韵、鱼陵切。

1《金文编》750页。2《说文》240页。3《隶辨》277页。

形声字。小篆从仌，疑声。从仌表示寒冷。《说文》："冰，水坚也。从仌，从水。凝，俗冰从疑。"段玉裁注："以冰代仌，乃别制凝字。经典凡凝字皆冰之变也。"凝的本义是液体或气体因温度降低而结成固体。液体变成固体停止流动。晋傅玄《杂诗》："凝气结为霜。"多指水结冰。唐岑参《走马川行奉送封大夫出师西征》："幕中草檄砚水凝。"引申为注意力集中。南朝宋鲍照《芜城赋》："凝思寂听。"又引申为安定、巩固。《荀子·议兵》："兼并易能也，唯坚凝之难焉。"（冯华）

凛 lǐn 来纽、侵部；来纽、寝韵、力稔切。

1《说文》240页。

形声字。从仌，廪声。仌表寒冷，省体作"凛"；"癛"为凛之异体，省体作"凛"。本义为寒冷。《古诗十九首·凛凛岁云暮》："凛凛岁云暮，蝼蛄夕悲鸣。"引申为严冷可畏。如：凛若冷霜。又通"懍"，懍栗、敬畏。宋苏轼《后赤壁赋》："予亦悄然而悲，肃然而恐，凛乎其不可留也。"（冯华）

凍（冻） dòng 端纽、东部；端纽、送韵、多贡切。

1《说文》240页。2《隶辨》478页。

形声字。从仌，東声。仌表示冰凌。本义是水遇冷凝结。《礼记·月令》："水始冰，地始冻。"引申指凝结了的汤汁。如鱼冻、肉冻。由水遇冷凝结又引申为寒冷。《孟子·尽心上》："不暖不饱，谓之冻馁。"后声符"東"简化而作"冻"。（冯华）

塍 líng 来纽、蒸部；来纽、蒸韵、力膺切。

形声字。
《说文》小篆 汉 楷书

《说文》或体 楷书

1、2《说文》240页。3《甲金篆》806页。

"脧"为形声字。从仌,朕声。又作"凌",从仌,"夌"声。本义是冰凌。《诗·豳风·七月》:"纳于脧阴。"凌作升上、高出讲是它的假借义。《古诗十九首·凛凛岁云暮》:"亮天晨风翼,焉能凌风飞?"与升上、高出相关的一个意义是凌逼、欺压。《楚辞·九歌·国殇》:"诚既勇兮又以武,终刚强兮不可凌。"(冯华)

凋 diāo
端纽、幽部;端纽、萧韵、都聊切。

1《说文》240页。

形声字。从仌,周声。"冫"是冰的本字,表示寒冷,本义是草木衰落。《论语·子罕》:"岁寒,然后知松柏之后凋也。"引申为衰败。汉王充《论衡·寒温》:"故寒温渥盛,凋物伤人。"从衰败又引申为困苦,疲敝。《汉书·张敞传》:"梁国大都,吏民凋敝。"在古籍中,凋又写作"彫"。(冯华)

冬 dōng
端纽、冬部;端纽、冬韵、都宗切。

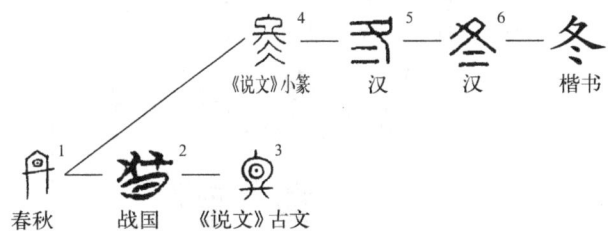

1《金文编》750页。2《战文编》764页。3、4《说文》240页。5、6《汉语字形表》439页。

形声字。小篆"冬"字,从仌,夂声。夂,古文"终"字,又加仌(冰),表明冬季寒冷。古"冬"、"终"本同字。本义为"终",假为"冬夏"之冬。古文冬从日,冬者,月之终也。日穷于纪也。陈章壶:"孟冬戊辰。"《诗·小雅·四月》:"冬日烈烈,飘风发发。"(冯华)

冶 yě
喻纽、鱼部;以纽、马韵、羊者切。

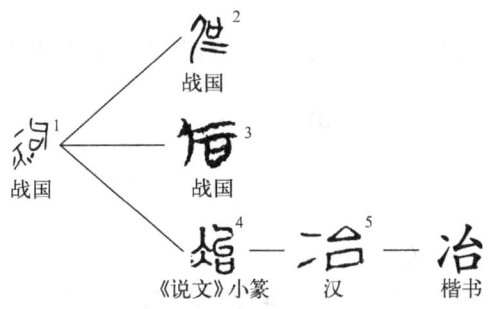

1、2、3《战文编》764页。4《说文》240页。5《甲金篆》808页。

形声字。从仌,台(yí)声。从仌,表示金属融化如仌融化一样。本义是熔炼金属。《史记·平准书》:"冶铸煮盐。"也指从事冶铸的工匠。《礼记·学记》:"良冶之子,必学为裘。"打扮得艳丽,多姿。古乐府《子夜歌》:"冶容多姿鬓,芳香已盈路。"假借为"野"。元杨梓《承明殿霍光鬼谏》第一折:"听的道昌邑王为君未及一月,造下一千一百一十七桩大罪。朝冶官人每道:'当初扶立他,不干别人事,都是霍光那老子!'"(冯华)

滄(沧) cāng
清纽、阳部;清纽、唐韵、七冈切。

 滄 沧
《说文》小篆　楷书　楷书

1《说文》240页。

形声字。从仌,倉声。从仌,是寒冷的迹象。冷。《汉书·枚乘传》:"欲汤之沧,一人炊之,百人扬之,无益也。"(冯华)

冷 lěng
来纽、真部;来纽、迥韵、力鼎切。

1《说文》240页。

形声字。从仌,令声。"冫"是冰凌的象形字,故冫有寒的意思。冷的本义是寒。《说文》:"冷,寒也。"《庄子·则阳》:"夫冻者假衣于春,暍者反冬乎冷风。"唐白居易《长恨歌》:"鸳鸯瓦冷霜华重,翡翠衾寒谁与共?"引申为闲散、冷落。南唐李中《赠永真杜翱少府》:"爱静不嫌官况冷。"还引申为冷淡,对人不热情。宋黄庭坚《徐孺子祠堂》:"古人冷淡今人笑,湖水年年到旧痕。"假借为姓。《通志·氏族略四》:"冷氏,即泠氏,又有作上音者。"(冯华)

夂部　雨部

潷（滗）bì　帮纽、质部；帮纽、质韵、卑吉切。

潷¹—潷—滗
《说文》小篆　楷书　楷书

1《说文》240页。

形声字。从夂，畢声。本义为风寒。《说文》："潷，风寒也。"段玉裁注："《豳风·七月》：'一之日觱发。'传曰：'觱发，风寒也。'按觱发皆假借字，潷冹乃本字。"（冯华）

冹 fú　帮纽、物部；非纽、物韵、分勿切。

冹¹—冹
《说文》小篆　楷书

1《说文》240页。

形声字。从夂，犮声。《说文》："冹，一之日潷冹。"《玉篇·冫部》："冹，寒冰貌。"《广韵·月韵》："冹，寒冰。"（冯华）

溧 lì　来纽、质部；来纽、质韵、力质切。

溧¹—溧
《说文》小篆　楷书

1《说文》241页。

形声字。从夂，栗声。寒冷。《说文》："溧，寒也。"《辽史·后妃传·兴宗仁懿皇后萧氏》："尝梦重元曰：'臣骨在太子山北，不胜寒溧。'"（冯华）

雨部

雨　yǔ　匣纽、鱼部；云纽、麌韵、王矩切。
　　yù　匣纽、鱼部；云纽、遇韵、王遇切。

雨¹—雨—雨³—雨⁶—雨⁷
商　西周　《说文》古文　战国　战国

雨²—雨⁵—雨⁸—雨⁹—雨¹⁰—雨¹¹
商　战国　战国　《说文》小篆　汉　汉　楷书

1、2《甲文编》451页。3《金文编》750页。4、9《说文》241页。5、7、8《汉语字形表》440页。6《战文编》764页。10、11《甲金篆》808页。

象形字。古文字中雨的横画像天，竖画像雨滴。"雨"字甲骨文上边一横像天空；下边的小点像水滴。从天空中滴下的水滴便是雨。小篆"雨"字中，一像天，冂像云，⺀像水从天空云彩间滴落下来。本义是云层中降向地面的水滴。空气中的水蒸气上升到天空遇冷凝成云，再遇冷聚集成水点，降下来就是雨。《说文》："雨，水从云下也。"《诗·小雅·甫田》："以御田祖，以祈甘雨。"唐王维《渭城曲》："渭城朝雨浥轻尘，客舍青青柳色新。"由云层中降向地面的水滴引申为朋友，也可比喻离散。唐独孤及《海上寄萧立》："契阔阻风期，荏苒成雨别。"又可用来比喻恩泽，像雨一样润泽大地万物。《后汉书·张纯传》："恩德云行，惠泽雨施。"这些意义的"雨"读为 yǔ。文言文中用为动词，指降雨，读 yù。《诗·小雅·大田》："雨我公田，遂及我私。"又用来比喻像雨一样地降落。宋苏轼《喜雨亭记》："是岁之春，雨麦于岐山之阳。"雨是部首，常作形符，用雨作形符的字多与下雨或天空有关。如雪、零、霄等。（冯华）

靁（雷）léi　来纽、微部；来纽、灰韵、鲁回切。

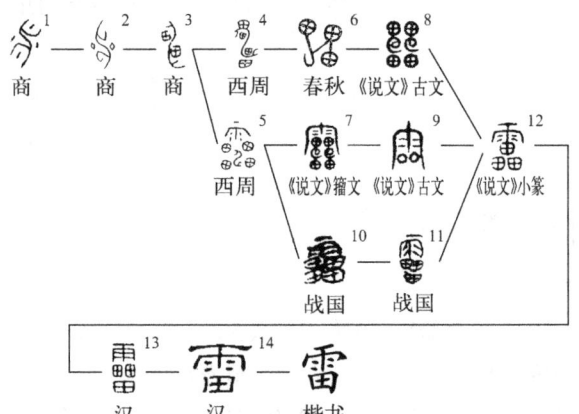

1、2、3《甲文编》453页。4、5《金文编》751页。6《汉语字形表》440页。7、8、9、12《说文》241页。10、11《战文编》765页。13《金石典》卷31，6页。14《隶辨》109页。

会意字。甲骨文㐂像闪电之形，中间的四个点先变为两个口，又变为两个田，表示闪电后发出的声响。金文闪电形变异，两个田变为四个田。西周晚期，金文"雷"字加形符"雨"，表示天下雨时发生的现象。小篆省略闪电形，又将四个田字简化为三个。隶书、楷书笔画化，把三个田字形简省为一个。本义是带异性电的两块云相接近时，因放电而放出的强大声音。《说文》："靁，阴阳薄动,雷雨生物者也。"《诗·小雅·采芑》:"戎车啴啴,啴啴焞焞,如霆如雷。"郑玄笺:"戎车既众盛,其声威如雷霆。"又引申为打雷。汉贾谊《旱云赋》:"云惟布而雷动兮,相击冲而破碎。"由打雷来比喻迅速。唐柳宗元《晋问》:"河渔之大,上迎涛波,罗壅津涯,千里雷驰,重马轻车。"又指一种爆炸性的武器。如:地雷;鱼雷。也简称"雷"。（冯华）

霣（霣） yǔn 匣纽、文部；云纽、轸韵、于敏切。

1、2《说文》241页。3《隶辨》390页。

形声字。从雨,員声。本义为雷雨。《说文》:"霣,雨也。"王筠句读:"阴阳缠固之时,得雷乃解散而成雨也。"又引申为雷。《说文》:"霣,齐人谓雷为霣。"假借为"陨"。坠落。《公羊传·庄公七年》:"夜中星霣如雨"（冯华）

霆 tíng 定纽、耕部；定纽、青韵、特丁切。

1《说文》241页。2《隶辨》266页。

形声字。从雨,廷声。本义为雷声所发的余声。《说文》:"霆,雷余声也铃铃,所以挺出万物。"引申为劈雷。《尔雅·释天》:"疾雷为霆霓。"郝懿行义疏:"霓是衍文。"又引申为闪电。《淮南子·兵略》:"疾雷不及塞耳,疾霆不暇掩目。"由雷、电义又引申为震动。《管子·七臣七主》:"天冬雷,地冬霆,草木夏落而秋荣。"（冯华）

電（电） diàn 定纽、真部；定纽、霰韵、堂练切。

1《金文编》751页。2《甲金篆》809页。3、4《说文》241页。5《隶辨》580页。

古文字"電"为会意字。从雨,从申。清徐灏《说文解字段注笺》:"申,電也。盖㐪象电光激射之形,变体作㐫,小篆又变为电。"清王筠《说文解字句读》:"知申是古電字,電则后起之分别文。"本义是闪电。《说文》:"電,阴阳激燿也。"汉王充《论衡·雷虚》:"盛夏之时,雷电迅疾。"引申为物质中存在的一种能,人们利用它来使电灯发光,机械转动等。由闪电引申为像闪电一样的光亮。明屠隆《彩毫记·湘娥访道》:"火轮电光卫清都。"由闪电又引申为迅速。《宋书·王镇恶传》:"神兵电临。""電"现简化为"电"。（冯华）

震 zhèn 章纽、文部；章纽、震韵、章刃切。

1、3《说文》241页。2《甲金篆》810页。
4《隶辨》556页。

籀文震从雨,从玄、从二爻、从鬲、从二火会意。从火者,雷出地时有火光,像鸟枪一样。从鬲者,阳烝阴迫好像鼎沸腾了一样。从爻者,霹雳所震物被其虐,离披散乱之状。火爻皆二,取其整齐繁缛。小篆震为形声字,从雨辰声。从雨表示雷雨,辰声同振声,含有振动之意。本义是雷击。《说文》:"震,劈历振物者。"段玉裁注:"劈历,疾雷之名。《释天》曰:'疾雷为霆。'《仓颉篇》曰:'霆,霹雳也。'然则古谓之霆,许谓之震。"《春秋·隐公九年》:"三月癸酉,大雨震电。"孔颖达疏:"何休云:'震,雷也。电,霆也。'"引申为震动。《国语·周语上》:"幽王二年,西周三川皆震,"从震动引申为情绪过分激动。如:震悚。（冯华）

雪（雪） xuě 心纽、月部；心纽、薛韵、相绝切。

1、2《汉语字形表》441页。3《说文》241页。4《甲金篆》810页。5、6《隶辨》701页。

形声字。古文字"雪"从雨,彗声,楷书省作"雪"。"雪"是从云中降落的白色结晶体,多为六角形,气温降到0℃以下时,由空气层中的水蒸气凝结而成。《广韵·薛韵》:"雪,凝雨也。"《诗·小雅·采薇》:"今我来思,雨雪霏霏。""雪"字在甲骨文中已出现,表示雪之引申义"下雪"。《合集》21023:"甲辰卜,雪。"雪又引申比喻白色的东西。唐李白《将进酒》:"君不见高堂明镜悲白发,朝如青丝暮成雪。"雪白色洁净,用作动词,演变为"昭雪",除去蒙受的耻辱。《吕氏春秋·不苟论》:"故(秦穆公)雪殽之耻,而西至河雍也。"（冯华）

霄 xiāo 心纽、宵部；心纽、宵韵、相邀切。

霄¹—霄
《说文》小篆　楷书

1《说文》241页。

形声字。从雨，肖声。本义为下小雪粒。《尔雅·释天》："雨䨘为霄雪。"郭璞注："水雪杂下者，谓之霄雪。"《说文》："雨䨘为霄。"宋王安石《和吴冲卿雪诗》："云连昼已瞀，风助霄仍淘。"又指云气。晋阮籍《东平赋》："凌惊飙，蹑浮霄。"也指天。晋陆机《挽歌》："广霄何寥廓。"假借为"宵"，夜。《吕氏春秋·明理》："有昼盲，有霄见。"高诱注："盲，冥也；霄，夜；见，明。"又假借为"消"。《墨子·经说上》："霄尽，荡也。"毕沅注："霄与消同。"（冯华）

霰 xiàn 心纽、元部；心纽、霰韵、苏甸切。

霰¹—霰²—霰³—霰
战国　《说文》小篆　汉　楷书

1《战文编》765页。2《说文》241页。3《隶辨》580页。

形声字。从雨，散声，小篆为散声。白色不透明球形或圆锥形的固体降水物。俗称雪珠。常于落雪前具有一定对流强度的云中降落，故其下降，多带阵性。《诗·小雅·頍弁》："如彼雨雪，先集维霰。"唐白居易《秦中吟·重赋》："夜深烟火灭，霰雪落纷纷。"（冯华）

雹 báo 並纽、觉部；並纽、觉韵、蒲角切。

雹¹—雹²—雹³—雹⁴—雹⁵—雹
商　战国　《说文》古文　《说文》小篆　汉　楷书

1《合集》14156。2《古文典》237页。3、4《说文》241页。5《隶辨》663页。

小篆为形声字。从雨，包声，本义为冰雹。《说文》："雹，雨冰也。从雨，包声。䨔，古文雹。"《左传·僖公二十九年》："秋，大雨雹，为灾也。"甲骨文"雹"字从雨、从ooo，像下雹子之形。卜辞记载的雹子和现代的情况差不多：1.和雨有关；2.可能造成灾祸，《合集》12628："丙午卜，韦贞，生十月雨，其佳ooo。"佳用作"唯"。雹是下雹子之义。"ooo"字到后来才变成从雨、包声的"雹"。（冯华）

霝 líng 来纽、耕部；来纽、青韵、郎丁切。

霝¹—霝²—霝³—霝⁴—霝⁵—霝⁶—霝⁷
商　商　西周　春秋　战国　《说文》小篆　汉　楷书

1、2《甲文编》453页。3《金文编》751页。4、7《甲金篆》810页。5《战文编》766页。6《说文》241页。

会意字。从雨，从ooo。从雨与下雨有关，ooo像雨点降落的样子。本义为降雨，也作"零"。《说文》："霝，雨零也。《诗》曰：'霝雨其濛。'"按：今本《诗·豳风·东山》作"零雨"。明赵㧑谦《太白酒楼赋》："涛霝波雪，嗷注吕梁。"又泛指坠落、失落。从降雨义引申为中空。"霝"又假借作"靈（灵）"，灵验。马王堆汉墓帛书《老子甲本·德经》："神得一以霝，浴（谷）得一以盈。"按：通行本《老子》第三十九章作"靈"。河上公注："言神一故能变化无形。""霝"又假借作"令(líng)"，善。《正字通·雨部》："霝，与令通。霝始霝终，即令始令终。"齐侯镈钟铭："霝命难老。""霝命"即"令命"也。（冯华）

零 luò 来纽、铎部；来纽、铎韵、卢各切。

零¹—零²—零³—零
商　战国　《说文》小篆　楷书

1《甲文编》454页。2《战文编》766页。3《说文》241页。

形声字。从雨，各声。本义为下雨。《说文》："零，雨零也。"清范寅《越谚·语言·占验》："九月十二零，晚稻燥嗷嗷；九月十二晴，晚稻澜田塍。"假借为"露"。郭店楚墓竹简《老子甲》："天地相合也，以逾甘零。"（冯华）

零 líng 来纽、真部；来纽、青韵、郎丁切。

零¹—零²—零³—零⁴—零
西周　《说文》小篆　汉　汉　楷书

1《金石典》卷30，66页。2《说文》241页。3《甲金篆》811页。4《隶辨》269页。

形声字。从雨，令声。从雨表示雨的类别。本义是徐徐而下的小雨。《说文》："零，徐雨也。"段玉裁注："谓徐徐而下之雨。"《诗·豳风·东山》："我来自东，零雨其濛。"由本义引申为(雨、霜、露等)降、落。由(雨、霜、露等)降落引申为落(涕、泪),如,感激涕零。由(雨、霜、露等)降落引申为凋落、凋零。《楚辞·远游》:"悼芳草之先零。"由凋零又引申为零碎,数目小的。宋周密《齐东野语》卷十五:"《推节气歌》括云:'中气与节气,但有半月隔。若要知仔细,两时零五刻。'"(冯华)

霖 lín　来纽、侵部;来纽、侵韵、力寻切。

𩁹¹—霖²—霖³—霖
商　《说文》小篆　汉　楷书

1《甲文编》454页。2《说文》241页。3《隶辨》303页。

形声字。从雨,林声。本义为久雨。《尔雅·释天》:"久雨谓之淫,淫谓之霖。"《说文》:"霖,雨三日已往。"《书·说命》:"若岁大旱,用汝作霖雨。"孔传:"霖,三日雨。"三国魏曹植《赠丁仪》:"朝云不归山,霖雨成川泽。"又比喻恩泽。唐杜甫《上韦相二十韵》:"霖雨思贤佐,丹青忆老臣。"(冯华)

霑(沾) zhān　端纽、侵部;知纽、盐韵、张廉切。

霑¹—霑²—霑—沾
《说文》小篆　汉　楷书　楷书

1《说文》241页。2《隶辨》316页。

形声字。从雨,沾声。同"沾"。本义为雨水浸润。《说文》:"霑,雨䨏也。"《诗·小雅·信南山》:"既霑既足,生我百谷。"孔颖达疏:"既已沾润,既已丰足。"由本义引申为浸湿、沾濡。由浸湿、沾濡引申为因接触而被东西附着上。(冯华)

霤 liù　来纽、幽部;来纽、宥韵、力救切。

霤¹—霤²—霤
《说文》小篆　汉　楷书

1《说文》241页。2《甲金篆》811页。

形声字。从雨,留声。本义为屋檐的流水。《说文》:"霤,屋水流也。"《玉篇·雨部》:"霤,雨屋水流下。"晋潘岳《悼亡诗三首》之一:"春风缘隟来,晨霤承檐滴。"从本义又引申为屋檐。《礼记·玉藻》:"颐霤,垂拱,视下而听上。"孔颖达疏:"颐霤者,霤,屋檐,身俯,故头临前,垂颐如屋霤。"从本义又引申为滴下的水。《汉书·枚乘传》:"泰山之霤穿石。"(冯华)

屚(漏) lòu　来纽、侯部;来纽、候韵、卢候切。

屚¹—屚²—屚³—屚—漏
战国　《说文》小篆　汉　楷书　楷书

1《古文典》381页。2《说文》241页。3《甲金篆》811页。

会意字。从雨在尸下。尸是屋的省写,意味屋上有孔,使雨水落在屋内。"漏"的古字。《说文》:"屚,屋穿水入。"段玉裁注:"今字作漏,漏行而屚废矣。"睡虎地秦墓竹简《效律》:"仓屚朽禾粟。"(冯华)

䨣 gé　滂纽、铎部;滂纽、铎韵、匹各切。

䨣¹—䨣²—䨣
商　《说文》小篆　楷书

1《甲金篆》811页。2《说文》242页。

会意字。从雨,从革。本义是雨沾湿皮革而隆起。《说文》:"䨣,雨濡革也。"段玉裁注:"雨濡革则虚起,今俗语若朴。"(冯华)

霁(霽) jì　精纽、脂部;精纽、霁韵、子计切。

霽¹—霽²—霽³—霽—霁
战国　《说文》小篆　汉　楷书　楷书

1《战文编》766页。2《说文》242页。3《金石典》卷31,6页。

形声字。从雨,齐声。本义是雨止。《说文》:"霽,雨止也。"《书·洪范》:"乃命卜筮,曰雨,曰霁。"由雨止引申为雨雪停,云雾散,天气放晴。唐李白《避地司空原言怀》:"雪霁万里月。"由天气放晴引申为怒气消除,气色转和。(冯华)

露 lù　来纽、铎部;来纽、暮韵、洛故切。

露¹—露²—露³—露
战国　《说文》小篆　汉　楷书

1《战文编》766页。2《说文》242页。3《隶辨》518页。

形声字。从雨,路声。本义为露水。《说文》:"露,润泽也。"《诗·秦风·蒹葭》:"蒹葭苍苍,白露为霜。"由露水引申为润泽。《汉书·晁错传》:"覆露万民。"露珠历历在目,不像霜与雾那样看不清,故露引申为显露,这个意义也读 lòu。如露马脚。《礼记·孔子闲居》："风霆流行,庶物露生。""露"字从雨,路声。露水是空气中的水蒸气遇冷时变成水滴附着在固体上,古人以为天降似雨,故从雨。(冯华)

霜 shuāng 心纽、阳部；生纽、阳韵、色庄切。

1、3《甲金篆》812页。2《说文》242页。4《隶辨》234页。

形声字。从雨,相声。本义为靠近地面的空气在温度降到0℃以下时,所含水汽的一部分附着在地面上或靠近地面的物体上,凝结成的白色结晶体。《春秋·定公元年》："冬十月,陨霜杀菽。"取霜的颜色特征,引申为白色。南朝梁范云《送别》："不愁书难寄,但恐鬓将霜。"又用来比喻高洁。晋陆机《文赋》："心懔懔以怀霜,志眇眇而临云。"霜又假借为"孀"。《金石萃编·大唐故雁门郡解府君墓志铭》："霜妻李氏,偕老愿违。"(冯华)

霿(雾) wù 明纽、侯部；微纽、遇韵、亡遇切。

1《合集》672。2、3《说文》242页。4《隶辨》514页。

形声字。小篆从雨,敄声。古"雾"字。《说文》："霿,地气发,天不应。"本义为雾气。《礼记·月令·仲冬之月》："仲冬行夏令,则其国乃旱,氛雾冥冥,雷乃发声。"由雾气引申为像雾的东西,如喷雾器。甲骨文"霿",郭沫若、于省吾等释为"雾"(《甲骨文字诂林》1696页)。现代文字简化为"雾"。(冯华)

霾 mái 明纽、之部；明纽、皆韵、莫皆切。

1、2《甲文编》454页。3《说文》242页。

形声字。从雨,貍声。本义为空气中因悬浮着大量的烟、尘等微粒而形成的混浊现象。《说文》："霾,风雨土也。"《尔雅·释天》："风而雨土为霾。"邢昺疏引孙炎曰："大风扬尘土从上下也。"《诗·邶风·终风》："终风且霾,惠然肯来。"毛传："霾,雨土也。"引申为遮掩、隐没。假借为"埋"。《楚辞·九歌·国殇》："霾两轮兮絷四马,援玉枹兮击鸣鼓。"洪兴祖补注："霾,读若埋。"(冯华)

霓 ní 疑纽、支部；疑纽、齐韵、五稽切。

1《说文》242页。

形声字。从雨,兒声。大气中有时与虹同时出现的一种光的现象,彩带排列的顺序与虹相反,红色在内,紫色在外,颜色较淡,也叫副虹。《说文》："霓,屈虹,青赤,或白色,阴气也。"统而言之,霓亦即虹。唐李白《古风》之二十四："鼻息干虹霓,行人皆怵惕。"在真空管内充入氖等惰性气体,通电后可发出各种颜色的光,叫霓虹灯,多用作广告灯或信号灯。(冯华)

雩 yú 匣纽、鱼部；云纽、虞韵、羽俱切。

1《甲文编》455页。2《金文编》753页。3《古文典》458页。4《说文》242页。5《隶辨》81页。

形声字。从雨,于(亏)声。本义为古代求雨的祭祀。或祭天,或祭山川。《说文》："雩,夏祭乐于赤帝,以祈甘雨也。"《左传·桓公五年》："秋,大雩,书不时也。凡祀,启蛰而郊,龙见而雩。"又为春秋时地名,属宋国,在今河南省东南睢县境。《穀梁传·僖公二十一年》："秋,宋公、楚子、陈侯、郑伯、许男、曹伯会于雩。"范宁注："雩,宋地。"(冯华)

需 xū 心纽、侯部；心纽、虞韵、相俞切。

1、2《汉语字形表》442页。3《古文典》390页。4《说文》242页。5《隶辨》83页。

会意字。甲骨文像人淋雨的样子。金文上加雨,使含义更明确。篆文人形讹为而,从雨从而(依段注本)。需是"濡"的本字。本义是濡湿。《说文》："需,䇓也,遇雨不进止䇓也。"本义为等待。《易·需》："云上于天,需,君子以饮食宴乐。"由等待而引申为迟疑不决。《左传·哀公十四年》："子行抽剑曰：'需，事之贼也。'"杜预注："言需疑则害事。"等待，必有所求，引申为需要、需求。北齐刘昼《新论·荐贤》："国之需贤，譬车之恃轮，犹舟之倚楫也。"也指需要的东西。《宋史·高定子传》："公家百需皆仰渑井盐利。"（冯华）

霞 xiá 匣纽、鱼部；匣韵、麻韵、胡加切。

霞¹—霞
《说文》新附　楷书

1《说文》242页。

形声字。从雨，叚声。本义是日出、日落前后天空及云层上因日光斜照而出现的彩色光象或彩色的云。《说文》："霞，赤云气也。"谓之霞。《楚辞·远游》："餐六气而饮沆瀣兮，漱正阳而含朝霞。"唐王勃《滕王阁序》："落霞与孤鹜齐飞，秋水共长天一色。"用霞来比喻如彩霞般艳丽。如：霞帔；霞绶。（冯华）

霏 fēi 滂纽、微部；敷纽、微韵、芳非切。

霏¹—霏²—霏
《说文》新附　汉　楷体

1《说文》242页。2《甲金篆》812页。

形声字。从雨，非声。《说文》："霏，雨雲皃。"霏霏，雨、雪很盛的样子。《诗·小雅·采薇》："昔我往矣，杨柳依依。今我来思，雨雪霏霏。"宋范仲淹《岳阳楼记》："若夫淫雨霏霏，连月不开。"引申为云气、雾气很盛的样子。《楚辞·九章·涉江》："霰雪纷其无垠兮，云霏霏而承宇。"由云气、雾气很盛的样子引申为纷乱的样子。汉王粲《羽猎赋》："鹰犬竞逐，弈弈霏霏。"（冯华）

霎 shà 心纽、葉部；生纽、洽韵、山洽切。

霎¹—霎
《说文》新附　楷书

1《说文》242页。

形声字。从雨，妾声。本义为小雨。《说文》："霎，小雨也。"引申为雨声。又连用，多指风雨声。唐韩偓《夏夜》："霎霎高林簇雨声。"从小雨又引申为指时间短，一阵，一会儿。唐孟郊《春雨后》："昨夜一霎雨，天意苏群物。"（冯华）

靄(霭) ǎi 影纽、月部；影纽、泰韵、於盖切。

靄¹—靄²—靄—霭
《说文》新附　汉　楷书　楷书

1《说文》242页。2《隶辨》541页。

形声字。从雨，藹省声。本义为云雾貌、云雨状。《说文》："靄，雲皃。"《玉篇·雨部》："靄，云状。"《文选·陆机〈挽歌诗三首〉之三》："倾云结流靄。"李善注引《文字集略》："靄，云雨状也。"又指云雾气。如烟霭、暮霭。又"霭霭"，指云雾蒸腾的样子。晋陶潜《停云》："霭霭停云，蒙蒙时雨。"（冯华）

雲 部

雲(云) yún 匣纽、文部；云纽、文韵、王分切。

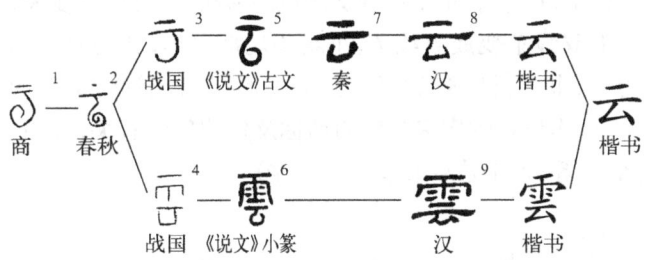
商　战国　春秋　《说文》古文　秦　汉　楷书
战国　《说文》小篆　汉　楷书　云 楷书

1《甲文编》456页。2《类编》483页。3《古文典》1313页。4《先秦货币》卷11，154页。5、6《说文》242页。7《战文编》767页。8《甲金篆》813页。9《隶辨》137页。

象形字。甲骨字、金文像云朵形。后加形符"雨"作"雲"，从雨从云，云兼表声音。现简化为"云"。本义是云彩。悬浮在空中由大量水滴、冰晶或兼由两者组成可见的聚合体，主要由水汽在空中冷却凝结所致。《说文》："雲，山川气也。""云"在甲骨文中已出现。于省吾《甲骨文字诂林》1144页："甲骨文云字作于、𠄏、古、𠄏、𠄏等形。……云为雲之初文，加雨为形符，乃后起字。甲骨文称：'今兹云雨'（前六·四三·四）'兹云其雨。'（乙四六〇〇）是均以云为雲之证。"《诗·小雅·白桦》："英英白云，露彼菅茅。"用云比喻多。汉贾谊《过秦论》："天下云集响应。"古文中"云"假借作"曰"。《论语·子罕》："诗云：'战战兢兢，如临深渊，如履薄冰。'"又假借为"如"，作"如此"讲。《左传·襄公二十八年》："子之言云，又焉用盟。"当云字被假借为他义后，又加形符"雨"，造形声字"雲"。云与雲各有分工，云只用作假借义；雲用作本

义。云与雲是古今字。在楷书中，"雲"又简化为"云"。（冯华）

魚 部

魚（鱼） yú 疑纽、鱼部；疑纽、鱼韵、语居切。

商—西周—春秋—战国—《说文》小篆—汉—楷书—楷书

1《甲文编》457页。2《金文编》745页。3《甲金篆》816页。4《战文编》769页。5《说文》242页。6《隶辨》72页。

象形字。古文字像鱼之形。鱼为水生脊椎动物。用鳃呼吸，身有鳞鳍，卵生。《说文》："魚，水虫也。"《诗·大雅·旱麓》："鸢飞戾天，鱼跃于渊。"又假借为"吾"。《列子·黄帝》："姬！鱼语女。"张湛注："鱼，当作吾。""鱼"在甲骨文中已出现，假为捕鱼之"渔"。《合集》10488："贞：王鱼（渔）。"鱼字甲骨文像鱼的形状。金文鱼鳍变大，尾由双线条变成单线条。小篆头尾都失形，身与鳍合二为一。隶书、楷书笔画化，完全失形。鱼是部首，常作形符，鱼作形符的字多与鱼的名称及鱼的部位有关，如鲸、鳍、鲜等。鱼字是草书楷化。（冯华）

鱒（鳟） zūn 从纽、文部；从纽、恩韵、徂闷切。

旧读zùn

《说文》小篆—楷书—楷书

1《说文》242页。

形声字。从鱼，尊声。赤眼鳟。又名红眼鱼。鱼纲鲤科。体延长，前部圆筒形，后部侧扁，银灰色，眼上缘红色。每鳞片后具一小黑斑，尾鳍叉形。为生活于淡水中的常见食用鱼类，可供养殖。《尔雅·释鱼》："鮅，鳟。"郭璞注："似鯶子，赤眼。"《诗·豳风·九罭》："九罭之鱼，鳟鲂。"朱熹注："鳟似鯶而鳞细，眼赤。"汉张衡《七辩》："鞏洛之鳟，割以为鲜。"（冯华）

鮪（鲔） wěi 匣纽、之部；云纽、旨韵、荣美切。

《说文》小篆—汉—楷书—楷书

1《说文》243页。2《隶辨》344页。

形声字。从鱼，有声。《说文》："鮪，鮥也。"《周礼》：'春献王鲔。'"鱼名，广东俗称白卜。生活于大洋的中上层。体呈纺锤形，蓝黑色，背侧有若干条黑色斜带。分布于温带及热带海洋中，我国产于南海和东海。古书上指鲟鱼。《尔雅·释鱼》："鮥，鮛鲔。"唐杜甫《又观打鱼》："日暮蛟龙致窟穴，山根鳣鲔随风雷。"（冯华）

鯀（鲧） gǔn 见纽、文部；见纽、混韵、古本切。

西周—战国—《说文》小篆—楷书—楷书

1《金文编》756页。2《郭店》161页。3《说文》243页。

形声字。从鱼，系声。《说文》："鯀，鱼也。"段玉裁注："此未详何鱼也。"又指禹的父亲，相传因治水无功，被舜在羽山处死。《左传·文公十八年》："殛鯀于羽山。"（冯华）

鰥（鳏） guān 见纽、文部；见纽、山韵、古顽切。

西周—《说文》小篆—汉—楷书—楷书

1《金文编》756页。2《说文》243页。3《隶辨》169页。

形声字。从鱼，眔声。本义为一种大鱼。《说文》："鰥，鱼也。"《诗·齐风·敝笱》："敝笱在梁，其鱼鲂鰥。"假借指无妻的男子。《书·尧典》："有鰥在下曰虞舜。"孔传："无妻曰鰥。"孔颖达疏："《王制》云：老而无妻曰鰥，舜于时年未三十谓之鰥者。……鰥者无妻之名，不拘老少。"（冯华）

鯉（鲤） lǐ 来纽、之部；来纽、止韵、良士切。

战国—《说文》小篆—汉—楷书—楷书

1《古文典》84页。2《说文》243页。3《隶辨》351页。

形声字。从鱼，里声。鲤是鱼名。《诗·陈风·衡门》："岂其食鱼，必河之鲤。""鲤鱼""鲤素"在古代诗文中指代书信。《乐府诗集·古辞·饮马长城窟行》："客从远方来，遗我双鲤鱼。呼儿烹鲤鱼，中有尺素书。""双鲤鱼"，一说指藏信的函，上下两块木板，刻成鲤鱼形。书信夹在里面。一说将写书信的绢结成鱼形。或认为鱼象征书信,是古代民间习用的手法。"鲤庭"讲孔子之子孔鲤在庭中接受父训的事,见《论语·季氏》。后称子承父训为"鲤庭""鲤对"。(冯华)

鱣(鳣) zhān 端纽、元部；知纽、仙韵、张连切。

1、2《说文》243页。

形声字。从鱼,亶声。鳣是鲟鳇鱼的古称。《尔雅·释鱼》："鳣。"郭璞注："鳣,大鱼,似鳝而短鼻,口在颔下,体有邪行甲,无鳞,肉黄。大者长二三丈。今江东呼为黄鱼。"《诗·周颂·潜》："有鳣有鲔,鲦鲿鰋鲤。"陆玑疏："鳣,身形似龙,锐头,口在颔下,背上腹下皆有甲,纵广四五尺……大者千余斤。"(冯华)

鯾(鳊) biān 帮纽、元部；帮纽、仙韵、卑连切。

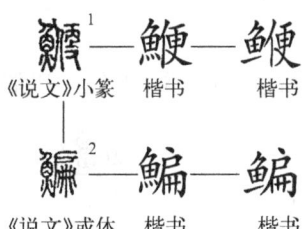

1、2《说文》243页。

形声字。从鱼,便声。鯾是鱼名。《说文》："鯾,鱼名。鰏,鯾又从扁。"同"鳊",鲂鱼。《山海经·海内北经》："大鯾居海中。"郭璞注："鯾,即鲂鱼也。"(冯华)

鰱(鲢) lián 来纽、元部；来纽、仙韵、力延切。

1《说文》243页。

形声字。从鱼,连声。鲢鱼,可食用,是我国重要的淡水鱼类之一。《说文》："鰱,鱼名。"也叫鲢(xù)。《广雅·释鱼》："鰱,鲢也。"(冯华)

鰻(鳗) mán 明纽、元部；明纽、桓韵、母官切。

1《说文》243页。

形声字。从鱼,曼声。"鳗鲡"的简称。又名"白鳝"。《说文》："鳗,鱼名。"明冯梦龙《古今谭概·谲知部·月儿高》："东海走却大鳗鱼,何处寻得？"(冯华)

鯢(鲵) ní 疑纽、支部；疑纽、齐韵、五稽切。

1《战文编》770页。2《说文》243页。3《甲金篆》815页。

形声字。从鱼,兒声。两栖类动物。亦称"山椒鱼"或"娃娃鱼"。《本草纲目·鳞部四》引陈藏器曰："鲵,生山溪中,似鲇有四足,长尾,能上树……声如小儿啼。"鲵又引申为小鱼。宋玉《对楚王问》："夫尺泽之鲵,岂能与之量江海之大哉！"(冯华)

鯇(鲩) huàn 匣纽、元部；匣纽、潸韵、户板切。

1《说文》243页。

形声字。从鱼,完声。鲩鱼即草鱼。身体微绿色,属淡水鱼,是我国特产的重要鱼类之一。唐刘恂《岭表录异》："买鲩鱼子散于田内,一二年后,鱼儿长大,食草根并尽。"(冯华)

鮎(鲇) nián 泥纽、侵部；泥纽、添韵、奴兼切。

1《说文》244页。

形声字。从鱼,占声。鱼名,皮有黏质,没有鳞,可供食用。《尔雅·释鱼》："鰋,鲇。"鰋即鲇鱼,又名鳀。《诗·小雅·鱼丽》："鱼丽于罶,鰋鲤。"《楚辞·九思·哀岁》："鳣鲇兮延延。"(冯华)

鱖(鳜) guì 见纽、月部；见纽、祭韵、居卫切。

1《说文》244页。

形声字。从鱼,厥声。本义为鱼名。又名桂鱼、鳟花

鱼,肉味鲜美,生活在淡水中。唐张志和《渔父歌》:"西塞山前白鹭飞,桃花流水鳜鱼肥。"(冯华)

鱓(鳝) shàn 禅纽、元部;禅纽、狝韵、常演切。

鱓¹—鱓—鳝
《说文》小篆　楷书　楷书

1《说文》244页。

形声字。从魚,單声。同"鳝"。通常指黄鳝。形状像蛇,身体黄褐色,有黑斑。栖息于池塘、小河等处,常潜伏泥洞或石缝中,是我国普通的淡水食用鱼类。《集韵·狝韵》:"鳝,鱼名。"字本作鱓。《说文》:"鱓,鱼名。"段玉裁注:"今人所食之黄鳝也。"《淮南子·览冥》:"蛇鱓著泥百仞之中。"(冯华)

鮮(鲜) xiān 心纽、元部;心纽、仙韵、相然切。
xiǎn 心纽、元部;心纽、狝韵、息浅切。

¹—鮮²—鮮³—鮮⁴—鮮—鲜
西周　战国　《说文》小篆　汉　楷书　楷书

1《金文编》756页。2《古文典》1050页。
3《说文》244页。4《隶辨》178页。

形声字。从魚,羴省声。《说文》:"鲜,鱼名。"谓活鱼,鲜鱼。《老子》第六十章:"治大国若烹小鲜。"又指新杀的鱼鳖鸟兽。《左传·襄公三十年》:"唯君用鲜,众给而已。"活物新杀则味美。明宋濂《送东阳马生序》:"无鲜肥之滋味之享。"新杀则不腐,引申为新鲜、鲜明。《汉书·广川惠王越传》:"衣服常鲜于我。"新鲜的意义《说文》作"鱻"。《说文》:"鱻,新鱼精也。"段玉裁注:"谓以新鱼为肴也……引申为凡物新者之称……凡鲜明、鲜新字皆当作鱻。"以上各意义均读为xiān。少的意义《说文》作"尟"(xiǎn)。《说文·是部》:"尟,是少也……从是、少。"又借"鲜"表示。《左传·定公十三年》:"富而不骄者鲜。"(冯华)

鰅(鰅) yú 疑纽、侯部;疑纽、虞韵、遇俱切。

鰅¹—鰅—鰅
《说文》小篆　楷书　楷书

1《说文》244页。

形声字。从魚,禺声。斑鱼。《说文》:"鰅,鱼名。皮有文。"《广雅·释鱼》:"鰞,鰅也。"王念孙疏证:"又谓之班鱼。"《史记·司马相如列传》:"鰅鳙鰬魠,禺禺鱋鲋。"(冯华)

鰂(鲗) zéi 从纽、职部;从纽、德韵、昨则切。
旧读 zé

鰂¹—鰂—鲗
《说文》小篆　楷书　楷书

鯽²
《说文》或体

1、2《说文》244页。

形声字。从魚,则声。《说文》:"鰂,乌鰂,鱼名。鯽,鰂或从即。"乌鰂,即乌贼,又名墨鱼。软体动物,体成袋形,背腹略扁平,内有墨囊,遇敌则放出墨汁而逃。肉味鲜美,我国沿海盛产。清邱迥《乌鰂行》:"乌鰂吐沫如玄云,妄冀屏蔽藏其身。"(冯华)

鱷 jīng 群纽、阳部;群纽、庚韵、渠京切。

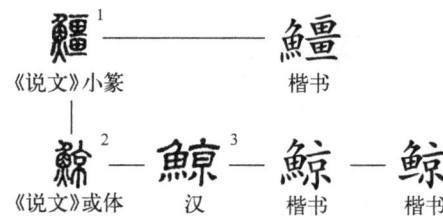

鱷¹————鱷
《说文》小篆　　　楷书

鯨²—鯨³—鲸—鲸
《说文》或体　汉　楷书　楷书

1、2《说文》244页。3《隶辨》253页。

形声字。从魚,畺声。《说文》:"鱷,海大鱼也。从魚,畺声。鯨,鱷或从京。"京兼表义,表示大。同"鲸"。海里的一种哺乳类动物,体形巨大,像鱼,俗称鲸鱼。肉可食用,脂肪可做油。《汉书·翟方进传》:"盖闻古者伐不敬,取其鱷鲵筑武军。"(冯华)

鯁(鲠) gěng 见纽、阳部;见纽、梗韵、古杏切。

鯁¹—鯁²—鯁³—鯁—鲠
春秋　《说文》小篆　汉　楷书　楷书

1《汉语字形表》444页。2《说文》244页。3《隶辨》443页。

形声字。从魚,更声。《说文》:"鯁,鱼骨也。"本义为鱼骨、鱼刺。唐杜牧《感怀》:"茹鲠喉尚隘,负重力未壮。"又指鱼刺卡在喉咙里。《汉书·贾山传》:"祝饐在前,祝鲠在后。"以骨刺喻正直。《后汉书·任隗传》:"鲠言直议,无所回隐。"假借为"哽"。哽咽。《后汉书·何皇后纪》:"扶弘农王下殿,北面称臣。太后鲠涕,群臣含悲,莫敢言。"(冯华)

鳞(鳞) lín　来纽、真部;来纽、真韵、力珍切。

鳞¹—鳞²—鳞—鳞
《说文》小篆　汉　楷书　楷书

1《说文》244页。2《隶辨》125页。

形声字。从魚,粦声。《说文》:"鳞,鱼甲也。"本义指鱼鳞,泛指动物身上的鳞片。宋玉《高唐赋》:"振鳞奋翼。"引申泛指有鳞甲的动物。《礼记·月令》:"(孟春之月)其虫鳞。"郑玄注:"鳞,龙蛇之属。"(冯华)

鮏(鲜) xīng　心纽、耕部;心纽、青韵、桑经切。

鮏¹—鮏—鮏
《说文》小篆　楷书　楷书

1《说文》244页。

形声字。从魚,生声。本义是鱼腥气。《说文》:"鮏,鱼臭也。"段玉裁注:"与《肉部》胜义别,字俗作鯹。"宋赵叔向《肯綮录·俚俗字义》:"铁臭曰铏,鱼臭曰鮏。"按今作"腥"。(冯华)

鲍(鲍) bào　并纽、幽部;并纽、巧韵、薄巧切。

鲍¹—鲍²—鲍³—鲍—鲍
《说文》小篆　汉　汉　楷书　楷书

1《说文》244页。2《汉印徵》卷11,18页。3《隶辨》417页。

形声字。从魚,包声。蚌类动物,古称鳆或石决明,谷称鲍鱼。自古以来视为海味珍品。又指盐渍的鱼,即咸鱼。《释名·释饮食》:"鲍鱼,鲍,腐也,埋藏淹使腐臭也。"《玉篇·鱼部》:"鲍,渍鱼也。"《孔子家语·六出》:"与不善人居,如入鲍鱼之肆,久而不闻其臭,亦与之化矣。"(冯华)

鲅(鲅) bō　帮纽、月部;帮纽、末韵、北末切。
bà

鲅¹—鲅—鲅
《说文》小篆　楷书　楷书

1《说文》245页。

形声字。从魚,犮声。鲅鲅,鱼掉尾而游貌。《说文》:"鲅,鳣鲔鲅鲅。"朱骏声通训定声:"尾掉儿。《韩诗·硕人》:'鳣鲔鲅鲅。'毛本作'发发',《吕氏春秋·季春》注作'泼泼'。按皆重言形况字,不必有正字也。字亦作鲅。"《集韵·末韵》:"鲅,鱼游儿。或省。亦作鲅。"又读bà,鲅鱼,也称鳍鱼,即马鲛鱼。(冯华)

鱻 部

鱻 yú　疑纽、鱼韵、语居切。

鱻¹—鱻
《说文》小篆　楷书

1《说文》245页。

会意字。本义为二鱼。《说文》:"鱻,二鱼也。"段玉裁注:"此即形为义,故不言从二鱼。二鱼重而不并,《易》所谓'贯鱼'也,鱼行必相随也。"(冯华)

澐(渔) yú　疑纽、鱼部;疑纽、鱼韵、语居切。

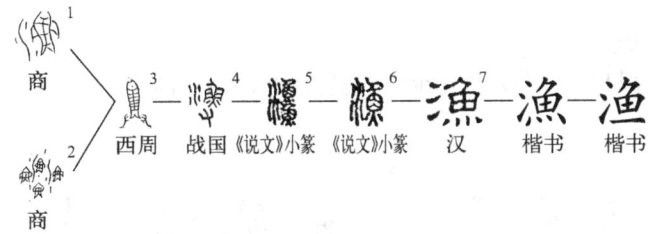
商　西周　战国《说文》小篆《说文》小篆　汉　楷书　楷书

1、2《甲文编》475页。3《金文编》758页。4《类编》215页。5、6《说文》245页。7《隶辨》72页。

会意字。从鱻,从水。同"渔"。《说文》:"澐,捕鱼也。从鱻,从水。渔,篆文澐从鱼。"本义为捕鱼。《吕氏春秋·孝行览·义赏》:"竭泽而渔,岂不获得,而明年无鱼。"引申指谋取不应得的东西。《汉书·景帝纪》:"渔夺百姓,侵牟万民。""渔"字在甲骨文中已出现,卜辞铭文中有的作人名,如《合集》196:"子渔有比。"有的作捕鱼之渔,如《合集》10475:"王渔十月。"(冯华)

燕 部

燕 yàn 影纽、元部；影纽、霰韵、於甸切。
　　 yān 影纽、元部；影纽、先韵、乌前切。

𠀬—𠀬—蔾—燕—燕—燕
商　商　《说文》小篆　汉　汉　楷书

1、2《甲骨文字典》1258页。3《说文》245页。4、5《篆隶表》833页。

象形字。像小燕子。甲骨文"燕"字像口衔物，张翼歧尾的燕子形。小篆匀整，复杂化，不仅口、翼、尾的线条对称起来，又多了表示背脊的"口"形。燕口类化为"廿"，燕翅讹为"北"，燕尾讹为"火"。隶书、楷书笔画化，形体又变。尾部讹为"灬"，失去原形。本义是燕子。燕是鸟名，又称玄鸟。《尔雅·释鸟》："燕燕，鳦。"郭璞注："一名玄鸟，齐人呼鳦。"邢昺疏："此燕燕即今之燕，古人重言之。以其玄色，故谓之玄鸟。"玄鸟即赤黑色的鸟。《诗·邶风·燕燕》："燕燕于飞，差池其羽。"（燕子双双飞，翅膀参差不齐）读 yān 时指下面的意义。古代燕国在河北北部，字原作"匽"、"郾"，后作"燕"。燕为姬姓，开国国君是召公奭。旧时河北省又称"燕"。（胡伟　郭敏珊）

龍 部

龍（龙）lóng 来纽、东部；来纽、钟韵、力钟切。

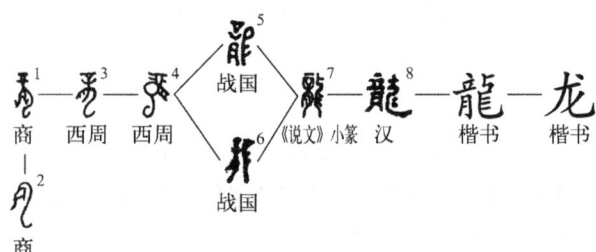

1、2《甲文编》217页。3、4《金文编》759页。5、6《类编》217页。7《说文》245页。8《篆隶表》833页。

象形字。甲骨文和金文龙字像大口长身的一种怪兽。甲骨文中"𠂆"与甲骨文凤的首略同，"𠃊"像巨大长身的形状，"𠃍"是吻，"乚"是身。龙为先民想象中的神物，乃综合数种动物的形状，并以想象增饰而成。金文中张口演变为似肉形，战国文张口已讹变为肉形，蜷体与张口脱离。《说文》小篆中，左旁是龙口与头角讹变，右旁原为龙身翻转上腾的样子。隋代以后的俗字把"龍"写作"龙"，据原字右边偏旁改造而成。三撇也可写作两撇。《简化字总表》进一步省为一撇，简作龙。甲骨卜辞中可用作人名。《合集》10558："呼龙田于……"（呼：命令；田：田猎）甲骨文中龙还可用作地名、方国名、神祇名、宠佑之宠等。古代把龙看成一种威力巨大的神异之物，身长，有鳞爪，能兴云降雨。《礼记·礼运》："麟、凤、龙、龟，谓之四灵。"后来，龙成为皇帝的象征。《史记·项羽本纪》："吾令人望其气，皆为龙虎，成五彩，此天子气也。"由此指代与皇帝有关的一些事物，如龙床、龙舆、龙衮（帝王朝服）、龙飞（皇帝兴起或继位）。还比喻非凡的人物。如：人中之龙。古生物学指古代一些巨大的爬行动物。如：恐龙。现代还可指长形像龙的。如：火龙、车水马龙。（胡伟　郭敏珊）

龕（龛）kān 溪纽、侵部；溪纽、覃韵、口含切。

龕¹　龕³—龕—龛
西周　《说文》小篆　楷书　楷书
龕²
西周

1、2《金文编》759页。3《说文》245页。

形声字。从龍，合声。段玉裁据《九经字样》认为"合"声是"今"声之讹。于省吾《古文杂释》："段说是也。龛字《玉篇》及戴侗引唐本《说文》并从'今'声。"裘锡圭《文字学概要》认为龛字本来是从龙、今声。《说文》："龕，龙貌。"本义是龙的样子。常用义为供奉神像、神位的小阁子。唐杜甫《山寺》："野寺根石壁，诸龛遍崔嵬。"又指佛塔，特指贮存僧人遗体的塔或地下室。《广韵·覃韵》："龛，塔也，又云塔下室。"五代贯休《送人归夏口》："傥经三祖寺，一为礼龛坟。"又指僧棺。明冯梦龙《警世通言·白娘子永镇雷峰塔》："（许宣）修行数年，一夕坐化去了。众僧买龛烧化，造一座骨塔，千年不朽。"胡士莹注："（龛），和尚的棺材。即火化时所用的木龛。"又为容纳、盛受之义。《方言》卷六："龛，受也。……扬越曰龛，受，盛也。犹秦晋言容盛也。"据简化偏旁类推，"龕"简化为"龛"。（胡伟　郭敏珊）

龑

龑 jiān 见纽、元部；见纽、先韵、古贤切。

商 《说文》小篆 楷书

1《甲文编》459页。2《说文》245页。

形声字。从龙，开(jiān)声。指龙背上的鬐。《说文》："龑，龙者脊上龑龑也。"段玉裁注："者者，老也。老则脊隆，故凡脊曰者。或作鬐，因马鬣(liè，马颈上的长毛)为此字也。龙，鱼之脊上出者如马鬣然。浑言之，者则脊；析言者在脊上。"通常指龙的鬐鬣在背脊上很刚硬。《集韵》："龑，龙背坚骨。"篆文中的"龑"到了楷书里出现了三种写法，即"龑"、"龐"、"龒"。三者是同出于一个篆体而字形稍有差别的一组异体字。新中国成立以后整理汉字时它们都被作为异体并入"龑"。

（胡伟　郭敏珊）

飛 部

飛（飞） fēi 帮纽、微部；非纽、微韵、甫微切。

战国 《说文》小篆 汉 楷书 楷书

1《战文编》773页。2《说文》245页。3《篆隶表》833页。

象形字。像鸟儿扇动翅膀飞翔的样子。《说文》小篆"飞"字下面像展开的双翼，上面像鸟首。展开双翼是为了飞翔。《简化字总表》把它简作"飞"。《说文》："飛，鸟翥也。"（翥：读zhù，鸟向上飞）段玉裁注："象舒颈展翅之状。"本义是鸟在空中拍翅的动作。《诗·邶风·燕燕》："燕燕于飞，差池其羽。"（燕子双双飞，翅膀参差不齐）进而可指其他动物的飞翔。《易·乾》："飞龙在天。"引申为凡物在天空飘荡。如：飞雪、飞絮、飞沙走石。汉刘邦《大风歌》："大风起兮云飞扬。"由飞行引申为快速、急促。《汉书·天文志》："彗孛飞流，日月薄食。"(孛：星光四射)由快速引申为意外的、突然的。《后汉书·周荣传》："若卒遇飞祸，无得殡敛。"（卒：猝）"飞"又有无根据的，无缘无故的意思。《鹖冠子·武灵王》："寡人闻飞语流传。"这个意义后来假借作"蜚"。如：流言蜚语。从鸟向上飞翔引申出人的声音上扬。南朝梁刘勰《文心雕龙·声律》："凡声有飞沉……飞则声飚不还。"（飚：飞扬）飞后来也指一种书法用语，即"飞白"。

（胡伟　郭敏珊）

龏（翼） yì 喻纽、职部；以纽、职韵、与职切。

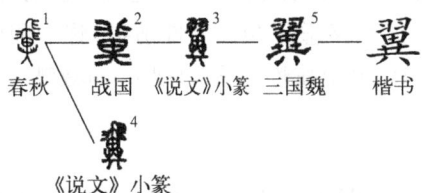

春秋　战国　《说文》小篆　三国魏　楷书

《说文》小篆

1《金文编》60页。2《汉语字形表》446页。3、4《说文》245页。5《篆隶表》834页。

形声字。《说文》字形有二：一为从飞，異声；一为从羽，異声。一以鸟的器官表义，一以器官功能表义。本义指鸟的翅膀。《易·明夷》："明夷于飞，垂其翼。"由本义引申为两侧，指战阵两侧或左右两军。《战国策·赵策一》："知伯军救水而乱。韩魏翼而击之。"由本义又引申出从旁进行蔽护或辅佐的意思。《诗·大雅·生民》："诞置之寒冰，鸟覆翼之。"由在两侧之义，又引申出"恭敬"义。《诗·小雅·六月》："有严有翼，共武之服。"毛传："翼，敬也。"因船有两翼，故"翼"又有"船"义。《文选·张协〈七命〉》："尔及浮三翼，戏中汜。"翼又是二十八星宿之一。《正字通·羽部》："翼南方宿名。"《礼记·月令》："孟秋之月，日在翼。"翼也是春秋时晋国的古都，在今山西省翼城县东南。《国语·周语下》："晋侯弑，于翼东门葬，以车一乘。"韦昭注："翼，晋别都也。"翼是龏的篆文，从羽。后龏废止，而翼得以保留。

（胡伟　郭敏珊）

非 部

非 fēi 帮纽、微部；非纽、微韵、甫微切。

商　西周　《说文》小篆　汉　楷书

1、2《汉语字形表》446页。3《说文》245页。4《篆隶表》835页。

会意字。小篆字形讹变，对称的上下笔由横变曲。隶书笔画化，略同金文，楷书对称的竖笔下边出头。《说文》："非，违也。"本义是表示相违背。《论语·颜渊》："非礼勿视，非礼勿听，非礼勿言，非礼勿动。"与正确相反就是错误，引申为错误的，与"是"相对。《荀子·修身》："是是非非谓之知，非是是非谓之愚。"（肯定正确的，否定错误的，这是聪明；否定正确的，肯定错误的，这是愚蠢）"非"又由

"错误的、不对的"引申为反对、责难,作动词用。《穀梁传·宣公十五年》:"私田稼不善则非吏,公田稼不善则非民。"由动词的意义可以虚化为否定副词。如:非同小可、非亲即友。近代又虚化为否定性前缀,整个词语是名词性的:非金属、非对抗性矛盾。(胡伟 郭敏珊)

靡

mǐ 明纽、歌部;明纽、纸韵、文彼切。
mí 明纽、歌部;明纽、支韵、忙皮切。

靡¹ — 靡² — 靡
《说文》小篆 汉 楷书

1《说文》246页。2《篆隶表》836页。

形声字。从非,麻声。本义是散乱、倒下,读mǐ。《左传·庄公十年》:"吾视其辙乱,望其旗靡。"由本义引申为顺从、使顺服。《史记·太史公自序》:"(蒙恬)为秦开地益众,北靡匈奴。"由本义又引申为蔓延,亦读mǐ。《文选·左思〈魏都赋〉》:"孰愈寻靡萍于中逵,造沐猴于棘刺。"李善注:"靡,蔓也。"由本义引申为分散,读为mí。《汉书·杨王孙传》:"夫厚葬诚亡益于死者,而俗人竞以相高,靡财单币,腐之地下。"由分散义,引申为损坏、磨损。《国语·越语下》:"王若行之,将妨于国,靡王躬身。"韦昭注:"靡,损也。"由损坏义,引申为消灭。《荀子·大略》:"利夫秋豪,害靡国家。"由消灭义,引申为尽。《荀子·富国》:"以相颠倒,以靡敝之。"杨倞注:"靡,尽也。"由尽,引申为浪费。《墨子·节葬下》:"此为辍民之事,靡民之财,不可胜计也。"以上义项皆读为mí。由消灭义,引申为无、没有,读为mǐ。《诗·鄘风·柏舟》:"之死矢靡它。"毛传:"靡,无。"又引申为无否定副词,相当于"没"、"不"。汉贾谊《旱云赋》:"悲疆畔之遭祸,痛皇天之靡惠。"由"没"、"不"引申为非、错误。《韩非子·内储说下》:"敌之所务,在淫察而就靡。"靡又指细腻、细密。《方言》:"东齐言布帛之细者曰绫,秦、晋曰靡。"郭璞注:"靡,细好也。"由此义引申为美好、华丽。宋苏轼《论养士》:"靡衣玉食以馆于上者,何可胜数!"以上诸义读mǐ。(郭敏珊)

靠

kào 溪纽、宵部;溪纽、号韵、苦到切。

靠¹ — 靠
《说文》小篆 楷书

1《说文》246页。

形声字。从非,告声。本义为相违,相背。《说文》:"靠,相违也。"段玉裁注:"相背也,故从非。今俗谓相依曰靠,古人谓相背曰靠。"由两人背相接引申为倚靠,人或物凭借别的人或物支持着。宋林逋《和陈湜赠希社师》:"瘦靠栏干搭梵襟,绿荷阶面雨花深。"又引申为依靠,依据。宋史弥宁《丁丑岁中秋日劝农于城南得五绝句》:"人事当先莫靠天,早修陂堰贮清泉。"由依靠义引申为信赖、信得过。宋朱熹《答吴伯起》:"不可只靠一言半句,海上单方,便以为足。"由倚靠义引申指时间或空间上的接近。宋佚名《宣和遗事》:"是那靠午时分,押往市曹。"隶书、楷书笔画化,形体稍变。近代亦出现了偏旁上下颠倒的"靟"。(胡伟)

卂 部

卂

xùn 心纽、真部;心纽、震韵、息晋切。

卂¹ — 卂² — 卂
西周 《说文》小篆 楷书

1《金文编》760页。2《说文》246页。

指事字。《说文》:"卂,疾飞也。从飞而羽不见。"饶炯部首订:"盖迅疾之事,凡物皆有,情亦难状,惟飞较疾,而飞不见羽则尤疾。故训疾字,古文从飞省其毛羽以指事。"本义为疾速。由小篆"飞"字省去表示羽毛的笔画构成。后世加意符"辶"作"迅"。《玉篇·卂部》:"卂,亦作迅。"西周铭文中的"卂"用作人名,如卂伯簋:"卂白作旅簋。"(卂伯制作了旅簋这个铜器)(胡伟)

煢(茕)

qióng 群纽、耕部;群纽、清韵、渠营切。

煢¹ — 煢² — 煢 — 茕
《说文》小篆 三国魏 楷书 楷书

1《说文》246页。2《篆隶表》836页。

形声字。"茕"的繁体字作"煢",从卂,𤇾声。本义指鸟盘旋疾飞。清朱骏声《说文通训定声》:"鸟回转疾飞曰茕。"常用义是茕独,表孤单、孤独义。《玉篇·卂部》:"茕,单也,无兄弟也,无所依也。"《书·洪范》:"无虐茕独,而畏高明。"小篆、隶书从炏,后来,"𤇾"字头简化为"艹",据简化偏旁类推,"煢"简化为"茕"。(胡伟 郭敏珊)

乚 部

乞 yà 影纽、月部；影纽、黠韵、乙黠切。

乙 — 乞
《说文》小篆　楷书

1《说文》246页。

象形字。同"鳦"，燕子。《说文》："乞，玄鸟也。齐鲁谓之乞，取其鸣自呼，象形。"徐锴系传："此与甲乙之乙相类，其形举首下曲，与甲乙字少异。"乙隶定为乞，作偏旁时，隶定为乚，如孔、乳。《字汇·乙部》："乞，隶文既通作乙。"因此，属"乚"部的字，隶定后归入"乙"部。（郭敏珊）

孔 kǒng 溪纽、东部；溪纽、董韵、康董切。

孔¹ — 孔² — 孔³
西周　春秋　战国

孔⁴ — 孔⁵ — 孔⁶ — 孔⁷
战国《说文》小篆　汉　汉　楷书

1《金文编》761页。2《汉语字形表》447页。3、4《战文编》775页。5《说文》246页。6、7《篆隶表》837页。

指事字。郭沫若认为金文孔字下为子，上为指事符号，指示小儿头角上有孔。本义应为洞穴、窟窿义。《山海经·海外西经》："一臂国，在其北，一臂、一目、一鼻孔。"由本义引申为空阔、深远义。《淮南子·精神》："孔乎莫知其所终极。"由洞穴义引申为大、通达义。《老子》第二十一章："孔德之容，惟道是从。"孔作副词表程度，相当于"很"、"甚"。《诗·小雅·鹿鸣》："我有嘉宾，德音孔昭。"（昭：明也）还作量词。用于洞穴、桥洞、窑洞、油井等。如：十七孔桥。春秋"孔"字承袭两周金文的写法，但上面的指事符号渐脱落为乙，近代亦写作"孔"，后统一为"孔"。（胡伟　郭敏珊）

乳 rǔ 日纽、侯部；日纽、虞韵、而主切。

乳¹ — 乳² — 乳³ — 乳⁴ — 乳
商　《说文》小篆　汉　汉　楷书

1《汉语字形表》447页。2《说文》246页。3、4《篆隶表》837页。

会意字。甲骨文用母亲抱子喂奶会意为养育。甲骨文中，"𣎵"像母形，中著一点以表母乳；"子"像子形，与子字通常作"子"略微不同，以表示子面向母体乳之意。《说文》小篆"乳"字是甲骨文的讹变，"𣎵"讹为"孚"，而"子"讹为"乚"。隶书、楷书笔画简化后，略同小篆。本义为哺乳。《合集》22246："辛丑卜，乎爰寻妫，乳？"引申为生子养育。《史记·扁鹊仓公列传》："菑川王美人怀子而不乳。"由养育引申为初生的、幼小的。南朝宋鲍照《咏采桑》："乳燕逐草虫，巢蜂拾花药。"由养育又引申为乳房。《史记·扁鹊仓公列传》："意（仓公）告之后百余日，果为疽发乳上。"又引申为乳汁。《魏书·王琚传》："常饮牛乳，色如处子。"由乳汁义引申为饮、喝。南朝宋鲍照《芜城赋》："伏虦藏虎，乳血飧肤。"（胡伟）

不 部

不 bù 帮纽、之部；非纽、物韵、分物切。
fǒu 帮纽、之部；非纽、有韵、方久切。

不¹ — 不² — 不³ — 不⁴ — 不⁵ — 不
商　西周　战国　《说文》小篆　汉　楷书

1《甲文编》461页。2《金文编》761页。3《类编》3页。4《说文》246页。5《篆隶表》837页。

象形字。《甲骨文字典》："象花萼之柎形，乃柎之本字。"（柎，花托花萼的底部）《诗·小雅·棠棣》："棠棣之华，鄂不韡韡(wěi)。"郑玄笺："承华（花）者曰'鄂'，'不'当作柎。柎，鄂足也。古音'不''柎'同。"《说文》解说不确，所训为假借义。"不"借用为否定副词，用在动词、形容词前，表相反的意思。《诗·魏风·伐檀》："不稼不穑，胡取禾三百廛兮？"也可以表示禁止、不要。《孟子·滕文公上》："病愈，我且往见。夷子不来！"还可表示不是、非。《商君书·更法》："治世不一道。"通"丕（pī）"。大。清骏声《说文通训定声·颐部》："不，叚借为丕。"《诗·周颂·清庙》："不显不承。"《孟子·滕文公下》作"丕显""丕承"。《逸周书·小开》："汝恭闻不命。"朱右曾校释："不，读为丕。大也。"又通"鄙（bǐ）"。视为鄙陋。清朱骏声《说文通训定声·颐部》："不，叚借为鄙。"《韵补·纸韵》："不，陋也。"《荀子·赋篇》："君子所敬而小人所不者与？""不"借为"否"时，读fǒu。《史记·廉颇蔺相如列传》:"秦王以十五城请易寡人之璧,可予不?"义为鸟向上飞翔,亦音fǒu。《说文》:"不,鸟飞上翔不下来也。"（胡伟 郭敏珊）

至部

至 zhì 章纽、脂部；章纽、至韵、脂利切。

商—西周—战国—《说文》小篆—汉—楷书

1《甲文编》462页。2《金文编》764页。3《类编》419页。4《说文》247页。5《篆隶表》839页。

象形字。像射来的箭落到地面上。西周金文、战国文字与《说文》小篆"至"字吻合,均加短横为饰,后讹变为"至"。《说文》释义不确。本义是到达。《诗·小雅·天保》:"如川之方至。"有及;达到义。《玉篇·至部》:"至,达也。"清刘淇《助字辨略》卷四:"至,犹及也。"有极点;到极点义。《玉篇·至部》:"至,极也。"《易·坤》:"至哉坤元。"孔颖达疏:"至,谓至极也。"《左传·襄公二十九年》:"至矣哉!直而不倨,曲而不屈。"孔颖达疏:"至矣哉,言其美之至也。"有尽,穷尽义。《庄子·天下》:"选则不徧,教则不至。"郭象注:"任其性乃至。"有大义。《战国策·秦策一》:"商君治秦,法令至行。"高诱注:"至,犹大也。"《吕氏春秋·求人》:"欲尽地利,至劳也。"高诱注:"至,大也。"有善;善于义。《诗·小雅·节南山》"不吊昊天"毛传:"吊,至。"汉郑玄笺:"至,犹善也,不善乎昊天愬之也。"《周礼·考工记·弓人》:"覆之而角至,谓之句弓。"郑玄注:"至,犹善也。"有最好的义。如:至德、至理。《后汉书·吴汉传》:"免下愚之败,收中智之功,此计之至者也。"有周到义。《诗·小雅·宾之初筵》:"百礼既至,有壬有林。"节气名。指冬至、夏至。《左传·僖公五年》:"凡分、至、启、闭,必书云物,为备故也。"杜预注:"至,冬、夏至也。"由一事说到另一事,也是一种到达,又引申为至于,用作连词。《墨子·非攻上》:"至攘人犬豕鸡豚者,其不义又甚入人园圃窃桃李。"（胡伟 郭敏珊）

到 dào 端纽、宵部；端纽、号韵、都导切。

西周—《说文》小篆—秦—汉—楷书

1《金文编》765页。2《说文》247页。3、4《篆隶表》839页。

形声字。《说文》:"到,至也。从至,刀声。"本义是到达。《诗·大雅·韩奕》:"靡国不到。"引申为周到、周密。《魏书·高允传》:"仲业渊长,雅性清到。"到作补语表示动作有结果,达到了目的,由到达的意义引申而来。如:想到;做到。到在近代,又有去、往的意思,后面常带处所宾语。如:到学校;到北京。通"倒"。颠倒。《庄子·外物》:"草木之到植者过半,而不知其然。"（胡伟）

臻 zhēn 精纽、真部；庄纽、臻韵、侧诜切。

《说文》小篆—汉—秦—楷书

1《说文》247页。2、3《篆隶表》839页。

形声字。从至,秦声。本义是至。《诗·小雅·雨无正》:"如彼行迈,则靡所臻。"（靡:无）今多用作达到的意思,如:渐臻佳镜。《玉篇·至部》:"臻,及也。"《后汉书·章帝纪》:"泽臻四表,远人慕化。"再引申作周到的含义。《太平广记》卷三十引郑处诲《明皇杂录》:"言词清爽,礼貌臻备。"（胡伟）

臺（台） tái 定纽、之部；定纽、哈韵、徒哀切。

战国—《说文》小篆—汉—汉—楷书—楷书

1《战文编》776页。2《说文》247页。3、4《篆隶表》839页。

形声字。《说文》:"臺,观,四方而高者。从至,从之,从高省。"本义指用土筑成四方形的高而平的建筑物。"台"和"臺"本是两个字。后"臺"简化为"台"。《诗·大雅·灵台》:"经始灵台,经之营之。"毛传:"四方而高曰台。"引申为像台的器物。戏在台上演,指称戏的量词用台。如:一台戏。古代原有"台"字。《说文·口部》:"台(yí),说(yuè)也。"台、臺原是两个字,臺是一种建筑,古代又表示官署,"楼臺""臺阁"古代不写作"楼台""台阁"。元代俗字把"臺"简化为"台",同音代替。《简化字

总表》采用了这种写法。(胡伟 郭敏珊)

西 部

西 xī 心纽、脂部；心纽、齐韵、先稽切。

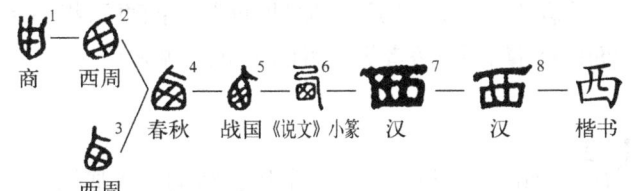

1《甲文编》448页。2《金文编》765页。3《金文编》766页。4、5《类编》501页。6《说文》247页。7、8《篆录表》840页。

象形字。像鸟巢。甲骨文"西"像鸟巢形，与金文略同。篆文在巢上又加一简化的鸟形，表示鸟在巢上的意思。这个意义通作"棲"，又作"栖"。秦系文字由战国文字演化，遂逐渐与隶书相同，后写作"西"。《说文》："西，鸟在巢上，象形。日在西方而鸟棲，故因以为东西之西。"本义指鸟类歇宿。后作"棲"。《敦煌曲子词集·西江月》："棹歌惊起乱西禽。"西又专用来表示西方。《易·小过》："密云不雨，自我西郊。"甲骨文中已经出现，也作方位词。《合集》6928："王自往西？"西在甲骨文中还可作地名、宫室名。西为古代宾师所居的一方，即以"西席""西宾"称宾师。西作动词表示向西行。《左传·僖公十五年》："寡人之从君而西也。"西后指西洋，西洋的。如：西服。(胡伟)

卤 部

卤（卤） lǔ 来纽、鱼部；来纽、姥韵、郎古切。

1《甲骨文字典》1278页。2《金文编》766页。3《说文》247页。4《篆隶表》841页。

象形字。像盛盐到容器之中。甲骨文中"⊕"为容器，其中的"∷"为盐粒，盐为细小颗粒，嫌与他物相混，因此，画出盛它的容器。金文与甲骨文同。《简化字总表》把"卤"简化成"卤"，省略了原字中的四个点。本义为盐卤，又指制盐时剩下的苦味汁液即盐卤。盐卤是氯化镁和氯化钠的混合物，黑色有毒，可使豆浆凝结成豆腐。后又泛指咸味的或不咸的浓汁。由本义引申为不生长谷物的盐碱地。《史记·河渠书》："穿洛以溉重泉以东万余顷故卤地。"(重泉：地名)又指盐地所生的盐粒。《史记·货殖列传》："山东食海盐，山西食盐卤。"通"鲁"。笨，愚钝。《庄子·则阳》："君为政，焉勿卤莽。"还可通"橹"，大盾牌。通"掳"，掠夺。(胡伟)

鹹（咸） xián 匣纽、侵部；匣纽、咸韵、胡谗切。

《说文》小篆　三体石经隶书　楷书　楷书

1《说文》247页。2《篆隶表》841页。

形声字。从卤，咸声。《广韵·咸韵》："鹹，不淡。"本义为盐的味道。《书·洪范》："润下作鹹。"《荀子·正名》："甘苦鹹淡，辛酸奇味，以口异。"还指古地名，即春秋时卫地、鲁地。鹹与咸本是两个字，咸的本义是副词，表示范围，概括前面所提到的人物和事件，相当于"全""都"。晋陶潜《桃花源记》："咸来问讯。"近代民间曾用同音字"咸"代替"鹹"。《简化字总表》采用了这种写法，将两个字合二为一。(胡伟)

盐 部

鹽（盐） yán 喻纽、谈部；以纽、盐韵、余廉切。
yàn 喻纽、谈部；以纽、艳韵、以赡切。

战国　《说文》小篆　汉　楷书　楷书

1《战文编》777页。2《说文》247页。3《篆隶表》841页。

形声字。从卤，监声。《说文》："盐，鹹也。"本义指食盐。《书·说命下》："若作和羹，尔惟盐梅。"食盐，有海盐、池盐、井盐等。《管子·海王》："十口之家，十人食盐。"食盐的化学成分是氯化钠，化学科学引入中国后，把金属离子和酸根离子所组成的化合物命名为"盐"。还可作姓。读 yàn 时指用盐腌。《礼记·内则》："布牛肉焉，屑桂与姜，以洒诸上而盐之。"现代楷书改换了原字上的部件，"鹽"简化成"盐"。(胡伟)

鹽部　户部　門部

鹼（硷） jiǎn 见纽、谈部；见纽、豏韵、七廉切。

鹼¹—鹼—硷
《说文》小篆　楷书　楷书

1《说文》247页。

形声字。从鹽省，僉声。本义指盐卤。《说文》："鹼，卤也。"桂馥义证："鹼地之人，于日未出，看地上有白若霜者，扫而煎之便成鹼矣。"《集韵·盐韵》："鹼，盐在水曰鹼。"也是含氢氧根的化合物的统称。今作"碱"。又专指纯碱，即碳酸钠，一般用作洗涤剂，也用来中和发面中的酸味。近代俗字，把右边声符"僉"写作"金"，是据草书楷化而成的。同时改换了原字左边的形符。"鹼"简化为"硷"。《简化字总表》采用了这种写法。（胡伟）

户 部

户 hù 匣纽、鱼部；匣纽、姥韵、侯古切。

户¹—户²—户³—户⁴—户
商　《说文》小篆　秦　汉　楷书

1《甲文编》464页。2《说文》247页。3、4《篆隶表》841页。

象形字。甲骨文像单扇门。战国"户"字偶有从木的。到《说文》小篆时，讹变为"户"，楷书演变成"户"。《说文》："户，护也。半门曰户。"本义指单扇的门，多用于内室。《合集》27555："己巳卜，其啓庭西户祝于妣辛？"《诗·小雅·斯干》："筑室百堵，西南其户。"由本义引申为房屋的出入口。《论语·雍也》："谁能出不由户？"一家人住在一个门内，"户"又引申为家庭单位。《易·讼》："人三百户，无眚。"又有阻止的含义。《小尔雅·广诂》："户，止也。"《左传·宣公十二年》："屈荡户之。"（屈荡：人名）还可指酒量。《敦煌变文集·叶净能诗》："尊师饮户大小？"以户为构件的字多与门有关：扇（竹门）、启（开门）。（胡伟　郭敏珊）

扉 fēi 帮纽、微部；非纽、微韵、甫微切。

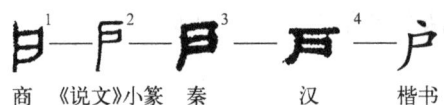
《说文》小篆　三国吴　楷书

1《说文》247页。2《篆隶表》842页。

形声字。从户，非声。《说文》："扉，户扇也。"本义指门扇。《尔雅·释宫》："阖谓之扉。"邢昺疏："阖，门扇也。一名扉。"《左传·襄公二十八年》："子尾抽桷击扉三。"杜预注："扉，门阖也。"引申指屋舍。汉张衡《西京赋》："容于一扉。"扉页：旧称"护页"、"副页"，指书籍封面内印着书名、著者等项目的一页。（胡伟）

扇 shàn 书纽、元部；书纽、线韵、式战切。
shān 书纽、元部；书纽、仙韵、式连切。

扇¹—扇²—扇³—扇
《说文》小篆　秦　汉　楷书

1《说文》247页。2《睡甲》178页。3《篆隶表》842页。

会意字。《说文》："扇，扉也。从户，从羽。"户是门，羽是鸟翅膀，表示门户开关像鸟翅膀活动。本义指门扇。《礼记·月令》："乃修阖扇。"郑玄注："用木曰阖，用竹苇曰扇。"由门扇转指扇子。《方言》卷五："自关而西谓之扇。"又用为量词，用于门窗等扁平形器物。唐白居易《长恨歌》："钗留一股合一扇。"扇作动词时读 shān，指扇动，繁体作搧。明宋应星《天工开物·粹精》："凡去秕，南方用风车扇去。"由此引申为鼓动、鼓惑。《晋书·孙恩传》："乃扇动百姓，私集徒众。"（胡伟）

房 fáng 並纽、阳部；奉纽、阳韵、符方切。

房¹—房²—房³—房⁴—房
战国　《说文》小篆　汉　汉　楷书

1《战文编》778页。2《说文》247页。3、4《篆隶表》842页。

形声字。《说文》："房，室在旁也。从户，方声。"本义指正室左右的屋子。《书·顾命》："胤之舞衣、大贝、鼖鼓在西房。"泛指住人或放东西的建筑物。《庄子·知北游》："无门无房，四达之皇皇也。"引申为形状像房的东西。如：蜂房、莲房。家族的不同分支有不同的住所，房又指家族的分支。如：长房。还可指官署单位名。《北史·柳庆传》："君职典文房，宜制此表。"又作星名。二十八宿之一，东方苍龙七宿的第四宿，有星四颗。（胡伟）

戹 è 影纽、锡部；影纽、麦韵、於革切。

1《金文编》766页。2《战文编》778页。3《说文》247页。4《篆隶表》842页。

象形字。本义是车轭，套在牲口脖子上的曲形物件。其形略如人字形，后作"轭"。录伯簋"金戹"，文献作"金厄"。引申指险要之处。又引申指受困、为难。《孟子·尽心下》："君子之戹于陈蔡之间，无上下之交也。"引申作灾难。《史记·管晏列传》："婴虽不仁，免子于戹。"《玉篇·户部》："戹，灾也，亦作厄。"孙诒让曰："ㄓ当为轭，原始象形字。盖古乘车兵车并以軶持衡，衡箸两輗，以挽两服马头。ㄓ上从一以象衡，中从ㄕ以象轭，下从ㄇ以象輗，其义甚精。"篆文戹是"ㄓ"的形讹。（胡伟 郭敏珊）

扆 yǐ 影纽、微部；影纽、尾韵、於岂切。

1《说文》247页。

形声字。《说文》："户牖之间谓之扆。从户，衣声。"本义指古代宫殿窗和门之间的地方。《尔雅·释宫》："牖户之间谓之扆。"郭璞注："窗东户西也。"又特指置于门窗之间的屏风。《书·顾命》："狄设黼扆缀衣。"孔传："扆，屏风，画为斧文，置户牖间。"引申为依靠、背靠。《释名·释床帐》："扆，依也，在后所依倚也。"再引申为隐藏，隐蔽。《广雅·释诂四》："扆，藏也。"（胡伟）

扃 jiōng 见纽、耕部；见纽、青韵、古萤切。

1《说文》247页。2《篆隶表》842页。

形声字。从户，同声。《说文》："扃，外闭之关也。"本义指从外面关门的门闩。《礼记·曲礼上》："入户奉扃。"引申为门户。南朝齐孔稚圭《北山移文》："虽情投于魏阙，或假步于山扃。"作动词用，指上闩，关闭。《淮南子·俶真》："处小隘而不塞，横扃天地之间而不窕。"高诱注："扃，犹闭也。"还指车上插兵器或插旗的横木。《左传·宣公十二年》："楚人惎之脱扃。"杜预注："扃，车上兵阑。"（胡伟）

門部

門(门) mén 明纽、文部；明纽、魂韵、莫奔切。

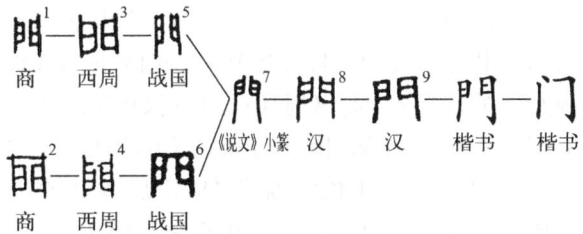

1、2《甲文编》465页。3《金文编》767页。4《金文编》768页。5、6《类编》408页。7《说文》247页。8、9《篆隶表》843页。

象形字。像门。本义是房屋的门。《易·同人》："同人于门。"甲骨文已经出现，指宗庙宫室的门。《合集》32035："王于南门逆羌？"由本义引申为像门的东西。如：炉门，闸门。由本义又引申为途径。《易·系辞上》："成性存存，道义之门。"疏："谓易与道义为门户也。"又指关塞要道：玉门，江门。由家门引申为家族门第，家。《左传·昭公十三年》："晋政多门。"由门户的不同引申为不同的类别，特指学术、宗教方面不同的学说、流派、集团。成语有：门户之见，左道旁门。我国古代私家讲学授徒，门又指与老师有关的：门人，同门。"丽"中之"一"像门楣。繁体作"門"，字形像两扇门。一扇是户，两扇是门。简化字据草书楷化而成。（胡伟）

閶(阊) chāng 昌纽、阳部；昌纽、阳韵、尺良切。

1《说文》247页。

形声字。从门，昌声。《说文》："閶，天门也。楚人名门曰閶阖。"本义指神话传说中的天门。《楚辞·离骚》："吾令帝阍开关兮，倚阊阖而望予。"（帝阍：神话中天帝的看门人。予：我）后用作皇宫正门的代称。唐白居易《中书寓直》："缭绕宫墙围禁林，半开阊阖晓沉沉。"又指倡导。《史记·律书》："阊阖风居西方。阊者，倡也；阖者，藏也。言阳气道万物，阖黄泉也。"据简化偏旁类推，

門部

"闈"简化为"闱"。(胡伟)

闈(闱) wěi 匣纽、微部；云纽、微韵、雨非切。

闈¹—闈²—闱
《说文》小篆　楷书　楷书

1《说文》247页。

形声字。从門，韋声。《说文》："闈，宫中之門也。"本义指古代宫室的小门。古代宫室，前曰庙，后曰寝。寝侧两边的小门曰闱。《周礼·地官·保氏》："使其属守王闱。"引申为宫闱，指皇后和妃子的居住地。《后汉书·皇后纪》："后正位宫闱。"（皇后处在宫闱的正位）宫闱是禁地，防护严密。由此引申指古代关防严密的试院。会试称"春闱"，乡试称"秋闱"。据简化偏旁类推简化，"闈"简化成"闱"。(胡伟)

閨(闺) guī 见纽、支部；见纽、齐韵、古携切。

閨¹—閨²—閨—闺
《说文》小篆　汉　楷书　楷书

1《说文》248页。2《篆隶表》843页。

会意兼形声字。从門，圭声，圭兼表义。圭为上圆下方的瑞玉，圭形的门叫閨。《说文》："閨，特立之户也。"本义指上圆下方的小门。《左传·襄公十年》："筚门閨窬之人，而皆陵其上，其难为上也。"（筚门閨窬：柴门小户）引申为内室。《礼记·乐记》："在閨门之内，父子兄弟同听之，则莫不和亲。"后特指女子的卧室。如：香閨。《后汉书·刘瑜传》："女嬖令色，充积閨帷。"（女嬖令色：指宫女、妃子）閨女：指未出嫁的女子，或女儿。据简化偏旁类推简化，"閨"简化成"闺"。(胡伟)

閤(阁) gé 见纽、缉部；见纽、合韵、古沓切。

閤¹—閤²—閤—阁
《说文》小篆　汉　楷书　楷书

1《说文》248页。2《篆隶表》844页。

形声字。《说文》："閤，门旁户也。"从門，合声。本义指大门旁的小门。《墨子·杂守》："閤通守舍。"引申指宫中小门。《尔雅·释宫》："小閨谓之閤。"再引申指内室、卧室。《六书故·工事一》："今人皆以小室为閤

也。""閤"为门旁小户，"阁"为夹室，义本有别。但后世两字通用，如"閨閤"也作"閨阁"，"閤下"也作"阁下"。(胡伟)

閈(闬) hàn 匣纽、元部；匣纽、翰韵、侯旰切。

閈¹—閈²—閈³—閈⁴—閈—闬
西周　战国《说文》小篆　汉　楷书　楷书

1《金文编》768页。2《类编》408页。3《说文》248页。4《篆隶表》844页。

形声字。《说文》："閈，閭也。从門，干声。"本义指里巷的门。《管子·立政》："审閭閈，慎筦键。"泛指门。唐柳宗元《陈给事行状》："河山之富，关閈之壮。"（关：关口。壮：壮丽）又引申指乡里。《汉书·叙传》："绾自同閈，镇我北疆。"（绾：人名）又引申指墙。汉张衡《西京赋》："閈庭诡异，门千户万。"据简化偏旁类推简化，"閈"简化为"闬"。(胡伟)

閭(闾) lǘ 来纽、鱼部；来纽、鱼韵、力居切。

閭¹—閭²—閭³—閭⁴—閭—闾
战国《说文》小篆　汉　汉　楷书　楷书

1《战文编》779页。2《说文》248页。3、4《篆隶表》844页。

形声字。从門，吕声。《说文》："閭，里门也。"本义指古代里巷的门。《书·武成》："释箕子囚，封比干墓，式商容閭。"指代里巷。《荀子·富国》："穷閭漏屋。"泛指居住的地方。閭巷是住人的地方，又转指古代的一种居民组织单位，旧说二十五家为一閭。《周礼》："五家为比，五比为閭。閭，侣也。二十五家相群侣也。"据简化偏旁类推简化，"閭"简化为"闾"。(胡伟)

閻(阎) yán 喻纽、谈部；以纽、盐韵、余廉切。

閻¹—閻²—閻³—閻⁴—閻—阎
《说文》小篆　秦　汉　汉　楷书　楷书

1《说文》248页。2《睡甲》178页。3、4《篆隶表》844页。

形声字。《说文》："閻，里中門也。从門，臽(xiàn)声。"本义指里中门。《史记·平准书》："守閭阎者食粱

肉。"也指里巷。《荀子·儒效》："虽隐于穷阎漏屋,人莫不贵之。"(穷阎:指偏僻的里巷)阎罗是梵语译音词,指佛教传说中的地狱主管者。也叫"阎王"。据简化偏旁类推简化,"閻"简化为"阎"。(胡伟)

闔(阖) hé 匣纽、叶部;匣纽、盍韵、胡腊切。

闔¹—闔²—闔³—闔—阖
《说文》小篆 汉 汉 楷书 楷书

1 《说文》248页。2、3《篆隶表》845页。

形声字。《说文》："闔,门扉也。从門,盍声。"本义指门扇门板。《礼记·月令》："是月也,耕者少舍,乃修阖扇。"(少舍:稍停)泛指门。《荀子·儒效》："故外阖不闭。"门用以闭户,故引申为关闭,闭合。《易·系辞上》："一阖一闢谓之变。"引申为总共、全,即门户内之全体。《庄子·胠箧》："阖四境之内。"通"合"。符合。马王堆汉墓帛书《经法·君正》："号令阖于民心,则民听令。"通"盍"。何,何不。《管子·小称》："阖不起为寡人寿乎?"。据简化偏旁类推简化,"闔"简化为"阖"。(胡伟)

閬(阆) làng 来纽、阳部;来纽、宕韵、来宕切。

閬¹—閬²—閬³—閬—阆
《说文》小篆 秦 汉 楷书 楷书

1 《说文》248页。2、3《篆隶表》845页。

形声字。《说文》："閬,门高也。从門,良声。"本义是门高。《玉篇·门部》："閬,高门。"引申指高大。睡虎地秦墓竹书《语书》："阬閬强肮(伉)以视(示)强。"由本义引申为空旷。《庄子·外物》："胞有重閬,心有天游。"还可指没有水的城壕。《管子·度地》："城外为之郭,郭外为之土閬。"据简化偏旁类推简化,"閬"简化为"阆"。(胡伟)

闢(辟) pì 並纽、锡部;並纽、昔韵、房益切。

闢¹—闢²—闢³—闢—辟
西周 战国 《说文》小篆 楷书 楷书

1 《金文编》768页。2 《类编》411页。3 《说文》248页。

会意字。金文从門,从𠬞,会双手开门之意。小篆的"闢"变成了形声字。本义是开启、打开。《说文》:"闢,开也。"《六书故·工事一》:"闢,开之尽也。"从本义引申为开拓、开辟。《吴子·图国》:"闢土四面,拓地千里。"清惜秋《维新梦·感愤》:"闢财源,开利薮,为甚纷纷牛后?"由开拓、开辟之义引申为开阔。《徐霞客游记·滇游日记八》:"不若从炉塘道,稍迂而路闢。"由本义引申为排除,疏通。《荀子·解蔽》:"是以闢耳目之欲,而远蚊虻之声。"杨倞注:"闢谓屏去之。"由排除之义引申为驳斥,宋叶适《上西府书》:"闢和同之论,息朋党之说。"文献多以"辟"作为"闢"的假借字。后"闢"合并简化为"辟"。(郭敏珊)

闡(阐) chǎn 昌纽、元部;昌纽、狝韵、昌善切。

闡¹—闡²—闡—阐
《说文》小篆 魏 楷书 楷书

1 《说文》248页。2《篆隶表》845页。

形声字。《说文》:"闡,开也。从門,單声。"本义指开、开辟。《史记·秦始皇本纪》:"阐并天下。"(阐:开辟。并:兼并)引申为讲道理来开导人,使人明白。《易·系辞下》:"夫《易》彰往而察来,而微显阐幽。"引申为扩充,发扬。《广韵·狝韵》:"阐,大也。"据简化偏旁类推简化,"闡"简化为"阐"。(胡伟)

開(开) kāi 溪纽、微部;溪纽、哈韵、苦哀切。

開¹—開²—開³—開⁴—開⁵—開—开
战国 《说文》古文《说文》小篆 汉 汉 楷书 楷书

1 《汉语字形表》451页。2、3《说文》248页。4、5《篆隶表》846页。

会意字。会两手拉动门栓开门之意。《说文》古文开的两旁为两扇门,中间一横为门栓,下面为两只手,表示用双手拉动门栓开门。篆文从門,开声。楷书繁体作"開",简化字作"开"。本义为开门。《玉篇·门部》:"开,张也。"《老子》第二十七章:"善闭,无关楗(键)而不可开。"(关键:门闩)泛指打开。成语有:开卷有益。引申指开放,即处于打开的状态。如:眉开眼笑。由打开引申为开辟、扩展,即通过努力使之打开或扩大。如:开荒;开矿。引申为打通、不闭塞。唐李白《望天门山》:"天门中断楚江开。"引申为抽象意义,启发、开导,即使思想通达。《荀子·儒效》:"教诲开导成王。"又引申为明达事理。由开辟引申为开始。由打开扩大引申为开阔。转指性情爽朗。由打开引申为摆开,设置。如:开店;开工厂。现代又由打开引申出发动、操纵、举行的意思。如:开车;开会。(胡伟)

閘（闸）yā 影纽、葉部；影纽、狎韵、乌甲切。
zhá

閘¹—閘²—閘—闸
《说文》小篆 汉 楷书 楷书

1《说文》248页。2《篆隶表》846页。

形声字。从门,甲声。《说文》:"閘,开闭门也。"读 yā。段玉裁注:"谓枢转轧轧有声。"后来读 zhá。用以指随时可以启闭的水门。宋范仲淹《上吕相公并呈中丞咨目》:"新导之河,必设诸闸。"用作动词,表示用闸把水截住。《朱子语类·孟子九》:"如水之流,夜间则闸得许多水住在这里,这一池水便满。"闸门用来控制水的流动,转指各种制动器,如电闸。据简化偏旁类推,"閘"简化为"闸"。(胡伟)

閟（闭）bì 帮纽、质部；帮纽、至韵、兵媚切。

閟¹—閟²—閟—闭
战国《说文》小篆 楷书 楷书

1《战文编》780页。2《说文》248页。

形声字。《说文》:"閟,闭门也。从门,必声。"本义指闭门。《诗·鲁颂·閟宫》:"閟宫有侐。"毛传:"閟,闭也。"引申有拒绝义。《左传·庄公三十二年》:"初,公筑台临党氏,见孟任,从之,閟。而以夫人言,许之。"(党,姓氏;孟任:人名,党氏之女)引申为停止,终尽。《诗·鄘风·载驰》:"视尔不臧,我思不閟。"又指谨慎。《书·大诰》:"天閟毖我成功所。"(胡伟)

閣（阁）gé 见纽、铎部；见纽、铎韵、古落切。

閣¹—閣²—閣—閣—阁
《说文》小篆 汉 汉 楷书 楷书

1《说文》248页。2、3《篆隶表》846页。

形声字。《说文》:"閣,所以止扉也,从门,各声。"本义指古代防止门自动闭合的长橛,安装在门扇两旁。《尔雅·释宫》:"所以止扉谓之阁。"转指板架结构,贮藏食物的厨柜。《礼记·内则》:"大夫七十而有阁。"引申为楼阁。特指藏书楼。汉藏秘书处,有天禄阁、石渠阁。再引申为内室,常指女子的卧房,女子出嫁称出阁。由宫庭中的楼阁引申为中央官署名,后代称组织中央机构为"组阁"。"阁下",敬词,用在书函中,表示不敢直呼对方的名字,指称其阁下的侍从。现多用于较高规格的外交场合。阁由板架结构又引申为放置。后将此义写作"搁"。据简化偏旁类推,"閣"简化为"阁"。(胡伟)

閒（间）jiàn 见纽、元部；见纽、裥韵、古苋切。
jiān 见纽、元部；见纽、山韵、古闲切。
xián 匣纽、元部；匣纽、山韵、户闲切。

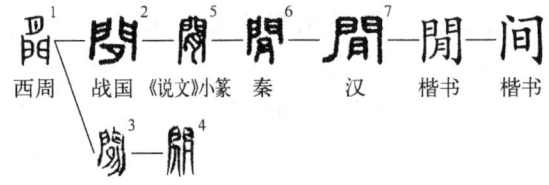
西周 战国《说文》小篆 秦 汉 楷书 楷书

閒³—閒⁴
战国《说文》古文

1、2《金文编》769页。3《战文编》781页。
4、5《说文》248页。6、7《篆隶表》847页。

会意字。会门有间隙,从门内可以看到月光之意。本义指缝隙。"閒"是"閒"的古文,从门从外。《庄子·养生主》:"彼节者有閒,而刀刃者无厚。"由本义引申为置身其中,参与。《左传·庄公十年》:"肉食者谋之,又何閒焉?"由于缝隙的距离都十分短近,因此又引申为抄近路。《史记·项羽本纪》:"沛公已去,閒至军中。"由此又引申为暗暗地、偷偷地。《三国志·魏书·武帝纪》:"太祖乃变易姓名,閒行东归。"由缝隙、间隙引申为人与人或国与国之间的嫌隙、隔阂。《左传·昭公十三年》:"诸侯有閒矣。"由嫌隙、隔阂,引申为寻找空子,故意造成别人之间的嫌隙,即挑拨、离间。《史记·廉颇蔺相如列传》:"赵王信秦之閒。"由挑拨、离间,引申为间谍、侦探。《孙子兵法·虚实》:"无形则深閒不能窥,知者不能谋。"间谍,窥探情况者,由此引申为暗中窥伺对方的弱点或空子。《左传·庄公八年》:"连称有从妹在公宫,无宠,使閒公。"以上读作 jiàn。引申为当中、中间,读作 jiān。《史记·李将军列传》:"置广两马閒。"以上义项的"閒"后来写作"間",简化为"间"。"閒"和"間"是一对古今字。"閒"由本义缝隙还引申为事情与事情之间时间上的空闲,闲暇,读为 xián。《后汉书·东平宪王苍传》:"忧念惶惶,未有閒宁。"这个意义的"閒"可通作"闲",简化为"闲"。(郭敏珊)

闌(阑) lán　来纽、元部；来纽、寒韵、落干切。

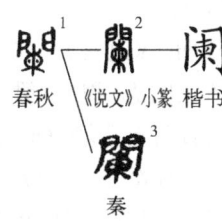

1《金文编》769页。2《说文》248页。3《篆隶表》847页。

形声字。《说文》："闌,门遮也。从门,柬声。"本义指门口的栅栏。《史记·楚世家》："虽仪之所甚愿为门闌之厮者,亦无先大王。"(仪:张仪。厮:仆役)泛指遮拦物。作动词用为遮拦、阻隔。这个意义又写作"攔(拦)"。《战国策·魏策》："晋国之去梁也,千里有余,有河山以拦之。"秦代"闌"俗字从柬。据简化偏旁类推,"闌"简化为"阑"。(胡伟)

閑(闲) xián　匣纽、元部；匣纽、山韵、户间切。

1《金文编》769页。2《说文》248页。3、4《篆隶表》847页。

会意字。《说文》："閑,闌也。从门中有木。"本义指门栅栏。《周礼·夏官·虎贲氏》："舍则守王閑。"引申指马厩。《周礼·夏官·校人》："天子十有二閑,马六种。"郑玄注："每厩为一閑。"引申指范围,常指道德规范。《论语·子张》："大德不逾閑。"作动词用,引申为防御、防范。《易·家人》："閑有家,悔亡。"閑、閒本来是两个不同的字。"閑"表示栅栏；"閒"表示空隙,并引申为空间、空暇。如今"閒"废止不用,"閒"的空间义由"间"表示,閑的空暇义由"闲"表示。(胡伟)

閉(闭) bì　帮纽、质部；帮纽、霁韵、博计切。

1《金文编》770页。2《类编》409页。3《说文》248页。4、5《篆隶表》847页。

会意字。《说文》："閉,阖门也。"金文闭,门中本不是"才"字,而是像用来关门的键之形。后写为"才"。据简化偏旁类推,"閉"简化为"闭"。本义是关闭,闭上。《礼记·中庸》："古语所谓闭门造车,出门合辙,盖言其法之同也。"关上门就不通行了,引申为堵塞不通。《易·坤》："天地闭,贤人隐。"又指防守。《国语·晋语》："释其闭修,而轻于行道。"韦昭注："闭,守也。"再引申为停止,结束。如:闭会。古时称立秋,立冬为"闭"。(胡伟)

關(关) guān　见纽、元部；见纽、删韵、古还切。

1、2《金文编》770页。3、4、5《战文编》781页。6《说文》249页。7、8《篆隶表》848页。

形声字。从门,鈃声。金文关为会意字,从门,门内有卪。战国文字"關"从门,中像门闩,小篆变为形声字。南北朝以来的俗字,曾把"關"中间的部分简作"关"。近代民间又将外面的"门"省略,写作"关"。《简化字总表》采用了这种写法。本义是门闩。《墨子·备城门》："门植关必环锢。"引申为关门。晋陶潜《归去来兮辞》："门虽设而常关。"由关门的关,引申为关口。鄂君启舟节："女(如)载马牛羊以出内(入)关门,则政(征)于大府,毋(毋)政(征)于关。"《孟子·梁惠王下》："臣闻郊关之内有囿方四十里。"人体的各部位,常以关名,即关节。还可指机械的发动处。《后汉书·张衡传》："施关发机。"牵连、涉及是后起意义。唐刘知几《史通·叙事》："言有关涉,事便显露。"(胡伟 郭敏珊)

龠(龠) yuè　喻纽、药部；以纽、药韵、以灼切。

1《说文》249页。

形声字。《说文》："龠,关下牡也。从门,龠声。"本义指门直闩。上穿横闩下插地上的直木。《玉篇·门部》："阘，固关令不可开。"引申指关防。唐张说《吊陈司马书》："今返防阘，力报前书。"由本义引申为钥匙。《广雅·释宫》："投谓之阘。"（胡伟）

閽（阍）hūn 晓纽、文部；晓纽、魂韵、呼昆切。

閽¹—閽²—閽—阍
《说文》小篆 汉 楷书 楷书

1《说文》249页。2《篆隶表》849页。

形声字。从门，昏声。《说文》："閽，常以昏闭门隶也。"本义指守门人，古代多由犯罪受刑的人充当。《楚辞·离骚》："吾令帝阍开关兮，倚阊阖而望予。"（阊阖：传说中的天门）转指宫门。晋左思《吴都赋》："阍闼诡谲，异出奇名。"再引申指门。宋徐梦莘《邵宏渊及金人战于西府桥》："率亲随军人入城，掩阍以拒。"据简化偏旁类推，"閽"简化为"阍"。（胡伟）

闚（窥）kuī 溪纽、支部；溪纽、支韵、去隋切。

闚¹—闚—窥
《说文》小篆 楷书 楷书

1《说文》249页。

形声字。《说文》："闚，闪也。从门，规声。"本义为从门中偷看。《易·丰》："闚其户。"引申指在暗中偷看、侦察。《庄子·在宥》："无问其名，无闚其情。"泛指观看。《玉篇·门部》："闚，相视也。"引申为探索。《史记·老子韩非列传》："其学无所不闚。"闚是窥的异体字。（胡伟）

丙 zhèn 定纽、真部；澄纽、震韵、直刃切。

丙¹—丙—丙
《说文》小篆 楷书 楷书

1《说文》249页。

会意字。同"丙"。《说文》："丙，登也。从门，二，古文下字。"徐铉曰："下，言自下而登上也。"林义光《文源》："下门者，其下为门，登高之象。"后来改二（下）为二。（胡伟）

閃（闪）shǎn 书纽、谈部；书纽、琰韵、失冉切。

閃¹—閃—闪
《说文》小篆 楷书 楷书

1《说文》249页。

会意字。从人，从门。《说文》："閃，窥头门中也。"本义是从门中张望。《三国志·魏书·梁习传》裴松之注引《魏略·苛吏传》："白日常自于墙壁间窥閃。"閃又指忽隐忽现或突然显现。《六书故·工事一》："閃，人在门中，閃忽乍见也。"特指天上的闪电。又泛指光亮闪耀或其他事物的闪现。用于身体，指迅速隐藏避开。如：闪避。又指猛然晃动，或因动作过猛而受伤。元王实甫《西厢记》第四本第二折："夫人休閃了手，且息怒停嗔，听红娘说。"据简化偏旁类推，"閃"简化为"闪"。（胡伟）

閱（阅）yuè 喻纽、月部；以纽、薛韵、弋雪切。

閱¹—閱²—閱—阅
《说文》小篆 秦 楷书 楷书

1《说文》249页。2《篆隶表》849页。

形声字。《说文》："閱，具数于门中也。从门，兑声。"本义为查点，计算。《左传·襄公九年》："商人閱其祸败之衅，必始于火。"杜预注："閱，犹数也。商人数所更历，恒多火灾。"引申为检阅。《周礼·夏官·大司马》："中冬教大閱。"词义扩大为视察、察看。《管子·度地》："常以秋岁之时閱其民。"由察看转指披览书籍。《后汉书·王充传》："家贫无书，常游洛阳市肆，閱所卖书。"（肆：铺子）由一一检视又引申为经历。《史记·孝文本纪》："楚王，季父也。春秋高，閱天下之义理多矣，明于国家之大体。"据简化偏旁类推，"閱"简化为"阅"。（胡伟）

関（阕）què 溪纽、质部；溪纽、屑韵、苦穴切。

関¹—関²—関—阕
《说文》小篆 汉 楷书 楷书

1《说文》249页。2《篆隶表》849页。

形声字。《说文》："関，事已，闭门也。从门，癸声。"本义指祭事已毕而闭门。引申为止息。《诗·小雅·节南山》："俾民心関。"（使百姓怨怒之心止息）特指乐曲终了。《仪礼·大射》："主人答拜，乐関。"作量词，乐曲每奏过一遍停止一次为一関。《史记·留侯世家》："歌数関。"引申指空虚。《庄子·人间世》："瞻彼関者，虚室生白。"室以

喻心,言心虚空则纯白。古代词入乐,有两段者称前阕、后阕,或称上阕、下阕。据简化偏旁类推,"関"简化为"阕"。(胡伟)

闊(阔) kuò 溪纽、月部;溪纽、末韵、苦括切。

闊¹—闊²—闊³—闊—阔
战国 《说文》小篆 汉 楷书 楷书

1《金文编》770页。2《说文》249页。3《篆隶表》849页。

形声字。《说文》:"闊,疏也。从門,活声。"战国古文中,"舌"像舌形,讹为"昏","昏"隶定作"舌"。据简化偏旁类推,"闊"简化为"阔"。本义为疏远,远离。《诗·邶风·击鼓》:"于嗟阔兮,不我活兮。"(于嗟:吁嗟,悲叹声。不我活:我不得活)由疏远引申指时间久远。晋王羲之《杂贴四》:"阔别稍久。"又引申指面积宽广。《吕氏春秋·论人》:"阔大渊深,不可测也。"又表示抽象意义的侈大。后引申指排场大,生活奢侈、富裕。《晋书·成公绥传·天地赋》:"何阴阳之难测,伟二仪之侈阔。"(胡伟)

閔(闵) mǐn 明纽、文部;明纽、轸韵、眉殒切。

閔¹—閔²—閔³—閔⁴—閔—闵
战国 《说文》小篆 汉 汉 楷书 楷书

1《金文编》770页。2《说文》249页。3、4《篆隶表》850页。

形声字。《说文》:"閔,吊者在門也。从門,文声。"本义指吊唁。作名词指凶丧之事;忧患。《诗·邶风·柏舟》:"觏闵既多,受侮不少。"(觏:遭遇,闵凶:凶丧忧患之事)作动词指忧伤、忧虑。《诗·周颂·闵予小子》:"闵予小子,遭家不造。"引申为怜悯。《诗·豳风·东山序》:"序其情而闵其劳。"(序:同"叙",叙述)后两个意义后来写作"悯"。现代"闵"主要用作姓氏。据简化偏旁类推,"閔"简化为"闵"。(胡伟)

閛(闯) chèn 透纽、侵部;彻纽、沁韵、丑禁切。
chuǎng

闖¹—闖—闯
《说文》小篆 楷书 楷书

1《说文》249页。

会意字。《说文》:"闖,馬出門貌。从馬在門中。"本义为马出门貌。引申为出头貌。此义读 chèn。《公羊传·哀公六年》:"开之则闯然公子阳生也。"读 chuǎng 时可指一种突然而迅猛的动作。元秦简夫《东堂老》第二折:"你便闯一千席呵,可也填不满你这穷坑。"引申为奔走,闯练。如突入人席叫闯席,在外浪游叫闯江湖。后引申指惹起。如:闯祸。据简化偏旁类推,"闖"简化为"闯"。(胡伟)

闥(闼) tà 透纽、月部;透纽、曷韵、他达切。

闥¹—闥—闼
《说文》新附 楷书 楷书

1《说文》249页。

形声字。《说文》:"闥,門也。从門,達声。"本义指门。《广雅·释宫》:"闼谓之门。"《汉书·樊哙传》:"哙乃排闼直入。"引申指门屏之间。《诗·齐风·东方之日》:"在我闼兮,履我发兮。"毛传:"闼,门内也。"陆德明释文引《韩诗》:"门屏之间曰闼。"再引申作房室。明文震亨《长物志》卷一:"楼阁作房闼者,须回环窈窕。"(胡伟)

閥(阀) fá 並纽、月部;奉纽、月韵、房越切。

閥¹—閥—阀
《说文》新附 楷书 楷书

1《说文》249页。

本作伐。后加"門"成为形声字,从门,伐声;伐兼表义。伐,由征伐引申出功劳义。《汉书·高帝纪》:"(怀王)非有功伐,何以得专主约!"颜师古注:"积功曰伐。"阀是伐的分化字,也指功劳。《后汉书·韦彪传》:"士宜以才行为先,不可纯以阀阅。"由功劳引申为有功劳的世家门第。《后汉书·章帝纪》:"每寻前世举人贡士,或起圳亩,不系阀阅。"由世家门第引申为"军阀"、"财阀"的"阀"。又作为英语 valve 的音译:阀门。(胡伟)

閴(閿) qù 溪纽、锡部；溪纽、锡部、苦鵙切。

闌—閴—閴
《说文》新附　楷书　楷书

1《说文》249页。

形声字。《说文》："閴,静也。从門,臭(jú)声。"本义指没有声音。《易·丰》："窥其户,閴其无人。"引申指空寂、安静的处所：林閴、深閴。宋张矩《应天长·平湖秋月》："笑语又惊栖鹊,南飞傍林閴。"再引申为断绝。南朝梁刘勰《文心雕龙·乐府》："中和之响,閴其不还。"（胡伟）

耳部

耳 ěr 日纽、之部；日纽、止韵、而止切。
réng 日纽、蒸部；日纽、蒸韵、如蒸切。

商　西周　战国　《说文》小篆　汉　三国魏　楷书

1《甲文编》465页。2《金文编》771页。3《类编》134页。4《说文》249页。5、6《篆隶表》850页。

象形字。像耳朵的样子。《说文》："耳,主听也。"本义是耳朵。《合集》13630："贞：疾耳,隹(唯)有它？"（问：耳朵有疾,是有灾祸吗？）《孟子·滕文公下》："三日不食,耳无闻,目无见也。"引申为形状像耳朵的,如：木耳；银耳。由耳在脑侧引申为位置在旁边的,如：耳房；耳门。耳在文献当中又用作动词,作闻、听解。《韩非子·外储说左上》："君其耳而未之目邪？"假借为文言语气词,表限止,相当于"罢了",《论语·阳货》："子曰：'二三子！偃之言是也。前言戏之耳。'"又可表示肯定或语句的停顿与结束,相当于"了"、"啊"、"也"。《庄子·大宗师》："今一犯人之形,而曰'人耳人耳'。"《史记·匈奴列传》："不备,苦恶,则候秋孰,以骑驰蹂而稼穑耳。"或读réng,只用于"耳孙"一词当中,古代从本身下数到八世孙称为耳孙。《集韵·蒸韵》："耳,昆孙之子为耳孙。"（秦晓华）

聑 zhé 端纽、缉部；知纽、葉韵、陟叶切。

战国　《说文》小篆　楷书

1《类编》134页。2《说文》249页。

象形字。像耳朵下垂的样子。战国文字曲笔之上的点画为装饰性符号。《说文》："聑,耳垂也。《春秋传》曰：秦公子辄者,其耳下垂,故以为名。"又用为姓,《集韵·叶韵》："聑,姓。"（秦晓华）

耽 dān 端纽、侵部；端纽、覃韵、丁含切。

聑—耽—耽
《说文》小篆　汉　楷书

1《说文》249页。2《篆隶表》851页。

形声字。《说文》："耽,耳大垂也。从耳,冘声。"指耳垂于肩上。《淮南子·地形》："夸父耽耳,在其北方。"由耳垂于肩上引申出承受、担负之义。清徐灏《说文解字注笺》："耽,耳垂在肩上。当以担荷为义。"又表示沉溺、迷恋,与"酖"的意义相通。迟延是后起义。如：耽搁、耽误。《金史·五行志》："童谣云：'青山转,转青山,耽误尽,少年人。'"（秦晓华）

聃 dān 透纽、谈部；透纽、谈韵、他酣切。

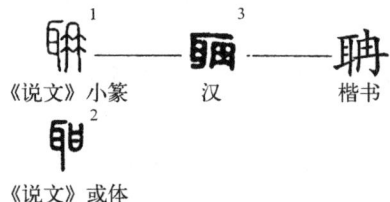

《说文》小篆　汉　楷书

《说文》或体

1、2《说文》249页。3《篆隶表》851页。

形声字。表示耳长且大的意思。《说文》："聃,耳曼也。从耳,冉声。"段玉裁注："曼者,引也。耳曼者,耳如引之而大也。"宋苏轼《补禅月罗汉赞》："聃耳属肩,绮眉覆颧。"古时认为耳长且大是长寿的特征,张舜徽《说文解字约注》："曼有长义。聃训耳曼,谓耳长也,亦即下垂之意。旧说,耳垂长者寿高。《礼记·曾子问》：'吾闻诸老聃。'郑注云：'老聃,古寿考者之号也。'是其义已。"后引申为年老的样子。《隶释·老子铭》："聃然,老旄之貌也。"（秦晓华）

耿 gěng
见纽、耕部；见纽、耿韵、古幸切。

1	2	3	4	5
西周	战国	《说文》小篆	汉	汉 楷书

1《金文编》771页。2《战文编》781页。3《说文》249页。4、5《篆隶表》851页。

形声字。从耳，炷省声，或说从火，圣省声。本义为耳朵贴于脸颊。《说文》："耿，耳着颊也。"借用来指光明、明亮。《书·立政》："以觐文王之耿光，以扬武王之大烈。"引申为动词，照、映。《国语·晋语三》："若人，必伯诸侯以见天子，其光耿于民矣。"由光明引申为品质的高洁，如耿直、耿介。（秦晓华）

聯(联) lián
来纽、元部；来纽、仙韵、力延切。

1《殷虚文字乙编》1598。2叔罴父簋"䌩"字所从。3《类编》135页。4《说文》249页。5《篆隶表》851页。

甲骨文从三系，其上斜笔相联，属会意字，为"联"之初文，本义为联接。战国文字增加形旁耳，遂为会意兼形声字。《说文》："聯，连也。从耳，耳连于颊也，从絲，絲连不绝也。"《楚辞·七谏·沉江》："联蕙芷以为佩兮。"引申为互相结合。《汉书·赵充国传》："臣恐羌变未止此，且复结联他种，宜及未然为之备。"诗文中对偶的两句合成一个完整的意思，称为一联。律诗八句分四联：首联、颔联、颈联、尾联。联、连二字同源，意思基本相同，连接、连贯的连又可以写作联。在有些词语中，连侧重于相接相续，联偏重于结合成一个整体不可分割，联合、联盟、联防中的联不写作"连"。（秦晓华）

聖(圣) shèng
书纽、耕部；书纽、劲韵、式正切。

1《甲文编》466页。2《金文编》771页。3《类编》135页。4《战文编》786页。5《说文》250页。6《篆隶表》852页。

会意字。李孝定认为，甲骨文"聖"字，"象人上着大耳，从口，会意。圣之初谊为听觉官能之敏锐，故引申训'通'；贤圣之义，又其引申也。"（见《甲骨文字集释》）西周金文形体逐渐衍为耳下从壬(tǐng)，为《说文》圣字篆文所本。《说文》："聖，通也。"谓通达事理，无所不通。《书·洪范》："睿作圣。"孔传："于事无不通谓之圣。"引申为精通某种学问或技艺并有极高成就的人，如：诗圣、棋圣。又引申为具有最高品德和智慧的人。如：圣贤，现称圣人。又引申为最崇高的、神圣的，如：圣洁、圣地、圣经。也用于称颂有关帝王及王朝的事物，如：圣朝、圣驾。宋元以后产生"聖"的俗体"圣"，现为"聖"的简化字。聖、声、聽三字同源，其始本为一字，后世分化其形，意义乃有别，然古此三字亦互相通用。如甲骨文中的圣即用为听，《合集》14295："亡其聖。"（聖读为"聽"）《吕氏春秋·论人》："听则观其所行。"于省吾新证："听应读作声，听、圣、声，古音近字通。按：言必有声，称声犹称言也！"（秦晓华）

聰(聪) cōng
清纽、东部；清纽、东韵、仓红切。

1《说文》250页。

形声字。从耳，悤声。今简化为"聪"，从耳，总声。《说文》："聰，察也。"指听而能审察是非真假。《易·夬》："闻言不信，聪不明也。"引申为听觉灵敏，耳力好。如：耳聪目明。聪、明本为两个单音节词，分别指听觉灵敏和视力好，《荀子·劝学》："目不能两视而明，耳不能两听而聪。"引申指明智、智慧。今多指悟性强。（秦晓华）

聽(听) tīng
透纽、耕部；透纽、青韵、他丁切。

1《甲文编》466页。2《金文编》772页。3《战文编》787页。4《说文》250页。5《篆隶表》853页。

甲骨文、金文的听是会意字，从耳从口，表示口有所言，以耳得之为声，其得声之动作为听，《合集》8669："方无聽。"（即没有听到方国的情况）《说文》小篆所从之悳为叠加声符。《说文》："聽，聆也。"段玉裁注："听者，耳有所得也。"《论语·公冶长》："听其言而观其行。"听而后从，引申为听从、接受。《诗·大雅·荡》："曾是莫听，大命以倾。"由聆听又引申为考察、治理，即听取情况而进行裁断，治理。《周礼·秋官·小司寇》："以五声听狱讼，求民情：一曰辞听，二曰色听，三曰气听，四曰耳听，五曰目听。"《荀子·王霸》："相者，论列百官之长，要百事之听。"杨倞注："听，治也。要取百事之治考其得失也。"又引申为等候。《周礼·地官·大司徒》："正岁，令于教官曰：各共尔职，修乃事，以听王命。"贾公彦疏："听，待也。" 聽、聲、聖三字同源（参见"聖"字条）。聽现简化为从口、斤声之"听"。从口、斤声之"听"见于《说文》，本义为笑的样子。《说文·口部》："听，笑皃。从口，斤声。"现代汉语中，"听"之本义已废，专表听义。（秦晓华）

聆 líng 来纽、耕部；来纽、青韵、郎丁切。

聆¹—聆²—聆
《说文》小篆　汉　　楷书

1《说文》250页。2《篆隶表》853页。

形声字。《说文》："聆，听也。从耳，令声。"聆，倾耳细听。汉扬雄《剧秦美新》："镜纯粹之至精，聆清和之正声。"引申为明白、了然之义。《淮南子·齐俗》："不通于道者若迷惑，告以东西南北，所居聆聆，壹曲而辟。"高诱注："聆聆，意晓解也。"由听义引申出听从。《广雅·释诂一》："聆，从也。"（秦晓华）

職(职) zhí 章纽、职部；章纽、职韵、之翼切。

職¹—職²—職³—職⁴—職—职
春秋　　战国《说文》小篆　汉　　楷书　楷书

1、2《金文编》772页。3《说文》250页。4《篆隶表》853页。

形声字。《说文》："職，记微也。从耳，戠声。"原是"识"的本字，表示听记，故字从耳。作动词，指掌管。《周礼·天官·亨人》："职外内饔之爨亨煮。"（亨，通"烹"）作名词，指所掌职事，分内当做的事。《书·周官》："六卿分职，各率其属，以倡九牧，阜成兆民。"又引申指职位。《孟子·公孙丑上》："莫如贵德而尊士，贤者在位，能者在职。"又用为谦称，指卑职，下属对上司的自称。（秦晓华）

聒 guō 见纽、月部；见纽、末韵、古活切。

聒¹—聒
《说文》小篆　楷书

1《说文》250页。

形声字。本作"聒"，从耳，昏声，后声旁讹变为舌。《说文》："聒，讙语也。"指喧哗、嘈杂。《左传·襄公二十六年》："左师闻之，聒而与之语。"晋杨泉《物理论》："夫虚无之谈，尚其华藻，此无异于春蛙秋蝉，聒耳而已。"（秦晓华）

聲(声) shēng 书纽、耕部；书纽、清韵、书盈切。

聲¹—聲²—聲³—聲⁴—聲—声
商　　战国《说文》小篆　汉　　楷书　楷书

1《甲文编》466页。2《战文编》787页。3《说文》250页。4《篆隶表》854页。

会意字。甲骨文从殸、从耳（聽），表示叩击悬磬，击磬则空气振动，传之于耳感之者为声。甲骨文声用作地名，《屯南》3551："丁丑贞，磬有犀，其……"《说文》小篆所从之悬磬讹变为声形，为声之简化字所本。《说文》："聲，音也。"段玉裁注："宫商角徵羽，声也，丝竹金石匏土革木，音也。"本指乐音。《孟子·梁惠王下》："百姓闻王钟鼓之声。"泛指声音。《诗·大雅·文王》："上天之载，无声无臭。"转作动词，引申为发声、宣布。转指名声、名望，引申为名誉。由声音引申指汉语语音学中的术语：声母、声调、声旁。聽、聲、聖三字同源（参见"聖"字条）。（秦晓华）

聞(闻) wén 明纽、文部；微纽、问韵、亡运切。

聞¹—聞²—聞³—聞⁴—聞⁵—聞⁶
商　西周　春秋　战国　战国　《汗简》古文

聞⁷—聞⁸
战国　　《说文》古文

聞⁹—聞¹⁰—聞¹¹—聞—闻
战国　《说文》小篆　汉　　楷书　楷书

1《甲文编》466页。2《金文编》772页。3、7《金文编》773页。4、5、9《战文编》788页。6《汗简》33页。8、10《说文》250页。11《篆隶

表》855页。

甲骨文闻为会意字，"象人踞而以手附耳谛听之形"（李孝定语）；西周金文形体发生讹变，为了追求字形的平衡，而将耳与身体割裂开来，置于其右，人形之上又增加装饰性符号；春秋金文或加足趾形，与女旁相似；战国文字有所省减，或省耳，或省人形，《汗简》之古文应由战国文字演变而来。战国时期闻又另造形声字，或从耳、昏声，与《说文》古文相合；或从耳、門声，沿用至今。本义是听到，听见。《合集》2421："庚子卜，永贞，妣己闻？"《孟子·梁惠王上》："闻其声，不忍食其肉。"引申为被听到，即达到，传布。《诗·小雅·鹤鸣》："鹤鸣于九皋，声闻于天。"又引申指使听到，即报告。《合集》13651："有疾齿，父乙唯有闻？"又引申为闻名，著称。由此引申为名誉，声望。作名词，又指听到的东西，"见闻"主要指知识。又引申指传闻，事迹。闻又指用鼻子嗅气味。听与闻是动作与结果的关系。《礼记·大学》："心不在焉，视而不见，听而不闻。"（秦晓华）

聘 pìn 滂纽、耕部；滂纽、劲韵、匹政切。

聘¹ — 聘² — 聘³ — 聘
战国　《说文》小篆　汉　　楷书

1《战文编》788页。2《说文》250页。3《篆隶表》855页。

形声字。《说文》："聘，访也。从耳，甹声。"访问，问候。《诗·小雅·采薇》："我戍未定，靡使归聘。"特指诸侯之间或诸侯与天子之间派使节访问修好。《礼记·曲礼下》："诸侯使大夫问于诸侯曰聘。"引申为聘请，以礼请人担任某一职务。如：礼聘、召聘。古代又指以礼物问名、订婚、迎娶，这个意义又写作"娉"。（秦晓华）

聾（聋） lóng 来纽、东部；来纽、东韵、卢红切。

龍¹ — 聾² — 聾³ — 聾 — 聋
西周　《说文》小篆　秦　　楷书　楷书

1《金文编》773页。2《说文》250页。3《篆隶表》855页。

形声字。《说文》："聾，无闻也。从耳，龍声。"本义指耳朵听不见声音。《庄子·逍遥游》："聋者无以与乎钟鼓之声。"引申为昏聩，糊涂。《左传·宣公十四年》："郑昭、宋聋，晋使不害。"杜预注："聋，闇也。"杨伯峻注："昭谓眼明，聋则耳不聪。此犹言郑解事，宋不解事。"成语有：装聋作哑、振聋发聩。（秦晓华）

聳（耸） sǒng 心纽、东部；心纽、肿韵、息拱切。

聳¹ — 聳 — 耸
《说文》小篆　楷书　楷书

1《说文》250页。

形声字。从耳，從声。《说文》小篆从耳從省声，丁福保《诂林》指出："慧琳《音义》七十九卷、八十八卷、八十九卷、九十一卷'聳'注引《说文》'从耳，從声'。二徐本作'從省声'，非是。篆文亦有微误。"《说文》："生而聋曰聳。"本义指耳聋。汉马融《广成颂》："子野听聳。"（子野：人名。听：听觉）又表矗立，高起。又劝勉，奖励之义。《方言》卷六："聳，奖，欲也。"由劝勉义又引申出怂恿之义。《方言》卷六："中心不欲而由旁人之劝语亦曰聳。"惊是聳的假借义。《左传·襄公四年》："边鄙不聳。"（秦晓华）

聵（聩） kuì 疑纽、物部；疑纽、怪韵、五怪切。

聵¹ — 聵 — 聩
《说文》小篆　楷书　楷书

1《说文》250页。

形声字。《说文》："聵，聋也。从耳，貴声。"本指天生耳聋。《国语·晋语四》："聋聵不可使听。"引申为泛指一般耳聋。《新唐书·司空图传》："休，美也。既休而美具。故量才，一宜休；揣分，二宜休；耄而聵，三宜休。"《太玄·玄摛》："晓天下之聵聵，莹天下之晦晦者，其唯玄乎！"继而引申为假装不知。《逸周书·芮良夫》："尔乃聵祸玩烖，遂弗俊。"孔晁注："聵，阳不闻。"比喻糊涂，不明事理。（秦晓华）

聅 chè 透纽、月部；彻纽、薛韵、丑列切。

聅¹ — 聅² — 聅
战国《说文》小篆　楷书

1《战文编》788页。2《说文》250页。

会意字。古代军法，以矢穿耳的刑罚。《说文》："聅，军法，以矢贯耳也。《司马法》曰：'小罪聅，中罪刖，大罪

到。'"（秦晓华）

聝 guó 见纽、职部；见纽、麦韵、古获切。

西周 《说文》小篆 楷书
1《金文编》773页。2《说文》250页。

形声字。聝字金文从爪，或声；《说文》小篆从耳，或声，属于相关形符换用。《说文》："聝，军战断耳也。《春秋传》曰：'以为俘聝。'"本义为战争中割取死敌左耳以代首级计功。盂鼎二："隻（获）聝四千八百□十二聝。"文献多作"馘"。《诗·大雅·皇矣》："执讯连连，攸馘安安。"（秦晓华）

䜈 mí 明纽、脂部；明纽、纸韵、文彼切。

战国 《说文》小篆 楷书
1《战文编》788页。2《说文》250页。

形声字。从耳，麻声。《说文》："䜈，乘舆金马耳也。"指古代天子所乘车上的金饰车耳。（秦晓华）

聶（聂）niè 泥纽、葉部；泥纽、葉韵、尼輒切。

战国《说文》小篆 汉 晋 楷书 楷书
1《战文编》789页。2《说文》250页。3、4《篆隶表》856页。

会意字。繁体从三耳会意，字义与耳有关。简化字"聂"耳下的"又"是简化符号，与字义无涉。《说文》："聶，附耳私小语也。"谓附耳小声说话。《庄子·大宗师》："瞻明闻之聶许，聶许闻之需役。"成玄英疏："聶，登也，亦是附耳私语也。"此义后来写作"嗫"。"聶"又用作地名，在今山东聊城县东北。《通志·氏族略》："卫大夫食采于聶，因氏焉。"今作姓氏用字。（秦晓华）

臣 部

臣 yí 喻纽、之部；以纽、之韵、与之切。

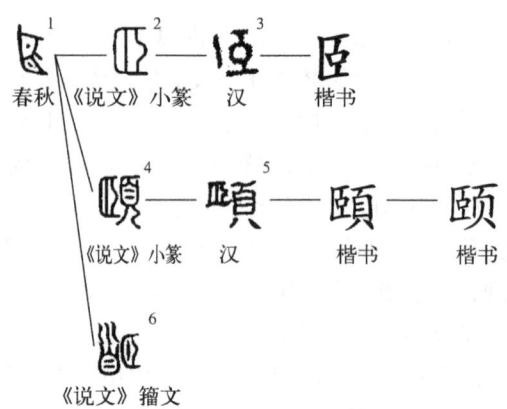

春秋 《说文》小篆 汉 楷书
《说文》小篆 汉 楷书 楷书
《说文》籀文

1《金文编》773页。2、4、6《说文》250页。3、5《篆隶表》856页。

古文颐为象形字，清段玉裁《说文解字注》："此文为横视之。横视之，则口上口下口中之形俱见矣。"后加形旁页，成为从页、从臣，臣亦声的形声兼会意字；《说文》籀文则易形符页为"首"。《说文》："臣，颐也。"本义指口腔的下部，俗称下巴。《庄子·渔夫》："方手据膝，右手持颐以听。"又指面颊。《汉书·匡衡传》："匡说诗，解人颐。"（解颐，开颜欢笑）引申为养，保养。《释名·释形体》："颐，养也。"《后汉书·王充传》："裁节嗜欲，颐神自守。"又借用为《易》之卦名。《易·颐》："《象》曰：山下有雷，颐。"（秦晓华）

配 yí 喻纽、之部；以纽、之韵、与之切。

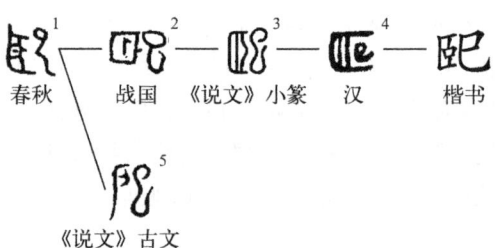

春秋 战国 《说文》小篆 汉 楷书
《说文》古文

1《金文编》774页。2《战文编》790页。3、5《说文》250页。4《篆隶表》856页。

形声字。从臣，从巳，巳为叠加声符。《说文》古文从户，从巳，户应由臣讹变而来。本义为宽下额。《说文》："配，广也。"引申为宽广之义。清段玉裁《说文解字注》："配，广颐曰配，引申为凡广大之称。"继而引申为成长、壮大之义。《方言》卷十二："配，长也。"郭璞注："谓壮大也。"（秦晓华）

手部

手 shǒu 书纽、幽部；书纽、有韵、书九切。

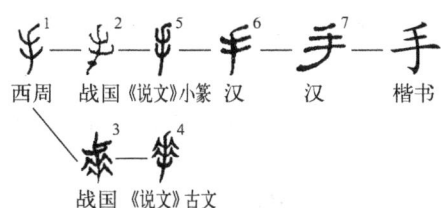

西周　战国《说文》小篆　汉　汉　楷书

战国《说文》古文

1《金文编》774页。2、3《战文编》791页。4、5《说文》250页。6《篆隶表》856页。7《隶辨》455页。

象形字。金文像手伸出五指形。小篆为均衡笔画结构写作"手"，说文古文是六国异写文字，依稀可见手的影子。隶书逐渐将弧笔的五指拉成横画，完全脱离了象形字。楷书则更看不出手的样子了。《说文》："手，拳也。象形。凡手之属皆从手。"段玉裁注："今人舒之为手，卷之为拳，其实一也。"本义是腕以下的指掌部分。《诗·邶风·击鼓》："执子之手，与子偕老。"引申作动词用，表示取。《诗·小雅·宾之初筵》："宾载手仇，室人入又。"表示拿着，执持。《逸周书·克殷》："武王乃手大白以麾诸侯。""手大白"即"右秉白旄"；手，秉持也。又表示用手打击。《汉书·司马相如传》："生貔豹，搏豺狼，手熊罴，足野羊。"又引申为亲手，亲自。《后汉书·隗嚣传》："帝报以手书。"后借指为专司某事或擅长某种技能的人。《宋书·黄回传》："明宝启太宗使回募江西楚人，得快射手八百。"后来，"手"又引申出手艺、小巧的等多项意义，还用作表示技能、本领方面的量词。现在的"手"是汉字的一个部首，作偏旁在左边时，写作"扌"，如排、拱、指等；在下部时，写作"手"，如拳、掌、挈等，凡从手的字大都与手和手的动作有关。（荆亚玲　蒋晓薇）

掌 zhǎng 章纽、阳部；章纽、养韵、诸两切。

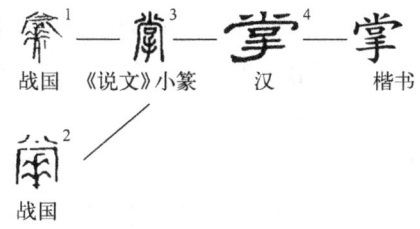

战国《说文》小篆　汉　楷书

战国

1、2《战文编》791页。3《说文》250页。

4《隶辨》434页。

形声字。从手，尚声。《说文》："掌，手中也。"王筠句读："《增韵》：'掌，手心也。'谓指本（手指的根本）也。"本义是手心，手掌。《孟子·公孙丑上》："武丁朝诸侯，有天下，犹运之掌也。"由手掌引申转指动物的脚掌。《孟子·告子上》："鱼，我所欲也，熊掌，亦我所欲也。"用作动词，指以掌击打。汉扬雄《羽猎赋》："蹶松柏，掌蒺藜。"手掌是把握操作的器官，故又引申指手拿，执持。《封神演义》第二回："四下里齐举火把，八方处乱掌灯球。"由此又引申为职掌，主管。《孟子·滕文公上》："舜使益掌火，益烈山泽而焚之，禽兽逃匿。"由手持又引申指坚持，忍住。《红楼梦》第二十九回："连贾珍也掌不住笑了。"此义如今规范化用"撑"。（荆亚玲　蒋晓薇）

拇 mǔ 明纽、之部；明纽、厚韵、莫厚切。

《说文》小篆　汉　楷书

1《说文》250页。2《篆隶表》857页。

形声字。从手，母声。《说文》："拇，将指也。"徐锴系传："所谓将指者，为诸指之率（统率）也。"王筠句读："足大指亦沿此称也。"朱骏声通训定声："手足大指皆曰拇。"本义指手脚的大指。《国语·楚语上》："有首领股肱，至于手拇毛脉。"韦昭注："拇，大指也。"《左传·定公十四年》："灵姑浮以戈击阖庐，阖庐伤将指，取其一屦。"杜预注："其足大指见斩，遂失屦，姑浮取之。"（荆亚玲　蒋晓薇）

指 zhǐ 章纽、脂部；章纽、旨韵、职雉切。

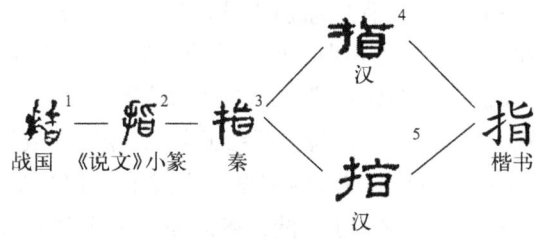

战国《说文》小篆　秦　楷书

汉　汉

1《战文编》791页。2《说文》251页。3、4《篆隶表》857页。5《隶辨》340页。

形声字。从手，旨声。《说文》："指，手指也。"《孟子·告子上》："今有无名之指屈而不信（伸），非疾痛害事也。"引申作动词用，表示指向，指着。唐杜牧《清明》："借问酒家何处有，牧童遥指杏花村。"由人所指向又引申为意旨，意向。《汉书·河间献王德传》："文约指明。"颜师古

注:"指谓义之所趋,若人以手指物也。"此引申义后来假借本当味美讲的"旨"字来表示,并一直沿用至今。斥责人常用手指点着,故又引申为指责,指斥。《汉书·王嘉传》:"里谚曰:'千人所指,无病而死。'"（荆亚玲　蒋晓薇）

拳 quán 群纽、元部；群纽、仙韵、巨员切。

拳¹—拳²—拳³—拳⁴—拳
战国　秦　《说文》小篆　汉　楷书

1《战文编》791页。2《篆隶表》857页。
3《说文》251页。4《隶辨》187页。

形声兼会意字。从手,从关(卷之省,表蜷曲),关也兼表声。《说文》:"拳,手也。"段玉裁注:"合掌指而为手。"朱骏声通训定声:"拳,张之为掌,卷之为拳。"《玉篇·手部》:"拳,屈手也。"本义指屈指卷握的手,即拳头。汉王延寿《梦赋》:"挥手振拳,电发雷舒。"引申为力气,力量。《诗·小雅·巧言》:"无拳无勇,职为乱阶。"毛传:"拳,力也。"引申指拳术,拳法。明戚继光《纪效新书·拳经》:"学拳要身法活便,手法便利,脚法轻固,进退得宜,腿可飞腾。"由拳头又引申指弯曲,蜷曲。北齐颜之推《颜氏家训·勉学》:"手不得拳,膝不得屈。"（荆亚玲　蒋晓薇）

掔(腕) wàn 影纽、元部；影纽、换韵、乌贯切。

掔¹—掔—捥—腕
《说文》小篆　楷书　楷书　楷书

1《说文》251页。

形声字。从手,取声。《说文》:"掔,手掔也。扬雄曰:'掔,握也。'"段玉裁注:"各本作手掔,今正,掔者,手上臂下也。肉部曰:'臂者,手上也。肘者,臂节也。'又部曰:'厷者,臂上也。'是则肘以下手以上,浑言之曰臂。析言之,则近手处曰掔。……俗作捥。"《正字通·手部》:"掔,一作掔,别作腕,义同。"清邵瑛《说文群经正字》:"今经典或作捥……或为腕。"《集韵·换韵》:"掔,《说文》:'手掔也。'扬雄曰:'掔,握也。'或作腕、捥。"本义为手掌手臂交接处。《张家山汉墓竹简》:"前厥以利股膝,反掔以利足蹄。"《仪礼·士丧礼》:"设决,丽于掔。"郑玄注:"掔,手后节中也。"古书中表示"手腕"义,还可以见到"捥"、"腕"和"掔"三种形体。《左传·定公八年》:"将歃,涉佗掊卫侯之手,及捥。"《灵枢经·骨度》:"腕至中指本节长四寸,本节至其末长四寸半。"《汉书·郊祀志上》:"莫不搤掔而自言有禁方能神仙矣。"颜师古注:"掔,古手腕之字也。"唐慧琳《一切经音义》:"腕,乌灌反,或作捥,皆俗用字也。"掔原是表示手腕义的正体,与手有关,故从手,取声,但由于"取"对一般人而言太陌生,"宛"比"取"常见,因此改作从手宛声。字又从月(肉),是因为腕部有肉,后来统一作"腕"形,"腕"成为表示"手腕"义的现行通用字。而用为手腕字的"掔"当是"掔"之形近讹字。（荆亚玲　蒋晓薇）

攕 xiān 心纽、谈部；生纽、咸韵、所咸切。

攕¹—攕—纖—纤
《说文》小篆　楷书　楷书　楷书

1《说文》251页。

形声字。从手,鐵声。《说文》:"攕,好手貌。《诗》曰:'攕攕女手。'"今本"攕攕"作"掺掺"。清段玉裁《说文解字注》:"《魏风·葛屦》曰:'掺掺女手,可以缝裳。'传曰:'掺掺犹纤纤也。'汉人言手之好曰纤纤,如古诗云'纤纤擢素手'。传以今喻古,故曰犹。其字本作'攕'。"清王筠《说文句读》:"古诗又曰'纤纤出素手',则知秦、汉间借'纤'为'攕'。纤者,细也。"掺亦有"细小"之义。《方言》卷二:"掺,细也。自关而西秦、晋之间,敛物而细谓之掺,或曰掺。"戴震疏证:"掺,细小也。"由于音近义近,所以"攕攕"也常常写作"掺掺"和"纖纖"（"纖"后来简化为"纤"）。女子之手以纤细为美,故今表示手纤细美好通用"纤纤"。（荆亚玲　蒋晓薇）

摳(抠) kōu 溪纽、侯部；溪纽、侯韵、恪侯切。
qū 溪纽、侯部；溪纽、虞韵、岂俱切。

摳¹—摳²—摳—抠
《说文》小篆　汉　楷书　楷书

1《说文》251页。2《隶辨》300页。

形声字。从手,區声。今类推简作"抠"。《说文》:"摳,绣也。一曰抠衣升堂。"《集韵·虞韵》:"抠,褰裳也。"本义是提起,提挈。《礼记·曲礼上》:"毋践履,毋踏(跨越)席,抠衣趋隅(角落),必慎唯唯。"陆德明释文:"抠,提也。"后来指用手挖。《西游记》第二回:"抠眼睛,捻鼻子。"（荆亚玲　蒋晓薇）

挹 yī 影纽、缉部；影纽、缉韵、於汲切。

揖

𝙥¹ — 揖² — 揖
《说文》小篆　汉　楷书

1《说文》251页。2《隶辨》766页。

形声字。从手，咠声。《说文》："揖，攘也。从手，咠声。一曰手箸胸曰揖。"指拱手行礼，作揖。《书·康王之诰》："群公既皆听命，相揖趋出。"《论语·八佾》："君子无所争。必也射乎！揖让而升，下而饮。其争也君子。"揖让，作揖和谦让。由拱手行礼又引申为辞让，谦让。《汉书·王莽传上》："公惟国家之统，揖大福大恩，事事谦退，动而固辞。"颜师古注："揖，谓让而不当也。"（荆亚玲　蒋晓薇）

攘

ràng　日纽、阳部；日纽、漾韵、人样切。
rǎng　日纽、阳部；日纽、养韵、汝阳切。

𤭖¹ — 攘² — 攘
《说文》小篆　汉　楷书

1《说文》251页。2《隶辨》436页。

形声字。从手，襄声。《说文》："攘，推也。"表示退让，谦让。读ràng，此义今作"让"。清段玉裁《说文解字注》："推手使前也，古推让字如此作。"清邵瑛《说文解字群经正字》："此即推让之本字。揖让之让亦作此。故《说文》与'揖'字联文。今经典统作'让'……今俗但知'攘'为'攘却'、'攘夺'同，竟不知为'推攘'、'揖攘'字矣。"《礼记·曲礼上》："君出就车，则仆并辔授绥，左右攘辟。"郑玄注："谓群臣陪位侍驾者攘却也。"段玉裁注："攘，凡退让用此字；引申之使人退让亦用此字。如攘寇、攘夷狄是也。"故引申为排斥，排除，读rǎng。《国语·鲁语下》："彼无亦置其同类，以服东夷，而大攘诸夏。"韦昭注："无亦，亦也。同类，同姓也。攘，却也。言楚亦将自置其同姓于鲁以取天下。"唐韩愈《进学解》："觝排异端，攘斥佛老（道家）。"又表示窃取，盗取。《广韵·阳韵》："攘，窃也。"《孟子·滕文公下》："今有人日攘其邻之鸡者，或告之曰：'是非君子之道。'"赵岐注："攘，取也，取自来之物也。"引申为侵夺。《庄子·渔父》："诸侯暴乱，擅相攘伐，以贼民人。"引申为扰乱。《淮南子·兵略》："此四君者，皆有小过而莫之讨也，故至于攘天下，害百姓。"高诱注："攘，乱也。"又表示卷起，撩起。三国魏曹植《美女篇》："攘袖见素手，皓腕约金环。"（荆亚玲　蒋晓薇）

拱

gǒng　见纽、东部；见纽、肿韵、居悚切。

𠬞¹ — 𠬞² — 𢶍³ — 拱⁴ — 拱
商　西周　《说文》小篆　汉　楷书

1《甲文编》100页。2《金文编》158页。
3《说文》251页。4《隶辨》330页。

形声字。从手，共声。本为会意字，甲骨文（𠬞）作左右两手对举形，写意为两手抱拳相拱作揖，金文（𠬞、𠬞）两手形稍讹，颇似父字。此时为収（廾）字。収（廾）即"拱"之初文。小篆改为左手形右共声的形声字，隶书写定为"拱"。"共"本为会意字，甲骨文（𠬞）从廾（双手），像双手捧器形，会供奉之意，金文形体与甲骨文极为相似，篆文（共）上边器皿稍讹，隶变后楷书写作"共"，应是"供"之初文。在古书中，"拱"常假借为"共"。《说文》："拱，敛手也。"抱拳或两手在胸前相合，表示敬意。《论语·微子》："子路拱而立。"引申为两手合围（表示物体的粗细）。《左传·僖公三十二年》："中寿，尔墓之木拱矣。"杜预注："合手曰拱。"又引申为围，环绕。《乐府诗集·燕射歌辞二·登歌》："群星拱极，众川赴海。"后又指顶部成弧形的建筑物。（荆亚玲　蒋晓薇）

揽（捡）

liǎn　来纽、谈部；来纽、琰韵、良冉切。
jiǎn　　　见纽、琰韵、居奄切。

𢹏¹ — 揽 — 捡
《说文》小篆　楷书　楷书

1《说文》251页。

形声字。从手，佥声。今类推简作"捡"。《说文》："捡，拱也。"段玉裁注："凡敛手宜作此字。"意为拱手，读liǎn。引申为约束，读jiǎn。《集韵·琰部》："捡，束也。"《正字通·手部》："捡，束也，拘也。"汉仲长统《昌言·杂编》："人之性有山峙渊渟者，患在不通；严刚贬绝者，患在伤士；广大阔荡者，患在无捡。"《字汇·手部》："捡，巡察也。"意为察看，清理。《后汉书·张湛传》："捡阅库藏，收其珍宝。"《字汇·手部》："捡，举也。"意为举发，告发。清赵翼《廿二史札记》卷十五："后魏孝静帝时，吏部令史张永和、崔阔等伪假人官。事觉，纠捡首者六万余人。"这几个意思后来写作"检"。拾取物必收敛手，遂又引申为现代常用义，指拾取。《中国地方戏曲集成·粤剧·搜书院》："小生曾把风筝捡，物归原主理当然。"（荆亚玲　蒋晓薇）

拜 bài 帮纽、月部；帮纽、怪韵、博怪切。

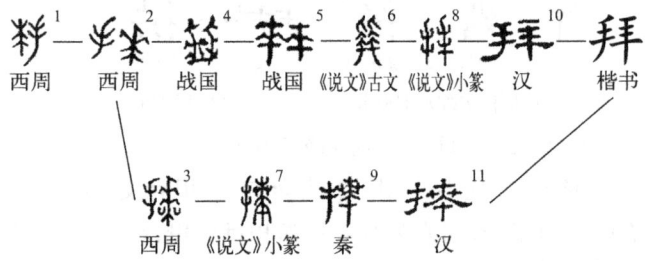

西周　西周　战国　战国　《说文》古文　《说文》小篆　汉　楷书
西周　《说文》小篆　秦　汉

1《金文编》774页。2、3《金文编》776页。
4、5《战文编》791页。6、7、8《说文》251页。
9《篆隶表》858页。10、11《隶辨》547～548页。

会意字。从手，从桒。金文像手连根拔掉一种植物。小篆有繁简二体：繁体从手、从桒，简体则从两手形并置，从丅(下)，表示下拜之意。隶书承袭小篆亦有繁简二体。今均用简体"拜"字。撵，文献多作"拜"，本义为拔。《诗·召南·甘棠》："蔽芾甘棠，勿翦勿拜，召伯所说。"引申为提拔，授予官职。《史记·廉颇蔺相如列传》："拜相如为上大夫。"进而引申为拜谢，拜访。《论语·阳货》："孔子时其亡也，而往拜之。"《说文》："撵，首至地也。从手、桒。桒音忽。𢁉，扬雄说，拜从两手下。"所释为"拜"之常用义。段玉裁《说文解字注》："首至手也，各本作首至地也，今正。首至地谓稽首，拜中之一，不可该九拜。'拜'之名生于'空首'。故许言首至手。《周礼》之'空首'，他经谓之拜手。郑注曰：'空首，拜头至手，所谓拜手也。'……详言曰拜手，省言曰拜。拜本专为空首之称，引申之则稽首、顿首、肃拜皆曰拜。"指双手作揖，是表示敬意的一种礼节。《书·益稷》："皋陶拜手稽首。"《荀子·大略》："平衡曰拜，下衡曰稽首。"拜是拱手弯腰，头俯至手而不至地，如今之"揖"，稽首则是头要触到地面的一种礼节，二者有所不同。后来作为行礼的通称，不仅指拱手弯腰而已，屈膝顿首、两手着地或叩头及地等均为拜。《周礼·春官·大祝》："辨九拜，一曰稽首，二曰顿首，三曰空首，四曰振动，五曰吉拜，六曰凶拜，七曰奇拜，八曰褒拜，九曰肃拜，以享右祭祀。"由表示敬意的礼节，虚化为敬辞，表示恭敬。宋曾巩《北归三首》其二："拜捧恩书喜满颜，马蹄遥望斗杓还。"（荆亚玲　蒋晓薇）

搯(掏) tāo 透纽、幽部；透纽、豪韵、土刀切。

𢱦—搯—掏
《说文》小篆　楷书　楷书

1《说文》251页。

形声字。从手，舀声。如今规范化用"掏"。《说文》："搯，捾也。"段玉裁注："《通俗文》：'捾出曰掏……掏即搯也。'"《广雅·释诂二》："搯，抒也。"王念孙疏证："搯、掏一字也。"《集韵·豪韵》："搯，《说文》：'捾也。'或作掏。""搯"本义为挖取、探取。唐韩愈《贞曜先生墓志铭》："钩章棘句，搯擢胃肾。"又表示扣，击。《国语·鲁语下》："请无瘠色，无洵涕，无搯膺。"韦昭注："搯，扣也。"由于"搯"字易与"掐"字相混，故挖取、探取之义又用形声字"掏"来表示。元张国宾《薛仁贵》第三折："早忘和俺掏斑鸠争攀古树，摸虾蟆混入淤泥。"（荆亚玲　蒋晓薇）

推 tuī 透纽、微部；透纽、灰韵、他回切。

𢫦—推—扌隹—推
《说文》小篆　汉　汉　楷书

1《说文》251页。2《篆隶表》859页。3《隶辨》55页。

形声字。从手，隹声。《说文》："推，排也。"本义指以手向外用力使物体向前移动。《左传·成公二年》："自始合，苟有险，余必下推车。"引申用于抽象意义，意为推广，使扩展。《孟子·梁惠王上》："故推恩足以保四海。"由推开引申为排除，除去。《诗·大雅·云汉》："旱既大甚，则不可推。"毛传："推，去也。"郑玄笺："旱既不可移去，天下困于饥馑。"又引申为推让，辞让。《史记·淮阴侯列传》："（汉王）解衣衣我，推食食我。"由推移又引申为推算，推测。《淮南子·本经》："星月之行，可以历推得也。"还引申为推举，推荐。《书·周官》："推贤让能，庶官乃和。"（荆亚玲　蒋晓薇）

排 pái 並纽、微部；並纽、皆韵、步皆切。

𢫦—排—扌𰀁—排
《说文》小篆　汉　汉　楷书

1《说文》251页。2《篆隶表》859页。3《隶辨》105页。

形声字。从手，非声。《说文》："排，挤也。"本义是推，推挤。《广雅·释诂三》："排，推也。"《礼记·少仪》："排阖说(脱)屦于户内者，一人而已矣。"孔颖达疏："阖谓门扇，谓排推门扇说屦于户内者一人而已矣。"引申为排解，消除。《战国策·赵策三》："所贵于天下之士者，为人排患解难、解纷乱而无所取也。"又引申为排斥,排挤。《庄子·在宥》:"人心排下而进上,上下囚杀。"后又产生排列义。清段玉裁《说文解字注》:"排,今义列也。"《字汇·手部》:"排,列也。"唐白居易《春题湖上》:"松排山面千重翠,月点波心一颗珠。"由此又引申为挨次,逐一。宋朱敦儒《乌夜啼》:"寻芳伴侣休闲过,排日有花开。"（荆亚玲　蒋晓薇）

擠（挤） jǐ 精纽、脂部；精纽、霁韵、子计切。

擠¹—擠—挤
《说文》小篆　楷书　楷书

1《说文》251页。

形声字。从手,齊声。今类推简作"挤"。《说文》:"擠,排也。"本义指推挤。《广雅·释诂》:"挤,推也。"《正字通·手部》:"挤,推之使坠也。"《左传·昭公十三年》:"小人老而无子,知挤于沟壑矣。"杜预注:"挤,队也。"清段玉裁《说文解字注》:"队,今之坠字,谓排而坠之也。"引申为排斥,陷害。《庄子·人世间》:"故其君因其修而挤之,是好名者也。"又引申指拥挤,拥聚。《红楼梦》第七回:"贾母说孙女们太多,一处挤着倒不便。"还引申指挤压,压榨。宋梅尧臣《茶磨》二首之一:"北归唯此急,药白不须挤。"（荆亚玲　蒋晓薇）

抵 dǐ 端纽、脂部；端纽、荠韵、都礼切。

揫¹—抵²—抵
战国　《说文》小篆　楷书

1《战文编》791页。2《说文》251页。

形声字。从手,氏声。《说文》:"抵,挤也。"段玉裁注:"排而相岠(拒)也。"《广雅·释诂三》:"抵,推也。"指推、排挤。《后汉书·桓谭传》:"憙非毁俗儒,由是多见排抵。"转指(用角)顶,触。《史记·乐书》:"蚩尤氏头有角,黄帝斗,以角抵人。"这个意义也作牴,觗。《说文·牛部》:"牴,触也。"《汉书·扬雄传》:"犀兕之牴触。"由互相抵触引申为抵偿。《汉书·高帝纪上》:"杀人者死,伤人及盗抵罪。"由此又引申为价值相当,值。唐杜甫《春望》:"烽火连三月,家书抵万金。"由推挤引申为抵挡,抗拒。唐柳宗元《送表弟吕让将仕进序》:"吾观古豪贤士,能知生人艰饥赢寒,蒙难抵暴。"又表示至,到达。《广雅·释诂一》:"抵,至也。"《史记·秦始皇本纪》:"遂从井陉抵九原。"（荆亚玲　蒋晓薇）

摧 cuī 从纽、微部；从纽、灰韵、昨回切。

摧¹—摧²—摧
《说文》小篆　汉　楷书

1《说文》251页。2《隶辨》111页。

形声字。从手,崔声。《说文》:"摧,挤也。从手,崔声。一曰挏也,一曰折也。"徐锴系传:"挏,推动也。"《广雅·释诂三》:"摧,推也。"指推挤。唐吕温《送段秀才归澧州》:"摧贤路已隔,赈乏力不任。"又指折断。清段玉裁《说文解字注》:"折者,断也。今此义行而上二义废矣。"三国魏李萧远《运命论》:"木秀于林,风必摧之。"引申为摧毁,毁坏。唐李贺《雁门太守行》:"黑云压城城欲摧,甲光向日金鳞开。"又引申指挫败,挫折。《楚辞·九叹·忧苦》:"折锐摧矜,凝泛滥兮。"王逸注:"摧,挫也。"由精神受挫折,引申指悲伤,哀痛。唐李白《丁都护歌》:"一唱都护歌,心摧泪如雨。"（荆亚玲　蒋晓薇）

拉 lā 来纽、缉部；来纽、合韵、卢合切。

拉¹—拉
《说文》小篆　楷书

1《说文》251页。

形声字。从手,立声。《说文》:"拉,摧也。"段玉裁注:"此上文'摧,一曰折也'之义。"《玉篇·手部》:"拉,折也。"本义是摧折,折断。《晋书·甘卓传》:"将军之举武昌,若摧枯拉朽,何所顾虑乎!"引申为牵引,拽。唐刘禹锡《花下醉中联句》:"谁能拉花住,争换得春回。"引申为牵连,牵扯。《红楼梦》第十九回:"凡我说一句,你就拉上这么些。"又引申为邀请,邀约。《正字通·手部》:"拉,俗邀人同行曰拉。"三国蜀诸葛亮《黄陵庙记》:"于是情好日密,相拉总师。"还引申为抽象的拉拢,帮助。（荆亚玲　蒋晓薇）

挫 cuò 精纽、歌部；精纽、过韵、则卧切。

挫¹—挫²—挫
《说文》小篆　汉　楷书

1《说文》251页。2《隶辨》598页。

形声字。从手,坐声。《说文》:"挫,摧也。"《广雅·释诂一》:"挫,折也。"本义是摧折,折断。《周礼·考工记·轮人》:"凡揉牙,外不廉而内不挫。"郑玄注:"廉,绝也。挫,折也。"引申为挫败,毁损。《史记·屈原贾生列传》:"(怀王)兵挫地削,亡其六郡。"又引申为抑制,打击。唐玄应《一切经音义》卷二十三:"挫,抑也。"《后汉书·史弼传》:"弼为政,特挫抑强豪。"（荆亚玲　蒋晓薇）

扶 fú 並纽、鱼部；奉纽、虞韵、防无切。

西周　《说文》古文

西周　战国　《说文》小篆　秦　汉　汉　楷书

1、2《金文编》776页。3、5《说文》251页。4《战文编》791页。6《睡甲》181页。7、8《篆隶表》859页。

会意兼形声字。金文从夫、从攴或从夫、从又,左边是"夫"（"夫"就是"人"）,有两臂两腿,最上部的一条横线是头上横插的簪子,右方是伸向人的一只大手,表示用手扶人走路之意,夫也兼表声。《说文》古文像一老人扶筇（手杖）,右边彐像手持半个竹。小篆上承战国形体,"夫"移到"手"的右边,而且也不太像"人"的形象。隶书、楷书的写法由小篆演变而成。《说文》:"扶,左也。从手,夫声。"段玉裁注:"'左'下曰:手相助也。"所释为引申义。本义是搀扶,扶持。《论语·季氏》:"危而不持,颠而不扶。"引申为帮助,支持。《战国策·宋卫策》:"若扶梁伐赵,以害赵国,则寡人不忍也。"高诱注:"扶,助也。"由扶持义,又引申为护送。唐杜甫《别蔡十四著作》:"主人薨城府,扶榇归咸秦。"对被搀扶的人来说,就是有了依靠,故又引申为拄着,持着。汉贾山《至言》:"臣闻山东吏布诏令,民虽老羸癃疾,扶杖而往听之。"又虚化为介词,表示方向,意为沿着、顺着。晋陶潜《桃花源记》:"既出,得其船,便扶向路,处处志之。"（荆亚玲　蒋晓薇）

持 chí 定纽、之部；澄纽、之韵、直之切。

西周《说文》小篆　汉　汉　楷书

1《金文编》776页。2《说文》251页。3《篆隶表》860页。4《隶辨》64页。

形声字。从手,寺声。金文下又（手）形上止声,义为握拿。容庚《金文编》卷十二:"（金文）持不从手。"小篆变止形为之,变又形为寸,增手形表其本字。隶书变之形为士,但却讹为土,写定为持。《说文》:"持,握也。从手,寺声。"本义是握住,拿着。《战国策·赵策四》:"媪之送燕后也,持其踵为之泣。"引申为主张,抱有（思想、见解）。《荀子·非十二子》:"其持之有故,其言之成理。"又引申为掌握,掌管。汉王充《论衡·骨相》:"君后三岁而入将相,持国秉。"又引申为扶助,扶持。《荀子·解蔽》:"鲍叔、宁戚、隰朋仁知且不蔽,故能持管仲,而名利福禄与管仲齐。"杨倞注:"持,扶翼也。"又引申为挟持,要挟。《史记·酷吏列传》:"致产数千金,为任侠,持吏长短,出从数十骑。"还引申为抗衡,对抗。《三国志·魏书·郭嘉传》:"太祖与袁绍持于官渡。"（荆亚玲　蒋晓薇）

挈 qiè 溪纽、月部；溪纽、屑韵、苦结切。

《说文》小篆　汉　汉　楷书

1《说文》251页。2《篆隶表》860页。3《隶辨》698页。

形声字。从手,初声。《说文》:"挈,悬持也。"段玉裁注:"悬者,系也。"王筠句读:"说以悬者,提是物则物向下,有似倒悬,故曰悬。"本义指悬持,提起。《韩非子·外储说左下》:"晋文公出亡,箕郑挈壶餐而从。"引申指执持,拉着。《汉书·韩信传》:"后陈豨为代相监边,辞信,信挈其手,与步于庭数匝。"又引申指携带,率领。《谷梁传·僖公二年》:"挈其妻子以奔曹。"又引申指提拔。《汉书·陈馀传》:"况以两贤王左提右挈,而责杀王,灭燕易矣。"颜师古注:"提挈,言相扶持也。"（荆亚玲　蒋晓薇）

拑 qián 群纽、谈部；群纽、盐韵、巨淹切。

《说文》小篆　楷书

1《说文》251页。

形声字。从手,甘声。《说文》:"拑,胁持也。"段玉裁注:"谓胁制而持之也。"王筠句读:"谓以肘拑制于胁下也。"指胁持,夹住。《战国策·燕策二》:"蚌方出曝,而鹬啄其肉,蚌合而拑其喙。"引申指闭住（口）。《史记·秦始皇本纪》:"故使天下之士,倾耳而听,重足而立,拑口而不言。"清朱骏声《说文通训定声》:"按,以手曰拑,以竹笒拑曰箝,以铁钳拑曰钳。"王力《同源字典》:"力按,拑、箝、钳实同一词。"如今规范化,书写为"钳"。

(荆亚玲 蒋晓薇)

挚（挚）zhì　章纽、质部；章纽、至韵、脂利切。

商　战国　《说文》小篆　秦　汉　楷书　楷书

1《甲文编》467页。2《战文编》792页。3《说文》251页。4、5《篆隶表》860页。

会意兼形声字。从手，从执，执也兼表声。孙海波《甲骨文编》："挚，象罪人被执以手抑之之形。"可见甲骨文中的"挚"像用手捉住带铐的犯人。战国文字改为下手形上执声，小篆、楷书承袭战文，如今简化为"挚"。《说文》："挚，握持也。"本义为握持，攫取。宋玉《高唐赋》："股战胁息，安敢妄挚。"又意为至，到。《书·西伯戡黎》："大命不挚，今王其如台？"孔传："挚，至也。"由此引申指极至，顶点。《汉书·窦田灌韩传赞》："以韩安国之见器，临其挚而颠坠，陵夷以忧死，遇合有命，悲夫！"颜师古注："李奇云：'挚，极也。'"后来转指诚恳，情谊深厚。清王士禛《诚斋诗集序》："于师友之际，尤缠绵笃挚。"

(荆亚玲 蒋晓薇)

操　cāo　清纽、宵部；清纽、豪韵、七刀切。
　　cào　清纽、宵部；清纽、号韵、七到切。

战国　战国　《说文》小篆　秦　汉　汉　楷书

1、2《战文编》792页。3《说文》251页。4、5《篆隶表》860页。6《隶辨》594页。

形声字。从手，喿声。《说文》："操，把持也。"段玉裁注："把者，握也。"本义是拿，握在手里。《楚辞·九歌·国殇》："操吴戈兮被犀甲。"王逸注："操，持也。"引申为掌握。《韩非子·定法》："术者，因任而授官，循名而责实，操杀生之柄，课群臣之能者也。"又引申为操纵，驾驭。《庄子·达生》："津人操舟若神。"又引申指从事。清蒲松龄《聊斋志异·促织》："邑有成名者，操童子业，久不售。"又引申指弹奏。《文心雕龙·知音》："凡操千曲而后晓声，观千剑而后识器。"作名词用指操守，品行。《正字通·手部》："操，节操。"《孟子·滕文公下》："充仲子之操，则蚓而后可者也。"

(荆亚玲 蒋晓薇)

搏　bó　帮纽、铎部；帮纽、铎韵、补各切。

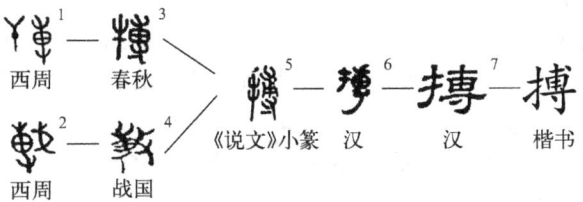

西周　春秋　《说文》小篆　汉　汉　楷书
西周　战国

1、2《金文编》776～777页。3、4《战文编》792页。5《说文》251页。6《篆隶表》860页。7《隶辨》715页。

形声字。从手，尃声。金文从干，尃声，或从戈，尃声。干、戈表意同类，均为武器。战文形体变从戈为从攴，石鼓文形体左边的"干"则讹变为"牛"。小篆的形体由"牛"又变为"手"，改为从手尃声。《说文》："搏，索持也。一曰至也。"段玉裁注："搏，索持也。索，各本作素，今正。入室搜曰索。索持，谓摸索而持之。"《集韵·遇韵》："搏，捕也。"指搜捕，捕捉。《国语·晋语八》："平公射鹌(yàn)，不死，使竖襄搏之。"但由金文的形体看，《说文》所释非本义，"搏"的本义应是"搏斗"。对打，相斗。《广雅·释诂三》："搏，击也。"《左传·僖公二十八年》："晋侯梦与楚子搏。"杜预注："搏，手搏。""捕捉"应是"搏斗"的引申义。由捕捉可引申为执持，握持。《吕氏春秋·首时》："伍子胥说之半，王子光举帷，搏其手而与之坐。"高诱注："搏执子胥之手，与之俱坐，听其说。"又可引申为攫取，拾取。《史记·李斯列传》："铄金百溢，盗跖不搏。"司马贞索隐："搏犹攫也，取也。凡鸟翼击物曰搏，足取曰攫，故人取物亦谓之搏。"(荆亚玲 蒋晓薇)

據（据）jù　见纽、鱼部；见纽、御韵、居御切。

战国　《说文》小篆　汉　汉　楷书　楷书

1《战文编》792页。2《说文》251页。3《篆隶表》861页。4《隶辨》509页。

形声字。从手，豦声。"据"、"據"原是两个不同的字，今以"据"作"據"的的简体。《说文》："據，杖持也。"段玉裁注："谓倚杖而持之也。杖者人所据，则凡所据皆曰杖。"《广雅·释言》："據，杖也。"《广韵·御韵》："據，依也。"指依仗，依托。《诗·邶风·柏舟》："亦有兄弟，不可以据。"毛传："据，依也。"引申为占据，处于。《韩非子·初见秦》："据其地而有其民。"又意为抓。《史记·吕太后本纪》："吕后祓，还过轵道，见物如苍犬，据高后掖，

忽弗复见。"作名词指证明,凭证。晋郭璞《尔雅序》:"事有隐滞,援据征之。"（荆亚玲　蒋晓薇）

攝（摄） shè 书纽、葉部；书纽、葉韵、书涉切。
niè 泥纽、葉部；泥纽、帖韵、奴协切。

聶—聶—攝—攝—摄
《说文》小篆　汉　汉　楷书　楷书

1《说文》251页。2《篆隶表》861页。3《隶辨》774页。

形声字。从手,聶声。今类推简作"摄"。《说文》:"攝,引持也。"段玉裁注:"谓引进而持之也。"本义是提起,拉。《论语·乡党》:"摄齐升堂,鞠躬如也。"朱熹注:"摄,抠衣也。"引申为摄取,吸引。唐顾况《广陵白沙大云寺碑》:"磁石摄铁,不摄鸿毛。"又引申为收拢,敛聚。《字汇·手部》:"摄,收也。"《庄子·胠箧》:"则必摄缄縢,固扃鐍。"成玄英疏:"摄,收。必须收摄箱囊,缄结绳约,坚固扃鐍,使不慢藏。"又引申指拘捕,捉拿。《字汇·手部》:"摄,捕也。"《国语·吴语》:"摄少司马兹与王士五人,坐于王前。"韦昭注:"摄,执也。"又意为辅佐。《字汇·手部》:"摄,佐也。"《诗·大雅·既醉》:"朋友攸摄,摄以威仪。"毛传:"言相摄佐者以威仪也。"清王引之《经义述闻》:"摄即佐也。"由此引申指代理。《史记·燕召公世家》:"成王既幼,周公摄政。"又指保养。《老子》第五十章:"盖闻善摄生者,陆行不遇兕虎,入军不被甲兵。"河上公注:"摄,养也。"还表示安定,安静,读 niè。《集韵·帖韵》:"摄,摄然,安也。"《字汇·手部》:"摄,静谧也。"《汉书·严助传》:"近者亲附,远者怀德,天下摄然,人安其生。"颜师古注引孟康曰:"摄,安也。"（荆亚玲　蒋晓薇）

挾（挟） xié 匣纽、葉部；匣纽、帖韵、胡颊切。

挾—挾—挾—挟
《说文》小篆　汉　楷书　楷书

1《说文》252页。2《篆隶表》861页。

形声兼会意字。从手,夾声,夾亦表义。今类推简作"挟"。《说文·亦部》:"夾,盗窃怀物。从亦有所持,俗谓蔽人俾夹是也。"《说文》:"挾,俾持也。"段玉裁注:"俾持,谓俾夹而持之也。《亦部》'夾'下曰:'盗窃怀物也,俗谓蔽人俾夹。'然则俾持正谓藏匿之持,如今人言怀挟也。……形声中有会意也。"指夹持。张舜徽《说文解字约注》:"挾训俾持,亦谓有人扶持之意。凡扶持人者,多承伏于其掖下,故凡物之在左右掖者,皆谓之挟。"《国语·齐语》:"时雨既至,挟其枪、刈、耨、鎛,以旦暮从事于田野。"韦昭注:"在掖曰挟。"引申指挟制,要挟。《战国策·秦策一》:"挟天子以令天下,天下莫敢不听。"又引申为持,拥有。《广韵·帖韵》:"挟,持也。"《楚辞·九歌·国殇》:"带长剑兮挟秦弓,首身离兮心不惩。"王逸注:"言身虽死,犹带剑持弓,示不舍武也。"《战国策·赵策四》:"位尊而无功,奉厚而无劳,而挟重器多也。"又引申指隐藏,怀藏。《尔雅·释言》:"挟,藏也。"邢昺疏:"谓隐藏物也。秦有挟书之律。"《广韵·帖韵》:"挟,怀也,藏也。"汉桓宽《盐铁论·世务》:"今匈奴挟不信之心,怀不测之诈。"又引申指倚仗,依恃。《孟子·万章下》:"不挟长,不挟贵,不挟兄弟而友。"朱熹注:"挟者,兼有而恃之之称。"（荆亚玲　蒋晓薇）

捫（扪） mén 明纽、文部；明纽、魂韵、莫奔切。

捫—捫—扪
《说文》小篆　楷书　楷书

1《说文》252页。

形声字。从手,門声。今类推简作"扪"。《说文》:"捫,抚持也。"段玉裁注:"抚,安也。一曰:揗也。（抚持）谓安揗而持之也。"指握,执持。《诗·大雅·抑》:"莫扪朕舌,言不可逝矣。"毛传:"扪,持也。"又指抚摸。唐玄应《一切经音义》:"《声类》云:'扪,摸也。'"清段玉裁《说文解字注》:"扪,又专谓摩挲。"《楚辞·九章·悲回风》:"据青冥而摅虹兮,遂儵忽而扪天。"（荆亚玲　蒋晓薇）

握 wò 影纽、屋部；影纽、觉韵、於角切。

臺—握—握—握—握
《说文》古文《说文》小篆　汉　汉　楷书

1、2《说文》252页。3《篆隶表》862页。
4《隶辨》664页。

形声字。从手,屋声。清徐灏《说文段注笺》:"古文上体即手字,下亦屋字。"《说文》:"握,搤持也。"《广雅·释诂》:"握,持也。"本义为攥,执持。《楚辞·九章·抽思》:"怀瑾握瑜兮,穷不知所示。"王逸注:"在衣为怀,在手为握。"引申为屈指成拳。《老子》第五十五章:"骨弱筋柔而握固。"又引申为掌握,控制。马王堆汉墓帛书《十六经·成法》:"乃能操正以正奇,握一以知多。"汉扬雄《解嘲》："且握权则为卿相，夕失势则为匹夫。"由屈指成拳又虚化为量词，指一把的容量。《诗·陈风·东门之枌》："视尔如荍，贻我握椒。" （荆亚玲　蒋晓薇）

撢（掸）dàn　定纽、元部；定纽、翰韵、徒案切。
　　　　　tán　定纽、元部；定纽、寒韵、徒干切。
　　　　　chán　禅纽、元部；禅纽、仙韵、市连切。

撢¹—撢—掸
《说文》小篆　楷书　楷书

1《说文》252页。

形声字。从手，覃声。今类推简作"掸"。《说文》："撢，提持也。"段玉裁注："提持，犹悬持也。"《广雅·释诂四》："掸，提也。"常用义是拂拭，今读dǎn。北魏贾思勰《齐民要术·作酢法》："撢去热气，令如人体，于盆中和之。"《红楼梦》第六十七回："猛抬头，看见那边葡萄架底下有人拿着掸子在那里掸什么呢，走到跟前，却是老祝妈。" （荆亚玲　蒋晓薇）

把 bǎ　帮纽、鱼部；帮纽、马韵、博下切。

把¹—把²—把³—把⁴—把
战国　战国　《说文》小篆　秦　楷书

1、2《战文编》792页。3《说文》252页。
4《篆隶表》862页。

形声字。从手，巴声。《说文》："把，握也。"本义为握持。《战国策·燕策三》："臣左手把其袖，右手揕其胸，然则将军之仇报，而燕国见陵之耻雪矣。"引申为把守，控制。宋杨万里《松关》："竹林行尽到松关，分付双松为把门。"《晏子春秋·谏下》："然则后世谁将把齐国？"虚化为介词。宋苏轼《饮湖上初晴后雨》："欲把西湖比西子，淡妆浓抹总相宜。" （荆亚玲　蒋晓薇）

扼 è　影纽、锡部；影纽、麦韵、於革切。

搹¹—搹³—搹⁴—扼—扼
战国　《说文》或体　秦　楷书　楷书

搹²———搹
《说文》小篆　楷书

1《战文编》792页。2、3《说文》252页。
4《篆隶表》862页。

形声字。从手，厄声。《说文》："搹，把也。从手，鬲声。""扼，搹或从戹。"段玉裁注："扼，今隶变作扼，犹軶隶变作轭也。"《集韵·麦韵》："搹，《说文》：'把也。'或作扼、扼。"清高翔麟《说文字通》："搹，或体作扼，今通作扼。"搹是正体，扼是或体，隶变后楷书简化为"扼"。本义指握住，掐住。《战国策·燕策三》："樊於期偏袒扼腕而进曰：'此臣日夜切齿拊心也，乃今得闻教。'"《汉书·李广传附李陵》："臣所将屯边者，皆荆楚勇士奇材剑客也。力扼虎，射命中。"颜师古注："扼，谓捉持之也。"由抓住具体的东西引申为把守某个地方，控制住某种局面。《宋史·冯拯传》："备边之要，不扼险以制敌之冲，未易胜也。" （荆亚玲　蒋晓薇）

拏（拿）ná　泥纽、鱼部；泥纽、麻韵、女加切。

拏¹—拏—拿
《说文》小篆　楷书　楷书

1《说文》252页。

形声字。从手，奴声。《说文》："拏，牵引也。"《说文》："拿，持也。"徐灏段注笺："疑挐、拏同字，因声之轻重而别之，实一义相生耳。"《正字通·手部》："拏，拘捕罪人曰拏。俗作拿。"《正字通·手部》："拿，俗拏字。""拏"与"拿"二字古书常常通用无别，应看作一字异体，俗皆改用"拿"来表示，如今规范化用"拿"。"拏"的表意初文"又"本像握物于掌中，本义应为执取，握持。汉扬雄《解嘲》："擭拏者亡，默默者存。"引申为牵引，相纠结。汉马融《长笛赋》："挼拏捘臧，递相乘邅。"李善注引《苍颉篇》曰："拿，捽也，引也。"宋王明清《挥麈后录》："遂根拏而固结，成耸翠之烟岚。"又引申为捉拿，拘捕。《京本通俗小说·菩萨蛮》："教人分付临安府差人去灵隐寺拿可常和尚。" （荆亚玲　蒋晓薇）

攜（携）xié　匣纽、支部；匣纽、齐韵、户圭切。

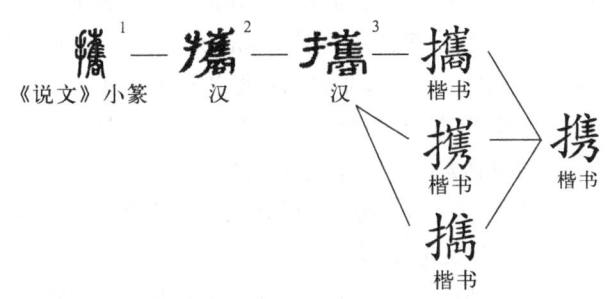

1《说文》252页。2《篆隶表》862页。3《隶辨》103页。

形声字。从手，巂声。俗作攜、携、携。《龙龛手鉴·手部》：" '攜'，同'攜'。"《字汇·手部》："携，俗攜字。"《改并四声篇海·手部》引《余文》："携，音攜，义同。"《字汇·手部》："携，俗攜字。"如今"携"字通行，为正体。《说文》："攜，提也。"《六书故·人七》："攜，悬持也。"本义为提。《诗·大雅·板》："天之牖民，如壎如篪，如璋如圭，如取如攜。"孔颖达疏："攜，谓物在地上，手举攜之。"引申指携带。《庄子·让王》："于是夫负妻戴，携子以入于海，终身不反也。"又引申为牵，挽。《淮南子·览冥》："相攜于道，奋首于路。"高诱注："攜，引也。"（荆亚玲 蒋晓薇）

拈 niān 泥纽、侵部；泥纽、添韵、奴兼切。

拈¹—拈²—拈
《说文》小篆 汉 楷书

1《说文》252页。2《篆隶表》862页。

形声字。从手，占声。《说文》："拈，揶也。"段玉裁注："《篇》、《韵》皆云'指取也'。"《广韵·添韵》："拈，指取物也。"用手指夹取。唐杜甫《题壁上韦偃画马歌》："戏拈秃笔扫骅骝，欻见骐驎出东壁。"引申泛指持，拿。《广雅·释诂三》："拈，持也。"宋张绍文《沁园春·为叔父云溪主人寿》："卸却朝衣，笑拈拄杖，日在花阴竹径间。"（荆亚玲 蒋晓薇）

捨（舍） shě 书纽、鱼部；书纽、马韵、书冶切。

捨¹—捨—舍
《说文》小篆 楷书 楷书

1《说文》252页。

形声字。从手，舍声。今简化为"舍"。《说文》："捨，释也。"段玉裁注："释者，解也。"《广雅·释诂四》："捨，置也。"王念孙疏证："捨与赦声义亦同。"《洪武正韵·者韵》："捨，弃也。"指放下，舍弃。《后汉书·郭躬传》："若乃推己以议物，舍状以贪情，法家之能庆延于世，盖由此也。"引申为施予，布施。《玉篇·手部》："捨，施也。"《梁书·到溉传》："初与弟洽常共居一斋，洽卒后，便舍为寺。""舍"字本义为房屋，后来间接引申为"舍弃"义，并为这一引申义造了形声分化字"捨"。后来因"捨"字笔画多，书写不便，故汉字简化时又重新起用古字"舍"，将"舍"和"捨"合并为"舍"字，"捨"则废而不用了。（荆亚玲 蒋晓薇）

按 àn 影纽、元部；影纽、翰韵、乌旰切。

按¹—按²—按³
《说文》小篆 汉 汉 楷书

1《说文》252页。2《篆隶表》862页。3《隶辨》570页。

形声字。从手，安声。《说文》："按，下也。"段玉裁注："以手抑之使下也。"指用手向下压。宋沈括《梦溪笔谈·技艺》："药稍熔，则以一平板按其面，则字平如砥。"引申为抑制，止住。《尔雅·释诂下》："按，止也。"《广韵·翰韵》："按，抑也；止也。"《吕氏春秋·召类》："赵简子按兵不动。"又引申为抚摸。《字汇·手部》："按，抚也。"《史记·苏秦列传》："于是韩王勃然变色，攘臂瞋目，按剑仰天太息。"又引申为依据，按照。《商君书·君臣》："明主之治天下也，缘法而治，按功而赏。"（荆亚玲 蒋晓薇）

控 kòng 溪纽、东部；溪纽、送韵、苦贡切。

控¹—控²—控
《说文》小篆 汉 楷书

1《说文》252页。2《隶辨》478页。

形声字。从手，空声。《说文》："控，引也。从手，空声。《诗》曰：'控于大邦。'匈奴名引弓控弦。"段玉裁注："引者，开弓也。"本义为拉开（弓弦）。《史记·匈奴传》："控弦之士三十余万。"唐岑参《白雪歌送武判官归京》："将军角弓不得控，都护铁衣冷难着。"引申为操纵，控制。《晋书·刘琨传》："琨善于怀抚，而短于控御，一日之中，虽归者数千，去者亦以相继。"又指投下，落下。《庄子·逍遥游》："我决起而飞，抢榆枋，时则不至而控于地而已矣。"陆德明释文："控，司马（彪）云：投也。"又表示控诉，走告。《广韵·送韵》："控，告也。"《诗·鄘风·载驰》："控于大邦，谁因谁极。"朱熹注："控，持而告之。"（荆亚玲 蒋晓薇）

揗 xún 邪纽、文部；邪纽、谆韵、详遵切。
shǔn 船纽、文部；船纽、准韵、食尹切。

揗¹—揗²—揗
《说文》小篆 汉 楷书

1《说文》252页。2《篆隶表》863页。

形声字。从手，盾声。《说文》："揗，摩也。"段玉裁

注:"《广韵》曰:'手相安慰也。'今人抚循字,古盖作揗。"意为抚摩。引申为顺从。《广雅·释诂一》:"揗,顺也。"王念孙疏证:"《说文》:'循,行顺也,驯马顺也。'《释名》:'顺,循也,循其理也。'义并与揗同。"马王堆汉墓帛书《经法·称》:"虎狼为孟(猛)可揗,昆弟相居,不能相顺。"（荆亚玲 蒋晓薇）

掾 yuàn 喻纽、元部;以纽、线韵、以绢切。

战国 《说文》小篆 秦 汉 楷书

1《战文编》793页。2《说文》252页。3、4《篆隶表》863页。

形声字。从手,彖声。《说文》:"掾,缘也。"朱骏声通训定声:"掾,本训当为佐助之谊,故从手。"张舜徽约注:"缘有循义顺义,凡以手为助者,顺循其势则易成也。"本为佐助之义,后为历代属官的通称。《玉篇·手部》:"掾,公府掾吏也。"《汉书·萧何传》:"(何)以文毋害为沛主吏掾。"（荆亚玲 蒋晓薇）

拊 fǔ 滂纽、侯部;敷纽、麌韵、芳武切。

《说文》小篆 汉 汉 楷书

1《说文》252页。2《篆隶表》863页。3《隶辨》368页。

形声字。从手,付声。《说文》:"拊,揗也。"段玉裁注:"揗者,摩也。古作'拊揗',今作'抚揗',古今字也。"潘奕隽通正:"师古曰:拊,古抚字。"抚摩的意思。《公孙龙子·坚白论》:"视不得其所坚,而得其所白者,无坚也;拊不得其所白,而得其所坚者,得其坚也,无白也。"引申为拍,轻击。《玉篇·手部》:"拊,拍也。"《玉台新咏·古诗为焦仲卿妻作》:"阿母大拊掌,不图子自归。"引申为安抚,慰勉。《战国策·齐策四》:"今君有区区之薛,不拊爱子其民。"（荆亚玲 蒋晓薇）

掊 póu 並纽、之部;並纽、侯韵、薄侯切。
並纽、之部;奉纽、尤韵、缚谋切。

《说文》小篆 汉 楷书

1《说文》252页。2《篆隶表》863页。

形声字。从手,音声。《说文》:"掊,把也。今盐官入水取盐为掊。"段玉裁注:"掊者,五指杷之,如杷之杷物也。"王筠句读:"把,读如杷,非把握字也。"指用手扒。《汉书·郊祀志上》:"见地如钩状,掊视得鼎。"颜师古注:"掊,谓手杷土也。"引申为聚敛,聚集。《新唐书·严挺之传附严武》:"蜀虽号富饶,而峻掊亟敛,闾里为空。"《广韵·厚韵》:"掊,击也。"指击破,打破。《庄子·逍遥游》:"吾为其无用而掊之。"成玄英疏:"掊,打破也。"陆德明释文:"掊,司马（彪）云:击破也。"引申为抨击。《庄子·胠箧》:"掊击圣人,纵舍盗贼,而天下始治矣。"（荆亚玲 蒋晓薇）

捋 luō 来纽、月部;来纽、末韵、郎括切。

《说文》小篆 楷书

1《说文》252页。

形声字。从手,寽声。寽兼表义。《说文》:"捋,取易也。"徐灏段注笺:"'寽'、'捋'本一字,相承增偏旁。"这个字本作寽。上爪下寸,表示用手取,后加手作捋。《说文·叉部》:"寽,五指持也。"《广韵·末韵》:"捋,手捋也,取也。或作寽。"《集韵·薛韵》:"捋,采也。"读luō,指用手指轻轻采摘,沿物摘取。《诗·周南·芣苢》:"采采芣苢,薄言捋之。"毛传:"捋,取也。"又读lǔ,指用手指顺着抹过去。汉无名氏《陌上桑》:"行者见罗敷,下担捋髭须。"（荆亚玲 蒋晓薇）

撩 liáo 来纽、宵部;来纽、萧韵、洛萧切。

《说文》小篆 楷书

1《说文》252页。

形声字。从手,寮声。《说文》:"撩,理也。"《玉篇·手部》:"撩,撩理也。"指处理,整理。南唐史虚白《钓矶立谈》:"望其旄纛之所指,举欣欣然相告曰:'是庶几其撩理我也。'"也指用手拨弄,用手取物。《玉篇·手部》:"撩,手取物。"《广韵·萧韵》:"撩,取物。"《北齐书·陆法和传》:"凡人取果,宜待熟时,不撩自落。"又引申指掀起,揭起,为晚起义,读liāo。《三国演义》第五十四回:"玄德闻言,撩衣一跃,跃上马背。"（荆亚玲 蒋晓薇）

手部

措 cuò　清纽、铎部；清纽、暮韵、仓故切。

战国《说文》小篆　汉　楷书

1《战文编》793页。2《说文》252页。3《隶辨》523页。

形声字。从手，昔声。战国文字形体从攴昔声，篆文改为从手昔声。《说文》："措，置也。"段玉裁注："置者，赦也。立之为置，捨之亦为置。'措'之义亦如是。"本义为放，放下。《庄子·田子方》："措杯水其肘上。"引申指安置，安放。《后汉书·何进传》："诸常侍小黄门皆诣进谢罪，惟所措置。"引申为施行，运用。《易·系辞上》："举而措之天下之民，谓之事业。"又引申为废置，舍弃。《礼记·中庸》："有弗学，学之弗能，弗措也。"孔颖达疏："言学不至于能，不措置休废，必将待能之乃已也。"（荆亚玲　蒋晓薇）

插 chā　清纽、叶部；清纽、洽韵、楚洽切。

《说文》小篆　楷书

1《说文》252页。

会意字。从手从臿。《说文》："插，刺肉也。"段玉裁注："内，各本作肉，今正。内者，入也。刺内者，刺入也。"《玉篇·手部》："插，刺入也。"本义为刺入，插入。《吕氏春秋·贵卒》："（吴起）拔矢而走，伏尸插矢而疾言曰：'群臣乱王。'"引申特指把秧苗插入土中，栽植。宋陆游《大雨》："绵地千里间，四月秧尽插。"又引申为掺杂，参与。元无名氏《陈州粜米》楔子："米里面再插上些泥土糠秕。"《红楼梦》第九十一回："也有想插在里头做跑腿儿的。"（荆亚玲　蒋晓薇）

抡（抡）lún　来纽、文部；来纽、谆韵、力迍切。来纽、文部；来纽、魂韵、卢昆切。

战国　《说文》小篆　汉　楷书　楷书

战国

1、2《战文编》793页。3《说文》252页。4《篆隶表》863页。

形声字。从手，侖声。今类推简化为"抡"。《说文》："抡，择也。"择取，选拔。《国语·晋语八》："君抡贤人之后，有常位于国者而立之。"韦昭注："抡，择也。"用力挥动是晚起义，读 lūn。《封神演义》第二回："转背抡刀，灯里火中生灿烂。"（荆亚玲　蒋晓薇）

择（择）zé　定纽、铎部；澄纽、陌韵、场伯切。

西周　西周　战国　战国　战国《说文》小篆

秦　汉　汉　楷书　楷书

1《类编》72页。2《金文编》777页。3、4、5《战文编》793页。6《说文》252页。7、8《篆隶表》863页。9《隶辨》720页。

形声字。从手，睪声。清吴大澂《说文古籀补》："古'择'字从収，不从手。"金文从双手（収），睪声。战国有从収睪声、从攴睪声和从手睪声三种形体。篆文继承从手睪声的形体并一直延至楷书。今简化作"择"。《说文》："择，柬选也。"《广韵·陌韵》："择，选择。"指选择，挑选。《左传·哀公十一年》："鸟则择木，木岂能择鸟？"《论语·述而》："三人行，必有我师焉，择其善者而从之，其不善者而改之。"引申为区别。《吕氏春秋·简选》："今有利剑于此，以刺则不中，以击则不及，与恶剑无择。"（荆亚玲　蒋晓薇）

捉 zhuō　精纽、屋部；庄纽、觉韵、侧角切。

战国　《说文》小篆　楷书

1《战文编》793页。2《说文》252页。

形声字。从手，足声。《说文》："捉，搤也。从手，足声。一曰握也。"徐灏段注笺："握犹搤也。"《广雅·释诂三》："捉，持也。"表示持，握。《左传·僖公二十八年》："武叔将沐，闻君至，喜，捉发走出。"引申为抓，捕捉。《字汇·手部》："捉，捕也。"唐杜甫《石壕吏》："暮投石壕村，有吏夜捉人。"（荆亚玲　蒋晓薇）

搤

è 影纽、锡部；影纽、麦韵、於革切。

搤¹ — 搤
《说文》小篆　楷书

1《说文》252页。

形声字。从手，益声。《说文》："搤，捉也。"段玉裁注："《扬雄传》曰：'搤熊罴，拕豪猪。''搤其咽，炕其气。'皆谓捉持之。师古云：'搤与挖同。'""挖"隶变后作"扼"。《龙龛手鉴·手部》："'搤'同'扼'。""搤"、"扼"应为异体关系。《广韵·麦韵》："搤，持也，握也，捉也。"指捉住，握住。汉扬雄《长杨赋》："搤熊罴，拕豪猪。"颜师古注："搤，捉持之也。"《战国策·魏策一》："是故天下之游士，莫不日夜搤腕瞋目切齿，以言从之便，以说人主。"
（荆亚玲　蒋晓薇）

捽

zuó 从纽、物部；从纽、没韵、昨没切。

捽¹ — 捽² — 捽³ — 捽⁴ — 捽
战国　《说文》小篆　秦　汉　楷书

1《战文编》793页。2《说文》252页。3、4《篆隶表》864页。

形声字。从手，卒声。《说文》："捽，持头发也。"指抓住头发。《战国策·楚策一》："吾将军深入吴军，若扑一人，若捽一人，以与大心者也，社稷其庶几乎。"鲍彪注："捽，持发也。"引申泛指抓住，揪住。《广韵·没韵》："捽，手捽也。"《淮南子·氾论》："至其溺也，则捽其发而拯。"《水浒传》第二十六回："连肩胛只一提，右手早捽住西门庆左脚。"又引申指拔。《汉书·贡禹传》："农夫父子暴露中野，不避寒暑，捽屮杷土，手足胼胝。"颜师古注："捽，拔取也。"又引申指抵触，冲突。《庄子·列御寇》："齐人之井，饮者相捽也。"（荆亚玲　蒋晓薇）

撮

cuō 清纽、月部；清纽、末韵、仓括切。

撮¹ — 撮² — 撮³ — 撮
《说文》小篆　汉　汉　楷书

1《说文》253页。2《篆隶表》864页。3《隶辨》692页。

形声字。从手，最声。最兼表义，表示聚。《说文》："撮，四圭也。一曰两指撮也。"《玉篇·手部》："撮，三指取也。"唐玄应《一切经音义》卷六引《字林》："撮，手小取也。"本指用手指抓取物。《庄子·秋水》："鸱鸺夜撮蚤，察毫末；昼出瞋目而不见丘山，言殊性也。"引申指摘取（要点）。《史记·太史公自序》："采儒、墨之善，撮名、法之要。"引申为聚集，聚拢。《后汉书·袁绍传》："拥一郡之卒，撮冀州之众。"又用作量词，指以手指所抓取的量。《礼记·中庸》："今夫地，一撮土之多。"后来泛指少量。
（荆亚玲　蒋晓薇）

抱

bào 並纽、幽部；並纽、皓韵、薄浩切。

抱¹ — 抱² — 抱³ — 抱⁴ — 抱
战国　《说文》小篆　汉　汉　楷书

1《战文编》793页。2《说文》253页。3《篆隶表》864页。4《隶辨》418页。

形声字。从手，包声。《说文》："捊，引取也。从手，孚声。抱，捊或从包。"段玉裁注："后人用抱为襃褱（怀抱）字。盖古今字之不同如此。"《说文·衣部》："褱，怀也。从衣，包声。"徐铉校注："今俗作抱，非是。抱与捊同。"《正字通·手部》："怀襃之襃亦作抱，转为去声，即怀抱之义。""抱"是"捊"的异体字，后来俗用以代替"襃"。指胸怀，人体胸腹之间的部位。《仪礼·士相见礼》："凡与大人言，始视面，中视抱，卒视面，毋改，众皆若是。"胡培翚正义："抱在衿下带上。"《宋书·范晔传》："然区区丹抱，不负凤心。"引申为怀抱，用手臂围持。《庄子·天地》："抱瓮而出灌。"由此又引申为怀藏，怀有。《汉书·王嘉传》："故死者不抱恨而入地，生者不衔怨而受罪。"又引申为环绕。唐杜甫《江村》："清江一曲抱村流，长夏江村事事幽。"（荆亚玲　蒋晓薇）

揜（掩）

yǎn 影纽、谈部；影纽、琰韵、衣俭切。
影纽、谈部；影纽、敢韵、乌敢切。

揜¹ — 揜² — 揜 — 掩
《说文》小篆　汉　楷书　楷书

1《说文》253页。2《篆隶表》865页。

形声字。从手，弇声。异体作"掩"，如今规范化用"掩"。《说文》："揜，自关以东谓取曰揜，一曰覆也。"《广韵·敢韵》："揜，手揜物也。"《集韵·感韵》："揜，覆取也。或从奄。"指覆取，捕取。《谷梁传·昭公八年》：

"掩禽旅。"范宁注："掩取众禽。"引申指遮蔽,掩盖。《广雅·释诂四》："揜,藏也。"《礼记·聘义》："瑕不掩瑜,瑜不掩瑕,忠也。"又引申指承袭。《荀子·儒效》："教诲开导成王,使谕于道,而能掩迹于文、武。"杨倞注："掩,袭也。"（荆亚玲　蒋晓薇）

授 shòu　禅纽、幽部；禅纽、宥韵、承咒切。

1《说文》253页。2《篆隶表》865页。3《隶辨》625页。

会意兼形声字。从手,从受,受亦声。"授"字由"受"字孳乳衍生而来。上古施受同词,接受和给予义均用"受"字表示,后来为了区别,另造加手旁的"授"字来表示给予义,"受"字则专用作"接受"义。《说文》："授,予也。"段玉裁注："予者,推予也。象相予之形。手付之,令其受也。故从手、受。"《广雅·释诂三》："授,与也。"王念孙疏证："郑众注《周官·大卜》云：'与,谓予人物也。'"指给予,付与。《诗·豳风·七月》："七月流火,九月授衣。"引申为传授,给予知识。《三国志·蜀书·王平传》："其所识不过十字,而口授作书,皆有意理。"（荆亚玲　蒋晓薇）

承 chéng　禅纽、蒸部；禅纽、蒸韵、署陵切。

1、2、3《汉语字形表》458页。4《战文编》161页。5《说文》253页。6、7《篆隶表》865页。8《隶辨》272页。

会意字。甲骨文字形像个跽跪（古人席地而坐,作跽跪形）的人被双手捧着或接着。小篆简省跪人形,人下叠增手形,从手、从卪、从収,三个字合起来会意。隶书省并为"承"。《说文》："承,奉也,受也。"本义为承托,捧着。《书·顾命》："太保承介圭,上宗奉同瑁,由阼阶隮。"引申指接受,承受。《左传·成公十六年》："承寡君之命以请,若得所请,吾子之赐多矣。"由此又引申为接续,继承。《后汉书·班彪传》："汉承秦制。"（荆亚玲　蒋晓薇）

接 jiē　精纽、葉部；精纽、葉韵、即叶切。

1《说文》253页。2《篆隶表》865页。3《隶辨》774页。

形声字。从手,妾声。《说文》："接,交也。"徐灏段注笺："接者,相引以手之义,引申为凡交接之称。"《广雅·释诂三》："接,合也。"指交接,会合。《孟子·梁惠王上》："兵刃既接,弃甲曳兵而走。"《礼记·表记》："君子之接如水,小人之接如醴。"郑玄注："接,或为交。"孔颖达疏："言君子相接不用虚言,如两水相交,寻合而已。"引申为接待。《孟子·万章下》："其交也以道,其接也以礼。"引申为靠近,接触。《汉书·董仲舒传》："故声发于和而本于情,接于肌肤,臧于骨髓。"又引申为连接,连起来。唐李白《魏郡别苏明府因北游》："魏都接燕赵,美女夸芙蓉。"进而引申为连续,继承。《广雅·释诂二》："接,续也。"《正字通·手部》："接,续也。"《仪礼·聘礼》："君揖使者,进之。上介立于其左,接闻命。"郑玄注："接,犹续也。"《史记·平准书》："汉兴,接秦之弊。"（荆亚玲　蒋晓薇）

挏 dòng　定纽、东部；定纽、董韵、徒揔切。
tóng　定纽、东部；定纽、东韵、徒红切。

1《说文》253页。2《篆隶表》865页。

形声字。从手,同声。《说文》："挏,攩引也。汉有挏马官,作马酒。"王筠句读："盖攩挏之器重,须两手抱之,故曰攩；须往来推引之,故曰引也。"指来回摇动,拌动。清邓廷桢《双研斋笔记》："其（作马酒）法以革囊盛马乳,一人抱持之,乘马绝驰,令乳在囊中自相撞动,所谓挏也。往复数十次,即可成酒。"《汉书·礼乐志》："其七十二人给大官挏马酒。"李奇注："以马乳为酒,撞挏乃成也。"（荆亚玲　蒋晓薇）

招 zhāo　章纽、宵部；章纽、宵韵、止遥切。

1《金石典》卷14,12页。2《说文》253页。3、4《篆隶表》866页。

形声字。从手,召声。《说文》:"招,手呼也。从手、召。"桂馥义证:"以手曰招,以言曰召。"指打手势招呼人。《荀子·劝学》:"登高而招,臂非加长也,而见者远。"引申为邀请,邀约。《玉篇·手部》:"招,招要也。"唐李白《九日登山》:"因招白衣人,笑酌黄花菊。"引申为招致,引来。《书·大禹谟》:"满招损,谦受益。"又引申为供认罪行。《水浒传》第二十六回:"从实招了,我便饶你!"(荆亚玲 蒋晓薇)

撫(抚) fǔ 滂纽、鱼部;敷纽、虞韵、芳武切。

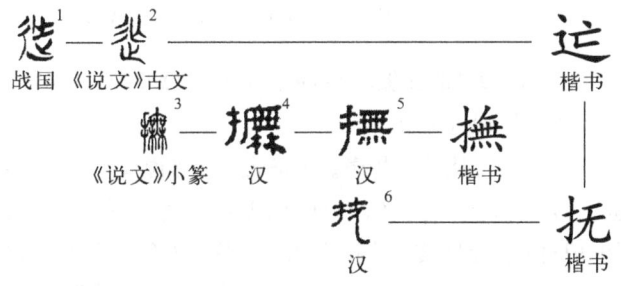

1《郭店》166页。2、3《说文》253页。4、6《篆隶表》866页。5《隶辨》370页。

形声字。从手,無声。《改并四声篇海·手部》引《搜真玉镜》:"撫,音抚,俗用。""撫"如今简化作"抚"。《说文》:"抚,安也。从手,無声。一曰循也。㧑,古文从爻、亡。"段玉裁注:"揗,各本作循,今正。揗者,摩也。"本义为抚摩。《国语·晋语八》:"叔向见司马侯之子,抚而泣之。"韦昭注:"抚,捫之也。"引申为安慰,安抚。《史记·高祖本纪》:"汉王之出关至陕,抚关外父老。"进而引申为爱护。宋王安石《答蒋颖叔》:"感子抚我厚,欲言还自惭。"由抚摩又引申为拍,敲。唐李白《蜀道难》:"扪参历井仰胁息,以手抚膺坐长叹。"进而引申指拨弄,弹奏。《韩非子·十过》:"(师涓)因静坐抚琴而写之。"(荆亚玲 蒋晓薇)

揣 chuǎi 清纽、歌部;初纽、纸韵、初委切。chuāi

1《说文》253页。

形声字。从手,耑声。《说文》:"揣,量也。从手,耑声。度高曰揣。一曰捶之。"段玉裁注:"量者,称轻重也。"《方言》卷十二:"度高曰揣。"《广韵·纸韵》:"揣,度也;量也。"本指度量,测量。《左传·昭公三十二年》:"士弥牟营成周,计丈数,揣高卑,度厚薄。"杜预注:"度高曰揣。"引申为估量,猜测。《韩非子·八说》:"尽思虑,揣得失,智者之所难也。"上述意义读 chuǎi。表示怀藏的意思时,读 chuāi,是晚起义。明李开先《宝剑记》第三十七出:"怀揣着雪刃刀。"(荆亚玲 蒋晓薇)

摜(掼) guàn 见纽、元部;见纽、谏韵、古患切。

1《说文》253页。

形声字。从手,貫声。今类推简化作"掼"。《说文》:"摜,习也。从手,貫声。《春秋传》曰:'摜渎鬼神。'"《字汇补·手部》:"摜,惯本字。今摜习之摜作惯。"指习惯,这个意义后来改用惯。中古"摜"表示佩带,披挂。《广韵·谏韵》:"摜,带也。"晋葛洪《抱朴子·博喻》:"摜甲缨胄,非庙堂之饰。"后又指摔,扔。《水浒传》第二十六回:"(武松)把那妇人头望西门庆脸上掼将来。"(荆亚玲 蒋晓薇)

投 tóu 定纽、侯部;定纽、侯韵、度侯切。

1《战文编》794页。2《说文》253页。3、4《篆隶表》866页。

会意字。从手,从殳。《说文》:"投,擿也。"表示抛,掷。《诗·小雅·巷伯》:"取彼谮人,投畀豺虎。"引申为投入。《庄子·让王》:"吾羞见之,因自投清泠之渊。"引申为投奔,投靠。南朝宋刘义庆《世说新语·排调》:"千里投公,始得蛮府参军。"又引申为赠送。《正字通·手部》:"投,赠也。"《诗·卫风·木瓜》:"投我以木桃,报之以琼瑶。"(荆亚玲 蒋晓薇)

擿 zhì 定纽、锡部;澄纽、昔韵、直炙切。

1《说文》253页。2《隶辨》731页。

形声字。从手,啇声。《说文》:"摘,搔也。从手,啇声。一曰投也。"意为搔,挠。《列子·黄帝》:"斫挞无伤痛,指摘无痟痒。"张湛注:"摘,搔也。"清段玉裁《说文解字注》:"摘,以象骨搔首,因以为饰……即后人玉导、玉搔头之类也。"指簪股,即搔头。《后汉书·舆服志》:"簪以瑇瑁为摘。"又意为投掷,用力投。此义后用"擿"表示,今简化作"掷"。清段玉裁《说文解字注》:"(摘)今字作擿。凡古书用投擿字,皆作摘。许书无擿。"《史记·刺客列传》:"荆轲废,乃引其匕首以摘秦王,不中,中桐柱。"司马贞索隐:"摘与擿同,古字耳。"《后汉书·吕布传》:"(布)尝小失卓意,卓拔手戟掷之。"引申泛指抛散。(荆亚玲 蒋晓薇)

搔 sāo 心纽、幽部;心纽、豪韵、苏遭切。

1《说文》253页。2《篆隶表》867页。3《隶辨》206页。

形声字。从手,蚤声。《说文》:"搔,括也。"段玉裁注:"刮者,掊杷也。掊杷,正搔之训也。"《广韵·豪韵》:"搔,爬刮。"表示抓挠,抓杷之意。《诗·邶风·静女》:"爱而不见,搔首踟蹰。"唐杜甫《春望》:"白头搔更短,浑欲不胜簪。"(荆亚玲 蒋晓薇)

挑 tiāo 透纽、宵部;定纽、筱韵、徒了切。
tiāo 透纽、宵部;透纽、萧韵、吐凋切。

1《说文》253页。

形声字。从手,兆声。《说文》:"挑,挠也。从手,兆声。一曰摷也。《国语》曰:'却至挑天。'"段玉裁注:"挠者,扰也。扰者,烦也。挑者,谓拨动之。《左传》云'挑战'是也。"《广韵·萧韵》:"挑,挑拨。"本义是拨动,挑动。唐李白《闺情》:"织锦心草草,挑灯泪斑斑。"《战国策·中山策》:"挑其军战,必不肯出。"引申为挑逗,引诱。《正字通·手部》:"挑,拨也,诱也。"《史记·司马相如列传》:"是时卓王孙有女文君新寡,好音,故相如缪与令相重,而以琴心挑之。""挑"由动作转为名词,是汉字一种笔形的名称,也叫"提"。宋姜夔《续书谱》:"挑剔者,字之步履,欲其沉实。晋人挑剔,或带斜拂,或横引向外。"以上读tiǎo。又读tiāo,表示用肩担。《字汇·手部》:"挑,杖荷。"宋陆游《自题传神》:"担挑双草履,壁倚一乌藤。"又表示挑选,选取。章炳麟《新方言·释言》:"今人谓简择曰挑。"《红楼梦》第二十五回:"你不嫌不好,挑两块去就是了。"(荆亚玲 蒋晓薇)

抉 jué 见纽、月部;见纽、屑韵、古穴切。

1、2《战文编》794页。3《说文》253页。4《篆隶表》867页。

形声字。从手,夬声。夬兼表义。《说文》:"抉,挑也。"段玉裁注:"抉者,有所入以出之也。"指挖,挑出。《史记·伍子胥列传》:"抉吾眼县(悬)吴东门之上,以观越寇之入灭吴也。"引申为剔取选择。唐陆龟蒙《甫里先生传》:"探六籍,识大义,就中乐《春秋》,抉摘微旨。"(荆亚玲 蒋晓薇)

撓(挠) náo 泥纽、宵部;泥纽、巧韵、奴巧切。

1《说文》253页。2《篆隶表》867页。3《隶辨》416页。

形声字。从手,堯声。今类推简作"挠"。《说文》:"撓,扰也。从手,堯声。一曰捄也。"段玉裁注:"捄篆下曰:'一曰擾也。'是撓、擾、捄三字义同。"本义是搅动。《荀子·议兵》:"以桀诈尧,譬之若以卵投石,以指挠沸。"《淮南子·说林》:"使水浊者,鱼挠之。"引申为扰乱,阻挡。《广雅·释诂三》:"挠,乱也。"《广韵·巧韵》:"挠,挠乱。"《庄子·骈拇》:"自虞氏招仁义以挠天下也,天下莫不奔命于仁义。"作弯曲讲是假借义。《墨子·经说下》:"加重焉而不挠,极胜重也。"引申为屈服。《战国策·魏策四》:"(唐且)挺剑而起,秦王色挠,长跪而谢之。"《集韵·爻韵》:"挠,抓也。"作搔讲是后起义。元秦简夫《东堂老》第二折:"你这般抈耳挠腮,可又便怎

生？"（荆亚玲 蒋晓薇）

擾（扰） rǎo 日纽、幽部；日纽、小韵、而沼切。

𢖳¹—擾²—擾³—擾—扰
西周 《说文》小篆 汉 楷书 楷书

1《金文编》778页。2《说文》253页。3《篆隶表》867页。

形声字。从手，憂声。今简化为"扰"。《说文》："擾，烦也。"指烦劳。北魏贾思勰《齐民要术·耕田》："耕之为事也劳，织之为事也扰。扰劳之事，而民不舍者，知其可以衣食也。"引申为骚动，扰乱。《玉篇·手部》："扰，扰乱也。"《史记·太史公自序》："秦失其道，豪杰并扰。"引申指打扰，侵扰。《三国志·吴书·吴主传》："当农桑时，以役事扰民者，举正以闻。"（荆亚玲 蒋晓薇）

据 jū 见纽、鱼部；见纽、鱼韵、九鱼切。
jù 见纽、鱼部；见纽、御韵、居御切。

𢪛¹—据
《说文》小篆 楷书

1《说文》253页。

形声字。从手，居声。《说文》："据，戟挶也。"这是双声联绵词，又写作拮据，指一种不能屈伸的手病。《诗·豳风·鸱鸮》："予手拮据。"引申为经济困窘，艰难困顿。唐杜甫《秋日荆南送石首薛明府》："文物陪巡狩，亲贤病拮据。"又音jù，通"據"，指凭据，依据。"据"、"據"原来是两个不同的字，今以"据"作"據"的简化字。（荆亚玲 蒋晓薇）

摘 zhāi 端纽、锡部；知纽、麦韵、他历切。

𢷛¹—摘
《说文》小篆 楷书

1《说文》253页。

形声字。从手，商声。《说文》："摘，拓果树实也。"段玉裁注："引申之，凡他取亦曰摘。"《广雅·释诂一》："摘，取也。"指采摘，摘取。唐李白《题峰顶寺》："危楼高百尺，手可摘星辰。"引申为选取。唐李贺《南园》："寻章摘句老雕虫，晓月当帘挂玉弓。"（荆亚玲 蒋晓薇）

摟（搂） lōu 来纽、侯部；来纽、侯韵、落侯切。
lǒu

𢻹¹—摟—搂
《说文》小篆 楷书 楷书

1《说文》254页。

形声字。从手，婁声。今类推简作"搂"。《说文》："摟、曳、聚也。"《广韵·侯韵》："摟，曳也。"意思是强加，牵合。《孟子·告子下》："五霸者，搂诸侯以伐诸侯者也。"引申为聚拢。《尔雅·释诂上》："摟，聚也。"郭璞注："摟，犹今言拘摟，聚也。"如果用双臂聚拢，就是搂抱，音lǒu。《正字通·手部》："抱持谓之搂。"《孟子·告子下》："踰东家墙而搂其处子，则得妻，不搂，则不得妻，则将搂之乎？"（荆亚玲 蒋晓薇）

披 pī 滂纽、歌部；滂纽、支韵、敷羁切。

𢪉¹—披²—披
《说文》小篆 汉 楷书

1《说文》254页。2《隶辨》31页。

形声字。从手，皮声。《说文》："披，从旁持曰披。"《释名·释丧制》："两旁引之曰披，披，摆也。各于一旁摆之，备倾倚也。"《仪礼·士丧礼》："执披者旁四人。"郑玄注："前后左右各二人。"披是古丧具，即用在柩车两旁牵挽的帛，以防倾倚。常用义是分开，裂开。《广韵·支韵》："披，分也。"《集韵·纸韵》："披，裂也。"《史记·项羽本纪》："（樊）哙遂入，披帷西向立。"《史记·魏其武安侯列传》："枝大于本，胫大于股，不折必披。"引申为分散，散开。《广韵·支韵》："披，散也。"《明史·太祖纪》："羽翼既披，平江势孤，立破矣。"又意为覆盖，披挂。三国魏曹丕《杂诗》："展转不能寐，披衣起彷徨。"（荆亚玲 蒋晓薇）

掉 diào 定纽、药部；定纽、啸韵、徒吊切。

𢮙¹—掉
《说文》小篆 楷书

1《说文》254页。

形声字。从手，卓声。《说文》："掉，摇也。从手，卓声。《春秋传》曰：'尾大不掉。'"指摇动，摆动。《左传·昭公十一年》:"末大必折,尾大不掉。"引申指振动。《广韵·啸韵》:"掉,振也。"唐皮日休《河桥赋》:"鳌怒则蹴翻五岳,鲸激则掉破百川。"又引申指转过,回转。宋陆游《送王季嘉赴湖南漕司主管官》:"王子掉头去,长沙万里余。"又引申指扔弃,落下。宋黄庭坚《赠刘静翁颂》:"艰难常向途中觅,掉却甜桃摘醋梨。"元代以来又置于动词后,用作补语,表示动作完成。元秦简夫《东堂老》第二折:"付与他钱钞,他那里去做什么买卖,多咱又被那两个光棍弄掉了。"清刘鹗《老残游记》第十五回:"衣裳我都已经穿在身上,并没有烧掉。"（荆亚玲 蒋晓薇）

摇 yáo 喻纽、宵部；以纽、宵韵、余招切。

1《说文》254页。2《篆隶表》867页。3《隶辨》196页。

形声字。从手,䍃声。《说文》:"摇,动也。"《广韵·笑韵》:"摇,摇动。"指摇动,晃动。《古诗十九首》之九:"四顾何茫茫,东风摇百草。"引申指动摇。《史记·春申君列传》:"危动燕、赵,直摇齐、楚。"又指疾速。《方言》卷二:"摇,扇,疾也。"《楚辞·九章·抽思》:"愿摇起而横奔兮,览民尤以自镇。"清王念孙《读书杂志》:"摇起,疾起也。疾起与横奔,文正相对。《方言》曰:'摇,疾也。'《广雅》同。"（荆亚玲 蒋晓薇）

扬(扬) yáng 喻纽、阳部；以纽、阳韵、与章切。

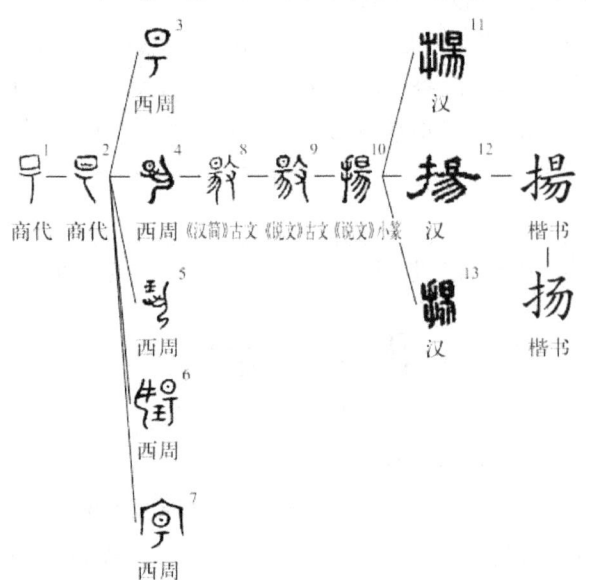

1、2《甲文编》388页。3、4、5《金文编》778页。6《金文编》780页。7《金文编》782页。8《汉简》7页。9《说文》254页。10、11《金石典》26页。12《隶辨》222页。13《金石典》26页。

形声字。从手,昜声。金文中的"扬"字形繁简不一,构字部件位置不定,形体多样。一般认为作双手捧玉上举对日颂扬状。所捧玉形多为圆形的玉环,也有玉串。有时一个字形中玉环、玉串都出现。意思是颂扬。师遽方彝:"敢对扬天子丕显休。""对扬"即答谢恩惠。甲骨文中"扬"不从手,金文中有的不从手,本于甲骨文；大多有手形,但手只是作为身体的一部分,特征不明显。到战国时期,字形中出现攴,取代手形。到小篆时则明确以手作为形符了。楷书的扬本于小篆。作"扬"。简化字扬是仿照草书而成。本义是飞起、高升。《诗·小雅·沔水》:"鴥(yù,疾飞的样子)彼飞隼,载飞载扬。"由本义引申出举起、仰、提高声音、彰显、传播等意义。甲骨文中的昜,用作"飞扬"之"扬"。《合集》3343:"鬼方昜。"（鬼方——与商为敌之国——的人马如飞般逃跑了）有时也作人名、地名。（方东杰）

舉(举) jǔ 喻纽、鱼部；以纽、鱼韵、以诸切。

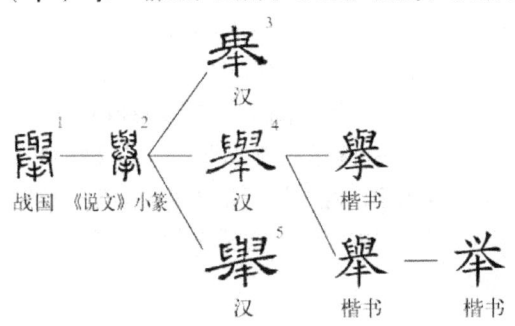

1《战文编》794页。2《说文》254页。3、4、5《隶辨》365页。

形声字。从手,與声。"举"字始见于金文,从犬,與声,义为举荐。中山王䜩壶:"举贤使能。"小篆从手,本作舉。清邵瑛《说文群经正字》:"今经典作举。隶变汉碑多如此作,今俗因之。"可见,隶变以后,举的下部由"手"变为"丰"。在归部上,后世辞书多将举归入"臼"部。本作舉,是舉的本字,简化作举。本义是双手向上托物,向上伸。所以和手、脚有关都可用举,如举手、举踵；相关的动作也用举,如举止、举措。《孟子·梁惠王上》:"吾力足以举百钧,而不足以举一羽。"从手,引申出拿着、执持等义。又引申为升起。由上升义引申出举荐、推荐。与手、脚

的动作有关,又引申出带领、发动、演奏等义。(方东杰)

掀 xiān 晓纽、元部;晓纽、元韵、虚言切。

𢪛—掀
《说文》小篆　楷书

1《说文》254页。

形声字。从手,欣声。本义是举起。《广韵·元韵》:"掀,以手高举。"《左传·成公十六年》:"乃掀公以出于淖。"杜预注:"掀,举也。"由举起义引申出攻取义。又引申出揭起、打开义,如:掀锅盖、掀起帘子等。(方东杰)

揭 jiē 见纽、月部;见纽、月韵、居竭切。
又见纽、薛韵、居列切。
qì 溪纽、月部;溪纽、祭韵、去例切。

揭—揭
《说文》小篆　楷书

1《说文》254页。

形声字。从手,曷声。本义是高举、举起。《诗·小雅·大东》:"维北有斗,西柄之揭。"高亨注:"揭,高举。"《战国策·齐策四》:"于是乘其车,揭其剑。"由此引申为扛负。又引申为撅起、向上翻。后来又引申出揭起、掀起义。这些意义读 jiē。又读 qì。《广韵》去例切。意思是提起衣服。《尔雅·释水》:"浅则揭,繇膝以上为揭。"《诗·邶风·匏有苦叶》:"深则厉,浅则揭。"(方东杰)

振 zhèn 章纽、文部;章纽、真韵、职邻切。

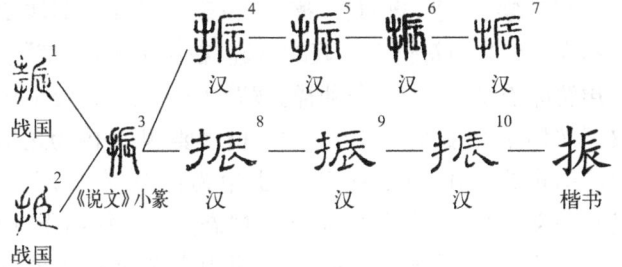

1、2《四声韵》15页。3《说文》254页。4—7《金石典》27页。8、9、10《隶辨》556页。

形声字。从手,辰声。"振"字始见于战国时期,声符为"臣"或"辰"。自小篆以后,声符为"辰"。在汉代印章中,字体多近小篆,但形体上略有变化,主要表现在"辰"字上,有辰、辰、辰等形体。到汉隶碑刻中,手部趋于一致,辰旁形体上略有区别,但也渐趋一致。本义是救助。《国语·鲁语上》:"陷而不振。"引申为救济,这个意义后来写作"赈"。邵瑛《群经正字》:"案,此即俗赈济之本字。"振、赈为古今字关系。又有振动、抖动义。《说文》:"一曰奋也。"《诗·豳风·七月》:"六月莎鸡振羽。"由此引申为奋起、振作,一般用于抽象意义中,又引申为整顿。(方东杰)

扛 gāng 见纽、东部;见纽、江韵、古双切。
káng

扛—扛
《说文》小篆　楷书

1《说文》254页。

形声字。从手,工声。本义是用两手举东西(重物)。《史记·项羽本纪》:"籍长八尺余,力能扛鼎。"引申为两人或几人共抬一物。《说文》段玉裁注:"以木横持门户曰关;凡大物而两手对举之曰扛。项羽力能扛鼎,谓鼎有鼏(mì,鼎盖),以木横贯鼎耳,而举其两耑(端)也。即无横木而两手举之亦曰扛;即两人以横木对举一物亦曰扛。"解说较详。但现在一般多用两人以横木对举一物义,其他意义不常用。这些意义读 gāng。另外用肩膀担物也称扛,读 káng。因用肩担物要用力抵抗物体的重量,由此引申出言语顶撞义。(方东杰)

扮 fēn 并纽、文部;奉纽、吻韵、房吻切。
bàn 帮纽、文部;帮纽、裥韵、晡幻切。
fēn 帮纽、文部;非纽、文韵、府文切。

扮—扮
《说文》小篆　楷书

1《说文》254页。

形声字。从手,分声。本义是握、把持。《战国策·魏策二》:"又身自丑于秦,扮之请焚天下之秦符者,臣也。"鲍彪注:"扮,并也,握也。"引申为合并。这些意义读 fěn。现在该项音义已不使用。现在的常用义打扮、装饰是后起义。清钱大昕《十驾斋养新录·说文本字俗借为它用》:"《说文》本有之字,世俗借为它用者。如扮,握也,读若粉,今人读布患切,以为打扮字。"《红楼梦》第二十二回:"这个孩子扮上活像一个人,你们再瞧不出来。"引申为扮演。这些意义读 bàn。"扮"又读 fēn。《广韵·文韵》:"扮,掘也。"不常用。(方东杰)

捎

shāo 心纽、宵部；生纽、肴韵、所交切。
shào 生纽、巧韵、山巧切。

捎¹—捎
《说文》小篆　楷书

1《说文》254页。

形声字。从手，肖声。《说文》：“捎，自关已西，凡取物之上者为挢(jiǎo)捎。”（关，指古函谷关）《广雅·释诂》：“挢捎，择也。”即择取义。又有芟、割等义。《广韵·肴韵》：“捎，芟也。”《史记·龟策列传》："以夜捎兔丝去之。"又当拂、掠讲。《正字通·手部》：“捎，掠也。”汉司马相如《上林赋》：“拂鹥鸟，捎凤皇，捷鸳雏，掩焦明。”近代汉语中指顺便携带东西。《水浒全传》：“先父临终之日，留下这些东西，教寄与哥哥做遗念，为因无心腹之人，不曾捎来。”这些意义读 shāo。捎又读 shào，多用于赶车人吆喝牲口，使骡马等向后退。（方东杰）

擁（拥）

yōng 影纽、东部；影纽、肿韵、於陇切。

擁¹—擁²—擁³—擁—拥
《说文》小篆　汉　汉　楷书　楷书

1《说文》254页。2、3《隶辨》328页。

形声字。从手，雝声。本作“擁”，是“擁”的本字。今简化为“拥”。“擁”字《说文》作从手，雝声。到汉隶阶段，就已演变为从手，雍声了。只是"雍"字形体还未统一。本义是抱。《仪礼·公食大夫礼》：“左拥簠梁，右执涪以降。”郑玄注：“拥，抱也。”《史记·齐太公世家》：“拥柱而歌。”拥抱是双手合拢，引申为围裹、聚集、占据、执持、拥护等义。（方东杰）

揄

yú 喻纽、侯部；以纽、虞韵、羊朱切。

揄¹—揄²—揄³—揄⁴—揄
《说文》小篆　秦　汉　汉　楷书

1《说文》254页。2、3、4《篆隶表》869页。

形声字。从手，俞声。“揄”字在小篆阶段，声符“俞”从舟，不从月。到隶书阶段，“舟”讹变为“月”。本义是引、挥动。《韩非子·内储说下》："庞援揄兵而南。"《淮南子·氾论》：“（曹沫）揄三尺之刃，造桓公之胸。”引申为拿出。又常与"扬"连用，表示挥扬、扬起。《楚辞·九叹·逢纷》：“揄扬涤荡，漂流陨往，触龟(yín)石兮。”用于人则引申为表扬、赞扬。唐杜甫《送顾八分文学适洪吉州》诗："御札早流传，揄扬非造次。"（方东杰）

抃

biàn 并纽、元部；并纽、线韵、皮变切。
pīn
pàn

抃¹—抃
《说文》小篆　楷书

1《说文》254页。

形声字。从手，弁声。本义是鼓掌、击掌。“抃”字异体为“拚”。《吕氏春秋·古乐》：“帝喾乃令人抃。”高诱注：“两手相击曰抃。”这个意义的“拚”读 biàn。又读 pàn，意思是舍弃，如拚命。这个意义的“拚”本应写作“判”。“判”的本义是分离，引申为舍弃，又引申为豁出去。“拚”和“判”的读音相近，因而这个意义后来就写作“拚”。又读 pīn，义同“拼”。《说文》中无“拼”字。《尔雅·释诂下》：“拚，从也。”意思是合在一起。由于“拼”与“拚”读音相近，字形相似，后来就都写作“拼”了。《朱子语类辑略》卷四：“这道理若不是拼生尽死去理会，终不解得。”（方东杰）

擅

shàn 禅纽、元部；禅纽、线韵、时战切。

擅¹—擅²—擅³—擅⁴—擅
《说文》小篆　秦　汉　汉　楷书

1《说文》254页。2、3、4《篆隶表》869页。

形声字。从手，亶声。“擅”字在隶变过程中形体变化不大，如擅，声符仍有小篆的痕迹。在汉隶中，“擅”字的声符略有变形。本义是独揽。《荀子·仲尼》：“处重擅权。”《韩非子·孤愤》：“当途之人擅事要，则外内为之用矣。”引申为自作主张，任意。又引申为善于、专长，据为己有等义。由此虚化为副词，表示情态、方式，相当于“擅自”。《墨子·号令》：“诸吏卒民，非其部界而擅入他部界，辄收。”在古书中，"擅"有时通"掸"，是"持"的意思。《墨子·备城门》：“入擅苴，长五节。”王念孙《读书杂志》："擅，读曰掸。"又是"禅"的通假字，"禅让"的意思。《荀子·儒效》：“周公无天下矣。乡有天下，今无天下，非擅也。”杨倞注："擅与禅同。"（方东杰）

揆

kuí 群纽、脂部；群纽、旨韵、求癸切。

揆¹—揆²—揆³—揆⁴—揆
战国　《说文》小篆　汉　汉　楷书

1《汗简》40页。2《说文》254页。3、4《隶辨》346页。

形声字。从手，癸声。传抄古文"揆"字声符"癸"与小篆相同。小篆"揆"的声符是"癸"的籀文。到隶书阶段，"癸"的上部有的作 形，与小篆相近；有的作 形，已接近于后世的楷书，下部分一般作 形，与小篆相似。到楷书阶段就讹变为"天"了。本义是度量、考察。《楚辞·离骚》："皇览揆余初度兮，肇锡余以嘉名。"《诗·鄘风·定之方中》："揆之以日，作于楚室。"毛传："揆，度也。"引申为揣度。引申为对一定事物的管理。度量要依据一定的尺度，所以引申为准则，道理，为名词。(方东杰)

擬(拟)

nǐ 疑纽、之部；疑纽、止韵、鱼纪切。

擬¹—擬²—擬³—擬⁴—擬—拟
《说文》小篆　汉　汉　汉　楷书　楷书

1《说文》254页。2、3《隶辨》355页。4《篆隶表》870页。

形声字。从手，疑声。简化作"拟"。本义是揣度、推测、思量。《易·系辞上》："拟之而后言，议之而后动。"引申为具体的比量、比划。由揣度义引申为比较，比拟，使比较的双方相齐等。这个意义又写作"儗"。由思量又引申为打算、准备，这个意义在后世才出现。由这一意义引申为起草、编写。"拟"字在汉隶中声符"疑"形体上不统一。(方东杰)

損(损)

sǔn 心纽、文部；心纽、混韵、苏本切。

損¹—損⁴—損⁵—損⁶—損⁷—损
战国　战国　《说文》小篆　汉　汉　楷书　楷书
損²—損³　　　損⁸—損⁹
战国　战国　　　汉　汉

1-4《四声韵》42页。5《说文》254页。6《篆隶表》870页。7、8、9《隶辨》397页。

形声字。从手，員声。字始见于战国时期。声符"員"下部与战国文字"鼎"相似，尚存古意。隶书字体基本上趋于一致，只是"員"上的"口"有时呈三角形。本义是减少，亏损。《老子》第七十七章："损有余而奉不足。"引申为丧失、损失。又引申为蒙受害处。(方东杰)

失

shī 书纽、质部；书纽、质韵、式质切。

yì 书纽、质部；余纽、质韵、弋质切。

失¹—失²—失³—失⁴—失⁵—失⁶—失⁷—失¹⁰
战国　战国　战国《说文》秦　汉　汉　汉　楷书
　　　　　　　　小篆
　　　　　　　　　失⁸—失⁹
　　　　　　　　　汉　汉

1《战文编》794页。2《汉语字形表》460页。3《四声韵》74页。4《说文》254页。5-8、10《篆隶表》870页。9《隶辨》672页。

形声字。从手，乙声。"失"字战国时的字形与小篆很相似。秦代以小篆为正统，但在秦简中的字体与汉隶极为相像，为后世汉隶所本。在汉隶中，"失"一般作失，上横左侧有一短撇。只有夫比较特殊，《隶辨》对该字解释说："即失字。《说文》本作 ，从手从乙。(按《说文》作'从手，乙声'，与此说不合)变隶偏旁手省作 扌，碑作夫者，从偏旁 扌也。"可见，隶变以后，"失"字从手的特征已不明显，后世辞书一般将它归入"大"部。本义是遗失、丧失。《论语·泰伯》："学如不及，犹恐失之。"《易·比》："王用三驱，失前禽。"引申为遗漏、过错，没有控制住、把握住等。又引申为名词过失、错误。《汉书·路温舒传》："臣闻秦有十失，其一尚存，治狱吏是也。"以上义项读 shī。古书中，"失"有时同"佚"，奔逃的意思。《集韵·质韵》："失，放也。郑司农曰：'放失六畜。'"又有佚乐的意思。"失"有时又同"泆"，放荡的意思。《汉书·游侠传·原涉》："不幸壹为盗贼所污，遂行淫失，知其非礼，然不能自还。"颜师古注："失，读曰泆。""失"有时又同"軼"，超过的意思。《国语·周语上》："夫天地之气，不失其序；若过其序，民乱之也。"以上义项读 yì。按：失、佚、泆、軼，上古音相近(失，书纽、质部、入声；佚、泆、軼均为余(喻四)纽、质部、入声)，意义相承、相近，具有同源关系。(方东杰)

挩

tuō 透纽、月部；透纽、末韵、他括切。

手部

挩

1《说文》254页。2、3、4《篆隶表》870页。

形声字。从手，兑声。本义是解脱，后来写作"脱"。清段玉裁《说文解字注》："今人多用'脱'，古则用'挩'，是则古今字之异也。今'脱'行而'挩'废矣。"《老子》第五十四章："善抱者不脱。"马叙伦校诂引范应元本作"挩"。引申为遗漏。"挩"又有"捶打"义。《榖梁传·宣公十八年》："邾人戕鄫子于鄫。戕，犹残也，挩杀也。"阮元校勘记："石经初刻'挩'作'棁'，后改从手，非也。棁杀谓以杖杀之。"则"捶打"义当作"棁"。（方东杰）

撥（拨） bō 帮纽、月部；帮纽、末韵、北末切。

1《说文》254页。2、3《隶辨》692页。

形声字。从手，發声。字从小篆到隶书，只是声符發的形体稍有不同。其中"發"的形体稍简，"發"为后来楷书所本。后简化为"拨"。本义是治理。《公羊传·哀公十四年》："拨乱世反诸正。"治理就要去恶除乱，所以引申为除去、去掉。由此引申为拨开，又引申为弹拨、分派等义。（方东杰）

抒 shū 船纽、鱼部；船纽、语韵、神与切。
xù 邪纽、鱼部；邪纽、语韵、徐吕切。

1《说文》254页。2《篆隶表》871页。3《隶辨》366页。

形声字。从手，予声。"抒"字在隶书阶段，形体有异，声符予有时写作"㔾"。本义是舀出、汲出。《管子·禁藏》："攒燧易火，抒井易水。"引申为表达思想，抒以情怀。《汉书·刘向传》："一抒愚意。"又，《王褒传》："敢不略陈愚见而抒情愫"。又引申为清除，解除。（方东杰）

攫 jué 见纽、铎部；见纽、药韵、古缚切。

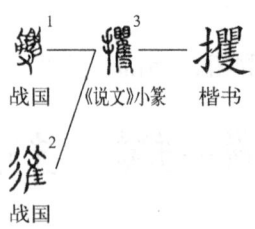

1《郭店》166页。2《四声韵》82页。3《说文》255页。

形声字。从手，矍声。"攫"字始见于战国时期。声符字形较为复杂，与后世小篆形体区别较大。从"彡"的字形构形不明。本义是（鸟兽等用爪）抓取。《礼记·儒行》："鸷鸟攫搏。"孔颖达疏："以脚取之谓之攫，以翼击之谓之搏。"《战国策·齐策六》："徐子之狗，犹将攫公孙子之腓（féi，胫骨后的肉，俗称腿肚子）而噬之也。"唐韩愈《猛虎行》："豹来衔其尾，熊来攫其颐。"引申为夺取。又是一种草名。《尔雅·释草》："攫，乌阶。"（方东杰）

拓 zhí 章纽、铎部；章纽、昔韵、之石切。
tuò 透纽、铎部；透纽、铎韵、他各切。
tà

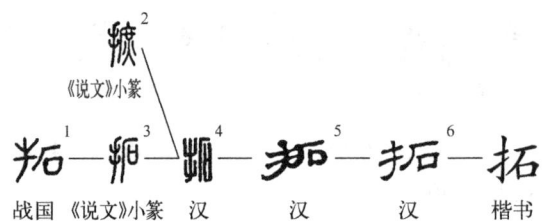

1《战文编》795页。2、3《说文》255页。4、5《篆隶表》871页。6《隶辨》710页。

形声字。从手，石声。拓的异体字为摭，从手，庶声。"拓"字在小篆阶段有或体"摭"，区别在于声符。后来分化为音义不同的两个字。汉隶字形已与后世楷书相近，区别在于字体的笔势。"拓"还有一个异体字"搩"，从手，橐声。清邵瑛《说文群经正字》："今经典从或体作摭"，"拓字经典不见，子、史多以'拓'为'开拓'之'拓'；又'拓落'亦作此，盖截分为二字矣。"根据《说文》，"拓"读zhí，意思是拾取。但这一音义在经典中一般用"摭"而不用"拓"。"拓"的常用义为开辟，扩展（土地等）。《汉书·扬雄传》："拓迹开统。"引申为张开，由此引申为表示开阔、宏大义。开拓要用手，所以引申为用手推，或用手托物。以上义项读tuò。"拓"有时表示把石碑或器物上的文字或图画摹印在纸上，读tà，原作"搨"。《隋书·经籍志一》："其相承传拓之本，犹在祕府。"唐王建《原上新

居》:"古碣凭人拓。"(方东杰)

攈(捃) jùn 见纽、文部；见纽、问韵、居运切。

攈¹—攈—捃
《说文》小篆 楷书 楷书

1 《说文》255页。

形声字。从手，麇声。义同"捃"，意思是拾取。《墨子·贵义》:"舍吾言革思者，是犹舍获而攈粟也。"《汉书·刑法志》:"于是相国萧何攈摭秦法，取其宜于时者，作律九章。"《说文》无"捃"字。《方言》卷三:"攈，取也。"郭璞注:"攈，古捃字。"《集韵·焮韵》:"攈，或从君。""攈"、"捃"是异体关系，声符不同。类似的异体字还有"攗"、"攟"等。汉字简化后，都归入"捃"字中。(方东杰)

拾 shí 禅纽、缉部；禅纽、缉韵、是执切。

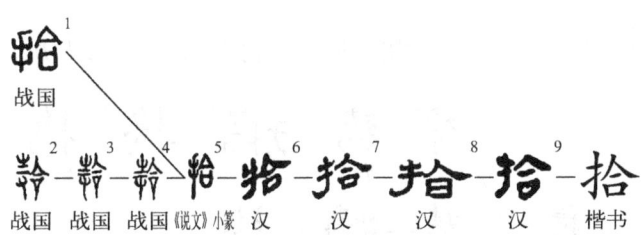

1《战文编》795页。2《汗简》42页。3、4《四声韵》81页。5《说文》255页。6、8、9《篆隶表》871页。7《隶辨》763页。

形声字。从手，合声。"拾"最早见于传抄古文，"手"一般作扌，"合"的"口"字一般为倒三角形，而且下部很尖。小篆以后，"口"形为正方。汉隶中有的手形作扌，是小篆形体的继承。有的"合"字中的"一"与"口"相连作日，是较特殊的情况。本义是拣起来。《左传·哀公三年》:"无备而官办者，犹拾渖(汁水)也。"南朝宋刘义庆《世说新语·德行》:"(殷仲堪)饭粒脱落盘席间，辄拾以啖(dàn)之。"引申为收敛，收拾，整顿。又作名词，指臂韝(gōu)，古时射箭时用的皮制的套袖，又叫"遂"。《仪礼·乡射礼》:"袒决遂。"郑玄注:"遂，射韝也。以韦为之，所以遂(顺应)弦者也；其非射时则谓之拾。拾，敛也，所以蔽肤敛衣也。"又借作"十"的大写。《正字通·手部》:"拾，今官文书防伪窜，借为数目字。"(方东杰)

掇 duō 端纽、月部；端纽、末韵、丁括切。
chuò 端纽、月部；知纽、薛韵、陟劣切。

掇¹—掇²—掇³—掇
《说文》小篆 秦 汉 楷书

1《说文》255页。2、3《篆隶表》871页。

形声字。从手，叕(zhuó)声。"掇"字小篆中的声符原像交络互缀之形，但在秦时古隶中就讹变为"叕"之类，与"又"有关，为后世楷书所本。本义是拾取。《诗·周南·芣苢》:"采采芣苢，薄言掇之。"郑玄笺:"掇，拾也。"引申为选取、夺取、取得等义。以上义项读duō。在古书中，"掇"有时用作"辍"的通假字，读chuò，意思是停止。睡虎地秦墓竹简《为吏之道》:"邦之急，在膡(体)级，掇民之欲政乃立。"又读zhuō，通"黜"，意思是短、矮。《庄子·秋水》:"故遥而不闷，掇而不跂。"又通"缀"，读zhuì，意思是表。《吕氏春秋·不屈》:"或操表掇以善晞望。"高亨新笺:"掇亦表也。表缀犹标臬也。掇字古有表义……掇、缀、畷皆通用字。"(方东杰)

援 yuán 匣纽、元部；云纽、元韵、雨元切。
yuàn 匣纽、元部；云纽、线韵、王眷切。

援¹—援²—援³—援⁴—援
战国 《说文》小篆 秦 汉 楷书

1《战文编》795页。2《说文》255页。3《篆隶表》871页。4《隶辨》145页。

会意兼形声字。从手，爰声，爰兼表意。"援"字在甲骨文中作爰，像一人用手(爫)抓住一物，让另一人的手拉着此物的另一端，以表示援引。(参见"爰"字条)"爰"与"孚"不同，"孚"在金文中作孚，上下两手之间是一点。"孚"也有由孚省作爫的，但中间的一横短而平，仍与"爰"不同。后来"爰"字假借作连词、助词，另造"援"字表示其义。本义是牵引、拉曳。《孟子·离娄上》:"嫂溺援之以手。"唐李白《蜀道难》:"猿猱欲度愁攀援。"引申为攀附、擢拔、引用等义。这些义项读yuán。由牵引义引申出帮助义，读yuàn。《左传·宣公十八年》:"使我杀嫡立庶以失大援者，仲也夫。"(方东杰)

抽 chōu 透纽、幽部；彻纽、尤韵、丑鸠切。

1《四声韵》31页。2、3、4《说文》255页。5《隶辨》291页。

形声字。从手，由声。"抽"在战国时，有的从手，秀声。在小篆中有"搝"，可看做战国文字的继承，只是声符"秀"的形体稍异。《说文》中以"擂"为正体，而将"搝"、"抽"作为异体字，它们的区别在于声符不同。汉隶中以由作为声符，为楷书所本，经典中也以用"抽"为常。本义是引出，引。《庄子·天地》："挈水若抽。"陆德明释文："抽，李云：'引也'。"引申为拔出、抽出，用于具体事物。又引申为抽取，用于抽象事物。又引申出伸展、抽打等义。（方东杰）

擢 zhuó 定纽、药部；澄纽、觉韵、直角切。

1《说文》255页。2《隶辨》664页。3《篆隶表》872页。

形声字。从手，翟声。"擢"的声符"翟"在汉隶阶段上方的"羽"一般作"ヨヨ"，到楷书阶段作"羽"。《说文》："擢，引也。"《方言》卷三："擢，拔也。自关而西，或曰拔，或曰擢。"清徐灏《说文解字注笺》："此当以拔擢为本义。"《韩非子·奸劫弑臣》："擢滑王之筋。"引申为选拔，提升，撤除等义。（方东杰）

拔 bá 並纽、月部；並纽、黠韵、蒲八切。
fá 並纽、月部；奉纽、月韵、房越切。

1、2、3《郭店》166页。4《说文》255页。5—8《篆隶表》872页。9《隶辨》693页。

形声字。从手，犮声。"拔"字在战国楚简中像用双手拔取草、木之类的事物，当为会意字。小篆是从手、犮声的形声字。在汉代隶书碑刻中，"拔"字的声符"犮"有时讹变为"犮"、"夭"等形。本义是抽拉，连根拽出。《易·泰》："拔茅茹以其汇。"王弼注："茅之为物，拔其根而相牵引者也。"《史记·项羽本纪》："力拔山兮气盖世。"引申为选拔，超出，吸出（毒气）等义。以上义项读bá。又指一种草名，即龙葛，读fá。（方东杰）

揠 yà 影纽、月部；影纽、黠韵、乌黠切。

1《说文》255页。

形声字。从手，匽(yǎn)声，本义是拔起。《方言》卷三："揠，拔也，东齐、海岱之间曰揠。"《孟子·公孙丑上》："宋人有闵其苗之不长而揠之者。"引申为提拔。（方东杰）

擣(捣) dǎo 端纽、幽部；端纽、皓韵、都皓切。

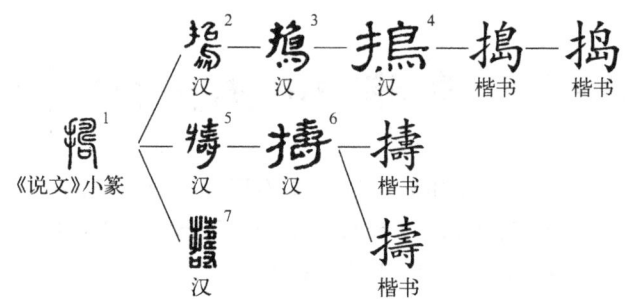

1《说文》255页。2、3、5、6、7《篆隶表》872页。4《隶辨》420页。

形声字。从手，壽声。《说文》中"擣"本作"擣"，隶变以后，讹变为"擣"或"搗"。古籍中多作"擣"。在汉隶中，出现了从手，鸟声的异体字，但到隶书阶段声符又讹变作岛。《篇海类编·身体类·手部》："擣，敲也，舂也。亦作捣。"义同"擣"。意思是捶、砸、舂。《礼记·内则》："擣珍，取牛羊麋鹿麕之肉，必脄(méi)。"(脄，夹脊肉。本句大意是取牛羊等的脊两侧的肉擣制成精美的食物)引申为撞击，（军事上的）攻打。捣乱是后起义。（方东杰）

挺 tǐng 定纽、耕部；定纽、迥韵、徒鼎切。
tíng 定纽、耕部；定纽、青韵、特丁切。

挺 — 挺 — 挺 — 挺 — 挺
《说文》小篆　汉　汉　汉　楷书

1《说文》255页。2、3、4《隶辨》卷451页。

形声字。从手,廷声。本义是拔。《战国策·魏策四》:"挺剑而起。"引申出生出,生长、杰出等意思。"挺"的常用义是笔直。《左传·襄公五年》:"周道挺挺,我心扃扃(jiǒng jiǒng,明察)。"由此引申为伸直,又引申为坚贞不屈。古时"挺"可做量词,相当于现在的"根",用于笔直的东西。《南史·隐逸传·赵僧岩》:"蜡烛一挺,以照七尺之尸。"后来在北方方言中又有"很"的意思,如挺大,挺长等。在古书中,"挺"有时通"莛",指草茎。《说苑·善说》:"子路曰:'建天下之鸣钟,而撞之以挺,岂能发其声乎?'"又通"筳",指小竹枝。《后汉书·方术传》:"日者,挺专、须臾、孤虚之术。"李贤注:"挺专,折竹卜也。""挺"字在汉隶中形体稍有差异,区别是"廴"旁有时两断,有时三断。(方东杰)

探 tàn 透纽、侵部;透纽、覃韵、他含切。

探 — 探 — 探 — 探
《说文》小篆　汉　汉　楷书

1《说文》255页。2《篆隶》873页。3《隶辨》312页。

形声字。从手,罙(shēn)声。罙兼表义。小篆中的声符作"罙",汉隶中的声符作"㝬",楷书中则简化为"罙"了。《说文》:"探,远取也。"朱骏声通训定声:"远取犹深取也。"本义是摸取,把手伸进去取东西。《易·系辞上》:"探赜(zé,深奥,玄妙)索隐,钩深致远。"《汉书·宣帝纪》:"毋得以春夏摘(tī,挑)巢探卵,弹射飞鸟。"引申为探究,试图发现(隐藏的事物或情况)。由此引申为做侦察工作的人。由手伸出引申指身体某一部分向前伸等等。(方东杰)

撢 tàn 透纽、侵部;透纽、覃韵、他含切。
　　 tàn 透纽、侵部;透纽、勘韵、他绀切。

撢 — 撢 — 撢
《说文》小篆　汉　楷书

1《说文》255页。2《篆隶表》873页。

形声字。从手,覃声。"撢"字小篆的声符作"覃",汉印中简化作"覃"。义同"探",探寻、探求。《周礼·夏官·序官》:"撢人"。郑玄注:"撢人主撢序主意,以语天下。"又有秉持义。汉魏伯阳《参同契·日月悬象章第二》:"天地媾其精,日月相撢持。"(方东杰)

擎(撇) piē 滂纽、月部;滂纽、屑韵、普蔑切。
　　　　 piě

擎 — 擎 — 撇
《说文》小篆　楷书　楷书

1《说文》255页。

形声字。从手,敝声。"擎"与"撇"是异体关系。《说文》有"擎"无"撇",古籍中用"撇"较多。《说文》解释"擎"的本义为"别",不可通。段玉裁注认为本义是"饰",即"拭"。其常用义是顺着一个平面拂过,略过。《汉书·扬雄传上》:"历倒景而绝飞梁兮,浮蔑蠓而撇天。"(蔑蠓,指云、雾气等)引申为从液体表面舀,如撇油;撇沫儿。又引申为丢,抛弃。"撇"还有一个意义"击"。《广韵·屑韵》:"撇,小击。"汉王褒《四子讲德论》:"故膺腾撇波而济水,不如乘舟之逸也。"这些意义读piē。"撇"又读piě,指平着扔。元佚名《度柳翠》第四折:"瓦片将来水上撇,有如步步踏青波。"又指汉字的笔画,形状是"丿"。做量词,用于像"撇"的东西,如两撇小胡子。(方东杰)

撼 hàn 匣纽、侵部;匣纽、感韵、胡感切。

撼 — 撼
《说文》小篆　楷书

1《说文》255页。

形声字。从手,咸声。本义是摇动。清苏曼殊《断鸿零雁记》第七章:"摇山撼城,声若雷霆。"《说文》中有"撼"无"撼","撼"是后起的异体字。唐韩愈《调张籍》:"蚍蜉撼大树,可笑不自量。"(方东杰)

挥(揮) huī 晓纽、微部;晓纽、微韵、许归切。

挥 — 揮 — 揮 — 揮 — 挥
《说文》小篆　汉　汉　汉　楷书

1《说文》255页。2、3《篆隶表》873页。4《隶辨》66页。

形声字。从手,军声。本义是舞动,摇动。《淮南子·说山》:"执弹而招鸟,挥梲(tuō,木棍)而呼狗。"舞动有时是抛洒、振去液体等,因而引申为抛洒,又引申为散发。有时人们挥手表示制止、否定,因而引申为停止、退去。有时表示指示别人做某事,所以引申为指挥。在古书中"挥"有时通"翚(huī)",飞的意思。《文选·潘岳〈西征赋〉》:"不尤眚(shěng,眼睛生翳)以掩德,终奋翼而高挥。"有时通"徽",指旗幡,《文选·张衡〈东京赋〉》:"戎士介而扬挥。"(方东杰)

摩 mó / mā

明纽、歌部;明纽、戈韵、莫婆切。

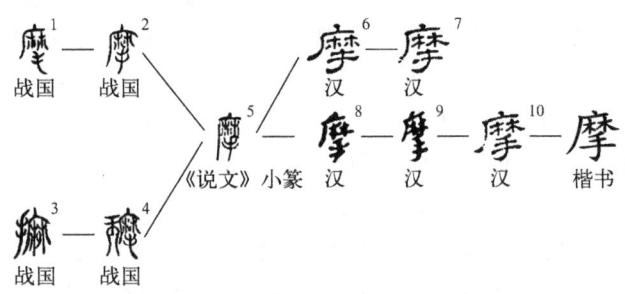

1《四声韵》65页。2、3、4《四声韵》25页。5《说文》255页。6、7、10《隶辨》214页。8、9《篆隶表》873页。

形声字。从手,麻声。"摩"字在战国时,形体多样,构成一组异体字。首先是构字部件手、麻位置不固定;有的是上下结构;有的是左右结构。有一个字形多了一个青(古文玉),似乎与研摩玉石有关。另外"手"部形体有的与小篆相近,为小篆所本;有的中间两弯比较平直,为后世汉隶"摩"字所本。汉隶的形体也稍有分歧,主要差异仍在手字,有的形体为"扌",前承战国古文;有的形体为"手",前承小篆,并为楷书所本。本义是摩擦,研磨。《易·系辞上》:"是故刚柔相摩,八卦相荡。"唐杜甫《自京赴奉先县咏怀五百字》:"瑶池气郁律,御林相摩戛(jiá,撞击)。"引申为抽象意义,指互相研讨使达到完美、完善。摩擦又能引申为抚摩、按摩等。摩擦就要接近事物,因而引申为接触、蹭着。这些意义读mó,又读mā,主要用于"摩挲"一词中。该词也写作"摩沙"、"摩莎"、"摩抄"、"摩挲",指用手轻按上下移动。《乐府诗集·横吹曲辞五·琅琊王歌》:"一日三摩挲,剧于十五女。"(方东杰)

攪(搅) jiǎo

见纽、幽部;见纽、巧韵、吉巧切。

1《说文》255页。

形声字。从手,覺(觉)声。本义是拌物使乱。唐杜审言《赋得妾薄命》:"啼鸟惊残梦,飞花搅独愁。"引申为扰乱。《汗简》中有"搅"字作"𢮎",当是借"𢯲"为之。(方东杰)

撞 zhuàng

定纽、东部;澄纽、江韵、宅江切。

1《说文》255页。

形声字。从手,童声。本义是碰击。《墨子·非乐上》:"然即当为之撞巨钟,击鸣鼓,弹琴瑟,吹竽笙,而扬干戚。"《礼记·学记》:"善待问者如撞钟,叩之以小者则小鸣,叩之以大者则大鸣。"引申为闯,猛然直下。又引申为迎头碰上,偶然遇到。又为量词,撞钟一次为一撞。《太平广记》卷四百九十九引五代尉迟偓《中朝故事》:"(僖宗)乃扣新钟十撞,捨钱一万贯。"(方东杰)

扔 rēng / rěng

日纽、蒸部;日纽、蒸韵、如乘切。

1《类编》70页。2《说文》255页。

形声字。从手,乃声。基本义是牵引,拉。《老子》第三十八章:"上礼为之而莫之应,则攘臂而扔之。"向相反的方向牵引,使远离,就引申为抛投。进而又引申为丢弃。这些意义出现较晚,而且常使用在北方地区。甲骨文中的"𠬪"可能就是《说文》的"扔"字。但表义不明。(方东杰)

括 kuò

见纽、月部;见纽、末韵、古活切。

1《说文》255页。2《隶辨》692页。

形声字。从手,昏声。《说文》本作"㿃",在隶变以后"昏""舌"相混,因而就写作"括"。常用义为结扎、捆束。

《广雅·释诂四》:"括,结也。"《礼记·檀弓上》:"主人既小敛,袒括发。"明马中锡《中山狼传》:"内狼于囊,遂括囊口,肩举驴上。"引申为包容、包括。又引申为搜求,有囊括他人物品之义。又作"佸",意思是至。清王念孙《广雅疏证·释诂一》:"括、佸、会,古声义并同,故《广雅》括、会俱训为至也。"《诗·小雅·车舝》:"匪饥匪渴,德音来括。"陆德明释文:"括,本又作佸。"(方东杰)

擘 bò 帮纽、锡部;帮纽、麦韵、博厄切。

擘¹—擘²—擘
《说文》小篆　汉　楷书

1《说文》255页。2《篆隶表》873页。

形声字。从手,辟声。隶书中的"擘"有的从"丯",是"手"的讹变。本义是分开、剖裂。《史记·刺客列传》:"既至王前,专诸擘鱼,因以匕首刺王僚。"唐李白《西岳云台歌送丹丘子》:"巨灵咆哮擘两山,洪波喷流射东海。"又指大拇指。《尔雅·释名》:"腹䐘(huǐ)博三寸,首大如擘。"陆德明释文:"擘,大指也,手足大指俱名擘也。"又称"巨擘"。清段玉裁《说文解字注》:"大指主开,余四指主合,故大指谓之巨擘。"由此比喻优秀人物。《孟子·滕文公下》:"于齐国之士,吾必以仲子为巨擘焉。"以上意义读bò。后代出现了口语音bāi,又产生了一个新的会意字"掰"。(方东杰)

撝 huī 晓纽、歌部;晓纽、支韵、许为切。

撝¹—撝
《说文》小篆　楷书

1《说文》256页。

形声字。从手,爲声。本义是分裂,剖开。《说文》:"撝,裂也。"《后汉书·马融传》:"撝介鲜,散毛族。"引申为挥,挥散。清段玉裁《说文解字注》:"撝,《易》'撝谦'马曰:'撝,犹离也。'按:撝谦者,溥散其谦,无所往而不用谦,裂义之引申也。"按:《易》"撝谦"王弼注:"指撝皆谦。"荀爽注:"撝,犹举也。"又义为指挥。后作"挥(揮)"。《说文》:"一曰手指也。"徐锴系传:"一曰手指撝。"段玉裁注:"撝,手指撝也。凡指撝当作此字。"钱坫斠诠:"'指撝'与'麾'字同。"《正字通·手部》:"撝,《九经字样》'麾''撝'同。通作揮。"《公羊传·宣公十二年》:"(楚)庄王亲自手旌,左右撝军,退舍七里。"唐韩愈《石鼓歌》"雨淋日炙野火燎,鬼物守护烦撝呵。"有挥动义。《太平广记》卷四百八十引胡燦《拾遗录》:"子晋以衣袖撝雪,则云霁雪止。"宋程公许《念奴娇·中秋玩月》:"谁与冰轮撝玉斧,恰好今宵圆足。"有挥手呵斥或挥手示退义。《隋书·韩擒虎传》:"陈人欲战,蛮奴撝之曰:'老夫尚降,诸君何事。'众皆散走。"明方孝孺《宗仪九首·睦族》:"招之则集,撝之则退。"又有谦抑义。唐吕温《凌烟阁勋臣颂·房梁公玄龄》:"闲居台辅,撝默自处。"(方东杰)

技 jì 群纽、支部;群纽、纸韵、渠绮切。
qí 群纽、支部;溪纽、支韵、翘移切。

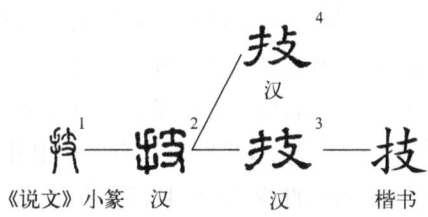

《说文》小篆　汉　汉　楷书

1《说文》256页。2《篆隶表》874页。3、4《隶辨》335页。

形声字。从手,支声。"技"字的声符为"支"。但在汉代碑刻的隶书中有的讹变为"攴"。本义是技能、本领。《书·秦誓》:"人之有技,若己有之。"《后汉书·华佗传》:"佗之绝技,皆此类也。"引申指有才艺的人,工匠。这些意义读jì。又读qí,指伎俩,不正当的手段。《庄子·在宥》:"说礼邪?是相于技也;说乐邪?有相于淫邪?"陆德明释文:"技,崔云:不端也。"(方东杰)

摹 mó 明纽、鱼部;明纽、戈韵、莫胡切。
mō 明纽、鱼部;明纽、模韵、莫胡切。

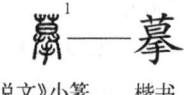

《说文》小篆　楷书

1《说文》256页。

形声字。从手,莫声。本义是法度、规范。汉张衡《东京赋》:"眇天末以远期,规万世而大摹(大法)。"法度、规范就要遵循、效法,因而引申为仿效、描摹。又进一步引申为描述。这些意义读mó。又同"摸",读mō,指摸索、探求。汉扬雄《太玄·法》:"摹法以中克。"范望注:"摹,索取也。""摹"和"摸"本为不同的字,前者本义为法度、规制,后者为抚摸,先有"撛"而后有"摸"。但是汉字中有一些上下结构可变为左右结构,反之亦然。因此"撛"可写作"摸","摸"可以写作"撛",这就是"撛"同"摸"、"摸"也同"撛"的原因。(方东杰)

拙 zhuō 章纽、月部；章纽、薛韵、职悦切。

战国—战国—战国—战国—《说文》小篆—汉—汉—楷书

1—4《四声韵》77页。5《说文》256页。6、7《篆隶表》874页。

形声字。从手,出声。"拙"在战国时形体较多,总的说,有这样几个特点：首先是形符与声符的位置不固定,左右无别。其次,形符有的从手,如"﹡"、"木"等。有的从攴,如"攴"。再次,声符"出"的形体也很多,但其中体现出古今字形的传承特点,如"﹡",我们还能看出与甲骨文出的相承,只是所从之凵,讹变为ʊ,且与止相连。后来"出"中的"止"逐渐讹变为屮,与凵相连,即为出,只是形体稍有变化。在小篆、汉隶、楷书中,"拙"基本上是左形右声。本义是笨拙,迟钝。《老子》第四十五章："大直若屈,大巧若拙,大辩若讷。"古人常用作自谦之辞。唐李白《题嵩山逸人元丹邱山居》："拙妻好乘鸾,娇女爱飞鹤。"古人对别人谦称自己的妻子也作"拙荆"。由笨拙引申为事物粗劣,事情不顺等。(方东杰)

摶(抟) tuán 定纽、元部；定纽、桓韵、度官切。
zhuān
zhuàn

摶—摶—抟
《说文》小篆　楷书　楷书

.1《说文》256页。

形声字。从手,專声。本义是捏聚成团。《礼记·曲礼上》："毋抟饭,毋放饭,毋流歠(chuò,汤之类的饮料)。"引申为集聚。又用如"团",指圆形,圆的。《楚辞·九章·橘颂》："曾枝剡棘,圆果抟兮。"这些意义读 tuán。又通"专",表示专一。读 zhuān。《管子·霸言》："夫令不高不行,不抟不听。"引申为统率。又读 zhuàn,作量词。相当于束、捆。《周礼·地官·羽人》："凡受羽,十羽为审,百羽为抟,十抟为缚。"郑玄注："审、抟、缚,羽数束名也。"(方东杰)

拮 jí 见纽、质部；见纽、质韵、居质切。
jié 见纽、质部；见纽、屑韵、古屑切。

拮—拮
《说文》小篆　楷书

1《说文》256页。

形声字。从手,吉声。"拮据"连用,义为操作劳苦。《诗·豳风·鸱鸮》："予手拮据。"毛传："拮据,撠(jī)挶也。"孔颖达疏："撠挶,谓以手爪挶持草也。"陈奂《毛诗传疏》："《玉篇》云：'拮据,手病也。'撠挶者,即手病之谓；撠,俗作撠。""拮据"、"撠挶"为一音之转。手病,是指手操作劳苦。后来引申为经济困难,不能灵活周转。这些意义的拮,读 jié,又读 jí。拮又同"戛(jiá)",敲击的意思。《战国策·秦策三》："勾践终拮而杀之。"(方东杰)

掘 jué 群纽、物部；群纽、物韵、衢物切。

战国—战国—《说文》小篆—汉—楷书

1、2《四声韵》75页。3《说文》256页。4《隶辨》682页。

形声字。从手,屈声。"掘"在战国古文中一般是左声右形,而所从之手形略有讹变。到小篆后就变为左形右声,为后世隶楷所本。《说文》："掘,搰(hú)也"。《广韵·物韵》："掘,掘地。"指挖。《易·系辞下》："断木为杵,掘地为臼。"这个意义古书中又借"阙"来表示。《左传·隐公元年》："若阙地及泉,隧而相见,其谁曰不然？""掘"字古书中又通"兀",直立不动的样子。《庄子·田子方》："向者先生形体掘若槁木。"又通"崛",凸起的样子。《汉书·扬雄传上》："洪台掘其独出兮,撠北极之嶕峣。"又通"拙",愚笨的意思。《韩非子·难言》："敦祗恭厚,鲠固慎完,则见以为掘而不伦。"又通"窟",指窟穴。《战国策·秦策一》："且夫苏秦,特穷巷掘门桑户棬枢之士耳。"(方东杰)

掩 yǎn 影纽、谈部；影纽、琰韵、衣俭切。

战国—《说文》小篆—汉—汉—楷书

1《战文编》796页。2《说文》256页。3、4《隶辨》473页。

形声字。从手，奄声。本义是隐蔽遮盖。《礼记·月令》："君子斋戒，处必掩身。"引申为闭合、隐藏等义。又引申为乘人不备突然袭击的意思，如掩袭。后代方言中又引申出关闭或合上箱盖等物时被夹住的意思，如：手被门掩了。在捕取、覆取的意义上，"掩"与"撖"是一组异体字。《方言》卷六："掩，取也。自关而东曰掩。"戴震疏证："掩，《说文》作撖，云自关以东谓取曰撖。"三国魏曹植《与杨德祖书》："吾王于是设天网以该之，顿八纮以掩之。""掩"在战国古文中作"撖"，为《说文》中"撖"字所本。（方东杰）

播 bō　帮纽、歌部；帮纽、过韵、补过切。

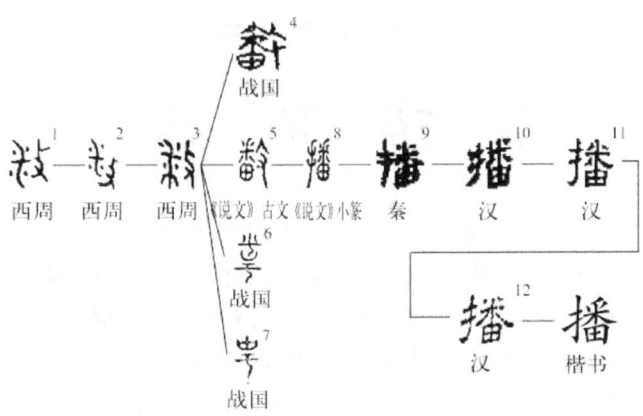

1、2、3《金文编》782页。4《楚系简帛》855页。5、8《说文》256页。6《汗简》3页。7《四声韵》65页。9、10、11《篆隶表》874页。12《隶辨》598页。

形声字。从手，番声。西周金文中"敤"借为"播"，有播迁、播放之义。本义是下种，撒种。《书·大诰》："厥子乃弗肯播，矧(shēn,况且)肯获。"《隋书·经籍志三》："农者，所以播五谷，艺（种植）桑麻，以供衣食者也。"引申为传布、分散、实行、逃逸等义。这些意义读bō。又读bó，通"簸"，摇动。《庄子·人世间》："鼓筴播精，足以食十人。""播"在古书中通"藩"，指封建王朝的属国或属地。《尚书大传·洪范五行传》："播国率相行祀。"郑玄注："播读曰藩。"（方东杰）

撻（挞）tà　透纽、月部；透纽、曷韵、他达切。

挞—撻
《说文》小篆　楷书

1《说文》256页。

形声字。从手，達声。本义是用鞭、棍等打人。《孟子·滕文公下》："一齐人傅之，众楚人咻(xiū,乱说话,打扰)之，虽日挞而求其齐也，不可得矣。"引申为拍打，又引申为疾速。又指一种农具，即打田筹，用来压土。《齐民要术·种谷》："凡春种欲深，宜曳重挞。"金文"達"，用如"挞"。墙盘："达殷吮(畯，jùn,古时掌农事的官)民。"（方东杰）

抨 pēng　滂纽、耕部；滂纽、耕韵、普耕切。

抨—抨
《说文》小篆　楷书

1《说文》256页。

形声字。从手，平声。本义是用弓弹射。唐杜甫《自阆州领妻子却赴蜀山行三首》之三："转石惊魑魅，抨弓落狖鼯。"唐韩愈《城南联句》："城南方惊抨。"引申为弹劾，抨击。《汉书·杜周传》："业因势而抵陁。"颜师古注引服虔注："谓罪败而复抨弹之，苏秦书有此法。"又有"拍"、"拂过"的意思。《梁书·沈约传》："翅抨流而起沫，翼鼓浪而成珠。"（方东杰）

捲（卷）juǎn　见纽、元部；见纽、狝韵、居转切。
　　　　　　juàn　见纽、元部；见纽、线韵、居倦切。
　　　　　　quán　群纽、元部；群纽、仙韵、巨员切。

捲—捲—卷
《说文》小篆　楷书　楷书

1《说文》256页。

形声字。从手，卷声。捲的常用义为收卷，把东西弯曲卷成圆筒形。《说文》："捲，捲收也。"《淮南子·兵略》："五指之更弹，不若捲手之一挃。"唐王勃《滕王阁序》："画栋朝飞南浦云，珠帘暮捲西山雨。"引申指成卷的东西。这些意义读juǎn。又读juàn，用于地名，如西捲。又读quán，通"拳"。《说文》："捲，气势也。《国语》曰：'有捲勇。'"《史记·孙子吴起列传》："夫解杂乱纷纠者不控捲。"司马贞索隐："捲即拳也。"捲简化后作"卷"，但二者在古时用法有别。参见"卷"字条。（方东杰）

挨 āi　影纽、之部；影纽、皆韵、乙谐切。
　　　ái　影纽、之部；影纽、海韵、於改切。

挨

《说文》小篆　楷书

1《说文》256页。

形声字。从手,矣声。本义是从后推、击打。《列子·黄帝》:"既而狎侮欺诒,攩挱挨扰,亡所不为。"这个意义很少用。近代也有"挨"字,但意义是靠近、接连。《正字通·手部》:"今俗凡物相近谓之挨。"宋王安石《和王微之登高斋二首》之一:"衡门兼旬限泥潦,卧听霡霂鸣相挨。"引申为摩擦,依次等义,读 āi。又是"捱"的异体字,读 ái,遭受、忍受的意思。元萧德祥《杀狗劝夫》第一折:"把我赶到破窑中挨冻馁。"引申为拖延、勉强支持等义。(方东杰)

撲(扑) pū 滂纽、屋部;滂纽、屋韵、普木切。

西周　西周　《说文》小篆　楷书

1、2《汉语字形表》460页。3《说文》256页。

形声字。从手,菐声。简化后作"扑"。本义是打、击。《书·盘庚上》:"若火之燎于原,不可向迩,其犹可扑灭。"《淮南子·说林》:"萌不祥之木,为雷电所扑。"引申指拍拭,压过去等。又指打的工具,箠杖。唐韦应物《示从子河南尉班》:"永泰中,余任洛阳丞,以扑抶军骑。"西周金文中的第一个字形可隶定为"戮",第二个可隶定为"戳",过去一般释为"撲"。但刘钊认为前一个字应读为"践","践"又通"翦"。后一个亦然。"戮伐"、"戳伐"都应读为"翦伐"。"撲"、"扑"在古时本为两个字。"扑"为"攴"(小击也)的后起字。"撲"简化后归入"扑"中。(方东杰)

捭 bǎi 帮纽、支部;帮纽、蟹韵、北买切。

战国　战国　战国　《说文》小篆　楷书

1、2、3《楚系简帛》855页。4《说文》256页。

形声字。从手,卑声。本义是两手横向对外旁击。清段玉裁《说文解字注》:"谓左右两手横开旁击也。"北周庾信《竹杖赋》:"拉虎捭熊,予犹稚童。"引申指分开。在战国楚系简帛中,"捭"字形体较统一,只是繁简稍有小别。(方东杰)

捶 chuí 章纽、歌部;章纽、纸韵、之累切。

《说文》小篆　汉　楷书

1《说文》257页。2《篆隶表》874页。

形声字。从手,垂声。本义是用棍棒或拳头敲打。《荀子·正论》:"捶笞膑脚。"引申指舂、捣。又指敲打的工具,如杖、鞭等。当"锤炼"讲时,又作"锤"。《庄子·大宗师》:"夫无庄之失其美,据梁之失其力,黄帝之亡其知,皆在炉捶之间耳。"陆德明释文:"捶,本又作锤。"又通"垂",低下、低的意思。《墨子·经说下》:"衡,加重于一旁,必捶。"(方东杰)

拂 fú 滂纽、物部;敷纽、物部、敷勿切。

《说文》小篆　汉　汉　楷书

1《说文》257页。2、3《篆隶表》874页。

形声字。从手,弗声。本义是掠过,擦过。《易·颐》:"拂颐,贞凶。"《楚辞·大招》:"长袂拂面,善留客只。"(只,语气词,无义)引申为振动,甩动,又引申为除去,拔出等义。由于掠过要接近物体表面,又引申为接近,如拂晓。在古书中,"拂"用为"刜"的通假字,意为砍。《史记·楚世家》:"若夫泗上十二诸侯,左萦而右拂之,可一旦而尽也。"又通"怫",意为忿怒。《荀子·性恶》:"若是,则兄弟相拂夺矣。"这些意义读fú。又通"弼",义为辅佐、帮助。《墨子·耕柱》:"我何故疾者之不拂而不疾者之拂?"又指纠正、矫正。《汉书·盖宽饶传》:"乃欲以太古久远之事匡拂天子。"(方东杰)

擊(击) jī 见纽、锡部;见纽、锡韵、古历切。

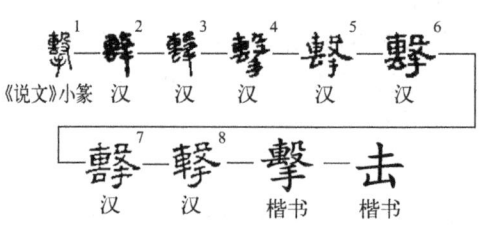

《说文》小篆　汉　汉　汉　汉　汉

汉　汉　楷书　楷书

1《说文》257页。2-6《篆隶表》875页。7、8《隶辨》736页。

形声字。从手，毄声。汉隶中，"擊"字形体不统一，但大都为毄声，"毄"字从殳、軎声。但在"擊"字中，"毄"讹变为"毄"，从殳，車声，简化后作击。本义是敲打。《书·舜典》："予击石拊石，百兽率舞。"《诗·邶风·击鼓》："击鼓其镗(táng，击鼓的声音)。"引申为攻打，攻击。敲打是一物碰一物，所以又引申为碰撞，由此引申为触及、接触。（方东杰）

抗 kàng 溪纽、阳部；溪纽、宕韵、苦浪切。
匣纽、阳部；匣纽、唐韵、胡郎切。

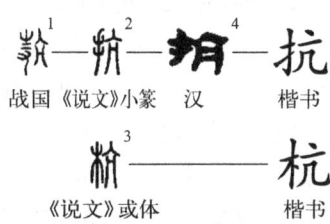

1《汗简》29页。2、3《说文》257页。4《篆隶表》875页。

形声字。从手，亢声。或从"木"，表示用来抵抗的工具。基本义是抵抗、抗拒。《仪礼·既夕礼》："抗木横三缩二。"《墨子·非攻》："(智伯)欲以抗诸侯。"引申为不顺从，违抗。又引申为不妥协，刚正不屈。又表示匹敌、对等。《史记·刺客列传》："举坐客皆惊，下与抗礼，以为上客。""抗"在古书中又是"亢"的通假字，表示高亢。《北史·李义深传》："幼廉抗声曰：李幼廉结发从宦，誓不曲意求人。""抗"有的从手，小篆中有或体从木。"抗"和"杭"本是一字异体，后来两者发生分化，"杭州"的"杭"用"杭"，"抵抗"的"抗"用"抗"，意义有别了。（方东杰）

捕 bǔ 並纽、鱼部；並纽、暮韵、薄故切。

1、2《战文编》796页。3《说文》257页。
4-7《篆隶表》875页。8《隶辨》523页。

形声字。从手，甫声。本义是捉拿。《庄子·秋水》："骐骥骅骝，一日而驰千里，捕鼠不如狸狌。"宋苏轼《答谢民师书》："求物之妙，如系风捕影。"引申为追寻。旧时衙门担任缉捕的差役称为"捕"，因其工作就是捉拿犯人。清吴肃公《明语林·方正》："一妪讼巫杀其子，昻遣捕缚至杖之。""捕"字在汉简中的字形与后代隶书、楷书有区别，是一种较为特殊的过渡字体。（方东杰）

挂 guà 见纽、支部；见纽、卦韵、古卖切。

1《说文》257页。

形声字。从手，圭声。本义是区别，区分。《说文》："挂，画也。"段玉裁注："古本多作画者，此等皆有分别画出之意。"《淮南子·氾论》："伯余之初作衣也，缘麻索缕，手经指挂，其成犹网罗。"引申为涂画，涂抹。但"挂"的常用义是悬挂。《仪礼·少牢馈食礼》："实于左袂，挂于季指。"引申为放置，又引申为勾住，牵挂。"挂"字作为量词是近代产生的，是由悬挂义引申而来的。如"一挂鞭。"（方东杰）

拕 tuō 透纽、歌部；透纽、歌韵、托何切。

1-4《甲文编》468页。5《说文》257页。6、7、8《篆隶表》875页。

形声字。从手，它声。俗体作"拖"。《说文》无"拖"字。"拕"在甲骨文中从扌从它，左右无别，为会意字。《甲骨文字典》："从扌从它，与《说文》拕字篆文略同。屈翼鹏谓象以手拖蛇之形，即后世之拖字。《殷虚文字甲编考释》可从。"殷墟卜辞中一般用作人名。本义是拉、拽。《广韵·歌韵》："拕，曳也。俗作拖。"《汉书·严助传》："拕舟而入水。"宋梅尧臣《八月十五日夜有怀》："天为水苍玉，月拕潭面冰。"引申为下垂。被牵引的东西往往拖在后面，由此引申为不及时做，延长时间。（方东杰）

拽 yè 喻纽、月部；以纽、薛韵、羊列切。

1《说文》257页。2《篆隶表》875页。

形声字。从手，世声。本义是牵引，拉。后作"曳"。《荀子·非相》："故君子之度己则以绳，接人则用拽。"晋常璩《华阳国志·蜀志》："见一大蛇入穴中，一人揽其尾掜之，不禁，至五人相助，大呼掜蛇。"引申为连缀。又指短桨。《楚辞·湘君》："桂櫂兮兰枻。"一说是弓檠，矫正弓弩的工具。（方东杰）

挐 nú 泥纽、鱼部；泥纽、鱼韵、女余切。
ná 泥纽、鱼部；泥纽、麻韵、女加切。

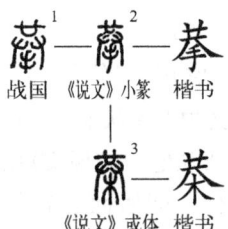
战国 《说文》小篆 楷书 楷书

1《战文编》796页。2《说文》257页。

形声字。从手，如声。《说文》："挐，持也。"意思是捉拿，把持。汉扬雄《羽猎赋》："熊罴之挐獑，虎豹之凌遽。"这个意义古书中多用"拏"表示，俗作"拿"。读 ná。而"挐"在典籍中更常用的意义是牵引，连接。唐韩愈《送区册序》："有区生者，誓言相好，自海南挐舟而来。"《汉书·严安传》："祸挐而不解，兵休而复起。"引申为糅杂，纷乱。这些意义读 nú。段玉裁认为，《说文》中"挐"、"拏"的小篆在《说文》中的位置应该互换。清徐灏《说文解字注笺》认为："疑挐、拏同字，因声之轻重而别之，实一义相生耳。"（方东杰）

拲 gǒng 见纽、东部；见纽、肿韵、居悚切。

战国 《说文》小篆 楷书

《说文》或体 楷书

1《战文编》796页。2、3《说文》257页。

形声兼会意字。从手，从共，共亦声。本义是古代的刑罚之一，即把双手铐在一起。《周礼·秋官·掌囚》："凡囚者，上罪梏拲而桎，中罪桎梏，下罪梏。"《隋书·刑法志》："凡死罪枷而拲。"又指铐双手的木制刑具。《隋书·刑法制》："狱成将杀者，书其姓名及其罪于拲，杀之市。"又表示恭敬，《玉篇》："拲，恭也。"清朱骏声《说文通训定声》："拲，实即拱之转注。按：如拜之拱手，故曰拱。拱、拲实同字。""拲"的小篆有异体，从木，不从手。（方东杰）

捐 juān 喻纽、元部；以纽、仙韵、与专切。
yuán

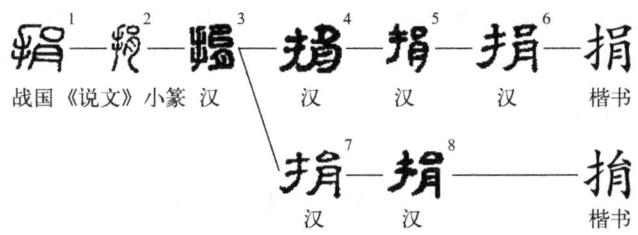
战国 《说文》小篆 汉 汉 汉 汉 楷书

汉 汉 楷书

1《战文编》797页。2《说文》257页。3、4、5、8《篆隶表》876页。6、7《隶辨》184页。

形声字。从手，肙声。"捐"在汉隶中有异体"捐"，为楷书"捐"所本，现已作为楷书"捐"的异体归入"捐"中。本义是舍弃。《孙子·军争》："举军而争利，则不及；委军而争利，则辎重捐。"《楚辞·九歌·湘君》："捐余玦（jué，一般美玉）兮江中。"引申为捐献，献出财物来帮助。这个意义上古很少用。由此又引申出捐官（纳资求官）、捐税、花费、消散等义。以上读 juān。又读 yuán，用于音译外来词：捐毒，汉时西域的城国名。（方东杰）

扣 kòu 溪纽、侯部；溪纽、厚韵、苦后切。
溪纽、侯部；溪纽、候韵、苦候切。

战国 《说文》小篆 楷书

1《郭店》166页。2《说文》257页。

形声字。从手，口声。"扣"字在战国文字中从手，口声，为后来小篆所本。只是形符"手"的形体与小篆有异。本义是牵住；勒住（马缰）。《左传·襄公十八年》："齐侯驾，将走邮棠。太子与郭荣扣马。"《吕氏春秋·爱士》："晋梁由靡已扣缪公之左骖矣。"古代又表示敲击，意义与"敂"（后作"叩"）相通。《荀子·法行》："扣之，其声清扬而远闻。"《墨子·公孟》："譬若钟然，扣则鸣，不扣则不鸣。"现代各义，如套住、罩住、扣除等，是晚近才出现的。（方东杰）

搜 sōu 心纽、幽部；生纽、尤部、所鸠切。
shǎo

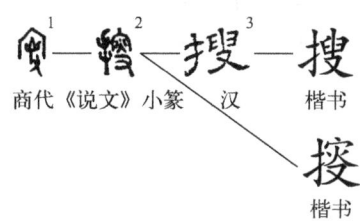

1《甲文编》117页。2《说文》257页。3《隶辨》294页。

原为会意字。像以手持火炬在屋内搜索之形,本义是搜求。《说文》作"搜",从手,叟声。"搜"字本作"叟",即"叟"。后来"叟"被借作他用,就在"叟"的左边加"扌",造出"搜"字表示本义。隶变以后作"搜"。常用义是寻求。晋左思《吴都赋》:"搜璝(guī)奇。"《文心雕龙·章句》:"搜句忌于颠倒,裁章贵于顺序。"引申为搜索检查,选择等义。"搜"在古书中有时通"獀",指打猎。《汉书·刑法志》:"春振旅以搜。"这些意义读sōu。又读shǎo,用于"搜搅"一词中,意思是扰乱。唐韩愈《岳阳楼别窦司直》:"炎风日搜扰,幽怪多冗长。"(方东杰)

换 huàn 匣纽、元部;匣纽、换韵、胡换切。

1《说文》257页。2《篆隶表》876页。3、4《隶辨》574页。

形声字。从手,奂声。"换"在《说文》中作"换",经过隶书讹变后作"换"。小篆中奂下的"収"(廾),隶书中有的作"六",与小篆较接近;有的作大,为楷书所本。本义是交换、对换。《晋书·阮籍传附阮孚》:"尝以金貂换酒,复为所司弹劾,帝宥之。"宋王安石《半山即事十首》之二:"换得千罂为一笑,春风吹柳万黄金。"引申为变易,变更。旧时称黄金与货币的比价为换。如每两黄金值七十元时,叫做七十换。(方东杰)

掖 yè/yē 喻纽、铎部;以纽、昔韵、羊益切。

1《战文编》797页。2《说文》257页。3、4《篆隶表》876页。5、6《隶辨》729页。7、8《篆隶表》877页。

形声字。从手,夜声。"掖"的声符"夜",在小篆及汉印中,"夜"中间的一笔还是上下贯通的。隶书字体中有的也是如此,但有的就已断开,作夜,为后世楷书所本。本义是挽扶,即用手挽扶别人的胳膊。《左传·僖公二十五年》:"春,卫人伐邢,二礼从国子巡城,掖以赴外,杀之。"引申为扶助。古籍中又当"腋下"讲。《说文》:"掖,一曰臂下也。"而"腋下"的本字为亦,为指事字。古籍借"掖"表示。《史记·商君列传》:"千羊之皮,不如一狐之掖。"由此引申指宫殿正门两旁小门,即"掖门"。这些意义读yè。早期白话中又读yē,意为塞进,掖藏等义,这些意义也均与"腋下"义有关。《红楼梦》第九十七回:"黛玉微微的点头,便掖在袖里。"(方东杰)

掠 lüè 来纽、阳部;来纽、漾韵、力让切。

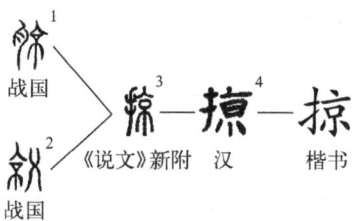

1、2《汗简》14页。3《说文》258页。4《篆隶表》876页。

形声字。从手,京声。常用义为夺取、抢夺。《左传·襄公二十一年》:"栾盈过于周,周西鄙掠之。"又《左传·昭公二十年》:"输掠其聚。"又有拷打义。《广韵·药韵》:"掠,笞也;治也。"南朝宋刘义庆《世说新语·方正》:"考掠初无一言。临刑东市,颜色不异。"又指轻轻拂过。《字汇》引《增韵》:"掠,拂过也。"唐韩愈《戏题牡丹》:"双燕无机还拂掠,游蜂多思正经营。"当"掠"讲的战国古文中有的从月(肉),有的从"乂",应当是一些假借字。(方东杰)

掐 qiā 清纽、叶部;清纽、洽韵、苦洽切。

1《说文》258页。

形声字。从手,臽声。本义指用指甲往里抠,使劲按、夹等。《晋书·郭舒传》："因遣掐其鼻，灸其眉头。"又指用指甲切断。北齐颜之推《颜氏家训·风操》："居家惟以掐摘供厨。"引申为割断，卡住。又表示用拇指点其他四指，计算或思考状。佚名《冻苏秦》第一折："俺把那指尖儿掐定，整整的二十年窗下学穷经。"（方东杰）

拗 ǎo　影纽、幽部；影纽、巧韵、於绞切。
ào
niù

抛¹——拗
《说文》新附　楷书

1《说文》258页。

形声字。从手，幼声。常用义为折、折断，读 ǎo。《尉缭子·制谈》："拗矢折矛抱戟。"清翟灏《通俗编》："《辍耕录》：'南方或谓折花曰拗花。'"又《古今韵会举要》："拗，心戾也。"指违背，不顺，读 ào。《红楼梦》第七十回："众人怎敢违拗，只得回房去，另妆饰了起来。"又读 niù，指固执、倔强。宋辛弃疾《千年调·卮酒向人时》："少年使酒，出口人嫌拗。"（方东杰）

捌 bā　帮纽、月部；帮纽、鎋韵、百鎋切。

捌¹——捌
《说文》新附　楷书

1《说文》258页。

形声字。从手，别声。本义是无齿耙。后作"朳"。《急就篇》："捃获秉把插捌杷。"颜师古注："无齿为捌，有齿为杷，皆所以推引聚禾谷也。""捌"常用为数目字"八"的大写。（方东杰）

摊（摊） tān　透纽、元部；透纽、寒韵、他干切。

攤——攤——摊
《说文》新附　楷书　楷书

1《说文》258页。

形声字。从手，難声。简化字为"摊"。基本义是铺开，摆开。清郑珍《说文新附考》："按《世说新语》'王戎摊书满床'始见该字，是汉后俗语。"《齐民要术·种红蓝花栀子》："于席上摊而曝干。"用于烹饪，引申为把糊状食物倒在锅中使成薄片；用于分派，引申为分担；用于承受者，引申碰到；用于名词，指摆摊开出售货物的摊子；用作量词，表示概量，一般用于摊开的糊状物，如一摊黄泥。（方东杰）

抛 pāo　滂纽、幽部；滂纽、肴韵、匹交切。

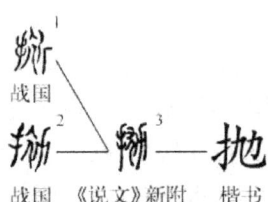

1《四声韵》24页。2《四声韵》63页。3《说文》258页。

会意字。从手，从尤（尢），从力。也有人认为是从手，旭声的形声字。基本义是扔。《玉篇·手部》："抛，掷也。"《说文》："抛，弃也。"清郑珍《说文新附考》："抛弃字，古则作抱。"《南史·黄法𣆶传》："法𣆶为都督，出历阳，于是为抛车及步艦，竖拍以逼之，砲加其墙堞，剋之，尽诛其戍卒。"引申为抛弃义。又引申为显露。也作量词。秽物一堆为一抛。也作"泡"。《儒林外史》第三回："像你这尖嘴猴腮，也该撒抛尿自己照照。"（方东杰）

打 dǎ　端纽、耕部；端纽、囘韵、都挺切。

打¹——打
《说文》新附　楷书

1《说文》258页。

形声字。从手，丁声。本义是敲击，撞击。《魏书·张彝传》："以瓦石击打公门。"引申为攻打，殴打。宋元以来，打表示多种动作。近代刘复著有《打雅》。《动词用法词典》把打现在的用法分为23项。诸如：用手或器物撞击物体；制造；捆；凿开；提；发出；除去；做游戏；做运动；采取某种方式等等。介词打表示自、从，起先只用于表示处所，意思是径由。明冯梦龙《警世通言·崔待诏生死冤家》："这里是五路总头，是打哪条路去好？"后来用以表示处所的起点，也可用来表示时间的起点。（方东杰）

朿 部

朿 guāi 见纽、微部；见纽、皆韵、古怀切。

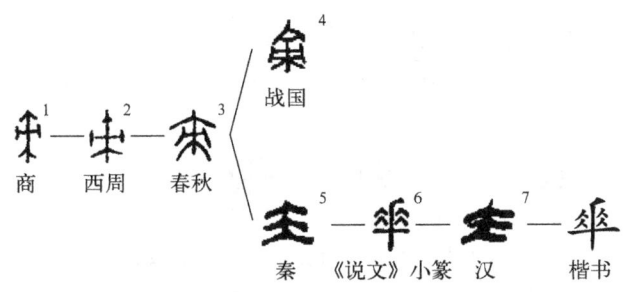

1《甲文编》303页。2、3《金文编》435页"责"字偏旁。4、5《战文编》401页"责"字偏旁。6《说文》258页。7《马王堆》498页。

《说文》："朿，背吕也。象胁肋也。"许慎之说不确。"朿"实际是"束"的讹变之体。"脊"字从肉从朿，而战国文字、秦文字中的"脊"字均从肉从束声(详"脊"字条)。"朿"即由"束"(束)形化变。"束"乃源于商周文字中的"束"。"朿"字本不存在，纯系截取《说文》"脊"字篆文上部而成。(徐在国)

脊 jǐ 精纽、锡部；精纽、昔韵、资昔切。

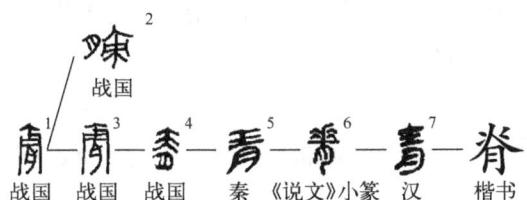

1—5《战文编》261页。6《说文》258页。7《马王堆》498页。

形声字。战国文字"脊"字从肉从束，肉旁或在束旁下，或在束旁左边；束旁所从冂或繁化作冃、冄，或收缩笔画作冂。秦文字承袭战国文字，所从的冂变作八。《说文》篆文"脊"则是秦文字的进一步讹变。"束"为"脊"字声符。上古音束在清纽锡部，脊在精纽锡部，声纽均属齿音，韵部相同，故"脊"字可从"束"声。《说文》认为"脊"是会意字，不确。"脊"本义是人和动物背部中间的骨肉。《韩非子·外储说右上》："(文公)遂斩颠颉之脊，以徇百姓，以明法之信也。"(徐在国)

女 部

女 nǔ 泥纽、鱼部；泥纽、语韵、尼吕切。
　　nù 泥纽、鱼部；泥纽、御韵、尼据切。

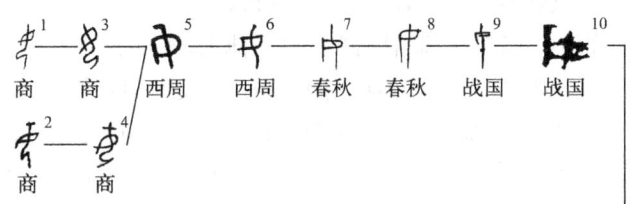

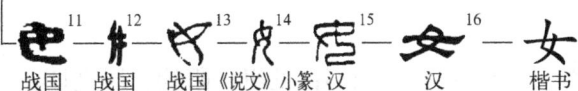

1、2《甲文编》469页。3、5—8《金文编》784页。4《金文编》783页。9—13《战文编》799页。14《说文》258页。15、16《篆隶表》880页。

象形字。甲骨文"女"字像女子两手胸前交叉、屈膝而跪的形状。或于头部加一横画以示其头饰，更显女性特征。春秋金文屈膝而跪之状已不显，战国文字承袭春秋金文，但笔势略有变化。隶书已将屈膝之竖笔变为一横笔，为楷书所本。本义指女性，与"男"相对。翏生盨："翏生眔大妯其百男百女千孙。"《易·序卦》："有男女，然后有夫妇。"这种意义的"女"读为"nǔ"。从女性引申出以女嫁人义。《国语·越语上》："请勾践女女于王，大夫女女于大夫，士女女于士。"第二个"女"作动词，以女嫁人。这种意义的"女"读为"nù"。甲骨文"女"或读为"母"。《合集》94："佳(唯)女庚蛊(害)子安。"(只有母庚害子安)金文"女"或读为"汝"，第二人称代词，相当于"你"。令鼎："余其舍女臣十家。"(我给你十家奴隶)《诗·魏风·硕鼠》："三岁贯女，莫我肯顾。"(养你三年，不肯照顾我)战国文字"女"或读为"如"。古玺"相女"，读"相如"，人名。中山王鼎："事少女(如)长，事愚女(如)智。"(徐在国)

姓 xìng 心纽、耕部；心纽、劲韵、息正切。

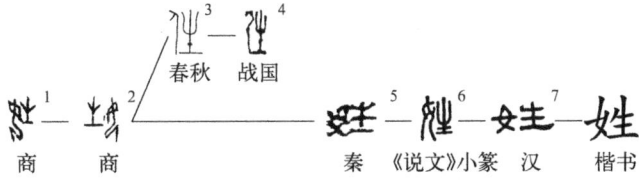

1、2《甲文编》469页。3《金文编》786页。

女部

4、5《战文编》799页。6《说文》258页。7《篆隶表》880页。

会意兼形声字。甲骨文"姓"字从女从生,为《说文》篆文及隶、楷所本。春秋金文、战国文字"姓"或从人从生,属于形符更换。《说文》:"姓,人所生也。古之神圣母感天而生子,故称天子。从女,从生,生亦声。《春秋传》曰:天子因生以赐姓。"《玉篇·女部》:"姓,姓氏。"本义是标志家族的字。《诗·唐风·杕杜》:"岂无他人,不如我同姓。"毛传:"同姓,同祖也。"引申指子孙的通称。黏镈:"保虡(吾)子佯(姓)。"(保祐我的子孙)"百姓"或指庶民。诅楚文:"伐灭我百姓。"《汉书·高帝纪下》:"填国家,抚百姓。"(徐在国)

姜 jiāng 见纽、阳部;见纽、阳韵、居良切。

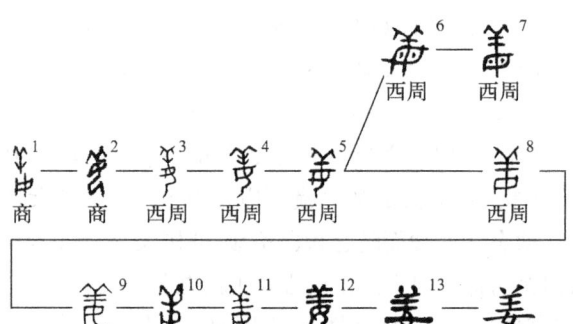

1、2《甲文编》469页。3、4、5《金文编》786页。6-9《金文编》787页。10、11《战文编》799页。12《说文》258页。13《篆隶表》880页。

形声字。从女,羊声。西周金文或从母,羊声。所从之"羊",甲骨文作𦍌,金文作𦍌、𦍌或𦍌,战国文字承之。作𦍌形者,为《说文》篆文所本。本义为姜姓。《说文》:"姜,神农居姜水,以为姓。"𣄰卣:"王姜令(命)乍(作)册𣄰安尸(夷)白(伯)。""王姜"乃姜姓的王后。《诗·大雅·生民》:"厥初生民,时维姜嫄。"毛传:"姜,姓也。……姜姓者,炎帝之后。"(徐在国)

姬 jī 见纽、之部;见纽、之韵、居之切。

1-4《甲文编》470页。5、6《金文编》787页。7、8、9《金文编》788页。10、11、12《金文编》789页。13-16《金文编》790页。17、18《战文编》800页。19《说文》258页。20《篆隶表》881页。

形声字。从女,𦣞声。甲骨文"姬"字从每、𦣞声,西周金文或从母、𦣞声,余皆从女、𦣞声。每、母、女三旁古通。"𦣞"像梳比之形,篦字初文,其形体变化参见"𦣞"字条。本义是姓氏。《说文》:"姬,黄帝居姬水以为姓。"善夫吉父盨:"善夫吉父乍(作)京姬尊盨。"《史记·三代世表》:"尧知其(按:指后稷)贤才,立以为大农,姓之曰姬氏。"引申指妇女的美称。这些意义的"姬"读为 jī。《广韵·之韵》:"姬,王妻别名。本又音基。"《汉书·文帝纪》:"母曰薄姬。"颜师古注引如淳曰:"姬音怡。""姬"指君王之妻的别名时读为 yí。(徐在国)

姞 jí 群纽、质部;群纽、质韵、巨乙切。

1-6《金文编》790页。7《金文编》791页。8《说文》258页。

形声字。从女,吉声。西周金文"姞"字或赘加无意义的口符。本义为姓氏。《说文》:"姞,黄帝之后百鯈姓,后稷妃家也。从女,吉声。"宗仲盘:"宗中(仲)乍(作)尹姞般(盘)。"《左传·宣公三年》:"吾闻姬姞耦,其子孙必蕃。姞,吉人也,后稷之元妃也。"杜预注:"姞姓之女为后稷妃。"(徐在国)

嬴 yíng
喻纽、耕部；以纽、清韵、以成切。

形声字。从女，羸声。"羸"是能(像有首有身有足的兽形)的孳乳分化字。金文作 、 、 、 等形，战国文字或作 ，遂为《说文》篆文所本。金文"嬴"多从女，羸声，或从卩、羸声。《说文》认为"嬴"从"羸"省声，不可从。本义是姓氏。《说文》："嬴，少昊氏之姓。"春秋时，秦、徐、江、黄、郯、莒都是嬴姓国。黄季鼎："黄季作季嬴宝鼎。""嬴"又有满、有余义。《荀子·非相》："缓急嬴绌。"杨倞注："嬴，余也。嬴绌，犹言伸屈也。"(徐在国)

姚 yáo
喻纽、宵部；以纽、宵韵、余昭切。

1-4《四版校补》135～136页。5、6、7《战文编》800页。8《说文》258页。9、10《篆隶表》881页。

形声字。从女，兆声。秦印"姚"所从"女"旁或在"兆"下，或在"兆"左，或在"兆"右，位置不固定。"兆"之形体演变，参"兆"字条。本义是姓。《说文》："姚，虞舜居姚虚，因以为姓。"《左传·哀公元年》"(少康)逃奔有虞，……虞思于是妻之以二姚。"杜预注："姚，虞姓。"又指貌美。《方言》卷一三："姚，好也。"《荀子·非相》："莫不美丽姚冶。"(徐在国)

媯(妫) guī
见纽、歌部；见纽、支韵、居为切。

形声字。从女，为声。始见于西周金文。"为"字形体变化，参"为"字条。"妫汭"，水名。《书·尧典》："釐降二女于妫汭，嫔于虞。"(尧把两个女儿下嫁到虞舜所在的妫水北岸，给虞舜做了媳妇)又指姓。《说文》："媯，虞舜居妫汭，因以为氏。"陈伯元匜："白(伯)元乍(作)西孟媯姻母媵匜。""為"简化作"为"，"媯"类推简化作"妫"。(徐在国)

妘 yún
匣纽、文部；云纽、文韵、王分切。

1、2、3、5、6《金文编》792页。4、7《说文》258页。

形声字。西周金文"妘"字均从女，员声，与《说文》籀文同。"员"字从"鼎"，从"贝"者乃"鼎"之讹混。《说文》篆文从女，云声，乃后起形声字。"云"之形体演变，参"云"字条。本义是姓。《说文》："妘，祝融之后，姓也。"函皇父匜："函皇父乍(作)周娟(妘)匜。"《左传·襄公十年》："偪阳，妘姓也。"(徐在国)

姺 shēn
心纽、文部；生纽、臻韵、所臻切。

1《说文》258页。

形声字。从女，先声。"先"之形体演变，参"先"字条。本义是殷代诸侯之姓。《说文》："姺，殷诸侯为乱，疑姓也。"又指古国名。《广韵·铣韵》："姺，古国名。"《左传·昭公元年》："商有姺、邳。"杜预注："二国，商诸侯。"这些意义的"姺"读为shēn。"媥姺"，衣婆娑貌，也作"媥秈"。《史记·司马相如列传》："媥姺徶僷，与世殊服。"这种意义的"姺"读为xiān。(徐在国)

媒
méi 明纽、之部；明纽、灰韵、莫杯切。
mèi 明纽、之部；明纽、队韵、莫佩切。

女部

媒 méi

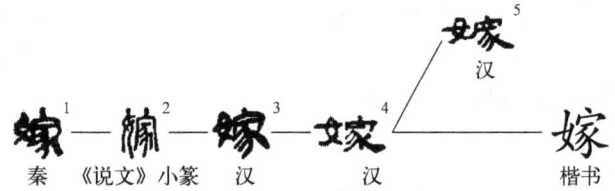

1《说文》259页。2《篆隶表》881页。

形声字。从女,某声。"某"之形体演变,参"某"字条。本义是说合婚姻的人。《说文》:"媒,谋也,谋合二姓。"《诗·卫风·氓》:"匪我愆期,子无良媒。"(不是我拖延日期,是你没有好媒人)这种意义的"媒"读为 méi。"媒媒",昏惑愚昧的样子。《庄子·知北游》:"媒媒晦晦,无心而不可与谋。"(徐在国)

妁 shuò 禅纽、药部;禅纽、药韵、市若切。

1《说文》259页。

形声字。从女,勺声。"勺"之形体演变,参"勺"字条。本义是媒人。《说文》:"妁,酌也。斟酌二姓也。"《集韵·药韵》:"妁,媒也。"《孟子·滕文公下》:"父母之命,媒妁之言。"(徐在国)

嫁 jià 见纽、鱼部;见纽、祃韵、古讶切。

1《战文编》800页。2《说文》259页。3、4、5《篆隶表》882页。

形声字。从女,家声。"家"之形体演变,参"家"字条。汉简"嫁"字所从的"家"或从"宀",汉隶中宀旁与宀旁多通用。本义是女子结婚,出嫁。与"娶"相对。《说文》:"嫁,女适人也。"《国语·越语上》:"女子十七未嫁,其父母有罪。"战国文字以"家"为"嫁"。《九店楚简》59·29:"取妻,家女。"引申义有往、转嫁、嫁接等。(徐在国)

娶 qǔ 清纽、侯部;清纽、遇韵、七句切。
xū 心纽、侯部;心纽、虞韵、相俞切。

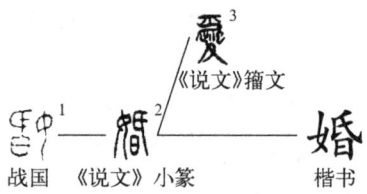

1《甲文编》470页。2《说文》259页。3《篆隶表》882页。

会意兼形声字。从女从取,会迎取女子成亲义,取亦声。甲骨文"娶"所从的"女"在"取"旁左边,《说文》篆文在"取"旁下部。《说文》:"娶,取妇也。"《左传·隐公元年》:"郑武公娶于申,曰武姜。"战国文字或以"取"为"娶"。《九店楚简》59·29:"取(娶)妻,家(嫁)女。"这种意义的"娶"读为 qǔ。《集韵·虞韵》:"娶,缺,人名。《荀卿子》有问娶子奢。"这种意义的"娶"读为 xū。(徐在国)

婚 hūn 晓纽、文部;晓纽、魂韵、呼昆切。

1《战文编》800页。2、3《说文》259页。

会意兼形声字。从女,从昏,昏亦声。两周铜器铭文常假"闻"为"婚"。克盨:"朋友闻(婚)遘(媾)。"诅楚文"婚"字从女、昏声,为《说文》篆文所本。《说文》:"婚,妇家也。"指妻之家。《尔雅·释亲》:"妇之父为婚。"指妻之父。《荀子·富国》:"婚姻聘内,送逆无礼。"杨倞注:"妻之父为婚。"引申为结婚。《国语·晋语四》:"同姓不婚,恶不殖也。"婚之从女从昏,是因为古代"娶妇以昏时,妇人阴也"(《说文》)。籀文婚乃假"闻"为"婚",与出土文献同。昏的字形演变,参"昏"字条。(徐在国)

姻 yīn 影纽、真部;影纽、真韵、於真切。

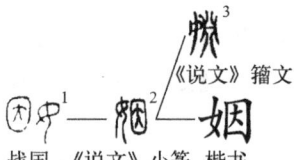

1《战文编》800页。2、3《说文》259页。

形声字。从女,因声。《说文》籀文从女,肙声。因、肙上古音同属影纽真部,姻作婣属声符更替。《说文》:"姻,婿家也。"《尔雅·释亲》:"妇之父为婚,婿之父为姻。妇之父母婿之父母相谓为婚姻。"《左传·昭公二十五年》:"为父子、兄弟、姑姊、甥舅、昏媾、姻亚,以象天明。"(制定父子、兄弟、姑姊、甥舅、翁婿、连襟的关系,以象征上天的明亮)(徐在国)

妻

qī 清纽、脂部；清纽、齐韵、七稽切。
qì 清纽、脂部；清纽、霁韵、七计切。

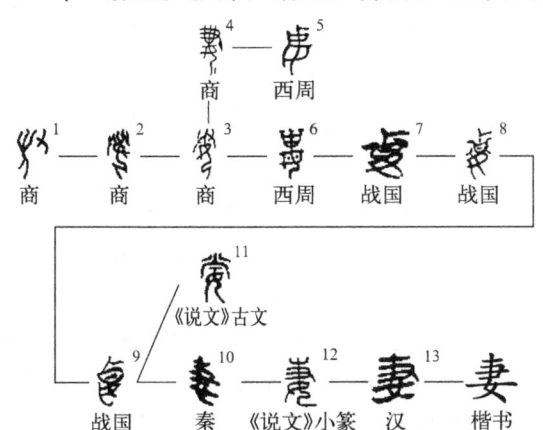

1《甲文编》712页。2、3《甲文编》480页。4、5、6《金文编》793页。7-10《战文编》801页。11、12《说文》259页。13《篆隶表》882页。

会意字。甲骨文"妻"字从又(或从収)持女发,会夺女(抢亲)为妻之意。西周金文或作𢘑,所从"又"与上部发形交叉。后上部逐渐声化为"甾"。战国文字多从女从甾声。《说文》"妻"字古文乃源于战国文字。秦文字女发或作屮形,为《说文》篆文所本。"屮"形隶变作"十"形。本义是男子的配偶。《说文》:"妻,妇与夫齐者也。"叔皮父簋:"其妻子用享孝于叔皮父。"《诗·卫风·硕人》:"齐侯之子,卫侯之妻。"这种意义的"妻"读为qī。用作动词,指以女嫁人。《广韵·霁韵》:"妻,以女嫁人。"《左传·僖公二十三年》:"以叔隗妻赵衰,生盾。"这种意义的"妻"读为qì。(徐在国)

婦(妇)

fù 並纽、之部；奉纽、有韵、房九切。

1、2《甲文编》470页。3-6、8《金文编》794页。7《金文编》795页。9-13《战文编》801页。14《说文》259页。15《篆隶表》882页。

会意字。甲骨文"妇"从女从帚,会妇女持帚洒扫之意。"帚"的形体演变,参"帚"字条。《说文》:"妇,服也。从女持帚,洒扫也。"本义是已嫁的女子。江君壶:"江君妇穌乍(作)其壶。"《包山楚简》168:"妾妇监。"《诗·大雅·思齐》:"思媚周姜,京室之妇。"引申义有儿媳、妻子等。(徐在国)

妃

fēi 滂纽、微部；敷纽、微韵、芳非切。
pèi 滂纽、物部；滂纽、队韵、滂佩切。

1、2、3《甲文编》470页。4、5《金文编》795页。6《战文编》801页。7《说文》259页。8《篆隶表》883页。

形声字。甲骨文至战国文字"妃"字均从女、巳声,《说文》篆文讹变为从己声,为隶楷所本。本义是配偶。《说文》:"妃,匹也。"《左传·桓公二年》:"嘉偶曰妃,怨偶曰仇,古之命也。"又特指天子之妾、太子、王侯之妻。陈侯午錞:"乍(作)皇妣孝大妃祭器。""妃"指王侯之妻。这种意义的"妃"读为fēi。又指婚配。《集韵·队韵》:"妃,匹也。通作配。"《左传·文公十四年》:"子叔姬妃齐昭公,生舍。"这种意义的"妃"读为pèi。(徐在国)

妊

rèn 日纽、侵部；日纽、沁韵、汝鸩切。

1、2《甲文编》470页。3-8《金文编》795页。9《说文》259页。

形声字。从女,壬声。声符"壬"甲骨文作I,金文作工,或作王,为《说文》篆文所本。《说文》:"妊,孕也。"意思是怀孕。《论衡·吉验》:"传言黄帝妊二十月而生。"铜器铭文"妊"是姓。薛侯匜:"薛侯乍(作)叔妊襄媵匜。"典籍或假借作"任"。《国语·晋语四》:"凡黄帝之子,二十五宗,其得姓者十四人为十二姓。姬、酉、祁、己、滕、箴、任、荀、僖、姞、儇、依是也。"(徐在国)

女部

娠 shēn 书纽、文部；书纽、真韵、失人切。

娠¹ — 娠² — 娠³ — 娠
商 《说文》小篆 汉 楷书

1《甲骨文字典》1306页。2《说文》259页。3《篆隶表》883页。

形声字。从女，辰声。始见于甲骨文。声符"辰"之形体变化，参"辰"字条。本义是怀孕。《说文》："娠，女妊身动也。"《左传·哀公元年》："后缗方娠，逃出自窦，归于有仍，生少康焉。"或指女奴。《说文》："娠，宫婢女隶谓之娠。"（徐在国）

㜂 fàn 滂纽、元部；敷纽、愿韵、芳万切。

㜂¹ — 㜂
《说文》小篆 楷书

1《说文》259页。

形声字。从女，从生，免声。《说文》作"㜂"，小徐本、段注均作"娩"。《说文》："㜂，生子齐均也。"段注："谓生子多而如一也。"意思是生子多而素质均匀。（徐在国）

母 mǔ 明纽、之部；明纽、厚韵、莫厚切。

母⁵ — 母⁶
商 商

母¹ — 母² — 母³ — 母⁴ — 母⁷ — 母⁸ — 母⁹ — 母¹⁰ — 母¹¹
商 商 商 商 商 西周 春秋 战国 战国

母¹² — 母¹³ — 母¹⁴ — 母¹⁵ — 母¹⁶ — 母¹⁷ — 母¹⁸ — 母
战国 战国 战国 战国 战国 《说文》小篆 汉 楷书

1-4《甲文编》471页。5、6、7《金文编》796页。8《金文编》797页。9、10《金文编》798页。11、12《战文编》801页。13-16《战文编》802页。17《说文》259页。18《篆隶表》883页。

象形字。像女子有乳房之形。女、母乃一字之分化。"母"字甲骨文作母，早期金文或作母，战国文字或在竖画下部加饰笔作母、母等形。本义指母亲。《诗·小雅·蓼莪》："无父何怙，无母何恃？"颂鼎："皇母龚始（姒）。"哀成叔鼎："少去母父。"古文字中或读为"毋"，否定副词。县妃簋："孙孙子子母敢望（忘）白（伯）休。"（子子孙孙不敢忘记伯的美善）陈侯午镎："永世母（毋）忘。"（徐在国）

嫗（妪） yù 影纽、侯部；影纽、遇韵、衣遇切。
　　　　yǔ 影纽、侯部；影纽、麌韵、委羽切。

嫗¹ — 嫗² — 嫗 — 妪
《说文》小篆 汉 楷书 楷书

1《说文》259页。2《篆隶表》883页。

形声字。从女，區声。本义是母亲。《说文》："嫗，母也。"《汉书·严延年传》："东海莫不贤知其母。延年兄弟五人皆有吏材，至大官。东海号曰'万石严嫗'。"引申指妇人，多指老妇。《史记·高祖本纪》："有一老嫗夜哭。"这些意义的"嫗"读为yù。又指禽类以身体孵卵。《礼记·乐记》："羽者妪伏，毛者孕鬻。"（禽类以身体孵卵生子，兽类怀孕生子）引申指养育。这些意义的"妪"读为yǔ。由于"區"简化作"区"，"嫗"类推简化作"妪"。（徐在国）

媼 ǎo 影纽、幽部；影纽、皓韵、乌皓切。

媼¹ — 媼² — 媼 — 媼
《说文》小篆 汉 楷书 楷书

1《说文》259页。2《篆隶表》883页。

形声字。从女，𥁕声。声符"𥁕"之形体变化，参"𥁕"字条。本义是老年的妇人。《说文》："媼，女老偁也。"《战国策·赵策四》："老臣窃以为媪之爱燕后，贤于长安君。"引申为妇女的通称。《史记·卫将军列传》："其父郑季为吏，给事平阳侯家，与侯妾卫媪通，生青。"司马贞索隐："媪，妇人老少通称。"（徐在国）

姐 jiě 精纽、鱼部；精纽、马韵、兹野切。

姐¹ — 姐
《说文》小篆 楷书

1《说文》259页。

形声字。从女，且声。"且"之形体演变，参"且"字条。方言，母亲的别称。《说文》："姐，蜀谓母曰姐。"姊义乃后起义。唐李白《寄东鲁二稚子》："小儿名伯禽，与姐亦齐肩。"（徐在国）

姑 gū 见纽、鱼部；见纽、模韵、古胡切。

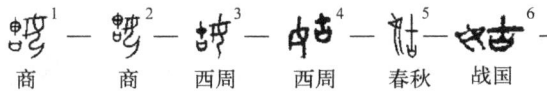

姑 gū

1—5《金文编》799页。6、7《战文编》802页。8《说文》259页。9《篆隶表》883页。

形声字。从女,古声。"姑"字金文或作𦎫,所从的"古"从盾从口,会坚固之意。参"古"字条。"姑"本义是丈夫的母亲,即婆母。《说文》:"姑,夫母也。"庚嬴卣:"用乍(作)厥文姑宝尊彝。""文姑"是对已故有德行婆母的尊称。《国语·鲁语下》:"吾闻之先姑。"韦昭注:"夫之母曰姑,殁曰先。"引申有父亲的姊妹、丈夫的姐妹等义。(徐在国)

威 wēi 影纽、微部;影纽、微韵、於非切。

1—6《金文编》799页。7、8、9《战文编》802页。10《说文》259页。11《篆隶表》884页。

会意字。西周金文从女从戌,或从戉,春秋金文从女从戊,或从戈,战国文字从戌。戌、戉、戈都是武器,以示威慑之意。本义盖威力、威风。《书·洪范》:"臣无有作福、作威、玉食。"(臣下不能造福,不能施展威风,不能美食)叔向簋:"秉威义(仪)。"王孙钟:"淑于威义(仪)。"《诗·邶风·柏舟》:"威仪棣棣,不可选也。""威仪"指庄严的容貌举止。"威"常读为"畏"。郘公华钟:"余毕奔(恭)威(畏)忌。"(徐在国)

妣 bǐ 帮纽、脂部;帮纽、旨韵、卑履切。

1—5《金文编》800页。6《战文编》802页。7、8《说文》259页。9《篆隶表》884页。

形声字。从女,比声。甲骨文假匕或比为妣。铜器铭文或从女、匕声,或从女、比声。从匕声者为《说文》籀文所本,从比声者为《说文》篆文所本。本义是已故的母亲。《说文》:"妣,殁母也。"《礼记·曲礼下》:"生曰父曰母曰妻,死曰考曰妣曰嫔。"又指祖母及祖母辈以上的女性祖先。叔弓镈:"用言(享)于其皇祖皇妣。"《诗·小雅·斯干》:"似续妣祖。"(徐在国)

姊 zǐ 精纽、脂部;精纽、旨韵、将几切。

1、2《战文编》802页。3《说文》259页。4、5《篆隶表》884页。

形声字。从女,宋声。战国文字"姊"字或作𦎫,为《说文》篆文所本。汉代文字或作姊,所从"宋"与"市"形混。本义是姐姐。《说文》:"姊,女兄也。"《左传·文公八年》:"宋襄夫人襄王之姊也,昭公不礼焉。"(徐在国)

妹 mèi 明纽、物部;明纽、队韵、莫佩切。

1—5《甲文编》472页。6—9《金文编》800页。10《说文》259页。11《篆隶表》884页。

形声字。从女,未声。甲骨文"妹"字所从"女",或在"未"左、或在"未"右、或在"未"下;从女或作从"母",因甲骨文"女"与"母"初为一字,后来分化。金文、战国文字并从女未声,与《说文》篆文同。本义是同父母而年龄比自己小的女子。《说文》:"妹,女弟也。"宋公匜:"其妹句敔夫人季子。"《诗·卫风·硕人》:"东宫之妹,邢侯之姨。"甲骨文"妇妹",人名。《合集》6552:"乙未妇妹示屯。"或假为"昧",指天将明未明之时。《合集》38137:"妹(昧)雨。"(黎明时下雨)大盂鼎:"女(汝)妹(昧)辰(晨)又(有)大服。""妹辰",典籍作"昧爽"。《书·牧誓》:"时甲子昧爽。"(徐在国)

娣 dì 定纽、脂部；定纽、荠韵、徒礼切。

娣¹—娣²—娣
《说文》小篆　汉　楷书

1《说文》259页。2《篆隶表》885页。

会意兼形声字。"弟"之形体演变，参"弟"字条。本义是女弟，同嫁一夫的女子年幼者，即妹妹类。《说文》："娣，女弟也。从女、从弟，弟亦声。"《国语·晋语一》："（献公）获骊姬以归，立以为夫人，生奚齐。其娣生卓子。"（徐在国）

嫂 sǎo 心纽、幽部；心纽、皓韵、苏老切。

嫂¹—嫂²—嫂
《说文》小篆　汉　楷书

1《说文》259页。2《篆隶表》885页。

形声字。从女，叟声。"叟"字形体演变，参"叟"字条。"嫂"本义是兄之妻。《说文》："嫂，兄妻也。"《孟子·离娄上》："嫂溺，则援之以手乎？"（徐在国）

姪 zhí 定纽、质部；澄纽、质韵、直一切。

姪¹—姪²—姪³—姪⁴—姪⁵—姪
商　商　春秋　《说文》小篆　晋　楷书

1、2《甲文编》473页。3《金文编》800页。4《说文》259页。5《篆隶表》885页。

形声字。从女，至声。金文"姪"字所从的"女"在"至"上部。本义是妇女称兄弟的子女为姪。《说文》："姪，兄之女也。"《仪礼·丧服》："姪者何也？谓吾姑者，吾谓之姪。"《左传·僖公十五年》："姪其从姑。"孔颖达疏："谓昆弟之子为姪。"甲骨文"妇姪"，人名。（徐在国）

姨 yí 喻纽、脂部；以纽、脂韵、以脂切。

姨¹—姨
《说文》小篆　楷书

1《说文》259页。

形声字。从女，夷声。"夷"字形体变化，参"夷"字条。《说文》："姨，妻之女弟同出为姨。"本义是妻的姊妹。《诗·卫风·硕人》："东宫之妹，邢侯之姨。"毛传："妻之姊妹曰姨。"（徐在国）

媾 gòu 见纽、侯部；见纽、候韵、古候切。

媾¹—媾²—媾³—媾⁴—媾
西周　西周　西周　《说文》小篆　楷书

1、2、3《金文编》801页。4《说文》259页。

形声字。从女，冓声。甲骨文"冓"本像两鱼相遇之形，参"冓"字条。西周金文"媾"或从页冓声。《说文》："媾，重婚也。"本义是重叠交互为婚姻。《易·屯》六四："乘马班如，求婚媾。"（骑马回旋，求婚姻）西周金文多次出现"婚媾"一词。殳季良父壶："用享（享）孝于兄弟、婚顜（媾）、诸老。"克盨："进献于师尹、倗友、婚遘（媾）。"叔多父盘："兄弟诸子婚冓（媾）。"（徐在国）

奚 xī 匣纽、支部；匣纽、齐韵、胡鸡切。

奚¹—奚²—奚³—奚
西周　西周　《说文》小篆　楷书

1、2《金文编》810页。3《说文》260页。

形声字。从女，奚声。"奚"的分化字。"奚"字甲骨文作，像以手牵发辫之形。西周金文"奚"字所从"奚"作，下部已讹作"系"。《说文》："奚，女隶也。"本义是女奴。《广韵·齐韵》："奚，女奴。"（徐在国）

婢 bì 并纽、支部；并纽、纸韵、便俾切。

婢¹—婢²—婢³—婢⁴—婢⁵—婢
商　商　《说文》小篆　汉　汉　楷书

1、2《甲文编》473页。3《说文》260页。4、5《篆隶表》885页。

形声字。从女，卑声。甲骨文"婢"字从"妾"。"妾"与"女"用作义符可通。"卑"之形体变化参"卑"字条。"婢"的本义是女奴。《说文》："婢，女之卑者。"又"奴、婢皆古之罪人也。"甲骨文"婢"是一女子私名，因用作人牲，其身份被视为女奴。《合集》35361："王宾祖辛爽妣甲姬、婢二人，殳二人，卯二牢。"（王用姬、婢二人宾祭祖辛之配偶妣甲，并殳杀二人，卯杀二牢）引申指女仆。《墨子·七患》："马不食粟，婢妾不衣帛。"（徐在国）

奴 nú 泥纽、鱼部；泥纽、模韵、乃都切。

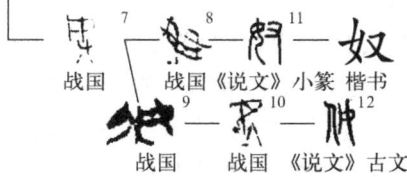

1、2、3《金文编》801页。4—10《战文编》803页。11、12《说文》260页。

会意字。从又、从女，会以手擒女俘迫其为奴之意。始见于西周金文。战国文字中晋系"奴"字所从"女"或有省简，"又"旁下或加斜点为饰。或从人、从女，与《说文》"奴"字古文同。秦文字"奴"所从"又"旁爪间或加饰笔。《说文》篆文从又、从女，隶作"奴"。本义是奴隶。《说文》："奴、奴、婢，皆古之罪人也。"《周礼·秋官·司厉》："其奴，男子入于罪隶，女子入于舂稾。"《包山楚简》20："周悁之奴。"郭店楚简"奴"或读为"若"。郭店楚墓竹简《老子甲》9："涣乎其奴(若)懌(释)。"（徐在国）

娲（娲） wā　见纽、歌部；见纽、麻韵、古华切。

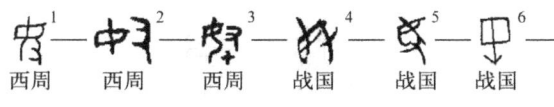

1、2《说文》260页。

形声字。从女，呙声。《说文》"娲"字籀文从女䘌声。《说文》："䘌，读若过。""娲"籀文作"䘌"，属声符更替。"呙"很早就已简化作"呙"。汉郙阁颂"祸"作"祸"即其证；所以后来"娲"类推简化作"娲"。《说文》："娲，古之神圣女，化万物者也。"《淮南子·览冥》："于是女娲炼五色石以补苍天，断鳌足以立四极。"（徐在国）

娀 sōng　心纽、冬部；心纽、东韵、息弓切。

1《说文》260页。

形声字。从女，戎声。"戎"之形体变化，参"戎"字条。《说文》："娀，帝高辛之妃，偰母号也。""有娀"，古国名。《诗·商颂·长发》："有娀方将，帝立子生商。"（有娀氏之国始广大，上帝立有娀氏之女子为妃而生契）（徐在国）

嫄 yuán　疑纽、元部；疑纽、元韵、愚袁切。

1《说文》260页。

形声字。从女，原声。"原"之形体变化，参"原"字条。本义是周祖先后稷母名。《说文》："嫄，台国之女，周弃母字也。"《诗·大雅·生民》："厥初生民，时维姜嫄。"（其初生下周人的，是姜嫄）（徐在国）

媭（嬃） xū　心纽、侯部；心纽、虞韵、相俞切。

1《说文》260页。2《篆隶表》886页。

形声字。从女，须声。"须"之形体变化，参"须"字条。"须"简化作"须"，"媭"是"嬃"的类推简化字。本义是女子人名用字。《说文》："嬃，女字也。"《史记·吕太后本纪》："太后女弟吕媭，有女为营陵侯刘泽妻。"古代楚人称姐姐为媭。《楚辞·离骚》："女媭之婵媛兮，申申其詈予。"王逸注："女媭，屈原姊也。"（徐在国）

婕 jié　精纽、葉部；精纽、葉韵、即叶切。

1《说文》260页。

形声字。从女，疌声。"疌"之形体变化，参"疌"字条。《说文》："婕，女字也。""婕妤"，汉代宫廷女官名。《史记·外戚世家》："及李夫人卒，则有尹婕妤之属，更有宠。"（徐在国）

始 shǐ　书纽、之部；书纽、止韵、诗止切。

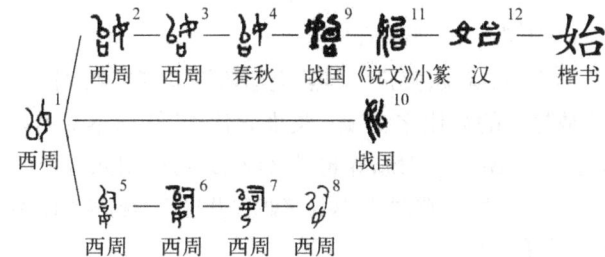

1—4《金文编》802页。5—8《金文编》803页。9、10《战文编》803页。11《说文》260页。12《篆隶表》886页。

形声字。从女，台声。西周金文"始"字或从女，㠯声（即㠈字），或从台声，或加注司声繁化。战国文字承袭西周金文，所从"台"声或在"㠯"内加一饰点。从"台"声者为《说文》篆文所本，隶变作"始"。㠈、始一字之分化。《说文》："始，女之初也。"本义是初，开始。《诗·豳风·七月》："其始播百谷。"西周金文"始"字除用作人名外，多读为"㠈"。㠈季良父壶："㠈季良父乍(作)□始(㠈)尊壶。"孟始鬲："孟始(㠈)乍(作)宝鬲。""㠈"为姓。《通志·氏族略三》："㠈氏，伯鯀之姓。"（徐在国）

媚 mèi 明纽、脂部；明纽、至韵、明秘切。

1—4《甲文编》474页。5、6、7《金文编》803页。8《战文编》803页。9《说文》260页。10《篆隶表》886页。

形声字。从女，眉声。甲骨文"媚"字所从"女"多在"眉"下，商代金文承之。子媚爵"媚"字所从的"眉"或讹省为"目"。"眉"从"目"，上像眉之形，详参"眉"字条。本义是喜爱。《说文》："媚，说(悦)也。"《诗·大雅·下武》："媚兹一人。"郑玄笺："媚，爱也。"引申义有巴结、讨好、美好等。商代甲骨文、金文"媚"，均为人名。（徐在国）

嫵(妩) wǔ 明纽、鱼部；微纽、虞韵、文甫切。

1《说文》260页。

形声字。从女，無声。"無"之形体演变，参"無"字条。"无"是"無"的简化字。"嫵"类推简化作"妩"。本义是妩媚，美好。《说文》："妩，媚也。"《汉书·司马相如传上》："柔桡嬛嬛，妩媚姌弱。"（嬛，《史记》作"嬽"；妩，《史记》作"斌"）（徐在国）

媄 měi 明纽、脂部；明纽、旨韵、无鄙切。

1《说文》260页。

会意兼形声字。从女、从美，会女子美之意，美亦声。"美"之形体变化，参"美"字条。"媄"乃"美"的后起分化字。《说文》："媄，色好也。"《广韵·旨韵》："媄，《字样》云：颜色媄好也。"南朝梁萧纶《车中见美人》："语笑能娇媄，行步绝逶迤。"（徐在国）

姝 shū 昌纽、侯部；昌纽、虞韵、昌朱切。

1《说文》261页。

形声字。从女，朱声。"朱"之形体变化，参"朱"字条。《说文》："姝，好也。"本义是容貌美好。《诗·邶风·静女》："静女其姝，俟我于城隅。"毛传："姝，美色也。"引申指美女。宋玉《登徒子好色赋》："此郊之姝，华色含光。"（徐在国）

好 hǎo 晓纽、幽部；晓纽、皓韵、呼皓切。
好 hào 晓纽、幽部；晓纽、号韵、呼到切。

1—4《甲文编》475页。5、6、7《金文编》804页。8《战文编》803页。9《战文编》804页。10《说文》261页。11《篆隶表》887页。

会意字。"好"字甲骨文、金文、战国文字、《说文》篆文并从女、从子，会意。本义是女子。甲骨文"妇好"，人名，是商代"诸妇"中最重要的一位，她可以征集军队、征伐方国。《合集》6412："妇好伐土方。"引申为美、善。《说文》："好，美也。"卢钟："用乐好宾。"《诗·周南·关雎》："窈窕淑女，君子好逑。"（容貌美好、品德善良的女子是君子的佳偶）这些意义的"好"读为hǎo。"好"作动词，意思是喜爱。《论语·子罕》："吾未见好德如好色者也。"（我还没见过喜爱美德就像爱好美色那样的人）这种意义的

"好"读为hào。（徐在国）

妖 shū 昌纽、侯部；昌纽、虞韵、昌朱切。

1《说文》261页。

形声字。从女，殳声。"姝"字异体。《说文》："妖，好也。《诗》曰：'静女其妖。'"段玉裁注："此与姝音义皆同。《邶风·静女》文。今《毛诗》作姝。"清王闿运《张安化妻钱氏墓志铭》："鬟笄端淑，妖静有仪。"（徐在国）

姣 jiāo 见纽、宵部；见纽、效韵、古孝切。
xiào 匣纽、宵部；匣纽、宵韵、胡茅切。

1《说文》261页。2《篆隶表》887页。

形声字。从女，交声。"交"之形体变化，参"交"字条。本义是容貌美好。《说文》："姣，好也。"《方言》卷一："娥、嬿，好也。自关而东，河济之间，或谓之姣。"《孟子·告子上》："至于子都，天下莫不知其姣也。"引申义有妖媚、侮辱等义。这些意义的"姣"读为jiāo。"姣"又有淫乱义。《左传·襄公九年》："弃位而姣，不可谓贞。"杜预注："姣，淫之别名。"服虔"读姣为放效"之效。这种意义的"姣"读为xiào。（徐在国）

婉 wǎn 影纽、元部；影纽、阮韵、於阮切。

1《说文》261页。2《篆隶表》887页。

形声字。从女，宛声。"宛"之形体演变，参"宛"字条。本义是温顺。《说文》："婉，顺也。"《左传·昭公二十六年》："姑慈而从，妇听而婉。"引申有委婉、宛延等义。又指容貌美好。《诗·郑风·野有蔓草》："有美一人，清扬婉兮。"（徐在国）

嫣 yān 影纽、元部；影纽、愿韵、於建切。

1《说文》261页。

形声字。从女，焉声。"焉"之形体演变，参"焉"字条。本义是身材高大而美丽。《说文》："嫣，长皃。"《玉篇·女部》"嫣，长美皃。"引申指笑容美好。《文选·宋玉〈登徒子好色赋〉》："嫣然一笑，惑阳城，迷下蔡。"（徐在国）

姌 rǎn 日纽、谈部；日纽、琰韵、而琰切。

1《说文》261页。

形声字。字本作"姌"，从女，冉声。《集韵·琰韵》："姌，或作姌。""冉"乃"冉"字隶变之体，参"冉"字条。《说文》："姌，弱长皃。"本义是细长柔弱的样子。《史记·司马相如列传》："柔桡嬛嬛，妩媚姌嫋。"司马贞索隐："妖媚孅弱。"《汉书》嬛作嫚，妩作妖。（徐在国）

委 wěi 影纽、微部；影纽、纸韵、於诡切。
wēi 影纽、微部；影纽、支韵、於为切。
wèi 影纽、微部；影纽、寘韵、於伪切。

1、2《甲文编》476页。3、4《战文编》804页。5《说文》261页。6《篆隶表》887页。

会意字。从女，从禾，会女子如禾委曲之意。甲骨文"委"字"女"旁或在"禾"左，或在"禾"右，战国文字则在"禾"下，为《说文》篆文所本。本义是顺从。《说文》："委，委随也。"《淮南子·本经》："优柔委从，以养群类。"引申义有托付、舍弃、推卸、堆积等。这些意义的"委"读为wěi。"委蛇"，联绵词，庄重而又从容自得的样子。《诗·召南·羔羊》："退食自公，委蛇委蛇。"又有绵延、曲折义。这些意义的"委"读为wēi。《集韵·寘韵》："委，委积，牢米薪刍之总名。"《周礼·天官·宰夫》："掌其牢礼，委积、膳献、饮食、宾赐之飧牵，与其陈数。"这种意义的"委"读为wèi。（徐在国）

婺 wù 明纽、侯部；微纽、遇韵、亡遇切。

1《战文编》804页。2《说文》261页。

形声字。从女，敄声。"敄"之形体演变，参"敄"字条。本义是不顺从。《说文》："婺，不繇也。""婺女"，星名，二十八宿之一，玄武七宿的第三宿。《左传·昭公十年》："有星出于婺女。"睡虎地秦墓竹简《日书乙》105："婺女，祠、贾市、取妻，吉。"（徐在国）

娱（娱） yú 疑纽、鱼部；疑纽、虞韵、遇俱切。

1《说文》262页。2《篆隶表》888页。

形声字。从女，吴声。"吴"之形体变化，参"吴"字条。"吴"隶变作"吴"，"娱"字类推简化作"娱"。本义是欢娱、欢乐。《说文》："娱，乐也。"《诗·郑风·出其东门》："缟衣茹藘，聊可与娱。"（只有那白色的衣服绛色的佩巾女，姑且能一齐欢乐）（徐在国）

娭 xī 晓纽、之部；晓纽、之韵、许其切。

1《战文编》804页。2《说文》262页。

形声字。从女，矣声。始见于战国文字。"矣"之形体变化，参"矣"字条。"娭"为"嬉"之古字，今"嬉"行而"娭"废。本义是嬉戏、玩乐。《说文》："娭，戏也。"《楚辞·招魂》："娭光眇视，目曾波些。"王逸注："娭，戏也。"包山楚简"娭"，人名。（徐在国）

娓 wěi 明纽、微部；微纽、尾韵、无匪切。

1《说文》262页。

形声字。从女，尾声。"尾"之形体变化，参"尾"字条。本义是顺从。《说文》："娓，顺也。"引申为美。《玉篇·女部》："娓，美也。"《诗·陈风·防有鹊巢》："谁侜予美。"陆德明释文："美，《韩诗》作娓，音尾。娓，美也。"（徐在国）

嫡 dí 端纽、锡部；端纽、锡韵、都历切。

1《说文》262页。

形声字。从女，商声。"商"之形体演变，参"商"字条。本义是正妻，与"庶"相对。《诗·召南·江有汜序》："勤而无怨，嫡能悔过也。"陆德明释文："嫡，正夫人也。""嫡子"，正妻所生的儿子。《国语·吴语》："臣观吴王之色，类有大忧，小则嬖妾嫡子死，不则国有大难。"（徐在国）

如 rú 日纽、鱼部；日纽、鱼韵、人诸切。

1-6《战文编》805页。7《说文》262页。8《篆隶表》888页。

形声字。从女，为"女"之分化字，口为分化符号，女亦声。西周金文以"女"为"如"。战国文字"如"字所从的"口"旁或在"女"下部，或在"女"旁的左部。本义是顺从。《说文》："如，从随也。"《左传·宣公十二年》："有律以如己也。"杜预注："如，从也。"引申为似、像。《信阳楚墓》1·4："相保如芥。"《诗·王风·采葛》："一日不见，如三秋兮。"郭店简"如"或读为"诺"。郭店楚墓竹简《五行》45："如（诺），莫敢不如（诺）。"（徐在国）

嬗 shàn 禅纽、元部；禅纽、线韵、时战切。

1《说文》262页。

形声字。从女，亶声。"亶"之形体演变，参"亶"字条。本义是宽缓。《说文》："嬗，缓也。"又有传与、传递义。《说文》："嬗，一曰，传也。"《淮南子·精神》："沦于不测，入于无间，以不同形相嬗也。"高诱注："嬗，传也。"《汉书·王莽传》："予之始皇祖考虞舜受嬗于唐。"引申有更替、演变义。（徐在国）

媻 pán 并纽、元部；并纽、桓韵、薄官切。
　　 pó 并纽、歌部；并纽、戈韵、薄波切。

1《说文》262页。

形声字。从女，般声。"般"之形体演变，参"般"字条。《说文》："媻，奢也。"段玉裁注："奢者，张也。""媻姗"，叠韵联绵词，蹒跚。《汉书·司马相如传》："媻姗勃窣上金隄。"这些意义的"媻"读为 pán。"媻娑"，叠韵联绵词，同"婆娑"，舞蹈。《诗·陈风·东门之枌》："子仲之子，婆娑其

下。"毛传:"婆娑,舞也。""婆娑"又有盘旋、分散、舒展等义。这些意义的"娑"读为"pó"。(徐在国)

娑

suō 心纽、歌部;心纽、歌韵、素何切。
suǒ 心纽、歌部;心纽、哿韵、苏可切。

《说文》小篆 — 娑 楷书

1《说文》262页。

形声字。从女,沙声。"沙"之形体演变,参"沙"字条。本义是舞蹈。《说文》:"娑,舞也。""婆娑",参"婆"字条。后作助词,用于句中。南朝宋刘义庆《世说新语·雅量》:"下官家故可有两娑千万,随公所取。"这些意义的"娑"读为suō。《广韵·哿韵》:"娑,馺娑,殿名。"《文选·班固〈西都赋〉》:"经骀荡而出馺娑,洞枌诣以与天梁。"李善注引《关中记》曰:"建章宫有馺娑、骀荡、枌诣、承光四殿。"这种意义的"娑"读为suǒ。(徐在国)

妓

jì 群纽、支部;群纽、纸韵、渠绮切。

《说文》小篆 — 妓 楷书

1《说文》262页。

形声字。从女,支声。"支"之形体演变,参"支"字条。《说文》:"妓,妇人小物也。"《广韵·纸韵》:"妓,女乐。"指歌舞女艺人。《后汉书·梁冀传》:"因行道路,发取妓女御者。"后来专指娼妓。(徐在国)

婴(嬰)

yīng 影纽、耕部;影纽、清韵、於盈切。

战国 战国 战国 战国 战国 《说文》小篆
嬰 嬰 嬰 嬰 汉 汉 楷书 楷书

1-5《战文编》805页。6《说文》262页。7、8《篆隶表》889页。

会意兼形声字。从女,从賏,会女子有颈饰之意,賏亦声。战国文字"嬰"字或从貝,旻声(旻、嬰二字古音近,故可从"旻"声)。汉代文字"嬰"所从的"賏"或省作"貝"。"貝"简化作"贝"。"嬰"类推简化作"婴"。本义是妇女颈饰。《说文》:"嬰,颈饰也。"作动词,意思是系在颈上。《荀子·富国》:"辟之,是犹使处女婴宝珠、佩宝玉、负戴黄金,而遇中山之盗也。"引申指初生的女孩。《玉篇·女部》:"嬰,《苍颉篇》云:'男曰儿,女曰婴。'"《老子》第十章:"专气致柔,能婴儿乎?"(徐在国)

媛

yuàn 匣纽、元部;云纽、线韵、王眷切。
yuán 匣纽、元部;云纽、元韵、雨元切。

《说文》小篆 — 媛 汉 — 媛 楷书

1《说文》262页。2《篆隶表》890页。

形声字。从女,爰声。"爰"之形体演变,参"爰"字条。本义是美女。《说文》:"媛,美女也。"《诗·鄘风·君子偕老》:"展如之人兮,邦之媛也。"这种意义的"媛"读为yuàn。"婵媛",叠韵联绵词,牵挂、眷恋貌。《楚辞·九歌·湘君》:"女婵媛兮为余太息。"王逸注:"婵媛,犹牵引也。"这种意义的"媛"读为yuán。(徐在国)

娉

pìn 滂纽、耕部;滂纽、劲韵、匹政切。
pīng 滂纽、耕部;滂纽、青韵、披经切。

西周 西周 西周 《说文》小篆 汉 楷书

1、2、3《金文编》811页。4《说文》262页。5《篆隶表》890页。

形声字。从女,甹声。金文"娉"字或加注"兄"旁繁化。《说文》:"娉,问也。"本义是问名。古代婚礼"六礼"之一,即男方请媒人问女方名字和出生年月日。《荀子·富国》"婚姻聘内,送逆无礼。"王先谦《荀子集解》:"聘,问名也。内,读曰纳,纳币也。送,致女。逆,亲迎也。"这种意义的"娉"读为pìn,典籍或作"聘"。"娉婷",叠韵联绵词,姿态美的样子。汉辛延年《羽林郎》:"不意金吾子,娉婷过我庐。"这种意义的"娉"读为pīng。(徐在国)

妝(妆)

zhuāng 精纽、阳部;庄纽、阳韵、侧阳切。

商 商 春秋 战国 战国 战国 《说文》小篆 楷书 楷书

1、2《甲文编》478页。3《金文编》804页。

4、5、6《战文编》805页。7《说文》263页。

形声字。甲骨文"妆"字从女、丬声,春秋金文、战国文字、《说文》篆文承袭之。本义是装饰、打扮。《说文》:"妆,饰也。"《后汉书·梁冀传》:"妻作愁眉啼妆。"甲骨文"巫妆",人名。郭店楚墓竹简《缁衣》23:"毋以卑(嬖)御疾妆句(后)。""妆"读为"庄"。"丬"简化作"丬","妆"类推简化作"妆"。(徐在国)

嬻(㜣) dú 定纽、屋部;定纽、屋韵、徒谷切。

1《说文》263页。

形声字。从女,賣(yù)声。"賣"之形体演变,参"賣²"字条。"賣"字简化作"卖","嬻"类推简化作"㜣"。本义是狎亵。《说文》:"嬻,媟嬻也。"《国语·周语中》:"今陈侯不念胤续之常,弃其伉俪妃嫔,而帅其卿佐以淫于夏氏,不亦嬻姓矣乎!"韦昭注:"是为媟嬻其姓也。"(徐在国)

嬖 bì 帮纽、锡部;帮纽、霁韵、博计切。

1《说文》263页。

形声字。从女,辟声。"辟"之形体演变,参"辟"字条。本义是宠爱、宠幸。《说文》:"嬖,便嬖,爱也。"《墨子·尚贤中》:"不党父兄,不偏富贵,不嬖颜色。"又指宠妾。《广韵·霁韵》:"嬖,妾也。"《逸周书·时训》:"蚯蚓不出,嬖夺后命。"(徐在国)

妒 dù 端纽、鱼部;端纽、暮韵、当故切。

1《战文编》805页。2《说文》263页。3、4《篆隶表》890页。

形声字。从女,户声。秦简"妒"字从女、石声,属声符更替。"妬"乃"妒"字异体。本义是妇女忌妒丈夫,也指忌妒别的女子的姿色。《说文》:"妒,妇妒夫也。"《楚辞·离骚》:"各兴心而嫉妒。"王逸注:"害贤为嫉,害色为妒。"引申指忌妒别人。《荀子·大略》:"士有妒友,则贤交不亲;君有妒臣,则贤人不至。"(徐在国)

媄 yāo 影纽、宵部;影纽、宵韵、於乔切。

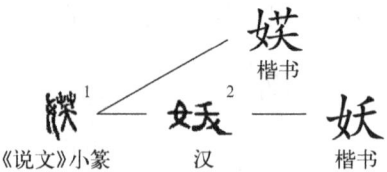

1《说文》263页。2《篆隶表》890页。

形声字。从女,芺声。曹植碑"媄"字作妖,从女、夭声。《玉篇·女部》"媄"同"妖"。"妖"乃"媄"之省体。《说文》:"媄,巧也。一曰:女子笑貌。"妖有艳丽、妖媚之义。《文选·宋玉〈神女赋〉》:"近之既妖,远之有望。"李善注:"近看既美,复宜远望。"(徐在国)

佞 nìng 泥纽、真部;泥纽、径韵、乃定切。

1《说文》263页。2、3《篆隶表》890页。

形声字。从女,仁声。"仁"之形体演变,参"仁"字条。本义是巧言善辩、谄谀。《说文》:"佞,巧谄高材也。"《论语·公冶长》:"焉用佞?御人以口给,屡憎于人。"(何必要口才好?靠伶牙俐齿与人争辩,屡屡遭人憎恶)引申义有巧言谄媚的人、有才智等。(徐在国)

嫪 lào 来纽、幽部;来纽、号韵、郎到切。
láo 来纽、幽部;来纽、豪韵、鲁刀切。

1《四版校补》137页。2《说文》263页。

形声字。从女,翏声。"翏"之形体演变,参"翏"字条。本义是恋惜。《说文》:"嫪,婟也。"唐玄应《一切经音义》卷十三:"嫪,惜也,谓恋不能去也。"唐韩愈《荐士》:"念将决焉去,感物增恋嫪。"《广韵·号韵》:"嫪,姓。"秦时有嫪毐。这些意义的"嫪"读为lào。《广韵·豪韵》:"嫪,妬也。"义为嫉妒。这种意义的"嫪"读为láo。(徐在国)

姿 zī 精纽、脂部;精纽、脂韵、即夷切。

姿 zī

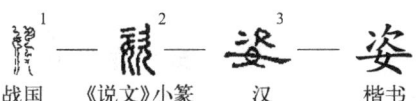
战国　《说文》小篆　汉　楷书

1《战国编》806页。2《说文》263页。3《篆隶表》890页。

形声字。从女，次声。"次"之形体演变，参"次"字条。本义是容貌、姿态。《说文》："姿，态也。"《后汉书·皇后纪序》："姿色端丽，合法相者，载选后宫。"又通"资"，资质，才能。《汉书·谷永传》："陛下天然之性，疏通聪敏，上主之姿也。"（徐在国）

妨 fáng

滂纽、阳部；敷纽、阳韵、敷方切。

《说文》小篆　汉　楷书

1《说文》263页。2《篆隶表》891页。

形声字。从女，方声。"方"之形体演变，参"方"字条。本义是损害。《说文》："妨，害也。"《左传·隐公三年》："且夫贱妨贵、少陵长、远间亲、新间旧、小加大、淫破义，所谓六逆也。"孔颖达疏："妨，谓有所害。"引申为妨碍、中止等义。（徐在国）

妄 wàng

明纽、阳部；微纽、漾韵、巫放切。

西周　《说文》小篆　汉　汉　楷书

1《金文编》805页。2《说文》263页。3、4《篆隶表》891页。

形声字。西周金文"妄"从女、亡声，《说文》篆文承袭之。"亡"之形体演变，参"亡"字条。本义是狂乱。《说文》："妄，乱也。"《韩非子·八说》："暴人在位，则法令妄而臣主乖，民怨而乱心生。"引申义有荒诞、不法、胡乱等义。或通"荒"。毛公鼎："女毋敢妄（荒）宁。"《书·无逸》："不敢荒宁。"（徐在国）

妯 chōu / zhóu

透纽、幽部；彻纽、尤韵、丑鸠切。
定纽、觉部；澄纽、屋韵、直六切。

《说文》小篆　楷书

1《说文》263页。

形声字。从女，由声。"由"之形体演变，参"由"字条。本义是动、不平静。《说文》："妯，动也。"《方言》卷六："妯，扰也，人不静曰妯。"《诗·小雅·鼓钟》："淮有三洲，忧心且妯。"这些意义的"妯"读为chōu。"妯娌"，兄弟之妻的合称。《北史·崔逞传附崔休》："休子㥄为长谦求尚之次女，曰：'家道多由妇人，欲令姊妹为妯娌。'"这种意义的"妯"读为zhóu。（徐在国）

嫌 xián

匣纽、谈部；匣纽、添韵、户兼切。

战国　秦　《说文》小篆　楷书

1、2《战文编》806页。3《说文》263页。

形声字。从女，兼声。"兼"是会意字，用手持二禾，其形体演变，参"兼"字条。本义是嫌疑。《说文》："嫌，疑也。"《礼记·坊记》："夫礼，坊民所淫，章民之别，使民无嫌。"引申为憎恶、仇怨等义。古文字"嫌"，人名。（徐在国）

妍（姸） yán

疑纽、元部；疑纽、先韵、五坚切。

《说文》小篆　楷书　楷书

1《说文》263页。

形声字。字本作"姸"，从女，幵声。"幵"之形体演变，参"幵"字条。"幵"简化作"开"，"姸"类推简化作"妍"。本义是貌美，特指女子的貌美。《方言》卷一："娥、嬿，好也。自关而西，秦晋之故都，谓好曰妍。"《关尹子·三极篇》："日无不照，有妍有丑。""妍"又有巧慧、不懂事理、难犯、安等义。（徐在国）

娃 wá

影纽、支部；影纽、佳韵、於佳切。

战国　《说文》小篆　汉　楷书

1《战文编》806页。2《说文》263页。3《篆隶表》891页。

形声字。战国文字"娃"从女、圭声，为《说文》篆文所本。本义是貌美。《方言》卷二："娃、艳，美也。吴楚衡淮之间曰娃。"引申指美女。《汉书·扬雄传》："资娵娃之珍髢兮。"颜师古注："娵、娃皆美女也。""娃"指小孩，乃后起义。（徐在国）

嫖

piào 滂纽、宵部；滂纽、笑韵、匹妙切。
piáo 並纽、宵部；並纽、宵韵、符霄切。

《说文》小篆 — 汉 — 楷书

1《说文》264页。2《篆隶表》891页。

形声字。从女，票声。"票"之形体演变，参"票"字条。本义是轻捷、劲疾。《说文》："嫖，轻也。""嫖姚"，叠韵联绵词，轻疾的样子。汉霍去病为嫖姚校尉，见《史记·建元以来王子侯者年表》。这种意义的"嫖"读为piào。俗称玩弄妓女为"嫖"。明沈德符《万历野获编·言事·禁嫖赌饮酒》："谓京城有号风流汉子者，专以嫖赌致钱。"这种意义的"嫖"读为piáo。（徐在国）

婪

lán 来纽、侵部；来纽、覃韵、卢含切。

商 — 《说文》小篆 — 楷书

1《甲文编》479页。2《说文》264页。

形声字。甲骨文"婪"从女、林声，为《说文》篆文所本。本义是贪。《说文》："婪，贪也。"《楚辞·离骚》："众皆竞进而贪婪兮，凭不厌乎求索。"王逸注："爱财曰贪，爱食曰婪。"甲骨文"婪"，义不明。（徐在国）

嬾（懒）

lǎn 来纽、元部；来纽、旱韵、落旱切。

《说文》小篆 — 楷书

1《说文》264页。

形声字。从女，赖声。"懒"之本字。《玉篇·心部》："懒，俗嬾字。"本义是懒惰。《说文》："嬾，懈也，怠也。"三国魏嵇康《与山巨源绝交书》："简与礼相背，嬾与慢相成。"（徐在国）

婁（娄）

lóu 来纽、侯部；来纽、侯韵、落侯切。
lǚ 来纽、侯部；来纽、虞韵、力朱切。

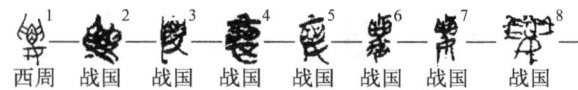
西周 战国 战国 战国 战国 战国 战国

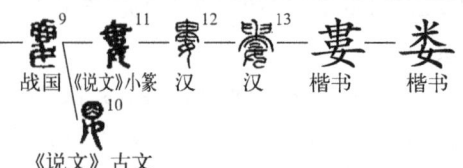
战国 《说文》小篆 汉 汉 楷书 楷书
《说文》古文

1《四版校补》137页。2-9《战文编》806~807页。10、11《说文》264页。12、13《篆隶表》891页。

形声字。从女，毌声。始见于金文。战国文字"娄"所从的"角"或讹变作亐、㐬、亽、㐌等形，"女"旁两侧或加丶、丶形饰笔。秦简、汉文字"娄"仍有些形体从"角"。《说文》篆文误将"毌"离析为"母""中"。"婁"即《说文》篆文之隶变，后简化作"娄"。"娄"字来源于汉代草书。楷化后的"娄"最早见于宋刊《古列女传》。《说文》："娄，空也。"又为星宿名。二十八宿之一，西方白虎七宿的第二宿。《礼记·月令》："季冬之月，日在婺女，昏娄中，旦氐中。"这些意义的"娄"字读为lóu。《集韵·虞韵》："娄，牵也。"《诗·唐风·山有枢》："子有衣裳，弗曳弗娄。"毛传："娄，亦曳也。"这种意义的"娄"字读为lǚ。"娄"通"镂"，雕刻。长陵盉："金铜娄（镂）锅（盉）。"又通"屡"，多次。郭店楚墓竹简《成之闻之》5："是故威服刑罚之娄（屡）行也"。又通"数"。郭店楚墓竹简《语丛二》44："名娄（数）也。"（徐在国）

嬈（娆）

rǎo 日纽、宵部；日纽、小韵、而沼切。
ráo 日纽、宵部；日纽、小韵、如招切。

《说文》小篆 — 楷书 — 楷书

1《说文》264页。

形声字。从女，尧声。"尧"之形体演变，参"尧"字条。"尧"简化作"尧"，"嬈"类推简化作"娆"。本义是烦扰、扰乱。《说文》："嬈，扰。"《淮南子·原道》："其魂不躁，其神不嬈。"高诱注："嬈，烦嬈也。"这种意义的"嬈"字读为rǎo。《广雅·释诂一》："嬈，弱也。"《文选·王褒〈洞箫赋〉》："风鸿洞而不绝兮，优嬈嬈以婆娑。"李善注："嬈嬈，柔弱也。"这种意义的"嬈"读为ráo。（徐在国）

姗

shān 心纽、元部；心纽、寒韵、苏干切。

姗

《说文》小篆　楷书

1《说文》264页。

形声字。《说文》:"姗,诽也。一曰翼便也。从女,删省声。""册"之形体演变,参"册"字条。本义是诽谤、诋毁。《汉书·诸侯王表第二》:"姗笑三代,荡灭古法。""姗姗",缓步的样子。《汉书·外戚传》:"立而望之,偏何姗姗其来迟!"(徐在国)

奸 gān 见纽、元部;见纽、寒韵、古寒切。

商　秦　《说文》小篆　楷书

1《四版校补》137页。2《睡甲》186页。3《说文》264页。

会意兼形声字。《说文》:"奸,犯淫也。从女、从干、干亦声。"商代金文"奸"字所从"女"旁上部加一横笔,秦简从女、从干,为《说文》篆文所本。本义是犯。《淮南子·主术》:"各守其职,不得相奸。"《左传·襄公十四年》:"君制其国,臣敢奸之。"杜预注:"奸,犹犯也。"又有犯淫义。睡虎地秦墓竹简《法律答问》172:"同母异父相与奸,可(何)论?弃市。"(同母不同父的人通奸,如何论处?应弃市处死)(徐在国)

媿(愧) kuì 见纽、微部;见纽、至韵、俱位切。

西周　西周　西周　西周　春秋

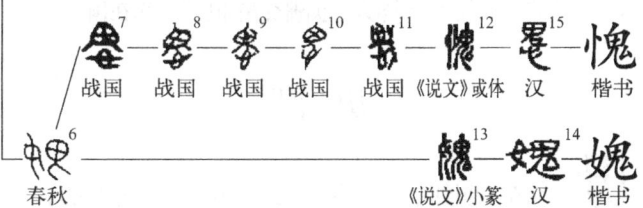

战国　战国　战国　战国　战国　《说文》或体　汉　楷书

春秋　　　　　　　　　　《说文》小篆　汉　楷书

1-6《金文编》806页。7-11《战文编》807页。12、13《说文》265页。14、15《篆隶表》892页。

形声字。从女,鬼声。西周金文"媿"字从女、鬼声,为《说文》篆文所本。所从"鬼"旁下部或加点或加斜短划为饰。战国文字"媿"字均从心、鬼声,为《说文》或体所本。所从"鬼"旁或加"口"为饰;或加"八"为饰;或作 ,"鬼"省作"由",又赘加"戈"旁。《说文》认为"愧"字从耻省,误。"愧"乃"媿"字异体,女旁易作心旁,盖强调字义中的心理作用,后遂以"愧"代替"媿"。本义是惭愧。《说文》:"媿,惭也。"《楚辞·九章·思美人》:"欲变节以从俗兮,媿易初而屈志。"金文"媿",姓。佣仲鼎:"佣仲乍(作)毕媿媵鼎。"典籍作"隗"。《左传·僖公二十三年》:"狄人伐廧咎如,获其二女叔隗、季隗,纳诸公子。"杜预注:"廧咎如,赤狄别种也,隗姓。"战国文字"愧"通"畏"。陈贻簋:"毕龚愧忌。"郭店楚墓竹简《老子甲》9:"犹乎其奴(若)愧(畏)四邻。"或通"威"。郭店楚墓竹简《唐虞之道》13:"用愧(威)。"(徐在国)

姦(奸) jiān 见纽、元部;见纽、删韵、古颜切。

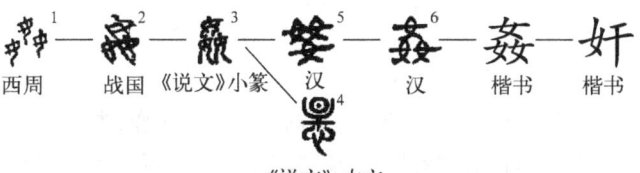

西周　战国　《说文》小篆　汉　汉　楷书　楷书

《说文》古文

1《金文编》806页。2《战文编》808页。3、4《说文》265页。5、6《篆隶表》892页。

会意兼形声字。从女、从妟,会奸邪之意,妟亦声。长由盉、包山楚简"姦"字一"女"在上,二"女"在下,为《说文》篆文所本。汉帛书或汉印"姦"字或作婆,二"女"在上,一"女"在下。《玉篇·女部》:"姦,姦邪也。奸,同上,俗。"以"奸"为"姦"字俗体,后演变作"奸",遂与干犯的"奸"变为同字。现代以"奸"为"姦"之简化字。《说文》古文悬为姦的异体,从心旱声,后来没有得到发展。本义是邪恶。《书·尧典》:"克谐以孝,蒸蒸乂,不格奸。"(他能以孝道谐和他们,使他们都积极地做事,不至于奸邪为恶)《广雅·释言》:"奸,伪也。"长由盉:"井白(伯)氏(祗)寅不奸。"(井伯恭敬不伪)(徐在国)

嫱(嬙) qiáng 从纽、阳部;从纽、阳韵、在良切。

《说文》新附　楷书　楷书

1《说文》265页。

形声字。《说文》:"嬙,妇官也。从女,墙省声。""啬"之形体演变,参"啬"字条。"啬"简化作"啬","嬙"类推简化作"嫱"。本义是宫廷女官名。《左传·昭公三年》:"齐侯使晏婴请继室于晋,以备嫔嫱。"杜预注:"嫔嫱,妇官。"(徐在国)

妲 dá 端纽、月部；端纽、曷韵、当割切。

妲¹ — 妲
《说文》新附　楷书

1《说文》265页。

形声字。从女，旦声。"旦"之形体演变，参"旦"字条。本义是女子人名用字。《说文》："妲，女字。妲己，纣妃。"《国语·晋语一》："殷辛伐有苏氏，有苏以妲己女焉。"韦昭注："有苏，己姓之国。妲己，其女也。"（徐在国）

嬌(娇) jiāo 见纽、宵部；见纽、宵韵、举乔切。

嬌¹ — 嬌 — 娇
《说文》新附　楷书　楷书

1《说文》265页。

形声字。从女，喬声。"喬"之形体演变，参"喬"字条。"喬"简化作"乔"。"嬌"类推简化作"娇"。本义是姿态妩媚可爱。《说文》："嬌，姿也。"南朝梁王筠《五日望采拾》："含娇起斜盼，敛笑动微嚬。"引申义有宠爱、柔弱、任性等义。（徐在国）

嬋(婵) chán 禅纽、元部；禅纽、仙韵、市连切。

嬋¹ — 嬋 — 婵
《说文》新附　楷书　楷书

1《说文》265页。

形声字。从女，單声。"單"之形体演变，参"單"字条。"單"简化作"单"。"嬋"类推简化作"婵"。《说文》："嬋，婵娟，态也。""婵娟"，叠韵联绵词，姿态美好。唐孟郊《婵娟篇》："花婵娟，泛春泉。竹婵娟，笼晓烟。妓婵娟，不长妍。月婵娟，真可怜。"又作名词，指月亮。（徐在国）

嫠 lí 来纽、之部；来纽、之韵、里之切。

嫠¹ — 嫠
《说文》新附　楷书

1《说文》265页。

形声字。从女，𠩺声。"𠩺"旁甲骨文作 、 ，从攴，从丰或从木，从人（人为果仁之仁），会击植物果实使其坼裂之意。金文或作 、 、 。后二体左上从"未"，为《说文》篆文所本。《说文》："嫠，无夫也。"本义是寡妇。《左传·昭公二十四年》："嫠不恤其纬，而忧宗周之陨。"杜预注："嫠，寡妇也。"（徐在国）

姤 gòu 见纽、侯部；见纽、侯韵、古候切。

姤¹ — 姤² — 姤
《说文》新附　汉　楷书

1《说文》265页。2《篆隶表》892页。

形声字。从女，后声。"后"之形体演变，参"后"字条。《说文》："姤，偶也。"《广雅·释言》："姤，遇也。"《易·姤》："象曰：'姤，遇也，柔遇刚也。'""姤"为六十四卦之一，巽下乾上。"姤"又有善、好等义。（徐在国）

妥 tuǒ 透纽、歌部；透纽、果韵、他果切。

妥¹ — 妥² — 妥³ — 妥⁴ — 妥⁵ — 妥⁶ — 妥⁷ — 妥⁸
商　商　商　商　商　西周　西周　西周

妥⁹ — 妥¹⁰ — 妥¹¹ — 妥¹² — 妥¹³ — 妥
西周　春秋　战国　战国　汉　楷书

1-4《甲文编》479页。5-10《金文编》807页。11、12《战文编》808页。13《篆隶表》893页。

会意字。从爪、从女，以手抚女，会安抚之意。甲骨文"妥"字从爪（或从又）、从女，金文、战国文字承袭甲骨文。《说文》失载。段玉裁《说文解字注》："妥，安也。从爪、从女。"《仪礼·士相见礼》："妥而后传言。"郑玄注："妥，安坐也。"金文"妥"多通"绥"。晋姜鼎："用康柔妥（绥）怀远迩君子。"瘐簋："大神妥（绥）多福。"蔡姞簋："用妥多福。"《诗·周颂·载见》作"绥以多福"。曾侯乙钟："妥宾之宫。"此处之"妥宾"，读为"蕤宾"，乐律名。《国语·周语下》："四曰蕤宾，所以安靖神人，献酬交酢也。"（徐在国）

毋部

毋 wú 明纽、鱼部；微纽、虞韵、武夫切。

毋¹ — 毋² — 毋³ — 毋⁴ — 毋⁵ — 毋⁶ — 毋
战国　战国　战国　秦　《说文》小篆　汉　楷书

1-4《战文编》810页。5《说文》265页。6《篆隶表》894页。

女之分化字。从女，中间加一横笔为分化符号，女亦声。女、母、毋均一字之分化。战国时始分化出"毋"字。楚文字"毋"字或作 ，赘加"丶"划饰笔。秦文字或作 ，为隶、楷所本。本义是不要,表示禁止。《说文》:"毋,止之也。"《诗·小雅·角弓》:"毋教猱升木。"郑玄笺:"毋,禁词。"《包山楚简》207:"尚毋又咎。"(希望不要有灾祸)《包山楚简》245:"毋又祟。"(不要有祸祟)又有无、没有之义。《玺汇》4887"日敬毋怠",读为"日敬无怠"。《书·大禹谟》:"无怠无荒,四夷来王。"(徐在国)

毐 ǎi 影纽、之部;影纽、海韵、於改切。

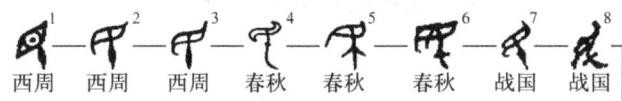

1《说文》265页。

会意字。从士、从毋,会士之无行者。本义是男子品行不端正。《说文》:"毐,人无行也。从士、从毋。贾侍中说。秦始皇母与嫪毐淫,坐诛,故世骂淫曰嫪毐。读若娭。"(徐在国)

民 部

民 mín 明纽、真部;明纽、真韵、弥邻切。

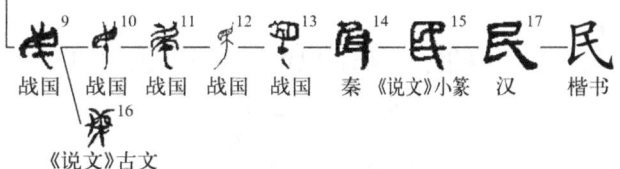

1-6《金文编》813页。7-14《战文编》811页。15、16《说文》265页。17《篆隶表》894页。

借体象形。西周金文"民"字或作ᕃ,像有刃物刺目之形,是"盲"字的初文。《贾子·大政下》:"民之为言萌也,萌之为言盲也。"春秋金文"民"字竖画上的圆点或变作"へ",或变作一小横。战国文字承袭春秋金文。齐文字"民"从"目",晋系文字亦有从"目"者。楚文字"民"字竖画上的圆点或变作一小横,或加"へ"形饰笔;竖画或向上穿出,或在上部加"∨"形饰笔。秦文字"民"所从的"目"变形作㠯、㠯,隶作㠯,遂成"民"字。"民"指人,人类。孟鼎:"先王受民受疆土。"《诗·大雅·生民》:"厥初生民,时维姜嫄。"引申指庶民、百姓。中山王壶:"作敛中则庶民附。"郭店楚墓竹简《成之闻之》1:"古之甬(用)民者。"(徐在国)

氓 méng 明纽、阳部;明纽、耕韵、莫耕切。

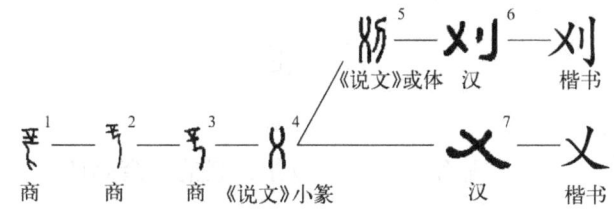

1《说文》265页。2《篆隶表》894页。

形声字。从民,亡声。"亡"之形体演变,参"亡"字条。本义是民。《说文》:"氓,民也。"《诗·卫风·氓》:"氓之蚩蚩,抱布贸丝。"郑玄注:"氓,民也。"又指野民,周朝指居住在鄙野地区从事农业生产的奴隶。"流氓"乃后起义,原指无业游民,后来指品质恶劣、不务正业、为非作歹的人。(徐在国)

丿 部

丿 piě 滂纽、月部;滂纽、屑韵、普蔑切。

1《说文》265页。

汉字笔画的一种。自右向左斜下,俗称"撇"。《说文》:"丿,右戾也。象左引之形。"宋普济《五灯会元·太平懃禅师》:"八字不著丿。"(徐在国)

乂 yì 疑纽、月部;疑纽、废韵、鱼肺切。

1、2、3《甲文编》554页"辥"字偏旁。4、5《说文》265页。6、7《篆隶表》895页。

象形字。"乂"字初文是"丯",甲骨文作丯、丯、丯,像一种刀类工具。"丯"或简化作丬,乃《说文》乂字篆文所本。本义是刈草。后作刈。"刈"乃乂字繁体。《说文》:"乂,芟草也。刈,乂或从刀。"《诗·周南·葛覃》:"维叶莫莫,是刈是濩。"陆德明释文:"《韩诗》曰:刈,取也。"引申为治理。《大戴礼记·曾子立事》:"战战惟恐不能乂。"卢辩注:"乂,治也。"(徐在国)

弗

弗 fú 帮纽、物部；非纽、物韵、分勿切。

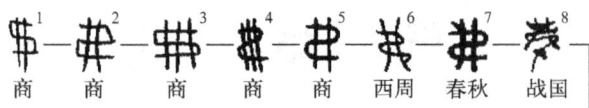

1—4《甲文编》486页。5、6、7《金文编》814页。8—11《战文编》811页。12—17《战文编》812页。18《说文》265页。19《篆隶表》895页。

会意字。甲骨文"弗"字从"己"（像绳索之形），从"川"（像二板夹一物之形），会缠束一物使之矫正不弯之意。"川"或省作"丨丨"。西周金文"弗"字左上角或加饰笔。战国文字"弗"字或右上角加饰笔，或下部加一饰笔，或上、下均加饰笔；"己"或在"八"内，或省作"冖"。《说文》篆文承袭商周文字作弗，为隶楷所本。《说文》认为"弗"字"从丿、从乀、从韦省"，误。"弗"本义是矫正。《说文》："弗，挢也。"常用义是作否定副词，相当于"不"。《广雅·释诂四》："弗，不也。"《合集》776 正："河弗害王。"（河神不会降祸给大王）虢簋："虢弗敢忘公伯休。"郭店楚墓竹简《老子甲》4："其在民前也，民弗害也。""弗"或读为"费"，国名。弗奴父鼎："弗奴父作孟姒守媵鼎。"（徐在国）

厂部

厂 yì 喻纽、月部；以纽、祭韵、余制切。

1《说文》265页。

象形字。《说文》："厂，抴也，明也。象抴引之形。"段玉裁注："抴者，捈也，捈者，卧引也，卧引者，横引之……依此，则'明也'当为衍文。"（徐在国）

弋 yì 喻纽、职部；以纽、职韵、与职切。

1、4《甲文编》929页。2、3《甲文编》667页。5《四版校补》140页。6—9《金文编》815页。10—13《战文编》812页。14《说文》265页。15《篆隶表》895页。

象形字。甲骨文"弋"字作 等形，像一种下端很尖的柲状物。西周金文作，或省作。战国文字承袭金文，或下加饰笔，遂与"戈"形相混。《说文》篆文作，是讹变的形体，认为弋字"从厂，象物挂之也"也是错的。汉简中的"弋"字更接近于古文字"弋"的形体。"弋"字本义是木桩，后作"杙"。《说文》："弋，橜也，象折木衺锐著形。"《尔雅·释宫》："鸡栖于弋为榤。"引申义有系有绳子的短箭，猎取等。西周金文"弋"通"式"，用于句首或句中，是劝令之词。戏方鼎："朕文考甲公、文母日庚，弋（式）休则尚。"召伯虎簋："弋（式）伯氏从许。"与《诗·大雅·荡》"式号式呼，俾昼作夜"之"式"用法同。"弋"又通"代"。楚帛书："四神相弋（代）。"（徐在国）

乁部

乁 yí 喻纽、支部；以纽、支韵、余支切。

1《说文》265页。

象形字。像水流之形。古文字中"乁"旁或作"厶"、"ㄅ"，或加饰笔作"乙"。作"ㄅ"形者为《说文》篆文所本。《说文》："乁，流也。从反厂，读若移。"（徐在国）

也 yě 喻纽、歌部；以纽、马韵、羊者切。

1—5《战文编》812页。6、7、8《战文编》813页。9《睡甲》187页。10《说文》265页。11

《篆隶表》896页。

会意字。从口，从乙（《史记·东方朔传》"读之止，辄乙其处"），会言语停顿之意。战国文字"也"字所从的"口"或讹作廿、卅，下部或加"丿"形饰笔。汉简"也"字所从的"口"讹作卅，遂隶作"也"。《说文》："也，女阴也。象形。"释义、说形均误。"也"字常用义是语气词，或用于句末，或用于句中。北齐颜之推《颜氏家训·书证》："也，是语已及助句之辞，文籍备有之矣。"《信阳楚墓》1·07："闻之于先王之法也。"郭店楚墓竹简《穷达以时》10："子胥前多功，后戮死，非其智衰也。"《论语·学而》："其为人也孝弟，而好犯上者，鲜矣。"（徐在国）

氏部

氏 shì　禅纽、支部；禅纽、纸韵、承纸切。
　　　 zhī　章纽、支部；章纽、支韵、章移切。

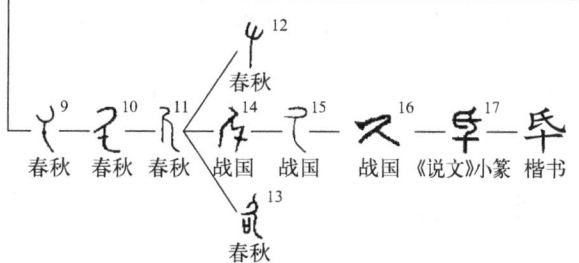

1《甲文编》488页。2、3《金文编》815页。4、5、6《金文编》816页。7—13《战文编》813页。14《说文》265页。15《篆隶表》896页。

构形不明。或说"匙"之初文。始见于甲骨文。西周金文"氏"字竖画上加饰点，春秋金文饰点变为一短横。战国文字"氏"字竖画上的短横或下移作氏，或缩半作氏，竖笔或穿透作卅。作"卅"形者，为《说文》篆文所本。《说文》认为"氏"字"象形，乁声"，不确。"氏"是同姓贵族的不同分支。《左传·隐公八年》："天子建德，因生以赐姓，胙之土而命之氏。"陈逆簋："陈氏裔孙逆。"古代称呼已婚妇女，常于其父姓之后系"氏"。《仪礼·士昏礼》："祝告，称妇之姓曰：'某氏来妇。'"乎簋："乎作姞氏宝簋。"这些意义的"氏"读为 shì。月氏，汉代西域国名。这种意义的"氏"读为 zhī。"氏"通"祇"。长由盉："井白（伯）氏（祇）寅不奸。"（井伯恭敬不伪）又通"是"。中山王鼎："氏（是）以寡人许之。"（因此我答应他）（徐在国）

氒 jué　见纽、月部；见纽、月韵、居月切。

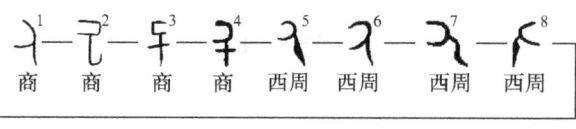

1—4《甲文编》488页。5、6、7《金文编》817页。8—13《金文编》819页。14、15、16《战文编》813页。17《说文》266页。

象形字。像矢栝形，乃栝字初文。甲骨文"氒"字竖画上或加短横为饰笔，西周金文"氒"字竖画上或加饰点，春秋金文或讹作"卝"形，或赘加口旁，战国文字承袭商周文字。《说文》认为"氒"字从"氏"，误。"氒"在古文字中常被借为"厥"，其本义反而不显。友簋："用作氒（厥）文考尊簋。"井人钟："克慎氒（厥）德。"攻吴王监："择氒（厥）吉金。"诸"氒"均读"厥"，代词，相当于"其"。（徐在国）

氐部

氐 dī　端纽、脂部；端纽、齐韵、都奚切。
　　　 zhī　端纽、脂部；知纽、脂韵、张尼切。

1《金文编》819页。2—5《战文编》814页。6《说文》266页。

氏的分化字。"氏"字下加一横分化出氐。西周金文作"氐"，战国文字承袭之。秦简、汉简帛"氐"多了一小横饰笔。隶变后"氐"字下面的一横变成了一点，遂作"氐"。本义是根柢、根本。《诗·小雅·节南山》："尹氏大师，维周之氐。"毛传："氐，本也。"随县漆书"氐"，星名，二十八宿之一，东方苍龙七宿的第三宿。《淮南子·天文》："中央曰钧天，其星角、亢、氐。"这些意义的"氐"字读为 dī。《广韵·脂韵》："氐，氐池，县名。"《汉书·地理志下》："张掖郡，县十：氐池。"这种意义的"氐"读为 zhī。（徐在国）

戈 部

戈 gē 见纽、歌部；见纽、戈韵、古禾切。

1、2《金文编》820页。3、6、7、8《金文编》821页。4、5《甲文编》488页。9-15《战文编》814页。16《说文》266页。

象形字。像戈形。商代金文"戈"字作🔲，像戈援、内（右下系饰物）、柲（右上有饰物）、镦之形。甲骨文或作🔲，援、内相连为一横。西周金文或作🔲，柲饰下移，镦上移到柲中，柲作弧形。战国文字承袭西周金文，或加"金"加"皿"繁化。本义是兵器名，勾兵之一。《说文》："戈，平头戟也。"攻吴王夫差戈："攻吴王夫差自乍（作）其用戈。"高密戈："高密造戈。"《书·牧誓》："称尔戈，比尔干。"引申为战乱、战争。（徐在国）

戎 róng 日纽、冬部；日纽、东韵、如融切。

1、2《甲文编》489页。3-7《金文编》823页。8-12《战文编》814页。13《说文》266页。14《篆隶表》897页。

会意字。从戈、从甲，会兵甲之意。古文字"戎"字从戈、从十、🔲、🔲。"十"、"🔲"、"🔲"并"甲"字。《说文》篆文所从"甲"作"🔲"，隶变作"十"，仍存古意。本义是兵器。《说文》："戎，兵也。"叔弓钟："余易（赐）女（汝）马车戎兵。"《易·萃》："君子以除戎器，戒不虞。"戏簋"博（搏）戎胡"之"戎"，指的是我国西部的少数民族。通"农"。郭店楚墓竹简《成之闻之》13："戎（农）夫务食。"（徐在国）

戣 kuí 群纽、脂部；群纽、脂韵、渠追切。

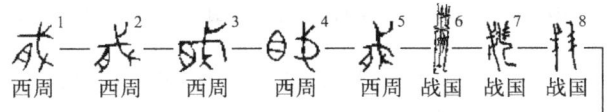

1《说文》266页。

形声字。从戈，癸声。"癸"之形体演变，参"癸"字条。本义是古兵器名，戟属。《书·顾命》："一人冕，执戣，立于东垂；一人冕，执瞿，立于西垂。"孔安国传："戣、瞿，皆戟属。"（徐在国）

戢 gān 见纽、元部；见纽、寒韵、古寒切。

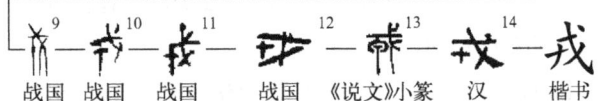

1《说文》266页。

形声字。从戈，旱声。本义是盾。《说文》："戢，盾也。"王筠句读："经典皆借干。《书》：'舞干羽于两阶。'"《集韵·寒韵》："戢，通作干。"（徐在国）

戟（戟） jǐ 见纽、铎部；见纽、陌韵、几剧切。

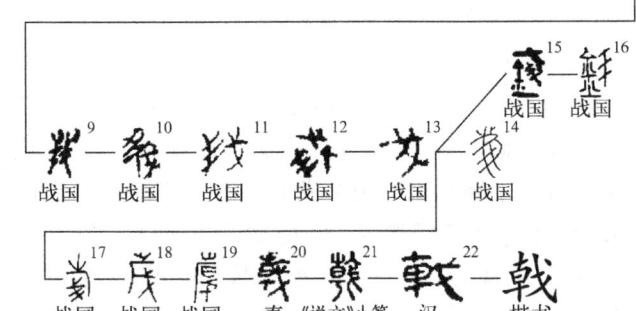

1-5《金文编》824页。6-13《战文编》815页。14、17《四版校补》140页。15、18《四版校补》141页。16、19、20《战文编》815页。21《说文》266页。22《篆隶表》897页。

会意字。西周金文"戟"字从戈、从肉，会戟内边缘有刃之意。所从"肉"或讹作"目"，或讹作"夕"。战国文字"戟"字有多种异体。一种从戈、丰声作戟。晋系文字"戈""丰"笔画共用，形体发生讹变，不易辨认。楚系文字"丰"之左方或加"乚"形饰笔。齐文字或赘加义符"金"。一种从金、丰声，省"戈"。晋系文字"戟"或从"戈"、从"𠬝"，或从"戈"、从"𠬝"。还有一种异体是从"戈"、从"臾"。"臾"、"戈"或共用一横笔和一竖笔作𢧢。秦文字从"戈"、从"臾",为《说文》篆文所本。马王堆汉简"戟"字作𢧢,为戟字所本。本义是古兵器名。戟属,长柄,顶端有直刃,旁边有横刃,可以直刺和横击。《说文》:"戟,有枝兵也。从戈、臾。《周礼》:'戟长丈六尺。'读若棘。"子禾子戟:"子禾子左造戟。"《左传·襄公二十三年》:"或以戟钩之,断肘而死。"《玺汇》2373"戟梁"之"戟",读为"棘",姓氏。(徐在国)

戛 jiá 见纽、职部;见纽、黠韵、古黠切。

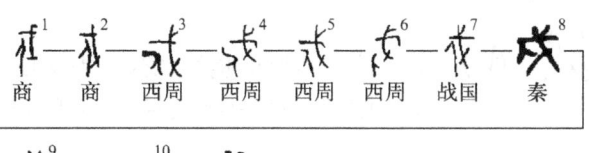

1《说文》266页。

会意字。从戈、从百(shǒu),会以戈击人头。本义是戟。《说文》:"戛,戟也。从戈、从百。读若棘。"《文选·张衡〈东京赋〉》:"立戈迤戛,农舆辂木。"引申有常礼、常法义。《尔雅·释诂上》:"戛,常也。"《书·康诰》:"不率大戛,矧惟外庶子训人。"孔安国传:"戛,常也。"(徐在国)

賊(贼) zéi 从纽、职部;从纽、德韵、昨则切。

形声字。从戈,则声。始见于西周金文。战国文字"贼"字所从的声符"则"或从刃、从员,为"则"字繁体。或从戈、从鼎(则省),马王堆汉墓帛书或从戈、从贝。《篇海类编》:"𧵕,同贼。"《说文》篆文所从的"刀"放在"戈"下,"贝"在左部,隶变作"𧵕"。"𠃌"又讹变作"十"遂成"贼"字。"貝"简化作"贝"。"贼"类推简化作"贼"。本义是破坏。《说文》:"贼,败也。"《左传·文公十八年》:"毁则为贼。"(破坏法是贼)引申指作乱叛国危害百姓的人。温县盟书:"而敢与贼为徒者。"(胆敢与作乱叛国的人结为徒党)"贼"通"则",转折连词。《侯马盟书》:"贼(则)永亟视之。"(徐在国)

戍 shù 书纽、侯部;书纽、遇韵、伤遇切。

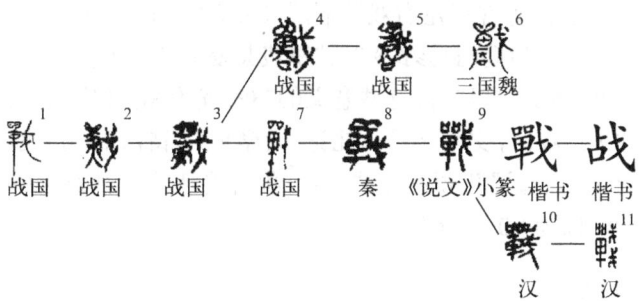

1、2《甲文编》489页。3—7《金文编》824页。8、10《篆隶表》898页。9《说文》266页。

会意字。甲骨文"戍"字从人在戈下,会戍守之意。金文承袭甲骨文,所从的"人"旁竖笔上或加点为饰。秦简"戍"字所从的"人"旁上部或与"戈"所从的横画相交,遂为隶楷所本。本义是防守边疆。《说文》:"戍,守边也。"录卣:"女(汝)其以成周师氏戍于口自。"《诗·王风·扬之水》:"不与我戍申。"毛传:"戍,守也。"引申指戍守部队。甲骨文多用此义。《京都大学人文科学研究所藏甲骨文字》2142:"其乎戍御羌方。"(命令戍守部队抵御羌方)(徐在国)

戰(战) zhàn 章纽、元部;章纽、线韵、之膳切。

1、2、3、5、7《战文编》815页。4、8《战文编》814页。6《篆文编》579页。9《说文》266页。10、11《篆隶表》898页。

形声字。从戈,單声。战国文字"战"字或从戈、單声,为《说文》篆文所本。所从的"單"或加"口"繁化,遂与"兽"同形。三体石经、马王堆汉墓帛书"战"字仍有从"嘼"者。汉印、居延汉简"战"字或加"戈"旁繁化。"战"字见于明末的官府文书档案《兵科抄出》和清初的《目连记弹词》中,后作为"戰"的简化字。本义是战斗。《说文》:"战,斗也。"舍志鼎:"楚王舍志战获兵铜。"郭店楚墓竹简《老子丙》10:"战胜则以丧礼居之。"《书·甘誓》:"大战于甘。"又同僤(dàn),义为大、盛。中山圆壶"隹(惟)司马贾訢诸战怒"之"战怒",读为"僤怒",见《诗·大雅·桑柔》"逢天僤怒",毛传:"僤,厚。"(徐在国)

戲(戏)

xì 晓纽、歌部；晓纽、寘韵、香义切。
hū 晓纽、鱼部；晓纽、模韵、荒乌切。

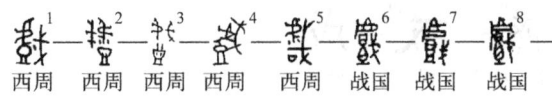

1-5《金文编》825页。6-11《战文编》816页。12《说文》266页。13、14《篆隶表》899页。

形声字。从戈，䖒声。西周金文"戏"字所从的"豆"或讹省为"口"。所从的"虍"或繁化为"虎"，竖画左右各加"丨"为饰。战国文字"戏"字所从的"虍"、"豆"形体多有变化，详参"虍"字条、"豆"字条。汉隶文字"戏"或讹作从䖒、从戊，或讹作从戈、从虗。"戏"乃"戲"的简化字。本义是偏师，中军的侧翼。《说文》："戏，三军之偏也。"师虎簋："适官司左右戏繁荆。"(往任左右军的御马官)睡虎地秦墓竹简《封诊式》25："军戏某爰书。"引申指角力、嬉戏、嘲弄、戏剧等。这些意义的"戏"读为 xì。《广韵·模韵》："戏，古文呼字。"《礼记·大学》："《诗》云：'於戏，前王不忘。'"孔颖达疏："於戏，犹言呜呼。"这种意义的"戏"读为 hū。（徐在国）

戜

dié 定纽、质部；定纽、屑韵、徒结切。

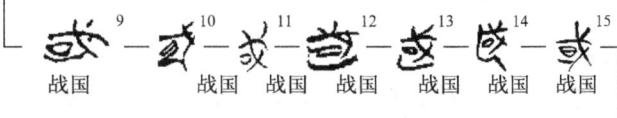

1-4《金文编》829页。5叔弓镈。6《说文》266页。

形声字。从戈，呈声。西周金文作戜，或在"呈"旁下部加饰笔作戜；春秋金文作戜，"呈"旁竖笔上的圆点变为一小横；《说文》篆文"呈"旁变作呈。遂隶作"戜"。《说文》："戜，利也。一曰剔也。"西周金文戜伯鼎、戜者尊之"戜"，古国名。《玉篇·戈部》："戜，国名也，在三苗东。"班簋："戜人伐东或。"晋侯苏钟："晋侯苏率厥亚旅、小子、戜人先陷入。"叔弓钟："戜徒三千。"这些"戜"均为地名。（徐在国）

或

huò 匣纽、职部；匣纽、德韵、胡国切。
yù 匣纽、职部；云纽、职韵、雨逼切。

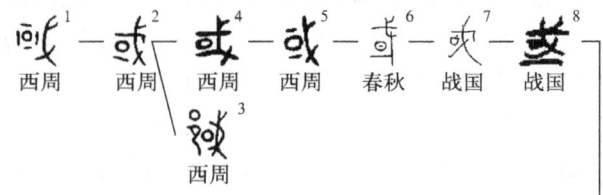

1、2、3《金文编》826页。4、5、6《金文编》825页。7、15《战文编》817页。8-14、16《战文编》816页。17、18《说文》266页。19、20《篆隶表》899页。

会意字。从戈，从口，口像城形，会用戈守城之意。国之初文。西周金文"或"字或从口，从祕之初文。所从的"口"（城之初文）多是上、下加短横以围之，有的是上、下、左、右均加短横以围之，或"口"内加点为饰，还有赘加"邑"旁繁化的。春秋、战国文字"或"承袭西周金文，或上、左、下短横相连作"匚"形，遂分化出"国"字。《说文》或字异体作"域"，加"土"繁化。后分化出"域"字。本义是邦国、封国。《说文》："或，邦也。"何尊："余其宅兹中或。"师寰簋："弗跡我东或。"又指边境、疆界。毛公鼎："康能四或（域）。"《诗·商颂·玄鸟》："肇域彼四海。"朱熹集传："域，封境也。"这些意义的"或"读为 yù。《包山楚简》120："或杀下蔡人舒翠"（有人杀了下蔡人舒翠），"或"，代词，相当于"有人"。《广雅·释诂一》："或，有也。"齐镈："勿或俞（渝）改。"（不要有所改变）清王引之《经传释词》："或，犹又也。"儠匜："白（伯）扬父乃或（又）吏（使）牧牛誓曰。"这些意义的"或"读为 huò。（徐在国）

截(截)

jié 从纽、月部；从纽、屑韵、昨结切。

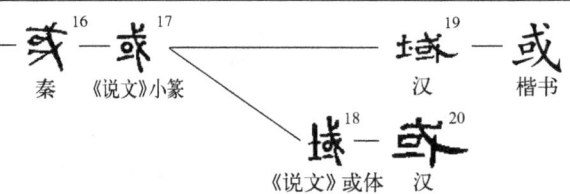

1《说文》266页。2《篆隶表》899页。

形声字。从戈,雀声。"雀"之形体演变,参"雀"字条。《玉篇·戈部》:"截,亦作截。""截"乃"截"的隶定异体。石门颂"截"字作"截"。今"截"字通行而"截"字罕用。本义是断。《说文》:"截,断也。"(徐在国)

戗 kān 溪纽、侵部；溪纽、覃韵、口念切。

《说文》小篆　楷书

1《说文》266页。

形声字。从戈,今声。"今"之形体演变,参"今"字条。本义为杀。《说文》:"戗,杀也。《商书》曰：'西伯既戗黎。'"后作"戡"。通"堪",胜任。《汉书·五行志下》:"王心弗戗,其能久乎？"颜师古注引孟康曰:"戗,古堪字。"(徐在国)

戕 qiāng 从纽、阳部；崇纽、阳韵、士庄切。
zāng 精纽、阳部；精纽、唐韵、则郎切。

商　春秋《说文》小篆　楷书

1《甲文编》489页。2《金文编》205页。3《说文》266页。

形声字。从戈,爿声。甲骨文、春秋金文"戕"字从戈、爿声,为《说文》篆文所本。本义为杀害。《玉篇·戈部》:"戕,杀也。"《易·小过》:"弗过防之,从或戕之,凶。"(没有过失时应预防,若放任不管导致杀伤其身则凶)引申义有毁坏、伤害等。这些意义的"戕"字读为qiāng。"戕舸"也作"牂舸"。《集韵·阳韵》:"戕,戕舸,橛也。"这种意义的"戕"字读为zāng。"戕"又通"臧",善。配儿钩鑃:"余其戕(臧)于戎攻(工)敔(且)武。"(我善理国家之大事,而且勇武)(徐在国)

戮 lù 来纽、觉部；来纽、屋韵、力竹切。

战国　战国　战国　战国　《说文》小篆　汉　楷书

1-4《战文编》817页。5《说文》266页。6《篆隶表》899页。

形声字。从戈,翏声。战国文字"戮"字或从歺(《说文》训歺为"列骨之残")、翏声,或从死、翏声,并"戮"字异体。秦文字"戮"字从戈、翏声,为《说文》篆文及隶楷所本。"翏"之形体演变,详参"翏"字条。"戮"本义是杀。《说文》:"戮,杀也。"郭店楚墓竹简《尊德义》3:"杀戮,所以除害也。"《书·牧誓》:"尔所不勖,其于尔躬有戮。"(你们若不努力,将于自身招致杀戮)引申义有陈尸示众、侮辱等。(徐在国)

戡 kān 溪纽、侵部；溪纽、覃韵、口念切。

战国　《说文》小篆　楷书

1《战文编》303页"甚"字所从。2《说文》266页。

形声字。从戈,甚声。战国文字"戡"字所从的"甚"与"戈"共用一横画。"甚"之形体演变,参"甚"字条。"戡"本义是刺杀。《说文》:"戡,刺也。"引申为克。《尔雅·释诂上》:"戡,克也。"《书·西伯戡黎》:"西伯既戡黎。"(西伯已经平定黎)郭店简"戡"字读为"甚"。(徐在国)

戭 yǐn 喻纽、真部；以纽、轸韵、余刃切。

《说文》小篆　楷书

1《说文》266页。

形声字。从戈,寅声。"寅"之形体演变,参"寅"字条。"戭"的本义是长枪。《说文》:"戭,长枪也。"清朱彝尊《日下旧闻·形胜》:"介士鸣钲而建铖,虎旅冠鹖而执戭。"(徐在国)

𢦏 zāi 精纽、之部；精纽、咍韵、祖才切。

商　商　商　商　商　西周　西周　西周

西周　西周　战国《说文》小篆　汉　楷书

1-5《甲文编》490页。6、7、8《金文编》826页。9、10《金文编》827页。11《战文编》817页。12《说文》266页。13《篆隶表》899页。

形声字。从戈,才声。商周文字"𢦏"均从戈、才声。所从"才"作屮、中、十、半、木等形。作"十"形者,为汉帛书"𢦏"字所本。《说文》:"𢦏,伤也。"甲骨文"𢦏"读"灾",灾害。《殷契佚存》988:"辛酉贞：王往田,亡

戈部 戍部 我部

㞢(灾)。"(辛酉这一天贞问:王去田猪,没有灾害吧?)㞢叔鬲"㞢叔庆父作叔姬媵鬲"之"㞢",读"戴",国名。《春秋·隐公十年》:"宋人、蔡人、卫人伐戴。""㞢"又读为"哉"。禹鼎:"乌虖哀㞢。"何尊:"敬享㞢。"(徐在国)

戬(戩) jiǎn 精纽、元部;精纽、狝韵、即浅切。

齺—戩—戬
《说文》小篆 楷书 楷书

1《说文》266页。

形声字。从戈,晋声。"晉"之形体演变,参"晉"字条。"晉"简化作"晋","戩"类推简化作"戬"。本义是剪灭。《说文》:"戩,灭也。《诗》曰:'实始戩商。'"今本《诗·鲁颂·閟宫》作"实始翦商"。戩又有福义。《诗·小雅·天保》:"天保定尔,俾尔戩榖。"毛传:"戩,福;榖,禄。"(徐在国)

武 wǔ 明纽、鱼部;微纽、虞韵、文甫切。

[字形演变图：1-9]
商 商 商 西周 西周 西周 西周 春秋 战国

[10-17]
战国 战国 战国 战国 战国 战国 《说文》小篆

武—武[18]
汉 楷书

1、2、3《甲文编》492页。4、5、6、8《金文编》827页。7《金文编》828页。9–13、16《战文编》817页。14、15《战文编》818页。17《说文》266页。18《篆隶表》900页。

会意字。从止表示行进,从戈表示武器,本义是征伐、示威,非《说文》所说"止戈为武"。甲骨文从止、从戈,或加"行"繁化。金文承袭甲骨文,利簋、盂鼎或增"王"(为周武王之专用字),或从戉(斧钺之属),止旁或讹作"屮"。战国文字"武"所从的"止"或讹作"山",所从"戈"旁下部左撇延伸变直或作"丰",遂为汉隶书所本。楷书"武"所从的"弋"当为"戈"讹变。"武"指与军事、战争有关的事。属羌钟:"武文咸刺(烈),永世毋忘。"《书·武成》:"偃武脩文。"(停息战争,从事文教)引申指勇武。王孙钟:"肃哲圣武。"虢季子白盘:"壮武于戎工。"(在军事行动中勇武有为)《诗·郑风·羔裘》:"羔裘豹饰,孔武有力。"(徐在国)

戢 jí 精纽、缉部;庄纽、缉韵、阻立切。

戢[1]—戢[2]—戢
《说文》小篆 汉 楷书

1《说文》266页。2《篆隶表》900页。

形声字。从戈,咠声。"咠"之形体变化,参"咠"字条。本义是聚藏兵器。《说文》:"戢,藏兵也。"《诗·周颂·时迈》:"载戢干戈,载櫜弓矢。"(聚藏干戈、弓矢)引申义有收敛、止息等。(徐在国)

戠 zhī 章纽、职部;章纽、职韵、之翼切。

[字形演变图：1-8]
商 商 商 商 西周 西周 西周 西周

[9-16]
西周 西周 战国 战国 战国 战国 战国 战国

戠[17]—戠
《说文》小篆 楷书

1–4《甲文编》493页。5–10《金文编》828页。11–16《战文编》818页。17《说文》266页。

会意字。甲骨文"戠",从戈、从言,会意不明。所从"言"或省作"▽"(辛),或作"図",加二点为饰。金文承袭甲骨文,或在"言"所从的"口"内加饰点,遂似从"音"。战国楚文字"戠"字所从的"言"旁多有讹变,或上加短横为饰,或赘加"之"声,或"之"、"戈"共用一横画;所从的"口"多讹作"田"。三晋文字"戠"所从的"戈"与"音"分离,为《说文》篆文所本。甲骨文"戠"字有不同的用法。或读"食"。《合集》33698:"庚辰贞:日又(有)戠(食)。"《屯南》726:"壬寅贞:月又(有)戠(食)。"或读"特",甲骨文"戠牛",读为"特牛"。或读"待"。《合集》5069:"王勿出戠(待)。"(王不要马上出去,而先等待一下)铜器铭文"戠"读"识"。何尊"亡戠"读"无识"。或读"织"。免簋"易戠衣"读"赐织衣"。《礼记·玉藻》:"士不衣织。"战国文字"戠"读"职"。《玺汇》0205:"戠岁之玺。""戠岁"读"职岁",官名,见《周礼·天官·职岁》。或读"织"。《玺汇》0213:"戠(织)室之玺。""织室",官名。或读"识"。《包山楚简》26:"正罗寿戠(识)之。""识

之",记录这件事。或读"特"。《包山楚简》200"戬牛",读"特牛"。(徐在国)

戋(戈) cán 从纽、元部;从纽、寒韵、昨干切。
jiān 精纽、元部;精纽、先韵、将先切。

1、2、3《甲文编》493页。4《四版校补》141页。5、6《战文编》818页。7《说文》266页。8《篆隶表》900页。

会意字。甲骨文"戈"从二戈,一正戈,一倒戈,会残杀之义,"残"之初文。战国文字"戈"所从的二戈并列,或中间加一横笔。《说文》篆文"戈"字亦从二戈,只是一戈在上,一戈在下而已。隶作"戋"。魏高贞碑"踐"字作"践"。"戋"后简化作"戈"。本义是残杀。《说文》:"戈,贼也。"甲骨文"戈"读"残",攻伐。《合集》6335:"贞:乎戈工方?"郭店楚简"戈"读"贱"。《缁衣》18:"子曰:大人不亲其所贤,而信其所戈(贱)。"《成之闻之》34:"让而处戈(贱)。"这些意义的"戈"读为 cán。《字汇·戈部》:"戈戈,浅少之意。"《易·贲》:"束帛戈戈。"朱熹注:"戈,浅小之意。"这种意义的"戈"读为 jiān。(徐在国)

戉 部

戉 yuè 匣纽、月部;云纽、月韵、王伐切。

1-4《甲文编》495页。5、6《金文编》830页。7、8《金文编》831页。9《说文》266页。

象形字。甲骨文、商代金文"戉"像圆斧之形,"钺"之初文。西周金文仍保留斧刃作、形。战国文字承袭金文,仍保留斧刃作形,为《说文》篆文所本。楷书遂作"戉"。本义是大斧,兵器名,后作"钺"。虢季子白盘:"锡(赐)用戉(钺),用征蛮方。"《书·牧誓》:"王左杖黄钺。"陆德明释文:"钺音越,本又作戉。"越王者旨於赐矛:"戉王者旨於赐。""戉"读"越",国名。(徐在国)

戚 qī 清纽、觉部;清纽、锡韵、仓历切。

1《甲文编》860页。2《金文编》831页。3、4、5《战文编》823页。6《说文》267页。7、8、9《篆隶表》901页。

象形字。甲骨文"戚"字像斧钺有齿形扉棱之形。战国文字承袭甲骨文,形体略有变化,以戈代替斧钺形。秦文字两侧扉棱相连作")))"形。汉代"戚"字或赘加"人"旁繁化。西周金文"戚"字从戊、未声,为《说文》篆文所本。《说文》:"戚,戉也。从戊,未声。"本义是斧钺,古兵器名。《屯南》2194:"惠兹戈用?惠兹戚用?"(是用这把戈呢?还是用这柄斧呢?)《诗·大雅·公刘》:"弓矢斯张,干戈戚扬。"毛亨传:"戚,斧也。"《广韵·锡韵》:"戚,亲戚。"诅楚文:"幽约亲戚。"郭店楚墓竹简《尊德义》7:"戚父之御马。""戚父"读"造父"。(徐在国)

我 部

我 wǒ 疑纽、歌部;疑纽、哿韵、五可切。

1、2、3《甲文编》496页。4、5《金文编》832页。6—9《金文编》833页。10—13《战文编》823页。14、15、16《战文编》824页。17、18《说文》267页。19《篆隶表》902页。20《篆隶表》901页。

形声字。从羊，我声。"义"从羊，与"美"、"善"等从羊同意。甲骨文"义"所从的"羊"和"我"共用一竖画。金文承袭甲骨文，但"羊""我"二旁已开始分离。战国文字"义"所从的"羊"常省作"䒑"或"丷"，所从的"我"或讹作㐅，或作弋、𢁬，与"弗"字形近。马王堆汉墓帛书"义"或从羊、从弗，"弗"乃"我"之讹变，遂为《说文》"义"字或体"羛"所本。"义"是"義"的简化字，最早出现在元抄本《京本通俗小说》上。"义"的本义是威仪。《说文》："义，己之威仪也。"后作"仪"。王子午鼎："淑于威义。"郭店楚墓竹简《缁衣》30："敬尔威义。""威义"读为"威仪"，与《诗·大雅·民劳》"敬慎威仪"同，指容止礼节。"义"又指品德的根本，伦理的原则。郭店楚墓竹简《老子丙》3："故大道废，安有仁义。"《孟子·公孙丑上》："其为气也，配义与道。"赵岐注："义谓仁义，可以立德之本也。"通"宜"。儠匜："我义(宜)鞭女(汝)千。"《释名·释言语》："义，宜也。裁制事物使合宜也。"（徐在国）

象形字。甲骨文"我"像刃部有齿的一种特殊的斧钺形武器。文献作"锜"。《诗·豳风·破斧》："既破我斧，又缺我锜。"西周金文承袭甲骨文，形体略有变化。春秋金文"我"字或作𢀒、𢦧，刃部齿形笔画横穿。战国文字中燕文字或作𢦏，楚文字或作𢦖。《说文》篆文所从的"𢆉"乃刃部齿形之变。后隶作"我"。《说文》对"我"字形体的说解不可信。"我"在出土文字及古文献中常假借作第一人称代词，久借不归，其本形本义反而不显。《合集》116："丙戌卜，王我其逐鹿获？""我"是第一人称代词，为商王之自称。散盘："我既付散氏田器。"書也缶："以祭我皇祖。"郭店楚墓竹简《唐虞之道》9"我而未仁也"之"我"，读"义"。（徐在国）

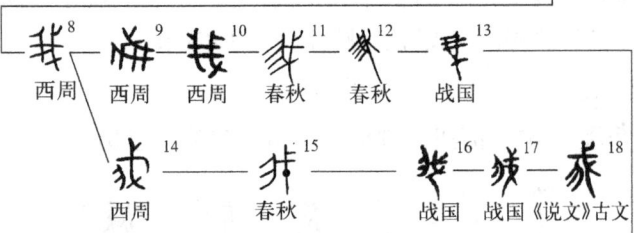

義(义) yì 疑纽、歌部；疑纽、寘韵、宜寄切。

亅部

亅 jué 群纽、月部；群纽、月韵、其月切。

1《合集》17581。2《说文》267页。

象形字。《说文》："亅，钩逆者谓之亅。象形。读若橜。""亅"当由甲骨刻辞"亅"形演变而来。甲骨文"亅"读为"奇"。《合集》17581："古示十屯(纯)又一亅(奇)。""屯"读为"纯"，二算为纯。"亅"读为"奇"，一算为奇。纯、奇均是量词。（徐在国）

乚 jué 见纽、月部；见纽、月韵、居月切。

1《合集》17525。2《说文》267页。

象形字。《说文》："乚，钩识也。从反亅。"甲骨文作

"("、"𠃊"，《说文》篆文"乚"即由二形演变。"丿"、"乚"乃一字之分化。"乚"乃是截取"戉"字象征钺刃的部分而成。甲骨文"乚"亦读为"奇"。《合集》17663："示五屯(纯)又一乚(奇)。"曾侯戉戈"曾侯乚之寝戈"之"乚"，读"戉"，人名。（徐在国）

琴 部

琴 qín　群纽、侵部；群纽、侵韵、巨金切。

战国　《说文》古文　《说文》小篆　汉　楷书

1《战文编》824页。2、3《说文》267页。4《篆隶表》902页。

形声字。从珡，金声。战国文字"琴"从珡、金声，与《说文》"琴"字古文从"金"声同。《说文》认为是象形字，不确。《说文》篆文作"琴"，隶变作"琴"。本义是乐器名，为拨弦乐器，又称"七弦琴"，俗称"古琴"。曾侯乙墓E61号漆箱文字有"琴瑟"。郭店楚墓竹简《性自命出》24："听琴瑟之声。"《诗·小雅·鹿鸣》："我有嘉宾，鼓瑟鼓琴。"（徐在国）

瑟 sè　心纽、质部；生纽、栉韵、所栉切。

战国　战国　战国　《说文》古文

战国　战国《说文》小篆　汉　楷书

1-6《战文编》824页。7、8《说文》267页。9《篆隶表》902页。

形声字。《说文》："瑟，庖牺所作弦乐也。从珡，必声。"战国文字"瑟"字作夯、夯、夯、兀兀等形，或加注"必"声。"兀兀"构形待考。《说文》"瑟"字古文作𣏙，篆文作𤫊，所从的"𤰔""王王"并源于"兀兀""夯"等形。"瑟"本义是乐器名，为拨弦乐器。信阳楚墓2.023："二漆瑟。"《包山楚简》260："一瑟。"郭店楚墓竹简《性自命出》24："听琴瑟之声。"《诗·小雅·鹿鸣》："我有嘉宾，鼓瑟吹笙。"（徐在国）

琵 pí　並纽、脂部；並纽、脂韵、房脂切。

琵　《说文》新附　楷书

1《说文》267页。

形声字。《说文》："琵，琵琶，乐器。从珡，比声。""珡"之形体演变，参"瑟"字条。"琵"本义是琵琶，拨弦乐器。《宋书·乐志一》："琵琶，傅玄《琵琶赋》曰：'汉遣乌孙公主嫁昆弥，念其行道思慕，故使工人裁筝、筑，为马上之乐，欲从方俗语，故名曰琵琶。'"（徐在国）

琶 pá　並纽、鱼部；並纽、麻韵、蒲巴切。

琶　《说文》新附　楷书

1《说文》267页。

形声字。《说文》："琶，琵琶也。从珡，巴声。"本义是琵琶，拨弦乐器。唐白居易《琵琶行》："千呼万唤始出来，犹抱琵琶半遮面。"（徐在国）

乚 部

乚 yǐn　影纽、文部；影纽、隐韵、於谨切。

乚　《说文》小篆　楷书

1《说文》267页。

象形字。《说文》："乚，匿也。象迟曲隐蔽形。读若隐。"王筠释例："以隐说之，读又如之，是一字也。阜部隐，蔽也。有所藏匿，必隐蔽之，隐蔽必在幽深之处，故曰迟曲，谓字形屈曲也。"《玉篇·乚部》："乚，今作隐。"（徐在国）

直(直) zhí　定纽、职部；澄纽、职韵、除力切。

商　商　西周　战国　战国　战国　战国　战国

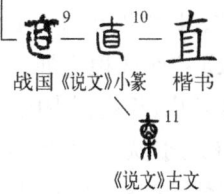

战国《说文》小篆　楷书

《说文》古文

1、2《甲文编》497页。3《金文编》833页。4-7、9《战文编》824页。8《战文编》825页。10、11《说文》267页。

会意字。甲骨文"直"字从目、从丨，会以目测量材料、使之不弯曲之意。金文"直"字竖画中间或加点，左侧或加"乚"。战国文字承袭金文，竖画上的圆点或变为一短横。为《说文》篆文所本。汉简、汉隶或作直、𥄂，为"直"字所本。本义是不弯曲。《左传·襄公七年》："正曲为直。"战国鸟书箴铭带钩："宜曲则曲，宜直则直。"引申义有正直、伸直等。又通"德"。郭店楚墓竹简《唐虞之道》20："上直（德）受（授）贤之胃（谓）也。"（徐在国）

亡 部

亡 wáng 明纽、阳部；微纽、阳韵、武方切。

《说文》小篆 汉 楷书

1、2、3《甲文编》497页。4、5《甲文编》498页。6-10《金文编》834页。11《金文编》835页。12-17《战文编》825页。18《说文》267页。19《篆隶表》903页。

指事字。甲骨文"亡"字从刀，刀刃施短竖表示刀刃锋芒。"芒"之初文。西周金文"亡"字指事符号演变为弧笔，遂与"入"形近。《说文》误认为"从入、从乚"。战国文字"亡"字或趁隙加饰笔，或在竖画上加饰点，或赘加义符"辵"。隶书"亡"字作𠃑。"亠"变作"亠"，"乚"作"乚"，遂成楷书"亡"。本义是锋芒，假借为逃亡，其本义反而不显。《说文》："亡，逃也。"《国语·晋语八》："而离桓之罪，以亡于楚。"引申为灭亡。《广韵·阳韵》："亡，灭也。"中山王方壶："故邦亡身死。"（所以国灭身死）通"无"。《合集》1121正："勿焚姜，亡其雨。"（如果不焚烧姜这个女性，就不会有雨吗？）士父钟："降余鲁多福亡疆。"（降给我的福很多没有止境）郭店楚墓竹简《老子甲》1："盗贼亡有。"（没有盗贼）通"忘"。叔家父簠："哲德不亡（忘）。"（徐在国）

乍 zhà 从纽、鱼部；从纽、祃韵、锄驾切。

1-5《甲文编》498页。6、7、8《金文编》838页。9《金文编》836页。10-14《金文编》837页。15-20《战文编》825页。21、22《战文编》826页。23《说文》267页。

会意字。甲骨文"乍"字从𣎳、从乚，"𣎳"乃耒字，"乚"是以耒起土时随庛（cí 犁头木）而起的土块，会以耒起土之意。西周金文"乍"字所从的"乚"或讹作"卜"，或讹作"十"。战国文字"乍"字或赘加"又"旁繁化；个别形体又与"止"、"亡"等字形近。《说文》遂误认为"乍"字从亡、从一。本义是耕作、农作，此义后作"作"。《书·尧典》："寅宾出日，平秩东作。"孔安国注："东作之事，以务农世。"古文字中"乍"字多用为"作"。《殷契粹编》597："王乍（作）三𠂤（师）又（右）中左。"（王建立右、中、左三师）金文"乍"（作）字义多为制造、制作。过伯簋："过伯从王伐反荆，俘金，用乍（作）宗室宝尊彝。"又有担任义。盠簋："令女（汝）乍（作）司土。"《书·尧典》："汝作司徒。"（徐在国）

望 wàng 明纽、阳部；微纽、漾韵、巫放切。

1-4《甲文编》354页。5-8《金文编》581页。9、10《金文编》839页。11、12《战文编》826页。13、14《郭店》174页。15《说文》267页。16《篆隶表》903页。

甲骨文"望"字有二种形体，一种形体像人举目之形，一种形体像人站在土堆上远望之形。金文承袭甲骨文，或加"月"，像人伫立望月之形。所从的"目"或讹变为"耳"，或变形音化为"亡"声。战国文字承袭金文，或赘加"视"字繁化；或省"月"，从人、亡声，所从"人"旁竖笔上加短横作为饰笔，与"壬"同。《说文》遂误认为从"壬"，又将"望"字分化为二字：望、朢，说形、解义均误。今"望"行而"朢"废矣。本义是向高处、远处看。《玉篇·亡部》："望，远视也。"《诗·卫风·河广》："谁谓宋远，跂予望之。"（谁说宋国遥远，我踮起脚尖就看得见）金文"望"多为月相名。师虎簋："佳（唯）元年六月既望甲戌。"《释名·释天》："望，月满之名也。月大十六，小十五日，日在东，月在西，遥相望也。"通"忘"。昙妃簋："孙孙子子毋敢望（忘）白（伯）休。"（徐在国）

無（无） wú 明纽、鱼部；微纽、虞韵、武夫切。

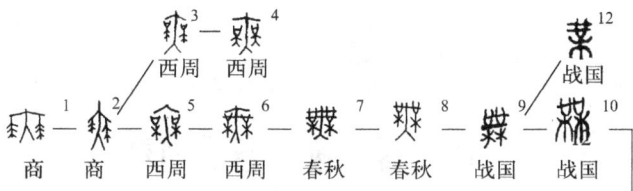

1、2《甲文编》255页。3、4《金文编》405页。5、6《金文编》406页。7、8《金文编》407页。9、10、11《战文编》382页。12《战文编》383页。13、14《说文》267页。15-18《篆隶表》904页。

象形字。甲骨文"無"字像人执舞具而舞蹈之形。"舞"之初文。西周金文"無"字或在舞具上加"叩"，其义不明。"叩"相连或作"艸"形，舞具或讹作"林"。战国文字"無"字或讹作燚、橆等形，或省作橆。《说文》认为"無"字从"亡"声，乃后出之字。《说文》"无"字奇字作旡，乃源于秦简、汉帛书中的"无"字。今以"无"为"無"之简化字。本义是舞蹈。《掇二》5："庸無。"（一边奏大钟一边跳舞）《合集》16011："惠豕无（舞）。"（用猪举行舞祭）后常被借作有无之无。伊簋："伊其万年無疆。"（伊将长寿万年没有止境）子璋钟："其眉寿無基（期）。"（年寿绵绵没有期限）郭店楚墓竹简《老子甲》32："我無为而民自化。"（我没有作为而百姓自己得到教化）通"许"。许伯彪戈："无（许）白（伯）彪之用戈。"（徐在国）

匄（丐） gài 见纽、月部；见纽、泰韵、古太切。

1、2、3《甲文编》499页。4、5《甲文编》500页。6-10《金文编》840页。11、12《战文编》826页。13《说文》267页。14《篆隶表》904页。

会意字。甲骨文"匄"字从刀、从亡，会意不明。金文承袭甲骨文，个别形体已有讹变，如殳季良父壶"匄"字作屵。另有部分形体所从"刀"与"亡"相连，为秦文字所本。因为"刀"与"人"在古文字中形近易混，所以《说文》误认为"匄"从"人"。"匄"即《说文》篆文之隶定。隶书作匃，俗讹作"丐"。《玉篇·勹部》："丐，同匄。""丐"为"匄"之异体。本义是乞求。《说文》："匄，气（乞）也。"《广雅·释诂三》："丐，求也。"《南明》79："王其正（征），告于祖乙，丐又（佑）。"（王要征伐，告祭于祖乙，乞求福佑）师奎父鼎："用丐眉寿。"（用来祈求长寿）师遽方彝："用丐万年无疆。"不其簋："用丐多福。"《左传·昭公六年》："禁刍牧采樵，不入田，不樵树，不采艺，不抽屋，不强丐。"陆德明释文："丐，乞也。"（徐在国）

匚 部

匚 xī 匣纽、支部；匣纽、荠韵、胡礼切。

匚¹ — 匚
《说文》小篆　楷书

1《说文》267页。

象形字。像藏物之器。《说文》："匚，衺徯，有所侠藏也。从乚，上有一覆之。读与傒同。"本义是掩藏。清徐灏《说文解字注笺》："徯有待义，亦有止义。有所侠藏，言其中可以藏物也。衺犹曲也，盖如曲垣之类，以待藏物而上覆蔽之。"（徐在国）

區（区） qū 溪纽、侯部；溪纽、虞韵、岂俱切。
ōu 影纽、侯部；影纽、侯韵、乌侯切。

區¹ — 區² — 區³ — 區⁴ — 區⁵ — 區⁶ — 區⁷ — 區⁸
商　战国　战国　战国　战国　战国　战国　战国

區⁹ — 區¹⁰ — 區 — 区
《说文》小篆　汉　楷书　楷书

1《甲文编》682页。2-8《战文编》826页。9《说文》267页。10《篆隶表》904页。

会意字。甲骨文"區"字从品、从乚，会众物藏于曲形器之意。战国文字中齐文字"區"从匚、从品或从叩，"品"、"叩"与"匚"共用笔画，不在"匚"内。楚文字"區"从匚、从品，"品"在"匚"内，为《说文》篆文所本，隶作"區"。《广碑别字》696页"躯"字或作"𫝣"（齐太宁二年乐陵县人李道梁造像）。所从"區"已简化作"区"。今以"区"为"區"之简化字。本义是藏隐。《说文》："區，踦區，藏匿也。"《荀子·大略》："言之信者在乎区盖之间。"杨倞注："区，藏物处。"引申指地区。《玉篇·匸部》："区，域也。"《包山楚简》3："鄝路区汤邑。"这些意义的"区"字读为 qū。《集韵·侯韵》："区，量名。四豆为区。"《古陶文汇编》3·27："昌桥陈固南左里轨毫区。"《左传·昭公三年》："齐旧四量，豆、区、釜、钟。"杜预注："四豆为区。区，斗六升。"这种意义的"区"字读为 ōu。（徐在国）

匿 nì 泥纽、职部；泥纽、职韵、女力切。

匿¹ — 匿² — 匿³ — 匿⁴ — 匿⁵ — 匿⁶ — 匿⁷
商　西周　战国　战国　秦《说文》小篆　汉　楷书

1、2《金文编》841页。3、4、5《战文编》827页。6《说文》267页。7《篆隶表》904页。

形声字。从匚，若声。商代金文"匿"字从匚、若声，"若"像跪坐之人双手梳理头发之形，其形体演变，详参"若"字条。秦简"匿"字作匿，为《说文》篆文所本。"匿"字本义是隐藏。《广雅·释诂四》："匿，藏也。"郭店楚墓竹简《缁衣》34："言从行之，则行不可匿。"《书·盘庚上》："王播告之修，不匿厥指。"（王发布政令，旧臣不隐藏王的旨意）通"慝"，邪恶、邪念。大盂鼎："闢厥匿（慝），匍有四方，畯正厥民。"（排除那些奸恶，广有天下，长久地治理百姓）（徐在国）

㐜 lòu 来纽、侯部；来纽、侯韵、卢候切。

㐜¹ — 㐜² — 㐜
秦　《说文》小篆　楷书

1《战文编》827页。2《说文》267页。

形声字。《说文》："㐜，侧逃也。从匚，丙声。一曰：箕属。"秦简"㐜"从匚、从丙，为《说文》篆文所本。通"陋"。清桂馥《说文解字义证》："侧逃也者，通作'陋'。《释言》：'陋，隐也。'"睡虎地秦墓竹简《日书甲》16反："囷居宇西南㐜，吉。"（谷仓位居屋宇的西南角，吉利）"㐜"读为"陋"，在简文中指宅院的角落。（徐在国）

匽 yǎn 影纽、元部；影纽、阮韵、於幰切。

匽¹ — 匽² — 匽³ — 匽⁴ — 匽⁵ — 匽⁶ — 匽⁷ — 匽⁸
西周　西周　西周　西周　西周　西周　春秋　春秋

匽⁹ — 匽¹⁰ — 匽¹¹ — 匽¹² — 匽¹³ — 匽¹⁴ — 匽
春秋　战国　战国　秦《说文》小篆　汉　楷书

1-7、10《金文编》841页。8、9《金文编》842页。11、12《战文编》827页。13《说文》267页。14《篆隶表》905页。

形声字。从匚，晏声。西周金文"匽"字或从乚、晏声，或从匚、晏声，或在匚上加小横饰笔。春秋金文、战国文字并从匚、妟声,为《说文》篆文所本。"妟"之形体演变,参"妟"字条。本义是隐藏。《说文》:"匽,匿也。"通"燕",古国名,周武王封召公于北燕。燕侯旨鼎:"匽(燕)侯旨初见事于宗周。"(燕侯旨首次在宗周勤劳王事)通"宴",宴饮。子璋钟:"用匽(宴)以喜。"杕氏壶:"吾以匽(宴)饮。"
(徐在国)

医 yī 影纽、脂部;影纽、霁韵、於计切。

医¹—医²—医
战国　《说文》小篆　楷书

1《战文编》191页殹字偏旁。2《说文》267页。

会意字。从矢在匚中。本义是盛弓弩矢的器具。《说文》:"医,盛弓弩矢器也。从匚、从矢。《国语》曰:'兵不解医。'"段玉裁注:"今《国语》作'翳',叚借字。韦曰:'翳,所以蔽兵也。'"(徐在国)

匹 pǐ 滂纽、质部;滂纽、质韵、譬吉切。

匹¹—匹²—匹³—匹⁴—匹⁵—匹⁶—匹⁷—匹⁹
西周　西周　西周　西周　西周　战国　战国　　秦
匹⁸
战国

匹¹⁰—匹¹¹—匹
《说文》小篆　汉　　楷书

1—6《金文编》842页。7、8《楚系简帛》882页。9《战文编》827页。10《说文》267页。11《篆隶表》905页。

形声字。西周金文"匹"字从石、乙声。"石"内或加点为饰,"石"上或加横为饰。"乙"或讹作"卜",或繁化作"川"。战国文字"匹"赘加义符"马",乃马匹之"匹"的专字。秦简"匹"字作匹,为《说文》篆文所本。《说文》认为"从八、匚",误。"匹"乃《说文》篆文之隶定。"匹"指布帛四丈为一匹。《说文》:"匹,四丈也。"《汉书·食货志下》:"布帛广二尺二寸为幅,长四丈为匹。"又指计算马的单位。兮甲盘:"王赐兮甲马四匹。"舀鼎:"匹马束丝。"《曾侯乙墓》187:"三匹骃。"引申有匹配、辅助义。单伯钟:"遶(嗣)匹先王。"(辅佐先王)《诗·大雅·文王有声》:"作丰伊匹。"毛传:"匹,配也。"(徐在国)

匚 部

匚 fāng 帮纽、阳部;非纽、阳韵、府良切。

匚¹—匚²—匚³—匚⁴—匚⁵—匚⁶—匚⁷—匚⁸
商　商　商　商　商　商《说文》籀文《说文》小篆　楷书

1—4《甲文编》500页。5、6《金文编》843页。7、8《说文》268页。

象形字。甲骨文"匚"字作匚,像方形侧面器之形。或简化作匚,为《说文》篆文所本。金文承袭甲骨文,或作匚、匚,为《说文》籀文所本。《说文》:"匚,受物之器。象形。读若方。"本义是方形的受物器。甲骨文"匚"字或读为"祊",祭名。《合集》1971:"丙寅卜贞:酌匚于丁三十小牢。"(丙寅占卜并贞问:用三十小牢酌祊祭于丁)或读为"报"。《殷契粹编》118:"祝三匚(报)惠羊。"(用羊祝祭报乙、报丙、报丁)
(徐在国)

匠 jiàng 从纽、阳部;从纽、漾韵、疾亮切。

匠¹—匠²—匠³—匠⁴—匠⁵
战国　战国　战国《说文》小篆　汉　　楷书

1、2、3《战文编》827页。4《说文》268页。5《篆隶表》905页。

会意字。《说文》:"匠,木工也。从匚、从斤。斤,所以作器也。"战国文字"匠"字从匚、从斤,或从匚、从斤。后者为《说文》篆文所本。"匠"本义是木工。《孟子·尽心上》:"大匠不为拙工改废绳墨。"(高明的木匠不因为拙劣工人改变或者废弃规矩)引申指有专门技术的工人。《广韵·漾韵》:"匠,工匠。"《古陶文汇编》5·321:"大匠。"指的是陶匠。引申义还有制造、教、巧妙地构思等。
(徐在国)

匧(篋) qiè 溪纽、葉部;溪纽、帖韵、苦协切。

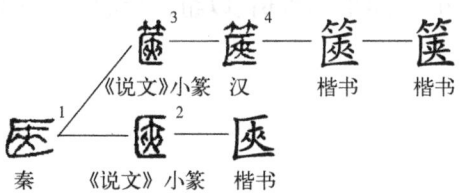

1《睡甲》190页。2、3《说文》268页。4《篆

隶表》905页。

形声字。从匚，夹声。秦简"医"字从匚、夹声，为《说文》篆文所本。《说文》或体赘加义符"竹"作"箧"。"夾"字简化作"夹"。"篋"字类推简化作"箧"。今"箧"行而"医"废。《广韵·帖韵》："箧，箱箧。"《左传·哀公十一年》："公使太史固归国子之元，寘之新篋，襲之以玄纁，加组带焉。"（鲁哀公派太史固送回国书的脑袋，放在新箱子里，下垫黑色和红色的丝绸，加上绸带）秦简"医"，指他国官吏。睡虎地秦墓竹简《法律答问》204："'医面'者，借秦人使，它邦耐吏、行旞与偕者，命客吏曰'医'，行旞曰'面'。"（"医面"是，假使秦人出使，有他国能干的官吏和队伍陪行，称他国官吏为"医"，队伍为"面"）（徐在国）

匡 kuāng 溪纽、阳部；溪纽、阳韵、去王切。

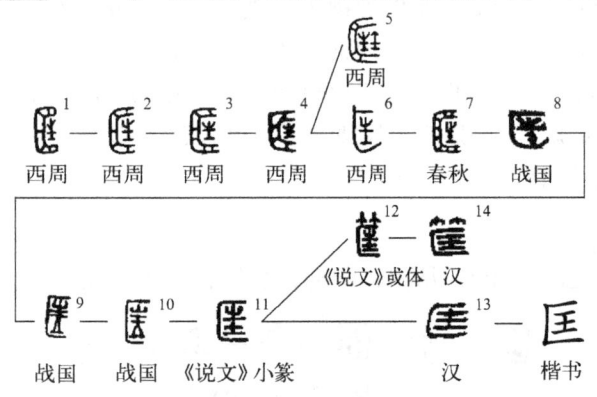

1—7《金文编》843页。8、9、10《战文编》828页。11、12《说文》268页。13《篆隶表》905页。14《篆隶表》906页。

形声字。从匚，生声。西周金文"匡"字或从黄声，或加注"金"繁化。战国文字"匡"所从的"生"或与"匚"共用一横画。《说文》篆文承袭两周文字，从匚、生声。隶变作"匡"。《说文》"匡"字或体从竹、匡声，作"筐"。今匡、筐二字并行。本义是古代盛饭用具。《说文》："匡，饮器也，筥也。"史免匡："史免乍（作）旅匡。"叔家父匡："叔家父（作）中（仲）姬匡。"引申指正。《诗·小雅·六月》："王于出征，以匡王国。"郑玄笺："匡，正也。"（徐在国）

匜 yí 喻纽、歌部；以纽、纸韵、移尔切。

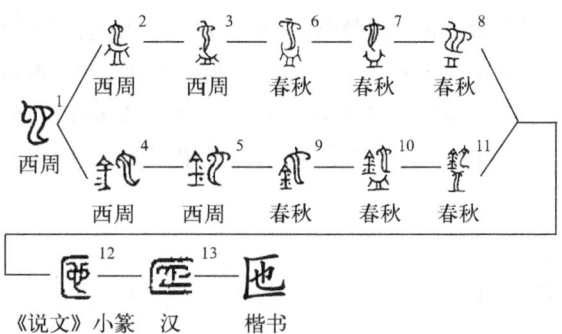

1、2、3《金文编》843页。4—11《金文编》844页。12《说文》268页。13《篆隶表》906页。

象形字。金文"匜"字作，像匜之形，为"匜"之初文。或加注"皿"，或加注"金"，或加注"皿"、"金"以繁化。《说文》篆文始加"匚"，遂分析为从匚、也声。本义是古代盛水、酒的器具。《说文》："匜，似羹魁，柄中有道，可以注水。"中友父匜："中友父作匜。"蔡侯申匜："蔡侯申之盥匜。"《左传·僖公二十三年》："奉匜沃盥。"孔颖达疏："匜者，盛水器也。"《礼记·内则》："敦、牟、卮、匜，非馂莫敢用。"郑玄注："卮、匜，酒浆器。"（徐在国）

匪 fěi 帮纽、微部；非纽、尾韵、府尾切。

1《战文编》289页"筐"字偏旁。2《说文》268页。3《篆隶表》906页。

形声字。从匚，非声。战国文字"筐"字所从的"匪"作，为《说文》篆文所本。本义是筐类竹器名。《说文》："匪，器，似竹筐。《逸周书》曰：'实玄黄于匪。'"《周礼·春官·肆师》："大朝觐，佐傧，共设匪罋之礼。"又有非义。《广雅·释诂四》："匪，非也。"《诗·大雅·烝民》："夙夜匪解，以事一人。"（早晚不要懈怠，以奉侍宣王一人）引申指行为不正者。（徐在国）

匫 hū 晓纽、物部；晓纽、没韵、呼骨切。

1、2、3《战文编》828页。4《说文》268页。

形声字。从匚，曶声。战国随县衣箱"匫"字从匚、曶声。"曶"乃从爪、从曰。其形体演变，参"曶"字条。本义

是古器名。《说文》:"匲,古器也。"随县衣箱"后匲"之"匲",器名,指衣箱。(徐在国)

匱(匮) kuì 群纽、物部;群纽、至韵、求位切。

1《战文编》828页。2《说文》268页。3《篆隶表》906页。

形声字。从匚,貴声。始见于战国文字。"貴"之形体演变,参"貴"字条。"贵"简化作"贵"。"匱"字类推简化作"匮"。本义是匣,收藏东西的器具。《说文》:"匱,匣也。"《包山楚简》13"间御之典匱"之"典匱",是盛典策的匣。《书·金縢》:"(周)公归,乃纳册于金縢之匱中。"又缺乏、尽、竭义。《广韵·至韵》:"匱,竭也,乏也。"《诗·大雅·既醉》:"孝子不匱,永锡尔类。"(徐在国)

匣 xiá 匣纽、葉部;匣纽、狎韵、胡甲切。

1《战文编》292页。2《说文》268页。

形声字。从匚,甲声。战国文字"匣"字从竹、甲声,乃匣字异体。"甲"之形体演变,参"甲"字条。"匣"本义是收藏东西的器具。《说文》:"匣,匱也。"仰天湖楚简12:"皆藏于一笚(匣)之中。"《史记·刺客列传》:"荆轲奉樊於期头函,而秦舞阳奉地图匣,以次进。"(徐在国)

柩 jiù 群纽、之部;群纽、宥韵、巨救切。

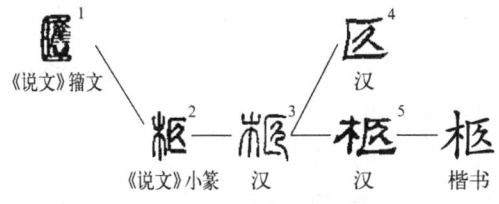

1、2《说文》268页。3、4、5《篆隶表》906页。

形声字。从木,从匚,久声。《说文》籀文从匚,旧声,为"柩"字异体。《汗简》以"匶"为"柩"字异体。《玉篇·匚部》:"匶,亦作柩。"汉简"柩"字即作"匶"。"柩"本义是装尸体的棺材。《说文》:"柩,棺也。"《左传·僖公三十二年》:"晋文公卒,庚辰,将殡于曲沃。出绛,柩有声如牛。"(徐在国)

匰(匰) dān 端纽、元部;端纽、寒韵、都寒切。

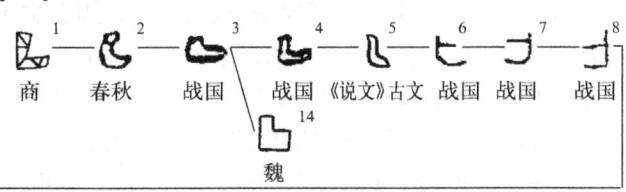

1《说文》268页。2《篆隶表》907页。

形声字。从匚,單声。"單"之形体演变,参"單"字条。本义是古代宗庙安放神主的器具。《说文》:"匰,宗庙盛主器也。"《周礼·春官·司巫》:"祭祀则共匰主。"郑玄引杜子春曰:"匰,器名。主,谓木主也。"(徐在国)

曲部

曲 qū 溪纽、屋部;溪纽、烛韵、丘玉切。

1、2《金文编》847页。3、4、6—10《战文编》830页。5、11《说文》268页。12、13、14《篆隶表》907页。

象形字。像曲尺之形。商代文字作𠃊,春秋金文承袭之,作𠃊;战国文字作𠃌,曲尺内的笔画均没有了,或简化作匚、匚形。秦文字曲尺口向上,遂为《说文》篆文所本。后隶作"曲",与楷书同。"曲"本义是弯曲,与"直"相对。战国鸟书箴铭带钩:"宜曲则曲,宜直则直。"《玺汇》4763:"正行亡(无)曲。"《论语·述而》:"饭疏食,饮水,曲肱而枕之,乐亦在其中矣。"引申义有邪曲、局部、歌曲等。(徐在国)

曶 qū 溪纽、屋部;溪纽、烛韵、区玉切。

1《战文编》830页。2《说文》268页。3、4《篆隶表》907页。

形声字。从曲，玉声。始见于秦印，为《说文》篆文所本。本义是敧曲。《说文》：" 曡，敧曲也。"秦印"曡阳左尉"之"曡阳"，读"曲阳"，地名。（徐在国）

甾 部

甾 zī　精纽、之部；庄纽、之韵、侧持切。

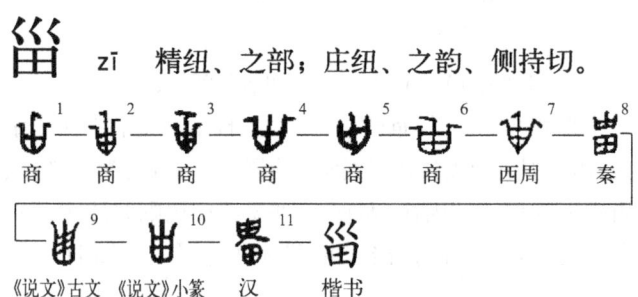

1—5《甲文编》501页。6、7《金文编》847页。8《古文典》93页。9、10《说文》268页。11《篆隶表》907页。

象形字。商代文字"甾"像缶形器之形。西周金文承袭商代文字。秦文字"甾"字作𠚍，所从的"田"乃由"𠚍"形下部讹变；所从的"巛"乃由"𠚍"形上部讹变。楷书"甾"字所从的"巛"乃源于"𠚍"形的上部。《说文》篆文、古文乃由"𠚍"形讹变。《说文》："甾，东楚名缶曰甾。象形。""甾"本义是古代盛酒浆的一种器皿。子陵鼎："子陵□之孙□行甾。"秦货币"两甾"，读"两锱"。《说文》："锱，六铢也。"（徐在国）

畚（䈅）běn　帮纽、文部；帮纽、混韵、布忖切。

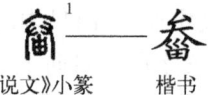

《说文》小篆　楷书

1《说文》268页。

形声字。从甾，弁声。"弁"之形体演变，参"弁"字条。《广韵·混韵》："畚，同䈅。""䈅"为"畚"字异体。今"畚"行而"䈅"废矣。《说文》："畚，䉛属，蒲器，所以盛种。"本义是用草绳或竹篾编织的盛物器具。《周礼·夏官·挈壶氏》："挈辔以令舍，挈畚以令粮。"郑玄注："畚，所以盛粮之器。"（徐在国）

盧 lú　来纽、鱼部；来纽、模韵、落胡切。

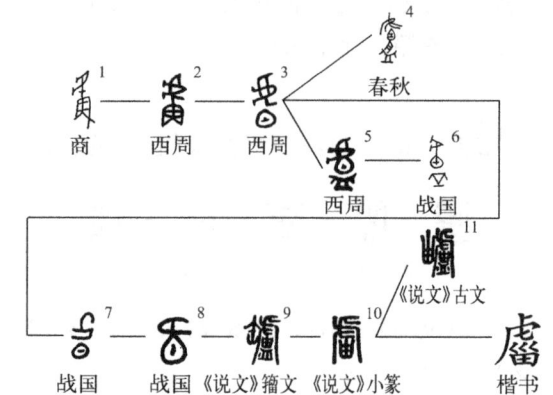

1《甲文编》227页。2、3《金文编》848页。4、5《金文编》340页。6《战文编》317页。7、8《古文典》449页。9、10、11《说文》268页。

形声字。从甾，虍声。甲骨文"盧"字从炉之初文（象形）、虍声。西周金文承袭甲骨文，所从"炉"或省变作 △、◇，或加注"皿"繁化。春秋金文"盧"字从皿、膚声。战国文字"盧"承袭西周金文，所从炉或作 △、◇ 等形。《说文》篆文讹作"甾"。《说文》古文"盧"从缶、卢声，《说文》篆文或体从甾、卢声，并"盧"之繁体。《说文》："盧，饭器也。读若卢同。"本义是器皿。通"旅"，祭名。《殷契粹编》："盧（旅）彡自上甲。"（从上甲开始举行旅祭、彡祭、毛祭）通"庐"。趞曹鼎："王射于射盧（庐）。""射盧"为习射之所。通"炉"。王子婴次炉："王子婴次之炒盧（炉）。"《说文》："炉，方炉也。"（徐在国）

瓦 部

瓦 wǎ　疑纽、歌部；疑纽、马韵、五寡切。
　　 wà　疑纽、歌部；疑纽、祃韵、五化切。

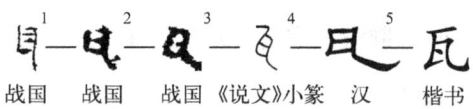

1、2、3《战文编》830页。4《说文》268页。5《篆隶表》908页。

象形字。像两瓦咬合之形。始见于战国文字。秦陶文"瓦"字作 𠃍，为《说文》篆文所本。本义是瓦器。《说文》："瓦，土器已烧之总名。"《古陶文汇编》5·384："以为瓦书。"《古陶文汇编》5·304："左司涓瓦。"《荀子·性恶》："夫陶人埏埴而生瓦。"这些意义的"瓦"字读为 wǎ。又作动词，铺瓦。《急就篇》："榱椽欂栌瓦屋梁。"颜师古注："瓦屋，以瓦覆屋也。"这种意义的"瓦"字读为 wà。（徐在国）

甄 zhēn 章纽、文部；章纽、真韵、职邻切。

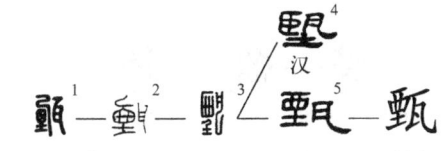

《说文》小篆　汉　汉　汉　楷书

1《说文》268页。2、5《篆隶表》908页。3、4《篆隶表》909页。

形声字。从瓦，垔声。"垔"之形体演变，参"垔"字条。本义是制作陶器。《说文》："甄，匋边。"汉桓宽《盐铁论·力耕》："使治家养生必于农，则舜不甄陶而伊尹不为庖。"（假使养家糊口一定靠务农，那么舜不用制作陶器，伊尹也不用做厨子）引申义有化育、识别、选拔、昭显等。（徐在国）

甑 zèng 精纽、蒸部；精纽、证韵、子孕切。

《说文》籀文　《说文》小篆　汉　楷书

1、2《说文》269页。3《篆隶表》909页。

形声字。从瓦，曾声。《说文》"甑"字籀文从鬲（鬲字古文），曾声。《说文》："甑，甗也。"本义是蒸食炊器。《孟子·滕文公上》："许子以釜甑爨，以铁耕乎？"（许子用锅甑做饭、用铁器耕田吗？）（徐在国）

甗 yǎn 疑纽、元部；疑纽、狝韵、鱼蹇切。

商　西周　西周　战国　战国　战国　《说文》小篆　汉　楷书

1、3《金文编》173页。2《金文编》848页。4、5、6《战文编》667页。7《说文》269页。8《篆隶表》909页。

象形字。商代金文"甗"字像炊器之形，上部是透底的甑，下部是鬲。西周金文已加注"虍"声。战国文字"甗"字从贝（鼎之讹体）、虍声。《说文》篆文赘加"瓦"，变为从瓦、鬳声之字。鬳、甗本是一字，《说文》分列二处。《说文》："甗，甑也。"本义是青铜或陶制炊器。王孙寿甗："自乍（作）飤甗。"《左传·成公二年》："齐侯使宾媚人赂以纪甗、玉磬与地。"（徐在国）

甓 dàng 端纽、阳部；端纽、宕韵、丁浪切。

《说文》小篆　楷书

1《说文》269页。

形声字。从瓦，尚声。本义是大盆。《说文》："甓，大盆也。"《急就篇》："甑甓甗瓯瓨罂卢。"颜师古注："甓，大盆也。"（徐在国）

瓯（瓯）ōu 影纽、侯部；影纽、侯韵、乌侯切。
ǒu 影纽、侯部；影纽、厚韵、於口切。

《说文》小篆　楷书　楷书

1《说文》269页。

形声字。从瓦，区声。"区"之形体演变，参"区"字条。"區"简化作"区"，"甌"类推简化作"瓯"。《说文》："瓯，小盆也。"本义是盆、盂一类的瓦器。《方言》卷五："甂，陈、魏、宋、楚之间谓之题，自关而西谓之甂，其大者谓之瓯。"《淮南子·说林》："狗彘不择甂瓯而食，偷肥其体，而顾近其死。"这些意义的"瓯"字读为ōu。《集韵·厚韵》："瓯，西瓯，骆越别种。""瓯"为古部族名。《史记·赵世家》："夫剪发文身，错臂左衽，瓯越之民也。"这种意义的"瓯"字读为ǒu。（徐在国）

瓨 xiáng 匣纽、东部；匣纽、江韵、下江切。

《说文》小篆　楷书

1《说文》269页。

形声字。从瓦，工声。"工"之形体演变，参"工"字条。《说文》："瓨，似罂，长颈，受十升。读若洪。"本义是长身的瓮坛。《史记·货殖列传》："醯酱千瓨。"（酸酱一千瓨）（徐在国）

盌 wǎn 影纽、元部；影纽、缓韵、乌管切。

《说文》小篆　楷书

1《说文》269页。

形声字。从瓦，夗声。"夗"之形体演变，参"夗"字条。《集韵·缓韵》："盌，或作盌。""盌"为"盌"字异体。

《说文》："瓬，小盂也。"本义是饮食器皿。《方言》卷五："盂，宋、楚、魏之间，或谓之盌。"（徐在国）

瓴 líng　来纽、真部；来纽、青韵、郎丁切。

瓴¹—瓴²—瓴

《说文》小篆　汉　楷书

1《说文》269页。2《篆隶表》909页。

形声字。从瓦，令声。"令"之形体演变，参"令"字条。《说文》："瓴，罋似瓶也。"本义是古代的一种盛水瓦器。《淮南子·修务》："今夫救火者，汲水而趋之，或以甕瓴，或以盆盂，其方圆锐椭（椭）不同，盛水各异，其于灭火钧也。"（徐在国）

瓹 biān　帮纽、真部；帮纽、先韵、布玄切。

瓹¹—瓹

《说文》小篆　楷书

1《说文》269页。

形声字。从瓦，扁声。《说文》："瓹，似小瓿，大口而卑，用食。"本义是小瓦盆。汉刘向《说苑·反质》："瓦瓹，陋器也；煮食，薄膳也。而先生何喜如此乎？"（徐在国）

瓿 bù　并纽、侯部；并纽、厚韵、蒲口切。

瓿¹—瓿

《说文》小篆　楷书

1《说文》269页。

形声字。从瓦，咅声。"咅"之形体演变，参"咅"字条。《说文》："瓿，瓹也。"本义是小罋。《战国策·东周策》："夫鼎者，非效壶醯酱瓿耳，可怀挟提挈以至齐者。"（徐在国）

甓 pì　并纽、锡部；并纽、锡韵、扶历切。

甓¹—甓²—甓

《说文》小篆　三国吴　楷书

1《说文》269页。2《篆隶表》910页。

形声字。从瓦，辟声。"辟"之形体演变，参"辟"字条。《说文》："甓，瓴甓也。"本义是砖。《诗·陈风·防有鹊巢》："中唐有甓，邛有旨鷊。"毛传："甓，瓴瓹也。"（徐在国）

甃 zhòu　精纽、幽部；庄纽、宥韵、侧救切。

甃¹—甃²—甃

《说文》小篆　汉　楷书

1《说文》269页。2《篆隶表》910页。

形声字。从瓦，秋声。"秋"之形体演变，参"秋"字条。《说文》："甃，井壁也。"本义是井壁。《庄子·秋水》："吾乐与！出跳梁乎井幹之上，入休乎缺甃之崖。"（我快乐啊！出来就跳到井栏干上，入井就休息在残缺井壁的边上）引申指砌井壁。《易·井》："井甃，无咎。"（砌井壁，没有害）又引申指井、砖、装饰等。（徐在国）

瓩 hán　匣纽、侵部；匣纽、覃韵、胡男切。
　　qiàn　溪纽、侵部；溪纽、䤀韵、丘䤀切。

瓩¹—瓩

《说文》小篆　楷书

1《说文》269页。

形声字。从瓦，今声。"今"之形体演变，参"今"字条。《说文》："瓩，治（冶）橐幹也。"本义是古代用于冶炼的鼓风器"排橐"与炉相接的通风管。这种意义的"瓩"字读为hán。又指有耳的小陶瓶。《集韵·䤀韵》："瓩，陶器。小瓶有耳者。"这种意义的"瓩"字读为qiàn。（徐在国）

瓷 cí　从纽、脂部；从纽、脂韵、疾资切。

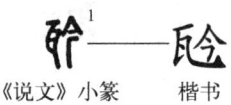

《说文》新附　楷书

1《说文》269页。

形声字。从瓦，次声。"次"之形体演变，参"次"字条。《说文》："瓷，瓦器。"本义是瓷器。初泛指色白质坚的陶器，后专指用高岭土为原料烧制的器皿。汉邹阳《酒赋》："醪醴既成，绿瓷既启。"（徐在国）

弓 部

弓 gōng　见纽、蒸部；见纽、东韵、居戎切。

弓

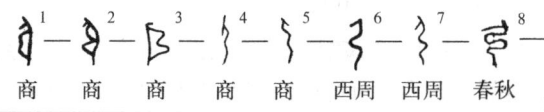

1–5《甲文编》501页。6、7《金文编》848页。8–12《战文编》830页。13《说文》269页。14《篆隶表》910页。

象形字。像弓形。始见于甲骨文，繁者有弓弦，简者省掉弓弦。金文承袭甲骨文。战国文字或在"弓"字下部加短横为饰。"弓"本义是射箭的武器。同卣："易（赐）同金车弓矢。"虢季子白盘："赐用弓、彤矢。"《包山楚简》260："一莫弓。"《诗·大雅·公刘》："弓矢斯张，干戈戚扬。"《礼记·王制》："诸侯赐弓矢，然后征。"（徐在国）

弭

mǐ 明纽、支部；明纽、纸韵、绵婢切。

1–4《金文编》848页。5、6《说文》269页。7《篆隶表》911页。

形声字。从弓，耳声。西周金文"弭"字所从的"弓"或与"人"形近，"弓"或在"耳"下。《说文》"弭"字异体作"㧈"，从弓，兒声。"弭"或作"㧈"，属声符替换。《说文》："弭，弓无缘可以解辔纷者。"本义是没有装饰的弓。《左传·僖公二十三年》："若不获命，则左执鞭弭，右属櫜鞬，以与君周旋。"（如果还得不到君王的宽大，那就左手执鞭执弓，右边挂着弓袋箭袋，跟君王较量一番）引申指弓梢、弓的末端。师汤父鼎："锡（赐）□弓象弭。"《诗·小雅·采薇》："四牧翼翼，象弭鱼服。"郑玄笺："弭，弓反末弯者，以象骨为之。"（徐在国）

弧

hú 匣纽、鱼部；匣纽、模韵、户吴切。

1–5《战文编》831页。6《四版校补》140页。7《说文》269页。8《篆隶表》911页。

形声字。从弓，瓜声。"瓜"本像瓜形，战国文字或作"𠂆"、"𠂇"、"𠂉"，或讹作"𠂆"。侯马盟书"弧"字从弓、𠂆（瓜）声，或类化作从二"弓"，或从二"瓜"。《说文》："弧，木弓也。"本义是木弓。《易·系辞下》："弦木为弧。"引申指张挂旌旗的竹弓。《礼记·明堂位》："是以鲁君孟春乘大路，载弧韣。"郑玄注："弧，旌旗所以张幅也。"（徐在国）

弨

chāo 昌纽、宵部；昌纽、宵韵、尺招切。

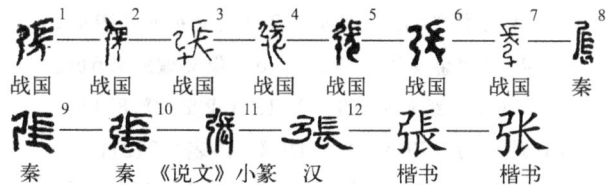

1《金文编》849页。2《说文》269页。

形声字。从弓，召声。"召"之形体演变，参"召"字条。《说文》："弨，弓反也。"本义是松解弓弦。《诗·小雅·彤弓》："彤弓弨兮，受言藏之。"（朱红色的弓放松了弓弦，接受它并加以珍藏）新弨戟"新弨自命弗戟"之"弨"，人名。（徐在国）

張（张）

zhāng 端纽、阳部；知纽、阳韵、陟良切。
zhàng 端纽、阳部；知纽、漾韵、知亮切。

1–10《战文编》831页。11《说文》269页。12《篆隶表》911页。

形声字。从弓，长声。战国文字中燕文字"张"字所从的"弓"、"长"下部均加饰笔，"弓"或在"长"下部。楚文字"张"字或作"𢎨"，所从"弓"像"人"形，"长"上部加短横为饰。秦印"张"字或作"張"，为《说文》篆文所本。"長"简化作"长"，"張"类推简化作"张"。《说文》："张，施弓弦也。"本义是拉紧弓弦，与"弛"相对。《诗·小雅·吉日》："既张我弓，既挟我矢。"（已经拉紧弓弦，已经夹挟着箭）《包山楚简》189："州加公张謹。""张"，姓氏。这些意义的"张"字读为zhāng。《集韵·漾韵》："张，自侈大也。"《左传·桓公六年》："汉东之国，随为大；随张，必弃小国。"（在汉水东边的国家中，随国最大。随国要是自高自大，就必然抛弃小国）这种意义的"张"字读为zhàng。（徐在国）

弸

péng 並纽、蒸部；並纽、耕韵、薄萌切。

弓部

䩞—弸—弸
《说文》小篆　汉　楷书

1《说文》270页。2《篆隶表》911页。

形声字。从弓,朋声。"朋"之形体演变,参"朋"字条。《说文》:"弸,弓彊皃。"本义是弓强貌。引申为充满。《广雅·释诂一》:"弸,满也。"《法言·君子》:"或问:'君子言则成文,动则成德,何以也?'曰:'以其弸中而彪外也。'"李轨注:"弸,满也;彪,文也。积行内满,文辞外发。"(徐在国)

彊 qiáng 群纽、阳部;群纽、阳韵、巨良切。
　　jiàng 群纽、阳部;群纽、阳韵、其两切。

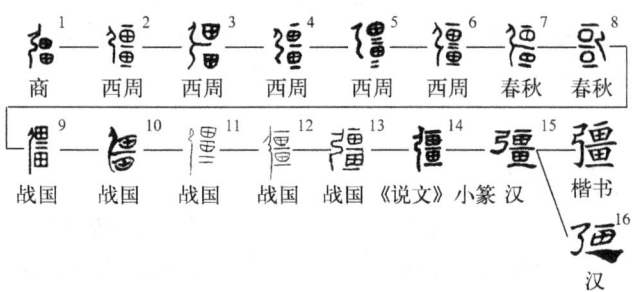

1《甲文编》501页。2《金文编》849页。3、4、5《金文编》895页。6《金文编》896页。7、8《金文编》897页。9—13《战文编》831页。14《说文》270页。15、16《篆隶表》912页。

形声字。从弓,畺声。甲骨文"彊"字所从的"畺"作"畕";西周金文在二田中间及二田上下多加界画"一"或"二";春秋金文所从二田或省作"囗";战国文字承袭金文。居延汉简"彊"字省一"田"。《说文》:"彊,弓有力也。"本义是强弓。《六韬》:"太彊必折,太张必缺。"(弓太强一定会折,弦太紧一定会断)引申义有强壮、强盛、坚强等。这些意义的"彊"读为qiáng。又有倔强、固执义。《史记·项羽本纪》:"猛如虎,很如羊,贪如狼,彊不可使者,皆斩之。"这种意义的"彊"字读为jiàng。通"疆",指疆界、边界。如五祀卫鼎:"厥东彊(疆)眔散田,厥南彊(疆)眔散田眔政父田,厥西彊(疆)眔厉田。"中山王鼎:"辟启封彊(疆)。"(开辟了疆界)又为止境。颂簋:"颂其万年眉寿无彊(疆)。"《诗·豳风·七月》:"万寿无疆。"(徐在国)

彎(弯) wān 影纽、元部;影纽、删韵、乌关切。

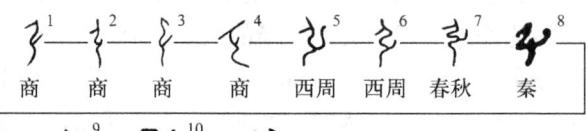
《说文》小篆　楷书　楷书

1《说文》270页。

形声字。从弓,䜌声。"䜌"之形体演变,参"䜌"字条。"䜌"字作偏旁时简化作"亦"(《明王延信同室人刘氏墓志》"鸞"字作"鳶"),"彎"类推简化作"弯"。《说文》:"彎,持弓关矢也。"本义是开弓。《文选·司马相如〈上林赋〉》:"彎蕃弱。"李善注:"文颖曰:彎,牵也。蕃弱,夏后氏良弓之名。"唐李白《大猎赋》:"擢倚天之剑,弯落月之弓。"引申义有曲折、弯曲的地方等。(徐在国)

引 yǐn 喻纽、真部;以纽、轸韵、余刃切。

1、2、3《甲文编》102页。4—7《金文编》849页。8《战文编》832页。9《说文》270页。10《篆隶表》912页。

指事字。甲骨文"引"字从弓、从丿,"丿"表示引弓。两周文字承袭商代文字。《说文》篆文"引"字所从的"丿"变为一竖,为隶楷"引"字所本。《说文》:"引,开弓也。"本义是开弓。《庄子·田子方》:"列御寇为伯昏无人射,引之盈贯。"引申有延长、长久义。《尔雅·释诂上》:"引,长也。"甲骨文习见"引吉",义为长吉。《易·萃》六二:"引吉,无咎。"毛公鼎"皇天引厌厥德"(皇天将长久地饱享您的恩德)与《书·洛诰》"万年厌于乃德"义同。又通"矧",副词。毛公鼎:"无唯正闻,引(矧)其唯王智(知)。"(连正常(道理、事情)都不知道,王还能知道什么?)(徐在国)

弙 wū 影纽、鱼部;影纽、模韵、哀都切。

《说文》小篆　楷书

1《说文》270页。

形声字。从弓,于声。"于"之形体演变,参"于"字条。《说文》:"弙,满弓有所乡(向)也。"本义是拉满弓对准目标。《玉篇·弓部》:"弙,弓满也,引也,张也。"(徐在国)

弘 hóng 匣纽、蒸部;匣纽、登韵、胡肱切。

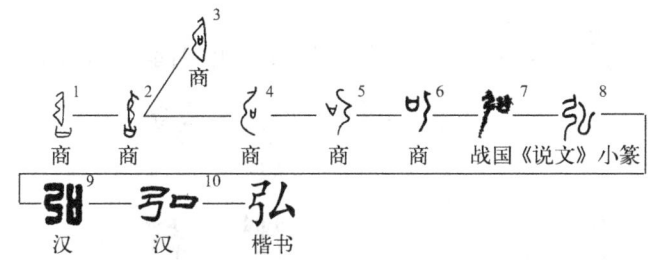

1、2、3《甲文编》48页。4、5、6《金文编》850页。7《战文编》832页。8《说文》270页。9、10《篆隶表》912页。

会意兼形声字。古文字"弘"字从弓、从口，弓亦声。甲骨文"弘"字所从的"口"多在弓外，也有的在"弓"内。两周文字承袭甲骨文。汉文字"弘"字仍然有从"口"的。《说文》篆文所从的"厶"乃"口"之讹变。《说文》认为"弘"字从弓、厶声，不可信。《说文》："弘，弓声也。"本义是弓声，特指声音洪大。《殷墟文字丙编》515："帝其弘令雷。"（帝大声地命令雷）引申有大义。《尔雅·释诂上》："弘，大也。"《诗·大雅·民劳》："戎虽小子，而式弘大。"（徐在国）

彌（弥） mí 明纽、脂部；明纽、支韵、武移切。

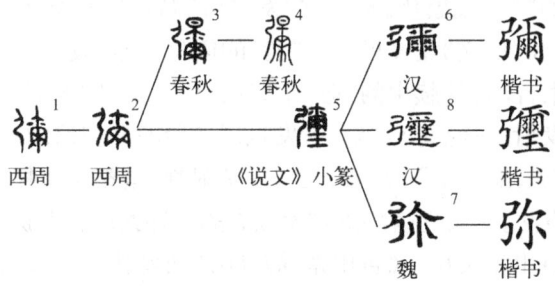

1-4《金文编》850页。5《说文》270页。6、7《篆隶表》913页。8《篆隶表》912页。

形声字。西周金文"彌"字从弓、尔声，"彌"之初文。春秋金文或从"爾"声。《说文》篆文从"璽"声。《玉篇·弓部》："彌，同弥。""弥"为"彌"之异体。今多用"弥"字。因为"爾"简化作"尔"，"彌"类推简化作"弥"。《说文》："彌，弛弓也。"本义是放松弓弦。引申有满义。齐镈："余弥心畏忌。"（我满心诚服敬忌）《史记·司马相如列传》："于是乎离宫别馆，弥山跨谷。"张守节正义："弥，满也。"又有久长义。《小尔雅·广诂》："弥，久也。"蔡姞簋："弥厥生灵终。"（长寿善终）墙盘、齐镈均有"弥生"，义为长生、长寿。（徐在国）

弛 chí 书纽、支部；书纽、纸韵、施是切。

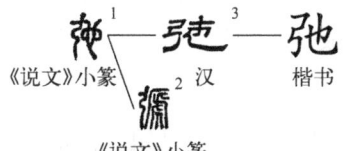

1、2《说文》270页。3《篆隶表》913页。

形声字。从弓，也声。"也"之形体演变，参"也"字条。《说文》："弛，弓解也。从弓，从也。"段玉裁注："弓解弦也。从弓，也声。"段注可从。本义是放松弓弦，与"张"相对。《礼记·曲礼上》："张弓尚筋，弛弓尚角。"引申为放松。《礼记·杂记下》："一张一弛，文武之道也。"引申义有解除、延缓、衰退、放纵等。（徐在国）

弢 tāo 透纽、宵部；透纽、豪韵、土刀切。

弢¹——弢
《说文》小篆　楷书

1《说文》270页。

会意字。从弓、从殳，会意不明。《说文》："弢，弓衣也。"本义是弓袋。《管子·小匡》："弢无弓，服无矢。"（弓袋里没有弓，箭囊中没有箭）引申指囊。《左传·成公十六年》："乃内旌于弢中。"孔颖达疏："弢是盛旌之囊也。"（徐在国）

弩 nǔ 泥纽、鱼部；泥纽、姥韵、奴古切。

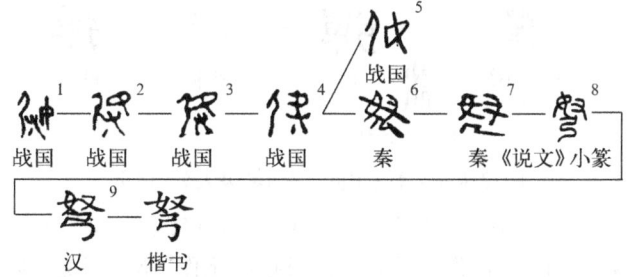

1-4、6、7《战文编》832页。5《古文典》560页。8《说文》270页。9《篆隶表》913页。

形声字。从弓，奴声。战国文字"弩"字所从的"又"常在"女"下，左下常加斜形饰笔。或从弓、女声。秦文字"弩"字所从"弓"在"奴"下。《说文》："弩，弓有臂者。"本义是一种利用机械力量射箭的弓。《商君书·外内》："以此遇敌，是以百石之弩射飘叶也。"古玺中出现的"强弩后将"，是一种官名。《玺汇》0096为"代强弩后将"，可与《汉书·武帝纪》的"强弩都尉"相比照。古玺中出现的"发弩",也是一种官名。《玺汇》0116为"榆平发弩",0113为"左邑发弩",《汉书·地理志》南郡有"发弩",颜师古注为"主教放弩。"(徐在国)

彀 gòu　见纽、屋部;见纽、候韵、古候切。

彀¹ — 彀
《说文》小篆　楷书

1《说文》270页。

形声字。从弓,殼声。"殼"之形体演变,参"殼"字条。《说文》:"彀,张弩也。"本义是张满弓。《孟子·告子上》:"羿之教人射,必志于彀。"(羿教人射箭,一定拉满弓)引申义有箭靶、目标、善射者等。(徐在国)

𢎛 bì　帮纽、质部;帮纽、质韵、卑吉切。

𢎛¹ — 𢎛
《说文》小篆　楷书

1《说文》270页。

形声字。从弓,畢声。"畢"之形体演变,参"毕"字条。《说文》:"𢎛,射也。"本义是射。《楚辞·天问》:"羿焉𢎛日?"(羿怎么射太阳?)(徐在国)

彈(弹) dàn　定纽、元部;定纽、翰韵、徒案切。
tán　定纽、元部;定纽、寒韵、徒干切。

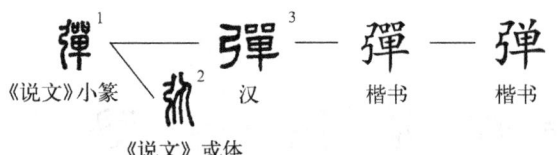

《说文》小篆　《说文》或体　汉　楷书　楷书

1、2《说文》270页。3《篆隶表》914页。

形声字。从弓,單声。"單"之形声演变,参"單"字条。"單"简化作"单","彈"类推简化作"弹"。《说文》:"弹,行丸也。"本义是弹弓。《战国策·楚策四》:"不知夫公子王孙左挟弹,右执丸,将加己乎十仞之上。"引申指弹丸。这些意义的"弹"字读为 dàn。《广韵·寒韵》:"弹,射也。"用弹弓发射。《左传·宣公二年》:"从台上弹人而观其避丸也。"引申义有用手指敲击、拨或敲乐器、弹劾等。这些意义的"弹"字读为 tán。(徐在国)

發(发) fā　帮纽、月部;非纽、月韵、方伐切。

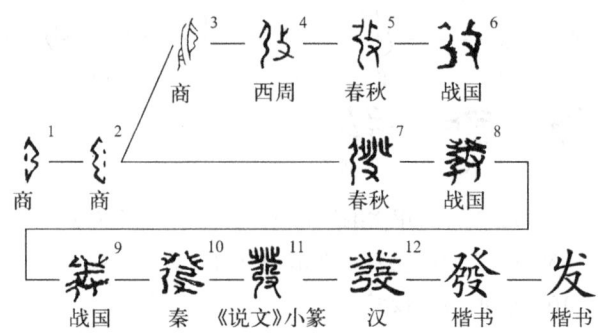

商　西周　春秋　战国
商　商　春秋　战国
战国　秦《说文》小篆　汉　楷书　楷书

1、2《甲文编》502页。3、4、5《四版校补》145页。6、8、9、10《战文编》832页。7《金文编》850页。11《说文》270页。12《篆隶表》914页。

形声字。甲骨文"发"字像弓弦被拨后不断颤动之形。或赘加"又"、"攴"、"𢏗"等旁,会以手发弓之意。"发"字加上"攴"旁后,就不再画出弓弦颤动之形,发射之意已经足够表明,因此就出现了把"𢏗"简化为"弓"的"癹"字。春秋时代"癹"所从的"攴"又被加上"癶"旁而改造成声旁"癹",这样表意字"癹"就转化为形声字"发"了。战国文字"发"字或从弓、从攴,但多数是从弓、癹声。所从的"癹"或繁化。秦文字"发"字所从的"攴"始变为"殳",为《说文》篆文所本。"發"的简化字是"发",来源于草书,汉代简牍中的"發"字写法已与"发"字形近。本义是发射。《说文》:"发,射发也。"《殷墟书契后编》下6·7:"羌,发五十"(射五十羌),发是射牲,是祭祀用牲的一种方法。《礼记·射义》:"发彼有的。"郑玄注:"发犹射也。"引申指发出。《包山楚简》80:"既发札。"(已经发出公文)战国文字"发弩",官名,参"弩"字条。"发尹",官名。《包山楚简》141:"发尹利。"(徐在国)

𢎏 yì　疑纽、脂部;疑纽、霁韵、五计切。

𢎏¹ — 𢎏
《说文》小篆　楷书

1《说文》270页。

形声字。从弓,开声。"开"之形体演变,参"开"字条。《说文》:"𢎏,帝喾射官,夏少康灭之。《论语》曰:'𢎏善射。'"𢎏今《论语·宪问》作"羿",是上古传说中善射箭的勇士。《玉篇·弓部》:"𢎏,又作羿。"(徐在国)

弜 部

弜 jiàng　群纽、阳部；群纽、养韵、其两切。

𢎥—𢎥—𢎥—𢎥—𢎥—𢎥—𢎥—弜
商　商　商　商　商　商　西周《说文》小篆　楷书

1—5《甲文编》502页。6、7《金文编》850页。8《说文》270页。

会意字。从二弓，表示保护、调整弓的工具。本义是弓檠。引申有强义。《说文》："弜，强也。"北周卫元嵩《元包经·讼》："倔弜胥执。"李江注："倔、弜，并强也。"甲骨文"弜"字借作副词，犹"勿"也。《合集》34229："辛亥卜：岳弗害禾，弜侑岳。"（辛亥这一天占卜：岳神如果不损害收成，就不用侑祭它吗？）还有一种用法，犹"不"也。《合集》22246："允受禾，弜受？"（允地会得到好收成呢？还是不会得到好收成？）（徐在国）

弼 bì　並纽、物部；並纽、质韵、房密切。

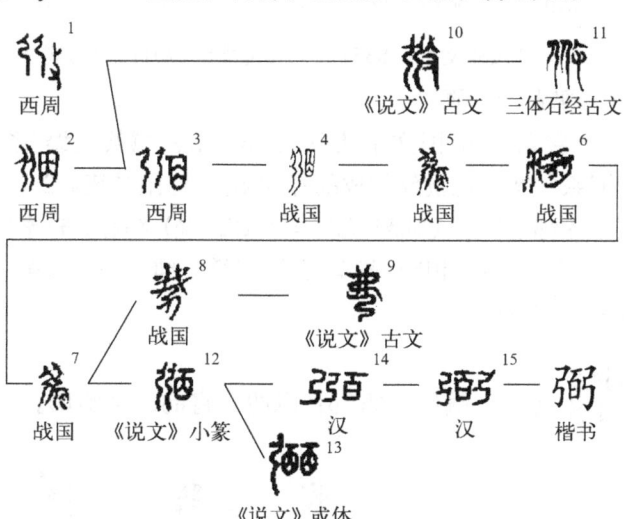

1《四版校补》145页。2、3、4《金文编》851页。5—8《战文编》834页。9、10《说文》270页。11《篆文编》588页。12、13《说文》270页。14、15《篆隶表》914页。

形声字。西周金文"弼"字从丙（箪之初文）、弜声。战国文字承袭西周金文，为《说文》篆文所本。战国文字"弼"字或从力、弗声，为《说文》古文"彏"所本。《说文》"弼"字古文或作"彂"，从支、弜声。篆文或体作"彌"，从弓、从二丙。"弼"字汉隶或竹弼，为楷书所本。"弼"字本义是指古代遮蔽车箱的竹席，典籍作"茀"。毛公鼎："簟弼鱼荨(服)"，即《诗·小雅·采芑》中的"簟茀鱼服"。《诗·齐风·载驱》："簟茀朱鞹。"毛亨传："车之蔽曰茀。"引申指辅佐、辅正。《书·益稷》："予违汝弼，汝无面从，退有后言。"（我违反正道，你们要以义辅正我。你们不要当面听从，下去又在背后议论）（徐在国）

弦 部

弦 xián　匣纽、真部；匣纽、先韵、胡田切。

𢎥—𢎥—𢎥—弦—弦—弦
商　商　商　秦《说文》小篆　汉　楷书

1、2、3《甲文编》502页。4《睡甲》191页。5《说文》270页。6《篆隶表》915页。

指事字。甲骨文"弦"字从弓，于弓弦处加一指事符号，以表示弓弦之所在。秦文字"弦"字从弓、从糸，汉简帛、汉印"弦"字仍从弓、从糸。后讹作从玄。《说文》："弦，弓弦。"本义是弓弦。《仪礼·乡射礼》："有司左执拊，右执弦而授弓。"引申指月亮半圆。睡虎地秦墓竹简《日书甲》27："弦望及五辰不可以兴乐□。"《汉书·律历志上》："而朔晦月见，弦望满亏，多非是。"（徐在国）

盩 lì　来纽、质部；来纽、霁韵、郎计切。

鼗—盩—盩—盩—盩—盩
西周　西周　春秋　春秋《说文》小篆　楷书

1—4《金文编》851页。5《说文》270页。6《篆隶表》915页。

会意字。西周金文"盩"字从玄、从盩，会意不明，与《说文》篆文同。或省皿，从玄、从敕。《五十二病方》"盩"字从糸、从攴、从皿。《说文》："盩，弼戾也。从弦省，从盩。读若戾。"段玉裁注："此乖戾正字，今则'戾'行而'盩'废矣。""盩"通"戾"。墙盘："初盩(戾)和于政。"师訇簋："盩(戾)和雩政。"《广雅·释诂四》："戾，定也。""戾和"就是安定和谐的意思。（徐在国）

系 部

系 xì　匣纽、锡部；匣纽、霁韵、胡计切。

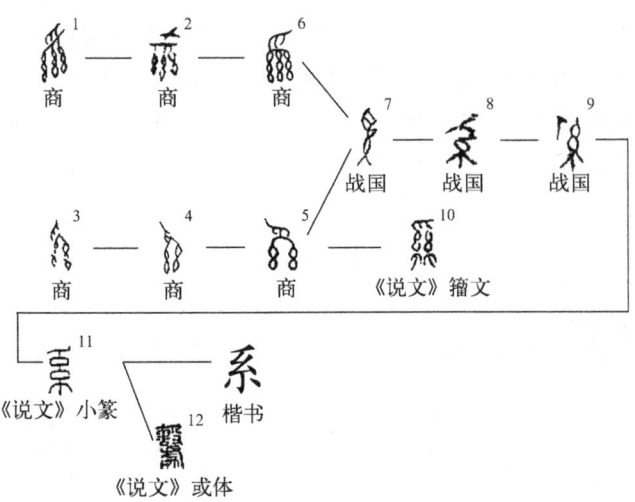

1《甲文编》504页。2、3、4《甲文编》503页。5、6《金文编》851页。7、8、9《战文编》834页。10、11、12《说文》270页。

会意字。商代文字"系"字从爪(手)、从絲,会以手联系众丝之意。《说文》"系"字籀文乃源于商代文字。战国文字"系"省作，或进一步讹省作，为《说文》篆文所本。《说文》谓"系"字"从糸、丿声",不可从。所谓"丿声",应即亻,乃爪旁。"系"乃《说文》篆文之隶定。《说文》："系,繫也。"本义是连接。《淮南子·精神》："系绊其足。"引申指世系、谱系。汉刘向《别录》："《世本》,古史官明于古事者之所记也,录黄帝以来帝王诸侯及卿大夫系谥名号,凡十五篇也。"（徐在国）

孙(孙) sūn 心纽、文部；心纽、魂韵、思浑切。

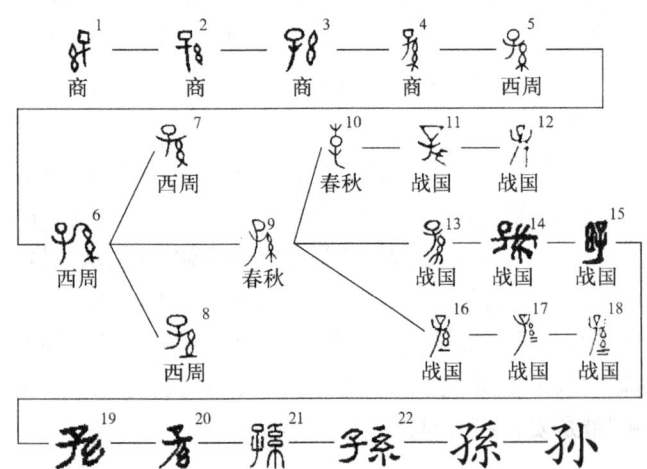

1、2、3《甲文编》504页。4《金文编》851页。5、6、9《金文编》852页。7《金文编》853页。8《金文编》854页。10《金文编》855页。11、12、14—18《战文编》835页。13、19、20《战文编》834页。21《说文》270页。22《篆隶表》916页。

会意字。从子、从糸,会子续孙之意。甲骨文从子、从 , 乃糸之初文,像束丝之形。金文从子、从 (糸),为《说文》篆文所本。春秋金文或从子、寸声,"寸"在"子"上。战国文字"孙"字或从子、寸声,"寸"在"子"右下侧。"孙"所从的糸或作 、 ,一、二乃省略符号。《说文》篆文误"糸"为"系","孙"乃"孫"字的简化,来源于草书,武威汉简"孫"字已作"孙"。《说文》："孙,子之子曰孙。"本义是子之子。班簋："子子孙多世其永宝。"（希望用子孙世代长久珍爱它）白公父簋："其子子孙孙永宝用享。"县妃簋："孙孙子子毋敢忘伯休。"兆域图："袂联子孙。"。《诗·周南·螽斯》："宜尔子孙,振振兮。"古玺"公孙",复姓。（徐在国）

绵(绵) mián 明纽、元部；明纽、仙韵、武延切。

1《战文编》835页。2《说文》270页。3《篆隶表》916页。

会意字。战国文字从糸、从帛。《说文》篆文误"糸"为"系"。本义是蚕丝结成的片或团。《信阳楚墓》2.05："屯赤绵之帱。"（都是红色的丝绸做成的帱）《战国策·秦策一》："(苏秦)受相印,革车百乘,绵绣千纯,……黄金万溢。"（徐在国）

繇 yáo 喻纽、宵部；以纽、宵韵、余昭切。

1—5《金文编》856页。6—14《战文编》835页。15《说文》270页。16《篆隶表》917页。

形声字。西周金文"繇"字从言、 (鼬之初文,像黄鼠狼之形）声。"豴"或在左上附加音符"肉"，或右下附加装饰部件"口"。战国文字承袭金文，多省"豴"身及尾，变为从言、从系、肉声。齐系文字"肉"旁讹作夕、亻等形，"言"旁易作"口"；楚系文字或从言，糸声；三体石经"繇"字古文赘加"辵"旁。作"䚐"形者，为《说文》篆文所本。隶作"繇"，典籍多作"繇"。《说文》："繇，随从也。""繇"借为语气词。录伯簋："王若曰：录伯戓，繇。"楚帛书："帝曰：繇"与《书·多士》"王曰：繇"句式相同。通"旧"。师寰簋："淮尸（夷）繇我员晦臣。"与兮甲盘"淮夷旧我员晦人"语同。（徐在国）

糸 部

糸 mì 明纽、锡部；明纽、锡韵、莫狄切。

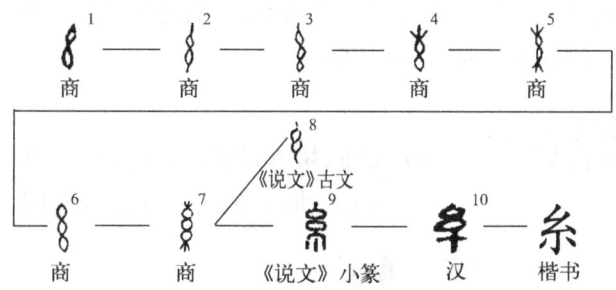

1—5《甲文编》505页。6、7《金文编》857页。8、9《说文》271页。10《篆隶表》919页。

象形字。像束丝之形。上下端或作"丷"、"个"者乃像束余之绪。古文字中"糸"多省上端之"丷"，为《说文》篆文所本，隶变作"糸"。《说文》："糸，细丝也。象束丝之形。"本义是细丝。《管子·轻重丁》："君以织籍籍于糸，束为糸，籍糸抚织再十倍其賈。"（徐在国）

繭（茧） jiǎn 见纽、元部；见纽、铣韵、古典切。

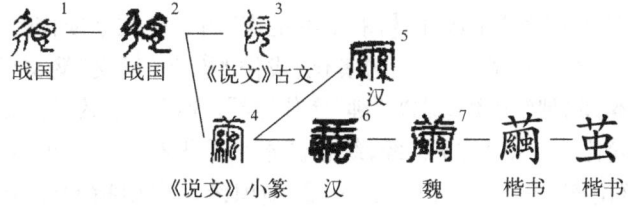

1、2《战文编》837页。3、4《说文》271页。5、6、7《篆隶表》919页。

战国文字"茧"字从糸、见声，与《说文》古文同。《说文》认为"茧"字从糸、从虫，芇省。马王堆汉帛书"茧"字或作𦃇，从丝。"茧"乃"繭"字的简化字。《说文》："繭，蚕衣也。"本义是蚕吐丝做成的壳。《包山楚简》277："一茧组绥。"《礼记·祭义》："世妇卒蚕，奉茧以示于君。"（徐在国）

繅（缫） sāo 心纽、宵部；心纽、豪韵、苏遭切。
zǎo 精纽、宵部；精纽、皓韵、子皓切。

繅¹—繅—缫
《说文》小篆　楷书　楷书

1《说文》271页。

形声字。从糸，巢声。"巢"之形体演变，参"巢"字条。"糸"在偏旁中简化作"纟"。"繅"类推简化作"缫"。《说文》："繅，绎茧为丝也。"本义是把蚕茧浸在沸水里抽出丝。《孟子·滕文公下》："夫人蚕缫以为衣服。"（夫人亲自养蚕缫丝，就是用来供给祭服）这种意义的"缫"字读为sāo。《集韵·皓韵》："缫，文采也。"《周礼·春官·司几筵》："加缫席画纯。"郑玄注："缫席，削蒲蒻展之，编以五采，若今合欢矣。"引申义有五采丝绳，圭、璋等玉器的垫子。这些意义的"缫"字读为zǎo。（徐在国）

繹（绎） yì 喻纽、铎部；以纽、昔韵、羊益切。

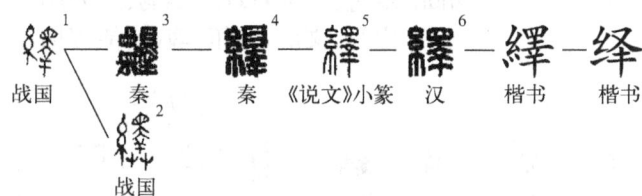

1—4《战文编》837页。5《说文》271页。6《篆隶表》919页。

形声字。从糸，睪声。战国文字"繹"或从"𦋹"声。"睪"之形体演变，参"睪"字条。"糸"简化作"纟"，"睪"简化作"圣"（源于汉代草书）。"繹"类推简化作"绎"。《说文》："绎，抽丝也。"本义是抽丝，引申为寻求、分析。《论语·子罕》："巽与之言，能无说乎？绎之为贵。"（恭顺附和的话，听了能不高兴吗？分析它的真意才可贵）又为祭名。《尔雅·释天》："绎，祭也。周曰绎。"侯马盟书："𢎥绒绎之皇君之所。"（徐在国）

緒（绪） xù 邪纽、鱼部；邪纽、语韵、徐吕切。

緒¹—緒²—緒³—緒⁴—緒—绪
战国　战国　《说文》小篆　汉　楷书　楷书

1、2《战文编》837页。3《说文》271页。4《篆隶表》919页。

形声字。从糸，者声。始见于战国文字。"者"之形体演变，参"者"字条。"绪"乃"緒"的简化字。《说文》："緒，丝耑(端)也。"本义是丝头。汉张衡《南都赋》："坐南歌兮起郑舞，白鹤飞兮茧曳绪。"引申指头绪、开端。《庄子·渔父》："曩者先生有绪言而去。"(徐在国)

緬(缅) miǎn 明纽、元部；明纽、狝韵、弥衮切。

1《说文》271页。

形声字。从糸，面声。"面"之形体演变，参"面"字条。"缅"为"緬"之简化字。《说文》："緬，微丝也。"本义是细丝。引申指遥远、久远。《穀梁传·庄公三年》："改葬之礼緦，举下，缅也。"范宁集解："缅，貌远也。"(徐在国)

純(纯) chún 禅纽、文部；禅纽、谆韵、常伦切。
zhǔn 章纽、文部；章纽、准韵、之尹切。
tún 定纽、文部；定纽、魂韵、徒浑切。

1—6《战文编》837页。7《楚系简帛》892页。8《说文》271页。9《篆隶表》920页。

形声字。从糸，屯声。战国文字"纯"或从束、屯声，或从巿、屯声。糸、束、巿三旁古通。"屯"之形体演变，参"屯"字条。"纯"为"純"之简化字。《说文》："純，丝也。"本义是蚕丝。《仪礼·士昏礼》："女次纯衣纁袡。"郑玄注："纯衣，丝衣。"引申为大。中山王方壶："是有纯德遗训，以施及子孙。"(确实有大德及遗留下来的训教来传给子孙)这些意义的"纯"字读为chún。《广雅·释诂三》："纯，缘也"。仰天湖13号简："一纯□席。"《书·顾命》："敷重蔑席，黼纯。"(铺设双层绘有黑白相间纹边缘的竹蔑席)这种意义的"纯"字读为zhǔn。《集韵·魂韵》："纯，包束也。"《诗·召南·野有死麕》："野有死鹿，白茅纯束。"毛亨传："纯束，犹包之也。"这种意义的"纯"字读为tún。(徐在国)

綃(绡) xiāo 心纽、宵部；心纽、宵韵、相邀切。

1《战文编》838页。2《说文》271页。3《篆隶表》920页。

形声字。从糸，肖声。始见于战国文字。"肖"之形体变化，参"肖"字条。"绡"乃"綃"之简化字。《说文》："綃，生丝也。"本义是生丝。引申指用生丝织成的缯帛。《礼记·玉藻》："君子狐青裘豹褎，玄绡衣以裼之。"郑玄注："绡，绮属也。"(徐在国)

經(经) jīng 见纽、耕部；见纽、青韵、古灵切。
jìng 见纽、耕部；见纽、径韵、古定切。

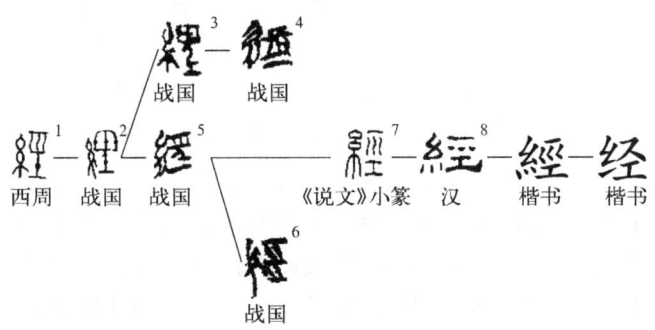

1《金文编》857页。2—6《战文编》838页。7《说文》271页。8《篆隶表》920页。

形声字。从糸，巠声。始见于西周金文。战国文字中齐文字"经"字或作𦀰，右上部讹作"田"。楚文字或作𦂅，从"巠"省；或作𦀓，右旁类化，或作𦀹，为《说文》篆文所本。北魏《元璨墓志》"經"字作"经"。今以"经"为"經"之简化字。《说文》："經，织也。"本义是织布机上的纵线。《论衡·量知》："恒女之手，纺绩织经。"引申指治理。虢季子白盘："经维四方。"(治理四方)又引申指行，遵循。齐陈曼簠："肈堇(勤)经德。"(勤于修德)这些意义的"经"字读为jīng。又作动词，纺织。《韩非子·外储说右上》："吾始经之而不可更也。"这种意义的"经"字读为jìng。(徐在国)

織（织）

zhī　章纽、职部；章纽、职韵、之翼切。

zhì　章纽、职部；章纽、志韵、职吏切。

織¹ — 織² — 織³ — 織 — 织
秦　　《说文》小篆　汉　　楷书　楷书

1《战文编》838页。2《说文》271页。3《篆隶表》920页。

形声字。从糸，戠声。"戠"之形体演变，参"戠"字条。"戠"简化作"只"。"織"类推简化作"织"。《说文》："织，作布帛之总名也。"本义是制作布帛。《诗·大雅·瞻卬》："妇无公事，休其蚕织。"（妇女没有工作，停止养蚕织布）引申指编织。这些意义的"织"字读为"zhī"。《玉篇·系部》："织，织文锦绮之属。"《礼记·玉藻》："士不衣织。"（士不穿彩帛）这种意义的"织"字读为"zhì"。（徐在国）

紝（纴）

rèn　日纽、侵部；日纽、沁韵、汝鸩切。

紝¹ — 紝² — 紝 — 纴
战国　《说文》小篆　楷书　楷书

紝³
《说文》或体

1《战文编》838页。2、3《说文》271页。

形声字。从糸，壬声。始见于战国文字。"壬"之形体演变，参"壬"字条。《说文》"紝"字或体从糸、任声，属声符繁化。"纴"为"紝"之简化字。《说文》："紝，机缕也。"本义是织布帛的纱缕。《礼记·内则》："治丝茧，织纴组纫，学女事，以共衣服。"引申义有缯帛、纺织等。（徐在国）

綜（综）

zòng　精纽、冬部；精纽、宋韵、子宋切。

zōng　精纽、冬部；精纽、冬韵、作冬切。

綜¹ — 綜² — 綜³ — 綜 — 综
《说文》小篆　汉　汉　楷书　楷书

1《说文》271页。2、3《篆隶表》921页。

形声字。从糸，宗声。"宗"之形体演变，参"宗"字条。"综"为"綜"之简化字。《说文》："综，机缕也。"本义是织机上使经线与纬线能交织的装置。汉刘向《列女传·母仪·鲁季敬姜》："推而往，引而来者，综也。"这种意义的"综"字读为zòng。又有总聚、总合义。《易·系辞上》："错综其数。"孔颖达疏："错谓交错，综谓总聚。"又有治理、归纳、精通等引申义。这些意义的"综"字读为zōng。（徐在国）

綹（绺）

liǔ　来纽、幽部；来纽、有韵、力久切。

綹¹ — 綹 — 绺
《说文》小篆　楷书　楷书

1《说文》271页。

形声字。从糸，咎声。"咎"之形体演变，参"咎"字条。"绺"为"綹"之简化字。本义是纬十缕为绺。《说文》："綹，纬十缕为綹。"引申指一束，常用于丝、线、发、须等线状物。如：一绺线、一绺青丝等。元秦简夫《剪发待宾》第二折："兀那街上一个婆婆，手里拿着一绺儿头发，不知是卖的？不知是买的？"（徐在国）

緯（纬）

wěi　匣纽、微部；云纽、未韵、於贵切。

緯¹ — 緯² — 緯³ — 緯⁴ — 緯 — 纬
战国　战国　《说文》小篆　汉　楷书　楷书

1、2《战文编》838页。3《说文》271页。4《篆隶表》921页。

形声字。从糸，韦声。战国文字"纬"字所从的声符"韋"或省去中间的"口"。"韋"之形体演变，参"韦"字条。"韋"简化作"韦"。"緯"类推简化作"纬"。《说文》："纬，织横丝也。"本义是织物的横线，与"经"相对。《左传·昭公二十四年》："嫠不恤其纬，而忧宗周之陨。"（寡妇不操心纬线，而忧虑宗周的陨落）通"袆"，蔽膝。《包山楚简》262："一䋐缟之纬（袆）。"通"讳"，忌讳、隐讳。郭店楚墓竹简《六德》43："可以纬（讳）其恶。"（可以隐讳他的罪恶）（徐在国）

統（统）

tǒng　透纽、东部；透纽、宋韵、他综切。

統¹ — 統² — 統 — 统
《说文》小篆　汉　楷书　楷书

1《说文》271页。2《篆隶表》921页。

形声字。从糸，充声。"充"之形体演变，参"充"字条。"统"乃"統"之简化字。《说文》："统，纪也。"本义是丝的头绪。《淮南子·泰族》："茧之性为丝,然非得工女煮以热汤而抽其统纪,则不能成丝。"引申指一脉相承的系统、传统。如:帝统、道统、学统、血统。又有首领、统领、管理、总括等义。(徐在国)

紀(纪) jì 见纽、之部；见纽、止韵、居理切。
jǐ 见纽、之部；见纽、止韵、居理切。

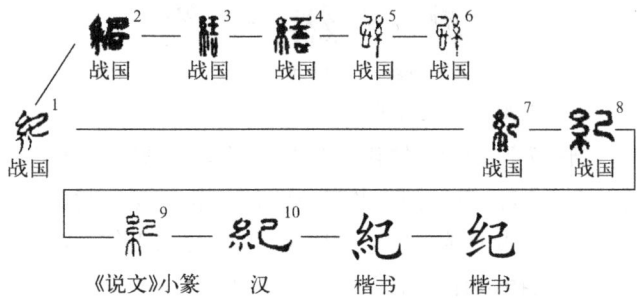

1—8《战文编》839页。9《说文》271页。10《篆隶表》921页。

形声字。从糸,己声。战国文字"纪"字所从的声符"己"或加"口"繁化,"口"或与"己"共用笔画。"纪"为"紀"之简化字。《说文》："紀,丝别也。"本义是丝缕的头绪。《墨子·尚同上》："譬若丝缕之有纪,罔罟之有纲。"引申指要领、法则。郭店楚墓竹简《老子甲》11："临事之纪。"(治事的要领)又指纲纪。楚帛书："是胃(谓)乱纪。"(这就叫做扰乱纲纪)这些意义的"纪"字读为jì。《玺汇》2611："纪君。""纪",姓。《通志·氏族略》："纪氏,炎帝之后,侯爵姜姓,庄四年齐灭之。"这种意义的"纪"字读为jǐ。(徐在国)

纇 lèi 来纽、微部；来纽、队韵、卢对切。

1《战文编》839页。2《说文》271页。

形声字。从糸,頪声。战国文字"纇"字所从的"頪"或作"𩔖",从米、从百。百、页二旁古通。《说文》："纇,丝节也。"本义是丝上的结。引申指缺点、毛病、瑕疵。《淮南子·氾论》："明月之珠,不能无纇。"(明月珠不能没有毛病)引申指花苞。(徐在国)

紿(绐) dài 定纽、之部；定纽、海韵、徒亥切。

1—5《战文编》865页。6、7《战文编》839页。8《说文》271页。

形声字。战国文字"绐"字从糸、台声,为《说文》篆文所本。所从"台"或加注声符"司",或省"口",从"目"声"彐"声,均为"绐"字异体。"绐"为"紿"之简化字。《说文》："紿,丝劳即紿。"本义是破旧的丝。《逸周书·器服》："丧勤焚缨一紿。"通"诒",欺骗、欺诈。《史记·项羽本纪》："项王至阴陵,迷失道,问一田父,田父绐(诒)曰：'左'。左,乃陷大泽中。"郭店楚墓竹简"绐"多读为"治"。(徐在国)

納(纳) nà 泥纽、缉部；泥纽、合韵、奴荅切。

1《战文编》839页。2《说文》271页。3《篆隶表》922页。

形声字。从糸,内声。金文以内为纳。战国文字"纳"所从的"内"作𢓜。"纳"为"納"之简化字。《说文》："納,丝湿纳纳也。""纳纳",濡湿貌。《楚辞·九叹·逢纷》："裳襜襜而含风兮,衣纳纳而掩露。"《玉篇·糸部》："纳,内也。"《信阳楚墓》2·08："紫衣(绛)之纳。"(紫绛色的里)引申义有接受、引入、穿、交纳等义。(徐在国)

紡(纺) fǎng 滂纽、阳部；敷纽、漾韵、敷亮切。

1—4《战文编》839页。5《睡甲》193页。6《说文》271页。

形声字。战国文字"纺"字从糸、方声,与《说文》篆文同。"纺"为"紡"之简化字。《说文》："紡,网丝也。"本义是将丝麻纤维制成纱或线。《信阳楚墓》2·013："二纺绢。"仰天湖楚简18："一纺衣。"《左传·昭公十九年》："及老,托于纪鄣,纺焉以度而去之。"(等到年老,寄居在纪鄣,纺线搓绳量了城墙的高度然后收藏起来)通"方",法度、准则。郭店楚墓竹简《语丛三》7："长弟,孝之纺(方)也。"(徐在国)

絕(绝) jué 从纽、月部;从纽、薛韵、情雪切。

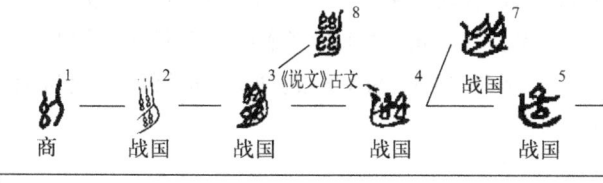

1《甲文编》201页。2《金文编》858页。3—6《战文编》839页。7《战文编》840页。8、9《说文》271页。10、11《篆隶表》921页。

会意字。甲骨文"绝"字,从刀、从糸,会以刀断丝之意。战国文字承袭甲骨文,所从的"糸"或繁化为二糸、四糸。从刀、从四糸者,为《说文》古文所本。但《说文》古文所从的"㔾"乃由"刀"讹变。秦文字"绝"字从糸、从刀、从卪,与《说文》篆文同。"绝"为"絕"之简化字。本义是断绝。《说文》:"绝,断丝也。"《包山楚简》249:"绝无后者。"(断了后代的人)《吕氏春秋·本味》:"钟子期死,伯牙破琴绝弦,终身不复鼓琴。"引申为抛弃,免除。郭店楚墓竹简《老子甲》1:"绝巧弃利,盗贼无有。"(徐在国)

繼(继) jì 见纽、锡部;见纽、霁韵、古诣切。

1《金文编》858页。2《说文》272页。3、5《篆隶表》922页。4《篆隶表》923页。

指事字。战国文字"继"字从二丝(右下"二"为省略符号),中间横笔表示接续。汉帛书"继"字仍从二丝,从二(省略符号)。《说文》"一曰:反𢇍为继",此说不确。"反𢇍"仍为"绝",非"继"。东汉陈球后碑"继"字作"継",魏高贞碑作"继"。今以"继"为"繼"的简化字。《说文》:"继,续也。"本义是继续。拍镈盖:"継母皇。"《论语·尧曰》:"兴灭国,继绝世,举逸民,天下之民归心焉。"引申义有继承、继承者、随后、接济等。(徐在国)

續(续) xù 邪纽、屋部;邪纽、烛韵、似足切。

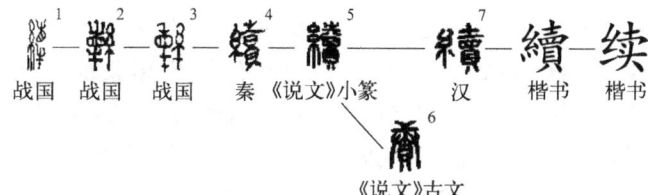

1《四版校补》146页。2、3、4《战文编》840页。5、6《说文》272页。7《篆隶表》923页。

形声字。从糸,賣(yù)声。"賣"(yù)之形体演变,参"賣"(非賣mài)字条。战国文字"续"字从糸、㣇声。秦文字从糸、卖(yù)声,与《说文》篆文同。"賣(yù)"简化作"卖","續"类推简化作"续"。《说文》:"续,连也。"本义是连接。《庄子·骈拇》:"凫胫虽短,续之则忧,鹤胫虽长,断之则悲。"引申为继续。睡虎地秦墓竹简《秦律十八种》201:"受者以律续食衣之。"(如系领受者,应依法继续给予衣食)(徐在国)

纘(缵) zuǎn 精纽、元部;精纽、缓韵、作管切。

1《说文》272页。2、3《篆隶表》923页。

形声字。从糸,贊声。"贊"之形体演变,参"贊"字条。"赞"为"贊"之简化字。"纘"字类推简化作"缵"。《说文》:"缵,继也。"本义是继承。《礼记·中庸》:"武王缵大王、王季、文王之绪。"(武王继承太王、王季和文王的事业)通"篡",撰写。唐韩愈《送陈秀才彤序》:"读书以为学,缵言以为文,非以夸多而斗靡也。"(徐在国)

紹(绍) shào 禅纽、宵部;禅纽、小韵、市沼切。
chāo 昌纽、宵部;昌纽、宵韵、蚩招切。

1、2、3《战文编》840页。4《战文编》858页。5《篆文编》594页。6、7《说文》272页。8《篆隶表》923页。

形声字。从糸,召声。战国文字"绍"字或从"卲"声,属声符繁化。"绍"为"紹"字简化字。《说文》:"紹,继也。"本义是继承,接续。《书·盘庚上》:"绍复先王之大业。"(继承恢复先王的大业)引申义有介绍,紧紧地缠绕等。这些意义的"绍"字读为 shào。《集韵·宵韵》:"绍,缓也。"《诗·大雅·常武》:"王舒保作,匪绍匪游。"郑玄笺:"绍,缓也。"这种意义的"绍"字读为 chāo。(徐在国)

縱(纵)

zòng 精纽、东部;精纽、用韵、子用切。
zǒng 精纽、东部;精纽、董韵、祖动切。

战国 — 秦 — 《说文》小篆 — 汉 楷书 — 縱 楷书 — 纵

1、2《战文编》840页。3《说文》272页。4《篆隶表》924页。

形声字。从糸,從声。战国文字"纵"或从糸、枞声。秦文字从糸、从声,与《说文》篆文同。"從"简化作"从"。"縱"字类推简化作"纵"。《说文》:"纵,舍也。"本义是放,发。《韩非子·八奸》:"纵禁财,发坟仓。"(发放君主府库中的财物,打开大的仓库)引申为释放、放纵、乱等义。这些意义的"纵"字读为"zòng"。"纵纵",急遽的样子。《礼记·檀弓上》:"丧事欲其纵纵尔。"(办丧事要急匆匆的)这种意义的"纵"字读为 zǒng。(徐在国)

紓(纾)

shū 书纽、鱼部;书纽、鱼韵、伤鱼切。

《说文》小篆 — 紓 楷书 — 纾 楷书

1《说文》272页。

形声字。从糸,予声。"予"之形体演变,参"予"字条。"纾"乃"紓"之简化字。本义是宽缓,缓和。《说文》:"纾,缓也。"《左传·文公十六年》:"子,身之贰也,姑纾死焉。"(儿子是我的代表,姑且由他代替我让我晚点死去)引申义有舒展、宽裕、解除等。(徐在国)

纖(纤)

xiān 心纽、谈部;心纽、盐韵、息廉切。
jiān 精纽、谈部;精纽、盐韵、将廉切。

《说文》小篆 — 纖 楷书 — 纤 楷书

1《说文》272页。

形声字。从糸,韱声。"纤"是"纖"的简化字。《说文》:"纤,细也。"本义是细纹丝织品。《书·禹贡》:"厥篚玄纤缟。"(他们的竹篚里装着黑色细纹丝织品和白绢)引申为细微、吝啬。这些意义的"纤"字读为 xiān。《集韵·盐韵》:"纤,刺也。"《礼记·文王世子》:"其刑罪,则纤剸。"(施刑于罪人,就用刀锯刺、割人体)这种意义的"纤"字读为 jiān。(徐在国)

細(细)

xì 心纽、脂部;心纽、霁韵、苏计切。

秦 — 《说文》小篆 — 汉 — 汉 楷书 — 細 楷书 — 细

1《战文编》841页。2《说文》272页。3、4《篆隶表》924页。

形声字。从糸,囟声。"囟"之形体演变,参"囟"字条。"囟"楷书讹变为"田"。"细"为"細"之简化字。本义是微小的丝。《说文》:"细,微也。"引申为小的,与"大"相对。《书·旅獒》:"不矜细行,终累大德。"(小事不慎重,最终会牵累大德)又有精细、苛刻、地位卑微等义。(徐在国)

縮(缩)

suō 心纽、觉部;生纽、屋韵、所六切。

《说文》小篆 — 縮 楷书 — 缩 楷书

1《说文》272页。

形声字。从糸,宿声。"宿"之形体演变,参"宿"字条。"缩"为"縮"之简化字。本义是用绳子捆起来。《尔雅·释器》:"绳之谓之缩。"《诗·大雅·緜》:"其绳则直,缩版以载。"(施工前拉绳取直,用绳子把长版捆在筑墙所立的木柱上)引申指缩短。《淮南子·时则》:"孟春始赢,孟秋始缩。"(徐在国)

紊

wěn 明纽、文部;微纽、问韵、亡运切。

商 — 《说文》小篆 — 紊 楷书

1《合集》27456。2《说文》272页。

形声字。甲骨文"紊"字从糸、文声,《说文》篆文承袭之。本义是乱。《说文》:"紊,乱也。"《书·盘庚上》:"若网在纲,有条而不紊。"(像网连在提网的大绳上,才会有条理不乱)引申为繁盛。(徐在国)

級(级)

jí 见纽、缉部；见纽、缉韵、居立切。

紙¹ — 級² — 絹³ — 級⁴ — 級 — 级
战国　　秦　　《说文》小篆　汉　　楷书　楷书

1、2《战文编》841页。3《说文》272页。4《篆隶表》925页。

形声字。从糸，及声。始见于战国文字。"及"之形体演变，参"及"字条。"级"乃"級"之简化字。《说文》："級，丝次弟也。"本义是丝的优劣次第，引申为等级，特指官阶爵位的品级。《左传·僖公九年》："以伯舅耋老，加劳，赐一级，无下拜。"（因为伯舅年纪大了，加上功劳，赐给一等，不用下阶跪拜）又引申指台阶。通"及"。郭店楚墓竹简《语丛四》5："既得其急言，必有级（及）之。"（徐在国）

總(总)

zǒng 精纽、东部；精纽、董韵、作孔切。

zōng 精纽、东部；精纽、东韵、祖丛切。

𢁉¹ — 總² — 紻³ — 總⁴ — 總 — 总
秦　《说文》小篆　汉　　汉　　楷书　楷书

1《战文编》841页。2《说文》272页。3、4《篆隶表》925页。

形声字。从糸，悤声。秦简"总"字作𢁉，马王堆汉墓帛书从之。"悤"之形体演变，参"悤"字条。"总"乃"總"之简化字。《说文》："總，聚束也。"本义是聚束、系札。《仪礼·丧服礼》："布總箭笄髽，衰三年。"（用布把头发束起，用竹制的簪子插在头上，麻发合结的丧髻露出。服斩衰三年）引申义有流苏、结、合、统领等。这些意义的"总"字读为zǒng。又指丝数名，古代丝八十根为一总。《诗·召南·羔羊》："素丝五總。"这种意义的"总"字读为zōng。（徐在国）

約(约)

yuē 影纽、药部；影纽、药韵、於略切。

yào 影纽、宵部；影纽、笑韵、於笑切。

約¹ — 約² — 約³ — 約⁴ — 約 — 约
战国　战国　秦　《说文》小篆　汉　楷书　楷书

1、2、3《战文编》841页。4《说文》272页。5《篆隶表》925页。

形声字。从糸，勺声。始见于战国文字。"勺"之形体演变，参"勺"字条。"约"为"約"之简化字。《说文》："約，缠束也。"本义是缠束、捆缚。《诗·小雅·斯干》："约之阁阁。"（捆缚得上下严紧）引申为约束、节制。郭店楚墓竹简《性自命出》9："柔之约，柔取之也。"（柔物卷束，是因为其性太柔）这些意义的"约"字读为yuē。又指要领，关键。《商君书·修权》："凡赏者，文也；刑者，武也。文武者，法之约也。"这种意义的"约"字读为yào。（徐在国）

繚(缭)

liáo 来纽、宵部；来纽、萧韵、落萧切。

繚¹ — 繚² — 繚³ — 繚⁴ — 繚 — 缭
战国　　秦　　《说文》小篆　汉　楷书　楷书

1、2《战文编》841页。3《说文》272页。4《篆隶表》926页。

形声字。从糸，尞声。"尞"之形体演变，参"尞"字条。"缭"为"繚"之简化字。本义是缠绕。《说文》："繚，缠也。"《楚辞·九歌·湘夫人》："芷葺兮荷屋，繚之兮杜衡。"王逸注："繚，缚束也。"又指祭祀名。古代九祭之一。《周礼·春官·大祝》："辨九祭，一曰命祭……八曰繚祭。"（徐在国）

纏(缠)

chán 定纽、元部；澄纽、仙韵、直连切。

纏¹ — 纏² — 纏³ — 纏⁴ — 纏 — 缠
秦　　秦　《说文》小篆　汉　楷书　楷书

1《战文编》842页。2、4《篆隶表》926页。3《说文》272页。

形声字。从糸，廛声。"廛"之形体演变，参"廛"字条。"缠"为"纏"之简化字。本义是缠绕。《说文》："纏，绕也。"汉班固《西都赋》："飑飑纷纷，矰缴相缠。"引申义有绳索、纠缠等。（徐在国）

繞(绕)

rào 日纽、宵部；日纽、笑韵、人要切。

rǎo 日纽、宵部；日纽、小韵、而沼切。

繞¹ — 繞² — 繞³ — 繞⁴ — 繞⁵ — 繞 — 绕
战国　战国　秦　《说文》小篆　汉　楷书　楷书

1、2、3《战文编》842页。4《说文》272页。5《篆隶表》926页。

形声字。从糸，堯声。始见于战国文字。"堯"之形体演变，参"堯"字条。"尧"为"堯"之简化字。"繞"类推简化作"绕"。本义是缠绕。《说文》："繞，缠也。"《山海经·海外西经》："（穷山）其丘方，四蛇相绕。"引申指围绕。这些意义的"绕"字读为rào。又指弯曲。《文选·傅毅〈舞赋〉》："眉连娟以增绕兮，目流睇而横波。"李善注："绕，谓曲也。言眉

细而益曲也。"这种意义的"绕"字读为 rǎo。（徐在国）

辮（辫） biàn 并纽、元部；并纽、铣韵、薄泫切。

辮¹ — 辮² — 辮 — 辫
《说文》小篆　汉　　楷书　楷书

1《说文》272页。2《篆隶表》926页。

形声字。从糸，辡声。"辡"之形体演变，参"辡"字条。"辫"为"辮"之简化字。本义是交织，编结。汉张衡《思玄赋》："辮贞亮以为鞶兮，杂技艺以为珩。"引申指发辫。宋张九成《旦起理发》："清晨解条辫，千梳复重重。"（徐在国）

結（结） jié 见纽、质部；见纽、屑韵、古屑切。

結¹ — 結² — 結³ — 結⁴ — 結⁵ — 結⁶ — 結 — 结
战国　战国　战国　秦　《说文》小篆　汉　楷书　楷书

1–4《战文编》842页。5《说文》272页。6《篆隶表》926页。

形声字。从糸，吉声。始见于战国文字。"吉"之形体演变，参"吉"字条。"结"为"結"之简化字。《说文》："結，缔也。"本义是打结。《易·系辞下》："上古结绳而治，后世圣人易之以书契。"引申指交结。郭店楚墓竹简《缁衣》25："信以结之，则民不倍。"（用诚信来交结他们，百姓就不背叛）（徐在国）

締（缔） dì 定纽、锡部；定纽、霁韵、特计切。

締¹ — 締 — 缔
《说文》小篆　楷书　楷书

1《说文》272页。

形声字。从糸，帝声。"帝"之形体演变，参"帝"字条。"缔"为"締"之简化字。本义是结不可解。《说文》："締，结不解也。"引申指郁结。《楚辞·九章·悲回风》："心鞿羁而不开兮，气缭转而自締。"（思想被约束着无法舒展，我气息郁闷着郁结一团）引申指结合。后指订立，如：缔约。（徐在国）

縛（缚） fù 并纽、铎部；奉纽、药韵、符镬切。

縛¹ — 縛² — 縛³ — 縛⁴ — 縛 — 缚
战国　秦　《说文》小篆　汉　楷书　楷书

1、2《战文编》842页。3《说文》272页。4《篆隶表》927页。

形声字。从糸，尃声。始见于战国文字。"尃"之形体演变，参"尃"字条。"缚"为"縛"之简化字。《说文》："縛，束也。"本义是用绳索捆绑，束缚。郭店楚墓竹简《穷达以时》6："管夷吾拘繇束缚。"（管夷吾被囚禁捆绑）《左传·文公二年》："晋襄公缚秦囚，使莱驹以戈斩之。"引申指拘束、限制。（徐在国）

繃（绷） bēng 帮纽、蒸部；帮纽、耕韵、北萌切。

繃¹ — 繃² — 繃³ — 繃⁴ — 繃⁵ — 繃 — 绷
战国　战国　战国　战国　《说文》小篆　楷书　楷书

1–4《战文编》843页。5《说文》272页。

形声字。从糸，崩声。战国文字"绷"字从糸、朋声，或从甸声、塱声，并"绷"之初文。《集韵·耕韵》："繃，或作绷。"今以"绷"为"繃"之简化字。本义是缠束。《说文》："繃，束也。《墨子》曰：'禹葬会稽，桐棺三寸，葛以繃之。'"后指婴儿的包被。《广韵·耕韵》："繃，束儿衣。"通"朋"。《包山楚简》219："繃（朋）佩。"（徐在国）

給（给） jǐ 见纽、缉部；见纽、缉韵、居立切。

給¹ — 給² — 給³ — 給 — 给
秦　《说文》小篆　汉　楷书　楷书

1《战文编》843页。2《说文》273页。3《篆隶表》927页。

形声字。从糸，合声。"合"之形体演变，参"合"字条。"给"为"給"之简化字。本义是丰足、富裕。《孟子·梁惠王下》："春省耕而补不足，秋省敛而助不给。"（春天里巡视耕种情况，对贫穷户加以补助；秋天里考察收获情况，对缺粮户加以补助）引申义有供给、及、给予、敏捷等。（徐在国）

繒（缯） zēng 从纽、蒸部；从纽、蒸韵、疾陵切。

繒(缯)

秦 秦 《说文》小篆 汉 汉 楷书 楷书
《说文》籀文

1、2《篆隶表》843页。3、4《说文》273页。5《篆隶表》928页。

形声字。从糸,曾声。秦文字"繒"字从糸、曾声,与《说文》篆文同。《说文》"繒"字籀文作"䋙",从糸、辛声。"曾"之形体演变,参"曾"字条。"缯"为"繒"的简化字。《说文》:"繒,帛也。"本义是丝织品的总称。《列子·汤问》:"不待五谷而食,不待缯纩而衣。"通"矰",弋射的箭。《战国策·楚策四》:"治其缯(矰)缴,将加己乎百仞之上。"(徐在国)

綺(绮) qǐ 溪纽、歌部;溪纽、纸韵、墟彼切。

《说文》小篆 汉 楷书 楷书

1《说文》273页。2《篆隶表》928页。

形声字。从糸,奇声。"奇"之形体演变,参"奇"字条。"绮"乃"綺"之简化字。《说文》:"綺,文缯也。"本义是平纹底起花的丝织品。《楚辞·招魂》:"篡组绮缟,结琦璜些。"(各种颜色的丝带,连接美玉挂满帐旁)引申为华丽、光色、纵横交错等。(徐在国)

縑(缣) jiān 见纽、谈部;见纽、添韵、古甜切。

《说文》小篆 汉 汉 楷书 楷书

1《说文》273页。2、3《篆隶表》929页。

形声字。从糸,兼声。"兼"之形体演变,参"兼"字条。"缣"乃"縑"之简化字。《说文》:"縑,并丝缯也。"本义是双丝织成的细绢。《管子·山国轨》:"春缣衣,夏单衣。"又作量词。唐制布帛四丈为一匹,也称缣。《新唐书·兵志四十一》:"方其时,天下以一缣易一马。"(徐在国)

練(练) liàn 来纽、元部;来纽、霰韵、郎甸切。

战国 《说文》小篆 汉 楷书 楷书

1《战文编》844页。2《说文》273页。3《篆隶表》929页。

形声字。从糸,柬声。始见于战国文字。"柬"之形体演变,参"柬"字条。"练"乃"練"的简化字,来源于草书。《说文》:"练,湅缯也。"本义是把生丝或织品煮得柔软洁白。《周礼·天官·染人》:"凡染,春暴练,夏纁玄。"郑玄注:"暴练,练其素而暴之。"引申指训练、干练、熔炼等义。通"柬",选择。《汉书·礼乐志》:"练时日,侯有望。"(徐在国)

縞(缟) gǎo 见纽、宵部;见纽、号韵、古到切。

战国 战国 《说文》小篆 汉 楷书 楷书

1、2《战文编》844页。3《说文》273页。4《篆隶表》929页。

形声字。从糸,高声。始见于战国文字。"高"之形体演变,参"高"字条。"缟"乃"縞"之简化字。《说文》:"縞,鲜色也。"本义是白色精细的丝织品。如《包山楚简》261:"一缟衣。"《诗·郑风·出其东门》:"缟衣綦巾。"引申指白色。(徐在国)

綮 qǐ 溪纽、支部;溪纽、荠韵、康礼切。
qìng 溪纽、支部;溪纽、径韵、诘定切。

《说文》小篆 楷书

1《说文》273页。

形声字。从糸,启声。"启"之形体演变,参"啟"字条。本义是细缴的缯帛。《说文》:"綮,致缯也。"又指戟衣。《广韵·荠韵》:"綮,戟衣。"綮戟是古代官吏出行时前导的仪仗。也作"棨"。这些意义的"綮"字读为qǐ。"肯綮",筋肉结节处。《庄子·养生主》:"因其固然,技经肯綮之未尝,而况大軱乎!"这种意义的"綮"字读为qìng。(徐在国)

綾(绫) líng 来纽、蒸部;来纽、蒸韵、力膺切。

糸部

绫² — 绫
《说文》小篆　楷书　楷书

1《说文》273页。

形声字。从糸，夌声。"夌"之形体演变，参"夌"字条。"绫"乃"綾"之简化字。《说文》："綾，东齐谓布帛之细曰绫。"本义是细薄、有花纹的织品。《汉书·高帝纪下》："贾人毋得衣锦、绣、绮、縠、絺、纻、罽。"颜师古注："绮，文缯也，即今之细绫也。"北周庾信《春赋》："艳锦安天鹿，新绫织凤凰。"（徐在国）

繡（绣）xiù　心纽、幽部；心纽、宥韵、所祐切。

繡¹ — 繡² — 繡³ — 繡⁴ — 繡 — 绣
战国　秦　《说文》小篆　汉　楷书　楷书

1《包山楚简》262。2《战文编》844页。4《说文》273页。5《篆隶表》930页。

形声字。从糸，肃声。始见于战国文字。"肃"之形体演变，参"肃"字条。"绣"是"繡"的简化字。战国文字中有"绣"字，但与"繡"之简化字无涉。《说文》："繡，五采备也。"本义是经绘画而使五采具备。《周礼·考工记·画缋》："画缋之事……青与赤谓之文，赤与白谓之章，白与黑谓之黼，黑与青谓之黻，五采备谓之绣。"引申指有彩色花纹的丝织品。《包山楚简》262："紫裏绣纯。"（徐在国）

絢（绚）xuàn　晓纽、真部；晓纽、霰韵、许县切。

絢¹ — 絢² — 絢 — 绚
《说文》小篆　汉　楷书　楷书

1《说文》273页。2《篆隶表》930页。

形声字。从糸，旬声。"旬"之形体演变，参"旬"字条。"绚"乃"絢"之简化字。本义是有文采。《仪礼·聘礼》："皆玄纁，系长尺绚组。"郑玄注："采成文曰绚。"引申指点缀。晋左思《蜀都赋》："幽思绚道德，摛藻掞天庭。"（徐在国）

繪（绘）huì　匣纽、月部；匣纽、泰韵、黄外切。

繪¹ — 繪² — 繪 — 绘
战国　《说文》小篆　楷书　楷书

1《战文编》844页。2《说文》273页。

形声字。从糸，會声。始见于战国文字。"會"之形体演变，参"會"字条。"會"简化作"会"。"繪"类推简化作"绘"。《说文》："繪，会五采绣也。"本义是五彩的刺绣。仰天湖楚简："一绽布之绘。"《论语·八佾》："绘事后素。"郑玄注："绘，画文也。"后引申指绘画。《新唐书·白居易传》："尝与胡杲、吉旼、郑据、刘真、卢真、张浑、狄兼谟、卢贞燕集，皆年高不事者，人慕之，绘为《九老图》。"（徐在国）

絑　mǐ　明纽、脂部；明纽、荠韵、莫礼切。

絑¹ — 絑
《说文》小篆　楷书

1《说文》273页。

会意兼形声字。从糸、从米，会绣文如聚细米。米亦声。"米"之形体演变，参"米"字条。《说文》："絑，绣文如聚细米也。"本义是像细米似的密集的绣文。《书·益稷》："藻火粉米。"陆德明释文引徐邈曰："米作絑。"（徐在国）

絹（绢）juàn　见纽、元部；见纽、线韵、古掾切。

絹¹ — 絹² — 絹³ — 絹⁴ — 絹⁵ — 絹 — 绢
战国　战国　战国　战国　《说文》小篆　楷书　楷书

1-4《战文编》844页。5《说文》273页。

形声字。战国文字"绢"字从糸、肙声，所从的声符"肙"或繁化作"㕣"、"㕣"。"绢"为"絹"之简化字。《说文》："絹，缯如麦稍。"本义是麦青色的丝织品。引申为丝织品的通称。《信阳楚墓》2·013："二纺绢。"《管子·乘马》："无绢则用其布。"后指书画、装潢等物件。（徐在国）

緑（绿）lǜ　来纽、药部；来纽、烛韵、力玉切。

緑¹ — 緑² — 緑³ — 緑⁴ — 緑⁵ — 緑⁶ — 绿 — 绿
商　战国　战国　战国　战国　《说文》小篆　楷书　楷书

1《甲文编》506页。2-5《楚系简帛》899页。6《说文》273页。

形声字。从糸，录声。甲骨文"绿"字作𠂤，战国文字变作緑。《说文》篆文承袭战国文字，但形体有所讹变。"绿"是"緑"的简化字。《说文》："緑，帛青黄色也。"本义是草和树叶壮盛时的颜色。蓝颜料和黄颜料配合时即呈绿色。古时谓之青黄色。《包山楚简》262："一缟席绿裹。"269："绿组之縢。"《诗·邶风·绿衣》："绿兮衣兮，绿衣黄裹。"通"菉"，王刍，一种野菜。《诗·小雅·采绿》："终朝采绿，不盈一匊。"（徐在国）

绌（绌） chù 端纽、物部；知纽、术韵、竹律切。

1、2《战文编》845页。3《说文》273页。4《篆隶表》930页。

形声字。战国文字"绌"字从糸、出声，为《说文》篆文所本。"出"之形体演变，参"出"字条。"绌"乃"绌"之简化字。《说文》："绌，绛也。"本义是深红色。常用义是短缺，不足。楚帛书："月则经(盈)绌。"（月亮有圆缺）《荀子·非相》："缓急赢绌。"通"黜"，废除、贬退。《礼记·王制》："不孝者，君绌以爵。"（徐在国）

绛（绛） jiàng 见纽、冬部；见纽、绛韵、古巷切。

1《说文》273页。2《篆隶表》931页。3《篆隶表》930页。

形声字。从糸，夅声。"夅"之形体演变，参"夅"字条。"绛"乃"绛"之简化字。《说文》："绛，大赤也。"本义是大红色。《墨子·公孟》："昔者楚庄王，鲜冠组缨，绛衣博袍，以治其国。"引申指丝织物。《晋书·礼志》："绛二匹，绢二百匹。"（徐在国）

綰（绾） wǎn 影纽、元部；影纽、潸韵、乌板切。

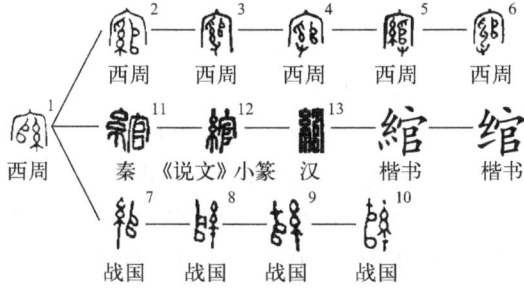

1、2《四版校补》146页。3—6《金文编》860页。7—11《战文编》845页。12《说文》273页。13《篆隶表》931页。

形声字。从糸，官声。西周金文"綰"字或从䆞、官声。战国文字或从糸、从官省声。秦文字从糸、官声，与《说文》篆文同。"绾"乃"綰"之简化字。痪钟："勾永命綰綰。"蔡姞簋："用祈勾眉寿綰綰。"伯硕父鼎："綰綽永命，万年无疆。""綰綽"，或作"綰綽"，犹言宽绰、宽裕广大。墙盘："受(授)天子綰命、厚福、丰年。"（授与天子长命、大福、丰年）《广韵·潸韵》："綰，系也。"《史记·绛侯周勃世家》："绛侯綰皇帝玺，将兵于北军。"（徐在国）

縉（缙） jìn 精纽、真部；精纽、震韵、即刃切。

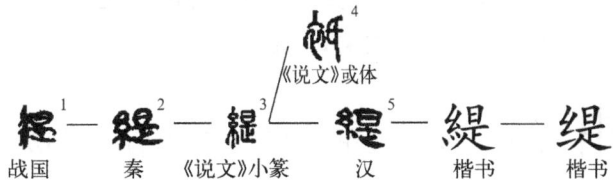

1《战文编》864页。2《说文》273页。3《篆隶表》931页。

形声字。从糸，晉声。战国文字"縉"从糸、槧(楷)声。"晉"之形体演变，参"晉"字条。"晉"简化作"晋"。"縉"类推简化作"缙"。《说文》："縉，帛赤色也。"本义是浅红色的帛。《急就篇》第二章："烝栗绢绀缙红繎。"通"搢"，插。《荀子·礼论》："设褻衣，袭三称，缙绅而无钩带矣。""缙绅"，插笏于绅，这是古代官吏的装束。后以"缙绅"指称官族。《汉书·郊祀志上》："其语不经见，缙绅者弗道。"（徐在国）

緹（缇） tí 定纽、支部；定纽、齐韵、杜奚切。

1《战文编》845页。2《睡甲》195页。3、4《说文》274页。5《篆隶表》931页。

形声字。从糸，是声。始见于战国文字。"是"之形体演变，参"是"字条。"缇"乃"緹"之简化字。《说文》："緹，帛丹黄色。"本义是橘红色的丝织物。《信阳楚墓》2·02："一两漆缇缕。"《包山楚简》259："二缇娄(缕)。"《急就篇》第二章："绛缇絓紬丝絮绵。"引申指橘红色。（徐在国）

紫 zǐ 精纽、支部；精纽、纸韵、将此切。

紫

春秋 战国 战国 战国 战国 《说文》小篆 汉 楷书

1《金文编》860页。2、3、4《战文编》845页。5《战文编》846页。6《说文》274页。7《篆隶表》932页。

形声字。春秋金文"紫"字从糸、此声,"糸"左"此"右;战国文字承袭春秋金文,所从的"此"形体略有变化。《说文》篆文"糸"放在"此"下部,隶作"紫"。《说文》:"紫,帛青赤色。"本义是红和蓝合成的颜色。《包山楚简》271:"紫绅纲缚,紫绔虎长。"《包山楚简》262:"紫裏。"《论语·阳货》:"子曰:'恶紫之夺朱也,恶郑声之乱雅乐也。'"引申指紫色的丝带。《文选·扬雄〈解嘲〉》:"纡青拖紫,朱丹其毂。"李善注引《东观汉记》曰:"印绶,汉制公侯紫绶,九卿青绶。"(徐在国)

紅(红) hóng 匣纽、东部;匣纽、东韵、户公切。

战国 战国 《说文》小篆 汉 汉 楷书 楷书

1、2《战文编》846页。3《说文》274页。4、5《篆隶表》932页。

形声字。从糸,工声。始见于战国文字。"工"之形体演变,参"工"字条。"红"乃"紅"之简化字。本义是指浅赤色的帛。《说文》:"紅,帛赤白色。"后泛指粉红色,桃红色。《信阳楚墓》2·013:"一红介之留衣。"仰天湖楚简:"红组之绥。"《论语·乡党》:"红紫不以为亵服。"引申指赤,大红。通"工",指妇女纺织、刺绣等工作。《汉书·哀帝纪》:"害女红之物,皆止。"(徐在国)

紺(绀) gàn 见纽、谈部;见纽、勘韵、古暗切。

《说文》小篆 汉 汉 楷书 楷书

1《说文》274页。2、3《篆隶表》932页。

形声字。从糸,甘声。"甘"之形体演变,参"甘"字条。"绀"乃"紺"之简化字。《说文》:"紺,帛深青扬赤色。"本义是微呈红色的深青色。《论语·乡党》:"君子不以绀緅饰。"(君子不用深青色和铁红色做衣服的镶边)(徐在国)

缲(缲) zǎo 心纽、宵部;心纽、豪韵、苏遭切。

战国 《说文》小篆 汉 楷书 楷书

1《战文编》846页。2《说文》274页。3《篆隶表》932页。

形声字。从糸,喿声。始见于战国文字。"喿"之形体演变,参"喿"字条。"缲"乃"繰"之简化字。《说文》:"繰,帛如绀色。"《广雅·释器》:"繰,青也。"本义是青色或微带红的黑色。仰天湖楚简:"一鑑,又(有)繰缟。"通"澡",漂洗、澡治布帛。《礼记·杂记上》:"小功以下,左,缌冠繰缨。"通"缫",抽丝。《国语·楚语下》:"天子亲舂禘郊之盛,王后亲繰其服。"(徐在国)

緇(缁) zī 精纽、之部;庄纽、之韵、侧持切。

战国 《说文》小篆 汉 楷书 楷书

1《上博(一)》缁衣1。2《说文》274页。3《篆隶表》933页。

形声字。从糸,甾声。战国文字"緇"字从糸、才声。"緇"或作"纣",属声符替换。"甾"之形体演变,参"甾"字条。"缁"为"緇"之简化字。本义是黑色的帛。《说文》:"緇,帛黑色也。"《尔雅·释天》:"緇广充幅,长寻曰旐。"郭璞注:"帛全幅长八尺。"泛指黑色。《上海博物馆藏战国楚竹书·缁衣》1:"子曰:好美如好纣(緇)衣。"《礼记·檀弓上》:"天子之哭诸侯也,爵弁绖,缁衣。"(徐在国)

纔 shān 心纽、侵部;生纽、衔韵、所衔切。
cái 从纽、之部;从纽、哈韵、昨哉切。

《说文》小篆 楷书

1《说文》274页。

形声字。从糸,毚声。"毚"之形体演变,参"毚"字条。本义是黑里带红的颜色。《说文》:"纔,帛雀头色。一曰,微黑色如绀。"这种意义的"纔"字读为shān。作副词,表时间,相当于刚才、刚刚。《汉书·晁错传》:"救之,少发则不足;多发,远县纔至,则胡又已去。"表示数量或程度,相当于仅仅、只。《汉书·贾山传》:"然身死纔数月耳。"这种意义的"纔"字,同

"才"，读为cái。作副词时，与"才"用法同，所以"纔"简化作"才"（使用同音替代法）。（徐在国）

縟(缛) rù 日纽、屋部；日纽、烛韵、而蜀切。

縟 — 縟 — 缛
《说文》小篆　楷书　楷书

1《说文》274页。

形声字。从糸，辱声。"辱"之形体演变，参"辱"字条。"缛"乃"縟"之简化字。《说文》："縟，繁采色也。"本义是繁密的采饰。汉张衡《西京赋》："故其馆室次舍，采饰纤缛。"引申指繁多，烦琐。《仪礼·丧服礼》："丧成人者其文缛，丧未成人者其文不缛。"（成年人去世，礼仪繁多。未成年人去世，礼仪简单）通"褥"，褥子。南朝宋谢惠连《雪赋》："携佳人兮披重幄，援绮衾兮坐芳缛。"（徐在国）

纓(缨) yīng 影纽、耕部；影纽、清韵、於盈切。

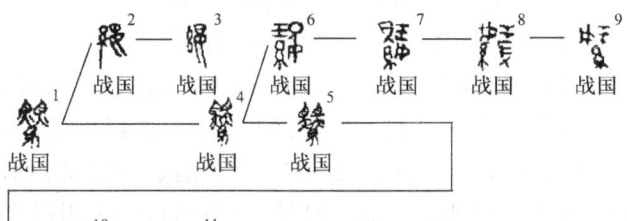

纓 — 纓 — 纓 — 缨
《说文》小篆　汉　楷书　楷书

1–5《战文编》846页。6–9《战文编》847页。10《说文》274页。11《篆隶表》933页。

形声字。从糸，嬰声。战国文字"纓"字从糸、晏声，或从瑏声，或从嬰省。"嬰"之形体演变，参"嬰"字条。"嬰"简化作"婴"。"纓"类推简化作"缨"。《说文》："纓，冠系也。"本义是系帽的带子。《包山楚简》270："纓组之绥。"《信阳楚墓》2·015："一青缎纓组"。《礼记·檀弓上》："丝屦组纓。"引申指古时套在马、犬颈上或胸前的一种装饰物。天星观楚简："两马之长纓。"《周礼·春官·巾车》："锡樊纓，十有再就。"郑司农云："纓谓当胸。"郑玄谓"纓，今马鞅。"通"嬰"，陈之以环祭。秦家嘴楚简："纓(嬰)之吉玉北方。"《山海经·中山经》："其祠泰室、熏池、武罗，皆一牡羊副，嬰用吉玉。"通"惊"。郭店楚墓竹简《老子乙》6："宠辱不纓(惊)。"（徐在国）

緌(绥) ruí 日纽、微部；日纽、脂韵、儒佳切。

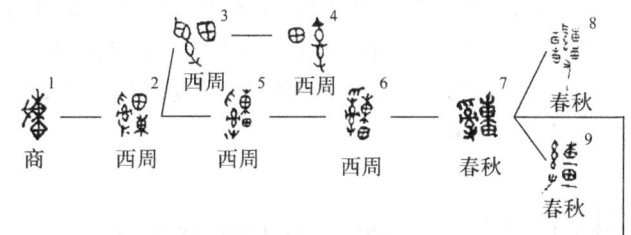

緌 — 緌 — 绥
《说文》小篆　楷书　楷书

1《说文》274页。

形声字。从糸，委声。"委"之形体演变，参"委"字条。本义是古代帽带结子的下垂部分。《礼记·内则》："冠緌缨。"孔颖达疏："结缨颔下以固冠，结之余者，散而下垂，谓之緌。"引申指似缨饰的下垂物。又指旌旗。《释名·释兵》："緌，有虞氏之旐也，注旄竿首，其形甤甤然也。"（徐在国）

紳(绅) shēn 书纽、真部；书纽、真韵、朱人切。

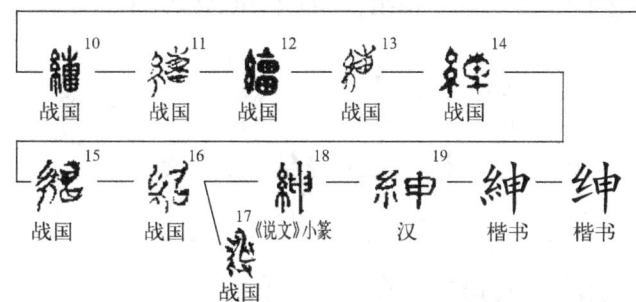

紳 — 紳 — 紳 — 紳 — 紳 — 紳 — 紳 — 紳 — 紳 — 紳 — 紳 — 紳 — 紳 — 紳 — 紳 — 紳 — 紳 — 紳 — 紳 — 绅
《说文》小篆　汉　楷书　楷书

1《英国所藏甲骨集》2415反。2、5、6《金文编》861页。3、4、8、9《四版校补》146页。7《战文编》841页。10–17《战文编》847页。18《说文》274页。19《篆隶表》933页。

形声字。从糸，申声。甲骨文"紳"字像以手作多道缠束之形，是绅束之绅的表意初文。西周金文"紳"字"手"旁改为"爰"或"簋"旁，并把"糸"旁改为从"東"(東有束义)田声，或省"東"旁。春秋金文"紳"字或从四"屮"，当由"糸"形讹变。战国文字"紳"字有二体。一体承袭商周文字，从"𡥑"、"𡨄"，或省作"屮"、"東"。一体从糸、申声，为《说文》篆文所本。或繁化为从"支"声。"绅"乃"紳"之简化字。本义是约束。《广雅·释诂三》："紳，束也。"《韩非子·外储说左上》："《书》曰'绅之束之。'"引申为大带。《说文》："紳，大带也。"通"申"。毛公鼎："今余唯紳(申)先王命。"（现在我重申先王的命令）

大克鼎："今余唯绅(申)就乃命。"(现在我重申对你的任命)通"靷",引车前行的皮带。《包山楚简》271："紫绅。"(徐在国)

綬(绶) shòu 禅纽、幽部；禅纽、宥韵、承呪切。

1《金文编》861页。2《战文编》847页。3《说文》274页。4《篆隶表》933页。

形声字。从糸,受声。西周金文"綬"字从索、受声,糸、索二旁古通。秦代陶文"綬"字从糸、受声,为《说文》篆文所本。"绶"乃"綬"之简化字。《说文》："綬,韨维也。"本义是用以拴系玉饰和印章的丝质带子。《礼记·玉藻》："天子佩白玉而玄组绶。"引申指系帷幕的带子。《周礼·天官·幕人》："幕人,掌帷幕幄帟绶之事。"郑玄注引郑司农曰："绶,组绶,所以系帷也。"(徐在国)

組(组) zǔ 精纽、鱼部；精纽、姥韵、则古切。

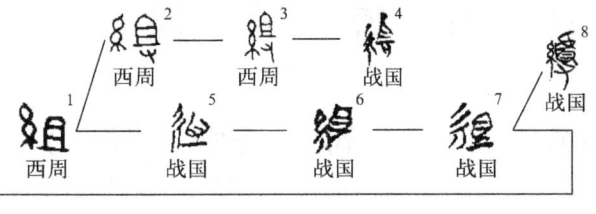

1、2、3《金文编》861页。4-7《战文编》848页。8《战文编》864页。9《说文》274页。10《篆隶表》934页。

形声字。从糸,且声。西周金文"组"字或从糸、叟声。战国文字"组"字或从糸、昌声、加口繁化,或从戜声。"组"乃"組"之简化字。《说文》："组,绶属。其小者,以为冕缨。"本义是丝带。《包山楚简》竹牍："绿组之縢。"《书·禹贡》："厥篚玄纁玑组。"(黑色和浅红色穿有方珍珠的丝带装入竹筐进贡)引申指编织。《诗·鄘风·干旄》："素丝组之,良马五之。"毛亨传："组,织组也。"通"徂",往。师衰簋："今余弗叚(遐)组(徂)。"(现在我不再去征伐)(徐在国)

纂 zuǎn 精纽、元部；精纽、缓韵、作管切。

1《说文》274页。2《篆隶表》934页。

形声字。从糸,算声。"算"之形体演变,参"算"字条。《说文》："纂,似组而赤。"本义是赤色的丝带。《国语·齐语》："缕纂以为奉。"引申指汇集,收集。《荀子·君道》："纂论公察则民不疑。"(汇集众议而不凭私见,百姓就不怀疑)引申为编撰、修治、系等义。通"缵",继承。《礼记·祭统》："献公乃命成叔,纂乃祖服。"(徐在国)

紐(纽) niǔ 泥纽、幽部；泥纽、有韵、女久切。

1《说文》274页。2《篆隶表》934页。

形声字。从糸,丑声。"丑"之形体演变,参"丑"字条。"纽"乃"紐"之简化字。《说文》："纽,系也。一曰结而可解。"本义是打结。《礼记·丧大记》："大敛,小敛,祭服不倒,皆左衽,结绞不纽。""结绞不纽"义为用布带扎紧尸体所穿衣服不打结。引申指器物上用以执持或用以系绳带的部件。《淮南子·说林》："龟纽之玺,贤者以为佩。"引申义还有连接、根本等。(徐在国)

綸(纶) lún 来纽、文部；来纽、谆韵、力迍切。
guān 见纽、文部；见纽、山韵、古顽切。

1《战文编》848页。2《说文》274页。3《篆隶表》934页。

形声字。从糸,侖声。"侖"之形体演变,参"侖"字条。"侖"简化作"仑"。"綸"类推简化作"纶"。《说文》："纶,青丝绶也。"本义是青丝绶带,古代官吏用以系印。《后汉书·仲长统传》："身无半通青纶之命,而窃三辰龙章之服。"(没有半点做官的命,还想穿有日月星辰龙样花纹的衣服)引申指粗丝线、粗丝绵等。通"伦",道理。《管子·幼官》："定纶理,胜。"这些意义的"纶"字读为lún。海草名。《尔雅·释草》："纶似纶,组似组,东海有之。""纶巾",古代用青丝带做的头巾,又名诸葛巾。《晋书·谢安传》:"丏著白纶巾,鹤氅裘。"这些意义的"纶"字读为guān。(徐在国)

緣(缘)
yuàn 喻纽、元部;以纽、线韵、以绢切。
yuán 喻纽、元部;以纽、仙韵、与专切。

綠¹ — 緣² — 緣³ — 緣 — 缘
秦 《说文》小篆 汉 楷书 楷书

1《战文编》848页。2《说文》275页。3《篆隶表》934页。

形声字。从糸,彖声。"彖"之形体演变,参"彖"字条。"缘"乃"緣"之简化字。《说文》:"緣,衣纯也。"本义是装饰衣边。睡虎地秦墓竹简《封诊式》82:"缪缯五尺緣及殿(纯)。"(用缪缯五尺做镶边)《礼记·玉藻》:"緣广寸半。"(衣边宽半寸)这些意义的"緣"字读为yuàn。又有攀援、攀登义。《孟子·梁惠王上》:"以若所为,求若所欲,犹緣木而求鱼也。"(以您这样的想法想满足您这样的欲望,好像攀登到树上去捉鱼一样)又有循、凭借、机遇、缘由等义。这些意义的"緣"字读为yuán。(徐在国)

絝(绔)
kù 溪纽、鱼部;溪纽、暮韵、苦故切。

絝¹ — 絝² — 絝 — 绔
《说文》小篆 汉 楷书 楷书

1《说文》275页。2《篆隶表》934页。

形声字。从糸,夸声。"夸"之形体演变,参"夸"字条。"绔"乃"絝"之简化字。《说文》:"絝,胫衣也。"本义是套裤。《释名·释衣服》:"絝,跨也,两股各跨别也。"《淮南子·原道》:"短绻不絝,以便涉游。"引申指绊络。《玉篇·糸部》:"絝,绊络也。"(徐在国)

緥
bǎo 帮纽、幽部;帮纽、皓韵、博抱切。

緥¹ — 緥
《说文》小篆 楷书

1《说文》275页。

形声字。从糸,保声。"保"之形体演变,参"保"字条。《说文》:"緥,小儿衣也。"本义是小儿抱被。《汉书·宣帝纪》:"曾孙虽在襁緥,犹坐收系郡邸狱。"颜师古注引孟康曰:"緥,小儿被也。"(徐在国)

緟
chóng 定纽、东部;澄纽、钟韵、直容切。
zhòng 定纽、东部;澄纽、用韵、柱用切。

緟¹ — 緟² — 緟
《说文》小篆 汉 楷书

1《说文》275页。2《篆隶表》935页。

形声字。从糸,重声。"重"之形体演变,参"重"字条。《说文》:"緟,增益也。"《玉篇·糸部》:"緟,增也,叠也,益也,复也。今作重。"这种意义的"緟"字读为chóng。《广韵·用韵》:"緟,缯缕。"这种意义的"緟"字读为zhòng。(徐在国)

綱(纲)
gāng 见纽、阳部;见纽、唐韵、古郎切。

粼¹ — 綱² — 糿³ — 綱 — 纲
《说文》古文 《说文》小篆 汉 楷书 楷书

1、2《说文》275页。3《篆隶表》936页。

形声字。从糸,冈声。"冈"字从山,网声,其形体演变,参"冈"字条。"岡"简化作"冈"。"綱"类推简化作"纲"。《说文》:"纲,维纮绳也。"本义是提网的总绳。《吕氏春秋·用民》:"壹引其纲,万目皆张。"(一牵引提网的总绳,一个个网眼就都张开了)引申指事物的总要。如:大纲、总纲。又指国家法度、系束等。(徐在国)

縷(缕)
lǚ 来纽、侯部;来纽、麌韵、力主切。

縷¹ — 縷² — 縷³ — 縷⁴ — 縷⁵ — 縷 — 缕
西周 战国 战国 《说文》小篆 汉 楷书 楷书

1《四版校补》147页。2、3《楚系简帛》918页。4《说文》275页。5《篆隶表》936页。

形声字。从糸,婁声。始见于西周文字。"婁"之形体演变,参"婁"字条。"婁"简化作"娄"(来源于草书)。"縷"类推简化作"缕"。《说文》:"缕,线也。"本义是丝线、麻线。《周礼·天官·典枲》:"典枲掌布缌缕纻之麻草之物。"泛指线状物。如:云缕、雾缕、香缕。通"屦",鞋。《信阳楚墓》2·02:"一两□缇缕(屦)。"(一双鞮屦)仰天湖楚简:"一新智(鞮)缕(屦),一㤅(旧)智(鞮)缕(屦),皆有蒇(苴)疋(疏)缕(屦)。"(一双新的鞮屦,一双旧的鞮屦,都是有草垫的疏屦)(徐在国)

綫(线)
xiàn 心纽、元部;心纽、线韵、私箭切。

线 — 綫 — 綫 — 线
《说文》古文　《说文》小篆　楷书　楷书

1、2《说文》275页。

形声字。从糸，戋声。"戋"之形体演变，参"戋"字条。《说文》"线"字古文从糸、泉声。"线"古文作"缐"属声符更替。"戋"简化作"戈"。"綫"类推简化作"线"。《说文》："线，缕也。"本义是用丝、棉、麻或金属等制成的细长物，如丝线、棉线、毛线、金线等。《公羊传·僖公四年》："中国不绝如线。"比喻细长如线的东西，如光线。引申指线索、路线等。（徐在国）

縫（缝）

féng　並纽、东部；奉纽、钟韵、符容切。

fèng　並纽、东部；奉纽、用韵、扶用切。

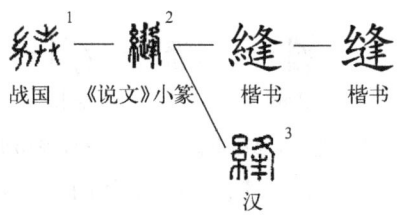

战国　《说文》小篆　楷书　楷书

汉

1《望山楚简》52页。2《说文》275页。3《篆隶表》936页。

形声字。从糸，逢声。战国文字"缝"字或从糸、奉声。"逢"之形体演变，参"逢"字条。"缝"乃"縫"之简化字。《说文》："縫，以针紩衣也"。本义是用针线连缀。《诗·魏风·葛屦》："掺掺女手，可以缝裳。"引申指弥合，补合。这些意义的"缝"字读为 féng。又指缝合处。《望山楚简》2·06："纠缚（缝）。"（在皮革或织物的缝合之处嵌纠条为饰）《礼记·檀弓上》："古者冠缩缝，今也衡缝。"这些意义的"缝"字读为 fèng。（徐在国）

紩

zhì　定纽、质部；澄纽、质韵、直一切。

《说文》小篆　楷书

1《说文》275页。

形声字。从糸，失声。"失"之形体演变，参"失"字条。《说文》："紩，缝也。"本义是缝，用针线连缀。《晏子春秋·内篇谏下》："身服不杂彩，首服不镂刻，古者尝有紩衣挛领而王天下者。"（身上穿的衣服不色彩斑斓，头上戴的帽子不镂刻花纹。古人曾有穿缝缀简朴、衣领卷曲的服式而统一天下的）引申指缝合处。（徐在国）

繕（缮）

shàn　禅纽、元部；禅纽、线韵、时战切。

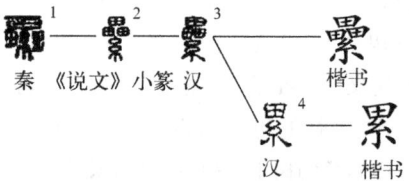

秦　《说文》小篆　楷书　楷书

1《战文编》849页。2《说文》275页。

形声字。从糸，善声。秦简"繕"字与《说文》篆文同。"善"之形体演变，参"善"字条。"缮"乃"繕"之简化字。《说文》："繕，补也。"本义是修补、修整。睡虎地秦墓竹简《秦律杂抄》41："令戍者勉补繕城。"（命令服边戍者全力修城）《左传·襄公三十年》："聚禾粟，缮城郭。"引申有整治、工整地抄写、保养等。（徐在国）

纍（累）

lěi　来纽、微部；来纽、脂韵、力追切。

秦　《说文》小篆　汉　楷书

累 — 累
汉　楷书

1《战文编》850页。2《说文》275页。3《篆隶表》937页。4《篆隶表》945页。

形声字。从糸，畾声。秦印"纍"与《说文》篆文同。"畾"从三田，会堆积、重叠之意。与《说文》"厽"字为一字。"累"乃"纍"之简化字。《说文》："纍，缀得理也。一曰：大索也。"《急就篇》第三章："纍綸绳索绞纺纑。"颜师古注："纍，大索也。"引申为缠绕。《诗·周南·樛木》："南有樛木，葛藟纍之。"又有拘系、盛甲的器具，堆积等义。（徐在国）

緱（缑）

gōu　匣纽、侯部；匣纽、侯韵、户钩切。

《说文》小篆　汉　汉　楷书　楷书

1《说文》275页。2、3《篆隶表》937页。

形声字。从糸，矦声。"矦"之形体演变，参"矦"字条。《字汇补·糸部》："緱，同緱。""緱"为"緱"之异体，"缑"为"緱"之简化字。《说文》："緱，刀剑緱也。"本义是缠在刀剑等柄上的绳子。《史记·孟尝君列传》："冯先生甚贫，犹有一剑，又蒯緱。"司马贞索隐："緱谓把剑之物。言其剑无物可装，但以蒯绳缠之，故云'蒯緱'。"（徐在国）

繄

yī 影纽、脂部；影纽、齐韵、乌奚切。

繄¹——繄
《说文》小篆　楷书

1《说文》275页。

形声字。从糸，殹声。"殹"又从殳、医声。"繄"即《说文》篆文之隶定。《说文》："繄，戟衣也。"段玉裁注："所以韬戟者，犹盛弓弩矢器曰医也。"常用义是语气词。多用于句首，相当于"惟"、"唯"、"维"。《左传·襄公十四年》："王室之不坏，繄伯舅是赖。"（王室没有败坏，全依赖伯舅）《广韵·齐韵》："繄，是也。"《国语·吴语》："君王之于越也，繄起死人而肉白骨也。"（君王对于越国恩德至厚，好比是使死人变活，使白骨生肉）（徐在国）

徽

huī 晓纽、微部；晓纽、微韵、许归切。

徽¹——徽²——徽³——徽
三体石经古文　《说文》小篆　三国魏　楷书

1《三字石经》6上。2《说文》275页。3《篆隶表》938页。

形声字。《说文》："徽，衺幅也。一曰三纠绳也。从糸，微省声。"三体石经"徽"字古文从糸，散声。"散"之形体演变，参"散"字条。"徽"乃《说文》篆文之隶定。本义是绳索。《易·坎》："系用徽纆，寘于丛棘。"（用绳索捆绑，置于丛棘中）引申义有束缚、标志、旗帜等。通"袆"，古代妇女用来蔽膝或覆头的佩巾。《文选·张衡〈思玄赋〉》："舒沙婧之纤腰兮，扬杂错之袿徽。"（徐在国）

紉（纫）

rèn 日纽、文部；日纽、震韵、而振切。

紉¹——紉²——紉³——紉⁴——紉——纫
战国　战国　战国　《说文》小篆　楷书　楷书

1、2、3《战文编》850页。4《说文》275页。

形声字。从糸，刃声。始见于战国文字。"刃"是指事字，在刀上加一点以指事刀刃部。"纫"乃"紉"之简化字。《说文》："紉，绳绳也。"本义是搓绳，捻线。汉贾谊《惜誓》："伤诚是之不察兮，并纫茅丝以为索。"引申有绳索、引线穿针、连缀等义。通"恩"。郭店楚墓竹简《六德》31："门内之治紉（恩）掩义，门外之治义斩紉（恩）。"（徐在国）

繩（绳）

shéng 船纽、蒸部；船纽、蒸韵、食陵切。
yìng 喻纽、蒸部；以纽、证韵、以证切。

繩¹——繩²——繩³——繩⁴——绳——绳
战国　《说文》小篆　汉　汉　楷书　楷书

1《战文编》850页。2《说文》275页。3、4《篆隶表》938页。

形声字。从糸，黽声。始见于战国文字。"黽"之形体演变，参"黽"字条。"黽"简化作"黾"。"繩"类推简化作"绳"。《说文》："绳，索也。"本义是绳子。《易·系辞下》："上古结绳而治，后世圣人易之以书契。"引申为准则、正直、约束、捆绑等义。这些意义的"绳"字读为shéng。又有草结籽义。《周礼·秋官·薙氏》："秋绳而芟之。"（秋天草结籽就砍掉它）郑玄注："含实曰绳。"这种意义的"绳"字读为yìng。（徐在国）

縈（萦）

yīng 影纽、耕部；影纽、清韵、於营切。

縈¹——縈²——縈³——縈⁴——縈⁵——縈⁶——縈⁷——縈⁸
西周　西周　西周　战国　战国　战国　战国　战国
縈⁹——縈¹⁰——縈——萦
《说文》小篆　汉　楷书　楷书

1、2、3《金文编》862页。4-8《战文编》850页。9《说文》275页。10《篆隶表》938页。

形声字。西周金文"縈"字从糸、熒声。"熒"乃燚字初文，像两火炬交叉之形。"火"后变作"冂"形。战国文字"縈"字所从的"炏"竖划上或加"一"形饰笔，"冂"内或加"丷"形饰笔，所从的"糸"或省作"8"。《说文》篆文承袭两周文字，作"縈"，隶作"縈"。"萦"是"縈"的简化字。《说文》："縈，收卷也。"本义是缠绕。《诗·周南·樛木》："南有樛木，葛藟縈之。"引申义有弯曲、系缚等。通"纮"。申簋："赤市縈（纮）黄。""縈黄"读为"纮衡"，是用苘麻织成的衡。通"营"。随县漆书"西縈（营）"，相当于二十八星宿中的"营室"。（徐在国）

縋（缒）

zhuì 定纽、微部；澄纽、寘韵、驰伪切。

縋¹——縋——缒
《说文》小篆　楷书　楷书

1《说文》276页。

形声字。从糸，追声。"追"之形体演变，参"追"字条。"缒"乃"縋"之简化字。《说文》："縋，以绳有所悬也。"本义是用绳悬物往下送。《左传·僖公三十年》："(烛之武)夜縋而出。"杜预注："縋，悬城而下。"引申为绳索。《左传·昭公十九年》："登者六十人，縋绝，师鼓噪，城上之人亦噪。"（徐在国）

緘(缄) jiān 见纽、侵部；见纽、咸韵、古咸切。

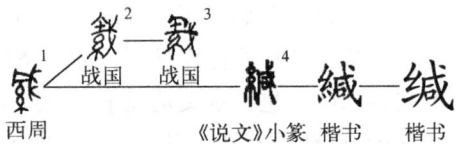

1《金文编》862页。2、3《战文编》854页。4《说文》276页。

形声字。从糸，咸声。西周金文"缄"字作"䍩"，从糸，咸省声。战国文字则作"䍩"，从糸，箴省声。"咸"之形体演变，参"咸"字条。"缄"乃"緘"之简化字。《说文》："緘，所以束箧也。"本义是捆箱箧的绳索。《庄子·胠箧》："将为胠箧探囊发匮之盗而为守备，则必摄缄縢，固扃鐍，此世俗之所谓知也。"陆德明释文引《广雅》曰："缄、縢，皆绳也。"引申为封闭，闭上。《孔子家语·观周》："庙堂右阶之前有金人焉，三缄其口而铭其背曰：'古之慎言人也。'"毛公鼎："母(毋)折缄。"（不要闭口不言）鄂君启节"缄尹"读为"箴尹"，楚官名。（徐在国）

縢 téng 定纽、蒸部；定纽、登韵、徒登切。

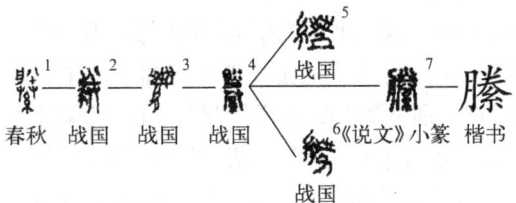

1《金文编》862页。2、3《战文编》850页。4、6《战文编》851页。5《战文编》862页。7《说文》276页。

形声字。从糸，朕声。战国文字"縢"字从糸，乘声，或从糸，䞿(胜)声，并"縢"字异体。亦有从糸，朕声者，为《说文》篆文所本。《说文》："縢，緘也。"本义是绳索。《包山楚简》27："绿组之縢。"《曾侯乙墓》43："紫縢。"《诗·鲁颂·閟宫》："公车千乘，朱英绿縢。"（徐在国）

编(编) biān 帮纽、真部；帮纽、先韵、布玄切。
biǎn 帮纽、真部；帮纽、铣韵、方典切。

1《甲文编》506页。2《说文》276页。3《篆隶表》939页。

形声字。从糸，扁声。甲骨文"编"字从糸、从册，会以丝次第竹简而排列之意。《说文》篆文变作从糸、扁声。"编"乃"編"之简化字。《说文》："編，次简也。"本义是编排竹简，有顺次排列之义。《穀梁传·桓公元年》："《春秋》编年，四时具而后为年。"又指穿联竹简的皮条或绳子。《汉书·儒林传》："(孔子)盖晚而好《易》，读之韦编三绝，而为之传。""韦编三绝"义为牛皮绳断了三次。这些意义的"编"字读为 biān。《广韵·铣韵》："编，编绡。"这种意义的"编"字读为 biǎn。（徐在国）

维(维) wéi 喻纽、微部；以纽、脂韵、以追切。

1、2、3《金文编》862页。4、5《战文编》851页。6《说文》276页。7《篆隶表》939页。

形声字。从糸，隹声。西周金文"维"字或从糸、叚声，声符繁化。春秋金文、战国文字均从糸、隹声，为《说文》篆文所本。"维"乃"維"之简化字。《说文》："維，车盖维也。"本义是系物的大绳。《仪礼·大射仪》："中离维纲。"（超过射布射中绳）引申为维系、维持。虢季子白盘："经维四方。"（治理维系四方）《诗·小雅·节南山》："四方是维。"典籍"维"常用作副词、介词、连词或语气词。（徐在国）

緐 fán 並纽、元部；奉纽、元韵、附袁切。

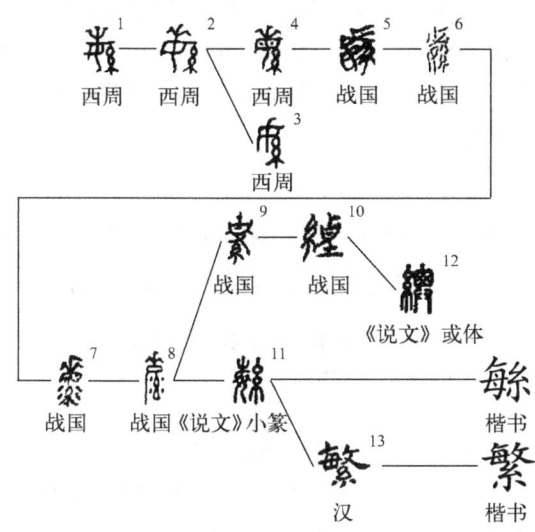

1—4《金文编》863页。5—8《战文编》851页。9、10《战文编》856页。11、12《说文》276页。13《篆隶表》931页。

形声字。从糸,每声。西周金文"繇"字从糸、每声,或从"每"省。战国文字中楚文字"繇"所从的"每"上部作"㞢"形,与"来"字异文相混。晋系、燕文字"繇"所从的"糸"两旁加"ノヽ"形饰笔。楚简"繇"或从糸、弁声,为《说文》或体所本。《说文》篆文承袭两周文字,从糸、每声。汉以后始繁化为从糸、敏声。后"繁"行而"繇"废。《说文》:"繇,马髦饰也。"本义是马饰。师虎簋:"适官司左右戏繇荆。"引申为众多。《小尔雅·广诂》:"繁,多也。"叔向簋:"降余多福繇(繁)釐。"(降给我多福多禧)鄂君启车节:"繇(繁)阳。"地名,在今河南新蔡北。《左传·襄公四年》:"楚师为陈败故,犹在繁阳。"(徐在国)

缰(缰) jiāng 见纽、阳部;见纽、阳韵、居良切。

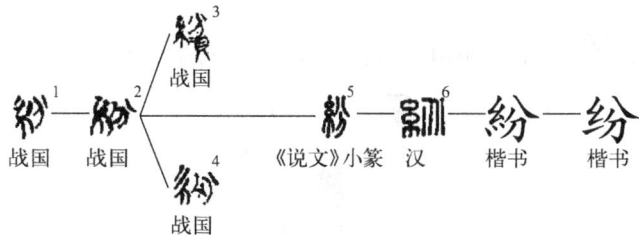

1《战文编》851页。2《说文》276页。

形声字。从糸,畺声。始见于战国文字。"畺"之形体演变,参"畺"字条。"缰"乃"缰"之简化字。《说文》:"缰,马继也。"本义是拴牲口的绳子。《白虎通·诛伐》:"人衔枚,马勒缰,昼伏夜行为袭也。"(徐在国)

纷(纷) fēn 滂纽、文部;敷纽、文韵、抚文切。

1、2、4《战文编》851页。3《战文编》852页。5《说文》276页。6《篆隶表》940页。

形声字。战国文字"纷"字从糸、分声,或从贫声,属声符繁化。所从"分"或作"彴",从"刃"。《说文》篆文承袭战国文字,从糸、分声。"纷"乃"纷"之简化字。《说文》:"纷,马尾韬也。"本义是马尾韬。引申为花边。《信阳楚墓》2·208:"纷纯纷会。"《周礼·春官·司几筵》:"设莞筵纷纯,如缫席画纯。"又有乱义。《广雅·释诂三》:"纷,乱也。"郭店楚墓竹简《老子甲》27:"解其纷。"(消除纷乱)(徐在国)

纣(纣) zhòu 定纽、幽部;澄纽、有韵、除柳切。

1《说文》276页。2、3《篆隶表》940页。

形声字。从糸,肘声。战国文字"肘"字或作"肘",形体与"寸"相近,后被隶讹作"寸"。"纣"为"纣"之简化字。《说文》:"纣,马缛也。"本义是套车时拴在驾辕牲口尾部横木上的皮带。《方言》卷九:"车纣,自关而东,周、洛、韩、汝、颍而东谓之纵,或谓之曲绹,或谓之曲纶;自关而西谓之纣。"商代最后一个君主,一作"受",亦称"帝辛"。《史记·殷本纪》:"帝乙崩,子辛立,是为帝辛,天下谓之纣。"裴骃集解:"《谥法》曰:'残义损善曰纣。'"(徐在国)

绊(绊) bàn 帮纽、元部;帮纽、换韵、博幔切。

1《说文》276页。

形声字。从糸,半声。"半"之形体演变,参"半"字条。"绊"乃"绊"之简化字。《说文》:"绊,马絷也。"本义是御马的绳索。引申指用绳子套住牲畜等的足使不得行动。《淮南子·俶真》:"身蹈于浊世之中,而责道之不行也,是犹两绊骐骥而求其致千里也。"引申为约束、牵制。杜甫《曲江》之一:"细推物理顺行乐,何用浮荣绊此身。"(徐在国)

糸部

縻 mí
明纽、歌部；明纽、支韵、靡为切。

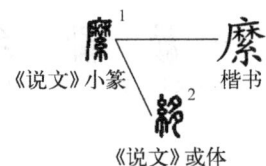

1、2《说文》276页。

形声字。从糸，麻声。《说文》"縻"字或体从糸，多声。"縻"作"绤"，属声符更换。"麻"之形体演变，参"麻"字条。本义是牛缰绳。《说文》："縻，牛辔也。"《史记·司马相如列传》："盖闻天子之于夷狄也，其义羁縻勿绝而已。"司马贞索隐："縻，牛韁也。"引申为束缚。《孙子·谋攻》："不知军之不可以进而谓之进，不知军之不可以退而谓之退，是谓縻军。"引申义还有绳索、损失等。（徐在国）

紲(绁) xiè
心纽、月部；心纽、薛韵、私列切。

1、2《说文》276页。3、4《篆隶表》940页。

形声字。从糸，世声。《说文》"紲"字或体从糸、枼声，汉印从之。"紲"或作"緤"，与西周金文"世"或作"枼"类同。"世"之形体演变，参"世"字条。"绁"乃"紲"之简化字。《说文》："紲，系也。"本义是拴、系(牲口)。《楚辞·离骚》："朝吾将济于白水兮，登阆风而绁马。"（清晨我将要渡过白水河，登上阆风山把马儿系住）引申指系牲口的绳索、弓秘等。通"褺"，贴身的衣服。《诗·鄘风·君子偕老》："蒙彼绉絺，是绁袢也。"（徐在国）

繘 yù
喻纽、物部；以纽、术韵、余律切。
jué 见纽、物部；见纽、屑韵、古穴切。

1、2、3《说文》276页。

形声字。从糸，矞声。《说文》"繘"字籀文从丝、阍声，乃"繘"字繁体。糸、丝二旁古通。声符"矞"或繁化作"阍"，与西周金文"通"字或繁化作"遹"相类同。《说文》"通"字古文亦从丝繁化。《说文》："繘，綆也。"本义是汲水用的绳索。《方言》卷五："繘，自关而东周、洛、韩、魏之间谓之綆，或谓之络，关西谓之繘。"《易·井》："往来井井，汔至，亦未繘井，羸其瓶，凶。"这些意义的"繘"字读为yù。《集韵·屑韵》："繘，缕也。"这种意义的"繘"字读为jué。（徐在国）

綆(绠) gěng
见纽、阳部；见纽、梗韵、古杏切。
bǐng 帮纽、耕部；帮纽、静韵、必郢切。

1《说文》276页。2《篆隶表》940页。

形声字。从糸，更声。"更"之形体演变，参"更"字条。"绠"乃"綆"之简化字。《说文》："綆，汲井綆也。"本义是汲水用的绳索。《庄子·至乐》："綆短者不可以汲深。"（井绳短的不能用来取深水）引申指绳索。《文选·王粲〈咏史〉》："临穴呼苍天，涕下如綆縻。"这些意义的"綆"读为gěng。"綆"又指轮辐近轴处向外凸出的部分。《周礼·考工记·轮人》："耻其綆，欲其蚤其正也。"这种意义的"綆"字读为bǐng。（徐在国）

繳(缴) zhuó
章纽、药部；章纽、药韵、之若切。
jiǎo 见纽、宵部；见纽、篠韵、古了切。

1《说文》276页。

形声字。从糸，敫声。"敫"之形体演变，参"敫"字条。《玉篇》："繳，同繁。""繳"乃"繁"之异体。"缴"乃"繳"之简化字。《说文》："繳，生丝缕也。"本义是生丝线。《列仙传·赤将子舆传》："赤将子舆者，黄帝时人……时于市中卖缴，亦谓之缴父云。"引申指系于箭上的绳索。《孟子·告子上》："一心以为有鸿鹄将至，思援弓缴而射之。"这些意义的"繳"字读为zhuó。《广雅·释诂四》："繳，缠也。"指缠绕。《史记·太史公自序》："名家苛察缴绕，使人不得反其意。"这种意义的"繳"字读为jiǎo。（徐在国）

緍(缗) mín
明纽、真部；明纽、真韵、武巾切。
hún 晓纽、文部；晓纽、魂韵、呼昆切。

1、2、3《战文编》852页。4《说文》276页。5《篆隶表》940页。

形声字。战国文字、《说文》篆文、汉简"缗"字均从糸、昏声。"昏"所从的"氏"旁与"民"形体相近,"民"与"昏"古音又相近,所以,"缗"字后作"缗"。《集韵·真韵》:"缗,或作缗。"今"缗"行而"缗"废矣。"缗"乃"缗"之简化字。《说文》:"缗,钓鱼繁也。"本义是钓丝。郭店楚墓竹简《缁衣》26:"子曰:王言如丝,其出如缗。"《诗·召南·何彼襛矣》:"其钓维何?维丝伊缗。"引申指穿钱的绳子。《广韵·真韵》:"缗,钱贯。"这些意义的"缗"字读为 mín。《集韵·魂韵》:"缗,盛也。"《庄子·则阳》:"虽使丘陵草木之缗,人之者十九,犹之畅然。"这种意义的"缗"字读为 hún。通"昏",昏乱。郭店楚墓竹简《老子丙》3:"邦家缗(昏)乱,焉有贞臣。"《六德》38:"臣不臣,缗(昏)所由作也。"(徐在国)

絮 xù 心纽、鱼部;心纽、御韵、息据切。
chù 透纽、鱼部;彻纽、御韵、抽据切。

1《战文编》855页。2《战文编》852页。3《说文》276页。4《篆隶表》941页。

形声字。从糸,如声。战国文字"絮"字或从糸、女声。"如"之形体演变,参"如"字条。《说文》:"絮,敝绵也。"本义是质地差的丝棉。睡虎地秦墓竹简《封诊式》82:"帛裏,丝絮五斤装。"(用帛做里,装了棉絮五斤)《汉书·文帝纪》:"其九十以上,又赐帛,人二匹,絮三斤。"这些意义的"絮"字读为 xù。《玉篇·糸部》:"絮,调和食也。"《礼记·曲礼上》:"毋絮羹。"郑玄注:"絮,犹调也。"这种意义的"絮"字读为 chù。(徐在国)

絡(络) luò 来纽、铎部;来纽、铎韵、卢各切。

1《楚系简帛》924页。2《睡甲》195页。3《说文》276页。4《篆隶表》941页。

形声字。从糸,各声。始见于战国文字。"各"之形体演变,参"各"字条。"络"乃"絡"之简化字。《说文》:"絡,絮也。一曰麻未沤也。"本义是絮,粗丝绵。引申指生丝。睡虎地秦墓竹简《封诊式》68:"衣络禅襦、裙各一。"(身穿生丝制的短衣和裙各一)《急就篇》第二章:"绨络缣练素帛蝉。"引申义还有缠丝、缠绕、环绕、包罗等。(徐在国)

纊(纩) kuàng 溪纽、阳部;溪纽、宕韵、苦谤切。

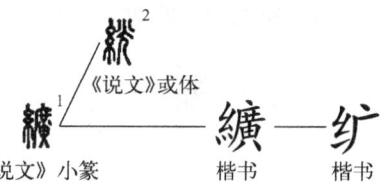

1、2《说文》276页。

形声字。从糸,廣声。《说文》"纊"字或体从糸、光声。"纩"作"絖"属声符更换。"廣"之形体演变,参"廣"字条。"廣"简化作"广"。"纊"类推简化作"纩"。《说文》:"纊,絮也。"《小尔雅·广服》:"纩,绵也。絮之细者曰纩。""纩"本义是丝绵絮。《左传·宣公十二年》:"王巡三军,拊而勉之。三军之士,皆如挟纩。"(楚王巡视三军,抚摩并且慰勉士兵们,三军的战士心里热乎乎的好像披上了丝绵)引申指蚕茧。(徐在国)

紙(纸) zhǐ 章纽、支部;章纽、纸韵、诸氏切。

1《战文编》852页。2《说文》276页。

形声字。从糸,氏声。"氏"之形体演变,参"氏"字条。"纸"乃"紙"之简化字。秦简"纸"字从糸、氏声,与《说文》篆文同。《说文》:"紙,絮一苫也。"本义是指漂洗丝絮时附着于漂器上的絮渣。后指以丝为原料的缣帛。《后汉书·蔡伦传》:"自古书契多编以竹简,其中缣帛者谓之纸。"又"(蔡)伦乃造意,用树肤、麻头及敝布、鱼网以为纸。"这是后代纸的源头。(徐在国)

絮 rú 泥纽、鱼部;泥纽、祃韵、乃亚切。
nǎ 泥纽、鱼部;泥纽、马韵、奴下切。

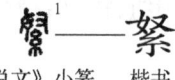

1《说文》276页。

形声字。从糸,奴声。"奴"之形体演变,参"奴"字条。

《说文》:"絮,絜缊也。《易》曰:'需有衣絮。'"本义是束缊。又指旧絮。《说文》:"絮,敝絮。"这些意义的"絮"字读为rú。《集韵·马韵》:"絮,缪絮,丝絮相箸貌。"这种意义的"絮"字读为nǎ。(徐在国)

繫(系) jì 见纽、锡部;见纽、霁韵、古诣切。
xì 匣纽、锡部;匣纽、霁韵、胡计切。

繫¹—繫²—繫
《说文》小篆 汉 楷书

1《说文》276页。2《篆隶表》941页。

形声字。从糸,轂声。"轂"之形体演变,参"轂"字条。"繫"、"系"原是二个不同的字。由于"繫"字有xì的读音,"繫"、"系"二字意义又相近(《说文》"系,繫也。"可证)。后以"系"作为"繫"的简化字。《说文》:"繫,恶絮。"本义是粗劣的絮。引申为拴,系结。《国语·周语下》:"铸之金,磨之石,系之丝木。"韦昭注:"系丝木以为琴瑟也。"又引申为约束、拘囚等义。这些意义的"系"字读为jì。《类篇·系部》:"系,联也。"有联缀、维系义。《周礼·天官·大宰》:"以九两系帮国之民。"(以九种和谐的法则使天下万民互相联系)引申为世系、系东西的带子或绳子等。这些意义的"系"字读为xì。(徐在国)

緝(缉) jí 精纽、缉部;清纽、缉韵、七入切。

緝¹—緝²—緝—缉
《说文》小篆 汉 楷书 楷书

1《说文》277页。2《篆隶表》941页。

形声字。从糸,咠声。"咠"之形体演变,参"咠"字条。"缉"乃"緝"之简化字。《说文》:"緝,绩也。"本义是将麻析成缕状而搓捻成线。《管子·轻重乙》:"大冬营室中,女事纺绩缉缕之所作也,此之谓冬之秋。"(冬天营室星傍晚出现在天空,妇女从事纺织,这就叫冬天的收获)引申为继续、聚集、和睦等。通"辑",协调、整理。《国语·晋语八》:"端刑法,缉训典,国无奸民。"(徐在国)

績(绩) jí 精纽、锡部;精纽、锡韵、则历切。

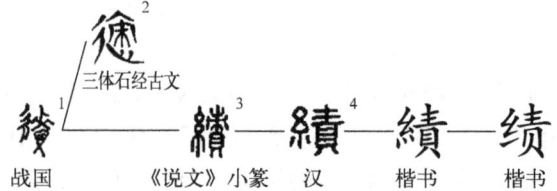

1《楚系简帛》924页。2《篆文编》598页。3《说文》277页。4《篆隶表》941页。

形声字。从糸,責声。秦公簋以"責"为"績"。三体石经"績"字古文作"迹",是假"迹"为"績"。战国文字"績"字从糸、責声,为《说文》篆文所本。"責"之形体演变,参"責"字条。"責"简化作"责"。"績"类推简化作"绩"。《说文》:"績,缉也。"本义是把麻或其他纤维搓捻成绳或线。《诗·陈风·东门之枌》:"不绩其麻,市也婆娑。"(不把麻搓成线,却在市场上翩翩起舞)引申为承继、功业、成绩等。(徐在国)

絺 chī 透纽、微部;彻纽、脂韵、丑饥切。

絺¹—絺²—絺³—絺
《说文》小篆 汉 汉 楷书

1《说文》277页。2、3《篆隶表》942页。

形声字。从糸,希声。"希"之形体演变,参"希"字条。《说文》:"絺,细葛也。"本义是细葛布。《小尔雅·广服》:"葛之精者曰絺。"《书·禹贡》:"厥贡盐絺。"引申指细葛布的衣服。通"黹",刺绣。《书·益稷》:"黼黻絺绣。"(刺绣黑白相间的斧形花纹和黑青相间的亚形花纹)(徐在国)

綌 xì 溪纽、铎部;溪纽、陌韵、绮戟切。

《说文》或体

战国 《说文》小篆 楷书

1《战文编》853页。2、3《说文》277页。

形声字。从糸,谷声。始见于战国文字。《说文》"綌"字或体从巾、谷声。"巾"、"糸"二旁古通。"谷"之形体演变,参"谷"字条。《说文》:"綌,粗葛也。"本义是粗葛布。《诗·周南·葛覃》:"为絺为綌,服之无斁。"毛亨传:"精曰絺,粗曰綌。"(徐在国)

縐(绉) zhòu 精纽、侯部;庄纽、宥韵、侧救切。

縐—绉

《说文》小篆　楷书　楷书

1《说文》277页。

形声字。从糸，芻声。"芻"之形体演变，参"芻"字条。"芻"简化作"刍"。"縐"类推简化作"绉"。《说文》："绉，絺之细也。"本义是细葛布。《诗·鄘风·君子偕老》："蒙彼绉絺，是绁袢也。"（它覆盖住细葛布衣服，最里边的是贴身内衣）引申为皱缩。《史记·司马相如列传》："襞积褰绉，纡徐委曲。"（徐在国）

紵 zhù　定纽、鱼部；澄纽、语韵、直吕切。

紵—紵—紵
《说文》小篆《说文》或体　汉　楷书

1、2《说文》277页。3《篆隶表》942页。

形声字。从糸，宁声。《说文》"紵"字或体作"䊛"，加注"丵"声。"宁"之形体演变，参"宁"字条。本义是苎麻。《诗·陈风·东门之池》："东门之池，可以沤紵。"引申指用苎麻织成的布。《说文》："紵，檾属，细者为絟，粗者为紵。"《周礼·天官·典枲》："典枲，掌布缌缕紵之麻草之物，以待时颁功而授赉。"郑玄注："白而细疏曰紵。"（徐在国）

緦（缌）sī　心纽、之部；心纽、之韵、息兹切。

緦—緦—緦—缌
《说文》古文《说文》小篆　楷书　楷书

1、2《说文》277页。

形声字。从糸，思声。《说文》"緦"字古文从糸、由声。"思"之形体演变，参"思"字条。"缌"乃"緦"之简化字。本义是制作丧服的细麻布。凡疏远的亲属、亲戚都服緦麻。《仪礼·丧服》："緦麻之绖，小功之带也，去五分一为带。"（緦麻的头带和小功的腰带长短相同，把緦麻的头带裁去五分之一就是緦麻的腰带）引申指疏远的亲戚关系。（徐在国）

縗（缞）cuī　清纽、微部；清纽、灰韵、仓回切。

縗—縗—缞
《说文》小篆　楷书　楷书

1《说文》277页。

形声字。从糸，衰声。"衰"之形体演变，参"衰"字条。"缞"乃"縗"之简化字。战国文字以"衰"为"縗"。如：郭店楚墓竹简《成之闻之》8："君衰（縗）绖而处位。"清段玉裁《说文解字注》："按，縗，经典多假借衰为之。"《说文》："縗，服衣。长六寸，博四寸，直心。""縗"是古代的丧服，用粗麻布制成，披于胸前。服三年之丧者用之。《左传·襄公十七年》："齐晏桓子卒，晏婴粗縗斩。"（齐国的晏桓子死了，晏婴穿着粗布丧服）（徐在国）

絰（绖）dié　定纽、质部；定纽、屑韵、徒结切。

絰—絰—絰—绖—绖
战国《说文》小篆　汉　楷书　楷书

1《战文编》853页。2《说文》277页。3《篆隶表》943页。

形声字。从糸，至声。战国文字"絰"字作"䌇"，从林（麻）、至声。因为"絰"是丧服，用麻布制成，故其义符可从"麻"作。《说文》篆文"絰"字从糸、至声。"至"之形体演变，参"至"字条。"绖"为"絰"之简化字。《说文》："絰，丧首戴也。"本义是古代服丧期间结在头上或腰部的葛麻布带。郭店楚墓竹简《成之闻之》8："君衰绖而处位。"（国君穿着丧服在君位上）《仪礼·丧服》："丧服，斩衰裳，苴绖，杖，绞带。"（丧服是把粗麻布斩裁做成上衰下裳，用粗麻做成麻带，用黑色竹子做成孝仗，用黑麻编成绞带）（徐在国）

絜 jié　见纽、月部；见纽、屑韵、古屑切。
xié　匣纽、月部；匣纽、屑韵、胡结切。

絜—絜—絜—絜
秦　《说文》小篆　汉　楷书

1《战文编》853页。2《说文》277页。3《篆隶表》943页。

形声字。秦简"絜"字从糸、㓞声，与《说文》篆文同。"㓞"之形体演变，参"㓞"字条。《说文》："絜，麻一耑也。"本义是一束麻。引申为清洁、廉洁。后作"潔"。睡虎地秦墓竹简《为吏之道》2："凡为吏之道，必精絜正直。"（大凡为官之道，一定要清廉正直）《诗·小雅·楚茨》："絜尔牛羊，以往烝尝。"（清洁你的牛羊，是为了秋烝冬尝的祭祀）这些意义的"絜"字读为 jié。《集韵·屑韵》："絜，约束知大小也。"指用绳度量围长。《庄子·人间世》："匠石之齐，至于曲辕，见栎社树，其大蔽数千牛，絜之百围。"这种意义的"絜"字读为 xié。（徐在国）

繆（缪）
- móu 明纽、幽部；明纽、尤韵、莫浮切。
- miù 明纽、幽部；明纽、幼韵、靡幼切。
- jiū 见纽、幽部；见纽、幽韵、居虬切。

战国 战国 秦《说文》小篆 汉 汉 楷书 楷书

1、2、3《战文编》853页。4《说文》277页。
5、6《篆隶表》943页。

形声字。从糸，翏声。齐陶文"缪"字所从的"糸"或作"8"。"翏"之形体演变，参"翏"字条。"缪"乃"繆"之简化字。《说文》："繆，枲之十絜也。"本义是麻十束为缪。引申指帛的一种。睡虎地秦墓竹简《封诊式》82："缪绣五尺缘及殿。"（用缪绣五尺做镶边）这些意义的"缪"字读为 móu。又有欺诈、虚伪义。《史记·司马相如列传》："临邛令缪为恭敬，日往朝相如。"通"谬"，错误、荒谬。睡虎地秦墓竹简《效律》56："计校相缪（谬）也。"（会计经过核对发现差误）这些意义的"缪"字读为 miù。《后汉书·舆服志上》："金薄缪龙，为舆倚较。"李贤注引徐广曰："缪，交错之形。"这种意义的"缪"字读为 jiū。通"穆"。《礼记·大传》："序以昭缪，别之以礼仪。"郑玄注："缪，读为穆。""昭穆"是宗庙神位的排列顺序，左昭右穆。（徐在国）

綢（绸）
chóu 定纽、幽部；澄纽、尤韵、直由切。

战国 战国 战国《说文》小篆 楷书 楷书

1、2、3《战文编》853页。4《说文》277页。

形声字。从糸，周声。始见于战国文字。"周"之形体演变，参"周"字条。"綢"乃"绸"之简化字。《说文》："綢，缪也。"本义是缠扎，束缚。《诗·唐风·绸缪》："绸缪束薪，三星在天。"（缠绕捆扎木柴，参星出现在天空）《包山楚简》竹牍："一绸椟。"通"稠"。稠密。《诗·小雅·都人士》："彼君子女，绸直如发。"毛传："密直如发也。"通"韬"。缠裹，套。《尔雅·释天》："素锦绸杠。"郭璞注："以白地锦韬旗之竿。"（徐在国）

縕（缊）
- yùn 影纽、文部；影纽、问韵、於问切。
- wēn 影纽、文部；影纽、魂韵、乌浑切。
- yūn 影纽、文部；影纽、文韵、於云切。

《说文》小篆 楷书 楷书

1《说文》277页。

形声字。从糸，昷声。"昷"之形体演变，参"昷"字条。"缊"乃"縕"之简化字。《说文》："縕，绋也。"本义是乱麻，旧絮。《论语·子罕》："衣敝缊袍，与衣狐貉者立，而不耻者，其由也与。"通"蕴"，渊奥。《易·系辞上》："乾坤，其《易》之缊也？"这些意义的"缊"字读为 yùn。《正字通·系部》："缊，赤黄间色也。"《礼记·玉藻》："一命缊韨幽衡。"这种意义的"缊"字读为 wēn。"絪缊"，天气阴阳二气交互作用。《易·系辞下》："天气絪缊，万物化醇。"这种意义的"缊"字读为 yūn。（徐在国）

縊（缢）
yì 影纽、锡部；影纽、霁韵、於计切。

战国 《说文》小篆 楷书 楷书

1《战文编》46页"蕰"字所从。2《说文》277页。

形声字。从糸，益声。古玺文字有从艸、縊声之字。"益"之形体演变，参"益"字条。"缢"乃"縊"之简化字。《说文》："縊，经也。"本义是吊死。《释名·释丧制》："县绳曰缢。缢，阸也，阸其颈也。"《左传·桓公十三年》："莫敖缢于荒谷。"（莫敖吊死在荒谷中）引申指用绳子勒死。《广雅·释诂四》："缢，绞也。"《左传·昭公元年》："公子围至，入问王疾，缢而弑之。"（徐在国）

綏（绥）
suī 心纽、微部；心纽、脂韵、息遗切。

战国 战国 战国《说文》小篆 汉 楷书 楷书

1、2、3《战文编》853页。4《说文》277页。
5《篆隶表》944页。

形声字。从糸，妥声。始见于战国文字。"妥"之形体演变，参"妥"字条。"绥"乃"綏"之简化字。《说文》："綏，车中把也。"本义是登车时用以拉手的绳索。《曾侯乙墓》4："二鼸（猏）绥。"（二件葵皮作的车绥）《论语·乡党》："升车，必立正执绥。"引申为安，安抚。《尔雅·释诂下》："绥，安也。"通"隋",祭名。《仪礼·少牢馈食礼》:"上佐食以绥祭。"通"緌"。用旄牛尾或鸟羽饰于竿首。《包山楚简》270:"缨组之绥。"《周礼·天官·夏采》:"夏采掌大丧,以冕服复于大祖,以乘车建绥,复于四郊。"(徐在国)

彝 yí 喻纽、脂部;以纽、脂韵、以脂切。

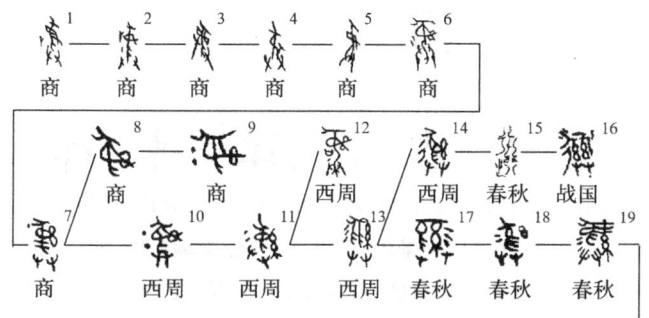

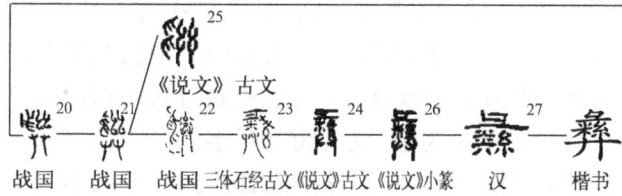

1-5《甲文编》506页。6《金文编》864页。7《金文编》868页。8、9《金文编》871页。10-15、17、18、19《金文编》870页。16《战文编》854页。20-22《战文编》854页。23《三体石经》19下。24-26《说文》277页。27《篆隶表》944页。

会意字。甲骨文"彝"字从艹、从⻖。会双手进献被砍掉头颅的反缚两手的俘馘之意,本义是屠杀俘虏作为牺牲而献祭祖宗。金文"彝"字左部常加"丿丿",表示血液。或赘加"口"旁繁化,或赘加"彳"或"辵"旁繁化。或省去"艹"旁,反缚两手的"⻖"变作"糸"。战国文字"彝"字所从的"糸"或繁化作"丝"。上部或讹变作"彐"形,三体石经"彝"字古文上部已讹作"王"形,中间部分讹作"米",遂为《说文》篆文所本。隶变作"彝"。《说文》分析"彝"字为"从糸,糸,綦也。卄持米,器中实也。彑声",不可信。甲骨文"彝"是祭祀动词。《合集》32360:"甲戌卜,乙亥王其彝于大乙宗。"(甲戌这一天占卜,乙亥这天商王在祖庙中彝祭太乙吗?)"彝"是古代青铜祭器的通称。《说文》:"彝,宗庙常器也。"鱼尊:"鱼乍(作)父庚彝。"免卣:"用乍(作)䈞彝。"中山王方壶:"择燕吉金,铸为彝壶。"《左传·襄公十九年》:"且夫大伐小,取其所得以作彝器。"(徐在国)

緻 zhì 定纽、质部;澄纽、质韵、直一切。

緻《说文》小篆 — 緻 楷书

1《说文》277页。

形声字。从糸,致声。"致"之形体演变,参"致"字条。"致"、"緻"本是两个不同的字,因为"緻"从"致"声,所以现代以"致"作为"緻"的简化字。《说文》:"緻,密也。"本义是细密、精密。《素问·异法方宜论》:"其民嗜酸而食胕,故其民皆緻理而赤色,其病挛痹。"引申指缝补过的衣服。《玉篇·糸部》:"緻,缝补敝衣也。"(徐在国)

緋(绯) fēi 帮纽、微部;非纽、微韵、甫微切。

緋《说文》新附 — 緋 楷书 — 绯 楷书

1《说文》278页。

形声字。从糸,非声。"非"之形体演变,参"非"字条。"绯"乃"緋"之简化字。《说文》:"緋,帛赤色也。"本义是红色。唐唐彦谦《緋桃》:"短墙荒圃四无邻,烈火緋桃照地春。"(徐在国)

繖 sǎn 心纽、元部;心纽、旱韵、苏旱切。

繖《说文》新附 — 繖 楷书

1《说文》278页。

形声字。从糸,散声。"散"之形体演变,参"散"字条。"繖"乃"伞"字异体。《集韵·缓韵》:"繖,亦作伞。""傘"字简化作"伞"。"伞"也是"繖"的简化字。《说文》:"伞,盖也。"本义是车盖。《魏书·裴延儁传附裴良》:"假称帝号,服素衣,持白伞白幡。"引申指挡雨或遮太阳的用具。《正字通·人部》:"伞,御雨蔽日,可以卷舒者。"《晋书·王雅传》:"遇雨,请以伞入。"(徐在国)

繾(缱) qiǎn 溪纽、元部;溪纽、狝韵、去演切。

繾《说文》新附 — 繾 汉 — 繾 楷书 — 缱 楷书

1《说文》278页。2《篆隶表》944页。

形声字。从糸,遣声。"遣"之形体演变,参"遣"字条。"缱"乃"繾"之简化字。《说文》:"繾,繾綣,不相离也。""缱绻",牢结不离散。《左传·昭公二十五年》:"缱绻从公,无通外内。"(牢固跟从国君,不要里外通气)又指情意深厚。宋陆游《满江红》:"缱绻难忘当日语,凄凉又作他乡客。"(徐在国)

綣(绻) quǎn 溪纽、元部;溪纽、阮韵、去阮切。

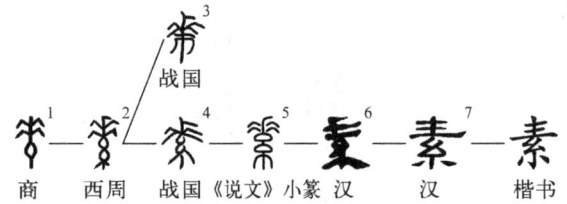

1《说文》278页。2《篆隶表》944页。

形声字。从糸,卷声。"卷"之形体演变,参"卷"字条。"绻"乃"綣"之简化字。"绻"有收缩、屈曲义。《淮南子·人间》:"兵横行天下而无所绻,威服四方而无所诎。"高诱注:"绻,屈也。"引申为殷勤,恳切。唐韩愈《答殷侍御书》:"务张而明之,其孰能勤勤绻绻若此之至。""缱绻",参"缱"字条。(徐在国)

素 部

素 sù 心纽、鱼部;心纽、暮韵、桑故切。

1《甲骨文字典》1415页"黎"字偏旁。2《金文编》872页"黎"字偏旁。3《楚帛书》63页。4《古文典》585页。5《说文》278页。6《马王堆》534页。7《甲金篆》922页。

会意字。从糸,从巛。《说文》:"素,从糸、巛,取其泽也。"段玉裁注:"泽者,光润也。毛润则易下巛,故从糸、巛,会意。"上举字形3下部所从之"市"(古代一种服饰),与从"糸"义通。字之上部"垂"字经过隶变,线条拉平直了,变成了三横一竖,最后形成现在"素"字的写法。素、索本一字分化。"索"字甲骨文作(《甲文编》104页),金文作(《金文编》531页"𦅫"字所从)。因此师克盨之素,父宫壶盖之素,信阳楚简之素,当皆"索"字,用作"素"。"素"的本义是没有染色的丝绸。《说文》:"素,白緻缯也。"《古诗为焦仲卿妻作》:"十三能织素,十四学裁衣。"引申为白色、本色、纯朴、真情、空白等。表示真情的"素"后来写作"愫"。再引申为与"荤"相对的蔬菜类食品。又指平素、旧时。作副词用,相当于向来、经常等。(林志强)

繛(绰) chuò 昌纽、药部;昌纽、药韵、昌约切。 chāo

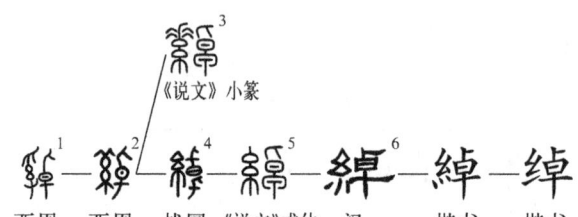

1、6《甲金篆》922页。2《金文编》872页。
3、5《说文》278页。4《古文典》309页。

形声字。从素,卓声。字形2"素"旁写法特殊,与黎䊫之"黎"字偏旁略同(见《金文编》872页),当是"素"字异写。战国文字改从糸,从素从糸可通用(素本也从糸)。后代以从糸为主,发展为"绰"字。"绰"为"繛"的简化字,"繛"为"繛"的异体或省体。"绰"的本义是舒缓、宽裕。《说文》:"繛,緩(缓)也。"《诗·卫风·淇奥》:"宽兮绰兮,倚重较兮。"引申为姿态柔美,绰约。又音chāo,抓取。元康进之《李逵负荆》第一折:"绰起俺两把板斧来,破折你那蟠根桑枣树。"(林志强)

緩(缓) huǎn 匣纽、元部;匣纽、缓韵、胡管切。

1《包山》198页。2、3《说文》278页。4《甲金篆》922页。

形声字。从素,爰声。战国文字本从糸。与"绰"字一样,"缓"字除了从糸之外,也从素,二者相通。从糸者比较简省,发展成现代汉字。"缓"是"緩"的简化字,"緩"是"緩"的异体或省体。"缓"的本义是舒缓、宽松。《说文》:"緩,繛(绰)也。"緩(缓)即宽缓义。《古诗十九首·行行重行行》:"相去日已远,衣带日已缓。"引申为缓慢、推迟、和缓等。(林志强)

絲 部

絲（丝） sī 心纽、之部；心纽、之韵、息兹切。

商 — 西周 — 战国《说文》小篆 — 秦 — 汉 — 楷书 — 楷书

1《甲骨文字典》1421页。2《金文编》873页。3《郭店》180页。4《说文》278页。5《睡甲》197页。6《甲金篆》923页。

象形字。从二糸，像丝二束之形。战国文字上部有一横，如字形3（有的上加二横，如江陵楚简的"丝"字作𢇁），可能是饰画，也可能表示丝线连结之意。"糸"作偏旁简化作"纟"，故"絲"也简化为"丝"。其下部一横为两个"纟"下一笔的连写。"丝"字已见于甲骨文，其本义是蚕丝。《说文》："丝，蚕所吐也。"《书·禹贡》："厥贡漆丝。"引申为丝织品，如丝绸。泛指像蚕丝一样的细线和其他极细的东西，如丝线、铜丝。比喻事物之细微，如一丝不苟。又特指琴、瑟、琵琶等弦乐器，因其弦古代常以蚕丝为之，今亦以钢丝等为之，故称。（林志强）

轡（辔） pèi 帮纽、物部；帮纽、至韵、兵媚切。

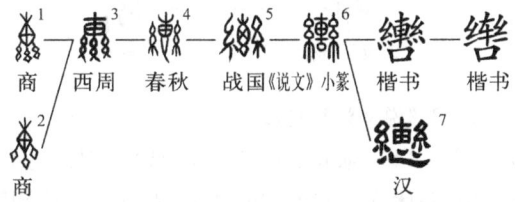
商 / 商 — 西周 — 春秋 — 战国《说文》小篆 — 楷书 — 楷书 / 汉

1、2《甲骨文字典》1421页。3《金文编》873页。4、5、7《甲金篆》923页。6《说文》278页。

象形字。像把多束丝拧到一起的形象。其绳子之结作𢆶，其下所连接的束丝或简化作𢆶，如字形2。"𢆶"字形与"叀"形近，故字形4、5均讹为从叀从丝。《说文》小篆更讹为从𤴐从丝。汉代异体把"𤴐"下之"口"易为"心"，如字形7。后世楷书的写法是把"𤴐"下之"口"放在底部，"𤴐"上之"車"和它左右的"糸"归到字的上部，形成上下结构。"車"简化作"车"，"糸"简化作"纟"，故"轡"简化作"辔"。"轡"字已见于甲骨文，用作地名或方国名。其本义是驾驭牲口的缰绳。《说文》："轡，马辔也。"《诗·邶风·简兮》："有力如虎，执辔如组。"引申作动词，牵。（林志强）

絭 guān 见纽、元部；见纽、删韵、古还切。

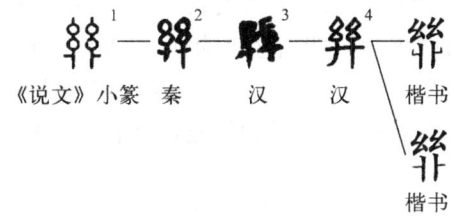
《说文》小篆 — 秦 — 汉 — 汉 — 楷书 / 楷书

1《说文》278页。2、4《甲金篆》832页"關"字偏旁。3《马王堆》477页"關"字偏旁。

形声字。从絲省，卝声。"卝"之横笔连写，故字又作"丱"；"卝"又写作"𠀎"，故字又作"絭"。此字罕见单独使用，只作为偏旁保留在秦汉以后的"關"字中。"絭"的本义是织绢时用丝线穿过梭子。《说文》："织绢从丝贯杼也。"段玉裁注以为"从丝"为"以丝"之误，"以丝贯于杼中而后织，是之谓絭，杼之往来如关机合开也"。《后汉书·列女传·乐羊子妻》："此织生自蚕茧，成于机杼，一丝（絭）而累，以至于寸，累寸不已，遂成丈匹。"（林志强）

率 部

率 shuài 心纽、物部；生纽、质韵、所律切。
　　 lǜ 来纽、物部；来纽、术韵、吕卹切。

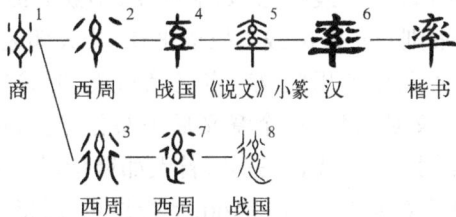
商 — 西周 — 战国《说文》小篆 — 汉 — 楷书 / 西周 — 西周 — 战国

1《甲骨文字典》1423页。2、3《金文编》873页。4《古文典》1281页。5《说文》278页。6《甲金篆》923页。7、8《金文编》91、92页。

象形字。像绞麻为索之形。旁点为麻枲之余，西周、战国文字中或省略之。战国文字加饰笔作𢆶，后世以加饰笔而旁点不省之形发展至今。西周文字又孳乳出从行、从辵一系，如字形3、7、8，殆强调其表率领、遵从等动作之义。"率"字甲骨文已出现，但不用其本义。"率"的本义当是大索（《说文》谓率的本义为捕鸟毕）。元周伯琦《六书正讹》："率，大索也。象形。上下两端象绞索之具，中象索，旁象麻枲之余。"按"率"当是"繂"的本字，此字《尔雅》作"繂"，《毛诗》作"綍"。从素、从索、从糸，义可相通。《尔雅义疏》引孙炎说云："繂，大索也。舟止系之于树木，戾竹为大索。"根据孙炎所说的大索的功能和意义,可以引申出率领、遵循等意义。《诗·周颂·噫嘻》:"率时农夫,播厥百谷。"作名词则指将领、表率。这个意义又写作"帅"。"率"又指大致、一般,引申为一律、大概。双音词"率尔",即指轻率的样子。直率、坦率等意义亦与此相关。"率"又音lǜ,比率。通"律",指标准、法度。《孟子·尽心上》:"羿不为拙射变其彀率。"(林志强)

虫 部

虫 huǐ 晓纽、微部;晓纽、尾韵、许伟切。
chóng 定纽、冬部;澄纽、东韵、直弓切。

1、2《甲文编》509页。3、4《金文编》873页。5《说文》278页。6《马王堆》535页。7、8《甲金篆》923页。

象形字。即古"它(蛇)"字。甲骨文有繁简二体,繁体像头是三角形的一种毒蛇。西周曶鼎上的"虫"字还在头部画出了蛇的眼睛,如字形3。战国文字与甲骨文的简体很相似,已经线条化,如字形4。小篆的线条更加曲折,隶书则将小篆的线条拉成平直,其头部逐渐变成方形,身子和尾巴用竖、横、点三笔写成,形成"虫"字。"虫"的本义是毒蛇。这个意义后来写作"虺",读huǐ。《说文》:"虫,一名蝮,博三寸,首大如擘指。"(参见"虺"字条)"虫"又同"蟲",读chóng,本指昆虫,泛指动物。现为蟲的简化字(参见"蟲"字条)。(林志强)

蝮 fù 滂纽、觉部;敷纽、屋韵、芳福切。

1《说文》278页。

形声字。从虫,复声。"蝮"的本义指一种毒蛇。《说文》:"蝮,虫也。"《尔雅·释鱼》:"蝮,虺,博三寸,首大如擘。"《史记·田儋列传》:"蝮螫手则斩手,螫足则斩足。"裴骃集解引应劭曰:"蝮,一名虺。"(林志强)

螣 téng 定纽、蒸部;定纽、登韵、徒登切。
tè 定纽、职部;定纽、德韵、徒德切。

1《说文》278页。2《马王堆》537页。

形声字。从虫,朕声。据《说文》,"朕"字本从"舟"。"舟"旁在隶变过程中常与"月"旁混同,此字亦然。"朕"字古今字形的另一个不同是𠔇——关(即朕字右边之"关")之间的变化:由弯曲线条变为平直线条,由断笔变成连笔。"螣"的本义是螣蛇,古书上说是一种能兴云雾而飞的蛇。《说文》:"螣,神蛇也。"《荀子·劝学》:"螣蛇无足而飞,梧鼠五技而穷。"螣又音tè,同"蟘",指一种食禾虫。《广韵·登韵》:"螣,食禾虫。"《集韵·德韵》:"蟘,或作螣。"《诗·小雅·大田》:"去其螟螣。"毛传:"食心曰螟,食叶曰螣。"(林志强)

螾(蚓) yǐn 喻纽、真部;以纽、轸韵、余忍切。

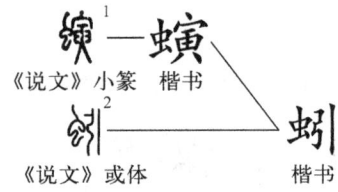

1、2《说文》278页。

形声字。"螾"从虫,寅声;"蚓"从虫,引声。螾、蚓是声符不同的异体字。《说文》以"螾"为正字,以"蚓"为或体。现在正好相反,"蚓"是正体规范字。"蚓"比"螾"笔画更简单,以"蚓"为正字,符合汉字简化的趋势。"螾"的本义是蚯蚓。《说文》:"螾,侧行者。"《荀子·劝学》:"螾无爪牙之利,筋骨之强,上食埃土,下饮黄泉,用心一也;蟹六跪而二螯,非蛇螾之穴无可寄托者,用心躁也。"《孟子·滕文公下》:"夫蚓,上食槁壤,下饮黄泉。"现在仍然表示此义。(林志强)

蠁(蚃) xiǎng 晓纽、阳部;晓纽、养韵、许两切。

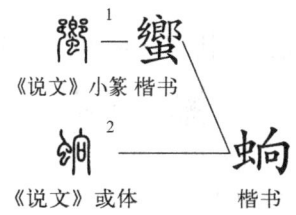

1、2《说文》278页。

形声字。"蠁"从虫,鄉声;"蚵"从虫,向声。两者是声符不同的异体字。"鄉"、"向"声音相通,而"向"字笔画简单,故以"向"代"鄉",符合汉字简化的趋势。"蠁"的本义是土蛹。《说文》:"蠁,知声虫也。"宋孙觌《次韵王子钦》:"蠁穿万孔莘,蛛挂千丝扰。"蚵虫,现在方言又指浮尘子等水稻害虫。(林志强)

蛁 diāo 端纽、宵部;端纽、萧韵、都聊切。

1《说文》278页。

形声字。从虫,召声。楚书异体或作"虭",从刀声,与"蛁"为换声符的异体字。"蛁"的本义是虫。《说文》:"蛁,虫也。"《晋书·束皙传》:"羽族翔林,蠕蛁赴湿。"古书中常指蝉,蝉也称蛁蟟。《太玄·饰》:"蛁鸣喁喁,血出其口。"范望注:"蛁,蝉也。"(林志强)

蛹 yǒng 喻纽、东部;以纽、肿韵、余陇切。

1《说文》278页。

形声字。从虫,甬声。"蛹"的本义是蚕蛹。《说文》:"蛹,茧虫也。"《荀子·赋篇·蚕》:"蛹以为母,蛾以为父。"泛指完全变态的昆虫由幼虫到成虫的过渡形态。幼虫生长到一定时期,就不动不食,外形变厚,形体缩短,最后变成蛹。蛹在条件合适的情况下变为成虫。(林志强)

蛕(蛔) huí 匣纽、之部;匣纽、灰韵、户恢切。

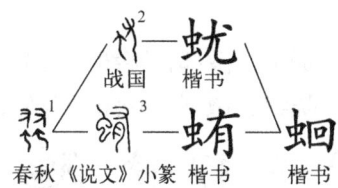

1《金文编》873页。2《汉语字形表》508页。3《说文》278页。

形声字。从虫,有声。字形1"蚘"从䖵,友声;字形2"蚘"从虫,尤声。从䖵、从虫表意相同,友、尤二者声音相同,故蚘、蚘二字为声符不同的异体字。《说文》小篆改从有声,亦声符不同之异体字。楷书"蛔"字从虫,回声。回、有古音相近,故蛕、蛔也是异体关系。现在以"蛔"为正字,"蛕"、"蚘"皆作为"蛔"的异体被合并。"蛕"的本义是蛔虫。《说文》:"蛕,腹中长虫也。"《灵枢经·邪气藏腑病形篇》:"(脾脉)微滑,为虫毒蛕蝎。"(林志强)

蟯(蛲) náo 日纽、宵部;日纽、宵韵、如招切。

1《说文》279页。2《马王堆》538页。

形声字。从虫,堯声。"堯"字简化作"尧","蟯"也类推简化作"蛲"。本义指一种寄生虫名,身体很小,白色,像线头。《说文》:"蟯,腹中短虫也。"《淮南子·原道》:"泽及蚑蟯。"(林志强)

雖(虽) suī 心纽、微部;心纽、脂韵、息遗切。

1《金文编》873页。2《古文典》1205页。3《说文》279页。4、6《甲金篆》924页。5《马王堆》538页。

形声字。从虫,唯声。此字自古以来,"唯"的"口"旁一直都放在"虫"的头上,因此"雖"容易被误认为是"虽"和"隹"合成的左右结构。宋元以来俗字求其简省,遂以其左边"虽"代"雖"。现把"虽"作为"雖"的简化字。"虽"的本义是一种形似蜥蜴的虫,有花纹而身体较大。《说文》:"虽,似蜥蜴而大。"此字本义罕用,主要假借为连词,表示让步或假设,意思是虽然、即使。《韩非子·说林上》:"失火而取水于海,海水虽多,火必不灭矣。"《礼记·中庸》:"果能此道矣,虽愚必明,虽柔必强。"(林志强)

虺

huǐ 晓纽、微部；晓纽、尾韵、许伟切。
huī 晓纽、微部；晓纽、灰韵、呼恢切。

商　西周　战国　战国《说文》小篆　汉　楷书

1《甲文编》509页。2、3《金文编》873页。4《战文编》868页。5《说文》279页。6《甲金篆》924页。

形声字。从虫，兀声。本作"虫"，是象形字。初文像头呈三角形的一种毒蛇(参见"虫"字条)。战国时期变为从"兀"声的形声字。"虺"的本义是毒蛇。《诗·小雅·斯干》："维熊维罴，维虺维蛇。"又读huī，与"隤"构成复音词"虺隤"，指疲劳生病。《诗·周南·卷耳》："陟彼崔嵬，我马虺隤。"毛传："虺隤，病也。"（林志强）

蜥

xī 心纽、锡部；心纽、锡韵、先击切。

《说文》小篆　楷书

1《说文》279页。

形声字。从虫，析声。本义指蜥蜴。《说文》："蜥，蜥蜴也。"蜥蜴是一种爬行动物，身体表面有细小鳞片，有四肢，尾巴细长，易断，能再生。生活在草丛中，捕食昆虫和其他小动物。通称四脚蛇。《汉书·东方朔传》："(朔)乃别著布卦而对曰：'臣以为龙又无角，谓之为蛇又有足。跂跂脉脉善缘壁，是非守宫(又名壁虎)即蜥蜴。'"（林志强）

蝘

yǎn 影纽、元部；影纽、阮韵、於幰切。

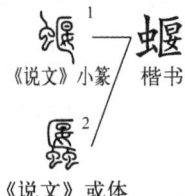

《说文》小篆　楷书

《说文》或体

1、2《说文》279页。

形声字。从虫，匽声。《说文》小篆异体从蚰，与从虫同意。"蝘"指蝘蜓，即壁虎，又名守宫。《说文》："蝘，在壁曰蝘蜓，在艸曰蜥蜴。"壁虎是爬行动物，身体扁平，四肢短，能在壁上活动。捕食蚊蝇等小动物。尾易断，能再生。《荀子·赋篇》："螭龙为蝘蜓，鸱枭为凤皇。"蝘又指蝉的一种。《诗·大雅·荡》："如蜩如螗，如沸如羹。"毛传："蜩，蝘也。"陆德明释文："蝘音偃，蝉属也。"（林志强）

蜓

tíng 定纽、耕部；定纽、青韵、特丁切。

《说文》小篆　楷书

1《说文》279页。

形声字。从虫，廷声。指蝘蜓。《说文》："蜓，蝘蜓也……一曰蝘蜓。"又指蜓蚞，一种蝉名。《尔雅·释虫》："蜓蚞螇螰。"郭璞注："即蝭蟧也。一名蟪蛄，齐人呼螇螰。"（林志强）

蟣(虮)

jǐ 见纽、微部；见纽、尾韵、居狶切。
qí 群纽、微部；群纽、微韵、渠希切。

《说文》小篆　楷书　楷书

1《说文》279页。

形声字。从虫，幾声。俗字以同音代替的方法把"幾"写作"几"，因此"蟣"遂类推简写作"虮"，与古书中"密虮"（一种虫名）之"虮"同形。今以"虮"为"蟣"的简化字。本义指虱子的卵。《说文》："虮，虱子也。"段玉裁注："虱，啮人虫也。子，其卵也。"宋玉《小言赋》："烹虱胫，切虮肝。"又喻指酒面上的浮沫。"虮"音qí，指水蛭。《说文》："虮……一曰齐谓蛭曰虮。"（林志强）

蛭

zhì 章纽、质部；章纽、质韵、之日切。

《说文》小篆　秦　汉　楷书

1《说文》279页。2、3《甲金篆》924页。

形声字。从虫，至声。古今字形变化主要表现为线条的平直化。"蛭"的本义是蚂蟥，是一种环节动物，体一般长而扁平，前后各有一个吸盘，生活在淡水或湿润的地方，能吸人畜的血。《说文》："蛭，虮也。"段玉裁注："此蒙上'虮'字第二义释之。"按此第二义指"一曰齐谓蛭曰虮"而言。《新书·春秋》："楚惠王食寒菹而得蛭。"（林志强）

蠆(虿)

chài 透纽、月部；彻纽、夬韵、丑犗切。

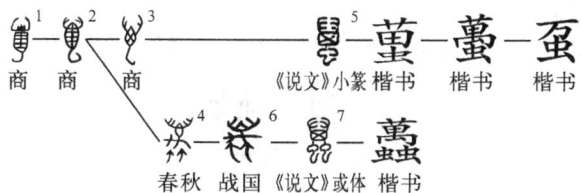

1、2《金文编》874页。3《甲文编》544页。4《甲金篆》925页。5、7《说文》279页。6《包山》198页。

象形字。本与"萬"字同像蝎子之形，突出其利钳、长尾。"萬"字后讹从"厹"，并借为数目专字，本义湮没，字亦与"蠆"分而为二。商代的"蠆"字，其上翘之尾如虫字之状，故小篆下部讹从"虫"。另有一系从蚰，如字形4、6、7，从蚰与从虫同意。小篆从"萬"省，后来的楷书，上部写作全形的"萬"，可谓复其本初。俗字以"万"为"萬"，现以"万"为"萬"的简化字，因此"蠆"亦简化为"虿"。"蠆"的本义是蝎子一类的毒虫。《说文》："蠆，毒虫也。"《诗·小雅·都人士》："彼君子女，卷发如虿。"郑玄笺："虿，螫虫。尾末揵然，似妇人发末曲上卷然。"（林志强）

強（强）

qiáng 群纽、阳部；群纽、阳韵、巨良切。
qiǎng 群纽、阳部；群纽、养韵、巨两切。
jiàng 群纽、阳部；群纽、养韵、其两切。

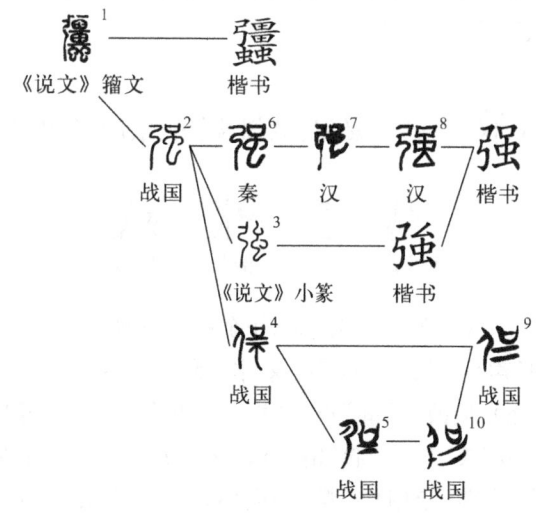

1、3《说文》279页。2、4《古文典》648页。5、9、10《郭店》180页。6、8《甲金篆》925页。7《马王堆》536页。

形声字。从虫，弘声。《说文》籀文"强"字从蚰，彊声。从蚰与从虫同意，彊与强同音，故"彊"当为"强"之繁体异构。秦代以后"强"字的发展因其声符"弘"的不同写法而分为两系：一写作从弓从厶从虫，一写作从弓从口从虫。此"厶"、"口"皆置于字之右上角，而"虫"旁则置于字的右下角，故全字一写作"强"，一写作"強"。现以"强"为规范字，"強"作为其异体被合并。战国文字还有另外一系写法：字形4在"口"和"虫"之间加了二短横作为饰画，而"弓"旁的写法与"人"旁混同。字形5、10仍从"弓"，可以帮助证明"人"旁乃"弓"旁之讹。字形4的写法省"虫"即成字形9，此时之二短横亦可视为省形符号，代替被省的"虫"符，这是古文字中很常见的省略方法。二短横若置于"口"之上，即成"⿰弓刚"，《说文》以为"刚"字古文，其实也是"强"字，假借为"刚"。"强"的本义是米中小黑虫。《说文》："强，蚚也。"但此字本义罕用，主要被借为彊弱之"彊"（本义指弓有力），并逐渐取代了它，"彊"字渐废。因此"彊"字所具有的音义，"强"字基本都具备。"强"读qiáng，主要意义是健壮、强大、刚强、坚硬等；"强"读qiǎng，义为勉强、勉力、强迫等；"强"读jiàng，义为僵硬、倔强等。（林志强）

蜀

shǔ 禅纽、屋部；禅纽、烛韵、市玉切。

1《甲文编》509页。2、4《甲金篆》925页。3《金文编》874页。5《古文典》376页。6《郭店》181页。7《说文》279页。8《金文续编》287页。9《甲金篆》926页。

象形字。像爬虫目、身之形。西周后增加"虫"旁表示其类别，"目"形逐渐讹为"四"形，像虫身一笔的上端或有饰笔，或无饰笔。有饰笔者发展成为现代汉字。另战国文字还有一特殊写法，如字形6，上从"目"，下从"虫"，是其省体。"蜀"的本义指蛾蝶类的幼虫，后作"蠋"。《说文》："蜀，葵中蚕也。从虫。上目象蜀头形，中象其身蜎蜎。《诗》曰：'蜎蜎者蜀。'"按今本《诗·豳风·东山》"蜀"作"蠋"。又作为古族名、国名、朝代名等。（林志强）

蜱

bī 帮纽、脂部；帮纽、齐韵、边兮切。
pí 并纽、脂部；并纽、脂韵、房脂切。

《说文》小篆　楷书

1《说文》279页。

形声字。从虫,毘声。本义是寄生在牛马鸡犬等牲畜身上的一种吸血昆虫,如牛蜱等。《说文》:"蜱,啮牛虫也。"《本草纲目·虫二·牛蜱》:"牛蜱一名牛蜱。""蜱"读pí,通蚍,"蜱蜉"即"蚍蜉",也作"蜱蠹"。《汉书·五行志中之下》:"蜱蠹之有翼者,食谷为灾,黑眚也。"(林志强)

蠖 huò 影纽、铎部；影纽、铎韵、乌郭切。

《说文》小篆 汉 汉 楷书

1《说文》279页。2《马王堆》538页。3《甲金篆》926页。

形声字。从虫,蒦声。字形2声符中的"又"旁写在"隹"旁的第一笔竖画上,字形3"隹"旁的两笔竖画分别向下左右延伸,与"又"旁形成合笔。"蠖"指尺蠖。行动时身体一伸一屈,又称"步屈"、"造桥虫"。《说文》:"蠖,尺蠖,屈申虫。"《易·系辞下》:"尺蠖之屈,以求信(伸)也。"(林志强)

蝝 yuán 喻纽、元部；以纽、仙韵、与专切。

《说文》小篆 楷书

1《说文》279页。

形声字。从虫,彖声。古今字形没有大的变化。本义是蝗的幼虫或蚁卵。《说文》:"蝝,复陶也。刘歆说:蝝,蚍蜉子;董仲舒说:蝗子也。"《左传·宣公十五年》:"冬,蝝生,饥。"杜预注:"董仲舒云:蝗子也。""蝝"又读yuān,同"蜎",二者声符不同。其义指孑孓。《集韵·狝韵》:"蜎,井中小虫。或作蝝。"(林志强)

蝼(蝼) lóu 来纽、侯部；来纽、侯韵、落侯切。

《说文》小篆 汉 三国魏 楷书 楷书

1《说文》280页。2《马王堆》538页。3《甲金篆》926页。

形声字。从虫,婁声。"婁"简化为"娄","蝼"亦类推简化作"蝼"。"蝼"指蝼蛄,一种农业害虫。《说文》:"蝼,蝼蛄也。"《庄子·列御寇》:"在上为乌鸢食,在下为蝼蚁食。"(林志强)

蛄 gū 见纽、鱼部；见纽、模韵、古胡切。

《说文》小篆 楷书

1《说文》280页。

形声字。从虫,古声。古今字形没有太大变化。"蛄"指蝼蛄,一种农业害虫。《说文》:"蛄,蝼蛄也。"唐李贺《昌谷诗》:"嘹嘹湿蛄声,咽源惊溅起。"(林志强)

蛾 yǐ 疑纽、歌部；疑纽、纸韵、鱼倚切。
é 疑纽、歌部；疑纽、歌韵、五何切。

《说文》小篆 汉 楷书

1《说文》280页。2《甲金篆》926页。

形声字。从虫,我声。字形2为上下结构,《说文》小篆和现代楷书都作左右结构。"蛾"读yǐ,是"蟻"的异体,"蟻(蚁)"的本字。《说文》:"蛾,罗也。"《文选·扬雄〈长杨赋〉》:"皆稽颡树颔,扶服蛾伏。"(参见"蟻"字条)"蛾"读é,指昆虫。形状像蝴蝶,有四个带鳞片的翅膀,种类繁多。《荀子·赋篇·蚕》:"蛹以为母,蛾以为父。"亦为"蛾眉"的简称,指女子美而长的眉毛。又通"俄",短时间。《汉书·外戚·孝成班倢伃传》:"始为少使,蛾而大幸。"(林志强)

蟻(蚁) yǐ 疑纽、歌部；疑纽、纸韵、鱼倚切。

《说文》小篆 汉 楷书 楷书

1《说文》280页。2《甲金篆》926页。

形声字。从虫,豈声。又作"蛾",从虫,我声(参见"蛾"字条)。后改从"義"声。"豈"、"我"、"義"声皆相通("義"本从"我"声)。"義"俗字借"义"为之,后在其上加点造出"义"字,专用作"義"的简体,"蟻"也类推简化为"蚁"。"蚁"指蚁科昆虫。《说文》:"蟻,蚍蜉也。"宋玉《招魂》:"赤蚁若象,玄蜂若壶些。"《孙子·谋攻》:"将不胜其忿而蚁附之。"因蚁多黑色,引申指黑色。又借指酒上浮沫。(林志强)

蟀(蟀) shuài 心纽、物部；生纽、质韵、所律切。

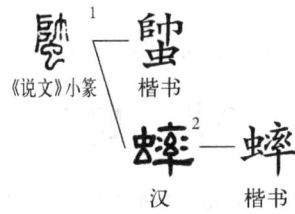

1《说文》280页。2《甲金篆》926页。

形声字。从虫，帅声，为"蟀"的异体字。"蟀"从"率"声，与"帅"声同。现以"蟀"为规范正字。"蟀"与"蟋"构成复音词"蟋蟀"，虫名。《说文》："蟀，悉蟀也。""悉蟀"即"蟋蟀"。《诗·七月》："十月蟋蟀入我床下。"清宋琬《蝶恋花·旅月怀人》："蟋蟀灯前欺病客。"（参见"蟋"字条）（林志强）

蜋(螂) liáng 来纽、阳部；来纽、阳韵、吕张切。
　　 láng 来纽、阳部；来纽、唐韵、鲁当切。

1《说文》280页。

形声字。从虫，良声，为"螂"的异体字。"螂"从"郎"声，与"良"声同。"蜋"音liáng，与"蜣"构成复音词"蜣蜋"，即蜣螂，一种有甲壳和鞘翅的昆虫，黑色，常把粪滚成球形，在其中产卵，俗称"屎壳郎"。唐苏鹗《苏氏演义》卷下："蜣蜋，一名蛣蜣，一名转丸，一名弄丸，能以土包屎转而成丸。""蜋"音láng，与"螳"构成复音词"螳蜋"，昆虫名。《说文》："蜋，堂蜋也。""堂蜋"即螳螂。《庄子·人间世》："汝不知夫螳蜋乎？怒其臂以当车辙，不知其不胜任也。"（林志强）

蟥 huáng 匣纽、阳部；匣纽、唐韵、胡光切。

1《说文》280页。

形声字。从虫，黄声。古今字形没有大的变化。"蟥"指蟥蟥，甲虫名，即金龟子。《说文》："蟥，蟥蟥也。"（林志强）

蚬(蜆) xiàn 匣纽、元部；匣纽、铣韵、胡典切。

1《说文》280页。2《甲金篆》926页。

形声字。从虫，见声。"見"字简化作"见"，"蜆"也类推简化作"蚬"。"蚬"指蝶类的幼虫。常以丝悬于草木上或屋壁间，故又名缢女或缢虫。《说文》："蚬，缢女也。"《焦氏易林·随》："蚬见不祥，祸起我乡。"又音xiǎn，指一种软体动物，产于淡水中，肉可吃。唐皮日休《答箜》："但闻鰕蚬气，欲生蓣藻衣。"（林志强）

蠃 luǒ 来纽、歌部；来纽、果韵、郎果切。
　　 luó 来纽、歌部；来纽、戈韵、落戈切。

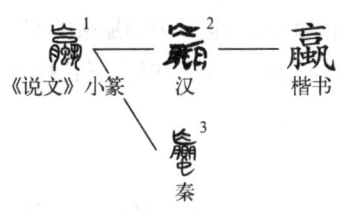

1《说文》280页。2《马王堆》538页。3《甲金篆》927页。

形声字。从虫，嬴声。字形2、3两种写法少一"口"符，"丑"旁与"月"旁混同。字形3还多一"贝"旁，当是受"嬴"字影响所致。"蠃"读luǒ，与"螺"构成复音词"螺蠃"。螺蠃即细腰蜂。《说文》："蠃，螺蠃也。"蠃读luó，同螺。《说文》："蠃，一曰虒蝓。"朱骏声通训定声："虒蝓，俗字作螺……后人别水生可食者为螺，陆生不可食者为蜗牛。"《易·说卦》："离为蠃为蚌。"（林志强）

蚩 chī 昌纽、之部；昌纽、之韵、赤之切。

1《甲金篆》927页。2《说文》280页。3《马王堆》535页。

形声字。从虫，屮声。战国文字本从蚰，寺声。秦代文字改从虫，屮声。马王堆帛书的蚩，所从之"屮"少下一横画，为其省体。"蚩"的本义是虫名。《说文》："蚩，虫也。"引申为丑陋、无知。汉赵壹《刺世疾邪赋》："荣纳由于闪揄，孰知辨其蚩妍。"蚩蚩，敦厚的样子。《诗·卫

风·氓》："氓之蚩蚩,抱布贸丝。"通"嗤",笑。《后汉书·卓茂传》："邻城闻者皆蚩其不能。"(林志强)

蝥

máo 明纽、幽部；明纽、肴韵、莫交切。
wú 明纽、侯部；微纽、虞韵、武夫切。

1《说文》280页。2《甲金篆》927页。

形声字。从虫,孜声。小篆此字"虫"旁在"矛"、"攴"之间的下部,后来"矛"、"攴"整合上移,与"虫"形成上下结构。"攴"后来变为"夂",是古今文字演变的通例。"蝥"指螌蝥,也作"斑蝥",是一种昆虫。《说文》："蝥,螌蝥也。"《本草纲目·虫部·斑蝥》："班蝥,人获得之,尾后恶气射出,臭不可闻。""蝥"亦同"蟊",指食苗根的害虫。《左传·昭公三十二年》："蟊贼远屏,晋之力也。"孔颖达疏："蟊贼,食苗之虫。《释虫》云：'食根蟊,食节贼。'故以蟊贼喻灾害也。"另,蜘蛛的别名为"䵷蝥","蝥"读wú。晋张华《杂诗三首》之三："蛛蝥纲四壁,怀思岂不隆。"(林志强)

蟠

fán 並纽、元部；奉纽、元韵、附袁切。
pán 並纽、元部；並纽、桓韵、薄官切。

1《说文》280页。2《隶辨》165页。

形声字。从虫,番声。隶书声符作"番",为隶变省写,如字形2。"蟠"读fán,本义是鼠妇虫。《说文》："蟠,鼠妇也。"读pán,指盘曲、环绕。《淮南子·兵略》："龙蛇蟠,簦笠居。"引申为遍及、周匝。(林志强)

蜙

sōng 心纽、东部；心纽、钟韵、息恭切。

1、2《说文》280页。

形声字。从虫,松声。或体从"公"声,与蜈蚣之"蚣"同形。"蜙"的本义是蜙蝑。蜙蝑即螽斯,生活在丛林草间或洞穴之内,善于跳跃,以翅摩擦发音。《说文》："蜙,蜙蝑,以股鸣者。"唐段成式《酉阳杂俎·广动植》："蜙蝑股鸣,荣原胃鸣。"(林志强)

蝗

huáng 匣纽、阳部；匣纽、唐韵、胡光切。

1《说文》280页。2《马王堆》537页。3《甲金篆》927页。

形声字。从虫,皇声。声符"皇"小篆从"自",后从"白"为从"自"之省。"蝗"的本义是蝗虫。《说文》："蝗,螽也。"《吕氏春秋·不屈》："蝗螟,农夫得而杀之。"(林志强)

蜩

tiáo 定纽、幽部；定纽、萧韵、徒聊切。

1、2《说文》280页。

形声字。从虫,周声。《说文》或体从舟声,与正体为声符不同的异体字。"蜩"的本义是蝉。《说文》："蜩,蝉也。"《诗·大雅·荡》："如蜩如螗,如沸如羹。"古书也指一种兽的名称。(林志强)

蟬(蝉)

chán 禅纽、元部；禅纽、仙韵、市连切。

1《说文》281页。2、3《甲金篆》927页。

形声字。从虫,單声。甲骨文有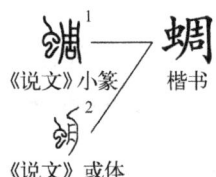(《粹》1536,《甲骨文字典》1440页)字,郭沫若谓像蝉形,因释为蝉。此供参考。西汉文字第一例左"單"右"虫",不同于正常的左"虫"右"單"。第二例"單"上二"口"写作二"厶",属正常隶写;"單"下竖笔略微透上,稍讹。"單"简化作"单","蟬"也类推简化作"蝉"。"蝉"是蝉科昆虫的通称,种类很多。雄虫腹部有发音器,能连续发出尖锐的声音。幼虫生活在土里,吸食植物的根。成虫刺吸植物的汁。《说文》："蝉,以旁鸣者。"《荀子·大略》："饮而不食者,蝉也。"蝉翼很薄,有花纹,故常以之喻指丝绸。古代侍从官员之冠有饰如蝉,故有蝉冠之称。古代女子的一种发式望之缥缈如蝉翼,故又有蝉鬓之称。盖因蝉鸣连续不断,故"蝉

联"意指连续。（林志强）

蜺 ní　疑纽、支部；疑纽、齐韵、五稽切。

形声字。从虫，兒声。本义是寒蝉。《说文》："蜺，寒蜩也。"又同"霓"，虹的一种。其彩带排列的顺序和虹相反，红色在内，紫色在外，颜色比虹淡。也叫副虹、雌虹。屈原《天问》："白蜺婴茀，胡为此堂。"洪兴祖补注："蜺，雌虹也。"（林志强）

蜻
jīng　精纽、耕部；精纽、清韵、子盈切。
qīng　清纽、耕部；清纽、青韵、仓经切。

形声字。从虫，青声。"蜻"读 jīng，本义是蟋蟀。《说文》："蜻，蜻蛚也。"《盐铁论·论菑》："《月令》：'凉风至，杀气动，蜻蛚鸣，衣裘成。'""蜻"读 qīng，指蜻蜓。《吕氏春秋·精谕》："海上之人有好蜻者，每居海上，从蜻游，蜻之至者百数而不止，前后左右尽蜻也。"（林志强）

蛉 líng　来纽、真部；来纽、青韵、郎丁切。

形声字。从虫，令声。本义是螟蛉。《说文》："蛉，螟蛉也。一名桑根。"《诗·小雅·小宛》："螟蛉有子，蜾蠃负之。"按：寄生蜂蜾蠃常捕捉螟蛉蛾的幼虫作为幼虫的食物，古人误认为蜾蠃把它当做养子，故古人把义子也称为"螟蛉"。（林志强）

蜹 ruì　日纽、月部；日纽、祭韵、而锐切。

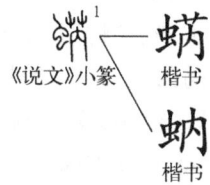

形声字。从虫，芮声。楷书或从"内"声，为声符不同的异体字。"蜹"指蚊虫。《说文》："蜹，秦晋谓之蜹，楚谓之蚊。"《国语·晋语九》："蜹蚁蜂虿，皆能害人。"又指蠛蠓。《荀子·劝学》："质的张而弓矢至焉，林木茂而斧斤至焉，树成荫而众鸟息焉，醯酸而蜹聚焉。"（林志强）

蜡
qù　清纽、鱼部；清纽、御韵、七虑切。
zhà　从纽、铎部；从纽、祃韵、锄驾切。
là

形声字。从虫，昔声。"蜡"读 qù，为"蛆"之古字，指蝇的幼虫。《说文》："蜡，蝇胆也。"段玉裁注："蝇生子为蛆。蛆者俗字，胆者正字，蜡者古字。"读 zhà，本义是古代年终合聚万物，大祭宗庙。《礼记·礼运》："昔者仲尼与于蜡宾，事毕，出游于观之上，喟然而叹。"郑玄注："时，孔子仕鲁，在助祭之中。"蜡，祭名。读 là，今为"蠟"的简化字。（林志强）

蜕 tuì　透纽、月部；透纽、泰韵、他外切。

会意兼形声字。从虫，从挩省，挩亦声。本义是蝉、蛇等蜕下的皮。《说文》："蜕，蛇蝉所解皮也。"《庄子·寓言》："予，蜩甲也，蛇蜕也，似之而非也。"作动词，指蛇蝉等动物脱皮，引申为"脱掉"、"变化"、"蜕变"等。（林志强）

螫 shì　书纽、铎部；书纽、昔韵、施只切。

形声字。从虫，赦声。字形2为马王堆帛书文字，从"它"，与从"虫"同意；声符"赤"旁省为"亦"。"螫"的本义是毒虫或毒蛇咬刺。《说文》："螫，虫行毒也。"

《诗·周颂·小毖》:"莫予荓蜂,自求辛螫。"引申指毒害、危害等。(林志强)

蛟 jiāo 见纽、宵部;见纽、肴韵、古肴切。

虬¹—蛟
《说文》小篆　楷书

1《说文》281页。

形声字。从虫,交声。"蛟"是传说中的一种龙。《说文》:"龙之属也。池鱼满三千六百,蛟来为之长,能率鱼飞。置筍水中,即蛟去。"《楚辞·九歌·湘夫人》:"麋何食兮庭中,蛟何为兮水裔?"又指鳖、鳄之类。通"鲛",鲨鱼。《荀子·礼论》:"寝兕、持虎、蛟韅、丝末、弥龙,所以养威也。"杨倞注引徐广曰:"以蛟鱼皮为之。"王先谦《集解》引卢文弨曰:"《史记》'蛟'作'鲛'。古字通用。"(林志强)

螭 chī 透纽、歌部;彻纽、支韵、丑知切。

螭¹—螭
《说文》小篆　楷书

1《说文》281页。

形声字。从虫,离声。本义指古代传说中的一种龙。《说文》:"螭,若龙而黄,北方谓之地蝼……或云无角曰螭。"《楚辞·九歌·河伯》:"乘水车兮荷盖,驾两龙兮骖螭。"(林志强)

虯(虬) qiú 群纽、幽部;群纽、幽韵、渠幽切。

虯¹—虯—虬
《说文》小篆　楷书　楷书

1《说文》281页。

形声字。从虫,丩声。后丩变为乚,写成"虬"。本义是传说中的有角龙。《说文》:"虯,龙子有角者。"《汉书·司马相如传》:"乘镂象,六玉虯。"又有蜷曲义。宋赵汝适《诸蕃志·志国·海上杂国》:"波斯国在西南,国上其人肌理甚黑,鬓发皆虯。"(林志强)

蜃 shèn 禅纽、文部;禅纽、轸韵、时忍切。

蜃¹—蜃
《说文》小篆　楷书

1《说文》281页。

形声字。从虫,辰声。本义是大蛤。《说文》:"蜃,雉入海化为蜃。"《国语·晋语九》:"赵简子叹曰:'雀入于海为蛤,雉入于淮为蜃。'"也指与蜃有关的事物,如腹部画有蜃形的漆尊(一种祭器)、蚌蛤类烧成的灰等。又指一种蛟龙,传说它能吐气成海市蜃楼。(林志强)

盒(蛤) gé 见纽、缉部;见纽、合韵、古沓切。
há 匣纽、鱼部;匣纽、麻韵、胡加切。

盒¹—蛤
《说文》小篆　楷书

1《说文》281页。

形声字。从虫,合声,为上下结构。经典多写作"蛤",为左右结构。二者为异体字。"盒"读 gé,指蛤蜊、文蛤等瓣鳃纲软体动物。古人认为由燕雀等变化而成。《说文》:"盒,蜃属。有三,皆生于海。千岁化为盒,秦谓之牡蛎。又云,百岁燕所化。魁盒,一名复累,老服翼所化。"《礼记·月令》:"爵入大水为蛤。"又读 há,指蛤蟆。唐刘恂《岭表录异》卷上:"有乡墅小儿,因牧牛,闻田中有蛤鸣,牧童遂捕之,蛤跃入一穴。"(林志强)

蝸(蜗) wō 见纽、歌部;见纽、佳韵、古蛙切。

蝸¹—蝸—蜗
《说文》小篆　楷书　楷书

1《说文》282页。

形声字。从虫,咼声。偏旁"咼"简化作"呙","蝸"也类推简化作"蜗"。"蜗"本义是蜗牛。《说文》:"蝸,蜗蠃也。"段玉裁注:"蝸,此复举篆文之未删者也。当依《韵会》删。蠃者,今人所用螺字……今人谓水中可食者为螺,陆生不可食者曰蜗牛。想周、汉无此分别。"《庄子·则阳》:"有所谓蜗者,君知之乎?"(林志强)

蚌 bàng 並纽、东部;並纽、讲韵、步项切。
bèng

蚌¹—蚌
《说文》小篆　楷书

1《说文》282页。

形声字。从虫,丰声。"蚌"读 bàng,指一种软体动物,介壳长圆形,黑褐色,里面有珍珠层。《说文》:"蚌,蜃属。"《文选·左思〈吴都赋〉》:"剖巨蚌于回渊。"地名"蚌埠"之"蚌"读 bèng,在今安徽省。(林志强)

蛰（蛰）zhé 定纽、缉部；澄纽、缉韵、直立切。

戰國 — 秦 — 《說文》小篆 — 漢 — 楷書 — 楷書

1《古文典》910页。2、4《甲金篆》928页。3《说文》282页。

形声字。从虫，本从埶（"藝"的古字）声，后讹为執声，其声符的变化与"势"字类似。"執"简化作"执"，故"蟄"亦类推简化作"蛰"。"蛰"的本义是动物潜伏冬眠。《说文》："蛰，藏也。"段玉裁注："凡虫之伏为蛰。"《易·系辞下》："龙蛇之蛰，以存身也。"引申指冬季隐藏起来的动物。在二十四节气中有"惊蛰"，时间在公历3月5、6或7日。这时气温上升，土地解冻，春雷始鸣，蛰伏过冬的动物惊起活动，故名。由动物的蛰伏又引申指人长期隐居。（林志强）

蚨 fú 並纽、鱼部；奉纽、虞韵、防无切。

《說文》小篆 — 楷書

1《说文》282页。

形声字。从虫，夫声。本义是青蚨，一种飞虫，母子不相离。《说文》："蚨，青蚨，水虫，可还钱。"《搜神记》卷十三："南方有虫……又名青蚨。形似蝉而稍大，味辛美，可食。生子必依草叶，大如蚕子。取其子，母即飞来，不以远近。虽潜取其子，母必知处。"传说蚨能还钱，故引申为钱的别称。唐寒山《诗三百首》之一百二十："囊里无青蚨，箧中有黄绢。"（林志强）

蝦（虾）há 匣纽、鱼部；匣纽、麻韵、胡加切。
xiā 晓纽、鱼部；晓纽、麻韵、许加切。

《說文》小篆 — 漢 — 漢 — 楷書 — 楷書

1《说文》282页。2、3《甲金篆》928页。

形声字。从虫，叚声。字形3声符中的"殳"写作"夂"，二者在古文字中通用不别。简化字为"虾"，是把原字中的声符替换为比较简单的"下"，以达到简化的目的。"蝦"读há，本义是蛤蟆。《说文》："蝦，蝦蟆也。"《淮南子·齐俗》："夫蝦蟇（蟆）为鹑。"又指月亮。"蝦"又读xiā，指一种节肢动物。身长，有软壳，头上有须，生活在水中，会跳跃，种类很多，可以吃。《楚辞·王褒〈九怀·通路〉》："鲸鱏兮幽潜，从蝦兮游湑。"通"霞（霞）"，彩云。《史记·天官书》："夫雷电、蝦虹、辟历、夜明者，阳气之动者也。"（林志强）

蟆 má 明纽、歌部；明纽、麻韵、莫霞切。

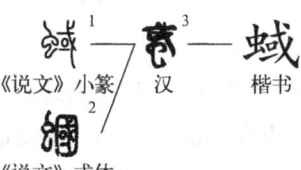

《說文》小篆 — 楷書

1《说文》282页。

形声字。从虫，莫声。本义是蛤蟆。《说文》："蟆，蝦蟆也。"唐韩愈《月蚀诗效玉川子作》："臣有一寸刃，可刳凶蟆肠。"（林志强）

蜮 yù 匣纽、职部；云纽、职韵、雨逼切。

《說文》小篆 — 漢 — 楷書
《說文》或體

1、2《说文》282页。3《马王堆》537页。

形声字。从虫，或声。《说文》或体为从虫，国声。"或"、"国"古本一字，"国"即从"或"声。故《说文》正体、或体为声符不同的异体字。"蜮"指传说中的一种动物，专在水里暗中害人。《说文》："蜮，短狐也。似鳖，三足，以气射害人。"《诗·小雅·何人斯》："为鬼为蜮。"还指一种食禾苗的害虫。（林志强）

蝄 wǎng 明纽、阳部；微纽、养韵、文两切。

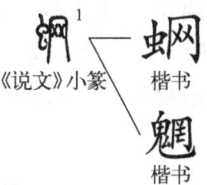

《說文》小篆 — 楷書
魍 楷書

1《说文》282页。

形声字。从虫，网声。"蝄"指蝄蜽，传说中的精怪名。《说文》："蝄，蝄蜽，山川之精物也。淮南王说蝄蜽状如三岁小儿，赤黑色、赤目、长耳、美发。《国语》曰：'木石之怪夔、蝄蜽。'"俗以"蝄蜽"为精怪，故字又从"鬼"作"魍"。清段玉裁《说文解字注》："按蝄蜽，《周礼》作方良，《左传》作罔两，《孔子世家》作罔阆，俗作魍魉。"（林志强）

蛃 liǎng　来纽、阳部；来纽、养纽、良奖切。

1《说文》282页。

形声字。从虫，两声。"蛃"指蝄蛃，传说中的精怪名。《说文》："蛃，蝄蛃。"以其为精怪之故，俗又从"鬼"作"魉"（参见"蝄"字条）。（林志强）

蛩 qióng　群纽、东部；群纽、钟韵、渠容切。

1《说文》282页。

形声字。从虫，巩声。"巩"之右边本从"丮"，后省从"凡"，并发展成为现代汉字。"蛩"重复成词，指古代传说中的一种兽名。《说文》："蛩蛩，兽也。"《山海经·海外北经》："北海有素兽焉，状如马，名曰蛩蛩。"又形容忧思的样子。单用"蛩"，方言谓蝉蜕。《说文》："秦谓蝉蜕曰蛩。"又指蝗虫、蟋蟀等。《淮南子·本经》："飞蛩满野。"高诱注："蛩……一曰蝗也。"（林志强）

蝙 biān　帮纽、真部；帮纽、先韵、布玄切。

1《说文》282页。

形声字。从虫，扁声。"蝙"与"蝠"构成复音词"蝙蝠"，指一种哺乳动物。《说文》："蝙，蝙蝠也。"《易林》卷四："蝙蝠夜藏，不敢昼行。"（林志强）

蝠 fú　帮纽、职部；非纽、屋韵、方六切。

1《说文》282页。

形声字。从虫，畐声。"蝠"指蝙蝠。《说文》："蝠，蝙蝠。"宋李石《续博物志》："燕避戊巳，蝠伏庚申。"（参见"蝙"字条）（林志强）

蠻（蛮）mán　明纽、元部；明纽、删韵、莫还切。

1《金文编》874页。2《古文典》1037页。3《说文》282页。4《甲金篆》928页。

形声字。从虫，䜌声。西周、战国时期本作䜌，从言从丝，后加"虫"旁。"䜌"俗省为"亦"，故"蠻"亦省为"蛮"，现作为"蠻"的简化字。"戀"、"攣"、"孿"、"變"等字皆从"䜌"，也都省为从"亦"，是其例。"蠻"旧指我国古代南方的民族，也泛称一切少数民族。《说文》："蠻，南蛮，蛇种。"虢季子白盘："赐用戉，用政䜌（蛮）方。"引申为粗野、蛮横等。方言中又用作对奴婢的贱称。作副词用，表示程度，相当于"很"，如"蛮好"、"蛮大"等。（林志强）

閩（闽）mǐn　明纽、文部；明纽、真韵、武巾切。

1《说文》282页。2《马王堆》537页。

形声字。从虫，门声。"门"字简化作"门"，故"閩"类推简化作"闽"。"闽"原为古代少数民族名，越族的一支。古越族以蛇为图腾，故字从虫（"蛇"本字）。《说文》："閩，东南越，蛇种。"古越族主要居住在今福建省，因以为地名。《周礼·夏官·职方氏》："辨其邦国都鄙四夷八蛮七闽。"孙诒让正义："闽，即今福建，在周为南蛮之别也。"现为福建省的简称。（林志强）

虹 hóng　匣纽、东部；匣纽、东韵、户公切。
　　 hòng　匣纽、东部；匣纽、送韵、胡贡切。

1《甲文编》510页。2《说文》283页。3、5《甲金篆》928页。4《马王堆》465页。6《说文》282页。7《马王堆》536页。

形声字。从虫，工声。甲骨文为象形字，作长虹如虫，前后两首蜿蜒向下之状。传说虹有两首，能下饮江河之水，甲骨文字正如此作。春秋籀文从虫，从申，申，电也。字形3为石鼓文，从虫，工声，奠定了后世"虹"字左形右声的格局。战国文字有一异构作🌂，从雨，工声，与从虫、工声的结构有异曲同工之妙。从虫者取其形象，从雨者取其成因。说明在战国时期，人们已经认识到，虹与雨水有关，虹是雨水折射太阳光而成的自然现象。但从雨作的"虹"字只是昙花一现，没有继续流传下来。从虫、工声的结构，后世还有左"工"右"虫"和上"工"下"虫"两种异体，前者见于马王堆帛书和《集韵》，后者收录于《正字通》等书，均比较少见。"虹"指的是大气中一种光的现象，即天空中的小水珠经日光照射和反射作用而形成的弧形彩带，由外圈至内圈呈红、橙、黄、绿、青、靛、紫七种颜色。出现在和太阳相对着的方向。《说文》："虹，螮蝀也，状似虫。"《殷虚书契菁华》四："亦有出虹自北，饮于河。"弧形的彩虹似拱桥，故又喻指桥。读 hòng，通"讧"。祸乱。《诗·大雅·抑》："彼童而角，实虹小子。"郑笺："此人实溃乱小子之政。"联绵词"虹洞"，相连的样子。《文选·枚乘〈七发〉》："虹洞兮苍天，极虑乎崖涘。"李善注："虹洞，相连貌也。"（林志强）

螮(蝃) dì 端纽、月部；端纽、霁韵、都计切。

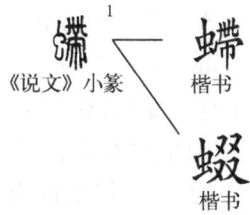

1《说文》283页。

形声字。从虫，帶声。又作"蝃"，二者为声符不同的异体字。"螮"与"蝀"构成复音词"螮蝀"，指彩虹。《说文》："螮，螮蝀，虹也。"《晋书·夏统传》："螮蝀之气见，君子尚不敢指。"（林志强）

蝀 dōng 端纽、东部；端纽、东韵、德红切。

1《说文》283页。

形声字。从虫，東声。根据简化字偏旁类推的原则，此字当可简化作"蛛"，殆因罕用之故，《简化字总表》未收。"蝀"是螮蝀的省称，指虹。《说文》："蝀，螮蝀也。"《徐霞客游记·游白岳山日记》："飞虹垂蝀，下空恰如半月。"（参见"螮"字条）（林志强）

蟋 xī 心纽、质部；心纽、质韵、息七切。

1《说文》283页。2《甲金篆》928页。

形声字。从虫，悉声。清钮树玉《说文新附考》："《说文》蟋训悉蟀，知悉古无虫旁。然《隶释》载《石经》鲁《诗》残碑已作蟋蟀。"按碑上"蟋"字声旁"悉"从"米"，少了上面一撇，乃隶变所致。"蟋"与"蟀"构成复音词"蟋蟀"，是一种昆虫名。《说文》："蟋，蟋蟀也。"《诗·唐风·蟋蟀》："蟋蟀在唐，岁聿其莫。"（参见"蟀"字条）（林志强）

螳 táng 定纽、阳部；定纽、唐韵、徒郎切。

1《说文》283页。

形声字。从虫，堂声。"螳"即"螳螂(螳蜋)"，一种昆虫名。《说文》："螳，螳蜋也。"汉王逸《九思·哀岁》："巷有兮蚰蜒，邑多兮螳螂。"参见"蜋(螂)"字条。（林志强）

虫 部

虫 kūn 见纽、文部；见纽、魂韵、古浑切。

1、2《甲文编》510页。3《金文编》876页。4《说文》283页。5《睡甲》198页。

会意字。从二虫。是"蜫"的初文，即昆虫之"昆"的本字。"虫"是虫类的总称。《说文》："虫，虫之总名也。"段玉裁注："虫之总名称虫。凡经传言昆虫即虫虫也。"汉许冲《上〈说文解字〉书》："慎博问通人，考之于逵，作《说文》，六艺群书之诂，皆训其意，而天地鬼神、山川艸木、鸟兽虫虫、杂物奇怪、王制礼仪、世间人事，莫不毕载。"（林志强）

蠶(蚕) cán 从纽、侵部；从纽、覃韵、昨含切。

蚰部

蠶(蚕)

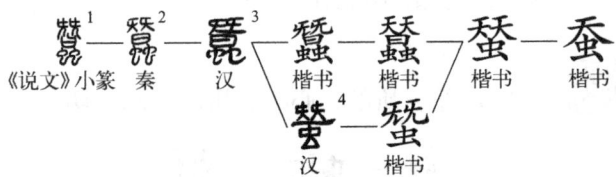

1《说文》283页。2《睡甲》198页。3《甲金篆》929页。4《甲金篆》930页。

形声字。从蚰，朁声。"蠶"简化为"蚕"当是讹变省变的结果,其变化的逻辑过程可以整理为两条线路:(1)由"蠶"省中间之"曰"作字形4之"䗞",再省作"蝅",此字上部二"旡"形讹变为二"天"形便成"蠺";(2)由"蠶"讹变上部之二"旡"形为二"天"形作"蠶",再省其中部之"曰"作"蠺"。此两系殊途同归,都形成"蠺"字。由"蠺"再省其上部二"天"为一"天",最后便形成"蚕"。现以"蚕"为"蠶"的简体字,得到合法的地位。"蚕"可认为从虫、天声,与"蠶"从朁声古音相近,故在造字理据上也可说通,可以认为是替换声符的异体字。"蠶"是蚕蛾科和天蚕科昆虫的通称,能吐丝结茧。《说文》:"蠶,任丝也。"《韩非子·存韩》:"荆人不动,魏不足患也,则诸侯可蚕食而尽,赵氏可得与敌矣。"作动词用,则指养蚕。(林志强)

蛾(蛾)

é 疑纽、歌部；疑纽、歌韵、五何切。

蠡—蠡—䖵—蛾
《说文》小篆 《说文》或体 汉 楷书

1、2《说文》283页。3《马王堆》540页。

形声字。从蚰,我声。《说文》或体从虫,我声。二者皆为上下结构,后改为左右结构,作"蛾",与虫部之"蛾"字形相同(参见虫部"蛾"字条)。"蛾"的本义是蚕蛾。《说文》:"蛾,蚕化飞虫。"段玉裁注:"此蛾与虫部之蛾罗主谓螳者截然不同,而郭氏释《尔雅》蛾罗为蚕蛾,非许意也。"(林志强)

蚤(蚤)

zǎo 精纽、幽部；精纽、皓韵、子皓切。

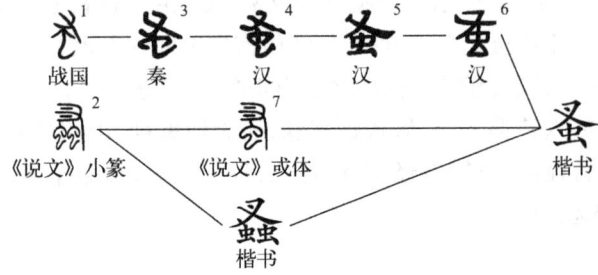

1、5、6《甲金篆》930页。2、7《说文》283页。3《睡甲》198页。4《马王堆》540页。

形声字。从蚰,叉声。战国文字从又从虫,表示用手抓身上之虫,可能就是"搔"的初文。这种结构还可追溯到商代文字。现代汉字写作"蚤",可能有两个来源:一是源于《说文》小篆省体,二是源于战国秦汉的篆隶。《说文》小篆省体从"虫",声符"叉"再省左下一点,便可成为现代汉字。战国秦汉的篆隶,如上举字形1、3、4、5、6,字从"又",但有的"又"字第二笔起笔有弯曲,与一般"又"字的写法略有不同,可能是一个区别性笔画,因此后来写作"叉"。当然现代汉字"蚤"也可能是以上两种源流交互影响的结果。"蚤"的本义即跳蚤。《说文》:"蚤,啮人跳虫。"《庄子·秋水》:"鸱鸺夜撮蚤,察毫末。"古籍多假借为"早"。《诗·豳风·七月》:"四之日其蚤,献羔祭韭。"又通"爪"。《仪礼·士丧礼》:"蚤揃如他日。"(林志强)

螽

zhōng 章纽、冬部；章纽、东韵、职戎切。

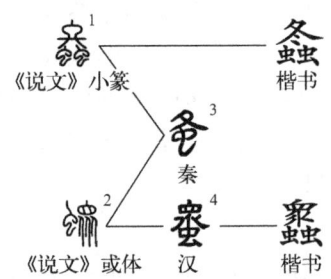

1、2《说文》283页。3、4《甲金篆》930页。

形声字。从蚰,夂声。《说文》或体从虫,众声。二者为意符相近、声符不同的异体字。此两种形体在秦汉以后都有传承发展,且有所变化,如字形3声符不变,而意符为虫,字形3、4则把左右结构变为上下结构,螽则承字形4之上下结构,但又把意符恢复为蚰。现代汉字从蚰,冬声,形体上与《说文》正体有更密切的关系。"螽"为害虫名。旧说为蝗类的总称。《说文》:"螽,蝗也。"《诗·周南·螽斯》:"螽斯羽,诜诜兮。"《春秋·桓公五年》:"秋,蔡人、卫人、陈人从王伐郑,大雩。螽。"(林志强)

蟊

máo 明纽、幽部；明纽、尤韵、莫浮切。

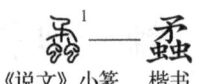 — 蟊
《说文》小篆 楷书

1《说文》283页。

形声字。从蚰,矛声。《说文》:"蟊,蠿蟊也。"蠿蟊为蜘蛛别名。单用则指吃苗根的害虫。《诗·大雅·大田》:"去其螟螣,及其蟊贼。"毛传:"食根曰蟊,食节曰贼。"后以"蟊贼"喻指冒取民财、危害国家社会的贪官污吏。

(林志强)

蠭(蜂) fēng 滂纽、东部；敷纽、钟韵、敷容切。

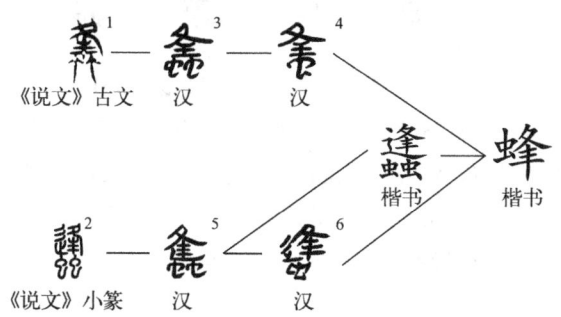

1、2《说文》283页。3、4、5《甲金篆》930页。6《马王堆》540页。

形声字。从蚰，逢声。《说文》古文从䖵，夆声，为其省体。这两种形体在汉代都出现了省蚰为虫的结构。楷书蠭继承了不省的全形，现代规范字"蜂"旧时认为是蠭的俗体，其实它主要是继承了其省体，并且把上下结构变为左右结构。"蠭"是一种昆虫名，种类很多，有毒刺，能蜇人，常群居在一起。《说文》："蠭，飞虫螫人者。"《诗·周颂·小毖》："莫予荓蜂，自求辛螫。"引申为众多、成群地。如蜂起、蜂聚。通"锋"。锋利、锐气。《汉书·韩王信传》："士卒皆山东人，竦而望归，及其蠭东乡，可以争天下。""蠭门"之"蠭"读 páng，为人名。（林志强）

蠠(蜜) mì 明纽、质部；明纽、质韵、弥毕切。

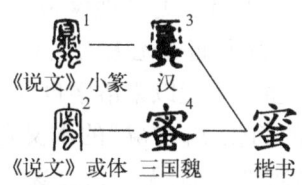

1、2《说文》283页。3《马王堆》541页。4《甲金篆》930页。

形声字。从蚰，鼏声。《说文》或体从虫，宓声。二者为意符相近（一从蚰，一从虫）、声符不同的异体字。或体笔画比正体简省得多，现以之为规范正字。"蠠"的本义是蜂蜜。《说文》："蠠，蠭甘饴也。"《楚辞·宋玉〈招魂〉》："瑶浆蜜勺，实羽觞些。"引申为甜蜜、甜美等。又指蜂子，即蜜虫。通"密"。精密周到。清毛奇龄《故明户部尚书原任广东布政使司左布政使姜公墓碑铭》："见事敏而虑事蜜，艰巨不沮。"（林志强）

蟁(蚊) wén 明纽、文部；微纽、文韵、无分切。

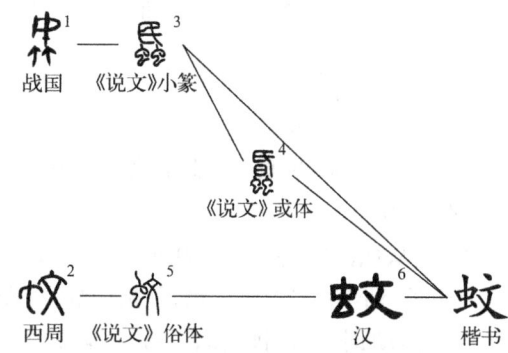

1《甲金篆》930页。2《金文编》876页。3、4、5《说文》284页。6《甲金篆》931页。

形声字。从蚰，民声，此《说文》正体，源自战国。《说文》另有两个或体：一从蚰，从昏，昏亦声，为会意兼形声字；另一个从虫，从文，文亦声，也是会意兼形声字。从昏者以蚊为昏时出也，从文者以蚊身有花纹也。从现有材料来看，最后一体来源甚古，见于西周时期，《说文》以为俗体，殆非。现以"蚊"为规范正字。"蟁"本义是蚊子。《说文》："蟁，啮人飞虫。"《汉书·中山靖王传》："夫众煦漂山，聚蟁成雷。"（林志强）

蝱(虻) méng 明纽、阳部；明纽、庚韵、武庚切。

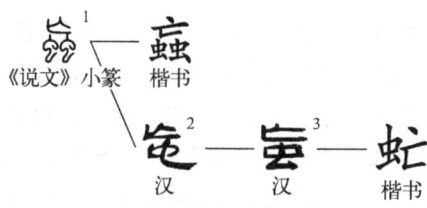

1《说文》284页。2、3《甲金篆》931页。

形声字。从蚰，亡声。异体从虫，亡声。汉隶为上下结构，楷书为左右结构。此异体笔画较简明，现以之为正字。"蝱"是一种昆虫，生活在田野杂草中，雄的吸植物的汁液或花蜜，雌的吸人和动物的血液。《说文》："蝱，啮人飞虫。"《史记·项羽本纪》："夫搏牛之蝱，不可以破虮虱。"通"莔"，贝母。《诗·鄘风·载驰》："陟彼阿丘，言采其蝱。"陈奂传疏："《淮南·氾论》注引《诗》作'言采其莔'。毛诗作'蝱'，假借字。《尔雅·释草》：'莔，贝母。'"（林志强）

蠹 dù 端纽、铎部；端纽、暮韵、当故切。

蛊部 蠹部 風部

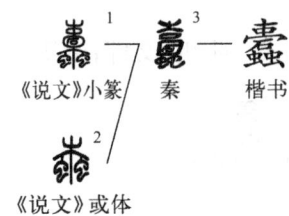

1、2《说文》284页。3 睡虎地秦墓竹简《效律图版》38页。

形声字。从蚰，橐声。本义是蛀虫。《说文》："蠹，木中虫。"《荀子·劝学》："肉腐出虫，鱼枯生蠹，怠慢亡身，灾祸乃作。"作动词，指蛀蚀、损害、损坏等。睡虎地秦简的写法是把声符"橐"的木旁写在上部，且中画不透下，与小篆略异。楷书的写法是省声符"橐"下部之"木"，故写作"蠹"。《说文》异体为会意字，从木从蚰，表示虫在木中蛀蚀。（林志强）

蠡 lǐ 来纽、支部；来纽、荠韵、卢启切。

1《战文编》872页。2、3《说文》284页。4《马王堆》540页。5《甲金篆》931页。

形声字。从蚰，彖声。清段玉裁《说文解字注》谓《说文》有误，其声符当为象，"读若驰，非通贯切之象也⋯⋯疑古文从豕。""蠡"读 lǐ，本义是虫蛀木。《说文》："蠡，虫啮木中也。""蠡"读 lí，指瓠瓢。《汉书·东方朔传》："语曰：以莛窥天，以蠡测海。"（林志强）

蠹(蜉) fú 並纽、幽部；奉纽、尤韵、缚谋切。

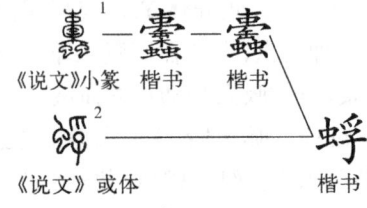

1、2《说文》284页。

形声字。从蚰，橐声。楷书也可省声符"橐"下之"木"写作"蠹"。《说文》异体作"蜉"，从虫，孚声，笔画简单得多，现以之为正字。"蠹"指蚍蜉。《说文》："蠹，蚍蠹也。"（林志强）

蠢 chǔn 昌纽、文部；昌纽、准韵、尺忍切。

1、2《说文》284页。3《甲金篆》931页。

形声字。从蚰，春声。《说文》古文从戈，旹声。小篆形体发展成为现代规范汉字。"蠢"的本义是虫动。《说文》："蠢，虫动也。"晋傅玄《阳春赋》："幽蛰蠢动，万物乐生。"又指愚蠢、笨拙等。（林志强）

蟲部

蟲(虫) chóng 定纽、冬部；澄纽、东韵、直弓切。

1《郭店》182页。2《甲金篆》931页。3《说文》284页。4《睡甲》198页。5《马王堆》541页。6《甲金篆》932页"蠱"字偏旁。

会意字。从三虫。清王筠《说文解字句读》谓小虫多类聚，故三之以象其多。字形1的写法比较简单，相似的例子还见于包山简，作（《包山》第198页），但也是三虫之象。后世"蟲"字的写法更多地保留了秦系文字的特征。虫、蚰、蟲在表意方面实无太大区别，古代从"蟲"谐声之字，多省作"虫"。宋元以来俗字也以"虫"为"蟲"。现以"虫"为"蟲"的简化字。"蟲"的本义是动物的总名。《说文》："蟲，有足谓之蟲，无足谓之豸。"《尔雅·释虫》同。邢昺疏："此对文尔，散文则无足亦曰蟲。"《大戴礼记·易本命》："有羽之蟲三百六十，而凤凰为之长；有毛之蟲三百六十，而麒麟为之长；有甲之蟲三百六十，而神龟为之长；有鳞之蟲三百六十，而蛟龙为之长；倮之蟲三百六十，而圣人为之长。"可见包括人在内，古代都可以"蟲"称之。后代蟲的词义范围缩小，主要指昆虫，但老虎还可称"大蟲"，仍承袭古代的用法。"蟲"又可作动词，意为虫咬。这个意义读 zhòng。（林志强）

蚰(虮) pí 並纽、脂部；並纽、脂韵、房脂切。

《说文》小篆 《说文》或体 楷书

1、2《说文》284页。

形声字。从蟲,毗声。《说文》或体从虫,比声。经典多作"蚍",现以之为规范正字。"蠚(蚍)"与"蜉"构成复音词"蚍蜉",指一种大蚂蚁。唐韩愈《调张籍》:"蚍蜉撼大树,可笑不自量。"(林志强)

蜚(蜚)

fěi　帮纽、微部;非纽、尾韵、府尾切。

fēi　帮纽、微部;非纽、微韵、甫微切。

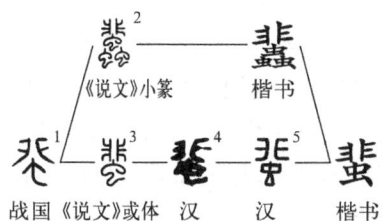

1《古玺》316页。2、3《说文》284页。4《马王堆》541页。5《金文续编》288页。

形声字。从蟲,非声。战国古玺本从虫,《说文》小篆分为从蟲、从虫二体。从蟲、从虫表意相同。《说文》以从蟲为正体,从虫为或体。后世则以笔画简单的从虫一体为正,发展成为现代汉字。"蜚"是一种蝗类臭虫的名称。《说文》:"蜚,臭虫,负蠜也。"《左传·隐公元年》:"秋,有蜚。不为灾,亦不书。"也用于指其他昆虫和野兽。"蜚"读fēi,通"飞"。《墨子·非乐》:"今人固与禽兽、麋鹿、蜚鸟、贞虫异者也。"现在常用此音义,如流言蜚语、蜚短流长等。(林志强)

蠱(蛊)

gǔ　见纽、鱼部;见纽、姥韵、公户切。

1、2《甲文编》510页。3、5《甲金篆》932页。4《说文》284页。

会意字。从蟲,从皿。字形表示器皿中有许多虫子。"皿虫为蛊"的说法早在《左传》里就有了。甲骨文的字形或从一虫,或从二虫,后代文字多从三虫,其实所表示的意思是一样的。"蟲"简化作"虫","蠱"也类推简化作"蛊",与甲骨文的一种写法相同,可谓回到了其原始的构形状态。"蛊"的本义当为人工培养的一种毒虫。《通志·六书略第三》:"造蛊之法,以百虫置皿中,俾相啖食,其存者为蛊,故从虫皿也。"晋陶潜《续搜神记》卷二:"剡县有一家事蛊,人噉其食饮,无不吐血死。"引申而作名词,则指蛀虫、害人的邪术等。引申而作动词,指人腹内中蛊虫之毒,再引申则指蛊惑、迷惑,这个意义成为它的常用义。盖妖冶易蛊惑人心,故蛊又引申为妖艳。在"妖艳"这个意义上,"蛊"字《集韵》标为以者切,音yě。《文选·张衡〈西京赋〉》:"妖蛊艳夫夏姬,美声畅于虞氏。"薛综注:"蛊,音也,媚也。"(林志强)

風部

風(风)

fēng　帮纽、侵部;非纽、东韵、方戎切。

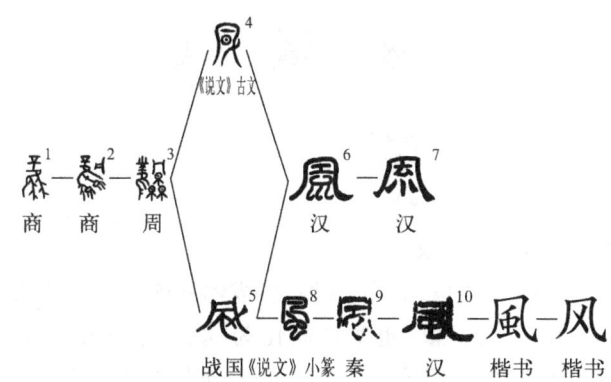

1、2《甲骨文字典》1429页。3《汗简注释》216页。4、8《说文》284页。5《楚帛书》59页。6、7《甲金篆》932页。9、10《马王堆》541页。

"风",《说文》以为形声字。从虫,凡声。按甲骨文假凤为风,本为象形字,像凤鸟高冠修尾之形,如字形1。后加凡为声,且增画凤尾之珠毛纹饰,如字形2。金文将凤尾纹饰与凤体分离,并移置声符"凡"之下,如字形3(薛尚功《历代钟鼎彝器款识》卷十南宫中鼎二"风"字作 ,鼎三作 ,皆有讹,但两相比勘,可知其左作古"凤"字,其右作"䰜"形)。此字形右旁之"䰜",为后代风字之滥觞。三个珠毛尾饰省其二,则作"鳳",再省尾饰之下部,则成《说文》古文的写法,如字形4;若省尾饰的上部,则成楚帛书的写法,如字形5。字形4和字形5"凡"字右边旁出一笔,是战国楚文字的特殊写法,在郭店简、包山简中很常见。字形5所从尾饰下部,其形如古文"虫"字,《说文》小篆从虫,当是因此而误。此误积非而成是,经过隶变逐渐发展成楷书"風"。"风"是"風"的简化字,中间的"X"只是一个记号,没有表音或表意的作用。至于字形6、7的写法,皆鳳形之隶变讹体。《说文》误认古文风从日,小篆风从虫,故综合两者而为之解曰:"风动虫生,故虫八日而化。"这显然是不足为据的。"风"是一种因气压分布不均匀而产生的空气流动的现象。《说文》:"风,八风也。"《诗·郑风·萚兮》:"萚兮萚兮,风其吹女。"引申为像风那样快，如风行。风有流行的特点，有如社会习惯，故又引申为风俗、风气，如蔚然成风、移风易俗。又引申为风景、风光。又指民歌，如采风。又引申为外在的姿态，如作风、文风，再引申为风声、消息等。作动词，指借风力吹干吹净，虚化引申为教育、感化。通"讽"，讽谏。《诗·小雅·北山》："或出入风议，或靡事不为。"又指讽诵。宋严羽《沧浪诗话·诗辩》："先须熟读《楚辞》，朝夕风咏，以为之本。"（林志强）

飆(飙) biāo 帮纽、宵部；帮纽、宵韵、甫遥切。

1、2《说文》284页。

形声字。从風，猋声。《说文》或体从风，包声。"風"简化为"风"，"飆"也类推简化为"飙"。本义是暴风。《说文》："飆，扶摇风也。"《汉书·扬雄传》："风发飆拂，神腾鬼越。"也泛指风。（林志强）

飄(飘) piāo 滂纽、宵部；滂纽、宵韵、抚昭切。

1《说文》284页。2《马王堆》542页。3《甲金篆》932页。

形声字。从風，票声。声符"票"下小篆作"灭"形，隶变后写成"示"形。"風"简化为"风"，"飘"也类推简化为"飘"。本义指旋风、暴风。《说文》："飘，回风也。"《诗·小雅·何人斯》："彼何人斯，其为飘风，胡不自北，胡不自南。"引申指飘荡、飞扬、漂泊等。（林志强）

颯(飒) sà 心纽、缉部；心纽、合韵、苏合切。

1《说文》284页。2《汉印徵》卷13，9页。

形声字。从風，立声。"風"简化为"风"，"颯"也类推简化为"飒"。本义是风声。《说文》："颯，翔风也。"段玉裁注据《文选·风赋》李善注引和《广韵》改为"风声"。常"飒飒"叠用。《楚辞·九歌·山鬼》："风飒飒兮木萧萧，思公子兮徒离忧。"作动词，指狂风拉物、零乱、衰落等。（林志强）

颼(飕) sōu 心纽、幽部；生纽、尤韵、所鸠切。

1《说文》285页。

形声字。从風，叟声。意符"風"简化为"风"，"颼"也因此简化为"飕"。"颼"指飕飀，高风、西风。《说文》："颼，飕飀也。"常叠用作象声词，形容风雨之声。汉赵壹《迅风赋》："啾啾颼颼，吟啸相求。"也用于形容行动迅速如风等。（林志强）

它 部

它(蛇) tā 透纽、歌部；透纽、歌韵、託何切。

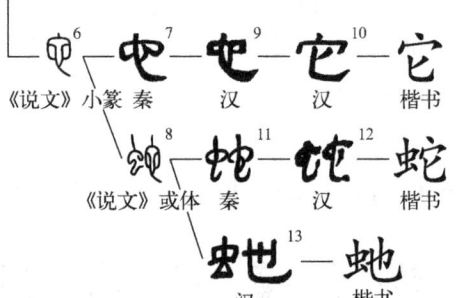

1《甲骨文字典》1430页。2《金文编》876页。3《金文编》878页。4《中山》20页。5《郭店》182页。6、8《说文》285页。7、11《睡甲》199页。9、12《马王堆》542页。10、13《甲金篆》933页。

象形字。像蛇之形。甲骨文蛇形有单画双钩之别。单画者作ᠺ形，为"虫"（"虺"本字）之初文（参见"虫"、"虺"字条）；双钩者即形，为"它"（"蛇"本字）之初文。"它"字经历代不断发展，线条逐渐平直化，像蛇头的部分逐渐演变成"宀"形，像蛇身和蛇尾的部分逐渐演变成"匕"形。由于"它"在古籍中常被借用，秦汉时期又产生了一个后起本字，即在"它"的基础上增加"虫"旁，形成"蛇"字。"蛇"字异体写作"虵"，那是因为"它"有所讹变，与

"也"混同了。"佗"又作"他"、"沱"又作"池"等例子也属同类现象。"它"的本义是蛇,这个意义后来写作"蛇"。《说文》:"它,虫也……上古艸居患它,故相问无它乎……蛇,它或从虫。"徐铉注:"今俗作食遮切。"食遮切即音shé。宋罗泌《路史·疏仡纪·高阳》:"四它卫之。"罗苹注作"四蛇卫之"。"它"在古籍中常被借为代词。《诗·小雅·鹤鸣》:"它山之石,可以为错。"这类假借义成了它的常用义,其本义后来就以"蛇"字来表示。(林志强)

龜部

龜(龟) guī 见纽、之部;见纽、脂韵、居追切。
jūn 见纽、文部;见纽、文韵、举云切。
qiū 见纽、之部;见纽、尤韵、居求切。

1、2《甲骨文字典》1434页。3《郭店》182页。4、5《说文》285页。6《马王堆》542页。7《甲金篆》934页。

象形字。像龟之形。甲骨文中,龟之头、脚以及龟壳之纹路具现,宛然如画。有正面的形象,如字形1;也有侧面的形象,如字形2。《说文》古文为正面形象,小篆以后都是侧面形象。"龟"是"龜"的简化字,但乌龟侧视之形仍然依稀可辨。可见此字经过几千年的演变,笔势虽有不同,而形象依然存在。"龟"是爬行纲龟科动物的统称,身体扁平呈椭圆形,背部有甲壳,四肢短,趾有蹼,头尾和四肢可缩入甲壳内。一般生活在水边,生命力强。《说文》:"龟,旧也,外骨内肉者也。"《殷虚书契前编》4.54.7:"丙午卜,其用龟?"(丙午这天贞问,是否用龟占卜?)龟在古代用于占卜,也用作货币,因以为占卜和货币之称。古代印纽多作龟形,因以龟为印章的代称。古代碑座也常作龟形,因亦以称碑座。龟在中国传统文化中富有象征意义,大致可分为一褒一贬两个方面。一者龟的寿命很长,古人视为通神之灵物,常用于卜卦,因此赋予龟以吉祥神圣的意义,如以"龟年鹤寿"形容长寿,以"龟龙"、"龟象"比喻神灵;二者龟受到惊扰或遇到危险时常把头脚都缩进壳内,因以"缩头龟"、"龟孙子"等为詈词,含有贬义色彩。"龟"读jūn,通"皲",指手脚因寒冷或干燥而开裂。《庄子·逍遥游》:"宋人有善为不龟手之药者,世世以洴澼絖为事。""龟"读qiū,用于专名"龟兹",为汉代西域诸国之一,也是汉代的一个县名。(林志强)

黾部

黾(黾) měng 明纽、蒸部;明纽、耿韵、武幸切。
mǐn 明纽、真部;明纽、轸韵、武尽切。

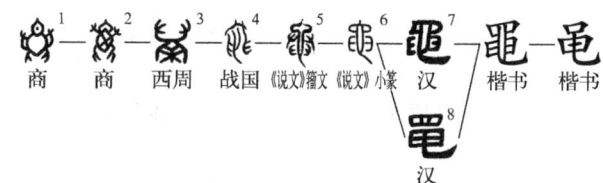

1《甲骨文字典》1441页。2《甲骨文字典》1440页。3《金文编》879页"鼃"字偏旁。4《金文编》878页。5、6《说文》285页。7《甲金篆》934页"蝇"字偏旁。8《甲金篆》934页。

象形字。甲骨文像巨首、大腹、四足之蛙形。后代文字逐渐线条化,但形象特征多少还是保留着。汉隶或作黾,如字形8,与"黽"的俗字"黾"形近。现以"黾"为"黽"的简化字。"黽"读měng,本义是蛙的一种。《说文》:"鼃黽也。"《周礼·秋官·蝈氏》:"蝈氏掌去鼃黽。"读mǐn,指努力、勉力。《诗·小雅·十月之交》:"黾勉从事,不敢告劳。"另古县名"黾池"读miǎn,战国时的要塞名"黾塞"读méng,音皆有异。(林志强)

鼈(鳖) biē 帮纽、月部;帮纽、薛韵、并列切。

1《说文》285页。2《睡甲》199页。3《马王堆》540页。

形声字。从黾,敝声。甲骨文有𪓐(《合集》8996,《甲骨文字典》1438页)字,从㲋,从龟。裘锡圭疑即鼈字。录以参考。汉代文字声符从"殳",与从"攵"无别;意符从"虫",与从"黾"相通。楷书繁体意符改从"鱼",表意作用也一样。"魚"简化作"鱼","鱉"也类推简化为"鳖"。"鼈"指甲鱼,爬行动物纲,形态与龟略同。《说文》:"鼈,甲虫也。"《易·说卦》:"(离)为鳖。"通"瘪"。《水浒传》第四回:"如今教洒家做了和尚,饿得干鳖了。"又通"憋"。元孟汉卿《魔合罗》第四折:"直这等,鳖杀我也。"(林志强)

黿(鼋) yuán 疑纽、元部；疑纽、元韵、愚袁切。

$$\text{黿}^1 — 黿 — 鼋$$
《说文》小篆　楷书　楷书

1《说文》285页。

形声字。从黽，元声。"黽"简化作"黾"，"黿"也类推简化为"鼋"。"黿"指大鳖。《说文》："黿，大鳖也。"段玉裁注："今目验黿与鼋同形，而但分大小之别。"《左传·宣公四年》："楚人献黿于郑灵公。"（林志强）

鼃(蛙) wā 影纽、支部；影纽、佳韵、乌娲切。

$$\text{鼃}^1 — 鼃 — 蛙$$
《说文》小篆　楷书　楷书

1《说文》285页。

形声字。从黽，圭声。从"黽"笔画较繁，后改从"虫"，并改上下结构为左右结构而写作"蛙"，沿用至今。本义是田鸡之类，两栖动物，捕食昆虫，对农业有益。种类很多，青蛙是常见的一种。《说文》："鼃，虾蟆也。"段玉裁注："鼃，虾蟆属，'属'各本作'也'。"《庄子·秋水》："子独不闻乎埳井之鼃乎？"字也作"蛙"。《汉书·五行志中之下》："元鼎五年秋，蛙与虾蟆群斗。"通"哇"，淫邪的。三国魏曹操《与王脩书》："孤惧有此空声冒实，淫鼃乱耳。"字也作"蛙"。唐傅奕《请废佛法表》："曲类蛙歌，听之丧本。"（林志强）

鼉(鼍) tuó 定纽、歌部；定纽、歌韵、徒河切。

$$\text{鼉}^1 — 鼉^2 — 鼉^3 — 鼉 — 鼍$$
商　战国　《说文》小篆　楷书　楷书

1《甲骨文字典》1441页。2《金文编》878页。3《说文》285页。

形声字。从黽，單声。甲骨文声符"單"作 ，金文以后逐渐增繁为小篆的写法。楷书声符"單"中画不透下，写成上"叩"中"田"下"一"，写法稍异。"黽"简化为"黾"，"鼉"也类推简化为"鼍"。"鼉"指扬子鳄。也称鼉龙、猪婆龙。爬行动物，吻短，体长2米多，背部、尾部有鳞甲，力大，贪睡，穴居江河岸边。皮可以制鼓。《说文》："鼉，水虫，似蜥易，长大。"《诗·大雅·灵台》："鼉鼓逢逢。"（林志强）

蠅(蝇) yíng 喻纽、蒸部；以纽、蒸韵、余陵切。

$$\text{蠅}^1 — 蠅^2 — 蠅^3 — 蠅^4 — 蠅 — 蝇$$
战国　《说文》小篆　秦　汉　楷书　楷书

1 上博《图版》40页。2《说文》285页。3《马王堆》543页。4《甲金篆》934页。

会意字。从黽，从虫。清段玉裁《说文解字注》："虫犹蟲也。此蟲大腹，故其字从黽虫会意，谓腹大如黽之蟲也。"字形1为战国时期楚国文字，可能是从虵、興省声的形声字，但此形体在后世没有得到继承。"黽"简化为"黾"，"蠅"也类推简化为"蝇"。"蠅"为双翅目蝇科昆虫的统称，种类很多，如苍蝇、绿蝇等。能传染霍乱、伤寒等疾病。《说文》："蠅，营营青蝇，虫之大腹者。"《诗·小雅·青蝇》："营营青蝇，止于樊。"（林志强）

鼅(蜘) zhī 端纽、支部；知纽、支韵、陟离切。

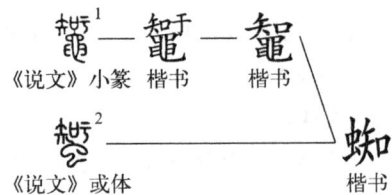

《说文》小篆　楷书　楷书
《说文》或体　楷书

1、2《说文》285页。

形声字。从黽，智省声。楷书作"鼅"，声符省为"知"。《说文》或体从"虫"，比从"黽"简省。现以"虫"为正，以"知"为声符，并将上下结构改为左右结构，形成"蜘"字。"鼅"与"鼄"合成双音词"鼅鼄"，也作"鼅蠪"，即"蜘蛛"。节肢动物，能分泌黏液，黏液在空气中凝成细丝，用来结网捕食昆虫。生活在屋檐和草木间。《说文》："鼅，鼅鼄，蟊也。"《三国志·魏·管辂传》："（诸葛）原自起取燕卵、蜂窠、鼅鼄著器中，使射覆。"（林志强）

鼄(蛛) zhū 端纽、侯部；知纽、虞韵、陟输切。

$$\text{鼄}^1 — 鼄^2 — 鼄^3 — 鼄$$
西周　战国　《说文》小篆　楷书
$$鼄^4 — 蛛$$
《说文》或体　楷书

1《金文编》879页。2《金文编》878页。3、4《说文》285页。

形声字。从黾，朱声。按甲骨文有𪓻(《合集》17746，《甲骨文字典》第1442页)字，诸家异说纷纭，迄今尚无定论。胡光炜释鼋，李孝定从之，录此以参考。西周、战国文字发展成为小篆正体，小篆或体从虫，朱声，比正体从黾者笔画简省得多，现以之为规范正字。"鼄"指"䵹鼄"，即"蜘蛛"。《说文》："鼄，䵹鼄也。"汉扬雄《太玄·遇》："俾蛛罔，罔遇蠡利，虽大不得从。"清王士禛《渔洋诗话》卷下："天旱䵹鼄结夜网，想晴只在暗中丝。"（林志强）

鼌（晁） cháo 定纽、宵部；澄纽、宵韵、直遥切。

1《郭店》182页。2《甲金篆》934页。3、4《说文》285页。5《睡甲》199页。6《甲金篆》935页。7《汉印徵》卷13，9页。

会意字。从黾，从旦。从黾与动物有关，从旦者可能与其借义有关。郭店简和包山简作上"黾"下"日"之形，与往后的字形结构不同。秦汉文字也有从日作者，如字形5、6，但"日"符皆居上部。《说文》或体（段玉裁以为古文）从皀，为讹变之形。楷书异体从日，兆声，变成形声字，且笔画简单，易写易读易记。徐铉以为俗体，现在成为规范字。"鼌"的本义是一种虫名，其字从黾，与此有关。《说文》："鼌，匽鼌也。"王筠句读："《临海水土异物志》：'……匽鼌，一枚有三斛膏。'"又为姓氏，汉代有鼌错。通"朝"，早晨。其字从日，或从旦，当与此有关。《楚辞·九歌·湘君》："鼌骋骛兮江皋，夕弭节兮北渚。"（林志强）

鼇（鳌） áo 疑纽、宵部；疑纽、豪韵、五劳切。

1《说文》285页。

形声字。从黾，敖声。楷书异体改从鱼。"魚"简化作"鱼"，"鼇"也类推简化作"鳌"。"鼇"指海中大鳖，传说能负山。《说文》："鼇，海大鳖也。"《楚辞·天问》："鳌戴山抃，何以安之。"（林志强）

卵 部

卵 luǎn 来纽、元部；来纽、缓韵、卢管切。

1《包山》199页。2《说文》285页。3、4、5《睡甲》199页。6《马王堆》543页。7《甲金篆》935页。

象形字。清王筠《说文释例》："卵即谓鱼卵。鱼本卵生，顾既生之卵如米，其自腹剖出者，则有膜裹之如袋，而两袋相比，故作卵以象之。外象膜，内象子之圆也。凡卵皆圆，而独取鱼卵者，圆物多，惟鱼之卵有异，故取之。"古文字或用肥笔填实卵形，如字形1、4、5、6。字形4加注声符"䖵"，为形声字，但没有流传下来。"卵"的本义是雌性生殖细胞，与精子结合后可产生第二代。《说文》："卵，凡物无乳者卵生。"《论衡·初禀》："卵殻孕而雌雄生。"特指鸟类的蛋。泛指卵形的、椭圆形或圆形的东西。（林志强）

二 部

二 èr 日纽、脂部；日纽、至韵、而至切。

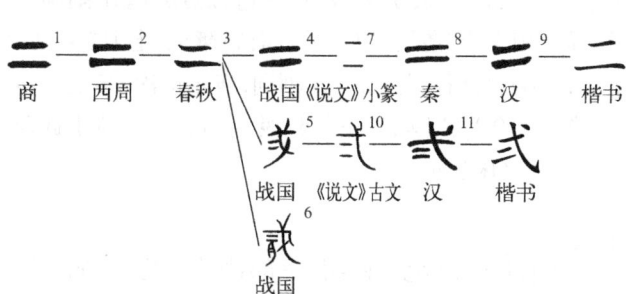

1《甲文编》515页。2《金文编》880页。3《甲金篆》935页。4、5《郭店》182页。6《中山》46页。7、10《说文》285页。8《睡甲》199页。9《马王堆》543页。11《金文续编》289页。

指事字。以二横画表示数目二。古文字一、二、三、四皆以积画为之，大约都跟刻画记数有关，是纯符号的指事字。此二横画历代写法无大异。战国时期产生两种新写法：一增繁从"戈"，如字形5；二增繁从"戈"从"肉"，如字形6。古文字从"戈"从"弋"每无别，从"戈"者后代写作"式"，作为"二"的异体字。字形6的"肉"旁可能是临时赘加的符号，也可能是从"贝"的讹误。从"贝"者后代写作"貮（貳）"，作为"二"的大写（参见"貳"字条）。"二"的本义是一加一之和。《殷虚书契菁华》三："土方征于我东鄙，灾二邑。"（土方攻伐我东方的边城，二城邑受灾）引申为两样，有区别。如不二价等。又引申为不专一，如三心二意等。（林志强）

亟　jí　见纽、职部；见纽、职韵、纪力切。
　　qì　见纽、职部；溪纽、志韵、去吏切。

会意字。甲骨文像一人立于地上，顶部加一横画表示人之顶极，如字形1。金文先是增加"口"符，如字形2；再增加"攴"，如字形3，奠定了此字的基本构成。侯马盟书加"示"符，为繁构，如字形4。战国秦汉文字多从"攴"作，如字形5、7、8，《说文》小篆则从"又"。从"又"与从"攴"意思相通。楷书从"又"，继承了《说文》小篆的写法。"亟"的本义是至高处，这个意义后来写作"極（极）"。于省吾《甲骨文字释林》："亟，古极字……亟字中从人，而上下有二横画，上极于顶，下极于踵，而极之本义昭然可覩矣。"假借为敏疾义，表示紧迫、急躁等。作副词，表示时间，相当于"急"、"赶快"。《诗·豳风·七月》："亟其乘屋，其始播百谷。"读qì，作副词，表示屡次、多次。《左传·隐公元年》："（姜氏）爱共叔段，欲立之。亟请于武公，公弗许。"（林志强）

恆（恒）　héng　匣纽、蒸部；匣纽、登韵、胡登切。

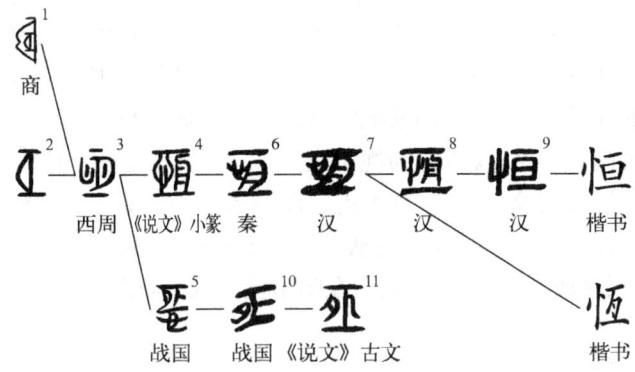

1《甲文编》517页。2《甲文编》516页。3《金文编》881页。4、11《说文》286页。5、10《郭店》182页。6《睡甲》200页。7《马王堆》545页。8、9《甲金篆》936页。

会意字。据《说文》，此字"从心，从舟在二之间。上下心以舟施恒也。"段玉裁注云："上下谓往复也。谓往复遥远而心以舟运旋，历久不变，恒之意也。"其说颇迂曲。甲骨文从月在二之间，如字形2，当是取象于月在天地之间圆缺往复而寓永恒之意，《诗·小雅·天保》有"如月之恒"的话，正道出了恒字取象于月的寓意。甲骨文还有异体从弓，如字形1。毛传解释"如月之恒"中的"恒"为"弦"，郑笺进一步解释为"月上弦而就盈"。弦本弓上物，故字又从弓。金文开始增繁从心，如字形3，其义殆与恒心有关。月字舟字古文多混同，故《说文》小篆讹从舟。秦汉文字或从月，如字形6；或从舟，如字形8；或从日，如字形9。从"舟"沿袭小篆之讹，从"日"则与从"月"相通。楷书作"恆"或"恒"。作"恆"者是从"月"或"舟"形体的变写，作"恒"者则继承了从"日"的写法。《正字通·心部》以"恒"为"恆"的俗字，现以"恒"为规范正字。字形5、10、11是战国楚系文字的特殊写法，郭店简、包山简很常见。其相同之处是从二从夕，古月、夕同字，故与从月无别。其不同之处是字形5从"心"并加"卜"，字形10、11则省去"心"符而留下"卜"符。此"卜"符如非赘笔饰画，其意难明。"恒"的本义是月上弦而渐满。《诗·小雅·天保》："如月之恒，如日之升。"日月经天，阴晴圆缺乃是固定不变的规律，因而引申为长久、恒心。《孟子·梁惠王上》："无恒产而有恒心者，惟士为能。"再引申为普通的、平常的。作副词，指经常、常常。通"亘"，绵延、连续。《汉书·叙传上》："潜神默记，恒以年岁。"（林志强）

亘

xuān 心纽、元部；心纽、仙韵、须缘切。
gèn 见纽、蒸部；见纽、嶝韵、古邓切。

回—㫔—㮝—亘—亘—亘
商　商　《说文》小篆　汉　汉　楷书

1《甲文编》517页。2《甲文编》516页。3《说文》286页。4《马王堆》544页。5《甲金篆》937页。

象形字。像回旋之水。杨树达《积微居小学述林》："亘者，洹之初文也。《水部》云：'洹，回泉也。从水，旋省声。'今字皆作漩。亘从回，为古文回，字象回水，是形义与洹为回泉者合也。二字之音皆在寒部心母，又相近也。"甲骨文或在回水形上加横画，如字形2，《说文》小篆又在字下加横画，变成从二。《说文》以为"二"符表示"上下所求物也"，似未确。汉隶以后皆从二，发展成为现代汉字。"亘"读xuān，回旋。通"宣"，宣传、宣扬。南朝宋傅亮《策加宋公九锡文》："王略所亘，九服率从。"读gèn，连绵不断。《北史·隋本纪下》："旌旗亘千里。"引申为横贯、穷尽等。（林志强）

竺

dǔ 端纽、觉部；端纽、沃韵、冬毒切。
zhú 端纽、觉部；知纽、屋韵、张六切。

竹—竺—竹—竺—竺
春秋　战国　《说文》小篆　汉　三国魏　楷书

1、5《甲金篆》937页。2《郭店》183页。3《说文》286页。4《马王堆》544页。

形声字。从二，竹声。林义光《文源》："二象厚形。"按竺可能是"竹"的分化字，"二"是分化符号。蛮壶"竹"作竹（《金文编》第295页），"二"为饰画，可能即以此为分化符号而形成出"竺"。战国文字在竖画上还有饰笔，如字形2。秦汉以后字形没有大的变化。"竺"读dǔ，义指厚。《说文》："竺，厚也。"这个意义后来写作"笃"。《书·微子之命》："予嘉乃德，曰笃不忘。"陆德明释文："笃，本又作竺。"通"毒"，憎恶。《楚辞·天问》："稷维元子，帝何竺之？"俞樾平议补录："竺，当为毒，古字通用……此言稷乃誉元子，帝誉何为憎恶之而弃之至再至三乎？"读zhú，义即竹。《广雅·释草》："竺，竹也。"又作印度的古译名"天竺"的简称。引申指佛教、佛学的，如竺典指佛典、竺经指佛经等。（林志强）

凡

fán 並纽、侵部；奉纽、凡韵、符芝切。

凡—凡—凡—凡—凡—凡—凡
商　西周　战国　《说文》小篆　秦　汉　汉　楷书

1《甲骨文字典》1450页。2《金文编》881页。3《郭店》183页。4《说文》286页。5《睡甲》200页。6《马王堆》544页。7《甲金篆》937页。

象形字。像高圈足槃形，上像其槃，下像其足，为槃之初文。战国楚系文字旁出一笔为饰，或再在饰笔上加点，如字形3。小篆弯曲右笔，写法较特殊。秦汉隶书笔画平直化，最后形成楷书的写法。楷书或作"凢"，移末笔于字上，为异写字形，不作为规范字体。"凡"的本义即槃。因被借于表示概括之辞，本字为借义所专，遂造后起之"槃"字表示本义。《说文》："凡，最括也。"所解为借义。"凡"之借义，作名词，表示纲要等，如"发凡起例"。作副词，表示总括一定范围内的全部，如"凡是……"等。作形容词，表示平常、平庸，如"自命不凡"。引申为世俗的，尘世的，如"凡间"等。（林志强）

土 部

土

tǔ 透纽、鱼部；透纽、姥韵、他鲁切。
dù 透纽、鱼部；定纽、姥韵、徒古切。

凸—土—土—土—土—土—土—土—土
商　西周　西周　西周　战国　《说文》小篆　汉　汉　楷书
土—土—土
汉　汉　楷书

1《甲文编》518页。2、4《金文编》881页。3《甲文编》882页。5《楚帛书》6页。6《说文》286页。7《马王堆》545页。8、9、10《甲金篆》938页。11《尚书文字合编》第一册，351页。

象形字。像地面突出的土堆，字下部之"一"表示地面。甲骨文因契刻不便肥笔，只勾画出土堆的轮廓，作凸形。盂鼎作土形，更为形象。后土堆之形或写作一竖画，或在竖画上加一点。所加之点拉伸为一横，便成为此字后来规范的写法。9、10、11三字形显示在西汉和近代的文字中，有在旁加点的异构。顾蔼吉说："土本无点，诸碑士或作土，故加点以别之。""土"的本义指土壤。《说文》:"土,地之吐生物者也。"《书·禹贡》:"(徐州)厥贡惟土五色。"引申为土地、疆土、土田等,又引申为乡土、本土,由乡土、本土引申为与"洋"相对的土气、俗气等。"土"又是"社"的古文,甲骨文亳土、唐土等皆指其地之土地神,即社神。"土"又特指"水火木金土"五行之一。又特指古代埙类土制的乐器。"土"读"dù",通"杜"。根。《诗·豳风·鸱鸮》:"彻彼桑土,绸缪牖户。"毛传:"桑土,桑根也。"陆德明释文:"土,音杜。《韩诗》作'杜',义同。"(林志强)

地 dì 定纽、歌部;定纽、至韵、徒四切。
de

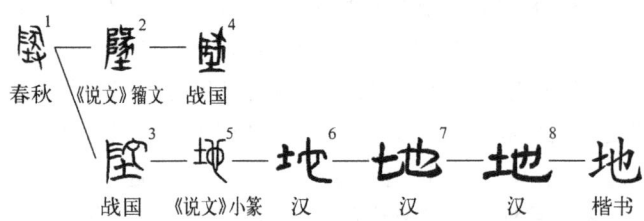

1、7、8《甲金篆》938页。2、5《说文》286页。3《楚帛书》68页。4《郭店》183页。6《金文续编》289页。

形声字。从土,也声。春秋战国时期,此字一种写法是从阜、从土,象声;另一种写法是从阜、从土,它声。古音它、象对转,故二者为声符不同的异体字。小篆则省阜从土,也声。古它或讹为也,故从它从也无别,如"他"字古籍也写作"佗"。从土、也声的写法一直流传到现在。"地"的本义是与"天"相对的大地、地面。《说文》"地,元气初分,轻、清、阳为天,重、浊、阴为地。万物所陈列也。"《易·系辞下》:"仰则观象于天,俯则观法于地,观鸟兽之文与地之宜,近取诸身,远取诸物,于是始作八卦。"引申指田土、疆土、地区、地方、地点等,抽象虚化后则指人的地位、心地,物的质地等。通"第",门第。南朝宋刘义庆《世说新语·假谲》:"已觅得婚处,门地粗可。"又作副词,但,权且。《汉书·丙吉传》:"西曹地忍之,此不过汙丞相车茵耳。"颜师古注:"李奇曰:'地犹第也。'地亦但也,语声之急耳。""地"读 de,作助词,表示它前边的词或词组是状语,现代汉语主要承袭这种用法。又表示动态,常附着在立、卧、坐等不及物动词后,相当于"着"。宋辛弃疾《行香子·三山作》:"小窗坐地,侧听檐声。"(林志强)

坤 kūn 溪纽、文部;溪纽、魂韵、苦昆切。

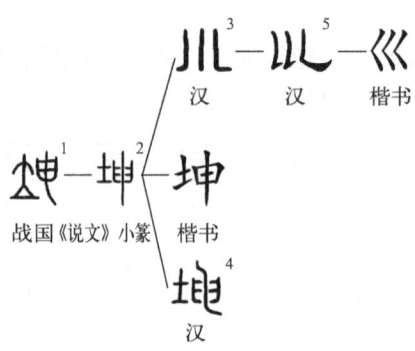

1《古文典》1120页。2《说文》286页。3、4《甲金篆》938页。5《甲金篆》939页。

会意字。从土,从申。因八卦图坤在申位,故从申。战国文字本从立,从申。后改从土,从申,与"坤为地"之义更加切合。此系发展成为现代汉字。上列字形4,"申"的竖笔弯曲,是"申"字篆书的另一种写法。上列字形3、5一系的写法,是借"川"字为坤。清王引之《经义述闻·周易上》:"乾坤字正当作坤,其作巛者,乃是借用川字……浅学不知,乃谓其象坤卦之画,且谓当六段书之。夫坤之外,尚有七卦,卦皆有画,岂当象之以为震巽离坎等字乎,甚矣其凿也。""坤"为八卦之一,卦形为☷。又为六十四卦之一,卦形为䷁。《说文》:"坤,地也,《易》之卦也。"《易·说卦》:"坤为地,为母。"坤与乾相对,象征意义也相对,如乾为天,坤为地,乾为男,坤为女,故又引申指大地、母亲以及女性的代称。(林志强)

垓 gāi 见纽、之部;见纽、哈韵、古哀切。

垓¹—垓²—垓
《说文》小篆 汉 楷书

1《说文》286页。2《甲金篆》939页。

形声字。从土,亥声。字形2为石门颂之"垓"字,"土"旁加点,"亥"旁笔势也有不同,是隶书的变写。"垓"的本义是兼备八极之地。《说文》:"垓,兼垓八极地也。"汉扬雄《大鸿卢箴》:"荡荡唐虞,经通垓极。"从八极之地引申为界限、边际,用作数词则指十京(一万万),极言其多。通"荄",草根。《论衡·自然》:"霈然而雨,物之茎叶根垓,莫不洽濡。"又通"陔",台阶的级次。《史记·封禅书》:"祠坛放薄忌太一坛,坛三垓。"(林志强)

墺 ào 影纽、觉部;影纽、号韵、乌到切。

墺 ào

坶¹—墺²
《说文》古文 《说文》小篆 楷书

1、2《说文》286页。

形声字。从土，奥声。《说文》所收古文从土，右边所从似为"奥"字中"釆"形的省讹写法，因此可以认为是"奥"省声。《字汇》作"垮"，又是《说文》古文写法的进一步讹变。其声符"奥"的旧字形写作"奥"，在"米"上有一撇，新字形没有。从"奥"之字如"澳"、"懊"等，新旧字形也有这样的差别。"墺"的本义是可以定居的地方。《说文》："墺，四方土可居也。"《玉篇》引《夏书》："四墺既宅。"按今本《书·禹贡》作"隩"，《汉书·地理志上》作"奥"，都是"墺"的通假字。可居之地常在水边，故"墺"又指靠近水边的地方。(林志强)

堣 yú

疑纽、侯部；疑纽、虞韵、遇俱切。

魏¹ 壘³—堣⁴—堣
西周 战国《说文》小篆 楷书

魏²
西周

1《金文编》882页。2《甲金篆》939页。3《郭店》183页。4《说文》286页。

形声字。从土，禺声。西周文字或从阜，如字形1；或从鹵，如字形2。阜为"埠"本字，鹵为"西方咸地"，皆与土地有关。战国文字改从土，为上下结构，如字形3。《说文》小篆也从土，改为左右结构。《说文》"城"、"垣"、"堵"诸字籀文从臺（与从阜同），后也改从土，改换形符的情形与"堣"字相同。此字现代罕用。"堣"指古地名堣夷。《说文》："堣，堣夷，在冀州阳谷……《尚书》曰'宅堣夷'。"通"隅"，角落。《左传·昭公二十五年》："帅徒以往，陷西北堣以入。"(林志强)

姆 mù

明纽、职部；明纽、屋韵、莫六切。

墲¹—姆
《说文》小篆 楷书

1《说文》286页。

形声字。从土，母声。《集韵·屋韵》或作"坶"，从每声。每、母一字分化，故从母、从每二者为异体字。"姆"为古地名，即周武王打败商纣的地方，在今河南省淇县西南，也称"姆野"。通作"牧野"。《说文》："姆，朝歌南七十里地。《周书》：'武王与纣战于姆野。'""姆"读méi，同"塺"。尘埃，尘土。(林志强)

坡 pō

滂纽、歌部；滂纽、戈韵、滂禾切。

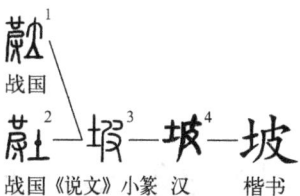
战国《说文》小篆 汉 楷书

1《古文典》886页。2《中山》41页。3《说文》286页。4《甲金篆》939页。

形声字。从土，皮声。字形1从立。战国文字从土之字或从立，例子很常见。其左右结构与后世左"土"右"皮"多不相同。声符"皮"的演变大约是移位加讹变的结果。新郑虎符"被"字偏旁"𠀤"和睡虎地秦简10.7的"皮"可以看成"皮"字由古到今变化的中间环节。相比较而言，《说文》小篆"皮"字的写法变异更甚(参见"皮"字条)。"坡"的本义是地势倾斜的地方。《说文》："坡，阪也。"中山王䶮兆域图："丘平者五十尺，其坡五十尺。"作形容词，表示倾斜。如坡度。"坡"又为唐宋期间对翰林学士的俗称。宋叶梦得《石林燕语》卷五："俗称翰林学士为坡。盖唐德宗时尝移学士院于金銮坡上，故亦称銮坡。"(林志强)

坪 píng

並纽、耕部；並纽、庚韵、符兵切。

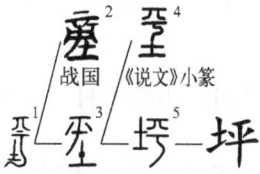
战国 战国《说文》小篆 楷书

1《金文编》883页。2《郭店》183页。3《甲金篆》939页。4《说文系传·土部》。5《说文》286页。

会意兼形声字。从土，从平，平亦声。战国文字皆为上下结构。字形1"土"旁被包在"平"字的末笔中。字形2"平"字写法比较特殊。五代徐锴《说文系传》承战国文字为上下结构。大徐本《说文》变为左右结构，沿用至今。"坪"的本义是平坦的地方。《说文》："坪，地平也。"常用作地名。唐温庭筠《观棋》："闲对楸枰倾一壶，黄华坪上几成卢。"(林志强)

均 jūn 见纽、真部；见纽、谆韵、居匀切。

战国　战国《说文》小篆　秦　汉　汉　楷书

1、6、8《甲金篆》939页。2《古文典》1112页。3《金文编》883页。4《郭店》184页。5《说文》286页。7《马王堆》546页。

会意兼形声字。从土，从匀，匀亦声。从土之字，战国文字或从立，此字亦然，如字形2。声符方面，"均"字战国文字或从旬声，如字形1（《说文》"旬"字古文作𠣘，与匀同）。旬、匀声同。秦代以后，字形比较固定。隶变楷化，逐渐形成"均"字。"均"的本义是均匀、公平。《说文》："均，平，遍也。"《论语·季氏》："不患寡而患不均，不患贫而患不安。"引申为普遍、等同、协调，作副词则指皆、都。通"畇（耘）"。治田。《大戴礼记·夏小正》："（正月）率农均田。"孔广森补注："均，读为耘。""均"又读yùn，指古代音乐术语。在十二律中，以任何一律为宫所建立的音节都称"均"。如黄钟均。又为古代校正乐器音律的器具。又同"韻（韵）"。《文选·成公绥〈啸赋〉》："音均不恒，曲无定制。"李善注："均，古韵字。"（林志强）

壤 rǎng 日纽、阳部；日纽、养韵、如两切。

字形演变：春秋　战国《说文》小篆　汉　楷书

1 叔尸钟镈铭。2、4《甲金篆》939页。3《说文》286页。

形声字。从土，襄声。春秋战国文字从土从田，为意符重叠的繁构。后省田从土，逐渐发展成现代汉字。此字声符"襄"的变化比较大。"壤"的本义是松软肥沃的泥土。《说文》："壤，柔土也。"《书·禹贡》："（冀州）厥土惟白壤。"也指一般土地、疆域、地区等。通"穰"。丰年。《庄子·庚桑楚》："居三年，畏垒大壤。"陆德明释文："壤，本又作穰。"（林志强）

塙 què 溪纽、药部；溪纽、觉韵、苦角切。

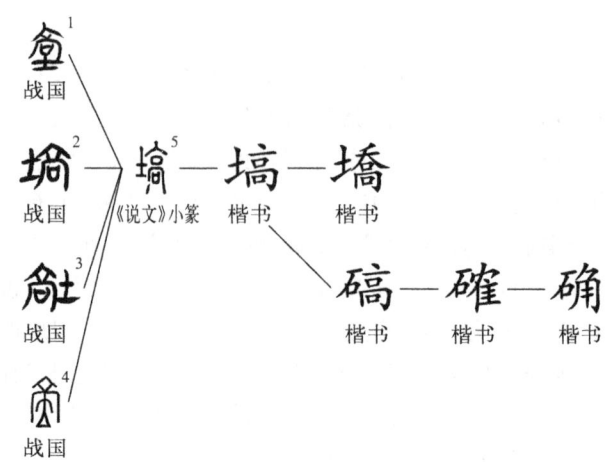

战国　战国《说文》小篆　楷书　楷书

　　碻—碻—确
　　楷书　楷书　楷书

1、2、3《包山》201页。4《古文典》291页。5《说文》286页。

形声字。从土，高声。战国文字或为上下结构，或为左右结构。其上下结构或上"高"下"土"，如字形1；或上从"高"省，下从"立"，如字形4。其左右结构或左"土"右"高"，如字形2；或右"土"左"高"，如字形3。这显示了战国文字"文字异形"的状态。《说文》小篆确定为从土，高声，但后来又有许多异体出现：或将声符改为"乔"作"墧"，见于《集韵·觉韵》；或将意符改为"石"作"碻"，见于《广韵·觉韵》。以"石"为意符的一系，后来又把声符改为"雀"，形成"確"字。"确"是"塙"的初文，与"確"本非一字，但读音相同，意义也有相同的地方。现为"確"的简化字。"塙"的本义是牢固不可动摇。《说文》："塙，坚不可拔也。"参见"確（确）"字条。又义为"土高"。（林志强）

坴 lù 来纽、觉部；来纽、屋韵、力竹切。

字形演变：商　西周　战国《说文》小篆　汉　汉　楷书

1《甲骨文字典》1508页"陆"字偏旁。2、3《金文编》939页"陆"字偏旁。4《说文》286页。5、6《甲金篆》1004页。

形声字。从土，圥声。殷商西周文字以重叠"圥"字而成，"圥"可能是"六"的分化字，字形3正是二"六"重叠。战国文字开始加"土"为意符。《说文》小篆省二"圥"为一"圥"，之后除笔画平直化外没有其他变化。此字罕见单独使用，作为偏旁保留在"陸（陆）"字中。"坴"的本义是大土块。《说文》："坴，土块坴坴也。"段玉裁注："坴坴，大

由之兒。"古地名有"坴梁"，也寫作"陸梁"。（林志強）

璞 pú 滂紐、屋部；滂紐、屋韻、普木切。

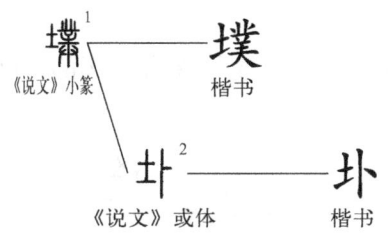

1、2《說文》286頁。

形聲字。從土，業聲。《說文》或從土，卜聲。兩者為聲符不同的異體字，猶如"僕"或作"仆"。"璞"的本義是土塊。《說文》："璞，塊也。"《國語·吳語》："（楚）王寢，疇枕王以璞而去之。"（林志強）

凷 kuài 溪紐、微部；溪紐、隊韻、苦對切。

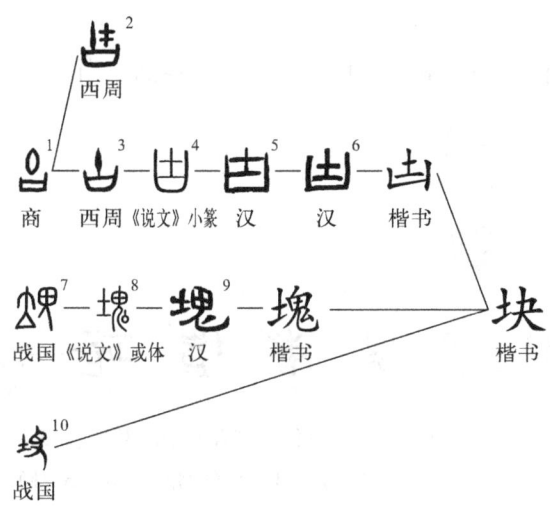

1《甲骨文字典》107頁。2、3《金文編》133頁。4、8《說文》286頁。5《秦漢金文》303頁。6、9《甲金篆》940頁。7《古璽》318頁。10《郭店》185頁。

會意字。從土，從凵。甲骨文從○，從凵，即從土，從凵，當是凷字初文。西周文字承之，但有兩個變化：一如字形3，其土形用肥筆填實；一如字形2，另加聲符"丯"（讀若"介"）。此一系字形從《說文》小篆正體後變化不大，最後寫成"凷"。字形7、8、9為其異體，是形聲字。戰國時期寫作從立，鬼聲。《說文》小篆或體改從土，鬼聲。鬼字寫法各個時期略有差異：有的有短撇，有的沒有；有的把"厶"寫成點，有的無"厶"亦無點。戰國文字還有一形作從土，夬聲，用作"缺"，如字形10，但其字形當是現代規範字"塊"的源頭。"凷"的本義是土塊。《說文》："凷，璞也。"《禮記·喪大記》："父母之喪，居倚廬，不塗，寢苫枕凷。"土塊可象徵土地。擁有土地便擁有權力。由土塊引申作量詞用，指塊狀物或片狀物的數量。也用於銀幣或紙幣，等於"圓"。"塊"在古書中還指孤獨或無動於衷的樣子。（林志強）

塍 chéng 船紐、蒸部；船紐、蒸韻、食陵切。

1、2、3《金文編》883頁。4《說文》286頁。

形聲字。從土，朕聲。其意符"土"放在聲符"朕"之右下角，結構比較特別。其聲符"朕"本從"舟"，由於隸變楷化，逐漸混同於"月"。"朕"字右邊的變化也是隸變楷化的結果，彎筆變為直筆，斷筆變成連筆（參見"勝"字條的說明）。楷書異體或作"塍"（見《集韻·蒸韻》），左邊易"月"為"土"，與右下之"土"重複，實則破壞了其形聲結構。"塍"本指田間的土埂子。《說文》："塍，稻中畦也。"王筠句讀訂正為："塍，稻田中畦埒也。"漢班固《西都賦》："疆埸綺分，溝塍刻鏤。"引申指小堤。《文選·左思〈蜀都賦〉》："峻岨塍埒，長城豁險，吞若巨防。"李善注引劉逵曰："大曰堤，小曰塍。"通"賸（媵）"。陪送。郳伯鬲："郳伯作塍鬲。""塍"即"賸（媵）"。（林志強）

坺 bá 並紐、月部；奉紐、月韻、房越切。

1《說文》286頁。

形聲字。從土，犮聲。"坺"指治田，謂耕地翻土。《說文》："坺，治也。"王筠句讀："謂治田也。"引申指翻耕起來的土塊。《說文》："（坺）一曰臿土謂之坺。"在"耕地翻土"或"翻耕起來的土塊"的意義上，近代文字又作"垡（城）"或"墢"。"垡"從土，伐聲，"墢"從土，發聲，是聲符不同的異體字。通"旆"。旗。《說文》："坺，《詩》曰：'武王載坺。'"段玉裁注："《商頌·長發》文。今《詩》作'旆'。《傳》曰：'旆，旗也。'按：《毛詩》當本作'坺'。《傳》曰：'坺，旗也。'訓坺為旗者，謂坺即旆之同音假借也。"此字現代罕用。（林志強）

基

jī 见纽、之部；见纽、之韵、居之切。

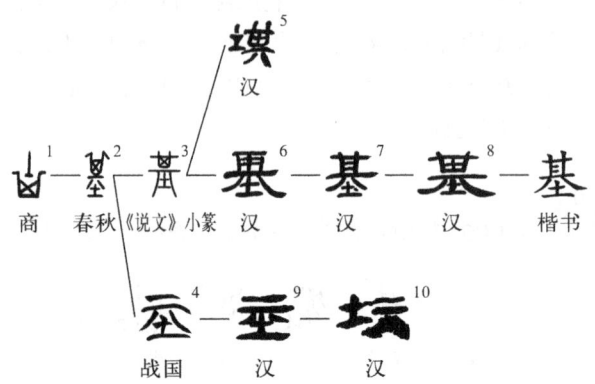

1《甲骨文字典》1455页。2《金文编》883页。3《说文》287页。4《包山》202页。5、9、10《马王堆》549页。6、7、8《甲金篆》940页。

形声字。从土，其声。各时期字皆上"其"下"土"结构，唯甲骨文字是上"土"下"其"。古文字偏旁位置不居，"土"旁在上在下无别。马王堆帛书还有左右结构者，如字形5、10。声符"其"是"箕"字初文，本作 ，像簸箕之形。后加丌（也作亓），丌亦声，即成后来"其"字。后代文字大致沿两条线发展：一系为下"土"上"其"，"其"的第三、四笔或交叉、或平行，写法略有变化。现代规范汉字写作"基"。另一系为省体，下"土"上"亓(丌)"，大约从战国沿袭至近代。"基"的本义指墙脚。《说文》："基，墙始也。"《诗·周颂·丝衣》："自堂徂基。"毛传："基，门塾之基。"又泛指一切建筑物的底部。引申为基础、开始、基业等。通"朞"。一周年。《隶辨·张迁碑》："流化八基。"顾蔼吉注："以基为朞。"（林志强）

垣

yuán 匣纽、元部；云纽、元韵、雨元切。

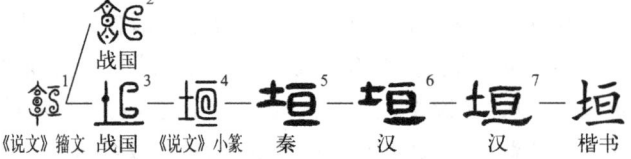

1、4《说文》287页。2、7《甲金篆》941页。3《中山》47页。5《睡甲》200页。6《马王堆》547页。

形声字。从土，亘声。春秋战国文字或从𠭰。𠭰为"墉"本字，与从土意义相通。后皆改从土，以求简省。"垣"的本义是矮墙，也泛指墙。《说文》："垣，墙也。"《书·梓材》："若作室家，既勤垣墉，惟其涂塈茨。"引申指有墙的建筑物，如官署、粮仓。由官署又引申指官署中的官员。墙用于划分一定的范围，因此"垣"在传统的天文学术语中，又指所划定的星座范围，专称中宫的太微、紫微、天市为三垣。（林志强）

圪

yì 疑纽、物部；疑纽、迄韵、鱼迄切。
gē

圪[1] — 圪
《说文》小篆　楷书

1《说文》287页。

形声字。从土，气声。后改"乞"声，沿袭至今。"圪"的本义是墙高貌。《说文》："圪，墙高也。"《诗·大雅·皇矣》："临冲茀茀，崇墉圪圪。"圪圪，毛传："高大也。"按今本作"崇墉仡仡"。仡、圪通用。"圪"读gē，可作象声词。金董解元《西厢记诸宫调》卷六："骑着瘦马儿圪登登的又上长安道。"组成双音节词"圪垯"，也作"圪塔"，同"疙瘩"。（林志强）

堵

dǔ 端纽、鱼部；端纽、姥韵、当古切。

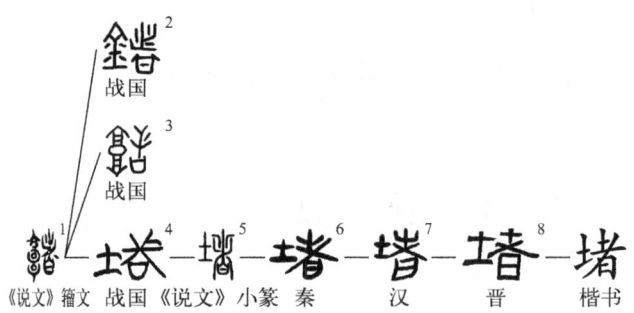

1、5《说文》287页。2《金文编》884页。3、7、8《甲金篆》941页。4《楚帛书》72页。6《睡甲》201页。

形声字。从土，者声。《说文》籀文从𠭰。𠭰为"墉"本字，与从土意义相通。战国文字或从金，其义当与悬乐有关。战国时期声符"者"的写法变异较多，如字形2、3、4，是当时文字异形状况的反映。战国以后主要从土，"者"字的线条也逐渐平直化，发展成为现代汉字。"堵"的本义是指古代墙壁的面积单位。《说文》："堵，垣也。五版为一堵。"古用板筑法筑土墙，五板为一堵，板的长度就是堵的长度，五层板的高度即堵的高度。《诗·小雅·鸿雁》："之子于垣，百堵皆作。"引申为墙壁。因墙壁有隔离阻挡作用，故又引申为阻挡、堵塞，成为现代的常用义。作量词，也多用于指墙。如一堵墙。又古代钟或磬十六枚悬在一虡称为一堵。字形2字从金，与此有关。（林志强）

壁

bì 帮纽、锡部；帮纽、锡韵、北激切。

1《包山》202页。2《说文》287页。3《睡甲》201页。4、5《甲金篆》941页。

形声字。从土，辟声。战国文字声符"辟"左下从两圆圈，"辛"旁写法也有异，当是繁构。字形3、4、5整字大致呈左右结构，字形4、5声符"辟"之右边"辛"字多一横笔，这些都是隶书的常见变化。"壁"的本义是墙壁。《说文》："壁，垣也。"《仪礼·特牲馈食礼》："饎爨在西壁。"引申为营垒、陡峭的山崖等。又为二十八宿之一，北方玄武七宿(斗、牛、女、虚、危、室、壁)的最后一宿。有星两颗，又称"东壁"。（林志强）

埒

liè 来纽、月部；来纽、薛韵、力辍切。

1《说文》287页。

形声字。从土，寽声。本义指矮围墙。《说文》："埒，卑垣也。"《世说新语·汰侈》："于时人多地贵，（王）济好马射，买地作埒，编钱匝地，时人号曰金沟。"引申为田塍、涯际、界限等。（林志强）

堪

kān 溪纽、侵部；溪纽、覃韵、口念切。

1、4《甲金篆》941页。2《说文》287页。3《睡甲》201页。

形声字。从土，甚声。字形1为三体石经古文，声符"甚"所从之"甘"近似"日"字，所从之"匹"则有点像"正"。字形4"匹"旁也近似"正"字。写法均稍有变化。"堪"的本义是地面突起处。《说文》："堪，地突也。"睡虎地秦墓竹简《封诊式·经死》："权(橡)大一围，袤三尺，西去堪二尺，堪上可道终索。"引申指陈放东西的壁坎或石室，后专指供奉神像的石室或柜子。在这个意义上，"堪"同"龛"。再引申为堪载、承受、经得起、胜任等。通"戡"。杀。《墨子·非攻下》："天乃命汤于镳宫，用受夏之大命。夏德大乱，予既卒其命于天矣，往而诛之，必使汝堪之。"毕沅注："堪，《文选》注，《艺文类聚》引作戡。"（林志强）

堂

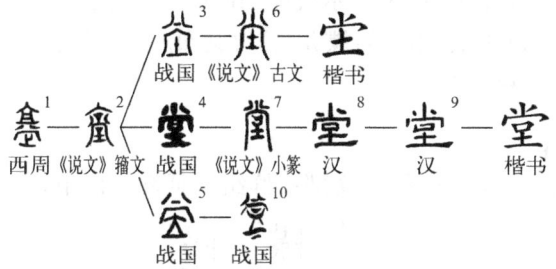

táng 定纽、阳部；定纽、唐韵、徒郎切。

1《金文编》884页。2、6、7《说文》287页。3《中山》41页。4、5《古玺》319页。8、9《甲金篆》942页。10《郭店》184页。

形声字。从土，尚声。西周文字从"高"省，声符"尚"字不从"口"，"土"旁也稍异。此字中"高"、"土"都是意符，从"高"表示殿堂之高，从"土"表示建筑殿堂的材料。《说文》籀文承之，从"高"省，但声符"尚"为全形。战国文字主要有三种写法：一从"土"，从省"口"之"尚"，如字形3；一从"立"，也从省"口"之"尚"，如字形5、10，字形10"立"字上下有短横，当为饰笔；一从"土"，"尚"不省，如字形4。最后这种写法发展成为现代汉字。"堂"的本义是坛，即人工筑成的方形土台或屋基。《书·大诰》："若考作室，既厎(zhǐ)法，厥子乃弗肯堂，矧肯构。"孔传："子乃不肯为堂基，况肯构立屋乎？"清俞樾《群经平议·尚书三》："古人封土而高之，其形四方，即谓之堂。"引申指建于台基之上的正屋、厅堂，如殿堂、明堂、礼堂、公堂、课堂等。正屋、厅堂是公开议事的地方，也是装饰华丽的地方，因此堂又有明亮、显耀等意义。叠音词"堂堂"用于形容阵容盛大、气魄宏大、容貌伟俊出众等，当也与此意义有关。旧时尊称他人的母亲也叫堂，如令堂、萱堂。同祖父的亲属也称堂，如堂兄、堂叔。作量词，用于成套家具、分节的课程等，如一堂家具、一堂课。（林志强）

垛

duǒ 端纽、歌部；端纽、戈韵、丁戈切。

duò

1《说文》287页。2《甲金篆》942页。

形声字。从土，朵声。楷书或作"垜"，上部写作"乃"，是隶变的不同写法。"垛"指古代门堂两侧的房间。《说文》："垛，堂塾也。"后俗称墙两侧或上头伸出的部分为垛。如城垛子。《水浒续集》第三十三回："共涛依言，令兵马司拨百姓上城守垛。"又指设置箭靶的小土墙。也指箭靶子。"垛"音duò，作动词，堆积。作名词，指成堆的东西。作量词，用于表示成堆东西的数量。通"跺"。用力踏。明冯惟敏《中吕粉蝶儿·辞署县印》："心窝上垛了一脚。"（林志强）

墐 jìn 群纽、文部；群纽、真韵、巨巾切。

墐¹—墐²—墐
战国 《说文》小篆 楷书

1《战文编》882页。2《说文》287页。

形声字。从土，堇声。战国文字为上下结构，小篆及楷书为左右结构。"墐"的本义是用泥涂塞。《说文》："墐，涂也。"《诗·豳风·七月》："穹窒熏鼠，塞向墐户。"通"殣"，掩埋。《诗·小雅·小弁》："行有死人，尚或墐之。"（林志强）

塈 jì 群纽、物部；群纽、至韵、其冀切。

塈¹—塈²—塈
《说文》小篆 汉 楷书

1《说文》287页。2《汉印徵》卷13，11页。

形声字。从土，既声。《说文》小篆为左右结构，左形右声。后改为上下结构，下形上声。声符"既"在楷书中也写作"旣"，是新旧字形的不同。字也作"塈"，从"无"声，与从"既"声同。"塈"的本义是仰面向上涂抹屋顶。《说文》："塈，仰涂也。"段玉裁注："以草盖屋曰茨，塗塈茨者，涂其茨之下也，故必卬涂。"《书·梓材》："若作室家，既勤垣墉，惟其塗塈茨。"引申为涂饰。《后汉书·西域传·大秦国》："列置邮亭，皆垩塈之。"又表"取"义。《诗·召南·摽有梅》："摽有梅，顷筐塈之。"毛传："塈，取也。"音xì，休息。《诗·大雅·假乐》："不解于位，民之攸塈。"毛传："塈，息也。"（林志强）

垩(堊) è 影纽、铎部；影纽、铎韵、乌各切。

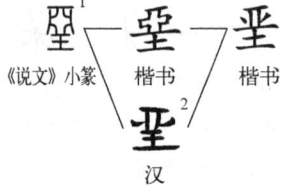

1《说文》287页。2《甲金篆》942页。

形声字。从土，亞声。本为上下结构，后代楷书或作"垭"，为左右结构，与读作yà、意义为两山之间狭窄的地方的"垭"成了同形字。"亞"简化作"亚"，"堊"亦类推简化作"垩"。从字形2来看，这种简化的写法在汉代就已经出现了。"垩"的本义是白色的土。《庄子·徐无鬼》："郢人垩慢其鼻端，若蝇翼，使匠石斫之。匠石运斤成风，听而斫之，尽垩而鼻不伤。"古代涂墙用白土或白灰，"垩"作动词，即指用白色的涂料粉刷墙壁。由粉刷义又引申为涂饰、粉饰等。（林志强）

墀 chí 定纽、脂部；澄纽、脂韵、直尼切。

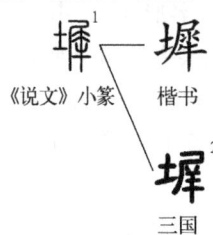
三国

1《说文》287页。2《甲金篆》942页。

形声字。从土，犀声。后代文字或作墀，如字形2，或作塀（《集韵·脂韵》），都是"墀"的俗别体，犹如"遲"既作"迟"、又作"遲"。"墀"的本义是涂饰地面。《说文》："墀，涂地也。"泛指涂饰。引申指古代殿堂上经过涂饰的地面。《韩非子·十过》："四壁垩墀，茵席雕文。"也指台阶或台阶上的地面。通"坻"，水中高地。魏王弼《易略例·明爻通变》："隆墀永叹，远壑必盈。"陆德明释文："墀，本又作坻。"（林志强）

墼 jī 见纽、锡部；见纽、锡韵、古历切。

墼¹—墼²—墼³—墼
《说文》小篆 汉 汉 楷书

1《说文》287页。2、3《甲金篆》942页。

形声字。从土，毄声。西汉文字声符"毄"或从攴，与从殳同意。"毄"左下小篆作"口"形，隶变楷化后逐渐变成"山"形。"墼"的本义是砖或砖坯。《说文》："墼，瓴适也，一曰未烧也。"王筠释例："瓴适今谓之砖。"《后汉书·酷吏列传·周纡》："纡廉洁无资，常筑墼以自给。"亦指炭屑或粪渣压制而成的砖状物，可供取暖之用。（林志强）

坌 fèn 帮纽、文部；非纽、问韵、方问切。

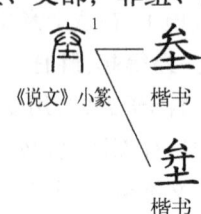
楷书

1《说文》287页。

形声字。从土,弁声。楷书作叁、垄,前者上部"弁"的写法略有不同,把两竖画变为撇和捺。后代文字还有作"坋"者,从土,分声,为改换声符的异体字。"叁"的本义是扫除。《说文》:"叁,扫除也。"这个意义的"叁"字,典籍中多写作"糞"(简化字作"粪")。《左传·昭公三年》:"小人粪除先人之敝庐。"(林志强)

埽 sǎo 心纽、幽部;心纽、皓韵、苏老切。

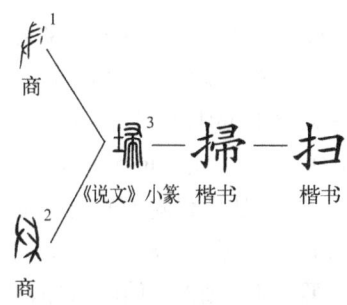

1、2《甲文编》123页。3《说文》287页。

会意字。商代文字为从又持帚,会扫除之意。《说文》小篆为从土从帚,亦会扫除尘土之意。楷书改从手从帚,与商代文字从又之意相同。简化字将"掃"简化作"扫",犹如"婦"简化作"妇",其"帚"旁只留其上半。"埽"的本义是用扫帚除去灰尘、垃圾等。《说文》:"埽,弃也。"《诗·豳风·东山》:"洒埽穹窒,我征聿至。"引申为除去、消灭等。(林志强)

在 zài 从纽、之部;从纽、海韵、昨宰切。

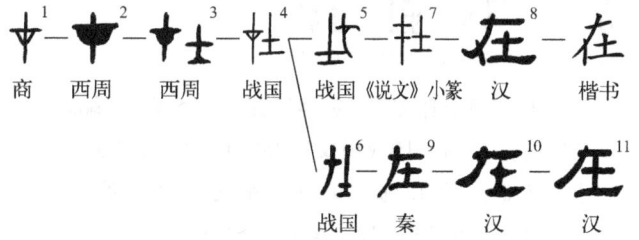

1《甲文编》269页。2、3《金文编》884页。4《中山》23页。5、6《古玺》319页。7《说文》287页。8、9、11《甲金篆》943页。10《马王堆》546页。

形声字。从土,才声。甲骨文为"才"字,借"才"为"在"。西周文字仍如此,且中间填实,如字形2,但也产生了从土才声的形声字,如字形3。战国以后"才"的写法分化为两种:一种写法为三笔,即字形5、7、8一系,此系发展成为现代汉字;另一种写法只有两笔,似ナ字,即字形6、9、10、11一系。"在"的本义是存在。《说文》:"在,存也。"《论语·学而》:"父在,观其志,父没,观其行。"引申为居处、存留等。表示原因和目的,义为由于、取决于。作副词,正在,表示动作行为正在进行。作介词用,表示时间、范围、处所等。通"纔(才)"。表示数量少。《汉书·贾谊传》:"长沙乃在二万五千户耳。"王念孙读书杂志:"在,读为纔……贾子《藩彊篇》正作'乃纔'。"又通"哉"。句尾语气词。《淮南子·道应》:"吾犹未能之在。"于省吾新证:"'在'、'哉'古字通。"(林志强)

坐 zuò 从纽、歌部;从纽、过韵、徂卧切。

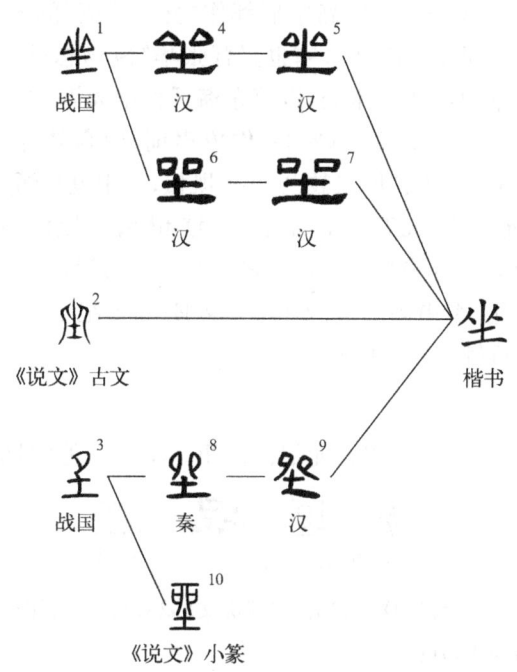

1、3《古文典》881页。2、10《说文》287页。4-9《甲金篆》943页。

会意字。像二人对坐于土上之形。有一对联云:"二人土上'坐',一月日边'明'",倒是说中了此字的形体结构。先秦文字大约有字形1、2、3三种写法。其中字形2为正体;字形3为省体,从卩,像一人跪坐之形;字形1为讹体,二人讹作二厶。字形2发展成现代汉字"坐"。字形3增繁为字形8、9一系,讹变为字形10,从𠮷。《说文》以讹变之字形10为说,故误认为从"留"省。字形1也分两系发展:一系从二"厶",如字形4、5,一系从二"口",如字形6、7,是隶变的不同写法。"坐"的本义是指人的止息方式之一。古人席地而坐,后人则坐椅、凳等。《说文》:"坐,止也。"《战国策·魏策四》:"先生坐。"作动词,引申为就坐、就任、留守、居住、搭乘等。作名词,引申为座位、席位。这个意义后来写作"座"。又指因……而获罪,定罪。如坐死;连坐。作连词,表示原因。因为。唐杜牧《山行》:"停车坐爱枫林晚,霜叶红于二月花。"(林志强)

填

tián 定纽、真部;定纽、先韵、徒年切。

填¹—填²—填³—填—填
战国 《说文》小篆 汉 楷书 楷书

1《战文编》882页。2《说文》287页。3《甲金篆》943页。

形声字。从土,真声。战国文字为上下结构,《说文》小篆以后变为左右结构。楷书"填"和"填"是新旧字形的不同,从"真"之字新字形都作"真"。"填"的本义是充塞。《说文》:"填,塞也。"晋张华《博物志·异鸟》:"精卫常取西山之木石,以填东海。"引申为满、充满。又引申为涂饰、涂抹、填写等。作象声词,形容鼓音。《孟子·梁惠王上》:"填然鼓之,兵刃既接,弃甲曳兵而走,或百步而后止,或五十步而后止。"读 tiǎn,通"殄",穷苦。《诗·小雅·小宛》:"哀我填寡,宜岸宜狱。"读 zhèn,通"镇",压。引申为安定、安抚。《汉书·高帝纪下》:"填国家,抚百姓。"(林志强)

坦

tǎn 透纽、元部;透纽、旱韵、他但切。

坦¹—坦²—坦³—坦
战国 《说文》小篆 晋 楷书

1《包山》202页。2《说文》287页。3《甲金篆》944页。

形声字。从土,旦声。本义是平。《易·履》:"履道坦坦,幽人贞吉。"引申为安、宽。《论语·述而》:"君子坦荡荡,小人长戚戚。"又引申为显露、袒露等。(林志强)

堤

dǐ 端纽、支部;端纽、荠韵、都礼切。
dī 端纽、支部;端纽、齐韵、都奚切。

堤¹—堤²—堤³—堤⁴—堤
战国 《说文》小篆 秦 汉 楷书

1《甲金篆》944页。2《说文》287页。3《睡甲》201页。4《汉印徵》卷13,11页。

形声字。从土,是声。战国古玺为左"是"右"土",后世则左"土"右"是"。"堤"读 dǐ,为"坻"的异体字。《说文》:"堤,滞也。"段玉裁注:"此篆与坻篆音义皆同。"读 dī,同"隄",堤坝,沿江河湖海修筑的防水建筑物,多用土石构成。《左传·襄公二十六年》:"初,宋芮司徒生女子,赤而毛,弃诸堤下。"(林志强)

壎(埙)

xūn 晓纽、元部;晓纽、元韵、况袁切。

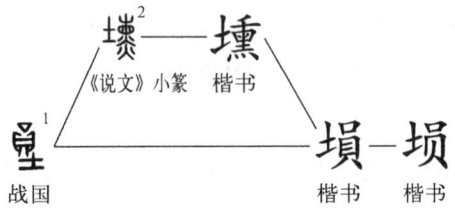
战国 楷书 楷书

1《甲金篆》944页。2《说文》287页。

形声字。从土,熏声。战国文字从员声,"员"、"熏"声通,二者是声符不同的异体字,正如"勋"也作"勛"一样。"員"简化作"员","壎"也类推简化为"埙"。现以"埙"为规范字。"壎"是古代陶制吹奏乐器。其形上锐底平,六孔,顶端为吹口。《说文》:"壎,乐器也。以土为之,六孔。"《诗·小雅·何人斯》:"伯氏吹壎,仲氏吹篪。"也作"埙"。《荀子·乐论》:"笙箫发猛,埙篪翁博。"(林志强)

封

fēng 帮纽、东部;非纽、钟韵、府容切。

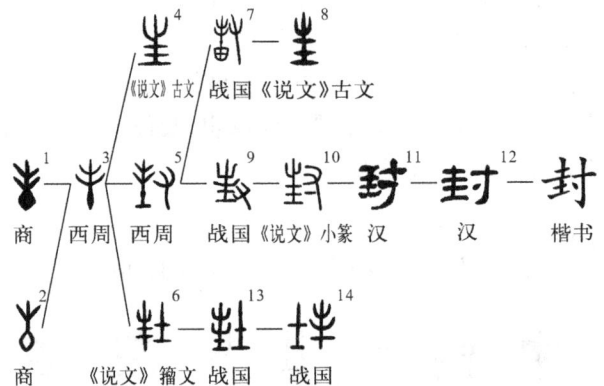
商 西周 西周 战国 《说文》小篆 汉 汉 楷书
商 《说文》籀文 战国 战国

1、2《甲骨文字典》1457页。3、5《金文编》885页。4、6、10《说文》287页。7《中山》45页。8《说文》131页。9、13《战文编》883页。11《马王堆》547页。12、14《甲金篆》944页。

会意字。甲骨文作 ,即"丰"字,下像土堆,上为树木,全字为植树于土上之形。古代植树于土堆以为封域,丰字正像其形,可见"丰"即"封"之初文。西周文字继承商代文字的写法,如字形3;但也开始增加"又"符,如字形5。此"又"符到了《说文》小篆变为"寸",成为"封"字的固定偏旁,延续至今。《说文》古文的写法与商周"封"字初形略同,见字形4。《说文》籀文把"土"和"丰"分置左右,字形14的写法略同。中山王鼎则增加"田"符,属于叠加意符的现象,这种写法又省略为"㞷",《说文》误以为"邦"字古文。这些都是春秋战国时期文字异形的表现。《说文》小篆左上从"之",讹误。"封"的本义是堆土植树为界。《周礼·地官·大司徒》:"制其畿疆而沟封之。"引申为疆界、田界。再引申为界限、局限、禁止、限制等。封土为界即划分土地,特指帝王以土地、爵位、名号赐给贵族和臣下,如"封侯"等,作名词指所封之爵、所封之土,作动词则指建立,如"封建"。由堆土引申为培土、加高,特指帝王所举行的筑坛祭天的盛典,如"封禅"。又特指聚土为坟,埋葬。由禁止、限制等意义引申为堵塞、封闭、包裹等。古代臣子向帝王递呈的重要奏章须封板加密以防泄露,谓之封事,泛称则指一般书信。作名词指用于封装东西的纸包或袋子,如"信封";作量词,则指包裹或封装起来的东西,如"一封信"等。(林志强)

壐(玺) xǐ 心纽、脂部;心纽、纸韵、斯氏切。

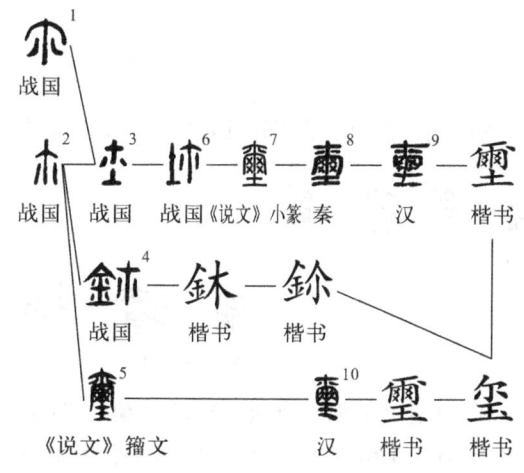

1、2、3《古玺》323页。4《古玺》321页。5、7《说文》287页。6《古玺》322页。8《睡甲》201页。9《马王堆》551页。10《甲金篆》945页。

形声字。从土,爾声。原为象形字,作𥏈、朮,上部像印钮、下部像印纹,如字形1、2。后来的发展,从意符的角度大致可分三种情况:一是增加意符"土",因印文常施于土制品之上也;二是增加意符"金",以玺印为金属制造也;三是增加意符"玉",由玺印为玉制也。增加意符"土"者或为上下结构,如字形3;或为左右结构,如字形6。秦汉以后多为上下结构。增加意符"金"的多是左右结构,如字形4。增加意符"玉"者多为上下结构,如字形5、10。从声符的角度来看,战国时期的玺字多从"尔","尔"亦声。秦汉以后的则多写作"爾",笔画增繁。楷书的"玺"字根据古文字的字形,有多种异写,如作鉨、鈢、壐、璽、玺等,现以"玺"为规范正字,笔画简单,结构上也算部分恢复到了其先秦古体,应该是一个比较经济合理的字形。"玺"的本义即印章。《说文》:"壐,王者印也,所以主土。"按《说文》所解未必正确。先秦之玺尊卑通用,秦始皇统一中国,才规定皇帝的印章称"玺",一般人则称"印","玺"、"印"之别遂打上了封建社会等级制度的烙印。《韩非子·外储说左下》:"豹对曰:'往年臣为君治邺,而君夺臣玺;今臣为左右治邺,而君拜臣,臣不能治矣。'遂纳玺而去。"(林志强)

墨 mò 明纽、职部;明纽、德韵、莫北切。

𡉠—𡋑—𡍑—墨—墨
战国 战国《说文》小篆 汉 楷书

1《古玺》324页。2《楚帛书》98页。3《说文》287页。4《马王堆》550页。

会意兼形声字。从土,从黑,黑亦声。古今文字除笔势不同外,结构无变化。"墨"指写字绘画用的黑色颜料。《说文》:"墨,书墨也。"《国语·吴语》:"右军亦如之,皆玄裳、玄旗、黑甲、乌羽之矰,望之如墨。"泛称黑色,引申为不洁之称,如"墨吏"指贪官。又引申指诗文或书画,如"文墨"。又引申为木工用以取直的墨线,如"绳墨",由"绳墨"再引申泛指规矩、准则等。特指古代刺刻面额,染以黑色的刑罚,为古代五刑之一。又特指墨家,战国时期重要学派之一。(林志强)

垸 huán 匣纽、元部;匣纽、桓韵、胡官切。

垸—垸—垸—垸
《说文》小篆 秦 汉 楷书

1《说文》287页。2、3《马王堆》548页。

形声字。从土,完声。本义是用漆掺合骨灰涂抹器物。《说文》:"垸,以黍和灰而鬃也。"又指修补垣墙。通"丸"。《列子·黄帝》:"累垸二而不坠。""垸"字《庄子·达生》作"丸"。又读yuàn,指湖南、湖北等地在沿江、湖地带围绕房屋、田地等修建的堤坝似的防水建筑物,也泛指堤内的地区。(林志强)

型 xíng 匣纽、耕部;匣纽、青韵、户经切。

土部

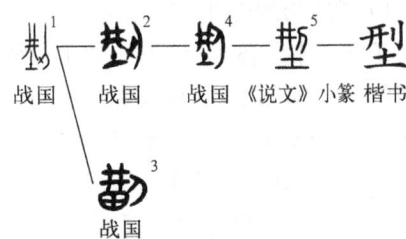
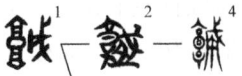

1《中山》46页。2、4《郭店》184页。3《甲金篆》945页。5《说文》287页。

形声字。从土，刑声。战国文字多异形，其声符"刑"或从刃，如字形1、2，与从刀通用；其意符多居左下角，或从田，如字形3，与从土相通。后固定为声符"刑"从刀，意符从土，且将意符和声符调整为上下结构，发展至今。"型"的本义指铸造器物的模子。《说文》："型，铸器之法也。"段玉裁注："以木为之曰模，以竹曰范，以土曰型。"《淮南子·修务》："明镜之始下型，矇然未见形容，及其粉以玄锡，摩以白旃，鬓眉微豪(毫)，可得而察。"引申为类型、式样、法式、楷模等。（林志强）

埻 zhǔn 章纽、文部；章纽、准韵、之尹切。

1《战文编》885页。2《说文》287页。3《甲金篆》946页。

形声字。从土，𦎫声。隶变后声符作"享"，与"亯"之隶书写法混同。"埻"的本义是箭靶子。《说文》："埻，射臬也。"汉扬雄《太玄·瞢》："师或导射，豚为埻。"引申为标准、准则。（林志强）

塒（埘）shí 禅纽、之部；禅纽、之韵、市之切。

1《说文》288页。

形声字。从土，时声。"時"简化为"时"，"塒"也类推简化为"埘"。"塒"的本义是在墙壁上挖洞而做成的鸡圈。《说文》："塒，雞棲垣为塒。"《诗·王风·君子于役》："鸡棲于塒，日之夕矣，羊牛下来。"（林志强）

城 chéng 禅纽、耕部；禅纽、清韵、是征切。

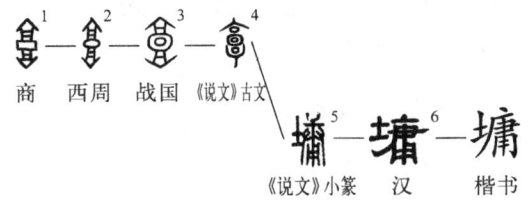

1《金文编》885页。2、5《包山》202页。3《中山》43页。4、6《说文》288页。7《马王堆》548页。8《甲金篆》946页。

会意兼形声字。从土，从成，成亦声。先秦文字有两个系统：一系从𩫖，一系从土。在"城"的意义上，从𩫖从土意义相通。从𩫖者始见于西周甲骨。从土者战国时期为上下结构，《说文》小篆后变为左右结构，发展至今。"城"的本义是城墙，都邑四周用作防守的墙垣。《说文》："城，以盛民也。"《墨子·七患》："城者，所以自守也。""城"与"郭"对称时，"城"指内城，"郭"指外城。《孟子·公孙丑下》："三里之城，七里之郭，环而攻之而不胜。"引申指城垣以内的地方，泛指一般都市、城市。（林志强）

墉 yōng 喻纽、东部；以纽、钟韵、餘封切。

1《甲骨文字典》596页。2《金文编》375页。3《金文编》376页。4、5《说文》288页。6《甲金篆》946页。

形声字。从土，庸声。古文为象形字，甲骨文已有之，如字形1。其中之方形为古代穴居住室，上下两部分则像台阶、垣墙并有覆盖之形。此字篆文作𩫖，《说文》以为城郭之"郭"字（见卷五下·𩫖部），又为"墉"字古文。其实二字初本一字，住室旁之垣墉，犹城区之外郭也。后世分化，表外城者造"郭"字，表垣墙者造"墉"字，后起字行而本字皆废。"墉"的本义即墙。《诗·召南·行露》："谁谓鼠无牙，何以穿我墉？"也指城墙。《说文》："墉，城垣也。"《诗·大雅·皇矣》："以尔钩援，与尔临冲，以伐崇墉。"（林志强）

坎 kǎn 溪纽、侵部；溪纽、感韵、苦感切。

坎

坎
《说文》小篆 楷书

1《说文》288页。

形声字。从土，欠声。本义是地面低陷的地方。《说文》："坎，陷也。"《仪礼·土丧礼》："甸人掘坎于阶间少西。"又指小坑、墓穴等。又为八卦或六十四卦之一。作象声词，形容击鼓声或砍伐声。《诗·陈风·宛丘》："坎其击鼓，宛丘之下。"《诗·魏风·伐檀》："坎坎伐檀兮。"（林志强）

垫（墊）diàn 端纽、侵部；端纽、桥韵、都念切。

墊—墊—垫—垫
《说文》小篆 汉 楷书 楷书

1《说文》288页。2《甲金篆》947页。

形声字。从土，执声。声符"执"篆文本从幸从丮，隶变后讹为从幸从丸。"执"简化作"执"，"墊"也类推简化为"垫"。"垫"的本义是下陷。《说文》："垫，下也。"王筠句读："下者，陷而下也。"《书·益稷》："洪水滔天，浩浩怀山襄陵，下民昏垫。"孔传："言天下民昏瞀垫溺，皆困水灾。"在下者为支撑，故引申为支撑、铺衬或填充、填补等。（林志强）

坻 chí 定纽、脂部；澄纽、脂韵、直尼切。

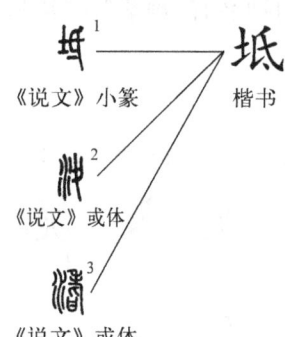

1、2、3《说文》288页。

形声字。从土，氐声。《说文》异体或从父声，或从耆声，都是声符不同的异体字。现代汉字从《说文》正篆。"坻"的本义是水中的小洲或高地。《说文》："坻，小渚也。"《诗·秦风·蒹葭》"溯游从之，宛在水中坻。"也指涯岸或宫殿的台基等。（林志强）

增 zēng 精纽、蒸部；精纽、登韵、作滕切。

曾—增—增—增—增
西周《说文》小篆 秦 汉 楷书

1《金文编》886页。2《说文》288页。3《睡甲》202页。4《马王堆》550页。

形声字。从土，曾声。金文不从土，如字形1，后才增"土"为意符。"增"的本义是增多，增加。《说文》："增，益也。"《诗·小雅·天保》："如川之方至，以莫不增。"通"憎"，厌恶。马王堆汉墓帛书《战国纵横家书·朱已谓魏王章》："夫增韩不爱安陵氏，可也。"又通"层"，重叠。《楚辞·天问》："增城九重，其高几里？"（林志强）

埤

pí 并纽、支部；并纽、支韵、符支切。

bì 并纽、支部；并纽、纸韵、便俾切。

埤—埤—埤—埤
《说文》小篆 秦 汉 楷书

1《说文》288页。2《睡甲》202页。3《马王堆》553页。

形声字。从土，卑声。秦汉隶书"卑"上无斜撇，稍异。"埤"的本义是增加。《说文》："埤，增也。"《诗·邶风·北门》："政事一埤益我。"读 bì，指低洼潮湿的地方。《国语·晋语八》："拱木不生危，松柏不生埤。"双音词"埤堄"之"埤"读 pì，指城上矮墙。通"卑"，低下。《晋书·愍怀太子传》："爱埤车小马，令左右驰骑，断其鞅勒，使堕地为乐。"（林志强）

塞

sāi 心纽、职部；心纽、德韵、苏则切。

又读 sè

sài 心纽、职部；心纽、代韵、先代切。

塞—塞—塞—塞—塞—塞
商 战国《说文》小篆 秦 汉 汉 楷书

1《甲骨文字典》495页。2《金文编》313页。3《说文》288页。4《睡甲》202页。5《马王堆》549页。6《甲金篆》947页。

会意字。从宀，从廾，从廾。廾从四"工"。甲骨文从二"工"，后增繁为四"工"，至小篆又增加了"土"旁。从甲骨文和金文来看,字形表示双手持物塞进屋中,则二"工"或四"工"当是所塞之物。此字古今字形的变化主要在四"工"笔画的连接和"廾"旁的隶变。丑符横笔、竖笔相连,则成四横二竖之形,加上"廾"旁隶变作"廾"或"大",总共当有五横画。秦汉隶书中把横画省为四画或三画,且竖画多透上。楷书继承了横画为三且竖画透上的写法"塞",成为正字。"塞"的本义是堵塞、填塞。《诗·豳风·七月》:"穹窒熏鼠,塞向墐户。"引申为充实、充满,又引申为闭塞、杜绝、遏制、约束等。这个意义又读 sè。作名词,指险要之处,多指边界上可以据守的险要之地、关塞。这个意义读去声 sài。(林志强)

圣 kū 溪纽、物部;溪纽、没韵、苦骨切。

圣¹—圣²—圣³—圣
战国《说文》小篆 汉 楷书

1《甲金篆》948页。2《说文》288页。3《汉印徵补遗》卷13,4页。

会意字。从土,从又,表示用手挖土。楷书作"圣",与圣人之"聖"的简化字同形(参见"聖"字条)。"圣"为古代方言字,义同"掘"。《说文》:"圣,汝颍之间,谓致力于地曰圣。"段玉裁注:"致力必以手,故其字从又、土,会意。"清施补华《别弟文》:"吾负母而逃,圣野菜充饥。"(林志强)

培 péi 並纽、之部;並纽、灰韵、薄回切。

墒¹—培
《说文》小篆 楷书

1《说文》288页。

形声字。从土,咅声。本义是增益、加厚。《说文》:"培,培墩土田山川也。"段玉裁注:"封建所加厚曰培墩。"特指给植物或墙堤等的根基垒土。《礼记·中庸》:"故栽者培之。"引申为扶助、培养等。(林志强)

垠 yín 疑纽、文部;疑纽、真韵、语巾切。

垠¹—垠
《说文》小篆 楷书

圻²—圻³—圻
《说文》或体 汉 楷书

1、2《说文》288页。3《甲金篆》948页。

形声字。从土,艮声。《说文》或体从斤声,为声符不同的异体字。现以"垠"为正字。另或体"圻"又音 qí,与"垠"音异义近。"垠"的本义是边际、界限。《说文》:"垠,地垠也。"《楚辞·远游》:"其小无内兮,其大无垠。"亦指岸,水边的陆地。《说文》:"垠,一曰岸也。"晋木华《海赋》:"其垠则有天琛水怪,鲛人之室。"(林志强)

壘(垒) lěi 来纽、微部;来纽、旨韵、力轨切。

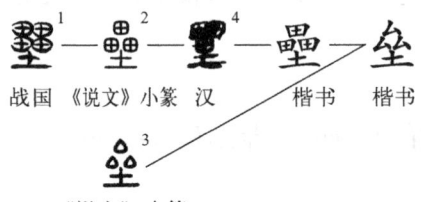
战国《说文》小篆 汉 楷书 楷书

垒
《说文》小篆

1《包山》202页。2《说文》288页。3《说文》307页。4《马王堆》551页。

形声字。从土,畾声。战国文字声符从四"田",如字形1;汉代隶书或作上二"田",下一"田",如字形4,皆其异写。"壘"与表示砌墙之"垒"(参见厽部"垒"字条)本义不同,今以"垒"为"壘"的简化字。"壘"的本义是军营中用作御敌的墙壁或防守用的堡垒。《说文》:"壘,军壁也。"《左传·文公十二年》:"秦不能久,请深壘固军以待之。"亦指军营。壁壘乃堆土石而成,故引申为堆、砌、累积等。通"纍(累)",捆绑。《荀子·大略》:"氐羌之虏也,不忧其系壘也,而忧其不焚也。"杨倞注:"壘读为纍。氐羌之俗,死则焚其尸。今不忧房获而忧不焚,是愚也。"古代门神名有"神荼"、"鬱壘",其中之"壘"读 lǜ。(林志强)

垝 guǐ 见纽、微部;见纽、纸韵、过委切。

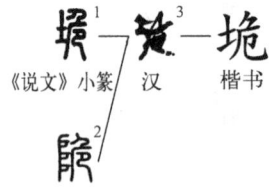
《说文》小篆 汉 楷书

隓
《说文》或体

1、2《说文》288页。3《马王堆》548页。

形声字。从土,危声。《说文》或体从阜,与从土同意。马王堆隶书"土"旁置于左上角,略异。现以从"土"作者为正字。"垝"的本义是毁坏、坍塌。《说文》:"垝,毁垣也。"《诗·卫风·氓》:"乘彼垝垣,以望复关。"毛传:"垝,毁也。"引申为坏损的墙。《管子·霸形》:"东山之西,水深灭垝。"通"危",高险之处。《韩非子·十过》:"有

玄鹤二八,道南方来,集于郎门之坯。"坯指栋端。陈奇猷集释:"坯、危字通。《论衡·感虚篇》仍作'廊门之危'。"（林志强）

圮

pǐ 並纽、之部；並纽、脂韵、符鄙切。

圮¹ — 圮³ — 圮
《说文》小篆　汉　　楷书

圮²
《说文》或体

1、2《说文》288页。3《甲金篆》948页。

形声字。从土,已声。《说文》或体作从手,从非,配省声。段玉裁注本作从手,配省,非声,并注云:"未知孰是。"汉隶"土"旁加点,为隶变写法。"圮"的本义是毁灭、断绝。《说文》:"圮,毁也。"《书·尧典》:"方命圮族。"亦指坍塌、倾覆、伤害等。（林志强）

垔

yīn 影纽、文部；影纽、真韵、於真切。

垔¹ — 垔² — 垔³
战国　战国　《说文》古文

垔⁴ — 垔⁵ — 垔
《说文》小篆　汉　　楷书

1《金文编》11页"𣪠（禋）"字偏旁。2《金文编》886页。3、4《说文》288页。5《甲金篆》9页"禋"字偏旁。

形声字。从土,西声。战国古文"土"符或加饰笔作"壬",如字形2。《说文》古文的写法当系在垔的基础上又加上右边的一笔以求对称而形成的。"西"符从古文字到小篆再到隶书,变化比较大。"垔"的本义是堵塞。《说文》:"垔,塞也。《尚书》曰:'鲧垔洪水。'"段玉裁注:"此字古书多作堙、作陻,真字乃废矣。"按今本《书·洪范》作"鲧陻洪水。"引申为充实。《明史·高明衡传》:"开封周邸图书文物之盛甲他藩,士大夫垔富,蓄积充牣。"（林志强）

塹（堑）

qiàn 清纽、谈部；清纽、艳韵、七艳切。

塹¹ — 塹² — 塹 — 堑
《说文》小篆　汉　　楷书　楷书

1《说文》288页。2《汉印徵》卷13,12页。

形声字。从土,斩声。字形2把"土"置于"斤"之下,"车"独立置于左边,形成左右结构,与通常写法有异。"斬"简化为"斩","塹"也类推简化为"堑"。"堑"的本义是坑、壕沟。《说文》:"塹,阬也。"《墨子·备城门》:"堑中深丈五,广比扇。"比喻挫折,如"吃一堑,长一智"。（林志强）

埂

gěng 见纽、阳部；见纽、梗韵、古杏切。

埂¹ — 埂
《说文》小篆　楷书

1《说文》288页。

形声字。从土,更声。本义指坑、小坑。《说文》:"埂,秦谓阬为埂。"亦指堤防或高于四周的长条形的地方,如"山埂"。特指田间分界处高起的小土梁,如"田埂"。元方回《岁除夜过白土市田家地卧》:"埂塍或断缺,下有不测洿。"（林志强）

壙（圹）

kuàng 溪纽、阳部；溪纽、宕韵、苦谤切。

壙¹ — 壙² — 壙 — 圹
《说文》小篆　汉　　楷书　楷书

1《说文》288页。2《甲金篆》948页。

形声字。从土,廣声。"廣"简化为"广","壙"也类推简化为"圹"。"圹"的本义是墓穴。《说文》:"圹,堑穴也。"段玉裁注:"谓堑地为穴也,墓穴也。"《周礼·夏官·方相氏》:"及墓,入圹,以戈击四隅。"又指野外空旷处。《说文》:"圹,一曰大也。"《孟子·离娄上》:"民之归仁也,犹水之就下,兽之走圹也。"通"旷",旷远、久远。《汉书·外戚传上·孝武李夫人》:"托沈阴以圹久兮,惜蕃华之未央。"（林志强）

毁

huǐ 晓纽、微部；晓纽、纸韵、许委切。

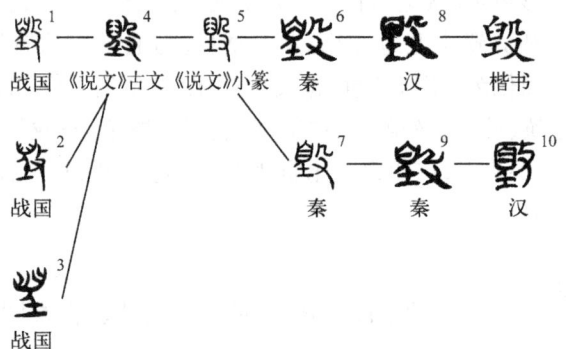

战国　《说文》古文　《说文》小篆　秦　汉　楷书　战国　秦　秦　汉　战国

1《金文编》886页。2、3《郭店》184页。4、5《说文》289页。6、7、9《睡甲》202页。8《马王堆》550页。10《马王堆》549页。

形声字。从土，毇省声。战国文字声符或从"攴"，如字形2，或只作"臼"，如字形3。其意符"土"则加饰笔成"壬"形。秦汉隶书意符也多作"壬"形，声符中的"臼"形讹误更多，如例7作"自"，字形9作"白(自之省)"，字形10作"百(古文百)"等等，皆其讹体。从殳、从攴亦互见。楷书继承了从殳的写法，而意符"土"则写作"工"。"毁"的本义破坏器物。《说文》："毁，缺也。"段玉裁注："缺者，器破也。"引申为毁坏、毁灭。《左传·文公十八年》："毁则为贼，掩贼为藏。"杜预注："毁则，坏法也。"又引申为伤害、毁谤、诋毁等。（林志强）

壓(压) yā 影纽、葉部；影纽、狎韵、乌甲切。

壓¹—壓²—壓³—壓—压
《说文》小篆　汉　汉　楷书　楷书

1《说文》289页。2《金文续编》293页。3《马王堆》551页。

形声字。从土，厭声。简化字作"压"，去掉声符之"猒"符，而在意符"土"旁加点，成了一个半记号字。本义是崩坏。《说文》："压，坏也。"《新唐书·裴延龄传》："朕所居浴堂殿，一栋将压，念易之，未能也。"又指堵塞。《说文》："压，一曰塞补。"《后汉书·循吏传·王涣》："其冤嫌久讼，历政所不断，法理所难平者，莫不曲尽情诈，压塞群疑。"常用义指从上往下施加重力。《国语·鲁语下》："夫栋折而榱崩，吾惧压焉。"引申为以权势或强力抑制、逼迫、制服、超越等。读去声，"压根儿"，指从来、根本，多用于否定句。（林志强）

壞(坏) huài 匣纽、微部；匣纽、怪韵、胡怪切。

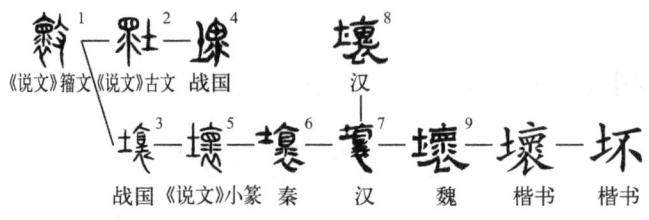

战国　汉　战国　《说文》小篆　秦　汉　魏　楷书　楷书

1、2、5《说文》289页。3、8、9《甲金篆》949页。4《郭店》184页。6《睡甲》202页。7《马王堆》551页。

形声字。从土，襄声。《说文》籀文从"攴"。《说文》古文从土，从"襄"省。郭店简与《说文》古文略同，但"土"旁置于左边，如字形4。左"土"右"襄"的结构是此字的主要写法，但秦汉隶书常把声符中的"吅"符写成"目"形，如字形6、7。汉隶或从"襄"，如字形8。"坏"本为"坯"字，宋元时期"壞"字俗写作"坏"，现以"坏"为"壞"的简化字。"壞"的本义是破坏、衰败。《说文》："壞，败也。"段玉裁注："败者，毁也。"《论语·阳货》："君子三年不为礼则礼坏，三年不为乐则乐崩。"引申为不好、恶劣，变得不好或有害等。通"怀"，怀念、安抚。《书·康王之诰》："无壞我高祖寡命。"（林志强）

坷 kě 溪纽、歌部；溪纽、哿韵、枯我切。

土可¹—坷²—坷
战国　《说文》小篆　楷书

1《包山》202页。2《说文》289页。

形声字。从土，可声。字形1声符"可"上加有饰笔，为战国文字通例。"坷"与"坎"组成复音词"坎坷"，不平。《说文》："坷，坎坷也。"《汉书·扬雄传上》："漑南巢之坎坷兮，易幽岐之夷平。"（林志强）

坼 chè 透纽、铎部；彻纽、陌韵、丑格切。

㘵¹—坼
《说文》小篆　楷书

1《说文》289页。

形声字。从土，席声。其声符"席"隶变作"庶"（曹全碑）、作"庶"（鲁峻碑阴），故楷书作"斥"。"坼"的本义是裂开。《说文》："坼，裂也。"《诗·大雅·生民》："不坼不副，无菑无害。"（林志强）

埃

āi 影纽、之部；影纽、咍韵、乌开切。

坱¹ — 埃² — 埃

《说文》小篆　汉　楷书

1《说文》289页。2《甲金篆》949页。

形声字。从土，矣声。本义是灰尘。《说文》："埃，尘也。"《庄子·逍遥游》："野马也，尘埃也，生物之以息相吹也。"（林志强）

垢

gòu 见纽、侯部；见纽、厚韵、古厚切。

垢¹ — 垢² — 垢

《说文》小篆　秦　楷书

1《说文》289页。2《马王堆》548页。

形声字。从土，后声。本义是污浊物、脏东西。《说文》："垢，浊也。"《庄子·大宗师》："芒然彷徨乎尘垢之外，逍遥乎无为之业。"引申为不洁，再引申为蒙垢、耻辱等。（林志强）

坏

pī 滂纽、之部；滂纽、灰韵、芳杯切。
huài

𡸣¹ — 坏² — 坏³ — 坏⁴ — 坏

西周　春秋　《说文》小篆　汉　楷书

1、2《金文编》886页。3《说文》289页。4《甲金篆》949页。

形声字。从土，不声。西周文字从"𨸏"，与从土同意，如字形1。字形2"土"旁写法略异。此字现为"壞"的简化字，而其本字今通行作"坯"。本义是只有一重的山。《说文》："坏，丘再成者也。"（段注本）宋范成大《长安闸》："千车拥孤隧，万马盘一坏。"又指没有烧过的砖瓦、陶器。《说文》："坏，一曰瓦未烧。"汉扬雄《法言·先知》："甄陶天下者，其在和乎！刚则甈，柔则坏，龙之潜亢，不获其中矣，是以过中则惕。"通"培"。《礼记·月令》："（孟冬之月）坏城郭，戒门闾。"（林志强）

垤

dié 定纽、质部；定纽、屑韵、徒结切。

垤¹ — 垤² — 垤

《说文》小篆　汉　楷书

1《说文》289页。2《四体大字典》丑集下·土部。

形声字。从土，至声。本义是蚁冢，蚂蚁做窝时堆在洞口的小土堆。《说文》："垤，螘封也。"引申指小山丘。《诗·豳风·东山》："鹳鸣于垤，妇叹于室。"（林志强）

瘞（瘞）

yì 影纽、叶部；影纽、祭韵、於罽切。

㙪¹ — 瘗² — 瘞³ — 瘞

《说文》小篆　汉　楷书　楷书

1《说文》289页。2《甲金篆》949页。

形声字。从土，㾞声。例2"疒"讹为"广"，"夾"的写法则与后来简化字"夹"近似。根据简化类推的原则，"瘞"简化为"瘗"。"瘞"的本义是埋。《说文》："瘞，幽薶也。"《诗·大雅·云汉》："上下奠瘞，靡神不宗。"毛传："上祭天，下祭地，奠其礼，瘞（埋）其物。"引申为隐藏，作名词则指坟墓。（林志强）

堋

bèng 滂纽、蒸部；滂纽、登韵、普朋切。
péng 并纽、蒸部；并纽、登韵、步崩切。

𡉚¹ — 𡊁² — 堋³ — 堋⁴ — 堋

战国　战国　《说文》小篆　汉　楷书

1《汉语字形表》517页。2《郭店》184页。3《说文》289页。4《马王堆》549页。

形声字。从土，朋声。战国文字为上下结构，小篆以后为左右结构。"堋"读bèng，指将棺材放入墓圹中。《说文》："堋，丧葬下土也……《春秋传》曰：'朝而堋。'"读péng，指射堋，习射场中用以张设射靶的小土墙，又叫射垛。《北史·高隆之传》："（隆之）于射堋上立三人像，为壮勇之势。文宣曾至东山，因射，谓隆之曰：'堋上可作猛兽，以存古义。何为终日射人？'隆之无以对。"通"朋"。群。《说文》："堋，《虞书》曰：堋淫于家。"今本《书·益稷》作"朋淫于家"。（林志强）

垗

zhào 定纽、宵部；澄纽、小韵、治小切。

垗¹ — 垗² — 垗

《说文》小篆　汉　楷书

1《说文》289页。2《马王堆》548页。

形声字。从土，兆声。本义是祭坛四周的边界。《说文》："垗，畔也。为四畤界，祭其中。《周礼》曰：'垗五帝

於四郊。'"又指墓地。(林志强)

瑩(莹) yíng 喻纽、耕部；以纽、清韵、余倾切。

1《说文》289页。2《甲金篆》950页。

形声字。从土，熒省声。字形2"土"旁加点，是隶楷的异构。简化字根据偏旁类推简化的原则把"瑩"简化作"莹"，犹如"榮"简化作"荣"、"營"简化作"营"等。"莹"的本义为墓地。《说文》："莹，墓也。"《汉书·哀帝纪》："太皇太后诏外家王氏：田非冢莹，皆以赋贫民。"通"营"。度量。《礼记·月令》："(孟冬之月)审棺椁之薄厚，莹丘垄之大小。"(林志强)

墓 mù 明纽、铎部；明纽、暮韵，莫故切。

1《说文》289页。2《马王堆》550页。3《甲金篆》950页。

形声字。从土，莫声。隶变后的主要变化是弯曲的线条变为平直的线条，断笔变成连笔。"墓"的本义为坟墓。旧时封土隆起的称坟，无封土隆起与地面齐平的叫墓。后不加区别，统称作墓。《说文》："墓，丘也。"段玉裁注："丘自其高言，墓自其平言，浑言之则曰丘墓也。"《周礼·春官·冢人》："正墓位。"也指茔域、陵园。(林志强)

墳(坟)

fén 並纽、文部；奉纽、文韵、符分切。
fèn 並纽、文部；奉纽、吻韵、房吻切。

1《说文》小篆。2、3《甲金篆》950页。

形声字。从土，賁声。古今字形变化不离隶变的一般规律，由曲线变为平直线，由断笔变为连笔。"坟"为"墳"的简化字，从土，文声，与一般从"賁"之字类推简化为"贲"(如"憤"简化为"愤")不同。"坟"的本义是坟墓，特指在坟墓上封土成丘。《说文》："坟，墓也。"段玉裁注："此浑言之也。析言之则墓为平处，坟为高处。"《礼记·檀弓上》："古者墓而不坟。"因封土成丘，引申为堤岸、高地、高大等。读fèn，指肥土。《书·禹贡》："厥土黑坟，厥草惟繇。"坟，孔传："马云有膏肥也。"(林志强)

壟(垄) lǒng 来纽、东部；来纽、肿韵、力踵切。

1《战文编》888页。2《说文》289页。

形声字。从土，龍声。战国文字为上下结构，小篆变为左右结构，后又变为上下结构。"龍"简化为"龙"，"壟"也类推简化为"垄"。本义是高起的坟墓。《说文》："垄，丘垄也。"《战国策·齐策四》："有敢去柳下季垄五十步而樵采者，死不赦。"引申指高丘、田埂等。(林志强)

壇(坛) tán 定纽、元部；定纽、寒韵、徒干切。

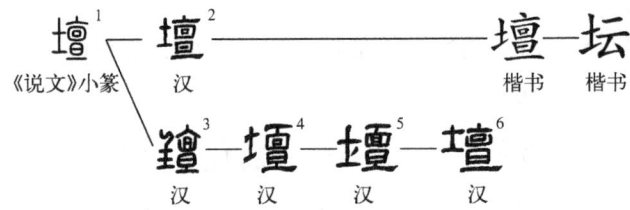

1《说文》289页。2—6《甲金篆》950页。

形声字。从土，亶声。汉隶有多种变写，字形3仍存篆意，字形4、5、6承之而皆有所讹变。字形2隶写规范，后来发展成为规范楷体。"坛"既是"壇"的简化字，又是"罈(墰)"的简化字，从土，从云。所从之"云"既非意符，也非声符，只是一个记号。其来源可能是"罈(墰)"字声符"曇"的简体"昙"的省写，"壇"、"罈(墰)"同音，故"壇"也简化为"坛"。"壇(坛)"的本义是高台，作为古代祭祀、盟会等的场所，多用土石等建成。《说文》："坛，祭场也。"《书·金滕》："为坛于南方北面，周公立焉。"引申为高起如坛的地方，如屋基、平台、讲学或发表言论的场所等，泛指一定范围的领域，如文艺界、体育界称文坛、体坛等。(林志强)

場(场)

cháng / chǎng　定纽、阳部；澄纽、阳韵、直良切。

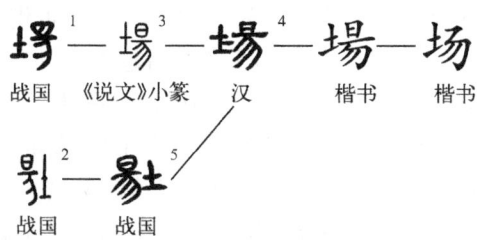

1、2《古玺》325页。3《说文》289页。4《甲金篆》950页。5《包山》202页。

形声字。从土，昜声。战国文字或体为右形左声，与通常的左形右声不同。偏旁"昜"简化为"㠯"，"場"亦类推简化为"场"。"场"的本义是古代祭神用的平地。《说文》："场，祭神道也。"《孟子·滕文公上》："子贡反，筑室於场，独居三年，然后归。"也指用于收打庄稼、翻晒粮食的平坦场地。《说文》："场，一曰治谷田也。"泛指进行某种活动的场所(今读 chǎng)，如市场、会场、商场等。作量词用，读 cháng，用于事件的过程，如一场大雨等；读 chǎng，用于文娱体育活动，如一场球赛等。(林志强)

圭

guī　见纽、支部；见纽、齐韵、古携切。

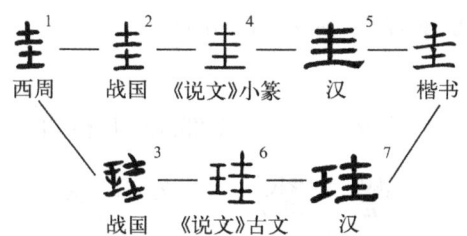

1《金文编》887页。2《汉语字形表》518页。3《郭店》185页。4、6《说文》289页。5、7《甲金篆》950页。

会意字。从重土。古代用不同的圭玉表示分封给诸侯的土地，所以从重土。但圭玉是玉器，为了表意更加明确，异体从"玉"，如字形3、6、7，战国秦汉颇常见，但没有成为后来的规范字。"圭"的本义指古代的玉制礼器。长条形，上尖下方。其名称、大小因爵位及用途不同而异。《说文》："圭，瑞玉也，上圜下方。公执桓圭，九寸；侯执信圭，伯执躬圭，皆七寸；子执榖璧，男执蒲璧，皆五寸，以封诸侯。"《论语·乡党》："执圭，鞠躬如也，如不胜。"又指古代测日影的仪器"圭表"的部件。在石座上平放着的尺叫圭，南北两端立着的标杆叫表，用于测定节气和时间。(林志强)

圯

yí　喻纽、之部；以纽、之韵、与之切。

圯—圯
《说文》小篆　楷书

1《说文》289页。

形声字。从土，巳声。本义指桥。《说文》："圯，东楚谓桥为圯。"《史记·留侯世家》："良尝间从容步游下邳圯上。有一老父，衣褐，至良所，直堕其履圯下。"(林志强)

垂

chuí　禅纽、歌部；禅纽、支韵、是为切。

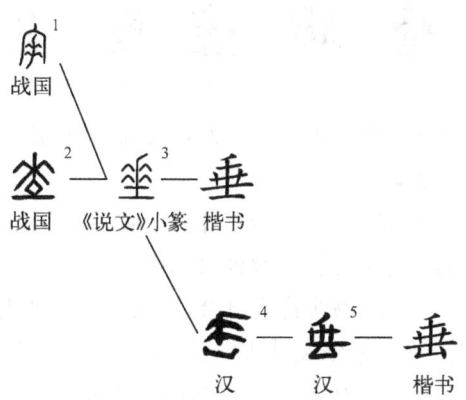

1《先秦货币》175页。2《古玺》325页。3《说文》289页。4《马王堆》547页。5《甲金篆》390页"棰"字偏旁。

形声字。从土，烝声。战国文字或从"宀"，如字形1，为其异体，后世没有得到继承。小篆正体字中声符竖笔两旁四个像"人"字形的笔画后来写成一横之下左右两个"十"字形，形成"垂"字。汉隶有多种异体，其中如例4从山，当为隶变异写，楷书异体下从"山"的写法当是竖笔下延与"凵"连接起来而形成的。"垂"的本义是边疆、边际。《说文》："垂，远边也。"《荀子·臣道》："边境之臣处，则疆垂不丧。"这个意义后来写作"陲"。引申为旁边。又引申为低下、流下。再引申为垂挂、留传。作敬辞，用于尊敬长辈或上级对自己的行动，犹言"俯"、"惠"。作副词，表示将要、将及。(林志强)

堀(窟)

kū　溪纽、物部；溪纽、没韵、苦骨切。

堀—堀—堀—堀—窟
《说文》小篆　《说文》小篆　汉　楷书　楷书

1《说文》290页。2《说文》287页。3《四体大字典》丑集下·土部。

形声字。从土,屈声。《说文》有二篆,一从"屈"字全形,一从"屈"字省体,其实二者本一字,《说文》误分一字为二字。"屈"字本从尾,出声,省体略去"尾"中之"毛",写作"屈"。"堀"之本义为"洞穴",故后改"土"为"穴",并改左右结构为上下结构,写作"窟",成为规范正字。《说文》:"堀,突也。"段玉裁注:"突为犬从穴中暂出,因谓穴中可居曰突,亦曰堀,俗字作窟。"《左传·昭公二十七年》:"光伏甲于堀室而享王。"作动词,指挖洞、穿穴。(林志强)

塗(涂) tú
定纽、鱼部;定纽、模韵、同都切。

塗¹—塦²—鋡³—塗⁴—塗⁵—塗—涂
《说文》新附　秦　汉　汉　汉　楷书　楷书

1《说文》290页。2、3《马王堆》550页。4、5《甲金篆》951页。

形声字。从土,涂声。按"塗"是泥塗义的后起本字,古则借"涂"为之。清郑珍《说文新附考》:"古塗、途字并止作涂","凡以物傅物皆曰涂,俗以泥涂字加土作塗"。简化字作"涂",乃恢复其古字(参见"涂"字条)。"塗"的本义为泥、泥巴。《说文》:"塗,泥也。"《易·睽》:"睽孤见豕负塗,载鬼一车。"引申为涂抹、敷擦等。又指道路,也作"途"。(林志强)

埸 yì
喻纽、锡部;以纽、昔韵、羊益切。

埸¹—埸
《说文》新附　楷书

1《说文》290页。

形声字。从土,易声。清郑珍《说文新附考》:"《汉书·食货志》:瓜瓠果蓏,植于疆易。张晏注:至此易主,故曰易。此古义也……《易·大壮》:丧羊于易。《释文》:易,陆作埸。知汉、魏间俗加土旁。"则"埸"是由"易"孳乳而来的后起本字(参见"易"字条)。"埸"的本义是边界、边境。《说文》:"埸,疆也。"《左传·成公十三年》:"郑人怒君之疆埸,我文公帅诸侯及秦围郑。"引申指田间的界限、道路。(林志强)

境 jìng
见纽、阳部;见纽、梗韵、居影切。

墥¹—境²—境
《说文》新附　汉　楷书

1《说文》290页。2《四体大字典》丑集下·土部。

形声字。从土,竟声。按"边境"之境,古借"竟"为之,"境"是由"竟"增加"土"旁的后起本字。清郑珍《说文新附考》:"《高朕修周公礼殿碑》、《张平子碑》并有境,是汉世字。"(参见"竟"字条)"境"的本义是疆界、边界。《说文》:"境,疆也。"清席世昌《读说文记》:"境,《汉书》俱作竟。竟,尽也,疆土至此竟也。"《孟子·梁惠王下》:"臣始至于境,问国之大禁,然后敢入。"引申为处所、区域、境界、境况等。(林志强)

塾 shú
禅纽、觉部;禅纽、屋韵、殊六切。

𦉢¹—塾²—塾
《说文》新附　汉　楷书

1《说文》290页。2《四体大字典》丑集下·土部。

形声字。从土,孰声。清郑珍《说文新附考》:"今经典通作塾……其字古作孰而已,后乃加土。"可见古借"孰"为"塾","塾"为后起本字(参见"孰"字条)。"塾"的本义是古时位于门内外两侧的堂屋。《说文》:"塾,门侧堂也。"《仪礼·士冠礼》:"具馔于西塾。"也指旧时民间教读的地方,如私塾、村塾。(林志强)

墾(垦) kěn
溪纽、文部;溪纽、很韵、康很切。

墾¹—墾—墾—垦
《说文》新附　汉　楷书　楷书

1《说文》290页。2《四体大字典》丑集下·土部。

形声字。从土,貇声。声符篆文从"豕",隶楷从"豸"。简化字作"垦",改从"艮"声。本义是开垦、翻耕。《说文》:"墾,耕也。"《管子·轻重甲》:"今君躬犁墾田,耕发草木,得其谷矣。"(林志强)

塘 táng
定纽、阳部;定纽、唐韵、徒郎切。

𡌗¹—塘²—塘
《说文》新附　汉　楷书

1《说文》290页。2《四体大字典》丑集下·土部。

形声字。从土,唐声。古作唐,后加"土"以示区别,也是一个后起本字(参见"唐"字条)。"塘"的本义是堤坝、堤防。《说文》:"塘,隄也。"《庄子·达生》:"被发行歌而游于塘下。"引申为水池、池塘。(林志强)

坳 ào 影纽、幽部;影纽、肴韵、於交切。

坳¹ — 坳
《说文》新附　楷书

1《说文》290页。

形声字。从土,幼声。本义为低凹的地方。《说文》:"坳,地不平也。"《庄子·逍遥游》:"覆杯水于坳堂之上,则芥为之舟,置杯焉则胶,水浅而舟大也。"也指山曲岸隈的地方,如山坳。(林志强)

墜(坠) zhuì 定纽、微部;澄纽、至韵、直类切。

阝¹ 阝² — 隊³ — 隊⁴ — 墜⁵ — 坠
商　商　　西周　　西周　《说文》新附　楷书　楷书

1《甲金篆》1006页。2《甲文编》535页。3《金文编》940页。4《金文编》887页。5《说文》290页。

形声字。从土,隊声。按表示坠落之"墜"本作"隊","隊"又本作"队",甲骨文作从阜从倒子或倒人,表示人从山崖上掉落,是个会意字,如字形1、2。西周金文声化为"隊",如字形3,再加土旁成"墜",如字形4。"隊"简化为"队","墜"亦类推简化作"坠",算是大致恢复了其本来的面目。参见"隊(队)"字条。"坠"的本义是落下。《说文》:"坠,陊也。"《楚辞·离骚》:"朝饮木兰之坠露兮,夕餐秋菊之落英。"引申为丧失、衰落等。(林志强)

塔 tǎ 透纽、葉部;透纽、盍韵、吐盍切。

塔¹ — 塔
《说文》新附　楷书

1《说文》290页。

形声字。从土,荅声。此字是佛教传入中国后产生的一个后起字。清王玉树《说文拈字》:"塔字诸书所无,惟见于葛洪《字苑》,是晋以前尚无此字也。"清郑珍《说文新附考》:"塔字初亦止借轖,齐梁间乃有塔字,葛洪始收之。""塔"是"佛塔"的简称。佛塔是佛教的一种建筑物,起源于印度,梵语为"窣堵坡"或"塔婆"。《说文》:"塔,西域浮屠也。"《南史·夷貊传·扶南国》:"吴时有尼居其地,为小精舍,孙綝寻毁除之,塔亦同灭。"引申指塔形的东西,如水塔、灯塔等。(林志强)

坊 fāng 帮纽、阳部;非纽、阳韵、府良切。
坊 fáng 並纽、阳部;並纽、阳韵、符方切。

坊¹ — 坊² — 坊³ — 坊
战国　《说文》新附　汉　楷书

1、3《甲金篆》951页。2《说文》290页。

形声字。从土,方声。古今字形没有大的变化。"坊"是城镇中街道里巷的通称。《说文》:"坊,邑里之名。"《北史·魏诸宗室传·拓拔祯》:"淮南人相率投附者三千余家,置之城东汝水之侧,名曰归义坊。"也指店铺、小工业者的工作场所(也读fáng)等。旧时还指牌坊等。读fáng,同"防"。1.堤防。《战国策·秦策一》:"长城钜坊,足以为基。"2.防范。《礼记·坊记》:"故君子礼以坊德,刑以坊淫,命以坊欲。"(林志强)

垚 部

垚 yáo 疑纽、宵部;疑纽、萧韵、五聊切。

垚¹ — 垚
《说文》小篆　楷书

1《说文》290页。

会意字。从三土,表示累土而高。本义是土高貌。后作"垚(尧)",详该字条。《说文》:"垚,土高也。"字罕用。(林志强)

堯(尧) yáo 疑纽、宵部;疑纽、萧韵、五聊切。

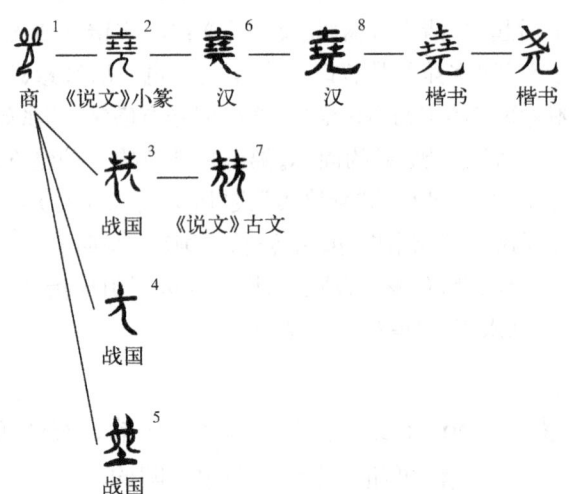

1《甲骨文字典》1462页。2、7《说文》290页。3、4、5《郭店》186页。6《马王堆》555页。8《甲金篆》953页。

会意兼形声字。从垚在兀上。垚为高貌,兀为高而上平,二者相合,会高远之意,垚亦声。甲骨文从二土在兀上,表意方法与从三土之"垚"者只是繁简不同而已。战国古文从二土二兀,如字形3,其省者则一土一兀,如字形4,其繁者则在下再加土,如字形5,可谓变化繁多。此一系写法后世没有继续发展,从垚从兀者最终成了正体字。简化字作"尧",当是草书楷化的结果。"堯"俗写省作"尭",上部所从与"世"字俗写"卋"形近,"卋"字草书可作㞢,与尧上部类同。"尧"的本义是至高貌。《说文》:"尧,高也。从垚在兀上,高远也。"《墨子·亲士》:"天地不昭昭,大水不潦潦,大火不燎燎,王德不尧尧者,乃千人之长也。"又古帝陶唐氏之号。《书·尧典》:"曰若稽古帝尧,曰放勋。"亦借指贤明、能干的君主或圣人。(林志强)

堇 部

堇 qín 群纽、文部;群纽、真韵、巨巾切。
jǐn 见纽、文部;见纽、隐韵、居隐切。

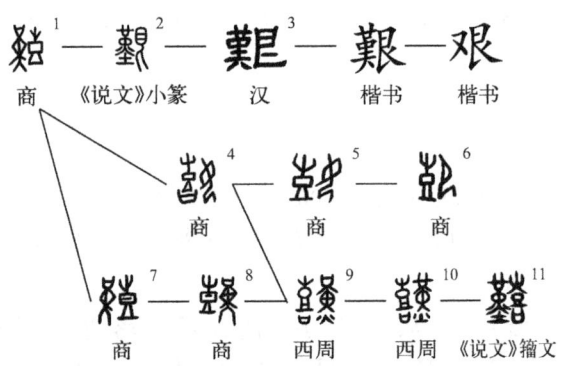

1、11《甲骨文字典》1463页。2、3、4、12《金文编》888页。5、9、13《说文》290页。6《马王堆》555页。7《金文编》889页。8《郭店》186页。10《甲金篆》953页。

会意字。甲骨文作𦰩,从𡆧从火,表示焚人牲以祭。甲骨文简体作𡆧,像两臂交缚之人形。𦰩形往后发展,下部逐渐由"火"讹为"土",如字形4,最后形成"堇"字。从"堇"之字或隶变作"茣",如"艰"、"难"、"叹"等,故"堇"、"茣"当为异体关系。甲骨文𦰩字除正常发展为"堇"字外,字的上部逐渐讹变成"黄"字,发展为《说文》古文"蓳"系,如字形7、8、10。甲骨文中的简体𡆧则发展成字形12,为《说文》另一古文"𦰩"的形体来源。"堇"的本义是焚人牲以祭,引申为烘烤、焚烧、干燥等,这个意义后来写作"熯"。再引申为苦困艰难,如"艰"、"难"、"叹"、"暵"诸字既从此得声,其义亦与此相关。《说文》:"堇,黏土也。"当是它的假借义。《新唐书·藩镇卢龙传·刘仁恭》:"以堇土为钱,敛真钱。"(林志强)

艱(艰) jiān 见纽、文部;见纽、山韵、古闲切。

1、4-8《甲骨文字典》1464页。2、11《说文》290页。3《甲金篆》953页。9、10《金文编》889页。

形声字。从堇,艮声。商代文字从堇从豈("鼓"之初文,疑为叠加声符,与"艰"同属牙音见纽),异体较多,繁简不同。堇旁或易"女",如字形4、5,或易"卩",如字形6。豈旁或增"口",如字形4。此种形体与堇旁增繁为"黄"下加"火"者相结合,如字形9、10,逐渐演变成《说文》籀文的写法。小篆变为从堇艮声,隶楷从之,简化字则作"艰",可谓越来越简单。简化字中的"又"旁,既不表意,也不表音,只是一个记号,与"难"、"观"、"邓"、"仅"等字中的"又"是同样的性质。"艰"的本义是祸患、灾难。《殷契佚存》386反:"兹有祟,其有来艰?"引申为艰难、不容易等。特指父母之丧,如丁艰。(林志强)

里 部

里 lǐ　来纽、之部；来纽、止韵、良士切。

1《金文编》889页。2、6《甲金篆》954页。3《郭店》186页。4《说文》290页。5《马王堆》556页。

会意字。从田，从土。"土"第一横在西周金文中为点，后延长为短横，演变为"里"。"里"和"裹"本是不同的两个字。"裹"是形声字，本义是"衣内也"。因同音的关系，现在"裹"也简化为"里"。"里"的本义是人所居住的地方。《说文》："里，居也。"所谓"恃田而食，恃土而居"。《诗·郑风·将仲子》："将仲子兮，无踰我里。"引申为邻里、故乡。又引申为居民组织单位，其制不一，有二十五家为一里、五十家为一里等等。又引申为长度单位。通"裹"，里面、内部。《素问·刺腰痛论》："肉里之脉，令人腰痛。"又通"悝"，忧伤。《诗·大雅·云汉》："瞻卬昊天，云如何里。"郑玄笺："里，忧也。"（林志强）

釐（厘）　lí　来纽、之部；来纽、之韵、里之切。

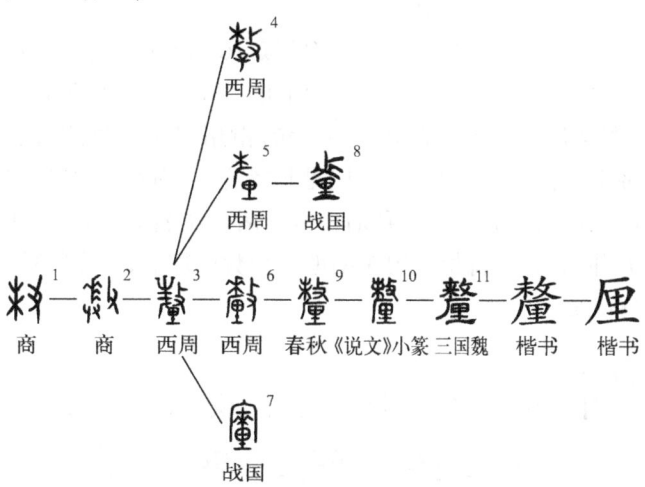

1、2《甲骨文字典》1465页。3、5、6、9《金文编》890页。4、7《金文编》891页。8《郭店》186页。10《说文》290页。11《甲金篆》954页。

形声字。从犛，里声。甲骨文为会意字，像手持物支击"来（麦）"，以示获麦足食、丰收喜庆之意。西周以后有许多变体："来"或变为"未"，并加"里"为声，成为主要写法，延续至今；或加"子"，如字形4，可能寓多子为福之意；或省支，如字形5；或加"宀"，如字形7。隶书或改"未"旁为"来"，上承甲骨文、金文，如字形11。"厘"是"釐"的异体，现作为其简体字使用。"釐"的本义是丰收喜庆，引申为福祉。《说文》："釐，家福也。"许慎以字从里，里者家居也，故训家福，其所训当为引申义。从获麦之义引申为治理、处理。支击所以脱粒，又引申为分开。作量词，表示长度、重量、地积、利率等。通"嫠"，寡妇。《孔子家语·好生》："鲁人有独处室者，邻之嫠妇亦独处一室。"通"赉"，赐予。《书·立政》："丕釐上帝之耿命。"孔传："大赐上天之光命。"（林志强）

野　yě　喻纽、鱼部；以纽、马韵、羊者切。

1《甲骨文字典》1465页。2、3《金文编》891页。4《郭店》186页。5、9《说文》290页。6《睡甲》203页。7、11《马王堆》556页。8、12《甲金篆》955页。10《甲金篆》954页。

形声字。从田，从土，予声。甲骨文为会意字，从林，从土，此一系后增"予"声，如字形5、6、7、8；另又衍化出从田，从土，予声的结构，发展成为现代规范汉字。此一结构古文字多"田"、"土"分书，因此当分析为从田，从土，《说文》根据"田"、"土"合书之形，故分析为从"里"，而于古文"壄"则分析为"从里省"，与此字源流演变的顺序不符，非是。"野"的本义是郊外。《说文》："野，郊外也。"《书·武成》："归马于华山之阳，放牛于桃林之野。"引申为旷野、田野、偏僻之地、边境等，再引申为质朴、粗鄙、蛮横、不受拘束等，还引申为民间（与"朝"相对）、非正式的等。通"宇"，屋宇。《墨子·非乐上》："非以高台、厚榭、邃野之居，以为不安也。"清王念孙《读书杂志》引王引之云："野，即宇字也。古读野如宇，故与宇通。"（林志强）

田 部

田　tián　定纽、真部；定纽、先韵、徒年切。

田部

田¹—田²—田³—田⁴—田⁵—田⁶—田⁷
商　商　西周　春秋　战国　《说文》小篆　汉　楷书

1、2《甲骨文字典》1466页。3《金文编》891页。4、7《甲金篆》955页。5《包山》204页。6《说文》290页。

象形字。既像田猎战阵之形，又像井田之形。甲骨文有繁简不同的形体，如字形1、2，后世则主要继承简体的写法，历代只有笔势的变化，结构则古今不变。"田"的本义是田猎，这个意义后来写作"畋"。《殷虚书契前编》2.29.3："壬申卜，贞：王田𡈼，往来亡灾，隻（获）白鹿一，狐三。"又指耕种的土地。由此引申作动词，指种地，后来写作"佃"。又指古代统治者赏赐给亲属臣仆的封地、古代的地积单位和生产活动单位等。还指蕴藏矿物的地带等。（林志强）

町　tīng　透纽、耕部；透纽、青韵、他丁切。
　　tiǎn　透纽、文部；透纽、铣韵、他典切。

町¹—町²　町
《说文》小篆　汉　楷书

1《说文》290页。2《甲金篆》956页。

形声字。从田，丁声。本义指田界、田间小路。《说文》："町，田践处曰町。"朱骏声通训定声："此字当依《仓颉篇》训'田区也'。"《庄子·人间世》："彼且为无町畦，亦与之为无町畦。"引申为田地、田亩、古代地积单位等。读tiǎn，与"疃"组成"町疃"、"町畽"，指田舍旁空地，禽兽践踏的地方。（林志强）

畖　ruán　日纽、元部；日纽、仙韵、而缘切。

畖¹　畖
《说文》小篆　楷书

1《说文》290页。

形声字。从田，耎声。本义指城下田地。《说文》："畖，城下田也。"宋王明清《挥麈后录》卷四："腾身复道表，送日夹城畖。"又指松软的土地。这个意义也作"壖"。（林志强）

疇（畴）chóu　定纽、幽部；澄纽、尤韵、直由切。

𠃬¹—𠃬²—𠃬³—畴⁴—疇⁵—疇⁶—畴
商　西周　《说文》或体　《说文》小篆　秦　汉　楷书　楷书

1、6《甲金篆》956页。2《金文编》592页"寿"字偏旁。3、4《说文》290页。5《睡甲》203页。

形声字。从田，壽声。本为象形字，像耕田沟壑弯曲之形。小篆正体又增加了表意偏旁"田"，变成左形右声的形声字。隶变后声符换成"壽"。"壽"简化为"寿"，"疇"也类推为"畴"。"疇"的本义是已经耕作的田地。《说文》："疇，耕治之田也。"《孟子·万章下》："易其田疇，薄其税敛。"又指田界，不同农作物种植的分区，引申为种类、同类，这个意义后来写作"俦"。由同类引申为同等、等齐。作代词，谁。通"筹"，筹算。《荀子·正论》："故至贤畴四海，汤、武是也。"通"酬"，答谢。《汉书·张敞传》："臣闻公子季友有功于鲁，大夫赵衰有功于晋，大夫田完有功于齐，皆畴其庸，延及子孙。"（林志强）

畬　yú　喻纽、鱼部；以纽、鱼韵、以诸切。
　　shē　书纽、鱼部；书纽、麻韵、式车切。

畬¹　畬
《说文》小篆　楷书

1《说文》290页。

形声字。从田，余声。"畬"读yú，指开垦过二三年的田地。《说文》："畬，三岁治田也。"《诗·周颂·臣工》："亦又何求？如何新畬。"读shē，指用刀耕火种的方法种田。唐元结《谢上表》："臣见招辑流亡，率劝贫弱，保守城邑，畬种山林，冀望秋后少可全活。"作名词，则指刀耕火种的田地。特指我国东南地区少数民族名，今作"畲"。（林志强）

畸　jī　见纽、歌部；见纽、支韵、居宜切。

畸¹—畸²—畸³—畸⁴　畸
战国　《说文》小篆　秦　汉　楷书

1《战文编》896页。2《说文》290页。3《睡甲》203页。4《马王堆》557页。

形声字。从田，奇声。本义是不方正不规则的田。《说文》："畸，残田也。"引申指不整齐、不规则。《荀子·天论》："墨子有见于齐，无见于畸。"再引申为零星、剩余等。又指单、单数、孤单。同"奇"，特殊，不寻常。（林志强）

晦(亩) mǔ 明纽、之部；明纽、厚韵、莫厚切。
旧读 mǒu

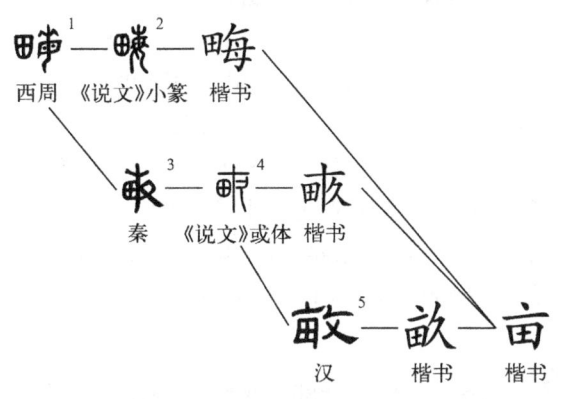

1《金文编》892页。2、4《说文》290页。3《睡甲》204页。5《甲金篆》956页。

形声字。从田，每声。小篆正体结构与金文相同，后世楷书写作"晦"字。字形3加"又"加"久"，二者为叠加声符，每、久、又同属之部。"又"符到《说文》小篆或体中讹变为"十"，如字形4，遂形成"畞"字。将字形4中的"十"写成一点一横并移置"田"字之上就是"畝"字。去掉"畝"之声符"久"，就形成简化字"亩"。字形5从"夂"当为"久"之写讹。此字除作"晦"、"畞"、"畝"外，后世还有"畆"、"畒"等异体。"晦"指我国地积单位。周代规定六尺为一步，横一步，直一百步为一亩。今规定六十平方丈为一亩。《说文》："晦，六尺为步，步百为晦。"《楚辞·离骚》："余既滋兰之九畹兮，又树蕙之百晦。"引申指田埂。通"母"，根源、根本。《书·微子之命》："唐叔得禾，异畝同颖。"（林志强）

甸 diàn 定纽、真部；定纽、霰韵、堂练切。

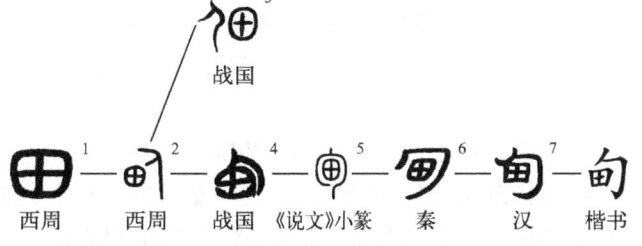

1、2《金文编》892页。3《尚书文字合编》第三册，2250页。4《战文编》896页。5《说文》290页。6 睡虎地秦墓竹简《法律答问·一九〇》64页。7《甲金篆》956页。

会意字。从田，从人。本作"田"，如字形1。后加"人"旁，左右不居，如字形2、3。战国文字"人"变成了"勹"，如字形4，小篆承之，一直延续至今。"甸"的本义是王田。《说文》："甸，天子五百里地。"桂馥义证："天子五百里地者，徐锴本作天子五百里内田。《禹贡》'五百里甸服'，传云：'规方千里之内谓之甸服，为天子服治田，去王城四面五百里。'"《国语·周语上》："邦内甸服。"又指都城的郊外，泛指田野。又指甸人，古代管理柴薪之官，引申为治理。通"田(畋)"，畋猎。《周礼·春官·小宗伯》："若大甸，则帅有司而馌兽于郊，遂颁禽。"郑玄注："甸，读曰田。"（林志强）

畿 jī 群纽、微部；群纽、微韵、渠希切。

1《说文》291页。2《甲金篆》956页。

形声字。从田，幾省声。"畿"指古代王都所领辖的千里地面。后指京城所管辖的地区。《说文》："畿，天子千里地。"《周礼·地官·大司徒》："制其畿方千里而封树之。"又指王畿之外的九畿。引申为疆界、边际等。（林志强）

畦 qí 匣纽、支部；匣纽、齐韵、户圭切。
旧读 xí

1《说文》291页。2《马王堆》557页。

形声字。从田，圭声。"畦"指古代地积单位，一般为五十亩。《说文》："畦，田五十亩曰畦。"《庄子·天地》："有械于此，一日浸百畦，用力甚寡而见功多，夫子不欲乎？"又指田园中分成的小区，泛指田园等。（林志强）

畹 wǎn 影纽、元部；影纽、阮韵、於阮切。

1《说文》291页。

形声字。从田，宛声。"畹"是古代地积单位，大小说法不一。《说文》："畹，田三十亩也。"《楚辞·离骚》："余既滋兰之九畹兮，又树蕙之百晦。"泛指花圃或园地。（林志强）

畔

pàn 並纽、元部；並纽、换韵、薄半切。

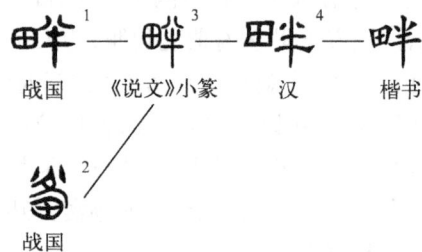
战国　《说文》小篆　汉　楷书

战国

1、4《甲金篆》957页。2《郭店》187页。3《说文》291页。

形声字。从田，半声。战国楚简作上下结构，且"半"字的写法也与众不同。"畔"的本义是田界。《说文》："畔，田界也。"《左传·襄公二十五年》："行无越思，如农之有畔，其过鲜矣。"引申为界限、疆界、旁边等。通"叛"。1.违背。《论语·雍也》："君子博学于文，约之以礼，亦可以弗畔矣夫！"2.反叛。《国语·鲁语下》："卜人将畔，臣讨之，既得之矣。"（林志强）

界

jiè 见纽、月部；见纽、怪韵、古拜切。

《说文》小篆　汉　汉　汉　楷书

1《说文》291页。2《马王堆》557页。3、4《甲金篆》957页。

形声字。从田，介声。《说文》小篆和西汉文字为左形右声，如字形1、2，后变为上形下声，延续至今。"界"的本义是地界、边界。《说文》："畍，境也。"《孟子·公孙丑下》："域民不以封疆之界，固国不以山豀之险。"引申为界限、接界，作动词，指划分。又引申为一定的范围，如眼界等，或指一定的领域，如文艺界、学术界等。（林志强）

畛

zhěn 章纽、文部；章纽、轸韵、章忍切。

战国　《说文》小篆　汉　汉　楷书

1《甲金篆》957页。2《说文》291页。3《马王堆》557页。4《四体大字典》午集上·田部。

形声字。从田，㐱声。本义是田间道路。《说文》："畛，井田间陌也。"《诗·周颂·载芟》："千耦其耘，徂隰徂畛。"亦泛指道路。引申为界限。（林志强）

畤

zhì 定纽、之部；澄纽、止韵、直里切。

《说文》小篆　汉　魏　楷书

1《说文》291页。2、3《甲金篆》957页。

形声字。从田，寺声。隶变后线条平直化，结构没有变化。"畤"的本义是秦汉时祭祀天地五帝的祭坛。《说文》："畤，天地五帝所基址祭地。"《史记·封禅书》："自古以雍州积高，神明之隩，故立畤郊上帝，诸神祠皆聚云。"引申指土高处，又指田际、田界。（林志强）

略

lüè 来纽、铎部；来纽、药韵、离灼切。

战国　《说文》小篆　汉　汉　楷书

1、4《甲金篆》957页。2《说文》291页。3《马王堆》557页。

形声字。从田，各声。楷书异体或写作"畧"，为上下结构。"略"的本义是经营土地，划定疆界。《说文》："略，经略土地也。"《书·禹贡》："嵎夷既略，潍、淄其道。"引申为法度、谋略。又指夺取、掠夺。又指梗概、概要。由此引申为简单、不详细。作动词，指忽略、省去。作副词，表示程度轻微。（林志强）

當（当）

dāng 端纽、阳部；端纽、唐韵、都郎切。
dàng 端纽、阳部；端纽、宕韵、丁浪切。

战国　战国　《说文》小篆　汉　楷书　楷书

1《金文编》892页。2《战文编》897页。3《说文》291页。4《马王堆》557页。5《甲金篆》957页。

形声字。从田，尚声。字形1为鄂君启车节字，从土，尚声。后皆改从"田"。简化字作"当"，是从"當"的草书楷化而来的。本义是田相值。《说文》："當，田相值也。"段玉裁注："值者持也，田与田相持也。引申之，凡相持相抵皆曰当。"故引申为两两相对、相称。《吕氏春秋·孟夏》："行爵出禄，必当其位。"再引申为承担、承受，如"当之无愧"；应当，如"理当如此"；担任、主持、执掌，如"当官"、"当政"等。又引申为对着、向着，如"当众"；阻挡、抵挡，如"螳臂当车"等。作介词，1.引进动作行为的处所或时间,略等于"正在"。2.介绍事物的起止,相当于"自"、"从"。3.介绍对象,相当于"对"、"对于"。读 dàng,指适合、恰当,如"妥当"、"得当";当做、作为,如"安步当车";抵押,如"典当"等。作介词,引进事情发生的时间。通"党",偏私。《庄子·天下》:"公而不当,易而无私。"（林志强）

畯 jùn 精纽、文部；精纽、稕韵、子峻切。

商　商　西周　春秋　《说文》小篆　汉　楷书

1、2《甲骨文字典》1468页。3《金文编》892页。4《金文编》893页。5《说文》291页。6《甲金篆》958页。

会意兼形声字。从田,从夋,夋亦声。甲骨文从田,从允。允即人之象形字。夋为人形下增"夂(止)",与"允"初为一字。"畯"字从"夋"出现于春秋时,如字形4,《说文》小篆承之,延续至今。"畯"的本义是古代掌管农事的官,即田畯。《说文》:"畯,农夫也。"《诗·豳风·七月》:"馌彼南亩,田畯至喜。"通"俊",才智出众。孟鼎:"畯正厥民。"又通"峻",崇高。《文心雕龙·风骨》:"群才韬笔,乃其骨髓畯也。"（林志强）

甿（氓）

méng 明纽、阳部；明纽、耕韵、莫耕切。

《说文》小篆　楷书　楷书

1《说文》291页。

形声字。从田,亡声。异体从民,亡声,现以之为规范正体。"甿"本义指农民。《说文》:"甿,田民也。"《周礼·地官·遂人》:"凡治野,以下剂致甿,以田里安甿,以乐昏扰甿,以土宜教甿。"特指从外地迁来的百姓,亦泛指百姓。引申为痴昧无知。（林志强）

畱（留） liú 来纽、幽部；来纽、尤韵、力求切。

战国　战国　《说文》小篆　秦　楷书　楷书

1、2《金文编》893页。3《战文编》897页。4《说文》291页。5《马王堆》556页。6、7《甲金篆》958页。8《睡甲》204页。

形声字。从田,卯声。战国文字有右形左声的结构,后则皆为下形上声。"畱"是小篆结构的楷化,"留"则上部写法略异。现以"留"为规范楷字。战国文字"卯"或讹从"叩",如字形3,汉隶承之,亦有写作两个三角形的,如字形6。"留"的本义是停留、停止。《说文》:"留,止也。"《诗·大雅·常武》:"不留不处,三事就绪。"引申为挽留、阻止、存留、遗留等。通"流"。流注、倾倒。《庄子·天地》:"留动而生物,物成生理,谓之形。"陆德明释文:"留,或作流。"（林志强）

畜 chù 透纽、觉部；彻纽、屋韵、丑六切。
xù 晓纽、觉部；晓纽、屋韵、许竹切。

商　春秋　战国　《说文》小篆　秦　汉　汉　楷书
《说文》小篆

1《甲骨文字典》1469页。2《金文编》893页。3《楚帛书》62页。4、5《说文》291页。6《睡甲》204页。7《马王堆》557页。8《甲金篆》958页。

会意字。从玄,从田。玄为糸,像束丝形。先民田猎所得而拘系豢养之,则为家畜,所谓"拘兽以为畜"(《淮南子·本经》)也。"糸"用于拘系,"田"则为豢养之地。甲骨文上从糸,下从田中有草木之形。后世文字下只作"田"。《说文》小篆异体上从二"玄",为增繁之形。"畜"读 chù,作名词,指人所蓄养的禽兽,泛指禽兽。《说文》:"畜,田畜也。"《左传·僖公十九年》:"古者六畜不相为用。"作动词,读 xù,指饲养(禽兽)。《易·离》:"亨,畜牝牛吉。"泛指养育、培养、收容等。畜养家畜,乃驯化禽兽,故又引申为顺从、驯服。又引申为喜欢、喜爱。段玉裁云:"田畜谓力田之蓄积也。"故又引申为积蓄、积聚,这个意义后来写作"蓄"。（林志强）

疃 tuǎn 透纽、元部；透纽、缓纽、吐缓切。

《说文》小篆　汉　楷书　楷书

1《说文》291页。2《四体大字典》午集上·田部。

形声字。从田,童声。异体作疃,声符误从重,乃隶变所致。"疃"指禽兽践踏的地方,即"町疃"。《说文》:"疃,禽兽所践处也。"《诗·豳风·东山》:"町疃鹿场,熠耀宵行。"今本"疃"作"畽"。又指村庄、屯。唐彦谦《夏日访友》:"孤舟唤野渡,村疃入幽邃。"(林志强)

畼 chàng 透纽、阳部;彻纽、漾韵、丑亮切。

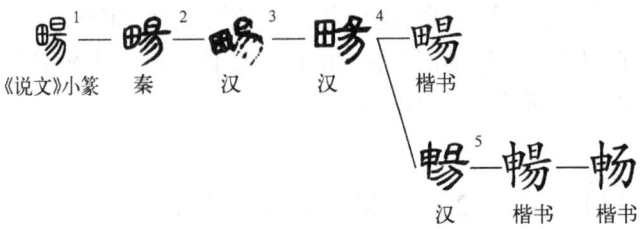

1《说文》291页。2 睡虎地秦墓竹简《秦律十八种图版·一》15页。3《马王堆》558页。4、5《甲金篆》第959页。

形声字。从田,易声。隶书"田"旁中画延伸变为"申",遂形成通畅之"畅"。"易"旁简化为"𠃓","畼"也类推为"畅"。"畼"的本义是田荒芜不生谷物。《说文》:"畼,不生也。"睡虎地秦墓竹简《秦律》:"雨为澍,及诱粟,辄以书言澍稼、诱粟及垦田畼毋稼者顷数。"借为"畅(暢)"。徐铉云:"臣铉等曰,借为通畅之畅,今俗别作暢。"段玉裁注:"畼,今之畅,盖即此字之隶变。""畅"字的本义指通、达。《易·坤》:"美在其中,而畅于四支。"引申为舒展、充实、旺盛、欢快、尽情等。(林志强)

由 yóu 喻纽、幽部;以纽、尤韵、以周切。

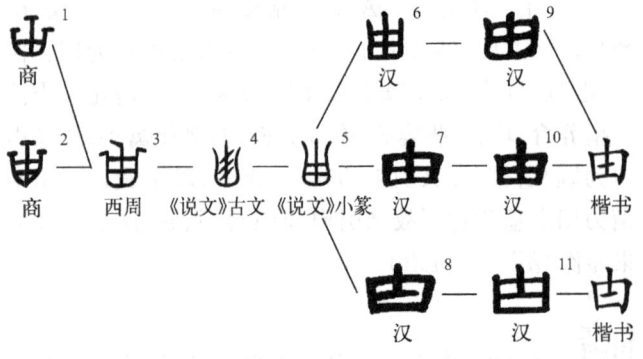

1、2《甲骨文字典》1395页。3《金文编》847页。4、5《说文》268页。6、11《金文续编》280页。7–10《甲金篆》959页。

象形字。像缶之形。《说文》无"由"字,其"𦥑"字实即"由"字。"甾"字上部三曲画当是此字古文字形三竖画上突部分的隶变讹写。汉代以后字形变化可分三种情况:一如字形6、9,三竖画都通上,犹存古形;二如字形7、10,左右竖画不通上,此种写法发展成为现代汉字的规范写法;三如字形8、11,中间竖画通上,但不连下。"由"的本义是缶,《说文·甾部》:"甾(zāi),东楚名缶曰甾。"缶为日常用品,故引申为用。《书·君陈》:"既见圣,亦不克由圣。"假借为"㮂",树木生出枝条。《说文·木部》:"㮂,木生条也。"《书·盘庚上》:"若颠木之有由蘖,天其永我命于兹新邑。"泛指萌生。引申为来源、开头、原由、缘故、经由、经历等,从经由、经历再引申为践履、遵从等。虚化为介词,相当于"自"、"从"、"因为"、"由于"等。通"犹",如同。《孟子·梁惠王上》:"民归之,由水之就下。"(林志强)

畕 部

畕 jiāng 见纽、阳部;见纽、阳韵、居良切。

商 — 西周 — 战国 — 《说文》小篆 — 楷书

1《甲骨文字典》1474页。2《金文编》894页。3《甲金篆》959页。4《说文》291页。

会意字。从二田,表示田与田相连。"畕"同"畺(疆)"。本义是田界。《说文》:"畕,比田也。"《正字通》:"畕,畺本字……或作疆,俗作疆。"参见"畺(疆)"字条。(林志强)

畺(疆)

jiāng 见纽、阳部;见纽、阳韵、居良切。

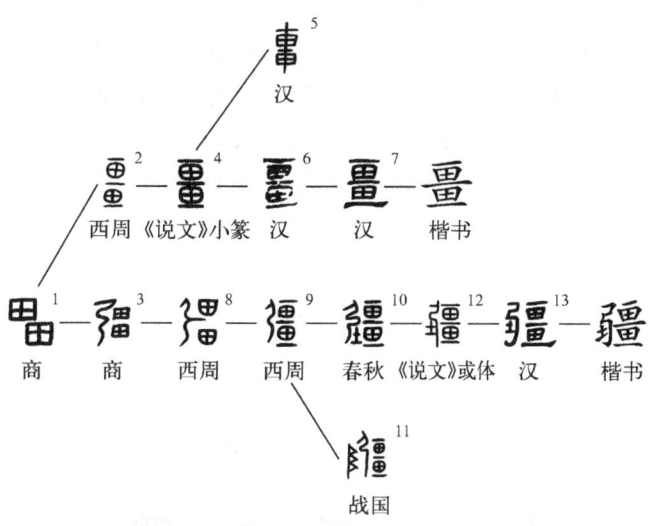

1、3《甲骨文字典》1474页。2、8、9《金文编》895页。4、12《说文》291页。5《金文续编》294页。6《马王堆》558页。7《甲金篆》959页。10《金文编》897页。11《金文编》898页。13《甲金篆》960页。

会意字。本作畕，从二田会意。后分两路发展：一路是两个"田"字上中下有三条横线，当为羡画。此种写法有作畺者，如字形5，当为讹体；另一路是两个"田"的旁边加"弓"，"弓"是丈量田地的用具，表示划定田界需要丈量。后一种写法也有不同异体，有的在两"田"之间没有羡画，如字形3。有的则有羡画，而且可多可少，其中多为上中下三画者，与《说文·弓部》训"弓有力"之"彊（强）"为同形字。春秋战国时期，又加意符"土"或"阜"，如字形10、11，使与土地有关的意思更加明显。从"阜"者仅偶见，从"土"者则发展至今。其中"土"的位置颇不固定，或在"弓"之下，或在"畺"之下，隶变后，"土"移到了"弓"的左下角，才最后定型。"畺（疆）"的本义是田界。《说文》："畺，界也。"《周礼·春官·肆师》："与祝侯禳于畺及郊。"《国语·周语上》："恪恭于农，修其疆畔，日服其鏄，不解于时。"引申为国界、边界、边际、止境、疆土、疆域等。通"彊（强）"，强盛。《吕氏春秋·长攻》："凡治乱存亡，安危疆弱，必有其遇，然后可成。"（林志强）

黄 部

黄 huáng 匣纽、阳部；匣纽、唐韵、胡光切。

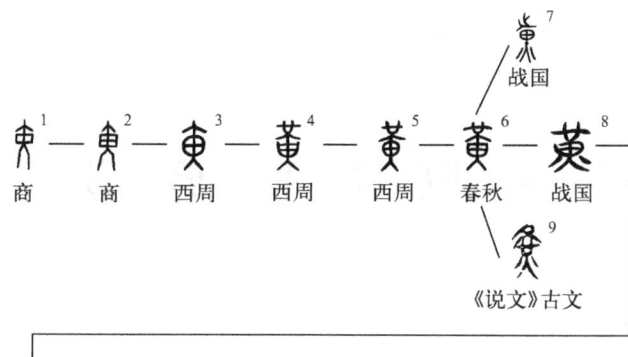

1、2《甲骨文字典》1475页。3、5《金文编》900页。4《金文编》898页。6、13《甲金篆》960页。7《金文编》899页。8《包山》205页。9、10《说文》291页。11《睡甲》204页。12《马王堆》558页。

会意字。甲骨文像一人胸前带着佩玉，大像正立的人形，中间之"口"像玉环形。玉环形或在中间加横，如字形2。甲骨文"黄"字的写法与"寅"字有时相同，二者是同形字。西周文字继承了商代文字的写法，如字形3，但也开始发生变化，多在上部加上"廿"形，如字形4、5，此形直到隶变后与本是表示人形两臂的两笔合为一横，最后才形成"黄"字的写法。春秋战国时期文字异形，如字形7、8、9皆为异构，其中《说文》古文之形，据《说文》所说为从古文"光"声，当是一种声化现象。"黄"的本义是人佩玉环，引申为佩环之称，这个意义后来写作"璜"。假借为表颜色之"黄"，本义废而借义行。《说文》："黄，地之色也。"所解为其假借义。《易·坤》："天玄而地黄。"作动词，变黄，表示草木枯萎或果子成熟。又作为"黄帝"、"黄河"等的简称。（林志强）

男 部

男 nán 泥纽、侵部；泥纽、覃韵、那含切。

男部 力部

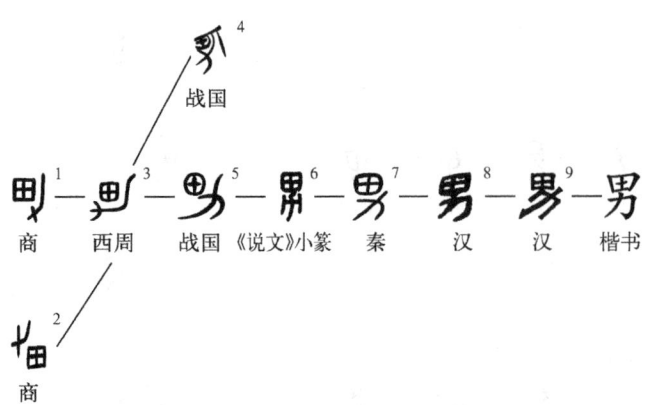

1、2《甲骨文字典》1477页。3《金文编》900页。4《郭店》187页。5、9《甲金篆》961页。6《说文》291页。7《睡甲》204页。8《马王堆》559页。

会意字。从田,从力。"力"是古农具"耒"(参见"力"字条),表示用耒在田地里耕作。耕作是男人的一项主要职责,因此用"田"、"力"来表示"男人"。甲骨文为左右结构,且田、力左右不居,如字形1、2。西周金文承之,但基本固定为左田右力,如字形3。战国楚简"力"旁写法略异,如字形4。小篆以后基本变为上下结构,延续至今。"男"的本义是男人,与"女"相对。《说文》:"男,丈夫也……言男用力於田也。"《易·家人》:"女正位乎内,男正位乎外。男女正,天地之大义也。"又指儿子。古代还指一种爵位名,即"公、侯、伯、子、男"五等爵的第五等。(林志强)

舅 jiù 群纽、幽部;群纽、有韵、其久切。

1《说文》291页。2《甲金篆》961页。

形声字。从男,臼声。小篆和汉隶为左右结构,楷书为上下结构。"舅"指母亲的兄或弟。《说文》:"母之兄弟为舅。"《诗·秦风·渭阳》:"我送舅氏,曰至渭阳。"也指妻子的父亲。《说文》:"妻之父为外舅。"《礼记·坊记》:"昏礼,壻亲迎,见于舅姑。"也指丈夫的父亲。《国语·鲁语下》:"古之嫁者,不及舅姑,谓之不幸。"又指妻子的兄或弟。(林志强)

甥 shēng 心纽、耕部;生纽、庚韵、所庚切。

1《说文》291页。

形声字。从男,生声。"甥"指姊妹的子女。《说文》:"甥,谓我舅者,吾谓之甥也。"《诗·大雅·韩奕》:"韩侯取妻,汾王之甥,蹶父之子。"又指女儿的子女,即外孙。又作古代姑之子、舅之子、妻之兄弟、姊妹之夫相互的称呼。(林志强)

力 部

力 lì 来纽、职部;来纽、职韵、林直切。

1《甲文编》524页。2《金文编》901页"男"字偏旁。3《金文编》901页。4《说文》291页。5《睡甲》204页"男"字偏旁。6《睡甲》205页。7《马王堆》559页。8、9《甲金篆》962页。

象形字。像耒(一种原始农具)之形,长的一笔像其柄,短的一笔像其铲(即"粗")。字形的变化主要是像铲的那一曲笔(小篆分三笔写)逐渐上移,成为现代汉字"力"字的第一笔,而像耒柄的那一笔则变成"力"的第二笔。本部从力之字,力旁的变化大致如此,以下不赘述。"力"在甲骨文已出现,但不表示本义。《甲骨续存》1.1457:"丙寅卜,凸贞:其力?"这里的"力"可能是祭名。"力"本像耒形,而耒耕须用力,故引申为气力之"力",这个意义成为此字的常用义。《说文》:"力,筋也。"段玉裁注:"筋者其体,力者其用也。"《诗·邶风·简兮》:"有力如虎。"由"气力"引申,可泛指各种力量、能力等。《字汇》:"凡精神所及处皆力,心力、耳力、目力是也,凡物所胜处皆力,风力、火力、酒力、弓力是也。"《左传·隐公十一年》:"度德而处之,量力而行之。"(林志强)

勋(勋) xūn 晓纽、文部;晓纽、文韵、许云切。

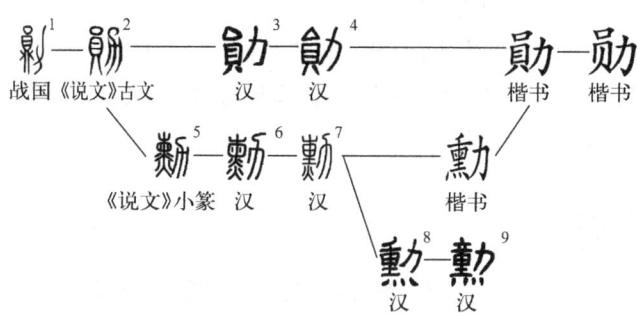

1《金文编》901页。2、5《说文》292页。3、4、8、9《甲金篆》962页。6、7《汉印徵》卷13,15页。

形声字。此字分两条线发展：一条线从力,员声,发展成为现代规范字;另一条线从力,熏声。"熏"、"員"古音相通,因此勳、勛为声符不同的异体字。"勳"字笔划比"勛"为多,因此二者也可以看作繁简关系。"勳"字简化字作"勋",是采用其古字"勛"为简化对象,再根据简化偏旁类推的原则推出来的。韩仁铭"勳"作勲,其声符部分写成"重"下加四点,是因为"熏"的上部与"重"形近而误。武梁祠画像题字中"勳"作勲,其声符部分写成"童"下加四点,也是因为书写者认"熏"的上部为"重",而"重"、"童"音、形皆近,因而致误。"勛"的本义是功勋、功劳。《说文》："勳,能成王功也。"《书·大禹谟》："尔尚一乃心力,其克有勋。"（假如你们同心协力,将能够建立功勋）中山王䜌壶："天子不忘其有勋。"（林志强）

功 gōng 见纽、东部；见纽、东韵、古红切。

1《金文编》901页。2《说文》292页。3《秦汉金文》308页。4《马王堆》559页。

会意兼形声字。从力,从工,工亦声。战国时期只作"工",如字形1,后加意符"力",使表意更加明确。"功"的本义是功业、功绩。《说文》："功,以劳定国也。"中山王䜌壶："遂定君臣之位,上下之体,休有成工（功）。"引申为事功、功效、功夫等。又通"攻"。马王堆汉墓帛书《经法·君正》："以不足功,反自伐也。"句中"功"指"攻打"。（林志强）

助 zhù 从纽、鱼部；崇纽、御韵、床据切。

1《说文》292页。2《睡甲》205页。3、4《甲金篆》963页。

形声字。从力,且声。秦汉隶书有的"且"下一横比较长,字形略异。其余字形古今没有太大变化。"助"的本义是帮助。《说文》："助,左也。"《诗·小雅·车攻》："射夫既同,助我举柴。"又读chú,通"锄"。除去。《庄子·徐无鬼》："王顾谓其友颜不疑曰：'嗟乎! 无以汝色骄人哉。'颜不疑归而师董梧,以助其色。"（林志强）

勑(勅) lài 来纽、之部；来纽、代韵、洛代切。
chì 透纽、职部；彻纽、职韵、耻力切。

1《说文》292页。2、3《甲金篆》963页。

形声字。从力,來声。西狭颂作"勑","來"旁变为"来",与"來"的简化字相同。因此"勅"简化作"勑",其源头可推至汉代。"勑"读lài,本义是慰劳、鼓励。《说文》："勑,劳也。"段玉裁注："此当云'劳勑也'。"这个意义古书多作"来"。《孟子·滕文公上》："放勋曰：'劳之来之,匡之直之,辅之翼之,使自得之,又从而振德之。'""勑"读chì,同"敕",有整饬、告诫、敕令等意义。《易·噬嗑》："雷电噬嗑,先王以明罚勑法。"（雷电交击,象征"啮合";先代君王因此明其刑罚,正其法令）（林志强）

劼 jié 溪纽、质部；溪纽、黠韵、恪八切。

1《说文》292页。

形声字。从力,吉声。意义主要指"谨慎"。《说文》："劼,慎也。"《书·酒诰》："汝劼毖殷献臣。"（你要慎重地告诫殷商的遗民）此外还有"稳固"、"勤勉"等意义。（林志强）

務(务) wù 明纽、侯部；微纽、遇韵、亡遇切。
wǔ 明纽、侯部；微纽、麌韵、文甫切。
mào 明纽、幽部；明纽、候韵、莫候切。

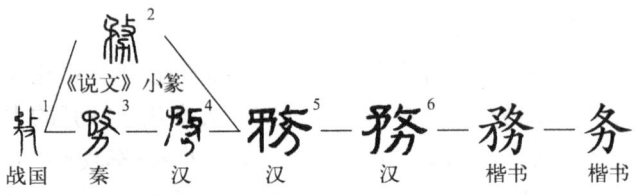

战国　秦　汉　汉　汉　楷书　楷书

1《金文编》901页。2《说文》292页。3、5、6《甲金篆》963页。4《马王堆》561页。

形声字。从力，孜声。"務"字本作"敄"，从攴，矛声，如字形1。秦代文字累增偏旁"力"，实与从"攴"同意，于字义无补，但却成为后世"務"字之源。在秦汉时的隶书里，这个字的发展主要是偏旁位置的调整：偏旁"矛"逐渐由在字的左上方调整到字的左方，偏旁"力"逐渐由在字的下方调整到字的右下方。这样一来，"務"字变成了左右结构，容易使人误会为是个从"矛"取义的字。简化字"务"是取"務"之右边而舍其左边，字形虽然简单了，但却破坏了其原有的形声结构。"務"的本义是专力从事、致力追求。《说文》："务，趣也。"徐锴系传："言趣赴此事也。"中山王䜭壶："夫古之圣王，务在得贤。"致力追求之事乃为紧要之事，故又引申为要事、事业，泛指则谓工作、公务等。作副词用则有必须、一定等意义。读wǔ，通"侮"。《诗·小雅·常棣》："兄弟阋于墙，外御其务。"毛传："务，侮也。"读mào，通"瞀"，昏乱、眩惑。《商君书·靳令》："……则君务于说言，官乱于治邪，邪臣有得志，有功者日退，此谓失。"又通"冃(冒)"，冠。《荀子·哀公》："古之王者，有务而拘领者矣，其政好生而恶杀焉。"（林志强）

勱(劢) mài　明纽、月部；明纽、夬韵、莫话切。

勱—勱—劢
《说文》小篆　楷书　楷书

1《说文》292页。

形声字。从力，萬声。偏旁"萬"字简化作"万"，"勱"字也类推简化为"劢"。"勱"的本义是努力、尽力。《说文》："勱，勉力也。"《书·立政》："其惟吉士，用劢相我国家。"（任用贤明的人，努力治理好我们的国家）（林志强）

勍 qíng　群纽、阳部；群纽、庚韵、渠京切。

勍—勍
《说文》小篆　楷书

1《说文》292页。

形声字。从力，京声。本义是强劲、强大。《说文》："勍，彊也。"《左传·僖公二十二年》："且今之勍者，皆吾敌也。"（林志强）

勁(劲) jìng　见纽、耕部；见纽、劲韵、居正切。

勁—勁—勁—勁—劲
战国　战国　《说文》小篆　汉　楷书　楷书

1《古玺》331页。2《包山》205页。3《说文》292页。4《马王堆》560页。

形声字。从力，巠声。战国文字写法比较特殊，如字形1、2。字形1所从之"力"，乃"力"之反写，其声符左下竖画中间加点为饰，是战国文字的特点。字形2也有饰笔，且为左形右声，与此字通常作右形左声不同。繁体之"勁"实承秦汉篆隶的结构，只是笔势上有所变化。"巠"旁简化作"圣"，因此"勁"也类推简化为"劲"。"勁"的本义是强健、有力。《说文》："勁，彊也。"《墨子·节葬下》："耳目不聪明，手足不劲强。"引申为一切强有力之称，如坚强、刚强、强烈等。"劲"读jìn，指力气、力量。《韩非子·观行》："有乌获之劲而不得人之助，不能自举。"又指神态、情趣、模样等。（林志强）

勉 miǎn　明纽、文部；明纽、狝韵、亡辨切。

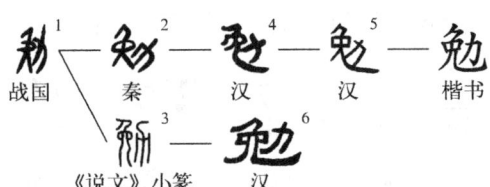

战国　秦　汉　汉　楷书
《说文》小篆　汉

1《战文编》900页。2《睡甲》205页。3《说文》292页。4《马王堆》560页。5、6《甲金篆》964页。

形声字。从力，免声。"勉"字的古今演变主要体现在"免"旁写法的变化上。战国文字"免"字的最后两笔是接触的，秦汉隶书直至楷书都继承了这种写法，如字形2、4、5；这种写法的另外一点是汉隶以后"免"字的最后一笔拉长弯钩，把"力"旁包含在内，形成楷书"勉"。《说文》小篆"免"字最后两笔是分开的，汉隶有的承袭了这种写法，如字形6。"勉"的本义是努力、尽力。《说文》："勉，彊也。"《书·盘庚上》："各长于厥居，勉出乃力，听予一人之作猷。"引申为鼓励、劝勉。又引申为勉强。"勉"通"娩"。分娩。晋王献之《阮新妇帖》："阮新妇勉身得雄,甚善。"又通"免"。《国语·晋语八》:"彼若不敢而远逃,乃厚其外交而勉之,以报其德,不亦可乎?"王引之《经义述闻·国语下》:"勉当读如免。古字勉与免通。勉之,谓免其死。"(林志强)

劭 shào 禅纽、宵部;禅纽、笑韵、实照切。

邵¹—劭²—劭
《说文》小篆 晋 楷书

1《说文》292页。2《甲金篆》964页。

形声字。从力,召声。本义是劝勉、勉励。《说文》:"劭,勉也。"《汉书·成帝纪》:"先帝劭农,薄其租税。"又通"卲"。美好。汉扬雄《法言·孝至》:"年弥高而德弥劭者,是孔子之徒欤!"(林志强)

勖 xù 晓纽、觉部;晓纽、烛韵、许玉切。
mào 明纽、觉部;明纽、沃韵、莫沃切。

勖¹—冒力²—勖
《说文》小篆 汉 楷书

1《说文》292页。2《甲金篆》964页。

形声字。从力,冒声。本义是勉励。《说文》:"勖,勉也。"《书·牧誓》:"勖哉夫子!尔所弗勖,其于尔躬有戮!""勖"古读 mào,同"懋"。段玉裁《说文解字注》:"勖,古读如茂,与懋音义皆同。""懋"亦勉励之义。(林志强)

勸(劝) quàn 溪纽、元部;溪纽、愿韵、去愿切。

勸¹—勸²—藋力³—藋力⁴—勸—劝
战国 《说文》小篆 汉 汉 楷书 楷书

1、4《甲金篆》964页。2《说文》292页。3《马王堆》563页。

形声字。从力,藋声。此字笔划较繁,宋元以来即有作"劝"者,《简化字总表》以之为"勸"的简化字。像这类以"又"作为一个代号来简化的字,往往成了一个半记号字,很难用传统的"六书"来分析其字形结构。如"觀"简化作"观"、"鷄"简化作"鸡"、"鄧"简化作"邓"、"歡"简化作"欢"、"難"简化作"难"、"僅"简化作"仅"等等皆是。"劝"的本义是鼓励、勉励。《说文》:"劝,勉也。"《国语·越语上》:"国人皆劝,父勉其子,兄勉其弟,妇勉其夫。"又指受到鼓励。《庄子·逍遥游》:"且举世而誉之而不加劝,举世而非之而不加沮,定乎内外之分,辨乎荣辱之境,斯已矣。"由鼓励引申为劝导、劝说、用道理说服别人,这些意义成为现代汉语中的常用义。(林志强)

勝(胜) shēng 书纽、蒸部;书纽、蒸韵、识蒸切。

勝¹—勝²—勝³—勝⁴—勝⁵—勝—胜
战国《说文》小篆 秦 汉 汉 楷书 楷书

1《郭店》188页。2《说文》292页。3、5《甲金篆》964页。4《马王堆》561页。

形声字。从力,朕声。战国文字或从力,乘声,如字形1。秦系文字则从朕声,得以继承。在结构上,其意符"力"放在声符"朕"的右下角,比较特殊。此字古今字形主要的变化有两点:第一点是其声符"朕"本从"舟",隶变后逐渐混同于"月",这与"服"字本从"舟"而后变成从"月"是一样的道理。现代汉字偏旁"月"除了由"舟"演变来的以外,还有的是从"肉"演变来的,如"胡"、"肠"、"膏"等字便是。当然有的字从"月",本来就是从古"月"字演变而来的,如"期"、"明"、"朗"等字都是。这些本来不同的偏旁,后来混同为一,是隶变楷化造成的结果。第二点是 关—共—关 的变化,由弯曲线条变为平直线条,由断笔变成连笔。这个也是隶变和楷化的结果。"勝"的简化字作"胜",但"勝"与"胜"本来是不同的两个字。"胜"是腥臊之"腥"的本字。典籍中常借"腥"(本义指病猪肉中像星点或米粒的息肉)为"胜","胜"字遂废,因其与"勝"字同音,因以为"勝"的简化字。"勝"的本义是能承担、禁得起。《说文》:"勝,任也。"《诗·商颂·玄鸟》:"武丁孙子,武王靡不胜。"作副词,义为"尽"。《孟子·梁惠王上》:"斧斤以时入山林,材木不可胜用也。"成语有"不胜枚举"。以上二义旧读 shēng。引申为胜利,与"负"相对。《孙子兵法·虚实》:"能因敌变化而取胜者,谓之神。"又引申为超过、胜过。作形容词,形容事物优美。宋范仲淹《岳阳楼记》:"予观夫巴陵胜状,在洞庭一湖。"成语有"引人入胜"。(林志强)

徹(撤) chè 透纽、月部;彻纽、薛韵、丑列切。

徹¹—徹²—徹⁴—徹—撤
战国《说文》小篆 汉 楷书 楷书

徹³—徹⁵
秦 汉

1《古玺》331页。2《说文》292页。3《睡甲》

205页。4《甲金篆》964页。5《马王堆》563页。

会意兼形声字。从力,从徹,徹亦声。字形变化大致可分为两系:字形2、4一系省𠭯为𠮷,且"力"旁在下。字形3、5一系𠭯符不省,且"力"字在右下角。"撤"是"勶"的后起俗字,现以之为"勶"的规范简体字。"勶"的本义是发射。《说文》:"勶,发也。"引申为除去。此义经典常假"徹"为之。《仪礼·有司彻》:"妇人乃彻,彻室中之馈。"又通"辙"。马王堆汉墓帛书甲本《老子·道经》:"善行者无勶迹。"(林志强)

勠 lù 来纽、觉部;来纽、屋韵、力竹切。

战国 《说文》小篆 楷书
1《战文编》901页。2《说文》292页。

形声字。从力,翏声。本义是合力、并力。《说文》:"勠,并力也。"《书·汤诰》:"聿求元圣,与之勠力,以与尔有众请命。"(林志强)

動(动) dòng 定纽、东部;定纽、董韵、徒摠切。

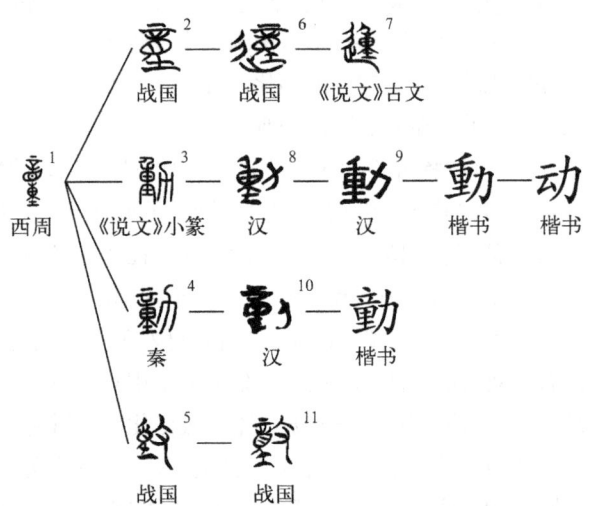

1《金文编》901页。2《楚帛书》78页。3、7《说文》292页。4、8、9《甲金篆》965页。5、11《郭店》59页。6《楚帛书》95页。10《马王堆》561页。

形声字。从力,重声。西周时期以"童"为之(毛公鼎),楚帛书"毋童群民","童"读为"动",与毛公鼎同。后分四路发展:一路加意符"辵",以"童"为声,如字形6,或以"重"为声,如字形7。从辵者表示动作之进行,与动义亦切合,与从力无别。一路加"攵",以"重"为声,如字形5,或"童"为声,如字形11。从攵与从力相通。一路加"力"为意符,以"童"为声,如字形4、10。一路也加"力"为意符,以"重"为声,如字形3、8、9。最后一系发展成为现代汉字。简化字作"动",左边之"云"只是一个记号,用于代替声符"重"。"动"的本义是行动、为实现一定意图而活动。《说文》:"动,作也。"《孙膑兵法·见威王》:"事备而后动。"(做好战争的准备然后行动)引申为凡动之称,如移动、振动、运动、发动、感动等。作副词用,指往往、常常。《汉书·食货志》:"又动欲慕古,不度时宜。"(林志强)

劣 liè 来纽、月部;来纽、薛韵、力辍切。

劣 — 劣 — 劣
《说文》小篆 汉 楷书

1《说文》292页。2《甲金篆》965页。

会意字。从少,从力。少力为劣,本义是弱。《说文》:"劣,弱也。"《论衡·效力》:"秦汉之事,儒生不见,力劣不能览也。"引申为拙劣、低劣、不好等。(林志强)

勞(劳) láo 来纽、宵部;来纽、豪韵、鲁刀切。
liáo 来纽、宵部;来纽、萧韵、落萧切。

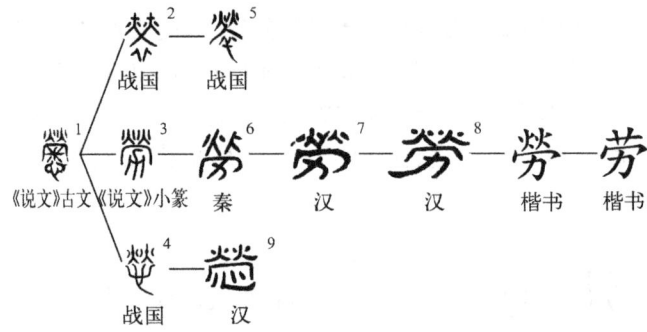

1、3《说文》292页。2、4《金文编》902页。5《郭店》123页。6《睡甲》205页。7《马王堆》562页。8《甲金篆》965页。9《甲金篆》966页。

会意字。构形难解。宋郑樵《六书略·会意第三》以为"从营省,言用力经营也"。可供参考。《说文》古文从"悉"。字形发展大致可分为三系:一从"衣",一从"心",一从"力"。从"力"的一系发展成为现代汉字。宋元以来"勞"字俗写作"劳",现以"劳"为"勞"的简化字,简化方法是偏旁简化。"劳"的本义是费力、劳苦。《说文》:"劳,剧也。"《诗·邶风·凯风》:"棘心夭夭,母氏劬劳。"泛指一般的劳动、烦劳。引申为疲劳、劳累。劳而有功,又引申为功劳、功绩,再引申为慰劳(旧读lào)。"劳"读liáo,通"辽"。广阔。《诗·小雅·渐渐之石》:"山川悠远,维其劳矣。"郑玄笺:"其道里长远,邦域又劳劳广阔。"孔

颖达疏:"广阔辽辽之字,当从辽远之辽,而作劳字者,以古之字少,多相假借。"(林志强)

勮 jù 群纽、鱼部;群纽、御韵、其据切。

1《说文》292页。2《汉印徵》卷13,16页。3《马王堆》563页。4《甲金篆》966页。

形声字。从力,豦声。"勮"为"劇(剧)"的古字。"力"与"刀"形近,故讹作"劇"。本义是用力多。《说文》:"勮,务也。"(参见"劇"字条)(林志强)

券(倦) juàn 群纽、元部;群纽、线韵、渠卷切。

1《包山》206页。2《说文》292页。3《说文》167页。4、7、8《甲金篆》966页。5、6《甲金篆》562页。

形声字。从力,卷省声。"券"是"倦"的古字。可能是因"券"字与券契之"券"过于相近,故加"人"旁以区别。战国文字为左右结构,汉隶以后字形的变化主要体现在 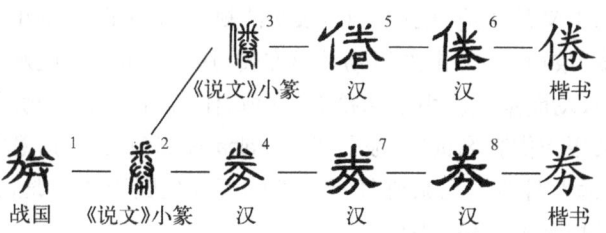 的变化,由断笔变成连笔。"券(倦)"的本义是疲劳。《说文》:"券,劳也。"《隶释·汉凉州刺史魏元丕碑》:"施舍弗券,求善不厌。"(林志强)

勤 qín 群纽、文部;群纽、殷韵、巨斤切。

1、2《金文编》902页。3《说文》292页。4《马王堆》562页。5、6《甲金篆》966页。

形声字。从力,堇声。本作"堇",后加"力"为义符,形成形声结构。字形5、6"堇"字上部"廿"形不封口,字形6第一笔横画又断开,皆隶书异写。"勤"的本义是辛劳。《说文》:"勤,劳也。"《论语·微子》:"四体不勤,五谷不分。"引申为劳苦之事,泛指一般工作。又引申为努力、尽心尽力等。再引申为经常、次数多。又指殷勤。通"仅"。少。《谷梁传·庄公二十九年》:"民勤于力则功筑罕,民勤于财则贡赋少,民勤于食则百事废矣。"(林志强)

加 jiā 见纽、歌部;见纽、麻韵、古牙切。

1《金文编》902页。2、6《甲金篆》966页。3《郭店》187页。4《说文》292页。5《马王堆》560页。

会意字。从力,从口。西周加爵"加"字"口"在"力"下,楚简"力"旁有饰笔,而"口"旁置右上角,略异。"加"的本义是诬枉、夸大。《说文》:"加,语相增加也。"《左传·庄公十年》:"牺牲玉帛,弗敢加也,必以信。"引申为增加、外加、放置、施行等。又引申为超越、欺凌等。作副词,指更加、愈加。"加"字本义少用,常用其引申义。又通"嘉"。虢季子白盘:"王孔加子白义。""加"即通"嘉"。《管子·小匡》:"力死之功,犹尚可加也,显生之功,将何如是?"郭沫若等集校引丁士涵曰:"加与嘉通。"(林志强)

勢 háo 匣纽、宵部;匣纽、豪韵、胡刀切。

1《说文》292页。2、4《甲金篆》967页。3《马王堆》562页。

形声字。从力,敫声。其声符"敫",本从出,从放,隶变后线条拉直,"出"旁变为"士",置于右上角。"勢"是豪杰之"豪"的本字,后借"豪"为之,此字遂废。"勢"的本义是俊健、豪杰。《说文》:"勢,健也。"(林志强)

勇 yǒng 喻纽、东部;以纽、肿韵、余陇切。

力部 劦部

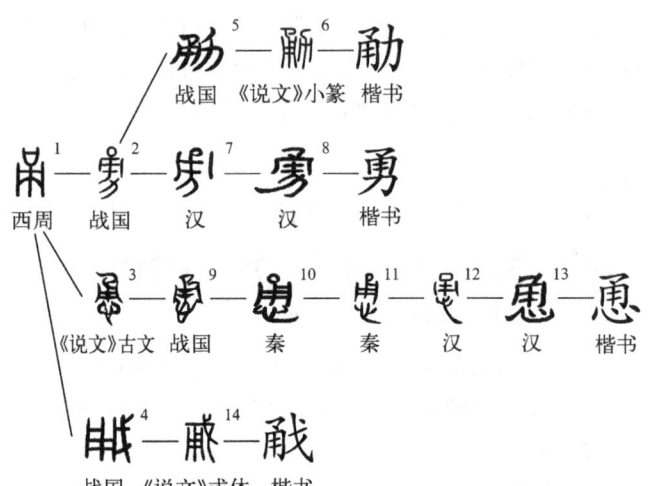

1、2、7、8、10、12、13《甲金篆》967页。 3、6、14《说文》292页。4《金文编》902页。5《包山》206页。9《郭店》187页。11《睡甲》167页。

形声字。从力，甬声。本作"甬"，后加意符形成形声字。分三系发展：一以"力"为意符，发展成为现代汉字。此系中包山楚简和《说文》小篆为左右结构，如字形5、6，余皆上下结构。一以"心"为意符，与后世怂恿之"恿"同形。一以"戈"为意符。"戈"系中的字形4、14两体从"用"得声，与从"甬"得声同("甬"本从"用"得声)。以"力"、"心"、"戈"为意符，均与"勇"之意义相合。从"心"以示勇气，从"力"或从"戈"以示勇力。清段玉裁《说文解字注》："勇者，气也。气之所至，力亦至焉。""勇"的本义是有勇气、勇敢。《说文·力部》："勇，气也。"《论语·宪问》："仁者不忧，知者不惑，勇者不惧。"引申为指勇敢的人，如勇士、士兵。（林志强）

勃 bó　並纽、物部；並纽、没韵、蒲没切。

1《说文》292页。2《汉印徵》卷13，16页。3《马王堆》561页。4《甲金篆》967页。

形声字。从力，孛声。本义是排、推动。《说文》："勃，排也。"引申为兴起、旺盛。《左传·庄公十一年》："禹、汤罪己，其兴也勃焉。"通"悖"。乖戾。《韩非子·定法》："利在故新相反，前后相勃。"（林志强）

劫 jié　见纽、葉部；见纽、业韵、居怯切。

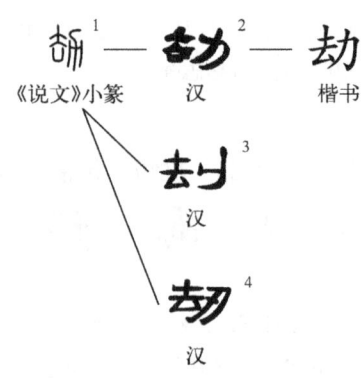

1《说文》292页。2《马王堆》560页。3、4《甲金篆》967页。

会意字。从力，从去。后世异体较多，或从刀作"刦"、"刼"，或从刃作"刧"。其来源有两种可能：一是另加意符，因从"刀"从"刃"皆与劫持之义相关。二是因字形相近而误，先由"力"讹为"刀"，再由"刀"讹为"刃"。"劫"的本义是胁迫、威逼。《说文》："劫，人欲去以力胁止曰劫。或曰：以力止去曰劫。"《左传·庄公八年》："遇贼于门，劫而束之。"引申为抢夺、强取。作名词指强盗、劫匪。又用作佛教名词"劫波"（梵文 kalpa 的音译）的省称，意为"远大时节"。后来佛经指天地的形成到毁灭为一劫，也借指天灾人祸。（林志强）

飭（饬）chì　透纽、职部；彻纽、职韵、耻力切。
shì　书纽、职部；书纽、职韵、赏职切。

1《说文》292页。2《马王堆》562页。3《甲金篆》968页。

形声字。从人，从力，食声。隶变后"人"旁演变为"亻"而写作"飭"，简化字偏旁"食"简化为"饣"，"飭"也类推简化作"饬"。"饬"的本义是整治、整顿。《说文》："饬，致坚也。"段玉裁注："致之于坚，是之谓饬。"《诗·小雅·六月》："六月棲棲，戎车既饬。"引申为谨慎、谨严。通"敕"，命令、告诫。《史记·五帝本纪》："信饬百官，众功皆兴。"又读 shì，通"饰"，装饰、修饰。《吕氏春秋·先己》："琴瑟不张，钟鼓不修，子女不饬。"毕沅校正："饬与饰通，《御览》二百七十九作'饰'。"（林志强）

劾 hé　匣纽、职部；匣纽、德韵、胡得切。

劾─劾─劾─劾
《说文》小篆　秦　汉　楷书

1《说文》293页。2《睡甲》206页。3《甲金篆》968页。

形声字。从力,亥声。本义是定罪、判决。《说文》:"劾,法有罪也。"段玉裁注:"法者,谓以法施之。"《急就篇》:"诛罚诈伪劾罪人。"引申为检举揭发罪状。《史记·蒙恬列传》:"(赵高)日夜毁恶蒙氏,求其罪过,举劾之。"(林志强)

募 mù　明纽、铎部；明纽、暮韵、莫故切。

募─募─募─募
《说文》小篆　秦　汉　楷书

1《说文》293页。2《睡甲》206页。3《汉印徵》卷13,16页。

形声字。从力,莫声。声符"莫"所从之"艸",上部演变成"艹",下部演变成"大"。"募"的本义是广泛征求、征召。《说文》:"募,广求也。"《墨子·号令》:"募民欲财物粟米,以贸易凡器者,卒以贾予。"特指招兵。三国魏曹操《让县自明本志令》:"后还到扬州更募,亦复不过三千人。"(林志强)

劬 qú　群纽、侯部；群纽、虞韵、其俱切。

劬─劬─劬─劬
《说文》新附　汉　汉　楷书

1《说文》293页。2、3《甲金篆》968页。

形声字。从力,句声。本义是辛劳。《说文》:"劬,劳也。"《诗·小雅·蓼莪》:"哀哀父母,生我劬劳。"引申为慰劳。《礼记·内则》:"食子者,三年而出,见于公宫则劬。"郑玄注:"劬,劳也。士妻、大夫之妾,食(饲)国君之子,三年出归其家,君有以劳赐之。"(林志强)

勢(势) shì　书纽、月部；书纽、祭韵、舒制切。

勢─勢─势
《说文》新附　楷书　楷书

1《说文》293页。

形声字。从力,埶声。清郑珍《说文新附考》:"势,经典本皆借作埶。古无势字,今例皆从俗书。《史》、《汉》尚多作埶。《外黄令高彪碑》、《先生郭辅碑》并有势,是汉世字。""埶"为"藝(艺)"的古字,甲骨文作，从丮,从木,像以双手持草木种植。用作"势"。如《荀子·解蔽》:"申子蔽于埶而不知知。""势"字宋元以来俗字写作"势",从力,执声,现为规范简化字。"势"的本义是权势、权力。《说文》:"势,盛也,权也。"《书·君陈》:"无依势作威,无倚法以削。"引申为威力、地位、趋势、形势等。特指男性生殖器。《晋书·刑法志》:"淫者割其势。"(林志强)

勘 kān　溪纽、侵部；溪纽、勘韵、苦绀切。

勘─勘
《说文》新附　楷书

1《说文》293页。

形声字。从力,甚声。清郑珍《说文新附考》:"古'戡胜'、'戡定'字,经典史籍通作戡、戎、堪、龛四形,而《说文》四字注皆无其说。盖戡、堪有别义训胜,训定,勘定书籍,又其后一文也。""勘"的本义是校对、核定。《说文》:"勘,校也。"《南史·任昉传》:"武帝使学士贺纵共沈约勘其书目,官无者就其家取之。"引申为审问。又引申为察看、探测。通"戡",以武力平定。《隋书·河间王弘传》:"今者共举义旗,勘剪凶虐。"(林志强)

辦(办) bàn　並纽、元部；並纽、裥韵、蒲苋切。

辦─辦─办
《说文》新附　楷书　楷书

1《说文》293页。

形声字。从力,辡声。宋元以来"辦"字俗写作"办",成为"辦"的简化字。简化办法是以"力"字左右两点代替其声符"辡",破坏了其原有的形声结构。本义是办理、治理。《说文》:"办,致力也。"《管子·中匡》:"民办军事矣,则可乎?"引申为置办、筹措、兴办、举办等。又引申为惩治、处罚等。《三国志·蜀书·费祎传》:"君信可人,必能办贼者也。"(林志强)

劦 部

劦 xié　匣纽、葉部；匣纽、帖韵、胡颊切。

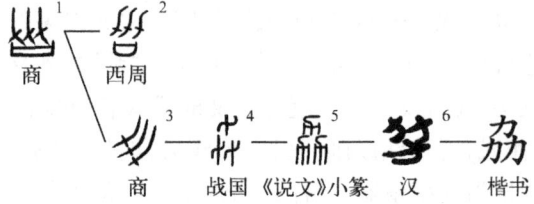

1《甲骨文字典》1479页。2《金文编》903页。3《甲文编》525页。4《古玺》332页。5《说文》293页。6《马王堆》563页。

会意字。从三力。甲骨文"力"原像耒形，三耒表示合力并耕之意。或加"口"，如字形1、2，为其繁体。"劦"作为偏旁，现代汉字有的简化成"办"，如"協"简化作"协"、"脅"简化作"胁"等。"劦"同"协"，本义是同力、合力。《山海经》："惟号之山，其风若劦。"此字甲骨文主要用其引申义，作祭名，劦祭即大合祭。《合集》23120："丁丑卜，行贞：宾父丁，劦，亡尤？"（在丁丑这天贞卜，贞人行问：迎导父丁的神灵，并进行大合祭，不会有灾祸吧？）又特指一种风名，即《国语·周语》之"协风"。《合集》14294："东方曰析，风曰劦。"（林志强）

勰 xié 匣纽、葉部；匣纽、帖韵、胡颊切。

1《说文》293页。

会意字。从劦，从思。小篆结构是左"思"右"劦"，现代楷字是左"劦"右"思"，正好相反。"勰"的意思是和、和谐。《说文》："勰，同思之和。"南朝梁陆琏《皇太子释奠》："昭图勰轨，道清万国。"（林志强）

協(协) xié 匣纽、葉部；匣纽、帖韵、胡颊切。

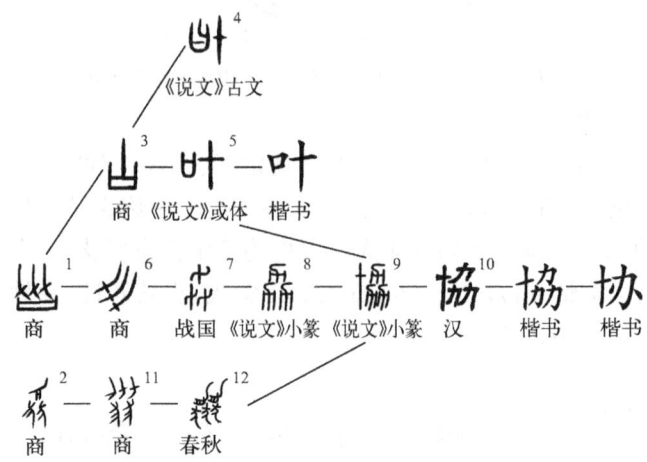

1《甲骨文字典》1479页。2、10、11《甲金篆》969页。3《甲骨文字典》1480页。4、5、8、9《说文》293页。6《甲文编》525页。7《古玺》332页。12《金文编》1203页。

会意字。从劦，从十。表示众人合力耕田。此字甲骨文有多种异体，如字形1、2、3。后世大致可分两系发展：一系从三力，本即"劦"字，后孳乳为"協"，现简化为"协"。此系中的字形2、11、12字下从二犬或三犬，表示多犬合力耕田，亦示协同之意。另一系从十、从口，现作"叶"，是为"协"的异体。甲骨文为上下结构，如字形3，后皆为左右结构。《说文》古文"口"旁讹为"曰"。"叶"现又为"葉"的简化字。"协"的本义是协同、共同。《说文》："协，众之同和也。"《书·盘庚下》："尔无共怒，协比谗言予一人。"引申为和谐、协调、相合等。（林志强）

金 部

金 jīn 见纽、侵部；见纽、侵韵、居吟切。

1-14《金文编》905~907页。15《说文》293页。

形声字。《说文》："五色金也，黄为之长。……生于土，从土，左右注，象金在土中形，今声。"《说文》关于"金"字形体结构的分析，只符合《说文》篆文的形体结构而不符合西周金文特别是西周早期金文"金"字的形体结构。《说文》所说的金字本义为"五色金也,黄为之长",即:白(白金,即银)、青(青金,即铅)、赤(赤金,即铜)、黑(黑金,即铁)、黄(即黄金),而黄金是其中最贵重的。近现代遵从《说文》关于"金"字形体结构分析的说法的学者很多,但从西周金文"金"字形体看,"金"字右下部绝不是"土"旁,而是"士"或"王"字,是斧钺的一种象形字,表示的是青铜制品。西周金文"土"字皆作 (孟鼎)、 (曶壶)等形,绝无作"土"形者(见容庚《金文编》882页。按:《金文编》"土"字条中收有睽士父鬲铭文"士"字作"土"形,非土字,乃士字),金文中土字凡作"土"形者,皆为春秋战国金文中的形体。西周金文中的"金"字形体结构左边所从的" "(如利簋铭文金字所从),是青铜制品的原材料,像把青铜材料制成饼形,一般认为是"吕"字的初文。西周金文中正用" "字表示青铜原料之意,如效父簋铭文:"休,王易效父 (吕)三,用作氒(厥)宝障彝。"据于省吾之说,甲骨文今字以 (读若集)为声符,下加"一"以示与 相区别,甲骨文不见以" "为今字,但在"今"字用于偏旁中往往省作" "。金字虽不见于甲骨文,但明显从" ",应该是以" "(读若集)或今为声符。金字的本义也不是《说文》所说的"五色金",而是专指其中一种即赤金,就是青铜。总之,从西周金文"金"字形体看,其结构应是从吕、从士(或从王), (或今)声,吕表示青铜原料——金饼,士或王本是斧钺的象形字,表示青铜制品。西周金文中的"金"字皆用为青铜原料之意,如利簋铭文:"赐有事利金,用作檀公宝障彝。"丰尊铭文:"大矩赐丰金、贝。"牎匜:"牧牛辞誓成,罚金。"西周金文中最早的金字形体,当是利簋的 字,其次叔卣、宅簋、麦盉、师同鼎的金字皆无大的变化,过伯簋、孚尊的金字明显从吕、从王, 声。至于金字在西周晚期至春秋战国金文中从三点、四点,并写在金字形体之中,则是后来的变化,金字的形体早期从士或王,至中晚期变为从"土"形,也是后来的变化,绝不可以从西周晚期的金字形体来证明《说文》"象金在土中形"之说。金字明显演变为从"今"声,是从秦印和《说文》小篆开始的,汉初篆文及秦汉简帛古隶书形体也承袭这一形体,但两汉成熟的隶书"金"字形体也许从秦印篆文那样的形体来,也许从春秋战国那样的形体来。(周宝宏)

銀(银) yín 疑纽、文部;疑纽、真韵、语巾切。

銀¹—鉬²—鉬³—鉬⁴—銀⁵—銀⁶—銀—银
《说文》小篆 汉 汉 汉 汉 汉 楷书 楷书
1《说文》293页。2-6《篆隶表》996页。

形声字。《说文》:"銀,白金也。从金,艮声。"银字最早见于《说文》小篆和汉印。在传世文献中最早见于《书·禹贡》:"厥贡璆铁银镂砮磬,熊罴狐狸织皮。"但在楚简中称银为白金,未见"银"的称呼(见河南信阳长台关1号楚墓遣策207号竹简)。在战国楚墓中已发现银币,其制作时代当在春秋中晚期至战国初期(见郝本性、郝万章《河南扶沟古城村出土的楚金银币》)。西周金文噩钟:"宫令宰仆易(赐)噩白金十匀(钧)。"叔簋:"唯王乘于宗周,王史(使)叔事于大保,商(赏)叔鬱鬯白金廌牛。"以上西周金文中白金不是指银。又《山海经·北山经》:"又西二百五十里,曰少阳之山,其上多玉,其下多赤银。"赤银,郭璞注:"银之精也。"从《禹贡》和《山海经》有银字看,战国时代也许已有"银"字。(周宝宏)

鐐(镣) liáo 来纽、宵部;来纽、萧韵、落萧切。

鐐¹—鐐²—鐐—镣
《说文》小篆 汉 楷书 楷书
1《说文》293页。2《篆隶表》996页。

形声字。《说文》:"鐐,白金也。从金,尞声。"《尔雅·释器》:"白金谓之银,其美者谓之鐐。"镣字之本义为白银中之好者,用为手足上刑具之义为后起义,读为liào。(周宝宏)

鋈 wù 影纽、药部;影纽、沃韵、乌酷切。

鋈¹—鋈²—鋈³—鋈
《说文》小篆 秦 秦 楷书
1《说文》393页。2、3《睡甲》207页。

形声字。《说文》:"鋈,白金也。从金,沃省声。"《广雅·释器》:"白铜谓之鋈。"《释名·释车》:"鋈,沃也,冶白金以沃灌靷环也。"《诗·秦风·小戎》:"阴靷鋈续。"于省吾《诗经新证》:"近世所习见之列国车器铜板或兽首之上有鼻有环,鼻所以纳环,环所以系革或滕。铜板与兽首或平或弯,所以傅于车之木上者也。其板或兽首与鼻与环,往往钿以金银,华纹精眇。王夫之引《广雅》'白铜谓鋆'，谓鋆乃白铜之名，无鋆灌之义，非也。近世出土器物钿金或银，无用白铜者。阴靼既用以引轴，则系靼处必于环，纳环处必于板或兽首之鼻。'阴靼鋆续'，谓阴靼系著之处，其环与鼻钿以白金也。"据于省吾的考证，《说文》所说的"鋆，白金也"的本义是可信的。《广雅》"白铜谓之鋆"当为后起义或另一用法。（周宝宏）

鉛（铅）qiān 喻纽、元部；以纽、仙韵、与专切。

鉛¹—鈆²—鉛—铅
《说文》小篆 汉 楷书 楷书

1《说文》293页。2《篆隶表》996页。

形声字。《说文》："铅，青金也。从金，㕣声。"徐灏段注笺："《后汉书·隗嚣传》注曰：铅，青金也，似锡而色青。"《书·禹贡》："岱畎丝、枲、铅、松、怪石。"《史记·刺客列传》："高渐离乃以铅置筑中，复进得近，举筑朴秦皇帝，不中。"铅字虽未见于先秦古文字，但已见于《书·禹贡》，说明春秋战国时代已有"铅"，这种金属的实际使用，应更早一些。（周宝宏）

錫（锡）xī 心纽、锡部；心纽、锡韵、先击切。

錫¹—錫²—錫³—錫⁴—錫⁵—錫⁶—錫⁷—锡
春秋 春秋 战国《说文》小篆 汉 汉 楷书 楷书

1、2《金文编》908页。3《战文编》908页。4《说文》293页。5、6、7《篆隶表》996页。

形声字。《说文》："锡，银铅之间也。从金，易声。"锡，一名鈏，《周礼·地官·卝人》："卝人掌金玉锡石之地。"郑玄注："锡，鈏也。"《周礼·考工记·㮚氏》："六分其金而锡居一。"《诗·卫风·淇奥》："有匪君子，如金如锡，如圭如璧。"闻一多《诗经通义》："金即铜，金与锡和，是为青铜，古人铸器所资，故每并称，金文《曾伯霥簠》：金道锡行。《周礼·夏官·职方氏》：东方曰扬州……其利金锡、竹箭。"西周金文晚期叔史簋铭文有"錫"字，但不用为金锡之锡，而用为赐（锡）给之锡。西周金文习见"賜"字，如召尊、毛公鼎、虢季子白盘等，皆用为赐（锡）给之锡，用法与西周金文"易"字用法完全相同。曾伯霥簠之"錫"字从"賜"与从"易"同，同铭文中"天賜之福"，正用"賜"为"易"（赐、锡），赐给之义。曾伯霥簠："克狄（逖）淮夷，印（抑）燮繁湯（陽），金道錫行，具既卑方。"指征集金锡原料之道被打通。（周宝宏）

銅（铜）tóng 定纽、东部；定纽、东韵、徒红切。

銅¹—金²—銅³—銅⁴—銅⁵—銅⁶—銅⁷—铜
战国 秦《说文》小篆 汉 汉 汉 汉 楷书 楷书

1《楚文编》793页。2、4-7《篆隶表》997页。3《说文》293页。

形声字。《说文》："铜，赤金也。从金，同声。"《汉书·食货志》："金有三等，黄金为上，白金为中，赤金为下。"春秋时金文洹子孟姜壶："齐侯拜嘉命，于上天子用璧备一嗣（笥），于大舞（巫）嗣（司）折（誓）于（与）大嗣（司）命用璧、两壶、八鼎……用铸尔羞铜，用御天子之事。"楚王酓忎鼎："楚王酓忎战获兵铜。"（周宝宏）

鏈（链）lián 来纽、元部；来纽、仙韵、力延切。
liàn

鏈¹—鏈²—鏈—链
《说文》小篆 汉 楷书 楷书

1《说文》293页。2《篆隶表》998页。

形声字。《说文》："链，铜属。从金，连声。"徐灏段注笺："笺曰：《系传》曰：《史记》长沙出连锡，即此也。灏按：《货殖传》又曰：江南出金锡连。徐广曰：连，铅之未炼者。《汉书·食货志》：殽以连锡。李琦曰：铅锡朴名曰连。《广雅》曰：铅矿谓之链。"以上读 lián。表用金属环连结而成的长条义时，读 liàn。（周宝宏）

鐵（铁）tiě 透纽、质部；透纽、屑韵、他结切。

鐵²
《说文》或体

鐵¹—鐵—鐵³—鐵⁵—鐵⁶—鐵⁷—鐵⁸—铁
秦《说文》小篆 汉 秦 秦 汉 楷书 楷书

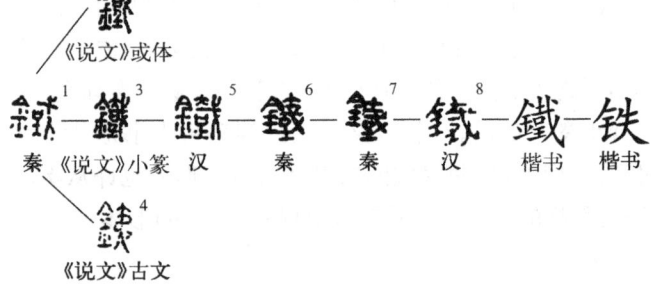
《说文》古文

1《战文编》908页。2、3、4《说文》293页。5、8《篆隶表》998页。6、7《睡甲》207页。

形声字。《说文》："鐵，黑金也。从金，𢧜声。"鐵字最早见于秦代文字，在传世文献中最早见于《书·禹贡》。

现代考古发掘中,春秋战国的墓葬中经常发现铁制品,说明春秋战国时代中国已经普遍使用铁了。1990年河南三门峡虢国墓地曾出土5件西周晚期的铁器,是人工冶制而成,说明至迟西周晚期已经发明了冶铁术。郭沫若《〈班簋〉的再发现》认为班簋铭文中"王令毛公以邦冢君、土驭、戎人伐东国"之戎为鐵的初文即或,春秋时代齐叔夷钟铭文有"造或徒四千",即冶铁工人四千。西周晚期晋侯苏编钟铭文:"晋侯率厥亚旅、小子、或人先陷人。"也有人认为此"或人"也为冶铁工人。如果西周金文班簋和晋侯苏编钟铭文中的"或"确为铜铁之"鐵"的初文,说明西周中期穆王时代就已经有了"铁"这个名称了,并且西周中期已经发现了铁这种金属。(周宝宏)

鍇(锴) kǎi 溪纽、脂部;溪纽、骇韵、苦骇切。

战国 《说文》小篆 汉 汉 楷书 楷书

1《战文编》908页。2《说文》293页。3、4《篆隶表》998页。

形声字。《说文》:"九江谓铁曰鍇。从金,皆声。"桂馥义证:"字书:锴,铁好也。《广韵》同。《广雅》:锴,铁也。"《方言》卷二:"锴,坚也。自关而西秦晋之间曰锴。"(周宝宏)

鉴 tiáo 定纽、幽部;定纽、萧韵、徒聊切。

西周 西周 西周 西周 春秋《说文》小篆 楷书

1-4《金文编》908页。5《战文编》908页。6《说文》294页。

形声字。《说文》:"鉴,铁也。一曰辔首铜。从金,攸声。"西周金文多友鼎:"赐汝……镭鉴百钧。"鉴为一种金属名称,但未必是铁。"一曰辔首铜",为西周金文常见义,但多写作"攸",多"攸(鉴)勒"连用。当初借"攸"为"鉴勒"之义,后加"金"字旁而成为"鉴"。"攸"、"鉴"为古今字。《诗》作"鋚",《周颂·载见》:"鞗革有鸧,休有烈光。"郑玄笺:"鞗革,辔首也。"《小雅·蓼萧》:"既见君子,鞗革忡忡。"清陈奂《诗毛氏传疏》:"鞗为辔首之饰,非辔首。……鞗当作鉴。革古文勒,《说文》:'鉴,鞗辔首铜也。'勒,络马首所垂之辔,其上饰谓之鉴,鉴以金为之。《说文》曰铜,铜即金也。"清马瑞辰《毛诗传笺通释》:"革为辔首,以皮为之;鉴为辔首饰,以金为之。"(周宝宏)

鏤(镂) lòu 来纽、侯部;来纽、候韵、卢候切。

战国《说文》小篆 汉 楷书 楷书

1《战文编》908页。2《说文》294页。3《篆隶表》998页。

形声字。《说文》:"鏤,刚铁可以刻镂。从金,娄声。《夏书》曰:'梁州贡镂。'一曰镂,釜也。"段玉裁注:"镂本刚铁之名,刚铁可受镂刻,故镂刻亦曰镂。"《诗·秦风·小戎》:"虎韔镂膺,交韔二弓。"郑玄笺:"镂膺有刻金饰也。"《大雅·韩奕》:"钩膺镂钖。"毛传:"镂钖,有金镂其钖也。"朱熹诗集传:"镂,刻金也。马眉上饰曰钖。"(周宝宏)

銑(铣) xiǎn 心纽、文部;心纽、铣韵、苏典切。

《说文》小篆 楷书 楷书

1《说文》294页。

形声字。《说文》:"銑,金之泽者。从金,先声。"王筠句读:"《释器》:'绝泽谓之銑。'注:銑即美金,言最有光泽也。《国语》'珙之以金銑'者,谓此也。"(周宝宏)

録(录) lù 来纽、屋部;来纽、烛韵、力玉切。

《说文》小篆 汉 汉 汉 楷书 楷书

1《说文》294页。2、3、4《篆隶表》998页。

形声字。《说文》:"録,金色也。从金,录声。"段玉裁注:"録与绿同音,金色在青黄之间也,假借为省録字,虑之假借也。"徐灏注笺:"笺曰:言金之光华闪烁録録然也,引申为凡光泽之称,亦曰歷録。《秦风·小戎》篇'五楘梁辀',传:楘,历録也。一辀五束,束有历録。疏曰:五楘是辀上之饰以皮革五处束,因以为文章。历历録録,盖文章之貌也。録部曰:刻木録録也。《系传》曰:録録犹历历也。历録之倒语为陆离,《离骚》'长余佩之陆离',又'斑陆离其上下'是也。假借为簿録字。"据《说文》,録字本义为:金色,在青黄之间;据段注,假借为抄録、省録之义;据徐笺,録之本义为金之光亮,光泽闪闪

发亮的样子,即联绵词陆离。与《说文》之说相同。録字本义指古铜器呈青黄色,亦称铜绿色。(周宝宏)

鑄（铸） zhù 章纽、幽部；章纽、遇韵、之戍切。

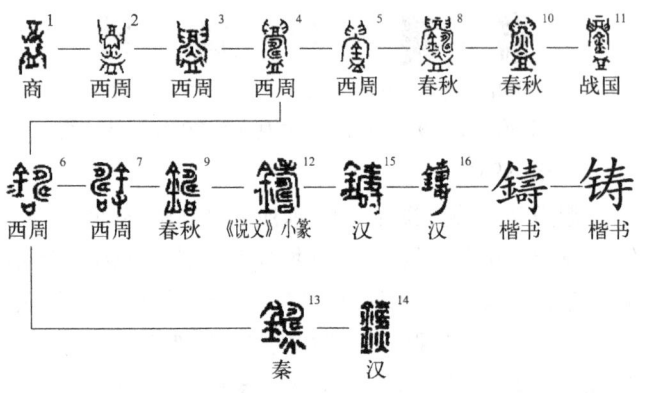

1—11《金文编》910～911 页。12《说文》294 页。13《睡甲》207 页。14、15、16《篆隶表》998 页。

形声字。《说文》:"鑄,销金也。从金,壽声。"桂馥义证:"鑄,销金也者,《玉篇》:铸,镕铸也。颜注《急就篇》:凡金铁销冶而成者谓之铸。"从甲骨文到西周早期金文鑄字形体看,铸字本为会意字,上从双手持倒置的镕器(或省双手形),中从"火","火"当表示熔化的金属溶液(甲骨文铸字中形为"火"形之残),下边从双手持"皿"表示"范"(从西周金文始铸字下边皆省双手形)。至西周中晚期金文铸字中间省"火"形而增加声符"罟"。但直至战国金文铸字形体仍有保持与甲骨文、西周早期金文铸字一致者。西周晚期开始,铸字形体有省"火"而变为从"金"者,使意符表意更为明显,这一形体一直流行到战国。至迟从春秋早期开始,铸字形体中间已变为从"火"从"金","罟"声。从西周晚期开始,铸字形体已有省上下镕器型范之形而从"金""罟"声(或罟声)。这一形体也流行到春秋战国时代。秦代竹简中的铸字从"金"从"火""罟"声,这一形体当来源于西周晚期以来的铸字形体。《说文》小篆铸字从"金""寿"声,未见于先秦古文字,汉印中的"铸"字从"金"从"火""寿"省声,当是糅合了《说文》小篆和秦简中铸文的两种形体。汉代的隶书及后代楷书铸字形体直接来源于《说文》小篆。西周至春秋金文,特别战国文字中,铸字形体省变情况很多。从甲骨文到西周金文,再到春秋战国文,铸字一直用铸造之意,如甲骨文有"铸黄吕"语句。(周宝宏)

銷（销） xiāo 心纽、宵部；心纽、宵韵、相邀切。

銷¹—銷²—銷³—銷⁴—銷⁵—销
《说文》小篆　秦　汉　汉　汉　楷书　楷书

1《说文》294 页。2《睡甲》207 页。3、4、5《篆隶表》999 页。

形声字。《说文》:"銷,鑠金也。从金,肖声。"张舜徽约注:"销之言烧也,谓投之火烧化之也。此乃销之本义。《史记·秦始皇本纪》:'收天下兵聚之咸阳,销以为钟镰。'是其事已。"(周宝宏)

鑠（铄） shuò 书纽、药部；书纽、药韵、书药切。

鑠¹—鑠²—鑠³—鑠—铄
《说文》小篆　汉　汉　楷书　楷书

1《说文》294 页。2、3《篆隶表》999 页。

形声字。《说文》:"鑠,销金也。从金,樂声。"桂馥义证:"《玉篇》:铄,销铄也。《周语》'众口铄金',贾注:铄,销也。《楚辞·九章》'故众口其铄金兮',王注:铄,销也。"(周宝宏)

鍊 liàn 来纽、元部；来纽、霰韵、郎甸切。

鍊¹——鍊
《说文》小篆　楷书

1《说文》294 页。

形声字。《说文》:"鍊,冶金也。从金,柬声。"张舜徽约注:"段玉裁曰:'冶当作治。涷,治丝也;练,治缯也;鍊,治金也;皆谓滴涷欲其精,非第冶之而已。冶者销金也。'引申之凡治之使精曰鍊。'舜徽按:治金之事,与治丝、治缯不同。治金重在冶铸,必冶铸而后可治之使精。但言冶金,即足以概治金也。故本书火部煉下云:'铄冶金也。'煉与鍊盖即一字。涷、練、鍊、煉并受声义于阑,阑者治也。"(周宝宏)

釘（钉） dīng 端纽、耕部；端纽、青韵、当经切。

釘¹—釘²—釘³—釘—钉
《说文》小篆　汉　汉　楷书　楷书

1《说文》294 页。2、3《篆隶表》999 页。

形声字。《说文》:"釘,鍊鉼黄金。从金,丁声。"张舜徽约注:"钮树玉曰'饼亦作饼'。《尔雅·释器》:饼金谓之钣。《初学记》引'饼'作'饼',是也。'段玉裁曰:'凡物匾之曰饼。炼饼,炼而成之。'舜徽按:炼饼金谓之钉,犹补履下谓之𩊚,皆谓椎击之丁丁有声也。后世以金一枚为一锭,即借锭为钉也。"李祖望《释钉》:"群经无钉字,而见于《说文》,与今通用之钉字异义。《说文》:'钉,炼饼黄金也。'段氏《说文》注云:'今人用此字则古鐕字之义也。《说文》:'鐕,可以缀着物者。'"钉字之本义谓炼黄金为饼形原料,非今钉子之义。(周宝宏)

錮(锢) gù 见纽、鱼部;见纽、暮韵、古暮切。

錮¹—錮²—金囗³—錮—锢

《说文》小篆 汉 汉 楷书 楷书

1《说文》294页。2、3《篆隶表》999页。

形声字。《说文》:"錮,铸塞也。从金,固声。"段玉裁注:"凡销铁以窒穿穴谓之錮。《左传》曰:子反请以重币錮。"《左传·成公二年》孔颖达《正义》:"铁器穿穴者,铸铁以塞之,使不漏。"张舜徽《说文解字约注》:"铸锢谓之锢,犹四塞谓之固耳。"五代徐锴《说文解字系传》:"铸铜铁以塞隙也。后汉法有党锢,塞其仕进之路也。"(周宝宏)

鑲(镶) ráng xiāng 日纽、阳部;日纽、阳韵、汝阳切。

鑲¹—鑲²—鑲³—鑲—镶

《说文》小篆 汉 汉 楷书 楷书

1《说文》294页。2、3《篆隶表》999页。

形声字。《说文》:"鑲,作型中肠也。从金,襄声。"徐锴系传:"铸钟镛属,使内空者,于型范中更作土模,所以后却流铜也。又若果实之穰。"(周宝宏)

鎔(镕) róng 喻纽、东部;以纽、钟韵、徐封切。

鎔¹—鎔—镕

《说文》小篆 楷书 楷书

1《说文》294页。

形声字。《说文》:"鎔,冶器法也。从金,容声。"徐锴系传:"亦模范也。"王筠句读:"《汉书·董仲舒传》:'犹金之在鎔,唯冶者之所铸。'颜注:'鎔谓铸器之范也。'"朱骏声通训定声:"冶器法也,从金容声。按木曰模,水曰法,土曰型,竹曰范,金曰鎔。"(周宝宏)

鍛(锻) duàn 端纽、元部;端纽、换韵、丁贯切。

鍛¹—鍛—锻

《说文》小篆 楷书 楷书

1《说文》294页。

形声字。《说文》:"鍛,小冶也。从金,段声。"徐灏段注笺:"《系传》曰:'椎之而已,不销,故曰小冶'是也。以铁入火铄而椎之,是谓小冶,异于鎔铸也。"清桂馥《说文解字义证》:"小冶也者,本书,段,椎物也。……《急就篇》锻铸铅锡镫锭镣,颜注:凡金铁之属椎打而成器者谓之锻。"(周宝宏)

鋌(铤) tǐng dìng 定纽、耕部;定纽、迥韵、徒鼎切。

鋌¹—鋌²—鋌³—鋌—铤

《说文》小篆 汉 汉 楷书 楷书

1《说文》294页。2、3《篆隶表》999页。

形声字。《说文》:"鋌,铜铁朴也。从金,廷声。"桂馥义证:"铜铁朴也者,《一切经音义》十一:'鋌,铜铁之璞,未成器用者也。'《广雅》:'镶鋉,鋌也。'《文选·七命》'邪溪之鋌',《淮南子·修务》:'苗山之鋌,羊头之销。'许注:'鋌,铜铁璞也。'王褒《四子讲德论》'精炼藏子铲鋉'……"张舜徽约注:"按:磺与鋌异者,磺,即今语所称矿沙;鋌则小经冶椎已成粗材者,即今俗所称铜条、铁条之类也。铜铁已成条者谓之鋌,犹草茎谓之莛,木一枚谓之梃,维丝筦谓之筳,皆言其形之直耳。"(周宝宏)

鏡(镜) jìng 见纽、阳部;见纽、映韵、居庆切。

鏡¹—鏡²—鏡³—鏡—镜

《说文》小篆 汉 汉 汉 楷书 楷书

1《说文》294页。2、3、4《篆隶表》999页。

形声字。《说文》:"鏡,景也。从金,竟声。"段玉裁注:"景者,光也。金有光可照物谓之镜,此以叠韵为训也。镜亦曰鉴,双声字也。"清王筠《说文解字句读》:"《诗》谓之鉴,《书》省作监。镜盖秦汉字也,不须解,故以叠韵说之……汉镜铭皆作竟。"《广雅·释器》"鑑谓之镜",《释诂三》"镜,照也。"《大戴·保傅》:"明镜者所以察形也。"(周宝宏)

鈃(钘) xíng 匣纽、耕部;匣纽、青韵、户经切。

鈃¹—鈃²—鈃—钘
《说文》小篆 汉 楷书 楷书

1《说文》294页。2《篆隶表》1000页。

形声字。《说文》:"似钟而颈长。从金,幵声。"段玉裁注:"钟者酒器……古酒钟有腹有颈,盖大其下小其上也。"桂馥义证:"《广韵》:钘,酒器,似钟而长颈也。瓶、瓿并同上。《急就篇》'铜钟鼎铃铜鈚铫',颜注:'铃字或作钘,钘似钟而长颈也。'《庄子·徐无鬼》篇'其求钘钟也以束缚',《释文》引《字林》云:钘似小钟而长颈。又云:似壶而大。馥案:诸说皆以为酒器。"(周宝宏)

鍾(钟) zhōng 章纽、东部;章纽、钟韵、职容切。

鍾¹—鍾²—鍾³—鍾⁴—鍾⁵—鍾⁶—鍾⁷—鐘—钟
春秋 战国《说文》小篆 汉 汉 汉 晋 楷书 楷书

1《金文编》912页。2《战文编》909页。3《说文》294页。4-7《篆隶表》1000页。

形声字。《说文》:"鍾,酒器也。从金,重声。"段玉裁注:"古者此器盖用以宁(zhù)酒,故大其下小其颈,自鍾倾之而入于尊,自尊勺之而入于觯,故量之大者亦曰鍾。引申之义为鍾聚。"徐灏段注笺:"许以鍾为酒器,鐘为乐器,判然各异,但此二字古相通用……窃谓酒鍾之名既仿乎乐鐘,而嘉量之度亦出于律吕,然则鍾与鐘实本一字,因后世用之各有所专,遂歧而二之,引申为鍾聚之称。"清邵瑛《说文解字群经正字》:"按,据《说文》,鍾是酒器,鐘是乐器,今经典多通用鍾为乐器,其误亦始汉碑,韩勅碑云:'鍾磬瑟鼓。'校官碑云:'鍾磬具矣。'郑国碑云:'至德不纪,则鍾鼎奚铭。'鐘皆作鍾。"鐘字产生于西周中晚期,皆用为乐器之名,春秋产生从重声的鍾字,同样用为乐器之名,未见用为酒器之名,因此当初鍾与鐘不别,二字产生区别当在战国以后。(周宝宏)

鑑(鉴) jiàn 见纽、谈部;见纽、鑑韵、格懺切。

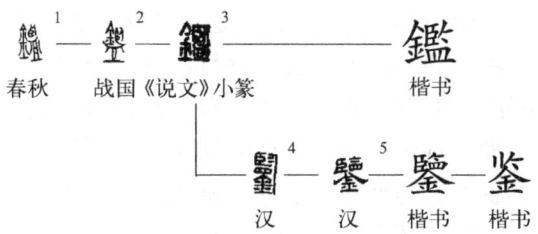

1、2《金文编》912页。3《说文》294页。4、5《篆隶表》1000页。

形声字。《说文》:"鑑,大盆也。从金,监声。"徐灏段注笺:"鑑,古只作监,从皿以盛水也。因其可以照形而监察焉。其后范铜为之,而用以照形者亦谓之鑑,声转为镜。"甲骨文、西周金文习见"监"字,用为监视之义。监、鑑当为古今字。唐兰《殷墟文字记》:"余谓监字本象一人立于盆侧,有自监其容之意,后世变为鑑……其本义当为'视也'……引申之为所监之器之名,金制则为鑑,盛水则为灆。……鑑变入阳部,后人因假竟字为之,因而别为镜字。"甲骨文、西周金文监字皆用为动词"监视"之义,至春秋时代用为器物名称加"金"字旁以示区别。(周宝宏)

鐈(𫓧) qiáo 群纽、宵部;群纽、宵韵、巨娇切。

鐈—鐈²—鐈³—鐈⁴—鐈⁵—鐈—𫓧
西周 西周 春秋 西周《说文》小篆 楷书 楷书

1-4《金文编》912页。5《说文》294页。

形声字。《说文》:"鐈,似鼎而长足。从金,喬声。"徐灏段注笺:"许云鐈似鼎。《方言》云桸谓之鐈,盖二器皆高足,故从喬声。喬者高也。《广雅》云:鐈,釜也。"张舜徽《说文解字约注》:"按:长足鼎谓之鐈,犹长尾雉谓之鷮,人高谓之僑,水梁谓之橋,举足小高谓之蹻,善缘木之士谓之獟,马高六尺谓之驕。"(周宝宏)

鐆 suì 邪纽、物部;邪纽、至韵、徐醉切。

鐆¹—鐆
《说文》小篆 楷书

1《说文》294页。

形声字。《说文》:"鐆,阳鐆也。从金,隊声。"徐灏段注笺:"《玉篇》:鐆,镜也。《广韵》:鐆,阳鐆,可取火于日中,又作鐆,同。灏按:今之玻璃眼镜,取以向日,其中光影聚处有火,一点在地,可以纸煤然之。顾野王以鐆为镜即此类也。"邵瑛群经正字："今经典多作燧。《考工记·辀人》'谓之鉴燧之齐'，《礼记·内则》'金燧木燧'，《左传》文十年传'命凤驾载燧'，《论语·阳货》'钻燧改火'。"鐆之本义为镜，用为钻燧取火之意时作燧，二字同源。（周宝宏）

鋞 xíng 匣纽、耕部；匣纽、青韵、户经切。

鋞¹—鋞
《说文》小篆　楷书

1《说文》294页。

形声字。《说文》："鋞，温器也。圜直上。从金，巠声。"张舜徽约注："徐灏曰：'《急就篇》颜注云，鋞，温器，圜而直上。'即本于《说文》。又云：'鋞或作鈃。许则分为二义也。'舜徽按，鋞、鈃音同，故古人多视为一字。器之长颈者，与器之圜而直上者声义并与茎胫同原也。"（周宝宏）

鑊(镬) huò 匣纽、铎部；匣纽、铎韵、胡郭切。

¹—²—³—⁴—⁵—鑊⁶—鑊⁷—鑊—镬
商　商　商　商　战国　《说文》小篆　汉　楷书　楷书

1-4《甲文编》527页。5《金文编》912页。6《说文》294页。7《篆隶表》1000页。

形声字。从金，蒦声。甲骨文中习见鑊字。于省吾主编《甲骨文字诂林》"蒦"字条后姚孝遂按语："按：字当释'鑊'。《汉书·刑法志》：'大辟有凿颠抽胁镬亨之刑'，颜注：'鼎大而无足曰镬，以鬻人也'。《淮南·说山训》'尝一脔肉知一镬之味'，高注：'有足曰鼎，无足曰镬'。契文从鬲，皆有足。……罗振玉谓'或加；，象水形，所以煮也。隻即获字，或省隻作佳。然则契文当为会意字，而非形声。'"《诗·葛覃》'是刈是濩'，毛传：'濩，煮之也。'《尔雅·释训》同。《释文》本'濩'作'鑊'。孙炎注以为'煮之于鑊'故曰'鑊煮'，实颠倒本末。'鑊'之本义为煮，故引申之煮物之器曰'鑊'，'鑊'乃后起之形声字。""卜辞云：'贞，叀鑊。'，'贞，叀鑊。''鑊'为动词，当为祭名，谓煮物以祭，其用同于'濩'。"鑊在甲骨文中的形体为会意字，至西周金文已变为从金蒦声的形声字。（周宝宏）

鍪 móu 明纽、侯部；明纽、尤韵、莫浮切。

鍪¹—鍪²—鍪³—鍪⁴—鍪
《说文》小篆　汉　汉　汉　楷书

1《说文》294页。2《篆隶表》1001页。3、4《马王堆》567页。

形声字。从金，孜声。清王筠《说文解字句读》："颜注《急就篇》鍪似釜而反唇，一曰鍪者，小釜类。即今所谓锅也。"《战国策·韩策一》："甲、盾、鞮、鍪、铁幕、革抉，㪍芮，无不毕具。"鲍彪注："鍪，兜鍪。"《说文》："鍪，鍑属。"鍑，大口釜，盖鍪如之。鍪字本义为釜锅类器，兜鍪（武士头盔）似鍪釜类器，也称之为鍪。（周宝宏）

錪 tiǎn 透纽、文部；透纽、铣韵、他典切。
tǔn 透纽、混韵、吐衮切。

錪¹—錪
《说文》小篆　楷书

1《说文》294页。

形声字。《说文》："錪，朝鲜谓釜曰錪。从金，典声。"张舜徽约注："錪乃釜之通名，非小釜之专号。盖錪之言奠也，安置灶上不移徙也。《方言》：'錪，重也。'又十三：'腆，厚也。'凡釜较他烹饪器为厚重，錪从典声，兼寓斯义矣。"炊器义音tiǎn，重义音tǔn。（周宝宏）

鋤(锉) cuò 清纽、歌部；清纽、过韵、昨禾切。

鋤¹—鋤²—鋤³—鋤—锉
《说文》小篆　汉　汉　楷书　楷书

1《说文》294页。2、3《篆隶表》1001页。

形声字。从金，坐声。小釜。张舜徽《说文解字约注》："物之小而圜者谓之锉䥶，乃叠韵连语，单言之则曰锉。"（周宝宏）

鉶(铏) xíng 匣纽、耕部；匣纽、青韵、户经切。

鉶¹—鉶—铏
《说文》小篆　楷书　楷书

1《说文》294页。

形声字。五代徐锴《说文解字系传》："鉶，器也。从

金,刑声。臣锴曰:铏,羹器也。"(周宝宏)

鎬(镐) hào 匣纽、宵部;匣纽、皓韵、胡老切。

金+同—鎬—鎬—鎬—鎬—鎬—鎬—镐
战国　战国　战国　《说文》小篆　汉　汉　楷书　楷书

1《金文编》913页。2、3《战文编》910页。4《说文》294页。5、6《篆隶表》1001页。

形声字。《说文》:"鎬,温器也。从金,高声。"张舜徽约注:"鎬训温器,是其本义。盖鎬之言熇也,言有火热气也。"大膡镐铭文:"秦客王之子齐之戬(岁),大膡为王侩晋鎬。"正用"鎬"为饮器。(周宝宏)

銚(铫) diāo 定纽、宵部;定纽、啸韵、徒吊切。

銚—銚—銚—铫
《说文》小篆　汉　楷书　楷书

1《说文》295页。2《篆隶表》1001页。

形声字。《说文》:"銚,温器也。从金,兆声。"段玉裁注:"今煮物瓦器谓之銚子,读徒吊切,是也。"(周宝宏)

鎯 dòu 定纽、侯部;定纽、厚韵、徒口切。

亞—鎯—鎯
《说文》或体　《说文》小篆　楷书

1、2《说文》295页。

形声字。《说文》:"鎯,酒器也。从金,亞象器形。亞,鎯或省金。"王筠释例:"案,亞象形,必古文,其形似壶之下半。壶有盖、有颈、有腹,亞则无盖。"张舜徽约注:"《诗·行苇》'酌以大斗',当以鎯为本字。凡云斗酒,亦当作此。徒以鎯字笔画繁难,故多废而不用,乃借斗为之耳。本但作亞,象形,后复加金旁为鎯。"以张舜徽之说较合理。(周宝宏)

鐎 jiāo 精纽、宵部;精纽、宵韵、即消切。

鐎—鐎—鐎—鐎
《说文》小篆　汉　汉　楷书

1《说文》295页。2、3《篆隶表》1001页。

形声字。《说文》:"鐎,鐎斗也。从金,焦声。"王筠句读:"即刀斗也。孟康曰:以铜作鐎器,受一斗,昼炊饭食,夜击持行名曰刀斗。案:刀俗作刁。"张舜徽约注:"以其有柄,形与斗近,故又名鐎斗。《玉篇》云'温器,有柄也。'《广韵》云'刁斗也,温器,三足而有柄'是已。"(周宝宏)

銷(销) xuān 晓纽、元部;晓纽、先韵、火玄切。

銷—銷—銷—銷—銷—销
《说文》小篆　汉　汉　汉　楷书　楷书

1《说文》295页。2、3、4《篆隶表》1001页。

形声字。《说文》:"銷,小盆也。从金,昌声。"徐灏段注笺:"《广雅》曰銷谓之銚。王氏《疏证》曰《博古图》有汉梁山銷,容二斗,重十斤,元康元年造。灏按:上文云銚温器,颜注《急就篇》云銷温器也。"(周宝宏)

鍵(键) jiàn 群纽、元部;群纽、狝韵、其辇切。

鍵—鍵—鍵—键
《说文》小篆　汉　楷书　楷书

1《说文》295页。2《篆隶表》1001页。

形声字。《说文》:"鍵,铉也。一曰车辖。从金,建声。"段玉裁注:"谓鼎扃也,以木横关鼎耳而举之,非是,则既炊之鼎不可举也,故谓之关键,引申之为门户之键闭。"徐灏段注笺:"《月令》:修键闭,慎管籥。郑注:键,牡闭牝也,管籥搏键器也。灏按:键闭与管籥为二事,键者门关之牡也。盖以木横持门户而纳键于孔中,然后以管籥固之。管籥即今之锁也。车轴耑键与此相类。亦谓之键矣。"(周宝宏)

鉉(铉) xuàn 匣纽、真部;匣纽、铣韵、胡畎切。

鉉—鉉—鉉—铉
《说文》小篆　汉　楷书　楷书

1《说文》295页。2《篆隶表》1002页。

形声字。五代徐锴《说文解文系传》:"铉,举鼎具也。"清王筠《说文解字句读》:"鼎卦六五:鼎黄耳金铉。上九:鼎玉铉。马云:铉,扛鼎而举之也。"清徐灏《说文段注笺》:"《玉篇》:铉,鼎耳也。其义为优。"张舜徽《说文解字约注》："铉字,从金,自当以鼎耳为本义。鼎耳之用,在于贯木其中以举鼎。"按鼎耳谓之铉,贯鼎耳而举之具谓铉。(周宝宏)

鎣(銮) yīng 喻纽、耕部；以纽、清韵、余倾切。
yíng 影纽、耕部；影纽、径韵、乌定切。

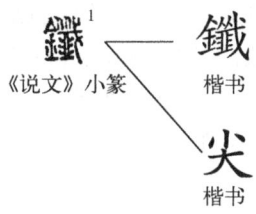

1《金文编》913页。2《说文》295页。

形声字。《说文》:"鎣,器也。从金,熒省声。"段玉裁注:"谓摩铿之器也,以金为之。"张舜徽约注:"鎣之言瑩也,谓磨之瑩然有光也。"《广雅·释诂三》:"鎣,磨也。"(周宝宏)

鐵 jiān 精纽、谈部；精纽、盐韵、子廉切。

1《说文》295页。

形声字。《说文》:"鐵,铁器也。一曰鑯。从金,韱声。"段玉裁注:"盖锐利之器,郭注《尔雅》:用为今之尖字。"《玉篇》:"尖,小细也。"又:"尖,锐也。"尖字大约产生于魏晋时代。张舜徽《说文解字约注》:"锐利之器谓之鐵,犹木之锐者谓之櫼,竹之锐者谓之籛耳。"(周宝宏)

錠(锭) dìng 端纽、耕部；端纽、径韵、丁定切。

1《说文》295页。2、3《篆隶表》1002页。

形声字。《说文》:"錠,镫也。从金,定声。"徐灏段注笺:"《楚辞·招魂》云:兰膏明烛华镫错些。王注:言镫锭尽雕琢错缕。《急就篇》:锻铸铅锡镫锭鐎。颜注:镫所以盛膏夜然燎者也,其形若杅而中施钉,有柎者曰镫,无柎者曰锭。谓下施足也。"(周宝宏)

鐙(镫) dēng 端纽、蒸部；端纽、嶝韵、都邓切。

1《说文》295页。2、3、4《篆隶表》1002页。

形声字。《说文》:"鐙,锭也。从金,登声。"徐铉:"锭中置烛故谓之鐙,今俗别作燈,非是。"张舜徽约注:"是镫即今俗所用燈盏也。"(周宝宏)

鑪(炉) lú 来纽、鱼部；来纽、模韵、落胡切。

1、2、3《金文编》913～914页。4《说文》295页。5《篆隶表》1002页。

形声字。从金,盧声。清王筠《说文解字句读》:"玄应曰:凡盛火之器曰鑪。"徐铉:"今俗别作爐,非是。"按:春秋金文习见鑪字,多用为金属名称,未见用为火炉之鑪者,据此可知,鑪之本义非火鑪,而是金属原料之称。(周宝宏)

釦(扣) kòu 溪纽、侯部；溪纽、厚韵、苦后切。

1《说文》295页。2、3《马王堆》564页。

形声字。《说文》:"釦,金饰器口。从金、从口,口亦声。"段玉裁注:"谓以金涂器口,许所谓错金,今俗所谓镀金也。《汉旧仪》:大官尚食用黄金釦器,中官私官尚食用白银釦器。"《后汉书·皇后纪上·和熹邓皇后》:"其蜀汉釦器九带佩刀,并不复调。"李贤注:"釦,以金银缘器也。"釦字未见于先秦古文字资料,见于先秦文献《国语》,是借用为"叩",当是秦汉以后传抄时所写。釦字见于马王堆汉墓帛书的《五十二病方》和《养生方》,但不用为本义,而是借用为别的词义。张舜徽《说文解字约注》认为《说文》原本"釦"字不是会意字,而是从金、口声的形声字。(周宝宏)

錯(错) cuò 清纽、铎部；清纽、暮韵、仓故切。

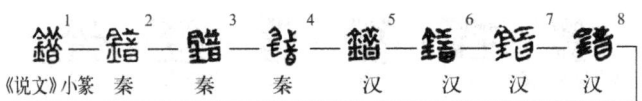
《说文》小篆 秦 秦 秦 汉 汉 汉 汉
汉 汉 汉 楷书 楷书

1《说文》295页。2、3《战文编》910页。4《睡甲》207页。5—11《篆隶表》1002～1003页。

形声字。《说文》："错，金涂也。从金，昔声。"段玉裁注："谓以金措其上也。或借为措字，措者置也。或借为摩厝字，厝者厉石也。或借为逪遣字，东西曰逪，邪行曰遣。"徐灏段注笺："下文云：锡，错铜铁也。此当云：错，锡也。金涂乃其引申义。戴氏侗曰：以刚铁交错为理以磨厉金石也。是也。《汉书·食货志》：王莽造错刀以金错其文，因之涂饰以金亦谓之错。又：厉石亦谓之错，别有厝，厂部：厝，厉石也。又：辵部：遣，迹道也。即交道之义。古通作错。"西周金文有遣字，见于番生簋铭文和毛公鼎铭文，用于"遣衡"一词中，《诗经》则作"错衡"，《大雅·韩奕》二章"簟茀错衡"，毛传：错衡，文衡也。孔颖达正义："错置文采，为车之衡。"从西周金文遣字和西周文献错字皆用为"错置文采"之义看，错字的本义当以《说文》为是。（周宝宏）

錡(锜) qí 群纽、歌部；群纽、支韵、渠羁切。

錡—錡—錡—锜—锜
《说文》小篆 汉 汉 楷书 楷书

1《说文》295页。2、3《篆隶表》1003页。

形声字。《说文》："錡，钼锄也。从金，奇声。江淮之间谓釜曰錡。"王筠句读："《召南》：'维錡及釜'。传：有足曰錡，无足曰釜。《方言》：鍑，江淮陈楚之间谓之錡。注：或曰三脚釜也。"张舜徽约注："段玉裁曰：'《诗·豳风》：既破我斧，又缺我錡。传云：凿属曰錡。此盖所谓钼锄者与？'舜徽按：许以钼锄训錡，盖錡即锯之异名……毛传以凿属训錡，非谓錡即凿也。盖錡之言齮也，谓锯之解木，渐进而成，有似于齮蚀也。"按：錡字之本义当为锯。（周宝宏）

鍤(锸) chā 清纽、叶部；清纽、洽韵、楚洽切。

鍤—鈒—锸
《说文》小篆 汉 楷书

1《说文》295页。2《篆隶表》1003页。

形声字。从金，臿声。清王筠《说文解字句读》："锸，郭衣鍼也。《集韵》：锸，缀衣鍼。《玉篇》：锸，长鍼也。案，郭者匡围也。制衣者平铺其衣，以长鍼週帀连缀之，然后可施功也。"锸字的本义是指一种连缀衣服的长针。（周宝宏）

鍼(针) zhēn 章纽、侵部；章纽、侵韵、职深切。

鍼—鍼—鍼—鍼—针
《说文》小篆 汉 汉 楷书 楷书

1《说文》295页。2《篆隶表》1003页。3《银雀山》441页。

形声字。《说文》："鍼，所以缝也。"徐铉："今俗作针，非是。"段玉裁注："竹部箴下曰：缀衣箴也。以竹为之，仅可联缀衣，以金为之乃可缝衣。"鍼字虽未见于战国文字，但习见于战国文献。（周宝宏）

鈹(铍) pī 滂纽、歌部；滂纽、支韵、敷羁切。

鈹—鈹—铍—铍
《说文》小篆 汉 楷书 楷书

1《说文》295页。2《篆隶表》1003页。

形声字。《说文》："鈹，大鍼也。一曰剑如刀装者。"徐灏段注笺："《灵枢经》九鍼十二原篇，铍，鍼长四寸广二分半，末如剑锋。此谓医家所用鍼砭也。刘渊林注《吴都赋》云：铍，两刃小刀也。盖为两刃如剑而形制如刀，故曰剑如刀装。"（周宝宏）

鈕(钮) niǔ 泥纽、幽部；泥纽、有韵、女久切。

鈕—鈕—钮—钮
《说文》小篆 晋 楷书 楷书

1《说文》295页。2《篆隶表》1004页。

形声字。《说文》："钮，印鼻也。从金，丑声。玨，古文钮从玉。"段玉裁注："玺之籀文从玉，古文印钮字从玉，盖作印时惟以玉为之也。"徐灏段注笺："钮，古只作纽，《周礼·弁师》'延纽'郑注：纽，小鼻在武上，笄所贯也。此纽之本义也。《淮南·说林训》'龟纽之玺'，此纽之引申也。后乃从金作钮，又从玉作珥，珥者或体，非真古文。"张舜徽《说文解字约注》："钮之言纽也，印之有鼻，所以系纽也。故经传即以纽为钮。《周礼·弁师》'延纽'注云：'纽，小鼻，'是已。"按：战国楚国竹简包山竹简已有从玉之"珥"，正与《说文》古文同。（周宝宏）

銎 qióng
溪纽、东部；溪纽、钟韵、曲恭切。

1《说文》295页。

形声字。本义为斧斤安装木柄的孔。《说文》："銎，斤斧穿也。从金，巩声。"段玉裁注："穿者通也，《诗·释文》作'斧穿也'三字。谓斤斧之孔所以受柄者。"（周宝宏）

錍（䥻） bēi
帮纽、支部；帮纽、支韵、府移切。

1《金文编》913页。2《说文》295页。3《篆隶表》1004页。

形声字。本义为一种短斧。张舜徽《说文解字约注》"錍亦可训短，短斧谓之錍，犹短人立谓之矲，短胫狗谓之猈耳。"按：錍又指一种箭镞。（周宝宏）

鏨（錾）zàn
从纽、谈部；从纽、阚韵、藏滥切。

1《说文》295页。

形声字。《说文》："鏨，小凿也。从金从斩，斩亦声。"桂馥义证："斩亦声者当为暂声。"王筠句读："《通俗文》：石凿曰鏨。"张舜徽约注："鏨本小凿之名，因之用以凿物亦鏨。"（周宝宏）

鑿（凿）záo
从纽、药部；从纽、铎韵、在各切。

1《甲文编》719页。2《战文编》911页。3《说文》295页。4、5《睡甲》208页。6、7《篆隶表》1004页。

形声字。《说文》："鑿，穿木也。从金，毁省声。"詹鄞鑫《释辛及与辛有关的几个字》："甲骨文𢦏字屡见……或释为毁，王襄曾疑为凿字。除王襄外，诸说都不对。……现在可以知道，𢦏字象手持锤击凿具之形，是凿字初文。""古文字里作偏旁的辛字，往往演变为羋字，如宰字（原父簋），齐镈及三体石经都作窣。……鑿字所从的臼是后加的会意符。臼同凵，是坎字的初文，表示凿物成坎。金旁是形声意符。未加金或臼的毁或毀字，也见于字书。《广韵》屋部有毀字，与同部鑿字音义同。《广韵》、《集韵》均有毀字，注云：'与鑿同'，《集韵》又省作毀。"徐兆仁《释𢦏》："该字结构是一手持锤器状，去敲击另一凿形工具，开凿、穿凿之状也十分明显。"按：从甲骨文鑿字作𢦏的形体看，其本形是个会意字，从手持锤敲击凿具之形，即使《说文》篆文的形体也不是从毁省声的字。西周金文甲骨文均未见鑿字，但春秋战国之交的侯马盟书作𢦏形，已变为从臼从金了。秦汉隶书中的鑿字形略有讹变。（周宝宏）

銛（铦）xiān
心纽、谈部；心纽、盐韵、息廉切。

1《说文》295页。2《篆隶表》1004页。3、4《银雀山》442页。

形声字。《说文》："銛，臿属。从金，舌声。"张舜徽约注："凡训田器者，其本字当作疌，大徐作锸，小徐作臿，皆借字耳。銛之言纤也，谓其器细薄也。疌睫细薄则锐利，故引申銛为凡锐利之称。"按：据此，銛是比锸薄的田间农具。（周宝宏）

錢（钱）jiǎn
精纽、元部；精纽、狝韵、即浅切。
qián 从纽、元部；从纽、仙韵、昨仙切。

1战国 2秦 3《说文》小篆 4汉 5汉 6楷书 楷书

金部

1《战文编》911页。2《睡甲》208页。3《说文》296页。4、5《篆隶表》1004~1005页。

形声字。《说文》:"錢,铫也。古田器。从金,戔声。《诗》曰:庤乃錢鎛。"段玉裁注:"古田器者,古谓之钱,今则但谓之铫,谓之臿,不谓之钱,而钱以为货泉之名。"《说文》:"铫,田器。"《诗·周颂·臣工》:"命我众人,庤乃钱鎛。"孔颖达疏:"铫,刈物之器也。"钱用为农田农具名,指类似铁锹一类的农具,读为jiǎn。用为指称货币费用量词、姓氏时,均读为qián。(周宝宏)

钁(镢) jué 见纽、铎部;见纽、药韵、古缚切。

钁—钁—镢
《说文》小篆 楷书 楷书

1《说文》296页。

形声字。《说文》:"钁,大鉏也。从金,矍声。"段玉裁注:"鉏之大者曰钁。"张舜徽约注:"大鉏谓之钁,犹母猴谓之玃,大步谓之躩。"(周宝宏)

鉏(锄) chú 从纽、鱼部;崇纽、语韵、床吕切。

鉏—鉏—鉏—鉏—鉏—锄
《说文》小篆 汉 汉 汉 楷书 楷书

1《说文》296页。2-4《篆隶表》1005页。

形声字。从金,且声。鉏字本义为除草农具。清邵瑛《说文解字群经正字》:"今经典往往作锄,《诗·甫田》笺:使民锄作耨耔。《左僖三十三传》杜注:耨,锄也。又《尔雅·释鸟》'鹭春鉏',陆氏《释文》:本作锄。《说文》无锄字,作鉏为正,《六书正讹》:俗作锄,非。"(周宝宏)

鎌(镰) lián 来纽、谈部;来纽、盐韵、力盐切。

鎌—鎌—镰
《说文》小篆 楷书 楷书

1《说文》296页。

形声字。从金,兼声。鎌即今称之镰刀,收割农作物的农具。张舜徽《说文解字约注》:"钮树玉《玉篇》正作镰,云:'刈钩也',重文作镰。舜徽按:许书作鎌乃正体也;从廉之镰,晚出字耳。鎌为刀之薄者,故利于割刈。薄刀谓之鎌,犹薄冰谓之溓也。"(周宝宏)

鍥(锲) qiè 溪纽、月部;溪纽、屑韵、苦结切。

鍥—鍥—锲
《说文》小篆 楷书 楷书

1《说文》296页。

形声字。《说文》:"鍥,镰也。从金,契声。"许慎训鍥之本义为镰。王力《古汉语字典》:"鍥、契、锲、刻。四字同源。《广韵·屑韵》:'鍥,刻也。'《说文》:'栔(契),刻也。'契刻双声,月职通转。《淮南子·本经》:'镌山石,锲金玉。'高诱注:'锲刻金玉以为器'。"于省吾《甲骨文字释林·释丰》:"甲骨文的丰字,就其构形来说,中划直,三邪划作弯环之势,象以木刻齿形。"《说文》:'栔,刻也。'《释名·释书契》:'契,刻也,刻识其数也。'栔与契古通用,字也作锲。契即古刻字,刻为后起的代字。《说文》以韧为巧韧之韧,契为契约之契,栔为栔刻之栔,由于后世用各有当,因而分化。"由上引资料可知,锲之初文为栔或契,栔或契之初文为韧,韧之初文为丰,本义为刻划树木以纪事,引申为刻断之义。《说文》训鍥为镰,当为后起之义。(周宝宏)

銍(铚) zhì 端纽、质部;知纽、质韵、陟栗切。

銍—銍—銍—銍—銍—铚
战国 《说文》小篆 汉 汉 楷书 楷书

1《战文编》911页。2《说文》296页。3、4《篆隶表》1005页。

形声字。《说文》:"銍,获禾短镰也。从金,至声。"《诗·周颂·臣工》:"命我众人,庤乃钱鎛,奄观銍艾。"毛传:"銍,获也。"清王念孙《广雅疏证》:"艾与刈同。获谓之銍,亦谓之刈,故获器谓之銍,亦谓之刈。"收割庄稼的一种镰刀。(周宝宏)

鎮(镇) zhèn 端纽、真部;知纽、震韵、陟刃切。

鎮—鎮—鎮—鎮—镇
《说文》小篆 汉 汉 楷书 楷书

1《说文》296页。2、3《篆隶表》1005页。

形声字。从金,真声。据《说文》,镇字之本义为压。《楚辞·九歌》:"白玉兮为镇。"《左传·昭公二十五年》:"无民而能逞其志者,未之有也,国君是以镇抚其民。"《国语·周语》:"是阳失其所而镇阴也。"韦昭注:"镇,为阴所镇笮也。"(周宝宏)

鉆

zhān 透纽、侵部；彻纽、盐韵、丑廉切。
tiě 透纽、葉部；透纽、帖韵、他为切。

鉆¹ — 鉆
《说文》小篆　楷书

1《说文》296页。

形声字。本义为冶铁时所用的一种铁夹子。清徐灏《说文段注笺》："《一切经音义》十一引《通俗文》：锻具曰鉆。灏谓：鉆与钳同类异物。钳盖冶器所用铁夹，鉆训为铌，即今所用镊子。"（周宝宏）

鉗（钳）qián

群纽、谈部；群纽、盐韵、巨淹切。

鉗¹ — 鉗² — 鉗³ — 鉗⁴ — 鉗 — 钳
《说文》小篆　汉　汉　汉　楷书　楷书

1《说文》296页。2、3、4《篆隶表》1006页。

形声字。《说文》："钳，以铁有所劫束也。从金，甘声。"段玉裁注："劫者以力协止也，束者缚也。"徐灏段注笺："《汉书·高帝纪下》：郎中田叔孟舒等十人自髡钳为王家奴。颜注：钳以铁束颈也。此钳之引申义也。通作箝，竹部，箝，籋也。又通作拑，手部：拑，协持也。盖以手曰拑，以竹木曰箝，以铜铁曰钳，通用则不别也。"用于冶炼的钳夹子与刑具之钳，二词当同源，《说文》以刑具（以铁束颈）为本义，但冶器之钳与刑具之钳孰为先后，很难确定。（周宝宏）

鈦（钛）dì

定纽、月部；定纽、霁韵、特计切。

鈦¹ — 鈦² — 鈦³ — 鈦 — 钛
战国　战国　《说文》小篆　楷书　楷书

1、2《战文编》911页。3《说文》296页。

形声字。《说文》："钛，铁钳也。从金，大声。"桂馥义证："铁钳也者，《御览》引作'胫钳也'，字书：在足曰钛。颜注《急就篇》：以铁镭头曰钳，镭足曰钛。《苍颉篇》：钳，钛也。《管子·幼官篇》：'刑则交寒害钛。'刘绩注云：钛，钳械人足也。《史记·平准书》：'敢铸铁器煮盐者钛左趾。'《集解》云：韦昭曰钛以铁为之，著左趾以代刖也。……张裴《汉晋律序》云：'状如跟衣，著足下，重六斤以代刖刑。至魏武改以械代钛。《晋书·刑法志》：'魏武帝甲子科犯，钛左右趾者易以木械，是时乏铁，故易以木焉。'《汉书·陈万年传》：'或私解脱钳钛。'颜注：钳在颈，钛在足，以铁为之。《后汉书·朱穆传》：'臣愿黥首系趾。'注云：系趾谓钛其足也。"钛字之本义是钳着足趾的一种刑具，类似今天之脚镣。（周宝宏）

鋸（锯）jù

见纽、鱼部；见纽、卸韵、居御切。

鋸¹ — 鋸² — 鋸³ — 鋸⁴ — 鋸 — 锯
战国　《说文》小篆　汉　汉　楷书　楷书

1《战文编》911页。2《说文》296页。3、4《篆隶表》1006页。

形声字。从金，居声。清徐灏《说文段注笺》："《广雅》曰：锯，钼也。《管子·小匡篇》：恶金以铸斤斧钼夷锯欘。尹知章注：锯，欘镂类也。此锯之古义。《鲁语》曰：中刑用刀锯。韦注：断截用锯。……此则今之所谓锯也。"（周宝宏）

鐕（镨）zān

精纽、侵部；精纽、覃韵、作含切。

鐕¹ — 鐕 — 镨
《说文》小篆　楷书　楷书

1《说文》296页。

形声字。《说文》："镨，可以缀着物者。从金，朁声。"王筠句读："《广韵》：镨，无盖钉。《丧大记》：君里棺用朱绿，用杂金镨。大夫里棺用玄绿，用牛骨镨。注：镨，所以琢着里。"桂馥义证："可以缀着物者，本书：缀，合着也。《玉篇》：镨，无盖钉。"据此可知，镨当是一种类似针的用于联缀大物件的无盖钉。（周宝宏）

錐（锥）zhuī

章纽、微部；章纽、脂韵、职追切。

錐¹ — 錐² — 錐³ — 錐⁴ — 錐⁵ — 錐 — 锥
《说文》小篆　秦　汉　汉　汉　楷书　楷书

1《说文》296页。2《睡甲》208页。3、4、5《银雀山》442页。

形声字。《说文》："锥，锐也。从金，隹声。"段玉裁注："此：门，闻也；户，护也之例。"徐灏段注笺："锥锐叠韵为训。"桂馥义证："《昭六年左传》：锥刀之末。《史记·平原君传》：譬若锥之处子囊中，其末立见。"《战国策·秦策一》"（苏秦）读书欲睡，引锥自刺其股。"张舜徽《说文解字约注》："锥，锐以叠韵为训。今俗称锥子。"颜注《急就篇》云：所以刺入也。《玉篇》云：'锥，针也。'此盖以其端末锐似针，而非谓锥即针也。"锥字之本义即今称

锥子。(周宝宏)

鋭(锐) ruì 喻纽、月部;以纽、祭韵、以芮切。

厃¹—鐜²—釒³—釒⁴—鋭—锐
《说文》籀文 《说文》小篆 汉 汉 楷书 楷书

1、2《说文》296页。3、4《马王堆》566页。

形声字。《说文》:"鋭,芒也。从金,兑声。厃籀文锐从厂剡。"段玉裁注:"芒者,草耑也。草耑必纤,故引申为芒角字,今俗用锋铓字。"徐灏段注笺:"锐,古但作兑,说见儿部。《书·顾命》:'一人冕执锐。'传曰:'锐,矛属。'"张舜徽《说文解字约注》:"籀文锐从厂剡,本书刀部:'剡,锐利也。'厃从之,会意。"按:凡植物、器物锐利尖细的末端为锐,引申为锐利、细小之义。(周宝宏)

鑽(钻) zuān 精纽、元部;精纽、桓韵、借官切。
zuàn

鑽¹—鑽²—鑽³—鑽—钻
《说文》小篆 汉 汉 楷书 楷书

1《说文》296页。2、3《篆隶表》1006页。

形声字。《说文》:"鑽,所以穿也。从金,赞声。"段玉裁注:"本是器名,因之谓穿亦曰鑽。"用作器名时读zuàn,用作穿义时读zuān。《一切经音义》引作:钻,所以用穿物者也。清朱骏声《说文通训定声》:"《荀子·王制》:'钻龟陈卦。'"张舜徽《说文解字约注》:"引申之,则凡深入谓之钻。《论语》所云'钻之弥深',谓深入也。"(周宝宏)

銓(铨) quán 清纽、元部;清纽、仙韵、此缘切。

銓¹—銓—铨
《说文》小篆 楷书 楷书

1《说文》296页。

形声字。《说文》:"銓,衡也。从金,全声。"段玉裁注:"铨,称也。各本作衡,今正。禾部:称,铨也。与此为转注,乃全书之通例。……称锤以金为之,故从金。"徐灏段注笺:"铨训为称可也,而称非称锤也。铨衡者,称量之通名,故衡亦训称。经解云:犹衡之于轻重也。郑注:衡,称也。是也。《广雅》曰:称谓之铨,锤谓之权。分别甚明。段改非也。"铨本义为衡量、称量轻重的器具,引申为动词衡量、称量。(周宝宏)

銖(铢) zhū 禅纽、侯部;禅纽、虞韵、市朱切。

銖¹—銖²—銖³—銖—铢
战国 《说文》小篆 汉 楷书 楷书

1《战文编》911页。2《说文》296页。3《篆隶表》1006页。

形声字。古代衡制单位,但因时因地不同,铢字所表示的重量也不同。《小尔雅》:"二十四铢曰两。"即二十四铢为一两。(周宝宏)

鋝(锊) lüè 来纽、月部;来纽、薛韵、力辍切。

乎¹—鋝²—鋝³—鋝—锊
西周 战国 《说文》小篆 楷书 楷书

1《金文编》914页。2《战文编》912页。3《说文》296页。

形声字。西周金文以乎为鋝,习出叠见,如:罚汝三百乎(锊)、取遣五乎(锊)、王赐金百乎(锊)、赐贝三乎(锊)等,明显用为重量单位。《书·吕刑》:"其罚百锊。"所表示的重量单位,不同时代不同地域是不同的。乎字的本义为"取",见于西周金文师同鼎和戒簋,师同鼎铭文:"乎戎金胄卅、戎鼎廿、铺五十、剑廿。"后来孳乳为"将"。西周金文乎用为锊,当是借用,至春秋战国孳乳为"锊",锊成为表示重量单位的本字。(周宝宏)

鍰(锾) huán 匣纽、元部;匣纽、删韵、户关切。

鍰¹—鍰²—鍰—锾
商 《说文》小篆 楷书 楷书

1《甲文编》527页。2《说文》296页。

形声字。《说文》:"鍰,锊也。从金,爰声。"罗振玉《殷虚书契考释》:"今卜辞有贤字,殆即从金之鍰。鍰为重量之名,谊亦为罚金。古者货贝而宝龟,至周而有钱,至秦废贝行泉。故从贝从金一也。又篆文从爫之字,古文皆从爫。知鍰锊本一字,后世误析为二矣。"于省吾主编《甲骨文字诂林》"贤"字条后姚孝遂按语:"字当释贤,篆文从金作鍰。卜辞用义不详。"王力《古汉语字典》:"锊、鍰。二字同源。《说文》:'鍰,锊也。'《周礼·考工记·冶氏》郑玄注引许叔重《说文解字》云:'锊,鍰也。'清吴大澂《说文古籀补》第十四:'古文锊鍰为一字'。锊,月部。鍰,元部。月元对转。"(周宝宏)

錙（锱）zī 精纽、之部；庄纽、之韵、侧持切。

錙¹—錙—锱
《说文》小篆　楷书　楷书

1《说文》296页。

形声字。《说文》："錙，六铢也。从金，甾声。"王筠句读："高注《淮南子·说山》曰：六铢曰錙，八铢曰锤。与许说合。"（周宝宏）

錘（锤）chuí 定纽、歌部；澄纽、支韵、直垂切。

錘¹—錘²—錘—锤
《说文》小篆　秦　楷书　楷书

1《说文》296页。2《睡甲》208页。

形声字。《说文》："錘，八铢也。从金，垂声。"段玉裁注："后人谓称之权为锤，《汉志》所谓以轻重为宜，圜而环之，今之肉倍好者也。古只当作垂，谓有物垂之而使平。"徐灏段注笺："今假锤为称锤字，俗作砣。古音垂读若陀，口相传不变也。"锤字本义为重量单位名称，用为秤锤义，用为斧锤义，皆为假借义或引申义。（周宝宏）

鈞（钧）jūn 见纽、真部；见纽、谆韵、居匀切。

图1—图2—图3—图4—图5—图6—图7—图8
西周　西周　西周　春秋　战国　战国　《说文》古文
图9—图10—图11—图12—图13—图14—图15—图16
《说文》小篆　秦　汉　汉　汉　汉　汉　汉
图17—鈞—钧
汉　楷书　楷书

1—5《金文编》914页。6、7《战文编》912页。8、9《说文》296页。10《睡甲》208页。11—17《篆隶表》1006~1007页。

形声字。《说文》："鈞，三十斤也。从金，匀声。鋆，古文钧从旬。"钧字，西周金文以匀字为之。匀，西周金文从吕，勹声，吕像金属饼形原料，用来制作各种器物。西周金文"赐金一匀（钧）"、"轿鋚百匀（钧）"之"匀"就是指制作青铜器的原料重量单位。在西周时代已产生从金匀声的钧字，从吕从金二者意符所表示的意义是相同的。至战国时代已经产生了从金匀声的钧字，为《说文》小篆及秦汉文字形体所继承。战国时代还产生了从金旬声的钧字，为《说文》古文所继承。首先产生"匀"，再产生"鋆"，再产生鈞和鉤，所表示的本义是一致的，都是指金属的重量单位。篆文"钧"实际是从金从吕两个意符。用为平均之义，是钧字的借义，如《诗·大雅·行苇》："敦弓既坚，四鍭既钧。"（周宝宏）

鈀（钯）bā 帮纽、鱼部；帮纽、麻韵、伯加切。
pá

鈀¹—鈀—钯
《说文》小篆　楷书　楷书

1《说文》296页。

形声字。《说文》："鈀，兵车也，一曰铁也，《司马法》：晨夜内鈀车。从金，巴声。"段玉裁注："今《司马法》无此文，《方言》：箭广长而薄镰谓之錍，或谓之鈀。"桂馥义证："《广雅》：鈀、錍，镝也。"鈀字，用为箭镞之义者常见。以上读为bā。也指一种平整土地的农具，读pá。（周宝宏）

鐲（镯）zhuó 定纽、屋部；澄纽、觉韵、直角切。

鐲¹—鐲—镯
《说文》小篆　楷书　楷书

1《说文》296页。

形声字。《说文》："鐲，钲也。从金，蜀声。"段玉裁注："《周礼·鼓人》：以金镯节鼓。郑注：镯，钲也，形如小钟，军行鸣之以为鼓节。大郑云：读如濯其源泉之濯。"桂馥义证："《广雅》：镯，铃也。《汉书·李陵传》：'闻金声而止。'注云：金谓钲也，一名镯。"又：《说文》："钲，铙也，似铃，柄中。上下通。从金，正声。"镯字之本义为钲、铃一类的军队用以号令军队停止前进的乐器，用为手镯之义，乃晚起之义，为借用。（周宝宏）

鈴（铃）líng 来纽、真部；来纽、青韵、郎丁切。

图1—图2—图3—图4—图5—图6—图7—鈴—铃
西周　西周　西周　春秋　战国　《说文》小篆　汉　楷书　楷书

1—4《金文编》914~915页。5《战文编》912页。6《说文》296页。7《篆隶表》1007页。

形声字。《说文》："鈴，令丁也。从金、从令，令亦声。"徐灏段注笺："丁宁者，铃也，丁宁、令丁，皆状其声，急言之为铃。《周颂·载见》篇：'和铃央央。'毛传：和在轼前，铃在旂上。《尔雅》曰：有铃曰旂。《广韵》：铃似钟而小,盖形如小钟而有舌,行动则鸣,与和鸾相应也。"西周早期金文以"令"为铃,如"成周令"即"成周铃"。西周金文已产生从金令声的铃字但也有从金命声的铃字,因为令命西周金文本同一来源。(周宝宏)

鉦(钲) zhēng 章纽、耕部;章纽、清韵、诸盈切。

1《战文编》912页。2《金文编》915页。3《说文》297页。4《篆隶表》1007页。

形声字。《说文》:"鉦,铙也,似铃,柄中,上下通。从金,正声。"段玉裁注:"镯、铃、钲、铙四者相似而有不同。钲似铃而异于铃者,镯铃似钟,有柄,为之舌以有声。钲则无舌,柄中者柄半在上、半在下,稍稍宽其孔,为之抵拒,执柄摇之,使与体相击为声。"张舜徽约注:"钲之言正也,正者,止也,所以止鼓者也。《周礼·鼓人》:'以金铙止鼓'。是其事已。钲有止义,亦犹证之训谏,政之训正,并有止义耳。"钲为似铃而无舌,摇柄撞击发声的一种军用乐器,用于号令军队停止前进。(周宝宏)

鐃(铙) náo 泥纽、宵部;泥纽、肴韵、女交切。

1《战文编》912页。2《说文》297页。3《篆隶表》1007页。

形声字。《说文》:"鐃,小钲也。军法,卒长执铙。从金,尧声。"段玉裁注:"钲铙一物而铙较小,浑言不别,析言则有辨。《周礼》言铙不言钲,《诗》言钲不言铙,不得以大小别之。"桂馥义证:"《周礼·大司马》:'辨鼓铎镯铙之用',注云:铙读谨晓之晓。'鼓人以金铙止鼓',注云:铙如铃无舌,有秉执而鸣之,以止击鼓。《乐书》:金铙小者似铃,执而鸣之以止鼓也。"铙是军队中用手摇而鸣的一种乐器,用于号令军队停止前进。但铙作为青铜乐器商周墓葬多有出土,不止用于军队之中。马承源主编《中国青铜器》(276页):"铙:我国最早使用的青铜打击乐器之一,又称为钲和执钟,流行于商代晚期,周初沿用。""从这情形来看,商周的铙不单用于军旅,且可用于祭祀和宴乐。"(周宝宏)

鐸(铎) duó 定纽、铎部;定纽、铎韵、徒落切。

1、2《金文编》915页。3《战文编》912页。4《说文》297页。5《睡甲》208页。6、7、8《篆隶表》1007页。

形声字。《说文》:"铎,大铃也。"段玉裁注:"《鼓人》:'以金铎通鼓',注:'铎,大铃也。'谓铃之大者。"徐灏段注笺:"按:镯铃钲铙铎五者形制皆同,唯铃铎有舌为异耳。"马承源主编《中国青铜器》(288页):"铎,撞击乐器,盛行于春秋战国时期。《说文》金部:'铎,大铃也。'但传世有铭的铎并不太大,有舌,振之以发声。《国语·吴语》:'王乃秉枹,亲就鸣钟、鼓、錞于、振铎。'故铎应是一种军阵的乐器。又《周礼·夏官·大司马》:'群司马振铎,车徒皆作。'可知铎之具体用于军旅和田猎。"(周宝宏)

鎛(镈) bó 並纽、铎部;並纽、铎韵、徒落切。

1《说文》297页。

形声字。《说文》:"鎛,大钟、淳于之属,所以应钟磬也。"桂馥义证:"《玉篇》:镈,似钟而大,四时之声也。郭注《尔雅》:'镈亦名镛,通作鏄。'《周礼·鏄师》注云:鏄如钟而大。孙炎说《周礼》云:镈,大钟。"《王力古汉语字典》:"镈,镛,异名同物。《尔雅·释乐》:'大钟谓之镛。'郭璞注:'亦名镈。'孙诒让《周礼正义·春官·叙官·鏄师》:'(郭)以镛镈为一,则确不可易。此经及《仪礼》皆有镈无镛,《诗》及《尔雅》则皆有镛无镈,实一种明矣。'"(周宝宏)

鏞(镛) yōng 喻纽、东部;以纽、钟韵、徐封切。

1《说文》297页。

形声字。《说文》:"鏞,大钟谓之鏞。从金,庸声。"徐灏段注笺:"《商颂·那》篇'庸鼓有致',《逸周书·世俘》

篇'王奏庸',庸即古镛字也。"张舜徽约注:"大钟谓之镛,犹猛兽谓之貓,水盛谓之溶,语原同耳。"甲骨文中镛这种乐器写作"庸",详见"庸"字条。(周宝宏)

鐘(钟) zhōng 章纽、东部;章纽、钟韵、职容切。

西周 西周 西周 春秋 春秋 战国 战国 战国
《说文》小篆 秦 汉 汉 汉 汉 楷书 楷书

1—5《金文编》915~917页。6、7、8《战文编》913页。9《说文》297页。10《睡甲》208页。11—14《篆隶表》1008页。

形声字。《说文》:"鐘,乐钟也,秋分之音物穜成。从金,童声。古者垂作鐘。"马承源主编《中国青铜器》:"钟,西周和东周的青铜打击乐器。钟的形式是从铙演化而来,其基本形式是在两侧尖锐的扁体共鸣箱上部的平面上,有一个可悬的柄。""钟以合乐,铭文通称为和钟,是古代宫庙中祭祀和宴享奏乐时不可缺少的。"(周宝宏)

鈁(钫) fāng 帮纽、阳部;非纽、阳韵、府良切。

《说文》小篆 汉 汉 楷书 楷书

1《说文》297页。2、3《篆隶表》1008页。

形声字。《说文》:"鈁,方钟也。从金,方声。"《玉篇》:"钫,钟也。"清朱骏声《说文通训定声》:"'鐘'当为'鍾',酒器之方者。"张舜徽《说文解字约注》:"许叙篆于镈、镛、鐘、锽、铃之间,而不与上文钘、鍾比列,则为乐器固甚明。《玉篇》云:'钫,鐘也'。是已。"按:满城汉墓出土一中山内府铜钫,器身方形,小口,鼓腹,高圈足,上腹部有铺首衔环一对。颈部刻铭:中山内府铜钫一,容四斗,重十五斤八两,第一,卅四年,中郎柳市雒阳。由此可见,钫字在汉代确实用为容器之名,因为其器为方形,故名之曰钫。(周宝宏)

鎛(镈) bó 帮纽、铎部;帮纽、铎韵、补各切。

春秋 春秋 战国 战国 《说文》小篆 楷书 楷书

1、2、3《金文编》917页。4《战文编》913页。5《说文》297页。

形声字。《说文》:"鎛,镈鳞也,钟上横木上金华也。一曰田器。从金,尃声。"春秋战国青铜器铭文中的"镈"字,是表示大型乐器名称。马承源主编《中国青铜器》(287页):"大型单个打击乐器,盛行于春秋战国时期,是贵族在宴飨或祭祀时,与编钟、编磬相和使用的乐器。""镈的形制与纽钟相同,但形体特大,而非一般纽钟。经籍作鎛。《说文》:'鎛,大钟,淳于之属,所以应钟磬也。'《仪礼·大射礼》:'其南鎛'。郑玄注:'鎛如钟而大,奏乐,以鼓鎛为节。'鎛如大钟,用以指挥乐队的节奏性乐器。""传世青铜器自铭为鎛者仅黎鎛一器,铭云:'迟仲之子作子仲姜宝鎛。'其形如深腔之平口纽钟,特大,高65.8厘米,重65.2公斤。纽为食兽蟠曲的飞龙构成。春秋中期器。""随县擂鼓墩曾侯乙墓出土的整架编钟下层大钟,正中有一楚王酓章为曾侯所铸之大钟,一般也认为是鎛,其形亦如深腔之平口纽钟,纽上饰透雕蟠龙纹,高92.5厘米,重134.8公斤。战国早期器。"从春秋战国青铜器铭文"镈"字指大型乐器看,用为钟镈之镈当为镈字本义,《说文》及典籍写作鎛。用为锄类农具及镈鳞之义,是借用。(周宝宏)

鎗(铴) qiāng 清纽、阳部;清纽、阳韵、七羊切。

西周 《说文》小篆 楷书 楷书

1《金文编》918页。2《说文》297页。

形声字。《说文》:"鎗,钟声也。从金,倉声。"西周金文或借"仓"为铴,但多从金作铴,用于"仓(铴)仓(铴)恩恩"一词中,是状声词,摹拟钟声的词语。如迷钟铭文:"铴铴恩恩,雄雄镨镨,用追孝邵各喜侃前文人。"戎生编钟铭文:"取厥吉金,用作宝协钟,厥音雍雍,铴铴镛镛,哀哀肃肃,即和且淑。"清桂馥《说文解字义证》:"《淮南·说山训》:'范氏之败,有窃其钟负而走者,铴然有声。'《后汉书·马融传》:'锽锽铴铴,奏于农郊,大路之衢。'"(周宝宏)

鉦(铮) zhēng 清纽、耕部;初纽、耕韵、楚耕切。

《说文》小篆 楷书 楷书

1《说文》297页。

形声字。《说文》:"铮,金声也。从金,争声。"段玉裁注：“《后汉书》'铁中铮铮'。铁坚则声异也。《玉篇》云：铮同鎗。非是。"张舜徽约注："铮与鎗，语之转也。《玉篇》以铮、鎗为一字，必有所本。窃疑许书原次，鎗、铮二篆相连，而声义并近。《玉篇》即承用其说耳。古本一字，而后世由于方音之变，分为二字者，多矣。"形容或摹拟打击乐器如钟的声音，由于方音不同可以用不同的字表示，皆为借用。依张舜徽之说，铮鎗当为一字异体。（周宝宏）

鏜（镗）tāng 透纽、阳部；透纽、唐韵、吐郎切。

鏜¹ — 鏜 — 镗
《说文》小篆　楷书　楷书

1《说文》297页。

形声字。《说文》："鏜，钟鼓之声。从金，堂声。《诗》曰：击鼓其镗。"段玉裁注："鼓部曰：鼛，鼓声也，引《诗》击鼓其鼛。此引《诗》'击鼓其镗'，盖有韩、毛之异与？《邶风》传曰：镗，击鼓声也。以其从金，故先之以钟，曰钟鼓之声也。"（周宝宏）

鐔（镡）xín 邪纽、侵部；邪纽、侵韵、徐林切。

鐔¹ — 鐔² — 鐔 — 镡
《说文》小篆　汉　楷书　楷书

1《说文》297页。2《篆隶表》1008页。

形声字。《说文》："鐔，剑鼻也。从金，覃声。"徐锴："剑鼻，人握处之下也。"徐灏段注笺："按：鐔即《考工记》所谓腊也，前剑身，后接于茎。鐔之言覃也。覃，延也，言其横出剑外也。腊之言接也，《风俗通》曰：腊者，接也，言其与剑身接合也。……古剑自首及末皆一体铸成，唯腊相附接合，亦有以玉为之者，即玉部所云璏，剑鼻玉也。"据此可知，所谓剑鼻即指剑柄末端与剑身连接处两旁突出部分。（周宝宏）

鏌（镆）mò 明纽、铎部；明纽、铎韵、慕各切。

鏌¹ — 鏌 — 镆
《说文》小篆　楷书　楷书

1《说文》297页。

形声字。《说文》："鏌，鏌釾也。从金，莫声。"徐灏段注笺："《广雅》曰：干将、鏌釾，剑也。《玉篇》曰：鏌釾，剑名。王氏《疏证》曰：干将、莫邪皆连语，以状其锋刃之利，故为剑戟之通称。《荀子·性恶篇》云：阖闾之干将、莫邪、钜阙、辟闾，古之良剑也。《淮南·修务训》云：服剑者期于铦利而不期于墨阳、莫邪。《史记·商君传》：屈卢之劲矛、干将之雄戟。司马相如《子虚赋》云：建干将之雄戟。戟与戈同类，故魏文帝《浮淮赋》云：建干将之铦戈。自西汉以前未有以干将、莫邪为人名者。自《吴越春秋》始以干将为吴人，莫邪为干将之妻，遂致纷纷之说。"由此可知，鏌釾（或莫邪）本为名剑名，后来也指锋利的大戟，汉以后指人名。莫邪为连绵词，当为春秋战国时代吴越之地的人对名剑的称呼。（周宝宏）

釾（釾）yé 喻纽、鱼部；以纽、麻韵、以遮切。

釾¹ — 釾 — 釾
《说文》小篆　楷书　楷书

1《说文》297页。

形声字。《说文》："釾，鏌釾也。从金，牙声。"吴越地区称名剑为鏌釾，详上文"鏌"字。（周宝宏）

鉈（铊）shé 书纽、歌部；书纽、支韵、式支切。

鉈¹ — 鉈² — 鉈³ — 鉈⁴ — 鉈 — 铊
西周　战国　战国　《说文》小篆　楷书　楷书

1《金文编》918页。2、3《战文编》913页。4《说文》297页。

形声字。《说文》："鉈，短矛也。从金，它声。"桂馥义证："《荀子·议兵篇》：宛距铁鉈，惨如蜂虿。注云：鉈与铩同，矛也。《方言》：矛，吴扬江淮南楚五湖之间，谓之鍦。"西周金文和战国楚简文"鉈"字不用为矛意，而用为匜，水器名。也许先秦古文字之鉈与《说文》"鉈"不是一字。（周宝宏）

錟（锬）tán 定纽、谈部；定纽、谈韵、徒甘切。

錟¹ — 錟² — 錟 — 锬
战国　《说文》小篆　楷书　楷书

1《战文编》913页。2《说文》297页。

形声字。《说文》："錟，长矛也。从金，炎声。读若老聃。"张舜徽约注："许云'读若老聃'之聃，则当以徒甘切为本音。长矛谓之錟，犹耳大垂谓之耽，酒味长谓之醰。"（周宝宏）

鏠 fēng 滂纽、东部；敷纽、钟韵、敷容切。

鏠－錭－鎽－鋒

《说文》小篆　汉　汉　楷书

1《说文》297页。2、3《篆隶表》1008页。

形声字。《说文》:"鎽,兵耑也。从金,逢声。"丁福保:"慧琳《一切经音义》卷四、卷八十一、卷八十九鎽字下引《说文》:'兵刃耑也。'宜补。"清徐灏《说文段注笺》:"《释名》曰:刀其末曰锋,言若蜂刺之毒利也。'灏谓:蠭之命名以其刺人如锋耳,非锋刃有取于蜂刺也。凡物之镵锐者其字多从夆,当以锋为正,许书偶遗之,段氏反以锋为俗,非也。《篇》、《韵》皆有锋无鎽。"兵刃耑即兵器刃部最尖端处,亦即锋刃。鎽与锋在锋刃意上相同,古籍习见锋。(周宝宏)

錞(𬬭) duì 定纽、微部;定纽、队韵、徒对切。
chún 禅纽、文部;禅纽、谆韵、常伦切。

錞－錞－錞－錞－𬬭

战国　战国　《说文》小篆　楷书　楷书

1、2《战文编》913页。3《说文》297页。

形声字。《说文》:"錞,矛戟柲下铜鐏也。从金,享声。"王筠句读:"矛戟柲下铜,言矛戟者,本之《曲礼》,以与鐏别也。柲者,柄也。说见木部柲橿及竹部䇷下。"清徐灏《说文段注笺》:"《秦风》毛传:錞,鐏也。是知古字作錞,镦乃重文,疑因錞假为乐器錞于,又别作镦。"王力《古汉语字典》:"矛戟柄端的平底金属套"。又:"辨:錞、鐏。作为戈矛柄端金属套,二字同义,但形状有别。錞为平底,鐏为尖底。《礼记·曲礼》郑玄注:锐底曰鐏,取其鐏地也;平底曰镦,取其镦地也。"由上引资料可知,《说文》所训"錞"字本义为矛戟木柲的青铜套或铁套。但錞字见于战国金文,用为礼器名,典籍作敦,其形多为上下内外皆圆、器盖相合为圆形或椭圆形器,用以盛黍、稷、稻、粱等。先秦典籍也常见錞用为錞于,乐器之名,读为 chún。(周宝宏)

鐏(𬭚) zūn 从纽、文部;从纽、慁韵、徂闷切。

鐏－鐏－𬭚

《说文》小篆　楷书　楷书

1《说文》297页。

形声字。《说文》:"鐏,柲下铜也。从金,尊声。"王力《古汉语字典》:"戈矛铜套,可以插入地中。"又:"辨:鐏、錞。二字同义……段玉裁注:按'鐏地',可入地,'镦地',著地而已。"详见"錞"字条。(周宝宏)

鏐(镠) liú 来纽、幽部;来纽、尤韵、力求切。

鏐－鏐－鏐－鏐－鏐－鏐－镠

春秋　春秋　春秋　春秋　《说文》小篆　楷书　楷书

1-4《金文编》918页。5《说文》297页。

形声字。《说文》:"鏐,弩眉也。一曰黄金之美者。从金,翏声。"徐灏段注笺:"弩眉,未详。《尔雅·释器》:黄金谓之璗,其美者谓之鏐。郭注:鏐,紫磨金。"鏐字已见于春秋金文,用为青铜原料的名称。黄盛璋《"敦(挞)斋(齐)"及其和兵器铸造关系新考》:"铜器之'鏐'用为铸器主要原料,则'鏐'最初指铜,后来才用以专指黄金。'鏐'皆冠以'玄'称'玄鏐',尚未见用他色,按'玄'乃黑色中带赤。而吴王光鑑以'玄铣白铣'合剂铸鑑,玄铣与鏐相当,则当指含铜量较多的铜,其色赤而近紫,故一般称为紫铜色,深紫则赤而带黑色即所谓'玄'……按纯铜色赤,故今称红铜,郭璞称鏐为紫磨金,可能亦称红铜,因黄金并不呈紫色,青铜仍须以红铜为主要成分,故皆有玄鏐,并居首位,至兵器单用'玄鏐',并无他金属与之配合,只能是已调剂之青铜。"春秋战国青铜器之鏐指青铜原料,大约至秦汉用以指黄金中之美者。(周宝宏)

鍭(镞) hóu 匣纽、侯部;匣纽、侯韵、户钩切。

鍭－鍭－鍭－鍭－镞

《说文》小篆　汉　汉　楷书　楷书

1《说文》297页。2、3《篆隶表》1008页。

形声字。《说文》:"鍭,矢,金鏃翦羽谓之鍭。从金,侯声。"《诗·大雅·行苇》:"敦弓既坚,四鍭既钧。"毛传:"鍭,矢。"朱熹集传:"鍭,金鏃翦羽矢也。"金鏃,指青铜箭头,翦羽指剪得整齐的箭羽。(周宝宏)

鏑(镝) dí 端纽、锡部;端纽、锡韵、都历切。

鏑－鏑－镝

《说文》小篆　楷书　楷书

1《说文》297页。

形声字。《说文》:"鏑,矢鎽也。从金,商声。"矢鎽即箭头之义。桂馥义证:"本书:矢,象鏑括羽之形。《一切经音义》十一:箭金,箭镞也,关西名箭金,山东名箭足或言鏑。异名也。《史记·秦楚之际月表》:销锋鏑。《博物志》:

交州夷名曰俚子,弓长数尺,箭长尺余,以燋铜为镝,涂毒药于镝锋,中人即死。"(周宝宏)

鎧（铠）kǎi 溪纽、脂部；溪纽、海韵、苦亥切。

鎧¹—鎧²—鎧³—鎧—铠
《说文》小篆 汉 汉 楷书 楷书
1《说文》297页。2、3《篆隶表》1008页。

形声字。《说文》:"鎧,甲也。从金,豈声。"段玉裁注:"古曰甲,汉人曰铠,故汉人以铠释甲。"徐灏段注笺:"《周礼·司甲》郑注:甲,今时铠也,疏曰:古用皮谓之甲,今用金,谓之铠,从金为字也。"清孙诒让《周礼正义》:"《释名·释兵》云:'铠犹垲也,垲,坚重之言也。或谓之,似物有孚甲以自禦也。'《书·费誓》孔颖达疏:'经典皆言甲,秦世以来始有铠之文。古之作甲用皮,秦汉以来用铁。铠字从金,盖用铁为之,而因以作名也。'《韩非子·五蠹》:'铠甲不坚者伤乎体。'"(周宝宏)

釭（钉）gāng 见纽、东部；见纽、东韵、古红切。
又读 gōng

釭¹—釭²—釭³—釭—钉
《说文》小篆 汉 汉 楷书 楷书
1《说文》298页。2、3《篆隶表》1009页。

形声字。《说文》:"釭,车毂中铁也。从金,工声。"釭指车毂内外口(头)的铁圈,用于横贯车轴。《释名》:"釭,空也,其中空也。"中空以便于贯车轴。《新序·杂事》:"淳于髡曰:方内而员釭如何。"《资治通鉴》:"北齐有讯囚或车釭使以臂贯之。"注云:"釭,车毂中铁也。"《汉书·外戚传》:"壁带往往为黄金釭。"颜师古注:"壁带之中往往以金为釭,若车釭之形也。"(周宝宏)

鑉（铱）xī 晓纽、物部；晓纽、迄韵、许讫切。

鑉¹—铱—铱
《说文》小篆 楷书 楷书
1《说文》298页。

形声字。从金,气声。铱,用于防铱或方铱一词中,为天子乘舆马头上的金属饰物。(周宝宏)

鑾（銮）luán 来纽、元部；来纽、桓韵、落官切。

鑾¹—鑾²—鑾³—鑾⁴—鑾—銮
西周 春秋 春秋《说文》小篆 楷书 楷书
1、2《金文编》919页。3《战文编》914页。4《说文》298页。

形声字。从金,䜌声。《说文》:"鑾,人君乘车,四马镳八鑾铃,象鸾鸟声,和则敬也。从金从鸾省。"王筠句读:"《诗·烈祖》:八鸾锵锵。笺:鸾左镳,四镳八鸾。《禽经》:鸾音如铃,銮銮然也,周之文物大备,法车之上,缀以大铃,如鸾之声也,后改为鑾。"桂馥义证:"贾谊《容经篇》:登车则马行而鸾鸣,鸾鸣而和应,声曰和,和则敬。"徐灏段注笺:"《商颂》曰:约軧错衡,八鸾锵锵。《韩诗》、《戴礼》以为鸾在衡者,盖缘错衡与八鸾文相属,因以误会。夫鑾系于镳,四马故八鑾,若在衡则不知所以置之矣。且《韩诗传》曰:升车则马动,马动则鸾鸣,鸾鸣则和应。是鸾系于马明矣。古銮铃之銮通作鸾,后乃从金作鑾。"按:西周金文只作䜌,其"䜌(鑾)旂"一词非常习见,至春秋金文才见从金䜌声的鑾字,春秋时代石鼓文的銮字已经用为銮铃之銮。西周金文已有鸾字,但不用为銮铃之义。(周宝宏)

鉞（钺）yuè 匣纽、月部;云纽、月韵、王伐切。

鉞¹—鉞²—鉞³—鉞—钺
《说文》小篆 汉 汉 楷书 楷书
1《说文》298页。2、3《篆隶表》1009页。

形声字。《说文》:"鉞,车銮声也。从金,戉声。《诗》曰:銮声钺钺。"徐铉:"今俗作锊,以钺作斧戉之戉,非是。"桂馥义证:"《诗》曰者,《鲁颂·泮水》文,彼作鸾声哕哕。传云:哕哕,言其声也。馥案:钺哕声相近,本书𣤶读若《诗》曰施罭泧泧。"邵瑛群经正字:"此文《诗》凡三见,《采菽》作嚖,《庭燎》、《泮水》作哕,皆取声同假借,而义与《说文》同。"据西周金文和传世典籍戉与钺为古今字,戉本为斧钺的象形字,后加金字旁作钺。从《说文》所引用的《诗》"銮声钺钺"句看,钺、哕、嚖皆为借用,钺当为戉之今字。本义为斧钺。(周宝宏)

鍚（钖）yáng 喻纽、阳部;以纽、阳韵、与章切。

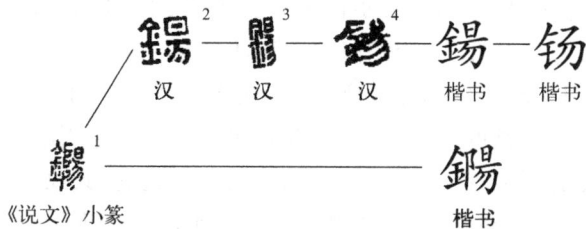

1《说文》298页。2、3《篆隶表》1009页。4《马王堆》566页。

形声字。《说文》:"鍚,马头饰也。从金,阳声。《诗》曰:钩膺镂鍚。"段玉裁注:"《韩奕》传曰:镂鍚,有金镂其鍚也。笺云:眉上曰鍚,刻金饰之,今当卢。按人眉目广扬曰扬,故马眉上饰曰鍚。"锡即鍚之省体。(周宝宏)

衔(衔) xián 匣纽、谈部;匣纽、衔韵、户监切。

战国 《说文》小篆 汉 汉 汉 楷书 楷书

1《战文编》914页。2《说文》298页。3、4《篆隶表》1009页。5《马王堆》566页。

会意字。《说文》:"衔,马勒口中。从金,从行。"丁福保:"《慧琳音义》引:马口中勒也。"马承源主编《中国青铜器》:"铜衔和铜镳出现在商代晚期。衔又称'勒',金文作'鎣勒',是横勒在马口中的器具,由两节链组成,两端与镳相接。"勒、衔,即今称马嚼子,西周时代称"勒",西周以后称"衔"。(周宝宏)

镳(镳) biāo 帮纽、宵部;帮纽、宵韵、甫娇切。

《说文》 汉 楷书 楷书

1《说文》298页。2《篆隶表》1009页。

形声字。《说文》:"镳,马衔也。从金,麃声。"段玉裁注:"马衔横贯口中,其两端外出者,系以銮铃。"徐灏段注笺:"镳,马衔外铁也。"马承源主编《中国古代青铜器》:"衔、镳:铜衔和铜镳出现在商代晚期。衔又称'勒',金文作'鎣勒',是横勒在马口中的器具,由两节链条组成,两端与镳相接。镳施在马口角的两颊上,有绳索相系,以便御手控马。"王力《古汉语字典》:"辨:镳,衔,勒。三物一体,衔在口中,镳在口旁,勒系于镳。"(周宝宏)

鈇(铁) fū 帮纽、鱼部;非纽、虞韵、甫无切。

《说文》小篆 楷书 楷书

1《说文》298页。

形声字。《说文》:"鈇,莝斫刀也。从金,夫声。"段玉裁注:"莝者,斩刍也。"徐灏段注笺:"《后汉·献帝纪》注《冯鲂传》注并引《说文》:'鈇,莝刀也。'《公孙瓒传》及《汉书·戾太子传》、《扬雄传》亦皆云:'莝刃也'。此'斫'字疑衍。"铁字本义为割草之刀。(周宝宏)

釣(钓) diào 端纽、宵部;端纽、啸韵、多啸切。

战国 《说文》小篆 汉 楷书 楷书

1《战文编》914页。2《说文》298页。3、4《篆隶表》1009页。

形声字。《说文》:"钓,钩鱼也。从金,勺声。"桂馥义证:"《诗》:其钓维何,维丝伊缗。又:籊籊竹竿,以钓于淇。传云:钓以得鱼。《论语》:子钓而不网。孔安国曰:钓者一竿钓也。"(周宝宏)

鋪(铺) pū 滂纽、鱼部;滂纽、模韵、普胡切。
pū 滂纽、鱼部;滂纽、暮韵、普故切。

西周 春秋 《说文》小篆 汉 楷书 楷书

1、2《金文编》919页。3《说文》298页。4《篆隶表》1010页。

形声字。《说文》:"铺,着门铺首也。从金,甫声。"张舜徽约注:"铺之言拊也,谓人手所掌扪持之处也。铺拊双声,实一语耳。铺首乃物名,故许即以铺首释铺。"按:西周金文师同鼎铭文:"孚戎金胄卅,戎鼎廿,铺五十,剑廿。"此铭文中的"铺"用为簠,礼器,似豆而大,用盛黍稷。也许用为簠为其本义,也许西周金文铺与《说文》铺字二字没有形义上的联系。(周宝宏)

鐉(镤) zhuàn 清纽、元部;清纽、仙韵、此缘切。

《说文》小篆 汉 楷书 楷书

1《说文》298页。2《篆隶表》1010页。

形声字。《说文》:"鐉,所以钩门户枢也。一曰治门户器也。从金,巽声。"王筠句读:"其形如钩而长爪,爪着于门匡，枢纳其中以利开阖。吾乡犹用此物。京师则横板凿孔以纳枢，南方亦然，故不知镍为何物。"张舜徽约注："湖湘间谓之门轴，以木为者多，以铁制者少。以铁制者，首为圆环而有长尾。尾钉入门匡，乃纳枢于环中以利开阖。"（周宝宏）

鈔（钞）chāo 清纽、宵部；初纽、肴韵、楚交切。

鈔¹—鈔²—鈔³—鈔⁴—鈔—钞
战国　战国　战国《说文》小篆　楷书　楷书

1、2、3《战文编》914页。4《说文》298页。

形声字。《说文》："鈔，叉取也。从金，少声。"段玉裁注："叉者手指相造也，手指突入其间而取之，是谓之鈔。字从金者，容以金铁诸器刺取之矣。"徐灏段注笺："《一切经音义》二引《通俗文》遮取谓之抄掠。古文抄剿二形今作钞，同。段氏谓窃取文字即掠取之义，因之凡写文字皆谓之钞。"（周宝宏）

鏃（镞）zú 精纽、屋部；精纽、屋韵、作木切。

鏃¹—鏃²—鏃—镞
《说文》小篆　汉　楷书　楷书

1《说文》298页。2《篆隶表》1010页。

形声字。《说文》："鏃，利也。从金，族声。"段玉裁注："今用为矢镞之族，与许不同。"张舜徽约注："矢锋取其铦利，故镞训利，义实相成也。"马承源主编《中国古代青铜器》："矢镞是箭铤前端的锋刃，形体为一尖锐的锋和张开的两翼，以及脊和铤组成。它的各部分专名是：前端的尖头称为前锋，两边称为翼，翼上的锐利部分称为刃，两翼下垂的刺称为后锋，后锋与脊相连处称为本，中间为脊，脊后端与铤连接处为关，关后端的圆棍为铤。"又："青铜矢镞在二里头文化遗址中开始出现。"按：《说文》学家多据《说文》"族，矢锋也"之训，认为族镞为古今字，但西周金文族字习见，未见用为矢锋之义者，多用为宗族之义。在西周金文中称箭为"矢"，如同卣铭文："矢王赐同金车弓矢。"不见矢锋之类的称呼。（周宝宏）

鎦（镏）liú 来纽、幽部；来纽、尤韵、力求切。

鎦¹—鎦—镏
《说文》小篆　楷书　楷书

1《说文》298页。

形声字。《说文》："鎦，杀也。"徐锴："《说文》无刘字，偏旁有之，此字又史传所不见，疑此即刘字也，从金从卯，刀字屈曲，传写误作田尔。"钮树玉校录："刀字必无作田之理。《玉篇》作鎦，注云：古刘字。"王筠句读："《释诂》：刘，杀也。《书·盘庚》：重我民，无尽刘。案：《说文》有鐂、瀏，自必有刘。刘，国姓也，不可以杀说之。其收刘字，在刀部金部，虽未可决知，然必以《顾命》'一人冕执刘'说之，伪孔曰刘，钺属，郑注：盖即今镶斧。然则刘以器名为古义，刘篆既佚，后人皆以鎦字当之，失许君意。"于省吾主编《甲骨文字诂林》"卯"字条后姚孝遂按语："卜辞'卯'既借为干支字，亦为用牲之法。王国维'疑卯即刘之假借字'，实则'刘'乃'卯'之孳乳字，《说文》作鎦。……'卯'既借为干支字，姓氏字乃增'田'作'留'，犹吕之增田作畱，亦犹'奠'之增邑作'鄭'，其后复增'金'作'鎦'，训为杀，姓氏字乃作'刘'。"（周宝宏）

鉅（钜）jù 群纽、鱼部；群纽、语韵、其吕切。

鉅¹—鉅²—鉅³—鉅⁴—鉅⁵—鉅—钜
战国《说文》小篆　汉　汉　汉　楷书　楷书

1《战文编》915页。2《说文》298页。3、4、5《篆隶表》1010~1011页。

形声字。《说文》："鉅，大刚也。从金，巨声。"严可均校议："《韵会》六语引作：大钢也。钢即俗刚。"桂馥义证："《史记·礼书》：宛之钜铁。《集解》云：徐广曰大刚曰钜。"段玉裁注："引申为钜大字。"张舜徽《说文解字约注》："引申为凡大之称，又多借巨字为之。"（周宝宏）

鈍（钝）dùn 定纽、文部；定纽、恩韵、徒困切。

鈍¹—鈍²—鈍—钝
《说文》小篆　汉　楷书　楷书

1《说文》299页。2《篆隶表》1011页。

形声字。从金，屯声。钝字本义为刀剑等锋刃不锋利。《韩非子·显学》："夫视锻锡而察青黄，区冶不能以必剑；水击鹄雁，陆断驹马，则臧获不疑钝利。"引申为资质愚笨，再引申为迟钝。（周宝宏）

銘（铭）míng 明纽、耕部；明纽、清韵、莫经切。

銘¹—銘²—銘³—銘⁴—銘⁵—銘—铭
战国　战国《说文》新附　汉　汉　楷书　楷书

1、2《金文编》919页。3《说文》299页。4、

5《篆隶表》1011页。

形声字。《说文》:"铭,记也。从金,名声。"铸造和刻在青铜器及石器等器物上的文字称为"铭",这类铭文是用来记事,或颂扬功德,或祭祀祖先,因此《说文》新附用"记"来释铭字。春秋金文邾公华钟用"名"为"铭""慎为之名(铭)"。春秋属羌钟铭文已有铭字:"明则之于铭",可见至迟春秋时代已有铭字。(周宝宏)

鎖(锁) suǒ 心纽、歌部;心纽、果韵、苏果切。

鎖¹—鎖—锁
《说文》新附 楷书 楷书

1《说文》299页。

形声字。《说文》:"鎖,铁鎖门键也。从金,貨声。"丁福保:"《慧琳音义》引,锢也,从金贵声,盖古本正文有锁字。"郑珍新附考:"《说文》钼注,锒铛,琐也,鏄注,大琐也。本作琐。《汉元后传》青琐,《王莽传》铁琐,亦同,从金,俗加。"战国文献《墨子·备穴》:"铁锁悬,正当寇穴口,铁锁长三丈,端环,一端钩。"此铁锁指铁链。用于门锁之义最早见于两汉文献。(周宝宏)

鈿(钿) tián 定纽、先部;定纽、先韵、徒年切。

又读 diàn

鈿¹—鈿—钿
《说文》新附 楷书 楷书

1《说文》299页。

形声字。《说文》:"鈿,金花也。从金,田声。"金花为前首饰名。清郑珍《说文新附考》:"汉以前书无鈿。"表首饰音 diàn,表钱音 tián。(周宝宏)

釧(钏) chuàn 昌纽、元部;昌纽、线韵、尺绢切。

釧¹—釧—钏
《说文》新附 楷书 楷书

1《说文》299页。

形声字。《说文》:"釧,臂环也。从金,川声。"即手镯。先秦文献无钏字。清王玉树《说文拈字》认为晋以前无钏字。清郑珍《说文新附考》认为《越绝书》说剑上有钏,云:观其钏如流水之波,钏之本义盖如此。(周宝宏)

釵(钗) chāi 清纽、歌部;初纽、麻韵、初牙切。

釵¹—釵—钗
《说文》新附 楷书 楷书

1《说文》299页。

形声字。《说文》:"釵,笄属。从金,叉声。"首饰名,其形似叉,《释名·释首饰》:"钗,叉也,象叉之形,因名之也。"徐铉认为本作叉。(周宝宏)

劉(刘) liú 来纽、幽部;来纽、尤韵、力求切。

劉¹—劉²—劉³—劉—刘
汉 汉 汉 楷书 楷书

1、2、3《篆隶表》1010页。

形声字。《说文》无劉字,但有从劉声之字如瀏等。《说文》有"鎦",训为"杀也"。鎦、劉二字皆从卯声,其来源于甲骨文之"卯"字,甲骨文"卯"字用为杀牲之法,因此鎦劉二字皆训杀。《书·盘庚上》:"重我民,无尽刘。"正用为"杀"义。也用为兵器之名,《书·顾命》:"一人冕执刘,立于东堂。"参见前"鎦"字条。(周宝宏)

开 部

开 jiān 见纽、元部;见纽、先韵、古贤切。

ℸℸ¹—幵—开
战国 《说文》小篆 楷书

1《战文编》923页。2《说文》299页。

象形字。《说文》:"幵,平也,象二干对构上平也。凡幵之属皆从幵。"《说文》学者们对许慎关于"幵"字解释多疑惑不解,很多人已指出"幵"与"干"字作"丫"形不同,非二"丫"相对,但对"幵"字构形仍是不知所象,所释多牵强附会。唐兰《殷虚文字纪》:"右龘字,……此字从龍开声,ℸℸ即开也。金文毳簋云,'隹八月甲申,公中才宗周,易毳贝五朋。'毳字作ℵ,昔人不识……余谓当是从弓开声,即'帝喾躳官'之毳字也。盖古文字之垂笔,每易增一横画,如产之为产,|之为十,丫之为丫之类,比比皆是。则ℸℸ即开之初文,固无可疑也。"裘锡圭《史墙盘铭解释》:"此(邗)字从'邑','干'声。'干'象'笄'形,应即'笄'字初文。《说文》'幵'字从二'干'(与干戈之'干'本作'丫'者非一字)。甲骨文'冕'字及金文'毳'字所从之'干'皆作'ℸ'(《殷虚文

字记·释甗》)。甲骨文又有𡴂字,象女人头上插二'笄',当即'妍'字初文。凡此皆可证'干'为'开'所从之'干'的本来写法。几父壶记受赐之物有'干枼(?)六',疑即笄。'干'和'开'的关系……是一字的繁简两体。"开之初形,见于甲骨文和西周金文(皆用为形声字的声旁),皆作干或干干形,本为笄的象形初文,既不是两"干"(干),也不是上平之意。开之作"开"一直到战国时代也是如此。(周宝宏)

勺 部

勺

sháo 禅纽、药部;禅纽、药韵、市若切。

战国 战国 战国《说文》小篆 汉 汉 汉 汉 楷书

1、2、3《战文编》924页。4《说文》299页。
5、6《马王堆》570页。7、8《篆隶表》1014页。

象形字。《说文》:"勺,挹取也,象形,中有实,与包同意。凡勺之属皆从勺。"张舜徽约注:"此字当横看,其形为⌒,乃具体象形也。许训挹取,但就用言,自与酌同音同义。若训器名,则当以枓为本字,应读甫摇切。今语通称挹取酒浆之器为瓢,即枓之古读耳。"王力《古汉语字典》:"同源字:勺,酌。'勺'与'酌'是名词和动词的关系。舀酒的饮器叫做'勺';舀酒的动作叫做'酌'。"马承源主编《中国古代青铜器》(258页):"勺:《说文》:'勺,枓也,所以挹取也。'勺与斗作用相似,其形当有区别,否则就枓、勺不分了。枓、勺皆有小杯,枓柄曲,则直柄有小杯者当是勺。"总之,勺是类似斗的舀酒和舀水之器具。(周宝宏)

与

yǔ 喻纽、鱼部;以纽、语韵、余吕切。

战国 战国 战国《说文》小篆 汉 楷书

1、2、3《战文编》924页。4《说文》299页。
5《篆隶表》1014页。

象形字。《说文》:"与,赐予也,一勺为与,此与舁同。"徐灏段注笺:"一勺未见赐予意,当以舁为正字。与者,舁之省耳。舁从廾,举以予人也。从臼者,容受之也。"刘钊《古文字构形研究》:"与:《说文》:'与,赐予也,一勺为与,此与舁同。'《说文》解释'与'字的构形为'一勺',甚为荒谬。按与字也应是一个省形分化字,其所从出的'母字'就是'舁'字。"《说文》:'舁,党舁也,从舁从与。𦥔,古文舁。'按金文舁字作'𦥔''𦥔''𦥔',皆从舁从'与'。按'与'即牙字,舁字从牙应为声符。古音牙、舁皆为鱼部字,故舁可从牙得声。而'与'乃是截取'𦥔'字的'与'部分而成,字音仍沿续'舁'字的读音。"由上引可知,与字是从舁字简省而来,而舁字本从牙,则"与"与"牙"本为一形,"与"是"牙"之变形,因此可知"与"根本不是从"勺"。(周宝宏)

几 部

几

jī 见纽、脂部;见纽、旨韵、居履切。

《说文》小篆 汉 汉 汉 楷书

1《说文》299页。2、3、4《篆隶表》1014页。

象形字。《说文》:"几,踞几也,象形。《周礼》五几:玉几、雕几、彤几、鬃几、素几。凡几之属皆从几。"饶炯部首订:"几为倚器,如凭下引《周书》凭玉几,《孟子》隐几而卧,是也。象几正面两侧之形。……考部中属字,尽居止之义,足知其器专以踞人,不得别为荐物用也。"几字最早见于西周金文"处"字偏旁,本为像几案形,上古时代用来倚凭身体以休息而用,不是今天放东西的茶几。(周宝宏)

凭

píng 并纽、蒸部;并纽、蒸韵、扶冰切。

《说文》小篆 楷书

1《说文》299页

会意字。《说文》:"凭,依几也。从几,从任。《周书》曰:凭玉几。读若冯。"段玉裁注:"依者倚也,凭几亦作冯几,假借字,卧则隐几。'从任几'三字今正,任几犹言倚几也,会意。"徐铉:"人之依冯,几所胜载,故从任。"凭字之本义为凭几,引申为依凭。(周宝宏)

凥

jū 见纽、鱼部;见纽、鱼韵、九鱼切。

战国 战国 战国 战国《说文》小篆 楷书

1-4《战文编》924页。5《说文》299页。

会意字。《说文》:"凥,处也,从尸得几而止。《孝经》曰:仲尼凥。凥谓闲居如此。"桂馥义证:"通作居。"又:"《孝经》曰仲尼凥者,《开宗明义章》文,彼作居。"徐灏段注笺:"凥古居字,依几而坐也。从尸者人字横体,从几指事凥处,即字之本义,非引申义也。《孝经》仲尼凥,今本皆作居。"

尻即居，凭几而坐谓之尻。（周宝宏）

处　chǔ　昌纽、鱼部；昌纽、语韵、昌舆切。

1、2《金文编》922页。3、4《说文》299页。5、6《战文编》924页。7、8、9《篆隶表》1015页。

会意字。《说文》："处，止也，得几而止，从几从夂。處，处或从虍声。"段玉裁注："人遇几而止，引申之为凡尻处之字。"西周金文井妥钟："宪宪圣爽，寔处于宗室。"臣谏簋："诞令臣谏以□□亚旅处于轵。"墙盘："静幽高祖，在微霝处。"《诗·小雅·采薇》："王事靡盬，不遑启处。"郑笺：处，犹居也。《诗·大雅·桑柔》："自西徂东，靡所定处。"《诗》中凡毛传训"止"者，皆应训"居"。上引西周金文的处字皆用为居处之意。这些西周金文和西周文献的用法可证处字的本义为居处之义。处字西周金文的形体从"𠂇"从几，𠂇形可以认为是虍字之繁，也可以认为"人"形与"虍"形的合体。因此，西周金文的处字可以认为是从人从止（倒止）从几虍声。这一形体当为处字最早的形体，并为《说文》或体及后来典籍继承。在战国时代处字已经简化为从几虍声的字，《说文》篆文"处"当是省掉虍声的形体。汉代隶书的写法是简体"处"形体讹变。（周宝宏）

且 部

且　qiě　清纽、鱼部；清纽、马韵、七也切。

1、2、3《甲文编》527～528页。4-8《金文编》923～925页。9《说文》299页。10《睡甲》209页。

象形字。《说文》："且，荐也，从几，足有二横，一其下地也。凡且之属皆从且。"关于"且"字的构形，《说文》学家们或据《说文》所释为说，或释为"俎"字初文，皆与甲骨文，西周金文中"且"字的用法不合，故不可信。郭沫若《甲骨文字研究·释祖妣》："且实牡器之象形，故可省为⊥，匕迺匕柶字之引申，盖以牡器似匕，故以匕为妣若牝也。"商周社会流行祖先崇拜，甲骨文，西周金文祖字即作"且"，而"且"字代表的是男性祖先。在原始社会流行男性生殖器崇拜，考古中多有发现，其形状与甲骨文和西周金文且（祖）字作"且"形相同，可证郭沫若之说。总之，且是祖先之祖的初文，是男性生殖器的象形。（周宝宏）

俎　zǔ　精纽、鱼部；庄纽、语韵、侧吕切。

1、2《金文编》925页。3、4《战文编》925页。5《说文》299页。6《睡甲》209页。7、8、9《篆隶表》1016页。

形声字。《说文》："俎，礼俎也。从半肉在且上。"《说文》及《说文》学家们释"俎"字字形有误，但训其本义则是。于豪亮《说俎字》："三年瘐壶其铭文是：'佳（惟）三年九月丁巳，王才（在）奠（鄭），鄉醴。乎（呼）虢叔召瘐，易（锡）羖俎。已丑，王才（在）句陵，鄉逆酉（酒）。乎（呼）师寿召瘐，易（锡）彘俎。……'""彘就是豕。《方言·八》：'豬，北燕朝鲜之间谓之豭，关东西或谓之彘，或谓之豕。'……因为彘是豕，所以彘俎就是豕俎。豕俎在《仪礼》和《礼记》中常见。……由于《仪礼》和《礼记》多见豕俎，可以证明豕俎就是彘俎，从而也就证明了俎就是俎字。"王人聪《释西周金文的"俎"字》："香港徐氏艺术馆藏有一件春秋时期的郑太子孙壶，此器未经著录。……现将壶铭释录如下：佳正五月初吉壬申，余郑大子之孙口兵择余吉金，自作宗彝，其用享用孝于我皇文考，不敢春秋岁……至于子子孙孙参拜稽首于皇考剌俎，卑迈世无期，亟于后民，永宝教之。壶铭第七行第三字及倒数第三行第二字，其字形结构与三年瘐壶的俎字相同，可知即系一字。由壶铭的上下文义，亦可知此字当读为'祖'，壶铭云'我皇俎文考'，即'我皇祖文考'；'剌俎'即'剌祖'。于此又可知俎字在此假借为'祖'。再联系瘐壶'彘俎'之词义，即可证知俎及此壶之俎，当即与'祖'音同的'俎'字。""伍士谦云：'按《殷周青铜器通论》图版四殷饕餮蝉纹俎，象两足之几，俎面为矩形，侧视之正作丬或⊓形。俎字之仌，当即俎之上之讹变，此象形字也。……'伍氏的意见是很正确的。金文俎字，左旁象俎足，右旁则象俎面，全字构形为一侧视之俎形。……由此可知小篆俎字左旁的仌，是金文俎字表示俎足的仌之讹变，而不是如孙诒让及唐兰先生所说的是金文俎字中肉形的移写。"由上引资料可知，俎本像带足的切肉放肉的砧板，是在祭祀活动中使用的。《说文》学家不识俎字构形，以前的古文字学家多认为宜俎本一字，把宜字当作俎，现在皆知其非。（周宝宏）

斤 部

斤 jīn 见纽、文部；见纽、殷韵、举欣切。

商 商 西周 战国 《说文》小篆 秦 汉 汉 汉 汉 楷书

1、2《甲文编》529页。3《金文编》925页。4《战文编》925页。5《说文》299页。6《睡甲》209页。7-10《篆隶表》1016页。

象形字。《说文》："斤，斫木也，象形。凡斤之属皆从斤。"段玉裁注："斤，斫木斧也。此依小徐本，凡用斫物者皆曰斧，斫木之斧则谓之斤。"徐灏段注笺："斧斤同物，斤小于斧，斤字又通作斫。"从西周早期金文征人鼎中的"斤"字开始就已经看不出象形，至《说文》篆文"斤"字形体更是如此。甲骨文的"斤"字形体明显为象形字，甲骨文兵、狄、新、折等字，皆从ㄅ（斤）形，特别兵字作ㄅ，新字作ㄅ，折字作ㄅ等形，皆从手持斤，折字为双手持斤砍断树木，所从之"斤"形更为象形，类似后代工匠所用锛子一类的工具或武器。从甲骨文西周金文兵字从斤看，斤虽本来用为砍木之工具，但也用于战争。（周宝宏）

斧 fǔ 帮纽、鱼部；非纽、麌韵、方矩切。

商 春秋 春秋 《说文》小篆 汉 汉 汉 楷书

1《甲文编》529页。2、3《金文编》925页。4《说文》299页。5《银雀山》443页。6、7《篆隶表》1016页。

形声字。《说文》："斧，斫也。从斤，父声。"斫指砍伐的意思。斧是用来砍伐树木的工具，也用作砍伐人的刑具，用处很广。斧字在商周墓葬中多有出土，与今天之斧基本相同。在甲骨文，斧字就已经变为形声字，但是"斧"字所从的"父"声旁本是石斧的象形字，本作ㄅ，象手持石斧，这种石斧原始社会墓葬多有出土。据此可知，父即斧字初文，因为用为父亲之父，因此加"斤"旁而成为从斤父声的形声字。（周宝宏）

斨 qiāng 清纽、阳部；清纽、阳韵、七羊切。

春秋 春秋 战国 战国 战国 战国《说文》小篆 楷书

1、2《金文编》925页。3-6《战文编》925页。7《说文》299页。

形声字。《说文》："斨，方銎斧也。从斤，爿声。《诗》曰：又缺我斨。"段玉裁注："銎者斤斧空也。毛诗传曰：隋銎曰斧，方銎曰斨。"张舜徽约注："斧之方銎者谓之斨，犹竹器之方形者谓之筐也。斨、筐双声，语原一耳。"方銎指斧子木柄插入斧头的孔为方形者，因此方形孔为斨。但实际上的斧与斨的区别不会仅此一点。（周宝宏）

斫 zhuó 章纽、铎部；章纽、药韵、之若切。

战国 《说文》小篆 秦 汉 汉 楷书

1《战文编》925页。2《说文》299页。3、4、5《篆隶表》1016页。

形声字。《说文》："斫，击也。从斤，石声。"甲骨文有ㄅ字，唐兰《古文字学导论》释为斫，徐中舒《甲骨文字典》从之："癸未卜引令羊妣斫犬侑友"，疑为用牲之法。如此，则斫在此句中也可认为用为"击也"之义。但从甲骨文ㄅ字形体看似为会意字。段玉裁注："击者，支也，凡斫木、斫地、斫人皆曰斫矣。"（周宝宏）

斲 zhuó 端纽、屋部；知纽、觉韵、竹角切。

战国 《说文》或体

《说文》小篆 秦 秦 秦 秦 汉 汉 楷书

1《金文编》926页。2、3《说文》300页。4、5、6《睡甲》209页。7、8、9《篆隶表》1017页。

形声字。《说文》:"斯,斫也。从斤,璺声。𣃔,或从畫从丮。"战国金文劃字,《金文编》据《说文》斯字或体𣃔从畫而释为斯。从画之斯也许是战国时代才产生的形体,而斯字虽不见于西周金文,也许其形体产生更早。斯字本义为斫,斫字本义为"击也",二字同源,声义俱近。(周宝宏)

釿(斤) yín 疑纽、文部;疑纽、轸韵、宜引切。
jīn 见纽、文部;见纽、殷韵、举欣切。

釿¹—釿²—釿³—釿⁴—釿—釿
战国 战国 战国 《说文》小篆 楷书 楷书

1、2、3《战文编》926页。4《说文》300页。

形声字。《说文》:"釿,剂断也。从斤,金声。"段玉裁注:"剂者齐也,小徐无'断'字。"清王筠《说文句读》:"小徐本无'断'字。元应引同。又申之曰:剂,剪刀也,子随反。《玉篇》、《广韵》皆云:剂也。案《释言》:剂、翦,齐也。注:南方人呼翦刀为剂刀,此即元应所本也。然则釿者剪刀之别名。"读yín。但是,剪刀之义也许不是釿字的本义,《庄子·在宥》:"于是乎釿锯制焉,绳墨杀焉。"用为斤斧之斤,相当于今天的锛子。读jīn。釿字从斤,本义为斧斤,其义正合。如此,斤釿为古今字。釿字用为剪刀之义与字形从斤并不十分相合,此义亦许为借义,也许斧斤之釿与剪刀之釿同形。(周宝宏)

所 suǒ 心纽、鱼部;生纽、语韵、疏举切。

所¹—所²—所³—所⁴—所⁵—所⁶—所⁷
春秋 春秋 战国 战国 《说文》小篆 秦 汉 楷书

1、2、3《金文编》926页。4《战文编》926页。5《说文》300页。6《睡甲》209页。7《篆隶表》1017页。

形声字。《说文》:"所,伐木声也。从斤,户声。《诗》曰'伐木所所。'"段玉裁注:"伐木声乃此字本义,用为处所者假借为处字也。若王所行在所之类是也。用为分别词者,又从处所之义引申,若予所否者、所不与舅氏同心者之类是也。皆于本义无涉,是真假借矣。"桂馥义证:"《诗》曰伐木所所者,《小雅·伐木》文,彼作许许,许所声相近。"按:"所所"与"许许"都是状伐木之声,应该都是借用。所字在传世和清末以来发现的西周金文中仅宋代著录的西周晚期敔簋铭文有"所"字:"夺俘人四百,廩于荣伯之所。"传世文献中,西周中晚期文献《诗·大雅》,已习见"所"字用为处所之所。(周宝宏)

斯 sī 心纽、支部;心纽、支韵、息移切。

斯¹—斯²—斯³—斯⁴
西周 春秋 战国 秦

斯⁵—斯⁶—斯⁷—斯⁸
秦 《说文》小篆 汉 汉 楷书

1、2《金文编》926页。3《战文编》927页。
4、5、7、8《篆隶表》1018页。6《说文》300页。

形声字。《说文》:"斯,析也。从斤,其声。《诗》曰'斧以斯之'。"段玉裁注:"以叠韵为训。《陈风》曰:'墓门有棘,斧以斯之。'传曰:斯,析也。"徐灏段注笺:"《左氏哀元年传》释文:斯役字又作斯。《史记·张耳陈余传》集解引韦昭曰:析薪为斯。按斯撕古今字也。"斯字用为本义析即劈开,最早文献仅见于春秋诗篇《陈风·墓门》,而用为斯徒之斯见于西周金文禹鼎:"斯驭二百徒千。"张舜徽《说文解字约注》:"本书木部:析,破木也。与斯双声,实即一语,故许以析训斯也。今语犹称裂物为斯,俗作撕。"(周宝宏)

斷(断) duàn 定纽、元部;定纽、缓韵、徒管切。

斷¹—斷²—斷³
西周 战国 战国

斷⁴—斷⁵
《说文》古文 《说文》古文

斷⁶—斷⁷—斷⁸—斷⁹—斷¹⁰—斷—断
《说文》小篆 秦 秦 汉 汉 楷书 楷书

1《金文编》926页。2、3《战文编》927页。
4、5、6《说文》300页。7、8《睡甲》209页。9、10《篆隶表》1018页。

会意字。《说文》:"斷,截也。从斤,从𢇍。𢇍,古文绝。𠸿,古文断,从𠬝,𠬝古文叀字。《周书》曰:𠸿𠸿猗无他技。𠞃,亦古文。"甲骨文、西周金文未见从𢇍从斤的断字,但西周早期金文就已有从𠬝从刀(𠃜)的断字。郭沫若《金文丛考·释𠸿》:"量侯簋云:量侯□乍宝尊簋,子子孙孙万年永宝, 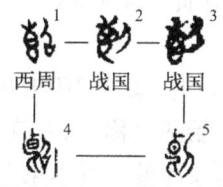勿丧。……余曩亦同以为簋字,然于文义不可通。今案:二字有别,𠸿实断字也。《说文》斤部断之重文……即此字之稍讹变者。日本所存未改字本《盘庚篇》'𢉖(罔)知天之𠸿(断)命',又'乃𠸿弃汝',均古文字之遗蜕也。"《说文》:"斷,截也。从斤从𢇍,𢇍,古文绝。"甲骨文有"绝"字作"⿰糸⿱刀丨"或"⿰丨⿱刀糸"。于省吾主编《甲骨文字诂林》"⿰糸刀"字条后姚孝遂按语:"字当释'⿱⿰糸糸刀','⿱⿰糸糸刀'即古文'绝'字,中山王方壶即以'⿱⿰糸糸刀'为'绝'。字从刀断丝。'⿰糸刀'乃'⿱⿰糸糸刀'之省,增'卩'即为'绝'。"可见古文"绝"字本身就有"断"意,《说文》认为"断"从⿱⿰糸糸刀从斤会意,会断绝之意,这种会意字与从斤断木之"折",从斤劈木之"析"等会意字造字方法是不同的,折、析皆以实物与实物放在一起或组合在一起会意,而断字则是一边以表示断绝的古文绝,一边是断物的实物"斤",这种造字方法不会早于战国时代。从⿱⿰糸糸刀从斤的断字形体目前最早见于秦文字和《说文》篆文。(周宝宏)

新

xīn 心纽、真部;心纽、真韵、息邻切。

商 商 商 西周 西周 西周 春秋 战国
战国 战国 秦 《说文》小篆 秦 汉 汉 楷书

1、2、3《甲文编》529~530页。4-7《金文编》926~927页。8-11《战文编》927~928页。12《说文》300页。13《睡甲》210页。14《马王堆》572页。15《篆隶表》1018页。

形声字。《说文》:"新,取木也。从斤,亲声。"段玉裁注:"取木者,新之本义,引申之为凡始基之称,《采芑》传:田一岁曰菑,二岁曰新田。"徐灏段注笺:"斫木见白新也。凡物之易于更新者莫如木,故取义焉,因之伐木谓之新,后又加艸为薪。"王筠释例:"然则新为采取,薪为刍荛,虽分动静,实一字也。为新旧字所专(旧字亦本鸺留为本字),人遂不觉耳。""新从亲声,其训曰取木,则新乃薪之古文。《诗》:'薪之槱之',固以静字作动字用也。"甲骨文中新字已有从辛从斤或从辛从木从斤两体,西周金文,春秋战国文字,甚至到了秦汉文字中仍然是这两种形体并行。甲骨文新当从斤辛声,从辛从木从斤的"⿰⿱辛木斤",当为从木从斤辛声。初为形声字,后又加形符形成会意形声字。本义为以斤劈薪为薪之初文,是可信的,但是商代甲骨文,西周金文,西周文献多用为新旧之新,当为借义,非引申之意。(周宝宏)

斗部

斗

dǒu 端纽、侯部;端纽、厚韵、当口切。

商 商 春秋 战国 秦 汉 汉
《说文》小篆 汉 汉 汉 楷书

1、2《甲骨文字典》1496页。3、4《金文编》928页。5《睡甲》210页。6、7、9、10、11《篆隶表》1019页。8《说文》300页。

象形字。《说文》:"斗,十升也。象形,有柄。凡斗之属皆从斗。"徐灏段注笺:"《六书故》引汉绥和壶文作⿰⿱丶一十,孝成鼎文作⿱⿰丶一十,皆古象形文,小篆其变体也。"于省吾主编《甲骨文字诂林》:"契文 即斗形。金文作 犹相近似。篆文作 ,已渐失其形。卜辞云:'丙辰卜,月丁比斗','庚午卜,月辛未比斗','癸亥,月甲比斗','己亥卜,月庚比斗',……雨,庚子卜,月辛比斗','癸巳卜,月……比斗'。……'斗'当如《诗》'惟北有斗,不可以挹酒浆'之'斗'。古'北斗'、'南斗'均谓之'斗','月比斗'犹言'月犯斗'。"可见斗字之本义确实指十升为斗之斗,但《说文》篆文已严重讹变,而从甲骨文一直到秦汉的斗字形体基本未变。(周宝宏)

斛

hú 匣纽、屋部;匣纽、屋韵、胡谷切。

战国 战国 汉 汉 楷书
《说文》小篆

1、2《战文编》929页。3《说文》300页。4、5《篆隶表》1019页。

形声字。《说文》:"斛,十斗也。从斗,角声。"张舜徽约注:"盖斛乃量器大者之通名,故多少本无定数。量器之大者谓之斛,犹酒器之大者谓之斝也。"(周宝宏)

斝

jiǎ 见纽、鱼部;见纽、马韵、古疋切。

斝

商　商　商　商　《说文》小篆　楷书

1《金文编》928页。2、3、4《甲文编》530页。5《说文》300页。

象形字。《说文》:"斝,玉爵也。夏曰⎕,殷曰斝,周曰爵。从吅从斗,冂象形,与爵同意。或说斝受六升。"马承源主编《中国青铜器》(189页):"斝,盛酒行裸礼之器,或云兼可温酒。《礼记·明堂位》:'灌尊,夏后氏以鸡夷(彝),殷以斝,周以黄目。'又《周礼·春官·司尊彝》:'秋尝,冬烝,裸用斝彝黄彝。'又《左传·昭公十七年》:'若我用瓘斝玉瓒。'灌、瓘皆与裸同音通假字。以上都说明斝为行裸祀的酒器。"商周墓葬中常有青铜斝出土,形似爵,但比爵大,前后都有尾,有三足,两柱,一鋬,一般认为是温酒器。商代金文中的斝字形体最为像青铜斝之形,但西周金文未见斝字,至《说文》篆文形体讹变甚大,其中"斗"字旁因讹变而来,还是后加之形体,已不得而知。总之,商代斝字本像斝形的象形字,《说文》所释斝字结构不符合初形。(周宝宏)

料　liào　来纽、宵部;来纽、啸韵、力吊切。

春秋　战国　秦　秦　《说文》小篆　楷书

1《金文编》928页。2《战文编》929页。3、4《睡甲》210页。5《说文》300页。

会意字。《说文》:"料,量也。从斗,米在其中。读若辽。"段玉裁注:"量者,称轻重也,称其轻重曰量,称其多少曰料,其义一也。"徐灏段注笺:"料者用斗量米,从斗从米,指事。料量多少为用,因之有物料之称。又引申为料度料理之义。"朱骏声通训定声:"《晋语》'宣王料民于大原'注:数也。《楚语》'楚师可料也。'"张舜徽约注:"料、量双声,语之转耳。"从目前出土文字资料看,料字最早产生于春秋时代,但量字已见于甲骨文和西周金文,也许料字是从量字分化出来的字。春秋金文司料盆盖之料字,从米从升。(周宝宏)

斞　yǔ　喻纽、侯部;以纽、麌韵、以主切。

战国　《说文》小篆　楷书

1《战文编》929页。2《说文》300页。

形声字。《说文》:"斞,量也。从斗,臾声。《周礼》曰求三斞。"王筠句读:"通作庾。庾有二法,《广雅》:钟十曰斞。此大数也。《考工记·陶人》:庾实二觳,豆实之而成觳。此小数也。"金文斞字从"肉",《金文编》收入"斞"字条。(周宝宏)

斡　wò　影纽、月部;影纽、末韵、乌括切。

《说文》小篆　汉　汉　楷书

1《说文》300页。2、3《篆隶表》1019页。

形声字。《说文》:"斡,蠡柄也。从斗,倝声。杨雄、杜林说皆以为轺车轮斡。"段玉裁注:"……必执其柄而后可以挹物,拟其柄则运旋在我,故谓之斡,引申之凡执柄枢转运皆谓之斡,贾谊《鵩鸟赋》云:斡流而迁。"徐灏段注笺:"戴氏侗曰:斡,旋斗也,引申之则凡旋运者皆曰斡。灏按:《方言》:蠡或谓之瓢。郭注:瓠勺也。盖勺长柄,蠡瓢似之,因有蠡柄之称。斡形相类,故亦谓之蠡柄也。"按:斡字以量器的柄为本义,引申有斡旋义。(周宝宏)

魁　kuí　溪纽、微部;溪纽、灰韵、苦回切。

战国《说文》小篆　汉　汉　楷书

1《战文编》929页。2《说文》300页。3、4《篆隶表》1020页。

形声字。《说文》:"魁,羹斗也。从斗,鬼声。"段玉裁注:"斗当作枓,古斗枓通用。然许例以义为别,枓,勺也,抒羹之勺也。《史记》赵襄子使厨人操铜枓以食代王及从行者……魁头大而柄长,《毛诗传》曰:大斗长三尺。是也。引申之凡物大皆曰魁。"张舜徽约注:"多部'魁,大也',页部'颗,大头也',并与魁音同义近,语原一耳。颗下云'读若魁',乃渠魁、里魁本字,自后世专用魁字而颗废矣。"(周宝宏)

斠　jiào　见纽、屋部;见纽、觉韵、古岳切。

斗部 矛部 車部

斠

《说文》小篆　楷书

1《说文》300页。

形声字。《说文》：" 斠,平头斛也。从斗,冓声。"王筠句读："斠盖概之别名,经典假角字为之。"斠与概本义皆为量米时刮平斗斛等量器的器具。斠后世假借为校雠之校,而概则引申为一概、一切、大概等义。（周宝宏）

斟 zhēn　章纽、侵部；章纽、侵韵、职深切。

《说文》小篆　楷书

1《说文》300页。

形声字。《说文》："斟,勺也。从斗,甚声。"段玉裁注："勺,《玉篇》、《广韵》作酌。按：许以盛酒行觞为酌,则水浆不曰酌。斟曰勺,用斗挹注亦曰勺。……勺之斟之多少在己,故凡处分曰斟勺,今多用斟酌。"王筠句读："此用勺部挹取之义。"（周宝宏）

斜 xié　喻纽、鱼部；以纽、麻韵、以遮切。

《说文》小篆　楷书

1《说文》300页。

形声字。《说文》："斜,杼也。从斗,余声。读若荼。"段玉裁注："斜,抒也。抒各本从木,今正。手部曰：抒者挹也,挹者抒也。……凡以斗挹出之谓之斜,故字从斗,音转义移,乃用为衺,俗人乃以人之衺正作邪,物之衺正作斜。"张舜徽约注："斜从余声,古读盖与余近。斜之通于抒,犹余之通于予耳。扬雄《长杨赋》：'左太华而右褒斜',与置、隅、胡、胥谐韵,此古读也。后世读似嗟切,与衺同音,故多借斜为衺,而本义废矣。"斜字本义为挹取水,假借为斜正字。（周宝宏）

䉤 jū　见纽、鱼部；见纽、虞韵、举朱切。

《说文》小篆　楷书

1《说文》300页。

形声字。《说文》："䉤,挹也。从斗,臾声。"王筠释例："䉤下云挹也,用《诗·大东》毛传。《丧大记》'虞人出木角'郑注：角以为䉤水斗。案：䉤水斗者,挹水之斗也。是自古相传之义。"䉤本义为挹水之义,也用为指量器名。（周宝宏）

料 bàn　帮纽、元部；帮纽、换韵、博幔切。

春秋　战国　战国　战国　战国

战国　《说文》小篆　楷书

1-4《金文编》928页。5、6《战文编》930页。7《说文》300页。

形声字。《说文》："料,量物分半也。从斗从半,半亦声。"朱德熙、裘锡圭《战国时代的"料"和秦汉时代的"半"》："伞字当释为料。……子禾子釜又有从升从半的料字……我们认为,枓和料是一个字的两种写法。许慎把这个字解释为'量物分半'是很对的。斗和升都是量器,所以'量物分半'的料字既可以用斗作意符,也可以用升作意符。"又："不过在战国晚期我们已经看到了用伞指半斗的例子。上引(11)(12)二器铭文的'三伞',似应解释为三个半斗。如果这种解释不误,则这种伞乃是半斗的专用量名,其事必当发生在以斗为最常用的容量单位的背景下,此与称半斋为半的习惯当有时代或地域上的不同。"按：伞本从八（当有分义,或认为分省）从斗,本义即为所量物品之一半。后伞字下所从之半讹为从牛或改为从牛,则又加意符斗作料,如子禾子釜之料字。（周宝宏）

升 shēng　书纽、蒸部；书纽、蒸韵、识蒸切。

商　商　西周　春秋　春秋　秦　秦　秦　汉

汉　汉　汉　汉　《说文》小篆　汉　汉　楷书

1、2《甲文编》531页。3、4、5《金文编》929页。6、7、8《睡甲》210页。9、10《马王堆》574页。11、12、13、15、16《篆隶表》1020页。14《说文》300页。

象形字。《说文》:"升,十龠也。从斗,亦象形。"林义光《文源》:"古作𦥑(友敦),汉临菑鼎作𦥑,皆象形,升斗所象形同,加一划为别耳。"张舜徽《说文解字约注》:"桂馥曰:'十龠当为二十龠,《广雅》:龠二曰合,合十曰升。'舜徽按:古吉金文升字作𦥑 横看与古斗字象形绝似,惟中多一划,状其有物耳。考本书手部抍,或从登作撜,此升登声通之证。升字古读如登,与斗、登语转相同。二器为用无殊,升、斗实即一语。后世因方音不同而分为二字二音也。挹水之器,有大有小。小者为升,大者为斗,古皆读登,即今语所称水登子也。太古以此挹水,亦以此量物。挹水量物,皆自下而上,故引申之,上登为升。至于十合为升,十升为斗,乃后起之制,非初民所知,不足以推原造字本意也。"(周宝宏)

矛 部

矛 máo 明纽、幽部;明纽、尤韵、莫浮切。

西周 秦 汉 汉 《说文》小篆 汉 楷书

1《金文编》929页。2《睡甲》210页。3、6《马王堆》574页。4《银雀山》448页。5《说文》300页。

象形字。《说文》:"矛,酋矛也。建于兵车,长二丈,象形。凡矛之属皆从矛。"徐锴系传:"酋矛,长予也。"西周金文的矛是个最早的象形字,像矛的形状,其余的形体都有些讹变,而《说文》篆文"矛"字形体讹变更严重一些。汉代隶草、今日之楷书皆从《说文》篆文矛字形体而来。(周宝宏)

矜 jīn 见纽、真部;见纽、蒸韵、居陵切。

汉 汉 《说文》小篆 汉 楷书

1、2、4《篆隶表》1021页。3《说文》300页。

形声字。《说文》:"矜,矛柄也。从矛,今声。"张舜徽约注:"训矛柄者,本从矛今声。"《释名·释兵》:"矛,冒也,刃下冒矜也。'《方言》九:'矛,其柄谓之矜'皆与许书合。后世专用矜为矜恤,矜夸字,因别造𥎏字为棘矜之矜。……汉碑多从令作矜,乃隶书之增笔,自不可据

隶以正篆。"汉初马王堆汉墓帛书矜字从令,如此可知,从令,非隶书之增笔,当为二字声近,故从今声从令声皆可。(周宝宏)

车 部

車(车) chē 昌纽、鱼韵;昌纽、麻韵、尺遮切。

商 商 商 商 商 商 商 商 商

商

商 西周 西周 西周 西周 西周 西周

車 — 車 — 车
《说文》小篆 楷书 楷书

1—8、12—17《金文编》929~931页。9、10、11《甲文编》531~532页。18《说文》301页。

形声字。《说文》:"車,舆轮之总名。夏后时奚仲所造,象形。凡车之属皆从车。"郭沫若《卜辞通纂》:"二车字一作 ,一作 。前者象双轮一辕,辕端有衡。亦有作 者,于衡之两端更有二轭,所以叉马颈者也。观此可证殷人一车只驾二马。后者象两轮之间有箱,均车之繁文。金文中车字及从车之肇字,多如是作。"甲骨文和殷末周初金文中的全体象形的车字,有车箱、两轮、两键、一辕、一衡、两轭,但在殷末周初金文中已有省略车箱的车字,在甲骨文中更有省略车辕和双轭一横的车字,只剩两轮一箱,更有只剩两轮一轴的车字。西周早期至中期车字仍继承繁体全形车字形体,但多省车箱,更省一轮一箱而剩一轮作 者,如果此形省掉一辕一衡双轭,则作车,正与西周中晚期及春秋战国以后的车字同形了。在西周中晚期的师同鼎铭文中有全形的车和省形"车"字。省形的"车"字形体从西周金文 省为 看,"車"当为一轴一轮两键(或两毂)形。(周宝宏)

軒(轩) xuān 晓纽、元部;晓纽、元韵、虚言切。

战国 战国 战国《说文》小篆 汉 汉 楷体 楷体

1、2、3《战文编》931页。4《说文》301页。

5、6《篆隶表》1021页。

形声字。《说文》:"轩,曲辀藩车。从车,干声。"段玉裁注:"谓曲辀而有藩蔽之车也。曲辀者,戴先生曰:小车谓之辀,大车谓之辕。"徐灏段注笺:"藩,蔽也。盖车之左右有窗,后有梦蔽而虚其前面,故乐县三面谓之轩县。刘逵注《蜀都赋》曰:高轩,堂左右长廊之有窗者。亦以其似轩车而名之也。因之窗櫺阑槛皆谓之轩。轩车前高,故云曲辀。"张舜徽约注:"古乐县(悬)四面而去其一面者谓之'轩县',犹古诸侯之城缺其一面谓之'轩城',皆取象于藩车。藩车三面有蔽,独虚其一以出入人,自两旁视之,其形如厂。轩从干声,古读盖,与呼旱切之厂近。山石之厓岩人可居者为厂,与藩车之形相似,厂即轩之语根也。轩之制前高,故引申为凡高之称。语所云轩昂、轩矗者皆是。"(周宝宏)

輜(辎) zī 精纽、之部;庄纽、之韵、侧持切。

輜¹—輜²—輜³—輜—辎
《说文》小篆 汉 汉 楷书 楷书

1《说文》301页。2、3《篆隶表》1021页。

形声字。《说文》:"輜,軿车前,衣车后也。从车,甾声。"王筠释例:"輜軿两车相似而有不同,故曰其如軿车,其后如衣车,则谓之輜也。"孙诒让:"汉时有輜车,軿车、衣车三者,制盖略相类,惟以前后衣蔽及开户为别异。盖輜车后面开户,軿车则四面有衣蔽,若衣车则后有衣蔽而前开户,可以启闭,与輜车正相反。輜车前有衣蔽,有似軿车,而后有开户,又似衣车,故许云'軿车前,衣车后也'"。《说文》所解輜车之义为本义,輜字古书多用为载重之义,当为另一义。(周宝宏)

輼(辒) wēn 影纽、文部;影纽、魂韵、乌浑切。

輼—輼—辒
《说文》小篆 楷书 楷书

1《说文》301页。

形声字。《说文》:"輼,卧车也。从車,昷声。"段玉裁注:"《史记》:始皇崩于沙丘,不发丧,棺载辒凉车中,百官奏事,宦者辄从辒凉车中可其奏。汉《霍光传》:载光尸柩以辒辌车。孟康曰:如衣车有窗牖,闭之则温,开之则凉,故名之辒辌车也。师古曰:辒辌本安车,可以卧息,后因载丧,饰以柳翣,故遂为丧车耳。"(周宝宏)

軺(轺) yáo 禅纽、宵部;禅纽、宵韵、市昭切。

軺¹—軺²—軺³—軺⁴—軺—轺
秦 《说文》小篆 汉 汉 楷书 楷书

1《战文编》931页。2《说文》301页。3、4《篆隶表》1022页。

形声字。《说文》:"軺,小车也。从车,召声。"徐灏段注笺:"《释名》曰軺车,軺,遥也,四向望远之车也。"张舜徽约注:"车小则轻,故《急就篇》颜注又以轻车释軺;车轻则易致远,故《释名·释车篇》又以遥训軺。軺之声义通于遥矣。"(周宝宏)

輕(轻) qīng 溪纽、耕部;溪纽、清韵、去盈切。

輕¹—輕²—輕³—輕⁴—輕⁵—輕⁶—輕—轻
秦《说文》小篆 秦 秦 汉 汉 楷书 楷书

1《战文编》931页。2《说文》301页。3、4《睡甲》210页。5、6《篆隶表》1022页。

形声字。《说文》:"轻,轻车也。从车,巠声。"段玉裁注:"轻本车名,故字从车,引申为凡轻重之轻。"徐灏段注笺:"车载衣物谓之辎重,其无所载者谓之轻车。"(周宝宏)

輶(輶) yóu 喻纽、幽部;以纽、尤韵、以周切。

輶¹—輶—輶
《说文》小篆 楷书 楷书

1《说文》301页。

形声字。《说文》:"輶,轻车也。从车,酋声。《诗》曰:輶车鸾镳。"桂馥义证:"《释言》:輶,轻也。《诗·烝民》:德輶如毛。笺云:輶,轻也。"段玉裁注:"輶车即轻车也,本是车名,引申为凡轻之称。"(周宝宏)

輣(輣) péng 並纽、蒸部;並纽、耕韵、薄萌切。

輣¹—輣—輣
《说文》小篆 楷书 楷书

1《说文》301页。

形声字。《说文》:"輣,兵车也。从車,朋声。"桂馥义证:"兵车者,《后汉书·光武纪》注引作楼车也。馥按:楼车故称高轈,《陈书·高祖纪》:万弩齐张,高轈之所非敌。是也。《史记·衡山王传》作:轈车镞矢。徐广曰:轈车,战车也。"(周宝宏)

轈(轈) cháo 从纽、宵部;崇纽、肴韵、鉏交切。

轈¹—轈—轈
《说文》小篆　楷书　楷书

1《说文》301页。

形声字。《说文》:"轈,兵高车加巢以望敌也。从车,巢声。《春秋传》曰:楚子登轈车。"张舜徽约注:"兵高车加巢以望敌者谓之轈,犹泽中守草楼谓之樔,皆于所从之声以见意耳。"(周宝宏)

舆(舆) yú 喻纽、鱼部;以纽、鱼韵、以诸切。

舆¹—舆²　舆³—舆⁴
战国　战国　秦　秦

舆⁵—舆⁶—舆⁷—舆⁸—舆—舆
《说文》小篆　汉　汉　汉　楷书　楷书

1、2《战文编》931页。3、4《睡甲》210页。
5《说文》301页。6、7、8《篆隶表》1022页。

形声字。《说文》:"舆,车舆也。从车,舁声。"段玉裁注:"车舆谓车之舆也。"徐锴:"舆,车底也。"唐颜师古注《急就篇》:"著轮曰车,无轮曰舆。"徐灏段注笺:"舆之言昇也,所载以行陆者。字又作轝。《易·说卦传》:'坤为大舆为众',因之有舆地之称,而舆又训为众。《左氏僖二十八年传》:听舆人之谋。桂注:舆,众也。盖坤厚载物,舆之象也,所载物多,众之义也。"(周宝宏)

辑(辑) jí 从纽、缉部;从纽、缉韵、秦入切。

辑¹—辑²—辑³—辑⁴—辑⁵—辑—辑
战国《说文》小篆　汉　汉　汉　楷书　楷书

1《战文编》932页。2《说文》301页。3、4、5《篆隶表》1023页。

形声字。《说文》:"辑,车和辑也。从车,咠声。"徐灏段注笺:"《列子》云:齐辑乎辔衔之际而急缓乎唇吻之和。所言齐辑乃辑之本义,与许'车和辑也'之训正合。"张舜徽约注:"辑之言合也,谓合众材所聚,必和调而后能用,故许君以'车和辑'训辑。《考工记》云:'一器而工聚焉者,车为多。'车既由众手所成,则材之长短、大小、广狭、涩滑,皆必和辑而后能行远载。《考工记》所云'和则安'亦即此意。车聚众材谓之辑,犹群鸟在木上谓集,语原同耳。"《国语·周语》:"和协辑睦,于是乎兴。"韦昭注:"辑,聚也。"(周宝宏)

幔 màn 明纽、元部;微纽、愿韵、无贩切。

幔¹—幔—幔
《说文》小篆　楷书　楷书

1《说文》301页。

形声字。《说文》:"幔,衣车盖也。从车,曼声。"桂馥义证:"通作幔,《拾遗记》:周穆王有鸾章锦幔。又作缦,《春官》巾车:卿乘夏缦。"王筠句读:"巾部:幔,幂也。"覆盖车上与车四周的遮布之类的幔叫幔。(周宝宏)

轼(轼) shì 书纽、职部;书纽、职韵、赏职切。

轼¹—轼—轼
《说文》小篆　楷书　楷书

1《说文》301页。

形声字。《说文》:"轼,车前也。从车,式声。"桂馥义证:"车前也者,《玉篇》:轼,车前軨。《急就篇》:轵、轼、轸、轳、軶、軜、衡。颜注:轼,车前横木也。"清朱骏声《说文通训定声》:"按:车栏上之木周于舆外者,在前曰轼,在旁曰輢。輢上曲钩曰较,轼在两较之间,卑于较二尺二寸。"古代车厢前面用作扶手的横木。《左传·庄公十年》:"下视其辙,登轼而望之。"(周宝宏)

辂(辂) lù 来纽、铎部;来纽、暮韵、洛故切。

辂¹—辂²—辂³—辂⁴—辂⁵—辂—辂
战国　战国　战国《说文》小篆　汉　楷书　楷书

1《金文编》931页。2、3《战文编》932页。4《说文》301页。5《篆隶表》1023页。

形声字。《说文》:"辂,车轮前横木也。从车,各声。"《仪礼·既夕礼》:"宾奉币,由马西,当前辂,北面致命。"郑玄注:"辂,辕缚,所以属引。"此为辂字本义,但文献中多用为大车之名,也写作路。(周宝宏)

車部

較(较) jué 见纽、药部；见纽、觉韵、古岳切。

西周 《说文》小篆 汉 楷书 楷书

1《金文编》932页。2《说文》301页。3《篆隶表》1023页。

形声字。清徐灏《说文段注笺》："舆前横木谓之轼，左右两厢谓之輢，輢上谓之较。郑玄《考工记》曰：较，两輢上出轼者是也。依《考工记》尺度，轼高三尺三寸，较高五尺五寸，较与輢相交合而出于轼上，故谓之较。"《诗·卫风·淇奥》："宽兮绰兮，倚重较兮。"清马瑞辰《毛诗传笺通释》："车輢上之木为较，较上更饰以曲钩若重起者然，是为重较。"张舜徽《说文解字约注》："凡言计较、比较，当以斠为本字，斠较音同，故相通假。"（周宝宏）

輒(辄) zhé 端纽、叶部；知纽、叶韵、陟叶切。

战国 《说文》小篆 秦 秦 汉 楷书 楷书

1《战文编》932页。2《说文》301页。3、4《睡甲》210页。5《篆隶表》1023页。

形声字。《说文》："輒，车两輢也。从车，耴声。"段玉裁注："车两輢谓之輒，按：车必有两輢，如人必有两耳，故从耴，耴，耳垂也。"用为副词，意如"则"，为借用。（周宝宏）

輴(辀) chūn 章纽、文部；章纽、谆韵、章伦切。

秦 《说文》小篆 楷书 楷书

1《篆隶表》1023页。2《说文》301页。

形声字。《说文》："輴，车约輴也。从车，川声。《周礼》孤乘夏輴，一曰下棺车曰輴。"段玉裁注："许意盖谓轩、闳、梡等皆有物缠束之谓之约輴，以赤画之谓之夏輴，卿虽赤画而约谓之夏缦。輴之言巡也，巡绕之词。"此为輴字本义，用为古代泥泞路上的交通工具。用为巡视之"巡"是其假借义。又指葬车。（周宝宏）

軨(轮) líng 来纽、真部；来纽、青韵、郎丁切。

《说文》小篆 汉 汉 汉 楷书 楷书

1《说文》301页。2、3《篆隶表》1023~1024页。4《马王堆》575页。

形声字。《说文》："軨，车輢间横木。从车，令声。轊，軨或从霝，司马相如说。"段玉裁注："车墙间，蒙上文言之，犹言车舆间也。木部曰：横，阑木也。车輢间横木谓车輢之直者，衡者也。轼与輢皆以木一横一直为方格，成之如今之大方格然。《楚辞》：倚结軨兮长大息，涕潺湲兮下霑轼。戴先生曰：軨者，轼较下纵横木总名。"（周宝宏）

輑(辊) qūn 溪纽、文部；溪纽、真韵、去伦切。yǐn

《说文》小篆 楷书 楷书

1《说文》301页。

形声字。《说文》："輑，軥车前横木也。从车，君声。"段玉裁注："軥车前横木也，軥车，小车也，木部曰：横，阑木也。軥车前横木谓小车轼輢之直者衡者也。"此读yǐn。作"车轴"、"车轴相连"义读qūn。（周宝宏）

軫(轸) zhěn 章纽、文部；章纽、轸韵、章忍切。

西周 战国 《说文》小篆 秦 汉 汉 楷书 楷书

1《金文编》932页。2《战文编》932页。3《说文》301页。4《睡甲》211页。5、6《篆隶表》1024页。

形声字。《说文》："軫，车后横木也。从车，㐱声。"王筠句读："戴侗曰：軫，舆下四面木匡，合成舆者也。《考工记》曰：軫之方也以象地也。……按：軫乃四面木，独以为舆后横木者非也。使軫独为舆后横木则不得言方以象地。"徐灏段注笺："按戴说精确不易，许郑以为舆后横木，为误会左氏之文。《昭二十一年传》：张匄抽矢而下，子成射之，折股，匄扶服而击之，折軫。此但指舆后一面而浑言之。阮太傅曰：舆左右前三面皆有版，人所不常指名，所指名为軫者，唯舆后耳。"（周宝宏）

輯

mǐn 明纽、文部；明纽、轸韵、眉殒切。

輯¹ — 輯² — 輯³ — 輯⁴ — 輯
西周　西周　西周　《说文》小篆　楷书

輯 — 輯
楷书　楷书

1、2、3《金文编》932页。4《说文》301页。

形声字。《说文》："輯，车伏兔下革也。从车，毚声。毚，古昏字，读若闵。"段玉裁注："谓以鞈固之于轴上也。鞈者，生革可以为缕束也。"桂馥义证："《广雅》：輯，伏兔也，或作輯。《广韵》：輯，车軾兔下轸也。《急就篇》：辐、毂、輨、辖、楺、辐、辐。颜注：辐字或作軝。"《集韵》作輯。（周宝宏）

軸（轴）

zhóu 定纽、觉部；澄纽、屋韵、直六切。

軸¹ — 軸 — 轴
《说文》小篆　楷书　楷书

1《说文》301页。

形声字。《说文》："軸，持轮也。从车，由声。"张舜徽约注："轴在舆下贯两毂，而两端皆出毂外，以直木为之，随轮之行而转动不已。颜注《急就篇》云：'轴所以穿毂而转也。'是其义己。故轴之得名，实取义于转动。持轮之木常转动者谓之轴，犹动谓之妯，行步谓之妯妯耳。湖湘称门户一边有直木可主开阖者曰门轴，亦取其能转动也。推之舟柁谓之舳，语原并同。"《诗·卫风·考槃》："考槃在陆，硕人之轴。"姚际恒《诗经通论》："轴，车轴也。轴以运车，取义盘旋于其中也。"（周宝宏）

軔（轫）

rèn 日纽、文部；日纽、震韵、而振切。

軔¹ — 軔 — 轫
《说文》小篆　楷书　楷书

1《说文》301页。

形声字。《说文》："軔，碍车也。从车，刃声。"《楚辞·离骚》："朝发轫于苍梧"，王逸注："轫，支轮木也。"清桂馥《说文解字义证》："正义云：《说文》云，轫，碍车木也。动轫者谓去木动轮而发行也。《释文》云：轫，碍车木也。《玉篇》：轫，碍车轮木也。"清王筠《说文句读》："轫，碍车木也。依《诗·小旻》正义引补。《汉书·扬雄传》：'既发轫于平盈兮'，服虔曰：轫，止车之木，将行故发去。"（周宝宏）

轂（毂）

gǔ 见纽、屋部；见纽、屋韵、古禄切。

轂¹ — 轂² — 轂³ — 轂 — 毂
《说文》小篆　秦　汉　楷书　楷书

1《说文》302页。2《睡甲》211页。3《篆隶表》1024页。

形声字。《说文》："轂，辐所凑也。从车，𣪊声。"段玉裁注："凑者水上人所会也。引申为凡会之称。《老子》曰：三十辐共一毂。"张舜徽约注："辐所凑谓之毂，犹水注溪谓之谷耳。毂之声义实受于谷。"毂指车轮中心穿轴承辐的部分。（周宝宏）

軝（軝）

qí 群纽、支部；群纽、支韵、巨支切。

軝¹ — 軝² — 軝 — 軝
西周　《说文》小篆　楷书　楷书

1《金文编》932页。2《说文》302页。

形声字。《说文》："軝，长毂之軝也，以朱约之。从车，氏声。《诗》曰：约軝错衡。軝，軝或从革。"徐灝段注笺："毂上置辐，前后皆以革约而朱饰之，谓之軝，或作䡇，指革而言也。氏者侧也之义，毂在舆之两旁，故谓之軝也。错衡者，衡上有革交错缚之。"（周宝宏）

𡙜

wèi 邪纽、质部；邪纽、祭韵、祥岁切。

𡙜 — 𡙜
《说文》小篆　楷书

1《说文》302页。

象形字。《说文》："𡙜，车轴耑也。从车，象形。杜林说。䡬，𡙜或从彗。"段玉裁注："耑者物初生之题也，因以为凡颖之称。车轴之末见于毂外者曰𡙜。𡙜之言遂也，出也。"张舜徽约注："王筠曰：'车之中直，即轴也。于轴之耑作〇，象𡙜正圆之形也。且兼輨形象矣。'舜徽按：此物乃以铁制，围于轴之耑，形圆而小，因谓之辖，犹小声谓之嘒，小鼎谓之錯，小棺谓之椁，蜀细布谓之缉，鸟翎之末谓之翻耳。𡙜篆横看，其形自肖。"（周宝宏）

車部

輻（辐）fú　帮纽、职部；非纽、宥韵、方副切。

輻¹—輻²—輻—辐
《说文》小篆　汉　楷书　楷书

1《说文》302页。

形声字。辐，就是车条，即辐条。清桂馥《说文解字义证》："《老子》：三十辐共一毂。《考工记》：车人为车辐长一柯有半，其博三寸，厚三之一。注云：辐厚一寸也。又：辀人轮辐三十以象日月。《大戴礼·保傅篇》：三十辐以象日月。"（周宝宏）

軑（轪）dài　定纽、月部；定纽、泰韵、徒盖切。

軑¹—軑²—軑³—軑—轪
《说文》小篆　汉　汉　楷书　楷书

1《说文》302页。2、3《篆隶表》1025页。

形声字。车毂端圆管状的帽盖。清桂馥《说文解字义证》："《方言》：辖、軑、錬鐂：关之东西曰辖，南楚曰軑，赵魏之间曰錬鐂。馥案：錬本书作铜，云车轴铁也。《离骚》：齐玉軑而并驰。王注：軑，锏也，车辖也。"（周宝宏）

轅（辕）yuán　匣纽、元部；匣纽、删韵、户关切。

轅¹—轅²—轅³—轅⁴—轅—辕
《说文》小篆　秦　汉　汉　楷书　楷书

1《说文》302页。2《睡甲》211页。3、4《篆隶表》1025页。

形声字。《说文》："轅，辀也。从车，袁声。"段玉裁注："《考工记》：辀人为辀，车人为大车之辕。是辀与辕别也。许浑言之者，通称则一也。辕之言如攀援而上也。"王筠句读："郑注《考工记》曰：辀，车辕也。《广雅》：辕谓之辀。皆以用之同而通其名也。然辕直而辀曲，辕两而辀一，辕施之在大车以驾牛，辀施之小车以驾马，固不同也。"（周宝宏）

辀（辀）zhōu　端纽、幽部；知纽、尤韵、张流切。

轉¹—辀²—辀—辀
《说文》籀文　《说文》小篆　楷书　楷书

1、2《说文》302页。

形声字。《说文》："辀，辕也。从车，舟声。"朱骏声通训定声："大车左右两木直而平者谓之辕，小车居中一木，曲而上者谓之辀。"（周宝宏）

軏（軏）yuè　疑纽、月部；疑纽、月韵、鱼厥切。

軏¹—軏—軏
《说文》小篆　楷书　楷书

1《说文》302页。

形声字。《说文》："軏，车辕耑持衡者。从车，元声。"段玉裁注："衡者，横木，长六尺六寸，以施軥驾马颈者也。持衡者曰軏，则衡与辕耑相接之关键也。"徐灏段注笺："《玉篇》、《广韵》并云：軏，车辕耑曲木也。盖于辕耑为曲木以持衡，大车谓之輗，小车谓之軏。"（周宝宏）

軶　6　影纽、锡部；影纽、麦韵、於革切。

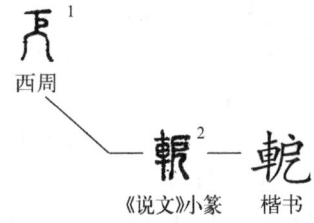

厄¹
西周
軶²—軶
《说文》小篆　楷书

1《金文编》933页。2《说文》302页。

形声字。《说文》："軶，辕前也。从车，厄声。"段玉裁注："曰辕前者谓衡也，自其横言之谓之衡，自其扼制马言之谓之軶，隶省作軶。"颜师古注《急就篇》："枙在衡上，所以扼持牛马之颈也。"枙为軶或軶字的异体字。西周金文有厄字，如录伯簋铭文："金厄、画輤、马四匹、鉴勒"。于省吾《释两》："考古发掘的先秦马车，均于衡之两侧各缚一軶，或木质，或包以铜饰，作冂、几形。西周金文中軶字屡见，均作厄形。其上部有作半圆形小环，以便缚之于衡上。《说文》厄字作冂，乃由厄形所演变。又《说文》厄字作冂，实际上是由同一构形讹化所致。厄为车器，故加车傍而挛乳为軶，俗体作軶。西周金文中有关赏赐车马所提到的'金厄'（录伯簋），即指附有铜饰之軶。《考工记·辀人》郑注：'軶者厄马颈不得出。'殷虚车马坑中出土的铜軶，有直接压在马颈上的实证。"（周宝宏）

軥（軥）gōu　见纽、侯部；见纽、侯韵、古候切。

軥

軥 — 輯 — 軥 — 軥
战国　《说文》小篆　楷书　楷书

1《战文编》933页。2《说文》302页。

形声字。《说文》:"軥,軛下曲者。从車,句声。"段玉裁注:"軛木上平而下为两坳,加于两服马之颈,是曰軥。"即车軛两边下伸反曲夹贴马颈的部分。《左传·襄公十四年》:"射两軥而还。"杜预注:"軥,车軛卷者。"軥从车句声,句有弯曲之义,如枸、钩、笱、痀等字,句(勾)亦兼会意,因此许慎训軥为"軛下曲者"。(周宝宏)

轙(𨊳) yǐ 疑纽、歌部;疑纽、支韵、鱼羁切。

轙 — 轙 — 𨊳
《说文》小篆　楷书　楷书

1《说文》302页。

形声字。《说文》:"轙,车衡载辔者。从車,義声。"段玉裁注:"《释器》曰:载辔谓之𨊳。郭云:车軛上环,辔所贯也。四马八辔,除骖马内辔纳于軾前之觼在手者,惟六辔,骖马外辔,复有游环以与服马四辔同入軛上大环以便总持。大环谓之𨊳。"(周宝宏)

載(载) zài 精纽、之部;精纽、代韵、作代切。

載 — 載 — 載 — 載 — 載 — 載
战国　战国　战国　《说文》小篆　秦　汉

載 — 載 — 載 — 載 — 载
汉　汉　汉　楷书　楷书

1、2、3《金文编》933页。4《说文》302页。5《睡甲》211页。6-9《篆隶表》1025页。

形声字。《说文》:"載,乘也。从車,𢦏声。"徐灏段注笺:"戴氏侗曰:车载人物也,引之则记载于简册亦曰载,古者以年纪事,故年亦谓之载。"张舜徽约注:"王筠曰:'桀部:乘,覆也。然则许君之意,主《诗》'不输尔载'而言,谓车上之物压覆其车也。《易》'大车以载',则主车而言,乃引伸之义。'舜徽按:许以乘训载,借乘为㒳耳,㒳、载义同,故二篆比列。"载字之本义即装载,《周易·大有》:"大车以载,有攸往,无咎。"孔颖达疏:"犹若大车以载物也。"(周宝宏)

軍(军) jūn 见纽、文部;见纽、文韵、举云切。

軍 — 軍 — 軍 — 軍 — 軍 — 軍 — 軍 — 军
春秋　战国　战国　《说文》小篆　秦　秦　楷书　楷书

1、2、4《金文编》933页。3《战文编》933页。5《说文》302页。6、7《睡甲》211页。

形声字。《说文》:"軍,圜围也。四千人为军。从車,从包省。军,兵车也。"段玉裁注:"于字形得圜义,于字音得围义,凡浑、辉、煇等军声之字皆兼取其义。"桂馥义证:"圜围也者,《广雅》:军,围也。《宣十二年左传》:晋之余师不能军。杜注:不能成营也。"从中山王鼎铭文、战国楚简的军字形体看,其字形结构明显从车勺声,那么其他从冖、𠔼等皆为"勺"形之省变,而秦汉时代军字从一,从宀皆为进一步演变。军队编制单位当为"军"字之本义,甲骨文称军队为"师",西周金文亦如此,至春秋金文叔夷钟、庚壶铭文等始见称军队为军。(周宝宏)

軷(𨍱) bá 並纽、月部;並纽、末韵、蒲拔切。

軷 — 軷 — 𨍱
《说文》小篆　楷书　楷书

1《说文》302页。

形声字。《说文》:"軷,出将有事于道,必先告其神,立坛四通,树茅以依神为軷。既祭軷轹于牲而行,为範軷。《诗》曰:取羝以軷,从車,犮声。"徐灏段注笺:"道祭谓之軷。其牲或羊或犬也。引申之义为軷涉,通作跋。'軷轹于牲而行为範軷',范如'范我驰驱'之范,'範軷',盖古语。"张舜徽约注:"軷之言拔也,谓治道路之祭也。治道路之祭谓之軷,犹除恶之祭谓之祓耳。许所引《诗》,乃《大雅·生民》篇文。毛传云:'軷,道祭也。'是已。"(周宝宏)

範(范) fàn 並纽、侵部;奉纽、范韵、防钅切。

軋 — 範 — 範 — 范
战国　《说文》小篆　楷书　楷书

1《战文编》934页。2《说文》302页。

形声字。《说文》:"範,範軷也。从車,笵省声。读与犯同。"徐灏段注笺:"《周礼》'大驭祭軹',杜子春云:軹当为軌,軌谓车軾前也。然则範当从軌声,不必从笵省。许书未收軌字,故云尔。"战国楚简作"軋",与徐笺合。(周宝宏)

車部

轄(辖) xiá　匣纽、月部；匣纽、鎋韵、胡瞎切。

輵 — 轄 — 辖
《说文》小篆　楷书　楷书

1《说文》302页。

形声字。《说文》："轄，车声也。从车，害声。一曰鎋，键也。"段玉裁注："毂与轴相切声也。"又："一曰：辖，键也。键下曰：铉也，一曰车辖。此键辖二篆为转注也。輵下曰：车轴端键也。然则輵、辖二篆异字而同义同音。"张舜徽约注："毂与轴相切声谓之辖，犹齿相切声谓之齘，双声语转也。辖又与輵同音通用。《释名·释车》云：'辖，害也，车之禁害也。'盖轴头有铁以贯之，所以禁毂之突出。故颜注《急就篇》云：'辖，竖贯轴头制毂之铁也。'是已。其本字当作輵，自借辖为輵而輵废矣。"（周宝宏）

轉(转) zhuǎn　端纽、元部；知纽、狝韵、陟兖切。
zhuàn　端纽、元部；知纽、线韵、知恋切。

轉¹ — 轉² — 轉³ — 轉⁴ — 轉⁵ — 轉 — 转
西周　《说文》小篆　秦　汉　汉　楷书　楷书

1《金文编》934页。2《说文》302页。3《睡甲》211页。4、5《篆隶表》1026页。

形声字。《说文》："轉，运也。从车，专声。"桂馥义证："运也者，本书：运，迻徙也。《广雅》：运，转也。《诗·祈父》：胡转予于恤。笺云：转，移也。《文子》：转轮而无穷，象日月之运行。"转字的本义为移徙，即转运、传运之义。改变方向、位置、形势、状况等义，或通过等三方传送物品，信自等，读zhuǎn。旋转、围绕等义，读zhuàn。（周宝宏）

輸(输) shū　书纽、侯部；书纽、虞韵、式朱切。

輸¹ — 輸² — 輸³ — 輸⁴ — 輸⁵ — 輸⁶ — 輸 — 输
《说文》小篆　秦　秦　汉　汉　汉　楷书　楷书

1《说文》302页。2、3《睡甲》211页。4、5、6《篆隶表》1026页。

形声字。《说文》："輸，委输也。从车，俞声。"段玉裁注："委者，委随也。委输者，委随输写也。以车迁贿曰委输，亦单言曰输，引申之，凡倾写皆曰输。输于彼则彼赢而此不足，故胜负曰赢输。"张舜徽约注："输篆从车，自以转运为本义。《后汉书·张纯传》：'部督委输。'注云：'委输，转运也。'是已。转、输义同，故二篆比叙。"（周宝宏）

輩(辈) bèi　帮纽、微部；帮纽、队韵、补妹切。

輩¹ — 輩 — 辈
《说文》小篆　楷书　楷书

1《说文》302页。

形声字。《说文》："輩，若军发车百两为一辈。从车，非声。"段玉裁注："引申之为什伍同等之称。"张舜徽约注："严章福曰：'百两者，百车也。一车三人，百车三百人，所谓辈也。车有两轮，故一车为两，非二十五人之两也。盖用《司马法》。'舜徽按：唐写本《玉篇》残卷辈字下引《说文》：'军发车百乘为一辈'，今二徐本衍'若'字，百乘与百两义同也。今世编军，称排称班，皆即辈之语转。"（周宝宏）

軋(轧) yà　影纽、月部；影纽、黠韵、乌黠切。

軋¹ — 軋² — 軋³ — 軋 — 轧
《说文》小篆　汉　汉　楷书　楷书

1《说文》302页。2、3《篆隶表》1026页。

形声字。《说文》："軋，辗也。从车，乙声。"段玉裁注："《匈奴传》曰：有罪小者轧，大者死。颜曰谓辗转轹其骨节。按本谓车辗于路，引申之为势相倾。"徐灏段注笺："辗者车所践轹也。《太平御览》七百七十三引《通俗文》车轹曰轧。"张舜徽约注："轧之言压也，谓车之所践有所压伤也。"（周宝宏）

轢(轹) lì　来纽、药部；来纽、锡韵、郎击切。

轢¹ — 轢 — 轹
《说文》小篆　楷书　楷书

1《说文》302页。

形声字。《说文》："轢，车所践也。从车，乐声。"段玉裁注："践者履也。较下曰轹牲而行，是也。"桂馥义证："《苍颉篇》：轹，辗也。本书：躏，轹也。《史记·司马相如传》：观徒车之所躏轹。正义：躏，践也；轹，辗也。《汉书·灌夫传》：陵轹宗室。颜注：陵轹谓蹈践之也。"（周宝宏）

軌（轨）guǐ 见纽、幽部；见纽、旨韵、居洧切。

軌¹—軌²—軌³—軌⁴—軌—轨
战国　《说文》小篆　汉　　汉　　楷书　楷书

1《金文编》934页。2《说文》302页。3、4《篆隶表》1026页。

形声字。《说文》："軌，车徹也。从车，九声。"段玉裁注："攴部曰：徹者通也。车徹者谓舆之下两轮之间空、中可通，故曰车徹，是谓之车轨。轨之名谓舆之下隋方空处。《老子》所谓当其无有车之用也。高诱注《吕氏春秋》曰两轮之间曰轨。"桂馥义证："徹、辙古今字。《汉书·文帝纪》：'结徹于道'，《陈平传》：'门外多长者车徹'。"（周宝宏）

軼（轶）yì 喻纽、质部；以纽、质韵、夷质切。

軼¹—軼—轶
《说文》小篆　楷书　楷书

1《说文》303页。

形声字。《说文》："軼，车相出也。从车，失声。"段玉裁注："车之后者突出于前也。《楚辞》軼迅风于清源。"张舜徽约注："軼之言逸也，谓车行出常轨之外也。车相出谓之軼，犹水奔突谓之泆，人逃亡谓之佚耳。"（周宝宏）

輪（轮）lún 来纽、文部；来纽、谆韵、力迍切。

輪¹—輪²—輪³—輪⁴—輪—轮
《说文》小篆　秦　汉　汉　楷书　楷书

1《说文》303页。2《睡甲》211页。3、4《篆隶表》1027页。

形声字。《说文》："輪，有辐曰輪，无辐曰軨。从车，侖声。"段玉裁注："轮之言伦也，从仑，仑，理也。三十辐两两相当而不迤，故曰轮。"（周宝宏）

輇（辁）quán 禅纽、元部；禅纽、仙韵、市缘切。

輇¹—輇²—輇—辁
《说文》小篆　汉　楷书　楷书

1《说文》303页。2《篆隶表》1027页。

形声字。从车，全声。无辐的车轮。张舜徽《说文解字约注》："輇之言全也，谓直斫木为之，其完满，不见空虚也。"（周宝宏）

輗（輗）ní 疑纽、支部；疑纽、齐韵、五稽切。

輗¹—輗—輗
《说文》小篆　楷书　楷书

1《说文》303页。

形声字。《说文》："輗，大车辕耑持衡者。从车，兒声。槸，輗或从宜；樆，輗或从木。"段玉裁注："辕与衡相接之关键也。"桂馥义证："戴侗曰辕端横木即衡也，輗乃持衡者。"张舜徽约注："輗轫双声，实一语之转，惟施之大小车为异。《论语》所谓'大车无輗，小车无軏'，軏即轫也。其形小曲，因谓之輗，犹曲角谓之觬，衺视谓之睨耳。"（周宝宏）

軝（軝）dǐ 端纽、脂部；端纽、荠韵、都礼切。

軝¹—軝—軝
《说文》小篆　楷书　楷书

1《说文》303页。

形声字。《说文》："軝，大车后也。从车，氐声。"张舜徽约注："軝之言底也，谓在下也。物之以前后言者，犹云上下耳。盖就其高言，则称上下；就其长言，则称前后，其意一也。车后谓之軝，犹木根谓之柢耳。"（周宝宏）

輂（輂）jú 见纽、屋部；见纽、烛韵、居玉切。

輂¹—輂—輂
《说文》小篆　楷书　楷书

1《说文》303页。

形声字。《说文》："輂，大车驾马也。从车，共声。"段玉裁注："古大车多驾牛，其驾马者则谓之輂。按《左氏传》陈畚桐。桐者土輂，《汉五行志》作輂，是桐乃輂之或字也。"清王筠《说文句读》："《史记·淮南厉王传》注：徐广曰大车驾马曰輂。《地官·乡师》注：輂，驾马；辇，人挽行，所以载在器也。"（周宝宏）

輦（辇）niǎn 来纽、元部；来纽、狝韵、力展切。

西周　西周　西周《说文》小篆　楷书　楷书

1、2、3《金文编》934～935页。4《说文》303页。

会意字。《说文》："輦，挽车也。从车，从㚘。在车前引之。"段玉裁注："谓人挽以行之车也。"西周金文輦字形体明显为从双"人"拉车的会意字，双人拉之车为輦。（周宝宏）

輓（挽）wǎn 明纽、文部；微纽、愿韵、无贩切。

《说文》小篆　汉　楷书　楷书

1《说文》303页。2《篆隶表》1028页。

形声字。《说文》："輓，引之也。从车，免声。"桂馥义证："引之也者，《一切经音义》十四引作'引车也'。《御览》同。《广韵》：輓，挽车也。《广雅》：輓，引也。《襄十四年左传》：'或輓之或推之'，注云：前牵曰輓。"（周宝宏）

斬（斩）zhǎn 精纽、谈部；庄纽、赚韵、侧减切。

战国　战国《说文》小篆　秦　秦　汉　汉
汉　楷书　楷书

1、2《战文编》935页。3《说文》303页。4、5《睡甲》79页。6、7、8《篆隶表》1028页。

会意字。《说文》："斬，截也。从车，从斤。斩法车裂。"段玉裁注："截者断也。皆部：暂，截也。《周礼》掌戮注曰斩以铁钺，若今腰斩也，杀以刀刃若今弃市也。本谓斩人，引申为凡绝之称。"又："斩法车裂也，此说从车之意。盖古用车裂，后人乃法车裂之意而用铁钺，故字亦从车从斤者，铁钺之类也。"桂馥义证："《释名》：斫头曰斩，斩腰曰腰斩，暂也，暂加兵即断也。《释诂》：斩，杀也。"朱骏声通训定声："按因古车裂之法而制斩，故从车会意。《尔雅·释诂》：斩，杀也。《广雅·释诂一》：斩，断也。二：斩，裂也。"《墨子·非攻下》："芟刈其禾稼，斩

其树木。"《诗·小雅·节南山》："国既卒斩，何用不监？"按：斩之本义为杀，引申为斩断。（周宝宏）

輔（辅）fǔ 并纽、鱼部；奉纽、麌韵、扶雨切。

西周　西周　西周　战国　战国　战国《说文》小篆　汉

汉　汉　汉　汉　楷书　楷书

1、2、3《金文编》934页。4、5、6《战文编》935页。7《说文》303页。8-12《篆隶表》1028页。

形声字。《说文》："輔，人颊车也。从车，甫声。"严可均校议："面部：酺，颊也。此辅从车，当有本训。小徐作：《春秋传》曰：辅车相依，从车甫声，人夹车也。盖旧本如此，惟'甫声'下尚脱'一曰'二字耳。许意'辅车相依'即《诗》'乃弃尔辅'之辅。辅者，大车榜木。弃尔辅即输尔载矣。《考工记》不言作辅，盖非车人所为，驾车者自择用之。辅在两旁，故《春秋传》、《国语》皆言夹辅。其俌相之俌、酺颊之酺，皆取此象，故经典皆借辅为之。"（周宝宏）

𠂤 部

𠂤 duī 端纽、微部；端纽、灰韵、都回切。

商　商　商　西周　西周　西周《说文》小篆　楷书

1、2、3《甲文编》532～533页。4、5、6《金文编》935～936页。7《说文》303页。

象形字。《说文》："𠂤，小𨸏也。象形。凡𠂤之属皆从𠂤。"徐铉曰："今俗作堆。"段玉裁注："小𨸏曰𠂤，《国语》假借魁字为之，《周语》：夫高山而荡以为魁陵粪土。贾逵、韦昭皆曰小𨸏曰魁，即许之𠂤也。贾逵注见《海赋》。其字俗作堆，堆行而𠂤废矣。"按：𨸏与𠂤在甲骨文和西周金文中的形体不同。姚孝遂在《甲骨文字诂林》"𠂤"字条后按语中说："戴侗《六书故》云：'侧⋀为𨸏，侧⋀为𠂤，𠂤，小𨸏也，故其文眡𨸏而杀。别作堆。'其说似是而非，核诸初文，实有未然。𨸏既非山之侧书，𠂤亦非丘之侧书。

契文自作 🄫、🄑，与𠂤之或作𠂤者有别。𠂤体屈，而𨸏体直，此其大别。参见𠂤字条。金甲文'𠂤'皆假作'师'。"又在"𨸏"字条下说："王筠《释例》谓'𨸏之古文作𠂤、𠂤，盖如画坡陀然，层层相重累也……侧山为𠂤之说陋。'其见解是对的。……山象峰峦，𠂤象陵陇，不得谓为山之竖书。"根据姚孝遂上述观点，𠂤字本不像小𨸏之形，其形待考。商甲骨文，两周金文用为"师"，典籍也未见用为小𨸏之义，𠂤、堆可能不是古今字。（周宝宏）

官 guān 见部、元部；见纽、桓韵、古丸切。

1、2《甲文编》533 页。3—6《金文编》936~937 页。7《战文编》941 页。8《说文》304 页。9、10《马王堆》579 页。11《篆隶表》1030 页。

会意字。杨树达《积微居小学金石论丛》："《说文十四篇下𠂤部》云：'官，吏事君也，从宀，从𠂤，𠂤犹众也。此与师同意。'乡先辈何子贞先生《东州草堂文钞》卷八跋《汉潘乾校官碑》云：'校官者，学舍也。官字从宀，凡从宀之字皆以屋室为义……'"姚孝遂《甲骨文字诂林》"官"字条后按语说："《说文》训官为'吏事君也'，乃后起之义。王筠《句读》已疑之。俞樾《儿笘录》云：'宀者交覆深屋也，吏事君者何取而从宀？许君说此字殆未得其本义矣。今按官者馆之古文也。从宀覆𠂤，正合馆舍之义。食部：馆，舍也，从食官声。此乃后出字，古字止作官。《礼记·曲礼篇》在官言官，注曰：官谓版图文书之处也。《玉藻篇》在官不俟屦，注曰：官谓朝廷治事处也。官皆即馆字。《易·随》初九有渝，《释文》曰：'官，蜀才本作馆。盖官古字，馆今字也。'……则'帝官'、'帝不官'，官亦当读作'馆'。待宾客之舍曰馆，宾客止于舍亦谓之馆。《诗·公刘》'于豳斯馆'，《左传·僖十五年》：'改馆晋侯，馈七牢焉。'馆均用为动词。"总之，官本义为馆舍之义。（周宝宏）

自部

自（𨸏） fù 並纽、幽部；奉纽、有韵、房九切。

1—5《甲文编》534 页。6《说文》304 页。

象形字。《说文》："𨸏，大陆，山无石者，象形，凡𨸏之属皆从𨸏。"段玉裁注："山下曰：有石而高，象形。此言无石以别于有石者也。《诗》曰：如山如𨸏。山与𨸏同而异也。《释名》曰：土山曰𨸏。象形者，象土山高大而上平，可层累而上。"徐灝段注笺："段说象形，失之。戴氏侗曰：𠂤，山之岗陇坡陀下陁者也。山峰峻峙岗自侧注，故𠂤从侧山，引而申之，凡丰厚者皆曰𠂤。"姚孝遂在《甲骨文字诂林》"𨸏"字后按语中说："王筠《释例》谓'𨸏之古文作𠂤、𠂤，盖如画坡陀者然，层层相重累也……侧山为𨸏之说陋。'其见解是对的。……山象峰峦，𠂤象陵陇，不得谓为山之竖书。"上引诸说共三说，一为无石之大土山，二为山之侧视形，三为像山之山坡阶梯之形。当以第三说为是，因为甲骨文及西周金文中的𨸏，均看不出无石之山的形象，也看不出是 ⼭（山）之侧书的样子。（周宝宏）

陵 líng 来纽、蒸部；来纽、蒸韵、力膺切。

1—4《金文编》937~938 页。5、6《战文编》942 页。7《说文》304 页。8《睡甲》212 页。9、10《篆隶表》1031 页。

形声字。《说文》："陵，大𨸏也。从𨸏，夌声。"段玉裁注："《释地》、毛传皆曰大𨸏曰陵。《释名》曰：陵，隆也，体隆高也。引申之为乘也，上也。"（周宝宏）

阞 lè 来纽、职部；来纽、德韵、卢则切。

1《说文》304页。

形声字。《说文》："阞，地理也。从𨸏，力声。"段玉裁注："凡有理之字皆从力。阞者，地理也；朸者，木理也；泐者，水理也；手部有扐亦同意。"张舜徽约注："许所云'地理'者，谓土与石之文理也，侧视之自见。凡地理、木理、水石之理，皆自然成层累之文，故各有专字以名之。犹人之脅骨称肋，亦取其排比层累而下，秩然有理耳。"（周宝宏）

陰（阴）yīn 影纽、侵部；影纽、侵韵、于金切。

1《金文编》938页。2、3《战文编》942页。4《说文》304页。5《睡甲》212页。6《篆隶表》1031页。

形声字。《说文》："陰，闇也。水之南，山之北也。从𨸏，侌声。"按：陰字当从𨸏从云今声。云与阜皆遮挡阳光之大的物体，故从𨸏从云，本义为闇也，引申之指水之南，山之北阳光照不到之处也。西周金文㝬伯盨铭文："其陰其阳，以征以行。"正用水之南、山之北之意。今声，声中也含义。张舜徽《说文解字约注》："陰之言隐也，谓为山所蔽不见日也，故其字从𨸏。两山之间必有水，故山之北即水之南，山之南即水之北也。古读陰闇同音，《尚书》'高宗谅闇'，《论语》作'谅陰'，此二字相通之证也。故许君直以闇训陰。"（周宝宏）

陽（阳）yáng 喻纽、阳部；阳纽、平韵、与章切。

1《甲文编》535页。2—5《金文编》938页。6、7《战文编》943页。8《说文》304页。9、10《睡甲》212页。11、12《马王堆》583页。13—16《篆隶表》1032页。

形声字。《说文》："陽，高明也。从𨸏，昜声。"朱骏声通训定声："按从阜从昜会意，昜亦声。《谷梁僖公二十八传》：山南为阳，水北为阳。"昜字也见于甲骨文，作旦，上从日，下可能从柯之古文，也许是为声符。那么昜、陽为古今字，陽当为从阜从昜，昜亦声。其本义亦当为"高明也"，非具体指山之南、河之北也，当指高处见到光明的地方，或高处阳光照得到的地方，故从阜从昜会意。甲骨文见昜、陽，但未见陰和会，西周金文则昜、陽、陰俱见。（周宝宏）

陸（陆）lù 来纽、觉部；来纽、屋韵、力竹切。

1—7《金文编》939页。8、9《战文编》944页。10《说文》304页。11、13、14、15《篆隶表》1032~1033页。12《睡甲》213页。

形声字。《说文》："陸，高平地。从𨸏，从坴，坴亦声。𨹖，籀文陸。"段玉裁注："土部坴下曰土块坴坴也。然则陸从坴者，谓其有土无石也。"张舜徽约注："陸与陵双声，语之转也。汉县有名陵者，王莽皆改曰陸，以二字声同义近耳。陵与陸析言虽别，浑言则皆高地之称也。"按从商周陸字古文字形体看，初本从𨸏，圥声或坴声，夲不从"土"，从土是从春秋战国开始的，从"土"当为附加符号，为春秋战国文字习惯，与字的构形无关，许慎误认为"土"旁是形符，故认为陸为会意兼形声字，其实不是会意字，只是形声字，其本义当即《说文》所说："高平地"。（周宝宏）

阿 ē 影纽、歌部；影纽、歌韵、乌何切。

1《金文编》939页。2《战文编》944页。3《说文》304页。4—7《篆隶表》1033页。

形声字。《说文》："阿，大陵也。一曰曲𨸏也。从𨸏，可声。"段玉裁注："《释地》、毛传皆曰：大陵曰阿。……毛诗：菁菁者莪，在彼中阿。传云：大陵曰阿。《考槃》'在阿'传曰：曲陵曰阿。各随其宜解之也。《大雅》有卷者阿，传云：卷，曲也。然则此阿谓曲𨸏也，引申之曲处皆得称阿。"徐灏段注笺:"此当以曲自为正义。凡山丘之曲谓之阿,《大雅·卷阿篇》:有卷者阿,《小雅·绵蛮篇》:止于丘阿,是也。《尔雅》大陵曰阿,盖山之高峻者其曲袤处广,故天子冢因以陵名耳。"(周宝宏)

陂 bì 帮纽、歌部;帮纽、寘韵、彼义切。
bēi

颇¹—陂
《说文》小篆　楷书

1《说文》304页。

形声字。清段玉裁《说文解字注》:"陂与坡音义皆同。凡陂必邪立,故引申之义为倾邪。"张舜徽《说文解字约注》:"地之倾邪者谓之陂,犹是塞谓之坡,头偏谓之颇,行不正谓之跛耳。"表倾邪、不正等义,读bì。表山坡、池沼、厓岸、壅塞等义读bēi。连绵词"陂陀"读pō,地名"黄陂"读pí。(周宝宏)

阪 bǎn 帮纽、元部;非纽、阮韵、府远切。

綿¹—颇²—阪³—阪⁴—阪⁵—阪
春秋《说文》小篆　秦　汉　汉　楷书

1《战文编》944页。2《说文》304页。3《睡甲》213页。4、5《篆隶表》1033页。

形声字。《说文》:"阪,坡者曰阪。"段玉裁注:"《释地》、毛传皆曰陂者曰阪。许云坡者曰阪。然则坡陂异部同字也。"桂馥义证:"坡者曰阪者,《释地》文,坡,彼作陂。郭注:陂陀不平也。本书:坡,阪也。徐锴本作陂也。《玉篇》:阪,陂也。《诗·车邻》阪有漆。传云:陂者阪。郑注《乐记》:陂,倾也。《史记·司马相如传》:登陂陁之长阪。"(周宝宏)

陬 zōu 精纽、侯部;精纽、侯韵、子侯切。

陬¹—陬²—陬
《说文》小篆　汉　楷书

1《说文》304页。2《篆隶表》1033页。

形声字。《说文》:"陬,阪隅也。从自,取声。"段玉裁注:"谓阪之角也。"张舜徽《说文解字约注》认为不当有

"阪"字,直用"隅"训陬。隅者山角落,陬也是山角落之义。(周宝宏)

隅 yú 疑纽、侯部;疑纽、虞韵、遇俱切。

隅¹—隅²—隅³—隅⁴—隅
《说文》小篆　秦　汉　汉　楷书

1《说文》304页。2《睡甲》213页。3、4《篆隶表》1033页。

形声字。义为山之角落。《说文》:"隅,陬也。从自,禺声。"段玉裁注:"隅与陬为转注,《广雅》曰:陬,角也。《小雅》笺曰:丘隅,丘角也。"(周宝宏)

险(险) xiǎn 晓纽、谈部;晓纽、琰韵、虚检切。

险¹—险²—险³—险⁴—险⁵—险⁶—险—险
《说文》小篆　秦　秦　秦　汉　汉　楷书　楷书

1《说文》304页。2、3、4《睡甲》213页。
5、6《篆隶表》1033~1034页。

形声字。《说文》:"险,阻难也。从自,佥声。"王筠句读:"险阻一事而两名,难则其义也,险言其体之峻绝,阻言用之隔阂,内外之词也。《玉篇》:险,难也,阻也。"险之本义为险阻。(周宝宏)

限 xiàn 匣纽、文部;匣纽、产韵、胡简切。

限¹—限²—限³—限⁴—限
西周　西周　西周《说文》小篆　楷书

1、2、3《金文编》939页。4《说文》304页。

形声字。《说文》:"限,阻也。……从自,艮声。"西周金文限字当从自从目从人,会山阜挡住人的目光之义,本义当为限制,本为会意字,《说文》演为形声字。西周金文用为"期限"之义,当为本义之引申。(周宝宏)

阻 zǔ 精纽、鱼部;庄纽、语韵、侧吕切。

阻¹—阻²—阻³—阻
《说文》小篆　汉　汉　楷书

1《说文》304页。2、3《篆隶表》1034页。

形声字。《说文》:"阻,险也。从自,且声"。桂馥义

证:"险也者,《广雅》同。《尔雅·释诂》阻,难也。郭注:险难。《易·系辞传》:夫乾,……德行恒易以知险;夫坤,……德行恒简以知阻。《诗·雄雉》'自诒伊阻',《谷风》'既阻我德',传并云:阻,难也。"(周宝宏)

陋 lòu 来纽、侯部；来纽、候韵、卢候切。

陋¹—陋
《说文》小篆 楷书

1《说文》305页。

形声字。《说文》:"陋,阨陕也,从自,㪇声。"段玉裁注:"阨者,塞也,陕者,隘也。自部曰:隘者,陋也。然则陋与隘为转注。阨陕者,如边塞狭隘也,故从自。引申为凡鄙小之称。《贾子》曰反雅为陋。《淮南注》曰:陋,鄙小也。"清桂馥《说文解字义证》:"《诗·淇澳》传:侗,宽大也。侗与陋反,则陋为阨隘矣。《汉书·刑法志》:秦人其生民也陋阨。《郊祀志》:行溪谷中阨陕且百里。《宋书·武帝纪》:莫不忘其陋险,九译来庭。"(周宝宏)

陕 xiá 匣纽、葉部；匣纽、洽韵、侯夹切。

陕¹—陕²—陕³—陕
《说文》小篆 汉 汉 楷书

1《说文》305页。2、3《篆隶表》1034页。

形声字。《说文》:"陕,隘也。从自,夹声。"朱骏声通训定声:"字亦作陿、作峡、作狭,与陕州之陕迥别。"张舜徽约注:"陕之训隘,犹夹之训持也。陕之本义,谓两山对峙而近,其间甚迫隘耳。世所称'三峡',当以此为本字。其地两岸连山,重岩叠嶂,下有急流,仅得容舟,故谓之陕也。因引申为凡褊隘之称。今则通作峡字。峡行而陕废矣。此与陕西之陕异,彼从二入,此从二人,形、音、义皆不同也。"(周宝宏)

陟 zhì 端纽、职部；知纽、职韵、竹力切。

陟¹—陟²—陟³—陟⁴—陟⁵—陟⁶—陟⁷—陟⁸
商 商 商 商 商 商 西周 西周

陟⁹—陟¹⁰—陟¹¹—陟
西周 春秋 《说文》小篆 楷书

1—6《甲文编》535页。7—10《金文编》940页。11《说文》305页。

会意字。《说文》:"陟,登也。从自,从步。"段玉裁注:"《释诂》曰:陟,陞也。毛传曰:陟,升也。陞者升之俗字,升者登之假借。"张舜徽约注:"陟字今读,声在知纽,古读归端,则与德相近。本书:德,升也。犹陟之训登矣。《周礼》大卜:'掌三梦之法,三曰咸陟。'郑注云:'陟之言得也,读如王德翟人之德。'是陟、德声通之证。"(周宝宏)

陷 xiàn 匣纽、侵部；匣纽、陷韵、户䈼切。

陷¹—陷²—陷³—陷⁴—陷⁵—陷
《说文》小篆 秦 秦 汉 汉 楷书

1《说文》305页。2、3《睡甲》213页。4、5《篆隶表》1035页。

形声字。《说文》:"陷,高下也。一曰陊。从自,从臽,臽亦声。"于省吾《甲骨文字释林·释凵、㕣、圂、凷、㓷》:"甲骨文从各种兽形从凵的字常见。凵字《说文》作凵,并谓'凵,张口也,象形'。朱骏声《说文通训定声》谓:'一说坎也,堑也,象地穿。'按朱说甚是。古文凵字象坑坎形,小篆讹作凵,下横平,故《说文》误训为张口。凵字典籍通作坎,凵为本字,坎为借字。《说文》:'坎,陷也,从土欠声。'坎陷叠韵,以音为训。章炳麟《文始》谓'凵又孳乳为坎','在本部则变易为臽','为陷。'"又:"甲骨文臽字作㓷、㓷(从卩与从人同)、㓷等形,象陷人于坑坎之中。其字从人凵,凵亦声,系会意兼形字。甲骨文的'今日㓷'(乙八七一六),是指陷人以祭言之。此外,关于田猎陷兽,则陷㓷作㓷,陷鹿作㓷……至于甲骨文中从各种兽形从凵的字,其中往往加以数点,则象坑坎中尘土之形。"又:"基于上述,则甲骨文陷人以祭的㓷字,即臽的初文。从臼的臽乃后起字,从阜的陷,又系臽的后起字。后世不仅陷行而臽废,并且甲骨文从各种兽形从凵的几个古文陷字,也都废而不用。"按:陷为臽的后起字,臽像陷人于坑坎之中,后加阜旁,表示从高陷入坑坎之中之意,引申为凡陷入之意。(周宝宏)

隰 xí 邪纽、缉部；邪纽、缉韵、似入切。

隰¹—隰²—隰
《说文》小篆 汉 楷书

1《说文》305页。2《篆隶表》1035页。

形声字。《说文》:"隰,阪下湿也。从自,㬎声。"徐灏段注笺:"《尔雅》:下湿曰隰。《诗·车邻》疏引李巡曰下湿谓土地窊下常沮洳,名为隰也。又:可食者曰原,陂者曰阪,下者曰湿。此三句指耕种之地而言,盖下湿处亦有可耕种者也。按燥湿字本作湿,后人假济湿之湿为之,此原隰字亦出后制,故以湿为湿而用为声。盖古无原隰字,只通用湿耳。土部塌即此字别体,二字当从湿省声。"(周宝宏)

隊(队) zhuì 定纽、物部;定纽、队韵、徒对切。

商 商 西周 战国 《说文》小篆 楷书 楷书

1、2《甲文编》536页。3《金文编》940页。4《战文编》945页。5《说文》305页。

形声字。《说文》:"隊,从高隊也。从自,㒸声。"段玉裁注:"隊坠正俗字,古书多作隊,今则坠行而隊废矣。……《左传》曰:以成一隊。杜注:百人为队。盖古语一队犹言一堆,物堕于地则聚;因之名隊为行列之称。"张舜徽约注:"严可均曰:'小徐本、《尔雅·释诂疏》、《韵会》十一队引作:从高堕也'。舜徽按:唐写本《玉篇》残卷隊字下引《说文》:'从高坠也',与《雅》疏、《韵会》所引合,小徐本不误也。隊以堕为本义,凡称行伍为队者,乃借隊为自。本书师下云:自,众意也。官下云:自犹众也。是已。"按:甲骨文隊字从自从倒下的人,会人从山上堕落之意。至西周金文借㒸为隊,至西周中晚期金文始出现从自从㒸声之隊,为《说文》所本。(周宝宏)

降 jiàng 见纽、冬部;见纽、绛韵、古巷切。

商 商 商 西周 西周 西周 《说文》小篆
秦 汉 汉 汉 汉 汉 楷书

1、2、《甲文编》536页。4、5、6《金文编》940~941页。7《说文》305页。8《睡甲》213页。9—13《篆隶表》1035页。

会意字。《说文》:"降,下也。从自,夅声。"按从甲骨文、西周金文形体及其用法看,降字本从双止向下,从自,会从高处降下之意,与甲骨文、西周金文中的陟字构形之意正好相反。(周宝宏)

隕(陨) yǔn 匣纽、文部;云纽、轸韵、于敏切。

战国 《说文》小篆 汉 楷书 楷书

1《战文编》946页。2《说文》305页。3《篆隶表》1036页。

形声字。《说文》:"隕,从高下也。从自,員声。《易》曰:有隕自天。"段玉裁注:"《释诂》曰:隕,下落也。毛传曰:隕,隋也。隋即㱊字。"张舜徽约注:"从高下谓之隕,犹落谓之碩,雨谓之霣,有所失谓之抎,皆一语之转。隕、碩、霣、抎,并受声义于雨。雨者,水从云下也。"朱骏声通训定声:"按与碩同字,亦作殒。《尔雅·释诂》:隕、碩,落也。《易·垢》:有隕自天。《诗·氓》:其黄而隕。《左僖十六年传》:隕石于宋五。隕,星也。"(周宝宏)

陸(堕) huī 晓纽、歌部;晓纽、歌韵、虎何切。

西周 战国 《说文》小篆 《说文》小篆 汉 楷书

1《金文编》942页。2《战文编》946页。3、4《说文》305页。5《篆隶表》1036页。

形声字。《说文》:"陸,败城阜曰陸。从自,差声。墑,篆文。"徐锴系传:"今俗作隳。"段玉裁注:"陸作墑,隶变作堕,俗作隳。用堕为崩落之义,用隳为倾坏之义,习非成是,积习难反也。《虞书》曰:万事堕哉。堕本败城阜之称,故其字从阜,引申为凡阤坏之称。"按:新近出土的遂公盨铭文有"陸"字,从自从双手抓土,所会之意是堆土、还是使土堕落有待证明,但确定从双手从双土,战国楚简中的陸字仍作陸,与西周金文形体完全相同。此字又见五祀卫鼎及不其簋等西周金文,甲骨文又有𨸏字,也许是陸字。至《说文》篆文才演变从差,可能是由于声化的原因,即变为形声字,而使𡉾讹变为从差。西周金文和战国文字中的陸为会意字。(周宝宏)

阬 kēng 溪纽、阳部;溪纽、庚韵、客庚切。

《说文》小篆 秦 楷书

1《说文》305页。2《睡甲》213页。

形声字。《说文》:"阬,阆也。从自,亢声"段玉裁注:

"阒者,门高大之貌,引申为凡孔穴深大皆曰阒。阮,《释诂》云:虚也。地之孔穴虚处与门同,故曰阒也。以叠韵为训。《诗》曰:皋门有伉,然则门亦得称阮也。"王筠句读:"土部:堑,阮也。又云:秦谓阮为埂。夕部容下云:阮,坎。则知阮只是阮谷,至今犹言之,汉时可知,字不须解,故以叠韵说之。"按阮字当以高大之貌为本义,用为坑坎之意当为借义,字又作坑。(周宝宏)

防 fáng 並纽、阳部;並纽、阳韵、符方切。

1、2《战文编》946页。3《说文》305页。4、5《篆隶表》1036页。

形声字。《说文》:"防,隄也。从自,方声。埅,防或从土。"防字本义从自为隄防之义,引申为防卫、防止之义,由名词引申为动词。(周宝宏)

隄 dī 定纽、支部;定纽、齐韵、杜溪切。

1《说文》305页。2、3、4《睡甲》213页。5《篆隶表》1037页。

形声字。《说文》:"隄,唐也。从自,是声。"段玉裁注:"唐,塘正俗字。唐,大言也,假借为陂唐,乃又益之土旁作塘矣。隄与唐得互为训者,犹陂与池得互为训也。其实窊者为池为唐,障其外者为陂为隄。"隄字的本义就是隄防,也写作堤。(周宝宏)

附 fù 並纽、侯部;奉纽、遇韵、符遇切。

1《说文》305页。2、3《篆隶表》1037页。

形声字。《说文》:"附,附娄,小土山也。从自,付声。《春秋传》曰:附娄无松柏。"段玉裁注:"《说文》以坿为坿益字,从土,此附作步口切,小土山也。玉裁谓:土部:坿,益也。增益之义宜用之,相近之义亦宜用之。今则尽用附而附之本义废矣。"(周宝宏)

阨 è 影纽、锡部;影纽、麦韵、於革切。

1《说文》305页。

形声字。《说文》:"阨,塞也。从自,厄声。"段玉裁注:"阨之言挖也。"张舜徽约注:"阨与隔实一语,今读阨在影纽,隔在见纽,古声则通。本书手部:搹或体作扼。""塞谓之阨,犹咽谓之嗌,陋谓之隘,隘谓之厄,并双声语转,受义同源。"(周宝宏)

隔 gé 见纽、锡部;见纽、麦韵、古核切。

1《篆隶表》1037页。2《说文》305页。

形声字。《说文》:"隔,障也。从自,鬲声。"桂馥义证:"障也者,李善注《西京赋》引作:塞也。本书:塞,隔也。"隔字之本义为阻塞,引申为隔开。(周宝宏)

障 zhàng 章纽、阳部;章纽、阳韵、诸良切。

1《说文》305页。2《篆隶表》1038页。

形声字。《说文》:"障,隔也。从自,章声。"王筠句读:"《汉书·张汤传》:'居一障间。'注云:'谓塞上要险处筑城以为障蔽。'"张舜徽约注:"上文'阻,险也。'与障双声。实即一语。障字从自,亦谓为山自所阻隔而成天然障蔽耳。引申为凡蔽阻之称。"(周宝宏)

隱(隐) yǐn 影纽、文部;影纽、隐韵、于谨切。

1、2、3《战文编》947页。4《说文》305页。5

《睡甲》214页。6—9《篆隶表》1038页。

形声字。《说文》："隱，蔽也。从𨸏，㥯声。"徐灏段注笺："隱之本义盖谓隔自不相见，引申为凡隐蔽之称。"（周宝宏）

隩 yù 影纽、觉部；影扭、号韵、乌到切。

1《说文》305页。2《篆隶表》1038页。

形声字。《说文》："隩，水隈崖也。从𨸏，奥声。"段玉裁注："厓，山边也，引申之为水边。隈厓谓曲边也。《释丘》曰：厓内为隩，外为鞠。毛诗：瞻彼淇奥。传曰：奥，隈也。奥者隩之假借字也。"王筠句读："《释丘》：隩、隈、厓，内为隩，外为隈。"（周宝宏）

隈 wēi 影纽、微部；影纽、队韵、乌傀切。

1《说文》306页。

形声字。《说文》："隈，水曲，隩也。从𨸏，畏声。"朱骏声通训定声："按字从𨸏，当训山曲澳也。渨篆当训水曲澳也。"山脉的弯曲处称隈，水流的弯曲处称渨，但典籍多水流弯曲多作隈。（周宝宏）

隴（陇） lǒng 来纽、东部；来纽、肿韵、力踵切。

1《说文》306页。2、3《篆隶表》1038页。

形声字。《说文》："隴，天水大阪也。从𨸏，龙声。"段玉裁注："《地理志》：天水郡有陇县。《郡国志》：汉阳郡永平十七年天水郡更名也。陇县有大阪名陇坻。"（周宝宏）

陝（陕） shǎn 书纽、谈部；书纽、琰韵、失冉切。

1《战文编》947页。2《说文》306页。3、4、5《篆隶表》1039页。

形声字。《说文》："陝，弘农陝也。古虢国，王季之子所封也。从𨸏，夾声。"桂馥义证："《隐五年公羊传》：自陝而东者周公主之，自陝而西者召公主之。注云：陝者盖今弘农陝县是也。"（周宝宏）

陳（陈） zhèn 定纽、真部；澄纽、震韵、直刃切。
　　　　 chén 定纽、真部；澄纽、直韵、直珍切。

1—4《金文编》942页。5《说文》306页。6、7《睡甲》214页。8、9、10《篆隶表》1039页。

形声字。《说文》："陳，宛丘舜后，妫满之所封。从𨸏从木申声。𢼸，古文陳。"按：陈字当从𨸏从东，非从木从申，战国文字中又附加"土"旁，是战国时代写字的习惯。清徐灏《说文段注笺》："陈之本义即谓陈列，因为国名所专而后人昧其义耳。敶乃后制之字，段谓俗假陈为敶列，非也。《周礼·司命》：以陈肆辨物而平市。郑注：陈犹列也。此陈之古义。因之堂途谓之陈，军旅亦谓之陈，皆有行列者也。军旅之陈读去声(zhèn)，俗别作阵，又引申为陈说之义。盖凡言事者必条举其得失、指阵其利害，故谓之陈，又因行列而为积聚之称，所谓陈陈相因是也。……陈之本义为陈列，故从𨸏从木申声，盖于平陆中布列之义。"（周宝宏）

陶 táo 定纽、幽部；定纽、豪韵、徒刀切。

1、2《金文编》942页。3《说文》306页。4、5、6《篆隶表》1040页。

形声字。《说文》："陶，再成丘也，在济阴。从𨸏，匋声。《夏书》曰：东至于陶丘。陶丘有尧城，尧尝所居，故尧号陶唐氏。"段玉裁注："《释丘》曰：一成为敦丘，再成为陶丘。……《地理志》曰：济阴郡定陶县，《禹贡》陶丘在西南。按定陶故城在今山东曹州府定陶县西南，古陶丘在焉。"张舜徽约注："此篆当以再成丘为本义。再成丘谓之陶，犹高土谓之塙，皆堆土致高之义也。汉济阴郡，治定陶，有今山东菏泽附近南定陶，北至濮城之地。地之以陶称者，亦以其地有陶丘而得名耳。"（周宝宏）

除 chú 定纽、鱼部；澄纽、鱼韵、直鱼切。

1、6、7、8《篆隶表》1040页。2、3、4《睡甲》214页。5《说文》306页。

形声字。《说文》："除，殿陛也，从自，余声。"段玉裁注："殿谓宫殿，殿陛谓之除，因之凡去旧更新皆曰除，取拾级更易之义也。"张舜徽约注："严可均曰：'《文选怀旧赋》注、《曹子建赠丁仪诗》注……并引作：殿阶也。'舜徽按：《唐写本〈玉篇〉残卷》除字下引《说文》，亦作'殿阶也。'盖许书原文如此。阶陛二字，在本书虽互训，然析言之仍自有别。阶乃通名，除篆说解本用通名也。"（周宝宏）

阶（阶） jiē 见纽、脂部；见纽、皆韵、古谐切。

1《说文》306页。2、3《篆隶表》1040～1141页。

形声字。《说文》："阶，陛也。从自，皆声。"王筠句读："《尚书大传》'大师奏鸡鸣于阶下'注：阶，陛也。盖古名阶，后名陛，因而专为殿陛之名也。经文无陛字可见。"（周宝宏）

阼 zuò 从纽、铎部；从纽、暮韵、昨误切。

1《说文》306页。2、3、4《篆隶表》1041页。

形声字。《说文》："阼，主阶也。从自，乍声。"段玉裁注："阶之在东者，古者天子践阼临祭祀，故国运曰阼。"张舜徽约注："阼之言左也，《礼》：凡门出西为右，东为左。故东阶谓之阼。阼亦义通于酢，郑注《士冠礼》云：'阼犹酢也，东阶所以答酢宾客也。'是已。其称国运者，今字则作祚。"按：凡除、阶、阼、陛等字有台阶之义者从自，其形符自所表示的含义当与陟、降类似，有表示阶梯、台阶之义，说明自作为形符其义不完全表示"高"义。（周宝宏）

陛 bì 并纽、脂部；并纽、荠韵、傍礼切。

1《说文》306页。2、3、4《篆隶表》1041页。

形声字。《说文》："陛，升高阶也。从自，坒声。"徐灏段注笺："陛从坒声，即阶级相比次之意。"张舜徽约注："陛之言比也，谓升高之级上下比叙也。升高阶谓之陛，犹地次比谓之坒耳。本为阶之通名，后乃用为殿陛之专称。《玉篇》云：'陛，天子阶也。'乃晚出义。"（周宝宏）

際（际） jì 精纽、月部；精纽、祭韵、子例切。

1《说文》306页。2《篆隶表》1041页。

形声字。《说文》："際，壁会也。从自，祭声。"段玉裁注："两墙相合之缝也，引申之凡两合皆曰际，际，取壁之两合，犹间取门之两合也。"（周宝宏）

隙 xì 溪纽、铎部；溪纽、陌韵、绮戟切。

1《说文》306页。

形声字。《说文》："隙，壁际孔也。从自，从䜌，䜌亦声。"段玉裁注："《左传》曰：墙之隙坏，谁之咎也。际自分而合言之，隙自合而分言之，引申之凡坏裂皆曰隙，又引申之凡间空皆曰隙。"（周宝宏）

陪 péi 並纽、之部；並纽、灰韵、薄回切。

𩫰—陪—陪
《说文》小篆　汉　　楷书

1《说文》306页。2《篆隶表》1041页。

形声字。《说文》："陪，重土也。一曰满也。从𨸏，咅声。"段玉裁注："《左传》曰：分之土田陪敦。注曰：陪，增也，敦，厚也。诸侯之臣于天子曰陪臣，取重之义之引申也。"徐灏段注笺："重土为陪，引申为凡相重之称，故士有陪乘，卒有陪隶，殡有陪鼎，古通作培作倍。"张舜徽约注："陪之言培也，谓增益其土也。许训重土，取重叠义。"（周宝宏）

陴 pí 並纽、支部；並纽、支韵、符支切。

𨸏—𨸏—𩫰—陴—陴
商　　商　　《说文》籀文　《说文》小篆　楷书

1、2《甲文编》536页。3、4《说文》306页。

形声字。《说文》："陴，城上女墙，俾倪也。从𨸏，卑声。"段玉裁注："土部曰：堞，城上女垣也。凡小者谓之女，女墙即女垣也。俾倪叠韵字，或作睥睨，或作埤堄，皆俗字。城上为小墙，作孔穴可以窥外谓之俾倪。《左传·宣十二年》：守陴者皆哭。杜注：陴，城上俾倪。《释名》云：城上垣曰俾倪，言于其孔中俾倪也。"李孝定《甲骨文集释》（4149页）："契文与籀文同，从𡧧象城垣，从𠬞象手持甲，叶（玉森）说是也。甲与契文冊千诸文形近，疑象执盾之形，沿讹为卑遂以为声耳。"按：李孝定、叶玉森之解释，可备一说。如此，陴字本形当从城垣从卑会意，后变为从𨸏卑声。（周宝宏）

院 yuàn 匣纽、元部；云纽、线韵、王眷切。

𨸏—院—院
《说文》小篆　秦　　楷书

1《说文》306页。2《睡甲》214页。

形声字。《说文》："院，坚也。从𨸏，完声。"徐铉曰："宀部已有，此重出。"桂馥义证："《诗》：溥彼韩城，燕师所完。《隐元年左传》：太叔完聚。《襄三十一年传》：缮完葺墙。又云：是以令吏人完客所馆。《孟子》：使舜完廪。《庄子·天地篇》：不以物挫志之谓完。皆坚固意。本书完下云：古文以为宽字。完既为宽，则院为坚完之本字矣。"清王筠《说文释例》："院见宀𨸏二部，当删宀部者。寏：周垣也。院，坚也。后人以院为寏，故附寏下。"（周宝宏）

𨸏 部

隘 ài 影纽、锡部；影纽、卦韵、乌懈切。

𨸏—𨺻—𨻼—隘
《说文》籀文《说文》小篆　汉　　楷书

1、2《说文》307页。3《银雀山》456页。

形声字。《说文》："𨺻，陋也，从𨸏𦫵声。𦫵，籀文嗌字。隘，籀文𨺻，从𨸏，益声。"段玉裁注："𨸏部曰：陋者阨陕，阨者塞也，陕者嗌也。然则四字相为转注。"徐灏段注笺："𨺻从𦫵，两𨸏之间，阨陕意也。引申为凡陕隘之称。"桂馥义证："《诗·大雅》：'诞置之隘巷'，礼器：'君子以为隘矣'，注云：隘犹狭陋也。"张舜徽《说文解字约注》："𦫵为嗌之籀文，此篆从之，实声中寓义也。嗌为咽喉，在人体中乃最阨陕处，地之险塞者似之耳。"按：隘当为后起形声字，也许是从西周金文传下来的形体，因此是籀是篆，不必强择其一。𨺻字当为会意兼形声字，张舜徽约注说𦫵表示咽喉之义，是也。《孙子兵法·地形》："隘形者，我先居之，必盈之以待敌。"曹操注："隘形者，两山间通谷也。"（周宝宏）

燧 suì 邪纽、物部；邪纽、至韵、徐醉切。

𨻼—𨻼—𨻼—𨻼—𨺻—𨻼—燧
战国　战国　《说文》小篆　《说文》籀文　汉　　汉　　楷书

1、2《战文编》949页。3、4《说文》307页。
5《银雀山》456页。6《篆隶表》1042页。

形声字。《说文》："𨻼，塞上亭守烽火者。从𨸏从火，遂声。𨻼，篆文省。"段玉裁注："火部燹下彼云：燹，候表也。总释此二篆，此云：塞上亭守烽火者谓边塞之上守望烽之亭，故其字从𨸏在阨隘之间也。"徐灏段注笺："《后汉[书]·光武纪》注引《前[汉]书音义》曰：边方备警急，作高土台，台上作桔皋，桔皋头有兜零，以薪草置其中，常低之，有寇即燃火，举之以相告曰烽。又：多积薪，寇至，即燔之，望其烟曰燧。昼则燔燧，夜乃举烽。《广雅》曰：兜零，笼也。灏按：燧筑土为堆阙，其中以举火，故从𨸏。"（周宝宏）

厽 部

厽 lěi　来纽、微部；来纽、纸韵、力委切。

《说文》小篆 —— 楷书

1 《说文》307 页。

象形字。由三个像土块之形的象形符号，以品字形结构组成。"厽"字仅见于《说文》，小篆作"厽"，隶定后将三个像土块之形的构形符号变形为"厶"，使得"厽"字失去象形的意味。本义为累土块为墙。是"垒"的本字。《说文》："厽，案坺土为墙壁。"段玉裁注："案者，今之累字。《土部》曰：'一臿土谓之坺。'臿者，今之锹。以锹取田间土块，令方整不散，今里俗云坺头是也，亦谓之版光，累之为墙壁。"《说文》将其作为部首字，下属"纍"、"垒"二字，均由"厽"得声与义，后世则分别将它们归入"糸"部和"土"部，从而取消了"厽"部，"厽"即不能单独成字。（王颖）

纍 lěi　来纽、微部；来纽、纸韵、力委切。

战国 —— 《说文》小篆 —— 汉 —— 汉 —— 楷书

1 《古文典》1264 页。2 《说文》307 页。3、4 《篆隶表》1043 页。

形声兼会意字。从糸，从厽，厽亦声。本义为累积。《说文》："纍，增也。"段玉裁注："增者，益也。凡增益谓之积纍，纍之隶变作累。累行而纍废。"《文选·司马相如〈上林赋〉》："杂袭纍辑，被山缘谷。"李善注："纍，古累字。""纍"字由"厽"分化而来，其累积义也是从"累土块为墙"引申出的。可以说"垒"和"纍"分别承受了"厽"的本义和引申义。至于"累"字，本是"缧"的初文，表绳索的意思，与"纍"毫不相干。后世将"纍"归并到"累"字中，致使二者混淆。"纍"除表示累积义外，又假借为量词，表示"十黍的重量"。《说文》："纍，十黍之重也。"（王颖）

垒 lěi　来纽、微部；来纽、纸韵、力委切。

《说文》小篆 —— 楷书

1 《说文》307 页。

形声兼会意字。从土，从厽，厽亦声。本义为用土块或砖砌墙。《说文》："垒，案墼也。"徐灏注笺："墼并与垒同。"徐锴系传："今但作墼。墼，壁墼也。"段玉裁注："《土部》曰：'军壁曰壘。'此又音义皆异之字也。""垒"与"壘"并不相同，"壘"是从土、晶声的形声字，专表"军壁"之义，即军营中用作御敌的墙壁或防守用的堡寨。而"垒"从土从厽，厽亦声，是"厽"的后起字。只是因为二者之间在词义上存在共同点，即都与墙壁相关，所以才产生混淆。后来更把"壘"简化作"垒"。（王颖）

四 部

四 sì　心纽、质部；心纽、至韵、息力切。

商 — 西周 — 春秋 — 战国 — 汉
春秋 — 战国 — 秦 — 汉 — 汉 — 楷书
春秋 — 战国
战国 — 战国
战国 — 战国 — 汉

1 《甲文编》538 页。2、3、6、7、9、13、14 《类编》415 页。4、8 《金文编》945～946 页。5 《秦汉金文》339 页。10、11、12 《楚系简帛》1041～1043 页。15、16、17 《篆隶表》1043 页。

指事字。最早见于甲骨文，以积划成数的方式表示数字四。本义即为数词"四"。其造字原理与"一"、"二"、"三"相同，隶定为"亖"。这种写法亦见于西周以至于汉代的金文中，在很长的一段时期内与写作"四"者并存。另一系列的字形最早见于春秋时期，有繁、简两式写法，分别作"䚢"和"䛜"。对于这种字形的分析，历来有不同的说法。《说文》认为是"象四分之形"，虽可验证构形为"䛜"的一个，但却对其他更多的写法不能尽释。马叙伦《说文解字六书疏证》认为"四"即"泗"的本字,是以象形的手法表示"鼻涕"的意思。尽管尚乏书证,但从文字构形来看却很有道理。如此则"四"用作数词是假借。春秋时的繁式写法在战国以至于东汉时期又繁衍出许多异体,但最后都被淘汰。而简式写法则历经各代,沿袭至今。(王颖)

这是说"䆃"与"𢄼"一样都是盛米的布囊。然而从字形来看,"䆃"字所从"甾",本为象形字,表示古代的一种陶器,而"宁"本身也是像储物的仓或柜之形,二者相合表示用来储物的陶器。用陶器盛米比用布袋盛放更能防虫鼠,北方农村至今还有这种习俗。所以"䆃"字的本义当是用来盛米的器皿,而非布囊。(王颖)

宁 部

宁 zhù 定纽、鱼部；澄纽、语韵、直吕切。

商	西周	秦	《说文》小篆	楷书
1	2	3	4	宁

1《甲文编》539页。2、3《类编》381页。4《说文》307页。

象形字。像上下及两旁有立柱,中空可贮物。"宁"字在甲骨文中写作"𠀐",金文沿袭了这一写法,另有异体作横置状。小篆将中间部分改为曲笔作"𡩋",致使隶定后上半部分变形为"宀",而下半部分变形为"丁"。"寧"的简化字"宁"与之相混淆。"宁"本义为贮积。《说文》:"宁,辨积物也。"段玉裁注:"积者,聚也。'宁'与'贮'盖古今字。"在甲骨文中,有"𠀐"和"𠂤"两字,后者是在前者的中空部位添加"贝"代表财物,仍表贮藏义,当为一字的繁、简两式。由贮藏引申出盛放、久远等义,再由久远引申出久立,后另造"佇"表示久立的意思。《释名·释宫室》:"宁,佇也。"再由"佇立"引申指人佇立的地方,古代宫殿的门和屏之间,以及正门内两侧屋之间都称"宁"。《礼记·曲礼下》:"天子当宁而立,诸公东面,诸侯西面,曰朝。"为避免混乱,简化汉字时将"宁"(zhù)的原有义项归并到"貯"字,而字形"宁"则成为表示"安宁"等义的专用字。(王颖)

䆃 zhù 端纽、鱼部；知纽、语韵、展吕切。

《说文》小篆	楷书
1	䆃

1《说文》307页。

会意兼形声字。从宁,从甾,宁亦声。本义是古代盛米的器皿。《说文》:"䆃,𢄼也。所以载盛米。"《说文·巾部》又曰:"𢄼,载米也。"徐锴系传:"䆃,音宁。亦囊也。"

叕 部

叕 chuò 端纽、月部；知纽、薛韵、陟劣切。

西周	战国	《说文》小篆	汉	楷书
1	2	3	4	叕

1《金文资料库》电子版6304号。2《睡甲》25页。3《说文》307页。4《篆隶表》1043页。

指事字。以互相连接的笔画表示抽象的联缀意。"叕"字的字形最早可追溯到西周时期,发展到战国逐渐变形,字作"𠬞",主要部分"大"分成上下两个部分,变得不再像人形,但尚可看出联缀之意。由此演变为小篆,以后的楷书也一脉相承,但楷书将原先交叉的笔画变成了四个"又"。本义为联缀,当是"缀"的本字。《说文》:"叕,缀联也。"徐锴系传:"叕,交络互缀之象。"需要联缀是因为短而不足,所以"叕"又由联缀义引申出"短"和"不足"的义项。《淮南子·人间》:"圣人之思修,愚人之思叕。"高诱注:"叕,短也。"这种引申义不常用。当"缀"字产生并通行后,"叕"字的本义也归入"缀"字,"叕"就不再单独成字了。(王颖)

綴(缀) chuò 端纽、月部；知纽、薛韵、陟劣切。
zhuì 端纽、月部；知纽、祭韵、陟卫切。

战国	《说文》小篆	汉	楷书
1	2	3	缀

1《楚系简帛》1044页。2《说文》307页。3《篆隶表》1043页。

会意兼形声字。从叕,从糸,叕亦声。是"叕"的后起字,本义为缝补、缝合。《说文》:"缀,合箸也。"段玉裁注:"联之以丝也。"《礼记·内则》:"衣裳绽裂,纫针请补缀。"由缝补引申为连结。《国语·齐语》:"式权以相应,比缀以度。"高诱注:"缀,连也。"再引申为挂、点缀、跟随、追踪等义,这一系列义项在现代汉语中均读为 zhuì;另外"缀"还有一个意义系列,由连结引申出拘系、牵制、停止等义项,如《仪礼·既夕礼》:"缀足用燕几。""缀"字最早出现于战国时期,齐系写法加"口"作"𦈎"(字形1),这种写法未能传之后世。小篆中的"𦅫"字,隶定后作"叕",楷书作"缀"。(王颖)

秦典籍中常用的义项是"次于"和"姐妹丈夫的互称"。前者如《国语·吴语》:"乃退就幕而会,吴公先歃,晋侯亚之。"后者如《诗·小雅·节南山》:"琐琐姻亚。"毛传:"两婿相谓曰亚。"此义后写作"婭"。这两种义项都是由"血亲"的本义引申出来的。此后,"亚"又引申出匹配、靠近等义项,有时还假借作"恶"。(王颖)

亞 部

亞(亚) yà 影纽、鱼部;影纽、祃韵、衣嫁切。

五 部

五 wǔ 疑纽、鱼部;疑纽、姥韵、疑古切。

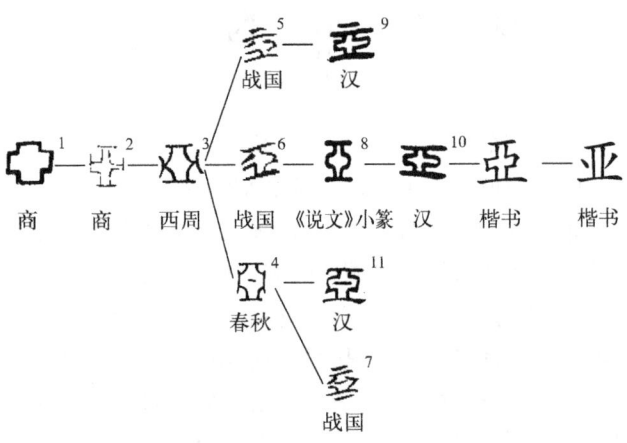

1、3、4《类编》5页。2《甲文编》539页。5、6、7《楚系简帛》1045~1046页。8《说文》307页。9、10、11《篆隶表》1044页。

象形字。像古代聚族而居的建筑群平面图。"亚"字见于商代甲骨,作"󰀀",也有少数将原本相连的笔画拉长,写作"󰀀"的。金文中则以后一种写法居多,至春秋战国时期,异体繁多,在原字的上、下或中间添加饰笔的写法非常普遍,饰笔多为短横,也有十字形的。秦代小篆只保留不加饰笔的构形,此时,仅上下两横是拉长的,中间是折笔,作"亞",隶书及楷书都沿袭了这一写法,变化仅在于将笔画变得平直。本义是血亲。《说文》:"亞,醜也。象人局背之形。贾侍中说,以为次弟也。""亚"字在商代甲骨文中多作族名或表示位次,而无"丑陋"之义,据此则《说文》之说不确,然"醜"在典籍中多表示"侪类"的意思,与所引贾侍中说暗合,又与甲骨文中的用法相近。李圃《甲骨文文字学》:"󰀀象古代聚族而居的建筑群平面图。其造字心理当为先民以同族居室之图象喻血族集团之关系,古同血族称'亞',如甲骨卜辞中时王之同族兄弟集团则称'某亞',进而又指与血族联姻之族,称'亞某',又进而引申为次第之义,如'亞祖乙'、'亞宗'等。""亚"在先

1、2、3《甲文编》540页。4、5、8《类编》3页。6《古文典》505页。7、9《说文》307页。10、11《篆隶表》1044页。

指事字。本用五横画表示数字"五",与一、二、三、四造字方法相同。后以交错之形代替,或再加两横画于上下。"五"已见于商代甲骨文,本作"𝌀",由积画成数的方式表示数字五,这是"五"的本字。而作"X"或"𠄡"者是假借字。"𠄡"行而"𝌀"、"X"废,此后一直是假借字用为正字。战国时异体纷呈,既有复古作"𝌀"、"X"者,也有作"𠄡"者。隶书中开始有将上边一横与下面的点隔开的写法,作"五"。楷书将这种写法固定下来,就成为"五"。本义为交错,假借为数词。《说文》:"五,五行也。从二,阴阳在天地间交午也。"林义光《文源》:"五,本义为交午,假借为数名。二象横平,X象相交,以二之平见X之交也。"在甲骨文中有用作祭名的例子,如《后编·上》"其五大乙",当即"交午"之义而来。由数词五引申为"五行",古书中又通假于"伍",表示"五人"或"相类"等意思。(王颖)

六 部

六 liù 来纽、觉部;来纽、屋韵、力竹切。

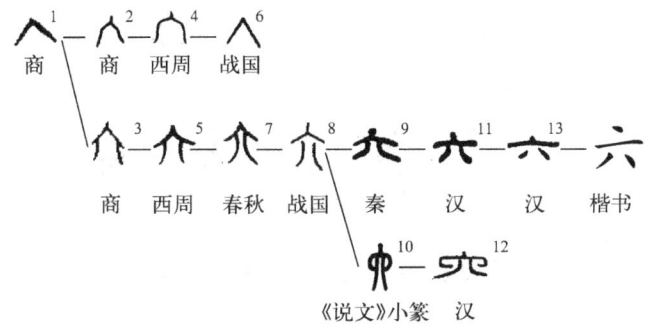

1、2、3《甲文编》540~541页。4《金文编》948页。5、7《类编》407页。6、8《古文典》224页。9、11、12、13《篆隶表》1045页。10《说文》307页。

象形字。像结构简陋的棚屋之形。商代甲骨文写作"∧",像搭棚于地面,后演进为"介",突出了棚壁之形。秦代小篆中将上面作屋顶状的两笔向内弯曲,作"𠔼",隶变后则变为点和横。本义当为草庐,是"庐"的初文。"庐"、"六"古音相近,所以假借为数词"六"。依阴阳理论,六是阴数,即《说文》所谓"六,易之数,阴变于六",所以又指《易》中的阴爻。《易·坤》:"用六永贞,以大终也。"(王颖)

七 部

七 qī 清纽、质部;清纽、质韵、亲吉切。

1《甲文编》541页。2《类编》1页。3《楚系简帛》1050页。4《古文典》1098页。5、7、8、9《篆隶表》1045页。6《说文》307页。

指事字。在一横中间加一竖划,表示将某物从中切断。"七"字在甲骨文中作"十",而"十"字在甲骨文中作"丨",二者本不会相混。后来"十"字中的一点变为短横,"七"字则写作长横短竖之形,二者固然有所区别,但还是很易混淆,所以战国时出现一种将"七"字的竖画弯曲,写作"七"来加以区别的异体,小篆认同了这种写法并将之规范化。虽则汉代仍存在作长横短竖结构的"七"字异体,但到楷书中就只剩下与"十"有明显不同的"七"字了。本义为切断。《说文》:"七,阳之正也。从一,微阴从中衺出也。"丁山《数名古谊》:"七古通作'十'者,刊物为二,自中切断之象也……考其初形则七即切字。""自借为七数专名,不得不加刀于七以为切断专字。"早在商代甲骨文中,"七"就借为数词,本义则淹没不闻。由数词"七"引申出与此相关的一些义项,如"七体",指汉赋中一种以七段问答为主题的文学样式;按阴阳学说,七是由阳转阴的分界,故人死后,每七天一祭,俗称"七",至七七四十九日,称为"满七"。(王颖)

九 部

九 jiǔ 见纽、幽部;见纽、有韵、举有切。

1、2《甲文编》541页。3、4《金文编》950页。5《楚系简帛》1051页。6《说文》308页。7、8、9《篆隶表》1046页。

象形字。像人手臂弯节之形,当即"肘"的本字。"九"字最早见于甲骨文,有左向和右向两种写法,后者由于不符合汉人的书写习惯,到西汉时渐被淘汰。而前者历经各代,笔画逐渐平直,最终成为楷书"九"的样子。《说文》:"九,阳之变也。象其屈曲究尽之形。"丁山《数名古谊》:"九,本肘字,象臂节形。……臂节可屈可伸,故有纠屈意。"早在甲骨文中"九"就已经被假借作数词,九是数之大者,所以又引申为多数。《书·旅獒》:"为山九仞,功亏一篑。"同时,由最大的数字代表至阳,"九"又指《易》中的阳爻。《易·乾》:"初九,潜龙勿用。"孔颖达疏:"以其阳爻,故称九。""九"又用作时令名,从冬至起每九天为一"九"。(王颖)

馗 kuí 群纽、幽部;群纽、脂韵、渠追切。

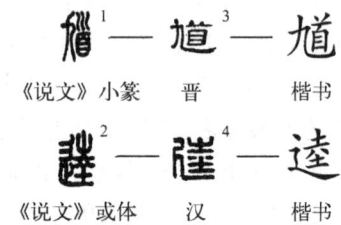

1、2《说文》308页。3、4《篆隶表》1046页。

会意字。从辵，从首。本义是四通八达的道路。《说文》："馗，九达道也。似龟背，故谓之馗。逵，馗或从辵从坴。"段玉裁注："会意。首犹向也，故道字亦从首。"又曰："龟背中高而四下，道之四面无不可通，似之。""馗"有异体"逵"，更为常用。《诗·周南·兔罝》："肃肃兔罝，施于中逵。"由四通八达的道路引申为泛指大路。《左传·隐公十一年》："子都拔棘以逐之，及大逵，弗及。"还引申为水中连通的穴道。《山海经·中山经》："多䱻鱼，状如鳜，居逵。"道路四通八达便于隐藏，故又引申为"隐"。《字林》："馗，隐也。与逵同。""馗"字见于《说文》，而"逵"字除《说文》所收小篆字形之外，还出现在睡虎地秦简中。两种异体均保留在楷书中，沿袭至今。（王颖）

内 部

内 róu 日纽、幽部；日纽、有韵、人久切。

1、2《说文》308页。

象形字。像兽足践踏地面之形。本义即"兽足蹂地"。《说文》："内，兽足蹂地也。"本来只是"萬"、"禹"、"离"等字的构形中共有的一部分，《说文》将其列为这些字的部首，然而后世未见其单独使用，也不再作为部首。《说文》另收"蹂"字，楷书写作"蹂"，后世即由此字来表示"兽足蹂地"的意思，并由此引申出践踏、欺压、兽迹等义项。（王颖）

禽 qín 群纽、侵部；群纽、侵韵、巨金切。

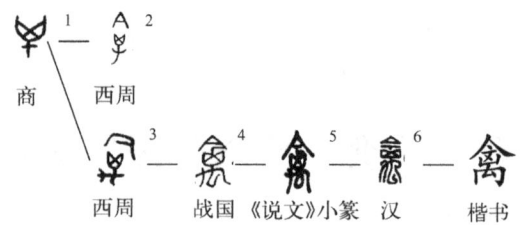

1《甲文编》542页。 2、3、4、6《类编》8页。
5《说文》308页。

象形字。像长柄有网的狩猎工具，即"毕"的初文。"禽"最早见于甲骨文，本为会意字，从手持网以示捕捉意。西周金文添加声符"今"，并将下面的手形变为与"萬"、"禹"等字下部相同的构形，此后一直保持这种构形，并逐渐地将"今"与下面的部分融为一体。至楷书变为从人从离，作"禽"，沿袭至今。本义当为"捕兽网"，但在甲骨文中用作"捕捉"之义，本义反而不用。后写作"擒"。《说文》："禽，走兽总名。"马叙伦《六书疏证》："禽，实'擒'之初文，禽、獸皆取获动物之义。禽字金文……皆从本书'田网也'之'毕'，今声。'毕'所以捕取动物，故即从毕。"《左传·僖公二十二年》："君子不重伤，不禽二毛。""禽"作为一种狩猎活动，又成为"田猎"的代称，《书·五子之歌》："内作色荒，外作禽荒。"由"捕捉"义引申出"猎物"、"战胜"等义，再由"猎物"引申为"飞禽走兽总名"。汉代华佗所创"五禽戏"中的"五禽"，就是指虎、鹿、熊、猿、鸟五种不同的动物。此外"禽"还能特指"走兽"或"鸟类"。古人常用猎物作为礼物，尤其是行聘礼时要用雁来纳彩，故"禽"又有"礼物"的意思。（王颖）

离 chī 透纽、歌部；彻纽、支韵、丑知切。
　　 lí 来纽、歌部；来纽、支韵、吕支切。

1、2《古文典》870～871页。3《说文》308页。 4《篆隶表》1047页。

会意兼形声字。"离"字最早见于战国，隶定后上部的"屮"变形为点和横，楷书即由此作。本从林，从毕，毕是捕兽网，从林会林中设网捕获之意，林亦声。或省"林"为"艸"，再简化为"屮"，至小篆变形后本义被淹没。《说文》："离，山神兽也。欧阳乔说：'离，猛兽也。'"段玉裁注："山神之字本不从虫，从虫者，乃许所谓若龙而黄者也。今《左传》作螭魅,乃俗写之讹。《东京赋》作魑,亦是俗字。"由《说文》以降,"离"被认为是传说中的山林精怪,欧阳乔、段玉裁等都认为是猛兽的样子,实则作猛兽讲的"离",本字当作"魑"。从字形看,"离"与"禽"分明一路,且均有捕获之义。如《诗·王风·兔爰》:"雉离于罗。"《方言》卷七:"罗,谓之离;离,谓之罗。"鸟网为离(離),"離"为"离"之后起字形,添加"隹"部强化"捕鸟器"之意。"离"字之形本像手持捕捉鸟兽的网罗之形,引申则为"捕获"。此外,"离"还假借作卦名,由于离卦象火,因而又引申出"明亮"的意思。"离"作"猛兽"义时读作chī,除此之外,表示其他义项时,都读作lí。(王颖)

萬(万) wàn 明纽、元部；微纽、愿韵、无贩切。

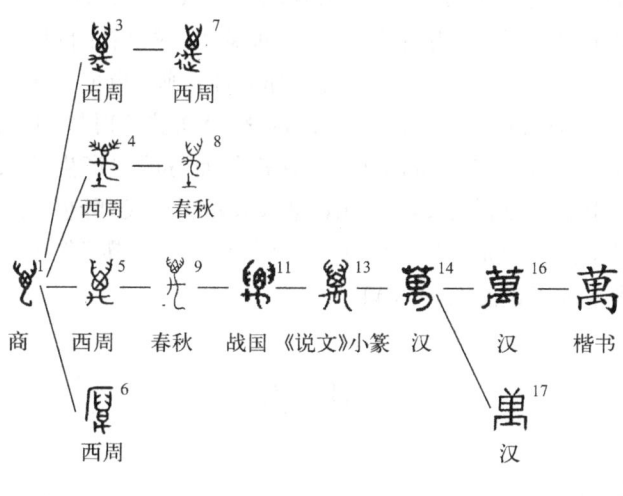

1《甲文编》544页。2《甲骨文字典》957页。3、4、6、7、10《金文编》951~958页。5、8、9、11《类编》214页。12《古文典》1077页。13《说文》308页。14-18《篆隶表》1047~1048页。

象形字。像蝎子之形。"萬"字最早见于甲骨文,像头、尾、螯之形,西周金文还出现众多的异体,或加"彳",或加"止",或加"辵",或加"土",或加"厂"。到战国以后,"萬"字的众多异体已不见,只剩下最基本的写法,作"萬"。隶书将字形中原来像蝎螯之形的部分变形为"艹",楷书又变为"艹",写作萬。本义就是"蝎"。《说文》:"萬,虫也。"段玉裁注:"与虫部蠆同,象形。"郭沫若《释五十》:"萬与蠆古本一字,乃假蝎之象形文为之。"《说文·虫部》:"蠆,毒虫也。"《诗·小雅·都人士》:"彼君子女,卷发如蠆。"郑玄笺:"蠆,蛪虫。尾末揵然,似妇人发末曲上卷然。" 由于"萬"早在甲骨文中就被假借作数词,而后又引申出众多的、极、极大、极多等意思,假借义及其引申义成为"萬"的常用义项,而本义则淹没不闻。后来另造形声字"蠆"表示"萬"的本义。"万"字亦见于商代甲骨文,本义不明,有人认为是"亥"的分化字,至春秋战国时期仍作为数量词在使用,与"萬"同义。《集韵》:"万,数也。通作萬。"简化汉字后代替"萬"成为正体。(王颖)

禹 yǔ 匣纽、鱼部；云纽、虞韵、王矩切。

1、2、3《金文编》958页。4《古文典》463页。5《类编》213页。6《说文》308页。7、8、9《篆隶表》1048页。

象形字。像某种爬虫之形。"禹"字见于西周金文,作"禹"或"禹",头、足、尾分明,象形的意味非常浓厚。此后随着时代的发展逐渐线条化,春秋时作"禹",然战国楚系文字中还有较形象化的异体,作"禹"。小篆承袭春秋金文,只稍微规整一些。西汉时变形较为明显,作"禹",象形意味几乎完全消失。隶变后上部改为一撇,整个字就写作"禹",是楷书"禹"的直接来源。本义是虫名。《说文》:"禹,虫也。"徐锴系传:"牙齿虫病谓之蝺齿。"夏代开国之君名"禹",又称"夏禹"或"大禹",以治水闻名。从文化学的角度来看,"禹"当是洪水时期某部族的名称,因这一部族以"禹"为图腾,故后人将其部族首领称为"禹",后世有以禹为姓的,相传为大禹的后人。(王颖)

卨 xiè 心纽、月部；心纽、薛韵、私列切。

《说文》古文 《说文》小篆 楷书

1、2《说文》308页。

象形字。像蝎类爬虫之形。本义就是这种虫类的名称。疑即"萬"字的异体。出土文献中最早见于长沙楚帛书,有学者直接将其隶定作"萬"字。传世文献中最早见于《说文》,谓:"蟲也。从内,象形。读与偰同。"王筠释例:"《人部》'偰'下云:'尧司徒,殷之先。'《尚书》作'契','偰'之省借,《汉书》作'卨',盖正字也。"是又将"卨"算作"偰"的异体,是传说中殷民族的始祖的名字。后世假借表"契刻"、"书契"义的"契",或造新的形声字"偰"来代替"卨"表示殷民族的始祖的名字,"卨"逐渐不被使用。《说文》另收战国古文,作"离",楷书直接承袭小篆,作"离"。(王颖)

嘼 部

嘼(兽) xiù 晓纽、幽部;晓纽、宥韵、许救切。

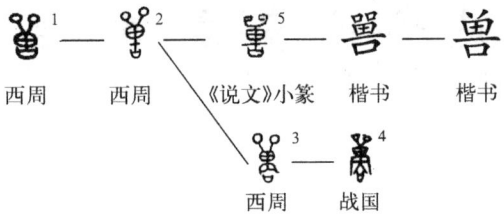

1、4《类编》201页。2、3《金文编》959页。5《说文》308页。

象形字。像狩猎工具之形。是"獸"的后起分化字,专表"獸"的引申义牲畜。《玉篇·嘼部》:"嘼,六嘼,牛、马、羊、犬、鸡、豕也。养之曰嘼,用之曰牲。今作畜。"引申为动词"畜养",这两种义项后来均由"畜"字承担,"兽"字则在简化汉字之后作为"獸"的简体承担了"野兽"的义项。"嘼"字最早见于西周金文,作"𤻮"或"𤻸"。小篆确定标准字形,作"𤻳",楷书将"口"与其上的部分断开,又将原来像狩猎工具的部分变成相对独立的"吅"、"田"、"一"三部分,写作"嘼",使象形意味完全消失。汉字简化以后,又将"吅"简化作两点,就是我们今天使用的"兽"字。(王颖)

獸(狩) shòu 书纽、幽部;书纽、宥韵、舒救切。

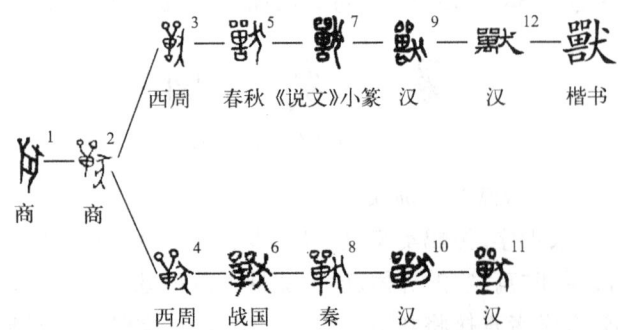

1《甲文编》544页。2、4、5《类编》201页。3《金文编》959页。6《楚系简帛》1053页。7《说文》308页。8—12《篆隶表》1048页。

会意字。从嘼,从犬。"獸"字最早见于甲骨文,作"𤣩"或"𤣩",从單从犬,"單"是一种狩猎工具的象形,二者相合表示用工具和猎犬协助来捕获野兽。在西周金文中出现一种在"單"下加"口"的异体,作"𤣩"。此后,两种构形并存,直至楷书时才淘汰了不加"口"的写法。本义为狩猎。《说文》:"獸,守备者。"徐灏注笺:"獸之言狩也,田猎所获,故其字从犬,谓猎犬也。"《诗·小雅·车攻》:"建旐设旄,搏獸于敖。"郑玄笺:"獸,田猎搏獸也。"由"狩猎"引申为狩猎的对象,即"野兽",一般指四足哺乳动物,《书·益稷》中的"百獸率舞"以及《周礼·夏官·服不氏》"掌养猛獸而教扰之"中的"獸"均指虎豹类野兽。再引申为"兽形的",如《周礼·考工记·梓人》:"张獸侯,则王以息燕。"郑玄注:"獸侯,画獸之侯也。"狩猎野兽一是为食用,二是要驯养,所以"獸"又由"野兽"引申出"腊"(即干肉)和"牲畜"两种意思。《仪礼·特牲馈食礼》:"实獸于其上,东首。"郑玄注:"獸,腊也。"《周礼·天官·獸医》:"獸医掌疗獸病,疗獸伤。""嘼"字出现以后,承担了"獸"的引申义"牲畜",而"狩"字产生后又分担了"狩猎"的义项,"獸"就仅表示引申义"野兽"了。汉字简化以后,"野兽"义由"兽"字承担,"獸"作为繁体字被停止使用。(王颖)

甲 部

甲 jiǎ 见纽、葉部;见纽、狎韵、古狎切。

1、2《甲文编》545页。3、4、5《类编》428页。6、11—14《篆隶表》1048~1049页。7、8、9《楚系简帛》1054~1055页。10《说文》308页。

象形字。像动物身上起保护作用的硬壳,其上常有交错的纹路,或由鳞片连缀而成。字形在甲骨文中最初有两种写法：或作"田"，或作"十"。二字最初有别，前者用于"上甲"之类的人名，后者用于干支。后来多借"田"来表干支，以至于"十"这种写法到战国以后即不传。"甲"字在战国楚系文字中有"㠯"和"㠯"两种异体，随着楚国的灭亡而消失。秦系文字将中间一竖拉长作"甲"，《说文》小篆作"甲"，汉印中写作"甲"，最后演变成楷书"甲"。本义即指鳞甲。《大戴礼记·易本命》："有甲之虫三百六十，而神龟为之长。"引申为"铠甲"，即古代军人作战时穿的革制护身服，上面缀满金属硬片，以防止兵刃的伤害。《书·说命中》："惟甲胄起戎。"有人认为此义是甲的本义，但从逻辑上讲，当是人类注意到某些动物具有天然的保护后，于是模仿其功能而造盔甲。同样由于功能上的相似，甲又引申指人手指或脚趾上的角质层，即指甲。《管子·四时》："西方曰辰，其时曰秋，其气曰阴，阴生金与甲。"尹知章注："阴气凝结坚实，故生金为爪甲也。"还引申为草木萌生时的外皮。《说文》："甲，东方之孟，阳气萌动，从木戴孚甲之象。"这成为后世最常用的义项。（王颖）

乙部

乙 yǐ 影纽、质部；影纽、质韵、于笔切。

1《甲文编》546页。2、3、4《类编》428页。
5、6《篆隶表》1049页。

象形字。所像之物不明。"乙"字最早见于商代甲骨文，有左向和右向两种写法，秦汉以后右向写法被淘汰，左向写法逐渐规范，成为今天楷书的样子。《说文》："乙，象春草木冤曲而出，阴气尚强，其出乙乙也。"是将"乙"释为像春天草木发芽时弯曲着破土而出的样子，因无书证，未可轻信。《尔雅·释鱼》："鱼肠谓之乙。"是将"乙"释为鱼肠。《礼记·内则》："鱼去乙。"郑玄注："乙，鱼体中害人者名也。今东海容鱼有骨，名乙，在目旁，状如篆乙，食之鲠人，不可出。"是将"乙"释为鱼鳃骨。这两种说法其实都不能算是对"乙"的正确解释，而只是说明了鱼肠、鱼鳃形状似篆文的"乙"字而已。李圃《甲骨文文字学》谓"象水流形"，并指出甲骨文中"河"、"涉"等字中表示河流义的部分就是"乙"，"乙"即"沴"的初文。这种解释有一定道理，但尚须更多的材料证明。"乙"字早在甲骨文中就已经被借用，表示天干第二位，而且成为其最常用的义项。由于殷商时代的贵族习惯用天干字作为死后的庙号，所以甲、金文中"乙"字常用作人的称呼。此外，由"天干第二位"引申为"第二"的意思，常与"甲"、"丙"等连用表示等级或数目。还用于指称不确定的某人。（王颖）

乾 gān 见纽、元部；见纽、寒韵、古寒切。
qián 群纽、元部；群纽、仙韵、渠焉切。

1、2《说文》308页。3－6《篆隶表》1049页。

形声字。从乙，倝声。在出土文字材料中，"乾"字最早见于秦代竹简，《说文》收录了籀文，作"乾"，较小篆稍繁复。由小篆到隶书、楷书，"乾"字的结构基本没有变化，在"乙"上增加一横作"乾"，但没有流传后世。本义是干燥。《诗·王风·中谷有蓷》："中谷有蓷，暵其乾矣。"孔颖达疏："暵然其乾燥矣。"乾字的声符"倝"，本义为日出时光芒灿烂的样子，日出则晒物干燥，所以"干燥"当为乾字的本义。《说文》："乾，上出也。从乙。乙，物之达也。"这是把"乾"释为"冒出"，这种解释缺乏证据，不可信。"乾"由"干燥"引申为"枯竭"。《山海经·北山经》："是水冬乾而夏流。"以上义项均读为gān。"乾"字很早就假借为卦象之名，读为qián。因乾卦象天，所以"乾"又有了"天"的意思，此后又引申出一系列与天相关的义项，如：天子、男性、西北方等，表示这一系列义项时，乾字均读为qián。在后世，乾的假借义成为其常用义，本义和引申义在简化汉字后归并到读音相同的"干"字下。所以现代汉语中的乾字就只有qián一个读音了。（王颖）

亂（乱） luàn 来纽、元部；来纽、换韵、郎段切。

1、2、4《类编》251页。3《说文》308页。
4-7《篆隶表》1049页。

会意字。像上下两只手持工具理顺乱丝。亂字最早见于周代金文，作"🔣"，另有一种在左右两侧添加装饰性符号"口"作"🔣"的异体，这种异体在战国时还存在，之后就消失了。前一种写法到战国时，在右侧添加"乙"旁，作"🔣"，此后"亂"字正体一直是这种结构，秦代虽然出现一种复古的异体，但并未成为主流。古隶异体繁多，有"🔣"、"🔣"、"🔣""🔣"等多种写法，然而都是在字的左半边做文章，右边的"乙"一成不变。东汉八隶作"🔣"，楷书作"亂"，汉字简化后作"乱"。本义即为理丝和丝乱。这是古汉语中独具特色的一种现象，一般称为"正反同词"。《说文》："亂，治也。"杨树达《积微居小学述林》："余谓字当从爪从又，爪、又皆谓手也。亂从爪从又者，人以一手持丝，一手持互以收之，丝易乱，以互收之，则有条不紊，故字训治训理也。"由理丝引申为治理，同时，由丝乱引申为一般意义上的混乱，这两种引申义在古代汉语中均为常用义。《书·泰誓》："予有乱臣十人，同心同德。"此处用治理义。《吕氏春秋·察今》："故治国无法则乱。"用混乱义。由混乱还引申出叛乱、战争、杂乱、扰乱、昏乱以及任意等意思。（王颖）

尤 yóu 云纽、之部；云纽、尤韵、羽求切。

商 西周《说文》小篆 汉 汉 楷书

1《甲骨文字典》1539页。2《金文编》962页。3《说文》308页。4《马王堆》589页。5《篆隶表》1050页。

象形字。象人手部长赘疣之形。《说文》："异也。从乙又声。"徐锴曰："乙欲出而见阂，见阂则显其尤异也。"戴蕃豫《殷契亡尤说》认为："象手欲上伸而碍于一"，朱芳圃《殷墟文字释丛》则认为指"赘疣"。按：戴氏、朱氏之说均指向了"人手"这一基本词义来源，而以朱氏之说更为可靠。字形当以"又"字为形，"又"是人手的象形字，在此基础上附加一笔表示手上所生赘疣。此义虽为本义，但并不如引申诸义项常用，后来为其专造"疣"字。而赘疣为病态，故引申出过失、罪过等义。《玉篇·乙部》："尤，过也。"《诗·小雅·四月》："废为残贼，莫知其尤。"同时手上赘疣形状突出、怪异，故又引申为特异、突出之义。此《说文》释义所由来。《左传·昭公二十八年》："夫有尤物，足以移人。"杜预注："尤，异

也。"（王颖）

丙 部

丙 bǐng 帮纽、阳部；帮纽、梗韵、兵永切。

春秋 战国

商 西周 战国 秦《说文》小篆 汉 汉 楷书

1《甲文编》547页。2《金文编》962页。
3、4《类编》3页。5《古文典》710页。6、8、9《篆隶表》1050～1051页。7《说文》308页。

象形字。所像之物不明。"丙"最早见于商代甲骨文，作"🔣"，西周金文曾有一种中间填满的写法，颇为古拙，但并未进入主流。春秋时期出现另一种异体，在中间人字形的两侧添加饰笔作"🔣"，至战国时期楚系文字或作"🔣"，是最为繁复的写法，为后世所不取。但秦代文字在继承西周金文的基础上，或作"🔣"，或作"🔣"。汉代隶书分别延续了这两种构形，楷书则选择了整体性更强的前者。《说文》："丙承乙，象人肩。"《尔雅·释鱼》："鱼尾谓之丙。"郝懿行义疏："鱼尾鳍与燕尾同状，如篆书丙字。"无论说像人肩或是像鱼尾，都缺乏有力的证据。由于"丙"字早在甲骨文中就被假借作天干第三位之名，此后假借义成为其常用义而本义则湮没不闻。由"天干第三位"又引申为序数第三的代称，且由于古人将干支与五行相配，"丙"属火，故又成为"火"的代称。《淮南子·天文》："其日丙丁。"高诱注："丙丁，皆火也。"由"火"再引申出"光明"的意思，后作"炳"。（王颖）

丁 部

丁 dīng 端纽、耕部；端纽、青韵、当经切。
zhēng 端纽、耕部；知纽、耕韵、中茎切。

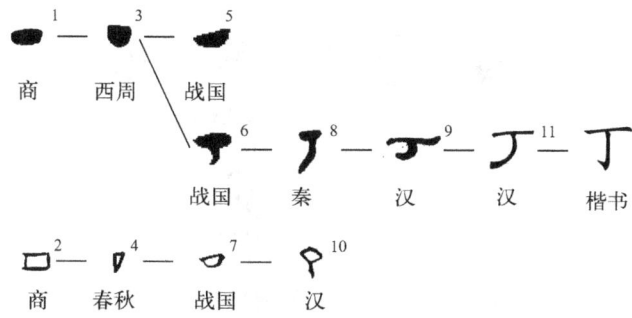

1、2《甲文编》549页。3、4《类编》2页。5、6、7《楚系简帛》1060页。8—11《篆隶表》1051页。

象形字。所像之物不明。传统认为是"钉"的初文。"丁"字最早见于商代甲骨文,有中空与填实两种写法,分别作"⊟"和"☐",像钉帽的俯视图。在战国及西汉时分别出现像侧视图的写法,作"T"和"P",此后二者合流,将上面像钉帽的部分简化成一横,就是今天见到的楷书"丁"。《说文》:"丁,夏时万物皆丁实。象形。"徐灏段注笺:"疑丁即今之钉字,象铁弋形。"朱骏声通训定声:"丁,钻也,象形。今俗以钉为之,其质用金或竹若木。"钉子用来使建筑物或家具等更结实牢固,所以引申为强壮,即《说文》所谓"万物皆丁实"之义。故人之壮年又称"丁年"或"丁壮之年"。再引申为成年人,古书中常用"丁男"、"丁女"指称成年男女。古代成年人就要服役,所以又引申为仆役或从事某种劳动的人,如"园丁"就是从事园艺工作的人,《庄子·养生主》中的"庖丁"就是做厨子的仆役。"丁"早在商代就被假借作天干第四位的代称,并由此引申为序数四的代称,常与"甲"、"乙"、"丙"连用表示等级或数目。商代还常用作帝王的庙号。道教中"六丁六甲"之名亦来源于此。以上义项均读作dīng,另有读作zhēng,都是在"丁丁"连用时。《诗·小雅·伐木》:"伐木丁丁。"毛传:"丁丁,伐木声也。"(王颖)

戊 部

戊 wù 明纽、幽部;明纽、候韵、莫候切。

1、2《甲文编》549页。3、4《类编》348页。5《说文》308页。6、7《篆隶表》1051页。

象形字。像斧类兵器之形。甲骨文有左向和右向两种写法,西周以后,左向者被淘汰,战国时期写作"𢦏",将右上角的一笔变成孤悬的点就是楷书的样子了。本义当为兵器名。"戊"字在甲骨文中就已经假借作天干第五位的代称,并成为此义的专用字。《说文》:"戊,中宫也。象六甲五龙相拘绞也。"这是用汉代盛行的阴阳五行之说来附会的,清江藩《六甲五龙说》:"予谓天数五,地数五,自甲至戊其数五,居十之中。《汉书·律历志》:'五六者,天地之中和。'故曰:'戊,中宫也。'"(王颖)

成 chéng 禅纽、耕部;禅纽、清韵、是征切。

1《甲文编》550页。2、3、4、6《类编》349页。5《楚系简帛》1062页。7《说文》309页。8、9《篆隶表》1051~1052页。

指事字。"成"字商代甲骨文从戊、从丁,戊与戌虽同属斧类兵器的象形,字形相近,但在甲骨文中还是有区别的,戊作"𢦏",戌作"𢦠",前者的刃部较后者宽大,应是不同的兵器。这种差别在各个时期的文字中一直存在。春秋时期,下方写作短竖的"丁"与上面"戊"的短横相连,并在短竖的中部加点作装饰,战国时期曾出现变点为横的异体。秦汉时写作"𢦏"或"𢦋",至楷书将右上角与整体相连的一笔变为相对独立的点,"成"字才最后定型。本义是完成。《说文》:"成,就也。"《诗·周南·樛木》:"乐只君子,福履成之。"引申为成熟、成年。《淮南子·天文》:"地不发其阳,则万物不成。"《左传·哀公五年》:"齐燕姬生子,不成而死。"杜预注:"不成,未冠也。"又引申为成就、成绩,唐李白《化成寺大钟铭》:"少蕴才略,壮而有成。"另有"成为"、"变成"之义。《礼记·学记》:"玉不琢,不成器。"此外还进一步引申为成全、和解、大等义,不能一一尽述。(王颖)

己 部

己 jǐ 见纽、之部;见纽、止韵、居理切。

己部 巴部 庚部 辛部

己¹—己²—己³—己⁴—己⁵—己⁶—己
商　西周　战国　秦　汉　汉　楷书

1《甲文编》551页。2《金文编》967页。3《楚系简帛》1063页。4《秦汉金文》354页。5、6《篆隶表》1052页。

象形字。所像之物不明。甲骨文字形有左向和右向两种，到西周以后，右向的写法被淘汰，只剩下左向的一种，沿袭至今。东汉时期由于字形接近，一度与"巳"字混淆，但不久后的楷书就将它们分别开了。《说文》："己，中宫也。象万物辟藏诎形也。己承戊，象人腹。"朱骏声通训定声："己即纪之本字，古文象别丝之形，三横二纵，丝相别也。"还有人认为"己"像弋射时绑在箭或石上的丝线，诸多猜测，不一而足。"己"有第一人称代词的用法，指自己。《书·大禹谟》："稽于众，舍己从人。"早在甲骨文中，"己"就被假借作天干第六位的代称，又常用作帝王的庙号。"己"还有纪识、识别的意思，亦当属假借，这种意思后来写作"纪"。（王颖）

巹　jǐn　见纽、蒸部；见纽、隐韵、居隐切。

巹¹—巹
《说文》小篆　楷书

1《说文》309页。

会意兼形声字。从己，从丞，丞亦声。本义是恭敬地承受。《说文》："巹，谨身有所承也。"段玉裁注："承者，奉也，受也。"徐灏注笺："巹之言谨也，屈己以承人，故曰谨身有所承。丞犹承也。"古代行婚礼时破瓠为瓢，夫妇各执一瓢而饮酒，称为"合巹"。因古人讲究夫妻之道要举案齐眉，也就是说要恭敬有礼，所以"巹"引申指行婚礼时饮用的酒器之名。其间虽极尽周折，但仍能找出内在的关联。"巹"字最早见于《说文》小篆，隶、楷相承，结构并未改变。（王颖）

其　qǐ　溪纽、之部；溪纽、止韵、墟里切。

其¹—其²—其³—其⁵—其
商　西周　春秋　《说文》小篆　楷书

其⁴
战国

1《甲文编》551页。2《类编》89页。3《金文编》969页。4《楚系简帛》1065页。5《说文》309页。

会意兼形声字。从己，从其，其亦声。"其"字甲骨文由"己"的朝向区别成两种造型，分别作"其"和"其"。西周金文中还出现一种"己"横放的写法，作"其"，但后两种写法由于不符合书写习惯而被淘汰。春秋时期，"其"部由"其"变成"其"，战国时期又简化成"六"。小篆又恢复了春秋时的构形，作"其"，并将这一结构一直延续到楷书。本义是盘足而坐。《说文》："其，长踞也。"段玉裁注："居，各本作踞，俗字也。《尸部》曰：'居者，蹲也。'长居，谓箕其股而坐。许云其居者，即他书之箕踞也。"徐灏注笺："箕踞，即今人之盘足而坐耳……其从己者，盘曲之义，其即古箕字。"古代中原人正规的坐姿是并拢双腿跪坐，其是一种无礼的坐姿，小腿交叉、大腿张开，类似簸箕的形状，故从"其"，既可表音，又可表义。"己"也可表音，因为古音"其"、"己"、"其"同属"之"部，所以"其"字的两个组成部分都兼有表音的功能。（王颖）

巴 部

巴　bā　帮纽、鱼部；帮纽、麻韵、伯加切。

巴¹—巴²—巴³—巴
《说文》小篆　汉　汉　楷书

1《说文》309页。2、3《篆隶表》1052页。

象形字。像口部巨大的蛇形。"巴"字最早出现在《说文》小篆，字形变化不大。楷书也只是将曲笔拉直，再将小篆中代表蛇所吞之物的一横变成一竖罢了。本义就是巴蛇，是古代传说中的一种可吞吃大象的巨蛇。《山海经·海内南经》："巴蛇食象，三岁而出其骨。"《说文》："巴，虫也。或曰食象蛇。"四川等地自古多虫蛇，故古国以"巴"为名，至今四川仍有"巴蜀"之称。中古之后"巴"有多种义项，基本上只是借音，如：在"锅巴"、"泥巴"等词语中表示干燥或黏结的东西，由此引申出粘住、紧贴着、尾巴、攀附以及期待、营求等义,还可在"下巴"、"嘴巴"等词里表示面颊。这些义项与"巴"的本义毫无联系,只能说是假借义。(王颖)

庚 部

庚 gēng 见纽、阳部；见纽、庚韵、古行切。

商 商 商 西周 战国 秦汉 汉 楷书

《说文》小篆

1、4《金文编》969、971页。2、3《甲文编》551~552页。5《楚系简帛》1065页。6、8、9《篆隶表》1053页。7《说文》309页。

象形字。所像之物不明,字形似两手持某器之形,高亨《文字形义学概论》认为是古代的筛糠器。"庚"字最早见于商代金文,作"丙",象形意味非常重,甲骨文则将顶端作分叉状,写作"甬"或"甹",此后一直到秦代小篆,字形没有大的变化。秦隶将左右部分变作不对称,右侧的平直化而左侧的不变,作"庚"。发展到东汉时又将上部的两斜笔变为一横,其上再加一点作"庚"。最后,楷书将中间的竖笔变为人字形,就是我们今天所见的"庚"字。早在甲骨文中,"庚"就已经假借作天干第七位的名称。古人将干支与五行、五方、五味及五常等相配,故"庚"又被赋予"金"、"义"等含义。农历夏至后第三庚日为初伏,第四庚日为中伏,第五庚日为末伏,所以"庚"又成为"伏天"的代称。此外"庚"还有道路、道理、更替、偿还等义,疑均为假借义。(王颖)

辛 部

辛 xīn 心纽、真部；心纽、真韵、息邻切。

商 商 西周 战国 《说文》小篆 汉 楷书

汉 汉

1、2《甲文编》553页。3、4《类编》267页。
5《说文》309页。6、7、8《篆隶表》1053页。

象形字。像刑具之形。"辛"字最早出现在甲骨文中,字形像一种刑具,古代对俘虏或有罪之人常施黥刑,即在其面部刺上标志,而"辛"就是实施黥刑的工具。有罪之义太过于抽象,于是用刑具来表示。"辛"字产生之后,先是在最上方添加一短横,这是古文字中常见的饰笔。到周代又在竖画的中部增加一点作装饰,战国时期点变成短横,"辛"字的构造从此定型。其本义是"罪"。《说文》:"辛,罪也。"有罪之人会感到痛苦,而服罪的过程又是艰苦的,所以"辛"的引申义有痛苦、艰苦、酸痛等。三国魏曹植《赠白马王彪》:"仓卒骨肉情,能不怀苦辛。"唐白居易《重赋》:"悲端与寒气,并入鼻中辛。""辛"还常与"苦"、"酸"等字连用,后来更组成双音词"辛苦"、"辛酸"等。另外,使人感到刺激甚至痛苦的除了罪责和困苦之外,还有辣味的食物,所以辛还引申为葱、蒜等带刺激味道的蔬菜及辣味,双音词"辛辣"就是由此而来。早在甲骨文中,辛就被假借去表示天干第八位的名称,并同其他天干用字一样,经常用作先人的庙号,商纣王的庙号就是"帝辛"。(王颖)

辠(罪) zuì 从纽、微部；从纽、贿韵、徂贿切。

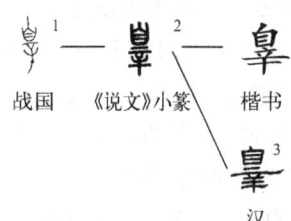

战国 《说文》小篆 楷书

汉

1《类编》133页。2《说文》309页。3《篆隶表》1053页。

会意字。从辛,从自。本义是犯法,即"罪"的本字。《说文》:"辠,犯法也。"《周礼·天官·甸师》:"王之同姓有辠,则死刑焉。""辠"字最早见于战国时期,从辛从自,这种结构一直延续到楷书。"自"是"鼻"的古字,古代有一种劓刑,就是把罪人的鼻子削掉。"辠"从"自"可能与此相关。《说文》解为"言辠人蹙鼻苦辛之忧"。意思是说因为罪人常由于感叹苦辛而蹙鼻,所以从"自",这种解释不免牵强。又云:"秦以辠似皇字,改为罪。""罪"字本是从网非声的形声字,本义为捕鱼的竹网,由于二字读音相近,假借作"辠",后世人习惯使用假借字而本字反不常用。简化汉字以后更是"罪"行而"辠"废。(王颖)

辜 gū 见纽、鱼部；见纽、模韵、古胡切。

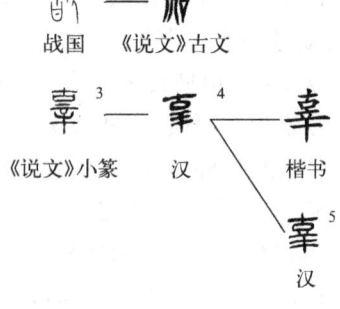

战国　《说文》古文

《说文》小篆　汉　楷书

汉

1、4、5《篆隶表》1053页。 2、3《说文》309页。

形声字。从辛，古声。本义是重罪。《说文》："辜，罪也。"段玉裁注："辜本非常重罪，引申之凡有罪皆曰辜。"《书·大禹谟》："与其杀不辜，宁失不经。""不辜"即"无罪"。由"罪"引申为动词"害"和名词"灾难"。《后汉书·乌桓传》："五郡民庶，家受其辜。"稍后词义变轻，引申出"辜负"、"对不住"的意思。"辜"既是"重罪"，则配以重刑，所以引申为"肢解"，即车裂之刑。《周礼·秋官·掌戮》："凡杀其亲者焚之，杀王之亲者辜之。"郑玄注："辜谓磔之。"再引申为一般的"惩处"。《说苑·杂言》："子石曰：'昔者吴王夫差不听伍子胥尽忠极谏，抉目而辜。'""辜"字最早见于战国时期，从死，古声，作"辜"或"骷"，更接近"重罪"的本义，当是"辜"的原始构形；小篆始变为从辛，古声，因为此时"辜"的常用义已经由"重罪"过渡到"罪"，故把形旁变成了常用于表示"罪"、"刑法"等义的"辛"。这种构形取代了原来的写法，成为"辜"字的正体，一直延续到今天。（王颖）

辥 xuē 心纽、月部；心纽、薛韵、私列切。

商　西周　西周　西周　战国　《说文》小篆　汉　楷书

1《甲文编》554页。2《金文编》975页。
3、4、5《类编》268页。6《说文》309页。7《篆隶表》1053页。

形声字。从辛，启声。"辥"字早在甲骨文中就已经产生，从辛、从自，字形朝向不定，有"辥"和"辥"两种写法。西周金文承袭了前者，并在"自"上添加"屮"，写作"辥"。此后历经战国、秦、汉一直保持这种构形，到楷书才将"屮"变成"艹"，成为今天我们看到的样子。本义是罪。《说文》："辥，罪也。"徐灏注笺："此盖即罪孽本字。"章炳麟《新方言·释言》："辥，今人谓罪恶为罪薛，音如孽。""薛"即"孽"的本字。古代有薛国，百家姓有薛姓。"孽"字产生后，承担了"罪"的义项，"薛"只剩下作国名及姓氏两种义项。（王颖）

辤 cí 邪纽、之部；邪纽、之韵、似兹切。

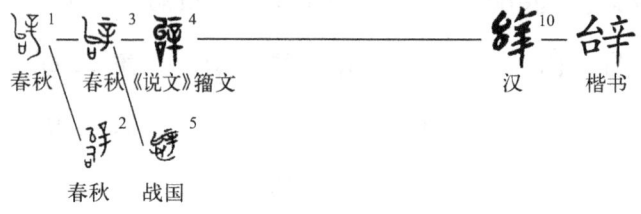

春秋　春秋《说文》籀文　汉　楷书
春秋　战国

秦　秦《说文》小篆　汉　楷书

1、2、3《类编》268页。4、8《说文》309页。5《楚系简帛》1068页。6、7、9、10、11、《篆隶表》1054页。

会意字。从辛，从受。本义为"不受"。《说文》："辤，不受也。从辛，从受。受辛宜辤之。""辤"是由"辭"字分化变形而来的，"辭"字左边所从的"𠬧"与"受"写法近似，所以在小篆中变形为从受从辛，专表"推辞""拒绝"这一种义项，以与本义为"诉讼"的"辭"区别。而"辭"在春秋时期有异体作"䛐"，"司"、"辝"、"台" 古音同属"之"部，故又分化出从辛、台声的"辝"字，还有一种异体作"䛐"，有"台"和"司"两个声符（二字相同的"口"部只保留了一个）。战国时期楚系文字中还有一种异体，将"台"的下半部分讹变成"心"，作"䛐"。这两种异体都没有被后代继承。从辛、台声的写法虽然在秦代之后很少使用了，但并没有消失，一直到东汉时期还作为"辤"的异体在使用，并保持原有构形，楷书写作"辝"。"辝"与"辤"在简化汉字时都被淘汰，其义项由"辞"字承担。（王颖）

辭(辞) cí 邪纽、之部；邪纽、之韵、似兹切。

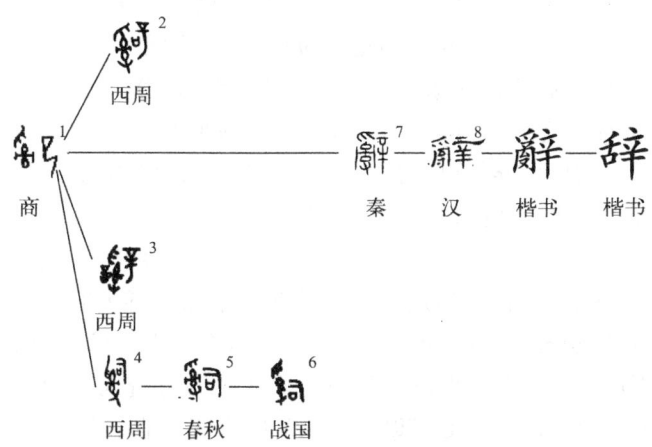

1-6《类编》251页。 7,8《篆隶表》1054页。

会意字。从阛,从辛。"阛"是"乱"的本字,有"治理"的意思;"辛"代表刑法,会合起来就是"以法律理纷乱",也就是"诉讼"的意思。这是"辞"的本义。"辞"字最早出现于甲骨文中,作"",字的左边是一只手在整理线轴,右边是辛。金文中出现多种异体:除了都在左侧添加另一只手之外,还有添加"口"或"言"旁以使"辩讼"义更鲜明的;还有一种将"辛"替换成"司"的,"司"有"治理"的意思,而且古音中"司"与"辞"同属"之"部,所以这个字就成为会意兼形声字。但所有这些异体都没有被小篆采纳,小篆基本上沿袭了甲骨文的构形,只在左半边采纳了金文中双手理丝的构形。隶定后左侧像线轴之形的部分拉长,将下方的部分罩住,而原先像丝线之形的部分被分割成了上下两半,楷书写作"辭",简化后与"辤"字异体"辞"同形。本义是诉讼。《说文》:"辭,讼也。从阛,阛犹理辜也。"徐灏注笺:"凡有说以告于人者谓之辭。"朱骏声通训定声:"辭,纷争辩讼谓之辭。"引申为讼辞。《书·吕刑》:"民之乱,罔不中听狱之两辞。"孔传:"民之所以治,由典狱之无不以中正听狱之两辞。"两辞即原告与被告的控辞与答辩。又《周礼·秋官·乡士》:"听其狱讼,察其辞。"再引申为言辞、文辞。《荀子·正名》:"心合于道,说合于心,辞合于说。"讼辞中常常为求无罪而找借口,故又可引申为借口。再者,诉讼是为了摆脱罪名,所以"辞"又有推辞、辞却等引申义,而且这一系列义项以及言辞、文辞等引申义逐渐成为"辞"的常用义。(王颖)

辡 部

辡 biàn 並纽、元部;並纽、狝韵,符蹇切。

辡—辡

《说文》小篆　楷书

1《说文》309页。

会意字。从二辛。本义是辩解、争辩。《说文》:"辡,罪人相与讼也。"饶炯《部首订》:"辡,即争辩本字,谓罪人互讼,争论曲直,各自疏解其事,故从二辛见义。盖辡为罪人自辩其非。"争辩需要好的口才,故"辡"的引申义是"有口才",这一义项与本义均为后起的"辩"字继承。"辡"字仅见于《说文》,而且并未有文例证明它能单独成字,疑为许慎从"辩"、"辨"等字中抽取归纳出来,立为部首的,《说文》中有不少这样的例子。这样就不能说"辡"是"辩"的本字,或"辩"是"辡"的后起字,因为"辡"本不成字。而且除《说文》外,其他字书都把"辩"、"辨"等字分别归入"言"、"刀"等部,这样"辡"作为部首也不存在了。(王颖)

辯(辩) biàn 並纽、元部;並纽、狝韵,符蹇切。

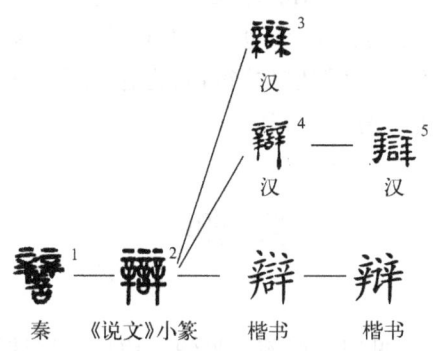

1、3、4、5《篆隶表》1055页。2《说文》309页。

会意字。从言,从二辛。"辛"代表罪人,"言"表示言辞,两罪人以言辞相向,即互讼、争辩之义。"辩"字最早见于睡虎地秦简,呈上下结构,作"",《说文》小篆则是把"言"插入"辡"之间。此后结构基本不再变化,仅在个别笔画处有微小的调整,直至楷书。汉字简化时将中间的"言"变为"讠","辯"就成为"辩"了。本义为争辩。《墨子·经上》:"辩,争彼(彼,指论题)也。辩胜,当也。"争辩是为了分清对错,并纠正错误,所以可引申为辩正、纠正的意思。《礼记·曾子问》:"康子拜稽颡于位,有司弗辩也。"孔颖达疏:"有司,谓当时执事之有司,畏季子之威,不敢辩正。"而在上者由争辩以决是非,故引申为治理。《说文》:"辯,治也。"段玉裁注:"治者,理也。"《管子·五辅》:"大夫任官辩事,官长任事守职。"能治事、决是非者必聪明,故"辩"又引申为慧、聪明的意思。《史记·李斯列传》:"辩于心而拙于口。"此外,由"争辩"还引申出"巧言"、"善言辞"的意思。《老子》:"善者不辩,辩者不善。"河上公注:"辩,谓巧言也。"(王颖)

壬部

壬 rén 日纽、侵部;日纽、侵韵、如林切。

1、2《甲文编》554页。3、5《金文编》979页。4《类编》377页。6《楚系简帛》1068页。7《说文》309页。

象形字。所像之形不明,最早见于甲骨文,初为"工"字形,疑即纺织时缠线的工具。由于"壬"字早在甲骨文中就被假借作天干第九位的名称,故本义反不可查。由天干第九位引申为序数九的代称,九为数中最大者,故"壬"又引申为盛大。《诗·小雅·宾之初筵》:"百礼既至,有壬有林。"毛传:"壬,大也。林,君也。""壬"又有奸佞义,当属假借,"佞"从"仁"得声,古音"壬"、"仁"同属"日"纽,音近可通。(王颖)

癸部

癸 guǐ 见纽、脂部;见纽、旨韵、居诔切。

1、2、3《甲文编》555页。4《金文编》980页。5、6、7、9《类编》31页。8、10、11《古文典》1188页。12、13《说文》309页。14-18《篆隶表》1055~1056页。

象形字。所像之形不明。"癸"字最早见于甲骨,作"✕",似二物相交状,稍复杂的写法是在四角添加短划,有出头和不出头两种构形,分别作"✕"和"✕"。以后分别沿着这两个方向发展,前者至东汉时期尚无太大变化,仍作为"癸"字的异体存在,东汉以后湮没不闻;后者最晚可见于战国时期。而自春秋时期出现另有一种从矢从✕作"✕"的构形,其所从之✕概即《说文》所云"象人足"所据。秦汉之后这种写法逐渐成为主流,随着时代的迁移而略有变形,至楷书则变形为从癶从天。《说文》:"癸,冬时,水土平,可揆度也。象水从四方流入地中之形。癸承壬,象人足。"既云像水从四方流入地中之形,又说像人足,说解自相矛盾,均不确。"癸"早在甲骨文中就被假借作天干第十位的名称,并由于殷人的习惯,经常用作先公先妣的庙号。所以假借义成为其常用义,而本义反倒不可考。(王颖)

子部

子 zǐ 精纽、之部;精纽、止韵、即里切。

1、2、3、5、6、7《类编》49页。4《汉语字形表》556页。8、9、10《说文》309页。11、12《篆隶表》1056、1057页。

象形字。"子"字在商代文字中有三系写法:第一系像生有发的胎儿头颅及两胫,后或省简其发,或于头部标记其囟;该字至宗周形稍变,上肢为襁褓包裹,其后形体稍讹,至《说文》籀文则在字下加一符号,许慎解为"几",谓"籀文子,囟有发,臂、胫在几上"。在甲骨文中用作表示天干地支的"子"。第二系,上像幼儿头发、头颅及两臂,下像两并的两胫,后演进为《说文》古文。第三系与第二系的区别仅在于头发的有无，后演进为小篆及隶书。"子"的本义为婴儿，只显示年龄而不计性别，引申为动物的幼仔，又引申为动物的卵与植物的果实或种子；又引申为细小的物件。"子"，假借为地支字。用于纪月，指十一月；用以纪时，指二十三时至一时；在太岁纪年法中亦用以纪年，《尔雅·释天》："太岁在子曰困敦。"与天干相配，可用以纪年，亦可用以纪日。"子"，有时假借为"字"，指抚养、养育。《殷虚书契前编》4.26.7："己亥卜，王：'余弗其子妇姪子？'"（李义海）

孕 yùn 喻纽、蒸部；以纽、证韵、以证切。

商 《说文》小篆 楷书

1《类编》50页。2《说文》310页。

象形字。甲骨文像人怀孕的样子。至小篆形体省简，不见其腹，许慎以为从子，从几。按：该字所从之"几"，是孕妇形体省其腹而存其"人"的结果，后演进为"乃"。"孕"的本义是妇人怀孕。《易·渐》："夫征不复，妇孕不育。"王弼注："非夫而孕，故不育也。"后由妇人怀孕引申为所有雌性动物怀胎。《国语·鲁语上》："鸟兽孕，水虫成。"韦昭注："孕，怀子也。"引申为花含实。唐知玄《五岁咏花》："花开满树红，花落万枝空。唯馀一孕在，明日定随风。"又引申为包含。唐白居易《与元九书》："于是孕大含深，贯微洞密。""孕"由妇人怀孕又引申为生育、分娩。《太平广记》卷三百六十七引《广古今五行记》："晋安帝义熙中，魏兴李宣妻樊氏，有娠，过期不孕，而额上有疮，儿穿之而出。"（李义海）

字 zì 从纽、之部；从纽、志韵、疾置切。

商 西周 《说文》小篆 汉 楷书

1《汉语字形表》557页。2《类编》381页。3《说文》310页。4《篆隶表》1057页。

会意兼形声字。字在周代金文中像妇人产子形，外部的"冂"，实像产妇下体双腿形，至小篆形讹为"宀"，以至许慎解该字为"从子在'宀'下，子亦声。""字"的本义为妇人孕育。《山海经·中山经·中次七经》："其上有木焉，名曰黄棘，黄华而员叶，其实如兰，服之不字。"《易·屯》："好贞，不字。"虞翻注："字，妊娠也。"引申为雌性动物生育。《汉书·严安传》："六畜遂字。"颜师古注："字，生也。"由此又引申为孵化。《论衡·论死》："鸡卵之未字也，溃溶于壳中，溃而视之，若水之形。""字"又由生育义引申为养育。《诗·大雅·生民》："诞寘之隘巷，牛羊腓字之。"由此又引申为爱。《书·康诰》："于父不能字厥子，乃疾厥子。"孙星衍疏："字，爱也。"又引申为教育、治理。唐刘禹锡《答饶州元使君书》："防民之理甚周，而不至皎察；字民之方甚裕，而不使侵蚀。"又引申为许嫁。《正字通·子部》："字，女子许嫁曰字。""字"的本义为生育，所以，由独体的"文"孳乳而生的合体的文字符号叫做"字"。《说文解字·序》："仓颉之初作书，盖依类象形，故谓之文，其后形声相益，即谓之字。字者，言孳乳而浸多也。"后来，"字"又引申为用文字写成的东西，如字体、书法作品、书信、便条等。（李义海）

毂 gòu 见纽、屋部；见纽、候韵、古候切。

西周 西周 西周 战国 《说文》小篆 汉 楷书

1《类编》83页。2、3、4《汉语字形表》557页。5《说文》310页。6《篆隶表》1057页。

形声字。本义为哺乳。《说文》："毂，乳也。从子，殸声。"段玉裁注："此'乳'者，谓既生而乳哺之也。"该字因与"穀"音形义俱近而常作"穀"。《左传·宣公四年》："楚人谓乳毂。"引申为哺乳的对象，也就是幼儿。《庄子·骈拇》："臧与毂，二人相与牧羊而俱亡其羊。"陆德明释文："毂，崔本作穀，云：'孺子曰毂。'"（李义海）

孿(孪) luán 心纽、元部；生纽、线韵、所眷切。

《说文》小篆 楷书

1《说文》310页。

形声字。本义为双生。《说文》："孪，一乳两子也。从子，䜌声。"段玉裁注："此谓人也，孪之言连也。"《吕氏春秋·疑似》："夫孪子之相似者，其母常识之，知之审也。"（李义海）

孺 rú 日纽、侯部；日纽、遇韵、而遇切。

孺

《说文》小篆　汉　楷书

1《说文》310页。2《篆隶表》1057页。

形声字。本义为小孩,儿童。《说文》:"孺,乳子也。从子,需声。"《释名·释长幼》:"儿始能行曰孺。"引申为幼稚、年少。《书·金縢》:"公将不利于孺子。"孔传:"孺,稚也。"有时用为动词,指亲属、相亲。《诗·小雅·常棣》:"兄弟既具,和乐且孺。"毛传:"孺,属也。"孔颖达疏:"和而甚忻乐,且复骨肉相亲属也。"（李义海）

季 jì　见纽、质部；见纽、至韵、居悸切。

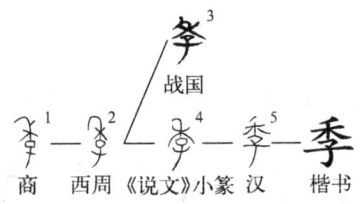

1、2《类编》271页。3《包山》224页。4《说文》310页。5《篆隶表》1057页。

会意兼形声字。《说文》:"从子,从稚省,稚亦声。"该字在甲骨文中从子、从禾会意,是"稺"古文,本义为幼禾。引申为兄弟排行中最小的。《说文》:"季,少偁也。"由此引申为一个朝代或季节的末期。《左传·昭公元年》:"唐人是因以服事夏商,其季世,曰唐叔虞。"孔颖达疏:"杜以传说唐人即云季世,明季世是唐人之末世。"又引申为稚嫩、不成熟。《周礼·地官·山虞》:"凡服耜,斩季材,以时入之。"郑玄注:"季犹稺也。服与耜,宜用稺材,尚柔忍也。"继而引申为少、小。《诗·召南·采蘋》:"有齐季女。"毛传:"季,少也。"（李义海）

孟 mèng　明纽、阳部；明纽、映韵、莫更切。

1、2、3《类编》314页。4、5《说文》310页。6《篆隶表》1057页。

形声字。《说文》:"孟,长也。从子,皿声。"该字在商代金文中是个会意字,从子从⼌,至周代金文,所从的⼌演进为"皿",该字遂分为二系：一系"皿"中有水,后又省"皿",演进为《说文》古文；一系秉袭商代金文,后来演进为《说文》小篆与隶书。因为由容器形讹而来的"皿"字与"孟"字读音相同（均属明纽阳部）,故而许慎曰:"从子,皿声。""孟"本义为首生,也就是排行中的"长",亦即老大。《说文》:"孟,长也。"引申为始。《楚辞·离骚》:"摄提贞于孟陬兮。"王逸注:"孟,始也。"（李义海）

孽 niè　疑纽、月部；疑纽、薛韵、鱼列切。

《说文》小篆　汉　楷书

1《说文》310页。2《篆隶表》1058页。

会意兼形声字。从子、从薛,薛会意。《说文》:"孽,庶子也。从子,薛声。"本义是庶子,也就是妾媵所生之子。《晏子春秋·内篇谏上》十一:"故孽不乱宗。"因为庶子的地位十分低下,所以引申为忤逆、不孝。《新书·道术》:"子爱利亲谓之孝,反孝为孽。"（李义海）

孳 zī　精纽、之部；精纽、之韵、子之切。

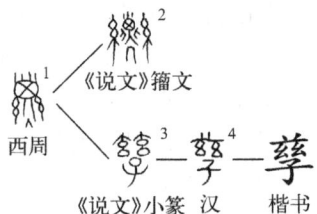

1《类编》50页。2、3《说文》310页。4《篆隶表》1058页。

形声字。该字在周代金文中像"子"自母体娩出形,后来子体娩出的粘连物与"子"离析,讹变为"丝",为《说文》籀文所从；讹变为"兹",为《说文》小篆所从,字遂为形声。《说文》:"孳,汲汲生也。从子,兹声。𤕦,籀文孳从丝。"本义为生育。引申为滋生、滋长。《汉书·律历志上》:"故阳气施种于黄泉,孳萌万物,为六气元也。"颜师古注:"孳,读与'滋'同。滋,益也。"（李义海）

孤 gū　见纽、鱼部；见纽、模韵、古胡切。

孤

《说文》小篆　汉　楷书

1《说文》310页。2《篆隶表》1058页。

形声字。本义为丧父的儿童。《说文》:"孤,无父也。从子,瓜声。"引申为父母双亡的儿童。《管子·轻重》:"民生而无父母,谓之孤子。"后来,没有子女的人也被称为"孤"。《吕氏春秋·怀宠》:"求其孤寡而振恤之。"高诱注:"无子曰孤。"无子女者一般未曾婚娶,所以"孤"又引申为孤单、单独。清段玉裁《说文解字注》:"凡单独皆曰孤。"由此又引申为杰出、特出。《玉篇·子部》:"孤,特也。"又为帝王的自称。(李义海)

存 cún 从纽、文部;从纽、魂韵、徂尊切。

《说文》小篆　汉　楷书

1《说文》310页。2《篆隶表》1058页。

形声字。从子,才声。本义是问候。《说文》:"恤问也。"引申为寄托或心中有某种想法。《隋书·经籍志一》:"初但歌咏而已,后之君子,因被管弦,以存劝戒。"引申为思念。《诗·郑风·出其东门》:"出其东门,有女如云。虽则如云,匪我思存。""存"与"在"同为"才"声字,故又通"在",存在、生存。《公羊传·隐公三年》:"有天子存。"何休注:"存,在。"引申为保存、保全。《易·乾》:"知终终之,可与存义也。"孔颖达疏:"既能知此终竟是终尽之时,可与保存其义。"引申为有。《庄子·则阳》:"若存若亡乎?"成玄英疏:"存,有也;亡,无也。"(李义海)

疑 yí 疑纽、之部;疑纽、之韵、语其切。

商　西周《说文》小篆　秦　汉　楷书

1、2《类编》362页。3《说文》310页。4、5《篆隶表》1059页。

形声字。该字甲骨文像人持杖出行时仰望天色的样子,金文在人形下添"止"并加"牛"为声符,始为形声字,至《说文》小篆改"牛"声为"子"声,且张口之人形又分解形讹为"匕"与"矢",《说文》解曰:"从子、止、匕,矢声。"稍误。该字至汉隶,所从的"止"与"子"省并,遂演进为楷书"疑"字。"疑"的本义是迷惑。《易·系辞下》:"中心疑者,其辞枝。"引申为疑问。《列子·汤问·愚公移山》:"其妻献疑。"由此引申为猜疑。《公羊传·僖公二十八年》:"文公逐卫侯而立叔武,使人兄弟相疑。"继而引申为犹豫。《书·大禹谟》:"任贤勿贰,去邪勿疑。"(李义海)

了部

了 liǎo 来纽、宵部;来纽、篠韵、卢鸟切。

《说文》小篆　汉　楷书

1《说文》310页。2《篆隶表》1059页。

象形字。本义为走路时足胫相交。《说文》:"了,尥也。从子无臂,象形。"引申为结、束,所以"了"常与"结"同义连用。清徐灏《说文解字注笺》:"凡收束谓之结,故曰了结。"引申为结束、完毕。宋柳永《煮海歌》:"周而复始无休息,官租未了私租逼。"此外,"了"还有聪明的意思。《后汉书·孔融传》:"夫人小而聪了,大未必奇。"引申为清楚、明晰。《抱朴子·至理》:"诚其所见者了,故弃之如忘耳。"以上读liǎo。(李义海)

孑 jié 见纽、月部;见纽、薛韵、居列切。

《说文》小篆　汉　楷书

1《说文》310页。2《篆隶表》1060页。

象形字。本义是无右臂。《说文》:"孑,无右臂也。从了、丿,象形。"引申为单、独。晋李密《陈情表》:"茕茕孑立,形影相吊。"又引申为剩余。《诗·大雅·云汉》:"周余黎民,靡有孑遗。"(李义海)

孓 jué 见纽、月部;见纽、月韵、居月切。

《说文》小篆　楷书

1《说文》310页。

象形字。本义为无左臂。《说文》:"孓,无左臂也。从了、乀,象形。"引申为短。《玉篇·了部》:"孓,短也。"孑孓,蚊子的幼虫。(李义海)

孨部

孨 zhuǎn 章纽、元部；章纽、狝韵、旨兖切。

孨¹—孨
《说文》小篆 楷书

1《说文》310页。

会意字。一胎三子，其子必弱，故其本义为弱小。引申为懦弱。《说文》："孨，谨也。"以上意义后均作"孱"。（李义海）

孱 chán 从纽、元部；崇纽、山韵、士山切。
zhàn 从纽、元部；崇纽、产韵、士限切。

孱¹—孱²—孱
西周《说文》小篆 楷书

1《类编》49页。2《说文》310页。

形声字。是"孨"的后起本字。该字在金文中从三子在尸下，会多子一胎娩出意，其本义为弱。《集韵·山韵》："孱，弱也。"引申为懦弱。《汉书·张耳陈馀传》："吾王孱王也！"颜师古注引孟康曰："冀州人谓懦弱为孱。"由此又引申为低劣、浅陋。唐柳宗元《上西川武元衡相公谢抚问启》："自顾孱钝，无以克堪。"由此又引申为不肖。《玉篇·尸部》："孱，不肖也。"一胎三子，必不能同时娩出，故"孱"训为"不齐"。《玉篇·孨部》："孱，不齐也。"一胎三子，产妇必倍受苦楚，故又有呻吟义。《说文》："孱，呻吟也。"一胎三子，产道则相对拥塞，故又有窄义。《说文》："孱，迮也。"段玉裁注："此'迮'当为'笮'，今之'窄'字也。"以上读 chán。孱字又读 zhàn，其义为恶。《广雅·释诂三》："孱，恶也。"（李义海）

孴 nǐ 疑纽、之部；疑纽、止韵、鱼纪切。
nì 疑纽、之部；娘纽、缉韵、昵立切。
yì 疑纽、之部；以纽、缉韵、羊入切。

孴¹—孴²—孴³—孴⁴—孴
西周 西周《说文》籀文《说文》小篆 楷书

1、2《汉语字形表》558页。3、4《说文》310页。

会意字。该字在金文中从口从二子会意，《说文》籀文从之，唯所从之"口"讹变为"日"，《说文》小篆从三"子"从"日"。本义为双胞胎啼哭时声音洪亮，引申为盛大。《说文》："孴，盛貌。"读 nǐ。引申为聚集，读 nì。《集韵·缉韵》："孴，聚貌。"引申为众多，读 yì。《广韵·缉韵》："孴，多貌。"（李义海）

厶部

厶 tū 透纽、物部；透纽、没韵、他骨切。

厶¹—厶
《说文》小篆 楷书

厶²
《说文》或体

1、2《说文》310页。

象形字。《说文》小篆像倒子形，或体于"子"首显其毛发。该字像婴儿自母体娩出形，因为顺产时婴儿头部首先自母体娩出，故该字呈头下脚上形。所以，该字本义为生。《说文》释曰："忽出也。"在自然状态下，人总是头上脚下，该字反之，大违常情，所以又引申为反常、逆理。清段玉裁《说文解字注》："谓凡物之反其常，凡事之逆其理，突出至前者，皆是也。"（李义海）

育 yù 喻纽、觉部；以纽、屋韵、余六切。

育¹
商

育²—育³—育⁴—育⁶—毓
商 西周《说文》或体 汉 楷书

育⁵—育⁷—育
《说文》小篆 汉 楷书

1、2、3《类编》44页。4、5《说文》310页。
6、7《篆隶表》1060页。

形声字。该字在甲骨文中从母（或从"女""人"）从倒"子"，像人产子形。"子"下有时有几个"点"，为婴儿娩出母体时的体液。这些用以显示体液的小点，到了周代金文中移到该字所从的倒"子"的头下，遂像毛发形。该字在《说文》小篆中有两种形体，或体承继金文写法，仍是一个会意字，只是金文所从的"母"变成了"每"；小篆从倒"子"（音读为"突"）、肉声，是一个形声字。"育"字本义是生育。《玉篇·云部》："育，生也。"引申为成长。《诗·大雅·生民》："载生载育，时为后稷。"又引申为培养。《说文》："育，养子使作善也。"（李义海）

疏

shū 心纽、鱼部；生纽、鱼韵、所菹切。

shù 心纽、鱼部；生纽、御韵、所志切。

1《说文》310页。2《篆隶表》1060页。3《篆隶表》1061页。

形声字。《说文》："疏，通也。"活用作动词，为使……通，也就是疏通、开通。《孟子·滕文公上》："禹疏九河。"河道疏通之后则河床淤积物分散开来，所以又引申为分散、分开。《淮南子·道应》："智伯围襄子于晋阳，襄子疏队而击之，大败智伯。"高诱注："疏，分也。"引申为疏远。《礼记·曲礼上》："夫礼者，所以定亲疏，决嫌疑，别同异，明是非也。"以上读 shū。为了让别人明白一个道理，弄懂一个问题，也就是疏通别人在某一问题上理解方面的障碍，就要进行解释，这就是后来所说的解释旧注的义疏。说明或解释重大问题时，一般要分条陈述，所以"疏"又引申为分条陈述或分条记录。《汉书·苏建传附苏武》："初（上官）桀、（上官）安与大将军霍光争权，数疏光过失予燕王，令上书告之。"颜师古注："疏，谓条录之。"用这种方法写成呈奉给皇帝的建议即奏章，也称为疏。《史记·孝武本纪》："齐人之上疏言神怪奇方者以万数，无应验者。"上读 shù。（李义海）

丑 部

丑

chǒu 透纽、幽部；彻纽、有韵、敕救切。

1、4《类编》66页。2、3、5—10《汉语字形表》559页。11《说文》310页。12、13《篆隶表》1062页。

象形字。像手爪之形，假借为地支字，用以纪月，指农历十二月；用以纪时，指一时至三时；在太岁纪年法中亦用以纪年，《尔雅·释天》："太岁在丑曰赤奋若。"与天干相配，可纪年，亦可纪日。"丑"，又被假借为戏剧角色用字。传统戏曲角色扮演滑稽可笑的喜剧人物或反面人物的"大花脸"、"三花脸"，称"丑角"。明徐渭《南词叙录》："丑，以粉墨涂面，其形甚丑。今省文作'丑'。"（李义海）

胆

niǔ 泥纽、幽部；泥纽、有韵、女久切。

1《说文》310页。

会意字。从丑，从肉，会人以手持肉意。本义为吃肉。《说文》："胆，食肉也。从丑，从肉。"（李义海）

羞

xiū 心纽、幽部；心纽、尤韵、息流切。

1、2《类编》190页。3《说文》310页。4《篆隶表》1062页。

会意字。该字在甲骨文或金文中从又持羊，会进献之意。因"丑"与"羞"偶然同音，遂为形声字。本义为进献。《说文》："羞，进献也。从羊，羊所进也；从丑，丑亦声。"引申为所进献的精美食品。《周礼·天官·膳夫》："膳夫掌王之食饮膳羞。"郑玄注："羞，有滋味者。"引申为熟的食物。《方言》卷十二："羞，熟也。"郭璞注："熟食为羞。"又用以泛指食物。《周礼·天官·大宰》："四曰羞服之式。"郑玄注："羞，饮食之物也。"字又假借为羞辱义。《广雅·释诂三》:"羞,辱也。"又《释诂四》:"羞,耻也。"由羞耻又引申为惭愧。《后汉书·刘玄传》:"羞愧流汗,举手不能言。"(李义海)

寅 部

寅 yín 喻纽、真部;以纽、真韵、翼真切。

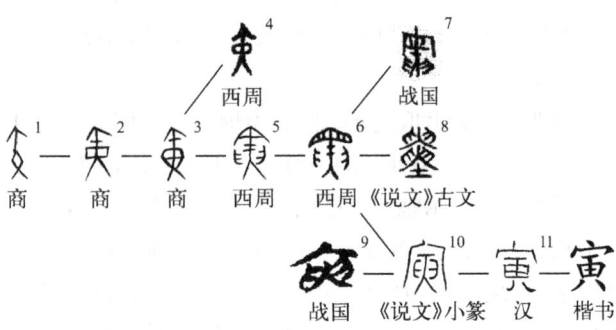

1—5《类编》388页。6、7、8《汉语字形表》560页。9《包山》224页。10《说文》310页。11《篆隶表》1062页。

象形字。该字在早期甲骨文中像箭矢形,后又加一框状形符以与一般箭矢分开,后来中空的方框内部羡出一短画又讹为双手,字遂在西周时期呈双手持矢形;后来矢镞讹变为"宀",该字形遂为《说文》小篆承袭。寅字像矢形,其本义为箭矢。矢在弓上,其发必疾,故引申为疾、进。《诗·小雅·六月》:"元戎十乘,以启先行。"毛传:"殷曰寅车,先疾也。"郑玄笺:"寅,进也。"寅又假借为地支字,为地支中的第三位。用于纪月,指夏历正月;用以纪时,指凌晨三至五时;在太岁纪年法中亦用以纪年,《尔雅·释天》:"太岁在寅曰摄提格。"与天干相配,可用以纪年,亦可用以纪日。(李义海)

卯 部

卯 mǎo 明纽、幽部;明纽、巧韵、莫饱切。

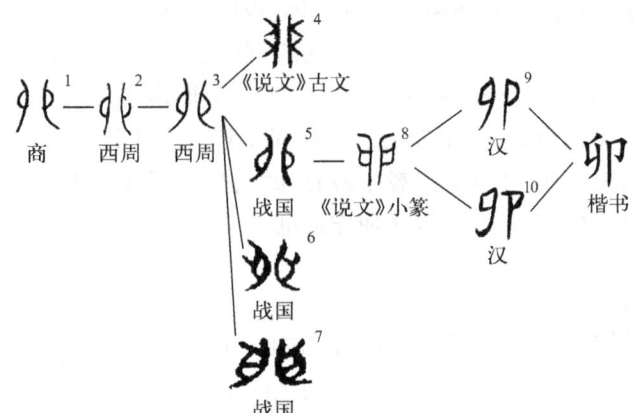

1、2、3《类编》448页。4、8《说文》311页。5《汉语字形表》560页。6、7《包山》224页。9、10《篆隶表》1063页。

象形字。《说文》:"卯,冒也。二月万物冒地而出,象开门之形。"卯在甲骨文中主要有两种用法:一种是用牲之法,指对剖。《卜辞通纂》39片(《殷虚书契前编》1.18.4重出):"丁酉卜,贞:王宾文武丁,卯六牢,鬯六卣,无尤?"另外一种用法是用以表示地支的第四位。后来,第二种用法又扩展到用以纪月,指农历二月;用以纪时,指五时至七时,也泛指早晨。因为卯时是官府例定开始办公时进行点名报到的时间,所以点名册就叫做卯册或卯簿,签到也就又称点卯。在太岁纪年法中,"卯"亦用以纪年,《尔雅·释天》:"太岁在卯曰单阏"。"卯"与天干相配,可用以纪年,也可用以纪日。(李义海)

辰 部

辰 chén 禅纽、文部;禅纽、真韵、植邻切。

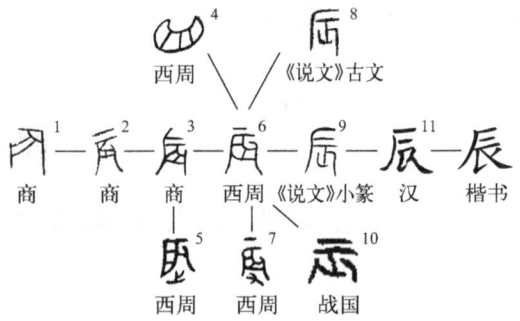

1、2、5、7、10《汉语字形表》560页。3、4、6《类编》371页。8、9《说文》311页。11《篆隶表》1063页。

象形字。字在西周早期金文中像蜃蛤形,本义为蜃蛤,为"蜃"的本字。因为蜃在上古曾经用作耕器,所以该字在商代金文和甲骨文中附上"手"符（偶有作"止"符者），以会操作之意，其后或增益"又"符。卜辞"辰"多借为干支字。有时有"时"的意思，如《殷虚书契前编》7.30.1："庚辰卜，大贞：雨不足辰，不佳年？"《殷契遗珠》454："贞：雨不足辰，亡匄？"辰字又用以纪月，指农历三月；用以纪时，指七时至九时；在太岁纪年法中亦用以纪年，《尔雅·释天》："太岁在寅曰摄提格，在卯曰单阏，在辰曰执徐。"与天干相配，可用以纪年，亦可用以纪日。此外，辰还指被称为北极的北辰。《尔雅·释天》："北极谓之北辰。"又泛指日、月、星。《左传·桓公二年》："三辰旂旗，昭其明也。"杜预注："三辰，日、月、星也。"（李义海）

辱 rǔ 日纽、物部；日纽、烛韵、而蜀切。

1《包山》225页。2《说文》311页。3《篆隶表》1064页。

会意字。从辰、从寸，会手持蜃器芸除秽草意。其后起本字为耨。引申为污浊。《尔雅·释诂三》："辱，污也。"后用以喻指人居于污浊之中、处于秽草之内，引申为埋没。《左传·襄公三十年》："使吾子辱在泥涂久矣，武之罪也。"又引申为玷污、辜负。《论语·子路》："使于四方，不辱君命。"由玷污引申为耻辱。《说文》："辱，耻也。"又引申为侮辱。《史记·陈涉世家》："将尉醉，广故数言欲亡，令辱之，以激怒其众。"（李义海）

巳 部

巳 sì 邪纽、之部；邪纽、止韵、详里切。

1、3、4《类编》7页。2《汉语字形表》560页。5《包山》225页。6《说文》311页。7《篆隶表》1064页。

该字自商至周有二形：一与"子"同，像婴儿形，甲骨文、金文用以表示地支"巳"；一为《说文》小篆所本，许慎以为像"子未成形"，字在甲骨文、金文用为"祀"字。巳后世指后嗣。《玉篇·巳部》："巳，嗣也。"（李义海）

以 yǐ 喻纽、之部；以纽、止韵、羊已切。

1、2《汉语字形表》561页。3《类编》503页。4、6《篆隶表》1064页。5《说文》311页。7《篆隶表》1065页。

象形字。甲骨文像人提携一物，后省人形，战国时期或加人形，后隶变作"以"；或加"口"符，即《说文》小篆。该字中有提携、致送、使用义，如《小屯·殷虚文字丙编》42："兴方以羌自上甲至下乙。"《楚辞·九章·涉江》："忠不必用兮，贤不必以。""以"又虚化为介词。由使、用义虚化为对事物的处置，相当于现代汉语中的"用""把""拿"。《诗·卫风·木瓜》："投我以木瓜，报之以琼琚。"由依仗义虚化为动作行为的方式或凭依，相当于现代汉语中的"依""按""凭"。《易·系辞上》："方以类聚，物以群分。""以"由率领义引申为"及""连及"义。《易·小畜》："富以其邻。"后虚化为连词，主要用以表示并列关系，相当于"和""而"。汉王充《论衡·自纪》："文必丽以好，言必辩以巧。"（李义海）

午 部

午 wǔ 疑纽、鱼部；疑纽、姥韵、疑古切。

1—4《类编》373页。5《说文》311页。6《篆隶表》1065页。

象形字。字在甲骨文、金文中像杵形，假借为地支的第五位，用于纪月，指农历五月；用以纪时，指十一时至十三时；在太岁纪年法中又用以纪年，《尔雅·释天》："太岁在午曰敦牂。"与天干相配，可用以纪年，亦可用以

纪日。(李义海)

牾 wǔ 疑纽、鱼部；疑纽、暮韵、五故切。

牾¹—牾²—牾
《说文》小篆　汉　楷书

1《说文》311页。2《篆隶表》1065页。

形声字。字本作"啎"，从午、吾声，午与吾又都是声符，是个双声字；后讹作"牾"，从牛、吾声。本义为逆。《说文》："啎，逆也。从午、吾声。"引申为抵触。《玉篇·午部》："啎，相触也，逆也。"引申为相逢。五代徐锴《说文解字系传》："啎，相逢也。"(李义海)

未 部

未 wèi 明纽、物部；微纽、未韵、无沸切。

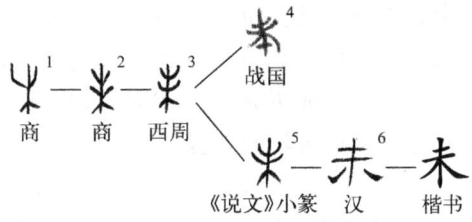

1、2、3《类编》278页。4《楚文编》857页。5《说文》311页。6《篆隶表》1066页。

象形字。字像树木枝叶繁盛形。枝叶繁盛，果实皆成。《说文》："未，味也，六月，滋味也。五行，木老于未，象木重枝叶也。"假借为地支的第八位，用以纪月，指农历六月；用以纪时，指十三时至十五时；在太岁纪年法中用以纪年，《尔雅·释天》："太岁在未曰协洽。"与天干相配，可用以纪年，亦可用以纪日。(李义海)

申 部

申 shēn 书纽、真部；书纽、真韵、朱人切。

1-4《类编》428页。5、6、7《说文》311页。8《篆隶表》1066页。

象形字。像电耀屈折形。本义为电。《说文·虫部》"虹"字条下："籀文虹，从申。申，电也。"常用以表示重、复。《书·尧典》："申命羲叔宅南交。"由此引申为反复述说以说明某种道理。《楚辞·九章·抽思》："道卓远而日忘兮，愿自申而不得。"因为反复申述的目的是让别人明白，所以又引申为明白。《字汇·田部》："申，明也。"申又假借为地支的第九位，用以纪月，指农历七月；用以纪时，指十五时至十七时；在太岁纪年法中又用以纪年，《尔雅·释天》："太岁在申曰涒滩。"与天干相配，可以用以纪年，也可以用以纪日。(李义海)

臾 yú 喻纽、侯部；以纽、虞韵、以主切。

1《汉语字形表》563页。2《说文》311页。3《篆隶表》1067页。

会意字。从申，从乙。徐铉曰："乙，屈也。"《说文》："臾，束缚捽抴为臾。"《集韵·虞韵》："臾，善。"后又由关系善扩展到地善，所以又引申为土地肥沃(其后起本字作"腴")。《管子·乘马数》："郡县上臾之壤，守之若干。"(李义海)

酉 部

酉 yǒu 喻纽、幽部；以纽、有韵、与久切。

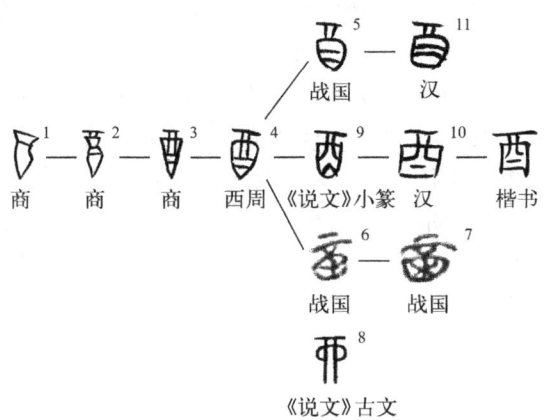

1–5《类编》329页。6、7《楚文编》858页。
8、9《说文》311页。10、11《篆隶表》1067页。

象形字。甲骨文字形像酉形,是"酉"的本字。除用作支干名外,偶作祭名,指用酒祭祀。《合》33:"酉阳甲。"又假借为地支的第十位,用以纪月,指农历八月;用以纪时,指十七时至十九时;在太岁纪年法中用以纪年,《尔雅·释天》:"太岁在酉曰作噩。"与天干相配,可用以纪年,亦可用以纪日。(李义海)

酒 jiǔ 精纽、幽部;精纽、有韵、子酉切。

1《汉语字形表》563页。2《说文》311页。
3、4、5《篆隶表》1067页。

会意兼形声字。该字自甲骨文中至小篆均从水、从酉,酉亦声,其义为酒。《易·困》:"困于酒食,朱绂方来。"用为动词,指饮酒。《韩非子·说林上》:"常酒者,天子失天下,匹夫失其身。"(李义海)

酿(酿) niàng 泥纽、阳部;泥纽、漾韵、女亮切。

1《说文》311页。

形声字。本义为酿酒。《说文》:"酿,酝也,作酒曰酿。从酉,襄声。"引申为酒。《增韵·漾韵》:"酿,后人因谓酒为酿。"(李义海)

酝(酝) yùn 影纽、文部;影纽、问韵、於问切。

1《说文》311页。

形声字。本义为酿酒。《说文》:"酿也。从酉,昷声。"酿酒必用酒母,故引申为酒母。《仓颉篇》:"酝,酒母也。"因为酝出的是酒,所以又引申为酒。明冯梦龙《醒世恒言·卖油郎独占花魁》:"佳肴美酝,未曾到口,香气扑鼻。"(李义海)

酴 tú 定纽、鱼部;定纽、模韵、同都切。

1《包山》227页。2《说文》312页。

形声字。本义为酒母。《说文》:"酴,酒母也。从酉,余声。"引申为酒名,俗称酒酿(娘)。《玉篇·酉部》:"酴,麦酒不去滓饮也。"(李义海)

酾(酾) shī 心纽、歌部;生纽、支韵、所宜切。

1《说文》312页。

形声字。本义为滤酒。《说文》:"酾,下酒也。从酉,丽声。"因为下酒的目的在于去糟取清,所以引申为醇。《说文》:"酾,下酒也。一曰醇也。"因为下酒是个去糟取清的过程,所以又引申为分、流、清。《广韵·纸韵》:"酾,分也。"《古今韵会举要·支韵》:"酾,疏也。"又因为下酒就是使酒滤出,其行为方式与斟酒或斟茶相似,所以又引申为斟。宋苏轼《前赤壁赋》:"酾酒临江,横槊赋诗。"(李义海)

醪 láo 来纽、幽部;来纽、豪韵、鲁刀切。

醪¹ — 酉翏² — 醪
《说文》小篆　汉　楷书

1《说文》312页。2《篆隶表》1068页。

形声字。本义为汁渣混合的酒,也就是"浊酒"。《说文》:"醪,汁滓酒也。从酉,翏声。"后用来泛指酒。唐慧琳《一切经音义》卷九十:"醪,即白醪等一切诸酒者也。"（李义海）

醇 chún 禅纽、文部；禅纽、谆韵、常伦切。

醇¹ — 酉享² — 醇
《说文》小篆　汉　楷书

1《说文》312页。2《篆隶表》1068页。

形声字。本义为酒质浓厚。《说文》:"醇,不浇酒也。从酉,享声。"段玉裁注:"凡酒沃之以水则薄,不杂以水则曰醇。"引申为精粹。《易·系辞下》:"万物化醇。"孔颖达疏:"万物感之变化而精醇也。"精粹引申为纯一不杂。《汉书·食货志上》:"自天子不能具醇驷。"颜师古注:"醇,不杂也。无醇色之驷,谓四马杂色也。"又引申为纯朴、敦厚（后作"淳"）。《淮南子·氾论》:"古者人醇工庞,商朴女重。"高诱注:"醇,厚,不虚华也。"（李义海）

酎 zhòu 定纽、幽部；澄纽、宥韵、直祐切。

酎¹ — 酎
《说文》小篆　楷书

1《说文》312页。

形声字。本义为经过多次反复酝成的醇酒。《说文》:"酎,三重醇酒也。从酉,肘省声（依段玉裁注改）。"引申为酿酒。《玉篇·酉部》:"酎,酿也。"（李义海）

酤 gū 见纽、鱼部；见纽、暮韵、古暮切。
见纽、鱼部；见纽、模韵、古胡切。
hù 匣纽、鱼部；匣纽、姥韵、侯古切。

酤¹ — 酉古² — 酤
《说文》小篆　汉　楷书

1《说文》312页。2《篆隶表》1068页。

形声字。一夜酝成的酒。《说文》:"酤,一宿酒也。从酉,古声。"后来用以泛指酒。晋左思《蜀都赋》:"酌清酤,割芳鲜,饮御酣,宾旅旋。"此类意义中古音侯古切。又指买酒。《说文》:"酤,一曰买酒也。"引申为谋取。宋苏舜钦《杜谊孝子传》:"非掌于世尚以酤荣利者矣。"此类意义中古音古胡切。与买相对的是卖,表买酒义的"酤"后来又具有了卖酒义,于是破读为古暮切,中古属见纽暮韵。《广雅·释诂三》:"酤,卖也。"（李义海）

酷 kù 溪纽、觉部；溪纽、沃韵、苦沃切。

酷¹ — 酷² — 酉告³ — 酷
战国　《说文》小篆　汉　楷书

1《类编》330页。2《说文》312页。3《篆隶表》1069页。

形声字。本义为酒味浓厚。《说文》:"酷,酒厚味也。从酉,告声。"引申为香气浓盛。汉司马相如《上林赋》:"芬芳沤郁,酷烈淑郁。"酒味浓厚又引申为刑罚重烈,也就是刑罚残酷。汉晁错《贤良文学对策》:"刑罚暴酷,轻绝人命。"又引申为性情残暴。《韩非子·显学》:"今上急耕田垦草以厚民产也,而以上为酷。"又引申为程度的极、盛、很、非常。《晋书·何无忌传》:"何无忌,刘牢之之甥,酷似其舅。"（李义海）

配 pèi 滂纽、物部；敷纽、队韵、滂佩切。

配¹ — 配² — 酉³ — 配⁴ — 配⁵ — 配⁶ — 配⁷ — 配
商　商　西周　战国　《说文》小篆　汉　汉　楷书

1《汉语字形表》564页。2、3、4《类编》329页。5《说文》312页。6、7《篆隶表》1069页。

形声字。甲骨文字形从卩、从上有酒滴之"酉",其本义为配酒。后酉上酒滴省简而从酉、从卩,所从的"卩"又讹变为"已",因为配与从己得声的妃音近,遂被视为声符。《说文》:"配,酒色也。从酉,己声。"吴善述广义校订:"按许训酒色,谓酒之色也。酒有四饮、六饮之别,其色有浅深黑白之殊,配即《内则》注所谓以清与糟相配也。"引申为合。《玉篇·酉部》:"配,合也。"由"合"引申为配享,也就是祭祀的次要对象。《易·豫》:"王以作乐崇德,殷荐之上帝以配祖考。"又引申为婚配。唐李白《感兴八首》之六:"安得配君子,共乘双飞鸾。"由婚配义又引申为配偶。由配偶义引申为匹敌。《书·君牙》:"对扬文、武之光命，追配于前人。"配酒义又引申为分配、配给。《晋书·殷仲堪传》："割此三郡，配隶益州。"又引申为发配、流放。《篇海类编·食货类·酉部》："配，流刑隶也。"（李义海）

酌 zhuó 章纽、药部；章纽、乐韵、之若切。

酌¹—酌²—酌³—酌⁴—酌
西周　《说文》小篆　汉　汉　楷书

1《汉语字形表》564页。2《说文》312页。
3、4《篆隶表》1069页。

形声字。该字在周代金文中从酉、从勺，会以勺取酒意，勺亦声。本义为斟酒劝饮。《说文》："酌，盛酒行觞也。从酉，勺声。"引申为斟酒、饮酒。晋陶潜《归去来兮辞》："引壶觞以自酌，眄庭柯以怡颜。"又引申为所酌之酒。《礼记·曲礼下》："酒曰清酌。"由酒又引申为酒宴。元王实甫《西厢记》第二本第三折："我一家之命，皆先生所活，聊备小酌，非为报礼，勿嫌轻意。"又引申为用以盛酒的酒器。《仪礼·有司彻》："宰夫洗觯以升，主人受酌降。"由酌酒劝饮又引申为取。《玉篇·酉部》："酌，取也。"因为以酌取酒可以度量所取之酒的量，所以酌又引申为度量。宋陈亮《三国纪年·魏武纪》："法令不必尽酌之古，要以必行。"（李义海）

醮 jiào 精纽、宵部；精纽、笑韵、子肖切。

醮¹—醮³—醮
《说文》小篆　汉　楷书

禳²
《说文》或体

1、2《说文》312页。3《篆隶表》1069页。

形声字。从酉，焦声（其或体从示、焦声）。指婚礼、冠礼的一种仪节。《玉篇·酉部》："醮，冠娶妻也。"又指祭祀。《玉篇·酉部》："醮，礼祭也。"《说文》："醮，或从示。"段玉裁注："依此则有祭义审矣。"（李义海）

醻（酬） chóu 禅纽、幽部；禅纽、尤韵、市流切。

醻¹—醻³
《说文》小篆　汉

酬²—酬⁴—酬
《说文》或体　汉　楷书

1、2《说文》312页。3、4《篆隶表》1069页。

形声字。主人向客人酌酒以劝酒。《说文》："醻，主人进客也。从酉，壽声。酬，醻或从州。"引申为报答、酬报。梁启超《谭嗣同传》："不有死者，无以酬圣主。"由报答义又引申为实现。三国魏曹丕《典论·奸谗》："其言既酬，福亦随之。"（李义海）

醋 zuò 从纽、铎部；从纽、铎韵、在各切。
cù 清纽、铎部；清纽、暮韵、仓故切。

醋¹—醋
《说文》小篆　楷书

1《说文》312页。

形声字。本义为客人向主人敬酒。《说文》："醋，客酌主人也。从酉，昔声。"后假借为"酢"，读zuò。读cù，指的是一种用以调味的酸味液体。《广韵·暮韵》："醋，酱醋。《说文》作酢。"引申为酸。唐白居易《东院》："老去齿衰嫌橘醋，病来肺渴觉茶香。"（李义海）

酣 hān 匣纽、谈部；匣纽、谈韵、胡甘切。

酣¹—酣
《说文》小篆　楷书

1《说文》312页。

形声字。本义为饮酒尽兴。《说文》："酣，酒乐也。从酉，从甘，甘亦声。"引申为畅快。《魏书·成淹传》："（王）肃言：'（成）淹既蒙进，臣得屈己伸人，此所谓陛下惠而不费。'遂酣笑不止。"又引申为作战尽兴，也就是所说的战斗激烈。《韩非子·十过》："酣战之时，司马子反渴而求饮。"又引申为浓盛。宋王安石《城北》："回首北城无限思，日酣川净野云高。"（李义海）

酖 dān 端纽、侵部；端纽、覃韵、丁含切。

酖 — 酖
《说文》小篆　楷书

1《说文》312页。

形声字。本义为嗜酒、以酒为乐。《说文》:"酖,乐酒也。从酉,冘声。"(李义海)

醉 zuì　精纽、物部;精纽、至韵、将遂切。

醉¹ — 醉² — 醉
《说文》小篆　汉　楷书

1《说文》312页。2《篆隶表》1069页。

形声兼会意字。本义是饮酒适量。《说文》:"醉,卒也。卒其度量,不至于乱也。"又指饮酒过量。《说文》云:"醉,一曰溃也"。《大戴礼记·曾子事父母》:"执觞觚杯豆而不醉。"由饮酒过量引申为沉酣入迷。《庄子·应帝王》:"郑有神巫曰季咸,知人之死生、存亡、祸福、寿夭……列子见之而心醉。"又引申为糊涂、昏愦。《楚辞·渔父》:"众人皆醉我独醒。"(李义海)

醺 xūn　晓纽、文部;晓纽、文韵、许云切。

醺¹ — 醺
《说文》小篆　楷书

1《说文》312页。

形声字。本义为醉。《说文》:"醺,醉也。从酉,熏声。"引申为浸染。宋苏轼《以檀香观音为子由生日寿》:"国恩当报敢不勤,但愿不为世所醺。"(李义海)

酲 chéng　定纽、耕部;澄纽、清韵、直贞切。

酲¹ — 酲
《说文》小篆　楷书

1《说文》313页。

形声字。意思是因酒醉而引起的病态。《说文》:"酲,病酒也……从酉,呈声。"引申为饱。《文选·张衡〈西京赋〉》:"于是众变尽,心酲醉,盘乐极,怅怀萃。"李善注引薛综曰:"酲,饱也。"又引申为酒醉不醒。《玉篇·酉部》:"酲,醉未觉也。"酲,又指酒醒。《说文》:"酲,一曰醉而觉也。"(李义海)

醫(医) yī　影纽、之部;影纽、之韵、於其切。
yì　影纽、之部;影纽、止韵、隐已切。

醫¹ — 醫² — 醫 — 医
《说文》小篆　汉　楷书　楷书

1《说文》313页。2《篆隶表》1070页。

形声字。从酉,殹声。医生。《说文》:"醫,治病工也。"古巫、医不分,故引申为巫,也就是借鬼神以治病的人。《广雅·释诂四》:"医,巫也。"特指乳医,也就是接生婆,今天称为助产士。《国语·越语上》:"将免者以告,公令医守之。"韦昭注:"医,乳医也。"因为医生的职责是治疗,所以"医"又引申为治疗。《广韵·之韵》:"医,医疗也。"引申为医术。《史记·万石张叔列传》:"郎中令周文者,名仁,其先故任城人也,以医见。"又引申为除患、治理。《国语·晋语八》:"文子曰:'医及国家乎?'对曰:'国医医国。'"以上今读 yī。医,又读 yì,指饮品。《集韵·止韵》:"医,和醴酏为饮也。"(李义海)

茜 sù　心纽、觉部;生纽、屋韵、所六切。
yóu　喻纽、觉部;以纽、尤韵、夷周切。

茜¹ — 茜² — 茜³ — 茜
战国　《说文》小篆　汉　楷书

1《包山》227页。2《说文》313页。3《篆隶表》1070页。

会意字。字从酉、从艸,会以酒灌注束茅意。本义为将酒灌注束茅以祭神。《说文》:"茜,礼祭,束茅加于祼圭而灌鬯酒也,是为茜,象神歆之也。"又指酒器的塞子。《说文》:"茜,槭上塞也。"以上读 sù。通"莤"(读 yóu),草名。《尔雅·释草》:"茜,蔓于。"郭璞注:"草,多生水中。一名轩于,江东呼茜。"郝懿行义疏:"茜,当为莤。"(李义海)

酸 suān　心纽、元部;心纽、桓韵、素官切。

酸¹ — 酸² — 酸³ — 酸
《说文》籀文　《说文》小篆　汉　楷书

1、2《说文》313页。3《篆隶表》1070页。

形声字。《说文》小篆从酉,夋声;籀文从酉,畯声。本义为醋。《说文》:"酸,酢也。从酉,夋声。"引申为醋的味道,也就是酸。唐杜甫《解闷十二首》之十:"京华应见无颜色,红颗酸甜只自知。"又引申为一种心理体验,心里发酸,也就是心酸。《正字通·酉部》:"悲痛亦曰酸。"由心酸又引申为寒酸。《古今韵会举要·寒韵》:"酸,寒酸也。"(李义海)

酢 cù 清纽、鱼部;清纽、暮韵、仓故切。
zuò 从纽、铎部;从纽、铎韵、在各切。

春秋 战国 《说文》小篆 汉 楷书

1、2《类编》330页。3《说文》313页。4《篆隶表》1070页。

形声字。本义为一种用以调味的酸味液体,字后俗作"醋"。《说文》:"酢,醶也。从酉,乍声。"引申为酸味。宋李石《续博物志》:"木瓜味酢,善疗转筋。"以上读cù,通"醋"。本指客人用酒回敬主人。《广韵·铎韵》:"酢,《苍颉篇》云:主答客曰酬,客报主人曰酢。"引申为报答、应对。《尔雅·释诂下》:"酢,报也。"郭璞注:"此通谓相报答,不主于饮酒。"以上诸义音zuò。(李义海)

酱(酱) jiàng 精纽、阳部;精纽、漾韵、子亮切。

战国 《说文》古文 《说文》籀文 《说文》小篆 汉 楷书

1《汉语字形表》565页。2、3、4《说文》313页。5《篆隶表》1071页。

形声字。字在战国文字中从酉、爿声,《说文》古文仍之;在此基础上,《说文》籀文增加一个"皿"符,《说文》小篆去"皿"改增一个"肉"符。汉隶承袭小篆,后所从的"肉"符又讹为"夕"。本义为肉酱。《说文》:"酱,醢(依段注)也。从肉、从酉,酒以和酱也;爿声。"引申为酱,指豆、麦发酵后制成的一种调味品。又指用酱或酱油腌卤。(李义海)

醢 hǎi 晓纽、之部;晓纽、海韵、呼改切。

《说文》籀文 《说文》小篆 汉 楷书

1、2《说文》313页。3《篆隶表》1071页。

会意字。《说文》小篆从又、从肉、从皿、从酉,会以手将肉置于皿中且以酉(酒)和之之意;《说文》籀文从艸、从盐、从又、从肉,会以手将肉置于皿中且以盐调和然后再以草覆盖之意。本义为肉酱。《说文》:"醢,肉酱也。"引申为酱。《广雅·释器》:"醢,酱也。"(李义海)

酹 lèi 来纽、月部;来纽、队韵、卢对切。

《说文》小篆 楷书

1《说文》313页。

形声字。以酒洒地表示祭奠。《说文》:"酹,餟祭也。从酉,寽声。"《玉篇·酉部》:酹,"餟祭也,以酒祭地也"。(李义海)

酪 lào 来纽、铎部;来纽、铎韵、卢各切。
旧读luò
lù 来纽、鱼部;来纽、莫韵、鲁故切。

《说文》新附 楷书

1《说文》313页。

形声字。指用牛、羊、马等的乳炼成的食品。《说文》:"酪,乳浆也。从酉,各声。"引申为糊粥状的食品。《汉书·食货志上》:"又分遣大夫谒者教民煮木为酪。"颜师古注:"服虔曰:'煮木实,或曰如今饵术之属也。'如淳曰:'作杏酪之属也。'"以上意义读lào。酪字又读lù,指一种酒。《集韵·莫韵》:"酪,醴属。"(李义海)

醐 hú 匣纽、鱼部;匣纽、模韵、户吴切。

《说文》新附 楷书

1《说文》313页。

形声字。醍醐,从酥酪中提取的奶油。《说文》:"醐,醍醐,酪之精者也。从酉,胡声。"(李义海)

酩 mǐng　明纽、耕部；明纽、迥韵、莫迥切。

酩¹—酩
《说文》新附　楷书

1《说文》313页。

形声字。酩酊，醉得迷迷糊糊的样子。《说文》："酩，酩酊，醉也。从酉，名声。"（李义海）

酊 dǐng　端纽、耕部；端纽、迥韵、都挺切。

酊¹—酊
《说文》新附　楷书

1《说文》313页。

形声字。酩酊，醉得迷迷糊糊的样子。《说文》："酊，酩酊也。从酉，丁声。"（李义海）

醒 xīng　心纽、耕部；心纽、青韵、桑经切。
　　 jīng　　　　　　　　　　　　　子清切。

醒¹—醒
《说文》新附　楷书

1《说文》313页。

形声字。酒醉后恢复常态。《说文》："醒，醉解也。从酉，星声。"引申为睡眠状态的结束。唐韩愈《东都遇春》："朝曦入牖来，鸟唤昏不醒。"又指尚未入睡。宋梅尧臣《永叔赠酒》："一日复一日，醒目常不眠。"由酒醒又引申为清醒、明白。《史记·屈原列传》："举世混浊而我独清，众人皆醉而我独醒。"以上意义读 xīng。字又读 jīng，星名。《字汇补·酉部》："醒，《孙氏瑞应图》：大醒，景星也。"（李义海）

醍 tǐ　透纽、支部；透纽、荠韵、他礼切。
　　 tí　　定纽、齐韵、杜奚切。

醍¹—醍
《说文》新附　楷书

1《说文》313页。

形声字。较清的红色酒。《礼记·礼运》："粢醍在堂。"《说文》："醍，清酒也。从酉，是声。"读 tǐ。醍醐，奶油。《广韵·齐韵》："醍，醍醐。"《集韵·模韵》："醐，醍醐，酥之精液。"又以喻指佛性。《正字通·酉部》："梵书以醍醐喻佛性。"读 tí。（李义海）

酓 yǎn　影纽、侵部；影纽、琰韵、于琰切。
　　 yàn　　　　　　　　影纽、艳韵、于艳切。
　　 yǐn　　　　　　　　影纽、寝韵、于锦切。

酓¹—酓²—酓³—酓⁴—酓⁵—酓
商　　商　　西周　战国　《说文》小篆　楷书

1-4《类编》329页。5《说文解字系传》283页。

形声字。字自商至《说文》小篆均从酉，今声本义为酒味苦。清段玉裁《说文解字注》："酓，酒味苦也。从酉，今声。"读 yǎn；字又读 yàn，指酒盈量。《集韵·艳韵》："酓，酒盈量也。"又读 yǐn，指密闭。明方以智《物理小识·器用类》引《清波志》曰："佩香用久不香，以虎子酓一夕则香。"在楚简中常假为"饮"。《九店楚简》35："利於酓食"。又假为"含"。郭店楚墓竹简33："酓德之厚者，比於赤子，虺蠆蟲它弗螫，攫鳥猛獸弗搏，骨溺菫柔而握。"（李义海）

酋 部

酋 qiú　从纽、幽部；从纽、尤韵、鲁刀切。

酋¹—酋
《说文》小篆　楷书

1《说文》313页。

象形字。从酉，从八。像清酒现于酒滓之上。本义为久酿之酒。《说文》："酋，绎酒也。从酉，水半见于上。"引申为久。《方言》卷七："酋，熟也。自河以北，赵魏之间火熟曰烂，气熟曰糦，久熟曰酋。"由久又引申为年长，故酋长同义连用。又引申为精熟。《国语·郑语》："毒之酋腊者，其杀也滋速。"韦昭注："精熟为酋。"（李义海）

尊 zūn　精纽、文部；精纽、魂韵、祖昆切。

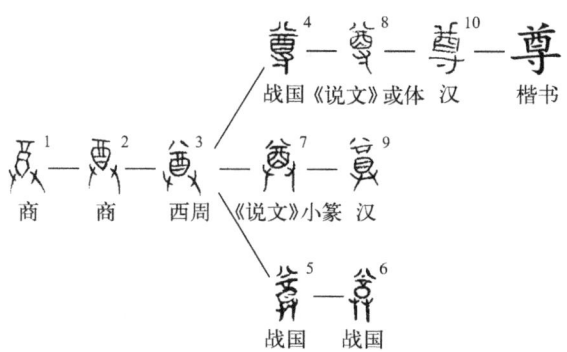

1-4《汉语字形表》566页。5、6《楚文编》862页。7《说文》313页。8《说文》314页。9《篆隶表》1071页。10《篆隶表》1072页。

会意字。甲骨文字形从酉、从廾，后所从之"酉"繁化为"酋"，为《说文》小篆所本；战国时期秦文字中又省"廾"为"寸"，为《说文》或体与楷书所宗；另有在"酋"字羡出一画者。本义为一种用以盛酒的礼器。《说文》："尊，酒器也。从酋，廾以奉之。"引申为盛酒祭奠。《礼记·礼器》："夫奥者，老妇之祭也，盛于盆，尊于瓶。"孔颖达疏："盛食于盆，盛酒于瓶。"引申为尊奉、拥戴。《左传·成公九年》："无私，忠也。尊君，敏也。"引申为重视。《玉篇·寸部》："尊，重也。"又引申为尊贵、高贵。《广韵·魂韵》："尊，贵也。"又虚化为敬词，用以对帝王、长辈及一般人的尊称。（李义海）

戌 部

戌 xū 心纽、物部；心纽、术韵、辛聿切。

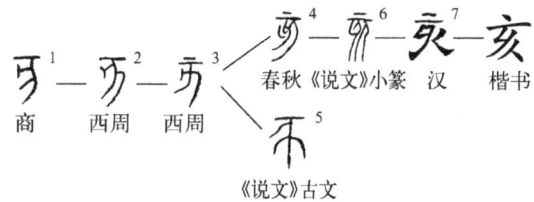

1《汉语字形表》567页。2-5《类编》348页。6、7、8《楚文编》863页。9《说文》314页。10《篆隶表》1072页。

象形字。甲骨文、金文字形像带秘的广刃兵器（如戚钺）形，后被借为地支的第十一位。用以纪月，指农历九月；用以纪时，指十九时至二十一时；在太岁纪年法中用以纪年，《尔雅·释天》："太岁在戌曰阉茂。"与天干相配，可用以纪日，亦可用以纪年。（李义海）

亥 部

亥 hài 匣纽、之部；匣纽、海韵、胡改切。

1、2、3《类编》407页。4《汉语字形表》567页。5、6《说文》314页。7《篆隶表》1073页。

象形字。甲骨文、金文字形像豕形。《说文》："亥，古文亥为豕，与豕同。"后借为"荄"，指草根。《说文》："亥，荄也。"段玉裁注："荄，根也。"又假借为地支的第十二位。用以纪月，指农历十月；用以纪时，指二十一至二十三时；在太岁纪年法中又可用以纪年，《尔雅·释天》："太岁在亥曰大渊献。"与天干相配，可用以纪日，亦可用以纪年。以上读 hài。（李义海）

附 录

甲骨文部首表　　1297

说文部首表　　1298

简化字总表　　1304

现代汉语常用字表　　1318

汉语拼音方案　　1324

新旧字形对照表　　1325

甲骨文部首表

选自：姚孝遂《殷墟甲骨刻辞类纂》中华书局1989年1月

说文部首表

卷一		
一	一	1
丄	上	2
示	示	3
三	三	13
王	王	14
玉	玉	14
玨	玨	26
气	气	26
士	士	27
丨	丨	28
屮	屮	28
艸	艸	29
蓐	蓐	62
茻	茻	63

卷二		
小	小	64
八	八	64
釆	釆	67
半	半	68
牛	牛	69
犛	犛	73
告	告	74
口	口	75
凵	凵	99
吅	吅	99

	哭	101
	走	101
	止	106
	癶	108
	步	110
	此	110
	正	111
	是	111
	辵	112
	彳	136
	廴	141
	延	142
	行	143
	齒	145
	牙	146
	足	147
	疋	157
	品	157
	龠	158
	册	160

卷三		
	品	160
	舌	160
	干	161
	谷	161
	只	162

	㕯	162
	句	163
	丩	164
	古	164
	十	165
	卅	166
	言	167
	誩	196
	音	197
	辛	198
	丵	199
	菐	200
	廾	201
	𠬜	203
	共	203
	異	204
	舁	205
	臼	206
	晨	206
	爨	207
	革	208
	鬲	214
	䰜	215
	爪	216
	丮	217
	鬥	219
	又	220

	ナ	226		羽	293		耒	384
	史	227		隹	301		角	385
	支	228		奞	311			
	聿	228		萑	312		**卷五**	
	聿	230		丱	314		竹	388
	畫	232		箈	315		箕	407
	隶	232		羊	316		丌	408
	臣又	233		羴	322		左	410
	臣	235		瞿	322		工	411
	殳	236		雔	322		珏	413
	殺	241		雥	324		巫	413
	几	241		鳥	324		甘	414
	寸	242		烏	334		曰	415
	皮	245		華	335		乃	417
	㿜	246		𦬇	336		丂	419
	攴	246		𠃉	337		可	420
	教	264		丝	338		兮	421
	卜	266		叀	339		号	423
	用	269		玄	340		亏	423
	爻	270		予	341		旨	425
	㸚	271		放	342		喜	426
	卷四			受	342		壴	427
	𥄎	272		奴	345		鼓	429
	目	273		歺	346		豈	430
	䀠	287		死	349		豆	430
	眉	287		冎	350		豊	431
	盾	288		骨	350		豐	432
	自	289		肉	353		虍	433
	白	289		筋	370		虎	433
	鼻	291		刀	371		虤	436
	皕	293		刃	383		皿	438
	習	293		丯	383		凵	439
					384			444

1299

	去	444		桀	489		从	611
	血	445					冥	616
	丶	447		**卷六**			晶	616
	丹	448					月	618
	青	449		木	490		有	620
	井	450		東	543		朙	621
	皀	451		林	544		囧	621
	鬯	452		才	546		夕	622
	食	454		叒	547		多	624
	亼	462		之	548		毌	624
	會	464		帀	548		马	625
	倉	465		出	549		東	626
	入	466		宋	550		卤	626
	缶	469		生	552		齊	627
	矢	471		乇	554		朿	628
	高	473		巫	554		片	629
	冂	474		琴	554		鼎	630
	亭	476		華	554		克	631
	京	476		禾	555		录	632
	亯	477		稽	555		禾	632
	旱	478		巢	555		秝	642
	富	479		桼	555		黍	643
	向	479		束	556		香	644
	嗇	480		橐	557		米	644
	來	481		口	558		毇	649
	麥	482		員	563		臼	649
	夊	482		貝	563		凶	650
	舛	485		邑	582		朩	651
	舜	486		䢿	599		林	651
	韋	486					麻	651
	弟	488		**卷七**			尗	652
	夂	488		日	600		耑	652
	久	489		旦	610		韭	652
				倝	610			

瓜	653
瓠	653
宀	654
宮	664
呂	665
穴	665
㝱	670
疒	670
冖	679
冃	680
冃	680
网	681
网	682
襾	686
巾	687
市	694
帛	694
白	695
㡀	696
黹	697

卷八

人	698
匕	723
匕	724
从	725
比	725
北	726
丘	726
㐺	726
壬	727
重	728
臥	728

身	729
月	729
衣	729
裘	739
老	740
毛	742
毳	743
尸	744
尺	748
尾	749
履	750
舟	751
方	755
儿	756
兄	758
兒	759
兂	759
先	760
禿	760
見	761
覞	761
欠	766
歙	766
次	773
旡	773
	774

卷九

頁	774
百	784
面	784
丏	785
首	785

㫃	786
須	787
彡	787
彣	789
文	790
髟	791
后	795
司	795
卮	796
卩	796
印	798
色	799
卯	799
辟	800
勹	801
包	804
茍	804
鬼	805
甶	808
厶	809
嵬	809
山	810
屾	819
屵	820
广	820
厂	829
丸	832
危	833
石	833
長	839
勿	840
冉	841
而	841

1301

豕	豕	842		交	交	912		魚 魚 1028
	希	846			允	912		鱟 燕 1031
	彑	847			壺	913		龍 1032
	豚	848			壹	914		飛 1033
	豸	848			幸	914		非 1033
	舄	852			奢	916		卂 1034
	易	852			亢	916		
	象	853			夲	916		
					夰	918		
卷十					亣	918		**卷十二**
	馬	853			夫	919		乚 1035
	廌	866			立	920		不 1035
	鹿	867			竝	922		至 1036
	麤	870			囟	923		西 1037
	㲋	870			思	923		鹵 1037
	兔	871			心	924		鹽 1037
	萈	872			惢			戶 1038
	犬	872						門 1039
	狀	884		**卷十一**				耳 1046
	鼠	884			水	955		臣 1050
	能	885			沝	1014		手 1051
	熊	885			瀕	1015		傘 1085
	火	885			〈	1015		女 1085
	炎	901			〈〈	1015		毋 1102
	黑	902			川	1016		民 1103
	囱	905			泉	1017		丿 1103
	焱	906			灥	1018		厂 1104
	炙	906			永	1018		乁 1104
	赤	907			辰	1018		氏 1105
	大	907			谷	1019		氐 1105
	亦	910			仌	1020		戈 1106
	矢	910			雨	1022		戉 1111
	夭	911			雲	1027		我 1111

	丿	1112		里	1199		甲	1270
	琴	1113		田	1199		甲	1270
	乚	1113		甾	1204		乙	1271
	亡	1114		黄	1205		丙	1272
	匸	1116		男	1205		丁	1272
	匚	1117		力	1206		戊	1273
	曲	1119		劦	1213		己	1273
	甾	1120					巳	1274
	瓦	1120		**卷十四**			庚	1275
	弓	1122		金	1214		辛	1275
	弜	1127		开	1237		辡	1277
	弦	1127		勺	1238		壬	1278
	系	1127		几	1238		癸	1278
				且	1239		子	1278
卷十三				斤	1240		了	1281
	糸	1129		斗	1242		孨	1282
	素	1154		矛	1245		厶	1282
	絲	1155		車	1245		丑	1283
	率	1155		自	1254		寅	1284
	虫	1156		自	1255		卯	1284
	蚰	1167		皀	1263		辰	1284
	蟲	1170		厽	1264		巳	1285
	風	1171		四	1264		午	1285
	它	1172		宁	1265		未	1286
	龜	1173		叕	1265		申	1286
	黽	1173		亞	1266		酉	1286
	卵	1175		五	1266		酋	1292
	二	1175		六	1266		戌	1293
	土	1177		七	1267		亥	1293
	垚	1197		九	1267			
	堇	1198		内	1268			

1303

简化字总表
(1986-06-24 国务院批准重新发表)

关于重新发表《简化字总表》的说明

  为纠正社会用字混乱,便于群众使用规范的简化字,经国务院批准重新发表原中国文字改革委员会于1964年编印的《简化字总表》。

  原《简化字总表》中的个别字,作了调整。"叠"、"覆"、"像"、"囉"不再作"迭"、"复"、"象"、"罗"的繁体字处理。因此,在第一表中删去了"迭[叠]"、"象[像]","复"字字头下删去繁体字[覆]。在第二表"罗"字字头下删去繁体字[囉],"囉"依简化偏旁"罗"类推简化为"啰"。"瞭"字读"liǎo"(了解)时,仍简作"了",读"liào"(瞭望)时作"瞭",不简作"了"。此外,对第一表"余[餘]"的脚注内容作了补充,第三表"訁"下偏旁类推字"雠"字加了脚注。

  汉字的形体在一个时期内应当保持稳定,以利应用。《第二次汉字简化方案(草案)》已经国务院批准废止。我们要求社会用字以《简化字总表》为标准:凡是在《简化字总表》中已经被简化了的繁体字,应该用简化字而不用繁体字;凡是不符合《简化字总表》规定的简化字,包括《第二次汉字简化方案(草案)》的简化字和社会上流行的各种简体字,都是不规范的简化字,应当停止使用。希望各级语言文字工作部门和文化、教育、新闻等部门多作宣传,采取各种措施,引导大家逐渐用好规范的简化字。

国家语言文字工作委员会
1986 年 10 月 10 日

第 一 表
不作简化偏旁用的简化字

本表共收简化字 350 个,按读音的拼音字母顺序排列。本表的简化字都不得作简化偏旁使用。

A	帮〔幫〕	C	忏〔懺〕	丑〔醜〕	D	点〔點〕
	宝〔寶〕		偿〔償〕	出〔齣〕		淀〔澱〕
碍〔礙〕	报〔報〕	才〔纔〕	厂〔廠〕	础〔礎〕	担〔擔〕	电〔電〕
肮〔骯〕	币〔幣〕	蚕〔蠶〕❶	彻〔徹〕	处〔處〕	胆〔膽〕	冬〔鼕〕
袄〔襖〕	毙〔斃〕	灿〔燦〕	尘〔塵〕	触〔觸〕	导〔導〕	斗〔鬥〕
	标〔標〕	层〔層〕	衬〔襯〕	辞〔辭〕	灯〔燈〕	独〔獨〕
B	表〔錶〕	搀〔攙〕	称〔稱〕	聪〔聰〕	邓〔鄧〕	吨〔噸〕
坝〔壩〕	别〔彆〕	谗〔讒〕	惩〔懲〕	丛〔叢〕	敌〔敵〕	夺〔奪〕
板〔闆〕	卜〔蔔〕	馋〔饞〕	迟〔遲〕		籴〔糴〕	堕〔墮〕
办〔辦〕	补〔補〕	缠〔纏〕❷	冲〔衝〕		递〔遞〕	

❶蚕:上从天,不从夭。 ❷缠:右从厘,不从厘。

E	关〔關〕	际〔際〕	K	疗〔療〕	拟〔擬〕	R
	观〔觀〕	继〔繼〕		辽〔遼〕	酿〔釀〕	
儿〔兒〕	柜〔櫃〕	家〔傢〕	开〔開〕	了〔瞭〕❼	疟〔瘧〕	让〔讓〕
F		价〔價〕	克〔剋〕	猎〔獵〕		扰〔擾〕
	H	艰〔艱〕	垦〔墾〕	临〔臨〕❽	P	热〔熱〕
矾〔礬〕	汉〔漢〕	歼〔殲〕	恳〔懇〕	邻〔鄰〕	盘〔盤〕	认〔認〕
范〔範〕	号〔號〕	茧〔繭〕	夸〔誇〕	岭〔嶺〕❾	辟〔闢〕	S
飞〔飛〕	合〔閤〕	栋〔棟〕	块〔塊〕	庐〔廬〕	苹〔蘋〕	
坟〔墳〕	轰〔轟〕	硷〔鹼〕	亏〔虧〕	芦〔蘆〕	凭〔憑〕	洒〔灑〕
奋〔奮〕	后〔後〕	舰〔艦〕	困〔睏〕	炉〔爐〕	扑〔撲〕	伞〔傘〕
粪〔糞〕	胡〔鬍〕	姜〔薑〕	L	陆〔陸〕	仆〔僕〕❿	丧〔喪〕
凤〔鳳〕	壶〔壺〕	浆〔漿〕❹		驴〔驢〕	朴〔樸〕	扫〔掃〕
肤〔膚〕	沪〔滬〕	桨〔槳〕	腊〔臘〕	乱〔亂〕		涩〔澀〕
妇〔婦〕	护〔護〕	奖〔獎〕	蜡〔蠟〕	M	Q	晒〔曬〕
复〔復〕	划〔劃〕	讲〔講〕	兰〔蘭〕		启〔啓〕	伤〔傷〕
〔複〕	怀〔懷〕	酱〔醬〕	拦〔攔〕	么〔麽〕❿	签〔籤〕	舍〔捨〕
	坏〔壞〕❷	胶〔膠〕	栏〔欄〕	霉〔黴〕	千〔韆〕	沈〔瀋〕
G	欢〔歡〕	阶〔階〕	烂〔爛〕	蒙〔矇〕	牵〔牽〕	声〔聲〕
	环〔環〕	疖〔癤〕	累〔纍〕	〔濛〕	纤〔縴〕	胜〔勝〕
盖〔蓋〕	还〔還〕	洁〔潔〕	垒〔壘〕	〔懞〕	〔纖〕⓬	湿〔濕〕
干〔乾〕❶	回〔迴〕	借〔藉〕❺	类〔類〕❻	梦〔夢〕	窍〔竅〕	实〔實〕
〔幹〕	伙〔夥〕❸	仅〔僅〕	里〔裏〕	面〔麵〕	窃〔竊〕	适〔適〕⓮
赶〔趕〕	获〔獲〕	惊〔驚〕	礼〔禮〕	庙〔廟〕	寝〔寢〕	势〔勢〕
个〔個〕	〔穫〕	竞〔競〕	隶〔隸〕	灭〔滅〕	庆〔慶〕⓭	兽〔獸〕
巩〔鞏〕	J	旧〔舊〕	帘〔簾〕	蔑〔衊〕	琼〔瓊〕	书〔書〕
沟〔溝〕		剧〔劇〕	联〔聯〕	亩〔畝〕	秋〔鞦〕	术〔術〕⓯
构〔構〕	击〔擊〕	据〔據〕	怜〔憐〕	N	曲〔麯〕	树〔樹〕
购〔購〕	鸡〔鷄〕	惧〔懼〕	炼〔煉〕		权〔權〕	帅〔帥〕
谷〔穀〕	积〔積〕	卷〔捲〕	练〔練〕	恼〔惱〕	劝〔勸〕	松〔鬆〕
顾〔顧〕	极〔極〕		粮〔糧〕	脑〔腦〕	确〔確〕	苏〔蘇〕
刮〔颳〕						

❶乾坤、乾隆的乾读 qián(前),不简化。　❷不作坯。坯是砖坯的坯,读 pī(批),坯坏二字不可互混。　❸作多解的夥不简化。　❹浆、桨、奖、酱:右上角从夕,不从夕或爫。　❺藉口、凭藉的藉简化作借,慰藉、狼藉等的藉仍用藉。　❻类:下从大,不从犬。　❼瞭:读 liǎo(了解)时,仍简作了,读 liào(瞭望)时作瞭,不简作了。　❽临:左从一短竖一长竖,不从刂。　❾岭:不作岺,免与岑混。　❿读 me 轻声。读 yāo(夭)的么应作幺(么本字)。吆应作吆。麽读 mó(摩)时不简化,如幺麽小丑。　⓫前仆后继的仆读 pū(扑)。　⓬纤维的纤读 xiān(先)。　⓭庆:从大,不从犬。　⓮古人南宫适、洪适的适(古字罕用)读 kuò(括)。此适字本作适,为了避免混淆,可恢复本字适。　⓯中药苍术、白术的术读 zhú(竹)。

〔㘓〕	图〔圖〕	〔繋〕❸	**Y**	踊〔踴〕	赃〔臟〕	钟〔鐘〕
虽〔雖〕	涂〔塗〕	戏〔戲〕		忧〔憂〕	脏〔臟〕	〔鍾〕
随〔隨〕	团〔團〕	虾〔蝦〕	压〔壓〕❻	优〔優〕	〔髒〕	肿〔腫〕
T	〔糰〕	吓〔嚇〕❹	盐〔鹽〕	邮〔郵〕	凿〔鑿〕	种〔種〕
	椭〔橢〕	咸〔鹹〕	阳〔陽〕	余〔餘〕❽	枣〔棗〕	众〔衆〕
台〔臺〕		显〔顯〕	养〔養〕	御〔禦〕	灶〔竈〕	昼〔晝〕
〔檯〕	**W**	宪〔憲〕	痒〔癢〕	吁〔籲〕❾	斋〔齋〕	朱〔硃〕
〔颱〕		县〔縣〕❺	样〔樣〕	郁〔鬱〕	毡〔氈〕	烛〔燭〕
态〔態〕	洼〔窪〕	响〔響〕	钥〔鑰〕	誉〔譽〕	战〔戰〕	筑〔築〕
坛〔壇〕	袜〔襪〕❷	向〔嚮〕	药〔藥〕	渊〔淵〕	赵〔趙〕	庄〔莊〕❷
〔罈〕	网〔網〕	协〔協〕	爷〔爺〕	园〔園〕	折〔摺〕❿	桩〔樁〕
叹〔嘆〕	卫〔衛〕	胁〔脅〕	叶〔葉〕❼	远〔遠〕	这〔這〕	妆〔妝〕
誊〔謄〕	稳〔穩〕	亵〔褻〕	医〔醫〕	愿〔願〕	征〔徵〕⓫	装〔裝〕
体〔體〕	务〔務〕	衅〔釁〕	亿〔億〕	跃〔躍〕	症〔癥〕	壮〔壯〕
粜〔糶〕	雾〔霧〕	兴〔興〕	忆〔憶〕	运〔運〕	证〔證〕	状〔狀〕
铁〔鐵〕		须〔鬚〕	应〔應〕	酝〔醖〕	只〔隻〕	准〔準〕
听〔聽〕	**X**	悬〔懸〕	痈〔癰〕		〔祗〕	浊〔濁〕
厅〔廳〕❶	牺〔犧〕	选〔選〕	拥〔擁〕	**Z**	致〔緻〕	总〔總〕
头〔頭〕	习〔習〕	旋〔鏇〕	佣〔傭〕	杂〔雜〕	制〔製〕	钻〔鑽〕
	系〔係〕					

第 二 表
可作简化偏旁用的简化字和简化偏旁

本表共收简化字 132 个和简化偏旁 14 个。简化字按读音的拼音字母顺序排列,简化偏旁按笔数排列。

A	**B**	贝〔貝〕	宾〔賓〕	仓〔倉〕	车〔車〕	从〔從〕
		笔〔筆〕		产〔産〕	齿〔齒〕	窜〔竄〕
		毕〔畢〕	**C**	长〔長〕⓭	虫〔蟲〕	
爱〔愛〕	罢〔罷〕	边〔邊〕	参〔參〕	尝〔嘗〕⓮	刍〔芻〕	
	备〔備〕					

❶厅:从厂,不从广。 ❷袜:从末,不从未。 ❸系带子的系读 jì(计)。 ❹恐吓的吓读 hè(赫)。 ❺县:七笔。上从且。 ❻压:六笔。土的右旁有一点。 ❼叶韵的叶读 xié(协)。 ❽在余和馀意义可能混淆时,仍用馀。如文言句"馀年无多"。 ❾喘吁吁,长吁短叹的吁读 xū(虚)。 ❿在折和摺意义可能混淆时,摺仍用摺。 ⓫宫商角徵羽的徵读 zhǐ(止),不简化。 ⓬庄:六笔。土的右旁无点。 ⓭长:四笔。笔顺是:ノ一𠄌长。 ⓮尝:不是赏的简化字。赏的简化字是赏(见第三表)。

D	广〔廣〕	举〔舉〕	M	区〔區〕❿	X	执〔執〕
	归〔歸〕					质〔質〕
达〔達〕	龟〔龜〕	K	马〔馬〕❺	S	献〔獻〕	专〔專〕
带〔帶〕	国〔國〕		买〔買〕	啬〔嗇〕	乡〔鄉〕	**简化偏旁**
单〔單〕	过〔過〕	壳〔殻〕❸	卖〔賣〕❻	杀〔殺〕	写〔寫〕❻	
当〔當〕		L	麦〔麥〕	审〔審〕	寻〔尋〕	讠〔言〕❽
〔噹〕	H		门〔門〕	圣〔聖〕		饣〔食〕❾
党〔黨〕		来〔來〕	黾〔黽〕❼	师〔師〕	Y	彡〔昜〕⓴
东〔東〕	华〔華〕	乐〔樂〕		时〔時〕		纟〔糸〕
动〔動〕	画〔畫〕	离〔離〕	N	寿〔壽〕	亚〔亞〕	𢧐〔𢧐〕
断〔斷〕	汇〔匯〕	历〔歷〕		属〔屬〕	严〔嚴〕	荅〔𦰩〕
对〔對〕	〔彙〕	〔曆〕	难〔難〕	厌〔厭〕	尧〔堯〕⓰	㐅〔臨〕
队〔隊〕	会〔會〕	丽〔麗〕❶	鸟〔鳥〕❽	双〔雙〕	业〔業〕	只〔戠〕
		两〔兩〕	聂〔聶〕	肃〔肅〕⓫	页〔頁〕	钅〔金〕⓳
E	J	灵〔靈〕	宁〔寧〕❾	岁〔歲〕	义〔義〕⓯	𰀁〔興〕
		刘〔劉〕	农〔農〕	孙〔孫〕	艺〔藝〕	𦍌〔睪〕㉒
尔〔爾〕	几〔幾〕	龙〔龍〕			阴〔陰〕	圣〔巠〕
	夹〔夾〕	娄〔婁〕	Q	T	隐〔隱〕	亦〔戀〕
F	戋〔戔〕	监〔監〕			犹〔猶〕	呙〔咼〕
	见〔見〕	卢〔盧〕	齐〔齊〕	条〔條〕⓬	鱼〔魚〕	
发〔發〕	荐〔薦〕	虏〔虜〕	岂〔豈〕		与〔與〕	
〔髮〕		卤〔鹵〕	气〔氣〕	W	云〔雲〕	
丰〔豐〕❶	将〔將〕❷	〔滷〕	迁〔遷〕			
风〔風〕	节〔節〕	录〔錄〕	佥〔僉〕	万〔萬〕	Z	
	尽〔盡〕	虑〔慮〕	乔〔喬〕	为〔爲〕		
G	〔儘〕	仑〔侖〕	亲〔親〕	韦〔韋〕	郑〔鄭〕	
	进〔進〕	罗〔羅〕	穷〔窮〕	乌〔烏〕⓭		
冈〔岡〕				无〔無〕⓮		

❶四川省酆都县已改丰都县。姓酆的酆不简化作邦。 ❷将:右上角从夕,不从夕或爫。 ❸壳:几上没有一小横。 ❹丽:七笔。上边一横,不作两小横。 ❺马:三笔。笔顺是𠃌马马。上部向左稍斜,左上角开口,末笔作左偏旁时改作平挑。 ❻卖:从十从买,上不从士或土。 ❼黾:从口从电。 ❽鸟:五笔。 ❾作门屏之间解的宁(古字罕用)读 zhù(柱)。为避免此宁字与宁的简化字混淆,原读 zhù 的宁作㝉。 ❿区:不作区。 ⓫肃:中间一竖下面的两边从八,下半中间不从米。 ⓬条:上从夂,三笔,不从夂。 ⓭乌:四笔。 ⓮无:四笔。上从二,不可误作旡。 ⓯写:上从冖,不从宀。 ⓰尧:六笔。右上角无点,不可误作尧。 ⓱义:从乂(读 yì)加点,不可误作叉(读 chā)。 ⓲讠:二笔。不作ì。 ⓳钅:三笔。中一横折作𠃍,不作レ或点。 ⓴彡:三笔。 ㉑钅:第二笔是一短横,中两横,竖折不出头。 ㉒睾丸的睾读 gāo(高),不简化。

第 三 表
应用第二表所列简化字和简化偏旁得出来的简化字

本表共收简化字1753个(不包含重见的字。例如"缆"分见"纟、覀、见"三部,只算一字),以第二表中的简化字和简化偏旁作部首,按第二表的顺序排列。同一部首中的简化字,按笔数排列。

爱	贤〔賢〕	贷〔貸〕	殒〔殞〕	䦃〔䦗〕	瘿〔癭〕	跸〔蹕〕
	账〔賬〕	贸〔貿〕	勋〔勳〕	锁〔鎖〕	懒〔懶〕	**边**
嗳〔噯〕	贩〔販〕	贺〔賀〕	赈〔賑〕	馈〔饋〕	赝〔贗〕	
媛〔嬡〕	贬〔貶〕	陨〔隕〕	婴〔嬰〕	赖〔賴〕	獭〔獺〕	笾〔籩〕
叆〔靉〕	败〔敗〕	涢〔溳〕	喷〔噴〕	赪〔赬〕	赠〔贈〕	**宾**
瑷〔璦〕	贮〔貯〕	资〔資〕	赊〔賒〕	碛〔磧〕	鹨〔鷚〕	
暖〔曖〕	贪〔貪〕	祯〔禎〕	帻〔幘〕	殨〔殨〕	獭〔獺〕	傧〔儐〕
罢	贫〔貧〕	贾〔賈〕	债〔債〕	赗〔賵〕	赞〔贊〕	滨〔濱〕
	侦〔偵〕	损〔損〕	铡〔鍘〕	腻〔膩〕	赢〔贏〕	摈〔擯〕
摆〔擺〕	侧〔側〕	赘〔贅〕	绩〔績〕	赛〔賽〕	赡〔贍〕	嫔〔嬪〕
〔襬〕	货〔貨〕	埙〔塤〕	溃〔潰〕	褯〔褯〕	癞〔癩〕	缤〔繽〕
罴〔羆〕	贯〔貫〕	桢〔楨〕	溅〔濺〕	赘〔贅〕	攒〔攢〕	殡〔殯〕
耀〔糶〕	测〔測〕	唝〔嗊〕	赓〔賡〕	樱〔攖〕	籁〔籟〕	槟〔檳〕
	浈〔湞〕	唢〔嗩〕	愦〔憒〕	椟〔櫝〕	缵〔纘〕	膑〔臏〕
备	恻〔惻〕	赅〔賅〕	愤〔憤〕	嘤〔嚶〕	瓒〔瓚〕	镔〔鑌〕
惫〔憊〕	贰〔貳〕	圆〔圓〕	赍〔賫〕	赚〔賺〕	䞍〔䞄〕	髌〔髕〕
	贲〔賁〕	贼〔賊〕	赉〔賚〕	赇〔賕〕	赣〔贛〕	鬓〔鬢〕
贝	贳〔貰〕	贿〔賄〕	葳〔葳〕	罂〔罌〕	趱〔趲〕	**参**
贞〔貞〕	费〔費〕	赆〔贐〕	靖〔靖〕	镤〔鏷〕	躜〔躦〕	
则〔則〕	郧〔鄖〕	赂〔賂〕	赔〔賠〕	篑〔簣〕	戆〔戇〕	渗〔滲〕
负〔負〕	勚〔勩〕	债〔債〕	赕〔賧〕	鲗〔鰂〕	**笔**	惨〔慘〕
贡〔貢〕	帧〔幀〕	赁〔賃〕	遗〔遺〕	缨〔纓〕		掺〔摻〕
呗〔唄〕	贴〔貼〕	渍〔漬〕	赋〔賦〕	璎〔瓔〕	滗〔潷〕	骖〔驂〕
员〔員〕	贶〔貺〕	惯〔慣〕	喷〔噴〕	聩〔聵〕	**毕**	毵〔毿〕
财〔財〕	贻〔貽〕	琐〔瑣〕	赌〔賭〕	樱〔櫻〕		瘆〔瘮〕
狈〔狽〕	贱〔賤〕	赉〔賚〕	赎〔贖〕	聩〔聵〕	荜〔蓽〕	碜〔磣〕
责〔責〕	贵〔貴〕	匮〔匱〕	赏〔賞〕❶	篦〔篳〕	哔〔嗶〕	穇〔穇〕
厕〔厠〕	钡〔鋇〕	掼〔摜〕	赐〔賜〕	濑〔瀨〕	筚〔篳〕	糁〔糝〕

❶赏:不可误作尝。尝是嘗的简化字(见第二表)。

仓	车	莲〔蓮〕	辕〔轅〕	从	当	玺〔璽〕
		较〔較〕	辗〔輾〕			猕〔獼〕
伧〔傖〕	轧〔軋〕	轼〔軾〕	舆〔輿〕	苁〔蓯〕	挡〔擋〕	**发**
创〔創〕	军〔軍〕	轾〔輊〕	辘〔轆〕	纵〔縱〕	档〔檔〕	泼〔潑〕
沧〔滄〕	轨〔軌〕	辂〔輅〕	撵〔攆〕	枞〔樅〕	裆〔襠〕	废〔廢〕
怆〔愴〕	库〔庫〕	轿〔轎〕	鲢〔鰱〕	怂〔慫〕	铛〔鐺〕	拨〔撥〕
苍〔蒼〕	阵〔陣〕	晕〔暈〕	辙〔轍〕	耸〔聳〕	**党**	钹〔鏺〕
抢〔搶〕	厍〔厙〕	渐〔漸〕	錾〔鏨〕	**窜**	谠〔讜〕	**丰**
呛〔嗆〕	连〔連〕	惭〔慚〕	辚〔轔〕	撺〔攛〕	傥〔儻〕	沣〔灃〕
炝〔熗〕	轩〔軒〕	鞍〔鞍〕	**齿**	镩〔鑹〕	镋〔钂〕	艳〔艷〕
玱〔瑲〕	诨〔諢〕	琏〔璉〕		蹿〔躥〕	**东**	滟〔灩〕
枪〔槍〕	郓〔鄆〕	辅〔輔〕	龀〔齔〕	**达**	冻〔凍〕	**风**
戗〔戧〕	轫〔軔〕	辄〔輒〕	啮〔嚙〕		陈〔陳〕	讽〔諷〕
疮〔瘡〕	轭〔軛〕	辆〔輛〕	龆〔齠〕	达〔達〕	岽〔崬〕	沨〔渢〕
鸧〔鶬〕	瓯〔甌〕	堑〔塹〕	龅〔齙〕	闼〔闥〕	栋〔棟〕	岚〔嵐〕
舱〔艙〕	转〔轉〕	啭〔囀〕	龃〔齟〕	挞〔撻〕	胨〔腖〕	陈〔陳〕
跄〔蹌〕	轮〔輪〕	崭〔嶄〕	龄〔齡〕	哒〔噠〕	鸫〔鶇〕	枫〔楓〕
	斩〔斬〕	裤〔褲〕	龇〔齜〕	鞑〔韃〕		疯〔瘋〕
产	软〔軟〕	裢〔褳〕	龈〔齦〕		**动**	飒〔颯〕
浐〔滻〕	浑〔渾〕	辇〔輦〕	龉〔齬〕	**带**	恸〔慟〕	砜〔碸〕
萨〔薩〕	恽〔惲〕	辋〔輞〕	龊〔齪〕			飓〔颶〕
铲〔鏟〕	砗〔硨〕	辍〔輟〕	龌〔齷〕	滞〔滯〕	**断**	飔〔颸〕
	轶〔軼〕	辊〔輥〕	龋〔齲〕	**单**	簖〔籪〕	飕〔颼〕
长	轲〔軻〕	椠〔槧〕	**虫**	郸〔鄲〕	**对**	飗〔飀〕
伥〔倀〕	轱〔軲〕	辎〔輜〕		惮〔憚〕		飘〔飄〕
怅〔悵〕	轷〔軤〕	暂〔暫〕	蛊〔蠱〕	阐〔闡〕	怼〔懟〕	飙〔飆〕
帐〔帳〕	轻〔輕〕	辉〔輝〕	**刍**	掸〔撣〕	**队**	
张〔張〕	轳〔轤〕	辈〔輩〕		弹〔彈〕		**冈**
枨〔棖〕	轴〔軸〕	链〔鏈〕	诌〔謅〕	婵〔嬋〕	坠〔墜〕	刚〔剛〕
账〔賬〕	挥〔揮〕	翚〔翬〕	㑇〔㑇〕	禅〔禪〕	**尔**	扨〔掆〕
胀〔脹〕	荤〔葷〕	辏〔輳〕	邹〔鄒〕	殚〔殫〕		岗〔崗〕
涨〔漲〕	轹〔轢〕	辐〔輻〕	惄〔惻〕	瘅〔癉〕	迩〔邇〕	纲〔綱〕
	轸〔軫〕	辑〔輯〕	骀〔駘〕	蝉〔蟬〕	弥〔彌〕	枫〔棡〕
尝	轺〔軺〕	输〔輸〕	绉〔縐〕	箪〔簞〕	〔瀰〕	钢〔鋼〕
鲿〔鱨〕	涟〔漣〕	毂〔轂〕	皱〔皺〕	蕲〔蘄〕	祢〔禰〕	
	珲〔琿〕	辔〔轡〕	趋〔趨〕	冁〔囅〕		
	载〔載〕	辖〔轄〕	雏〔雛〕			

广	汇	硖〔硤〕	觅〔覓〕	赆〔贐〕	枥〔櫪〕	拢〔攏〕
邝〔鄺〕	㧑〔撝〕	铗〔鋏〕	觉〔覺〕	进	疬〔癧〕	茏〔蘢〕
圹〔壙〕	会	颊〔頰〕	砚〔硯〕	琎〔璡〕	雳〔靂〕	咙〔嚨〕
扩〔擴〕		蛱〔蛺〕	觃〔覎〕	举	丽	珑〔瓏〕
犷〔獷〕	刽〔劊〕	瘗〔瘞〕	览〔覽〕	榉〔櫸〕	俪〔儷〕	栊〔櫳〕
纩〔纊〕	郐〔鄶〕	筴〔篋〕	宽〔寬〕	壳	郦〔酈〕	龚〔龔〕
旷〔曠〕	侩〔儈〕	戋	蚬〔蜆〕		逦〔邐〕	陇〔隴〕
矿〔礦〕	浍〔澮〕	划〔劃〕	觊〔覬〕	悫〔慤〕	骊〔驪〕	砻〔礱〕
归	荟〔薈〕	浅〔淺〕	笕〔筧〕	来	鹂〔鸝〕	袭〔襲〕
岿〔巋〕	哙〔噲〕	钱〔錢〕	觋〔覡〕	涞〔淶〕	酾〔釃〕	聋〔聾〕
龟	狯〔獪〕	线〔綫〕	靓〔靚〕	莱〔萊〕	鲡〔鱺〕	龛〔龕〕
阄〔鬮〕	绘〔繪〕	残〔殘〕	搅〔攪〕	崃〔崍〕	两	笼〔籠〕
国	烩〔燴〕	栈〔棧〕	揽〔攬〕	俩〔倆〕	俩〔倆〕	詟〔讋〕
掴〔摑〕	桧〔檜〕	贱〔賤〕	缆〔纜〕	徕〔徠〕	唡〔啢〕	娄
帼〔幗〕	脍〔膾〕	盏〔盞〕	窥〔窺〕	赉〔賚〕	辆〔輛〕	偻〔僂〕
腘〔膕〕	鲙〔鱠〕	钱〔錢〕	榄〔欖〕	睐〔睞〕	满〔滿〕	溇〔漊〕
蝈〔蟈〕	几	笺〔箋〕	觎〔覦〕	铼〔錸〕	瞒〔瞞〕	蒌〔蔞〕
过	讥〔譏〕	溅〔濺〕	靓〔靚〕	乐	颟〔顢〕	搂〔摟〕
挝〔撾〕	叽〔嘰〕	践〔踐〕	觐〔覲〕	泺〔濼〕	螨〔蟎〕	嵝〔嶁〕
华	饥〔饑〕	监	觑〔覷〕	烁〔爍〕	魉〔魎〕	喽〔嘍〕
哗〔嘩〕	机〔機〕	滥〔濫〕	髋〔髖〕	栎〔櫟〕	懑〔懣〕	缕〔縷〕
骅〔驊〕	玑〔璣〕	蓝〔藍〕	荐	轹〔轢〕	蹒〔蹣〕	屡〔屢〕
烨〔燁〕	矶〔磯〕	尴〔尷〕	鞯〔韉〕	砾〔礫〕	灵	数〔數〕
桦〔樺〕	虮〔蟣〕	槛〔檻〕	将	铄〔鑠〕	棂〔欞〕	楼〔樓〕
晔〔曄〕	夹	褴〔襤〕	蒋〔蔣〕	离	刘	瘘〔瘻〕
铧〔鏵〕	郏〔郟〕	篮〔籃〕	锵〔鏘〕	漓〔灕〕	浏〔瀏〕	褛〔褸〕
画	侠〔俠〕	见	节	篱〔籬〕	龙	窭〔窶〕
	陕〔陝〕	岘〔峴〕	栉〔櫛〕	历	陇〔隴〕	瞜〔瞜〕
婳〔嫿〕	浃〔浹〕	觃〔覎〕	尽	沥〔瀝〕	泷〔瀧〕	镂〔鏤〕
	挟〔挾〕	视〔視〕	浕〔濜〕	坜〔壢〕	宠〔寵〕	蝼〔螻〕
	荚〔莢〕	规〔規〕	荩〔藎〕	苈〔藶〕	庞〔龐〕	篓〔簍〕
	峡〔峽〕	现〔現〕	烬〔燼〕	呖〔嚦〕	垄〔壟〕	薮〔藪〕
	狭〔狹〕	枧〔梘〕				
	惬〔愜〕					

撒〔撒〕	瘘〔瘻〕	驸〔駙〕	骤〔驟〕	闲〔閑〕	裥〔襇〕	**鸟**
髅〔髏〕	**罗**	驽〔駑〕	骥〔驥〕	间〔間〕	阔〔闊〕	
卢		骂〔罵〕	骧〔驤〕	闹〔鬧〕❶	痫〔癇〕	凫〔鳧〕
	萝〔蘿〕	蚂〔螞〕	**买**	闸〔閘〕	鹇〔鷳〕	鸠〔鳩〕
泸〔瀘〕	啰〔囉〕	笃〔篤〕		钔〔鍆〕	阒〔闃〕	岛〔島〕
垆〔壚〕	逻〔邏〕	骇〔駭〕	荬〔蕒〕	阁〔閣〕	阗〔闐〕	茑〔蔦〕
栌〔櫨〕	猡〔玀〕	骈〔駢〕	**卖**	闺〔閨〕	搁〔擱〕	鸢〔鳶〕
轳〔轤〕	椤〔欏〕	骁〔驍〕		闻〔聞〕	锏〔鐧〕	鸣〔鳴〕
胪〔臚〕	锣〔鑼〕	骄〔驕〕	读〔讀〕	闼〔闥〕	锎〔鐦〕	枭〔梟〕
鸬〔鸕〕	箩〔籮〕	骅〔驊〕	渎〔瀆〕	闽〔閩〕	阙〔闕〕	鸩〔鴆〕
颅〔顱〕	**马**	骆〔駱〕	续〔續〕	闾〔閭〕	阖〔闔〕	鸦〔鴉〕
舻〔艫〕		骊〔驪〕	椟〔櫝〕	阊〔閶〕	阗〔闐〕	鸭〔鴨〕
鲈〔鱸〕	冯〔馮〕	骋〔騁〕	觌〔覿〕	阅〔閱〕	樋〔橺〕	鸥〔鷗〕
虏	驭〔馭〕	验〔驗〕	赎〔贖〕	阁〔閤〕	简〔簡〕	鸨〔鴇〕
	闯〔闖〕	骏〔駿〕	犊〔犢〕	阀〔閥〕	谰〔讕〕	鸰〔鴒〕
掳〔擄〕	吗〔嗎〕	骎〔駸〕	牍〔牘〕	润〔潤〕	阙〔闕〕	鸢〔鷥〕
卤	犸〔獁〕	骑〔騎〕	窦〔竇〕	涧〔澗〕	阉〔閹〕	莺〔鶯〕
	驮〔馱〕	骐〔騏〕	黩〔黷〕	悯〔憫〕	阑〔闌〕	鸪〔鴣〕
蹉〔躒〕	驰〔馳〕	骒〔騍〕	**麦**	阃〔閫〕	斓〔斕〕	捣〔搗〕
录	驯〔馴〕	骓〔騅〕		阅〔閱〕	澜〔瀾〕	鸫〔鶇〕
	妈〔媽〕	骖〔驂〕	唛〔嘜〕	阌〔閿〕	阛〔闤〕	鸬〔鸕〕
箓〔籙〕	玛〔瑪〕	骗〔騙〕	麸〔麩〕	阔〔闊〕	镧〔鑭〕	鸭〔鴨〕
虑	驱〔驅〕	鸷〔鷙〕	**门**	阎〔閻〕❶	蹒〔蹣〕	鸳〔鴛〕
	驳〔駁〕	骛〔騖〕		闽〔閩〕	**黾**	鸵〔鴕〕
滤〔濾〕	码〔碼〕	骚〔騷〕	闩〔閂〕	娴〔嫻〕		鸲〔鴝〕
摅〔攄〕	驼〔駝〕	骞〔騫〕	闪〔閃〕	阏〔閼〕	渑〔澠〕	鸸〔鴯〕
仑	驻〔駐〕	骜〔驁〕	们〔們〕	阈〔閾〕	绳〔繩〕	鸰〔鴒〕
	驵〔駔〕	蓦〔驀〕	闭〔閉〕	阉〔閹〕	鼋〔黿〕	鸳〔鴛〕
论〔論〕	驾〔駕〕	腾〔騰〕	闯〔闖〕	阁〔閤〕	蝇〔蠅〕	鸵〔鴕〕
伦〔倫〕	驿〔驛〕	骝〔騮〕	问〔問〕	阅〔閱〕	鼍〔鼉〕	袅〔裊〕
沦〔淪〕	驷〔駟〕	骟〔騸〕	扪〔捫〕	阅〔閱〕❶	**难**	鸳〔鴛〕
抡〔掄〕	驶〔駛〕	骠〔驃〕	闱〔闈〕	阐〔闡〕		鸶〔鷥〕
囵〔圇〕	骠〔驃〕	骢〔驄〕	闵〔閔〕	阁〔閣〕	傩〔儺〕	鸾〔鸞〕
纶〔綸〕	骀〔駘〕	骡〔騾〕	闷〔悶〕	焖〔燜〕	滩〔灘〕	鸡〔鷄〕
轮〔輪〕	骀〔駘〕	羁〔羈〕	闰〔閏〕	阑〔闌〕	摊〔攤〕	鸿〔鴻〕
					瘫〔癱〕	鹜〔鶩〕

❶鬥字头的字，一般也写作門字头，如鬧、鬮、鬩写作闹、阄、阋。因此，这些鬥字头的字可简化作门字头。但鬥争的鬥应简作斗（见第一表）。

鸸〔鴯〕	鹛〔鶥〕	**齐**	捡〔撿〕	抠〔摳〕	**时**	狲〔猻〕
鸷〔鷙〕	鹜〔鶩〕		猃〔獫〕	奁〔奩〕		逊〔遜〕
鸹〔鴰〕	鹭〔鷺〕	剂〔劑〕	验〔驗〕	呕〔嘔〕	埘〔塒〕	**条**
鸽〔鴿〕	鹦〔鸚〕	侪〔儕〕	检〔檢〕	岖〔嶇〕	莳〔蒔〕	
鸺〔鵂〕	䴔〔鷯〕	济〔濟〕	殓〔殮〕	妪〔嫗〕	鲥〔鰣〕	涤〔滌〕
鸻〔鴴〕	鹫〔鷲〕	荠〔薺〕	敛〔斂〕	驱〔驅〕		绦〔絛〕
鸼〔鵃〕	鹬〔鷸〕	挤〔擠〕	脸〔臉〕	枢〔樞〕	**寿**	鲦〔鰷〕
鹈〔鵜〕	鹪〔鷦〕	脐〔臍〕	裣〔襝〕	瓯〔甌〕		
鹍〔鵾〕	鹬〔鷸〕	蛴〔蠐〕	睑〔瞼〕	欧〔歐〕	俦〔儔〕	**万**
鹁〔鵓〕	鹰〔鷹〕	跻〔躋〕	签〔簽〕	殴〔毆〕	涛〔濤〕	
鹂〔鸝〕	鹯〔鸇〕	霁〔霽〕	潋〔瀲〕	鸥〔鷗〕	祷〔禱〕	厉〔厲〕
䴗〔鶪〕	鹭〔鷺〕	鲚〔鱭〕	蔹〔蘞〕	眍〔瞘〕	焘〔燾〕	迈〔邁〕
鹆〔鵒〕	鹏〔鵬〕	齑〔齏〕		躯〔軀〕	畴〔疇〕	励〔勵〕
鹇〔鷴〕	鹳〔鸛〕		**乔**		铸〔鑄〕	疠〔癘〕
鹉〔鵡〕		**岂**		**啬**	筹〔籌〕	虿〔蠆〕
鹊〔鵲〕	**聂**		侨〔僑〕		踌〔躊〕	趸〔躉〕
鹋〔鶓〕		剀〔剴〕	挢〔撟〕	蔷〔薔〕		砺〔礪〕
鹌〔鵪〕	慑〔懾〕	凯〔凱〕	荞〔蕎〕	墙〔墻〕	**属**	粝〔糲〕
鹃〔鵑〕	滠〔灄〕	恺〔愷〕	峤〔嶠〕	嫱〔嬙〕		蛎〔蠣〕
鹒〔鶊〕	摄〔攝〕	闿〔闓〕	骄〔驕〕	樯〔檣〕	嘱〔囑〕	
鹑〔鶉〕	嗫〔囁〕	垲〔塏〕	娇〔嬌〕	穑〔穡〕	瞩〔矚〕	**为**
鹕〔鶘〕	镊〔鑷〕	桤〔榿〕	桥〔橋〕			
鹗〔鶚〕	颞〔顳〕	觊〔覬〕	轿〔轎〕	**杀**	**双**	伪〔偽〕
鹏〔鵬〕	蹑〔躡〕	硙〔磑〕	硚〔礄〕			沩〔潙〕
鹐〔鵮〕		皑〔皚〕	矫〔矯〕	铩〔鎩〕	扨〔擻〕	妫〔媯〕
鹒〔鷂〕	**宁**	铠〔鎧〕	鞒〔鞽〕			
鹔〔鷫〕				**审**	**肃**	**韦**
鹖〔鶡〕	泞〔濘〕	**气**	**亲**			
鹗〔鶚〕	拧〔擰〕			谉〔讅〕	萧〔蕭〕	讳〔諱〕
鹘〔鶻〕	咛〔嚀〕	忾〔愾〕	榇〔櫬〕	婶〔嬸〕	啸〔嘯〕	伟〔偉〕
鹗〔鶚〕	狞〔獰〕	饩〔餼〕			潇〔瀟〕	闱〔闈〕
鹙〔鶖〕	柠〔檸〕		**穷**	**圣**	箫〔簫〕	违〔違〕
鸳〔鴛〕	聍〔聹〕	**迁**			蟏〔蠨〕	苇〔葦〕
鹜〔鶩〕			劳〔藭〕	柽〔檉〕		韧〔韌〕
鹛〔鶥〕	**农**	跹〔躚〕		蛏〔蟶〕	**岁**	帏〔幃〕
			区			围〔圍〕
鹤〔鶴〕	侬〔儂〕	**金**		**师**	刿〔劌〕	纬〔緯〕
鹣〔鶼〕	浓〔濃〕		讴〔謳〕		哕〔噦〕	炜〔煒〕
鹧〔鷓〕	哝〔噥〕	剑〔劍〕	伛〔傴〕	浉〔溮〕	秽〔穢〕	祎〔禕〕
鹨〔鷚〕	脓〔膿〕	俭〔儉〕	沤〔漚〕	狮〔獅〕		
		险〔險〕	怄〔慪〕	蛳〔螄〕	**孙**	
				筛〔篩〕	荪〔蓀〕	玮〔瑋〕

䩄〔靦〕	**亚**	晓〔曉〕	颌〔頜〕	**艺**	鲑〔鮭〕	鲽〔鰈〕
涠〔潿〕		硗〔磽〕	颈〔頸〕		鲒〔鮚〕	鳃〔鰓〕
韩〔韓〕	垩〔堊〕	铙〔鐃〕	颒〔頮〕	呓〔囈〕	鲔〔鮪〕	鳃〔鰓〕
韫〔韞〕	垭〔埡〕	翘〔翹〕	颐〔頤〕	**阴**	鲟〔鱘〕	鳄〔鰐〕
韪〔韙〕	挜〔掗〕	蛲〔蟯〕	蓣〔蕷〕		鲫〔鯽〕	镥〔鐯〕
韬〔韜〕	哑〔啞〕	跷〔蹺〕	频〔頻〕	荫〔蔭〕	鲖〔鮦〕	鳅〔鰍〕
	娅〔婭〕		颓〔頹〕	**隐**	鲙〔鱠〕	鳆〔鰒〕
乌	恶〔惡〕	**业**	颔〔頷〕		鲨〔鯊〕	鳇〔鰉〕
邬〔鄔〕	〔噁〕	邺〔鄴〕	颖〔穎〕	瘾〔癮〕	噜〔嚕〕	鳌〔鰲〕
坞〔塢〕	氩〔氬〕		颗〔顆〕	**犹**	鲡〔鱺〕	鷔〔鷔〕
呜〔嗚〕	壶〔壺〕	**页**	额〔額〕		鲠〔鯁〕	媵〔䲒〕
钨〔鎢〕			颜〔顏〕	犹〔猶〕	鲢〔鰱〕	鳒〔鰜〕
	严	顶〔頂〕	撷〔擷〕	**鱼**	鲫〔鯽〕	鳍〔鰭〕
无		顷〔頃〕	题〔題〕		鲥〔鰣〕	鳎〔鰨〕
怃〔憮〕	俨〔儼〕	项〔項〕	颙〔顒〕	鱽〔魛〕	鲩〔鯇〕	鳏〔鰥〕
庑〔廡〕	酽〔釅〕	顸〔頇〕	颛〔顓〕	渔〔漁〕	鲣〔鰹〕	鳑〔鰟〕
抚〔撫〕		顺〔順〕	缬〔纈〕	鲂〔魴〕	鲤〔鯉〕	癣〔癬〕
芜〔蕪〕	**厌**	须〔須〕	濒〔瀕〕	鱿〔魷〕	鲦〔鰷〕	鳖〔鱉〕
呒〔嘸〕	恹〔懨〕	顽〔頑〕	颠〔顛〕	鲁〔魯〕	鲧〔鯀〕	鳙〔鱅〕
妩〔嫵〕	厣〔厴〕	烦〔煩〕	颢〔顥〕	鲨〔鱟〕	橹〔櫓〕	韬〔韜〕
	靥〔靨〕	顼〔頊〕	颠〔顛〕	蓟〔薊〕	氇〔氌〕	鳕〔鱈〕
献	餍〔饜〕	顽〔頑〕	颗〔顆〕	鲆〔鮃〕	鲸〔鯨〕	鳔〔鰾〕
谳〔讞〕	魇〔魘〕	顿〔頓〕	颞〔顳〕	鈚〔魾〕	鲭〔鯖〕	鳜〔鱖〕
	餍〔饜〕	颀〔頎〕	嚣〔囂〕	鲅〔鮁〕	鲮〔鯪〕	鳌〔鰲〕
乡	**尧**	颁〔頒〕	颥〔顬〕	鲈〔鱸〕	鲰〔鯫〕	鳗〔鰻〕
芗〔薌〕	侥〔僥〕	颂〔頌〕	颤〔顫〕	鲇〔鮎〕	鲲〔鯤〕	鳝〔鱔〕
飨〔饗〕	浇〔澆〕	倾〔傾〕	巅〔巔〕	鲊〔鮓〕	鲻〔鯔〕	鳟〔鱒〕
	挠〔撓〕	预〔預〕	颥〔顬〕	稣〔穌〕	鲳〔鯧〕	鳞〔鱗〕
写	荛〔蕘〕	庼〔廎〕	癫〔癲〕	鲋〔鮒〕	鲕〔鮞〕	鳜〔鱖〕
泻〔瀉〕	峣〔嶢〕	硕〔碩〕	灏〔灝〕	稣〔穌〕	鲱〔鯡〕	鳣〔鱣〕
	哓〔嘵〕	颅〔顱〕	颦〔顰〕	鲐〔鮐〕	鲵〔鯢〕	鳢〔鱧〕
寻	娆〔嬈〕	领〔領〕	颧〔顴〕	鲍〔鮑〕	鲷〔鯛〕	
浔〔潯〕	骁〔驍〕	颈〔頸〕		鲐〔鮐〕	鲶〔鯰〕	**与**
荨〔蕁〕	颓〔頗〕	颇〔頗〕	**义**	鲞〔鯗〕	藓〔蘚〕	屿〔嶼〕
挦〔撏〕	绕〔繞〕	颉〔頡〕	议〔議〕	鲎〔鱟〕	鳉〔鱂〕	欤〔歟〕
鲟〔鱘〕	饶〔饒〕	颊〔頰〕	仪〔儀〕	鲚〔鱭〕	鳍〔鰭〕	
	烧〔燒〕	颌〔頜〕	蚁〔蟻〕	鲛〔鮫〕	鳀〔鯷〕	
	桡〔橈〕	颖〔穎〕		鲜〔鮮〕	鳊〔鯿〕	

云	讥[譏]	诒[詒]	罚[罰]	谎[謊]	遣[譴]	饽[餑]
	议[議]	诋[詆]	误[誤]	谋[謀]	谵[譫]	馁[餒]
芸[蕓]	讨[討]	诉[訴]	诰[誥]	谍[諜]	谶[讖]	饿[餓]
昙[曇]	讧[訌]	诈[詐]	诳[誑]	谐[諧]	辩[辯]	馆[館]
叆[靉]	讦[訐]	诊[診]	诱[誘]	谏[諫]	谦[謙]	馄[餛]
叇[靆]	记[記]	诒[詒]	海[誨]	谓[謂]	雠[讎]❶	馃[餜]
	讯[訊]	诨[諢]	诶[誒]	谑[謔]	谳[讞]	馅[餡]
郑	讪[訕]	该[該]	狱[獄]	谒[謁]	霭[靄]	馃[餶]
	训[訓]	详[詳]	谊[誼]	谔[諤]		馇[餷]
掷[擲]	讫[訖]	诧[詫]	谅[諒]	谓[謂]	饣	馈[饋]
踯[躑]	访[訪]	诓[誆]	谈[談]	谖[諼]		馊[餿]
	讶[訝]	诖[註]	谆[諄]	谕[諭]	饥[饑]	馐[饈]
执	讳[諱]	诘[詰]	谙[諳]	谥[謚]	饦[飥]	馍[饃]
	讵[詎]	诙[詼]	谇[誶]	谤[謗]	饧[餳]	馎[餺]
垫[墊]	讴[謳]	试[試]	请[請]	谦[謙]	饨[飩]	馏[餾]
挚[摯]	诀[訣]	诗[詩]	诺[諾]	谧[謐]	饭[飯]	馑[饉]
贽[贄]	讷[訥]	诩[詡]	诸[諸]	谟[謨]	饮[飲]	馒[饅]
鸷[鷙]	设[設]	净[諍]	读[讀]	谠[讜]	饫[飫]	馓[饊]
蛰[蟄]	讽[諷]	诠[詮]	诼[諑]	谡[謖]	饪[飪]	馔[饌]
絷[縶]	讹[訛]	诛[誅]	诹[諏]	谢[謝]	饬[飭]	馕[饢]
	䜣[訢]	诔[誄]	课[課]	谣[謠]	饲[飼]	
质	许[許]	诟[詬]	诽[誹]	谪[謫]	饯[餞]	𠃓
锧[鑕]	论[論]	诣[詣]	诿[諉]	谫[謭]	饰[飾]	
踬[躓]	讼[訟]	话[話]	谁[誰]	谨[謹]	饱[飽]	汤[湯]
	讻[訩]	诡[詭]	谀[諛]	谬[謬]	饴[飴]	扬[揚]
专	诂[詁]	询[詢]	调[調]	谩[謾]	饳[飿]	场[場]
传[傳]	诃[訶]	诚[誠]	谄[諂]	谱[譜]	饸[餄]	旸[暘]
抟[摶]	评[評]	诞[誕]	谂[諗]	谮[譖]	饷[餉]	汤[瑒]
转[轉]	诏[詔]	浒[滸]	谛[諦]	谯[譙]	饺[餃]	炀[煬]
䏝[膞]	词[詞]	诮[誚]	谙[諳]	谭[譚]	饻[餏]	杨[楊]
砖[磚]	译[譯]	说[說]	谜[謎]	谰[讕]	饼[餅]	肠[腸]
啭[囀]	诎[詘]	诚[誠]	谚[諺]	谲[譎]	饵[餌]	疡[瘍]
	诇[詗]	诬[誣]	谝[諞]	谯[譙]	饶[饒]	砀[碭]
讠	诅[詛]	语[語]	谘[諮]	蔼[藹]	蚀[蝕]	畅[暢]
计[計]	识[識]	诵[誦]	谌[諶]	樯[檣]	饹[餎]	锡[錫]
订[訂]						殇[殤]
讣[訃]						

❶雠：用于校雠、雠定、仇雠等。表示仇恨、仇敌义时用仇。

荡〔蕩〕	绀〔紺〕	绡〔綃〕	缈〔緲〕	缳〔繯〕	耢〔耮〕	钚〔鈈〕
烫〔燙〕	继〔繼〕	绢〔絹〕	缊〔縕〕	缲〔繰〕	蝾〔蠑〕	钙〔釾〕
觞〔觴〕	绂〔紱〕	绣〔繡〕	缌〔緦〕	缱〔繾〕	**业**	钪〔鈧〕
纟	绋〔紼〕	绥〔綏〕	缌〔緦〕	缴〔繳〕	览〔覽〕	钯〔鈀〕
	绎〔繹〕	绦〔縧〕	缆〔纜〕	辫〔辮〕	揽〔攬〕	钭〔鈄〕
丝〔絲〕	经〔經〕	鸶〔鷥〕	缓〔緩〕	缵〔纘〕	缆〔纜〕	钙〔鈣〕
纠〔糾〕	绍〔紹〕	综〔綜〕	缄〔緘〕	**収**	榄〔欖〕	钝〔鈍〕
纩〔纊〕	组〔組〕	绽〔綻〕	缑〔緱〕	坚〔堅〕	鉴〔鑒〕	钛〔鈦〕
纡〔紆〕	细〔細〕	绾〔綰〕	缒〔縋〕	贤〔賢〕	**只**	钘〔鈃〕
纣〔紂〕	绅〔紳〕	绻〔綣〕	缎〔緞〕	肾〔腎〕		钮〔鈕〕
红〔紅〕	绅〔紳〕	绩〔績〕	瓣〔轡〕	竖〔豎〕	识〔識〕	钞〔鈔〕
纪〔紀〕	织〔織〕	绫〔綾〕	缘〔緱〕	悭〔慳〕	帜〔幟〕	钢〔鋼〕
纫〔紉〕	绌〔絀〕	绪〔緒〕	缤〔繽〕	紧〔緊〕	织〔織〕	钠〔鈉〕
纥〔紇〕	终〔終〕	续〔續〕	缟〔縞〕	铿〔鏗〕	炽〔熾〕	钡〔鋇〕
约〔約〕	绉〔縐〕	绮〔綺〕	缣〔縑〕	鲣〔鰹〕	职〔職〕	铃〔鈴〕
纨〔紈〕	绐〔給〕	缀〔綴〕	缢〔縊〕	**芦**	**钅**	钧〔鈞〕
级〔級〕	哟〔喲〕	绿〔綠〕	缚〔縛〕			钩〔鉤〕
纺〔紡〕	绖〔絰〕	绰〔綽〕	缙〔縉〕	劳〔勞〕	钆〔釓〕	钦〔欽〕
纹〔紋〕	荮〔葤〕	绲〔緄〕	缛〔縟〕	茕〔煢〕	钇〔釔〕	钨〔鎢〕
纬〔緯〕	荭〔葒〕	绳〔繩〕	缜〔縝〕	茔〔塋〕	钉〔釘〕	铋〔鉍〕
纭〔紜〕	绞〔絞〕	绯〔緋〕	缝〔縫〕	荧〔熒〕	钋〔釙〕	钰〔鈺〕
纯〔純〕	统〔統〕	绶〔綬〕	缡〔縭〕	荣〔榮〕	钉〔釘〕	钱〔錢〕
纰〔紕〕	绒〔絨〕	绸〔綢〕	潍〔濰〕	荥〔滎〕	针〔針〕	钲〔鉦〕
纽〔紐〕	绕〔繞〕	绷〔綳〕	缩〔縮〕	荦〔犖〕	钊〔釗〕	钳〔鉗〕
纳〔納〕	绔〔絝〕	绺〔綹〕	缥〔縹〕	涝〔澇〕	钗〔釵〕	钴〔鈷〕
纲〔綱〕	结〔結〕	维〔維〕	缪〔繆〕	崂〔嶗〕	钎〔釬〕	钺〔鉞〕
纱〔紗〕	绗〔絎〕	绵〔綿〕	缦〔縵〕	莹〔瑩〕	钌〔釕〕	钵〔缽〕
纩〔纊〕	给〔給〕	缁〔緇〕	缨〔纓〕	捞〔撈〕	钐〔釤〕	钹〔鈸〕
纷〔紛〕	绘〔繪〕	缔〔締〕	繁〔纖〕	唠〔嘮〕	钏〔釧〕	钼〔鉬〕
纶〔綸〕	绝〔絕〕	编〔編〕	缪〔繆〕	牯〔牯〕	钍〔釷〕	钾〔鉀〕
纸〔紙〕	绛〔絳〕	缕〔縷〕	蕴〔蘊〕	莺〔鶯〕	钗〔釵〕	铀〔鈾〕
纵〔縱〕	络〔絡〕	缃〔緗〕	缮〔繕〕	萤〔螢〕	钒〔釩〕	钿〔鈿〕
纾〔紓〕	绚〔絢〕	缂〔緙〕	缯〔繒〕	营〔營〕	钖〔鍚〕	铎〔鐸〕
纼〔紖〕	绑〔綁〕	缅〔緬〕	缬〔纈〕	萦〔縈〕	钕〔釹〕	钹〔鏺〕
咝〔噝〕	莼〔蒓〕	缘〔緣〕	缭〔繚〕	痨〔癆〕	钔〔鍆〕	铃〔鈴〕
绊〔絆〕	绠〔綆〕	缉〔緝〕	橼〔櫞〕	嵘〔嶸〕	钦〔欽〕	铅〔鉛〕
线〔綫〕	绨〔綈〕	缇〔緹〕	缰〔韁〕	铹〔鐒〕	钫〔鈁〕	铂〔鉑〕

铄〔鑠〕	铜〔銅〕	锆〔鋯〕	镁〔鎂〕	镞〔鏃〕	觉〔覺〕	羟〔羥〕
铆〔鉚〕	铝〔鋁〕	锪〔鍃〕	镂〔鏤〕	镖〔鏢〕	搅〔攪〕	颈〔頸〕
铍〔鈹〕	铡〔鍘〕	锏〔鐗〕	锲〔鍥〕	镚〔鏰〕	謷〔譽〕	疏〔疎〕
钶〔鈳〕	铠〔鎧〕	锎〔鐦〕	锵〔鏘〕	镗〔鏜〕	鲎〔鱟〕	亦
铊〔鉈〕	铨〔銓〕	锏〔鐧〕	锷〔鍔〕	锗〔鍺〕	黉〔黌〕	
钽〔鉭〕	铢〔銖〕	铽〔鋱〕	锶〔鍶〕	镘〔鏝〕	羊	变〔變〕
铌〔鈮〕	铣〔銑〕	铼〔錸〕	锴〔鍇〕	镳〔鑣〕		弯〔彎〕
钜〔鉅〕	铤〔鋌〕	锇〔鋨〕	锾〔鍰〕	镦〔鐓〕	译〔譯〕	孪〔孿〕
铈〔鈰〕	铭〔銘〕	锂〔鋰〕	锹〔鍬〕	镨〔鐠〕	泽〔澤〕	峦〔巒〕
铉〔鉉〕	铬〔鉻〕	锁〔鎖〕	锿〔鎄〕	错〔錯〕	怿〔懌〕	娈〔孌〕
铒〔鉺〕	铮〔錚〕	锘〔鍩〕	锔〔鋦〕	镧〔鑭〕	择〔擇〕	恋〔戀〕
铑〔銠〕	铧〔鏵〕	锞〔錁〕	镄〔鐨〕	镥〔鑥〕	峄〔嶧〕	栾〔欒〕
铕〔銪〕	铩〔鎩〕	锭〔錠〕	锻〔鍛〕	镁〔鎂〕	绎〔繹〕	挛〔攣〕
铟〔銦〕	揿〔撳〕	锗〔鍺〕	锸〔鍤〕	镢〔鐝〕	驿〔驛〕	鸾〔鸞〕
铷〔銣〕	锌〔鋅〕	锝〔鍀〕	锼〔鎪〕	镣〔鐐〕	铎〔鐸〕	湾〔灣〕
铯〔銫〕	锐〔銳〕	锫〔錇〕	锃〔鋥〕	镫〔鐙〕	萚〔蘀〕	蛮〔蠻〕
铥〔銩〕	锑〔銻〕	错〔錯〕	镓〔鎵〕	镪〔鏹〕	释〔釋〕	脔〔臠〕
铪〔鉿〕	银〔銀〕	锚〔錨〕	镍〔鐣〕	镰〔鐮〕	箨〔籜〕	滦〔灤〕
铞〔銱〕	铺〔鋪〕	锈〔鏽〕	镔〔鑌〕	镱〔鐿〕		銮〔鑾〕
铫〔銚〕	铸〔鑄〕	锯〔鋸〕	镒〔鎰〕	镭〔鐳〕	圣	
铵〔銨〕	欽〔欽〕	锰〔錳〕	镉〔鎘〕	镬〔鑊〕		呙
衔〔銜〕	锓〔鋟〕	锢〔錮〕	镑〔鎊〕	镮〔鐶〕	劲〔勁〕	
铲〔鏟〕	锃〔鋥〕	锟〔錕〕	镐〔鎬〕	镲〔鑔〕	刭〔剄〕	剐〔剮〕
铰〔鉸〕	链〔鏈〕	锡〔錫〕	锔〔鎦〕	镴〔鑞〕	陉〔陘〕	涡〔渦〕
铳〔銃〕	铿〔鏗〕	锣〔鑼〕	镪〔鏹〕	镰〔鐮〕	泾〔涇〕	埚〔堝〕
铱〔銥〕	铜〔銅〕	锤〔錘〕	镇〔鎮〕	镳〔鑣〕	茎〔莖〕	呙〔喎〕
铓〔鋩〕	销〔銷〕	锥〔錐〕	镊〔鑷〕	镶〔鑲〕	径〔徑〕	莴〔萵〕
铗〔鋏〕	锁〔鎖〕	锦〔錦〕	镌〔鐫〕	镬〔鑊〕	经〔經〕	娲〔媧〕
铐〔銬〕	锄〔鋤〕	锨〔鍁〕	镍〔鎳〕		烃〔烴〕	祸〔禍〕
铡〔鍘〕	锅〔鍋〕	锱〔錙〕	镏〔鎦〕	光	轻〔輕〕	脶〔腡〕
铙〔鐃〕	锉〔銼〕	键〔鍵〕	镜〔鏡〕		氢〔氫〕	窝〔窩〕
银〔銀〕	锈〔銹〕	镀〔鍍〕	镝〔鏑〕	觉〔嚳〕	胫〔脛〕	锅〔鍋〕
铛〔鐺〕	锋〔鋒〕	镃〔鎡〕	镛〔鏞〕	学〔學〕	痉〔痙〕	蜗〔蝸〕

附 录

以下 39 个字是从《第一批异体字整理表》摘录出来的。这些字习惯被看作简化字，附此以便检查。括弧里的字是停止使用的异体字。

呆〔獃〕	哄〔閧〕	〔崐〕	弃〔棄〕	锈〔鏽〕	札〔剳〕
〔騃〕	〔鬨〕	捆〔綑〕	升〔陞〕	岩〔巖〕	〔劄〕
布〔佈〕	迹〔跡〕	泪〔淚〕	〔昇〕	异〔異〕	扎〔紮〕
痴〔癡〕	〔蹟〕	厘〔釐〕	笋〔筍〕	涌〔湧〕	〔紥〕
床〔牀〕	秸〔稭〕	麻〔蔴〕	它〔牠〕	岳〔嶽〕	占〔佔〕
唇〔脣〕	杰〔傑〕❶	脉〔脈〕	席〔蓆〕	韵〔韻〕	周〔週〕
雇〔僱〕	巨〔鉅〕	猫〔貓〕	凶〔兇〕	灾〔災〕	注〔註〕
挂〔掛〕	昆〔崑〕	栖〔棲〕	绣〔繡〕		

下列地名用字，因为生僻难认，已经国务院批准更改，录后以备检查。

黑龙江	铁骊县改铁力县		大庾县改大余县		石砫县改石柱县		泉县
	瑷珲县改爱辉县		虔南县改全南县		越嶲县改越西县		邵阳县改合阳县
青 海	亹源回族自治县改门源回族自治县		新淦县改新干县		呷洛县改甘洛县		鄠县改户县
新 疆	和阗专区改和田专区		新喻县改新余县	贵 州	婺川县改务川县		雒南县改洛南县
	和阗县改和田县		鄱阳县改波阳县		鳛水县改习水县		邠县改彬县
	于阗县改于田县		寻邬县改寻乌县	陕 西	商雒专区改商洛专区		鄜县改富县
	婼羌县改若羌县	广 西	鬱林县改玉林县		盩厔县改周至县		葭县改佳县
江 西	雩都县改于都县	四 川	酆都县改丰都县		郿县改眉县		沔县改勉县
					醴泉县改礼泉县		栒邑县改旬邑县
							洵阳县改旬阳县
							汧阳县改千阳县

此外，还有以下两种更改地名用字的情况：(1)由于汉字简化，例如辽宁省瀋阳市改为沈阳市；(2)由于异体字整理，例如河南省濬县改为浚县。

❶杰：从木，不从术。

现代汉语常用字表

（1988-01-26 国家语言文字工作委员会、国家教育委员会联合发布）

常用字（2500 字）

一画
一 乙

二画
二 十 丁 厂 七 卜 人
入 八 九 几 儿 了 力
乃 刀 又

三画
三 于 亏 士 工 土
才 寸 下 大 丈 与 万
上 小 口 巾 山 千 乞
川 亿 个 勺 久 凡 及
夕 丸 么 广 亡 义
之 尸 弓 己 已 卫 子
也 女 飞 刃 习 叉 马
乡

四画
丰 王 井 开 夫 天 无
元 专 云 扎 艺 木 五
支 厅 不 太 犬 区 历
尤 友 匹 车 巨 牙 屯
比 互 切 瓦 止 少 日
中 冈 贝 内 水 见 午
牛 手 毛 气 升 长 仁

什 片 仆 化 仇 币 仍
仅 斤 爪 反 介 父 从
今 凶 分 乏 公 仓 月
氏 勿 欠 风 丹 匀 乌
凤 勾 文 六 方 火 为
斗 忆 订 计 户 认 心
尺 引 丑 巴 孔 队 办
以 允 予 劝 双 书 幻

五画
玉 刊 示 末 未 击 打
巧 正 扑 扒 功 扔 去
甘 世 古 节 本 术 可
丙 左 厉 右 石 布 龙
平 灭 轧 东 卡 北 占
业 旧 帅 归 且 旦 目
叶 甲 申 叮 电 号 田
由 史 只 央 兄 叼 叫
另 叨 叹 四 生 失 禾
丘 付 仗 代 仙 们 仪
白 仔 他 斥 瓜 乎 丛
令 用 甩 印 乐 句 匆
册 犯 外 处 冬 鸟 务
包 饥 主 市 立 闪 兰
半 汁 汇 头 汉 宁 穴
它 讨 写 让 礼 训 必
议 讯 记 永 司 尼 民

出 辽 奶 奴 加 召 皮
边 发 孕 圣 对 台 矛
纠 母 幼 丝

六画
式 刑 动 扛 寺 吉 扣
考 托 老 执 巩 圾 扩
扫 地 扬 场 耳 共 芒
亚 芝 朽 朴 机 权 过
臣 再 协 西 压 厌 在
有 百 存 而 页 匠 夸
夺 灰 达 列 死 成 夹
轨 邪 划 迈 毕 至 此
贞 师 尘 尖 劣 光 当
早 吐 吓 虫 曲 团 同
吊 吃 因 吸 吗 屿 帆
岁 回 岂 刚 则 肉 网
年 朱 先 丢 舌 竹 迁
乔 伟 传 乒 乓 休 伍
伏 优 伐 延 件 任 伤
价 份 华 仰 仿 伙 伪
自 血 向 似 后 行 舟
全 会 杀 合 兆 企 众
爷 伞 创 肌 朵 杂 危
旬 旨 负 各 名 多 争
色 壮 冲 冰 庄 庆 亦
刘 齐 交 次 衣 产 决

充	妄	闭	问	闯	羊	并	免	狂	犹	角	删	条	卵
关	米	灯	州	汗	污	江	岛	迎	饭	饮	系	言	冻
池	汤	忙	兴	宇	守	宅	状	亩	况	床	库	疗	应
字	安	讲	军	许	论	农	冷	这	序	辛	弃	冶	忘
讽	设	访	寻	那	迅	尽	闲	间	闷	判	灶	灿	弟
导	异	孙	阵	阳	收	阶	汪	沙	汽	沃	泛	完	沟	没
阴	防	奸	如	妇	好	她	沈	沉	怀	忧	快	灾	宋
妈	戏	羽	观	欢	买	红	宏	牢	究	穷	社	识	证
纤	级	约	纪	驰	巡		启	评	补	初	即	忌	诉
							诊	词	译	君	灵	层	妙
							尿	尾	迟	局	改	张	附
		七 画					际	陆	阿	陈	阻	驱	鸡
							妖	妨	努	忍	劲	驳	纵	纷
寿	弄	麦	形	进	戒	吞	纯	纱	纳	纲	驴	纽	
远	违	运	扶	抚	坛	技	纸	纹	纺				
坏	扰	拒	找	扯	址	折							
走	抄	坝	贡	攻	赤	抛			**八 画**				
抓	扮	抢	孝	均	抛	投							
坟	抗	坑	坊	抖	护	壳	奉	玩	环	武	青	责	现
志	扭	块	把	报	却		表	规	抹	拢	拔	拣	担
劫	芽	花	芹	芬	苍	芳	坦	押	抽	拐	拖	拍	者
严	芦	芳	克	苏	杠	杆	顶	拆	拥	抵	拘	势	抱
杜	材	村	杏	极	李	杨	垃	拉	拦	拌	幸	招	坡
求	更	束	豆	两	丽	医	披	拨	择	抬	其	取	苦
辰	励	否	还	歼	来	连	若	茂	苹	苗	英	范	直
步	坚	县	盯	呈	时	吴	茄	茎	茅	林	枝	杯	柜
助	旱	里	呆	园	围	吵	析	板	或	松	枪	杰	述
呀	吨	足	邮	男	困	呜	枕	丧	雨	画	构	事	刺
串	员	听	吩	吹	吧		枣	奇	奋	卖	态	欧	垄	奔
吼	别	岗	帐	财	针	钉	顷	叔	转	斩	轮	软	非
告	我	乱	利	秃	秀	私	昂	肯	齿	些	虎	到	肴
每	兵	估	体	何	但	伸	尚	旺	果	味	房	易	肝
作	伯	伶	佣	低	你	彻	昌	畅	明	昂	典	肾	肺
位	伴	身	皂	佛	近	妥	国	忠	呼	鸣	咏	昆	呢
役	返	余	希	坐	谷	龟	固	附					
含	邻	岔	肝	肚	肠								

(Additional columns on the right for 8画 and 9画 sections)

凯	知	例
岭	制	使
帜	秆	供
罗	钓	侨
帖	刮	佩
败	贩	购	图	乖	侦	征
垂	牧	物	委	佳	侍	金
季	版	侄	依	的	迫	贪
货	爬	彼	径	所	舍	乳
往	爸	采	受	欣	胀	肿
命	斧	贫	肤	肢	周	昏
念	贫	股	肥	服	胁	饰
朋	鱼	免	狐	忽	狗	备	夜	净
饱	饲	变	京	享	店	闹	郑
庙	盲	底	剂	郊	废	炎
府	放	刻	育	闸	炕
券	卷	单	炒	炊	河
炉	沫	浅	法	泄	沾
泪	油	泊	沿	泡	注	泻
泳	泥	沸	波	泼	泽	治
怖	性	怕	怜	怪	学	宝
宗	定	宜	审	宙	官	空
帘	实	试	郎	诗	肩	房
诚	衬	衫	视	话	诞	询
该	详	建	肃	录	隶	居
届	刷	弦	妹	承	孟	孤
陕	降	限	艰	线	练	姓
始	驾	参	艰	线	练	组
细	经	贯				

九画

型	城	括	挤
毒	挎	挺	甚
玻	垮	挡	某
珍	项	挣	挪
帮	持	赵	指
封	政	拾	按
春	挂	赴	挑	指	挥
奏	挠	拴	挖	拼

展陷桑 恳陷预 剥陶难 谊陵继 弱通验 屑娘绣 谅能绢 冤剧娱

十一画

掩授探黄萍检辆睁啄患铲笼悠偏盒脖猎毫鹿望断渠深悼寄迷隆续
域掀控菊梅票戚
探推著勒梅票晨晚唱
描接培菜梦梢副匙
堆基萝救盛雪辅
掏职营械桶堂常
菌梯雀悬野啦蛇累崭崇圈铜
萌菠梳爽聋袭盛常
理排掉掠著
捧掘眼雀眼距跃
球捷教据偶第敏做售停斜脚脖
符得衔象够彩领船腋
笛偶盘彩领船盘
银甜章痕廊康旋
偿悉脱象够彩
鸽脸猫猛馅馆添淋淡惭寇祸随蛋
率着兽剪渐渔清渗情惜惯谎绪绿
婆盗婚婶颈绪
绳维绵绸

十二画

琴斑替款堪搭
越趁趋超提堤博

十画

统 素捕捏哲壶荷档核栗础破顾虚鸭恩圆贼铅敌秘值候射躬航脆翁脑恋桨离座烤烘烦涝浴害容扇袜调
耕耗艳泰珠班
蚕顽盏匪捞栽
振载赶起捐损
埋捉换挽热都
逝耻耽恭莲恐
挨晋恶真莫
获桐株桃框桂
桐样根桥格校
配翅索哥
原套逐辱速
较顿毙夏桌眠晓哭圆
监紧党晒
晃响党晕蚊峰
唤响啊唉罢钻哨
贿钱钳特氧征铁造
缺钻气牲笔秩
透笔积笑笋债借值候
倚俯倍
息拿徐健臭射
途脂胸脏爱颂
狼逢留皱脑
浆衰高疾凉疼站剖竞部瓶烦涝浴害容扇袜调
症病资畜益兼递涛浙涝浴害容扇袜调
唐旅料烛涉消浩浸涨烫宽宰
旁粉眷旅料烛涉消浩浸涨
烧酒涌悟悄悦害容扇袜调
浮涌
袖袍被祥课谁调

茶南胡相查要厚点是映界品咬贴卸选重顺俘狱饺亭疫疤送洒浓派浪悟乘消浩浸涨烫宽
茧故栋树
草荣柄栏查要点是映界品
带巷柱柿厘戢
荐茫枯柳烈残
革荒药柏成砌殃临盼星虹咽咳骨缸适复修信盾逃脉狠饼度姿阁类炸浇洽津觉窃神退觉孩姻怠骄

巷带茧茶
栋荣柄
枯柱柿
柳柿要
威研
砍面耐皆
轻鸦坚
览哄
眨显趴
昨畏
虾蚁思
骂蚌咱
哪炭咳
钞钟钢
拜看矩
秒香种
竿段便
保促侮
皇泉鬼
待胆很
食盆胜
勉怨急
贸将奖
弯迹庭
亲音帝
差养美
迷前首
炮烂剃
油洞测
染济洽
恒恢恰
宣室宫
客冠语
祝误诱
既屋昼
除险院
娇怒架
柔垒绑
绘给络骆绞结绝

画
十

稼德毅慰
稿僻颜额
黎躺潮懂
稻膛熟摩
箅篇潜潮
靠箭膝遵
稻艘糊劈
镇箱
墨

十六画

橘器
颠蹄衡糖
邀篮辨避
赞凝辩壁
雕磨激懒
默镜澡缴
醒餐燃糕
薯薪膨
融嘴整
燕赠操

十七画

瞧糟
霞赢
霜辫骤
藏繁翼
鞠穗臂
螺燥糠
擦
戴蹈

十八画

鹰翻镰蹦覆鞭

十九画

疆爆瓣颤蹲攀警

二十画

魔籍嚷嚼躁耀壤灌

二十一画

露霸蠢

二十二画

囊

二十三画

罐

督愚跳嗓腰催嫁
鄙跨蜂锣锤
输稠鼠辞愁
睬照蛾锡矮舅
睡暗遣罩锯毁微
雾晴跟簿辟障
零歇路躲像腹廉塑源
雷鉴盟跪罪签傻腥痰煎
碌龄暖
篮錾
筹

揭喜插揪搜煮援斯葛
裁搁搅握揉椅辛
期欺联散惹莽朝椒
董葡敬葱落植森惑
葵棒棋棉厦棚椅殖
棵棍厨硬确雁紫
逼雄暂雅辈悲暑
裂辉敞掌晴遇最
量喷赏喇蛙景
践跌晶跑遗蛛喊
喝喂跚喉幅帽赌
赔黑铸铺链销蛭
锄锅锈锋锐短智
毯鹅剩稍程稀答
筐等筑策筛筒集
筋笙傲傅牌堡御
焦傍储奥街惩腊
循艇舒番释禽馋
脾腔鲁猾猴然善
装蛮就痛童阔焰
羡普粪尊道曾滑
港湖渣湿温渴愤
湾渡游滋溉寒慌
惰愧愉慨割富
窜窝窗遍裕裙
谢谣谦属屡粥
疏隔隙絮嫂登
缓编骗缘

十三画

瑞魂肆摄摸搏
塌鼓摆携搬搞
塘摊蒜勤鹊蓝墓
幕蓬蓄蒙蒸献禁
楚想槐榆概赖
酬感碍碑碎碰碗

十四画

静碧墙撤摧蔽榨愿熄
截誓摘境模榴榜蜡辣
慕暮蒇酷酿酸蜻舞稳
歌遭弊裳颗嗽鼻貌
需蝇蜘赚锹魄疑瘦裹
算笋膊管僚馒腐歉熔慢
膜膊膀鲜遮精演漏翠
敲端膏旗滴蜜谱
竭漂赛察缩嫩
漆寨骤蒙
熊凳

十五画

播蔬醉影籍魔
撑蕉醋瞎嘱
趟鞋飘暴蝴
增樱题蝶
聪樽踪
撕撒槽瞒踩
慧撞横霉踏
震踢

次常用字（1000 字）

二画
匕 刁

四画
丐 歹 戈 天 仑 讥 冗
邓

五画
艾 夯 凸 卢 叭 叽 皿
凹 囚 矢 乍 尔 冯 玄

六画
邦 迁 邢 芋 芍 吏 夷
吁 吕 吆 屹 廷 迄 臼 兆
仲 伦 伊 肋 旭 匈
妆 亥 汛 讳 讶 讹 讼
诀 弛 阱 驮 驯 纫

七画
玖 玛 韧 抠 扼 汞 扳 抒 芙
抢 坎 坞 抑 拟 芭 杉
芜 苇 芥 芯 杖
巫 杈 甫 匣 轩 卤 肖
吱 吠 呕 呐 吟 呛 吻
吭 邑 囤 吮 呕 牡 佑
佃 伺 囱 肛 肘 甸 狈
鸠 彤 灸 刨 庇 吝 庐
闰 兑 灼 沐 沛 汰 沥
沧 汹 沧 沪 忱 诅 诈
罕 屁 坠 妓 姊 妒 纬

八画
玫 卦 坷 坯 拓 坪 坤
拄 拧 拂 拙 拇 拗 茉 苔
昔 苛 苦 苟 苞 茁 苔
枢 枚 枫 杭 郁 矾 哎
柱 奄 殴 歧 卓 昙 哎
奈 呵 咙 呻 咒 咆 咖
咕 账 贬 贮 氛 秉 岳
帕 侥 侣 侈 卑 剑 刹
侠 觅 忿 瓮 肮 肪 狞 怔
肴 疟 疚 泣 泞 泌 沼 怔
庞 宠 宛 衩 祈 诡 帚
怯 弧 弥 陋 陌 函 姆
屉 叁 绅 驹 绊 绎
虱

九画
契 贰 砧 玲 珊 拭 拷
拱 挟 垢 垛 拯 荆 茸
茬 荚 茵 茴 荞 柠 荤
荧 荔 栈 柑 栅 柠 栅
勃 柬 砂 泵 砚 鸥 轴
韭 虐 昧 盹 咧 昵 昭
盅 勋 哆 咪 哟 幽 钙
钝 钠 钦 钧 钮 毡 氢
秕 俏 俄 俐 侯 徊 衍
胚 胧 胎 狰 饵 峦 奕
咨 飒 闺 闻 籽 洛 烁
炫 恰 恤 宦 诚 诬 祠 恼
屏 屎 逊 陨 姚 娜 蚤
骇

十画
捍 埃 莹 桩
袁 捌 挫 挚 捣 捅 埃
耘 秦 匿 埂 梧 捍
耿 聂 莩 莽 莱 莉 莹
莺 梆 栖 桦 栓 桅 桩
贾 酌 砸 砰 砾 殉 逞
哼 捞 哺 剔 蚌 蚜 畔
蚣 蚪 蚓 哩 圃 鸯 唁
哼 唆 哨 唧 峻 赂 赃
倔 殷 耸 舀 豺 豹 颁
胯 胰 脐 脓 逛 卿 鸵
鸳 馁 凌 凄 衷 郭 斋
疹 紊 瓷 羔 烙 浦 涡
涣 涤 涧 涕 涩 悍 悯
窈 诺 诽 祖 谆 崇 恕
娓 骏

十一画
琐 措 捺 捶 掷
赦 埠 捻 掐 掂 掖 掷
掸 掺 勘 聊 娶 菱 菲
菱 菩 萤 乾 萧 萨 菇
彬 梗 梧 梭 曹 酝 酗
厢 硅 硕 奢 盔 匾 颅 啡
彪 眶 晤 曼 晦 冕 啡
眦 趾 啃 蛆 蚯 蛉 蛀
啧 啰 唾 啥 啸 崎
逻 崔 崩 婴 赊 铐 铛
铝 铡 铣 铭 矫 秸 秽
笙 笞 偎 傀 躯 兜 衅
徘 徙 舶 舷 舵 敛 翎

脯 逸 凰 猖 祭 烹 庶　蜗 蜕 蛹 嗅 喻 嗤 署　翰 噩 橱 橙 瓢 磺 霍
庵 痊 阎 阐 眷 焊 焕　蜀 帻 锚 锥 锨 锭 锰　霎 辙 冀 踱 踩 蟆 螃
鸿 涯 淑 尚 淮 渚 渊　稚 颓 筷 腴 魁 衙 腻　螟 噪 鹦 黔 穆 篡 篷
淫 淳 淤 淀 涮 涵 恬　腮 腺 膦 肆 猿 颖 煞　篙 篱 儒 膳 鲸 瘾 癌
悴 惋 寂 室 谋 谐 袢　雏 馍 馏 廪 痹 廓 痴　糙 燎 濒 憾 懈 窿 缰
祓 祷 谒 谓 谚 尉 堕　靖 誉 漓 溢 溯 溶 淬　
隅 婉 颇 绰 绷 综 绽　溺 寞 窥 窟 寝 褂 裸　**十七画**
缀 巢　　　　　　　　谬 媳 嫉 缚 缤 剿　
　　　　　　　　　　　　　　　　　　　　壕 藐 檬 檐 檩 檀 礁
　　　十二画　　　　　**十四画**　　　　磷 瞭 瞬 瞳 瞪 曙 蹋
　　　　　　　　　　　　　　　　　　　　蟋 蟑 壕 赡 镣 魏 簇
琳 琢 琼 揍 堰 揩 揽　赘 熬 赫 蔫 摹 蔓 蔗　傲 徽 爵 朦 臊 鳄 糜
揖 彭 揣 搀 搓 壹 摇　蔼 熙 蔚 兢 榛 榕 酵　癌 孺 豁 臀
葫 募 蒋 蒂 韩 棱 椰　碟 碴 碱 碳 辕 辖 雌　
焚 椎 棺 椰 椭 粟 棘　墅 喊 踊 蝉 嘀 幔 镀　**十八画**
酣 酥 硝 硫 颊 雳 翘　舔 熏 篝 箕 箫 舆 僧　
凿 棠 晰 鼎 喳 遏 晾　孵 瘩 瘟 彰 粹 漱 漩　藕 藤 瞻 嚣 鳍 癞 瀑
畴 跋 跛 蛔 蜓 蛤 鹃　漾 慷 寡 寥 谭 褐 褪　襟 璧 戳
喻 啼 喧 嵌 赋 氮 赐　隧 嫡 缨　　　　　　
锉 锌 甥 掰 腌 氯 黍　　　　　　　　　　　**十九画**
筏 粤 逾 腌 腋 腕 猩　　　**十五画**　　　　
猬 惫 敦 痘 痢 痪 竣　　　　　　　　　　　攒 孽 蘑 藻 鳖 蹭 蹬
翔 奠 遂 焙 滞 湘 渤　撵 撩 撮 撬 擒 墩 撰　簸 簿 蟹 靡 癣 羹
渺 溃 溅 愚 愕 惺 寓　鞍 蕊 蕴 樊 樟 橄 敷　
窖 窘 雇 谤 犀 隘 媒　豌 醇 磕 磅 碾 憨 嘶　**二十画**
媚 婿 缅 缆 缔 缕 骚　嘲 嘹 蝠 蝎 蚵 蝗 蝙　
　　　　　　　　　　　嘿 幢 镊 镐 稽 篓 瞟　鬓 孀 蠕 巍 鳞 糯 譬
　　　十三画　　　　鲤 鲫 褒 瘪 瘤 瘫 凛　
　　　　　　　　　　　澎 潭 潦 澳 潘 澈 澜　**二十一画**
瑟 鹉 瑰 搪 聘 靳 靴　澄 憔 懊 憎 翻 褥 遣　
靶 蓖 蒿 蒲 蓉 楔 椿　鹤 憨 履 嬉 豫 缭　　霹 躅 髓
楷 榄 楞 楣 酪 碘 硼　　　　　　　　　　　
碍 辐 辑 频 睹 睦 瞄　　　**十六画**　　　　**二十二画**
嗜 嗦 暇 畸 跷 跺 蜈　　　　　　　　　　　蘸 镶 瓤
　　　　　　　　　　　撼 擂 擅 蕾 薛 薇 擎　
　　　　　　　　　　　　　　　　　　　　二十四画
　　　　　　　　　　　　　　　　　　　　蠹

汉语拼音方案

（1958-02-11 第一届全国人民代表大会第五次会议批准）

一 字母表

字母名称	Aa	Bb	Cc	Dd	Ee	Ff	Gg
	ㄚ	ㄅㄝ	ㄘㄝ	ㄉㄝ	ㄜ	ㄝㄈ	ㄍㄝ
	Hh	Ii	Jj	Kk	Ll	Mm	Nn
	ㄏㄚ	丨	ㄐㄧㄝ	ㄎㄝ	ㄝㄌ	ㄝㄇ	ㄋㄝ
	Oo	Pp	Qq	Rr	Ss	Tt	
	ㄛ	ㄆㄝ	ㄑㄧㄡ	ㄚㄦ	ㄝㄙ	ㄊㄝ	
	Uu	Vv	Ww	Xx	Yy	Zz	
	ㄨ	ㄪㄝ	ㄨㄚ	ㄒㄧ	丨ㄚ	ㄗㄝ	

v 只用来拼写外来语、少数民族语言和方言。字母的手写体依照拉丁字母的一般书写习惯。

二 声母表

b	p	m	f	d	t	n	l
ㄅ玻	ㄆ坡	ㄇ摸	ㄈ佛	ㄉ得	ㄊ特	ㄋ讷	ㄌ勒
g	k	h		j	q	x	
ㄍ哥	ㄎ科	ㄏ喝		ㄐ基	ㄑ欺	ㄒ希	
zh	ch	sh	r	z	c	s	
ㄓ知	ㄔ蚩	ㄕ诗	ㄖ日	ㄗ资	ㄘ雌	ㄙ思	

在给汉字注音的时候，为了使拼式简短，zh ch sh 可以省作 ẑ ĉ ŝ。

三 韵母表

	i 丨 衣	u ㄨ 乌	ü ㄩ 迂
a ㄚ 啊	ia 丨ㄚ 呀	ua ㄨㄚ 蛙	
o ㄛ 喔		uo ㄨㄛ 窝	
e ㄜ 鹅	ie 丨ㄝ 耶		üe ㄩㄝ 约
ai ㄞ 哀		uai ㄨㄞ 歪	
ei ㄟ 欸		uei ㄨㄟ 威	
ao ㄠ 熬	iao 丨ㄠ 腰		
ou ㄡ 欧	iou 丨ㄡ 忧		
an ㄢ 安	ian 丨ㄢ 烟	uan ㄨㄢ 弯	üan ㄩㄢ 冤
en ㄣ 恩	in 丨ㄣ 因	uen ㄨㄣ 温	ün ㄩㄣ 晕
ang ㄤ 昂	iang 丨ㄤ 央	uang ㄨㄤ 汪	
eng ㄥ 亨的韵母	ing 丨ㄥ 英	ueng ㄨㄥ 翁	
ong （ㄨㄥ）轰的韵母	iong ㄩㄥ 雍		

（1）"知、蚩、诗、日、资、雌、思"等七个音节的韵母用 i，即：知、蚩、诗、日、资、雌、思等字拼作 zhi, chi, shi, ri, zi, ci, si。

（2）韵母儿写成 er，用作韵尾的时候写成 r。例如："儿童"拼作 ertong，"花儿"拼作 huar。

（3）韵母ㄝ单用的时候写成ê。

（4）i 行的韵母，前面没有声母的时候，写成 yi（衣），ya（呀），ye（耶），yao（腰），you（忧），yan（烟），yin（因），yang（央），ying（英），yong（雍）。

u 行的韵母，前面没有声母的时候，写成 wu（乌），wa（蛙），wo（窝），wai（歪），wei（威），wan（弯），wen（温），wang（汪），weng（翁）。

ü 行的韵母，前面没有声母的时候，写成 yu（迂），yue（约），yuan（冤），yun（晕）；ü 上两点省略。

ü 行的韵母跟声母 j, q, x 拼的时候，写成 ju（居），qu（区），xu（虚），ü 上两点也省略；但是跟声母 n, l 拼的时候，仍然写成 nü（女），lü（吕）。

（5）iou，uei，uen 前面加声母的时候，写成 iu，ui，un，例如 niu（牛），gui（归），lun（论）。

（6）在给汉字注音的时候，为了使拼式简短，ng 可以省作 ŋ。

四 声调符号

阴平	阳平	上声	去声
ˉ	ˊ	ˇ	ˋ

声调符号标在音节的主要母音上。轻声不标。例如：妈 mā（阴平） 麻 má（阳平） 马 mǎ（上声） 骂 mà（去声） 吗 ma（轻声）

五 隔音符号

a, o, e 开头的音节连接在其他音节后面的时候，如果音节的界限发生混淆，用隔音符号（'）隔开，例如：pi'ao（皮袄）。

新旧字形对照表

（字形后的数码表示字形的画数）

新字形	旧字形	新字举例	新字形	旧字形	新字举例	新字形	旧字形	新字举例
八②	儿②	爻甚	氐⑤	氐⑤	底柢	虎⑧	虎⑧	琥箎
⌄②	八②	兑曾	艮⑤	皀⑦	即既	黾⑧	黽⑧	绳蝇
了②	丁②	亟函		自⑦		咼⑧	咼⑨	涡蜗
艹③	艹④	花荒	耒⑥	耒⑥	耕耘	垂⑧	垂⑨	睡陲
牛③	牛④	舜伟	成⑥	成⑦	城筬	食⑧	倉⑨	饭饮
䒑③	小③	肖尚	吕⑥	呂⑦	侣宫	录⑧	彔⑧	碌禄
及③	及④	吸汲	臼⑥	臼⑦	嗖罨	昷⑨	盈⑩	温瘟
辶③	辶④	近速	攸⑥	攸⑦	修倏	骨⑨	骨⑩	滑榾
⺕③	⺕③	侵雪	争⑥	爭⑧	净挣	卸⑨	卸⑧	御禦
丰④	丰④	害艳	产⑥	产⑥	産彦	鬼⑨	鬼⑩	槐块
开④	开⑥	形笄	并⑥	幷⑧	拼併	俞⑨	兪⑨	渝愈
天④	天④	吞添	羊⑥	羊⑦	差养	蚤⑨	蚤⑩	搔骚
巨④	巨⑤	苣渠	良⑥	良⑦	郎朗	敖⑩	敖⑪	傲遨
屯④	屯④	顿纯	羽⑥	羽⑥	翔翟	华⑩	華⑫	哗铧
瓦④	瓦⑤	瓶瓷	糸⑥	糸⑥	紅絲	莽⑩	莽⑫	蟒漭
反④	反④	板饭	呈⑦	呈⑦	逞程	真⑩	真⑩	填慎
户④	戶④	扁编	吴⑦	吳⑦	娱虞		眞⑩	
礻④	示⑤	礼社		吳⑥		畢⑩	畢⑪	韠蹕
丑④	丑④	纽杻	囱⑦	囱⑦	膒搊	殺⑩	殺⑪	樧鎩
卉⑤	卉⑥	奔偾	角⑦	角⑦	解斛	䍃⑩	䍃⑩	摇遥
术⑤	朮⑤	怵述	奂⑦	奐⑧	换焕	袞⑩	袞⑪	滚磙
犮⑤	犮⑤	拔跋	肖⑦	肖⑧	敝弊	黄⑪	黃⑫	横璜
业⑤	业⑥	普虚	耳⑦	耳⑧	敢严	異⑪	異⑫	冀戴
禸④	禸⑤	离禽	癸⑦	癸⑧	侯候	象⑪	象⑫	橡像
罒④	罒④	受舀	非⑧	非⑧	排俳	奥⑫	奧⑬	澳襖
朩⑤	朩⑤	樆遟	青⑧	青⑧	清菁	虜⑬	虜⑫	擄櫨
令⑤	令⑤	冷苓	者⑧	者⑨	都诸	鬥⑬	鬥⑫	閧釁
卬⑤	卬⑦	茚鉚	直⑧	直⑧	值植			

索 引

笔画检字表　　1329

音序检字表　　1375

笔画检字表

说 明

一、本表收入《字源》全部单字。单字后的阿拉伯数码表示该字所在页码。

二、本表单字依笔画数由少到多排列，笔画数相同的字依起笔笔形一、丨、丿、丶、乛的顺序排列；笔画数和起笔笔形相同的字，依第二笔笔形排列；其余以此类推。

三、为求检索便捷，本表将笔画数相同的字依起笔笔形一、丨、丿、丶、乛的顺序取前两笔分段排列；五画以前和二十画以后笔画较少的字适当作变通处理。

一画		卜	266	乃	417	廾	201	毛 554
		门	474	力	1206	开	408	川 1016
一	1	厂	1104	又	220	大	907	亿 712
丿	1112	乂	1103	厶	809	丈	165	彳 136
丿	1103	入	466	廴	141	兀	1272	乡 787
乁	1104	八	64	巛	1015	兀	756	亼 462
丶	447	人	698	马	625	与	205	个 398
乙	1271	匕	724			与	1238	个 407
乚	1113	几	339	**三画**		干	489	夂 488
〈	1015	几	1238	**【一】**		万	1269	夕 622
乚	1112	几	241	三	13	丆	1282	凡 1177
乙	1035	七	723	干	161	弋	1104	么 338
		勹	801	于	511	矢	910	及 223
二画		儿	756	亏	423	**【丨】**		勺 1238
		几	757	亏	423	上	2	丸 832
二	1175	九	1267	亐	424	小	64	久 489
十	165	冖		士	27	口	75	**【丶】**
丁	1272	山¹	99	士	1177	口	558	广 820
厂	829	山²	444	土	411	日	680	广 824
力	226	卩	796	工	546	山	810	亡 1114
匚	1116	凵	164	才	1140	巾	687	门 1039
匸	1117	了	1281	寸	242	**【丿】**		义 1112
七	1267	刀	371	下	3	千	165	宀 654
丂	419							

之	548	韦	486	【丨】		仍	707	文	790
【一】		云	1027	止	106	仅	710	六	1266
丮	1034	专	243	支	246	斤	1240	亢	916
尸	744	丏	1115	少	64	爪	216	方	755
尸	747	廿	166	刂	377	丰	384	火	885
弓	1122	艺	218	曰	415	反	223	为	217
己	1273	木	490	冄	841	兮	421	斗	219
巳	1285	朩	651	月	680	介	66	斗	1242
子	1278	五	1266	日	599	爻	270	订	173
孑	1281	市	694	中	28	仌	1020	计	179
卫	144	支	228	冈	813	从	725	户	1038
屮	28	丏	785	水	955	父	221	宄	475
孓	1281	卅	166	贝	563	仑	912	冗	659
也	1104	不	1035	内	466	仓	463	讥	186
女	1085	仄	832	见	761	今	464	心	924
飞	1033	犬	872	内	1268	凶	650	【一】	
刃	383	区	1116	【丿】		分	64	丮	217
习	293	历	107	手	1051	乏	111	尹	222
叉	220	历	610	午	1285	公	66	尺	748
马	853	币[1]	548	牛	69	仓	465	夬	222
乌	847	币[2]	549	气	26	月	618	引	1124
乡	598	友	225	气	648	仐	724	弔	720
幺	337	歹	346	毛	742	广	832	丑	807
		厷	220	壬	727	氏	1105	丑	1283
四画		匹	1117	壬	1278	弔	552	孔	1035
		厄	797	升	610	勿	840	巴	1274
【一】		车	1245	升	1244	欠	766	队	1259
丰	432	巨	412	夂	482	风	1171	防	1255
丰	553	牙	146	夭	911	勾	802	艮	223
王	14	屯	28	长	839	丹	448	办	383
开	1041	戈	1106	仁	698	匀	802	办	1213
井	450	旡	774	片	629	乌	334	收	201
亓	408	先	759	仆	200	印	724	以	1285
天	1	比	725	仆	717	殳	236	允	757
夫	919	切	374	化	723	风	325	邓	591
无	544	瓦	1120	仇	719	【丶】		叉	220
无	1115	巛	1017	币	688	亢	918	予	341
元	1								

劝	1209	芍	58	旧	313	禾	555	匄	1115
双	323	本	503	【丨丿】		【丿丨】		外	623
册	624	术	143	帅	687	丘	726	处	1239
书	231	札	531	归	108	仕	699	冬	1021
毋	1102	可	420	【丨一】		付	708	鸟	324
幻	341	叵	421	且	1239	代	710	务	1207
		匝	548	且	610	仙	720	夗	623
五画		丙	1272	目	273	仡	703	刍	54
【一一】		【一丿】		甲	1270	仪	710	包	804
玉	14	左	410	申	1286	白	289	钆	457
刊	376	厉	831	叶	44	白	695	饥	461
刊	506	丕	1	电	1023	仔	713	【丶一】	
末	504	右	87	号	423	仞	699	主	447
未	1286	右	220	由	1204	【丿丿】		市	475
示	3	石	833	田	1199	卮	796	广	670
邗	587	布	692	卟	266	瓜	653	立	920
邘	596	本	916	只	162	【丿丶】		冯	862
击	1080	乔	918	只	302	乎	422	邙	587
戋	1111	龙	1032	央	475	参	788	玄	340
【一丨】		戉	1273	史	227	丛	199	【丶丨】	
打	1084	戋	878	叱	90	令	796	闪	1044
巧	412	【一丶】		兄	758	【丿一】		【丶丿】	
正	111	平	424	叫	93	用	269	兰	33
扑	1080	灭	1011	叹	93	肊	357	半	68
卉	56	【一丿】		叹	770	印	798	【丶丶】	
邛	594	轧	1252	冉	841	氐	1105	汀	1000
由	1181	东	543	庐	820	尔	65	汁	1004
扔	1076	甴	1118	皿	439	尔	271	头	775
功	1207	劢	1208	囚	562	乐	530	汉	960
去	444	戊	1111	四	1264	処	98	氾	980
甘	414	【丨一】		罒	350	句	163	宁	270
艹	314	北	726	【丿一】		叴	90	宁	419
世	166	占	267	生	552	匆	905	宁	1265
艾	38	歺	346	失	1071	册	159	穴	665
芄	56	卢	440	矢	471	卯	799	宂	659
古	164	【丨丨】		乍	1114	卯	1284	它	1172
节	389	业	199	禾	632	犯	877	宄	663

【丶一】		皮	245	动	1210	朴	508	死	349
讦	191	边	133	【一丨】		机	502	成	1273
讧	190	孕	1279	扛	1069	机	524	【一丶】	
讨	189	发	791	圭	1195	朸	509	夹	908
讨	193	发	1126	寺	242	权	498	【一一】	
匜	1039	【一丶】		吉	88	过	116	夷	909
写	660	圣	1047	扣	1082	亘	1177	轨	1253
让	191	圣	1190	圪	1182	臣	235	邪	596
礼	4	对	200	托	181	吏	1	攷	261
讪	186	弁	760	考	742	再	337	尧	1197
讫	183	台	86	老	740	而	686	划	377
训	171	台	1036	巩	209	束	628	迈	113
必	66	乄	108	执	915	邟	593	毕	335
议	173	叐	203	圹	1191	厊	161	毕	336
讯	174	矛	1245	扪	1058	协	1214	邖	797
记	182	【一一】		圮	1191	西	1037	至	1036
讱	184	纠	164	圯	1195	郏	584	【丨一】	
永	1018	母	1090	弋	1109	【一丿】		朿	652
【一一】		幼	338	地	1178	压	1192	此	110
聿	228	丝	1155	场	1195	厌	832	延	142
司	795			扬	1068	戌	1293	贞	267
尼	746	六画		耳	1046	在	1185	虍	433
尻	745	【一一】		芋	31	有	620	【丨丿】	
尻	1238	匡	1118	芐	39	百	291	师	549
民	1103	耒	384	共	203	存	1281	尘	870
弗	1104	韧	383	芇	315	而	841	劣	1210
弘	1124	邦	582	芊	62	页	774	【丨丶】	
【一丨】		玑	23	芃	33	匠	1117	光	898
疋¹	157	式	412	芍	45	夸	188	当	1202
疋²	157	迀	132	芎	41	夸	909	【丨一】	
宋	550	开	1237	芒	45	夺	311	吁	91
出	549	刑	380	亚	1266	灰	890	吁	783
辽	131	刑	450	芝	30	达	126	早	600
【一丿】		邢	589	芑	58	成	1107	吐	89
奴	1092	韧	450	芋	31	灺	913	虫	1156
召	82	邦	597	朽	348	夯	348	虫	1170
加	1211	戎	1106	朴	505	列	376	曲	1119

团	558	伎	715	辰	1018	名	81	并	725
吕	665	伏	717	肌	729	各	94	关	1043
同	680	伛	719	舟	751	多	624	米	644
吅	99	优	711	【丿丶】		兜	242	荜	161
吊	720	臼	649	全	467	争	344	州	1017
吒	91	伐	718	会	464	色	799	【丶丶】	
吃	89	延	142	杀	241	【丶一】		汙	999
因	561	仲	700	合	462	壮	27	汗	1010
吸	80	件	721	兆	268	冲	144	污	999
屿	818	任	711	企	699	冲	977	江	956
屹	819	伤	717	众	726	妆	1097	汕	991
岌	817	伥	714	受	342	冰	1020	汎	977
岁	110	似	726	兇	650	庄	30	汲	1007
回	559	价	713	邡	585	庆	931	汋	982
纪	812	价	722	创	383	亦	910	汜	988
岂	430	伦	706	【丿一】		刘	1237	汝	962
则	374	份	702	刖	379	齐	627	汤	1001
刚	374	华	554	肌	354	交	912	忏	954
肉	353	华	812	肋	358	沧	1021	兴	206
网	682	仰	708	朵	507	次	772	宇	656
【丿一】		伉	700	杂	735	衣	729	守	660
年	638	仿	704	凤	623	辛	198	宅	654
朱	503	伪	715	危	833	产	553	字	1279
缶	469	伫	723	乒	1105	决	991	安	657
匈	374	自	289	乓	760	亢	1016	【丶一】	
先	760	伊	700	旨	425	亥	1293	讲	184
牝	70	由	808	旨	925	讠	611	讳	175
廷	141	自	1254	旭	601	邡	592	讴	182
舌	160	血	445	旬	802	充	757	军	1251
竹	388	向	655	负	571	妄	1099	讵	195
迁	121	囟	923	犴	850	【丶丨】		讶	183
乔	911	似	711	刎	382	闭	1040	讷	178
迄	135	仔	701	犷	876	闭	1043	祁	588
【丿丨】		【丿丿】		匈	802	问	83	冐	370
伟	701	后	139	归	799	闯	1045	讻	184
传	713	后	795	牟	489	【丶丿】		许	169
休	538	行	143	舛	485	羊	316	讹	189

论	173	妁	1088	麦	482	均	1180	芩	39
讻	190	妇	1089	玓	22	抛	1084	芬	29
讼	190	妃	1089	玖	22	投	1065	苍	47
农	207	好	1094	玘	25	坟	1194	芪	41
讽	170	忍	945	玚	18	抗	1081	芡	39
设	181	劢	1213	灭	889	坊	1197	芰	51
访	173	【一丶】		匦	1116	护	181	芳	50
诀	196	戏	1108	形	787	志	196	严	100
【一一】		羽	293	进	116	志	925	劳	1210
聿	230	观	763	戒	202	抉	1066	芽	44
那	593	牟	71	吞	76	声	1048	臣	1050
艮	724	欢	768	远	131	把	1059	克	631
迅	118	买	577	违	125	报	915	苏	31
尽	442	叒	547	韧	488	拟	1071	杅	515
㐱	1124	叆	1264	运	121	抒	1072	杜	494
导	244	【一一】		【一丨】		却	798	杠	517
异	204	红	1140	扶	1056	劫	1212	材	509
弝	1127	纣	1147	抚	1065	毒	1103	杕	507
弛	1125	驮	866	坛	1194	耴	1046	杖	526
巴	798	纤	1134	抟	1078	芙	61	杙	496
【一丨】		驯	863	技	1077	芜	48	杏	492
阱	450	级	1135	坏	1192	芫	41	巫	413
孙	1128	约	1135	坏	1193	邯	589	杓	522
阵	256	纩	1149	抠	1052	苇	57	极	512
阳	1256	纪	1132	扰	1067	芸	38	极	532
收	260	驰	862	扼	1059	芰	39	杞	499
阪	1257	纫	1145	玒	218	苈	44	李	492
阶	1262	纟	1129	玑	1121	苊	36	杝	516
阴	1256	丝	338	走	101	苣	54	杨	497
艹	29	岁	1016	贡	566	芽	43	杈	505
阮	1259	巡	113	攻	261	苆	36	孛	551
防	1260			赤	907	芮	46	车	1245
丞	201	七画		折	55	苋	31	甫	269
迤	124			抡	1062	芼	47	匣	1119
【一丿】		【一一】		扮	1069	芡	34	更	254
奸	1101	寿	741	孝	742	芹	38	束	556
如	1096	弄	202	坎	1188	芥	56	吾	81
		玙	15						

1334

豆	430	卤	1037	听	84	佞	1098	余	460
两	681	奴	345	听	1047	兵	202	希	694
酉	1286	【丨丨】		吟	92	邱	597	釒	463
丽	869	邺	589	吻	75	体	352	采	67
【一丿】		坚	234	吹	80	何	704	坐	1185
医	1117	【丨丶】		吹	767	攸	257	谷	639
医	1290	肖	361	吴	910	但	718	谷	1019
居	831	贞	564	邑	582	佀	713	谷	161
辰	1284	【丨一】		吮	78	伸	713	孚	344
邳	595	旱	604	帏	692	佃	715	孚	217
否	94	呈	87	岐	584	佚	716	妥	1102
还	122	时	599	帐	690	作	709	豸	848
百	784	吴	910	岡	681	伯	700	含	78
厎	830	貝	563	岑	813	伶	712	邻	583
夾	908	見	761	岕	29	低	722	【丿一】	
夾	910	助	1207	岚	818	佝	715	肝	356
龙	873	县	786	兕	852	位	705	肘	359
豕	842	里	730	财	564	佟	715	肠	356
尪	913	里	1199	囷	621	伴	704	昏	95
歼	349	呒	96	卤	162	佇	723	邸	584
【一丶】		园	561	刪	350	佗	704	龟	1173
来	481	旵	600	【丿一】		身	729	甸	1201
忒	937	旱	478	钉	1218	皂	451	奂	201
【一丿】		围	562	针	1224	兕	759	刨	1213
连	127	呀	99	钊	379	伺	722	狂	881
欤	767	肠	601	牡	69	佛	704	犴	881
轩	1245	町	1200	告	74	佋	720	犹	882
软	1250	粤	419	我	1111	卣	905	犵	877
轫	1248	足	147	刎	73	佁	715	狄	882
轪	1251	虬	1164	乱	1271	【丿丿】		角	385
轫	1249	邮	584	利	372	近	129	删	376
坚	1016	邮	586	秃	761	彻	247	狃	877
【丨一】		男	1205	秀	632	役	240	鸠	325
邯	587	困	563	私	634	走	112	夆	489
芈	317	冒	369	每	29	返	122	条	505
步	110	员	563	【丿丨】		【八丶】		彤	448
迁	121	呎	93	臼	206	余	67	卵	1175

灸	893	【丶丨】		泛	993	诂	176	【一丨】	
岛	811	闰	14	沸	964	词	190	际	1262
㺹	623	闱	1040	汶	773	启	86	陆	1256
邹	594	闲	1043	没	994	启	246	阿	1256
迎	119	间	1042	沟	989	补	736	壮	27
饪	454	闵	1045	汶	971	初	373	孜	252
饬	1212	闷	946	沆	978	社	12	妆	1097
饭	457	【丶丿】		沈	996	礽	9	陇	1261
饮	773	羌	321	沁	963	祀	7	陈	1261
系	718	判	376	决	991	祃	12	圭	548
系	1127	兑	757	沷	997	诅	187	阻	1257
系	1150	闲	696	沩	963	识	174	阵	1262
【丶一】		灶	666	忾	941	诈	189	附	1260
言	167	灿	901	怀	932	诉	191	坠	1197
波	1022	灼	893	忧	483	罕	682	陀	1260
冻	1020	炀	892	忧	949	诊	193	陂	1257
状	876	弟	488	忧	950	诋	193	【一丿】	
亩	1201	【丶丶】		忡	950	邲	797	妍	1099
庞	822	汪	977	怅	947	邺	588	妩	1094
床	518	沣	961	忻	928	词	795	妘	1087
库	823	沅	958	怆	947	诎	192	妓	1097
庑	822	沄	978	忱	928	诏	176	妪	1090
庇	827	沐	1006	忧	932	译	195	妣	1091
疗	678	沛	973	快	926	诒	185	妊	1089
疖	672	沔	961	完	658	【一一】		姊	1091
吝	94	沥	1002	宋	663	君	81	妞	1095
疒	789	沚	988	宏	661	灵	24	妨	1099
应	925	沙	986	牢	656	即	451	妗	1087
冷	1021	汩	966	究	72	层	748	妒	1098
庐	821	泪	1012	穷	669	尿	750	卧	267
序	824	冲	977	穷	669	尾	749	邵	797
辛	1275	汧	987	灾	895	迟	123	邵	588
肓	355	沂	970	【丶一】		局	97	劲	1209
弃	336	沦	979	良	479	改	253	忍	953
冶	1021	汹	981	䜣	185	改	263	【一丶】	
忘	940	汾	962	证	177	张	1123	到	381
		泛	977	证	192	忌	943	劲	1208

1336

甬	626	玠	18	抵	1055	英	44	枞	501
邰	584	玲	21	坻	1189	苴	36	松	501
矣	473	表	730	拘	163	苊	42	枪	515
炱	483	珏	18	势	1213	苟	56	枘	491
鸡	304	孟	439	抱	1063	苑	49	枫	498
鸡	305	邢	588	拉	1055	苞	38	杸	237
【一一】		抹	920	幸	911	范	58	构	511
纬	1131	忝	953	幸	914	范	392	枋	497
驱	862	规	920	拖	1081	范	1251	杰	700
纯	1130	账	487	拂	1080	茔	1194	述	115
纲	1143			拙	1078	苊	50	枕	518
纳	1132	【一丨】		招	1064	茕	1034	杷	519
纴	1131	長	839	坡	1179	直	1113	杼	524
驳	857	刲	379	披	1067	直	1113	丧	101
纵	1134	卦	266	拨	1072	茀	50	轧	1252
纶	1142	邽	586	择	1062	苗	43	東	543
纷	1147	拑	1056	拚	1070	苕	59	或	1108
纸	1149	抴	1081	亞	1266	茎	43	画	232
纺	1132	郝	595	坶	1179	茅	35	叀	339
驴	865	坷	1192	拇	1051	朹	651	卧	728
纽	1142	拓	1072	坳	1197	枉	507	臥	233
纾	1134	坡	1181	拗	1084	林	544	事	227
		拔	1074	聑	380	柿	536	刺	381
八画		坪	1179	其	407	枝	505	兩	681
		抨	1079	取	224	杯	521	枣	628
【一一】		拈	1060	苷	34	枢	514	雨	1022
邮	588	坦	1186	苦	34	枥	540	協	1214
郝	593	坤	1178	昔	607	柜	498	卖	550
奉	201	抽	1074	苟	1207	枇	496		
珏	21	劼	1061	若	53	栢	532	【一丿】	
玨	26	拊	290	茂	46	杏	510	匼	830
玩	21	者	776	茇	45	柑	491	匿	826
环	17	顶	1192	苹	32	杵	520	郁	452
玭	23	坏	1180	迠	130	枚	506	郁	545
武	1110	奎	483	苦	52	帐	525	郁	585
青	449	夌	1070	苴	53	析	538	矿	834
责	575	拥		苗	48	來	481	厠	825
玫	23	抵	72					奈	492

刽	376	叔	224	虮	1158	陂	689	季	1280
奔	911	岠	107	虬	1164	峄	811	委	1095
奇	420	肯	370	迪	120	囷	560	竺	1177
奄	908	齿	145	典	408	沓	416	秉	223
奋	312	址	108	固	562	氽	1014	【丿丨】	
态	909	些	110	忠	926	败	259	佳	701
状	884	卓	724	咀	77	贩	576	侍	708
李	914	卤	417	呷	85	贬	578	佶	703
态	939	虎	436	呻	92	购	578	岳	810
戒	1109	虏	625	黾	1173	贮	571	佴	707
瓯	1121	【丨丨】		呱	76	囹	562	供	705
欧	770	肾	355	呼	80	图	559	使	712
殴	238	贤	565	鸣	332	冈	813	佰	709
庞	912	【丨丶】		咆	96	【丿一】		例	718
豕	845	尚	65	咏	182	钍	1234	侠	708
垄	1194	【丨一】		咈	89	钦	1227	臾	1286
旅	912	盱	277	呲	84	钏	1223	儿	757
郎	595	具	203	咍	99	钐	1234	侥	721
【一丶】		昙	609	呦	97	钑	1237	版	629
郑	590	昊	510	岠	690	钩	1235	帘	694
炎	484	果	504	岵	812	钖	1234	岱	811
【一一】		味	79	峀	818	钗	1237	侦	723
妻	1089	迟	115	岸	820	邾	592	侗	702
顷	724	昆	608	岩	815	制	379	侣	721
轭	1250	国	559	岥	688	制	739	侃	1017
转	1252	門	1039	帖	691	知	473	侧	708
斩	1254	昌	605	罗	684	迭	126	凭	1238
轮	1253	昇	610	岨	813	氖	27	佸	709
轱	1249	昕	608	岫	814	迮	117	侨	702
戔	1110	明	621	帜	693	垂	1195	伷	708
炕	759	易	852	帙	691	牦	74	佺	706
恋	934	昂	610	岭	818	牧	264	侩	722
到	1036	旻	599	迥	132	物	73	佮	709
郅	589	昉	608	岷	811	乖	314	佾	722
砼	1122	炅	899	剀	371	刮	378	佩	699
【丨一】		畀	409	凯	430	秆	638	货	564
非	1033	旽	1203	曼	224	和	83	侈	715

隹	301	斧	1240	狎	877	废	672	河	955	
侘	719	炎	271	狎	416	废	827	沽	963	
侪	706	采	535	狐	883	音	448	沾	1025	
佼	699	籴	466	忽	940	妾	199	沮	957	
饮	707	圣	728	狝	879	盲	284	油	966	
依	707	受	343	狗	873	放	342	泱	995	
帛	694	争	344	匐	803	刻	375	况	977	
卑	226	乳	1035	狍	869	於	334	泗	969	
的	600	贪	577	匋	803	劻	1212	泆	985	
迫	130	念	927	咎	719	肮	756	泝	993	
阜	1255	贫	578	备	705	育	1282	泠	965	
自	1255	敛	252	姓	623	氓	1103	泒	972	
臾	445	忿	943	匊	801	氓	1203	沿	992	
卵	446	【丿一】		炙	906	【丶丨】		泡	969	
侔	706	肤	354	枭	542	闸	1042	注	991	
【丿丨】		肺	355	饯	460	闹	219	泣	1010	
质	573	肝	354	饰	691	闵	1042	泮	1011	
欣	768	胅	369	饱	459	【丶丿】		沱	956	
郎	596	肱	221	饴	455	郑	586	泌	976	
征	114	胧	363	【丶一】		券	381	泳	993	
征	727	肿	363	㭬	1022	券	1211	泥	973	
徂	115	胏	369	变	253	卷	798	泯	1012	
往	137	股	360	京	476	卷	1079	沸	988	
彼	137	肪	357	亩	479	单	101	泓	980	
径	136	胆	1283	废	826	炊	891	沼	989	
所	1241	肥	370	夜	622	炕	899	波	979	
刷	753	服	754	庙	828	炎	901	泽	984	
【丿丶】		胁	358	府	820	炉	1223	泾	959	
舍	464	周	88	底	826	【丶丶】		治	971	
舍	1060	昏	604	庖	822	沫	957	怙	933	
金	1214	迨	130	疟	675	沫	1006	怵	952	
郐	594	郇	589	疠	675	浅	985	怛	947	
刹	382	鱼	1028	疝	673	法	867	怏	945	
俞	463	兔	871	刻	378	泔	1003	性	924	
命	82	匋	469	卒	738	泄	968	怜	988	
肴	365	臽	650	郊	584	沽	973	怍	953	
刲	268	狙	882	庚	1275	沭	970	怕	936	

怜	953	袖	5	弦	1127	【㇇】		珏	26
怪	955	视	762	戗	1125	线	1143	珂	25
怿	939	祈	10	诏	1123	绀	1140	珍	20
怡	930	祇	6	【㇇丨】		继	1148	玲	21
㟃	813	役	237	承	1064	练	1137	珊	24
学	265	诛	193	孟	1280	组	1142	珉	22
宝	659	话	180	陋	1258	绅	1141	珈	24
宗	663	诞	188	牀	518	细	1134	毒	29
定	657	诟	194	戕	876	织	1131	弩	1126
宕	663	诠	178	戗	1109	郗	846	型	1187
宠	660	罙	666	斨	1240	驷	861	匧	1117
宜	660	诡	192	孤	1280	驸	861	【一丨】	
审	68	诣	184	陕	1261	驹	854	挂	1081
宙	664	询	195	亟	1176	骀	864	垚	1197
官	1255	诤	183	降	1259	绉	1150	封	1186
空	667	该	195	函	625	驻	863	持	1056
帘	393	详	174	限	1257	绊	1147	拮	1078
宛	655	诩	181	【㇇丿】		绌	1139	拱	1053
宝	664	【㇇一】		妹	1091	绍	1133	垣	1182
实	658	建	142	姑	1090	驿	864	项	778
宓	657	郏	587	姐	1102	绎	1129	挞	1079
宏	656	肃	230	妲	1090	经	1130	城	1188
【丶㇇】		隶	232	妯	1099	骀	864	挟	1058
祉	8	隶	233	姗	1095	绐	1132	挠	1066
诔	194	录	632	姓	1085	贯	625	垤	1193
试	178	录	1217	姗	1100	纠	164	政	250
郎	595	帚	692	始	1093	甾	1120	赴	102
诖	187	屈	745	帑	692			赵	105
诗	170	居	744	弩	1125	九画		赳	103
诘	192	屄	746	迢	135	【一一】		贲	566
戾	878	屈	745	驾	860	契	384	挏	1064
肩	358	刷	378	歼	245	契	909	壴[1]	427
房	1038	叔	223	【一丶】		贰	572	壴[2]	427
诚	175	屐	484	叁	1184	奏	917	哉	85
郓	587	屈	750	参	617	春	60	挺	1074
衫	736	弧	1123	艰	1198	帮	695	括	1076
衬	733	弥	1125	叕	1265	珕	23	郝	585

垢	1193	茂	49	柩	1119	亜	1191	【一⼓】	
耆	741	荏	31	枰	537	要	206	轼	1251
拾	1073	荐	39	栋	512	酊	1292	轴	1249
挑	1066	荃	53	相	280	柬	556	轶	1253
垗	1193	荟	47	柙	540	【一丿】		轸	1248
垛	1183	荀	61	柚	491	咸	86	轮	1253
垝	1190	茗	62	枳	498	咸	1037	轵	1252
指	1051	荠	38	枧	531	厖	831	轹	1252
垫	1189	茭	54	柤	519	威	1091	轺	1250
挤	1055	茨	52	栖	521	研	837	轷	1246
垓	1178	荒	48	柞	496	頁	774	轻	1246
按	1060	茬	45	树	530	厘	1199	蚤	1158
挥	1075	垩	1184	柏	501	厚	478	皆	289
垠	1190	荡	444	栎	509	砌	839	毖	725
某	502	荡	963	栌	516	砑	994	到	381
甚	415	荣	500	栀	502	砚	838	勁	1208
荆	43	荤	32	柢	503	斫	1240	【丨一】	
茸	60	荦	71	栎	499	砭	838	韭	652
革	208	荧	906	枸	497	面	482	背	357
茜	37	故	250	栅	516	面	784	苟	804
茬	47	荩	34	柳	497	奂	919	貞	267
荐	51	胡	365	枹	530	耏	842	战	1107
荐	866	荪	61	柱	512	奎	908	郿	597
巷	599	荫	46	柿	491	盎	448	觇	764
荚	45	茹	54	柲	527	郏	590	点	903
荬	538	荔	58	柳	520	奓	318	鹵	626
薁	34	南	552	柽	517	牵	71	虐	435
贳	573	药	51	树	502	虺	1158	【丨丨】	
荛	55	兹	46	郝	597	残	348	临	728
茈	37	标	506	勃	1212	殂	131	览	763
带	689	柰	492	軌	1253	殂	347	竖	234
草	60	栈	525	郈	598	殃	348	【丨丿】	
昔	315	枯	508	匽	1116	殇	347	省	287
茧	1129	栉	519	剌	557	殄	346	【丨、】	
茛	32	柯	527	勑	254	殆	348	削	371
茵	53	柄	527	畐	479	【一、】		尝	425
茱	43	柘	500	部	596	勅	1207		

1341

【丨一】		胄	680	贶	580	种	633	係	718
昧	600	胃	362	贻	581	秭	642	信	175
晒	284	贵	580	骨	350	秋	640	侚	704
昊	874	贩	263	幽	338	科	641	皇	14
曐	786	界	1202	【丿一】		重	728	泉	1017
是	111	虹	1166	钘	1220	复	137	卽	451
郢	591	虾	1165	铁	1235	复	483	鬼	805
昱	272	虸	1169	钜	1236	竽	402	侵	710
眇	284	蚁	1160	钝	1236	竿	398	舣	696
眈	276	思	923	钚	1232	笃	861	禹	1269
眊	276	咢	100	钞	1236	【丿丨】		侯	472
则	374	虽	1157	钟	1220	段	239	帥	687
盼	275	品	157	钟	1231	俦	714	追	128
眨	286	咽	76	钘	1241	俨	703	俑	717
易	841	骂	686	铃	1231	俅	699	俟	702
眈	277	郢	592	钦	765	俌	707	俊	700
哇	90	勋	1206	钦	767	便	711	【丿丿】	
冑	85	咮	96	钧	1229	俪	713	盾	288
显	783	囤	560	钫	1231	侲	721	迶	134
哑	84	响	197	钮	1224	侠	708	衎	144
冒	681	哜	795	钯	1229	昪	205	待	139
咺	77	哈	75	卸	798	叟	221	衍	974
映	609	咷	77	缸	470	贷	567	律	140
禺	808	哆	76	看	281	顺	781	很	140
昷	443	哜	78	矩	412	修	366	後	139
星	617	咳	77	矩	413	修	788	须	787
昳	609	咳	771	毡	743	俣	703	肩	358
昨	605	哖	317	邰	594	俚	704	彤	752
昫	602	峝	652	牲	71	保	698	舣	511
曷	415	炭	890	牴	72	傅	708	【丿丶】	
昂	604	罘	684	轻	72	促	718	郐	594
昱	606	罚	380	选	122	俄	716	叙	263
哓	92	峋	817	适	115	侮	716	俞	752
昭	600	峥	816	适	118	俆	713	弇	201
哑	84	辉	690	秬	453	俭	711	迨	117
畏	808	贱	577	秒	637	俗	712	郚	587
胃	356	贴	580	香	644	俘	718	剑	383

逃	128	籹	723	度	225	羑	321	浃	1013	
刟	379	狟	878	庢	826	姜	1086	浇	1004	
俎	1239	飌	1171	弈	202	进	135	洸	979	
郤	588	独	879	奕	918	叛	69	浊	970	
卸	798	狎	881	迹	113	籵	1244	洞	981	
爰	343	狯	874	庭	821	送	123	洄	993	
禹	337	狯	873	庥	829	类	881	测	980	
采	636	狡	873	疣	363	迷	126	洙	970	
食	454	狩	880	疥	674	娄	1100	洗	1007	
瓴	1122	狩	1270	疫	677	前	107	活	976	
盆	441	狱	884	疢	677	前	373	汧	961	
鸽	329	訄	386	庠	821	酋	1292	涎	773	
【丿】		狠	876	席	828	首	785	洎	1001	
胘	359	訇	188	咨	82	逆	118	洫	989	
胚	354	訄	195	姿	1098	兹	340	洐	990	
胧	620	迻	121	亲	658	总	1134	派	988	
胪	354	贸	574	亲	765	炳	896	浍	962	
胆	356	鸳	1121	音	197	炼	894	洽	997	
胛	358	怨	943	彦	790	炽	898	洮	959	
胜	367	急	936	飒	1172	炯	897	染	1009	
胜	1209	饵	216	帝	2	烁	901	洵	981	
胙	364	饶	459	孟	445	炮	892	泽	974	
胸	366	饷	458	荠	612	炫	897	洛	962	
胞	804	胤	362	施	614	烂	892	济	972	
胖	68	饼	455	【丶丨】		烃	888	洨	972	
脉	1018	【丶一】		闺	1040	剃	794	洋	970	
胐	618	訂	173	闻	1048	【丶丶】		浑	982	
胫	361	計	179	闼	1045	洭	964	浒	987	
胎	354	恋	814	闽	1166	洼	988	浓	997	
鸨	329	弯	1124	闾	1040	洁	1013	津	992	
匍	801	孪	1279	阀	1045	洪	974	恸	954	
矦	472	将	243	阂	1040	洹	969	恃	934	
负	571	盲	477	阁	1042	洒	1005	恒	1176	
兔	870	哀	95	【丶丿】		洒	1008	恆	1176	
欨	767	亭	474	差	410	洧	967	怵	935	
勉	1208	亮	758	养	456	洿	999	恢	930	
奂	201	庤	827	美	320	洌	982	恫	948	

恺	927	袆	731	昼	232	姚	1087	络	1149
恻	948	袟	731	昶	749	姣	1095	绝	1133
恬	930	袄	739	屏	748	姦	1101	绞	912
恤	446	袂	732	鸩	326	拏	1059	统	1131
恤	936	祜	3	弭	1123	怒	943	骈	860
恰	954	祐	8	敃	249	贺	566	紅	1140
恇	925	祐	5	费	574	飛	1033	紂	1147
恪	933	祓	10			盈	442	級	1135
恽	928	祖	8	【㇀丨】				約	1135
恨	945	神	6	逊	122	【㇀丶】		紀	1132
举	1068	祝	9	陣	256	致	257	紉	1145
觉	765	祚	13	韋	486	恣	945		
宣	655	袥	7	眉	287	羿	296	十画	
宦	655	袛	5	胥	367	枲	651		
宥	660	祕	6	陝	1261	勇	1211	【一一】	
宬	656	祠	9	陕	1258	炱	890	耕	384
室	654	误	187	矜	1282	怠	939	耘	385
宋	657	诰	176	陛	1262	癸	1278	艳	432
宫	664	诲	171	陟	1258	癹	109	艳	433
宪	927	㝉	452	陨	1259	蚤	1168	契	384
窀	450	诳	186	除	1262	柔	509	挈	1056
突	668	鸩	332	险	1257	敉	249	泰	1009
穿	666	说	179	院	1263	矜	1245	秦	640
窆	669	觊	766	叠	1274	垒	1190	珥	19
窃	648	昶	609			垒	1264	珙	26
窀	669	诵	171	【㇀丿】				项	781
客	662			妍	1099	【㇀一】		玼	19
姿	221	【㇀一】		娀	1093	结	1136	珰	25
		聿	231	娃	1099	绔	1143	珠	22
【丶㇀】		郡	582	姞	1086	骁	858	班	18
诚	175	垦	1196	姨	1092	绕	1135	珩	18
冠	679	退	139	娆	1100	经	1151	珧	23
诬	186	既	451	姪	1092	骊	856	耗	482
軍	1251	叚	225	帤	688	骄	858	珽	21
语	167	屍	747	姻	1088	绘	1138	班	26
扁	159	屋	747	姝	1094	给	1136	敖	342
扃	1039	眉	744	姚	1087	绚	1138	素	1154
袄	731	屑	745	娇	1102	象	848	菁	336
				姤	1102	绛	1139		

匪	1116	挫	1055	莲	39	梃	506	【一丿】	
門	1044	垱	1183	莖	43	栝	528	辱	1285
栾	506	捋	1061	莳	47	桥	533	唇	91
蚕	1167	换	1083	莫	63	桧	501	脣	355
顽	780	挚	1057	莧	31	桃	493	厝	831
盏	444	热	898	莪	40	勑	1207	威	899
【一丨】		恐	951	莠	30	格	507	夏	485
匪	1118	捣	1074	荷	40	校	535	砺	839
彭	791	捝	1071	荼	59	核	524	砾	835
恚	943	栽	895	莶	39	核	687	础	839
栽	510	垸	1187	莝	54	样	495	破	837
捕	1081	殻	237	荸	36	根	503	剞	372
埂	1191	壶	913	葡	270	栩	495	匿	1118
馬	853	捃	1073	荻	637	逑	127	逐	129
振	1069	盉	447	荻	880	索	551	烈	887
挾	1058	挨	1079	莸	37	軒	1245	殊	346
载	1251	埃	1193	晋	601	軑	1250	顾	780
赶	106	耻	952	恶	944	書	1249	【一、】	
起	104	敢	254	莎	57	軔	1248	匦	1119
奉	917	耿	1047	茯	992	連	127	【一一】	
盐	1037	耽	1046	莞	35	軔	1249	鄄	590
捎	1070	恥	952	莹	20	專	244	棗	626
埘	1188	聍	595	莺	331	逋	127	轼	1247
貢	566	聂	1050	真	723	哥	421	輅	1250
捉	1062	華	554	軌	610	速	118	轻	1253
捐	1082	芭	33	莙	36	鬲	214	辂	1247
损	1071	莕	41	邯	1050	逗	124	较	1248
埙	1186	莆	30	鸪	333	栗	627	顿	781
袁	734	崇	10	莊	30	賈	575	毙	880
捌	1084	茜	1290	桂	494	覉	687	致	483
耋	740	郝	598	桔	496	鴿	694	貧	568
都	583	捧	1253	桹	593	酎	1288	晋	601
哲	81	恭	930	桓	517	酌	1289	【丨一】	
逝	115	拳	1082	栓	539	逈	129	敔	652
耆	741	莢	45	桢	508	配	1288	鬥	219
耄	741	莽	63	桐	500	颀	780	毒	107
捡	1053	莱	57	株	504	翅	296	龀	145

1345

柴	510	哽	89	罟	683	特	70	倰	714
赀	579	唅	98	罛	278	牺	73	倒	722
鹵	418	晔	603	置	685	郵	584	俳	716
逌	419	晃	1175	罘	683	造	116	條	505
虔	434	剔	382	罜	684	牷	71	倏	878
慮	923	晏	602	罠	684	乘	490	倏	904
【丨丨】		晕	609	峨	816	敌	256	脩	366
监	728	晖	603	峯	815	舐	161	俱	707
举	199	鹖	326	峰	815	秾	462	倡	716
紧	234	畕	1204	圆	558	秫	635	傷	716
【丨丿】		畛	1202	觊	764	租	639	候	710
岽	696	晜	485	峻	814	秩	638	赁	578
党	760	蚌	1164	贼	1107	积	637	恁	937
【丨丶】		蚨	1165	盉	443	盉	441	倭	702
貞	564	蚍	1170	赇	564	秩	637	倪	712
逍	135	蚬	1161	赂	568	秾	642	俾	712
党	904	畔	1202	赀	567	称	641	倫	706
【丨一】		蚊	1169	刚	374	透	135	丞	554
昧	278	蚓	1156	【丿一】		乔	911	倜	721
昩	283	哨	93	钱	1225	笄	393	隽	311
時	599	員	563	钲	1230	笠	399	隻	302
逞	131	圃	561	钳	1227	笔	230	倞	703
畢	335	哭	101	钹	1234	笑	405	倅	721
眻	287	圄	562	钻	1228	笏	406	倍	714
晒	607	哦	98	钽	1226	笋	389	倦	720
财	564	唏	84	钿	1237	【丿丨】		倦	1211
晟	608	恩	931	铃	1229	倩	701	俾	703
挈	763	盎	441	铄	1218	债	722	倓	701
眩	273	鸯	328	铅	1216	倀	714	倌	713
晓	608	唤	99	铊	1232	倪	726	臬	529
眸	275	圂	563	铍	1224	借	710	健	703
唪	96	唁	95	铎	1230	值	719	臭	880
鸭	333	唤	84	耸	282	倚	707	射	471
晄	601	峉	812	缺	470	俺	704	皋	917
晃	601	豈	430	铁	1216	健	708	躬	665
晡	79	敖	709	铉	1222	郰	597	息	924
闪	1044	罢	685	氤	648	倾	708	郫	592

烏	334	颂	775	【丶一】		疲	677	拳	1052
倨	703	翁	295	計	191	脊	1085	粎	648
師	549	【丿一】		訏	190	效	250	粉	648
岫	446	胹	367	訌	189	离	305	料	1243
觜	923	胯	360	討	193	离	1268	益	442
【丿丿】		胙	361	訕	186	衮	730	兼	643
顾	784	胎	368	託	181	紊	1134	朔	618
徒	114	朓¹	364	訖	183	唐	88	郸	589
虍	438	朓²	619	訓	171	凋	1021	烘	891
徑	136	脂	368	訊	174	瓷	1122	烦	782
復	139	胳	359	記	182	资	565	烧	887
徐	138	朕	753	訒	184	恣	940	烨	888
覎	1019	脓	446	凍	1020	凉	1004	烛	894
殷	729	觳	833	凄	947	剖	375	烟	896
殷	948	鸱	307	衷	737	竞	196	烙	900
般	754	虓	437	栾	498	部	586	炱	889
舫	754	玺	1187	浆	1003	竝	922	剡	372
舭	653	真	723	衰	738	旁	2	郯	596
【丿丶】		挈	422	勍	1208	施	612	烬	894
釘	1218	鸲	331	袁	735	旄	615	递	120
釗	379	狷	883	高	473	旂	612	【丶丶】	
殺	241	狳	874	亳	474	旅	615	涛	1013
拿	1059	逊	132	郭	597	旃	613	浙	957
觊	766	狼	883	席	692	欬	771	涝	961
耸	1049	卿	800	庫	823	畜	1203	洭	973
臽	650	逢	119	准	1000	【丶丨】		浦	987
爱	484	桀	489	疴	671	阄	515	涑	1008
豻	850	名	470	病	671	阅	1044	酒	1287
豺	849	軏	331	疳	675	阆	1041	浹	1013
豹	849	留	1203	疽	674	【丶丿】		涇	959
奚	919	皆	279	疸	677	敉	456	涉	1014
邕	452	盎	439	疾	671	粉	318	娑	1097
倉	465	鸯	328	斋	6	殺	319	消	998
飤	457	芻	54	痈	674	羞	1283	涅	986
飢	461	铺	458	疹	673	恙	949	浞	997
衾	734	饿	462	疱	245	瓶	470	涓	975
颃	778	馀	460	痂	675	桊	525	涔	996

1347

浩	978	窈	669	诱	180	陴	1263	【乛一】	
海	974	窕	656	谀	184	陰	1256	绠	1148
涂	958	剡	382	崔	475	陶	1261	骊	855
涂	1196	宰	659	谁	193	陷	1258	彖	848
浴	1006	宭	659	谂	177	陪	1263	绡	1130
浮	980	案	522	调	179	烝	888	绢	1138
涣	976	【丶乛】		顿	778	【乛丿】		绣	1138
涤	1005	请	168	冤	871	娭	1098	验	859
流	1014	冢	680	谄	185	姬	1086	绥	1152
润	1000	朗	619	谅	168	娠	1090	驿	866
涧	990	诸	170	谆	172	娱	1096	继	1133
涕	1010	诹	173	谇	192	娉	1097	骎	862
浪	960	诼	679	谈	167	娲	1093	骏	858
浸	971	诺	169	谊	181	挐	1082	纯	1130
涌	982	读	171	【乛一】		恕	930	纳	1132
涘	987	扆	1039	書	231	娱	1096	纴	1131
浚	1002	冡	803	剥	377	娣	1092	纷	1147
悖	187	扇	1038	帬	689	娓	1096	紙	1149
悟	934	诽	186	展	745	砮	834	纺	1132
悄	950	袥	11	剧	382	娱	1096	纽	1142
悍	939	袪	732	屒	746	哿	421	纡	1134
悝	941	祐	733	屑	745	皰	245	笎	1155
悃	929	袯	739	展	751	脅	358	邕	1017
悒	937	袒	736	犀	747	【一丶】			
悔	945	袓	735	剧	372	畚	1120	十一画	
悌	955	袖	732	弱	789	狨	296	【一一】	
悛	935	衫	730	【一丨】		通	120	彗	225
害	662	袍	731	陆	1256	能	885	粗	519
宽	661	袗	739	陵	1255	函	625	春	650
宸	655	被	734	陬	1257	难	326	球	16
家	654	祯	4	愁	932	难	327	琐	21
宵	660	袾	735	陳	1261	逡	126	責	575
宴	657	袷	9	夎	919	预	784	理	20
宾	572	桃	13	胖	318	務	1207	琀	24
窅	667	祥	4	孫	1128	桑	547	麸	482
突	666	课	177	蚩	1161	剟	376	琅	24
容	659	冥	616	崇	12			梵	262

1348

規	920	接	1064	菌	42	桷	513	瓠	653	
【一丨】		執	915	菱	54	梓	494	匏	804	
堵	1182	捲	1079	萸	43	梳	519	奢	916	
措	1062	捭	1059	萑	36	梯	525	萑	311	
掩	1063	控	1060	崔	312	棍	514	爽	271	
掩	1078	探	1075	萆	53	桶	529	厩	823	
排	1054	悫	926	菜	49	梭	497	猇	843	
焉	335	埻	1185	菔	32	救	256	豝	843	
焉	854	据	1057	菊	32	啬	480	聋	1049	
掉	1067	据	1067	萃	47	軛	1250	龚	204	
捫	1058	掘	1078	萍	57	斬	1254	袭	731	
场	1196	堀	1195	萍	1011	較	1248	盛	439	
摇	1080	掇	1073	菹	52	軝	1249	【一、】		
赦	257	埕	1184	菅	35	專	243	赉	570	
赧	907	掼	1065	营	665	鄆	590	雩	1026	
推	1054	职	1048	萦	1145	匮	1119	雪	1023	
顶	776	聊	1046	乾	1270	曹	417	【一丿】		
埠	1189	耿	1049	萧	40	敕	254	顷	724	
捽	1080	基	1182	菌	50	副	375	辄	1248	
掀	1069	聆	1048	械	539	區	1116	辅	1254	
悉	929	勘	1213	梵	546	敌	262	堑	1191	
捨	1060	娶	1088	梦	622	堅	234	軱	1254	
執	218	菁	32	婪	1100	豉	652	輄	1248	
掄	1062	萇	34	梾	499	鄄	594	崰	724	
授	1064	萚	49	梧	500	酞	1287	【丨一】		
堋	1193	萁	30	栖	521	酞	1289	紫	7	
教	264	萊	57	棬	532	【一丨】		皆	274	
掏	1054	堇	1198	樫	517	殹	238	逴	132	
掐	1083	勒	212	桯	517	屑	355	离	1269	
硔	835	逳	117	梱	515	廂	829	鹵	1037	
鸷	330	黄	1205	梏	540	戚	950	颅	776	
掠	1083	萠	682	梅	492	戚	1111	虚	726	
埠	1188	萋	44	觋	413	带	689	虘	434	
掖	1083	菲	57	检	531	夏	1107	虍	435	
捽	1063	莧	872	枀	555	研	837	彪	437	
捨	1061	萌	43	麥	482	硕	778	虑	434	
培	1190	萝	40	桴	512	硗	836			

【丨丿】		冕	680	唻	98	铤	1219	笞	402
雀	303	晚	603	啸	86	铦	1225	敏	248
【丨丶】		啄	97	啸	769	铰	1220	【丿丨】	
堂	1183	睢	1201	啨	816	铣	1217	偰	701
常	689	時	1202	喦	852	铨	1228	偾	717
【丨一】		異	204	愤	689	铫	1222	偃	717
戝	1106	跰	155	帐	690	铭	1236	偭	711
敚	252	跂	156	崖	820	银	1215	偯	714
唪	85	距	154	崚	690	铮	1231	鄭	590
戜	1108	啮	146	罱	726	矫	472	偕	706
眦	274	跄	149	逻	135	毯	743	偵	723
喷	92	朔	155	崑	819	牾	1286	悠	950
匙	724	跌	155	帼	693	犌	70	偿	710
晤	600	略	1202	帷	690	牼	72	侧	708
晨	206	蛄	1160	崔	817	甜	414	偶	720
晨	617	蛊	1171	崟	813	秸	638	貨	564
眽	279	圊	915	崙	819	梨	491	售	98
眺	283	蛉	1163	崓	816	移	636	進	116
敗	259	蛇	1172	崩	816	透	124	停	722
販	576	蛆	1157	崢	812	動	1210	偻	719
貶	578	唬	97	崒	813	笺	392	偽	715
眯	283	累	1144	崇	817	笨	390	偏	714
眼	273	曼	1119	崛	815	笼	398	躯	729
眸	286	鄂	591	赇	578	笞	401	枭	542
野	1199	唱	83	赈	565	笪	401	鸟	324
啞	84	國	559	朗	621	笛	404	參	789
喦	480	患	951	婴	1097	笙	403	皑	696
閇	1040	唾	79	赊	573	笮	393	皀	451
閉	1043	唯	83	圉	560	符	392	殷	240
晛	602	啥	80	過	116	笭	400	兜	760
勖	1209	唸	92	【丿一】		笱	163	皎	695
問	83	啁	90	铷	1221	笠	399	假	709
婁	1100	啕	188	铙	1230	笵	392	偓	706
曼	221	啥	78	铚	1226	笥	395	偉	701
晧	603	啐	91	铜	1216	第	406	崋	208
晦	604	啤	79	铠	1234	笯	398	恩	905
晞	607	唉	89	铢	1228	笞	397	偊	712

1350

【丿丿】		【丿一】		設	181	閻	1044	渠	990
衔	143	脚	360	訪	173	阎	1040	渐	965
徙	121	脯	366	訣	196	闾	1041	淺	985
得	140	胫	355	減	1011	【丶丿】		淑	982
銜	1235	豚	848	鸾	325	羝	318	淖	986
從	725	脛	361	庶	827	羟	317	混	975
衒	144	脢	358	麻	651	盖	52	涸	998
率	1085	脬	356	庚	825	剹	809	淮	973
舸	755	脱	362	庫	826	羡	1018	淮	967
舻	752	脘	366	痔	675	眷	281	淪	979
舳	752	腖	370	疵	672	粝	645	渊	984
盘	521	彫	788	產	553	粗	646	淫	985
船	752	匐	801	痊	675	粗	870	涼	1004
【丿丶】		魚	1028	痒	672	粕	648	淳	1007
敘	263	象	853	痕	676	粒	646	液	1004
斜	1244	逸	871	廊	829	断	1241	淬	1005
悆	937	猪	843	庸	269	剪	373	涪	956
釭	1234	猎	879	鹿	867	兽	1270	淤	1003
釱	1227	猫	852	盜	774	敝	697	涫	962
釦	1223	猗	874	峻	916	烴	900	淡	1004
釳	1234	猝	875	亲	493	焕	901	淙	981
釧	1237	斛	1242	章	198	焌	886	淀	1003
釣	1235	猛	877	竟	198	【丶丶】		涫	1001
釵	1237	猢	833	豪	846	清	983	深	966
龛	1032	馗	1267	翊	298	漬	997	涅	983
鸽	325	祭	7	商	162	渚	972	梁	533
欷	770	訾	178	旌	612	淩	968	渗	983
敛	255	俤	454	族	616	鸿	328	情	924
悉	68	倭	461	旋	614	淇	963	悵	927
欲	769	馆	460	望	727	淖	975	悵	947
彩	789	【丶一】		望	1114	淋	1007	惜	948
貋	849	詎	195	衺	732	渐	1001	悽	947
舍	1292	訝	183	率	1155	淯	989	慚	953
貪	577	訥	184	牽	71	涯	1014	惧	933
領	778	許	169	【丶丨】		淹	958	惕	952
翎	301	訴	178	阎	1039	涿	996	悖	941
貧	578	訟	190	阅	219	淒	995	惟	932

惆	946	谙	194	婕	1093	绿	1138	琮	17
惛	942	谚	183	娲	1093	骏	860	琬	17
惇	928	谛	174	婢	1092	缀	1265	琛	25
惮	951	谜	196	婚	1088	缁	1140	琚	21
寇	259	谝	188	婉	872	貫	625	勞	1211
寅	1284	谞	177	婵	1102	鄉	598	辇	1254
寄	662	【乛一】		婉	1095	紺	1140	替	922
寂	657	晝	232	婦	1089	繼	1148	黿	1174
逭	127	逮	123	袈	736	組	1142	【一丨】	
宿	661	敢	344	絮	1149	紳	1141	款	768
窒	668	尉	893	颇	782	細	1134	跌	840
窑	666	屠	747	【乛、】		紩	1144	髡	794
寁	664	扁	1025	颈	777	絆	1147	珏	413
密	814	扉	747	習	293	紵	1151	堯	1197
【、乛】		張	1123	翏	298	紲	1139	堪	1183
谋	172	晁	1274	【乛乛】		紹	1133	塔	1197
谌	175	艴	799	绩	1150	紿	1132	搵	1074
谍	194	弸	1123	绪	1129	巢	555	鄢	592
鄆	587	弹	1126	绫	1137			馭	142
谏	177	強	1159	骐	855	十二画		搣	1075
啓	246	【一丨】		续	1133			項	778
庴	585	奨	876	骑	859	【一一】		越	103
靮	245	隋	364	绮	1137	貳	572	赳	105
谐	179	鄏	585	绯	1153	絜	1151	赸	106
谑	189	随	114	绰	1154	琫	19	趁	104
袺	737	將	243	绳	1145	琴	1113	趋	102
祷	10	階	1262	绶	1141	琶	1113	超	103
祴	11	陧	1260	雅	855	瑛	1113	賁	566
視	762	陽	1256	维	1146	琳	16	堤	1186
祸	12	隅	1257	绵	1128	琢	16	場	1195
祲	12	限	1261	绶	1142	瑑	20	揚	1068
祺	13	巢	550	绷	1136	琥	25	揖	1052
谒	168	隆	553	绸	1152	琨	17	博	166
谓	168	隐	1260	綹	1131	靓	22	堝	1179
谕	172	隊	1259	绻	1154	琱	765	頡	782
谖	185	【一丿】		综	1131	琼	20	揭	1069
逸	191	婣	1098	绾	1139	琰	15	尌	427
							17		

1352

喜	426	葉	44	辜	1276	惠	339	殚	349
彭	428	軒	208	葦	57	惑	942	殛	347
揣	1065	靭	214	葵	31	逼	134	【一、】	
揷	1062	散	368	棍	525	肾	355	颏	777
搜	1082	葺	37	棱	536	覃	478	雲	1027
煮	216	蔞	42	棋	529	粟	627	【一一】	
揎	1060	蕡	51	植	514	棗	628	軮	1253
耋	740	葳	37	森	546	棘	628	蟄	531
揄	1070	惹	954	椒	651	酣	1289	暫	605
揲	1063	葬	63	棼	546	酤	1288	翸	1246
援	1073	貰	573	棟	512	酢	1291	輺	1246
蛰	1165	葘	1203	椟	518	覼	766	掎	147
蛮	1166	募	1213	椅	494	【一丿】		雅	302
裁	729	葺	52	椓	536	廊	587	翘	296
達	126	萬	1269	栈	525	厨	823	晳	416
報	915	葛	41	棹	543	厦	829	甗	774
搂	1067	萯	53	椎	527	厾	918	殡	774
搅	1076	萩	40	椑	523	酯	293	【丨一】	
揮	1075	葆	60	欻	878	硕	835	辈	1252
壹	914	蒐	37	贲	567	砚	838	斐	790
殼	237	葩	44	棚	525	硭	1038	悲	948
壺	913	敬	805	椁	541	确	836	怼	936
壼	913	葱	56	棓	526	厤	831	紫	1139
握	1058	蒋	42	棱	529	雁	308	觇	764
堷	27	蒂	45	棺	540	殽	228	容	1019
搽	1071	落	48	椌	531	厥	830	虚	726
搖	1066	萍	57	椭	523	焱	883	【丨丨】	
惡	944	萱	33	極	512	寮	886	粪	200
掾	1061	葷	32	輆	1251	狙	845	凿	1225
聒	1048	蕙	925	軸	1249	豞	262	㾓	697
萁	529	韩	488	軼	1253	奢	190	【丨、】	
斯	1241	戟	1106	轸	1248	殖	349	敞	252
期	619	朝	611	軨	1248	殘	348	棠	494
欺	772	蕙	925	軹	1253	裂	736	甞	1121
联	1047	蒺	46	鞠	1250	矮	346	赏	570
葑	38	葭	57	軥	1250	雄	309	掌	1051
葚	42	喪	101	韶	1246	殚	346		

1353

【丨一】		践	150	喑	673	销	1222	筍	389
喫	98	跖	148	啼	95	锅	214	答	396
映	274	跋	153	喔	96	锉	379	筝	404
睐	283	跌	153	喙	75	锉	1221	筆	230
睹	600	跎	156	嵌	818	铹	1228	【丿丨】	
暑	606	跛	154	嵘	816	锐	1228	傲	703
最	681	貴	580	幅	688	甥	1206	備	705
睁	274	遗	128	剀	371	無	544	傅	707
睨	276	晦	1201	凯	430	無	1115	舑	1243
量	728	蛙	1174	遄	118	鉼	470	焉	334
睑	286	蛳	1157	罝	684	短	472	牍	629
贴	580	蛲	1157	買	577	智	291	貸	567
晻	604	蛭	1158	罥	684	毳	743	順	781
贶	580	蚰	1167	罾	686	犊	70	傥	721
貯	571	蛔	1157	嵎	812	鹄	327	傑	700
貽	581	蜩	1165	嵋	811	犅	69	集	324
睇	285	蛛	1174	嵬	809	㸲	761	隽	311
睆	275	蜓	1158	岚	818	犍	73	傍	710
鼎	630	蛔	1156	翔	299	鹅	328	傧	706
喷	91	蛤	1164	嵯	815	稌	819	储	705
戢	1110	蛟	1164	崥	690	稍	640	逭	134
閏	14	蛾	1203	崞	692	稈	638	軼	471
開	1041	鄁	592	賦	577	程	641	郾	590
閑	1043	遒	120	赌	580	稌	636	皓	603
猒	414	喁	97	赎	574	稀	634	彪	806
晶	616	喝	93	赐	570	黍	643	粤	424
閒	1042	喟	80	淼	1013	稅	639	奥	655
晹	601	單	101	黑	902	喬	911	傩	702
閔	1045	品	160	圍	562	等	391	【丿丿】	
悶	889	喦	158	骭	352	筑	404	遁	122
悶	946	喦	158	骪	353	筑	510	遍	127
遇	119	喦	815	【丿一】		策	400	街	143
遏	130	𦥑	1242	铸	1218	筜	405	惩	954
晷	603	喘	79	铺	1235	筶	394	御	11
景	602	喤	77	链	1216	筒	403	御	141
喈	96	喉	75	销	1218	筵	393	復	137
畴	1200	喑	77	锁	1237	筋	370	循	138

徧	139	飯	457	【丶一】		哉	1110	溧	1007
须	787	【丿一】		証	177	瓵	1122	滞	998
飑	1018	腊	363	詁	176	竢	921	湖	989
媭	1093	腌	368	詍	185	竣	922	湘	965
艇	755	腓	361	詞	190	啻	87	湮	994
【丿丶】		腴	365	詛	187	善	171	湅	1010
舒	341	腴	360	詐	189	旐	611	減	1011
畬	1200	脽	360	訴	191	棄	336	湎	1003
鈇	1235	脾	356	診	193	【丶丨】		澳	1001
鉅	1236	胎	369	詆	193	阑	1043	渚	985
鈒	1232	脺	1020	詠	182	阒	1046	测	980
鈍	1236	勝	1209	詞	795	阔	1045	湯	1001
鈔	1236	腔	370	詘	192	阕	1044	湄	996
釿	1241	腕	1052	詔	176	【丶丿】		湿	968
欽	767	腱	371	詎	253	善	196	湿	999
鈞	1229	腋	369	詒	185	翔	299	潤	971
鈁	1231	睨	764	馮	862	羡	773	温	957
鈕	1224	鲁	290	亵	735	普	608	渴	998
鈀	1229	颍	967	滦	1022	粪	336	渭	959
弒	241	欲	771	装	737	舜	902	溃	985
逾	117	猩	875	蛮	1166	尊	1292	湍	981
领	777	猲	874	渾	1022	奠	409	滑	984
畬	1164	猥	875	就	476	道	129	湫	1000
翕	297	猹	873	鄒	589	道	133	淵	984
殽	239	猴	882	敦	258	遂	128	湟	961
颇	781	猶	882	廂	829	孳	1280	渝	1010
番	67	觞	387	廁	825	曾	65	滄	458
释	68	觚	388	痨	678	焯	896	涣	976
鸹	331	颌	777	痛	671	焰	901	盗	774
禽	1268	飧	457	痞	677	焠	894	渡	992
爲	217	然	886	痢	672	焊	891	涪	999
舜	486	馂	454	痤	674	焱	906	游	614
貀	850	馎	459	痫	672	勞	1210	溠	964
貂	851	鄒	594	痛	671	【丶丶】		滋	986
禽	343	馋	459	滄	1021	渍	987	浚	1002
飪	454	馊	455	竦	920	湛	994	渾	982
飲	1212			童	198	港	1013	溉	970

渥	997	遍	139	違	125	缉	1150	瑞	19
湄	990	榮	532	靭	488	缊	1152	瑰	23
滁	1012	啓	602	隔	1260	緦	1151	瑜	15
愤	946	雇	308	陲	1259	緱	1144	瑗	16
愊	929	補	736	漿	875	縋	1145	犎	482
惰	940	裋	738	鹭	854	缓	1154	瑳	19
愐	934	裎	737	隙	1262	締	1136	瑕	20
恻	948	裕	735	隕	1259	缕	1143	熬	813
愠	944	祝	739	毈	224	编	1146	鼇	857
愦	943	裙	689	舜	63	缗	1148	逦	119
愒	949	祺	5	隘	1263	驛	861	葖	222
惶	952	裸	9			骚	863	愿	927
愧	1101	禍	12	【㇕丿】		缘	1143	頑	778
愉	938	谠	195	媒	1087	飧	459	虢	436
惲	928	禅	11	媪	1090	結	1136	魂	805
慨	928	禄	4	絮	1149	綺	1143		
营	74	谢	182	嫂	1092	經	1151	【一丨】	
割	377	谣	178	媿	1101	給	1136	髡	794
寒	662	谤	186	媛	1097	絢	1138	肆	840
賔	579	谥	194	媄	1094	絳	1139	搒	1054
富	658	谦	181	嫣	1087	絡	1149	摄	1058
寔	657	覘	766	媚	1094	賀	566	填	1186
寓	662	谧	180			絶	1133	載	1251
寝	661			【㇕丶】		絞	912	搏	1057
寗	668	【㇕一】		翚	297	統	1131	彝	857
窖	667	畫	232	登	108	絓	1138	馱	866
窗	667	堅	1184	發	1126	絲	1155	馴	863
窘	668	退	134	鹆	332	幾	339	駒	856
窔	656	犀	72	皴	246			馳	862
寎	270	属	749	喬	162	十三画		鄢	591
寍	656	屡	748	嫈	816			赺	106
窑	670	孱	1282	婺	1095	【一一】		赹	106
寐	670	弼	1127	婴	1264	翃	300	赿	104
颏	777	强	1159			惷	942	趏	103
		費	574	【㇕㇐】		瑟	1113	趂	105
【丶㇇】		巽	409	缄	1146	瑚	24	趎	105
谟	172			缅	1130	項	781	歂	767
運	121	【㇕丨】		隳	847	瑒	18	坶	1188
扉	1038	疏	1283	缇	1139	珺	18		

截	909	華	1253	楊	497	酬	1289	歲	110
損	1071	萁	316	想	933	頍	780	暉	107
遠	131	蓝	33	榍	534	【一丿】		龄	146
鼓	260	蒔	47	楬	541	厴	1164	貲	579
鼓	427	墓	1194	楸	495	感	949	觜	386
鼓	429	幕	690	槐	499	恳	950	訾	187
鼓	260	暮	859	槌	523	碏	839	粲	645
携	1059	夢	622	皙	695	碍	837	虞	433
勢	1213	蔓	312	榆	500	碓	838	虞	846
搖	1068	蕨	30	薔	480	碑	835	虞	436
搯	1054	蒼	47	剹	797	碩	839	虞	434
塙	1180	蓟	34	郯	597	碎	837	虜	222
塘	1196	蓬	59	楓	498	碗	439	虜	625
搵	1063	蒿	59	榜	509	碌	839	【丨丨】	
殼	95	蓆	51	槇	542	厥	830	鉴	1220
殼	1126	資	46	槎	537	尷	913	业	199
毂	1279	蒟	42	楼	514	狼	844	【丨、】	
毂	1249	蓄	60	栖	539	尲	913	当	1202
摊	1084	蒹	39	梭	534	【一、】		【丨一】	
聖	1047	蒲	35	概	520	鄂	585	睹	278
聘	1049	蓉	61	楣	513	電	1023	睦	279
蓁	46	蒙	58	楹	512	雷	1022	睐	283
戡	1109	蓂	41	楸	545	零	1024	睢	286
斟	1244	鉴	1223	椽	513	雾	1026	睫	274
蒜	56	蒻	35	裘	739	雹	1024	跬	112
蓍	40	蓀	61	軾	1247	【一冖】		跱	112
蓋	52	蔭	46	輈	1250	辐	1250	嗷	92
鄞	593	蒸	55	輇	1253	辑	1247	睡	282
勤	1211	献	881	輅	1247	辒	1246	睨	276
蓮	39	楔	516	畺	1204	输	1252	睨	762
靴	213	楳	492	赖	571	辎	1246	睢	279
靳	211	楠	491	酎	214	顿	781	贼	1107
靲	213	禁	13	剽	378	犏	147	贿	564
鞇	211	楚	545	甄	1121	盏	444	赂	568
靶	211	楝	500	賈	575	【丨一】		睒	281
鹊	335	楷	493	酪	1292	督	281	嗜	89
蓐	62	楨	508	酪	1291	瞀	246	嗑	90

嗔	86	蜂	1169	锤	1229	僧	720	【ノ、】	
鄙	583	蜕	1163	锥	1227	傴	719	盦	819
搴	1052	蜋	1161	锦	1225	僄	716	鉦	1230
暘	602	睕	1201	锦	694	毀	1191	鉗	1227
闈	1042	蛹	1157	锋	1233	晨	206	鋮	1234
閟	1042	豊	431	锬	1232	舅	1203	鉆	1227
黽	1173	農	207	锭	1223	舅	1206	鉏	1226
鄟	591	嗣	159	键	1222	鼠	884	鈿	1237
愚	938	臬	158	锯	1227	牖	629	鈴	1229
暖	898	嗅	292	锱	1229	傾	708	鉤	164
盟	621	嗥	96	榘	413	僂	719	鉛	1216
煦	888	嚵	95	矮	473	催	717	鉉	1222
歇	768	嗌	76	雉	303	賃	578	鉈	1232
暗	604	嗛	77	辞	1276	傷	717	鈹	1224
暉	603	歆	769	歃	771	雺	554	馂	764
暈	609	署	685	稑	633	像	720	愈	679
暇	605	罩	915	稞	637	僉	716	僉	463
號	423	置	664	稚	633	躬	665	會	464
照	896	置	685	稗	636	皋	1275	覛	766
畸	1200	罭	686	稔	639	臬	242	遥	136
跨	150	罨	277	稠	634	魃	807	愛	484
跌	154	罾	682	稌	1122	魁	1243	貊	851
跆	153	罪	683	愁	949	敫	342	貉	850
跰	155	罪	1275	筹	404	僇	719	貂	851
跳	152	罩	683	筭	405	【ノノ】		亂	1271
跪	148	遝	117	筠	406	厥	288	馀	462
路	155	蜀	1159	筮	392	頋	784	飾	691
跻	149	嵩	818	筴	390	衙	144	飽	459
跟	147	嵭	693	简	391	遞	120	飴	455
園	561	嵲	690	節	389	微	138	頜	780
遣	123	圓	558	鯀	1146	徯	138	頒	778
蛸	1163	赗	580	【ノ丨】		徬	138	頌	775
蜆	1161	【ノ一】		與	205	愆	942	【ノ一】	
蝸	1164	错	1224	债	722	覤	1019	腻	368
蛾	1160	锜	1224	僑	714	舲	755	膜	354
蛾	1168	锢	1219	僅	710	幣	688	腸	356
蜉	1170	锡	1216	傳	713	嫠	1096	腥	367

腫	363	誕	188	鄩	595	滇	958	竂	667
腹	359	誆	194	歆	772	溥	974	窟	1195
腯	365	詮	178	韵	198	溧	965	寞	664
脾	1181	詭	192	意	925	滂	986	窻	933
腾	864	詢	195	雍	307	滅	1011	寝	661
詹	65	詣	184	雍	308	淫	999	寖	971
雎	307	詾	190	【丶丨】		滥	980	【丶一】	
鲅	1031	諍	183	閤	1041	溷	983	謹	174
鲇	1029	該	195	【丶丿】		温	957	甌	1122
鲑	1031	詳	174	義	1112	滌	1005	褚	738
鲎	640	詡	181	羨	773	潲	1003	裸	737
鮑	1031	酱	1291	卷	431	準	1000	裼	737
雏	304	裹	730	豢	845	滬	972	褌	735
肆	229	鹝	309	誉	184	塗	1196	裱	731
獉	850	禀	480	粮	647	滔	975	裯	732
颖	636	亶	480	数	251	溜	967	禅	735
鸠	325	稟	480	煎	891	滂	976	裾	733
飕	1172	敞	260	慈	931	溢	1005	禊	13
鲢	386	廈	829	煙	896	溶	983	禖	11
鲵	387	廇	822	煉	894	滓	1003	福	5
触	386	瘠	672	煩	782	滨	995	禋	6
解	386	麻	675	煬	892	溺	959	禎	4
颔	777	痱	674	煴	896	滻	967	禔	6
凳	431	痹	676	煜	897	梁	645	禓	12
雒	305	痴	679	煨	890	滩	991	禘	9
馇	458	痿	676	煌	897	慄	951	邊	185
颂	780	瘀	673	煖	898	憐	952	煩	778
【丶一】		瘖	677	焕	901	慎	926	谪	191
诛	194	廉	826	塋	1194	愷	927	谬	189
試	178	廊	592	瑩	1034	慆	935	【一一】	
詿	187	麀	869	煉	894	愴	947	肅	230
詩	170	鹰	866	【丶丶】		慊	942	群	320
詰	192	鷹	866	溱	966	誉	182	羣	320
誇	188	资	565	溝	989	塞	1189	殿	238
誠	175	裔	733	溢	1014	骞	863	辟	800
誅	193	靖	921	满	984	窥	668	辟	1041
話	180	新	1242	漠	974	窥	1044	愍	948

1359

彈	1126	綌	1150	摟	1067	蔥	56	歌	769
【一丨】		綏	1152	嘉	428	蔡	49	遭	119
遜	122	鄭	591	臺	1036	蔗	36	匱	1119
舂	1282	翩	1265	摧	1055	蔺	35	監	728
犛	486			赫	907	戩	1110	望	727
際	1262	十四画		截	1108	蔽	48	緊	234
障	1260			翥	297	蔼	176	僰	721
【一丿】		【一一】		誓	176	榦	511	酺	1287
媾	1092	耤	385	銎	1225	戟	1106	醒	1290
嫄	1093	璊	20	墉	1188	乾	743	酷	1288
媛	1092	瑱	19	境	1196	斡	1243	酴	1287
嫌	1099	瑣	21	摘	1067	熙	900	酹	1291
嫁	1088	靜	449	墊	1189	瑕	164	醖	1287
【一丶】		碧	22	撇	1075	蔣	42	酸	1290
畓	1120	瑤	22	慤	926	蓼	31	【一丿】	
勘	1210	瑢	21	壽	741	榛	495	厲	828
戩	1106	蔡	877	摜	1065	構	511	厭	832
預	784	贅	573	聝	1050	榏	523	碩	778
叠	618	熬	892	颠	783	模	511	碣	834
		斠	764	聚	727	榻	542	碳	834
【一⺄】		觏	1243	蔫	49	榭	542	愿	779
缙	1139	斡	1102	蓷	35	觏	413	願	929
縛	1136	犛	762	蔷	59	甃	482	爾	271
縟	1141	現	487	靰	209	槍	515	奪	311
纓	1155	構	487	鞅	213	榱	513	臧	235
辡	229	韜		鞁	208	槁	508	貏	844
縫	1144	【一丨】		鞍	210	榜	528	豨	845
騮	855	髦	791	靽	210	榷	533	殞	348
纊	1151	髣	793	蓙	36	廛	340	殯	347
縞	1137	墫	1184	蓓	45	輒	1248	【一丶】	
纏	1135	牆	481	慕	935	輔	1254	需	1026
縕	1152	搏	1078	摹	1077	輕	1246	霆	1023
縑	1137	摳	1052	勘	1208	塹	1191	零	1024
緶	1148	壽	864	蔓	41	輓	1254	霁	1025
經	1130	駁	857	菫	1158	輗	1248	【一⼀】	
綃	1130	駃	859	蔑	447	敲	251	轅	1250
絹	1138	駉	865	蔑	447	匱	1119	轄	1252
綌	1150	駢	863						
		趙	105						

戩	1110	踞	148	【丿一】		簫	403	鋌	1219
蜚	1171	踊	149	锲	1226	箛	404	銛	1225
【丨一】		踢	1204	锴	1217	【丿丨】		銓	1228
翡	294	蜻	1163	锸	1224	舆	1247	銚	1222
雌	310	蜡	1163	锻	1219	僥	721	銘	1236
龇	145	蜥	1158	镞	1233	債	717	錚	1231
睿	345	蚣	1162	锾	1228	僖	711	銀	1215
膺	1120	蜾	1167	镂	1217	僳	720	鄒	597
叡	345	蜮	1165	舞	486	僚	702	鄙	593
【丨丨】		蜗	1166	鄹	590	僭	714	㱃	931
對	200	蝇	1174	製	739	僩	704	貍	851
【丨丶】		蜩	1164	辖	469	僡	703	貌	759
嘗	425	蜘	1174	犠	70	僑	702	餇	458
【丨丿】		蜺	1163	舓	161	僕	200	餅	455
嘖	85	蜩	1162	穮	640	僦	722	領	778
曘	607	蝉	1162	穯	638	僔	720	【丿一】	
嘖	92	螂	1161	種	633	僧	723	膜	368
靽	336	蝃	1167	稱	641	鼻	291	遞	127
颗	780	嘘	80	稷	642	㹷	811	膌	363
瞍	285	團	558	稳	642	魄	806	膀	358
賕	578	鄠	589	熏	29	魈	805	滕	524
賑	565	暠	836	篋	1117	魁	806	膧	368
賒	573	嚶	97	箸	395	【丿丿】		鳳	325
覢	766	鳴	332	箕	407	厰	288	匃	803
睃	285	嗉	96	箬	389	㻞	796	鲔	1028
睽	278	噁	598	箑	398	微	691	鲖	1030
嘆	93	嘮	90	箋	392	衔	1235	鲜	1030
閨	1040	嶡	689	算	405	盨	441	夐	272
聞	1048	嘌	691	箅	394	愸	948	疑	1281
閩	1166	罰	380	箇	398	槃	521	復	803
閭	1040	署	685	箘	389	【丿丶】		獄	884
閥	1045	幗	693	箠	401	銒	1220	獐	869
閤	1040	圖	559	箄	395	銦	1221	夐	900
閣	1042	賕	581	筝	404	銍	1226	雒	303
暠	603	罂	469	箙	401	銅	1216	䑎	624
㷸	606	赚	581	箪	395	銖	1228	貪	623
暝	1200			管	404	銑	1217	僅	461

【丶一】		辡	1277	潢	989	窓	667	韑	487
誡	175	彰	788	滿	984	窨	665	墮	1259
誌	196	竭	921	瀟	1012	察	658	隨	114
誣	186	端	920	漆	961	寡	656	愻	932
詩	187	颯	1172	漸	965	蜜	1169	隩	1261
語	167	普	608	漕	1011	寧	419	墜	1197
誤	187	暜	922	漱	1005	寤	670	【一丿】	
誥	176	適	115	漂	980	實	658	嫣	1095
誨	171	齊	627	滫	987	【丶一】		嬙	1101
説	179	旗	611	滯	998	輓	245	嫗	1090
誑	186	遘	113	淼	1014	肈	248	嫖	1100
誦	171			漵	1013	綮	1137	嫡	1096
銮	1234	【丶丿】		漁	1031	潛	191	嫪	1098
裹	737	鄯	584	漉	1002	褡	732	鼐	631
槀	508	養	456	漳	963	褪	738	頗	782
敲	262	精	645	滴	991	褆	733	澀	108
歊	769	粻	648	漲	1014	褐	738	【一丶】	
豪	846	鄰	583	漾	960	複	733	翟	294
膏	357	鄴	1016	漱	1008	褕	730	翠	294
塾	1196	粹	647	潋	973	褛	731	熊	885
廑	828	粽	649	滾	976	褌	731	態	939
廣	824	糁	646	演	976	禕	731	鄧	591
遮	130	鄭	586	漏	1011	禡	12	鶩	329
麼	338	歎	771	漏	1025	禎	4	【一一】	
廑	827	槊	542	滲	983	鼏	631	驃	856
腐	370	鷞	329	潍	971	譙	192	纓	1141
殿	823	幣	688	慼	950	譋	193	驄	856
瘌	678	鄺	596	慢	939	譜	195	缩	1134
瘞	1193	煒	888	慟	954	謠	189	繆	1152
瘧	675	熅	896	慷	928	【一一】		斳	1240
瘦	676	熄	891	慵	954	鄂	587	緂	1129
瘉	679	榮	500	憜	940	劃	377	鞾	846
瘠	673	犖	71	憎	952	盡	442	緒	1129
瘤	678	熒	906	賽	581	暨	610	綾	1137
瘥	676	煽	900	寬	661	屢	748	綺	1137
瘟				賓	572	賀	574	【一丨】	
褒	732	【丶丶】		寡	661			緩	1143
廖	829	漬	997	寄	667	獥	255	緋	1153
		漢	960						

綱	1143	墳	1194	歎	770	槲	535	霄	1024
綾	1141	撷	737	鞋	210	寰	340	霆	1023
維	1146	撻	1079	鞍	212	輗	1253	【一ノ】	
綸	1142	撑	1075	鞍	212	槧	531	辍	1247
綬	1142	駉	861	蕈	42	暫	605	【丨一】	
綢	1152	駙	861	蕨	57	慭	953	輩	1252
綹	1131	駒	854	蕤	45	輪	1253	閙	219
綣	1154	駐	863	邁	113	輣	1246	齒	145
綜	1131	駛	861	賣	53	輯	1249	敷	255
綰	1139	駘	864	蕢	315	輻	1246	劇	382
綠	1138	撩	1061	蕪	48	敷	251	勱	1211
緻	1265	趣	102	蕉	55	甌	1121	歐	770
緇	1140	趟	104	蕃	60	歐	770	膚	354
		撲	1080	蕣	42	殿	238	慮	923
十五画		璞	1181	蕕	37	豎	234	【丨丨】	
		撮	1063	蕲	35	賢	565	鄭	589
【一一】		頡	782	蕩	963	飄	1172	【丨ノ】	
慧	929	撫	1065	潢	40	遷	121	戳	1108
耦	384	墺	1178	鞈	282	醋	1289	【丨、】	
慭	938	熱	898	蔬	61	醇	1288	賞	570
瑾	15	播	1079	鼐	630	醉	1290	【丨一】	
璜	17	撝	1077	樻	541	【一ノ】		瞒	275
璃	20	賣¹	550	横	536	颥	782	瞋	280
靚	765	賣²	579	槽	529	履	785	題	776
璀	25	鞏	209	樞	514	魇	808	嘆	607
璋	17	撞	1076	標	506	磊	838	暴	606
醪	975	撤	1209	橢	538	憂	483	罷	918
犛	73	挚	1057	樓	514	碩	835	賦	577
氂	74	增	1189	樱	515	磔	490	賭	580
辇	1254	榖	639	櫻	543	確	836	賤	577
【一丨】		墀	1184	樅	501	遼	131	賜	570
髮	791	撥	1072	樊	203	豬	843	瞑	282
髯	787	聩	1049	資	570	殖	348	嘵	92
髭	793	聪	1047	麩	482	殤	347	噴	91
髻	794	蕘	55	麪	482	【一、】		噎	89
髣	792	蕒	51	样	495	憨	931	嘲	99
肆	840	覯	765	楠	523	震	1023	閱	1044
撓	1066								

閭	1041	骰	353	儈	722	鵒	330	諏	173
鄲	591	骸	351	儋	705	劈	1276	諾	169
數	251	骹	352	億	712	貓	852	誹	186
顢	779	【丿一】		儀	710	餔	458	課	177
嚌	94	镆	1232	嘩	555	餓	462	諉	180
踖	149	镇	1226	槃	520	餘	460	諛	184
踦	148	镈	1231	鎧	696	歟	773	誰	193
踐	150	镏	1236	緜	1128	【丿一】		論	173
跸	155	镐	1222	皞	603	膝	797	諗	177
踔	151	镕	1219	皫	696	膘	365	調	179
踝	148	智	291	樂	530	腰	364	諂	188
踬	152	靠	1034	僻	715	滕	978	諒	168
踣	154	稽	555	蝨	1161	鼛	811	諄	172
踞	153	稷	634	【丿丿】		鴇	329	詳	192
遺	128	稻	635	質	573	皜	785	談	167
蝯	1158	黎	644	德	136	鯁	353	誼	181
蝠	1166	稿	638	徵	727	鯁	1030	亶	478
蝮	1156	稼	632	衝	144	鰱	1029	臺	477
蝗	1162	箱	400	徹	247	鯉	1028	稟	638
螻	1160	範	1251	衛	144	鯀	1028	廚	823
蝙	1166	箴	402	寠	1093	鯇	1029	廟	828
蝦	1165	篇	397	艘	534	魯	290	摩	1076
蠵	1160	篁	391	艎	755	魃	1090	褒	733
嘼	1270	管	478	艏	753	穎	967	廛	825
嘽	79	箜	395	【丿丶】		獝	874	廡	822
噍	78	箭	388	鋪	1235	觭	385	瘞	1193
噂	85	篇	390	鋞	1221	觯	387	瘴	676
颙	781	篌	394	銷	1218	領	777	瘰	674
罵	686	篆	390	銅	1222	鵃	326	瘤	674
罾	277	【丿丨】		銼	1221	劉	1237	瘊	678
罶	683	僵	717	鋝	1228	餼	455	瘠	363
罷	685	價	722	銳	1228	餽	456	瘢	673
幡	691	覭	762	鋺	777	饁	460	齑	652
幢	693	牖	629	劍	383	饌	456	瘱	869
幟	693	鋻	1217	鄧	594	【丶一】		慶	931
嶙	817	儹	701	頫	781	請	168	廢	827
墨	1187	儉	711	號	437	諸	170	顏	775

毅	239	澂	983	屢	751	締	1136	鞘	213
敵	256	鋆	1215	鴆	326	編	1146	鞽	212
賨	576	澳	990	層	748	緡	1148	鞍	209
盩	1169	潘	1002	彈	1126	緯	1131	誰	335
【丶丿】		潼	956	選	122	緣	1143	燕	1032
羯	319	瀾	979	【一丨】		畿	1201	薨	349
翰	319	潦	961	漿	1003	鼠	923	薙	50
糌	646	潺	1013	險	1257			薛	34
糊	783	憤	946	【一丿】		**十六画**		薟	39
糅	649	懵	947	嬈	1100			薈	47
遴	125	憬	954	嬋	1102	【一一】		薊	34
稻	647	憒	943	嫵	1094	賴	385	憨	930
蕡	295	憚	951	嬌	1102	蕋	438	薹	741
遵	115	憛	1059	駕	860	璠	15	薦	866
導	244	憧	941	颶	1214	璣	23	資	46
獘	880	憐	953	【一丶】		【一丨】		薪	55
擎	1075	憎	944	戮	1109	隸	233	薮	50
熯	888	寰	579	翬	297	髻	794	薄	49
熛	889	戴	1109	毿	872	髭	787	颠	776
頮	764	寫	660	遹	125	髽	793	翰	294
瑩	20	寰	668	蝨	1162	髮	792	蕭	40
熒	10	審	68	豫	853	駰	856	蕰	440
【丶丶】		窮	669	【一一】		駁	865	鴣	333
潔	1013	窯	666	繚	1135	駢	860	薜	38
潛	993	窣	212	繕	1144	蕆	48	薅	63
澆	1004	頫	777	繒	1136	據	1057	樹	502
潢	987	【丶一】		練	1137	歔	767	橛	526
澍	995	翩	298	緘	1146	操	1057	橑	513
澌	998	褵	736	緬	1129	熹	891	樸	508
潸	1009	鹤	327	緹	1139	憙	426	橋	533
潭	966	鳩	332	緝	1150	擇	1062	樵	501
潦	996	【一一】		縕	1152	撿	1053	鮑	556
澐	979	慰	934	緦	1151	擅	1070	燅	894
澘	993	遲	123	縋	1143	壇	1194	懋	931
潤	1000	劈	801	緵	1143	擁	1070	橘	530
澗	990	劈	377	縋	1145	磬	836	橄	526
潰	985	履	750	縡	1144	遶	61	橙	491
						薔	59		

1365

橘	490	霖	1025	閻	1039	髁	353	儕	706
機	524	霏	1027	閣	1044	【丿一】		儐	706
輻	1250	霓	1026	閨	1040	鏜	1232	劓	380
輯	1247	霍	323	鴉	326	鏞	1230	魝	292
輼	1246	霎	1027	頤	779	镜	1219	翱	299
輸	1252	霑	1025	踶	151	鏑	1233	鴥	331
轄	1246	【一ㄧ】		踵	107	鏃	1236	【丿丿】	
墼	1184	鏊	1225	踵	151	鏐	1233	徼	137
整	249	虣	436	踽	149	赞	566	衡	386
賴	571	臻	1036	蹄	147	積	637	【丿丶】	
橐	557	頸	777	蹉	156	穧	633	錯	1224
融	215	【丨一】		蹁	154	穆	634	錡	1224
翮	296	冀	726	蟆	1165	黏	644	錢	1225
頭	775	齮	146	螳	1160	穦	761	錫	1216
瓢	653	餐	458	蝇	1159	穄	638	錪	1221
醐	1291	叡	345	螭	1164	勳	1206	鋼	1219
醍	1292	虜	215	噱	84	篝	396	錘	1229
醖	1287	遽	133	器	160	篚	400	錐	1227
醒	1292	盧	440	嚣	100	篤	861	錦	694
醜	807	甗	438	戰	1107	築	510	錍	1225
		虩	438	噣	75	篥	396	錞	1233
【一丿】		【丨丨】		噬	78	篡	809	錟	1232
醫	287	黺	698	噞	98	篳	405	錠	1223
磺	834	【丨丶】		噲	75	篦	406	鍵	1222
礡	785	氅	743	鷟	328	篙	406	録	1217
磯	784	【丨ㄧ】		噫	79	【丿丨】		鋸	1227
歷	107	瞞	275	嘯	86	舉	1068	錙	1229
曆	610	瞤	277	還	122	舉	205	觎	764
糜	526	瞭	762	懼	686	興	206	歙	771
奮	312	曉	608	尉	684	盥	443	貐	850
頻	777	鶪	330	嶧	811	嚣	813	墾	1196
飆	1172	賵	580	嶼	818	學	265	餚	454
獨	844	瞤	285	圜	558	儔	714	餞	460
獬	844	縣	786	鹦	332	儒	700	餒	461
殪	347	曇	609	赠	569	毇	649	館	460
殫	349	鴨	333	默	875	儗	714	盦	443
【一丶】		噤	81	黔	903	雔	323	領	780
舞	486								

1366

【丿一】		諭	172	糕	462	憲	927	緻	1153
膩	368	諼	185	瞥	283	寰	664	縉	1139
膴	366	諷	170	甑	1121	窺	668	縫	1144
膰	906	諮	194	燒	887			縐	1150
膳	364	諺	183	燎	895	【丶一】		縋	1151
膵	1156	諦	174	燀	891	褸	731	縞	1137
縢	1146	謎	196	燋	890	禧	4	縊	1152
雕	306	諞	188	燠	898	禪	11	縑	1137
鴟	307	諱	175	燔	887	【フ一】			
鯢	1029	諝	177	熾	898	賣	567	十七画	
鮮	1030	褰	739	燧	1263	壁	824		
魾	1031	憖	944	燊	906	壁	1183	【一一】	
鮎	1029	雜	309	營	665	擘	693	璱	18
鮏	1031	褎	732	縈	470	避	125	璨	26
穌	640	鶗	333	褮	739	嬖	1098	璩	25
鮑	1031	廦	414	縈	1145	彊	1124	璮	25
魯	870	磨	838			彌	215	璐	15
鴿	331	劊	825	【丶丶】				璪	19
獲	880	瘻	673	濛	996	【一丨】		環	17
穎	636	癃	677	瀨	987	隰	1258	璵	15
獨	883	瘳	679	濊	1012	辟	1276	贅	573
燄	901	廦	824	瀕	1015	隳	528	覯	764
獨	879	麇	868	澈	770	隱	1260	黿	1174
獪	874	凝	1020	澧	967	【一丿】		髻	794
獫	873	親	765	濃	997	嬙	1101	鬆	794
邁	133	辨	375	澡	1006	嬗	1096	幫	695
頯	777	辯	1277	澤	984	【一丶】		韄	487
鴛	328	辦	1213	濁	970	鷿	325	【一丨】	
【丶一】		龍	1032	澀	992	嚣	300	擣	1074
謀	172	童	933	激	981	蟊	1168	駝	856
諶	175	劑	378	澮	962	顙	776	騆	855
諜	194	嬴	1087	澹	984	【フフ】		驍	861
諫	177	【丶丿】		澶	969	繮	1147	騐	866
諧	179	羲	422	澱	1003	繾	1153	駿	862
謔	189	精	647	懌	955	繰	1140	駿	858
謁	168	糠	647	憹	941	繳	1148	趨	102
謂	168	糖	649	憺	936	繇	847	戴	205
				懈	940	縛	1136	髽	8
						縟	1141		

1367

壎	1186	檜	501	虧	424	覷	764	【丿丨】	
螯	1163	檾	482	【丨丨】		斀	257	興	1247
擬	1071	檐	513	黻	697	羁	686	歟	767
壙	1191	檀	499	【丨一】		嚃	683	儥	710
擿	1065	檥	511	顆	780	嶺	818	優	711
擠	1055	戀	935	購	578	嶷	811	償	710
螯	915	轘	1250	賻	581	嶽	810	儡	719
蟄	1165	轄	1252	嬰	1097	嶸	816	鵁	326
觳	1249	斠	1244	瞬	286	贍	581	儲	705
毅	843	擊	1080	瞵	276	點	903	曉	695
轂	388	橐	558	闌	1043	黜	904	舅	292
聲	1048	臨	728	闃	1046	黝	903	皤	696
磬	471	醡	214	曓	617	髁	351	魋	807
擢	1074	醯	1291	曑	617	髀	351	翱	299
薪	51	【一丿】		闊	1045	【丿一】		【丿丿】	
聰	1047	翳	300	闈	1040	镡	1232	徽	1145
顢	783	繄	1145	闋	1044	镣	1215	禦	11
聯	1047	鹹	620	曙	609	镤	1227	簹	1049
艱	1198	磽	836	曚	603	镦	1233	劙	1209
鞞	210	壓	1192	暴	917	镧	1235	霁	787
鞠	210	磻	838	蹩	150	镫	1223	盩	441
鞭	213	磿	835	蹎	153	镪	388	頷	921
藍	33	壐	1187	蹋	150	镭	470	【丿、】	
藏	62	邇	130	蹐	147	矯	472	鍥	1226
薹	313	谿	843	蹈	150	蹭	472	鍊	1218
薰	33	【一、】		蹌	149	穗	636	鍼	1224
薐	59	霪	1025	蹜	153	黏	643	鍇	1217
舊	313	霜	1026	螺	1161	穜	633	鍾	1224
薙	55	霤	1024	蟀	1167	穉	633	鍛	1219
薿	44	霞	1027	曈	1203	簧	403	鍭	1233
齋	38	【丨一】		螳	1167	簌	394	鍰	1228
韓	488	龀	145	螻	1160	簋	395	侖	158
盍	34	龋	147	蟋	1167	簏	406	斂	255
隸	233	闠	585	蟀	1161	篹	399	鴿	325
櫛	519	壑	345	蟓	1156	籠	398	鐵	653
橄	532	戲	1108	雖	1157	簋	396		
檢	531	虞	436	嚌	78			爵	453

貘	850	麿	1050	濟	972	【一一】		賣	58
懣	926	縻	643	濘	988	驟	862	瓆	1049
貔	849	糜	646	濯	1008	蟄	1156	職	1048
谿	1019	縻	1148	濰	971	績	1150	爇	887
餬	459	膺	357	懦	937	縷	1143	覯	765
餿	455	應	925	懞	939	繃	1136	鞮	209
【丿一】		癘	675	谿	1019	總	1135	鞭	213
朦	620	癇	672	賽	581	縱	1134	韓	210
膿	446	癉	677	蹇	104	縮	1134	鞣	209
臊	367	癆	678	寨	154	繆	1152	藪	50
膾	368	癜	672	寰	666	繅	1129	藟	37
膽	356	麋	868	邃	669			繭	1129
膻	322	燮	902	【丶一】		**十八画**		藜	60
膻	362	辫	1136	襧	736	【一一】		藥	51
臆	357	齋	6	禪	734	鬩	758	藩	52
臁	568	嬴	570	襖	739	璿	16	權	543
臉	184	【丶丿】		襟	739	瓊	15	轉	1252
龜	870	糟	646	褶	730	鰲	1175	轆	1247
鯛	1030	糞	336	禮	4	犛	1154	輓	1247
鯉	1029	糠	638	【一一】		燹	481	檾	557
鮪	1028	壖	639	歟	769	釐	1199	覲	763
鮮	1030	燦	901	臀	746	馨	214	覆	687
獰	876	燥	899	舉	800	【一丨】		醪	1287
螽	1168	燭	894	臂	1122	鬏	792	【一丿】	
【丶一】		【丶丶】		臂	359	髻	791	醫	1290
講	184	澣	1000	擘	1077	翹	296	顒	782
謨	172	鴻	328	履	751	騏	855	鷹	903
謝	182	濤	1013	蟊	1169	騎	859	蹙	157
謗	186	濾	946	【一丨】		騅	855	礎	839
謚	194	濺	1001	孺	1279	騶	865	壓	935
謙	181	濫	980	韔	487	擾	1067	燹	886
燮	221	濡	972	牆	481	趨	104	獷	843
謐	180	濬	444	【一丶】		矗	429	殯	347
襄	735	濕	968	翼	1033	馨	285	【一丶】	
褱	734	濮	968	蟊	1168	贄	151	賡	1023
甯	476	濞	978	鎏	1221	聶	1050	雷	1025
甓	743	澠	968			藕	40	霧	1026

【一ˋ】		镯	1229	鎧	1234	瘰	1020	【一丿】	
〇	1247	鎌	1226	鎗	1231	雜	735	嬸	1098
【丨一】		鵠	327	鎝	1232	離	305	【一丶】	
豐	432	鄺	583	鎦	1236	麇	868	鷄	332
闖	219	鵝	328	鎬	1222	彌	921	【一一】	
【丨丨】		穫	637	鎌	1226	辯	790	彝	1153
懟	945	檣	633	鎔	1219	顔	775	繞	1135
叢	199	馥	644	鎧	1222	旙	615	繖	1153
【丨丿】		邃	124	翻	301	旋	613	繚	1135
號	437	簿	405	鵒	331	【丶丿】		織	1131
【丨一】		簞	396	貙	849	羴	322	繕	1144
矇	284	簦	394	雞	305	糟	456	繪	1136
題	776	簽	399	餿	458	糧	647	繡	1148
踅	112	簪	759	餵	462	鏊	151	幾	446
瞿	322	簡	391	【丿一】		燚	651	斷	1241
黽	1175	簟	395	龜	1173	鎣	1223	雛	307
瞼	286	簽	399	鯀	1028	燼	894	邇	129
瞻	280	【丿丨】		鯁	1030	燿	897		
闖	1045	礐	834	鯉	1028	【丶丶】		**十九画**	
闔	1041	餡	884	鯀	1028	瀆	989		
顓	779	皢	885	鯇	1029	懣	946	【一一】	
顎	782	儵	904	颶	1172	瀑	995	瓅	23
鷺	327	雙	323	艟	387	瀧	998	贅	779
蹠	152	顒	783	觴	387	濼	1005	繸	1154
蹢	152	雠	169	獵	879	窴	668	黢	481
壘	1190	軀	729	繇	1128	竅	667	【一丨】	
蟯	1157	邊	133	雛	305	【丶一】		髻	793
蟲	1170	皦	696	【丶一】		襟	731	髮	791
蟬	1162	歸	108	謹	174	襘	732	髯	792
蟠	1162	【丿丿】		謳	182	禱	10	髭	792
蟻	1158	鼗	787	謾	185	【一一】		黿	1174
囂	160	【丿丶】		謫	191	璧	16	騠	865
顥	781	鎮	1232	謬	189	屩	751	騙	855
黠	903	鎮	1226	雘	846	【一丨】		驊	861
黟	905	鏈	1216	鵙	330	醬	1291	騷	863
		鎛	1231	鷹	306	隴	1261	趫	104
【丿一】		鎖	1237	瘭	676			趬	103
鎳	1221							嚭	427

壞	1192	鐙	844	穡	761	【丶一】		瀛	1012
攊	1073	【一丶】		穧	635	譜	191	懶	1100
攆	49	霙	1023	籀	390	譙	192	懷	932
難	326	霩	593	簸	408	識	174	窺	658
韡	213	靄	1027	籁	403	譜	195	寵	660
轉	212	【丨一】		簵	389	譌	189	【丶㇆】	
輚	210	翩	299	簾	393	證	192	謹	189
鄄	208	【丨丨】		簫	403	譎	189	襦	734
蘋	37	齝	697	【丿丨】		譏	186	識	170
藿	30	【丨㇆】		盥	446	靮	218	【㇆一】	
遽	32	贈	569	牘	629	顛	782	襞	736
蘭	35	闌	1044	儳	716	靡	1034	疆	1204
蕲	35	曩	617	魑	807	廬	821	【㇆丨】	
勸	1209	關	1043	【丿丿】		癬	674	韝	487
孽	1280	疇	1200	懲	954	癡	679	辣	626
蘇	31	蹶	152	警	209	麒	868	韜	487
警	180	蹴	150	【丿丶】		麓	869	驚	854
藹	176	蹸	156	鐺	1232	壟	1194	【㇆丿】	
蕙	33	蹲	153	鏤	1217	韻	198	嬾	1100
顛	776	蹭	156	鏞	1230	嬴	1161	【㇆丶】	
櫝	518	蹬	156	鏡	1219	羸	737	顙	776
麓	545	蠓	1160	鏑	1233	臝	319	歠	773
櫓	522	蠅	1174	鏃	1236	旗	612	【㇆㇆】	
櫟	499	嚴	100	錫	1234	旜	613	驥	857
攀	203	獸	1270	鏺	1220	【丶丿】		纘	1133
櫨	530	翾	297	鏐	1233	類	881	繮	1147
鏨	1225	羅	684	邋	134	鼇	1173	繩	1145
繫	1150	龐	819	獺	849	爆	892	繾	1153
覈	687	髋	351	辭	1276	爍	901	繰	1140
醮	1289	髌	351	饉	461	【丶丶】		繹	1129
麗	869	【丿一】		【丿㇆】		瀞	1000	繳	1148
變	485	龜	1174	臘	363	瀟	1012	繪	1138
【一丿】		竈	453	鰻	1029	瀨	987	繡	1138
礪	839	犢	70	鯢	1029	瀝	1002		
礙	837	贊	566	獺	883	瀕	1015		
願	779	蠡	1168	觶	387	瀤	1012		
獷	844	穩	642	遼	132	瀆	1009		

二十画										
【一一】		獻	881	【丿丶】		魔	807	鼇	1127	
瓚	16	甗	215	鐃	1230	臏	868	纁	1149	
鷔	857	甂	1121	鐔	1232	癡	678	繼	1133	
【一丨】		辮	697	鐐	1215	辮	1136			
鬢	788	【丨丶】		鐒	1227	贛	484	二十一画		
鬘	791	耀	897	鐈	1220	競	196	【一】		
鬏	793	黨	904	鐮	1222	纈	783	齠	146	
鬆	793	【丨一】		鐘	1231	贏	570	蠡	942	
騾	863	罌	469	鐏	1233	【丶丨】		蠢	1170	
騮	855	贍	581	鐉	1235	闟	1043	瓘	15	
驕	864	賺	581	鐙	1223	【丶丿】		舋	214	
驒	866	闔	1045	釋	68	齹	196	鬚	556	
攝	1052	闡	1041	懸	926	糯	645	攝	1058	
攘	1053	蹢	152	饒	459	燿	647	驅	862	
壤	1180	蹺	432	饋	454	鷂	329	驃	856	
翶	300	嚶	97	饎	455	【丶丶】		騾	865	
馨	644	囍	1174	餞	460	灌	964	驄	856	
蘪	33	號	599	饌	459	瀲	1007	驂	860	
驀	859	巍	810	饌	456	瀾	979	趯	103	
蘭	33	黩	904	饑	461	寶	659	鼙	429	
蘩	59	黥	905	【丿一】		騫	863	攜	1059	
蘗	537	【丿一】		臚	354	寶	667	歡	768	
檸	516	鑵	1235	朧	620	癆	670	權	498	
櫪	540	犧	73	騰	864	【丶一】		欄	514	
轚	1251	籍	391	鳜	1029	襯	737	櫻	543	
飄	1172	籌	404	鱗	1031	襴	730	覽	763	
【一丿】		籃	396	鱒	1028	【一一】		醻	1289	
礫	835	籌	1142	鰓	1030	礜	172	醺	1290	
礴	839	【丿丨】		鯛	1030	【一丿】		飆	1172	
【一丶】		譽	182	鰾	1029	蘖	1033	殲	349	
霰	1024	覺	765	獾	852	【一丶】		靈	24	
【丨一】		譽	74	觸	386	鶩	329	霸	619	
酆	586	敻	265	蹯	906	【一一】		露	1025	
齡	146	孿	71	【丶一】		驍	858	【丨】		
鹹	1037	魖	806	護	181	驤	859	齧	1015	
		巇	447	譯	195	饗	459	齜	145	
				議	173	響	197	罵	331	

闞	1041	鶿	331	轢	1252	巒	814	轤	211
顥	782	瀠	957	囊	557	彎	1124	黻	740
曩	605	灝	1005	霾	1026	孿	1279	靨	785
躋	149	瀘	867	霽	1025	【丶】		魘	808
纍	1144	灘	969	【丨】		顫	782	靁	1022
囂	160	懼	951	鬻	649	鷓	333	【丨】	
黯	902	懾	933	氍	743	癭	673	齮	146
【丿】		竈	666	鷴	330	癬	674	齯	697
鏞	1230	顧	780	贖	574	麞	869	曬	607
鄺	583	襯	11	躓	152	聾	1049	顯	783
籑	456	鶴	327	躔	150	龔	204	蠱	1171
儺	702	【一】		疊	618	襲	731	黻	904
儷	713	屬	749	邐	135	齎	628	髖	351
儼	703	屭	322	巌	815	饕	455	髏	351
顛	783	鼟	215	體	352	灘	991	【丿】	
鐵	1216	蠡	1170	髑	350	灑	1008	罐	471
鑊	1221	續	1133	【丿】		瀽	1009	鑥	470
鐸	1230	纏	1135	鑲	1219	竊	648	籥	401
鐲	1229			籟	403	【一】		籥	402
鷂	330	二十二画		籛	394	疆	1125	雛	169
鷄	304	【一】		籚	399	鬻	216	鷯	326
鷓	329	龔	1033	籠	398	鬻	215	鑽	1228
鱣	1029	鬚	793	儻	721	鞠	487	鑠	1218
鰱	1029	攤	1084	鑢	752	鼗	646	鑛	1235
鰥	1028	驍	858	鑄	1218	鷄	325	鱖	1029
艫	388	驛	857	鑑	1220	變	1155	鱓	1030
鶹	326	驕	858	龢	158			鱗	1031
【丶】		驍	856	龕	1032	二十三画		鱒	1028
韌	476	覿	766	羅	466	【一】		玃	882
龐	821	驚	330	臞	362	瓚	16	【丶】	
辯	1277	懿	914	臚	904	鼇	1175	讕	185
贛	569	聽	1047	鼅	893	鬚	794	欒	498
齋	567	鷸	327	鰻	1029	職	856	變	253
齑	146	蘸	62	鱉	1031	驛	864	糜	643
類	1132	蘿	40	獾	879	驗	859	癰	674
爚	889	蘱	646	鼇	1169	攪	1072	癱	362
爝	900	鬱	586	讀	171	攬	1076	麟	867

矗	190	齼	1015	龘	1173	釃	1287	鬱	452
齇	652	齝	145	爤	892	靨	903	彠	324
鸁	865	鹻	1038	灡	1005	蠱	1171	戇	895
【一】		鷟	327	【一】		顱	146	鹽	1170
纓	1141	羈	686	鬻	216	躪	155	钁	1226
纖	1134	顥	776	**二十五画**		觻	208	戀	938
纔	1140	【丿】		欖	532	鱛	159	**二十九画及以上**	
二十四画		籠	1174	欚	534	蠹	1169	驪	855
【一】		邊	397	顬	776	鬻	216	鬱	545
瓛	18	靐	324	闞	1043	鬻	216	廳	1018
鬢	791	觽	292	躡	150	**二十七画**		讟	197
驟	862	衢	143	矗	1174	驤	858	蠹	1170
觀	763	鑄	1230	钁	1226	驦	859	爨	207
趨	105	鑪	1223	鱛	884	虆	30	鸚	325
櫱	537	貛	852	鐵	1223	黷	904	籲	783
蠱	1169	鱺	1030	鑲	1219	蠡	1018	鼟	211
鹽	1037	鱔	1029	觹	387	讞	195	麤	870
釀	1287	【丶】		蠻	1166	鑾	1234	麈	870
礭	838	讜	189	戀	938	黶	786		
礦	836	讕	193	灠	1031	豔	455		
靆	323	讖	170	纜	550	**二十八画**			
靄	1027	讒	191	纘	1133	豔	432		
蠶	1167	讓	191	**二十六画**		鑿	1225		
【丨】		巘	275			鸚	332		
艶	433	鷉	330	驥	857	鱸	902		
鬭	219	鷹	306	驢	865				
		贛	569						

音序检字表

说 明

一、本表收入《字源》全部字头。字头后的阿拉伯数码表示该字所在页码。

二、本表单字按汉语拼音字母顺序排列；声母韵母相同的字按声调轻声、阴平、阳平、上声、去声的顺序排列；读音相同的字按页码先后排列。

三、一字有多个音项的，按正文标注的主音项和又读音项多处出现字头，旧读不分列字头。

A

āi
唉	84
哀	95
挨	1079
埃	1193

ái
剀(剴)	371
皑(皚)	696
挨	1079

ǎi
蔼(藹)	176
矮	473
靄(靄)	1027

ài
毐	1103

ài
艾	38
噫	79
唉	84
爱(愛)	484
礙(礙)	837
怸	934
懓	939
隘	1263

ān
諳(谙)	194
鞌(鞍)	212
盦	443
安	657

ǎn
晻	604
罯	685
俺	704

àn
案	522
晻	604
暗	604
岸	820
犴(犴)	850
黯	902
按	1060

áng
昂	610
卬	724

àng
盎	441

āo
熬	892

áo
嗷	92
翱(翱)	299
敖	342
驁(驁)	857
獒	877
熬	892
鼇(鰲)	1175

ǎo
襖(袄)	739
夭	911
拗	1084
媪	1090

ào
敖	342
奥	655
傲	703
謷	779
熬	813
奡	918
澳	990
澆(浇)	1004
拗	1084
墺	1178
坳	1197

B

bā
八	64
豝	843
捌	1084
釟(钯)	1229
巴	1274

bá
茇	45
癹	109
跋	153
魃	806
废	826
犮	878
拔	1074
坡	1181
軷(軷)	1251

bǎ
靶	211
把	1059

bà
杷	519
霸	619
罷(罢)	685
鈀	696
鮁(鲅)	1031

bái
白	695

bǎi
百	291
柏	501
佰	709
捭	1080

bài
敗(败)	259
稗	636
拜	1054

bān
班	26
卑	226
般	754
頒(颁)	778
辩	790

bǎn
版	629

雯	687	**bǎo**		孛	551	**bí**		桲	523
阪	1257	葆	60	貝(贝)	563	鞁	210	柲	527
bàn		鴇(鸨)	329	邶	587	鼻	291	梐	532
半	68	飽(饱)	459	郲	593	**bǐ**		賁(贲)	566
辨	375	寶(宝)	659	精	647	妣	8	費(费)	574
伴	704	保	698	備(备)	705	彼	137	邲	588
姅	920	飹	724	倍	714	筆(笔)	230	馥	644
扮	1069	緥	1143	被	734	匕	480	痹	676
絆(绊)	1147	**bào**		輩(辈)	1252	枇	496	瘅	676
辦(办)	1213	鞄	208	**bēn**		鄙	583	幣(币)	688
瓣	1244	虣(虤)	438	賁(贲)	566	俾	712	岗	696
bāng		暴	606	奔	911	匕	724	敝	697
彭	428	襮	730	**běn**		比	725	毖	725
邦	582	豹	849	本	503	妣	1091	禆	735
幫(帮)	695	爆	892	苯	916	**bì**		襞	736
bǎng		報(报)	915	畚(畚)	1120	壁	16	髲	792
膀	358	曓	917	**bèn**		碧	22	啚	797
榜	528	瀑	995	笨	390	薜	38	妼	797
bàng		鮑(鲍)	1031	奔	911	蔽	48	辟	800
玤	21	抱	1063	**bēng**		苾	50	薜	800
徬	138	**bēi**		綳	8	必	66	廦(壁)	824
謗(谤)	186	卑	226	榜	528	避	125	庇	827
棓	526	箄	395	嘣(崩)	816	跛	154	獘(毙)	880
榜	528	桮(杯)	521	繃(绷)	1136	卑	226	煏(煏)	888
傍	710	椑	523	**běng**		鱉	283	愊	929
竝	922	庳	826	琫	19	皕	293	泌	976
蚌	1164	碑	835	啡	85	畢(毕)	335	滭(滗)	1022
bāo		悲	948	**bèng**		韠(毕)	336	閉(闭)	1042
苞	38	錍(錍)	1225	迸	135	髀	351	閉(闭)	1043
剥	377	陂	1257	榜	528	臂	359	婢	1092
褒	733	**běi**		蚌	1164	箅	394	嬖	1098
勺	801	北	726	堋	1193	篦	394	彃	1126
包	804	**bèi**		**bī**		筚	395	弻	1127
胞	804	誖(悖)	187	逼	134	箪(筚)	405	壁	1183
炮	892	葡	270	皀	451	畀	409	埤	1189
báo		背	357	幅	688	畐	479	陂	1257
雹	1024	宋	550	蝠	1159	枇	496	陛	1262

biān				bǐng							
邊(边)	133	猋	883	丙	1272	搏	1057	纔(才)	1140
鞭	213	熛	889		bìng		勃	1212		cǎi	
籩(笾)	397	飆(飙)	1172	病	671	鎛(镈)	1230	采	535
邊(边)	397	鑣(镳)	1235	并	725	鑮(镈)	1231	彩	789
便	711		biǎo		並	922		bǒ			cài	
砭	838	剽	378		bo		跛	154	蔡	49
鯾(鳊)	1029	表	730	卜	266	簸	408	菜	49
甂	1122		biē			bō		尵	912	采	535
編(编)	1146	鼈(鳖)	1173	番	67		bò		寀	664
蝙	1166		bié		垘(癶)	108	簸	408		cān	
	biǎn		蟞	151	剥	377	擘	1077	餐	458
扁	159	剕	350	刊	377		bū		湌(餐)	458
辨	375		bīn		帗	688	逋	127	曑(参)	617
貶(贬)	578	攽	252	袚	739	餔(铺)	458	驂(骖)	860
窆	669	賓(宾)	572	磻	838		bǔ			cán	
編(编)	1146	邠(豳)	585	波	979	哺	79	奴	345
	biàn		份	702	鮁(鲅)	1031	卜	266	殘(残)	348
釆	67	儐(傧)	706	撥(拨)	1072	卟	266	慙(惭)	953
徧(遍)	139	瀕(濒)	1015	播	1079	補(补)	736	戔(戋)	1111
變(变)	253		bìn			bó		捕	1081	蠶(蚕)	1167
訮	253	殯(殡)	347	薄	49		bù			cǎn	
辨	375	髕(髌)	351	蔀	154	步	110	嚓	94
便	711	儐(傧)	706	博	166	専	244	朁	416
覍(弁)	760	鬢(鬓)	791	轉	212	鋪(铺)	458	憯	947
拚	1070		bīng		百	291	錇	469		càn	
辮(辫)	1136	兵	202	簿	405	部	586	璨	26
辡	1277	仌(冰)	1020	亳	474	布	692	粲	645
辯(辩)	1277	冰	1020	孛	551	不	1035	燦(灿)	901
	biāo			bǐng		郣	597	瓿	1122		cāng	
膘	365	鞞	210	帛	694				蒼(苍)	47
剽	378	秉	223	伯	700		C		鶬(鸧)	329
彪	437	餅(饼)	455	猼	721				倉(仓)	465
標(标)	506	稟(禀)	480	毅	843		cái		滄(沧)	1021
杓	522	枋	497	駁(驳)	857	材	509		cáng	
幖	691	柄	527	駮	865	才	546	藏	62
彡	791	炳	896	爆	892	財(财)	564	臧	235
驃(骠)	856	緶(缏)	1148	怕	936	裁	729			

cāo		插	1062	澶	969	鬯	452	嗔	86
操	1057	鍤(锸)	1224	潺	1013	韔(䩩)	487	瞋	280
cáo		**chá**		撐(撑)	1059	昌	605	郴	593
曹	417	茬	47	嬋(婵)	1102	閶	609	彤	752
槽	529	槎	537	纏(缠)	1135	倀(伥)	714	**chén**	
漕	1011	察	658	蟬(蝉)	1162	倡	716	趁	104
cǎo		**chà**		孱	1282	悵(怅)	947	諶(谌)	175
屮	28	刹	382	**chǎn**		錫	1204	晨(晨)	206
艸	29	差	410	讇(谄)	185	**chāo**		臣	235
草	60	**chāi**		產(产)	553	超	103	敶	255
cào		差	410	燀(焊)	891	焯	896	鷐(䴩)	330
造	116	釵(钗)	1237	闡(阐)	1041	弨	1123	曟(晨)	617
操	1057	**chái**		**chàn**		紹(绍)	1133	宸	655
cè		紫	7	羼	322	綽(绰)	1154	麈(尘)	870
册	159	齜(龇)	145	顫(颤)	782	鈔(钞)	1236	忱	932
敇	257	柴	510	**chāng**		**cháo**		湛	994
策	400	儕(侪)	706	昌	605	嘲	99	沈	996
睪	485	豺	849	倡	716	櫢	535	陳(陈)	1261
側(侧)	708	**chǎi**		閶(阊)	1039	巢	555	辰	1284
廁(厕)	825	茞	33	**cháng**		鄛	591	**chěn**	
惻(恻)	948	**chài**		萇(苌)	34	朝	611	眈	277
測(测)	980	差	410	尚	65	漅	975	**chèn**	
cēn		瘥	678	腸(肠)	356	晁(晁)	1175	趁	104
參(参)	617	蠆(虿)	1158	嘗(尝)	425	轈(轈)	1247	齔(龀)	145
驂(骖)	862	**chān**		賞(赏)	570	**chē**		讖(谶)	170
cén		覘(觇)	764	常	689	車(车)	1245	疢	677
岑	813	兔	871	償(偿)	710	**chě**		闖(闯)	1045
涔	996	**chán**		長(长)	839	赿	106	**chēng**	
céng		禪(禅)	11	場(场)	1195	**chè**		琤	21
曾	65	單(单)	101	**chǎng**		屮	28	偁	337
層(层)	748	延	142	敞	252	赿	106	槍(枪)	515
cèng		躔	150	昶	609	徹(彻)	247	稱(称)	641
蹭	156	讒(谗)	191	氅	743	耿	1049	**chéng**	
chā		儳	716	場(场)	1195	坼	1192	呈	87
叉	220	廛	825	**chàng**		撤	1209	誠(诚)	175
差	410	毚	870	場(场)	18	**chēn**		丞	201
杈	505	灻	889	唱	83	琛	25	盛	439

乘	490	趁	105	赤	907	綢(绸)	1152	絮	1149
橙	491	遲(迟)	123	勑(勅)	1207	疇(畴)	1200	畜	1203
棖(枨)	525	踅	151	飭(饬)	1212	醻(酬)	1289	chuāi	
鄭	595	匙	724	chōng		chǒu		揣	1065
晟	608	馳(驰)	862	衝(冲)	144	醜(丑)	807	chuǎi	
程	641	沱	956	舂	650	丑	1283	揣	1065
宬	656	治	971	充	757	chòu		chuān	
裎	737	泜	972	憃	938	殠	348	穿	666
騬	863	漦	975	憧	941	臭	880	川	1016
懲(惩)	954	持	1056	忡	950	chū		chuán	
澂	983	弛	1125	沖(冲)	977	初	373	遄	118
承	1064	墀	1184	chóng		出	549	篅	397
塍	1181	坁	1189	艹	36	貙(䝙)	849	椽	513
城	1188	chǐ		種(种)	633	chú		傳(传)	713
成	1273	哆	76	重	728	芻(刍)	54	船	752
醒	1290	齒(齿)	145	崇	817	雛(雏)	305	歂	769
chěng		侈	636	緟	1143	篨	394	chuǎn	
呈	87	敊(豉)	652	虫	1156	廚(厨)	823	喘	79
逞	131	佹	715	蟲(虫)	1170	狙	845	舛	485
chèng		尺	748	chǒng		涂	958	歂	769
稱(称)	641	彖	848	寵(宠)	660	滁	1012	惴	949
chī		恥(耻)	952	chòng		鉏(锄)	1226	chuàn	
吃	89	chì		衝(冲)	144	除	1262	釧(钏)	1237
喫	98	啻	87	chōu		chǔ		chuāng	
鴟(鸱)	307	叱	90	犨	71	杵	520	刅(创)	383
雌(鸱)	307	趩	104	瘳	679	楚	545	窗(窗)	667
笞	402	迣	130	抽	1074	龘	697	囱	905
郗	587	彳	136	妯	1099	儲(储)	705	chuáng	
癡(痴)	679	敕	254	chóu		褚	738	牀(床)	518
魑	807	勅(敕)	254	雠(雠)	169	礎(础)	839	幢	693
絺	1150	翄(翅)	296	雔	323	處	1239	chuǎng	
蚩	1161	饎(饎)	455	籌(筹)	404	chù		愴(怆)	947
螭	1164	糦(饎)	456	稠	634	觸(触)	386	闖(闯)	1045
离	1268	郝	585	儔(俦)	714	豖	845	chuàng	
chí		褫	736	裯	732	黜	904	刅(创)	383
祇	6	庌	828	惆	946	怵	952	愴(怆)	947
茌	47	熾(炽)	898	愁	949	絀(绌)	1139		

	chuī		綽(绰)	1154	驄(骢)	856		cuī	痤	674
吹		80	敠	1265	囱	905	隹	301	瘥	678
吹		767	綴(缀)	1265	悤(匆)	905	榱	513	鬈	791
炊		891		cī		聰(聪)	1047	催	717		cuò
	chuí		玼	19		cóng	衰	738	厝	54
箠		401	骴	353	琮	17	崔	817	造	117
槌		523	刺	381	叢(丛)	199	摧	1055	剉(锉)	379
椎		527	差	410	賨(賨)	579	縗(缞)	1151	昔	607
巫		554	疵	672	从	725		cuǐ	厝	831
鬌		793		cí	從(从)	725	璀	25	挫	1055
捶		1080	祠	9	淙	981		cuì	措	1062
垂		1195	薺(荠)	38		cǒu	萃	47	銼(锉)	1221
錘(锤)		1229	薋(薋)	46	趣(趋)	102	啐	91	錯(错)	1224
	chūn		茨	52	趣	102	翠	294		
春		60	雌	310		còu	粹	647		**D**
輴(辀)		1248	鷀(鹚)	329	族	616	倅	721		
	chún	兹	340	奏	917	毳	743		dá
唇		91	詞(词)	795		cū	焠	894	達(达)	126
鶉(鹑)		309	慈	931	粗	646	淬	1005	靻	209
脣(唇)		355	瓷	1122	麤(粗)	870		cūn	罜	278
臺		477	辟	1276		cú	皴	246	牽	318
漘		987	辭(辞)	1276	徂(徂)	115		cún	笪	401
淳		1007		cǐ	殂	347	蹲	153	怛	947
純(纯)		1130	玼	19		cù	存	1281	妲	1102
錞(錞)		1233	此	110	趣(趋)	102		cǔn		dǎ
醇		1288		cì	趣	102	蹲	153	打	1084
	chǔn	趀	105	蹴	150	忖	954		dà
惷(蠢)		942	刺	381	蹙	157		cùn	大	907
蠢		1170	賜(赐)	570	促	718	寸	242	亣	918
	chuō	束	628	猝	875		cuō	憚(惮)	951
踔		151	佽	707	醋	1289	瑳	19		dāi
	chuò	次	772	酢	1291	蹉	156	待	139
辵		112	髭	792		cuàn	嵯	815		dǎi
逴		132	廁(厕)	825	爨	207	撮	1063	逮	123
歠		773		cōng	竄(窜)	668		cuó		dài
龊		870	蔥(葱)	56	篡	809	虘	434	逮	123
掇		1073	樅(枞)	501			鄼(酂)	583	待	139

1380

詒(诒)	185	dàn		dào		dí		隶	232
戴	205	啗	78	道	133	適(适)	115	睇	285
隶	232	啖	89	翿(翿)	300	迪	120	寁(寁)	340
殆	348	誕(诞)	188	稻	635	逐	129	第	406
貸(贷)	567	膻	362	檡	639	蹢	152	弟	488
帶(带)	689	旦	610	倒	722	敵(敌)	256	杕	507
骀	694	癉(瘅)	677	盜(盗)	774	翟	294	旳(的)	600
代	710	僤(僤)	703	到	1036	笛	404	鬄	792
岱	811	但	718	de		糴(籴)	466	希	846
黱	904	憺	936	得	140	邮	586	駤	856
大	907	憚(惮)	951	地	1178	旳(的)	600	娣	1092
怠	939	澹	984	dé		翟	647	締(缔)	1136
給(给)	1132	淡	1004	德	136	覿(觌)	766	螮(蝃)	1167
軑(轪)	1250	撢(撢)	1059	得	140	狄	882	地	1178
dān		彈(弹)	1126	旱	763	滌(涤)	1005	鈦(钛)	1227
單(单)	101	dāng		惪(悳)	925	嫡	1096	diān	
眈	277	瑲(珰)	25	děi		鏑(镝)	1233	蹎	153
殫(殚)	349	當(当)	1202	得	140	dǐ		顛(颠)	776
箪(箪)	395	dǎng		dēng		牴(抵)	72	滇	958
丹	448	讜(谠)	195	登	108	詆(诋)	193	diǎn	
鄲(郸)	589	黨(党)	904	蹬	156	柢	503	典	408
瘅(瘅)	677	dàng		簦	399	邸	584	點(点)	903
儋	705	盪(荡)	444	登	431	底	826	diàn	
禫(禫)	734	宕	663	鐙(镫)	1223	厎	830	唸	92
湛	994	蕩(荡)	963	děng		抵	1055	殿	238
耽	1046	當	1121	等	391	堤	1186	簟	394
躭	1046	當(当)	1202	dèng		軧(轵)	1253	奠	409
匰(匰)	1119	dāo		蹬	156	dì		佃	715
酖	1289	刀	371	鄧(邓)	591	帝	2	驔	857
dǎn		dǎo		dī		禘	9	玷	963
單(单)	101	禱(祷)	10	鞮	209	玓	22	澱(淀)	1003
膽(胆)	356	道	133	羝	318	蔕(蒂)	45	電(电)	1023
亶	480	蹈	150	低	722	遞(递)	120	墊(垫)	1189
癉(瘅)	677	導(导)	244	滴	991	逮	123	甸	1201
疸	677	倒	722	氐	1105	蹛	151	鈿(钿)	1237
燀(燀)	891	島(岛)	811	堤	1186	諦(谛)	174	diāo	
		擣(捣)	1074	隄	1260	靮	214	琱	20

雕	306	定	657	髑	350	duī		墥	1183
彫	788	鋌(铤)	1219	韣(韇)	487	追	128	duò	
貂	851	錠(锭)	1223	櫝(椟)	518	敦	258	隋	364
凋	1021	dōng		牘(牍)	629	自	1254	杕	507
蛁	1157	東(东)	543	褥	732	duì		馱(驮)	866
diào		冬	1021	獨(独)	879	對(对)	200	惰(惰)	940
趙(赵)	105	崬	1167	黷(黩)	904	役	237	沱	956
調(调)	179	dòng		瀆(渎)	989	殺	237	垛	1183
弔(吊)	720	棟(栋)	512	嬻(嬻)	1098	敦	258		
掉	1067	恫	948	dǔ		奪(夺)	311	**E**	
銚(铫)	1222	洞	981	睹	278	兊	757		
釣(钓)	1235	凍(冻)	1020	管	478	碓	838	ē	
diē		挏	1064	賭(赌)	580	憝	944	阿	1256
跌	153	動(动)	1210	睹	600	憨(怼)	945	é	
昳	609	dōu		篤(笃)	861	錞(镦)	1233	莪	40
dié		篼	399	竺	1177	dūn		吪	93
咥	84	都	583	堵	1182	蹲	153	哦	98
迭	126	兜	760	dù		敦	258	譌(讹)	189
耋	151	dǒu		度	225	惇	928	鵝(鹅)	328
諜(谍)	194	斗	1242	斁(斁)	257	dùn		鶶	606
疊(叠)	618	dòu		斁	260	遁	122	俄	716
跕	653	逗	124	杜	494	遯(遁)	127	頟(额)	777
耊(耋)	740	鬥(斗)	219	渡	992	敦	258	峨	816
跌	840	鬬	219	妒	1098	盾	288	蛾	1160
戜	1108	脰	355	蠹	1169	頓(顿)	781	蠿(蛾)	1168
絰(绖)	1151	豆	430	土	1177	鈍(钝)	1236	軶	1250
垤	1193	竇(窦)	667	duān		duō		ě	
dīng		鏉	1222	耑	652	哆	76	惡(恶)	944
釘(钉)	1218	dū		端	920	咄	84	è	
丁	1272	豖	262	duǎn		剟	376	啞(哑)	84
dǐng		督	281	短	472	多	624	咢	100
鼎	630	都	583	duàn		掇	1073	遌	120
頂(顶)	776	dú		段	239	duó		遏	130
酊	1292	毒	29	碬	834	奪(夺)	311	歺(歹)	346
dìng		犢(犊)	70	鍛(锻)	1219	鐸(铎)	1230	餓(饿)	462
廷	141	讀(读)	171	斷(断)	1241	duǒ		鄂	591
訂(订)	173	讟	197			朵	507	頞(颊)	777

1382

厄	797	伐	718	販(贩)	576	妃	1089	fén	
戶	820	閥(阀)	1045	娩	872	緋(绯)	1153	蕡(蒉)	51
惡(恶)	944	拔	1074	犯	877	蜚(蜚)	1171	盼	275
匚	1039	fǎ		汎(泛)	977	féi		粉	318
扼	1059	灋(法)	867	氾	980	腓	361	蕡	429
搤	1063	fà		泛	993	肥	370	梦	546
堊(垩)	1184	髮(发)	791	鬾	1090	痱	674	獖(獖)	844
阸	1260	fān		範(范)	1251	fěi		樊	894
ēn		藩	52	fāng		菲	57	汾	962
恩	931	蕃	60	芳	50	誹(诽)	186	濆(濆)	987
ér		番	67	放	342	翡	294	墳(坟)	1194
胹	367	翻	301	枋	497	篚	400	fěn	
兒(儿)	757	旛	615	邡	592	朏	618	粉	648
而	841	幡	691	方	755	斐	790	黺	698
胹	842	潘	1002	匚	1117	匪	1118	扮	1069
ěr		fán		坊	1197	蜚(蜚)	1171	fèn	
珥	19	璠	15	鈁(钫)	1231	fèi		分	64
尔	65	繁(繁)	59	fáng		被	10	奮(奋)	312
邇(迩)	130	蕃	60	妨	357	吠	96	糞(粪)	336
餌(饵)	216	番	67	房	1038	跰	155	份	702
爾(尔)	271	樊	203	妨	1099	肺	355	債(偾)	717
耳	1046	鐇	586	坊	1197	柿	536	奔	911
		煩(烦)	782	防	1260	費(费)	574	忿	943
èr		礬	884	fǎng		癈(废)	672	憤(愤)	946
聅	380	燔	887	訪(访)	173	痱	674	坌	1184
貳(贰)	572	繙(𦅡)	906	放	342	扉	747	墳(坟)	1194
佴	707	蘇	1146	昉	608	廢(废)	827	fēng	
二	1175	蟠	1162	仿	704	沸	988	葑	38
		凡	1177	舫	754	fēn		豐(丰)	432
F		fǎn		紡(纺)	1132	氛	27	楓(枫)	498
		返	122	fàng		芬(芬)	29	丰	553
fā		反	223	放	342	分	64	酆	586
發(发)	1126	fàn		fēi		攽	249	峯(峰)	815
fá		范	58	霏	1027	饙(馎)	454	燹	900
茷	49	笵(范)	392	飛(飞)	1033	饙(馎)	454	蠭(蜂)	1169
乏	111	飯(饭)	457	非	1033	扮	1069	風(风)	1171
瞂(戟)	288	梵	546	扉	1038	紛(纷)	1147	封	1186
罰(罚)	380								

鏠	1232	芾	50	蠚(蜉)	1170	匐	803	汗	1010
féng		芙	61	輻(辐)	1250	蜉	844	奸	1101
逢	119	咈	89	**fǔ**		駙(驸)	861	戡	1106
夆	489	孚	217	翩	214	報(报)	915	乾	1271
馮(冯)	862	𠬝	223	尃	244	婦(妇)	1089	**gǎn**	
縫(缝)	1144	凫(凫)	242	甫	269	縛(缚)	1136	赶	106
fěng		葡	270	脯	366	蝮	1156	玕	245
諷(讽)	170	符	392	腐	370	自(阜)	1255	敢	344
覂	687	箙	401	簠	396	附	1260	秆(秆)	638
fèng		虙	434	郙	598			衦	736
奉	201	箁	469	黼	697	**G**		感	949
fèng		畐	479	俌	707			**gàn**	
鳳(凤)	325	桴	512	頫(俯)	781	**gā**		骭	352
賵(赗)	580	枹	530	酺	785	夾(夹)	908	榦(干)	511
縫(缝)	1144	罦	684	府	820	**gà**		贛(赣)	569
fǒu		罘(罘)	684	拊	1061	尬	913	躲	610
否	94	岪	688	撫(抚)	1065	**gāi**		紺(绀)	1140
缶	469	幅	688	斧	1240	荄	45	**gāng**	
不	1035	市	694	輔(辅)	1254	該(该)	195	犅	69
fū		黻	697	**fù**		核	524	剛(刚)	374
荂	36	佛	704	衬	7	垓	1178	缸	470
孚	217	伏	717	赴	102	**gǎi**		杠	517
尃	244	俘	718	復(复)	137	改	253	岡(冈)	813
敷(敷)	251	服	754	父	221	**gài**		亢	916
膚(肤)	354	髴	793	腹	359	蓋(盖)	52	扛	1069
麩(麸)	482	艴	799	副	375	槩(概)	520	綱(纲)	1143
柎	530	匐	801	复	483	溉	970	釭(釭)	1234
鄜	597	甶	808	負(负)	571	匄(丐)	1115	**gǎng**	
袯	731	夫	919	賦(赋)	577	**gān**		犺	877
夫	919	涪	956	赗(赗)	581	苷	34	港	1013
鈇(铁)	1235	浮	980	馥	644	干	161	**gàng**	
fú		泼	1022	富	658	肝	356	戇(戆)	938
福	5	扶	1056	寞	666	竿	398	**gāo**	
被	10	拂	1080	覆	687	甘	414	膏	357
菔	32	弗	1104	傅	707	蘑	414	篙	406
蓇	37	蚨	1165	付	708	尷(尴)	913	餻(糕)	462
芣	44	蝠	1166	複	733	泔	1003	高	473

1384

翠	915	合	462	供	705	gòu		骨	350
皋	917	舸	755	恭	930	诟	39	股	360
gǎo		gè		弓	1122	遘	119	壴¹（鼓）	427
稾(槁)	508	各	94	功	1207	詬(诟)	194	鼓	429
杲	510	箇(个)	398	釭(缸)	1234	雊	304	蛊	440
稾(稿)	638	个	407	gǒng		鴝(鸲)	331	賈(贾)	575
乔	918	gēn		珙	26	菁	336	穀(谷)	639
縞(缟)	1137	跟	147	奴(廾)	201	構(构)	511	罟	683
gào		根	503	鞏(巩)	209	購(购)	578	兆	760
告	74	gèn		珙	218	觏(觏)	764	居	831
誥(诰)	176	栖	539	礦(矿)	834	媾	1092	涸	983
郜	594	艮	724	碧	835	姤	1102	滑	984
gē		亘	1177	拱	1053	彀	1126	汩	1012
鴿(鸽)	325	gēng		栱	1082	垢	1193	谷	1019
胳	359	鹒	216	贛	1279			蠱(蛊)	1171
割	377	更	254	gòng		gū		縠(縠)	1249
哥	421	耕	384	共	203	苽	42	gù	
歌	769	庚	1275	貢(贡)	566	呱	76	故	250
戈	1106	gěng		贛(赣)	569	鴣(鸪)	333	雇	308
圪	1182	哽	89	供	705	舩	388	梏	540
gé		骾(鲠)	353	gōu		笟	404	固	562
葛	41	邢	588	句	163	罛	683	顧(顾)	780
革	208	鯁(鲠)	1030	鉤	164	夼	909	鋼(锢)	1219
鞈	212	耿	1047	鴝(鸲)	331	沽	973	guā	
格	507	綆(绠)	1148	篝	396	姑	1090	呱	76
袷	694	埂	1191	韝(鞲)	487	蛄	1160	昏	95
佮	709	gèng		疴	673	辜	1276	刮	378
假	709	更	254	佝	715	孤	1280	瓜	653
匌	803	gōng		溝(沟)	989	酤	1288	guǎ	
猲	874	公	66	緱(缑)	1144	gǔ		呱	76
霉	1025	龔(龚)	204	鞠(鞫)	1250	古	164	冎	350
閤(阁)	1040	厷	220	gǒu		詁(诂)	176	寡	661
閣(阁)	1042	攻	261	苟	56	鼓(鼓)	260	guà	
盒(蛤)	1164	觥(觥)	387	笱	163	瞽	285	詿(诖)	187
隔	1260	工	411	枸	497	離(离)	305	卦	266
gě		宫	664	耇	741	羖	319	挂	1081
哿	421	躬(躬)	665	狗	873	鴣(鹄)	327		

guāi					
乖	314	洸	979	灵	899
华	1085	**guǎng**		鱖(鳜)	1029
guǎi		廣(广)	824	**gǔn**	
扨	314	獷(犷)	876	袞	730
guài		**guī**		鯀(鲧)	1028
夬	222	瑰	23	**guō**	
怪	939	歸(归)	108	過(过)	116
guān		鷪(莺)	214	鍋(锅)	214
莞	35	鳩(鸠)	326	啯	476
棺	540	邽	586	郭	597
冠	679	騩	855	崞	812
倌	713	規(规)	920	聒	1048
觀(观)	763	閨(闺)	1040	**guó**	
鰥(鳏)	1028	媯(妫)	1087	虢	97
關(关)	1043	龜(龟)	1173	虢	437
綸(纶)	1142	圭	1195	國(国)	559
筦	1155	**guǐ**		幗(帼)	693
官	1255	詭(诡)	192	漍	998
guǎn		殷	240	馘	1050
管	404	簋	396	**guǒ**	
館(馆)	460	皀	451	果	504
guàn		晷	603	椁	541
裸	9	宄	663	裹	737
瓘	15	鬼	805	**guò**	
蕽	313	垝	1190	過(过)	116
盥	443	軌(轨)	1253		
罐	471	癸	1278	**H**	
毌	624	**guì**			
貫(贯)	625	跪	148	**há**	
冠	679	蹶	152	盒(蛤)	1164
觀(观)	763	跀	155	蝦(虾)	1165
灌	964	桂	494	**hāi**	
涫	1001	柜	498	哈	99
摜(掼)	1065	檜(桧)	501	**hái**	
guāng		貴(贵)	580	咳	77
		襘	732	還(还)	122
光	898	廥	825	骸	352

hǎi		感	949		
海	974	漢(汉)	960		
醢	1291	灘(滩)	991		
hài		汗	1010		
害	662	閈(闬)	1040		
亥	1293	撼	1075		
hān		**hāng**			
鼾	292	炕	899		
酣	1289	**háng**			
hán		行	143		
琀	24	杭	756		
含	78	沆	978		
韓(韩)	488	**hàng**			
邯	589	行	143		
邗	596	巷(巷)	599		
马	625	炗	916		
函(函)	625	沆	978		
寒	662	**hāo**			
汗	1010	蒿	59		
砼	1122	薅	63		
hǎn		**háo**			
罕	682	嚆	96		
厂	829	虓	97		
hàn		号	423		
含	78	號(号)	423		
敢	252	豪(豪)	846		
睅	274	皋	917		
睆	275	毫	1211		
翰	294	**hǎo**			
旱	604	郝	585		
暵	607	好	1094		
马	625	**hào**			
崶	626	皞	300		
乾	743	号	423		
頷(颔)	780	號(号)	423		
熯	888	鄗	589		
悍	939	旭	601		

晧(皓)	603	\multicolumn{2}{c|}{hè}	\multicolumn{2}{c|}{hóng}	虖	435	帍	585
暭(皞)	603	荷	40	靴	210	㲉	843	瓠	653
顥(颢)	782	和	83	鴻(鸿)	328	寷	917	岵	812
浩	978	喝	93	宏	656	忽	940	怙	933
灝(灏)	1005	嚣	300	厷	656	戲(戏)	1108	户	1038
好	1094	鶴(鹤)	327	洪	974	匢	1118	酷	1288
鎬(镐)	1222	叡(壑)	345	浲	974	\multicolumn{2}{c|}{hú}	\multicolumn{2}{c|}{hua}
\multicolumn{2}{c|}{hē}	壑	345	泓	980	瑚	24	劃(划)	377
喝	93	嗺	475	弘	1124	和	83	\multicolumn{2}{c|}{huā}
訶(诃)	190	賀(贺)	566	紅(红)	1140	鷽	215	吡	93
\multicolumn{2}{c|}{hé}	褐	738	虹	1166	鵠(鹄)	327	琴	554
荷	40	貈	850	\multicolumn{2}{c|}{hòng}	胡	365	華(华)	554
和	83	猲	874	訌(讧)	189	觳	388	\multicolumn{2}{c|}{huá}
嗑	90	赫	907	鴻(鸿)	328	餬(糊)	459	斈(学)	265
盉	117	\multicolumn{2}{c|}{hēi}	虹	1166	狐	883	劃(划)	377
龢	158	黑	902	\multicolumn{2}{c|}{hóu}	壺(壶)	913	華(华)	554
翮	296	\multicolumn{2}{c|}{hén}	喉	75	湖	989	澅(浍)	962
膉	368	痕	676	餱(餱)	455	弧	1123	滑	984
曷	415	\multicolumn{2}{c|}{hěn}	矦(侯)	472	斛	1242	\multicolumn{2}{c|}{huà}
盍	441	很	140	猴	882	醐	1291	話(话)	180
盇(盍)	447	狠	876	鍭(镞)	1233	\multicolumn{2}{c|}{hǔ}	畫(画)	232
合	462	\multicolumn{2}{c|}{hèn}	\multicolumn{2}{c|}{hǒu}	琥	17	劃(划)	377
麧(龁)	482	恨	945	吼	795	唬	97	鏵	386
核	524	\multicolumn{2}{c|}{héng}	\multicolumn{2}{c|}{hòu}	虎	436	華(华)	554
禾	632	珩	18	逅	134	汻(浒)	987	稞	637
覈(核)	687	行	143	後(后)	139	\multicolumn{2}{c|}{hù}	七	723
頩	696	胻	361	旱	478	祐	3	化	723
何	704	衡	386	厚	478	苄	39	崋(华)	812
領(领)	777	横	536	郈	596	殻	95	\multicolumn{2}{c|}{huái}
貉	851	恆(恒)	1176	候	710	護(护)	181	踝	148
河	955	\multicolumn{2}{c|}{hèng}	后	795	殻	237	槐	499
涸	998	横	536	\multicolumn{2}{c|}{hū}	羽	293	褱	732
闔(阖)	1041	\multicolumn{2}{c|}{hōng}	呼	80	雇	308	懷(怀)	932
劾	1212	訇	188	膴	366	笠	399	淮	967
\multicolumn{2}{c|}{hě}	薨	349	昒	416	笏	406	\multicolumn{2}{c|}{huài}
敄	252	烘	891	乎	422	栯	532	壞(坏)	1192
				虍	433	鄠	585	坏	1193

1387

huān		患	951	恢	930	濊	1012	穫(获)	637
讙(谨)	189	渙(涣)	976	揮(挥)	1075	繪(绘)	1138	矱	774
歡(欢)	768	瀚	1007	撝	1077	**hūn**		獲(获)	880
貛(獾)	852	鯇(鲩)	1029	徽	1145	葷(荤)	32	惑	942
驩(驩)	858	换	1083	虺	1158	昏	604	瀖	998
huán		**huāng**		隳(堕)	1259	惛	942	濊	1012
環(环)	17	荒	48	**huí**		閽(阍)	1044	豁	1019
瑗(瑗)	18	肓	355	回	559	婚	1088	或	1108
還(还)	122	衁	445	洄	993	**hún**		蠖	1160
睘(睘)	277	稙	640	蛕(蛔)	1157	魂	805	鑊(镬)	1221
萑	312	忙	1016	**huǐ**		渾(浑)	982		
桓	517	**huáng**		毇	649	縉(缙)	1148	**J**	
圜	558	皇	14	悔	945	**hùn**			
郇	589	璜	17	虫	1156	枲	557	**jī**	
寏(寏)	656	喤	77	虺	1158	圂	563	璣(玑)	23
寰	664	遑	134	毀	1191	混	975	其	30
鬟	794	篁	391	**huì**		渾(浑)	982	踦	148
貆	851	簧	403	薈(荟)	47	溷	983	躋(跻)	149
獂	854	艎	755	蕙	48	**huō**		譏(讥)	186
萈	872	煌	897	卉	56	豁	1019	敧	228
狟	878	惶	952	喙	75	**huó**		卟	266
洹	969	湟	961	嘒	85	佸	11	鷄(鸡)	304
垸	1187	潢	989	誨(诲)	171	和	83	雞(鸡)	305
鍰(锾)	1228	蟥	1161	諱(讳)	175	趆	103	幾(几)	339
huǎn		蝗	1162	彗	225	佸	709	肌	354
睅	274	黃	1205	翽(翙)	299	活	976	刉	372
睆	275	**huǎng**		蔥	339	**huǒ**		勼	374
緩(缓)	1154	晄(晃)	601	惠	339	夥	624	觭	385
huàn		**huàng**		會(会)	464	火	885	笄	393
唤	99	晄(晃)	601	槥	541	**huò**		箕	407
逭	127	**huī**		賄(贿)	564	禍(祸)	12	其	407
奐(奂)	201	睢	279	晦	604	藿(藿)	30	丌	408
眩	273	翬(翚)	297	顪	779	和	83	奇	420
幻	341	暉(晖)	603	慧	929	隻(只)	302	畿	446
宦	655	徽	691	恚	943	蔓	312	饑(饥)	461
豢	845	褘(袆)	731	澮(浍)	962	霍(霍)	323	飢(饥)	461
煥(焕)	901	灰	890	沫	1006	貨(货)	564	机	502

機(机)	524	极	532	跽	148	jiā		兼	39
禾	555	楫	534	計(计)	179	珈	24	犍	73
稽	555	棘	628	記(记)	182	葭	57	軒	208
齎(赍)	567	疾	671	瞑	278	嘉	428	韉	213
期	619	佶	703	劑(剂)	378	枷	520	堅(坚)	234
積(积)	637	岌	817	曁(既)	451	家	654	殲(歼)	349
齏(齑)	652	急	936	臮	485	痂	675	肩(肩)	358
羈(羁)	686	湒	996	暨	610	佳	701	箋(笺)	392
屐	751	汲	1007	齊(齐)	627	豭	844	兼	643
稘	819	拮	1078	稷	634	夾(夹)	908	㦸(戟)	690
憿	941	姞	1086	穧	635	浹(浃)	1013	監(监)	728
激	981	戢	1110	宋(寂)	657	加	1211	豜	843
擊(击)	1080	級(级)	1135	寄	662	jiá		煎	891
姬	1086	給(给)	1136	伎	715	莢(荚)	45	漸(渐)	965
緝(缉)	1150	亟	1176	冀	726	跲	153	淺(浅)	985
績(绩)	1150	輯(辑)	1247	覬(觊)	764	唊	274	籛	1033
基	1182	jǐ		旡	774	郟(郏)	590	閒(间)	1042
墼	1184	踦	148	髻	794	頰(颊)	777	姦(奸)	1101
畸	1200	卂	217	茍	804	夾(夹)	908	戔(戋)	1111
畿	1201	幾(几)	339	魝	807	戛	1107	纖(纤)	1134
几	1238	机	502	豙	833	jiǎ		縑(缣)	1137
jí		曁	610	亾	847	鰕	164	緘(缄)	1146
藉	51	泲	964	驥(骥)	857	叚	225	艱(艰)	1198
吉	88	濟(济)	972	騎(骑)	859	賈(贾)	575	鑯	1223
踖	149	擠(挤)	1055	悸	941	假	709	开	1237
蹐	153	脊	1085	忌	943	斝	1242	jiǎn	
皍	160	戟(戟)	1106	濟(济)	972	甲	1270	塞	154
及	223	紀(纪)	1132	洎	1001	jià		跈(跈)	155
暨	322	蟣(虮)	1158	霽(霁)	1025	枷	520	瞼(睑)	286
雧(集)	324	己	1273	技	1077	賈(贾)	575	䩞	295
殛	347	jì		妓	1097	稼	632	前	373
膌(瘠)	363	祭	7	紀(纪)	1132	嫁	693	剪	373
耤	385	薊(蓟)	34	繼(继)	1133	價(价)	722	簡(简)	391
籍	391	芰	39	繫(系)	1150	駕(驾)	860	檢(检)	531
卽(即)	451	蕺	46	墍	1184	嫁	1088	柬	556
人	462	嚌(哜)	78	際(际)	1262	jiān		㦸(戟)	690
極(极)	512	迹	113	季	1280	菅	35	儉(俭)	711

觭	792	漿(浆)	1003	澆(浇)	1004	jiē		孑	1281
減(减)	1011	姜	1086	姣	1095	喈	96	jiě	
鹼(硷)	1038	繮(缰)	1147	嬌(娇)	1102	街	143	解	386
撿(捡)	1053	畺	1204	蛟	1164	皆	289	姐	1090
戩(戬)	1110	疆	1204	鷦	1222	楷	493	jiè	
繭(茧)	1129			jiǎo		楱	529	玠	18
錢(钱)	1225	jiǎng		徼	137	稭(秸)	638	藉	51
jiàn		蔣(蒋)	42	敫	342	痎	675	芥	56
荐	51	講(讲)	184	脚	360	接	1064	介	66
建	142	彀	237	角	385	揭	1069	犗	70
踐(践)	150	獎	875	矯(矫)	472	階(阶)	1262	誡(诫)	175
諫(谏)	177	jiàng		疖	672	jié		戒	202
腱	371	將(将)	243	皎	695	訐(讦)	191	岕	384
劍(剑)	383	洚	974	皦	696	詰(诘)	192	犗	385
箭	388	匠	1117	佼	699	映	274	解	386
餞(饯)	460	畺	1124	狡	873	睫	274	疥	674
賤(贱)	577	弜	1127	烄	889	羯	319	借	710
健	703	絳(绛)	1139	喬(乔)	911	節(节)	389	价	713
僭	714	強(强)	1159	絞(绞)	912	桀	489	屆(届)	745
俴	714	降	1259	憿	941	桔	496	髶	793
件	721	醬(酱)	1291	湫	1000	楬	541	駴	863
見(见)	761	jiāo		攪(搅)	1076	傑(杰)	700	界	1202
薦(荐)	866	茭	54	繳(缴)	1148	健	708	jīn	
煎	891	蕉	55	jiào		祐	737	祲	12
漸(渐)	965	嘐	90	噍	78	頡(颉)	782	聿	231
濫(滥)	980	徼	137	叫	93	卩	796	筋	370
淺(浅)	985	教	264	趭(趫)	103	碣	834	今	464
澗(涧)	990	鷦(鹪)	326	徼	137	竭	921	巾	687
間(间)	1042	橋(桥)	533	教	264	渴	998	袗(襟)	731
鑑(鉴)	1220	郊	584	斅(学)	265	潔(洁)	1013	犵	759
鍵(键)	1222	佼	699	斆	265	拮	1078	津	992
jiāng		鼎	786	校	535	婕	1093	金	1214
蔣(蒋)	42	驕(骄)	858	窖	667	截(截)	1108	斤	1240
將(将)	243	燋	890	激	981	結(结)	1136	釿(斤)	1241
邛	594	鱎	893	斠	1243	絜	1151	矜	1245
僵	717	爨	895	醮	1289	刦	1207	jǐn	
江	956	交	912			劫	1212	瑾	15
		激	981						

謹(谨)	174	精	645	局	1039	柩	1119	矩	412
緊(紧)	234	兢	758	_	_	舅	1206	榘(矩)	413
盡(尽)	442	涇(泾)	959	jiǒng		jū		枸	497
饉(馑)	461	巠	1016	迥	132	琚	21	柜	498
錦(锦)	694	鱷	1030	囧	621	苴	53	沮	957
僅(仅)	710	經(经)	1130	窘	668	趄	105	舉(举)	1068
廑	828	蜻	1163	炯	897	拘	163	jù	
堇	1198	醒	1292	煛	899	臼	206	蘧	32
瑾	1274	jǐng		熒(荧)	906	鞠	210	苣	54
jìn		警	180	jiū		痀	673	岠	107
祲	12	剄(刭)	381	赳	103	疽	674	遽	133
禁	13	井	450	丩	164	罝	685	足	147
蓋(荩)	34	阱	450	糾(纠)	164	居	744	踞	153
唫	80	穽(阱)	450	救	256	駒(驹)	854	距	154
噤	81	景	602	鳩(鸠)	325	狙	882	句	163
吟	92	頸(颈)	777	究	669	沮	957	詎(讵)	195
進(进)	116	憼	930	勼	802	据	1067	具	203
近	129	憬	954	揫	949	尻	1238	臾	287
靳	211	jìng		揪	1000	斝	1244	雛(雏)	305
殣	348	徑(径)	136	繆(缪)	1152	jú		瞿	322
盡(尽)	442	竞(竞)	196	jiǔ		菊	32	劇(剧)	382
贐(赆)	567	竟	198	玖	22	局	97	巨	412
晉(晋)	601	脛(胫)	361	久	489	臼	206	虞(虡)	436
煐	606	静	449	韭	652	雛(雏)	305	遽	453
覲(觐)	765	桱(桯)	517	灸	893	橘	490	秬	453
燼(烬)	894	倞	703	九	1267	桔	496	聚	679
寖(浸)	971	靚(靓)	765	酒	1287	匊	801	倨	703
縉(缙)	1139	敬	805	jiù		昊	874	俱	707
墐	1184	靖	921	赳	103	犟(挚)	1253	聚	727
jīng		瀞(瀞)	1000	段	240	jǔ		裾	733
菁	32	經(经)	1130	救	256	莒	32	沮	735
荊	43	境	1196	舊(旧)	313	蒟	42	屨(屦)	751
莖(茎)	43	勁(劲)	1208	就	476	咀	77	瘻	846
徑(径)	136	鏡(镜)	1219	臼	649	齟	146	界	918
京	476	jiōng		咎	719	踽	149	懼(惧)	933
旌	612	冂	474	僦	722	簍	394	沮	957
晶	616	扃	631	廐(厩)	823	筥	394	據(据)	1057

挶	1067	訣(诀)	196	**jǔn**		看	281	**kǎo**	
勮	1211	鵙(䴗)	326	窘	389	䩗	282	攷	261
鋸(锯)	1227	劂	372	**jùn**		刊	376	丂	419
鉅(钜)	1236	角	385	菌	42	栞(刊)	506	考	742
juān		觼(镢)	388	䭾	246	龕(龛)	1032	**kào**	
鞙	212	爵	453	鵘(鵙)	332	戡	1109	槀(槁)	508
朘	370	桷	513	郡	582	戬	1109	稾(稿)	638
圈	560	橛(橜)	526	俊	700	堪	1183	烤	900
狷	883	瘚	673	峻	814	勘	1213	靠	1034
涓	975	覺(觉)	765	駿(骏)	858	**kǎn**		**kē**	
捐	1082	崛	815	㒞	872	凵¹	99	珂	25
juǎn		厥	830	焌	886	衎	144	苛	48
卷	798	馱	865	竣	922	竷	484	棵	523
捲(卷)	1079	獗	882	浚	1002	欿	771	柯	527
juàn		爝	900	睿	1019	顑(颔)	782	稞	637
眷	281	決(决)	991	擶(捃)	1073	厰	830	科	641
睊	281	抉	1066	畯	1203	侃	1017	疴	671
隽(隽)	311	攫	1072			坎	1188	顆(颗)	780
巻	431	掘	1078	**K**		**kàn**		**ké**	
桊	525	垺	1105			衎	144	咳	77
圏	560	丿	1112	**kāi**		看	281	殻	237
鄄	594	乚	1112	開(开)	1041	䩗	282	**kě**	
倦	720	絶(绝)	1133	**kǎi**		**kāng**		可	420
捲(卷)	1079	繘	1148	雉	303	穅(糠)	638	渴	770
絹(绢)	1138	钁(镢)	1226	剴(剀)	371	康	656	岢	818
券(倦)	1211	較(较)	1248	豈(岂)	430	忼(慷)	928	渴	998
juē		乄	1281	凱(凯)	430	**káng**		坷	1192
屩	751	**jūn**		楷	493	扛	1069	**kè**	
jué		莙	36	愷(恺)	927	**kàng**		嗑	90
玦	18	君	81	慨	928	伉	700	課(课)	177
珏(玨)	26	鞫(鞠)	245	鍇(锴)	1217	犺	877	刻	375
蕨	57	暈(晕)	609	鎧(铠)	1234	炕	899	可	420
嚼	84	麇	868	**kài**		亢	916	克	631
蹶	152	龜(龟)	1173	喫	98	抗	1081	科	641
趹	155	均	1180	欬(咳)	771	**kāo**		客	662
谷	161	鈞(钧)	1229	**kān**		尻	745	礉	740
譎(谲)	189	軍(军)	1251	軒	208			愙(恪)	933

溢	1014	跨	150	**kuāng**		愦(愦)	943	**lái**	
kěn		库(库)	823	邝	588	溃(溃)	985	莱(莱)	57
肎(肯)	370	焅	900	洭	964	聩(聩)	1049	莍	73
狠	844	绔(绔)	1143	匡	1118	媿(愧)	1101	來(来)	481
墾(垦)	1196	酷	1288	**kuáng**		匱(匮)	1119	麳(麳)	481
kēng		**kuā**		誆(诓)	186	**kūn**		**lài**	
牼(轻)	72	誇(夸)	188	狂	881	琨	22	睐(睐)	283
阬	1259	夸	909	**kuàng**		昆	608	籟(籁)	403
kōng		**kuǎ**		贶(贶)	580	辉(辉)	690	賚(赉)	570
空	667	髁	351	矿(矿)	834	髡(髡)	794	赖(赖)	571
kǒng		**kuà**		況	977	崐	819	瀨(濑)	987
恐	951	跨	150	纊(纩)	1149	蚰	1167	勑(勑)	1207
孔	1035	胯	360	壙(圹)	1191	坤	1178	**lán**	
kòng		忮	489	**kuī**		**kǔn**		藍(蓝)	33
空	667	夸	909	刲	379	梱(阃)	515	蘭(兰)	33
控	1060	**kuài**		虧(亏)	424	悃	929	斕(斓)	193
kōu		噲(哙)	75	窺(窥)	668	**kùn**		籃(篮)	396
殴(殴)	238	膾(脍)	368	悝	941	困	563	籣	401
搆(搆)	487	會(会)	464	闚(窥)	1044	**kuò**		嵐(岚)	818
摳(抠)	1052	檜(桧)	501	**kuí**		适	118	瀾(澜)	979
kǒu		鄶(郐)	594	葵	31	鞹	208	闌(阑)	1043
口	75	郐	597	睽	278	栝	528	婪	1100
kòu		儈	613	俀	712	髻	793	**lǎn**	
寇	259	儈(侩)	722	頯(颏)	777	活	976	覽(览)	763
滱	973	廥	825	騤(骙)	861	闊(阔)	1045	嬾(懒)	1100
扣	1082	駃	865	奎	908	括	1076	**làn**	
釦(扣)	1223	獪(狯)	873	揆	1071			爛(烂)	892
kū		快	926	戣	1106	**L**		濫(滥)	980
哭	101	澮(浍)	962	魁	1243			**láng**	
剠	376	巜	1015	馗	1267	**lā**		琅	24
枯	508	凷	1181	**kuǐ**		邋	129	郎	595
圣	1190	**kuān**		跬	106	拉	1055	廊	829
堀(窟)	1195	髋(髋)	351	**kuì**		**là**		狼	883
kǔ		寬(宽)	661	蕢(蒉)	53	臘(腊)	363	浪	960
苦	34	**kuǎn**		喟	80	剌	557	蜋(螂)	1161
kù		款	768	歸(归)	108	瘌	678	**lǎng**	
罄(罄)	74			饋(馈)	459	蜡	1163	朗	619

1393

狼	883	儡	719	焱	271	例	718	煉(炼)	894
làng		磊	838	離(离)	305	厲(厉)	831	涑	1010
浪	960	纍(累)	1144	豊	431	厤	831	練(练)	1137
閬(阆)	1041	壘(垒)	1190	李	492	礫(砾)	835	鏈(链)	1216
láo		厽	1264	欐	534	厯	835	鍊	1218
牢	72	絫	1264	俚	704	礪(砺)	839	**liáng**	
癆(痨)	678	垒	1264	裏(里)	730	麗(丽)	869	良	479
撈(捞)	961	**lèi**		澧	967	戾	878	梁	533
嫪	1098	肋	358	鯉(鲤)	1028	立	920	粱	645
勞(劳)	1210	頛	783	蠡	1170	溧	965	糧(粮)	647
醪	1287	類(类)	881	里	1199	砅	994	量	728
lǎo		纇	1132	**lì**		瀝(沥)	1002	涼(凉)	1004
橑	513	酹	1291	吏	1	溧	1022	蜋(螂)	1161
老	740	**léng**		瓅(珕)	23	鬲	1127	**liǎng**	
潦	996	棱	536	荔	58	力	1206	兩	681
lào		**lěng**		唳	98	轢(轹)	1252	兩(两)	681
癆(痨)	678	冷	1021	歷(历)	107	**lián**		蜽	1166
烙	900	**lí**		鬲	214	蓮(莲)	39	**liàng**	
撈(捞)	961	藜	60	酈	215	連(连)	127	諒(谅)	168
嫪	1098	犁	73	隶	232	斂(敛)	255	兩(两)	681
酪	1291	遼	124	隸(隶)	233	瞵	276	亮	758
lè		嫠	222	隶(隶)	233	羸	319	諒	774
勒	212	犛	262	焱	271	簾(帘)	393	涼(凉)	1004
扐	509	離(离)	305	翮	296	覝	762	**liáo**	
樂(乐)	530	梨	491	離(离)	305	廉	826	遼(辽)	131
泐	997	栃	516	利	372	憐(怜)	953	敹	255
阞	1255	黎	644	笠	399	鰱(鲢)	1029	簝	399
léi		罹	686	櫟(栎)	499	聯(联)	1047	療(疗)	678
羸	319	貍	851	櫪(枥)	540	鏈(链)	1216	僚	702
樏	522	驪(骊)	855	曆(历)	610	鎌(镰)	1226	寮	886
纍	532	蔾	1102	栗	627	**liǎn**		燎	895
靁(雷)	1022	蠡	1170	秝	642	蘞(莶)	39	撩	1061
lěi		釐(厘)	1199	糲(粝)	645	連(连)	127	繚(缭)	1135
蕾	37	离	1268	粒	646	斂(敛)	255	勞(劳)	1210
誄(诔)	194	**lǐ**		癘(疠)	675	撿(捡)	1053	鐐(镣)	1215
耒	384	禮(礼)	4	詈	686	**liàn**		**liǎo**	
邦	593	理	20	儷(俪)	713	楝	500	蓼	31

僚	702	霖	1025	軨(轳)	1248	聾(聋)	1049	櫓(橹)	530
燎	895	鱗(鳞)	1031	陵	1255	**lǒng**		虏(虏)	625
了	1281	**lǐn**		**lǐng**		籠(笼)	398	鹵(卤)	1037
liào		亩	479	領(领)	778	壟(垄)	1194	**lù**	
廖	829	稟(禀)	480	嶺(岭)	818	隴(陇)	1261	禄	4
寮	886	瘰	1020	**lìng**		**lōu**		璐	15
燎	895	**lìn**		令	796	摟(搂)	1067	路	155
尥	913	藺(蔺)	35	**liū**		**lóu**		蓼	298
料	1243	吝	94	溜	967	樓(楼)	514	鷺(鹭)	327
liè		遴	125	**liú**		鄭	591	簏	389
迾	129	躏	156	鶹(鹠)	326	偻(偻)	719	篷	398
迣	131	瞵	276	游	614	婁(娄)	1100	麓	545
列	376	賃(赁)	578	瘤	674	嶁(嵝)	1160	賂(赂)	568
裂	736	麟	675	駵(骝)	855	**lǒu**		录	632
鬣	793	閵	889	潄(流)	1014	簍(篓)	395	稑	633
獵(猎)	879	**líng**		畱(留)	1203	摟(搂)	1067	僇	719
烈	887	玲	21	鏐(镠)	1233	**lòu**		碌	839
巤	923	靈(灵)	24	鎦(镏)	1236	漏	1011	鹿	867
冽	982	齡(龄)	146	劉(刘)	1237	扁(漏)	1025	漉	1002
岁	1016	翎	301	**liǔ**		匧	1116	露	1025
埒	1183	笒	400	柳	497	鏤(镂)	1217	戮	1109
劣	1210	鑐	470	罶	683	陋	1258	堎	1180
lín		夌	483	絡(绺)	1131	**lú**		勠	1210
琳	16	檁(檩)	514	**liù**		臚(胪)	354	録(录)	1217
遴	125	囹	562	蓼	298	簠	399	辂(辂)	1247
躏	156	酃	593	鷚(鹨)	325	盧(卢)	440	陸(陆)	1256
瞵	276	伶	712	廇	822	鄭	591	酪	1291
林	544	泠	965	溜	967	旅	615	**luán**	
鄰(邻)	583	凌	968	雷	1025	艫(舻)	752	鸞(鸾)	325
麻	675	朕	1020	六	1266	顱(颅)	776	欒(栾)	498
臨(临)	728	需	1024	**lóng**		廬(庐)	821	孌(娈)	814
嶙	817	零	1024	籠(笼)	398	驢	902	鑾(銮)	1234
麟	867	聆	1048	隆	553	慮(虑)	923	孿(孪)	1279
鏖	868	瓴	1122	朧(胧)	620	膚	1120	**luǎn**	
粦	902	綾(绫)	1137	癃	677	鑪(炉)	1223	卵	1175
淋	1007	蛉	1163	龍	819	**lǔ**		**luàn**	
鄰	1016	鈴(铃)	1229	龍(龙)	1032	魯(鲁)	290	矞	343

亂(乱)	1271	驢(驴)	865	**mái**		駹	856	勖	1209
lún		鬮(阄)	1040	薶	55	尨	873	**méi**	
論(论)	173	婁(娄)	1100	霾	1026	**mǎng**		禖	11
侖(仑)	463	**lǔ**		**mǎi**		莽	63	玫	23
倫(伦)	706	挐	344	買(买)	577	莽	63	眉	287
崙	819	膂	364	**mài**		**māo**		脄	354
淪(沦)	979	旅	615	邁(迈)	113	貓(猫)	852	脢	358
搶(抡)	1062	呂	665	麥(麦)	482	**máo**		梅	492
綸(纶)	1142	侶	721	賣¹(卖)	550	茅	35	楳(梅)	492
輪(轮)	1253	褸(褛)	731	脈(脉)	1018	莍	73	某	502
lùn		屢(屡)	748	勱(劢)	1208	氂(牦)	74	枚	506
論(论)	173	履	750	**mán**		旄	615	楣	513
luō		縷(缕)	1143	謾(谩)	185	毛	742	郿	585
捋	1061	**lǜ**		鞔	209	髦	791	湄	990
luó		律	140	瞞(瞒)	275	髳	792	媒	1087
蘿(萝)	40	慮(虑)	923	顢	275	蟊	1162	**měi**	
邏(逻)	135	綠(绿)	1138	槾	515	蝥	1168	每	29
羅(罗)	684	率	1155	两	682	矛	1245	美	320
騾(骡)	865	**lüè**		鰻(鳗)	1029	**mǎo**		媄	1094
贏	1161	挐	344	蠻(蛮)	1166	昴	604	**mèi**	
luǒ		掠	1083	**mǎn**		冃	680	眊	276
蓏	30	略	1202	矕	275	卯	1284	昧	283
裸	637	鋝(锊)	1228	睌(矕)	275	**mào**		眛	283
蠃(裸)	737			矣	484	瑁	18	靺	487
蠃	1161	**M**		滿(满)	984	茂	46	眜	600
luò				**màn**		毛	47	寐	670
落	48	**mā**		蔓	41	眊	276	袂	732
犖(荦)	71	摩	1076	曼	221	楙	545	魅	806
雒	303	**má**		槾	515	貿(贸)	574	沫	1006
笿	396	麻	651	慢	939	旄	615	媒	1087
烙	900	蟆	1165	鏝	1247	冃	680	妹	1091
爍(烁)	901	**mǎ**		**máng**		冒	681	媚	1094
洛	962	馬(马)	853	芒	45	袤	732	**mēn**	
零	1024	鄢	592	牻	70	瞀(瞀)	741	悶(闷)	946
絡(络)	1149	**mà**		盲	284	皃(貌)	759	**mén**	
lú		禡(祃)	12	邙	587	懋	935	璊(璊)	20
魯(鲁)	290	罵(骂)	686	厖	831	務(务)	1207	瞞(瞒)	275

門(门)	1039	**mí**		糸	1129	**miē**		銘(铭)	1236
捫(扪)	1058	蘼	33	蠠(蜜)	1169	咩	317	**mǐng**	
mèn		迷	126	**mián**		**miè**		冥	616
瞞(瞒)	275	謎(谜)	196	瞑	282	昧	278	溟	995
惛	942	眯	283	芇	315	莫	316	酩	1292
懣(懑)	946	麋(麋)	643	宀	654	蔑	316	**mìng**	
悶(闷)	946	糜	646	綿(绵)	1128	衊(蔑)	447	命	82
méng		覼	764	**miǎn**		覕(觃)	766	**miù**	
萌	43	麛	868	眄	284	威	899	謬(谬)	189
蒙	58	麋	868	麥	484	滅(灭)	1011	繆(缪)	1152
瞢	282	靡	1034	冕	680	**mín**		**mō**	
朦	284	靡	1050	偭	711	珉	22	摸	1077
薨	315	彌(弥)	1125	丏	785	旻	599	**mó**	
艨	620	縻	1148	愐	934	罠	684	謨(谟)	172
甿(明)	621	**mǐ**		沔	961	嶜(岷)	811	麽(么)	338
盟	621	爾(尔)	271	湎	1003	民	1103	膜	368
夢(梦)	622	眯	283	緬(缅)	1130	緡(缗)	1148	模	511
冡	680	芈	317	勉	1208	**mǐn**		魔	807
尨	873	咩	317	**miàn**		敏	248	摩	1076
濛	996	米	644	麵(面)	482	敃	249	摹	1077
泯	1103	靡	1034	宀	661	皿	439	**mò**	
蝱(虻)	1169	弭	1123	面	784	愍	948	旲	224
甿(氓)	1203	絖	1138	**miáo**		泯	1012	昧	278
měng		**mì**		苗	48	閔(闵)	1045	脈	279
矇	284	祕	6	**miǎo**		閩(闽)	1166	百	291
鄳	591	謐(谧)	180	藐	37	黽(黾)	1173	昔	315
朦	620	脈	279	邈	134	鰵	1249	餗(秣)	462
盟	621	冪	452	眇	284	**míng**		秣	487
猛	877	冥	616	秒	637	莫	41	末	504
黽(黾)	1173	鼏	631	愨(懇)	926	茗	62	頞	780
mèng		宓	657	淼	1013	名	81	礳(磨)	838
盟	621	宀	679	**miào**		瞑	282	獏(獏)	850
夢(梦)	622	幎	690	眇	284	鳴(鸣)	332	貉	851
寢	670	幦	693	廟(庙)	828	冥	616	驀(蓦)	859
孟	1280	密	814	**mie**		甿(明)	621	默	875
mī		汨	966	咩	317	盟	621	沫	957
眯	283	覛(觅)	1019			溟	995	漠	974

没	994		**N**	nàn		蜺	1163	niǎo	
殁	1001			難(难)	326	輗(𫐐)	1253	鳥(鸟)	324
墨	1187			䳡(𱎃)	327	nǐ		褭	739
鏌(镆)	1232	nā		灘(滩)	991	薿	44	niào	
móu		那	593	náng		儗	714	尿	750
牟	71	ná		囊	557	擬(拟)	1071	溺	959
謀(谋)	172	袲	736	nǎng		㬰	1282	niè	
敄	249	拏(拿)	1059	曩	605	nì		囁(啮)	146
眸	286	挐	1082	náo		逆	118	躡(蹑)	150
鍪(鏊)	482	nǎ		夒	485	苨	161	嚻	158
侔	706	那	593	撓(挠)	1066	睨	276	丰	228
繆(缪)	1152	繁	1149	蟯(蛲)	1157	膩(腻)	368	臬	529
鍫	1221	nà		鐃(铙)	1230	曩	607	櫱(蘗)	537
mǒu		內	466	nǎo		䎶	644	糵(蘖)	646
某	502	那	593	垴	724	䀹(睨)	762	幸(幸)	914
mú		豽	850	nào		愵	936	涅	986
模	511	納(纳)	1132	鬧(闹)	219	溺	959	聶(聂)	1050
mǔ		nái		淖	986	泥	973	攝(摄)	1058
牡	69	能	885	nè		匿	1116	孽	1280
拇	1051	nǎi		肭	162	㬰	1282	nín	
母	1090	乃	417	訥(讷)	184	niān		恁	937
晦(亩)	1201	卤	417	广	670	蔫	49	níng	
mù		nài		něi		拈	1060	嚳	100
莫	63	奈(奈)	492	餒(馁)	461	nián		寧(宁)	419
牧	264	鼐	631	nèi		年	638	窰	656
目	273	耏	842	內	466	黏	643	濘(泞)	988
睦	279	能	885	néng		鮎(鲇)	1029	凝	1020
木	490	nán		能	885	niǎn		nìng	
穆	634	難(难)	326	ní		趁	104	甯(宁)	270
幕	690	䳡(𱎃)	327	郳	597	輦(辇)	1254	寧(宁)	419
㒻	789	枏(楠)	491	倪	712	niàn		濘(泞)	988
慕	935	南	552	呢	726	唸	92	佞	1098
沐	1006	那	593	尼	746	廿	166	niú	
坶	1179	男	1205	麑	869	念	927	牛	69
墓	1194	nǎn		泥	973	niàng		niǔ	
募	1213	赧	907	霓	1026	釀(酿)	1287	狃	877
				鯢(鲵)	1029			紐(纽)	1142

鈕(钮)	1224		nǚ	鈀(钯)	1229	徬	138	妃	1089
肶	1283	女	1085		pà	膀	358	轡(辔)	1155
	niù		nǜ	怕	936	彭	428	配	1288
拗	1084	衄	446		pái	滂	976		pēn
	nóng	女	1085	俳	716		pàng	噴(喷)	91
農(农)	207		nüè	排	1054	胖	68	歕(歕)	767
膿(脓)	446	虐	435		pài		pāo		pén
膿(脓)	446	瘧(疟)	675	汃	651	脬	356	盆	441
癑	676			派	988	橐	558		pèn
濃(浓)	997		**O**	哌	1018	泡	969	噴(喷)	91
	nòng		ò		pān	拋	1084		pēng
弄	202			番	67		páo	迸	135
癑	676	喔	96	攽(攀)	203	咆	96	抨	1079
	nú	哦	98	潘	1002	鞄	208		péng
笯	398		ōu		pán	麃	556	芃	45
帑	692	謳(讴)	182	胖	68	袍	731	蓬	59
駑	834	毆(殴)	238	擎	209	匏	804	逢	119
挐	1082	樞(枢)	514	槃(盘)	521	庖	822	彭	428
奴	1092	歐(欧)	770	鄱	593	麅(狍)	869	棚	525
	nǔ	區(区)	1116	幋	688	炮	892	榜	528
弩	1125	甌(瓯)	1121	般	754	泡	969	朋	1123
	nù		óu	鬆	793		pào	堋	1193
怒	943	齵	145	磻	838	皰(疱)	245	輣(辊)	1246
	nuǎn		ǒu	嬰	1096	麃	556		pī
煖(暖)	898	藕(藕)	40	蟠	1162	炮	892	丕	1
渜	1001	耦	384		pǎn	泡	969	劈	377
	nuàn	偶	720	片	629		pēi	邳	595
偄	714	甌(瓯)	1121		pàn	胚(胚)	354	堛	629
	nuó			胖	68		péi	岥	689
難(难)	326		**P**	叛	69	培	1190	披	1067
戁(难)	327			盼	275	陪	1263	坯	1193
那	593		pā	判	376		pèi	鈹(铍)	1224
儺(傩)	702	葩	44	泮	1011	旆	612		pí
	nuò	呬	696	拚	1070	肭	618	卑	226
諾(诺)	169		pá	畔	1202	岥	689	皮	245
那	593	杷	519		páng	佩	699	脾	356
懦	937	琶	1113	旁	2	沛	973	壁	429

枇	496	便	711	**pín**		驃	861	璞	1181
椑	523	駢(骈)	860	玭	23		**pò**		**pǔ**
郫	592		**piǎn**	貧(贫)	578	迫	130	譜(谱)	195
鄿	593	諞(谝)	188	顰(颦)	1015	轉	212	攴	246
疲	677		**piàn**		**pǐn**	尃	244	甫	269
罷(罢)	685	辨	375	品	157	朴	505	朴	505
貔	849	片	629		**pìn**	霸	619	樸(朴)	508
玭	923		**piāo**	牝	70	粕	648	圃	561
琶	1113	瞟	277	朩	651	魄	806	普(普)	608
蠅	1159	剽	378	聘	1049	破	837	溥	974
蠱(蚍)	1170	漂	980	娉	1097		**pōu**	浦	987
埤	1189	飄(飘)	1172		**pīng**	剖	375		**pù**
陴	1263		**piáo**	甹	419		**póu**	暴	606
	pǐ	剽	378	俜	708	掊	469	瀑	995
否	94	瓢	653	娉	1097	棓	526		
劈	377	嫖	1100		**píng**	涪	956		**Q**
嚭	427		**piǎo**	苹	32	掊	1061		
痞	677	瞟	277	蓱(萍)	57		**pǒu**		**qī**
匹	1117	受	342	平	424	音	448	妻	44
疕	1191	覭	763	缾(瓶)	470		**pòu**	吃	89
	pì	漂	980	枰	537	踣	154	崎	147
革	53		**piào**	屏	748		**pū**	踦	148
譬	172	瞟	277	馮(冯)	862	卜	266	敧	228
副	375	僄	716	萍	1011	剝	377	桼	555
僻	715	驃(骠)	856	坪	1179	痡	671	鄿	590
辟	800	漂	980	凭	1238	仆	717	郪	597
澼	978	嫖	1100		**pō**	撲(扑)	1080	期	619
潎	1008		**piē**	岥	550	鋪(铺)	1235	欺	772
闢(辟)	1041	瞥	283	頗(颇)	782		**pú**	頹(颀)	783
甓	1122	潎	1008	坡	1179	莆	30	悽(凄)	947
	piān	撇(撇)	1075		**pó**	蒲	35	悈(戚)	950
翩	298		**piě**	鄱	593	羹	200	漆	961
篇	390	撇(撇)	1075	帗	694	僕(仆)	200	凄	995
萹	676	丿	1103	皤	696	脯	366	妻	1089
偏	714		**pīn**	媻	1096	僕	484	戚	1111
	pián	拚	1070		**pǒ**	匍	801	七	1267
蹁	154			叵	421	濮	968		

1400

qí		启	86	qiā		乾	1271	彊	1124
祺	5	起	104	掐	1083	qiǎn		強(强)	1159
衹	6	跂	156	qià		冂¹	99	qiǎng	
祈	10	啓(启)	246	韧	383	遣	123	襁	730
其	30	豈(岂)	430	恰	954	淺(浅)	985	強(强)	1159
蘄(蕲)	35	杞	499	洽	997	繾(缱)	1153	qiàng	
芪	41	棨	532	qiān		qiàn		蹌(跄)	149
跂	156	稽	555	芊	62	茜	37	qiāo	
支	228	啓	602	牽(牵)	71	芡	39	趞(趞)	104
騎	385	企	699	搴	104	牽(牵)	71	敲	262
其	407	頎(颀)	780	遷(迁)	121	遣	123	骹	351
丌	408	稽	785	搴	154	槧(椠)	531	磽(硗)	836
亓	408	屺	812	千	165	啓	602	悄	950
奇	420	綺(绮)	1137	謙(谦)	181	倩	701	qiáo	
棊(棋)	529	綮	1137	辛	198	欠	766	趫(趫)	103
邔(岐)	584	蟣	1274	臤	205	歉	771	譙(谯)	192
祁	588	qì		臤	233	嵌	818	翹(翘)	296
旗	611	气	26	僉(佥)	463	慊	942	樵	501
旂	612	茸	52	邢	588	硻	1122	橋(桥)	533
齊(齐)	627	弃	85	骞(骞)	863	塹(堑)	1191	僑(侨)	702
齏	628	迄	135	慇	942	qiāng		顦(颟)	783
耆	741	蹐	149	汧(汧)	961	瑲(玱)	21	燋	890
頎(颀)	784	跂	156	鉛(铅)	1216	蹌(跄)	149	喬(乔)	911
皶	833	器	160	qián		將(将)	243	鐈(铫)	1220
騏(骐)	855	訖(讫)	183	犍	73	羌	321	qiǎo	
騎(骑)	859	棄(弃)	336	赶	106	鶬(鸧)	329	巧	412
麒	868	切	374	寿(前)	107	腔	370	愀	949
淇	963	契(契)	384	軒	208	槍(枪)	515	悄	950
技	1077	氣(气)	648	前	373	椌	531	qiào	
蟣(虮)	1158	企	699	虔	434	慶(庆)	931	譙(谯)	192
畦	1201	砌	839	黔	903	戕	1109	鞘	213
錡(锜)	1224	契	909	灊	957	鎗(铓)	1231	殼	237
軝(軝)	1249	湆	999	潛(潜)	993	斨	1240	翹(翘)	296
qǐ		泣	1010	涔	996	qiáng		削	371
玘	25	揭	1069	拑	1056	薔(蔷)	59	窾(窍)	667
气	26	妻	1089	錢(钱)	1225	牆(墙)	481	qiē	
苣	58	亟	1176	鉗(钳)	1227	嬙(嫱)	1101	切	374

1401

qiě		頃(顷)	724	湫	1000	摳(抠)	1052	泉	1017
且	1239	卯	799	龜(龟)	1173	區(区)	1116	蟲	1018
qiè		卿	800	**qiú**		曲	1119	拳	1052
赽	105	慶(庆)	931	球	16	豐	1119	捲(卷)	1079
趄	106	清	983	艽	56	**qú**		銓(铨)	1228
妾	199	蜻	1163	宆	90	璩	25	輇(轻)	1253
切	374	輕(轻)	1246	逑	127	蘧	32	**quǎn**	
竊(窃)	648	**qíng**		遒(遒)	129	衢	143	犬	872
契	909	夝	623	俅	195	鴝(鸲)	331	巜	1015
愒(惬)	927	黥	905	訄	292	臞(癯)	362	綣(绻)	1154
慊	942	情	924	觓	386	朐	366	**quàn**	
挈	1056	勍	1208	梂	499	篦	394	券	381
匧(箧)	1117	**qǐng**		囚	562	氍	743	蠡	1018
鍥(锲)	1226	請(请)	168	賕(赇)	578	渠	990	勸(劝)	1209
qīn		頃	651	俅	699	劬	1213	**quē**	
親(亲)	658	**qìng**		仇	719	**qǔ**		缺	470
侵	710	罄	471	裘	739	齲(龋)	147	蒛	476
衾	734	倩	701	毬	743	取	224	**què**	
親(亲)	765	磬	836	蚯(虬)	1164	娶	1088	踏	149
欽(钦)	767	慶(庆)	931	酉	1292	**qù**		殼	237
qín		綮	1137	**qiǔ**		趣	102	殻	237
芹	38	**qióng**		糗	647	去	444	雀	303
芩	39	瓊(琼)	15	**qū**		闃(阒)	1046	舃	334
靲	213	煢(茕)	277	趨(趋)	102	蠟	1163	鵲(鹊)	335
秦	640	邛	594	趣	102	**quān**		毂	388
琴	1113	窮(穷)	669	趍	105	桊	525	權	533
菫	1198	焭(茕)	1034	詘(诎)	192	悛	935	卻(却)	798
勤	1211	蛩	1166	殿(殴)	238	**quán**		確(确)	836
禽	1268	銎	1225	胠	359	荃	53	碏	839
qǐn		**qiū**		凵²	444	牷	71	愨(悫)	926
寢(寝)	661	蓲(苬)	36	但	713	趫	105	闋(阕)	1044
qìn		萩	40	軀(躯)	729	齤	146	塙	1180
唚	233	遒(遒)	129	袪	732	詮(诠)	178	**qūn**	
沁	963	楸	495	屈	750	全	467	逡	126
qīng		邱	597	岨	813	權(权)	498	箘	389
青	449	秋	640	驅(驱)	862	佺	706	夋	483
傾(倾)	708	丘	726	焌	886	卷	798	囷	560

輠(辊)	1248	**rě**		髯	644	**rù**		**S**	
		惹	954	**róng**		蓐	62		
qún		**rè**		茸	60	鄏	216	**sǎ**	
羣(群)	320	热(热)	898	蓉	61	入	466	洒	1005
宭	659			融	215	溽	986	灑(洒)	1008
帬(裙)	689	**rén**		榮(荣)	500	縟(缛)	1141	**sà**	
		人	698	容	659			卅	166
R		仁	698	頌(颂)	775	**ruán**		殺(杀)	241
		儿	756	嶸(嵘)	816	堧	1200	颯(飒)	1172
rán		恁	937	溶	983	**ruǎn**			
肰	369	壬	1278	戎	1106	瑌	246	**sāi**	
髯(髯)	787			鎔(镕)	1219	耎	919	思	923
然	886	**rěn**						塞	1189
		荏	31	**rǒng**		**ruí**			
rǎn		忍	953	冗(冗)	659	蕤	45	**sài**	
冄(冉)	841					緌(绥)	1141	賽(赛)	581
焼	888	**rèn**		**róu**				塞	1189
染	1009	刃	73	鞣	209	**ruì**			
姌	1095	訒(讱)	184	柔	509	瑞	19	**sān**	
		刅	383	煣	894	芮	46	三	13
ráng		飪(饪)	454			叡(睿)	345	參(参)	617
瀼	11	靭(韧)	488	**rǒu**		睿	345		
鑲(镶)	1219	稔	639	厹	1268	内	466	**sǎn**	
		仞	699			蜹	1163	散	368
rǎng		任	711	**ròu**		銳(锐)	1228	糝(糁)	646
攘	1053	衽	731	肉	353			橵	651
壤	1180	妊	1089			**rùn**		繖	1153
		紝(纴)	1131	**rú**		閏(闰)	14		
ràng		紉(纫)	1145	茹	54	潤(润)	1000	**sàn**	
讓(让)	191	靭(韧)	1249	帤	688			散	368
攘	1053			儒	700	**ruò**		橵	651
		rēng		襦	734	蒻	35	饊(馓)	690
ráo		扔	1076	濡	972	若	53		
荛(荛)	55			如	1096	箬	389	**sāng**	
饒(饶)	459	**réng**		絮	1149	叒	547	喪(丧)	101
嬈(娆)	1100	芿	58	孺	1279	婼	598	桑	547
		仍	707			弱	789		
rǎo		耳	1046	**rǔ**		爇	887	**sǎng**	
擾(扰)	1067			汝	962	溺	959	顙(颡)	776
嬈(娆)	1100	**rěng**		乳	1035				
繞(绕)	1135	扔	1076	辱	1285			**sàng**	
								喪(丧)	101
rào		**rì**							
繞(绕)	1135	日	599					**sāo**	
								哨	93

1403

臊	367	**shān**		嬗	1096	熠(耀)	897	燊	906
騷(骚)	863	珊	24	繕(缮)	1144	捎	1070	深	966
搔	1066	芟	51	**shāng**		紹(绍)	1133	姺	1087
繅(缫)	1129	苫	52	商	162	劭	1209	娠	1090
sǎo		羴(膻)	322	殤(殇)	347	**shē**		紳(绅)	1141
嫂	1092	膻	362	觴(觞)	387	賒(赊)	573	申	1286
埽	1185	删	376	賞	576	奢	916	**shén**	
sào		笘	401	傷(伤)	717	畬	1200	神	6
臊	367	痁	675	湯(汤)	1001	**shé**		甚	415
燥	899	彡	787	**shǎng**		折	55	**shěn**	
sè		山	810	賞(赏)	570	舌	160	審(审)	68
蔷(啬)	59	煽	900	賞	576	鉈(铊)	1232	諗(谂)	177
涩	108	潸	1009	**shàng**		**shě**		沈	996
嗇(啬)	480	扇	1038	上	2	舍	464	瀋	1005
穡(穑)	633	姍	1100	尚	65	捨(舍)	1060	**shèn**	
色	799	纔	1140	**shāo**		**shè**		祳	11
瑟	1113	**shǎn**		稍	640	社	12	甚	42
塞	1189	覢	764	燒(烧)	887	設(设)	181	瞫	280
sēn		夾	910	捎	1070	赦	257	腎(肾)	355
森	546	閃(闪)	1044	**sháo**		睒	274	甚	415
sēng		陝(陕)	1261	芍	41	睫	274	慎	926
僧	723	**shàn**		卲	267	舍	464	滲(渗)	983
shā		禪(禅)	11	构	522	躲(射)	471	蜃	1164
莎	57	苫	52	昭	600	懾(慑)	951	**shēng**	
殺(杀)	241	單(单)	101	勺	1238	慴(慑)	952	牲	71
刹	382	訕(讪)	186	**shǎo**		渉(涉)	1014	笙	403
沙	986	蕭(善)	196	少	64	攝(摄)	1058	生	552
shà		膳	364	搜	1082	**shēn**		昇(升)	610
涩	108	剡	372	**shào**		深(突)	666	聲(声)	1048
箑	398	栅	516	少	64	身	729	甥	1206
歃	771	贍(赡)	581	召	82	呻	92	升	1244
廈(厦)	829	鄯	584	哨	93	胂	358	**shéng**	
霎	1027	疝	673	卲	267	曑(参)	617	繩(绳)	1145
shài		汕	991	削	371	伸	713	**shěng**	
殺(杀)	241	鱓(鳝)	1030	邵	588	梵	761	眚	282
曬(晒)	607	扇	1038	卲	797	魼	805	省	287
		擅	1070	燒(烧)	887	屾	819	渻	985

shèng		矢	471	溢	992	倏	878	驦	856
盛	439	施	614	液	1004	儵(倏)	904	恕	930
乘	490	使	712	氏	1105	忩	937	沭	970
滕	524	豕	842	螫	1163	淑	982	澍	995
賸	568	始	1093	飾(饰)	1212	抒	1072	漱	1005
晟	608		shì	勢(势)	1213	姝	1094	涑	1008
聖(圣)	1047	示	3	軾(轼)	1247	殳	1095	戍	1107
勝(胜)	1209	士	27		shōu	紓(纾)	1134	疏	1283
	shī	蒔(莳)	47	收	260	輸(输)	1252		shuā
蓍	40	釋(释)	68		shǒu	疏	1283	馭	223
詩(诗)	170	噬	78	守	660		shú	刷	378
帀²	549	嗜	89	百	784	尗	218		shuà
師(师)	549	是	111	首	785	贖(赎)	574	刷	378
邿	595	逝	115	手	1051	秫	635		shuāi
施	614	適(适)	115		shòu	朮	652	瘥	678
尸	744	适	118	售	98	塾	1196	衰	738
屍(尸)	747	舐(舐)	161	受	343		shǔ		shuài
濕(湿)	968	世	166	瘦	676	數(数)	251	逮	113
溼(湿)	999	誓	176	壽(寿)	741	睹	600	帥(帅)	687
失	1071	試(试)	178	狩	880	暑	606	率	1155
釃(酾)	1287	諡(谥)	194	授	1064	曙	609	蟀(蟀)	1161
	shí	事	227	綬(绶)	1142	黍	643		shuāng
祏	8	殺(杀)	241	獸(狩)	1270	署	685	雙(双)	323
蒔(莳)	47	弒	241		shū	鼠	884	霜	1026
十	165	筮	392	蔬	61	蜀	1159		shuǎng
識(识)	174	式	412	透	135		shù	爽	271
食	454	恉	452	疋¹	157	述	115		shuí
飩(饨)	457	市	475	叔	224	術(术)	143	誰(谁)	193
時(时)	599	柿(柿)	491	書(书)	231	豎(竖)	234	脽	360
寔	657	貰(贳)	573	殳	236	數(数)	251		shuǐ
實(实)	658	施	614	投	237	壴²	427	水	955
石	833	室	654	殳	241	尌	427		shuì
鼫	884	飾(饰)	691	舒	341	樹(树)	502	説(说)	179
拾	1073	仕	699	殊	346	杼	524	睡	282
塒(埘)	1188	侍	708	樞(枢)	514	束	556	税	639
	shǐ	視(视)	762	梳	519	裋	738	祱	739
史	227	恃	934	袾	735	庶	827		

shǔn		寺	242	sōu		算	405	縮(缩)	1134
吮	78	雉	303	蒐	37	suī		suǒ	
楯	1060	笥	395	敕	254	睢	279	瑣(琐)	21
shùn		食	454	梭(艘)	534	夎	311	索	551
蕣	42	飴(饴)	455	鄋	590	夊	482	賞(赏)	564
瞚	285	飤(饲)	457	獀	873	綏(绥)	1152	娑	1097
瞬	286	相(耜)	519	溲	1002	雖(虽)	1157	鎖(锁)	1237
舜(舜)	486	枱	521	涷	1008	suí		所	1241
順(顺)	781	俟	702	搜	1082	隨(随)	114	suò	
shuō		似	711	颼(飕)	1172	隋	364	些	110
説(说)	179	伺	722	sǒu		suì		T	
shuò		肆(肆)	840	藪(薮)	50	祟	12		
數(数)	251	騼	847	嗾	96	歲(岁)	110	tā	
槊	542	咫(兕)	852	叜(叟)	221	遂	128	它(蛇)	1172
朔	618	駟(驷)	861	胺(瞍)	285	誶(谇)	192	tǎ	
碩(硕)	778	竢	921	浚	1002	劂	224	獺(獭)	883
爚(耀)	897	泗	969	sū		旞	613	塔	1197
爍(烁)	901	汜	973	蘇(苏)	31	采(穗)	636	tà	
妁	1088	涘	987	穌(稣)	640	邃	669	遝	117
鑠(铄)	1218	氾	988	sú		襚	739	達(达)	126
sī		四	1264	俗	712	碎	837	蹋	150
虒	438	巳	1285	sù		鐆	1220	鞳	212
私	634	sōng		速	118	燧	1263	眔	416
司	795	松	501	訴(诉)	191	sūn		榻	542
厶	809	嵩	818	肅(肃)	230	蓀(荪)	61	濕(湿)	968
思	923	娀	1093	夙(凤)	623	飧	457	闒(闼)	1045
澌	972	蜙	1162	粟	627	孫(孙)	1128	拓	1072
漸	998	sǒng		宿	661	sǔn		撻(挞)	1079
緦(缌)	1151	竦	920	泝	993	筍(笋)	389	tāi	
絲(丝)	1155	聳(耸)	1049	涷	1008	骞	422	台	86
斯	1241	sòng		素	1154	損(损)	1071	胎	354
sǐ		叩	99	蓿	1290	suō		tái	
死	349	送	123	suān		些	110	台	86
sì		誦(诵)	171	酸	1290	梭	497	邰	584
祀	7	訟(讼)	190	suàn		衰	738	駘(骀)	864
嗣	159	宋	663	蒜	56	獻(献)	881	能	885
辪(肄)	229	頌(颂)	775	算	405	娑	1097		

炱	890	tāng		tè		髢(剃)	794	啁	90
臺(台)	1036	蕩(荡)	963	特	70	狄	882	迢	135
tài		湯(汤)	1001	貸	568	晵(替)	922	調(调)	179
大	907	鏜(镗)	1232	忒	937	惕	952	條(条)	505
態(态)	939	táng		膩	1156	悌	955	鹵	626
泰	1009	唐	88	téng		涕	1010	鬐	791
tān		棠	494	謄(誊)	184	tiān		髫	794
嘽(啴)	79	糖	649	騰(腾)	864	天	1	儵(倏)	904
貪(贪)	577	螳	1167	滕	978	沾	963	蜩	1162
灘(滩)	991	堂	1183	縢	1146	tián		鋚	1217
攤(摊)	1084	塘	1196	臘	1156	嗔	86	tiǎo	
tán		tǎng		tī		畋	263	朓	364
談(谈)	167	帑	692	睇	285	瞑	280	朓²	619
覃	478	儻(傥)	721	剔	382	甜	414	挑	1066
檀	499	黨(党)	904	梯	525	窴	668	tiào	
郯	596	tàng		tí		恬	930	跳	152
曇(昙)	609	湯(汤)	1001	荑	34	滇	958	眺	283
痰(痰)	677	tāo		嚔(啼)	95	填	1186	脁	364
倓	701	韜(韬)	487	蹏(蹄)	147	田	1199	糶(粜)	550
貚	849	夲	916	蹄	151	鈿(钿)	1237	覜(朓)	766
潭	966	慆	935	睇	285	tiǎn		tiē	
澹	984	滔	975	虒	438	殄	346	占	267
淡	1004	濤(涛)	1013	禔	733	腆	365	貼(贴)	580
撣(掸)	1059	搯(掏)	1054	題(题)	776	靦	784	帖	691
彈(弹)	1126	裚	1125	騠	865	忝	953	tiě	
壇(坛)	1194	táo		緹(缇)	1139	町	1200	帖	691
錟(锬)	1232	咷	77	醍	1292	錪	1221	驖	856
tǎn		逃	128	tǐ		tiàn		鐵(铁)	1216
袒	736	跳	152	體(体)	352	瑱	19	鉆	1227
坦	1186	詢(啕)	188	醍	1292	瞑	280	tiè	
tàn		匋	469	tì		tiāo		帖	691
嘆(叹)	93	桃	493	薙	50	桃	13	tīng	
丙	161	騊	865	趯	103	朓²	619	听	84
歎(叹)	770	洮	959	逖	132	庣	829	桯	517
炭	890	陶	1261	剔	382	挑	1066	汀	1000
探	1075	tǎo		偄	721	tiáo		聽(听)	1047
撢	1075	討(讨)	193	髰	793	苕	59	町	1200

1407

tíng		tòng		兔	871	侂	719	wāi	
廷	141	痛	671	tuān		袥	733	㾟	921
粵	445	慟(恸)	954	湍	981	湤	973	wài	
亭	474	tōu		tuán		挩	1071	外	623
停	722	偷	938	敦	258	挓	1081	wān	
庭	821	tóu		團(团)	558	tuó		剜	382
霆	1023	頭(头)	775	嚉	786	跎	156	彎(弯)	1124
挺	1074	投	1065	搏(抟)	1078	橐	557	wán	
蜓	1158	tǒu		tuǎn		佗	704	玩	21
tǐng		𤨙	448	疃	1203	馱(驮)	866	芄	33
珽	18	tòu		tuàn		沱	956	完	658
梃	506	透	135	彖	639	鼉(鼍)	1174	頑(顽)	780
壬	727	tū		彖	848	tuǒ		丸	832
艇	755	突	668	tuī		橢(椭)	523	忨	941
挺	1074	秃	761	蓷	35	妥	1102	wǎn	
鋌(铤)	1219	厷	1282	忒	937	tuò		琬	17
tìng		tú		推	1054	蘀(萚)	49	莞	35
汀	1000	荼	59	tuí		唾	79	脘	366
tōng		徒	114	穨(颓)	761	榻(柝)	509	盌(碗)	439
通	120	敦(致)	257	蘬	807	檡(柝)	516	晚	603
恫	948	腯	365	tuì		湤	973	宛	655
tóng		筡	390	復(退)	139	拓	1072	婉	1095
童	198	圖(图)	559	税	639			盌	1121
彤	448	邾	594	蛻	1163	**W**		綰(绾)	1139
桐	500	稌	636	tūn				畹	1201
稯(种)	633	瘏	672	吞	76	wā		鞔(鞔)	1254
同	680	屠	747	tún		哇	90	wàn	
侗	702	盫	819	屯	28	洼	988	掔(腕)	1052
潼	956	駼	866	㞒(臀)	746	媧(娲)	1093	萬(万)	1269
洞	981	涂	958	豚	848	鼃(蛙)	1174	wāng	
捅	1064	塗(涂)	1196	純(纯)	1130	wá		尣	912
銅(铜)	1216	酴	1287	tǔn		娃	1099	汪	977
tǒng		tǔ		錞	1221	wǎ		wáng	
筒	403	吐	89	tuō		瓦	1120	王	14
桶	529	土	1177	託(托)	181	wà		亡	1114
侗	702	tù		脱	362	韤	487	wǎng	
統(统)	1131	吐	89	税	639	瓦	1120	往	137

枉	507	*wěi*		慰	934	*wò*		午	1285
尪	548	萎	54	渭	959	偓	706	悟	1286
网	682	葦(苇)	57	委	1095	卧	728	*wù*	
汪	977	蘧	61	軎	1249	媉	992	物	73
蛧	1165	唯	83	未	1286	渥	997	誤(误)	187
wàng		鼪(鼪)	112	*wēn*		握	1058	敄	249
王	14	逶	124	昷(昷)	443	斡	1243	鶩(鹜)	329
往	137	諉(诿)	180	溫(温)	957	*wū*		晤	600
朢(望)	727	骫	346	緼(缊)	1152	誣(诬)	186	庑	615
忘	940	骪	353	輼(辒)	1246	烏(乌)	334	寤	670
妄	1099	韋(韦)	486	*wén*		於	334	刐	753
望	1114	痿	676	玟	789	巫	413	兀	756
wēi		偉(伟)	701	文	790	杇	515	惡	816
微	138	偽(伪)	715	馼	859	屋	747	勿	840
倭	702	尾	749	聞(闻)	1048	惡(恶)	944	悟	934
散	709	嵬	809	蟁(蚊)	1169	洿	999	惡(恶)	944
巍	810	猥	875	*wěn*		汙(污)	999	霧(雾)	1026
广	832	浘	967	吻	75	邘	1124	婺	1095
危	833	鮪(鲔)	1028	刎	382	*wú*		務(务)	1207
煨	890	闈(闱)	1040	穩(稳)	642	蕪(芜)	48	鋈	1215
威	1091	委	1095	紊	1134	吾	81	戊	1273
委	1095	娓	1096	*wèn*		梧	500		
隈	1261	緯(纬)	1131	問(问)	83	無(无)	544	**X**	
wéi		*wèi*		汶	971	郚	596		
唯	83	萎	54	*wēng*		吳(吴)	910	*xī*	
違(违)	125	味	79	翁	295	毋	1102	悉	68
爲(为)	217	遺(遗)	128	*wěng*		無(无)	1115	犀	72
囗	558	衛(卫)	144	翁	295	蟊	1162	犧(牺)	73
圍(围)	562	謂(谓)	168	*wō*		*wǔ*		吸	80
轊	626	爲(为)	217	喔	96	膴	366	唏	84
帷	690	胃	356	倭	702	舞	486	徯	138
幃(帏)	692	餧(餧)	461	堝	833	侮	716	榪	262
嵬	809	尉	684	蝸(蜗)	1164	廡(庑)	822	盦	297
惟	932	位	705	*wǒ*		嫵(妩)	1094	鱚	387
濰(潍)	971	畏	808	騀	861	武	1110	兮	421
維(维)	1146	彙	846	我	1111	務(务)	1207	羲	422
		尉	893			五	1266	喜	426

虖	433	橄	532	呀	99	咸	86	縣(县)	786
析	538	席	692	蝦(虾)	1165	臤	233	獻(献)	881
郗	587	襲(袭)	731	\multicolumn{2}{c}{xiá}	賢(贤)	565	憲(宪)	927
郤	590	隙	1258	祫	9	癇(痫)	672	霰	1024
鄒	597	\multicolumn{2}{c}{xǐ}	瑕	20	伭	715	綫(线)	1143
晞	607	禧	4	嗑	90	涎(涎)	773	蜆(蚬)	1161
昔	607	徙(徙)	121	遐	134	慊	942	限	1257
夕	622	躧	155	鞏	486	鹹(咸)	1037	陷	1258
稀	634	喜	426	柙	540	閒(间)	1042	\multicolumn{2}{c}{xiāng}
瘜	674	憙	426	暇	605	閑(闲)	1043	相	280
希	694	枲	651	俠(侠)	708	嫌	1099	箱	400
晳	695	傒	711	狎	877	弦	1127	皀	451
褅	737	洒	1005	黠	903	衔(衔)	1235	鄉(乡)	598
犀	747	洗	1007	夾(夹)	908	\multicolumn{2}{c}{xiǎn}	香	644
欷	770	灑(洒)	1008	霞	1027	毸	112	襄	734
歙	771	璽(玺)	1187	匣	1119	跣	154	廂(厢)	829
郄(膝)	797	\multicolumn{2}{c}{xì}	轄(辖)	1252	鞙 (䩞)	211	驤(骧)	859
奚	843	禊	13	陜	1258	灥	606	湘	965
豨	845	呬	84	\multicolumn{2}{c}{xià}	顯(显)	783	鑲(镶)	1219
熄	891	閱(阅)	219	下	3	獮(狝)	874	\multicolumn{2}{c}{xiáng}
熹	891	烏	334	苄	39	玁(猃)	879	祥	4
熙	900	虩	437	唬	97	燹	886	詳(详)	174
奊	919	郤	588	罅	470	憲(宪)	927	翔	299
息	924	鄒	597	夏	485	洗	1007	夆	489
惜	948	氣(气)	648	暇	605	鮮(鲜)	1030	庠	821
淅	1001	峚	696	廈(厦)	829	蜆(蚬)	1161	洋	970
谿	1019	係(系)	718	\multicolumn{2}{c}{xiān}	銑(铣)	1217	珦	1121
西	1037	戲(戏)	1108	鐵	653	險(险)	1257	\multicolumn{2}{c}{xiǎng}
嫿	1092	匸	1116	僊(仙)	720	\multicolumn{2}{c}{xiàn}	響(响)	197
娭	1096	系	1127	先	760	莧(苋)	31	餉(饷)	458
蜥	1158	細(细)	1134	鮮(鲜)	1030	睍(晛)	276	饗(飨)	459
蟋	1167	繫(系)	1150	攕	1052	脘	369	亯	477
錫(锡)	1216	綌	1150	掀	1069	睍	602	鄉(乡)	598
\multicolumn{2}{c}{xí}	鈒(钑)	1234	纖(纤)	1134	臽	650	想	933
蓆	51	隙	1262	銛(铦)	1225	傊(伣)	704	蠁(蚃)	1156
習(习)	293	\multicolumn{2}{c}{xiā}	\multicolumn{2}{c}{xián}	見(见)	761	\multicolumn{2}{c}{xiàng}
覡(觋)	413	呷	85	嗛	77	羡(羡)	773	相	280

樣(样)	495	**xiǎo**		協(协)	1214	辛	1275	杏	492
毘	598	小	64	斜	1244	**xín**		倖(幸)	911
鄉(乡)	598	曉(晓)	608	**xiě**		鐔(镡)	1232	幸	914
巷(巷)	599	皢	695	血	445	**xìn**		性	924
向	655	**xiào**		寫(写)	660	信	175	姓	1085
像	720	嘯(啸)	86	燮	870	釁(衅)	208	**xiōng**	
項(项)	778	哮	96	**xiè**		囟	923	訩(讻)	190
象	853	效	250	邂	133	憖(憖)	931	凶	650
xiāo		敩	265	謝(谢)	182	**xīng**		兇	650
蕭(萧)	40	爻	270	燮	221	興(兴)	206	兄	758
嘐	90	肖	361	敢	254	胜(腥)	367	匈	802
嘵(哓)	92	笑	405	觟	386	腥	367	洶(汹)	981
哨	93	校	535	解	386	曐(星)	617	**xióng**	
唬	97	孝	742	械	539	騂(骍)	866	雄	309
逍	135	歗(啸)	769	榭	542	猩	875	熊	885
囂(嚣)	160	姣	1095	褻(亵)	735	鮏(鲜)	1031	**xiòng**	
鸮(鸮)	326	**xiē**		屑	744	**xíng**		夐	272
肖	361	些	110	屑(屑)	745	行	143	**xiū**	
削	371	楔	516	卸	798	刑	380	脩(修)	366
簫(箫)	403	偰	701	燮	902	邢(刑)	450	休	538
虓	437	歇	768	契	909	邢	588	鬌	556
枭(枭)	542	猲	874	懈	940	邢	589	游	614
宵	660	**xié**		泄	968	形	787	修	788
痟	672	鯑	159	渫	1007	熒(荧)	906	羞	1283
歊	769	諧(谐)	179	瀣	1012	洐	990	**xiǔ**	
驍(骁)	858	鞋(鞋)	210	紲(绁)	1148	型	1187	殣(朽)	348
獢(骁)	874	脅(胁)	358	离	1269	銒(铏)	1220	滫	1003
消	998	邪	596	**xīn**		鋞	1221	宿	661
瀟(潇)	1012	偕	706	薪	55	銂(铏)	1221	**xiù**	
霄	1024	褱	737	訢(䜣)	178	**xǐng**		齅	292
綃(绡)	1130	襭(撷)	737	昕	608	眚	282	嗅	292
銷(销)	1218	夾(夹)	908	馨	644	省	287	秀	632
xiǎo		挾(挟)	1058	欣	768	醒	1292	宿	661
毃	239	攜(携)	1059	歆	772	**xìng**		褏(袖)	732
佼	699	絜	1151	心	924	莕	41	岫	814
絞(绞)	912	茘	1213	忻	928	行	143	臭	880
洨	972	翍	1214	新	1242	興(兴)	206	繡(绣)	1138

嘼(兽)	1270	敘(叙)	263	**xuǎn**		薰	33	鴨(鸭)	333
xū		卹(恤)	446	咺	77	壎(埙)	1186	厭(厌)	832
嘘	80	旭	601	選(选)	122	勳(勋)	1206	閘(闸)	1042
吁	91	昫	602	癣(癣)	674	醺	1290	壓(压)	1192
諝(谞)	177	侐	708	**xuàn**		**xún**		**yá**	
訏(訏)	190	序	824	選(选)	122	荀	61	芽	43
盱	277	煦	888	衒	144	巡	113	衙	144
胥	367	恤	936	復	272	循	138	牙	146
邘	587	怴	952	眩	273	詢(询)	195	睚	286
虛(虚)	726	溆	989	券	381	鄩(郚)	587	雅	302
欨	767	漵	1013	旋	614	郇	589	邪	596
歔	770	抒	1072	鼏	631	旬	802	崖	820
項(项)	781	緒(绪)	1129	袨	739	峋	817	厓	830
須(须)	787	續(续)	1133	炫	897	悛	935	涯	1014
魖	806	絮	1149	絢(绚)	1138	蟲	1018	**yǎ**	
顤	921	畜	1203	鉉(铉)	1222	揗	1060	啞(哑)	84
需	1026	勖	1209	**xuē**		**xùn**		疋²	157
嬃	1088	**xuān**		薛	34	蕈	42	雅	302
嬹(嬹)	1093	蘐(萱)	33	鞾(靴)	213	迅	118	序	822
戌	1293	吅	99	殺(杀)	241	遜(逊)	122	**yà**	
xú		諼(谖)	185	削	371	浚	126	御	141
徐	138	翾	297	辥	1276	訓(训)	171	牙	146
郐	594	宣	655	**xué**		訊(讯)	174	訝(讶)	183
邪	596	儇	701	嚛	84	巽	409	砑	686
徐	713	駽	855	學(学)	265	梭	497	乙	1035
xǔ		煖(暖)	898	敩	265	馴(驯)	863	掗	1074
許(许)	169	亘	1177	穴	665	愻(愁)	932	軋(轧)	1252
詡(诩)	181	銷(销)	1222	嶨(峃)	813	卂	1034	亞(亚)	1266
盨(盨)	441	軒(轩)	1245	**xuě**				**yān**	
栩	495	**xuán**		雪(雪)	1023	**Y**		蔫	49
鄦	590	璿	16	**xuè**				咽	76
糈	647	還(还)	122	謔(谑)	189	**ya**		焉	335
xù		玄	340	旻	272	呀	99	腌	368
塅	27	玆	340	血	445	**yā**		郾	590
賣	58	旋	614	威	899	啞(哑)	84	鄢	591
蓄	60	縣(县)	786	**xūn**		呀	99	煙(烟)	896
訹(诉)	185			熏	29	雅	302	奄	908

懕(恹)	935	裺	738	狋(狋)	881	仰	708	yǎo	
淹	958	魘(魇)	808	炎	901	卬	724	杳	510
燕	1032	广	820	燄(焰)	901	漾	960	舀	650
嫣	1095	黡(黡)	903	焱	906	yàng		窈	669
yán		鼴	904	懕(恹)	935	样(样)	495	yào	
嚴(严)	100	奄	908	淡	1004	烊(炀)	892	藥(药)	51
延	142	淹	958	燕	1032	怏	945	趯	103
趼(趼)	155	沇	963	鹽(盐)	1037	恙	949	要	206
喦	158	衍	974	畲	1292	漾	960	鷂(鹞)	330
言	167	演	976	yāng		羕	1018	樂(乐)	530
筵	393	沿	992	鞅	213	yāo		覞	766
麙	438	淡	1004	鴦(鸯)	328	祆	13	燿(耀)	897
檐	513	撵(掩)	1063	殃	348	萎	42	約(约)	1135
顔(颜)	775	掩	1078	央	475	徼	137	yē	
巖(岩)	815	匽	1116	秧	638	要	206	噎	89
喦	815	甗	1121	泱	995	幺	337	饐(馈)	460
礶	836	蝘	1158	yáng		夭	911	掖	1083
嵒	836	畲	1292	崵	12	媱	1098	yé	
研(研)	837	yàn		塲(场)	18	yáo		邪	596
炎	901	咽	76	將(将)	243	瑶	22	釾(铘)	1232
沿	992	唁	95	羊	316	珧	23	yě	
鹽(盐)	1037	趼(趼)	155	楊(杨)	497	遥	136	冶	1021
閻(阎)	1040	諺(谚)	183	晹(旸)	601	䍃(谣)	178	也	1104
妍(妍)	1099	厴(厣)	215	痒	672	殽	239	野	1199
yǎn		雁	308	崵	812	爻	270	yè	
琰	17	狀	414	易	841	鷂(鹞)	330	葉(叶)	44
兗	98	豔(艳)	432	烊(炀)	892	肴	365	咽	76
喗(唵)	98	艷(艳)	433	洋	970	窯(窑)	666	喝	93
弇	201	晏	602	揚(扬)	1068	傜	716	謁(谒)	168
眼	273	宴	657	鍚(钖)	1234	僥(侥)	721	業(业)	199
剡	372	俺	704	陽(阳)	1256	洮	959	鞞	210
郾	590	傿	714	yǎng		搖	1068	饁(馌)	458
晻	604	彦	790	養(养)	456	姚	1087	射(射)	471
奿	611	厭(厌)	832	敥	456	繇	1128	枼	538
罨	682	研(研)	837	映	609	垚	1197	曄	555
儼(俨)	703	硯(砚)	838	秧	638	尧(尧)	1197	鄴(邺)	589
偃	717	驗(验)	859	痒	672	韶(韶)	1246	晔(晔)	603

1413

夜 622
頁(页) 774
靨(靥) 785
液 1004
抴 1081
掖 1083

yī

一 1
噫 79
椅 494
伊 700
依 707
衣 729
猗 874
黝 903
黟 905
壹 914
懿 914
意 925
揖 1052
緊 1145
醫(医) 1290

yí

荑 34
台 86
迻 121
迆 124
遺(遗) 128
詒(诒) 185
簃 406
飴(饴) 455
檥(舣) 511
杝 516
椸 542
貽(贻) 581
施 614
移 636
宜 660
儀(仪) 710
儗 714
匜 723
嶷 811
熙 900
夷 909
怡 930
怠 939
沂 970
臣 1050
巸 1050
姨 1092
乀 1104
彝 1153
圯 1195
疑 1281

yǐ

苢 36
迆 124
齮(齮) 146
踦 148
攺 263
雉 303
矣 473
椅 494
檥(舣) 511
倚 707
佁 715
扆 1039
匜 1118
蛾 1160
螘(蚁) 1160
轙(轪) 1251
乙 1271
以 1285
醫(医) 1290

yì

嗌 76
迭 126
啻 171
議(议) 173
誼(谊) 181
詣(诣) 184
譯(译) 195
弈 202
異(异) 204
埶(艺) 218
肄(肄) 229
隶 232
殹 238
毅 239
役 240
斁(斁) 257
瞖 287
羿 296
翊 298
翳 300
殪 347
肊(臆) 357
劓 380
益 442
食 454
饐(饐) 460
杙 496
邑 582
晹 602
曄(晔) 603
昳 609
施 614
移 636
疫 677
仡 703
億(亿) 712
佚 716
傷 716
佾 722
裔 733
額 783
归 799
嬖 801
嶧(峄) 811
廙 827
豷 844
豙 846
易 852
驛(驿) 864
逸 871
亦 910
懿 914
睪 915
奕 918
意 925
薏 933
悒 937
忍 945
懌(怿) 955
泄 968
泆 985
溢 1005
鷾(翼) 1033
失 1071
乂 1103
厂 1104
弋 1104
義(义) 1112
医 1117
弜 1126
繹(绎) 1129
縊(缢) 1152
圪 1182
瘞(瘗) 1193
埸 1196
軼(轶) 1253
耆 1282

yīn

禋 6
蔭(荫) 46
茵 53
喑 77
音 197
因 561
鄄 594
瘖(喑) 673
殷 729
駰(骃) 856
壹 914
慇(殷) 948
湮 968
湮 994
姻 1088
堙 1191
陰(阴) 1256

yín

唫 80
吟 92
冘 475
鄞 593
夤 623
似 726
垩 728
崟 813
狠 876
犾 884
夭 889
憖(憖) 931
沂 970
淫 985

垠	1190	鸚(鹦)	332	繩(绳)	1145	幽	338	幼	338
銀(银)	1215	膺	357	yōng		卣(逌)	418	柚	491
釿(斩)	1241	罌(罂)	469	庸	269	憂(忧)	483	囿	560
寅	1284	罃	470	雝(雍)	307	優(优)	711	有	620
yǐn		櫻(樱)	543	雍	308	麀	869	宥	660
听	84	褮	739	饔(饔)	455	忧	949	越	809
趛	104	應(应)	925	噰	476	悠	950	鼬	885
攵	141	嬰(婴)	1097	雷	478	惪(忧)	950	忧	949
靷	211	纓(缨)	1141	廱	592	yóu		油	966
尹	222	縈(萦)	1145	癰(痈)	674	猶(犹)	37	九	1272
眼	273	鎣(蓥)	1223	廱	821	肬(疣)	363	yū	
隱	528	yíng		慵	954	卣(逌)	418	迂	132
肙	729	瑩(莹)	20	灉	969	畬	470	瘀	673
飲(饮)	773	迎	119	邕	1017	尤	475	淤	1003
憖	931	逞	131	擁(拥)	1070	郵(邮)	584	yú	
戭	1109	盈	442	墉	1188	邮	586	璵(玙)	15
乚	1113	楹	512	鏞(镛)	1230	游	614	瑜	15
引	1124	桯	517	yóng		猶(犹)	882	萸	43
螾(蚓)	1156	贏(赢)	570	喁	97	油	966	余	67
輑(一)	1248	營(营)	665	顒(颙)	779	由	1204	喁	97
隱(隐)	1260	熒(荧)	906	yǒng		輶(轴)	1246	逾	117
酓	1292	瀛	1012	褮(荣)	10	酉	1290	衙	144
yìn		嬴	1087	踊	149	yǒu		齵	145
蔭(荫)	46	蠅(蝇)	1174	詠(咏)	182	莠	30	諛(谀)	184
攵	141	塋(茔)	1194	甬	626	友	225	昇	205
胤	362	鎣(蓥)	1223	俑	717	羑	321	翰	319
窨	665	yǐng		涌	982	卣(逌)	418	於	334
印	798	郢	591	泳	993	槱	538	予	341
猌	878	景	602	永	1018	有	620	腴	360
憗(慭)	931	穎(颖)	636	蛹	1157	牖	629	竽	402
yīng		癭(瘿)	673	勇	1211	黝	903	亐(于)	423
瑛	16	穎(颖)	967	yòng		酉	1286	虞	434
英	44	yìng		用	269	yòu		盂	439
嚶(嘤)	97	迎	119	yōu		祐	5	餘(余、馀)	460
鷹(鹰)	306	媵	568	呦	97	右	87	榆	500
鶯(莺)	331	映	609	攸	257	又	220	邘	587
鸎(莺)	331	應(应)	925	丝	338	右	220	邪	596

1415

旟(旗)	612	嶼(屿)	818	欲	769	沅	958	説(说)	179
畬	667	庾	825	籲(吁)	783	羱	1018	刖	379
伃	701	貐	850	預(预)	784	援	1073	籥	402
褕	730	圄	915	礜	834	捐	1082	粤	424
衧	733	雨	1022	豫	853	嫄	1093	樂(乐)	530
俞	752	嫗(妪)	1090	獄(狱)	884	媛	1097	月	618
餘	755	与	1238	尉	893	緣(缘)	1143	嶽(岳)	810
覦(觎)	764	斞	1243	煜	897	蝯	1160	爚	889
歟(欤)	767	禹	1269	燠	898	黿(鼋)	1174	閼(阏)	1043
嵎	811			忥	937	垣	1182	閱(阅)	1044
愉	938	yù		淯	962	轅(辕)	1250	戉	1111
愚	938	禦(御)	11	澳	990			鉞(钺)	1234
渔	971	玉	14	浴	1006	yuǎn		軏(轧)	1250
渝	1010	芋	31	雨	1022	遠	61		
雩	1026	芛	44	嫗(妪)	1090	遠(远)	131	yūn	
魚(鱼)	1028	吁	91	或	1108			暈(晕)	609
鯣(鲀)	1030	遇	119	緎	1148	yuàn		熅(煴)	896
鱀	1031	遹	125	蜮	1165	瑗	16	壺	913
漁(渔)	1031	御	141	閾	1261	苑	49	縕(缊)	1152
揄	1070	衙	144	育	1282	遠(远)	131		
娛(娱)	1096	裔	162			夗	623	yún	
堣	1179	諭(谕)	172	yuān		願	776	芸	38
畬	1200	譽(誉)	182	智	279	願(愿)	779	耺(耘)	385
輿(舆)	1247	鷸	215	鴛(鸳)	328	愿	929	筠	406
隅	1257	聿	230	肙	369	怨	943	員(员)	563
臾	1286	馭(驭)	331	冤	871	掾	1061	鄆(郓)	592
		鴥(鸑)	331	淵(渊)	984	援	1073	匀	802
yǔ		鬱(郁)	452			媛	1097	沄	978
語(语)	167	鬱(郁)	545	yuán		緣(缘)	1143	澐	979
與(与)	205	賣²	579	元	1	院	1263	雲(云)	1027
敔	262	郁	585	芫	41			妘	1087
羽	293	昱	606	赶	106	yuē			
予	341	緎	620	遼	132	曰	415	yǔn	
圄	562	寓	662	爰	343	約(约)	1135	盾	288
宇	656	瘉(愈)	679	圓	558			允	757
俣	703	罭	686	圓(圆)	558	yuè		磒(陨)	835
傴(伛)	719	價	710	園(园)	561	衱	9	愪	944
禹	808	裕	735	員(员)	563	趆	103	賈(贾)	1023
				袁	734	越	103	隕(陨)	1259
						跀	155		
						龠	158		

yùn						zé		zhǎ		閘(闸)	1042	盞(盏)	444
運(运)	121	鏨(錾)	1227	燥	899	嘖(啧)	92	眨	274	zé		展	745
韻(韵)	198	zàn		zé		迮	117	眨	286			斬(斩)	1254
鄆(郓)	587	瓚(瓒)	16	嘖(啧)	92	則(则)	374	zhà				zhàn	
暈(晕)	609	贊(赞)	566	迮	117	笮	393	吒	91			蘸	62
尉	893	鄭(郑)	583	則(则)	374	柞	496	詐(诈)	189			單(单)	101
熨(熨)	896	暫(暂)	605	笮	393	責(责)	575	栅	516			佔	267
惲(恽)	928	瓚(瓒)	1009	柞	496	幘(帻)	689	溠	964			虥(虥)	436
怨	943	鏨(錾)	1225	責(责)	575	翟	915	乍	1114			棧(栈)	525
愠	944	zāng		幘(帻)	689	澤(泽)	984	蜡	1163			袒	736
縕(缊)	1152	臧	235	翟	915	擇(择)	1062	zhāi				顫(颤)	782
孕	1279	牂	318	澤(泽)	984	zè		齋(斋)	6			湛	994
醞(酝)	1287	戕	1109	擇(择)	1062	仄	832	齊(齐)	627			戰(战)	1107
		zàng		zè		矢	910	摘	1067			孱	1282
Z		藏	62	仄	832	zéi		zhái				zhāng	
		葬	63	矢	910	鯽(鲫)	1030	翟	294			璋	17
zā		臧	235	zéi		賊(贼)	1107	宅	654			章	198
市¹(匝)	548	奘	876	鯽(鲫)	1030	zèn		zhài				鄣	595
zá		奘	919	賊(贼)	1107	譖(谮)	191	祭	7			粻(粻)	648
啐	91	zāo		zèn		zēng		柴	510			彰	788
轟	324	遭	119	譖(谮)	191	曾	65	責(责)	575			麞(獐)	869
雜(杂)	735	糟	646	zēng		矰	472	債(债)	722			漳	963
zāi		傮	720	曾	65	鄫	596	zhān				張(张)	1123
哉	85	záo		矰	472	罾	683	詹	65			zhǎng	
栽	510	鑿(凿)	1225	鄫	596	憎	944	佔	267			長(长)	839
災(灾)	895	zǎo		罾	683	繒(缯)	1136	瞻	280			掌	1051
巛	1017	璪	19	憎	944	增	1189	鸇(鹯)	330			zhàng	
烖	1109	早	600	繒(缯)	1136	zèng		旃	613			丈	165
zǎi		棗(枣)	628	增	1189	贈(赠)	569	氈(毡)	743			杖	526
宰	659	澡	1006	zèng		甑	1121	沾	963			帳(帐)	690
zài		繰(缲)	1129	贈(赠)	569	zhā		霑(沾)	1025			張(张)	1123
再	337	繰(缲)	1140	甑	1121	吒	91	鱣(鳣)	1029			障	1260
栽	510	蚤(蚤)	1168	zhā		齇	146	鈷	1227			zhāo	
在	1185	zào		吒	91	皻	222	zhǎn				啁	90
載(载)	1251	造	116	齇	146	zhá		琖	25			嘲	99
zān		皂	158	皻	222	札	531	盞(盏)	413			邵	267
先(簪)	759	篬	406	zhá								釗(钊)	379
		竈(灶)	666	札	531								

昭 600
朝 611
佋 720
招 1064
zhǎo
爪 216
叉 220
沼 989
zhào
召 82
趙(赵) 105
詔(诏) 176
肇 248
卲 267
垗 268
兆 268
櫂(棹) 543
昭 600
旐 611
罩 683
照 896
垗 1193
zhē
遮 130
zhé
折 55
哲 81
讋(詟) 190
讁(谪) 191
鷙(鸷) 330
磔 490
乇 554
悊 929
耴 1046
蟄(蛰) 1165
輒(辄) 1248
zhě
者 290
zhè
蔗 36
鷓(鹧) 333
柘 500
浙 957
zhēn
禛 4
禎(祯) 4
珍 20
葴 37
蓁 46
唇 91
趁 104
貞(贞) 267
箴 402
亲 493
榛 495
楨(桢) 508
鄄 594
偵(侦) 723
眞(真) 723
溱 966
臻 1036
甄 1121
鍼(针) 1224
斟 1244
zhěn
趁 104
診(诊) 193
枕 518
袗 730
屒 746
煩(缜) 778
㐱(鬒) 788
畛 1202
軫(轸) 1248
zhèn
唇 91
嗽 255
陣(阵) 256
鴆(鸩) 332
賑(赈) 565
侲 721
朕 753
慎 926
震 1023
甹 1044
振 1069
鎮(镇) 1226
陳(陈) 1261
zhēng
蒸 55
正 111
征 114
爭(争) 344
箏(筝) 404
徵(征) 727
崝(峥) 816
烝 888
鉦(钲) 1230
錚(铮) 1231
丁 1272
zhěng
整 249
zhèng
正 111
証(证) 177
諍(诤) 183
證(证) 192
政 250
爭(争) 344
鄭(郑) 586
zhī
祇 5
禔 6
祗 6
芝 30
躓(踬) 152
只 162
支 228
隻(只) 302
脂 368
知 473
栀 502
枝 505
之 548
郊(岐) 584
卮 796
泜 972
汁 1004
氏 1105
氐 1105
織(织) 1131
鼅(蜘) 1174
zhí
跖 148
蹢 152
蹠 152
殖 349
植 514
樴 526
值 719
馽 864
執(执) 915
職(职) 1048
拓 1072
姪 1092
戠 1110
直(直) 1113
zhǐ
祉 5
止 106
只 162
旨 425
夂 488
枳 498
祁 588
黹 697
襧 736
咫 749
恉(旨) 925
沚 988
指 1051
紙(纸) 1149
zhì
遲(迟) 123
迣 130
踶 151
躓(踬) 152
誌(志) 196
支 228
智(智) 291
雉 303
鷙(鸷) 330
疐(疐) 340
制 379
觶(觯) 387
鱁 432
廌 438
知 473
致 483
杝 516
櫛(栉) 519
桎 539
質(质) 573
郅 589

稺(稚)	633	忠	926	啄	97	宝	664	**zhuǎn**	
秩	637	衷	1168	逐	129	罜	684	碥	796
寘(置)	664	鍾(钟)	1220	晝(昼)	232	屬(属)	749	轉(转)	1252
窒	668	鐘(钟)	1231	胄	362	渚	972	孨	1282
痔	675	**zhǒng**		籀	390	**zhù**		**zhuàn**	
置	685	堹(踵)	107	宙	664	祝	9	篆	390
帙	691	踵	151	胄	680	咮	96	饌(馔)	456
幟(帜)	693	腫(肿)	363	驟(骤)	862	逗	124	籑	456
製(制)	739	種(种)	633	毳	1122	羜	297	賺(赚)	581
庢(厔)	826	冢	803	紂(纣)	1147	羝	317	傳(传)	713
庤	827	**zhòng**		紬(绉)	1150	箸	395	叧	798
礩(硕)	839	中	28	酎	1288	筑	404	搏(抟)	1078
彘	847	種(种)	633	**zhū**		壴[2]	427	鑽(镯)	1235
豸	848	種(种)	633	珠	22	主	447	轉(转)	1252
鷙(鸷)	854	仲	700	茱	43	築(筑)	510	**zhuāng**	
廌(廌)	866	眾(众)	726	諸(诸)	170	柱	512	莊(庄)	30
炙	906	重	728	誅(诛)	193	杼	524	裝	737
瀷	909	緟	1143	朱	503	柷	531	妝(妆)	1097
志	925	**zhōu**		株	504	貯(贮)	571	**zhuǎng**	
潪	967	周	88	邾	592	伫(伫)	723	奘	919
治	971	啁	90	豬(猪)	843	舋	857	**zhuàng**	
泜	972	鬻	215	洙	970	駐(驻)	863	壯(壮)	27
滯(滞)	998	舟	751	鼄(蛛)	1174	注	991	幢	693
至	1036	侜	803	銖(铢)	1228	紵	1151	狀(状)	876
摯(挚)	1057	鰲	915	**zhú**		助	1207	戇(戆)	938
摘	1065	州	1017	逐	129	鑄(铸)	1218	憧	941
織(织)	1131	輈(辀)	1250	躅	152	宁	1265	撞	1076
秩	1144	**zhóu**		竹	388	䣝	1265	**zhuī**	
緻	1153	柚	491	欘(欘)	487	**zhuā**		萑	36
蛭	1158	妯	1099	舳	752	髽	794	追	128
畤	1202	軸(轴)	1249	燭(烛)	894	**zhuān**		佳	301
銍(铚)	1226	**zhǒu**		竺	1177	專(专)	243	騅(骓)	855
陟	1258	肘	359	**zhǔ**		叀	339	錐(锥)	1227
zhōng		帚	692	鬻(煮)	216	顓(颛)	781	**zhuǐ**	
中	28	**zhòu**		丶	447	湍	981	汖	1014
苩	36	咒	75	主	447	搏(抟)	1078	**zhuì**	
衷	735	咮	96	柱	512			腏	369

搥	523	濯	1008	姊	1091	zū		zūn	
贅(赘)	573	擢	1074	紫	1139	菹	52	遵	115
惴	949	繳(缴)	1148	子	1278	租	639	鱒(鳟)	1028
縋(缒)	1145	鐲(镯)	1229	zì		zú		鐏(镈)	1233
墜(坠)	1197	斫	1240	芓	31	崒	91	尊	1292
隊(队)	1259	斵	1240	事	227	足	147	zǔn	
綴(缀)	1265	酌	1289	眥(眦)	274	蹴	150	噂	85
zhūn		zī		自	289	殚	346	僔	720
屯	28	兹	46	白(自)	289	族	616	zuó	
諄(谆)	172	蓄	50	胏	353	卒	738	挲	199
窀	669	咨	82	恣	940	崪	813	昨	605
淳	1007	趑	105	漬(渍)	997	鏃(镞)	1236	捽	1063
zhǔn		齜(龇)	145	字	1279	zǔ		zuǒ	
準(准)	1000	孜	252	zōng		祖	8	才	226
純(纯)	1130	兹	340	稷	642	詛(诅)	187	左	410
埻	1188	觜	386	宗	663	組(组)	1142	庂	912
zhuō		資(资)	565	䑃	753	俎	1239	zuò	
芍	41	齎(赍)	567	豵	843	阻	1257	祚	13
踔	151	貲(赀)	579	綜(综)	1131	zuān		胙	364
焯	888	齊(齐)	627	總(总)	1135	鑽(钻)	1228	柞	496
焯	896	齌	630	zǒng		zuǎn		繫	649
捉	1062	仔	713	稷	642	纂	456	作	709
拙	1078	鬈(髭)	787	縱(纵)	1134	纘(缵)	1133	怍	953
zhuó		滋	986	總(总)	1135	纂	1142	坐	1185
琢	20	姿	1098	zòng		zuàn		阼	1262
茁	43	甾	1120	糉(粽)	649	鑽(钻)	1228	醋	1289
蠋	75	緇(缁)	1140	綜(综)	1131	zuī		酢	1291
啄	97	錙(锱)	1229	縱(纵)	1134	朘	370		
躅	152	輜(辎)	1246	zōu		zuǐ			
豟	262	孳	1280	諏(诹)	173	觜	386		
椓	536	zǐ		鄒(邹)	594	zuì			
卓	724	芷	37	郰	595	雋(隽)	311		
燋	890	訾	187	騶(驺)	864	最	681		
灼	893	胏	369	陬	1257	罪	683		
濁(浊)	970	梓	494	zǒu		醉	697		
汋	982	秭	552	走	101	皋(罪)	1275		
涿	996	秭	642	zòu		醉	1290		
浞	997	滓	1003	奏	917				